JOURNAL DU PALAIS.

RÉPERTOIRE GÉNÉRAL

CONTENANT

LA JURISPRUDENCE DE 1791 A 1845,

L'HISTOIRE DU DROIT,

LA LÉGISLATION ET LA DOCTRINE DES AUTEURS,

PAR

M. LEDRU-ROLLIN,

DOCTEUR EN DROIT, AVOCAT A LA COUR DE CASSATION ET AU CONSEIL D'ÉTAT, MEMBRE DE LA CHAMBRE DES DÉPUTÉS.

PUBLIÉ PAR F.-F. PATRIS,

Propriétaire du *Journal du Palais.*

Il nous est parvenu dans ces derniers temps, sur le retard qu'on nous accuse d'apporter à la publication de notre répertoire, quelques réclamations qui, obligeantes dans leur impatience même, nous imposent cependant le devoir d'insister auprès de nos souscripteurs sur l'immensité d'une tâche que quelques uns d'entre eux semblent ne point avoir soupçonnée.

Le titre de *Table* a pu faire penser qu'il s'agissait simplement d'un relevé des arrêts de notre collection disposés, pour la facilité des recherches, dans l'ordre alphabétique : on se méprendrait. C'est un RÉPERTOIRE *raisonné* dont la *jurisprudence*, sans doute, forme la base principale, mais dans lequel *l'histoire du droit, la législation*, et surtout *la doctrine* prennent une large place. Dans chaque matière et sous chaque question, le lecteur doit trouver, outre les sources du droit, les raisons de douter et celles de décider ; enfin une analyse fidèle de la loi, éclairée fréquemment par le rapprochement des législations étrangères.

Nous voulons, en un mot, que notre *Répertoire*, complément utile du *Journal du Palais*, ait néanmoins son individualité distincte, et serve *à tous*, possesseurs ou non de notre collection.

Le *Répertoire*, ainsi conçu, est, nous l'avons dit déjà, *complètement* ACHEVÉ.

Mais, avant de mettre sous presse une œuvre aussi complexe et aussi vaste, il était sage, on le comprend, bien qu'elle émane de plusieurs jurisconsultes obéissant à une impulsion commune, d'assurer par une révision attentive sa parfaite homogénéité, et surtout d'y introduire les modifications que rendent nécessaires les changemens survenus depuis deux ans dans quelques parties notables de notre législation. Aussi, malgré l'insistance de nos abonnés, malgré même le préjudice matériel qui résulte pour nous de l'avance improductive de capitaux considérables, n'avons-nous pas hésité à le soumettre à un dernier examen.

Pour écarter toute espèce de doute de l'esprit de nos abonnés, et pour les mettre à même d'apprécier par leurs yeux l'importance de la tâche que nous avons entreprise, nous avons fait imprimer, parmi les matériaux *tous* aujourd'hui à notre disposition, un article qui, par son importance, donne au lecteur, autant que possible, une idée du plan de l'ouvrage, et le fixe sur son exécution intellectuelle et typographique.

C'est cet article, qu'à titre de spécimen, nous adressons à nos abonnés.

Conditions de la Souscription.

Le **RÉPERTOIRE** se composera de **8** à **10** volumes, papier collé, format grand in-8° à deux colonnes, ou in-4° à trois colonnes, au choix du souscripteur.

Le prix en est fixé pour les Abonnés du *Journal du Palais*, à **120** fr., *payables de suite ;*

A **140** fr. pour ceux de nos Abonnés qui en feront la demande et ne paieront qu'après la publication.

Et enfin à **160** fr. pour ceux qui ne seront pas abonnés au *Journal du Palais.*

Le 1er volume paraîtra à la rentrée judiciaire et les autres successivement.

Toutes demandes et tous envois d'argent doivent être adressés à M. **PATRIS**, propriétaire du Recueil, rue des Grands-Augustins, 7, à Paris.

N. B. Par mesure générale, l'administration a arrêté qu'aucune réponse ne serait faite aux demandes qui ne contiendraient pas un bon ou un réglement sur une ville de France.

FACTUM.

1. — C'est le nom qu'on donnait autrefois aux mémoires imprimés que publiaient les parties dans le cours du procès, lorsque l'affaire était importante.

2. — Ce mot, qui est resté dans le style du palais, quoiqu'il soit peu employé aujourd'hui, s'appliquait primitivement aux mémoires *écrits en latin*, alors que le latin était la langue du barreau.

3. — Comme ces mémoires étaient destinés surtout à exposer le *fait* aux juges, on les appelait *factum*, et l'on a continué de leur donner ce nom, même après que François Ier eut substitué, dans les tribunaux, la langue française à la langue latine.

4. — Cependant comme ce titre, bien que consacré par l'usage, était en discordance avec l'idiôme employé dans le corps de l'ouvrage, les avocats du siècle dernier y renoncèrent et donnèrent à leurs productions juridiques le nom de *Mémoires*.

5. — S'il faut en croire Loisel, le premier qui fit imprimer ses *factums* est Delavergne, avocat du 16e siècle. — Il commença, dit-on, dans un procès contre le premier président Lemaistre, son beau-père, procès qu'il gagna tout d'une voix. — Loisel, *Dialog. des avocats*, 3e *confér.*, éd. in-4o, p. 529.

6. — La faveur due à la défense a toujours paru si nécessaire que, même sous l'ancien régime, les requêtes, mémoires ou factums n'étaient pas soumis à la censure. La signature de l'avocat suffisait pour autoriser l'imprimeur et équivalait à une permission. — Déclarat. 28 févr. 1723, art. 110 et 111.

7. — A une certaine époque, ce droit des avocats fut menacé, il trouva du moins d'ardens contradicteurs, mais il résista à toutes les attaques. Voici les considérations que présentait sur cette question la Cour des aides dans ses remontrances du 6 mai 1775: — « Celui qui se pourvoit en cour souveraine a le droit de faire imprimer ses mémoires et de les faire publier; et quand il est appelant de la sentence d'un tribunal inférieur, le mémoire imprimé est nécessairement la critique du jugement. Nous n'ignorons pas non plus que les particuliers qui se pourvoient à Votre Majesté contre un arrêt de cour souveraine, par demande en cassation, en révision ou autrement, usent du même droit, et qu'il s'imprime et se publie des mémoires signés d'avocats au conseil, où les particuliers critiquent les arrêts de cour souveraine par lesquels ils se croient lésés. Nous savons que cette publicité des mémoires n'est pas unanimement approuvée; on dit qu'il est même des magistrats qui la regardent comme un abus, et qui soutiennent que les mémoires ne devraient être faits que pour l'instruction des juges qui doivent prononcer sur chaque procès, mais que le public ne doit pas se constituer juge des tribunaux. Pour nous, nous avons toujours cru et nous croyons toujours devoir répondre à Votre Majesté et à la nation de la justice que nous rendons aux particuliers, et nous devons avouer qu'il faut récuser les juges, *quand ils s'opposent à la publicité des mémoires*. — L'ordre commun de la justice en France est qu'elle soit rendue publiquement. C'est à l'audience publique que se portent naturellement toutes les causes; et quand on prend le public à témoin par mémoires imprimés, *ce n'est qu'augmenter la publicité de l'audience*. Si on objecte que la profusion avec laquelle se publient les mémoires est une nouveauté introduite depuis peu d'années, ce reproche d'innovation ne serait pas une objection suffisante; car il y a des nouveautés utiles... D'ailleurs, bien loin que cet usage puisse être regardé comme une innovation dangereuse, nous pensons que c'est le rétablissement de l'ancien ordre judiciaire de ce royaume, etc. — *Remontrances de la C. des aides*, édit. in-4o, p. 685.

8. — On a vu plus haut que les mémoires et factums pouvaient être imprimés sans permission, pourvu que le manuscrit fût signé par un avocat; mais il fallait, d'après les réglemens, que cet avocat fût *inscrit au tableau*. (V. Arr. parlem. Paris, 11 août 1708; Déclarat. 12 mars 1747 et 28 fév. 1723.) — « La multitude d'individus, dit M. Delacroix, qui se parent du titre d'*avocat* sans en faire les fonctions, et qui, ne tenant point à l'ordre, ne sont pas sous sa discipline, et n'ont par conséquent rien à craindre de sa censure, a rendu nécessaires les réglements récents qui limitent aux seuls avocats inscrits sur le tableau, la faculté de faire imprimer des mémoires sur leur signature. » — *Encycloped. méthod.*, Jurispr., t. 4, p. 457. — V sur le droit des avocats stagiaires de signer des mémoires, l'ord. du 20 nov. 1822, art. 34 et 36.

9. — En Lorraine, contrairement à la pratique française, les factums, requêtes et mémoires ne pouvaient être imprimés qu'après avoir été préalablement communiqués, avec les pièces du procès, aux officiers du parquet, dont le visa était nécessaire. (V. Edit. du 27 juin 1727, art. 2.) — L'impression même était interdite lorsque le procès était pendant devant une juridiction subalterne. (Art. 4.)

10. — Un factum imprimé n'était considéré comme véritable pièce du procès qu'autant qu'il était signifié; aussi ne passait-il pas en taxe, si ce n'est dans le cas où il était produit devant le grand conseil.

11. — Par une innovation qui fut mal accueillie, le chancelier Maupeou fixa à 24 *livres la feuille* le coût des mémoires et factums imprimés, et il décida que cette dépense passerait en taxe; mais ce réglement tomba, comme tant d'autres, lors du rappel du Parlement.

12. — L'ordre des avocats à la Cour royale de Paris possède une riche collection de mémoires et de factums dont les tables ont été faites par MM. Gaudry et Montcavrel.

FACTURE.

V. ACHAT. — ACTE DE COMMERCE. — ASSURANCES MARITIMES. — COMMERÇANT. — COMPÉTENCE COMMERCIALE. — PRÊT A LA GROSSE. — PREUVE LITTÉRALE. — VENTE.

FACULTÉ (Actes de pure).

V. DONATION. — OBLIGATIONS. — PRESCRIPTION.

FACULTÉ DE RACHAT.

1. — On appelle faculté de rachat ou de réméré celle que le vendeur se réserve, pendant un temps déterminé, mais qui ne peut être plus long que cinq ans (C. civ., art. 1660), de reprendre la chose vendue, moyennant la restitution *préalable* du prix principal, des frais et loyaux coûts de la vente, et le remboursement *également préalable* des réparations nécessaires et de celles qui ont augmenté la valeur du fond, jusqu'à concurrence de cette augmentation. — C. civ., art. 1659 et 1673.

2. — La convention qui contient, au profit du vendeur, réserve de cette faculté, s'appelle *pacte de rachat*.

3. — L'existence du pacte de rachat n'empêche pas que l'acquéreur soit habile à agir, en qualité de propriétaire. Toutefois, il ne peut transmettre que des droits résolubles.

4. — La stipulation de la faculté de réméré ne met pas obstacle à ce que la transmission de propriété s'opère au profit de l'acheteur. — Seulement elle ne s'opère que sous une condition résoluble; d'où il résulte que les droits conférés par lui en qualité de propriétaire, sont eux-mêmes résolubles en vertu du principe *nemo plus juris in alium transferre potest quàm ipse habet*. — Il existe toutefois une exception pour les baux faits sans fraude. — (C. civ., art. 1673.)

V. au surplus, pour tout ce qui se rattache à la faculté de rachat, à ses effets, ainsi qu'à l'exercice de cette faculté, VENTE A RÉMÉRÉ.

FACULTÉS (Enseignement).

V. ENSEIGNEMENT. — INSTRUCTION PUBLIQUE. — UNIVERSITÉ.

FACULTÉS.

V. ASSURANCES MARITIMES. — COMMISSIONNAIRE. — CONTRAINTE PAR CORPS. — DOUANES. — GARDE NATIONALE.

FAILLITE.

Table alphabétique.

. . . .

FAILLITE. — 1. — État d'un commerçant qui a cessé ses paiemens.

2. — *Faillite* vient de *faillir*, manquer. Etre en faillite, c'est l'état d'un commerçant qui manque à la généralité de ses engagemens, parce qu'il n'a pas de ressources actuelles suffisantes pour y satisfaire. Renouard, *Traité des faillites*, t. 1, p. 219.

CHAPITRE Ier. — *Historique.*

3. — Les mots *faillite* et *banqueroute* ont été long temps synonymes. Ils expriment aujourd'hui deux idées bien distinctes. —V. BANQUEROUTE.

4. — La condition des débiteurs était fort dure dans l'antiquité. V. CONTRAINTE PAR CORPS. — La distinction entre les commerçans insolvables et les débiteurs insolvables paraît de moderne origine. On trouve dans les lois de la Grèce des garanties particulières accordées aux créanciers commerçans contre la personne de leurs débiteurs, mais non des conditions spéciales à l'égard des débiteurs commerçans.

5.—La plus ancienne loi portée en France contre les banqueroutiers, est l'ordonn. de François 1er, donnée à Lyon, le 10 oct. 1536. La sévérité de cette loi fut aggravée par l'ordonn. de Charles IX, de 1560, rendue à la suite des états d'Orléans (art. 142, 144 et 145), et dont les dispositions sont confirmées par l'ordonn. de Blois de 1579 (art. 203).

6.—Par mandement du 25 juin 1582, enregistré le 21 juill. au parlement, Henri III évoque tous les procès pendans pour banqueroute, et commet pour les juger souverainement, ainsi que pour informer et statuer sur les banqueroutes faites depuis vingt ans trois conseillers au parlement de Paris, défendant aux juges ordinaires d'en connaître.

7.—Après l'édit de Henri IV de mai 1609, enregistré au parlement le 4 juin, vint l'ordonn. de Louis XIII du 15 janv. 1629, connue sous le nom de *Code Michau*, dont l'art. 153 est ainsi conçu : « Les banqueroutiers qui feront faillite en fraude, seront punis extraordinairement. »

8.—L'ordonn. de 1673 a conservé contre les banqueroutiers frauduleux la peine capitale. Cette ordonn. contient, dans son tit. 11, *des Faillites et banqueroutes*, des dispositions qu'on peut regarder comme l'origine prochaine de notre droit actuel.

9.—Après l'ordonn. de 1673, la législation française sur les faillites n'est pas restée stationnaire; de nombreux actes législatifs ont organisé, étendu et modifié les dispositions de l'ordonnance.

10.—Une déclaration du roi du 23 déc. 1699 ajouta quelques précautions restrictives à la législation par les lettres de répit.

11.—Une déclaration du roi du 16 nov. 1702 établit, en l'empruntant au réglement pour Lyon de 1667, la règle importante en vertu de laquelle les cessions et transports, priviléges et hypothèques sont nuls, s'ils n'ont existé que pendant les dix jours qui ont précédé la connaissance publique de la faillite.

12.—Nous avons rapporté au mot ATERMOIEMENT, les vicissitudes qu'éprouva, relativement à la connaissance des faits concernant les faillites et banqueroutes, la compétence de la juridiction consulaire. Ce fut une déclaration du 11 janv. 1716 qui imposa aux créanciers la formalité de l'affirmation. La vérification des créances, instituée par une déclaration du roi du 13 sept. 1739, demeura dès-lors distincte de l'affirmation.

13.— Un arrêt du conseil du 24 sept. 1724 établit une Bourse à Paris, et interdit les fonctions d'agens de change à ceux qui avaient obtenu des lettres de répit ou fait faillite ou contrat d'atermoiement. Un autre arrêt du conseil du 21 avr. 1766 défendit aux faillis l'entrée de la Bourse.

14. — Une grande confusion existait, ainsi que l'attestent les arrêts et les auteurs, quant aux attributions des corps de judicature, relativement aux faillites et banqueroutes ; de nombreux arrêts du conseil, qu'il serait oiseux de rapporter, évoquaient les procès soit civils, soit criminels, et les renvoyaient devant des juges qu'ils déterminaient.

15.—La réciprocité en cas de faillites était le principe des conventions diplomatiques passées entre la France et les nations voisines. — V. notamment la déclaration du roi du 20 juin 1784 pour les états helvétiques. — Les lettres-patentes du 11 avr. 1786, pour la ville libre et impériale de Francfort-sur-le-Mein. — Les lettres-patentes du 30 juin 1786, pour la principauté de Neufchâtel et Vallangin. — Les lettres-patentes du 6 déc. 1786, pour les états du prince évêque de Bâle. — Les lettres patentes du 4 oct. 1789, pour plusieurs bailliages communs des louables républiques de Berne et de Fribourg, etc.

16.— Sous le ministère de M. Hue de Mirosménil (garde des sceaux de 1774 à 1787), on essaya de réformer la législation dont l'ordonn. de 1673 n'était qu'une expression imparfaite; mais la retraite du ministre entraîna la dissolution de la commission qu'il avait appelée auprès de lui pour la réforme des lois de commerce. Cette commission n'a laissé qu'un extrait du travail auquel elle s'était livrée.

17. — Un arrêté des consuls du 13 germin. an 9, établit auprès du ministre de l'intérieur une commission de sept membres, chargés de concourir à la rédaction d'un projet qui fut présenté aux consuls le 13 frim. an X, par Chaptal, ministre de l'intérieur, et envoyé aux tribunaux et conseils de commerce.

18.—Ce projet primitif et les observations des tribunaux servirent de matériaux pour la rédaction du projet qui fut dressé par la section de l'intérieur du conseil d'état. On peut voir dans M. Renouard (*Tr. des Faill. et banq.*, t. 1er, p. 140) ceux des points fondamentaux qui ont été le plus vivement discutés.

19.—A la suite des observations du tribunat et des modifications que fit introduire l'empereur Napoléon, qui, après les victoires d'Eylau et de Friedland et la paix de Tilsit, revint présider le conseil d'état, le projet du livre 3 du Code de commerce fut présenté au corps législatif le 3 sept. 1807. — (V. *Exposé des motifs*. Thierriet, *cours de dr. comm.*, p. 207). Le vœu d'adoption du tribunat fut émis le 12 sept. 1807, et le même jour le projet fut décrété par le corps législatif. Promulguée le 22 sept., cette loi ne fut exécutoire, comme tout le reste du Code, qu'à dater du 1er janvier 1808.

20. — Implantée par la conquête, notre loi est restée ou est devenue la loi de beaucoup de pays étrangers. La Belgique, Genève, plusieurs états d'Italie et de l'Allemagne l'ont conservée ; d'autres nations, la Grèce par exemple, l'ont imitée, ainsi que l'a démontré M. Anthoine de Saint-Joseph, juge au tribunal de la Seine, dans sa concordance des Codes de commerce étrangers avec le Code de commerce français. M. Renouard (*loc. cit.*, t. 1er, p. 150), analyse les Codes de commerce des Deux-Siciles, d'Espagne, de Hollande, de Valachie et Moldavie, ainsi que la loi anglaise du 2 mai 1825 *sur les Banqueroutiers.*

21.—M. Rauter (*Revue étrangère de législation*, t. 1er, p. 577) a clairement exposé le droit allemand en ce qui concerne les faillites. C'est cette législation qui régit le royaume Lombardo-Vénitien, et c'est dans le même système qu'a été rédigé, avec quelques emprunts de détails au droit français, le code de Hongrie dans le titre : *du Concours des créanciers*, promulgué en 1839 et 1840.

22. — M. Renouard (*loc. cit.*, t. 1er, p. 158), après avoir indiqué les différens systèmes des législations européennes en matière de faillite, fait remarquer que plusieurs principes communs apparaissent dans toutes les législations, et les dominent toutes parce qu'ils sont inhérens à la nature même des droits placés en présence les uns des autres. — Voici les plus importans de ces principes fondamentaux : dans le désordre d'une faillite, tous les créanciers doivent être traités également, mais sans que l'on porte atteinte aux droits légitimes de préférence qui peuvent exister au profit de quelques uns d'eux. — Ce n'est point par le débiteur, c'est par les créanciers eux-mêmes et par l'autorité judiciaire que doivent être vérifiées et jugées les prétentions à des créances ou à des priviléges. — Tous les créanciers unis fortuitement par un malheur commun, forment un être collectif, une masse à qui appartient, de concert avec l'autorité publique, chargée d'empêcher que les intérêts des absens, des incapables, des dissidens, ne soient sacrifiés, la surveillance des biens qui forment son gage. — Quelques volontés individuelles ne doivent pas empêcher les mesures jugées utiles dans l'intérêt commun; mais la loi prend des précautions pour que l'intérêt commun soit équitablement et manifestement constaté. — La fraude, la mauvaise foi, le désordre doivent être punis. Le malheur, accompagné de la bonne foi, doit être secouru.

23.—Par une circulaire du 22 mai 1826, le ministre de la justice (M. de Peyronnet), pria les magistrats de transmettre des observations motivées et détaillées sur les changemens et améliorations qu'il serait utile d'introduire dans une nouvelle loi sur les faillites (Gillet, *Analyse des circulaires, instr. et décis. du ministre de la justice*, p. 281). Les observations furent recueillies au ministère de la justice.

24.—Un arrêté du ministre de la justice (M. Barthe) du 18 nov. 1833, nomme une commission chargée de présenter un projet de loi. M. Persil, qui, le 4 avr. 1834, succéda à M. Barthe, comme garde-des-sceaux, fit un travail personnel sur le projet de la commission. La principale modification qu'il y apporta fut de supprimer les *agens* institués par le Code, comme premiers administrateurs provisoires de la faillite.

25.—Le 1er déc. 1834, le projet de loi fut présenté à la chambre des députés par le garde-des-sceaux (M. Persil). M. Renouard, rapporteur de la commission de la chambre des députés, présenta son rapport le 26 janv. 1835. Le projet de loi, adopté par la chambre des députés le 25 fév. suiv. fut présenté à la chambre des pairs le 28 mai par le garde des sceaux (M. Persil). Mais la session fut close avant que la commission de cette chambre eût fait son rapport. — Le même projet fut présenté de nouveau le 26 janv. 1836. — M. Tripier, rapporteur de la commission, déposa son rapport dans la séance du 12 mai 1836, toutefois la session fut close encore une fois avant que le projet de loi pût être discuté. Le projet, amendé par la chambre des députés et modifié par la commission de la chambre des pairs, fut, en vertu d'un arrêté du garde des sceaux (M. Sauzet) du 4 août 1836, soumis dans chacun de ses articles à une révision complète.

26.—Les travaux de cette commission furent dirigés d'abord par M. Sauzet, puis par M. Persil qui, le 6 sept. 1836, le remplaça comme ministre. — M. Persil présenta à la chambre des pairs, le 17 janv. 1837, le nouveau projet du gouvernement, M. Tripier fit le rapport le 13 avr. suivant, et le projet fut adopté le 8 mai 1837 par la chambre des pairs.

27. — La chambre des députés ayant été saisie de ce projet, le 15 janv. 1838, M. Quénault présenta le rapport de la commission le 17 mars 1838, et il fut adopté par la chambre des députés dans la séance du 5 avr. Le projet, reporté à la chambre des pairs le 16 du même mois, fut, après un court rapport de M. Tripier, fait le 10 mai, adopté sans amendement et sans discussion par cette chambre dans sa séance du 14 mai 1838.

28. — La loi portant la date du 28 mai 1838 a été promulguée le 8 juin.

29. — La loi du 28 mai 1838, qui forme actuellement le troisième livre du Code de commerce, contient le même nombre d'articles que le troisième livre du Code de commerce de 1807, sous la même série de numéros : mais chacun des numéros du nouveau Code ne correspond pas exactement au numéro du Code ancien, qu'il conserve ou remplace. — La loi du 28 mai 1838 a été exécutoire à partir du 8 juin 1838, date de sa promulgation; elle ne régit que les faillites déclarées postérieurement. — Elle n'est applicable aux faillites déclarées antérieurement à sa promulgation que dans deux cas, 1° en ce qui touche les réhabilitations (V. ce mot); 2° en ce qui touche la clôture des opérations, en cas d'insuffisance de l'actif.

30. — La crainte d'être obligé de se jeter dans des détails sans fin, ou de donner ouverture à des embarras pour la pratique, a empêché le législateur d'étendre aux faillites déclarées avant la loi du 28 mai 1838, quelques autres de ses dispositions qui auraient pu leur être appliquées sans porter atteinte au principe de la non rétroactivité des lois. Renouard, *Tr. des faill. et banq.*, t. 1er, p. 217.

CHAPITRE II. — *Caractères de la faillite et cas dans lesquels elle a lieu.*

31. — L'art. 437, C. comm., porte : « Tout commerçant qui cesse ses paiemens est en état de faillite. » — Il faut donc, pour pouvoir être déclaré en faillite, 1° *Etre commerçant; 2° Cesser ses paiemens.* — Bravard, *Manuel*, p. 363.

32. — On ne peut appliquer aux individus non négocians les dispositions du Code de commerce sur les faillites. — *Rennes*, 24 mars 1812, Fabre c. des créanciers; — Delvincourt, *Cours de C. civil*, t. 3, p. 384, note; Persil, *Régime hypoth.*, art. 2146, n° 11; Grenier, *Tr. des hypoth.*, t. 1er, n° 123; Boulay-Paty, *Faillites et banquer.*, t. 1er, n° 10; Gadrat, *Faill. et banquer.*, t. 1er, p. 2; Duranton, t. 20, n° 80, et Troplong, t. 3, n° 461.

33. — L'état d'insolvabilité du débiteur non commerçant est régi par la loi civile et a reçu le nom de *déconfiture.* — V. ce mot.

Sect. 1re. — *De la qualité de commerçant.*

34. — On est commerçant dès qu'on fait habituellement des actes de commerce, bien qu'on ne soit pas patenté, et quand même on exercerait principalement une autre profession, si étrangère qu'elle pût être à l'exercice de ces actes. — Renouard, *Tr. des faill.*, t. 1er, p. 232.

35. — Mais quelques actes isolés ou passagers ne suffisent pas pour constituer la profession de commerçant, pas plus que des actes, fussent-ils habituels, que l'on ferait pour la seule administration de sa fortune personnelle. — Même auteur, *ibid.*

36. — Il a été jugé qu'il n'était pas essentiellement nécessaire d'être commerçant pour être déclaré en faillite. — *Bruxelles*, 17 fév. 1810, Dancels. — Cet arrêt ne saurait faire autorité.

37. — Mais c'est avec raison qu'il a été jugé que l'insolvabilité d'un individu qui a été dans le commerce ne suffit pas pour le faire déclarer en état de faillite, lorsqu'il n'est pas reconnu qu'il est actuellement commerçant. — *Cass.*, 16 mars 1818, Lambert. — Locré, *Esprit du C. de comm.*, t. 3, p. 2; Em. Vincens, *Législ. comm.*, t. 1er, p. 533; Pardessus, *Cours de Dr. comm.*, t. 4, n° 1091; Boulay-Paty, *Tr. des faill. et banquer.*, t. 1er, n° 10, et t. 2, p. 414, *observat. sur la déconfiture*; Bioche et Goujet, *Dict. de proc.*, v° *Faillite*, n° 5; Gadrat, *Faill. et banquer.*, t. 1er, p. 2; et Lainné, *Comment. de la loi du* 8 *juin* 1838 *sur les Faillites et banquer.*, p. 8 et 9.

38. — L'arrêt qui, de la circonstance qu'un individu a fait le commerce pendant plus de trente ans, a induit qu'un traité fait verbalement à l'effet de substituer à son fonds de commerce l'un de ses commis ne prouvait pas suffisamment la cessation entière de la profession du cédant, et, par suite, ne faisait point obstacle à ce qu'il pût encore être déclaré en état de faillite, ne viole aucune loi, surtout si, depuis la cession, le cédant a pris et reçu, dans plusieurs actes, la qualité de négociant, souscrit des billets à ordre, subi des condamnations commerciales, même par corps, sans élever aucune contestation sur cette qualité ou sur la compétence. — *Cass.*, 1er avr. 1829, Philippe c. de Condeville.

39. — Avant le Code de commerce, il y avait lieu de prononcer la faillite de l'individu qui, après avoir fait de nombreuses négociations en lettres de change et entretenu à raison de ces négociations correspondance avec des banquiers, devenait insolvable. — *Bruxelles*, 25 août 1809, Delabarre c. Daoust.

40. — Mais sous le Code de commerce un individu ne peut être réputé négociant, et par suite déclaré en faillite, pour avoir signé un grand nombre de billets à ordre, et essuyé à l'occasion de ces billets des protêts et des condamnations. — *Paris*, 13 janv. 1816, Aubé de Braquemont.

41. — Un tailleur de pierres est commerçant et, comme tel, susceptible d'être déclaré en faillite, si, au lieu de se borner à tailler des pierres qui lui sont confiées à cet effet, il achète habituellement des pierres brutes pour les revendre après les avoir taillées. — *Cass.*, 15 déc. 1830, Durand c. Olivier.

42. — Peut être déclaré en faillite l'entrepreneur d'un cercle de lecture qui reçoit des abonnés une rétribution annuelle et fournit, à eux seulement, dans le local du cercle, du café et des rafraîchissemens aux prix communs de la ville. — *Grenoble*, 12 déc. 1829, Tournu c. Ribaud.

43. — Le propriétaire d'une manufacture qui fait des achats pour son établissement et en revend les produits, qui se livre d'ailleurs à de fréquentes opérations de commerce, doit être réputé commerçant et peut être, en cas de cessation de paiemens, constitué en état de faillite et non de simple déconfiture. — *Paris*, 9 janv. 1813, Defiers c. Barthélemy et Abadie.

44. — Un foulonnier peut être constitué en état de faillite par le tribunal de commerce, lorsque ses établissemens sont tels qu'ils constituent, par leur importance, une manufacture. — *Rouen*, 2 déc. 1825, Duval c. Chardon.

45. — L'individu qui s'est chargé à forfait des frais nécessaires à l'établissement d'un ordre religieux a fait par là acte de commerce, et peut être déclaré en faillite. — *Paris*, 15 avr. 1834, Dufour c. Hémar.

46. — Mais une maîtresse de pension, ayant pour but principal l'éducation des enfans et non la fourniture des alimens, ne peut être rangée dans la classe des commerçans, et par suite être déclarée en faillite. — *Paris*, 11 juill. 1829, Julien.

47. — Un particulier ne peut être considéré comme commerçant, et déclaré en état de faillite, par cela seul qu'il a été, en qualité d'ancien capitaine de vaisseau, appelé à faire partie d'un tribunal de commerce, et qu'il a accepté ou tiré quelques effets de commerce. — *Rennes*, 10 avr. 1811, Danet.

48. — Le propriétaire d'une ardoisière ne peut être réputé commerçant, bien qu'il façonne lui-même des ardoises et qu'il ait pris une patente. Il ne saurait dès-lors être déclaré en faillite. — *Metz*, 24 nov. 1840 (t. 2, 1841, p. 512), Parizelle dit Ministre, Cautier.

49. — Un directeur de théâtre soumis à un régime administratif particulier ne peut être compris dans la classe des commerçans ordinaires qui peuvent être déclarés en état de faillite, d'après les dispositions de l'art. 437, C. comm. — *Rennes*, 19 déc. 1822, Léger c. Dangis. — Cette solution ne nous paraît en harmonie ni avec la législation sur les théâtres, qui prive de son privilége le directeur qui tombe en faillite, ni avec la pratique du tribunal de commerce de la Seine, qui a plus d'une fois déclaré la faillite des directeurs de théâtres. — V. Esnault, *Faill. et banq.*, t. 1er, n° 53. — V. au surplus au mot COMMERÇANT, quels sont ceux que l'on doit considérer comme commerçans.

50. — Le mineur et la femme mariée ne peuvent être déclarés en faillite qu'autant qu'ils ont été autorisés à faire le commerce dans les formes prescrites par les art. 1er à 7, C. comm. Ce n'est pas des actes de commerce auxquels ils se sont livrés, ce n'est pas de leurs faits que peut dériver leur qualité, puisque c'est précisément pour les protéger contre leurs faits et leurs actes que la capacité leur est refusée. — Renouard, *Tr. des faill.*, t. 1er, p. 235; Esnault, *ibid.*, n°s 64 et 66.

51. — La femme d'un commerçant failli, qui n'a fait que détailler les marchandises du commerce de son mari, ne peut être déclarée en état de faillite, dans le cas même où elle figurerait au bilan et l'aurait signé conjointement avec son mari. — *Paris*, 7 fév. 1835, Marthe c. Laurens. — On déciderait la même chose s'il s'agissait de signature ou de consentement donnés par un mineur non habilité au commerce. — Renouard, *ibid.*

52. — M. Delvincourt (*Institut. comm.*, t. 2, p. 412) et M. Pardessus (*Cours de dr. comm.*, t. 4, n° 1093) considèrent comme une exception à la règle qu'un débiteur ne peut être déclaré en faillite qu'en cas de cessation de paiemens, les dispositions des articles 85 et 89 du C. de comm., et 404 du C. pén., qui interdisent aux agens de change et courtiers de commerce de se livrer, pour leur compte, à des opérations de banque et de commerce, et ordonnent, en cas de faillite, de les poursuivre comme banqueroutiers, et de les punir, s'ils ont fait faillite, des travaux forcés à temps; s'ils ont fait banqueroute, des travaux forcés à perpétuité. — M. Renouard (*Tr. des faill.*, t. 1er, p. 233) est d'un avis contraire; « Ces agens intermédiaires, dit-il, n'ont pas le droit d'être commerçans, mais enfin, ils peuvent l'être, et c'est précisément dans la prévision des cas où ils viendraient à se livrer à des opérations de commerce et où ils feraient faillite en cessant leurs paiemens commerciaux, que la loi punit leur faillite des peines de la banqueroute frauduleuse, et leur banqueroute frauduleuse des travaux forcés à perpétuité; ils sont faillis parce qu'ils se sont faits commerçans; leur faillite est sévèrement punie, parce que la loi leur défendait de se faire commerçans. »

53. — Un avocat, un magistrat qui, infidèles aux règles et aux convenances de leur profession, ont fait des actes de commerce et ont cessé leurs paiemens commerciaux, peuvent être déclarés en faillite. — V. sur l'application de ces principes, *Montpellier*, 11 mai 1844; Rech (t. 1er, p. 682); — Esnault, *loc. cit.*, n° 44. — M. Renouard (*ibid.*) exprime le vœu qu'une législation intervienne, qui punisse ces faillites comme celles des agens de change et des courtiers.

54. — Le notaire qui s'adonne habituellement à des opérations de banque et de courtage, peut-être réputé commerçant et déclaré en état de faillite. — *Caen*, 16 août 1811, Lebreton c. Poitevin; *Cass.*, 28 mai 1828, M. G.; *Paris*, 24 fév. 1831; Chauvot c. Chollet; *Paris*, 17 déc. 1842 (t. 1er 1844, p. 412), Lebon; *Rouen*, 9 août 1843 (t. 1er 1844), Peclet; — Boulay-Paty, *des Faill. et Banq.*, t. 1er, n° 17; Bioche et Goujet, *Dictionn. de procéd.*, v° *Faillite*, n° 4; Rolland de Villargues, *Répert. du notariat*, v° *Faillite*, n° 3; Gagneraux, *Comment. sur la loi du 25 vent. an XI*, art. 1er, n° 37, et art. 7, n° 20; Gadrat, *Faill. et banq.*, t. 1er, p. 3; Esnault, *ibid.*, n° 43; Bedarride, *Faill. et banq.*, t. 1er, n° 30.

55. — Mais il ne suffit pas d'établir qu'un notaire a contracté des engagemens de commerce et qu'il a fait quelques actes réputés actes de commerce pour qu'on puisse le déclarer en état de faillite; il faut encore prouver qu'il en a fait sa profession habituelle. — *Bordeaux*, 1er mars 1841 (t. 1er, 1841, p. 702); Durand et Baillon c. Fabre. — C'est dans le même sens qu'il a été jugé, le 12 fructid. an XI, par le tribunal d'appel de *Paris* (Baudoulet c. Ladouzelle), qu'un notaire ne peut être considéré comme négociant, et par suite être déclaré en faillite.

56. — L'huissier qui se livre habituellement à des actes de commerce, peut, lorsqu'il cesse ses paiemens, être déclaré en faillite. — *Bordeaux*, 9 déc. 1828, Goulmain-Cornille c. Mencie.

57. — Un fonctionnaire public, tel qu'un receveur de l'enregistrement, qui fait de nombreux actes de commerce, peut être déclaré en faillite. — *Bruxelles*, 25 janv. 1809; Allard. — V. aussi Esnault, *ibid.*, n° 58.

Sect. 2. — *De la cessation de paiemens.*

58. — On peut considérer la faillite sous deux points de vue, ou comme l'état du commerçant qui a cessé ses paiemens, ou comme l'état du commerçant qui a été judiciairement déclaré failli; mais la loi, conformément à la coutume commerciale, considère la faillite comme un fait qui existe par lui-même, un fait que le jugement déclaratif constate mais ne crée pas. — Renouard, *Tr. des Faill.*, t. 2, p. 220; Menot, *Lég. comm.*, p. 33.

59. — Il suit de là que si la constitution judiciaire de la faillite appartient exclusivement aux tribunaux de commerce; l'existence de la faillite, c'est-à-dire la cessation générale des paiemens d'un commerçant étant un fait, tous les tribunaux saisis d'une contestation où ce fait est impliqué, ont le pouvoir de le reconnaître, de le constater et d'en appliquer les conséquences aux litiges desquels ils sont saisis. — V. BANQUEROUTE.

60. — Y a-t-il des signes certains qui puissent caractériser la cessation des paiemens? — L'ordonn. de 1673, tit. 11, art. 1er, réputait la faillite ou banqueroute ouverte du jour que le débiteur s'était retiré, ou que le scellé avait été apposé sur ses biens.

61. — Le Code de 1808 a voulu préciser davantage, en fixant l'époque à laquelle la faillite a commencé, soit par la retraite du débiteur, soit par la clôture de ses magasins, soit par des actes constatant

de sa part un refus d'acquitter des engagemens de commerce. — Pardessus, t. 4, nos 1100 et 1106.

62.— Mais, d'après la loi du 28 mai 1838, il n'en est plus de même. La cessation de paiemens est un fait complexe dont l'appréciation, nécessairement arbitraire, doit être laissée à la prudence des juges. Les tribunaux n'ont pas besoin de s'occuper de la *notoriété* de la cessation de paiemens qui avait été exigée par le projet de loi primitif. Ils n'ont à prendre pour règle que la réalité de cette cessation de paiemens et sa généralité. —Renouard, *Tr. des faill.*, t. 1er, p. 226.

63.—Il peut y avoir cessation de paiemens, quoiqu'il n'y ait pas insolvabilité complète. — Pardessus, *Cours de dr. comm.*, t. 5, no 1321; Boulay-Paty, *Faill. et Banq.*, t. 1er, p. 31; Saint-Nexent, *Faill. et banq.*, t. 1er, no 6; — contr. Locré, *Espr. du C. de comm.*, sur l'art. 437. — Un commerçant peut, en effet, bien que son passif soit inférieur à son actif, ne pas remplir ses engagemens; ce résultat peut n'être que l'effet de la perte de son crédit; — Fremery, *Et. du dr. comm.*, p. 352.

64.—Mais si ses paiemens ne subissent pas la plus légère interruption; si, par son crédit, il fait constamment face à tous ses engagemens, il n'est pas en état de faillite, quoique son passif soit supérieur à son actif. — Pardessus, no 1321; Gadrat, *Faill. et banq.*, t. 2, p. 5.

65.— M. Locré (*ibid.*, t. 5, p. 18) prétend que le Code de 1808 avait tracé les caractères légaux, à l'aide desquels la suspension de paiemens pouvait se distinguer de la cessation de paiemens. — M. Em. Vincens (*Législ. comm.*, t. 1er, p. 432), tout en reconnaissant que cette distinction n'existait pas, exprime le désir qu'elle soit consacrée par le législateur. Elle a été très catégoriquement écartée par M. Renouard, dans son rapport présenté à la chambre des députés dans la séance du 26 janv. 1835, par ce motif principal, que si tous les créanciers étaient d'accord pour concéder du temps au débiteur, l'intervention de la loi était inutile; que si quelques créanciers s'y refusaient, il faudrait pour réunir les créanciers, les convoquer, vérifier et faire affirmer leurs créances, et remplir ainsi des formalités dispendieuses. — V. Horson, *Quest.*, t. 2, n. 152.

66.— La cessation de paiemens est le seul caractère incontestable de la faillite. — *Paris*, 6 janv. 1812, Molin et Jeannel c. Lordereau. — V. Saint-Nexent, t. 1er, no 16.

67.—La simple cessation de paiemens suffit pour constituer un débiteur en état de faillite. La circonstance que ce débiteur est ou paraît être solvable, n'empêche pas que, malgré cette cessation, il puisse être réputé failli. — *Cass.*, 30 avr. 1810, Barreau c. Renault; — Pardessus, *C. de comm.*, t. 5, no 1319; Boulay-Paty, *des Faill. et banquer.*, no 24, et E. Vincens, *Législ. comm.*, t. 1er, p. 482. V. toutefois Esnault, *Faill. et banq.*, t. 1er, no 76.

68.— La cessation de paiemens, de la part d'un négociant, le constitue en faillite, quelle qu'en soit la cause, et lors même qu'elle proviendrait d'un fait de force majeure, tel que son arrestation par mesure administrative. — *Cass.*, 18 mars 1826, Dermenon-Annet.

69.— On doit considérer comme ayant cessé ses paiemens, et se trouvant en état de faillite le commerçant dont les effets protestés n'ont pas réellement été payés, mais seulement renouvelés continuellement. — *Bordeaux*, 11 juin 1830, Espinasse c. Lèques.

70. — Décidé qu'il suffit, pour faire déclarer un commerçant en faillite, qu'il ait refusé de payer une dette, sans qu'il soit nécessaire qu'il ait suspendu ou cessé tous ses paiemens. — *Nîmes*, 28 avr. 1831, Iraque c. Montvaillant.

71.— La cessation de paiemens constituant l'état de faillite, peut être réputée résulter du défaut de paiement d'un seul effet important, encore qu'ultérieurement des billets d'une faible valeur aient été acquittés. — *Cass.*, 26 avr. 1841 (t. 2 1841, p. 373), Boutard c. Beutard.

72.— Pour déclarer un commerçant en faillite, il n'est pas nécessaire qu'il y ait, de sa part, cessation absolue de paiemens; il suffit que le montant des effets protestés, des condamnations intervenues contre lui, excède la valeur du gage qu'il peut offrir à ses créanciers. — *Bourges*, 27 août 1824, Guenot c. Périgne-Desmarais; — Pardessus, *Droit comm.*, t. 4, no 1101; Favard, *Rép.*, vo *Faillite*; Boulay-Paty, t. 1er, no 20.

73.— Des paiemens partiels, qui ne portent que sur quelques frais de poursuites à l'effet de saisies-exécutions, ne caractérisent pas la continuation de paiemens exigée par la loi pour exclure l'état de faillite. — *Colmar*, 3 déc. 1816, Diemert c. Heimbac et Champy; — Pardessus, no 1101; Bioche et Goujet, *Dictionn. de procéd.*, vo *Faillite*, no 7. — Autrement, quelques paiemens modiques, peut-être même frauduleux, seraient allégués comme des preuves d'un crédit conservé, quoique évidemment perdu; — Pardessus, (*loc. cit.*) no 1101; Rolland de Villargues, vo *Faillite*, no 12; Bioche et Goujet, vo *Faillite*, no 7.

74.—Ce n'est pas être en faillite que de manquer à quelques engagemens seulement, s'il est constant que le défaut de paiement procède de la difficulté de réaliser des fonds, et si le débiteur se libère avant d'être assigné devant les tribunaux; — Pardessus, t. 4, no 1101; Renouard, t. 1er, p. 219; Gadrat, *Faill. et banq.*, t. 1er, p. 6.

75.— L'ouverture de la faillite d'un négociant ne doit être déterminée que par la cessation de ses paiemens, ou par la déclaration qu'il en fait, quelles que soient d'ailleurs les circonstances auxquelles on puisse reconnaître l'embarras de ses affaires. — *Grenoble*, 1er juin 1831, Ollivier.

76.— Une société de commerce ne peut être déclarée en faillite, parce que son passif dépasse son actif, ou que des lettres de change non souscrites par elle, mais tirées sur elle, ont été protestées, s'il n'y a d'ailleurs ni cessation de paiemens, ni déclaration de faillite de la part du gérant. — *Colmar*, 17 mars 1810, Schlumberger c. Benner.

77.—On ne peut légèrement constituer en faillite un négociant qui éprouve des embarras momentanés, et plus particulièrement un directeur de théâtre, dont l'administration est soumise à des chances incalculables. — *Rennes*, 19 déc. 1822, Léger c. Dangis.

78. — L'état de faillite ne résulte pas nécessairement d'une cessation de paiement qui n'est qu'accidentelle et temporaire, et non l'effet de la situation réelle du commerçant. — *Paris*, 14 juin 1815, Mahon c. Tapin; — *Cass.*, 19 déc. 1831, Pichoret c. Bodinier; — *Paris*, 25 nov. 1830, Bodinier c. Pichoret. — V. aussi Esnault, *loc. cit.*, t. 1er, no 76.

79.—Jugé que l'art. 441, C. comm. 1808, qui déterminait les signes caractéristiques de la faillite, devait être interprété dans un sens rigoureux et limitatif, en sorte que, s'il n'y avait point cessation publique de paiemens ou déclaration du failli, les autres événemens étaient insuffisans pour établir l'ouverture de la faillite. — *Bruxelles*, 24 mars 1810, Doubleistein c. Colson. — Cette décision serait applicable sous le Code actuel.

80.— De simples protêts isolés, non suivis de condamnations, ne suffisent pas pour motiver l'état de faillite. — *Paris*, 8 août 1809, Herban c. Garnery; *Aix*, 18 janv. 1825, Bouchet c. Larry; *Paris*, 13 mai 1826, Lebon c. Wildy; — Pardessus, t. 4, no 1101; Bioche et Goujet, *Dictionn. de procéd.*, vo *Faillite*, no 20; Saint-Nexent, *loc. cit.*, t. 1er, no 12.

81.— Le négociant qui a endossé des effets de commerce ne saurait être déclaré en faillite, parce que ces effets ont été protestés faute de paiement, mais à un domicile autre que le sien, et à une époque où il acquittait encore des engagemens de commerce à son propre domicile. — *Cass.*, 6 janv. 1813, Carteret. — Boulay-Paty, t. 1er, nos 26 et 47.

82. — Mais un seul protêt suffit pour constituer l'ouverture d'une faillite, si depuis ce premier refus de paiement le débiteur a laissé tous ses engagemens en souffrance, et a laissé successivement protester les billets qu'il avait consentis. — *Bordeaux*, 19 déc. 1833, Damblat c. Boutin.

83.— Le protêt d'une seule lettre de change purgé depuis par le paiement, et des constitutions d'hypothèques, fussent-elles attaquables comme faites en fraude des créanciers, ne sont pas des actes propres à déterminer la fixation de l'ouverture d'une faillite. — Mais, lorsqu'à la suite d'un protêt, le débiteur a convoqué ses créanciers, leur a déclaré qu'il était dans l'impossibilité de remplir ses engagemens à leurs échéances, qu'il a soumis la vente et la gestion de ses biens à leur surveillance, qu'il s'est engagé même à leur rendre compte de ses opérations, et qu'ainisi il a cessé de conserver la libre administration et disposition de ses biens, c'est de cette époque que doit dater l'ouverture de la faillite, bien que la déclaration de cessation de paiement n'ait été faite que deux années plus tard. *Bruxelles*, 22 août 1812, Neefs.

84. — Ne peut constituer l'état de faillite, 1o le refus d'un négociant d'acquitter une dette litigieuse. *Rennes*, 12 sept. 1810, douanes c. B. — V. sur ce point Esnault, *loc. cit.*, t. 1er, n. 80.

2o Le refus d'exécuter des marchés à terme dont un négociant demande la nullité. *Caen*, 29 mars 1825, Maneel c. Patinot.

3o Le refus que fait un négociant d'exécuter un traité qu'il avait souscrit, et par lui attaqué de nullité comme étant le fruit de l'erreur. *Grenoble*, 18 juin 1831, Ollier et autres c. Thomas; — Pardessus, no 1105.

85.— Une saisie réelle contre un ancien marchand devenu étranger au commerce ne peut le faire réputer failli. *Cass.*, 11 flor. an XI; — Garilh-Barrot c. Loches.

86.—Le défaut de paiement des obligations contractées par un négociant pour affaires commerciales, donne lieu à la déclaration de faillite, quoique cette déclaration ne soit provoquée que postérieurement à l'époque où ce négociant a cessé le commerce. *Metz*, 20 fév. 1811, Mathis.

87.— Le commerçant qui a disparu de son domicile, qui était dans un état de faillite notoire, et a éprouvé depuis sa disparition deux saisies conservatoires et quatre dénonciations de protêt, ne peut se plaindre d'avoir été déclaré en état de faillite, alors d'ailleurs, qu'accusé de banqueroute frauduleuse, son état de négociant failli a été déclaré par le jury. — *Cass.*, 16 sept. 1831, Buret

88.—En un mot, il n'est juste de considérer un négociant en état de faillite, que dans le cas où, succombant sous le poids de ses engagemens, il se trouve dans l'impossibilité d'y faire face; lorsqu'il existe un grand nombre de refus de paiement, d'où l'on peut conclure moralement qu'il y a cessation absolue; ou, enfin, si le nombre des dettes non acquittées est peu considérable, lorsque des circonstances accessoires annoncent une rupture de commerce. — Pardessus, no 1101.

89.—La preuve du refus de paiement peut résulter d'un écrit privé, d'une lettre missive, par exemple. *Nîmes*, 28 avr. 1831, Iraque c. Montvaillant.

90.—L'appréciation du caractère des faits constitutifs de la cessation de paiemens, rentre-t-elle dans le domaine exclusif des juges du fond? Cette question paraît résolue négativement d'une manière implicite par l'arrêt de *Cass.*, 26 avr. 1841 (t. 2 1841, p. 373), Boutard c. syndics Beutard; V. cependant Cass., 15 nov. 1828, Garcet.

91.— Une contestation en justice contre un seul créancier ne constitue pas la cessation des paiemens. *Rennes*, 22 sept. 1810, Douanes c. B....

92.—Mais le commerçant qui n'a qu'un créancier unique peut-il être déclaré en faillite? — En principe général tout commerçant qui, par une impossibilité qui n'est ni temporaire ni accidentelle, cesse ses paiemens, est en état de faillite; tout créancier peut provoquer la décision propre à constater cette situation; cette déclaration doit même émaner du débiteur lui-même. La loi ne fait pas d'exception pour le cas où le failli n'a qu'un seul créancier; car ce serait attacher trop d'importance au texte de la loi, que de considérer les mots, de l'art. 437, « *qui cesse ses paiemens*, » comme emportant l'idée d'un refus de paiemens à l'égard de plusieurs individus. Le créancier unique a, d'ailleurs, intérêt à faire déclarer la faillite, soit pour faire annuler les libéralités consenties par son débiteur, soit pour faire restreindre les droits de la femme de celui-ci, soit pour le dessaisir de l'administration de biens qui, convenablement gérés, peuvent permettre au créancier de recouvrer ce qu'il a avancé. Dira-t-on que le Code de commerce suppose une masse de créanciers, des vérifications contradictoires, des délibérations communes; nous répondrons que la loi a prévu le cas le plus général; mais qu'il n'en faut pas conclure qu'elle ait voulu interdire la faillite quand il n'y a qu'un seul créancier, autrement il faudrait reconnaître que le Code a permis à un négociant d'échapper aux conséquences de sa profession, en contractant un emprunt assez considérable pour amortir ses dettes partielles, et ne laisser subsister qu'une seule victime. Une pareille conséquence n'a pu entrer dans le vœu de la loi. — N'est-il pas, d'ailleurs, bien difficile de s'opposer de prime abord à la déclaration, par la raison qu'il n'existerait qu'un créancier? Et comment peut-on savoir d'une manière certaine si, dans le cours des opérations de la faillite, d'autres créanciers ne se présenteront pas, notamment par suite du rapport de paiemens reconnus frauduleux?

93. C'est, au reste, en ce sens que s'est prononcée la jurisprudence. En effet, s'il a été jugé qu'un commerçant qui n'a qu'un seul créancier, ne peut pas être déclaré en état de faillite. — *Paris*, 30 mai 1838 (t. 1er 1839, p. 433), K..., il existe de nombreuses décisions en sens contraire. — *Pau*, 26 août 1824, Rancès c. Garrapt; — *Orléans*, 29 mai 1840 (t. 2 1840, p. 272), Serrou c. Lauret; — *Cass.*, 7 juill. 1841 (t. 2 1841, p. 204), Lauzet c. Serrou; — *Cass.*, 6 déc. 1841 (t. 2 1841, p. 697), K...; — *Colmar*, 19 avr. 1842 (t. 2 1842, p. 381), Walch c. Jenny; — *Rouen*, 22 juin 1842 (t. 2 1842, p. 381), K...; — *Bourges*, 21 mai 1842 (t. 2 1842, p. 742), Gouyon c. Perrot-Baujon; — Lainné, p. 38; Renouard, *Tr. des faill.*, t. 1er, p. 265; Bioche et Goujet, vo *Faillite*, no 41; Bédarride, *Tr. des faill.*, no 58; Esnault, *loc. cit.*, t. 1er, no 82.

94. Lorsqu'un négociant a déclaré à ses créanciers qu'il suspendait ses paiemens (ce qui constituait son état de faillite sans qu'il fût besoin de

jugement déclaratif), que ces créanciers se sont réunis, et l'ont autorisé à liquider ses affaires, vendre ses immeubles et payer ses dettes par dividendes sur les rentrées qu'il pourrait opérer, le tout sous la surveillance et avec l'avis et le consentement d'un conseil de liquidation par eux nommé, un créancier isolé, dont le titre n'est pas contesté, et qui n'a droit, d'ailleurs, à aucun privilége, ne peut, alors qu'il lui est fait offre, tant pour le présent que pour l'avenir, des dividendes convenus, demander judiciairement contre le débiteur une condamnation. — Cette condamnation serait sans intérêt pour lui, en ce qu'elle ne lui donnerait pas plus de droits qu'il n'en a, et qu'elle ne pourrait, en présence du fait notoire de l'état de faillite, lui conférer hypothèque. — *Grenoble*, 3 janv. 1842 (t. 2 1842, p. 499), Quiquandon c. Giroud.

95. Cependant, la cessation de paiement, pour constituer la faillite, doit se rapporter à des engagemens commerciaux. — Boulay-Paty, nº 29; Pardessus, nº 1101; Rolland de Villargues, vº *Faillite;* Favard, vº *Faillite*, § 1er, nº 2; Bédarride, nº 19; Esnault, *ibid.*, t. 1er, nº 84, et Saint-Nexent, *Faill. et banq.*, t. 1er, nº 5, p. 7.

96. M. Pardessus (*ibid.*) ajoute que les créanciers pour dettes civiles ont les voies ordinaires, et l'expérience apprend que les commerçans ne retirent pas toujours leur confiance à celui qui, acquittant ses dettes commerciales, est moins exact à payer les autres.

97. — Jugé, cependant, que le commerçant qui cesse d'acquitter ses dettes, doit être déclaré en faillite, sans qu'il y ait lieu de distinguer entre la cessation de paiemens des dettes purement civiles et celle des dettes commerciales. — *Nancy*, 29 juill. 1842 (t. 2 1842, p. 693), Georgel c. Pierrefitte. — *Contrà.*, Bravard, *Manuel*, p. 563.

98. Une dette, dont la cause est commerciale ou réputée telle, ne cesse pas de l'être parce qu'elle aurait été contractée par acte devant notaire, et qu'on y aurait affecté un gage ou une hypothèque. Dès-lors, le défaut de paiement de semblables dettes autorise le créancier à provoquer la déclaration de faillite de son débiteur. — *Paris*, 27 nov. 1841 (t. 2 1842, p. 475), Huc c. Pochet et Mouton.

99. Mais la faillite est un état général et indivisible qui s'étend et sur la personne du failli, et sur l'universalité, tant de ses dettes que de ses biens. Il n'y a donc, une fois la faillite déclarée, ou du moins la cessation de paiement révélée, aucune distinction à faire entre ce qui est d'origine commerciale et la partie non commerciale de ses affaires. — Renouard, *Tr. des Fail.* t. 1er, p. 227, et Pardessus, nº 1093.

100. Aussi, la cour royale de Paris a-t-elle jugé, par l'arrêt cité nº 98, que tous les créanciers d'un commerçant qui a cessé d'acquitter ses obligations commerciales, même ceux qui n'ont que des créances purement civiles, ont qualité pour le faire déclarer en état de faillite. — *Paris*, 27 nov. 1841 (cité *suprà* nº 98).

Sect. 3. — *Déclaration de faillite après décès.*

101. Le projet du Code de 1808, présenté au conseil-d'Etat par la section de l'intérieur, contenait un article ainsi conçu : « Lorsque la faillite survient par la mort du débiteur, l'ouverture en est fixée au jour du décès. » Cette disposition qui se motivait sur la possibilité de reconnaître après la mort d'un négociant, par l'examen de l'état de ses affaires, s'il était en faillite, et sur la difficulté d'assigner à l'ouverture de la faillite une autre époque que celle de la mort, fut combattue par M. Bigot Préameneu, qui soutenait qu'il n'y avait de faillite que celle qui existait avant la mort du failli. Cambacérès ajouta qu'il importait de ne pas prendre, pour signes caractéristiques de la faillite, lorsque le failli n'était plus là pour prouver qu'il avait laissé un actif égal à ses dettes, les diligences faites par un créancier impatient ou les dilapidations commises au préjudice de la succession par des gens mal intentionnés. L'article proposé fut ajourné et ne reparut pas dans les rédactions suivantes.

102. Dans le silence de la loi, la jurisprudence parla. Voici le tableau des décisions par lesquelles elle a préparé le second alinéa de l'art. 437 C. comm.

103. — La cour de Douai a jugé que la faillite d'un commerçant ne pouvait être déclarée après son décès. — *Douai*, 27 mai 1811, B...

104. — Mais un bien plus grand nombre d'arrêts avaient décidé que la faillite d'un négociant pouvait être déclarée après son décès. — *Bourges*, 12 juill. 1822, Cuinat c. Moreau ; — *Riom*, 23 août 1809, Rougier c. Julliard ; — *Paris*, 28 janv. 1814, Piranesi. — Décidé de même, lorsqu'il est reconnu qu'il avait cessé ses paiemens auparavant. — *Cass.*, 24 déc. 1818, Courrège c. Marc ; — *Toulouse*, 10 déc. 1830, Richard ; — *Rouen*, 10 déc. 1836, Cardon c. Pimond-Bazille ; — Lainné, *Comment. sur la loi des faillites et banqueroutes*, p. 17 ; Pardessus, nº 1109 ; Bioche et Goujet, vº *Faillite*, nº 5.

104. Sous le Code de comm. de 1808, le suicide d'un négociant qui était dans l'impossibilité d'acquitter ses engagemens pouvait être assimilé à la retraite du débiteur. — Même arrêt de *Rouen*, 10 déc. 1836. — V. cependant *infrà*, nº 110.

105. On décidait avec raison que pour qu'un négociant pût être déclaré en état de faillite après son décès, il était nécessaire que la cessation de ses paiemens fût constatée par des actes légaux antérieurs. — *Paris*, 8 juill. 1826, Broquère c. Boursier.

106. Un commerçant ne pouvait, après son décès, être déclaré en état de faillite, bien que sa succession fut insolvable, s'il n'avait pas, avant sa mort, cessé ses paiemens. — *Lyon*, 28 avr. 1828, Robert c. David.

107. Le négociant qui est décédé *integri status*, sans qu'aucun protêt, aucune condamnation, aucune suspension ni cessation de paiement de fait ou de droit ait eu lieu avant sa mort, ne peut être déclaré en état de faillite ouverte à une époque postérieure à son décès, bien que la liquidation de sa succession en mette l'insolvabilité en évidence. — *Nîmes*, 17 févr.-16 oct. 1812, Charbaut c. Aubary.

108. Lorsqu'un négociant est décédé *integri status*, et que, loin d'avoir cessé ses paiemens, il a joui jusqu'à sa dernière heure du crédit et de la confiance, et a toujours fait face à ses engagemens, il ne peut être, après son décès, déclaré en faillite, quoique sa succession soit vacante, et que le passif dépasse l'actif. — *Montpellier*, 15 févr. 1836, Sabatier c. Bonfils.

109. — Un négociant, même en société, qui meurt avant qu'il y ait eu ni déclaration de faillite ni cessation de paiement, ne peut être déclaré en état de faillite après sa mort. — *Rennes*, 6 févr. 1811, Le Caer.

110. Un commerçant qui s'est suicidé avant toute déclaration de faillite, tout protêt, toute cessation de paiement, ne peut être réputé mort en état de faillite. — Ce suicide ne peut être considéré comme une retraite dans le sens de l'art. 441, C. comm. — *Douai*, 27 mai 1811, B... — V. Esnault, *loc. cit.*, t. 1er, nº 87.

111. — La loi du 28 mai 1838 adopta la distinction posée par la jurisprudence et la formula en ces termes, dans le 2e alinéa de l'art. 437. « La faillite d'un commerçant peut être déclarée après son décès, lorsqu'il est mort en état de cessation de paiemens. »

112. — Il suit de là que la faillite ne pourrait être étendue au cas où les paiemens ne cessent qu'après l'ouverture de la succession. En effet, le caractère de failli ne saurait être attaché à la mémoire d'un négociant qui est mort sans avoir cessé ses paiemens, et de plus, les règles du droit civil, relatives aux successions, seraient difficiles à combiner avec les règles particulières aux faillites. — Rapport de M. Renouard; Bédarride, *Tr. des faill.*, nº 22.

113. — On consultera avec fruit la discussion qui s'est engagée, à la chambre des députés, lors du vote du paragraphe 2e de l'art. 437. — *Moniteur* du 28 mars 1838, p. 701.

114. Aux deux alinéas qui formaient le projet de l'art. 437, la seconde commission de la chambre des députés proposa d'en ajouter un troisième, qui était inspiré par la nécessité de concilier le droit des créanciers avec le droit des héritiers du débiteur qui ont besoin de savoir sous quel régime la succession sera placée avant de prendre qualité dans cette succession. En conséquence, la commission proposait de décider que les créanciers du négociant décédé en état de cessation de paiemens, auraient trois mois, à partir de son décès, pour faire déclarer sa faillite. Le vote définitif de la chambre porta le délai à une année après le décès. — C. comm., art. 437.

115. — Sous le Code de 1808, il avait été jugé que la faillite d'un négociant ne pouvait être déclarée plusieurs années après son décès, et, dans tous les cas, l'ouverture de cette faillite ne pouvait être placée à une époque postérieure au décès. — *Toulouse*, 16 juill. 1830, Beusnade.

116. — Les créanciers trouveraient, sans doute, dans le droit civil, des moyens de se faire payer ou tout au moins de se faire attribuer tout l'actif de la succession de leur débiteur, mais la déclaration judiciaire de la faillite permet de faire administrer les biens par les délégués des créanciers, d'appliquer des présomptions légales de nullité à certains actes, et de soumettre les droits de la femme du failli à certaines modifications. — Pardessus, nº 1109.

117. — La loi de 1838 n'accorde pas aux héritiers du commerçant décédé un droit analogue à celui qu'elle fonde au profit des créanciers. En effet, pour les héritiers le bénéfice d'inventaire est une sauvegarde suffisante. V. *contrà* Bédarride, *ibid.*, nº 25.

118. — Depuis la loi du 28 avr. 1838, la faillite d'un commerçant peut être déclarée après son décès; dans ce cas, il n'est pas nécessaire d'établir, par des actes antérieurs au décès, le refus ou la cessation de paiemens ; il suffit que l'état de cessation de paiemens existe de fait lors du décès, et résulte d'ailleurs de l'insolvabilité du débiteur constatée ultérieurement. — *Paris*, 10 déc. 1839 (t. 2 1841, p. 261), Clément c. Gavoty. — V., sur ce point, Esnault, t. 1er, nº 89.

119. — L'art. 437, § 2, C. comm. est impératif, et les tribunaux de commerce ne peuvent se dispenser de déclarer en faillite, sur la poursuite des créanciers, le négociant qui, à sa mort, se trouvait dans le cas prévu par cet article. — Même arrêt.

CHAPITRE III. — *Déclaration et ouverture de la faillite.*

Sect. 1re. — *Déclaration de faillite.*

ART. 1er. — *Déclaration de faillite en général.*

120. — Si la cessation des paiemens, si les faits qui la révèlent peuvent présenter quelque ambiguïté aux yeux des tiers, il n'en saurait être de même pour le négociant qui, lui, ne peut ignorer sa position, et pour lui naissent dès ce moment des devoirs qu'il doit immédiatement remplir. — Bédarride, *Traité des faillites*, t. 1er, nº 30 bis.

121. — « Tout failli sera tenu, dans les trois jours de la cessation de ses paiemens, d'en faire la déclaration au greffe du tribunal de commerce de son domicile. Le jour de la cessation de paiement sera compris dans les trois jours. » C. comm., art. 438, alin. 1er. — Il en était de même sous l'art. 440, C. commerce ancien.

122. — Le but de la loi, en fixant un délai aussi court, a été d'empêcher certains créanciers de s'assurer, par fraude, un paiement intégral, et aussi d'éclairer les tiers qui ont intérêt à ne pas accorder leur confiance à un commerçant qui, par le mauvais état de ses affaires, n'en doit plus mériter aucune. — Bédarride, *Traité des faillites*, t. 1er, nos 32 et 33.

123. — Sous la loi du 28 mai 1838, comme sous le Code de commerce de 1808, le mot *déclaration* a deux acceptions diverses, 1º les art. 438, 439, 440, 456 et 586 donnent le nom de *déclaration* du failli à la confession qu'il fait au greffe de sa cessation de paiemens. Dans le reste de la loi, la déclaration de faillite s'entend du jugement qui proclame l'existence de la faillite. — Renouard, t. 1er p. 243.

124. La confession de la cessation de paiemens doit être faite au greffe du tribunal de commerce, ou du tribunal civil jugeant commercialement du domicile du failli.

125. — Le négociant qui paie patente en plusieurs lieux différens, doit faire sa déclaration au tribunal dans le ressort duquel il a son principal établissement. — Renouard, *Tr. des faill.*, t. 1er, p. 245.

126. Le siége de la faillite est important à régler, parce qu'il détermine la compétence qui, au reste, est indépendante de la déclaration faite par le failli, et se règle d'après le véritable état des choses.

127. — Si le failli a changé de domicile depuis la cessation de ses paiemens, et avant sa déclaration au greffe, on considèrera comme son domicile celui qu'il avait lors de la cessation de ses paiemens. — Renouard, *ibid.* p. 246.

128. Une déclaration de faillite a été valablement faite par un condamné aux travaux forcés à temps. — *Paris*, 18 janv. 1823, Renel c. Singer.

129. La loi considère le commerçant comme failli, et le qualifie tel, par cela seul qu'il a cessé ses paiemens, et avant toute déclaration émanée, soit de lui-même, soit du tribunal de commerce. — *Cass.*, 13 nov. 1838 (t. 1er 1839, p. 22), Rachon c. Leron.

130. — En effet, la faillite est un fait qui existe par luimême, un fait que le jugement déclaratif constate, mais ne crée pas. — Renouard, *Tr. des faill.*, t. 1er, p. 220.

131. Donc tout commerçant qui cesse ses paiemens, est *par cela même* en état de faillite. — *Cass.*, 23 avr. 1841 (t. 1er 1842, p. 382), Delestre-Letellier, Morisse et Julienne.

132. De ce que la cessation générale des paiemens d'un commerçant est un fait qui constitue l'état de faillite, il suit que tous tribunaux peuvent le constater, et en appliquer les conséquences aux litiges dont ils sont régulièrement saisis. Ainsi les tribunaux correctionnels et criminels peuvent être saisis d'une action en banqueroute simple ou frauduleuse, sans que la faillite ait été déclarée

par le tribunal de commerce. V. BANQUEROUTE, — La même règle s'applique aux tribunaux civils. —*Cass.*, 13 nov. 1838 (t. 1er 1839, p. 22), Rachon c. Leron.

ART. II. — *Déclaration de faillite d'une société.*

133. — Le second paragraphe de l'art. 438, C. comm., parle de la faillite des sociétés en nom collectif, mais il ne s'occupe ni des associés commanditaires, dont les capitaux et non les personnes sont engagés dans l'association, ni des sociétés anonymes, qui ont en ce point le même caractère, ni des sociétés en participation, qui laissent à chacun des coparticipans son individualité commerciale, et ne les considère que comme des coobligés à une même dette. Mais les associés en nom collectif sont tous obligés aux dettes sociales solidairement et sur tous leurs biens. Aussi la faillite d'une société en nom collectif entraîne-t-elle nécessairement celle de tous les associés solidaires. — *Douai*, 9 fév. 1825, Druez-Velcome c. Lecœuvre.— Gadraf, *Faillites et banqueroutes*, t. 1er, p. 19.

134. Tous les membres de la société sont en faillite. Il faut que la justice trouve sous sa main les indications nécessaires pour prendre des mesures contre la personne et les biens de chacun d'eux. — Bédarride, *Tr. des faill.*, t. 1er, no 35. — Cette disposition est évidemment applicable aux gérans d'une société en commandite par actions, car il sont entre eux associés en nom collectif, et généralement à tous les associés qui sont solidairement engagés dans une association dont la plupart des intéressés ne sont que des commanditaires.

135. — « Ainsi, en cas de faillite d'une société en nom collectif, la déclaration de faillite contiendra le nom et l'indication du domicile de chacun des associés solidaires. » C. comm., art. 438, alin. 2e.

136. — Lors de la discussion à la chambre des députés, un membre demanda que, quelle que fût la société, on fût tenu de déclarer le nom des associés solidaires. « Cet amendement a été repoussé, avec raison, dit M. Bédarride (*Tr. des faill.*, t. 1er, no 36). La solidarité n'est de droit commun que dans les sociétés en nom collectif, et s'il est vrai, comme l'auteur de l'amendement le faisait observer, que le commanditaire qui s'est immiscé, devient solidaire, il est certain que cette solidarité est une exception aux règles ordinaires de ces sociétés, qu'elle n'est qu'une peine attachée par la loi au fait d'immixtion. Il faut donc tout d'abord prouver ce fait avant d'en déduire les conséquences; et comme, même dans ce cas, la solidarité n'est que dans l'intérêt des créanciers, il convenait de leur laisser le soin d'en provoquer le bénéfice. »

137. De ce que l'associé commanditaire qui s'est immiscé dans la gestion des affaires de la société, est obligé solidairement avec les associés en nom collectif, on ne peut induire qu'en cas de faillite de la société, il doive lui-même être déclaré en faillite. — *Bourges*, 2 août 1828, Porcheron c. Guébin.

138. — Lorsqu'un associé est déclaré en faillite pour des affaires qui lui sont toutes personnelles et antérieures à la société, et qu'en outre il a conservé son patrimoine particulier et personnel, distinct du fonds social, ses créanciers personnels ne peuvent exercer aucun droit sur les mises de ses co-associés. — *Cass.*, 13 mars 1823, Blançon c. Clément.

139. — La faillite d'un commerçant n'entraîne pas la faillite d'une société dont il fait partie, lorsque cette société existe sous une raison sociale différente, et que ses opérations sont aussi différentes de celles de l'association qui a été déclarée en faillite. — *Cass.*, 13 déc. 1881, Suchelet c. Pillas.

140. — Lorsque des sentences arbitrales ont condamné l'associé liquidateur d'une société à verser à la banque une somme nécessaire pour préparer la liquidation, si cet associé n'effectue pas ce versement, il peut être déclaré en état de faillite sur la demande de son ancien associé, encore que les sentences arbitrales ne constituent pas ce dernier créancier direct et personnel du liquidateur, alors surtout que des créanciers de la société interviennent dans l'instance. — *Paris*, 22 déc. 1831, Rousseau Châtillon c. Corbin-Desboissières.

141. — Une société ne peut, après sa dissolution, être déclarée en faillite, sur la provocation d'un de ceux qui en ont fait partie, sous le prétexte qu'il est poursuivi par des créanciers de la société, lorsque d'ailleurs ces poursuites ont seulement pour objet la portion que l'associé poursuivi doit supporter dans leurs créances. — Cette demande en déclaration de faillite peut donner lieu à des dommages-intérêts contre l'associé qui l'a provoquée. — *Lyon*, 11 août 1819, Chirat.

142. — Lorsque l'autorité administrative a ordonné la liquidation d'un établissement commercial (par exemple d'une banque) soumis à sa surveillance, l'arrêté qui prescrit cette mesure, ayant pour but de prévenir une déclaration de faillite, met obstacle à ce que les tribunaux puissent, plus tard, prononcer, sur la demande des créanciers, la mise en faillite de cet établissement. — *Cass.*, 8 fév. 1837 (t. 1er 1837, p. 358), Patron.

143. — Le gérant d'une société en commandite qui s'est borné à donner sa démission, sans provoquer, au moment de sa retraite, la dissolution et la liquidation de la société, doit être déclaré en faillite avec le nouveau gérant, lorsque la société vient plus tard à cesser ses paiemens. — *Paris*, 26 mars 1840 (t. 1er 1840, p. 704), Fouqueron c. Piston, Dubois de Jansigny et Hennin.

144. Le mandataire d'une maison de commerce, non associé ni négociant lui-même, mais ayant la signature sociale, qui a signé des effets commerciaux en y apposant la raison sociale, sans énoncer qu'il ne signait que par procuration, et qui a été condamné au paiement de ces effets, comme ayant induit les tiers en erreur, ne peut, par suite de cette condamnation, être admis à se déclarer en état de faillite. — *Paris*, 3 mars 1831, Guibal c. Delhorme.

145. — « La déclaration de faillite sera faite au greffe du tribunal dans le ressort duquel se trouve le siége du principal établissement de la société. » — C. comm., art. 438.

146. Il est quelquefois fort difficile de se fixer sur ce qui constitue le principal établissement. Le tribunal appelé à prononcer, doit remonter à l'origine de la société, la suivre dans ses progrès, rechercher d'abord s'il n'a existé qu'une seule maison, quel est le tribunal au greffe duquel le dépôt de l'acte social a été effectué. La nature du commerce peut aussi fournir des indications, s'il est tout maritime, par exemple, la maison située dans un port de mer pourra être considérée comme la principale. — Bédarride, *Tr. des faill.*, t. 1er, no 37. —V. aussi Esnault, t. 1er, no 92.

ART. III. — *Forme de la déclaration.*

147. — En règle générale, la déclaration du failli doit être accompagnée du dépôt du bilan. (V. *Infra.*) Mais certaines circonstances de fait, l'extension des affaires, peuvent mettre le failli dans l'impuissance de faire un inventaire exact de son actif et de son passif. Aussi l'art. 439 C. comm. nouveau, prévoyant ce cas exceptionnel, soumet-il alors le failli à l'obligation de comprendre dans sa déclaration de cessation de paiement l'indication des motifs qui l'ont empêché de déposer son bilan. (Séance de la ch. des dép. des 9 et 10 févr. 1835.) Ce sera au tribunal de commerce qu'il appartiendra d'apprécier si ces motifs sont légitimes. Les art. 456 et 586, C. comm. nouveau, portent la sanction qui assure l'accomplissement de l'obligation du dépôt du bilan.

148. — « Le bilan contiendra l'énumération et l'évaluation de tous les biens mobiliers et immobiliers du débiteur, l'état des dettes actives et passives, le tableau des profits et pertes, le tableau des dépenses. » — C. comm. nouveau, art. 439.

149. — L'ord. de 1673 exigeait, comme le fait la législation anglaise, que le bilan fût affirmé sous serment. On a supprimé cette formalité qui, sans affranchir d'aucune vérification, multiplie les parjures. — Il suffit aujourd'hui qu'il soit certifié véritable. — C. comm., art. 439.

150. — Il devra être daté et signé par le débiteur. — C. comm. nouveau, art. 439. — A la chambre des députés (séance du 2 avril 1838), le rapporteur, M. Quénault, a déclaré que le failli peut se faire représenter par un fondé de pouvoirs pour déclarer sa faillite, signer et présenter son bilan. M. Pardessus (*Cours de Dr. comm.*, t. 4, no 1096) est du même avis et fait remarquer avec raison que la procuration doit être spéciale. V. aussi Bédarride, t. 1er, no 40.

151. — Les énonciations du bilan ne lient pas les créanciers, pour lesquels la vérification des créances est la seule constatation du passif. La vérification de l'actif, la recherche et la rectification des erreurs ou des réticences du failli sont un des droits des créanciers, un des devoirs des syndics.

132. — Nous croyons que c'est à tort que M. Boulay-Paty, (*Tr. des faill. et banquer.*, no 137) et M. Locré (sur l'art. 471) ont accordé la force d'*aveux judiciaires* aux énonciations que le failli insère dans le bilan qu'il certifie véritable et qu'il signe. D'abord qu'est-ce qu'un aveu judiciaire? C'est la déclaration que fait en justice la partie ou son fondé de pouvoir spécial. (C. civ., art. 1356). Or le bilan n'a pas ce caractère, c'est un acte qui émane d'un simple particulier, qu'il a rédigé secrètement, isolément, et qui n'a, en réalité, d'autre force et valeur que celle d'un acte privé. — Nous ne voyons, avec M. Renouard (*Tr. des faillites*, t. 1er, p. 260) dans le bilan qu'un acte rédigé dans un temps suspect par un homme que le désordre de sa situation a pu égarer, et qui était d'ailleurs dépouillé du droit de s'engager par des reconnaissances. La vérification des créances peut d'ailleurs en signaler les erreurs ou les mensonges, elle fera connaître si le failli s'est borné à mentionner les prétentions élevées contre lui, ou s'il s'agit d'une des collusions que la loi punit sévèrement (Art. 593, 597 et £, C. comm. nouveau).

153. — Un bilan peut être rectifié par des états supplémentaires, sans que ces rectifications puissent être regardées comme des indices de fraude dans le bilan. — *Paris*, 6 messid. an XIII, Bazuret Faber c. Thibault.

154. — Toute rectification, dit Bédarride, no 41, est inutile relativement à l'état des dettes. L'omission du nom d'un ou plusieurs créanciers, ne leur préjudicie en rien et n'établit contre eux aucun préjugé. Ils peuvent donc se présenter à la vérification, la justification de leurs droits les ferait admettre sans difficulté. D'ailleurs les syndics peuvent rédiger un bilan supplémentaire; on évite de cette manière la possibilité pour le failli d'introduire après coup des créanciers de complaisance.

155. — La faillite est déclarée par jugement du tribunal de commerce. — C. comm., art. 440.

156. — C'est par un jugement du tribunal de commerce, et non par une simple ordonnance rendue sur requête par le président qu'une faillite doit être déclarée et l'apposition de scellés ordonnée. — *Rouen*, 10 mai 1813, Hébert c. Langlois; — Boulay-Paty, *Tr. des Faill. et Banquer.*, t. 1er, nos 38 et 40; Bioche et Goujet, *Dict. de procéd.*, vo *Faillite*, nos 28 et 98; Despréaux, *Compét. des trib. de comm.*, no 604.

157. — Ce jugement est rendu soit sur la déclaration du failli, soit à la requête d'un ou de plusieurs créanciers, soit d'office. — C. comm., art. 440.

158. — Le tribunal de commerce compétent est celui du lieu du domicile du commerçant, lors même que ce domicile eût été abandonné après la cessation de paiement. — Bedarride, t. 1er, no 51.

159. — Un associé en nom collectif peut, et doit même provoquer la déclaration de faillite de la société, car lui-même est failli dès que la société cesse ses paiemens. — Bedarride, no 44.

160. — L'agent provisoire d'une faillite a qualité pour provoquer la mise en faillite d'un co-associé du failli. — *Paris*, 6 janv. 1836, Brun c. Billacoye.

161. — Un commanditaire n'est pas recevable à provoquer la déclaration de faillite de la société soit comme associé, soit comme créancier, sous prétexte que l'inventaire constate un déficit d'une somme considérable lorsqu'il n'y a pas cessation de paiemens. — *Colmar*, 17 mars 1810, Schlumberger c. Besnier. — N'ayant pas le droit de s'immiscer dans l'administration, le commanditaire ne peut l'apprécier sûrement. Il doit veiller sur sa mise s'il la croit en péril. Il peut poursuivre la dissolution de la société et la liquidation de ses droits; mais il n'a aucun intérêt réel à provoquer la faillite. Bedarride, t. 1er, no 45; Boulay-Paty, t. 1er, no 32. V. aussi Esnault, t. 1er, no 95.

162. — Les mêmes motifs amèneraient une décision identique pour l'actionnaire d'une société anonyme. — Bedarride, no 46.

163. L'action des créanciers naît de leur intérêt à ne pas laisser entre les mains du failli un actif qui est leur gage et que le débiteur pourrait laisser dépérir. — Bedarride, no 48.

164. — Le créancier porteur d'une créance civile peut, comme nous l'avons dit plus haut, provoquer la déclaration de faillite.

165. — Le porteur d'une créance non encore échue a qualité pour provoquer la faillite. La cessation de paiement peut être pour lui la preuve qu'à l'échéance la dette ne sera pas soldée, il peut donc prendre des mesures pour rendre ses droits exigibles, et cette exigibilité résulte du jugement déclaratif de la faillite. — Bedarride, no 50.

166. — L'agent nommé à la faillite du mari a qualité pour provoquer celle de la femme. — Une action dirigée contre la femme dans ce but ne serait pas nulle à défaut d'assignation donnée au mari pour autoriser sa femme. — La femme est sans intérêt à se prévaloir de ce défaut d'autorisasion lorsque le tribunal de commerce, pour déclarer sa faillite, s'est fondé sur la notoriété publique. — *Liége*, 15 janv. 1834, Wodon.

167. — Le créancier qui a renoncé à la contrainte par corps n'est pas déchu, par cette renonciation, du droit de provoquer la mise en faillite de son débiteur. — *Orléans*, 29 mai 1840 (t. 2, 1840, p. 272), Serron c. Lauzet.

168. — Si la faillite est poursuivie par les créanciers, c'est par voie de requête qu'il est procédé; on n'a nul besoin d'assigner le débiteur. La loi n'accorde à celui-ci que le droit de former opposition

au jugement déclaratif. L'urgence de cette mesure et de sa réalisation a dicté cette procédure; ce sera aux tribunaux à examiner avec maturité les faits allégués qui, d'ailleurs, ne manqueront pas d'une certaine publicité. — Bedarride, nº 53.

169. — Quoiqu'un jugement rendu en pays étranger ne soit pas obligatoire en France, néanmoins, les tribunaux français doivent tenir pour constans, jusqu'à preuve contraire, le fait de la faillite d'un étranger et l'époque de l'ouverture de cette faillite, constatés par un jugement rendu au lieu du domicile de cet étranger. — *Bordeaux*, 10 févr. 1824, Charvet c. Monméjan; — Bioche et Goujet, *Dict. de proc.*, vº *Exécution de jugemens*, nº 57.

170. — L'irrégularité des poursuites faites par un créancier ne peut influer sur la décision d'un tribunal de commerce qui déclare le débiteur en faillite, lorsque d'ailleurs il a prononcé en connaissance de cause, et d'après des pièces constatant la cessation des paiemens. — *Rennes*, 10 juill. 1820, Duchesne c. Desjardins.

171. — Si la requête est rejetée, le créancier poursuivant pourra se pourvoir par appel de la sentence. La forme de procéder sur cet appel est la même que celle adoptée devant le 1er degré. La cour saisie par une requête, délibère sur le vu du jugement s'il y a lieu de le maintenir ou de le réformer. — Bedarride, t. 1, nº 54.

172. — La décision qui repousserait la demande pourrait donner lieu, de la part du débiteur contre le poursuivant, à une demande en dommages-intérêts. — Bedarride, nº 55.

173. — Cependant il a été jugé que les artistes qui, après la suspension du paiement de leurs appointemens échus, ont provoqué la faillite du directeur de leur théâtre ne peuvent être, à raison de ces faits, condamnés à des dommages-intérêts. — *Rennes*, 19 déc. 1822, Léger c. Dangis.

174. — Ce jugement sera exécutoire provisoirement. — C. comm., art. 440. — Il en sera de même pour l'arrêt rendu sur l'appel de ce jugement, car en cette matière le pourvoi en cassation n'est pas suspensif.

175. — Un jugement déclaratif de faillite rendu par défaut, demeure sans effet, s'il n'a pas été exécuté dans les six mois de sa date. — *Cass.*, 26 fév. 1834, Duprat c. Laroque; — *Paris*, 6 déc. 1838 (t. 2 1842, p. 642), Leroux de Lens c. Bouchard; — V. Contr. — *Rennes*, 7 janv. 1829, Trésor c. Danet; — *Metz*, 30 mars 1833, Me Dureteste c. Thibout.

176. — Le débiteur qui a fait sa déclaration de cessation de paiement peut la rétracter tant que le jugement déclaratif n'a pas été rendu. Le commerçant reprenant ses paiemens il n'existera plus de cessation de paiement. — Bedarride, nº 57.

Sect. 2. — *Ouverture de la faillite, sa fixation.*

177. — Par le jugement déclaratif de la faillite, ou par jugement ultérieur rendu sur le rapport du juge commissaire, le tribunal déterminera, soit d'office, soit sur la poursuite de toute partie intéressée, l'époque à laquelle a eu lieu la cessation de paiemens. C. comm., art. 441.

178. — Le tribunal a la faculté de faire, soit d'office, soit sur la demande d'un créancier, remonter la faillite à une ou plusieurs années du jugement déclaratif. Une infinité de transactions pouvant être tout à coup menacées, on comprend dès-lors avec quelle prudence le tribunal doit agir.

179. — Le Code de 1808 semblait, dans l'art. 441, prendre pour point de départ de la faillite l'époque où, par des actes significatifs, le débiteur avait manifesté son impuissance de faire face à ses engagemens; c'était une conséquence de l'art. 442, qui faisait remonter le dessaisissement du failli au jour même de la cessation de ses paiemens. Cette incapacité de droit devant avoir une fâcheuse influence contre les tiers qui avaient traité avec le failli, on devait être extrêmement réservé dans l'exercice de la faculté de faire remonter le jour de l'ouverture de la faillite.

180. — Mais le Code actuel a abandonné le système du Code de 1808. Les conséquences du report de la faillite ont perdu de leur gravité, et, comme en définitive, ce sera aux créanciers qui attaqueront un acte quelconque à fournir la preuve de la mauvaise foi de celui en faveur de qui il a été souscrit, le report a été considéré comme un moyen d'atteindre la fraude sans exposer à aucun danger les transactions sérieuses et sincères. — Bédarride, nos 60 et 61.

181. — Les principes qui doivent en cette matière servir de règle aux tribunaux de commerce, peuvent se résumer à ceci : Pour qu'il y ait faillite, il faut qu'il y ait cessation de paiemens par un commerçant; pour que la cessation de paiemens constitue la faillite, il faut qu'elle provienne d'une insolvabilité réelle. — Bédarride, nº 66. — Nous avons déjà dit *suprà* qu'il faut en outre que l'insolvabilité se réalise à l'égard d'engagemens commerciaux.

182. — L'énumération que contenait l'art. 441, Code de 1808, a été supprimée dans la loi du 28 mai-8 juin 1838. C'est aux juges à décider d'après les faits particuliers qui sont portés à leur connaissance, si le débiteur doit être considéré comme ayant cessé ses paiemens.

183. — On a décidé, sous le Code de 1808, que les tribunaux de commerce ne pouvaient, pour fixer l'époque de l'ouverture d'une faillite, admettre la preuve par témoins du refus, de la part du failli, d'acquitter des engagemens de commerce; que cette preuve ne devait être administrée, et, par suite, l'époque de l'ouverture de la faillite ne pouvait être fixée que par la date d'actes patens constatant le refus de paiemens; qu'enfin, le défaut de pareils actes indiquait, de la part du créancier, concession d'un terme ou délai au débiteur. — *Douai*, 4 janv. 1827, Crespy c. Calonne. — Cette solution ne devrait plus être suivie depuis la nouvelle loi, qui laisse aux juges un pouvoir discrétionnaire sur l'appréciation des circonstances qui doivent déterminer l'état de faillite. En supprimant l'énumération des actes constitutifs de la faillite contenue dans l'art. 441, C. comm., le législateur a entendu laisser aux juges la faculté d'apprécier, d'après les faits démontrés et d'après leur expérience commerciale, s'il y a faillite. — Bioche et Goujet, *Dictionn. de procéd.*, vº *Faillite*, nos 21 et 24.

184 — Nous groupons ici diverses décisions qui serviront à montrer quelle appréciation a pu être faite des circonstances, sous l'influence des principes que nous venons de résumer.

185. — Sous l'ordonnance de 1673, lorsque l'absence d'un débiteur avait pour cause l'impossibilité de faire face à ses engagemens, elle devait déterminer l'époque de l'ouverture de sa faillite. — *Cass.*, 2 thermid. an VIII, Isnard et Valette c. Reboul.

186. — L'ouverture de la faillite peut être fixée au jour de la retraite du débiteur, bien que la cessation de paiemens soit postérieure à la retraite. — *Poitiers*, 4 fév. 1835, Debureau c. Naudin.

187. — Un commerçant ne peut fixer l'époque de sa faillite à un temps où quelques poursuites étaient dirigées contre lui, mais antérieur cependant au moment où il a souscrit plusieurs engagemens qu'il a exécutés. — *Paris*, 8 août 1809, Hernan c. Garnery.

188. — On ne peut fixer l'ouverture d'une faillite à l'époque où des poursuites en expropriation forcée, pour une dette non commerciale, ont été dirigées contre le failli — *Metz*, 17 août 1818, Anceaux. — Pardessus, nº 1101; Boulay-Paty, t. 1er, nos 26 et 47, et Bioche et Goujet, *Dict. de procéd.*, vº *faillite*, nº 12. — V. aussi Locré, *Esprit du Code de comm.*, t. 5, sur l'art. 441.

189. — Des protêts et des jugemens, même nombreux, ne constituent pas l'état de faillite lorsque le négociant contre lequel ces poursuites étaient dirigées est resté, en payant quelques uns de ses créanciers, ou en obtenant des délais, à la tête de ses affaires; et la faillite de ce négociant, qui est déclarée ultérieurement, ne doit pas nécessairement être reportée à la date de ces protêts ou jugemens. — *Lyon*, 6 août 1832, Vernick et Renaud c. Langlade.

190. — Lorsque des effets originairement protestés ont été depuis acquittés, et ne sont pas restés à la masse comme titres de créance, les juges ne doivent pas avoir égard à ces refus de paiemens pour fixer la date de l'ouverture de la faillite. — *Liége*, 26 avr. 1823, Dubois c. Delchamps.

191. — On ne peut s'arrêter pour fixer la faillite d'un négociant, soit à quelques protêts isolés, demeurés inconnus du public et non suivis de poursuites judiciaires, soit à la vente de son fonds, si ce négociant a continué le commerce sous son nom et a conservé son existence commerciale. — *Paris*, 6 janv. 1812, Molin et Jeannet c. Lordereau.

192. — Un billet non acquitté ne suffit pas pour déterminer l'époque de l'ouverture d'une faillite. — *Paris*, 11 mai 1812, Remaud et Trabé fils c. Larchevêque.

193. — La loi, pour déterminer la fixation de l'ouverture d'une faillite, exige qu'il y ait, non pas cessation entière de paiemens, mais cessation de paiemens procédant de l'insolvabilité réelle du débiteur. — Ainsi, le tribunal n'est pas tenu de fixer l'ouverture de la faillite à la première cessation de paiement. Il peut la fixer à une époque ultérieure, s'il reconnaît que la cessation de paiemens, qui a motivé contre un négociant des protêts et des jugemens de condamnation, provenait de circonstances extraordinaires et difficiles où se trouvait le commerce, et si, depuis, ce négociant a tenu ses comptoirs ouverts, a continué sans interruption ses opérations commerciales, et a fait des affaires considérables. — *Rouen*, 19 avr. 1815, Sauval c. Thuiller.

194. — L'ouverture de la faillite peut être déterminée seulement par la cessation de paiemens, encore bien que la cause puisse en être attribuée à des emprunts considérables effectués par le failli, si, postérieurement à ces emprunts, il est encore resté à la tête de ses affaires, s'il a réglé des comptes courans, payé des dettes considérables et opéré de nombreuses négociations, prouvant qu'il jouissait du crédit public. — *Cass.*, 12 mai 1841 (t. 2, 1841, p. 842), Deport c. Desmarets.

195. — Si un commerçant cesse ses paiemens et obtient de ses créanciers un atermoiement, et que, postérieurement, faute de remplir les conditions de l'atermoiement, il soit déclaré en faillite, l'ouverture de cette faillite doit être reportée à l'époque de la cessation primitive de paiemens, bien que depuis cette époque il ait acquitté quelques dettes. — *Bordeaux*, 9 mai 1828, Pelletingues c. Frelon.

196. — Lorsque, après un concordat demeuré imparfait par le défaut d'adhésion de plusieurs créanciers, le débiteur fait des paiemens partiels à plusieurs créanciers, obtient des novations de créance ou des prorogations de terme, on ne peut faire remonter l'ouverture de la faillite du débiteur ultérieurement déclarée au jour de ce concordat. — *Paris*, 1er fév. 1825, Ligneau-Grandcourt c. Lugol.

197. — Tout acte constatant le refus de paiement des engagemens de commerce fixe l'époque de la faillite, quand il y a cessation de paiemens ou déclaration de faillite. — *Aix*, 20 déc. 1820, Billiet c. Ferréol.

198. — La faillite doit être réputée ouverte du jour où divers protêts et jugemens ont constaté la cessation de paiemens de la part du débiteur et sa disparution, lors même que depuis il se serait livré, loin des lieux où son insolvabilité était notoire, à l'insu et en fraude de ses créanciers, à quelques achats ou ventes momentanés. — *Cass.*, 3 pluv. an X, Dupont-Delabre c. Guillard et Blutel.

199. — Un seul protêt peut servir à déterminer l'époque de l'ouverture d'une faillite lorsque, depuis cet acte, le failli a cessé complètement de payer ses engagemens. — *Bordeaux*, 20 juill. 1827, Saint-Germe c. Lusseaud; — Bioche et Goujet, *Dict. de proc.*, vº *Faillite*, nos 18 et suiv.

200. — On doit faire remonter la faillite d'un commerçant au jour de son premier protêt, lorsqu'à pater de cette époque ce commerçant ne s'est plus soutenu qu'à l'aide de renouvellemens successifs de billets qui n'ont point été payés. — *Bordeaux*, 4 avr. 1835, Boué c. Bureau.

201. — L'ouverture de la faillite peut-être reportée à la première échéance d'un effet protesté, encore que cet effet ait été renouvelé, s'il n'a pas été acquitté à l'échéance du renouvellement, et si, dès la première époque, le débiteur était en état d'insolvabilité. — *Cass.*, 26 avr. 1841 (t. 2 1841, p. 373), Boutard c. Boutard.

202. — Lorsque l'état de faillite d'un commerçant est évident et constaté, l'ouverture de sa faillite peut être fixée au jour du protêt d'un effet dont il n'était qu'endosseur, surtout si ce protêt a été suivi d'une condamnation prononcée contre lui. — *Bruxelles*, 10 déc. 1828, Pierre et Hublou.

203. — Tout acte apparent qui constate le refus du débiteur de payer des engagemens de commerce, est propre à fixer l'ouverture de la faillite, si cet état a été suivi sans interruption d'autres actes qui constatent la décadence du débiteur, et si la cessation totale de ses paiemens et sa faillite en ont été finalement le résultat. — *Bruxelles*, 27 août 1822, Beauginet. c. Vautier et Josson.

204. — L'ouverture d'une faillite peut être fixée au jour de l'acte d'atermoiement consenti par les créanciers, et non exécuté par le débiteur, lors même que celui-ci aurait depuis acquitté quelques unes de ses dettes. — *Bordeaux*, 31 août 1831, Clermont c. Crespy. — V. aussi Esnault, t. 1er, nº 130.

205. — Des protêts suivis d'une convocation de créanciers, d'un acte d'atermoiement et de nomination de commissaires chargés de surveiller et d'administrer l'avoir des débiteurs, sans que jusqu'à la déclaration de leur faillite, leur état se soit amélioré au point de leur permettre de reprendre le cours suspendu de leurs affaires, constituent une cessation réelle de paiemens qui doit déterminer l'époque de la faillite. — *Bruxelles*, 27 août 1822, cité *suprà* nº 204.

206. — Lorsqu'un commerçant, après avoir souffert plusieurs protêts et avoir demandé à ses créanciers un atermoiement qu'il lui ont refusé, a néanmoins acquitté ses billets protestés, sans poursuites, et a continué son commerce pendant plusieurs années, au vu et su de ses créanciers, l'ouverture de la faillite de ce commerçant, ulté-

IMPRIMERIE LANGE LÉVY ET COMP., 16, RUE DU CROISSANT.

RÉPERTOIRE GÉNÉRAL.

JOURNAL DU PALAIS.

Le RÉPERTOIRE GÉNÉRAL DU JOURNAL DU PALAIS est publié sous la direction de **M. LEDRU-ROLLIN**, docteur en droit, avocat à la Cour de Cassation et au Conseil d'Etat, membre de la Chambre des Députés ;

ASSISTÉ DE MM.

J.-A. LEVESQUE, docteur en droit, avocat à la Cour Royale de Paris ;
F. NOBLET, avocat à la Cour Royale de Paris ;
AM. BOULLANGER, avocat à la Cour Royale de Paris ;
AD. BILLEQUIN, avocat à la Cour Royale de Paris ;
TH. GELLE, ancien magistrat, avocat à la Cour Royale de Paris ;

ET AVEC LA COLLABORATION DE

MM.

LIGNIER, avocat à la Cour Royale de Paris ;
BERTIN, avocat à la Cour Royale de Paris ;
D'AUVILLIERS, avocat à la Cour Royale de Paris ;
BENOIT, avocat, auteur du *Traité de la Dot, etc.*
CH. ROYER, avocat à la Cour Royale de Paris ;
DOMENGET, docteur en droit, avocat à la Cour Royale de Paris ;
FABRE, ancien avocat, avoué à la Cour Royale de Paris ;
TIXIER DE LA CHAPELLE, docteur en droit, avocat à la Cour Royale de Paris ;
RÉQUÉDAT, docteur en droit, avocat à la Cour Royale de Paris ;
FAVERIE, avocat à la Cour Royale de Paris ;
BARNOUVIN, avocat à la Cour Royale de Paris ;
CAUCHOIS, avocat à la Cour Royale de Paris ;
DUBRÉNA, avocat à la Cour Royale de Paris ;
PEYRUSSE, avocat à la Cour Royale de Paris ;
HECTOR LECONTE, avocat à la Cour Royale de Paris ;
RICHARD, avocat à la Cour Royale de Paris ;
NOGENT DE SAINT-LAURENT, avocat à la Cour Royale de Paris ;

MM.

GARNIER-DUBOURGNEUF, directeur des affaires civiles et du sceau au Ministère de la Justice ;
MEYNARD DE FRANC, substitut du procureur du Roi, près le tribunal de la Seine ;
JOUAUST, président du tribunal civil de Rennes;
SOUEF, avocat général à la Cour Royale de Montpellier ;
MONGIS, substitut du procureur du Roi, près le tribunal de la Seine ;
SULPICY, procureur du Roi à Coulommiers ;
MOURIEZ, substitut du procureur du Roi, à Pont-l'Evêque ;
CHEVILLOTTE, docteur en droit, substitut du procureur du Roi, à Philippeville (Algérie), ancien avocat à la Cour Royale de Paris ;
CAPMAS, professeur-suppléant à la Faculté de droit de Tulo use.

Et plusieurs autres magistrats et jurisconsultes.

PARIS. — IMPRIMERIE LANGE LÉVY ET COMP., 16, RUE DU CROISSANT.

JOURNAL DU PALAIS.

RÉPERTOIRE GÉNÉRAL

CONTENANT

LA JURISPRUDENCE DE 1791 A 1845,

L'HISTOIRE DU DROIT,

LA LÉGISLATION ET LA DOCTRINE DES AUTEURS,

PAR

M. LEDRU-ROLLIN,

DOCTEUR EN DROIT, AVOCAT A LA COUR DE CASSATION ET AU CONSEIL D'ÉTAT,
MEMBRE DE LA CHAMBRE DES DÉPUTÉS.

PUBLIÉ PAR

M. F.-F. PATRIS,

Propriétaire du *Journal du Palais*.

TOME PREMIER.

A.—AS.

PARIS,

AU BUREAU DU JOURNAL DU PALAIS,

Rue des Grands-Augustins, 7.

1845.

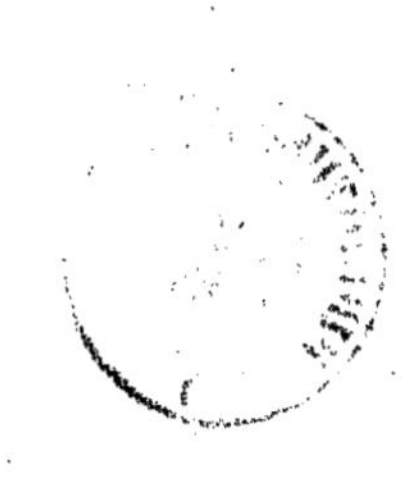

RÉPERTOIRE GÉNÉRAL.

JOURNAL DU PALAIS.

Le RÉPERTOIRE GÉNÉRAL DU JOURNAL DU PALAIS est publié sous la direction de **M. LEDRU-ROLLIN**, docteur en droit, avocat à la Cour de Cassation et au Conseil d'Etat, membre de la Chambre des Députés ;

ASSISTÉ DE MM.

J.-A. LEVESQUE, docteur en droit, avocat à la Cour royale de Paris;
F. NOBLET, avocat à la Cour royale de Paris;
AM. BOULLANGER, avocat à la Cour royale de Paris;
AD. BILLEQUIN, avocat à la Cour royale de Paris;
TH. GELLE, ancien magistrat, avocat à la Cour royale de Paris.

ET AVEC LA COLLABORATION DE

MM.

LIGNIER, avocat, à la Cour royale de Paris ;
BERTIN, avocat, à la Cour royale de Paris;
D'AUVILLIERS, avocat, à la Cour royale de Paris ;
BENOIT, avocat, auteur du *Traité de la Dot, etc.*;
ROYER, avocat, à la Cour royale de Paris ;
DOMENGET, docteur en droit, avocat, à la Cour royale de Paris ;
FABRE, ancien avocat, avoué à la Cour royale de Paris ;
TIXIER DE LA CHAPELLE, docteur en droit, avocat, à la Cour royale de Paris ;
RÉQUÉDAT, docteur en droit, avocat, à la Cour royale de Paris ;
FAVERIE, avocat, à la Cour royale de Paris;
BARNOUVIN, avocat, à la Cour royale de Paris;
CAUCHOIS, avocat, à la Cour royale de Paris ;
DURRÉNA, avocat, à la Cour royale de Paris ;
PEYRUSSE, avocat, à la Cour royale de Paris ;
HECTOR LECONTE, avocat, à la Cour royale de Paris :
RICHARD, avocat, à la Cour royale de Paris;
NOGENT DE SAINT-LAURENT, avocat, à la cour Royale de Paris ;

MM.

GARNIER-DUBOURGNEUF, directeur des affaires civiles et du sceau au Ministère de la Justice ;
MEYNARD DE FRANC, substitut du procureur du Roi près le tribunal de la Seine ;
JOUAUST, président du tribunal civil de Rennes ;
SOUEF, avocat général à la Cour royale de Montpellier ;
MONGIS, substitut du procureur du roi, près le tribunal de la Seine ;
SULPICY, procureur du roi à Coulommiers ;
MOURIEZ, substitut du procureur du roi, à Pont-l'Evêque ;
CHEVILLOTTE, docteur en droit, substitut du procureur du roi à Philippeville (Algérie), ancien avocat à la Cour royale de Parir ;
CAPMAS, professeur-suppléant à la Faculté de droit de Toulouse.
Et plusieurs autres magistrats et jurisconsultes.

PARIS. — IMPRIMERIE LANGE LÉVY ET Cie, RUE DU CROISSANT, 16.

JOURNAL DU PALAIS.

RÉPERTOIRE GÉNÉRAL

CONTENANT

LA JURISPRUDENCE DE 1791 A 1845,

L'HISTOIRE DU DROIT,

LA LÉGISLATION ET LA DOCTRINE DES AUTEURS,

PAR

M. LEDRU-ROLLIN,

DOCTEUR EN DROIT, AVOCAT A LA COUR DE CASSATION ET AU CONSEIL D'ÉTAT,
MEMBRE DE LA CHAMBRE DES DÉPUTÉS.

PUBLIÉ PAR

M. F.-F. PATRIS,

Propriétaire du *Journal du Palais*.

Tome Premier.

(1re PARTIE.)

PARIS,

AU BUREAU DU JOURNAL DU PALAIS,

Rue des Grands-Augustins, 7.

1845.

AVANT-PROPOS.

On se rappelle peut-être encore la polémique qui s'est élevée, lorsque nous avons tracé le plan de ce recueil, à propos de la préférence à donner à l'ordre chronologique sur l'ordre alphabétique dans une collection d'arrêts.

Nous ne répéterons point ici toutes les bonnes raisons qui militent en faveur de l'ordre chronologique ; nous les avons développées en tête de notre premier volume, et aujourd'hui la question est au surplus tranchée.

Nul doute que l'ordre chronologique seul ne conserve aux arrêts leur physionomie, leur caractère, leur intégrité.

Nul doute encore qu'il n'offre plus de facilités pour les recherches ; les arrêts étant universellement cités par leur date, quoi de plus simple en effet, pour les trouver, que d'avoir un recueil où la succession des dates soit le mode invariablement suivi ?

Nous disions que la science et l'unité de jurisprudence ne perdraient rien à cet ordre en apparence fortuit et décousu, pour peu que des notes consciencieuses, que des renvois multipliés reliassent entre eux ces monumens divers ; nos lecteurs ont dû se convaincre de la vérité de cette assertion, en retrouvant toujours dans chaque question importante, et sous l'arrêt le plus récent, une concordance parfaite qui, de proche en proche, remontât à la décision primordiale.

Mais cette espèce de fil conducteur propre à guider au milieu d'un travail pratique et journalier ne pouvait suffire aux exigences, aux progrès de la théorie et de la science.

Pour faire avancer une des branches de l'intelligence humaine, il faut jeter un coup d'œil sur le passé, dresser un inventaire des richesses qu'il nous a laissées, et marcher ensuite à des conquêtes nouvelles.

On comprend qu'une table générale, aussi bien faite qu'on la supposât, ne pouvait suffire pour atteindre un tel but. Il ne fallait rien moins qu'un répertoire comprenant à la fois, pour les divisions générales du droit, l'histoire, la législation, la doctrine, la jurisprudence.

C'est ce répertoire que nous venons offrir au public, non comme une table des matières, suite naturelle du recueil, et qu'on pouvait classer en quelques mois, mais comme un ouvrage complet, distinct, embrassant tout ce qui a été écrit sur le droit depuis un demi-siècle, dans les matières codifiées ou non codifiées, et qui a demandé à de nombreux collaborateurs un travail sans relâche de plus de trois ans.

Quel esprit devait présider à cette immense entreprise? Celui même qui avait animé les rédacteurs du Code. Ces hommes éminens placés entre un vieux droit dont quelques principes devaient survivre, et un droit nouveau qui donnait à la société des conditions d'avenir, leur œuvre immortelle n'a presque toujours été qu'un travail de conciliation.

L'ouvrage destiné à contenir le droit des cinquante dernières années, placé sur les confins d'une vieille et d'une nouvelle jurisprudence, ne pouvait donc pas omettre dans son cadre les mots que quelques compilateurs modernes ont considérés comme surannés et inutiles. A nos yeux, les idées génératrices du droit se tiennent et s'enchaînent; pas de doctrine nettement comprise, si l'on ne se rend un compte exact de sa filiation. Aussi, loin de calquer la nomenclature de notre vocabulaire sur les Dictionnaires de droit publiés récemment, comme celui de M. Armand Dalloz, ou l'*Encyclopédie du droit* de MM. Sebire et Carteret, avons-nous élargi le cercle et fait entrer dans notre répertoire tous les mots anciens nécessaires à l'intelligence des principes aujourd'hui en vigueur.

En fait d'ouvrages généraux, nous avons abondamment puisé dans le *Glossaire* de Ducange, dans celui de Laurière, dans le *Dictionnaire des arrêts* de Brillon, dans celui de droit et de pratique de Ferrière, dans le *Trésor du droit français* par Boucheul, dans *l'ancien et le nouveau* Denizart, dans Prost de Royer, dans l'ancien *Répertoire* de Guyot, dans celui de Merlin.

Cette alliance du droit ancien et du droit nouveau dans ce vocabulaire mixte de vieux mots et de mots modernes, atteste que nous avons emprunté à l'histoire tout ce qu'elle pouvait nous offrir de commentaires utiles. Par exemple, sans un coup d'œil rétrospectif sur le droit coutumier et le droit féodal, il serait impossible de bien comprendre le droit d'aubaine et notre droit actuel à l'égard des étrangers. Le droit romain lui-même, après avoir occupé trop de place dans les études juridiques, avait été, depuis la publication de nos Codes, injustement sacrifié. Sans nous exagérer son importance, nous avons dû bien souvent lui restituer une place. Comment, en effet, s'occuper des *interdits*, comment approfondir les *servitudes*, comment se rendre maître de l'admirable matière des *obligations*, sans consulter l'histoire du droit romain? C'est ainsi qu'au mot *Action*, on trouvera dans notre recueil toute la procédure des Romains, dont l'intelligence est si nécessaire aujourd'hui encore pour approfondir la plupart des matières de ce droit éternel. Dans ces études, nous avons tenu compte des dernières découvertes que l'archéologie a faites des *Fragmenta vaticana* de Gaïus.

Les lumières que nous demandions à l'histoire pour l'interprétation de nos Codes, nous avons cru devoir les tirer aussi de la comparaison de notre législation avec les différentes législations étrangères. Les Codes français sont devenus tellement universels, qu'il est permis d'aller en recueillir dans les autres parties de l'Europe les conséquences et les applications. Si nous devons être justement fiers de cette suprématie de nos lois sur le reste du monde, nous ne saurions négliger non plus les améliorations que quelques unes d'entre elles ont reçues à l'étranger. C'est surtout aux mots *Hypothèques*, *Propriété littéraire*, qu'on verra mieux ressortir les avantages de cette comparaison. Les matières commerciales, les matières criminelles et la procédure contiennent des rapprochemens presque continuels avec les Codes des autres pays.

Sur une échelle de cette dimension, la législation et la doctrine devaient également tenir une grande place.

La législation, nous en avons fidèlement cité les textes, mais c'est surtout dans les matières non codifiées, où il est difficile de les retrouver, que nous avons poussé ce soin à l'extrême, en les transcrivant littéralement. Quant à la doctrine, disons d'abord que pas une question n'a été omise, qu'un auteur ait traitée. Lorsqu'une proposition a été envisagée de façons différentes par plusieurs écrivains, nous nous sommes faits de fidèles narrateurs, hasardant souvent notre modeste opinion au milieu des opinions les plus illustres, et faisant ainsi sacrifice de notre amour-propre à l'intérêt du lecteur. Si une question se présentait, qui n'eût pas été agitée ou résolue encore (ce qui est plus fréquent qu'on ne le croit ordinairement), nous n'avons point hésité, après mûr examen, à l'éclairer du fruit de nos travaux.

Les ouvrages spéciaux étant les plus complets sur le sujet qu'ils embrassent, nous avons, en outre, enrichi notre nomenclature de mots particuliers, pris notamment dans le *Répertoire du notariat* de Rolland de Villargues, dans le *Dictionnaire de l'enregistrement* de Rigaud et Championnière, dans le *Dictionnaire de droit criminel* de Morin.

Maintenant que le lecteur est fixé sur l'étendue de l'ouvrage et sur l'esprit qui a présidé à sa composition, il nous reste à parler de la méthode suivie dans son exécution.

Deux écueils étaient à éviter : il ne fallait, dans chaque matière, ni trop restreindre ni trop multiplier les mots. M. Dalloz et M. Devilleneuve ont, à cet égard, deux systèmes opposés, et qui, tous deux, nous ont paru extrêmes. M. Dalloz aîné, par exemple, groupe sous un même mot des matières qu'on va d'abord et naturellement chercher ailleurs sans les y rencontrer. Ainsi, le croirait-on, on ne trouve point dans son ouvrage, à leur rang alphabétique, les mots *Assassinat*, *Suicide*, *Parricide*, *Empoisonnement*, *Infanticide*, *Blessures*, *Coups*, *Castration*, *Avortement ;* le mot *Duel* renvoie à *Homicide*, *Homicide* à *Meurtre*, *Meurtre* à VOIES DE FAIT. Le mot *Voies de fait* comprend tous les mots ci-dessus, plus celui de *Menaces*, les *Crimes et délits contre l'enfant*, la *Non déclaration de naissance*, l'*Exposition d'enfant*, l'*Enlèvement de mineurs*, enfin l'*Infraction aux lois sur les inhumations*. On le voit, c'est à ne plus s'y reconnaître.

Et cet inconvénient grave se reproduit à chaque instant. S'agit-il, par exemple, de la cour de Cassation, dont les attributions si nombreuses, dont la procédure si importante, forment un tout bien distinct et bien séparé : c'est au mot *Tribunaux* qu'elle se trouve pour ainsi dire perdue, et HUIT notices seulement lui sont consacrées. M. Dalloz pèche donc par la pénurie des divisions.

M. Devilleneuve est tombé dans l'excès tout-à-fait contraire. A force de multiplier les divisions, il a allongé le travail du lecteur, et il a fait disparaître l'unité de la jurisprudence. La même question se trouvera traitée chez lui au mot *Opposition*, puis au mot *Jugement par défaut*; de sorte que, au milieu d'une jurisprudence aussi émiettée, si l'on peut parler ainsi, il faut chercher fort long-temps pour recomposer l'ensemble, lorsqu'il est donné toutefois d'y parvenir.

Au surplus, le livre de M. Devilleneuve n'est qu'une table de notices servilement empruntées à son recueil, se suivant souvent sans liaison, où la doctrine, la critique et l'histoire n'ont aucune part.

C'est entre ces deux pôles que nous avons cherché à nous maintenir, en essayant de mettre à profit les imperfections de nos devanciers.

Y sommes-nous parvenus ? Le public jugera.

Pour ce qui est du Recueil, le public s'est déjà prononcé, sa sanction est incontestable : il a reconnu que notre collection était, sans aucune comparaison, la plus complète. Les arrêts *inédits* que nous avons recueillis se comptent par milliers ; non que nous ayons voulu faire de la jurisprudence *affaire de librairie* ou *chose marchande*, ainsi que le dit M. Devilleneuve, expressions de mauvais goût que, par parenthèse, nous renvoyons à leur adresse, mais parce qu'il nous a semblé que pas un arrêt ne pouvait être cité par un auteur qu'on ne dût nécessairement le trouver dans notre collection. Jusque-là le bulletin civil et le bulletin criminel de la cour de Cassation n'avaient point été complètement dépouillés. Croit-on que nous ayons agi par spéculation en relevant, pour les introduire dans notre collection, tous les arrêts inédits? Quelques commentateurs généraux du Code, comme M. Troplong, ayant relaté quantité de précédens importans inconnus jusque-là ; des auteurs spéciaux, comme MM. Talandier, Curasson, de Grattier, ayant eu particulièrement occasion de rapporter dans leurs écrits les monumens ignorés des cours devant lesquelles ils exerçaient, est-ce par un misérable esprit de charlatanisme ou par pure fantaisie que nous avons été exhumer les décisions manuscrites des cours de Nancy, de Limoges, de Besançon, etc. ?

L'avantage éclatant que nous avons remporté pour le Recueil, l'obtiendrons-nous pour le Répertoire? Modestie à part, nous osons l'espérer.

Toutes les considérations à cet égard ne vaudraient pas quelques rapprochemens.

Jetons un coup d'œil, par exemple, sur les matières criminelles. S'il est un mot d'une haute importance, c'est évidemment celui de *Cour d'assises*. Eh bien, M. Armand Dalloz, dans son Dictionnaire et dans le supplément, n'a pour ce mot, y compris celui de *Jury* que 2,300 numéros. Le Répertoire du *Journal du palais*, pour le seul mot *Cour d'assises*, a 2,900 propositions, plus 1,300 pour le jury; au total 4,200.

Dans le Répertoire du *Journal du palais*, les articles *Assassinat*, *Castration*, *Blessures e coups*, *Duel*, *Homicide*, *Infanticide*, *Meurtre*, *Empoisonnement*, *Parricide*, *Suicide*, contiennent plus de 800 numéros. Le Dictionnaire, avec son supplément, de M. Armand Dalloz, n'a, pour les mêmes matières, que deux mots, *Voies de fait* et *Homicide*, contenant moins de 300 numéros.

Dans les matières du droit civil, le Répertoire du *Journal du palais* présente aux teurs d'aussi notables résultats. Ainsi, pour les *Actes de l'état civil*, M. Armand Dalloz, Dictionnaire et supplément compris, n'a que 250 numéros; M. Bioche, dans sa dernière édition, n'en a que 100; notre Répertoire en renferme plus de 600.

Pour le mot *Action civile*, M. Armand Dalloz a environ 200 numéros; notre Répertoire en compte 400.

Mêmes avantages pour la procédure. Si nous ouvrons notre Répertoire au mot *Action possessoire*, nous y trouvons 700 numéros; le Dictionnaire de M. Bioche, un ouvrage spécial cependant, n'en a que 390.

A l'article *Acquiescement*, M. Bioche, dans un ouvrage de procédure, ne présente qu'un total de 151 numéros; notre Répertoire en a plus de 720.

Les matières commerciales ont été également l'objet de tous nos soins; aux *Assurances maritimes*, M. Armand Dalloz a placé 750 propositions; le Répertoire du *Journal du palais* 1,300. Aux *Assurances terrestres*, y compris *Assurances sur la vie*, nous trouvons dans M. Armand Dalloz 200 numéros, et 440 dans le Répertoire du *Journal du palais*.

L'article *Armement en courses* manque dans M. Dalloz; il n'y a que 7 ou 8 notices au mot *Prises maritimes*; dans notre Répertoire, le mot *Armement en courses* contient environ 100 numéros.

La proportion est la même dans les matières spéciales. M. Dalloz compte à peine 600 numéros pour les *Douanes*; nous en avons au moins 1500. Pour les *Contributions directes*, *patentes* comprises, il n'a guère qu'un millier de numéros; notre Répertoire, *Patentes* et *Cadastre*, a plus de 1500 notices.

Si telle est notre supériorité dans les matières que nos devanciers avaient traitées, on se fera facilement une idée des avantages plus grands que nous devons offrir au lecteur sur tous les points de législation nouvelle jusqu'ici explorés incomplètement, ou intacts encore. Tels sont, par exemple, l'*Expropriation pour cause d'utilité publique*, les *Faillites*, les *Justices de paix*, les *Ventes judiciaires de biens immeubles*. Il est même des matières que nous avons dû remanier plusieurs fois à cause des changemens survenus dans la législation pendant la composition de notre Répertoire; ainsi la *Police de la chasse*, les *Brevets d'invention*, la *Régence*, les *Patentes*, les *Aliénés*, les *Mines*.

Il est d'autres sujets où les principes ont été mis en discussion, sans que pour cela la législation ait encore été modifiée. Ce sont la *Propriété littéraire*, le *Conseil d'état*, les *Offices*, la *Liberté individuelle*, la *Liberté provisoire*, les *Théâtres*; nous avons tenu compte, dans les difficultés soulevées à propos de ces graves matières, des discussions approfondies qui ont eu lieu dans le sein des chambres législatives, comme aussi nous avons souvent consulté et rappelé les observations des cours et tribunaux pour les articles *Noviciat judiciaire*, *Hypothèques*, *Ventes judiciaires*. Nous avons également mis à profit les observations du conseil d'état et des écoles de droit, notamment à propos des *Hypothèques* et de la *Saisie immobilière*.

Les *instructions de l'administration*, les *circulaires*, les *décisions des ministres*, les *arrêtés administratifs*, qui se citent le plus souvent, ont trouvé place dans notre ouvrage.

Enfin, pour le rendre éminemment pratique et épargner aux lecteurs toute recherche étrangère, nous avons extrait des recueils législatifs, et transcrit sous les mots qui les concernent : la *nomenclature des établissemens insalubres*;

La *liste des états qui ont traité avec la France pour l'abolition des droits d'aubaine et de détractation* ;

La *liste des principales ordonnances d'amnistie rendues depuis* 1789 ; l'*indication des pays qui ont fait avec la France des traités d'extradition* ;

La mention, à leur ordre alphabétique, 1° de chacune des *professions atteintes par la loi des patentes, avec l'indication de sa classe, et des droits fixes et proportionnels dont elle est frappée*; 2° de chacun des *établissemens insalubres*.

Après cet exposé fidèle de la pensée de notre Répertoire, de la méthode suivie dans son exécution, et des résultats obtenus, nous osons espérer que le lecteur demeurera convaincu, comme nous le sommes nous-mêmes, que notre ouvrage est le plus complet qui ait été publié sur l'ensemble du Droit.

Est-ce à dire qu'il soit exempt de tout reproche de détail, qu'aucune tache ne s'y soit glissée? Nous le voudrions, mais nous sommes loin d'avoir une telle présomption ; l'on sait que d'aussi vastes entreprises ne peuvent jamais atteindre qu'une perfection relative ; ce que nous pouvons affirmer, c'est que nous y avons constamment visé. Ce que nous devons répéter, en terminant, c'est que le plan une fois tracé par notre rédacteur en chef, le dépouillement de cette masse de matériaux achevé, et leur répartition faite, suivant le sujet, à des collaborateurs spéciaux, un travail incessant de CINQ années a été consacré à leur rédaction ; c'est que ces travaux particuliers ont été scrupuleusement examinés par une commission de jurisconsultes joignant à la science du droit une longue pratique des affaires, et que cette révision elle-même, pour arriver à l'unité, a été consciencieusement contrôlée par notre honorable rédacteur en chef, M. Ledru-Rollin. Un devoir agréable à remplir nous est même imposé ici : nous ne pouvons penser à tant de longs jours d'une coopération commune, sans payer un juste tribut de reconnaissance aux nombreux collaborateurs qui ont bien voulu nous prêter un concours aussi éclairé qu'assidu, notamment à MM. Levesque, Boullanger, Noblet, Billequin et Gelle, qui ont composé la commission de révision, et à l'estimable jurisconsulte dont le nom figure depuis quinze années à la tête de notre entreprise.

Cet hommage individuel sera, nous en sommes assuré, ratifié bientôt par le public.

F.-F. Patris.

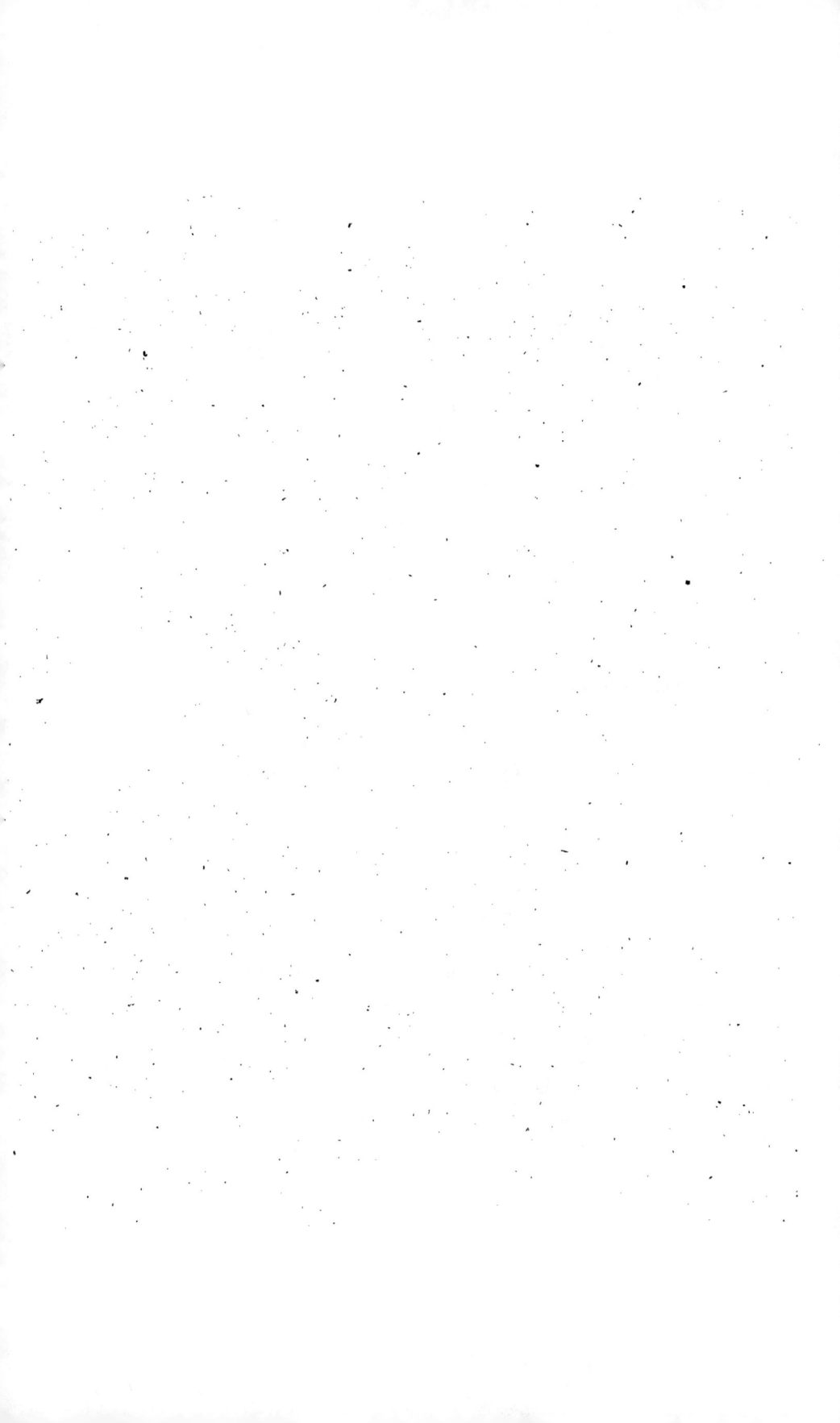

INTRODUCTION

DE L'INFLUENCE DE L'ÉCOLE FRANÇAISE SUR LE DROIT AU XIXe SIÈCLE.

Saint-Simon, méditant une nouvelle philosophie générale, était surtout préoccupé du désir de *rendre l'initiative à l'Ecole française*. Peut-être, s'il eût accompli son œuvre, se serait-il aperçu que, cette initiative, l'Ecole française ne l'a jamais perdue. C'est là une assertion qu'il ne serait pas très difficile de justifier ; nous laissons cette œuvre à d'autres plus compétens que nous.

Si toutefois le plan de ce recueil et la spécialité de nos études ne nous permettent pas de soutenir cette thèse en ce qui concerne la philosophie générale, on ne s'étonnera pas sans doute que, dans le domaine du droit, nous osions revendiquer la place qui appartient à l'Ecole française, et protester contre la modestie de nos compatriotes, qui ont pris trop au sérieux les prétentions scientifiques de l'Allemagne.

La supériorité pratique, voilà ce que les docteurs d'outre-Rhin veulent bien concéder au jurisconsulte français ; mais pour ce qui est de la conception théorique, de la science des principes, ils se posent en maîtres, et ne parlent qu'avec un superbe dédain des noms les plus illustres de l'Ecole française. A leurs yeux, Montesquieu est un esprit étroit et incomplet, et les rédacteurs du Code ne sont que d'infimes greffiers (1).

L'habileté dans la pratique ne serait pas, après tout, un mérite à dédaigner; car la science pratique est le signe d'une saine logique, la pratique exacte n'étant qu'une déduction rigoureuse de la théorie. Nous irions même jusqu'à penser qu'une bonne application du droit vaudrait mieux, pour le bien-être des peuples, qu'un ambitieux enseignement.

Mais s'il nous est permis de revendiquer davantage encore, si la vérité historique, bien plus que la vanité nationale, nous oblige à combattre de fausses prétentions et à réparer d'injustes oublis, nous n'avons pas le droit de renoncer à la réhabilitation de notre pays, dans la crainte mal fondée de paraître trop bien penser de nous-mêmes.

Pour accomplir sûrement notre tâche, il nous faut remonter aux sources mêmes du droit, l'interroger dans son essence; nous pourrons apprécier ainsi les services réels ou fictifs rendus à la science, et la valeur des titres de chaque Ecole.

« La science du droit, dit Ulpien, est la connaissance des choses divines et humaines. » Cette définition est heureuse, en ce qu'elle résume complètement tout ce qu'il y a dans le droit : le nécessaire et le contingent, l'absolu et le relatif, l'immuable et le transitoire, ce qui est indépendant de l'homme et ce qui dépend de lui, enfin, pour tout dire en deux mots, le divin et l'humain.

Montesquieu a dit : « Les lois sont les rapports nécessaires qui dérivent de la nature des choses. » C'est profondément juste, mais ce n'est définir que la loi naturelle ou divine. Aussi ajoute-t-il plus loin : « Les êtres particuliers intelligens peuvent avoir des lois qu'ils ont faites, mais ils en ont aussi qu'ils n'ont pas faites. » Nous retrouvons ici la pensée complète d'Ulpien. Mais l'homme ne fait des lois que parce qu'il

(1) Voyez la critique du Code français, par Savigny : —*Vocation de notre siècle pour la législation et la jurisprudence.*

est dans sa nature de pouvoir en faire, ou, en d'autres termes, parce que Dieu lui a donné la liberté d'en faire. Le droit est donc, dans son sens le plus général, ce qu'il y a de divin dans la législation; la loi, dans le sens de formule écrite, est ce qu'il y a d'humain. C'est pour cela que la formule change et doit changer, tandis que le principe est toujours le même. Le juste est en soi inaltérable, parce que l'idée du juste et de l'injuste est naturellement, divinement née avec l'homme; mais les applications de l'idée sont essentiellement variables, parce que alors intervient la liberté humaine.

L'histoire du droit n'est donc, à proprement parler, que l'histoire des modifications du principe contingent dans ses rapports avec le principe nécessaire, ou, pour nous en tenir aux termes d'Ulpien, l'histoire du développement des choses humaines dans leurs rapports avec les choses divines.

Ainsi sommes-nous ramenés à la distinction si claire de Montesquieu entre les lois que l'homme a faites et les lois qu'il n'a pas faites; ainsi pouvons-nous voir ce qu'il y a d'immuable dans le droit, ce qu'il y a de temporaire.

Nous aurons non moins facilement la solution des subtiles querelles qui divisent les Ecoles allemandes.

L'Ecole qu'on appelle philosophique, représentée par Hegel et ses disciples, proclame la souveraineté de l'idée dans le domaine des lois, comme dans les autres sphères de l'intelligence. D'où il suit que le droit serait une création toute humaine, que l'homme seul déterminerait le juste et l'injuste, que tout serait conventionnel, relatif, transitoire.

L'Ecole dite Ecole historique, ayant Savigny pour chef, prétend, au contraire, que l'homme n'a que faire d'intervenir dans le droit, qui se développe en vertu de sa propre spontanéité.

Voici le résumé de la théorie de Savigny :

Les législations ne sont pas et ne doivent pas être le produit des spéculations humaines. Le droit ne s'invente pas, il existe de lui-même, il a ses racines dans le corps même de la nation, il grandit et se développe avec elle, en vertu de ses énergies internes; c'est un élément nécessaire, fatal, de ce vaste organisme, et il doit le suivre dans toutes les phases de sa vie. L'homme ne saurait y toucher légitimement : ce serait contrarier la nature et vouloir la soumettre à la tyrannie de la pensée. Il en est du droit comme de la langue : on peut dire qu'il existe en germe dans les mœurs, dans les croyances, et en quelque sorte dans les entrailles de chaque peuple; il vient du dedans et non pas du dehors, et il obéit, dans ses évolutions, à une loi secrète, à un principe invisible et mystérieux, qui échappe au caprice ou à la volonté du législateur. En présence de cette végétation du droit, l'homme n'a rien à faire : il ne lui reste qu'à s'associer à son développement. Toutes les manifestations du droit sont légitimes et par là même sacrées. Comment accuser la vie dans les formes qu'elle revêt? Il faut donc accepter le droit sans lui demander compte de son existence. L'esprit humain s'égare irrémédiablement chaque fois qu'il veut substituer ses théories à ce travail intérieur qui fait éclore mystérieusement la législation dans le sein même des sociétés (1).

Il est évident que chacune des deux Ecoles n'a entrevu qu'une partie de la vérité : l'une ne tient compte dans le droit que de l'élément humain; l'autre, que de l'élément divin; l'une ne voit que le contingent et le variable; l'autre, que le nécessaire et l'absolu. Elles se partagent entre elles la définition d'Ulpien, en n'en prenant chacune que la moitié.

A l'Ecole philosophique il est facile de répondre par les paroles de Montesquieu : « Avant qu'il y eût des lois faites, il y avait des rapports de justice possibles. Dire qu'il n'y a rien de juste ni d'injuste que ce qu'ordonnent ou défendent les lois primitives, c'est dire qu'avant qu'on eût tracé de cercle, tous les rayons n'étaient pas égaux. »

(1) Nous avons emprunté cet exposé des doctrines de Savigny à un remarquable travail de M. Pascal Duprat inséré dans la *Revue indépendante*, n° 15, 4e livraison.

Avec l'Ecole philosophique du moins on argumente à son aise. On sait ce qu'elle veut, elle s'exprime clairement; ses propositions s'enchaînent avec méthode, et ses erreurs sont pleines de logique.

Il s'en faut que Savigny ait le même mérite. Il y a dans ce qu'il dit une confusion de termes, un luxe de contradictions, un conflit de propositions mal sonnantes, qui, si l'on n'y prend garde, déroutent l'argument, éblouissent la critique.

Ainsi, quand Savigny affirme que le droit ne s'invente pas, mais existe de lui-même, il a raison sans doute; mais quand il dit en même temps que les législations ne sont pas et ne doivent pas être le produit des spéculations humaines, il tombe dans une erreur grossière, en mettant sur la même ligne le droit et la législation, l'absolu et le relatif, l'immuable et le transitoire, le nécessaire et le contingent.

Quand il dit que le droit est un élément nécessaire, fatal, de l'organisme social, il est dans le vrai; mais quand il ajoute que l'homme ne saurait y toucher légitimement, il est dans le faux : car l'élément nécessaire ne se manifeste que lorsque l'homme lui a donné, par son intervention, par son consentement libre, une forme sensible, une vie extérieure.

Quand il dit que le droit vient du dedans et non pas du dehors, il se trompe de moitié, car le droit vient et du dedans et du dehors.

Le droit, dans ses évolutions, obéit à une loi secrète, à un principe invisible et mystérieux, nous l'accordons; mais nous n'accordons pas que ce principe échappe à la volonté du législateur; car c'est en vertu de ce principe que le législateur a une volonté, et c'est par l'application de ce principe qu'il parvient à se faire obéir.

On pourrait appliquer au corps humain, aussi bien qu'au corps social, la doctrine de Savigny, avec tous les termes qu'il emploie; les conséquences en seront encore plus facilement appréciées. En effet, le corps humain existe de lui-même: il grandit et se développe en vertu de ses énergies internes; il obéit, dans ses évolutions, à une loi secrète, à un principe invisible et mystérieux. Mais s'ensuit-il que l'homme ne doive rien faire pour aider ce développement, pour féconder ces énergies internes, pour faciliter ces évolutions? Parce que le corps vit de lui-même, faudra-t-il que l'homme s'abstienne de l'alimenter? Et parce qu'il y a dans le corps une flamme divine, y aura-t-il donc un sacrilége dans l'intervention humaine? Si le jurisconsulte de Berlin veut faire preuve de quelque logique, il devra dire de la vie comme du droit : « Elle vient du dedans, et non pas du dehors; en présence de cette végétation de la vie, l'homme n'a rien à faire. » S'il n'ose soutenir cette proposition, il recule devant sa propre doctrine; s'il l'ose, il ôte à l'enfant le sein de sa mère. Et il ne fait pas autre chose pour le droit; car si le droit contient en lui-même sa puissance de développement, c'est l'homme qui lui apporte les moyens de se développer; de même que l'enfant reçoit de Dieu ses énergies vitales, et de l'homme les alimens nécessaires pour les exercer.

L'Ecole historique peut à son aise affirmer que l'homme n'a pas le droit d'intervenir dans le droit. En dépit de ces affirmations, l'homme intervient. Quelle autre réponse faut-il à de vagues théories? Savigny n'a plus d'autre ressource que de nier les faits; et alors nous pourrons voir l'Ecole historique protester contre l'histoire.

S'il s'agissait de l'Ecole hégélienne, elle ne s'effraierait pas de cette conséquence. Nous l'avons dit : elle a le tempérament audacieux. Aussi est-ce sans un grand étonnement que l'on peut rencontrer dans une histoire du droit l'affirmation suivante : « Le droit n'a pas d'histoire dans l'Inde et dans l'Orient (1). » Et pourquoi? Parce que, selon l'auteur, qui répète cette formule d'après ses maîtres allemands, l'Orient avait absorbé la personnalité humaine dans l'idée et l'empire de l'absolu. C'est donc, ajoute-t-il, dans la Grèce et dans Rome que commence l'histoire du droit; car l'homme devient là une puissance libre et personnelle, une individualité qui *s'appartient*, qui dès-lors *a des droits* (2).

(1) *Histoire du droit français*, par M. Laferrière, Introduction, p. 9. (2) *Id.*, *ibid.*

Eh quoi ! une vaste société, puissamment organisée, donnant à la pensée humaine une impulsion gigantesque, d'où tout est sorti, même le christianisme, n'aurait rien produit pour l'histoire du droit ! Autant vaudrait dire qu'elle n'a rien produit pour l'histoire des faits; car l'histoire des faits, qu'est-elle autre chose que la manifestation sensible de l'histoire du droit, sa réflexion extérieure, son corollaire obligé, son complément nécessaire ? Disons mieux : là où il n'y a pas d'histoire du droit, là il n'y a pas de droit. M. Laferrière semble même accepter la conséquence de sa proposition; en effet, comme c'est en vertu de sa personnalité que l'homme a des droits, la personnalité humaine étant absorbée en Orient, il s'ensuit qu'en Orient il n'y a pas de droit. Ainsi ces pays immenses où l'homme élevait des monumens impérissables et des empires sans fin, pendant que l'Occident, couvert de marais et dormant sous l'ombre des forêts druidiques, attendait encore les hôtes qui devaient le féconder, ces heureuses contrées où s'est levé l'astre de la civilisation, pour y briller d'un si vif éclat, et nous communiquer ensuite la lumière qui nous éclaire aujourd'hui, ont poursuivi leur longue et majestueuse carrière sans avoir la conscience du droit, sans que le droit ait été pour rien, ni dans l'ordre qui a maintenu de vastes Etats, ni dans la morale qui a établi de puissans systèmes, ni dans les rapports incessans des individus avec le pouvoir social, et des individus entre eux ! Et cependant ceux qui nient l'histoire du droit en Orient, et par conséquent le droit lui-même, reconnaissent qu'on y trouve la propriété, les contrats, les délits et les peines, la famille et l'Etat. « Mais, ajoutent-ils, quand on interroge » sévèrement chacun des élémens de cette législation, on ne leur trouve » aucune précision, et pour ainsi dire aucune substance : ils disparaissent » et s'évanouissent les uns dans les autres, jusqu'à ce qu'enfin ils tombent dans une unité qui les absorbe. Ainsi, le droit de l'individu disparaît dans la famille, la famille dans l'Etat, l'Etat dans le prince (1). »

(1) Lerminier, *Introduction générale à l'histoire du droit*, p. 323.

Nous pourrions peut-être accuser M. Lerminier d'avoir inspiré les erreurs de M. Laferrière; mais nous reprocherons plus justement encore à l'Ecole allemande d'avoir inspiré les erreurs de M. Lerminier. Aussi ne nous arrêterions-nous pas à l'étrange hérésie que nous signalons, si elle n'avait pris quelque consistance chez nous, à la suite des importations scientifiques d'outre-Rhin. Comment peut-on avancer que la personnalité est absorbée en Orient, lorsqu'on y trouve quelque chose d'aussi personnel que la propriété? Cela seul suffirait à clore la discussion. « Le droit, dit M. Laferrière, c'est l'association laborieuse de la » liberté humaine et de la vie civile avec la justice et la raison. » On pourrait peut-être bien le quereller sur cette définition; mais nous consentons, quant à présent, à l'accepter. Or, un contrat, par lequel un homme s'oblige et oblige un autre homme, n'est-il pas une manifestation de la personnalité, un acte de la liberté humaine? N'y a-t-il donc pas de quoi exercer la sagacité de l'historien dans l'étude de la propriété en Orient, des contrats, des obligations, du mariage, de la paternité et de tous les rapports de famille? Nous soupçonnons fort M. Laferrière d'avoir, après tous ses devanciers germaniques ou germanisés, confondu la personnalité et la liberté humaine avec la personnalité et la liberté politiques. La liberté politique n'existait pas, il est vrai, en Orient, et, par conséquent, la personnalité politique non plus. Mais la liberté politique n'est qu'un développement, un progrès de la liberté humaine; et il n'est pas étonnant que le développement, le progrès n'existât pas dans les sociétés premières, ce qui n'empêchait pas la liberté humaine d'être hautement reconnue, d'être sanctionnée par la loi; car elle admettait la responsabilité, soit civile dans les contrats, soit pénale dans les délits, et la responsabilité est la consécration de la liberté.

En vain l'on dit que le droit de l'individu disparaît dans la famille, la famille dans l'Etat, etc. Le terme n'est pas exact. Le droit de l'individu ne disparaît pas. Il est seulement subordonné au droit de la famille, comme le droit de la famille est subordonné au droit de l'Etat. Et cela doit être, en Orient comme en Occident. Mais en Orient comme en Occident, l'individu commela famille avait son droit pr o re, sa personnalité propre, et on le reconnaît même dans ces termes inexacts où l'on soutient que le droit de l'individu disparaît dans la famille; car, pour disparaître, il faut avoir paru. Tant il est difficile d'énoncer long-temps une erreur capitale sans se perdre dans de manifestes contradictions.

Ce qui est vrai, c'est que l'histoire du droit en Orient n'est pas encore faite; et il n'est pas hors de notre sujet de signaler cette lacune. Mais dire qu'elle n'est pas à faire, c'est une excuse trop commode pour que nous puissions l'admettre, une erreur trop saillante pour que nous puissions la passer sous silence.

Ces observations s'appliquent surtout à l'Ecole allemande, qui a la prétention de ne rien négliger des origines, et de remonter toujours aux sources de la science. Néanmoins ces érudits n'ont pas osé sonder les profondeurs des sociétés orientales; il leur a paru plus facile d'affirmer d'un ton dogmatique que l'Orient n'a pas vécu d'une vie humaine. « Toujours immobile, dit Gans, l'Asie n'est pas dans le temps et ne vit que dans l'espace (1). » Ce n'est là, il faut en convenir, qu'une malheureuse antithèse. Jusqu'ici il avait été dit que Dieu seul, en vertu de son éternité, ne vivait pas dans le temps, mais dans l'espace. M. Gans, croyant faire un mauvais compliment à l'Asie, lui assigne les attributs de la Divinité. M. Cousin aussi avait dit que l'Asie est le pays de l'infini, que l'époque orientale est l'époque de l'infini. Mais il se hâtait d'ajouter: « Entendons-nous bien : il n'y a pas d'époque où une idée » règne seule, au point qu'il n'en paraisse aucune autre. Dans toutes » les époques est le fini et l'infini, et le rapport de l'un à l'autre; car » il n'y a de vie que dans la complexité; mais de ce fonds commun

(1) *Du droit de succession et de ses développemens dans l'histoire du monde.*

» se détache l'élément dont l'heure est venue, et qui, dans son contraste « avec tous les autres élémens, et dans sa supériorité sur eux tous, « donne son nom à cette époque de l'histoire et en fait par là une « époque spéciale (1). »

Ainsi, M. Cousin, tout en faisant dominer dans l'Asie le principe immobile de l'infini, prend soin de faire ses réserves en faveur de la personnalité humaine, de la liberté, du droit. Il n'imagine pas un peuple vivant dans l'espace et ne vivant pas dans le temps; et, s'il a cru devoir, suivant la méthode allemande, faire des classifications historiques très contestables, diviser le monde en trois époques, voir dans la société orientale l'époque de l'infini, dans la société gréco-romaine l'époque du fini, et dans la société moderne l'époque des rapports du fini à l'infini, il n'a pas du moins refusé à une époque les élémens des deux autres, il n'est pas arrivé à la négation de la vie humaine en Asie, par la négation du temps et du mouvement.

Il est devenu aujourd'hui de tradition dans les Écoles de représenter toujours l'Asie comme le pays de l'immobilité. L'immobile Orient est une phrase consacrée, un lieu commun à l'usage des philosophes, des littérateurs et des poètes, et l'on ne saurait parcourir un écrit sur l'Inde, sur la Chine, sur la Perse et sur l'Egypte, sans y rencontrer à tout propos la terrible formule de l'immobile Orient. Sans doute, l'Orient d'aujourd'hui ne saurait protester contre cette plaisante phraséologie; mais l'Orient des temps passés, l'Orient de ces époques qu'on appelle époques de l'infini, époques sans droit, où les hommes ne vivaient pas dans le temps, mais dans l'espace; l'Orient initiateur et civilisateur du genre humain peut, à bon droit, protester. Il n'y a pas eu de mouvement, dites-vous, dans ces pays qui ont vu les grandes révolutions des monarchies assyriennes, les invasions tumultueuses des peuples pasteurs, les entreprises successives des Mèdes et des Perses, les con-

(1) *Introduction à l'histoire de la philosophie*, 7e leçon, page 21.

quêtes industrielles et maritimes des races phéniciennes transportant de rivage en rivage les idées et les arts de l'Orient, les agitations continuelles du peuple hébreu, dont l'anxieuse activité et la remuante ardeur causaient à Voltaire des impatiences nerveuses! Quoi! la pensée humaine est demeurée silencieuse et inerte dans ces contrées qui ont produit et les Vedas et les Pouranas, et les lois de Manou et la Bible, et des réformateurs tels que Confucius, Bouddha, Zoroastre, Moïse, Jésus-Christ et Mahomet! D'où venait donc le civilisateur d'Athènes, Cécrops, avec ses Égyptiens, si ce n'est de l'immobile Orient? D'où venait Cadmus, avec ses Phéniciens, qui allaient initier les Grecs aux mystères de l'Ecriture? Ces migrations continuelles d'hommes forts et intelligens ne prouvent-elles pas une surabondance de vie, une surexcitation de pensée, un besoin immense de mouvement, à faire envie aux Occidentaux les plus actifs, même aux cerveaux les plus mobiles de l'Ecole germanique?

S'il y a quelque chose à reprocher à l'Orient, soit dans ses poésies, soit dans ses théogonies, soit dans ses révolutions matérielles, c'est cette fertilité luxuriante de l'esprit qui ne sait pas s'arrêter, de l'imagination qui ne sait pas se modérer, de la passion qui ne veut pas rencontrer d'obstacles. On sent qu'on assiste à la jeunesse des nations, jeunesse inquiète, agitée, ennemie du repos, emportée par les illusions, les espérances et les aspirations extraordinaires. Etrange pays à prendre pour symbole de l'immobilité, que celui où Dieu lui-même ne se repose pas dans l'unité de sa substance, où il faut à Vishnou neuf incarnations successives pour se révéler complètement aux hommes! Ainsi, même dans les manifestations divines, l'immobile Orient introduit les idées de succession, de variété, de mouvement. D'où vient cependant cette hérésie singulière prêchée surtout par l'Ecole hégélienne, et répétée trop étourdiment par nos docteurs? Simplement de ce qu'on a pris l'Orient d'aujourd'hui pour type de l'Orient des temps passés. Depuis mille ans, l'Orient est enchaîné dans de vieilles institutions. Tout y dort, et l'esprit et la matière, et les peuples et les rois. Et l'on en a conclu que tout y avait toujours dormi; et l'on s'est écrié : Là il n'y a pas d'histoire, parce que là il n'y a pas de mouvement. O savans dédaigneux ! sévères logiciens! vous vous arrêtez devant une momie, et parce qu'elle gît immobile, enveloppée dans ses bandelettes, vous assurez que la vie n'a jamais été en elle; parce que le sang ne circule plus dans ces membres desséchés, vous affirmez que le cœur n'a jamais rempli ses fonctions, et, jugeant l'homme passé par le cadavre présent, vous proclamez que cette matière inerte n'a jamais eu d'histoire. Cette méthode est expéditive sans doute, et l'accommodement est facile : nier une histoire de deux mille ans coûte moins que de la connaître. Mais il serait de meilleur aloi de confesser son ignorance et de convier les tempéramens laborieux à combler cette lacune. En vain vous voulez placer au Capitole le berceau de l'histoire du droit. Le droit a le même berceau que l'homme, et si l'homme a pris naissance sur les plateaux de l'Asie, c'est là qu'il faut aller chercher les origines de votre histoire : car avant de vous asseoir sur les bords du Tibre, vous trouverez quelque profit à parcourir les rives de l'Euphrate, du Gange, du Nil et même du Jourdain.

En somme, que nous ont valu les importations allemandes ? Avant l'Ecole hégélienne, Rousseau avait proclamé la souveraineté de la volonté humaine, et l'Ecole historique, avec son droit divin, a été bien au-dessous de Bossuet retraçant la marche des sociétés humaines, mystérieusement guidées par la main de Dieu. Montesquieu a dit : « Il y a des lois que l'homme n'a pas faites ; » et l'Ecole historique allemande s'est écriée : « Il n'y a pas d'autres lois que celles-là. » Mais Montesquieu ajoute : « Il y a aussi des lois que l'homme a faites ; » et l'Ecole philosophique allemande s'écrie à son tour : « Il n'y a pas d'autres lois que celles-là.» Les deux partis ont scindé la pensée de Montesquieu pour établir un système qu'ils ont pris pour une création. Chacun a dérobé une pierre au monument français et a cherché à bâtir un édifice; chacun a déchiré un lambeau du drapeau français et s'est imaginé avoir levé l'étendard national. Eh! messieurs, vous croyez faire du nouveau, et tout cela est vieux comme le monde de la philosophie, vieux comme Pythagore, vieux comme l'Ecole ionienne ou comme l'Ecole d'Elée. Vous avez beau vous appeler Savigny ou Gans, Fichte ou Hégel, nous vous avons déjà rencontrés avec d'autres noms, soit sous les berceaux de l'Académie, soit sous les voûtes du Portique, soit dans les monastères du moyen âge, lorsque le nominalisme faisait la guerre au réalisme. Le libre arbitre et la grace ont été assez bien représentés par Pélage et saint Augustin, sans que ces antiques querelles aient besoin d'être renouvelées par des formules germaniques. Prenez la philosophie ionienne, qui ne s'occupe que de ce monde et ne croit qu'à lui, vous aurez la doctrine des hégéliens, qui ne reconnaissent de lois que celles que l'homme a faites. Prenez la philosophie pythagoricienne ou dorienne, qui prétend tout idéaliser, tout ramener à des principes invisibles, vous aurez la doctrine de Savigny, qui ne reconnaît de lois que celles que l'homme n'a pas faites. Les Ecoles de l'unité et de la pluralité, de la fatalité et de la liberté, des spiritualistes et des sensualistes ont répété cent fois ces axiomes, et ces choses ont été dites en meilleur style par Bossuet et Luther.

Et cependant ces hardis contrefacteurs parlent fort légèrement de Montesquieu, tout en vivant sur la moitié de sa pensée. D'où vient donc que nous lui donnions complètement raison contre eux ? De ce qu'il a vu l'homme tel qu'il est, de ce qu'il a reconnu dans la société tout ce qui s'y trouve, l'universel et le particulier, l'absolu et le relatif, le divin et l'humain. Sans doute, pas plus que les Allemands, il n'a rien inventé; car la définition d'Ulpien renferme toute sa formule; mais il s'est fait le conservateur des saines traditions; il a continué logiquement l'école française des seizième et dix-septième siècles; il a signalé les véritables principes du droit, les seuls qui puissent se démontrer en théorie, les seuls qui puissent s'appliquer en pratique.

Maintenant, abandonnons un instant Savigny et Gans, les jurisconsultes proprement dits, pour interroger les philosophes (1) et tenter avec eux la réalisation de leurs théories; car une philosophie qui ne pourrait point se réaliser dans les faits sociaux, est par cela même fausse; une doctrine qui ne peut pas prendre un corps dans la législation, est radicalement mauvaise.

Kant, après avoir placé l'homme en face du monde extérieur, argumente ainsi : Il n'y a de vrai et de certain pour l'homme que ce qui est en lui. Les phénomènes extérieurs ne sont que des conceptions de son esprit : ils n'existent pas par eux-mêmes, ou du moins leur existence ne peut se démontrer; car l'homme ne les connaît que par l'idée qu'il s'en fait. Donc l'objet n'a d'existence que dans l'esprit du sujet, ou, pour nous servir des termes de l'Ecole allemande, l'objectif n'existe pas indépendamment du subjectif. L'homme ne peut arriver à la connaissance d'un objet en soi; il ne connaît ce qui est hors de lui que subjectivement. Le temps et l'espace même ne sont que des modes de notre sensibilité.

D'où il suit naturellement que le juste et l'injuste n'existent pas indépendamment de l'homme, mais sont des créations de son esprit.

D'où il suit encore que si le subjectif législateur formule une loi d'après le juste et l'injuste que son esprit a créés, l'objectif, appelé à obéir à la loi, se faisant subjectif pour l'examiner, peut très légitimement refuser d'y obéir, parce que son esprit aura créé un juste et un injuste tout autre que celui du subjectif législateur.

La liberté humaine, la morale, les peuples, les empires et Dieu lui-même ne sont que des fictions de l'esprit, de vaines imaginations, en sorte que le jour où le subjectif se persuadera que les objectifs appelés peuple ou nation peuvent se passer des objectifs appelés loi ou morale, il faudra bien qu'ils s'en passent; car le subjectif, ne trouvant plus

(1) Dans cet examen des doctrines philosophiques allemandes, nous avons pris pour guide les excellentes analyses de M. Lerminier. Voyez *Philosophie du droit*, t. 2, et *Introduction à l'histoire du droit*.

ces choses en lui, ne pourra plus les donner; et où pourraient-elles se rencontrer ailleurs?

Assurément, avec un pareil système, le droit n'est qu'un mot, la loi un objectif fort peu respectable; et ces tristes conclusions auraient dû démontrer au philosophe de Kœnisberg le néant de ses doctrines; un philosophe allemand ne se décourage pas pour si peu. Kant avait fait ses merveilleuses découvertes dans *la critique de la raison pure.* Mais la raison pure avait l'inconvénient de rendre toute société humaine impossible. Kant imagina donc comme correctif à la *raison pure* une autre raison qu'il appela *raison pratique.* Il ne renonça pas pour cela à la première raison; non, il croit que pour l'homme ce n'est pas trop de deux, et il demande à la *raison pratique* tout ce que lui avait refusé la *raison pure.*

Pénétrant tout d'abord dans la raison pratique, Kant y trouve une loi réelle *objective* qu'il formule ainsi : «Agis de telle sorte que les maximes de ta volonté puissent aussi avoir la force d'un principe de législation générale.» Qu'est-ce à dire, un principe de législation générale? Mais ce n'est là autre chose qu'une loi générale, indépendante du fait humain, une loi que n'a pas créée l'esprit de l'homme, un objectif enfin existant sans le subjectif. C'est l'absolu, le nécessaire, l'universel, monstres que Kant avait si hardiment combattus, et qu'il croyait avoir réduits au néant. Il disait cependant qu'il ne rétractait rien de ses observations sur la raison pure. Permis à lui sans doute de consoler sa logique par cette douce illusion. Mais pour nous, le premier pas de sa raison pratique est une immense contradiction, une négation complète de sa raison pure. Négation, du reste, obligée, du moment où il veut intervenir dans la société et faire des applications possibles; hommage forcé rendu par le plus fier génie de l'analyse au principe universel, qui seul explique et consacre l'intervention humaine, qui seul donne de l'autorité à la loi, de la sainteté à ses commandemens.

Toutefois, la loi générale une fois posée, cette immense concession une fois arrachée à sa conscience, Kant revient bien vite aux sécheresses de l'analyse, et s'efforce de restituer à l'homme l'initiative dont il l'avait un instant dépouillé.

Voici comment il arrive à ce tour de force.

La loi générale étant donnée, pour qu'on puisse lui obéir, il faut qu'on puisse lui désobéir. Il faut donc être libre. La liberté humaine est une conséquence de la loi.

Il en est de même du bien et du mal. L'obéissance à la loi constitue le bien, la désobéissance constitue le mal. Le bien et le mal ne sont donc pas préexistans à la loi : ils n'ont pas même d'existence sans elle, car ils sont déterminés par elle.

Par conséquent l'homme ne se conforme à la loi que pour la loi.

Nous trouvons bien ici le devoir. Mais la morale où est-elle? L'amour envers les autres hommes que devient-il? Les affections, les sympathies, tous les sentimens qui donnent de la puissance au lien social, où les rencontrer? Kant nous répond : Dans la personnalité humaine : l'homme étant libre, l'humanité est sainte et sacrée dans sa personne : il est son but à lui-même.

Assurément, en s'arrêtant à cette conclusion, Kant avait un système complet. Mais on pouvait toujours lui demander compte de sa loi générale, de son immense objectif, existant sans un subjectif quelconque; et si le subjectif humain s'avisait de désobéir à cet objectif, de quel tribunal relèverait sa responsabilité? Kant eut donc besoin d'un juge, il eut besoin de Dieu, et Dieu prit place dans son système.

Nous venons de voir que l'homme est son but à lui-même. Mais ce n'est pas tout. La raison pratique, qui est apparemment autre chose que l'homme, cherche encore un autre but sous le nom de souverain bien. Le souverain bien se compose de deux élémens, vertu et bonheur. Or, l'association de la vertu et du bonheur ne se rencontre pas ici-bas. Donc, pour la réaliser, il faut pour l'homme un monde futur et la continuité de l'existence; donc, immortalité de l'ame.

Mais pour apprécier la vertu et lui donner le bonheur, pour dispenser le souverain bien, il faut un souverain juge. Donc, Dieu est.

Résumons en quelques mots toute cette théorie. Kant, qui prétend tout réduire à l'analyse, est obligé de commencer par une abstraction qu'il appelle raison pratique. Cette raison pratique découvre une autre abstraction qui s'appelle loi générale. La liberté humaine est une conséquence de la loi; l'immortalité de l'ame est une conséquence de la liberté humaine, Dieu est une conséquence de l'immortalité de l'ame. En d'autres termes, Dieu est une conséquence de l'homme; car si l'homme n'avait pas besoin de lui pour être jugé, à quoi serait-il bon? il n'a pas d'autre rôle que d'être le grand chancelier des sociétés humaines.

Ce qu'il y a de plus étrange, c'est que Kant s'imagine que son système se trouve d'accord avec le christianisme, et qu'il proclame avec joie cette harmonie de sa philosophie avec la morale de l'Evangile. Mais pour éprouver cette joie, il fallait donc qu'il jugeât d'avance la morale de l'Évangile passablement satisfaisante, puisqu'il en fait, pour ainsi dire, le critérium de la vérité de son système. S'il en est ainsi, à quoi bon ce système?

Il s'en faut, toutefois, que cet accord existe. Le christianisme n'a jamais dit, ce nous semble, que l'homme fût son but à lui-même, et encore moins que Dieu fût la conséquence de l'homme. Le chistianisme, il est vrai, admet Dieu comme le souverain juge; mais il l'admet aussi comme la souveraine loi. Or, la loi générale de Kant est indépendante de Dieu, et Dieu n'est appelé qu'à juger selon la loi. Mais le juge qui applique la loi n'est-il pas au-dessous de la loi qu'il applique? Par conséquent le Dieu de Kant est au-dessous de la loi. Or, mettre Dieu au-dessous de quelque chose, n'est-ce pas dire : Dieu n'est pas?

Maintenant, quel parti le droit, quel parti la législation, peuvent-ils tirer d'une pareille théorie? Évidemment, avec le système de la raison pure, le subjectif auquel on imposera, sous le nom de loi, un objectif qu'il ne rencontrera pas en lui, sera en révolte perpétuelle. La morale, qui n'est qu'un mode de sa sensibilité, que lui fera-t-elle, si les modes de sa sensibilité changent ? Et Dieu que deviendra-t-il quand la sensibilité dira que Dieu n'existe pas ?

Avec la raison pratique, la législation sera-t-elle plus en sûreté ? D'abord, la loi générale base du système peut être facilement contestée. Car si la raison pratique d'un homme quelconque se refuse à reconnaître cette loi, comment l'y contraindre ? L'homme étant son but à lui-même, il serait souverainement injuste de lui imposer le respect pour la loi, si ce respect n'est pas en lui.

De ces deux raisons, d'ailleurs, qui se contredisent, laquelle est supérieure à l'autre ? Si elles sont égales, l'homme restera continuellement en suspens pour savoir quelle raison a essentiellement raison ; ou bien, pour prononcer, il lui faudra une troisième raison qui s'établisse juge des deux autres.

Certes, ce n'est pas dans un pareil système que le droit cherchera ses maximes, que le législateur puisera ses inspirations.

Après Kant vient Fichte, et la puissance du subjectif, déjà trop bien partagé, est exaltée outre mesure ; l'individualité humaine est proclamée souveraine de la terre et du ciel, l'orgueil du moi humain s'énonce en termes aussi ambitieux que le Satan de Milton : comme lui, il vient détrôner Dieu.

Kant avait fait sortir la liberté de la loi : pour lui, elle n'était qu'une conséquence. Pour Fichte, la liberté est un principe, et le premier de tous les principes.

D'où sort, selon Fichte, toute vérité, toute science, toute morale ? Du moi se contemplant lui-même. Sortant de la contemplation, il s'écrie : Je suis libre ! La liberté, voilà le premier cri de la conscience, la vérité première, devant laquelle tombent tous les argumens ; car il n'y a pas d'argumens contre les inspirations du moi.

Le moi se pose avant tout et par dessus tout. Il domine l'univers, franchit les espaces, et, dans sa liberté illimitée, il explore les régions de l'infini. Mais voilà que sur sa route il rencontre un obstacle. Cet obstacle, quel est-il? Le moi n'en sait rien; tout ce qu'il sait, c'est que l'obstacle n'est pas lui : il se trouve donc en face du non-moi. Il le signale et par cela même le crée. Car s'il n'y avait pas de moi, il n'y aurait pas de non-moi. Le non-moi ressort donc du moi, il est sa créature. Or, le non-moi, qu'est-ce autre chose que le monde extérieur? Donc, le monde c'est moi.

Ce n'est pas tout encore. Dieu, comment existe-t-il? Parce que je pense à Dieu. Dieu est donc en moi : il est le résultat de ma conscience. Donc, Dieu c'est moi.

Assurément, il est impossible de poursuivre avec plus de logique la doctrine de Kant, et de détruire avec plus d'audace la réalité objective. Tout ici est dans le subjectif, dans le moi : moi partout, moi toujours, moi l'homme, moi le monde, moi Dieu, moi principe, source et centre de toutes choses, d'où tout sort, où tout aboutit. Le système a sans doute une vaste et formidable unité, et dans tout système l'unité séduit. Mais sortez de cette immense abstraction de l'égoïsme, pour tenter une application sociale, vous aurez pour résultat l'individualisme le plus effronté, la plus audacieuse anarchie qui se puisse imaginer. Et cependant, Fichte ne s'est pas épouvanté des conséquences de sa logique. Il a osé formuler une morale à l'usage de sa doctrine; sa formule, la voici : « Aime-toi par dessus toutes choses, et tes concitoyens pour toi-même. » En vérité, ce n'était pas la peine, pour un pareil résultat, de vouloir réformer l'Evangile. Qu'est-ce donc, je vous le demande, grand apôtre de l'égoïsme, qu'est-ce donc que mes concitoyens? C'est moi, puisque c'est le non-moi, et que vous m'avez appris que le non-moi c'est moi. Pourquoi donc moi qui suis libre, moi qui suis l'univers, moi qui suis Dieu, ne serais-je pas le maître de maltraiter ce non-moi qui est moi? Vous répondez que je ne le ferai pas parce que ce serait me maltraiter moi-même. Mais ne voyez-vous pas que vous tournez dans un cercle vicieux? Car si je maltraite le non-moi pour la satisfaction du moi, il est évident que je ne me maltraite pas en me satisfaisant. Philosophe, descendez des nuages et venez vous mêler aux choses de la terre, vous verrez combien de moi se satisfont aux dépens des non-moi sans en éprouver la moindre souffrance, et combien de non-moi se réjouissent dans l'abondance de toutes choses sans que les moi qui ont faim se sentent l'estomac soulagé. Le christianisme aussi avait dit par la bouche de saint Paul : « Nous sommes tous un en Dieu. » Mais le christianisme reconnaissait les distinctions dans l'identité, le particulier dans le général. Et, d'ailleurs, cette identité avait Dieu pour point de départ, et non pas le moi humain, qui n'a aucune sanction pour se faire respecter par le non-moi. Et comment le pourrait-il, puisque le non-moi, c'est le moi? Ne semble-t-il pas entendre le pauvre Sosie s'écrier :

Ce moi, plutôt que moi, s'est au logis trouvé ;
Et j'étais venu, je vous jure,
Avant que je fusse arrivé.

Supposez l'état social organisé d'après la doctrine de Fichte : comme les hommes se ressembleront toujours, il y aura toujours quelque moi qui abusera d'un autre moi. Ouvrez alors l'enceinte de la police correctionnelle : vous assisterez à la scène suivante :

AMPHITRYON. On t'a battu?
SOSIE. Vraiment!
AMPHITRYON. Et qui?
SOSIE. Moi.
AMPHITRYON. Toi, te battre!
SOSIE. Oui, moi, non pas le moi d'ici,
Mais le moi du logis, qui frappe comme quatre.
AMPHITRYON. Te confonde le ciel de me parler ainsi!
SOSIE. Ce ne sont point des badinages.
Le moi que j'ai trouvé tantôt,

Sur le moi qui vous parle a de grands avantages ;
Il a le bras fort, le cœur haut ;
J'en ai reçu des témoignages ;
Et ce diable de moi m'a rossé comme il faut.

Que deviendra pour lors le juge? Son moi, qui se confond avec le moi du plaignant, avec le moi du prévenu, ne sera-t-il pas bien embarrassé? Il se sentira battu avec le demandeur, battant avec le défendeur, lésé avec le premier s'il acquitte, lésé avec le second s'il condamne, et il devra rester sans voix et sans opinion, mais non sans s'offenser encore, en offensant la justice, qui est aussi une forme de son moi.

Ainsi Fichte arrive nécessairement à l'anéantissement de l'individualité humaine, à force de vouloir l'exalter. En effet, si moi c'est vous, si vous c'est moi, si moi c'est tout le monde, et tout le monde moi, il en résulte que ma personnalité est absorbée dans celle de tous les autres, en même temps que celle de tous les autres s'absorbe dans la mienne; autant valait pour l'homme de Fichte ne pas sortir de la contemplation de son moi; car, après avoir fait tant de chemin pour tout ramener à son moi, il n'aboutit à d'autre résultat qu'à n'avoir plus de moi.

Aussi, Fichte ne peut-il aborder la question du droit que par des inconséquences.

Nous l'avons vu : le premier cri de la conscience humaine se révélant à elle-même est un cri de liberté. Je suis libre! voilà l'unique pensée de l'homme à son entrée dans le monde. Mais, ajoute Fichte, l'homme rencontre des semblables, des êtres vivant aux mêmes conditions que lui, le limitant comme il les limite. De ce choc jaillit le droit; le droit n'a donc rien d'absolu, il n'existe que comme une relation, comme une borne.

Arrêtons-nous, pour signaler les contradictions qui fourmillent dans ce peu de mots. Que veulent dire ces semblables rencontrés par l'homme? Jusqu'ici tous les êtres étaient identiques en lui et se confondaient dans l'identité du moi. Mais le terme semblable suppose la distinction, la nonidentité. Le moi est donc obligé de reconnaître des êtres qui sont indépendans de lui; bien mieux, des êtres qui lui font obstacle, qui le limitent. Déjà la souveraineté du moi est détrônée par les êtres semblables, et voilà que sa liberté est anéantie par des êtres qui le limitent : car dès qu'il y a limite, il n'y a plus liberté; ce sont deux termes qui se contredisent.

Continuons. Le droit ne naissant que du choc des êtres semblables qui se limitent, le droit se posant comme borne, n'est par conséquent rien de plus que la négation de la liberté. Or, n'oublions pas que la première conception de l'homme, selon Fichte, le principe divin qui l'éveille à la vie, est un hommage rendu à la liberté. Comment donc l'homme, sorti de la contemplation de son moi pour s'écrier : Je suis libre! pourra-t-il éprouver quelque respect pour le droit, qui vient enchaîner sa liberté?

La doctrine du droit, selon Fichte, a pour premier principe que chaque être libre doit se faire une loi de limiter sa propre liberté, par la reconnaissance de la liberté des autres personnes.

Cette doctrine n'est évidemment imaginée que pour tirer le philosophe d'embarras; car elle n'est nullement d'accord avec l'homme créé d'abord par lui. En effet, la première pensée de cet homme, c'est qu'il est un être libre. Le premier principe de l'être qui met sa liberté avant tout, c'est, avant tout, de vouloir conserver cette liberté : il sera donc en lutte perpétuelle avec ce qui le limite, et par conséquent avec le droit. Sa liberté s'est manifestée par une audacieuse affirmation; il n'ira pas la faire plier devant une négation. Le droit sera donc la guerre : chaque individu, armé de sa liberté, sera repoussé, querellé, frappé, parce qu'il voudra en user; à son tour il frappera les autres lorsqu'ils voudront obéir au cri de leur conscience, et chacun des hommes voulant faire reculer la limite qui le gêne, voulant transposer la borne qui l'arrête, on ne saura plus ni où se trouve le droit, ni où se trouve la liberté.

En outre, le droit ainsi défini est un énorme contre-sens. En effet, la liberté, c'est la loi première, le nécessaire, l'absolu; le droit, c'est la loi dérivée, le contingent, le relatif. Or, si le droit doit limiter la liberté, il s'ensuivra que la conséquence est plus puissante que le principe, que la loi dérivée domine la loi première, que l'absolu est au-dessous du relatif. Le droit ne sera donc plus l'heureux accord des choses divines et humaines, mais la subordination des choses divines aux choses humaines, la souveraineté des choses humaines sur les choses divines. N'avions-nous pas raison de dire que Satan voulait détrôner Dieu? Fichte lui assigne l'empire de la terre et des cieux. Aussi ne faut-il pas s'étonner qu'en entrant dans le domaine de la politique, le philosophe allemand soit obligé de conclure au despotisme le plus absolu. Sa doctrine ne peut être que celle des tyrans; car, en politique comme en philosophie, à force de vouloir donner à l'individualité des proportions gigantesques, il finit par l'anéantir; il l'absorbe dans l'omnipotence du pouvoir exécutif, investi de toute l'activité sociale.

Le moi humain avait été trop glorifié par Fichte pour qu'il n'y eût pas ensuite réaction; l'idéalisme avait dominé trop absolument dans l'Ecole allemande, pour qu'il ne s'élevât pas quelque voix en faveur du réalisme. Schelling avait été tout d'abord séduit par la vigoureuse unité de la doctrine de Fichte; mais il comprit ensuite qu'avec l'homme seul, on ne pouvait rendre compte de rien. L'homme créateur de toutes choses, l'homme monde, l'homme Dieu, ne le satisfaisait pas. Il voyait la nature et croyait en elle comme il croyait en l'homme. Il voyait en l'homme autre chose que l'absolu, et dans le droit autre chose que le relatif, et cependant il reconnaissait partout et l'absolu et le relatif. Il se préoccupa donc surtout de concilier le réalisme et l'idéalisme, sans les sacrifier l'un à l'autre. « L'idéalisme, dit-il, est l'ame de la » philosophie; le réalisme en est le corps, et c'est seulement en les » réunissant tous les deux, qu'on peut former un tout qui ait de la vie. »

Certes, c'est se placer bien loin de Kant et de Fichte, et c'est presque donner la main à l'Ecole française. Mais Schelling s'était aussi mis à la recherche de l'unité, d'un rapport commun qui pût lier ensemble l'idéalisme et le réalisme, en les dominant tous deux. Cette unité, où la trouve-t-il? Dans une abstraction, dans une conception de l'esprit qui proclame l'absolu, le un. L'unité est donc une idée.

Mais comment l'esprit arrive-t-il à la conception de cette idée? Par une intuition pure, par une spontanéité, par un acte de l'intelligence, supérieur au mécanisme de la volonté propre. L'homme voit l'absolu par une contemplation involontaire.

Nous voici presque retombés dans le kantisme. Cet absolu, cette abstraction qui est une création de l'esprit, comment lui concevoir une réalité objective? Schelling prétend bien que l'absolu existe, indépendamment de l'idée humaine, et cependant l'absolu, selon lui, n'est qu'une idée. Nous voudrions bien que Schelling nous aidât à concilier ce paralogisme.

Mais il en est fort empêché lui-même, car il ne sait encore sur quelle base appuyer son abstraction; et il s'est retiré du combat avant d'avoir résolu la difficulté. Il y a deux ans, après un long intervalle de silence, Schelling est remonté en chaire, et toute l'Allemagne a tressailli d'espérance. On croyait que le philosophe, dans ses muettes méditations, avait découvert la région où repose l'unité. Chacun se flattait de se trouver face à face avec le *deus ex machinâ*. Mais, hélas! le philosophe n'a rien dit de plus que ce qu'on savait ou ce qu'on ne savait pas, et, après une courte et stérile apparition, il est majestueusement rentré dans son repos.

Au surplus, en ce qui concerne le droit, la doctrine de Schelling est restée impuissante, malgré les efforts du maître pour tenter quelques applications positives. Aussi est-il obligé d'arriver à convenir que le droit civil n'est qu'une collection de cas particuliers, d'espèces judiciaires, où la philosophie ne saurait pénétrer. Si cela était vrai, ne serait-ce pas la condamnation la plus formelle de la philosophie? A quoi servirait donc cette science, si elle n'expliquait et ne justifiait les lois qui règlent les rapports des homme entre eux? Que nous feraient les spéculations métaphysiques sur l'absolu, le moi, le subjectif et l'objectif, si elles demeuraient à l'état vague d'abstractions non réalisables? Ce ne seraient que de brillantes fantaisies, bonnes pour occuper nos heures perdues, de poétiques récréations propres à exercer quelque peu notre dialectique. Non, la philosophie se promet quelque chose de plus sérieux et de plus utile que ces rêves : elle prétend initier l'homme à la logique de ses droits et de ses devoirs, sans qu'elle puisse négliger le plus petit fait humain, sans qu'elle puisse se taire sur la plus infime circonstance de l'histoire sociale. Mais Schelling se contente de faire un petit essai de droit politique qui n'offre rien de bien neuf, et puis il avoue que la philosophie n'a rien à voir dans le droit civil. C'est vrai peut-être pour sa philosophie, et cela prouve combien elle est incomplète; car le droit civil repose sur les mêmes principes que le droit politique. La légitimité de l'un ne peut se séparer de la légitimité de l'autre. Tous deux tiennent essentiellement à l'histoire de l'homme, à sa nature, à sa conscience, à son essence intime. Le droit politique et le droit civil sont deux principes qui se complètent l'un l'autre, ou plutôt c'est le même principe considéré sous deux aspects; et le philosophe qui déclare ne rien voir dans l'un confesse par là qu'il voit mal dans l'autre. Il prononce lui-même sa propre condamnation.

Hégel a bien compris l'insuffisance de cette doctrine, et il a cherché à combler la lacune en traçant un système complet de philosophie sociale. Mais le chaos traversé par le Satan de Milton au sortir de l'enfer, n'était pas plus difficile à pénétrer, ne contenait pas plus d'ombres fantastiques que le royaume philosophique de Hégel. On s'y heurte contre des formules sans nombre, on s'y égare dans de profondes obscurités, on s'y perd dans le dédale inextricable d'une logique tourmentée.

Hégel affectionne la trinité. Son système n'est qu'une suite de trilogies enchevêtrées l'une dans l'autre, et se dégageant par des manifestations successives.

Fichte avait pris pour point de départ le moi se contemplant lui-même. Hégel part de la pensée se pensant elle-même. Cette pensée première est sans relation, sans rapport; elle est une, abstraite, indéterminée. La pensée commence donc par l'absolu. Mais cela ne dure pas long-temps. En effet, la pensée, après s'être pensée elle-même, se pose vis-à-vis du monde, et se détruit en ce qu'elle a d'absolu en pensant quelque chose qui n'est pas elle-même. Puis elle revient à elle et se constitue dans sa propre conscience. Voilà la trinité créée.

De cette trinité première sort une trinité philosophique : la philosophie de l'idée dans ce qu'elle a d'absolu, la philosophie de la nature et la philosophie de l'esprit.

Chacune de ces philosophies engendre une foule d'autres trinités. Ainsi, la philosophie de l'idée se partage en trois doctrines : doctrine de l'être, doctrine de l'existence, doctrine de la conception. L'être a trois faces : la qualité, la quantité, la mesure; l'existence a trois termes : l'être, comme fondement de l'existence, le phénomène, la réalité. La conception a trois termes: conception subjective, objet et idée. Et chacune de ces divisions se subdivise encore de trois en trois, sans qu'on puisse apercevoir un terme à ces fractions.

La philosophie de la nature se divise en mécanique, physique et organique. La mécanique a trois termes, la physique a trois termes, l'organique a trois termes, et chacun de ces termes enfante de nouvelles trinités, qui ensuite en enfantent d'autres.

La philosophie de l'esprit se partage en esprit subjectif, esprit objectif, esprit absolu. L'esprit subjectif comprend l'anthropologie, la phénoménologie, la psycologie. L'esprit objectif renferme le droit, la moralité personnelle, la moralité sociale. L'esprit absolu contient l'art, la religion et la philosophie.

Nous voici enfin dans le domaine moral, et nous allons entrer dans les applications du droit. Ici comme partout ailleurs, Hégel procède par divisions ternaires. Nous nous abstiendrons de reproduire en détail ces jeux d'esprit, qui finiraient par dégoûter à jamais de la trinité.

Le droit, dit Hégel, est l'empire de la liberté qui se développe. Comment se développe la liberté? Par la volonté. La volonté contient : 1° le moi en soi, 2° le passage du moi au déterminé, 3° le retour du moi sur lui-même, avec la double conscience du monde et de lui-même. Mais si la volonté est d'abord immédiate, il faut d'abord poser la personnalité de l'homme comme sujet. Donc la personnalité de l'homme est le fondement du droit; d'où résulte ce précepte : « Sois une personne, et respecte les autres comme des personnes! »

Maintenant, nous le demandons: Hégel a-t-il fait faire un seul pas à la science du droit? A-t-il rencontré pour la morale une formule plus satisfaisante que Kant ou Fichte? N'est-ce pas le même précepte que ceux de ses devanciers, et presque dans les mêmes termes? Selon Kant, l'homme étant libre, l'humanité est sainte et sacrée dans sa personne. Voilà le lien social. Selon Fichte, on doit aimer ses concitoyens pour soi-même. Voilà la morale. Selon Hégel, on doit respecter les autres personnes, parce qu'on est soi-même une personne. N'est-ce pas absolument la même doctrine, doctrine de l'égoïsme, de la lutte, de la confusion; doctrine qui n'a d'autre sanction que la volonté individuelle, c'est-à-dire nulle sanction; doctrine qui, partant de l'anarchie en droit, est obligée d'aboutir à la tyrannie en politique? En effet, quand on reconnaît la légitimité de toutes les tyrannies individuelles, il n'y a pas d'autre moyen de les dompter que de les livrer sans défense à la tyrannie du chef de l'État. L'application pratique conduit absolument au même résultat que la spéculation philosophique. Quand on veut tout accorder au moi, il faut arriver forcément à l'anéantissement du moi.

Étrange aberration de la logique humaine! Hégel partant de l'absolu arrive aux mêmes conséquences que Kant et Fichte partant de l'individu. C'est que son absolu n'est qu'une fiction. Il a beau vouloir prendre pour base de son système la pensée abstraite, une, sans relation, sans rapport. Cette pensée ne saurait exister indépendamment de l'homme qui pense; elle ne sera même autre chose que l'homme, autre chose que le moi de Fichte, autre chose que le subjectif de Kant; la formule seule est changée, le principe reste le même, et les conséquences seront les mêmes, non moins que les erreurs.

De toutes les gloires de l'École allemande, que reste-t-il? Un travail immense pour créer des mots nouveaux, qui recouvrent de vieux sophismes; un enfantement laborieux de formules embarrassées, qui déguisent d'antiques classifications, et prétendent les rajeunir en les obscurcissant; des lambeaux de doctrines offerts aux regards des peuples, comme des créations de systèmes; des théories sociales reposant sur des nuages, et des projets de législation tentés avec des rêves; un aveugle fatalisme proclamé par la domination exclusive de l'absolu, une liberté effrénée justifiée par la déification de l'individu, et, en dernier résultat, l'immobilité comme conséquence nécessaire des deux théories, soit qu'on accorde le règne sans partage à l'absolu, soit qu'on l'accorde à l'individu. L'immobilité, l'impuissance de toute application sociale, voilà où aboutissent également et l'École philosophique et l'École historique, parties, cependant, de points si opposés.

Nous croyons certes, sans peine, que les jurisconsultes d'outre-Rhin ne prétendent pas disputer à l'École française les mérites de la pratique. Car nous les défions de faire de la pratique avec leurs ambitieuses théories. Or, nous l'avons dit, c'est à l'application que se jugent les qualités d'un système. La logique abstraite peut bien se contenter de formules et de syllogismes; mais si ces formules, si ces syllogismes ne peuvent prendre place dans la logique des faits, on ne doit plus les considérer que comme des amusemens d'école, que comme les exercices gymnastiques d'esprits aventureux.

Il n'est pas dans le génie français, et nous l'en félicitons, de s'endormir au milieu des abstractions. Il se contenterait difficilement de la pensée pure, sans relation ni rapport. Car la relation c'est la vie sociale; ce qu'il conçoit, il veut le réaliser; aussi ne conçoit-il guère ce qui n'est pas réalisable. Sa logique est impatiente d'application; sa force, toute expansive, demande à se communiquer et invite toujours les autres au partage de ses conquêtes. C'est ce besoin de réaliser les idées, d'en faire sortir tout ce qu'elles contiennent de richesses matérielles, qui donne au Français cette activité, ce mouvement, cet élan passionné que les autres peuples prennent pour de l'inconduite, et qui n'est que l'expression d'une logique toujours cherchant à se satisfaire.

Mais s'il ne se contente pas de l'abstraction isolée, il sait aussi en tenir compte; il sait aussi gravir les hauteurs de la science et franchir hardiment l'abîme qui en défend les abords. Le contemplateur allemand voit bien, sans doute, l'astre de la science qui brille au haut de la montagne, mais il ne voit pas l'abîme qui est à ses pieds, et il y tombe pour y demeurer enseveli. Aussi, l'abstraction germanique n'a-t-elle pas d'autre manifestation sensible que l'obscurité réalisée.

Le grand mérite de l'École française, avons-nous dit, est de reconnaître tous les élémens de la vie sociale, de tenir compte de l'absolu et du relatif, du général et du particulier, du divin et de l'humain. Aussi sa mission a-t-elle été toujours de combattre en faveur du principe méconnu, jusqu'à ce qu'on lui rende la place qui lui est due. Sans nous occuper des temps passés, ne nous arrêtons qu'au droit qui nous régit aujourd'hui. N'est-il pas évident que ce droit est le produit des luttes de l'École française au dix-huitième siècle? Or, que se proposait le dix-huitième siècle? De détruire l'empire de l'absolu, de réhabiliter l'individu, de donner quelque force au principe particulier, absorbé dans le principe général. En effet, le dix-huitième siècle n'a été qu'une longue lutte contre l'absolu en politique, contre l'absolu en religion, contre l'absolu en droit, et les dernières années de ce siècle ont vu l'éclatante victoire de la liberté individuelle.

Mais, ainsi qu'il arrive toujours aux époques de réaction, les philosophes du dix-huitième siècle dépassèrent le but, et pour faire rendre justice à l'individu, ils compromirent le pouvoir. L'individu n'était rien; il devait être quelque chose; ils voulurent qu'il fût tout. La liberté n'était pas respectée; pour lui rendre son éclat, ils méprisèrent l'autorité. L'innovation était repoussée; pour lui faire tenir sa place, ils nièrent la tradition.

Montesquieu seul, gardien fidèle des trésors du passé, et clairvoyant investigateur des richesses de l'avenir, se plaçait sur la limite des deux mondes qui se combattaient, rendait un hommage sincère à la tradition, et préparait hardiment l'innovation, amant éclairé de la liberté, et zélé défenseur de l'autorité, représentant véritable de l'Ecole française dans sa logique complète, qui reconnaît dans le droit la pensée divine, et accepte avec empressement l'intervention humaine.

Mais, pour les esprits hardis qui pressaient le mouvement du dix-huitème siècle, Montesquieu était un juge trop indulgent, trop impartial d'un passé qui leur faisait obstacle. Ils le comprirent mal, parce qu'il n'était pas, comme eux, absolu dans la réaction. Son ami Helvétius, auquel fut communiqué le manuscrit de l'*Esprit des Lois,* trembla sincèrement de voir compromettre la réputation de l'illustre jurisconsulte; et Voltaire accueillit avec des sarcasmes un ouvrage qui mettait quelques restrictions à la liberté humaine.

C'est que Montesquieu, précisément parce qu'il acceptait la tradition, parce qu'il conciliait savamment l'autorité avec la liberté (1), venait trop tôt pour ces audacieux lutteurs. Il préparait le droit du dix-neu-

(1) Dans Montesquieu, nous ne considérons ici que le légiste immortel, et non le publiciste politique. En signalant la conciliation de l'autorité et de la liberté, nous ne pouvons donc avoir la pensée de faire allusion à cette stérile importation anglaise connue sous le nom de pondération des pouvoirs. Ce n'est que par le côté où il est ordinairement le moins apprécié que nous estimons surtout Montesquieu; comme juriste, il a été un fidèle interprète et un merveilleux continuateur de l'Ecole française; comme écrivain politique, il n'est, à nos yeux, qu'un traducteur des théories anglaises.

vième siècle; eux, aù contraire, détruisaient les constitutions des siècles écoulés. Voltaire, Helvétius, Diderot, tenaient le glaive des batailles, frappant et renversant tous les édifices du passé. Montesquieu, tout en les aidant dans leur œuvre, sauvait respectueusement quelques débris, et élevait un monument pour le jour de la victoire.

Mais non seulement ceux-là n'eurent pas l'intelligence de ce que faisait Montesquieu; il fut encore méconnu par une autre génie, qui tenta, avec moins de bonheur, mais non avec moins d'éclat, une œuvre semblable. Jean-Jacques Rousseau, ennemi du passé comme les philosophes de l'*Encyclopédie*, fut effrayé de voir de si rudes labeurs n'aboutir qu'à la destruction. Il se demandait comment, au milieu des ruines de toutes les croyances sociales, l'ordre pourrait se maintenir et l'autorité se faire entendre. Car lui, du moins, se préoccupait des idées d'ordre et d'autorité. Malgré ses protestations antérieures contre l'État social, malgré ses nombreuses erreurs philosophiques, quelque chose d'instinctif l'avertissait que les doctrines de l'*Encyclopédie*, en détruisant le passé, n'offraient aucune sécurité pour l'avenir. Il tenta de construire un nouvel édifice social, et déclara la guerre aux philosophes. Mais, dominé comme eux par la tendance du siècle, il prit pour base de son système les idées fondamentales de ceux qu'il combattait, et fit de la société un fait purement humain, ramené aux proportions d'un contrat synallagmatique. L'État n'était plus qu'une émanation de l'individu; l'autorité, que le résultat de la liberté.

Rousseau suppose la volonté de chaque homme libre, indépendante, souveraine. Puis vient l'abdication de cette volonté par un contrat où chacun s'engage avec tous, d'où suit l'engagement réciproque de tous envers chacun. D'où il résulte que la volonté générale est l'ordre, la règle suprême; cette règle générale et personnifiée est ce qu'il appelle le souverain.

Ces principes posés, il est facile de deviner quelle sera la définition de la loi. « La loi, dit-il, est l'expression de la volonté générale. » Par conséquent, c'est l'homme qui crée le juste et l'injuste : le droit et la morale émanent de lui seul. Nous avons déjà fait justice de cette erreur, trop fidèlement reproduite par l'École philosophique allemande. Nous n'y reviendrons donc pas. Toutefois, constatons chez Rousseau une contradiction manifeste, qui aurait dû l'éclairer. « Ce qui est bien, dit-il, et conforme à l'ordre, est tel par la nature des choses, et indépendamment des conventions humaines (1). » Que Rousseau poursuive les conséquences de cette proposition, et son contrat social est déchiré. Mais ce n'était que le fugitif avertissement d'un génie qui ne savait pas se tromper complètement; et Rousseau négligea une vérité à peine entrevue, pour développer une erreur à laquelle il s'était consacré, et qui répondait, du reste, aux besoins de son siècle.

Il serait inutile d'insister ici sur l'immense influence qu'exerça dans toute l'Europe la philosophie française du dix-huitième siècle. On sait par quel désaccord singulier de l'esprit avec les mœurs, la barbare Catherine se faisait gloire de correspondre avec les encyclopédistes, et l'on connaît les cajoleries du grand Frédéric envers des hommes dont les principes étaient si contraires à ses actions. Toutefois, cet hommage au génie français fut chez ces deux souverains plutôt une fantaisie qu'une pensée sérieuse. Catherine, guidée par les instincts d'une vieille coquette, était bien aise de compter des philosophes parmi ses adorateurs, et Frédéric était surtout flatté de voir au nombre de ses chambellans le prince des critiques. Mais les Français, par qui et pour qui cette philosophie était faite, qui ne laissent jamais long-temps les idées à l'état de spéculation, comptaient bien mettre à profit les leçons qu'on leur avait données, et leur esprit réalisateur voulut aussitôt introduire dans les faits, les conséquences du droit nouveau qu'on leur avait enseigné. Ils se mirent donc à l'œuvre avec une impitoyable logique. Bientôt tous les monumens de l'antique hiérarchie tremblèrent sur leur base.

(2) *Contrat social*, liv. 2, chap. 6.

L'Eglise, déchue, chercha vainement dans son sein un seul homme de talent pour la défendre contre les talens réunis qui conspiraient sa ruine. La magistrature se heurta follement contre la royauté, et périt avant elle. La noblesse, qui avait applaudi la première aux spirituelles moqueries dirigées contre elle, ne conserva pas même assez de force pour mourir dignement dans ses foyers. L'esprit novateur proclama sa souveraineté dans l'assemblée nationale; et la tradition, depuis long-temps dépouillée de ses prestiges, se vit enlever ses avantages matériels par le décret du 4 août 1789. Cependant, il faut le reconnaître, l'assemblée constituante, tout en attaquant la tradition dans ses abus le plus saillans, ne se détachait pas entièrement du passé. Ainsi, dans ce même décret qui abolit tout ce qui restait du régime féodal, l'assemblée nationale fait remonter au roi tout le mérite de cette grande mesure, proclame Louis XVI le restaurateur de la liberté française, et appelle sur lui la reconnaissance publique. L'article 18 est comme un pacte d'alliance proposé par l'esprit nouveau à l'esprit de la tradition. Rappelons-en les termes : « L'assemblée nationale se rendra en corps auprès du roi, pour présenter à S. M. l'arrêté qu'elle vient de prendre, lui porter l'hommage de sa plus respectueuse reconnaissance, et la supplier de permettre que le *Te Deum* soit chanté dans sa chapelle, et d'y assister elle-même. » L'Eglise et la royauté sont invitées à présider aux fêtes de la liberté naissante. Mais elles n'acceptèrent pas avec franchise ce fraternel rapprochement et portèrent la juste peine de leur opiniâtre aveuglement.

Au surplus, l'esprit humain ne marche que par réactions, et sa logique ne veut pas être satisfaite à demi. La réaction au dix-huitième siècle se faisait en faveur de l'individu, de la liberté. Au commencement de ses triomphes, ce principe nouveau était disposé à transiger; mais les maladroites réserves de la royauté, et la mauvaise grace de ses concessions, éveilla les méfiances, enflamma les colères et les haines; et l'esprit de liberté voulut pousser jusqu'au bout les conséquences de son principe. La tradition ne fut plus comptée pour rien; le passé fut livré au mépris; l'Eglise et la royauté tombèrent sous le même niveau.

La tradition, vaincue en France, trouva des défenseurs au dehors. La liberté triomphante vit s'élever contre elle les représentans séculaires de l'autorité: les rois coalisés s'avancèrent pour anéantir l'esprit novateur. Alors celui-ci ne garda plus de ménagemens; la réaction se fit terrible: un débris impuissant de la tradition vivait encore dans les prisons du Temple; on l'offrit en holocauste à la liberté menacée. Le droit ancien fut aboli, pour faire place aux droits de l'homme. Le moi humain proclama sa souveraineté. La loi devint l'expression des volontés individuelles concentrées dans la volonté générale, et cette volonté collective se manifesta par une dictature irrésistible. Le *Contrat social* était mis en action.

Qu'on ne l'oublie pas, la convention ne représente qu'une époque de lutte et par conséquent un principe exclusif; car un principe auquel on refuse la part qui lui revient demande toujours au-delà de ce qui lui est dû. Or l'individualité humaine réclamait sa part d'action dans le droit: on voulait l'en exclure tout-à-fait; alors elle s'y plaça seule, et prétendit régner exclusivement dans un domaine où on ne consentait pas à l'admettre de moitié. Les actes de la convention furent motivés par les agressions de ses ennemis. C'est la déclaration de Pilnitz qui a fait la convention. C'est la coalition des rois qui a fait le comité de salut public.

La convention l'a dit elle-même, elle ne fut pas un gouvernement normal. Ce fut un gouvernement discipliné pour la bataille, et si admirablement discipliné que toutes les forces du passé vinrent se briser contre lui.

Mais la convention ne pouvait et ne devait pas survivre à sa victoire. Elle avait transporté l'absolu dans le moi humain, et le droit social demeurait incomplet. Elle avait rompu avec la tradition, et la tradition est la base scientifique du droit. Les services de la convention furent immenses; car elle avait garanti le principe de liberté, elle avait maintenu les droits sacrés de l'individu; mais lorsqu'elle eut sauvé la liberté, sa mission était accomplie, comme en politique elle était accomplie lorsqu'elle eut assuré l'intégrité du territoire. Ce double rôle est certainement assez beau pour rendre immortels les mérites et la gloire de cette assemblée fameuse (1).

Mais un principe exclusif qui avait été une excellente arme de guerre ne pouvait être suffisant pour reconstruire l'édifice social. Pourquoi le directoire fut-il si promptement compromis dans sa courte et impotente domination? Parce qu'il voulait faire l'application des principes de la convention, sans comprendre que ce n'étaient que des principes de circonstance, ainsi que la convention l'avait déclaré courageusement. La convention avait eu au plus haut degré l'intelligence de son époque; voilà pourquoi elle fit des choses si grandes et si opportunes. Le directoire ne comprit rien de la sienne, voilà pourquoi il ne fit que des choses petites et mal à propos.

Sous la convention, la liberté menacée devait être sauvée à tout prix, même aux dépens d'elle-même; sous le directoire, la liberté était assurée, l'autorité seule était en danger, et c'est elle qu'il fallait fortifier. Mais les imprudens gardiens du pouvoir ne songèrent pas à lui faire sa part dans la loi. Qu'en advint-il? Que, comme l'autorité est un besoin social qu'il faut bien satisfaire, elle se manifestait par des coups d'état, et se trouvait par là doublement compromise, et parce qu'on ne lui avait pas donné place dans la loi, et par ce qu'elle agissait en dehors de la loi.

Bientôt les esprits se fatiguèrent d'une liberté sans contre-poids régulier; on demandait quelque chose à la tradition.

(1) Nous devons encore dire ici que c'est au point de vue du jurisconsule, au point de vue du droit pur, que nous apprécions la convention. Qui donc pourrait oublier que dans le domaine moral et politique, elle a introduit l'admirable principe de la fraternité humaine.

Bonaparte se présenta, et une immense acclamation salua sa venue. Qu'on ne s'y trompe pas, ce ne sont ni les prestiges de la victoire, ni les ressources du talent qui font accepter un homme lorsqu'il met la main sur le pouvoir; c'est le besoin de réaliser un principe social méconnu. Le directoire avait rendu Bonaparte nécessaire, comme les rois avaient rendu nécessaire la convention.

Le jeune consul comprit les chances que lui offrait la lassitude des esprits. Son génie l'avertissait qu'il y avait quelques débris à sauver dans l'héritage de la France monarchique, mais au lieu de réaliser le vœu du pays dans les limites du vrai, il en exagéra les manifestations pour l'exploiter à son profit.

La logique de la nation et l'intérêt du chef étaient d'accord pour rattacher, avec des pensées différentes, le présent au passé. La tradition retrouva sa place dans la loi, le droit reprit son double caractère par l'association des choses divines et humaines; et les codes apparurent comme un majestueux monument élevé au génie français, sous les auspices réunis de Louis XIV, du dix-huitième siècle et de la révolution.

L'idée d'une codification générale n'était cependant pas née avec le consulat; l'assemblée constituante l'avait décrétée, mais sa mission avait été toute politique, et elle légua ce travail à ses successeurs. La législative, qui vécut à peine le temps nécessaire pour enregistrer le décès de la monarchie, n'était pas assez forte pour faire sortir la loi du sein des orages. Mais la convention, qui croyait commander à l'avenir parce qu'elle se sentait une vigueur surhumaine, voulut introduire ses doctrines dans la vie civile. Le comité de législation présenta un projet de code, et Cambacérès, dans son rapport, montrait bien quelle était la pensée qui avait présidé à la rédaction. « L'édifice de la législation civile, disait-il, sera d'autant plus solide que, n'étant pas bâti sur le sable mouvant des systèmes, il s'élèvera sur la terre ferme des lois de la nature, et sur le sol vierge de la république. » Cambacérès faisait, sans le savoir, la critique la plus juste du code projeté. Sans doute la république, c'est-à-dire la vie politique, se trouvait sur un sol vierge, mais la vie civile reposait sur un sol depuis long-temps cultivé, et la culture y avait produit des fruits de toute espèce, coutumes, ordonnances, traditions et science. Parmi ces fruits, quelques-uns devaient être arrachés pour faire place à de nouveaux; mais les déraciner tous en un jour, c'eût été tenter l'impossible.

Aussi ne fut-il pas donné à la convention de réaliser son œuvre.

Il est évident que ni la constituante, ni la législative, ni la convention ne pouvaient élever pour le droit civil un monument durable. L'élément politique dominait trop exclusivement dans ces assemblées, et les circonstances où chacune d'elles se trouvait empêchaient le sang-froid nécessaire pour un pareil travail. La constituante, à peine dégagée de la tradition, eût trop facilement accepté des réformes superficielles. La législative, placée sur un volcan toujours en éruption, était presque embarrassée des conquêtes qui se faisaient sans elle, et le jour où elle prononce la déchéance de l'autorité, elle se reconnaît impuissante à constituer la liberté. Quant à la convention, les nécessités au milieu desquelles elle luttait ne lui permettaient point assez de tenir compte de la tradition.

Il fallait la révolution dépouillée de ses justes colères, la révolution calme, triomphante, pour pouvoir concilier sans danger et sans efforts l'autorité et la liberté, la tradition et l'innovation.

Sans doute, le premier consul, réactionnaire dans un intérêt personnel, accorde à la tradition beaucoup plus que ne le voulaient la justice et la logique. Mais il faut avouer aussi qu'il y fut singulièrement aidé par les tendances de son époque. En effet, la sanction populaire est nécessaire au génie même le plus puissant; elle seule assure le succès des audacieuses tentatives. Lorque, plus tard, Napoléon, dans toute la majesté de sa gloire, au plus haut développement d'un pouvoir colossal, tenta de revenir à des traditions surannées, voulut follement ressusciter la noblesse héréditaire, et appuyer l'autorite sur des intérêts dynastiques, quel fruit recueillit-il de cette inféconde pensée? Les cadavres qu'il avait mis en mouvement retombèrent en poussière; car le souffle populaire ne les animait pas. Napoléon n'avait consulté que son génie personnel ; il n'avait pas consulté la raison générale.

Mais c'était la raison générale qui le secondait dans la rédaction du Code. Aussi, le Code a-t-il survécu à sa dynastie dispersée, a-t-il plus dignement perpétué son nom que ne l'eût fait l'héritier de la fille des Césars.

C'est ici le lieu de dire quelques mots de la querelle des jurisconsultes allemands pour ou contre la codification, c'est-à-dire, en d'autres termes pour ou contre l'Ecole française.

Nous avons rappelé la doctrine de Savigny sur *la végétation du droit*, sur ses énergies vitales qui, se développant spontanément, ne veulent pas admettre l'intervention humaine. C'est assez dire que l'Ecole historique repousse les codes et proteste contre les constitutions écrites. On sait à quelle occasion Savigny publia son manifeste. Les idées françaises avaient pénétré profondément en Allemagne à la suite des victoires impériales. Cette grande et savante unité qui préside à notre législation avait frappé les meilleurs esprits. Si un généneux sentiment d'indépendance nationale soulevait contre nos armées l'Allemagne tout entière, la domination de nos idées ne rencontrait pas une opposition aussi générale. Beaucoup d'hommes éclairés consentaient volontiers à accueillir les enseignemens d'un ennemi qui n'était plus à craindre. Car ils savaient que, dans le domaine des idées, la conquête profite plus aux envahis qu'aux envahisseurs. Ce n'était donc pas le cas de faire montre d'amour-propre. Bientôt du haut des chaires furent proclamés les mérites de l'Ecole française, fidèle gardienne de la liberté et de la dignité humaines, qui, sans s'écarter des principes éternels, sait toujours les combiner avec le progrès du temps et le besoin des siècles. A la tête des novateurs se présentait l'illustre Thibaut, professeur de Heidelberg, qui, dans la courte existence du royaume de Westphalie, avait pu juger à l'application les salutaires maximes de notre Code. A la chute de l'empire français, il vit l'Allemagne replacée sous le joug des routines locales, livrée à l'aveugle tradition, morcelée par la coutume, étouffée sous l'immobilité d'un droit privé de liberté; Thibaut demanda qu'on rendît le mouvement à ce corps inerte ; il demanda surtout qu'on introduisît l'unité dans la nation allemande, en lui donnant un corps de lois uniformes. Le livre qu'il publia à ce sujet eut un immense retentissement ; on voyait l'esprit d'innovation et de liberté se proclamer hardiment ; on voyait l'idée française menacer l'Allemagne d'une invasion nouvelle. Les amis de la liberté applaudirent; les partisans de l'absolu s'émurent et firent partager leurs émotions à toutes les ames petites qu'animaient des rancunes nationales. Savigny se chargea de combattre l'esprit novateur. Ce fut l'occasion de sa brochure sur *la vocation de notre époque pour la législation et la jurisprudence.*

Cet écrit, où se trouve formulée la théorie que nous avons signalée, est un manifeste plein de colère contre l'Ecole française. Savigny appartient essentiellement à cette classe de politiques rancuniers que Bœrne appelle *gallophobes,* et qui contestent à la France tous ses titres de gloire. Aussi se moque-t-il lourdement des progrès du dix-huitième siècle, et poursuit-il de plaisanteries tudesques le Code des Français; c'est, suivant lui, *une espèce d'écrevisse qui s'est glissée en Allemagne.*

Heureusement pour Savigny, on fit peu attention à ses bons mots. Mais ses argumens affectaient un certain air de profondeur qui fit sensation. Les gallophobes poussèrent des cris de triomphe ; et cependant, aveuglement étrange de l'esprit de parti ! c'était à un écrivain français que Savigny empruntait tous les matériaux de sa doctrine. L'éloquent et paradoxal de Maistre avait prêché en bien plus beau langage cette théorie que les Allemands prenaient pour une création indigène. La contrefaçon est cependant si évidente que, même le mot fondamental de la théorie savinienne, la *végétation* du droit, est ouvertement pris de de

Maistre, qui a dit : « Les constitutions ont pour ainsi dire *germé* d'une manière insensible, etc. (1).

Nous avons déjà combattu la formule de Savigny, nous compléterons notre discussion en examinant les propositions de de Maistre. Elles ont au moins le mérite d'être énoncées en termes intelligibles.

« Voici, dit de Maistre, par quels caractères Dieu nous avertit de notre faiblesse et du droit qu'il s'est réservé dans la formation des gouvernemens.

» 1° Aucune constitution ne résulte d'une délibération; les droits des peuples ne sont jamais écrits, ou du moins les actes constitutifs ou les lois fondamentales écrites ne sont jamais que des titres déclaratoires des droits antérieurs, dont on ne peut dire autre chose, sinon qu'ils existent parce qu'ils existent.

» 2° Dieu, n'ayant pas jugé à propos d'employer dans ce genre des moyens surnaturels, circonscrit au moins l'action humaine, au point que dans la formation des constitutions les circonstances font tout, et que les hommes ne sont que des circonstances. Assez communément même, c'est en courant à un certain but qu'ils en obtiennent un autre, comme nous l'avons vu dans la constitution anglaise.

» 3° Les droits du peuple proprement dit partent assez souvent de la concession des souverains, et dans ce cas il peut en conster historiquement; mais les droits du souverain et de l'aristocratie, du moins les droits essentiels, constitutifs et radicaux, s'il est permis de s'exprimer ainsi, n'ont ni date, ni auteurs.

» 4° Les concessions mêmes du souverain ont toujours été précédées par un état de choses qui les nécessitait, et qui ne dépendait pas de lui.

» 5° Quoique les lois écrites ne soient jamais que des déclarations de droits antérieurs, cependant il s'en faut de beaucoup que tout ce qui

(1) *Considérations sur la France*, chap. 6, p. 80.

peut être écrit, le soit; il y a même toujours dans chaque constitution quelque chose qui ne peut être écrit, et qu'il faut laisser dans un nuage sombre et vénérable, sous peine de renverser l'Etat.

» 6° Plus on écrit est plus l'institution est faible, la raison en est claire : les lois ne sont que des déclarations de droits, et les droits ne sont déclarés que lorsqu'ils sont attaqués; en sorte que la multiplicité des lois constitutionnelles écrites ne prouve que la multiplicité des chocs et le danger d'une destruction. »

Examinons successivement tous ces axiomes. Il y a en eux du vrai; voilà pourquoi ils ont un certain air de logique; mais le vrai n'y est pas complet: voilà pourquoi le philosophe de la tradition arrive à de fausses conséquences.

De Maistre veut prouver que les constitutions ne s'écrivent pas et ne doivent pas s'écrire. C'est la même thèse que Savigny; seulement c'est un peu moins déraisonnable; car il ne s'agit pas du Code civil. Or, quel est son argument ? le voici : les actes constitutifs ou les lois fondamentales écrites ne sont jamais que des titres déclaratoires de droits antérieurs, dont on ne peut dire autre chose, sinon qu'ils existent parce qu'ils existent. Voilà qui est parfaitement bien dit. Les lois ne sont que les titres déclaratoires de droits antérieurs ; c'est vrai. Ces droits existent parce qu'ils existent ; c'est encore vrai. Mais ces droits ne constituent-ils pas ce que Montesquieu appelle les rapports nécessaires des choses, ce qu'Ulpien proclame les choses divines ? N'est-ce pas l'élément divin que nous avons signalé dans la loi ? Or, pour que l'élément divin puisse se manifester aux hommes, ne faut-il pas qu'il prenne des formes humaines ? Ne faut-il pas y introduire l'élément humain ? Que de Maistre ou Savigny nous mettent sous les yeux une ame sans corps, et qu'ils nous fassent entrer en rapport avec elle, alors nous confesserons qu'il peut y avoir une constitution sans écriture. Jusque là nous soutiendrons que, malgré l'origine divine de la loi, il lui faut une formule humaine; et quel est le législateur qui a prétendu faire autre chose ?

De Maistre, dans son horreur pour les assemblées délibérantes, s'écrie : « Aucune constitution ne résulte d'une délibération. » Sans doute, s'il entend par constitution les droits antérieurs dont il parle; mais aucune assemblée n'a eu la folle prétention de créer les droits fondamentaux en vertu desquels elle écrit la loi. Elle sait fort bien qu'il existe des droits antérieurs à la loi qu'elle va écrire, antérieurs à elle-même. Car, en vertu de quoi se met-elle à délibérer ? Evidemment en vertu de droits qu'elle n'a pu créer. Du moment qu'elle délibère, et par le fait même de sa délibération, elle reconnaît qu'il y a des droits antérieurs; car sans ces droits elle n'aurait pas la raison de son existence. La convention elle-même, qui certes se montrait bien indépendante à l'égard de la tradition, place en tête de sa constitution des droits antérieurs à elle : les droits de l'homme; c'est-à-dire une abstraction, c'est-à-dire l'élément divin. Elle accordait sans doute à celui-ci une part trop étroite; mais elle ne prétendait pas faire autre chose que de formuler, selon l'expression de de Maistre, des titres déclaratoires de droits antérieurs, dont on ne peut dire autre chose, qu'ils existent parce qu'ils existent. Lors donc qu'une assemblée délibère, elle ne délibère que sur la formule ; et cette formule ne peut être que la manifestation sensible d'une loi qui est déjà dans tous les cœurs, et qui sans cela ne serait pas acceptée. L'assemblée ne crée pas l'esprit de la loi, car l'esprit de la loi est dans la nation elle-même; mais l'assemblée donne à la loi un corps en écrivant la formule.

Les mêmes raisonnemens répondent à toutes les autres propositions. Celle-ci, par exemple, est non moins vraie que la première, et non moins incomplète par de fausses conclusions. « Dans la formation des constitutions, les circonstances sont tout, et les hommes ne sont que des circonstances. » Ici, de Maistre accorde tout aux hommes après leur avoir tout refusé. En effet, si les circonstances font tout, et si les hommes sont des circonstances, il en résulte que les hommes font tout. Nous n'en demandons pas tant. Acceptons les hommes comme des circonstances; mais admettons en même temps que ces circonstances doivent avoir leur action, leur manifestation extérieure, en un mot leur formule.

Au surplus, de Maistre lui-même renverse sa propre argumentation dans les premiers mots du chapitre que nous citons : « L'homme, dit-il, peut tout modifier dans la sphère de son activité, mais il ne crée rien. » Puis il ajoute : « L'homme peut sans doute planter un pépin, élever un arbre, le perfectionner par la greffe, et le tailler de cent manières; mais jamais il ne s'est figuré qu'il avait le pouvoir de faire un arbre. » Voilà d'excellentes paroles que nous pouvons accepter sans restriction, et nous répondrons à l'illustre écrivain : L'assemblée qui délibère sur la formule d'une constitution ne fait que modifier les choses dans la sphère de son activité; elle ne crée rien et ne prétend rien créer; elle perfectionne par la greffe l'arbre des constitutions; mais jamais elle ne s'est figuré qu'elle avait le pouvoir de faire l'arbre.

Où est donc le législateur assez inepte pour nier la loi antérieure ? Le plus grand des réformateurs, Jésus-Christ, disait : Je viens accomplir la loi. Et tous les législateurs disent la même chose; sans cela ils ne seraient pas écoutés. Car, en vertu de quoi parleraient-ils, si ce n'est en vertu du droit divin qui a cessé d'être représenté dans la formule humaine.

Quelques mots encore sur la proposition dernière.

« Plus on écrit, dit de Maistre, et plus l'institution est faible. La raison en est claire. Les lois ne sont que des déclarations de droits, et les droits ne sont déclarés que lorsqu'ils sont attaqués. »

Cette assertion comme toutes les autres n'est qu'à moitié vraie. Souvent, nous en convenons, les droits sont déclarés lorsqu'ils sont attaqués. Mais plus souvent encore, ils sont déclarés lorsqu'après avoir été longtemps contestés, ils sont enfin sanctionnés par le triomphe. La déclaration des droits est alors comme la déclaration de la conquête, le bulletin de la victoire. Bien loin donc que la manifestation écrite soit une preuve de faiblesse, elle est une preuve de force; elle n'est, il est vrai, qu'une déclaration de droits antérieurs, de droits contestés, mais elle témoigne que ces droits ne sont plus contestables. Quand l'assemblée nationale inscrivait les droits de l'homme en tête de sa constitution, c'était comme une prise de possession du droit souverain; et quand Louis XVIII reconnaissait par le premier article de la charte l'égalité devant la loi, il avait beau dire qu'il octroyait volontairement la constitution, il savait bien qu'elle lui était imposée par la force des choses, il savait bien qu'il enregistrait et consacrait les défaites passées de la royauté. Assurément alors l'écriture ne prouvait pas la faiblesse de l'esprit de liberté; elle prouvait au contraire que, même après avoir traversé le despotisme de l'empire, il était encore assez fort pour contraindre à une transaction le représentant de l'antique monarchie.

De Maistre, cependant, malgré ses principes absolus, n'allait pas jusqu'à proscrire la codification dans la loi civile. Savigny montre plus de courage, et il faut le dire, plus de logique. Mais la logique, quand elle part d'une fausse donnée, rend plus saillantes les erreurs à mesure qu'elle avance; et la meilleure réfutation d'un principe vicieux se rencontre toujours dans les doctrines qu'il enfante. Savigny, en poursuivant les conséquences de la théorie de de Maistre, ne fait qu'apporter à la critique des argumens plus solides.

Nous devons ajouter au surplus que l'Ecole française rencontra parmi les compatriotes de Savigny de nombreux défenseurs. Thibaut continua glorieusement la lutte; et il a été depuis dignement secondé par Mittermaier, qui a jugé avec sagesse qu'une question scientifique n'était pas une question nationale. Aussi fit-il bonne justice de cette mesquine politique qui ne connaît pas d'autre axiome que le *timeo Danaos*.

Mais, pendant que les savans de l'Allemagne se disputaient sur les avantages et les inconvéniens de la codification, les différens peuples de l'Europe décidaient la question en faveur de l'Ecole française, en rédigeant des codes qui empruntaient aux nôtres leurs principales dispositions, leur coordination logique et jusqu'à leur texte précis et philosophique.

Déjà au dix-huitième siècle, Frédéric, inspiré par les encyclopédistes, avait entrepris la publication d'un code civil uniforme pour tous les Etats prussiens. Son œuvre, souvent interrompue, ne fut achevée qu'en 1794. Une nouvelle édition du Code prussien parut en 1803 avec quelques modifications. On y prépare aujourd'hui de nouveaux changemens (1).

Cependant la domination française s'était établie par le traité de Tilsitt dans plusieurs provinces prussiennes, et avec elle s'était introduit le Code Napoléon. Les événemens de 1814 empêchèrent la législation nouvelle de prendre racine. Les provinces Rhénanes seules persistèrent à maintenir chez elles les codes français, malgré les efforts du gouvernement prussien, malgré les opiniâtres tentatives de Savigny, devenu ministre, et voulant transporter dans la pratique la guerre qu'il avait, dans ses théories, déclarée à l'Ecole française.

D'autres pays réunis à la France sous l'empire n'ont pas cru devoir, après la séparation, renoncer à des bienfaits qu'ils avaient pu apprécier. Le royaume de Naples a conservé les cinq Codes avec quelques modifications peu importantes, et la juridiction nouvelle s'est même trouvée développée par la restauration, puisqu'on l'a étendue sur la Sicile, qui jusque là était régie principalement par le droit romain.

Le Code sarde publié en 1838 est la reproduction fidèle des codes français, mais avec des additions souvent utiles, et avec des améliorations indiquées par l'expérience. On peut signaler entre autres innovations heureuses l'abolition en principe de la mort civile, l'obligation de fournir des alimens aux frères et sœurs, et des changemens dans le système hypothécaire, ayant surtout pour but d'atténuer l'effet des hypothèques légales.

(1) Coïncidence entre les codes civils étrangers et le Code Napoléon, par M. Anthoine de Saint-Joseph.

En Suisse le Code civil vaudois et le Code d'Argouin sont remplis des souvenirs de la législation française.

Dans la Louisiane fut promulgué en 1808 le projet du Code Napoléon, tel qu'il avait été soumis au tribunat. Depuis, on y a introduit à plusieurs reprises des modifications notables, mais qui sont loin d'être un progrès.

Enfin le Code néerlandais publié en 1838 puise la plupart de ses inspirations dans les formules du législateur français.

Il n'est pas jusqu'au Code autrichien, achevé définitivement en 1810, qui ne subisse l'influence du génie français, malgré les antipathies de l'esprit national, soulevées alors contre l'oppression du conquérant impérial.

Mais le code qui devait avoir le plus d'influence sur le monde, parce que par sa nature spéciale il pouvait plus facilement servir de code international, fut le Code de commerce. Déjà les deux célèbres ordonnances de Louis XIV, en 1673 et 1681, avaient servi de modèle à toutes les nations commerçantes. Elles furent encore la base du Code de 1807; mais on y ajouta les dispositions nouvelles que nécessitaient et les progrès de l'industrie, et la diversité des produits de toute espèce, et la multiplicité toujours croissante des rapports internationaux.

Les rédacteurs du Code comprenaient combien il serait utile de donner à leur œuvre un caractère d'universalité qui pût triompher des préjugés nationaux et le faire apparaître comme la pensée commune de tous les peuples. « Il est, disaient-ils dans l'exposé des motifs, d'une haute » importance que le Code de commerce de l'empire français soit rédigé » dans des principes qui soient adoptés par toutes les nations commer- » çantes, dans des principes qui soient en harmonie avec les grandes » habitudes commerciales qui embrassent et soumettent les deux » mondes. »

Un patient et laborieux magistrat (1) a, dans un ouvrage spécial, signalé tous les rapports qui existent entre les codes étrangers et les nôtres. Grace à cet intéressant travail, nous pouvons raconter en quelques lignes les heureux résultats des efforts de nos devanciers, et démontrer sans peine l'immense influence de l'Ecole française dans les progrès et le développement du droit commercial, sans compter les pays annexés à l'empire, et pour lesquels les bienfaits de notre législation étaient une conséquence forcée de la conquête; plusieurs états souverains, tels que la Pologne, la Hollande et différens duchés de l'Allemagne demandèrent spontanément la promulgation des Codes français.

Même après la réaction qui se manifesta en 1814 contre les idées francaises, même après le démembrement de l'empire, plusieurs états qui changeaient de maîtres ne voulurent pas changer de lois. Le Code de commerce fut conservé à Gênes, dans la Bavière et la Prusse rhénane, dans les duchés de Luxembourg, de Parme, de Modène, de Massa-Carrara et de Toscane, dans la ville de Cracovie et le royaume de Pologne, dans les Etats de l'Eglise et le royaume des Deux-Siciles. Si l'on y introduisit quelques modifications, ce fut pour lui donner une force nouvelle en l'accordant avec les circonstances locales.

La Hollande et la Sardaigne, voulant aussi avoir leur Code de commerce, prirent pour base le Code français, et les plus sages de leurs innovations furent empruntées aux nouvelles lois votées par nos chambres.

Le Code de commerce espagnol publié en 1829, entièrement imité du nôtre, comblait aussi plusieurs lacunes importantes.

En 1833, le Portugal rendait le même hommage au génie français; et tout récemment encore le Wurtemberg a fixé sa législation commerciale, dans un projet complètement emprunté au monument impérial.

Enfin, pour satisfaire à ce besoin général de codification, l'empereur

(1) M. Anthoine de Saint-Joseph. — Concordance entre les codes de commerce étrangers et le Code de commerce français.

Nicolas a fait achever un immense ouvrage commencé en 1700 par Pierre le Grand, et qui offre l'ensemble complet de toute la législation russe, le résumé de tous les ukases publiés depuis 1649, classés par ordre de matières.

Ainsi partout est suivie l'impulsion donnée par l'Ecole française; partout la codification triomphe de la coutume; partout l'esprit nouveau proteste contre les vaines théories des docteurs cramponnés au passé. La codification est commandée par les souverains, car elle est une mesure d'ordre; elle est accueillie par les peuples, car elle est un acte de liberté et de progrès. Dans le domaine du droit, la victoire de la révolution française n'est plus contestée; et même dans les pays où l'on repousse avec méfiance ses idées, on est obligé de rendre hommage à ses principes et à la supériorité de sa méthode.

Et cependant, par une étrange anomalie, par un de ces reviremens d'idées qui ne s'expliquent que par les réactions politiques, au moment où la pensée française triomphe au dehors de toutes les antipathies, elle rencontre en France même une opposition altière, qui prétend lui imposer silence, et la livrer en holocauste aux apôtres de l'étranger. De l'Ecole doctrinaire est sortie une nouvelle secte *gallophobe*, qui veut naturaliser dans nos écoles et dans nos académies les doctrines de l'Ecole historique allemande. Ardens et souples à la fois, les néophytes se prosternent avec ferveur devant les ombres du passé; mais ils savent où rencontrer les récompenses du présent. Le croirait-on? C'est l'Université de France qui encourage la révolte contre l'Ecole française. Elle appelle dans ses chaires les adorateurs superstitieux de la coutume! Elle leur ouvre ses académies, et les convie au partage de toutes ses gloires (1)! Nous sommes menacés d'une nouvelle invasion étrangère, ou plutôt

(1) On sait avec quel zèle MM. Guizot et Villemain ont appuyé une récente candidature à l'Académie des Inscriptions et Belles-Lettres. Ces deux ministres ont dérobé une journée presque entière aux affaires de la France pour pousser au fauteuil un adepte de l'École allemande, lequel soutient, entre autres doctrines, que *l'histoire mêlée à l'exégèse est un moyen sûr de brouiller toutes les idées.* Jamais bataille académique ne fut plus animée.

l'invasion est déjà triomphante. C'était bien la peine, vraiment, de voir nos Codes partout accueillis, ou partout imités, pour entendre en même temps les ennemis de nos Codes parler en maîtres dans le sanctuaire d'où ils sont émanés. La révolution française et Napoléon triomphent au dehors; à Paris, on réserve les triomphes pour les disciples de de Maistre et de Savigny.

Il faut en convenir, le gouvernement est bien d'accord avec lui-même. A côté de la réaction politique marche la réaction scientifique. Sa logique est complète. Mais on devra reconnaître aussi que notre logique ne l'est pas moins, lorsque nous nous insurgeons contre ces professeurs qui marchent à rebours, aussi infidèles à la science française qu'à la politique nationale. Qu'on le sache bien; ce n'est pas au hasard que s'exprime l'opinion démocratique; ce n'est pas par une vaine fantaisie d'opposition qu'elle élève la voix. Non; elle a la prétention de raisonner ses doctrines, et de leur trouver une base solide dans les maximes de la science abstraite, comme dans l'enseignement des faits, dans les magnifiques leçons de nos aïeux comme dans les actes éclatans de nos contemporains. Une idée politique n'est rien, si elle n'a pour base une idée scientifique; mais une idée scientifique est jugée, lorsqu'elle produit une politique funeste. Que l'on frappe l'Ecole française, nous nous associons volontiers à une noble disgrace. Que peut-on attendre de mieux? Les élèves de de Maistre sont au pouvoir. Mais nous plaçons nos espérances dans l'avenir; nous avons confiance dans la vitalité puissante de l'école française; et ce n'est pas au moment où elle poursuit ses conquêtes sur tout le reste du globe qu'on parviendrait sournoisement à la chasser de chez elle.

Nous savons en outre que l'alliance de la politique et de la science est considérée comme une fiction par la jeune Ecole germanique qui rôde aux portes de l'Institut. Ou plutôt, pour être mieux à l'aise, elle nie la politique. Il n'y a de vrai que la science, dit-elle, le reste n'est que vanité; et telle ou telle forme de gouvernement est tout-à-fait indifférente en soi. Nous comprenons facilement combien cette argumentation est accomodante, combien surtout elle abaisse d'obstacles malencontreux. Mais ni la logique ni la morale ne sauraient l'accueillir. Nous ne nions pas, certes, les vérités de la science, quoiqu'elles puissent souvent être obscurcies par de fausses doctrines. Mais ces vérités, faut-il les laisser à l'état d'abstraction? Ne doivent-elles pas trouver leur application dans les réalités de la vie, et la science ne doit-elle pas être utile en même temps qu'être vraie? Sa vérité même ne se juge-t-elle pas sur son utilité? Nous ne disons pas que l'utile seul soit le vrai, mais nous disons que le vrai est toujours l'utile. Or, la politique n'est que l'application utile d'une vérité scientifique; et toute science qui prétend être vraie doit démontrer que sa logique conduit à cette application. Car si la science n'est vraie que pour la satisfaction d'elle-même, à quoi le vrai serait-il bon? Tout au plus à pourvoir de chaires les professeurs en disponibilité; et l'utilité d'une pareille conséquence serait fort contestable.

Avouons-le donc; la politique est vraie non moins que la science, et non moins respectable; ou plutôt, la science et la politique ne font qu'un. Si la science est vraie, la politique qui en sortira ne le sera pas moins : si la politique est vraie, elle atteste la vérité de la science qui l'aura produite.

Tout se tient, tout s'enchaîne; on ne saurait séparer un fait humain de la pensée humaine. On ne saurait isoler la pensée, sans la rattacher à un fait. Rien n'est indifférent en soi, dans la sphère de l'activité; et rien n'est moins indifférent pour l'amélioration des peuples et le repos des nations que la forme du gouvernement.

Les observations qui précèdent peuvent encore s'adresser à une autre école qui professe également l'indifférence en matière politique. Nous voulons parler de l'Ecole dite Socialiste. Les réformes politiques, selon elle, ne sont que de vaines abstractions qui ne valent pas la peine qu'on les discute; une seule chose doit occuper le législateur et les publicistes, c'est la satisfaction des besoins matériels, le soulagement des souffrances physiques, l'amélioration du sort des travailleurs. Voilà ce qu'il faut mettre avant tout et par dessus tout, sans s'occuper ni de l'extension du suffrage électoral, ni des vices du régime parlementaire, ni des conflits du pouvoir mal défini.

Assurément on ne nous accusera pas de nous montrer indifférens au sort des travailleurs, et nous avons assez souvent témoigné de notre sollicitude à cet égard pour qu'il nous soit permis de faire justice d'une logique fourvoyée, et de protester contre une doctrine étroite et exclusive.

D'abord, sans la réforme politique obtiendrait-on la réforme sociale (1)? Il est permis d'en douter, à voir l'apathie et la mauvaise volonté des gouvernemens, la résistance et les tyrannies des intérêts en litige. D'ailleurs, l'histoire des faits passés peut confirmer nos doutes et justifier nos méfiances. Y at-il une seule amélioration matérielle un peu importante qui se soit produite sans le secours d'une réforme politique, et la réforme politique n'a-t-elle pas toujours précédé la réforme sociale? Pour ne parler que des faits les plus récens de notre histoire, ne sait-on pas que ce sont les réformes politiques de notre révolution qui ont amené les réformes sociales introduites dans nos lois? Les modifications de la propriété, l'abolition des substitutions, la suppression des biens de main-morte, l'égalité de partage entre les enfans, enfin les nombreuses modifications introduites dans la vie civile, dans le seul but du bien-être personnel, eussent-elles été accomplies si les tempêtes politiques n'avaient soufflé dans les hautes régions du pouvoir? La suppression des redevances féodales était sans contredit une réforme toute matérielle qui délivrait l'agriculture d'un impôt onéreux. Mais la noblesse, à qui

(1) Nous employons ce mot dans un sens opposé à la réforme politique, parce que c'est un terme presque consacré par l'usage; mais, à vrai dire, l'épithète ainsi restreinte n'a plus son véritable sens. Car toute modification à la société humaine est une réforme sociale, depuis l'abaissement du cens électoral jusqu'à l'exhaussement du salaire, depuis le renversement d'un trône jusqu'à l'établissement du conseil des prud'hommes.

profitait l'abus, aurait-elle consenti à l'affranchissement de la propriété, si auparavant la réforme n'eût menacé la noblesse dans son existence politique ? Enfin n'est-ce pas aujourd'hui, par une réaction dans les idées politiques, que l'on tolère la coalition des maîtres pour appliquer toutes les sévérités de la loi à la coalition des ouvriers? Nous voudrions bien voir les Socialistes tenter, par exemple, la réorganisation de la propriété en Irlande, sans ébranler le gouvernement établi. En effet, n'y a-t-il pas là une foule de droits acquis qu'un gouvernement est bien obligé de respecter ? D'un autre côté, n'y a-t-il pas d'immenses souffrances qui demandent à être soulagées? Et cependant, de part et d'autre, il n'y a pas de transaction possible ; et le jour où le gouvernement voudra être juste, il succombera à la tâche; car, à force d'avoir accumulé les injustices sur l'Irlande, le gouvernement anglais ne peut plus les réparer. L'oppresseur séculaire porte lui-même le poids de ses propres iniquités : ce long amas de crimes devenus inexpiables défie toutes les ressources de la justice humaine; et la justice divine ne peut plus être satisfaite que par une révolution.

Pour nous, nous avons accompli ce terrible sacrifice. La réforme peut désormais poursuivre des conquêtes pacifiques. Mais qu'on le sache bien, la réforme sociale ne peut sortir que de la réforme politique. C'est une filiation obligée. Car c'est la réforme politique qui seule aura le pouvoir et la volonté d'accomplir la réforme sociale. Si la réforme sociale est le but, la réforme politique est le moyen.

Et cependant n'est-elle qu'un moyen ? Ce serait lui reconnaître un caractère secondaire; ce serait, nous devons le dire, en faire trop bon marché. Aussi, pour nous, est-elle bien autre chose, et ce n'est pas là que se borne sa mission. En effet, si la réforme sociale doit être un moyen de satisfaction pour les besoins matériels, la réforme politique est destinée à satisfaire des besoins intellectuels et moraux. « L'homme ne vit pas seulement de pain, a dit Jésus-Christ, mais de la parole de Dieu. » En d'autres termes, l'esprit a ses appétits comme le corps, et ces appétits sont non moins impérieux. L'homme, en sa qualité d'être moral, a la conscience de ses droits sociaux, et le cri de la conscience est aussi puissant que le cri de l'estomac. En sa qualité d'être libre et intelligent, il a le sentiment de sa dignité, et les conditions de sa vie spirituelle veulent être accomplies non moins que les conditions de sa vie organique. Quand les Socialistes demandent avec ironie quelle serait pour les travailleurs l'utilité de l'extension du suffrage électoral, ou la satisfaction de tout autre droit politique, ils montrent qu'ils ne connaissent l'homme que dans sa structure anatomique; ils ne tiennent pas compte des aspirations de la pensée, des nobles jouissances de l'orgueil, des obligations morales qu'impose l'estime de soi-même, et de ce profond sentiment du devoir qui naît avec l'accomplissement d'un droit. Ils amoindrissent les gouvernemens non moins que l'homme, en ne leur imposant d'autres fonctions que celles d'un père nourricier. Qu'importe, en effet, d'offrir au citoyen une carte d'électeur? qu'importe de l'appeler à la vie intellectuelle, d'agrandir la sphère de sa pensée, de chercher à le rendre meilleur en lui donnant une idée meilleure de lui-même? Tout cela c'est de la politique vague, illusoire, nébuleuse. Il y en a une autre qui s'appelle avec satisfaction politique positive. Sa formule est bien simple : Engraissez le citoyen, et vous gouvernerez tranquilles.

Il faut pourtant que les Socialistes se trompent étrangement, ou bien que les peuples n'aient guère de logique. Car toujours ils ont versé leur sang pour des abstractions, pour des droits immatériels, pour des idées plus ou moins bien définies. Sans compter les nombreux martyrs qui sacrifiaient leur vie pour les abstractions du christianisme, renfermons-nous dans le cercle de notre histoire contemporaine. Par quelle puissance s'est accomplie la révolution française? Par la puissance de l'idée. Ce ne sont point les exigences d'un besoin matériel qui ont renversé le plus puissant trône de l'univers, mais les susceptibilités de la dignité humaine méconnue. Les droits de l'homme, voilà le mot magique qui a fait lever une nation en armes; voilà le talisman qui a fait sortir de terre quatorze armées de héros. Et, cependant, même alors que l'enthousiasme était à son comble, les besoins matériels étaient partout en souffrance. Le pain était mesuré à chacun avec parcimonie, et nul n'était assuré de la subsistance du lendemain. Croit-on que la convention ait obtenu les mêmes résultats avec des questions de salaire? Assurément non! Les besoins matériels ne sont ni si dévoués, ni si courageux. Ils ne sauraient commander le sacrifice de la vie; car de tous les biens matériels, la vie est sans contredit le plus précieux.

Nous avons déjà cité l'Irlande; mais c'est ici surtout que son exemple peut nous instruire. Dans ce pays des misères fabuleuses, trois millions d'hommes sont, tous les ans, décimés par la famine. Et voilà six siècles que cela dure, sans que la famine ait eu le pouvoir de faire réussir une insurrection! En Angleterre, où des multitudes d'ouvriers affamés demandent vainement du pain à leurs maîtres millionnaires, le gouvernement peut en sécurité rester sourd à leurs cris et insensible à leurs souffrances. Le jour, dit-on, viendra peut-être où ils sauront se faire justice. Nous répondons hardiment que non. Mais le jour viendra où une idée nouvelle voudra se réaliser, et l'idée trouvera pour instrumens les bras de ceux qui souffrent. Jamais la souffrance toute seule ne donnerait à ses bras l'impulsion victorieuse qui renverse tous les obstacles; jamais les inspirations vers un bien-être matériel ne communiqueraient à ces cœurs endoloris l'enthousiasme qui fait mourir avec joie. La faim produit l'émeute; l'idée seule enfante une révolution. Car l'émeute, c'est la convulsion d'un malade qui ne veut pas mourir, la clameur du désespoir qui demande pitié, le douloureux retentissement de toutes les agonies passées. La révolution, c'est la voix d'une pensée qui déborde, le cri de l'espérance qui salue l'avenir, l'aurore d'une ère nouvelle pour l'intelligence humaine.

Pourquoi les Français se montrent-ils si facilement disposés à verser leur sang, à se jeter tête baissée dans les périls. Ils ne sont pas cependant plus que d'autres insoucians de la vie, ou indifférens au bien-être matériel. Mais ils sont plus que d'autres enclins à se passionner pour une idée, à combattre pour une abstraction ; et voilà pourquoi ils accomplissent si résolument de périlleuses tentatives. De profonds politiques ont fait entendre d'agréables plaisanteries sur les combattans de 1830, qui tombaient au cri de vive la Charte, sans comprendre la formule qui les conduisait à la mort. Ces savans Aristarques ne comprenaient pas eux-mêmes ce qu'il y a de puissance dans un idéal politique même enveloppé d'obscurité.

On s'est étonné encore de voir à la suite de chaque révolution augmenter le fardeau des impôts, sans que le peuple vainqueur songeât à protester. C'est que le fardeau des impôts n'était qu'un grief secondaire, qui figurait auprès des autres. Mais lorsque les autres sont satisfaits par la victoire, celui-là est trop infime pour motiver un soulèvement. Car chacun sent bien qu'il y aurait duperie à se faire tuer pour le dégrèvement de quelques centimes. Il en est ainsi de tous les besoins matériels, ils ne sauraient passionner l'homme jusqu'au sacrifice de lui-même.

Et c'est précisément parce qu'ils ne sont pas aptes à se satisfaire, que le gouvernement leur doit toute sa sollicitude, que les hommes politiques leur doivent un infatigable appui. Réchauffons donc les cœurs tièdes; appelons sans cesse l'intérêt sur la classe des travailleurs; cherchons avec une laborieuse persévérance un remède à tant de maux. Mais ne nous arrêtons pas seulement aux souffrances de la matière; ne nous renfermons pas dans la politique de l'estomac, et tout en travaillant à soulager le corps, attachons-nous surtout à développer l'esprit, à poursuivre sans relâche les conquêtes de l'intelligence. Or, c'est la réforme politique qui conduit à ces nobles résultats; car elle est non-seulement le moyen le plus puissant pour la réforme sociale, elle est aussi un but digne de tous nos efforts, un hommage solennel à la conscience humaine.

L'Ecole socialiste n'est donc pas plus en droit que l'Ecole historique de prêcher l'indifférence en matière de gouvernement. L'une et l'autre ne voient qu'une face de la nature humaine. L'une fait de l'homme un pur esprit, nuageux, séparé du monde extérieur et sans rapport avec les autres hommes, proscrivant par là toutes les idées de morale, qui ne sont que des idées de rapports. L'autre fait de l'homme un composé matériel qui place en première ligne ses appétits gastriques. L'homme social proteste contre ces théories extrêmes, et prouve, par tous ses actes, qu'il n'est ni un esprit sans relations extérieures, ni un corps sans besoins intellectuels.

Si nous faisions ici l'histoire complète de l'Ecole française, nous aurions à commenter d'autres théories, et à signaler, même au milieu d'erreurs capitales, une ardeur de connaître et un besoin d'améliorer qui témoignent toujours que l'activité des esprits ne s'est pas ralentie, quoique souvent elle se consume en tentatives plus audacieuses que véritablement utiles. Toutefois, au milieu des mouvemens désordonnés de la pensée, l'Ecole française reste toujours fidèle à ses principes, et du sein même des réactions qui l'entraînent dans des systèmes exclusifs, tantôt vers l'absolu seul, tantôt vers la liberté seule, elle sait revenir à propos au vrai dans son ensemble, et en ressaisir tous les élémens par l'heureuse conciliation du nécessaire et du contingent, des lois humaines et des lois divines; tandis que les Allemands restent ensevelis dans la pensée abstraite, sans toucher par aucun point aux choses de la terre; tandis que les Anglais, enchaînés aux intérêts matériels, demeurent étrangers au monde de la pensée, les Français, combinant les doubles forces de la pensée et de l'action, interrogent avec ardeur la science, et appliquent avec enthousiasme les préceptes qu'elle leur donne. Qu'importe si, parfois, égarés dans leur route, ils tombent dans de graves périls, et s'exposent à de rudes sacrifices? Quand il s'agit pour eux de l'application d'une idée, de la réalisation d'une théorie, ils sont habitués à faire bon marché de leurs personnes. C'est cette constante disposition au sacrifice, cette facile abnégation de soi-même, qui assigne au peuple français les véritables caractères de l'initiateur. C'est cette ardeur empressée dans les recherches scientifiques, et cette vigoureuse logique dans l'application, qui, dans le domaine du droit, atteste la suprématie de l'Ecole française et maintient son initiative. En vain l'esprit de secte voudrait lui contester cette gloire; les faits parlent plus haut que la voix de quelques docteurs égarés; et l'accueil empressé fait partout à ses Codes vaut mieux que le suffrage d'un grand-maître de l'Université, infidèle à sa mission. Même les idées qui n'appartiennent pas à l'Ecole française ne sont admises en Europe qu'après avoir été sanctionnées par elle. Le jury est une institution bien ancienne en Angleterre, et cependant nul peuple ne songeait à en réclamer le bénéfice. Il a fallu que la France l'introduisît dans ses lois pour que d'autres nations consentissent à l'adopter. Le génie français donne seul aux choses le caractère d'universalité qui est un des signes du vrai. Et c'est en présence de ces hommages de tous, de cette soumission volontaire de chaque nation à l'initiative française, qu'un pouvoir réactionnaire jette un défi au sentiment commun des peuples comme au sentiment national, en réservant toutes ses faveurs aux doctrines étrangères! Qu'on leur fasse bon accueil; nous le voulons bien : la France est hospitalière. Qu'on leur donne droit de bourgeoisie dans nos écoles; nous y consentons. Mais que pour elles on dépouille les représentans de l'Ecole française; qu'on accumule sur elles seules les dignités et les honneurs, c'est une offense à l'équité scientifique, non moins qu'à la justice nationale.

Nous avons fait connaître les titres de l'Ecole allemande, et l'on a pu juger le mérite de ces préférences, et l'on ne s'étonnera pas de nous entendre réclamer. Quelle idée nouvelle a-t-elle donc rencontrée? Quel monde inconnu a-t-elle ouvert aux explorations de la science? Elle a sans doute inventé des formules qui n'appartiennent pas à l'Ecole française, et que celle-ci n'a guère souci de lui contester. Mais dans les grandes questions qui depuis si long-temps divisent les Ecoles, dans les régions de la philosophie, dans le domaine du droit, quelles solutions a-t-elles apportées, quelles difficultés a-t-elles vaincues? Quelles sublimes découvertes peuvent justifier les dédains que professent pour l'Ecole française les docteurs d'outre-Rhin? Il leur appartient bien, en vérité, de se donner ces airs superbes, quand toutes leurs inventions consistent à copier nos maîtres, à piller jusqu'à nos erreurs.

Les encyclopédistes avaient placé l'homme en tête de l'univers, rapportant tout à lui et faisant tout dériver de lui. Kant découvre après eux que l'homme est son but à lui-même, en donnant toutefois à sa philosophie une couleur locale par la savante opposition de la raison pure et de la raison pratique, du subjectif et de l'objectif. Rousseau avait proclamé la souveraineté du moi, en annulant cette souveraineté par un contrat général. Fichte annonce la déification du moi, en limitant son Dieu par le Dieu du non-moi. Avec Rousseau, du moins, le droit social repose sur un contrat; avec Fichte, il a pour fondement une borne.

Montesquieu avait signalé dans le droit l'accord des lois divines et humaines. Schelling, après lui, tente de concilier l'idéalisme et le réalisme; mais il s'égare à la recherche de l'unité, et ne sait comment introduire sa philosophie dans le domaine du droit civil. Quant à Hegel, on n'imagine pas sans doute qu'il ait inventé la Trinité; cependant, si on le dépouille de ses formules trinaires, que lui reste-t-il? La pensée qui se pense elle-même, c'est-à-dire le moi de Fichte et le subjectif de Kant. Enfin Savigny retranche le droit dans l'absolu. Mais de Maistre avait fait cette découverte avant lui. Il fait une théorie avec la végétation du droit; mais de Maistre avait signalé la végétation des constitutions. Il proteste avec force contre l'intervention humaine; mais de Maistre avait déjà tonné contre cet audacieux sacrilége. Ainsi sur tous les points se rencontre l'imitation; partout se retrouve l'emprunt. Apôtres de la tradition, apôtres de l'innovation, défenseurs de l'autorité, partisans de la liberté, tous ont leurs précédens dans l'Ecole française. Même les idées qui n'ont plus cours chez nous sont reprises à nouveau, et ces philosophes dédaigneux font argent de nos rebuts; le seul travail qu'ils aient à faire est de leur donner un goût de terroir germanique. Qu'après ces métamorphoses ils se croient créateurs, cela s'explique du moins par les égaremens de la vanité humaine et par les illusions de l'orgueil national. Mais que nous, méconnaissant le génie de nos pères, nous allions faire hommage à l'étranger des gloires de notre pays, que nous élevions un piédestal aux écrivains qui copient ceux qui nous ont copiés, c'est une abnégation par trop dérisoire, une modestie par trop ignorante.

Pour compléter cette introduction déjà bien longue, nous aurions besoin de signaler les améliorations qui ont été introduites dans nos Codes depuis leur première publication, et celles qu'il est temps d'y ajouter encore. Peut-être plus tard essaierons-nous de remplir cette tâche. Qu'il nous suffise aujourd'hui d'ajouter quelques mots pour démontrer qu'avec notre théorie du droit, l'application est facile, et que nous ne voulons pas nous borner au rôle de critique.

Nous avons combattu de Maistre et Savigny, qui ne voient dans le droit que l'absolu et la tradition.

Nous avons repoussé la proposition contraire de Rousseau et de Fichte, qui font dériver le juste et l'injuste de l'initiative humaine.

Et cependant, nous ne voulons ni dépouiller le droit de son caractère immuable ou divin, ni repousser du droit l'intervention humaine. Nous ne voulons ni affranchir l'individu de l'obéissance à la volonté générale, ni affranchir la volonté générale du respect pour la liberté de l'individu. En un mot, nous voulons concilier l'autorité et la liberté, la tradition et l'innovation, l'absolu et le relatif.

Cette conciliation ressort des principes que nous avons posés.

En effet, en considérant le droit comme l'accord des choses divines et humaines, il s'ensuit que ce qui est absolu dans le droit, ce qui est divin, existe indépendamment de l'homme, et ne peut par conséquent être modifié par lui. Il s'ensuit encore que le juste existe en soi et que la volonté générale elle-même ne saurait le modifier. Ce qu'elle modifie, c'est la formule par laquelle se manifestent les notions du juste et de l'injuste. La volonté générale rencontre une loi qui lui est supérieure : c'est la loi naturelle ou divine. Et cette même loi lui commande de respecter la liberté de l'individu. Car le respect de la liberté de l'individu est parmi les notions premières de justice que l'homme ne saurait enfreindre, par conséquent le divin dans le droit, l'absolu limite l'action de l'autorité et protége l'individu.

L'autorité n'a donc véritablement d'autre mission que de diriger l'intervention humaine, de rédiger la formule.

Or, la formule est essentiellement variable, et doit être en rapport avec le temps et les mœurs. Qui jugera donc le mérite de la formule? La volonté générale.

Ne l'oublions pas, la volonté générale n'exprime que ce qu'il y a d'humain dans la loi, ce qu'il y a de transitoire et de variable. Prise dans ce sens étroit, la définition de Rousseau deviendrait vraie, et l'on pourrait dire : La loi est l'expression de la volonté générale. Mais, encore une fois, ce n'est pas là toute la loi, tout le droit; car la volonté générale ne pourrait faire que ce qui est injuste soït juste; elle peut seulement réglementer les applications du juste et punir les écarts de l'injuste. C'est donc la formule seule qui est l'expression de la volonté générale. Quant à la loi elle-même, à cette loi que Montesquieu appelle le rapport nécessaire des choses, elle demeure indépendante de la volonté générale, ou plutôt la volonté générale est tenue de lui obéir. Car l'autorité, non moins que l'individu, est tenue d'observer le juste.

Mais la formule étant l'expression de la volonté générale, l'individu est obligé de se soumettre à la formule.

Par conséquent, il y a obéissance de l'autorité à la loi, et par conséquent nécessité de respecter l'individu; obéissance de l'individu à la formule, et par conséquent nécessité de respecter l'autorité.

Ainsi, l'individu est protégé par ce qu'il y a de divin dans la loi, en même temps qu'il se soumet à ce qu'il y a d'humain. L'autorité dicte ce qu'il y a d'humain dans la loi, en même temps qu'elle se soumet à ce qu'il y a de divin.

Quand Bossuet s'écriait : Il n'y a point de droit contre le droit, il voulait dire : Le fait humain ne peut prévaloir contre le fait divin, la formule ne saurait contredire la loi.

Le droit ramène sans cesse l'homme à Dieu, et le rappelle sans cesse lui-même à la conscience de sa dignité, en le faisant participer à l'accomplissement de l'œuvre divine.

C'est ce double caractère de la loi qui rend la définition d'Ulpien éternellement vraie. Nous la répétons deux mille ans après lui, sans y rien ajouter, sans en rien retrancher, et tous les siècles rediront après l'École française : La science du droit est la connaissance des choses divines et humaines.

LEDRU-ROLLIN.

5 décembre 1844.

FIN DE L'INTRODUCTION.

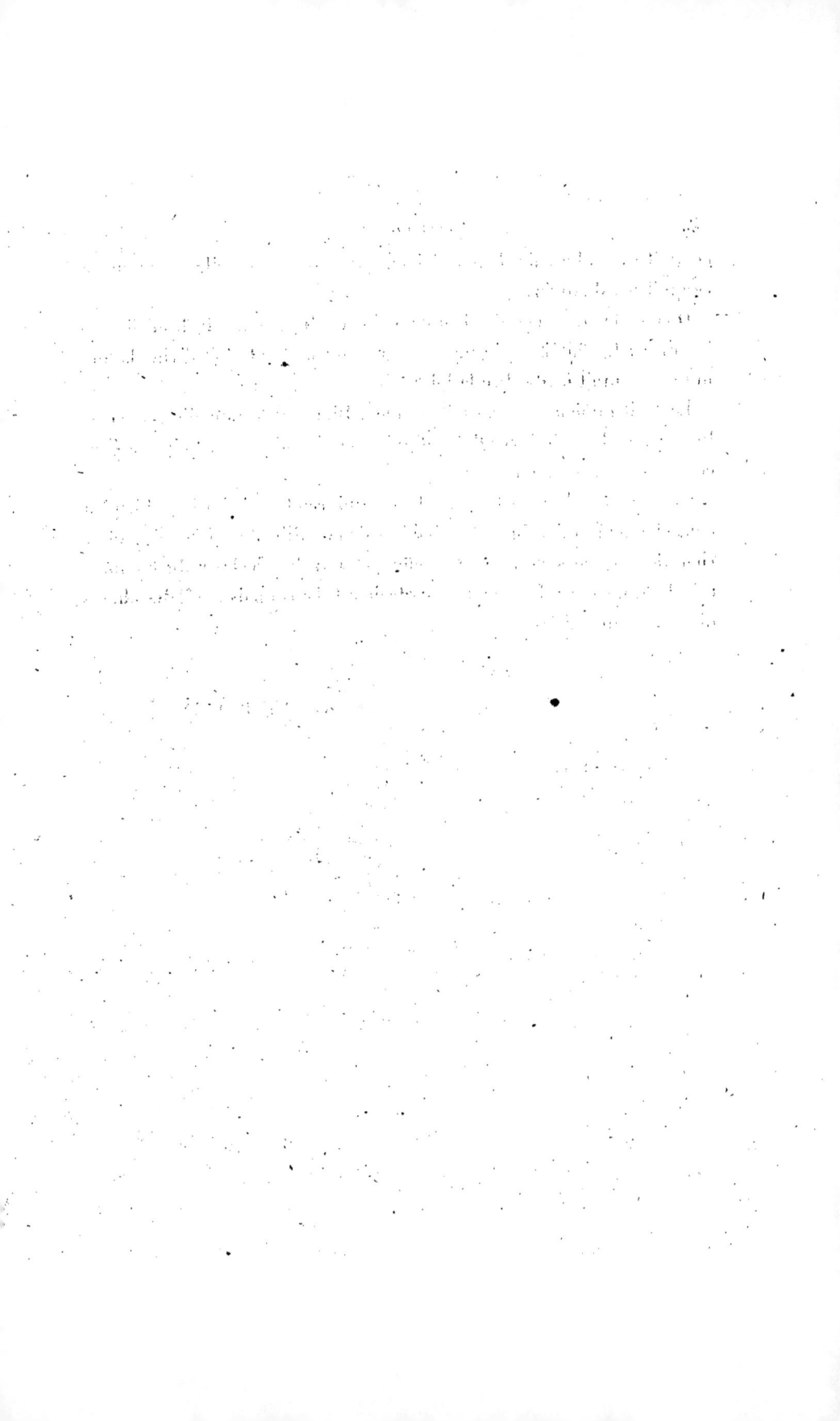

LISTE DES PRINCIPALES ABRÉVIATIONS.

ARG.	ARGUMENT.
ARR. CONS.	ARRÊT DU CONSEIL DU ROI.
ARRÊTÉ CONS	ARRÊTÉ DES CONSULS.
ARR. DIR.	ARRÊTÉ DU DIRECTOIRE.
ART.	ARTICLE.
AUD. SOL.	AUDIENCE SOLENNELLE.
AV. CONS. D'ÉT.	AVIS DU CONSEIL D'ÉTAT.
BORDEAUX	COUR D'APPEL IMPÉRIALE OU ROYALE DE BORDEAUX.
CASS.	COUR DE CASSATION.
CH. RÉUN.	CHAMBRES RÉUNIES.
CH.	CHAPITRE.
CIRC.	CIRCULAIRE.
C. ASS. SEINE.	COUR D'ASSISES DE LA SEINE.
C. C. OU C. CIV., 171	ART. 171 DU CODE CIVIL.
C. COMM.	CODE DE COMMERCE.
C. FOREST.	CODE FORESTIER.
C. INST. CRIM	CODE D'INSTRUCTION CRIMINELLE.
C. PÉN.	CODE PÉNAL.
C. PR. OU C. PROCÉD.	CODE DE PROCÉDURE.
C. RUR.	CODE RURAL.
CONF.	CONFORME.
CONTR.	CONTRAIRE.
COUT. NORMANDIE; COUT. PARIS, ETC.	COUTUME DE NORMANDIE, COUTUME DE PARIS, ETC.
DÉCIS.	DÉCISION.
DÉCL.	DÉCLARATION.
DÉCR.	DÉCRET.
DÉL. RÉG. OU ADMIN.	DÉLIBÉRATION DE LA RÉGIE OU DE L'ADMINISTRATION.
ÉD.	ÉDIT.
INF.	INFRA.
INST. *De testamentis*, § 3.	INSTITUTES, TITRE DE TESTAMENTIS, § 3.
INSTR., OU INSTR. GÉN. RÉGIE OU ADMIN.	INSTRUCTION OU INSTRUCTION GÉNÉRALE DE LA RÉGIE OU DE L'ADMINISTRATION.
INT. DE LA LOI	INTÉRÊT DE LA LOI.

JUGEM.	JUGEMENT.
LETT. PAT.	LETTRES PATENTES.
LIV. OU LIB.	LIVRE OU LIBER.
LOC. CIT. OU CITT.	LOCO CITATO OU LOCIS CITATIS.
L., LL.	LOI, LOIS.
L. 3, C. *De adq., vel amit. poss.*	LOI 3, AU CODE, *De adquirenda. vel amittenda possessionis.*
L. 27, FF., *De evict.*	LOI 27, AU DIGESTE *De evictionibus.*
MIN. JUST. OU FIN. OU INT., ETC.	MINISTÈRE OU MINISTRE DE LA JUSTICE OU DES FINANCES OU DE L'INTÉRIEUR, ETC.
Nº	NUMÉRO.
NOV. 118, CAP. 3	NOVELLE 118, CHAPITRE 3.
O. OU ORD.	ORDONNANCE.
PARL.	PARLEMENT.
PLAC. NORMAND.	PLACITÉS DE NORMANDIE.
QUEST.	QUESTIONS DE DROIT (DE MERLIN).
RÉP.	RÉPERTOIRE.
S.C. OU SÉN. CONS.	SÉNATUS CONSULTE.
SOL. IMP.	SOLUTION IMPLICITE.
SUP.	SUPRA.
T. CIV.	TARIF EN MATIÈRE CIVILE.
T. CRIM.	TARIF EN MATIÈRE CRIMINELLE.
TRIB. OU TR. CIV.	TRIBUNAL CIVIL.
TR. COM. OU CRI.	TRIBUNAL DE COMMERCE OU CRIMINEL.
Vº, Vis	VERBO, VERBIS.
TIT.	TITRE.
V.	VOYEZ.

Quelquefois un arrêt est attribué, par les auteurs ou par des recueils de jurisprudence, à des cours différentes ou est cité à des dates diverses. Alors, nous avons toujours eu le soin de remonter autant que possible aux sources et nous avons rectifié les fausses indications : mais, pour la facilité des recherches, nous avons cru devoir, à côté de la citation exacte, conserver celle qui ne l'est pas, de la manières suivante :

Cass. (et non *Caen*); 19 juill. (et non juin) 1826.

Cass., 23 (et non 28) août 1832 (et non 1822).

Quand un arrêt de cour royale n'est rapporté au *Journal du Palais* qu'avec l'arrêt de cassation auquel il a donné lieu, et ne se trouve point, par suite, à sa date, nous l'avons indiqué ainsi :

Caen, 18 juin 1831, sous *Cass.*, 4 août 1833.

Parfois, enfin, une proposition qui ne formait pas l'objet direct d'un arrêt, et qui dès-lors ne devait pas trouver place dans le sommaire placé en tête de cet arrêt, se trouve néanmoins énoncée dans ses motifs : lorsque l'occasion s'est présentée de tirer d'un arrêt une utilité de cette nature, nous avons indiqué de la manière suivante la source à laquelle le lecteur devait recourir :

Cass., 7 janv. 1834; dans ses motifs.

JOURNAL DU PALAIS.

RÉPERTOIRE GÉNÉRAL

A

ABANDON.

Signifie tantôt l'état d'une personne, d'une chose abandonnée, tantôt l'action d'abandonner, de délaisser. — Suivant Ducange (*Glossaire*, v° *Abandon*), ce mot viendrait de l'ancienne expression *à bandon*, telle qu'elle est employée dans l'ancienne coutume de Nivernois : « Si aucunes « bestes sont prinses par échappée ou *à bandon* (chap. 17, art. 6) » ; et dans la coutume d'Orléans, art. 150. — Etienne Pasquier fait venir cette expression des mots *à ban don* (don à ban) ; mais cette étymologie ne nous paraît pas admissible ; nous préférons celle de Ducange, dont les traces se retrouvent encore dans plusieurs patois.

ABANDON (Douanes).

En matière de douanes, lorsqu'une marchandise est inférieure en valeur à la quotité du droit, l'abandon qu'en fait *par écrit* celui à qui elle est adressée, le dispense d'en payer les droits. — L. 22 août 1791, tit. 1er, art. 4. — V. DOUANES.

ABANDON (Terres vaines et vagues).

Les particuliers peuvent s'affranchir de la contribution qui frappe leurs terres vaines et vagues, en renonçant à ces propriétés au profit de la communauté dans l'étendue de laquelle elles sont situées. — Cette renonciation est faite au secrétariat de la mairie par le propriétaire ou par un fondé de pouvoir. — LL. 1er déc. 1790, tit. 3, art. 3 ; 3 frim. an VII, art. 66. — V. COMMUNES, TERRES VAINES ET VAGUES.

ABANDON D'ANIMAUX.

Outre l'indemnité due pour le dommage causé par un animal abandonné sur le terrain d'autrui (C. civ., 1385), des peines de police municipale sont prononcées contre le propriétaire de cet animal. — L. 6 oct. 1791, tit. 2, art. 12 ; C. pén., art. 475, § 10. — V. ANIMAUX, DÉLIT RURAL, DIVAGATION DES ANIMAUX FÉROCES ET MALFAISANS, PATURAGE, RESPONSABILITÉ, STATIONNEMENT SUR LA VOIE PUBLIQUE, SURETÉ PUBLIQUE.

ABANDON DE BIENS.

Cette expression s'emploie : 1° comme synonyme de *cession de biens*, surtout dans l'ancien droit (Pothier, *Introd. au tit. des fiefs*, n° 148, *in fine*), et prend en ce sens plus ordinairement le nom d'*abandonnement de biens* (Cout. d'Orléans, art. 440). — V. ABANDONNEMENT ;

2° Pour exprimer l'exercice de la faculté accordée par les art. 1075 à 1080, C. civ., aux père, mère et autres ascendans, de faire entre leurs enfans et descendans la distribution et le partage de leurs biens. — V. PARTAGE D'ASCENDANT.

Il ne faut pas, dans ce dernier sens, confondre l'abandon de biens avec *la démission de biens*. — V. DÉMISSION DE BIENS. — Cependant, il arrive quelquefois d'employer indistinctement, dans le langage juridique, les expressions *partage d'ascendant* et *démission de biens*. — V. notamment *Cass.*, 12 août 1840 (t. 1er 1841, p. 460), Leroux c. Quinzac. — V. ENREGISTREMENT.

ABANDON D'ENFANT.

1. — Dans la langue du droit pénal, on appelle ainsi le fait d'abandonner un enfant au dessous de sept ans dans un lieu solitaire ou non solitaire. Ce fait, prévu et puni par les art. 349 et suiv., C. pén., constitue le délit d'*exposition et délaissement d'enfant*. — V. EXPOSITION D'ENFANT.

2. — Tout individu qui *trouve* un enfant nouveau-né est obligé de le remettre à l'officier de l'état civil, ainsi que les vêtemens et autres effets qu'il aura trouvés avec l'enfant, et de déclarer toutes les circonstances du temps et du lieu où il aura été trouvé. — V. ACTES DE L'ÉTAT CIVIL, ENFANT TROUVÉ.

3. — Les père et mère sont responsables civilement des dommages causés par leurs enfans mineurs laissés à l'abandon (C. civ., 1384) ; mais le fait même de les laisser ainsi à l'abandon ne constitue maintenant ni crime ni délit.

4. — Il en était différemment autrefois ; car une ordonnance du 17 mai 1726 faisait « défense aux pères et mères de laisser courir et vaguer leurs enfans dans les rues, leur enjoignait de les réprimer, contenir et empêcher qu'ils n'insultent les passans, à peine de dépens, de dommages-intérêts et même *d'amende arbitraire* ».

5. — L'enfant abandonné n'en reste pas moins soumis, envers ses parens, à toutes les obligations que la loi et la nature lui imposent à leur égard. — V. ALIMENS, MARIAGE.

ABANDON D'ÉPOUX.

1. — Suivant l'art. 214, C. civ., la femme est obligée d'habiter avec le mari et de le suivre partout où il juge à propos de résider. — D'un autre côté, et aux termes du même article, le mari est obligé de recevoir sa femme.

2. — Le fait par l'un des deux époux de se soustraire à l'obligation de cohabitation, qui résulte de l'art. 214, constitue l'abandon.

3. — Existe-t-il au profit de l'époux abandonné quelque moyen de forcer son conjoint à la cohabitation, et quels sont ces moyens ? Quelles sont, en outre, pour l'époux qui a abandonné son conjoint, les conséquences de l'abandon ? L'époux abandonné ne peut-il voir là une injure grave de nature à motiver une demande en séparation de corps ? — Les diverses questions qui se sont agitées à cet égard sont examinées (V. MARIAGE) sous le titre *Des droits et des devoirs des époux*. — V. aussi SÉPARATION DE CORPS.

4. — Dans l'ancien droit, la femme qui abandonnait son mari était privée de son douaire. — Pothier, *Traité du douaire*, nos 256 et 257. — Cout. de Tours, art. 336 ; d'Anjou, art. 314 ; de Normandie, art. 361, 362 ; de Bretagne, art. 451. — V. DOUAIRE.

ABANDON DE PROPRIÉTÉ.

1. — C'est l'abandon volontaire de la possession d'une chose avec renonciation à la propriété.

2. — L'art. 699 (titre *Des servitudes*), C. civ., dispose que, dans le cas où le propriétaire du fonds assujéti est chargé, par le titre, de faire à ses frais les ouvrages nécessaires pour l'usage ou la conservation de la servitude, il peut toujours s'affranchir de la charge en *abandonnant* le fonds assujéti au propriétaire du fonds auquel la servitude est due.

3. — En outre, la loi permet à tout copropriétaire d'un mur mitoyen de se dispenser de contribuer aux réparations et reconstructions, en abandonnant le droit de mitoyenneté ; pourvu toutefois que le mur mitoyen ne soutienne pas un bâtiment qui lui appartienne. — C. civ., 656.

V. ÉPAVES, JET ET CONTRIBUTION, MITOYENNETÉ, PROPRIÉTÉ, SERVITUDE, VARECH.

ABANDON MARITIME.

1. — On appelle ainsi l'abandon, que fait l'armateur, du navire et du fret, pour se décharger de la responsabilité des faits du capitaine. — V. au mot NAVIRE ce qui concerne la responsabilité des propriétaires de navires. — *Abandon maritime* est aussi synonyme de *Délaissement*. — V. ASSURANCES MARITIMES.

2. — Le capitaine ne peut abandonner son navire pendant le voyage, pour quelque danger que ce soit, sans l'avis des officiers et principaux de l'équipage (art. 241) ; et, en ce cas, il est tenu de sauver avec lui l'argent et ce qu'il pourra des marchandises les plus précieuses de son chargement, sous peine d'en répondre en son propre nom (même art.). — V. CAPITAINE.

3. — Si des futailles contenant vin, huile, miel et autres liquides, ont tellement coulé qu'elles soient vides ou presque vides, lesdites futailles pourront être abandonnées pour le fret. — C. com., art. 310 ; Ord. 1673, liv. 3, tit. 3, art. 26. — V. FRET.

ABANDONNEMENT.

1. — Synonyme d'abandon.

Dans l'ancien droit, le contrat d'*abandonnement de biens* était l'acte par lequel le débiteur cédait et abandonnait ses biens à ses créanciers, pour qu'ils les vendissent, et que le prix s'en distribuât entre eux suivant les droits de chacun. — C'est le même contrat que la cession de biens (C. civ., art. 1265 ; C. procéd., art. 800), tarifée par la loi du 22 frim. an VII, art. 68, § 4, n° 1er, sous le nom d'*abandonnemens de biens, soit volontaires, soit forcés, pour être vendus en direction*.

2. — On appelait aussi autrefois *abandonnement* *biens et d'héritages* le délaissement que faisait n acquéreur poursuivi en déclaration d'hypohèque. — Cout. de Paris, art. 102, 103, 109 et 110.

3. — Dans les actes de partage, les notaires désgnent, sous le nom d'*abandonnement*, l'attribuon faite à chacun des copartageans des objets omposant le lot échu à chacun d'eux. C'est ce que Code civil, art. 828, exprime d'une manière peutre plus significative par le mot *fournissement*. — . ENREGISTREMENT.

ABATAGE D'ANIMAUX.

V. ABATTOIRS, ANIMAUX, BOUCHERIES, ÉPIZOOTIE.

ABATAGE DE BOIS SUR PIED.

1. — Action d'abattre les arbres. — Ce mot s'emloie pour la coupe des arbres épars, et il est plus ropre que *coupe* quand il s'agit de futaies. — Les 1ots *coupe* et *couper* s'appliquent plus exactement, ıais non pas seuls, aux taillis.

2. — Abatage se dit aussi de la peine qu'il faut rendre ou des frais qu'il faut faire pour abattre es bois sur pied.

3. — Les frais d'abatage sont à la charge de l'aheteur, à moins qu'il n'y ait convention contraire. - Merlin, *Rép.*, v° *Abatage*.

4. — L'ord. sur les eaux et forêts de 1669, rt. 42, 43 et 44, posait, pour l'abatage des arbres, ertaines règles qu'aujourd'hui le Code forest. a bolies comme dispositions législatives, mais que pratique fait passer dans les cahiers des charges. On peut d'ailleurs consulter comme raison écrite es trois articles précités, pour savoir si un marhand est en faute dans son mode d'abatage. — . au surplus FORÊTS.

5. — Sont considérés et punis comme délits, o l'abatage des arbres appartenant à autrui (C. én., 445 (V. ARBRES); — 2° l'abatage des arbres éservés (C. forest., 33); — 3° l'abatage général ar un propriétaire des arbres qui lui appartienent, quand il n'a pas le droit de défricher; — o l'abatage des arbres même épars, s'ils sont sounis au choix et au martelage de la marine.

6. — L'abatage des arbres sur les grandes routes st soumis à des règles particulières. — V. VOIRIE.

7. — L'abatage des arbres autour des places de uerre peut donner lieu, comme les démolitions, à les indemnités, quand les arbres sont abattus dans es cas prévus par les art. 36, 37, 38, tit. 1er, L. 10 uill. 1791. — V. PLACES DE GUERRE.

ABATELLEMENT.

Terme employé dans les échelles du Levant pour signifier une sentence du consul portant interdicion contre les commerçans, en cas de désaveu de eurs marchés ou de refus de payer leurs dettes. — V. CONSUL.

ABATIS.

Ce mot signifie 1° coupe de bois taillis ou de futaie (V. ABATAGE DE BOIS SUR PIED); — 2° tuerie d'animaux (V. TUERIE); — 3° certaines parties de bœuf, de mouton, dénommées par les réglemens abatis ou issues de boucherie (V. ABATTOIR, BOUCHERIE).

ABAT-JOUR.

L'abat-jour posé dans la partie supérieure d'une croisée, ne peut avoir, à Paris, que trente-trois centimètres de saillie. — Ord. roy. 24 déc. 1823, art. 3.

ABATTEMENT.

Action de celui qui, ayant un titre apparent de possession sur un fonds, s'y introduisait sans aucune violence, immédiatement après la mort du possesseur, et avant que son héritier l'eût occupé. — Houard, *Anciennes lois des Français*, t. 1er, p. 539.

ABATTOIRS.

1. — On appelle ainsi les édifices publics où l'on abat, écorche et dépouille les divers animaux destinés à l'alimentation des villes.

2. — Avant l'établissement des abattoirs, chaque boucher avait, dans sa maison de débit ou dans une autre maison particulière, une tuerie ou échaudoir, ce qui constituait dans les villes un foyer permanent d'insalubrité. On ne doit donc pas s'étonner que l'autorité se soit inquiétée d'un pareil état de choses. — Dès 1567, sous Charles IX, parut un réglement de police qui ordonnait, entre autres prescriptions, « que les tueries et écorcheries seraient reportées hors des villes et près de l'eau, et encloses de murs; que les bouchers seraient obligés de tenir, pendant le jour, les sang, peaux et vidanges dedans des tines ou autres vaisseaux couverts; de les vider de nuit seulement et par canaux dans la rivière, de manière à ce que les habitans n'en soient pas incommodés, ni l'usage de la rivière suspendu; et ce à peine, contre les contrevenans, d'expulsion de la ville, privation de leurs maisons et amendes arbitraires. » — Delamarre, *Tr. de la police*, t. 2, p. 618.

3. — Une ordonnance royale du 21 nov. 1577 renouvela les dispositions de ce réglement, mais sans en procurer l'exécution.

4. — Pour remédier à l'inexécution de mesures aussi importantes, un décret du 13 nov. 1806 ordonna la construction de cinq abattoirs en dehors des murs de la ville de Paris, et un autre décret, du 6 fév. 1811, affecta partiellement les revenus de la caisse de Poissy à la dépense de ces constructions.

5. — Plusieurs autres villes ont également demandé et obtenu des abattoirs publics. — V. notamment diverses ordonnances rapportées dans les t. 30 et 38 de la *Coll. des lois*, de Duvergier, et surtout celle plus complète du 23 mai 1830, relative à la ville de Tours.

6. — Quand il y a lieu d'autoriser une commune à établir un abattoir public, toutes les mesures relatives, tant à l'approbation de l'emplacement qu'aux voies et moyens d'exécution, doivent être soumises simultanément au roi par les ministres de l'intérieur, des travaux publics, de l'agriculture et du commerce, pour en être ordonné par un seul et même acte d'administration publique. — Ord. 15 avr. 1838, art. 3.

7. — L'ordonnance qui crée un abattoir public pour une commune est rendue après délibération du conseil municipal, motivée, et sur le vu d'une enquête *de commodo et incommodo*, conformément au décret du 15 oct. 1810, et à l'ord. du 14 janv. 1815, concernant les établissemens insalubres. — V. ÉTABLISSEMENS INSALUBRES. — Bost., *Tr. de l'organ. municip.*, t. 1er, p. 277 et 278. — Cette ordonnance règle les conditions moyennant lesquelles le droit est accordé en général.

8. — « La mise en activité de tout abattoir public et commun légalement établi entraîne de plein droit la suppression des tueries particulières situées dans la localité. » (Ord. 15 avr. 1838, art. 2). — Cette disposition se trouve reproduite dans les diverses ordonnances de concession; ainsi on lit dans l'ord. du 17 mai 1838 (relative à l'établissement d'un abattoir pour la ville de Charolles), dans celle du 11 août (même année) pour les communes d'Olette et d'Evol, etc., « qu'aussitôt que ledit abattoir sera livré à sa destination, l'abattage des bœufs, taureaux, vaches, veaux, genisses, moutons, chèvres, boucs et porcs y aura lieu exclusivement, et que toutes les tueries particulières dans les limites du rayon de l'octroi seront interdites et fermées. »

9. — « Toutefois, ajoutent les mêmes ordonnances, les propriétaires et habitans qui élèvent des porcs *pour la consommation de leur maison*, conserveront la faculté de les faire abattre chez eux, pourvu que ce soit dans un lieu clos et séparé de la voie publique. »

10. — La suppression ainsi opérée de tous les établissemens particuliers de tueries donne-t-elle ouverture à une indemnité en faveur des propriétaires de ces établissemens? Cette question, soumise à la Cour de cassation, n'a pas été résolue; la Cour s'est bornée à décider *qu'à supposer qu'il fût dû une indemnité*, ce n'était pas la commune, dans laquelle les tueries particulières étaient exploitées, qui pouvait être responsable, puisque la clôture de ces tueries avait eu lieu en exécution d'une ordonnance royale. — *Cass.*, 24 déc. 1839 (t. 1er 1840, p. 668), Lannes c. ville de Toulouse.

11. — Une fois les abattoirs établis, c'est à l'autorité municipale qu'il appartient de les surveiller et de faire, sous l'approbation du ministre de l'intérieur, les réglemens nécessaires pour leur service. Et les arrêtés que cette autorité prend ainsi dans le cercle de ses attributions ont force obligatoire. — V. BOUCHERIE, POUVOIR MUNICIPAL.

12. — On s'est demandé à cet égard quelle était la force d'un arrêté municipal qui obligeait les bouchers et charcutiers des communes *de la banlieue*, en dehors des limites de l'octroi, à venir abattre leurs bestiaux à la tuerie commune. A cet égard, la Cour de cassation a décidé que, bien qu'un pareil arrêté eût pour effet d'assujétir ceux qui habitent hors des limites de l'octroi à des droits d'entrée pour leurs bestiaux, cependant il était obligatoire jusqu'à ce qu'il eût été modifié par l'autorité supérieure. — *Cass.*, 1er juin 1832, Lauhire-Tachiès.

13. — Toutefois, une circulaire ministérielle du 22 déc. 1825 dispose en sens contraire. Aussi les diverses ordonnances d'autorisation n'emportent-elles interdiction des tueries existantes que dans les limites des rayons de l'octroi.

14. — Et l'ord. du 23 mai 1830, relative à la ville de Tours, porte (art. 4) que « les bouchers et charcutiers forains *pourront* faire usage de l'abattoir public, mais *sans y être obligés*, soit qu'ils concourent à l'approvisionnement de la ville, soit qu'ils approvisionnent seulement la banlieue ».

15. — Le régime et la discipline intérieure du commerce de la boucherie de Paris et *des abattoirs* sont réglés par une ordonnance du préfet de police, du 25 mars 1830, dont le tit. 3 est ainsi divisé : — Chap. 1er. *Police des abattoirs.* — Les art. 48 et suiv., après avoir posé en principe que *tous les bestiaux sans exception* ne pourront être abattus et habillés « que dans les abattoirs généraux à ce affectés », déterminent les instrumens dont les bouchers pourront se servir. — Chap. 2. *Conduite des bestiaux.* — Les art. 54-62 déterminent le mode d'après lequel les bestiaux seront conduits aux abattoirs, les soins dont ces bestiaux devront être l'objet, enfin les mesures à prendre pour la vérification des viandes. — Chap. 3. *De la sûreté et de la salubrité des abattoirs.* — Art. 62-81. — Chap. 4. *Police des garçons.* — Art. 81-96. — Chap. 5. *De la fonte des suifs.* — Art. 96-132. — Chap. 6. *Des issues de bestiaux.* — Art. 132. — Chap. 7. *Droits de la ville.* — Art. 133. — Chap. 8. *Dispositions générales.* — Les art. 134-144 contiennent diverses prohibitions pour la police intérieure des abattoirs. — V: au surplus *Dict. de police*, d'Elouin et Trébuchet, p. 217 et suiv., v° *Boucherie*.

16. — Les ordonnances d'autorisation déterminent le plus souvent le tarif des droits d'occupation de places dans les abattoirs. Ces droits sont versés dans les caisses des communes (art. 31, n° 6, L. 18 juil. 1837). — Dans le cas de silence de l'ordonnance, ce tarif est réglé dans la forme ordinaire.

17. — A Paris, et suivant l'art. 133, ord. 25 mars 1830 précitée, *les droits d'abatage* doivent être payés conformément au tarif annexé à l'ord. du 16 août 1815, jusqu'à ce qu'il ait été modifié par le conseil municipal sous l'approbation du ministre de l'intérieur.

18. — A Paris, les porcs ne peuvent être, à peine de saisie et de confiscation, abattus que dans les échaudoirs autorisés à cet effet (ord. de police du 30 avr. 1806, art. 5, 25 sept. 1815, art. 6). — Elouin et Trébuchet, *Dict. de police*, v° *Charcuterie*, p. 392. — Les art. 7 et 10 de cette dernière ordonnance déterminent les droits dus aux propriétaires de ces échaudoirs, et font défense aux maîtres d'abattoirs de faire le commerce des porcs et de la charcuterie.

19. — Les abattoirs publics et communs à ériger dans toute commune, quelle que soit sa population, sont rangés dans la première classe des établissemens dangereux, insalubres ou incommodes. — Ord. 15 avr. 1838. — V. ABATIS, ÉTABLISSEMENS INSALUBRES (nomenclature).

20. — Les concessionnaires ou fermiers d'abattoirs publics sont rangés, par la loi du 23 avr. 1844 sur les patentes, dans la seconde classe des patentables, et imposés : — 1° à un droit fixe établi selon la population de la ville où sont situés les abattoirs; — 2° et au droit proportionnel du vingtième de la valeur locative de la maison d'habitation seulement. — V. PATENTES.

ABATTRE.

1. — Signifie principalement, en termes de droit, renverser par terre du bois, le couper, l'arracher, l'exploiter. — V. ABATAGE DE BOIS SUR PIED, FORÊTS.

2. — Ce mot, dans nos anciens praticiens, signifie aussi *abolir*. On trouve, à la suite de l'édition de Beaumanoir, d'anciennes coutumes d'Orléans parmi lesquelles il y a un titre particulier des *Coustumes abattues qui solaient être à Orléans*. — Merlin, *Rép.*, v° *Abattre*.

ABAYANCE.

Terme dont on se servait autrefois en Normandie pour désigner l'état d'un bien dont personne n'avait la propriété ni la possession, et qui était en dépôt dans les mains du souverain. — Houard, *Anc. lois des Français*, t. 1er, p. 676.

ABDICATION.

Ce mot s'emploie pour exprimer la renonciation au pouvoir souverain, l'abandon volontaire de la patrie. On s'en servait aussi autrefois pour exprimer l'abandon de la famille. Enfin, on trouve dans les anciens auteurs le mot *abdication* de biens, pour signifier la *démission* de biens. — V. ABANDON DE BIENS, ABANDONNEMENT, CESSION DE BIENS.

ABDICATION DE LA FAMILLE.

1. — C'était l'abandon qu'un père faisait de ses enfans dans les formes légales.

2. — On appelait aussi cet abandon *abjuration de parenté*.

3. — L'abdication de la famille n'a jamais été autorisée en droit français. Le droit romain l'avait aussi formellement repoussée. — *Cod.*, tit. *de Patrid potestate*, LL. 6 et 7.

4. — Mais elle était permise en Grèce, notamment à Athènes, et pour cause de désordres graves de la part de l'enfant. On l'appelait ἀποκήρυξις : ce mot signifie une expulsion par proclamation.

5. — Pour abdiquer ses enfans, il fallait, en effet, que le père se présentât devant le juge, y déduisît ses motifs, et que le jugement qui autorisait l'abdication fût rendu public et proclamé à son de trompe. — *Encyclopédie du droit*, vo *Abjuration de parenté*.

6. — A la différence de l'exhérédation, l'abdication de famille produisait ses effets du vivant même du père.

V. ABANDON D'ENFANT.

ABDICATION DE LA PATRIE.

1. — L'homme n'est pas tenu de conserver la patrie que lui a donnée le hasard de sa naissance. Si cette patrie ne lui offre pas assez d'avantages, il est libre de s'en choisir une autre.

2. — La liberté d'abdiquer sa patrie a été reconnue à l'homme de tout temps et par tous les auteurs anciens qui ont écrit sur le droit de la nature et des gens.

3. — Dans le projet du Code civil, on avait aussi formellement supposé ce droit d'abdication. Ainsi, la sect. 1re, chap. 2, liv. 1er, était intitulée : *De la perte des droits civils par abdication de la qualité de Français*, et l'art. 1er de cette section (aujourd'hui l'art. 17) faisait perdre cette qualité par l'*abdication expresse qui en serait faite*. Mais lors de la discussion sur cet article, le consul Cambacérès (séance du 28 brum. an X) fit observer que la loi française ne devait pas supposer que des Français abdiqueraient leur qualité. Et le mot *abdication* fut retranché, tant de l'intitulé de la section, que de l'article qui la commençait. Le droit avait été néanmoins reconnu. — Locré, *Lég. civ.*, t. 4.

4. — Tous les auteurs qui ont paru depuis le Code civil ont, en effet, été d'avis que le Français pouvait abdiquer sa patrie, pourvu toutefois que son abdication ne dégénérât point en désertion, en violation de l'engagement qu'il avait naturellement contracté en recevant le jour, de ne pas nuire à ceux au milieu desquels il l'avait reçu. — Merlin, *Rép.*, vo *Souveraineté*, § 4 ; Toullier, t. 1er, no 266 ; Duranton, t. 1er, no 172 ; Coin-Delisle, *De la jouissance et privation des droits civils*, sur l'art. 17, no 2.

5. — Ainsi, le Français qui aurait abdiqué sa patrie, s'il était pris portant les armes contre la France, n'en serait pas moins, nonobstant son abdication, puni de mort, aux termes de l'art. 75, C. pén.

6. — L'abdication de la patrie peut être expresse ou tacite et présumée.

7. — L'abdication expresse est excessivement rare. On n'en connaît dans les temps modernes qu'un seul exemple ; il a été donné par Jean-Jacques Rousseau. — Le 12 mai 1763, il écrivit au syndic de Genève : « Je vous déclare et je vous prie de déclarer au magnifique conseil que j'abdique à perpétuité mon droit de bourgeoisie et de cité dans la ville et république de Genève. » — Cette abdication fut acceptée et enregistrée.

8. — L'abdication tacite se présume dans les cas qui font perdre la qualité de Français.

9. — Une observation qu'il importe encore de faire, c'est qu'il n'est pas nécessaire, pour avoir abdiqué sa patrie, d'avoir été admis au rang des naturels du pays que l'on a préféré. — *Rennes*, 1er juin 1832, Duboistaillé c. Berthois. — V. NATURALISATION.

ABDICATION DU POUVOIR SOUVERAIN.

Le roi peut-il abdiquer la royauté ? Dans quelle forme cette abdication doit-elle être faite ? Est-il nécessaire qu'elle soit expresse et formellement exprimée, ou bien ne pourrait-on pas l'induire de certains faits ? Quelles sont les conséquences de cette abdication soit pour le roi qui la fait, soit pour les membres de sa famille appelés à lui succéder ? — V. ROI, SOUVERAINETÉ.

ABEILLAGE.

C'est le droit que plusieurs de nos coutumes attribuaient aux seigneurs hauts et bas justiciers, sur les essaims perdus ou abandonnés. Celui qui les trouvait en avait moitié, l'autre moitié appartenait au seigneur. — V. ABEILLES, no 4 *in fine*.

ABEILLES.

1. — On distingue, en droit, deux espèces d'abeilles : 1o celles (*feræ*) qui n'appartiennent à personne, pas même au propriétaire du terrain sur lequel elles se trouvent et qui deviennent la propriété du premier occupant (*Inst.*, liv. 2, tit. 1er, § 12 à 14) : ce sont celles qui sont à l'état de liberté ; — 2o celles qui, aux termes de l'art. 524, C. civ., font partie du fonds même sur lequel elles sont établies : ce sont celles que l'on élève et entretient dans des ruches. — Fournel, *Traité du voisinage*.

2. — Selon Brussel, *Examen des Fiefs*, liv. 1er, chap. 1er, § 11, et liv. 2, chap. 34, et Merlin (*Rép.*, vo *Abeilles*), les réglemens de la chambre des comptes prouvent que, dans les douzième et treizième siècles, nos rois donnaient en fief jusqu'aux essaims d'abeilles qui pouvaient être trouvés dans les forêts.

3. — Dans le cas où des abeilles élevées et entretenues dans les ruches viendraient à s'échapper de leurs ruches, continuent-elles d'appartenir au propriétaire des ruches, ou deviennent-elles la propriété du premier occupant ? — Le droit romain formulait ainsi la solution : *Cùm verò evaserit custodiam tuam, et in naturalem libertatem se receperit, tuum esse desinit, et rursùs occupantis fit. Naturalem autem libertatem recipere intelligitur, cùm vel oculos tuos effugerit, vel ità sit in conspectu tuo, ut difficilis sit ejus persecutio* (*Inst. Just.*, *de Rer. divis.*, liv. 2, tit. 1er, § 12). — Dans l'ancienne jurisprudence française, le propriétaire des ruches pouvait poursuivre les essaims qui s'en étaient échappés, et les prendre partout où il les trouvait, même sans permission des officiers de la justice en laquelle ces essaims se seraient arrêtés, quand même c'eût été dans le ressort d'une juridiction autre que celle de sa résidence (*Pratique des Terriers*, t. 3). — Denisart, vo *Abeilles*. — Mais, si le propriétaire ne les poursuivait pas, on les considérait comme des épaves, dont moitié appartenait au premier occupant et moitié au seigneur (*ibid.*). — Et même, suivant certaines coutumes, on privait l'inventeur de sa part et on le condamnait à une amende de 60 sols parisis, lorsqu'il négligeait d'avertir le seigneur (Cout. de Loudunois, chap. 1er, art. 13, et chap. 3, art. 3 ; cout. de Bourbonnais, art. 337). — Comme le partage de cette épave n'était pas facile à faire, l'une des parties avait tout l'essaim en payant une indemnité à l'autre. — Pallu, sur la *cout. de Tours* ; Le Proust, sur la *cout. de Montargis*. — Le droit seigneurial à l'épave des abeilles était connu sous le nom d'*abeillage, aboilage, aolage*. Les seigneurs le baillaient à cens. — La Thaumassière, *Cout. de Montargis*, tit. 5, art. 5.

4. — Aujourd'hui : « Le propriétaire d'un essaim » a le droit de le réclamer tant qu'il n'a pas cessé » de le suivre. Autrement, l'essaim appartient au » propriétaire du terrain sur lequel il s'est fixé. » — L. 28 sept.-6 oct. 1791, tit. 1er, sect. 3e, art. 5 ; — Toullier, t. 4, no 50 ; Vaudoré, *Droit rural*, t. 2, no 209, et Fournel, *Traité du voisinage*.

5. — Tout individu qui exerce sur un fonds un droit autre que le droit de propriété, tel qu'un fermier, un usufruitier, ne peut user de l'essaim qui s'est fixé sur le fonds que dans la limite de son droit, sans pouvoir prétendre à la *propriété*, laquelle reste au propriétaire de l'héritage. — Vaudoré, t. 2, no 210.

6. — Le droit de poursuite, autorisé par la loi du 25 sept.-6 oct. 1791, ne peut s'exercer que *ex æquo et bono* : en conséquence, si l'essaim s'est fixé sur l'arbre du voisin, il faut ne pénétrer sur son fonds qu'après avertissement préalable, et enlever l'essaim en endommageant le moins possible l'arbre sur lequel il s'est établi. — Si l'essaim a pénétré dans les ruches du voisin, il ne reste d'autre moyen que d'appeler les abeilles par les moyens ordinaires, sans qu'en aucun cas il soit permis de renverser les ruches dans lesquelles elles se sont réfugiées. — Platon, *des Lois*, liv. 8, t. 2, p. 843.

7. — Pour rappeler les essaims qui se détachent de la ruche mère, on pratique divers moyens. Baluze (*Capitulaires*, t. 2, p. 663, *formulæ exorcism. et excomm.*) rapporte une formule d'exorcisme qu'au moyen-âge on employait en pareil cas.

8. — Le produit des ruches à miel, connu sous le nom d'essaim ou volée de jeunes abeilles, est un fruit naturel qui appartient, dès lors, au propriétaire de la ruche.

9. — Les produits des abeilles ont été considérés chez tous les peuples comme assez importans pour que la législation s'occupât d'en protéger la perception, en même temps qu'elle s'est attachée à perpétuer les races. — Columelle, *de Re rusticâ*, liv. 9, chap. 2 et 4 ; Pline, liv. 11, chap. 13, t. 1er, p. 659, et liv. 21, chap. 10, t. 2, p. 243 ; Varron, *de Re rusticâ*, liv. 3, chap. 16, p. 374.

10. — Dracon, dans sa loi 28, avait fixé entre les ruches de propriétaires voisins, une distance dont le minimum correspondait, dans nos mesures actuelles, à cent mètres. Nous pensons qu'on ne peut aujourd'hui établir à cet égard de règle absolue, et que la distance devrait être déterminée suivant les circonstances, en appliquant le principe de liberté posé par l'art. 2, tit. 1er, sect. 1re, L. 28 sept. 1791, sur la police rurale, avec toutefois la réserve, qui est prévue dans cet article, de ne point préjudicier aux biens d'autrui. — Fournel, *loc. cit.*

11. — L'autorité municipale doit, tout en protégeant la conservation des abeilles, veiller à ce que l'établissement des ruches ne puisse préjudicier aux citoyens ; toutes les fois qu'un propriétaire veut avoir des essaims dans des lieux habités, notamment dans les villes, il doit en prévenir l'autorité, qui a le droit d'en permettre ou d'en défendre le placement. Le propriétaire de ruches qui n'aurait pas pris toutes les précautions convenables, et que l'usage ou l'expérience indiquent, est responsable des dommages causés par les abeilles, conformément aux principes ordinaires. — Fournel, *Traité du voisinage*, p. 25 ; Magniiot et Delamarre, *Dict. de dr. adm.*, vo *Abeilles*.

12. — Les principes de responsabilité posés dans l'art. 1385, C. civ., sont applicables aux propriétaires d'abeilles.

13. — Nous pensons même qu'il y aurait lieu d'indemniser le propriétaire d'une usine telle qu'une raffinerie de sucre, du déchet appréciable que lui aurait causé le voisinage d'un essaim.

14. — Il n'est pas permis de faire périr les abeilles d'autrui par artifice, par exemple en empoisonnant les fleurs où elles vont butiner, ou en faisant de la fumée près d'elles. — L. 49, *ad legem Aquil.* ; — Fournel, *Tr. du voisinage* ; Vaudoré, *Dr. rur.*, no 203. — Néanmoins un propriétaire constamment incommodé, malgré les réclamations qu'il aurait faites au propriétaire des abeilles, devrait, ce semble, avoir le droit de les détruire sur ses propriétés.

15. — Les abeilles sont meubles par leur nature (C. civ., art. 528). Néanmoins elles doivent être considérées comme immeubles par destination, en tant que faisant partie des ruches à miel, qui se trouvent comprises dans l'énumération de l'art. 524.

16. — Des abeilles peuvent-elles être données à cheptel ? — V. BAIL A CHEPTEL.

17. — Un essaim semble être une chose indivisible : en conséquence, les copropriétaires qui veulent user du bénéfice de l'art. 815, C. civ., sont obligés de prendre les formes de la licitation. — Vaudoré, no 211.

18. — Le vol des ruches à miel était puni par la loi du 25 frim. an VIII (abrogeant le *Code pénal du* 25 sept. 1791, sect. 2e, tit. 2, art. 27) de trois mois à une année d'emprisonnement s'il avait été commis de jour, et de six mois à deux ans s'il l'avait été la nuit. — V. ABIGEAT, VOL.

19. — L'art. 3, sect. 3e, tit. 1er, L. 28 sept. 1791, porte : « Pour aucune raison, il ne sera » permis de troubler les abeilles dans leurs courses » et leurs travaux ; en conséquence, même en cas » de saisie légitime, une ruche ne pourra être » déplacée que dans les mois de décembre, jan» vier et février ». — Cette disposition semble abrogée par l'art. 592, C. pén., qui déclare insaisissables, d'une manière absolue, les objets que la loi considère comme immeubles par destination.

V. au surplus ANIMAUX, ÉPAVES, RESPONSABILITÉ CIVILE, SAISIE-EXÉCUTION.

ABÉNÉVIS.

Terme employé autrefois dans les pays de droit écrit pour exprimer la concession faite par un seigneur, moyennant une redevance. — Ce mot s'appliquait surtout aux concessions d'eaux. — De Laurière, *Gloss. du Dr. fr.*, vo *Bénévis* ; Bretonnier sur Henrys, t. 1er, liv. 1er, quest. 37e, et Merlin, *Rép.*, vo *Abénévis*.

ABERGEAGE.

V. ALBERGEMENT.

AB INTESTAT.

Ce terme vient du latin *ab intestato*. On appelle héritier *ab intestat* celui qui recueille, en vertu de la loi, la succession d'un individu décédé sans testament ou dont le testament reste sans effet. — Cette même succession est également appelée succession *ab intestat*. — V. HÉRITIER, SUCCESSION, TESTAMENT.

AB IRATO.

Termes latins transportés de l'ancienne jurisprudence dans notre langue, pour désigner, soit les actes de libéralité dont la colère ou la haine ont été le principe, soit l'action en nullité de ces mêmes actes. — V. DISPOSITION A TITRE GRATUIT, DONATION ENTRE VIFS, QUOTITÉ DISPONIBLE, TESTAMENT.

ABIGÉAT.

1. — On appelait *Abigéat*, chez les Romains, le fait d'avoir soustrait et, en quelque sorte, pillé des bestiaux, tels que chevaux ou bœufs, de leurs pâturages ou troupeaux. — « *Abigei propriè habentur*, disait la loi 1re, § 1er, ff., *de Abigeis, qui pecora ex pascuis vel ex armentis subtrabunt et quodam modo depredantur, et abigendi studium quasi artem exercent, equos de gregibus, vel borres de armentis abducentes.* »

2. — Le simple fait d'avoir emmené un bœuf *errant* ou un cheval *isolé* ne constituait point un *abigéat*, mais plutôt un *vol*. Il fallait, pour qu'il y eût *abigéat*, que le cheval ou le bœuf fût détourné de son troupeau ou du pâturage. — L. 1, ff., *de Abigeis*.

3. — Le détournement, pour le menu bétail, ne prenait le caractère de l'abigéat qu'autant qu'il y avait eu enlèvement d'un certain nombre de têtes; —ainsi, il fallait dix brebis, cinq ou même quatre porcs, — tandis qu'il suffisait d'avoir détourné un seul cheval, un seul bœuf, pourvu que ce fût du troupeau ou du pâturage. — L. 3, ff., *de Abigeis*.

4. — « Cette différence, dit Merlin (*Rép.*, vo *Abigéat)*, dérive de la lettre même de la loi; c'est qu'on peut emporter quelques brebis qu'on vole, mais s'il y en a dix, on présume qu'il faut les faire marcher de même qu'un bœuf ou un cheval. »

5. — Cette explication nous paraît peu en harmonie avec le § 2, L. 3, *eod. tit.*, duquel il résulte que l'enlèvement d'une seule tête de bétail, s'il est répété assez pour compléter le nombre ci-dessus indiqué (10 ou 5), constitue l'abigéat. — Nous préférons donc la raison donnée par Pothier, d'après le Digeste lui-même, que la gravité du délit augmente avec la valeur de la chose enlevée. *pretium rei subreptæ auget delictum.* — Pothier, *Pandect.*, lib. 47, tit. 14, no 2.

6. — L'abigéat perdait tout caractère de crime, et ne pouvait, dès lors, donner lieu qu'à des contestations civiles, toutes les fois qu'il n'était point accompagné d'une intention frauduleuse, si, par exemple, son auteur prétendait ou avait cru que les animaux enlevés lui appartenaient. — L. 1, § 4, ff., *de Abigeis*.

7. — L'*abigéat*, eu égard à la gravité que lui donnait cette circonstance que, le plus souvent, on le commettait à main armée, était rangé parmi les crimes *extraordinaires*, et puni de mort ou des mines. — L'empereur Adrien avait, cependant, substitué à cette peine rigoureuse, en faveur de ceux qui étaient nés *honestiore loco*, celle de la relégation ou de la dégradation. — Quant aux coupables d'une condition plus humble (*humiliores*), qui commettaient ce crime à main armée, ils devaient être livrés aux bêtes. — L. 1, *pr.* et § 3, et L. 2, ff., *de Abigeis*.

8. — Les recéleurs des animaux enlevés étaient également punis, mais moins rigoureusement. — La peine, pour eux, était de dix ans de relégation. — L. 3, § 3, ff., *ibid.*

9. — Les mêmes peines, à quelques modifications près, introduites par la coutume, étaient appliquées autrefois en France à l'abigéat. — Une ord. de Henri III de 1586 portait : « Quiconque dérobera aucun bestial sera pendu et étranglé. » — Cependant, quelques coutumes, et notamment celle de Bretagne (art. 627), n'appliquaient la peine de mort qu'au vol de « *chevaux, bœufs ou autres bêtes de service ou labour.* » Mais cette peine n'était pas appliquée à ces sortes de vols lorsqu'ils étaient commis dans les champs. « L'usage ordinaire, dit Jousse (*Tr. de Just. crim.*, t. 4, p. 226), est de condamner aux galères à temps ceux qui volent ainsi des animaux laissés dans les pâturages et abandonnés à la foi publique; et il paraît qu'il doit en être de même lorsque ces animaux sont volés dans les étables. » — V. aussi Muyard de Vouglans, *Lois crim.*, p 315.

10. — Quant à l'enlèvement des volailles, pigeons, lapins, mouches à miel et autres animaux domestiques, il était simplement qualifié *larcin*, et puni arbitrairement selon les circonstances du fait, la modicité de l'objet enlevé et la qualité du coupable. — Damhoudère', *Prat. jud. des causes crim.*, chap. 113.

11. — « Ce crime de larrecin de bestial est pour le présent durant la paix, ajoute cet auteur (*loc. cit.*), tant souuent perpétré sans punition, qu'on le peut mieux veoir par les faitz et dommages qu'on en a partout enduré, que apprendre par liures : et plus encore au temps de guerre, lorsque les meschans soudars ne desrobbent ou emmenent seulement les bestes des ennemys (chose que par droit de guerre seroit excusable), mais pillent et emmenent aussi toutes les bestes des amys, faisans plus hardyment et librement outrage auxditz amys, qu'aux ennemys, qu'ils deuraient craindre d'offenser : d'autant qu'il ne se faut soucyer d'aucun danger de par les amys. »

12. — Aujourd'hui, le détournement ou larcin des animaux domestiques, bestiaux ou autres, constitue non un délit ou crime spécial, mais un vol proprement dit, passible des peines applicables à ce fait selon les circonstances qui l'ont accompagné. — C. pén., art. 379 à 401.

13. — Lorsque le vol d'animaux avait été commis *dans les champs*, même sans aucune des circonstances aggravantes qui donnent au vol le caractère de crime, le Code pén. de 1810, art. 388, le punissait de la réclusion.

14. — Mais ce fait a été remis au rang des simples délits par la loi réformatrice de 1832, et ne donne plus, aujourd'hui, lieu qu'à l'application des peines correctionnelles de un à cinq ans d'emprisonnement, de 16 à 500 fr. d'amende. — C. pén., art. 388, § 1er. — V. ANIMAUX, VOL.

ABJURATION DE PARENTÉ.

V. ABDICATION DE LA FAMILLE.

ABOLITION.

1. — On appelle *abolition* l'acte par lequel le législateur déclare éteinte une institution, une coutume, etc. C'est ainsi que l'on dit : Abolition du régime féodal, du divorce, etc. — On se sert aussi quelquefois du mot *abolition* comme synonyme d'abrogation, quand elle s'applique à une loi. — Mais les auteurs de l'*Encyclop. du Droit* font remarquer avec raison que, pris dans ce sens, le mot *abolition* est impropre, et qu'il est plus juste de dire : Abolition d'une institution, abrogation d'une loi.

2. — Le mot *abolition* exprimait aussi, dans l'ancien droit, l'acte par lequel le souverain éteignait le crime et remettait la peine. On connaissait la lettre d'abolition générale et la lettre d'abolition spéciale. — V. AMNISTIE', GRACE.

ABONNEMENT.

1. — Convention par laquelle plusieurs parties déterminent d'avance, moyennant une somme fixe et pour un temps limité, le montant éventuel ou variable de droits, de fournitures ou de services qui devraient être acquittés successivement. — Autrefois ce mot exprimait simplement la convention passée avec le seigneur, pour réduire à un taux fixe les prestations ou redevances féodales, ou pour s'en racheter moyennant un cens annuel.

2. — L'abonnement constitue un engagement synallagmatique qui ne peut, dès lors, être rompu ou modifié que du consentement de tous les contractans.

3. — Il forme aussi une convention aléatoire qui peut, par suite, devenir plus ou moins avantageuse que les parties ne l'avaient espéré, mais qui prévient en général toute demande en rescision pour cause de lésion.

4. — Il peut y avoir abonnement entre les redevables et l'administration des contributions indirectes, pour le paiement de certains droits proportionnels ou éventuels. — V. ABONNEMENT (contributions indirectes).

5. — L'abonnement peut avoir encore pour objet, soit l'acquisition d'ouvrages publiés par livraison ou de journaux, soit le droit de prendre un certain nombre de bains, de repas, ou d'exiger la fourniture d'une certaine quantité d'objets. — — Dans ces cas, il participe de la vente dont les règles lui sont applicables. — V. VENTE.

6. — Enfin, il peut s'appliquer à un droit de chasse, de pêche, d'entrée dans un théâtre, au louage de livres, journaux ou tous autres objets; alors il constitue un louage. — V. BAIL, CHASSE, LOUAGE, PÊCHE, THÉATRE.

7. — Les commissaires-priseurs ne peuvent faire d'abonnement pour les droits fixés par la loi, à moins que ce ne soit avec l'état ou les établissemens publics. — L. 18 juin 1843, art. 4. — V. COMMISSAIRES-PRISEURS.

ABONNEMENT (Contributions indirectes).

Table alphabétique.

ABONNEMENT (Contributions indirectes). — 1. C'est une convention qui intervient entre l'administration et les redevables, par laquelle on fixe à une somme déterminée, et pour un temps limité, le montant de certains droits proportionnels et éventuels qui sont à la charge de ces derniers.

2. — L'administration des contributions indirectes est autorisée à consentir des abonnemens, 1o pour les différens droits dus sur les boissons autres que les bières; 2o pour le droit sur la fabrication des bières; 3o pour les droits sur le prix des places et le transport des marchandises dans les voitures publiques; 4o pour le droit de navigation; 5o et enfin pour les droits d'octroi.

3. — Le but de ces abonnemens pour les redevables est bien moins de diminuer les droits à leur charge que de les affranchir de certaines formalités gênantes auxquelles ils demeureraient sans cela assujétis, soit pour déterminer la fixation des droits, soit pour en assurer la perception.

4. — L'abonnement est un contrat synallagmatique, puisqu'il engage réciproquement l'un envers l'autre l'administration et le débitant. — C. civ., art. 1102. — Il est, de plus, aléatoire, car les effets, quant aux avantages et aux pertes, dépendent d'un événement incertain, c'est-à-dire de la quantité plus ou moins considérable de droits qui auraient été perçus sans abonnement. — C. civ., art. 1964.

SECT. 1re. — *Droits sur les boissons autres que les bières.*

5. — Les boissons autres que les bières frappées de droits qui peuvent faire l'objet d'un abonnement, ne sont plus aujourd'hui que les vins, cidres, poirés et hydromels.

6. — Parmi les différens droits auxquels ces boissons se trouvent exposées, les seuls susceptibles d'abonnement sont les droits *d'entrée*, de *vente en détail* et *d'entrée sur les vendanges*; tous droits en même temps essentiels et proportionnels, puisqu'ils sont subordonnés à la quantité, toujours incertaine, des boissons qui doivent être introduites ou vendues.

7. — Les abonnemens peuvent être *individuels*, *par corporation* ou *par commune*.

§ 1er. — *Abonnement individuel.*

8. — L'abonnement individuel est celui contracté avec la régie par un débitant, pour son compte personnel, en remplacement du *droit de vente au détail*, dont seraient passibles les boissons par lui débitées.

9. — Autrefois déjà, plusieurs réglemens, et notamment l'ord. de 1680, pour la Cour des aides de Paris et de Rouen, avaient autorisé l'abonnement pour les impôts connus aujourd'hui sous le nom de contributions indirectes, et en avaient fixé les conditions.

10. — Depuis la nouvelle organisation de nos impôts, les abonnemens individuels ont été autorisés par la loi du 24 avr. 1806. Alors, ils étaient facultatifs pour la régie, et par sa circulaire n° 72, elle en avait autorisé l'application : 1° aux débitans des lieux isolés ou d'un difficile accès ; 2° aux concierges des maisons d'arrêt, lorsqu'ils vendaient des boissons aux détenus et aux chefs de certains ateliers ou autres établissemens qui en fournissaient ou en faisaient fournir par leurs agens aux ouvriers par eux employés ; 3° aux personnes tenant des pensionnaires au jour, au mois ou à l'année ; 4° aux réunions connues sous la dénomination de *cercles*, *chambrées* et autres en usage dans certaines parties de la France ; 5° à certains cafetiers et limonadiers dont le débit n'est pas considérable.—Girard, *Man. des cont. indir.*, n° 76.

11. — Aujourd'hui l'abonnement n'est plus facultatif de la part de la régie; il peut être contracté par tous les débitans de boissons qui en font la demande.—LL. 17 oct. et 12 déc. 1830.

12. — Il ne faut pas comprendre au nombre des débitans les chefs des établissemens consacrés à l'instruction de la jeunesse, qui, étant exempts des droits, n'ont pas besoin de recourir à l'abonnement. — Girard, *ib.*

13. — Les abonnemens individuels sont faits par écrit, et ne deviennent définitifs qu'après l'approbation de l'administration. Ils ne peuvent avoir pour effet d'attribuer à l'abonné le privilége de vendre à l'exclusion de tous autres débitans qui voudraient s'établir dans la même commune. — L. 28 avr. 1816, art. 70.

14. — L'ord. de 1680 prescrivait déjà les abonnemens par écrit; aussi un abonnement verbal n'était-il point obligatoire, et ne pouvait-il être prouvé par témoins. Il en doit être de même aujourd'hui.

15. — Le prix de l'abonnement est exigible aux époques fixées par l'acte consenti par le débitant et approuvé par la régie par voie de contrainte, conformément aux art. 43, décr. 1er germ. an XIII, et 239, L. 28 avr. 1816, attendu qu'il s'agit du recouvrement d'un droit. — Dagar, *Tr. du content. des contrib. indir.*, t. 2, p. 205, n° 7.

16. — Les abonnemens individuels peuvent être contractés à l'année ou à l'hectolitre.

17. — *Abonnement à l'année.* — Aux termes de l'art. 70, L. 28 avr. 1816, toutes les fois qu'un débitant se soumettra à payer par abonnement l'équivalent du droit de détail dont il sera estimé passible, il devra y être admis par la régie. Si la régie n'est pas d'accord avec le débitant pour fixer l'équivalent du droit, le préfet, en conseil de préfecture, prononce, sauf le recours au conseil d'état, en prenant en considération les consommations des années précédentes et les circonstances particulières qui peuvent influer sur le débit de l'année pour laquelle l'abonnement est requis.

18.—Il résulte du même article que l'abonnement individuel est contracté pour le droit de vente en détail. Or, ce droit, établi précédemment sur toutes les boissons autres que les bières, ne subsiste plus aujourd'hui nominativement qu'à l'égard des vins, cidres, poirés et hydromels.

19. — Quant aux eaux-de-vie, esprits et liqueurs, il a été remplacé, ainsi que les droits de circulation, par un droit général de consommation, aux termes de l'art. 2, L. 24 juin 1824.

20. — De là est née la question de savoir si le droit général de consommation pouvait être l'objet d'un abonnement individuel. — La négative est enseignée avec raison par Girard, *Man. des contr. indir. supplém.*, n° 881, et par les auteurs de l'*Encycl. du dr.*, v° *Abonnement*, n° 10.

21. — Jugé de même que les débitans d'eau-de-vie et de spiritueux ne peuvent plus, depuis la loi du 24 juin 1824, et même sous l'empire de celles des 17 oct. et 12 déc. 1830, s'exempter du droit de visite par un abonnement, comme les marchands de vin et autres boissons. — *Cass.*, 4 fév. 1832, Billy c. Boidard; *Colmar*, 25 avr. 1832, mêmes parties.

22. — Seulement, les débitans qui veulent s'affranchir des exercices pour les eaux-de-vie, esprits et liqueurs, sont admis, comme les consommateurs, à payer le droit général de consommation à l'arrivée, sur la représentation de ces boissons aux employés, avant que l'acquit-à-caution puisse être déchargé. — Mêmes arrêts.

23. — L'abonnement doit être calculé, non seulement d'après les sommes payées, mais encore d'après les chances probables d'augmentation ou de diminution, et, à cet égard, on ne doit élever que des prétentions équitables, et qui puissent être justifiées au besoin. Mais l'expression *devra*, employée dans la loi, ne doit point être considérée comme une injonction faite à la régie, de consentir des abonnemens au seul gré des débitans; ce serait, en d'autres termes, mettre le produit de l'impôt à la discrétion des redevables, et telle n'a point été l'intention du législateur. S'il arrivait, donc, qu'un débitant portât devant le conseil de préfecture une demande d'abonnement dont les conditions paraîtraient insuffisantes, le directeur devrait éclairer cette autorité sur les causes de son refus; et, dans le cas d'une décision opposée à l'intérêt du trésor, il adresserait une expédition régulière de l'arrêté du conseil de préfecture à la régie, qui déclarerait le recours au conseil d'état. — Circul. n° 3, du 3 mai 1816, secrét. gén.

24.— Bien que la consommation des années précédentes serve ordinairement de base principale pour fixer le prix de l'abonnement, le débitant qui ouvre un débit n'en est pas moins apte à s'abonner immédiatement; la régie doit alors se déterminer, dans cette fixation, par les circonstances particulières qui peuvent influer sur ce débit. — *Encyclop. du dr.*, n° 13.

25. — La décision de la régie qui, pour fixer le montant de l'abonnement, prend en considération les circonstances particulières qui peuvent avoir quelque influence sur le débit de l'année, doit être maintenu. — Ord. du cons. d'état, 10 janv. 1834, Driant; 23 mai 1834, Develle; 27 fév. 1835, Renoux et Langelez.

26. — De ce que les *circonstances particulières*, et notamment la situation du débit, ont une grande influence sur la consommation, et, conséquemment, sur le prix de l'abonnement, il s'en suit que le débitant, abonné pour un débit, ne peut ni le changer de place, ni en créer un second, l'abonnement étant, en réalité, affecté au débit plutôt qu'au débitant.—*Enc. du dr., loc. cit.*, nos 14 et 15.

27. — Le montant des abonnemens individuels des débitans de boissons est payable par mois et d'avance. — L. 25 juin 1841, art. 21.

28. — Le débitant abonné est affranchi des exercices des employés de la régie, mais il demeure soumis aux autres obligations imposées par la loi, à raison de sa profession.

29. — Ainsi, malgré l'abonnement, il ne peut louer ou sous-louer aucune partie de sa maison, caves ou celliers, sans bail authentique (L. 28 avril 1816, art. 61).—En effet, l'abonnement étant annuel et le prix en étant calculé sur les ventes antérieures, l'abonné a intérêt à diminuer l'importance de ces ventes aux yeux de la régie, pour renouveler son abonnement à des conditions inférieures au débit réel. — *Cass.*, 8 juin 1827, Raab.

30. — Bien que le débitant abonné ne soit pas soumis à la nécessité de faire marquer les futailles entrant dans ses caves, cependant, comme l'entrée en est constatée par les acquits-à-caution, il lui importe d'appeler les commis à l'enlèvement de ces boissons, lorsqu'il fait des ventes en gros, au-dessus de l'hectolitre : autrement il serait exposé à ce que la régie prît pour base de l'abonnement de l'année suivante les quantités entrées dans le débit, comme si elles y avaient été vendues en détail, et, ainsi, fît une augmentation dans le prix de son abonnement. —*Encyclop. du dr.*, n° 16.

31. — De même, au cas où l'abonné veut transporter les boissons, de son débit sur un champ de foire ou marché, il doit, lors de l'enlèvement, faire constater par les employés les quantités enlevées, et en demander décharge ; autrement, il aurait à payer le droit de vente en détail sur le champ de foire ou marché, où il ne jouit pas de l'abonnement, et ces mêmes quantités entreraient dans les élémens de l'abonnement pour l'année suivante. — *Encyclop.*, n° 17.

32. — L'abonnement étant un contrat synallagmatique, il ne peut être résolu, avant le temps convenu, que du consentement réciproque des deux parties. — C. civ., art. 1234.

33. — Si donc l'abonné fait une déclaration de cesser, cette déclaration ne peut avoir son effet qu'à dater de l'expiration de l'abonnement. — *Rec. des lois et instr. de la régie*, Circul. 72.

34. — Par suite, la cessation de commerce volontaire de la part du débitant n'empêche pas l'abonnement de continuer pendant toute l'année, quand même la somme à payer pour prix de l'abonnement serait divisée par quartiers; on le décidait ainsi sous l'ancienne jurisprudence. — Arr. du conseil, 16 mai 1744; *Répert.* Guyot, v° *Abonnement.* — Et cette décision est conforme aux principes des lois nouvelles. — *Encyclop. du dr.*, n° 21.

35. — L'abonnement, comme contrat aléatoire, n'est pas sujet à rescision pour cause de lésion. — C. civ., art. 889.

36. — Ainsi, le débitant abonné ne pourrait pas plus exiger un dégrèvement, en prétendant la diminution de ses ventes, que la régie ne pourrait, en cas d'augmentation, réclamer un supplément de droits. — *Ibid.*

37. — Néanmoins, si un débitant se trouve forcé à demander la résiliation de son abonnement, il doit en être rendu compte à l'administration, qui, seule, peut prononcer sur ces sortes de demandes. — Circul. 72, précitée.

38.—Ainsi, le débitant qui se voit dans la nécessité de cesser son commerce par force majeure ou cas fortuit, doit être déchargé de l'abonnement pour l'année. — Si la force majeure ou le cas fortuit l'ont seulement obligé de suspendre son commerce, il peut demander un dégrèvement proportionné à la durée de la suspension de ses ventes et à l'importance de ses pertes. En effet, la chance aléatoire de l'abonnement porte uniquement sur la quantité des boissons à vendre, en supposant le débit existant ; mais du moment où le débit cesse, par un fait indépendant de la volonté du débitant, il n'y a plus de vente possible, et, partant, plus d'objet pour l'abonnement.

39. — La vente faite par le débitant de son débit ne résilie pas l'abonnement, car celui-ci est attaché plutôt au débit qu'au débitant, et la vente a seulement pour effet de transporter à l'acquéreur les obligations du vendeur ; mais alors, vis-à-vis de la régie, le vendeur doit obtenir sa décharge de l'abonnement, qui, autrement, resterait à son nom.—*Encyclop. du dr.*, v° *Abonnement*, n° 24.

40. — De même, le décès du débitant ne fait que transférer à ses héritiers, qui continuent son commerce, les obligations résultant de l'abonné. Mais ce décès entraîne la résolution de l'abonnement, s'il est suivi de la cessation du débit.

41. — L'abonnement individuel est révoqué de plein droit, en cas de fraude ou contravention dûment constatée. — L. 28 avr. 1816, art. 72.

42. — Mais on ne peut refuser un nouvel abonnement à un débitant, sous prétexte qu'il a été pris en contravention ; seulement, il y a, alors, un motif pour élever la demande de la régie au-dessus du taux que pourraient offrir les ventes constatées par les portatifs. — Décis. de l'administration, 327.

43. — L'abonnement individuel est aussi résilié, de plein droit, en cas d'abonnement général contracté par la commune à laquelle appartient le débitant; alors, en effet, il se trouve compris implicitement dans l'abonnement général.

44. — *Abonnement à l'hectolitre.* — L'abonnement à l'hectolitre peut encore être consenti par la régie, de gré à gré avec les débitans, pour les différentes espèces de boissons qu'ils déclarent vouloir vendre. Ces abonnemens ont pour effet d'affranchir les débitans des obligations qui leur sont im-

posées relativement aux déclarations de prix de vente. Ils sont faits par écrit et approuvés par les directeurs et ne peuvent avoir plus de durée que deux trimestres. — L. 28 avr. 1816, art. 71.

45. — Ces abonnemens faisant disparaître toute discussion relativement aux prix de vente, doivent être généralisés autant que possible. On doit convenir d'un prix uniforme pour chaque espèce de boisson, ou même de plusieurs prix pour les boissons de même espèce, quand la distinction des qualités n'offre aucune difficulté. Les prix communs convenus entre les directeurs et les débitans, et fixés d'après la nature du commerce de chacun de ces derniers, doivent être arrêtés pour tout le trimestre, et même pour deux, lorsqu'on ne prévoit aucune chance d'augmentation ou de diminution; ils doivent aussi être consignés dans une convention écrite. — Circul. du 3 mai 1816; Girard, *loc. cit.*, no 77.

46. — Quant aux différens cas de résiliation, ils sont les mêmes que pour l'abonnement à l'année. — V. *suprà* nos 32 et suiv.

§ 2. — *Abonnement par corporation.*

47. — L'abonnement par corporation est celui contracté avec la régie par tous les débitans d'une même commune, en remplacement du *droit de vente en détail*, dont seraint passibles les boissons par eux vendues, et quelque variation que puisse subir le nombre des débitans pendant toute la durée de l'abonnement.

48. — On peut voir dans Girard (*Man. des contrib. indir.*, no 83) comment le nombre des abonnemens par corporation a dû décroître rapidement par suite des inconvéniens qui s'y trouvent attachés. Ainsi, dans quelques villes, il a fallu établir des agens de surveillance, commissionnés par les autorités et assermentés en justice; il arrivait alors que les membres de la corporation se trouvaient soumis à une double surveillance, et avaient nécessairement à supporter le salaire de ces agens et les frais avoués et non avoués du syndicat.

49. — Sur la demande des deux tiers au moins des débitans d'une commune, approuvée en conseil municipal, et notifiée par le maire, la régie doit consentir pour une année, et sauf renouvellement, à remplacer la perception du droit de détail par exercice, au moyen d'une répartition, sur la totalité des redevables, de l'équivalent dudit droit. — L. 28 avr. 1816, art. 77.

50. — Lorsqu'un abonnement par corporation est demandé, le conseil municipal doit non seulement s'assurer que le nombre des débitans qui demandent l'abonnement est bien dans la proportion voulue par la loi, mais il doit encore vérifier si la demande est bien dans le véritable intérêt de tous les redevables, et si les opposans, bien qu'en minorité, ne doivent pas l'emporter. Son examen n'est point une pure formalité, la loi l'ayant prescrit pour empêcher que des contribuables, entraînés par des considérations du moment, ou par la suggestion de personnes que leur seul intérêt dirige, ne fussent conduits à prendre des engagemens qu'ils pourraient regretter plus tard d'avoir souscrits. — Circul. no 10; Girard, *Man. des contrib. indir.*, no 83.

51. — La régie ne peut se refuser à l'abonnement lorsque la demande est faite, dans la forme ci-dessus indiquée, par les deux tiers des débitans actuels, ou de ceux qui ont déclaré vouloir le devenir pour l'année pendant laquelle l'abonnement doit durer. — Ord. du cons. d'état 7 juill. 1819, Lebourgeois.

52. — L'année fixée par l'art. 77 pour la durée de l'abonnement par corporation, doit s'entendre du temps qui s'est écoulé du 1er janv. au 31 déc. inclusivement. Aussi, toute demande formée après le 1er janv. doit être rejetée. — Circul. min. des fin., 12 déc. 1821; — *Mém. du contr.*, t. 9, p. 374.

53. — L'abonnement par corporation ne peut être admis qu'autant qu'il offre un produit égal à celui d'une année moyenne, calculée d'après trois années consécutives d'exercice : il est discuté entre les débitans ou leurs délégués et l'employé supérieur de la régie, en présence du maire ou d'un membre du conseil municipal, et peut être exécuté, provisoirement, en vertu de l'autorisation du préfet, donnée sur la proposition du directeur de la régie; il doit, néanmoins, être approuvé par le ministre des finances, sur le rapport du directeur général des contributions indirectes.

54. — Lorsque la régie n'est pas d'accord avec les débitans pour fixer l'équivalent du droit, le préfet, en conseil de préfecture, prononce, sauf le recours au conseil d'état, en prenant en considération les consommations des années précédentes et les circonstances particulières qui peuvent influer sur le débit de l'année pour laquelle l'abonnement est requis. — L. 28 avr. 1816, art. 78; Ord. cons. d'ét. 14 juill. 1819, Débit. de Gisors.

55. — Le produit moyen des trois années n'est indiqué dans la loi que comme devant servir de point de départ pour fixer l'équivalent du droit de détail; ce cerait donc une erreur de le considérer comme une base unique à laquelle la régie doit toujours borner ses prétentions; s'il en était ainsi, il n'y aurait jamais lieu à discussion, le consentement de la régie serait toujours forcé, et le recours au conseil d'état serait une disposition surabondante et inutile dans la loi, ce qui ne peut se supposer. — Circul. no 10; Girard, *Man. des contrib. indir.*, no 84. — La régie peut, comme le préfet, en conseil de préfecture, prendre en considération les circonstances particulières de nature à influer sur le débit.

56. — Les trois années dont les produits doivent entrer comme élémens dans la fixation du prix des abonnemens par corporation, peuvent être des années pendant lesquelles il y a eu abonnement, si elles précédent immédiatement celle pour laquelle il en est requis un; mais les circonstances susceptibles de faire présumer l'importance du débit pendant l'année de l'abonnement proposé, ne peuvent être prises que dans la localité même, et le prix ne peut être fixé plus haut que celui demandé par l'administration. — Ord. 15 nov. 1826; Débit. de Launay, *Mém.*, t. 13.

57. — Mais le préfet peut autoriser l'exécution provisoire de l'abonnement; et, dans ce cas, les exercices doivent être continués jusqu'à l'approbation définitive du ministre. — *Mémor. du cont.*, t. 9, p. 389.

58. — C'est la régie elle-même qui forme le recours au conseil d'état; toutes les pièces doivent lui être adressées à cet effet par le directeur. — *Ib.*

59. — Les abonnemens par corporation ne comprenant, comme ceux individuels, que le droit de vente en détail, qui frappe seulement sur les vins, cidres, poirés et hydromels, ne peuvent s'appliquer au droit général de consommation, établi sur les eaux-de-vie, esprits et liqueurs. — V. *suprà* no 13.

60. — En conséquence, les simples débitans d'eaux-de-vie, esprits et liqueurs ne peuvent faire partie de la corporation admise à l'abonnement. — *Mém.*, t. 8, p. 391.

61. — Et les débitans qui vendent les boissons de ces différentes espèces, bien qu'ils soient abonnés pour le droit de vente en détail sur les vins, cidres, poirés et hydromels, n'en demeurent pas moins soumis aux exercices pour les eaux-de-vie, esprits et liqueurs qu'ils débitent. — *Mém.*, t. 12, p. 95.

62. — Mais les uns et les autres peuvent s'affranchir des exercices par le paiement du droit de consommation au moment de la réception des eaux-de-vie, esprits et liqueurs. — Girard, *Man. des contrib. indir. Suppl.*, no 882. — V. *suprà*, no 22.

63. — L'abonnement par corporation ne consistant que dans la substitution d'un équivalent à une perception par exercice, il n'y a de supprimé que l'exercice réglé par l'art. 54, L. 28 avr. 1816, exercice qui se compose tant de la suite du débit de chaque pièce séparément, que de la marque du vide sur la futaille à chaque exercice, et qui continuerait, sans l'abonnement, à être le mode légal de connaître le montant des droits de détail à percevoir de chaque débitant. D'où la conséquence qu'à tous autres égards les abonnés par corporation restent assujétis aux formalités, obligations, visites et opérations prescrites ou autorisées par la loi du 28 avr. 1816, et notamment par lesdits art. 50, 52 et 53 de cette loi. — *Cass.*, 23 juill. 1818, Cauchois.

64. — Les employés de la régie ont le droit de pénétrer chez les débitans abonnés par corporation, pour y reconnaître les boissons de nouvelles venues, s'en faire représenter les expéditions ainsi que les quittances des droits d'entrée et d'octroi, et la licence. — *Mém.*, t. 8, p. 145, et t. 10, p. 401.

65. — Lorsque l'abonnement par corporation est adopté, les syndics nommés par les débitans, sous la présidence du maire ou de son délégué, procèdent, en présence de ce magistrat, à la répartition de la somme à imposer entre tous les débitans alors existans dans la commune. — Les rôles arrêtés par les syndics, et rendus exécutoires par le maire, sont remis au receveur de la régie, pour en poursuivre le recouvrement. — L. 28 avr. 1816, art. 79.

66. — Les débitans, ainsi abonnés, sont solidaires pour le paiement des sommes portées aux rôles. — Ces sommes sont exigibles par douzième, de mois en mois, d'avance, et par voie de contrainte. — A défaut de paiement d'un terme échu, les abonnés dûment mis en demeure, le directeur de la régie est autorisé à faire rétablir immédiatement la perception par exercice, sans préjudice des poursuites à exercer pour raison des sommes exigibles. — L. 28 avr. 1816, art. 80 et 81.

67. — Encore bien que, les débitans abonnés étant solidaires, la régie ait le droit, à défaut de paiement, d'exercer son recours contre celui qu'il lui plaît de choisir, il est certain cependant qu'elle doit de préférence l'exercer contre les syndics ou contre l'un d'eux, parce qu'ils sont plus en position de se faire rembourser sur l'ensemble de la corporation, et de suivre, au nom de celle-ci, l'action qui doit être dirigée contre le débiteur. — Girard, *Man. des contrib. indir.*, no 87.

68. — La solidarité des débiteurs ne peut résulter que d'un abonnement contracté sur la soumission des deux tiers de ces débitans. — Ainsi, lorsqu'une soumission d'abonnement n'a été signée que par deux débitans, en leur propre et privé nom, sur vingt-sept qui habitent une commune, et, conséquemment, par moins des deux tiers des débitans, les deux signataires ne peuvent être tenus d'acquitter solidairement les droits dus par les autres débitans de la commune, pour lesquels cette soumission n'est pas obligatoire. — *Cass.*, 16 juin 1835, Contrib. indir. c. Demolié. — Il n'y a plus alors, de la part de chacun des débitans signataires de la soumission, qu'un abonnement individuel. — V. *suprà*, § 1er.

69. — Au moyen de l'abonnement, la corporation abonnée devient, en quelque sorte, la fermière de la régie, pour le droit de vente en détail. — Ainsi, d'après l'art. 80 de la loi du 28 avr. 1816, aucun nouveau débitant ne peut s'établir dans la commune, pendant la durée de l'abonnement, s'il ne remplace un débitant compris dans la répartition. — Ceci doit s'entendre en ce sens seulement. que s'il s'établit un débitant nouveau, le droit de vente en détail dont il serait passible envers la régie, à défaut d'abonnement, doit tourner au profit de la corporation.

70. — Les débitans abonnés, ou leurs syndics, peuvent concéder à des personnes non comprises aux rôles de répartition le droit de vendre en détail des boissons lors des foires et marchés (L. 28 avr. 1816, art. 83); et, alors, la perception du droit de vente en détail s'opère au profit de la masse des débitans abonnés.

71. — Aux termes de l'art. 82, L. 28 avr. 1816 : « Les employés de la régie constatent, par procès-verbal, à la requête des débitans ou de leurs syndics, toute vente en détail de boisson opérée dans la commune abonnée par des personnes non comprises dans la répartition; les poursuites sont exercées par les syndics, et les condamnations prononcées au profit de la corporation. »

72. — Mais les employés de la régie ne doivent constater, à la requête des débitans ou de leurs syndics, que les ventes en détail, sans déclaration, parceque cette contravention est la seule qui porte préjudice à la corporation, et que les intérêts du trésor se trouvent couverts, dans ce cas, par l'abonnement.

73. — Dans tous les autres cas, où la régie est intéressée, les procès-verbaux doivent être dressés à sa requête seulement. — *Mém.*, t. 9, p. 354 et 381.

74. — On doit faire, pour les poursuites, la même distinction que pour les procès-verbaux. Ainsi la régie ne doit pas intervenir lorsqu'il s'agit de vente sans déclaration; mais, dans les autres cas, on doit suivre la règle ordinaire, quant aux poursuites et à la répartition du produit des amendes et confiscations. — *Mém.*, *loc. cit.*

75. — Les préposés institués, sous le nom de surveillans, par le maire d'une ville sur la demande des syndics des débitans de boissons abonnés par corporation, n'ont aucun pouvoir ni caractère légal à l'effet de constater, par des procès-verbaux ayant une foi quelconque, les contraventions commises par les débitans non compris dans l'abonnement. — *Cass.*, 16 mars 1822, Roussel; 6 juin 1822, Lemercier.

76. — Les débitans, ou leurs syndics s'ils y sont autorisés, ont le droit de transiger avec les prévenus sur la contravention qui n'intéresse que la corporation, ainsi que sur les condamnations prononcées à son profit. — *Mém.*, t. 10, p. 417.

77. — Les sommes à récouvrer, comme il est dit ci-dessus, au profit de la corporation abonnée, pour droits, contraventions, condamnations ou transactions, seront perçues par le receveur de la régie, et imputées à tous les débitans abonnés de la commune, au marc le franc de leur cote de répartition. — L. 28 avr. 1816, art. 84.

§ 3. — *Abonnement général par commune.*

78. — L'abonnement général par commune est celui contracté avec la régie par le conseil muni-

cipal d'une commune, en remplacement de certains droits sur les boissons, dont seraient passibles les débitans de cette commune.

79. — Il diffère principalement des abonnemens individuels et par corporation, en ce qu'au lieu d'être contracté par les débitans eux-mêmes, soit individuellement, soit collectivement, il est souscrit au nom de la commune dont dépendent ces débitans; d'un autre côté, il n'est pas restreint au seul droit de détail, comme les deux premiers abonnemens. — V. *suprà* nos 8, 37 et 69.

80. — Les avantages d'un pareil abonnement pour la commune peuvent résulter : — 1° de ce que les boissons étant destinées à la consommation locale, les droits avancés par les débitans auraient été définitivement supportés en partie par les consommateurs habitant la commune; 2° et de ce que la franchise du droit peut attirer un plus grand nombre de consommateurs étrangers, et faciliter ainsi à la commune l'écoulement de ses divers produits.

81. — Avant la loi du 25 juin 1841, l'abonnement par commune pouvait avoir lieu, soit à la fois pour les droits de *circulation*, d'*entrée*, de *détail* et de *licence*, soit pour les droits de *licence*, d'*entrée* et de *détail*, soit pour le droit d'*entrée* sur les vendanges. — Aujourd'hui cet abonnement a lieu seulement soit pour les droits d'*entrée* et de *détail*, soit pour les droits d'*entrée* sur les vendanges.

82. — Dans les villes ayant une population agglomérée de quatre mille ames et au-dessus, et sur le vœu émis par le conseil municipal, les droits d'entrée et de détail sur les vins, cidres, poirés et hydromels, sont convertis en une taxe unique à l'entrée. — L. 27 avr. 1832, art. 35; 25 juin 1841, art. 18.

83. — L'abonnement contracté par la commune pour les droits d'entrée et de détail affranchit les débitans des exercices relatifs à ces mêmes droits. — Mais la perception des droits de circulation et de licence, ainsi que les formalités relatives à la circulation des boissons de toute espèce, sont alors maintenues dans la ville abonnée comme dans les autres parties du royaume; et le droit général de consommation sur les eaux-de-vie, esprits et liqueurs introduits ou fabriqués dans cette ville, continue d'être perçu en même temps que le droit d'entrée, sans préjudice de la faculté d'entrepôt. — L. 25 juin 1841, art. 18.

84. — Pour délibérer sur la proposition ou le maintien d'un abonnement destiné à remplacer par une taxe unique les droits d'entrée et de détail, le conseil municipal doit s'adjoindre un nombre de marchands en gros et de débitans de boissons les plus imposés à la patente, égal à la moitié des membres du conseil; les femmes y seront représentées par des fondés de pouvoir. — L. 21 avr. 1832, art. 37.

85. — La régie doit consentir, avec les conseils municipaux, lorsqu'ils en feront la demande, un abonnement général pour le montant des droits d'entrée et de détail, moyennant que la commune s'engage à verser dans la caisse de la régie, par vingt-quatrième, de quinzaine en quinzaine, la somme convenue pour l'abonnement, sauf à elle à s'imposer sur elle-même pour le recouvrement de cette somme, comme elle est autorisée à le faire pour les dépenses communales. — L. 28 avr. 1816, art. 73.

86. — La taxe unique est fixée pour chaque ville par hectolitre, en divisant la somme des produits annuels et les droits à remplacer par la somme des quantités annuellement introduites. Ce calcul est établi sur la moyenne des consommations des trois dernières années. — L. 21 avr. 1832, art. 36.

87. — Les abonnemens, discutés entre les directeurs de la régie, ou leurs délégués, et les conseils municipaux, n'ont d'exécution qu'après qu'ils ont été approuvés par le ministre des finances, sur l'avis du préfet et le rapport du directeur général des contributions indirectes. Ils ne sont conclus que pour une année, et sont révocables, de plein droit, en cas de non paiement d'un des termes à l'époque fixée. — L. 28 avr. 1816, art. 74.

88. — Toute délibération du conseil municipal qui a pour objet d'établir une taxe unique ne peut être mise à exécution qu'au 1er janvier, et pourvu qu'elle ait été notifiée à la régie un mois au moins avant cette époque. — L. 25 juin 1841, art. 19.

89. — La régie poursuit le recouvrement des sommes dues au trésor, en raison desdits abonnemens, par voie de contrainte sur le receveur municipal, et par la saisie des deniers et revenus de la commune. — L. 28 avr. 1816, art. 75.

90. — Dans les villes où la conversion de différens droits est prononcée, les débitans sont tenus d'acquitter la taxe unique sur les boissons qu'ils ont en leur possession au moment de la mise en vigueur de cette nouvelle taxe. Dans le cas de rétablissement de la perception par exercice, il est tenu compte aux débitans du droit unique qu'ils ont payé sur les boissons en leur possession. — L. 21 avr. 1832, art. 42.

91. — Dans les lieux où la perception de l'impôt sur les boissons serait interrompue, le gouvernement fera appliquer d'office, et pour tous les droits non perçus, l'abonnement général autorisé par l'art. 73, L. 28 avr. 1816, pendant toute la durée de l'interruption. — A défaut de voie spécial et immédiat, le remplacement s'opérera, dans chaque commune, au moyen de centimes additionnels aux contributions foncière, personnelle et mobilière. — LL. 17 oct. 1830, art. 2; 12 déc. 1830, art. 5.

92. — Dans les communes vignobles où les conseils municipaux veulent remplacer, soit l'inventaire des vins nouveaux, soit le paiement immédiat ou par douzième du droit sur les vendanges, il doit, sur leur demande, être consenti un abonnement général pour l'équivalent des sommes qui seraient dues pour l'année entière sur la consommation des vins fabriqués dans l'intérieur, moyennant que la commune s'engage à verser dans les caisses de la régie, par vingt-quatrième, de quinzaine en quinzaine, la somme convenue pour l'abonnement; sauf à elle à s'imposer pour le recouvrement de cette somme, comme elle est autorisée à le faire pour les dépenses communales. — L. 21 avr. 1842, art. 40.

93. — L'inventaire dont il s'agit dans cet article est l'inventaire que la régie est autorisée à faire, dans les villes où la perception des droits d'entrée sur les vendanges ne peut être opérée au moment de l'introduction, des vins fabriqués chez tous les propriétaires récoltans. — L. 28 avr. 1816, art. 40.

94. — Ces abonnemens sont discutés, dans le mois qui précède la récolte, entre le conseil municipal et le directeur des contributions indirectes; ils ont pour base la quantité sur laquelle les récoltans ont payé le droit d'entrée dans une année de récolte complète, avec réduction, s'il y a lieu, dans la proportion des produits apparens de la récolte de l'année. — L. 21 avr. 1832, art. 40.

95. — Sont observées, relativement au recouvrement des sommes dues et à la fixation des abonnemens, en cas de discussion avec la commune, les dispositions des art. 75 et 78, L. 28 avr. 1816, relatifs, le premier, à la contrainte à exercer sur le receveur municipal, et à la saisie des deniers et revenus de la commune, et le second, au recours à exercer, en cas de discord entre la régie et le conseil municipal, devant le préfet en conseil de préfecture, sauf pourvoi au conseil d'état. — Même article. — V. *suprà* nos 17 et suiv.

SECT. II. — *Droit sur la fabrication des bières.*

96. — La régie peut consentir, de gré à gré avec les brasseurs de la ville de Paris et des autres villes au-dessus de trente mille ames, un abonnement général pour le montant du droit de fabrication dont ils seront présumés passibles. — L. 28 avr. 1816, art. 130.

97. — Cet abonnement a pour but de dispenser les brasseurs de la déclaration qu'ils sont tenus de faire aux termes de l'art. 120, avant chaque mise de feu, au bureau de la régie. — L. 28 avr. 1816, art. 135.

98. — Il est discuté entre le directeur de la régie et les syndics qui sont nommés par les brasseurs, et ne devient définitif qu'après qu'il a été approuvé par le ministre des finances sur le rapport du directeur général des contributions indirectes. — L. 28 avr. 1816, art. 130.

99. — L'abonnement doit présenter un produit égal à celui d'une année moyenne, calculée d'après la quantité de bière fabriquée dans chaque localité pendant dix années consécutives. — Même loi, art. 130.

100. — La loi n'exige pas pour sa validité l'adhésion par écrit de chaque brasseur. — En conséquence le brasseur qui n'a pas signé l'abonnement peut, sur la seule preuve de son adhésion, résultant des actes par lui faits depuis l'abonnement, être condamné à payer les droits comme abonné. — *Cass.* 24 janv. 1826, de Marseille c. syndics des brasseurs de Paris.

101. — Si le ministre des finances refuse l'abonnement, sa décision n'est susceptible d'aucun recours. — Girard, no 155.

102. — Lorsque l'abonnement est autorisé, les syndics des brasseurs procèdent chaque trimestre, en présence du préfet, ou d'un membre du conseil municipal délégué par lui, à la répartition entre les brasseurs, en proportion de l'importance du commerce de chacun, de la somme à imposer sur tous. Les rôles arrêtés par les syndics et rendus exécutoires par le préfet ou son délégué, sont remis au directeur de la régie, pour qu'il en fasse poursuivre le recouvrement. — L. 28 avr. 1816, art. 131.

103. — Les brasseurs abonnés sont solidaires pour le paiement des sommes portées aux rôles. En conséquence, aucun nouveau brasseur ne peut s'établir, s'il ne remplace un autre brasseur compris dans la répartition. — L. 28 avr. 1816, art. 132.

104. — Pendant toute la durée de l'abonnement, nul brasseur ne peut accroître ses moyens de fabrication, soit en augmentant le nombre et la capacité des chaudières, soit de toute autre manière. — L. 28 avr. 1816, art. 133.

105. — A plus forte raison, les brasseurs abonnés ne peuvent-ils autoriser l'établissement de nouvelles brasseries, car ils ne sont pas ici, comme dans l'abonnement par corporation, substitués aux droits de la régie; l'interdiction d'établissemens nouveaux prononcée par l'art. 132 n'a pas lieu dans leur intérêt, mais dans celui de la régie; l'abonnement est restreint au nombre de brasseries et aux moyens de fabrication existant au moment même où il est contracté.

106. — Les sommes portées aux rôles de répartition seront exigibles par douzième, de mois en mois, d'avance et par voie de contrainte. — A défaut de paiement d'un terme échu, les redevables dûment mis en demeure, ou en cas de contravention à l'article précédent, le ministre des finances, sur le rapport du directeur général des contributions indirectes, est autorisé à poursuivre la révocation de l'abonnement, et à faire remettre immédiatement en vigueur le mode de perception établi par la présente loi, sans préjudice des poursuites à exercer pour raison des sommes exigibles. — L. 28 avr. 1816, art. 134.

107. — L'abonnement ne peut être consenti que pour une année; en cas de renouvellement, les brasseurs procèdent, au préalable, à la nomination d'un tiers des membres du syndicat; les syndics qui doivent être remplacés la première et la deuxième année seront désignés par le sort; ils ne peuvent, dans aucun cas, être réélus qu'après une année au moins d'intervalle. — L. 28 avr. 1816, art. 136.

108. — Afin de fournir aux syndics les élémens de la répartition, et à la régie les moyens de discuter l'abonnement pour l'année suivante, les brasseurs inscrivent, sur leur registre coté et paraphé, chaque mise de feu au moment même où elle a lieu. Les commis, lors de leurs visites, établissent, sur leur registre portatif, les produits de la fabrication, d'après la contenance des chaudières, et sur la déduction de 20 p. 100 réglée par l'art. 110; et s'assureront, seulement par la vérification des quantités de bières existant dans les brasseries, qu'il n'a point été fait de brassin qui n'ait été inscrit sur le registre des fabricans. — L. 28 avr. 1816, art 135.

109. — Les bières fabriquées dans Paris, qui sont expédiées hors du département de la Seine, sont soumises, à la sortie dudit département, au droit de fabrication établi par l'art. 107, L. 28 avr. 1816, et auquel sont assujétis les brasseurs des départemens circonvoisins. Il en est de même des bières fabriquées dans les villes où l'abonnement avec les brasseurs a été consenti, lorsqu'elles sont expédiées hors desdites villes. — L. 28 avr. 1816, art. 137.

SECT. III. — *Droits sur les voitures publiques.*

110. — D'après la loi du 25 mars 1817, art. 119, il peut être consenti des abonnemens pour les voitures de terre ou d'eau, à service régulier. Ces abonnemens ont pour unique base les recettes présumées de l'entreprise, pour le prix des places et le transport des marchandises.

111. — Les voitures à *service régulier* dont parle cet article sont celles qui font régulièrement le service d'une ville à une autre ou d'une route déterminée, à des jours et heures fixes ou périodiquement variables. — V. sur ce point *Cass.*, 19. (et non 10) prair. an XIII, Besquent, Plagnol, et 30 brum. an XIV, mêmes parties.

112. — Les voitures à service régulier seules, étant soumises au droit proportionnel du dixième sur le prix des places et du transport des marchandises, fournissent matière à abonnement; tandis que les voitures dites *à volonté*, partant d'occasion et sans destination régulière, sont soumises à un droit fixe, et ne peuvent, en conséquence, faire l'objet d'un abonnement. — V. VOITURES PUBLIQUES.

113.—La loi du 9 vendém. an VI, art. 73, portait : « Quant aux voitures d'eau, la régie est autorisée à régler leur abonnement d'après le nombre commun des voyageurs qu'elles transporteront annuellement, et, dans le cas de contestation, le ministre des finances prononcera. » — Aujourd'hui, l'abonnement doit avoir la même base, attendu que, d'après l'art. 75 de la loi du 5 vent. an XII, ces voitures ne sont pas soumises au droit pour le transport des marchandises, qui est atteint d'une autre manière en vertu de la loi du 30 flor. an X, et de l'arrêté du 8 prair. an XII, par le droit de *navigation* (V. ce mot). — C'est donc par erreur que, dans l'art. 119 précité, il est question du transport des marchandises comme base de l'abonnement, quant aux voitures d'eau.

114. — Soit pour les voitures de terre, soit pour les voitures d'eau, l'abonnement est facultatif de la part de la régie; c'est ce qui résulte du mot *pourra* dont se sert l'art. 119 précité de la loi de 1817; c'est aux directeurs à suivre à cet égard les instructions qui leur sont données par la régie. — Dagar, *Traité du content. des contribut. ind.*, n° 588.

115. — L'abonnement est le mode de perception qui doit être préféré pour les voitures d'eau. — Circ. n° 17; — Girard, *Man. des contrib. indir.*, n° 240.

116. — Quant aux voitures de terre, on peut recourir à l'abonnement lorsque la perception à l'effectif élèverait les charges de l'entreprise hors de toute proportion avec ses bénéfices, eu égard aux localités et au petit nombre de voyageurs que ces voitures transportent habituellement. Le prix de l'abonnement ne peut, dans aucun cas, être moindre que le droit fixe dont la voiture serait passible si elle était déclarée pour un *service d'occasion*. — Circul. n° 17; — Girard, *loc. cit.*

117.—L'offre faite par un entrepreneur de payer, à titre d'abonnement, l'équivalent des produits constatés précédemment, n'est pas un motif suffisant pour qu'on doive accorder l'abonnement, si l'on a lieu de croire que le transport des marchandises puisse offrir de l'accroissement. —*Mém.*, t. 9, p. 440.

118. — Lorsqu'un entrepreneur abonné cesse de faire rouler sa voiture, on peut recevoir sa déclaration de cessation et résilier l'abonnement à partir de la fin du trimestre courant; mais s'il demande à résilier en continuant son service, sa demande ne peut être accueillie, et il doit acquitter le prix convenu pendant la durée de l'abonnement. — *Mém.*, t. 10, p. 366.

119. — L'abonnement ne peut autoriser l'entrepreneur à recevoir dans sa voiture un nombre plus grand de voyageurs que celui fixé par sa déclaration, et, dans ce cas, il est en contravention. — *Cass.*, 11 mai 1810, Hugau; — *Mém.*, t. 9, p. 631.

120. — La disposition qui autorise à fixer les abonnemens d'après le nombre moyen des voyageurs n'est applicable qu'aux voitures d'eau. L'entrepreneur de voitures de terre qui donne un nombre de places supérieur à celui déclaré, est en contravention, malgré l'abonnement par lui fait avec la régie. — *Cass.*, 11 mai 1810, Hugau.

121. — La régie permet encore une autre espèce d'abonnement, qui consiste à ne payer le droit qu'à chaque voyage, et seulement sur le nombre et le prix des places occupées, sans égard au nombre de places que la voiture contient réellement. Cet abonnement a lieu pour les entreprises de voitures dont le service n'est ni assez régulier pour pouvoir acquitter un droit proportionnel sur un nombre de départs déterminés d'avance, ni assez permanent pour être soumis au droit fixe. — V. VOITURES PUBLIQUES.

SECT. IV. — *Droit de navigation.*

122. — La régie des contributions indirectes peut consentir des abonnemens pour le droit de navigation dû par les bateaux qui servent habituellement au transport des voyageurs d'un point à un autre, sur la Seine, de Paris à Rouen, et sur l'Oise, l'Aisne et l'Eure, dans toute la partie navigable de ces rivières. — L. 23 mai 1834, art. 1er et 4.

123. — Ces abonnemens ont pour effet d'affranchir les bateaux des vérifications journalières auxquelles ils seraient sans cela assujétis, à l'effet de constater le nombre des voyageurs qui servirait de base à la perception du droit — *Ibid.*

124. — Ils sont entièrement facultatifs pour leur établissement, leurs formes et leur durée.

SECT. V. — *Droits d'octroi.*

125. — Selon l'ord. du 3 janv. 1818, les octrois par abonnement, établis en vertu de l'arrêté du 4 thermid. an X, et des autorisations postérieures, ont dû cesser à Paris du 1er janv. 1819. — Le but de cette ordonnance a été, d'après son préambule même, de porter de plus en plus de la régularité et de l'économie dans l'administration des communes et de ramener la perception des octrois aux seuls modes textuellement consacrés par l'art. 147, L. 28 avr. 1816. — V. OCTROI.

126. — Les abonnemens d'octroi supprimés par cette ordonnance sont ceux où la perception à l'effectif sur les objets de consommation était remplacée par une répartition opérée sur les habitans ou sur une partie d'entre eux, dans la forme usitée par les contributions directes. — Décis. du cons. d'administ. des contrib. indir., 8 juill. 1818; — *Mém.*, t. 10, p. 417.

127. — La suppression ne s'étend pas aux conventions avec les bouchers, par lesquelles ils se rédiment des droits d'octroi qu'ils auraient à payer, à mesure des introductions, au moyen d'une somme fixe qu'ils paient à titre d'abonnement, ou, pour parler plus juste, de ferme partielle. Ces conventions sont licites et doivent être maintenues partout où elles ont reçu l'approbation de l'autorité. — Circul. minist. fin., 10 sept. 1818; — *Mém.*, t. 10, p. 417.

128. — Il est indispensable que les abonnemens avec les bouchers soient souscrits par la corporation entière, et qu'on maintienne la perception au profit de la commune sur les introductions faites par toute autre personne que les abonnés; c'est là une conséquence de ce que ces abonnemens sont destinés à remplacer l'équivalent des droits qu'ils auraient à payer sur les bestiaux qui font l'objet de leur commerce, et de ce qu'ils ne sont autorisés que dans les cas où des difficultés réelles s'opposent aux perceptions à l'effectif.

129. — Ne peut être approuvé l'abonnement consenti avec des bouchers, avec cette clause : que, durant l'abonnement, d'autres bouchers ne pourront s'établir dans la commune : il y aurait là, en faveur des bouchers abonnés, un véritable privilége exclusif, qui ne peut être accordé que par une disposition formelle de la loi. —*Mém.*, t. 8, p. 237, et t. 9, p. 432. — V. BOUCHERIES.

130. — La régie peut, en outre, traiter avec les communes pour la perception de leurs octrois; mais cet abonnement, au lieu d'avoir pour objet le droit d'octroi lui-même, ne concerne que les frais de perception. — V. OCTROI.

ABONNEMENT (Logement des gens de guerre).

V. LOGEMENT DES GENS DE GUERRE.

ABORDAGE.

Choc de deux navires arrivé soit par cas fortuit, soit par la volonté ou l'imprudence de ceux qui dirigent les navires ou l'un d'eux. — V. ASSURANCES MARITIMES, AVARIES.

ABORNEMENT.

V. BORNAGE.

ABOUT.

V. ABOUTISSANS, HABOUT.

ABOUTISSANS (Tenans et).

1. — Ce sont les propriétés qui bordent un héritage. — *Aboutissans* se dit particulièrement des fonds situés aux deux bouts ou aux limites de la longueur; *tenans*, de ceux situés aux côtés ou aux limites de la largeur.

2. — Comme cela avait lieu sous l'ord. de 1667, tit. 9, ils doivent être indiqués dans les assignations en matière réelle ou mixte (C. procéd., art. 64), dans les procès-verbaux de saisie-brandon et de saisie immobilière (C. procéd., art. 627 et 675). — Cette énonciation a pour but de mieux désigner l'immeuble dont il s'agit. — L'omission de cette désignation dans un procès-verbal de saisie immobilière entraînerait la nullité du procès-verbal. — La loi prescrivant d'une manière générale d'énoncer les tenans et aboutissans, il faut en conclure qu'on doit les relater tous : cela s'induit, d'ailleurs, de l'exception introduite par l'art. 675, qui, dans le cas prévu par son alinéa 3e, n'exige que deux des tenans ou aboutissans. — Cependant, une simple erreur dans l'un des tenans indiqués, telle, par exemple, que celle résultant de ce que l'on aurait donné à un voisin un sobriquet au lieu de son nom propre, serait insuffisante pour annuler la saisie. —V., au surplus, EXPLOIT, SAISIE-BRANDON, SAISIE IMMOBILIÈRE.

ABREUVOIR.

1. — Lieu où l'on mène boire et baigner les chevaux et les bestiaux.

2. — Les abreuvoirs sont établis sur les bords des fleuves, rivières, ruisseaux et fontaines, ou dans des mares ou excavations préparées pour retenir les eaux pluviales.

3.—Les abreuvoirs sont publics ou communaux, quelquefois privés.

4. — L'usage des abreuvoirs publics appartient à tous. — Celui des abreuvoirs communaux appartient à la commune, et lorsqu'ils sont l'objet d'une propriété particulière, les abreuvoirs appartiennent exclusivement au propriétaire, qui peut, selon sa volonté, en défendre ou en accorder l'usage et même les détruire et combler. — Houard, *Dict. de dr. normand*, v° *Mare.*

5. —Une ordonnance de Louis XIV de déc. 1672, reproduisant en partie une ordonnance du bureau de la ville de Paris du 31 mars 1662, porte : « Art. » 32..... seront... les abreuvoirs entretenus en bon » état, le pavé d'iceux refait chaque année, et le » fond desdits abreuvoirs affermi par des recou» pes et cailloutages; afin que lesdits abreuvoirs » soyent laissés libres et que personne ne puisse » prétendre cause d'ignorance de l'étendue d'iceux, » sera à cet effet planté bornes, et l'étendue desdits » abreuvoirs marquée sur des tables de marbre » ou de cuivre qui seront posées aux lieux les plus » éminents des quais, vis-à-vis lesdits abreuvoirs. »

6. — Cette ordonnance rendue pour la ville de Paris contient des règles qui seront encore utilement appliquées partout par l'autorité municipale à laquelle appartient la police des abreuvoirs en vertu de l'art. 3, tit. 11, L. 24 août 1790.

7. — L'autorité doit veiller à ce que les abords des abreuvoirs publics soient faciles et à ce que les pentes ne soient pas rapides; il importe qu'elle indique, dans les fleuves ou rivières et par des moyens de clôture qu'on ne peut dépasser, l'étendue affectée aux abreuvoirs. — Elouin, Trébuchet et Labat, *Nouveau dict. de police*, v° *Abreuvoir*, t. 1er, p. 2.

8. — L'ordonnance du 21 déc. 1787 défendait aux femmes de conduire les chevaux et bestiaux à l'abreuvoir, elle exigeait que les hommes chargés de ce soin eussent au moins dix-huit ans, et défendait de conduire à l'abreuvoir pendant la nuit. — Elle renouvela la défense antérieurement faite de mener aux abreuvoirs plus de deux chevaux à la fois, l'un de monture et l'autre à la main, et d'y puiser de l'eau et aux autres endroits où l'eau est sale et croupissante. — Delamare, *Traité de la police*, liv. 1er, tit. 11, chap. 7; *Code de la police*, tit 4, § 3.

9. — Les mêmes règles sont reproduites par divers arrêtés municipaux et notamment par une ordonnance de police du 26 nov. 1823.

10. — Le décret du 7 mars 1808 défend de puiser de l'eau auprès des bateaux des blanchisseuses et lavandières, sous les égouts, *aux abreuvoirs* et autres endroits où l'eau est croupissante.

11. —Ces réglemens ne dérogent pas à la déclaration du roi du 28 avr. 1782, qui autorise les maîtres de poste à faire conduire à l'abreuvoir par un seul postillon quatre chevaux à la fois. — Cette déclaration est un acte de l'autorité souveraine, non rapporté depuis, qui a réglé d'une manière spéciale les devoirs des maîtres de poste. — Seulement il faut que le conducteur soit un postillon enregistré et reconnu par l'administration. —*Cass.*, 8 sept. 1808, Justin; 24 avr. 1834, Blondel. — V. MAITRE DE POSTE.

12. — La contravention à un réglement de police qui défend de puiser de l'eau dans les bassins des fontaines destinées à abreuver les bestiaux pour en remplir ses cuves et tonnes, ne saurait être excusée par le motif que les tonnes ont été remplies à quatre heures et demie du matin, que le bassin dans lequel on avait puisé n'avait pas cessé d'être plein, et que l'eau était destinée à des ouvriers qu'il fallait mettre à l'ouvrage, et qui n'auraient pu s'en procurer ailleurs que difficilement et dans des lieux éloignés. — *Cass.*, 4 août 1837 (t. 1er 1838, p. 568), Dolard.

13. — Un maire peut ordonner que les personnes qui conduiront des cochons à l'abreuvoir seront munies d'une pelle, d'un panier et d'un balai pour enlever à l'instant les ordures que ces animaux laisseraient sur la voie publique. — *Cass.*, 18 juin 1836, Lazare.

14. — Les bestiaux infectés de maladies contagieuses ne doivent pas être conduits aux abreuvoirs communs (arrêté du directoire exécutif du 3 messid. an VII). Cette prohibition, quoique écrite seulement pour les abreuvoirs publics, devrait aussi, selon nous, s'appliquer aux abreuvoirs qui, bien que propriété privée, servent ordinairement à plusieurs troupeaux.

15. — La construction et l'entretien des abreu-

voirs publics, destinés à l'usage commun de tous les habitans sont des charges qui doivent être portées, sur le budget des communes, parmi les dépenses facultatives. LL. 14 août 1789, 22 juill.-6 oct. 1791, 18 juill. 1837, art. 11. — Cet entretien comprend l'obligation de veiller à ce que les eaux des abreuvoirs ne se corrompent pas, et l'autorité municipale doit les faire nettoyer, et en faire enlever chaque année le frai des crapauds et grenouilles. — Vaudoré, *Dr. rur. fr.*, t. 1er, no 485.

16. — Mais, lorsque les abreuvoirs n'ont pas le caractère de propriété publique ou communale, leur curage et entretien est à la charge des particuliers qui en sont propriétaires en raison de leurs droits respectifs.

17. — Si le droit d'abreuver ses bestiaux est exercé à titre de servitude, les travaux que nécessite l'entretien de la servitude sont, à moins de stipulation contraire, mis par la loi à la charge de celui qui en use, le propriétaire du fonds servant n'étant tenu que de souffrir l'exercice de la servitude. — C. civ., art. 698.

18. — Le droit de faire abreuver ses bestiaux constitue une servitude réelle et rurale.—LL. 1 et 2, ff., *De serv. præd. rust.*

19. — Cette servitude peut être établie à titre d'utilité publique, au profit des habitans d'une commune, sur un fonds privé, mais sauf indemnité. — C. civ., art. 643; LL. 8 mars 1810 et 3 mai 1841.

20. — L'indemnité accordée au propriétaire d'un abreuvoir dont la commune s'empare doit être basée, non sur l'avantage qu'en retire la commune, mais sur le tort qu'éprouve le propriétaire; elle ne doit aussi être supportée que par les intéressés, et non répartie sur la généralité de la commune. — Pardessus, *Tr. des serv.*, t. 1er, p. 331, no 138.

21. — Il n'y aurait lieu à aucune indemnité si la commune avait usé de l'abreuvoir depuis trente ans. — Fromental, vo *Servitude*, p. 661; Houard, *Dict. du dr. normand*, vo *Mare*; Pardessus, *Tr. des serv.*, no 138; Delvincourt; *Cours de Code civ.*, t. 1er, p. 583; Favard, *Rép*, vo *Servitude*, sect. 2e, no 8; Duranton, *Cours de dr. fr.*, t. 5, no 19, et Solon, *Tr. des serv. réelles*, no 42. — Guichard père (*Encyclop. du dr.*, vo *Abreuvoir*, no 4) pense qu'on ne peut acquérir par prescription cette servitude, qui est discontinue et apparente — C. civ., art. 688 et 689. — Mais l'art. 643, C. civ., s'accorde mieux avec l'opinion de Pardessus, Delvincourt, Favard et Duranton : ainsi le propriétaire ne peut réclamer une indemnité qu'autant que les habitans n'ont pas prescrit l'usage.

22. — Jugé toutefois qu'une commune, bien qu'elle ait la propriété et le droit de se servir des eaux d'un ruisseau qui prend sa source sur la voie publique, ne peut, sans titre, et en invoquant seulement une possession immémoriale, acquérir le droit de se servir des lavoir et abreuvoir établis par le propriétaire sur un fonds inférieur que le ruisseau traverse. — *Poitiers*, 26 janv. 1825, commune de Thénezai c. Daunay.

23. — En principe, si le droit d'abreuvoir sur un fonds privé n'a été concédé qu'à titre de pure tolérance, soit à des habitans, soit à des particuliers, il n'en résulte pas un droit de servitude, et quelque longue qu'ait été la durée de la jouissance, elle ne pourrait fonder ni possession ni prescription. — C. civ., art. 2232.

24. — Dans tous les cas, et lorsqu'il s'agit de l'exercice du droit d'abreuvoir sur un fonds privé, les habitans d'une commune, village ou hameau peuvent intenter l'action possessoire pour se faire maintenir dans l'usage de ses eaux, lorsqu'ils y sont troublés.— *Cass.*, 3 juill. 1822, Daviat c. commune de Louvois.

25. — Mais un particulier ne peut acquérir sur les abreuvoirs publics une possession exclusive capable de motiver une action possessoire.—Curasson, *Compét. des juges de paix*, t. 2, p. 220. — Cependant Vaudoré (*Dr. civ. des juges de paix et des trib. d'arr.*, t. 1er, p. 13, no 4) pense que si l'un des communistes avait exécuté des actes exclusifs, il aurait acquis le droit d'exercer l'action possessoire. Cette solution ne saurait être admise; dès qu'il s'agit de l'usage public d'une chose, l'exercice du droit ne peut être réglé que par l'autorité administrative.

26. — Du reste, en l'absence du titre contraire, les abreuvoirs non enclavés dans le fonds d'autrui sont présumés la propriété des habitans, lorsque la commune y lave, y fait abreuver ses bestiaux et les cure.—Vaudoré, *ibid.*, no 5.— Le droit d'abreuvoir doit être exercé conformément au titre. Quand les actes présentent de l'ambiguïté, on les explique par le mode de jouissance fixé par la possession. — Vaudoré, no 15.

27. — L'étendue et le mode d'exercice du droit se règlent par les circonstances de fait, et spécialement en raison du nombre d'animaux entretenus sur la propriété à laquelle appartient la servitude — Vaudoré, *ibid.*, no 6. — Lorsque la quantité de bestiaux que l'on a le droit de conduire à l'abreuvoir est déterminée par le titre, on ne peut en conduire un plus grand nombre; mais, comme la servitude d'abreuvoir est ordinairement due à un héritage rural, elle est le plus souvent stipulée pour tous les bestiaux qui dépendent de cet héritage indéfiniment. — Le propriétaire du fonds dominant ne pourra pas non plus envoyer ses bestiaux à l'abreuvoir à l'heure et en tel nombre qu'il voudra, si le titre règle le mode de jouissance et limite le nombre de bestiaux. C. civ., art. 702. — Fournel, *Les lois rur.*, t. 2, p. 6.

28. — Dans le cas où le titre est muet, ou lorsque la servitude est établie en vertu de la prescription, il faut se conformer à l'usage du pays, et surtout se reporter aux coutumes qui existaient à l'époque où la servitude a commencé et au nombre d'animaux qui existaient alors sur le fonds dominant.—Cœpolla, *Tr. de serv.* liv. 2, chap. 4, no 21; Chopin, l. 3, liv. 4, *De serv.*, no 2; Dumoulin, Cout. de Paris, art. 68, no 23, et Pardessus, *Tr. des serv.*, 2e part., chap. 2, no 236. — A moins de titre contraire, la servitude d'abreuvoir est due pour tout le troupeau.—V. cependant Lalaure, *Tr. des serv.*, liv. 1er, chap. 5. — Mais remarquez que la loi 1re, § 18, ff., *De aquâ quotidianâ æstivâ*, que cet auteur cite à cette occasion, statue sur un cas différent de celui qui nous occupe.

29. — La servitude d'abreuvoir est attachée au fonds et non à la personne; elle ne pourrait donc exister qu'au profit de celui qui possède un héritage voisin. — L. 1 et 5, ff., *De servit. præd. rust.*; Fournel, *Dr. rur.*, t. 2, p. 5 et 6, et Cœpolla, *Tr. de servit.*, chap. 8, p. 455.

30. — Il ne faut pas confondre la servitude d'abreuvoir avec la concession personnelle faite à une personne désignée; c'est là un simple droit personnel accordé à un individu en considération de lui seul, et dès lors non susceptible d'être transmis, soit à ses héritiers, soit aux acquéreurs de ses propriétés. L. 4, ff., *De servit. præd. rust.*

31. — Le droit d'abreuvoir entraîne comme conséquence nécessaire le droit de passage; mais le propriétaire du fonds servant ne doit fournir que le terrain nécessaire à la jouissance même du droit d'abreuvoir. — Pardessus, *Tr. des servit.*, no 304. — Ce sont ceux au profit de qui est établie la servitude, qui sont chargés de l'entretien du chemin et de l'abreuvoir, à moins qu'il n'y ait stipulation contraire, ou faute de la part du propriétaire.

32. — La servitude d'abreuvoir s'éteint par le non usage pendant trente ans, qui commencent à courir du jour où l'on a cessé de jouir. — C civ., art. 706 et 707.— V. SERVITUDE.

ABRÉVIATION.

Table alphabétique.

ABRÉVIATION. — 1. Retranchement, soit de quelques lettres ou syllabes dans l'écriture d'un mot, soit même d'un ou de plusieurs mots dans une phrase.

2. — A Rome, les abréviations étaient fréquemment employées; notamment dans la rédaction des délibérations du sénat et des actes publics; on rédigeait par *notes* (Valerius Probus, *De interpretat. not. rom.*); et on en trouve de nombreux exemples dans les lois. Le testament du soldat pouvait être écrit de cette manière. — L. 40, ff., *De testam. militis.* — On peut voir aussi L. 6, § 2, ff., *De bonor. possess.* — *Nov.* 73, chap. 6, *De comparatione notarum.*

3. — Sous notre ancien droit il était défendu aux notaires d'employer des abréviations ou chiffres, surtout quant aux noms, aux sommes et aux dates. — Ordonn. juill. 1304, art. 3; Arr. réglem. parlem. de *Paris*, 4 sept. 1685; édit de Lorraine, 14 sept. 1721, art. 60; et Ferrière, *Science du parfait notaire*, t. 1er, chap. 15, no 70.

4. — Notre législation actuelle réprouve généralement les abréviations — L'art. 42, C. civ., conforme en cela à l'art. 3, tit. 7, L. 20 sept. 1792, en interdit l'usage dans les actes de l'état civil.

5. — Les art. 10 et 84, C. comm., contiennent la même défense, le premier relativement au livre journal des commerçans, et le second relativement au registre que tiennent jour par jour les agens de change et courtiers.

6. — D'après l'art. 57, L. 22 frim. an VII, la quittance que le receveur de l'enregistrement écrit sur un acte enregistré, doit y exprimer en toutes lettres la date de l'enregistrement, le folio du registre, le numéro et la somme des droits perçus.

7. — Enfin, l'art. 13, L. 25 vent. an XI, sur le notariat, porte que « les actes des notaires seront écrits sans abréviation.... qu'ils contiendront les noms, prénoms des parties.... qu'ils énonceront en toutes lettres les sommes et les dates.... le tout, à peine de 100 fr. d'amende (réduits à 20 fr. par la loi du 16 juin 1824, art. 10) contre le notaire contrevenant.»

8. — Cependant, nonobstant cette règle de droit commun, il est, comme sous l'ancienne jurisprudence, certaines abréviations qui sont tolérées parce qu'elles ont une signification certaine dans l'usage. — Ferrière, liv. 1er, chap. 12; Merlin, *Quest. de dr.*, vo *Notaire*, § 8; Rolland de Villargues, *Rép. du not.*, vo *Abréviation*, no 4; Fouquet, *Encyclopédie du dr.*, vo *Abréviation*, no 4.

9. — Ainsi, la régie elle-même ne s'est jamais élevée contre les abréviations suivantes : *Me* pour *maître*, *M.* pour *monsieur*, *Sr* pour *sieur*, *Mme* pour *madame*, *Dlle* pour *demoiselle*, *led.* pour *ledit*, *lad.* pour *ladite*, *vol.* et *no* pour *volume* et *numéro*, *C.* pour *case*, *Ro* et *Vo* pour *recto* et *verso*. De pareilles abréviations sont sans danger; on chercherait en vain à les altérer pour y substituer quelque autre mot, l'on ne pourrait parvenir à dénaturer le sens de la phrase. — Lorel, *Élém. de la science not.*, sur l'art. 13, L. 25 vent. an XI; Rolland de Villargues, no 5; Fouquet, *Encyclop. du dr.*, no 5; Bioche, *Dict. de procéd.*, vo *Abréviation*, no 2.

10. — Ce que nous venons de dire s'applique également à l'abréviation *Md* pour *marchand*. Il n'y aurait pas de contravention, surtout si cette abréviation précédait l'indication spéciale d'un commerce : comme si l'on avait dit *Md tailleur*, *Md drapier*, etc. — Rolland de Villargues, *ibid.*, no 7.

11. — De même, il est d'usage de citer par des indications abréviatives les intitulés des ouvrages, les noms d'auteurs, les rubriques des lois, etc. — Fouquet, *Encyclop. du dr.*, no 16.

12. — La question est plus douteuse à l'égard des abréviations portant sur les noms et qualités des contractans, comme *J.-B.* pour *Jean-Baptiste*. *St-Jean* pour *Saint-Jean*. *Ve* pour *veuve*, *comp.* pour *compagnie*. Merlin (*Quest. de dr.*, vo *Notaire*, § 8) pense qu'il est hors de doute que de semblables abréviations ne constituent pas une infraction à la loi de ventôse.

13. — Ainsi jugé que l'art. 13, L. 25 vent. an XI, qui défend aux notaires, sous les peines qu'il détermine, les abréviations dans leurs actes, ne doit pas s'entendre de toutes abréviations quelconques, même de celles qui sont généralement reçues par l'usage, et qui expriment clairement la chose ou la qualité qu'elles ont en vue, sans qu'on puisse leur prêter aucun autre sens ou signification. — *Bruxelles*, 26 janv. 1828, G... — Il s'agissait dans cette espèce des mots *Saint-Vast*, *veuve*, *Jean-Baptiste* et *Saint-Nicolas*, écrits *St-Vast*, *J.-Bte.*, *Ve* et *St-Nicolas*. — Toutefois, ajoute Rolland de Villargues, no 6, il est prudent pour les notaires d'éviter de telles abréviations.

14. — Il y a aussi des abréviations qui se font dans les opérations de calcul, pour la division des tableaux. Comme elles représentent et rappellent ordinairement des énonciations portées en toutes lettres dans le corps de l'acte, elles sont justement tolérées. — Fouquet, *Encyclop. du dr.*, vo *Abréviation*, no 6; Rolland de Villargues, *eod. verb.*, no 8; Bioche, *Dictionn. de procéd.*, *eod. verb.*, no 3.

15. — Jugé en ce sens que le notaire qui, après avoir constaté en toutes lettres les sommes formant la base d'une liquidation entre héritiers, indique en chiffres ce qui revient à chacun d'eux, ne contrevient pas à l'art. 13.—L. 25 vent. an XI; — *Colmar*, 18 mai 1829, Billig.

16. — La loi n'interdit que les abréviations qui, portant sur une partie intégrante de l'acte pourraient en altérer le sens. — Fouquet,

n° 7 ; Bioche, n° 4 ; Rolland de Villargues, n° 15.

17. — Jugé en conséquence que, lorsqu'en marge d'un procès-verbal d'adjudication d'objets mobiliers vendus aux enchères, le notaire désigne les noms des acheteurs, soit en toutes lettres, soit par abréviation, qu'il mentionne la libération par le mot *payé* ou la lettre P., ces indications ne doivent pas être considérées comme de véritables renvois soumis aux mêmes formes que le corps de l'acte ; ce ne sont que de simples annotations personnelles au notaire. — *Colmar*, 28 juill. 1827, Schwind.

18. — Mais il faut regarder comme des abréviations défendues les suivantes : s^{oe} pour *somme* ; n^{ore} pour *notaire*, c^{oe} pour *comme*, *sign.* pour *signification*, *oblig.* pour *obligation*, quel que soit, d'ailleurs, l'usage à cet égard, usage qui peut seulement être pris en considération par la régie, intéressée à poursuivre l'amende, et par les tribunaux, chargés de la prononcer. — Rolland de Villargues, *eod. verb.*, n° 9 ; Fouquet, *Encyclop. du droit*, *eod. verb.*, n° 5.

19. — Et il en est de même des signes abrégés dont on se sert pour désigner les mots tels que 7bre, 8bre, 9bre, X^{bre}, pour septembre, octobre, novembre, décembre. — Toullier, *Dr. civ.*, t. 7, note du n° 501 ; Rolland, n° 10 ; Fouquet, *Encyclop. du dr.*, *ibid.*

20. — Les abréviations dans les grosses, expéditions, extraits, constituent-elles une contravention ? — Oui, car l'art. 13, L. 25 vent. an XI, parle *des actes* des notaires en général, et ne distingue pas. — Cependant Toullier (t. 8, n° 107) fait observer que l'amende ne serait pas encourue si la contravention pouvait n'être regardée que comme une erreur de copiste, et que la question dépendrait alors des circonstances et de la prudence du juge. — V. conf. *Dict. du notar.*, v° *Abréviation*, n° 7, et Fouquet, *Encyclop. du dr.*, *eod. verb.*, n° 8.

21. — Toutefois, dans les extraits analytiques des actes, les phrases peuvent être réduites, puisqu'il suffit d'en rendre le sens. Dans les extraits textuels elles peuvent même n'être rapportées qu'en partie, sauf à indiquer l'interruption par un *et cætera*. — Fouquet, *Encyclop. du dr.*, n° 8 ; *Dict. du notar.*, *ibid.*, n° 8, et Rolland, n° 17.

22. — Il est même des cas où il est nécessaire de faire des abréviations ou omissions dans les expéditions ou extraits : ce sont ceux où il s'agit des clauses, qualifications, énonciations ou expressions tendant à rappeler directement ou indirectement le régime féodal. Le notaire ou fonctionnaire qui ne ferait pas ces omissions serait passible d'une amende de 20 fr. — LL. 8 pluv. an II ; 25 vent. an XI, art. 17, et 16 juin 1824, art. 10.

23. — Les abréviations de *phrases*, usitées autrefois dans le style des notaires, consistaient à écrire dans la minute les premiers mots d'une phrase qu'on ne se donnait pas la peine d'achever. — Comme *transportant, etc.* ; *dessaisissant, etc.* ; *voulant, etc.* ; *constituant* ; mots qui s'employaient le plus souvent dans les transports de créance ou dans les ventes, et qui signifiaient : *transportant* tous les droits que le cédant ou le vendeur avaient sur la chose ; *s'en dessaisissant* au profit du cessionnaire ou de l'acquéreur ; *voulant* qu'il en soit saisi et mis en possession par qui et ainsi qu'il appartiendra ; *constituant*, à cet effet, pour son procureur, le porteur auquel il donne tout pouvoir de le faire. — Ou encore : *auquel lieu*, *nonobstant, etc.* ; *promettant, etc.* ; *obligeant, etc.* ; *renonçant, etc.* ; c'est-à-dire *auquel lieu, nonobstant* changement de demeure, il consent la signification de tous actes et et exploits de justice ; *promettant* exécuter le contenu en ces présentes ; *obligeant*, à cet effet, ses meubles et immeubles ; *renonçant* à toutes choses contraires à ces présentes. — Fouquet, *Encyclop. du dr.*, v° *Abréviation*, n° 10.

24. — Les mots qui avaient été abrégés dans les minutes se traduisaient ensuite dans les grosses, selon le sens qu'on était réputé avoir prêté à ces abréviations. De là, de graves abus. Ainsi, le mot *obligeant* était étendu pour exprimer l'obligation par corps ; le mot *renonçant* pour exprimer la renonciation aux bénéfices de droit (ce qui était, évidemment, ajouter aux stipulations des parties). Aussi en était-on venu à dire proverbialement : « *Dieu nous garde d'un et cætera de notaire !* »

25. — Les tribunaux avaient cherché à parer à ces abus en interprétant eux-mêmes, sinon l'abréviation, du moins les développemens dont il était d'usage de la faire suivre. Loisel (*Inst. cout.*, liv. 3, tit. 1er, n° 13) posait cette maxime : « L'*et cætera* des notaires ne sert qu'à l'ordinaire des contrats. — Arr. de régl. des 19 août 1551 et 9 mars 1585 ; — Ferrière, liv. 1er, chap. 12, et Rolland de Villargues, v° *Abréviation*, n° 12.

26. — Aujourd'hui, il est bien reconnu que les notaires ne peuvent donner aucune extension aux clauses existantes dans les minutes, lorsqu'ils en délivrent des grosses ou expéditions : l'*et cætera* ne peut rien ajouter à ce qui est de droit d'après la nature du contrat. — *Dict. du notar.*, v° *Abréviation*, n° 13.

27. — Bien plus, les *et cætera* ou abréviations de phrases dont nous venons de parler sont, aussi bien que les abréviations de mots, et à plus forte raison, proscrits par l'art. 13 précité de la loi de ventôse ; en sorte que les notaires qui continuent de les employer s'exposent à l'amende portée en cet article. — Toullier, t. 7, n° 501 ; *Dict. du notar.*, v° *Abréviation*, n° 13 ; Rolland de Villargues, *eod. verb.*, n° 12, et Fouquet, *eod. verb.*, n° 11.

28. — Toutefois, si l'*et cætera* était ajouté à une phrase qui aurait un sens complet, ce serait une abréviation inutile, un mot sans aucun sens ; on ne pourrait pas y voir une contravention. — Rolland de Villargues, *ibid.*, n° 13.

29. — La contravention à l'art. 42, C. civ., sur les actes de l'état civil, est punie d'une amende qui ne peut excéder 100 fr. — C. civ., art. 50. — Tout notaire qui contrevient à la défense d'écrire par abréviation est passible d'une amende de 20 fr. — Enfin, les livres d'un commerçant tenus irrégulièrement n'ont pas la même foi que s'ils l'étaient régulièrement, et peuvent même faire réputer leur auteur banqueroutier simple. — C. comm., art. 12, 13 et 586.

30. — Toutefois, il n'est dû qu'une seule amende pour chaque acte, quel que soit le nombre des abréviations qu'il renferme. — Rolland de Villargues, *Abréviation*, n° 20 ; Fouquet, *Encyclop. du dr.*, *eod. verb.*, n° 12 ; — Arg. *Cass.*, 24 avr. 1809, Claudel.

31. — Les abréviations exposent seulement à une amende, à la différence des mots surchargés, interlignés ou ajoutés, que la loi déclare nuls. — L. 25 vent. an XI, art. 16 ; — Rolland de Villargues, v° *Abréviation*, n° 18 ; Fouquet, *Encyclop. du dr.*, n° 13 ; *Dict. du notar.*, n° 15, et Bioche, *Dict. de procéd.*, v° *Abréviation*, n° 5.

32. — Toutefois, il est des circonstances où les abréviations pourraient entraîner *nullité* ; par exemple, si elles rendaient inintelligible la clause, ou si elles rendaient entièrement illisible un mot essentiel qui constaterait l'accomplissement d'une formalité requise à peine de nullité. Dans l'un et l'autre cas, le notaire, outre l'amende, pourrait être passible des dommages-intérêts des parties. — Rolland de Villargues, *ibid.* ; Fouquet, *Encyclop. du dr.*, n° 14, et Bioche, *ibid.*, n° 6.

33. — Les avoués et les huissiers emploient certaines abréviations dans les actes qu'ils signifient. Si ces abréviations étaient autrefois défendues (Ord. 1667 et 1670), aucun texte formel ne s'y oppose aujourd'hui. — Les copies de pièces données en tête des exploits sont donc susceptibles de toutes les abréviations qui ne rendent pas la phrase inintelligible (V. COPIE DE PIÈCES). — Les greffiers sont naturellement portés, par leur intérêt, à les éviter dans les grosses et expéditions ; ils doivent s'en abstenir sur les minutes, à peine d'amende. — Fouquet, *Encyclop. du dr.*, v° *Abréviation*, n° 15.

34. — En chancellerie romaine, les abréviations sont d'un grand usage ; on suspecte même de fraude tout acte où les mots qui s'écrivent ordinairement en abrégé sont écrits différemment. On peut voir, dans le *Répertoire de jurisprudence* de Guyot (édit. de 1784, v° *Abréviation*) une explication complète par ordre alphabétique de ces abréviations. Cette explication ne se trouve pas dans les éditions de ce répertoire publiées depuis par Merlin.

V. ACTES, ACTES DE L'ÉTAT CIVIL, COPIES DE PIÈCES, ENREGISTREMENT, GREFFIERS, LIVRES DE COMMERCE.

ABRÉVIATION DE DÉLAI.

1. — Dans les cas qui requièrent célérité, la loi a dû, dans l'intérêt des parties, permettre d'abréger le délai ordinaire des ajournemens ; c'est ce qu'elle a fait dans l'art. 72, § 2, C. procéd., et dans quelques autres dispositions spéciales. — Art. 193, 459, 793 et 802.

2. — Pour éviter toute discussion entre les parties, elle a voulu que ce fût le président du tribunal qui appréciât les motifs d'urgence.

3. — Ainsi, il ne dépend pas des parties, même pour les motifs les plus légitimes, d'abréger le délai ordinaire des assignations sans la permission du juge ; l'omission de cette formalité entraîne la nullité de l'exploit. — *Bordeaux*, 1er juill. 1835, Marquette.

4. — Cependant il est un cas dans lequel la permission du juge n'est pas nécessaire, c'est celui prévu par l'art. 193, C. procéd., en matière de vérification d'écriture. Aux termes de cette disposition, on peut assigner à trois jours, *de plano*, pour avoir acte de la reconnaissance d'un écrit sous seing-privé ou pour le faire tenir pour reconnu.

5. — Dans d'autres cas, la loi exige la permission du juge, mais comme une simple formalité, et il ne semble pas que la permission puisse être refusée, car le Code lui-même a constaté l'urgence. — V. art. 793 et 802, C. procéd.

6. — A quoi bon, s'il en est ainsi, forcer la partie à s'adresser au président ? N'eût-il pas été plus convenable de supprimer la formalité ? — Non. La formalité contient, dans les cas prévus par ces deux articles, une garantie précieuse, c'est la désignation d'un huissier pour faire la signification de l'exploit : il faut bien s'adresser au juge pour cette désignation, c'est ce qui justifie les rédacteurs du Code. — V. *infrà* n° 27.

7. — La permission d'assigner à bref délai est demandée par une requête d'avoué, et accordée au bas de la requête par une ordonnance signée du magistrat, et dont copie est signifiée en tête de l'exploit d'ajournement.

8. — Le président peut, ou abréger le délai de quelques jours, ou permettre d'assigner à jour fixe, ou même d'heure à heure, s'il y a nécessité.

9. — En général, le délai, quoique abrégé, doit être *franc*. — C. procéd., art. 72 et 1033 ; — *Bruxelles*, 12 juill. 1809, Lahouc c. Monaer ; Souquet, *Dict. des temps légaux*, Introd., p. 19, n° 106 ; Berriat, *Cours de procéd. civ.*, p. 148 et 384 ; Pigeau, *Comm.*, t. 1er, p. 202 ; Favard, *Rép.*, v° *Ajournement*, § 4.

10. — Ainsi, lorsqu'un permis d'assigner à bref délai pour le 12 a été donné dès le 9, on doit annuler l'assignation si elle n'a été faite que le 11, encore bien que le jugement n'ait été rendu que le 17. — *Lyon*, 22 juin 1831, Raflin c. Mellet et Henry.

11. — Cependant, lorsque le juge permet d'assigner d'heure à heure, il n'est pas indispensable qu'il y ait entre l'assignation et l'instant fixé pour la comparution un jour franc. — *Cass.*, 30 juill. 1828, Lavie.

12. — Le plus souvent la permission d'assigner à bref délai ne porte que sur le délai ordinaire et ne s'applique pas à l'augmentation à raison des distances. — *Cass.*, 25 vend. an XII, Jouin c. Limoge et Mazère ; *Bruxelles*, 12 juill. 1809 (cité n° 9) ; *Dijon*, 5 mars 1830, Desmarquet c. Chevet ; — Chauveau sur Carré, *Lois de la procéd. civ.*, t. 3, p. 378 ter ; Thomine Desmazures, *Comm. sur le Code de procéd.*, t. 1er, p. 176 ; Pigeau, *Comment.*, t. 1er, p. 202.

13. — Néanmoins l'ordonnance du président peut abréger aussi le délai accordé par l'art. 1033, C. procéd. — *Riom*, 9 juill. 1839 (t. 1er 1841, p. 118), Laur c. Roucher ; — Souquet, *Dict. des temps légaux*, Introd., p. 19, n° 107 ; Chauveau sur Carré, t. 1er, quest. 378 ter.

14. — Et elle le peut faire, soit expressément, soit *implicitement*, par exemple en permettant d'assigner à jour fixe. — Favard, *Rép.*, v° *Ajourn.*, § 4.

15. — Le président a-t-il le droit d'abréger les délais fixés par l'art. 73, C. procéd. civ. ? — On le nie, par la raison que la disposition qui crée le pouvoir du président fait corps avec l'art. 72, et ne paraît s'appliquer qu'au délai fixé par cet article. — *Colmar*, 12 nov. 1830, Paravacini c. Ostertag ; Lepage, *Quest.*, p. 118 ; Chauveau sur Carré, t. 1er, p. 474, quest. 378 *sex*.

16. — Mais cet argument n'est pas sans réplique. — En effet, pourquoi refuserait-on au président, dans le cas prévu par l'art. 73, un droit qu'on lui reconnaît dans le cas de l'art. 72 ? Est-ce que la raison de décider n'est pas la même dans les deux hypothèses ? Plus le délai accordé par la loi est long, et plus il paraît logique de l'abréger, en cas d'urgence, pourvu, bien entendu, que le magistrat laisse à l'assigné le temps nécessaire pour vaincre l'obstacle des distances. On peut, du reste, s'en rapporter, à cet égard, à sa sagesse et à son expérience. — *Pau*, 13 nov. 1824, Forthoat c. Viviez (arr. rapporté sous l'arrêt de la même cour, 22 déc. 1824), et *Orléans*, 18 juill. 1835, Petit-Huguenin c. Smith et Doerty.

17. — Si l'assignation à bref délai est donnée à un délai plus court que celui fixé par l'ordonnance du président, elle est nulle. — *Cass.*, 3 prair. an XII, Courdier c. Durepas ; — Chauveau sur Carré, quest. 378 bis.

18. — Faut-il que le greffier assiste le président et signe avec lui l'ordonnance portant permission d'assigner à bref délai ? — Non. La juridiction du président en pareil cas est toute gracieuse et souveraine, l'assistance du greffier est inutile. — *Toulouse*, 13 juill. 1827, Colasson c. d'Albaret ; — Souquet, *Dict. des temps lég.*, Introd., p. 20, n° 110.

19. — Quoique l'ordonnance du président soit souveraine quant à l'abréviation des délais, elle n'a pas le même caractère quant à la dispense du préliminaire de conciliation. — C'est du moins ce qui résulte d'un arrêt de la cour de Cassation du 20 mai 1840 (*t.* 2 1840, p. 581), d'Harcourt c. Derosne.

20. — Cette jurisprudence est combattue par Chauveau sur Carré, quest. 208, t. 1er; Thomine Desmazures, t. 1er, p. 132, et Souquet, *loc. cit.*, p. 20, no 111. — V. aussi dans ce sens *Colmar*, 17 avr. 1817, Gebl c. Frey; *Douai*, 8 déc. 1836 (arrêt cité sous celui de *Cass.*, 1er août 1837 (t. 1er 1840, p. 529), Mallez c. Devaux et Werhaegue.

21. — Il est évident, en effet, que si le président est souverain pour abréger les délais, c'est-à-dire pour apprécier l'urgence, il l'est par voie de conséquence pour dispenser du préliminaire de conciliation dans les cas qui requièrent célérité. — Loin de contredire l'art. 72, l'art. 49 le confirme et paraît trancher toute difficulté. — V. CONCILIATION.

22. — Cette question en amène une autre : il s'agit de savoir s'il y a une voie de recours contre l'ordonnance du président qui permet d'assigner à bref délai. — Il existe une grave controverse sur la solution. — Les uns prétendent qu'il y a un recours contre une semblable ordonnance, et que c'est par la voie de l'opposition qu'il faut agir. — *Rome*, 2 mai 1811, Lacce c. Pazzaglini; *Toulouse*, 18 janv. 1823, Manau c. Bessan; *Rennes*, 13 janv. 1831, Narrot c. Motessuy; *Bourges*, 20 déc. 1831, Chaulon c. Seilliers; *Limoges*, 29 nov. 1832, Maulmont de Sainte-Feyre c. Dalby; *Bordeaux*, 12 janv. 1833, Fenion c. Hasller; *Limoges*, 4 janv. 1834, Laporte-Lissac c. Grand; — Boncenne, t. 2, p. 161 et suiv.; Boilard, *Leçons de procéd. civ.*, t. 1er, p. 314; Thomine Desmazures, t. 1er, p. 176; Favard, *Rép.*, vo *Ajournement*, § 4, no 3.

23. — Les partisans de cette opinion se fondent principalement sur ce que l'opposition est de droit quand on éprouve un grief par suite d'une décision rendue en l'absence de tout adversaire.

24. — D'autres soutiennent que le tribunal n'est pas compétent pour réformer une décision du président, et que c'est par voie d'appel que l'ordonnance doit être attaquée. — *Poitiers*, 5 août 1830, Corde c. Laurence; *Douai*, 31 oct. 1835, Carpentier c. Loqueneux. — Ils invoquent surtout l'analogie et soutiennent qu'on doit agir dans notre hypothèse comme dans le cas prévu par l'art. 809, C. procéd. Si l'appel est permis en matière de référé, disent-ils, alors qu'il y a eu assignation et que l'assigné a pu se défendre, à plus forte raison doit-il en être ainsi dans le cas de l'art. 72, puisque alors une seule partie a agi.

25. — D'autres enfin sont d'avis, et c'est aussi le nôtre, qu'il n'y a aucune voie ouverte contre l'ordonnance qui permet d'abréger les délais, et que la question d'urgence est jugée souverainement par le président. — V. dans ce sens *Colmar*, 17 avr. 1817 (cité no 20); *Besançon*, 17 mars 1827, N... ; *Toulouse*, 13 juill. 1827 (cité no 18); *Colmar*, 18 déc. 1827, This c. Weber; *Paris*, 6 juill. 1830, Pigalle c. Gouhaut; *Douai*, 31 oct. 1835, Carpentier c. Loqueneux, 8 déc. 1836 (cité no 20); *Riom*, 25 janv. 1844 (t. 2 1844, p. 403), Langlade c. Béruissant; — Chauveau sur Carré, t. 1er, p. 465; Carré, t. 1er, quest. 378e; Poncet, *Jugemens*, t. 1er, p. 287, no 159; Bioche et Goujet, *Dict. de procéd.*, vo *Ordonnance*, no 11. — En effet, comment admettre qu'à l'occasion d'une question aussi simple que celle-ci : Faut-il abréger les délais de l'assignation? la loi ait voulu qu'un procès fût entamé, qu'un débat contradictoire s'engageât, qu'un jugement intervînt et qu'il pût être frappé d'appel, au grand détriment des parties! Elle eût été bien imprévoyante si elle eût autorisé une pareille involution de procédure; elle a été plus sage, en donnant au président, et au président seul, le droit d'apprécier l'urgence. Même en supposant qu'il se soit trompé, il y a moins d'inconvéniens à maintenir sa décision qu'à permettre de l'attaquer par quelque voie que ce soit.

26. — Pigeau (*Comment.*, t. 1er, p. 202) paraît croire que la permission d'assigner à bref délai ne peut être donnée qu'au *provisoire* et jamais au *principal*. Cette distinction est tout-à-fait arbitraire; rien ne la justifie au point de vue légal; elle est d'ailleurs repoussée par la raison et par l'usage. — Souquet, *Dictionn. des temps lég.*, Introd., p. 20, no 114; Chauveau sur Carré, t. 1er, quest. 378 *quater*.

27. — L'ordonnance qui permet d'assigner à bref délai doit-elle commettre un huissier pour la signification de l'ajournement? — Non, la loi ne l'exige pas, si ce n'est dans les art. 793 et 802, et il ne faut pas ajouter à ses prescriptions. — *Besançon*, 25 mai 1812, N..., et *Colmar*, 17 avr. 1817 (cité nos 20 et 25). — V. *suprà* no 6.

28. — Lorsque, dans un tribunal composé de plusieurs *chambres*, la cause a été distribuée, c'est le président de la chambre saisie qui doit rendre l'ordonnance abrégeant les délais, si quelque assignation urgente devient nécessaire. — Décr. 30 mars 1808, art. 18.

29. — Par application de ce principe, la cour de Bourges a jugé qu'une assignation à bref délai était nulle lorsqu'elle avait été donnée en vertu d'une ordonnance signée par le président de la chambre d'accusation, au lieu de l'être par le président de la chambre des vacations ou par le premier président. — *Bourges*, 21 nov. 1831, Bouzique c. Martin.

30. — Le premier président, ayant le droit de présider toutes les chambres, peut toujours répondre les requêtes à quelque chambre que les affaires soient portées. — Même arrêt.

31. — Lorsque la première assignation a été donnée à bref délai, en vertu d'une ordonnance, il faut assigner de la même manière les défaillans, lorsqu'il y a lieu à un réassigné par suite d'un jugement de défaut profit-joint. — *Nîmes*, 15 mai 1807, N....

ABROGATION.

1. — C'est l'acte par lequel une loi, une coutume ou un usage sont annulés, anéantis.

2. — L'immutabilité des lois serait sans doute une chose désirable; mais, faites pour les besoins des hommes, les lois doivent se modifier ou disparaître avec les circonstances qui les ont motivées; autrement, elles deviendraient un obstacle aux progrès de la société.

3. — Les Romains avaient trois mots pour exprimer les diverses sortes de changemens faits aux lois : *abrogare (abrogatio), obrogare (obrogatio), derogare (derogatio)*. Par *abrogatio*, ils entendaient le changement total d'une disposition ou d'une loi, c'est-à-dire sa destruction; par *derogatio*, un changement partiel par retranchement, et qui laissait exister le reste de la disposition. *Obrogatio* signifiait un changement partiel par addition, qui laissait subsister la disposition première, en y ajoutant une nouvelle disposition.

4. — Dérogation exprime chez nous la même idée que les mots *obrogatio* et *derogatio* des Romains. — V. les mots DÉROGATION, LOIS, PREUVE.

ABROUTIS, — ABROUTISSEMENT.

1. — Synonyme de bois rabougris désigne des bois mal venans, soit parce qu'ils sont en mauvais fonds, soit parce que les animaux en ont mangé et détruit les bourgeons lorqu'ils commençaient à naître.

2. — Les gardes sont responsables des dégâts et abroutissemens qui se font dans leurs quartiers, lorsqu'ils n'ont pas dûment constaté les délits. — C. forest., art. 6. — V. FORÊTS.

ABSENCE.

Table alphabétique.

ABSENCE. — 1. — Etat de l'homme dont on ignore la résidence, dont on n'a pas de nouvelles, et dont l'existence peut paraître douteuse. — Toullier, t. 1er, p. 328, et Merlin, *Rép.*, vo *Absent*.

ABSENCE, chap. 1er.
ABSENCE, chap. 1er.

CHAPITRE Ier. — *Historique.*

2. — L'absence est un fait qui s'est reproduit dans tous les temps, surtout chez les peuples avides de conquêtes, de richesses ou de connaissances nouvelles ; chez tous aussi il a dû y avoir des lois conservatrices des intérêts des absens. — Quelques auteurs (Toullier, t. 1er, no 379, et Duranton, t. 1er, no 384) ont dit d'une manière absolue que le droit romain ne contenait aucune disposition sur l'absence. — Il eût été plus juste de dire qu'on ne trouve pas dans les lois romaines de *système complet* de législation sur l'absence ; mais il n'en résultait pas pour cela que les biens et les familles fussent dénués de toute protection ; c'est ce qui ressortira clairement des textes que nous allons indiquer.

3. — 1o *Quant aux personnes.* — Nous voyons d'abord qu'à l'égard du mariage, les législateurs romains avaient plus d'une fois réglé le sort de l'époux dont le conjoint était en captivité. La loi 1re, ff., *De divortiis et repud.*, décidait que le mariage était dissous par la captivité. Toutefois, la loi 6, *eod. tit.*, apportait à ce principe plusieurs exceptions : d'abord, la dissolution n'avait pas lieu, s'il était certain que le mari vécût quoique captif ; et s'il était douteux ou incertain que le mari fût vivant, la femme ne pouvait convoler à de secondes noces qu'après cinq ans à partir du jour de la captivité : « *Et generaliter definiendum est donec certum est maritum vivere in captivitate constitutum, nullam habere licentiam uxores eorum migrare ad aliud matrimonium... Sin autem in incerto est, an virus apud hostes teneatur, vel morte præventus : tunc si quinquennium à tempore captivitatis excesserit, licentiam habet mulier ad alias migrare nuptias.* »

4. — La Novelle 22, chap. 7, vint confirmer ces premières dispositions, en les appliquant indifféremment aux deux époux ; mais les progrès du christianisme firent bientôt céder la raison publique au principe religieux qui avait prononcé l'indissolubilité du mariage : Justinien décida dans sa Novelle 117 que, quel que fût le temps de l'absence de l'époux, le conjoint ne pourrait contracter un second mariage, à moins que la preuve du décès de son époux ne fût rapportée : « *Quod autem à nobis sancitum est de iis, qui in expeditionibus sunt et in militiis constituti... meliùs ordinare perspeximus, et jubemus, quantoscumque annos in expeditione manserint, sustinere eorum uxores, licet nec litteras, nec responsum aliquod à suis maritis susceperint. Si qua verò ex hujus modi mulieribus suum maritum audierit esse mortuum, neque tunc ad alias eam venire nuptias sinimus, nisi prius accesserit mulier aut per se, aut per suos parentes, aut per aliam quamcumque personam, ad priores numeri chartularios, in quo hujus modi maritus militabat : et eos, seu tribunum interrogaverit, si pro veritate mortuus est ejus conjux : ut illi sacris Evangeliis propositis subgestis monumentorum deponant, si pro veritate vir mortuus est.* »

5. — On trouve aussi dans le droit romain une disposition qui permettait au fils de famille, dont le père était absent, de contracter mariage après l'expiration de trois années, à dater du jour où son absence était devenue un fait notoire : « *Si ità pater absit, ut ignoretur ubi sit, et an sit : quid faciendum est, meritò dubitatur ? Et si triennium effluxerit, postquàm apertissimè fuerit pater ignotus, ubi degit, et an superstes sit, non prohibentur liberi utriusque sexûs, matrimonium vel nuptias legitimas contrahere.* » — L. 10, ff., *De ritu nupt.*

6. — 2o *Quant aux biens.* — Lorsqu'un individu était absent, et qu'il était nécessaire de pourvoir à la gestion de son patrimoine, on nommait un curateur dans cet objet. — LL. 6, § 4, ff., *De tutelis* ; 15, pr., *Ex quib. caus. maj. restit.* ; 22, ff., *De reb. auct. jud.* ; 3, Cod., *de Postliminio revers.* — Domat (*Lois civ.*, liv. 2, tit. 2, sect. 1re, no 13) dit aussi, en citant plusieurs textes que nous venons d'indiquer, que « si une personne se trouve dans une absence de longue durée, et sans avoir chargé quelqu'un de la conduite de ses biens et de ses affaires, et qu'il soit nécessaire d'y pourvoir, on nomme, en ce cas, un curateur pour prendre ce soin. » — V. aussi dans ce sens Blondeau, *Chrestomathie*, p. 119.

7. — Indépendamment de cette mesure conservatoire, on voit au titre du Digeste, *Ex quibus causis majores in integrum restituuntur*, que ceux qui étaient absens dans l'intérêt de la chose publique, ou par une cause indépendante de leur volonté, avaient droit, quoique majeurs, et lorsqu'ils étaient lésés, à la restitution *in integrum*.

8. — Il n'est donc pas vrai de dire, en présence de ces textes, que le droit romain n'avait rien statué en matière d'absence ; et l'on voit même que, bien qu'il ne contînt pas les élémens d'une théorie complète sur l'absence, le droit romain n'en avait pas moins prévu les cas les plus importans qu'elle pouvait présenter.

9. — Quant à notre droit ancien, la jurisprudence seule avait tracé les règles à suivre dans l'intérêt des absens, et cette jurisprudence n'avait pas toujours été fixe et certaine. Ainsi, dans le principe, lorsqu'il s'agissait de procéder au partage d'une succession à laquelle un absent était appelé, on le supposait vivant jusqu'à ce qu'il se fût écoulé cent ans depuis la date de sa naissance, pourvu qu'il y eût sur son sort une incertitude entière et absence de tout fait qui pût faire présumer sa mort. — Guyot, *Rép.*, t. 1er, p. 66, et Demante, *Encyclop. du dr.*, vo *Absence*, nos 6 et 7.

10. — Par suite de ce principe, on admettait les créanciers de l'absent à recueillir de son chef les successions à lui échues, à la charge toutefois de donner caution pour la restitution des biens, dans le cas où la mort du débiteur aurait eu lieu antérieurement à l'échéance des droits ouverts. — V. en ce sens l'arrêt rapporté au *Journal des Audiences* (t. 1er, liv. 2, chap. 14), rendu le 7 juill. 1629, et celui du 13 fév. 1672. — V. aussi un arrêt du parlement de Grenoble, 23 août 1749 ; — Denisart, vo *Absence*, qui le rapporte, et Guyot, *Rép.*, *loc. cit.*

11. — Cette jurisprudence était fondée sur ce que l'homme était présumé vivre cent ans : « *centum annis tuendos esse municipes, quia is finis vitæ longævi hominis est.* » — L. 56, ff., *de Usufruct.* — Mais, comme le fait très bien observer M. Demante, *loc. cit.*, « c'était là une idée fausse ; car, si le terme de cent ans peut être considéré comme le plus long terme probable, ce n'est certainement pas la durée ordinaire de la vie ; or, les présomptions devant s'appuyer sur ce qui arrive le plus fréquemment, c'est une raison pour présumer mort l'absent qui aurait atteint l'âge de cent ans, mais non pour présumer vivant celui qui n'a pas encore atteint cet âge. »

12. — Pour juger combien cette règle était vicieuse, il suffit de signaler les conséquences absurdes qui en résultaient : ainsi, le testament de l'absent ne devant être exécuté que cent ans après sa naissance, il devenait presque toujours caduc par la mort du légataire ; ainsi, l'usufruit ouvert en faveur de l'absent n'étant réuni à la propriété qu'après l'expiration du même délai, la propriété était en quelque sorte illusoire ; ainsi encore, la demande en distraction de légitime ne pouvant être intentée contre les donataires d'un absent qu'après l'entier accomplissement des cent années, il en résultait que le sort du légitimaire, toujours protégé par la loi, perdait tous ses avantages.

13. — Aussi, la jurisprudence changea-t-elle plus tard ; sans présumer ni l'existence ni la mort de l'absent, elle décida généralement que c'était à ceux qui avaient intérêt soit à l'existence, soit à la mort de l'absent, à en faire la preuve. — V. en ce sens arr. du parlement de Paris, 11 août 1719 et 21 mars 1737, rapportés, le premier par le *Journal des Audiences*, t. 6, et le second par Guyot, *Rép.*, vo *Absent*, t. 1er, p. 66.

14. — On fit plus, on autorisa les héritiers présomptifs d'un homme absent à demander l'envoi en possession de ses biens ; c'était là un point généralement admis ; mais le délai après lequel l'envoi était ordonné variait suivant les coutumes et les juridictions : à Paris et sous la coutume du Hainaut (chap. 77), il fallait trois ans d'absence ; les coutumes d'Anjou (art. 269) et du Maine (art. 287) exigeaient sept ans. Il en était de même en Bretagne ; à Toulouse, on ne pouvait agir qu'après neuf ans ; à Bordeaux, après dix ans ; enfin la coutume de Liége (chap. 2, art. 3) portait ce délai à quarante ans. — Merlin, *Rép.*, vo *Absent*, no 7, et les arrêts qu'il cite. — V. aussi Guyot, *Rép.*, vo *Absent*, t. 1er, p. 66 et suiv.

15. — Pendant le cours de ces différens délais, on était dans l'usage de nommer un curateur chargé spécialement de l'administration des biens de l'absent. — Guyot, *Rép.*, vo *Absent*. — Toutefois, après l'ord. de 1667, les actions contre l'absent ne durent plus être dirigées contre le curateur ; l'absent était assigné à son dernier domicile. — Guyot, *loc. cit.*

16. — L'envoi en possession ne donnait aux héritiers présomptifs aucun droit de propriété sur leurs biens ; ils ne pouvaient ni les aliéner ni les hypothéquer, leurs droits se bornaient à ceux d'un administrateur.

17. — Quant au mariage de la femme de l'absent, la jurisprudence avait adopté les dispositions du dernier état de la législation romaine ; elle décidait que, quel que fût le temps qui s'était écoulé depuis l'absence de l'époux, la femme ne pouvait passer à de secondes noces qu'après avoir rapporté la preuve du décès de son mari. — Guyot, *Rép.*, vo *Absent*. — Pothier pensait cependant que, lorsqu'il s'était écoulé cent ans depuis la naissance de l'époux absent, le conjoint pouvait convoler. — V. son *Tr. du contr. de mariage*, no 106 4o.

18. — Si, malgré la prohibition, un second mariage était contracté sur de fausses preuves de la mort du mari, le mariage était déclaré nul ; la femme devait retourner à son premier mari ; mais les enfans nés du second mariage étaient légitimes. — Bretonnier, *Quest. de dr.*, vo *Absent*, chap. 1er ; Roussaud de Lacombe, vo *Absent*, no 3 ; et Guyot, *Rép.*, *loc. cit.*

19. — En ce qui concerne les enfans de l'absent, on suivait, quant à la faculté de se marier, la disposition de la loi 10, ff., *De ritu nupt.*, qui permet le mariage après trois ans d'absence du père ; seulement, quand le mari était vivant, il fallait obtenir son consentement, et, s'il n'existait pas, la famille devait être consultée. — Bretonnier, *Quest.*, vo *Absent*, chap. 2. — V. aussi Demante, *Encyclop. du dr.*, vo *Absence*.

20. — Lorsque les enfans étaient mineurs, et que la mère était décédée, on laissait écouler une année, à l'expiration de laquelle on leur nommait un tuteur. — Bretonnier, *loc. cit.* — On suppose qu'alors les enfans étaient sous la surveillance de la famille ou d'un de ses membres, et qu'un curateur avait été nommé pour l'administration des biens ; car différemment il y aurait eu danger pour les enfans et pour les biens.

21. — La jurisprudence ancienne en matière d'absence était en cet état, lorsque la révolution éclata. Les attaques nombreuses auxquelles la France fut alors exposée, ses conquêtes, les expatriations qui en étaient la suite, l'abandon du foyer domestique et de la propriété par des masses de citoyens qui volèrent à la défense de la patrie menacée, ne tardèrent pas à éveiller la sollicitude des législateurs de l'époque ; plusieurs lois successives furent portées dans l'intérêt des militaires absens (V. ABSENT [*militaire*]), et formèrent un système spécial qui, avec la loi du 13 janv. 1817, qui en est le complément, existe encore et régit les militaires absens.

22. — Quant à l'absence des autres citoyens, elle devait aussi occuper nos législateurs et trouver place dans le Code civ. ; toutefois, de nombreuses difficultés se présentaient dans la création d'un projet de loi sur cette importante matière : il fallait protéger l'absent ; mais alors qu'on ne devait que le garantir des inconvéniens de son absence, on était exposé aux risques de le troubler dans le libre exercice de ses droits ; les principes tracés par le droit romain et les règles résultant de l'ancienne jurisprudence formaient bien un ensemble de décisions utiles ; mais le système, le plan auquel il fallait le rattacher, n'existait pas. Quand y aurait-il absence ? L'absent serait-il considéré comme mort ou comme vivant à l'égard des tiers intéressés ? Le temps écoulé depuis l'absence devrait-il être consulté pour décider de la vie ou de la mort de l'absent ? Y aurait-il absence seulement présumée, puis présomption de mort, puis mort déclarée ? Quelles seraient les mesures à prendre et les droits à reconnaître dans ces diverses phases de l'absence ? Ces questions étaient graves.

23. — Le titre *Des absens*, qui forme aujourd'hui la loi générale en cette matière, fut rédigé et présenté une première fois, au nom de la section de législation, par Thibaudeau, dans la séance du 16 fructid. an X ; la discussion eut lieu immédiatement et continua les 24 fructid. même année, 4 et 12 frim. an X. — Cette discussion nécessita une nouvelle rédaction, qui devait être portée au corps législatif le 5 niv. an XI ; mais cette présentation n'eut pas lieu par suite de la dé-

termination prise de retirer les projets présentés. — Plus tard, le projet fut porté à la section du tribunat, qui fit des observations, lesquelles provoquèrent une conférence et des amendemens. — Le projet fut enfin présenté au conseil le 22 vendém. an XI, définitivement adopté le même jour, et communiqué au tribunat le 15 vent. an XI, qui le vota sans discussion. — La promulgation en fut faite le 4 germ. an XI. — Locré, t. 4, p. 2 et suiv.

CHAPITRE II.—*De la présomption d'absence.*

24.— On entend par présomption d'absence l'état d'une personne qui n'est point au lieu de sa résidence accoutumée et dont on n'a point de nouvelles, mais dont la disparition n'a pas encore duré cinq ans. — Leroy (de l'Orne), *Rapp. au trib.*, Locré, t. 4, p. 153.

25.— S'il y a nécessité de pourvoir à l'administration de tout ou partie des biens laissés par une personne présumée absente, et qui n'a point de procureur fondé, il y est statué par le tribunal de première instance sur la demande des parties intéressées. — C. civ., art. 112.

26. — Mais à quelle époque commence la présomption d'absence, et quand y a-t-il lieu de pourvoir à l'administration des biens de l'absent? « Il serait difficile, disait M. Portalis, de fixer le délai dans lequel on doit pourvoir à la conservation des biens d'un absent; c'est par les circonstances qu'il faut en juger. Il n'y a pas de danger à ce que les tribunaux aient le droit de se régler, à cet égard, par l'urgence, et de prononcer suivant les cas. » — Plasman, *des Absens*, t. 1er, p. 15.

27. — Le tribunal peut, si la présomption d'absence ne lui paraît pas suffisamment établie, ordonner des mesures propres à l'éclairer. Ainsi il pourrait provoquer la convocation d'un conseil de famille, ou un acte de notoriété. — Arg. art. 856, C. proc., et 155, C. civ. — Plasman, t. 1er, p. 15.

28.— Cependant, suivant Plasman, il ne pourrait pas ordonner une enquête, attendu que cette mesure est prescrite pour la déclaration d'absence. — *Traité des absens*, t. 1er, p. 15. — Cette raison est loin d'être décisive; de ce que le tribunal doit, cinq ans plus tard, à propos de la déclaration d'absence, ordonner une enquête, il ne s'ensuit pas qu'il doive, sans s'éclairer, autoriser un administrateur à s'immiscer dans les affaires de celui qui est à tort présumé absent. Il s'agit, d'ailleurs, d'un fait à l'égard duquel la preuve testimoniale est toujours admissible.

29.—Dans tous les cas, c'est la *nécessité* qui doit servir de règle au juge, et il doit être très sévère dans son appréciation.—De Moly, *des Absens*, no 81.

30. — L'abandon où se trouveraient les biens de l'absent présumé ne serait point un motif suffisant pour s'immiscer dans les secrets de ses affaires.— Toullier, t. 1er, no 386; de Moly, no 81; Duranton, t. 1er, no 392.

31. — Mais on devrait considérer comme constituant la *nécessité* voulue par la loi, la circonstance que le présumé absent aurait des intérêts communs avec des tiers, par exemple, qu'il ferait partie d'une société où les associés présens ne pourraient agir seuls et disposer de l'avoir de la société.— Duranton, t. 1er, no 393; Toullier, t. 1er, no 389.

32. — De même, dans le cas d'un dépôt dont il y aurait preuve par écrit, le déposant étant en droit de se faire rendre les effets déposés avant le retour incertain de l'absent, il y aurait *nécessité* de faire ouvrir la maison pour les y chercher.—Toullier, t. 1er, no 389.

33. — Dans l'exposé des motifs (Locré, *Lég. civ.*, t. 4, p. 130), M. Bigot de Préameneu met au nombre des affaires urgentes, emportant *nécessité* d'agir, l'exécution *des congés de loyers*, leur *paiement, celui des autres dettes exigibles.*—V. cependant Toullier, t. 1er, no 389 et la note.

34. — Il y aurait encore *nécessité* s'il s'agissait : 1o de subvenir à la nourriture et à l'entretien des enfans; — 2o d'interrompre une prescription, d'interjeter un appel, d'acquitter une dette à raison de laquelle l'absent est poursuivi en justice; de recueillir ou de vendre des récoltes qui dépérissent, etc. (Duranton, t. 1er, no 397; Toullier, t. 1er, no 389). — « Enfin, dit ce dernier auteur, il faut qu'il existe des preuves positives de faits particuliers qui ne permettent pas de douter qu'on ne peut abandonner les affaires de l'absent au cours des événemens, sans causer un préjudice notable, soit à lui-même, soit à des tiers. »

35. — Mais l'appréciation de ce qui constitue la nécessité étant laissée à la sagesse des tribunaux, les juges pourraient décider qu'il n'y a pas *nécessité* de pourvoir à l'administration des biens de l'absent, si un ami ou un parent veillait et annonçait la résolution de veiller plus tard encore à la conservation des biens de l'absent et à tous ses intérêts, alors même que ce tiers n'aurait pas reçu de pouvoir à cet effet. — Marcadé, *Elém. de dr. civ. français,* sur l'art. 112.

36. — Quel est le tribunal compétent pour ordonner les mesures provisoires au cas de présomption d'absence? — Duranton (t. 1er, no 424), voyant dans la question soumise au tribunal, en vertu de l'art. 112, une sorte de question d'état, soutient que le tribunal du domicile du présumé absent, ou, s'il n'y a pas de domicile connu, le tribunal du lieu de sa dernière résidence, est seul compétent pour décider s'il y a présomption d'absence, sauf à renvoyer, pour la détermination des mesures à prendre, au tribunal de la situation des biens. (Conf. Delvincourt, tit. 1er, p. 47, note 6, éd. de 1824; Proudhon, *Etat des personnes*, t. 1er, no 258). — C'est aussi ce qui, suivant Toullier (t. 1er, no 390), et Locré (*Esprit du Code civ.*, t. 2, p. 301 et suiv.), paraissait avoir été adopté au conseil d'état dans la séance du 4 frim. an X, sans cependant que la rédaction définitive contienne rien de formel à cet égard. — Le principe posé par ces auteurs devrait sans doute être adopté s'il y avait lieu, à proprement parler, de rendre un jugement *déclarant la présomption d'absence*. Mais il en est autrement. « Ici, comme le dit avec raison M. Demante (*Encyclop. du droit*, vo *Absence*, no 38), le recours est ouvert *directement* au tribunal, pour qu'il statue sur l'administration des biens : le fait de la présomption d'absence et celui de la nécessité sont seulement des conditions à vérifier avant de statuer, conditions dont la vérification doit naturellement appartenir au tribunal saisi. Or, ceci posé, c'est évidemment par l'objet principal que doit se régler la compétence du tribunal, et comme l'objet principal est l'administration de tout ou partie des biens, il semble que la situation des lieux pourrait, suivant le cas, déterminer cette compétence. » Demante ajoute au surplus (no 40) qu'en principe le tribunal du domicile sera en général plus à même de statuer, mais qu'il ne faut pas considérer sa compétence comme exclusive. — Conf. Valette, sur Proudhon, t. 1er, p. 258 (note *a*).

37. — Les mesures à prendre dans l'intérêt du présumé absent doivent, dit l'art. 112, être provoquées par les *parties intéressées;* il est dès-lors essentiel de bien connaître quelles sont les personnes qui peuvent être regardées comme telles. Suivant plusieurs auteurs il faut, pour être considéré comme tel, avoir un intérêt *légal*, c'est-à-dire un intérêt pouvant servir de base à une demande judiciaire (ainsi, les créanciers, les associés, les locataires, car ils ont un intérêt *né et actuel*).—Toullier, t. 1er, no 394; Marcadé, *Elémens du droit civil français*, sur l'art. 112, no 3; Merlin, *Rép.*, vo *Absent*; Locré, t. 2, p. 322 et suiv.; Proudhon, *Etat des personnes*, t. 1er, p. 131.— Ces auteurs n'admettent pas qu'un intérêt *purement éventuel* puisse conférer qualité.

38.—D'autres auteurs, au contraire, pensent qu'il suffit d'un intérêt *purement éventuel*. — Ainsi, suivant eux, un substitué dont le droit peut ne jamais s'ouvrir; un créancier conditionnel, ou dont la créance n'est pas exigible; un donateur avec stipulation de droit de retour; un vendeur avec faculté de rachat, etc., auraient qualité pour requérir les mesures conservatoires des biens de l'absent. —V. en ce sens Plasman, t. 1er, p. 29 et suiv; de Moly, nos 106 et suiv.; Malleville, sur l'art. 112, C. civ.; Talandier, *Tr. des absens*, p. 47; Favard de Langlade, *Rép.*, vo *Absence*, sect. 2.—M. Duranton, t. 1er, no 401, enseigne la même doctrine, pourvu toutefois que l'intérêt éventuel ait son principe *dans un acte*.

39. — Favard de Langlade, *loc. cit.*, reconnaît même comme suffisant l'intérêt éventuel qui résulte de la qualité d'héritier présomptif. —V. conf. Demante, *Encyclop.*, vo *Absence*, no 45 (qui généralise en disant : « Toute personne ayant des droits subordonnés au décès »); Valette, sur Proudhon, t. 1er, p. 237 (note *a*). — *Contrà* Duranton, *loc. cit.* (attendu que cet intérêt éventuel ne repose pas sur un acte); Toullier et Proudhon, *loc. cit.*

40.—Pour nous, il nous semble que, de ce qu'un intérêt n'est pas actuel, on ne saurait en conclure que celui qui pourra le faire valoir un jour ne puisse dès à présent prendre ou provoquer des mesures conservatoires qui, loin de nuire à l'absent, ne peuvent que lui être profitables. D'un autre côté, la loi en appelant les parties intéressées n'a pas distingué entre les intérêts actuels ou éloignés. Il faut donc admettre les uns et les autres.

41. — A plus forte raison doit-on ranger le conjoint et les enfans parmi les personnes *intéressées*. C'est ce que n'hésitent pas à faire Delvincourt, *loc. cit.*, et Duranton, t. 1er, no 402. — Ce dernier auteur accorde également au père, qui a droit à des alimens, l'action ouverte par l'art. 112. — V. dans le même sens Demante, no 46.

42. — On est, au surplus, généralement d'accord qu'en principe le simple intérêt d'affection ne suffit pas pour autoriser l'exercice de cette action.

43. — Le ministère public est incontestablement au nombre des personnes qui peuvent provoquer des mesures conservatoires. En le chargeant spécialement de veiller aux intérêts des personnes absentes, l'art. 114 lui donne par cela même et nécessairement ce droit : elle lui en impose même le devoir. — *Metz*, 15 mars 1823, Gelinet; — Duranton, t. 1er, no 398; Demante, no 48.

44. — Et il peut interjeter appel du jugement qui rejette sa demande. — Même arrêt.

45. — La loi, sauf le cas particulier de l'art. 113, n'a pas décidé quelles mesures seraient prises; elle ne le pouvait pas : la nature des biens de l'absent, la diversité de ses intérêts peuvent seules déterminer le genre de précautions à prendre. S'il est nécessaire de fouiller dans les papiers, cette mesure, quoique extrême, peut être ordonnée; mais dans une matière aussi délicate, les tribunaux doivent apporter la plus grande circonspection. — Duranton, t. 1er, no 399; Toullier, t. 1er, no 391.

46. — Ainsi, rien ne s'oppose à ce que le tribunal nomme un curateur au présumé absent. — Duranton, t. 1er, no 400; Toullier, t. 1er, no 391; Plasman, t. 1er, p. 33 et suiv.; Marcadé, sur l'art. 112. — C'est ce qui se pratiquait avant l'ordonn. de 1667. Mais cet usage avait été aboli, non sans de graves inconvéniens, par l'art. 8 de cette ordonnance.

47. — Toutefois, quelques auteurs (Dalloz, vo *Absent*, p. 1re, et de Moly, no 164), ont contesté la légalité de la nomination des curateurs. Ils se fondent sur l'art. 113, C. civ., qui porte que « le tribunal commettra, à la requête de la partie la plus diligente, *un notaire* pour représenter les présumés absens dans les inventaires, comptes, partages et liquidations dans lesquels ils seront intéressés. » — Or, disent-ils, cet article est limitatif, il ne parle que de notaires, et non de curateurs et d'administrateurs.

48. — Mais il est utile de remarquer que si l'art. 113 parle d'un notaire pour représenter l'absent dans *certains* actes qu'il désigne, l'art. 112, lorsqu'il parle en thèse générale des mesures que la nécessité peut forcer de prendre dans l'intérêt de l'absent, garde le silence sur les personnes auxquelles peuvent être confiés les intérêts de ce dernier, sans établir ni préférence ni exclusion. Au reste, suivant Locré, *Esprit du Code civil*, p. 566 et 567, l'esprit qui a présidé à la rédaction de la loi ne serait pas douteux. En effet, lors de la discussion, Bigot de Préameneu, après avoir rappelé une loi du 11 fév. 1791, qui avait une disposition semblable à celle de l'art. 113, ajoutait : « L'absent lui-même n'eût pu choisir personne qui, plus qu'un *notaire*, fût en état de connaître et de défendre ses intérêts dans ce genre d'affaires. Une mesure aussi sage a été maintenue. Mais il n'en résulte pas que les nominations des curateurs aient été interdites dans d'autres cas où les tribunaux le jugeront indispensable. » Et Locré résume la discussion en disant : « L'esprit de la loi est de laisser une latitude indéfinie aux tribunaux sur le choix des mesures à prendre. En conséquence, elle ne leur a ordonné ni défendu de donner des curateurs aux absens présumés, elle se contente de les renvoyer à la règle générale, qui les oblige de consulter les circonstances. »

49. — Au surplus, on n'a pas agité expressément devant les tribunaux la question de savoir si, parmi les mesures à prendre dans l'intérêt de l'absent, on pouvait nommer un curateur pour l'administration de ses biens, on a seulement discuté, regardant la nomination comme autorisée, par qui elle pouvait être provoquée, et quels étaient les pouvoirs de l'administrateur.

50.—Ainsi, on a décidé que ce n'étaient pas seulement les parties intéressées qui pouvaient demander la nomination d'un curateur, mais que le ministère public avait *voie d'action* pour la provoquer. — *Cass.*, 8 avr. 1812, Ducasse; *Metz*, 15 mars 1823, Gelinet.—V. aussi en ce sens Toullier, t. 1er, no 395; Delvincourt, t. 1er, p. 43; Duranton, t. 1er, nos 397 et 398; Talandier, p. 95; Proudhon, *Etat des personnes*, t. 1er, p. 185.

51. — On a jugé que lorsque dans une instance relative à la propriété d'un immeuble, dont on poursuit le délaissement contre un présumé absent, le tribunal estime qu'il y a lieu de donner un représentant à ce dernier, il n'est pas nécessaire que ce représentant soit un notaire. Les juges peuvent nommer tout autre individu pour administrer tous les biens de l'absent.—*Cass.*, 8 avril 1812, Ducasse.

52. — Quant à l'étendue des pouvoirs du cura-

ABSENCE, chap. 2.
ABSENCE, chap. 2.

teur, elle est déterminée par le jugement qui le nomme, et à cet égard les tribunaux doivent user d'une grande réserve. — Plasman, *Traité des absens*, t. 1er, p. 36; Duranton, t. 1er, no 400. — Lors de la discussion au conseil d'état on disait : « Le curateur sera une sorte de fondé de procuration dont la justice réglera les pouvoirs. »

53. — Ainsi, à moins qu'on ne lui ait formellement attribué des pouvoirs spéciaux, le curateur n'a que ceux d'un simple administrateur; il ne peut intenter aucune action mobilière ou immobilière. — Plasman, t. 1er, p. 36.

54. — Toutefois, suivant M. Demante, vo *Absence*, no 51, si le curateur est créé sans limitation il semble naturel d'admettre qu'il a qualité pour représenter l'absent tant en jugement que hors jugement, et que les instances engagées avec lui doivent être réputées contradictoires.

55. — Ainsi jugé que le pouvoir donné au curateur d'exercer un droit ouvert au profit de l'absent emporte le droit d'introduire une instance pour cet objet.— *Limoges*, 13 mai 1819, cité par Talandier, *Tr. des absens*, p. 69. — V. aussi Plasman, t. 1er, p. 41.

56. — Jugé encore que le curateur nommé à un absent a qualité, après avoir interjeté appel, pour représenter l'absent dans l'instance. — *Cass.*, 25 août 1814, Pinot c. Rouxel.

57.—Jugé aussi : 1o que le curateur d'un absent, défendeur sur une demande en partage, peut, sans être repoussé faute d'autorisation de plaider sur cette question, demander par voie d'exception la nullité de la vente des biens qui doivent entrer en partage. — *Bourges*, 30 août 1819, Renault c. Copin.

58.—2o Qu'il peut encore attaquer les ventes consenties en minorité par l'absent qu'il représente. — Même arrêt.

59.—Le curateur nommé à un absent étranger par un tribunal étranger, peut, sans avoir fait préalablement déclarer exécutoire en France le jugement qui contient sa nomination, y procéder par voie d'exécution contre un débiteur de l'absent, en vertu d'un acte d'obligation exécutoire en France. — *Douai*, 20 juin 1820, Fraus. — Le motif de cette décision est que le jugement portant nomination du curateur n'est pas le titre de l'exécution; qu'il ne fait que conférer la qualité nécessaire pour mettre le titre de l'exécution en mouvement; que dès-lors il n'y a pas de raison pour le soumettre à la disposition de l'art. 546, C. procéd., suivant lequel un jugement ne peut être exécuté en France qu'après avoir été déclaré exécutoire par un tribunal français.

60.—Jugé que les débiteurs de l'absent sont non-recevables à prétendre qu'il n'y avait point lieu dans l'espèce à la nomination du curateur, ou que le tribunal n'a pu lui donner les pouvoirs que le jugement lui accorde. — *Bruxelles*, 3 févr. 1826, Berré c. Roland. — V. encore même cour, 3 juin 1819, Fret c. Verhaeven, et *Cass.*, 6 nov. 1828, Verrier c. Fauvet.

61. — Jugé également que le débiteur d'un absent, poursuivi par le curateur régulièrement nommé par jugement à cet absent, à l'effet de poursuivre ses droits, est non-recevable, soit à défaut de qualité, soit à défaut d'intérêt, à critiquer la qualité de ce curateur, et, par exemple, à prétendre que, l'absent ayant laissé un mandataire, c'est à ce dernier à agir au nom de l'absent. — *Cass.*, 6 nov. 1828, Verrier c. Fauvet.

62. — Jugé enfin que le débiteur d'un présumé absent, poursuivi par le curateur *ad hoc* nommé à l'absent par un tribunal, ne peut refuser de payer entre les mains du curateur, soit sous le prétexte qu'il aurait été nommé sur un faux exposé, soit en se fondant sur ce qu'il ne présenterait pas une garantie suffisante pour les intérêts de l'absent. — *Bruxelles*, 3 juin 1819, Fret c. Verhaeven. — La raison en est que jamais le débiteur ne peut se constituer juge de la nomination du curateur, pourvu que ce curateur n'ait pas dépassé les pouvoirs que le jugement lui a conférés. — Plasman, t. 1er, p. 38.

63. — Mais jugé aussi que les juges peuvent ordonner, sur la réquisition du ministère public, que le curateur ainsi nommé ne recevra les fonds qu'en donnant des garanties. — Même arrêt.

64. — Les créanciers d'un présumé absent qui ont appelé, comme exerçant ses droits, d'un jugement rendu contre lui, peuvent, si, sur l'appel, il est nommé un administrateur aux biens de l'absent, rester en cause devant la cour, quoique l'administrateur y soit appelé lui-même. — *Cass.*, 8 avr. 1812, Ducasse.

65. — Les jugemens contradictoires et définitifs rendus contre le curateur obligent l'absent; c'est là un point généralement reconnu par la doctrine : en protégeant l'absent, en exerçant une surveillance sévère et minutieuse sur tous ses intérêts, la loi doit aussi laisser aux tiers la pleine et entière exécution de leurs droits. « Il doit y avoir, dans ce cas, dit Plasman (t. 1er. p. 42), une réciprocité de droits et d'actions qu'on ne pourrait méconnaître sans violer toutes les règles du droit et de l'équité. » — V. aussi, en ce sens, Duranton, t. 1er, no 400; Delvincourt, t. 1er, p. 84.

66.—Jugé aussi que des héritiers qui ne se sont pas fait connaître ont été représentés par le curateur nommé à un absent, héritier présomptif, et par suite sont non-recevables à former tierce-opposition au jugement rendu contre le représentant; il importerait peu qu'on eût nommé un notaire pour représenter l'absent, et non un curateur, lorsque d'ailleurs la bonne gestion de ce notaire n'est pas critiquée. — *Cass.*, 12 août 1824, Laplanche c. Varsavaux.

67. — L'absent peut-il, comme le mineur, se pourvoir par requête civile contre les jugemens rendus contradictoirement avec son curateur? —Lors de la discussion au conseil d'état (séance du 24 fruct. an XI), MM. Portalis et Malleville émirent, sur cette question, une opinion favorable à l'absent, mais elle ne fut pas consacrée par une disposition législative : la question est donc demeurée irrésolue.— Cependant M. Talandier, p. 66, soutient, en s'appuyant sur l'opinion de ces deux orateurs, que la question n'est plus douteuse. M. Plasman (t. 1er, p. 43) est d'un avis contraire : il se fonde sur ce que l'absent n'est pas compris dans le nombre des personnes que signale l'art. 481, C. procéd., dont les dispositions sont limitatives. — Nous partageons d'autant plus cette opinion que la requête civile est un moyen exorbitant de se pourvoir contre les jugemens, et que, dès-lors, il y a lieu de le restreindre dans les limites que la loi lui a expressément assignées.

68. — L'art. 112 n'admet la nomination d'un curateur ou administrateur que dans le cas où le présumé absent n'a pas laissé un procureur fondé; dans le cas contraire, le mandataire seul a le droit d'agir, et aucune mesure relative à l'administration des biens de l'absent ne peut être provoquée ni ordonnée. — Talandier, p. 49; Plasman, t. 2, p. 59; Merlin, *Rép.*, vo *Absent*.

69. — Il n'y a par conséquent pas lieu, en ce cas, de nommer un notaire pour le représenter dans les comptes, partages, liquidations, etc. — *Bruxelles*, 13 mai 1817, Departz c. Legniers.

70. — Le ministère public ne peut même s'opposer à l'exercice du mandat, à moins qu'il ne prouve que le mandataire est insolvable.— *Agen*, 14 mars 1811, Cami c. Roques.

71.—Jugé que la simple présomption de la mort d'un individu absent ne suffit pas, quelque forte qu'elle puisse être, pour faire considérer comme révoquée la procuration qu'il a laissée. —*Paris*, 25 nov. 1811, Salmon c. Retard.

72. — Jugé aussi qu'une procuration générale ne peut être réputée révoquée par cela seul que le constituant, rentré dans son domicile, aurait, pendant quelque temps, géré lui-même ses affaires, cette gestion momentanée n'ayant que *suspendu* l'effet de la procuration. — Même arrêt.

73. — Mais, quoiqu'un présumé absent ait laissé un fondé de pouvoir, il y a lieu de nommer une personne pour le représenter, si les droits de cet absent et du fondé de pouvoir se trouvent en opposition. — *Metz*, 15 mars 1823, Gelinet.

74. — Il a été jugé que le débiteur de l'absent n'est pas recevable à critiquer le mandat donné par l'absent de gérer et administrer ses biens. — *Rennes*, 13 janv. 1819, Mahé c. Lorvillec.

75. — Mais cette décision est trop générale. — En effet, l'art. 1239, en parlant d'une autorisation de justice, ne suppose-t-il pas la régularité et la validité de cette autorisation? Si la nullité en est évidente, il s'ensuit qu'elle n'a pu conférer aucun pouvoir à celui qui veut s'en prévaloir. Or, l'intérêt étant la mesure de toutes les actions, il est vrai qu'un débiteur ne peut critiquer la qualité du tiers porteur d'un mandat ou d'une autorisation de toucher pour le créancier, qu'autant que cette qualité ne serait pas établie sur un titre de nature à mettre sa responsabilité à couvert; mais il ne suit pas de là que ce droit du débiteur se borne à exiger la représentation de ce titre, indépendamment même de sa sûreté; il semble qu'il ne peut être forcé de payer à un autre qu'au créancier, ou à un autre qu'à celui qui est fondé de pouvoirs *valables*.

76.—L'administrateur provisoire des biens d'un absent, dont la mission est de recevoir les fermages et de compter avec les débiteurs de cet absent, n'a point qualité pour former tierce-opposition à un jugement qui a été rendu contre un des débiteurs, après toutefois qu'on a notifié audit administrateur provisoire le jugement d'envoi en possession; car ce dernier jugement lui a enlevé toute administration, et il est devenu simple comptable de sa gestion à l'égard des envoyés en possession. — *Orléans*, 29 nov. 1820, Lecompte.

77. — Le curateur d'un absent ne doit pas les intérêts des intérêts des sommes perçues pendant sa gestion.— *Colmar*, 24 août 1841 (t. 2 1841, p. 507), Dierbach c. Steinmetz.

78. — Ce curateur, comme mandataire judiciaire, ne doit même pas d'intérêts de plein droit, il ne les doit que des sommes employées à son usage et à dater de cet emploi. — Même arrêt.

79. — La curatelle d'un absent n'est pas essentiellement gratuite : en conséquence, des frais de gestion peuvent être alloués par le juge au curateur.—Même arrêt.—V. aussi analogue, en ce sens, *Cass.*, 24 juill. 1832, de Barnawal c. Pugens.

80. — Les présumés absens n'ont pas hypothèque judiciaire ou légale sur les biens de leurs curateurs. — V. HYPOTHÈQUE et HYPOTHÈQUE LÉGALE.

81. — Les juges n'ont toute latitude pour le choix des mesures à prendre et pour la nomination d'un curateur que lorsqu'il s'agit de cas tout autres que celui prévu par l'art. 113. — S'il s'agit, au contraire, d'inventaires, comptes, liquidations et partages, l'art. 113 veut que le présumé absent soit représenté par un notaire, lequel est nommé à la requête de la partie la plus diligente.

82. — La généralité des termes de l'art. 113 ne permet pas de douter qu'il ne doive recevoir son application, non-seulement au cas de succession, mais dans tous les cas où le présumé absent se trouve intéressé dans des inventaires, comptes, liquidations et partages, et notamment au cas de société.— Demante, *Encyclop. du Dr.*, vo *Absence*, no 53; Plasman, sur l'art. 113, t. 1er, p. 58 et suiv.; de Moly, *des Absens*, no 96.— V. cependant Locré, *Espr. du Code civ.*, t. 2, p. 235, et Toullier, t. 1er, no 340.

83. — La question s'est élevée de savoir si l'absent doit être représenté dans les inventaires, liquidations, etc., des successions ouvertes seulement depuis sa disparition. Cette question a été diversement résolue par les auteurs et la jurisprudence. — V. *infrà* no 391.

84. — Au surplus, encore bien que l'existence de l'absent ne fût pas positivement établie, si elle était reconnue par tous les héritiers, il est hors de doute qu'il devrait être représenté.

85. — Jugé que le notaire commis en vertu de l'art. 113, C. civ., est sans qualité pour intenter une action en reddition de compte, au nom du présumé absent; que ses fonctions se bornent à représenter l'absent, lorsque les demandes en compte, partage, etc., sont régulièrement provoquées. — *Bruxelles*, 8 avr. 1813, Mayensous c. Pieters. — Plasman, t. 1er, p. 63.

86. — La doctrine consacrée par cet arrêt est, au reste, conforme à l'opinion de Merlin (*Répert.*, vo *Absent*), qui pense qu'il devrait en être de même, *à fortiori*, s'il s'agissait d'une action en partage. « Le partage, dit-il, étant considéré comme un échange que les copartageans font entre eux de portions indéterminées dans des biens qu'ils possèdent en commun contre les portions indéterminées qu'ils y ont respectivement, ou comme une vente qu'ils se font respectivement les uns aux autres, le droit de le provoquer n'appartient régulièrement qu'à celui qui a le pouvoir d'aliéner. » — V. aussi en ce sens Biret, *Traité de l'absence*, p. 64; Duranton, t. 1er, no 93. — « Mais, ajoute cet auteur, les circonstances pourraient être telles que le ministère public dût provoquer la liquidation et le partage. » — Tel n'est pas cependant l'avis de Delvincourt; après avoir rapporté l'arrêt ci-dessus cité, voici ce qu'il ajoute (t. 1er, p. 257, notes) : « Peut-être y avait-il, dans l'espèce, quelque motif particulier qui a influé sur cette décision; mais je ne crois pas qu'on puisse l'adopter en principe général. Le notaire est chargé de représenter l'absent; il peut donc faire tout ce que pourrait faire l'absent; or, l'absent aurait droit de provoquer le partage. »

87.—Suivant M. Marcadé (sur l'art. 113), le pouvoir donné au notaire de représenter le présumé absent n'emporte pas de plein droit celui de provoquer le partage; mais si les circonstances étaient telles qu'il y eût, dans l'intérêt du présumé absent, nécessité de provoquer le partage en son nom, le tribunal pourrait, sur la demande des parties intéressées, ou, à défaut de parties intéressées, sur la demande du ministère public, commettre un notaire pour provoquer lui-même, au nom de l'absent, les opérations dont il s'agit. Ce droit rentre dans la généralité des pouvoirs conférés aux tribunaux par l'art. 112.—V., dans ce sens, Demante, *Encyclopédie du droit*, vo *Absence*, no 58.

88. — Toullier ne donne pas précisément son avis sur cette question, mais on peut soupçonner qu'il serait conforme à l'arrêt de Bruxelles ci-dessus cité, d'après ces mots qui se trouvent au t. 1er de ses œuvres, p. 341 : « Pour faire représenter un absent ou un présent dans un partage, il faut qu'il y ait une demande de partage, et, par conséquent, une assignation donnée à personne ou domicile. » — Son opinion est combattue par de Moly (p. 93), qui fait observer que, suivant le système de Toullier, les intérêts des présumés absens seraient souvent compromis, parce que les parties avec lesquelles l'inventaire, le compte, etc., devraient avoir lieu, auraient, dans bien des cas, le plus grand intérêt à ne pas y faire procéder, afin de se perpétuer dans la jouissance du tout, afin d'éloigner des liquidations par lesquelles ils pourraient être reconnus reliquataires.

89. — Si, incidemment à un compte ou à un partage, il s'élevait une contestation entre les parties, Merlin (*Rép.*, vº *Absent*) soutient que le notaire n'aurait pas qualité pour la porter en justice ni pour y défendre. — V. conf. Proudhon, *État des personnes*, t. 1er, p. 135; Talandier, p. 81 et 82; Plasman, t. 1er, p. 65.

90. — Jugé cependant que le notaire nommé d'office pour représenter, à la levée des scellés, des héritiers présumés absens, a qualité pour les représenter dans tous les incidens élevés dans le cours de l'inventaire. — *Colmar*, 11 nov. 1831, Misselberger.

91. — Mais il ne peut transiger. — Delvincourt, t. 1er, p. 84; Duranton, t. 1er, nº 395.

92. — Ni faire, en général, toutes les affaires de l'absent. — Ainsi il ne peut distribuer aux créanciers de l'absent l'argent qu'il a reçu dans un partage où il est intervenu. — *Limoges*, 19 mars 1823, Brunetaud c. Delaâge. — Plasman, t. 1er, p. 66.

93. — Le notaire ainsi commis est responsable des fautes graves commises au préjudice de l'absent. — Plasman, t. 1er, p. 63.

94. — Tout ce qu'il a fait en dehors de son mandat doit être apprécié d'après les règles relatives aux quasi-contrats, et l'oblige comme *negotiorum gestor*. — *Limoges*, 19 mars 1823, Brunetaud c. Delaâge.

95. — Et s'il excède sa mission, il peut être condamné aux dépens. — *Bruxelles*, 8 avr. 1813, Mayensons c. Piotera.

96. — Lorsqu'il y a plusieurs présumés absens, Proudhon (t. 1er, p. 134) enseigne qu'ils peuvent être représentés par un seul notaire. — Mais nous pensons avec MM. Demante (*Encyclopédie du droit*, vº *Absence*, nº 54) et Marcadé (sur l'art. 113) que, si les présumés absens ont des intérêts distincts, il doit être commis un notaire pour chacun d'eux.

97. — Le jugement qui a commis un notaire pour représenter un présumé absent dans une succession ne met pas obstacle à ce que, ultérieurement, les autres héritiers fassent déclarer que la succession doit leur être dévolue exclusivement, aux termes de l'art. 136, C. civ., en établissant qu'il n'existe aucun absent qui y ait des droits. — *Rouen*, 31 janv. 1829, Bellon c. Leguest.

98. — Le ministère public, spécialement chargé de veiller aux intérêts des personnes présumées absentes, doit être entendu sur toutes les demandes qui les concernent. — C. civ., art. 114.

99. — Mais a-t-il droit et qualité pour exercer directement les actions qui compètent au présumé absent et pour contredire les demandes formées contre lui? — La question est controversée.

100. — D'une part, Toullier (t. 1er, nº 395) s'exprime d'une manière formelle dans le sens de l'affirmative : « Le ministère public, dit-il, a deux fonctions : l'une, de *former lui-même les demandes* qu'il juge convenables pour les intérêts de l'absent; l'autre, d'appuyer ou de contredire les demandes formées par les tiers intéressés. » — (V., en ce sens, Proudhon, t. 1er, p. 184; Delvincourt, t. 1er, p. 47). — Voici comment ces derniers auteurs motivent leur opinion : Les mineurs sont défendus par leurs tuteurs, les femmes par elles-mêmes; il suffit de les soutenir et de les protéger dans leur défense sans agir pour elles; mais on doit agir pour l'absent qui n'a point de représentant, et qui ne peut rien par lui-même; autrement, la protection de la loi serait nulle, ou du moins trop imparfaite à son égard; au reste, le pouvoir d'agir résulte de l'art. 114 lui-même; car la disposition qui charge spécialement le ministère public de veiller aux intérêts de l'absent présumé est tout autre chose que celle qui porte qu'il sera entendu sur toutes les demandes qui pourront le concerner. La première lui impose nécessairement l'obligation d'agir, sans quoi elle serait sans objet ou ne présenterait qu'une inutile répétition de la deuxième.

101. — Au contraire, MM. de Moly (nº 120) et Talandier (p. 83 et suiv.), sont d'un avis opposé : ils soutiennent que la lettre et l'esprit de la loi repoussent également l'interprétation de ces auteurs : — *la lettre*, car toutes les fois que le législateur a voulu autoriser le ministère public à agir d'office, il l'a dit en termes exprès ; il suffit, pour s'en convaincre, de lire les art. 184, 190, 491, 2138 et 2194, C. civ. L'art. 114 est loin d'être exprès sur ce point ; — *l'esprit*, car les motifs qui ont fait donner un tuteur au mineur, ont fait décider que les intérêts du présumé absent seraient surveillés par le ministère public ; or, malgré ces mêmes motifs, ce dernier n'est pas autorisé à requérir la convocation d'un conseil de famille, à provoquer la destitution d'un tuteur qui prévarique, etc., il ne peut agir pour la conservation des reprises dotales qu'en requérant des inscriptions hypothécaires. — La véritable interprétation de cet article est, selon ces auteurs, que le ministère public *peut requérir*, de son chef, ce qu'il croira utile à l'absent, mais non exercer lui-même ses actions.

102. — M. Duranton avait d'abord adopté l'opinion de Toullier, mais dans sa dernière édition (t. 1er, nº 395), il refuse au ministère public l'action directe pour exercer les droits des présumés absens, et il ne lui reconnaît que le droit, et même le devoir, *de requérir* la nomination d'un curateur ou l'application de mesures conservatoires. — Enfin M. Plasman, tout en repoussant la doctrine de Toullier, Proudhon, etc., admet cependant l'intervention active du ministère public, lorsqu'il y a péril en la demeure : un procureur du roi, dit-il, ne doit jamais agir en son nom quand il peut faire nommer un administrateur, et il n'a la voie d'action que lorsqu'il y a péril en la demeure.

103. — Telle est, suivant nous, l'opinion qui doit prévaloir comme la plus conforme aux principes sur les attributions du ministère public. — Au reste, la doctrine qui refuse au ministère public l'action directe pour exercer les droits des présumés absens, et qui ne lui réserve que le droit de requérir la nomination d'un curateur ou administrateur, a été consacrée par l'arrêt de la cour de *Metz*, 15 mars 1823, Gélinet.

104. — Quoi qu'il en soit, on juge que la communication au ministère public est de rigueur dans toutes les affaires qui concernent les absens. — *Rennes*, 24 déc. 1811, Hamon Kerhello c. Suant.

105. — Le procureur du roi, chargé par l'édit des successions vacantes de 1781 de représenter dans les colonies les absens, relativement aux successions à eux échues, était leur représentant d'une manière absolue, en sorte qu'on pouvait opposer aux absens l'acquiescement donné en leur nom à un jugement par le procureur du roi. — *Cass.*, 21 mars 1821, Faujas c. Ambert et Nau.

CHAPITRE III. — *De la déclaration d'absence.*

106. — La déclaration d'absence était inconnue des Romains, et notre ancienne jurisprudence n'a laissé aucune trace de son existence. Autrefois on constatait l'absence d'un individu par un simple acte de notoriété. — Toullier, t. 1er, nº 396; de Moly, nº 209; Talandier, p. 98; Plasman, t. 1er, p. 92. — Les rédacteurs du Code civil, qui avaient trouvé cette mesure établie, l'avaient conservée; mais, sur les observations de la Cour de Lyon, un nouveau système fut adopté. — V. Plasman, p. 94.

107. — L'art. 115, C. civ., porte : « Lorsqu'une personne aura cessé de paraître au lieu de son domicile ou de sa résidence, et que depuis quatre ans on n'en aura pas eu de nouvelles, les parties intéressées pourront se pourvoir devant le tribunal de première instance, afin que l'absence soit déclarée. »

108. — Cette formalité est maintenant indispensable. — Ainsi une cour ne pourrait accueillir les conclusions subsidiaires à fin de déclaration d'absence ou de constatation de décès que l'héritier de l'absent prendrait devant elle. — *Rennes*, 26 juin 1819, Boussart.

109. — Celui qui se prétend héritier d'un absent doit donc, avant d'agir en cette qualité, faire déclarer l'absence. — *Colmar*, 16 therm. an XII, Brobecker c. Pielmann; *Cass.*, 1er prair. an XIII, Perron; *Rennes*, 3 fév. 1815, Legris c. Pillat et Hardouin.

110. — Et l'action intentée ou la procédure commencée en qualité d'héritier présomptif de l'absent, avant la déclaration de l'absence, ne peut être validée par une déclaration d'absence postérieure. — *Limoges*, 12 août 1812, Lemasson.

111. — Les dispositions du Code civil, relatives à la nécessité de faire déclarer l'absence avant d'obtenir l'envoi en possession provisoire, sont applicables même au cas où, avant le Code civil, il y a eu succession ouverte, partage demandé, et jugement ordonnant le partage. — *Limoges*, 8 juin 1809, Mourinet, cité par Talandier, p. 98.

112. — Et lorsque les poursuites en déclaration d'absence n'étaient pas terminées lors de la promulgation du Code, on a dû faire déclarer cette absence conformément à ses dispositions. — *Limoges*, 20 fév. 1815, Jamed; *Poitiers*, 11 pluv. an XIII, Bourgoin c. Manché. — V. aussi Talandier, p. 98.

113. — Bien plus, il a été jugé que l'héritier présomptif d'un absent qui, avant la publication du Code, s'était fait envoyer en possession sur simple requête, mais sans rapporter préalablement un acte de notoriété constatant l'absence sans nouvelles depuis dix ans, a dû, depuis le Code, faire déclarer judiciairement cette absence. — *Poitiers*, 11 pluv. an XIII, Bourgoin c. Manché.

114. — De même il a été jugé que l'action relative aux biens d'un absent, formée sous le Code civil, doit être intentée selon les règles tracées par ce Code, lors même que l'absence aurait eu lieu sous l'empire des anciennes lois. — Ainsi, les héritiers présomptifs d'un absent ne peuvent, sous ce Code, et même dans le cas d'une absence antérieure, assigner en désistement les détenteurs de ses biens, sans faire préalablement déclarer son absence. — *Limoges*, 18 août 1823, Lenoir c. Rieublanc.

115. — Jugé aussi que les cohéritiers d'un absent ne peuvent se partager une succession ouverte, mais non recueillie, avant la disparition de ce dernier, sans avoir fait préalablement déclarer l'absence. — *Cass.*, 1er prair. an XIII, Perron.

116. — Bien que l'art. 115 se serve des mots : « Toute personne qui aura cessé de paraître au lieu de son domicile *ou* de sa résidence, » il est évident, néanmoins, que, pour motiver la déclaration d'absence, il faut l'éloignement simultané du domicile et de toute résidence connue. En effet, la loi n'attache d'importance à l'éloignement que lorsqu'il est accompagné du défaut de nouvelles. — Locré, *Espr. du C. civ.*, t. 2, p. 337; Talandier, p. 100; Plasman, t. 1er, p. 96, et Toullier, t. 1er, nº 397.

117. — Il faut donc, pour qu'il y ait lieu à déclaration d'absence, le concours de trois circonstances : 1º éloignement du domicile *et* de la résidence ; — 2º défaut absolu de nouvelles ; — 3º laps de quatre ans, écoulé depuis le moment de la disparition ou des dernières nouvelles. — Talandier, p. 100; Plasman, t. 1er, p. 96. — A défaut de l'une de ces trois circonstances, la demande en déclaration d'absence doit être rejetée. — Toullier, t. 1er, nº 397; Duranton, t. 1er, nº 410.

118. — La loi, dit M. Plasman (t. 1er, p. 97), veut que la disparition soit un *éloignement* : « Car, ajoute-t-il, s'il y avait disparition *subite* sans éloignement *probable*, ce serait le décès qu'il faudrait faire constater et non l'absence. Il peut arriver qu'on ait sur la mort d'un individu des indices très graves, quoiqu'on n'ait pas retrouvé son cadavre. On peut dire de cet homme qu'il a disparu; mais on ne peut pas dire qu'il est absent. »

119. — En exigeant, pour que la déclaration d'absence puisse être prononcée, que l'on n'ait *pas eu* de nouvelles de l'absent, l'art. 115 a par cela même reconnu que des nouvelles *indirectes* suffiraient pour mettre obstacle à cette déclaration. Le mot *reçu*, qui figurait dans la première rédaction, et qui pouvait emporter l'idée de la nécessité de nouvelles *directes*, a disparu sur les observations du premier consul. — Locré, *Lég. civ.*, t. 4, p. 56; Plasman, t. 1er, p. 98, et Talandier, p. 101.

120. — Plusieurs auteurs enseignent que l'on doit compter le délai de quatre ans du jour des nouvelles reçues, et non du jour de leur date (Delvincourt, t. 1er, p. 86, et Plasman, t. 1er, p. 98); et ils se livrent à des calculs pour établir que le système contraire pourrait aboutir à faire déclarer absent un homme qui n'aurait pas été quatre ans sans donner de ses nouvelles.

121. — M. Demante, au contraire (*Encyc. du Dr.*, vº *Absent*, nº 66), sans placer d'une manière absolue le point de départ au jour de la date des nouvelles, montre clairement qu'en s'attachant exclusivement à l'époque de leur réception, on pourrait arriver, dans certaines circonstances, à retarder la déclaration d'absence bien au delà du temps prévu par la loi, si, par exemple, les nouvelles avaient été retardées, en route, pendant un temps plus ou moins long, par quelque force majeure. — Aussi s'arrête-t-il à l'idée qu'il faut s'attacher au dernier signe de vie donné par l'absent, en tenant compte, suivant l'art. 117, des causes qui ont pu empêcher de recevoir des nouvelles. — Tel paraît être aussi l'avis de M. Duranton (t. 1er, nº 414), bien qu'au premier abord il semble se ranger à l'avis de Delvincourt. — V., dans le même sens, Marcadé, sur l'art. 115.

122. — Une demande en déclaration d'absence, faite sous l'empire du Code civil, a pu comprendre dans les quatre années de rigueur le temps d'absence sans nouvelles écoulé avant le Code. — *Cass.*, 17 nov. 1808, Duval.

123. — Si l'absent a laissé une procuration, ses héritiers présomptifs ne peuvent poursuivre la déclaration d'absence et l'envoi en possession provisoire qu'après *dix années révolues*, depuis sa disparition ou depuis ses dernières nouvelles. — C. civ., art. 121.

124. — Il en est de même si la procuration vient à cesser; et, dans ce cas, il est pourvu à l'administration des biens de l'absent comme il a été dit à l'égard du présumé absent. — C. civ., art. 122.

125. — Ces dispositions sont fondées sur plusieurs raisons : — 1° l'absent ayant donné sa confiance à un individu, il est naturel de la maintenir; l'homme de son choix ne doit pas être écarté par d'autres qui ne l'ont pas méritée comme lui (Duranton, t. 1er, n° 411; Talandier, p. 104); — 2° la précaution prise par l'absent de choisir lui-même son procureur fondé doit faire croire à son retour; — 3° il serait injuste de ne pas traiter l'absent prévoyant mieux que l'absent imprévoyant (Observations du premier consul; Locré, *Lég. civ.*, t. 4, p. 65), et l'absent qui a laissé une procuration est parti avec sécurité, dans la confiance qu'il avait pourvu à ses affaires (Observ. de Réal; Locré, *Lég. civ.*, t. 4, p. 66); — 4° l'absent qui a pourvu à ses affaires peut se regarder comme dispensé de donner de ses nouvelles. — Talandier, p. 106.

126. — « La conséquence naturelle de ces divers motifs, dit Duranton (*loc. cit.*), c'est que, quelle que soit la cause qui a fait cesser la procuration, telle que la mort du mandataire, ou sa renonciation au mandat, ou son refus de l'accepter, ou l'expiration du temps pour lequel ce mandat a été donné, la déclaration ne pourra toujours être provoquée qu'après dix ans écoulés depuis la disparition ou les dernières nouvelles, parce qu'en effet les raisons ci-dessus conservent toute leur force. » — Toutefois, ajoute le même auteur (4e éd., note), la décision relative au cas où le mandataire a refusé d'accepter le mandat, n'est applicable qu'autant que l'absent n'a pas connu le refus. — S'il l'a connu, il n'y a eu de sa part qu'un simple projet sans réalisation, et il est vrai de dire qu'il n'a pas pourvu à l'administration de ses affaires.

127. — Une procuration spéciale suffit-elle pour mettre obstacle à la déclaration d'absence pendant les dix ans fixés par l'art. 121, C. civ.? — Toullier (t. 1er, n° 424), Locré (t. 2, p. 399), de Moly (n° 225) enseignent l'affirmative. — M. Duranton (t. 1er, n° 412) paraît aussi de cet avis, toutefois en subordonnant l'effet de la procuration spéciale, au point de savoir si elle indique ou non de la part du mandant l'intention de s'éloigner pour un long temps de son domicile : car, dit-il, c'est à la présomption de ce dessein, résultant d'une procuration, que le législateur a voulu *principalement* attribuer l'effet de reculer l'époque où la demande peut être formée. — M. Marcadé (sur l'art. 122) enseigne que, si l'absent n'avait laissé qu'une procuration relative à telle opération spéciale, à tel bien particulier, comme une telle procuration ne prouverait nullement la pensée d'un retour éloigné chez celui qui la donne, il n'y aurait pas lieu d'appliquer l'art. 122; mais que cependant il ne serait pas nécessaire que la procuration, pour faire retarder la déclaration d'absence, s'étendît à tous les biens, qu'il suffirait qu'elle eût pour objet ceux qui demandent plus de surveillance que les autres.

128. — Si la procuration concernait une affaire qui devait être terminée avant la disparition, elle n'aurait pas d'effet suspensif. — de Moly, *Tr. des absens*, n° 225.

129. — Mais la longue durée de la procuration (par exemple, si l'absent avait donné mandat pour vingt ans, trente ans, etc.) ne mettrait pas obstacle à la déclaration d'absence après dix ans écoulés sans nouvelles. — Toullier, t. 1er, n° 424; Plasman, t. 1er, p. 203; Duranton, t. 1er, n° 412; Locré, t. 4, p. 70; Marcadé, sur l'art. 122, n° 3.

130. — Toutefois, disent MM. Duranton et Plasman (*loc. cit.*), si le mandat n'avait été donné que pour un temps qui n'excéderait que de très peu les dix ans, la demande pourrait être provisoirement repoussée.

131. — Jugé que, après dix ans d'absence écoulés sans nouvelles, l'héritier présomptif peut, bien que l'absent ait laissé un mandataire, provoquer dans son intérêt des mesures conservatoires, spécialement demander l'insertion, au cahier des charges d'une vente dans laquelle l'absent est intéressé, d'une clause portant que la portion qui lui revient restera, jusqu'à l'envoi en possession provisoire, entre les mains de l'adjudicataire. — *Rennes*, 1er août 1817, Fichoux c. Evanno.

132. — Suivant l'art. 115, la déclaration d'absence peut être poursuivie *par les parties intéressées*. — Mais que doit-on entendre par ces mots *parties intéressées?*

133. — Nul doute d'abord que l'on ne doive considérer les héritiers présomptifs comme parties intéressées. — Art. 115 et 120 combinés.

134. — Ce seraient même les héritiers d'un degré plus éloigné, si les plus proches négligeaient d'agir (Locré, *Esp. du C. civ.*, t. 2, p. 742), ou l'Etat, en l'absence de parens (Duranton, t. 1er, n° 419).

135. — Il faut entendre ici par héritiers, non pas ceux qui le sont au jour où la demande est formée, mais ceux qui l'étaient au jour de la disparition ou des dernières nouvelles. — Marcadé, sur l'art. 115.

136. — On doit aussi considérer comme *parties intéressées tous ceux qui ont des droits subordonnés à la conditon du décès de l'absent*, tels que l'époux, le légataire universel, à titre universel, ou même particulier, l'appelé à une substitution dont est grevé l'absent, l'ascendant donateur dans le cas prévu par l'art. 747, le donateur avec stipulation de retour, l'enfant naturel reconnu (encore qu'il y ait des enfans légitimes), les propriétaires des biens dont l'absent a l'usufruit. — Toullier, t. 1er, n° 399; Duranton, t. 1er, n° 416; Proudhon, t. 1er, p. 144; Merlin, *Rép.*, v° *Absent*.

137. — L'art. 123 peut, il est vrai, laisser quelque doute à cet égard, en ce qu'il suppose que les personnes qui ont des droits subordonnés à la condition du décès de l'absent n'exerceront leurs droits qu'après que *les héritiers présomptifs* auront obtenu l'envoi en possession provisoire; mais M. Valette, sur Proudhon (t. 1er, p. 270), dit que l'art. 123 n'a qu'un sens très énonciatif et non restrictif, et qu'il suppose seulement le fait le plus ordinaire, c'est-à-dire l'envoi en possession effectué sur la demande des héritiers. — V. aussi Duranton, n° 420.

138. — Et le même auteur ajoute que, si le testament est secret, c'est-à-dire olographe ou mystique, ceux qui ont de justes sujets de se croire institués légataires dans le testament de l'absent peuvent obtenir du tribunal que le testament soit ouvert, pour pouvoir agir en conséquence (*loc. cit.*).

139. — Mais les créanciers de l'absent peuvent-ils provoquer la déclaration d'absence? — M. Plasman (t. 1er, p. 128) soutient l'affirmative par analogie de l'art. 40 de la loi de 1817, qui accorde expressément ce droit aux créanciers des militaires absens. — V. aussi en ce sens de Moly, p. 151 et suiv. — *Contrà* Toullier, t. 1er, n° 399; Valette, *loc. cit.*; Merlin, *Rép.*, v° *Absent*; Duranton, n° 419. — « Il est évident, en effet, dit M. Valette, que les créanciers n'ont aucun intérêt à demander la déclaration d'absence, puisqu'ils peuvent faire nommer des administrateurs et diriger contre eux leurs actions. »

140. — Duranton excepte toutefois le cas où il s'agirait d'un créancier ayant fait une stipulation dont l'exécution serait subordonnée au décès de l'absent; par exemple, s'il avait stipulé que certaines sommes lui seraient payées après ce décès. — *Loc. cit.*

141. — Le débiteur d'une personne présumée absente, dont la dette est subordonnée pour son échéance à l'envoi en possession, a le droit d'intervenir sur la demande en déclaration d'absence et de la contredire, s'il croit le poursuivant mal fondé à se faire envoyer en possession. — *Metz*, 15 fév. 1821, Thibaux c. François.

142. — Les créanciers de l'héritier d'un absent présumé auraient-ils qualité pour demander, *du chef de cet héritier*, la déclaration d'absence et l'envoi en possession des biens? — Nég. *Metz*, 15 fév. 1821, Thibaux c. François; *Metz*, 7 août 1823, Laurent c. Theru; *Colmar*, 30 août 1837 (t. 2 1837, p. 616), Keller c. Weigel.

143. — Ils ne peuvent pas non plus, une fois la déclaration et l'envoi en possession prononcés au profit de l'héritier présomptif de l'absent, saisir sur ce dernier les sommes dues à l'absent par des tiers. — *Metz*, 7 août 1823, Laurent c. Theru.

144. — Jugé en sens contraire que les créanciers de l'héritier présomptif peuvent, comme exerçant les droits de leur débiteur, poursuivre la déclaration d'absence et demander l'envoi en possession provisoire, jusqu'à concurrence de leur créance, mais à la charge de donner caution. — *Colmar*, 26 juin 1823, Fruche c. Barxell. — Duranton, t. 1er, n° 419.

145. — C'est aussi d'après ce dernier principe qu'il a été décidé que le cessionnaire des droits de l'héritier présomptif de l'absent peut demander la déclaration d'absence et l'envoi en possession provisoire. — *Bordeaux*, 21 juin 1838 (t. 1er 1839, p. 436), Delâge c. Roche. — Duranton, t. 1er, n° 419.

146. — Il a en effet été décidé que la prohibition

de faire aucune stipulation sur une succession future ne s'applique pas aux successions de personnes absentes depuis plusieurs années, bien que leur absence n'ait pas été déclarée. — *Cass.*, 3 août 1829, Peignot c. Goutelle; — *Bordeaux*, 21 juin 1838 (t. 1er, 1839, p. 436), Delage c. Roche. — Malheureusement l'arrêt de la cour de Cassation est peu motivé *en droit*.

147. — Mais, d'un autre côté, la cour de Cassation a décidé que le traité sur la succession d'un individu présumé absent est nul, et ne peut conférer au cessionnaire le droit de demander l'envoi en possession provisoire, comme portant sur une succession non ouverte, lorsqu'il n'est pas établi que l'absent fût décédé au moment où il a été conclu. — *Cass.*, 21 déc. 1841 (t. 1er, 1842, p. 309), Delage c. Roche. — Lors de cet arrêt, M. l'avocat général Hello soutenait qu'un traité sur la succession d'un absent ne pouvait être valable que s'il avait eu lieu pendant la période qui commence à l'envoi en possession définitif, c'est-à-dire lorsque la présomption de vie est affaiblie.

148. — Dans tous les cas, le traité devrait être réputé nul, si depuis il y avait eu preuve acquise, soit de l'existence de l'absent, soit de son décès à une époque postérieure. L'ouverture de la succession se trouvant ainsi déterminée après le traité, il ne pourrait plus subsister; car il aurait eu évidemment pour objet la succession d'un individu encore vivant. — Belost-Jolimont, sur Chabot, art. 791, note 1re. — Au reste, sous l'ancien droit, les successions des absens étaient réputées *hors du commerce*, et leurs héritiers présomptifs, qui n'en avaient que la possession provisoire, ne pouvaient en faire l'objet d'un traité — Prost-de-Royer, v° *Absent*, et arrêt du parlement de Paris, du 15 mars 1774.

149. — Quant au ministère public, il n'a aucune qualité pour provoquer la déclaration d'absence. — Si la loi eût voulu lui imposer à cet égard une obligation ou lui conférer un droit, elle s'en fût expliquée, comme elle l'a fait dans l'art. 114 sur les mesures à prendre en cas de présomption d'absence. — Duranton, t. 1er, n° 420 bis. — Bien plus, ajoute M. Valette, sur Proudhon (t. 1er, p. 271), le ministère public (art. 114) est le contradicteur légitime de la demande en déclaration d'absence.

150. — La déclaration d'absence doit être demandée devant le tribunal du domicile du présumé absent. C'est là, disent les auteurs, une question purement personnelle, une espèce de question d'état qui ne saurait être raisonnablement agitée que devant le tribunal dont l'absent était justiciable. — Duranton, t. 1er, n° 421; Plasman, t. 1er, p. 99; Marcadé, sur l'art. 115.

151. — Pour constater l'absence, le tribunal, d'après les pièces et documens produits, ordonne qu'une enquête soit faite contradictoirement avec le procureur du roi, dans l'arrondissement du domicile, et dans celui de la résidence, s'ils sont distincts l'un de l'autre (C. civ., art. 116). — Il ordonnerait même une enquête au lieu de toutes les résidences, s'il y en avait plusieurs (Av. du cons. d'état sur l'art. 116). — Duranton, n° 423. — Cette enquête est de rigueur. — Plasman, t. 2, p. 232; Duranton, t. 1er, n° 433.

152. — Pour procéder à l'enquête dans le lieu de la résidence, le tribunal du domicile envoie une commission rogatoire. — Toullier, t. 1er, n° 401; Plasman, t. 1er, p. 102; Valette, sur Proudhon, t. 1er, p. 275.

153. — Le procureur du roi doit être présent à l'enquête; il peut même requérir qu'il soit procédé à une contre-enquête ou faire citer directement des témoins. — Plasman, t. 1er, p. 102; Proudhon, t. 1er, p. 274; Duranton, n° 422; Toullier, n° 404.

154. — L'enquête doit essentiellement porter sur le point de savoir si l'on a eu ou non des nouvelles de l'absent. — Duranton, t. 1er, n° 422.

155. — Les parens et les successibles de l'absent peuvent être admis comme témoins; mais le tribunal apprécie le degré de confiance que méritent leurs dépositions. — Toullier, t. 1er, n° 402; Plasman, t. 1er, p. 106; Duranton, t. 1er, n° 422. — *Contrà* Proudhon, t. 1er, p. 275 (à l'égard de ceux qui provoqueraient la déclaration d'absence ou qui devraient en profiter; car, dit-il, ils ne pourraient être témoins dans leur propre cause). — Sur ce point Proudhon est combattu par M. Valette, son annotateur, *loc. cit.*

156. — Dans quelle forme l'enquête doit-elle être faite? — On est généralement d'accord qu'on n'est pas obligé de suivre dans sa confection les formalités prescrites par les art. 252 et suiv. du Code de procéd. — Plasman, t. 1er, p. 102; Duranton, t. 1er, n° 423.

157. — Mais l'enquête ne peut être faite sommairement à l'audience. — *Colmar*, 16 thermid.

au XII, Brobecker c. Dielmann; — Talandier, p. 124; Pigeau, *Proc.*, t. 2, p. 371; Toullier, t. 1er, nº 404; Plasman, t. 1er, p. 103. — La raison qu'en donnent les auteurs et la jurisprudence, c'est que si l'on se bornait à faire une enquête sommaire, on n'aurait, pour prouver l'existence ou la non existence de l'absent, que les notes fugitives prises par le greffier pendant l'audience, sur la déposition des témoins.

158. — Toutefois, le contraire a été décidé par la cour de Limoges, le 1er mai 1807 (Duval c. Vidalin.) — Mais nous ne pensons pas que cette décision soit confirmée par d'autres.

159. — Le ministère public peut demander la nullité de l'enquête. — Duranton, nº 423.

160. — L'enquête ne fait pas toujours foi de son résultat; ainsi, lorsqu'elle donne implicitement à la disparition de l'absent donateur une date postérieure au décès du donataire, elle ne suffit pas pour prouver que cette disparition soit postérieure, lorsque l'héritier du donateur, qui n'a point été partie dans l'enquête, prouve une disparition antérieure; il y a lieu, dans ce cas, d'ordonner une nouvelle enquête. — *Limoges*, 25 mars 1822, Bonnet c. Maury.

161. — Si, sur sa poursuite, l'enquête est annulée, la partie demanderesse en déclaration d'absence peut, sur une nouvelle requête, en faire ordonner une seconde; on n'applique point à ce cas la disposition de l'art. 293, C. procéd.; s'il n'en était pas ainsi, il n'y aurait plus moyen de faire déclarer l'absence, ce qui est inadmissible. — Plasman, t. 1er, p. 105; Duranton, t. 1er, nº 423.

162. — Il est certain, dans tous les cas, que le tribunal peut, s'il le juge convenable, ordonner d'office une nouvelle enquête avant de prononcer son jugement définitif. — Duranton, t. 1er, nº 427; Plasman, t. 1er, p. 114.

163. — Le tribunal pourrait refuser de déclarer l'absence. « L'arbitraire de l'homme est moins à craindre que l'arbitraire de la loi », disait le premier consul, dans la séance du 4 frim. an X (Locré, *Lég. civ.*, t. 4, p. 89). — Plasman, p. 93. — Cette opinion peut se justifier aussi par l'art. 117, qui porte que le tribunal, en statuant sur la demande, aura d'ailleurs égard aux motifs de l'absence, et aux causes qui ont pu empêcher d'avoir des nouvelles de l'individu présumé absent.

164. — La preuve testimoniale n'est pas, au surplus, la seule preuve admise; on doit consulter les lettres, les actes et toutes pièces capables de justifier ou de détruire les faits d'absence. — Toullier, t. 1er, nº 404.

165. — Le jugement qui déclare l'absence, ou celui qui refuse de la déclarer, est, aussi bien que les jugemens préparatoires qui ont pu être rendus, susceptible d'appel de la part soit des intéressés, soit du ministère public. — Duranton, t. 1er, nos 425 et 428.

166. — Quoi qu'il en soit, le jugement de déclaration d'absence n'est rendu qu'un an après celui qui a ordonné l'enquête. (C. civ., art. 119.) — D'où il résulte que si l'absent n'a pas laissé de procuration, l'absence ne peut être déclarée qu'après cinq ans au moins, et après onze ans s'il en a laissé une.

167. — Le procureur du roi envoie, aussitôt qu'ils sont rendus, les jugemens, tant préparatoires que définitifs, au ministre de la justice, qui les rend publics par la voie du *Moniteur*. — C. civ., art. 118.

168. — L'absent de retour ne peut attaquer lui-même ni la procédure qui a précédé la déclaration d'absence ni cette déclaration elle-même; il est toujours censé avoir été suffisamment représenté par le ministère public. — Duranton, t. 1er, nº 423; Delvincourt, t. 1er, p. 88; Plasman, p. 105.

169. — Il ne serait pas davantage admis à former tierce-opposition au jugement de déclaration d'absence. — *Colmar*, 4 mars 1815, Delacôte c. Couraux.

CHAPITRE IV. — *Des effets de l'absence déclarée.*

170. — Après la déclaration d'absence, deux présomptions s'élèvent en même temps sur l'état de l'absent: l'une, de la mort par défaut de nouvelles; l'autre, de la vie par son cours ordinaire. — Bigot de Préameneu, *Exposé des motifs* (Locré, *Lég. civ.*, t. 4, p. 126 et suiv.)

171. — Ainsi l'absent n'est réputé ni mort ni vivant: « Il est ridicule, disait Tronchet, de déclarer l'absent mort; un absent n'est aux yeux de la loi ni mort ni vivant. » C'est, au reste, ce qui a fait porter la disposition de l'art. 129, qui présuppose que la vie de l'absent peut se prolonger jusqu'à cent ans.

172. — Toutefois, des auteurs recommandables

ABSENCE, chap. 4.

ont soutenu que l'absent est présumé mort du jour où il est déclaré absent. — Delvincourt, t. 1er, p. 109; Proudhon, t. 1er, p. 278; Duranton, t. 1er, nº 434 et suiv. — Et ils fondent cette présomption sur ce que la loi elle-même ouvre sa succession et y appelle ses héritiers et tous ceux qui ont des droits subordonnés à son décès. — Or, disent-ils, *non datur viventis hæreditas*. — Mais V. Plasman, p. 123.

173. — Avant le Code civil, l'absent de qui on n'avait pas eu de nouvelles devait, relativement aux tiers intéressés à son existence, être réputé vivant jusqu'à la centième année; on en tirait la conséquence que c'était contre lui et non contre ses héritiers présomptifs que la prescription courait au profit des détenteurs de ses biens. — *Cass.*, 21 vent. an IX, Camus c. Benoît.

174. — Jugé encore que, sous l'ancienne comme sous la nouvelle législation, l'absent était réputé vivre cent ans si, avant ce terme, on n'acquérait pas la preuve de son décès. — *Rennes*, 29 janv. 1813, Bernard.

175. — En Brabant, l'absent n'était pas toujours présumé vivant aussi long-temps qu'il ne s'était point écoulé cent ans depuis la naissance, et cela même quant aux droits qui ne s'étaient ouverts que depuis son absence ou sa disparition. — La présomption de vie dépendait au contraire, en ce cas, des circonstances et du plus ou moins de durée de l'absence. — *Bruxelles*, 3 mai 1828, Bataille c. Decoster.

176. — Quoi qu'il en soit, cet état de l'absent donne lieu à une mesure importante, l'envoi en possession provisoire de ses biens.

Sect. 1re. — *Des effets de l'absence relativement aux biens possédés par l'absent lors de sa disparition.*

ART. 1er. — *De l'envoi en possession provisoire.*

§ 1er. — *Quelles personnes peuvent obtenir cet envoi. — Formalités. — Sur quels biens peut-il porter?*

177. — L'article 120, C. civ., dispose que, « dans le cas où l'absent n'aurait point laissé de procuration pour l'administration de ses biens, ses héritiers présomptifs au jour de sa disparition ou de ses dernières nouvelles pourront, en vertu du jugement définitif qui aura déclaré l'absence, se faire envoyer en possession provisoire des biens qui appartenaient à l'absent au jour de son départ ou de ses dernières nouvelles, à la charge de donner caution pour sûreté de leur administration. »

178. — Cet article présente un vice de rédaction que nous devons signaler. Il semblerait, en effet, résulter de ses termes qu'il n'est pas applicable dans le cas où l'absent a laissé une procuration. Or, il n'en est point ainsi. A la vérité, le délai après lequel la déclaration d'absence peut être poursuivie varie suivant que l'absent a laissé une procuration ou qu'il n'en a pas laissé; mais, une fois cette déclaration prononcée, le fait qu'il existe ou qu'il n'existe pas de procuration est sans influence sur la faculté de demander l'envoi en possession. Il faut donc retrancher de l'article ces mots qui le commencent: *Dans le cas où l'absent n'aurait point laissé de procuration pour l'administration de ses biens*, et dire tout simplement: *Les héritiers présomptifs de l'absent.....* Ce vice s'explique du reste par l'historique de la rédaction des articles qui composent cette section. L'art. 120 avait été rédigé tel qu'il est pour être mis en harmonie avec un autre article du projet qui a été supprimé, et qui, lorsque l'absent avait laissé une procuration, se bornait à suspendre pendant dix ans l'envoi en possession provisoire, tout en laissant déclarer l'absence.

179. — Sous l'ancienne législation, l'administration des biens d'un absent n'avait pas, comme le partage provisionnel accordé après dix ans d'absence, de rapport avec l'envoi en possession du Code civil; cette administration n'était autre que celle accordée par le Code à un notaire, en cas de présomption d'absence. — *Pau*, 27 avr. 1827, sous *Cass.*, 29 déc. 1830, Destabo c. Camors.

180. — L'époque à laquelle les héritiers présomptifs d'un absent pouvaient se faire adjuger ses biens variait suivant les coutumes. (V. *suprà*, nº 14). — Dans tous les cas, les biens n'étaient adjugés que sous bail de caution.

181. — Ainsi jugé que dans le ressort du parlement de Bordeaux l'absent n'était réputé mort, quant aux biens qu'il possédait avant son départ, qu'après dix ans d'absence; ce n'était qu'après ce laps de temps que ses héritiers pouvaient demander l'envoi en possession provisoire sous caution. — *Limoges*, 20 fév. 1813, Pradalet c. Beaune.

182. — Sous l'ancien droit, on accordait l'envoi en possession à ceux qui avaient la qualité d'héritiers au moment où cet envoi était prononcé. C'est ce qu'enseigne Pothier. — En se décidant, au contraire, en faveur des héritiers présomptifs lors de la disparition ou des dernières nouvelles, le législateur a voulu prévenir les contestations qui naîtraient infailliblement de l'incertitude de l'époque du décès et de la résistance assez naturelle qu'apporteraient les héritiers au jour de la disparition, à reconnaître pour héritiers ceux qui se trouveraient tels au moment de l'envoi. — Plasman, t. 1er, p. 138.

183. — Il suit de là qu'il faut aujourd'hui que l'héritier actuel qui fonde sa demande d'envoi en possession provisoire sur l'existence de l'absent à une époque déterminée prouve cette existence. — *Trèves*, 28 déc. 1812, Braun c. Gérard.

184. — Les héritiers présomptifs au jour de la disparition ou des dernières nouvelles sont préférés, même au préjudice de celui qui revendiquerait la qualité d'enfant de l'absent, en vertu d'un acte de l'état civil dressé depuis les dernières nouvelles, sans être obligés d'exercer d'abord une action en désaveu. — *Cass.*, 3 déc. 1834, Noël c. Tinlot; — Duranton, t. 1er, nº 440.

185. — Jugé néanmoins que les héritiers présomptifs d'un absent n'ont pas qualité, alors même qu'ils ont obtenu l'envoi en possession des biens de ce dernier, pour désavouer un enfant né de la femme de l'absent, plusieurs années après les dernières nouvelles reçues de celui-ci; dès-lors, cet enfant est fondé à former tierce-opposition au jugement d'envoi en possession des biens, et à réclamer lui-même cet envoi. — *Toulouse*, 14 juill. 1827, Gayrand et Cancé c. Vernus; *Toulouse*, 29 déc. 1828, Beyres c. Seguy.

186. — Celui qui, seul héritier présomptif d'un absent, jouit, par l'effet d'une indivision, des biens de ce dernier, n'a pas besoin de demander à la justice une possession provisoire qu'il a de fait, surtout s'il est constant que, dans l'opinion de la famille de l'absent, celui-ci est présumé mort. — *Bourges*, 3 fruct. an XII, Marion c. Duviquet.

187. — Si l'époux absent n'a pas laissé de parens habiles à lui succéder, l'autre époux peut demander l'envoi en possession provisoire des biens. — C. civ., art. 140.

188. — L'État n'étant pas un simple dépositaire, mais un héritier irrégulier, peut, comme tout autre héritier, à défaut d'héritiers connus, demander l'envoi en possession provisoire des biens d'un absent. — *Rouen*, 7 déc. 1840 (t. 1er 1841, p. 65), l'État c. Dionis.

189. — L'envoi en possession des biens d'un individu qui a disparu avant le Code, mais qui n'est demandé que depuis le Code, doit être jugé conformément à ce Code. — *Pau*, 27 avr. 1827, sous *Cass.*, 29 déc. 1830, Destabo c. Camors.

190. — De même, lorsqu'en vertu d'une législation qui les y autorise, les héritiers présomptifs d'un absent procèdent au partage provisoire de ses biens, le règlement des parts doit avoir lieu suivant la loi de l'époque où le droit de partager s'est ouvert, sans égard pour les changemens opérés par les lois subséquentes, bien qu'en réalité le partage ait lieu sous leur empire. — *Cass.*, 15 sept. 1792, Bérault.

191. — Ceux qui détiennent des biens d'un absent en qualité de donataires ou d'héritiers du parent qui en avait obtenu l'administration, conformément aux lois antérieures au Code civ., ne peuvent prescrire ces biens, au moins par la prescription de dix ou vingt ans, au préjudice de l'absent ou de ceux qui demandent l'envoi en possession de ces biens; la même règle était applicable à l'acquéreur, alors surtout que son titre constatait qu'il avait acquis le bien d'un absent. — *Cass.*, 29 déc. 1830, Destabo c. Camors.

192. — Mais l'héritier présomptif envoyé en possession provisoire prescrit-il l'action du cohéritier au même degré, ou à un degré plus rapproché, qui ne s'est pas présenté? — On peut dire pour la négative que, l'envoi en possession n'étant qu'un dépôt, l'envoyé en possession ne peut pas prescrire, attendu que la prescription ne peut jamais être invoquée par celui qui ne possède qu'à titre de dépositaire (C. civ., art. 2236); — mais on répond à cela que l'envoyé en possession n'est réputé dépositaire qu'à l'égard de l'absent, et que par conséquent l'absent est le seul contre lequel il ne puisse pas prescrire. — Merlin, *Rép.*, vº *Absent*; Talandier, p. 182; Duranton, t. 1er, nº 511. — V. aussi Marcadé, sur l'art. 120.

193. — Jugé en tous cas que celui des présomptifs héritiers de l'absent qui n'a pas été partie au jugement ordonnant l'envoi en possession provisoire au profit de ses cohéritiers, a

néanmoins le droit de participer au bénéfice du jugement, et peut exercer ce droit par action principale, sans être tenu d'attaquer le jugement par la voie de la tierce-opposition, cette dernière voie étant purement facultative. — *Bourges*, 2 mars 1831, Roumier c. Couraut.

194. — Jugé encore que le jugement qui prononce l'envoi en possession au profit d'individus se disant héritiers de l'absent n'a point, à l'égard d'autres individus se prétendant seuls héritiers présomptifs au moment des dernières nouvelles, l'autorité de la chose jugée.—Dès-lors, ces derniers ne sont pas obligés de se pourvoir par tierce-opposition contre ce jugement. — *Cass.*, 3 déc. 1834, Noel c. Tinlot.

195. —De même, la chose jugée par un jugement qui, avant le Code, avait accordé à un parent l'administration provisoire, n'a pas été violée par le jugement ultérieur qui accordait l'envoi en possession à un autre héritier. — *Cass.*, 29 déc. 1830, Destabo c. Camors.

196. — Lorsque postérieurement à l'envoi en possession provisoire des biens d'un absent, ordonné au profit d'un héritier naturel, il se présente un légataire universel, c'est à celui-ci que la possession provisoire appartient, sauf caution. — *Nîmes*, 11 juill. 1827, Anne Ville c. Mounier.

197. — Lorsque l'envoi en possession des biens d'un absent a été prononcé, et que, un tiers venant demander la préférence sur celui qui l'a obtenu, il s'agit de fixer l'époque précise des dernières nouvelles de l'absent, les preuves à admettre sont abandonnées à la prudence des juges, qui peuvent se contenter d'un simple acte de notoriété, sans avoir besoin de recourir à une enquête contradictoire avec le ministère public. — *Cass.*, 14 nov. 1811, Préfet Loire-Inf. c. Magonet; — Plasman, t. 1er, p. 181.

198. — La Cour d'Aix avait décidé que, lorsqu'il y a un héritier présomptif et un héritier testamentaire, celui-ci ne peut demander son envoi en possession des biens légués qu'autant que l'héritier présomptif a obtenu lui-même l'envoi en possession provisoire, et que l'action du légataire universel doit être dirigée contre l'héritier présomptif. — *Aix*, 8 juill. 1807, Carlavau c. Guignon.

199. — Mais cette doctrine, fondée sur ce que l'art. 123, C. civ., dispose « que le testament de l'absent n'est ouvert qu'après que les héritiers présomptifs ont obtenu l'envoi en possession provisoire, » aurait pour résultat de mettre les légataires à la merci des héritiers naturels. — Aussi est-elle généralement repoussée. Il est plus conforme à la raison de dire que l'héritier testamentaire peut lui-même, en vertu de son testament, demander l'envoi en possession des biens de l'absent, lorsque l'héritier présomptif ne le demande pas. — V. en ce sens Delvincourt, t. 1er, p. 92; Duranton, t. 1er, no 420; Talandier, p. 191 et suiv.; Biret, *Traité de l'absence*, p. 148; Plasman, t. 1er, p. 140 et suiv. — V. cependant Locré, *Espr. du C. civ.*, t. 2, p. 420 et suiv.; Toullier, t. 1er, no 435; Marcadé, sur l'art. 123. — Proudhon (t. 1er, p. 297 et suiv.) n'admet les légataires à demander directement l'envoi en possession provisoire qu'autant que l'absent a laissé un légataire *universel* en concours avec des héritiers *non à réserve* : autrement, dit-il, il n'y a pas lieu de craindre un refus de la part soit de l'héritier *réservataire*, soit de l'héritier ordinaire dont l'émolument ne serait pas absorbé par les dispositions testamentaires; car personne n'est présumé être l'ennemi de ses intérêts. — M. Valette (son annotateur) n'admet pas cette distinction; il suffit que l'héritier puisse refuser pour que le légataire ne doive pas en souffrir.

200. — Aussi a-t-il été jugé avec raison que les droits qui sont subordonnés à la condition du décès de l'absent, et doivent s'exercer sur ses biens, sont ouverts par le seul fait de la déclaration d'absence, sans qu'il soit besoin d'attendre que les héritiers présomptifs aient obtenu l'envoi en possession provisoire. — *Orléans*, 25 juin 1835, Delaûge c. Fleureau.

201. — Si les héritiers ne réclament pas leur envoi en possession, les parties intéressées doivent faire nommer un administrateur à l'absent pour agir contre lui; mais ils ne peuvent obtenir, sur leur seule requête et sans contradicteur, la délivrance de leurs droits éventuels. — Même arrêt. — Duranton, t. 1er, no 420.

202. — Jugé en effet que, si, après la déclaration d'absence, les héritiers présomptifs ne se font pas envoyer en possession provisoire, il doit être pourvu à l'administration des biens de l'absent déclaré, non par la nomination d'un curateur, comme au cas de succession vacante, mais par la nomination d'un administrateur, comme au cas de présomption d'absence, et conformément à l'art. 112, C. civ. — *Cass.*, 18 mars 1829, Ducruet c. Audiffret.

203. — Mais, si le légataire peut demander l'envoi en possession provisoire, lorsque l'héritier présomptif ne le demande pas lui-même, son créancier ne le peut pas. — *Colmar*, 30 août 1837 (t. 2 1837, p. 616), Keller c. Weigel.

204. — Sous le droit ancien on jugeait que l'héritier testamentaire de l'absent, qui se trouvait en même temps son fondé de pouvoirs, avait droit à la jouissance provisoire de ses biens, préférablement à l'héritier naturel. — *Riom*, 27 flor. an IX, Béraud c. Milon.

205. — Jugé sous le Code que, lorsque dix ans se sont écoulés depuis la disparition de l'absent, le fondé de pouvoirs qui a administré ses biens pendant ce délai ne peut s'opposer à l'envoi des héritiers présomptifs en possession provisoire, sous le prétexte que, par un testament qu'il représente, l'absent l'a institué son héritier. Le mérite et l'effet du testament ne peuvent être appréciés qu'avec les héritiers présomptifs envoyés en possession. — *Bordeaux*, 21 août 1813, Beyneix c. Bagout.

206. — Le droit, pour l'héritier présomptif de l'absent, de se faire envoyer en possession provisoire de ses biens, se transmet-il, à son décès, à ses propres héritiers? — On dit pour la négative que le droit résultant de l'envoi en possession n'est autre chose que le droit de jouir et d'administrer; que, l'absence exigeant nécessairement un curateur aux biens de l'absent, il était naturel de le choisir parmi ses plus proches héritiers, qui, à raison de leur expectative à la succession, avaient un plus grand intérêt à bien gérer et à jouir en bon père de famille; mais que cette gestion, comme toute autre, finit avec la vie de l'administrateur, et ne conserve à l'héritier présomptif aucun droit réel sur les biens de l'absent; que, d'après l'art. 125, C. civ., la possession provisoire n'est qu'un dépôt qui rend ceux qui l'ont obtenu comptables envers l'absent, même d'une partie de ses revenus; que, dans l'économie des art. 128 et 131, ceux qui ne jouissent qu'en vertu de l'envoi en possession provisoire ne peuvent ni aliéner ni hypothéquer, et qu'à leur égard le droit même d'administrer cesse si son existence vient ultérieurement à être prouvée. Or, ajoute-t-on, comment peut-on transmettre par succession des biens qu'on ne peut ni aliéner ni hypothéquer, et de la jouissance desquels on peut être privé d'un moment à l'autre?

207. — Mais l'opinion contraire a prévalu. Elle était déjà suivie dans l'ancienne jurisprudence. — Arrêts Parl. *Paris*, 2 janv. 1634 et 23 mars 1688 (*Journ. des Aud.*), 26 juill. 1749, sur les concl. conf. de Joly de Fleury (*Nouv. Denizart*, vo *Absence*, art. 2, § 1er, no 10). — Sous le Code, Merlin, *Rép.*, vo *Absence*, chap. 3, no 2, s'exprime ainsi : « L'art. 120, C. civ., bien loin de déroger à cette jurisprudence, est évidemment calqué sur le principe qui en était la base. Que fait-il, en effet, en remontant au jour de la disparition ou des dernières nouvelles pour déterminer à qui doit être accordé l'envoi en possession provisoire? Il décide que le droit de demander cet envoi a été acquis à l'héritier présomptif dès le jour où l'absent a disparu tout-à-fait; et c'est en le considérant comme acquis à l'héritier présomptif de cette époque qu'il déclare que l'héritier présomptif de cette époque ne l'a pas perdu par les changemens survenus depuis, soit dans la législation, soit dans l'ordre de la parenté. Or, dès que ce droit est acquis à l'héritier présomptif au jour de la disparition, il faut bien qu'il soit transmissible aux héritiers de celui-ci. » — V. en ce sens, avant le Code, *Riom*, 27 flor. an IX, Béraud c. Milon; et, sous le Code, *Paris*, 11 fév. 1813, Blanchet c. Paulard; *Colmar*, 12 août 1814, Wagner c. Michel Kulny; *Bourges*, 2 mars 1831, Roumier c. Couraut; — Duranton, t. 1er, no 439; Proudhon, *État des personnes*, t. 1er, p. 154; Talandier, p. 178.

208. — Il en serait de même du légataire qui, vivant au jour de la disparition ou des dernières nouvelles de l'absent, serait décédé avant la déclaration d'absence. Il aurait transmis ses droits à ses représentans qui pourraient, en conséquence, demander la possession provisoire du bien légué. — Marcadé, sur l'art. 123, no 5.

209. — Jugé aussi, d'après le même principe, que les enfans adoptifs de l'adoptant peuvent exercer le droit de demander l'envoi en possession provisoire, bien que celui-ci n'en ait pas profité de son vivant. — *Rouen*, 7 déc. 1840 (t. 1er 1841, p. 65), l'État c. Dionis.

210. — Les créanciers de l'héritier peuvent-ils, exerçant ses droits, demander l'envoi en possession provisoire? — V. *suprà*, nos 142 et suiv.

211. — La possession provisoire de biens d'un absent, comme le droit de demander l'envoi en possession, est un droit transmissible, par celui qui l'a obtenue, à ses propres héritiers, soit naturels, soit testamentaires, alors même qu'ils seraient étrangers à la famille de l'absent. — *Bourges*, 3 fructid. an XII, Marion c. Duviquel; *Turin*, 5 mai 1810, Bonelli; *Angers*, 28 août 1828, Delaunay — V. aussi en ce sens Duranton, t. 1er, no 439; Talandier, p. 217, Marcadé, sur l'art. 123, no 5.

212. — Il peut être statué par un seul et même jugement sur la demande en déclaration d'absence et sur l'envoi en possession provisoire des biens de l'absent. — *Cass.*, 17 nov. 1808, Duval; — Carré, *Lois de la procéd.*, no 2908; Toullier, t. 1er, no 426; Duranton, t. 1er, no 441; Biret, *Traité de l'absence*, p. 122 et 123; Merlin, *Rép.*, vo *Absent*; Talandier, *Traité des Absens*, p. 140. — *Contrà* Locré, *Espr. du C. civ.*, liv. 1er, tit. 4, chap. 3, p. 619, qui se fonde sur la discussion qui eut lieu au conseil d'état le 24 fructid. an X, et sur l'opinion de Tronchet; mais il est réfuté par Merlin. — Proudhon (t. 1er, p. 284) ne résout pas explicitement la question; mais il paraît pencher plutôt dans le sens adopté par Locré en disant que « muni du jugement qui a déclaré l'absence, l'héritier présomptif doit se présenter pardevant le tribunal qui l'a rendu, pour en obtenir *un autre* qui l'envoie en possession des biens de l'absent. » — M. Valette, son annotateur, dit qu'à la rigueur un seul jugement pourrait contenir à la fois la déclaration d'absence et l'envoi en possession.

213. — Les créanciers d'un absent ne sont pas recevables à former tierce-opposition au jugement qui ordonne l'envoi en possession provisoire; ils n'ont pas dû y être appelés. — *Grenoble*, 15 fév. 1815, Taguet c. Giron et Villatelle.

214. — L'art. 120, en disant que l'envoi en possession ne comprendra que les biens qui appartenaient à l'absent au jour de sa disparition ou de ses dernières nouvelles, en exclut par conséquent ceux qui lui sont échus depuis; mais cette règle, qui s'applique à tous les cas où, pour recueillir les biens, les représentans de l'absent doivent prouver son existence, comme nous l'expliquerons plus tard, cette règle, disons-nous, cesse d'être applicable aux droits acquis à l'absent avant sa disparition ou ses dernières nouvelles. — Ainsi, par exemple, si l'absent avait stipulé que tel immeuble lui appartiendrait si telle condition venait à s'accomplir, la condition accomplie pendant son absence ferait entrer l'immeuble dans les mains de ses héritiers, car, l'accomplissement de la condition ayant un effet rétroactif, le droit de l'absent, par l'effet de cette fiction, est censé avoir été parfait le jour du contrat. — Duranton, t. 1er, no 446; Delvincourt, t. 1er, p. 139, notes; Talandier, p. 138.

215. — Les héritiers présomptifs peuvent aussi, et par l'application du même principe, exercer les actions en réméré ou en rescision que l'absent avait lors de sa disparition ou de ses dernières nouvelles. — Duranton, t. 1er, no 447; Talandier, p. 139.

216. — Lors de l'envoi en possession, les fruits produits par les biens de l'absent depuis son départ ou ses dernières nouvelles doivent être remis aux ayant-droit envoyés en possession; mais ils ne leur sont pas donnés comme fruits, et ne deviennent pas à ce titre leur propriété pleine et incommutable, en vertu de l'art. 127, sauf la réduction assez légère indiquée par ce même article, ils leur sont seulement confiés comme capital, des intérêts duquel ils jouiront, avec obligation de rendre ce capital entier avec une fraction des intérêts si l'absent revient ou que son existence soit prouvée. En effet, ce n'est qu'à partir de la déclaration d'absence que la loi donne les fruits aux envoyés en possession pour prix de l'administration qui leur est confiée. — Marcadé, sur l'art. 123, no 4.

217. — Lorsque les héritiers présomptifs ont obtenu l'envoi en possession provisoire, le testament, s'il en existe un, est ouvert à la réquisition des parties intéressées, ou du procureur du roi près le tribunal, et les légataires, donataires, ainsi que tous ceux qui avaient des droits subordonnés à la condition de son décès, peuvent les exercer provisoirement à la charge de donner caution. — C. civ., art. 123.

218. — Jugé qu'après la déclaration d'absence prononcée, le droit de retour légal peut être provisoirement exercé, soit par le donateur, soit par les héritiers à qui il l'aurait transmis dans sa succession. — *Nancy*, 31 janv. 1833, Baradel c. Demange.

219. — Lors même qu'un individu a été simplement déclaré absent, si sa femme, après avoir agi comme veuve dans plusieurs actes, s'est remariée, et jouit publiquement de ce nouvel état, c'est le cas de considérer l'absent comme décédé, en ce sens, du moins, que sa femme peut faire liquider ses droits avec les héritiers présomptifs,

ABSENCE, chap. 4.
ABSENCE, chap. 4.

sans que ceux-ci aient besoin de se faire envoyer en possession provisoire, et que les tiers peuvent valablement se libérer envers elle comme donataire de son mari, de ce qu'ils devaient à l'absent. — *Bourges*, 23 avr. 1822, Thomas c. Ratier.

220. — L'envoi des héritiers présomptifs de l'absent en possession provisoire de ses biens peut-il donner lieu à aucune perception de droits de mutation ? — Après avoir été résolue d'abord en sens affirmatif par la cour suprême (V. *Cass.*, 27 avr. 1807, Enregistrement c. Kaysolles), cette question a été résolue en sens contraire par la même cour. — *Cass.*, 16 janv. 1811, Ibossens; 14 fév. 1811, Van-Acker. — V., dans le premier sens, *Décis. min. fin.*, 24 fructid. an XII; *Instr.* 3 fructid. an XIII, art 290, nº 72.

221. — Depuis, toutes les difficultés à cet égard ont été levées par l'art. 40, L. 28 avr. 1816, ainsi conçu : « Les héritiers, légataires et tous autres » appelés à exercer des droits subordonnés au » décès d'un individu dont l'absence est déclarée, » sont tenus de faire, dans les six mois du jour de » l'envoi en possession provisoire, la déclaration » à laquelle ils seraient tenus s'ils étaient appelés » par l'effet de la mort, et d'acquitter les droits » sur la valeur entière des biens ou droits qu'ils » recueillent. En cas de retour de l'absent, les » droits payés seront restitués, sous la seule dé» duction de celui auquel aura donné lieu la jouis» sance des héritiers. Ceux qui ont obtenu cet » envoi jusqu'à ce jour, sans avoir acquitté les » droits de succession, jouiront d'un délai de six » mois, à compter de la publication de la pré» sente loi, pour faire leur déclaration et payer » les droits, sans être assujétis à l'amende. » — V. Roland et Trouillet, *Dictionn. de l'enreg.*, vº *Absent*, § 1er, nos 4 et suiv.; Masson-Delongpré, *Code de l'enreg.*, nos 3427 et suiv.; Merlin, *Rép.*, vº *Succession*, sect. 3e, nº 3.

222. — A défaut de jugement d'envoi en possession, soit définitive, soit même provisoire, il suffit, pour que les droits de mutation soient exigibles, de la prise de possession des biens de l'absent par ses héritiers présomptifs. — *Cass.*, 12 mai 1834, Delrochers; 2 juill. 1823, Chaurion; 30 avr. 1821, Renous. — V. aussi *Dict. des doits d'enregist.*, vº *Succession*, nos 218 et 219.

§ 2. — *Des obligations, des pouvoirs et des droits des envoyés en possession provisoire.*

223. — Ceux qui obtiennent l'envoi en possession provisoire sont tenus de fournir caution. Cette obligation est absolue et s'étend à toute personne ; les enfans de l'absent eux-mêmes n'en sont pas dispensés. — *Agen*, 16 avr. 1822, David; — Plasman, t. 1er, p. 193.

224. — Cette caution doit réunir les conditions voulues par les art. 2018, 2019 et 2040 combinés. — Ainsi elle doit avoir un bien suffisant pour répondre de l'objet de l'obligation, et sa solvabilité ne s'estime qu'eu égard à ses propriétés foncières. — Duranton, t. 1er, nº 473.

225. — Elle doit être agréée par le ministère public. — Plasman, t. 1er, p. 191 et 192.

226. — Le mari peut se porter caution de sa femme à l'égard des biens d'un absent dont elle a été envoyée en possession, biens qui sont pour elle paraphernaux. — *Limoges*, 27 mai 1823, Maury c. Bonnet.

227. — Les envoyés en possession peuvent se cautionner eux-mêmes s'ils ont des immeubles; ils seraient admis à fournir une bonne et suffisante hypothèque. — Duranton, t. 1er, nº 473; Plasman, t. 1er, p. 192.

228. — Si les héritiers présomptifs ne peuvent donner caution, les choses restent dans le même état où elles se trouvaient avant le jugement qui a déclaré l'absence. — Plasman, t. 1er, p. 194. — Delvincourt (t. 1er, p. 89), repousse cette opinion à cause de sa rigueur; il pense qu'on doit venir au secours de l'héritier indigent et lui délivrer une partie des fruits. Ne pourrait-on pas suivre dans ce cas les règles prescrites pour l'usufruitier qui ne trouve pas de caution (C. civ., art. 602)? Il nous semble qu'il n'y aurait aucun inconvénient à les adopter, et que cette mesure concilierait tous les intérêts.

229. — Il suffit que l'envoi en possession provisoire soit prononcé sous le Code civil pour que la caution soit due par ceux qui l'obtiennent, alors même qu'il s'agit d'un individu dont les dernières nouvelles remontent à une époque où la coutume permettait de dispenser de la caution. — *Rouen*, 7 déc. 1840 (t. 1er 1841, p. 65), l'Etat c. Dionis. — C'est là une nouvelle application du principe que les règles tracées par le Code sont applicables aux absences qui ont commencé antérieurement.

230. — Le ministère public a qualité pour demander, par voie d'appel incident, que le légataire qui a obtenu l'envoi en possession provisoire des biens d'un absent soit tenu de fournir caution. — *Toulouse*, 24 mars 1836, Arnouilh.

231. — Les débiteurs d'un absent, poursuivis par les héritiers envoyés en possession provisoire de ses biens, n'ont pas qualité pour opposer l'insuffisance du cautionnement fourni par ces héritiers. — *Douai*, 5 mai 1836, Lacroix c. Mercier.

232. — Les envoyés en possession provisoire doivent faire procéder à l'inventaire du mobilier et des titres de l'absent, en présence du procureur du roi près le tribunal de première instance ou d'un juge requis par ledit procureur du roi. — C. civ. 126.

233. — Les frais de cet inventaire sont à la charge de l'absent; ils sont faits dans son intérêt. — Duranton, t. 1er, nº 476. — V. *infrà* (quant aux frais du jugement de déclaration d'absence).

234. — Si, après l'inventaire fait, il se présente un nouvel héritier qui obtienne la préférence pour l'envoi en possession, un nouvel inventaire (ou plutôt, à notre avis, un simple récolement) devra être fait à sa requête, car sans le second inventaire les premiers envoyés en possession resteraient garans vis-à-vis de l'absent. — De Moly, nº 433.

235. — Les frais de ce nouvel inventaire seront à la charge du dernier envoyé, s'il avait pu dès l'abord demander l'envoi en possession. Dans le cas contraire, les frais seront à sa charge ou à celle du premier envoyé, selon que de l'inventaire il résultera exactitude ou négligence du premier envoyé en possession. — De Moly, nº 434.

236. — Ceux qui ont obtenu l'envoi provisoire peuvent requérir, pour leur sûreté, qu'il soit procédé par un expert nommé par le tribunal à la visite des immeubles, à l'effet d'en constater l'état. Le rapport de cet expert doit être homologué en présence du procureur du roi; les frais en sont pris sur les biens de l'absent. — C. civ., art. 126.

237. — A défaut par les envoyés d'avoir fait faire cet état des immeubles, ils sont censés les avoir reçus en bon état. — Toullier, t. 1er, nº 430; Duranton, t. 1er, nº 474; Talandier, p. 201; Marcadé, sur l'art. 126, nº 4. — Ce dernier auteur ajoute: sauf preuve contraire, laquelle retomberait à leur charge.

238. — Le tribunal ordonne, s'il y a lieu, de vendre tout ou partie du mobilier. Dans le cas de vente, il est fait emploi du prix ainsi que des fruits échus. — C. civ., art. 126.

239. — En ordonnant la vente du mobilier, le tribunal doit avoir présent le plus grand intérêt de l'absent, et respecter principalement les objets auxquels il pouvait attacher un prix d'affection; ainsi il devrait se montrer réservé à l'égard de sa bibliothèque, de ses collections de tableaux, de ses médailles, d'objets d'histoire naturelle, etc. — Locré, t. 2, p. 454; Toullier, t. 1er, nº 427; Duranton, t. 1er, nº 477; Marcadé, sur l'art. 126, nº 2.

240. — L'emploi des sommes, produit de la vente, doit être fait par le paiement des dettes de l'absent, en réparations de ses biens ou en acquisitions d'immeubles ou de rentes sur l'état, ou enfin en prêts avec hypothèque. — Duranton, t. 1er, nº 480; Marcadé, sur l'art. 126, nº 3. — C'est le tribunal, dit ce dernier auteur, qui doit déterminer le mode de l'emploi.

241. — Si l'emploi n'a pas eu lieu, les possesseurs provisoires devront les intérêts du jour où le placement aurait dû être fait. On pourrait appliquer ici, par analogie, les art. 1065 et 1066, C. civ., et décider que les envoyés en possession auraient six mois pour les deniers existant au moment de l'envoi en possession, ou provenant de la vente, et trois mois pour les capitaux remboursés pendant leur jouissance. — Duranton, t. 1er, nº 481; Plasman, t. 1er, p. 156; Delvincourt, t. 1er, p. 100; Talandier, p. 203.

242. — Les envoyés en possession provisoire doivent aussi faire emploi des sommes dont ils sont débiteurs envers l'absent, du jour où elles sont devenues exigibles; sinon ils en doivent les intérêts, quand même elles auraient été prêtées originairement sans intérêts : *A semetipso cur non exegerit et imputabitur ; si forté non fuerit usurarium debitum incipit esse usurarium.* — *L.* 66, § 12, ff., *De neg. gest.*; Toullier, t. 1er, nº 428; Talandier, p. 204; Plasman, t. 1er, p. 156. — Sauf les compensations telles que de droit. — Duranton, nº 479.

243. — S'ils sont créanciers de l'absent, ils doivent se payer de ce qui leur est dû, plutôt que de laisser s'accumuler les intérêts, et de garder sans emploi les sommes dont ils pourraient être détenteurs. — Duranton, t. 1er, nº 479; Talandier, p. 204; Delvincourt, t. 1er, p. 359; de Moly, nº 453; Plasman, t. 1er, p. 157.

244. — Les envoyés en possession provisoire sont responsables des pertes arrivées par l'insolvabilité des débiteurs de l'absent, s'il y a eu négligence de leur part. — En cas de perte des deniers placés, cette perte est à leur charge s'ils ont placé en leur nom, même en l'absence de toute faute : elle est à la charge de l'absent s'ils ont placé en leur qualité d'envoyés en possession, et qu'ils aient exigé des sûretés. — Au surplus, les tribunaux apprécieront. — Duranton, nº 491.

245. — On devrait, pour l'appréciation des fautes dans l'administration des biens, suivre les règles du mandat ; — et il s'agit ici d'un mandat non gratuit (C. civ., art. 1992).

246. — La possession provisoire n'est qu'un dépôt qui confère à ceux qui l'ont obtenu des pouvoirs de simple administration; dès-lors ceux qui ne jouissent qu'en vertu de l'envoi provisoire ne peuvent aliéner ni hypothéquer les immeubles de l'absent. — C. civ., art. 125 et 128.

247. — Mais le tribunal peut autoriser l'affectation d'un immeuble à l'hypothèque d'un tiers, dans le cas d'un emprunt à faire dans l'intérêt de l'absent. — Duranton, t. 1er, nº 484.

248. — En cas de dégradation d'un immeuble, il pourrait en autoriser la réparation, et alors le privilége des entrepreneurs pourrait aussi s'acquérir par l'accomplissement des formalités prescrites par l'art. 2103, nº 4. — Duranton, *loc. cit.*

249. — Si, contre la prohibition d'aliéner, les envoyés en possession vendent des immeubles appartenant à l'absent, la vente doit être déclarée nulle; mais la nullité ne peut être invoquée par eux. — Duranton, t. 1er, nº 486; Plasman, t. 1er, p. 168; Toullier, t. 9, p. 541 et suiv.

250. — Néanmoins, si l'acquéreur est de bonne foi, il peut prescrire par dix et vingt ans; dans le cas contraire, il ne prescrit que par trente ans. — Duranton, t. 1er, *loc. cit.*; Plasman, t. 1er, p. 173.

251. — C'est à l'absent qu'incombe la preuve de la mauvaise foi de l'acquéreur. — Plasman, t. 1er, p. 173.

252. — De ce que l'art. 126 subordonne la vente du mobilier de l'absent à l'autorisation des magistrats, M. Duranton (t. 1er, nº 485) conclut que l'envoyé en possession provisoire n'a pas, sans cette autorisation, le droit de le vendre. — V. aussi Plasman, t. 1er, p. 147 et t. 2, p. 319. — Toutefois, ajoute M. Duranton, si la vente en était faite par eux, les acquéreurs (à moins de mauvaise foi) ne pourraient être évincés, à cause de la maxime *en fait de meubles possession vaut titre.* — V. dans le même sens Marcadé, sur l'art. 126, nº 2. — Il est bien entendu, au surplus, que cette maxime ne protégerait que la vente des meubles pour lesquels elle est établie, et non celle des meubles auxquels elle n'est pas applicable, comme la généralité de meubles *incorporels*. — Duranton, *loc. cit.*

253. — Merlin, au contraire (*Rép.*, vº *Absent*, sur les art. 125 et 126), soutient en principe que l'art. 128, C. civ., ne prohibant que l'aliénation des immeubles, permet par cela seul l'aliénation des effets mobiliers (*Inclusio unius est exclusio alterius*). — V. en ce sens Talandier, p. 200; Delvincourt, t. 1er, p. 100, et de Moly, nº 468. — Ce dernier auteur (nº 472) va même jusqu'à considérer comme permise l'aliénation des meubles incorporels, et il fonde son opinion sur ce que l'envoyé en possession provisoire est chargé par l'inventaire du montant de toutes les créances ; que par suite il en a la pleine disposition, qu'il peut les céder, les transporter, les donner en paiement à ses propres créanciers, les dissiper même, sauf à en tenir compte avec intérêt lors de la cessation de la possession provisoire.

254. — Jugé en ce dernier sens que l'envoyé en possession provisoire peut valablement transporter et déléguer le prix dû d'un immeuble vendu. — *Paris*, 27 avr. 1814, Roussel c. Leguin.

255. — Mais les envoyés en possession provisoire des biens d'un absent ne peuvent, sans autorisation de justice, transiger au nom de l'absent. — Et ils sont recevables à demander eux-mêmes la nullité des transactions qu'ils auraient consenties. — *Bruxelles*, 27 juill. 1831, Bailly. — V. aussi en ce sens Plasman, t. 1er, p. 207 et 208.

256. — Suivant l'art. 134, C. civ., après le jugement de déclaration d'absence, toute personne qui aurait des droits à exercer contre l'absent ne pourra les poursuivre que contre ceux qui auront été envoyés en possession des biens ou qui en auront l'administration légale. — Ainsi les envoyés en possession provisoire ont les actions passives de l'absent.

257. — Les actions que les tiers pourraient avoir à exercer ne pourraient donc l'être contre le détenteur de fait des biens de l'absent. — *Limoges*, 20 avr. 1812, Nadaud c. Poumeau; — Talandier, p. 206, et Plasman, p. 209 et 210.

258. — Et l'action ainsi formée irrégulièrement ne serait pas régularisée par l'envoi en possession demandé et obtenu depuis. — Même arrêt.

259. — Remarquons toutefois que, si le tiers avait un titre paré, il lui serait permis de procéder par voie d'exécution et de faire saisir et vendre l'immeuble détenu. — Plasman, *loc. cit.*

260. — L'envoyé en possession provisoire peut incontestablement exercer les actions actives mobilières. — Quant aux actions immobilières, M. Plasman (t. 1er, p. 206) pense qu'il doit, comme le tuteur, se faire autoriser, sans quoi l'absent ne serait pas lié par le jugement qui serait rendu. — Mais nous ne pouvons admèttre cette opinion. Aucune disposition n'impose à l'envoyé en possession l'obligation de se faire autoriser pour exercer ces actions, et il n'y a pas de parité entre sa gestion et celle du tuteur. Le tuteur ne peut pas intenter une action en partage immobilier sans l'autorisation du conseil de famille, et l'art. 817 ne dit rien de semblable pour les héritiers envoyés en possession. — D'ailleurs, par qui serait-il autorisé? Ce ne sera pas par le conseil de famille; sera-ce par le tribunal? — Mais c'est le tribunal lui-même qui doit juger le mérite de l'action intentée par l'envoyé. La décision du tribunal sera pour l'absent une suffisante garantie.

261. — L'action en partage appartient aux envoyés en possession provisoire (C. civ., art. 817). Mais le partage doit avoir lieu suivant les formalités prescrites par les art. 819 et suiv., sans cependant que le défaut de ces formalités puisse ouvrir aux envoyés l'action en nullité. — Duranton, t. 1er, no 490.

262. — Les baux faits sans fraude par les envoyés en possession provisoire sont valables, même au regard de l'absent ou de ses héritiers, s'ils n'excèdent pas neuf ans. — Arg. art. 595, C. civ. — Duranton, no 490.

263. — En cas d'inaction des envoyés en possession provisoire, un curateur spécial peut être nommé à la requête du ministère public, à l'effet de produire dans un ordre au nom de l'absent, et de faire tous les actes nécessaires pour la conservation de sa créance. — *Colmar*, 14 juill. 1837 (t. 1er 1841, p. 565), Marbach.

264. — Les envoyés en possession provisoire ne sont d'ailleurs tenus que comme possesseurs et non comme héritiers; en conséquence, ils ne peuvent être poursuivis *ultrà vires*. — Proudhon, *Etat des personnes*, t. 1er, p. 159; Talandier, p. 207, et Marcadé, sur l'art. 127.

265. — Ils ne sont tenus que chacun pour leur part, bien que l'absent se soit obligé solidairement avec d'autres. — *Paris*, 29 mai 1811, Wendel c. Goulet de Saint-Paul.

266. — Cependant, l'action dont l'objet est indivisible peut être dirigée contre chacun de ceux qui ont été envoyés en possession des biens de l'absent. — *Rennes*, 7 juin 1816, Bréard c. Gascoin.

267. — Si l'absent reparaît, ou si son existence est prouvée pendant l'envoi provisoire, les effets du jugement qui aura déclaré l'absence cesseront, sans préjudice, s'il y a lieu, des mesures conservatoires pour l'administration de ses biens. — C. civ., art. 132.

268. — L'absent de retour reprend l'administration de ses biens; les envoyés en possession sont tenus de lui rendre compte de leur gestion, sauf la retenue des fruits que la loi détermine de la manière suivante.

269. — Ceux qui, par suite de l'envoi provisoire ou de l'administration légale, ont joui des biens de l'absent, ne sont tenus de lui rendre que le cinquième des revenus, s'il reparaît avant quinze ans révolus depuis sa disparition, et le dixième, s'il ne reparaît qu'après les quinze ans; après trente ans d'absence, la totalité des revenus leur appartient. — C. civ., art. 127.

270. — Ce que l'art. 127 dispose pour le cas où l'absent reparaît s'appliquerait également dans tous les cas où il y aurait lieu à la restitution des biens confiés aux envoyés en possession provisoire, soit parce que son existence se trouverait prouvée, soit parce qu'il serait établi qu'il est mort à une époque où les possesseurs provisoires n'étaient plus ses héritiers. — Marcadé, sur l'art. 127, no 1er.

271. — Il faut observer que le point de départ n'est pas le même pour les quinze ans et pour les trente ans dont parle l'art. 127. Les quinze ans se comptent, d'après les termes mêmes de cet article, à partir de la disparition, on peut ajouter ou des dernières nouvelles; quant aux trente ans, il résulte du rapprochement des art. 127 et 129 qu'ils ne commencent qu'à partir de la déclaration d'absence. — Marcadé, sur l'art. 127, no 3.

272. — Le législateur, en se servant du mot *revenu*, a fait assez connaître qu'il ne serait restitué à l'absent que le cinquième des fruits, déduction faite des dépenses pour les obtenir; telle est, au reste, la pensée unanime des auteurs sur la matière. — Talandier, p. 216; Duranton, t. 1er, nos 496 et suiv.; Plasman, t. 1er, p. 161, et Marcadé, sur l'art. 127, no 9.

273. — Les dépenses faites pour réparations d'entretien des immeubles de l'absent doivent être également acquittées sur les fruits. — Mais il en est autrement, suivant M. Marcadé (sur l'art. 127, no 9), des grosses réparations; elles sont une charge de la propriété elle-même et non pas du revenu; par conséquent, l'envoyé provisoire et l'administrateur légal, n'ayant droit qu'aux revenus, ne doivent point contribuer aux dépenses de ces réparations.

274. — Si donc, pour subvenir aux frais de ces dernières réparations, le possesseur provisoire, au lieu de vendre une partie des biens, en fait l'avance sur ses propres capitaux, cette avance doit lui être remboursée lors de la restitution des biens; mais il ne peut en demander les intérêts, car ces intérêts sont une charge des fruits et doivent être prélevés sur eux. — Marcadé, sur l'art. 127, no 9.

275. — Quelle règle faut-il suivre à l'égard des fruits pendans par branches et par racines au moment de l'envoi en possession et à celui du retour de l'absent? — MM. Duranton et Talandier ne pensent pas que l'on doive appliquer les règles de l'usufruit et de la communauté; c'est-à-dire que l'absent doive avoir les fruits en totalité. Selon ces auteurs, il est plus raisonnable d'appliquer celles du régime dotal; de faire ainsi une première division de ces fruits, en proportion du temps qu'a duré l'envoi en possession pendant la dernière année, et de prélever ensuite, sur la part attribuée aux envoyés en possession, le cinquième ou le dixième, selon les distinctions établies à l'art. 127. Les fruits doivent être accordés *pro curâ et culturâ*. — Duranton, t. 1er, no 498; Talandier, p. 216.

276. — M. Plasman (t. 1er, p. 161) pense au contraire que l'on doit appliquer aux envoyés en possession provisoire les règles de l'usufruit, soit au moment où cet envoi commence, soit au moment où il cesse par le retour de l'absent; il se fonde sur les art. 585 et 127, C. civ, et sur cette considération que, si l'on n'accordait pas aux envoyés en possession les fruits pendans par racines, il en résulterait que ces mandataires, ces dépositaires, seraient obligés de débourser des fonds souvent considérables pour obtenir les récoltes de l'année suivante, ce qui ne peut, selon cet auteur, être admis; qu'au reste, la loi, en se servant du mot *revenus*, n'a pas fait de distinction, et a par conséquent voulu comprendre les fruits pendans par branches et par racines; que, s'il pouvait rester quelque doute sur la question, il serait dissipé par l'art. 132, qui dispose que, si l'absent reparait, il reprend ses biens *dans l'état où ils se trouveront*, c'est-à-dire avec tous les fruits et sans partage avec les envoyés en possession. — Cette dernière opinion nous paraît la plus conforme à l'esprit et à la lettre de la loi.

277. — Ce n'est pas seulement à ceux qui ont joui des biens de l'absent en qualité d'envoyés en possession provisoire, mais encore à ceux qui en ont eu l'administration légale, que la loi réserve une partie des fruits. — Ainsi, la mère d'un absent, qui sous l'empire des anciennes lois, avait obtenu l'administration des biens, et qui a conservé cette administration depuis le Code civ., a acquis une portion des fruits, comme si elle avait été envoyée en possession de ces mêmes biens; dès-lors, doit être cassé l'arrêt qui condamne cette mère ou ses représentans à restituer la totalité des fruits perçus sur les biens de l'absent pendant leur administration, alors surtout que cette restitution porte sur les fruits perçus depuis le Code civ. — *Cass.*, 29 déc. 1830, Deslabo c. Camors. — *Contrà* Duranton, t. 1er, no 396 (attendu que dans l'espèce il ne s'agissait pas d'une administration *légale*, mais *judiciaire*).

278. — Jugé que les héritiers ou représentans d'une personne ayant obtenu l'administration des biens d'un absent et passibles de la restitution des fruits ou d'une portion de fruits peuvent être dispensés, comme possesseurs de bonne foi, de restituer les fruits qu'ils ont perçus sur les biens de l'absent, depuis le décès de leur auteur, jusqu'au moment où les fruits leur ont été demandés. — Même arrêt.

279. — On s'est demandé, au sujet de la perception des fruits, si l'envoyé en possession provisoire recherché plus tard par un cohéritier (par exemple un enfant naturel) venant réclamer le bénéfice de l'envoi pour la portion que la loi lui réservait, devait à ce cohéritier le rapport de la totalité des fruits perçus, et non pas seulement le rapport du cinquième. — Dans le premier sens, *Agen*, 16 avr. 1822, Michel David. — V. également Talandier, p. 182; Toullier, t. 1er, no 433, et Locré, *Esprit du C. civ.*, t. 2, p. 460. — Ces auteurs se fondent sur la discussion qui eut lieu au conseil d'état, où l'on avait demandé si l'héritier qui aurait pu partager la jouissance que donne l'envoi en possession, et qui ne l'aurait pas fait, pourrait, après quinze ans, réclamer sa part des revenus que l'art. 127 accorde aux héritiers. Il fut répondu que, dès que la loi appelait à la jouissance provisoire tous les héritiers, l'héritier qui y aurait eu droit, et *qui ne l'aurait pas obtenue*, pour sa portion, pourrait toujours en demander compte à ses cohéritiers.

280. — Jugé encore que les héritiers présomptifs envoyés en possession provisoire des biens de l'absent doivent au légataire de ce dernier le rapport de la totalité des fruits, à compter du jour de la demande en délivrance. — *Cass.*, 30 août 1820, Tricand c. Bernard.

281. — Toutefois, Merlin, ainsi que MM. Duranton et de Moly, sont d'un avis contraire. — Merlin, *Rép.*, vo *Absent*, pense que les héritiers envoyés en possession provisoire n'ont fait, en percevant les fruits, qu'user d'un droit que la loi et le jugement de déclaration leur avaient conféré; qu'ils ne doivent à leur cohéritier que sa portion à partir du jour où il l'a demandée. — M. Duranton (t. 1er, no 497) ne tranche pas la question d'une manière si absolue, il accorde les fruits à ceux qui les ont cultivés, d'après la maxime : *Ubi est onus, ibi emolumentum esse debet*. Cependant, il soutient que les envoyés en possession devraient le rapport des fruits, dans le cas où, connaissant l'existence de l'autre héritier, ils ne l'auraient point averti de ce qui se passait à l'égard de l'absent. — Enfin, M. de Moly (no 485), expliquant la discussion au conseil d'état, prétend qu'elle ne s'applique qu'au cas où, plusieurs individus s'étant présentés pour obtenir l'envoi provisoire et quelques uns ayant été repoussés par les autres et déclarés d'abord non-recevables, ces derniers obtiendraient plus tard l'envoi en possession provisoire de tout ou de partie des biens; dans ce cas, dit M. de Moly, ils auraient le droit de demander compte des fruits perçus par ceux qui les auraient éconduits. — M. Plasman n'admet d'une manière absolue ni l'une ni l'autre des opinions que nous venons d'analyser : il soutient (t. 1er, p. 167) que l'héritier qui se présente a toujours droit à sa part, en tant qu'héritier, mais que ses cohéritiers ont le droit de le repousser quant aux fruits perçus, par l'exception de bonne foi, s'ils ont ignoré son existence ou le lieu qu'il habitait; que s'ils ont connu cet héritier et son domicile, ils sont obligés de partager avec lui les fruits échus, à moins qu'ils ne prouvent qu'il a été informé de la déclaration d'absence, de l'envoi en possession, et qu'il n'a pas cru devoir réclamer.

282. — Au milieu de ce conflit d'opinions, celle de Merlin nous paraît incontestablement préférable. Remarquons, en effet, que les envoyés en possession provisoire ne peuvent pas être considérés comme étant de mauvaise foi; leur prise de possession a été précédée de toutes les formalités les plus propres à lui donner la plus grande publicité; tous les intéressés à la leur contester ou à la partager sont censés avoir été suffisamment avertis, et s'ils ne se sont point opposés, ils doivent être punis de leur négligence et de leur incurie; d'un autre côté, et comme le fait très bien remarquer Merlin, *loc. cit.*, c'est ainsi qu'on décide la question à l'égard du successible qui n'a accepté la succession que postérieurement à l'acceptation qu'en ont faite les cohéritiers; il ne peut rien réclamer des fruits qu'ils ont touchés pendant tout le temps qu'il s'est abstenu; quant à la discussion au conseil d'état, elle nous paraît obscure et susceptible de plusieurs interprétations; on ne peut fonder une décision sur un passage équivoque d'une discussion, quelle que soit la profondeur du savoir de ceux qui l'ont soulevée.

283. — Et il a été jugé par la Cour de Rouen que, si, postérieurement à l'envoi en possession provisoire, un héritier préférable se fait connaître, la restitution des fruits n'est due que du jour de l'action, et non de celui de la mise en possession. — *Rouen*, 7 déc. 1840, (t. 1er 1841, p. 65), l'Etat c. Dionis.

284. — Les frais relatifs au jugement de déclaration d'absence et à l'envoi en possession provisoire doivent-ils, en cas de retour de l'absent, être supportés par les héritiers qui ont obtenu cette possession? — L'affirmative a été jugée par la cour de *Colmar*, 4 mars 1815, Delacole c. Couraux.

285. — Cette décision nous paraît susceptible d'être critiquée en tant qu'elle consacrerait un principe absolu. En effet, l'arrêt porte que c'est dans l'intérêt personnel de l'héritier présomptif que l'absence est déclarée; cela peut être vrai quelquefois, mais quelquefois aussi le jugement

qui déclare cette absence est rendu dans l'intérêt de l'absent lui-même, dont les biens peuvent souffrir du défaut d'administration. Le paiement des frais, dit-on encore, doit être considéré comme une charge de la jouissance d'une partie importante des revenus attribués par la loi à l'héritier présomptif. A cet égard, ne peut-on pas répondre que la loi n'impose pas une telle charge, et que l'équité elle-même peut s'y opposer dans plus d'une circonstance, soit lorsque l'envoi en possession provisoire est si récent que l'héritier présomptif n'a pu jouir encore d'aucun revenu, soit lorsque ce revenu est lui-même si modique que la portion attribuée à l'héritier présomptif se trouve inférieure aux frais du jugement de déclaration et d'envoi en possession?—Merlin, *Rép.*, v° *Absent*, sur l'art. 131; Duranton, t. 1er, n° 476.

ART. II. — *Des effets de l'absence relativement à l'époux présent.*

286. — Lorsque l'absence est déclarée, l'époux présent a aussi des droits à exercer : ces droits varient selon que c'est le mari ou la femme qui se trouve en état d'absence. Nous allons faire connaître les règles qui appartiennent à chacune de ces deux hypothèses.

Nous avons, au surplus, dit plus haut que si l'absent n'a pas laissé de parens habiles à lui succéder, l'époux présent peut demander l'envoi en possession provisoire des biens. — C. civ., art. 140. — Il agit alors en vertu du droit héréditaire que lui confère l'art. 767, même Code.

§ 1er. — *Des droits et obligations du mari en cas d'absence de la femme.*

287. — Le mari commun en biens dont la femme est en état d'absence déclarée peut opter pour la continuation ou pour la dissolution de la communauté. Dans le premier cas, il empêche l'envoi en possession provisoire des héritiers présomptifs et l'exercice de tous les droits subordonnés à la condition de la mort de la femme absente; il conserve l'administration des biens de cette dernière par préférence à tous autres. — C. civ., art. 124.

288. — L'interprétation de cet article a donné lieu à quelques doutes graves.

Et d'abord que faut-il entendre par ces mots, *l'époux commun en biens?* L'art. 124 s'applique-t-il à la communauté conventionnelle comme à la communauté légale? S'applique-t-il à la société d'acquêts unie au régime dotal, laquelle n'est, ainsi que le prouve l'art. 1581, C. civ., qu'une véritable communauté d'acquêts? — Des auteurs recommandables, se fondant sur la généralité des termes de la loi, ont soutenu l'affirmative. — Toullier, t. 1er, nos 467 et 469; Duranton, t. 1er n° 430; De Moly, n° 561; Delvincourt, t. 1er, p. 94; Talandier, p. 167; Plasman, p. 275. — Ainsi, ils professent tous que le mari présent, soumis au régime dotal, avec une simple communauté d'acquêts, pourrait empêcher l'envoi en possession provisoire des héritiers présomptifs. — On ne peut cependant se dissimuler qu'il est des cas où l'application d'une pareille doctrine offrirait des résultats contraires aux conventions qui ont précédé l'union des époux. Ainsi, supposons, par exemple, qu'une femme se soit réservé toute sa fortune en paraphernal, et qu'elle ait contracté une simple communauté d'acquêts avec son mari; peu de temps après son mariage elle disparaît de son domicile; son absence est déclarée et ses héritiers présomptifs, qui sont son père et sa mère, demandent l'envoi en possession provisoire; le mari s'y oppose et réclame la préférence en vertu de l'art. 124, C. civ. — Il l'obtient, et toute la fortune de la femme, qui s'élève, si l'on veut, à 200,000 fr., passera dans sa possession au détriment des père et mère. Ainsi celui que le contrat de mariage avait éloigné de l'administration même des biens de sa femme en jouira, en percevra exclusivement les fruits, sur lesquels il ne devra restituer qu'un cinquième à la femme, si elle reparaît.

289. — C'est sans doute pour parer à ces résultats que M. Marcadé (sur l'art. 124, nos 2 et 15) émet l'opinion qu'à l'égard des biens composant la société d'acquêts, l'époux aura la faculté d'opter pour la continuation ou la dissolution, mais qu'à l'égard des biens dotaux, on doit appliquer les règles ordinaires et accorder l'envoi en possession provisoire aux héritiers et autres ayant-droit. — Cet avis ne nous paraît guère conciliable avec les art. 1581 et 1498, C. civ., aux termes desquels la communauté d'acquêts doit se composer de divers élémens dans lesquels entrent les fruits et revenus des biens des époux. Or, comment le mari pourra-t-il percevoir ces fruits et revenus pour le compte de la société d'acquêts, si les biens dotaux qui les produisent ont été restitués aux héritiers présomptifs de la femme?

290. — Selon Toullier (t. 1er, n° 460), si c'est la femme qui est absente, le mari présent qui opte pour la continuation ou pour la dissolution de la communauté doit, dans l'un comme dans l'autre cas, faire nommer à ses enfans mineurs un subrogé tuteur pour consommer contradictoirement avec lui, son option, et procéder au réglement de ses droits en cas de dissolution. — Nous ne partageons pas cette opinion. — Remarquons d'abord que la loi ne prescrit point cette nomination; la raison en est qu'il n'y a de subrogé tuteur que lorsqu'il y a tutelle, et l'on ne peut pas dire que les enfans mineurs de l'époux absent tombent en tutelle par l'effet de la déclaration d'absence du père ou de la mère. L'esprit général de la loi sur les droits de l'époux présent est que l'absence de l'autre époux ne doit en aucune manière y porter atteinte; or, ce serait porter atteinte à ces droits que d'assimiler à un tuteur l'époux présent, puisqu'il serait soumis à une hypothèque légale à raison de son administration, hypothèque que la jurisprudence refuse aux enfans, tant que le père ne jouit de leurs biens qu'à titre d'administrateur légal, c'est-à-dire tant que dure le mariage (V. HYPOTHÈQUE LÉGALE). On ne voit pas, d'ailleurs, l'utilité de la présence d'un subrogé tuteur à l'inventaire, puisque, au fond, les droits du mineur sont protégés par l'art. 126, qui règle la manière dont il pourra être disposé des biens de l'absent, et que, quant à la régularité et à la sincérité de l'inventaire lui-même, la présence du ministère public (art. 126) donne toute sécurité.

291. — L'art. 126 n'oblige l'époux présent à faire inventaire qu'à l'égard du mobilier et des titres de l'absent; le mari, en prenant possession des biens de la femme qui ne font point partie de la communauté, doit nécessairement en faire constater l'état et la valeur, afin qu'à la dissolution du mariage, il ne s'élève pas de contestation sur les objets et les sommes à restituer. — Cependant, quelques auteurs ont prétendu que le mari devait faire procéder à l'inventaire de tous les biens de la communauté en même temps que du mobilier et des titres de la femme absente. — Duranton, t. 1er, n° 460; Proudhon, t. 1er, p. 173; de Moly, n° 571; Plasman, t. 1er, p. 281. — Cette doctrine est nécessairement fondée sur la fausse pensée que le mari serait tenu, dans tous les cas, de rendre compte de son administration à la femme ou à ses héritiers; mais il n'en est pas ainsi; le mari ne doit compte que de l'administration des biens personnels de la femme, et encore des capitaux seulement, puisque, d'après la disposition de l'art. 1401, C. civ., tous les fruits, revenus, intérêts et arrérages, de quelque nature qu'ils soient, échus ou perçus pendant le mariage et provenant des biens qui appartiennent aux époux lors de la célébration, et enfin tous ceux qui leur sont échus durant le mariage à quel titre que ce soit, font partie de la communauté; il ne doit compte, disons-nous, que des biens personnels de la femme, puisqu'il est maître de tous ceux de la communauté. — Il y a donc erreur dans cette doctrine. — D'ailleurs il est reconnu que l'option du mari pour la continuation de la communauté ne doit rien changer à sa position. Cependant, en l'obligeant à faire inventaire, on met sa fortune à jour, on diminue son crédit, si les affaires de la communauté ne sont pas prospères; on l'oblige enfin à immiscer des étrangers dans les secrets de sa maison, de sa famille, de sa situation, ce qui peut être d'une influence funeste sur son avenir industriel ou commercial.

292. — Le mari n'est pas tenu, selon nous, d'appeler les héritiers présomptifs à la confection de l'inventaire: le procureur du roi, avec lequel cet inventaire doit être fait contradictoirement, a mission de surveiller les intérêts de l'absent. — V., en ce sens, Toullier, t. 1er, n°...; Plasman, t. 1er, p. 282. — Toutefois, M. Duranton (t. 1er, n° 458) pense que les héritiers ont le droit d'y intervenir; cela nous paraît incontestable.

293. — L'époux qui opte pour la continuation de la communauté est-il obligé de donner caution? — Le doute vient, non de l'art. 124, C. civ., qui, dans sa rédaction grammaticale, semble n'imposer l'obligation de donner caution qu'à l'époux qui demande la dissolution provisoire de la communauté et non à celui qui opte pour sa continuation, mais de l'art. 129 qui porte que, si l'absence a continué pendant trente ans depuis l'envoi provisoire, *ou depuis l'époque à laquelle l'époux commun aura pris l'administration des biens de l'absent*, ou s'il s'est écoulé cent ans révolus depuis la naissance de l'absent, *les cautions sont déchargées*. — Or, dit-on, ce dernier article suppose bien évidemment que l'époux *commun en biens* qui prendra l'administration des biens de l'absent donnera caution, puisqu'il détermine l'époque à laquelle *sa caution sera déchargée*.

294. — La difficulté a été différemment appréciée par les auteurs. — D'une part, Malleville (sur l'art. 124), de Moly (n° 580), et Biret (*Tr. de l'abs.*, p. 206), pensent qu'en cas d'acceptation de la communauté le mari et la femme doivent caution. — Biret invoque l'art. 123, qui veut qu'après l'envoi en possession provisoire obtenu tous ceux *qui ont des droits* sur les biens de l'absent donnent caution, et l'art. 126 qui charge nommément l'époux de faire *inventaire* et *emploi* : ce qui, dit-il, est l'équivalent d'un cautionnement. — Quant à M. de Moly, il s'appuie sur cette circonstance que, dans le procès-verbal du conseil d'état du 22 vendém. an XI, l'art. 13, correspondant à l'art. 124, offre *deux points* après ces mots : *des biens de l'absent*; ce qui fait supposer que, dans l'article, ces mots : « *à la charge de donner caution*, » s'appliquent aux deux membres de phrases, et dès-lors aussi bien au cas de continuation que de dissolution provisoire de la communauté.

295. — Toullier (t. 1er, nos 466 et 472) et M. Talandier (p. 164) distinguent entre le cas où c'est le mari ou la femme qui opte pour la continuation de la communauté. Suivant ces auteurs, le mari ne doit caution que pour les biens exclus de la communauté et dont il doit se faire envoyer en possession de préférence aux héritiers. — Quant à la femme, elle doit indistinctement caution pour tous les biens dépendans ou exclus de la communauté.

296. — Mais l'opinion qui dispense le mari et la femme de donner caution est plus généralement adoptée. — D'abord, l'édition originale de l'art. 124 ne contient pas *deux points*, mais *un seul* après ces mots : *des biens de l'absent*. — Locré (*Lég. civ.*, t. 4, p. 14). — En outre, Bigot de Préameneu, en exposant les motifs de la loi, n'a nullement parlé de l'obligation, pour les époux, de donner caution en cas de continuation de la communauté, et même, en parlant de la dissolution, il disait : « S'il est un point sur lequel on a pu hésiter dans la loi proposée, c'est sur la charge imposée à la femme de donner caution pour sûreté des *restitutions* qui devraient avoir lieu. » (*Lég. civ.*, t. 4, p. 142.) — Enfin, le rapport du tribun Leroy (Locré, *Lég. civ.*, t. 4, p. 159) ne mentionnait l'obligation de donner caution que pour le cas de dissolution. — V. aussi Duranton, t. 1er, n° 465; Favard de Langlade, *Rép.*, v° *Absence*, sect. 3e, § 1er; Delvincourt, t. 1er, p. 591, n° 4 (éd. 1824); Proudhon, t. 1er, p. 318; et Valette, son annotateur, *loc. cit.*; Demante, *Encycl. du Dr.*, v° *Absence*, n° 82; Plasman, t. 1er, p. 282; Marcadé, sur l'art. 124, n° 3.

Cette opinion nous paraît préférable. — Quant à l'argument tiré de l'art. 129, on peut dire que cet article, en disposant que les *cautions seraient déchargées* après trente ans depuis l'envoi en possession provisoire, ou depuis le jour où l'époux commun aurait pris l'administration des biens de l'absent, n'a entendu parler que du cas où il en aurait été fourni. Mais c'est aux art. 123 et 124 qu'il faut se reporter pour savoir quand il y a lieu de fournir caution.

297. — Il a cependant été jugé que la femme qui, au cas d'absence déclarée de son mari, opte pour la continuation de la communauté, et prend en cette qualité l'administration des biens de son mari déclaré absent, est tenue de donner caution. — *Paris*, 9 janv. 1826, Delaplane. — Mais cet arrêt ne fait que résoudre la question par la question.

298. — Le mari qui a opté pour la continuation de la communauté, et qui conserve ainsi l'administration des biens qui la composent, a-t-il aussi le droit de les aliéner? — Proudhon (*État des pers.*, t. 1er, p. 173) ne le pense pas : « Encore qu'en thèse générale, dit-il, et avant l'absence, le mari puisse aliéner et hypothéquer les biens de la communauté, depuis son option il n'est pas revêtu d'un pouvoir aussi étendu; car, si la femme absente ne reparaît pas, et que sa mort soit reportée au temps de sa disparition, les aliénations ne pourraient être que frustratoires à l'égard des héritiers qui remonteraient au jour du décès pour demander compte à l'administrateur.

299. — Duranton (t. 1er, n° 461) ne refuse pas au mari la faculté d'aliéner; il dit même que les aliénations qui seront prouvées avoir été faites depuis la mort de la femme absente, au profit des tiers qui ignoreraient le décès, seront aussi maintenues, comme celles faites par un mandataire à des tiers qui ignoreraient la révocation du mandat; mais cet auteur ajoute : « Le mari répondra au surplus de ses actes, si la femme ne reparaît pas, parce qu'alors la communauté sera présumée dissoute du jour de la disparition. »

300. — Pour nous, il nous semble d'abord hors

de doute que, tant que dure la communauté, le mari a la libre disposition des biens qui la composent, qu'il peut les vendre, aliéner, hypothéquer (C. civ., art. 1421). — Mais la communauté cesse-t-elle au moment de la disparition de la femme, en ce sens que, si elle ne reparaît pas, elle sera censée être décédée le jour même où elle aura disparu, et ses héritiers avoir été saisis dès ce jour de la propriété de sa part dans la communauté? — L'affirmative ne nous paraît pas douteuse. La communauté étant dissoute par le décès de l'un des époux, nécessairement le mari a cessé d'être investi des droits que la loi lui avait conférés sur les biens qui la composaient; et, s'il en a vendu, aliéné une partie, ou la totalité, il l'a fait valablement pour les tiers et non pour lui-même; il a agi conformément au droit que la loi lui attribuait, il a agi légalement, puisque la certitude de la mort de la femme n'était pas acquise; mais néanmoins ce droit avait un caractère d'éventualité fondé sur la possibilité de la mort de la femme au jour de sa disparition, dont l'effet est de l'obliger à rendre compte de la communauté à partir du décès de cette dernière. — Ainsi, comme conséquence de cette doctrine, il faudrait repousser l'opinion de Proudhon, qui paraît penser que la vente faite par le mari serait nulle, même à l'égard des tiers, et adopter le sentiment de M. Duranton qui rend le mari responsable de ses actes, de telle sorte qu'en cas de vente il serait obligé de rapporter le prix des biens vendus aux héritiers présomptifs. — Toutefois, il ne faut pas se dissimuler qu'il y a, dans cette solution, quelque chose qui choque au premier abord; on se demande comment le droit du mari sur les biens de la communauté peut cesser d'avoir son effet, alors que rien ne l'a instruit de la perte de ce droit, alors qu'il agit sous l'autorisation de la loi, dans la persuasion de sa puissance et avec bonne foi? Que l'existence de la communauté, pendant l'absence, soit une fiction qui cesse lorsque la certitude de son décès arrive, cela se conçoit pour le présent; mais que la nouvelle de la mort de la femme produise l'effet de faire remonter la propriété des héritiers sur sa part dans les biens de la communauté au jour de son décès, et de manière à dépouiller le mari d'un droit de propriété que la loi elle-même consacrait, qu'il exerçait sous sa protection, voilà ce qui peut sembler peu équitable. Autant aurait-il valu dire qu'il n'y a de continuation de communauté, en cas d'absence de la femme, qu'autant qu'elle ne doit pas reparaître, que, dans le cas contraire, cette communauté n'existe plus du jour du décès, alors même que le mari l'aurait pleinement ignoré. — V. au reste, en ce sens, Plasman, t. 1er, p. 279; Marcadé, sur l'art. 124, no 5; et l'*Exposé des motifs* de Bigot de Préameneu (Locré, *Lég. civ.*, t. 4, p. 126 et suiv.).

301. — Il suit de ce que nous venons de dire que le mari sera tenu au rapport du prix des ventes qu'il aura opérées depuis le jour du décès prouvé de la femme; dès cette époque il n'aura plus été que le mandataire, le gérant de la communauté; mais alors il faudra décider aussi que les héritiers présomptifs devront lui rembourser la valeur, à leur charge, des améliorations et reconstructions qu'il aura faites aux immeubles, s'il est prouvé qu'il en a fait les fonds sur ses biens personnels, et non sur les produits de la communauté: cela nous paraît de toute justice.

302. — La loi n'a réglé expressément que le cas de communauté: mais le mari, en cas de régime dotal pur et dégagé de cette société d'acquêts dont nous parlions *suprà* (nos 288 et 289), serait-il tenu de rendre aux envoyés en possession provisoire la dot qu'il aurait reçue? — Toullier, t. 1er, no 467, et M. Plasman, t. 1er, p. 290, enseignent la négative. — Et cette opinion se fonde sur la double considération: 1o que la disparition de la femme ne doit pas pouvoir préjudicier au mari et le priver du revenu de la dot; 2o que, la jouissance de la dot lui étant accordée pour subvenir aux charges du mariage, cette jouissance ne peut cesser qu'autant que le mariage n'existe plus. — Mais M. Duranton (t. 1er, no 452) soutient l'opinion contraire par le double motif: 1o que, s'il n'y a pas d'enfant du mariage, les charges du mariage n'existent plus de fait pour le mari; 2o et que, s'il y a des enfans, la jouissance légale qu'il a de leurs biens lui fournit le moyen de subvenir à ces charges. L'auteur, toutefois, ne paraît adopter cette opinion qu'avec regret.

303. — Le mari dont la femme absente s'est fait en dot une constitution générale de biens présens et à venir jouit-il des biens qui n'appartenaient pas à cette dernière au moment de sa disparition ou de ses dernières nouvelles? — La question ne ferait pas de doute s'il s'agissait des héritiers présomptifs; il est certain qu'ils ne peuvent se faire envoyer en possession provisoire que des biens appartenant à l'absent au moment où il a cessé de paraître à son domicile. Mais, en ce qui concerne le mari, nous pensons qu'il en doit être différemment, et cela par le droit que lui confère son contrat de mariage. La femme s'étant constitué tous ses biens présens et à venir, il est certain que le mari peut se prévaloir de tous les fruits des biens qui échoient à la femme pendant l'absence, autres que ceux cependant à raison desquels la preuve de son existence doit être faite par celui qui les réclame. Ainsi, supposons, par exemple, que la femme eût acheté des biens grevés d'usufruit au moment de l'acquisition, et que, pendant son absence, l'usufruit se soit réuni à la propriété par la mort de l'usufruitier, dans ce cas, ce serait incontestablement le mari, et non les héritiers, qui prendrait possession de l'usufruit consolidé à la propriété. — Il en faudrait dire autant de l'époux commun en biens, puisque cet usufruit tomberait dans la communauté.

304. — Si le mari avait connu l'existence de la femme, et qu'il eût ainsi joui des biens en état de mauvaise foi, serait-il privé des fruits que lui accorde l'art. 127? — Delvincourt (t. 1er, p. 88, notes) décide la question en faveur de la femme. Cela nous paraît parfaitement conforme aux principes; le possesseur de mauvaise foi ne fait jamais les fruits siens, et l'époux présent ne nous paraît pas devoir être placé en dehors de l'application de cette règle.

305. — La continuation provisoire de la communauté et l'administration légale qui en est la suite peuvent finir de six manières: — 1o Par la preuve de l'existence du conjoint absent; — 2o Par la preuve de son décès; — 3o Par le laps de trente ans depuis la déclaration d'absence, ou de cent ans depuis sa naissance; — 4o Par la mort de l'époux présent; — 5o Par la renonciation que l'époux, qui avait opté pour cette continuation, fait à cette continuation; — 6o Enfin, par la déclaration d'absence de ce deuxième époux, d'abord présent, et qui viendrait aussi à disparaître. — Marcadé, sur l'art. 124, no 6.

306. — Dans le premier cas, la communauté se trouve avoir toujours continué d'exister, non seulement en apparence, mais encore en réalité. L'administration légale cesse donc pour faire place à l'administration ordinaire. — Marcadé, sur l'art. 124, no 7.

307. — Dans le second cas, la communauté est réputée avoir été dissoute à l'époque où il est établi que le décès a réellement eu lieu; en conséquence, on doit, sans avoir égard à la continuation apparente, se reporter à cette époque pour fixer les droits respectifs de l'époux présent et des héritiers de l'époux absent. — Marcadé, sur l'art. 124, no 8.

308. — Dans le troisième cas, c'est-à-dire s'il s'est écoulé trente ans depuis la déclaration d'absence, ou cent ans depuis la naissance de l'absent, l'absent est réputé mort depuis sa disparition ou ses dernières nouvelles; c'est donc à cette époque qu'il faut se reporter pour partager la communauté et fixer les droits de l'époux présent et des héritiers présomptifs de l'époux absent, sauf toutefois l'effet des aliénations qui auraient été valablement consenties par l'époux administrateur. — Marcadé, no 9.

309. — Lorsque l'époux présent, administrateur légal, vient à décéder, les effets de la déclaration d'absence, ne se trouvant plus paralysés par une continuation de communauté désormais impossible, reprennent tout leur empire; en conséquence, l'absent est réputé mort du jour de la disparition ou des dernières nouvelles, et, par suite, la communauté est censée avoir été dissoute à ce même moment. Ce sera donc en se basant sur cette présomption qu'on réglera les intérêts des héritiers de l'époux décédé, et des héritiers de l'époux absent. — Marcadé, sur l'art. 124, no 10

310. — Il faut décider de même, lorsque l'époux présent, après avoir opté pour la continuation de la communauté, vient ensuite, comme il en a le droit, renoncer à cette continuation. Dans ce cas encore, la continuation est censée n'avoir jamais existé, et la communauté se partage, provisoirement du moins, entre l'époux présent et les héritiers de l'absent, dans l'état où elle était lors de la disparition ou des dernières nouvelles. — Marcadé, sur l'art. 124, no 11.

311. — Enfin, dans le sixième et dernier cas, celui d'absence de l'époux administrateur, tant que cette absence n'est que présumée, elle n'entraîne aucun changement dans l'état des choses, il y a lieu seulement de faire pourvoir, par le tribunal, à l'administration des biens; mais, lorsque son absence vient à être déclarée, comme alors il est présumé mort, la déclaration d'absence de son conjoint reprend tous ses effets, et il y a lieu alors de procéder comme dans le quatrième cas. — Marcadé, no 12.

312. — Le mari qui a pris l'administration des biens de la femme est comptable envers elle, si elle reparaît, ou envers ses enfans ou héritiers, si elle ne reparaît pas; l'inventaire et le rapport homologué servent de base à la restitution que le mari doit opérer; les enfans n'auraient pas le droit de demander une nouvelle expertise et un nouvel inventaire.

313. — Nous avons dit (*suprà* no 287) que l'époux commun en biens pouvait opter pour la continuation ou pour la dissolution provisoire de la communauté. — Dans ce dernier cas, il est tenu de donner caution pour les choses susceptibles de restitution. — C. civ., art. 124.

314. — On considère comme telles les gains de survie afférens, soit au mari, soit à la femme. — Proudhon, t. 1er, p. 321, et Valette, son annotateur, *loc. cit.*

315. — Dans le même cas, dit encore M. Valette, le mari sera tenu de donner caution pour la moitié de sa part dans la communauté, car, si les biens tombés au lot des héritiers présomptifs de la femme venaient à périr avant le décès de celle-ci, un nouveau partage devrait avoir lieu. — Quant à la femme, elle sera également tenue de donner caution pour toute sa part dans la communauté.

316. — Le même auteur (*loc. cit.* et p. 323) ajoute que le mari ne doit pas caution *pour ses propres*, parce qu'en aucun cas il ne doit les restituer, mais qu'il n'en est pas de même de la femme, qui doit restituer ses propres à son mari lors du retour de celui-ci, et par conséquent donner caution pour le cas où elle aurait détérioré les immeubles, ou bien détérioré ou aliéné les meubles. — Mais la femme ne serait pas tenue de donner caution pour les biens dont elle se serait réservé l'administration et la jouissance, car à cet égard elle n'aurait rien à restituer.

317. — M. Marcadé (sur l'art. 124, no 19) au contraire, pense que le mari lui-même est tenu de fournir caution relativement à ses immeubles propres, et cela, encore bien qu'il ait le droit d'en disposer comme bon lui semble, soit pendant la communauté, soit après sa dissolution. Voici comment raisonne cet auteur: « Les fruits des immeubles propres du mari, comme ceux des immeubles propres de la femme, appartiennent à la communauté. Or, il pourrait arriver que, postérieurement à l'époque où, comme on l'a appris depuis, la communauté s'est trouvée réellement dissoute par la mort de la femme, le mari eût dissipé des sommes qui étaient provenues des fruits de ses immeubles propres antérieurement à la dissolution réelle, qui, par conséquent, faisaient partie de la communauté, et dont pour cette raison il doit compte aux héritiers de la femme. Il est donc juste qu'il donne caution relativement à ces revenus. »

318. — La femme absente est liée, du moins quant à la conséquence des actes faits pendant l'état provisoire, par l'acceptation ou la répudiation de la communauté faite par ses héritiers ou ayant-cause. — Plasman, t. 1er, p. 303.

§ 2. — *Des droits et obligations de la femme en cas d'absence déclarée du mari.*

319. — La femme, comme le mari, a le droit d'opter pour la continuation ou pour la dissolution provisoire de la communauté. Si elle opte pour la continuation de la communauté, elle empêche l'envoi en possession provisoire des héritiers présomptifs, et l'exercice de tous les droits subordonnés à la condition du décès de l'absent. — C. civ., art. 124. — Si, au contraire, elle demande la dissolution provisoire de la communauté, elle exerce ses reprises et tous ses droits légaux et conventionnels, à la charge de donner caution pour les choses susceptibles de restitution. — C. civ., art. 124.

320. — La femme a besoin de l'autorisation de justice pour faire son option, car le mariage n'est pas dissous, et, ainsi que le dit M. Plasman (t. 1er, p. 294), elle s'oblige, si elle demande la dissolution, puisqu'elle est tenue de donner caution pour les choses susceptibles de *restitution*: elle s'oblige encore, si elle opte pour la continuation, puisqu'elle est responsable de la mauvaise administration, soit envers son mari, s'il revient, soit envers ses héritiers. — V. aussi Marcadé, sur l'art. 124, no 4. — Le jugement qui l'autorisera à faire cette option, devra en même temps l'autoriser à prendre l'administration des biens personnels de son mari, et à exercer toutes les mesures conservatoires qui s'y rattachent.

321. — Elle n'est pas plus obligée que le mari à

fournir caution, en cas d'option pour la continuation de la communauté (*suprà* nos 293 et suiv). — Mais, si elle veut aliéner, vendre et hypothéquer, elle ne peut le faire qu'avec l'autorisation de la justice. Si elle agit sans cette autorisation, ses actes peuvent être annulés.

322. — Quelques auteurs pensent (V. entre autres Plasman, t. 1er, p. 292; Marcadé, sur l'art. 124, no 4) que la femme, même avec l'autorisation de la justice, ne peut aliéner, en cas d'absence du mari, les biens de la communauté; ils se fondent sur ce que l'art. 1426, C. civ., porte que les actes faits par la femme sans le consentement du mari, et même avec l'autorisation de la justice, n'engagent point les biens de la communauté, si ce n'est lorsqu'elle contracte comme marchande publique ou pour le fait de son commerce.—Ils invoquent aussi l'art. 128. — Mais il ne faut pas confondre ici les diverses positions dans lesquelles peut se trouver la femme, et les principes qui les régissent. Lorsque le législateur a refusé à la femme, même autorisée par la justice, le droit d'engager les biens de la communauté, c'est qu'il n'a pas voulu qu'il fût porté atteinte aux droits et à l'autorité du mari *présent*; le mari est seul administrateur et maître des biens de la communauté ; ce privilége, il le tient de la loi ; la loi ne pouvait donc lui ôter d'une main ce qu'elle lui avait donné de l'autre; mais, en se prononçant ainsi, le législateur ne disposait que pour le cas ordinaire, et nullement pour celui où il y aurait absence déclarée du mari. — Ainsi, la femme administrera donc seule et à l'exclusion des héritiers du mari, tous les biens de la communauté; et, lorsqu'il y aura urgence et même simplement avantage à aliéner un ou plusieurs immeubles, l'autorisation en sera accordée par les tribunaux. —V., en ce sens, *Bourges*, 13 février 1830, Chorne c. Frossard.

323. — Quant aux biens de l'absent, la femme n'est, à leur égard, que simple administratrice. Elle doit en faire faire inventaire contradictoirement avec le procureur du roi; s'il y a nécessité de vendre tout ou partie du mobilier, le tribunal interviendra pour autoriser cette aliénation, et, dans ce cas, il sera fait emploi du prix, ainsi que des fruits qui se trouveront alors échus. — C. civ., art. 126.— Mais l'aliénation des immeubles ne sera nullement permise, même avec l'autorisation de la justice, car l'envoi en possession de l'époux, comme celui des héritiers de l'absent, n'est qu'un dépôt dont il doit être rendu compte. — V. au surplus *suprà*, nos 246 et suiv.

324. — La femme prend l'administration de ses biens propres dont son mari était investi; elle dispose du mobilier, mais elle ne peut aliéner les immeubles sans l'autorisation de la justice.— M. Marcadé, sur l'art. 124, no 4, décide que, même avec cette autorisation, elle ne pourrait aliéner ou hypothéquer ses immeubles propres que pour la nue-propriété, attendu que la jouissance en appartient à la communauté; mais nous ne pouvons admettre cette distinction; après avoir reconnu à la femme le pouvoir d'aliéner ou d'hypothéquer, avec l'autorisation de justice, les immeubles de la communauté, nous devons *à fortiori* lui reconnaître le même droit à l'égard de ses immeubles propres.

325. — Nous avons, au paragraphe précédent (nos 305 et suiv.), énuméré les diverses hypothèses qui peuvent mettre fin à la continuation provisoire de la communauté. Nous n'y reviendrons donc point ici. Les solutions sont parfaitement identiques.

326. — La femme qui a opté pour la continuation de la communauté conserve toujours le droit d'y renoncer ensuite. — C. civ., art. 124.

327. — Dans ce cas, si la femme se soustrait par sa renonciation aux dettes contractées par son mari, elle n'échappe pas à celles qu'elle a contractées elle-même depuis que sa gestion a été autorisée par justice. — Proudhon, t. 1er, p. 173; Plasman, t. 1er, p. 295. — Et elle est tenue de ces dernières dettes sur ses biens propres, conformément à l'art. 1494. — Plasman, *loc. cit.*

328. — Le droit de renonciation existe pour la femme, encore que la communauté soit devenue mauvaise; mais alors elle est tenue envers les héritiers de l'absent des pertes qu'elle a pu leur causer par son fait; elle n'est, en effet, qu'un mandataire salarié, puisqu'elle profite des fruits, suivant l'art. 127. — Plasman, *loc. cit.*

329. — Mais sa renonciation a pour effet de la décharger des pertes antérieures à son option, et de celles arrivées autrement que par sa faute. — Delvincourt, t. 1er, p. 97, notes; Plasman, *loc. cit.*

330. — En cas de retour, le mari est obligé, comme chef de la communauté, et par l'effet légal de l'administration de sa femme, envers tous ceux qui ont contracté avec elle, à moins qu'il n'y ait dol et fraude; mais il lui est dû récompense sur les biens personnels de la femme lors de la dissolution de la communauté.— Plasman, *loc. cit.*

331. — La femme qui opte pour la dissolution de la communauté exerce, comme le mari, ses reprises et tous ses droits légaux et conventionnels.

Les droits légaux sont : 1o la reprise de l'administration et de la jouissance de tous ses propres mobiliers et immobiliers; — 2o le prix de ceux qui ont été aliénés, et dont il n'a pas été fait remploi; — 3o les récompenses et indemnités qui lui sont dues par la communauté; — 4o la part qui lui revient dans les biens qui la composent; — 5o soit que la femme accepte, soit qu'elle renonce à la communauté, elle a le droit, pendant les trois mois et quarante jours qui lui sont accordés pour faire inventaire et délibérer, de prendre sa nourriture et celle de ses domestiques sur les provisions existantes, et, à défaut, par emprunt au compte de la masse commune, à la charge par elle d'en user modérément. — C. civ., art. 1465. — Cet article dit aussi que la femme ne doit aucun loyer, à raison de son habitation pendant ce délai, dans une maison dépendant de la communauté ou appartenant aux héritiers du mari; et, si la maison qu'habitaient les époux à l'époque de la dissolution était tenue par eux à titre de loyer, la femme ne contribuera pas, pendant le même délai, au paiement de ce loyer, lequel sera pris sur la masse.

332. — Les droits conventionnels sont : 1o les sommes et effets qu'elle est autorisée par son contrat à prélever avant tout partage, à titre de préciput, et dont le Code a prévu la stipulation dans l'art. 1515, C. civ.; — 2o les objets qui sont entrés de son chef dans la communauté, lorsqu'elle en a stipulé la reprise pour le cas de renonciation, et qu'elle renonce en effet, comme il est dit aussi dans l'art. 1514, C. civ.; — 3o enfin, les donations qui lui ont été faites par son conjoint. — Plasman, t. 1er, p. 299 et 300.

333. — La femme de l'absent déclaré peut être admise à exercer provisoirement les droits de survie, sans être tenue de prouver, même à l'égard des tiers créanciers de son mari, le décès de celui-ci.—*Orléans*, 25 juin 1835, Delaage c. Fleureau.

334. — Dans l'ancien droit, l'usage était, en pays de droit écrit, de laisser les héritiers présomptifs s'emparer de tous les biens de l'absent, et même *de la dot* de l'épouse; seulement, après dix ans, elle pouvait se la faire restituer. — Plasman, t. 1er, p. 269. — Aujourd'hui, il est certain que la femme prend l'administration *de ses biens dotaux*, et qu'elle en emploie les fruits suivant leur destination; les héritiers ne seraient nullement fondés à prétendre que, le mari étant le maître de la dot, ils ont le droit de la retenir, sauf à fournir à tous les besoins de la femme et des enfans. Ils ne seraient pas mieux fondés à retenir les fruits qui ne seraient pas nécessaires aux charges du mariage, en soutenant que cet excédant est la propriété du mari.—Toutefois, si le mari reparaissait, ou si son décès était constaté, il semble que la femme devrait être obligée de tenir compte de cet excédant, s'il était prouvé qu'elle en a fait son profit. Le motif en est que, bien que la femme soit propriétaire de la dot, au mari seul appartiennent les fruits, et que, dès que la femme en a usé, en son absence, de manière à pourvoir largement aux charges du mariage, elle doit nécessairement tenir compte du reste, sans quoi il y aurait atteinte au principe qui veut que les fruits de la dot appartiennent au mari.

335. — Mais on doit réputer nulle la vente d'un immeuble dotal, faite par une femme non autorisée dont le mari est absent, encore qu'elle ait pris dans l'acte la qualité de veuve, si l'acquéreur ne prouve pas que le mari était déjà mort à l'époque du contrat. Dans ce cas, c'est à l'acquéreur, et non à la femme demanderesse en nullité, qu'est imposée la charge de prouver le décès. — *Caen*, 22 février 1826, Alexandre c. Legreuley.

336. — L'époux présent qui a géré en qualité d'administrateur légal les biens de la communauté a-t-il droit aux fruits accordés par l'art. 127, au regard, soit de l'époux absent, s'il reparaît, soit de ses héritiers, s'il ne reparaît pas? — Proudhon (*Et. des pers.*, t. 1er, p. 319) enseigne la négative, en ce sens du moins que la retenue ne peut avoir lieu *au préjudice du mari* qui reparaît; celui-ci doit retrouver sa communauté conservée, avec les accroissemens des fruits et émolumens qui peuvent la composer, comme s'il n'y avait pas eu absence.— Mais la retenue aurait lieu au regard des héritiers. — Valette, sur Proudhon, *loc. cit.* — Mais les auteurs résolvent plus généralement notre question dans le sens affirmatif, en se fondant sur la disposition de l'art. 127, qui accorde une portion de fruits à l'administrateur légal. — Delvincourt, t. 1er, p. 353; de Moly, no 570; Favard de Langlade, *Rép.*, vo *Absent;* Duranton, t. 1er, no 457, et Plasman, t. 1er, p. 287. —Ce dernier auteur n'adopte cependant cette opinion qu'à cause de la précision du texte de l'art. 127; il considère la disposition comme consacrant *une injustice et une immoralité*, et ses observations ne sont peut-être pas sans fondement.

337. — Quant aux biens de l'absent, dont le revenu ne tombait pas en communauté, Proudhon dit qu'il en sera dû compte à l'absent lui-même, sauf les termes de l'art. 127.— *Loc. it.*

ART. III. — *De l'envoi en possession définitif.*

338. — Si l'absence a continué pendant trente ans depuis l'envoi provisoire, ou depuis l'époque à laquelle l'époux commun aura pris l'administration des biens de l'absent, ou s'il s'est écoulé cent ans révolus depuis la naissance de l'absent, les cautions seront déchargées; tous les ayant-droit pourront demander le partage des biens de l'absent, et faire prononcer l'envoi en possession définitif par le tribunal de première instance. — C. civ., art. 129.

339.—« Dans l'exactitude des principes, dit Merlin (*Quest.*, vo *Absent*, §3), l'absent n'est présumé ni vivant ni mort; c'est à celui qui a intérêt qu'il soit vivant à prouver sa vie, comme c'est à celui qui a intérêt qu'il soit mort à prouver son décès. Seulement, après cent ans écoulés depuis sa naissance, toute espérance de retour est perdue, et sa mort est regardée comme constante, parce que, comme l'établit la loi 8, ff., *de Usu et Usufructu*, l'âge de cent ans accomplis est le plus long terme de la vie ordinaire de l'homme. Mais, une fois sa centième année révolue, il faut, en le regardant comme bien constamment décédé, déterminer à qui doit appartenir sa succession; et, comme, à compter du jour où l'on a cessé de recevoir de ses nouvelles, on n'a aucune preuve qu'il ait continué d'exister, nul ne peut dire que son hérédité se soit ouverte à une époque postérieure à celle de sa disparition ou de ses dernières nouvelles : car, pour soutenir le contraire, il faudrait prouver qu'il a vécu au-delà de cette époque, et une pareille preuve est impossible. C'est donc aux parens qui auraient été appelés à lui succéder au moment où il a cessé de donner de ses nouvelles, s'il était décédé dès-lors, que la jurisprudence défère sa succession, et elle la leur défère en établissant une fiction qui le répute mort à dater de ce moment. Cette fiction ne produit son entier effet qu'à l'époque à laquelle il ne peut plus y avoir de doute sur la mort de l'absent, c'est-à-dire quand il s'est écoulé cent ans depuis sa naissance; alors ceux de ses parens qui, à l'instant de sa disparition, étaient désignés par la loi pour lui succéder, sont définitivement saisis, à compter de sa disparition elle-même, de tous les biens qu'il a laissés; jusqu'alors ils n'en ont eu que l'administration, la jouissance provisoire. Tel est le but, tel est le résultat de la fiction dont il s'agit, laquelle n'a été introduite que par la nécessité de déterminer avec précision quelles sont les personnes qui doivent succéder à l'absent, lorsque sa succession est ouverte par la révolution de la centième année. » — V. aussi Biret, *Traité des absens*, p. 409, et Talandier, p. 225.

340. — Lorsqu'il s'est écoulé cent ans depuis la naissance de l'absent, la présomption de mort remonte, rétroactivement, au jour de la disparition ou des dernières nouvelles. — *Cass.*, 22 déc. 1813, Gallois de l'Epée c. Hébert.

341. — Au parlement de Toulouse on décidait même qu'au bout de vingt ans les envoyés en possession provisoire devaient être mis en possession définitive. — Vedel, sur Catelan, liv. 2, chap. 57.

342. — Nonobstant les termes de l'art. 129, Marcadé (sur cet art. no 4) pense que les trente ans commencent à partir de la déclaration d'absence, et non pas à partir de l'envoi provisoire ou de l'administration légale; il se fonde sur ce que la circonstance que l'envoi provisoire a été ou non demandé est indifférente quant à la présomption de mort, tandis que la circonstance que l'absence a été ou n'a pas été déclarée ne l'est pas. Quant à l'argument tiré des termes de l'art. 129, il y répond en opposant le texte de l'art. 127, qui accorde aux envoyés ou à l'époux administrateur la totalité des fruits, non pas après trente ans depuis l'envoi provisoire ou l'administration légale, mais après trente ans d'absence, c'est-à-dire après trente ans depuis la déclaration d'absence. — Ainsi, suivant cet auteur, alors même qu'il n'y aurait pas eu d'envoi provisoire, l'envoi définitif pourrait être demandé si l'absence avait été déclarée conformément à la loi.—Cette opinion de M. Marcadé est évidemment plus conforme à la saine logique et à l'esprit même de la loi, mais elle est tellemen

contraire au texte que, bien qu'à regret, nous doutons qu'on puisse l'adopter.

343. — Quels sont les ayant-droit qui peuvent demander l'emploi en possession définitive et le partage des biens de l'absent? — Ce sont évidemment ceux dont les droits sont surbordonnés à la condition de son décès; ainsi, les créanciers, les acquéreurs, etc., sont sans qualité pour former cette demande. — De Moly, n° 711; Toullier, t. 1er, n° 442.

344. — Pour que les héritiers puissent entrer en possession définitive, il faut que, sur leur demande, il intervienne un jugement qui les y autorise, après, toutefois, de nouvelles enquêtes faites contradictoirement avec le ministère public. — Duranton, t. 1er, n° 501; de Moly, n° 66; Toullier, t. 1er, n° 443. — Suivant Marcadé (sur l'art. 129, n° 3), l'enquête, n'étant point ici commandée par la loi, est purement facultative.

345. — Dans le cas où l'enquête est ordonnée, le jugement prononçant l'envoi définitif peut être rendu de suite après le résultat connu; enfin, ni le jugement ordonnant l'enquête, ni celui prononçant l'envoi définitif, ne doivent être envoyés au ministre de la justice. — Marcadé, sur l'art. 129, n° 3.

346. — Le même juge qui a prononcé l'envoi en possession provisoire doit prononcer l'envoi définitif. — De Moly, n° 726; Toullier, t. 1er, n° 443.

347. — L'envoi en possession provisoire se prolonge tant que l'envoi définitif n'est pas prononcé. Ainsi, les envoyés en possession provisoire continuent à n'avoir sur les biens de l'absent que les droits d'un administrateur. — De Moly, n° 725; Toullier, t. 1er, n° 452.

348. — Après l'expiration de l'un ou de l'autre des délais fixés par l'art. 129, les cautions sont déchargées de plein droit. — Duranton, t. 1er, n° 501; de Moly, n° 659; Pigeau, *Procéd.*, t. 2, p. 344, et Toullier, t. 1er, n° 441. — Remarquons, toutefois, que M. de Moly, après avoir dit au n° 659 cité que les cautions sont déchargées *de plein droit*, leur refuse, au n° 707, leur libération tant que toutes les conditions auxquelles l'envoi définitif doit avoir lieu n'ont pas été accomplies; qu'en un mot, suivant lui, c'est seulement *après l'envoi définitif* que les cautions seraient déchargées. Nous ne saurions admettre cette doctrine. — Duranton, *loc. cit.*

349. — Les cautions sont déchargées aussi bien pour le passé que pour l'avenir et alors même que les faits qui pourraient donner lieu au recours contre elles se seraient passés depuis moins de trente ans; la raison en est que ce ne sont pas les faits isolés de l'administration des envoyés en possession qui ont été cautionnés, mais l'ensemble de la gestion, laquelle a commencé du jour de l'envoi en possession provisoire. — Duranton, t. 1er, n° 502. — V. également Marcadé, sur l'art. 129, n° 2.

350. — L'envoi en possession provisoire ne donne aux héritiers que l'administration des biens de l'absent; l'envoi définitif confère la libre et entière disposition de ces mêmes biens; ceux qui l'ont obtenu peuvent les aliéner, hypothéquer comme leurs propres biens. — De Moly, n° 667; Toullier, t. 1er, n° 446; Bigot de Préameneu, *Exposé des motifs* (Locré, *Lég. civ.*, t. 4, p. 185). — V. *infrà* n° 393.

351. — Il suit de là : 1° que les envoyés en possession définitive ne sont pas tenus de faire inventaire et de donner caution. — De Moly, n° 668.

352. — 2° Que l'absent n'a aucun recours contre les acquéreurs, et qu'il ne peut invoquer la maxime *nemo plus juris in alium transferre potest, quàm ipse habet*, à laquelle l'art. 132 fait exception. Peu importe que les aliénations soient à titre gratuit ou onéreux. — Duranton, t. 1er, n° 505.

353. — Toutefois M. Duranton apporte une exception à ce principe : il prétend que, lorsque les biens ont été donnés en avancement d'hoirie ou constitués en dot par un père à ses enfans, ils doivent être restitués à l'absent, non pas, il est vrai, en totalité, mais pour la portion excédant celle que le père aurait vraisemblablement donnée s'il n'avait pas possédé les biens de l'absent. — Nous ne pouvons adopter cette opinion. Outre qu'on ne trouve rien dans la lettre de la loi qui autorise cette distinction, il nous paraît au contraire que ce serait laisser en suspens des libéralités sur l'irrévocabilité desquelles des alliances auraient pu se former et des contrats intervenir.

354. — Si l'absent reparaît, ou si son existence est prouvée, même après l'envoi définitif, il recouvrera ses biens *dans l'état où ils se trouveront*, le prix de ceux qui auraient été aliénés, ou les biens provenant de l'emploi qui aurait été fait du prix de ses biens vendus. — C. civ., art. 132.

355. — L'absent n'a pas droit aux fermages arriérés encore dus par les fermiers. Il n'aurait eu droit qu'au cinquième ou au dixième s'il eût reparu durant l'envoi provisoire; il serait inconséquent qu'il pût les réclamer en totalité. — Duranton (t. 1er, n° 507). — Toullier (n° 450) est d'un avis contraire : « Il semble, dit-il, que l'absent a droit de réclamer les revenus ou fermages arriérés encore dus par les fermiers ou débiteurs »; nous ne sommes pas de cet avis : les fermages sont des fruits civils qui s'acquièrent jour par jour.

356. — Suivant M. Duranton (t. 1er, n° 508), l'absent aurait droit aux sommes dues par ses débiteurs, et même à celles payées par eux, soit pendant l'envoi en possession provisoire, soit depuis l'envoi définitif. Cet auteur se fonde sur une raison d'analogie. Il dit que, puisque l'absent peut réclamer le prix payé ou encore dû des immeubles aliénés, il peut de même demander les sommes dues ou payées par les débiteurs. Cependant il faut remarquer que, par le paiement, les sommes payées se sont confondues dans le patrimoine des envoyés en possession; ce qui semble mettre obstacle à la restitution.

357. — Dans tous les cas, et suivant M. Duranton lui-même (n° 509), les envoyés en possession définitive ne seraient tenus de rendre compte de ce qu'ils auraient reçu des débiteurs de l'absent ou des acquéreurs des biens, que *quatenùs locupletiores facti sunt*. D'où il suit qu'en cédant les actions qu'ils auraient contre les acquéreurs des biens, ils se libéreraient d'autant. L. 25, § 11, ff., *de Hæredit. petitione.*

358. — La loi, en autorisant l'absent à réclamer les biens provenant de l'emploi du prix de ceux lui appartenant, et qui ont été aliénés par les envoyés en possession définitive, n'ôte pas à ceux-ci la faculté de rembourser le prix qu'ils ont retiré de la vente des biens de l'absent, et de garder les biens eux-mêmes acquis avec ce prix. — Duranton, t. 1er, n° 509.

359. — Le droit accordé à l'absent contre les envoyés en possession définitive ne se prescrit pas par le laps de trente ans; il peut toujours s'exercer. — La raison en est que les envoyés possèdent en qualité d'*héritiers*, et que leur titre s'évanouit dès qu'il est établi que l'absent est vivant. — Duranton, n° 510.

360. — Mais les enfans et descendans directs de l'absent ne peuvent demander la restitution de ses biens que dans les trente ans, à compter de l'envoi définitif. — C. civ., art. 133.

361. — Pour exercer ce droit, ils n'ont pas besoin d'être admis à prouver le décès de l'absent; il leur suffit d'établir leur filiation. — Duranton, t. 1er, n° 512; Toullier, t. 1er, n° 451; Plasman, t. 1er, p. 246.

362. — Mais jugé que, pour obtenir la restitution des biens possédés provisoirement par les héritiers présomptifs, ils doivent prouver leur état par des extraits réguliers des registres de l'état civil, lorsque ces registres existent. — *Colmar*, 20 août 1814, Mengs.

363. — Il n'est pas douteux, dit M. Duranton (nos 512 et 513), qu'au nombre *des enfans* se trouve compris l'enfant naturel reconnu, quant à la quotité que lui attribue l'art. 757.

364. — Les trente ans dont il est mention dans l'art. 133 ne commencent à courir que du jour de l'envoi définitif, et non à partir du décès de l'absent, encore même qu'il serait prouvé qu'il a eu lieu avant cet envoi. — Duranton, t. 1er, n° 512.

365. — Si l'envoi en possession définitive avait été le résultat de la fraude; si, par exemple, ceux qui l'auraient obtenu avaient eu des nouvelles de l'absent, il n'y aurait pas de prescription à opposer aux enfans. — Toullier, n° 453; Plasman, t. 1er, p. 246 et 247.

366. — Le cours des trente ans fixés par l'art. 133 est-il suspendu pendant la minorité des enfants? — MM. de Moly (n° 690 et suiv.), Toullier (t. 1er, n° 457), Plasman (t. 1er, p 249 et suiv.), Malleville (sur l'art. 133), soutiennent l'affirmative; mais MM. Delvincourt (t. 1er, p. 291), Duranton (t. 1er, n° 513), Proudhon (t. 1er, p. 182), et Talandier (p. 235), professent l'opinion contraire, et cette opinion nous paraît la plus fondée; si le législateur eût entendu admettre des suspensions au cours de ces trente ans, il l'eût exprimé comme il l'a fait dans l'art. 966, C. civ., où il dit : « *Sans préjudice des interruptions telles que de droit.* ».

367. — M. de Moly (n° 689) prétend que le droit accordé aux enfans et descendans directs de l'absent, l'est aussi à tous ses autres héritiers. Toullier (t. 1er, n° 454) est d'un avis contraire; il borne le droit de ces derniers au temps qui a précédé l'envoi définitif, et nous sommes de cet avis : le jugement qui a prononcé l'envoi en possession définitif a transféré la propriété à ceux qui l'ont obtenu, et ce n'est qu'aux droits des enfans que la loi a voulu donner cours après ce jugement.

Sect. 2e. — *Des effets de l'absence relativement aux droits éventuels qui peuvent compéter à l'absent.*

368. — Avant le Code civ., l'absence sans nouvelles depuis dix ans établissait contre l'absent une présomption de mort à partir du jour de sa disparition : dès-lors, ceux qui voulaient exercer des droits subordonnés à son existence étaient obligés de prouver qu'il vivait encore. — *Lyon*, 2 pluv. an XI, Delestra.

369. — Aujourd'hui, quiconque réclame un droit échu à un individu dont l'existence n'est pas reconnue doit prouver que cet individu existait à l'époque de l'ouverture du droit. Jusqu'à cette preuve, il est déclaré non-recevable dans sa demande. — C. civ., art. 135. — V. conf. *Bordeaux*, 16 mai 1832, Chatry c. Bedard. — Ainsi, lorsque quelques uns des héritiers présens reconnaissent l'existence de l'absent, et que les autres refusent de la reconnaître, c'est aux premiers à prouver leur allégation. — *Turin*, 15 janv. 1808, Badariotti.

370. — Il suit encore de ce principe : 1° que les héritiers présomptifs d'un absent, envoyés en possession provisoire de ses biens, ne peuvent réclamer, depuis la disparition ou les dernières nouvelles de cet absent, les intérêts d'une créance appartenant à ce dernier, et productive d'intérêts pendant sa vie seulement. Ils n'auraient droit à ces intérêts qu'en prouvant soit l'existence de l'absent, soit son décès depuis la disparition ou les dernières nouvelles. — *Cass.*, 8 déc. 1824, Guenelon c. Georget.

371. — 2° Que si, lorsque la femme et la fille d'un présumé absent, après avoir vendu des biens qui lui appartenaient, demandent la nullité de cette vente, comme contenant des stipulations sur une succession non ouverte, et pour défaut d'autorisation, elles doivent établir, à l'appui de leur demande, l'existence de l'absent au moment où l'acte a été passé. — *Cass.*, 30 août 1826, Lacoutière c. Mosnier.

372. — 3° Que le mari d'une femme absente, qui demande au nom de sa femme le partage d'une succession à elle échue depuis sa disparition, doit justifier de son existence à l'époque de l'ouverture de ladite succession. — *Bourges*, 4 déc. 1840 (t. 2, 1841, p. 542), Lamy c. Bruandet. — V. aussi *Rennes*, 2 avr. 1827, Dubois; *Orléans*, 25 juin 1835, Delaage c. Fleureau.

373. — 4° Que le créancier qui forme une demande en partage, comme exerçant les droits de son débiteur absent, doit prouver que celui-ci vivait au moment de l'ouverture de la succession à partager. — *Rennes*, 17 juin 1812, Gouet c. Canneva.

374. — Jugé aussi que, en cas d'absence de l'un des héritiers, la quotité disponible doit être calculée comme s'il n'existait pas, et que c'est à ceux qui invoquent son existence pour faire restreindre la quotité disponible à prouver cette existence. — *Toulouse*, 1er mai 1823, Puntis c. Lafont. — V. QUOTITÉ DISPONIBLE.

375. — Mais il a été jugé que la disposition de l'art. 135, C. civ., n'est pas applicable au mandataire qui, en vertu du mandat qu'il a reçu de celui dont l'existence est depuis devenue incertaine, demande le paiement du loyer d'une maison dont la propriété avait été reconnue appartenir à ce dernier, antérieurement à son absence ou à sa disparition. — *Bruxelles*, 14 nov. 1827, Druon-Ansiaux. — On conçoit, en effet, que le mandataire ne doit pas être tenu de prouver l'existence du mandant au nom duquel il réclame une somme, car la somme n'en serait pas moins due, quand même le mandant serait mort, et ses héritiers pourraient alors l'exiger du mandataire, qui leur doit compte.

376. — Jugé encore que l'héritier légitime d'un absent dont le titre n'est pas contesté, et à qui un tiers, débiteur de sommes dues à la succession, oppose qu'il a existé et qu'il existe peut-être encore un enfant naturel du défunt, n'est pas tenu de prouver que cet enfant n'existe pas, pour obtenir que la totalité de la somme lui soit payée. — *Colmar*, 28 fév. 1815, Hertelmeyer c. Renn.

377. — Le défaut de preuve de l'existence de l'absent n'emporte pas *la déchéance du droit*, mais seulement la non-recevabilité de l'action. — Jugé en conséquence que le curateur d'un absent peut bien être déclaré *non-recevable* à exercer au nom de celui-ci un droit échu depuis sa disparition ou ses dernières nouvelles, mais qu'il ne peut être déclaré mal fondé. — *Bruxelles*, 19 juin 1823, N...

378. — S'il s'ouvre une succession à laquelle soit appelé un individu dont l'existence *n'est pas reconnue*, elle est dévolue exclusivement à ceux avec lesquels il aurait eu le droit de concourir, ou à

ceux qui l'auraient recueillie à son défaut.—C. civ., art. 136.— *Paris*, 6 juillet 1812, Augibeau.

379.—Mais, dit M. Duranton (nº 546), dans les cas des art. 720, 721 et 722, C. civ., la présomption de survie résultant des diverses circonstances énumérées dans ces articles tient lieu de preuve et établit suffisamment que celui dont l'existence à l'époque de l'ouverture d'une succession à laquelle il était appelé n'est pas reconnue, existait en effet; qu'il a recueilli le droit et l'a transmis à ses héritiers. La présomption légale dispense de toute preuve celui au profit duquel elle existe.

380.—La loi (art. 135) ne fait aucune distinction entre l'absent *présumé* et l'absent *déclaré*. Il suffit que l'existence de l'ayant-droit *ne soit pas reconnue*, c'est-à-dire qu'il ait disparu de son domicile sans avoir depuis donné de ses nouvelles, et sans qu'on sache le lieu de sa nouvelle résidence. —*Douai*, 15 niv. an XII, Marion; *Liége*, 18 prair. an XIII, Zoude c. Pasquet; *Bruxelles*, 21 germin. an XIII, Vanderhaegen c. Mayherman; *Poitiers*, 20 avr. 1807, Durand c. Ragot; *Cass.*, 16 déc. 1807, Sergeant c. Lamarre; *Agen*, 4 janv. 1808, Marens; *Rennes*, 9 avr. 1810, Quintin; *Colmar*, 24 déc. 1816, Feberey c. Bauer, et 26 juin 1823, Fruiser c. Barxel.—V. aussi, en ce sens, Proudhon, t. 1er, p. 138; Toullier, t. 1er, nº 477; Merlin, *Rép.*, vº *Absence*; Talandier, p. 252, et Duranton, t. 1er, nº 535.

381.—Toutefois ce principe ne saurait s'appliquer à l'individu qui a quitté son domicile depuis peu de temps pour des motifs connus, ni même à celui qui se serait embarqué depuis un temps trop récent pour qu'on puisse supposer son décès, ni enfin à celui qui aurait envoyé une procuration dont la date serait récente. Dans ce cas, dit Duranton (nº 536), l'individu serait simplement considéré comme *non présent*. Au reste, la question est laissée à l'arbitrage des tribunaux. — V. aussi en ce sens de Moly, nº 722; Malleville, sur l'art. 136; Plasman, t. 1er, p. 330. — Cependant, Proudhon (t. 1er, p. 268) pense que, même dans ce cas, les héritiers présens pourraient entrer en possession, sauf la question ultérieure relative à la perception des fruits.

382.—Le principe résultant des art. 135 et 136 ne reçoit pas son application au cas où un testateur a disposé que la portion de biens par lui léguée à un individu absent ne pourra être recueillie par ceux à qui elle serait dévolue à son défaut, qu'après un temps déterminé. — *Bruxelles*, 3 juin 1809, Heyendrykx c. Dolen.—V. SUCCESSION.

383.—Jugé cependant que, lorsqu'il s'ouvre une succession à laquelle est appelé un individu dont l'existence n'est pas reconnue, les parens les plus proches ont le droit de l'appréhender, alors même que le défunt aurait chargé un exécuteur testamentaire de l'administration de ses biens jusqu'à ce que le sort de l'absent fût fixé. — *Aix*, 30 août 1811, Giraud c. Durand.

384.—Les enfans de l'absent peuvent-ils venir à la succession de leur aïeul concurremment avec les frères de leur père absent? — Cette question est controversée.—D'une part, Proudhon (t. 1er, p. 347) soutient la négative en se fondant sur ce qu'on ne peut recueillir une succession du chef d'une autre personne que de deux manières, ou par droit de représentation ou par droit de transmission : par droit de représentation, quand celui du chef duquel on vient est mort avant celui de la succession duquel il s'agit (art. 744); par droit de transmission, quand il est mort après. Or, dit-il, l'héritier présent repoussera les enfans de l'héritier absent par le dilemme suivant : Venez-vous par droit de représentation ? Comme on ne représente pas une personne vivante, prouvez que votre père était mort lors du décès de votre aïeul. Venez-vous par droit de transmission ? La transmission suppose que celui qui a transmis existait au moment du décès : prouvez donc que votre père existait à cette époque. Et, comme ces enfans sont dans l'impossibilité de fournir l'une et l'autre de ces preuves, Proudhon en conclut qu'ils doivent être exclus de la succession.— V. aussi, en ce sens, Locré, *Espr. du C. civ.*, t. 2, p. 506; Favard, *Répert.*, vº *Absence*, t. 1er, p. 22; Plasman, t. 1er, p. 337. —Mais ce dernier auteur reconnait que le système contraire serait plus équitable.

385.—D'autre part, Delvincourt (t. 1er, p. 106) se prononce en faveur du droit des enfans : « Les neveux, dit-il, ne peuvent-ils pas répondre avec avantage : Il ne peut y avoir de milieu : notre père était vivant ou mort à l'époque du décès de notre aïeul? S'il était vivant, il a recueilli sa part dans la succession et il nous l'a transmise avec la sienne propre; nous pouvons donc la prendre par droit de transmission. S'il était mort, nous pouvons le représenter, et par conséquent prendre sa part par droit de représentation. Certainement, continue Delvincourt, cet argument est beaucoup plus fort que celui de l'oncle, et il a pour lui l'avantage de favoriser le parti de la justice et de l'humanité ». M. Valette, sur Proudhon (*loc. cit.*), se prononce en faveur du droit de représentation. — Et il a été jugé en ce sens que les enfans de l'absent peuvent venir en qualité de ses représentans au partage d'une succession ouverte à son profit, sans être tenus de prouver son décès. — *Metz*, 28 juin 1814, Francard c. Devis.

386. — Merlin (*Rép.*, vº *Absent*) résout la question dans le même sens, mais en se fondant sur d'autres raisonnemens : il reconnait que, même après sa déclaration d'absence, la vie et la mort de l'absent demeurent également incertaines; que, si on combine ce principe avec celui de l'art. 744, savoir, qu'on ne représente pas les personnes vivantes, mais seulement celles qui sont mortes naturellement ou civilement, on arrive naturellement avec Proudhon à la conséquence que la mort de l'absent étant la condition du droit de ses enfans à le représenter, ils doivent être exclus de l'exercice de ce droit, s'ils ne prouvent pas que leur père a cessé de vivre. « Mais, ajoute-t-il, n'est-ce pas ici le cas de dire : *Summum jus, summa injuria?* Et peut-on supposer que le législateur, pour se ménager la satisfaction de raisonner toujours conséquemment au principe qu'il avait adopté sur l'incertitude de la vie ou de la mort de l'absent, en ait tiré un corollaire aussi injuste envers des enfans déjà assez à plaindre d'être privés des soins de leur père? » — Merlin examine ensuite par quelles filières l'art. 136 est arrivé au point où il est maintenant. Puis, interprétant les termes de l'art. 136, savoir, que la succession est dévolue exclusivement à ceux avec lesquels l'absent aurait eu droit de concourir, *ou* à ceux qui l'auraient recueillie à son défaut, Merlin pense qu'il ne résulte pas de ces termes que les *enfans* de l'absent ne seront appelés qu'autant qu'il ne laissera pas de *cohéritiers*; que dans ce cas la disjonctive *ou* a tout l'effet de la conjonctive *et*, comme lorsque *j'institue Pierre ou Paul mon légataire universel*, et que Pierre n'exclut point Paul, selon la décision de la loi romaine, *Quum quidam*, ff., *De verborum significatione*. D'où il résulte qu'aux termes de l'art. 136 sainement entendus, les cohéritiers et les enfans de l'absent sont appelés concurremment à la succession de l'aïeul. — V., au reste, la savante dissertation de cet auteur, *loc. cit.*, et, dans le sens de son opinion, Duranton, t. 1er, nºs 547 et suiv.; de Moly, *Traité des absens*, nºs 640 et suiv.; Talandier, *Traité des absens*, p. 254 et suiv.; Demante, *loc. cit.*, vº *Absence*, nº 119.

387. — Enfin il a été jugé que les enfans de l'absent peuvent venir à la succession de leur aïeul, concurremment avec les frères de leur père, sans être tenus de se faire envoyer en possession provisoire des biens de celui-ci, ni de prouver son décès, à l'effet de le représenter. — *Paris*, 27 janv. 1812, Daigremont c. Gauthier.

388. — Jugé encore que, dans le cas ci-dessus, la part qui reviendrait à l'absent, si son existence était reconnue, est recueillie par ses enfans, qui succèdent *jure proprio* et sans le secours de la représentation, à moins qu'on ne prouve l'existence de l'absent. — *Limoges*, 11 mars 1823, Carrin c. Giraud, sous *Cass.*, 10 nov. 1824, mêmes parties.

389. — Ceux qui ont procédé, sans contestation, avec celui qui réclame un droit échu à un absent, sont-ils censés avoir reconnu l'existence de celui au nom duquel se présente cet individu, et seraient-ils, par conséquent, non-recevables à la contester plus tard? — Oui, selon M. de Moly, nº 622.—V. en ce sens Demante, nº 118 (tant que dure la simple présomption d'absence). « Mais, dit-il, sauf les circonstances particulières, la fin de non-recevoir tirée de leur silence ne leur serait plus opposable après la déclaration d'absence, car cet événement ferait disparaître les motifs qu'ils avaient pu avoir dans le principe pour croire à l'existence. »

390. — Sous l'ancien droit, la dévolution n'était accordée aux héritiers présens qu'à la charge de faire inventaire et de donner caution. — Duparc-Poullain, *Principes du droit*, t. 2, p. 46, nº 8; Toullier, t. 1er, nº 48.

391. — Sous le Code, n'y a-t-il pas lieu, tout en excluant l'absent du partage, de le faire représenter, conformément à l'art. 113, à l'inventaire et à l'acte préliminaire du partage : ce qui supposerait l'obligation de faire inventaire?—V., pour l'affirmative, *Riom*, 20 mai 1816, Rougier (mais, dit cet arrêt, l'assistance du notaire doit se borner à l'inventaire); *Metz*, 26 août 1812, Marcon; *Paris*, 26 fév. 1826, Langlois;—Duranton, t. 1er, nº 394.— «L'absent, dit cet auteur, pouvant reparaître d'un moment à l'autre, ou donner de ses nouvelles, cette mesure est conservatoire de ses droits et elle ne nuit à personne.»—V. en ce sens Delvincourt, t. 1er, p. 106; *Dict. du not.*, vº *Absent*, nº 50; Demante, *Encyclop. du droit*, vº *Absence*, nº 115, et Biret, *Traité de l'absence*, p. 177.—Mais V., pour la négative, *Paris*, 27 mai 1808, Desfourneaux; *Turin*, 15 juin 1808, Badariotti; *Bruxelles*, 20 juill. 1808, Christiaens; *Rennes*, 9 avr. 1810, Quintin; *Bordeaux*, 16 mai 1832, Chatry c. Bedard; — Locré, *Lég. civ.*, t. 4, p. 101; Merlin, vº *Absent*; Talandier, *Tr. des absens*, p. 253; Proudhon, t. 2, p. 141 et 142; Bioche et Goujet, *Dict. de proc.*, vº *Absent*, nºs 7 et 16, édit. 2e; Plasman, t. 1er, p. 343; Toullier, t. 1er, p. 480, et de Moly, *Tr. des absens*, nºs 632 et suiv.

392. — Jugé que l'héritier présent, lorsqu'à défaut de preuve de l'existence de l'absent, il recueille seul la succession en vertu de l'art. 136, n'est pas tenu de donner caution pour le cas où l'absent se représenterait. — *Rennes*, 9 avril 1810, Quintin.

393. —L'héritier présent, appelé à recueillir la totalité de la succession, à l'exclusion des successibles dont l'existence n'est pas reconnue, est réputé propriétaire. Dès-lors, on doit considérer comme valables les aliénations par lui consenties; elles ne peuvent être attaquées par l'absent, en cas de retour, et l'acquéreur ne peut refuser de payer son prix, sous prétexte qu'il y a pour lui danger d'éviction. — *Rouen*, 12 avr. 1826, Bruslé c. Delahaye; *Paris*, 1er mai 1830, Legros c. Hervé-Tissier. —V. nº 350.

394. —Les dispositions des art. 135 et 136, C. civ., ont lieu sans préjudice des actions en pétition d'hérédité et d'autres droits, lesquels compètent à l'absent ou à ses ayant-cause, et ne s'éteignent que par le laps de temps établi pour la prescription. —C. civ., art. 137.

395. — Le cohéritier d'un absent qui s'est emparé de la portion revenant à ce dernier n'a pu prescrire, soit contre l'absent lui-même, à l'égard duquel il y avait présomption de mort, soit contre les enfans ou autres héritiers de l'absent, qui sont réputés lui avoir succédé, tant qu'ils ont été en minorité. — *Cass.*, 10 nov. 1824, Carrin c. Giraud.

396. — La pétition d'hérédité est une action réelle (L. 25, § 18, ff., *De hæredit. petit.*); en conséquence, elle peut être exercée contre quiconque possède la succession, ou a cessé de la posséder par dol ou fraude, car, en droit, celui qui s'est frauduleusement démis de la possession est considéré comme possesseur, *qui dolo desiit possidere, pro possessore habetur*. — L. 25, § 8, *eod. tit.*

397. — Jugé que l'action en pétition d'hérédité du chef d'un présumé absent n'a pu, à peine de nullité de toute procédure, être intentée par ses héritiers présomptifs, depuis le Code civil, qu'après la déclaration d'absence, alors même qu'il s'agirait d'une succession ouverte avant le Code, sous l'empire d'une jurisprudence qui n'exigeait pas l'accomplissement préalable de cette formalité. — *Limoges*, 15 fév. 1836 (t. 1er 1837, p. 191), Dubois c. Braquillange.

398. — L'action en pétition d'hérédité peut être exercée par le légataire universel ou même à titre universel (L. 3, ff., *De hæredit petit.*); elle peut l'être par l'enfant naturel, le conjoint survivant et par l'état, dans l'ordre établi par la loi. — Plasman, t. 1er, p. 346; Toullier, t. 1er, nº 481. —Mais les deux premiers sont tenus de donner caution et de faire faire inventaire des biens de la succession. — C. civ., art. 771.

399. — L'action en pétition d'hérédité ne peut être exercée que contre ceux qui possèdent *jure hæreditario*; ceux qui ont acquis par achat ou par l'effet d'une donation un immeuble dépendant de la succession, ne sont soumis qu'à l'action en revendication : cette distinction est utile à faire quant à la restitution de l'immeuble, car le possesseur en vertu d'un titre prescrit par dix et vingt ans, tandis que celui qui est passible de l'action en pétition d'hérédité ne peut prescrire que par trente ans. — C. civ., art. 137 et 2262; — Plasman, t. 1er, p. 347; Duranton, t. 1er, nºs 580 et 581.

400. — Lorsqu'un héritier présent a recueilli la portion revenant à son cohéritier absent, les créanciers personnels de l'héritier présent peuvent poursuivre contre lui la vente de la portion de l'absent, sans être tenus de prouver la mort de ce dernier, sauf à l'absent, s'il reparaît, à exercer son action en pétition d'hérédité contre tout détenteur de sa portion. — *Rouen*, 30 mai 1818, Cornu c. Ratet.

401. — Tant que l'absent ne se représente pas, ou que les actions ne sont pas exercées de son chef, ceux qui ont recueilli la succession gagnent les fruits perçus de bonne foi. — C. civ., art. 138.— Ce principe n'est pas nouveau, il était appliqué sous l'ancienne jurisprudence. — *Cass.*, 3 avril 1821, Crucy c. Duvau de Chavagne.

402.— Mais il n'est pas nécessaire, pour que l'héritier possesseur cesse de faire les fruits siens, qu'il soit mis en demeure par une sommation de délaisser l'hérédité, il suffit qu'il ait connu le vice de sa possession. Au reste, c'est là une question de fait dont la solution dépend des circonstances. — Duranton, t. 1er, no 585.

403. — N'est pas réputé avoir joui de bonne foi, dans le sens de l'art. 138, C. civ., et avoir fait les fruits siens, le cohéritier d'un absent qui s'est emparé, au préjudice des enfans de l'absent, de la part de succession qui revenait à leur père. — *Cass.*, 10 nov. 1824, Carrin c. Giraud.

404. — Lorsqu'un cohéritier demande sa part dans les successions ouvertes et liquidées pendant son absence, on doit faire entrer dans son lot, en déduction ou jusqu'à due concurrence, tous les rapports à faire par ceux de ses cohéritiers qui, par suite de son absence, ont reçu au-delà de ce qui leur revenait. — *Paris,* 25 janv. 1825, Darmaing c. Bonnel.

405. — L'héritier qui, en raison de ce que l'existence de son cohéritier n'était pas reconnue, a joui de la succession tout entière, ne peut, en cas de retour de ce cohéritier, réclamer contre lui le remboursement de la moitié des dépenses utiles et nécessaires qu'il a faites sur les immeubles de la succession commune dont il a joui pendant plusieurs années; ces dépenses doivent être réputées des charges attachées à la jouissance, et acquittées dans l'intérêt commun. — *Cass.*, 3 avr. 1821, Crucy c. Duvau de Chavagne; — Talandier, *Des absens,* p. 291, et Merlin, *Répert.*, vo *Absent.* — Il semble toutefois que cela ne doit s'entendre que des dépenses d'entretien : car celles-là seules peuvent être considérées comme charges de la jouissance.

406. — Jugé aussi que l'héritier qui ne s'est point présenté pour exercer ses droits dans la succession et s'est abstenu de prendre qualité, ne doit, lorsqu'il vient plus tard réclamer sa portion héréditaire, obtenir contre ses cohéritiers qui ont joui de tous les biens de l'hérédité, la restitution des fruits qu'à dater du jour de la demande en justice, et non du jour de l'ouverture de la succession, et cela quand bien même les cohéritiers auraient fait nommer un curateur pour représenter l'absent. — *Cass.*, 12 déc. 1826, Morice c. Herman.

407. — La restitution des fruits ne se fait que sous la déduction des frais de semence et de labour. — C. civ., art. 548; Duranton, t. 1er, no 587.

Sect. 3e. — *Des effets de l'absence relativement au mariage.*

408. — On ne peut contracter un second mariage avant la dissolution du premier (C. civ., art. 147), et la présomption qui résulte de l'absence la plus longue n'est point admise comme pouvant suppléer à la preuve du décès de l'un des époux. Il en était de même sous l'ancien droit. — Bretonnier, *Quest. de droit,* 3e édit., vo *Absens,* ch. 2; Duranton, t. 1er, no 523; Toullier, t. 1er, no 483.

409. — Toutefois, suivant l'art. 139, C. civ., l'époux absent dont le conjoint a contracté une nouvelle union est seul recevable à attaquer ce mariage par lui-même ou par un fondé de pouvoir, muni de la preuve de son existence. « Si l'incertitude de la mort de l'un des époux, dit Proudhon (t. 1er, p. 800), ne doit jamais suffire pour autoriser l'autre à contracter une nouvelle union, la même incertitude ne doit pas suffire non plus pour troubler un mariage qui aurait ainsi été contracté. »

410. — L'art. 139 est-il applicable au cas de mariage contracté par le conjoint de l'absent pendant la simple présomption d'absence, aussi bien qu'au mariage contracté après que l'absence a été déclarée? — Nég. *Douai,* 16 mai 1837 (t. 2, 1837, p. 612), Desailly c. Baudoin. — Duranton, t. 1er, no 526; Proudhon, t. 1er, p. 165 (sauf toutefois s'il s'était écoulé un très long temps depuis la disparition au moment de la célébration de ce mariage, et s'il régnait une grande incertitude sur la vie de l'époux qui a disparu); Demante, *Encyclopédie du droit,* vo *Absence,* no 145.

411. — Jugé en conséquence que les enfans de l'absent sont recevables à provoquer la nullité du deuxième mariage contracté par leur mère à une époque où l'absence n'était que présumée, vis-à-vis des enfans issus de ce mariage. — Même arrêt. — V. cependant Demante, *Encyclopédie du droit,* vo *Absence,* no 146.

412. — Jugé, en sens contraire, que l'art. 139 s'applique aussi bien au cas d'absence présumée qu'au cas d'absence déclarée. — *Lyon,* 3 fév. 1830, Blanc c. Delorme, rapporté avec *Cass.*, 21 juin 1831 (mêmes parties). — V. aussi, sous cet arrêt, les observations du rapporteur. — Plasman, t. 1er, p. 317.

413. — Mais l'art. 139 met-il obstacle à ce qu'en cas de retour de l'absent l'action en nullité du mariage soit intentée en vertu des art. 184, 187 et 190, C. civ., et par les personnes indiquées dans ces articles? — Si l'art. 139 était pris à la lettre, il pourrait en résulter les conséquences les plus scandaleuses et les plus regrettables dans l'intérêt des enfans : « Ainsi, dit M. Demante (*Encyclopédie du droit,* vo *Absence,* no 124), on ne saurait plus comment appliquer la présomption de paternité aux enfans d'une femme qui se trouverait avoir deux maris : et cette même présomption, au contraire, attribuerait à un mari qui se trouverait avoir deux femmes la paternité légitime des enfans que chacune d'elles pourrait avoir.

414. — Diverses opinions se sont produites sur cette importante question. — D'une part, Delvincourt (t. 1er, éd. 1824, no 2, p. 55) enseigne que l'art. 139 dispose seulement pour le cas où il y a réellement incertitude sur la vie ou la mort de l'absent. Mais, suivant lui, du moment où l'absent reparaît ou du moment où son existence est certaine, les règles établies pour le cas d'absence doivent cesser d'avoir leur application, et l'on doit, au contraire, appliquer l'art. 184 qui permet, soit à l'époux, soit aux parties intéressées, soit même au ministère public, d'attaquer tout mariage contracté avant la dissolution de la première union. — Tel est aussi l'avis de Duranton (t. 1er, no 527), au moins en ce qui touche l'action du conjoint de bonne foi, du nouvel époux et du ministère public.

415. — Quant à Toullier (t. 1er, nos 454 et 485), il applique l'art. 139 dans toute sa rigueur : tout en reconnaissant néanmoins que le premier mariage n'est pas dissous, et en refusant dès-lors à l'absent qui se tait le droit de contracter un deuxième mariage (no 529). — Merlin (*Rép.,* vo *Absent,* sect. 8e) dit aussi que l'art. 139 fait exception aux art. 184 et 190.

416. — M. Demante (*Encyclop. du droit, loc. cit.*) pense que l'art. 139 doit continuer à recevoir son application, même après que l'incertitude a cessé, mais il explique d'une manière qui nous paraît très juste les mots de cet article, « que l'absent sera *seul* recevable à attaquer le second mariage ». Cela veut dire, suivant lui, qu'il exclura tous ceux qui, dans un *intérêt pécuniaire*, pourraient venir porter le trouble dans les familles, tels que les collatéraux et les enfans du premier lit. — Quant à l'action réservée au ministère public et aux nouveaux époux, elle appartient à une autre série d'idées, elle est fondée sur des motifs de morale et d'ordre public dont il est impossible que le législateur n'ait pas voulu tenir compte dans la rédaction de l'art. 139.

417. — Il est certain, au surplus, que le ministère public et les nouveaux époux ne pourraient intenter leur action pendant la durée de l'incertitude. — Demante, *loc. cit.* — Seulement, le même auteur pense que le doute qui existerait sur l'innocence du commerce établi entre les nouveaux époux pourrait leur faire accorder l'autorisation de vivre séparés. — Il cite même un plaidoyer (28e pl., aff. Colliquet) dans lequel d'Aguesseau soutient que, jusqu'à la certitude acquise, on doit *obliger* les nouveaux époux à demeurer séparément.

418. — La faculté réservée aux époux et au ministère public de demander la nullité du mariage après que l'incertitude a cessé, étant fondée sur des considérations d'ordre public et de morale, cette faculté cesserait d'exister avec les motifs qui lui donnent naissance : ainsi, par exemple, si, depuis l'union contractée, malgré l'existence de l'absent, ce dernier était mort. — Demante, *Encyclopédie du droit,* vo *Absent,* no 135.

419. — Pour pouvoir exercer au nom de l'absent le droit que lui réserve l'art. 139, il est nécessaire, selon nous, que le fondé de pouvoir soit muni d'une procuration *spéciale*. Il s'agit en effet ici d'une action tellement grave, qu'on ne doit l'admettre qu'autant que l'absent a évidemment agi en pleine connaissance de cause, c'est-à-dire qu'autant que, connaissant le second mariage, il a pu réfléchir sur l'opportunité d'une mesure qui, outre le scandale qu'elle produit toujours, peut porter le trouble dans une nouvelle famille. — L'opinion contraire se fonde, pour considérer comme suffisant un pouvoir général, sur ce que le mot *spéciale*, qui se trouvait dans le projet du Cod. civ. (liv. 1er, tit. 4, art. 28), n'a pas été reproduit par l'art. 139; mais cet argument ne saurait nous toucher; nous ne saurions admettre davantage l'espèce de terme moyen consistant à dire que, s'il n'est pas absolument nécessaire que la procuration soit donnée uniquement *pour cet objet,* il faut au moins qu'elle renferme formellement le pouvoir d'attaquer le mariage : comme si, par exemple, la procuration laissée par l'absent contenait mandat de se pourvoir, *s'il y avait lieu,* en nullité de mariage. — Demante, *loc. cit.;* Duranton, t. 1er, no 524, note. — Autre chose est de prendre une mesure comminatoire dans la prévision d'un événement possible, autre chose de l'exécuter après l'événement accompli, et rien ne prouve que dans ce dernier cas on doive nécessairement persister dans une résolution prise le plus souvent sous l'influence d'impressions qui ont pu s'effacer.

420. — Il faut, au surplus, que le fondé de pouvoir soit muni de la preuve de l'existence de l'absent, et cette preuve ne résulte pas du pouvoir lui-même, car ce pouvoir peut être sous seing-privé (art. 1985), tandis que l'existence d'un individu ne saurait être également constatée que par un officier public ayant qualité pour délivrer les certificats de vie. — Demante, *loc. cit.;* Duranton, t. 1er, no 524; Toullier, t. 1er, no 484. — V. cependant Malleville, t. 1er, p. 158, qui considère les mots *muni de la preuve de son existence* comme une inutilité échappée au législateur.

421. — La preuve exigée de l'existence de l'absent se rapporte aussi bien à son existence au temps de l'action en nullité, qu'à son existence au temps du second mariage. — La raison en est : 1o que le second mariage ne peut être attaqué que du vivant de l'absent; 2o que l'existence de l'absent est nécessaire pour que le mandat continue à produire son effet. — Il est évident, au surplus, qu'il ne s'agit pas de prouver cette existence *au jour de l'action* d'une manière rigoureusement précise, ce qui serait impossible. Les tribunaux apprécieront. — Demante, *loc. cit.*

422. — Quoi qu'il en soit, l'art. 139, C. civ., ne s'applique pas au cas où aucun acte de célébration n'est représenté. — *Cass.*, 30 août 1832, Dumas c. Debezieux.

423. — Lorsqu'une femme dont le mari est absent a contracté un second mariage, la preuve du premier mariage ne suffit pas pour faire annuler le second. Il faut, de plus, la preuve qu'à l'époque où ce second mariage a été contracté, le mari absent existait encore. — *Cass.*, 18 avril 1838 (t. 2, 1841, p. 678), Desailly c. Baudouin; 21 juin 1831, Blanc c. Delorme; — Demante, no 123; Plasman, t. 2, p. 378.

424. — Jugé aussi qu'un second mariage forme, à l'égard du conjoint remarié, une présomption légale du décès du premier époux absent, et dispense de toute autre preuve ceux qui sont intéressés à se prévaloir de son décès. — *Cass.*, 12 août 1828, Estanare c. Laprada.

425. — Jugé toutefois que, dans ce cas, l'époque du décès de l'absent ne doit être fixée qu'à la date du second mariage du conjoint, sans qu'on puisse la faire remonter au jour de la disparition ou des dernières nouvelles. — Même arrêt.

426. — L'action en nullité, *une fois intentée par l'absent*, peut être continuée par ses enfans et descendans. — Malleville, sur l'art. 139; Vazeille, *Du mariage*, t. 1er, p. 343. — Ce dernier auteur pense même que ce droit doit être accordé aux collatéraux et aux autres héritiers.

427. — La disposition de l'art. 139 ne mettrait pas obstacle à ce que, si l'époux de l'absent voulait contracter de nouveaux liens, tous ceux qui peuvent former opposition au mariage, même le ministère public, usassent de ce droit. — Toullier, t. 1er, no 483; Plasman, t. 1er, p. 316.

CHAPITRE V. — *De la surveillance des enfans mineurs du père qui a disparu.*

428. — La loi ne s'est attachée qu'au cas où c'est le père qui a disparu. La raison en est que, le père ayant le plein exercice de la puissance paternelle, la disparition de la mère ne change rien à l'état des choses. — Locré, t. 2, p. 515.

429. — Toutefois, si l'absence de la mère se prolongeait, et que le père, marié en communauté, optât pour la dissolution provisoire, comme les droits des enfans seraient ouverts (art. 123 et 124), et qu'il y aurait dès-lors lieu à une sorte de tutelle, le père devrait faire nommer un subrogé-tuteur à ses enfans non émancipés, pour liquider contradictoirement avec lui leurs droits, soit par rapport à la communauté, soit par rapport aux biens de la mère. — Il conserverait, au surplus, l'administration et la jouissance des biens des enfans (art. 384-450). — Duranton, t. 1er, no 516; Toullier, t. 1er, no 460.

430. — La même obligation de faire nommer un subrogé tuteur ne pèserait pas sur le père, en cas d'option pour la continuation de la communauté, à moins que le mariage n'eût eu lieu sous un régime qui autorisât les enfans à demander l'envoi en possession provisoire des biens de leur mère. — Duranton (*loc. cit.*) et Toullier (*loc. cit.*) pensent que, même en cas d'option pour la continuation de la communauté, il y a lieu à la nomi-

nation d'un subrogé tuteur, avec lequel le père puisse contradictoirement consommer son option.

431. — Suivant M. Duranton, au surplus, ces règles pourraient se modifier suivant les circonstances, surtout si le ministère public avait juste sujet de craindre que le défaut de nomination d'un subrogé tuteur aux enfans, ne fût un obstacle à ce qu'on fût instruit du sort de la femme absente. — *Loc. cit.*

432. — Il est évident que, si, à l'époque de la disparition de la mère, le père était décédé, ou s'il venait à décéder depuis cette disparition, il y aurait lieu d'appliquer les mêmes règles de surveillance que dans le cas où c'est la disparition du père qui est précédée ou suivie du décès de la mère. — Demante, *Encycl. du dr.*, v° *Absence*, n° 148.

433. — Si c'est le père qui a disparu laissant des enfans mineurs, issus d'un commun mariage, la mère *en a la surveillance, et elle exerce tous les droits du mari, quant à leur éducation et à l'administration de leurs biens.* — C. civ. art. 141.

434. — Cette disposition a son effet, non seulement durant la présomption d'absence, mais encore après que l'absence a été déclarée. — Duranton, t. 1er, n° 517.

435. — Ainsi, en l'absence du mari, la puissance paternelle passe sur la tête de la femme, et elle exerce cette puissance comme elle l'exercerait si cette puissance résidait entièrement en elle, par le décès du père. — Valette, sur Proudhon, t. 1er, p. 306; Duranton, t. 1er, n° 519. — V. PUISSANCE PATERNELLE.

436. — Elle peut donc, aux termes de l'art. 375, faire détenir l'enfant qui lui donnera de graves sujets de mécontentement; mais ce droit ne pourrait être exercé par elle qu'avec le concours des deux plus proches parens paternels. — Duranton, t. 1er, n° 519; Plasman, t. 1er, p. 304; Delvincourt, t. 1er, p. 48. — La raison qu'en donne cet auteur, c'est qu'il serait inconséquent de lui donner plus de pouvoir lorsque le père a disparu, que la loi ne lui en donne lorsque la puissance sur les enfans lui appartient en propre.

437. — Plusieurs auteurs enseignent que la mère dont le mari est absent ne puise pas dans l'art. 141 le pouvoir d'émanciper ou de consentir au mariage des enfans mineurs, mais que seulement on pourrait, suivant les cas, reconnaître à la mère, en cas de présomption d'absence, 1° soit le droit d'émanciper sous l'autorisation de la justice, 2° soit celui de consentir au mariage par application de l'art. 149, C. civ. — Au surplus, V. Valette, sur Proudhon, t. 1er, p. 306; Demante, *Encyc. du dr.*, v° *Absence*, n° 152, et les mots ÉMANCIPATION et MARIAGE.

438. — Proudhon (t. 1er, p. 307) a soutenu qu'il s'agit, dans ce cas, *d'une tutelle provisoire*, et de Moly (n° 200), appliquant les conséquences de ce principe, décide qu'il y a lieu à la nomination d'un subrogé tuteur, surtout pendant la période de la présomption d'absence. — Au contraire, Delvincourt (t. 1er, p. 48), Toullier (t. 1er, n. 438) et Duranton (t. 1er, n° 518) excluent de la période de la présomption d'absence la nomination d'un subrogé tuteur, « à moins, dit ce dernier auteur, que la mère n'ait à débattre ou à liquider des intérêts contraires à ceux des enfans ». — V., dans ce dernier sens, Plasman, t. 1er, p. 311 et suiv.

439. — Mais, après la déclaration d'absence, la mère doit faire nommer un subrogé tuteur, à moins qu'elle n'opte pour la continuation de la communauté, et que les enfans n'aient pas de biens particuliers. — Duranton, n° 518. — M. Plasman n'admet pas la nomination d'un subrogé tuteur, même au cas d'absence déclarée (t. 1er, p. 311).

440. — De ce que la mère n'est pas *tutrice*, mais simplement *administratrice* des biens, il résulte qu'elle n'est pas soumise à l'hypothèque légale. — Valette, sur Proudhon, t. 1er, p. 306 (notes); Demante, v° *Absence*, n° 150. — V. HYPOTHÈQUE LÉGALE.

441. — La mère n'a pas besoin d'autorisation de la justice pour administrer; cette autorisation est dans le mandat que la loi lui confère. — Duranton, t. 1er, n° 520; Plasman, t. 1er, p. 304. — Proudhon (t. 1er, p. 308) est d'un avis contraire.

442. — Quant aux actes qui sortiraient de l'administration ordinaire, et que le père administrateur ne pourrait lui-même faire sans autorisation, la mère devrait se pourvoir de l'autorisation du conseil de famille, homologuée par le tribunal. — Duranton, t. 1er, n. 520.

443. — La femme dont le mari est absent a-t-elle l'usufruit légal des biens de ses enfans? — Aff. Delvincourt, t. 1er, p. 341, et de Moly, n° 369. (Et cet usufruit court du jour de la disparition, car depuis cette époque, l'absent est présumé mort). — Proudhon (t. 1er, p. 314) au contraire, et c'est l'opinion qui nous paraît devoir être adoptée, ne lui accorde cet usufruit que lorsque la déclaration d'absence a été prononcée.

444. — M. Duranton (t. 1er, 521) penche également en faveur du droit à l'usufruit légal, à partir de la disparition du père, et il en conclut qu'il n'y a pas lieu de faire emploi des fruits perçus sur les biens des enfans. — Mais il ajoute aussi que, si le père reparaît ou donne de ses nouvelles, la mère, qui a opté pour la continuation de la communauté, doit restituer au mari, comme dépendances de la communauté, les fruits perçus avant son envoi en possession provisoire, et, dans les proportions de l'art. 127, ceux perçus depuis cet envoi en possession. — Il ajoute enfin qu'en cas de mariage sous un autre régime, ou même en cas d'option pour la dissolution provisoire, la femme doit restituer au mari qui reparaît les fruits perçus, sous la déduction des dépenses faites pour l'éducation des enfans et des charges mentionnées à l'art. 385.

445. — Quant à M. Plasman (t. 1er, p. 307), il refuse à l'absence, même déclarée, la puissance de donner cours à l'usufruit légal, attendu que cet usufruit ne peut avoir lieu qu'en cas *de dissolution du mariage*; et il fait remarquer que l'art. 141, qui détermine les droits de la mère, ne parle nullement de cet usufruit.

446. — Six mois après la disparition du père, si la mère était décédée lors de cette disparition, ou si elle vient à décéder avant que l'absence du père ait été déclarée, la surveillance des enfans sera déférée par le conseil de famille aux ascendans les plus proches, et, à leur défaut, à un tuteur provisoire. — C. civ., art. 142.

447. — Il semblerait résulter de cette disposition qu'en cas de décès de la mère, avant la disparition du père, les intérêts des enfans devraient rester en souffrance, pendant les six premiers mois. Les auteurs pensent que la loi s'en est reposée à cet égard sur le zèle des proches et des amis, et au besoin, sur l'exercice du pouvoir conféré aux tribunaux et au ministère public, par les art. 112 et 114, C. civ. — Delvincourt, t. 1er, p. 48; Valette sur Proudhon, t. 1er, p. 307; Plasman, t. 1er, p. 313.

448. — Si l'un des enfans était sur le point de s'établir, et qu'il y eût urgence, Delvincourt (t. 1er, notes, p. 83) pense qu'il y aurait lieu, pour le règlement de la dot, de recourir aux règles tracées par l'art. 511, C. civ., pour le cas d'interdiction; mais il faudrait que la non présence du père, sans nouvelles, fût bien constatée. — Plasman, t. 1er, p. 314.

449. — Les règles de la tutelle légitime ne sont pas nécessairement applicables au cas prévu par l'art. 142. — Ainsi le conseil de famille peut choisir entre les ascendans du même degré, sans s'attacher aux préférences légales. — Valette, sur Proudhon, t. 1er, p. 307.

450. — Si, à défaut d'ascendant, le conseil de famille nomme un *tuteur provisoire*, il y a lieu aux règles de la tutelle, et conséquemment à la nomination d'un subrogé tuteur, et à l'application de l'hypothèque légale. — Valette, sur Proudhon, *loc. cit.*

451. — Les mesures prescrites par l'art. 142 sont applicables au cas où l'époux qui a disparu laisse des enfans mineurs, issus d'un mariage précédent. — Art. 143. — Alors, en effet, aucun lien ne rattachant les enfans à l'époux présent, ce dernier n'a aucun droit à l'administration de leurs biens.

V. ACQUIESCEMENT, ACTE DE NOTORIÉTÉ, ACTE RESPECTUEUX, ADOPTION, ADULTÈRE, ARBITRAGE, ASSURANCE SUR LA VIE, AVOCAT, CASSATION, CAUTION, COLONIE, COMPROMIS, CONTRIBUTIONS INDIRECTES, CONTUMACE, DOUANES, ÉMIGRÉ, ENREGISTREMENT, EXPLOIT, FONCTIONNAIRE PUBLIC, GARDE NATIONALE, HYPOTHÈQUE LÉGALE, INTERDICTION, MANDAT, MARIAGE, MINISTÈRE PUBLIC, NOTAIRE, OBLIGATION, ORDRE, PARTAGE, PRESCRIPTION; PREUVE TESTIMONIALE, QUOTITÉ DISPONIBLE, RESCISION, SUCCESSION.

ABSENT (Militaire).

Table alphabétique.

§ 1er. — *Historique et notions générales.*

ABSENT MILITAIRE. — 1. — Les intérêts des militaires absens ont toujours été régis par une législation particulière. Dès 1793, époque à laquelle la France était en guerre avec toute l'Europe, on commença à veiller spécialement à la conservation de leurs biens et de leurs droits; un décret du 2 sept. de cette année accorda aux gens de mer, absens pour cause de navigation, un délai de trois mois, à dater de leur retour en France, pour se pourvoir en Cassation contre les jugemens en dernier ressort rendus contre eux pendant leur absence. V. l'art. 1er de ce décret.

2. — Après ce décret vint la loi du 11 vent. an II, qui détermina les mesures à prendre et les formalités à remplir dans les cas où des successions viendraient à échoir à un militaire absent. Cette loi, dont nous parlerons tout à l'heure plus au long, fut suivie de celle du 16 fructid. an II, qui étendit la disposition de la précédente à tous les citoyens attachés au service de la république.

3. — Plus tard (le 6 brum. an V), intervint une loi nouvelle qui pourvut à la surveillance et à la régie des biens présens des militaires absens sur lesquels on n'avait encore rien statué. A cette loi, il faut joindre celle du 21 déc. 1814, qui prorogea les délais de l'art. 2 de la précédente, jusqu'au 2 avr. de cette même année.

4. — Le 3 juill. 1816, le roi rendit une ordonnance qui détermina un mode spécial pour déclarer l'absence ou constater le décès des militaires et employés aux armées, disparus depuis le 21 avr. 1792 jusqu'au 20 nov. 1815.

5. — Enfin, le 13 janv. 1817, a été portée la dernière loi sur cette matière, qui a pour objet les moyens de constater le sort des militaires absens.

6. — Ces divers actes législatifs ont donné lieu, dans leur application, à des interprétations différentes que nous allons faire connaître en résumant la jurisprudence et la doctrine des auteurs.

§ 2. — *Des successions qui échoient aux militaires pendant leur absence.*

7. — La loi du 11 vent. an II dispose, art. 1er, qu'immédiatement après l'apposition des scellés sur les effets et papiers délaissés par les père et mère des défenseurs de la patrie et autres parens dont ils sont héritiers, le juge de paix qui les aura apposés en avertira les héritiers, s'il sait à quel corps ou armée ils sont attachés; il en instruira pareillement le ministre de la guerre, et le double de ses lettres sera copié à la suite de son procès-verbal, avant de le présenter à l'enregistrement, sans augmentation de droit. — Le délai d'un mois expiré, si l'héritier ne donne pas de ses nouvelles et n'envoie pas sa procuration, l'agent na-

tional de la commune dans laquelle les père et mère sont décédés, convoquera sans frais, devant le juge de paix, la famille, et à son défaut les voisins et les amis, à l'effet de nommer un curateur à l'absent (art. 2). — Ce curateur provoquera la levée des scellés, assistera à leur reconnaissance, pourra faire procéder à l'inventaire et vente des meubles, en recevoir le prix à la charge d'en rendre compte, soit au militaire absent, soit à son fondé de pouvoir (art. 3). — Il administrera les immeubles en bon père de famille. — Même loi, art. 4.

8. — On a longtemps agité la question de savoir si le Code civil et la loi du 13 janvier 1817 avaient abrogé cette loi du 11 vent. an II. — Pour la négative, V. *Bruxelles*, 24 mai 1809, d'Orvevelsiés c. Hullin; *Rennes*, 28 août 1813, N... c. M...; *Colmar*, 3 mai 1815, Keemann c. Zimmermann; *Cass.*, 9 mars 1824, Darmay c. Garnier; *Paris*, 22 mars 1825, Bouilly c. Gillot; *Bourges*, 28 déc. 1825, Audoux c. Desgourdes; *Rennes*, 20 juin 1826, Roger c. Monnier; *Poitiers*, 5 juill. 1826, Trochon c. Trochon; *Bourges*, 20 nov. 1826, Gillard c. Popillard; *Metz*, 3 janv. 1827, N... c. N...; 27 juill. 1827, N... c. N...; *Riom*, 18 déc. 1828, Pailloux c. Deport; *Orléans*, 12 août 1829, Deplain c. Ventelon; *Limoges*, 15 nov. 1829, Pauzet c. Mazières; *Nancy*, 31 janv. 1833, Baradel c. Demaux; *Cass.*, 23 août 1837 (t. 2 1837, p. 332), Collet; *Toulouse*, 28 déc. 1837 (t. 1er 1838, p. 229), Rumeau c. Rumeau, *Nîmes*, 21 fév. 1838 (t. 1er 1838, p. 420), Nogarède c. Nogarède. — Pour l'affirmative, *Colmar*, 24 déc. 1816, Feberey c. Bauer; *Rouen*, 29 janv. 1817, Lambertin c. Boudinet; *Cass.*, 9 mars 1819, Ador c. Hospice de Metz; *Rennes*, 26 juin 819, Boussart; *Paris*, 27 août 1821, Vilain; *Bordeaux*, 22 mai 1827, Jaconnay c. Gerraux.

9. — Les principaux motifs sur lesquels est fondée la première de ces opinions, qui nous paraît devoir être adoptée, sont : 1° que les dispositions de la loi du 11 vent. an II constituent un droit spécial et exceptionnel auquel il n'a pas été dérogé par le Code civil; que cette dérogation ne résulte pas davantage de la loi du 13 janv. 1817, uniquement destinée, ainsi que l'annonce son titre, à déterminer les moyens de constater le sort des militaires absens ; 2° que cette loi a introduit des formalités particulières aux déclarations d'absence à l'égard de ces militaires, lorsque leurs parens, héritiers ou autres parties intéressées, jugent convenable de la faire prononcer; mais que, restreinte au mode d'opérer, elle ne contient aucun changement sur le fond du droit lorsque cette absence n'est pas déclarée, et qu'elle n'exige pas la preuve de l'existence des militaires, à peine de perdre le bénéfice de la loi du 11 vent. an II; que d'ailleurs l'art. 13, L. 13 janv. 1817, porte que les dispositions du Code civil, relatives aux absens, auxquelles il n'est pas dérogé par ladite loi, continueront d'être exécutées; qu'aucune disposition de cette loi n'étant relative aux effets de l'absence à l'égard des droits éventuels qui peuvent compéter aux militaires, ces droits et effets restent soumis au Code civil et aux lois antérieures, tels qu'ils étaient réglés avant celle du 13 janv. 1817. — V. l'arrêt ci-dessus cité de la cour de Cass. du 23 août 1837, et Merlin, *Rép.*, v° *Absent*, sect. 2e, n° 5; Talandier, *Tr. des absens*, p. 365; Toullier, *Dr. civ. fr.*, t. 1er, n° 407, et enfin Duranton, *Cours de dr. franç.*, t. 1er, n° 430. — Ce dernier auteur fait en outre remarquer que l'on ne pouvait pas considérer comme abrogées les lois des 11 vent. et 16 fruct. an II, puisque leur publication, ainsi que celle du 6 brum. an V, fut ordonnée dans les départemens réunis.

10. — Toutefois, la cour de Cassation par un arrêt du 20 juin 1831, qui a rejeté le pourvoi formé contre un arrêt de la cour de Nancy du 1er mars 1827 (Cuny c. Houssemann), avait paru adopter une opinion qui tout en reconnaissant la non-abrogation de la loi de l'an II, par le Code civ. et par la loi de 1817, lui aurait fait produire des effets semblables à ceux de l'abrogation; elle avait décidé que si les héritiers présomptifs des militaires absens se présentent pour faire déclarer leur absence, et veulent, en vertu de la loi du 13 janv. 1817, faire cesser à leur égard l'effet des mesures transitoires de la loi du 11 vent. an II, tout doit rentrer alors dans l'application du droit commun, existant au moment de l'émission de cette loi, c'est-à-dire que, pour réclamer au nom de l'absent la succession échue depuis sa disparition, ils doivent prouver qu'il existait encore à l'époque où elle s'est ouverte, et faute de ce faire, le curateur antérieurement nommé à l'absent, qui avait éventuellement et pour le cas de son retour administré ladite succession, doit la remettre et s'en dessaisir en faveur de ceux qui, à défaut de preuve de l'existence de l'absent, ont acquis le droit de la recueillir. — V. aussi dans ce sens *Nancy*, 31 janv. 1833, Blondy c. Mathieu. — Cette interprétation n'a pas été confirmée par la jurisprudence postérieure de la cour suprême.

11. — D'autres cours royales avaient même décidé que la loi du 11 vent. an II avait été abrogée par l'effet de la paix générale. — V. en ce sens *Nancy*, 24 janv. 1820, Lionville c. Bourguignon; *Nîmes*, 28 janv. 1823, Crouzet c. Rédorés. — Mais cette jurisprudence a été repoussée par l'arrêt de la cour de *Cassation* du 20 juin 1831. — V. aussi, dans le sens de la non abrogation, *Limoges*, 15 nov. 1819, Pauzet c. Mazières; — Plasman, *Tr. des absens*, t. 2, p. 195 et suiv., qui adopte l'opinion émise par l'arrêt de *Cass.* du 20 juin.

12. — Il résulte de la non abrogation de cette loi : 1° qu'elle peut encore être appliquée aux militaires employés dans les guerres actuelles ou qui pourraient l'être dans celles à venir. — Merlin, *Rép.*, v° *Absent*, sect. 2e, n° 5 *in fine*.

13. — 2° Qu'il ne peut être procédé au partage d'une succession à laquelle un militaire absent est appelé sans que celui-ci soit également représenté. — *Nîmes*, 21 fév. 1838 (cité n° 8).

14. — 3° Que ses dispositions peuvent avoir d'ailleurs pour objets, soit les successions testamentaires, soit les successions *ab intestat*. — *Metz*, 9 mars 1819 (cité n° 8); — Duranton, t. 1er, n° 430.

15. — Mais les biens présens des militaires absens n'étant pas compris dans les termes de cet article, restent sous l'empire du droit commun et sont régis par les art. 112 et 113, C. civ. — Plasman, t. 2, p. 177.

16. — Il suit de là que pour ces biens le tribunal désigne un administrateur et commet un notaire pour représenter le militaire absent dans les successions antérieurement échues. — Plasman, *ibid.*

17. — La loi du 11 vent. an II s'applique aux militaires présumés absens, dont on n'a pas reçu de nouvelles, et à ceux qui se trouvent momentanément à de grandes distances sous leurs drapeaux. — *Cass.*, 9 mars 1824 (cité n° 8); — Plasman, t. 2.

18. — Mais elle ne s'applique point aux militaires qui ne sont pas présens sous les drapeaux. — *Metz*, 17 mars 1818, Kitzinger c. Sartorius.

19. — Ni aux militaires absens dont le nom a été rayé des rôles de l'armée. — *Rennes*, 24 janv. 1822, Le Boussard c. Saliou; *Cass.*, 9 mars 1819 (cité nos 8 et 14).

20. — Mais un militaire ne cesse pas d'être réputé tel, et de jouir du bénéfice des lois spéciales portées en faveur des militaires, par cela seul qu'un certificat du ministre de la guerre constate que dans telle ou telle campagne il est resté en arrière de son corps et a été rayé des contrôles du régiment auquel il appartenait. — Même arrêt.

21. — De même, l'individu qui a servi dans un régiment étranger, mais à une époque où ce corps militaire était à la solde de la France, a, malgré cette incorporation, conservé la qualité de Français, et la législation relative aux défenseurs de la patrie lui a été toujours applicable. — *Orléans*, 12 août 1829, Deplain c. Ventelon.

22. — L'art. 1er, L. 16 fruct. an II, a étendu les dispositions de celle du 11 vent. an II aux officiers de santé et à tout autre citoyen attaché au service des armées.

23. — Les cohéritiers du militaire absent ne peuvent faire procéder à la levée des scellés apposés sur ses biens, en présence seulement d'un notaire, aux termes de l'art. 112, C. civ.; ils doivent faire nommer un curateur, suivant les formes voulues par la loi du 11 vent. an II. — *Poitiers*, 5 juill. 1826 (cité n° 8); *Bruxelles*, 24 mai 1809 (cité n° 8), et 22 août 1837 (cité n° 8).

24. — Est-ce au conseil de famille ou au tribunal qu'il appartient de nommer le curateur chargé de pourvoir à la conservation des droits appartenant à un militaire absent, lors de sa disparition? — Dans le premier sens, V. *Colmar*, 3 mai 1813 (cité n° 8); et dans le second, *Bruxelles*, 1er juin 1814, Leconte c. Jacquart; 24 juill. 1817, Stiltart c. Delsasse; 22 nov. même année, Droo c. Schilvinck; — V. aussi, en ce sens, Merlin, *Quest.*, v° *Absent*, § 4.

25. — Quant à la cour de Cassation, elle a considéré comme valable la nomination d'un curateur à un militaire absent, faite par le conseil de famille. — *Cass.*, 27 août 1828, Godeau c. Roublin.

26. — La nomination d'un curateur aux militaires absens, autorisée par la loi du 11 vent. an II, n'a pu avoir lieu, surtout depuis la loi du 13 janv. 1817, pour le cas où il s'agissait, non pas de l'ouverture d'une succession échue au militaire, mais de tout autre objet, et particulièrement de toucher le prix du remplacement qui lui était dû. — Mais l'inscription, prise par le curateur ainsi nommé au nom de l'absent, n'en doit pas moins être déclarée valable. — *Paris*, 9 juill. 1822, Boucher c. Reber.

27. — Mais jugé aussi que le curateur nommé par jugement à l'absence d'un militaire, a qualité pour poursuivre le recouvrement des créances dues au militaire, et, par exemple, l'exécution d'un contrat de remplacement souscrit au profit de ce militaire, et cela, encore bien que celui-ci ait laissé une procuration. On prétendrait à tort que le droit d'agir n'appartient qu'aux héritiers, après avoir fait déclarer l'absence. — *Cass.*, 6 nov. 1828, Verrier c. Fauvet.

28. — Jugé encore que le curateur nommé par la famille, pour soigner les intérêts d'un militaire absent, et qui exerce de fait les droits de ce dernier, a qualité suffisante pour intenter l'action en complainte au nom de l'absent. — En vain, dirait-on, que la nomination d'un curateur ne doit avoir lieu qu'au cas de succession échue au militaire. — *Cass.*, 27 août 1828 (cité n° 25). — V. aussi Plasman, t. 2, p. 204.

29. — Le curateur ne peut se dessaisir de la succession qu'il a recueillie pour un militaire absent, qu'autant que le décès de celui-ci a été prouvé ou son absence déclarée. — *Limoges*, 26 mai 1829, Finet.

30. — Le ministère public a le droit d'exiger du curateur toutes les sûretés convenables pour prévenir, dans le cas où ce curateur n'offrirait pas assez de garanties, la perte des sommes appartenant aux militaires. — *Bruxelles*, 3 juin 1819, Fret c. Verhaeven; — Merlin, *Rép.*, v° *Absent*, sect. 2e, n° 5, et Plasman, *Tr. des absens*, t. 2, p. 200 et 201.

31. — Celui qui, sans être nommé curateur au militaire absent, s'est constitué gérant bénévole des biens de celui-ci, doit être assimilé à un mandataire, et, comme tel, doit les intérêts des sommes qu'il a reçues pour l'absent, seulement à compter du jour de la demande, lorsqu'il ne les a pas appliquées à son profit, et qu'on ne peut lui imputer de ne les avoir pas placées par sa faute. — *Nancy*, 31 janv. 1833, Bradel c. Demange.

32. — En cas d'absence d'un militaire mineur, il y a lieu à la nomination d'un tuteur et d'un subrogé tuteur, indépendamment de celle du curateur à l'absence. — *Bourges*, 10 juill. 1821, Beaufils c. N...

33. — La loi de vent. an II, en se servant de ces mots : *à son procureur fondé*, a évidemment entendu parler du mandat donné postérieurement à l'ouverture de la succession, à moins que l'existence du militaire ne soit justifiée depuis l'ouverture de la succession, parce que, dans ce cas, rien ne s'oppose à ce que le militaire ne constitue pour fondé de pouvoir, dans la succession qui s'ouvre postérieurement à son départ, soit son premier mandataire, soit tout autre. — Plasman, t. 2, p. 199.

§ 3. — *De la loi du 6 brumaire an V et de ses effets.*

34. — La loi du 6 brum. an V avait pour objet la conservation des propriétés des défenseurs de la patrie en activité de service; elle établissait des mesures particulières pour prévenir les atteintes qui pourraient être portées aux droits de ces militaires. — *Cass.*, 29 janv. 1811, Compère c. Waservas; Plasman, t. 2, p. 23.

35. — Cette loi ne devait avoir qu'une durée limitée. Le législateur avait lui-même fixé le temps de son existence, en disant dans son art. 2 que ses effets cesseraient un mois après la publication de la paix générale; cependant la loi du 21 déc. 1814 prorogea sa durée jusqu'au 1er avr. 1815, époque de la paix générale.

36. — Mais elle a cessé d'exister à partir de cette dernière époque, et on a dû, dès-lors, la considérer comme abrogée. C'est, au reste, ce que la jurisprudence a pleinement confirmé. — *Colmar*, 24 déc. 1816 (cité n° 8); *Nancy*, 24 janv. 1820 (cité n° 11); *Grenoble*, 22 déc. 1824, Grouillet c. Duvail Deshaies; *Poitiers*, 30 août 1825, Dorbec c. l'Huillier; *Bruxelles*, 13 fév. 1826, Fontaine. — Toutefois, Plasman (t. 2, p. 225) pense, mais à tort, selon nous, que les art. 1er, 7 et 8 sont encore en vigueur.

37. — Malgré l'abrogation bien constatée de la loi de brumaire an V, il s'élève parfois des contestations sur les effets qu'elle a pu produire, et la jurisprudence même est encore incertaine sur le sens que l'on doit donner à quelques uns des articles qui la composent. — Nous allons citer les dispositions de cette loi; nous rapporterons ensuite la jurisprudence et la doctrine qui l'ont expliquée.

38. — Les tribunaux civils de département nommeront, dans les cinq jours de la réception de la présente loi, trois citoyens probes et éclairés, qui formeront un conseil officieux chargé de consulter et de défendre gratuitement, sur la demande des fondés de pouvoir, les affaires des défenseurs de la patrie et des autres citoyens absens pour le service de terre et de mer. — Art. 1er.

39. — Aucune prescription, expiration de délai ou péremption d'instance, ne peut être ac-

quise contre les défenseurs de la patrie et autres citoyens attachés au service des armées de terre et de mer, pendant tout le temps qui s'est écoulé ou s'écoulera depuis leur départ de leur domicile, s'il est postérieur à la déclaration de la présente guerre, ou depuis ladite déclaration, s'ils étaient déjà au service, jusqu'à l'expiration d'un mois après la publication de la paix générale ou après la signature d'un congé absolu qui leur serait délivré avant cette époque. — Le délai sera de trois mois si au moment de la publication de la paix ou de l'obtention du congé absolu, ces citoyens font leur service hors de la république, mais en Europe; de huit mois dans les colonies, en deçà du cap de Bonne-Espérance, de deux ans au-delà du cap. — Art. 2.

40. — Ceux qui auraient librement et formellement acquiescé aux jugemens rendus contre eux, ne sont pas compris dans l'article précédent. — Art. 3.

41. — Les jugemens prononcés contre les défenseurs de la patrie et autres citoyens de service aux armées ne peuvent donner lieu au décret ni à la dépossession d'aucun immeuble pendant les délais énoncés en l'art. 2 de la présente loi. — Art. 4.

42. — Aucun de ces jugemens ne pourra être mis à exécution qu'autant que la partie poursuivante aura présenté et fait recevoir par le tribunal qui aura rendu le jugement, une caution solvable de rapporter le cas échéant. En conséquence, il est défendu, sous peine de 300 liv. d'amende, à tous greffiers de délivrer, et à tous huissiers de mettre à exécution aucun jugement rendu contre les défenseurs de la patrie et autres citoyens de service aux armées, si le jugement de réception de la caution n'est pas joint au jugement de la condamnation. — Art. 5. — V. GREFFIER, HUISSIER.

43. — Pour l'exécution de l'article précédent, les administrations municipales de canton feront et déposeront, dans les cinq jours de la présente loi, aux greffes du tribunal civil, du tribunal de commerce et de la justice de paix desquels relève le canton, une liste contenant les noms et prénoms de tous les citoyens de leur arrondissement, absens de leur domicile pour le service des armées de terre et de mer. — Les greffiers seront tenus de consulter cette liste avant de délivrer aucun jugement. — Art. 6.

44. — Les propriétés des défenseurs de la patrie et des autres citoyens absens pour le service public, sont mises sous la surveillance des agens et adjoints municipaux de chaque commune; ils seront tenus de dénoncer, sous leur responsabilité personnelle, au commissaire du directoire exécutif près l'administration municipale du canton, les atteintes qui pourraient être portées à ces propriétés; le commissaire du directoire exécutif poursuivra en indemnité, devant les tribunaux, les communes qui ne les auraient pas prévenues ou repoussées conformément aux lois existantes. — Art. 7.

45. — La loi de brum. an V a-t-elle été suspensive de la prescription en faveur des militaires, ou bien n'a-t-elle fait que leur garantir seulement qu'aucune prescription ne serait acquise contre eux pendant le temps qu'elle détermine. La cour de Cassation et plusieurs cours royales se sont prononcées dans le dernier sens et contre la suspension. — V. *Cass.*, 10 nov. 1818, François c. H...; *Poitiers*, 30 août 1825, chevalier d'Arbec c. Lhuillier; *Bourges*, 6 mars 1828, Bourdot c. Lagarde; *Grenoble*, 16 juin 1831, Polosson c. Escoffier; *Cass.*, 23 nov. 1831, Morconnay c. Boscal de Réals; 8 fév. 1836, Barthélemy c. Pellicet; *Bastia*, 4 mai 1836, Pierraggi.

46. — D'autres cours et la généralité des auteurs ont adopté l'opinion contraire. — V. *Lyon*, 12 fév. 1835, Fleury-Devers c. Dulac; *Paris*, 16 août 1837 (t. 2 1837, p. 554), Lejeune c. Vernholes; — Merlin, *Rép.*, v° *Prescription*, sect. 1re, § 7, art. 11; Favard de Langlade, *Rép.*, v° *Prescription*, sect. 2e, § 4; Vazeille, *des Prescriptions*, t. 2, n° 707; Plasman, t. 2, p. 206 et suiv. — « L'art. 2, L. 6 brum. an V, dit M. Troplong (*Traité de la prescript.*, t. 2, nos 704 et suiv.), a voulu suspendre toute prescription, tout délai, toute déchéance quelconque.... à l'égard des défenseurs de la patrie, engagés dans des guerres où il s'agissait soit de l'indépendance, soit de l'honneur de la nation. A la vérité, le mot *suspension* ne se trouve pas dans l'article précité, mais c'est celui dont se servit Tronchet en présentant la résolution du conseil des anciens..... »

47. — Pour nous, nous n'hésitons point à nous ranger à la doctrine consacrée par la cour de Cassation, et nous nous appuyons surtout pour cela sur le législateur lui-même, qui, en prorogeant par la loi du 21 déc. 1814 le délai accordé par celle de l'an V, prouve évidemment qu'il l'a entendue dans le même sens. Dans quel but en effet cette prorogation a-t-elle eu lieu? dans celui de laisser aux militaires de retour dans leurs foyers le temps d'interrompre la prescription qui a couru pendant leur absence, mais qui ne pouvait être acquise qu'après un délai déterminé; or, s'il en est ainsi, si le militaire absent a dû agir dans ce délai donné pour empêcher que la prescription ne se soit accomplie irrévocablement, il faut nécessairement en conclure avec la cour de Cassation qu'il n'y a pas eu de suspension. — V. aussi en ce sens *Poitiers*, 30 août 1825 (cité n° 45); *Aix*, 27 janv. 1843 (t. 2 1844, p. 142), de Meyronnet c. Rougier.

48. — Le traité de paix d'Amiens, du 10 flor. an X, avait aussi fait naître la pensée que la loi du 6 brum. an V ne lui avait pas survécu; mais la question fut décidée en sens contraire. — *Cass.*, 30 avr. 1811, Roustau c. Lavoudé. — La cour suprême considéra que ce traité avait donné l'espoir d'une paix générale, mais que, cet espoir ne s'étant pas réalisé, il fut plutôt considéré comme une trêve entre les puissances belligérantes qu'une véritable paix, puisque peu de temps après sa ratification, les hostilités recommencèrent.

49. — La loi du 6 brum. an V ne s'applique pas aux gendarmes employés au maintien de la paix dans l'intérieur. — *Cass.* 14 nov. 1827, Jamet c. Dubier.

50. — Elle ne s'applique pas non plus aux Français qui ont pris du service en pays étranger, quoiqu'ils aient été autorisés par le gouvernement. — *Cass.*, 19 août 1841 (t. 1er 1842, p. 144), Potier c. Legrand; *Nîmes*, 8 août 1811, Moynier de Chamborant c. Lavoudé.

51. — Ni aux militaires pendant le temps qu'ils ont passé dans leurs foyers pour raison de service ou autrement. — *Rennes*, 10 déc. 1827, Soupe c. Touchy.

52. — Jugé cependant que les militaires ou marins en activité de service ne sont pas déchus du bénéfice de la suspension du délai de recours en cassation à eux accordé en temps de guerre, par cela seul qu'ils se seraient trouvés fortuitement à leur domicile, au moment où y aurait été faite une signification du jugement par eux attaqué. — *Cass.*, 26 pluv. an XI, Chenevières c. Lacase.

53. — La loi du 6 brum. an V, qui défend l'exécution des jugemens rendus contre les militaires absens, s'applique aussi à l'exécution des titres authentiques. En conséquence, l'expropriation d'un immeuble poursuivie contre un militaire est nulle si elle a eu lieu en vertu d'un pareil titre. — *Cass.*, 27 oct. 1814, Lauveillau c. Malacamp.

54. — Et l'expropriation est nulle, même au cas où le militaire était copropriétaire par indivis de l'immeuble saisi avec d'autres propriétaires, non militaires et présens. Il en est ainsi alors même que le saisissant offre de donner caution pour la conservation des intérêts du militaire, si toutefois il n'a présenté ni fait accepter, avant de procéder à la saisie, la caution exigée par la loi. — *Cass.*, 30 oct. 1811, Bataille c. Montagu; 27 oct. 1814 (cité n° 53).

55. — M. Plasman (*Tr. des absens*, t. 2, p. 220) combat cette jurisprudence; il se fonde sur ce que la loi est formelle, qu'elle ne défend aux créanciers des militaires de les exproprier que lorsque cette expropriation est poursuivie en vertu de jugemens prononcés contre eux. Cet auteur distingue entre le cas où il s'agit de l'exécution d'un jugement et celui où on poursuit l'exécution d'un contrat contre le militaire. Il base cette distinction sur la loi elle-même, et sur ce que le jugement a dû être rendu, sans que l'absent ait pu se défendre, tandis que le contrat a été signé et formé librement par le militaire, d'où la conséquence qu'il doit en souffrir l'exécution. Il s'appuie aussi sur un arrêt de Paris, du 10 mai 1810 (Ablon et Lavincé c. Rocher), qui aurait décidé que la loi du 6 brum. an V ne s'applique pas au cas où un militaire est actionné, non pour une dette personnelle, mais pour celle d'une succession dans laquelle il est héritier.

56. — La loi du 6 brum. an V, qui défendait de poursuivre l'expropriation des biens des militaires en activité de service, était applicable même aux biens personnels des femmes de militaires, dont l'administration et la jouissance appartenaient à leurs maris, et sur la propriété desquels ceux-ci avaient des droits éventuels, alors même que l'expropriation était poursuivie pour le paiement des dettes contractées par la femme antérieurement au mariage. — *Cass.*, 29 janv. 1811 (cité n° 34).

57. — Il a même été jugé que les militaires étaient, en vertu de la loi du 6 brum. an V, recevables à attaquer les jugemens d'expropriation rendus pendant leur absence, même après l'expiration des délais légaux. — *Cass.*, 30 oct. 1811 (cité n° 54).

58. — Sous l'empire de la loi de brum. an V, il n'était pas nécessaire à peine de nullité que le ministère public portât la parole dans les affaires qui intéressaient les militaires absens pour service de terre et de mer. — *Cass.*, 13 messid. an IX, Careau.

§ 4. — *De la déclaration d'absence et des moyens de constater le sort des militaires absens d'après la loi du 13 janv. 1817.*

59. — Le Code civil n'ayant pu prévoir toutes les circonstances extraordinaires que l'absence des militaires avait entraînées avec elle durant les guerres prolongées que la France avait eues à soutenir, et des entraves sans nombre étant nées de cette insuffisance du droit commun, une nouvelle loi était devenue nécessaire pour faire cesser une multitude de doutes qui laissaient en souffrance de nombreux intérêts; de là la loi du 13 janv. 1817.

60. — Lorsqu'un militaire ou un marin en activité pendant les guerres qui ont eu lieu depuis le 21 avr. 1791, jusqu'au traité de paix du 20 nov. 1815, aura cessé de paraître, avant cette dernière époque, à son corps ou au lieu de son domicile ou de sa résidence, ses héritiers présomptifs ou son épouse pourront, dès à présent, se pourvoir au tribunal de son dernier domicile, soit pour faire déclarer son absence, soit pour faire constater son décès, soit pour l'une de ces fins au défaut de l'autre. — L. 13 janv. 1817, art. 1er.

61. — Toutefois les tribunaux ont la faculté d'accorder une prorogation de délai à ceux qui n'ayant pu rentrer que postérieurement au 1er avr. 1815, ont justifié en avoir été empêchés par une cause légitime. — Duranton, t. 1er, n° 431.

62. — La loi de 1817 n'a été faite que pour les militaires ayant assisté aux guerres de la révolution et aux désastres des derniers temps de l'empire; elle n'est point, a dit M. Lainé dans l'exposé des motifs, une loi d'avenir; elle ne concerne que les militaires en activité depuis le 21 avr. 1791, jusqu'au traité de paix du 20 nov. 1815. — Plasman, t. 2, p. 229.

63. — Les héritiers présomptifs et l'épouse ayant pu se pourvoir dès la promulgation de la loi (dès à présent dit l'article 1er), il n'a plus été nécessaire d'attendre le délai de quatre ans fixé par l'art. 115. C. civ.; c'est là une modification importante et qui a hâté le réglement de tous les intérêts. — Plasman, t. 2, p. 124, aux notes.

64. — Une seconde modification apportée par la loi du 13 janv. 1817 au Code civ., est celle qui rend facultatives pour le tribunal les enquêtes impérieusement exigées par l'art. 116 de ce Code. — Duranton, t. 1er, n° 433.

65. — La requête et les pièces justificatives des héritiers présomptifs ou de l'épouse seront communiquées au procureur du roi, et par lui au ministre de la justice, qui les transmettra au ministre de la guerre ou au ministre de la marine, selon que l'individu appartiendra au service de terre ou à celui de mer, et rendra publique la demande, ainsi qu'il est prescrit à l'égard des jugemens d'absence, par l'art. 118, C. civ. — Dite loi, art. 2.

66. — Le procureur du roi étant le défenseur-né des absens, il était naturel d'ordonner que l'instruction relative aux déclarations d'absence et de décès des militaires qui ne reparaissent pas, serait faite contradictoirement avec lui. — Delaunay (de l'Orne), Rapport fait à la chambre.

67. — Il a même été jugé que le ministère public peut et doit demander d'office la nullité des actes et procédures qui léseraient les droits des absens, et spécialement des militaires absens. — *Nîmes*, 21 fév. 1838 (cité n° 8).

68. — La disposition de l'art. 2 doit s'expliquer en ce sens que la demande seule doit être rendue publique conformément à l'art. 118, C. civ., et non les jugemens; le but du législateur a été d'abréger les formes. — Plasman, t. 2, p. 253, et Duranton, t. 1er, n° 433.

69. — La requête, les extraits d'actes et pièces et renseignemens recueillis au ministère de la guerre ou de la marine sur l'individu dénommé dans la dernière enquête, seront renvoyés, par l'intermédiaire du ministre de la justice, au procureur du roi. — Si l'acte de décès a été transmis au procureur du roi, il en fera immédiatement le renvoi à l'officier de l'état civil, qui sera tenu de se conformer à l'art. 98, C. civ. — Le procureur du roi remettra le surplus des pièces au greffe, après avoir prévenu l'avoué des parties requérantes; et à défaut d'acte de décès, il donnera ses conclusions. — Art. 3, L. 13 janv. 1817.

70. — Jusqu'à l'ord. du 3 juill. 1816, les parties qui désiraient obtenir des renseignemens sur le militaire dont le sort les intéressait, s'adressaient au ministère de la guerre (ainsi que le prescrit la

circulaire du grand juge, du 16 oct. 1806). Les recherches étaient faites dans les bureaux, et leur résultat attesté par un certificat qui déclarait ou la mort ou l'époque de la disparition de l'absent, et enchaînait la justice.—Lainé, Exposé des motifs.— Aujourd'hui l'appréciation de ces renseignemens et les conséquences qu'on doit en tirer sont laissées à la prudence des tribunaux.

71. — Sur le vu du tout, le tribunal prononce. S'il résulte des pièces et renseignemens fournis par le ministère que l'individu existe, la demande est rejetée. — S'il y a lieu seulement de présumer son existence, l'instruction peut être ajournée pendant un délai qui n'excède pas une année. — Le tribunal pourra aussi ordonner les enquêtes prescrites par l'art. 116, C. civ., pour confirmer le présomptions d'absence résultant desdites pièces et renseignemens; — enfin l'absence pourra être déclarée, ou sans autre instruction, ou après ajournement et enquêtes, s'il est prouvé que l'individu a disparu, sans qu'on ait eu de ses nouvelles, savoir, depuis deux ans quand le corps, le détachement ou l'équipage dont il faisait partie servait en Europe, et depuis quatre ans quand le corps, le détachement ou l'équipage se trouvait hors de l'Europe. — Art. 14, L. 13 janv. 1817.

72. — Les enquêtes dont parle cet article sont purement facultatives. Pour la déclaration d'absence des autres citoyens elles sont de rigueur. — Plasman, t. 2, p. 232; Duranton, t. 1er, n° 433, 2°. — V. ABSENCE, ch. 3.

73. — Si le fait de la disparition ou du défaut de nouvelles ne ressortait pas clairement de tous les élémens de la cause, le tribunal devrait ajourner. — Plasman, t. 2, p. 127.

74. — La déclaration d'absence d'un militaire demandée et poursuivie en vertu de la loi du 13 janv. 1817, a pour effet de faire remonter la présomption du décès de l'absent au jour de ses dernières nouvelles; dès lors les successions ouvertes à son profit, même avant cette loi, doivent, selon le droit commun (C. civ., art. 136), être attribuées à ceux avec lesquels l'absent aurait eu le droit de concourir, ou à ceux qui les auraient recueillies à son défaut. Les héritiers présomptifs qui obtiennent l'envoi en possession des biens de l'absent, ne peuvent réclamer sa part dans ces successions qu'en prouvant son existence au moment où elles se sont ouvertes. — *Cass.*, 20 juin 1831 (cité n°s 10 et 11). — Telle est aussi l'opinion de Duranton, t. 1er, n° 431.

75. — Le militaire dont on n'avait pas de nouvelles au moment de l'ouverture d'une succession, a néanmoins recueilli cette succession, alors que son absence n'a été déclarée qu'après son ouverture, et en conformité de la loi du 13 janv. 1817.— *Toulouse*, 14 juill. 1827, Gayraud et Cancé c. Vernus.

76. — Ces militaires n'ont été soumis aux effets ordinaires de l'absence, tels qu'ils sont déterminés par le Code civil, qu'autant que leur absence a été déclarée conformément à la loi du 13 janv. 1817.— *Cass.*, 9 mars 1824 (cité n°s 8 et 17); *Bourges*, 20 nov. 1826 (cité n° 8); Nancy, 31 janv. 1833 (cité n° 31).

77. — La preuve testimoniale du décès, dit l'article 5, L. 13 janv. 1817, pourra être ordonnée conformément à l'article 46, C. civ., s'il est prouvé, soit par l'attestation du ministre de la guerre, ou de la marine, soit par toute autre voie légale, qu'il n'y a pas eu de registres, ou qu'ils ont été perdus ou détruits, en tout ou en partie, ou que leur tenue a éprouvé des interruptions. — Dans le cas du présent article, il sera procédé aux enquêtes contradictoirement avec le procureur du roi. — *Paris*, 22 mars 1825 (cité n° 8); —Talandier, *Traité des absens*, p. 357.

78. — Cet art. 5 ajoute à l'art. 46, C. civ., en permettant la preuve lorsqu'il est attesté par le ministre de la guerre ou celui de la marine, que la *tenue* des registres des actes de l'état civil a éprouvé des interruptions. M. Plasman (t. 2, p. 234) prétend que cette déviation des principes ne s'explique que par les circonstances extraordinaires dans lesquelles on se trouvait placé; on pourrait la motiver aussi sur la jurisprudence désormais constante qui décide que l'art. 46, C. civ., n'est pas limitatif, mais seulement démonstratif.—V. ce que nous avons dit à ce sujet et les nombreux arrêts que nous avons rapportés au mot ACTES DE L'ÉTAT CIVIL.—V. en outre *Cass.*, 20 juin 1820, Lefort c. Vallet.

79. — Le principe que le droit d'un militaire absent à une succession ouverte sous la loi du 11 vent. an II, doit être régi par cette loi, ne met pas obstacle à ce que la preuve du décès de ce militaire soit faite dans les formes prescrites par la loi du 13 janv. 1817. — *Paris*, 22 mars 1825 (cité n°s 8 et 77).

80. — Dans aucun cas, le jugement définitif portant déclaration d'absence ou de décès ne pourra intervenir qu'après le délai d'un an, à compter de l'annonce officielle prescrite par l'art. 2. — Même loi, art. 6.

81. — Lorsqu'il s'agira de déclarer l'absence, ou de constater en justice le décès des personnes mentionnées en l'art. 1er de la présente loi, les jugemens contiendront uniquement les conclusions, le sommaire des motifs et le dispositif, sans que la requête puisse y être insérée. Les parties pourront même se faire délivrer, par simple extrait, le dispositif des jugemens interlocutoires; et s'il y a lieu à enquêtes, elles seront mises en minute sous les yeux des juges. — Art. 7.

82. — Le procureur du roi et les parties requérantes pourront interjeter appel des jugemens, soit interlocutoire, soit définitif. — L'appel du procureur du roi sera dans le délai d'un mois, à dater du jugement, signifié à partie au domicile de son avoué. — Les appels seront portés à l'audience sur simple acte et sans aucune procédure. — Art. 8.

83. — Dans le cas d'absence déclaré en vertu de la présente loi, si le présumé absent a laissé une procuration, l'envoi en possession provisoire sous caution pourra être demandé, sans attendre le délai prescrit par les art. 121 et 122, C. civ., mais à la charge de restituer, en cas de retour, sous les déductions de droit, la totalité des fruits perçus pendant les dix premières années de l'absence. — Les parties requérantes qui posséderont des immeubles reconnus suffisans pour répondre de la valeur des objets susceptibles de restitution, en cas de retour, pourront être admises par le tribunal à se cautionner sur leurs propres biens. — Art. 9.

84. — Jugé que celui qui veut réclamer une somme touchée par le mandataire d'un militaire absent, doit commencer par se faire envoyer en possession de ses biens. — *Rennes*, 19 fév. 1821, Chevalier c. Caliet.

85. — Les héritiers présomptifs d'un militaire absent, envoyés en possession provisoire de ses biens, ne peuvent réclamer, depuis la disparition ou les dernières nouvelles de cet absent, les intérêts d'une créance appartenant à ce dernier, et productive d'intérêts pendant sa vie seulement. Ils n'auraient droit à ces intérêts qu'en prouvant soit l'existence de l'absent, soit son décès, depuis la disparition ou les dernières nouvelles. — *Cass.*, 8 déc. 1824, Guenelon.

86. — Si l'absent n'a pas laissé de procuration, les fruits sont restitués ainsi qu'il est prescrit par l'art. 127, C. civ.; on rentre dans le droit commun. — Plasman, t. 2, p. 235.

87. — Feront preuve en justice, dans les cas prévus par la présente loi, les registres et actes de décès des militaires, tenus conformément aux art. 88 et suiv., C. civ., bien que lesdits militaires soient décédés sur le territoire français, s'ils faisaient partie de corps ou détachemens d'une armée active, ou de la garnison d'une ville assiégée. — L. 13 janv. 1817, art. 10.

88. — Si les héritiers présomptifs, ou l'épouse, négligent d'user du bénéfice de la présente loi, les créanciers ou autres personnes intéressées pourront, un mois après l'interpellation qu'ils seront tenus de leur signifier, se pourvoir eux-mêmes en déclaration d'absence ou de décès.—Art. 11.

89. — Cette disposition ne s'applique qu'aux créanciers de l'absent ou à ses légataires et donataires. — *Colmar*, 30 août 1837 (t. 2 1837, p. 616), Keller c. Weigel.

90. — Les dispositions de cette loi sont applicables à l'absence ou au décès de toutes les personnes inscrites au bureau des classes de la marine, à celles attachées, par brevet ou commission, aux services de santé, aux services administratifs de terre et de mer, ou portées sur les contrôles réguliers des administrations militaires; elles pourront être appliquées par nos tribunaux à l'absence et au décès des domestiques, vivandières et autres personnes à la suite des armées, s'il résulte des rôles d'équipages, des pièces produites et des registres de police, permissions, passeports, feuilles de route et autres registres déposés aux ministère de la guerre et de la marine, ou dans les bureaux en dépendant, des preuves et des documens suffisans sur la profession desdites personnes et sur leur sort. — Art. 12.

91. — Les dispositions du Code civil relatives aux absens, auxquelles il n'a pas été dérogé par la loi du 13 janv. 1817, continueront d'être exécutées. — Art. 13.

92. — La vente que le cohéritier d'un militaire absent sans nouvelles a faite de la portion d'un immeuble revenant à ce dernier dans une succession ouverte avant la loi du 13 janv. 1817, a pu, à raison des circonstances, et notamment sur la considération que l'absence durait plus de quarante ans, et que le vendeur offrait caution, être déclarée valable, bien que celui-ci n'ait pas fait déclarer l'absence dans les formes voulues par la loi de 1817. — *Cass.*, 24 déc. 1834, Hétier c. Saunier.

V. ABSENCE, ACTION POSSESSOIRE.

ABSINTHE.

V. ÉTABLISSEMENS INSALUBRES (Nomenclature).

ABSOLUTION.

Renvoi de l'accusation prononcé en faveur d'un accusé reconnu coupable par le jury, mais dont l'action n'est défendue par aucune loi pénale ou est couverte par la prescription. — V. ACQUITTEMENT, pour la différence qu'il y a entre l'absolution et l'acquittement, les cas dans lesquels elle doit être prononcée, et ses résultats.

ABSTENTION DE JUGES.

1. — On se sert de ce terme pour exprimer l'action d'un juge qui refuse de connaître d'une affaire pour quelque cause légitime. Il ne suffit pas, en effet, que la partie soit investie du droit de récuser son juge dans des circonstances graves, il faut encore que le magistrat qui éprouve des scrupules et qui doute de son impartialité, puisse se récuser lui-même lorsque le plaideur hésite à le faire descendre de son siége.

2. — La loi veut que tout juge qui sait cause de récusation en sa personne soit tenu de la déclarer à la chambre dont il fait partie, afin qu'elle décide s'il doit s'abstenir. — C. procéd., art. 380. — V. RÉCUSATION.

ABSTENTION DE LIEU.

1. — Peine consistant dans l'éloignement où quelques condamnés doivent se tenir d'un certain lieu, pendant un temps déterminé.

2. — Cette peine était usitée autrefois en matière d'injures graves, violences ou menaces révélant une inimitié capitale; elle avait pour but, soit de soustraire l'offensé aux outrages de l'offenseur, soit de prévenir les duels ou autres rencontres préméditées. — Merlin, *Rép.*, v° *Abstention de lieu*; Morin, *Dict. de dr. crim.*, *eod. verb.*

3. — L'abstention de lieu se prononçait autrefois, surtout entre gens d'un certain rang, tels que gentilshommes, magistrats, etc. « Celui qui aura offensé et outragé sa partie, dit l'art. 6, édit déc. 1704, à l'occasion d'un procès intenté et poursuivi devant les juges ordinaires, pourra être condamné à . . . . *s'absenter*, pendant le temps que les juges estimeront à propos, des lieux où la partie offensée fait sa résidence. » — Merlin, *Rép.*, *eod. verb.*

4. — Cette peine différait du bannissement en ce qu'elle n'était point infamante et en ce qu'elle se bornait à l'interdiction d'un lieu déterminé, en général assez restreint, le plus souvent d'une ville, quelquefois d'une commune, rarement d'une province.—Jousse, *Just. crim.*, t. 1er, part. 1re, tit. 3, n° 117; Muyart de Vouglans, *L. crim.*, liv. 2, tit. 4, § 2; Serpillon, *C. crim.*, t. 2, p. 1087.

5. — Un arrêt du conseil supérieur, siégeant à Lyon, du 22 mai 1773, condamna un meurtrier qui avait obtenu des lettres d'abolition à s'abstenir des lieux où étaient domiciliés les parens de celui à qui il avait donné la mort. « C'est une satisfaction bien légère, dit Merlin (*ibid.*, n° 2), pour une famille aussi cruellement outragée, que celle d'éloigner des lieux qu'elle habite un homme dont la vue ne peut qu'exciter le frémissement et l'horreur. »

6. — L'abstention de lieu a été, comme peine, abrogée par l'art. 35, tit. 1er, part. 1re, L. 25 sept.-6 oct. 1791, et n'a point été comprise dans l'énumération des peines donnée depuis par le Code pén. de 1810, et modifiée par la loi du 28 avr. 1832.

7. — Cependant, elle n'a point entièrement disparu de notre système répressif; on en trouve une dernière trace dans l'art. 229, C. pén., ainsi conçu : « Dans l'un et l'autre cas exprimés dans l'article précédent (coups portés à des magistrats soit à l'audience, soit au dehors), le coupable pourra être condamné à s'éloigner pendant cinq à dix ans du lieu où siége le magistrat et d'un rayon de deux myriamètres. — Cette disposition aura son exécution à dater du jour où le condamné aura subi sa peine. — Si le condamné enfreint cet ordre avant l'expiration du temps fixé, il sera puni du bannissement. » — V., pour l'explication de cet article, le mot BLESSURES ET COUPS.

8. — L'abstention de lieu ne doit pas, au reste, être confondue avec certaines mesures de surveillance prescrites dans un intérêt de sûreté générale, notamment avec le pouvoir qui appartient au gouvernement, par suite de la mise en surveillance prononcée en vertu de l'art. 44, C. pén.; d'interdire au condamné l'accès de certains lieux, tant que dure son état de surveillance. — V. SURVEILLANCE.

9. — Elle n'a rien de commun non plus avec l'obligation imposée à l'autorité par le décret du 18 juill. 1806, d'indiquer aux forçats libérés la résidence dans laquelle ils sont tenus de séjourner. — Cette mesure se rapprocherait davantage de l'ancienne relégation des Romains, ressuscitée pendant quelque temps par la loi du 9 nov. 1815. — V. RELÉGATION, SURVEILLANCE.

10. — Enfin elle diffère, malgré quelque apparence de similitude, de la disposition de l'art. 635, C. inst. crim., qui défend au condamné ayant prescrit sa peine, de résider dans le département où demeurent, soit celui sur lequel ou contre la propriété duquel le crime avait été commis, soit ses héritiers directs, et qui donne au gouvernement le pouvoir d'assigner au condamné, dans le même cas, le lieu de son domicile. — Ici le condamné, outre l'interdiction de lieu qui lui est imposée, se trouve placé par la loi dans un état véritable de surveillance, et est dès-lors soumis à toutes les dispositions et prescriptions des art. 44 et 45, C. pén. — Legraverend, *Lég. crim.*, t. 2, p. 774.

ABSTENTION D'HÉRÉDITÉ (Bénéfice d').

1. — C'était, dans le droit romain, la faculté accordée par le préteur aux héritiers siens et nécessaires de ne pas toucher aux biens de l'hérédité. — *Inst.*, liv. 2, tit. 19, § 2; ff., liv. 29, tit. 2, L. 57.

2. — Le résultat de cette abstention était que les biens du défunt étaient vendus par les créanciers sous le nom de ce dernier, au lieu de l'être sous celui de l'héritier. En conséquence, l'infamie résultant de l'envoi en possession accordée aux créanciers par le préteur retombait sur le défunt et non sur l'héritier. — Gaïus, *Inst.*, *Comm.* II, § 158; III, § 77 et suiv.; Justin., *Inst.*, *ib.*

3. — Il résultait encore de ce bénéfice qu'aucune action ne pouvait être dirigée par les créanciers contre l'héritier sien. — ff., liv. 29, tit. 2, L. 57, *pr.*

4. — Malgré le bénéfice d'abstention, l'héritier restait tel d'après le droit civil; car la qualité d'héritier est indélébile; mais, en fait, il restait étranger aux biens de la succession, et le préteur refusait aux créanciers de cette succession toute action contre lui. — ff., *loc. cit.*; — Ortolan, *Explic. hist. des Inst. just.*, t. 1er, p. 618.

5. — Tant que les biens n'avaient pas été vendus par les créanciers de l'hérédité, l'héritier sien pouvait revenir sur son abstention et prendre l'hérédité. Avant Justinien, le droit accordé à l'héritier de revenir sur sa résolution n'était limité par aucun délai. Justinien en fixa un de trois ans. — Mais si la vente avait été consommée dans ce délai, l'héritier ne pouvait plus revenir, à moins qu'il ne fût impubère. — ff., liv. 28, tit. 8, L. 8; liv. 42, tit. 5, L. 6, *pr.*; C., liv. 6, tit. 30, L. 6.

6. — Le cohéritier recueillait-il par droit d'accroissement ce qui restait de biens dans la portion de celui qui s'était abstenu, si le montant de la vente était plus que suffisant pour désintéresser les créanciers? Et si tous les héritiers du premier degré s'étaient abstenus, y avait-il dévolution au degré subséquent ou au substitué? — Il faut résoudre les deux questions par la négative, par ce motif que l'abstention n'enlevait pas, d'après le droit civil, la qualité héréditaire de celui qui en avait fait usage. De là il suivait que ce qui restait de biens, après la vente, était attribué à l'héritier qui s'était abstenu. — Ortolan, *ibid.*, p. 618, note 4.

7. — Le bénéfice d'abstention différait de celui de séparation des biens, qui était accordé à l'héritier nécessaire, quant aux effets qu'il produisait et quant à la manière dont il était exercé. Ainsi, le bénéfice d'abstention faisait que les biens étaient vendus sous le nom du défunt, et non sous celui de l'héritier; au contraire, le bénéfice de séparation n'empêchait pas la vente des biens sous le nom de l'héritier nécessaire, de telle sorte que l'infamie retombait sur ce dernier, et non sur le *de cujus*. De même, le bénéfice d'abstention empêchait les créanciers de la succession d'agir contre l'héritier, au lieu que celui de séparation laissait aux créanciers le droit d'exercer leurs actions contre l'héritier nécessaire, jusqu'à concurrence des biens héréditaires. — Dans la forme, le bénéfice d'abstention consistait dans un fait purement passif, dans une inaction complète relativement aux biens héréditaires; le bénéfice de séparation devait, au contraire, être demandé au préteur, qui l'accordait par un décret. — ff., liv. 29, tit. 2, L. 12; *Inst.*, liv. 2, tit. 19, § 1er et 2; — Gaïus, *Inst. comm.*, 2, § 155 et suiv.

8. — Les effets de l'abstention étaient perdus pour l'héritier qui détournait ou faisait détourner des biens de l'hérédité. Ils cessaient aussi pour celui qui faisait acte d'héritier; car il s'immisçait ainsi dans les biens de la succession. — ff., liv. 29, tit. 2, LL. 57 et 77, § 3 à 9.

9. — Mais le préteur accordait encore la faculté de s'abstenir à l'héritier impubère qui s'était immiscé. Quant aux pubères mineurs de vingt-cinq ans, le préteur leur venait en aide au moyen de la *restitutio in integrum*, s'ils s'étaient imprudemment immiscés dans les biens héréditaires. — ff., liv. 29, tit. 2, LL. 11 et 57.

10. — Dans nos pays de droit écrit, le bénéfice d'abstention était admis comme dans le droit romain. Les effets en étaient les mêmes que ceux de la répudiation. — Gregorius Tolosanus, *in Syntagmate juris.*

11. — L'abstention était aussi reconnue au profit des héritiers dans notre droit coutumier, et elle suffisait en succession directe comme en succession collatérale pour n'être point réputé héritier; car la maxime *n'est héritier qui ne veut*, avait prévalu. — Ferrière, *Cout. de Paris*, t. 4, no 649; Lebrun, *Tr. des success.*, liv. 3, chap. 1er; Espiard, *Observ. sur Lebrun*, *ibid.*; Pothier, *Tr. des success.*, chap. 3, sect. 2e; et sur l'art. 335, *Cout. d'Orléans*, t. 10, p. 703, note 3e, édit. Dupin; Chabot, *Tr. des success.*, t. 2, p. 518.

12. — Plusieurs coutumes s'exprimaient formellement sur ce point. Ainsi, l'art. 316 Coutume de Paris, portait : « *Il n'y a point d'héritiers nécessaires.* » L'art. 52, Cout. de Saint-Quentin, portait la même disposition, ainsi que l'art. 80 de celle de Boulonais et que celle de Poitiers, art. 278. L'art. 335, Cout. d'Orléans, contenait la même règle, de même que celles d'Auvergne (chap. 12, art. 54) et de la Marche, art. 56.

13. — Un arrêt du parlement de Paris, du 8 fév. 1590, avait jugé dans ce sens au sujet d'une succession directe. Un autre arrêt du parlement de Bretagne, du 28 avr. 1730, avait adopté la même solution. — Merlin, *Rép.*, vo *Abstension.*

14. — Mais il paraît que la jurisprudence du Châtelet de Paris n'admettait pas qu'en ligne directe l'abstention seule pût suffire à l'héritier; elle voulait une renonciation authentique; mais elle reconnaissait qu'en ligne collatérale l'abstention seule suffisait. Un arrêt du Châtelet de Paris, du 24 juill. 1706, est cité par Merlin (*Rép.*, vo *Abstension*), comme ayant jugé en ce sens. Mais Ferrière, Lebrun et Espiard (*loc. cit.*) critiquent cette jurisprudence, qui n'était point admise ailleurs, en se fondant sur les dispositions de plusieurs coutumes rapportées no 12.

15. — L'abstention suffit-elle, sous le Code civil, pour qu'on soit réputé n'avoir jamais été héritier, soit en ligne directe, soit en ligne collatérale? Plusieurs systèmes se sont élevés sur la solution à donner à cette question. Les uns ont dit qu'en présence de l'art. 724, qui déclare les héritiers saisis de plein droit des droits et actions du défunt, et de l'art. 789, qui veut que le droit de répudier une succession se prescrive par trente ans, l'héritier sera, après ce délai, irrévocablement revêtu de sa qualité héréditaire, sauf à lui le bénéfice d'inventaire, pour n'être pas tenu indéfiniment des dettes de la succession. — Chabot. *Tr. des success.*, sur l'art. 789, no 1er; Marcadé, sur le même art., no 3.

16. — D'autres enseignent qu'on doit supprimer, dans l'art. 789, les mots *la faculté de répudier.....* et qu'après trente ans il y a prescription du droit d'accepter, en sorte que le successible aura perdu irrévocablement son titre d'héritier. — Malleville et Vazeille, *Successions*, sur l'art. 789.

17. — MM. Duranton (t. 6, no 483) et Malpel (*Tr. des success. ab intestat*, no 336) enseignent qu'après trente ans le droit d'accepter est prescrit, et que, puisque l'héritier a cessé d'être tel, il ne peut plus renoncer. — Ce système et le précédent reconnaissent, comme on le voit, le bénéfice d'abstention comme consacré par le Code civil.

18. — Enfin, un quatrième système a été professé par Delvincourt. Cet auteur dit qu'après trente ans de silence, l'héritier a perdu le droit d'accepter, par rapport à telles personnes, et le droit de renoncer, par rapport à telles autres, selon l'intérêt de ses adversaires. Ainsi, quand cet héritier est en face de créanciers de la succession, ceux-ci ayant intérêt à ce qu'il soit réputé acceptant, il ne peut plus renoncer; si, au contraire, il était en débat avec un cohéritier ou un héritier plus éloigné que lui, qui prétend recueillir la succession, il ne pourrait plus accepter. D'où il suit qu'après trente ans le successible serait en même temps héritier irrévocable et étranger à la succession. — Delvincourt, t. 2, p 31, note 6 (éd. de 1819).

19. — Ce n'est point ici le lieu de nous prononcer sur la valeur de ces divers systèmes, sur lesquels nous aurons à revenir ultérieurement. — V. SUCCESSION.

ABUS.

V. APPEL COMME D'ABUS.

ABUS D'AUTORITÉ.

Table alphabétique.

ABUS D'AUTORITÉ. — 1. — Ce mot exprime toute violation ou tout excès de la part des fonctionnaires et agens de l'autorité ou de la force publique, des devoirs qui leur sont imposés, ou du pouvoir qui leur est confié par la loi à raison de leurs fonctions.

Sect. 1re. — *Notions préliminaires, historique.*

2. — La définition donnée ci-dessus (no 1) embrasse, comme on le voit, dans sa généralité et sans distinction, un grand nombre de délits commis par des fonctionnaires publics, et qui font l'objet de dispositions éparses dans nos lois pénales, tels que les attentats à la sûreté extérieure et intérieure de l'état (C. pén., art. 80 et suiv.), les attentats à la liberté (C. pén., art. 114 et suiv. et 341 et suiv.), les coalitions de fonctionnaires (art. 123 et suiv.), les empiétemens d'autorité (art. 127 et suiv.), soustractions commises par les dépositaires publics (art. 169), concussions (art. 174), la corruption (art. 177), violation de domicile (art. 184), dénis de justice (art. 185), violences illégitimes (art. 186), etc.

3. — Mais le Code pén. ne donne point le nom d'*abus d'autorité* à tous ces actes indistinctement : ceux qui, empreints d'une gravité plus grande et toujours fondés sur les mauvaises passions et sur les instincts dépravés, exigent plus de sévérité, ont reçu une dénomination spéciale (V. le numéro précédent). — La loi a réservé la qualification d'*abus d'autorité* à certains délits commis contre les particuliers ou la chose publique, que l'on peut considérer comme procédant d'un zèle exagéré plutôt que d'intentions coupables, et auxquelles, par conséquent, il a cru pouvoir sans danger montrer plus d'indulgence.

4. — Les abus d'autorité ainsi entendus par le Code pén. comprennent donc uniquement les divers délits prévus par les art. 184 à 191, formant le § 5, sect. 2e, chap. 3, tit. 1er, liv. 3; c'est d'eux seulement que nous avons à nous occuper ici.

5. — A Rome, les fonctionnaires étaient directement et réellement responsables de leurs actes en-

vers les citoyens, qui pouvaient se porter accusateurs contre eux comme contre les simples particuliers; les gouverneurs, et autres fonctionnaires des provinces, devaient même rester cinquante jours encore après leur remplacement, dans la province où ils avaient exercé leur autorité, pour qu'on pût les accuser s'il y avait lieu. — L. 1, ff., *De off. præs.* — Paillet, *Encyclop. du droit*, vº *Abus d'autorité*, nº 4.

6. — En France, les ord. d'Orléans de 1560, et celles de Blois et de Moulins de 1566, consacraient des principes analogues; mais, en présence des luttes et des empiétemens soit des grands vassaux, soit même des parlemens contre la couronne, il était bien difficile de les mettre à exécution, et aussi voit-on les citoyens assez peu écoutés contre les violences et les prévarications dont ils étaient l'objet.

7. — La constitution de 1791 marqua une ère de protection plus efficace pour les citoyens; et depuis, soit le Code pén. de 1791, soit les diverses constitutions qui se succédèrent jusques et y compris la charte, eurent des dispositions spéciales destinées à assurer la responsabilité des fonctionnaires tout en les protégeant contre les attaques inconsidérées ou malveillantes.

8. — Le Code pén. de 1810 n'a fait que recueillir à cet égard et coordonner les dispositions éparses dans les diverses lois précédentes. Il divise les abus d'autorité en deux classes: 1º abus d'autorité contre les particuliers; — 2º abus d'autorité contre la chose publique. — Les abus contre les particuliers se subdivisent eux-mêmes en violation de domicile, dénis de justice, violences illégitimes et violation du secret des lettres.

Sect. 2ᵉ. — *Abus d'autorité contre les particuliers.*

§ 1er. — *Violation de domicile.*

9. — L'art. 184, C. pén., prévoit le cas où soit un fonctionnaire public en sa qualité, soit même un simple particulier, se sont introduits dans le domicile d'un citoyen contre son gré, et en dehors des cas et des formes prévus ou prescrits par la loi. — Nous examinerons ce genre de délit dans un article spécial. — V. VIOLATION DE DOMICILE.

§ 2. — *Déni de justice.*

10. — Le second acte que le Code pén. qualifie d'abus d'autorité est le refus persistant de tout fonctionnaire de l'ordre administratif ou judiciaire de rendre la justice. — V. à cet égard DÉNI DE JUSTICE, PRISE A PARTIE.

§ 3. — *Violences illégitimes.*

11. — Le troisième cas d'abus d'autorité consiste dans les violences illégitimes dont les agens de l'autorité ou de la force publique peuvent se rendre coupables dans l'exercice de leurs fonctions. — La constitution du 22 frim. an VIII, art. 82, considérait ce fait et le réprimait comme crime. Le Code pén., moins précis, subordonne la qualification et mesure la peine à la gravité des violences exercées.

12. — « Lorsqu'un fonctionnaire ou un officier » public (porte l'art. 186, C. pén.), un administra- » teur, un agent ou un préposé du gouvernement » ou de la police, un exécuteur des mandats de » justice ou jugemens, un commandant en chef ou » en sous-ordre de la force publique, aura, sans » motif légitime, usé ou fait user de violences en- » vers les personnes, dans l'exercice ou à l'occa- » sion de l'exercice de ses fonctions, il sera puni » selon la nature et la gravité de ces violences, et » en élevant la peine suivant la règle posée par » l'art. 198 ci-après. »

13. — Cinq circonstances essentielles doivent concourir pour constituer le crime ou le délit prévu par l'art. 186; il faut: 1º qu'il y ait eu violences; — 2º qu'elles aient eu lieu contre les personnes; — 3º qu'elles aient été commises par un fonctionnaire ou sur son ordre; — 4º que ce soit dans l'exercice ou à l'occasion de l'exercice de ses fonctions; — 5º qu'il n'ait pas eu de motif légitime d'en agir ainsi. — Carnot, *C. pén.*, art. 186, nº 2; Chauveau et Hélie, *Théorie du C. pén.*, t. 4, p. 228, et Rauter, *Droit crimin.*, t. 1er, nº 364.

14. — L'art. 186 est applicable à ceux qui se sont rendus coupables de violences quelles qu'elles soient, quand même elles constitueraient un meurtre. — *Cass.*, 5 déc. 1822, Louvry.

15. — Cela résulte de la combinaison de notre article avec l'art. 198, C. pén., auquel il renvoie. En effet, ce dernier article prévoit tous les crimes et tous les délits et porte des peines pour chacun. Or, puisque l'art. 186 dit que le fonctionnaire qui use de violence sans motif légitime sera puni conformément aux dispositions de l'art. 198, c'est donc que le législateur a voulu rendre sa disposition générale. — Chauveau et Hélie, p. 229, et Rauter, *loc. cit.*

16. — L'art. 186 s'applique à tous les agens du pouvoir exécutif, quel que soit leur rang, même à celui qui est proposé comme subalterne et exécuteur passif de commandemens supérieurs. — Merlin, *Quest.*, vº *Etranger*, § 8; Chauveau et Hélie, *Théor. du C. pén.*, t. 4, p. 229, et Morin, *Dict.*, vº *Abus d'autorité*.

17. — Mais il n'est pas applicable au cas de simples menaces, quelle qu'en soit la gravité, pourvu que ces menaces n'aient été suivies d'aucune voie de fait. — Carnot, *C. pén.*, t. 1er, art. 186, nº 3; Rauter, *loc. cit.*; Morin, *Dict. dr. crim.*, vº *Abus d'autorité*, et Paillet, *Encyclop. du dr.*, vº *Abus d'autorité*, nº 16.

18. — L'acte de violence doit avoir été commis par l'agent dans l'exercice ou à l'occasion de l'exercice de ses fonctions: hors de là, l'agent n'est plus qu'un homme privé, et ses actes restent sous l'application du droit commun. — *Th. C. pén.*, t. 4, p. 230.

19. — Il faut, enfin, que les violences aient été exercées sans motif légitime. — Il y a *motif légitime* non dans la justification ou l'excuse résultant des circonstances qui accompagnent le fait de violence, telle que la légitime défense, la provocation, etc., mais lorsque l'agent n'a pas excédé les limites du pouvoir que comporte nécessairement l'accomplissement de l'acte qu'il est chargé d'exécuter. — Carnot, *C. pén.*, art. 386, nº 4; Chauveau et Hélie, t. 4, p. 231 et 232; Rauter, t. 1er, nº 364, p. 500, et de Grattier, *Comment. des lois de la presse*, t. 1er, p. 153.

20. — C'est en ce sens qu'il a été jugé que, s'il s'agit de blessures imputées à des préposés du gouvernement dans l'exercice ou à l'occasion de l'exercice de leurs fonctions, il faut examiner s'ils les ont commises sans *motif légitime*, et non s'ils étaient placés dans la nécessité actuelle de la légitime défense, comme au cas de blessures imputées à de simples particuliers. — *Cass*, 9 juill. 1825, Marc-Pradal.

21. — Ainsi la provocation, qui est une cause d'excuse, aux termes de l'art. 321, C. pén., n'est point un motif légitime, puisqu'elle n'affranchit point de toute peine. — *Théor. du C. pén.*, t. 4, p. 232; Morin, *Dict.*, vº *Abus d'autorité*, p. 7.

22. — Un arrêt de la cour d'Assises du département de l'Aude du 20 déc. 1834, avait cependant attribué à la légitime défense et à l'excuse le caractère de motifs légitimes; mais la cour de Cassation a cassé cet arrêt, et décidé que la question de provocation envers un fonctionnaire public accusé de meurtre dans l'exercice de ses fonctions, n'est pas implicitement comprise dans celle de savoir s'il a agi sans motifs légitimes. — *Cass.*, 30 janv. 1835, Pons. — V. sur cette question et à l'appui de la thèse consacrée par la cour d'Assises de l'Aude, une brochure de M. Calmettes, conseill. à la C. roy. de Montpellier, intitulée: *De l'irresponsabilité légale des fonctionnaires publics.*

23. — C'est au jury ou aux tribunaux seuls qu'il appartient d'apprécier souverainement la légitimité des motifs invoqués. — Paillet, *ibid.*, nº 18.

24. — La circonstance du défaut de motif légitime étant substantielle au délit, doit être énoncée à peine de nullité dans la déclaration du jury, alors même qu'elle porterait que l'accusé n'avait pas été provoqué; car nous venons d'établir que la provocation ne se confond pas avec la légitimité de motifs. — *Cass.*, 13 mars 1817, Boissin; 15 mars 1821, Barcon; — Chauveau et Hélie, t. 4, p. 235; Carnot, art. 186, nº 6; Morin, *loc. cit.*

25. — Le jury doit être interrogé, même d'office, en cas d'insuffisance de l'arrêt de renvoi, sur la question de savoir si l'accusé a agi sans motif légitime. — *Cass.*, 14 oct. 1825, Girod; 9 juill. 1825 (cité nº 20).

26. — La question d'excuse doit également être posée quand l'accusé la réclame; car, la légitimité du motif et la circonstance que le fait a été commis dans l'exercice des fonctions étant écartées, le jury peut être amené à la résoudre. — *Cass.*, 30 janv. 1835 (cité nº 22).

27. — Il faudrait en dire autant de la question de savoir si l'accusé se trouvait dans le cas de légitime défense, question qui justifierait complètement l'accusé que ne protégerait pas suffisamment la légitimité des motifs qui ont déterminé l'acte incriminé.

28. — Au reste, la présomption est que les agens chargés d'exécuter un ordre se sont maintenus dans les bornes de leurs devoirs. C'est à la partie qui les inculpe, à prouver qu'aucun motif légitime ne justifiait les violences commises. — Chauveau et Hélie, t. 4, p. 231.

29. — Sous la constitution de l'an VIII, la peine était uniforme. — Aujourd'hui, il n'en est plus ainsi: l'art. 198, C. pén., auquel renvoie l'art. 186, est conçu en ces termes: « Hors les cas où la loi règle spécialement les peines encourues pour crimes ou délits commis par les fonctionnaires ou officiers publics, ceux d'entre eux qui auront participé à d'autres crimes ou délits qu'ils étaient chargés de surveiller ou de réprimer, seront punis comme il suit: S'il s'agit d'un délit de police correctionnelle, ils subiront toujours le maximum de la peine attachée à l'espèce de délit; et s'il s'agit de crime, ils seront condamnés, savoir: à la réclusion si le crime emporte contre tout autre coupable la peine du bannissement ou de la dégradation civique; aux travaux forcés à temps si le crime emporte contre tout autre coupable la peine de la déportation ou celle des travaux forcés à temps; au-delà des cas qui viennent d'être exprimés, la peine commune sera appliquée sans aggravation. »

30. — Il résulte de cet article qu'il n'y aurait lieu d'appliquer une peine aux violences exercées qu'autant que par elles-mêmes et de la part de tout autre que du fonctionnaire poursuivi, elles constitueraient un crime ou un délit prévu par le Code pén.

31. — Les violences coupables exercées par les fonctionnaires justifient-elles la résistance de la personne qui en est victime, et l'autorisent-elles à repousser la force par la force?

32. — Jugé à cet égard que la résistance avec violence et voies de fait opposée à un huissier procédant à une arrestation en vertu d'un jugement portant contrainte par corps, constitue le délit de rébellion, quoique l'arrestation soit illégale et nulle à raison de ce que l'huissier s'est introduit dans le domicile du débiteur, sans être assisté du juge de paix. — *Cass.*, 14 avril 1820, Costersote. — V. au surplus sur cette question le mot RÉBELLION.

§ 4. *Suppression et violation du secret des lettres.*

33. — Le dernier des cas d'abus d'autorité contre les particuliers prévus par le Code pén. fait l'objet de l'art. 187: il a lieu lorsque l'ouverture ou la suppression de lettres confiées à la poste a été commise ou facilitée par un fonctionnaire ou un agent du gouvernement ou de l'administration des postes. — V. sur ce point LETTRES MISSIVES (*secret et suppression des*).

Sect. 3ᵉ. — *Abus d'autorité contre la chose publique.*

34. — Les abus d'autorité contre la chose publique sont prévus par les art. 188 et suiv., C. pén.: ils diffèrent de ceux réprimés par les art. 123 et suiv. et commis également contre la chose publique, en ce que ceux-ci émanent de fonctionnaires coalisés, tandis que dans le premier cas les fonctionnaires agissent isolément.

35. — L'art. 188 est ainsi conçu: « Tout fonc- » tionnaire public, agent ou préposé du gouver- » nement, de quelque état et grade qu'il soit, qui » aura requis ou ordonné, fait requérir ou or- » donner l'action ou l'emploi de la force publi- » que contre l'exécution d'une loi ou contre la » perception d'une contribution légale, ou contre » l'exécution soit d'une ordonnance ou mandat » de justice, soit de tout autre ordre émané de » l'autorité légitime, sera puni de la réclusion. »

36. — Cet article ne considère point les effets de la réquisition, il serait donc applicable au cas même où l'ordre illégal n'aurait eu aucune suite. — Carnot, *C. pén.*, art. 188, nº 13; *Théor. C. pén.*, t. 4, p. 244; Rauter, *Dr. crim.*, t. 1er, nº 666.

37. — Mais il ne le serait point au simple particulier qui aurait usurpé une fonction publique. Il faut, en cette matière, comme en tout autre cas de forfaiture, que l'ordre émane d'un fonctionnaire agissant en sa qualité. — Carnot, *C. pén.*, *ibid.*, nº 6; *Théor. du C. pén.*, t. 4, p. 244; Morin, *Dict. dr. crim.*, *loc. cit.*

38. — Il faut encore que l'ordre ait été donné dans les limites de la compétence du fonctionnaire, de l'agent ou du préposé; car sans cela, n'ayant pu produire d'effet, il n'aurait présenté aucun danger. — V. Chauveau et Hélie, t. 4, p. 244; Carnot, *C. pén.*, art. 188, nº 7.

39. — Toutefois, si l'ordre avait été donné ou la réquisition faite hors du territoire où le fonctionnaire a pouvoir d'agir, il devrait être considéré comme émanant d'un simple particulier; dans ce cas, aucune obéissance n'était due au fonctionnaire. — Carnot, *ibid.*, et Chauveau et Hélie, *ibid.*

40. — La réquisition adressée à de simples citoyens tenus d'obéir à l'appel de l'autorité rentrerait dans les prévisions de l'art. 188; en effet, il ne distingue pas, et l'expression générale *force*

publique dont il se sert, comprend non seulement la force armée, mais tous ceux à qui la loi impose le devoir de prêter main forte. — Carnot, *loc. cit.*, n° 5; Morin, *Dict.*, v° *Abus d'autorité*, et Pailliet, *loc. cit.*, n° 28.

41. — L'ordre qui aurait pour but de résister à une ordonnance, à un mandat ou à un ordre émané de personnes ayant usurpé le pouvoir, loin d'être blâmable, rentrerait dans les devoirs du fonctionnaire. — Carnot, *C. pén.*, art. 188, t. 1er, p. 575, n° 9.

42. — De même, si l'ordre avait été donné contre la perception d'une contribution non légalement établie, c'est-à-dire non autorisée par la loi, l'art. 188 ne serait pas applicable. — Charte, art. 15 et 41; — Carnot, *C. pén.*, art. 188, n° 10.

43. — Mais, si la contribution était légale, ou si l'ordonnance ou mandat émanait d'une autorité compétente et était revêtu de la formule exécutoire, l'opposition du fonctionnaire à leur exécution serait coupable, quelque injustes ou vexatoires qu'ils paraissent. — Carnot, *ibid.*, n° 12.

44. — Le Code pénal de 1791 (tit. 1er, sect. 5e) mesurait la pénalité à l'importance du but que se proposait le fonctionnaire; le Code actuel les gradue, au contraire, à raison de l'efficacité ou de l'inefficacité de l'ordre abusif. — Chauveau et Hélie, *Théor. du C. pén.*, t. 4, p. 242; Morin, *Dict.*, v° *Abus d'autorité*, p. 8.

45. — Lorsque l'ordre abusif n'a pas été exécuté, l'art. 188 prononce contre son auteur la peine de la réclusion.

46. — Mais, « si cette réquisition ou cet ordre, dit l'art. 189, ont été suivis de leur effet, la peine sera le maximum de la réclusion, » c'est-à-dire de dix années, aux termes de l'art. 21, § 2.

47. — Carnot pense (art. 189, n° 1er) que la peine n'est point applicable si tous les effets attendus de la réquisition n'ont point été produits. — Cet auteur nous paraît aller trop loin, et nous préférons l'opinion de Chauveau et Hélie (t. 4, p. 245), qui considèrent l'ordre comme ayant produit son effet lorsque le fonctionnaire est parvenu à réunir la force publique destinée à opérer la résistance projetée. — L'art. 189 en effet n'exige point que l'ordre ait produit *tous ses effets*, mais simplement *son effet*.

48. — D'ailleurs, la réunion requise et effectuée suffirait pour constituer la tentative, punissable, aux termes de l'art. 2, comme le crime même. — Morin, *ibid.*

49. — D'après l'art 191, « si, par suite desdits ordres ou réquisitions, il survient d'autres crimes punissables de peines plus fortes que celles exprimées aux art. 188 et 189, ces peines plus fortes seront appliquées aux fonctionnaires, agens ou préposés coupables d'avoir donné lesdits ordres ou fait lesdites réquisitions ».

50. — En pareil cas, le fonctionnaire ou agent est puni comme complice ou provocateur desdits crimes. — Chauveau et Hélie, t. 4, p. 247; Rauter, t. 1er, n° 368. — Mais, ainsi que le fait fort bien observer M. Morin (*Dict.*, *eod.*, *verb.*), « il faudrait que ces crimes fussent une conséquence ou sinon immédiate, au moins naturelle et facile à prévoir de l'acte du fonctionnaire ou agent. »

51. — De ce que l'art. 191 ne parle que des *fonctionnaires, agens* ou *préposés*, ayant fait la réquisition ou donné l'ordre, sans désigner nominativement les *supérieurs*, il n'en faut pas conclure que sa disposition ne concerne pas ces derniers. Il leur est au contraire applicable, d'abord parce qu'ils sont *fonctionnaires*, et en outre parce que l'art. 191 n'est que le corollaire du précédent qui s'occupe expressément des supérieurs, ainsi que nous allons le voir. — Carnot, *C. pén.*, art. 191, n° 1er.

52. — L'art. 190 dispose que « les peines énoncées » aux art. 188 et 189 cesseront d'être applicables » aux fonctionnaires ou préposés qui auraient agi » par ordre de leurs supérieurs, si cet ordre a » été donné par ceux-ci pour des objets de leur » ressort, et sur lesquels il leur était dû obéis- » sance hiérarchique; dans ce cas, les peines por- » tées ci-dessus ne seront applicables qu'aux su- » périeurs qui les premiers auront donné cet » ordre. »

53. — C'est au fonctionnaire ou préposé qui invoque le bénéfice de l'art. 190, d'établir que l'ordre lui a réellement été donné par son supérieur hiérarchique. Il ne suffirait pas d'une simple allégation. Seulement, l'art. 190 ne disant pas, comme l'art. 114, que le fonctionnaire doit *justifier* qu'il a reçu l'ordre, il s'ensuit qu'il en pourra faire la preuve par toutes les voies de droit, tandis que dans le cas de l'art. 114, le fonctionnaire doit représenter l'ordre qu'il a reçu. En tous cas, lorsqu'il y a doute dans l'esprit de l'inférieur sur la légalité de l'ordre qui lui est donné, il peut exiger un *ordre écrit*. — Carnot, *C. pén.*, art. 190, n° 1er; Morin, *Dict.*, v° *Abus d'autorité*, p. 9.

54. — Malgré les termes généraux de l'art. 190, l'agent ne serait pas disculpé si l'ordre du supérieur auquel il a obéi, bien que donné pour des objets de son ressort et sur lesquels il lui est dû obéissance hiérarchique, présentait des caractères évidens d'illégalité. Quand le fait admis présente les caractères d'un délit ou d'un crime, le devoir de l'inférieur est de résister; l'obéissance serait alors un acte de complicité. — *Théor. du C. pén.*, t. 4, p. 247, et t. 2, p. 271 à 280.

55. — Outre les abus d'autorité énumérés par le Code pénal, la loi spéciale du 21 mars 1832, sur le recrutement, a donné cette qualification à certains actes spécifiés dans son art. 44, lequel reproduit les dispositions déjà consacrées par l'art. 269, L. 10 mars 1818. — Cet art. 44 est ainsi conçu: « Tout fonctionnaire ou officier public, civil ou militaire, qui, sous quelque prétexte que ce soit, aura autorisé ou admis des exceptions, déductions ou exclusions autres que celles déterminées par la présente loi, ou qui aura donné arbitrairement une extension quelconque, soit à la durée, soit aux règles ou conditions des appels des engagemens ou rengagemens, sera coupable d'abus d'autorité et puni des peines portées dans l'art. 185, C. pén., sans préjudice des peines plus graves prononcées par ce Code dans les autres cas qu'il a prévus. » — La peine prononcée par l'art. 185 consiste en une amende de 200 à 500 fr., et dans l'interdiction de l'exercice des fonctions publiques pendant cinq ans au moins et vingt ans au plus.

ABUS DE BLANC-SEING.

Table alphabétique.

ABUS DE BLANC-SEING. — 1. — Le blanc-seing, dans le sens naturel et ordinaire de ce mot, est une signature donnée d'avance pour ratifier une écriture privée qui peut être placée au-dessus. L'abus de blanc-seing consiste, dès-lors, dans l'inscription frauduleuse, au-dessus de cette signature, d'un acte quelconque de nature à préjudicier au signataire. — Cette définition résulte d'un arrêt de la cour de Cassation du 11 mars 1825 (Aaron). — Chauveau et Hélie, *Théorie du Code pénal*, 1re édit., t. 7, p. 334.

§ 1er. — *Caractères de l'abus de blanc-seing.*

2. — L'abus de blanc-seing est rangé par la loi pénale dans la classe des *abus de confiance*. L'art. 407, C. pén., qui le prévoit et le punit, s'exprime en ces termes: « Quiconque, abusant d'un blanc-seing qui lui aura été confié, aura frauduleusement écrit au-dessus une obligation ou décharge, ou tout autre acte pouvant compromettre la personne ou la fortune du signataire, sera puni, etc. »

3. — De ce texte il résulte trois choses: la première, c'est que le blanc-seing doit avoir été confié à la personne à laquelle on reproche l'abus; la deuxième, c'est que l'abus consiste spécialement dans l'inscription frauduleuse d'un acte au-dessus de la signature; la troisième, c'est que l'acte ainsi inscrit doit être de nature à léser le signataire dans sa personne ou dans ses biens. — Chauveau et Hélie, *loc cit.*

4. — En réalité, l'abus de blanc-seing est un faux, et s'il est rangé dans une classe à part, il le doit à cette seule circonstance, que le blanc-seing qui a servi à la fabrication du faux a été *volontairement confié* au faussaire. Dans ce cas, l'abus n'est qu'un délit, parce que le signataire doit s'imputer son imprudence et la facilité qu'il a donnée pour le commettre. — Chauveau et Hélie, t. 7, p. 335; Delapalme, *Encyclop. du dr.*, v° *Abus de blanc-seing*, n° 7, et Morin, *Dict. du dr. crim.*, v° *Blanc-seing*.

5. — En effet, l'art. 407 dit que si le blanc-seing *n'a pas été confié* à celui qui en a abusé, il n'y a pas simple *abus de blanc-seing*, mais un véritable faux.

6. — La circonstance qu'un blanc-seing n'aurait pas été confié à celui qui en abuse, étant aggravante du délit d'abus de blanc-seing, doit être posée d'une manière distincte. — *Cass.*, 13 oct. 1842 (t. 1er 1843, p. 164), Boyer.

7. — Interroger le jury sur le point de savoir si le blanc-seing a été *confié* à l'individu qui en a abusé, c'est lui demander virtuellement si ce blanc-seing n'a pas été surpris. — Même arrêt.

8. — Le blanc-seing ne peut-être réputé avoir été confié à un tiers, que lorsqu'il a été remis à cette personne à titre de blanc-seing, et avec un mandat quelconque. — Hors ce cas, l'abus qui en est fait constitue le crime de faux. — *Cass.*, 2 juill. 1829, Jérôme.

9. — Ainsi, est coupable de faux celui qui, abusant d'une *pétition* à lui confiée, remplit d'une obligation à son profit un espace resté en blanc entre la signature et le corps d'écriture qu'il fait ensuite disparaître; dans ce cas, en effet, la signature n'a pas été confiée en blanc, il n'y a pas eu *blanc-seing*. — *Cass.*, 22 oct. 1812, Lefèvre. — V. conf. Chauveau et Hélie, t. 7, p. 337, et t. 3, p. 283; Legraverend, *Traité de législ. crim.*, t. 1er, chap. 17, p. 594; Carnot, *C. pen.*, art. 407, n° 7, et Morin, *ibid.*

10. — Se rend également coupable de *faux* et non de simple abus de blanc-seing celui qui fabrique un acte obligatoire au-dessus de l'adresse d'un individu qui la lui a remise, et qui consiste en ses noms et prénoms. — *Cass.*, 2 juill. 1829 (cité n° 8).

11. — L'abus de blanc-seing n'existe, avec ses caractères constitutifs, qu'autant que la remise du blanc-seing a été volontaire. — Ainsi jugé que celui qui, après s'être procuré un blanc-seing par *dol, ruse, artifice* ou *violence*, ou par l'abus d'une confiance nécessaire, écrit au-dessus, un billet à ordre, doit être puni comme coupable du crime de faux. — *Grenoble*, 24 juin 1829, Bourguignon. — V. conf. *Cass.*, 28 janv. 1809, Lefrançois; 22 oct. 1812 (cité n° 9); 26 août 1824, Meudouze, et 20 fév. 1840 (t. 2 1844, p. 394), Truffet.

12. — Mais celui qui écrit un acte de vente sur un blanc-seing à lui confié pour être précédé d'une procuration, se rend coupable d'un simple abus de blanc-seing et non d'un crime de faux. — *Cass.*, 28 janv. 1809 (cité n° 11).

13. — Si la personne à laquelle a été confié le blanc-seing fait inscrire la fausse convention au-dessus de la signature par un tiers, au lieu de l'écrire elle-même, sera-t-elle considérée comme coupable d'abus de blanc-seing, ou comme complice d'un faux? — La jurisprudence de la Cour de cassation n'est pas bien fixée sur cette question.

14. — Par un premier arrêt cette cour a jugé que lorsque celui à qui un blanc-seing a été confié, le remet frauduleusement à un tiers et l'aide dans la fabrication d'une fausse convention au-dessus de ce blanc-seing, il doit être puni comme *complice du crime de faux* commis par ce dernier et non comme s'il eût lui-même frauduleusement rempli le blanc-seing. — *Cass.*, 4 fév. 1819, Piart et Mongioux.

15. — Puis, par un deuxième arrêt elle a jugé que l'accusé déclaré coupable d'avoir, *comme complice*, fait un usage frauduleux d'un blanc-seing qui lui avait été confié, ne peut être condamné qu'aux peines correctionnelles de l'art. 407, § 1er, C. pén. — *Cass.*, 8 avr. 1830, Boudon.

16. — Enfin, revenant plus tard sur sa première opinion, elle a décidé de nouveau que celui à qui un blanc-seing a été confié, et qui se rend complice du faux commis par un tiers sur cette pièce, doit être puni, comme complice, d'un faux, et non, comme coupable, d'un simple abus de confiance. — *Cass.*, 31 janv. 1835, Domenge.

17. — « Au milieu de ce conflit de jurisprudence, disent MM. Chauveau et Hélie (*Théor. C. pén.*, t. 7, p. 339), nous avons pensé que l'abus du blanc-seing ne changeait point de caractère par cela seul que son auteur s'était servi de la main d'un tiers pour sa perpétration. En effet, le concours de ce tiers ne saurait effacer le fait que le blanc-seing a été confié au prévenu, qu'il n'a fait que profiter d'une occasion qui lui a été offerte, qu'il n'a commis qu'un abus de son mandat; le concours de ce tiers ne saurait faire peser sur l'agent une préméditation qu'il n'a pas eue, une entreprise audacieuse qu'il n'a pas conçue. » — — V. conf. Legraverend, t. 1er, ch. 17, p. 594. — Le contraire a été soutenu sous l'arr. 4 fév. 1819. On peut, en effet, se demander comment l'écrivain

pourrait être considéré comme faussaire, tandis que celui qui l'aurait aidé à commettre le faux ne serait punissable que d'un abus de blanc-seing. Le fait est le même pour tous les deux, et le mandataire ne peut plus s'excuser sur son mandat quand il s'associe au crime de l'écriture; et d'ailleurs, l'emploi d'une main tierce est une fraude de plus qui a ordinairement pour but d'éluder la responsabilité de l'abus. Le danger qu'elle entraîne aggrave nécessairement le délit. Ainsi le veut, d'ailleurs, le texte de la loi. — Il faut, pour qu'il y ait un simple abus dans le blanc-seing, que celui à qui il a été confié ait écrit *lui-même* les fausses conventions. On ne saurait prétendre qu'il en est de même quand il les a *fait écrire* par autrui, car le § 2 de l'art. 407, C. pén., dispose expressément qu'il y a faux toutes les fois que l'obligation a été écrite par un individu à qui le blanc-seing n'avait pas été confié. — Il semble donc plus juste de dire que le mandataire doit être puni comme *complice;* sinon, qu'il devrait être acquitté. — V. en ce sens Carnot, *C. pén.*, art. 407, nº 4.

18. — Dans tous les cas, suivant MM. Chauveau et Hélie (t. 7, p. 339, et t. 8, p. 416), l'étranger qui, sur la provocation du mandataire, a tracé la fausse convention, doit être considéré comme auteur d'un crime de faux, attendu qu'il n'a pas pour lui l'excuse d'avoir été investi de la confiance du mandant. C'est ce qu'ils font résulter du 2e § de l'art. 407.

19. — Cependant M. Delapalme (*Encycl. du droit*, vº *Abus de blanc-seing*, nºs 13 et suiv.) propose les distinctions suivantes : — 1º si c'est dans l'intérêt du dépositaire du blanc-seing que l'acte a été, avec son assistance, fabriqué par un tiers, le délit principal est l'abus de blanc-seing, et la fabrication de l'acte n'est qu'un fait de complicité de ce délit ; — 2º si, au contraire, la fabrication de l'acte faux a eu lieu dans l'intérêt du tiers auquel le dépositaire avait livré le blanc-seing, il y a faux et complicité de faux ; — 3º enfin, si l'acte est fabriqué dans l'intérêt de l'un ou de l'autre, il y a crime et délit connexes, *faux* et *abus de confiance,* crime et délit dont les deux coopérateurs sont auteurs et respectivement complices.

20. — Si le mandataire avait remis sans aucune pensée de fraude le blanc-seing qui lui avait été confié, à un tiers coupable d'en avoir abusé, il ne pourrait lui être imputé qu'une simple imprudence non punissable au cas particulier. — Carnot, *C. pén.*, art. 407, nº 5.

21. — En principe, l'art. 407 devrait être appliqué même au cas où l'abus de blanc-seing aurait été commis par un officier public, par un notaire. — Toutefois, si un notaire avait, indépendamment de la fabrication d'une obligation fausse de la part du signataire, supposé une comparution des parties et la confection régulière d'un acte qui aurait été ainsi revêtu du caractère de l'authenticité, il y aurait là un faux en écriture publique et non un simple abus de blanc-seing. — C'est en ce sens qu'est rendu un arrêt de la cour de Cassation, 30 juill. 1840. — Chauveau et Hélie, t. 7, p. 342.

22. — L'abus, avons-nous dit, a pour seconde condition d'existence l'*inscription frauduleuse* d'un acte au-dessus de la signature. L'inscription d'un acte de vente sur un blanc-seing destiné à recevoir une procuration, tomberait donc sous l'application de l'art 407. — *Cass.*, 28 janv. 1809 (cité nºs 11 et 12); — Chauveau et Hélie, *Th. C. pén.*, t. 7, p. 344.

23. — La simple tentative par le dépositaire d'inscrire au-dessus de la signature confiée l'acte susceptible de compromettre la personne ou la fortune du signataire, ne donnerait pas lieu à des poursuites, l'art. 407 n'ayant pas assimilé la *tentative* de ce genre de délit au délit *consommé.* — Carnot, *C. pén.*, art. 407, nº 9.

24. — Quand, la signature étant précédée de quelques mots écrits ou imprimés, le prévenu n'a fait que remplir les blancs laissés à dessein entre ces mots, cette action constitue-t-elle un abus de blanc-seing? Ce que la loi a voulu punir, c'est l'abus d'une signature confiée à un tiers. Peu importe dès-lors que cette signature ait été complètement en blanc, ou qu'elle ait été donnée sur un acte où il restait des blancs à remplir; peu importe également que le mandataire, à raison des mots écrits au-dessus de la signature, n'ait pu écrire qu'une seule espèce d'acte. — Il suffit qu'il y ait eu inscription frauduleuse, et, comme le disent avec raison MM. Chauveau et Hélie (*Th. C. pén.*, t. 7, p. 345), la faculté de choisir la convention qu'il a fabriquée n'ajoute ni n'ôte rien à la culpabilité de l'agent.

25. — Ce principe a été consacré par la cour de Cassation. Ainsi, elle a jugé : 1º Qu'un *bon pour* suivi d'une signature constitue un blanc-seing dans le sens de l'art. 407, C. pén., qui en punit l'abus. — *Cass.*, 14 janv. 1826, Ballet.

26. — 2º Qu'on doit considérer comme coupable d'abus de blanc-seing celui qui, en remplissant des espaces laissés en blanc dans un acte imprimé, revêtu d'une signature apposée de confiance, y insère frauduleusement une disposition obligatoire. — *Cass.*, 11 mars 1825 (cité nº 1).

27. — 3º Qu'il y a abus de blanc-seing de la part de celui qui, ayant reçu de son créancier un billet qu'il lui avait remis en paiement et que celui-ci n'a pu négocier, écrit un endossement valeur reçue comptant au-dessus de la signature que le créancier y avait apposée en blanc, dans la vue d'une négociation, et qu'il n'a pas eu soin de biffer. — *Cass.*, 23 sept. 1843 (t. 1er 1844, p. 76), Vors.

28. — L'abus de blanc-seing existe-t-il indépendamment de l'usage qui en est fait? — Un arrêt de la cour d'Orléans a décidé cette question négativement, en posant en principe 1º « que l'usage de la convention inscrite au-dessus du blanc-seing, en révélant l'intention frauduleuse de celui qui l'a écrite, en réalisant le préjudice à l'égard du signataire, trompé dans sa confiance, *est véritablement l'acte qui donne l'existence au délit, jusque alors imparfait ;* 2º que le législateur a si bien considéré l'usage comme *un élément constitutif* du délit de blanc-seing, et non comme un délit principal distinct, qu'il n'en a fait l'objet d'aucune disposition spéciale, et qu'il n'a prononcé, dans le pas prévu par l'art. 407, aucune peine contre le simple fait d'usage. » — *Orléans*, 24 août 1840 (t. 2 1840, p. 529), Saisy; Arrêt cité dans la *Th. C. pén.* comme rendu par la cour de Paris, à la date du 14 oct. 1840.

29. — Et une doctrine semblable a paru résulter d'un arrêt de la cour de Cassation, dont voici le considérant : « Attendu que l'abus de blanc-seing consiste, *non seulement* dans la fabrication, etc., *mais encore* dans l'usage frauduleux qui peut en être fait postérieurement ; que c'est principalement par cet usage que l'effet de l'abus de blanc-seing est produit et réalisé. » — *Cass.*, 21 avr. 1821, Serraphon c. Ponsony.

30. — Toutefois, il faut remarquer avec Chauveau et Hélie (*loc. cit.*) que lors de cet arrêt la cour de Cassation n'avait pas précisément à juger le point de savoir si l'*usage* est ou non un des élémens constitutifs du délit d'abus de blanc-seing, mais seulement à fixer le point de départ de la prescription de ce délit. — V. nºs 34 et suiv.

31. — Et même M. Delapalme (*Encyclop. du dr.*, vº *Abus de blanc-seing*, nº 22) interprète l'arrêt en ce sens, non pas qu'il faut, pour constituer le délit, la fabrication et l'usage réunis, mais bien que le délit existe non moins pour le fait de l'usage que pour celui de la fabrication. — Toutefois cette interprétation peut être contestée; car aucun article de la loi ne punit comme abus de blanc-seing l'usage de ce blanc-seing isolé de la fabrication ou de la complicité de fabrication.

32. — Dans tous les cas, par un arrêt postérieur, la cour de Cassation a jugé que « l'art. 407 n'exige pas, pour déclarer punissable l'abus de blanc-seing, *qu'il ait été fait usage* de la pièce résultant de cet abus. » — *Cass.*, 11 mars 1825 (cité nºs 1er et 26).

33. — Cette décision nous paraît préférable; en effet, il résulte de ces expressions de l'art. 407 : « Quiconque aura frauduleusement écrit au-dessus du blanc-seing une obligation, » que le délit est consommé par la seule inscription de l'acte, pourvu qu'elle soit frauduleuse. L'usage que pourrait faire l'auteur de la pièce fausse assurerait sans doute mieux la preuve de la fraude; mais on ne saurait, en présence du texte de la loi, le considérer comme un *élément du délit.* — Chauveau et Hélie, t. 7, p. 347; Carnot, *loc. cit.*; Delapalme, *Encyclop. du dr.*, vº *Abus de blanc-seing*, nºs 22 et suiv., et Rauter, t. 2, p. 145.

34. — Néanmoins, il ne nous paraît pas possible de soutenir que, par cela même que le délit résulte de la fabrication même de l'acte, le délai de la prescription court du moment de cette fabrication, sans pouvoir être interrompu par le fait de l'usage; au contraire, la cour de Cassation a décidé que « l'abus de blanc-seing est un délit successif, à l'égard duquel la prescription ne court qu'à compter du dernier acte d'usage qui en a été fait. C'est principalement, a dit l'arrêt, par cet usage que l'effet de l'abus est produit et réalisé. » Dès-lors, il est manifeste qu'à chacun des actes de cet usage, l'abus du blanc-seing se reproduit et se perpétue, et que, par conséquent, ce n'est que du dernier de ces actes que doit commencer à courir la prescription du délit que cet abus constitue. — *Cass.*, 21 avr. 1821 (cité nº 29); — Legraverend, t. 1er, chap. 81; Mangin, *Tr. de l'act. publ.*, t. 2, nº 325. — V. *contrà* Rauter (t. 2, p. 105), qui pense que le délit prévu par l'art. 407 n'est pas un délit successif, ne se perpétue pas par l'usage du blanc-seing rempli, et que, par conséquent, la prescription du délit court du moment de la confection de l'acte frauduleux, et n'est pas interrompue par l'usage qu'en a fait le coupable.

35. — Jugé aussi, par l'arrêt d'Orléans précité, que la prescription du délit d'abus de blanc-seing commence à courir seulement du jour où le dépositaire a fait usage du blanc-seing. — V. nº 28.

36. — Jugé, dans tous les cas, et en supposant même que le délit soit consommé par le seul fait de l'inscription de la fausse convention au-dessus du délit, et que la prescription doive commencer à courir à partir de ce fait, que c'est au prévenu à prouver l'époque précise de cette inscription, cette preuve ne pouvant résulter seulement de la date par lui donnée à l'acte attaqué. — *Orléans*, 24 août 1840 (cité nºs 28 et 35).

37. — La possibilité d'un préjudice est le troisième élément constitutif du délit. — Dès-lors tout acte qui n'aurait pas pour résultat nécessaire de compromettre la *personne* ou la *fortune* du signataire, quand bien même il aurait été écrit avec une frauduleuse intention, ne constituerait pas un abus punissable. — Chauveau et Hélie, t. 7, p. 348, et Morin, *Dict. du dr. crim.*, vº *Blanc-seing.*

38. — Ainsi, il a été jugé que l'insertion, par un mandataire, de son nom dans le blanc laissé dans la procuration authentique à lui donnée, ne pourrait constituer un abus de blanc-seing par elle-même, et abstraction faite de la création ultérieure de l'obligation sous seing-privé écrite au nom du mandant : « attendu que le préjudice que le mandant pouvait éprouver ne résultait que de cette obligation frauduleusement créée en son nom, en vertu d'un mandat dont le blanc avait été rempli après la révocation régulièrement faite et notifiée. » — *Cass.*, 26 fév. 1836, Borche.

39. — Ainsi encore, lorsque la cour de Cassation a déclaré qu'il y avait abus d'un blanc-seing dans le fait d'écrire au-dessus la substance d'un certificat de bonnes vie et mœurs pour un individu étranger à la commune, et pour opérer sa réception frauduleuse comme remplaçant dans l'armée, elle a pris soin de constater que cet abus pouvait compromettre la personne et, par suite, la fortune de ce maire. — *Cass.*, 1er mai 1829, Mayer.

40. — La déclaration contenue dans un jugement, que le prévenu est coupable d'abus de blanc-seing, est suffisante et régulière, sans qu'il soit nécessaire d'ajouter que cet abus a été commis à l'aide de l'inscription, faite frauduleusement au-dessus de la signature, de choses pouvant compromettre la fortune ou la personne du signataire. — *Cass.*, 11 mars 1825 (cité nºs 1, 26, 32).

41. — L'abus de blanc-seing pourrait dégénérer en escroquerie, si la remise du blanc-seing avait été déterminée par l'emploi de manœuvres frauduleuses. — V. ESCROQUERIE.

§ 2. — *Preuve.* — *Poursuite.* — *Penalité.*

42. — La preuve du délit d'abus de blanc-seing peut donner lieu à une sérieuse difficulté. — On s'est demandé si la règle qui veut que la juridiction correctionnelle se conforme, comme la juridiction civile, aux règles du droit civil concernant la preuve testimoniale, est applicable en matière d'abus de blanc-seing, et si, dès-lors, l'abus de blanc-seing ne peut, lorsqu'il s'agit d'une valeur excédant 150 fr., être prouvé par témoins qu'autant qu'il y a preuve ou commencement de preuve par écrit de l'existence et de la remise du blanc-seing.

43. — La jurisprudence et la majorité des auteurs s'accordent pour décider cette question affirmativement. — *Cass.*, 18 janv. 1831, Lambert c. Hua; 5 mai 1831, Forest; *Paris*, 27 janv. 1838 (t. 1er 1838, p. 177), B. P...; *Toulouse*, 5 déc. 1838 (t. 2 1839, p. 331), Duffaut; *Orléans*, 24 août 1840 (cité nºs 28, 35 et 36); *Toulouse*, 5 juin 1841 (t. 2 1841, p. 716), Mercadier c. Gaubert; — *Revue de législ. et de jurisp.*, t. 3, p. 40; Bourguignon, *Jurisp. des Codes crim.*, t. 1er, p. 23 et suiv.; Mangin, *Tr. de l'act. publ.*, t. 1er, nºs 170 à 174; Legraverend. t. 1er, chap. 1er, p. 40; Plasman, *Des contre-lettres*, p. 51; Merlin, *Quest. de dr.*, vº *Suppression de titres*, § 1er, et Boiceau, *De la preuve par témoins*, liv. 12, chap. 3, nº 9. — V. aussi ABUS DE CONFIANCE, nºs 160 et suiv.

44. — ..... A moins qu'on n'allègue la fraude ou la violence. — *Cass.*, 5 mai 1831, et *Toulouse*, 5 juin 1841 (cités nºs 43).

45. — Cette jurisprudence est vivement combattue par MM. Chauveau et Hélie (t. 7, p. 553); ils soutiennent que la prohibition de la preuve testimoniale, qui ne protége que les conventions, ne doit pas s'appliquer à la remise des blancs-seings, simple fait qui n'entraîne même aucune obligation. C'est pour

ce motif que la loi civile n'a point exigé, comme au cas de dépôt, la preuve écrite de cette remise. Un blanc-seing n'a par lui-même aucune valeur. On ne saurait dire qu'il excède ou non la somme de 150 fr. Subordonner le moyen de preuve à cette circonstance, que l'obligation supposée est ou n'est pas supérieure à 150 fr., c'est permettre à l'auteur du délit d'échapper d'autant plus facilement à la répression que l'abus serait plus grave. On peut ajouter que la remise du blanc-seing n'est qu'un fait matériel qui précède le délit, mais qui en est indépendant ; et que la jurisprudence de la cour suprême avait pour effet d'anéantir l'art. 407, qui n'aurait plus d'application, à raison de la difficulté que l'on rencontrerait à prouver la remise d'un blanc-seing par écrit. — V. au surplus QUESTION PRÉJUDICIELLE.

46. — Les tribunaux correctionnels saisis d'une plainte en abus de blanc-seing, sont compétens pour statuer sur la préexistence du blanc-seing. — *Orléans*, 24 août 1840 (cité nos 28, 35, 36 et 43). — V. QUESTION PRÉJUDICIELLE, ABUS DE CONFIANCE, § 8.

47. — Le commencement de preuve par écrit de l'existence et de la remise du blanc-seing peut résulter d'un interrogatoire sur faits et articles subi devant la juridiction civile. — *Orléans*, 24 août 1840 (cité nos 28, 35, 36, 43 et 46). — V. COMMENCEMENT DE PREUVE PAR ÉCRIT.

48. — Si le prévenu du délit d'abus de confiance, tout en convenant d'avoir écrit au-dessus du blanc-seing une obligation ou décharge, prétendait que le blanc-seing ne lui a pas été confié, faudrait-il laisser tomber la poursuite en délit pour commencer celle en faux ? Nous ne pensons pas que cela soit nécessaire. Le poursuivant n'est pas obligé d'accepter cette espèce d'aveu, qui ne lie point le prévenu, et il devrait être entendu dans ses moyens pour établir l'abus de confiance. — Rauter, t. 2, p. 145.

49. — L'individu condamné comme coupable d'abus de blanc-seing est non-recevable à se plaindre de ce qu'il n'a pas été poursuivi pour délit d'escroquerie. — *Cass.*, 11 mars 1825 (cité nos 1, 26, 32).

50. — L'abus de blanc-seing est puni par la loi de la même peine que l'escroquerie, c'est-à-dire d'un emprisonnement d'un an au moins, et cinq ans au plus, et d'une amende de 50 fr. au moins, à 3,000 fr. au plus. En outre, celui qui s'en est rendu coupable peut être interdit, pendant cinq ans au moins et dix ans au plus, des droits mentionnés en l'art. 42, C. pén.

51. — En outre, l'abus de blanc-seing étant compris par la loi pénale (art. 406 et suiv.), sous la rubrique *Abus de confiance*, il faut en conclure que les incapacités spéciales qui pèsent sur les individus condamnés pour abus de confiance, sont applicables aux personnes condamnées pour abus de blanc-seing.

V. ABUS DE CONFIANCE, COMMENCEMENT DE PREUVE PAR ÉCRIT, PRÉSOMPTION, QUESTION PRÉJUDICIELLE.

ABUS DE COMMANDEMENT MILITAIRE.

Les dispositions des art. 184 et suiv., C. pén., relatives aux *abus d'autorité* imputables aux fonctionnaires ou agens du gouvernement, sont applicables aux officiers et commandans militaires qui ont abusé des forces qui leur sont confiées dans l'intérêt public, et les ont employées pour résister, soit à l'exécution d'une loi, d'une ordonnance, d'un mandat de justice, ou de tout autre ordre émané de l'autorité légitime, soit à la perception d'un impôt légalement établi. — Ils sont donc passibles des peines portées par ces articles comme tous autres fonctionnaires, et dans les mêmes circonstances. — V. ABUS D'AUTORITÉ.

ABUS DE CONFIANCE.

Table alphabétique.

ABUS DE CONFIANCE. — 1. — On entend par ces mots, dans le langage ordinaire, tout mauvais usage que fait un individu de la confiance qu'on avait mise en lui. — En matière pénale, ils servent à désigner un délit complexe dont la définition ne peut résulter que de l'énumération des élémens constitutifs de ce délit.

§ 1er. — *Historique.*

2. — Le droit romain considérait l'abus de confiance comme un vol, et le punissait des mêmes peines. Ainsi, nous voyons dans les *Institutes* de Gaïus, et dans les *Compilations* de Justinien que le dépositaire qui employait à son usage la chose déposée chez lui, le commodataire qui se servait de la chose à lui remise en commodat, autrement que suivant l'usage convenu, le créancier gagiste qui après le paiement ne rendait pas la chose à lui engagée, étaient considérés comme voleurs. — Gaïus, *Comm.* 3, § 195 et suiv.; *Instit.*, liv. 4, tit. 1er, *De obl. quæ ex dolo nascuntur*; ff., liv. 47, tit. 2, L. 52, § 7 ; L. 54 et 22, § 7, tit. *Mandati vel contrà*; L. 7, *Cod.*, tit. *De furtis et de servo corrupto*; — Jousse, *Just. crim.*, t. 4, p. 179, et Chauveau et Hélie, *Th. C. pén.*, t. 7, p. 353 et suiv.

3. — L'ancien droit français s'était généralement écarté de ces principes, et n'admettait de vol, qu'autant qu'on avait frauduleusement tenté de s'approprier la chose d'autrui. — Serres, *Inst. du dr. français*, liv. 2, tit. 1er, § 6, et Grœneweghen, cité par Merlin, *Rép.*, vo *Abus de confiance*.

4. — Mais cette manière de voir n'était pas admise par tous les jurisconsultes. Plusieurs pensaient au contraire qu'on devait appliquer la loi romaine toutes les fois que le dépositaire ou le créancier gagiste avaient détourné la chose frauduleusement. — Jousse, t. 4, p. 179; Delapalme, *Encycl. du droit*, vo *Abus de confiance*, no 5, et Chauveau et Hélie, *Th. du C. pén.*, t. 7, p. 353 et suiv.

5. — Dans les provinces de droit écrit on appliquait les règles du droit romain. — Chauveau et Hélie, t. 7, p. 354.

6. — Le délit d'abus de confiance fut spécialisé et puni de peines particulières par la loi des 25 sept.-6 oct. 1791. Ainsi, l'art. 19 de la sect. 2e, tit. 2, 2e partie de cette loi, portait la peine de quatre années de fers contre quiconque, chargé d'un travail salarié, aurait volé les effets ou marchandises à lui confiés pour ledit service ou ledit travail. L'art. 20 appliquait la même peine contre les conducteurs ou employés au service des bureaux des voitures qui auraient soustrait les effets confiés auxdites voitures. Enfin, l'art. 29 portait la peine de la dégradation civique contre toute personne à laquelle des objets avaient été confiés gratuitement et qui les aurait détournés, dissipés ou méchamment et à dessein de nuire à autrui, brûlés ou détruits d'une manière quelconque.

7. — La loi du 25 frim. an VIII admit les principes du Code de 1791. Seulement, elle atténua les peines édictées par ce Code. L'art. 12, L. an VIII, portait la peine d'un an à quatre ans d'emprisonnement contre toute personne convaincue d'avoir détourné à son profit, ou dissipé des effets, marchandises, deniers à elle confiés gratuitement, à la charge de les rendre et représenter.

8. — Le Code pén. de 1810 vint à son tour édicter des peines spéciales contre l'abus de confiance, mais en s'exprimant avec des restrictions et des réserves que l'équité était loin d'admettre.

9. — L'art. 408 de ce Code, relatif à l'abus de confiance, disposait : « Quiconque aura détourné ou dissipé, au préjudice du propriétaire, possesseur ou détenteur, des effets, deniers, marchandises, billets, quittances ou tous autres écrits contenant ou opérant obligation ou décharge, qui ne lui auraient été remis qu'à titre de dépôt, ou pour un travail salarié, à la charge de les rendre ou représenter, ou d'en faire un usage ou un emploi déterminé, sera puni des peines portées en l'art. 406. »

10. — On reprochait avec raison à cette disposition de n'appliquer les peines de l'art. 406 qu'au dépositaire et à celui auquel la chose avait été remise pour un travail salarié, sans l'étendre au mandat, au louage et au travail non salarié. Et la jurisprudence fut obligée d'intervenir pour faire admettre cette anomalie qu'on avait peine à concevoir. — Delapalme, *Encyclop. du dr.*, vo *Abus de confiance*, no 11. — V., § 3 et 5, plusieurs arrêts qui consacrent cette interprétation.

11. — La rédaction de ce même art. 408, C. pén., avait donné lieu à d'autres difficultés. Ainsi, à côté de la disposition qui punissait le détournement commis par un mandataire salarié, l'art. 386 du même Code punissait le vol commis par un serviteur à gages, et l'art. 379 appelait *vol* toute soustraction frauduleuse de la chose d'autrui. La doctrine induisait de la combinaison de ces diverses dispositions que dans certains cas les infidélités d'un serviteur ou d'un ouvrier étaient passibles des peines du vol, tandis que d'autres ne constituaient qu'un abus de confiance. — La jurisprudence vint consacrer cette distinction, et posa ainsi les caractères auxquels on reconnaîtrait que les peines du vol étaient applicables : c'était lorsque le serviteur avait détourné frauduleusement les choses qu'il avait reçues par suite d'une *confiance nécessaire*; au lieu que les peines de l'abus de confiance devaient être prononcées quand les choses détournées n'étaient pas dans les mains du serviteur par suite d'une confiance nécessaire. — Delapalme, *loc. cit.*, no 13. — V. au surplus VOL DOMESTIQUE.

12. — La loi du 28 avr. 1832 a mis fin à ces incertitudes et réparé le vice de l'ancienne loi en étendant l'application de la peine portée contre l'abus de confiance, aux personnes qui, contrairement à l'équité, en étaient exemptes d'après le Code de 1810. L'explication que nous allons don-

ner sur la nouvelle loi fera ressortir ces améliorations.

13. — Bien que, d'après la loi du 28 avr. 1832, comme d'après le Code pén. de 1810, les délits prévus par les art. 406 (V. ABUS DES BESOINS, FAIBLESSES ET PASSIONS D'UN MINEUR), 407 (V. ABUS DE BLANC-SEING), 409 (V. SOUSTRACTION DE PIÈCES PRODUITES EN JUSTICE), soient classés dans les abus de confiance, cependant on comprend plus généralement sous ce mot les délits énumérés dans l'art. 408, ainsi conçu : « Quiconque aura détourné ou dissipé, au préjudice des propriétaires, possesseurs ou détenteurs, des effets, deniers, marchandises billets, quittances ou tous autres écrits contenant ou opérant obligation, ou décharge, qui ne lui auraient été remis qu'à titre de louage, de dépôt, de mandat, ou pour un travail salarié ou non salarié, à la charge de les rendre ou représenter, ou d'en faire un usage ou un emploi déterminé, sera puni, etc. »

14. — Il ne sera ici question que de cette dernière espèce d'abus de confiance; pour les autres, — V. ABUS DE BLANC-SEING, ABUS DES BESOINS, PASSIONS ET FAIBLESSES DES MINEURS, ABUS DE CONFIANCE PAR SOUSTRACTION DE PIÈCES, TITRES ET MÉMOIRES PRODUITS DANS DES CONTESTATIONS JUDICIAIRES. »

§ 2. — *Caractères généraux de l'abus de confiance.*

15. — Les caractères de l'abus de confiance, d'après cet article, sont au nombre de quatre. Il faut : 1° que le coupable ait détourné ou dissipé les objets confiés; 2° que le détournement ait été consommé au préjudice des propriétaires, possesseurs ou détenteurs; 3° que les objets confiés soient des effets, deniers, marchandises, billets, quittances, ou tous autres écrits contenant ou opérant obligation ou décharge; 4° enfin, que ces objets aient été remis à titre de louage, de dépôt, de mandat, ou pour un travail salarié ou non salarié, à la charge de les rendre ou représenter, ou d'en faire un usage ou un emploi déterminé. — Chauveau et Hélie, *Th. C. pén.*, t. 7, p. 358.

16. — Le Code ne définit pas le *détournement ou la dissipation des effets.* « L'art. 408 (dit Carnot, *C. pén.*, art. 408, n° 6) s'est servi de ces mots *détourner* ou *dissiper*, pour faire voir que de quelque manière que le dépositaire s'y soit pris pour s'approprier la chose, il y a délit : dissiper est une expression générique qui embrasse tous les cas qui peuvent se présenter. »

17. — Il est évident qu'il ne peut être question là que de faits frauduleux. C'est pourquoi il est nécessaire d'établir que l'agent a commis le détournement, non pas seulement par imprudence ou par négligence, mais *en fraude des droits du commettant et avec le dessein de lui nuire*. Cette volonté coupable seule constitue toute la criminalité de l'abus. — Delapalme, *Ecyclop. du droit*, v° *Abus de confiance*, n° 16; Chauveau et Hélie, t. 7, p. 358.

18. — Par application de ce principe il a été jugé que le fait, par celui auquel une somme d'argent a été confiée pour la faire parvenir dans un endroit déterminé, d'avoir chargé un de ses débiteurs d'y verser pareille somme au lieu de la porter lui-même, ne constitue pas, *en l'absence de dol et de fraude*, le délit d'abus de confiance. — *Cass.*, 7 therm. an VIII, Bouvier c. Cauven. — Cette décision, rendue avant le Code pén. de 1810, serait applicable sous l'art. 408.

19. — A quels signes reconnaître la fraude? Existe-t-elle par cela seul qu'il y a détournement et impossibilité de la part de l'agent de faire la restitution de la chose confiée? — Cette question présente des difficultés.

20. — Suivant Merlin, l'action criminelle naît à l'instant même où les deniers sont employés à son usage personnel, par celui auquel ils sont confiés, et cependant il avoue que dans la pratique, l'agent qui emploie à son usage les deniers qui lui ont été confiés, n'est poursuivi par action criminelle qu'autant qu'il se trouve dans l'impossibilité de rendre la chose par lui employée. — *Rép.*, v° *Vol.*, sect. 2e, § 3.

21. — Au contraire, MM. Chauveau et Hélie (*Th. C. pén.*, t. 7, p. 362) se refusent à voir nécessairement le délit dans le seul fait de l'emploi de la chose confiée, si d'ailleurs à cet emploi ne vient se joindre l'intention de s'approprier la chose employée. Ils n'admettent même pas que l'impossibilité de restitution soit absolument une preuve de l'intention frauduleuse qui aurait présidé à l'emploi; ils y voient seulement une grave présomption du délit; enfin, ils pensent que l'on peut dire que le délit existe du moment où le détournement matériel a eu lieu quand la fraude s'y est jointe; cependant, comme la fraude ne peut en général se constater par elle-même, et qu'elle ne résulte le plus souvent que du défaut de restitution, il est plus vrai de dire que le délit n'existe qu'alors que la restitution est désirée ou qu'elle est devenue impossible.

22. — C'est d'après ces principes qu'il a été jugé que le délit d'abus de confiance ne résulte pas du simple retard qu'un mandataire salarié apporterait dans l'exécution de son mandat, mais dans le fait que ce mandataire se serait mis *dans l'impuissance de le remplir.* Ainsi le détournement *momentané*, de la part du mandataire, des sommes versées dans ses mains, ne constitue pas le délit d'abus de confiance. — *Cass.*, 17 juil. 1829, Gouchau-Béer.

23. — Jugé de même que pour qu'il y ait abus de confiance, il faut qu'il soit établi que le mandataire a *dissipé* ou *détourné* les valeurs qui lui ont été remises par suite du mandat. La rétention plus ou moins prolongée de ces valeurs et le défaut de reddition de compte sont insuffisans pour constituer le délit d'abus de confiance. — *Cass.*, 4 mars 1837 (t. 1er 1840, p. 376), Gayon c. Vendryer.

24. — Et la cour de Douai a même décidé que l'impuissance de la part du mandataire de remettre au mandant les sommes qu'il a reçues pour lui à titre de mandat constitue un simple retard de paiement, et non le délit d'abus de confiance, s'il n'a pas eu l'intention frauduleuse de les détourner ou dissiper à son préjudice. — *Douai*, 7 avril 1836, Hardoin.

25. — Jugé en outre, et ceci est sans difficulté, que la simple dénégation d'être débiteur du prix d'une vente faite par acte public, portant quittance, ne constitue par un abus de confiance. — *Cass.*, 2 déc. 1813, Courbé.

26. — Nul doute en tous cas que le mandataire qui, après avoir touché des sommes et valeurs, n'en rend pas compte à ses commettans lorsqu'ils le demandent et oppose à leurs réclamations des obstacles supposés et des prétextes mensongers, se rende coupable du délit d'abus de confiance et encoure les peines portées par l'art. 408, C. pén., alors même qu'il aurait restitué ces sommes depuis sa mise en prévention et sa condamnation par défaut. — *Cass.*, 16 oct. 1840 (t. 2, 1842, p. 396), Royer.

27. — Et la cour de Liége a décidé que l'abus de confiance constitue toujours un délit punissable, bien que les sommes détournées aient été restituées avant toute poursuite. — C. pén., art. 408; *Liége*, 21 juill. 1832, Gillain; *Cass.*, 23 février 1843 (t. 1er, 1843, p. 580), P.

28. — Jugé que le détournement d'une somme d'argent reçue en dépôt ne cesse point de constituer un délit punissable, par cela seul que le déposant a fini, après de nombreuses démarches, par obtenir du dépositaire un billet de la somme détournée, alors surtout que ce billet n'est pas payé à l'échéance et qu'ainsi il ne s'agit *pas d'un simple retard* dans la restitution du dépôt. — *Liége*, 6 sept. 1832, B.....

29. — Et que le délit d'abus de confiance résultant de ce qu'un dépositaire aurait appliqué à son usage personnel une partie des sommes déposées ne cesse pas d'exister par cela seul que, postérieurement à l'arrestation du dépositaire, le déposant aurait été désintéressé par la femme de celui-ci. — *Cass.*, 2 juin 1843 (t. 2 1843, p. 581), Vintras et Geoffroi.

30. — Du principe qu'il faut, pour l'application de l'art. 408, que le détournement frauduleux ait été commis au préjudice des propriétaires, possesseurs ou détenteurs, deux conséquences peuvent être déduites. La première, c'est qu'il n'y a point de délit sans un préjudice causé, de telle sorte que la restitution, même après un usage momentané, l'empêche d'exister. — V. *suprà* nos 22 et suiv. — La seconde, c'est que ce préjudice n'est lui-même un délit qu'autant qu'il porte sur les *propriétaires, possesseurs* ou *détenteurs* des effets détournés. — Chauveau et Hélie, t. 7, p. 365.

31. — C'est par application de ce second principe qu'il a été décidé que le boulanger qui reçoit une certaine quantité de blé *moyennant un prix fixe*, payable au fur et à mesure du pain à provenir de ce blé, ne commet pas le délit d'abus de confiance, si au lieu de faire de ce blé l'emploi convenu, il le livre à un tiers. — La raison en est, suivant l'arrêt, que celui qui a livré le blé au boulanger a cessé d'en être *propriétaire, possesseur* ou *détenteur*, et que dès-lors une des conditions essentielles exigées par l'art. 408, ne se rencontre pas. — Dans ce cas il y a seulement de la part de l'acheteur inexécution d'un contrat civil donnant lieu à une action civile. — *Cass.*, 29 sept. 1820, Lorenze c. Multedo.

32. — Les mots *propriétaire, possesseur* ou *détenteur* sont des expressions générales dont le législateur s'est servi pour écarter l'excuse que pourrait faire valoir le dépositaire infidèle, en alléguant que celui de qui il a reçu les effets par lui détournés, n'en était pas propriétaire ou possesseur légitime. — Merlin, *Répert.*, v° *Vol.*; Delapalme, *Encycl. du droit*, v° *Abus de confiance*, n° 23.

33. — Il est certain que l'article 408 serait inapplicable à celui qui aurait dissipé sa propre chose; et s'il arrivait que, par une circonstance ignorée de lui ou révélée seulement depuis le dépôt, le dépositaire ou mandataire fût dès auparavant ou fût devenu depuis propriétaire de la chose à lui remise, il ne pourrait être considéré comme l'ayant détournée frauduleusement. — Delapalme, *ibid.*, n° 21.

34. — La troisième condition essentielle de l'abus de confiance est que le détournement ait pour objet des effets, deniers, marchandises, billets, quittances ou tous autres écrits contenant ou opérant obligation ou décharge. — C. pén., 408.

35. — Les trois mots *effets, deniers* et *marchandises*, comprennent les meubles, argent et denrées de nature à faire l'objet d'un commerce ou d'un travail quelconque. — C'est ainsi qu'il a été jugé que, sous la dénomination de marchandises, sont nécessairement comprises les denrées, telles que les blés que reçoit un meunier pour les moudre; les farines qui sont remises à un boulanger pour faire du pain, et, généralement, toutes les autres matières pouvant être l'objet d'un travail quelconque. — *Cass.*, 11 avr. 1817, Lebreton.

36. — De ces autres expressions *billets, quittances*, ou tous autres écrits contenant ou opérant obligation ou décharge, il résulte que l'abus de confiance ne peut s'appliquer qu'à des actes emportant *un préjudice matériel*, tels que les billets et les quittances. — MM. Chauveau et Hélie font remarquer que la rédaction de l'art. 408 diffère de celle de l'art. 407 (V. ABUS DE BLANC-SEING), qui se sert du mot : « *Tout acte pouvant compromettre la personne ou la fortune.* » Ainsi, disent-ils, celui qui, dépositaire d'une lettre ou d'un acte dont l'exhibition pourrait produire un préjudice moral, livrerait ces actes à des tiers, ne commettrait pas le délit d'abus de confiance. — *Th. C. pén.*, t. 7, p. 367.

37. Ainsi jugé que la déclaration affirmative du jury sur un fait de détournement de lettres et dépêches confiées à titre de mandat n'entraîne l'application des peines portées par la loi qu'autant qu'elle porte expressément que ces lettres et dépêches *contenaient obligation ou décharge.* — *Cass.*, 21 août 1840 (t. 2 1840, p. 415), Ducauroy.

38. — C'est, au surplus, avec raison qu'il a été jugé que le fait d'avoir usé d'une obligation fictive et dont l'anéantissement avait été convenu entre les parties, alors que l'une d'elles a remis à l'autre la contre-lettre qui avait été souscrite par celle-ci, constitue l'abus de confiance prévu et puni par l'art. 408. — *Cass.*, 27 janv. 1837 (t. 2 1838, p. 37), Cattavos c. Grand — V. aussi *Cass.*, 20 fruct. an XII, Merlin Hall c. Potter; — Chauveau et Hélie, t. 7, p. 367.

39. — Jugé de même que le débiteur qui s'approprie frauduleusement un effet par lui souscrit, et qui ne lui avait été remis par le créancier qu'à la condition par eux convenue que cet effet serait immédiatement converti en un titre nouveau d'une valeur équivalente, commet le délit d'abus de confiance. — *Cass.*, 14 juill. 1843 (t. 1er 1844, p. 15), Humbert.

40. — Jugé toutefois que celui qui, en prétextant qu'il a acquitté un billet par lui souscrit et déposé entre les mains d'un tiers, obtient de ce dernier la remise du billet, ne commet pas un abus de confiance. — *Montpellier*, 29 sept. 1828, Lantié.

41. — Et qu'il en est de même de celui qui poursuit une seconde fois le paiement d'un billet acquitté, et dont il est resté nanti par suite d'une convention faite avec le débiteur. Il n'y a lieu contre lui qu'à une action civile. — *Cass.*, 8 therm. an XIII, Goursaud c. Touchard.

42. — ... Comme aussi de celui qui se fait remettre par son créancier des billets qu'il lui a souscrits, en déclarant faussement qu'il vient de signer chez un notaire, selon leurs conventions, une obligation en remplacement de ces billets. — *Cass.*, 7 mars 1817, Yvonnet c. Leroux.

43. — Il n'est pas nécessaire, pour que le délit existe, que la *totalité* de l'objet confié ait été dissipée ou détournée. — Car, ainsi que l'a dit la cour de Cassation, le caractère de délit ne peut, pas plus dans l'abus de confiance que dans le vol, dépendre de la valeur de la chose dont le propriétaire se trouve privé par cet abus de confiance. — *Cass.*, 11 avr. 1817 (cité n° 35).

44. — Jugé encore que le mandataire qui n'a pas appliqué à la destination convenue *la totalité de la somme qu'il a reçue*, et qui en retient frauduleusement *une partie*, se rend coupable du délit

prévu par l'art. 408, C. pén. — *Cass.*, 13 mars 1840 (t. 1er 1841, p. 12), Lherminier. — V. § 5.

45. — MM. Chauveau et Hélie adoptent cette opinion, tout en faisant remarquer que la rétention d'une partie quelconque de la chose confiée peut avoir un motif légitime ; qu'elle peut avoir pour objet, soit de couvrir des déboursés, soit d'indemniser des peines et des soins, hypothèse dans laquelle il n'y aura lieu qu'à une action civile. — *Th. C. pén.*, t. 7, p. 368.

46. M. Delapalme (*Encycl. du dr.* v° *Abus de confiance*, n° 24) dit qu'il ne peut y avoir détournement *de l'usage*, et que le possesseur ou détenteur qui se plaint seulement de ce que le mandataire ou dépositaire en fait un *emploi autre* que celui réglé par la convention, *ou s'en sert pour sa propre utilité*, ne saurait avoir qu'une action civile en réparation du préjudice, si, par l'usage qui en a été fait, la chose se trouvait détériorée ou de moindre valeur.

47. — L'art. 408 exige, enfin, que les effets aient été remis à titre de louage, de dépôt, de mandat ou pour un travail salarié, à la charge de les rendre ou représenter, ou d'en faire un usage ou un emploi déterminé.

§ 3. — *Détournement ou dissipation d'effets remis à titre de louage.*

48. — Nous avons vu, au § 1er, qu'en droit romain le détournement de la chose louée constituait un vol. — L. 42, ff., *Locati conducti* ; L. 67, § 5, ff. *De furtis*. — C'était la conséquence du principe qui réputait vol même l'usage abusif de cette chose. — *Inst.*, lib. 4, tit. 1, *De oblig. quæ ex delicto nascuntur*, § 6. — En ce sens, Jousse, t. 4, p. 176.

49. — Toutefois, ni la loi de 1791, ni le Code pénal de 1810 ne s'occupèrent du détournement des objets confiés à titre de louage, laissant cette violation du contrat dans la classe de celles qui ne donnent naissance qu'à des réparations civiles. La loi de 1832 a, sur ce point, apporté une modification importante à la législation antérieure.

50. — En présence de l'art. 408 revisé, il faut tenir maintenant pour constant que tout preneur qui aurait vendu une chose mobilière donnée à louage est passible des peines que prononce cet article. — Chauveau et Hélie, *Th. C. pén.*, t. 7, p. 369.

51. — Et cela alors même que le bail serait sans écrit s'il avait reçu un commencement d'exécution. — *Bordeaux*, 9 avr. 1840 (t. 2 1844, p. 478), Léger.

52. — Cette disposition, dit M. Delapalme (*Encycl. du dr.*, v° *Abus de confiance*, n° 26), s'applique évidemment, non seulement au louage des choses mobilières, mais encore au détournement d'objets réputés immeubles par destination compris dans la location des immeubles réels. Dès-lors, elle atteint l'enlèvement frauduleux des glaces, statues, et des objets divers employés à la décoration ou à l'utilité de l'immeuble donné à bail.

53. — Mais la simple prolongation de la jouissance au-delà de l'expiration du bail ne saurait motiver l'application de l'art. 408. — Chauveau et Hélie, p. 370.

54. — Avant la loi du 28 avr. 1832, la cour de Cassation avait décidé que le fait de la part du preneur de bestiaux à cheptel, d'avoir vendu ces bestiaux à l'insu et sans la participation du bailleur, ne constituait ni *un vol* (parce qu'en vertu de son bail il était légitime possesseur, et que, dès-lors, la *soustraction* frauduleuse exigée par l'art. 401 n'existait pas (V. CHEPTEL), ni un *abus de confiance*, attendu que les bestiaux ne pouvaient être réputés confiés *à titre de dépôt ou pour faire un travail salarié*, seuls cas prévus par l'art 408. — *Cass.*, 5 oct. 1820, Saliceti c. Cermolace.

55. — Cette décision devrait encore être suivie en ce qui concerne la qualification de *vol*, mais en présence du nouvel art. 408, il n'en serait plus de même pour la qualification d'abus de confiance, s'il s'agissait d'un bail à cheptel, soit simple, soit à colon partiaire, puisque, dans ce cas, il y a réellement contrat de louage. — C. civ., art. 1804 et suiv. — V. Duvergier, *Louage*, t. 19, n° 414 (continuation de Toullier) ; Delapalme, *Encycl. du droit*, v° *Abus de confiance*, n° 11 ; Carnot, *C. pén.*, art. 379, t. 2, p. 247, n° 5 ; Bourguignon, *Jurisp. des cod. crim.*, sur l'art. 408, même Code, t. 3, p. 455, n° 2.

56. — Jugé en ce sens que le preneur à cheptel simple, qui vend ou détourne frauduleusement à son profit, à l'insu et au préjudice du bailleur, les animaux remis à sa garde, se rend coupable d'abus de confiance. — *Cass.*, 25 janv. 1838 (t. 1er 1838, p. 445), Peynaud et Margoutin.

57. — S'il s'agissait, au contraire, de *cheptel à moitié*, comme l'art. 1818 porte expressément que « cette espèce de cheptel est une *société* dans laquelle chacun des contractans fournit la moitié des bestiaux, qui demeurent *communs* pour le profit et pour les pertes, » on ne saurait considérer le détournement de la part du premier comme constituant un abus de confiance, l'art. 408 ne renfermant d'ailleurs aucune disposition qui se rattache au cas de société.

58. — Mais, dans ce dernier cas, y aurait-il vol ? — MM. Chauveau et Hélie (t. 7, p. 371) décident l'affirmative. — V. à cet égard VOL.

59. — La cour d'Orléans avait jugé que le fait par le fermier d'avoir enlevé de sa ferme et détourné à son profit les pailles de ses récoltes, *qu'il s'était obligé à faire convertir en fumier ou à rendre en nature*, constituait le délit d'abus de confiance prévu et réprimé par l'art. 408, C. pén. — *Orléans*, 28 juin 1843 (t. 2 1843, p. 398), Potheau.

60. — Mais cet arrêt a été cassé par la cour de Cassation, qui a décidé que, pour constituer l'abus de confiance, on ne peut considérer comme ayant suppléé à la remise matérielle, dans les mains du prévenu, de l'objet ultérieurement détourné, la stipulation d'un bail en vertu de laquelle le preneur était autorisé à faire consommer par ses bestiaux les pailles des récoltes de sa ferme. — *Cass.*, 17 août 1843 (t. 1er 1844, p. 137), Potheau. — En ce sens (sur le renvoi), *Paris*, 11 oct. 1843, *loc. cit.*

§ 4. — *Détournement des effets confiés à titre de dépôt.*

61. — Sous la loi romaine, la violation du dépôt était punie comme vol (*Inst.*, lib. 4, tit. 1er, § 6). La loi nouvelle n'a pas adopté ce principe : elle ne punit même la violation de dépôt qu'autant qu'il s'y joint un détournement frauduleux. Ainsi l'usage de la chose déposée, l'ouverture même de l'enveloppe qui recouvre cette chose, le prêt même de cette chose, ne suffisent pas pour constituer le délit. Quant au détournement frauduleux, il ne peut résulter que de l'aliénation ou de la dissipation des objets déposés, ou du refus du dépositaire de les restituer, ou de la dénégation du dépôt. — Chauveau et Hélie, t. 7, p. 371 ; Rauter, t. 2, p. 147.

62. — L'art. 408 se sert du mot *dépôt*, et le dépôt a sa qualification légale dans la loi. — V. DÉPOT. — D'où MM. Chauveau et Hélie ont conclu que lorsque les caractères du contrat de dépôt ne se rencontrent pas dans la remise qui a eu lieu de la chose ; ainsi, par exemple, si la garde et la conservation de cette chose n'ont pas été le but principal et déterminant de sa tradition, le détournement qui est fait de cette chose ne rentre pas dans les prévisions de l'art. 408. — *Th. C. pén.*, t. 7 et 8, p. 372.

63. — Et c'est en s'appuyant sur cette décision que la cour de Cassation a jugé que le fait d'avoir vendu et détourné à son profit un objet confié à titre de prêt, ne constitue pas le délit d'abus de confiance. — *Metz*, 22 janv. 1821, Théobald ; et 9 oct. 1821, Clausse c. Heyt.

64. — Jugé de même que le refus de payer une somme d'argent que le titre énonce avoir été reçue *à titre de dépôt* en pièces de 6 liv. et de 3 liv., avec l'obligation de la rendre en mêmes espèces dans le terme d'un an, ne constitue point un abus de confiance ; cette convention ne présentant d'autre caractère que celui d'un simple prêt d'argent, malgré la qualification que les parties lui ont donnée. — *Cass.*, 26 avr. 1810, Rabel c. Betencourt. — V. conf. Legraverend, t. 1er, chap. 1er, p. 43 et 44 ; Merlin, *Rép.*, v° *Dépôt*, § 1er, et Duranton, t. 18, nos 24 et 44.

65. — Toutefois, depuis la loi de 1832, qui a donné à l'art. 408 une rédaction plus large, la chambre criminelle de la cour de Cassation avait cru devoir revenir sur ce que cette jurisprudence pouvait avoir de rigoureux dans ses termes absolus, en ce qui concerne l'existence du dépôt. — C'est ainsi qu'elle avait jugé, et avec raison, selon nous :

66. — 1° Que le détournement par un domestique, et la vente à son profit d'un cheval que son maître lui avait confié pour en faire usage dans son intérêt personnel, mais à la charge de le lui rendre, constitue un abus de confiance ; car on ne peut voir dans le contrat passé entre le maître et son domestique *un simple prêt* dont la violation ne tomberait sous aucune qualification pénale ; c'est plutôt un dépôt fait dans l'intérêt du dépositaire. — *Cass.*, 22 juin 1839 (t. 2 1839, p. 352), Coiffie. — V. *contrà* Chauveau et Hélie, *loc. cit.*

67. — 2° Que le détournement frauduleux d'une chose confiée avec autorisation d'*en faire usage*, et sous la condition de la restituer en nature, doit être considéré comme une violation de dépôt, et, par suite, constitue l'abus de confiance puni par l'art. 408, C. pén. — *Cass.*, 24 juill. 1840 (t. 2 1840, p. 419), Savidan.

68. — Au surplus, la cour de Cassation n'avait pas attendu l'extension, assurément fort morale, donnée par la loi de 1832 à l'ancien art. 408, C. pén., pour décider que le gage étant un contrat mixte qui prend entre les mains du créancier un caractère de dépôt, celui qui vend à son profit ou détourne l'objet qu'il a reçu en gage de son débiteur se rend coupable du délit d'abus de confiance, prévu par l'art. 408, C. pén. — *Cass.*, 3 déc. 1818, Lefebvre ; *Metz*, 31 janv. 1821, Zay c. Muscat. — V. *contrà* Chauveau et Hélie, t. 7, p. 377 et suiv. (attendu que le gage est un contrat particulier et non un dépôt).

69. — Toutefois, par un arrêt plus récent, rendu en chambres réunies, la cour de Cassation a décidé que le détournement d'objets reçus à titre de prêt à usage ne constitue pas un abus de confiance, dans le sens de l'art. 408, C. pén. — *Cass.*, 17 mars 1841 (t. 1er 1844, p. 777), Savidan.

70. — Dans tous les cas, les termes de l'art. 408, *remis à titre de dépôt*, ne sont pas sacramentels et admettent des équivalens. Dès-lors, pour qu'il y ait abus de confiance par détournement frauduleux, il n'est pas nécessaire que le titre portant obligation de la part d'un tiers ait été remis de confiance, avec tradition manuelle et *contrat de dépôt* par le propriétaire, au dépositaire, qui l'a détourné au préjudice du premier. En conséquence, il y a lieu de condamner, pour abus de confiance, le porteur d'un billet, désintéressé par un des endosseurs, qui, contrairement aux recommandations faites par celui-ci, a remis cependant ce billet aux souscripteurs. — *Cass.*, 4 août 1836 (t. 1er 1837, p. 493), Gargam.

71. — L'art. 408 s'applique d'ailleurs, quelle que soit la nature du dépôt, au dépôt volontaire, dépôt nécessaire ou séquestre. — V. DÉPOT. — Delapalme, *Encyclop. du droit*, v° *Abus de confiance*, n° 35. — Il s'applique aussi à tous dépositaires, quels qu'ils soient, excepté aux *dépositaires publics*, pour les choses qui leur ont été remises en cette qualité, la loi ayant établi pour cette classe de délinquans une pénalité particulière. — V. DÉPOSITAIRES PUBLICS, DÉPOT PUBLIC.

72. — Diverses applications ont été faites par la jurisprudence du principe de l'art. 408, sous le rapport de la violation du dépôt. — C'est ainsi qu'il a été jugé :

73. — Que le gardien qui détourne, au préjudice du créancier saisissant, les effets dont il a été constitué dépositaire, se rend coupable du délit d'abus de confiance prévu par l'art. 408, C. pén. — *Cass.*, 18 mars 1812, Dauga ; 14 mai 1813, Lemère c. Thabuis.

74. — On jugeait aussi, même avant la loi du 28 avr. 1832, que le saisi qui détournait, *de complicité avec le gardien, les effets dont ce dernier était dépositaire*, se rendait coupable du délit d'abus de confiance prévu par l'art. 408, C. pén. — *Cass.*, 18 mars 1813 (cité n° 73).

75. — Mais il n'existait aucune peine contre le saisi ou les siens qui détournaient les objets saisis. — Sous ce rapport, la loi de 1832 a apporté de graves modifications en assimilant ce détournement au vol. — V. VOL.

76. — Même avant la loi du 28 mai 1838, la cour de Cassation avait décidé que le syndic provisoire d'une faillite qui détourne à son profit des effets ou marchandises dépendant des biens de la faillite, se rend coupable du *délit d'abus de confiance*, quoiqu'il soit créancier du failli, et qu'il prétende ne s'être saisi des effets détournés que pour se couvrir de sa créance. — *Cass.*, 29 avr. 1825, Capperon. — V. Chauveau et Hélie, t. 7, p. 379.

77. — Ce point ne peut plus faire difficulté depuis que la loi du 28 mai 1838 a introduit dans le Code de commerce (art. 596) une disposition ainsi conçue : « Tout syndic qui se sera rendu coupable » de malversation dans sa gestion sera puni cor» rectionnellement des peines portées en l'art. 406, » C. pén. »

78. — On jugeait également, avant la loi du 15 juill. 1829, que si la soustraction faite par un militaire, au préjudice de son corps, des effets qui lui avaient été remis pour son service, ne se trouvait pas jointe au fait de désertion, elle ne pouvait pas être punie des peines portées par l'art. 1er, L. 3 flor. an II, et par l'art. 13 de celle du 12 mai 1793, qui ont été abrogés par l'arrêté du 19 vendém. an XII ; mais qu'elle constituait un abus de confiance, et rentrait dans l'application de l'art. 408, C. pén. — *Cass.*, 1er août 1818, Julien Maurice ; 26 févr. 1818, Combulassier.

79. — Mais cette solution est devenue inapplicable depuis que les art. 3 et 6, L. 15 juill. 1829, ont puni comme délit distinct et spécial le détournement des effets militaires. — V. EFFETS MILITAIRES

80. — Le garde-magasin qui vend à son profit une partie de l'avoine qui lui avait été confiée pour être distribuée aux cavaliers de son régiment, se rend coupable du délit d'abus de confiance, et non d'une soustraction frauduleuse. — *Cass.*, 24 mars 1832, Sasles.

81. — De même, celui qui a soustrait une somme d'argent déposée dans son domicile, doit être considéré comme coupable d'abus de confiance, et non de soustraction frauduleuse, alors même que le déposant aurait conservé la clé du tiroir où cette somme est placée; si d'ailleurs le dépositaire a, de son côté, conservé la clé de l'appartement et de l'armoire où était ce tiroir; dans ce cas, en effet, on doit dire que l'argent était confié à la foi. — *Cass.*, 16 fév. 1838 (t. 1er 1840, p. 374), Faye.

82. — Il a été jugé que le capitaine de garde nationale mobilisée qui, après le licenciement de sa compagnie, retient, au mépris d'un arrêté du préfet, les cartouches qu'il a reçues pour en faire la distribution à ses soldats, et qui en fond le plomb pour le rendre propre à la chasse, se rend coupable du délit d'abus de confiance prévu par l'art. 408, C. pén. — *Cass.*, 27 nov. 1817, Bossant. —Cette décision est juste, car le fait d'avoir fondu les balles pour les rendre propres à la chasse, constituait évidemment un détournement frauduleux.

83. — Mais c'est avec beaucoup moins de raison qu'il a été jugé que « lorsque la garde nationale d'une commune a été dissoute, les gardes nationaux qui, malgré une mise en demeure individuelle, refusent de restituer les armes à eux confiées pour le service, se rendent coupables du délit d'abus de confiance, quoiqu'ils offrent de les représenter et qu'ils déclarent ne vouloir pas se les approprier.» — *Cass.*, 27 juill. 1832, Derocle; 20 av. 1838, garde nationale Châlon-sur-Saône.

84. —Ces arrêts sont combattus par MM. Chauveau et Hélie comme dénués de tout fondement. —Sans nul doute, les armes ne sont confiées aux gardes nationaux qu'à titre de dépôt, et à la charge de les rendre ou représenter; mais comment conclure de là qu'il y a détournement punissable, par cela seul que les détenteurs de ces armes, qui offrent de les représenter, refusent de les restituer à une certaine époque, puisqu'il n'y a ni détournement matériel des effets, ni fraude? — *Th. C. pén.*, t. 7, p. 381. — V. en ce dernier sens *Besançon*, 11 juin 1833, garde nationale de Châlon-sur-Saône.

85. — Le législateur a si bien senti lui-même que cette détention proscrite d'armes de guerre n'était point une violation de dépôt, un détournement frauduleux, que dans la loi du 14 juill. 1837, art. 28, spéciale aux gardes nationales de la Seine, il a placé sous l'application de l'art. 3, L. 24 mai 1834, la détention non autorisée d'armes de guerre.

86. — C'est donc avec raison qu'il a été jugé que le fait par un garde national de retenir, malgré l'arrêté du maire, les effets d'équipement et d'habillement qui lui ont été fournis par la commune, constitue non un abus de confiance, mais une simple contravention de police. — *Bordeaux*, 24 août 1838 (t. 2 1838, p. 637), Fronton.

87. — Jugé de même à l'égard du sapeur-pompier qui, sans intention de se les approprier, refuse de remettre au maire, qui en demande la restitution, les effets d'habillement et d'équipement qui lui ont été confiés par la ville. — *Bordeaux*, 3 avr. 1840 (t. 1er 1843, p. 549), Massé. —V. au surplus GARDE NATIONALE.

88. — L'imprimeur dépositaire de planches gravées et de clichés, à l'effet de fournir des exemplaires au fur et à mesure des besoins du propriétaire, et qui, sans la permission de celui-ci, en fait des tirages pour le compte d'un tiers, se rend coupable du délit d'abus de confiance. — *Paris*, 26 août 1836 (t. 1er 1837, p. 234), Salsy c. Wittershelm. — *Cass.*, 30 déc. 1836, mêmes parties.

89. — La remise de marchandises à un individu qui, annonçant l'intention de les acheter, a demandé qu'on les lui confiât pour les montrer à un tiers, constitue un dépôt et non une vente conditionnelle. En conséquence, le détournement de ces marchandises de la part de celui à qui elles ont été confiées constitue le délit prévu par l'art. 408, C. pén. — *Cass.*, 18 juin 1835, Lailhacar.

90. — De même, lorsque des marchandises vendues au poids ont été confiées à l'acquéreur pour être pesées, le fait, par celui-ci, de les détourner en tout ou en partie, constitue un abus de confiance, et non une soustraction frauduleuse. — *Cass.*, 22 juin 1832, Marchal.

91. — Mais le détournement par un voiturier d'objets confiés à sa garde comme voiturier ne constitue pas le simple délit d'abus de confiance réprimé par les art. 406 et 408, C. pén., mais bien le crime de vol qualifié prévu par le no 4, art. 386, même Code. — *Cass.*, 9 avr. 1842 (t. 2 1842, p. 454). — V. VOL.

92. — Il n'est question, sous cette section, que de la violation des *dépôts privés*. — Quant aux soustractions et enlèvemens de deniers, effets ou pièces, commis dans les dépôts publics, V. DÉPOT PUBLIC. — V. aussi DÉPOSITAIRES PUBLICS.

93. — Le fait par un héritier de s'emparer de titres et créances dépendant de la succession, lesquels lui étaient confiés par le juge de paix pour en prendre connaissance et se décider à une transaction proposée par un tiers, légataire verbal de ces titres, ne constitue ni une violation de dépôt ni un vol. — *Cass.*, 2 sept. 1837 (t. 2 1840, p. 33), Thiers.

94. — De même le fait par le débiteur de retenir le titre constitutif de son obligation qui lui a été communiqué momentanément sous la condition d'une remise immédiate ne constitue ni une violation de dépôt ni une destruction d'obligation, dit la cour de Douai, mais une soustraction frauduleuse de la chose d'autrui dont la preuve peut être faite par témoins, quoique l'obligation soustraite soit de plus de 150 fr. — *Douai*, 8 avr. 1842 (t. 1er 1843, p. 742), Muler. —V. au surplus VOL.

95. — Le jugement qui déclare en fait qu'un dépôt n'a pas été déterminé par des manœuvres frauduleuses ne peut être en ce point annulé par la cour de Cassation. — *Cass.*, 16 fév. 1838 (cité no 81).

§ 5. — *Détournement des effets confiés à titre de mandat.*

96. — Avant le Code pénal de 1810, les détournemens commis par un mandataire, soit gratuit, soit salarié, ne constituaient aucun délit.

97. —Ainsi jugé que l'art. 12, L. 25 frim. an VIII, ne s'appliquait qu'au cas de titres ou autres objets confiés gratuitement, à la charge de les rendre ou de les représenter; il était inapplicable au détournement des traites confiées à un particulier pour les négocier. — *Cass.*, 14 flor. an XIII, Richebraque c. Brusil.

98. — Jugé encore que sous la même loi un individu n'aurait pu être condamné comme coupable de violation de dépôt qu'autant que la somme par lui détournée lui aurait été confiée à charge de la rendre ou de la représenter; il ne pouvait pas l'être, s'il était seulement détenteur de cette somme par *suite d'un mandat spécial* qui lui avait été donné pour son emploi. — *Cass.*, 31 déc. 1812, Necfo.

99. — Le Code pénal de 1810 ne prononçait également aucune peine contre le mandataire, mais il faisait rentrer dans l'abus de confiance les détournemens des objets remis *pour un travail salarié, à la charge d'en faire un emploi ou un usage déterminé.*

100. — Ainsi le mandataire *gratuit* échappait au Code de 1810 comme à la loi de l'an VIII; aussi a-t-il été jugé que, avant la loi du 28 avr. 1832, celui qui appliquait à son profit des traites *qui lui avaient été confiées pour les négocier*, n'était pas passible des peines portées par l'art. 408, C. pén., *si aucun salaire n'avait été stipulé à raison de la négociation.* — *Cass.*, 20 mai 1814, Delacour c. Lemonccl. — Conf. *Cass.*, 7 therm. an VIII, Bouvier.

101. — De même, le contrat par lequel un individu s'est chargé d'une somme d'argent pour la remettre à l'avoué de la personne qui la lui a confiée, constituant un mandat et non un dépôt, on a jugé qu'avant la loi du 28 avr. 1832, aucune disposition ne prononçait de peine contre le mandataire qui n'avait pas exécuté un pareil mandat dont il s'était chargé gratuitement, ou qui avait abusé des choses qui lui avaient été confiées à ce titre. — *Cass.*, 12 mai 1814, Wislin c. Colard.

102. — Jugé de même, 1o que, avant la loi du 28 avr. 1832, celui qui détournait des marchandises à lui confiées, pour les vendre et en rapporter le prix, n'était point passible des peines prononcées par l'art. 408, C. pén. — *Cass.*, 24 fév. 1814, Baudrier c. Cadot. — Dans l'espèce rien n'indiquait qu'il y eût un salaire attaché à l'exécution du mandat.

103. — 2o Que celui à qui une pièce d'or avait été remise pour la changer, et qui s'enfuyait sans la rapporter, ne commettait pas d'abus de confiance. — *Paris*, 3 juin 1829, Noiret.

104. — Il est vrai que dans ce dernier fait la Cour de Paris avait vu, mais à tort, un vol. — V. VOL.

105. — Quant au mandataire salarié, on l'a considéré, depuis le Code de 1810, comme punissable des peines de l'art. 408, lorsqu'il dissipait les sommes reçues pour son mandant.

106. — Ainsi jugé sous ce Code : 1o que le mandataire salarié qui dissipe les sommes par lui reçues pour le compte de son mandant, se rend coupable d'abus de confiance et passible des peines portées par l'art. 408, C. pén. — *Cass.*, 18 nov. 1813, Lemoine.

107. —2o Que le commissionnaire ou mandataire salarié qui, au lieu de remettre à son commettant les sommes qu'il a reçues pour lui, en retient une partie et se l'approprie, se rend passible des peines portées en l'art. 408, C. pén. — *Cass. de Belgique*, 21 juin 1827, J.... c. Niquet.

108. — 3o Que celui qui détourne à son profit le montant d'un billet qu'il avait été chargé de négocier, moyennant une gratification, se rend coupable du délit d'abus de confiance. — *Bordeaux*, 21 juill. 1830, Bourbon c. Renier.

109. — Le même principe a été appliqué par la cour de Bruxelles au commissionnaire salarié d'un mont-de-piété qui détourne à son profit une partie des fonds remis entre ses mains par les emprunteurs; elle a jugé qu'il se rendait coupable du délit d'abus de confiance. — *Bruxelles*, 22 nov. 1833, W...

110. — On s'est demandé néanmoins si, dans le cas prévu par le numéro qui précède, le délit n'aurait pas un caractère plus grave que celui de l'art. 408, C. pén. — Les monts-de-piété, a-t-on dit, ont été institués au profit des pauvres, et sont gérés comme des établissemens publics, d'après les dispositions des décrets impériaux des 24 messid. an XII, 8 thermid. an XIII, etc. Ne serait-il pas juste, dès-lors, de considérer les commissionnaires qui les représentent, non comme de simples particuliers spéculant sur une branche d'industrie, mais comme des mandataires légaux, nommés par l'autorité publique compétente, et comme *comptables publics?* Or, d'après les art. 169 et suiv., C. pén., tout comptable public qui a détourné des deniers publics ou privés qu'il avait entre ses mains en vertu de ses fonctions, est passible d'une peine proportionnée à la quotité des sommes détournées, et dans tous les cas supérieure à celle de l'art. 408. — Cette question est grave. —V. au surplus MONT-DE-PIÉTÉ.

111. — L'art. 408 du nouveau Code (L. 28 avr. 1832) atteint tout détournement opéré par le mandataire, qu'il soit salarié ou à titre gratuit. — Dans l'un et l'autre cas, le délit a le même caractère et la peine est identique.

112. — Jugé sous cette loi que le mandataire qui s'est chargé d'acquitter une dette en l'acquit de son mandant, et qui s'est fait souscrire à cet effet un billet d'égale valeur, ne peut, sans se rendre coupable d'abus de confiance, réclamer du mandant la valeur intégrale du billet si, en réalité, il n'a payé au créancier qu'une somme inférieure. — *Cass.*, 26 mars 1842 (t. 2 1842, p. 48), Fornier.

113. — De même, il y a abus de confiance de la part de celui qui, s'étant chargé, à titre de mandant, de la reddition d'un compte, fait valoir vis-à-vis du créancier les titres constatant la libération partielle du rendant-compte, et détourne ensuite ces titres, pour constituer, au moyen d'une subrogation frauduleuse, son mandant débiteur de l'intégralité de la créance. — Même arrêt.

114. — Et de la part de celui qui, ayant reçu un billet pour le négocier, à la charge de remettre au mandant le produit de la négociation, retient ce produit, et se borne à remettre chez le mandant, et à son insu, une obligation personnelle du montant du billet. — *Cass.*, 2 juin 1843 (cité no 29).

115. — Le débiteur qui, après avoir remis en garantie à son créancier un titre de créance, reçoit un mandat de celui-ci de vendre cette créance, à la charge de lui remettre sur le produit de la vente ce qui lui est dû, se rend coupable d'abus de confiance s'il retient à son profit une partie du prix de la cession sans désintéresser complétement le créancier. Et le délit d'abus de confiance ne disparaît pas en ce qu'au moyen d'arrangemens onéreux pris avec le cessionnaire (beau-frère du mandataire), le mandant serait parvenu à éviter ou diminuer sa perte. — Même arrêt.

116. — L'associé gérant d'une société en commandite doit-il être considéré comme un mandataire? et par suite, s'il détourne les fonds appartenant à la société pour les appliquer à ses besoins personnels, commet-il l'abus de confiance prévu par l'art. 408, C. pén.? — La cour de Cassation a jugé cette question négativement en se fondant sur ce que « les pouvoirs conférés au gérant, par l'acte de société, font partie des conventions réciproques sous la foi desquelles la convention s'est formée; qu'ils ne peuvent être révoqués que pour cause légitime; qu'ils ne sont pas exercés au nom d'un mandant et dans un intérêt étranger à celui qui les exerce, et que, sous tous ces rapports, ils diffèrent essentiellement des pouvoirs qui résultent d'un contrat de mandat. » — *Cass.*, 15 janv. 1842 (t. 2 1842, p. 124 et suiv.), Touaillon — V en sens con-

traire *Rouen*, 18 mars 1842, même affaire, *loc. cit.*

117. — Au surplus, la cour de Rouen elle-même avait déjà reconnu (en matière civile, il est vrai) que le gérant d'une société en commandite n'est pas un simple mandataire, en ce qu'il agit aussi bien dans son intérêt propre que dans celui de ses coassociés. — *Rouen*, 18 août 1841 (t. 2 1842, p. 126), Prevost c. Mira.

118. — De quelle peine est punissable le notaire convaincu d'avoir détourné frauduleusement soit des lettres de change, billets négociables ou autres effets qui ont été déposés entre ses mains, par suite de la confiance qu'inspire sa qualité de fonctionnaire public, soit les sommes d'argent dont il a reçu le dépôt en vertu de clauses insérées dans les actes passés devant lui ? Il faut distinguer.

119. — On comprend qu'il ne peut être ici question du détournement des minutes et des pièces y annexées; à cet égard, le notaire est considéré comme dépositaire public, et le détournement qu'il en ferait tombe sous l'application des art. 173 et 255, C. pén. — V. DÉPOSITAIRE PUBLIC, DÉPOT PUBLIC.

120. — Mais jugé que la loi n'ayant chargé les notaires que du dépôt des minutes des actes de leur ministère, ils ne peuvent être considérés comme dépositaires publics des deniers, billets ou lettres de change qui leur sont remis par les parties, lors même que ce serait en vertu d'une clause d'un acte passé devant eux. — En conséquence, le notaire qui divertit les deniers à lui confiés, par suite d'un acte de son ministère, n'encourt pas les peines que la loi attache à la qualité de dépositaire public. — *Cass.*, 15 avr. 1813, Dufaut. — V. cependant Legraverend, t. 1er, chap. 1er, p. 43.

121. — Jugé aussi que, comme il n'entre pas dans les fonctions des notaires de recevoir en dépôt des actes sous seing-privé, qui peuvent avoir pour résultat de modifier ou de détruire l'effet des actes notariés, un tel dépôt doit être considéré comme étranger à la qualité du notaire, et que, dès-lors, la suppression de l'acte par ce dernier ne constitue qu'un simple abus de confiance et non les crimes prévus par les art. 173, 254 et 255, C. pén. — *Cass.*, 24 juin 1841, Auriol.

122. — Et le détournement des sommes que les notaires auraient pu recevoir de leurs cliens pour en faire un emploi déterminé, par exemple pour l'enregistrement ou la transcription de leurs actes, constitue un simple abus de confiance. — *Cass.*, 31 mars 1836, Bernard; 6 janv. 1837 (t. 2 1837, p. 496), Bernard, et *Cass. belg.*, 24 déc. 1835, Cammaert. — V. *contrà* Carnot, *C. pén.*, art. 469, no 6, qui soutient qu'à l'égard de pareils dépôts les notaires sont des dépositaires publics. — V. DÉPOSITAIRES PUBLICS.

123. — Jugé de même qu'il y a abus de confiance, dans le sens de l'art. 408, C. pén., de la part du notaire qui détourne et dissipe, dans son intérêt personnel, les sommes qu'il a reçues de ses cliens pour en opérer le placement, et qui se met par son fait et sa faute dans l'impuissance de les restituer, alors même qu'avant toutes poursuites judiciaires la restitution en aurait été opérée. — *Cass.*, 25 fév. 1843 (t. 1er 1843, p. 580), P...

124. — Ce principe, qui ne peut plus faire de doute depuis la loi de 1832, qui parle spécialement du mandat, avait, même antérieurement, été consacré par la cour de Cassation : cette cour avait considéré le notaire comme ayant reçu les sommes, partie pour en faire un emploi déterminé et partie pour un travail salarié. — *Cass.*, 31 juill. 1817, Bizat.

125. — Celui qui a retenu, malgré les réclamations des propriétaires, la somme qu'il avait retirée pour eux, en sa qualité de notaire, et qui ne leur a donné, et encore depuis les poursuites criminelles dirigées contre lui, que des titres qu'ils ont été obligés d'accepter, ne pouvant faire mieux, est punissable du délit prévu par l'art. 408, C. pén. — *Cass.*, 15 nov. 1839, Guyet.

126. — Jugé dans tous les cas et avec raison que le seul fait de la part d'un notaire d'avoir négligé d'acquitter dans les délais légaux des droits d'enregistrement dont le montant lui a été remis par ses cliens ne constitue pas l'abus de confiance, prévu et puni par l'art. 408, C. pén., lorsqu'il est d'ailleurs constant qu'il n'a pas eu l'intention de détourner et de s'approprier les sommes qu'il a reçues, qu'il a agi sans fraude, et qu'en outre aucun préjudice n'a été occasionné, soit au fisc, soit aux parties. — *Grenoble*, 28 août 1835, Cros, et *Cass.*, 5 nov. 1835, même affaire.

127. — Jugé encore dans le même sens que le mandataire (un notaire) qui a usé dans son intérêt des sommes qui lui avaient été remises à titre de mandat et pour en faire un emploi déterminé a pu être déclaré n'avoir pas commis en cela l'abus de confiance prévu par l'art. 408, C. pén., lors qu'il résultait des faits qu'il n'y avait ni fraude ni intention de nuire à reprocher au prévenu. — *Cass*, 27 avr. 1844 (t. 1er 1844, p. 777), Hardy.

128. — Un tribunal civil qui condamne un notaire à restituer des sommes qui lui ont été remises à titre de mandat ou de dépôt volontaire peut-il, sans excéder les limites de la juridiction civile, prononcer la contrainte par corps contre le notaire, en se fondant sur les art. 52 et 408, C. pén., relatifs au délit de violation de dépôt? — V., à cet égard, CONTRAINTE PAR CORPS, NOTAIRE.

§ 6. — *Détournement des effets remis pour un travail salarié ou non salarié, etc., etc.*

129. — Le dernier cas de détournement prévu par l'art. 408 est celui des effets remis pour un travail salarié ou non salarié, à la charge de les rendre ou représenter, ou d'en faire un usage ou un emploi déterminé. — Cette disposition s'applique principalement au détournement des marchandises ou toutes autres choses susceptibles d'être ouvragées ou perfectionnées par celui auquel elles ont été confiées. — Chauveau et Hélie, *Th. C. pén.*, t. 7, p. 384.

130. — Ainsi, se rend coupable d'abus de confiance le meunier qui ne rend pas la quantité de farine produite par le blé qu'on lui a donné à moudre, et qui remplace par du son la farine manquante. — *Cass.*, 11 avr. 1817 (cité nos 35 et 43); — Chauveau et Hélie, *loc. cit.*; Delapalme, *Encyclop. du dr.*, vo *Abus de confiance*, no 44. — V. aussi *suprà* no 31.

131. — Il en serait autrement, ajoute M. Delapalme, si, aux termes de la convention, le meunier recevait une certaine quantité de blé, à la charge de donner en échange une certaine quantité de farine de nature ou de qualité différente, et qui ne serait pas extraite du blé à lui livré; dans ce cas il n'y aurait qu'un marché ordinaire, un acte d'échange, dont l'inexécution ne pourrait donner lieu qu'à une action civile. — C'est en ce sens qu'a été rendu l'arrêt de *Cass.*, 29 sept. 1820, Lorrenzo c. Muttedo, cité no 31.

132. — Est également coupable d'abus de confiance l'individu qui dérobe une partie des matières premières qui lui ont été remises pour les travailler à son domicile, et être payé suivant la quantité des matières par lui façonnées. — *Cass.*, 16 mars 1837 (t. 1er 1838, p. 90), Legendre.

133. — Mais les mots *travail salarié*, employés dans l'art. 408, ne sont pas restrictifs : c'est donc à tort qu'on prétendrait qu'ils ne peuvent s'entendre que de la soustraction de marchandises ou de toutes autres choses susceptibles d'être ouvragées ou perfectionnées par celui auquel elles avaient été remises, et que, par exemple, ils ne peuvent s'appliquer à une gestion d'affaires proprement dite, ayant pour objet les recouvremens de deniers. — *Cass.*, 18 nov. 1813, Lemoine.

134. — La loi du 28 avr. 1832 n'a apporté aucune modification au Code pén. de 1810, en ce qui concerne cette partie de l'art. 408.

135. — Toute violation du louage d'ouvrage ou d'industrie est atteinte par les expressions *remis pour un travail salarié;* et les mots suivans : *et non salarié,* préviennent toute difficulté sur la preuve de la convention du salaire.

§ 7. — *Détournement d'objets remis, à quelque titre que ce soit, à un homme de service à gages, etc.*

136. — Le § 2, art. 408, C. pén., est ainsi conçu : « Si l'abus de confiance, prévu et puni par le précédent paragraphe, a été commis par un domestique, homme de service à gages, élève, commis, ouvrier, compagnon ou apprenti, au préjudice de son maître, il sera puni de la peine de la réclusion. »

137. — C'est là une aggravation de peine, motivée sur ce que les abus de confiance, commis par des ouvriers et gens de service à gages, sont plus graves que ceux commis par les simples mandataires.

138. — Cette disposition est venue mettre un terme à la controverse qui s'était élevée sur le point de savoir dans quels cas l'art. 386, relatif au vol domestique, pouvait recevoir son application; comme aussi à quel signe on pouvait distinguer le vol domestique de l'abus de confiance. — Cette distinction serait maintenant sans objet, puisque l'art. 408 rend passible de la même peine le vol domestique et l'abus de confiance commis par les domestiques, homme de service à gages, etc., etc.

139. — L'art. 408, § 2, ne fait qu'ajouter une circonstance aggravante à l'abus de confiance; d'où il résulte que les règles générales, posées dans les sections qui précèdent, sont applicables lorsque cette circonstance se rencontre comme lorsqu'elle ne se rencontre pas. — Chauveau et Hélie, *loc. cit.*

140. — Comme l'application du § 2 de l'art. 408 puise la circonstance aggravante dans la qualité de domestique, d'homme de service à gages, élève, clerc, commis, ouvrier, compagnon ou apprenti, il est de toute nécessité que cette qualité soit reconnue au prévenu par le jury. — *Cass.*, 23 avril 1812, Stabbe; — Chauveau et Hélie, t. 7, p. 391.

141. — Mais cette circonstance même n'est aggravante qu'autant qu'elle a été commise *au préjudice du maître*, d'où il résulte qu'il n'y aurait pas lieu d'invoquer dans ce cas, par analogie, les distinctions établies par le no 3 de l'art. 386. — Chauveau et Hélie, *loc. cit.* — V. VOL.

142. — La qualité de *commis* dans le sens du § 2 de l'art. 408 suppose l'existence de *rapports journaliers* entre ces individus et le maître qui les emploie. — On ne peut donc considérer comme tel le commissionnaire chargé de recevoir et de placer les marchandises qu'on lui envoie. En conséquence, l'abus de confiance dont il se rend coupable au préjudice d'un de ses commettans, n'est passible que de peines correctionnelles. — *Cass.*, 5 juin 1841 (t. 1er 1842, p. 653), Kitchen.

143. — L'armurier qui, chargé d'entretenir et de réparer les fusils appartenant à une commune, travaille pour son compte personnel, n'est pas, dans ce cas, vis-à-vis de la commune qui l'emploie, un homme de service à gages ou un ouvrier travaillant au profit d'un maître, et ne peut être puni de la peine prévue par l'art. 408, § 1er, relatif au détournement des effets remis pour un travail salarié. — *Cass.*, 13 avr. 1837 (t. 1er 1838, p. 382,), Chagneau.

144. — Le détournement commis par un tambour de la garde nationale des effets d'habillement et d'équipement qui lui ont été remis par la ville pour un travail salarié, et à la charge de les rendre et de les représenter et d'en faire un emploi déterminé, constitue seulement le délit prévu par l'art. 408, C. pén., § 1er. — On ne saurait considérer un tambour comme homme de service à gages dans le sens soit de l'art. 386, soit du § 2 de l'art. 408, C. pén. — *Paris*, 31 déc. 1831, N...

145. — On trouvera, au surplus, au mot VOL, diverses décisions relatives au point de savoir ce que l'on doit entendre par homme de service à gages; ces décisions devraient, sauf ce qui a été dit au no 141, avoir leur application au cas de l'art. 408. — V. VOL.

146. — Les détournemens commis par les domestiques des sommes à eux remises pour les dépenses de la maison, constituent-elles un abus de confiance, passible des peines portées dans l'art. 408, C. pén. ? — Cette question n'est pas sans difficultés.

147. — Par un premier arrêt, la cour de Cassation avait décidé que lorsque les provisions ont été réellement procurées au maître, le détournement fait par le domestique ne peut le faire réputer coupable de vol envers son maître, et constitue seulement *un délit d'escroquerie envers les fournisseurs* dont il a par dol surpris la crédulité. — *Cass.*, 22 janv. 1813, Spagner; — Chauveau et Hélie, t. 7, p. 29.

148. — La raison de cette décision est que le maître qui a remis à son domestique l'argent nécessaire pour acheter au comptant les provisions de son ménage, n'est pas obligé envers les fournisseurs qui, sur la demande du domestique, et contrairement au mandat du maître, les lui délivrent à crédit ; d'où il résulte qu'il n'y a, dans le fait coupable du domestique, aucun préjudice pour lui, mais bien un fait préjudiciable aux fournisseurs. — Chauveau et Hélie, *loc. cit.*; Carnot, *C. pén.*, art. 408, no 21; Merlin, *Rép.*, vo *Vol*, sect. 2e, § 3; Legraverend, t. 2, chap. 2, p. 136.

149. — Il a, en effet, été jugé que les domestiques ne sont pas les mandataires tacites de leurs maîtres, pour acheter à crédit les objets nécessaires à l'entretien du ménage ; qu'ainsi le maître qui a remis à son domestique l'argent nécessaire pour acheter les provisions du ménage, n'est pas responsable vis-à-vis des fournisseurs qui ont livré ces provisions à crédit, sans en prévenir le maître, surtout si ce crédit est considérable. — *Paris*, 13 nov. 1828, Ingé c. Montaud. — V. Duranton, t. 18, no 220; Delvincourt, t. 3, p. 454, note. — (A moins qu'il ne soit dans l'habitude du domestique de prendre à crédit, de l'ordre ou de l'autorité du maître.)

150. — Toutefois, dans une espèce où, conformément à ce principe, il avait été décidé qu'un pareil détournement, ne pouvant préjudicier au maître, ne constituait pas l'abus de confiance prévu par l'art. 408, la cour de Cassation a cassé, par le motif que les sommes confiées au domestique sont réputées dans les mains du maître ; que le domestique ne peut se les approprier sans frustrer son maître, et conséquemment sans les détourner à son préjudice. — *Cass.*, 28 janv. 1842 (t. 1er 1842, p. 417), Groguenin. — Cet arrêt ne nous

semble pas répondre d'une manière satisfaisante à la distinction qui résulte des décisions sus-relatées.

151. — Dans tous les cas, lorsque, par une convention particulière, le domestique s'est chargé d'acheter pour son propre compte et chez les marchands de son choix les fournitures de la table de son maître, s'il dissipe les remboursemens qu'il a reçus de ce dernier, on ne peut voir dans un pareil fait, qui ne préjudicie qu'aux fournisseurs, un délit d'abus de confiance. — *Paris*, 18 sept. 1835, Cotté.

152. — Il a été décidé également que le domestique qui prend la fausse qualité de mandataire de son maître pour se faire remettre des marchandises, commet, au préjudice des marchands, le délit d'escroquerie. — Même arrêt. — V. ESCROQUERIE.

§ 8. — *Poursuite, Preuve.*

153. — Lorsque l'abus de confiance résulte de la violation prétendue de l'une des conventions dont il est question dans l'art. 408, par exemple d'un dépôt, d'un mandat ou d'un contrat de louage, l'action publique et l'action civile ne sont reçues qu'autant que l'existence de la convention même est convenue ou prouvée. C'est ce qui a été jugé notamment en matière de violation de dépôt. — V. *Cass.*, 2 déc. 1813, Courbé; 5 déc. 1806, Pichonneau; 15 mai 1834, Gonnier.

154. — On reconnaît généralement que la juridiction correctionnelle, compétente pour connaître de l'abus de confiance, est également compétente pour prononcer, en cas de dénégation, sur la question préjudicielle de savoir si la convention dont la violation est alléguée existe réellement. — Il y a lieu, dans ce cas, d'appliquer le principe que le juge de l'action devient juge de l'exception. — Chauveau et Hélie, *Th. C. pén.*, t. 7, p. 387; Mangin, *Tr. de l'action publ.*, nos 170 et suiv. (qui cite une note du président Barris); Merlin, *Rép.*, vo *Dépôt*, § 1er, no 6. — V. *contrà* Carnot, *C. pén.*, art. 408, no 2; Legraverend, t. 2, ch. 1er, § 10, p. 41, note 2e; Toullier, t. 9, p. 244 et suiv. (par le motif qu'excepté dans le cas où le délit et le contrat civil constituent un fait indivisible, comme s'il s'agit d'une escroquerie ou d'une simulation de créance en matière de banqueroute, ou dans celui de destruction de titre, on ne pourrait prendre directement la voie criminelle sans contrevenir à l'art. 1341, C. civ.). — Toullier émet donc l'opinion que les tribunaux correctionnels doivent surseoir jusqu'à ce que les tribunaux civils aient statué sur l'existence ou la non existence du contrat dont la violation constitue le délit.

155. — Au surplus, la compétence du tribunal correctionnel résulte d'une jurisprudence constante. — V. *Cass.*, 31 juill. 1812, Bourgeay; 2 déc. 1813 (cité no 153); 5 mai 1815, Delsaux; *Bruxelles*, 4 nov. 1831, Dejonge; *Cass.*, 11 fév. 1832, Lemonnier c. Chosson (Arrêts rendus en matière de violation de dépôt). — V. en outre QUESTION PRÉJUDICIELLE.

156. — Jugé par application du même principe que les tribunaux correctionnels, compétens pour statuer sur le détournement d'une contre-lettre confiée à titre de dépôt, sont également compétens pour prononcer sur l'existence de cette contre-lettre. — *Cass.*, 25 mai 1816, Sanitas.

157. — Jugé encore que le tribunal correctionnel, compétent pour statuer sur une plainte en détournement de billets, a connu compétemment aussi de la validité ou de l'inutilité de ces billets (on soutenait qu'ils étaient fictifs), alors, surtout, que le prévenu n'a pas demandé le renvoi à fin civile. — *Cass.*, 7 therm. an XIII, Bosset c. Michel.

158. — On cite néanmoins, comme préjugeant en sens contraire, l'arrêt qui décide que lorsqu'un acheteur est inculpé d'avoir détourné des marchandises qui lui avaient été vendues sous une condition, et confiées provisoirement à titre de dépôt, *il suffit que la vente conditionnelle ne soit pas déniée* pour que le tribunal correctionnel puisse connaître du détournement, sans être tenu de renvoyer préalablement les parties devant le tribunal civil, à l'effet de faire statuer sur le contrat fait entre elles. — *Cass.*, 22 juin 1832, Marchal. — V. aussi (plus explicitement) *Cass.*, 12 mess. an XI, Rollin c. Larne de Vareilles.

159. — On peut également considérer comme confirmant, au moins implicitement, la jurisprudence relatée plus haut, les décisions des auteurs et les arrêts qui suivent, et qui ont déterminé d'après quels principes la juridiction correctionnelle doit statuer en pareille matière.

160. — Pour la recherche et la constatation de l'existence de la convention dont la violation constituerait l'abus de confiance, la juridiction correctionnelle est soumise aux règles prescrites par la voie civile. — Elle ne peut donc, quand la matière excède 150 fr. et qu'il n'y a ni preuve par écrit, ni aveu de la part du prévenu, recourir à la preuve testimoniale, qu'autant qu'il existerait un commencement de preuve par écrit. — Chauveau et Hélie, *Th. du Code pén.*, t. 7, p. 388; Mangin, *Tr. de l'act. publ.*, t. 1er, nos 171 et 175; Merlin, *Rép.*, vo *Dépôt.*, § 1er, no 6; Bourguignon, *Jurispr. des Codes criminels*, t. 1er, art. 3, § 3, no 3. — V. ABUS DE BLANC-SEING, nos 42 et 43.

161. — La jurisprudence a également consacré ce principe par de nombreux arrêts, rendus en matière de violation de dépôt. — *Cass.*, 20 fruct. an XII, Merlin c. Hall.; 31 juill. 1812 (cité no 155); 2 déc. 1813 (cité nos 153 et 155); 5 mai 1815 (cité no 155); 10 avril 1819, Sausens c. Bragier; *Metz*, 31 janv. 1821, Zay c. Muscat; *Cass.*, 26 sept. 1823, Combes c. Bresson; *Bourges*, 14 avr. 1825, Maconnal; *Bruxelles*, 4 nov. 1831 (cité no 155); *Cass.*, 5 mai 1831, Forest; 1er sept. 1832, Becq. c. Hayard; *Paris*, 11 oct. 1837 (t. 1er 1838, p. 11), Bourdon c. Davesne; *Cass.*, 25 janv. 1838 (t. 1er 1840, p. 205), Boussenet. — V. aussi QUESTION PRÉJUDICIELLE.

162. — Jugé de même, 1o que le tribunal correctionnel saisi d'une plainte en abus de confiance, résultant de ce que le porteur, par voie d'endossement, d'un effet de commerce, aurait conservé les fonds provenant du recouvrement, quoique l'endossement fût fictif, ne peut, contre la preuve littérale du transport du billet (laquelle résulte de l'endossement, art. 136, 137 et 187, C. comm.), être admis à la preuve testimoniale. — *Cass.*, 16 mai 1829, Armand c. Estelle.

163. — 2o Que le détournement d'un gage excédant 150 fr. par le créancier à qui on prétend qu'il a été remis, ne peut être prouvé par témoins devant le tribunal correctionnel si l'existence du contrat de gage n'est pas dès-lors établie et reconnue. — La preuve de l'existence du contrat de gage ne peut, même devant cette juridiction, être faite par témoins. — *Nîmes*, 29 fév. 1828, Malachau c. Vedel.

164. — 3o Que le fait du dépôt à un huissier de titres pour en opérer le recouvrement, ou d'une somme supérieure à 150 fr. pour en faire des offres, ne peut, en l'absence d'un commencement de preuve par écrit, être prouvé par témoins. — *Cass.*, 6 nov. 1838 (t. 2 1838, p. 608), Demontmort c. Troque.

165. — 4o Que l'abus de blanc-seing ne peut, lorsqu'il s'agit d'une valeur excédant 150 fr., être prouvé par témoins, qu'autant qu'il y a preuve ou commencement de preuve par écrit de l'existence du blanc-seing. — *Paris*, 27 janv. 1838 (t. 1er 1838, p. 177), P.... — V. ABUS DE BLANC-SEING, nos 43 et suiv.

166. — Le principe consacré par les arrêts qui précèdent est tellement respectable, qu'il a même été jugé que si les poursuites embrassent plusieurs délits dont les uns sont susceptibles de la preuve testimoniale et les autres ne le sont pas, par exemple si un individu était traduit en police correctionnelle sous la double prévention de la violation d'un dépôt non prouvé par écrit ni avoué, et de vol, le tribunal doit prohiber l'audition de tout témoignage tendant à établir l'existence du dépôt, et ordonner qu'il ne sera tenu note que de la partie des dispositions relatives à l'autre délit. — *Cass.*, 1er août 1817, Girardon. — Mangin, *Tr. de l'ac. publ.*, t. 1er, p. 382, no 173.

167. — Il a toutefois été jugé que l'individu poursuivi sous une triple prévention de vol, d'escroquerie et de violation de dépôt, se rattachant au même fait, ne peut, bien qu'il n'existe ni preuve ni commencement de preuve par écrit de ce dépôt, soutenir qu'il ne doit pas être tenu note par le greffier des dépositions relatives au dépôt. Ces dépositions doivent, au contraire, être recueillies, par le motif que la triple prévention repose sur un fait unique et indivisible, alors d'ailleurs qu'il ne s'agit que de déterminer la qualification à donner au fait de la prévention, sauf son appréciation ultérieure. — *Cass.*, 27 juin 1840 (t. 2 1840, p. 418), R.....

168. — Jugé de même que lorsque, sur une plainte en abus de dépôt et de mandat, le prévenu oppose l'incompétence du tribunal correctionnel, en objectant que le dépôt supérieur à 150 fr. ne peut être prouvé par témoins, le tribunal, pour déterminer la nature particulière du délit, et avant de statuer sur la question de compétence, peut entendre les témoins assignés. — *Cass.*, 18 mai 1838 (t. 2 1838, p. 384), C..

169. — C'est au tribunal saisi de la plainte qu'il appartient de décider s'il existe un commencement de preuve par écrit, et s'il est suffisant pour autoriser la preuve testimoniale. — *Cass.*, 31 juill. 1812 (cité nos 155 et 161); — Mangin, *loc. cit.*

170. — C'est lui également qui reste juge du point de savoir s'il y a aveu du dépôt. — Mais il doit, pour l'appréciation de cet aveu, se conformer aux règles du droit civil. — Ainsi jugé qu'au criminel comme au civil l'aveu du prévenu sur l'existence et les circonstances du dépôt est indivisible. — *Cass.*, 26 sept. 1823 (cité no 161); *Metz*, 31 janv. 1821 (cité no 161).

171. — Ainsi, lorsque celui qui est accusé d'avoir violé un dépôt excédant la somme ou la valeur de 150 fr., et qui n'est pas prouvé par écrit, avoue ce dépôt, mais soutient que les objets qu'il représente sont les mêmes que ceux à lui confiés, le tribunal ne peut admettre le plaignant à prouver par témoins de quelles choses le dépôt était composé. — Même arrêt de *Metz*.

172. — Toutefois, l'aveu du dépositaire peut être divisé toutes les fois qu'une partie en est évidemment fausse et mensongère. — *Nîmes*, 28 fév. 1812, Fauvel c. N... — V. au surplus AVEU et DÉPOT.

173. — Lorsqu'un individu, inculpé d'avoir détourné à son profit une somme d'argent qu'on prétend lui avoir été confiée à titre de dépôt, avoue que cette somme n'a pas été laissée entre ses mains à titre de prêt, cet aveu judiciaire équivaut à un commencement de preuve par écrit. — *Cass.*, 6 oct. 1826, Etienne Rey.

174. — Jugé aussi que le prévenu d'abus de confiance, qui a avoué à l'audience que les sommes par lui détournées lui avaient été remises à titre de mandat pour en faire un emploi déterminé, est non-recevable à se prévaloir des termes de la reconnaissance qu'il en a donnée, et qui constatait l'existence d'un prêt, pour soutenir que le tribunal a substitué une autre obligation à celle dont la preuve littérale était rapportée. — *Cass.*, 17 juill. 1829, Goudchaux Beer.

175. — Jugé d'un autre côté que l'aveu fait par le prévenu de violation de dépôt, qu'il aurait remis la clé d'un tiroir dans lequel, suivant le plaignant, aurait été déposée la somme réclamée, ne peut être considéré ni comme un aveu de dépôt, ni comme un commencement de preuve par écrit. — *Cass.*, 16 fév. 1838 (t. 1er 1840, p. 374), Faye.

176. — De même, la déclaration faite par un dépositaire actionné en restitution de dépôt, qu'il n'a entre les mains que les objets qu'il offre de remettre, ne peut former un commencement de preuve par écrit, qui permette la preuve testimoniale à l'égard d'autres objets qui lui sont réclamés en outre, et qu'il nie avoir à rendre. — *Cass.*, 6 nov. 1838 (cité no 164).

177. — Lorsque les faits sur lesquels se base la plainte en abus de confiance ne sont pas, en l'absence de preuve écrite ou d'aveu, susceptibles de tomber en preuve testimoniale, ce n'est pas seulement aux parties lésées que la plainte est interdite. — Elle l'est également au ministère public. — *Cass.*, 5 déc. 1806 (cité no 153); 2 déc. 1813 (cité nos 153, 155 et 161); 5 mai 1831 (cité no 161); — Mangin, no 174, et Merlin, *Rép.*, vo *Serment*, § 2, art. 2.

178. — Et dans ce cas, le tribunal fait une juste application de la loi en déclarant le ministère public non-recevable, *quant à présent*, dans son action en violation de ce prétendu dépôt. — *Cass.*, 2 déc. 1813 (cité nos 153, 155, 161 et 177).

179. — Mais le prévenu qui, après s'être opposé à l'admission de la preuve testimoniale d'un dépôt volontaire excédant la valeur de 150 fr., ne s'est point pourvu contre le jugement qui a joint l'incident au fond, est non-recevable à se prévaloir plus tard de l'admission de cette preuve, s'il est résulté des débats un commencement de preuve par écrit (Sol. impl.). — *Cass.*, 31 juill. 1812 (cité nos 155, 161 et 169). — Mangin, *Act. publ.*, no 176.

180. — De ce que la juridiction correctionnelle a compétence pour statuer sur la question relative à l'existence même de la convention dont la violation constituerait l'abus de confiance, il résulte que celui qui a d'abord choisi la voie civile pour obtenir la restitution d'un objet remis à l'un des titres énoncés dans l'art. 408, C. pén., ne peut, s'il échoue, porter cette même action devant le tribunal correctionnel. — Delapalme, *Encyclop. du dr.*, vo *Abus de confiance*, no 57.

181. — Ainsi jugé que celui qui a réclamé par la voie civile la restitution d'un dépôt volontaire, n'est pas recevable à exercer, par la voie correctionnelle, une action ayant identiquement le même objet que celle pendante au civil, sans articuler aucun fait constitutif d'un délit autre que la non restitution du dépôt civilement réclamé. — *Cass.*, 3 flor. an X, Bompart c. Brunel.

182. — Il a de même été jugé (mais ceci pourrait faire plus de difficulté) que celui qui se plaint

de la violation d'un dépôt n'est pas recevable à se pourvoir correctionnellement, si, par lui ou par son mandataire, et à raison des mêmes faits, il a déjà introduit un référé tendant à la constatation de l'état de l'objet déposé, et même interjeté appel de l'ordonnance rendue sur ce référé. — *Cass.*, 21 mars 1841, Baudoin c. Rouget de Lisle. — V. RÉFÉRÉ.

183. — Mais il a été jugé également que lorsque le propriétaire d'un billet a accordé un sursis à un individu qui s'en est approprié le montant par un abus de confiance, sous la promesse faite par ce dernier de rembourser à l'époque convenue, à peine d'être poursuivi devant les tribunaux compétens, il ne peut résulter de là une fin de non-recevoir contre la plainte de la partie lésée. — *Bordeaux*, 21 juill. 1830, Bourbon c. Renier.

184. — Il en serait autrement si la partie lésée avait accepté, sans condition ni réserve, la promesse du prévenu : cette transaction sur l'action civile résultant du délit, constituerait une véritable novation de nature à l'empêcher de se pourvoir par voie de plainte correctionnelle, — sauf l'action publique, laquelle ne peut être suspendue ni paralysée par la renonciation à l'action civile.— C. inst. crim., art. 4.

185. — Quelle que soit la rigueur de la règle qui ne permet de poursuivre en police correctionnelle la violation d'un dépôt excédant 150 fr. qu'autant que le fait du dépôt est établi par écrit ou reconnu, on comprend qu'elle ne peut s'appliquer au cas où il s'agit d'un dépôt susceptible d'être établi par la preuve testimoniale, par exemple au cas d'un dépôt commercial. — *Rouen*, 9 janv. 1829, D... c. Durufle; *Metz*, 5 août 1822, Colsnon c. Cécile; — Toullier, t. 9, nº 230. — V. DÉPOT.

186. — ...Ou bien encore lorsqu'il s'agit de dépôt nécessaire. — Carnot, *C. pén.*, art, 408, nºs 3 et 4.

187. — ... Ou bien au cas où la fraude a été employée pour obtenir le dépôt qui a ensuite été violé. — *Cass.*, 22 août 1840 (t, 2 1844, p. 477), Dubois et Lepezam.

188. — Ainsi jugé que le fait d'un individu qui aurait par des manœuvres frauduleuses provoqué et déterminé la remise entre ses mains de valeurs qu'il aurait ensuite détournées, peut, alors même qu'il s'agirait de valeurs au-dessus de 150 fr., être prouvé par témoins. — Il ne s'agit pas, en effet, dans ce cas, d'une obligation résultant d'un dépôt volontaire, mais bien d'une obligation résultant d'un délit, pour laquelle, d'ailleurs, il n'a pas été possible au créancier de se procurer une preuve écrite, ce qui motive l'application de l'art. 1348, C. civ. — *Cass.*, 27 mai 1837 (t. 1er 1838, p. 375), Legen et Delpech c. Vianes.

189. — D'après le même principe, lorsque le créancier a confié au débiteur, sur sa demande, le titre obligatoire, pour en prendre lecture, à la charge de le restituer immédiatement, et que le débiteur l'a supprimé, il y a lieu à l'admission de la preuve testimoniale, non seulement du fait de la suppression du titre, mais encore de sa remise, lors même qu'il n'y aurait point de commencement de preuve par écrit, et que la somme excéderait 150 fr. — Dans ce cas, d'ailleurs, la communication ne présente pas les caractères constitutifs du contrat de dépôt. — *Cass.*, 15 mai 1834, Gonnier.

190. — Jugé dans le même sens, dans une espèce où un testament, momentanément communiqué à un individu avait été par lui aussitôt mis en pièces, cette communication ne constituant pas, d'ailleurs, un dépôt proprement dit. — *Cass.*, 28 juin 1834, Vic.

191. — Jugé encore que, si l'abus de confiance provient de l'appropriation frauduleuse que s'est faite un débiteur du titre qui lui avait été remis pour en faire un autre emploi, cette appropriation peut être prouvée par témoins ou par de simples présomptions. — *Cass.*, 14 juill. 1843 (t. 1er 1844, p. 15), Humbert. — V. au surplus DESTRUCTION DE TITRES et QUESTION PRÉJUDICIELLE.

192. — Au reste, le principe qui ne permet pas de poursuivre la violation d'un dépôt excédant 150 fr. dont l'existence n'est pas prouvée par écrit, ne s'applique qu'au cas où c'est le dépositaire inculpé qui nie le dépôt, et ne peut pas être invoqué par le souscripteur d'un billet qui se l'est fait remettre par fraude par le dépositaire. — *Montpellier*, 29 sept. 1828, Lantié.

§ 9. — *Pénalité.*

193. — Tout individu coupable de l'abus de confiance prévu par l'art. 408, est puni d'un emprisonnement de deux mois au moins, et de deux ans au plus, ainsi que d'une amende qui ne peut excéder le quart des restitutions et dommages-intérêts qui seront dus aux parties lésées, ni être moindre de 25 fr.—V., sur l'application de cette peine ABUS DES BESOINS DES MINEURS. — Les principes sont identiques.

194. — En outre, il peut être interdit pendant cinq ans au moins et dix ans au plus à compter du jour où il aura subi sa peine, des droits mentionnés en l'art. 42, C. pén.—V. C. pén., art. 406.

195. — Des lois spéciales élèvent également contre lui certaines incapacités. — Ainsi : 1º il ne peut faire partie de la garde nationale (L. 22 mars 1831, art. 137); — 2º il est incapable de tenir école (L. 28 juin 1833, art. 5); — 3º le permis de chasse *peut* être refusé à tout individu condamné pour abus de confiance. — L. 3 mai 1844, art. 6, § 5.

196. — Si l'abus de confiance prévu et puni par le précédent paragraphe a été commis par un domestique, un homme de service à gages, élève, clerc, commis, ouvrier, compagnon ou apprenti, au préjudice de son maître, la peine sera celle de la réclusion. — V. § 7.

197. — L'abus de confiance commis par des époux au préjudice de leurs conjoints, par des enfans au préjudice de leurs ascendans, ne donne lieu qu'à l'action en dommages-intérêts, et nullement à l'action publique. En effet, les motifs qui ont fait porter une exception dans l'art. 380 pour les soustractions commises par et entre des personnes de cette qualité, sont bien plus puissans encore, quand il s'agit d'abus de confiance, puisqu'il est plus difficile de fixer la limite qui sépare le manque de délicatesse et le véritable délit, et que les rapports intimes qui ont lieu entre les époux et les ascendans ou descendans ne permettraient qu'avec peine de constater les élémens de ce délit. —Chauveau et Hélie, *Théor. du C. pén.*, t. 6, p. 602. — V. PREUVE TESTIMONIALE, VOL.

ABUS DE CONFIANCE PAR SOUSTRACTION DE PIÈCES, TITRES OU MÉMOIRES.

1. — La loi a rangé avec raison dans la classe des abus de confiance la soustraction des pièces, titres ou mémoires, par celui qui les avait produits dans une contestation judiciaire (C. pén., art. 409). Il est certain, en effet, qu'une fois produits par une partie dans un procès, les titres, pièces, mémoires deviennent communs à toutes les autres ; car le dépôt au greffe pourrait en être exigé et ordonné. Dès-lors, si le plaideur qui a produit une pièce en reste détenteur, c'est par suite *d'une confiance* dont il y a *abus*, si la pièce vient plus tard à disparaître. C'est donc à tort que MM. Chauveau et Hélie contestent au fait puni par l'art. 409, C. pén., la qualification d'abus de confiance. Leur erreur vient de ce que, suivant eux, la pièce, une fois au procès, entrerait dans un dépôt public, et, en conséquence, ne serait plus aux mains de celui qui l'aurait produite. Mais il paraît évident que l'art. 409 n'a voulu punir que le fait de soustraction d'une pièce restée entre les mains de la partie qui l'avait produite, et non celui de la soustraction d'une pièce entrée dans un dépôt public ou produite entre les mains d'un dépositaire public en sa qualité, ce fait tombant sous d'autres qualifications et sanctions pénales. — V. DÉPOT PUBLIC.

2. — Pour que le délit prévu par l'art. 409 existe, il faut : 1º Que la soustraction ait pour objet quelque titre, pièce ou mémoire. L'importance de ces pièces n'influe en rien, d'ailleurs, sur l'existence du délit ; elle n'est à consulter que pour l'appréciation du préjudice causé. — Chauveau et Hélie, t. 7, p. 393. — Toutefois, dit Carnot) *Code pénal*, art. 409, nº 2), s'il s'agissait d'une pièce absolument insignifiante, on ne pourrait considérer sa soustraction comme constitutive d'un véritable délit.

3. — 2º Que la pièce soustraite ait été produite dans une *contestation judiciaire*, expressions que l'on peut étendre aux débats contentieux, devant une juridiction administrative. — Chauveau et Hélie, *cod. loc.*; Carnot, *ib.*

4. — 3º Que la soustraction ait pour auteur la partie même qui a produit la pièce. Si cette soustraction, en effet, avait été commise par les autres parties ou par des tiers, elle perdrait ses caractères spéciaux, et deviendrait passible des peines du vol.—Chauveau et Hélie, *loc cit.*; Carnot, *ibid.*, et Delapalme, *Encyclop. du dr.*, vº *Abus de confiance par soustraction*, nº 2.

5. — Ainsi, il a été jugé que lorsqu'un individu a, pendant une communication de pièces qui lui était faite au greffe, substitué à l'original d'un acte sous seing-privé appartenant à autrui, une copie de cet acte, le tribunal a pu le déclarer coupable de soustraction frauduleuse d'un objet appartenant à autrui, et lui appliquer les dispositions pénales de l'art. 401. — *Cass.*, 21 oct. 1831, Pichery.

6. — Cependant M. Rauter (*Dr. crim. franç.*, t. 2, p. 151) fait remarquer qu'il est vrai de dire qu'en se servant des mots : « *quiconque, après avoir produit,* » l'article comprend, dans sa pénalité, non seulement les parties, mais encore leurs auxiliaires officiels, tels qu'avocats, avoués. — M. Rauter entend-il par là que la partie serait punissable pour le fait de son *auxiliaire officiel?* — Nous ne saurions le supposer, en présence du principe que les délits sont personnels, etc., sauf le cas où la complicité serait établie. — Quant aux avocats et avoués, V. AVOCAT, AVOUÉ.

7. — Si la pièce soustraite était arguée de faux, les poursuites de faux n'en continueraient pas moins malgré cette soustraction. — Carnot, *C. pén.*, art. 409, nº 5. — V. au surplus FAUX.

8. — Bien que la loi se serve des mots : *aura soustrait de quelque manière que ce soit*, il est évident que celui qui, de bonne foi, aurait retiré une production qu'il pouvait croire inutile, ne pourrait certainement être frappé d'aucune peine, et les juges apprécieront cette bonne foi. — Delapalme, *Encyclop. du droit*, vº *Abus de confiance par soustraction*, nº 3.

9. — La peine prévue par l'art. 409 doit être prononcée *par le tribunal saisi de la contestation.* —Ainsi, disent MM. Chauveau et Hélie (t. 7, p. 394), le délit se trouve rangé dans la classe de *ceux commis à l'audience*, que les art. 504 et 505, C. inst. crim., déclarent justiciables du juge devant lequel ils ont été commis. — M. Delapalme (*Encyclop. du dr., loc. cit.*, nº 6) en donne pour raison que la soustraction d'une pièce produite est un délit envers le magistrat même auquel la pièce était présentée, et que la loi a voulu constituer en quelque sorte ce magistrat juge de sa propre offense. — Il faut ajouter que le magistrat saisi de la contestation est mieux que tous autres à même de bien reconnaître si c'est de mauvaise foi qu'une pièce produite a été retirée, apprécier la portée de cette pièce et la pensée des parties.

10. — De là il résulte que la compétence attribuée par l'art. 409 au juge saisi de la contestation existe alors même que le tribunal appelé à prononcer serait un tribunal d'exception, tel qu'un juge de paix, un tribunal de commerce, ou une juridiction administrative. — Delapalme, *loc. cit.*, nºs 7, 8 et suiv. — Toutefois, nous ne saurions appliquer la même décision au cas d'arbitrage, la compétence des arbitres étant spécialement restreinte dans les limites définies par la loi, et les arbitres n'ayant pas d'ailleurs le caractère officiel et public que l'art. 409, C. pén., a entendu protéger. — Nous croyons, comme M. Delapalme, qu'il y aurait lieu d'appliquer les peines de l'article précité à la partie qui commettrait la soustraction d'une pièce produite dans un litige pendant devant une juridiction administrative; mais nous ne saurions reconnaître le droit d'infliger une peine à des conseils administratifs dont l'organisation et les formes de procéder n'offrent pas la publicité et les garanties qu'un prévenu même coupable a le droit de réclamer pour sa défense.

11. — M. Delapalme (*loc. cit.*) va même jusqu'à soutenir que la disposition finale de l'art. 409 est non seulement *attributive* d'une compétence particulière, mais encore *exclusive* de toute autre compétence, et que, dès-lors, si, devant les juges saisis de la contestation principale, on n'avait pas invoqué l'application des peines qu'il prononce, on ne serait plus admis à former, à ce sujet, une plainte principale, et à porter devant le tribunal correctionnel la connaissance de ce délit. — Mais cette opinion nous paraît trop absolue, et nous serions disposés à penser que si les juges saisis de la contestation n'avaient pu, par quelque circonstance que ce fût, ou à raison de leur incompétence, connaître de la soustraction commise, comme il s'agit en définitive d'un délit commun, ce délit, une fois régulièrement constaté, pourrait être réprimé par un tribunal correctionnel.

12. — La preuve du délit prévu par l'art. 409 se régle-t-elle par les principes indiqués au mot ABUS DE CONFIANCE? — La preuve à fournir contre le prévenu portera sur deux faits : 1º l'existence et la production de la pièce; — 2º la soustraction de cette pièce. — Quelques personnes pensent que la preuve de l'existence et de la production de la pièce ne peut être faite par témoins que de la manière et dans les cas où la preuve testimoniale serait autorisée par la loi civile; autrement, disent-elles, on s'écarterait des principes généraux relatifs à la preuve des contrats dont la violation constitue l'abus de confiance; on arriverait à établir ainsi par témoins l'existence d'une obligation ou d'une quittance ayant pour objet une somme infl-

niment supérieure à 150 fr., et on forcerait le tribunal, jugeant civilement le fonds du procès dans lequel la production a été faite, à baser la condamnation sur un genre de preuve proscrit par l'art. 1341, C. civ. — Nous estimons que cette opinion n'est pas fondée : le reproche d'enfreindre l'art. 1341, C. civ., qui enjoint de passer acte de tout contrat ayant pour objet une somme supérieure à 150 fr., et prohibe l'admission de la preuve testimoniale, ne saurait atteindre la partie qui se plaint de la soustraction, car elle a exécuté la loi, elle a passé un acte, puisque, après avoir produit cet acte, on l'a fait disparaître ; d'ailleurs cette partie, lésée par un délit, invoquerait avec avantage, pour faire admettre la preuve vocale, l'art. 1348, nº 4, qui fait exception à la prohibition de l'art. 1341 pour le cas où le créancier a perdu le titre qui lui servait de preuve littérale par suite *d'un cas fortuit, imprévu et résultant d'une force majeure.* — Si la production d'une pièce dans une contestation judiciaire peut être regardée comme une sorte de dépôt, il faut bien qu'on reconnaisse que c'est un dépôt d'une nature toute particulière, et dont la preuve écrite ne peut pas être fournie, parce qu'elle ne peut pas exister. Qui donc demanderait récépissé à un juge des pièces produites dans la chambre du conseil pour servir de base à la délibération du tribunal ? Si la pièce détournée plus tard a été simplement produite, invoquée à l'audience, sans avoir été matériellement déposée, quelle nature d'acte la partie pourra-t-elle présenter pour constater ce fait ? — Ces difficultés de preuve n'existeront le plus souvent pas, car, lorsque le tribunal saisi de la contestation sera appelé à réprimer le délit, les souvenirs des magistrats auront retenu et la production et la nature de la pièce détournée. Mais lorsque l'action en répression du délit, puni par l'art. 409, C. pén., devra être portée devant une autre juridiction, nous estimons que, par analogie de ce qui se pratique dans les procès pour compte-rendu des audiences avec infidélité et mauvaise foi, le tribunal investi de la connaissance de la contestation pourrait, par un procès-verbal spécial, constater le fait de la production de la pièce dont il indiquerait la teneur, la nature ou la substance, et en signaler la disparition. A défaut de ces procès-verbaux, la preuve testimoniale nous semble devoir être nécessairement admise. — Quant à la soustraction elle-même, tout le monde est d'accord qu'elle ne peut être prouvée que par témoins.

13. — L'abus de confiance dont il est question sous ce mot est puni d'une amende de 25 fr. à 300 fr. C. pén., art. 409. — La condamnation sera donc soumise à l'appel, à moins qu'elle n'émane d'une cour royale devant laquelle le délit aurait été commis.

14. — Bien que le fait dont il vient d'être parlé soit rangé par la loi sous la rubrique *Abus de confiance*, et ne soit, en effet, qu'une variété de cette nature de délit, cependant il est difficile de croire que le législateur ait entendu y attacher les incapacités prononcées par certaines lois spéciales contre les condamnés pour abus de confiance proprement dits. — V. ABUS DE CONFIANCE, nºs 194 et suiv. — Ces incapacités seraient, en effet, hors de toute proportion avec la peine principale édictée par la loi.

ABUS DE JOUISSANCE.

Ce sont les actes par lesquels celui qui a le droit de jouir d'une chose dont il n'est pas propriétaire, excède les limites de ce qui lui est permis. — L'abus de jouissance entraîne, suivant les cas, des conséquences diverses contre ceux qui le commettent.

V. ANTICHRÈSE, BAIL, FORÊTS, SUBSTITUTION, USAGE, USUFRUIT.

ABUS DES BESOINS, DES PASSIONS ET DES FAIBLESSES DES MINEURS.

1. — Il n'existait, avant le Code pénal de 1810, aucune disposition destinée à frapper, dans l'intérêt de la vindicte publique, ceux qui abusent des besoins, faiblesses ou passions d'un mineur pour lui faire souscrire des actes préjudiciables à ses intérêts. La prévoyance du législateur s'était bornée à inscrire dans la loi civile des dispositions destinées à assurer aux mineurs la réparation du dommage que pourraient leur faire éprouver les actes entachés de lésion qu'ils auraient été amenés à souscrire. Le Code de 1810 a comblé cette lacune.

2. — « Quiconque, porte l'art. 406 de ce Code, aura abusé des besoins, des faiblesses ou des passions d'un mineur, pour lui faire souscrire à son préjudice des obligations, quittances ou décharges, pour prêt d'argent ou de choses mobilières, ou d'effets de commerce, ou de tous autres effets obligatoires, sous quelque forme que cette négociation ait été faite ou déguisée, sera puni d'un emprisonnement de deux mois au moins, de deux ans au plus, et d'une amende qui ne pourra excéder le quart des restitutions et des dommages-intérêts qui seront dus aux parties lésées, ni être moindre de 25 fr. »

3. — Le but de cet article est ainsi clairement défini ; c'est de protéger la faiblesse et l'inexpérience des mineurs contre les artifices d'hommes coupables qui les ruinent en leur faisant des avances d'argent aux conditions les plus onéreuses ; il s'agit d'atteindre les prêteurs sur gages, les usuriers, et enfin tous ceux qui abusent de la facilité et des passions des mineurs pour leur faire souscrire des obligations préjudiciables. — Chauveau et Hélie, *Th. C. pén*, t. 7, p. 329.

4. — Le délit prévu et puni par l'art. 406 se compose de trois élémens. Il faut 1º que le prévenu ait abusé des besoins, des faiblesses ou des passions d'un mineur ; 2º que cet abus ait eu pour objet et pour résultat de lui faire souscrire des obligations, quittances ou décharges, pour prêt d'argent ou de choses mobilières, ou d'effets de commerce, ou de tous autres effets obligatoires ; 3º que les obligations, quittances ou décharges obtenues soient de nature à causer préjudice au mineur. — Chauveau et Hélie, t. 7, p. 330 ; Carnot, *C. pén.*, art. 406, nº 7 ; Delapalme, *Encycl. du dr.*, vº *Abus des besoins*, etc., nº 3 ; Rauter, *Dr. crim.*, t. 2, p. 142.

5. — L'*abus* existerait alors même que le mineur aurait pénétré les vues du prêteur et qu'il aurait volontairement consenti au préjudice. — Chauveau et Hélie, t. 7, p. 331 ; Delapalme, *ibid.*, nº 2 ; Rauter, *loc. cit.*

6. — C'est aux juges qu'il appartient d'apprécier les faits constitutifs de l'abus. — Chauveau et Hélie, *loc. cit.*

7. — La minorité que les juges doivent prendre en considération est celle de vingt-un ans. — Peu importe, d'ailleurs, qu'il s'agisse ou non de mineurs émancipés, la loi ne faisant aucune distinction.

8. — Cependant il faudrait faire une exception à l'égard des mineurs émancipés qui exercent le commerce ; la loi les réputant majeurs pour tous les actes relatifs à leur commerce, l'art. 406, C. pén., serait inapplicable en ce qui concerne ces actes. — Chauveau et Hélie, t. 7, p. 331 ; Carnot, *C. pén.*, art. 406, nºs 2 et 8 ; Rauter, t. 2, p. 143 ; Delapalme, *loc. cit.*, à moins, dit ce dernier auteur, qu'il ne soit établi que ceux qui ont traité avec le mineur commerçant ont voulu, non pas l'aider dans ses affaires, mais servir ses passions dans la vue du lucre qu'ils prétendaient en tirer. — Ce qui revient à dire que les juges examineront si la profession de commerçant est ou non une circonstance accidentelle au délit.

9. — Mais il importerait peu que le mineur se fût déclaré *majeur*, ou que le prévenu eût ignoré l'état de minorité. — Carnot, *eod. loc.*, nº 4 ; Delapalme, *ibid.*, nº 6 et suiv. ; Morin, *Dict. du dr. crim.*, vº *Abus des passions d'un mineur.*

10. — L'art. 406 exige que l'abus ait eu pour résultat la souscription d'une *obligation* ou *quittance* ou *décharge* ; une convention verbale ne pourrait donc être un des élémens du délit. — Carnot, *ibid.*

11. — Il veut, en outre, qu'il s'agisse d'obligation, décharge, etc., pour prêt d'argent, *ou de choses mobilières*, ou d'effets négociables. Toutefois, si l'obligation souscrite par le mineur avait trait à une chose immobilière, le délit n'en existerait pas moins. — Carnot, *loc. cit.* ; Delapalme, *ibid.*

12. — Et à plus forte raison le délit existerait-il s'il s'agissait d'un prêt déguisé sous *forme d'une vente immobilière.* La loi, en effet, poursuit le prêt de choses mobilières, sous quelque forme que cette négociation ait été faite ou déguisée. — Chauveau et Hélie, t. 7, p. 332 ; Rauter, *Dr. crim.*, t. 2, p. 143.

13. — La nécessité du préjudice n'est pas moins essentielle que celle des autres conditions constitutives de l'abus, pour l'existence de ce délit. Si, donc, par l'effet d'un vice de forme dont l'obligation est infectée, le préjudice est impossible, il n'y a plus de fait punissable, la simple tentative n'ayant pas été incriminée par la loi. — Chauveau et Hélie, *ibid.* — V. *contrà* Delapalme, *Encycl. du dr.*, vº *Abus des besoins*, etc., nº 14 ; Morin, *Dict. du dr. crim.*, *loc. cit.* — V. aussi Carnot, sur l'art. 406, nº 2, et Rauter (*Droit criminel français*, t. 2, p. 144), qui fait une distinction suivant que l'acte a ou n'a pas l'existence apparente d'une obligation.

14. — Mais on ne saurait considérer comme excluant le préjudice la nullité résultant de l'*incapacité* du mineur. — Autrement l'art. 406 n'aurait pas de sens. — Chauveau et Hélie, *loc. cit.*

15. — Bien qu'il y eût possibilité d'un préjudice pour le mineur, si les choses étant encore entières, le prévenu, de son *propre mouvement*, déclarait ne pas entendre se servir de l'obligation ou décharge qu'il se serait ainsi procurée, son délit serait-il tellement effacé qu'il ne dût être prononcé contre lui aucune condamnation ? Carnot est pour la négative, l'abus n'en ayant pas moins été commis. Seulement, il pense qu'on devrait tenir compte au prévenu de la spontanéité de sa démarche, en lui accordant le bénéfice des circonstances atténuantes. — *Comm. sur le C. pén.*, *loc. cit.*

16. — Jugé en ce sens que les restitutions faites par le prévenu ne peuvent changer la nature du fait incriminé, ni le réduire à une simple tentative. — *Cass.*, 13 nov. 1840 (t. 2, 1840, p. 696), Vigier.

17. — C'est au moment où l'acte a été souscrit qu'il faut se reporter pour apprécier la question de préjudice. — Ainsi, lors même que le préjudice aurait *ultérieurement* disparu, ou que l'acte serait à l'avantage du mineur, le prévenu ne trouverait point une excuse valable dans cette circonstance, qui ne peut en rien changer le caractère du délit antérieurement consommé. — Carnot, *C. pén.*, art. 406, nº 10 ; Delapalme, *Encycl. du dr.*, vº *Abus des besoins*, nº 15.

18. — Jugé conformément à ce principe que le délit prévu par l'art. 406, C. pén., est consommé au moment où le mineur a souscrit l'obligation au profit du prêteur. — *Cass*, 13 nov. 1840 (cité nº 16).

19. — La peine applicable au délit prévu par l'art 406 est un emprisonnement de deux mois au moins et deux ans au plus. — En outre, les juges prononcent une amende qui ne peut excéder le quart des restitutions et des dommages-intérêts qui sont dus aux parties lésées, ni être moindre de 25 fr.

20. — De ce que l'art 406 prend pour base de l'amende le montant des *restitutions et des dommages-intérêts* (ce qui ne peut souffrir de difficulté quand il y a une partie civile en cause), quelques auteurs ont conclu que si le délit était poursuivi *d'office*, les bases de l'évaluation manquant, l'amende ne pourrait, dans ce cas, être fixée qu'au minimum déterminé par l'article. — Carnot, *loc. cit.* ; Chauveau et Hélie, t. 7, p. 333.

21. — M. Delapalme (*loc. cit.*) soutient le système contraire, attendu que les peines étant infligées à raison du préjudice qu'éprouve la société, leur gravité ne saurait dépendre de l'exercice de l'action civile. — Cette doctrine est vraie en principe ; et toutefois, dans le cas qui nous occupe, il peut être difficile d'en faire l'application. Comment, en effet, les juges, en l'absence de la partie civile, arriveront-ils à fixer les *dommages et restitutions* qui seuls peuvent servir de base à la détermination de l'amende, prise en dehors du minimum ? Si, par exemple, aucune restitution n'était due, les juges pourraient-ils en fixer le montant d'une manière purement hypothétique ? Nous ne le pensons pas.

22. — Et c'est dans ce sens qu'il a été jugé que le *maximum* seul de l'amende doit être proportionné aux restitutions et dommages-intérêts ; mais que la transaction intervenue entre le prévenu et la partie lésée a pour effet d'empêcher les juges d'élever l'amende au-dessus du minimum de 25 fr. — *Cass.*, 13 nov. 1840 (cité nºs 16 et 18).

23. — L'amende dont la loi punit l'abus de confiance (et le délit prévu par l'art. 406), et qui ne peut excéder le quart des restitutions et des dommages-intérêts dus aux parties lésées, ni être moindre de 25 fr., ne doit jamais dépasser le maximum fixé par la loi, encore bien que la cour royale, usant du pouvoir que la loi lui confère lorsqu'il y a déclaration de circontances atténuantes, ait déchargé le prévenu de la peine d'emprisonnement pour n'appliquer que l'amende. — *Cass.*, 7 mars 1844 (t. 1er 1844, p. 780), Dohoux.

24. — En outre de l'emprisonnement et de l'amende, il est facultatif aux juges de prononcer l'interdiction temporaire des droits mentionnés en l'art. 42, C. pén. C'est ce qui résulte du renvoi au second paragraphe de l'art. 405. — V. Chauveau et Hélie, *eod. loc.* — En outre, la peine prononcée par l'art. 406 étant la même que celle prononcée pour l'abus de confiance proprement dit (art. 408), et le fait qu'elle atteint se trouvant rangé sous la rubrique *Abus de confiance*, il semble naturel d'y appliquer les incapacités prononcées par les lois spéciales contre les condamnés pour abus de confiance. — V. ce mot, nºs 194 et suiv.

ABUS DE POUVOIR.

V. ABUS D'AUTORITÉ.

ACADÉMIE.

1. — On comprend généralement sous ce titre les diverses classes de l'Institut, lesquelles sont : 1° l'Académie française ; 2° l'Académie des sciences ; 3° l'Académie des inscriptions et belles-lettres ; 4° l'Académie des sciences morales et politiques ; 5° l'Académie des beaux-arts.

2. — Chacune de ces diverses classes date d'une époque différente. Ainsi, l'Académie française, qui doit sa création à Richelieu, a été établie par édit du roi Louis XIII, en 1635. Les lettres-patentes qui approuvaient les statuts qu'elle se donna ne furent enregistrées au parlement que le 10 juill. 1637, et avec cette restriction : « *A la charge que ceux de ladite assemblée et académie ne connaîtront que de l'ornement, embellissement et augmentation de la langue française, et des livres qui seront faits par eux, et par autres personnes qui le désireront et voudront.* » — L'Académie des sciences fut fondée en 1666 par les ordres du roi. En 1669, le roi lui donna une nouvelle forme. — L'Académie des Inscriptions et belles-lettres fut instituée en 1663 par Colbert ; mais elle ne fut constituée qu'en 1701, par les soins de l'abbé Bignon. — L'Académie de peinture et de sculpture fut établie par Louis XIV, sous la protection du cardinal Mazarin. — L'Académie des sciences morales et politiques fut instituée par la loi du 3 brum. an IV, qui réunit les cinq académies alors existantes en un seul corps auquel il donna le nom d'Institut.

3. — L'Institut national, modifié par un arrêté du 3 pluv. an XI, qui supprima la classe des sciences morales et politiques, réorganisé en 1814 et 1815 par la Restauration, qui donna de nouvelles dénominations à ses diverses classes, mais sans rétablir celle des sciences morales et politiques, fut complété de nouveau par une ordonnance royale du 26 oct. 1832, dont l'art. 1er dispose : « L'ancienne classe des sciences morales et politiques est et demeure rétablie dans le sein de l'Institut royal de France, sous le titre d'Académie des sciences morales et politiques. »

4. — Chacune des classes de l'Institut a une organisation et des réglemens particuliers. — V. au surplus INSTITUT.

5. — Il existe aussi une Académie royale de médecine, fondée par ordonnance des 20 déc. 1820 et 14 janv. 1821, spécialement instituée (dit l'art. 2) « pour répondre aux demandes du gouvernement sur tout ce qui intéresse la santé publique, et principalement sur les épidémies, les maladies particulières à certains pays, les épizooties, les différens cas de médecine légale, la propagation de la vaccine, l'examen des remèdes nouveaux et secrets tant internes qu'externes, les eaux minérales naturelles ou factices, etc., etc. — Cette Académie est en outre chargée (art. 2) de continuer les travaux de la Société royale de médecine et de l'Académie royale de chirurgie, et de s'occuper de tous les objets d'études et de recherches qui peuvent contribuer aux progrès des différentes branches de l'art de guérir. »

6. — L'art. 18 de la même ordonnance autorise l'Académie royale de médecine à accepter, en se conformant aux lois et réglemens, les legs et donations destinés à favoriser les progrès de la science.

7. — L'organisation de cette Académie a été modifiée par deux ordonnances royales du 6 mars 1835. — Duvergier, *Coll. des lois*, t. 35, p. 47 et 48.

8. — On désigne encore sous le titre d'Académie les diverses parties de l'Université. — V. ENSEIGNEMENT, UNIVERSITÉ.

ACADÉMIE ROYALE DE MUSIQUE.

V. THÉATRE.

ACCAPAREMENT.

1. — Achat considérable de denrées ou de marchandises d'une certaine espèce, dans le but d'en élever arbitrairement le prix en la rendant plus rare et en se faisant seul maître de la vente.

2. — L'accaparement ne doit être confondu ni avec le *monopole*, qui en est la conséquence habituelle, ni avec l'*enarrhement*, qui consiste à donner des arrhes pour s'assurer les marchandises ou la récolte, et n'est qu'un simple projet d'achat qui peut ne pas être réalisé. — En cas d'accaparement, l'acquisition est complète et l'accapareur est devenu propriétaire et possesseur de la chose.

3. — L'accaparement s'adresse le plus ordinairement aux grains et autres substances alimentaires, dans le but de produire une disette factice et d'augmenter le prix des denrées. Aussi a-t-il été réprimé par les lois de tous les temps. Sans remonter jusqu'aux livres hébraïques (*Proverbes*, cap. 12, vers. 26), il suffira de citer pour les lois romaines les titres du Digeste *Ad legem Juliam de annonâ* et *De extraordinariis criminibus* ; le titre au Code *De monopolis et conventu negotiatorum illicito* ; pour l'ancien droit français, les Capitulaires de Charlemagne, donnés à Aix-la-Chapelle en 806 (Baluze, t. 1er, p. 455) ; les Coutumes anglo-normandes, par Houard, t. 2, p. 476 et suiv. ; les Ord. du 12 sept. 1343, de mars 1356, art. 31 ; Ord. de Cléry, de juill. 1482 ; de Louis XII, du 5 nov. 1505, art. 42 ; de François Ier, de juin 1517, du 29 févr. 1531, du 20 juin 1531, du 20 juin 1539, d'août 1539, art. 191 ; Arrêt du parlement de Paris, du 16 déc. 166, et de Dijon, du 19 juill. 1694 ; Sentence du barreau de Paris, du 14 août 1694 ; Déclarations du roi, d'août 1699, art. 5, 8 et 10.

4. — Le principe de la liberté indéfinie du commerce a été sanctionné par l'arrêt du conseil du roi du 17 sept. 1754 ; la déclaration du 25 mai 1763 et par l'édit de juill. 1764. — Pour connaître les difficultés qui s'élevèrent plus tard sur cette matière, on peut consulter les remontrances du parlement de Paris, du 20 oct. 1768, et les arrêts des parlemens de Provence, du 18 déc. 1768 ; du Dauphiné, du 26 avr. 1768 ; de Paris, du 29 août 1770, et l'arrêt du Conseil, du 23 déc. 1770. — Ce ne fut que sous le ministère de Turgot que la liberté du commerce, et surtout du commerce des grains, fut proclamée par les lettres-patentes du 15 sept. 1774, et l'édit de 1776.

5. — L'Assemblée constituante et l'Assemblée législative assurèrent aussi la libre circulation des grains par les décrets des 29 août, 18 sept. et 5 oct. 1789 ; 15 sept. 1790 ; 3 et 18 févr., 14 mars et 13 avr. 1792. — Pour remédier à la disette qui affligeait la France et que la malveillance augmentait encore, la Convention, par la loi du 26 juillet 1793, prononça peine de mort contre les accapareurs et leurs complices. — V. aussi les lois des 29 août, 20, 25 et 27 sept. 1793. — Mais sous le Directoire, toutes ces dispositions ont disparu devant la loi du 21 prair. an V et l'arrêté du gouvernement du 17 prair. an VII, qui ont déclaré libre la circulation des grains dans toute la république.

6. — Le Code pénal ne contient pas contre l'accaparement d'autres dispositions que les art. 419 et 420, qui frappent de peines correctionnelles les principaux détenteurs d'une même denrée ou marchandise qui, *pour opérer* par des manœuvres frauduleuses, ou autres moyens spécifiés par les articles précités, ont opéré la hausse ou la baisse des prix. — V. HAUSSE ET BAISSE DU PRIX DES DENRÉES ET MARCHANDISES.

ACCEDIT.

1. — Descente du juge, visite des lieux contentieux.

2. — Ce mot, qui a vieilli, était particulièrement usité en Provence.

3. — Un arrêt du 24 mai 1675 décidait que les juges ne pouvaient ordonner d'*accedit* en matière de bornage, et qu'il fallait faire visiter les lieux par des experts. — Cette décision ne serait pas suivie aujourd'hui. — V. DESCENTE SUR LIEUX.

ACCENSEMENT.

On désignait sous ce nom, dans le droit féodal, la convention par laquelle on donnait un héritage à cens. — V. BAIL A CENS.

ACCEPTATION.

1. — C'est, en général, l'action d'agréer ce qui est offert ou donné.

2. — C'est par les offres, d'une part, et par l'acceptation de l'autre, que se forment les contrats. — V. CONTRAT JUDICIAIRE, OBLIGATION.

3. — Et il a été jugé que le consentement donné en justice ne lie pas la partie qui l'a donné lorsque l'autre partie ne l'a pas accepté. — *Cass.*, 13 mai 1824, de Magnoncourt c. Aymonet. — V. au surplus CONTRAT JUDICIAIRE.

4. — L'acceptation n'est nécessaire qu'autant qu'il s'agit d'actes bilatéraux. — Quant aux actes unilatéraux, ils n'ont pas besoin d'être acceptés pour produire effet. — Tels sont, par exemple, une quittance, une reconnaissance de prêt, les actes confirmatifs et récognitifs, l'abandon des biens par un héritier bénéficiaire, etc., etc. — Rolland de Villargues, *Dict. not.*, v° *Acceptation*. — V. au surplus ACTE, RATIFICATION, CONFIRMATION, TITRE NOUVEL, HÉRITIER BÉNÉFICIAIRE. — V. aussi AVEU, CAUTIONNEMENT, HYPOTHÈQUE, SUCCESSION.

5. — L'acquiescement n'a pas besoin d'acceptation, mais le désistement en a besoin. — V. ACQUIESCEMENT, DÉSISTEMENT.

6. — En général, l'acceptation peut être tacite, mais il est des actes pour lesquels la loi exige une acceptation expresse. — V. LETTRE DE CHANGE, DONATION ENTRE VIFS, DÉSISTEMENT.

7. — Quand l'acceptation est exigée, elle doit intervenir avant la révocation des offres. — Rolland de Villargues, *loc. cit.*

ACCEPTATION DE CAUTIONNEMENT.

V. CAUTIONNEMENT.

ACCEPTATION DE COMMUNAUTÉ.

V. COMMUNAUTÉ.

ACCEPTATION DE DONS ET LEGS.

V. DONATION ENTRE VIFS, ENREGISTREMENT, LEGS, TESTAMENT.

ACCEPTATION DE DOUAIRE.

V. — DOUAIRE.

ACCEPTATION DE LETTRE DE CHANGE.

C'est l'acte par lequel le tiré s'engage à payer la lettre de change lors de son échéance. — V. LETTRE DE CHANGE.

ACCEPTATION DE SUCCESSION.

1 — C'est l'acte par lequel un héritier présomptif déclare accepter la succession à laquelle il est appelé.

2. — L'acceptation peut avoir lieu purement et simplement ou sous bénéfice d'inventaire. — C. civ., art. 774.

3. — Nul n'est tenu d'accepter une succession qui lui est échue. — C. civ., art. 775.

V. au surplus HÉRITIER, SUCCESSION, SUCCESSION BÉNÉFICIAIRE.

ACCEPTATION DE TRANSPORT.

V. CESSION, TRANSPORT.

ACCEPTATION D'OFFRES.

V. ENREGISTREMENT, OFFRES RÉELLES.

ACCEPTATION PAR INTERVENTION.

C'est l'acte par lequel, sur le refus du tiré d'accepter une lettre de change, un tiers intervient et accepte pour le compte d'un des signataires. C'est ce qu'en termes de commerce on appelle *honorer la signature*. — V. LETTRE DE CHANGE.

ACCEPTATION PAR RÉCLAMATION.

On appelle ainsi dans le commerce l'acceptation que donne la personne indiquée *au besoin*, lorsque l'accepteur originaire est tombé en faillite, et que la lettre de change a été protestée. — V. LETTRE DE CHANGE.

ACCEPTER A JUGE (droit ancien).

1. — Termes usités en Artois pour exprimer, dans les contrats, la soumission des parties à un tribunal désigné d'avance pour connaître toutes les contestations qui pourraient naître de l'acte.

2. — Les notaires, dans cette province, ne manquaient guère d'insérer cette clause dans leurs actes, afin d'épargner aux parties les frais considérables qu'eût entraînés, sans cela, la nécessité de parcourir plusieurs degrés de juridiction.

3. — C'était, d'ordinaire, le conseil d'Artois qui était désigné par les parties comme tribunal de leur choix. Cette préférence excita les réclamations des sept bailliages de la province, mais, par déclaration du 25 mars 1704, enregistrée le 11

ACCESSION, chap. 1er.

avril suivant, et confirmée par arrêt du conseil du 25 mai 1726, le conseil souverain d'Artois fut main tenu dans la possession de pouvoir être *accepté à juge* par les contractans. — Merlin, *Répert.*, v° *Accepter à juge.*

4. — Les habitans des autres provinces du royaume, dans lesquelles la justice était patrimoniale, ne jouissaient pas de l'avantage de pouvoir désigner d'avance le tribunal qui connaîtrait des contestations relatives aux actes qu'ils avaient souscrits. — En effet, les juges dessaisis par une semblable clause n'eussent pas manqué de revendiquer le procès porté devant le juge supérieur, et celui-ci se fût trouvé dans la nécessité de la lui rendre. — Edit de Crémieu, art. 14 ; Déclarat. du roi, juin 1559, art. 9, 10 et 11 ; Ord. de 1667, tit. 6, art. 1er ; Déclarat. du 17 mai 1674 ; — Jousse, *Ordonn. civiles*, t. 1er, p. 181 à 183.

5. — Par arrêt du parlement de Dijon, du 25 avr. 1708, il a été fait « défense à tous juges de re-» tenir, sous prétexte desdites conventions, clauses » et soumissions, les affaires dont la connaissance » ne leur appartiendra de droit. » — Le même arrêt leur enjoint de renvoyer ces affaires devant les juges qui doivent en connaître.

ACCEPTEUR.

C'est le nom qu'on donne au tiré lorsqu'il s'est engagé à payer la lettre de change. — V. LETTRE DE CHANGE.

ACCEPTILATION.

1. — C'était à Rome un mode d'extinction d'obligation *ipso jure*, par la volonté des parties, et qui consistait en une interrogation du débiteur, demandant au créancier s'il tenait pour reçu ce qui lui avait été promis, et en une réponse affirmative du créancier : *Acceptilatio est liberatio per mutuam interrogationem*, L. 1, ff., *De acceptil.* — Pour la formule, V. L. 6 et 7, ff., *loc. cit.* — Cette espèce de remise libérait comme un paiement véritable. — L. 5 et 19, ff., *loc. cit.*

2. — L'acceptilation ne s'appliquait, dans le principe, qu'aux obligations contractées *verbis.* — Mais, au moyen de la stipulation aquilienne, on a pu appliquer ce mode d'extinction à toutes les espèces d'obligations, en transformant préalablement, à l'aide d'une novation, l'obligation quelconque qu'on voulait éteindre en une obligation verbale, qui pouvait alors être éteinte par une acceptilation. — Sur cette matière, V. au Digeste, le tit. *De acceptilatione*, liv. 46, tit. 4 ; au Code, le tit. *De acceptilationibus*, liv. 8, tit. 44, et aux *Institutes* de Justinien, le tit. *Quibus modis tollitur obligatio*, liv. 3, tit. 20. — V. aussi L. 89, ff., *De solutionibus et liberationibus*; L. 7, *in princ.*, ff., *De liberatione legatâ.*

ACCEPTION DE PERSONNE.

1. — Préférence accordée à une partie sur l'autre.

2. — De tout temps il a été de principe que la justice devait être rendue sans acception de personnes.

3. — François Ier fit de cette maxime une disposition légale. Il assujétit les juges à prêter « ser-» ment contenant, entre autres choses, que fidèle-» ment ils exerceront la justice, SANS ACCEPTION » DE PERSONNES, non par prières, dons, ni argent, » mais toutes haines, rancunes, amour, faveur » cessantes. » — Ord. 1535, ch. 12, somm. 2.

4. — D'Aguesseau, dans sa mercuriale sur la fermeté, a essayé de prémunir les magistrats contre ces préférences, qu'ils sont trop souvent disposés à accorder à certains plaideurs. « Tel est, dit-il, si l'on n'y prend garde, le progrès insensible des mouvemens du cœur humain : un désir secret de trouver le bon droit où l'on voit le crédit s'élève dans le cœur du magistrat. Il ne se défie point assez d'un sentiment où il ne voit encore rien de criminel, et dont il se flatte qu'il sera toujours le maître... » — *Mercurial.*, t. 1er, p. 173.

5. — On entend encore par acception de personnes les égards qu'on a pour les uns plutôt que pour les autres. — La loi elle-même trace des formes particulières, un cérémonial exceptionnel pour l'audition de certains fonctionnaires, pour la comparution en justice et la déposition des princes et princesses du sang. — V. Code instr. crim., tit. 4, ch. 5, art. 510 et suiv.

6. — De même, en matière de délits de presse, ou de délits politiques, la justice n'exige pas toujours que le prévenu ou l'accusé occupe le banc qui lui est destiné ; on lui épargne cette souillure quand le fait qui donne lieu aux poursuites n'entache pas sa moralité.

ACCESSION.

Table alphabétique.

ACCESSION. — 1. — Réunion accessoire ou incorporation, soit naturelle, soit artificielle, d'une chose à une autre. — Le Code civil donne encore le nom d'accession au produit de toute chose mobilière ou immobilière. — C. civ., art. 546 et 551.

2. — L'accession est un moyen d'acquérir du droit des gens consacré par le Code civil (art. 712). — « La propriété d'une chose, dit l'art. 546, soit mobilière, soit immobilière, donne droit sur tout ce qu'elle produit, et sur ce qui s'y unit accessoirement, soit naturellement, soit artificiellement ; ce droit s'appelle *droit d'accession.* »

—

CHAPITRE Ier. — *Historique et notions préliminaires.*

3. — L'accession était-elle à Rome un moyen d'acquérir la propriété ? — L'affirmative a été admise par quelques auteurs. — V. notamment Ortolan, *Inst. de Just.*, liv. 2, tit. 1er. — Mais nous ne saurions partager ce sentiment, qui nous paraît contraire au texte comme à l'esprit des lois romaines.

4. — D'une part, en effet, Gaïus, après avoir dit que la tradition est un moyen d'acquérir du droit des gens, ajoute, au § 66 du commentaire deuxième de ses *Institutes* : « *Nec tamen ea tantum, quæ traditione nostra fiunt, naturali nobis ratione acquiruntur, sed etiam quæ occupando ideo nacti fuerimus, quia antea nullius essent : qualia sunt omnia, quæ terrâ marique et cælo capiuntur* ; » et il passe de suite à des exemples dans une série de paragraphes où il développe sa proposition, sans dire dans aucun de ces paragraphes que c'est en vertu d'un troisième moyen du droit des gens que nous sont acquises les choses dont il est question. Or, précisément, c'est dans cette suite d'exemples que se trouvent cités les cas d'acquisition que quelques commentateurs considèrent comme un effet de l'accession. Comment concevrait-on que ce mode d'acquérir, s'il avait existé, n'eût pas été mentionné par Gaïus, qui a déjà pris soin de nous dire que nous n'acquérons pas seulement par tradition, mais encore par occupation, alors qu'il énumère et détaille tous les modes d'acquisition tirés du droit des gens et du droit naturel ? — D'autre part, l'*alluvion*, la plante qui avait poussé dans le champ d'autrui, l'écriture, la toile sur laquelle on avait peint, étaient considérées comme choses *extinctæ*, partant comme n'ayant plus de maître, et acquises par *occupation* au maître de la chose principale. Ici, il n'était aucunement besoin d'invoquer un mode particulier d'acquisition. Les deux modes donnés par Gaïus, ou plutôt le second, suffisaient à expliquer la cause de la propriété du nouveau maître. — V. Domenget, *Inst. de Gaïus, traduites et annotées*, sous le § 79 du *Comm.* 2. — V. aussi ALLUVION, PROPRIÉTÉ.

5. — Quant à l'île qui naissait dans la mer, nous savons qu'elle appartenait au premier occupant, comme chose qui n'avait pas de maître. — *Instit.* de Justinien, liv. 2, t. 1er, § 22. — L'île formée dans un fleuve appartenait au contraire aux riverains, chacun pour la portion qui, partant du milieu du fleuve, s'étendait du côté de sa propriété. Que si, au contraire, aucune partie de l'île n'occupait le milieu, elle appartenait tout entière à celui dont l'héritage bordait la rive la plus rapprochée. La raison qui faisait que l'île née dans le fleuve appartenait aux riverains, vient évidemment de ce que, à l'inverse de l'île née dans la mer, elle ne pouvait pas appartenir au premier occupant comme chose n'ayant pas de maître ; c'est-à-dire de ce que la propriété préexistait au profit du riverain dont le champ s'étendait jusqu'au milieu du fleuve, avant que l'eau courante n'eût rendu cette propriété impossible à être exercée ; or, cette impossibilité cessait quant à la portion qui se produisait au-dessus de l'eau. — V. Domenget, *Inst.* de Gaïus, *traduites et annotées*, p. 128, note ; et Ducaurroy, *Institutes expliquées*, liv. 2, sur le tit. 1er.

6. — En ce qui touche les matériaux d'autrui qui avaient été employés sur un fonds, ils n'en restaient pas moins la propriété de leur ancien maître ; et s'ils ne pouvaient être revendiqués, c'est que la loi des douze Tables défendait que nul fût contraint à extraire de ses constructions les *matériaux d'autrui*, parce qu'on empêchait la démolition des bâtimens. Si cette démolition avait lieu, l'ancien maître pouvait *revendiquer*. Il n'y avait donc point eu d'accession dans ce cas, puisqu'il n'y avait pas même eu d'acquisition. — V. *Inst.* de Justinien, tit. 1er, liv. 2, § 29 ; et surtout Domenget, *Inst.* de Gaïus, p. 130.

7. — Il en était de même de la pourpre d'autrui mise sur un habit, laquelle, bien que le cédant à l'habit, comme accessoire, pouvait néanmoins être revendiquée par l'ancien propriétaire, dès qu'il l'avait fait extraire au moyen de l'action *ad exhibendum*. — V. *Inst.* de Justinien, liv. 2, tit. 1er, § 26 ; et ff., liv. 6, tit. 1er, L. 23, § 5, *Frag.* de Paul.

8. — Du reste, suivant Paul, chaque fois qu'un objet nouveau avait été fait avec la matière d'autrui, et que cette matière pouvait être ramenée à son état primitif, le maître en avait la revendication. Elle n'était donc point acquise, quoique accessoire de l'objet nouveau. Justinien consacre cette doctrine en ses *Institutes*. — ff., liv. 41, tit. 1er, L. 24 et 26, *Frag.* de Paul ; et *Inst.* de Justinien, liv. 2, tit. 1er, § 25 ; Gaïus, *Comm.* 2, § 79, et les explications de M. Domenget.

9. — Quelques auteurs, et notamment M. Marcadé (*Elém. de droit civ. français*, sur l'art. 546, C. civ.), vont encore plus loin : selon eux, il serait impossible, même en logique, de considérer les choses accessoires, alors qu'elles sont unies à d'autres,

comme ayant une substance propre, une individualité; ce sont les qualités, les manières d'être, *les modes* de la chose principale. Elles ne sont donc plus choses de l'ancien maître, mais sont confondues, anéanties dans la principale, qui les absorbe. Il y a donc, suivant les mêmes auteurs, contradiction à parler de l'acquisition d'une chose qui n'existe pas juridiquement. C'est ce que le droit romain n'avait pas admis et ne pouvait pas admettre. Mais toutes ces distinctions, d'ailleurs contestées par de très bons esprits, sont au moins fort subtiles et présentent d'autant moins d'intérêt dans la pratique qu'elles ne concordent plus avec le système du Code civil : nous ne nous y arrêterons donc pas davantage.

10. — Les principes du droit romain étaient suivis dans nos provinces de droit écrit.

11. — Mais le droit coutumier mettait l'accession au nombre des moyens d'acquérir du droit des gens. Comme ce moyen a passé dans le Code civil, qui a adopté la plupart des règles admises dans ce droit, nous ne nous arrêterons pas plus long-temps sur cet historique. — V. Pothier, *De la propriété*, chap. 2, sect. 3e.

12. — Le Code civil considère l'accession : 1o relativement aux produits de la chose; 2o relativement à ce qui s'unit et s'incorpore à la chose.

13. — Il existe donc deux espèces d'accession, différentes, sans doute, quant à leur manière de se produire, mais qui cependant se ressemblent en ce point qu'elles supposent l'une et l'autre une propriété préexistante. Aussi le Code civil les a-t-il réunies sous un même titre.

14. — Ce qui est produit par la chose s'appelle, en général, *fruit*. Il y a plusieurs espèces de fruits : les fruits naturels, les fruits industriels et les fruits civils.

15. — Les fruits naturels sont ceux qui naissent spontanément de la terre, tels que les bois, l'herbe, les fruits des arbres, alors même qu'ils ont été plantés de main d'homme. — Vinnius, *Inst. de rer. div.*, § 35, no 1er; Duranton, 4e édit., t. 4, p. 280, no 348.

16. — On range aussi dans la classe des fruits naturels le produit et le croît des animaux. — C. civ., art. 583; — Duranton, *ibid.*; Chavot, *Traité de la propriété mobilière*, no 443.

17. — Les fruits industriels sont ceux qu'on n'obtient qu'au moyen de la culture, tels que les grains, les légumes, les raisins, etc. — Art. 583, C. civ., et L. 45, ff., tit. *De usuris et fructibus*; — Ph. Dupin, *Encyclop. du dr.*, vo *Accession*, no 5.

18. — Les fruits civils sont les loyers des maisons, le prix des baux à ferme, les intérêts des sommes exigibles, les arrérages des rentes. — C. civ., art. 584.

19. — Les arrérages des rentes viagères sont réputés fruits civils, en ce sens que le donataire d'une rente de cette espèce n'est pas tenu, en cas de révocation de la donation par survenance d'enfant, de restituer les arrérages qu'il a perçus. — *Cass.*, 2 avr. 1829, de Saint-Michel c. Ducos. — Il en est de même des arrérages des rentes perpétuelles. — Art. 584, C. civ.

20. — Tous ces fruits appartiennent, par droit d'accession, aux termes de l'art. 545, C. civ., au propriétaire de la chose qui les a produits ou à l'occasion de laquelle ils sont perçus.

21. — Jugé que les arbres de haute futaie qui n'ont pas été mis en coupes réglées ne peuvent être considérés comme fruits, et comme susceptibles, à ce titre, d'être faits siens par le possesseur même de bonne foi. — *Cass.*, 8 déc. 1836 (t. 1er 1837, p. 126), Colasson c. Papon Beaurepaire. — V. Duranton, t. 4, nos 366 et 367.

CHAPITRE II. — *Droit d'accession sur ce qui est produit par la chose. — Fruits.*

22. — Tous les fruits, tant naturels qu'industriels ou civils, appartiennent au propriétaire par droit d'accession. — Art. 547, C. civ.

23. — La première conséquence à tirer de cette disposition, c'est que l'usufruitier, le fermier, et même le possesseur de bonne foi, ne recueillent pas par droit d'accession les fruits de la chose qu'ils détiennent ou possèdent. En effet, l'acquisition par accession suppose une chose principale qui est la propriété d'une personne et qui absorbe une autre chose qui était primitivement la propriété d'une autre personne. Or, ni l'usufruitier, ni le fermier, ni le possesseur de bonne foi, ne sont propriétaires de la chose dont ils recueillent les fruits. Il ne peut donc y avoir aucune accession à leur profit, à ce titre. Le fermier acquiert les fruits en vertu de la créance qu'il a contre le bailleur obligé à le laisser recueillir, l'usufruitier, par la perception et en vertu du droit réel qu'il a sur la chose ; le possesseur de bonne foi enfin fait siens les fruits qu'il a perçus, comme indemnité des impenses qu'il a faites, des soins qu'il a donnés à la chose, ou même simplement par la volonté de la loi.

24. — Toutefois, nous devons dire que plusieurs docteurs regardent l'acquisition des fruits par le possesseur de bonne foi, comme résultant de l'accession, c'est-à-dire qu'ils considèrent les fruits perçus comme accessoires de la bonne foi du possesseur; mais cela nous paraît inadmissible : aussi traiterons-nous à part les acquisitions faites par le possesseur de bonne foi, de même que celles de l'usufruitier et du fermier, nous conformant ainsi au sentiment de Pothier sur cette matière. — V. Pothier, *De la propriété*, no 153; Demante, *Programme d'un cours de droit français*, t. 1er, no 552; Ph. Dupin, *loc cit.*, no 8; et vis BAIL, FRUITS, USUFRUIT. — V. néanmoins Duranton, t. 4, no 350; Toullier, t. 3, no 110.

25. — Le croît des animaux appartient au maître de la femelle, parce que le père est réputé incertain et inconnu. Il en était ainsi à Rome des enfans d'une esclave, quoique ces enfans ne fussent pas considérés comme fruits : il en est ainsi dans les pays modernes où l'esclavage subsiste encore, et notamment dans nos colonies. — ff, tit. *De usufructu; Inst.*, liv. 2, t. 1er, § 27; — Pothier, *De la propriété*, no 152; Duranton, t. 4, p. 280, 4e édit., no 348; Delvincourt, t. 2, p. 6, notes; Ph. Dupin, *Encycl. du droit*, vo *Accession*, nos 7 et 8.

26. — Le propriétaire d'un animal a également droit aux profits que cet animal peut rapporter, bien qu'on ne puisse pas regarder ces profits comme des fruits. En conséquence, lorsqu'un écuyer a remporté le prix en courant avec le cheval d'autrui, le prix appartient au propriétaire du cheval, s'il résulte des circonstances que c'est pour le compte de celui-ci que l'écuyer a couru. — *Paris*, 11 fév. 1808, Villate c. Carbonel.

27. — Les fruits produits par la chose n'appartiennent au propriétaire qu'à la charge de rembourser les frais des labours, travaux et semences faits par des tiers. — Art. 548, C. civ. — L'équité ne permet pas, en effet, qu'on s'enrichisse aux dépens d'autrui : la disposition du Code est donc parfaitement juste. — Ph. Dupin, *ibid.*, no 9.

28. — L'article 548 est-il limitatif ou énonciatif ? En d'autres termes, le tiers qui aura supporté des frais relativement à la chose dont il restitue les fruits, ne pourrait-il répéter que les frais de labours, travaux ou semences, et sera-t-il mal fondé à réclamer tous autres frais, tels, par exemple, que le montant des impôts qu'il aurait payés ? Nous croyons que l'art. 548 doit être entendu énonciativement : dans le système contraire, il faudrait dire que l'achat des engrais ne doit pas être restitué au tiers, car l'art. 548 n'en parle pas, et les engrais ne sont ni des labours, ni des travaux, ni des semences. Cependant la raison est la même, il n'y a donc pas lieu d'adopter une solution différente. — Duranton, t. 4, no 349; Proudhon, *Dom. priv.*, t. 2, no 554.

29. — Jugé, dans ce sens, que la disposition de l'art. 548, C. civ., en vertu de laquelle les fruits produits par la chose n'appartiennent au propriétaire qu'à la charge de rembourser les frais des labours, travaux et semences faits par des tiers, ne s'applique qu'aux fruits existans en nature. — Lorsqu'il s'agit non plus de la restitution des fruits eux-mêmes, mais de leur valeur, on doit déduire non seulement les frais de travaux, labours et semences, mais encore les frais de toute nature qui précèdent la vente, et notamment les frais de transport et droits d'octroi. — *Cass.*, 15 janv. 1839 (t. 1er 1839, p. 169), Constant c. Rudel.

30. — Le tiers possesseur de bonne foi faisant les fruits siens par la perception n'aura point de réclamation à former contre le propriétaire s'il a effectivement perçu les fruits pour lesquels ses déboursés ont été faits. Dans le cas au contraire où il n'aurait point perçu ces fruits, il aurait action contre le propriétaire, qui serait obligé de lui en tenir compte, aux termes de l'art. 548, C. civ. — Pour qu'il puisse exercer cette action, il n'est point nécessaire aujourd'hui, comme dans le droit romain, que le possesseur de bonne foi soit en possession du fonds au moment où il agit. — V. Duranton, t. 4, no 349; Ph. Dupin, *ibid.*, no 11.

31. — Ainsi, le possesseur évincé qui rend compte des fruits a droit de retenir les frais de culture faits pour la récolte qu'il ne doit par percevoir. — *Bordeaux*, 16 janv. 1841 (t. 1er 1841, p. 440), Passemard c. Champon.

32. — D'après les principes stricts du droit romain, celui qui avait ensemencé de mauvaise foi le fonds d'autrui était censé avoir voulu faire don de ses semences, et ne pouvait en réclamer le montant, soit qu'il possédât ou ne possédât pas. Mais nous retrouvons au *Corpus juris* des décisions qui accordent au possesseur de mauvaise foi le droit de réclamer le montant des dépenses qui ont augmenté la valeur du fonds. — C., L. 11, *De rei vind.*; ff., *De petitione hæreditatis*, LL. 36 et 37. — V. aussi Vinnius, sur le § 32, *Inst.*, *De rerum divisione*.

33. — Le Code civil a-t-il voulu consacrer le principe du droit strict romain, ou y déroger ? Si l'on remarque que le tiers de bonne foi fait les fruits siens, partant qu'il n'a pas droit à une indemnité, à moins qu'il n'ait point perçu les fruits pour lesquels les dépenses ont eu lieu, on reconnaîtra que l'art. 548 ne peut guère recevoir d'application que relativement au tiers de mauvaise foi. En effet, le mot *tiers* employé dans cet article ne peut s'entendre des envoyés en possession des biens des absens, puisque leurs droits, quant aux fruits, sont réglés par l'art. 127, C. civ. Il ne s'entend pas davantage de l'usufruitier qui, aux termes de l'art. 585, C. civ., n'a rien à réclamer pour les dépenses qu'il a faites relativement aux fruits qu'il ne peut recueillir. Il ne s'entend pas non plus d'un tuteur, d'un mandataire, d'un gérant d'affaires, dont les droits sont réglés par des dispositions spéciales. Il s'applique donc principalement au possesseur de mauvaise foi, à moins qu'on ne veuille le restreindre aux cas où le possesseur de bonne foi n'aura pas perçu les fruits pour lesquels il avait fait des impenses. — V. Duranton, t. 4, no 349; Ph. Dupin, *ibid.*, no 12.

34. — Si le tiers est en possession des fruits qui doivent être restitués au propriétaire, il aura le droit de les retenir jusqu'à parfait remboursement de ses frais. Toutefois, cette proposition n'est juste qu'autant qu'il s'agit ou d'une récolte non encore perçue et pour laquelle le tiers a fourni les frais de labour et autres, auquel cas cette récolte ne lui appartient pas, ou d'une récolte faite par un possesseur de mauvaise foi que celui-ci n'a pu acquérir, mais qu'il a droit de retenir avec le fonds réclamé, jusqu'à entier remboursement. — Ph. Dupin, *ibid.*, no 9.

35. — Si le tiers tenu de restituer ne détient pas la récolte, il aura une action privilégiée contre le propriétaire pour se faire indemniser. — C. civ., art. 2102, 1o, alinéa 4; — Ph. Dupin, *Encyclop. du dr.*, vo *Accession*, no 12.

36. — Celui qui est envoyé en possession d'un immeuble par un jugement doit être réputé possesseur, du jour de la demande sur laquelle ce jugement est intervenu ; dès-lors les fruits produits par l'immeuble lui appartiennent à partir de ce jour. — *Bruxelles*, 8 thermid. an XIII, Col c. Delahaye.

37. — Alors même que le propriétaire serait convenu avec le preneur de son héritage qu'il ne paierait son prix de bail qu'après l'expiration de l'année, les fruits civils s'acquérant jour par jour, il en résulte que le légataire du mobilier a droit aux fruits échus dès l'époque du décès du propriétaire, quoique ce dernier soit mort avant que le prix du bail fût exigible. — *Rouen*, 22 janv. 1828, Brisset; — Toullier, t. 3, no 400.

38. — Les enfans légitimaires qui ont droit à un supplément de légitime sont fondés à réclamer en biens de la succession les fruits qui doivent être restitués. — C. civ., art. 829 et 830; — *Toulouse*, 22 août 1822, Foulcher.

39. — La seule qualité de copropriétaire de biens à partager donnant droit de participation aux revenus de ces biens, on serait fondé, pendant les débats sur la liquidation et le partage, à demander à titre de provision une portion de ces revenus, quel que fût d'ailleurs l'état de sa fortune. C'est là l'exercice d'un droit de copropriété.

V. pour plus amples détails sur ce sujet le mot FRUITS.

CHAPITRE III. — *Droit d'accession sur ce qui s'unit et s'incorpore à la chose.*

40. — Le droit d'accession sur ce qui s'unit et s'incorpore à la chose est à considérer relativement aux choses immobilières et relativement aux choses mobilières.

Sect. 1re. — *Accession immobilière.*

41. — L'accession, relativement aux choses immobilières, s'applique aux constructions et plantations, aux alluvions et attérissemens, îles, lit abandonné des rivières, aux mines, minières, carrières et tourbières, enfin aux animaux tels que pigeons, lapins, poissons, etc., qui sont immeubles par destination.

§ 1er. *Constructions, plantations.*

42. — Le principe qui domine cette matière est

écrit dans l'art. 552, C. civ., ainsi conçu : « La propriété du sol emporte la propriété du dessus et du dessous. — Le propriétaire peut faire au-dessus toutes les plantations et constructions qu'il juge à propos, sauf les exceptions établies au titre des *servitudes et services fonciers*. — Il peut faire au-dessous toutes les constructions et fouilles qu'il jugera à propos, et tirer de ces fouilles tous les produits qu'elles peuvent fournir, sauf les modifications résultant des lois et réglemens relatifs aux mines, et des lois et réglemens de police. »

43. — Par application du principe contenu dans le premier alinéa de cet article, jugé que les arbres plantés par les anciens seigneurs sur les chemins publics, autres que les grandes routes royales, appartiennent aux propriétaires actuels du sol sur lequel ils croissent, sans que les auteurs de la plantation ou leurs représentans puissent rien y prétendre. — *Cass.*, 7 juin 1827, Guehenenc c. Lecourt.

44. — La loi du 12 mai 1825, qui attribue la propriété des arbres existant, lors de sa promulgation, sur le sol des routes royales et départementales, aux particuliers qui les ont acquis à titre onéreux ou plantés à leurs frais en exécution des anciens réglemens, est applicable aux anciens seigneurs voyers. — *Cass.*, 24 déc. 1835, préfet du Pas-de-Calais c. de Saint-Aldegonde.

45. — Le décret du 16 déc. 1811, qui attribue aux riverains des routes royales la propriété des arbres plantés au moment de la publication de ce décret, le long de ces routes, et sur le fonds des riverains, s'applique, même lorsqu'il existe, au profit de tiers, d'anciens titres de concession octroyés par le roi, comme propriétaire, au moyen des plantations faites par ses ordres. — *Paris*, 6 janv. 1829, de Rohan c. Deshays.

46. — Jugé que le droit de planter sur les chemins, et même sur les grandes routes, est un accessoire de la propriété riveraine, et non de la propriété de ces chemins et routes. — Ainsi, lorsqu'une commune, propriétaire de terres riveraines de chemins vicinaux, fait des plantations le long de ces chemins, elle agit, non comme propriétaire des chemins, mais comme propriétaire des terres riveraines, et, par suite, si la commune vend ces terres, les plantations sont comprises dans la vente, à défaut de réserves expresses. — *Douai*, 20 juill. 1831, d'Haubersart c. commune de Saudemont.

47. — Sur les restrictions apportées au droit de planter des arbres sur son terrain, et sur le droit de cueillir les fruits d'un arbre lorsqu'ils sont tombés sur le fonds voisin, V. SERVITUDE, et Proudhon, *Domaine de propriété*, t. 2, n°s 581 et suiv.

48. — Le second paragraphe de l'art. 552 n'est qu'une conséquence du principe contenu dans le premier. D'autres conséquences en découlent encore. Ainsi, il ne serait pas permis à celui qui aurait une ouverture pratiquée dans un mur confinant immédiatement au terrain d'autrui d'y adapter un volet, et à plus forte raison une porte s'ouvrant en dehors, parce qu'on ne pourrait les ouvrir et les fermer sans les faire jouer sur la surface appartenant au voisin. Il en serait de même de tout autre ouvrage en saillie sur le fonds du voisin. — Proudhon, *Domaine de propriété privée*, t. 2, n° 556.

49. — De même, nul ne peut, par des fouilles souterraines, pénétrer sous le sol d'autrui sans le consentement du maître, à moins qu'il ne s'agisse de l'exploitation d'une mine concédée à un tiers. — V. MINE.

50. — Comme conséquence du même principe, jugé que le propriétaire du sol peut fouiller son fonds où se trouve une source, sans que le voisin puisse se plaindre de ce que cette fouille le prive de la jouissance de la source. — *Cass.*, 15 janv. 1835, Dubourguet; — Pardessus, *Traité des servitudes*, . 1er, n°s 99 et 205.

51. — De même, le copropriétaire d'une cour commune peut pratiquer des entonnoirs dans son mur et sur cette cour, pourvu d'ailleurs qu'il n'en résulte aucun inconvénient pour les autres copropriétaires. — *Cass.*, 6 fév. 1822, Bizardière.

52. — Mais le propriétaire du sol ne peut faire des fouilles dans son fonds qu'autant qu'il ne préjudicie pas aux droits acquis à des tiers. — Ainsi, le tiers acquéreur d'un fonds sous lequel passent les veines d'une source thermale précédemment aliénée au profit d'une autre personne par le même propriétaire, auteur commun, ne peut faire dans ledit fonds des fouilles capables de couper la source, l'enfoncer ou la déterrer. — *Aix*, 7 mai 1835, Gravier. — V. EAUX THERMALES.

53. — La règle que la propriété du sol emporte la propriété du dessus et du dessous n'est qu'une présomption générale qui fléchit devant la volonté du maître du fonds. — V. Duranton, t. 4, n° 370; Ph. Dupin, *Encyclop. du droit*, v^{o} *Accession*, n° 17.

54. — Ainsi, dans le domaine congéable et dans la constitution du droit d'emphytéose ou du droit de superficie, les édifices et superficies ne sont point la propriété du maître du sol tant que le droit du domanier, de l'emphytéote ou du superficiaire subsiste. De même, d'après l'art. 664, C. civ., les différens étages d'une maison peuvent appartenir à plusieurs. — V. Duranton, t. 4, n° 370; Delvincourt, t. 2, p. 8; Toullier, t. 3, p. 80 et suiv.; Locré, *Législ.*, t. 7, p. 139.

55. — Au surplus, cette règle doit être restreinte aux termes dans lesquels elle est posée, et n'est vraie qu'autant qu'elle s'applique à la propriété même du sol. Ainsi, la propriété du *dessous* n'emporte pas celle du *dessus*. — *Cass.*, 7 mai 1838 (t. 2 1838, p. 388), Parizelle; — Toullier, t. 3, n°s 122 et suiv.

56. — De même, le propriétaire du dessus n'est pas par cela même censé propriétaire du dessous. Ainsi, le propriétaire d'un pont aérien n'est pas présumé propriétaire du sol au-dessous duquel ce pont est établi. La présomption contraire existe bien plutôt; car il n'est pas à supposer que celui qui peut joindre ses deux héritages sur la terre ferme, élève des constructions aériennes fort coûteuses pour opérer cette jonction. — Duranton, *loc. cit.*

57. — De même, le propriétaire d'un balcon faisant saillie sur la voie publique, n'est pas censé par cela seul propriétaire du dessous. — Même auteur.

58. — Au reste, le propriétaire du sol, bien que son droit de faire des constructions ou plantations au-dessus ou au-dessous, se trouve limité par les servitudes auxquelles il est soumis, n'en reste pas moins propriétaire du dessus et du dessous.

59. — L'art. 553 n'est que le développement du principe posé dans le premier paragraphe de l'art. 552. Il est ainsi conçu : « Toutes constructions, plantations et ouvrages sur un terrain ou dans l'intérieur, sont présumés faits par le propriétaire à ses frais et lui appartenir, si le contraire n'est prouvé.... » *Omne quod inædificatur solo cedit*, disait la loi romaine; et en effet, le sol existant indépendamment de toute construction, il est considéré comme le principal, et entraîne l'accessoire. — L. 7, § 10, ff., *De acq. rer. dom.*, liv. 41, tit. 1er; Proudhon, *Domaine de propriété privée*, t. 2, n° 557. — L'art. 553 ajoute : « Sans préjudice de la propriété qu'un tiers pourrait avoir acquise ou pourrait acquérir par prescription, soit d'un souterrain sous le bâtiment d'autrui, soit de toute autre partie de bâtiment. » — V. PRESCRIPTION. — Il en faut dire autant du cas où tout ou partie du dessous ou du dessus aurait été aliéné par le propriétaire ou ses auteurs.

60. — Il en est ainsi, soit que les constructions aient été faites sur le sol par le propriétaire ou par un tiers, soit que le propriétaire ait construit avec ses matériaux ou avec les matériaux d'autrui, soit enfin que le tiers ait construit avec ses matériaux sur le sol d'autrui, ou avec les matériaux d'autrui sur le sol d'autrui. — L. 2, au Code, *De ædific. privat.*, liv. 8, tit. 10.

61. — Dans le cas où les constructions ont été faites par le propriétaire avec ses propres matériaux, il n'y a lieu à aucune difficulté. L'on doit même dire qu'alors il n'y a pas acquisition pour le maître du sol, puisqu'en effet il se trouvait propriétaire du dessus et du dessous, et aussi des matériaux. Pour qu'on acquière par accession, il faut, ainsi que nous l'avons dit, que la chose accessoire ne nous appartînt pas précédemment, car nul ne peut devenir propriétaire de ce qui lui appartenait déjà. — Marcadé, *Élém. de dr. civ.*, sur l'art. 553, et *Inst.* de Gaïus, *Comm.* 4, § 2 et 3.

62. — Si les constructions ont été faites par le propriétaire du sol avec les matériaux d'autrui, ce propriétaire devient par droit d'accession propriétaire de l'édifice, et, par suite, des matériaux. Nous avons vu dans l'historique qui précède que, d'après les principes du droit romain, le propriétaire du sol ne devenait pas en réalité propriétaire des matériaux, puisqu'il pouvait les revendiquer après la démolition de l'édifice, à moins qu'il n'eût obtenu le double de leur valeur au moyen de l'action *de tigno juncto*. S'il ne pouvait pas les revendiquer tant que l'édifice existait, c'est parce que l'intérêt public voulait qu'on maintînt les constructions. Sous le Code civil, au contraire, les matériaux sont définitivement acquis au propriétaire du sol qui les a employés. Cela résulte clairement de la disposition finale de l'art. 554. — V. ff., L. 23, § 7, *De rei vindic.*; L. 1 et 2, tit. *De tigno juncto*; Ph. Dupin, *Encycl. du droit*, v^{o} *Accession*, n° 20.

63. — Le propriétaire du sol qui a fait des constructions, plantations ou autres ouvrages avec des matériaux qui ne lui appartenaient pas, doit en payer la valeur; il peut aussi être condamné à des dommages-intérêts, mais le propriétaire des matériaux n'a point le droit de les enlever. — Art. 554.

64. — L'art. 554 s'applique sans distinction entre le cas où le propriétaire du sol a employé sciemment les matériaux d'autrui, et le cas inverse. Les matériaux lui sont toujours acquis; seulement, quand il a fait les constructions de mauvaise foi, il y a lieu de prononcer contre lui des dommages-intérêts, et même des peines corporelles, suivant les cas. — Toullier, t. 3, n°s 125 et 126; Demante, *Programme d'un cours de dr. franç.*, t. 1er, n° 558; Ph. Dupin, *loc. cit.*

65. — Les plantations faites sur son sol par le propriétaire avec la plante d'autrui, ne devenaient, d'après les principes du droit romain, chose de ce propriétaire que dès l'instant où la plante avait pris racine. Chez nous, on ne fait pas cette distinction. — Art. 554, C. civ.; — Duranton, t. 4, n° 374. — V. *contrà* Chavot, *Tr. de la prop. mob.*, n° 524.

66. — Nous croyons même que les tribunaux ne pourraient sans violer la loi admettre la revendication d'une plante exotique, quelque précieuse qu'elle fût, et alors même qu'elle n'aurait pas encore pris racine. — Marcadé, *Elém. de droit civ. franç.*, sur l'art. 554, C. civ. — V. toutefois Duranton, t. 4, n° 374; Toullier, t. 3, n° 127; Delvincourt, t. 2, p. 15.

67. — Lorsque les plantations, constructions ou ouvrages ont été faits par un tiers et avec ses matériaux, le propriétaire du fonds a droit ou de les retenir, ou d'obliger ce tiers à les enlever. — C. civ., art. 555.

68. — Si le propriétaire du fonds demande la suppression des plantations et constructions, elle est aux frais de celui qui les a faites, sans aucune indemnité pour lui. Il peut même être condamné à des dommages-intérêts, s'il y a lieu, pour le préjudice que peut avoir éprouvé le propriétaire du fonds. — Art. 555.

69. — Dans le cas où le propriétaire se décide à conserver les plantations et constructions, il doit le remboursement de la valeur des matériaux et du prix de la main-d'œuvre, sans égard à la plus ou moins grande augmentation de valeur que le fonds a pu recevoir. — Art. 555.

70. — Le propriétaire à l'immeuble duquel des améliorations ont été faites par un tiers possesseur de mauvaise foi, et qui, après avoir revendiqué, a opté pour la rentrée en possession de l'immeuble accru et amélioré, est tenu, en échange des fruits et revenus produits pendant l'envoi en possession, et dont il doit lui être tenu compte, de rembourser au tiers possesseur non seulement la valeur des matériaux employés aux améliorations et le prix de la main-d'œuvre, mais aussi les intérêts des avances employées à ces améliorations du jour où elles ont été faites. — *Cass.*, 9 déc. 1839 (t. 1er 1840, p. 112), Courtin.

71. — Toutefois, cette restitution, quant aux intérêts, ne peut avoir lieu que de manière à laisser entière la restitution des fruits produits par l'immeuble dans son état primitif. — Elle ne peut consister que dans la restitution des fruits produits en excédant, par suite d'améliorations. — Même arrêt.

72. — Dès-lors, les juges ne peuvent, sans violer la loi, ordonner la compensation de ces intérêts avec les fruits produits par l'immeuble, sans distinction aucune entre les fruits produits par l'immeuble dans son état primitif, et l'excédant qui a été le résultat des améliorations. — Même arrêt.

73. — Si, au contraire, les plantations, constructions et ouvrages ont été faits par un tiers évincé qui n'aurait pas été condamné à la restitution des fruits, attendu sa bonne foi, le propriétaire ne peut demander la suppression desdits ouvrages, plantations et constructions; mais il a le choix, ou de rembourser la valeur des matériaux et du prix de la main-d'œuvre, ou de rembourser une somme égale à celle dont le fonds a augmenté de valeur. — Art. 555.

74. — Jugé que le tiers détenteur évincé qui, à raison de sa bonne foi, est dispensé de rendre les fruits, a droit à une indemnité pour les plantations et constructions qu'il a faites sur l'immeuble, et qui en ont augmenté la valeur. Et plus particulièrement, lorsqu'un arrêt reconnaît que des détenteurs de terrains communaux sont possesseurs de bonne foi, et qu'aux termes de la loi du 9 vent. an XII il leur donne l'option ou de retenir des terrains, en payant une rente à la commune, ou de déguerpir, en restituant seulement les fruits échus depuis la demande, cet arrêt doit, pour le cas où les détenteurs préféreraient le dé-

ACCESSION, chap. 3.
ACCESSION, chap. 3.

guerpissement, leur accorder une indemnité pour les plantations et constructions par eux faites sur lesdits terrains. — *Cass.*, 1er déc. 1817, Paris c. commune de Maubert-Fontaine.

75. — Jugé aussi que lorsqu'un tiers, par exemple un locataire, fait des constructions sur le terrain d'autrui, il conserve le droit de les enlever, si mieux on n'aime lui en rembourser la valeur, sans qu'il soit obligé de prendre une inscription hypothécaire pour s'assurer un droit de préférence vis-à-vis des créanciers du propriétaire. — En d'autres termes, il s'agit ici non d'une simple créance, mais d'un droit de propriété. — *Rouen*, 11 août 820, Perreau c. Lescouvé. — V. Pothier, *Tr. du cont. de louage*, no 131; Denisart, vo *Meubles*, no 28; Grenier, *Tr. des hypoth.*, no 336, et Persil, *Régime hypoth.*, art. 2094.

76. — Pour déterminer la plus-value à rembourser au tiers de bonne foi qui a fait des constructions sur un terrain qui ne lui appartenait point, les tribunaux peuvent prendre en considération non seulement la valeur vénale ajoutée à l'immeuble, mais encore la valeur intrinsèque et utile dont il se trouve augmenté. — *Cass.*, 26 juill. 1838 (t. 2 1838, p. 398), le Domaine c. de Forbin-Janson.

77. — Lorsqu'un individu offre de prouver, tant par titres que par témoins, que les arbres qu'il réclame en vertu de l'art. 555, C. civ., ont été plantés sur un terrain dont il était en possession, par un tiers qui ne se prétend pas propriétaire du sol, cette preuve ne peut être déclarée non pertinente ni admissible, sur le fondement que le demandeur n'articule aucun fait de possession ou de jouissance incompatible avec la possession et la jouissance du tiers, et que les parties ont pu simultanément planter, et faire paître des troupeaux dans le terrain de la plantation, sans qu'on puisse induire de là, en faveur du demandeur, un droit exclusif du droit de planter exercé par le tiers. — *Cass.*, 11 juin 1839 (t. 1er 1839, p. 668), commune de Cheillé c. Perthuis.

78. — Il doit être tenu compte au possesseur évincé des constructions par lui faites, jusqu'à concurrence de ce dont elles ont augmenté la valeur du fonds, en calculant cette augmentation d'après des baux authentiques, s'il y en a, sinon en la faisant évaluer par experts. — *Paris*, 1er mars 1808, Mailles c. Henriot.

79. — Le propriétaire du fonds sur lequel des constructions ou plantations ont été faites par un tiers de bonne foi qui, depuis, a été évincé, ne peut en exiger la démolition ou l'enlèvement. — Il ne peut se borner à réclamer une indemnité pour la valeur du terrain occupé. — Il a seulement l'option ou de rembourser le prix des matériaux et de la main-d'œuvre, ou de rembourser une somme égale à celle dont le fonds a augmenté de valeur. — *Bordeaux*, 12 déc. 1835, Eyraud c. Lanessant.

80. — Néanmoins, le vendeur auquel le jugement qui prononce la résolution de la vente a laissé l'option, dans un délai déterminé, de conserver des constructions faites sur le terrain vendu, ou de contraindre l'acquéreur à les enlever, peut valablement faire une option conditionnelle; par exemple, si le vendeur opte pour l'enlèvement des matériaux, dans le cas où la proposition conditionnelle qu'il fait ne serait pas acceptée, son option, quand cette proposition est rejetée, doit être considérée comme pure et simple. — *Lyon*, 26 janv. 1835, Rivet.

81. — De ces mots de l'art. 555 : « *Un tiers évincé qui n'aurait pas été condamné, attendu sa bonne foi,* » résulte-t-il qu'il soit nécessaire qu'il y ait eu une décision judiciaire, pour que le possesseur puisse invoquer les avantages attachés à la possession de bonne foi? — Non, l'art. 2268 dit que la bonne foi est toujours présumée. — V. Proudhon, *De la propriété*, t. 2, no 567.

82. — Outre le prix de ses matériaux et de la main-d'œuvre que le tiers évincé peut répéter, à moins qu'on lui paie la plus-value, certaines autres dépenses peuvent être réclamées par lui : ainsi, les dépenses nécessaires, telles que la reconstruction d'un mur menaçant ruine. — V. Proudhon, *ibid.*, no 559.

83. — Quant aux dépenses utiles, elles ne pourraient être réclamées que jusqu'à concurrence de la plus-value. Les dépenses purement voluptuaires ne pourraient être répétées, sauf au tiers à les enlever, sans détérioration de l'objet sur lequel il les aurait faites. — V. Proudhon, *ibid.*

84. — Les dépenses de pur entretien ne pourront jamais être réclamées par le possesseur de bonne foi; car elles sont une charge des fruits. Le possesseur de mauvaise foi pourrait les répéter jusqu'à concurrence du profit qu'en aurait retiré le propriétaire. — V. Proudhon, *ibid.*

85. — Le possesseur de bonne foi n'est pas tenu d'imputer les fruits par lui perçus sur ce qui lui est dû comme indemnité. En effet, d'une part l'art. 549, C. civ., attribue les fruits perçus au possesseur de bonne foi, et d'autre part, l'art. 555 lui donne droit à une indemnité pour ses travaux et améliorations, sans parler d'aucune imputation ou compensation. De plus, les art. 856 et 857 rejettent cette imputation à l'égard du cohéritier qui fait le rapport. En outre, le tiers acquéreur d'un immeuble qui est obligé de le délaisser aux créanciers hypothécaires ne fait pas non plus d'imputation (art. 2174 et suiv.). — Voet, *ad Pand.*, sur le titre *De rei vindic.*, no 39; Duranton, t. 4, no 377.

86. — La disposition relative au possesseur de mauvaise foi, que le propriétaire n'oblige pas à enlever ses travaux, semble plus favorable que celle relative au possesseur de bonne foi, puisque le propriétaire peut ne payer à ce dernier que la plus-value, tandis qu'il devra au premier le prix de la main-d'œuvre et des matériaux, *sans égard à la plus ou moins grande augmentation de valeur que le fonds a pu recevoir.* C'est ce qu'enseignent, en effet, tous les commentateurs. Toutefois, ajoutent-ils, ce qui rend, dans l'espèce, la condition du tiers de bonne foi réellement meilleure, c'est qu'il ne peut être contraint à enlever ses travaux.

87. — On ne peut se dissimuler cependant que cet avantage que l'on reconnaît au possesseur de bonne foi ne soit presque entièrement illusoire : il est très rare, en effet, que la plus-value procurée à un immeuble soit égale ou supérieure aux frais des constructions ou plantations qui l'occasionnent : l'intérêt du propriétaire, vis-à-vis du possesseur de mauvaise foi, sera donc presque toujours de conserver ses travaux, et presque toujours, par conséquent, se reproduira cette différence choquante entre le possesseur de bonne foi, qui ne recevra que le montant de la plus-value, c'est-à-dire beaucoup moins que ses déboursés, et le propriétaire de mauvaise foi, qui sera entièrement indemnisé de ses dépenses.

88. — Pour faire disparaître ce que cette différence pouvait présenter d'inique, on a proposé de donner aux mots de l'art. 555, *sans égard à la plus ou moins grande augmentation de valeur que le fonds a pu recevoir, l'interprétation suivante : — Sans que jamais le propriétaire soit tenu de donner au constructeur de mauvaise foi plus que la valeur des matériaux et de la main-d'œuvre, quelle que soit l'augmentation de valeur du fonds ;* ce qui reviendrait à dire, en résumé, que le propriétaire ne sera jamais tenu, vis-à-vis du possesseur de mauvaise foi, à plus que vis-à-vis du tiers de bonne foi, et que s'il conserve les travaux faits sciemment sur son fonds par autrui, il ne devra rien au-delà de la plus-value, alors même que les dépenses qui l'ont produite excéderaient de beaucoup son importance réelle. — V. cependant Proudhon, t. 2, no 565; Duranton, t. 4, no 378; Toullier, t. 3, no 128; Demante, t. 1er, no 560; Ph. Dupin, *Encyclop. du dr.*, vo *Accession*, no 19; Chavot, *Tr. de propr. mobil.*, no 509.

89. — Nous trouvons, il faut l'avouer, cette interprétation quelque peu forcée, et s'il fallait choisir parmi les divers systèmes imaginés par les auteurs pour échapper à l'iniquité qu'ils signalent, nous préférerions, quoique peut-être il soit encore contestable, celui consistant à donner au propriétaire du terrain la faculté de considérer le constructeur de mauvaise foi comme étant de bonne foi, et de lui offrir, en conséquence, le montant seulement de la plus-value. Si le constructeur voulait se faire un titre de sa mauvaise foi pour réclamer la totalité de ses dépenses, le propriétaire pourrait le repousser par l'exception : *Nemo admittitur turpitudinem allegans.* De cette manière, on arriverait à rendre la position du possesseur de mauvaise foi toujours plus défavorable que celle du possesseur de bonne foi, puisque jamais ce dernier ne pourrait être contraint de recevoir seulement le montant des dépenses faites, alors même que ces dépenses ne s'élèveraient pas au chiffre de la plus-value; d'ailleurs, en le menaçant de lui faire enlever des objets qui, par suite, peuvent perdre tout ou partie de leur valeur, le propriétaire pourra presque toujours obtenir les conditions qu'il voudra.

90. — L'art. 555, qui défend au propriétaire de forcer le possesseur de bonne foi d'enlever ses constructions et plantations, et qui l'oblige à payer le montant de la plus-value ou des dépenses, est-il applicable à l'usufruitier ? Il est certain que non; car l'art. 555 parle d'un *tiers évincé* qui a fait les fruits siens en sa qualité de possesseur de bonne foi. Or, l'usufruitier ne fait pas les fruits siens comme possesseur, mais en vertu de son titre d'usufruitier, et n'est point un tiers évincé. Donc, l'article n'a pas eu en vue l'usufruitier. De plus, l'art. 599, C. civ., déclare que l'usufruitier n'a pas d'indemnité à réclamer pour les *améliorations* qu'il prétend avoir faites.

91. — Du reste, de ce que l'art. 599 n'accorde aucune indemnité à l'usufruitier pour les améliorations qu'il aurait faites, il n'en faut pas conclure qu'il ne pourrait point enlever les constructions ou augmentations ajoutées au fonds, si le propriétaire refusait de payer la plus-value ou le prix des matériaux et de la main-d'œuvre. Cette solution résulte *à fortiori* de ce que le possesseur de mauvaise foi, le *prædo* même, peut réclamer une indemnité, parce que, dans notre droit, il n'est jamais permis de s'enrichir aux dépens d'autrui, et aussi, *à fortiori*, de ce que l'art. 599 lui-même permet à l'usufruitier d'enlever les glaces, tableaux *et autres ornemens* qu'il aurait fait placer. — Pothier, *De la communauté*, nos 37 et 68; *Du douaire*, no 278; Toullier, t. 3, nos 129 et suiv.; Ph. Dupin, *loc. cit.*, no 18, et Duranton, t. 4, no 380. — V. au surplus USUFRUIT.

92. — La même solution nous paraît devoir être admise relativement au fermier et au colon partiaire, qui ne sont cependant pas des tiers dans le sens de l'art. 555. — V. BAIL. — V. aussi Pothier, *Traité du louage*, no 131; Domat, *Lois civiles*, *Louage*, sect. 6e, no 5; Toullier, *loc. cit.*; Ph. Dupin, *ibid.*, et Duranton, *ibid.*, no 381.

93. — Jugé que le cohéritier, bien que possesseur de mauvaise foi, qui a fait des constructions sur les biens de la succession, ne peut être assimilé à celui qui a fait des constructions sur le fonds d'autrui. Il doit obtenir le remboursement des constructions et réparations nécessaires ou utiles qu'il a faites; il ne suffirait pas de lui payer la somme formant la plus-value que les immeubles ont acquise. — *Cass.*, 13 déc. 1830, Quevremont c. Ballier; — Proudhon, *De l'usufruit*, no 1743.

94. — De même, la fille qui, malgré sa renonciation, vient prendre part aux successions maternelle et paternelle, doit tenir compte à ses cohéritiers des dépenses qu'ils ont faites en travaux et produits industriels pour améliorer les biens de la succession. — *Bastia*, 14 avril 1834, Francaschini; — Proudhon, *De l'usufruit*, no 1881.

95. — Quant aux indemnités dues, soit par la communauté aux époux qui ont fourni des sommes dont elle a tiré profit, soit par chaque époux à la communauté pour améliorations de ses biens personnels, V. COMMUNAUTÉ, et art. 1433 à 1437, C. civ. — Pour les indemnités dues au mari à raison des impenses qu'il a faites sur les fonds dotaux, V. DOT.

96. — Le propriétaire qui doit indemniser le possesseur de ses constructions ne peut déposséder celui-ci qu'après avoir satisfait à cette obligation. L'ordonnance de 1667 (tit. 27, art. 9) le décidait ainsi expressément. Le Code civil consacre cette disposition à l'égard du cohéritier qui fait le rapport (art. 867), du dépositaire (art. 1948), et dans plusieurs autres cas particuliers (art. 1673, 1749, 2082). Elle est fondée sur ce que le principal moyen qu'ait le possesseur pour recouvrer ses impenses, c'est la rétention. Il y a toute raison de l'appliquer au possesseur. — V. Proudhon, *Domaine de propriété privée*, t. 2, no 569; Toullier, t. 3, no 130; Duranton, t. 4, no 382.

97. — Jugé toutefois que le possesseur qui a connu les vices de son titre ne peut exercer le droit de rétention, celui-là seul qui était de bonne foi pouvant user de ce droit. — *Pau*, 9 août 1837 (t. 2, 1838, p. 303), Cornu.

98. — Il est bon d'observer que le droit de rétention ne s'exerce qu'au pétitoire. Dans le cas d'une demande au possessoire, le juge ne pouvant ordonner la restitution de l'immeuble, il n'y a pas lieu à la rétention. — V. Duranton, *ibid.*

99. — Le droit de rétention diffère du droit d'hypothèque en ce que, comme le privilége, il empêche tous créanciers hypothécaires de concourir avec le possesseur. Il est, sous ce rapport, plus avantageux que l'hypothèque; mais il l'est moins d'un autre côté, en ce qu'il ne donne pas un droit de suite, et ne permet au possesseur que de concourir comme chirographaire, lorsqu'il ne détient plus.

100. — Le droit de rétention a une grande analogie avec le droit de gage; mais il n'a pas la même étendue, puisque le possesseur ne peut se faire adjuger l'immeuble, comme le créancier gagiste peut se faire adjuger le gage. — V. NANTISSEMENT.

101. — Jugé avec raison qu'un entrepreneur qui a fait des constructions d'une grande valeur sur un terrain de peu d'importance, ne peut, lorsqu'il a négligé de faire inscrire son privilége, demander à être payé par préférence aux créanciers du propriétaire inscrits sur l'immeuble, sous prétexte

qu'il est lui-même copropriétaire de cet immeuble. — *Cass.*, 6 janv. 1829, Pitois. — Il en est de même, et pour les mêmes motifs, de tout constructeur.

102. — Ainsi, le possesseur d'une maison, qui y a fait des reconstructions et améliorations, ne peut demander le remboursement de ses dépenses à l'adjudicataire qui l'a rebâtie telle qu'elle était au moment de l'adjudication : il n'a d'action à ce sujet que contre l'ancien propriétaire. — *Grenoble*, 1er fruct. an VIII, Philibert, Cordou c. Morel.

103. — Le propriétaire sur le terrain duquel des arbres ont été plantés par un tiers, n'est plus fondé à les réclamer en nature ou leur valeur, après qu'ils ont été, sans opposition de sa part et sans fraude, vendus par ce tiers, puis abattus et enlevés. — En pareil cas, il ne peut plus demander que des dommages-intérêts pour le préjudice que ces plantations lui ont occasioné en diminuant pour lui l'étendue et la jouissance des produits du sol. — *Douai*, 18 mars 1842 (t. 2 1842, p. 378), Watelet c. Laroche.

104. — Lorsque les travaux exécutés par des entrepreneurs sont défectueux, l'adjudication doit être résolue ; mais les matériaux fournis restent la propriété des entrepreneurs, et ils peuvent les reprendre, à moins que le propriétaire du sol ne consente à les conserver sur estimation. — *Douai*, 31 mars 1840 (t. 1er 1841, p. 15), commune de Doyer c. Hornoy, Macon.

§ 2. — *Alluvion.*

105. — L'alluvion est l'attérissement et accroissement qui se forme successivement et imperceptiblement aux fonds riverains d'un fleuve ou d'une rivière. — Art. 556, C. civ. — Nous examinerons les règles applicables à ce genre d'accession dans un article spécial. — V. ALLUVION.

§ 3. — *Mines, minières, carrières et tourbières.*

106. — Une législation spéciale, la loi du 21 avr. 1810, trace les règles relatives à cette matière. — V. MINES.

§ 4. — *Animaux qui sont immeubles par destination.*

107. — « Les pigeons, lapins, poissons, porte l'art. 564, C. civ., qui passent dans un autre colombier, garenne ou étang, appartiennent au propriétaire de ces objets, pourvu qu'ils n'y aient point été attirés par fraude ou artifice. »

108. — C'est comme accessoires du colombier, de la garenne et de l'étang où ils se sont retirés, que ces animaux appartiennent au propriétaire de l'étang, de la garenne ou du colombier. Il en résulte qu'ils ne sont sa propriété qu'autant qu'ils y séjournent. — *Inst.*, liv. 2, tit. 1er, § 15 ; — Ph. Dupin, *Encyclop. du dr.*, vo *Accession.*, no 26.

109. — L'art. 564 s'applique aussi aux chevreuils, lièvres et tous autres animaux sauvages qu'on aurait apprivoisés ou qui seraient renfermés dans des parcs ou enclos. — V. Pothier, *Traité de la propriété*, no 279 ; Ph. Dupin, *loc. cit.* ; Chavot, *loc. cit.*, no 539.

110. — Mais il n'est point applicable aux animaux domestiques. — Toullier, t. 3, no 146.

111. — Il s'ensuit que les animaux qui ne deviennent immeubles par destination qu'en vertu de la volonté directe du propriétaire qui les a mis sur son fonds à perpétuité, tels que les animaux attachés à la culture, ne pourraient être acquis par accession au propriétaire sur le fonds duquel ils auraient été mis sans droit. — Marcadé, *Elém. de dr. civ. franç.*, sur l'art. 564, C. civ.

112. — De ce que l'art. 564 paraît, par sa rédaction fautive, n'attribuer la propriété des lapins, poissons et pigeons au propriétaire du fonds dont ils sont l'accessoire, qu'autant que ce propriétaire ne les y a pas attirés par fraude et artifice, il faut se garder de conclure que, cette fraude existant, le propriétaire du fonds ne deviendrait pas propriétaire des animaux attirés chez lui. Il en deviendra propriétaire par la force même des choses ; et, en effet, en admettant que, dans ce cas, la propriété de ces animaux soit restée à leur ancien maître, il serait impossible à celui-ci de désigner quels sont ceux qu'il réclame, puisqu'ils ne pourraient que très rarement être reconnus. — Pothier, *Propriété*, no 167 ; Duranton, t. 4, no 423 ; Marcadé, *loc. cit.*, art. 564 ; Ph. Dupin, no 27 ; Chavot, *loc. cit.*, no 538.

113. — Seulement, celui qui aura usé d'artifice et de fraude pour attirer lesdits animaux sera passible de dommages-intérêts, sans préjudice de poursuites criminelles, s'il y a lieu. — Mêmes auteurs.

Sect. 2e. — *Accession mobilière.*

§ 1er. — *Notions communes aux diverses espèces d'accession mobilière.*

114. — A la différence de l'accession immobilière, qui, le plus souvent, est un simple résultat de la disposition naturelle des choses, l'accession appliquée aux meubles est presque toujours l'ouvrage de l'art. On ne la considère ici que relativement à l'incorporation de deux choses qui se trouvent confondues, sans que les deux propriétaires aient donné leur consentement à cette réunion. — Proudhon, *Domaine de propriété privée*, t. 2, no 600 ; Delvincourt, t. 2, p. 4 ; Toullier, t. 3, p. 73 ; Duranton, t. 4, nos 430 et suiv. ; Favard, *Répert.*, vo *Equité.*

115. — Le regret que cause naturellement l'aspect des ruines, dit Proudhon (*loc. cit.*), a dicté au législateur les dispositions relatives à l'accession mobilière. La loi ne veut pas que, sous le prétexte de revendiquer une portion d'un objet composé de matières appartenant à plusieurs, on puisse faire détruire arbitrairement un objet d'art à la conservation duquel la société est intéressée.

116. — L'objet nouveau, formé des matières de différens maîtres, est attribué par la loi à l'un, à la charge d'indemniser les autres. — Marcadé, *Elém. de droit civ. franç.*, sur l'art. 569, C. civ.

117. — Les principes de l'équité naturelle doivent, suivant l'art. 565, servir de règle au juge dans l'attribution qu'il aura à faire de la propriété du corps nouveau à l'un des maîtres des objets primitifs. La loi trace cependant des règles générales destinées, aux termes du même art., à servir d'exemple au juge dans les cas non prévus, suivant les circonstances particulières.

118. — De ce que l'art. 565, C. civ., permet au juge de se guider, en matière d'accession mobilière, par les règles de l'équité naturelle, s'ensuit-il qu'il puisse s'écarter des règles positives tracées dans les articles subséquens pour les cas spécialement prévus par le législateur, s'il trouve que l'application de ces règles blesse l'équité naturelle ? — La négative est certaine. En effet, cet article dit expressément que les règles qui vont être tracées immédiatement par le législateur serviront d'exemple *dans les cas non prévus*. Donc, si le cas est prévu, c'est la règle positive que le juge doit appliquer, alors même qu'elle lui paraîtrait contraire aux principes de l'équité. En second lieu, quand le législateur donne pour guide et comme exemple de l'équité des règles positives, il est clair qu'il a entendu que ces règles seraient appliquées par analogie aux cas non prévus ; donc, *à fortiori*, doivent-elles être suivies dans les cas prévus. — Dupin, *Encyclop. du droit*, vo *Accession*, no 31 ; Marcadé, sur l'art. 565, C. civ. ; Duranton, t. 4, no 431 ; Chavot, *Traité de la propriété mobilière*, no 542.

119. — La disposition qui nous occupe doit donc être entendue en ce sens que, dans les cas non prévus, le juge doit se décider par les principes de l'équité naturelle en prenant pour guide ou comme exemple les règles tracées dans les cas prévus par le législateur, au lieu que, dans les cas prévus, il doit y subordonner sa décision. — Mêmes auteurs.

120. — Si, dans les cas prévus, sa décision contrariait les règles tracées par le Code, elle serait susceptible de cassation ; au lieu qu'elle ne pourrait être réformée que comme un mal jugé dans les cas non prévus. — V. Duranton, t. 4, nos 430 et 331.

121. — Nous ferons remarquer, au reste, avant d'entrer dans l'examen des différens modes de l'accession mobilière, que les principes qui les régissent resteront le plus souvent sans application par suite de l'introduction dans notre droit de la maxime consacrée par l'art. 2279, C. civ., « qu'en fait de meubles la possession vaut titre. »

122. — En effet, le plus souvent, celui qui aura employé la matière d'autrui aura fait usage d'une chose dont la propriété lui était déjà assurée en vertu de l'art. 2279, C. civ. — Duranton, t. 4, no 433 ; Demante, t. 1er, no 580 ; Marcadé, sur l'art. 565 ; Ph. Dupin, *loc. cit.*, no 28.

123. — Les principes de l'accession n'ont donc besoin d'être invoqués par lui que dans les cas où l'art. 2279 serait insuffisant pour le protéger, à moins toutefois qu'il préfère s'en référer à ces principes, et ne pas user du droit qu'il tient de l'art. 2279.

124. — La règle de l'art. 2279 est inapplicable lorsque la possession de la matière qui par sa réunion à une autre a servi à faire un objet nouveau, était précaire, c'est-à-dire lorsque cette matière avait été confiée par le propriétaire lui-même, à titre de louage, de prêt, de mandat ou de gage, si le possesseur a connu ce caractère de précarité en recevant la chose. — Dans ce cas, le bénéfice de l'accession peut être utilement invoqué. — Chavot, *loc. cit.*, no 514. — Ajoutons le cas où celui dont on a reçu la chose accessoire l'ayant déjà aliénée au profit d'une autre personne, celui qui en a été mis en possession avait connaissance de l'aliénation antérieure, auquel cas l'art. 1141, C. civ., s'oppose à l'application de l'art. 2279. — Duranton, t. 4, no 433.

125. — Il en est de même encore dans le cas où l'auteur de l'accession a reçu la chose d'autrui sachant qu'elle avait été perdue ou volée, car, dans l'une et dans l'autre hypothèse, l'art. 2279 est inefficace, mais la propriété de l'objet nouveau pourra être acquise par accession. « Car, dit M. Duranton (t. 4, nos 433 et 458), la mauvaise foi n'est pas un obstacle à l'application des règles sur l'accession, puisque la loi ne distingue pas ; sans préjudice, toutefois, des dommages-intérêts et de l'action publique, s'il y a lieu. »

126. — A plus forte raison l'auteur de l'accession pourrait-il invoquer les principes de cette matière, s'il possédait de bonne foi la chose perdue ou volée, bien que la règle de l'art. 2279 soit, même dans ce cas, inapplicable, aux termes de l'art. 2280.

127. — L'accession mobilière a lieu dans trois hypothèses générales : 1o lorsqu'il s'agit de la contexture ou réunion de plusieurs parties solides pour la formation d'un même corps ; — 2o lorsqu'il y a *spécification* ou conversion de matières brutes en une chose de nouvelle espèce ; — 3o lorsqu'il y a *mélange* ou *alliage* de diverses substances ou matières. Dans la première hypothèse, l'accession est désignée sous le nom d'*adjonction* ; dans la seconde, sous celui de *spécification* ; dans la troisième, sous celui de *mélange* ou *confusion*.

§ 2. — *Adjonction.*

128. — Alors que, dit l'art. 566, deux choses, appartenant à différens maîtres, ont été réunies de manière à former un tout, mais qu'elles sont *néanmoins* séparables, en sorte que l'une puisse subsister sans l'autre, le tout appartient au maître de la chose qui constitue la partie principale, à charge de payer à l'autre la valeur de la chose qui a été unie. »

129. — L'expression *néanmoins* dont se sert l'art. 566 est inexacte, car elle semble indiquer que si la séparation était impossible, la même solution ne devrait pas être appliquée, tandis qu'au contraire l'article serait, à bien plus forte raison, applicable dans ce cas : au lieu de *néanmoins*, il faudrait *quoique séparables*. — Duranton, t. 4, no 435.

130. — Est réputée partie principale celle à laquelle l'autre n'a été unie que pour l'usage, l'ornement ou le complément de la première. — Art. 567.

131. — La couverture d'un livre, les serrures mises à un meuble, le manche adapté à un outil sont les accessoires de l'objet auquel ils ont été unis. — Proudhon, *Domaine de propr. privée*, t. 2, no 601 ; Ph. Dupin, *Encyclop. du dr.*, vo *Accession*, no 34 ; Marcadé, sur l'art. 569. — Il en est de même des broderies adaptées à un habit, de la dorure accolée à un cadre, de la couleur appliquée à un drap, des bras qu'on adapte à une statue, des boutons qu'on coud sur un habit. — Proudhon, no 602.

132. — Quand la chose unie est beaucoup plus précieuse que la chose principale, et quand elle a été employée à l'insu du propriétaire, celui-ci peut demander qu'elle soit séparée pour lui être rendue, même quand il pourrait en résulter quelque dégradation de la chose à laquelle elle a été jointe. — C. civ., art. 568.

133. — On peut citer pour exemple d'application de cet article, le cas où une pierre précieuse, comme un diamant, aurait été unie au pommeau d'une épée ou à toute autre chose principale. — Marcadé, *ibid.*

134. — Si de deux choses unies pour former un seul tout, l'une ne peut point être regardée comme l'accessoire de l'autre, celle-là est réputée principale qui est la plus considérable en valeur, ou en volume, si les valeurs sont à peu près égales. — C. civ., art. 599.

135. — Ainsi, si un ouvrier avait employé à confectionner un objet nouveau des matières de même espèce, par exemple plusieurs pièces de drap appartenant à différens maîtres, on attribuerait la propriété de l'objet à celui des deux propriétaires dont le drap aurait le plus de valeur. — Proudhon, t. 2, no 603.

136. — Toutefois, si, dans ce cas, l'ouvrier avait

fourni une partie de la matière employée, il y aurait, bien que cette partie fût moins considérable, copropriété entre lui et le maître de la matière la plus considérable en valeur. Cela résulte de l'application de l'art. 572, relatif à la spécification. — Proudhon, *ibid.*

137. — Si l'une des choses unies ne peut être considérée comme accessoire, soit comme étant unie pour l'usage, l'ornement ou le complément de l'autre, soit comme excédant l'autre en valeur, il n'y a point d'accession, l'objet est commun aux propriétaires de chaque partie, et doit être licité, aux termes de l'art. 575, C. civ., à moins que les copropriétaires ne préfèrent rester dans l'indivision. — Proudhon, nº 604; Duranton, t. 4, nº 440; Demante, t. 1er, nº 573, et Marcadé, sur l'art. 569.

138. — L'ancien propriétaire de la chose accessoire n'a qu'une action personnelle pour en obtenir le prix contre le propriétaire de la chose principale. — Proudhon, *De la propriété*, nº 605.

139. — Ce dernier a, au contraire, le droit de revendiquer l'objet nouveau même dans les mains du propriétaire de la chose accessoire. Nous pensons cependant que celui-ci aurait le droit de retenir l'objet nouveau jusqu'à ce que le revendiquant l'eût indemnisé de la valeur de la partie accessoire, selon le prescrit de l'art. 566. — Proudhon, *ibid.*, nº 606.

140. — Il est à remarquer, au reste, que l'attribution de propriété qui est faite par la loi au propriétaire de la partie principale, est indépendante de la bonne ou de la mauvaise foi de celui qui a réuni les deux objets en un. — Proudhon, nº 609.

141. — Néanmoins, la bonne ou la mauvaise foi est à considérer pour la fixation de l'indemnité à accorder au maître de la chose accessoire. Quand il y a eu bonne foi, l'indemnité ne doit être que du prix de la chose accessoire sans autres dommages-intérêts; au lieu que s'il y a eu mauvaise foi, le maître de la chose principale est responsable de tous les dommages qui pourraient résulter, pour le propriétaire de la partie accessoire, de la privation de la chose, sans préjudice de l'action criminelle, s'il y avait eu vol. — Art. 577, C. civ.

142. — Quelle que soit l'importance de la partie accessoire, jamais le propriétaire de cette partie ne peut revendiquer l'objet nouveau. Il a simplement, dans certains cas, la faculté, ainsi que nous l'avons déjà dit, de faire détacher sa chose de celle à laquelle elle se trouve unie. C'est l'exercice de ce droit que les jurisconsultes romains qualifiaient d'action *ad exhibendum*. — C. civ., art. 568; *Inst*, liv. 2, tit. 1er, § 26; Proudhon, t. 2, nº 611.

143. — Si le maître de cette partie accessoire ayant eu connaissance de la fabrication que le maître du principal faisait avec sa chose, n'avait pas réclamé, il serait non-recevable à demander la séparation. L'art. 568 n'accorde ce droit, en effet, qu'à celui dont on a employé la chose à son *insu*. — Ph. Dupin, *ibid.*, nº 37.

144. — Il ne faut pas oublier d'ailleurs qu'alors même que la chose accessoire aurait été employée à l'insu du maître de cette chose, ce dernier ne peut agir *ad exhibendum*, aux termes du même article, qu'autant que sa chose *est beaucoup plus précieuse* que la chose principale. — Art. 568, C. civ.; — Proudhon, nº 613.

§ 3. — *Spécification.*

145. — La *spécification* est la fabrication d'un nouvel objet. Elle a lieu le plus souvent par l'emploi d'une matière brute dont on fait une espèce nouvelle, ainsi par la conversion d'un métal en un vase. Mais rien n'empêche qu'elle résulte de l'emploi d'une matière qui avait déjà produit une espèce nouvelle, par exemple qu'on fonde une statue en métal pour en couler une autre. — *Inst.*, liv. 2, tit. 1er, § 25; Vinnius; sur ce paragraphe, Proudhon, t. 2, nº 615; Duranton, t. 4, nº 448; Marcadé, sur l'art. 570; Ph. Dupin, *Encycl. du dr.*, vº *Accession*, nº 38.

146. — La spécification qui fait acquérir n'existe qu'autant qu'un objet déterminé a été formé avec une matière qui n'appartenait pas au fabricant. La loi s'occupe de la question de savoir laquelle des deux, ou l'industrie de l'ouvrier ou la matière, doit être regardée comme la chose principale, afin d'attribuer au maître de celle-ci la propriété de l'objet fabriqué. La question ne naîtrait pas, en effet, si le spécificateur n'avait travaillé qu'avec sa propre matière. — Proudhon, t. 2, nº 615; Ph. Dupin, *loc. cit.*

147. — Mais si le spécificateur avait employé une partie de sa matière et une partie de la matière d'autrui, il y aurait encore accession pour la partie de matière qui ne lui appartenait pas. — Proudhon, *ibid.*

ACCESSION, chap. 3.

148. — Dans les principes du droit romain, tel qu'il était au temps de Justinien, on distinguait entre le cas où la matière employée pouvait être ramenée à sa forme primitive et le cas contraire. — *Inst.*, liv. 2, tit. 1er, § 25.

149. — Dans le premier cas, le maître de la matière avait le droit de la revendiquer, en payant au spécificateur le prix de son travail. Et si la matière employée appartenait en partie à un tiers et en partie à un autre tiers, ils étaient copropriétaires de l'objet nouveau. — *Instit.*, liv. 2, tit. 1er, § 25; Gaïus, *Instit.*, *Comm.* II, § 79.

150. — Dans le second cas, le travail était considéré comme la chose principale, et l'ouvrier restait propriétaire de l'objet nouveau, sauf indemnité pour le prix de la matière. — Gaïus, *ibid.*; Proudhon, t. 2, nº 616.

151. — Le Code civ. s'est écarté des principes romains, et a assis sur une base plus large et plus conforme au droit de propriété et de l'équité naturelle le système de législation actuelle.

152. — Le principe qui domine la matière, c'est l'intérêt de l'art. Toutes les fois que la perfection des arts est essentiellement intéressée, la supériorité de la main-d'œuvre l'emporte sur la propriété de la matière. Dans le cas contraire, c'est au maître de la matière que le Code donne la préférence. — Proudhon, *Traité de la Propriété*, t. 2, nº 617; Ph. Dupin, *Encyclop. du dr.*, vº *Accession*, nº 41.

153. — Ces principes sont formulés dans les art. 570 et 571, ainsi conçus : « Art. 570. Si un artisan ou une personne quelconque a employé une matière qui ne lui appartenait pas, à former une chose d'une nouvelle espèce, soit que sa matière puisse ou non reprendre sa première forme, celui qui en était le propriétaire a le droit de réclamer la chose qui en a été formée, en remboursant le prix de la main-d'œuvre. » — « Art. 571. Si cependant la main-d'œuvre était tellement importante qu'elle surpassât de beaucoup la valeur de la matière employée, l'industrie serait alors réputée la partie principale, et l'ouvrier aurait droit de retenir la chose travaillée en remboursant le prix de la matière au propriétaire. »

154. — Que la matière ait été employée au su ou à l'insu du propriétaire, celui-ci peut toujours, aux termes de l'art. 570, revendiquer l'objet nouveau (sauf le cas prévu dans l'art. 571). — Toutefois son droit n'est pas précisément le même dans l'un et l'autre cas. — S'il a connu l'emploi de sa matière, il n'a que le choix ou de prendre l'objet nouveau en payant la main-d'œuvre, ou de laisser l'objet au spécificateur, qui sera tenu de lui payer la *valeur* de la matière. — Si, au contraire, l'emploi a été ignoré par le propriétaire, ce dernier pourra encore ou garder l'objet en payant la main-d'œuvre, ou l'abandonner à l'ouvrier; mais dans ce dernier cas, il aura le droit d'exiger non pas seulement le remboursement de la valeur de sa matière, mais, s'il le préfère, la *restitution* de cette matière en même nature, quantité, poids et bonté. — C'est ce qui résulte de la combinaison de l'art. 570 avec l'art. 576. — Proudhon, *loc. cit.*, nos 620 et 621.

155. — Le choix accordé au propriétaire dont la matière a été employée à sa connaissance, soit de garder l'objet en payant le prix de la main-d'œuvre, soit de laisser l'objet au spécificateur en se faisant payer la valeur de sa matière, ressort virtuellement de l'art. 570, qui donne à ce propriétaire le *droit* de réclamer l'objet nouveau. Puisqu'on lui concède un droit, c'est une faculté qu'on ne peut retourner contre lui. C'est cependant ce qui arriverait si on l'obligeait à garder l'objet en payant la main-d'œuvre.

156. — Le Code ne fixant pas, dans le cas de l'art. 571, le degré de supériorité que la main-d'œuvre doit avoir, il s'ensuit que l'appréciation en est laissée au juge, pourvu toutefois que cette supériorité dépasse *de beaucoup* la valeur de la matière. — Proudhon, *ibid.*, nº 619.

157. — On peut donner pour exemple d'application de l'art. 571, les cas suivans : celui où un statuaire ferait une statue avec le bloc de marbre d'autrui; celui où on fabriquerait un objet d'art avec des matières brutes; où on peindrait un tableau sur la toile d'autrui, etc. — Proudhon, *ibid.*, nº 619. — Toutefois, si la peinture se trouvait sur une muraille, un plafond ou un autre immeuble, elle ne pourrait plus être considérée que comme accessoire, et le propriétaire de la chose principale la conserverait en payant le montant de la plus-value que son immeuble en aurait reçu. — Duranton, t. 4, nº 438.

158. — Si le spécificateur avait travaillé pour le compte d'autrui, ce serait à ce dernier que l'objet d'art devrait être attribué. — Proudhon, *ibid.*

159. — Peu importe, du reste, quant au droit de propriété du spécificateur, qu'il ait été de bonne ou de mauvaise foi. Seulement, dans ce dernier cas, il

sera tenu de dommages-intérêts plus ou moins considérables, suivant les circonstances, et sera même passible de l'action criminelle s'il y a lieu, tandis que s'il était de bonne foi, il ne devra que le prix de la matière (art. 571 et 577 combinés). — Proudhon, *ibid.*; Ph. Dupin, *loc. cit.*; Marcadé, sur l'art. 577, C. civ.

160. — Quoique l'art. 571, C. civ., n'accorde expressément au spécificateur que le droit de *rétention*, il n'en aurait pas moins celui de revendiquer l'objet nouveau, s'il n'en était pas détenteur. La revendication est en effet la conséquence du droit de propriété; or, le spécificateur est propriétaire aux termes de l'art. 571; d'où il suit qu'il exercera son droit en retenant l'objet s'il en est détenteur, et en le revendiquant s'il n'en a pas la possession. Observons toutefois que si le détenteur de l'objet pouvait invoquer le bénéfice de l'art. 2279, la revendication ne serait pas admise. Le spécificateur n'aurait alors qu'un recours contre le maître de la matière. — Duranton, t. 4, nº 454; Ph. Dupin, *ibid.*, nº 42.

161. — Lorsqu'une personne a employé en partie la matière qui lui appartenait, et en partie celle qui ne lui appartenait pas, à former une chose d'une espèce nouvelle, sans que ni l'une ni l'autre des deux matières soit entièrement détruite, mais de manière qu'elles ne puissent pas se séparer sans inconvénient, la chose est commune aux deux propriétaires, en raison, quant à l'un, de la matière qui lui appartenait; quant à l'autre, en raison à la fois et de la matière qui lui appartenait, et du prix de sa main-d'œuvre. — C. civ., art. 572.

162. — Si la matière avait été employée à l'insu de l'un de ceux à qui elle appartenait, celui-là aurait le choix d'en demander la restitution en même nature, quantité, poids, mesure et bonté, ou sa valeur, parce qu'il serait injuste de le rendre copropriétaire malgré lui. Si, au contraire, la matière avait été employée au su du propriétaire, il pourrait seulement ou demeurer en copropriété, ou demander le paiement de la valeur de sa matière. — Art. 570, 572 et 576 combinés; — Proudhon, nº 622.

163. — Il ne faut pas perdre de vue, au reste, que l'art. 572 reçoit exception, d'après ses termes mêmes, lorsque les matières peuvent se séparer sans inconvénient.

164. — Il y a exception encore lorsque la matière du spécificateur ou celle du maître excède l'autre en volume ou en valeur. Dans ce cas, c'est le maître de la partie principale qui devient propriétaire de l'objet nouveau. — C. civ., art. 569; — Ph. Dupin, *Encycl. du dr.*, vº *Accession*, nº 43.

165. — Si l'objet nouveau est le résultat d'un mélange, le spécificateur en devient bien copropriétaire; mais il n'a droit qu'en proportion de la valeur de sa matière, sans qu'on ait égard à sa main-d'œuvre. — C. civ., art. 573, alinéa 2e.

§ 4. — *Mélange ou confusion.*

166. — Lorsqu'une chose a été formée par le mélange de plusieurs matières appartenant à différens propriétaires, mais dont aucune ne peut être regardée comme la matière principale, si les matières peuvent être séparées, celui à l'insu duquel les matières ont été mélangées peut en demander la division. — C. civ., art. 573, alinéa 1er. — Les auteurs appellent *commixtion* le mélange des choses solides, et *confusion* celui des liquides.

167. — Ainsi, en supposant que des bûches appartenant à différens propriétaires aient été mélangées, et qu'il soit possible de les reconnaître parce qu'elles sont de nature ou de grandeur différente, chacun de ces propriétaires pourrait en demander la séparation. — Proudhon, *De la propriété*, t. 2, nos 626 et suiv.

168. — Si les matières ne peuvent plus être séparées sans inconvénient, ils en acquièrent en commun la propriété dans la proportion de la quantité, de la qualité et de la valeur de la matière appartenant à chacun d'eux. — C. civ., art. 573, alinéa 2.

169. — Proudhon (nº 629) donne pour exemple du cas prévu par cet alinéa celui où des bûches de même nature et de même grandeur, appartenant à divers propriétaires, se trouveraient confondues par suite d'une circonstance quelconque. Chacun des propriétaires aura droit alors au prix suivant la proportion de la quantité de bûches qui lui appartenaient.

170. — Lorsque la chose reste en commun entre les propriétaires des matières dont elle a été formée, elle doit être licitée au profit commun. — C. civ., art. 575.

171. — Si la matière appartenant à l'un des propriétaires était de beaucoup supérieure à l'autre par la quantité et le prix, le propriétaire de

la matière supérieure en valeur pourrait réclamer la chose provenue du mélange, en remboursant à l'autre la valeur de la matière. — C. civ., art. 574.

172. — Si, par exemple, on avait mis du sucre dans une liqueur afin de la rendre plus agréable; ou si on avait introduit une substance dans un tonneau de vin, afin de bonifier ce vin, le propriétaire de la liqueur ou du vin pourrait revendiquer le mélange, en remboursant la valeur du sucre ou de la substance. — Proudhon, *loc. cit.*

173. — Mais le propriétaire du vin ne serait pas obligé de garder le mélange en payant la valeur de la matière qui n'était pas sienne. C'est une simple faculté que lui donne l'art. 574, faculté qu'on ne saurait retourner contre lui. Il pourrait donc abandonner l'objet à celui qui aurait fait le mélange et exiger le paiement de son vin.

174. — Et même, dans le cas où le mélange aurait été fait à son insu, il pourrait, en abandonnant l'objet, exiger la restitution d'une matière semblable en nature, quantité, poids, mesure et bonté. — C. civ., art. 576.

175. — Ajoutons qu'il serait également fondé à réclamer des dommages-intérêts, si le spécificateur avait agi de mauvaise foi, sans préjudice des poursuites par voie extraordinaire s'il y échéait. — C. civ., art. 577.

ACCESSION DE POSSESSION.

V. ACTION POSSESSOIRE, POSSESSION, PRESCRIPTION.

ACCESSOIRE.

Table alphabétique.

ACCESSOIRE. — 1. — Ce qui n'est regardé que comme la suite, l'accompagnement ou la dépendance de quelque chose de principal.

—

Section 1re. — *Des choses réputées accessoires.*

2. — Prost de Royer est d'avis que la détermination précise des accessoires en fait de propriété, de legs et de vente, est un des points les plus difficiles de notre jurisprudence, et cependant, dit-il, c'est un des objets qui reviennent le plus souvent. — V. *Dict. de jurispr.*, t. 1er, p. 702, no 15.

3. — Domat enseigne qu'il faut, en pareille matière, considérer les circonstances, l'usage, la destination, le lieu, l'état des lieux, l'intention. Ainsi, la question est le plus souvent laissée à l'arbitraire du juge. De là des contradictions fréquentes.

4. — Le Code civ. a posé quelques règles spéciales à certaines matières, mais il a laissé aux tribunaux le soin de décider, dans le plus grand nombre de cas, ce qui doit être considéré comme accessoire.

5. — Nous n'avons pas la prétention de faire ce qu'il n'a pas même essayé : il serait à peu près impossible, d'ailleurs, de tracer la nomenclature complète des choses qui peuvent être considérées comme accessoires relativement à d'autres que la loi ou la jurisprudence réputent principales; mais il convient d'en indiquer quelques unes.

6. — Les fruits naturels et industriels sont l'accessoire de la chose qui les produit. — C. civ., art. 583; — Prost de Royer, *Dict.*, t. 1er, p. 692, no 3. — V. ACCESSION, FRUITS, PROPRIÉTÉ.

7. — Le croît des animaux est aussi un accessoire de la propriété. — « *Ea quæ ex animalibus, » dominio tuo subjectis, nata sunt, eodem jure tibi » acquiruntur* » (*Instit., De rer divis.*, § 19).

8. — Les bestiaux faisant partie d'un cheptel donné par le propriétaire au fermier sont un accessoire de la métairie (art. 1821 et 1824). — V. BAIL A CHEPTEL.

9. — En matière d'accession, le Code répute partie principale celle à laquelle l'autre n'a été unie que pour l'usage, l'ornement ou le complément de la première. — C. civ., art. 567.

10. — Cependant, si, de deux choses unies pour former un seul tout, l'une ne peut point être regardée comme l'accessoire de l'autre, celle-là est réputée principale qui est la plus considérable en valeur ou en volume, si les valeurs sont à peu près égales. C. civ., art. 569. — V. ACCESSION.

11. — Des plantations sont l'accessoire du sol auquel elles adhèrent, elles sont présumées faites par le propriétaire de ce sol, et lui appartiennent, à moins de preuve contraire. — C, civ., art. 553 et suiv.

12. — Les francs bords sont-ils un accessoire du canal ? — V. ACCESSION, CANAL, FRANCS BORDS, PROPRIÉTÉ.

13. — L'obligation de donner emporte celle de conserver la chose jusqu'à la livraison : cette seconde obligation est accessoire à la première. — C. civ., art. 1136. — V. OBLIGATION.

14. — La garantie est une obligation accessoire du vendeur. — C. civ., art. 1603 et 1625. — V. VENTE.

15. — Le cautionnement est l'accessoire de l'obligation principale à laquelle il se réfère. — « *Ha» bet*, dit Barbosa, *eamdem naturam et conditionem » quam habet obligatio principalis.* » — V. CAUTIONNEMENT.

16. — L'hypothèque, comme le nantissement et l'antichrèse, est un accessoire de l'obligation ; mais la servitude n'est pas l'accessoire du fonds asservi. — V. HYPOTHÈQUE, SERVITUDE.

17. — Les frais du contrat sont l'accessoire de la vente. — V. FRAIS ET LOYAUX COUTS, VENTE.

18. — Les dépens sont l'accessoire de la condamnation principale. — Il en est de même, dans beaucoup de cas, des dommages-intérêts. — V. DÉPENS, DOMMAGES-INTÉRÊTS.

Section 2e. — *Règles d'application.*

§ 1er. — *Droit civil. — Questions diverses.*

19. — La règle de la matière, c'est que l'accessoire suit le sort du principal. — L. 42, ff., *De regul. juris.*; Menochius, *Consult.* 58e, no 13; Barbosa, *Tractat. varii*, p. 3, axiom. 4.

20. — Le Code civil a fait application de ce principe dans plusieurs cas, et notamment lorsqu'il s'agit de l'accession des choses mobilières. — V. art. 565 et suiv., et ACCESSION.

21. — D'après l'art. 2204, C. civ., le créancier

ACCESSOIRE, sect. 2e.

peut poursuivre l'expropriation forcée, non seulement de l'immeuble appartenant en propriété à son débiteur, mais aussi des accessoires de ses biens réputés immeubles. — Mais ne peut-on exproprier les uns sans les autres ? — V. EXPROPRIATION FORCÉE, SAISIE IMMOBILIÈRE.

22. — Les accessoires d'un immeuble, tels que les bois non coupés, les fruits non détachés du sol, les immeubles par destination, sont compris, même sans stipulation, dans l'hypothèque qui grève le fonds. — Troplong, *Hypothèques*, t. 2, nos 399 et 404; Duranton, *Droit civil*, t. 19, no 254. — Mais ils ne peuvent être hypothéqués qu'avec le fonds. Considérés isolément, ils deviennent meubles. — Troplong, *loc. cit.* — V. aussi HYPOTHÈQUE.

23. — Ces accessoires sont également compris dans l'usufruit de l'immeuble dont ils dépendent; cependant l'usufruitier n'en peut jouir que de la manière et dans les cas déterminés par la loi. — C. civ., art. 582 et suiv. — V. aussi USUFRUIT.

24. — Mais la loi ne regarde pas comme accessoire de l'immeuble soumis à l'usufruit le trésor découvert pendant la jouissance de l'usufruitier, non plus que les mines, carrières et tourbières dont l'exploitation n'était pas encore commencée lorsque l'usufruit a pris naissance. — C. civ., art. 598.

25. — Les règles tracées pour l'usufruit s'appliquent à l'emphytéose. — V. ce mot.

26. — Lorsque l'usufruitier d'une maison s'est fait adjuger un jardin comme étant l'accessoire de cette maison, il perd le jardin ainsi que la maison, non seulement si l'usufruit vient à s'éteindre, mais même si la maison a été détruite. C'est ce qui résulte de l'art. 624, C. civ. — V. aussi Proudhon, *Tr. de l'usuf.*, no 2549.

27. — Des constructions faites sur un fonds, et à plus forte raison de simples embellissemens, ne sont réputés accessoires ; ainsi, lorsque l'usufruitier a construit sur le fonds dont il avait la jouissance, les bâtimens qu'il a élevés restent au propriétaire, à l'extinction de l'usufruit. — C'est ce qui a été jugé par la cour de Paris, le 10 juin 1823, et par la cour de Cassation, le 23 mars 1823, dans l'affaire de Galiffet. — V. USUFRUIT.

28. — L'hypothèque s'étend aussi à toutes les améliorations survenues à l'immeuble hypothéqué, depuis la convention ou le jugement qui lui a donné naissance ; ces améliorations ne sont qu'un accessoire sur lequel s'exerce le droit du créancier hypothécaire, aussi bien que sur la chose principale. — C. civ., art. 2133.

29. — La cour de Cassation a décidé que lorsqu'un arrêt a jugé qu'une sentence judiciaire était valable à l'effet d'autoriser des poursuites, il a, par cela même, jugé entre les parties que cette sentence était pareillement valable à l'effet de conférer hypothèque; en conséquence, le contraire ne peut plus être décidé sans qu'il y ait violation de la chose jugée. — *Cass.*, 4 déc. 1837 (t. 2 1838, p. 319), Magnoncourt c. Pescheur.

30. — Quoique l'accessoire suive le sort du principal, la loi, dans l'intérêt des tiers, veut que le créancier hypothécaire indique dans son inscription, non seulement le montant du capital des créances exprimées dans le titre, mais encore le *montant des accessoires de ces capitaux.* — C. civ., art. 2148. — V. HYPOTHÈQUE, INSCRIPTION.

31. — Aux termes de l'art. 1018, C. civ., la chose léguée doit être délivrée au légataire avec tous ses accessoires. — V. LEGS.

32. — Si donc un fonds de commerce a été légué, dans ce legs sont compris comme accessoires les droits, créances et recouvremens dépendant de ce fonds. — *Paris*, 12 avr. 1833, Hennet c. Labiche.

33. — Le legs d'un fonds de commerce comprend-il le droit au bail comme accessoire ? — V. FONDS DE COMMERCE, LEGS, TESTAMENT.

34. — Les accessoires de la chose léguée appartiennent-ils au légataire, lorsque la chose léguée a péri depuis le décès du testateur ? — V. LEGS.

35. — Ce que nous avons dit de l'usufruit, de l'hypothèque, du legs, il faut le dire aussi de la vente. En effet, l'art. 1615, C. civ., dispose que l'obligation de délivrer la chose comprend ses accessoires et tout ce qui a été destiné à son usage perpétuel. — V. VENTE. — V. aussi Domat, *Lois civ.*, liv. 1er, tit. 2, sect. 4e, no 9.

36. — Ainsi, il a été jugé que des pièces de terre, quoique non désignées dans la vente d'un domaine dont elles faisaient partie, étaient censées comprises comme accessoires dans la vente, et avaient pu être prescrites contre les tiers par dix ou vingt ans. — *Cass.*, 23 janv. 1837 (t. 1er 1837, p. 56), Pulierne de Chassenay c. Bigeon; 31 janv. 1837 (t. 1er 1838, p. 263), Lautour c. Duquénel.

37. — D'après le même principe, on décide que le transport d'une créance comprend ses accessoires, tels qu'hypothèque, caution, privilége. — C. civ., art. 1692. — V. TRANSPORT.

38. — Un arrêtiste suppose qu'une vente a été annulée pour vices rédhibitoires, et il décide, ce qui ne souffre aucune difficulté, que l'acheteur doit restituer la chose ou ce qui en reste avec ses accessoires. Mais il ajoute que la restitution doit porter même sur les accessoires qui ont accédé à la chose depuis la vente, et il applique cette solution au cas où il s'agit de la vente d'un cheval; il fait rendre par l'acheteur (qui a obtenu la nullité de la vente) au vendeur (qui a succombé) les harnais que celui-ci n'avait point livrés et que l'acheteur ne s'était procurés que depuis la vente. Il faut convenir que décider ainsi, c'est faire une singulière application du principe, que l'accessoire suit le sort du principal.

39. — Suivant Domat, les accessoires des choses mobilières qui peuvent en être séparés, entrent dans la vente ou n'y entrent pas, selon les circonstances. « Ainsi, dit-il, un cheval étant exposé en vente sans son harnais, l'acheteur n'aura que le cheval nu, et s'il est présenté en vente avec le harnais, il aura le tout, si ce n'est que dans l'un et l'autre cas, il eût été convenu d'une autre manière. »

40. — En matière de vente d'offices, la cession par le titulaire de sa charge emporte la clientèle, à moins de convention contraire.

41. — Mais emporte-t-elle abandon des recouvremens à faire? Est-ce là un des accessoires de l'office virtuellement compris dans le traité? — V. OFFICE.

42. — En matière de surenchère, le surenchérisseur s'engage à porter ou faire porter le prix à un dixième en sus de celui qui a été stipulé au contrat C. civ., art. 2183 et 2185). — Cette disposition est précise, mais comment doit-elle être entendue? Faut-il que l'offre du dixième porte sur le prix principal seulement, ou doit-elle embrasser les accessoires, c'est-à-dire les intérêts, frais, etc.? — V. SURENCHÈRE.

43. — La concession d'une source d'eaux thermales comprend les veines souterraines qui existent dans la propriété du concédant. — *Aix*, 7 mai 1835, Guibert c. Gravier.

44. — La possession de la chose principale empêche le tiers de prescrire ses accessoires. — *Cass.* 9 mai 1836 (t. 1er 1837, p. 30), Logette c. Lemaignon.

45. — Le cautionnement indéfini d'une obligation principale s'étend à tous les accessoires de la dette, même aux frais de la première demande, et à tous ceux postérieurs à la dénonciation qui en est faite à la caution. — C. civ., art. 1016.

46. — Quoique l'obligation de la caution ne soit que l'accessoire de l'obligation principale, cependant elle peut subsister quoique celle-ci soit rescindable par une exception personnelle à l'obligé, par exemple dans le cas de minorité. — C. civ., art. 2012. — V. CAUTIONNEMENT.

47. — Les conventions obligent non seulement à ce qui y est exprimé, mais encore à toutes les suites que l'équité, l'usage ou la loi, donnent à l'obligation d'après sa nature (C. civ., art. 1133). — C'est là un accessoire nécessaire de l'obligation.

48. — L'obligation de délivrer la chose comprend ses accessoires et tout ce qui a été destiné à son usage perpétuel. — C. civ., art. 1615.

49. — La nullité de l'obligation principale entraîne la nullité de la clause pénale qui n'en est que l'accessoire. — C. civ., art. 1227. — V. OBLIGATION.

50. — De même, la garantie n'a pas lieu si l'obligation principale est illicite.

51. — Lorsqu'il y a incertitude sur ce qui est principal ou accessoire, l'appréciation des tribunaux est souveraine. — *Paris*, 23 mars 1836, Commissaires-priseurs de Paris.

52. — L'erreur n'est une cause de nullité ou de rescision qu'autant qu'elle porte sur la substance même de la chose; elle ne vicie point l'obligation lorsqu'elle ne tombe que sur les accessoires. — C. civ., art. 1110.

53. — Les hardes et effets personnels des gens de l'équipage et des passagers sont considérés comme accessoires de la personne et exempts de la contribution aux avaries. (C. comm., art. 419). — Boulay-Paty, *Traité du droit maritime*, t. 4, p. 560 et 561. — V. cependant, quant aux hardes des passagers, Émérigon, *Assurances*, chap. 12, sect. 42e, § 8, et Delvincourt, *Instit. comm.*, t. 2, p. 263. — V. ASSURANCES MARITIMES, AVARIES, CONTRIBUTION, JET.

§ 2. — *Procédure. — Compétence.*

54. — Ici encore le principe est le même qu'en matière civile; mais voyons ses applications.

55. — Lorsqu'il s'agit de déterminer le taux du dernier ressort, on ne tient aucun compte des accessoires de la demande, ils suivent le sort du principal. — V. DEGRÉ DE JURIDICTION.

56. — Quelquefois, les choses réputées accessoires deviennent elles-mêmes principales quant à l'action. Ainsi, bien que les intérêts soient, en général, considérés comme accessoires de la demande, cependant, s'ils étaient échus au moment où l'action a été introduite, ils deviendraient un chef principal de la demande, et il faudrait les ajouter aux autres chefs pour déterminer le taux du dernier ressort. — V. DEGRÉ DE JURIDICTION.

57. — Les frais faits pour obtenir une séparation de biens, un privilége, doivent, comme accessoires, être colloqués au même rang que la dot ou le privilége. — V. CONTRIBUTION, ORDRE.

58. — En cause d'appel, quoiqu'il ne soit pas permis de former une demande nouvelle, on peut réclamer les intérêts, arrérages, loyers et autres accessoires échus depuis le jugement de première instance, ainsi que les dommages-intérêts pour préjudices soufferts toujours depuis ce jugement. C. procéd., art. 464. — V. DEMANDE NOUVELLE.

59. — Lorsque deux personnes sont engagées, et que l'engagement de l'une n'est que l'accessoire de l'obligation de l'autre, c'est le domicile de celle-ci qui doit déterminer la compétence. — Carré, *Lois de la procéd.*, sous l'art. 59.

60. — Cependant, s'il y avait solidarité, le demandeur aurait le choix du tribunal; car, dans ce cas, et relativement à lui, il n'y aurait pas d'obligation principale ni d'obligation accessoire.

61. — L'action en garantie étant accessoire à l'action principale, par voie de conséquence le garant est tenu de procéder devant le tribunal saisi de la demande originaire. — C. procéd., art. 181.

62. — Mais peut-il de plein saut être appelé devant la cour royale, lorsqu'il n'a pas été assigné en première instance, et est resté jusque là étranger au procès? — V. EXPLOIT, GARANTIE, HUISSIER.

63. — On décide, en général, que celui qui acquiesce sans réserves aux dispositions principales du jugement, acquiesce, par voie de conséquence, aux dispositions accessoires. Cependant cette conséquence n'est pas forcée; les circonstances influent beaucoup sur la décision. — V. ACQUIESCEMENT.

64. — Mais s'il acquiesçait aux dispositions accessoires du jugement, serait-il censé avoir acquiescé aux dispositions principales? — Oui, si cet acquiescement était fait sans réserves, sans conditions. Oui encore, si cet acquiescement, donné même tacitement, emportait exécution volontaire du jugement; par exemple, s'il y avait eu paiement des frais. — V. ACQUIESCEMENT. — Mais V. aussi *Cass.*, 19 mai 1830, Dubreuil c. Delasarre.

65. — Les juges connaissent de ce qui est accessoire aux instances dont ils sont saisis, ce qui a lieu notamment pour les dépens, pour les dommages-intérêts, les remises de pièces, les suppressions de mémoires ou d'écritures, etc., etc. — Jousse, *Admin. de la justice*, t. 1er, part. 2e, tit. 1er, no 26, p. 177 et 198.

66. — Par identité de raison, le juge qui s'est dessaisi comme incompétent, ou qui l'a été par appel, ne peut conserver la connaissance des accessoires de la cause principale. — C'est d'après ce principe que d'Aguesseau écrivait en 1729 : — « C'est une maxime certaine dans l'ordre judiciaire que l'accessoire suit la nature du principal, ou que le principal entraîne nécessairement l'accessoire. D'où il suit que les dépens n'étant que l'accessoire du fond de la contestation, celui qui n'est pas juge du fond en dernier ressort ne peut être juge en dernier ressort des dépens. » — D'Aguesseau, t. 10, p. 328, édit. in-4o.

67. — L'intervention en cour d'appel tombe comme accessoire, si l'appel est nul ou non-recevable. — *Cass.*, 28 déc. 1836 (t. 1er, 1837, p. 362), Lévy c. Traesch.

68. — En est-il de même de l'appel incident? Est-il tellement l'accessoire de l'appel principal, qu'il tombe avec lui, quelle que soit la cause qui anéantisse celui-ci? — Il y a des distinctions à faire sur cette question. — Pour la solution, V. APPEL INCIDENT.

69. — La saisie d'un immeuble est réputée comprendre ses accessoires, quoique non désignés au procès-verbal. — V. SAISIE IMMOBILIÈRE.

70. — Il y a cependant des cas où l'accessoire est tellement important que, par dérogation au principe, la loi permet qu'il devienne l'objet d'un appel, quoique, sur le principal, le jugement soit en dernier ressort. C'est ce qui a lieu pour la *contrainte par corps*. — V. ce mot.

71. — La disposition de l'art. 1er, L. 17 avr. 1832, qui porte que « la contrainte par corps ne peut être prononcée que pour une somme de 200 fr. en *capital* et au-dessus, » s'applique-t-elle au cas où il ne s'agit plus que d'un accessoire, les dépens? — *Paris*, 19 sept. 1839 (t. 1er 1839, p. 389), Heideloff c. Légé; — Ginouvier, *Contr. par corps*, p. 14. — V. aussi CONTRAINTE PAR CORPS.

72. — L'effet de la cassation ou de la requête civile est de s'appliquer à l'accessoire en même temps qu'au principal. — V. CASSATION, REQUÊTE CIVILE.

73. — Par voie de conséquence, lorsqu'une cassation a été prononcée, la cour de renvoi peut statuer sur les accessoires de la demande principale, quoiqu'elle ne soit saisie que du point jugé par la cour suprême. — V. CASSATION.

§ 3. — *Droit pénal.*

74. — Il est des peines qui ne sont prononcées que comme accessoires d'autres peines réputées principales.

75. — Ainsi, la surveillance est une peine accessoire à d'autres peines criminelles ou même correctionnelles.

76. — Cependant, dans quelques cas, la loi, dispensant le prévenu de toute peine, autorise ou ordonne sa mise en surveillance pendant un temps déterminé. La surveillance est considérée alors moins comme une peine principale que comme une mesure de précaution fondée sur la gravité des circonstances dans lesquelles il s'est trouvé compromis. — V. PEINE.

77. — L'exposition est une peine accessoire à une condamnation pour crime, et non pour simple délit : elle n'est jamais prononcée principalement. — V. EXPOSITION, PEINE.

78. — Le carcan était aussi, avant la modification apportée au Code pénal par la loi du 28 avr. 1832, une peine accessoire; seulement, et à la différence de ce qui avait lieu pour l'exposition, il pouvait quelquefois être prononcé comme peine principale. Aujourd'hui le carcan est aboli. — V. CARCAN, PEINE.

79. — La mort civile n'est pas une peine, mais un accessoire de la peine de mort, de la déportation et des travaux forcés à perpétuité. — C. civ., art. 22 et suiv.; C. pén., art. 18. — V. MORT CIVILE, PEINE.

80. — Bien que le Code civil et le Code pénal ne parlent que de la mort naturelle, des travaux forcés à perpétuité et de la déportation, il faut également appliquer la mort civile comme peine accessoire à la détention perpétuelle, qui n'est qu'un mode d'exécution de la déportation. — Cela résulte formellement des explications échangées à la chambre des députés, à l'occasion d'un amendement destiné à appliquer seulement, dans ce cas, l'art. 29, C. pén., et du rejet de cet amendement. — Chauveau et Hélie, *Th. C. pén.*, t. 1er, p. 196; Chauveau, *C. pén. progressif*, p. 116 à 121. — V. MORT CIVILE, PEINE.

81. — La mort civile étant, non une peine proprement dite, mais un accessoire nécessaire de certaines peines, il s'en suit qu'elle n'est jamais prononcée par les tribunaux. Elle est bien une conséquence de leurs jugemens, mais on ne l'y mentionne jamais. — Cependant, en 1830, la cour des pairs, lors du procès des ministres, déclara, par une disposition expresse, le prince de Polignac *mort civilement* : les circonstances politiques expliquent cet arrêt. — *Cour des pairs*, 21 déc. 1830, de Polignac, Chantelauze, de Peyronnet et Guernon-Ranville.

82. — La confiscation spéciale (car la confiscation générale n'existe plus) n'est également qu'un accessoire de la peine, dans certains cas prévus par la loi. — C. pén., art. 11, 180, 464, 470 et 477; LL. 4 mars 1831, art. 5; 3 mai 1844, etc. — V. CONFISCATION.

83. — L'amende, quoique ce soit une véritable peine, et qu'à ce titre elle ne doive atteindre que les coupables, s'étend quelquefois *accessoirement* jusqu'à des tiers que, par exception, la loi considère comme responsables. — C'est ce qui a lieu en matière de douanes et de contributions indirectes. — LL. 6-22 août 1791, art. 20; 1er germin. an XIII, art. 35. — V. AMENDE, CONTRIBUTIONS INDIRECTES, DOUANES.

84. — En général, la peine qui n'est que l'accessoire d'une peine principale doit être subie, quoique l'arrêt de condamnation soit muet sur ce point. — Chauveau et Hélie, *Th. C. pén.*, t. 1er, p. 180. — V. aussi PEINE.

85. — Du reste, les peines qui ne sont que l'accessoire des condamnations pour crimes ne peuvent être infligées pour simple délit.

86. — Un délit est quelquefois réputé l'accessoire d'un autre délit à l'occasion duquel il a été commis. Du moins, il a été jugé que lorsqu'un garde national a refusé de faire son service, avec injures constatées au procès-verbal, les injures devaient, relativement à la compétence, être regardées comme l'accessoire du refus de service. — *Cass.*, 24 août 1832, Amblard. — V. au surplus GARDE NATIONALE.

87. — L'action civile est l'accessoire de l'action publique; ainsi, un tribunal criminel ne peut prononcer des réparations civiles qu'accessoirement à une condamnation pénale, — V. ACTION CIVILE.

88. — C'est par cette raison que les tribunaux de police correctionnelle doivent statuer, par le jugement, sur l'action publique et sur l'action civile. — *Cass.*, 5 déc. 1833, Lapaire; 31 déc. 1835, Cotelle.

89. — Jugé que les parties civiles ne pouvant agir au criminel qu'accessoirement à l'action publique, dès que cette action est déclarée éteinte, aucune partie n'est recevable à reproduire le même fait pour en faire la matière d'une poursuite au criminel. — *Cass.*, 9 mai 1812, Michel Roger c. Hendron.

90. — Lorsqu'à l'occasion de la vente d'une coupe de bois, il y a eu association illicite pour écarter les enchérisseurs, le jugement qui punit ce délit emporte virtuellement comme accessoire la nullité de l'adjudication, si elle a eu lieu au profit des prévenus. — Arg. C. forest., art. 22; C. pén., art. 412. — *Cass.*, 22 avr. 1837 (t. 1er 1837, p. 559), Thiriet.

91. — En matière criminelle, les frais faits par le ministère public sont considérés comme accessoire de la condamnation principale et sont soumis à la même prescription. — *Liége*, 17 janv. 1822, Enregist. c. C...

92. — Ils s'identifient tellement avec la condamnation principale, qu'ils tombent avec celle-ci, même dans le cas où c'est le décès survenu depuis qui la rend sans effet. — *Cass.*, 21 juill. 1834, Vincent; 3 mars 1836, Fournier.

ACCIDENT.

1. — On nomme accident le cas fortuit, et particulièrement l'événement fâcheux et imprévu auquel la volonté de l'homme n'a eu aucune part.

2. — Quand un accident est une suite d'une imprévoyance ou d'une autre faute, il engendre contre son auteur une responsabilité soit pénale, soit pécuniaire. — C. civ., art. 1382 et suiv.; C. pén., art. 319 et 320. — V. DOMMAGES, RESPONSABILITÉ, QUASI-DÉLIT.

3. — Mais il est certains accidens que la vigilance la plus active ne saurait empêcher; ils participent alors du cas fortuit et de la force majeure; c'est en ce sens que l'art. 624, C. civ., emploie ce mot. — V. au reste CAS FORTUIT.

4. — Placé par sa nature en dehors des cas ordinairement prévus, l'accident fait fléchir les règles générales tracées par la loi. — V. par exemple C. civ., art. 312, 1348, nos 3 et 4.

5. — L'autorité administrative ou municipale a le devoir de prendre les mesures nécessaires pour prévenir ou réparer les maux causés par les incendies, les débâcles, les inondations, les épizooties; et les particuliers sont tenus, au cas d'accidens désastreux, de prêter leur concours, et ceux qui le refusent sont passibles des peines portées par l'art. 478, C. pén.

6. — Les conséquences que les accidens fortuits et imprévus, tels que les accidens de mer ou de terre, l'incendie, la grêle, etc., sont susceptibles d'exercer sur la fortune des particuliers, peuvent être, dans de certaines limites, neutralisées par les contrats d'assurances maritimes ou terrestres. — V. ASSURANCE MARITIME, ASSURANCE TERRESTRE, PREUVE TESTIMONIALE.

ACCIDENT DE MER.

V. ASSURANCE MARITIME, AVARIES.

ACCISES.

1. — C'était un droit féodal qui se percevait sur les comestibles : il a été aboli en France par le décret relatif aux droits féodaux du 15 mars 1790, t. 2, art. 12.

2. — On nomme *accises* aujourd'hui, en Belgique et dans les Pays-Bas, l'impôt qui se perçoit sur les objets de consommation, tels que grains, boissons, bestiaux, sel, sucre, etc., impôt qui, en France, est connu sous le nom de *contributions indirectes*. — En Angleterre, cet impôt prend le nom d'*excise*.

3. — En Belgique, l'impôt des accises est régi par la loi générale du 26 août 1822; il y a en outre quelques lois spéciales, notamment celle sur les eaux-de-vie indigènes, du 18 juillet 1833; celle sur les boissons distillées à l'étranger, du 2 août 1832, modifiée par la loi du 24 déc. 1829; la loi sur le sel, du 2 août 1822, modifiée par la loi du 24 déc. 1839; la loi sur le sucre, du 27 juill 1822, modifiée par la loi du 24 déc. 1829; les lois sur les toiles et sur les céréales, du 31 juill. 1834 et 31 mars 1836; celles sur les exemptions, des 8 août 1835 et 7 mars 1837; la loi sur le bétail, du 31 déc. 1835, etc.

ACCOMMODEMENT.

1. — Dans la langue de l'ancien droit, on employait le mot *accommodement* pour exprimer principalement la composition, la réconciliation entre celui qui avait outragé, blessé, ou même tué quelqu'un, et celui qui avait été outragé ou frappé, ou avec les parens de celui-ci. — A Péronne, un meurtrier qui s'était enfui ne pouvait revenir qu'après avoir fait son accommodement avec les parens de celui qui avait succombé (Lett. de Charles V du 28 janv. 1368, art. 2; Ord. du Louvre, t. 5, p. 159). — *Encycl. du dr.*, vis *Accord, Accordance, Accommodement*.

2. — Dans notre droit, *accommodement* signifie l'accord qu'on fait avec sa partie sur un procès pour le terminer, ou sur quelque contestation qui n'est pas encore portée en justice, pour prévenir tout procès qui pourrait en naître. — Le terme accommodement est, au surplus peu employé. — V. ARBITRAGE, COMPROMIS, TRANSACTION.

ACCOMPAGNEMENT.

Vieux mot employé par Beaumanoir pour signifier une *société*. — On trouve, aussi dans la coutume de Beauvoisis, du même auteur, l'expression de *s'entre-accompagner*, pour dire s'associer, mettre en commun.

ACCONVENANCER.

Terme usité en Bretagne et qui signifie donner à convenant, c'est-à-dire faire bail à domaine congéable. — V. BAIL A DOMAINE CONGÉABLE.

ACCORDEUR.

Les accordeurs de pianos, harpes et autres instrumens, sont rangés par la loi du 25 avr. 1844, sur les patentes, dans la septième classe des patentables, et imposés à : 1° un droit fixe basé sur le chiffre de la population de la ville ou commune où est situé l'établissement; — 2° un droit proportionnel du quarantième de la valeur locative de la maison d'habitation et des locaux servant à l'exercice de la profession. — V. PATENTES.

ACCOTEMENS.

1. — Portion de terrain non pavée, qui se trouve de chaque côté d'une chaussée, d'un chemin public, d'une route royale ou départementale, et qui est située entre le fossé et l'empierrement ou encaissement.

2. — Lorsque la largeur des routes le permet, les matériaux destinés à l'entretien de la route, sont déposés sur les accotemens, au lieu de l'être sur des gares placées en dehors de la voie de circulation.

3. — Nous ne saurions admettre l'opinion de MM. Sebire et Carteret (*Encycl. dr.*, v° *Accotement*), d'après laquelle les contraventions relatives aux accotemens sont encore réprimées par l'ordonnance du roi du 4 août 1731, qui porte « défense de faire sur les accotemens aucun dépôt de matériaux ou d'immondices, et de les dégrader, sous les peines de police, comme embarrassant la voie publique, de la réparation du dégât et de l'enlèvement desdits dépôts aux frais de leurs auteurs, s'ils ne le font eux-mêmes, sommation à eux préalablement faite, » car les accotemens sont une partie intégrante de la voie publique, et il nous paraît évident que le particulier qui y déposerait des matériaux, des immondices, ou autres choses de nature à embarrasser la sûreté et la liberté du passage, commettrait la contravention réprimée par l'art. 471, n° 4, C. pén.

4. — Les contraventions doivent être constatées comme en matière de grande voirie. — V. VOIRIE.

5. — On entend encore par accotemens les bords d'un canal ou d'une rivière.

ACCOUCHEMENT.

1. — La question du terme de l'accouchement est une de celles sur lesquelles on a le plus écrit, et qui ont le plus divisé les naturalistes, les médecins, les philosophes et les jurisconsultes. Les Romains avaient généralement adopté le terme de six mois et deux jours (182 jours), comme la durée la plus courte de la gestation, et celui de dix mois comme la plus longue (L. 3, §§2, 12 et ult., ff., *De suis et legit. hæred.*). — Fourcroy, lors de la discussion du C. civ. (V. *Procès-verbal* du 14 brum. an X), voulait que le *minimum* de la gestation fût fixé à 186 jours, et le *maximum* à 286 jours (neuf mois et seize jours). Mais des raisons physiologiques ont fait décider que le terme de l'accouchement pourrait s'étendre de cent quatre-vingts jours à trois cents. — C. civ., art. 312 et suiv. — V. DÉSAVEU, FILIATION, GROSSESSE, NAISSANCE, PATERNITÉ.

2. — Sous l'ancienne jurisprudence, la question des longues gestations s'est présentée souvent, et elle y était décidée d'une manière peu uniforme.

3. — Pour ne citer que quelques espèces, nous dirons qu'un arrêt du parlement de 1375 déclara légitime un enfant né dans le *onzième* mois, et qu'en 1693 un nouvel arrêt jugea de même.

4. — En 1664, le parlement alla plus loin, et il décida qu'un enfant né à plus de onze mois était légitime. — Enfin, en 1653, un enfant fut également déclaré légitime quoique né à la fin du douzième mois.

5. — Ces antiques monumens de jurisprudence parlementaire ont perdu toute autorité; on les recherche encore dans un intérêt de curiosité, mais ils ne sont plus d'aucun poids dans la discussion; la science et la loi ont tranché la question. — Du reste, on trouvera dans le plaidoyer de M. Bellart pour la ve Michel la curieuse énumération de toutes les autorités qui se sont prononcées en faveur des longues gestations. — *Œuvres de Bellart*, t. 1er, p. 108 et suiv., et *Annales du barreau français* (barreau moderne), t. 3, p. 52 et suiv.

6. — D'autres questions médico-légales, qui offrent peut-être aujourd'hui plus de difficultés encore que la précédente, parce que l'appréciation des faits qu'elles supposent n'est soumise à aucune règle fixe et est entièrement abandonnée à la pratique des gens de l'art, consistent à savoir s'il est possible, lorsque l'enfant n'est pas représenté, de déterminer rigoureusement si la femme que l'on examine est accouchée à terme ou avant terme, ou s'il y a eu seulement avortement à une époque avancée de la grossesse; s'il est possible de déterminer jusqu'à quelle époque on peut trouver des traces de l'enfantement; si l'on peut, en comparant un enfant trouvé avec l'état d'une femme que l'on suppose en couche, dire positivement que cet enfant lui appartient. — V. notamment sur ce point l'art. *Accouchement* du docteur West (*Encycl. du dr.*). — V. aussi Paillet, *Dict. de dr.*, v° *Accouchement*, § 6, nos 18 et suiv.

7. Pour décider le degré de responsabilité que doit encourir une femme pour les actes répréhensibles qu'elle commet immédiatement après son accouchement, il faut avoir égard aux circonstances de l'âge, du tempérament, du degré d'intelligence, du caractère, de la moralité, de l'éducation et des antécédens de l'accouchée. Les faits qui sont la base de l'accusation doivent être scrupuleusement analysés par l'homme de l'art qui a été appelé à cet effet. Son rapport et les circonstances que nous avons indiquées doivent être mis dans la balance de la justice, comme élémens de décision. — West, *ubi suprà*. — V. CIRCONSTANCES ATTÉNUANTES.

8. — C'est l'impossibilité de reconnaître, après un court délai, l'époque précise de l'accouchement, jointe à la nécessité d'assurer aux enfans un état, qui a fait exiger que les déclarations de naissance soient faites à l'officier de l'état civil du lieu, auquel l'enfant doit être présenté. — C. civ., art. 55.

9. — Ces déclarations sont faites par le père, ou, à défaut du père, par les docteurs en médecine ou en chirurgie, sages-femmes, officiers de santé ou autres personnes qui ont assisté à l'accouchement, et, lorsque la mère est accouchée hors de son domicile, par la personne chez qui elle est accouchée, art. 56.

10. — L'art. 346, C. pén. prononce contre toute personne qui, ayant assisté à un accouchement, n'aura pas fait la déclaration à elle prescrite par l'art. 56, C. civ., et dans les délais fixés par l'art. 55 du même Code, la peine d'un emprisonnement de six jours à six mois, et d'une amende de 16 à 300 fr.

11. — Lorsqu'une femme accouche hors de son domicile, c'est à la personne chez qui l'accouchement a lieu, si elle y est présente, et non au chirurgien ni aux autres personnes ayant aussi assisté à l'accouchement, que la loi impose l'obligation de déclarer la naissance. — *Cass.*, 7 nov. 1823, Duboscage; — Carnot, *C. pén.*, art. 346, n° 2; Morin, *Dict. dr. crim.*, v° *Accouchement*.

12. — En conséquence, en cas de non déclaration de la naissance de l'enfant, la personne chez qui l'accouchement a eu lieu, et qui y a assisté, est seule passible des peines portées par la loi. Le jugement qui, en l'y condamnant, prononce l'acquittement du chirurgien, n'encourt point la censure de la cour de Cassation. — Même arrêt. — V. ACTES DE L'ÉTAT CIVIL.

13. — Le médecin qui déclare la naissance d'un enfant doit-il, à peine d'amende, faire connaître le nom de la mère qu'il a délivrée? — Sur cette

question délicate et controversée, V. ACTES DE L'ÉTAT CIVIL, MÉDECINE.

14. Quant à l'art des accouchemens, il ne peut être pratiqué que par un individu porteur d'un diplôme et inscrit sur les listes dressées en vertu des art. 25, 26 et 34 de la loi du 19 vent. an XI, à peine d'une amende au profit des hospices, art. 25 et 36. — V. MÉDECINE. — V. aussi AVORTEMENT, COURS D'ASSISES, GROSSESSE, INFANTICIDE, SUPPRESSION D'ÉTAT.

15. — Les chefs de maisons d'accouchement sont rangés, par la loi du 25 avr. 1844, sur les patentes, dans la cinquième classe des patentables, et imposés à 1o un droit fixe basé sur le chiffre de la population de la ville ou commune où est situé l'établissement; — 2o un droit proportionnel du vingtième de la valeur locative de la maison d'habitation, et du quarantième de celle des locaux servant à l'exercice de la profession. — V. PATENTES.

ACCOUCHEUR.

1. — Nul ne peut pratiquer l'art des accouchemens, pas plus que la médecine et la chirurgie, sans avoir obtenu, après examen, le diplôme exigé par la loi du 19 vent. an XI, art. 1er et 2.

2. En cas d'infraction à cette disposition, il est prononcé contre le délinquant une amende au profit des hospices. — Même loi, art. 25 et 36. — V. CHIRURGIE, MÉDECINE.

3. — L'accoucheur qui a procuré l'avortement d'une femme enceinte encourt la peine des travaux forcés. — C. pén., art. 317, § 3. — V. AVORTEMENT.

ACCOUTREUR.

Les accoutreurs sont rangés par la loi du 25 avr. 1844 sur les patentes dans la huitième classe des patentables, et imposés à un droit fixe et à un droit proportionnel. — Le droit fixe est basé sur le chiffre de la population de la ville ou commune où est situé l'établissement. — Le droit proportionnel est du quarantième de la valeur locative de la maison d'habitation et des locaux servant à l'exercice de la profession. — V. PATENTE.

ACCROISSEMENT (Droit d').

1. — C'est le droit qu'acquièrent un ou plusieurs héritiers et un ou plusieurs légataires sur les portions d'un ou de plusieurs cohéritiers ou colégataires qui n'ont pu en jouir ou qui ont renoncé. — Ce droit s'appelle *accroissement*, parce que la portion de celui qui ne succède pas *accroît* à celui qui succède seul. — Domat, *L. civ.*, t. 1er, p. 485. — Tout ce qui concerne l'accroissement est traité vis ENREGISTREMENT, LEGS, SUBSTITUTION, SUCCESSION, TESTAMENT.

2. — On peut donner encore le nom d'*accroissement* à la portion que les eaux détachent d'un héritage pour ajouter à un autre. — Ferrière, vo *Accroissement de terres faits par la violence des eaux*. — A cet égard, l'art. 556, C. civ., dispose que les attérissemens et accroissemens qui se forment successivement et imperceptiblement aux fonds riverains d'un fleuve ou d'une rivière s'appellent alluvion. — V. ALLUVION.

ACCROISSEMENTS, ACCRUE (Forêts).

1. — Augmentation que reçoit une forêt ou un bois par suite de l'extension sur le terrain voisin des racines de ses arbres, ou de la chute des semences qui produisent de jeunes plants.

2. — Les accrues de bois appartiennent au propriétaire de l'héritage sur lequel le bois se trouve, et non au propriétaire du bois qui s'était agrandi et étendu. On n'applique pas la même règle qu'au cas d'alluvion. — V., à cet égard, cout. Troyes, tit. 10, art. 177; Franche-Comté, art. 57; Auxerre, art. 268; Sens, art. 158; Chaumont, art. 108, et cout. Bourgogne, tit. 13, art. 1er.

3. — « Le bois acquiert le plain, » disait-on dans l'ancien droit. Or, les accrues étant réputées vaines pâtures (*Inst. cout.* de Loisel, liv. 2, tit. 2, règle 21; Cout. de Sens, art. 153), le seigneur haut justicier les incorporait à son domaine en vertu de ce principe : « Nulle terre sans seigneur, » et les prescrivait contre toute autre personne.

4. — Ce droit d'accrue, au reste, dans quelques provinces, n'avait lieu qu'au profit des hautes forêts ou bois de hautes futaies, et partout ailleurs, dans le cas seulement où il n'y avait pas séparation entre ladite forêt et le plain, par fossés, bornes, murets et autres enseignes. — Cout. Bourgogne, tit. 13, art. 1er.

5. — Considéré comme féodal, le droit d'accrue fut aboli par les lois des 4 août 1789 et 13-20 avr. 1791, dont le § 7 fait défense à tous de s'approprier les terres vagues, à quelque titre et sous quelque prétexte que ce soit.

6. — Les accrues dans les rivières navigables appartiennent au roi. — Denisart, vo *Accrue*, no 3. — Aujourd'hui elles appartiendraient à l'état.

7. — MM. Magnitot et Delamarre, *Dict. de droit administratif*, vo *Accrue*, enseignent encore aujourd'hui que les accrues appartiennent au propriétaire du terrain dans lequel elles ont lieu, à moins d'une prescription de trente ans acquise contre lui; et qu'à cette époque il est censé avoir abandonné le terrain. Le propriétaire, ajoutent-ils, qui craint que sa terre ne soit envahie par les accrues d'un bois voisin peut demander d'avance un bornage régulier, et l'accrue qui pourra avoir lieu par la suite, lui appartiendra au lieu de lui nuire. — Ajoutons, pour plus de lucidité, que pour fonder la prescription au profit du propriétaire du bois, il faudrait, de sa part, des actes non équivoques de possession; il faudrait des actes susceptibles de contredire d'une manière incontestée le droit du propriétaire du sol. La tolérance de celui-ci ne nous paraîtrait pas de nature à baser, au profit du maître du bois, la propriété de l'accrue et du sol qui l'a reçue. — C. civ., art. 2232.

ACCUSATEUR PUBLIC.

1. — Magistrat placé près des tribunaux criminels de département, et qui remplissait, conjointement avec les commissaires du roi, les fonctions du ministère public.

2. — Les accusateurs publics ont été institués, pour la première fois, par le décret des 1er-5 déc. 1790, relatif à l'établissement d'un tribunal provisoire pour le jugement des affaires criminelles pendantes au parlement de Paris.

3. — L'accusateur public était chargé de poursuivre les délits sur les actes d'accusation admis par le jury d'accusation; de transmettre aux officiers de police les dénonciations qui lui étaient adressées directement; de surveiller les officiers de police du département, et d'agir contre eux, suivant la loi, en cas de négligence ou de faits plus graves; le directoire exécutif et les ministres ne pouvaient lui adresser aucune dénonciation que par l'intermédiaire des commissaires du pouvoir exécutif près le tribunal criminel. — L. 16-29 sept. 1791, tit. 4; Const. 5 fructid. an III, art. 248; C. 3 brum. an IV, art. 22, 23, 278 à 291.

4. — Il était nommé pour quatre ans, plus tard pour trois ans, par les électeurs du département; il pouvait être réélu. — Décr. 20 janv. 1791, art. 3 et 6; 28 mai 1791, art. 17; L. 16-29 sept. 1791, part. 2e, tit. 2, art. 3, 4 et 5; Constit. 3 sept. 1791, tit. 3, chap. 5, art. 2; Constit. 5 fructid. an III, art. 41.

5. — A Paris, il y avait un substitut. — Décr. 2 juin 1791, art. 3.

6. — Les commissaires nationaux ayant été supprimés par le décret des 20-22 oct. 1792, les fonctions qu'ils exerçaient près les tribunaux criminels furent attribuées aux accusateurs publics, jusqu'à ce que la constitution du 5 fructid. an V fût venue rétablir les premiers sous le nom de commissaires du pouvoir exécutif. — Art. 245.

7. — Les accusateurs publics ont été supprimés définitivement, et leurs fonctions ont été attribuées aux commissaires du gouvernement près les tribunaux criminels, par la constitution du 22 frim. an VIII, tit. 5, art. 63.

8. — Le décret des 10-12 mars 1793 qui établit, à Paris, le tribunal révolutionnaire, y avait placé un accusateur public et deux adjoints ou substituts qui devaient être nommés par la convention. Cette charge spéciale disparut avec le tribunal lui-même, en vertu de la loi du 12 prairial an III.

ACCUSATION.

1. — C'est l'imputation d'un fait quelconque atteint par la loi pénale, et, dans un sens plus restreint et plus légal, d'un fait qualifié crime. — C'est encore l'action judiciaire exercée pour la répression de ce fait.

2. — A Rome, le droit d'accusation appartenait à tous les citoyens, alors même qu'ils n'y étaient point intéressés. — Il en était de même chez les Juifs, chez les Égyptiens, chez les Perses et les Grecs. — Diodore de Sicile, liv. 2, chap. 3; Brisson, *De regn. Persar.*, p. 538, et *De formul. et solemn. pop. rom. verbis*; *L. attic.*, lib. 7, tit. 2; Nouguier, *Encycl. du droit*, vo *Accusation*, no 4.

3. — Cette marche, adoptée en France dès l'origine, reçut des modifications successives jusqu'à ce que, vers le XIVe siècle, elle fut complètement changée par l'institution d'une partie publique, c'est-à-dire d'un fonctionnaire obligé par le titre de son office de surveiller les actions des citoyens et d'appeler l'attention des juges et la vengeance des lois sur tous les crimes. — Henrion de Pansey, *Pouvoir judic. en France*, ch. 14.

4. — Le nouvel ordre de choses a été consacré et réglé anciennement par l'ordonnance criminelle de 1670; puis, dans notre régime nouveau, par la loi des 16-29 sept. 1791, par le décret du 20 oct. 1792, par le Code du 3 brum an IV, la loi des 7 vent. et 1er germ. an VIII, celle du 7 pluv. an IX, par le Code d'inst. criminelle actuel, la loi du 20 avril 1810, le décret du 6 juillet même année, et enfin la loi du 28 avril 1832. — V. ACTION PUBLIQUE, MINISTÈRE PUBLIC.

5. — Les crimes punis de peines afflictives ou infamantes sont seuls susceptibles de donner lieu à accusation. — C. inst. crim., art. 133, 221; Legraverend, *Lég. crim.*, t. 1er, p. 413. — C'est déjà ce qui avait lieu, du moins en partie, sous l'empire de 1670, tit. 20, art. 3, et tit. 25, art. 19 (Jousse, *Tr. de just. crim.*, t. 1er, part. 1re, tit. 1er), et sous les lois de 1791, et le Code de brum. an IV, art. 219 et 220.

6. — L'accusation peut être exercée à raison d'un seul crime contre un ou plusieurs accusés, à raison de plusieurs crimes contre un seul accusé, enfin à raison de plusieurs crimes contre plusieurs accusés. — Dans chacun de ces cas, si les procédures sont en état et produites à la chambre d'accusation en même temps, celle-ci doit statuer par un seul et même arrêt. — C. 3 brum. an IV, art. 233 et 234, C. inst. crim., art. 226 et 227.

7. — Il peut même arriver que de simples prévenus de délits soient poursuivis par la voie d'accusation et traduits devant la cour d'assises, lorsque, par exemple, compris dans une poursuite criminelle, le fait qui les concerne n'a plus ou n'a jamais eu les caractères de crime, mais ne peut, eu égard à sa connexité avec d'autres crimes, donner lieu, sans inconvéniens, à une action spéciale et séparée.

8. — Dans ce cas, les formalités prescrites par les poursuites et la procédure criminelles doivent être observées à leur égard comme à l'égard des accusés de crimes au sort desquels ils sont en quelque sorte liés. — Legraverend, t. 1er, chap. 2, p. 436.

9. — Jugé notamment que quand un individu prévenu d'un simple délit correctionnel est renvoyé devant la cour d'assises à raison de la connexité de ce délit avec un fait qualifié crime par la loi, dont un autre individu est accusé, ils doivent être tous les deux soumis à un débat par jurés et à la délibération d'un jury dont la déclaration peut seule servir de base à l'arrêt de la cour d'Assises. — D'où il suit que la liste des jurés doit être notifiée en temps utile au prévenu de délit correctionnel, qui ne peut être privé d'aucune des garanties que la loi accorde aux accusés relativement aux jurés qui doivent prononcer sur leur sort. — *Cass.*, 4 nov. 1813, Van Esse.

10. — Toutefois, les prévenus ne perdent point, par leur adjonction à des accusés, les avantages que la loi leur concède, soit sous le rapport de la peine, soit sous celui de la liberté provisoire.

11. — Ce n'est point la juridiction appelée à connaître du fait incriminé, mais, comme nous l'avons vu no 5, le fait incriminé lui-même et la peine dont il est frappé, qui déterminent la mise en accusation. Ainsi, il n'y a pas *accusation* par cela seul que la cour d'Assises est saisie, par exemple, en matière de délits de presse ou politiques.

12. — Bien qu'il ne puisse y avoir accusation que pour crime, il faut remarquer que l'accusation ne commence point précisément avec le premier acte de poursuite. — Toute procédure criminelle ordinaire se divise en trois périodes distinctes : 1o l'inculpation, 2o la prévention, 3o l'accusation.

13. — L'*inculpation* embrasse l'instruction, depuis le premier acte jusqu'à l'ordonnance que doit rendre la chambre du conseil. Le Code d'inst. crim. appelle indistinctement la personne poursuivie, pendant cette période, inculpé ou prévenu, mais dans la pratique, et pour préciser davantage, on le nomme seulement *inculpé*. — Nouguier, *loc. cit.*, no 19, et la note.

14. — La *prévention* commence au moment où l'ordonnance de la chambre du conseil, trouvant les charges et les présomptions de culpabilité suffisantes, ou ordonne le renvoi devant le tribunal correctionnel si le fait ne constitue qu'un simple délit, ou décerne contre l'inculpé, si le fait est qualifié crime, une ordonnance de prise de corps et ordonne l'envoi des pièces au procureur général pour être soumises à la chambre des mises en ac-

cusation. — C'est cette ordonnance que le Code d'inst. crim. appelle *de mise en prévention*. — L'inculpé devient alors *prévenu*.

15. — Enfin, l'*accusation* ne commence réellement que quand la chambre des mises en accusation rend un arrêt confirmatif de l'ordonnance de prise de corps, et ordonne le renvoi du prévenu aux assises. — Dès ce moment seulement, le prévenu prend le nom d'*accusé*. — V. ACTE D'ACCUSATION, CHAMBRE D'ACCUSATION.

16. — L'accusation dure jusqu'au jugement définitif; elle ne prend donc fin que par l'acquittement ou l'absolution de l'accusé, ou par sa condamnation; dans ce dernier cas son nom change une dernière fois, on l'appelle le *condamné*.

17. — Cette marche régulière de la procédure ne reçoit exception qu'autant que le sujet est soumis à une juridiction extraordinaire, telle que la chambre des pairs et les tribunaux militaires, dont les formes de procéder ne suivent point des règles aussi uniformes, ou que la poursuite a lieu par suite de l'exercice du droit d'évocation qui appartient aux cours royales en vertu des art. 235 et suivans du C. d'inst. crim. — Hors ces cas, toute procédure criminelle parcourt chacune des périodes que nous venons d'énoncer. — Nouguier, *loc. cit.*, n° 18.

18. — Autrefois, l'accusé était privé, par le seul fait de sa mise en accusation, d'une partie de ses droits civils, selon la nature du crime, le résultat des poursuites ou même les circonstances dans lesquelles il se trouvait. — Ainsi, tantôt il perdait la disposition de ses biens (arrêt du parlement de Paris, 25 juin 1619), tantôt il était déclaré indigne de succéder à ses père et mère (arrêt du même parlement, 6 juill. 1676, affaire de la Brinvilliers); presque toujours les donations et autres aliénations étaient annulées si la condamnation avait suivi. — Nouguier, *ibid.*, n° 55.

19. — En résumé, le droit commun était que, jusqu'au jugement définitif, l'accusé jouissait de tous ses droits, et que le sort des actes de disposition qu'il avait consentis dépendait du résultat de l'accusation. — S'il était acquitté, tout ce qu'il avait fait était valable; s'il était condamné à une peine emportant mort civile, l'aliénation qu'il avait opérée au préjudice de ceux qui avaient droit à la confiscation de ses biens était nulle (arrêt du parlement de Paris, 22 mai 1599). — Du reste, il n'y avait rien de bien fixe, et les actes faits par l'accusé étaient annulés ou validés, selon que, d'après leur examen, les juges les estimaient utiles ou nuisibles, loyaux ou frauduleux. — Legraverend, t. 1er, p. 424; Nouguier, *Encyclopédie du droit*, v° *Accusation*, n° 55.

20. — Ces règles paraissent avoir été admises dans les premiers jours de la révolution. L'art. 14, décr. 26 frim. an II, est même ainsi conçu: « Tout acte contenant donation, aliénation, reconnaissance, obligation ou engagement quelconque de la part d'un individu mis hors la loi, déporté, ou dont les biens ont été confisqués par jugement, est nul et sans effet à l'égard de la république, s'il n'a une date certaine et authentique antérieure, savoir: au décret de déportation ou de mise hors la loi, pour ceux contre lesquels il a été prononcé en cette forme, soit nominativement, soit sous une dénomination générique, et au décret d'arrestation ou d'accusation, mandat d'arrêt ou ordonnance de prise de corps, pour ceux qui auront été jugés contradictoirement ou par contumace. »

21. — Aujourd'hui, toutes ces rigueurs ont disparu. — L'accusé est toujours et réellement présumé innocent jusqu'à sa condamnation, il conserve donc tous ses droits civils, tous ses actes sont valables, sauf les cas de fraude, qui peuvent seulement en permettre l'annulation, et s'il meurt avant la condamnation, c'est *integri statûs*. — Legraverend, t. 1er, p. 424.

22. — Toutefois, l'accusation ne reste pas sans effet relativement à ses droits politiques, qui sont suspendus pendant toute sa durée. — L'art. 5, Const. 22 frim. an VIII, qui le voulait ainsi, n'a été abrogé par aucune loi, et est, nous le pensons, toujours en vigueur. — Nouguier, n° 59; Legraverend, t. 1er, p. 423.

ACCUSATION CALOMNIEUSE.

1. — C'est l'accusation, dénuée de fondement, faite dans le but de nuire à celui qui en est l'objet. — V. CALOMNIE.

2. — L'art. 717, C. civ., déclare indignes de succéder, et, comme tels, exclus de la succession, ceux qui ont porté contre le défunt une accusation capitale jugée calomnieuse. — V. SUCCESSION.

3. — L'accusation calomnieuse est punie par l'art. 373, C. pén. — V. DÉNONCIATION CALOMNIEUSE.

ACCUSÉ.

1. — Nom donné à tout individu poursuivi pour crime, depuis l'arrêt de mise en accusation jusqu'à son acquittement ou sa condamnation. — Dans une acception plus large, mais moins juridique, on appelle ainsi soit celui contre lequel sont dirigées des poursuites criminelles ou correctionnelles, quelle que soit la gravité du crime ou délit qui y donne lieu, soit même toute personne à laquelle s'adresse l'imputation d'un fait quelconque réprimé par la loi pénale. — Pour la différence qu'il y a entre l'*accusé*, le *prévenu* et l'*inculpé*, V. ACCUSATION, nos 12 et suiv.

2. — Toute personne qui a commis un crime peut être poursuivie et accusée. — Le mineur même peut être mis en jugement sans l'assistance de son père, de son tuteur ou de son curateur, la femme sans l'autorisation de son mari. — C. civ., 216.

3. — Mais à quel âge un enfant peut-il être mis en accusation? — Autrefois, on fixait généralement l'âge de puberté. — Rousseau de Lacombe (*Mat. crim.*, p. 18 et 19), qui cite deux arrêts du parlement de Paris des 9 juin 1625 et 19 mars 1629; Muyart de Vouglas, *Lois crim.*, p. 26 et 27. — Cependant, on cite quelques arrêts qui avaient condamné à mort des enfans de moins de douze ans. — Prost de Royer, *Dict. de jur.*, v° *Accusation*; Jousse, *Tr. de just. crim.*, t. 1er, 3e part., tit. 1er, p. 574, n° 30.

4. — Aujourd'hui, c'est aux magistrats d'apprécier le degré d'intelligence dont l'enfant est doué, et le discernement qu'il a mis dans la perpétration du fait; s'il porte un caractère de méchanceté précoce, il doit être poursuivi malgré la faiblesse de l'âge; mais si cet âge et les circonstances du fait sont tels qu'on ne puisse voir dans l'acte commis ni détermination de volonté ni conscience du mal de la part de son auteur, il n'y a pas lieu de diriger de poursuites: ce cas doit être assimilé à celui de la démence ou de la force majeure. — Legraverend, *Législ. crim.*, t. 1er, p. 417. — Au reste, la loi indique elle-même que des poursuites peuvent être exercées contre des mineurs de seize ans et au-dessous. — C. pén., art. 6. — V. DISCERNEMENT.

5. — A Rome, certaines personnes ne pouvaient être mises en accusation, notamment les magistrats, généraux, ambassadeurs absens pour l'intérêt de la république. — En France, autrefois, le même privilége était accordé à un grand nombre de personnes, surtout à celles qui appartenaient à la noblesse ou au clergé. — Aujourd'hui, la loi est la même pour tous; personne ne peut se soustraire aux peines qu'elle prononce, et, si quelques fonctionnaires jouissent de certaines garanties ou sont justiciables de certaines juridictions spéciales à raison des crimes ou délits qu'ils ont commis, c'est plutôt dans un intérêt public que dans un intérêt particulier, et la peine, s'ils sont poursuivis et reconnus coupables, les atteint comme les autres citoyens. — V. FONCTIONNAIRE PUBLIC.

6. — Il n'est point d'accusation sans un fait à réprimer et sans un coupable à punir, autrement dit, sans accusé. — Les poursuites peuvent sans doute être commencées quoique le coupable soit inconnu, c'est même le plus souvent à le découvrir que tend l'instruction; mais lorsque les recherches sont restées vaines, on ne peut passer outre: les tribunaux ne devant jamais être saisis d'une accusation qui, faute d'accusé, ne saurait aboutir à aucun résultat. — Nouguier, *Encyclop. du dr.*, v° *Accusé*, n° 2.

7. — « On peut bien, dit Legraverend (t. 1er, p. 413), lorsqu'un crime a été commis, porter plainte contre un *quidam*, si l'auteur n'est pas connu, et les officiers de police ou de justice doivent réunir leurs efforts pour rechercher et découvrir le coupable, mais l'accusation exige nécessairement une désignation; elle a pour but de provoquer un jugement définitif, et ce jugement ne doit pas être rendu contre un être imaginaire. » — « Ce serait, dit aussi Carnot (*C. inst. crim.*, art. 134, obs. add.), une arme perfide dans les mains de celui qui voudrait en abuser. »

8. — C'est ainsi que le Code d'inst. crim. prescrit rigoureusement, soit de désigner et dénommer clairement l'accusé dans l'arrêt de renvoi et l'acte d'accusation (art. 232 et 241), soit même de donner son signalement et son domicile s'ils sont connus (art. 134).

9. — Jugé en conformité de ces principes, sous le Code du 3 brum. an IV, qu'on ne peut à peine de nullité mettre en accusation ni juger par contumace un *quidam* sous la dénomination de chasseur, de hussard ou de canonnier. — *Cass.*, 9 pluv. an X, Petit Cuenot.

10. — Et, sous l'empire du Code d'inst. crim., que l'on ne peut, à peine de nullité, mettre en accusation un inconnu, alors même qu'il serait désigné dans l'ordonnance de prise de corps sous le nom de la commune où il a déclaré être né. — *Cass.*, 7 janv. 1825, Fagé, et 10 déc. 1825, Passy. — V. ACCUSATION, ACTE D'ACCUSATION.

ACÉTATE.

V. ÉTABLISSEMENS INSALUBRES (nomenclature).

ACHALANDAGE.

1. — C'est la réunion fictive des pratiques ou chalands qui achètent habituellement chez un marchand ou dans une maison de commerce.

2. — Comme l'achalandage est constitué par l'habitude des relations entre le public et un fonds de commerce, on conçoit que l'achalandage est formé d'élémens tellement variables sous tous les rapports, qu'il est souvent difficile de constater exactement soit son importance, soit sa valeur.

3. — Quoi qu'il en soit, parmi les causes de l'achalandage, il en est deux qui sont incontestables: 1° l'industrie de celui qui exploite le fonds de commerce; — 2° la localité où a lieu l'exploitation.

4. — Lorsque l'achalandage est attaché à la localité, le commerçant qui a pris à bail une maison ou une boutique ne peut changer la destination des lieux loués sans porter atteinte aux droits du bailleur, qui, en ce cas, a peut-être sur l'achalandage plus de droits que l'exploitant lui-même. — V. au reste BAIL.

5. — On conçoit que le bailleur serait sans droit pour se plaindre, si l'achalandage était le résultat de l'industrie du négociant-preneur, ainsi que de la nature, de la qualité, du prix des produits qu'il débite.

6. — Le commerçant qui cède son achalandage transmet à son cessionnaire, non pas le droit absolu d'exercer une industrie, puisque le cessionnaire tient ce droit de la loi elle-même, mais le droit relatif d'exercer cette industrie dans ses rapports avec les pratiques du cédant.

7. — Bien que ce droit relatif n'ait pas par lui-même d'existence matérielle (*Paris*, 4 déc. 1823, comm.-pris. de Paris c. Lherbette), qu'il soit d'une nature indéterminée et variable (*Paris*, 26 nov. 1833, Rouquier c. Jon), et qu'il y ait quelque chose d'aléatoire, de chanceux, soit dans sa consistance, soit dans sa valeur, il n'en est pas moins certain qu'il peut faire et qu'il fait journellement l'objet licite d'une transmission, d'un contrat.

8. — Le cédant est complètement dessaisi, et tout acte qui, contraire à l'essence du contrat, tendrait à attirer de nouveau vers celui que, dans le langage ordinaire, on appelle le vendeur, les relations qu'il a cédées à titre onéreux, l'exposerait, de la part du cessionnaire, à une action en restitution des sommes payées, ou en dommages-intérêts.

9. — Toutefois la nature de cette chose, composée de nombreux élémens le plus souvent insaisissables, s'oppose à ce qu'elle devienne l'objet d'une possession exempte de toute équivoque, et réunissant d'ailleurs les caractères propres à acquérir la prescription.

10. — L'achalandage doit-il être rangé dans la classe des meubles ou des immeubles? — Une distinction nous paraît nécessaire.

11. — Si, comme nous le disions en commençant, l'achalandage est le résultat de la localité dans laquelle s'exploite le fonds de commerce, cet achalandage doit être considéré comme un accessoire de la maison dont dépendent la boutique ou le magasin. C'est pour le propriétaire de cette maison un avantage qui se confond avec sa propriété immobilière, qui ne peut, quant à lui, se concevoir distinct de l'immeuble dont il fait la valeur; dès-lors c'est, relativement au propriétaire, une chose immobilière comme l'immeuble dont il a la propriété.

12. — Mais le plus souvent l'achalandage fait partie intégrante, non pas de la maison, mais du fonds de commerce, et est cédé avec lui.

13. — Dans ce cas, l'achalandage qui tend à procurer, soit au cédant, soit au cessionnaire, un avantage pécuniaire, c'est-à-dire quelque chose de mobilier, doit être conséquemment réputé lui-même chose mobilière à l'égard du cédant et du cessionnaire.

14. — Avant la loi du 28 mai 1838, sur les faillites, c'était une question controversée en jurisprudence, que celle de savoir si le vendeur d'un fonds de commerce, d'un achalandage, pouvait se prévaloir du privilége consacré par l'art. 2102, C. civ., en faveur du vendeur d'objets mobiliers. — V. FONDS DE COMMERCE, PRIVILÉGE.

15. — Mais le projet de loi précité rangea le

vendeur d'un achalandage dans la classe des créanciers ordinaires.

16. — « L'achalandage, disait M. Renouard pour défendre ce projet (séance du 23 fév. 1835), l'achalandage, en passant du vendeur à l'acheteur, a changé en route ; le vendeur avait certaines relations ; plusieurs de ces relations ont changé après la vente du fonds ; l'acheteur en a conservé quelques unes, s'en est créé quelques autres. Ces deux achalandages, qui se sont succédé, ne sont donc pas susceptibles de suite ; le privilége porterait, la plupart du temps, sur autre chose que ce qui a été réellement vendu. » — Ces raisons prévalurent, et l'art 550 du nouveau Code de commerce déclara que le privilége établi par l'art. 2102, nº 4, C. civ., au profit du vendeur d'effets mobiliers, n'aurait pas lieu en cas de faillite.

17. — Pour le droit d'enregistrement auquel donne lieu la cession d'un fonds de commerce, V. ENREGISTREMENT.

ACHAT.

V. ACTE DE COMMERCE, PREUVE TESTIMONIALE, VENTE.

ACHAT D'EFFETS MILITAIRES.

V. EFFETS MILITAIRES.

ACHEVEUR EN MÉTAUX.

Les acheveurs en métaux sont rangés par la loi du 25 avr. 1844, sur les patentes, dans la septième classe des patentables, et imposés à un droit fixe et à un droit proportionnel. — Le droit fixe est basé sur le chiffre de la population de la ville ou commune où est situé l'établissement. — Le droit proportionnel est du quarantième de la valeur locative de la maison d'habitation et des locaux servant à l'exercice de la profession. — V. PATENTE.

ACIDE.

La fabrication de certains acides, et notamment des acides acétique, muriatique, muriatique oxygéné, nitrique (eau-forte), pyroligneux, sulfurique et tartareux, offrant des dangers ou des incommodités pour les propriétés voisines, les établissemens où on l'opère ont été rangés parmi les établissemens insalubres. — V. ce mot à la nomenclature.

ACIER.

1. — Les fabricans d'objets en acier poli pour leur compte sont rangés par la loi du 25 avr. 1844, sur les patentes, dans la cinquième classe des patentables. — Les fabricans d'objets en acier poli à façon sont rangés dans la septième classe. — Ils sont imposés à un droit fixe et à un droit proportionnel. — Le droit fixe est basé sur le chiffre de la population de la ville ou commune où est situé l'établissement. — Le droit proportionnel est pour les fabricans pour leur compte du vingtième, et, pour les fabricans à façon, de la valeur locative de la maison d'habitation et des locaux servant à l'exercice de la profession. — V. PATENTE.

2. — Les fabricans d'acier fondu ou d'acier de cémentation sont imposés 1º à un droit fixe de 15 fr. pour le fabricant ayant trois ouvriers au moins, et de 3 fr. par chaque ouvrier en sus, jusqu'au maximum de 300 fr. ; — 2º à un droit proportionnel du vingtième 1º de la valeur locative de la maison d'habitation, 2º de la valeur locative des magasins de vente complètement séparés de l'établissement, et du quarantième de la valeur locative de l'établissement industriel. — V. FORGES ET HAUTS FOURNEAUX, PATENTE.

3. — Les établissemens où se traite l'acier sont de plus rangés parmi les établissemens insalubres. — V. ce mot à la nomenclature.

A COMPTE.

C'est ce qui est payé ou remis sur une somme plus forte. — V. IMPUTATION DE PAIEMENT, PAIEMENT.

A COMPTER DE TEL JOUR.

V. DÉLAI.

ACQUÉREUR.

On désigne sous ce nom celui qui, dans le contrat, reçoit la chose qui en fait l'objet, et plus spécialement vendue moyennant un prix convenu. — Les droits et obligations de l'acquéreur sont expliqués aux mots DONATION, ÉCHANGE, VENTE. — V. ces mots et aussi ENREGISTREMENT.

ACQUÊT.

1. — C'était autrefois un bien immeuble dont on avait acquis la propriété par achat, donation, ou de toute autre manière que par succession.

2. — Le mot *acquêt* était pris par opposition au mot *propre*, qui ne s'appliquait qu'aux biens de famille transmis par succession.

3. — Cette distinction n'était en usage que dans les pays coutumiers où on faisait une grande différence, pour les dispositions entre vifs ou à cause de mort, et pour les successions, entre les biens que l'on avait soi-même acquis et ceux qui provenaient de la famille. — Merlin, vº *Acquêts*, nº 1er.

4. — Dans les pays de droit écrit, au contraire, on ne faisait aucune distinction entre les différens biens d'un même individu ; ils ne constituaient qu'une seule nature de biens, qu'ils lui fussent advenus par acquisition ou par hérédité. — Il n'y avait donc, à vrai dire, ni *propres* ni *acquêts*. — Merlin, *Rép.*, vº *Acquêt*, nº 1er.

5. — Cette différence entre les *acquêts* et les *propres* existait surtout pour les donations et pour les successions. — On l'établissait encore en matière de communauté de biens entre époux, soit légale, soit conventionnelle.

6. — Il y avait, en effet, des acquêts qui entraient, et d'autres qui n'entraient pas dans ces sortes de communautés : ceux qui y entraient prenaient le nom d'*acquêts de communauté*, ou plus simplement de *conquêts*, par opposition à ceux qui n'y entraient point, et qu'on désignait sous le nom de *propres de communauté*. — V. CONQUÊTS.

7. — Le Code civ., de même qu'anciennement les pays de droit écrit, ne reconnaît plus en principe (sauf le cas de l'art. 766, et peut-être celui de l'art. 747), quant aux successions et donations, qu'une seule nature de biens, et n'établit pas de différence entre les *propres* et les *acquêts* (art. 732), mais il distingue encore les propres des acquêts en matière de communauté entre époux. — V. COMMUNAUTÉ.

8. — Au reste, le mot *acquêt* et le mot *conquêt* sont aujourd'hui synonymes ; le Code civ. les emploie indifféremment (art. 1402 et 1408) pour exprimer la même pensée : ce sont les immeubles acquis à la communauté pendant son cours ; quant au mot *propre*, il s'applique soit aux immeubles personnels à l'un ou à l'autre des époux, soit aux choses mobilières qui ne sont point entrées dans la communauté. — Duranton, t. 14, nº 154. — V. COMMUNAUTÉ, DOT, ENREGISTREMENT, SÉPARATION DE BIENS.

ACQUIESCEMENT.

Table alphabétique.

ACQUIESCEMENT. — 1. — Consentement donné par une partie à un jugement ou arrêt, et qui implique renonciation à toutes les voies de recours

2. — Quelquefois on qualifie d'acquiescement le consentement donné à une demande, à un chef de conclusions, à un acte, mais ces sortes d'adhésions n'ont pas le même caractère et ne produisent pas les mêmes effets que l'acquiescement proprement dit : il faut donc se garder de les confondre.

3. — L'ord. de 1667 ne renfermait qu'une seule disposition sur l'acquiescement; c'était l'art. 5, tit. 27, qui décidait que les sentences et jugemens auxquels il avait été *formellement acquiescé* auraient la force de *chose jugée*.

4. — Le Code de procéd. est beaucoup moins explicite, il ne contient aucun titre, aucune disposition sur la matière de l'acquiescement. Cependant il ne faut pas conclure de cette omission que le législateur ait entendu déroger aux anciens principes; tous les auteurs reconnaissent que ces principes sont encore applicables. D'ailleurs le législateur lui-même semble le supposer dans plusieurs articles auxquels il nous suffit de renvoyer. — C. civ., art. 464, et C. procéd. civ., art. 31, 241, 443 et 451.

5. — D'un autre côté, il est bon de remarquer que la lacune que nous venons de signaler dans la loi est, jusqu'à un certain point, comblée par les règles du Code civ. sur le *consentement*. C'est donc dans ce Code, interprété par la jurisprudence, qu'il faut aller chercher les principes qui règlent la matière de l'acquiescement.

6. — On distingue, en général, deux espèces d'acquiescement : l'acquiescement *exprès* et l'acquiescement *tacite* (V. *infrà*, ch. 4). — Mais cette distinction n'a d'utilité que pour la preuve de l'acquiescement. Quant aux effets, ils sont les mêmes, de quelque manière que le consentement ait été donné.

—

TITRE Ier. — *Acquiescement en matière civile et commerciale.*

CHAP. Ier. — *Caractères de l'acquiescement.*

§ 1er. — *Caractères de l'acquiescement proprement dit.*

7. — L'acquiescement proprement dit n'étant autre chose que le consentement à l'exécution d'un jugement contre lequel on aurait pu se pourvoir, il s'ensuit qu'il faut le distinguer de l'adhésion donnée à des décisions futures.

8. — Ainsi on ne doit pas confondre l'acquiescement avec les conclusions par lesquelles on s'en rapporte à justice, ni avec le consentement à une prorogation de juridiction. — V. *infrà* chap. 1er, § 2. — V. aussi PROROGATION DE JURIDICTION. — Berriat, *C. de procéd. civ.*, p. 407, note 12e, *obs.*, et Merlin, *Rép.*, vo *Succession*, § 2, art. 3.

9. — L'acquiescement ne doit pas non plus être confondu avec la *transaction*, l'*expédient* ou le *désistement*.

10. — La transaction est un contrat particulier qui a ses règles propres, et qui intervient le plus souvent pour prévenir une contestation à naître. La transaction, d'ailleurs, doit toujours être rédigée par écrit (C. civ., art. 2044). — Elle lie les deux parties, tandis que l'acquiescement n'engage que celle qui a consenti.

11. — Néanmoins la transaction a quelques rapports aussi avec l'acquiescement ; par exemple, elle a entre les parties l'autorité de la chose jugée. — V. TRANSACTION.

12. — L'expédient diffère de l'acquiescement en ce qu'il lie les deux parties et forme entre elles un véritable contrat judiciaire. L'acquiescement, au contraire, n'établit de fin de non-recevoir que contre celui qui l'a donné. — V. EXPÉDIENT.

13. — L'acquiescement diffère aussi du désistement, en ce qu'il s'applique à un jugement rendu, et le désistement à une procédure introduite et à laquelle on renonce.

14. — L'acquiescement est exprès ou tacite et n'a pas besoin d'être accepté, tandis que le désistement doit émaner de la partie elle-même ou de son mandataire spécial et être donné par écrit et accepté par la partie adverse.

15. — Enfin le désistement a pour effet de remettre les choses de part et d'autre au même état où elles étaient avant la demande, tandis que l'acquiescement donne au jugement l'autorité de la chose jugée. — V. DÉSISTEMENT.

16. — Plusieurs auteurs, et notamment M. Berriat-Saint-Prix, assimilent à l'acquiescement la déchéance résultant de l'expiration du délai fixé par la loi pour se pourvoir ; mais cette théorie n'a rien d'exact. — En effet, l'acquiescement suppose une adhésion expresse ou tacite; la déchéance, au contraire, est prononcée par la loi, qui ne recherche pas si c'est volontairement ou non que la partie a laissé expirer le délai. Aussi la déchéance est-elle encourue même par le mineur ou l'incapable, et

même dans les affaires qui intéressent l'ordre public, quoique très certainement en pareille matière il ne puisse être question d'acquiescement.

17. — Ce qui prouve d'ailleurs que la déchéance et l'acquiescement sont deux choses complètement distinctes, c'est que l'acquiescement met obstacle à toute voie de recours, tandis que la déchéance peut n'exister que pour une seule. Ainsi, il peut y avoir une déchéance quant à la voie de l'*opposition* par exemple, sans que la partie déchue ait perdu le droit d'*appeler* ou de se pourvoir en *cassation*. Il faut donc se garder de confondre, comme on l'a toujours fait jusqu'ici, la déchéance et l'acquiescement.

18. — L'acquiescement étant une adhésion, un acte de la volonté, il s'ensuit que tous les vices qui, d'après la loi, annihilent le consentement, peuvent également détruire l'effet de l'acquiescement.

19. — Ainsi l'acquiescement est nul lorsqu'il a été extorqué par dol ou violence, ou qu'il est intervenu par suite d'une erreur de fait.

20. — En 1731, dit Rodier, il fut jugé au parlement de Toulouse qu'un acquiescement donné par erreur ne nuisait pas.

21. — Conformément à ces principes, la cour de Grenoble a jugé qu'on peut être relevé d'un acquiescement donné à un jugement, lorsqu'il est établi qu'il n'a été donné que par erreur de fait. Par suite de cette erreur, on peut appeler incidemment d'un jugement que l'on aurait fait confirmer. — *Grenoble*, 22 juill. 1820, de Montchenu c. de Vogüé.

22. — L'erreur commune est considérée aussi par quelques arrêts comme viciant le consentement et relevant la partie de l'acquiescement par elle donné à un jugement ou à un arrêt.

23. — Ainsi il a été jugé qu'on peut se pourvoir en cassation contre un jugement d'arbitres commis en exécution de la loi du 2 oct. 1793, même après y avoir acquiescé dans la confiance de l'erreur commune de droit où l'on était sur le véritable sens de l'art. 1er, L. 2 oct. 1793, que le pourvoi en cassation n'était pas admissible contre de pareils jugemens. — *Cass.*, 24 mars 1807, de Valence et de Belissens c. commune de Saint-Jory. — V. aussi conf. *Cass.*, 9 pluv. an XIII, de Chaunes c. commune de Vezannes; 12 frim. an XIV, Brisy c. communes de Franipoux et Roueux; — Merlin, *Rép.*, vo *Acquiescement*, § 6.

24. — Si l'erreur de fait, si l'erreur commune peuvent être considérées comme destructives du consentement, il n'en est pas de même de l'erreur de droit. — V. ERREUR DE DROIT, ERREUR DE FAIT.

25. — Jugé en conséquence que l'acquiescement résultant de l'exécution d'un jugement ordonnant un partage, ne peut être annulé pour erreur de droit. — *Bordeaux*, 15 messid. an XIII, Berge.

26. — L'acquiescement ne pouvant résulter que d'un fait volontaire, d'un consentement exprès ou présumé, il s'ensuit qu'on ne peut l'opposer à la partie qui ignorait l'existence du jugement.

27. — Ainsi jugé qu'une commune déclarée propriétaire, par jugement arbitral, de plusieurs immeubles, ne peut repousser le pourvoi formé contre ce jugement par l'état, sous prétexte que celui-ci y aurait acquiescé par plusieurs actes, qui n'ont fait que statuer sur le mode de partage déjà consommé de ces biens, lorsque d'ailleurs la sentence arbitrale n'est énoncée dans aucun de ces actes, et qu'il n'en résulte pas non plus qu'elle ait été connue par l'état. — *Cass.*, 20 fév. 1826, Préfet du Bas-Rhin c. commune d'Haltmatt.

28. — Jugé de même que la réception d'un remboursement postérieurement au jugement qui l'avait ordonné ne peut être considérée comme un acquiescement que s'il est constant que les paiemens ont eu lieu en exécution de ce jugement. — *Cass.*, 20 juin 1820, Reinach c. Schelcher.

29. — L'acquiescement est-il valable lorsqu'il s'applique à un jugement qui n'a pas été signifié? — La question dépend des circonstances. En général, le jugement qui n'a pas été signifié est censé ne pas exister; cependant il est des cas où, pour éviter la levée d'un jugement ou d'un arrêt, on préfère y donner de suite son acquiescement. Il faut bien que cette adhésion, donnée en parfaite connaissance de cause, reçoive son effet. — V. en ce sens *Agen*, 5 juin 1820, N...

30. — Mais s'il résulte des faits de la cause que la partie à laquelle on oppose un acquiescement n'a pas connu le jugement, la fin de non-recevoir devra être écartée. — V. en ce sens Rodier, *Quest. sur l'ordonn.*, p. 430; Boniface, t. 3, liv. 3, ch. 4.

31. — Il y a plus, on doit dire qu'en général on ne présume pas facilement l'acquiescement lorsque le jugement n'a pas été signifié.

32. — L'acquiescement, étant un acte volontaire et libre, ne peut résulter d'une exécution forcée.

Ainsi, lorsqu'une partie se conforme à un jugement exécutoire par provision, elle ne se prive pas du droit de l'attaquer, car elle n'avait aucun moyen d'empêcher cette exécution. On ne peut pas dire dans ce cas qu'elle a consenti. — V. *infrà* nos 392 et suiv.

33. — L'acquiescement peut être partiel et ne s'appliquer qu'à l'un des chefs du jugement; mais il faut que cette restriction soit bien constatée, car, en général, l'exécution volontaire même partielle d'un jugement ferme toute voie de recours.

34. — L'acquiescement peut également être donné sous une condition.

35. — Ainsi il a été jugé que l'étranger condamné à fournir la caution *judicatum solvi*, et qui a consigné la somme fixée, ne fait par là qu'un acquiescement conditionnel subordonné à l'acquiescement de son adversaire. Aussi, dans le cas où ce dernier interjette appel pour obtenir une caution plus forte, il peut appeler lui-même incidemment pour se faire décharger de l'obligation de fournir caution. — *Metz*, 26 mars 1821, Guyaux c. Prost.

36. — L'acquiescement peut aussi être fait avec certaines restrictions, avec réserves. — V. *infrà* ch. 4, sect. 2e, § 1er.

37. — Cependant la cour de Rennes a jugé que l'acquiescement à un jugement n'est obligatoire qu'autant qu'il est pur et simple, ou que la condition sous laquelle il a été signifié a été acceptée. — *Rennes*, 30 mai 1814, Boucher c. Menil-Legrand.

§ 2. — *Conclusions antérieures au jugement. — Contrat judiciaire. — Déclaration de s'en rapporter à justice.*

38. — L'acquiescement, étant une adhésion à un jugement, suit conséquemment le jugement auquel il se réfère. Si l'adhésion avait précédé, on ne pourrait la considérer comme un acquiescement proprement dit.

39. — Aussi l'acquiescement donné d'avance n'est, à véritablement parler, qu'une prorogation de juridiction que défendait l'ancienne jurisprudence française, mais que les lois romaines avaient admise. — La loi du 24 août 1790, tit. 4, art. 6, permit aux parties de déclarer au commencement du procès si elles entendaient être jugées sans appel. — L. 1re, § 3, ff., *A quibus appellari non licet*. — Mynsinger, *cent.* 1er, *obs.* 14e; Tholosanus, *De appellationibus*, liv. 5, ch. 8; Guy-Pape, *quest.* 519; Bugnyon, *Des lois abrogées*, liv. 3, § 115; de Ghewiet, *Introd. au droit belge*, part. 4, tit. 3, § 6, art. 2; Merlin, *Quest.*, vo *Appel*, § 7, no 1er; *Rép.*, vis *Arbitrage*, no 39, et *Transaction*, § 3, no 3; Favard, *Rép.*, vo *Appel*, sect. 1re, § 1er, no 6; Henrion de Pansey, *Aut. judic.*, ch. 18; Pigeau, *Proc.*, t. 1er, p. 522; Poncet, *Des jug.*, t. 1er, p. 461.

40. — Jugé, en conséquence, qu'on ne peut, par anticipation, acquiescer à un jugement. — *Grenoble*, 18 janv. 1833, Mazade c. Leydier.

41. — Si les parties ont consenti à ce que le tribunal qu'elles ont saisi statue en dernier ressort, l'acquiescement s'étend à tous les jugemens préparatoires et définitifs qui peuvent intervenir sur leur contestation. — Spécialement, lorsqu'un jugement rendu en dernier ressort, du consentement des parties, a ordonné qu'une portion d'immeubles serait délaissée à l'une d'elles et que des experts diviseraient et limiteraient cette portion, le jugement qui intervient, après l'expertise, sur le point de savoir si la partie à laquelle la portion d'immeubles a été adjugée ne s'est pas mise en possession d'une plus grande part de terrain que celle qui lui appartient, est aussi en dernier ressort. — *Cass.*, 1er flor. an IX, Aurran c. Bon.

42. — Jugé aussi que, dans le cas où l'on déclare avant le jugement qu'on ne s'oppose pas à une mesure, on acquiesce par là à cette mesure. — *Lyon*, 22 déc. 1824, Tardy c. Duport; *Cass.*, 30 nov. 1825, Bompar c. Bidon. — Nous admettons cette solution, mais nous voyons dans ce consentement, non pas un acquiescement, mais un véritable contrat judiciaire.

43. — C'est dans ce sens que la cour de Grenoble a jugé qu'il ne peut y avoir acquiescement anticipé envers un jugement, qu'autant que les réclamations de l'une des parties sont reconnues justes par l'autre, et accordées ou consenties sans restriction. — Arr. 21 nov. 1829, Bouvier c. Combe.

44. — Ainsi, un consentement donné en justice ne lie pas la partie qui l'a donné, lorsque l'autre partie ne l'a point accepté. Jusque-là le contrat judiciaire n'existe pas, et le consentement peut être révoqué. — *Cass.*, 13 mai 1824, de Magnoncourt c. Aymonet de Contreglise.

45. — S'il s'agissait d'un acquiescement proprement dit, l'acceptation ne serait pas nécessaire. — V. *infrà* no 191.

46. — Suivant un arrêt de la cour de Cassation

(14 juill. 1813, Trèves c. Ferréro Orméa), on est réputé acquiescer d'avance à tout jugement conforme à ses propres conclusions. — C'est dire, en d'autres termes, qu'on ne peut attaquer un jugement lorsqu'il n'y a pas de griefs : on ne comprendrait guère, en effet, qu'une partie vînt se plaindre en appel de ce que les premiers juges ont fait précisément ce qu'elle leur demandait de faire.

47. — Mais si la décision de la cour de Cassation est juste au fond, il faut reconnaître aussi que l'expression qu'elle a employée n'est pas exacte, et qu'il ne s'agissait pas, dans l'espèce qu'elle a jugée, d'acquiescement.

48. — Jugé de même que les jugemens rendus du consentement des parties ne sont pas susceptibles d'appel. — *Paris*, 16 juin 1813, Boileau c. Eerté.

49. — De même, lorsque, sur une demande en dissolution de société et en nomination de liquidateurs, le défendeur a conclu à ce que des liquidateurs fussent nommés, le jugement qui intervient et qui annule la société et nomme des liquidateurs, ne peut être attaqué que par la voie de l'appel. — *Cass.*, 30 nov. 1825, Bompar c. Bidon.

50. — De même encore, lorsque des cohéritiers ont consenti à la confusion en une masse des biens de deux successions, et qu'ils ont conclu à l'homologation du rapport d'experts qui a opéré d'après ce mode, ils ne peuvent attaquer ensuite comme vicieux ce même mode auquel ils ont adhéré, ces diverses circonstances ayant donné naissance à un contrat judiciaire qui élève contre eux une fin de non-recevoir. — *Cass.*, 20 janv. 1836, Laulanié c. Bidon.

51. — Mais une partie peut attaquer un jugement qui a rejeté ses conclusions principales, quoiqu'il ait accueilli ses conclusions subsidiaires. — *Cass.*, 9 niv. an III, Lemeilleur c. Huet.

52. — Ici, en effet, la partie n'a pas obtenu ce qu'elle demandait; ses conclusions principales ayant été repoussées, elle peut, sur ce chef, éprouver un grief, dont elle a le droit de demander la réparation aux juges d'appel.

53. — Ainsi, c'est avec raison qu'il a été jugé que l'admission des conclusions subsidiaires ne rend pas la partie qui l'a obtenue non-recevable à demander la cassation du chef du jugement qui rejette les conclusions principales. — *Cass.*, 27 flor. an XI, Lambert c. Audrey; 9 niv. an III, Lemeilleur c. Huet.

54. — Jugé encore que la partie qui, après avoir proposé des exceptions péremptoires sur une demande, prend des conclusions subsidiaires au fond, n'est pas censée par là avoir renoncé à ses exceptions. — *Gênes*, 5 fév. 1812, Laurent Dasso c. Revello et Pucceo.

55. — Le saisi qui, après avoir contesté la qualité du saisissant, a conclu subsidiairement à la nullité de la saisie, est recevable à interjeter appel du jugement qui a annulé la saisie, mais qui a rejeté le moyen tiré du défaut de qualité. — *Limoges*, 19 juin 1835, Pauty et Chastenet c. Barrot.

56. — Nous avons dit que l'adhésion au jugement, donnée à l'avance, pouvait bien être considérée, suivant les circonstances, comme une prorogation de juridiction, mais que ce n'était pas un acquiescement.

57. — Nous avons dit encore que la conformité du jugement avec les conclusions rendait l'appel non-recevable, parce qu'il ne pouvait pas y avoir de grief, et que ce n'était pas là encore un acquiescement; mais que faut-il décider lorsqu'une des parties déclare s'en rapporter à justice?

58. — Peut-on voir un acquiescement dans une semblable déclaration, tellement que l'appel ne soit plus recevable après le jugement? — Évidemment non : car déclarer aux juges qu'on s'en rapporte à leur sagesse, c'est leur dire : « Jugez suivant ce que la loi prescrit. » Mais ce n'est pas ratifier l'erreur qu'ils pourront commettre, ni par conséquent renoncer au droit de recourir au juge supérieur pour demander la réformation de cette erreur. Cette doctrine est enseignée par tous les auteurs. — Merlin, *Quest.*, vis *Acquiescement*, § 8; *Sections des trib.*, § 2, et *Appel*, § 14, art. 1er, no 9; Favard, *Rép.*, vis *Acquiescement*, no 8; *Appel*, sect. 1re, § 1er, no 6; Pigeau, *Comm.*, t. 2, p. 6; Talandier, *De l'appel*, p. 89; Chauveau sur Carré, t. 4, p. 26, quest. 1584e; Bloche, *Dict. de proc.*, vo *Prorogation de jurid.*, no 9.

59. — La jurisprudence a également consacré cette doctrine.

60. — Ainsi, il a été jugé que s'en rapporter à justice ce n'est point acquiescer au jugement qui interviendra sur le fond, et se rendre non-recevable à en appeler. — *Agen*, 21 juill. 1824, Lanusse c. Salanave. — V. aussi *Cass.*, 12 frim. an XIV, Brisy c. communes de Franipoux et Roueux; 10 mai 1827, Fréconnet c. Cléret; *Paris*, 30 mai 1811, Petit;

Bruxelles, 7 mars 1832, G.... ; *Bordeaux*, 4 mai 1833, Richard c. Lhommeau ; *Nancy*, 9 avr. 1834, Delepée c. Hubert Dufourt.

61. — Qu'on peut appeler d'un jugement après s'en être rapporté à la sagesse des premiers juges. —*Rouen*, 7 nov. 1811, Bocquet c. Delabaye.

62. — Que celui qui s'en est rapporté à justice est recevable à attaquer en appel la décision des premiers juges, sans qu'on puisse lui opposer que c'est là former une demande nouvelle.—*Cass.*, 7 mai 1834, Menetreau c. Delaremanichère.

63. — *A fortiori* peut-on former un appel incident, quoiqu'on ait déclaré devant les premiers juges qu'on s'en rapportait à justice. — *Metz*, 26 mars 1821, Prost c. Guyaux.

64. — Jugé encore que la déclaration que fait la partie de s'en rapporter à la taxe du juge, sur la demande d'honoraires formée par son avocat, ne la prive pas de la faculté d'appeler. — *Bruxelles*, 12 déc. 1807, N... c. N...

65. — Jugé enfin que le garanti qui, poursuivi en vertu d'un jugement lors duquel il n'avait point été appelé, a mis en cause son garant, peut, s'il a déclaré uniquement s'en rapporter à justice sur la tierce-opposition formée à ce jugement du chef de ce dernier, former à son tour tierce-opposition au même jugement, nonobstant l'arrêt qui déclare celle du garant non-recevable.—*Cass.*, 18 nov. 1828, Janvre c. Dupont.

66. — Contrairement à cette jurisprudence, la cour de Metz a jugé que, quand une partie, tout en s'en rapportant à prudence, a pris, quant aux dépens, des conclusions qui lui ont été adjugées, elle est censée avoir acquiescé par avance au jugement à intervenir. — *Metz*, 22 juill. 1812, Hesse c. Hesse.

67. — Pour justifier une semblable décision, on peut dire que la partie qui a déclaré s'en rapporter à justice au fond, tout en concluant sur le chef relatif aux dépens, a implicitement adhéré aux conclusions de son adversaire sur le surplus, ce qui constitue un contrat judiciaire. — Mais cette explication n'est pas admissible, car la partie qui prend des conclusions ainsi formulées n'adhère pas, ne passe pas condamnation, elle demande qu'on lui fasse droit.

68. — Lorsqu'en première instance le défendeur, sur une action intentée contre lui, déclare s'en rapporter à justice, se rend-il non-recevable à proposer, en appel, les questions préjudicielles qu'il aurait pu opposer devant les premiers juges? —La cour d'Agen a jugé l'affirmative.

69. — Spécialement il résulte de cet arrêt que, lorsque après le partage opéré entre un frère et sa sœur de la succession de leur mère, le père décède, que la sœur actionne alors son frère en partage de l'hérédité paternelle et maternelle, nonobstant l'acte de partage qu'elle soutient être nul, et que le frère s'en rapporte au tribunal qui ordonne le partage des deux successions, le frère, sur l'appel, n'est pas recevable à opposer l'acte de partage à l'action en division de la succession de la mère.—*Agen*, 21 juill. 1824, Lanusse c. Salanave.—V. dans le même sens les considérans d'un arrêt de la cour de Rouen, du 13 août 1824, rapporté avec l'arrêt de rejet du 29 (et non 26) avr. 1826, Camal c. Delile.

70. — La déclaration de s'en rapporter à justice, faite devant le tribunal jugeant en dernier ressort, ne priverait pas la partie qui l'aurait faite du droit de se pourvoir en cassation. Les mêmes raisons de décider existent pour ce cas que pour le cas de l'appel.

71. — Jugé en ce sens que la déclaration, par un appelant, qu'il s'en rapporte à justice, ne peut être considérée comme un acquiescement, soit au jugement intervenu, soit à l'arrêt à intervenir. Elle ne saurait, dès-lors, élever une fin de non-recevoir contre le pourvoi en cassation dirigé par cet appelant contre l'arrêt qui l'a condamné. — *Cass.*, 25 janv. 1841 (t. 1er 1841, p. 154), Papin c. Audebert.

72. — De même, la partie qui n'a point réclamé contre la composition du tribunal, et qui s'en est rapportée à justice, est recevable à proposer devant le tribunal de Cassation la nullité du jugement, fondée sur ce qu'il aurait été rendu par un trop grand nombre de juges. — *Cass.*, 18 germin. an XI, Sirey c. Roquelaure.

73. — Puisque la déclaration faite par une partie de s'en rapporter à justice ne la rend pas non-recevable à se pourvoir en cassation ou par appel, à plus forte raison cette déclaration ne peut-elle élever une fin de non-recevoir lorsqu'elle a été faite par l'avoué, au nom de sa partie.—*Bordeaux*, 15 janv. 1831, Lasserre c. Biancan, et 7 mai 1833, N... c. N...

74. — Déjà la même décision avait été rendue en l'an XII, il avait été jugé que, lorsqu'un avoué s'en est rapporté à justice, on ne peut contester à sa partie le droit d'appeler, et que les juges ne peuvent prononcer en dernier ressort, surtout si l'autre partie n'y a pas consenti.—*Agen*, 3 frim. an XII, Roumeguère c. Ducru.

75. — Jugé cependant que la déclaration faite par l'avoué, *qu'il s'en rapporte à la sagesse du tribunal*, constitue un acquiescement au jugement à rendre, et peut être opposé comme fin de non-recevoir contre l'appel de ce jugement. — *Agen*, 31 août 1819, Gardère.

76. — Nous ne saurions souscrire à la décision de ce dernier arrêt, qui est contraire à la jurisprudence constante en cette matière et à la doctrine de tous les auteurs. On conçoit, en effet, que, si la déclaration faite par la partie elle-même qu'elle s'en rapporte à la prudence du juge ne saurait constituer un acquiescement, à plus forte raison, une pareille déclaration ne saurait produire cet effet quand elle est le fait de son avoué.

CHAPITRE II. — *Quelles personnes peuvent acquiescer.*

77. — L'acquiescement, emportant aliénation d'un droit, ne peut émaner que de personnes capables de disposer de ce droit.

78. — Ainsi sont incapables d'acquiescer : — L'interdit (art. 509, C. civ.). — V. INTERDICTION.

79. — Les personnes placées sous l'assistance d'un conseil judiciaire (C. civ., art. 513), lorsqu'il s'agit de faits et d'actes pour lesquels cette assistance est requise. — V. CONSEIL JUDICIAIRE.

80. — Le mineur, à moins qu'il n'ait été émancipé et qu'il ne s'agisse d'actes d'administration pour lesquels la loi n'exige pas le concours du curateur (art. 481, 482, C. civ.).

81. — Le tuteur, lorsqu'il s'agit d'une demande immobilière. — Dans ce cas, il ne peut donner un consentement valable qu'avec l'autorisation du conseil de famille et après l'homologation du tribunal (art. 457, 458 et 464, C. civ.).—Magnin, *Tr. des minorités*, no 698 ; Pigeau, t. 1er, p. 549 ; Rolland de Villargues, *Rép.*, vo *Acquiescement*, no 8. — *Bruxelles*, 23 nov. 1806, Vauvolxen ; *Douai*, 17 janv. 1820, Poiteau c. Danthin. — V. TUTELLE.

82. — S'il s'agit d'une demande mobilière, en général le tuteur peut acquiescer, et ce par argument de l'art. 464, C. civ., qui n'exige l'autorisation et l'homologation que pour les demandes immobilières. — Pigeau, t. 1er, p. 549 ; Rolland, *Rép.*, vo *Acquiescement*, no 10.

83. — Cependant il a été jugé que le tuteur, nonobstant l'art. 464, ne peut, sans autorisation du conseil de famille, acquiescer à un jugement rendu en matière mobilière contre le mineur. Cet acquiescement est une véritable transaction, laquelle contient même aliénation éventuelle, puisque le jugement acquiescé emporte hypothèque sur les immeubles du mineur. — *Pau* (et non *Paris*), 9 mai 1834, Luguet.

84. — Mais nous ne saurions adopter cette solution, qui repose sur un principe faux, à savoir que l'acquiescement est une véritable *transaction*. — D'ailleurs, on oublie que l'acquiescement n'intervient qu'après un jugement dans lequel le ministère public est nécessairement entendu ; il y a là une double garantie qui n'existe pas quand il s'agit d'une simple transaction ; on ne peut donc pas conclure de l'une à l'autre.

85. — Le tuteur peut aussi acquiescer à une demande en partage dirigée contre le mineur ou l'interdit, car nul n'est tenu de demeurer dans l'indivision. — C. civ., art. 815 ; — Rolland, no 9 ; Bioche et Goujet, no 31.

86. — Le tuteur qui a reçu l'autorisation d'ester en justice peut de même acquiescer à un jugement préparatoire ou interlocutoire.— Talandier, *Traité de l'appel*, t. 1er, no 99.

87. — La femme mariée ne peut en général acquiescer qu'avec l'autorisation de son mari ou de la justice. — V. FEMME MARIÉE.

88. — Jugé, en conséquence, que la femme, même séparée de corps et de biens, est recevable à former opposition au jugement qui déclare valables les offres de sa dot à elle faites par son mari, encore qu'elle ait acquiescé à ce jugement, si elle n'a pas été expressément autorisée à cet acquiescement par son mari ou par justice. — L'autorisation de justice donnée à la femme dès l'origine du procès en séparation pour la poursuite de ses droits, et l'assignation du mari en validité d'offres, ne contiennent pas virtuellement l'autorisation nécessaire pour cet acquiescement.—*Paris*, 16 mars 1839 (t. 1er 1839, p. 447), Alléon. — V. AUTORISATION DE FEMME MARIÉE.

89. — Quant au mari, il ne peut acquiescer relativement aux biens personnels de sa femme, à moins qu'il ne s'agisse des fruits ou de l'administration de ces biens.—Bioche et Goujet, no 40 ; Rolland de Villargues, *Rép.*, vo *Acquiescement*, no 17. — *Bordeaux*, 23 nov. 1829, Desport c. Duroy.

90. — Le curateur à une succession vacante ne peut acquiescer qu'avec l'autorisation de la justice (C. civ., art. 813).—Bioche, vo *Acquiescement*, no 34.

91. — Il en est de même des envoyés en possession provisoire (C. civ., art. 125 et 128).

92. — Que faut-il décider relativement aux individus frappés de mort civile ou aux condamnés frappés temporairement de l'interdiction des droits civils? — V. DROITS CIVILS, MORT CIVILE.

93. — Les maires ne peuvent, en général, acquiescer au nom de leurs communes, à moins qu'ils n'aient été autorisés par une délibération du conseil municipal. — Rolland de Villargues, *Rép. du notar.*, vo *Acquiescement*, no 18 ; Berriat-Saint-Prix, p. 408, note 17e, no 2 ; Talandier, *De l'appel*, no 100 ; Favard, *Rép.*, t 1er, p. 89 ; Bioche et Goujet, vo *Désistement*, no 25. — V. COMMUNE.

94. — Ainsi, le maire assigné en délaissement d'un bien dont sa commune s'est emparée sans titre peut valablement acquiescer à la demande, lorsqu'il y est autorisé par une délibération du conseil municipal, approuvée par le conseil de préfecture. — *Cass.*, sect. civ., 6 fév. 1816, comm. d'Agnon c. Courrèges ; — Merlin, *Quest. de droit*, vis *Commune*, § 3, no 2, et *Délit forestier*, § 13.

95. — Jugé, au contraire, que l'acquiescement donné par un maire à un jugement rendu contre sa commune, est nul s'il n'y a pas eu d'autorisation. — *Besançon*, 1er fév. 1828, comm. de Leschaux c. comm. de Villars et Rixouse.

96. — Les administrateurs d'établissemens publics, les fabriques d'église sont frappés de la même incapacité que les maires. — Talandier, no 101. — V. ÉTABLISSEMENS PUBLICS, FABRIQUE D'ÉGLISE.

97. — Il en est autrement des administrateurs des domaines et de l'enregistrement, des douanes, des contributions indirectes, des forêts, des postes, etc. — V. CONTRIBUTIONS INDIRECTES, DOMAINES, DOUANES, ENREGISTREMENT, FORÊTS, POSTES.

98. — Ainsi est valable l'acquiescement donné par les administrateurs de la régie de l'enregistrement et des domaines.—*Cass.*, 23 déc. 1807, Enregistrement c. Arbey ; — Rolland et Trouillet, *Dict. de l'enreg.*, vo *Acquiescement*, § 2, no 1er.

99. — Mais on ne pourrait lui opposer l'acquiescement qu'aurait donné un de ses préposés inférieurs, à moins que celui-ci n'eût reçu un mandat spécial. — *Cass.*, 21 germin. an XII, Enregistrement c. Haesbeyt ; 21 avr. 1806, Enregistrement c. Dauphin. — V. conf. Trouillet, *Dict. de l'enregist.*, vo *Acquiescement*, § 2, no 1er ; Coffinières, *Encycl. du dr.*, vo *Acquiescement*, § 2, no 1er ; Merlin, *Rép.*, vo *Enregistrement* ; Rolland de Villargues, no 20 ; Berriat, p. 408, note 17e. — V. ENREGISTREMENT.

100. — L'acquiescement donné par le domaine en matière de biens d'émigrés, étant valable, cet acquiescement lie ces derniers. — *Cass.*, 24 avr. 1826, Damblar c. comm. de Saint-Orens —V. ÉMIGRÉ.

101. — Les officiers du ministère public, organes de la société, ne peuvent donner des acquiescemens valables.— Berriat, p. 408, note 17e.

102. — Ils ne peuvent acquiescer, même dans les affaires qui intéressent l'état. Ce droit n'appartient qu'aux préfets. — *Bordeaux*, 21 août 1829, Préfet de la Gironde c. Ribaud.

103. — Le ministère public, lorsqu'il agit dans l'intérêt des absens, peut-il valablement acquiescer ? — V. ABSENCE, MINISTÈRE PUBLIC.

104. — Dans l'ancien droit, le procureur du roi, chargé, par l'édit des successions vacantes de 1781, de représenter, dans les colonies, les absens, relativement aux successions à eux échues, était leur représentant d'une manière absolue, en sorte qu'on pouvait opposer aux absens l'acquiescement donné en leur nom à un jugement par le procureur du roi. — *Cass.*, 21 mars 1821, Faujas c. Ambert et Nau.

105. — Le mandataire ne peut acquiescer au nom de son mandant qu'autant qu'il en a reçu un pouvoir exprès. — C. procéd., art. 352 ; — Berriat, p. 360 et 403, et Talandier, *De l'appel*, no 104.

106. — Ainsi, une partie ne peut être considérée comme ayant acquiescé à un jugement, lorsque l'acquiescement ne résulte que du fait de son mandataire. — *Rennes*, 23 août 1823, Capon c. Bigarré.

107. — Il en est de même, à plus forte raison, lorsqu'on veut faire résulter l'acquiescement d'une lettre écrite par un fils au nom de son père, s'il n'avait pas un pouvoir de celui-ci pour acquiescer. — *Limoges*, 8 juin 1814, Marchadier c. Domaines.

108. — On ne peut non plus opposer comme opérant un acquiescement à un appel ce qu'une tierce personne assignée en référé, comme procu-

ratrice de la partie, et qui comparaît et conteste le mandat, aurait pu dire, néanmoins, relativement à l'objet du référé. — *Rennes*, 23 janv. 1818, Dagosta c. Roncssart.

109. — Jugé encore que, quand un tribunal condamne une partie, à la charge par l'autre de prêter serment que celle-ci prête sur-le-champ, la première n'est point réputée acquiescer à cette condamnation, par cela seul que son mandataire, qui était à l'audience, ne s'est pas opposé à la prestation du serment, si, d'ailleurs, ce mandataire n'avait pouvoir ni d'appeler ni d'acquiescer. — *Cass.*, 21 thermid. an VIII, comm. de Neufchâteau c. Thibleau.

110. — Le mandataire général même ne peut acquiescer à une demande à l'égard de laquelle il aurait reçu seulement l'autorisation de plaider. Il ne s'agit pas, en effet, ici d'un simple acte d'administration. — C. civ., art. 1988. — Et, de plus, l'art. 352, C. procéd., porte qu'aucun *consentement* ne peut être donné ou accepté sans un pouvoir spécial. — Rolland de Villargues, nº 24; Berriat, p. 404, note 4e. — V. toutefois Chauveau sur Carré, t. 4, p. 23, quest. 1584e.

111. — Jugé cependant que le fondé de procuration générale peut acquiescer à un jugement qui condamne le mandant au délaissement d'un immeuble. — *Bruxelles*, 25 mars 1818 (et non 1817), N...

112. — Nous n'admettons cette solution qu'autant que la procuration contient un pouvoir exprès : autrement, le mandataire ne peut lier son mandant par un acquiescement.

113. — L'acquiescement donné par l'un des coïntéressés n'oblige pas les autres, s'ils y sont restés étrangers. — Berriat-Saint-Prix (4e édit.), p. 408, et Bioche et Goujet, nº 42.

114. — Jugé de même qu'on ne peut opposer à un ayant-cause l'acquiescement de celui dont il tient ses droits. — Ainsi, quand des possesseurs d'un terrain litigieux ont autorisé un individu à y déposer du fumier, s'il intervient un jugement au profit des adversaires des premiers qui ordonne d'enlever ce fumier, ceux-ci peuvent appeler de cette décision, quoiqu'ils y aient acquiescé. — *Cass.*, 13 niv. an X, Laugeral c. Cherbonnaud; — Merlin, *Quest*, vº *Acquiescement*, § 23. — V. aussi *Colmar*, 31 juill. 1818, Richard.

115. — Jugé cependant que, quand, après avoir argué de faux un testament, l'héritier qui avait intérêt à le contester en a consenti l'exécution pleine et entière, ses ayant-droit ne sont pas recevables à demander plus tard même la simple réduction des dispositions qu'il contient. — *Cass.*, 11 mars 1837 (t. 1er 1837, p. 330), Delaunay et Bontemps c. Tempé.

116. — La caution n'est pas engagée par l'acquiescement du débiteur principal. — *Cass.*, 17 fructid. an XII, Lacouture c. Lecamus; — Merlin, *Quest. de droit*, vº *Transfert*.

117. — Dans l'ancien droit, l'acquiescement du procureur *ad lites* ne liait pas la partie au nom de laquelle il occupait. « On dispute tous les jours au Palais, dit Rodier, sur les fins de non-recevoir contre les appels et sur l'effet des acquiescemens; cela dépend des circonstances; mais ce qu'il y a de certain, c'est qu'on ne regarde pas comme un acquiescement ce qui ne vient que du fait du procureur. » — Rodier, *Comment. sur l'ord.*, tit. 17, art. 5, quest. 1re. — V. aussi *Bruxelles*, 7 juillet 1812, P... c. D...

118. — Que faut-il décider aujourd'hui relativement aux avoués ? — V. AVOUÉ, DÉSAVEU.

119. — Quant aux huissiers et agréés, il est certain qu'ils ne peuvent non plus acquiescer pour leurs cliens, à moins qu'ils ne soient munis d'un pouvoir exprès. — V. AGRÉÉ, DÉSAVEU, HUISSIER.

120. — Jugé que l'huissier qui signifie un jugement n'a pas qualité, non plus, pour constater l'acquiescement fait devant témoins à ce jugement par la partie contre laquelle il est rendu. — *Grenoble*, 6 juill. 1826, Jacquillon c. Lambert.

121. — En pareil cas, l'huissier n'est évidemment pas le mandataire de la partie qui acquiesce, et aucune loi ne lui attribue le pouvoir de recevoir sa déclaration verbale. — Bioche et Goujet, vis *Acquiescement*, nº 46; *Huissier*, nº 28, et Rolland, nº 38.

122. — Cependant, l'acquiescement serait valable si l'huissier avait eu la précaution de faire signer son exploit par la partie à laquelle le jugement a été signifié.

123. — Les syndics peuvent-ils acquiescer au nom de la masse ? — V. FAILLITE.

124. — Le failli, même dans le cas où il est dessaisi, a capacité pour acquiescer; mais jamais son acquiescement ne peut être opposé à la masse, dont il ne peut compromettre les intérêts. — V. FAILLITE.

CHAPITRE III. — *Matières sur lesquelles on peut acquiescer.*

125. — On peut, en général, acquiescer sur toutes matières, excepté celles toutefois qui intéressent l'ordre ou les bonnes mœurs. *Jus publicum privatorum pactis mutari non potest.* — C. civ., art. 6 et 1172; — Rolland de Villargues, *Rép. du not.*, vº *Acquiescement*, nº 25 (2e édit.); Bioche et Goujet, vº *Acquiescement*, nos 14 et 15.

126. — Ainsi, est nul l'acquiescement aux jugemens qui statuent sur des questions d'état, ces questions étant d'ordre public. — *Rennes*, 2 janv. 1822, Pourhiet c. Le Bozec; — Merlin, *Rép.*, vº *Jugement*, § 3, nº 6; Bioche, nº 16; Rolland, nº 26; Pigeau, t. 1er, p. 488.

127. — Spécialement, l'acquiescement donné par l'époux au jugement qui prononce la nullité du divorce, ne le rend pas non-recevable à en interjeter appel. — *Cass.*, 18 août 1807, Mercier c. Ligeret. — V. conf., sur le principe que le jugement d'une demande en divorce ne pouvait être l'objet d'un compromis, *Paris*, 24 pluv. an X, Ninette; *Cass.*, 6 pluv. an XI, Audibert; *Bastia*, 22 mars 1831, Bernardi c. Massoni; — Merlin, *Rép.*, vº *Arbitres*, § 11; Carré, *Lois de la procéd.*, nº 3267; Mongalvy, nos 188, 189 et 190; Berriat, p. 40, notes 10e et 12e; Malleville, t. 4, p. 426. — V. cependant *Cass.*, 24 pluv. an XIII, Bœlher; *Paris*, 25 vent. an XIII, Lavigne; *Paris*, 18 avr. 1809, Angélique c. Delaporte.

128. — Est également nul l'acquiescement donné à un jugement prononçant la séparation de corps. — *Cass.*, 2 janv. 1823, Pion et Caignard; *Caen*, 15 déc. 1826, Benard; — Rolland de Villargues, nº 27; Talandier, *Tr. de l'appel*, nº 95.

129. — Cependant la cour d'Aix a jugé, le 14 déc. 1837, que lorsque l'acquiescement était donné par voie d'exécution, et non par voie de prorogation de juridiction, l'acquiescement était valable (Gas c. Icard, t. 2 1840, p. 434). — C'est une distinction qui ne peut être admise; tout ce qu'on peut dire, c'est que le jugement est inattaquable lorsque le délai d'appel est expiré.

130. — Il y a eu pourvoi contre l'arrêt précité; mais ce pourvoi a été rejeté le 21 août 1838 (t. 2 1838, p. 134) par la cour de Cassation, qui s'est fondée sur ce qu'un tel jugement était un jugement *ordinaire* auquel on pouvait acquiescer, pourvu que ce fût sans connivence entre les époux. — Cette restriction prouve que la cour suprême n'a entendu rendre qu'un arrêt d'espèce, et qu'elle n'a pas voulu se mettre en contradiction formelle avec son arrêt du 2 janv. 1823 (cité nº 128).

131. — Notons que l'ord. des 16-27 mai 1835, qui a décidé que les séparations de corps seraient jugées en audience ordinaire, au lieu de l'être en audience solennelle, peut fournir un argument à l'appui du système de la cour d'Aix. — Mais cet argument n'est pas décisif; on a bien dérogé, pour un cas spécial, à l'art. 22 du décret du 30 mars 1808; mais on n'a pas voulu assimiler les séparations de corps aux matières ordinaires, et la preuve, c'est que l'art. 307 n'a pas cessé d'être en vigueur.

132. — Du reste, si l'on ne peut acquiescer à un jugement prononçant la séparation de corps, il n'en est pas de même des jugemens préparatoires qui interviennent dans le cours de l'instance. Ainsi, est obligatoire l'acquiescement du défendeur au jugement qui admet le demandeur à la preuve des faits articulés, lorsque les circonstances écartent toute idée de fraude et de collusion. — *Bruxelles*, 5 juill. 1809, D... — V. SÉPARATION DE CORPS.

133. — L'interdiction, affectant l'état des personnes, est aussi une matière d'ordre public. — Jugé, par suite, que l'acquiescement à un jugement rendu en matière d'interdiction judiciaire est nul et ne met pas obstacle à ce que ce jugement puisse être attaqué par les voies de droit. — *Poitiers*, 4 août 1831, Deshoulières. — V. aussi *Cass.*, 7 sept. 1808, Galli.

134. — Jugé de même que l'acquiescement du tuteur de l'interdit au jugement qui relève ce dernier de l'interdiction ne peut motiver une fin de non-recevoir contre l'appel de ce jugement. — *Cass.*, 14 juin 1842 (t. 2 1842, p. 319), veuve d'Arguesse c. Bertaux.

135. — Jugé encore que le ministère public est recevable à se pourvoir contre le jugement qui a prononcé la main-levée d'une interdiction qu'il avait provoquée d'office, alors même que ce jugement serait rendu conformément à ses conclusions. — *Poitiers*, 5 août 1831, Deshoulières.

136. — Il existe cependant un arrêt en contradiction avec les principes qui viennent d'être exposés; en effet, il a été jugé, par la cour de Bordeaux, que celui dont l'interdiction est poursuivie peut valablement se désister de l'appel par lui interjeté du jugement qui l'interdit, attendu qu'il a la faculté d'acquiescer à ce jugement. — *Bordeaux*, 3 juill. 1829, Barbot c. Ledoux. — Il est constant que l'interdiction est une matière d'ordre public, que les questions qui s'y rattachent sont des questions d'état; comment alors admettre un acquiescement ? De deux choses l'une : ou le jugement attaqué est bien rendu, et alors l'appelant, qui n'a pas sa raison, est incapable de donner un consentement valable; ou l'appel est fondé, et, dans ce cas, un individu jouissant de toutes ses facultés ne peut se constituer lui-même en état de minorité. — V. INTERDICTION.

137. — Peut-on valablement acquiescer à un jugement qui donne à un prodigue un conseil judiciaire ? — Quoiqu'un pareil jugement ait des conséquences moins fâcheuses que celui qui prononce l'interdiction, cependant il modifie la capacité, et dès-lors doit être rangé dans la catégorie des jugemens qui, par leur nature, ne sont pas susceptibles d'acquiescement. — Arg. *Cass.*, 14 mars et 29 août 1836; — Talandier, *De l'appel*, nº 93. — V. AUDIENCE SOLENNELLE.

138. — Néanmoins il a été jugé que le prodigue ne peut interjeter appel du jugement qui lui a nommé un conseil judiciaire, après avoir acquiescé à ce jugement. — *Turin*, 4 janv. 1812, Chenis et de Rossi Sainte-Rose c. Annibal Sanctor de Rossi. — V. aussi *Lyon*, 14 janv. 1812, Fabre c. Bezelon. — Mais nous n'approuvons pas cette jurisprudence. — V. CONSEIL JUDICIAIRE.

139. — La contrainte par corps étant d'ordre public, on ne peut acquiescer au jugement qui la prononce. — Arg., C. civ., art. 2063; — Merlin, *Quest.*, vº *Contrainte par corps*; Coin-Delisle, *Comment. anal.*, sur la contrainte par corps, p. 34, et Bousquet, *Dict. des contrats et obligations*, vº *Contrainte par corps*, t. 2, p. 98; Bioche, nº 19; Rolland, nº 28.

140. — Ce principe est tellement certain, surtout depuis la loi du 17 avr. 1832, qu'il suffit de grouper ici les nombreux arrêts qui ont fixé la jurisprudence sur cette matière.

141. — Ainsi, il a été jugé qu'on peut appeler du jugement prononçant la contrainte par corps, même après y avoir acquiescé. — *Nancy*, 5 août 1837, Briquet c. Picard; *Paris*, 21 oct. 1837, Bimbard c. Lebec; *Caen*, 10 janv. 1838, Fauche c. David. (Tous ces arrêts sont rapportés au *Journ. du Pal.*, t. 1er 1839, p. 496.) — V. conf. *Pau*, 10 févr. 1836 (t. 1er 1837, p. 471), N...; *Paris*, 21 avr. 1838 (t. 1er 1838, p. 634), Rouseal c. Colin; *Paris*, 28 mai 1839 (t. 1er 1839, p. 583), Sirieys de Marinhac c. Pelletier; *Paris*, 10 oct. 1839 (t. 2 1839, p. 408), Dumoulin c. Albaret; *Paris*, 12 juill. 1825, Lemaire c. Lelizeux. — V. CONTRAINTE PAR CORPS.

142. — Jugé aussi, et par le même principe, qu'on peut former opposition à un jugement prononçant indûment la contrainte par corps, même après y avoir acquiescé. — *Paris*, 28 juin 1838 (t. 1er 1839, p. 497), N... c. Ch.

143. — La cour royale de Bordeaux a décidé que celui qui a acquiescé à un jugement par défaut qui le condamne avec contrainte par corps, est recevable à attaquer ce jugement, par opposition ou appel, au chef qui prononce la contrainte, s'il n'est pas prouvé qu'il soit négociant, quoique le jugement lui donne cette qualité. — *Bordeaux*, 21 déc. 1825, Renaud c. Lopès et Muscat. — Ce point a été long-temps controversé; mais la question est aujourd'hui tranchée par l'art. 20, L. 17 avr. 1832.

144. — Jugé toutefois, contrairement à la jurisprudence, que l'acquiescement du débiteur à un jugement du tribunal de commerce qui prononce la contrainte par corps contre lui, est valable, et ne saurait, sauf le cas de fraude, être assimilé aux conventions sur la contrainte par corps prohibées par la loi. — *Caen*, 30 août 1836, L... c. N... — V. CONTRAINTE PAR CORPS.

145. — Jugé aussi que, lorsqu'à la suite d'un jugement qui prononce la contrainte par corps, l'une des parties fait un acte duquel il résulte, soit expressément, soit implicitement, acquiescement à ses dispositions, elle ne peut plus tard exciper de la péremption de ce jugement, faute d'exécution, et elle peut valablement être emprisonnée et recommandée. — *Bourges*, 8 mai 1837 (t. 2 1837, p. 400), Trumeau c. Leloup.

146. — Si le jugement contient plusieurs dispositions, l'acquiescement n'a d'effet que pour les chefs qui sont étrangers à l'ordre public.

147. — Jugé, par suite, que l'acquiescement donné par un individu non commerçant à un jugement du tribunal de commerce qui le condamne au paiement d'un billet et par corps, ne porte que sur la condamnation pécuniaire, et non

sur le chef relatif à la contrainte par corps. — *Rouen*, 5 nov. 1827, Feret c. Levillain. — V. conf. *Caen* (et non *Bordeaux*), 29 pluv. an X, Boulanger ; *Montpellier*, 19 juin 1807, Ribes c. Carrière ; *Paris*, 12 juill. 1825, Lemaire c. Lelizeux.

148. — De même, la partie condamnée par corps au paiement d'une somme, et qui en acquitte une portion, doit être présumée acquiescer seulement au chef qui fixe la quotité de la dette, mais non à celui qui prononce la contrainte par corps. — *Liége*, 21 mars 1811, Schmitz.

149. — L'acquiescement donné, même par un étranger, au jugement qui porte une condamnation par corps, ne peut avoir effet qu'à l'égard des dispositions du jugement autres que celle qui prononce cette contrainte. — *Paris*, 21 avr. 1838 (t. 1er 1838, p. 634), Houseal c. Colin.

150. — Bien que l'acquiescement donné à un jugement qui prononce la contrainte par corps ne soit pas une fin de non-recevoir contre l'appel au chef de cette contrainte, il ne résulte pas cependant de cet acquiescement une prolongation indéfinie de l'appel. — En conséquence, le débiteur qui a laissé passer le délai ordinaire de l'appel n'est pas recevable à se pourvoir à l'effet de se faire décharger de la contrainte par corps. — *Paris*, 11 mars 1839 (t. 1er 1839, p. 418), André c. Lanne.

151. — De même, lorsque le débiteur a laissé expirer les délais ordinaires de l'opposition pour se pourvoir contre les jugemens ou arrêts qui prononcent contre lui la contrainte par corps, il ne peut intenter une action principale à l'effet de s'en faire décharger. — *Paris*, 3 août 1838 (t. 2 1838, p. 476), Bellecote c. Decquevilley.

152. — Quoique l'acquiescement à un jugement par défaut prononçant la contrainte par corps n'élève pas de fin de non-recevoir contre l'appel, on demande si, du moins, il n'a pas pour effet de faire courir les délais indépendamment de toute signification?

153. — Cette question n'est pas sans difficulté. Les uns pensent qu'il faut se décider pour la négative, attendu que l'acquiescement, étant nul, ne peut produire aucun effet. — V. en ce sens *Paris*, 28 mai 1839 (t. 1er 1839, p. 583), Sirieys de Marinhac. — Un pareil motif n'est rien moins que concluant, car l'acquiescement n'est pas nul d'une manière absolue, et la preuve c'est qu'il produit effet lorsqu'il y a plusieurs chefs dans le jugement.

154. — D'autres sont d'avis qu'il faut distinguer entre l'opposition et l'appel. Suivant eux l'acquiescement ne fait pas courir les délais d'appel, mais il fait courir les délais de l'opposition. — A l'appui de cette distinction, on dit qu'un jugement non signifié est réputé ne pas exister au point de vue de l'appel, et que la signification est le point de départ du délai ; mais qu'il n'en est pas de même lorsqu'il s'agit de l'opposition, car la signification ne suffit pas pour faire courir le délai, il faut qu'il y ait exécution (C. procéd. civ., art. 159). — V. en ce sens *Paris*, 10 oct. 1839 (t. 2 1839, p. 408), Doumoulin c. Albaret.

155. — Nous n'admettons pas cette distinction, qui repose sur une erreur. En effet, l'art. 159 ne dit pas que c'est la reconnaissance de *l'existence de ce jugement*, mais que c'est la connaissance de *l'exécution* qui rend l'opposition non-recevable. Ainsi, c'est par une fausse interprétation de l'art. 159 que la cour de Paris a déclaré l'opposition non-recevable.

156. — Quant à nous, nous pensons que, bien que l'acquiescement donné à un jugement emportant contrainte par corps ne soit nul que relativement à ce chef, cependant il n'a pas pour effet de faire courir, soit le délai de l'appel, soit le délai de l'opposition. C'est à partir de la signification du jugement à personne ou à domicile que court le délai. — Art. 443, C. procéd.

157. — Mais l'acquiescement aura-t-il au moins pour effet de mettre le jugement par défaut à l'abri de la péremption prononcée par l'art. 156, C. procéd. civ. ? — Oui, si l'acquiescement résulte d'un acte d'exécution (*Bourges*, 8 mai 1837 (t. 2 1837, p. 400), Trumeau c. Leloup). — Non, s'il n'y a pas eu d'exécution. — C. procéd., art. 156. — V. JUGEMENT PAR DÉFAUT.

158. — On ne peut acquiescer sur des matières d'ordre public, telles que l'usure. — En conséquence l'acquiescement donné à un jugement qui prononce par corps une condamnation pour une obligation qu'on soutient entachée d'usure, n'est pas valable, et ne rend pas non-recevables, soit l'opposition, soit l'appel, formés contre ce jugement. — C. civ., art. 2063 ; — *Paris*, 17 mai 1843 (t. 1er 1844, p. 408), Leluc c. Bechem.

159. — On trouve dans les recueils de jurisprudence un arrêt de la cour d'Angers qui juge que l'ordre public ne permet pas non plus d'acquiescer à la délibération d'un conseil de famille irrégulièrement composé, dans lequel on aurait, par exemple, appelé des étrangers, lorsqu'il existait des parens et alliés. — Nous ne signalons cet arrêt, rappelé et approuvé par quelques auteurs, que pour faire remarquer d'abord qu'il ne s'agit pas, dans cette espèce, d'une question d'acquiescement proprement dit, et, en second lieu, que la cour d'Angers, dont la décision, du reste, a soulevé de justes critiques, a commencé par poser *en fait* qu'il n'y avait pas eu d'acquiescement. — Cet arrêt est du 29 mars 1821, Deblée-Préaux c. H...

160. — Peut-on acquiescer à des jugemens rendus par des juges incompétens? — Oui, sans aucun doute, s'il s'agit d'une incompétence *ratione personæ*. Mais, si l'incompétence a lieu *ratione materiæ*, la question est grave. — Pour la négative, on dit : Tout ce qui concerne les juridictions intéresse l'ordre public ; il n'y a conséquemment d'acquiescement possible que celui résultant du silence de la partie pendant le temps accordé par la loi pour se pourvoir contre les jugemens ; c'est d'ailleurs une conséquence de l'art. 425, C. procéd., portant que les dispositions sur la compétence pourront *toujours* être attaquées par la voie d'appel. — Pour l'opinion contraire, on répond que l'art. 425 signifie seulement que les jugemens relatifs à la compétence ne seront jamais rendus en dernier ressort par les tribunaux de première instance, et non pas que l'appel en sera recevable en tout temps : les délais d'appel une fois expirés, ils seront évidemment inattaquables. D'ailleurs, s'il est vrai que l'ordre public soit intéressé à ce que les différens tribunaux n'empiètent pas sur leurs attributions respectives, la loi remédie à cet inconvénient en donnant au ministère public le droit de faire cesser, dans l'intérêt de la loi, les décisions incompétemment rendues ; mais rien ne s'oppose à ce que les parties renoncent au bénéfice des juridictions introduites en leur faveur, et qu'elles se remettent à une sentence émanée de juges incompétens. En effet, l'art. 28, L. 27 vent. an VIII, ne permet le pourvoi dans l'intérêt de la loi que contre les jugemens passés en force de chose jugée. — V. Bioche, vo *Acquiescement*, no 25, et Rolland, no 34.

161. — MM. Bioche et Goujet disent que l'acquiescement serait valable, même dans les matières d'ordre public, s'il résultait du silence de la partie prolongé au-delà des délais de l'appel, car il faut mettre un terme aux procès. — V. conf. *Paris*, 11 mars 1839 (t. 1er 1839, p. 418), André c. Lanne. — Nous répéterons que, dans cette espèce, il y aurait bien déchéance, mais qu'il n'y aurait pas acquiescement.

162. — On ne peut acquiescer expressément ni tacitement à un jugement qui statue sur la compétence à raison de la matière. — Ainsi le jugement du tribunal de commerce qui a rejeté une exception d'incompétence *ratione materiæ* reste susceptible d'appel, encore bien que la partie qui a succombé sur cette exception ait plaidé au fond, sans protestation ni réserve. — Peu importe d'ailleurs que le jugement sur le fond ait été rendu en même temps que celui sur le déclinatoire ou seulement à une audience ultérieure. — *Cass.*, 3 mai 1842 (t. 1er 1842, p. 731), Deballe c. Malherbe.

163. — Pareillement, l'exécution d'un jugement interlocutoire n'a pas pour effet de couvrir l'exception d'incompétence *ratione materiæ*. — *Limoges*, 21 nov. 1835, Gauchedu-Tailly c. Papon.

164. — Jugé que, lorsqu'on a acquiescé à un jugement rendu par des juges incompétens, on ne peut plus en appeler. — *Dijon*, 21 juill. 1827, Hocard c. Doinet.

165. — Jugé aussi que l'inscription prise en vertu d'un jugement incompétemment rendu, mais auquel on a acquiescé, est valable. — *Toulouse*, 24 fév. 1821, Andrau c. Avignon. — V. HYPOTHÈQUE.

166. — Le jugement rendu par un juge de paix sur un intérêt qui excède les limites de sa compétence et sans une prorogation formelle de juridiction, peut être validé par l'acquiescement de la partie condamnée. — *Toulouse*, 24 fév. 1821, Andrau c. Avignon. — C'est une conséquence du droit qu'avaient les parties de consentir une prorogation de juridiction. — Bioche et Goujet, no 24.

167. — Jugé cependant qu'un juge de paix ne peut connaître d'une demande personnelle et mobilière excédant les limites de sa compétence, et que son incompétence est d'ordre public. — *Riom*, 21 juill. 1824, Chabert c. Chaudier. — V. JUSTICE DE PAIX.

168. — Jugé aussi qu'on ne peut acquiescer ni tacitement ni expressément à un jugement qui renvoie les parties devant un juge incompétent. — Même arrêt.

169. — De même, le jugement repoussant une demande en élargissement formée par un étranger incarcéré pour dettes, produit comme tout autre l'exception de la chose jugée, s'il n'a pas été attaqué dans le délai de la loi. — *Cass.*, 16 juill. 1817, Swan c. Lubbert. — V. aussi *Cass.*, 27 mars 1832, Laroche. — V. conf. Merlin, *Rép.*, vo *Jugement*, § 3, no 6 ; Bioche, no 27.

170. — Il est aussi des cas d'intérêt privé où le laps de temps seul pourrait rendre valable l'acquiescement. Ce sont ceux où les intéressés sont des interdits, des mineurs, des femmes non autorisées, des administrateurs d'établissemens publics. — Merlin, *Rép.*, vo *Jugement*, § 3, no 6.

171. — Le ministère public, organe de la loi et de la société dans les matières disciplinaires, n'y peut conséquemment donner d'acquiescement. — Décidé ainsi que, lorsqu'un jugement de première instance a refusé de prononcer la destitution d'un notaire provoquée par le ministère public, la signification de ce jugement, faite par le procureur du roi, sans réserves et avec commandement de s'y conformer, ne rend pas ce magistrat non-recevable à en interjeter appel. — *Cass.*, 13 déc. 1824, Procureur général de Nîmes c. Bazille. — V. dans le même sens Bioche, no 20 ; Rolland, no 33.

172. — Le ministère public ne peut acquiescer dans les matières criminelles, celles-ci étant d'ordre public.

173. — On ne peut acquiescer au jugement qui prononce l'adjudication d'un immeuble dotal. Autrement il deviendrait facile aux époux d'éluder la défense que leur fait la loi de vendre cet immeuble (C. civ., art. 1554). Il est vrai qu'on peut objecter que, sous le régime dotal, le mari, maître des actions pétitoires de la femme (C. civ., art. 1549), peut, en défendant mal celle-ci, arriver à l'aliénation de l'immeuble dotal. Mais les tribunaux et le ministère public apprécieront la demande et déjoueront ces manœuvres. — Pigeau, t. 1er, p. 550 ; Bioche, no 21 ; Rolland, no 29.

174. — Jugé cependant, mais à tort selon nous, qu'une femme mariée, bien qu'elle n'ait pas la libre disposition de ses biens dotaux, a pu acquiescer valablement à un jugement qui en prononce l'adjudication forcée. — *Riom*, 3 avr. 1810, Mioche c. Barbecot.

CHAPITRE IV. — *Des différentes espèces d'acquiescement.*

Sect. 1re. — *De l'acquiescement exprès. — Formes dans lesquelles il peut être donné.*

175. — L'acquiescement, comme on l'a dit, peut être exprès ou tacite. — Même lorsqu'il est exprès, il n'est soumis à aucune forme particulière.

176. — L'acquiescement exprès a lieu lorsqu'une partie déclare formellement qu'elle adhère au jugement et renonce à l'attaquer.

177. — Cette adhésion peut être donnée par acte authentique ou sous seing-privé.

178. — ... Et même par simple lettre missive. — Rolland de Villargues, *Répert.*, vo *Acquiescement*, no 35.

179. — Jugé en conséquence que l'appelant qui écrit à l'intimé que son défenseur a interjeté appel contre son gré et qu'il le désavoue formellement, se rend non-recevable à demander la réformation du jugement de première instance. — *Cass.*, 25 prair. an VI, Poissault c. Ducasse ; — Merlin, *Rép.*, vo *Viduité* ; Berriat, p. 403, note 3e, no 1er.

180. — Cependant la cour de Toulouse a jugé que, lorsque des lettres annonçant l'intention d'exécuter la décision du tribunal ont été écrites avant la signification du jugement, ces lettres ne devaient être considérées que comme un projet et n'emportaient pas acquiescement. — Arr. 24 avr. 1824, Roquefeuille c. Massier et Dupuy. — Quel que soit le mérite de cette décision en droit, il est bon de remarquer que, dans l'espèce, une seconde question jugée par la cour enlevait à la première tout son intérêt doctrinal.

181. — L'acquiescement peut être donné par un acte séparé ou être écrit sur la grosse même ou l'expédition du jugement, ceci est indifférent. — *Cass.*, 6 fév. 1816, Lehman c. Schott ; — Berriat, p. 403, note 3e, no 2 ; Rolland de Villargues, *Rép.*, vo *Acquiescement*.

182. — Il peut même résulter d'une déclaration faite à l'huissier qui signifie le jugement, et mentionnée dans l'exploit, pourvu que l'exploit soit signé par la partie qui a acquiescé.

183. — En effet, l'huissier n'a pas qualité pour constater un acquiescement donné par la partie condamnée, même dans le cas où la partie est illettrée et ne sait pas signer. — Il ne le pourrait pas davantage, fût-il assisté de témoins. — Talandier, *De l'appel*, p. 77.

184. — La cour de Toulouse est encore allée

plus loin, elle a décidé que l'acquiescement n'avait pas besoin d'être exprès, et qu'il pouvait s'induire de tout acte judiciaire exprimant la volonté de la partie de se prévaloir du jugement par elle attaqué, et de l'exécuter. — Arr. 17 avr. 1841 (t. 2 1841, p. 84), Bouineau c. Vaigny. — V. aussi Laviguerie, *Arrêts inédits*, vo *Acquiescement*, t. 1er, p. 50 et suiv.

185. — La cour de Cassation aussi a décidé que souscrire une déclaration que l'on tient un jugement *pour signifié* et que l'on promet de s'y conformer, c'est acquiescer et se rendre non-recevable dans l'appel. — *Cass.*, 6 fév. 1816, Lehman c. Schott.

186. — L'acquiescement, n'étant soumis à aucune forme, peut être donné par exploit ou par acte d'avoué à avoué : mais faut-il, dans ce cas, qu'il soit signé par la partie, comme dans le cas du désistement ? — Cela n'est pas indispensable, quoique ce soit cependant une bonne précaution. — Aucun texte, en effet, n'exige, en pareil cas, la signature pour la validité de l'acquiescement, et les nullités ne peuvent se suppléer par analogie (C. procéd., art. 1030). L'acquiescement subsistera donc ici jusqu'au désaveu de l'officier ministériel qui a signé l'acte, désaveu qui pourra seul faire tomber la foi due à cet acte, comme émané d'un officier public. — Merlin, *Rép.*, vis *Signature*, § 2, no 3, et *Procès-verbal*, § 4 ; Poncet, *Des jugemens*, t. 1er, ch. 4, p. 42 ; Bioche, vo *Acquiescement*, no 45 ; Rolland, *eod. verb.*, no 37.

187. — C'est ce qui a été jugé aussi par la cour d'Orléans. Il résulte de son arrêt qu'un exploit contenant acquiescement à une demande en péremption n'a pas besoin, à peine de nullité, d'être signé par la partie. — *Orléans*, 2 mai 1823, Riffaut c. Blanvillain.

188. — L'acquiescement exprès peut résulter d'une déclaration faite verbalement à la barre du tribunal saisi. — Il faut alors en demander acte, afin qu'il en reste trace.

189. — Foi est due au juge qui atteste le consentement des parties ou de leurs fondés de procuration. — *Cass.*, 3 oct. 1808, Morel de Than c. Carbonel ; — Talandier, *De l'appel*, p. 76.

190. — Cependant, de ce que les juges, en admettant une partie à faire une preuve, ont dit dans les motifs de leur jugement que l'adversaire ne résistait pas à cette preuve, il n'en résulte pas de la part de cet adversaire un acquiescement à la demande formée contre lui, alors surtout que le même jugement constate aussi des faits exclusifs de l'acquiescement. Dans tous les cas, celui qui n'en aurait pas fait une fin de non-recevoir devant la cour Royale ne pourrait en exciper devant la cour de Cassation. — *Cass.*, 13 déc. 1831, Vallet c. Vernatel.

191. — L'acquiescement n'a pas besoin d'être accepté par la partie adverse. — Pigeau, t. 1er, p. 551 ; Berriat, p. 407 ; Bioche et Goujet, vo *Acquiescement*, no 7.

192. — Cependant, quand l'acquiescement est conditionnel, il ne peut être opposé à celui qui l'a donné qu'autant que la condition a été acceptée ou qu'elle a été accomplie.

193. — Quoiqu'en principe l'acquiescement tacite, quand il est constant, ait la même force que l'acquiescement exprès, cependant c'est, en général, dans cette dernière forme que l'acquiescement doit être donné quand il s'agit des intérêts d'un incapable. — *Cass.*, 27 mars 1832, Delamotte-Vernay c. Delaroche.

194. — Il doit en être de même, autant que possible, lorsque l'acquiescement est donné par le domaine. — *Cass.*, 21 nov. 1831, Domaine c. Roncelle. — En effet, on ne présume pas facilement un acquiescement, lorsqu'il s'agit d'intérêts aussi graves que ceux qui sont confiés au domaine.

195. — Les acquiescemens, quoiqu'ils puissent n'être qu'implicites, ne peuvent être prouvés par témoins. — *Limoges*, 25 mai 1818, N... c. N... — Autrement le sort des jugemens de première instance serait livré aux chances hasardeuses de la preuve testimoniale. — Talandier, *De l'appel*, p. 77.

196. — Ainsi, lorsqu'on invoque un acquiescement résultant de ce que les frais auraient été payés par la partie adverse, sans qu'on puisse d'ailleurs produire la quittance, on n'est pas admis à faire preuve par témoins de ce paiement. — *Limoges*, 5 fév. 1817, Betailoulon.

197. — De même l'intimé ne peut, à défaut de commencement de preuve par écrit, être admis à prouver par témoins que l'appelant avait acquiescé au jugement en payant une partie des dépens. — *Agen*, 25 fév. 1817, Courberieu-Cauzeral.

198. — La cour de Cassation a jugé aussi que l'acquiescement à une disposition d'un jugement par défaut ne pouvait s'induire de simples présomptions, et devait être appuyé sur un acte. — *Cass.*, 27 avr. 1835, Cames c. de Jaulas.

199. — Il faut se garder de trop généraliser cette décision. Dans l'espèce, la cour de Pau avait décidé qu'une opposition qui n'était pas représentée n'attaquait que certains chefs du jugement par défaut et laissait subsister tous les autres. La cour suprême a pensé avec raison que de pareilles inductions étaient tout-à-fait arbitraires ; que l'opposition, à moins qu'elle ne fût explicite, ce qu'on ne prouvait pas, puisqu'elle n'était pas rapportée, faisait tomber le jugement entier ; que, loin de prouver l'acquiescement, elle démontrait une intention contraire. — En conséquence, elle a cassé l'arrêt de la cour de Pau.

200. — Mais ce serait mal interpréter cet arrêt que de l'entendre en ce sens que l'acquiescement ne peut résulter de simples présomptions. Il est constant, au contraire, que c'est par des présomptions que se prouve l'acquiescement tacite.

201. — Il a été jugé que le jugement qui, portant nomination d'experts, dit : « *par les sieurs...., experts agréés par les parties, etc.,* » ne prouve pas par ces derniers mots que les parties aient elles-mêmes nommé les experts, et que, par suite, elles se soient rendues non-recevables à appeler de ce jugement. — *Agen*, 22 mai 1812, Tujagu c. Tujagu.

Sect. 2e. — *De l'acquiescement tacite. — Exécution volontaire.*

202. — L'acquiescement *tacite* ou *implicite* résulte de tout fait, de tout acte duquel on peut induire que la partie consent au jugement et renonce à l'attaquer. — Berriat, p. 403, no 1er ; Rolland de Villargues, *Répert.*, vo *Acquiescement*, no 42.

203. — Pour qu'il y ait acquiescement, il faut quelque fait, quelque démarche qui suppose nécessairement l'approbation du jugement. C'est dans ce sens, dit Rodier, qu'on doit entendre la loi 5, Cod., *De re judicatâ*.

204. — L'acquiescement tacite a la même force que l'acquiescement exprès ; seulement il est plus difficile à reconnaître, à constater. — En effet, tel acte a, dans des circonstances données, une signification, une portée qu'il n'a pas dans un autre moment.

205. — Aussi n'y a-t-il pas, en cette matière, de règle fixe et absolue ; c'est d'après les faits que les magistrats se déterminent ; ils procèdent par voie d'induction ; tout, à cet égard, est laissé à leur arbitraire.

206. — Essayons, toutefois, de dégager quelques principes de cette masse un peu confuse d'arrêts et d'espèces, au milieu desquels il est si facile de s'égarer.

207. — Un premier point à constater, et qui est sans difficulté, c'est que l'acquiescement tacite doit être *volontaire* aussi bien que l'acquiescement exprès.

208. — Un second point non moins essentiel, c'est qu'il faut que cette volonté, quoique muette, soit aussi certaine, aussi manifeste, que si elle avait été formellement exprimée. S'il y a doute, on doit rejeter la fin de non-recevoir.

209. — Aussi a-t-il été jugé que l'acquiescement par exécution volontaire, dans le sens de l'art. 1338, Code civ., ne peut résulter que de faits positifs émanés de la partie condamnée. — *Cass.*, 24 août 1830, Papillaud c. Gaillard.

210. — Maintenant, quels sont les faits qui, en général, font supposer que la partie ne veut pas attaquer le jugement et qu'elle y adhère ?

211. — Le principal et le plus significatif, c'est l'exécution volontaire du jugement. En effet, n'est-ce pas adhérer virtuellement à la décision des magistrats que de l'exécuter, sans que rien y oblige ? N'y a-t-il pas dans ce fait une manifestation de volonté aussi claire que si elle avait été littéralement exprimée ?...

212. — Ainsi, il y a acquiescement dans l'exécution faite avant toutes poursuites. Ne pas attendre que l'adversaire contraigne à exécuter, c'est reconnaître la justice de la sentence. — *Bordeaux*, 8 mai 1829, Bourbon c. Julliard ; — Bioche, vo *Acquiescement*, no 86.

213. — De même, il y a acquiescement formel à un jugement de la part de celui qui, sans aucune contrainte, et long-temps avant la signification de ce jugement, paie la plus forte partie des sommes qu'il était condamné à délivrer à son adversaire. — *Cass.*, 3 fructid. an XIII, Cante c. Emelin.

214. — Mais, si l'exécution n'a eu lieu que parce que la partie y a été contrainte et forcée, on ne peut plus prétendre que son adhésion au jugement a été volontaire, et qu'elle n'est plus recevable à l'attaquer.

215. — En conséquence, il a été jugé que celui qui, après poursuites, exécute comme contraint et forcé un jugement non exécutoire par provision dont il a appelé, et qui se réserve de poursuivre son appel, n'acquiesce pas à ce jugement. — *Limoges*, 2 mars 1820, de Verdillac c. Bastier.

216. — Que l'exécution d'un jugement ou arrêt comme contraint et forcé, et sous la réserve de se pourvoir en cassation, n'emporte pas acquiescement, et ne rend pas non-recevable le pourvoi en cassation. — *Cass.*, 8 juill. 1840 (t. 1er 1841, p. 90), Corail c. Bousquet. — Il en serait ainsi quand même il n'y aurait pas eu de réserves, le pourvoi en cassation n'étant pas suspensif.

217. — Que la partie qui ne paie que comme forcée et ne concourt à l'acte constatant les paiemens qu'en faisant des réserves de se pourvoir contre le jugement de condamnation, ne peut être considérée comme ayant acquiescé. — *Cass.*, 27 août 1838 (t. 2 1838, p. 146), Dubois c. Jobart.

218. — Que l'exécution d'un jugement en dernier ressort, alors même qu'elle a lieu avant la signification de ce jugement, n'emporte pas acquiescement de la part de celui qui exécute, et ne l'empêche pas de se pourvoir en cassation, alors surtout qu'il a déclaré n'exécuter que comme contraint et sous réserve de se pourvoir. Peu importe que le créancier ait déclaré ne prendre aucun intérêt à la réserve. — *Cass.*, 29 nov. 1837 (t. 1er 1838, p. 666), Monteil Duclaux c. Roch.

219. — Que le concessionnaire de travaux pour l'exécution desquels une expropriation pour cause d'utilité publique est nécessaire, ne peut être réputé avoir acquiescé à la décision du jury sur la fixation de l'indemnité, en prenant possession et en faisant des offres, si ce cessionnaire a déclaré n'agir ainsi que pour obéir à la nécessité d'exécuter la loi de concession, s'il a, en outre, accompagné ses offres de réserves expresses et les a subordonnées à la dation d'une caution. — *Cass.*, 22 juin 1840 (t. 2 1840, p. 468), comp. du chemin de fer de Strasbourg c. Schuch.

220. — Lorsque le jugement est exécutoire par provision ou lorsqu'il est en dernier ressort, l'exécution est tellement forcée que des réserves mêmes ne sont pas indispensables pour écarter la fin de non-recevoir. — V. *infrà* nos 290 et 291, 392 et suiv., 410 et suiv.

221. — Si, sans exécuter réellement, on concourt cependant aux actes d'exécution, si, par exemple, on y assiste, est-on censé acquiescer ? — V. sur cette question les paragraphes *Des jugemens interlocutoires*, et *Des jugemens qui ordonnent un serment*.

222. — Nous rappellerons seulement ici qu'on a jugé que la comparution d'un associé devant des arbitres nommés sans sa participation par un arrêt qui fixe l'époque de la dissolution de la société, emporte acquiescement à cette dernière disposition. — *Paris*, 10 avr. 1810, Marnois c. Sollier.

223. — Et, d'après le même principe, que la partie qui comparait volontairement devant les arbitres et participe à la convention par laquelle les compromettans nomment un tiers-arbitre pour le cas de partage, et déclarent renoncer à toutes les formalités de procédure, acquiesce, par cela même, au jugement qui ordonne l'arbitrage, et se rend, par suite, non-recevable à se pourvoir en cassation contre ce jugement. — *Cass.*, 29 nov. 1837 (t. 1er 1838, p. 264), Maillard c. Payn.

224. — Jugé encore que l'acquiescement à un jugement qui prononce un renvoi devant arbitre, peut résulter du seul fait de la comparution devant l'arbitre, encore bien que la partie n'ait pas signé le procès-verbal dudit arbitre. — *Paris*, 24 déc. 1823, Coissieu c. Gailletan.

225. — Jugé aussi qu'on ne peut appeler du jugement qui commet un notaire pour procéder à la liquidation d'une succession, après avoir comparu devant lui. — *Colmar*, 19 janv. 1832, Jost c. Hess ; *Lyon*, 27 déc. 1832, Chappe c. Croizier.

226. — Si le concours à l'acte n'avait été donné qu'avec réserves et protestations, il n'y aurait pas acquiescement.

227. — Ainsi, bien qu'une partie intéressée dans les liquidations et partage d'une succession ait comparu devant le notaire, elle est cependant encore recevable à proposer ses griefs sur la demande en homologation, lorsqu'elle n'a pas signé le procès-verbal, et que, loin d'approuver la liquidation, elle a fait des réserves. — *Paris*, 12 avr. 1834, Massabau c. Thiébault.

ACQUIESCEMENT, ch. 4, sect. 2e.

ACQUIESCEMENT, ch. 4, sect. 2e.

ART. 1er. — *Modes d'exécution emportant acquiescement tacite.*

§ 1er. — *Cas divers d'exécution emportant acquiescement tacite. — Réserves.*

228. — Lorsqu'une partie a exécuté l'arrêt qui pose les bases de la liquidation d'une société, elle est non-recevable à l'attaquer ultérieurement, non plus que l'arrêt postérieur qui n'a fait que déterminer le chiffre de la liquidation d'après les bases fixées par le premier arrêt. — *Cass.*, 25 mars 1839 (t. 2 1843, p. 408), Delcros c. Lahue.

229. — Lorsqu'un jugement arbitral ordonne une prestation de serment, et que la partie contre laquelle il a été rendu, au lieu de se pourvoir par opposition à l'ordonnance d'*exequatur*, assiste au serment et signe le procès-verbal de prestation, cette partie n'est plus recevable à attaquer la sentence arbitrale, quoiqu'elle ait fait précéder sa signature de protestation et de réserves. — *Bordeaux*, 10 mai 1826, Lussac c. Piffon. — Il en est de même en cas d'assistance à une enquête; de simples protestations ne détruiraient pas l'acquiescement ainsi donné. — *Nancy*, 29 mars 1835, Gouvion, Gaillard et autres c. comm. de Sauzey. — V. ENQUÊTE, RÉSERVES.

230. — Celui qui, après avoir dénié l'existence d'une société, consent à ce que le tribunal de commerce nomme des arbitres, acquiesce au jugement que rend ensuite ce tribunal à cet égard, et se rend non-recevable à en former appel. — *Cass.*, 22 juill. 1834, Delpon.

231. — Lorsque des experts ont déterminé une somme pour l'indemnité due à un propriétaire exproprié, que le jugement qui a fixé une somme inférieure à celle indiquée par les experts n'a pas ordonné l'exécution provisoire, et que l'exproprié a interjeté appel de ce jugement, la prise de possession et le changement des lieux opérés par l'administration emportent de sa part acquiescement à la fixation faite par les experts. — *Bourges*, 3 mars 1828, Gaudé c. Préfet de la Nièvre.

232. — Le copartageant qui procède au tirage au sort des lots fixés par un jugement, acquiesce à ce jugement, et ne peut plus en interjeter appel; il en est de même s'il aliène tout ou partie de ces lots. — *Agen*, 12 avr. 1821, Lartet c. Launa.

233. — La partie qui a laissé exécuter une sentence arbitrale, ne peut plus être admise à l'attaquer par voie d'opposition à l'ordonnance d'*exequatur*. — *Bordeaux*, 10 mai 1826, Lussac c. Piffon.

234. — Le mineur devenu majeur qui, après un compte de tutelle réglé par une sentence arbitrale rendue entre lui et son tuteur, a retiré des mains de celui-ci les titres relatifs à l'administration de la tutelle et lui en a donné décharge, sans réserve, ainsi que du compte de tutelle, acquiesce suffisamment par là, et ne peut plus former opposition à l'ordonnance d'*exequatur*. — *Cass.*, 1er mars 1814, Daguzan c. Capriol.

235. — La partie qui, après avoir obtenu un jugement, lequel, sur sa demande, a déclaré une instance reprise, a opposé la déchéance tirée de l'expiration du délai fixé par ce jugement, ne peut plus le frapper d'appel; elle doit être considérée comme y ayant acquiescé. — *Cass.*, 21 nov. 1837 (t. 2 1837, p. 550), Ponsat c. Farciron.

236. — L'acquiescement à un jugement par défaut peut résulter du fait que la partie défaillante, condamnée solidairement avec un autre débiteur, aurait, en vertu de sa qualité de mandataire du créancier, rédigé et signé des bordereaux d'inscription hypothécaire sur les biens de son codébiteur. — *Cass.*, 20 fév. 1839 (t. 1er 1837, p. 366), Deversieux c. de Guibois.

237. — Celui qui, ayant succombé en une qualité, intente après le jugement une action en une autre qualité qui est exclusive de la première, acquiesce au jugement. — *Montpellier*, 15 therm. an XI, Sue.

238. — Lorsqu'un jugement a rejeté la demande en nullité d'un acte de vente par le motif qu'elle n'avait pas été formée par action principale, la citation en conciliation donnée depuis, ainsi que l'instance qui en est la suite, constitue l'exécution de ce jugement et rend non-recevable à interjeter appel. — *Cass.*, 22 mai 1834, Mercier c. Petit.

239. — Le jugement qui déclare le demandeur, quant à présent, non-recevable dans sa demande, faute de justification suffisante, doit être réputé acquiescé par le seul fait de l'introduction d'une action nouvelle, fondée sur des pièces qui, d'après l'énonciation de l'exploit, manquaient lors de la première instance. — *Bordeaux*, 6 janv. 1841 (t. 1er 1841, p. 555), Laquille c. Prunis.

240. — Une partie acquiesce au jugement qui a déclaré nul un exploit d'ajournement fait à sa requête, si elle en signifie un nouveau à son adversaire. — *Rennes*, 14 déc. 1810, Quemar c. Guyader.

241. — La même cour a jugé le contraire le 27 juill. 1810 (Quemar c. Guilleron); elle a décidé que, lorsqu'un jugement a prononcé la nullité d'un exploit, la partie condamnée n'acquiesce pas à ce jugement, en faisant signifier un nouvel exploit à son adversaire.

242. — La contestation qui s'élève sur l'exécution du jugement, contestation vidée par un jugement ultérieur, contient acquiescement formel au premier. — *Nîmes*, 7 mai 1813, Bouteille c. Commune.

243. — Le failli qui a compris au passif de son bilan une dette qu'un jugement l'avait condamné à payer est réputé avoir acquiescé à cette condamnation, et il ne peut plus en appeler. — *Paris*, 27 frim. an XII, J..... c. Doyen et Durieux.

244. — La nomination d'un expert, en exécution d'un jugement ordonnant un partage, emporte acquiescement à ce jugement. — *Cass.*, 16 floréal an V, Blanc c. Avès.

245. — Quand un arrêt déclare une requête civile non-recevable, et ordonne la restitution de l'amende consignée, la partie qui retire l'amende est censée acquiescer à cet arrêt et se rend non-recevable à l'attaquer par la voie de cassation. — *Cass.*, 13 therm. an XII, Berger c. Simonet; — Merlin, *Rép.*, vis *Acquiescement*, § 3, et *Contrat judiciaire*, *Désistement d'appel*, § 1er.

246. — Lorsqu'une partie, quelles qu'aient été, du reste, ses protestations et réserves, a exécuté le jugement qui la condamnait à payer, et produit un nouveau compte et les soutènemens à l'appui de ce compte, elle a, par le fait, acquiescé au jugement et reconnu son premier compte insuffisant, puisqu'elle en a présenté un second. — *Cass.*, 21 juill. 1817, Belieuvre c. Limelle.

247. — Le mineur devenu majeur, qui provoque le compte et la liquidation du prix des biens vendus en vertu d'un jugement homologatif d'une délibération du conseil de famille donnant autorisation au père tuteur de vendre pour payer les dettes de la communauté, se rend, par cela même, non-recevable à attaquer ce jugement par la voie d'appel. Il y a, de sa part, ratification et acquiescement. — *Cass.*, 26 nov. 1828, Myard c. Barrault, no 70.

248. — L'arrêt définitif qui ordonne le partage d'une succession par portions égales entre tous les cohéritiers peut être considéré comme acquiescé de la part des héritiers, lorsque ceux-ci, lors de l'adjudication des biens faite en vertu de l'arrêt, ont consenti à la mise en possession des adjudicataires. — *Cass.*, 21 mars 1821, Faujas c. Ambert et Nau. — V. *contrà* Bioche, vo *Acquiescement*.

249. — L'appel interjeté contre un jugement qui ordonne un partage et nomme des experts pour estimer les biens à partager, n'est pas recevable lorsque, depuis ce jugement rendu, il en est intervenu un autre à l'effet de remplacer l'un des experts, lequel n'a point été frappé d'appel; le défaut d'appel de ce dernier jugement emporte acquiescement tacite au premier. — *Bourges*, 9 mai 1840 (t. 1er 1841, p. 478), Labonne c. Blanchet.

250. — Dans les espèces suivantes, les faits d'exécution n'ont pas paru aux tribunaux avoir le caractère d'acquiescement tacite.

251. — Ainsi, il a été jugé qu'une partie peut appeler d'un jugement, quoique son avoué ait taxé les dépens de première instance, si elle ne lui a pas donné pouvoir d'acquiescer à ce jugement. — *Paris*, 17 germ. an XI, Montigny.

252. — ... Que la constitution d'un avoué sur une assignation en reprise d'instance, ayant pour objet l'exécution d'un jugement par défaut qui n'est plus susceptible d'opposition, n'emporte pas acquiescement à ce jugement, et n'a pas pour effet de rendre tout appel ultérieur non-recevable. — *Cass.*, 19 février 1833, Picapère de Cantobre c. Laurens.

253. — ... Que les appelans qui ne se sont pas opposés aux délais demandés par les intéressés pour l'exécution du jugement dont est appel, ne sont pas censés, par cela seul, avoir acquiescé à ce jugement. — *Rennes*, 23 août 1823, Capon c. Bigarré.

254. — ... Que le fait, par les héritiers d'un preneur qui, en première instance, ont succombé sur leur demande en résiliation de bail, d'avoir mis la maison en location, ne constitue pas un acquiescement au jugement, alors surtout que, même en supposant l'admission de leur demande en résiliation, ils auraient eu intérêt à chercher à opérer la relocation pour éviter l'indemnité à laquelle, le cas de résiliation échéant, devaient les soumettre quelques charges du bail. — *Angers*, 23 avr. 1842 (t. 2 1842, p. 507), héritiers Siblas c. Lecour.

255. — ... Que l'action en délaissement de portions de terrain qu'une partie détient en plus de ce qui lui a été adjugé par jugement, n'est pas un acquiescement, surtout s'il y a eu réserve de se pourvoir. — *Cass.*, 25 juin 1840, Monthelon c. comm. de Troissy.

256. — ... Que le défaut d'opposition, pendant les délais de l'appel, à la présentation de la caution offerte par l'intimé éventuel pour l'exécution du jugement, ne peut être considéré comme un acquiescement tacite au jugement dont l'exécution provisoire avait été ordonnée avec caution. — *Martinique*, 9 août 1834, Hodebourg et Wanschalkwick c. Arthur Magille.

257. — ... Que lorsque le propriétaire, qui doit un passage à son voisin, a été condamné par jugement à fournir ce passage dans la direction demandée par celui-ci, si mieux il n'aime faire les travaux nécessaires pour rendre praticable le passage dans l'endroit qu'il a indiqué lui-même, il n'y a pas de sa part acquiescement formel au jugement dans le seul fait par lui d'avoir exécuté ces travaux, s'il les a d'ailleurs opérés sans appeler son adversaire. — *Cass.*, 2 juillet 1838 (t. 2 1838, p. 396), Dufour-Bannerel, c. Lebigot.

258. — ... Que lorsque des successibles sont déclarés héritiers purs et simples par un jugement par défaut, et qu'un traité est fait, dans lequel les héritiers conviennent avec leur créancier de prendre une part de la succession, et donnent mandat à un tiers d'en faire la vente pour eux, cohéritiers, et subsidiairement pour le créancier, un pareil traité ne peut être considéré comme un acquiescement au jugement de défaut. — *Agen*, 13 janv. 1810, Roux c. Mercat.

259. — De même, de ce que l'avoué de la partie qui voulait se servir d'un acte argué de faux en a volontairement déposé l'expédition au greffe, en exécution du jugement qui a admis l'inscription de faux, il ne s'ensuit pas qu'il y ait, de la part de cette partie, un acquiescement formel au jugement, qui rende non-recevable l'appel postérieurement interjeté par elle, alors que le dépôt n'a pas été suivi de la signification de ce jugement. — *Rouen*, 12 août 1834, Simonnet c. Pinart de Boishébert.

260. — La partie qui, devant le tribunal, a fait des réserves contre un jugement, ne peut être réputée y avoir acquiescé. — *Trèves*, 3 août 1808, Vandervelde et Ce c. Ziégler.

261. — Cependant, dans le cas où l'acquiescement est accompagné de réserves, si celles-ci se trouvent contredites par l'acte même, si, par exemple, des réserves générales sont faites quand il y a exécution libre et volontaire, ces réserves, que l'acte dément aussitôt, sont sans valeur : *Protestatio actui contraria non valet*. Ce principe est formulé dans les espèces qui suivent :

262. — Des réserves et protestations contre un acte qu'on exécute spontanément et que l'on pouvait se dispenser d'exécuter, sont sans force et sans efficacité, comme étant inconciliables et incompatibles avec l'exécution que l'on poursuit. — *Cass.*, 28 juill. 1829, Marabal c. Dubruel; — Berriat Saint-Prix, p. 407, note 12e.

263. — Ainsi, par exemple, si un cohéritier poursuit, durant le cours de la liquidation, le paiement de prix qui lui a été délégué d'un immeuble aliéné par un autre cohéritier, il est non-recevable à attaquer ultérieurement cette vente, bien qu'il se soit réservé d'en contester la validité. — Même arrêt.

264. — La réserve d'appeler, faite dans des actes d'exécution d'où résulte un acquiescement tacite au jugement, ne produit aucun effet. — *Nîmes*, 7 mai 1813, Bouteille c. Commune; *Paris*, 11 mars 1813, Villain c. Beugnon.

265. — L'exécution d'un jugement définitif, faite même avec réserve d'en appeler, emporte acquiescement, et rend non-recevable à en appeler. — *Limoges*, 13 mai 1823, Chastaignier.

266. — Les réserves d'appeler sont sans effet, lorsque, par le même acte, la partie condamnée exécute librement et spontanément le jugement contre lequel elle fait ses réserves. — *Metz*, 12 mai 1821, Dowez c. Noizet.

267. — On est non-recevable à interjeter appel d'un jugement qu'on a exécuté, encore bien qu'on ait fait des réserves antérieurement. — *Colmar*, 11 avr. 1835, Disser c. Weber.

268. — La partie qui fait signifier un jugement *avec sommation de s'y conformer*, se rend non-recevable à en interjeter ensuite appel, nonobstant les *réserves et protestations de fait et de droit* qui accompagnent l'interpellation. — *Cass.*, 27 juin 1820, Crespin c. Étienne. — V. *infrà* sect. 4e, chap. 2, § 1er.

269. — Jugé au contraire que la réserve d'appeler contenue dans la signification du jugement empêcherait l'acquiescement, encore que la signification eût été faite avec sommation de s'y conformer. — *Cass.*, 9 août 1826, Liegey; *Rennes*, 30 janv. 1834, Dauphin c. Peron et Champion.

270. — Le commandement de payer fait en vertu d'un acte est réputé une exécution volontaire de cet

acte, et rend non-recevable à l'attaquer ultérieurement, et cela, bien que le commandement n'ait été fait qu'avec des réserves. — *Cass.*, 27 juill. 1829, Rochette c. L'Espinasse. — V. aussi *Cass.*, 18 janv. 1832, Chollet c. Malézieux; — Rolland de Villargues, *Rép. du not.*, vo *Protestation*, no 15; Bioche et Goujet, *Dict. de procéd.*, vo *Enquête*, no 342.

271. — Les réserves qui ne seraient faites qu'après l'exécution ou l'acquiescement seraient sans effet. Tout étant consommé par l'acquiescement, des réserves ne pourraient plus faire renaître un droit auquel il aurait été renoncé. — *Paris*, 10 avr. 1810, Marnois c. Sollier.

272. — Si les réserves ont été faites dans des termes entachés d'ambiguïté, on doit les interpréter dans le sens favorable à leur auteur.

273. — Ainsi, le président d'un bureau d'administration de salines qui, condamné en cette qualité au paiement d'une somme, a payé à la suite d'une saisie de ses propres meubles, en faisant constater dans le procès-verbal qu'il ne payait que comme contraint et forcé, n'ayant en sa possession aucuns deniers ni effets appartenant à l'administration, ne peut être déclaré non-recevable dans sa demande en restitution de la somme payée, sous prétexte que ses protestations et réserves n'énoncent pas que les deniers du paiement proviennent de ses fonds personnels. — *Cass.*, 27 août 1829, Roques c. Roure; — Poncet, *Des jugemens*, p. 464.

274. — Il est bien entendu que, si les réserves n'étaient pas inconciliables avec le fait produisant acquiescement, elles devraient produire leur effet.

275. — Ainsi, lorsqu'une partie à qui des terrains ont déjà été adjugés par jugement est actionnée par son adversaire en délaissement de portions de ces terrains que celui-ci prétend qu'elle détient en plus, avec réserve expresse de la part du réclamant de se pourvoir contre le jugement, il ne résulte pas de là acquiescement à ce jugement. — *Cass.*, 25 juin 1810, Monthelon c. comm. de Troissy. — V. aussi *Cass.*, 26 août 1818, de Rohan-Rochefort.

276. — Si le jugement contenait plusieurs chefs distincts, l'acquiescement par exécution ou signification pourrait, par des réserves, être restreint aux chefs seuls qu'on entendrait exécuter. — V. *infrà* nos 494-500.

277. — Jugé cependant, mais à tort, que celui qui a exécuté un jugement au principal est, par cela même, déchu du droit d'interjeter appel quant aux dépens et aux dommages-intérêts prononcés récursoirement contre lui, bien qu'en exécutant il se soit réservé le droit de se pourvoir contre ce dernier chef. — *Paris*, 17 mai 1813, Godier c. Fayolles.

278. — La signification d'un jugement sans aucune réserve n'emporte pas acquiescement, si la réserve d'appeler a été faite dans les qualités mêmes du jugement. — *Gênes*, 7 mars 1812, Didier c. Pareto et Tixe.

279. — Le fait, de la part de l'administration des douanes, de payer le montant des condamnations contre elle prononcées, mais sous toutes réserves du pourvoi qu'elle a formé, et à la charge de caution, ne la rend pas non-recevable à poursuivre l'effet de son pourvoi. — *Cass.*, 12 nov. 1839 (t. 1er 1840, p. 136), Douanes c. Damas-Lemoine.

280. — Un détenu pour dettes, en exécution d'un jugement dont il avait déjà interjeté appel lors de son emprisonnement, ne peut être déclaré non-recevable dans cet appel, sur le seul motif que, lors de la consignation par lui faite à l'effet d'obtenir sa liberté, il a, outre le principal de sa dette, les intérêts et les frais de sa capture, consigné les dépens liquidés par ce jugement, et malgré sa déclaration, énoncée au procès-verbal de cette consignation, qu'il n'entendait la faire que comme contraint et sous la réserve de tous ses droits. — *Cass.*, 4 mai 1818, Boloffel-Buffe c. Olivier.

281. — La maxime : *qui protestat nihil agit*, applicable à un jugement dont l'exécution pourrait être suspendue en appel, est sans effet à l'égard d'un arrêt dont l'exécution ne peut être suspendue par un pourvoi en cassation. Dans ce cas, l'exécution de l'arrêt, avec réserve de se pourvoir en cassation, ne peut être considérée comme un acquiescement. — *Cass.*, 15 avr. 1840 (t. 1er 1840, p. 694), commune d'Availles et de la Ville-Dieu c. Lair.

282. — Dans le cas où un arrêt a déclaré valable le titre qui formait la base d'une action en partage, le fait, par la partie condamnée, de défendre à cette action reprise depuis l'arrêt, et de signifier des conclusions tendant au renvoi de la poursuite devant un tribunal qu'elle désigne et sa jonction à une autre instance, ne constitue pas un acquiescement qui la rende non-recevable à se pourvoir en cassation, alors surtout que ces conclusions (suivies, d'ailleurs, d'un jugement par défaut faute de conclure à l'audience) contenaient une réserve générale et expresse. — On ne saurait non plus considérer comme acquiescement le concours de cette partie à la poursuite de vente et au jugement d'adjudication définitive; il n'y a là qu'un simple acte d'obéissance à un arrêt interlocutoire, alors surtout qu'au moment où ces faits se sont passés le pourvoi en cassation était déjà formé. — *Cass.*, 25 janv. 1841 (t. 1er 1841, p. 154), Papin c. Audebert.

§ 2. — *Paiement des frais.*

283. — Parmi les actes d'exécution qui par eux-mêmes dénotent le mieux, de la part d'une partie, l'intention d'acquiescer au jugement, il faut ranger le paiement des frais du procès, fait sans contrainte et sans réserves. — C'est un cas qui se présente fréquemment dans la pratique.

284. — Ainsi, en thèse générale, on ne peut appeler d'un jugement après en avoir payé les frais. — *Riom*, 1er fév. 1814, Préaloux c. Crosmarie; *Agen*, 30 juin 1807, Ladoux c. Lescure; *Rennes*, 17 nov. 1813, Camus c. N.

285. — Cela est moins douteux encore lorsque la partie paie les frais d'un arrêt, et se fait remettre les pièces de son adversaire sans y être contrainte par aucune poursuite. — *Cass.*, 23 nov. 1829, Senlys c. Mignon.

286. — La partie condamnée, qui paie les dépens à l'avoué de son adversaire, sur la signification qui lui est faite du jugement, avec commandement d'y satisfaire, et avant que la taxe des dépens lui ait été notifiée, se rend également non-recevable à appeler du jugement. — *Montpellier*, 24 juill. 1810, Coste c. Maurin.

287. — Le paiement fait volontairement par une partie, sans aucune réserve, des dépens auxquels elle a été condamnée, emporte acquiescement au jugement de première instance, et rend l'appel non-recevable. — Peu importe que cette partie prétende avoir cédé à la crainte de poursuites qu'un tiers, étranger au jugement, lui aurait inspirée. Ce fait ne peut être opposé à la partie qui a obtenu la condamnation. — *Rouen*, 26 janv. 1842 (t. 1er 1842, p. 593), Chiny, Bidal c. Finet.

288. — Jugé, dans le même sens, qu'une partie qui a payé les dépens après avoir demandé des délais pour les payer, et des réductions sur diverses parties, n'est pas recevable à se pourvoir en cassation d'un arrêt. — *Cass.*, 8 fév. 1831, Perrin c. Tassy.

289. — Si le paiement des dépens s'applique à un jugement qui a statué sur une matière d'ordre public, par exemple sur une question d'état, ce paiement ne peut être opposé à l'appel de ce jugement, comme fin de non-recevoir tirée de l'acquiescement. — *Rennes*, 2 janv. 1822, Pourhiet c. le Bozec.

290. — Il en est de même lorsque le jugement est exécutoire par provision. Dans ce cas, le paiement des dépens, fait sous la réserve d'appeler, n'emporte pas acquiescement. — *Bordeaux*, 16 mars 1827, Gardet c. Monribot.

291. — De même, lorsque le jugement est en dernier ressort, ce n'est point acquiescer que de payer les dépens en faisant toutes réserves. — *Cass.*, 23 niv. an VII, Hubert c. Lorrin; — Lemerle, *Traité des fins de non-recevoir*, p. 103; Merlin, *Quest.*, vo *Acquiescement*; Favard, même mot; Talandier, *De l'appel*, no 125.

292. — N'y eût-il pas de réserves, le paiement des frais auxquels une partie est condamnée par un jugement en dernier ressort, ne peut être considéré comme un acquiescement, et faire obstacle à l'exercice ultérieur du pourvoi en cassation. — *Cass.*, 28 août 1811 (et non 1810), Baland c. Petit.

293. — Bien plus, lorsque la partie a payé les frais et une portion des condamnations prononcées contre elle par un jugement mal à propos qualifié en dernier ressort, mais dont l'exécution n'a pas été suspendue par des défenses, elle est encore recevable à faire appel de ce jugement, si le paiement qu'elle a fait, quoique sans réserves, a été provoqué par des poursuites et un commandement. — *Cass.*, 19 avril 1830, Georges c. Royer.

294. — La partie qui paie à un arbitre sa part dans les frais d'arbitrage avant que le jugement arbitral ait été revêtu de la forme exécutoire et lui ait été signifié, ne fait que se conformer à un usage généralement établi, sans qu'il puisse en résulter contre elle la preuve d'un acquiescement qui la rendrait non-recevable à en appeler. — *Rennes*, 26 mai 1824, Libhan c. Moysan.

295. — Si, en payant ou offrant de payer les dépens, la partie déclarait ne le faire que comme contrainte et forcée, ou pour éviter des frais, ou si encore elle accompagnait le paiement de la déclaration formelle qu'elle entend ne pas acquiescer, l'acquiescement ne saurait alors exister.

296. — Ainsi, la partie qui, par suite d'un itératif commandement, paie les frais d'un jugement non exécutoire par provision, peut néanmoins interjeter appel de ce jugement, si, en payant, elle déclare ne payer que comme contrainte et qu'elle entend profiter de tout le délai que la loi lui donne pour appeler. — *Cass.*, 2 janv. 1816, Boyard-Moreau c. Bachelet.

297. — Ainsi encore, la partie condamnée qui paie les dépens, non point volontairement, mais par suite d'un exécutoire à elle signifié, n'est point censée acquiescer à l'arrêt, et son pourvoi est recevable, alors surtout que ce pourvoi était déjà formé lors de la signification de l'exécutoire. — *Cass.*, 3 mai 1842 (t. 1er 1842, p. 759), Préfet du Doubs c. Roch et Guibelin.

298. — Pareillement, la partie qui, après un premier jugement portant condamnation aux dépens, avec distraction en faveur de l'avoué adverse, et un jugement qui déboute de l'opposition à l'exécutoire de ces dépens, les acquitte comme contrainte, et tous droits expressément réservés, notamment d'appeler du second jugement, n'est pas censée avoir acquiescé au premier. — Lors même qu'il y eût eu acquiescement à un deuxième jugement, la partie au profit de qui le premier a été rendu, n'aurait point le droit de se prévaloir de cet acquiescement qui lui est étranger, et qui ne pourrait être invoqué que par l'avoué. — *Cass.*, 15 juill. 1818, Bobierre c. Demersan; — Poncet, *Des jugemens*, t. 1er, no 285.

299. — Bien qu'en général les réserves aient pour effet d'empêcher que le paiement des frais puisse être considéré comme acquiescement, cependant il a été jugé qu'on ne peut, après avoir payé, même avec protestations et réserves, les frais d'un jugement par défaut, former opposition contre ce jugement. — *Rennes*, 7 janv. 1812, Hanceleur c. Dutarte.

300. — ... Que la partie qui, avant la signification du jugement qui la condamne, paie les dépens *avec réserve*, acquiesce à ce jugement et ne peut plus en appeler. — *Bourges*, 7 janv. 1844, Duviquet c. Duplaix.

301. — ... Que la partie qui paie les dépens auxquels l'a condamnée un jugement non exécutoire par provision, acquiesce à ce jugement, quoique la réserve du droit d'appeler soit insérée dans la quittance, et qu'il y soit énoncé que le paiement n'a été fait que pour éviter une saisie. — C. procéd., art. 457; — *Agen*, 5 juin 1824 (et non 1834), Vidaillan c. Auzas et Serres.

302. — Mais ce sont là des arrêts d'espèces; d'autres décisions consacrent les vrais principes. — Ainsi jugé que la partie condamnée par un arrêt n'y acquiesce pas en payant les dépens adjugés contre elle, surtout si elle fait des réserves de se pourvoir en cassation. — *Cass.*, 18 mars 1807, Fourmestreaux c. Corroyer.

303. — ... Que la partie condamnée, qui a payé les frais entre les mains d'un huissier, sous la réserve de tous droits, et notamment de celui d'appeler du jugement, n'est pas réputée acquiescer à ce jugement. — *Nîmes*, 9 déc. 1809, Jullien c. Fabre; — Conf. *Cass.*, 19 avril 1830, Georges c. Royer.

304. — Jugé aussi qu'il n'y a point d'acquiescement de la part d'une partie qui, en payant les dépens adjugés par la sentence, déclare qu'elle les paie par *forme de consignation*. — *Toulouse*, 29 niv. an XI, Serciat c. Dufour.

305. — ... Que le paiement des dépens, fait par forme de consignation et pour éviter des poursuites, ne constitue pas un acquiescement au jugement qui a condamné à les payer. — *Agen*, 3 pluv. an XIII, Anglès.

306. — ... Qu'on n'est point réputé acquiescer à un jugement rendu en premier ressort en payant les dépens, si on ne fait ce paiement que par manière de consignation, et avec protestation qu'on n'entend pas acquiescer. — *Montpellier*, 6 fév. 1810, Boyer c. Cros.

307. — ... Que le jugement par défaut qui valide des offres réelles n'est pas réputé exécuté par le paiement des frais opéré à la caisse des consignations entre les mains de l'avoué du consignataire, hors la présence de la partie défaillante. — *Cass.*, 7 déc. 1836 (t. 1er 1837, p. 182), Melles c. Rey.

308. — ... Qu'une partie peut appeler d'un jugement, quoique l'huissier qui le lui a signifié ait, dans l'acte de signification, attesté qu'elle s'est libérée des dépens entre ses mains. — *Grenoble*, 22 juin 1808, Fugier c. Meunier.

309. — Jugé encore que l'opposition à la taxe des dépens, portée dans un exécutoire, ne forme pas un acquiescement qui rende la partie opposante non-recevable à interjeter appel du jugement qui a donné lieu à cet exécutoire. — *Liége*, 3 juill. 1812, Defooz c. Gathon; *Paris*, 10 juin 1812, Benoist c. Judas; — Carré, *Lois de la procéd.*, t. 2, p. 357, 3e édit.; Pigeau, t. 2, p. 411.

310. — Vainement objecterait-on que celui qui

se plaint de la taxe est censé approuver tacitement la condamnation principale ; cet argument n'est pas rigoureux, surtout lorsqu'on considère le court délai laissé à la partie pour former opposition à la taxe. On sait qu'elle n'a que trois jours pour éviter la déchéance. — 2e décret 16 fév. 1807, art. 6.

§ 3. — *Demande d'un délai ou d'un sursis.*

311. — La demande d'un délai ou d'un sursis peut avoir plusieurs objets ; en effet, tantôt elle est motivée par le besoin de la défense, tantôt par le désir de satisfaire le créancier. Il est clair qu'elle n'a pas dans les deux cas le même caractère, la même importance, et qu'elle ne conduit pas aux mêmes conséquences.

312. — La demande d'un délai pour *plaider* ne constitue évidemment pas un acquiescement, car, loin de faire présumer la volonté d'acquiescer, elle prouve une intention toute contraire.

313. — Ainsi, c'est avec raison qu'il a été jugé par la cour de Cassation qu'on ne peut considérer comme un acquiescement la requête tendant à obtenir une audience prochaine pour plaider sur l'appel.—Arr. 21 août 1811, Pouyet.

314.— C'est d'après le même principe qu'il a été jugé encore, 1° que la demande en renvoi de la cause, faite par l'avoué d'une partie, après un jugement qui statue sur des moyens de nullité en la forme, ne constitue pas un acquiescement qui rende la partie non-recevable à appeler de ce jugement. — Dans ce cas, en effet, le délai est évidemment demandé pour savoir si l'on interjettera appel.— *Cass.*, 17 déc. 1823, Dosfant c. Larigaudie.

315. — 2° Que la demande d'un délai pour plaider faite par l'avoué d'une partie n'est point un acquiescement au jugement ou arrêt rejetant un déclinatoire proposé par celle-ci. — *Bruxelles*, 23 mars 1808, Neestagh c. Cardon.

316. — 3° Que la demande de remise de la cause, après un jugement qui, rejetant des reproches proposés contre des témoins, a ordonné de plaider au fond, n'emporte pas acquiescement à ce jugement. — *Amiens*, 26 nov. 1825, Floquet c. ville de Saint-Quentin.

317. — Si la demande d'un délai pour plaider n'emporte pas acquiescement, en est-il de même de la demande d'un délai pour *payer?*—La question est beaucoup plus délicate, car une pareille demande semble plutôt annoncer la volonté d'exécuter la condamnation que l'intention de l'attaquer. Cependant la solution dépend beaucoup des faits.

318. — Ainsi, lorsque cette demande d'un délai est faite pour suspendre des poursuites dirigées en vertu d'un jugement exécutoire par provision, il n'y a pas d'acquiescement, car l'exécution elle-même ne serait pas considérée, dans ce cas, comme emportant adhésion au jugement et fin de non-recevoir contre l'appel. — V. *suprà* nos 214 et suiv.

319. — Jugé également que si cette demande était faite, non par la partie, mais par son mandataire n'ayant aucun pouvoir pour acquiescer, elle ne pourrait pas être opposée à l'appelant. — *Toulouse*, 29 niv. an XI, Serciat c. Dufour.

320. — Au contraire, si c'était la partie elle-même qui eût demandé terme et délai, et si son adversaire eût accédé à cette proposition, il y aurait acquiescement.

321. — Jugé, en effet, que le débiteur qui, sur un commandement de payer fait en vertu d'un jugement, promet de payer si on lui accorde un délai, acquiesce par là au jugement, et est dès-lors non-recevable à interjeter appel, encore que le délai demandé n'ait pas été accordé. — *Pau*, 4 mars 1831, Cours c. Olivé. — V. cependant *infrà* n° 323.

322. — Qu'un débiteur qui, en première instance, a offert à son créancier de le payer dans trois mois, ne peut appeler du jugement qui lui accorde une partie de ce délai et demander à être mis hors d'instance. — *Grenoble*, 21 germ. an IX, Couriot c. Eynard. — On peut dire contre cette décision que le débiteur qui n'a obtenu des premiers juges qu'une portion du délai qu'il leur a demandé ne saurait être réputé avoir acquiescé à leur sentence qui ne lui adjuge pas en entier ses conclusions. Il n'en est pas de ce débiteur comme de celui auquel le tribunal aurait concédé tout le délai qu'il lui a réclamé, et qui évidemment serait non-recevable dans son appel.

323. — Que faudrait-il décider dans le cas où le délai aurait été demandé et *refusé?*—Nous croyons qu'ici l'acquiescement devrait être considéré comme *conditionnel*, par conséquent il ne pourrait être opposé à l'appelant.

324. — Jugé néanmoins que la demande d'un délai pour satisfaire à une condamnation, constitue bien un acquiescement à la condamnation, mais non au mode d'exécution de cette condamnation, surtout si le délai n'est pas accordé.— *Bruxelles*, 15 mai 1811, Dumortier c. Hockaert.

325.— Jugé, au contraire, que lorsqu'une partie, condamnée en appel à payer un droit proportionnel d'enregistrement, a demandé à la régie un sursis à l'exécution de l'arrêt, pour produire une décision ministérielle qui autorise la perception d'un droit moins élevé, il n'en résulte pas qu'il y ait, pour cette partie, acquiescement à l'arrêt, et qu'elle soit non-recevable à se pourvoir en cassation. — *Cass.*, 24 janv. 1827, Desaunay c. Enregistrement.

326. — Jugé aussi que la demande d'un délai pour le paiement d'une obligation ne peut être considérée comme une exécution de cette obligation qui rende le débiteur non-recevable à l'attaquer pour cause de dol et de fraude. — *Rennes*, 8 avr. 1835, Duportal-Laporthe c. Cartron.

327.— De même, le fait, par celui qui a été condamné par jugement en dernier ressort, sur une demande en nullité d'expropriation dirigée contre lui, de réclamer et d'obtenir un sursis à l'adjudication définitive, sur le motif qu'il s'est mis en demeure de payer dans l'intervalle, ne constitue pas de sa part un acquiescement à la décision qui rejetait sa demande en nullité des poursuites, lorsque déjà il s'était pourvu en cassation contre cette décision. En un tel cas, la demande en sursis peut être considérée comme un acte d'exécution forcée. — *Cass.*, 18 nov. 1828, Planard c. Sarret.

328. — Nous avons dit que la question de savoir s'il y avait ou non acquiescement tacite, dépendait beaucoup des faits, et était abandonnée à l'appréciation des magistrats; on comprend, en effet, qu'il ne peut en être autrement, puisque les juges ne se décident, en pareil cas, que d'après des présomptions. Aussi ne peut-on pas poser sur cette matière de règle générale et absolue. Les mêmes faits n'ont pas toujours la même signification, et les arrêts qui interviennent ne peuvent guère être considérés que comme des arrêts d'espèces. — Voici plusieurs décisions qui, dans des hypothèses diverses, ont admis ou repoussé l'exception tirée de l'acquiescement.

329. — Il a été jugé que celui qui, sommé de payer le montant des condamnations prononcées contre lui, a demandé délai pour se concerter avec ses coïntéressés, sur les moyens d'effectuer ce paiement, qui a en outre laissé procéder à la saisie sans opposition ni réserve, est censé avoir acquiescé au jugement, et par conséquent ne peut plus en interjeter appel. — *Rennes*, 18 mars 1826, Leroux c. de Kerouartz.

330. — ... Qu'en demandant un renvoi pour répondre aux moyens du fond, l'avoué donne un acquiescement au rejet du déclinatoire proposé par sa partie. — *Orléans*, 10 juill. 1813, Leroy et Savigny c. Girard; *Rennes*, 21 mai 1814, N... c. N. .

331. — ... Que la partie saisie qui, après avoir appelé du jugement rejetant des nullités proposées contre la procédure postérieure à l'adjudication préparatoire, et ordonnant qu'il sera passé outre à l'adjudication définitive, *nonobstant appel*, se présente à l'audience pour demander qu'il soit sursis à cette adjudication, sans faire aucune réserve, a par là même renoncé à son appel.—*Cass.*, 16 nov. 1818, Damien c. Marc.

332. — ... Qu'une partie qui a payé les dépens après avoir demandé des délais pour payer ces dépens et des réductions sur diverses parties, n'est pas recevable à se pourvoir en cassation d'un arrêt.—*Cass.*, 8 fév. 1831, Perrin c. Tassy.— V. *suprà* n° 288.

333.— ... Que les appelans qui ne se sont pas opposés aux délais demandés par les intimés pour l'exécution du jugement dont est appel, ne sont pas censés, par cela seul, avoir acquiescé à ce jugement. — *Rennes*, 23 août 1823, Capon c. Bigarré.

334. — ... Que l'intimé qui présente à une cour d'appel une requête en abréviation de délai dans laquelle il déclare vouloir soutenir la justice du jugement attaqué, et ne fait aucune réserve d'appeler incidemment des chefs qui lui font grief, doit être réputé avoir acquiescé à ce jugement. — *Agen*, 20 mars 1806, Dubruel c. Deshons.

§ 4. — *Offres et promesses de payer.*

335.—Les offres peuvent, dans certains cas, avoir pour effet de rendre l'appel ou le pourvoi en cassation non-recevable ; mais souvent aussi elles n'impliquent, de la part de celui qui les fait, aucune intention d'acquiescer au jugement. Précisons ces nuances.

336.—Nul doute que, lorsqu'une partie, spontanément et sans y être contrainte, soit par la nature du jugement, soit par des poursuites pressantes, a fait à son adversaire des offres réelles du montant des condamnations prononcées contre elle, nul doute, disons-nous, qu'elle ne soit, dès-lors, non-recevable à interjeter appel. C'est là un véritable acquiescement.

337. — Mais, si les offres réelles n'ont été faites que pour échapper à des poursuites exercées en vertu d'un jugement rendu en dernier ressort, elles ne rendent pas celui qui les a faites non-recevable à se pourvoir en cassation contre ce jugement.—*Cass.*, 20 prair. an IX, C... c. Enregistrement;—Merlin, *Quest.*, v° *Acquiescement.*

338. — Il est de principe, en effet, que non seulement la promesse de payer mais même le paiement ne forment pas un acquiescement au jugement, lorsque ce paiement est fait comme contraint et forcé.—*Paris*, 22 fév. 1810, Michel c. Sevennes.

339. — Lorsque le débiteur offre de payer le principal, si on lui fait remise des frais ou si on lui accorde un délai, cette promesse équivaut à un acquiescement, mais à un acquiescement conditionnel, et n'oblige celui qui l'a faite qu'autant qu'elle a été acceptée en son entier.

340. — L'individu qui, pour arrêter les poursuites exercées contre lui en vertu d'un jugement qui l'a débouté de sa demande et condamné aux dépens, fait des offres à son adversaire, et ensuite, sur le refus de ce dernier de les accepter, l'assigne en nullité de poursuites en se fondant sur l'existence même de ses offres, acquiesce suffisamment par là au jugement qui a rejeté sa demande primitive, et devient non-recevable à en interjeter postérieurement appel. — *Bourges*, 17 janv. 1843 (t. 2 1843, p. 727), Briffaut c. Laurent.

341. — L'offre de payer les dépens auxquels un jugement en premier ressort a donné lieu, ne constitue pas un acquiescement à ce jugement, si elle est faite par forme de consignation et pour éviter des poursuites. — *Cass.*, 6 prair. an II, Rousse c. Robert.

342. — On n'attache pas un caractère bien sérieux à des offres d'exécution faites dans des lettres écrites, avant la signification du jugement, par la partie condamnée. Ces offres ne forment pas un acquiescement qui empêche d'interjeter appel de ce jugement après sa signification. — *Toulouse*, 24 avr. 1824, Roquefeuille c. Massier et Dupuy.

343.—Même observation relativement à l'offre faite par une partie de payer des droits d'enregistrement auxquels elle a été condamnée par un jugement qu'on l'a sommée d'exécuter. Cette offre ne constitue point un acquiescement à ce jugement.—*Cass.*, 22 flor. an IX, Gilkinet c. Beaujean.

344.—Jugé même que l'offre faite par un opposant à un jugement par défaut, de payer les frais du défaut, n'emporte pas acquiescement à ce jugement.—*Colmar*, 25 nov. 1809, Brunner c. Verges.

345.—La déclaration de ne pouvoir payer n'emporte pas non plus acquiescement. Elle ne suppose pas nécessairement la reconnaissance de la créance. Elle est plutôt le signe d'une résignation forcée, un aveu d'impuissance.

§ 5. — *Signification à partie ou domicile.— Commandement.*

346. — Indépendamment de l'exécution proprement dite, il est certains faits qui peuvent aussi être considérés comme emportant acquiescement.

347. — Parmi ces faits faut-il ranger la simple signification du jugement faite à partie ou domicile ? — Oui, quand cette signification a été faite sans réserves, car elle indique, de la part de celui qui la fait, la volonté d'arriver à l'exécution du jugement. — Argum. C. procéd., art. 443; — Berriat, p. 405, note 10e.

348. — La jurisprudence confirme ces notions, laissons-la parler.

349. — La signification sans réserves d'un jugement, tant à avoué qu'à domicile, constitue un acquiescement qui rend non-recevable l'appel de ce jugement. — *Paris*, 11 mars 1809, Rivier c. Carron.

350. — La partie qui a fait signifier un jugement au domicile de son adversaire sans faire de protestation ou de réserve, se rend non-recevable à en interjeter ensuite appel principal. — *Poitiers*, 7 mars 1843 (t. 2 1843, p. 239), Bretizeau.

351. — La signification *sans réserve* d'un jugement qui, tout en contredisant le mode d'exécution ordonné par un précédent jugement, en maintient néanmoins la décision principale, constitue de la part de celui qui l'a faite un acquiescement qui le rend non-recevable à se pourvoir en cassation contre l'un et l'autre de ces jugemens. — *Cass.*, 19 vendém. an XII, Beauregard c. Devieux ; *Bordeaux*, 26 mai 1832, Moncorgé c. Ferron, Mathon, Corbet et Cie.

352. —La signification d'un jugement sans mention de réserve ni protestation d'en appeler constitue un acquiescement à la chose jugée. — *Bruxelles*, 11 août 1808, Godfurneau et Barel c. Cornet-de-Grez.

353. — La partie qui a signifié un jugement sans commandement, mais aussi sans réserves, ne peut plus appeler qu'incidemment de ce jugement. — *Cass.*, 12 août 1817, Cineste c. Delayrolles. — V. aussi *Toulouse*, 25 janv. 1821, dame R... c. R...; *Cass.*, 15 nov. 1813, Chaline; — Pigeau, t. 1er, p. 537.

354. — On ne peut appeler d'un jugement après l'avoir signifié à partie, sans réserve, lors même que la signification antérieure à avoué du même jugement, contiendrait réserve d'appeler. — *Gênes*, 26 juin 1812, Aicardi Jean c. Gayano; — Bioche, v° *Acquiescement*, n° 61. — V. APPEL, SIGNIFICATION.

355. — La signification d'un jugement, faite sans réserves, emporte acquiescement, lors même que la partie allègue, mais sans en justifier, que cet acquiescement n'a été donné que dans l'ignorance où elle était de l'existence de certains actes qu'elle n'a connus que depuis la signification. — *Toulouse*, 8 janv. 1836, Portié c. Bardes.

356. — Jugé cependant, mais c'est là un arrêt d'espèce, que la signification sans réserves de la part de l'administration des douanes, d'un jugement contenant des dispositions dont une lui est contraire, ne la rend pas non-recevable à appeler de ce jugement. — *Cass.*, 6 juin 1806, Hello. — V. aussi *Bruxelles*, 25 sept. 1821, Opsaner c. R....

357. — Il est bon de remarquer que l'acquiescement qui provient de la signification du jugement est *conditionnel*. — Ainsi, il ne produit effet qu'autant que l'adversaire consent à exécuter le jugement et n'en interjette pas appel; autrement, l'intimé peut interjeter incidemment appel en tout état de cause, quand même il aurait signifié le jugement sans protestation. — C. procéd., art. 443. — Bioche, v° *Acquiescement*, n° 63.

358. — La cour de Cassation a jugé dans le même sens. — Suivant elle, la signification d'un arrêt sans protestation ni réserve n'emporte acquiescement de la part de celui qui l'a faite, qu'autant que l'adversaire aurait consenti lui-même à ce que cet arrêt fût exécuté. Dès-lors, le pourvoi de celui qui a fait cette signification est recevable. — *Cass.*, 13 mai 1835, Pellegrino c. Bels.

359. — Puisque la simple signification à partie, sans réserves, emporte acquiescement, à plus forte raison en doit-il être ainsi lorsque cette signification est accompagnée de commandement, de sommation de payer ou d'exécuter. C'est un point sur lequel la jurisprudence ne présente aucune incertitude.

360. — On ne peut appeler d'un jugement après l'avoir signifié soi-même, *avec commandement de s'y conformer*. — *Toulouse*, 9 mai 1811, Périssé.

361. — La signification d'un jugement avec sommation de s'y conformer élève une fin de non-recevoir invincible contre l'appel principal que voudrait interjeter la partie qui a fait faire cette signification. — *Nîmes*, 21 août 1822, Dufour c. Gravier. — V. conf. *Cass.*, 27 juin 1820, Crespin c. Etienne.

362. — La partie qui a signifié un jugement, sans protestations ni réserves, et avec injonction de s'y conformer, n'est plus recevable à en interjeter appel. — *Rennes*, 19 (et non 29) févr. 1830, Lepoula c. Morvan.

363. — Une partie ne peut appeler d'un jugement qui l'a condamnée au paiement d'une somme, conformément aux offres qu'elle a faites, quoique ces offres n'aient pas été acceptées en première instance, surtout si cette partie a fait signifier le jugement avec commandement de s'y conformer. — *Nîmes*, 11 flor. an XIII, H.... c. H....

364. — La régie de l'enregistrement n'est pas recevable à se pourvoir contre un jugement qui a été signifié, nommément à sa requête ou à celle de ses administrateurs, sans réserves et avec sommation de l'exécuter. — *Cass.*, 23 déc. 1807, Enregistrement c. Arbey.

365. — La signification d'un jugement avec sommation de l'exécuter dans tout son contenu emporte acquiescement, surtout si elle a eu lieu pendant l'instance suivie sur l'appel antérieurement interjeté par la partie même qui a requis cette signification, et si le jugement est indivisible dans son exécution. — *Pau*, 10 fév. 1838 (t. 1er 1840, p. 66), Barthélemy Chaa c. Dominique Chaa.

366. — On ne peut interjeter appel d'un jugement après l'avoir signifié, même avec réserve d'en appeler, si on a fait suivre cette signification d'un commandement qui ne contient pas cette réserve. — *Grenoble*, 26 mars 1817, Rabatel c. Grépat. —

367. — Bien plus, il a été jugé qu'il y a acquiescement de la part de celui qui a poursuivi l'exécution d'un jugement par commandement et saisie mobilière, encore bien que, dans ses actes de poursuite, il se soit expressément réservé le droit d'appeler. — *Paris*, 11 mars 1813, Villain c. Beugnon.

368. — Quoique la signification soit présumée un acquiescement, cette présomption doit céder devant la preuve contraire. Si donc la signification n'était faite qu'avec réserves ou protestations, elle ne pourrait plus être considérée comme contenant un acquiescement. On devrait supposer alors que la partie n'a signifié que pour mettre l'adversaire en demeure d'attaquer le jugement, mais non pour s'enlever le droit de l'attaquer de son côté, si l'autre partie n'exécute pas.

369. — Jugé, en conséquence, que la signification d'un jugement, et le commandement même d'exécuter les condamnations prononcées ne constituent pas un acquiescement, si ces actes sont faits sous toutes protestations et réserves. — *Rennes*, 20 mai 1820, Dubois c. Brehinie.

370. — .. Que l'appel est recevable, même de la part de celui qui a signifié le jugement avec sommation de s'y conformer, s'il y a eu réserve d'appeler. — *Cass.*, 9 août 1826, Liegey.

371. — ... Qu'on peut appeler d'un jugement, encore bien qu'on l'ait signifié avec injonction d'y obéir, si on a fait réserve de l'appel. — *Rennes*, 30 janv. 1834, Dauphin c. Piron et Champion.

372. — Toutefois la cour de Nîmes a jugé que la signification d'un jugement faite à la requête d'une partie, avec sommation de l'exécuter, emporte de la part de cette partie un acquiescement formel, dont ne peut détruire l'effet par la réserve d'appeler contenue dans l'exploit de signification. — *Nîmes*, 7 mai 1813, Bouteille c. Commune.

373. — Parmi les actes de poursuite, il en est cependant desquels on ne peut induire un acquiescement. Ainsi, lorsque l'avoué qui a obtenu la distraction des dépens prend un exécutoire et le fait signifier à la partie condamnée, celle-ci ne peut opposer cet acte d'exécution à sa partie adverse. — En effet, l'avoué dans cette circonstance agit, non comme mandataire, mais en son propre et privé nom.

374. — Peu importe donc que la signification de l'exécutoire de dépens ait été suivie d'un commandement et d'une quittance de l'avoué poursuivant sans réserves, la partie n'en pourra pas moins interjeter appel des dispositions principales du jugement, car ces faits n'emportent pas acquiescement. — *Rouen*, 10 mars 1824, Paer c. d'Arlincourt.

375. — La signification des qualités d'un jugement, étant un préalable nécessaire à la levée de ce jugement, n'emporte pas acquiescement. — Bioche, n° 58.

376. — Ainsi cette signification, bien que faite sans réserves, ne rend point la partie qui l'a faite non-recevable à se pourvoir en cassation. — *Cass.*, 20 juill. 1831, Douanes c. Horrington et Roberval.

§ 6. — *Signification à avoué.*

377. — En est-il de la signification à avoué comme de la signification à partie? Emporte-t-elle acquiescement lorsqu'elle a été faite sans réserves? — Non, dans les cas ordinaires. En effet, cette signification ne suffit pas pour rendre le jugement exécutoire (C. procéd., art. 147), et son auteur peut toujours revenir contre elle tant qu'un acte formel n'est pas venu témoigner de sa volonté (Berriat, p. 404, note 4e, n° 2). C'est, du reste, ce qui résulte de plusieurs arrêts.

378. — Ainsi, il a été jugé que la signification d'un jugement à *avoué*, faite sans protestation ni réserve, n'emporte pas acquiescement formel à ce jugement, et n'en rend pas l'appel non-recevable. — *Limoges*, 23 juin 1819, Beaugency c. Demaulmont. — V. conf. *Turin*, 20 mai 1809, Marsaglia c. Torre; *Poitiers*, 13 juin 1822, Chauloux c. Ensery; *Lyon* 19 déc. 1832, Vignat, et *Toulouse*, 28 août 1837 (t. 1er 1838, p. 228), Pomian.

379. — Jugé de même que la simple signification à avoué par celui qui a obtenu le jugement n'entraîne pas de sa part acquiescement à ce jugement, et que, dès-lors, il est toujours recevable à en interjeter appel. — *Nancy*, 16 fév. 1831, Cabouat c. comm. de Loymont.

380. — Jugé encore que la signification d'un jugement à avoué n'entraîne pas acquiescement de la partie au nom de laquelle cette signification est faite, l'avoué n'ayant aucun mandat légal pour acquiescer à un jugement après sa prononciation. — *Bourges*, 21 janv. 1839 (t. 2 1839, p. 26), Degain c. Normand.

381. — ... Et enfin que de la simple signification à avoué du jugement ou de l'arrêt, faite sans protestation ni réserves, il ne peut résulter une fin de non-recevoir contre le pourvoi en cassation. — *Cass.*, 20 nov. 1826, Saux c. Larroque.

382. — Quelque bien établie que soit la règle ci-dessus, elle comporte quelques exceptions. — Par exemple, les auteurs sont d'avis que, lorsque la signification d'avoué à avoué tient lieu de la signification à partie, elle doit produire le même effet. — Dans ce cas, il faudra donc que cette signification soit accompagnée de réserves, sinon elle pourra être considérée comme un acquiescement. — Berriat, p. 404, note 4e, n° 3, et Bioche et Goujet, v° *Acquiescement*, n° 59.

383. — Ainsi jugé par la cour de *Liége*, 16 janv. 1811, Brammertz c. Greven.

384. — Jugé, d'après le même principe, que, bien qu'en règle générale la signification d'un jugement sans protestations ni réserves n'emporte acquiescement au jugement qu'autant qu'elle est faite à la requête de la partie, et non d'avoué à avoué, il en est autrement en matière de distribution par contribution, où la signification d'avoué à avoué fait courir le délai de l'appel, comme en matière ordinaire la signification à personne ou domicile. C. procéd., art. 443 et 669. — *Cass.*, 24 avr. 1833, Ministre de la marine c. Lavoisier.

385. — Une autre exception a encore été admise par un arrêt; il a décidé que, si le jugement, au lieu d'avoir été signifié par l'avoué de la partie, l'avait été par celle-ci elle-même, sans protestation ni réserves, à l'avoué de son adversaire, elle ne pourrait plus alors en appeler. — *Riom*, 12 août 1814, Besse c. Esbrayat.

§ 7. — *Des actes conservatoires.*

386. — Lorsque l'acte qu'on veut faire considérer comme un fait d'exécution n'a été fait que dans un but conservatoire, il n'emporte pas acquiescement.

387. — Par exemple, le paiement entre les mains du greffier du droit d'enregistrement sur minute d'un jugement dont est appel n'est pas nécessairement un acquiescement à ce jugement. — *Poitiers*, 30 mars 1838 (t. 2 1838, p. 540), Clisson c. Genet.

388. — De même, on ne peut voir un acquiescement dans la consignation que fait la partie condamnée, entre les mains du greffier, d'une somme pour l'enregistrement du jugement dont elle demande une expédition; autrement ce serait lui refuser le moyen de connaître d'une manière positive le jugement, jusqu'à ce qu'il plût à son adversaire de le lui signifier. C'est ce qu'il est impossible d'admettre. — Bioche, v° *Acquiescement*, n° 82.

389. — Jugé, en ce sens, que le paiement fait par le condamné, entre les mains du greffier, d'une certaine somme à valoir sur l'enregistrement et le coût du jugement dont il se fait délivrer une expédition, n'emporte pas acquiescement à ce jugement, et par conséquent renonciation au droit d'en appeler. — *Cass.*, 12 nov. 1827, Dentu c. Lherbon.

390. — Ce n'est pas non plus acquiescer à une sentence arbitrale que d'en requérir le dépôt au greffe. — *Cass.*, 27 août 1835, Mie c. Bailly et Davesne.

391. — Conformément à ce principe, il a été jugé qu'en matière de douanes la circonstance que l'administration a provoqué, après le jugement et sans réserves, la vente des marchandises saisies, alors que cette vente est motivée sur la possibilité de leur dépérissement, et que, d'ailleurs, ledit jugement en prononçait la confiscation en sa faveur, n'emporte point acquiescement au surplus des dispositions du jugement et renonciation volontaire aux griefs sur lesquels l'administration pouvait fonder un recours en cassation. — *Cass.*, 20 juill. 1831, Douanes c. Horrington et Roberval.

ART. 2. — *Jugemens divers auxquels on peut acquiescer.*

§ 1er. — *Acquiescement aux jugemens exécutoires par provision.*

392. — Nous avons dit que l'acquiescement tacite devait être volontaire comme l'acquiescement exprès; de là il suit que si des faits d'exécution ont eu lieu de la part d'une partie, mais sans son consentement, parce qu'elle y a été contrainte, ces faits n'impliquent point un acquiescement.

393. — Et, par exemple, il est tel jugement à l'exécution duquel on ne peut se soustraire, et qui est exécutoire par provision. Se soumettre à ce jugement, ce n'est évidemment pas faire un acte volontaire, ce n'est pas acquiescer.

394. — C'est donc avec raison qu'il a été jugé qu'on peut appeler d'un jugement exécutoire par provision, même après avoir payé les sommes qu'il condamne à payer. — *Bruxelles*, 21 fév. 1814,

Demeyer c. Spigeleers; *Cass.*, 4 mai 1818, Baloffet. — L'exécution d'un pareil jugement est réputée forcée.

395. — ... Que la partie qui, sur le commandement à elle fait en vertu d'un jugement de première instance, a payé comme contrainte et forcée, et d'après la présomption de l'exécution provisoire qui aurait été prononcée par le jugement attaqué, et sous la réserve d'interjeter appel, n'est point censée avoir donné un acquiescement qui rende son appel irrecevable. — *Cass.*, 8 août 1838 (t. 2 1838, p. 370), Maignand.

396. — ... Qu'on n'est pas censé acquiescer à un jugement exécutoire par provision, en l'exécutant avant la notification. — Qu'ainsi, les syndics d'une faillite peuvent interjeter appel, après l'avoir exécuté, même avant sa notification, du jugement qui admet un créancier au passif de la faillite. — *Agen*, 12 déc. 1812, Illy c. Miraben.

397. — ... Que les syndics d'une faillite qui admettent au passif un créancier en exécution d'un jugement exécutoire par provision, et même non encore à eux signifié, ne sont pas censés acquiescer à ce jugement. — *Agen*, 12 déc. 1818, mêmes parties.

398. — ... Que le paiement des dépens fait sous la réserve d'appeler n'emporte pas acquiescement, lorsque le jugement est exécutoire par provision. — *Bordeaux*, 16 mars 1827, Gardet c. Monribot.

399. — Il est bon de remarquer ici que lorsqu'il s'agit de jugemens exécutoires par provision, des réserves ne sont pas nécessaires. Si on se soumet à de semblables décisions, si on les exécute, c'est qu'on y est contraint et forcé; et, par conséquent, la présomption résultant de l'exécution ne peut être opposée.

400. — Cependant il a été jugé que la partie condamnée, qui satisfait au jugement avant toute poursuite, donne par là un acquiescement au jugement qui la rend non-recevable à en interjeter ensuite appel, même dans le cas où le jugement est exécutoire par provision. — *Bordeaux*, 8 mai 1829, Bourbon c. Julliard.

401. — La même cour a jugé encore qu'on n'est pas recevable à appeler d'un jugement, même exécutoire par provision, qu'on a exécuté sur un simple commandement de s'y conformer. — *Bordeaux*, 10 août 1830, Billard c. Sousnet.

402. — Ces décisions sont motivées sur ce que l'exécution a eu lieu, sans contrainte, avant toute poursuite, et par conséquent *volontairement*.—Cette conclusion ne nous paraît pas résulter nécessairement de l'exécution. En effet, une partie peut fort bien exécuter avant toute poursuite, afin d'éviter des frais, sans pour cela adhérer au jugement. Seulement, elle fait bien dans ce cas, pour ne laisser aucun doute sur ses intentions, de faire des réserves, et d'expliquer que si elle exécute, c'est malgré elle et pour n'être pas constituée en frais.

403. — Il nous semble que les tribunaux oublient trop souvent que l'exécution n'emporte acquiescement qu'autant qu'elle est volontaire, et qu'on ne peut pas facilement présumer la volonté d'adhérer, quand la partie annonce l'intention de se pourvoir.

404. — Quoi qu'il en soit, plusieurs autres décisions viennent à l'appui de la jurisprudence de la cour de Bordeaux. — En effet, il a été jugé :

405. — ... Que lorsqu'une partie a payé sans réserve, par compensation dans un compte courant, le montant des condamnations prononcées contre elle, il y a acquiescement, et qu'elle est non-recevable à interjeter appel du jugement, lors même qu'il serait exécutoire par provision. — *Rennes*, 27 mai 1835, Chéguillaume c. Allotte et Say.

406. — ... Que le paiement des dépens, lors même que le jugement est exécutoire par provision, emporte acquiescement, nonobstant toute réserve d'appeler. — *Limoges*, 8 fév. 1827 (et non 8 fév. 1828), Dubreuil de Souvolle c. Lasserre.

407. — ... Que le paiement des dépens prononcés par un jugement, même exécutoire par provision, rend non-recevable à appeler de ce jugement.—*Bourges*, 22 déc. 1816, Durand c. Delacoste.

408. — ... Que la partie qui, sur la signification d'un jugement en délaissement d'immeubles rendu à la suite d'expropriation forcée, a déclaré avoir le temps trop court pour enlever des objets mobiliers lui appartenant, s'est engagée à en faire enlèvement et à remettre les clés dans un délai qui lui est accordé, acquiesce, par cette déclaration, au jugement en délaissement, et est non-recevable à en interjeter appel. — Lors même que ce jugement était exécutoire par provision. — *Pau*, 17 janv. 1838 (t. 2 1839, p. 608), Comeau c. Costedoat.

409. — ... Que l'exécution, sur simple commandement, d'un jugement par provision, moyennant caution, ne peut être considérée comme forcée, et qu'en conséquence, lorsque cette exécution a été faite sans protestation ni réserve, et sans qu'aucune caution ait été offerte ni exigée, elle constitue un véritable acquiescement qui rend l'appel non-recevable. — *Colmar*, 12 mai 1840 (t. 1er 1841, p. 558), Roth c. Luhmann.

§ 2. *Acquiescement aux jugemens en dernier ressort.*

410. — Faut-il appliquer aux jugemens en dernier ressort les mêmes principes qu'aux jugemens exécutoires par provision? — On ne peut guère en douter, car les jugemens en dernier ressort ne peuvent être attaqués que par les voies extraordinaires qui ne suspendent pas l'exécution. Il y a donc ici même raison de décider que lorsque le jugement emporte l'exécution provisoire.

411. — Ainsi l'exécution d'un jugement en dernier ressort n'empêche pas d'en demander la cassation, si la partie condamnée a déclaré et signifié qu'elle n'entendait point y acquiescer par cette exécution. — *Cass.*, 4 frim. an III, Pujols.

412. — De même, la partie qui exécute un jugement en dernier ressort avec réserves et protestations ne perd pas le droit d'en demander la cassation. — *Cass.*, 18 vendém. an III, Fermiers des voitures de la cour c. les Cochers.

413. — C'est ce qui résulte encore de quelques autres arrêts de la cour de Cassation.

414. — Ainsi, elle a jugé que l'exécution d'un jugement en dernier ressort, alors même qu'elle a lieu avant la signification de ce jugement, n'emporte pas acquiescement de la part de celui qui exécute, et ne l'empêche pas de se pourvoir en cassation, alors surtout qu'il a déclaré n'exécuter que comme contraint et sous réserve de se pourvoir. Peu importe, dans ce cas, que le créancier ait déclaré ne prendre aucun intérêt à la réserve. — *Cass.*, 29 nov. 1837 (t. 1er 1838, p. 667), Monteil-Duclaux c. Roch.

415. — ... Que celui qui pour arrêter les frais exécute un arrêt ne peut être considéré comme y ayant acquiescé. — *Cass.*, 3 avril 1838 (t. 2 1838, p. 86), Guyonie c. Beille.

416. — ... Que l'acquiescement résultant de l'exécution d'un jugement ne peut être opposé, lorsque cette exécution a été forcée. — *Cass.*, 22 oct. 1806, Maynon d'Invau c. Commune de Gisy.

417. — ... Que les paiemens faits par un débiteur, en vertu d'une exécution forcée, ne peuvent être considérés comme un acquiescement. — *Trèves*, 3 juin 1807, Gloentzer c. Brener. — V. conf. *Paris*, 22 fév. 1810; Michel c. Sevennes; *Cass.*, 4 fév. 1835, Devesvres c. de Vallivon.

418. — ... Qu'il n'y a pas acquiescement à un jugement lorsque la partie condamnée ne fait que subir ou tolérer l'exécution de ce jugement.— *Cass.* (et non *Poitiers*), 24 août 1830, Papillaud c. Gaillard.

419. — ... Que l'exécution d'un arrêt, lorsqu'elle a lieu en présence de poursuites judiciaires et d'une saisie mobilière, ne peut être considérée que comme *forcée*. En conséquence elle ne saurait, alors même qu'elle ne serait accompagnée d'aucune réserve, créer une fin de non-recevoir contre le pourvoi en cassation. — *Cass.*, 17 janv. 1838, (t. 1er 1838, p. 367), Brun c. Gaussens.

420. — ... Que celui qui n'a payé qu'après commandement, et lorsqu'il allait être procédé contre lui par voie de saisie-exécution, n'est pas censé par ce fait avoir acquiescé au jugement de première instance qui le condamnait, et qu'en conséquence il est recevable dans son appel. — Il y a plus, si le débiteur paie ensuite, sans y être contraint par de nouvelles poursuites, mais postérieurement à son appel, d'autres sommes dues au même titre et en vertu du même jugement que les premières sommes versées, ce nouveau paiement ne vaut pas davantage comme acquiescement. — *Bordeaux*, 20 déc. 1832, Masmontet c. Eymeric.

421. — ... Que lorsqu'un jugement est susceptible d'une exécution immédiate, la partie condamnée n'est pas censée y acquiescer en payant le montant de la condamnation, par suite d'un commandement, surtout si elle déclare n'y satisfaire que *comme contrainte et forcée*; peu importe qu'elle ne se soit réservé expressément et spécialement que le pourvoi en cassation. — *Cass.*, 22 oct. 1811, Savournin c. Fauthier. — V. aussi *Cass.*, 19 avr. 1830, Georges c. Royer.

422. — ... Que le pourvoi en cassation ne pouvant, en matière civile, suspendre l'exécution du jugement qui en est l'objet, le paiement fait en exécution de ce jugement ne peut être envisagé comme un acquiescement volontaire propre à faire obstacle au pourvoi. — *Cass.*, 25 frim. an XIV, de Brion c. commune de Vinneuf.

423. — ... Que lorsqu'en acquittant les condamnations prononcées contre la régie, son receveur s'est fait remettre les pièces du procès, cette remise ne rend pas la régie non-recevable à se pourvoir en cassation contre le jugement.—*Cass.*, 31 mars 1819, Enreg. c. Jousselin. — V. conf. *Cass.*, 21 germ. an XII, Haesbeyt; 21 avr. 1806, Dauphin; — Rolland et Trouillet, *Dict. de l'enregistr.*, vo *Acquiescement*, § 2, no 1er; Colliniéres, *Encycl. du dr.*, vo *Acquiescement*, no 19.

424. — La même cour a rendu un arrêt encore plus remarquable : elle a jugé que l'acquiescement lui-même ne mettait pas obstacle au pourvoi, lorsqu'il s'agissait d'un jugement en dernier ressort contre lequel il n'existait pas de voie légale à l'époque où l'acquiescement avait été donné. — *Cass.*, 24 mars 1807, Valence c. commune de Saint-Jory; — Merlin, *Quest. de droit*, vo *Acquiescement*, § 6.

425. — Voici cependant un arrêt qui contredit cette jurisprudence. — Jugé que la partie qui, sur un commandement, effectue le paiement des condamnations prononcées contre elle dans un jugement même en dernier ressort, et qui reçoit toutes les pièces de la procédure des mains de son adversaire, est réputée avoir acquiescé au jugement, lors même qu'elle aurait déclaré ne payer que pour éviter l'exécution dont elle était menacée, et qu'elle eût fait réserve expresse de tous ses droits contre le jugement.—*Riom*, 10 juin 1817, de Bosredon c. Petit.

§ 3. *Acquiescement aux jugemens préjudiciels ou qui rejettent une exception.*

426. — Il n'en est pas de ces jugemens comme de ceux qui sont exécutoires par provision ou non susceptibles d'appel; bien qu'ils soient définitifs, leur exécution n'est pas forcée, on peut les attaquer, on peut les déférer au tribunal supérieur, même quand il ne doit pas connaître de la décision du fond; de là il suit que l'exécution de ces jugemens, quand elle a lieu sans nécessité, est réputée volontaire et emporte acquiescement.

427. — C'est en effet ce qui résulte de la jurisprudence et notamment des décisions suivantes.

428. — La partie qui, après avoir proposé un déclinatoire, a défendu au fond, en première instance, ne peut plus, en appel, exciper de l'incompétence des premiers juges. — *Paris*, 17 mai 1813, Godier c. Fayolle.

429. — Le jugement qui rejette une exception et ordonne de plaider au fond est définitif, et l'on y acquiesce en plaidant au fond, sans réserve de l'attaquer.—*Cass.*, 14 frim. an XII, Delu c. Hébert. — V. conf. *Cass.*, 1er août 1820, Boullé c. Moireau; *Metz*, 8 déc. 1815, Ebluiger c. Dorvaux.

430. — La partie dont le déclinatoire a été rejeté par un jugement en dernier ressort, et qui procède sans protestations devant le tribunal qui s'est reconnu compétent, acquiesce à ce jugement. — *Cass.*, 13 flor. an IX, Puvis c. Gollion.

431. — Celui qui, après avoir été débouté d'un déclinatoire, plaide sur le fond de la contestation, n'est plus recevable à former appel du jugement qui prononce sur la compétence.—*Poitiers*, 11 avr. 1823, Lastic c. Dupotel.

432. — Celui qui plaide au principal devant les premiers juges, sans avoir appelé du jugement qui rejetait les moyens de nullité par lui opposés contre la demande, acquiesce à ce jugement et se rend non-recevable à en interjeter appel. — *Grenoble*, 27 août 1813, Nicolas c. maire de Treschon. — V. conf. *Rennes*, 4 mai 1812, de Beauvois c. Laubrussel.

433. — La partie qui, après avoir succombé dans une fin de non-recevoir, reste en cause et plaide sur le fond de la contestation, acquiesce au jugement qui a rejeté sa fin de non-recevoir, et devient non-recevable à en interjeter appel. — *Amiens*, 14 mars 1821, Burdin c. Paillet et Demusson.

434. — Celui qui plaide au fond à l'instant même du jugement qui le lui ordonne, sans faire aucunes protestations ni réserves, est censé acquiescer à ce jugement, et ne peut plus par conséquent en appeler. — *Amiens*, 8 mai 1821, Roques c. Roques et Longueville. — V. conf. *Dijon*, 21 juill. 1827, Hocard c. Doinet.

435. — La partie qui, par suite d'un jugement par lequel le tribunal s'est déclaré compétent et lui a ordonné de plaider au fond, a fait signifier à la partie adverse ses conclusions au fond, n'est plus recevable à appeler de ce jugement. — *Bruxelles*, 8 mars 1828, R... c. H...

436. — Celui qui a excipé de l'incompétence d'une amirauté devant laquelle son adversaire l'a cité ne peut attaquer le jugement rejetant cette exception, s'il a consenti à plaider et instruire au

fond devant ce tribunal. — *Cass.*, 8 brum. an XI, Drouault c. Duchemin.

437. — La partie qui a proposé un moyen d'incompétence purement personnelle est censée acquiescer au jugement qui rejette le déclinatoire et ordonne de plaider au fond, lorsqu'elle plaide sur le fond, même sous toutes réserves. — *Lyon*, 20 juin 1823, Rivet c. Blanc.

438. — Lorsqu'un jugement rejette un déclinatoire fondé sur une incompétence personnelle, et ordonne de plaider au fond, la partie dont le déclinatoire a été rejeté acquiesce à ce jugement si elle plaide au fond, même sous toutes réserves. — *Lyon*, 3 août (et non 3 avr.) 1819, Larfeuille c. Matachard et Montcel.

439. — En matière d'incompétence relative, la partie qui, après le rejet du déclinatoire par elle proposé, plaide au fond, ne peut plus appeler du jugement de compétence, quand même elle aurait fait des réserves à cette égard. — *Metz*, 4 août 1821, Couturier c. Couturier.

440. — La plaidoirie au fond devant un tribunal dont on a contesté la compétence est un acquiescement au jugement intervenu sur ce point, lors même qu'on aurait fait des réserves et protestations. — *Agen*, 28 mai 1811, Ollier c. Balguerie.

441. — Lorsqu'un jugement rejette le déclinatoire proposé par une partie et lui ordonne de plaider au fond, si cette partie, après avoir interjeté appel, exécute ce jugement en fournissant des défenses, elle est censée y acquiescer, alors même qu'elle a déclaré ne pas entendre se déporter de son appel. — *Metz*, 12 mai (et non 20 mai) 1818, Lacombe c. Faure et Legré.

442. — Lorsque après un jugement qui a rejeté une exception de prescription, et ordonné en même temps au demandeur primitif d'articuler certains faits relatifs au fond de l'affaire posés par lui, la partie qui a succombé dans l'exception susdite répond à ces faits et plaide sur les moyens de la cause, cette exécution doit être considérée comme un acquiescement au jugement, quelques réserves qui aient été faites. — *Bruxelles*, 9 mars 1832, Coenen c. Domaine.

443. — Lorsqu'un jugement du tribunal de commerce a rejeté un déclinatoire et ordonné de plaider au fond, il y a acquiescement à ce jugement de la part de la partie en présence de laquelle l'agréé demande un délai pour plaider sur le fond. — *Amiens*, 27 mars 1838, Rogier c. Mallard, et 22 janv. 1839 (t. 1er 1840, p. 659), Villaret-Herbet c. Poiret.

444. — Le jugement qui statue sur les reproches élevés contre des témoins de l'enquête est un jugement définitif, auquel on acquiesce tacitement en concluant et plaidant au fond, alors même que les conclusions contiendraient des réserves générales. — *Douai*, 14 mars 1840 (t. 2 1840, p. 559), Léger c. Jammart.

445. — Jugé, cependant, que la partie qui, après avoir proposé des reproches contre certains témoins invoqués contre elle, plaide sur le fond sans faire aucunes protestations ni réserves contre le jugement qui a rejeté ces reproches et ordonné de plaider sur-le-champ, n'est pas censée acquiescer à ce jugement. — Elle n'acquiesce pas non plus, si, la cause sur le fond ayant été continuée à une autre audience, après que les plaidoiries ont commencé, cette partie ne fait que répliquer à ses adversaires, sans prendre de nouvelles conclusions. — Enfin, si le jugement définitif est favorable à cette partie, et si elle le fait signifier en déclarant formellement qu'elle n'entend signifier que ce jugement, on ne peut voir là non plus un acquiescement au premier jugement. — *Toulouse*, 25 janv. 1821, R... c. R...

446. — On ne peut, après l'avoir exécuté, appeler du jugement qui annule une procédure tendante à un interrogatoire sur faits et articles ; un tel jugement n'est pas simplement préparatoire, il est définitif relativement à la validité de la procédure. — C'est faire un acte d'exécution de ce jugement, que de recommencer la procédure, ou de plaider sur le fond de la cause. — *Metz*, 12 (et non 20) mai 1821, Dewez c. Noizet.

447. — Quelque constante que soit la jurisprudence sur la matière qui nous occupe, il est cependant quelques exceptions au principe que cette jurisprudence consacre.

448. — Par exemple, lorsque l'incompétence est absolue, l'acquiescement ne résulte pas de la plaidoirie au fond.

449. — Jugé, en effet, qu'en matière de commerce, la plaidoirie au fond n'emporte pas acquiescement au chef du jugement qui prononce sur la compétence, lorsqu'il s'agit d'une incompétence *ratione materiæ*. — *Poitiers*, 9 fév. 1838 (t. 2 1838, p. 141), Juisan c. Turpault.

450. — De même, lorsque le jugement qui rejette une exception est en *dernier ressort*, la plaidoirie au fond, surtout avec réserves, n'emporte pas acquiescement.

451. — Cette distinction se trouve consacrée par les décisions suivantes : lorsqu'un jugement en dernier ressort rejette une fin de non-recevoir et ordonne de plaider au fond, la partie à qui ce jugement est défavorable n'y acquiesce point formellement en plaidant au fond à une audience subséquente ; mais elle manifeste, au contraire, l'intention expresse de ne point y acquiescer, si elle reprend les mêmes conclusions que celles contre lesquelles il est rendu et qui ont été repoussées par ce jugement. — *Cass.*, 4 flor. an IX, Baur c. Gouguenheim et Isaac.

452. — Quand un jugement, en rejetant une fin de non-recevoir proposée par une partie, lui ordonne de plaider au fond, cette partie n'acquiesce point au jugement en plaidant sur le fond, même sans réserves, surtout si ce jugement est en dernier ressort, et si elle n'a plaidé qu'après y avoir été provoquée par son adversaire. — *Cass.*, 4 brum. an XI, Leboullenger c. Piquenot.

453. — Une partie n'est pas irrecevable à se pourvoir en cassation contre l'arrêt qui a rejeté des exceptions par elle proposées, par cela seul que, sans protestations ni réserves, elle aurait plaidé au fond ; cette obéissance à l'arrêt étant forcée, sous peine de voir prononcer, au fond, arrêt fatal et définitif. — *Cass.*, 21 nov. 1837 (t. 1er 1838, p. 286), Martin c. la commune de Thianges.

454. — La cour de Poitiers a fait une autre distinction qu'il nous est impossible d'approuver : elle a décidé qu'il n'y avait pas acquiescement au jugement qui rejette un déclinatoire, de la part de la partie qui plaide au fond *à l'audience même où ce jugement a été rendu*, mais qu'il y aurait acquiescement si elle plaidait *à une audience subséquente*. — *Poitiers*, 9 juin 1829, Rivaille c. Lécluse ; 20 mai 1829, Jacquault-Bonnet c. Turreau, et 6 fév. 1829, mêmes parties.

455. — Aucune raison plausible ne vient à l'appui d'une semblable distinction. Qu'importe que ce soit à l'audience même ou à une audience subséquente que l'acquiescement soit donné ? Il a le même caractère dans l'une que dans l'autre, et doit, dans les deux hypothèses, produire le même effet.

§ 4. — *Acquiescement aux jugemens préparatoires et interlocutoires. — Enquête.*

456. — En ce qui concerne les jugemens préparatoires, nous n'avons qu'une observation à faire, c'est que leur exécution même volontaire n'entraîne pas acquiescement. En effet, l'art. 451, C. procéd., dispose que l'appel d'un jugement préparatoire est recevable, alors même qu'il aurait été exécuté sans réserves. Ainsi, il est inutile de nous en occuper ici.

457. — Quant aux jugemens interlocutoires, aux termes du même art. 451, les parties peuvent en interjeter appel avant que le jugement définitif ait été rendu ; il en résulte qu'on est réputé acquiescer à ces jugemens lorsqu'on les exécute volontairement et sans réserve, à moins toutefois qu'ils ne soient exécutoires par provision. — Talandier, *Tr. de l'appel*, no 137 ; Merlin, *Répert.*, vo *Interlocutoire* ; Bioche et Goujet, *Dict. procéd.*, vo *Appel*, no 143.

458. — Ainsi, c'est toujours le même principe que pour les jugemens ordinaires, seulement la jurisprudence ne l'applique pas toujours avec uniformité. Sans doute les diverses nuances du fait modifient souvent la décision ; mais malheureusement il arrive quelquefois que les arrêts sont contradictoires alors même que les espèces sont identiques.

459. — En général, la signification d'un jugement interlocutoire n'emporte point acquiescement de la part de celui qui la signifie sous la réserve de ses droits. — *Cass.*, 21 janv. (et non 11 mars) 1812, Enregistrement c. Rame.

460. — Il en est autrement lorsque cette signification a eu lieu sans protestation ni réserves. — *Orléans*, 13 déc. 1822, N... ; *Colmar*, 10 nov. 1813, Hirtz c. Gilg ; *Cass.*, 6 juill. 1819, Hirtz c. Kuntzmann ; *Agen*, 13 avr. 1823, Bordes c. Larcade.

461. — *A fortiori*, lorsque les appelans ont signifié eux-mêmes, sans protestation ni réserve, le jugement interlocutoire qui leur fait grief, et ont coopéré à son exécution, il y a acquiescement, et l'appel n'est plus recevable. — *Colmar*, 25 juill. 1835, Cappaun c. Schreiner.

462. — Jugé de même que celui qui a signifié et exécuté un jugement interlocutoire acquiesce à ce jugement et ne peut en appeler en même temps qu'il interjette appel du jugement définitif. — *Metz*, 5 janv. 1820, Frey c. N....

463. — Jugé enfin qu'on ne peut interjeter appel d'un jugement qui a rejeté les reproches élevés contre des témoins, lorsqu'on l'a signifié et qu'on a consenti à la lecture des dépositions des témoins reprochés. — *Metz*, 8 déc. 1815, Ebluiger c. Dorvaux. — V. aussi *Amiens*, 25 mars 1825, Floquet.

464. — Si la simple signification sans réserves d'un jugement qui ordonne une enquête est une fin de non-recevoir contre l'appel, il est évident que l'exécution volontaire doit avoir le même effet ; cependant la jurisprudence n'est pas unanime.

465. — Jugé qu'on ne peut appeler d'un jugement interlocutoire après l'avoir exécuté volontairement. — *Nancy*, 15 janv. 1813, Lebrun c. Margadat ; *Cass.*, 1er fév. 1830, Volleraux c. Laplante.

466. — Qu'on ne peut appeler pour incompétence d'un jugement interlocutoire après l'avoir exécuté sans réserves. — *Limoges*, 22 avr. 1819, N.... c. N.... ; 6 mars 1822, Devaux c. Bidaut ; 16 juill. 1822, Hurgon c. Chabrat.

467. — Que l'exécution d'un jugement interlocutoire constitue un acquiescement qui rend non-recevable à interjeter appel. — *Agen*, 31 août 1824, Bonnevol et Mazeyrie c. Caussé.

468. — Que l'exécution, sans protestations ni réserves, d'un jugement interlocutoire, emporte acquiescement aux mesures préjudicielles ordonnées par ce jugement, et élève une fin de non-recevoir contre l'appel qu'on voudrait ultérieurement en interjeter. — *Amiens*, 24 avr. 1822, Bouvelet c. la commune de Neuville-Coppegnoulle.

469. — Qu'on ne peut, en appelant d'un jugement définitif, appeler d'un jugement interlocutoire qu'on a librement exécuté. — *Angers*, 21 août 1821, Poitevin c. hospices d'Angers.

470. — Qu'on ne peut, en appelant d'un jugement définitif, appeler du jugement interlocutoire rendu dans la même cause, et qui ordonne une enquête, après que l'on y a acquiescé, au moins tacitement. — Et qu'on doit considérer comme acquiescement à cet interlocutoire la présence du défendeur au procès-verbal d'enquête, lors même qu'il a fait des réserves et protestations. — *Metz*, 31 mai 1814, Adam c. Puygreffier.

471. — Que le fait, par une partie, de procéder à une enquête ordonnée par un jugement interlocutoire, et de plaider ensuite au fond, constitue un acquiescement à ce jugement. — *Angers*, 27 mars 1829, Fortin c. Lebreton.

472. — Qu'une question de preuve testimoniale ne peut plus être élevée quand elle a été rejetée par un jugement interlocutoire auquel toutes les parties ont acquiescé volontairement. — *Cass.*, 20 déc. 1836, commune de Granes c. Bourrel.

473. — Que la partie qui procède ou assiste à une enquête acquiesce au jugement interlocutoire qui l'a ordonnée, de sorte qu'elle est non-recevable à en interjeter appel en même temps que du jugement définitif. — *Agen*, 16 fév. 1832, maire de Lusignan c. Sempey-Laval.

474. — Que la partie qui a provoqué la preuve du dol dont elle prétend qu'un acte est entaché, et qui après avoir obtenu un jugement ordonnant cette preuve l'a exécuté, n'est pas recevable à appeler de ce jugement, en ce qu'il n'aurait pas prononcé *de plano* la nullité de l'acte attaqué. — *Paris*, 19 avr. 1809, Dumont et Lalande c. Sabattier et Labarrière.

475. — Que l'exécution volontaire, sans protestations ni réserves, d'un jugement interlocutoire qui ordonne une enquête, est un acquiescement qui rend non-recevable à demander la nullité de ce même jugement. — *Cass.*, 21 mars 1843 (t. 2 1843, p. 217), Berton-Carlier c. Bertrand-Provencher.

476. — Qu'une partie acquiesce à un jugement ordonnant une enquête, lorsqu'elle présente au juge commissaire une requête tendante à obtenir la permission d'assigner les témoins. — *Agen*, 7 juill. 1824, de Ferragut c. Laberon.

477. — Les réserves faites par cette partie lors de l'audition de ses témoins et de ceux de son adversaire ne détruisent pas cet acquiescement et ne rendent pas recevable l'appel du jugement interlocutoire. — Même arrêt.

478. — Qu'on ne peut interjeter appel d'un jugement qui rejette un déclinatoire, quand on a plaidé sur le fond ; ni d'un jugement qui ordonne une enquête, quand on a assisté à cette enquête et qu'on y a soi-même produit des témoins, sans réserve ni protestation. — *Cass.*, 1er août 1820, Roullé c. Moireau.

479. — Qu'en matière de *séparation de corps*, le concours du défendeur à l'enquête peut être regardé comme un acquiescement au jugement qui l'ordonne. — *Bruxelles*, 5 juill. 1809, D... c. D...

480. — Que lorsqu'un jugement interlocutoire, exécuté par les parties, a déclaré pertinens et ad-

missibles des faits articulés à l'appui d'une demande en divorce, la pertinence de ces faits ne peut plus être remise en question. — *Trèves*, 28 mai 1813, Wendelin.

481. — Que les protestations de nullité contre un jugement interlocutoire qui ordonne une enquête sont inutiles pour conserver le droit d'en appeler à la partie qui, tout en faisant ces protestations, assiste néanmoins à l'enquête, interpelle les témoins, et provoque des changemens à la rédaction du procès-verbal. Il résulte de ces diverses circonstances un acquiescement à l'interlocutoire, et, par suite, une fin de non-recevoir contre l'appel. — *Cass.*, 5 août 1829, Rey c. Cibiel; *Metz*, 3 mars 1826, Creton c. Lambeaux.

482. — Dans l'opinion contraire, il existe aussi de nombreuses décisions qu'il importe de faire connaître. — Ainsi, par exemple, on juge que, pour les jugemens interlocutoires comme pour les jugemens préparatoires, on peut en interjeter appel, bien qu'ils aient été exécutés sans réserves. — *Bourges*, 2 fév. 1824, Detrée c. Chocas.

483. — Jugé également qu'on peut appeler d'un jugement interlocutoire, après y avoir acquiescé. — *Grenoble*, 17 août 1817, Chataignier c. Poirier.

484. — Que l'exécution volontaire ou forcée d'un jugement interlocutoire ne forme point obstacle à l'appel. — *Bordeaux*, 6 avr. 1832, Defonfillonne c. Gibouin-Duchaylard.

485. — Que celui contre qui un jugement interlocutoire a été rendu, et qui l'a exécuté sans réserves ni protestations, peut encore en appeler. — *Trèves*, 1er août 1810, Hertz c. Heinrich.

486. — Que l'exécution, par une partie, d'un jugement interlocutoire qui ordonne une preuve testimoniale contre elle ne rend pas cette partie non-recevable à en interjeter appel en même temps que du jugement définitif. — *Toulouse*, 10 fév. 1827, Trinquecostes c. Vieules.

487. — Qu'une partie ne doit pas être réputée avoir acquiescé à l'admission de la preuve testimoniale, par cela seul qu'elle a provoqué l'exécution du jugement admettant vaguement son adversaire à prouver ses allégations, sans spécifier qu'il prouvera par témoins. — *Bruxelles*, 4 mars 1811, Versmersch c. N....

488. — Que l'exécution d'un jugement interlocutoire ne fait point obstacle au pourvoi en cassation contre le jugement définitif rendu dans la même affaire. — *Cass.*, 1er frim. an XII, commune de Montmirey c. Ratelot et Laplante.

489. — Qu'on peut se pourvoir contre un arrêt ordonnant une enquête, encore qu'on ait fait procéder à une contre-enquête, sans protestations ni réserves. — *Cass.*, 28 déc. 1818, Bruère c. Bruère.

490. — Que le défendeur à l'enquête qui a demandé sur le procès-verbal une prorogation pour faire sa contre-enquête, ne s'est pas rendu non-recevable à demander ultérieurement la nullité de cette enquête, alors surtout qu'il a fait des réserves expresses à cet égard. — *Orléans*, 17 août 1839 (t. 2 1839, p. 395), Joly.

491. — Que le fait d'avoir pris part, sans réserves, à une enquête ordonnée par un arrêt, ne constitue pas un acquiescement qui rende non-recevable à se pourvoir en cassation contre cet arrêt. — *Cass.*, 23 mars 1835, commune de Vernoy c. Ducferget et commune de Meslay.

492. — Qu'on peut, même après y avoir acquiescé, appeler du jugement qui admet à prouver des faits dont la pertinence n'a pas été contestée par des conclusions formelles. — *Bruxelles*, 10 juill. 1819, Coche c. Meylas.

493. — Que l'exécution d'un jugement interlocutoire n'a pas pour effet de couvrir l'exception d'incompétence *ratione materiæ* — *Limoges*, 21 nov. 1835, Gauche du Tailly c. Papon.

494. — Que l'exécution d'un jugement interlocutoire, en ce qui concerne un des chefs de ce jugement, n'emporte pas déchéance du droit d'appeler des autres chefs. — *Aix*, 15 fév. 1832, Maurel c. Luce Jourdan.

495. — Qu'il n'y a pas acquiescement à un jugement interlocutoire, lorsque la partie contre laquelle ce jugement a été rendu se pourvoit devant le tribunal pour demander que, faute par son adversaire d'avoir exécuté ce jugement, la cause soit jugée en l'état. — *Montpellier*, 8 août 1827, Vignier c. hérit. Bezombes. — Bioche, v° *Acquiescement*, n° 110.

496. — Qu'on n'acquiesce pas à un jugement interlocutoire en comparaissant devant un juge commissaire nommé par ce jugement, seulement pour obéir à justice et sous toutes réserves. — *Rennes*, 22 janv. 1821, Dugray c. de la Blanchetais.

497. — Que la partie qui présente, avec *toutes protestations et réserves*, une requête au juge commis à une enquête, à l'effet d'obtenir de ce magistrat indication des jour et heure où les témoins

seront entendus, ne peut être considérée comme acquiesçant par là au jugement qui ordonne cette enquête, et ne se rend pas non-recevable à en interjeter appel. — *Limoges*, 18 avr. 1837 (t. 2 1837, p. 456), Riblerre et Duché c. meuniers de Chambon.

498. — Que la partie qui a fait signifier le jugement interlocutoire ordonnant l'enquête, et qui a assisté à cette enquête, n'est pas non-recevable à appeler de ce jugement en même temps que du jugement définitif, lorsque la signification et la comparution à l'enquête n'ont eu lieu que sous toutes réserves et protestations d'appel. — *Limoges*, 18 avr. 1837 (t. 1er 1838, p. 42), village de la Villaureix c. hameau de Lacombe.

499. — Que l'exécution d'un jugement interlocutoire ne peut être opposée comme fin de non-recevoir au pourvoi en cassation, lorsque l'opération n'a été ordonnée que sous la réserve de tous les droits des parties, et lorsque celle contre laquelle on veut exciper de l'exécution de ce jugement n'y a concouru que sous la réserve expresse de se pourvoir en cassation. — *Cass.*, 26 août 1818, de Rohan-Rochefort c. de Rohan-Rochefort.

500. — Que celui qui exécute un jugement interlocutoire renfermant des dispositions définitives, mais avec la réserve d'en interjeter appel dans le cas où l'autre partie se prévaudrait de ces dernières dispositions, est recevable dans l'appel de ce même jugement. — *Metz*, 4 mars 1812, Charpentier c. Charpentier.

§ 5. *De l'acquiescement aux jugemens ordonnant une expertise.*

501. — Les mêmes difficultés qui se présentent quand il s'agit de jugemens ordonnant une enquête, existent aussi lorsqu'il s'agit de jugemens interlocutoires prescrivant une expertise.

502. — Jugé qu'il y a acquiescement lorsqu'une partie se présente à une expertise à laquelle elle avait été sommée d'assister. — *Bordeaux*, 2 août 1833, Bernard c. Delafont.

503. — Encore bien que l'expertise n'ait pu avoir lieu ce jour-là. — Même arrêt.

504. — Même décision lorsque la partie a consenti une expertise, nommé son expert et présenté ses pièces aux experts réunis. Elle ne peut exciper ultérieurement de ce que la demande en expertise aurait été formée principalement, tandis qu'elle devait l'être incidemment. — *Cass.*, 3 août 1836, Laury c. Louis-Philippe.

505. — Même décision dans le cas où les parties sont tombées d'accord pour la nomination de l'expert chargé de procéder à un partage ordonné par jugement. Cette nomination emporte acquiescement de ce jugement. — *Nîmes*, 1er juin 1819, Magandier c. Rouveire.

506. — Jugé de même qu'on ne peut appeler d'un jugement ordonnant une expertise, après avoir nommé des experts et assisté à leur serment ainsi qu'à leurs opérations. — *Agen*, 24 frim. an XII, Feyt c. Fréjavire.

507. — Que la partie qui a assisté sans réclamation à une expertise, et qui a plaidé au fond lors de l'homologation du rapport, s'est rendue ainsi non-recevable à interjeter appel du jugement interlocutoire qui l'a ordonnée. — *Lyon*, 27 août 1833, Didier c. Bisaillon.

508. — Jugé, au contraire, que la comparution volontaire d'une partie à une expertise ordonnée par une décision frappée d'un pourvoi en cassation ne la rend pas non-recevable dans son pourvoi, lorsqu'elle n'y a assisté que sous la réserve expresse de tous ses droits. — *Cass.*, 20 avril 1836, Guillemet c. Sue.

509. — Qu'une déclaration à l'audience, après le prononcé du jugement qui ordonne une expertise, faite par une partie, qu'elle dispense les experts à prêter serment, ne pourrait équivaloir à un acquiescement au jugement que si elle avait été signée de cette partie assistée de son avoué. — *Rennes*, 2 mars 1825, Laisant c. Le Roux.

510. — Que lorsqu'un jugement par défaut, ordonnant une expertise, a été signifié avec citation devant le tribunal, afin de procéder aux mesures préliminaires de l'expertise, la constitution d'avoué signifiée par le défendeur sur cette citation ne peut être considérée comme un acquiescement au jugement et une renonciation à en interjeter appel. — *Cass.*, 29 janv. 1833, Pilapert c. Laurence.

511. — Enfin, qu'on doit regarder comme simplement préparatoire le jugement qui, sur la demande à fin d'expertise formée par toutes les parties, mais dans un but différent, ordonne que cette expertise aura lieu suivant le mode proposé par chacune d'elles. Un tel jugement ne préjuge rien sur le bien ou mal fondé des demandes respectives; et en conséquence, après l'expertise, les

juges ne peuvent, pour accueillir l'une ou l'autre des demandes, se fonder uniquement sur l'acquiescement qui aurait été donné au jugement ordonnant l'expertise, et sur l'autorité de la chose jugée qu'aurait ainsi acquise ce jugement. — *Cass.*, 28 fév. 1838 (t. 1er 1838, p. 504), Chauvelin c. Boullogne.

512. — L'acquiescement tacite ne pouvant provenir que d'un fait personnel à la partie, il en résulte qu'on ne peut d'ordinaire induire une adhésion aux jugemens interlocutoires de la nomination d'un expert par l'avoué de la partie. — *Cass.*, 21 therm. an VIII, commune de Neufchâteau c. Thibleau.

513. — Jugé en conséquence que l'acquiescement au jugement qui ordonne une expertise ne résulte pas de ce que les avoués des parties ont spontanément concouru à la nomination des experts. — *Toulouse*, 17 août 1808, Lazerges c. Soula.

514. — Jugé également que lorsqu'un avoué consent à ce que le tribunal nomme un nouvel expert en remplacement d'un autre qui s'est déporté, la partie, si elle a ignoré le déport, n'est pas censée avoir acquiescé au jugement contenant nomination du nouvel expert. — *Agen*, 20 juin 1811, Dulon.

515. — Jugé encore qu'il n'y a pas acquiescement au jugement qui nomme un expert, par cela seul que l'avoué a consenti à la nomination d'un autre par un second jugement, s'il est d'ailleurs constant pour la partie qu'il n'était pas nécessaire de le remplacer, et si en conséquence elle n'a pas donné à l'avoué le pouvoir d'y consentir; dès-lors, elle est recevable à appeler du jugement qui ordonne l'expertise. — Même arrêt.

516. — Il en serait autrement si la partie avait assisté son avoué lors de l'expertise et ce, sans sans protestation ni réserves. Cette exécution du jugement emporterait acquiescement. — *Rennes*, 23 déc. 1816, N.... c. N....

517. — Mais la jurisprudence ne se renferme pas toujours dans cette limite étroite; plusieurs arrêts décident que l'acquiescement peut résulter aussi du fait seul de l'avoué.

518. — Ainsi une partie est réputée acquiescer à un jugement qui ordonne une expertise, lorsque son avoué consent, sans protestation ni réserves, à la prestation de serment des experts. — *Aix*, 11 juin 1825, Reynouard c. Michel; *Montpellier*, 5 déc. 1821, Coffinières c. Ferrand.

519. — Jugé de même que la partie est également réputée acquiescer au jugement qui ordonne une expertise, si son avocat assisté de son avoué donne son consentement à la nomination d'un expert. — *Riom*, 7 août 1816, Costerousse c. Costerousse.

520. — Et que le concours d'une partie à la nomination de l'expert chargé du partage ordonné par un précédent jugement emporte acquiescement, lors même que la nomination de l'expert a été faite par les avoués des parties, si aucun désaveu n'a été exercé contre eux. — *Nîmes*, 1er juin 1819, Mazandier c. Rouveire.

§ 6. — *Acquiescement aux jugemens ordonnant un serment.*

521. — Dans le cas où il s'agit d'un jugement interlocutoire ordonnant la prestation d'un serment, cette prestation, comme aussi l'acceptation du serment peuvent, suivant les cas, emporter acquiescement, soit à l'interlocutoire ordonnant ce serment, soit au jugement définitif sur le fond.

522. — La première difficulté qui se présente est de savoir si la présence de la partie à la prestation du serment de son adversaire équivaut à un acquiescement. — La question est controversée. Plusieurs arrêts ont décidé l'affirmative.

523. — Et d'abord, l'acquiescement ne peut guère être contesté, lorsque c'est la partie elle-même à laquelle on l'oppose qui a requis le serment. — Même arrêt.

524. — L'appel d'un jugement interlocutoire qui a ordonné une prestation de serment décisoire, en des termes autres que ceux dans lesquels il avait été déféré, n'est pas recevable lorsque, après le prononcé de ce jugement, la partie qui avait déféré le serment en a, conformément au jugement, requis la prestation. — *Cass.*, 8 déc. 1828, Picffort c. Custers.

525. — La partie qui soutient que la dette réclamée contre elle est éteinte par le paiement, et qui déclare, sur ce point, s'en rapporter au serment de son adversaire, est non-recevable à appeler du jugement qui a ordonné ce serment et dont elle a même poursuivi l'exécution. — *Caen*, 23 janv. 1821, Pelhaitre c. Leboucher.

526. — Quand, poursuivi en paiement d'arrérages, le défendeur oppose la prescription de la

renie, et, subsidiairement, déclare s'en rapporter au serment du demandeur sur le point de savoir si elle n'a point été amortie; qu'ensuite un jugement, après avoir rejeté le moyen de prescription, a ordonné la prestation du serment déféré par le défendeur, celui-ci se rend non-recevable à appeler du jugement du chef relatif à la prescription, s'il a poursuivi lui-même la prestation du serment. — Même arrêt.

527. — D'autres arrêts ont adopté la même solution, alors que la partie, sans poursuivre elle-même l'exécution du jugement qui ordonnait la prestation du serment, a seulement assisté à l'audience où ce serment a été prêté.

528. — Ainsi, il a été jugé que lorsqu'un jugement a donné gain de cause à une partie, à la charge de prêter serment, si l'adversaire se présente à la prestation du serment et ne s'y oppose pas, il y a acquiescement de la part de celui-ci et renonciation à l'appel. — *Grenoble*, 7 juin 1808, Mercier c. Jaquelin.

529. — Que la partie qui a assisté sans protestation à la prestation d'un serment ordonné par un jugement se rend non-recevable à interjeter appel de cette décision. — *Trèves*, 3 déc. 1810, Razella c. Nack.

530. — Qu'un demandeur ne peut appeler du jugement qui relaxe les défendeurs de sa demande, à la charge d'un serment qu'il a consenti à leur laisser prêter. — *Toulouse*, 31 juill., 1832, Barrué c. Tournel.

531. — Que lorsqu'un tribunal défère le serment à l'une des parties qui le prête sur-le-champ, sans que l'autre partie, présente à l'audience, fasse aucune opposition ou protestation, le silence de celle-ci forme un véritable acquiescement qui rend son appel non-recevable. — *Montpellier*, 18 juill. 1823, Goultes c. Charrière.

532. — Que lorsque le juge défère le serment d'office à l'une des parties, et que l'autre partie le laisse prêter, sans faire de protestations ni réserves, son silence équivaut à un acquiescement, et la rend non-recevable à critiquer la disposition relative à la délation du serment. — *Cass.*, 8 juin 1819, Bertrand c. Moreau.

533. — Que la partie qui assiste, sans protestation ni réserves, à la prestation du serment déféré par le juge à sa partie adverse, acquiesce par là même au jugement, et se rend non-recevable à en interjeter appel. — *Bordeaux*, 12 janvier 1836, Dufau c. Dubreuilh.

534. — Que lorsque le juge défère le serment d'office à l'une des parties, et que l'autre partie présente le laisse prêter, sans faire de protestations ni réserves, son silence équivaut à un acquiescement et la rend non-recevable à critiquer la disposition relative à la dation du serment. — *Grenoble*, 26 août 1808, Michallot c. Truffet.

535. — Lorsqu'un jugement arbitral ordonne une prestation de serment, et que la partie contre laquelle il a été rendu, au lieu de se pourvoir par opposition à l'ordonnance d'*exequatur*, assiste au serment et signe le procès-verbal de prestation, cette partie n'est plus recevable à attaquer la sentence arbitrale, quoiqu'elle ait fait précéder sa signature de protestations et de réserves.—*Bordeaux*, 10 mai 1826, Lussac c. Piffon.

536. — Mais l'opinion contraire est consacrée par d'autres arrêts dont voici les notices:

537. — Lorsqu'un jugement adjuge à l'une des parties ses conclusions, à la charge par elle de prêter le serment supplétoire, il n'y a pas acquiescement à ce jugement de la part de la partie, par cela seul qu'elle a assisté à la prestation de ce serment, qui a eu lieu immédiatement devant le juge. — *Bordeaux*, 25 juill. 1838 (t. 2 1838, p. 463), Pissot c. Matard.

538. — Lorsqu'un jugement adjuge à une partie sa demande, à la charge de prêter le serment supplétoire, la présence, même sans protestations ni réserves, de la partie adverse au serment qui est immédiatement prêté, ne peut lui être opposée comme constituant un acquiescement au jugement et une renonciation à en interjeter appel.—*Bordeaux*, 18 août 1841 (t. 1er 1842, p. 164), Gauthier c. Huard.

539.—La partie qui assiste, même sans faire aucune protestation, à la prestation d'un serment déféré par jugement à la partie adverse, n'acquiesce pas pour cela au jugement, et ne se rend pas non-recevable à l'attaquer si elle n'a pas été mise en demeure de s'opposer à cette prestation de serment. —*Bordeaux*, 19 juill. 1833, Frachet c. Telfon.

540. — La prestation du serment supplétoire faite avant la signification du jugement qui l'a ordonnée n'emporte pas acquiescement tacite à ce jugement. — *Cass.*, 21 therm. an VIII, commune de Neufchateau c. Thibleau.

541. — La sommation d'être présent à la prestation d'un serment supplétoire, notifiée par l'avoué de la partie à laquelle le serment est déféré à l'avoué de la partie adverse, ne constitue pas une exécution du jugement qui ordonne le serment, de laquelle on puisse induire un véritable acquiescement.—*Toulouse*, 28 août 1837 (t. 1er 1838, p. 228), Pomian c. Pomian.

542. — Lorsqu'une partie a été condamnée à payer une somme à l'autre, à la charge par celle-ci d'affirmer que cette somme lui est due, si cette dernière défère le serment à la première, qui, par suite, affirme ne rien devoir, on ne peut dire que cette dernière ait acquiescé à sa condamnation. — Si le jugement portant cette condamnation contient deux chefs, l'acquiescement à l'un n'emporte pas acquiescement à l'autre. — *Cass.*, 22 flor. an VIII, Dubois c. Collignon.

543. — Une autre question s'est élevée: Doit-on considérer comme un acquiescement l'inaction de la partie qui, sans assister à la prestation du serment ordonné, se borne à ne pas s'y opposer? — Plusieurs cours ont vu dans ce silence une adhésion véritable, et ont pensé qu'il en résultait une fin de non-recevoir insurmontable. — V. les arrêts qui suivent.

544. — Lorsque le serment, déféré d'office par le tribunal, a été prêté en l'absence de l'adversaire, et sans opposition de sa part, l'appel du jugement n'est plus recevable. — *Paris*, 24 août 1810, Caillot c. Loyau, et *Rennes*, 27 août 1812, Josselin c. N...

545. — La partie qui n'a point comparu lors de la prestation du serment déféré d'office à son adversaire par un jugement contradictoire qui lui a été signifié, n'est pas recevable à interjeter appel après la prestation de ce serment. — *Nîmes*, 11 juin 1821, Delpuech c. Muret.

546. — Il n'y a pas de distinction à faire entre ce cas et celui où le serment aurait été prêté en présence de la partie sans opposition de sa part. Dans les deux hypothèses, le serment est prêté par défaut. — Même arrêt.

547. — Lorsqu'une partie ne s'est point opposée à la prestation du serment supplétoire imposé à son adversaire, elle est réputée avoir acquiescé au jugement qui l'a ordonné, et est, par conséquent, déchue de la faculté d'en interjeter appel, alors même que cette prestation aurait eu lieu en son absence, et que son avoué, présent à l'audience, *aurait refusé* de prendre la parole. — *Montpellier*, 9 avr. 1840 (t. 1er 1843, p. 551), Gendels c. Fabre.

548. — Cette opinion, qui est aussi celle de Merlin, a trouvé des partisans. On a dit: « Si la partie contre laquelle on exécute garde le silence, si elle ne manifeste par aucun acte son opposition à l'exécution du jugement, il résulte de sa conduite un acquiescement bien prononcé à tout ce qui a été fait; et comment pourrait-elle ensuite interjeter appel du jugement, alors que les choses ne sont plus entières et que l'exécution a été consommée? Supposons, par exemple, que le porteur d'un jugement de condamnation susceptible d'appel le fasse exécuter après la huitaine fixée par l'art. 449, et qu'il suive la saisie et la vente des meubles du débiteur sans opposition ni contradiction de sa part: celui-ci pourra-t-il ensuite appeler du jugement sur le prétexte qu'il est encore dans le délai utile? Non, sans doute. On lui répliquerait avec raison: Vous avez été averti de l'exécution par la signification du jugement, par le commandement préparatoire qui vous a été fait, par tous les actes de la procédure qui l'ont suivi; et cependant vous n'avez rien fait pour arrêter cette exécution! Votre silence, votre inaction, équivalent à un acquiescement formel; tout est consommé, et vous êtes non-recevable dans votre appel. Eh bien, le même langage peut être opposé avec autant de raison à la partie qui, ayant intérêt d'empêcher le serment qui doit compléter le succès de sa partie adverse, n'a rien fait pour s'y opposer, quoiqu'elle ait été dûment avertie de l'exécution du jugement à cet égard. Car, il est certain que le serment étant une fois prêté, il en résulte un droit définitivement acquis à la partie qui a été induite à le faire par le silence et l'acquiescement tacite de l'autre. Aussi Pigeau enseigne-t-il que celui qui, dans l'hypothèse posée, laisse prêter le serment sans résistance, n'est plus recevable à appeler du jugement qui l'a ordonné. « Lorsqu'il y a eu intervalle entre le jugement et le serment, dit cet auteur, le condamné qui a laissé affirmer sans appeler ni protester serait non-recevable à se pourvoir, d'après la règle générale que toute partie qui laisse exécuter un jugement sans en avoir appelé, ou du moins sans avoir protesté, est censée consentir tacitement à l'exécution et renoncer à l'appel. » (*Procédure civile*, t. 1er, p. 250). D'où il faut conclure que, pour prévenir cet effet, il est de toute nécessité d'attaquer le jugement avant qu'il ait reçu son exécution par la prestation du serment ordonné.

549. — Selon nous, cette opinion n'est pas admissible; elle aurait d'abord pour résultat d'enlever à la partie une portion du délai que la loi lui a ménagé pour faire appel; ensuite, elle aurait l'inconvénient grave d'exposer cette partie à perdre le bénéfice d'un recours indispensable, sans qu'elle ait été mise en demeure d'agir, par exemple, quand on lui a soufflé la copie de la sommation. — L'opinion de Merlin donnerait lieu souvent aux plus graves abus, aussi est-elle combattue par M. Talandier (*Tr. de l'appel*, p. 95 et suiv.), et par M. Chauveau sur Carré, t. 4, p. 29 et la note.

550.—Du reste, de nombreux arrêts l'ont repoussée.— Ainsi, il a été jugé qu'on ne peut considérer comme acquiescement au jugement qui a déféré le serment d'office à une partie, la non présence de l'autre partie à la prestation de serment. — *Bordeaux*, 2 août 1831, Grozart c. Joret.

551. — Lorsque le serment déféré d'office par le tribunal a été prêté, sans que l'adversaire ou son fondé de pouvoir y ait été présent, il ne s'ensuit pas qu'il y ait eu, de sa part, acquiescement au jugement. — *Turin*, 28 août 1811, Botta c. Piatti.

552. — De ce qu'une partie ne s'est pas opposée à la prestation d'un serment déféré d'office, il n'en saurait résulter une fin de non-recevoir contre elle, un droit consacré par la loi ne pouvant pas être perdu par le silence de la partie.—*Rennes*, 10 août 1818, N... c. N...

553. — Lorsqu'une partie ne s'est pas présentée sur la sommation qui lui a été faite d'assister à un serment déféré par justice à son adversaire, on ne peut tirer de son défaut d'opposition à cette prestation une fin de non-recevoir contre l'appel par elle plus tard interjeté du jugement qui a déféré ce serment. — *Amiens*, 12 déc. 1822, Vasseur-Lesueur c. Liénart.

554. — Lorsqu'un jugement ordonne que l'une des parties prêtera serment, et que l'autre, dûment appelée, le lui laisse prêter sans avoir interjeté appel ni fait notifier aucune protestation, celle-ci n'est pas censée avoir acquiescé au jugement qui a ordonné le serment. — *Poitiers*, 4 mars 1823, Berthelot c. Berthelot.

555. — Si l'assistance de la partie, sans protestation ni réserves, à la prestation de serment de son adversaire est, en général, considérée comme emportant acquiescement, il n'en est pas de même de la présence de l'avoué; en effet, l'acquiescement tacite ne peut provenir que d'un fait personnel à la partie. La jurisprudence est très précise sur cette question.

556. — Lorsqu'un avoué, présent à la prestation du serment des experts nommés par un jugement, se borne à dire qu'il n'a aucun moyen à opposer à cette prestation, la partie n'est pas censée y acquiescer, elle peut appeler du jugement. — *Rennes*, 9 mars 1820, Couédic c. Keutret.

557. — La simple assistance à la prestation de serment des experts commis par un jugement, et la déclaration de l'avoué qu'il ne s'oppose point à cette prestation, ne peuvent être considérées comme un acquiescement à toutes les dispositions de ce jugement, ni priver la partie qui ne s'est point opposée du droit d'interjeter appel du jugement, si elle est encore dans le délai utile pour le faire. — *Cass.*, 12 août 1839 (t. 2 1839, p. 457), Cenac c. Cenac Menjotte.

558. — Lorsqu'un tribunal a d'office déféré le serment à une partie, et que l'avoué de l'adversaire de celle-ci, présent à l'audience, a déclaré ne pas s'opposer à la prestation, il n'en résulte pas un acquiescement au jugement qui a déféré le serment. — *Rennes*, 2 avr. 1810, Penisel c. Guezennec.

559. —Faire une semblable déclaration, ce n'est pas donner un consentement formel, et, par conséquent, ce n'est pas acquiescer. — Même arrêt.

560. — Une partie n'est pas censée avoir acquiescé au jugement qui ordonne une prestation de serment, par cela que son avoué appelé par acte d'avoué à avoué en conformité de l'art. 121, C. procéd., et présent à l'audience le jour où la prestation de serment a eu lieu, n'a pas protesté contre elle. — *Nîmes*, 30 mars 1819, Argelas c. Rigot.

561. — On ne peut considérer comme un acquiescement, par la partie, à l'arrêt qui a déféré un serment, la simple présence de l'avoué de cette partie à une audience subséquente de la cour où la prestation de serment a été renvoyée à la chambre du conseil, surtout si, lors de la comparution de l'avoué à l'audience, l'arrêt n'avait pas encore été signifié à la partie elle-même. — *Cass.*, 14 juin 1836, Lafaurie c. Lauga.

562. — Lorsque le serment a été prêté hors de la présence de la partie adverse et sans qu'elle y ait été appelée, il n'y a pas d'acquiescement à lui opposer, même dans le cas où la prestation de serment aurait eu lieu en présence de son avoué. — *Colmar*, 7 mars 1835, Pflumer c. Oppenheim.

563. — La présence de l'avoué d'une partie à la prestation de serment faite par l'autre n'emporte pas acquiescement au jugement qui a ordonné le serment, et ne la rend pas non recevable à interjeter appel. — *Poitiers*, 4 mars 1823, Berthelot c. Berthelot.

564. — La présence de l'avoué à la prestation du serment ordonnée par un jugement n'emporte pas, de la part de son client, un acquiescement au jugement, alors qu'il a comparu sans avoir reçu mandat spécial à cet effet. — *Pau*, 29 août 1837 (t. 1er 1839, p. 509), Cénac c. Cénac.

§ 7. — *Acquiescement en matière de saisie, d'ordre, d'adjudication.*

565. — En matière de saisies, de saisies arrêts, de distribution et d'ordre, les principes sont absolument les mêmes que dans les matières ordinaires, comme on va le voir par les arrêts que nous avons rapportés. Si nous avons fait une division particulière pour ces notices, c'est seulement pour la commodité des recherches.

566. — Dans ces espèces, comme dans toutes celles qui précèdent, la question est toujours de savoir s'il y a eu exécution volontaire, si les faits prouvent l'acquiescement. La solution diffère suivant les circonstances.

567. — D'après une jurisprudence constante, il a été jugé qu'on ne peut appeler d'un jugement après avoir payé les frais d'une saisie faite en exécution des condamnations qu'il prononce. — *Agen*, 30 juin 1807, Ladoux c. Lescure.

568. — ... Que le débiteur qui a acquiescé à un jugement déclarant valable une saisie opposition, en payant les frais dont il a été délivré un exécutoire contre lui, ne peut plus exciper de la nullité de l'assignation qui lui a été donnée pour voir statuer sur cette saisie. — *Paris*, 5 juill. 1814, Maudrillon c. Savergues.

569. — Mais la cour de Cassation a pensé, dans une autre espèce, que le paiement fait par le débiteur après la saisie opérée, et au moment où il va être procédé à la vente, ne doit pas être considéré comme un acquiescement au jugement de condamnation. — *Cass.*, 1er déc. 1834, Mourellon c. Bouland. — L'arrêt constate que le paiement n'a pas été volontaire et qu'il n'a eu lieu que comme contraint et forcé.

570. — Dans les espèces suivantes, la volonté d'acquiescer n'a pas paru résulter suffisamment des faits. — L'enlèvement, de la part du revendiquant, après le jugement qui valide la saisie, à la fois, des fruits saisis dont la revendication a été admise et de ceux dont la revendication a été repoussée, ne suffit pas, indépendamment de toute autre circonstance indicative de la volonté d'acquiescer, pour constituer un acquiescement au jugement. — *Montpellier*, 27 mars 1839 (t. 2 1839, p. 129), Bergounhous c. Bancarel.

571. — Le créancier qui a fait saisir et vendre les meubles de son débiteur postérieurement au jugement qui rejette sa demande en déclaration de faillite de ce débiteur ne peut être réputé avoir acquiescé à ce jugement, et il est recevable à en interjeter appel. — *Orléans*, 29 mai 1840 (t. 2 1840, p. 272), Serrou c. Lauzet.

572. — Une saisie, faite en vertu d'un jugement de défaut, ne peut être considérée comme acquiescement de la part du saisi, quoiqu'il n'ait pas fait d'opposition. — *Agen*, 13 janv. 1810, Roux c. Mercat.

573. — Un individu n'est pas censé avoir acquiescé au jugement rendu contre lui, par cela seul que, lors d'un procès-verbal de carence dressé en exécution de ce jugement, il a déclaré à l'huissier qu'il ne pouvait pas payer. Dès-lors, il est recevable à interjeter appel de ce jugement. — *Toulouse*, 14 janv. 1828, Vignaux c. Durand.

574. — Jugé cependant que la partie qui, sur les poursuites exercées en vertu d'un jugement de condamnation, déclare ne pouvoir payer en ce moment, acquiesce par là au jugement et se rend non-recevable à en interjeter appel. — *Bordeaux*, 7 août 1835, Pabot c. Vandon.

575. — Le débiteur qui, lors de la saisie de ses meubles, demande à en être établi gardien, n'est pas, par cela seul, réputé acquiescer au jugement en vertu duquel il est procédé à la saisie. — *Poitiers*, 9 mars 1827, Bion c. Lacoux.

576. Le fait de la part de celui qui est saisi en vertu d'un jugement par défaut de consentir à se rendre gardien de la saisie ne constitue pas un acquiescement qui le rende non-recevable à former opposition au jugement. — *Cass.*, 31 janv. 1828, Fournier c. Mouchonnet.

577. — En effet, c'est, le plus souvent, pour éviter des frais que le débiteur se charge de la garde des meubles saisis. D'ailleurs, il ne peut voir qu'avec répugnance l'introduction d'un étranger dans son intérieur. Ces raisons expliquent suffisamment pourquoi il a consenti à être gardien, mais toujours fera-t-il bien de n'accepter ces fonctions qu'avec des réserves.

578. — Jugé cependant que la partie qui répond à l'huissier n'avoir pas d'argent pour payer, qui laisse saisir ses meubles, se charge des objets saisis et s'engage à les représenter, acquiesce au jugement en vertu duquel la saisie est faite, et ne peut plus en relever appel. — *Agen*, 18 janv. 1828, Duffau c. Laborde.

579. — Jugé de même que la partie qui, sur le commandement à elle fait d'exécuter un jugement, déclare qu'elle ne peut y satisfaire faute d'argent, laisse procéder sans protestation à la saisie de ses meubles et s'en établit gardienne, acquiesce à ce jugement et ne peut plus en appeler. — *Limoges*, 22 déc. 1812, Paupy c. Dutour.

580. — Le débiteur n'acquiesçant pas en se constituant gardien, à plus forte raison n'y a-t-il pas d'acquiescement si c'est sa femme qui en offre un à l'huissier. — *Lyon*, 26 déc. 1832, Alvernias c. Bertholat.

581. — La production faite à l'ordre *sous toutes réserves* ne peut être considérée comme un acquiescement volontaire de la part du surenchérisseur à la sentence qui a annulé sa surenchère. — *Cass.*, 28 nov. 1809, Gitlard c. Fontaine.

582. — L'acquéreur n'acquiesce point au jugement qui le condamne à payer son prix aux créanciers du vendeur, par cela seul qu'il figure dans l'ordre, s'il n'y a figuré que comme contraint. — *Paris*, 17 prair. an XIII, Dercalde c. Muroger.

583. — Les créanciers inscrits qui poursuivent l'ordre ne peuvent être réputés pour cela acquiescer au jugement d'adjudication. — *Cass.*, 23 déc. 1806, Lévrier de l'Isle c. Besnier.

584. — Il ne résulte pas un acquiescement à l'arrêt qui ordonne une adjudication de ce que, dans l'instance en surenchère qui a suivi cette adjudication, le saisi aurait récusé les juges de la cause. — *Cass.*, 8 mai 1838 (t. 2 1838, p. 228), Varenne c. Delaruelle.

585. — De ce qu'une saisie-arrêt faite en vertu d'un jugement du tribunal de paix a été dénoncée postérieurement au jugement infirmatif du tribunal civil, on ne peut en conclure qu'il y ait acquiescement donné à ce dernier jugement qui rende non-recevable à se pourvoir en cassation. — *Cass.*, 21 mars 1827, Pothier c. Tuste.

586. — La demande d'un délai pour payer, au jour fixé pour l'adjudication définitive, n'emporte pas, de la part des époux qui la font et à qui le délai est accordé, un acquiescement qui rende non-recevable le pourvoi formé antérieurement par ces époux contre un arrêt qui déclarait valable une instance en nullité de l'expropriation que la femme avait intentée sans en avoir obtenu l'autorisation de son mari. — *Cass.*, 18 nov. 1828, Planard c. Sarret.

587. — C'est toujours l'application de ce principe que l'arrêt étant exécutoire *hic et nunc*, et le pourvoi n'étant pas suspensif, l'exécution n'est pas volontaire.

588. — Jugé aussi que lorsque le saisi, après s'être pourvu en cassation contre l'arrêt qui a repoussé les moyens par lui proposés contre la procédure d'expropriation, interjette appel d'un jugement qui, depuis cet arrêt, a rejeté à la fois l'intervention d'un créancier et une demande en sursis, il n'est pas par cela même présumé acquiescer à la disposition de l'arrêt qui a ordonné la vente, alors que, bien que mettant le refus de sursis au nombre de ses griefs d'appel, il a attaqué le jugement dans toutes ses dispositions. — *Cass.*, 8 mai 1838 (cité no 584).

589. — Dans les espèces suivantes, il a été jugé, au contraire, d'après les faits, qu'il y avait présomption suffisante d'une adhésion volontaire, et que dès-lors on ne pouvait plus attaquer le jugement par une voie de recours à laquelle on était réputé avoir renoncé.

590. — Lorsque, depuis l'appel d'un jugement par lequel le tribunal de commerce s'est déclaré incompétent, l'appelant saisit-arrête une somme appartenant à son débiteur intimé, et qu'il l'assigne devant le tribunal en validité d'opposition, et en même temps en condamnation de la somme pour raison de laquelle il l'avait d'abord cité devant le tribunal de commerce, il résulte de là qu'il a renoncé à son appel et acquiescé au jugement par lequel les juges consulaires se sont déclarés incompétens. — *Paris*, 1er août (et non 1er juill.) 1832, Duclos c. Dupuis-Delcourt.

591. — Les créanciers d'une succession bénéficiaire ne sont pas recevables à critiquer, sur l'appel du jugement d'ordre, une collocation ordonnée en première instance au profit de l'héritier bénéficiaire, sans réclamation de leur part. — *Paris*, 2 mai 1807, de Ludre c. Custine.

592. — Il y a acquiescement à un jugement d'adjudication d'un immeuble vendu par licitation de la part de la partie qui a retiré ses meubles de l'immeuble vendu, et qui en a donné décharge à l'adjudicataire, quoiqu'elle ait *réservé ses droits* dans cette reconnaissance. — *Poitiers*, 10 juin 1824, Baron c. Clion. — V. aussi *Pau*, 17 janv. 1838 (t. 2 1839, p. 608), Comeau c. Costedoat.

593. — Une cour royale peut considérer comme emportant acquiescement au jugement d'adjudication de ses biens le fait par le débiteur d'avoir, avant la signification de ce jugement, délaissé les immeubles en n'y laissant aucun mobilier, payé ses impôts diminués de ceux grevant ces immeubles ; enfin, d'avoir remis les clefs à l'acquéreur ou consenti à la remise de ces clefs. — *Cass.*, 23 déc. 1833, Papillaud c. Gaillard.

594. — La partie saisie, après avoir procédé volontairement et sans réserves sur l'adjudication définitive, n'est plus recevable à se pourvoir contre l'arrêt qui a rejeté ses moyens de nullité dirigés contre la procédure antérieure à l'adjudication préparatoire. — *Cass.*, 4 fév. 1811, Garde c. Rebattu.

595. — Un saisi ne peut, après avoir acquiescé au jugement d'adjudication définitive de ses immeubles, appeler des jugemens rendus auparavant dans l'instance en saisie-immobilière. — Cet acquiescement, quoique donné à un seul des créanciers saisissans, profite aux autres. — *Bordeaux*, 6 mai 1836 (t. 1er 1837, p. 58) Sarlat c. Gueyreaud.

596. — Le saisi est non-recevable à se prévaloir du défaut de signification du jugement d'adjudication préparatoire, lorsqu'au moment où il allait être procédé à cette adjudication il a déclaré ne pas s'y opposer, et lorsqu'au jour ultérieur désigné pour l'adjudication définitive, il a demandé une remise sans proposer aucun moyen de nullité; il est censé alors avoir acquiescé au jugement d'adjudication préparatoire. — *Lyon*, 22 déc. 1824, Tardy c. Duport. — V. SAISIE IMMOBILIÈRE.

597. — La partie saisie qui n'a proposé aucun moyen de nullité contre la procédure d'expropriation et ne s'est point opposée à la vente peut néanmoins appeler du jugement d'adjudication. — *Pau*, 20 nov. 1813, Lacaze c. Pocque.

598. — L'appel d'une sentence de congé d'adjuger, en matière de décret, devait être déclaré non-recevable lorsqu'il n'y avait été donné aucune suite, et que même le débiteur avait consenti à l'interposition du décret. — *Paris*, 1er vent. an X, Segoing et Meunier c. Genty et Boullard ; *Cass.*, 7 août 1811, Barré c. Gardien.

CHAPITRE V. — *Effets de l'acquiescement.*

599. — Le principal effet de l'acquiescement, c'est de conférer au jugement auquel il se réfère l'autorité de la chose jugée (1351, C. civ.), et d'empêcher celui qui l'a donné d'attaquer le jugement rendu par quelque voie que ce soit.

600. — Ainsi, l'acquiescement rend l'opposition non-recevable.

601. — Jugé en effet qu'on ne peut former opposition à un jugement par défaut auquel on a formellement acquiescé. — *Paris*, 18 janv. 1810, Corday c. Tixier-la-Chapelle.

602. — Qu'un adjudicataire ne peut former opposition à un jugement rendu par défaut contre lui en matière de surenchère, lorsqu'il est constant qu'il a connu l'exécution de ce jugement et qu'il a aquiescé, et notamment qu'il a payé les frais de l'expropriation, l'enregistrement du jugement d'adjudication et de surenchère, et qu'il a laissé jouir paisiblement et comme propriétaire l'adjudicataire par suite de la surenchère. — *Cass.*, 18 nov. 1824, Allemand c. Meynier.

603. — L'acquiescement met également obstacle à l'appel (V. ce mot), et au pourvoi en cassation. — V. CASSATION.

604. — Jugé en conséquence que les syndics d'une faillite ne peuvent se pourvoir en cassation contre un arrêt après l'avoir signifié à partie sans protestation ni réserves. — *Cass.*, 15 nov. 1813, Chaline c. Chaline.

605. — Qu'un individu ne peut appeler du jugement rendu contre lui durant sa minorité. — *Montpellier*, 3 janv. 1811, Marty c. Blanquet.

ACQUIESCEMENT, chap. 5.

ACQUIESCEMENT, chap. 5.

606. — Que la partie qui a acquiescé à un jugement ne pourrait plus en appeler, même en se fondant sur ce que le montant des condamnations a été compris dans une obligation qu'elle a souscrite postérieusement au profit de son créancier; qu'ainsi il y a eu novation, et que dès-lors on ne peut plus la poursuivre en vertu de ce jugement qui est anéanti. —Ord. 1667, tit. 5, art. 27; C. civ., art. 1351; — *Cass.*, 6 fév. 1816, Lehman c. Schott. — V. Bioche, v° *Acquiescement*, n° 134.

607. — Que l'acquiescement donné à un jugement opère une fin de non-recevoir contre l'appel dont on ne peut être relevé par des réserves faites lors de l'acquiescement. —*Metz*, 9 mai 1820, Quentin c. Desroches.

608. — Qu'on ne peut interjeter appel d'une condamnation de dépens quand on a acquiescé à la condamnation principale, dont les dépens ne sont que l'accessoire. —*Paris*, 19 janv. 1826, Housset de Catteville c. Douet de la Boullaye.

609. — Que celui qui a exécuté un jugement au principal est, par cela même, déchu du droit d'interjeter appel quant aux dépens et aux dommages-intérêts prononcés récursoirement contre lui, bien qu'en exécutant, il se soit réservé le droit de se pourvoir contre ce dernier chef. — *Paris*, 17 mai 1813, Godier c. Fayolles.

610. — Ce qui a été dit de l'appel et de la cassation, il faudrait le dire aussi de la tierce-opposition.

611. — Ainsi, l'acquiescement rendrait non-recevable à attaquer, même par tierce-opposition, le jugement auquel il se rattache. — *Paris*, 18 avr. 1833, Montholon c. Agirony; — Berriat, p. 407, note 14e. —V. TIERCE-OPPOSITION.

612. — Jugé encore que celui qui a payé en exécution d'un arrêt de condamnation auquel il a acquiescé ne peut, alors même qu'il prétend avoir été victime du dol ou de la fraude, exercer l'action en répétition, s'il n'est plus dans les délais pour attaquer l'arrêt qui le condamne par les voies de droit. —*Bordeaux*, 5 août 1840 (t. 2 1840, p. 722), Assureurs c. Foussat.

613. — En général, l'acquiescement à un jugement n'emporte adhésion qu'à son dispositif. — Talandier, *De l'appel*, p. 76, n° 87.

614. — L'acquiescement a aussi pour effet : 1° d'obliger à remettre la chose contentieuse, ou à faire ce qui était demandé. — 2° de soumettre au paiement de tous les frais (Arg. C. Procéd., art 130). — *Paris*, 17 mai 1813 (cité n° 609); — Pigeau, t. 1er, p. 547.

615. — Pour que l'acquiescement fasse acquérir à un jugement l'autorité de la chose jugée, il faut qu'il soit valable. Ainsi, le jugement par défaut rendu contre une partie, et acquiescé expressément par elle, peut être rétracté sur l'opposition de cette partie, si l'acquiescement, en vertu duquel il avait acquis la chose jugée, est déclaré nul, comme fondé sur une cause illicite, telle que l'usure. —*Cass.*, 7 avr. 1824, Drouet-Pothier c. Coutlier.

616. —Jugé cependant que quand la validité d'une dette résultant de lettre de change a été reconnue par le débiteur, qu'après cette reconnaissance un jugement est intervenu, qui, en se fondant sur la validité des titres, en a ordonné le paiement, et qu'enfin ce jugement a été formellement acquiescé par le débiteur, celui-ci ne peut plus être admis à prétendre que la dette est usuraire. —*Cass.*, 27 mai 1840 (t. 2 1840, p. 583), Bernault c. Launann.

617. — Décision semblable. — *Toulouse*, 26 déc. 1840 (t. 1er 1841, p. 431), Arroui c. Monferran.

618. — Il en serait autrement, s'il s'agissait d'un codébiteur non compris au jugement de condamnation. En effet, le codébiteur qui paie le montant de la dette n'est censé se libérer qu'en vertu de l'obligation primitive, et non acquiescer au jugement : dès-lors il ne se rend pas non-recevable à revenir contre le paiement qu'il fait, par voie de demande en restitution pour usure. — Même arrêt.

619. — L'acquiescement produit une fin de non-recevoir péremptoire et que l'intimé peut proposer en tout état de cause. — Talandier, *Tr. de l'appel*, n° 89.

Ainsi, l'acquiescement de l'appelant au jugement dont est appel peut toujours être opposé par l'intimé, lors surtout que celui-ci s'est borné à conclure à ce que l'appelant fût déclaré non-recevable, en tout cas sans griefs, et qu'il s'est réservé de donner tous autres développemens et moyens en plaidant. —*Rennes*, 14 déc. 1810, Quemar c. Guyader.

Pareillement, l'intimé qui, en posant qualités, a conclu à ce que l'appel fût mis au néant, peut encore soutenir l'appel non-recevable, en ce que l'appelant aurait acquiescé au jugement. —*Bruxelles*, 30 juin 1818, Mineur c. Lebrun.

De même, l'appelant n'est point relevé de la déchéance qui résulte de son acquiescement au jugement, ou de l'expiration du délai, par la défense au fond, que l'intimé a proposée devant la cour, avant d'exciper de cette déchéance. —*Nîmes*, 21 août 1822, Dufour c. Gravier. — V. APPEL, EXCEPTION.

620. — L'acquiescement peut être opposé, non-seulement à celui qui a acquiescé, mais à ses ayant-cause, à ceux qui agissent de son chef et exercent ses droits. — Ainsi, des créanciers ne sont pas recevables à former opposition à un jugement par défaut auquel leur débiteur a acquiescé. — *Riom*, 13 juil. 1814, Estieu c. Agutles et Escudier.

621. —Jugé cependant que l'acquiescement donné par le débiteur à un jugement par défaut n'empêche point la péremption dont parle l'art. 156, C. procéd. civ., si, étant par acte sous seing-privé, il n'a pas été enregistré dans les six mois du jugement, lors même que l'individu qui oppose la nullité ne serait devenu créancier et n'aurait pris inscription que postérieurement à la formalité de l'enregistrement. — *Cass.*, 6 avr. 1840 (t. 2 1840, p. 81), Lamarque c. Bando. — Le créancier, dans cette espèce, est considéré comme un tiers.

622. —Jugé, à plus forte raison, que l'acquiescement à un jugement par défaut donné après les six mois de son obtention ne peut être opposé aux tiers qui ont acquis des droits à l'objet litigieux, avant l'acquiescement. — *Grenoble*, 6 juill. 1826, Jacquillon c. Lambert. — V. JUGEMENT PAR DÉFAUT.

623. — En général, l'acquiescement n'est pas indivisible dans ses effets : il peut profiter à l'un sans profiter à l'autre, s'appliquer à certains chefs du jugement sans s'appliquer à tous, être opposable à l'une des parties en cause, sans que la fin de de non-recevoir atteigne les autres : tout cela dépend de l'appréciation des faits, qui varient à l'infini. Parcourons quelques espèces.

624. —Lorsqu'un jugement défend à divers particuliers de faire aucun acte de propriété sur un fonds, et ordonne à d'autres d'enlever du fumier qu'ils ont placé sur ce fonds, l'enlèvement que fait l'un de ces derniers ne rend pas les autres non-recevables à appeler du jugement. On alléguerait en vain que l'exécution du jugement est indivisible. —*Cass.*, 13 niv. an X, Laugerat c. Cherbonnaud. —V. toutefois *Cass.*, 11 mars 1837 (t. 1er 1837, p. 330), Delaunay et Bontemps c. Tempé.

625. — Lorsqu'un jugement contient plusieurs chefs de demande distincts et séparés, la partie qui l'a fait signifier n'est pas relevée de son acquiescement envers toutes les parties condamnées, par le seul fait de l'appel interjeté par l'une d'elles. — Mais elle n'est relevée qu'à l'égard de la partie qui a appelé, et seulement pour le chef du jugement dont il y a appel. — *Cass.*, 27 juin 1820, Crespin c. Étienne.

626. — La transaction faite par des appelans avec l'un des intimés ne peut leur être opposée comme un acquiescement au jugement par ceux des intimés qui n'ont pas été parties dans cette transaction. —*Colmar*, 31 juill. 1818, Richard c. Richard.

627. — L'action en revendication d'un immeuble, formée par plusieurs cohéritiers, est divisible : de sorte que, si quelques uns d'eux ont acquiescé au jugement qui a rejeté leur réclamation, la revendication ne peut, sur l'appel, être admise en faveur des autres que déduction faite des portions afférentes à ceux qui ont acquiescé. — *Cass.*, 16 janv. 1811, Chevalier et Vincent c. Berthelot.

628. — L'instance dans laquelle deux avoués ont obtenu des dommages-intérêts, à raison d'une action en désaveu intentée contre eux par le même client, n'a rien d'indivisible; dès-lors, quoique l'un acquiesce au jugement, l'autre peut en interjeter appel pour obtenir une indemnité plus considérable. —*Rennes*, 17 août 1818, Dacosta de la Fleuriais c. Augeard et Fleuriais; —Merlin, *Questions*, v° *Acquiescement*, § 23.

629. — Lorsque le débiteur d'une rente constituée a acquiescé à un jugement qui le condamne à rembourser le capital, le tiers, qui est condamné par le même jugement à garantir le débiteur, peut, quoique non obligé vis-à-vis du créancier, interjeter appel du jugement. — Si l'acquiescement du débiteur n'est fondé que sur la garantie qui était prononcée en sa faveur, le jugement peut être infirmé dans son intérêt comme dans celui du garant, malgré son acquiescement. — *Cass.*, 31 août 1818, Crouzel c. Boussac.

630. — La partie condamnée aux dépens envers plusieurs adversaires, qui paie seulement les frais faits par l'un d'eux, n'est censée acquiescer au jugement qu'à l'égard de celui-ci, et peut valablement en appeler à l'égard des autres. —*Rouen*, 26 janv. 1842 (t. 1er 1842, p. 593), Chiny, Bidel c. Finel.

631. — Dans le cas où un jugement contient plusieurs chefs distincts, l'acquiescement donné à l'un de ces chefs n'entraîne pas acquiescement aux autres : *tot capita, tot sententiæ*. — C. procéd., art. 472. — Il faudrait surtout le décider ainsi, dans le cas où en acquiesçant à l'égard de certains chefs, on se serait réservé d'attaquer les autres.

632. — Ainsi, la partie qui a poursuivi l'exécution de quelques uns des chefs d'un jugement n'acquiesce pas par là aux autres chefs, et peut en interjeter appel si elle s'en est réservé le droit. — *Cass.*, 4 prair. an X, Mabru c. Mabru.

633. — De même, lorsqu'un jugement prononce sur des chefs de demande distincts, une partie peut attaquer les dispositions qui lui sont contraires, même après avoir poursuivi l'exécution de celles qui lui sont favorables, surtout si elle s'est réservé la faculté de se pourvoir contre les premières. — *Cass.*, 17 frim. an XI, Boyer c. Champflour.

634. — De même encore, quand un jugement contient plusieurs dispositions distinctes, on peut se pourvoir en cassation successivement et séparément contre chacune d'elles, si l'on a fait des réserves à cet égard dans le premier pourvoi. — *Cass.*, 22 brum. an XIII, Testu-Balincourt c. commune de Champigny.

635. — Dans le cas où un arrêt contient deux dispositions distinctes, dont l'une, par exemple, refuse de résoudre un bail, et dont l'autre cependant accorde des dommages-intérêts, l'exécution de cette dernière disposition par la partie au profit de laquelle elle est rendue, mais sous toutes réserves des effets de son pourvoi en cassation contre la première de ces dispositions, n'emporte pas acquiescement au chef de l'arrêt, qui est l'objet du pourvoi. — *Cass.*, 16 déc. 1828, Jacquemin c. Ministre de la marine.

636. — Ce n'est pas acquiescer à un jugement dans son entier, et se rendre non-recevable dans l'appel d'aucun des chefs sur lesquels il statue distinctement, que d'adhérer, avec réserve expresse contre les autres, à l'une des dispositions qu'il renferme. — *Cass.*, 3 juin 1818, Plouzeau et Lenoir c. Collineau.

637. — De même, l'exécution donnée à une disposition d'un arrêt n'empêche pas le pourvoi contre une autre disposition, surtout lorsqu'il y a eu réserve expresse à cet égard. — *Cass.*, 15 avr. 1834, Mallez c. Castellane.

638. — Il a été statué de la même manière dans des cas où aucunes réserves n'avaient été faites.

639. — Ainsi jugé que lorsqu'un jugement contient deux dispositions distinctes, l'acquiescement à l'une n'entraîne pas l'acquiescement à l'autre. —*Bordeaux*, 19 févr. 1830, Demany c. la Chaise. — V. conf. *Turin*, 20 mai 1809, Marsaglia c. Torre.

640. — Que la partie qui a acquiescé à l'un des chefs d'un jugement peut se pourvoir en cassation contre les autres chefs. — Picard c. Arnault.

641. — Que l'acquiescement à certains chefs d'un jugement n'empêche point l'appel de ce jugement sur les chefs auxquels on n'a pas acquiescé. —*Agen*, 10 août 1812, Massena c. Dupré-Labrousse.

642. — Que l'acquiescement donné à une disposition d'un jugement en dernier ressort ne forme pas une fin de non-recevoir contre le pourvoi en cassation des autres dispositions du même jugement, entièrement distinctes et indépendantes de celle qui a fait l'objet de l'acquiescement. — *Bruxelles*, 4 mars 1816, de St-Genois c. N...

643. — Que lorsqu'un jugement contient deux dispositions distinctes, dont l'une est définitive et l'autre préparatoire, l'exécution de la seconde n'emporte pas acquiescement à la première. — *Cass.*, 19 thermid. an XIII, Dumont c. Thevenin.

644. — Que lorsqu'un jugement contient deux dispositions distinctes, l'une définitive et l'autre préparatoire, la partie qui le fait signifier sans réserve, mais avec sommation de concourir au préparatoire ordonné, ne doit pas être présumée, par cela seul, avoir acquiescé à la disposition définitive. — *Cass.*, 17 vendém. an XIII, Révillon c. Huguenet.

645. — Que lorsqu'un jugement contient une disposition définitive et irréparrable sur un point, et une disposition purement préparatoire sur d'autres points, l'exécution du jugement préparatoire faite par l'avoué, et à l'insu de la partie, ne forme pas un acquiescement en ce sens que l'appel ne puisse être reçu sans désaveu du fait de l'avoué. — *Bruxelles*, 7 juill. 1812, P... c. D...

646. — Que lorsqu'un jugement condamne une femme : 1° à rentrer dans le domicile conjugal; 2° à contribuer annuellement pour une somme déterminée aux frais du ménage, l'exécution par elle donnée à la première disposition n'emporte point acquiescement à la seconde. — *Amiens*, 12 juin 1822, Prevost c. Prevost.

647. — Qu'on peut, après avoir exécuté un jugement, et conséquemment y avoir acquiescé, en ce qu'il promet un réglement par experts, en demander la réformation, en ce qu'il a omis de

ACQUIESCEMENT, tit. 2.

prononcer sur une demande à fin de contrainte par corps. — *Paris*, 29 févr. 1812, Lenormand c. princesse Poniatowska.

648. — Que la partie qui a acquiescé à la disposition d'un jugement qui lui est favorable est recevable à appeler de la disposition du même jugement qui lui est contraire. — *Limoges*, 1er juill. 1817, Bringaud c. Maisonial.

649. — Que lorsqu'un jugement a des dispositions favorables à une partie et d'autres qui lui sont contraires, on ne peut considérer comme un acquiescement formel à tout son contenu les actes de cette partie tendant à son exécution dans les dispositions qui lui sont favorables. — Qu'ainsi, une partie peut appeler des chefs d'un jugement qui lui sont contraires, après avoir exécuté ceux qui lui sont favorables. — *Cass.*, 12 niv. (et non 9 niv.) an XII, Leremois c. Durand.

650. — Que la partie qui exécute un jugement dans les chefs qui lui sont favorables est recevable à appeler incidemment des autres chefs, et on doit considérer l'acquiescement qui résulte de l'exécution de ce jugement comme conditionnel et subordonné au cas où la partie adverse n'appellerait pas elle-même de ce jugement. — *Montpellier*, 14 janv. 1833, Durand Villaret c. Barascud.

651. — Que le concours et l'assistance d'une partie à un acte qui emporte acquiescement à un des différens chefs sur lesquels a statué un jugement ne doivent pas la faire considérer comme ayant acquiescé à celui-ci dans son entier. — Ainsi, dans le cas où un jugement a statué sur une question de prélèvement, en même temps que sur une demande en liquidation et partage par suite de laquelle une estimation par experts des immeubles à partager a été ordonnée, la présence d'une partie à l'expertise ne la rend pas non-recevable à appeler de la disposition du jugement relative au prélèvement. —*Bourges*, 16 janv. 1843 (t. 2 1843, p. 726), Roy c. Decolons ; — Talandier, *De l'appel en mat. civ.*, no 132.

652. — Que payer les frais d'un jugement qui est exécutoire par provision quant aux dispositions principales, mais qui ne l'est pas quant aux frais, ce n'est pas acquiescer à ce jugement et se rendre non-recevable à en appeler ultérieurement, malgré les réserves faites à cet égard. — *Cass.*, 19 mai 1830, Dubreuil c. Delassarre.

653. — Que lorsqu'un jugement a statué sur deux instances distinctes, la signification qui en est faite sans réserves, à la requête de l'une des parties, à l'effet de suivre l'exécution des condamnations prononcées à son profit, ne constitue pas de sa part un acquiescement au chef sur lequel elle a succombé et ne la rend pas non-recevable à l'attaquer en cassation. — *Cass.*, 30 déc. 1818, Contributions indirectes c. Lorion-Paris.

654. — Que la partie qui prête un serment ordonné sur un des points du litige ne se rend pas non-recevable à attaquer ultérieurement le jugement qui lui imposait ce serment, quant à ses autres chefs. — *Nancy*, 14 déc. 1827, du Poirieux c. Parmentier.

655. — Que la simple assistance, pour obéir à justice, à une mesure d'instruction ordonnée par un jugement sur un point spécial, n'emporte pas acquiescement aux autres dispositions du même jugement, et n'empêche pas que l'appel en soit recevable. — Qu'ainsi, en comparaissant à la preuve, ordonnée par un jugement, de la qualité d'Espagnol alléguée par un prévenu qui revendique le bénéfice de traités diplomatiques, l'administration des douanes n'est pas censée acquiescer aux autres dispositions du même jugement, entièrement distinctes de celle qui fait l'objet de la preuve prescrite. — *Cass.*, 22 févr. 1842 (t. 1er 1842, p. 668), Douanes c. Juanico-Tenia de Berra.

656. — Que lorsqu'un jugement, contenant deux chefs distincts, n'ordonne le serment qu'à l'égard de l'un, la partie qui prête le serment sur ce chef n'acquiesce pas à l'autre. — *Cass.*, 22 flor. an VIII, Dubois c. Collignon.

657. — Que la partie qui exige de son adversaire le paiement d'une portion des dépens mis à la charge de ce dernier par un arrêt de cour royale n'acquiesce pas par là aux chefs de cet arrêt, qui sont entièrement distincts de ceux à l'occasion desquels a été prononcée la condamnation aux dépens. —*Cass.*, 14 août 1840 (t. 2 1840, p. 228), D'Aurelle et Laquenille c. Peydière.

658. — Jugé cependant que celui qui exécute un seul chef d'un jugement qui en contient plusieurs est censé avoir acquiescé au jugement entier, lorsque l'exécution a eu lieu sans réserves. — *Turin*, 30 nov. 1811, Bonafante.

659. — Que de même, lorsqu'en fixant les bases d'un partage de succession, un jugement déclare que certains biens font partie du patrimoine de l'un des cohéritiers, à charge par lui d'affirmer certains faits par serment, et retranche, par une autre disposition, une certaine somme que ce même cohéritier prétend lui être due par la succession, l'exécution que celui-ci donne à la première disposition du jugement en prêtant serment, sans réserve, le rend non-recevable à appeler de la seconde, ces deux dispositions se liant ensemble, en ce qu'il s'agit de fixer la consistance de l'hérédité. — *Toulouse*, 7 mars 1825, Lasserre ; — Solon, *Nullités*, t. 2, no 386; Bioche et Goujet, *Dict. de procéd.*, vo *Acquiescement*, no 129.

660. — L'acquiescement a quelquefois des effets plus étendus qu'on ne serait tenté de le supposer au premier aperçu.

661. — On décide, par exemple, qu'une partie ne pourrait attaquer un jugement qui ne serait que la suite ou la conséquence d'un précédent jugement auquel elle aurait formellement acquiescé. — *Cass.*, 4 janv. 1831, Dubusq et Lenfant c. Beaussieu ; — Bioche, no 135.

662. — Qu'on n'est pas recevable à se pourvoir contre un arrêt qui n'est que la suite d'un jugement interlocutoire, lequel avait ordonné des enquêtes, et qui avait été acquiescé et exécuté sans recours en cassation. — *Cass.*, 1er févr. 1832, Honnet c. commune de Vierzy.

663. — Que lorsqu'un jugement est interlocutoire en un chef et définitif dans l'autre, l'exécution, sans réserves, de la partie interlocutoire, emporte acquiescement au jugement tout entier. — *Paris*, 14 nov. 1840 (t. 2 1840, p. 656), Guillaume c. Fèvre et Croissant.

664. — Qu'on ne peut non plus se pourvoir en cassation contre un arrêt définitif, lorsqu'on l'a laissé exécuter sans réclamation, et que d'ailleurs on n'attaque pas un arrêt interlocutoire qui préjuge le fond. — *Cass.*, 11 janv. 1808, Van-Windekens c. Van Outrive.

665. — On a jugé aussi que l'acquiescement à un jugement qui a validé des saisies-arrêts faites en exécution d'un précédent jugement rend l'auteur de cet acquiescement non-recevable à interjeter appel de ce dernier jugement, qui se trouve, par là, avoir acquis l'autorité de la chose jugée. — *Cass.*, 16 mars 1840 (t. 1er 1840, p. 570), Perrier c. Mesnard. — Cette décision consacre un principe d'une haute importance en matière d'acquiescement, d'exécution et d'autorité de chose jugée, en ce qu'elle fait résulter une fin de non-recevoir contre l'appel d'un jugement, de l'acquiescement donné non à ce jugement lui-même, mais à un jugement postérieur, par le motif que celui-ci n'était que la conséquence et l'exécution du premier. L'autorité de la chose jugée peut donc être l'effet d'un acquiescement *virtuel*, s'il se réfère *nécessairement* au jugement contre lequel on voudrait se pourvoir par appel. Or, la relation est forcée lorsque le jugement auquel on a acquiescé ne fait que valider une voie d'exécution ouverte par un précédent jugement.

666. — Quel est l'effet de l'acquiescement donné à un jugement par défaut périmé faute d'exécution dans les six mois? — Jugé par la cour de Toulouse que cet acquiescement est valable et rend le jugement inattaquable. — *Toulouse*, 28 janv. 1831, Jalicé c. Bonnecarrère. — V. JUGEMENT PAR DÉFAUT.

TIT. II. — *Acquiescement en matière criminelle.*

667. — L'acquiescement est ici à considérer sous trois points de vue : 1o lorsqu'il est donné par la partie civile ; 2o lorsqu'il est donné par la partie condamnée ; 3o lorsqu'il l'a été par le ministère public.

668. — Nul doute que la partie civile ne puisse, lorsqu'elle est capable, acquiescer au jugement ou à l'arrêt auquel elle a figuré. A son égard, l'instance n'a pour objet qu'un intérêt civil qu'elle peut abandonner quand bon lui semble. — Lesellyer, *Trait. des Act. publ. et priv.*, t. 2, p. 43, no 425.

669. — Il est également certain que l'acquiescement donné par le condamné emporte déchéance, quant aux *réparations civiles* qui auraient été prononcées. — Legraverend, *Lég. crim.*, édit. Duvergier, t. 2, p. 402 ; Lesellyer, *Traité de l'act. publ. et priv.*, t. 2, p. 46, no 426; Merlin, *Quest.*, vo *Appel*, § 2, no 9. — V. aussi *Cass.*, 22 oct. 1812, Gerber.

670. — Mais le condamné peut-il, par son acquiescement, se priver vis-à-vis du ministère public de la faculté de l'appel ou du pourvoi en cassation, lorsqu'il est encore dans le délai pour agir ? — La négative nous paraît certaine. — Il est de principe, en effet, que toutes les matières intéressant l'ordre public et les bonnes mœurs ne sont pas susceptibles de transaction, et qu'on ne peut y déroger par des conventions particulières. — C. civ., art. 6 et 2045. — V. *suprà* tit. 1er, chap. 3. — Or, il est d'ordre public qu'une condamnation n'atteigne pas un innocent; car l'intérêt social serait lésé d'une pareille injustice : aussi la loi accorde-t-elle au prévenu les moyens de se justifier en lui fixant des délais pendant lesquels il peut faire valoir ces moyens. L'intérêt public exige qu'au bout d'un certain délai le sort d'un prévenu soit fixé; mais permettre à ce dernier lui-même d'abréger ce délai, ce serait évidemment léser cet intérêt. — Lesellyer, t. 2, p. 47, no 426 ; Boitard, *Leçons sur le C. inst. crim.*, p. 347 ; Chauveau sur Carré, t. 4, no 27, quest. 1584e ; Pigeau, *Comm.*, t. 2, p. 4 ; Merlin, *Quest.*, vo *Acquiescement*, § 19 ; Favard, *Rép.*, vo *Acquiescement* ; Talandier, *De l'appel*, p. 77.

671. — Ajoutons que si, dans l'ancienne jurisprudence, la même solution n'était pas expressément admise; que si même l'opinion contraire avait prévalu, comme l'atteste Jousse (*Traité de la just. crim.*, t. 2, part. 3e, livre 2, tit. 37, art. 4, no 15, p. 733), de très bons esprits admettaient cependant que le prévenu ne renonçait pas à la faculté d'appeler, par cela seul qu'il avait acquiescé. Ainsi s'exprimait d'Aguesseau en 1747 : « Ce serait une grande question de savoir si l'accusé ne pourrait pas lui-même, malgré son acquiescement, réclamer encore contre sa condamnation, s'il avait recouvré des preuves qui dussent rétablir son entière innocence. » — V. d'Aguesseau, *Œuvres*, p. 237 et suiv., t. 8, lettre 151e.

672. — D'ailleurs, en admettant que l'ancienne jurisprudence fût contraire à notre manière de voir, il est incontestable qu'elle ne saurait faire autorité sous l'empire de lois qui ne l'ont consacrée par aucune disposition, et dont le véritable esprit lui est contraire, ainsi que nous l'avons dit plus haut. — Lesellyer, t. 2, no 425.

673. — On objecte vainement que la loi, ayant fixé un délai pendant lequel le prévenu peut se pourvoir, a par cela même fait entrevoir que son but était de mettre promptement fin aux incertitudes de ce dernier. Cela est vrai, mais en conclure qu'elle a voulu permettre de déroger aux lois intéressant l'ordre public, ce serait certainement abuser des inductions. Or, il n'est pas possible de méconnaître que la société est intéressée à ce que les prévenus jouissent de toutes les garanties légales : donc leur permettre de renoncer à leur garantie la plus sûre, l'appel et le recours en cassation, ce serait déroger à une loi d'intérêt public, ce qu'on ne saurait admettre. — Lesellyer, *loc. cit.*; Merlin, *Rép.*, vo *Acquiesc.*, § 10 ; *Quest.*, vis *Acquitt.*, § 20, et *Ministère public*, § 5 ; Mangin, *Traité de l'action publique*, t. 1er, no 32 ; Rauter, *Trait. de droit crim.*, t. 2, nos 719 et 742.

674. — Jugé, par application du principe qui vient d'être développé, que, sous le Code du 3 brum. an IV, la liste des témoins notifiée à l'accusé était nulle, lorsque l'âge et la profession d'un ou de plusieurs témoins n'y étaient point indiqués; et que cette nullité ne pouvait pas être couverte par le prétendu assentiment de l'accusé qu'on aurait cherché à induire des termes de l'exploit. — *Cass.*, 8 vend. an VII, Brianval.

675. — Jugé encore, sous l'empire du même Code, que la nullité, résultant de ce que des jurés absens avaient été remplacés par des citoyens d'une autre commune que celle du lieu où siégeait le tribunal, était d'ordre public, et ne pouvait pas être couverte par l'acquiescement de l'accusé. — *Cass.*, 8 pluv. an VII, Daury.

676. — Le Code pénal de 1810 a-t-il dérogé à ce principe ? — Nullement : nous trouvons au contraire dans la jurisprudence nombre d'arrêts qui le confirment.

677. — Ainsi, il a été jugé que l'exécution illégalement donnée pendant les délais d'appel à un jugement correctionnel, même avec le consentement du condamné, ne rendait pas ce dernier non-recevable à en interjeter appel. — *Cass.*, 10 juin 1836, Lombry.

678. — Que le prévenu ne peut valider par son silence la nullité radicale et substantielle, résultant de ce que le jugement qui le condamne est basé sur une vérification de ses livres, faite par un expert que le président a seul commis. — *Cass.*, 19 mars 1825, Roumage.

679. — Que le consentement tacite de l'accusé qui n'avait été ni averti ni interpellé d'agréer le juré supplémentaire, ne peut couvrir cette nullité. *Cass.*, 22 oct. 1819, Gay.

680. — Que l'accusé ne peut, par son acquiescement, donner à l'arrêt de contumace une existence que la loi ne lui accorde que dans le cas où la peine qu'il prononce est éteinte par la prescription. — *Cass.*, 27 août 1819, Guelfucci.

681. — Que la nullité résultant de ce que la formation du tableau du jury a été faite sur une liste de moins de trente jurés est radicale et ne

peut pas être converte pas l'acquiescement des parties. — *Cass.*, 5 avr. 1821, Bonnet; 19 avr. 1821, Laroque; 22 nov. 1821, Sarazi.

682. — Même décision, quant au défaut de notification du tableau des jurés. La nullité est absolue et ne peut-être couverte par l'acquiescement de l'accusé. — *Cass.*, 23 pluv. an VIII, Arrivex.

683. — Nous retrouvons dans un arrêt de la cour supérieure de Bruxelles, du 24 août 1815 (Corneille de Conninck), une application très remarquable de notre principe. — Cette cour a jugé que l'accusé qui a été traduit devant la cour d'assises avant l'expiration du délai de cinq jours que la loi lui accorde pour former sa demande en nullité de l'arrêt de renvoi, à compter du jour de l'avertissement qu'il en a reçu du président, est encore recevable à former sa demande en nullité, même après l'arrêt définitif.

684. — Lorsque les accusés ne se sont pas concertés pour l'exercice du droit de récusation des jurés, le président de la cour d'assises ne peut, au lieu de faire régler par le sort l'ordre dans lequel chacun d'eux usera individuellement de son droit, décider que le premier désigné par le sort, fera seul les récusations pour tous les autres. — Le consentement des accusés ne peut couvrir les vices d'un semblable mode de procéder. — *Cass.*, 2 fév. 1833, Lecoz.

685. — Jugé que le consentement de l'accusé à ce que le président des assises lui serve d'interprète ne couvre pas la nullité résultant de ce vice de procédure. — *Cass.*, 18 août 1832, Erfurth.

686. — Avant la loi du 28 avr. 1832, il y avait lieu d'annuler la composition du jury de jugement et de tout ce qui avait suivi, lorsque les récusations avaient été exercées, non par l'accusé ou l'un des accusés pour tous, mais par leur défenseur même appelé par eux pour les assister en leur présence et avec leur assentiment. Cet acquiescement tacite ne pouvait couvrir une nullité d'ordre public. — *Cass.*, 30 avr. 1819, Benoit; 1er déc. 1820, Delagre; 4 fév. 1831, Perrin; *Montpellier*, 20 mai 1831, Estor; — Legraverend, *Lég. crim.*, éd. Duvergier, t. 2, p. 69. — Il n'en serait plus de même aujourd'hui, puisque le nouvel art. 399, C. inst. crim., dispose formellement que l'accusé *ou son conseil* peuvent exercer le droit de récusation.

687. — Avant la loi du 28 avr. 1832, lorsqu'aucune interpellation n'avait été faite au prévenu de déclarer s'il agréait les jurés adjoints, rien ne pouvait établir qu'il y eût de sa part acceptation implicite, lors même qu'il n'aurait pas réclamé. — *Cass.*, 15 sept. 1820, Bidault.

688. — Il ne suffisait pas que l'accusé et le ministère public eussent donné leur consentement à la formation d'un tableau de jurés adjoints, ni que ces jurés fussent pris parmi les citoyens qui tenaient de la loi le droit de devenir jurés, il fallait à peine de nullité, qu'ils eussent été personnellement agréés par les prévenus. — Même arrêt. — Mais, depuis cette loi, le consentement exprès n'est plus nécessaire. — V. COUR D'ASSISES.

689. — Il est certain que l'adhésion de la femme au jugement de première instance qui l'a condamnée pour adultère, ne peut priver le prévenu de complicité du droit d'invoquer en appel, comme fin de non-recevoir contre la plainte du mari, la réconciliation des époux. — *Cass.*, 9 fév. 1839, (t. 1er 1839, p. 291), Liauzy. — En effet, comment l'acquiescement de la femme pourrait-il être opposé au complice, quand il est reconnu qu'il ne pourrait l'être à la femme qui l'adonné.

690. — Quoique la solution par nous adoptée sur l'effet de l'acquiescement consenti par le prévenu soit celle que la doctrine et la jurisprudence moderne ont consacrée le plus généralement, il existe cependant quelques décisions en sens inverse.

691. — Ainsi, jugé que le prévenu qui n'a pas élevé formellement la question d'incompétence devant le tribunal correctionnel, qui n'a proposé en cour d'appel l'incompétence des premiers juges qu'après un arrêt ordonnant l'apport de certaines pièces sur la réquisition du ministère public, et qui ne s'est opposé ni au fond du réquisitoire, ni à ce qu'il y fût fait droit avant le jugement de la compétence, est non-recevable à tirer une ouverture à cassation de ce que l'apport des pièces ordonné aurait été affectué avant le jugement de la compétence. — *Cass.*, 19 mars 1825 (cité nº 678).

692. — De même, lorsque, pour faire statuer sur une exception d'incompétence, un prévenu a conclu devant la cour royale à ce que le jugement définitif, ainsi qu'un jugement interlocutoire, fussent annulés, comme incompétemment rendus, et lorsqu'après le rejet de cette exception par un arrêt infructueusement attaqué devant la cour de Cassation, le prévenu n'a demandé dans ses nouvelles conclusions en cour royale, qu'à être reçu appelant du jugement définitif, il est censé avoir implicitement renoncé à son appel du jugement interlocutoire, et ne peut se faire un moyen de cassation de ce qu'il n'y a pas été statué. — Même arrêt.

693. — De même, le prévenu qui paie au bureau de l'enregistrement l'amende et les frais auxquels il a été condamné par un jugement de simple police, et qui exécute les travaux ordonnés par le même jugement, y acquiesce formellement et se rend non-recevable à en interjeter ultérieurement appel. — *Cass.*, 5 nov. 1829, Huot.

694. — De même, l'accusé qui, sur l'interpellation que lui a faite le président avant les débats, consent à être jugé immédiatement, renonce par là expressément à la faculté de se pourvoir contre l'arrêt de renvoi dans les cinq jours de son interrogatoire. — *Cass.*, 16 avr. 1831, Medal.

695. — De même l'accusé qui a consenti a être jugé dans la session, malgré son arrivée tardive dans la maison de justice, est présumé avoir renoncé à la faculté de se pourvoir en cassation contre l'arrêt de mise en accusation, et ne peut se faire un moyen de nullité de ce qu'il n'aurait pas reçu l'avertissement prescrit par l'art. 296, C. inst. crim. — *Bruxelles*, 27 sept. 1821, Joseph Botte. — V. conf. *Bruxelles*, 11 nov. 1819, Gil bert.

696. — De même, lorsque l'accusé qui n'est arrivé dans la maison de justice qu'après l'ouverture des assises, a, non seulement consenti, mais même demandé à être jugé durant la session, il est non-recevable à se faire un moyen de nullité de ce qu'il n'y aurait eu ni réquisitoire écrit de la part du procureur général, ni ordonnance expresse du président des assises. — Même arrêt du 27 sept. 1821.

697. — De même, l'accusé est non-recevable à se plaindre d'une violation de l'art. 296, C. inst. crim., lorsque, après avoir consenti à être jugé avant l'expiration du délai prescrit par cet article, il a assisté sans réclamation à la tenue des débats provoqués par le ministère public, par suite de son consentement. — *Cass.*, 4 oct. 1832, Pouget. — V. conf. *Cass.*, 8 juill. 1830, Hastenritter.

698. — De même, l'accusé qui pouvait s'opposer à l'audition d'un témoin, dont le nom ne lui a pas été notifié, est déchu de ce droit s'il ne l'a pas exercé avant la prestation de serment de ce témoin. — *Cass.*, 2 avr. 1831, Fontaines.

699. — D'autres arrêts ont aussi implicitement jugé dans le même sens.

700. — Ainsi, il a été jugé que l'acquiescement en matière criminelle ne peut s'induire que d'un acte formel émané du condamné. — *Cass.*, 6 mai 1826, Gauthier.

701. — De même, les débats et les jugemens sont nuls, lorsqu'il y a été procédé avant l'expiration de cinq jours accordés à l'accusé pour se pourvoir en cassation contre l'arrêt de mise en accusation, s'il n'a pas formellement renoncé à l'attaquer. — *Bruxelles*, 24 août 1815 (cité nº 683).

702. — De même, l'accusé peut encore, après la prestation de serment, mais avant le commencement de la déposition d'un témoin reprochable, rétracter le consentement qu'il a donné à son audition. — *Cass.*, 15 sept. 1831, Agard; 2 avr. 1831 (cité nº 698).

703. — De même, la renonciation au bénéfice d'un appel régulièrement émis doit être formellement exprimée, ou résulter au moins d'un fait personnel de l'appelant qui ne laisse aucun doute sur la volonté d'acquiescer au jugement qu'il avait attaqué.

704. — Ainsi, le délinquant qui a versé dans les mains du receveur des domaines le montant de l'amende à laquelle il a été condamné en première instance, ne peut pas opposer à l'administration forestière la quittance de ce fonctionnaire, comme établissant un acquiescement au jugement, et une fin de non-recevoir contre l'appel par elle interjeté. — *Cass.*, 4 juin 1824, Forêts c. Bezancenès.

705. — Quelle que soit l'utilité du principe qui ne permet pas que l'accusé renonce aux garanties que la loi lui a accordées, il peut arriver néanmoins que son consentement à tenir pour régulièrement faits certains actes de procédure élève contre lui une fin de non-recevoir.

706. — C'est ainsi que nous considérerions comme pouvant être couvertes les nullités d'actes ayant pour but de provoquer de la part de l'accusé l'exercice direct d'un droit : tel, par exemple, que celui de récusation, alors qu'aucun préjudice ne lui a été causé par cette nullité. — Legraverend, *Traité de lég. crim.*, t. 2, chap. 2, § 1er, p. 163, note 2e, col. 2e; Carnot, *C. inst. crim.*, t. 3, p. 52, nº 11, art. 394; Bourguignon, *Man. du jury*, p. 372, nº 246.

707. — Au surplus, Legraverend, dans ses notes manuscrites, dit M. Duvergier dans la note 2e (*loc. cit.*) de l'édition qu'il a donnée de ce criminaliste, fait remarquer qu'en subordonnant la nullité à la gravité des erreurs ou des inexactitudes, la cour de Cassation se constitue ainsi seul juge d'un point de fait, et qu'elle peut à son gré casser ou maintenir l'arrêt, ce qui n'est point conforme à la loi de son institution. — V. CASSATION.

708. — Jugé, conformément à la distinction posée nos 705 et 706, que l'accusé est non-recevable à se plaindre de ce que, dans la copie qui lui a été signifiée de la liste des jurés, il y a eu erreur sur le nom d'un juré s'il y a exactitude parfaite sur les prénoms, l'âge, les qualités et le domicile de ce juré, s'il n'a point réclamé, lors de l'appel des jurés, et s'il n'a point récusé ce juré lorsqu'il a été appelé par le sort pour entrer dans la formation du tableau, quoique son droit de récusation ne fût pas épuisé. — *Cass.*, 8 juill. 1824, Baude.

709. — De même, l'accusé qui n'a élevé aucune plainte devant la cour d'assises ne peut se faire un moyen de nullité de ce qu'il ne lui aurait pas été délivré copie des déclarations écrites des témoins. — *Cass.*, 3 août 1827, Reynaud dit Lissac.

710. — De même, l'accusé qui, lors de la formation du tableau, n'a point récusé ceux des jurés dont il prétend que les qualités et domiciles ont été mal indiqués dans la liste à lui notifiée en temps utile, est présumé avoir connu suffisamment leur identité. — *Cass.*, 9 fév. 1816, Simonin.

711. — De même, l'accusé qui a consenti à ce que des jurés suppléans fussent adjoints aux douze désignés par le sort, ne peut tirer de cette adjonction un moyen de nullité. — *Cass.*, 11 avr. 1817, Verdier.

712. — De même, l'accusé ne peut se faire un moyen de nullité, de ce qu'il ne lui aurait pas été délivré copie des procès-verbaux des hommes de l'art, appelés par le juge d'instruction, s'il ne rapporte aucune preuve qu'il en ait fait la demande. — *Cass.*, 27 avr. 1827, Maury.

713. — De même, l'accusé ne peut se prévaloir des irrégularités commises dans la désignation des témoins, sur la liste notifiée, lorsqu'il n'existe sur leurs noms et qualités aucune erreur grave pour l'empêcher de les reconnaître. — D'ailleurs, l'accusé qui ne s'est pas opposé à l'audition d'un témoin est non-recevable à tirer un moyen de nullité des irrégularités commises dans la désignation de ce témoin sur la liste notifiée. — *Cass.*, 13 janv. 1827, Rocque.

714. — De même, les nullités commises dans l'exploit de notification de la liste des témoins sont couvertes par l'audition de ces témoins, sans opposition de la part de l'accusé. — *Cass.*, 24 août 1827, Piriou.

715. — De même, l'accusé qui n'a pas réclamé lors de la formation du tableau du jury est présumé avoir connu tous les jurés compris sur la liste notifiée, et ne peut se faire un moyen de cassation de l'insuffisance des désignations, ni des incorrections de cette liste. — *Cass.*, 5 oct. 1821, Gorrichon; 9 fév. 1816, Simonin.

716. — De même, l'accusé ne peut tirer un moyen de nullité de ce que les noms des divers jurés auraient été notifiés d'une manière insuffisante, s'il a concouru à la formation du tableau sans élever aucune réclamation à cet égard. Il y a en ce cas présomption, comme pour les témoins, qu'il a suffisamment connu ces jurés. — *Cass.*, 17 mai 1821, Sabardin.

717. — Mais avant la loi du 28 avr. 1832, encore bien que l'accusé et le ministère public eussent consenti à l'adjonction d'un juré supplémentaire, et que sa désignation eût été faite régulièrement, il y avait nullité si ce juré était appelé à remplacer un des douze jurés titulaires empêché, sans avoir été agréé comme tel, tant par le ministère public que par l'accusé. — *Cass.*, 22 oct. 1819, Gay.

718. — Avant la loi du 28 avr. 1832, il ne pouvait être adjoint au jury un ou plusieurs jurés supplémentaires que sous la condition qu'il n'en résulterait aucune restriction au droit de récusation, soit de l'accusé, soit du ministère public, que le tirage se ferait sur les noms restés dans l'urne après la formation du tableau, que l'accusé et le ministère public donneraient leur consentement à ce tirage, et qu'enfin les jurés désignés par le sort seraient par eux individuellement agréés. — Même arrêt.

719. — Le nouvel art. 394, C. inst. crim., tel qu'il est résulté de la loi du 28 avril 1832, a enlevé à la décision qui précède son utilité d'application, puisqu'il permet à la cour d'assises d'ordonner l'adjonction de deux jurés supplémentaires alors que l'affaire lui paraît de nature à entraîner de longs débats. — V. COUR D'ASSISES.

720. — Il y a nullité des débats et de tout ce qui a suivi lorsque le président a ordonné la lecture de la déclaration écrite d'un témoin absent, non en vertu de son pouvoir discrétionnaire et en

prévenant les jurés que ce n'était qu'à titre de renseignement, mais seulement en exécution d'un arrêt de la cour d'assises, rendu par suite d'un accord entre le ministère public et l'accusé, et sans qu'il ait été donné aucun avertissement au jury. — *Cass.*, 22 sept. 1831, Imbert.

721. — Les personnes légalement responsables peuvent acquiescer quant aux condamnations prononcées contre elles à raison des faits de ceux dont elles sont civilement tenues, puisque ces condamnations ne sont jamais que relatives à leur intérêt privé. — Lesellyer, t. 2, p. 48, nº 427.

722. — L'acquiescement du ministère public le rendrait-il non-recevable à appeler du jugement rendu ou à se pourvoir contre l'arrêt intervenu?

723.—La négative nous paraît certaine sur cette question comme sur celle qui précède. Les motifs de décider sont les mêmes. En effet, le ministère public est l'organe de la société : l'intérêt public est engagé dans toute question criminelle, et l'on ne pourrait pas, en conséquence, consentir valablement une dérogation à ce qu'il prescrit.—Merlin, *Répert.*, vº *Acquiescement*, § 10; *Quest.*, vº *Acquiescement*, § 20, et vº *Ministère public*, § 5; Mangin, *Traité de l'act. publ.*, t. 1er, nº 32; Rauter, nºs 719 et 742 ; Lesellyer, t. 2, nº 425 ; Chauveau, sur Carré, t. 4, p. 27, quest. 1584e; Pigeau, *Comm.*, t. 2, p. 4; Favard, *Répert.*, vº *Acquiescement*; Talandier, *De l'appel*, p. 77.

724. — Ajoutons que, s'il en était autrement, toutes les fois que l'acquiescement du ministère public résulterait des conclusions favorables au prévenu, il ne serait pas possible que la cour ou le tribunal saisi prononçât même l'*absolution*, puisque ces conclusions entraîneraient désistement, et qu'il ne resterait rien à juger. Or, il est constant que tous les tribunaux criminels ou correctionnels prononcent un acquittement ou une condamnation après que le ministère public a posé des conclusions favorables au prévenu, et qu'ils ne se bornent pas à en donner acte à ce dernier. — Merlin, *Quest.*, vº *Ministère public*, § 5.

725. — Et ceci est conforme à ce principe que le ministère public a deux caractères bien distincts : celui d'agent de la société qui lui donne le pouvoir d'intenter une poursuite, et celui d'organe de la loi qui lui impose le devoir de requérir l'application de la loi. Comme agent de la société, il saisit les tribunaux, et une fois cette saisie opérée, il ne dépend plus de l'agent d'en retirer le bénéfice à la société : comme organe de la loi, il en requiert l'application, c'est-à-dire qu'il conclut à la condamnation ou à l'acquittement, suivant que sa conscience le lui prescrit; mais ses conclusions ne sauraient lier le tribunal, qui apprécie les conclusions comme il l'entend. — Merlin, *ibid.*; Mangin, *Traité de l'act. pub.*, t. 1er, nº 32; Lesellyer, t. 2, nº 539, p. 264.

726.—Jugé ainsi sous le Code du 3 brum. an IV, que l'ord. par laquelle le directeur du jury annulait le mandat d'arrêt délivré par un juge de paix, et en décernait un nouveau, était nulle si elle n'avait pas été précédée des conclusions du commissaire du pouvoir exécutif. — Et cette irrégularité n'était pas couverte par l'acquiescement ultérieur du commissaire. — *Cass.*, 11 niv. an VII, Baron.

727. — De même, sous le Code de 1810, l'officier du ministère public n'a pas le droit de se désister d'un pourvoi en cassation qu'il a régulièrement formé. — D'ailleurs, un désistement ne pourrait pas résulter de ce que le ministère public aurait fait écrouer le prévenu, en vertu de l'arrêt attaqué. — *Cass.*, 3 janv. 1834, Garnier; 25 sept. 1834, Vian; 6 déc. 1834, Guillard; 28 mars 1835, Vergne; 9 juill. 1840, N...

728. — De même, la mise en liberté du prévenu, prématurément ordonnée par le procureur du roi de première instance, n'élève aucune fin de non-recevoir contre l'appel que ce magistrat peut interjeter dans les dix jours du jugement qui a prononcé l'acquittement du prévenu. — *Cass.*, 2 fév. 1827, Lebozec.

729. — De même, la notification d'un arrêt faite aux condamnés à la requête du ministère public, avec sommation de l'exécution, ne lui enlève pas le droit de l'attaquer par la voie du recours en cassation, tant que le délai n'est pas expiré.—*Cass.*, 26 mai 1827, Chauvel et Imbert.

730. — De même, le ministère public est recevable à appeler d'un jugement correctionnel, encore qu'il l'ait exécuté, en ordonnant l'élargissement du prévenu acquitté. Le consentement le plus formel ne pourrait pas opérer un acquiescement. — *Cass.*, 16 juin 1809, Salza.

731. — De même, le pourvoi en cassation du ministère public, fait dans la forme et dans le délai prescrit, est recevable, quoique le jugement qu'il dénonce ait été rendu conformément à ses conclusions. — *Cass.*, 14 pluv. an XII, Cuesne; 25 fév. 1813, Bianchini; 7 janv. 1813, Faure.

732. — On argumente contre cette solution en opposant l'ancienne jurisprudence, qui, au rapport de Jousse, sur l'art. 11, tit. 26, ordonn. 1670, et dans son *Traité de la just. crim.*, t. 2, 3e part., liv. 2, tit. 37, art. 4, nº 16, p. 733, était contraire. Les mêmes raisons que nous avons données plus haut, pour repousser ce raisonnement, s'appliquent ici. Il en faut dire autant de cette objection tirée de ce que la loi rend non-recevable un appel ou un pourvoi tardif.—V. nºs 671 et suiv.

733. — Toutefois, Carnot exprime une opinion contraire à celle que nous adoptons. Suivant cet auteur, il faudrait distinguer entre le cas où le ministère public n'a fait que donner des conclusions favorables à l'accusé, et celui où, après que le jugement ou l'arrêt ayant été rendu, le ministère public l'a fait signifier avec *sommation d'y satisfaire*, ou qu'il l'a fait exécuter. Dans le premier cas, l'appel ou le pourvoi ne serait pas déclaré non-recevable, parce que les conclusions du ministère public ne sont point un acquiescement au jugement ou à l'arrêt rendu conformément à ces conclusions; dans le second cas, au contraire, il y a acquiescement, et, suivant cet auteur, « l'acquiescement a toujours été considéré comme une fin de non-recevoir insurmontable, et la loi n'en relève pas plus l'officier du ministère public que les parties intéressées. — Carnot, *C. inst. crim.*, art. 202, nº 15.

734. — La réfutation du motif sur lequel Carnot base sa doctrine est suffisamment développée dans ce qui précède. Disons seulement que si aucun texte formel ne vient faire exception à la règle qui veut que l'acquiescement emporte déchéance du droit d'appeler ou de se pourvoir, cette exception est inhérente aux matières criminelles qui intéressent l'ordre public, auquel on ne peut déroger par des conventions particulières. D'ailleurs, la distinction que propose Carnot entre la renonciation à une faculté donnée par la loi et l'acquiescement n'est qu'une subtilité : en effet, on ne peut pas acquiescer à un jugement sans renoncer par là même à la faculté d'en appeler; et si la loi ne permet pas cette renonciation directe, elle ne saurait la permettre indirectement par acquiescement.

735. — Toutefois, jugé dans le sens de Carnot que l'officier du ministère public ne serait plus recevable à interjeter appel d'un jugement de police correctionnelle, s'il l'avait fait signifier avec interpellation d'y satisfaire. — *Cass.*, 7 oct. 1809, N.... — Mais l'acquiescement du ministère public au jugement qui renvoie le prévenu ne dépouille pas l'action de la partie civile de son caractère correctionnel. — En conséquence, ce sont les règles, non du droit civil, mais du droit criminel, sur la solidarité et la contrainte par corps en matière de dommages-intérêts et de dépens, qui sont applicables.—*Cass.*, 15 juin 1844 (t. 2 1844, p. 482), Guérin et Didier c. Charpentier.

736. — Puisque le ministère public peut appeler d'un jugement ou se pourvoir contre un arrêt auquel il a acquiescé, nous déciderons *à fortiori* que le supérieur hiérarchique de ce magistrat peut appeler ou se pourvoir, malgré l'acquiescement de son inférieur ou l'exécution donnée au jugement ou à l'arrêt. En effet, d'après ce qui précède, alors même que le magistrat supérieur aurait acquiescé, il pourrait se pourvoir : il le pourra donc si son inférieur seul a acquiescé. — Lesellyer, t. 2, nº 428, p. 48; Merlin, *Répert.*, vº *Appel*, p. 399; Legraverend, *Lég. crim.*, t. 2, p. 405.

737. —Observons que, dans l'ancienne jurisprudence, cette solution était admise, bien qu'on parût décider les deux questions qui précèdent dans un sens opposé. —V. Jousse, *loc. cit.*; Serpillon, sur le tit. 26, art. 11, ord. 1670; Roussaud de Lacombe, *Matières crim.*, 3e part. chap. 1er, sect. 3e; Bruneau, tit. 5, *Maxime* 14e; Daguesseau, *Œuvres*, t. 8, p. 237; Merlin et Lesellyer, *loc. cit.*; Carnot, *Inst. crim.*, sur l'art. 202, t. 2, p. 103; Bourguignon, *Jurisp. crim.*, t. 2, p. 453; Legraverend, *Traité de lég. crim.*, t. 2, p. 404 et suiv.

738. — Jugé, dans ce sens, sous le Code, que l'acquiescement donné par le procureur du roi à un jugement de police correctionnelle, et même l'exécution qu'il en aurait consentie ou ordonnée, ne peuvent être un obstacle à ce que le ministère public du tribunal d'appel exerce dans sa plénitude le droit d'appeler qu'il tient personnellement de la loi, et qui est indépendant de celui du ministère public de première instance.—*Cass.*, 17 juin 1819, Berthe. — V. aussi *Cass.*, 1er avr. 1814, Bresciano; 15 déc. 1814, Gilles; 2 août 1815, Desporte; 2 fév. 1827, Lebozec; *Bourges*, 7 oct. 1839 (t. 1er 1840, p. 335), Denis. — V., dans ce sens, Merlin, Lesellyer, Carnot, Bourguignon, Legraverend, *loc. cit.*

739. — Le substitut du procureur du roi ou du procureur général aurait-il le même droit que le procureur du roi ou que le procureur général, alors même qu'il n'aurait pas rempli les fonctions de ministère public dans l'affaire dont il appellerait ou contre laquelle il formerait un pourvoi? Pour le cas où le substitut aurait fait les fonctions de ministère public, cela n'est pas douteux, puisque, de fait, il a remplacé son supérieur, qui lui a ainsi conféré tous ses pouvoirs. Il en faut dire autant du cas où il n'a pas rempli les fonctions de ministère public, parce que la loi l'investit elle-même d'un mandat permanent pour exercer les pouvoirs de son supérieur. — Merlin, *Quest.*, vº *Appel*, § 2, nº 8, p. 254; Bourguignon, *Jurisp. crim.*, sur l'art. 202, nº 6; Carnot, *Inst. crim.*, art. 202, nº 1er, *Observ. addit.*; Mangin, *Tr. de l'act. publiq.*, t. 1er, p. 185 et suiv., nº 94.—V. aussi APPEL.

740. — Jugé dans ce sens qu'un substitut a qualité, comme le procureur du roi lui-même, pour faire une déclaration d'appel, dans une affaire correctionnelle pour laquelle il l'a remplacé à l'audience. (*Cass.*, 29 mars 1822, Leman; 14 mai 1825, Lefèvre; 3 sept. 1829, Desmur). —Il en serait ainsi alors même que le substitut n'aurait pas rempli les fonctions du procureur du roi. — *Cass.*, 19 fév. 1829, Bouissié.

741. — Il est certain que si le pourvoi ou l'appel avait été formé, malgré le procureur du roi, par le substitut, on déciderait autrement, puisqu'en effet, ce dernier ne représenterait plus son supérieur. — Lesellyer, t. 2, nº 430. — V. APPEL.

742. — Jugé que l'administration forestière ne peut être déclarée non-recevable dans l'appel d'un jugement, sur ce motif que le montant des condamnations qu'il a prononcées a été versé entre les mains du receveur de l'enregistrement qui l'a reçu, et qu'il y a eu dès-lors acquiescement. D'après l'art. 19 (tit. 9, loi du 29 sept. 1791), aucun préposé de l'administration des forêts, et, à plus forte raison, un agent étranger à cette administration, ne peut, sans autorisation formelle, se désister des poursuites intentées en son nom, ni acquiescer à un jugement qu'elle aurait eu le droit d'attaquer. — *Cass.*, 31 déc. 1824, Forêts c. Colombart — V. aussi *Cass.*, 22 oct. 1829, Forêts c. Jaubart; 29 oct. 1824, Forêts c. Cigorgne.

743. — En matière forestière, jugé que l'acquiescement donné par le prévenu au jugement de condamnation intervenu contre lui ne le rend pas non-recevable à opposer la nullité du procès-verbal sur l'appel interjeté par la partie poursuivante de la disposition acquiescée. — *Cass.*, 25 oct. 1824, Forêts c. Bastien.

744. — L'administration des contributions indirectes qui n'a pas excipé en première instance de l'incompétence de la chambre du conseil ne peut se faire un moyen de cassation de ce que, sur la poursuite d'une contravention, il aurait été procédé par voie d'instruction : la loi ne lui interdit pas de consentir à ce mode d'information.—*Cass.*, 10 juin 1830, Contrib. ind. c. Seillard.

745. — En matière correctionnelle, les jugemens préparatoires n'étant pas susceptibles d'être attaqués ni par appel ni en cassation, leur exécution, même volontaire, ne peut pas, en définitive, être opposée comme fin de non-recevoir.—En conséquence, l'appel interjeté par la régie des douanes d'un jugement qui déclare nulle une saisie ne peut pas être écarté sous prétexte qu'elle s'y est rendue non-recevable en concourant à une vérification des marchandises saisies ordonnées par un jugement préparatoire. — *Cass.*, 5 brum. an VIII, douanes c. Lanecl-Carré. —Bourguignon, *Jurisp.*, t. 1er, et Carnot, t. 2, sur l'art. 199. — V. *contrà* Legraverend, t. 2, sect. 5e, p. 398.

746. — Jugé aussi que la signification faite à la requête de la régie des droits réunis d'un jugement qui lui est favorable sous un rapport, et défavorable sous l'autre, ne constitue pas de sa part un acquiescement, et n'a pas pour effet de la rendre non-recevable à se pourvoir par appel, dans le délai de la loi, contre la disposition qui lui fait grief.—*Cass.*, 6 juin 1806, Droits réunis c. Billé; —Bloche et Goujet, *Dict. de proc.*, vº *Acquiescement*, nº 58.

747. — De même, la signification des qualités d'un jugement, bien que faite sans réserve, n'emporte point acquiescement à la chose jugée, et ne rend point, par conséquent, la partie qui l'a faite non-recevable à se pourvoir en cassation. — Il en est de même, en matières de douanes, de la circonstance que l'administration a provoqué, après le jugement et sans réserves, la vente des marchandises saisies, alors que cette vente est motivée sur la possibilité de leur déguerpissement, et que, d'ailleurs, ledit jugement en prononçait la confiscation en sa faveur. — *Cass.*, 20 juill. 1831, Douanes c. Norrington et Roberval.

TITRE III. — *Acquiescement en matière administrative.*

748. — Il est formel ou tacite, et n'est soumis à aucune forme ni par le réglement du 22 juill. 1806, ni par le Code de procéd. — Chevalier, *Jurisp. adm.*, t. 2, v° *Procédure*, § 13 ; Foucart, *Elém. de dr. publ. et adm.*, t. 3, n° 441.

749. — L'acquiescement formel est judiciaire ou extra-judiciaire. — Chevalier, *ibid.*

750. — L'acquiescement tacite résulte de tout acte qui annonce clairement de la part du défendeur la volonté de ne pas défendre aux prétentions du demandeur.

751. — Ainsi, il y a acquiescement à un arrêté de l'autorité administrative quand on signifie cet arrêté sans aucune réserve formellement exprimée. — *Cons. d'état*, 16 juill. 1817, Montagnon c. d'Udressier.

752. — En matière administrative, comme en matière ordinaire, l'exécution est le mode d'acquiescement tacite le plus énergique.

753. — Ainsi, une partie n'est pas recevable à se pourvoir contre un arrêté qu'elle a exécuté. — *Cons. d'état*, 4 nov. 1835, Petit-Clerc et Jacquot.

754. — De même, lorsqu'une partie qui a eu connaissance d'une décision ministérielle ne l'a point attaquée en temps utile, mais a, au contraire, acquiescé à son exécution, son pourvoi contre cette décision doit être déclaré non-recevable. — *Cons. d'état*, 25 nov. 1843, Vanderberghe ; 11 sept. 1813, Paillette-Delille.

755. — De même, lorsqu'à la suite d'un arrêt rendu entre une commune et un entrepreneur, par lequel le conseil de préfecture a décidé en principe que l'entrepreneur a droit à une augmentation des prix fixés par son marché, le maire de cette commune (ou à Paris le préfet de la Seine) a déclaré au conseil municipal avoir acquiescé à cet arrêté au nom de l'administration, et qu'en votant, sur le vu de l'arrêté, un crédit pour l'exécution de cette décision, le conseil municipal a ratifié l'acquiescement, la commune ne saurait être admise ultérieurement à contester le principe même de l'augmentation ; elle peut seulement en débattre le mode d'application. — *Cons. d'état*, 12 fév. 1841, ville de Paris c. Lebobe.

756. — Comme l'acquiescement ordinaire, l'acquiescement administratif doit avoir été donné volontairement pour être valable. — Dufour, *Droit adm. appliqué*, t. 1er, n° 286.

757. — On ne peut, par conséquent, considérer comme acquiescement le paiement fait par un individu des condamnations prononcées contre lui, lorsqu'il n'a fait ce paiement que comme contraint et forcé et en faisant d'ailleurs toutes protestations et réserves. — *Cons. d'état*, 22 mars 1841, Garavini.

758. — De même, l'acquiescement à une ordonnance par défaut ne peut résulter du simple paiement de frais, au vu d'une ordonnance exécutoire. — *Cons. d'état*, 14 nov. 1821, commune des Essarts c. Jullien.

759. — C'est dans ce sens encore qu'il a été jugé qu'on ne peut considérer comme acquiescement l'avertissement donné au nom de l'administration des contributions indirectes à un débitant, conformément à l'arrêté du préfet qui fixe le taux de l'abonnement (ledit arrêté *exécutoire par provision*), alors surtout qu'il n'a été donné que sauf rappel ou restitution par suite de la décision à intervenir de la part du conseil d'état. — *Cons. d'état*, 27 fév. 1835, Contrib. indir. c. Beauvais.

760. — Point de consentement, partant point d'acquiescement dans l'espèce suivante. — Un receveur communal a payé des arrérages d'une créance éteinte par la déchéance, en vertu d'une ordonnance royale non contradictoire, et le conseil municipal a immédiatement protesté contre ce paiement. Jugé que ce paiement ne pouvait être considéré comme une reconnaissance de la dette et comme une adhésion à l'ordonnance. — *Cons. d'état*, 28 mars 1821, ville de Rochefort c. Delatouche-Tréville.

761. — Comme l'acquiescement doit être volontaire, il n'est valable, en général, qu'autant qu'il est donné en parfaite connaissance de cause. L'erreur le vicie. — V. *suprà*.

762. — Jugé cependant que le ministre des finances n'est pas recevable à se pourvoir au conseil d'état en matière de contributions directes, *même pour erreur matérielle*, contre un arrêté du conseil de préfecture rendu sur le rapport du directeur en cette partie, lorsque cet arrêté a été exécuté par l'administration sans aucune réserve de sa part. — *Cons. d'état*, 7 mars 1821, Ministre des finances c. Laroque, et 20 nov. 1815, Lenfant.

763. L'acquiescement peut être partiel ; il suit de là que l'action portée devant les tribunaux, *avec réserves*, pour parvenir à l'exécution d'une partie du dispositif d'un arrêté, ne peut être considérée comme un acquiescement à l'ensemble de cet arrêté. — *Cons. d'état*, 15 août 1821, Ruez c. Hachin.

764. — L'acquiescement administratif suppose la capacité de disposer de l'objet sur lequel porte l'acquiescement.

765. — En conséquence, l'acquiescement donné par le ministre des finances à une sentence arbitrale rendue au profit d'une commune, en matière de bois nationaux provenant d'un émigré, est sans effet au regard de l'émigré, aux termes de la loi du 28 brum. an VII, si, à l'époque où l'acquiescement est donné, l'émigré était rayé définitivement et réintégré. — Dès-lors, cet acquiescement ne met pas obstacle à ce que les contestations relatives à la validité de cette sentence soient déférées aux tribunaux. — *Cons. d'état*, 4 juin 1816, Saulx-Tavannes.

766. — Il en est autrement des acquiescemens donnés par l'état, alors qu'il était aux droits des émigrés ; ces acquiescemens sont valables et ont contre l'émigré réintégré la même force que contre l'état. — L. 5 déc. 1814, art. 1er.

767. — Aussi a-t-il été jugé qu'un émigré n'a pu se pourvoir contre un arrêté du conseil de préfecture acquiescé par l'état, et qui a reconnu, au profit d'une commune, des droits de propriété, au lieu de simples droits d'usage qu'il prétend lui appartenir. — *Cons. d'état*, 6 nov. 1817, duc de Bourbon c. commune des Vertus ; 23 avr. 1818, Ochelle ; 20 janv. 1819, Courtivron c. commune de Tarsul ; 24 mars 1820, Conflans ; 6 sept. 1820, Dubard ; 22 fév. 1821, Montmort ; 2 juill. 1823, Despinai-Saint-Luc.

768. — Jugé même que, bien que la radiation d'un émigré ait enlevé à l'état le droit d'acquiescer aux jugemens rendus pendant qu'il était à ses droits, toutefois l'acquiescement, même postérieur à cette radiation, donné au jugement qui a adjugé à une commune des bois litigieux, doit produire effet si, à l'époque où il est intervenu, les bois étaient devenus inaliénables, et, dès-lors, non susceptibles d'être rendus à l'émigré, par l'effet de la loi du 2 niv. an IV. — *Cons. d'état*, 20 janv. 1819, Courtivron c. commune Tarsul. — La raison de décider ainsi, dans l'espèce, est que ces bois n'étaient pas compris dans les biens susceptibles d'être alors remis, et qu'étant réservés et détenus par l'état, le ministre avait capacité pour en disposer. — Cormenin, *Droit adm.*, t. 2, p. 213, v° *Emigré*.

769. — En matière administrative, l'acquiescement est-il opposable lorsqu'il a été donné avant la signification de la décision rendue ? — Cette question, dont la solution dépend beaucoup des circonstances, ne peut pas être décidée d'une manière absolue. — Pour acquiescer à une décision, il faut la connaître : or, en matière administrative, l'arrêté, le plus souvent, est rendu hors la présence des intéressés et ne peut être connu d'eux que par la notification. On ne peut donc pas prétendre qu'il y ait acquiescement, quand il est constant que la notification n'avait pas eu lieu.

770. — C'est d'après ce principe qu'il a été jugé que, lorsque l'ordonnance qui règle la jouisssance de bois indivis entre deux communes n'a pas été signifiée au maire, la commune qui se croit lésée conserve le droit d'attaquer l'ordonnance. — Dans ce cas, la présence du maire à l'opération du bornage ne constitue pas un acquiescement à cette ordonnance. — *Cons. d'état*, 28 déc. 1825, commune de la Haie-Ville c. commune de Richecourt.

771. — Mais s'il résultait des faits que la décision, quoique non signifiée, a été communiquée officieusement, qu'elle a été connue des intéressés et exécutée volontairement, l'acquiescement serait certainement valable.

772. — En matière administrative, comme en matière ordinaire, l'effet de l'acquiescement est de donner à la décision intervenue un caractère définitif, et de priver la partie qui a acquiescé de toute voie de recours.

773 — Ainsi, c'est avec raison que le conseil d'état a déclaré non-recevable le pourvoi d'un ministre contre un arrêté du conseil de préfecture auquel il avait acquiescé. — *Cons. d'état*, 5 sept. 1842, Mulot ; — Cormenin, t. 1er, p. 144 et 201.

774. — C'est encore avec raison qu'il a jugé qu'un fournisseur ne peut être admis à réclamer la liquidation de ses fournitures, nonobstant des décrets définitifs et décisions qui ont statué sur cette liquidation, et auxquelles il a acquiescé. — *Cons. d'état*, 31 oct. 1821, Vanderberghe.

775. — La renonciation au bénéfice d'une décision, d'un arrêté administratif, ne doit pas être confondue avec l'acquiescement, mais elle produit des effets analogues.

776. — Ainsi, il a été jugé que lorsque le défendeur au pourvoi déclare renoncer purement et simplement au bénéfice de l'arrêté attaqué, il y a lieu de donner acte de cette renonciation à celui qui a formé le pourvoi, et de remettre les choses dans l'état où elles étaient avant l'arrêté. — *Cons. d'état*, 5 déc. 1834, Ministre des finances.

777. — Jugé de même que, lorsque les héritiers d'un entrepreneur ont renoncé au bénéfice d'un arrêté contre lequel il y a pourvoi, et déclaré se tenir pour satisfaits de l'indemnité qui leur a été offerte par l'administration des ponts et chaussées, il n'y a plus d'intérêt pour le ministre des travaux publics à faire prononcer sur la contestation, et il doit être déclaré qu'il n'y a lieu à statuer sur le pourvoi. — *Cons. d'état*, 28 oct. 1831, Corroyer.

778. — Sans attaquer cette décision d'une manière absolue, M Chevalier fait remarquer avec raison que le demandeur, malgré la renonciation de son adversaire au bénéfice de l'arrêté attaqué, n'est pas complètement désintéressé ; il reste toujours à vider la question des dépens.

V. ASSURANCES MARITIMES, AYANT-CAUSE, DOUBLE-ÉCRIT, ENREGISTREMENT, PREUVE TESTIMONIALE, SERMENT.

ACQUIT.

1. — On appelle ainsi la quittance ou décharge mise au bas ou au dos d'une lettre de change ou de tout autre effet négociable. Le porteur met ces mots : *pour acquit*, et il signe. — V. LETTRE DE CHANGE.

2. — Si un pareil acquit était apposé par le créancier au bas ou en marge d'une obligation ordinaire, il n'y a nul doute qu'il équivaudrait à une quittance. — V. ENREGISTREMENT, QUITTANCE.

ACQUIT-A-CAUTION.

Table alphabétique.

ACQUIT-A-CAUTION. — 1. — Acte émané de la régie des contributions indirectes ou de l'administration des douanes, qui autorise, soit l'enlèvement, soit la circulation, soit l'introduction de marchandises sujettes aux droits, soit l'entrée ou la sortie de marchandises prohibées à l'importation ou à l'exportation, moyennant le cautionne-

ACQUIT-A-CAUTION, § 2.

ment ou la consignation, au lieu du départ, du double des droits, à charge de restitution par l'administration sur la justification de l'arrivée des marchandises à la destination déclarée.

2. — Les acquits-à-caution forment entre l'administration et ceux à qui elle les délivre de véritables contrats, qui doivent être exécutés selon leur forme et teneur, sous les seules modifications admises par la loi. — Ord. 11 juin 1816; — *Cass.*, 29 juin 1825, Contrib. indir. c. Tort.

§ 1er. — *Cas dans lesquels il y a lieu à délivrance d'acquits-à-caution* (no 3).

§ 2. — *Formalités relatives aux acquits-à-caution* (no 10).

§ 3. — *Décharge des acquits-à-caution. — Faux* (no 25).

§ 4. — *Défaut de décharge des acquits-à-caution* (no 43).

§ 1er. — *Cas dans lesquels il y a lieu à délivrance d'acquits-à-caution.*

3. — La délivrance d'un acquit-à-caution est nécessaire dans les cas suivans : — 1o Pour faire, sans paiement définitif des droits, mais moyennant le cautionnement ou la consignation au lieu du départ du double de ces droits, circuler, soit dans l'intérieur d'une ville seulement, soit dans l'intérieur du royaume, des marchandises soumises au droit de circulation dans une ville sujette, ou au droit d'entrée d'une ville à une autre ; — 2o Pour introduire en France, ou faire transiter sur le territoire français, sans paiement de droits ou d'amendes, les marchandises étrangères soumises au droit d'entrée ou prohibées à l'importation ; — 3o Et pour faire sortir du royaume, ou faire transiter sur le territoire étranger, sans paiement de droits ou d'amendes, les marchandises françaises soumises au droit de sortie, ou prohibées à l'exportation. — L. 6-22 août 1791, tit. 3, art. 1er, 2 et 4.

4. — L'acquit-à-caution est délivré, soit par la régie des contributions indirectes, soit par l'administration des douanes, suivant la nature de la marchandise et le lieu de l'expédition ou de la destination.

5. — La régie des contributions indirectes n'est appelée à délivrer des acquits-à-caution que pour les boissons, les tabacs et les poudres. (*Encyclop. du droit*, vo *Acquit-à-caution*, no 14). — Voici les principales circonstances dans lesquelles ces acquits-à-caution sont délivrés par la régie : 1o Pour l'importation en France des boissons venant de l'étranger; pour l'exportation à l'étranger des boissons venant de France; pour la circulation des boissons en France, soit par terre ou par eau, soit au moyen du cabotage ; et pour leur sortie des entrepôts (L. 28 avr. 1816, art. 17 et 19; Circ. 15 juill. 1806, 20 sept. 1816, 6 juin 1823 et 25 sept. 1824) ; — 2o Pour l'importation des tabacs étrangers dits provisions de santé ou d'habitude ; pour la circulation des tabacs français ou étrangers et dans la ligne des douanes (L. 28 avr. 1816, art. 208 et 215, et Circ. 15 mai 1821, 30 janv. 1832 et 15 avr. 1833); — 3o Et pour l'exportation des poudres destinées soit à l'armement des navires, soit aux opérations commerciales. — Ord. 19 juill. 1829, art. 3, 4 et 5, et Circ. 7 août 1829; — Fasquel, *Résumé anal. des lois et règlem. des douanes*, p. 189 et suiv.

6. — Quant à l'administration des douanes, elle délivre les acquits-à-caution pour toutes les autres marchandises et denrées qui sont ou prohibées ou soumises à des droits. — Les principales circonstances dans lesquelles cette délivrance a lieu sont les suivantes : 1o Pour les marchandises expédiées par mutation d'entrepôt par mer (Circ. 9 mai mai 1821) ; — 2o Pour les marchandises expédiées en transit (Circ. 20 déc. 1814); — 3o Pour les marchandises expédiées par cabotage (Circ. 10 juill. 1833); — 4o Pour le pacage des bestiaux et bêtes de somme au-delà des bureaux du côté de l'étranger, ou envoyés de France à l'étranger, ou amenés de l'étranger en France (Arrêté 25 messid. an VI, art. 2; Ord. 8 juill. 1834, art. 8, et Circ. 15 juill. 1825, art. 26 et 31); — 5o Pour les chevaux et bêtes de somme servant d'attelage ou de monture, qui empruntent momentanément le territoire étranger ou français (L. 9 flor. an VII, tit. 2, art. 7, et Circ. 7 mars 1826); — 6o Pour l'expédition des drilles d'un port de France à un autre (Circ., 9 mai 1824); — 7o Pour l'importation en France des livres, gravures et estampes venant de l'étranger (L. 27 mars 1817, art. 1er; Ord. 8 juill. 1834, et Circ. 8 mars 1817); — 8o Pour les ouvrages d'or et d'argent importés en France et expédiés sur le bureau de garantie le plus voisin pour y être marqués du poinçon français (LL. 19 brum. an VI, art. 23, et 28 avr. 1816); — 9o Pour l'importation des armes étrangères autorisée par le gouvernement (Décr. 22 août 1792, et Circ. 13 fév.-30 nov. 1815); — 10o Pour les grains et farines expédiés d'un port de France à un autre ; — 11o Pour les marchandises françaises ou étrangères destinées aux colonies françaises (L. 17 juill. 1791, art. 15, et Circ. 19 vendém. an IV); — 12o Pour les sels expédiés par eau d'un port de France à un autre (Décr. 21 sept. 1793); — 13o Pour ceux expédiés par mutation d'entrepôt par mer (Décr. 11 juin 1806, art. 23); — 14o Pour les transports des sels du lieu de fabrication à un entrepôt intérieur (Décr. 11 juin 1806, art. 24, et Circ. 20 nov. 1816); — 15o Pour les sels destinés aux habitans des îles et îlots du littoral français pour leur consommation (Décis. min. 12 août 1819) ; — 16o Pour les sels mis à bord des navires destinés à la petite pêche (Décr. 11 juin 1806, art. 49, et Circ. 21 juin 1817); — 17o Pour les salaisons expédiées par un bâtiment armé pour la petite pêche (Circ. 11 oct. 1827); — 18o Pour les sels destinés aux fabriques de soude (Ord. 8 juin-18 oct. 1822) ; — 19o Et pour les sels destinés au commerce de la troque. — Décr. 11 juin 1806, art. 14, et Décis. min. 3 janv. 1815 ; — Fasquel, *Résumé anal. des douanes*, vo *Acquit-à-caution*.

7. — Au surplus, ces différentes circonstances, très variées, dans lesquelles l'acquit-à-caution est nécessaire, se trouvent spécialement énumérées sous les mots CONTRIBUTIONS INDIRECTES et DOUANES, et sous ceux désignant les diverses marchandises qui doivent être accompagnées d'un acquit-à-caution.

8. — Un seul acquit-à-caution suffit pour plusieurs voitures, marchant ensemble, avec la même destination. — L. 28 avr. 1816, art. 6.

9. — Mais une fois les marchandises parvenues à la destination indiquée, elles ne peuvent être transportées dans un autre lieu sans un nouvel acquit-à-caution. — *Cass.*, 30 juill. 1807, Droits réunis c. Baron.

§ 2. — *Formalités relatives aux acquits-à-caution.*

10. — Quelle que soit l'administration qui le délivre, l'acquit-à-caution est soumis aux mêmes formalités générales; il n'y a de variables que certaines formalités de détail particulières à chaque administration et à quelques marchandises. — LL. 6-22 août 1791, tit. 3; 28 avr. 1816, art. 230.

11. — L'acquit-à-caution doit contenir : 1o une déclaration par l'expéditeur énonçant les quantités, espèces et qualités des marchandises expédiées et leur valeur, lorsqu'elles sont prohibées ; les lieux d'enlèvement et de destination; les noms, prénoms, professions et demeures des expéditeur, voiturier et acheteur ou destinataire; 2o l'engagement par l'expéditeur de rapporter dans le délai déterminé par l'acquit-à-caution un certificat constatant l'arrivée des marchandises à la destination déclarée ou leur sortie du royaume; et, à défaut de cette justification, l'obligation de payer les droits, doubles droits et amendes que l'acquit-à-caution a pour objet de garantir; — 3o et l'obligation solidaire par une caution solvable, domiciliée dans ce même lieu et sachant signer, qui s'engage avec lui à rapporter le certificat de décharge de l'acquit à-caution; si mieux n'aime l'expéditeur consigner le montant des droits, doubles droits et amendes. — LL. 6-22 août 1791, tit. 3, art. 1er, 2, 4; 17 déc. 1814, art. 5, 13; 28 avr. 1816, art. 10, 230; Ord. 11 juin 1816, art. 1er; — Girard, *Man. des contrib. indir.*, p. 106, no 176, note 2.

12. — Le délai dans lequel le transport doit s'effectuer se détermine suivant les distances, les saisons et les moyens de transport. Il est généralement fixé à raison de un jour par deux myriamètres et demi ; plus le temps nécessaire pour les stations forcées de la navigation et du roulage. — L. 17 déc. 1814, art. 5; Arrêté 22 janv. 1816 ; Circ. 20 et 28 mars 1833 ; 24 juill. 1836.

13. — Ce délai doit s'entendre, non-seulement du nombre d'heures ou de jours exprimés dans l'acquit-à-caution, mais encore des jours ou des heures tels qu'ils sont spécifiés et déterminés par cet acte. — En conséquence, il y a contravention non seulement en cas de transport des marchandises après l'heure fixée pour leur arrivée à destination (arg. *Cass.* 27 fév. 1823, Contrib. indir. c. Goy), mais même en cas d'enlèvement des marchandises avant l'heure du départ indiquée par l'acquit-à-caution. — *Cass.*, 26 mai 1827, Contrib. indir. c. Chemin; même cour, même date, Contr. indir. c. Florentin Dorey. — Mais il n'existe aucune disposition légale qui oblige à opérer l'enlèvement à un moment précis, fût-il indiqué par l'acquit-à-caution. Il suffit donc que l'enlèvement ait lieu dans le délai accordé par le congé, et que le transport ait été opéré dans le même temps. — *Cass.*, 16 fév. 1844 (t. 2 1844, p. 318), Contrib. indir. c. Brillon et Jeanne ; 22 fév. 1844 (t. 2 1844, p. 319), Contrib. indir. c. Perrin.

14. — Néanmoins les capitaines et maîtres de bâtimens sont admis à justifier qu'ils ont été retardés par des cas fortuits, comme fortunes de mer, poursuites d'ennemis et autres accidens; et ce par les procès-verbaux rédigés à bord et signés des principaux de l'équipage, ou par des rapports faits au tribunal de commerce, ou au maire, à défaut de ce tribunal : lesquels procès-verbaux et rapports doivent être affirmés devant le tribunal de commerce ou le maire.

15. — Les marchands et conducteurs de marchandises transportées par terre sont également admis à justifier des retardemens qu'ils ont éprouvés pendant la route, en rapportant au bureau de la régie des procès-verbaux en bonne forme, faits par les juges des lieux où ils ont été retenus; et, à défaut de juridiction, par les officiers desdits lieux : lesquels procès-verbaux font mention des circonstances et des causes de retard. Dans ces cas les acquits-à-caution continuent à produire leur effet, après le délai qu'ils déterminent et pendant la durée du retard forcé, légalement justifié, pourvu que les rapports ou procès-verbaux soient déposés au bureau de destination de passage en même temps que les marchandises y sont représentées. LL. 6-22 août 1791, tit. 3, art. 8; 4 germ. an II, tit. 7, art. 2; 28 avr. 1816, art. 230.

16. — La justification des retards forcés par cas fortuits ne peut être faite que par la représentation des procès-verbaux ou rapports sus-énoncés, et à l'époque ci-dessus prescrite. — *Cass.*, 16 mai 1810, Droits réunis c. Barlabé.

17. — Il ne peut être suppléé au défaut desdits rapports ou procès-verbaux par la preuve testimoniale. — L. 6-22 août 1791, tit. 3, art. 8.

18. — Toute personne qui transporte ou conduit des marchandises sous acquit-à-caution est tenue d'exhiber cet acquit aux employés des contributions indirectes, des douanes et des octrois, à l'instant même de la réquisition desdits employés, sans pouvoir exiger, sous quelque prétexte que ce soit, aucun délai pour faire cette exhibition; et faute de cette représentation immédiate, les employés doivent saisir le chargement (arg. L. 22 avr. 1836, art. unique). — Déjà on le décidait ainsi sous l'empire des lois des 24 avr. 1806 et 28 avr. 1816. — *Cass.*, 30 oct 1807, Droits réunis c. Cognard ; 5 nov. 1807, Guéry ; 13 nov. 1807, Accalino ; 29 mai 1811, Dury ; 14 mai 1824, Contr. indir. c. Meralier, et 9 juin 1826, Augé.

19. — L'acquit-à-caution, dans les cas où il est requis, ne peut être remplacé par aucune autre pièce ; ainsi il a été jugé : 1o que le commissionnaire qui prétend avoir reçu des boissons pour autrui et non pour son compte personnel ne peut suppléer à l'acquit-à-caution dont elles auraient dû être accompagnées en produisant un certificat de la régie attestant que son nom a été substitué par erreur à celui de l'acheteur, et que le droit a été payé : c'est à l'administration seule qu'il appartient d'avoir égard à ce qui s'est passé avant ou après le procès-verbal. — *Cass.*, 2 mars 1809, Réan c. Guillemet.

20. — 2o Que l'individu trouvé porteur de trois bouteilles d'eau-de-vie ou liqueurs, et qui n'a pas justifié d'un congé acquit-à-caution ou passavant, ne peut pas être acquitté sous le prétexte qu'il a produit un certificat du receveur de la régie attestant qu'il a obtenu un congé pour faire transporter à son domicile les boissons saisies, et que, d'ailleurs, il s'est muni d'une licence de débitant ambulant. — *Cass.*, 30 juill. 1825, Contrib. indir. c. Sembres.

21. — Les capitaines et maîtres de bâtimens et les voituriers sont tenus de présenter les marchandises dont ils sont chargés, savoir : celles expédiées par mer, au bureau de leur destination, et celles expédiées par terre, aux bureaux de leur passage, en même qualité et quantité que celles énoncées dans l'acquit-à-caution dont ils sont porteurs. — L. 6-22 août 1791, tit. 3, art. 6.

22. — Est considéré comme nul l'acquit-à-caution dont les énonciations sont inexactes. Par exemple, dans les circonstances suivantes : 1o si la quantité réelle des marchandises expédiées est moindre que celle portée dans l'acquit-à-caution. (Arg. *Cass.*, 1er sept. 1809, Droits réunis c. Vigne). — 2o Si le destinataire indiqué n'est point le véritable. (Arg. *Cass.* 23 avr. 1819, Contrib. indir. c. Daulhac, et 18 juin 1819, Alric). — 3o Si la quantité des liquides expédiés et le nombre des fûts qui les renferment sont plus considérables que ceux indiqués dans l'acquit-à-caution. — *Cass.*, 5 déc. 1822, Contrib. indir. c. Goizet.

23. — Les stipulations insérées aux acquits-à-

caution délivrés par l'administration des contributions indirectes ne peuvent être considérées comme constituant des engagemens ordinaires, régis par la prescription de trente ans; les actions qui en résultent restent soumises à la prescription d'un an établie par l'art. 50, décr. 1er germin. an XIII. — L. 6-22 août 1791, tit. 13, art. 25; — *Cass.*, 8 mai 1832, Contrib. indir. c. Allard; Mangin, *Traité de l'action publique*, t. 2, p. 250, note 1re.

24.—La falsification d'une soumission d'acquit-à-caution ne constitue pas nécessairement, et par elle-même, un faux en écriture de commerce. En conséquence, lorsque les questions posées au jury, et la réponse affirmative qui en a été la suite, n'attribuent point au soumissionnaire la qualité de commerçant, et ne relatent aucune circonstance indiquant que les marchandises ont été expédiées dans un intérêt de commerce, il y a lieu seulement d'appliquer la peine du faux en écriture privée.—*Cass.*, 5 juill. 1838 (t. 2 1838, p. 443), V...

§ 3.— Décharge des acquits-à-caution. — Faux.

25. — Les acquits-à-caution délivrés pour les marchandises à la destination de l'étranger sont déchargés après la sortie du territoire français ou l'embarquement. — Ceux qui ont accompagné des marchandises destinées à l'intérieur du royaume sont déchargés, savoir : 1o après le paiement du droit dans le cas où il est dû à l'arrivée; 2o après la prise en charge des quantités énoncées, si le droit n'est point encore exigible, le destinataire étant soumis aux exercices des employés de la régie; 3o et simplement après l'arrivée à sa destination, s'il n'est dû aucun droit, l'acquit-à-caution n'ayant été délivré que pour garantir la nouvelle exportation des marchandises à l'étranger.— L. 6-22 août 1791, tit. 3, art. 1er; Ord. 11 juin 1816, art. 2.

26.—Ils ne peuvent être déchargés qu'après vérification faite par les préposés de l'état, des cordes et des plombs, du nombre des ballots et des marchandises y contenues. — L. 6-22 août 1791, tit. 3, art. 6.

27. — Les certificats de décharges sont inscrits au dos des acquits-à-caution signés par deux employés au moins, et enregistrés au lieu de la destination. Les employés qui ont signé un certificat de décharge sont tenus d'en délivrer un duplicata toutes les fois qu'ils en sont requis. Il n'est rien payé pour les certificats de décharge.—L. 6-22 août 1791, tit. 3, art. 6; Ord. 11 juin 1816, art. 3.

28. — Il est défendu aux préposés, à peine de tous dépens, dommages-intérêts, de différer la remise des certificats de décharge lorsque les formalités prescrites par les acquits-à-caution ont été remplies. — Le refus doit être constaté par le procès-verbal, signifié sur-le-champ au receveur du bureau, et aucune preuve par témoins n'est admise à cet égard. — L. 6-22 août 1791, tit. 3, art. 6.

29. — Les préposés de la régie ne peuvent délivrer de certificat de décharge pour les marchandises qui sont représentées au bureau de destination ou de passage après le terme fixé par l'acquit-à-caution, ni pour celles qui ne seraient pas de l'espèce énoncée dans l'acquit-à-caution. — Dans ces deux cas, les marchandises sont considérées comme n'étant pas accompagnées d'expédition valable, et il est dressé procès-verbal de la contravention.—L. 22 août 1791, tit. 3, art. 7 et 8; Ord. 11 juin 1816, art. 4.

30. — Mais lorsque le retard provient de cas fortuits, et est légalement justifié par procès-verbaux ou rapports réguliers, les employés sont tenus de délivrer les certificats de décharge. — L. 6-22 août 1791, tit. 3, art. 8.—V. *suprà* nos 14 et 15.

31. — Le certificat de décharge d'un acquit-à-caution, pris pour exporter des marchandises hors de France, ne peut être remplacé par un jugement constatant l'impossibilité de l'exportation, pour cause d'avarie de ces marchandises. — C'est par le bureau des douanes désigné dans l'acquit-à-caution pour la sortie des marchandises que l'impossibilité d'exporter doit être constatée. — *Cass.*, 30 therm. an X, Douanes c. Miramont.

32. — Le vu embarquer faisant partie de l'accomplissement des formalités requises équivaut à un certificat de décharge.— *Cass.*, 11 mars 1835, Contrib. indir. c. Quesnel.

33. — Lorsque le vu embarquer a été apposé et signé par les employés des contributions indirectes sur l'acquit-à-caution délivré à l'expéditeur, ils ne peuvent ensuite biffer leurs signatures et refuser le certificat de décharge, sous prétexte qu'une substitution frauduleuse aurait été depuis constatée par les employés de la douane.— Même arrêt.

34. — L'administration des contributions indirectes, qui a reçu du destinataire la déclaration qu'il prenait à sa charge les marchandises à lui expédiées et le dépôt de l'acquit-à-caution constatant cette expédition, ne peut ensuite refuser de décharger l'acquit-à-caution, sous le prétexte que l'expédition est fictive, et que le destinataire n'a pas de magasin, lorsque précédemment, dans les mêmes circonstances, elle a délivré plusieurs certificats de décharge.—*Cass.*, 9 nov. 1836, Leine; Ord. 11 juin 1816, art. 1er, 2, 4, 5 et 8.

35. — Lorsqu'il y a seulement différence dans la quantité, et qu'il est reconnu que cette différence provient de substitution, d'addition ou de soustraction, l'acquit-à-caution est déchargé pour la quantité représentée, indépendamment du procès-verbal qui est rapporté pour la contravention. — L. 6-22 août 1791, tit. 3, art. 9; Ord. 11 juin 1816, art. 5.

36. — Dans ce cas, si la différence est en moins, l'expéditeur est tenu, aux termes de la soumission, de payer le double droit pour la quantité manquante. — Si la différence est en plus, le destinataire est tenu d'acquitter sur l'excédant le double des mêmes droits. — Ordon. 11 juin 1816, art. 5.

37. — Lorsque les acquits-à-caution sont rapportés au bureau d'enlèvement, revêtus de certificats de décharge en bonne forme, ou, en cas de perte de ces expéditions, lorsqu'il est produit des *duplicata* réguliers desdits certificats de décharge, les engagemens des soumissionnaires et de leurs cautions sont annulés, et les sommes consignées restituées; sauf la retenue, s'il y a lieu, pour doubles droits, sur les manquans reconnus à l'arrivée, et moyennant que les soumissionnaires certifient au dos desdits certificats de décharge la remise qu'ils en font, et qu'ils déclarent le nom, la demeure et la profession de celui qui leur renvoie le certificat de décharge. —L. 6-22 août 1791, tit. 3, art. 10 et 11; Ord. 11 juin 1816, art. 6.

38. — Toutefois, la régie ne peut faire annuler, comme irrégulière, le certificat de décharge, faute par le soumissionnaire d'en avoir certifié la remise au dos, et d'avoir déclaré les noms, profession et demeure de celui qui lui avait renvoyé le certificat de décharge, lorsque la régie est dans l'usage de ne pas observer ces formalités, mais de se conformer à l'art. 17, L. 8 déc. 1814, qui n'exige plus ces déclarations.—*Cass.*, 21 déc. 1831, Contrib. indir. c. Janets.

39.—La forme indiquée par l'ordonnance royale du 11 juin 1816, pour opérer la décharge d'un acquit-à-caution, n'est pas applicable à celui qui a été annulé comme étant le résultat d'une erreur. — *Cass.*, 13 mars 1826, Contrib. indir. c. Loiseau.

40. — Dans le cas où les certificats de décharge, après vérification, sont reconnus faux, les soumissionnaires et leurs cautions ne sont tenus que des condamnations purement civiles, conformément à leur soumission; sans préjudice des poursuites à exercer par qui de droit, comme à l'égard des falsifications ou altérations d'écritures publiques. — L. 22 août 1791, tit. 3, art. 10; Ord. 11 juin 1816, art. 7.

41. — La régie a quatre mois pour s'assurer de la validité des certificats de décharge, et intenter l'action; après ce délai elle n'est plus recevable à former aucune demande. — Ordon. 11 juin 1816, art. 7.

42. — Lorsque pour prouver la fausseté de certificats de décharge d'acquits-à-caution représentés par un soumissionnaire, la régie des contributions indirectes produit des attestations des destinataires qui constatent n'avoir reçu ni demandé les boissons auxquelles s'appliquent les acquits-à-caution, ces attestations ou tous autres actes extrajudiciaires peuvent être déclarés inconcluans, en présence d'arrêts ou ordonnances de non lieu qui ont renvoyé le soumissionnaire des poursuites criminelles dirigées contre lui, comme coupable ou complice du faux dont argue la régie. Le décider ainsi, ce n'est pas, de la part du tribunal saisi de la contestation à fin de paiement des droits réclamés par la régie, violer la règle qui défend de donner effet au civil à la chose jugée au criminel. — L. 22 août 1791, tit. 2, art. 10 et 11; Ordon. 11 juin 1816, art. 6 et 8; — *Cass.*, 21 déc. 1831 (cité no 38).

§ 4. — Défaut de décharge des acquits-à-caution.

43. — Si les certificats de décharge ne sont pas rapportés dans les délais fixés par la soumission, et s'il n'y a pas eu consignation au départ, une contrainte est décernée par les préposés à la perception contre les soumissionnaires et leurs cautions, pour le paiement des doubles droits. — L. 6-22 août 1791, tit. 3, art. 12; Ord. 11 juin 1816, art. 8.

44. — Si les marchandises pour lesquelles le certificat de décharge n'est pas rapporté sont dans la classe de celles prohibées à la sortie, les préposés à la perception peuvent pareillement décerner contrainte pour la valeur desdites marchandises, fixée par les soumissions, et pour l'amende, aussi conformément auxdites soumissions.—L. 6-22 août 1791, tit. 3, art. 13.

45. — Néanmoins, si les soumissionnaires rapportent, dans le terme de six mois après l'expiration du délai fixé par les acquits-à-caution, les certificats de décharge en bonne forme et délivrés en temps utile ou les procès-verbaux du refus des préposés, les droits, amendes ou autres sommes qu'ils ont payées leur sont remis; ils sont, seulement, tenus des frais faits par la régie jusqu'au jour du rapport desdites pièces.—Même loi, art. 14; Ord. 11 juin 1816, art. 8.

46. — Après le délai de six mois, aucunes réclamations, relatives auxdites sommes consignées ou payées, ne sont admises, et les doubles droits sont acquis, l'un comme perception ordinaire, l'autre à titre d'amende. — Même loi, *ibid.*; Ord. 11 juin 1816, art. 9.

47. — Le double droit est dû, soit lorsque le certificat de décharge ne constate l'arrivée des marchandises que dans un lieu de passage, et non dans le lieu de destination; soit lorsqu'il ne contient aucune des formalités expressément exigées par la loi des 6-22 août 1791; soit lorsqu'il n'est rapporté qu'après l'expiration du délai de six mois. — *Cass.*, 20 déc. 1820, Contrib. indir. c. Tort.

48. — La régie des contributions indirectes n'est pas fondée à prétendre qu'un certificat de décharge a été rapporté après l'expiration des délais prescrits par les réglemens, lorsqu'il est décidé, en fait, par jugement, et que le contraire n'est pas établi par elle, que l'acquit-à-caution a été déchargé, et que les marchandises ont été prises en charge par elle pour le compte d'un tiers; qu'elle a reçu, accepté et produit elle-même l'acquit-à-caution dûment déchargé; et que le contraire de ses prétentions résulte enfin des circonstances de la cause, et notamment de son refus de justifier de ses registres, tenus pour l'année où elle prétend que la contravention aurait été commise. — *Cass.*, 28 janv. 1829, Tort.

49. — La somme stipulée par le porteur d'un acquit-à-caution, à défaut par lui de rapporter un certificat de décharge, dans le délai fixé, constitue, pour la régie, une véritable créance. En conséquence, l'ordonnance d'amnistie du 13 janv. 1815, qui, tout en faisant remise des amendes encourues pour fraudes et contraventions relatives aux contributions indirectes, réservait au gouvernement l'exercice de l'action civile pour le paiement des droits et créances, n'a pu être appliquée à une pareille dette, et en produire l'extinction. — *Cass.*, 28 avr. 1818, Contrib. indir. c. Allard.

50. — Néanmoins, l'action en paiement résultant d'une telle stipulation est, comme celle relative au paiement des droits et amendes, soumise à la prescription annale, et non à la prescription trentenaire. — Décr. 1er germ. an XIII, art. 50; L. 6-22 août 1791, tit. 13, art. 25: — *Cass.*, 8 mai 1832, Contrib. indir. c. Allard. — V. CONTRIBUTIONS INDIRECTES, DOUANES.

51. — La prescription du double droit dû à la régie, à défaut de justification de la décharge d'un acquit-à-caution, court contre elle à partir de l'expiration du délai accordé par l'acquit-à-caution pour l'apport de cette décharge. — Ord. 11 juin 1816, art. 8; Décr. 1er germ. an XIII, art. 50; — *Cass.*, 29 juin 1825 (cité no 2).

52. — Le droit de vente en gros ayant été supprimé par la loi du 25 nov. 1808, la prescription n'a pas pu, depuis cette loi, prendre cours à partir de la vente en gros des boissons faisant l'objet d'un acquit-à-caution, consentie par le porteur de l'acquit, avant l'échéance du délai accordé pour l'apport de la décharge. — Même arrêt.

53. — La régie des contributions indirectes n'est pas tenue des intérêts des sommes par elle indûment perçues et qu'elle est condamnée à restituer, non plus que de dommages-intérêts à raison de l'indue perception. Tel est le cas où la régie est condamnée à restituer des droits qu'elle avait provisoirement exigés, par suite d'un refus mal fondé de sa part de reconnaître la validité des certificats de décharge d'acquits-à-caution qui lui avaient été représentés en temps utile. A cet égard l'art. 33, tit. 13, L. des douanes des 6-22 août 1791, déclaré applicable aux contributions indirectes, en ce qui touche les acquits-à-caution, ne l'est pas également en ce qui touche les dommages-intérêts réservés aux parties.—*Cass.*, 21 déc. 1831, Contrib. indir. c. Janets.

V. BOISSONS, CONGÉ, CONTRIBUTIONS INDIRECTES,

DOUANES, ENREGISTREMENTT, OCTROI, PASSAVANT, TIMBRE.

ACQUIT DE PAIEMENT.

Ce sont les quittances délivrées par les douanes pour constater que le capitaine a payé tous les droits auxquels le navire et la cargaison sont soumis. — V. CAPITAINE.

ACQUITTEMENT.

Table alphabétique.

ACQUITTEMENT. — 1. — Renvoi d'une accusation ou d'une poursuite.

§ 1er. *Quand y a-t-il acquittement ou absolution* (no 2) ?

§ 2. *Qui doit prononcer l'acquittement ou l'absolution* (no 12)?

§ 3. *Effets de l'acquittement et de l'absolution* (no 24).

§ 1er. — *Quand y a-t-il acquittement ou absolution?*

2. — L'ancien droit ne faisait aucune différence entre l'acquittement ou l'absolution, et il en est encore de même dans le langage du monde. — Mais les art. 358 et 364, C. inst. crim., ont fait entre ces deux expressions une distinction assez importante. — Il y a lieu à acquittement lorsque l'accusé n'est pas coupable, à absolution quand il est déclaré coupable, mais que le fait ne donne lieu à l'application d'aucune peine.

3. — Ainsi, l'accusé qui est déclaré coupable, mais dont la peine est anéantie par la prescription, doit être absous et non acquitté. — *Cass.*, 22 avr. 1830, Richeville. — V. CONTUMAX.

4. — La cour de Cassation a encore décidé qu'il y avait lieu à *absolution* et non à *acquittement*, dans le cas où la culpabilité étant écartée, le fait était dès lors constant pour le jury.

5. — Ainsi, elle a jugé qu'il y avait lieu d'*absoudre*, 1o l'accusé déclaré auteur du fait à lui imputé par l'accusation, mais non coupable, comme ayant agi en état de démence. — *Cass.*, 29 août 1829, Lhermite ; 2 juin 1831, Beauvois.

6. — 2o L'individu déclaré coupable, *mais sans intention criminelle*. — *Cass.*, 21 janv. 1813, Philibert.

7. — 3o L'individu déclaré coupable d'avoir aidé et assisté l'auteur d'un vol, *mais sans connaissance*. — *Cass.*, 4 mai 1827, Dufossé.

8. — 4o L'accusé déclaré coupable d'avoir commis un faux, *mais non frauduleusement*. — *Cass.*, 25 fév. 1830, Hyau.

9. — 5o L'individu qui, poursuivi comme banqueroutier frauduleux, est déclaré coupable du fait, mais n'est pas commerçant failli. — *Cass.*, 9 déc. 1830, Puireux.

10. — Au reste, les mots acquittement et absolution ne sont guère employés par la loi et usités dans la pratique que dans les affaires dites de grand criminel. — Le prévenu d'un simple délit correctionnel ou d'une contravention de police est non pas absous ou acquitté, mais, d'après les art. 159, 191 et 213, C. inst., *renvoyé* de la poursuite.

11. — De même les chambres du conseil ou d'accusation n'acquittent ni n'absolvent, si les charges contre le prévenu ne leur semblent point suffisantes : elles déclarent simplement qu'il n'y a lieu à suivre. — C. inst. crim., art. 128, 229, 230 et 1. — En un mot, il ne peut y avoir d'acquittement ou d'accusation qu'en faveur d'un *accusé*. — V. ACCUSÉ.

§. 2. — *Qui doit prononcer l'acquittement ou l'absolution ?*

12. — L'*acquittement* doit être prononcé par le président seul ; l'*absolution* doit émaner de la cour d'assises. — C. inst. crim., art. 358 et 364.

13. — La même distinction existait déjà sous le Code du 3 brum. an XIII (art. 424). — Jugé en conséquence, sous ce Code, que, quand l'accusé avait été déclaré non convaincu, le président rendait seul l'ordonnance d'acquittement, et n'avait besoin ni de consulter les juges ni d'entendre le ministère public. — *Cass.*, 12 vendém. an XIII, Kesseler.

14. — Lorsque, d'après la déclaration du jury, l'accusé est coupable d'un fait qui ne réunit pas les caractères d'un délit, il n'appartient qu'à la cour d'assises de délibérer sur cette déclaration et de prononcer l'absolution de l'accusé. — Le président ne pourrait s'arroger dans ce cas le droit de rendre une ordonnance d'acquittement. — *Cass.*, 4 fructid. an VII, Concordat ; 25 fév. 1808, Weber ; 24 oct. 1811, Lenoir ; 14 nov. 1811, Maheon ; 7 fév. 1812, Ruat ; 21 janv. 1813, Philibert ; 29 avr. 1813, Polder ; 26 août 1813, Gerrembeck ; 2 juill. 1813, Henck ; 19 mai 1815, Petuand ; 24 mai 1821, Aubouer ; 17 juill. 1823, Cotton ; 14 mai 1824, Vibert ; 30 avr. 1825, Malter ; 13 janv. 1827, Maheon ; 12 fév. 1829, Rabeau ; 7 janv. 1830, Jehlen ; 25 fév. 1830, Myon ; 2 juin 1831, Beauvair ; 5 janv. 1832, Delahaye ; 13 avr. 1832, Delanoue ; — de Dalmas, *Frais de just. crim.*, p. 378. — V. toutefois *Limoges*, 24 fév. 1839 (t. 1er 1839, p. 579), Puybras ; Chauveau et Hélie, *Th. C. pén.*, t. 1er, p. 295 ; Legraverend, t. 1er, ch. 19, p. 646.

15. — Le président est sans pouvoir pour rendre une ordonnance d'acquittement, lorsque la cour d'assises est saisie par les réquisitions du ministère public d'une question relative à l'application de la peine ; il n'appartient alors qu'à la cour d'assises d'y statuer et d'ordonner, s'il y a lieu, la mise en liberté. — *Cass.*, 26 mai 1826, Perrein.

16. — M. Morin (*Dict. de dr. crim.*, vo *Acquittement*, p. 31) tire de cet arrêt la conséquence que, dans ce cas, la cour doit rendre un arrêt d'absolution et non d'acquittement.

17. — Tel n'est pas, selon nous, le sens de l'arrêt ; il en faudrait seulement conclure que quand des difficultés viennent à s'élever sur l'appréciation de la décision du jury, la cour soit statuer, et qu'alors la déclaration d'acquittement devient l'accessoire de l'arrêt de la cour et lui appartient.

18. — On comprend, en effet, que des difficultés, des réquisitions du ministère public ne peuvent changer l'état des choses, empirer la position de l'accusé et avoir pour résultat de substituer une absolution à un acquittement qui devait être prononcé.

19. — Peut-être la jurisprudence de la cour de Cassation pourrait-elle, en ce qu'elle tend à restreindre les pouvoirs du président, trouver quelque appui dans l'esprit du Code d'instruction criminelle : on voit, en effet, dans les discussions qui ont précédé la rédaction de ce code, que le projet chargeait la cour d'assises de prononcer soit l'absolution, soit l'acquittement de l'accusé, et que ce fut sur les observations de l'archichancelier, portant qu'en cas d'acquittement il n'y avait lieu à prendre aucune délibération, que le président fut investi du droit de rendre seul une ordonnance d'acquittement.

20. — Quelques criminalistes ont induit de là que le droit de prononcer l'acquittement n'appartenait au président qu'exceptionnellement, et dans le seul cas où cet acquittement ne soulevait aucune difficulté.

21. — Mais cette conséquence nous paraît forcée, et nous croyons que les cours d'assises se conformeraient mieux au véritable esprit de la loi si, reconnaissant, après avoir statué sur les contestations soulevées par la déclaration du jury et sur les conclusions du ministère public, que c'est le cas d'une ordonnance d'acquittement et non d'un arrêt d'absolution, elles réservaient au président l'exercice du pouvoir qui lui est conféré par l'art. 358, de prononcer seul les ordonnances d'acquittement.

22 — La disposition qui charge le président d'une cour d'assises de prononcer seul l'acquittement de l'accusé déclaré coupable ne s'appliquait pas aux cours spéciales. — L'acquittement ne pouvait y être prononcé que par arrêt. — *Cass.*, 24 avr. 1812, Chichi.

23. — L'ordonnance d'acquittement, étant la simple constatation d'un fait, n'a pas besoin d'être motivée. — L'arrêt d'absolution, au contraire,

émané de la cour, doit, comme toutes ses décisions, énoncer les motifs sur lesquels il est fondé. — De Lacuisine, *Traité du pouvoir du président dans la direct. des déb. crim.*, p. 452.

§ 3. — *Effets de l'acquittement ou de l'absolution.*

24. — De l'acquittement résulte la mise en liberté immédiate de l'accusé.

25. — En conséquence, est nulle la décision du tribunal criminel ordonnant qu'il serait sursis à sa mise en liberté. — *Cass.*, 7 messid., an IX, Cauchebral.

26 — Mais la mise en liberté n'aurait point lieu si l'accusé était détenu pour autre cause. — C. inst. crim., art. 358.

27. — De même, lorsque, dans le cours des débats, l'accusé aura été inculpé sur un autre fait, soit par des pièces, soit par les dépositions des témoins, le président après avoir prononcé qu'il est acquitté de l'accusation, ordonnera qu'il soit poursuivi à raison du nouveau fait ; en conséquence, il le renverra en état de mandat de comparution ou d'amener, suivant les distinctions établies par l'art. 91, C. inst. crim., et même en état de mandat d'arrêt s'il était devant le juge d'instruction de l'arrondissement où siége la cour, pour être procédé à une nouvelle instruction. — Cette disposition ne doit être toutefois exécutée que dans le cas où avant la clôture des débats le ministère public a fait des réserves à fin de poursuite. — C. inst. crim., art. 361.

28. — Il en était de même sous le Code du 3 brum. an IV, avec cette différence, toutefois, que le président pouvait ordonner la poursuite, même d'office, mais il fallait toujours que l'inculpation nouvelle résultât des pièces ou des débats. — Art. 4[illegible].

29. — Jugé par suite que le président d'une cour criminelle ne pouvait renvoyer en état d'arrestation devant le directeur du jury un accusé acquitté, à l'effet d'être procédé à une nouvelle instruction sur un autre délit, lorsque cet individu n'était inculpé ni par les pièces ni par les débats. — *Cass.*, 30 juill. 1807, Fossaté.

30. — L'ordonnance d'acquittement est inattaquable. Le pourvoi ne peut être formé par le ministère public que dans l'intérêt de la loi. — C. inst. crim., art. 409.

31. — Telle n'est pas la puissance des arrêts d'absolution, que le ministère public peut attaquer et faire annuler. — *Cass.*, 30 mai 1812, Slakebrand ; 2 juill. 1813, Dupart.

32. — L'ordonnance d'acquittement peut-elle être attaquée autrement que dans l'intérêt de la loi, lorsque l'accusé a été déclaré coupable, alors que la déclaration du jury est incertaine autant que contradictoire, ou lorsqu'il appartenait à la cour de statuer ? — L'affirmative ne nous paraît pas douteuse nonobstant l'art. 409, qui semble par son texte repousser le pourvoi du ministère public d'une manière absolue.

33. — Dans le cas où il y a eu acquittement, en effet, on ne saurait comprendre qu'un président d'assises puisse, de sa seule autorité et sans que sa décision donne lieu à aucun recours, disposer illégalement du sort de l'accusé. Au surplus, les art. 358 et 360 déterminent le sens et la portée de l'art. 409, et il résulte de leur combinaison que le pourvoi n'est interdit au ministère public qu'autant que l'acquittement est régulier et légal. — *Cass.*, 18 messid. an IX, Pourquery ; 24 oct. 1811, Tychenne ; — Legraverend, t. 2, p. 431 ; Carnot, *C. instr. crim*, art. 409 ; Mangin, *Act. publ.*, t. 2, p. 252, no 375 ; Bourguignon, *Jurispr. crim.*, t. 2, p. 197, no 8.

34. — L'accusé qui succombe doit être condamné aux frais. — C. inst. crim., art. 368. — V. FRAIS DE JUSTICE.

35. — En conséquence, l'accusé *acquitté* ne doit pas être condamné au paiement des frais.

36. — Cependant il a été jugé que la cour d'assises *pouvait* condamner aux frais l'accusé *acquitté*. — *Cass.*, 22 déc. 1831, Alexandre.

37. — Cette jurisprudence, contraire au texte comme à l'esprit de l'art. 368, a été critiquée avec raison par les criminalistes qui se sont expliqués sur la question. — Chauveau et Hélie, *C. pén. progressif*, p. 56 ; Morin, *Dict. du droit crim.*, vo *Acquittement*, p. 32.

38. — L'accusé *absous* succombant, en partie du moins, dans le procès qui lui a été intenté, peut être condamné aux dépens. — *Cass.*, 2 juin 1831 ; *Beauvais*, 16 déc. 1831, Finet.

39. — L'accusé acquitté peut être condamné à des dommages-intérêts. — C. instr. crim., art. 366 ; — *Cass.*, 22 juill. 1813, Sauvegrain ; 22 janv. 1830, Letellier ; 13 oct. 1826, Renault ; 25 nov. 1831, Brunaud ; 5 mai 1832, Gombault ; 28 fév. 1835, Pélissier ; 5 fév. 1837 (t. 2 1837, p. 145), Brière ;

Bastia, 8 nov. 1831, Suzarini; — Legraverend, t. 2, ch. 2, p. 268; Carnot, *C. inst. crim.*, art. 358, nº 4; Bourguignon, *Justice crim.*, art. 358, nº 2; Merlin, *Rép.*, vº *Réparation civile*, § 7, nº 2; de Serre, *Manuel des cours d'ass.*, t. 2, p. 22; Mangin, *Act. publ.*, t. 2, nº 431.

40. — Il en est de même à plus forte raison au cas d'absolution. — C. instr. crim., art. 366.

41. — L'accusé acquitté peut également obtenir des dommages-intérêts contre la partie plaignante. — C. inst. crim., 366.

42. — L'accusé acquitté, mais qui est condamné à des dommages-intérêts solidairement avec son coaccusé, est tenu des frais. — Dans ce cas, il succombe, bien qu'il ait été acquitté. — *Cass.*, 22 janv. 1830, Letellier.

V. ACCUSÉ, CONTUMACE, COUR D'ASSISES, DÉMENCE, DISCERNEMENT, DOMMAGES-INTÉRÊTS, FORCE MAJEURE, FRAIS EN MATIÈRE CRIMINELLE.

ACTE.

Table alphabétique.

§ 1er. *Diverses acceptions du mot* acte; *en quoi il diffère du* contrat, *du* titre, *de la* convention.

1. — Le mot acte, du latin *agere, actus, actum*, embrasse, dans sa signification la plus vaste, tous les faits qui s'accomplissent dans l'ordre du droit naturel, du droit public et du droit privé. — L. 19, ff., *De verb. signific.*

2. — Appliqué au droit civil, le mot *acte* a une signification plus restreinte. Il exprime, *d'abord*, le fait ou la convention même des parties, *id quod actum est*, abstraction faite de l'écrit qui sert à constater ce fait ou cette convention. — L. 19, ff., *De verb. signific.*

3. — Et, en second lieu, il exprime l'écrit même où sont recueillis les faits et les conventions.

4. — Les Romains n'employèrent jamais le mot *actum* dans ces deux sens. Chez eux ce mot désignait seulement ce qui se passait entre les parties (loi précitée); et quant à l'écrit qui était passé, ils le nommaient *instrumentum*. — ff., liv. 22, t. 4, *De fide instr. et amissione eorum*; Cod., liv. 4, t. 31, *De fide instrument.*; Nov. 18, cap. 9.; Nov. 73, cap. 5; et 117, cap. 3; etc.

5. — Ces deux dénominations avaient l'avantage de ne s'appliquer chacune qu'à une chose, tandis que le mot *acte*, d'après la double signification que nous lui donnons, produit souvent une confusion que l'on retrouve dans la loi elle-même. — Ainsi, dans l'art. 175, C. pén., le mot *acte* est employé dans deux sens différens.

6. — C'est par suite de la même confusion que l'on a donné au mot *contrat* le même sens qu'au mot *acte*, lui faisant exprimer tout à la fois le fait même de la convention et l'écrit destiné à la constater; de sorte que l'on dit indifféremment *un contrat de vente* ou *un acte de vente*, *un contrat* ou *un acte de constitution de rente*. — *Nouv. Denisart*, vº *Acte*; Toullier, *Droit civ. franç.*, t. 8, nº 49; Rolland de Villargues, *Rép. du notariat*, 2e édit., vº *Acte*, nº 4.

7. — Il y a plus, on ne se sert jamais d'autre expression que de celle de *contrat de mariage*, pour désigner l'acte qui renferme les stipulations matrimoniales qui précèdent le mariage, quoique cet acte soit absolument différent de la convention qui forme l'essence de l'union conjugale, et qu'on appelle aussi *contrat de mariage*, suivant le sens propre de ce mot. — Mêmes auteurs, *ibid.*

8. — Toutefois, le mot *acte* est plus général que le mot *contrat*; car il y a des actes qui ne contiennent pas de contrats, quoiqu'ils contiennent ce qui s'est passé entre deux personnes. Telle est la remise d'une dette, telles sont les quittances, les mainlevées, etc. — Toullier, t. 9, nº 23; Rolland de Villargues, vº *Acte*, nº 6.

9. — Les actes prennent parfois le nom de *titre*. Toutefois, il est à remarquer que ces deux expressions indifféremment employés par nos lois (C. civ., liv. 3, tit. 3, ch. 6, § 1er, intitulé *Du titre authentique*, art. 1317, 2263, et C. procéd. civ., art. 545 et 557) ne sont pas synonymes. L'expression *titre* s'applique surtout aux actes qui confèrent un droit: ainsi on dit un *titre de propriété*, un *titre de créance*. Elle s'applique aussi, et même avec beaucoup plus de justesse que le mot *acte*, à l'écrit authentique qui est en même temps exécutoire, c'est-à-dire à l'écrit qui, outre les solennités requises pour l'authenticité, réunit les conditions nécessaires pour être mis à exécution, sans qu'il soit besoin de l'autorisation de la justice. — Rolland de Villargues, vº *Acte*, nº 7, et Teste, *Encyclop. du dr.*, vº *Acte*, nº 5.

10. — Le *titre* est même indépendant de l'*acte*. Le *titre*, c'est la cause du droit; il se confond avec le contrat ou la convention. L'*acte* n'est que la preuve du titre ou de la convention, l'écrit rédigé pour la constater. Ainsi, on peut avoir un *titre* sans avoir un *acte*: un héritier a un titre, *seu justa causa possidendi*, et son titre n'est point un acte. Celui qui a acheté verbalement a un titre, quoiqu'il n'ait pas d'acte; au contraire, celui qui a acheté par écrit, mais de mauvaise foi, le fonds d'autrui, a un acte, mais il n'a pas de titre; il n'a point *justa causa possidendi*, et il ne prescrira que par trente ans, au lieu que s'il eût acheté de bonne foi, et que l'acte ne fût pas nul pour vice de forme, il aurait titre et acte tout à la fois, et ce titre lui servirait pour prescrire par dix ou vingt ans, ainsi que pour gagner les fruits. — Duranton, *Dr. civ.*, t. 13, nº 18.

11. — L'acte considéré comme écrit ne doit pas non plus être confondu avec la *convention* dont il est destiné à faire preuve. *Fiunt scripturæ ut quod actum est per eas faciliùs probari poterit.* — L. 4, ff., *De pign. et hyp.*; L. 17, C., *De pactis*; L. 12, C., *De prob.*; — Toullier, t. 6, nº 23, t. 8, nº 65 et 312; Rolland de Villargues, vº *Acte*, nº 7; Teste, *Encyclop. du droit*, vº *Acte*, nº 7.

12. — Il suit de là que, sans critiquer l'*acte*, on peut attaquer la convention qu'il renferme par voie de nullité ou de rescision, pour cause de dol, violence ou autre vice intrinsèque; et, *vice versâ*, tout en respectant la convention, comme réunissant toutes les conditions requises par la loi, il est permis de critiquer la forme, comme étant vicieuse ou incomplète. — L. *ead.*; — Toullier, *ibid.*; Rolland de Villargues, vº *Acte*, nos 12 et 13; Teste, *ibid.*

13. — Dans le cas où la *forme* seule est attaquée, il arrive parfois que nonobstant l'imperfection de la *preuve*, la convention produit son effet: c'est lorsque la loi permet de la prouver autrement, ou lorsque l'autorité de l'acte n'est qu'affaiblie et qu'il subsiste encore comme commencement de preuve par écrit. — Toullier, *ibid.*; Rolland de Villargues, nº 13 et 14; — Cod civ., art. 1318; L. 25 vent. an XI, art 68.

14. — Les conventions étant indépendantes des actes qui les constatent, on est recevable à prouver qu'une vente d'immeubles a eu lieu, bien que l'acte qui en a été dressé soit frappé d'une nullité radicale. — On peut même être admis à prouver cette vente par témoins s'il résulte de l'acte nul que le prix était inférieur à 150 fr., et cela bien que le débiteur représente un titre authentique de la propriété de l'immeuble. — *Douai*, 7 janvier 1836, Strudy C. Massy.

15. — Cependant dans certain cas le sort de la convention est lié aux caractères extérieurs de l'acte; c'est lorsque les formes ont été exigées par la loi, non plus seulement pour la preuve des conventions, mais pour leur solennité. — C. civ., art. 731, 970, 971, 1394, 1923, 2089, 2127, etc.

16. — Pour distinguer les actes d'après les diverses espèces de conventions qu'ils ont pour but de constater, la loi leur a donné des noms particuliers qui résument leur nature et leur essence, tels que *vente, bail, prêt, échange*, etc. — V. ces mots.

§ 2. *Nature et essence des actes.*

17. Les actes ne se distinguent pas seulement par des noms particuliers: chacun d'eux a des caractères propres qui constituent son *essence* et sa *nature*. De là cette maxime que pour bien déterminer la nature d'un acte, il ne faut pas s'arrêter à la dénomination que les parties lui ont donnée, mais s'attacher aux stipulations qu'il renferme, en apprécier la substance et les effets. Il faut se garder de confondre ce qui a été écrit avec ce qui a été fait. *Non quod scriptum, sed quod gestum est, inspicitur. In contractibus rei veritas, potiùs quàm scriptura perspici debet.* — L. 1re, 3, C., *Plus valere*; C. civ., art. 1156.

18. — Ainsi, c'est en vain qu'une donation aurait été qualifiée *vente* (L. 2, C., *Plus valere*); — qu'un partage aurait été qualifié transaction (C. civ., art. 888, etc): ces divers actes ne perdront pas pour cela leur caractère.

19. — La qualification donnée à un acte n'étant un lien, ni pour les parties qui y ont concouru, ni pour les tiers, on doit toujours recourir aux conventions qu'il renferme pour en déterminer la nature. — *Cass.*, 3 déc. 1832, Simon.

20. — Cette maxime que, dans l'appréciation des actes, la réalité doit l'emporter sur l'apparence, est un frein salutaire contre la fraude et la simulation; mais les juges doivent, pour cette appréciation, user d'une grande réserve, et, s'il y a doute sur la qualification à donner à la convention, l'écriture doit faire a loi. — L. 37, § 5., ff., *De legat*; — Teste, *Encyclop. du droit*, vº *Acte*, nº 9; Rolland, vº *Acte*, nº 26.

21. — Le dépôt fait par les parties chez un notaire des deux doubles d'un acte qu'elles ont signé, n'attribue pas qualité au notaire pour faire des déclarations ayant foi en justice sur la nature et la réalité des conventions contenues dans cet acte. — *Paris*, 10 févr. 1831, Debast et Lemoine c. Mazel.

22. — L'appréciation de ce qui constitue la *nature* d'un acte présente toujours un point de droit; et l'erreur des juges à cet égard donne lieu à cassation. — Rolland, *ibid.*, nº 31. — V. CASSATION.

§ 3. *Diverses espèces d'actes.*

23. — Considérés sous le point de vue des motifs qui les déterminent, les actes présentent une première et importante division. Ils sont *gratuits*, ou *utiles de part et d'autre*. — C. civ., art. 1104 et 1105.

24. — Dans la première classe se rangent les donations et testamens, et tous les actes en général qui sont de pure bienfaisance; dans la seconde, tous ceux qui procurent un avantage mutuel aux contractans, et qui peuvent rentrer dans l'une de ces formules expressives: *do ut des, do ut facias, facio ut des, facio ut facias.* — Wolf, *Inst. jur. natur. et gent.*, p. 2, chap. 9, § 467, 468 et 469.

25. — Considérés par rapport aux choses qu'ils renferment et aux obligations qu'ils imposent, les actes sont *synallagmatiques* ou *unilatéraux*. — C. civ., art. 1102 et 1103. — V. OBLIGATION.

26. — Enfin, considérés par rapport à leurs formes et aux personnes dont ils émanent, ils sont *publics* ou *privés*.

27. — Les actes publics sont ou administratifs, ou judiciaires, ou extra-judiciaires, ou authentiques. — V. ces mots.

28. — Quant aux actes privés, ce sont ceux qui émanent des simples particuliers, et n'ont aucun caractère public.

29. — On distingue encore les actes en *originaux* et *copies*. — C. civ., art. 1334 et suiv.

30. — Lorsqu'il s'agit d'un acte authentique, l'original est la minute qui en a été dressée. — V. BRE-

VET, MINUTE. — L'original d'un acte sous seing-privé est l'acte même signé des parties. —V. ACTE SOUS SEING-PRIVÉ.

31. — En principe, c'est l'original du titre qui forme seul et par lui-même la preuve régulière des conventions; les copies n'ont point la même force ni la même authenticité. — Cependant il y a des copies qui, moyennant certaines formalités ou dans certaines circonstances, forment tantôt une preuve complète, tantôt un commencement de preuve; telles sont les premières copies délivrées aux parties par les notaires qui ont reçu les actes contenant les obligations. — C. civ., art. 1335.

32. — Puisque la minute ou l'original signé des parties et des témoins reste en dépôt chez le notaire, sans qu'il puisse s'en dessaisir que dans les cas prévus par la loi (L. 25 vent. an XI, art. 22), il était indispensable de donner au moins provisoirement, et jusqu'à la représentation de la minute, la force probante aux premières copies délivrées aux parties pour leur servir de titre. —Rolland, *ibid.*, nos 72 et 73; Teste, *ibid.*, no 22.

33. — Les copies dont parle ici le Code sont les seules copies faites par des personnes publiques; celles dont l'auteur n'est pas connu, ou n'est qu'une personne privée, ne méritent aucune considération en justice. — Rolland, *ibid.*, no 74.

34. — Les copies varient quant à leur dénomination, à leur force et à leurs effets. La manière d'obtenir la délivrance d'une copie a donné lieu à des règles importantes. —V. COPIE DES ACTES ET TITRES.

§ 4. — *Forme et rédaction des actes.*

35. — Nulle écriture ne fait foi par elle-même ni de ce qu'elle contient, ni de la main qui en a tracé les caractères, ni du temps où ils l'ont été: une main coupable peut en être l'auteur. Cependant toutes les transactions faites entre les hommes reposent principalement sur la foi due aux écrits. De là, nécessité pour le législateur d'établir ces formalités variées et nombreuses qui précèdent, accompagnent ou suivent les engagemens, et qui sont destinées à constater l'existence des actes et à en assurer l'exécution. — Toullier, t. 8, no 190.

36. — On s'est souvent élevé contre les formes en général; mais c'est parce qu'on n'en a vu que l'abus. Les formes sont la garantie du droit: *Ex his cœpit fluere jus civile, et actiones compositæ sunt.* — L. 2, § 6, ff., *De orig. jur.*

37. — Aussi les a-t-on considérées comme étant de droit public, et en général n'est-il pas permis d'y déroger. — Rolland, *ibid.*, no 43.

38. — Une expérience de tous les temps et de tous les lieux a prouvé la nécessité des *formes*. De nombreuses dispositions du droit romain en témoignent. — Lib. 10, tit. 69, C., *De tabulariis, scribis, logographis et censualibus*;— Seneca, *De benef.*, lib. 3, cap. 15.

39. — Sous notre ancienne législation, les actes furent également soumis à des formes sacramentelles qui varièrent suivant les époques et les diverses provinces, mais qui furent toujours regardées comme le seul moyen de prévenir les fraudes et de consolider les engagemens.—Vatel, *Trait. du dr. de la nat. et des gens*, liv. 3, chap. 6, § 16; Teste, *Encyclop. du droit*, no 15.

40. — Il en est de même dans les institutions des peuples étrangers.—V. notamment Blakstone, *Lois anglaises*, t. 2, liv. 2, chap. 20; Teste, *Encyclop.*, *ibid.*, no 16.

41. — Les actes étant des lois pour les parties (V. *infrà* nos 72 et suiv.), ils doivent, comme les lois, être rédigés avec clarté et précision: *Quid enim sic proprium est legum, ut claritas?* (Nov. 107, cap. 1). — Teste, *Encycl. du dr.*, vo *Acte*, no 19, et Rolland, *eod.*, *verb.*, nos 60 et 61.

42. — Le législateur, en effet, frappé de la présomption fâcheuse qui résulte de l'obscurité des actes, l'a fait tourner contre celui qui a fait la stipulation à son profit, et qui peut n'avoir été obscur qu'à dessein: *Obscurus vir et astutus*, dit Cicéron. — L. 29, ff., *De pactis*; C. civ., art. 1162, 1602; Teste, *Encycl.*, no 19; Rolland, *ibid.*, no 62.

43. — Les actes doivent être rédigés en langue française. — Arrêté du gouvernement du 24 prair. an XI.

44. — Long-temps il a été d'usage en France de rédiger en latin tous les actes; nos magistrats et nos jurisconsultes n'employaient que la langue latine pour leurs jugemens, leurs mémoires et consultations. Les orateurs et les avocats les plus renommés recouraient à la langue latine toutes les fois qu'ils prétendaient parler avec éclat et précision. — Teste, *Encycl. du dr.*, vo *Acte*, no 17.

45. — Ce ne fut que vers le seizième siècle que la langue française remplaça la langue latine dans la rédaction des actes publics. — Ord. de 1510; de 1539, art. 111; de Roussillon, 1563, art. 35; Edit de Flandre, déc. 1684; Arr. du cons. pour l'Alsace, 30 janv. 1685; Ord. de 1629; Edit de fév. 1700 pour le Roussillon et autres lieux; Déclaration du 24 mars 1754;—Décret de la convention du 2 therm. an II; Arrêté du gouvern., du 24 prairial an XI; — Merlin, *Rép.*, vo *Langue française*, no 2. — V. aussi Rolland de Villargues, *Dict. not.*, *eod. verb.*, 2e édit., nos 1er et suiv.; Teste, *Encyclop.*, *ibid.*

46. — La rédaction des actes en langue française est-elle encore aujourd'hui prescrite à peine de nullité?—Pour soutenir la négative, on s'est fondé sur le silence des lois nouvelles: nulle part, en effet, elles n'ont rappelé les rigoureuses exigences du droit ancien; le décret du 2 therm. an II, et l'arrêté du 24 prair. an XI, en se bornant à prononcer des peines contre les officiers publics, ont supposé par là même que l'acte rédigé dans une autre langue ne serait pas nul. Enfin, la rigueur de l'ancien droit, qui s'expliquait par la nécessité de vaincre d'anciennes habitudes et de donner une impulsion puissante aux effets d'une agglomération de territoire, ne se concilierait plus avec les mœurs et la situation actuelle du pays. — Merlin, *Quest. de dr.*, vo *Testament*, § 17, art. 3.—Toullier (t. 8, p. 158 et suiv., note, dern. édit.) semble être définitivement revenu à ce sentiment.—V. conf. Teste, *Encyclop.*, vo *Acte*, no 18; Favard, *Rép.*, vo *Langue française*; *Dict. not.*, *ibid.*, no 12; Rolland de Villargues, *ibid.*, no 13.

47. — Ainsi, jugé qu'une sentence arbitrale rendue en France peut être rédigée en langue étrangère, sans être par cela seul frappée de nullité. — *Cass.*, 1er mars 1830, Rivarès.

48. — On peut voir vis ACTE NOTARIÉ et TESTAMENT, d'autres exemples relativement à l'emploi de la langue française dans les actes.

49. — Quel que soit, au surplus, l'avis qu'on adopte sur la question, il faut reconnaître qu'en aucun cas la nullité ne pourrait être étendue aux actes sous seing-privé, auxquels les ordonnances ne sont évidemment pas applicables, et pour lesquels tout est forcément abandonné à la volonté des parties. — Teste, *Encyclop, du droit*, no 18; Toullier, t. 8, no 10; Rolland, no 17. — V. ACTE SOUS SEING-PRIVÉ.

50. — Et les actes qui seraient déclarés nuls comme authentiques, pour n'avoir pas été rédigés en langue française, vaudraient au moins comme écrits sous seing-privé, s'ils étaient signés de toutes les parties contractantes. — Arg. L. 25 vent. an XI, art. 68; — Ferrière, *Parfait notaire*, t. 1er, p. 58; Toullier, t. 8, no 102; *Dict. not.*, vo *Langue française*, no 13; Rolland de Villargues, *ibid.*, nos 16 à 18. — V. ACTE NOTARIÉ.

51. — Il est en outre plusieurs autres conditions à observer dans la rédaction des actes. — Ainsi, on ne peut ajouter aucun surnom à son nom propre à moins qu'il n'ait servi jusqu'ici à distinguer des membres d'une même famille.— L. 6 brum. an II. — V. NOM.

52. — Il est défendu aux citoyens de s'arroger des titres et qualifications nobiliaires qui n'auraient pas été légalement conférées, et aux officiers de l'état civil et aux notaires de les leur donner. — L. 16 oct. 1791; Décr. 1er mars 1808, art. 15. — D'après l'art. 259, C. pén. de 1810, le contrevenant était passible de la peine d'emprisonnement; mais cette disposition a été supprimée par la loi du 28 avr. 1832.

53. — Les notaires, les officiers publics et les commerçans sont tenus d'exprimer dans les actes émanés d'eux les poids et mesures actuellement en usage.— LL. 1er vendém. an IV; 4 juill. 1837.— V. ACTE NOTARIÉ, POIDS ET MESURES.

54. — Dans tous les actes on doit se servir de la numération décimale. — L. 17 flor. an VII. — V. MONNAIE.

55. — Enfin, l'on doit faire usage du calendrier en vigueur.—V. CALENDRIER.—V. aussi ACTE NOTARIÉ.

§ 5. — *Par quelle loi les actes sont régis.*

56. — Il faut distinguer ce qui est relatif à la *forme extérieure des actes* d'avec ce qui est relatif à la *capacité* des contractans et au *fond* des dispositions.

57. — Relativement à la *forme*, c'est la loi du lieu où l'acte se passe qui doit être observée, selon la maxime du droit romain reçue dans notre droit: *Locus regit actum.* — C. civ., art. 47, 170, etc.

58. — En effet, la forme n'est attachée ni à la personne ni aux biens; elle est inhérente au corps de l'acte; c'est elle qui lui donne l'être et le caractère; il est donc naturel qu'il reçoive cette forme du lieu où il se fait et où il commence à exister. Dans le concours de plusieurs lois dont toutes les formalités ne pouvaient être accomplies, il était juste que la loi du lieu reçût la préférence.—Discuss. du cons. d'état, sur l'art. 3, C. civ.; *Nouveau Denisart*, vo *Acte*; — Merlin, *Rép.*, vo *Loi*, § 6, no 7, et *Quest. de dr.*, vo *Police et contrat d'assurance*, § 3; Toullier, t. 10, p. 126, note; Teste, *Encyclop. du dr.*, vo *Acte*, no 25; Rolland de Villargues, *Rép. du not*, vo *Acte*, no 79.

59. — Ainsi, l'acte de ratification d'une vente, consenti par un officier devant le conseil d'administration de son régiment, est valable, alors qu'il a eu lieu dans un pays étranger où il n'y avait pas de notaire. — Bourges, 19 juillet 1817, Guillier c. Barbier.

60. — La règle *locus regit actum* a souffert de tous temps une exception quant aux actes passés par les ambassadeurs, les consuls et autres agens diplomatiques, dans le cercle de leurs attributions; ces actes sont valables, quoique les formalités prescrites par la loi du lieu n'y aient pas été observées. C'est une suite de la fiction que la terre de France suit ses représentans sur le sol étranger.—C. civ., art. 48, 170;—Ulric Huber, *De jure civitatis*, liv. 3, chap. 8, § 1er et 4; Hertius, *De collisione legum*, sect. 4e, § 10; Merlin, *Rép.*, vo *Testament*, sect. 2e, § 3, art. 8; Rolland, vo *Acte*, no 84; Teste, *Encyclop. du dr.*, *eod. verb.*, no 25.

61. — La question de savoir si une stipulation est licite ou ne l'est pas se règle par la même loi que la forme du contrat, et par conséquent par la loi du lieu où l'obligation se passe. — Burgundus, *Ad consuetudinem Flandriæ*, nos 9 et 10; Merlin, *Répert.*, vo *Hypothèque*, sect. 2e, § 2, art. 5; Rolland, vo *Acte*, no 86.

62. — Pour tout ce qui concerne la *capacité* des parties, il est évident qu'elle doit être réglée par la loi de leur domicile; car il s'agit ici du statut personnel qui suit partout le citoyen. C. civ., art. 3. — V. LOI.

63. — Enfin, pour ce qui concerne le *fond* des dispositions, il est de principe qu'elles se règlent par la loi du lieu où le contrat a été passé. Ainsi, c'est par cette loi que doivent s'apprécier les droits et obligations résultant du contrat, et non point par la loi du lieu où sont situés les biens sur lesquels se poursuit l'exécution. — Dumoulin, *Coutume de Paris*, § 12, gl. 7, nos 35, 36, 37; Merlin, *Répert.*, vo *Hypothèque*, sect. 2e, § 2, art. 5; Teste, *Encycl. du dr.*, vo *Acte*, no 26; Rolland, *eod. verb.*, nos 87 et 88.

64. — Reste maintenant à examiner par la loi *de quel temps* les actes doivent être régis.

65. — S'il s'agit de la *capacité* des parties, c'est la loi existante au moment du contrat qui devra la régler. — *Nouv. Denisart*, t. 1er, p. 155; —Merlin, *Quest. de dr.*, vo *Testament*, § 12; Rolland de Villargues, vo *Acte*, no 92; Teste, *Encycl.*, vo *Acte*, no 27.

66. — S'il s'agit de la *forme* des actes, l'on ne doit s'attacher qu'à la loi du jour où ils ont été passés. — L. 144, § 1er, ff., *De reg. jur.*

67. — Ainsi jugé qu'un acte synallagmatique fait sous seing-privé avant le Code civil, dans un pays où ne s'était pas introduite la règle de l'art. 1325, était valable, bien qu'il n'eût pas été fait double. — *Cass.*, 17 août 1814, Dupuy d'Aubignac c. Aldebert.

68. — En vertu du même principe, mais en sens inverse, la loi nouvelle ne saurait couvrir la nullité de formes dont se trouverait infecté le contrat, aux termes des lois précédentes. — Merlin, *Répert.*, vo *Effet rétroactif*, sect. 3e, § 3, art. 1er; Rolland, vo *Acte*, no 98.

69. — Cette loi ne pourrait pas non plus rendre probant un acte auquel la loi ancienne refusait ce caractère. Par exemple, dans les pays de droit écrit où était en vigueur la loi 14 (*C., De non numeratâ pecuniâ*), celui qui s'était reconnu débiteur, à titre de prêt ou autrement, d'une somme d'argent, a conservé, même après la publication du C. civ., l'exception résultant de cette loi, et qui consistait à rejeter sur son adversaire la preuve de la non numération. — V. EXCEPTION NON NUMERATÆ PECUNIÆ, LOIS RÉTROACTIVES. — V. aussi Rolland, vo *Acte*, no 99.

70. — La règle ci-dessus posée, relativement à la *forme des actes*, s'applique à la question de savoir si une convention est licite ou ne l'est pas: il faut s'attacher à la loi du temps où le contrat a eu lieu sans avoir égard aux modifications postérieures survenues dans la législation. — L. 131, § 6, ff., *De reg. juris*; — Rolland, vo *Acte*, no 101; Teste, *Encyclop.*, *eod. verb.*, no 27.

71. — Ainsi, le Code civil n'ayant point de disposition particulière relativement aux clauses qui peuvent entraver la liberté du mariage, il faut, pour apprécier la validité de telles clauses, se reporter aux lois intermédiaires qui étaient en vigueur au moment de la publication du Code. — *Bruxelles*, 16 mai 1809, François.

§ 6. — *Effets et exécution des actes.*

72. — Les conventions légalement formées sont des lois pour les parties. — C. civ., art. 1134.

73. — Pour apprécier les droits résultant d'une convention écrite, on ne doit consulter que l'acte même où se trouve déposée la convention. Aucune des parties ne peut ajouter ou retrancher quoi que ce soit à ce qui est écrit. Le législateur a repoussé toute preuve qui serait proposée contre ou outre le contenu aux actes. — L. 4, ff., *De fide instrument.*; — C. civ., art. 1341.

74. — Les actes sont indivisibles dans leurs effets. Telle est la règle. — ff., L. 75, *De pact.*; — Balde, sur le tit. *De sum. trinit.*, au C., nº 81 ; Merlin, *Quest. de dr.*, vº *Testament*, § 12 et 16, et *Répert.*, vis *Convention matrimoniale*, § 2, et *Renonciation à succession future*, § 3; Rolland de Villargues, vº *Acte*, nº 105; Teste, *Encyclop. du dr.*, vº *Acte*, nº 29.

75. — En effet, dans un contrat qui ne renferme pas la preuve manifeste du contraire, on doit présumer que toutes les clauses, quoique distinctes, ont été accordées en considération les unes des autres, que les unes servent aux autres de conditions. — *Unius ejusdem contractûs capita singula alia alii inesse videntur per modum conditionis*, dit Grotius, dans son traité *De jure belli et pacis*, liv. 3, chap. 19, nº 14. — D'Argentré, sur l'art. 453, *Cout. de Bretagne*, gl. 2, nº 1er; Salvaing, *Tr. de l'usage des fiefs*, chap. 94; Merlin, *ubi suprà*; Rolland de Villargues et Teste, *loc. citt.*

76. — Un contrat étant essentiellement indivisible dans sa forme ne peut être synallagmatique pour quelques unes des parties, et unilatéral pour les autres. — *Lyon*, 12 avr. 1832, Rousselle c. Boyer.

77. — La règle a lieu, *quoique les conventions aient été rédigées dans divers actes*; si elles ont le même objet, et qu'elles interviennent entre les mêmes parties, elles sont corrélatives, et ne forment qu'un seul et même contrat. — L. 75, ff., *De pact.*; L. 13, Cod. *eod.*; — Dumoulin, t. 1er, p. 739; Teste, *Encyclop.*, nº 30.

78. — Cela est vrai, surtout quand les conventions sont consenties dans le même temps ou à des époques rapprochées, selon la maxime *pacta in continenti apposita insunt contractui.* — L 75, ff., *De pact.*; L 23, Cod. *eod.*; — Dumoulin, *Cout. de Paris*, § 78, gl. 1re, nº 57; sur la règle 34, *De publ. resign.*, nº 168, et dans son *Conseil*, 3, nos 19 et suiv.; Henrys, liv. 5, chap. 4, quest. 36e (t. 3, p. 156); Teste, *Encyclop.*, *ibid.* — C'est ainsi qu'il a été jugé que bien que deux actes passés le même jour entre les mêmes parties ne contiennent aucune expression qui indique qu'ils sont corrélatifs, ils peuvent cependant être considérés comme tels. — *Toulouse*, 13 fév. 1830, Lasserre c. Bordères.

79. — La règle de l'indivisibilité des actes ne peut évidemment recevoir d'application lorsqu'il s'agit de stipulations qui sont entièrement distinctes et indépendantes, et qu'on peut les considérer comme inutiles les unes à l'égard des autres : *Utile non debet per inutile vitiari.* — LL. 1, § 5 et 101, ff., *De verb. oblig.*; Inst., *De inut. stipul.*, § 5.

80. — Elle cesse également lorsqu'il s'agit d'un jugement : les divers chefs qu'il contient sont autant de jugemens différens et indépendans les uns des autres. *Tot capita, tot sententiæ.* — Rolland de Villargues, vº *Acte*, nº 111.

81. — Quant aux actes passés en pays étrangers, le législateur, placé entre la double nécessité d'assurer l'exécution des engagemens et de défendre les principes de souveraineté, ordonna que, sans perdre leur caractère public, les actes reçus par des officiers étrangers seraient destitués de la puissance exécutoire, qu'aucune contrainte, aucun acte d'exécution ne pourrait s'exercer en vertu de ces actes, à moins qu'ils n'aient été déclarés exécutoires par un tribunal français, ou que des lois ou traités politiques n'aient autorisé d'avance cette exécution. — Ordonn. de 1629; — Pothier, *Cout. d'Orléans*, tit. 20, nº 9; C. civ., art. 2123 et 2128; C. procéd. civ., art. 546.

82. — Jugé de plus que les actes passés en pays étranger, et revêtus de toutes les formalités voulues par les lois du pays pour leur donner l'authenticité, n'ont cependant de date certaine que du jour de leur enregistrement en France. — *Douai*, 16 déc. 1824, Broosbanck c. Dubroencq; 17 juill. 1829, Membré et Guenain c. Duhem.

83. — Que les actes authentiques passés dans les pays de la rive gauche du Rhin, avant la réunion de ces pays à la France, ont recouvré, par un enregistrement ultérieur, le caractère d'authenticité qu'ils avaient perdu faute d'enregistrement dans les délais prescrits par l'arrêté du 7 fructid. an VII. En conséquence, un tribunal n'a pu déclarer que de pareils actes n'étaient pas susceptibles de produire hypothèque. — *Cass.*, 3 sept. 1806, Beckers c. Zilcken.

84. — Tous les contrats donnent lieu à une action. — Pour exercer cette action, deux voies sont ouvertes : l'*exécution parée*, qui se fait par commandement suivi d'exécution, et la simple *demande en justice*.

85. — La voie de l'*exécution parée* est ouverte pour les actes authentiques revêtus de la formule exécutoire, qui en commande l'exécution au nom du souverain. — La *demande en justice* a lieu lorsqu'on n'agit qu'en vertu d'une simple expédition ou copie ordinaire d'un acte notarié, ou en vertu d'un acte sous seing-privé.

86. — Le mode d'exécution d'un contrat ancien peut, sans effet rétroactif, être régi par la loi nouvelle. — *Cass.*, 10 juin 1818, Perrin c. Fortin.

87. — C'est ce qu'on décide notamment pour les rentes constituées avant le Code civil, et dont le débiteur n'a pas fait le service pendant deux ans depuis le Code. — Rolland, *Rép.*, vº *Acte*, nos 128 et 129. — V. aussi RENTES.

88. — Suivant les lois romaines, tout acte était attributif de juridiction au juge du lieu où il était passé (L. 19, § 1er et 2, ff. *De judiciis*); mais notre ancienne jurisprudence avait constamment rejeté ce principe. — Merlin, *Rép.*, vº *Etranger*, § 2.

89. — Néanmoins le scel du Châtelet de Paris, par un privilége particulier, était attributif de juridiction, et attirait de tout le royaume au Châtelet, à l'exclusion de tout autre juge, toutes les actions qui naissaient des actes scellés de ce scel. — *Lettr. pat.*, 6 oct. 1447; — Jousse, *Just. civ.*, t. 1er, p. 336; Denisart, vº *Acte notarié*, p. 559 et suiv.

90. — Aujourd'hui il est de principe que la juridiction sur les contrats appartient au juge du domicile des parties contre lesquelles on en poursuit l'exécution. C'est une conséquence de la maxime : *Actor sequitur forum rei.* — Merlin, *Rép.*, vº *Etranger*, § 2. — V. EXPLOIT.

91. — Cependant cette maxime souffre d'assez nombreuses exceptions; par exemple, s'il s'agit d'un étranger, en matière commerciale ou maritime, ou si les parties ont fait choix d'un domicile pour l'exécution du contrat, etc. — C. civ., art. 14 et 111; C. procéd., art. 420. — V. COMPÉTENCE COMMERCIALE, DOMICILE ÉLU.

§ 7. — *Nullité des actes.*

92. — Un acte est nul, soit quant à la forme, soit quant au fond, lorsqu'il ne remplit pas les conditions nécessaires à sa validité.

93. — L'omission des formalités prescrites pour les actes n'en entraîne, en général, la nullité qu'autant que cette peine est prononcée par la loi, à moins qu'il ne s'agisse de l'omission de formalités véritablement *substantielles*. — V. NULLITÉ.

94. — Jugé que les formalités qui tiennent à la substance des actes, et dont la stricte exécution intéresse essentiellement l'ordre public, sont de rigueur et doivent, même dans le silence de la loi, être observées, à peine de nullité. — *Cass.*, 22 avr. 1807, Coune c. Lahaye. — V. au surplus ACTE NOTARIÉ.

95. — Un acte est nul au *fond* lorsqu'il est illicite, contraire aux lois ou aux bonnes mœurs. — L. 6, Cod. *De pact.*; C. civ., art. 6, 586, 900, 1133, 1173, 1387, etc.

96. — Il en est ainsi dans le cas où l'on a stipulé une chose impossible, suivant la maxime, *impossibilium nulla est obligatio.*

97. — Ou bien encore, si l'acte est sans cause, ou fondé sur une fausse cause. — C. civ., art. 1108 et 1131. — V. OBLIGATION.

98. — Et ce qui est nul dans le principe ne peut devenir valable par l'écoulement du temps, selon la règle catonienne : *Quod nullum est, nullum producit effectum tractu temporis.* — L. 29, ff., *De reg. jur.* — V. NULLITÉ.

99. — Un acte valable dans son principe n'est pas détruit par les événemens ultérieurs qui amènent les choses au point où il ne pourrait prendre naissance. *Quæ semel utiliter constituta sunt durent, licet ille casus extiterit à quo incipere non potuerint.* — L. 85, § 1, ff., *De reg. jur.* — V. NULLITÉ.

100. — Un acte peut être déclaré nul, comme présumé fait en fraude d'une loi qui n'était pas encore rendue, mais que les parties pouvaient prévoir, par exemple pour prévenir les changemens qui devaient être apportés dans l'ordre des successions. — *Turin*, 27 juill. 1810, Terziano c. Voltero et Brayda.

101. — Autrefois, l'insinuation des actes n'était point simplement un droit bursal : c'était une formalité essentielle au défaut de laquelle les actes ne pouvaient avoir d'effet vis-à-vis des tiers. — *Paris*, 17 vent. an XII, Monroé c. Lefoulon.

102. — Aujourd'hui le défaut de timbre ou d'enregistrement n'entraîne pas la nullité de l'acte et ne donne lieu qu'à des doubles droits et à des amendes. Toutefois l'enregistrement sert à assurer la date des actes, et est même souvent une des conditions nécessaires pour qu'ils puissent avoir effet vis-à-vis des tiers. — C. civ., art. 1328. — V. ACTE NOTARIÉ, ACTE SOUS SEING-PRIVÉ, AVEU, ENREGISTREMENT, TIMBRE.

ACTE (Donner).

V. DONNER ACTE.

ACTE (Droit étranger).

Ce mot, en Angleterre, signifie *arrêté*. On appelle *acte* du parlement un arrêté du parlement qui a été sanctionné par le roi. — Les actes émanés du parlement, pendant une session, forment les diverses sections d'un tout qu'on appelle *statut*, et qu'on ne cite jamais sans indiquer le nom du monarque sous lequel ils ont été rendus, et l'année de son règne.

ACTE (Simple).

V. SIMPLE ACTE.

ACTE A CAUSE DE MORT.

On donne ce nom aux actes faits en vue de la mort, et qui ne doivent recevoir d'exécution qu'à cette époque. — V. DONATION, TESTAMENT.

ACTE ADDITIONNEL AUX CONSTITUTIONS DE L'EMPIRE.

Cet acte constitutionnel, donné le 22 avr. 1815 par l'empereur Napoléon, a été soumis à l'acceptation du peuple. Le relevé des votes fut proclamé dans une assemblée du champ de mai composée des membres de tous les colléges électoraux de départemens et d'arrondissemens, et de députations des armées de terre et de mer, mais cet acte ne fut pas accepté par la chambre des représentans, qui rédigea un projet de constitution que la seconde restauration rendit sans effet. — V. au surplus CONSTITUTIONS FRANÇAISES.

ACTE ADMINISTRATIF.

Table alphabétique.

ACTE ADMINISTRATIF. — 1. — Sous cette dénomination viennent se ranger tous les actes qui émanent de l'administration, soit qu'elle statue sur des cas particuliers, soit qu'elle ordonne ou défende par voie réglementaire, soit qu'elle agisse ou contracte comme un simple particulier.

2. — Ainsi, que les résolutions ou les engagemens du pouvoir administratif se produisent sous le nom d'ordonnances, de réglemens, d'arrêtés ou de contrats; qu'ils émanent du roi, des ministres, des préfets, des maires, ou de tous autres à qui sont déléguées l'administration publique et l'exécution des lois; tous ces actes, disons-nous, prennent également le nom d'*actes administratifs*. — Dufour, *Dr. admin.*, t. 1er, nº 91.

3. — Ainsi, les arrêtés d'un préfet maritime qui ont pour but de régler la police et les limites de la pêche concédée à des fermiers de madragues, et de maintenir les droits des autres pêcheurs, sont des actes administratifs. — *Cons. d'état*, 30 mai 1842, Blanchet c. Puyvau.

4. — De même, la délibération des maire, adjoint et commissaire de police d'une commune, qui modifie la liste des notables part-prenans à une fontaine d'eau salée, est un acte administratif. — *Cons. d'état*, 17 août 1825, Bergevas.

5. — Lorsque en suite d'une ordonnance du roi, un notaire a été déclaré démissionnaire, et que les scellés ont été apposés sur ses minutes, cette mesure doit aussi être considérée comme un acte administratif. — *Rennes*, 23 mai 1832, Salmon.

6. — Mais n'est pas un acte administratif l'obligation contractée envers un agent du gouvernement, si elle est indépendante de la responsabilité ou de la comptabilité de celui-ci envers l'état. — *Cass.*, 17 fructid. an XII, Warbrouck c. Combes.

7. — Une convention passée entre une commune et un particulier, au sujet de la propriété et du partage des eaux d'une fontaine, ne constitue pas non plus un acte administratif. — *Cons. d'état*, 6 sept. 1826, commune de Blenod-sur-Pont-à-Mousson.

8. — Un acte n'est administratif qu'autant qu'il est porté ou consenti par un fonctionnaire ayant pouvoir à cet effet, et qu'il a pour but l'exécution des lois ou un objet d'utilité publique. — Magnitot et Delamarre, *Dict. de dr. admin.*, vº *Acte administratif*.

9. — Tout acte administratif qui n'a pas pour objet l'exécution des lois, et qui est contraire à quelqu'une de leurs dispositions, contient un excès de pouvoir et doit être annulé.

10. — Jugé même que les tribunaux peuvent refuser de les appliquer. — *Cass.*, 26 mars 1823, Marconnet, et 23 juin 1835, avoués d'Apt.

11. — L'*interprétation* des actes administratifs appartient à l'autorité administrative ; leur *application* est laissée aux tribunaux. Toutefois, on ne trouve ni dans la loi des 16-24 août 1790, ni dans le décret du 16 fructid. an III, aucune disposition formelle sur ce point. Cette règle est plutôt le résultat d'une jurisprudence constante que celui d'un texte précis. — Dufour, t. 1er, nº 93.

12. — La seule conséquence qui résulte de ces lois, c'est que les cours et tribunaux sont dans la double impuissance d'exercer les fonctions administratives et de soumettre les actes de l'administration à leur censure en les infirmant, modifiant, ou en arrêtant ou suspendant leur exécution ; mais, si un acte administratif attribue à quelqu'un la propriété d'un objet, les cours et tribunaux doivent nécessairement prendre connaissance de cet acte, pour lui appliquer les principes de la législation commune, sous la seule condition de n'y point porter atteinte. — *Cass.*, 13 mai 1824, de Maynoncourt c. Aymonet de Contréglise.

13. — L'application du principe relatif à l'interprétation des actes administratifs donne lieu à une distinction entre les actes de l'administration lorsqu'elle statue par voie d'ordonnances ou de dispositions réglementaires, et ceux qui ne contiennent que l'expression écrite d'une convention consentie entre elle et un particulier ; à l'égard des premiers, les tribunaux ont, comme pour les lois, le droit d'interprétation *doctrinale*; ils peuvent de plus examiner si ces actes ont été légalement faits (C. pén., art. 471, § 15 ; — Dufour, *Dr. admin.*, t. 1er, nº 15. — V. ARRÊTÉS ADMINISTRATIFS), et, s'ils sont contraires à la loi, refuser d'en faire l'application. — Dufour, *eod. loc.*, et Merlin, *Rép.*, vº *Préfet* — C'est ainsi que la cour de Cassation a décidé, le 14 juin 1844 (t. 2 1844, p. 306, Marcellin), que les tribunaux n'excèdent pas les limites de leur compétence lorsque, sans annuler des actes administratifs, ils refusent d'appliquer à titre de sanction pénale les dispositions du § 15 de l'art. 471 aux contraventions envers des actes de cette nature faits illégalement.

14. — Quant aux actes de la seconde espèce, les tribunaux ne peuvent qu'en faire l'application.

15. — Il n'est pas toujours facile de déterminer la ligne qui sépare l'*interprétation* de l'*application* des actes administratifs. La jurisprudence a, sur ce point, de nombreuses décisions qui peuvent servir à établir cette distinction.

16. — C'est appliquer un acte administratif et non l'interpréter que de décider que les clauses de cet acte n'établissent point le droit de copropriété réclamé par le demandeur, encore que la cour ajoute qu'il résulte des termes de l'acte la présomption que l'état a vendu au défendeur la propriété exclusive de l'objet litigieux. — *Cass.*, 17 janv. 1823, Perant c. Danouvillez.

17. — Ce n'est pas interpréter un acte administratif qu'ordonner le bornage de deux propriétés vendues par cet acte, alors qu'il n'a pas même été consulté. — *Cass*, 26 mai 1829, Pommeret c. Vattin.

18. — Lorsque, dans une contestation, ni la validité ni l'effet d'actes administratifs ne sont contestés, qu'elle n'a lieu entre deux acquéreurs de domaines nationaux que sur les limites d'acquisitions contiguës qu'ils tiennent de l'état ; qu'elle ne roule uniquement que sur ce qu'ils veulent expliquer leurs actes de vente, l'un par une disposition spéciale, et l'autre par l'ensemble des dispositions qu'ils renferment, les tribunaux sont compétens pour en faire l'application, et le préfet est non-recevable à élever le conflit. — *Cons. d'état*, 26 sept. 1811, Viard c. Souhait.

19. — C'est appliquer et non interpréter un acte administratif que décider que lorsqu'un débiteur, depuis l'instance en paiement formée contre lui par son créancier, s'est rendu cessionnaire d'une créance du gouvernement, et dont le paiement avec intérêts a été ordonné par une ordonnance royale devenue définitive, et oppose à son créancier, débiteur lui même du gouvernement, la compensation, le tribunal prononce cette compensation en vertu de cette ordonnance, non seulement pour le capital, mais encore pour les intérêts dont il laisse à l'autorité à déterminer la quotité. — *Cass.*, 17 août 1829, Lubbert c. Swau.

20. — Une décision administrative étant alléguée devant un tribunal pour le faire déclarer incompétent, ce tribunal a le droit, sans qu'on puisse lui reprocher de s'immiscer dans l'appréciation d'un acte administratif, d'examiner s'il y a eu ou non acquiescement à cette décision. — *Cass.*, 12 déc. 1842 (t. 1er 1843, p. 456), Lhéritier de Chezelles c. ville de Dunkerque.

21. — Lorsque l'adjudicataire d'un bac conteste à un batelier, muni d'une permission de naviguer, délivrée par le commissaire de la marine, le droit de s'établir aux environs du bac pour transporter des voyageurs d'un point fixe du voisinage aux coches d'eau montant ou descendant la rivière, et que le batelier soutient que l'acte d'adjudication n'attribue point à l'adjudicataire du bac le droit exclusif de transporter ces voyageurs, les tribunaux peuvent statuer sur cette contestation, sans renvoyer les parties devant l'autorité administrative, afin qu'elle détermine le sens et l'étendue des actes émanés d'elle. — *Cass.*, 10 mai 1830, Batou c. Lanne.

22. — Ce n'est pas interpréter un acte administratif que d'examiner s'il contient des omissions; en conséquence, un tel examen est dans les attributions des tribunaux. — *Cass.*, 23 nov. 1829, de Kéridec c. Destulais.

23. — Lorsque des biens communaux, composés à la fois de terres labourables et de terres incultes, sont mis en vente avec indication d'une certaine contenance, mais sans aucune garantie de part et d'autre, si des arrêtés administratifs déclarent que ce sont les terres labourables seules qui ont fait l'objet de la vente, les tribunaux peuvent, sans qu'on puisse leur reprocher d'avoir interprété un acte administratif, expliquer cette déclaration en ce sens que la totalité des terrains labourables, et non pas seulement la contenance exprimée au contrat, a été comprise dans la vente. — *Cass.*, 17 mai 1831, commune de Saint-Julien de Peyroles c. Romanet.

24. — Ce n'est pas interpréter, mais appliquer un acte administratif, qu'obliger le propriétaire d'un moulin à se conformer aux conditions fixées par l'ordonnance royale d'autorisation de son usine. — *Bourges*, 8 mai 1831, Hérisson c. Louzon.

25. — Dire que le certificat d'un préfet constate suffisamment qu'un individu n'était pas porté sur la liste des émigrés, c'est appliquer ce certificat et non l'interpréter — *Cass.*, 15 juin 1831, Faure c. Commandaire de Saint-Geniès

26. — Il n'y a pas interprétation, mais seulement application d'un acte administratif, dans l'arrêt d'une cour qui décide qu'un procès-verbal d'adjudication d'un bien national n'a transmis à l'adjudicataire aucun droit de propriété sur un mur de clôture et aucune portion d'un cimetière, mais seulement un droit de passage sur ce même cimetière. — *Cass.*, 15 janv. 1833, Franyon c. commune de Rombay.

27. — Une cour a pu, sans que sa décision pût être considérée comme interprétative de procès-verbaux administratifs, préciser les bases du bornage de biens nationaux adjugés en l'an II, dans un arpentement ultérieur, en se fondant sur ce que les procès-verbaux des experts, qui avaient omis de fixer ce bornage, n'étaient que la copie de cet arpentement. — *Cass.*, 20 déc. 1836 (t. 1er 1837, p. 523), Nicaud c. d'Envaud.

28. — Ce n'est pas interpréter un acte administratif que de déterminer les bases d'un bornage d'après ce même acte. — *Cass.*, 20 juill. 1835, commune de Blégiers c. Natte.

29. — La décision par laquelle une cour déclare qu'une pièce de terre comprise par des experts dans une estimation de biens nationaux, par suite d'une confusion de noms, ne fait pas partie de l'adjudication qui a eu lieu de ces mêmes biens, ne doit pas être considérée comme interprétative d'un acte administratif. — *Cass.*, 20 déc. 1836 (cité nº 27). — V. BIENS NATIONAUX.

30. — Il en est de même de la décision par laquelle une cour, opérant le bornage de biens vendus sur un émigré, en écarte, comme ayant cessé depuis long-temps d'être la propriété de l'émigré, une pièce de terre comprise par erreur dans les procès-verbaux des experts, lorsque d'ailleurs elle se borne à la constatation du fait, sans attribuer la propriété de la pièce distraite ni à l'émigré ni à l'adjudicataire. — Même arrêt.

31. — Ce n'est pas interpréter, mais seulement appliquer une ordonnance royale qui autorise une ville à construire un abattoir, à la condition de l'isoler de toute habitation, et, par suite, de faire exproprier, pour utilité publique, la maison d'un propriétaire voisin, que de décider que cette ville était tenue, d'après cette ordonnance, non pas de payer seulement une indemnité au propriétaire voisin, mais même d'acquérir sa maison, soit à l'amiable, soit par expropriation. — *Cass.*, 7 déc. 1836 (t. 1er 1837, p. 612), ville de Besançon c. Bourrier.

32. — Il y a simplement application et non interprétation d'un acte administratif dans la décision qui porte que le domaine, en faisant à la ville de Paris la concession du terrain nécessaire pour l'ouverture d'une rue nouvelle, n'a entendu céder que le terrain qui lui appartenait. — *Cass.*, 8 fév. 1841 (t. 2 1841, p. 131), ville de Paris.

33. — Les tribunaux sont compétens pour apprécier le mérite de la délibération d'un conseil municipal portant désistement d'un jugement frappé d'appel et reconnaissance des droits de l'appelant. — *Cass.*, 31 janv. 1837 (t. 2 1837, p. 409), Morion c. commune de Gratigny.

34. — Il n'y a pas interprétation, mais seulement application de la part des tribunaux, lorsqu'ils décident entre particuliers et d'après les titres privés, antérieurs ou postérieurs à l'acte administratif dont l'exécution leur est demandée, que cet acte, dont la substance et la régularité ne sont pas d'ailleurs contestées, doit être exécuté dans le sens évident de ces titres privés. — *Cass.*, 8 déc. 1835, Bureau c. commune de Bize.

35. — Les tribunaux sont compétens pour statuer sur la validité d'une transaction passée entre particuliers dans le but d'éteindre une action en rescision pour cause de lésion contre un partage administratif; ce n'est pas là interpréter ce partage. — *Cass.*, 9 mai 1837 (t. 2 1837, p. 209), Girault c. Guenet.

36. — C'est appliquer et non interpréter un acte administratif que de décider qu'en vertu de cet acte qui a mis un individu en possession de la succession de son fils, émigré, cet individu a pu transmettre cette succession à ses légataires. — *Cass.*, 9 août 1823, Lenez-Cotty de Brécourt c. de Bethune-Charost.

37. — L'ordonnance royale du 26 mars 1816, qui, en rapportant le décret du 20 fév. 1806, sur la destination de l'église de Sainte-Geneviève, a disposé que les cœurs de divers généraux (et notamment de La Tour d'Auvergne) seraient rendus *à leur famille*, ne présente, quant à l'interprétation de ces derniers termes, ni obscurité ni équivoque. Il en résulte clairement que c'est à la famille, telle qu'elle est reconnue dans l'état civil, à laquelle ont appartenu les généraux désignés, et non à la famille dont ils auraient pu être autorisés à porter le nom par honneur, que la restitution doit être faite. — Quant au débat sur le point de savoir quels sont les membres de la famille qui peuvent réclamer le bénéfice de la restitution, il ne soulève qu'une question de droit dont les tribunaux ordinaires peuvent seuls connaître, mais qui ne saurait donner lieu à une interprétation de l'ordonnance de 1816, qui n'a pu ni voulu la résoudre. — *Cass.*, 7 août 1844 (t. 2 1844, p. 262), de La Tour d'Auvergne-Lauraguais c. de Pontavice.

38. — La lettre de M. le grand-chancelier de la Légion-d'Honneur, de laquelle il résulte textuellement qu'il a remis en dépôt à la famille de La Tour d'Auvergne le cœur du premier grenadier de France, ne contient aucune interprétation administrative contraire aux prétentions de la famille propre de celui-ci. Loin de là, elle établit d'une manière claire et non équivoque que l'administration n'a entendu faire d'attribution que sauf les droits des tiers à établir et régler par les voies ordinaires et devant les tribunaux civils. — Même arrêt.

39. — Dans le cas où, sur une instance administrative, un acte soumis à l'interprétation du conseil de préfecture a été déclaré clair et précis, les tribunaux appelés à juger les questions de propriété, saisis de la contestation entre les mêmes parties et sur le même point, ne peuvent, en considérant cet acte comme obscur, prononcer un renvoi devant l'autorité administrative pour provoquer l'interprétation. — *Cass.*, 25 mars 1839 (t. 1er 1839, p. 313), Dariule c. préfet de la Charente.

40. — Lorsqu'une propriété vendue originairement par acte administratif a été l'objet de plusieurs reventes successives de particulier à particulier, s'il arrive qu'après une possession du dernier acquéreur, suffisante pour prescrire par vingt ans, le propriétaire originaire revendique une portion de terrain comme non comprise dans l'acte administratif, les tribunaux peuvent, en se fondant uniquement sur ce dernier titre d'acquisition et sur la prescription acquise, repousser la demande en revendication ; on ne peut dire que dans ce cas il y ait de leur part application ni interprétation d'un acte administratif. — *Cass.*, 19 juill. 1836, fabrique de l'église d'Illiers-l'Evêque c. Solar.

41. — Les questions de propriété sont de la compétence des tribunaux, alors même que le droit réclamé dérive d'actes administratifs, et lorsqu'il ne s'agit que d'en faire l'application. — *Cass.*, 15 janv. 1833, Hey des Nétumières c. Homon et Feyssot.

42. — Mais ce serait interpréter et non pas seulement appliquer un acte administratif que de décider si les habitans d'un hameau faisaient anciennement partie d'une commune, et s'ils ont, à ce titre, droit à une concession de bois, faite nommément par un ancien réglement de l'autorité souveraine, aux habitans de cette communauté. — *Cass.*, 4 août 1834, habitans de Fontaine c. habitans de l'Emont.

43. — Il n'appartient pas au pouvoir judiciaire de prononcer sur une question de préférence entre deux arrêtés administraifs émanés de deux autorités de même nature, ayant les mêmes attributions, lorsque ces arrêtés présentent des dispositions incompatibles et opposées entre elles; la hiérarchie des pouvoirs veut que la question préjudicielle qui résulte de cette contrariété soit soumise à l'autorité antérieure dans l'ordre administratif. — *Cass.*, 30 avr. 1829, Ste-Agathe c. Valette.

44. — Lorsque dans un procès il s'élève des doutes, soit sur la régularité, soit sur la substance d'un acte administratif, le tribunal ne peut que renvoyer les parties devant l'autorité de laquelle ces actes sont émanés, pour les faire expliquer, interpréter, sauf à statuer ensuite sur les conclusions des parties. — *Cass.*, 9 juill. 1806, Bobé c. Bigot.

45. — Lorsqu'une question de propriété dépend de l'interprétation d'un titre administratif, s'il arrive qu'un premier arrêté interprétatif ne s'explique pas suffisamment, le tribunal saisi doit renvoyer à l'administration pour compléter sa décision; il ne doit pas croire que l'attribution administrative soit épuisée et juger lui-même d'après ses propres documens. — *Cass.*, 19 déc. 1826, Morel c. commune de Lery.

46. — De même, lorsqu'au sujet d'une première contestation, un contrat de vente administratif a été soumis à l'autorité administrative et interprété par elle, une cour royale, saisie vis-à-vis d'autres parties de la même contestation, ne peut, sous prétexte que l'acte présenterait un sens clair et non équivoque, et qu'il ne s'agirait que de l'appliquer, se dispenser d'en renvoyer l'interprétation à l'autorité administrative, alors surtout que le sens qu'elle lui attribue est différent de celui qui lui a déjà été donné par l'administration. — *Cass.*, 22 nov. 1837 (t. 1er 1838, p. 283), Cassaigne c. Casauban.

47. — Lorsque des parties plaident sur l'effet d'une autorisation administrative et placent toute la difficulté dans le point de savoir quel est le sens de l'acte administratif, les tribunaux ne doivent pas retenir l'affaire; ils doivent renvoyer à l'administration pour s'interpréter elle-même, encore qu'il s'agisse de servitude prétendue autorisée par l'acte administratif. — *Cass.*, 31 janv. 1828, Massienne c. Louguet.

48. — Les tribunaux sont incompétens pour expliquer ou interpréter les actes émanés de l'autorité administrative, encore que la contestation n'ait pour objet que des intérêts privés. — *Agen*, 27 déc. 1809, Espinet c. Fayet.

49. — De même, l'autorité judiciaire est incompétente pour connaître de l'interprétation d'un acte d'administration qui a affecté à un service public les bâtimens d'un ancien couvent. — *Cons. d'état*, 8 sept. 1824, Graziani.

50. — L'interprétation d'un partage administratif intervenu entre l'état et un particulier appartient à l'autorité administrative. — *Cass.*, 18 nov. 1840 (t. 1er 1841, p. 151), d'Haussen c. préfet de la Moselle.

51. — Un préfet est incompétent, soit pour interpréter, à l'aide de baux et autres actes, une vente de biens appartenant à l'état, soit pour modifier le procès-verbal d'adjudication. — *Cons. d'état*, 16 mars 1837, comm. de Limetz c. Foubert.

52. — Un conseil de préfecture est compétent pour donner l'interprétation d'un acte de vente nationale, en tant que cette interprétation peut résulter des actes qui ont préparé et consommé la vente. — *Cons. d'état*, 2 juin 1837, commune de Voray.

53. — Mais il en est autrement lorsque pour l'interprétation de la vente il faut recourir à l'application des anciens titres : c'est aux tribunaux ordinaires à prononcer. Il y a sur ce point une jurisprudence constante. — V. notamment *Cons. d'état*, 20 juin 1812, Clairet; 19 juin 1813, Thabaud; 30 sept. 1814, Vincent; 20 nov. 1815, Legoubier; 28 sept. 1816, Desfossés; 9 avr. 1817, Baudot; 23 janv. 1820, Poncelet; 28 août 1822, Blanchard; 22 juin 1825, Blanchard; 16 mai 1827, Mayet; 2 déc. 1829, Colin; 26 août 1831, Milau; 27 fév. 1835, Touillet; 23 avr. 1837, commune de Prettu; 25 avr. 1839, Belleroy; 29 janv. 1840, hospices de Londres. — V. également Cormenin, *Dr. adm.*, v° *Domaines nationaux*, t. 2, p. 97; Serrigny, *Traité de l'organisation, de la compét. et de la procéd. en mat. adm.*, t. 2, p. 748. — V. BIENS NATIONAUX.

54. — Jugé de même qu'un conseil de préfecture saisi de l'interprétation d'une vente de biens nationaux doit se renfermer dans l'interprétation des actes administratifs qui ont préparé et consommé la vente, sans s'appuyer sur des faits et des moyens dont l'appréciation est hors de sa compétence. — *Cons. d'Et.*, 3 mars 1837, commune de Franchesse c. Petit-Jean.

55. — V. au reste sur l'interprétation des ventes de biens nationaux, le mot BIENS NATIONAUX.

56. — Les actes de l'autorité souveraine rendus en matière administrative ne peuvent être interprétés par l'autorité judiciaire. — *Cons. d'état*. 6 fév. 1811, Ling c. Guy-Dennesson.

57. — Jugé d'après ce principe, que l'interprétation d'un acte émané d'un ancien prince souverain de l'Alsace appartient exclusivement à l'autorité administrative. — *Cons. d'état*, 4 juill. 1840, Gesspach et Grafft c. l'Etat.

58. — Jugé aussi que les tribunaux sont incompétens pour apprécier le sens et l'étendue d'une ordonnance de concession de mines; en conséquence le conflit qui revendique, pour l'autorité administrative, l'interprétation de cette ordonnance doit être admis. — *Cons. d'état*, 1er juin 1843, Fulchiron.

59. — Le conseil d'état ne doit ni ne peut recevoir l'opposition des parties tendant au rapport, interprétation, suspension ou modification des ordonnances qui statuent sur des intérêts généraux d'administration ou de politique. — Cormenin, v° *Conseil d'état*, t. 1er, p. 211, n° 15.

60. — Il n'appartient qu'au roi, en conseil d'état, de statuer sur les questions qui ne peuvent être résolues que par l'interprétation et l'application des décrets, ordonnances et autres actes du gouvernement. — Cormenin, *Dr. adm.*, v° *Conseil d'état*, t. 1er, p. 205.

61. — Il n'appartient qu'au roi, en conseil d'état, d'apprécier l'étendue et de déterminer les effets d'un décret impérial qui a disposé d'une propriété nationale en faveur d'un département. — *Cons. d'état*, 6 mai 1836, département du Pas-de-Calais c. le préfet du Pas-de-Calais.

62. — Il n'y a pas lieu à statuer sur l'interprétation d'un acte administratif, sans qu'il soit produit une décision judiciaire ou administrative qui l'ordonne. — *Cons. d'état*, 8 juill. 1840, duc d'Uzès c. comp. du canal de Beaucaire.

63. — Le conseil d'état n'est pas tenu de donner l'interprétation des ordonnances, même sur le renvoi des tribunaux, lorsqu'il n'existe, d'ailleurs, ni conflit positif ni conflit négatif. — Cormenin, *Dr. adm.*, v° *Conseil d'état*, t. 1er, p. 215, note 1re. — V. CONFLIT, CONSEIL D'ÉTAT.

64. — Alors même qu'il s'agirait d'une ordonnance royale prescrivant l'établissement d'un syndicat pour l'entretien des digues de mer et contre les rivières. — *Cons. d'état*, 29 janv. 1841, Villiers.

65. — Jugé, par application de cette règle, qu'il n'y a pas lieu d'interpréter des décrets impériaux pour savoir s'il contiennent un acte de libéralité ou une restitution de succession, lorsque la demande est formée à l'occasion d'une inscription hypothécaire qui n'est pas même produite, et qu'il ne paraît pas qu'aucune instance judiciaire ait été formée sur ladite inscription, ni qu'il soit intervenu dans cette instance un jugement spécial qui déclare qu'il y a lieu de solliciter l'interprétation du décret. — *Cons. d'état*, 18 fév. 1824, Sébastiani.

66. — Jugé encore que le conseil d'état n'est pas régulièrement saisi de la demande en interprétation d'un décret, lorsque ce décret n'est l'objet d'aucune attaque, et qu'il n'existe ni conflit, ni renvoi des tribunaux à cet effet. — *Cons. d'état*, 26 oct. 1825, de Cosne.

67. — Jugé même qu'il ne suffit pas qu'il y ait instance liée sur l'application du décret ou de l'ordonnance royale, il faut qu'il y ait décision qui ordonne l'interprétation. — *Cons. d'état*, 28 fév. 1831, Montmorency; 17 juin 1835, de Bouillé c. Artaud-Lestrade.

68. — La règle qui attribue à l'administration l'interprétation des actes administratifs souffre exception à l'égard des baux administratifs; toutefois, la jurisprudence a été long-temps incertaine sur ce point, un préjugé fortement empreint dans les esprits faisant penser généralement que toutes les contestations ayant pour objet des biens régis, administrés, et surtout loués par l'état, devaient appartenir à la juridiction des conseils de préfecture. Par suite, l'administration, se fondant sur plusieurs dispositions de la loi du 6 frim. an VII (V. notamment les art. 35, 36, 37, 38, 39 et 40), avait montré une tendance assez prononcée à s'approprier la connaissance exclusive des contestations qui naîtraient sur l'interprétation des baux pour le fermage des bacs et passages d'eau. On peut voir à cet égard les ordonnances des 15 nov. 1809, Davost; 22 janv. 1813, Laluzerne; 24 mars 1819, Billant-Laujardière; 17 déc. 1823, Lefébure; 6 juill., Dubant; 10 août 1825, Jacquet; 2 août; Cont. ind., 6 sept. 1826, Dufour, et 14 juill. 1830, Dubourdier

69. — Cette tendance pouvait, il est vrai, se justifier jusqu'à un certain point par la nature, la forme et l'exécution de cette espèce de bail à ferme. Par sa nature, il s'agissait de propriétés et de droits faisant partie du domaine de l'état, et dont le revenu est touché par lui; c'est le gouvernement qui stipule les clauses et conditions des baux, et exige la soumission à la juridiction administrative des fermiers qui, dès-lors, doivent exécuter la loi qu'ils se sont imposée; par sa forme, il est passé par la voie de l'adjudication aux enchères publiques; enfin, par son exécution : car le service des bacs fait essentiellement partie de la police de la grande voirie, qui est toute administrative; la loi du 6 frim. an VII confie, en effet, aux administrations centrales le droit de statuer sur les indemnités réclamées par les fermiers contre l'état, et parce qu'enfin tous les travaux à faire pour l'établissement et l'entretien des bacs s'exécutent par la même voie et par les mêmes règles que les travaux publics. Toutefois ces raisons, qui ne manquent pas d'un certain poids, n'ont pas prévalu. — *Cons. d'état*, 25 fév. 1818, Cellarier; 8 mars 1828, Dabin; 22 oct. 1830, Matignon; 23 avr. 1834, Ancel; 9 août 1836, Salers; 16 juill. 1840, Devans, et *Cass.*, 6 août 1829 aff. Beaudoin). — V. aussi en ce sens Foucard, *Elém. de dr. admin*, t. 2, p. 519, n° 561; Armand Husson, *Traité de la législation des travaux publics et de la voirie en France*, t. 2, p. 117; Daviel, *Des cours d'eau*, t. 1er, nos 467 et 497; Garnier, *Régime des eaux*, 3e édit., t. 1er, n° 381, et de Cormenin, *Appendice* à sa 5e édit., p. 31.

70. — Il est évident, d'après cette jurisprudence, que tous les doutes qui s'étaient élevés sont maintenant dissipés. Le conseil d'état la cour de Cassation et la doctrine des auteurs, se réunissent aujourd'hui pour investir l'autorité judiciaire d'une manière exclusive de tout ce qui tient à l'interprétation des baux à ferme, des bacs et passages d'eau. Ce point établi, on pourrait se demander maintenant si cette jurisprudence est bien à l'avantage du justiciable, et s'il ne serait pas moins onéreux pour lui de trouver des juges dans l'administration, et la justice qu'il réclame moins entourée de formes, et par conséquent plus expéditive. M. de Cormenin (*loc. cit.*) examine aussi cette question, et la résout par l'affirmative. D'accord sur ce point avec MM. Tarbé et Cotelle, il montre tous les avantages qui résulteraient de l'adoption de cette doctrine et de sa conversion en loi. — V. BAIL ADMINISTRATIF, et COMPÉTENCE ADMINISTRATIVE.

71. — La jurisprudence dont nous venons de présenter le résumé ne s'applique pas à certains baux administratifs dont la loi a réservé l'interprétation à l'administration; tels sont ceux relatifs aux octrois, aux droits de la location dans les foires et marchés, aux eaux minérales, aux eaux de Paris, aux droits de passage sur certains ponts. — V. sur ces divers points : Réglement du 17 mai 1809; ord. des 9 déc. 1814, 14 juill. 1819, 25 août

1820, 26 mars et 16 avr. 1823, 4 juin même année; arrêté du 3 flor. an VIII; ord. du 23 fév. et 7 juin 1800. — V. aussi *Conseil d'état*, 19 mars 1817, Chaptive; 25 fév., Cellarier; 17 juin 1818, Accart; 8 sept., Gignoux; 1er déc. 1819, Poisson; 14 nov. 1821, Fargeot; 6 nov., Robert, et 18 déc. 1822, Laroque; — de Cormenin, *Dr. admin*, vo *Baux administratifs*, t. 1er, p. 268, no 3.

72. — Il n'y a pas nécessité pour les juges de renvoyer la cause devant l'administration aussitôt que l'une des parties prétend trouver des doutes et matière à interprétation dans l'acte administratif invoqué par l'autre. — *Cass.* 4 fév. 1812, Joly c. Vauvillers; 13 mai 1824, de Maynoncourt c. Aymonet de Contréglise; 28 mars 1825, Dassouvilles c. Perraut; 30 mars 1831, Cuoc c. Roger; 16 janv. 1832, Muiron c. Vaulerberghe; 8 juill. 1835, de Fitz-James c. Watrer Boyd; 18 août 1835, Montmorency c. les habitans de Briquebec; 6 mars 1838 (t. 1er 1838, p. 574), Albert c. Parent; 16 avr. 1838 (t. 1er 1838, p. 529), Chabannes c. Jacquet; 9 juill, 1838 (t. 2 1838, p. 173), préfet du Pas-de-Calais, c. Montaigu; 4 déc. 1839 (t. 1er 1840, p. 164), ville de Paris c. Comp. des marchés de fourrages.

73. — Ce serait en effet laisser à la discrétion d'un plaideur téméraire le droit de suspendre le cours de la justice en élevant des doutes contre l'évidence, en soutenant qu'il est nécessaire d'interpréter ce qui ne présenterait ni équivoque ni obscurité. — *Cass.*, 13 mai 1824 (cité no 70).

74. — Au contraire, et par la nature des choses et par celle de leurs devoirs, les cours et tribunaux doivent examiner si ou non l'acte produit devant eux attribue les droits réclamés; ils doivent, en cas de doute, renvoyer à l'autorité administrative; si, au contraire, l'acte leur paraît n'offrir ni équivoque, ni obscurité, ni doute sur le fait qu'il déclare, ou sur la propriété qu'il attribue, ils doivent, sauf le cas de conflit légalement élevé, retenir la cause et la juger. — Même arrêt; *Cass.*, 4 janv. 1843 (t. 1er 1843, p. 489), Caisergues c. Jeanjean; 26 avr. 1843 (t. 2 1843, p. 560), du Grivel c. préfet de Saône-et-Loire.

75. — Jugé même que les tribunaux ordinaires sont compétens pour statuer sur l'exécution d'un acte administratif, alors même que les parties ne seraient pas d'accord sur l'interprétation qu'il convient de lui donner, lorsqu'en réalité ses dispositions sont claires, et que son sens et sa portée ne présentent ni obscurité, ni ambiguïté. — *Cass.*, 20 déc. 1836, Nicaud c. d'Envaud.

76. — En cas de contestation sur le sens d'un acte administratif, les tribunaux doivent surseoir jusqu'après décision de l'autorité administrative, sur le sens des actes produits. — *Cass.*, 22 janv. 1834, ville de Bayonne.

77. — Les tribunaux saisis d'une question de propriété qui doit être résolue par interprétation d'un acte administratif ne peuvent, en renvoyant les parties devant l'administration pour obtenir cette interprétation, se dessaisir du procès; ils ne doivent retirer la cause et ne provoquer l'interprétation que par mesure d'instruction, et avant faire droit. — *Cass.*, 26 mars 1839 (t. 1er 1840, p. 314), Dariule c. préfet de la Charente; 15 janv. 1840 (t. 1er 1840, p. 315), commune de Rousseux c. ville de Neufchâteau; 27 déc. 1842 (t. 1er 1843), préfet de la Manche c. Hoche.

78. — En général, les actes administratifs peuvent être exécutés sans être revêtus de la formule exécutoire. — V. FORMULE EXÉCUTOIRE.

V. au surplus : ACTE, COMPÉTENCE ADMINISTRATIVE, ENREGISTREMENT.

ACTE A LA SUITE OU EN MARGE D'UN AUTRE.

V. ACTE NOTARIÉ, TIMBRE.

ACTE ANCIEN.

Table alphabétique.

1. — Un acte est *ancien*, aux termes de l'art 1335, C. civ., quand il a plus de trente ans de date.

2. — Bien que les actes anciens soient dépourvus des garanties instituées par le droit moderne, il ne s'ensuit pas qu'ils ne puissent pas faire foi par eux-mêmes. Au contraire, tous les jurisconsultes leur attribuent quelquefois des prérogatives analogues à celles dont jouissent des actes authentiques, voulant que l'ancienneté suppléât alors à une démonstration que le temps et l'obscurité qui l'accompagne rendraient trop difficile. — Teste, *Encyclopédie du droit* vo *Actes anciens*, nos 2 et 3.

3. — Mais c'était une question fort agitée sous l'ancien droit que de savoir quel laps de temps était nécessaire pour qu'un acte fût réputé ancien.

4. — Quelques auteurs exigeaient un laps de cinquante ans, d'autres se contentaient de quarante ans, le plus grand nombre pensait qu'il ne fallait pas moins de cent ans. Dumoulin est d'avis que le laps de cent ans ne saurait être exigé que dans les matières où la prescription n'a lieu que par un temps immémorial; dans tous les autres cas, une date de soixante-dix ans lui paraît suffisante. Il réduit même ce délai à une période de trente ou de quarante ans, lorsqu'il s'agit de choses dont la preuve devient impossible après ce temps écoulé; et à dix ans, lorsque le débat porte sur l'accomplissement ou l'inobservation des solennités prescrites, et qu'il ne s'agit que d'un préjudice modique. — Dumoulin, *Comment. sur la cout. de Paris*, art. 8, nos 80 à 83; Pothier, *Oblig.*, nos 768 et 772; Toullier, t. 8, no 167.

5. — A vrai dire, il n'existait à cet égard aucune régle; tout espace de temps notable qui rendait les preuves difficiles suffisait pour justifier le nom d'*ancien*; c'était aux juges qu'appartenait le soin d'apprécier les circonstances au milieu desquelles l'acte apparaissait. *In summâ judex ex omnibus circumstantiis debet arbitrari.* — Dumoulin, *ibid.*, no 80; Toullier, *ibid.*, et Teste, *Encyclopédie du droit*, vo *Actes anciens*, no 4.

6. — Le Code civil a simplifié la question. L'art. 1335, no 2, porte que les copies qui, sans l'autorité du magistrat, ou sans le consentement des parties, et depuis la délivrance des grosses, ou premières expéditions, auront été tirées sur la minute de l'acte par le notaire qui l'a reçue, ou par un autre officier public dépositaire des minutes, peuvent, en cas de perte de l'original, faire foi quand elles sont *anciennes*. Il ajoute, ainsi que nous l'avons dit no 2, qu'elles sont considérées comme anciennes quand elles ont *plus de trente ans*.

7. — Cette disposition, relative à la foi due aux *copies* des actes quand elles sont anciennes, doit, sans contredit, s'appliquer par analogie à la foi due aux énonciations contenues dans les *actes anciens*. Les raisons de décider sont les mêmes; la solution ne peut être différente. — Toullier, t. 8, no 167, et Teste, *ibid.*, vo *Actes anciens*, no 5.

8. — L'ancienneté d'un acte produit un double effet : 1o dans un acte ancien, il y a présomption que les formalités requises ont été observées, quoique cela ne soit ni apparent ni constaté : *In antiquis omnia præsumuntur solemniter acta.* — Dumoulin, sur l'art. 8 de la cout. de Paris, nos 75 à 79; Toullier, t. 8, no 163, et Teste, *Encyclop. du droit*, vo *Actes anciens*, no 6.

9. — Ainsi, jugé que lorsque rien ne constate l'observation des formalités prescrites pour la validité d'une concession remontant à plus de deux siècles, il y a lieu de présumer que tout a été fait régulièrement. — *Bourges*, 20 mars 1822, Baucheron c. Bochoux.

10. — Que dans les actes anciens, les formalités extrinsèques, dont l'observation n'est point constatée, doivent être présumées avoir été remplies, d'après la maxime *In antiquis omnia præsumuntur solemniter acta.* — *Cass.*, 12 nov. 1828, commune de Chemilly c. de Varange.

11. — Cependant, si l'acte portait en lui-même la démonstration évidente qu'il a été dépourvu des solennités dont on ne se dispense jamais dans un acte sérieux, la présomption de solennité serait détruite par la preuve du fait particulier qu'il n'y a point eu de solennité. Tel est le cas, dit Dumoulin (*loc. cit.*), où l'on produit une ancienne copie collationnée par une personne qui a indiqué sa qualité, et où l'on voit que ce n'était qu'une personne privée. L'ancienneté de cette copie ne fera pas présumer qu'elle ait été faite avec les solennités requises, parce que son énoncé même prouve qu'elle n'a été faite que par une personne privée. — Toullier, *ibid.*, et Teste, *ibid.*

12. — Ainsi, jugé que la maxime *In antiquis omnia*, etc., ne peut jamais établir qu'une présomption, et cette présomption peut être détruite par des présomptions graves, précises et concordantes. — *Besançon*, 6 mai 1825, commune de Chazelot c. commune de Rougemont (sous *Cass.*, 25 nov. 1828).

13. — Jugé même que la même maxime, etc., ne reçoit d'application qu'au cas où l'acte ancien est soutenu par la possession. — *Cass.*, 25 nov. 1828, commune de Chazelot c. commune de Rougemont.

14. — Au reste, la présomption de solennité en faveur des actes anciens est moins importante aujourd'hui qu'elle ne l'était autrefois. Dans l'ancienne législation, la nullité qu'entraînait dans certains actes l'omission des formalités exigées ne se prescrivait par aucun laps de temps. Dans d'autres cas, la nullité des actes ne se prescrivait que par trente ans. On conçoit, dès-lors, que l'action en nullité menaçant toujours, ou du moins pendant un long laps de temps, le possesseur muni d'un titre imparfait dans la forme, il importait beaucoup de savoir à quelle époque les actes seraient couverts par la présomption de solennité résultant de leur ancienneté. Aujourd'hui, l'action en nullité de l'acte se prescrit par dix ans comme l'action en rescision (C. civ., art. 1304); il ne peut donc être que bien rarement nécessaire de recourir aux présomptions de solennité. — Toullier, t. 8, nos 163 et 167, et Teste, *Encyclopédie du droit*, vo *Actes anciens*, no 6.

15. — 2o L'ancienneté des actes a un second effet, celui de les faire servir de complément de preuve : l'acte ancien ajoute à la preuve qui existe déjà jusqu'à un certain degré, quoiqu'il ne puisse à lui seul créer une preuve qui n'avait pas d'existence : *Non potest antiquitas inducere in totam probationem quæ nulla est, sed eam demùm quæ aliqua est, coadjuvare.* — Dumoulin, *ibid.*, no 8, et Toullier, t. 8, no 164.

16. — 3o L'ancienneté des actes a un second effet, l'ancienneté donne la consistance d'une preuve aux simples énonciations dans les actes anciens, même contre les tiers : *In antiquis verba enuntiativa plenè probant, etiàm contrà alios et in præjudicium tertii, etiamsi essent incidenter prolata et propter aliud prolata.* — Dumoulin, *ibid.*, no 77; Pothier, *Oblig.*, nos 768 et 772, et Toullier, t. 8, no 164.

17. — A défaut de quittance, la preuve de la libération peut résulter des présomptions de paiement et des énonciations contenues dans des actes anciens, bien que ces actes soient étrangers au créancier qui soutient n'avoir rien reçu. — *Paris*, 7 germin. an XII, Duval, c. Dusaillant.

18. — Toutefois, un arrêt de cour royale a pu, sans s'exposer à la censure de la cour de Cassation, décider qu'un procès-verbal de délimitation d'une forêt nationale, dressé anciennement, ne pouvait servir de base à une action en revendication d'un terrain compris dans les limites indiquées, s'il n'est pas prouvé que ce procès-verbal ait été fait contradictoirement avec les parties intéressées, et, par exemple, si ce procès-verbal énonce qu'il a été fait en présence des riverains, sans cependant en dénommer aucun. — *Cass.*, 23 déc. 1835, Préfet de l'Allier c. Desbordes.

19. — De même, celui qui prétend avoir un droit de puisage ne peut invoquer, comme faisant titre en sa faveur, un acte de partage (quelque ancien qu'il puisse être) émané d'un de ses auteurs, et contenant l'énonciation de ce droit, alors que cet acte est complètement étranger au propriétaire du puits. — *Bordeaux*, 28 juin 1839 (t. 2 1839, p 56), Nauze c. Duclaud.

20. — Pour pouvoir invoquer la maxime *In antiquis enuntiativa probant*, il faut que les actes auxquels on veut l'appliquer soient d'une date assez reculée pour que les moyens ordinaires de preuve ne soient plus praticables à l'effet de vérifier les énonciations qu'ils contiennent, et que, d'ailleurs, la validité de l'acte ne dépende point uniquement de la vérité de l'énonciation. — *Bruxelles*, 27 juill. 1827, M.... c. marquis d'A....

21. — Pour que l'énonciation d'un droit, contenue dans un acte ancien, puisse obtenir confiance, il faut, de plus, qu'elle soit soutenue de la *longue possession*. — Alors, elle est fondée sur la présomption générale et raisonnable qu'une chose qui subsiste, se fait et s'exécute depuis long-temps, repose sur un fondement solide et légitime. — Pothier, *Oblig.*, nos 768 et 772; Toullier, t. 8, no 164, et Teste, *Encyclop. du dr.*, vo *Actes anciens*, no 8.

22. — Toutefois, quand les énonciations n'ont rapport qu'à des faits, lorsqu'elles tendent, par exemple, à établir ou fixer des relations de parenté, à trancher des questions douteuses en matière de succession, on doit ajouter foi à ces énonciations, indépendamment de la *longue possession*. — Menochius, *De præsumpt.*, liv. 3, *præsumpt.* 133, nos 22 et suiv., et Toullier, t. 8, no 166.

23. — Ainsi, lorsqu'un ancien acte énonce que les enfans ont répudié la succession de leur père, cette énonciation fait foi contre leurs descendans, selon la règle : *In antiquis enuntiativa probant.* — *Bruxelles*, 9 nov. 1820, Domaines c. Tayart.

24. — En l'absence de l'original ou de l'expédition en forme d'un acte ancien (un testament), on peut considérer l'existence et le contenu de cet acte comme suffisamment prouvés, d'une part par la mention qui en est faite dans une déclaration de la partie qui le nie et portant que cet acte lui a été remis, à la charge de le rendre, pour faire les preuves exigées pour son admission comme page et comme chevalier de Malte, et, d'autre part, par la signification d'une copie du même acte faite par un huissier dans une instance engagée devant les juges de l'époque. — *Cass.*, 3 mai 1841 (t. 2 1841, p. 364), Dugarric d'Uzech c. d'Abzac.

25. — Le créancier d'une rente n'est pas obligé d'en rapporter le titre primordial, lorsqu'il représente un arrêt très ancien qui en a ordonné le paiement, et qu'il prouve en outre que la rente a été servie pendant plusieurs siècles, à compter de cet arrêt. — *Cass.*, 19 déc. 1820, Hospice d'Evreux c. Hochon.

26. — Des actes de cession d'une rente, dans lesquels le débiteur n'a point figuré, ne peuvent, à raison de leur ancienneté, établir contre lui l'existence de l'obligation, ou constituer un commencement de preuve par écrit, autorisant la preuve testimoniale au-dessus de 150 fr. — *Cass.*, 11 mars 1827, Inchauspé c. de Madron.

27. — Il n'est pas nécessaire de représenter un titre primordial lorsqu'on produit des reconnaissances plus que séculaires et soutenues d'une possession conforme. — *Cass.*, 5 juill. 1837 (t. 1er 1840, p. 266), Bon c. Fabrique de Sauveterre.

V., au surplus, ACTE AUTHENTIQUE, ACTE DE L'ÉTAT CIVIL, ACTE RÉCOGNITIF, ENREGISTREMENT.

ACTE ANTÉRIEUR.

V. ENREGISTREMENT.

ACTE ARBITRAIRE OU ILLÉGAL.

1. — Acte fait ou ordonné par un fonctionnaire public, agent de l'autorité ou dépositaire de la force publique en dehors des pouvoirs qui lui sont attribués, ou des formes qui sont prescrites par la loi.

2. — Dans l'usage, on se sert indifféremment de l'une ou de l'autre expression pour qualifier le même fait : cependant, dans un sens plus précis, on doit entendre par acte arbitraire celui qui a été commis ou ordonné par un fonctionnaire en dehors de ses attributions, et par acte illégal, celui qui l'a été dans les limites desdites attributions, mais en dehors des cas prévus et des formes prescrites.

V. ABUS D'AUTORITÉ, AGENS DE L'AUTORITÉ PUBLIQUE, ARRESTATIONS ARBITRAIRES OU ILLÉGALES, AGENS DE LA FORCE PUBLIQUE, ATTENTATS A LA LIBERTÉ, BLESSURES ET COUPS, FONCTIONNAIRE PUBLIC, LIBERTÉ INDIVIDUELLE, RÉBELLION.

ACTE AUTHENTIQUE.

Table alphabétique.

1. — Acte reçu par officiers publics dans les conditions et avec les solennités requises. — C. civ., art. 1317.

§ 1er. — *De la nature et du but de l'authenticité. — Quels actes sont authentiques.*

2. — Le mot *authentique* (du grec αὐθέντης, qui agit de sa propre autorité), signifie proprement ce qui, ayant un auteur certain, a de l'autorité et mérite qu'on y ait confiance.

3. — C'est le sens que lui donne le Code, lorsqu'il dit que l'acte authentique fait *pleine foi* (C. civ., art. 1319); c'est-à-dire qu'on doit y avoir une entière confiance, parce qu'il émane d'une personne dont la loi consacre le témoignage, en un mot, d'un officier public. — Toullier, *Dr. civ.*, t. 8, n° 55.

4. — Ainsi l'effet de l'authenticité est tel, que l'acte fait foi par lui-même, qu'il suffit de le représenter, et qu'on est obligé d'y déférer, sans pouvoir en exiger la vérification préalable. — En disant qu'ils font *pleine foi*, la loi commande aux juges et aux magistrats d'avoir une entière confiance dans les actes authentiques, de tenir pour véritables les faits qu'ils attestent, et d'employer l'autorité qui leur est confiée pour les faire exécuter. — Toullier, t. 8, n° 56.

5. — L'authenticité des actes est une institution du droit civil, établie dans des vues d'ordre public et pour prévenir les contestations qui pourraient s'élever sur la preuve des conventions. Naturellement, nulle écriture ne fait foi par elle-même; si elle est contestée, il est nécessaire qu'elle soit reconnue ou vérifiée par quelque voie légitime. Telles sont encore aujourd'hui les écritures privées. Mais la société, reposant, pour ainsi dire, tout entière sur la foi due aux écrits, il y avait besoin d'établir une nature d'actes qui portassent avec eux la certitude. — C'est dans ce but que le législateur a donné un caractère public à l'acte authentique, qu'il a voulu que la signature de celui à qui est confié le dépôt d'un registre public fût, dans sa fonction ou dans son ministère, admise sans autre vérification et reconnue par elle-même. — Toullier, t. 8, n° 57; Teste, *Encyclop. du dr.*, v° *Acte authentique*, n° 3.

6. — Non pas que le législateur ait pu compter que la signature des officiers publics serait effectivement connue de tous ceux sous les yeux de qui elle pourrait parvenir : on s'est fondé sur une espèce de notoriété plutôt de droit que de fait, et de même que la loi présume que ses dispositions ne sont ignorées de personne après la promulgation, elle présume aussi que la signature de l'officier public, dans ses fonctions, est connue de tout le monde. — *Nouv. Denisart*, v° *Acte authentique*, p. 159; Toullier, t. 8, n° 57, et t. 9, n° 322.

7. — Mais, comme cette présomption établie, pour l'intérêt public, n'est, à proprement parler, qu'une fiction, et que, si l'effet en était porté trop loin, la société pourrait en éprouver du préjudice dans le cas d'éloignement du lieu où l'acte a été passé, le législateur a exigé que l'on recourût à une formalité simple, introduite autrefois par l'usage, savoir celle de la *légalisation*. Elle consiste dans l'attestation de la signature et de la qualité de l'officier public d'un ordre inférieur par un des officiers principaux dont il dépend. — Toullier, t. 8, n° 58. — V. LÉGALISATION.

8. — Le défaut de légalisation ne nuit point à l'authenticité de l'acte; il peut seulement en faire suspendre l'effet et l'exécution. — Toullier, t. 8, n° 59.

9. — De plus, pour assurer davantage l'authenticité de certains actes législatifs, judiciaires ou administratifs, la loi prescrit de les frapper d'un sceau, soit sur les originaux, soit sur les copies ou expéditions qui en sont délivrées (V. SCEAU). — La même obligation est imposée aux notaires, relativement aux grosses et expéditions qu'ils délivrent (L. 25 vent. an XI, art. 27). — Toutefois cette formalité n'est point nécessaire pour l'authenticité de l'acte ni, pour son exécution parée. — Toullier, t. 8, n° 60; Teste, *loc cit.*, n° 6.

10. — On distingue en général quatre sortes d'actes authentiques.

11. — 1° Les actes *législatifs*, c'est-à-dire les lois et les actes qui émanent du gouvernement, tels que les ordonnances du roi, les traités de paix et d'alliance, etc. — Toullier, t. 8, n° 54. — V. LOIS, ORDONNANCES, TRAITÉS DIPLOMATIQUES.

12. — 2° Les actes *judiciaires* et *extrajudiciaires* lorsqu'ils réunissent les conditions voulues par l'art. 1317. — V. ACTE JUDICIAIRE, ACTE EXTRAJUDICIAIRE. — V. *infrà* n° 41.

13. — 3° Les actes *administratifs*, c'est-à-dire ceux qui émanent des autorités administratives et des préposés des diverses administrations; tels sont notamment les arrêtés des ministres, préfets, conseils de préfecture, etc., les actes consignés dans les registres publics, les actes de l'état civil, les registres du conservateur des hypothèques, de l'enregistrement, etc. — Toullier, *ibid.* — V. ACTE ADMINISTRATIF.

14. — Un certificat mortuaire délivré par les agens de l'armée de Condé n'a pas dû être considéré comme authentique et faisant foi de son contenu. — *Paris*, 18 germ. an XIII, Mahy c. du Puget.

15. — Une lettre écrite par un maire dans l'exercice de ses fonctions ne peut pas être considérée comme un acte privé; elle a date certaine, fait foi de son contenu et peut être produite en justice, sans qu'il soit besoin qu'elle ait été présentée à l'enregistrement. — *Cass.*, 26 mars 1823, Quenesson.

16. — L'acte passé en France entre deux étrangers, devant le consul de leur nation, doit être considéré comme authentique, et, dès-lors, les tribunaux français peuvent ordonner l'exécution provisoire du jugement qu'ils rendent en se fondant sur cet acte. — *Rennes*, 6 avr. 1835, Landaluze c. Sarmento.

17. — 4° Enfin, les actes *notariés*, c'est-à-dire ceux qui sont reçus par les officiers publics qu'on nomme notaires; c'est à ces actes que l'on donne le plus ordinairement et plus spécialement le nom d'*actes authentiques*. — V. ACTE NOTARIÉ.

18. — Les marques caractéristiques de l'authenticité varient suivant les différentes espèces d'actes que nous venons d'indiquer ; chacune d'elles a des formes déterminées qui constituent sa puissance et assurent son exécution. — Merlin, *Rép.*, vo *Acte authentique*; Teste, *loc cit.*, no 9.

19. — Tout acte dressé par des personnes publiques, dans les conditions de l'art. 1317, C. civ., est par cela même authentique. Toutefois, il est à remarquer qu'il est nécessaire que l'officier public qui a reçu l'acte ait agi en sa qualité; car, une personne publique qui ne se comporte point en personne publique n'est pas réputée pour telle : *Persona publica*, dit Dumoulin, *agens contrà officium personæ publicæ non est digna speciari ut persona publica.* — Pothier, *Oblig.*, no 740; Rolland de Villargues, *Rép. du not.*, vo *Acte authentique*, no 11.

20. — L'on doit regarder comme authentique tout acte portant la signature et scellé des armes d'un prince souverain : *Litteræ à principe sigillatæ plenè probant*, dit Mathieu Wesenbec (*Consil.*, 4, no 77). Et, en effet, ajoute Myler, dans sa *Nomologia ordinum imperialium*, chap. 1er, no 7, *magis publicum sunt instrumentum, quàm quod à notario confectum.* — Merlin, *Rép.*, vo *Acte authentique*, no 3, et *Quest. de dr.*, vo *Inscription hypothécaire*, § 1er.

21. — Peu importe que le prince contracte pour ses intérêts privés : il n'en est pas moins, en contractant ainsi, revêtu de son caractère public et le gardien de la foi publique. — Selchow, *Jus privatum principum*, § 604 ; Merlin, *ibid*,

22. — Ainsi jugé que les actes par lesquels un prince souverain s'engage comme personne privée sont authentiques lorsqu'ils sont contresignés par le secrétaire intime de son cabinet. — *Cass.*, 7 juin 1809, Nassau Saarbruck c. Crolbois.

23. — L'authenticité du traité sous signatures privées intervenu entre un officier ministériel et son successeur est suffisamment établie par l'ordonnance royale de nomination qui vise ce traité, et par la prestation de serment du nouveau titulaire. — *Paris*, 9 fév. 1839 (t. 1er 1839, p. 303), P.

24. — Les procès-verbaux de conciliation, reçus par les juges de paix, sont-ils authentiques ? — La négative semblerait résulter de l'art. 54, C. procéd. civ., qui dispose que les procès-verbaux ont force d'*obligations privées*. Mais cette disposition a été établie dans l'intérêt des notaires pour empêcher qu'on n'éludât leur ministère : s'il y est dit que les conventions insérées aux procès-verbaux du juge de paix ont force d'*obligations privées*, c'est seulement pour exprimer qu'elles n'auront pas d'exécution parée, et qu'on ne peut y stipuler d'hypothèques. Mais les procès-verbaux font foi jusqu'à inscription de faux. — Pigeau, *Proc. civ.*, liv. 1er, tit. 4, § 7 ; Carré, *Lois de la proc.* sur l'art. 54 ; Berriat-Saint-Prix, t. 1, p. 174.

25. — Ainsi jugé qu'un procès-verbal dressé par un juge de paix dans l'exercice de ses fonctions fait foi jusqu'à inscription de faux. — *Aix*, 29 nov. 1811, Gauthier c. Latil.

26. — Les bordereaux ou arrêtés des agens de change, signés par les parties, assurent bien la vérité des signatures, sans qu'il soit besoin de recourir à la vérification ; mais ils ne sont point des actes authentiques emportant *exécution parée*, et pouvant conférer un droit d'hypothèque. — C. comm., art. 79 et 109. — Toullier, t. 8, no 396. — V. AGENT DE CHANGE.

27. — Il faut en dire autant des contrats ou polices d'assurances que les courtiers ont le droit de rédiger. — C. comm., art. 79. — Toullier, t. 8, no 397.

28. — Les exploits d'huissiers ne font pas pleine foi des conventions qui s'y trouvent alléguées et des réponses faites par les parties, lorsque celles-ci ne les ont pas certifiées par leur signature. — *Bordeaux*, 27 mai 1841 (t. 2 1841, p. 301), Barrot c. Fileyssant.

29. — Ainsi, l'huissier qui, en faisant un protêt, a qualité pour constater le refus de paiement, ne peut, par le seul fait de son attestation, constater la reconnaissance de l'engagement, lorsqu'il n'existe pas une preuve du consentement de la partie, et qu'elle n'a pas elle-même approuvé la réponse insérée dans l'exploit par l'huissier. — *Bordeaux*, 3 avr. 1832, Delaborde c. Bonniot.

30. — L'annonce d'un décès dans un journal ne forme pas une preuve légale de ce fait. — *Paris*, 20 juillet 1810, de Warens c. Stubert.

31. — Une simple déclaration dressée et signée par un maire et deux autres témoins, attestant qu'un créancier a reconnu, au lit de la mort, avoir été payé, ne fait pas preuve de la libération en faveur du débiteur contre des tiers créanciers du défunt. — *Metz*, 29 mai 1818, Pierret et Kurce c. Gouguenheim.

32. — Le Français qui prétend avoir perdu sa qualité de Français en prenant du service militaire en Angleterre ne prouve pas suffisamment ce fait en produisant soit un certificat du premier clerc du bureau de la guerre à Londres, soit un acte de notoriété délivré par plusieurs négocians étrangers. — *Rennes*, 3 déc. 1834, Onffroy c. préfet d'Ille-et-Vilaine.

§ 2. — *Conditions requises pour qu'un acte soit authentique.*

33. — Trois conditions sont généralement requises pour l'authencité des actes (arg. de l'art. 1317, C. civ.). Il faut, 1o que l'officier ait été *capable*; 2o qu'il ait été compétent ; 3o que toutes les formes prescrites par la loi aient été observées.

34. — 1o *Il faut que l'officier public ait été capable.* — L'incapacité de l'officier public peut avoir lieu, soit parce que sa nomination a été subreptice, soit parce qu'il a été révoqué, suspendu ou destitué de ses fonctions. — Duranton, *Dr. franç.*, t. 13, no 70.

35. — L'officier public obtient sa nomination par subreption, par exemple, en produisant un faux acte de naissance pour paraître avoir l'âge qu'il n'avait pas; en dissimulant qu'il avait été condamné à une peine qui lui ôtait le droit d'exercer des fonctions publiques. Dans ces cas et autres semblables, si la nomination est révoquée, les actes qu'il aura passés seront-ils nuls ? — Non : les actes doivent être maintenus, quelle qu'ait été au fond l'incapacité de l'officier public ; car, à ce sujet, il y a eu erreur commune : or, *error communis facit jus*, d'après la célèbre loi *Barbarius Philippus* (3, ff. *De officio prætorum*). Cette loi avait été portée pour valider les édits et décrets rendus pendant ses fonctions par un esclave qui, s'étant enfui de chez son maître, était parvenu, en dissimulant sa condition à se faire nommer préteur à Rome. — Duranton, t. 13, no 77 ; Teste, *Encyclop. du dr.*, vo *Acte authentique*, no 11; Rolland de Villargues, *eod. verb.*, no 18.

36. — D'après le même principe, les publicistes enseignent que les actes reçus par des officiers publics nommés par une autorité usurpatrice, doivent être maintenus encore que les nominations ne soient pas confirmées dans la suite par l'autorité légitime. — Grotius, *De jure belli ac pacis*, lib. 1, cap. 4, § 15; Rolland de Villargues, vo *Acte authentique*, no 19.

37. — Lorsque l'officier public a été destitué ou suspendu de ses fonctions, l'on considère comme valables les actes qu'il fait jusqu'à la signification du jugement d'interdiction ou de suspension. — Duranton, t. 13, no 75; Teste, *loc cit.*, no 11; Rolland de Villargues, no 20.

38. — Ainsi jugé que l'huissier interdit de ses fontions, peut en continuer l'exercice tant que le jugement d'interdiction ne lui a pas été signifié. — *Cass.*, 25 nov. 1813, Oudot.

39. — Quant aux actes qui n'auraient été reçus que depuis la signification, ils seraient bien certainement nuls, et les parties ne pourraient exciper de leur ignorance, quoique cette ignorance soit possible, surtout dans une grande ville, et si la signification n'a eu lieu que depuis peu de temps. Mais il ne peut y avoir là de grands dangers à craindre, d'après la publicité donnée à la décision portant destitution ou suspension, les dispositions pénales auxquelles s'exposerait l'officier public, et les dommages-intérêts dont il serait passible envers les parties. — Duranton, t. 13, no 76. et Rolland de Villargues, *loc. cit.*

40. — Il est certains cas où un notaire peut être considéré comme démissionnaire ; ainsi, s'il ne réside pas dans le lieu qui lui est fixé (L. 25 vent. an XI, art. 4 et 5), s'il accepte des fonctions incompatibles (art. 7), s'il ne rétablit pas dans les six mois, son cautionnement entamé par l'effet de la garantie (art. 53). — Deux décisions ministérielles des 24 vendém. an VI, 19 janv. 1837, ont décidé, dans ces divers cas, que le notaire n'a le droit de continuer l'exercice de ses fonctions que jusqu'à la notification de l'ordonnance royale qui le déclare démissionnaire. — Duranton, t. 13, no 65. M. Rolland de Villargues, vo *Acte authentique*, no 22, pense, au contraire, que le notaire conserve ce droit jusqu'à ce que son remplacement ait eu lieu et lui ait été notifié. — Arg. LL. 8 niv. an II, art. 4, et 25 vent. an XI. art. 52.

41. — Jugé que lorsqu'un notaire a été frappé de déchéance par une disposition légale, le testament par lui reçu depuis sa déchéance est nul, sans qu'on puisse en ce cas invoquer l'erreur commune relativement à cette déchéance. — *Cass.*, 24 avr. 1807, Marengo.

42. — La loi du 31 août 1830, ayant exigé de tous les fonctionnaires un nouveau serment, dans certain délai, à peine d'être considérés comme démissionnaires, l'on a pensé que l'ordonnance royale qui déclarait cette démission, emportait déchéance immédiate des fonctions du notaire; tellement que ses minutes avaient pu être mises sous les scellés. — Rolland de Villargues, vo *Acte authentique*, no 23.

43. — Enfin il faut que l'officier public ait agi en sa qualité d'officier public, et non en une autre qualité.

44. — Ainsi un acte de partage, fait par des experts, ne peut être considéré comme authentique, par cela qu'un des experts était notaire. — *Rennes*, 4 avr. 1811, Lemoine.

45. — 2o *Il faut que l'officier public ait été compétent.* — L'officier public peut être incompétent dans deux cas, 1o lorsqu'il instrumente hors de son ressort ; 2o lorsqu'il agit hors du cercle de ses attributions. — Duranton, t. 13, no 70

46. — L'officier public, notaire ou autre, n'a pas reçu de la loi un pouvoir universel et illimité quant au caractère à imprimer aux actes : sa mission est limitée aux objets auxquels elle s'applique, et au territoire dans lequel elle peut s'accomplir. Au-delà du territoire qui lui est assigné, en dehors des fonctions qui lui sont propres, l'officier public n'est rien et ne peut rien ; il n'a plus droit d'agir en qualité de *personne publique.* — Merlin, *Rép.*, vo *Filiation*, no 6 ; Berriat-Saint-Prix, *Cours de proc. civ.*, t. 1er, p. 190, note 25e ; Duranton, t. 13, no 70.

47. — Il suit de là qu'un juge de paix non siégeant en bureau de conciliation, et hors de l'exercice de sa juridiction contentieuse, ne peut recevoir un acte qui, même en la forme, doive conserver le caractère d'authenticité. — A plus forte raison faut-il en dire autant du greffier. — Merlin, *Rép.*, vo *Filiation*, no 6 ; Rolland de Villargues, *Rép. du notar.*, vo *Acte authentique*, nos 26 et 27.

48. — La circonstance que celui auquel on oppose un acte y aurait apposé sa signature lors de sa confection, n'emporte pas reconnaissance de sa part, que celui qui a dressé l'acte avait le caractère ou la qualité nécessaire pour pouvoir le dresser ; dès-lors elle ne le rend pas non-recevable ainsi que ses héritiers, à soutenir ensuite que cet acte est nul à défaut de qualité dans le chef de celui qui l'a dressé. — *Bruxelles*, 27 juill. 1827, M.... c. marquis d'A....

49. — Il ne dépend pas de la volonté des parties de conférer à l'officier public une compétence ou une capacité qui ne lui sont pas attribuées par la loi. La faculté de proroger quelquefois la juridiction du juge, est restreinte aux matières dont le juge peut connaître ; il ne s'agit alors que d'étendre un pouvoir qu'il a déjà. — Henrion de Pansey, *de l'Autorité judiciaire*, ch. 14 ; Merlin, *Rép.*, vo *Hypoth.*, sect. 2e, § 2, art. 4.

50. — L'acte est nul, non seulement lorsqu'il a été reçu par un officier public hors de son ressort, mais aussi quand l'officier public a *agi hors de ses attributions.* Ainsi, si deux personnes se sont obligées réciproquement, ou bien l'une d'elles seulement, par un acte passé devant un fonctionnaire de l'ordre administratif, ou devant un juge de paix ne procédant point en conciliation ou en vertu de prorogation de juridiction, etc., lorsque cet acte était du ministère des notaires, un pareil acte est-il affranchi des conditions voulues par les art. 1325-1326, par cela seul qu'il a été signé de toutes les parties? Non, selon M. Duranton (t. 13, no 74), qui se fonde sur ce que l'art. 68 de la loi du 25 vent. an XI, dont l'art. 1318 Code civ. n'est que la reproduction, n'a eu en vue que les actes reçus par les notaires; les autres fonctionnaires n'étant pas des officiers publics et n'ayant aucun caractère, quant aux actes du ministère des notaires, ceux qu'ils ont rédigé et écrit ne sont autre chose que des actes privés soumis, à ce titre, aux règles qui régissent les actes sous signature privée, et par conséquent nuls, si ces règles n'ont pas été observées.

51. — Toutefois, M. Rolland de Villargues, (vo *Acte authentique*, no 38), professe une opinion contraire : il invoque l'art. 54, C. procéd., les termes généraux de l'art. 1318, C. civ., qui ne distingue pas, lorsqu'il valide comme sous seings-privés les actes reçus par un officier *incompétent* ou *incapable*, sous la seule condition qu'ils soient signés des parties; et enfin, l'identité des motifs qui, d'après la jurisprudence, dispensent les actes nuls pour défaut de forme ou comme faits par un notaire hors de son ressort, de la nécessité du double original ou de l'approuvé, motifs qui s'appliquent aux actes reçus par tout autre officier public. — V. ACTE NOTARIÉ ET ACTE SOUS SEING-PRIVÉ, DOUBLE ÉCRIT.

52. — 3o. *Il faut que toutes les formes prescrites par la loi aient été observées.* — La régularité d'un

acte authentique doit être jugée d'après les formes prescrites par les lois en vigueur lors de sa passation. — *Rennes*, 17 mai 1811, Morvan c. Favermée.

53. — L'acte qui n'est point authentique par un défaut de forme ou par l'incompétence ou l'incapacité de l'officier vaut cependant comme écriture privée, s'il a été signé des parties. — C. civ., art. 1318. — V. ACTE NOTARIÉ.

54. — Peu importerait que l'acte signé des parties n'eût pas été fait en autant d'originaux qu'il y a de parties ayant un intérêt distinct, suivant le vœu de l'art. 1325 C. civ. — Cet article n'est point applicable à ce cas : l'acte n'étant pas au pouvoir de l'une des parties seulement, étant au contraire dans un dépôt public, le motif qui a présidé à la rédaction de cet article ne se fait plus sentir. — Discuss. au cons. d'état, sur l'art. 1318. — Duranton, t. 13, nº 71. — V. DOUBLE ÉCRIT.

55. — Si les engagemens sont solidaires, ceux qui n'ont pas signé ne sont point obligés; mais ceux qui ont signé ne le sont pas moins, si l'acte a été signé de l'autre partie. C'est une conséquence du principe que si, dans les obligations solidaires, il n'y a qu'une seule obligation *quoad rem*, il y en a autant *quoad personas* qu'il y a de personnes obligées. — Duranton, t. 13, nº 72.

56. — Et dans le cas d'obligation purement unilatérale ou de reconnaissance de dette, l'acte nul pour défaut de forme vaudrait comme écriture privée, quoiqu'il ne fût signé que du débiteur seulement. Ici ne s'appliquent point les art. 68 de la loi du 25 vent. an XI, et 1318 Code civ., qui, en exigeant que l'acte ait été signé *par toutes les parties*, n'ont pu avoir en vue que le cas de conventions synallagmatiques. — L'art. 1326 ne serait pas non plus applicable. — Duranton, t. 13, nº 73.

57. — Lorsque l'acte sous seing-privé est déposé en l'étude d'un notaire, il acquiert, par ce dépôt, le caractère de l'authenticité, pourvu que le dépôt soit fait par toutes les parties. — *Cout. de Paris*, art. 107; Basnage, *Tr. des hypothèques*, chap. 12; Pothier, Introd. au tit. 20 de la *Cout. d'Orléans*, nº 13; Discussion au conseil-d'état sur l'art. 2127, Code civ.; Toullier, t. 8, nº 200; Merlin, *Rép.*, vis *Acte sous seing-privé*, § 4, et *Hypothèque*, sect. 2, § 2, art. 10; Grenier, *Hypothèque*, nº 67; Persil (*Régime hypoth.*); Troplong (*Priv. et hypoth.*) sur l'art. 2127; Rolland de Villargues, vº *Acte authentique*, nºs 40-41-42. — V. cependant, en sens contraire, Delvincourt, t. 3, p. 300; Loiseau, *Tr. des enfans naturels*, p. 472; Pailliet, *Manuel de dr. franç.*, sur l'art. 2127; Delaporte, *Pand. franç.*, même article.

58. — Un acte sous-seing privé, lorsqu'il est déposé dans l'étude d'un notaire par les parties qui en reconnaissent l'écriture, s'identifie avec l'acte dressé pour le dépôt, ne forme plus qu'un seul et même acte avec lui, et acquiert l'authenticité de l'acte public. — *Cass.*, 7 nov. 1843, (t. 2, 1843, p. 811), Enregistrement c. Greffulhe.

59. — Lorsqu'un acte de société sous seing-privé a été déposé chez un notaire par l'un des deux associés qui en a reconnu la sincérité et a autorisé le notaire à en délivrer des copies ou extraits, et que les héritiers de l'autre associé ont ensuite reconnu le même acte par d'autres actes équivalens à une reconnaissance formelle, une cour Royale a pu décider que cet acte sous seing-privé devait être considéré comme authentique. — *Cass.*, 27 mars 1821, Richard c. Lenoir-Dufresne.

60. — Lorsque, par un acte sous seing-privé, des débiteurs ont constitué une hypothèque pour sûreté de leur obligation et qu'ils se sont engagés à déposer ce contrat devant un notaire à leurs frais, ce contrat, par le dépôt qui en a été fait ultérieurement chez un notaire par les débiteurs, est devenu authentique; et, à partir de ce jour, l'hypothèque convenue est légalement constituée. — *Cass.*, 11 juillet 1815, Degas c. Agis de Saint-Denis.

61. — De même, doit être considérée comme valable l'hypothèque consentie par un acte sous seing-privé, lorsque cet acte a été depuis reconnu par les parties, suivant un acte authentique, et déposé pour minute chez un notaire. — *Cass.*, 15 fév. 1832, Verdier c. de Pins et de Thézan — V. *infrà*, nºs 72 et suiv.

62. — C'est par une conséquence du même principe que, dans le cas d'un testament mystique, la déclaration du testateur que le papier, même non écrit ni signé par lui, qu'il dépose entre les mains du notaire, contient ses dernières volontés, fait la même foi en justice que le testament public. — C. civ., art. 996. — Toullier, t. 8, nº 200; Rolland de Villargues, vº *Acte acthentique*, nº 48.

63. — Mais, comme on l'a déjà dit, il faut que le dépôt de l'acte sous seing-privé soit fait par toutes les parties qui y ont figuré. La reconnaissance ne serait pas complète, si l'acte n'était déposé que par l'une des parties, à *moins que ce ne fût par le débiteur*. — Discuss. au cons. d'état sur l'art. 2127 Code civ. — Toullier, *loc. cit.*; Rolland de Villargues, vº *eod.*, nºs 44, 45.

64. — Un acte sous seing-privé devient authentique par le dépôt qui en a été fait devant notaire par l'une des parties seulement, si elle a reçu à cet effet un pouvoir exprès des autres parties par l'acte même. — *Caen*, 22 juin 1824, Lainé c. Viel-Lamare. — Conf. Rolland de Villargues, vº *Acte authentique*, nº 48; Troplong, *Hypothèques*, sur l'art. 2127.

65. — Particulièrement, un acte sous seing-privé contenant constitution de rente viagère, avec affectation hypothécaire, est devenu authentique par le dépôt qui en a été fait devant notaire, par le créancier seul, si ce dernier avait reçu par l'acte même le pouvoir de faire ce dépôt. — *Caen*, même arrêt.

66. — Il n'est pas nécessaire que l'acte de dépôt contienne, en outre, une attestation ou reconnaissance formelle du contenu en l'acte sous seing-privé déposé. Le fait même du dépôt constitue une reconnaissance implicite, à moins que le contraire ne résulte des termes de l'acte ou des circonstances dans lesquelles le dépôt a eu lieu. — Merlin, *Rép.*, vº *Acte sous seing-privé*, § 1er; Persil, sur l'art. 2127; Troplong, *Hypothèques*, t. 2, nº 506; Rolland de Villargues, *eod. verbo*, nº 49.

67. — Les actes pour lesquels la loi prescrit la forme de l'*authenticité*, tels que les contrats de mariage, les donations, les reconnaissances d'enfant naturel, etc., s'ils étaient d'abord rédigés sous seing-privé, deviendraient-ils authentiques par le dépôt qui en serait fait par les parties en l'étude d'un notaire? — Pour la négative, on peut dire qu'en déclarant que « les notaires sont les fonctionnaires publics établis pour *recevoir* tous les actes et contrats auxquels les parties *doivent* ou *veulent* faire donner le caractère de l'authenticité... » que l'art. 1er de la loi du 25 vent. an XI sur le notariat, établit clairement une grande différence entre les diverses espèces d'actes, du moins quant à leur forme; qu'en prescrivant, pour certains actes, les formes notariales, le législateur n'a pu vouloir permettre qu'ils fussent revêtus des formes communes et privées; qu'il a considéré la présence des notaires à la confection de ces actes, d'ailleurs fort graves, comme nécessaire; et enfin que la mission qui est, dans ces cas, conférée aux notaires, est de la même nature que celle qui est attribuée aux juges, aux greffiers, et à tous les autres, et qu'ils doivent la remplir eux-mêmes sans pouvoir y associer d'autres individus. On peut, en outre, se prévaloir des inconvéniens graves qu'entraînerait le système contraire, inconvéniens que le législateur a eu précisément pour but de prévenir en établissant une compétence forcée pour certains actes; nous voulons parler du peu de foi et de garantie qu'offriraient désormais ces actes, dont les notaires qui n'auraient pas assisté à leur confection ne pourraient attester la sincérité, du vaste champ ouvert désormais au dol et à la fraude, et enfin du coup funeste porté aux fonctions notariales elles-mêmes, dont les parties pourraient désormais se passer, quoique l'expérience des siècles ait démontré les avantages et la salutaire influence de leur institution. — Rolland de Villargues, vº *Acte authentique*, nºs 51, 52.

68. — Par application de cette doctrine à la *donation entre vifs et au contrat de mariage*, l'on est généralement convenu que le dépôt de ces actes chez un notaire, ou leur annexe à un acte notarié, ne peuvent leur donner effet, et qu'il faut les refaire. — Pothier, introduct. au tit. XV *Cout. d'Orléans*, nº 28; *Rép. de jurisp.*, vº *Donation*, sect. 2, § 1er; Grenier, *Donations et testam.*, nº 159; Merlin, *Rép.*, vº *Filiation*, nº 12, qui cite avec raison à l'appui de son opinion l'art. 1339 *C. civ.* — *Contrà* Furgole sur l'art. 1er ord. 1731.

69. — Décidé toutefois que la reconnaissance d'un enfant naturel faite par un acte sous seing-privé devient authentique dans le sens de l'art. 334 C. civ., par le dépôt que le père fait de cet acte entre les mains d'un notaire, en déclarant que c'est son propre ouvrage. Il y a dans le fait de ce dépôt une nouvelle reconnaissance de la part du père, reconnaissance qui suffirait à elle seule, indépendamment de l'acte privé. — Merlin, *ibid*; Rolland de Villargues, *ibid*, nº 54.

70. — Ainsi, on doit considérer comme authentique la reconnaissance d'un enfant naturel contenue dans un testament olographe fait sous l'empire de la Coutume de Paris, surtout si le testateur l'avait confié à un notaire chargé de le placer après son décès au rang de ses minutes. — *Cass.*, 3 sept. 1806, Duston d'Arsse c. Andrieu. — V. ENFANT NATUREL.

71. — De même, quoique le *consentement à mariage* ne puisse être donné que par acte authentique (C. civ., 73), s'il était contenu dans un acte privé, et que le père le déposât lui-même chez un notaire afin qu'il en fût délivré expédition, le consentement serait valablement donné, car il se trouverait renouvelé à l'instant même du dépôt. — Rolland de Villargues, *ibid.*, 55.

72. — Il en serait de même de l'obligation sous seing-privé contenant une affectation hypothécaire et qui serait déposée chez un notaire. — Basnage, *Tr. des hypoth.*, ch. 12; Pothier, sur la *Cout. d'Orléans, introd. au tit.* 20, ch. 1er, nº 13; Merlin, *Rép.*, vº *Hypothèques*, sect. 1re, § 3; Grenier, *Tr. des hypoth.*, t. 1er, nºs 67 et 68; Troplong, *Hypoth.*, t. 2, nº 506; Pannier, *Tr. des hypoth.*, p. 70; Persil, *Rég. hypoth.*, sur l'art. 2127, t. 1er, p. 433, nº 5; Toullier, t. 8, nº 200.

73. — Jugé cependant que le dépôt d'un acte sous seing-privé chez un notaire n'a d'autre effet que de lui donner une date certaine et d'assurer sa conservation; mais il ne saurait lui faire produire une hypothèque. — *Metz*, 24 mars 1819, Scaillette c. Lefèvre et Madré.

74. — Indépendamment du caractère d'authenticité qu'il imprime à l'acte, le dépôt de cet acte dans l'étude d'un notaire vaut en outre comme ratification de l'acte déposé; soit qu'il eût été souscrit par une personne alors incapable, mais devenue capable à l'époque du dépôt; soit que l'acte déposé fût atteint, dans sa forme, de quelque vice, comme le défaut de double original, le défaut d'approbation de somme, etc.; Rolland de Villargues, *Rép. du not.*, vº *Acte authentique*, nº 58.

75. — En devenant authentique contre le débiteur qui en fait le dépôt, l'obligation devient en même temps *exécutoire* contre lui : le notaire peut la délivrer en forme de grosse, en même temps que l'acte de dépôt avec lequel elle ne fait plus qu'un. — Merlin, *Rép.*, vº *Acte sous seing-privé*, nº 4; Rolland de Villargues, vº *Acte authentique*, nº 59.

76. — Ainsi jugé que lorsque l'acte sous seing-privé est devenu authentique par le dépôt qui en a été fait chez un notaire, celui-ci peut en délivrer une copie sous forme de grosse. — *Caen*, 31 août 1819, Richard c. Lenoir-Dufresne (rapporté avec *Cass.*, 27 mars 1821).

77. — Qu'un acte sous seing-privé devient exécutoire lorsque le débiteur le dépose comme minute chez un notaire. — *Bourges*, 27 juin 1823, Blanchard c. Poya.

78. — D'après les constitutions piémontaises, l'homologation en justice d'un acte sous seing-privé qui devait être rédigé dans la forme authentique n'en réparait pas la nullité primitive. — *Turin*, 26 novembre 1806, Bertalazone c. Ruffinetti.

79. — Dans un acte ancien, on présume que les formalités requises ont été observées, quoique le fait n'apparaisse pas : *In antiquis omnia præsumuntur solemniter acta*, présomption, néanmoins, toujours soumise à la prudence du juge. — Dumoulin, sur la *Cout. de Paris*, art. 8, nºs 75 à 80; Toullier, t. 8, nº 163. — V. ACTE ANCIEN.

§ 3. — *De l'effet des actes authentiques.*

80. — L'effet de l'acte authentique est de faire *pleine foi* C. civ. 1319. — L. 25 vent. an XI, art. 19. — Ce qui veut dire que le témoignage de l'officier qui l'a reçu fait preuve *pleine et complète*, et qu'il n'est pas nécessaire de s'en ménager d'autre pour appuyer les faits qu'il atteste. *Instrumentum est probatio probata et non probanda.* — Le présid. Favre, *Index du Code*, vº *Instrumentum*, et Mascardus, *de probat.*, concl. 1148, nº 2.

81. — Et l'acte authentique fait pleine foi non seulement de ce qu'il atteste *directement*, mais encore de ce qu'il atteste *indirectement* ou *obliquement*, c'est-à-dire de tout ce qui en est une suite nécessaire et infaillible. — Ainsi, s'il s'agit d'un testament, non seulement l'acte atteste que les témoins ont été présens à la dictée et à l'écriture, mais il atteste que les témoins n'étaient pas ailleurs pendant la dictée et l'écriture; que la dictée et l'écriture n'ont pas eu lieu avant l'arrivée des témoins chez le testateur; qu'ils ont été en sa présence pendant tout le temps requis pour les faire, etc. — Rolland de Villargues, *Rép. du not.*, vº *Acte authentique*, nºs 80 et 81; Teste, *Encycl. du dr.* vº *Acte authentique*, nº 23.

82. — L'acte authentique faisant pleine foi, il s'ensuit qu'aucune preuve contraire à ce qu'il contient n'est admissible : *Contrà scriptum testimonium, testimonium non scriptum non fertur.* — L. 2, C. *de Testibus*; C. civ., art. 1341.

83. — Ainsi, un acte authentique ne peut être détruit par les déclarations contraires à son contenu, émanant tant du notaire que des parties et des témoins. — *Aix*, 8 prair. an XII, S... c. Guitard.

84.—De même, sous l'ord. de 1667 et en matière civile, de simples présomptions et conjectures ne pouvaient être admises pour détruire la foi due aux actes.— *Cass.*, 15 vendém. an XIV, Maurin, c. Laumond.— Jousse, *Comment.* sur l'ord. 1667, tit. 20, art. 2.

85.—Et la date des actes publics fait essentiellement partie de ces actes.—*Cass.*, 20 fév. 1816, Allaire.

86. — La date de la signification d'un jugement écrite en toutes lettres sur la copie produite doit faire foi de préférence à celle qui n'est énoncée qu'en chiffres, alors surtout que ces chiffres sont surchargés. — *Cass.*, 14 juill. 1832, Tréfouel.

87. — La date de l'enregistrement d'un acte fait foi que cet acte n'a été présenté à la formalité que le jour même où il a été enregistré.—*Cass.*, 23 déc. 1835, Bidault c. Texier et Ernoult. — Rigaud et Championnière, *Tr. des dr. d'enreg.*, t. 1er, nos 50 et suiv.

88. — Lorsqu'il est établi par un extrait du registre du bureau des domaines que le prévenu a payé les frais et l'amende auxquels il avait été condamné, la preuve authentique qui résulte de cet acte ne peut pas être affaiblie par l'allégation du prévenu que ce ne serait pas lui qui aurait effectué ce paiement. — *Cass.*, 5 nov. 1829, Huot.

89.—Lorsqu'un inventaire constate qu'une somme d'argent a été trouvée dans l'actif d'une communauté, et que plus tard les héritiers de l'époux décédé découvrent qu'une somme supérieure à 150 fr., non déclarée par l'époux survivant, était due par un tiers à la communauté au moment de l'inventaire, les juges appelés à statuer sur la question de recel de cette partie de l'actif ne peuvent, à l'aide de simples présomptions, et en se fondant simplement sur les faits et circonstances de la cause (qu'ils n'énoncent pas d'ailleurs), décider que la somme mentionnée en espèces dans l'inventaire est la même que celle qui était due à la communauté au moment de la rédaction de l'acte.—C'est au contraire, de leur part, violer la foi due à un acte authentique. — *Cass.*, 2 déc. 1835, Picard c. Cougouille.

90.—Lorsque des arbitres nommés par des associés, sur renvoi du tribunal de commerce, déclarent dans leur procès-verbal, rédigé en forme de jugement, que les parties ont transigé à des conditions qu'ils font connaître, cette déclaration fait preuve de la transaction, encore qu'elle ne soit pas signée des parties. —*Bruxelles*, 12 déc. 1809, Frayes c. Brunéel. — La déclaration des arbitres que les parties ont fait tels aveux, dit M. Pardessus (*Droit comm.*, t. 4, no 1404), ou qu'il a été transigé entre elles de telle ou telle manière, fait foi sans qu'il soit besoin de la signature des parties.

91.—L'attestation des notaires chargés de faire le protêt fait foi de la réponse et de la reconnaissance qui en résulte, sans qu'il soit besoin de la signature du répondant. — Elle fait donc preuve d'une obligation contre ce répondant, alors surtout qu'il s'y joint des aveux de sa part, consignés dans un interrogatoire sur faits et articles. — *Aix*, 9 août 1839 (t. 2 1839, p. 358), Maurin C. Lauront et Sonsino.

92.—Les feuilles d'audience font foi de l'absence ou de la présence des juges. En conséquence, la nullité résultant contre un arrêt de l'omission, sur la feuille d'audience de l'un des jours où la cause a été plaidée, du nom d'un magistrat qui y a cependant participé, ne peut être couverte, par cela que les autres juges réunis auraient, même sur la réquisition du ministère public, et à l'aide de leurs simples souvenirs, déclaré que ce magistrat était présent à l'audience, et autorisé le greffier à ajouter son nom à la liste des juges présens à cette audience et à l'employer dans les expéditions de de l'arrêt. — *Cass.*, 6 nov. 1827, Prevost c. Hébert.

93.—Il suffit qu'un arrêt constate que les juges départiteurs ont été appelés suivant l'ordre du tableau, pour que cette énonciation fasse foi, encore bien qu'elle offre une sorte de contradiction avec le registre de pointe tenu au greffe, lequel, en établissant l'absence de plusieurs conseillers, semble indiquer qu'à leur égard l'ordre du tableau n'a pas pu être observé. — *Cass.*, 19 août 1828, Vivié c. Gay.

94. — Un certificat et un extrait du plumitif délivré par le greffier d'un tribunal correctionnel ne peuvent détruire la foi due aux jugemens rédigés d'après la feuille d'audience. — *Cass.* 20 avr. 1839 (t. 1er 1840, p. 174), Vée.

95. — Il peut arriver qu'un acte en forme probante, et qui paraît revêtu de toutes les formalités constitutives des actes authentiques, ait été fabriqué par un faussaire. La loi a dû dans ce cas réserver un moyen de découvrir le crime et d'en combattre les effets; ce moyen est l'*inscription de faux*. C'est là une accusation portée contre authenticité de la pièce, et qui, si elle réussit par l'événement, la détruit. Mais cette accusation, assujétie à des formes rigoureuses, est régulièrement la seule voie capable d'arrêter l'effet d'une pièce revêtue d'un caractère authentique. Jusque là elle fait foi, sans qu'on puisse en arrêter l'exécution. — V. FAUX INCIDENT CIVIL, et Pothier, *Oblig.*, no 735; Toullier, t. 8, no 61.

96.—Jugé que les actes authentiques font foi jusqu'à inscription de faux.—*Paris*, 21 germ. an XII, Maheu c. Adam.

97. — Les faits de dol qui tendraient à établir que, dans l'acte de reconnaissance d'un enfant naturel, dressé par le notaire, il a été commis un faux, ne peuvent être prouvés par témoins, sans inscription de faux.— *Cass.*, 27 août 1811, Carayon c. Cabanon.

98. — Un acte authentique de vente, régulier en la forme et portant quittance du prix, fait foi des conventions et énonciations qu'il renferme, et ne peut être attaqué, soit par défaut de consentement, en ce que l'une des parties n'aurait pas été présente à l'acte, soit en ce qu'il n'y aurait pas eu réellement de prix payé, à moins qu'il ne soit attaqué par la voie de l'inscription de faux. — *Lyon*, 18 janv. 1838 (t. 2 1839, p. 270), Duvernay c. Lecomte.

99. — Un acte authentique contre lequel les parties n'ont point pris la voie de l'inscription de faux ne peut être déclaré faux, quelles que soient d'ailleurs les présomptions qui s'élèvent contre sa sincérité. — *Riom*, 21 déc. 1809, Secheyroux c. N....

100. — L'énonciation dans un jugement que tel juge est absent, s'est abstenu ou déporté, fait foi jusqu'à inscription de faux, et une partie est non-recevable à l'attaquer autrement, alors même qu'elle produirait une déclaration contraire, émanée du magistrat signalé comme absent ou comme s'étant abstenu. — *Cass.*, 13 nov. 1827, Tillot c. Lejudec.

101. — Un acte d'huissier, tel qu'un procès-verbal de carence, non attaqué par l'inscription de faux, ne peut être annulé sur le motif que les circonstances du procès donnent la conviction que cet acte a été rédigé hors la présence du débiteur, et même hors le lieu et le domicile dans lequel l'huissier a déclaré s'être transporté et avoir instrumenté. — *Cass.*, 13 avr. 1831, Ravoux c. Joumard.

102. — Un acte public, tel qu'un testament, fait foi, jusqu'à inscription de faux, non seulement des dispositions qui y sont contenues, mais encore de leur ponctuation. Ainsi l'inscription de faux est nécessaire lorsqu'on prétend qu'une virgule a été placée, après coup, dans telle ou telle partie d'un testament.—*Limoges*, 14 août 1810, Meilhac c. Meilhac; *Cass.*, 12 juin 1815, mêmes parties.

103. — L'énonciation faite dans un acte de prêt, passé devant notaire, qu'une partie de la somme exprimée en cet acte a été fournie antérieurement, fait foi jusqu'à inscription de faux.—*Colmar*, 7 avr. 1813, Kohler c. Betz.

104. — Les énonciations contenues dans un acte authentique, et desquelles il résulte qu'un terrain n'était pas vain et vague à l'époque où l'acte a été passé, doivent faire foi en justice jusqu'à inscription de faux. — *Cass.*, 15 mars 1820, Domaine c. Lambert et Falatieu.

105. — L'inscription de faux ne suffit pas pour détruire la foi due à l'acte authentique. — V. nos 161 et suiv — L. 2, *Cod., ad leg. Corneliam de falsis.*—Godefroy, dans sa note sur ce texte.

106. — De ce que l'acte continue de faire foi, malgré l'inscription de faux, il suit :

107. — 1o Que l'acte doit toujours l'emporter sur les assertions, sur les faits qu'on voudrait lui opposer et qui, n'étant pas, justifiés se réduiraient à une simple dénégation. — Merlin *Rép.*, vo *Faux.*— Rolland de Villargues, *ibid.*, no 90.

108. — 2o Que la preuve de l'inscription de faux ne peut et ne doit être admise qu'avec une extrême réserve, et que les faits articulés doivent être appuyés de circonstances et de présomptions qui les rendent probables; cette appréciation est au reste laissée à la prudence des juges. — Spécialement, il ne suffit pas à celui qui s'inscrit en faux contre l'énonciation d'un acte authentique *qu'il a été reçu par tel notaire* d'articuler que c'est le principal clerc de ce notaire qui a reçu l'acte; il faut, de plus, que cette articulation soit accompagnée de circonstances et de présomptions qui la rendraient probable. — *Paris*, 23 juin 1840 (t. 2 1840, p. 158), Giraud.

109. —3o Que tous les faits qui ne tendraient qu'à établir une induction, même vraisemblable, et qui laisseraient subsister la possibilité que ce que l'acte atteste soit vrai, ne sont pas admissibles. —Merlin, *Rep.*, vo *Faux.*—Rolland de Villargues, *ibid.*, no 93.

110. — Ainsi, lorsqu'en réponse à une réclamation fondée sur un acte authentique, le débiteur a opposé des bordereaux attribués au créancier lui-même, et dont il prétendait tirer la preuve complète que la créance consignée dans cet acte n'était réelle que pour une partie, l'arrêt qui, par appréciation de ces bordereaux, a décidé qu'ils ne constituaient que de simples notes et documens incapables dès-lors de détruire la reconnaissance résultant de l'acte authentique, n'a violé aucune loi. — *Cass.*, 27 nov. 1843, (t. 1er, 1844, p. 21), Noel et Larambert c. Ravet.

111. — 4o Que même dans le cas d'inscription de faux, l'on ne peut pas demander à faire la preuve *directe* contraire, soit aux faits attestés par l'acte, soit à ceux qui en résultent par induction nécessaire; cette preuve doit porter sur d'autres faits ou circonstances qui viennent établir, par une induction nécessaire et infaillible, la fausseté de ceux énoncés dans l'acte. C'est ainsi qu'on demanderait inutilement à prouver que les témoins instrumentaires n'ont pas été présens à l'acte, si l'on n'offrait pas surtout d'établir qu'ils étaient dans un autre lieu où l'acte a été passé, c'est-à-dire, si l'on n'établissait pas un fait circonstancié, non directement contraire à l'acte, mais duquel résulterait l'induction nécessaire qu'ils ne peuvent pas y avoir été présens. — Merlin, *rép.* vo *Faux.* — Rolland de Villargues, *ibid.*, nos 91, 92.

112. — Ainsi, un acte authentique ne peut être déclaré faux sur la simple déposition de deux témoins instrumentaires qu'ils n'étaient point présens à sa rédaction et qu'ils ne l'ont signé qu'après coup, lorsque l'acte même énonce le contraire. — Du moins l'arrêt qui le décide ainsi ne viole aucune loi. — *Cass.*, 17 déc. 1818, Huisse c. Coudart.

113. — De même, les dépositions des témoins signataires d'un acte authentique, tel qu'un testament notarié, entendus sur une inscription de faux, alors surtout qu'elles ne sont pas unanimes, sont, à elles seules, et en l'absence de toutes autres circonstances, insuffisantes pour établir la fausseté des énonciations renfermées dans l'acte attaqué. —*Colmar*, 21 nov. (et non 22) 1829, Biedermann.

114. — La foi due aux actes authentiques est-elle indivisible? — Quelques auteurs, et entre autres le président Favre, ont enseigné que la confiance que méritent les actes est une et indivisible: ils ont décidé que le faux, dans une partie essentielle de l'acte, annule les autres dispositions, quoique séparées ou non connexes, et quoique également principales, *cùm totius instrumenti fides una et individua sit.* — Mais cette doctrine a fini par être écartée, avec juste raison, par tous les jurisconsultes, qui reconnaissent d'un commun accord, que le faux dans une partie de l'acte ne l'infecte point tout entier, et ne rend pas nulles les autres dispositions lorsqu'elles n'ont point de connexité avec celles qui sont falsifiées. — Serpillon, Code du faux, 391; Muyard de Vouglans, *Instit. au dr. crim.*, p. 332; Merlin, *Rép.*, vo *Faux*; Rolland de Villargues, vo *Acte authentique*, nos 82, 83, et Teste, *Encycl. du dr.*, *eod. verb.*, no 24.

115. — Un acte authentique ne fait foi des sommes qu'il énonce que lorsqu'il n'y a pas d'altération sur les mots qui les expriment. — Dès-lors, si dans un acte de donation, il existe des surcharges ou altérations sur une partie des mots qui expriment la somme donnée, les juges peuvent, sans violer le principe que la foi est due aux actes authentiques jusqu'à inscription de faux, n'avoir aucun égard aux mots surchargés ou altérés. — *Cass.*, 27 juill. 1825, Valette c. Maury.

116. — Lorsque les surcharges ou additions que renferme un acte notarié, sont de nature à influer, soit sur les conventions des parties, soit sur la forme substantielle de l'acte, elles peuvent donner lieu à une simple action en nullité, sans qu'il soit nécessaire de prendre la voie de l'inscription de faux. — *Cass.*, 20 fév. 1821, Busseuil c. Bernard.

117. — Une Cour royale a pu, dans son arrêt, sans méconnaître la foi due aux actes authentiques et sans encourir la cassation, corriger, d'après les titres qui s'y rattachent, et notamment d'après les élémens renfermés dans l'acte lui-même, l'erreur d'une somme qui a été énoncée dans un exploit. — *Cass.*, 3 déc. 1838 (t. 1er 1839, p. 307), Cornier.

118. — Le principe d'après lequel les actes authentiques font foi jusqu'à inscription de faux ne s'applique qu'aux faits et circonstances que l'officier public avait mission de constater. — *Riom*, 11 janv. 1837, (t. 2, 1837, p. 380), Vasson c. Bourguignon. — Si l'officier public excède sa mission et ses pouvoirs, il n'est plus qu'un simple particulier, incapable de donner à ses écrits aucune authenticité. — Toullier, t. 8, nos 144, 145; Rolland de Villargues, vo *Acte authentique*, no 60. — V. *suprà* nos 36 et suiv.

119. — Ainsi, l'énonciation dans un contrat de mariage que les contractans étaient *futurs époux*, et stipulaient *en vue* du mariage, ne fait pas foi

jusqu'à inscription de faux, que le mariage n'avait pas encore eu lieu. Dès-lors, la preuve que le mariage a précédé le contrat est admissible. — Même arrêt.

120. — Un arrêt ne viole pas les principes relatifs à la foi due aux actes authentiques en déclarant qu'un commandement ne peut avoir effet comme ayant été signifié au parquet du procureur du roi, alors qu'il est constant, d'après les circonstances, que le débiteur avait un domicile connu. — Car la mention faite dans le commandement que le débiteur n'avait pas de domicile connu n'exprime que l'opinion personnelle de l'huissier rédacteur de l'acte, et cette opinion doit céder devant la conviction contraire de la cour royale. — *Cass.*, 10 janv. 1843 (t. 2 1843, p. 629), Mulot c. Pernelle.

121. — L'acte authentique ne fait foi jusqu'à inscription de faux qu'à l'égard des faits qui se sont passés en présence du notaire. — *Lyon*, 9 fév. 1837 (t. 2 1837, p. 162), Monchanin c. Barge et Chantelot.

122. — Ainsi, l'acte authentique fera pleine foi d'un contrat de vente intervenu entre parties qui se seront présentées devant un notaire, de la numération des espèces qui aura eu lieu en sa présence, de l'époque de la prise de possession des lieux par l'acquéreur, si, sur la réquisition de ce dernier, il s'est transporté sur les lieux pour faire cette constatation, etc. — Toullier, t. 8, nos 146, 147; Rolland de Villargues, v° *Acte authentique*, nos 62-63.

123. — De même, tout ce que constate l'officier public quant à son propre caractère, à la présence des témoins, à la date et à la lecture de l'acte, à l'apposition des signatures, aux déclarations faites par les parties sur leur ignorance ou leur impuissance de signer, constitue une preuve parfaite. — Teste, *Encycl. du dr.*, v° *Acte authentique*, n° 10; Rolland de Villargues, *eod. verb.*, n° 70.

124. — S'il s'agit au contraire de faits qui se sont passés *hors de la présence du notaire*, et qu'il n'a rapportés que sur la foi des parties ou de l'une d'elles, ou sur ce qui a été dit dans les conférences, ce ne sont plus que de simples *énonciations* auxquelles le même caractère d'authenticité ne peut s'appliquer. — Toullier, t. 8, n. 150; Rolland de Villargues, v° *Acte authentique*, nos 77, 78; Teste, *Encycl. du dr.*, *eod. verb.* n° 21.

125. — Le juge pourrait faire remonter la restitution des fruits à une époque antérieure à la mise en possession constatée par l'acte authentique de la vente, s'il lui apparaissait comme constant des faits de la cause, et par exemple d'une vente sous seing-privé antérieure à l'acte authentique que la mise en possession a précédé l'époque indiquée par ce dernier acte. — *Cass.*, 12 juill. 1837 (t. 2 1837, p. 432), Valory c. Berthelier, Barnaud.

126. — C'est par suite de ce principe qu'il a été reconnu que l'acte authentique ne fait nullement foi de la vérité des déclarations, de la bonne foi des stipulations qu'il renferme. Car un acte reçu par un notaire ou par tout autre officier public peut, aussi bien qu'un acte sous seing-privé, être simulé entre les parties, les déclarations qu'il contient être mensongères, les clauses et conditions qui y sont renfermées n'être qu'apparentes et avoir pour but de nuire aux tiers; elles peuvent aussi être le résultat de l'erreur, du dol ou de la crainte; toutes choses que l'officier public peut ne pas apercevoir, et dont il n'est pas d'ailleurs constitué juge. — Meyer, *Instit. judic.*, t. 5, p. 237; Rolland de Villargues, v° *Acte authentique*, n° 71. — Teste, *Encycl. du droit*, *ibid.*

127. — Ainsi, bien qu'une obligation mentionne que les espèces en ont été comptées en présence du notaire, le débiteur peut, sans être tenu de prendre la voie de l'inscription de faux, être admis à prouver par témoins que l'obligation est usuraire. — *Bourges*, 2 juin 1831, Morache c. Boussard.

128. — De même, on peut être admis à prouver par témoins, devant un tribunal civil, que dans la somme portée en un contrat, même authentique, ont été compris des intérêts usuraires, bien que le contrat énonce que l'intérêt a été fixé à 5 °/o, et que des quittances postérieures portent que l'intérêt a été payé conformément au contrat. — *Bordeaux*, 8 juill. 1833, Berg c. Duquesnoy.

129. — On peut, sans s'inscrire en faux, attaquer la convention que contient un acte notarié, par voie de nullité ou de rescision, à raison des vices intrinsèques qu'elle peut renfermer. — Toullier, t. 8, n° 65; Rolland de Villargues, *ibid.*, n° 73; Teste, *Encycl. du dr.*, *ibid.* — Alors, ce n'est pas l'acte qu'on attaque, c'est l'obligation qu'il renferme. — Duranton, t. 13, n° 85.

130. — Ainsi l'art. 1319, C. civ., qui porte que l'acte public fait pleine foi des conventions qu'il renferme, reçoit exception quand l'acte est attaqué pour cause de nullité. — *Cass.*, 2 mars 1837 (t. 2 1837, p. 39), Billoneau.

131. — De même lorsqu'un acte authentique est attaqué, non comme faux, mais comme arraché par violence, et dénué du consentement réel des parties, les faits de violence et d'extorsion peuvent, comme tous ceux qui constituent des délits et quasi-délits, être établis par la preuve testimoniale et par des présomptions de nature à former la conviction du juge, sans qu'il soit nécessaire de recourir à l'inscription de faux. — *Cass.*, 5 fév. 1828, commune de Bagnères c. Soulerat.

132. — Un acte authentique peut être annulé pour cause de dol et de fraude. — *Limoges*, 3 août 1811, Ponton c. Ponchu.

133. — On peut attaquer, comme résultat du dol et de la fraude, la mention d'un paiement énoncée dans un acte authentique, et la preuve testimoniale est en pareil cas admissible. — *Colmar*, 18 juin 1819, Kempflin c. Bloch.

134. — Un acte authentique peut être annulé, lorsqu'il est établi par des présomptions graves, précises et concordantes, ainsi que par les réponses dans un interrogatoire sur faits et articles de celui qui l'invoque, que cet acte a été le résultat du dol et de la fraude. — *Paris*, 7 déc. 1814, Bonnemort c. Lambrecht.

135. — Lorsqu'une cour royale chargée de l'examen et de l'appréciation du compte-rendu par un mandataire, et partant du commencement de preuve par écrit qu'elle a reconnu exister au procès, des aveux du coupable lui-même, et enfin de la production de certains actes, a jugé en fait que la lecture de ces actes ne permettait pas de croire à la sincérité du contenu dans des actes même authentiques par lesquels le mandataire prétendait établir sa libération, une pareille décision ne saurait donner ouverture à cassation. — *Cass.*, 26 janv. 1820, Delocre c. Remy.

136. — Lorsque, pour établir le dol et la fraude qui ont donné naissance à un acte, on excipe de l'invraisemblance et de la fausseté des énonciations qui y sont mentionnées, il ne s'en suit pas que, pour obtenir l'annulation, il faille recourir à l'inscription de faux. — *Aix*, 12 juill. 1813, V... c. M...

137. — La règle portant que foi est due à l'acte authentique jusqu'à inscription de faux n'est pas applicable quand l'acte est attaqué pour cause de dol et de fraude. — *Cass.*, 31 juill. 1833, Corbie c. Labrousse; 2 mars 1837 (t. 2 1837, p. 39), Billoneau c. Billoneau, et 12 mars 1839 (t. 2 1839, p. 258), Duval c. Homot.

138. — Quoiqu'en règle générale on ne soit pas recevable à attaquer un acte auquel on a été partie, cette règle souffre exception dans le cas où l'une des parties offre de prouver que cet acte n'était pas sérieux et ne devait pas être exécuté. En ce cas, les parties peuvent être admises à prouver par témoins la simulation de l'acte, bien qu'il s'agisse d'un acte authentique, si d'ailleurs il existe un commencement de preuve par écrit. — *Bordeaux*, 29 nov. 1828, Queyroi c. Mazurier.

139. — Mais l'acte authentique fait foi jusqu'à la preuve de la simulation. — *Paris*, 21 germin. an XII, Maheu c. Adam.

140. — La preuve testimoniale est admissible contre le contenu d'un acte authentique, lorsqu'elle porte sur des faits de dol, de fraude et de simulation. — *Cass.*, 4 fév. 1836, Lemée c. Digne. — V. PREUVE TESTIMONIALE.

141. — L'acte authentique ne fait pas foi en ce qui touche à la capacité des parties, à leur état mental. — Rolland de Villargues, v° *Acte authentique*, n° 72; Teste, *Encyclop. du dr.*, *ibid.*

142. — Car, dans les actes notariés, il n'y a de constaté d'une manière authentique que ce dont le notaire a pu juger par le témoignage des sens. — *Cass.*, 14 fév. 1828, de Saran c. Fé de Barqueville.

143. — Ainsi, l'énonciation dans un acte notarié que l'une des parties est mineure ne suffit pas pour prouver la minorité, indépendamment de l'acte de naissance ou de tout autre acte équivalent. — Même arrêt.

144. — Sous l'ordonnance de 1667, comme sous le Code civil, la preuve testimoniale était admissible pour prouver la démence d'un individu qui avait contracté par acte authentique, encore bien que le notaire eût énoncé que cet individu était sain d'esprit. — *Pau*, 18 déc. 1807, Pascau c. Goursan.

145. — De même, on peut, sans recourir à l'inscription de faux, être admis à prouver qu'un testateur n'était pas sain d'esprit, lors même que le notaire rédacteur du testament aurait attesté le contraire. — *Cass.*, 18 juin 1816, Bailly c. Clément, et 2 fév. 1821, Picquot-Delamarre c. Ridel-Dufournay; — Toullier, t. 8, n° 145, et Rolland de Villargues, v° *Acte authentique*, n° 66.

146. — Les héritiers d'un vendeur peuvent, sans recourir à l'inscription de faux, être admis à prouver par témoins qu'au moment de la passation de l'acte authentique, qui constate le consentement du vendeur, ce dernier était privé, par la violence de la maladie, du libre exercice de sa raison, et que son consentement à la vente n'a pu être le fruit d'une volonté libre et éclairée. — *Bordeaux*, 12 août 1828, Drouinaud c. Prévot.

147. — L'art. 1319 ne met pas obstacle à ce que les parties établissent par la preuve testimoniale qu'elles étaient, lors de la signature de l'acte, dans un état mental (spécialement au cas d'ivresse) de nature à ne pas leur laisser le libre exercice de leur volonté et de leur consentement. — *Lyon*, 9 fév. 1837 (t. 2 1837, p. 162), Monchanin c. Barge et Chantelot.

148. — L'acte authentique fait foi envers et contre tous : « Il prouve contre un tiers *rem ipsam*, » dit Pothier (*Oblig.*, n° 739), c'est-à-dire que la » convention qu'il renferme est intervenue. » S'il en était autrement, il n'y aurait dans la société ni paix ni sécurité : le légitime propriétaire, dépouillé par un usurpateur dont la possession remonterait à plus d'une année, se trouverait réduit à l'impossibilité de prouver sa propriété, puisqu'il ne pourrait plus lui opposer ses titres d'acquisition, de partage ou autres (Dumoulin, sur la *Cout. de Paris*, § 8, gl. 1re, n° 18). — Sous ce rapport, la rédaction de l'art. 1319, C. civ., est vicieuse ou tout au moins incomplète. — Toullier, t. 8, nos 148 et 149; Rolland de Villargues, v° *Acte authentique*, n° 74, et Teste, *Encyclop. du dr.*, *eod verb.*, n° 20.

149. — Mais les tiers peuvent, sans inscription de faux, opposer que des actes authentiques sont le résultat de la simulation; tel est, par exemple, le cas d'une vente faite devant notaire, et alors même que l'acte porte que le prix a été payé comptant. — Les juges peuvent, dans ce cas, se déterminer par des présomptions. — *Bordeaux*, 22 janv. 1828, Guerry d'Ecosas c. Durousseau.

150. — Un tiers intéressé peut, sans recourir à la voie de l'inscription de faux, être admis à prouver, par témoins et par de simples présomptions, la simulation frauduleuse d'un acte authentique qui énonce que les espèces ont été nombrées et comptées en présence du notaire et des témoins. Les juges peuvent, dans ce cas, se déterminer par des présomptions, aux termes de l'art. 1353, C. civ. — *Cass.*, 10 juin 1846, Delabrousse c. Delabrousse.

151. — Entre les parties, l'acte authentique, comme l'acte sous seing-privé, fait foi même de ce qui n'y est exprimé qu'en termes *énonciatifs*, pourvu que l'énonciation ait un rapport direct à la disposition (C. civ., art. 1320). Les énonciations absolument étrangères au dispositif ne peuvent servir que de commencement de preuve.

152. — On doit entendre par énonciation directe une déclaration qui, sans être nécessaire à la perfection de l'acte que les parties ont eu en vue, est cependant importante pour elles et se réfère au dispositif du contrat; une énonciation étrangère est celle qui n'a aucun rapport avec l'objet de la disposition, et que, dès-lors, aucune des parties n'avait intérêt à défendre ou à contester. — Teste, *Encyclop. du dr.*, v° *Acte authentique*, n° 22.

153. — Dans une reconnaissance ainsi conçue : « Je reconnais devoir à Robert, présent à l'acte, » une rente de.... *dont les arrérages ont été payés*, » ces derniers mots, quoique simplement énonciatifs, font foi du paiement à l'égard de Robert, présent à l'acte. — Toullier, t. 8, n° 158, et Duranton, t. 19, n° 96.

154. — Les énonciations insérées dans un procès-verbal de capture et relatives à la forme de l'arrestation ne peuvent être attaquées que par la voie de l'inscription de faux. — *Bordeaux*, 21 nov. 1829, Gaussens c. Bussière.

155. — Toutefois, jugé que les énonciations d'un acte authentique peuvent, sans qu'il soit nécessaire de recourir à l'inscription de faux, être déclarées fausses et simulées, même à l'égard des parties contractantes, si la fausseté de ces énonciations paraît résulter des circonstances de la cause. — Spécialement, la déclaration faite dans un acte notarié par un remplaçant au profit d'un entrepreneur de remplacemens militaires, qu'il a touché de lui le prix de son remplacement, peut être déclarée simulée, quand il résulte des circonstances de fait reconnues par les juges que ce prix n'a réellement pas été payé. — *Aix*, 2 fév. 1832, Lemée c. Digne.

156. — La représentation de plusieurs actes authentiques dans lesquels une partie a déclaré ne savoir signer ne prouve nullement qu'elle n'a pas souscrit un acte sous seing-privé qu'on lui oppose. — *Rennes*, 12 avr. 1825, Le Solleux c. Le Boudher.

157. — L'ancienneté donne la consistance d'une preuve aux simples énonciations des actes anciens, même contre des tiers : *in antiquis verba enuntiativa plenè probant etiam contrà alios, et in prejudicium tertii*; quand même ce ne seraient

que des énonciations incidentes. — Dumoulin, *Cout. de Paris*, § 8, nº 77. — Toutefois, s'il s'agit de l'énonciation d'un droit, il faut qu'elle soit soutenue de la longue possession. — Pothier, *Oblig.*, nº 705, et Toullier, t. 8, nº 164. — V. ACTE ANCIEN.

158. — Les actes authentiques emportaient autrefois hypothèque, sans qu'il fût besoin de stipulation. La législation nouvelle en a disposé autrement. — V. HYPOTHÈQUE.

§ 4. — *De l'exécution des actes authentiques.*

159. — On a toujours regardé comme un principe de droit public que l'exécution des actes revêtus des formalités propres à les rendre authentiques ne pouvait recevoir aucune atteinte. La société les prend sous sa protection, et le souverain y attache sa sanction, en prescrivant à tous ses agens de les faire exécuter. Sous ce rapport, les actes authentiques participent à l'autorité des lois (C. civ., art. 1134), et les officiers publics en écrivant les mandemens d'exécution sont de véritables délégués de la puissance publique. — Toullier, t. 9, nº 322.

160. — Pour que l'acte authentique soit exécutoire de droit, nous avons dit plus haut qu'il devait quelquefois être légalisé. — V. LÉGALISATION. — Il faut aussi, dans la plupart des cas, qu'il soit revêtu de la formule exécutoire. — V. FORMULE EXÉCUTOIRE.

161. — En ce qui concerne spécialement les actes notariés, l'art. 13, L. 29 sept.-6 oct. 1791, sur l'organisation du notariat, avait déclaré les actes des notaires publics exécutoires dans tout le royaume, nonobstant l'inscription de faux, jusqu'au jugement définitif (V. nº 175). — Mais la loi du 25 vent. an XI, art. 19, en déclarant ces actes exécutoires avec la même étendue, porte qu'en cas de plainte en faux principal, l'exécution de l'acte argué de faux sera suspendue par la déclaration du jury d'accusation prononçant qu'il y a lieu à accusation; et qu'en cas d'inscription de faux faite incidemment, les tribunaux pourront, suivant la gravité des circonstances, suspendre provisoirement l'exécution de l'acte.

162. — L'art. 1319 applique la même disposition en l'étendant à tous les actes authentiques en général, et notamment aux actes notariés; il est ainsi conçu : « En cas de plainte en faux principal, l'exécution de l'acte authentique est suspendue par la mise en accusation; et en cas d'inscription de faux faite incidemment, les tribunaux peuvent, suivant les circonstances, suspendre l'exécution de l'acte. » — V. FAUX et FAUX INCIDENT.

163. — L'acte authentique faisant pleine foi (C. civ., art. 1319), le magistrat auquel est présenté un acte authentique n'a point à juger si la preuve de la *convention*, par exemple, que contient l'acte, est acquise : la loi a décidé ce point à l'avance. Il doit examiner uniquement si l'acte qu'on lui présente est revêtu des formes légales. Si elles sont observées, il ne peut se dispenser d'en ordonner l'exécution, alors même qu'il s'élèverait des contestations sur la validité, ou qu'il aurait conçu des soupçons contre la sincérité de l'acte, qu'il saurait que la convention a été surprise, que l'acte est faux et la convention nulle, si d'ailleurs l'acte n'est point attaqué par la voie du faux. — Toullier, t. 9, nº 322; Rolland de Villargues, vº *Acte authentique*, nºs 100 et 101; Teste, *Encycl. du dr.*, *eod. verb.*, nº 27.

164. — L'inscription de faux étant la seule voie ouverte contre les actes authentiques, il est nécessaire de s'inscrire en faux, lorsqu'il s'agit d'une altération *purement matérielle* renfermée dans un acte authentique, aussi bien que s'il s'agissait d'une altération *intentionnelle et frauduleuse*. — *Cass.*, 3 juin 1834, comm. de Jasney c. Brocard. — V. *suprà* nºs 115 et suiv.

165. — Remarquez d'ailleurs que la plainte en faux, même admise par la chambre d'accusation, ou l'inscription admise par le tribunal, ne détruisent pas *complètement* l'exécution qui est due à l'acte : elles ne font que *la suspendre provisoirement*. C'est une mesure qui pourrait être prise de même contre un jugement attaqué comme faux, et pour lequel l'accusation aurait été admise. Le tribunal que l'on aurait supposé avoir rendu ce jugement pourrait certainement en suspendre l'exécution. — Cette exception, loin de porter aucune atteinte au principe de l'exécution parée, lui donne au contraire une nouvelle énergie, en le dégageant de tous les abus que l'on pourrait en faire. — Rapport du tribun Favard sur l'art. 1319 (*Exposé des motifs*); Rolland de Villargues, vº *Acte authentique*, nºs 115 et 116.

166. — Comme on ne saurait considérer comme délit l'antidate d'un acte rappelé dans un acte public qui le reconnaît et le confirme, et duquel il ne résulte aucune indication pouvant porter préjudice, il n'y a pas lieu de suspendre le jugement sur l'action civile, jusqu'à ce qu'il ait été statué sur l'action criminelle. — *Cass.*, 8 brum. an XII, Blanc c. Jourdan.

167. — On est recevable à prouver qu'une énonciation contenue dans un acte authentique est fausse, sans que les juges civils, dans le cas même où les auteurs du faux seraient vivans et où le délit ne serait pas prescrit, soient tenus de surseoir jusqu'après le jugement du faux au criminel. — *Besançon*, 23 août 1823, Brocard c. commune de Jasney (rapporté avec *Cass.*, 10 avr. 1827).

168. — Il est hors de doute que l'exécution d'un acte authentique peut et doit même être suspendue, lorsque la nullité en est demandée, soit en la forme, soit au fond, comme lorsqu'il est attaqué pour cause d'incapacité, d'erreur, de violence, de dol, de fraude, de simulation, ou comme contraire aux lois et aux mœurs. — Toullier, t. 10, nº 380, note; Rolland de Villargues, vº *Acte authentique*, nº 109; Teste, *Encycl. du dr.*, *eod. verb.*, nº 29.

169. — Ainsi, lorsqu'un acte authentique est reconnu ne constituer qu'une donation faite à une personne incapable à l'aide de personne interposée, les tribunaux peuvent, sans qu'il y ait eu inscription de faux, suspendre l'exécution de cet acte. — *Bordeaux*, 13 fév. 1807, Ducom c. Sarrazac.

170. — De même, l'art. 1319, qui veut que l'exécution des actes authentiques ne soit suspendue que par l'inscription de faux, ne s'applique qu'aux conventions réellement renfermées dans les actes authentiques, mais non, par exemple, s'il s'agit d'un contrat de vente argué de nullité, comme présentant une donation déguisée. — *Poitiers*, 29 janv. 1813, Saragut c. Demourgen.

171. — Lorsqu'un acte authentique, qui, d'ailleurs, est attaqué pour simulation, contient des dispositions contradictoires en fait, il peut être ordonné qu'il sera sursis à son exécution, sans qu'il soit besoin de prendre la voie d'inscription de faux. — *Rouen*, 2 fév. 1829, Leseigneur c. d'Aligre.

172. — Lorsqu'une obligation notariée, bien que causée pour prêt, est reconnue par contre-lettre avoir pour cause réelle le solde probable d'un compte *non encore arrêté entre les parties*, l'exécution de cette obligation peut, sur la demande du débiteur, et sans qu'il soit besoin de recourir à la voie de l'inscription de faux, être suspendue jusqu'au réglement définitif du compte. — *Cass.*, 21 déc. 1836, Marrot et Brian c. Rey et Roche.

173. — L'exécution d'un titre paré et non contesté ne peut pas être arrêtée par une simple opposition. — *Colmar*, 14 avr. 1815, Languereau c. Stehlé.

174. — Un tribunal ne peut surseoir à l'exécution d'un arrêt, sous le prétexte qu'il a été formé contre cet arrêt une tierce-opposition ou un recours en cassation. — *Paris*, 7 janv. 1812, Ragoulleau c. Lagorce. — V. CASSATION, TIERCE-OPPOSITION.

175. — Sous la loi des 29 sept.-6 oct. 1791, l'exécution d'une obligation notariée ne pouvait être suspendue, lorsque cette obligation était attaquée sur de simples soupçons de fraude, et alors que le porteur du titre offrait de donner bonne caution. — *Cass.*, 23 brum. an XIII, Pelissier c. Gestas. — V. *suprà* nº 161.

176. — Un débiteur ne peut, par une offre de cautionnement, arrêter les poursuites dirigées contre lui par le créancier porteur d'un titre authentique. — *Rennes*, 3 janv. 1826, Amice c. Varin Duframbois; — Bioche et Goujet, *Dict. de procéd.*, vº *Exécution des jugemens et actes*, nº 69.

177. — On doutait sous l'ancienne jurisprudence si le serment peut être déféré contre les obligations consignées dans un acte authentique, qu'on ne peut attaquer que par la voie du faux. L'affirmative paraît devoir être adoptée sous le Code, le serment ne portant alors que sur la *sincérité* de l'obligation, chose à laquelle ne se rapporte pas l'authenticité. — Toullier, t. 10, n. 380; Rolland de Villargues, vº *Acte authentique*, nºs 117 et 118. — V. SERMENT JUDICIAIRE.

178. — L'exécution d'un acte authentique n'est pas suspendue par la demande d'un interrogatoire sur faits et articles, comme par une inscription de faux. — *Turin*, 12 sept. 1809, Strero c. Armandi et Giovelli.

179. — Les raisons tirées de la position du débiteur ou de toute autre considération ne peuvent faire suspendre l'exécution de l'acte authentique. Ainsi le voulait notre ancienne législation (Ordonn. de 1539, art. 65 et 68; Arrêt du parlem. de Paris du 26 août 1783); — Merlin, *Quest. de dr.*, vº *Exécution parée*; Carré, *Lois procéd. civ.*, sur l'art. 122.

180. — « Cependant les juges peuvent, en considération de la position du débiteur, et en usant de ce pouvoir avec une grande réserve, accorder des délais modérés pour le paiement, et surseoir à l'exécution des poursuites, toutes choses demeurant en état. » — C. civ., art. 1244. — V. PAIEMENT.

181. — L'art. 1244, C. civ., n'est applicable qu'au cas où les tribunaux ont eux-mêmes prononcé la condamnation et où il s'agit de l'exécution de leurs jugemens; il est étranger au cas où les poursuites sont fondées sur un acte authentique qui emporte exécution parée. — Discussion au conseil d'état, sur l'art. 1244; — Toullier, t. 6, nºs 659 et 660; Duranton, t. 12, nº 89; Pigeau, *Procéd.*, t. 1er, p. 618; Carré, *Lois de la procéd. civ.*, sur les art. 122 et 806; Boncenne, *Théorie de la procéd. civ.*, t. 2, p. 518; Berriat-Saint-Prix, *Cours de procéd.*, t. 1er, p. 506; Bioche, *Dict. de procéd.*, vº *Délai*, t. 2, p. 55.

182. — Cependant un acte authentique peut, dans son exécution, donner naissance à des difficultés. Ainsi, il peut être conçu en termes obscurs et ambigus, le débiteur peut opposer une quittance, la compensation d'une dette liquidée et exigible ou autres moyens de droit; alors les tribunaux doivent nécessairement interposer leur autorité, interpréter l'acte, et même, dans le doute, ordonner certaines mesures dans l'intérêt de toutes les parties. Mais alors ce n'est pas suspendre l'exécution de l'acte, c'est au contraire y concourir.

183. — Ainsi, on peut ordonner le séquestre d'un immeuble litigieux, lors même que la partie contre laquelle la demande est dirigée aurait en sa faveur un titre authentique et la possession annale de cet immeuble. — *Cass.*, 10 mars 1814, Chaussegroux c. Sarragot.

184. — Lorsqu'il s'agit de statuer provisoirement sur les difficultés relatives à l'exécution d'un titre exécutoire ou d'un jugement, il y est procédé par le président du tribunal de première instance en référé, et sans que son ordonnance fasse aucun préjudice au principal. — C. procéd., art. 806 et 809. — V. RÉFÉRÉ.

185. — La citation en référé n'est pas suspensive de l'exécution à laquelle elle a pour objet de s'opposer. — *Caen*, 10 avr. 1827, Langlois c. Weller.

186. — Un débiteur peut faire surseoir par voie de référé à l'exécution d'un titre authentique, s'il est survenu une loi qui en ait opéré la réduction. — *Cass.*, 5 déc. 1810, Laudié c. Lafon. — Toutefois cette décision, particulière à l'espèce où il s'agissait de papier-monnaie, ne saurait faire jurisprudence. — Chauveau sur Carré, *Lois de la procéd.*, nº 2755; Berriat, *Procéd. civ.*, t. 1er, p. 506; Favard, *Rép.*, vº *Référé*.

187. — Le juge des référés a le droit d'apprécier les motifs qui peuvent paralyser l'exécution d'un acte authentique, et en conséquence d'ordonner la discontinuation des poursuites exercées en vertu de ce titre, alors surtout que le créancier se trouve avoir un gage suffisant pour la conservation de ses droits. — *Paris*, 29 fév. 1836, Delaunnoy c. Filleul.

188. — Quant aux règles relatives au mode d'exécution des actes authentiques, V. EXÉCUTION DES JUGEMENS ET ACTES.

V. ACTE, ACTE ANCIEN, ACTES DE L'ÉTAT CIVIL, ACTE SOUS SEING-PRIVÉ, COMMENCEMENT DE PREUVE PAR ÉCRIT, CONTRE-LETTRE, ENREGISTREMENT, PRÉSOMPTION, PREUVE TESTIMONIALE, SERMENT JUDICIAIRE ET EXTRAJUDICIAIRE.

ACTE COMPLÉMENTAIRE.

V. ENREGISTREMENT.

ACTE CONFIRMATIF.

1. — C'est celui par lequel on donne de la force à un engagement précédent qui en était dépourvu ou n'en avait pas une suffisante.

2. — Comme l'acte recognitif il suppose un engagement antérieur, mais il en diffère en ce que celui-ci ne peut que reproduire cet engagement, sans ajouter rien à sa nature première.

3. — Il y a deux espèces d'actes confirmatifs, ceux qu'on appelle actes de *confirmation*, et ceux qu'on désigne par les noms d'actes de *ratification*. — On *ratifie* l'œuvre d'un tiers, on *confirme* l'œuvre émanant de soi ou de ses auteurs. — Cependant le Code se sert indifféremment de l'une ou l'autre expression dans les deux cas.

4. — L'acte de *ratification* a pour but d'approuver, en nous l'appropriant, un acte auquel nous n'avons point concouru, et de nous rendre ainsi personnel un engagement pris par un tiers en notre nom, sans notre consentement.

5. — L'acte de *confirmation* est destiné à consolider un engagement auquel nous avons concouru par nous-même ou par un mandataire, soit à l'effet d'en couvrir les irrégularités, soit pour le compléter s'il était resté imparfait, le tout afin de

le mettre à l'abri de toute action en nullité ou en rescision.

6. — La ratification donnée dans ce dernier cas est expresse ou tacite.

7. — Trois conditions sont exigées par l'art. 1338, pour la validité de l'acte de confirmation ou ratification expresse : il doit renfermer : 1º la substance de l'obligation première ; 2º la mention du motif de l'action en rescision ; 3º l'intention de réparer le vice sur lequel cette action se fonderait.

8. — Si la ratification était faite sur l'acte même qu'on veut régulariser, toutes les conditions énumérées dans le paragraphe précédent ne seraient pas nécessaires pour sa validité.

9. — Ainsi, jugé que ces mots : Je ratifie le présent billet, apposés par un majeur sur une obligation constatant qu'elle a été souscrite en minorité, remplissent toutes les conditions voulues par l'art. 1338, C. civ., pour la validité d'une ratification. — *Poitiers*, 7 juill. 1825, R... c. D...

10. — La confirmation tacite fait l'objet du § 2 de l'art. 1338, ainsi conçu : « A défaut d'acte de confirmation ou ratification, il suffit que l'obligation soit exécutée volontairement après l'époque à laquelle l'obligation pouvait être valablement confirmée ou ratifiée. »

11. — En principe, les nullités sont couvertes aussi bien par l'exécution volontaire que par la ratification expresse. — La jurisprudence et la doctrine ne laissent aucun doute à cet égard. — *Cass.*, 19 déc. 1820, Lescours ; Pau, 17 déc. 1821, Daure ; — Rolland de Villargues, *Rép. du not.*, vº *Ratification*, nº 21 ; Teste, *Encycl.*, vº *Actes recognitifs et confirmatifs*, nº 18 ; Toullier, *Dr. civ.*, t. 8, nº 517. — V. cependant *Toulouse*, 18 janv. 1828, Bousquet c. Leral ; — Merlin, *Rép.*, vº *Ratification*.

12. — Le § 3 de l'art. 1338 est commun à la ratification expresse et à la ratification tacite. En voici les termes : « La confirmation, ratification ou exécution volontaire dans les formes et à l'époque déterminées par la loi, emporte la renonciation aux moyens et exceptions que l'on pouvait opposer contre cet acte, sans préjudice néanmoins du droit des tiers. »

13. — Ces règles sont évidemment inapplicables aux nullités d'ordre public, c'est-à-dire au maintien desquelles la société tout entière a intérêt. — Aucune ratification ne peut intervenir là où une convention elle-même serait sans effet. — Toullier, t. 8, nºs 515 et 516 ; Teste, *loc. cit.*, nº 24. — V. au surplus CONFIRMATION et RATIFICATION.

ACTE CONSERVATOIRE.

Table alphabétique.

ACTE CONSERVATOIRE. — 1. — Acte ayant pour objet d'empêcher qu'il ne soit porté préjudice à nos droits. — Merlin, *Rép.*, vº *Acte conservatoire.*

2. — Ainsi, les actes conservatoires tendent à conserver l'*action*, et non à l'*exercer*. Ils entraînent bien quelquefois des procédures ; mais ils ne préjugent pas le droit.

3. — Les principaux actes conservatoires sont : 1º les inscriptions hypothécaires ; — 2º les appositions de scellés ; — 3º les inventaires ; — 4º les actes interruptifs de prescription ; — 5º les oppositions à partage ; — 6º les interventions de créanciers ; — 7º les protêts ; — 8º les assignations données par les créanciers d'une succession à l'héritier, pendant le délai pour faire inventaire, à l'effet de reconnaître la signature du défunt ; — 9º les protestations et réserves ; — 10º les demandes à fin de séparation des patrimoines ; — 11º les oppositions à l'indemnité des colons de Saint-Domingue, etc., etc.

4. — Les saisies-arrêts peuvent-elles être rangées dans la classe des actes conservatoires ? — V. SAISIE-ARRÊT.

5. — Le caractère des actes conservatoires est de préserver le droit du créancier sans nuire à la jouissance du débiteur.

6. — Voilà pourquoi la loi permet au créancier *conditionnel* d'exercer, même avant l'événement de la condition, des actes conservatoires. — C. civ., art. 1180 ; — Ricard, *Des substit.*, chap. 13, nº 89 ; Toullier, t. 6, nº 528 ; Berriat, *Procédure*, t. 1er, p. 196 ; Rolland de Villargues, *Rép.*, vº *Acte conservatoire*, nº 4, et Bioche, *eod. verbo*, nº 5.

7. — Et c'est aussi par cette raison que le Code de procéd. (art. 125) autorise les actes conservatoires du créancier, même pendant les délais accordés par le juge au débiteur.

8. — Cependant, il y a une distinction à faire pour l'application de la règle que nous avons posée, entre le cas où il s'agit d'immeubles et celui où il s'agit de meubles.

9. — Dans la première hypothèse, l'acte conservatoire ne doit pas troubler la jouissance du possesseur.

10. — Dans la seconde, au contraire, l'acte conservatoire est autorisé, encore bien qu'il mette obstacle à la libre disposition, par le détenteur, de l'objet dont il s'agit d'empêcher le divertissement.

11. — La raison de cette différence, c'est qu'un immeuble ne peut être soustrait aux recherches de celui qui le revendique, quand sa demande est légitime, tandis que pour un meuble il en est autrement ; celui qui le possède peut facilement le détourner. — Merlin, *Rép.*, vº *Acte conservatoire.*

12. — En général, on est libre de faire les actes conservatoires avant ou pendant l'instance ; mais il faut qu'on ait les titres et permissions exigés par la loi. — Berriat, t. 1er, p. 176.

13. — Toutefois, pendant le délai de grace, le créancier ne peut exercer aucun acte conservatoire de nature à priver le débiteur du bénéfice du terme sur les biens possédés par le débiteur lors du jugement. — Arg. C. civ., art. 1244 ; — Bioche, vº *Acte conservatoire*, nº 29 ; Carré et Chauveau, *Lois de la procéd.*, t. 1er, p. 624, au texte.

14. — Mais si, avant l'expiration du délai, des biens adviennent à ce débiteur, le créancier peut les saisir ; ce n'est pas changer l'état de choses qui existait à l'époque du jugement. — C'est du moins ce qu'enseigne Toullier, t. 6, nº 675.

15. — On fait des actes conservatoires, soit en son nom, soit au nom de ceux dont on exerce les droits.

16. — Un créancier peut, en vertu de l'art. 1166, faire tous les actes conservatoires, et même exercer les actions qui appartiennent à son débiteur, encore bien que celui-ci refuse d'agir. — V. aussi C. civ., art. 788 et 2225.

17. — Tout propriétaire peut, pour sûreté d'une chose mobilière qu'il prétend lui appartenir, faire tous actes qui tendent à lui conserver cette chose, quand même ils empêcheraient le détenteur d'en jouir. — Pigeau, *Procéd.*, t. 1er, p. 123.

18. — Le bailleur a le droit, pour assurer le paiement de ses loyers, de saisir les meubles, effets et fruits qui lui servent de gage. — V. SAISIE-GAGERIE.

19. — Le créancier, même sans titre, peut, avec la permission du juge, faire saisir les effets trouvés en la commune qu'il habite, appartenant à son débiteur forain. — C. procéd., art. 822. — V. SAISIE FORAINE.

20. — Le créancier dont le droit est soumis à une condition suspensive, peut, même avant l'événement de la condition, exercer tous les actes conservatoires. — C. civ., art. 1180.

21. — L'héritier peut, dans l'intérêt de la succession, et sans qu'on puisse en induire qu'il a pris qualité, faire des actes purement conservatoires. — C. civ., art. 779 et 796.

22. — Il a le droit, par mesure conservatoire, de faire apposer les scellés, bien qu'il y ait un légataire universel saisi de la succession, si ce légataire ne lui a pas notifié son titre. — *Amiens*, 7 mai 1806, Vallet c. Vallet.

23. — La femme demanderesse en séparation de biens est autorisée à faire des actes conservatoires de ses droits. — C. procéd., art. 869. — V. SÉPARATION DE BIENS.

24. — Le ministère public a qualité pour faire ou provoquer certains actes conservatoires, en matière d'absence, de substitution ou d'hypothèques légales. — V. ces mots.

25. — Un simple administrateur, un mandataire, peut faire les actes conservatoires nécessaires pour la défense des intérêts qui lui sont confiés.

26. — Le père est, durant le mariage, l'administrateur légal des biens de ses enfans : il peut donc faire, en leur nom, tous les actes conservatoires qu'il juge nécessaires, même pour les biens dont il n'a pas l'usufruit légal. — C. civ., art. 389.

27. — Il en est de même du tuteur en cas de minorité ou d'interdiction. — C. civ., art. 450 et 509.

28. — Le subrogé tuteur a aussi, dans quelques cas, le droit de faire pour le mineur des actes conservatoires. — C. civ., art. 420.

29. — Ainsi, il doit provoquer la nomination d'un nouveau tuteur, lorsque la tutelle devient vacante (C. civ., art. 425) ; — se faire donner les états de situation de la gestion du tuteur (C. civ., art. 470) ; — prendre inscription pour le mineur sur les biens du tuteur, quand celui-ci a négligé de remplir cette formalité. — C. civ., art. 2137 et 2142. — V. HYPOTHÈQUE, INSCRIPTION, TUTELLE.

30. — Mais pourrait-il interjeter appel au nom du mineur ? — C. procéd., art. 444. — V. APPEL.

31. — Le tuteur à la substitution n'a, pour ainsi dire, que des actes conservatoires à faire ; mais ils sont d'une telle importance, que leur omission compromet gravement sa responsabilité. — C. civ., art. 1073. — V. SUBSTITUTION.

32. — Le mari, non pas seulement dans le cas de communauté, mais lorsque le régime dotal a été stipulé, a l'administration des biens de sa femme, et peut faire, par conséquent, tous actes conservatoires. — C. civ., art. 1428 et 1549. — V. COMMUNAUTÉ, DOT, MARIAGE.

33. — L'héritier bénéficiaire a aussi des pouvoirs analogues. — Il peut, par exemple, lorsqu'il existe dans la succession des objets susceptibles de dépérir ou dispendieux à conserver, se faire autoriser à les vendre par un officier public et aux enchères. — C. civ., art. 796 et 803. — V. SUCCESSION BÉNÉFICIAIRE.

34. — Le curateur d'une succession vacante peut être rangé encore dans la même catégorie. — C. civ., art. 813. — V. SUCCESSION VACANTE.

35. — Le syndic est aussi un administrateur légal à qui la loi, dans l'intérêt de la masse, donne des pouvoirs assez étendus, et qui peut conservatoirement même aliéner les marchandises et effets mobiliers sujets à dépérissement. — C. comm., art. 462, 468 et suiv. — V. FAILLITE.

36. — Le maire a aussi des pouvoirs suffisans pour faire des actes conservatoires utiles aux intérêts de la commune. — L. 18 juill. 1837, art. 9 et suiv. — V. COMMUNE, MAIRE.

37. — Les hospices ont la faculté de faire tous les actes conservatoires jugés nécessaires, en attendant l'autorisation du gouvernement pour accepter les dons et legs. — Ord. 2 avr. 1817 ; — Rolland de Villargues, *Rép.*, vº *Acte conservatoire*, nº 27. — V. HOSPICES.

38. — Les actes conservatoires faits par un prête-nom profitent au véritable créancier ; c'est ce qui a été jugé à l'occasion d'une inscription hypothécaire. — *Cass.*, 7 avr. 1813, André c. Teyssier.

39. — Le juge est souvent appelé à prescrire des mesures conservatoires, soit avant l'instance, soit avant le jugement. — C'est ainsi notamment qu'il nomme un notaire pour représenter un absent ; — qu'il autorise la vente des marchandises qui pourraient s'altérer pendant le litige ; — qu'il ordonne des travaux ; — qu'il prononce un séquestre ou la recréance ; — qu'il ordonne le dépôt d'une pièce chez un notaire ou au greffe, ou le dépôt d'une somme à la caisse des consignations, etc.

40. — Jugé que le sursis prononcé au profit des créanciers des colons de Saint-Domingue, par l'arrêté du 19 fructid. an X, a suspendu la prescription à leur égard, pendant sa durée, sans qu'il y ait lieu de distinguer s'ils ont fait ou non des actes conservatoires. — V. COLONS DE SAINT-DOMINGUE.

41. — Jugé aussi que lorsque l'art. 6, arrêté 19 fructid. an X, parle des actes conservatoires, c'est une faculté qu'il laisse aux créanciers, et non une obligation qu'il leur impose, et qui soit nécessaire pour interrompre la prescription de leurs titres. Si donc il a été décidé, d'une manière générale, qu'à défaut d'actes conservatoires dans les trente ans, la créance est éteinte par la prescription, cette dé-

 ACTE D'ACCUSATION, § 1er.

cision est contraire aux principes. — V. COLONS DE SAINT-DOMINGUE.

42.—Des saisies-arrêts ne sont pas des actes conservatoires dans le sens des arrêtés des 19 fructid. an X et 23 germin. an XI. — V. COLONS DE SAINT-DOMINGUE.

ACTE D'ACCUSATION.

Table alphabétique.

ACTE D'ACCUSATION.—1.—Exposé du fait imputé à un accusé et des circonstances qui le rendent criminel.

2. — L'acte d'accusation a toujours joué un rôle important dans notre instruction criminelle; mais le but qu'il était destiné à atteindre, et, par suite, la place qu'il occupait, n'étaient point les mêmes sous la loi des 16-29 sept. 1791, et le Code du 3 brum. an IV, que depuis notre Code d'inst. crim. actuel.

3. — Dressé alors avant la mise en accusation, et pour être soumis au jury d'accusation, c'était sur cet acte qu'il délibérait et décidait s'il y avait lieu ou non à accusation; ainsi, l'acte d'accusation, contre un prévenu, précédait l'ordonnance de prise de corps et servait à la motiver.

4. — Aujourd'hui, au contraire, l'ordonnance de prise de corps et l'arrêt de mise en accusation précèdent l'acte d'accusation; ce n'est plus pour une accusation à admettre; mais pour une accusation admise qu'il est dressé; il est dirigé, non contre un prévenu, mais contre un accusé. — Nouguier, *Encycl. du dr.*, v° *Accusation*, n° 24.

5. — En outre, sous la loi de brum., il pouvait être dressé plusieurs actes d'accusation, l'un par la partie publique, l'autre par la partie civile; aujourd'hui, la loi n'admet plus une semblable confusion de l'intérêt privé et de l'intérêt civil : la réparation sociale domine seule dans sa pensée, et tous les droits, à cet égard, ont été par elle concentrés dans les mains de la partie publique, qui seule, par conséquent, reste chargée de la rédaction de l'acte d'accusation. — V. ACTION CIVILE, ACTION PUBLIQUE.

6. — Les art. 6, tit. 1er, partie 2, L. 16-29 sept. 1791, et 223, C. 3 brum. an IV, chargeaient le directeur du jury de dresser l'acte d'accusation; mais la loi du 7 pluv. an IX remit ce soin aux substituts du commissaire du gouvernement près le tribunal criminel, connus depuis sous le nom de magistrats de sûreté. Toutefois, dans les affaires rentrant dans la compétence des tribunaux spéciaux créés par la loi du 19 du même mois, l'acte d'accusation devait être rédigé par les commissaires du gouvernement (art. 28). Enfin, le Code d'inst. crim. a placé définitivement cette rédaction dans les attributions du procureur général.

7. — Dans les matières qui étaient soumises aux cours prévotales, l'acte d'accusation devait être dressé, aux termes de l'art. 42, L. 20 déc. 1815, par le ministère public près la cour prévotale compétente.

8. — Les formalités prescrites à l'égard des actes d'accusation, n'ayant pas toujours été les mêmes, il est indispensable, pour éviter toute confusion, surtout dans les nombreuses décisions qui ont été rendues en cette matière, de distinguer les deux époques, antérieure ou postérieure au Code d'inst. crim.

§ 1er. — *Acte d'accusation sous la loi des 16-29 sept. 1791, et sous le Code du 3 brum. an IV.*

9. — Immédiatement après avoir rendu son ordonnance pour traduire le prévenu devant le jury d'accusation, s'il n'y avait point de partie plaignante ou dénonciatrice, le directeur du jury dressait l'acte d'accusation. — L. 16-29 sept., part. 2e, tit. 1er, art. 7; C. 3 brum. an IV, art. 223.

10. — Dans le cas où il y avait une partie plaignante ou dénonciatrice, le directeur du jury ne pouvait dresser l'acte d'accusation qu'après deux jours révolus depuis l'arrivée du prévenu dans la maison d'arrêt, ou depuis la remise des pièces entre les mains de son greffier. — L. 16-29 sept. 1791, art. 8; C. 3 brum. an IV, art. 224.

11.—L'acte d'accusation dressé le jour même de l'arrivée de l'accusé à la maison d'arrêt était nul. — *Cass.*, 9 vend. an VII, Alix et Bourrugnon.

12. — L'acte d'accusation était dressé par le directeur du jury, de concert avec la partie plaignante ou dénonciatrice. — L. 16-29 sept. 1791, art. 9; C. 3 brum. an IV, art. 226.

13. — Lorsqu'ils ne pouvaient s'entendre pour la rédaction, chacun d'eux rédigeait séparément son acte d'accusation. — L. 16-29 sept. 1791, art. 10; C. 3 brum. an IV, art. 227. — V. ACTION CIVILE.

14. — Il ne pouvait être dressé d'acte d'accusation que pour délit emportant peine afflictive ou infamante. — L. 16-29 sept. 1791, art. 5; C. 3 brum. an IV, art. 228.

15.—Sous l'empire de la loi des 16-29 sept. 1791, un acte d'accusation était nul s'il était présenté au jury pour un délit n'emportant pas une peine afflictive et infamante. — *Cass.*, 13 juillet 1792, Viet-Faure; 8 août 1792, Vallée; 24 août 1792, Denis.

16. — Il en était de même sous le Code du 3 brum. an IV. — *Cass.*, 27 flor. an VIII, Lafaye; 14 brum. an XI, Rinaudi; 22 messid. an XIII, Bauchat; Merlin, *Rép.*, v° *Faux témoignage*, n° 3.

17. — Il y avait également nullité de l'acte d'accusation s'il comprenait tout à la fois des crimes susceptibles d'entraîner des peines afflictives ou infamantes, et des délits de nature à n'être plus que des peines correctionnelles. — *Cass.*, 3 pluv. an VII, Blankaert; 19 fructid. an VII, Berkeim; 19 frim. an X, Tubeuf; 5 sept. 1806, Choley.

18. — Dans ce cas, la cour de justice criminelle devait l'annuler en totalité, et ne pouvait se borner à déclarer que le délit correctionnel ne serait point soumis au jury de jugement. — *Cass.*, 5 sept. 1806, Choley; Merlin, *Rép.*, v° *Compétence*, § 2, n° 2.

19. — L'acte d'accusation devait exposer le fait et toutes ses circonstances. — L. 16-29 sept. 1791, tit. 1er, art. 15; C. 3 brum. an IV, art. 229.

20. — La jurisprudence exigeait impérieusement que le fait et les circonstances fussent précisés d'une manière nette et claire, et elle prononçait la nullité toutes les fois que l'acte d'accusation ne présentait pas ces caractères.

21. — Ainsi était nul, sous la loi des 16-29 sept. 1791, l'acte d'accusation qui ne contenait autre chose, sinon que les prévenus étaient violemment soupçonnés d'avoir voulu assassiner et excéder de coups un individu, sans spécifier aucun fait, aucune circonstance. — *Cass.*, 13 avr. 1793, Caulet et Pauly.

22.—...L'acte d'accusation qui ne relatait pas les faits d'une manière précise, avec toutes leurs circonstances, et qui n'en contenait même pas la date. —*Cass.*, 25 janv. 1793, Alkay; 24 août 1793, Joubert. — V. n° 32.

23. — De même, sous le Code du 3 brum. an IV, l'acte d'accusation qui ne contenait pas les circonstances principales et essentielles du fait était nul. — *Cass.*, 6 vent. an IX, Delmotte.

24. — Ainsi que l'acte d'accusation qui avait été rédigé de manière qu'il ne fût pas possible de reconnaître la nature du fait imputé à l'accusé. — *Cass.*, 16 mess. an VIII, Moreau dit Brisseville.

25. — Il y avait nullité si, s'agissant du crime de distribution de fausse monnaie, on n'y avait pas dit en quel lieu, à quelle époque ni à quelles personnes les pièces fausses avaient été distribuées. — *Cass.*, 9 prair. an IX, Viriot.

26. — Était nul l'acte d'accusation qui ne présentait pas assez de clarté, et qui ne désignait le lieu du délit pour aucun des accusés. — *Cass.*, 27 frim. an VIII, Girard et Delamarre.

27. — Ou si, portant sur deux vols et énonçant le fait et les circonstances d'un de ces délits, il ne désignait en aucune manière, à l'égard de l'autre, la nature et la quantité des effets volés. — *Cass.*, 6 mess. an VII, Perrin.

28. — Ou s'il était rédigé d'une manière très vague, ne caractérisant aucun fait, ne précisant même pas tous ceux qui résultaient des informations. — *Cass.*, 24 fructid. an VII, Truc.

29. — Ou lorsqu'il n'exposait pas toutes les circonstances du fait qui résultaient de l'ordonnance de compétence et des instructions. — *Cass.*, 8 frim. an X, Coste et Sourrogne.

30. — Quand, dressé contre un prévenu de tentative de viol spécialement, il n'énonçait pas les circonstances relatives à la manière dont la victime s'était défendue contre le prévenu, circonstances portant sur un des caractères essentiels de toute tentative de crime. — *Cass.*, 2 pluv. an VIII, Miret.

31. — Sous le Code du 3 brum. an IV, l'acte d'accusation contenant un grand nombre de ratures et de surcharges, d'où il ne résultait que de l'incertitude, était nul. — *Cass.*, 2 vend. an VII, Bouchardon.

32. — Ainsi que celui qui relatait les délits en masse, de la manière la plus vague, sans les distinguer et sans même en indiquer les époques. — *Cass.*, 25 flor. an VII, Pressot et Chevenement; 3 frim. an VII, Gasse.

33. — Mais l'acte d'accusation ne pouvait pas être annulé par cela qu'il contenait une erreur de date dans son exposé, lorsque cette erreur se trouvait réparée dans son résumé. — *Cass.*, 20 flor. an XIII, Debout.

34. — L'acte d'accusation était encore nul si, au lieu de comprendre les circonstances qui avaient immédiatement précédé un homicide, le directeur du jury s'était borné à y donner le détail des causes de la mort, tels que les coups reçus, les os fracturés. — *Cass.*, 28 prair. an VIII, Régnaud dit Jaqueton.

35. — Il n'était pas nécessaire cependant que toutes les circonstances du fait fussent comprises dans le *résumé* de l'acte d'accusation. Ainsi, de ce que ce résumé présentait le délit dégagé de toutes ces circonstances, il ne résultait pas que cet acte fût nul, si elles se trouvaient toutes rappelées dans la partie préliminaire de sa rédaction. — *Cass.*, 1er fructid. an X, Mellogé.

36. — Sous le Code du 3 brum. an IV, l'acte d'accusation était nul lorsqu'il comprenait une circonstance aggravante, qui ne résultait pas de l'instruction.

37.—Ainsi, lorsque aucune pièce de la procédure n'annonçait qu'un meurtre eût été commis avec préméditation, l'acte d'accusation était nul s'il comprenait l'existence de la préméditation. — *Cass.*, 16 pluv. an VIII, Amsler.

38. — Mais aucune disposition n'exigeait l'exacte concordance de l'acte d'accusation avec le mandat d'arrêt. Ainsi, un acte d'accusation ne pouvait pas être annulé sous le prétexte qu'il relatait une effraction extérieure, quoique le mandat d'arrêt n'en fît aucune mention. — *Cass.*, 26 vend. an IX, Leroy.

39. — L'acte d'accusation, en matière de faux, était nul lorsqu'il avait été dressé sur des pièces de comparaison, non signées ni paraphées par le greffier. — *Cass.*, 19 pluv. an X, d'Haveskerke.

40.— Sous les lois des 5 déc. 1789 et 16 août 1790, l'acte d'accusation, basé sur une lettre close et privée dont le secret avait été violé en l'enlevant à force ouverte sur une route, était nul, ainsi que toute la procédure qui en avait été la suite. — *Cass.*, 11 juill. 1792, Labrunière. — L'opinion contraire est trop immorale pour avoir des partisans. L'inviolabilité du secret des lettres, recommandée itérativement par la loi des 10-20 juill. 1791, et sanctionnée par l'art. 187, Code pén., a toujours été respectée par les tribunaux. Le principe en a été consacré d'une manière remarquable par la cour de Cassation, dans un arrêt du 6 déc. 1816 (aff. Redon, Albouy et Dupuy), rendu sous l'empire de la loi d'exception et de réaction du 9 nov. 1815; Carnot (*C. pén.*, art. 187, et 37, *C. instr. crim.*) professe le plus grand respect pour le principe du secret des lettres; il pense, ainsi que Merlin

(*Rép.*, vis *Lettre*, no 6, *Injures*, § 4, no 8, et *Preuve*, sect. 2e, § 2, art. 3, no 9), et Favard de Langlade (vo *Lettre*, t. 3, p. 258), qu'une lettre confidentielle ne pourrait être d'aucune influence sur le sort d'un accusé; il cite même l'arrêt de la cour des pairs dans l'affaire de la conspiration de 1820, où un accusé, mis en jugement sur la prévention résultant d'une lettre qu'il avait écrite à son père, fut acquitté. Favard fait cependant une exception pour le cas de non révélation de complot; mais les art. 103 à 107 inclusivement, Code pén., ont été abrogés par la loi du 28 avr. 1832, modificative du Code. — V. au surplus, sur le secret des lettres, un arrêt de la sect. civ. du 12 juin 1218, et Dupin aîné, *Observations sur plusieurs points importans de notre législation criminelle*, p. 264. — V. LETTRES MISSIVES (*secret et détournement*).

41. — Parmi les circonstances résultant de l'instruction, celles surtout qui pouvaient venir à la décharge de l'accusé, et modifier la peine en cas de condamnation, devaient soigneusement être relevées par l'acte d'accusation.

42. — Ainsi, l'acte d'accusation qui ne présentait absolument que les faits à la charge de l'accusé, sans relater ceux à sa décharge signalés dans la procédure, était nul. — *Cass.*, 28 frim. an IX, Fraisse.

43. — L'acte d'accusation était nul, lorsque plusieurs faits résultant de la procédure, et qui pouvaient tendre à la justification du prévenu, ne s'y trouvaient pas mentionnés. — *Cass.*, 6 fruct. an VII, Niffet; 5 mai 1808, Lambique.

44. — Spécialement, dans une accusation de bigamie, si l'on avait omis d'y comprendre les circonstances par lesquelles l'accusé prétendait prouver qu'il avait lieu de croire, ou qu'il croyait en effet sa femme morte. — *Cass.*, 3 vend. an VII, Larzillière.

45. — Ou lorsque, au lieu de préciser le fait, l'acte d'accusation contenait des variations et des contradictions sur une circonstance essentielle à la défense. — *Cass.*, 18 messid. an IX, Lacoste.

46. — Les principes de ce dernier arrêt ne seraient plus admissibles aujourd'hui. — Des circonstances très équivoques et même contradictoires, qui se réuniraient dans l'exposé, n'annuleraient point l'acte d'accusation si le résumé ne les reproduisait point. — Nouguier, *Encycl. du dr.*, vo *Accusation*, no 33, p. 132.

47. — Lorsque, sur une prévention d'infanticide, l'accusée, à qui on reprochait d'avoir caché sa grossesse, prétendait, dans ses interrogatoires, en avoir fait l'aveu à quelqu'un, l'acte d'accusation devait, à peine de nullité, mentionner cette allégation. — *Cass.*, 5 mai 1808, Lambique. — Il n'en serait plus de même aujourd'hui; l'omission d'une semblable mention n'entraînerait aucune nullité. — Nouguier, *Encycl. du dr.*, *ibid.*

48. — L'acte d'accusation était nul, s'il ne mentionnait pas des circonstances qui pouvaient être atténuantes du délit, à raison d'une amnistie, et qui résultaient des interrogatoires de l'accusé. — *Cass.*, 12 prair. an XII, Cecilia.

49. — Ou s'il ne faisait aucune mention d'injures graves et de provocations violentes, alléguées par l'accusé dans ses interrogatoires, quoiqu'elles fussent liées au délit et fissent partie de ses circonstances. — *Cass.*, 9 pluv. an VII, Duffal.

50. — Ou lorsque, s'agissant d'un assassinat, il contenait seulement l'énonciation d'un coup de couteau porté par l'accusé, sans aucune mention des provocations et injures, ainsi que d'un défi, qui avaient précédé ou accompagné le crime. — *Cass.*, 28 fructid. an IX, Horgnies.

51. — Celui ou ceux qui étaient l'objet de l'accusation devaient y être clairement désignés et dénommés. — La nature du délit devait y être déterminée avec le plus de précision qu'il était possible. — L. 16-29 sept. 1791, art. 15, tit. 1er, part. 2e; Code 3 brum. an IV, art. 229.

52. — Sous le Code du 3 brum. an IV était nul l'acte d'accusation en ce qu'il s'étendait à un citoyen et à des circonstances qui lui étaient personnelles, sans qu'aucune mise en prévention eût eu lieu contre lui, et sans que le délit qui faisait l'objet de l'accusation fût imputé à ce citoyen. — *Cass.*, 30 frim. an XII, Fardel.

53. — Ainsi encore, l'acte d'accusation dans lequel on s'était borné à exposer le fait et ses circonstances, sans déterminer en aucune manière la nature du délit, était nul. — *Cass.*, 19 flor. an IX, Joseph Dubief.

54. — L'acte d'accusation qui ne déterminait pas d'une manière précise la nature des délits qui en formaient l'objet était nul. — *Cass.*, 15 pluv. an VII, Benoît.

55. — L'acte d'accusation était nul s'il ne précisait pas tous les délits, et s'il ne désignait pas d'une manière suffisante les personnes sur lesquelles les délits avaient été commis. — *Cass.*, 13 vent. an XI, Valour.

56. — La jurisprudence décidait, conformément au texte des art. 229 et 232, C. 3 brum. an IV, que l'acte d'accusation devait contenir seulement le fait et ses circonstances, la désignation des accusés et la nature du délit; qu'il y avait nullité si dans cet acte se trouvaient des réflexions ou des observations de nature à exercer sur le jury une impression défavorable à l'accusé.

57. — Ainsi, on jugeait qu'un acte d'accusation était nul si, au lieu d'exposer simplement le fait dans toutes ses circonstances, il contenait un long plaidoyer contre les accusés, de manière à violenter la conscience des jurés. — *Cass.*, 13 brum. an VIII, Devaux et Sainparay.

58. — Ou si, au lieu d'être rédigé avec la précision exigée par la loi, il respirait partout la plus grande partialité contre les accusés, et si l'on y cherchait par tous les moyens à porter la conviction dans l'âme des jurés. — *Cass.*, 4 brum. an VIII, Varnier, Durand. — M. Nouguier (*Encyclop.*, no 33) pense que la doctrine résultant de cet arrêt serait aujourd'hui sans application. Nous pensons, comme M. l'avocat général, qu'un accusé ne pourrait se faire devant la cour de Cassation un moyen de ce que la réduction de l'acte d'accusation serait empreinte du double caractère signalé par l'arrêt du 4 brum. an VIII; mais si le magistrat rédacteur d'un acte d'accusation accomplit un devoir en s'attachant à porter la conviction dans l'esprit du jury, nous croyons que l'impartialité est aussi pour lui un devoir qu'il ne doit pas méconnaître; qu'il ne doit pas plus oublier ce qui tend à diminuer la peine que ce qui tend à l'aggraver, Arg. C. inst. crim., art. 241.

59. — L'acte d'accusation était nul, si le directeur du jury ne l'avait pas rédigé avec cette précision qu'exige la loi, et s'il s'y était permis sur la moralité, non du fait, mais du prévenu, des réflexions annonçant une partialité répréhensible. — *Cass.*, 3 germ. an VIII, Denis.

60. — Lorsque le directeur du jury s'y était permis des observations et des réflexions de nature à influencer le jury. — *Cass.*, 16 pluv. an VIII, Bailly.

61. — Si, au lieu de la simple et impartiale exposition du fait et de ses circonstances, il renfermait des argumens accumulés contre les accusés, ainsi que des assertions et des inductions tendant à violenter la conscience des jurés. — *Cass.*, 16 pluv. an VII, Samuel et Schmitt.

62. — Si l'on y trouvait à chaque phrase des expressions tendant à aggraver la position du prévenu et des raisonnemens appuyés sur des présomptions qui ne pouvaient avoir d'autre but que de violenter la conscience des jurés. — *Cass.*, 1er thermid. an VII, Robin.

63. — Enfin, un acte d'accusation était nul lorsque le directeur du jury s'y était livré à des réflexions qui manifestaient son opinion sur la culpabilité de l'accusé et qui pouvaient aggraver sa position. — *Cass.*, 14 pluv. an VIII, Bonhomme.

64. — Lorsque le jury d'accusation avait déclaré qu'il n'y avait pas lieu à accusation, le prévenu ne pouvait plus être poursuivi à raison du même fait, à moins que sur de nouvelles charges il ne fût présenté un nouvel acte d'accusation. — Code 3 brum. an IV, art. 255.

65. — Mais alors, il ne pouvait être inséré dans le nouvel acte d'accusation que des faits nouveaux qui pussent donner lieu à accusation, et on devait les séparer des précédens, avec une mention de la première déclaration, à peine de nullité. — *Cass.*, 6 brum. an VIII, Lepoule. — Cette décision est aujourd'hui inapplicable; nous ne sommes même point convaincus qu'elle fût parfaitement exacte sous l'empire de la loi de brumaire.

66. — L'acte d'accusation ne devait être présenté au jury qu'après avoir été communiqué au commissaire du pouvoir exécutif, qui y mettait son *vu*. — L. 16-29 sept. 1791, art. 13; — *Cass.*, 3 brum. an IV, art. 230.

67. — L'absence du visa du commissaire du pouvoir exécutif en entraînait la nullité. — *Cass.*, 5 fructid. an VII, Parnesson.

68. — Lorsqu'il avait été dressé des procès-verbaux constatant le corps du délit, ils devaient, à peine de nullité, être annexés à l'acte d'accusation, qui en faisait mention expresse. — L. 16-29 sept. 1791, part. 2e, tit. 1er, art. 14; Code 3 brum. an IV, art. 231 et 232.

69. — Sous le Code du 3 brum. an IV, il y avait nullité lorsque le procès-verbal constatant le corps du délit n'avait pas été annexé à l'acte d'accusation pour être présenté conjointement au jury, ou s'il n'avait pas été fait mention de cette annexe. — *Cass.*, 21 vendém. an VII, Carette; 16 frim. an VII, Muller; 12 brum. an VII, Gatinel; 26 niv. an VII, Renault; 12 vent. an VII, Brothier-Lavaux; 1 fruct. an VII, Rousseau et Sergent; 23 vendém. an VIII, Solange; 17 brum. an VIII, Laurent; 1er frim. an VIII, Chambard c. Robbin; 15 pluv. an VIII, Dourgeaux; 8 vent. an IX, Abinet; 9 fruct. an IX, Pillot; 17 fruct. an IX, Rooze; 28 fructid. an IX, Horgnies; 6 brum. an XI, Jacquin; 11 germ. an XI, Bervet; 29 therm. an XIII, Baziano et Bruno; 21 août 1806, Anselme; 24 juill. 1807, Garol; 8 fév. 1810, Virole.

70. — Lorsqu'il avait été fait trois procès-verbaux pour décrire en détail le corps du délit avec toutes ses circonstances, le directeur du jury ne pouvait pas se contenter d'en joindre un seul à l'acte d'accusation: il devait, à peine de nullité, les annexer tous les trois comme ne formant qu'un seul et même procès-verbal en trois parties. — *Cass.*, 8 frim. an VII, Montagne.

71. — Il y avait nullité lorsque, dans une prévention de viol, le procès-verbal du médecin constatant le corps du délit n'avait pas été annexé à l'acte d'accusation. — *Cass.*, 8 mars 1810, Michel Musseler.

72. — Ou lorsque, dans une accusation d'assassinat, le procès-verbal constatant le genre de mort de la personne homicidée n'avait pas été annexé à l'acte d'accusation. — *Cass.*, 1er prair. an VII, Malacamp.

73. — Ou lorsque le procès-verbal du délit dressé par le maire assisté d'un officier de santé n'y avait pas été annexé. — Il ne suffisait point d'annexer le rapport fait ensuite par un médecin, sur une ordonnance du directeur du jury. — *Cass.*, 8 oct. 1807, Billard.

74. — Ou si, lorsque deux procès-verbaux, l'un de la gendarmerie, l'autre du juge de paix, portant transport sur les lieux et constatation du délit, n'y avaient pas été annexés. — *Cass.*, 15 therm. an XII, Pollet.

75. — Le rapport des officiers de santé relatif à l'autopsie d'un cadavre est un procès-verbal constatant le corps du délit. En conséquence, sous le Code du 3 brum. an IV, ce procès-verbal devait être annexé à l'acte d'accusation, à peine de nullité. — *Cass.*, 6 brum. an XI, Jacquin.

76. — Il ne suffisait pas d'annexer à un acte d'accusation dressé pour assassinat le rapport de l'officier de santé qui avait accompagné le juge de paix: il fallait annexer, à peine de nullité, le rapport du juge de paix, qui constatait seul le corps du délit. — *Cass.*, 8 frim. an VIII, Auclair.

77. — Il ne pouvait être suppléé à l'annexe des procès-verbaux constatant le corps du délit, par la mention contenue dans l'acte d'accusation, que les procès-verbaux seraient lus et remis aux jurés. — *Cass.*, 7 vendém. an X, Ducros.

78. — On ne pouvait se dispenser d'annexer à l'acte d'accusation les procès-verbaux constatant le corps du délit, sous prétexte que ces procès-verbaux contenaient des déclarations de témoins qui ne devraient pas être soumises aux jurés, ces déclarations pouvant être facilement voilées. — *Cass.*, 9 fruct. an IX, Pillot. — *Cass.*, 5 therm. an X, Saint-Cyr.

79. — Jugé encore que la loi du 7 pluv. an IX n'avait pas dérogé à la disposition du Code du 3 brum. an IV, qui prescrivait l'annexe des procès-verbaux constatant le corps du délit à l'acte d'accusation. Ainsi, le défaut d'annexe à l'acte d'accusation d'un procès-verbal régulier du corps du délit était, sous l'empire de cette loi, une cause de nullité. — *Cass.*, 9 fruct. an IX, Pillot; 7 vendém. an X, Ducros; 5 therm. an X, Saint-Cyr; 21 août 1806, Anselme.

80. — Lorsque plusieurs prévenus étaient impliqués dans la procédure, ou lorsque plusieurs délits étaient imputés au même prévenu, le directeur du jury pouvait dresser un ou plusieurs actes d'accusation. — Code 3 brum. an IV, art. 233.

81. — Dans le cas où plusieurs délits étaient imputés aux prévenus, l'accusateur public ayant la faculté de dresser un seul acte d'accusation, le tribunal criminel ne pouvait pas en prononcer la nullité sous le prétexte qu'il en aurait dû être rédigé plusieurs. — *Cass.*, 24 brum. an VII, Dumas.

82. — Il n'était pas nécessaire d'ordonner la jonction des actes d'accusation dressés contre deux individus, si, indépendamment de certains délits connexes, il s'en trouvait un à la charge d'un seul des accusés. — *Cass.*, 27 vendém. an VII, Bonifay.

83. — Néanmoins le directeur du jury ne pouvait, à peine de nullité, diviser en plusieurs actes d'accusation, à l'égard d'un seul et même individu, soit les différentes branches et circonstances d'un même délit, soit les délits connexes, dont les pièces se trouvaient en même temps produites devant lui. — Code 3 brum. an IV, art. 234.

84. — Du reste, l'acte d'accusation qui contenait une irrégularité relative à un des délits qu'il con-

ACTE D'ACCUSATION, § 2.
ACTE D'ACCUSATION, § 2.

prenait devait néanmoins être annulé en totalité. Le tribunal criminel ne pouvait pas ordonner que les jurés prononceraient seulement sur l'autre délit sur lequel ne portait pas l'irrégularité. — *Cass.*, 6 messid. an VII, Perrin.

85. — Lorsque l'acte d'accusation contenait des délits de plusieurs classes, la déclaration affirmative du jury d'accusation portait sur l'ensemble de tous les délits, et, cette déclaration étant indivisible, un tribunal criminel ne pouvait pas annuler l'acte d'accusation en partie; il devait l'annuler ou le maintenir en totalité. — *Cass.*, 3 pluv. an VII, Blankaert; 19 fructid. an VII, Berkeim.

86. — Enfin l'art. 33, tit. 1er, part. 2e, L. 16-29 sept. 1791, prescrivait de donner copie à l'accusé de l'acte d'accusation.

87. — Et il avait été jugé que l'omission de cette copie entraînait la nullité du jugement de condamnation. — *Cass.*, 16 févr. 1793, Willaume; 16 mars 1793, Dupeyron et Badarel.

88. — De même l'art. 259, C. 3 brum. an IV, prononçait la nullité de l'ordonnance de prise de corps qui devait être signifiée à l'accusé, si elle ne contenait copie de l'acte d'accusation.

§ 2. — *Acte d'accusation sous le Code d'instruction criminelle.*

89. — L'acte d'accusation n'est point, dans le Code d'instruction criminelle, l'objet d'un aussi grand nombre de dispositions que dans la loi de 1791 et le Code de brum., un seul article lui est aujourd'hui consacré, c'est l'art. 241.

90. — L'acte d'accusation n'a point pour cela perdu de son importance, car, avec le procès-verbal du délit, il est la base fondamentale de toute procédure criminelle; c'est par lui qu'elle se termine, c'est par lui que s'ouvrent les débats de l'audience (art. 313), c'est sur les questions qui en résultent que doivent être interrogés les jurés; ce sont elles qui décident en partie du sort des accusés. — Legraverend, *Lég. crim.*, t. 1er, p. 472; Nouguier, *Encyclop. du dr.*, vo *Accusation*, no 27.

91. — L'art. 241 est ainsi conçu : « Dans tous les cas où le prévenu sera renvoyé à la cour d'assises, le procureur général sera tenu de rédiger un acte d'accusation. — L'acte d'accusation exposera : 1o la nature du délit qui forme la base de l'accusation; 2o le fait et toutes les circonstances qui peuvent aggraver ou diminuer la peine; le prévenu y sera dénommé et clairement désigné. — L'acte d'accusation sera terminé par le résumé suivant : *En conséquence, N... est accusé d'avoir commis tel meurtre, tel vol ou tel autre crime, avec telle et telle circonstance.* »

92. — Il est clair qu'il n'y a lieu de rédiger un acte d'accusation qu'autant que le fait poursuivi constitue un crime d'après les lois pénales; autrement, celui qui serait dressé n'aurait point d'objet et devrait être annulé.

93. — C'est du reste ce qu'a jugé formellement un arrêt de la cour de Cassation du 9 janv. 1812, Luisart.

94. — Jugé par suite que lorsque la connaissance d'un délit commis par la voie de la presse a été renvoyée à la cour d'assises par la chambre d'accusation, il n'est point nécessaire, outre la notification au prévenu de l'arrêt de renvoi, de dresser et notifier un acte d'accusation. — *Cass.*, 4 mars 1831, de Brian; — Parent, *L. de la presse*, p. 314; de Grattier, *Comm. lois de la presse*, t. 1er, p. 430, no 1er; Legat, p. 84. — Toutefois M. Chassan professe une opinion contraire (*T. des dél. de la parole*, p. 314). — Mais à Paris la pratique constante est conforme à la jurisprudence.

95. — Ainsi qu'on le voit, on distingue dans l'acte d'accusation deux parties : l'exposé et le résumé. L'exposé est essentiellement variable, il doit changer avec les faits; la loi ne lui a donc prescrit aucune forme spéciale, elle s'est bornée à exiger certains documens que, dans tous les cas, l'instruction doit avoir établis, et dès-lors a rendu faciles. — L'acte d'accusation n'est complet qu'autant qu'il répond aux justes exigences de la loi. — Nouguier, *ibid.*, no 29

96. — Mais l'insuffisance de l'exposé entraîne-t-elle la nullité de l'acte d'accusation ? — Le Code du 3 brum. an IV, comme la loi des 16-29 sept. 1791, avait à cet égard une disposition formelle que de nombreux arrêts ont constamment consacrée, ainsi que nous l'avons vu *suprà* nos 20 et suiv. — Mais le Code d'instruction criminelle, bien qu'il prescrive les mêmes formalités que ces Codes, ne contenant aucune sanction du même genre à la disposition de l'art. 241, relative à l'exposé, il est douteux qu'une nullité fondée sur l'insuffisance de l'acte ou l'inobservation de la loi sur ce point, puisse être suppléée. — Aussi n'admettrions-nous que bien difficilement l'opinion contraire de Carnot (*Instr. crim.*, art. 241, no 7) et préférerions-nous celle admise par M. Nouguier (*loc. cit.*, no 32), pourvu toutefois que l'acte d'accusation, bien que manquant à toutes ces conditions, ne fût point dénué de toute apparence de vérité ou de loyauté, et n'offrît pas uniquement une pièce informe qui n'aurait de l'acte d'accusation que le nom.

97. — Legraverend (t. 1er, p. 446 à 447) pense que l'acte d'accusation qui s'écarterait de la modération et de la mesure qui conviennent aux organes de la justice serait exposé à être annulé par la cour de Cassation comme un monument de partialité et une violation de la loi. Tout en applaudissant aux sages conseils donnés par cet auteur, nous ne pouvons, en droit, adopter complètement l'opinion qu'il émet sur la nullité de l'acte d'accusation. La jurisprudence qu'il invoque est antérieure au Code d'instruction criminelle et ne peut plus avoir d'autorité. D'un autre côté, l'acte d'accusation n'a pas aujourd'hui la même importance que sous le Code du 3 brum. an IV : alors, ainsi que nous l'avons vu, il était l'œuvre du magistrat chargé de diriger le jury d'accusation et servait de base à la déclaration de ce jury. Il se trouve aujourd'hui remplacé, dans son principal effet, par l'arrêt de renvoi, et c'est le ministère public qui le rédige. Le danger qu'il offrait d'exercer une influence fâcheuse sur l'opinion du premier jury ne se rencontre plus au même degré dans notre système de législation. — V. au reste notre observation *suprà* no 58.

98. — Jugé même qu'un acte d'accusation qui contient des passages peu mesurés ne peut donner lieu à une plainte en diffamation de la part des tiers, lorsque les paroles prétendues injurieuses ne présentent pas les caractères de mauvaise foi et de dessein de nuire, sans lesquels il n'y a point de délit de calomnie. — *Cass.*, 29 (et non 24 déc.) 1822, Laffitte, Foy, Benjamin Constant, Kératry. — V. DIFFAMATION.

99. — Il résulte virtuellement de cet arrêt même, et cela nous paraît, du reste, incontestable, que si le magistrat rédacteur de l'acte d'accusation y avait diffamé et calomnié des tiers, avec tous les caractères de la mauvaise foi et de l'intention de nuire, il n'échapperait pas à la peine réservée aux diffamateurs. — Nouguier, *ibid.*, nos 36 et 37.

100. — « La plus parfaite impartialité, dit Carnot (*C. inst. crim.*, art. 241, no 7), doit guider le rédacteur de l'acte d'accusation dans le récit des faits et dans son résumé; il doit y recueillir avec le même soin ce qui est favorable au prévenu et ce qui peut tendre à établir sa culpabilité. Il doit surtout s'abstenir du langage de la déclamation et de la passion : sa narration doit être claire, précise; elle doit être l'image fidèle du résultat de l'instruction. » Et plus loin, au no 8, Carnot ajoute : « Plus un acte d'accusation sera clair, précis et cependant complet, plus le rédacteur sera entré dans les vues du législateur, plus il sera certain que le juge ne s'égarera pas dans sa décision. »

101. — Quant au résumé qui doit terminer l'acte d'accusation, le soin qu'a pris la loi d'en poser les termes atteste assez l'importance qu'elle y attache. — Aussi la formule qu'elle donne doit-elle être considérée comme sacramentelle, et doit-on s'attacher rigoureusement à chacune de ses expressions pour en observer la prescription.

102. — Ainsi l'accusé doit y être nommé et désigné de manière à ne laisser aucun doute, aucune incertitude sur son individualité et son identité; le crime doit être énoncé avec tous ses caractères constitutifs et les circonstances de lieu, de date et de fait nécessaires pour faire connaître l'objet et le corps du délit, l'intention coupable, la non prescription et la victime, enfin toutes les circonstances aggravantes révélées par l'instruction et servant à qualifier le fait principal. — Nouguier, *loc. cit.*, no 38.

103. — L'inobservation d'une de ces prescriptions dans le résumé entraînerait inévitablement la nullité de l'acte d'accusation.

104. — Toutefois l'obligation de mentionner les noms, signalemens et domiciles des prévenus n'est obligée que lorsque l'instruction a mis à portée de les connaître. Hors ce cas, il suffit que les prévenus y soient désignés le plus clairement possible. — *Cass.*, 29 nov. 1833, Loiseau.

105. — Voyons, du reste, sur chacune des parties indiquées par la loi, ce qu'a décidé la jurisprudence. On remarquera facilement que la plupart des nullités prononcées proviennent d'irrégularités dans le résumé plutôt que dans l'exposé des actes d'accusation.

106. — *Rédaction.* — L'art. 241 impose au procureur général l'obligation de rédiger l'acte d'accusation. Mais cette disposition ne doit pas être prise trop à la lettre : le ministère public est indivisible, et le procureur général est légalement représenté ou remplacé par l'un des avocats généraux et ses substituts. — L'acte d'accusation pourrait donc être rédigé et même signé, au nom du procureur général, par les avocats généraux et les substituts; c'est ce qui se fait dans l'usage, sans que jamais on ait songé à en faire une cause de nullité. — Legraverend, *Inst. crim.*, t. 1er, p. 445; Wolowski, *Revue de législation*, t. 5, p. 105.

107. — Nous avons vu (*suprà* nos 60 et suiv.) que, sous l'empire du Code du 3 brum. an IV, l'acte d'accusation était nul, lorsque, au lieu d'exposer seulement le fait et ses circonstances, il contenait des observations de nature à exercer sur l'esprit des jurés une influence fâcheuse pour l'accusé.

108. — Depuis le Code d'inst. crim., aucune forme spéciale n'est imposée par la loi, à peine de nullité, pour la rédaction des actes d'accusation. — *Cass.*, 23 mars 1820, Durand.

109. — Mais tout n'est cependant point livré à l'arbitraire du procureur général, et il est de principe bien reconnu que, pour ce qui doit entrer dans le résumé, il se conforme à l'arrêt de renvoi, car c'est l'arrêt émané de la chambre des mises en accusation de la cour royale qui *met en accusation*, et non l'acte libellé par le procureur général. — Nouguier, *loc. cit.*, no 40.

110. — Toutefois on ne saurait exiger que le résumé de l'acte d'accusation fût toujours une copie littérale du dispositif de l'arrêt de renvoi, et l'on admet volontiers que le rédacteur de l'acte peut modifier les termes et même quelquefois le fond de la qualification donnée par l'arrêt, mais il est assez difficile de préciser dans quelles limites. En l'absence de règles fixes, la jurisprudence est à cet égard le guide le plus sûr. — Nouguier, *ibid.*, no 41.

111. — Ainsi l'acte d'accusation ne peut, à peine de nullité, retrancher ou omettre une circonstance essentielle relatée dans l'arrêt de renvoi. — *Cass.*, 28 juill. 1826, Loiselet.

112. — Il ne suffit point de respecter le fait principal, il en doit être de même pour les circonstances aggravantes.

113. — Et cela alors même que la qualification resterait la même et ne modifierait point la peine encourue. — Nouguier, *ibid.*, no 50.

114. — L'acte d'accusation ne pourrait non plus établir une accusation *alternative* qui ne se trouverait point dans l'arrêt de renvoi, par exemple, présenter le fait comme constituant, soit le crime de meurtre, soit le crime de coups volontaires ayant occasioné la mort sans intention de la donner. — Cette proposition se fonde toujours sur ce que c'est l'arrêt de renvoi qui crée l'accusation, et non le procureur général. — Nouguier, *ibid.*, no 43.

115. — Il ne pourrait non plus, et par le même motif, admettre une accusation subsidiaire passée sous silence par l'arrêt, notamment qualifier le fait d'infanticide et subsidiairement d'homicide involontaire. — Nouguier, *ibid.*, no 44.

116. — A plus forte raison en serait-il ainsi si, par l'addition d'une circonstance non relevée dans l'arrêt, l'acte d'accusation devait arriver à une qualification plus grave, et, substituant une accusation à une autre, faire, par exemple, d'un vol avec effraction un vol à l'aide de violence et avec armes apparentes. — Nouguier, *loc. cit.*, no 45.

117. — Cependant, si la qualification de l'arrêt de renvoi est imparfaite, soit par suite de l'omission d'une des circonstances constitutives du crime, soit par tout autre motif, l'acte d'accusation peut la régulariser et rétablir la circonstance omise. — Nouguier, *Encycl. du droit*, vo *Accusation*, no 46.

118. — L'omission devrait même être réparée par la cour d'assises, bien qu'elle existe tout à la fois dans le dispositif de l'arrêt de renvoi et dans le résumé de l'acte d'accusation, si la circonstance constitutive omise résulte de l'ordonnance de prise de corps faisant partie intégrante de l'arrêt de renvoi. — *Cass.*, 28 déc. 1827, Dimpé. — Carnot (*C. inst. crim.*, art. 24, no 61) cite à tort cet arrêt à l'appui de la proposition qui précède; on voit qu'il est étranger à la question traitée par cet auteur.

119. — Mais si le complément du dispositif de l'arrêt de renvoi et du résumé de l'acte d'accusation ne peut pas se tirer d'une partie intégrante de l'arrêt de renvoi, il nous semble que, ni le procureur général dans l'acte d'accusation, ni la cour d'assises ou son président dans les questions posées au jury, n'auraient compétence pour réparer cette omission. Le crime reproché à l'accusé manquant d'une des circonstances constitutives, la seule voie régulière qui soit ouverte pour faire réformer l'arrêt de mise en accusation nous paraît être le pourvoi en cassation fondé sur la première

ouverture autorisée par l'art. 299, C. inst. crim.

120. — L'acte d'accusation doit également compléter ou rectifier l'arrêt de renvoi si celui-ci laisse à désirer dans la dénomination et désignation de l'accusé. — Nouguier, *ibid.*, nº 48.

121. — Il devrait, enfin, constater la date du délit, si elle était omise dans l'arrêt, ou la rectifier, si elle y était inexactement indiquée. — Nouguier, nº 49. — Quant à la date de l'arrêt de renvoi, l'acte d'accusation ne peut être annulé pour l'avoir omise, alors surtout que cet arrêt a été régulièrement notifié à l'accusé. — *Cass.*, 13 juill. 1837 (t. 2 1844, p. 377), Pelleautier.

122. — *Nature du délit.* — L'acte d'accusation doit, à peine de nullité, exposer la nature du crime et exprimer dans son résumé quel est ce crime, avec ce qui le constitue tel et avec toutes les circonstances. — *Cass.*, 2 avr. 1812, Pastorello.

123. — L'acte d'accusation dressé pour tentative de vol commis de nuit, dans une maison habitée, doit exprimer, à peine de nullité, les circonstances exigées par la loi pour donner au fait le caractère criminel qui l'assimile au crime même. — Ainsi l'acte d'accusation est nul, s'il ne mentionne pas que la tentative a été manifestée par des actes extérieurs suivis d'un commencement d'exécution. — *Cass.*, 26 juill. 1811, Gommand; 17 fév. 1820, Rullion.

124. — L'acte d'accusation qui mentionne dans son résumé que l'accusé s'est introduit, la nuit, dans une cave pour y voler du vin, doit mentionner aussi, à peine de nullité, que cette tentative n'a manqué son effet que par des circonstances indépendantes de la volonté de l'accusé. — *Cass.*, 9 janv. 1812, Luisart; — Carnot, *C. inst. crim.*, art. 241, nº 6; Legraverend, t. 1er, chap. 2, p. 126, note 1re; Merlin, *Rép.*, vº *Tentative*, nº 5.

125. — Lorsqu'une circonstance constitutive du crime comprise dans l'arrêt de renvoi, mais omise dans l'acte d'accusation, n'a pas été résolue par le jury, la cour de Cassation, en annulant l'arrêt de condamnation, renvoie à de nouveaux débats. — *Cass.*, 24 déc. 1823, Rose Bonhoure.

126. — L'acte d'accusation est nul lorsqu'il ne fait aucune mention de la circonstance que le faux témoignage, faisant l'objet de l'accusation, a été porté en faveur de l'accusé, quoiqu'elle soit relatée dans les considérans de l'arrêt de renvoi. — *Cass.*, 21 sept. 1827, Ventejoux.

127. — Lorsque la chambre d'accusation, en renvoyant un prévenu devant la cour d'assises, à raison de plusieurs crimes, a déclaré n'y avoir lieu à suivre à l'égard de l'un d'eux, et que le procureur général a, par erreur, compris le crime exclu dans son acte d'accusation, si ces diverses accusations ont été jointes, l'erreur du ministère public doit entraîner la nullité totale des débats, encore bien que le jury ait répondu négativement aux questions concernant le crime écarté par la chambre d'accusation. — *Cass.*, 29 nov. 1834, Bouron.

128. — Lorsque par l'arrêt de renvoi aux assisess, un individu n'est accusé que d'attentat à la pudeur consommé ou tenté avec violence, on ne peut, à peine de nullité, le présenter comme accusé d'une tentative de viol, dans le résumé de l'acte d'accusation. — *Cass.*, 17 févr. 1820, Rullion.

129. — Lorsqu'un individu a été renvoyé devant la cour d'assises, comme accusé de coups portés et de blessures faites volontairement, avec préméditation, et qui ont occasioné la mort, l'acte d'accusation est nul, si, au lieu de reproduire fidèlement le dispositif de l'arrêt de renvoi, il contient dans son résumé une accusation de meurtre avec préméditation. — *Cass.*, 10 fév. 1832, Fanjau.

130. — Lorsque le résumé de l'acte d'accusation présente des omissions qui effaceraient la criminalité du fait de l'accusation, le président de la cour d'assises doit, pour la position des questions au jury, se conformer au dispositif de l'arrêt de renvoi. — *Cass.*, 2 déc. 1825, Gardet.

131. — Il n'est pas nécessaire que la date du crime imputé à l'accusé soit précisée par le mois, le jour et l'heure, dans le résumé de l'acte d'accusation et dans les questions posées au jury. Dès-lors, on a pu valablement énoncer dans l'acte d'accusation que le crime avait été commis dans le printemps de telle année et reproduire la même indication dans les questions soumises aux jurés. — *Cass.*, 1er fév. 1839 (t. 1er 1840, p. 199), Delavier.

132. — Si les faits qui ont motivé l'accusation présentent plusieurs crimes distincts, ou si un fait unique est susceptible d'être envisagé sous plusieurs rapports qui offrent des caractères criminels, le rédacteur doit avoir l'attention d'indiquer ces diverses faces dans le résumé; de cette manière, la cour d'assises peut être facilement interrogée et répondre sur chacune des branches de l'accusation, sans être exposé à rien omettre ou confondre. — Legraverend, t. 1er, p. 448.

133. — Lorsque, dans l'acte d'accusation, on a omis une circonstance contenue dans l'arrêt de renvoi, il y a lieu d'annuler l'acte d'accusation et tout ce qui a suivi. — *Cass.*, 28 juill. 1826, Loiselet; 13 mars 1828, Pagès.

134. — Lorsque des circonstances qui résultaient du corps de l'acte d'accusation, et qui sont incriminées par la loi, ont été omises, tant dans le résumé de cet acte que dans les questions posées au jury, c'est le cas d'annuler les débats, ainsi que tout ce qui s'en est suivi. — *Cass.*, 15 sept. 1826, Dufouilloux.

135. — Ainsi l'acte d'accusation qui, dans une prévention de vol domestique, a omis de reproduire la circonstance que la soustraction a eu lieu dans la maison du maître, est nul ainsi que tout ce qui l'a suivi. — *Cass.*, 21 janv. 1836, Burgeissen.

136. — Chaque circonstance aggravante doit faire l'objet d'une mention spéciale dans l'acte d'accusation, et dans la question soumise aux jurés. — *Cass.*, 29 déc. 1838 (t. 1er 1840, p. 142), Fabre.

137. — Il en est de même des circonstances atténuantes; leur omission totale ou partielle dans le résumé de l'acte d'accusation en entraînerait la nullité.

138. — *Notification et copie.* — L'art. 242, C. inst. crimin., veut que l'acte d'accusation soit notifié à l'accusé, et qu'il lui en soit laissé copie.

139. — Lorsque plusieurs affaires pendantes à une cour d'assises ont été jointes, il n'est pas nécessaire de signifier à chacun des accusés copie de l'acte d'accusation concernant ses coaccusés. — *Cass.*, 7 fév. 1834, Fagonde.

140. — Lorsqu'il a été sursis pour cause de démence au jugement d'un accusé, il n'est pas nécessaire, avant de reprendre les débats, de signifier une seconde fois l'acte d'accusation. — *Cass.*, 6 juin 1839 (t. 2 1839, p. 76), Gilbert. — De même, lorsque l'acte d'accusation et l'arrêt de renvoi ont été régulièrement notifiés au dernier domicile d'un accusé pendant sa contumace, il n'est pas nécessaire que cette notification soit réitérée depuis qu'il s'est présenté ou qu'il a été arrêté. — *Cass.*, 15 avr. 1841 (t. 2 1844, p. 378), Bontemps; 7 janv. 1841 (t. 2 1844, p. 383), Surrel et Jarres.

141. — Il n'est pas nécessaire de notifier une nouvelle copie de l'arrêt de renvoi et de l'acte d'accusation aux accusés renvoyés par la cour de Cassation devant une autre cour d'assises, quand il n'y a eu d'annulé que la composition du jury, les débats et l'arrêt de condamnation, et alors surtout que les accusés n'articulent pas qu'on ait refusé à leurs conseils copie de telles pièces qu'ils auraient jugées nécessaires à la défense. — *Cass.*, 9 juin 1831, Perrin.

142. — Lorsqu'un accusé, acquitté sur les deux premiers chefs d'accusation, a été renvoyé par la cour de Cassation devant une autre cour d'assises, pour qu'il soit de nouveau statué sur le troisième chef, il n'y a pas lieu d'annuler le second arrêt à raison de ce qu'il n'a pas été rédigé un nouvel acte d'accusation; qu'il a été donné aux débats lecture entière de l'acte d'accusation contenant les trois chefs, et que, nonobstant l'opposition de l'accusé, des témoins ont été entendus sur les deux chefs purgés par la déclaration d'acquittement; il suffit qu'il n'ait été posé de question au jury que sur le troisième chef, et que les jurés aient su que l'acte d'accusation était restreint à ce sujet. — *Cass.*, 13 déc. 1839 (t. 2 1840, p. 262), Pénissard.

143. — Au surplus, la notification de l'acte d'accusation n'est pas prescrite à peine de nullité. — *Cass.*, 18 janv. 1828, Château; 12 juill. 1832, Grey; 26 janv. 1833, Peigné; 26 fév. 1836, Boiché et Murache; 15 avr. 1841 (t. 2 1844, p. 378), Bontemps.

144. — Cependant Carnot (*C. inst. crim.*, art. 242, *observ. addit.*, nº 2) ne partage point l'opinion consacrée par la cour de Cassation — Il semble, en effet, que la défense de l'accusé soit intimement liée à la connaissance de l'acte d'accusation et de l'arrêt de renvoi qui forment la base des débats aux assises, et dont lecture doit avant tout être donnée; évidemment on ne peut pas dire que l'accusé a usé de tous ses moyens de défense quand des pièces aussi importantes lui sont restées inconnues : la cour de Cassation dit que l'art. 242 n'est pas prescrit à peine de nullité; mais tous les jours il lui arrive de prononcer des nullités qui ne sont pas plus explicitement formulées, et à raison de formalités qui ne nous paraissent pas plus substantielles que celle-ci. — Toutefois, la jurisprudence paraît bien arrêtée, et rien n'indique jusqu'à ce jour qu'il doive bientôt y survenir quelques uns de ces retours devant lesquels la cour suprême n'a pas reculé chaque fois qu'elle a cru s'apercevoir qu'elle s'était engagée dans une fausse voie.

145. — Et l'accusé qui n'a élevé aucune réclamation devant la cour d'assises serait non-recevable à se plaindre du défaut de notification. — Mêmes arrêts.

146. — Ainsi, l'irrégularité résultant du défaut de notification à un accusé, de l'acte d'accusation, n'est une cause de nullité qu'autant qu'il a demandé le renvoi de son affaire à une autre session, et que ce renvoi lui a été refusé. — L'accusé qui n'a élevé aucune réclamation devant la cour d'assises sur les erreurs ou les omissions commises dans la copie à lui signifiée de l'acte d'accusation est non-recevable à s'en faire un moyen de nullité devant la cour de Cassation. — *Cass.*, 7 fév. 1834, Fagonde.

147. — Le défaut de signification aux accusés de l'acte d'accusation n'est pas une cause de nullité lorsqu'il est constaté dans l'interrogatoire qu'au moment où ils ont été mis sous la main de justice, et avant de les interroger, on leur a donné lecture de l'acte d'accusation, et qu'ils ont été, conformément à l'art. 293, C. inst. crim., interrogés et avertis des droits que leur ouvre l'art. 296. — *Cass.*, 28 déc. 1038 (t. 2 1839, p. 643,) Sicre et Amilis.

148. — Il ne peut résulter aucun moyen de nullité de ce qu'une erreur serait intervenue dans la notification de l'acte d'accusation sur le nom de la personne homicidée, alors que l'accusé, recevant en même temps copie de cet acte d'accusation où l'erreur n'existait point, n'a pu éprouver aucun préjudice. — *Cass.*, 9 avr. 1835, Poullain.

149. — L'erreur sur l'énonciation du lieu où la notification de l'acte d'accusation aurait été faite ne peut entraîner la nullité de cet acte lorqu'il est certain que cette notification a été faite à l'accusé. Peu importe, en conséquence, qu'il y ait été dit que cet acte avait été signifié dans la *maison d'arrêt*, quoiqu'il soit certain qu'au jour indiqué l'accusé se trouvait dans la maison de justice. — *Cass.*, 9 mars 1838 (t. 1er 1840, p. 667), Bernard.

150. — Lorsque l'accusé est étranger et ne comprend pas le français, il est nécessaire de lui donner copie de l'acte d'accusation dans la langue qu'il parle, autrement la signification qui lui serait faite n'aurait pour lui aucune utilité.

151. — Cependant, le moyen tiré de ce que l'exploit contenant notification à un musulman indigène de l'acte d'accusation dressé contre lui, et citation devant le tribunal supérieur d'Alger, n'a été accompagné d'une traduction en langue arabe que par extrait, ne peut être invoqué devant la cour de Cassation, alors surtout que l'accusé, loin de proposer ce moyen devant le tribunal, a déclaré formellement, à l'audience, renoncer à s'en prévaloir. — *Cass.*, 25 janv. 1839 (t. 1er 1839, p. 329), Soliman-Abd-el-Rahman.

152. — *Publication de l'acte d'accusation.* — La publication, dans les journaux, de l'acte d'accusation, avant que cet acte ait été notifié à l'accusé, n'est défendue par aucune loi, et ne peut, conséquemment, dans aucun cas, quelque blâmable qu'elle soit, constituer un moyen de nullité, alors surtout qu'il n'est pas établi que cette publication ait été le fait du ministère public. — *Cass.*, 12 déc. 1840 (t. 2 1842, p. 622), Capelle (veuve Lafarge). — Morin, vº *Accusation*. — V. surtout le réquisitoire sous l'arrêt de 1840, de M. le procureur général Dupin, qui s'élève avec énergie contre les conséquences qui résultent de la publication anticipée de semblables documens.

— V. ALGÉRIE, ASSASSINAT.

ACTE D'ADMINISTRATION.

On appelle ainsi par opposition aux actes d'aliénation ceux qui ont pour objet, soit de conserver une chose, soit d'en tirer les produits, mais sans porter atteinte à la propriété. — V. ABSENCE, COMMUNAUTÉ, MANDAT, TUTEUR, USUFRUIT.

ACTE D'ADOPTION.

— V. ADOPTION.

ACTE D'AFFIRMATION.

V. AFFIRMATION, COMPTE, FRAIS ET DÉPENS, FAILLITE, INVENTAIRE, PROCÈS-VERBAL.

ACTE D'APPEL.

Exploit par lequel la partie qui a succombé en première instance défère au tribunal supérieur le jugement qui lui fait grief. — Pour les conditions de validité de l'acte d'appel, V. AJOURNEMENT.

ACTE D'AVOUÉ A AVOUÉ.

1. — Actes de procédure que les avoués se signifient entre eux par le ministère des huissiers audienciers. On les désigne aussi sous le nom d'*actes de Palais*. — V. ce mot.

2. — On distingue plusieurs classes d'actes d'avoué à avoué. La première classe comprend tous les actes simples, tels qu'avenir, constitution, signification d'un désaveu, sommation à fin de communication de pièces. Ces actes sont taxés par l'art. 70 du Tarif. — V. SIMPLE ACTE.

3. — La seconde classe comprend tous les actes énumérés dans l'art. 71 du tarif, lesquels non plus que les actes simples ne doivent pas être grossoyés. Ce sont les actes de désistement, de reprise d'instance, de présentation de caution, de récusation contre les experts et autres actes semblables.

4. — Il est d'autres actes d'avoué qui ne rentrent pas dans ces deux premières catégories, et qui forment une classe à part, ce sont : 1° les requêtes et conclusions motivées ; — 2° les qualités des jugemens.

5. — Dans certains cas, les requêtes et conclusions motivées peuvent être grossoyées. — Tarif, art. 72, 73, 74 et 75. — Alors elles sont taxées à raison du nombre des rôles. — V. REQUÊTE.

6. — Quelquefois aussi, elles ne donnent lieu qu'à un émolument fixe, qui varie depuis 2 fr. jusqu'à 15 fr. — V. Tarif, art. 76, 77, 78 et 79.

7. Quant aux qualités, elles ne sont jamais grossoyées. — V. QUALITÉS DES JUGEMENS.

8. — Les significations des actes d'avoué à avoué sont-elles assujéties aux formalités ordinaires des exploits ? — V. EXPLOIT, SIGNIFICATION D'AVOUÉ A AVOUÉ.

9. — Il a été jugé que la signification d'un acte d'avoué à avoué ne lui imprime pas le caractère de publicité prévu par l'art. 1er, L. 17 mai 1819. En conséquence, si cet acte contient des expressions outrageantes contre un magistrat, les poursuites qu'il provoque sont de la compétence de la police correctionnelle, et non de la cour d'assises. — *Cass.*, 21 sept. 1838 (t. 2 1838, p. 271), Viales.

V. ABRÉVIATION, ENREGISTREMENT.

ACTE DE COMMERCE.

Table alphabétique.

ACTE DE COMMERCE. — 1. — Acte fait avec l'intention d'en retirer un bénéfice, qui se manifeste le plus souvent par la vente ou le louage, et dont la spéculation est le caractère distinctif.

—

Sect. 1re. — *Actes de commerce en général. — Caractère et effets de ces actes.*

2. — Sans définir les caractères généraux et constitutifs des actes de commerce, la loi a énuméré certains actes qu'elle *répute* commerciaux. — C. comm., art. 632 et 633.

3. — A voir les termes des art. 632 et 633, C. comm., on serait tenté de croire que la loi établit une simple présomption. Il n'en est point ainsi : les actes dont la nomenclature est faite sont non seulement *réputés* mais *déclarés* commerciaux. Il eût donc été plus exact de dire « *la loi* DÉCLARE *Actes de commerce*.... » Cela eût été d'autant plus logique qu'il est des actes qui sont *seulement présumés* commerciaux; ce sont ceux qui, sans se trouver dans la catégorie des opérations indiquées par les art. 632 et 633, émanent de négocians, marchands ou banquiers. Pour faire ressortir cette nuance, il eût suffi, après avoir *déclaré* quels actes participent de la nature commerciale, de *réputer* actes de commerce les obligations entre négocians et banquiers. — Louis Nouguier, *Des tribunaux de commerce, des commerçans et des actes de commerce*, t. 1er, p. 347, nº 5.

4. — Quoiqu'il soit souvent difficile de tracer la limite exacte et absolue qui sépare les actes de la vie commerciale des transactions civiles, on peut dire que ce qui donne en général à un acte le caractère commercial, c'est la *spéculation*, c'est le but de faire un trafic et de retirer un bénéfice.

5. — Ainsi, il est des négociations qui sont tantôt civiles, tantôt commerciales, selon le but que se sont proposé les contractans ; ce sont : la vente, le louage, le prêt, etc. — Goujet et Merger, *Dict. de dr. comm.*, vº *Acte de commerce*, nº 2.

6. — Mais d'autres négociations supposant nécessairement, de la part de ceux qui s'y livrent, le désir de faire un bénéfice, sont essentiellement commerciales. Tels sont : le change, les contrats maritimes. — Pardessus, *Cours de droit commercial*, nº 5; Goujet et Merger, *Dict. de droit comm.*, vº *Actes de commerce*, nº 3.

7. — Du même principe, il suit qu'un acte peut n'être commercial que de la part d'un des contractans. Ainsi, en matière de vente, l'acheteur peut faire un acte de commerce, tandis que le vendeur ne se livre qu'à une opération civile, et réciproquement. Ainsi j'achète pour mon usage des livres à un libraire, la vente est civile à mon égard et commerciale à l'égard du libraire; je vends à mon tapissier des meubles qui ne me plaisent plus, je fais un acte purement civil, tandis que le tapissier fait un acte de commerce. — Goujet et Merger, vº *Acte de commerce*, nº 4.

8. — Le même acte peut aussi n'être commercial que de la part de l'un des coobligés ; ainsi, l'obligation solidaire de la part d'un non négociant, de payer une somme pour prix de marchandises vendues par un tiers à un commerçant, ne constitue pas, de la part de ce coobligé, ou de cette caution, un engagement commercial. — *Bruxelles*, 30 oct. 1830, Guillemain c. Pavy. — V. au reste, sur la caution, *infrà* nos 482 et suiv. — Il est donc indispensable de considérer la nature de l'acte dans ses rapports avec le débiteur que l'on poursuit et le créancier qui réclame ses droits. — Louis Nouguier, t. 1er, p. 350, nº 9.

9. — Comme les actes de commerce ont pour résultat d'intervertir l'ordre naturel des juridictions et de soumettre les parties qui s'y livrent à la contrainte par corps, la volonté seule des contractans ne suffit pas pour constituer des actes de commerce : il faut que les conditions tracées par la loi se retrouvent exactement ou avec une telle analogie qu'on ne puisse craindre de sortir de son esprit.

10. — Dès-lors, tout acte qui n'est pas essentiellement commercial par sa nature est réputé civil, à moins qu'on n'établisse qu'il a été fait dans un but de spéculation. Jusqu'à preuve contraire, on présume que les parties n'ont pas eu l'intention de se livrer à une opération commerciale. — Bioche, *Dict. de procéd.*, nº 5 ; Goujet et Merger, *Dict. du droit comm.*, vº *Acte de commerce*, nº 6.

11. — Il est tout simple que les actes de commerce faits par les mineurs ou les femmes mariées, sans autorisation de se livrer au commerce, ne soient considérés à leur égard que comme des actes civils.

12. — Cependant, si l'engagement est intervenu entre deux individus dont le commerce est la profession habituelle, la présomption contraire devient la plus naturelle, et par suite, on présume l'opération commerciale, à moins que les parties n'établissent qu'elle a une cause étrangère à leur commerce. — Bioche, nº 226 ; Goujet et Merger, nº 9; Orillard, *Compét. des trib. de comm.*, nº 185.

13. — Ainsi, tous engagemens entre commerçans sont réputés commerciaux dans quelque forme qu'ils aient été contractés. — C. comm., art. 631. — Il en est ainsi soit qu'il s'agisse d'un cautionnement qui, souscrit par un négociant, a pour objet de garantir une opération de commerce (*Paris*, 18 fév. 1830, Goullet c. Jonhson), ou d'un mandat donné à l'effet de poursuivre le remboursement de créances. — *Lyon*, 17 fév. 1833, Debeauvais Blanchart c. Descours.

14. — Cette règle s'applique aux engagemens verbaux comme aux engagemens écrits, aux obligations synallagmatiques comme aux obligations unilatérales; aux comptes courans, factures arrêtées, arrêtés et réglemens de compte; en un mot, à toutes les obligations, sous quelque forme qu'elles existent. — *Paris*, 6 août 1829, Bardon c. Rollet; *Amiens*, 4 avr. 1826, Millet c. Ruton; *Bourges*, 29 mai 1824, Cointe c. Marchand; *Douai*, 4 juill. 1821, Quignou c. Sauvage ; — Pardessus, nº 50; Goujet et Merger, *Dict. de droit comm.*, vº *Acte de commerce*, nº 9. — V. *contrà Poitiers*, 22 mai 1829, Faydeau c. Goreau.

15. — Mais il n'est pas nécessaire d'être commerçant pour faire des actes de commerce. Ainsi, l'arrêt qui, sans s'expliquer sur la nature des actes, suppose qu'il faut nécessairement être négociant pour être justiciable des tribunaux de commerce, encourt la cassation. — *Cass.*, 3 juin 1817, Fonvielle c. Piau ; — Louis Nouguier, *Des tribunaux de commerce, des commerçans et des actes de commerce*, t. 1er, p. 344. — Puisqu'il n'est pas nécessaire, pour qu'un acte soit commercial, que celui qui l'accomplit soit commerçant, il faut reconnaître aussi que la cessation de commerce de la part de celui qui était négociant au moment où l'obligation a été contractée est également sans influence sur les effets de cette obligation. — Pardessus, nº 50; Goujet et Merger, nº 11.

16. — Mais l'appréciation faite par les juges du fonds, qu'un billet à ordre souscrit par un non commerçant a eu pour cause un fait de commerce, tel qu'opérations de banque, échappe à la censure de la cour de Cassation. — *Cass.*, 13 janv. 1829, Lasnon c. Questier.

17. — Il importe de connaître si tel ou tel acte est ou non commercial : les actes de commerce sont régis par une législation spéciale ; — soumis à des juges d'exception ; — à une procédure particulière : les condamnations en cette matière sont exécutoires par corps. — Les actes de commerce attribuent la qualité de commerçant à celui qui en fait sa profession habituelle. — C. comm., art. 1er. — Ils sont incompatibles avec certaines professions. — V. sur ce point COMMERÇANT.

Sect. 2e. — *Diverses espèces d'actes de commerce.*

18. — L'art. 632, C. comm., s'occupant du commerce de terre, répute actes de commerce : 1º tout achat de denrées et marchandises pour les revendre, soit en nature, soit après les avoir travaillées et mises en œuvre, ou même pour en louer simplement l'usage : — 2º toute entreprise de manufactures, de commission, de transport par terre ou par eau ; — 3º toute entreprise de fournitures, d'agences, bureaux d'affaires, établissemens de ventes à l'encan, de spectacles publics ; — 4º toute opération de change, de banque et courtage ; — 5º toutes les opérations de banques publiques ; 6º toutes obligations entre négocians, marchands ou banquiers ; — 7º entre toutes personnes, les lettres de change ou remises d'argent faites de place en place.

19. — Passant au commerce de mer, la loi (art. 633) répute pareillement actes de commerce : 1º toute entreprise de construction et tous achats, vente et revente de bâtimens pour la navigation intérieure ou extérieure ; — 2º toutes expéditions maritimes ; — 3º tout achat ou vente d'agrès, apparaux et avitaillemens ; — 4º tout affrètement ou nolissement, emprunt ou prêt à la grosse, toutes assurances et autres contrats concernant le commerce de mer ; — 5º tous accords et conventions pour salaires et loyers d'équipage : — 6º tous engagemens de gens de mer pour le service de bâtimens de commerce.

20. — Outre cette division, qui résulte du texte de la loi, entre les actes du commerce de terre et les actes du commerce de mer, mais qui est sans importance soit quant à la compétence, soit quant aux conséquences de ces actes de commerce, on s'est efforcé d'établir entre les divers actes de commerce des classifications : nous n'en avons pas trouvé qui fût pleinement satisfaisante. — Des auteurs partagent les actes de commerce en deux classes : ceux qui sont commerciaux par leur nature et ceux qui, à raison de la profession d'une des parties ou de l'une d'elles, sont présumés commerciaux. — Nous croyons avec M. Bioche (*Dictionnaire de procéd.*, vº *Acte de commerce*, nº 15) que cette division est erronée. La qualité des parties ne saurait en effet modifier la nature de l'acte intervenu entre elles, et conférer le caractère commercial à un acte qui serait reconnu n'avoir pas été fait dans une intention de trafic. — MM. Delamarre et Lepoitevin (*Tr. du contrat de commission*, t. 1er, chap. 2, nº 34, p. 57) divisent les actes de commerce en trois catégories : 1º certains actes ont le caractère commercial par leur essence même ; — 2º d'autres ne l'ont pas d'une manière absolue, mais sont réputés l'avoir par le caractère des personnes qui les ont faits ou fait faire ; — 3º d'autres actes ne doivent leur qualité de commerciaux qu'à l'intention des personnes qui les font elles-mêmes ou par l'agissement d'autrui. — Cette division s'applique avec justesse à la plupart des actes de commerce, mais elle ne les comprend pas tous.

21. — Sans rechercher les bases d'une classification qui nous paraît n'offrir qu'un médiocre intérêt pour l'intelligence des dispositions de la loi, nous nous sommes arrêtés à scruter dans tous ses dé-

tails la nomenclature faite par le législateur des actes réputés commerciaux, espérant ainsi apprécier sainement le caractère des actes définis par le Code, et de ceux qui s'y unissent par les liens d'une grande analogie.

22. — Bien que, dans les motifs de son arrêt du 13 mai 1815 (Bracquemont), la cour de Cassation déclare que « les art. 632 et 633, C. comm., contiennent la nomenclature *entière et complète* de tous les faits qui seuls peuvent être considérés comme des actes de commerce, et qu'en conséquence, tous les faits non compris dans ces articles sont étrangers au commerce, et dès-lors ne peuvent être regardés comme des actes de commerce proprement dits, » nous pensons que les art. 632 et 633 ne sont qu'indicatifs, et nous croyons qu'il faut avec les auteurs et la jurisprudence ranger sur la même ligne des actes qui ont une nature analogue à ceux déterminés par la loi. Nous signalerons les actes qui, suivant nous, doivent être ajoutés à la nomenclature légale en parlant de ceux avec lesquels ils ont le plus de rapports.

Sect. 3e. — *Achats et ventes de denrées et marchandises pour les revendre, soit en nature, soit après les avoir travaillées et mises en œuvre.*

§ 1er. — *Achats et ventes.*

23. — L'art. 632, C. comm., comme nous venons de le dire, répute actes de commerce « tout achat de denrées et marchandises pour les revendre soit en nature, soit après les avoir travaillées et mises en œuvre, ou même pour en louer simplement l'usage. »

24. — En général, pour qu'il y ait acte de commerce, il faut d'abord un achat; il faut que les choses aient été acquises moyennant un prix ou un équivalent susceptible d'appréciation pécuniaire, constituant ce que dans le droit commun on nomme achat ou échange. Si les objets avaient été donnés, la vente qu'en ferait le donataire n'attribuerait pas à la donation le caractère d'acte de commerce, et, par la même raison, l'acquisition à titre successif de marchandises, lors même qu'elles constitueraient un fonds de magasin, ne rendrait point commerciales les opérations du partage et de la liquidation entre les héritiers ou légataires. — Pardessus, nº 11; Nouguier, t. 1er, p. 333; Orillard, *Compét. des trib. de comm.*, nº 187.

25. — Mais les mots d'achat et de vente sont corrélatifs. De ce que le législateur n'a parlé dans l'art. 632 que des *achats*, faut-il en conclure que les *ventes* ne pourront, dans aucun cas et contre aucune personne, être considérées comme opérations commerciales? — Locré (dans son commentaire sur l'art. 632, t. 8, p. 62) est d'avis que le législateur n'a entendu qualifier fait de commerce que les achats. Mais comme l'intention de trafiquer, de faire un bénéfice est le principal caractère des actes de commerce, il faut dire qu'il y a acte de commerce dans une simple vente, quand l'intention et le fait de trafic se rencontrent. Ainsi, la vente comme l'achat tirera son caractère de la destination donnée par le vendeur au produit des choses vendues. Si en se défaisant de denrées produites par ses propriétés foncières, ou de marchandises arrivées dans ses mains par succession ou par donation, le commerçant a eu pour but de réaliser son avoir, il est resté dans les limites des transactions du droit commun. Si, au contraire, il a vendu pour pouvoir racheter et trafiquer, il a fait acte de commerce. — Pardessus, nº 20; Nouguier, t. 1er, p. 356.

26. — Jugé que l'art. 632, C. comm., comprend tout à la fois l'achat et la revente. — *Aix*, 28 avr. 1837 (t. 2 1837, p. 144), Philippe c. Chapplain.

27. — Quand il s'agit de savoir si l'achat ou la vente ont un caractère commercial, il est nécessaire de les considérer abstractivement l'un de l'autre; la même négociation peut en effet, comme nous le disions tout à l'heure, être commerciale en ce qui concerne l'un des contractans, et civile à l'égard de l'autre. — Bioche, *Dict. de procéd.*, vº *Actes de commerce*, nº 15; Nouguier, t. 1er, p. 353.

28. — Par exemple, un propriétaire vend le blé qu'il a récolté à un meunier, qui l'achète pour le revendre, après l'avoir converti en farine. La vente est civile de la part du propriétaire, et commerciale de la part du meunier; car le premier ne se livre à aucune spéculation; il se borne à donner son blé pour une somme d'argent qui en représente la valeur, tandis que le second n'achète que dans l'espoir de revendre à un prix plus élevé, et d'obtenir ainsi un bénéfice. — Réciproquement, ce meunier fait encore acte de commerce quand il vend la farine qu'il a confectionnée, et le particulier qui la lui achète pour sa consommation particulière ne fait de son côté qu'un acte civil. Dans cette seconde hypothèse, c'est donc l'achat qui est civil, et la vente qui a, au contraire, un caractère commercial. — De même, le fermier qui vend des blés à une personne faisant le commerce de grains peut la traduire pour le paiement devant le tribunal de commerce, et ne peut pas y être actionné. — Delvincourt, *Instit. du dr. comm.*, p. 314, note 2e.

29. — De la rédaction de l'art. 632, C. comm., il résulte que pour qu'un achat constitue un acte de commerce, il faut : 1º que l'objet acheté soit denrée ou marchandise; — 2º que l'achat ait été fait pour revendre ou pour louer, c'est-à-dire qu'au moment où l'acquisition a eu lieu, celui qui la faisait ait eu l'intention de revendre ou de louer. — Il faut de plus que, conformément aux caractères généraux des actes de commerce, l'achat ait été fait dans la vue de réaliser un bénéfice, de faire une spéculation. — Enfin, il faut que ce soit la chose achetée qui soit revendue, sinon comme objet unique, au moins comme objet principal de la revente. Si elle ne forme que l'accessoire d'une autre chose vendue sans avoir été achetée, l'acte est purement civil. — Goujet et Merger, *Dict. de droit comm.*, vº *Actes de commerce*, nº 42.

§ 2. — *Denrées et marchandises.*

30. — Il faut que l'objet acheté soit denrée ou marchandise.

31. — « Par *denrées*, dit M. Pardessus, nº 8, on entend les objets recueillis ou fabriqués, particulièrement destinés à la nourriture ou à l'entretien des hommes et des animaux, et de nature à être consommés entièrement ou dénaturés au premier usage, tels que les graines, grenailles, farines, etc. — *Cass.*, 19 avr. 1834, Lassus; — Nouguier, t. 1er, p. 359; Goujet et Merger, nº 60; Orillard, nº 231.

32. — Sous le nom de *marchandises* on comprend les objets mobiliers destinés à des besoins moins impérieux que ceux de la nourriture et de l'entretien, qui ne sont pas susceptibles d'être consommés ou dénaturés par le premier usage, ou qui du moins ne s'usent que par une consommation lente, par exemple, les draperies, soieries, objets d'ameublement, les métaux, etc. — Pardessus, nº 8; Bioche, *ibid.*, nº 20; Goujet et Merger, nº 65; Nouguier, t. 1er, p. 359.

33. — Cette expression embrasse de même les choses purement intellectuelles, comme l'achalandage d'un magasin, le droit de publier un ouvrage, d'exercer un procédé d'art ou d'industrie. — *Lyon*, 4 janv. 1839 (t. 1er 1839, p. 638), Rusand c. Périsse; — Pardessus, nº 9; Nouguier, t. 1er, p. 359.

34. — On considère sous quelques rapports comme des marchandises les monnaies métalliques, nommées espèces ou numéraire, les papiers-monnaies. Néanmoins, les négociations relatives à ces objets ne sont pas, à proprement parler, des achats et des ventes. Ainsi, le prêt d'une somme ne peut être considérée comme une sorte de vente de cette somme, qui doive le faire réputer acte de commerce. — Pardessus, nº 9. — V. au surplus, sur le prêt, *infrà* nos 470 et suiv.

35. — Les titres connus sous les noms de *factures*, les *connaissemens* ou autres pièces semblables qui donnent à une personne droit d'exiger la livraison d'une certaine quantité de denrées ou marchandises, doivent être considérés dans sa main comme la marchandise elle-même, et, par conséquent, ils ont ce caractère dans la négociation par laquelle quelqu'un achèterait son droit sur ces marchandises. — Arg. *Cass.*, 5 août 1806, Possel c. Jacobi; — Pardessus, nº 10; Nouguier, t. 1er, p. 359.

36. — Les créances de sommes d'argent ne peuvent être réputées marchandises que dans le cas où, par sa forme, la négociation qui a transmis ce titre serait du nombre de celles qu'on peut appeler opérations de change ou de banque. — Pardessus, nº 10; Goujet et Merger, nº 78.

37. — Jugé cependant que le transport d'une créance commerciale par un commerçant à un autre commerçant est un acte de commerce quand même ce transport se serait opéré par un moyen autre que l'endossement. — *Poitiers*, 5 janv. 1841 (t. 1er 1843, p. 264), Berniard c. Surlemont.

38. — Les immeubles ne sont pas réputés marchandise. Ainsi, ne constitue pas un acte de commerce l'achat d'immeubles, même pour les diviser et les revendre par portions, ou pour y placer des établissemens industriels. Ce genre de spéculation, moins connu à l'époque de la promulgation du Code de comm. qu'il ne l'est devenu depuis, n'a pas été rangé parmi les actes de commerce. Le négoce proprement dit ne s'exerce que sur des choses qui, par la voie du trafic, par des échanges faciles et spontanés, sont susceptibles de passer rapidement, sans formes ni conventions régulières et solennelles, de main en main, sur des objets fugitifs et mobiles, dont la simple tradition forme le titre et règle les droits des possesseurs. Les immeubles susceptibles d'hypothèque, et dont la transmission ne peut avoir lieu que par des contrats qui se règlent d'après les principes du droit civil, ne sont pas susceptibles d'être classés dans la catégorie des marchandises, des objets mobiles et commerciaux qui, dans les conventions nées de leur tradition, sont réglées d'après les principes du droit des gens. — Bioche, *Dict. de procéd.*, vº *Actes de commerce*, nº 29; Orillard, nº 251.

39. — En conséquence, jugé que celui qui achète habituellement des immeubles pour les revendre n'est pas pour cela commerçant. — *Bourges*, 4 déc. 1829, Galas c. Desplaces; *Nancy*, 30 nov. 1843 (t. 2 1844, p. 40), Buret-Sollier c. Mayer.

40. — L'association pour acheter et revendre des immeubles ne peut être non plus rangée dans la classe des actes de commerce. — *Orléans*, 16 mars 1839 (t. 1er 1839, p. 648), Bruère-Dallaire c. Reverdy. — Les associés fussent-ils commerçans de profession. — *Metz*, 18 juin 1812, Breck c. Meunier et autres; — Merlin, *Quest.*, vº *Actes de commerce*, § 4.

41. — Jugé également qu'on ne peut considérer comme commerciale la société formée par divers particuliers dans le but d'acheter et de vendre des immeubles. — *Paris*, 8 déc. 1830, Bénard c. Auger.

42. — Dès-lors il est tout naturel qu'on ait jugé que le courtage relatif aux opérations d'achats et de reventes d'immeubles ne constitue pas un acte de commerce. — *Nancy*, 30 nov. 1843 (t. 2 1844, p. 40), Buret-Sollier c. Mayer.

43. — Celui qui achète des terrains pour y élever des constructions et les revendre ne peut être considéré comme commerçant, même vis-à-vis des ouvriers et fournisseurs qui ont concouru à l'établissement des constructions. — *Lyon*, 26 fév. 1829, Marchand c. Miquel.

.... Alors même qu'il serait établi que ce constructeur est connu pour spéculer sur la vente et l'achat des immeubles. — *Paris*, 30 avr. 1839 (t. 1er 1839, p. 612), Joffriaud c. Sylvain; — Carré, *Lois de la compét.*, p. 537.

44. — Les billets à ordre souscrits par un propriétaire pour cause de fournitures de glaces destinées à l'ornement de la maison n'ont pas un caractère commercial. — *Paris*, 2 août 1843 (t. 2 1843, p. 355), Détry c. Brot.

45. — Enfin l'achat d'une manufacture, fait avec l'intention de la revendre, n'est pas un acte de commerce, quelque considérables que soient les instrumens ou ustensiles qui en forment l'accessoire, parce qu'un accessoire, quelque important qu'il soit, ne change pas la nature de l'objet auquel il est uni, et qu'au contraire il en prend la nature et la conserve tant que cette maison subsiste. — Pardessus, nº 8.

46. — Aujourd'hui les opérations sur les immeubles ont pris un grand développement, et peut-être, lorsqu'elles prennent le caractère de spéculation, devraient-elles être rangées par la loi au nombre des actes de commerce. — Telle n'est pas cependant l'opinion des auteurs. — V. Bravard, *Man. de dr. comm.*, p. 908; Vincens, *Législat. comm.*, t. 1er, p. 123; Merlin, *Quest.*, vº *Acte de commerce*, § 4; Dageville, *Code de comm., expliqué par la jurisp.*, t. 1er, p. 14; Carré, *Lois de compét.*, t. 7, p. 119; Malpeyre et Jourdain, *Des sociétés*, p. 9; Delangle, *Des sociétés comm.*, t. 1er, nº 28; Orillard, *Compét. des trib. de comm.*, nos 187 et 251; Despréaux, *Compét. des trib. de comm.*, nº 342.

47. — Jugé cependant que la demande en paiement d'honoraires pour construction d'une maison, formée par un architecte, était de la compétence du tribunal de commerce, attendu que le défendeur achetait habituellement des terrains pour y élever des constructions et les revendre. — *Paris*, 11 fév. 1837 (t. 2 1841, p. 412), Pène c. Demeuninck.

48. — On avait déjà, sous l'ord. de 1673, considéré comme effets de commerce soumis à la juridiction commerciale, les billets à ordre causés valeur suivant le réglement de ce jour, souscrits par suite d'une vente d'immeubles faite en vue d'opération de négoce. — *Paris*, 11 mars 1806, Aubert-Lepage c. Adam Saint-Martin.

49. — Suivant M. Bioche (nº 29), on ne doit pas considérer comme acte de commerce l'acquisition d'immeubles destinés à être démolis. Car il faut, dit-il, qu'il s'agisse de denrées et marchandises actuelles, et non pas d'objets susceptibles de le devenir. Mais M. Pardessus (nº 8) n'hésite pas à déclarer acte de commerce l'achat d'une maison pour la démolir; et MM. Goujet et Merger (nº 81) adoptent cette doctrine, et pour la justifier, disent que l'acquéreur n'a eu en vue que les matériaux

ACTE DE COMMERCE, sect. 3e, § 2.
ACTE DE COMMERCE, sect. 3e, § 2.

détachés du sol, et par conséquent devenus pour lui des objets mobiliers. — V. dans le même sens Nouguier, t. 1er, p. 361.

50. — Jugé que, bien que l'achat des propriétés immobilières et leur revente en détail ne constituent pas, d'après la loi, des actes de commerce, on doit cependant classer au nombre des actes commerciaux plusieurs des faits qui en sont la suite habituelle, tels que la vente en détail du bois, des bestiaux, et des matériaux provenant de la démolition des bâtimens achetés. — *Bourges*, 19 mars 1831, Gelas c. Barbot.

51. — Toutefois, si l'achat d'un édifice public, pour le démolir et en revendre les matériaux, peut très bien être considéré comme commercial, quand l'édifice a été acheté seul, sans que l'acquisition s'étende au sol sur lequel il repose, il n'en est pas de même dans le cas contraire; car alors *ædificium solo cedit*. — Carré, *Lois de compét. civ.*, p. 537; Coin-Delisle, *Contrainte par corps*, p. 76.

52. — Il suffit, pour qu'un achat de matériaux soit réputé acte de commerce, qu'il ait été fait pour servir accessoirement à une entreprise, encore que ces matériaux n'aient pas été destinés à devenir partie intégrante de l'objet de l'entreprise et à être livrés par suite à celui pour qui elle se faisait. — *Bruxelles*, 27 avr. 1832, Horis c. Vandevelde.

53. — Doit être réputé acte de commerce l'achat d'une coupe de bois fait par un marchand, quoique les bois n'aient pas encore été séparés du sol au moment de la vente. Si, dans leur rapport avec les propriétaires du sol, les bois ne deviennent meubles qu'à mesure qu'ils sont abattus, il n'en est pas de même dans leur rapport avec les acquéreurs de la coupe, surtout si elle a eu lieu entre personnes faisant habituellement le commerce. — *Grenoble*, 2 juill. 1830, Ferlay c. Mathieu; — Nouguier, t. 1er, p. 361.

54. — L'acheteur d'une coupe de bois qui, dans l'acte de vente, a pris la qualité de marchand de vins, et qui n'a point manifesté qu'il les achetait pour faire une opération commerciale, n'est pas recevable à se plaindre de ce qu'il a été assigné en paiement par son vendeur devant le tribunal civil, au lieu de l'avoir été devant le tribunal de commerce. — *Poitiers*, 18 (et non 10) mai 1832, Charbonnier c. Bossu.

55. — L'achat d'un fonds de commerce constitue-t-il un acte commercial? M. Bioche (vº *Acte de commerce*, nº 39) soutient l'affirmative. L'intention de l'acheteur, dit-il, n'est pas seulement d'exploiter ce fonds, mais encore de l'améliorer et de le revendre après un certain temps. Or, la loi n'exige pas que la revente soit immédiate. — En outre, la loi déclare expressément acte de commerce toute entreprise de manufacture, commission, agence d'affaires, en un mot toute entreprise ayant pour but une série d'opérations commerciales: former un établissement de ce genre, c'est sans aucun doute faire un acte de commerce; en acheter un tout formé ne saurait donc être un acte purement civil. — V. conf. Orillard, nº 26.

56. — L'achat d'un fonds de commerce peut, d'après la nature des actes et d'après les faits et les qualités des parties, être considéré comme constituant un acte de commerce. — *Cass.*, 7 juin 1837 (t. 1er 1843, p. 58), Capelle c. Pezet.

57. — Ainsi jugé que la vente d'un fonds de commerce est pour le vendeur comme pour l'acquéreur un acte de commerce. — *Paris*, 11 août 1829, Gravel c. Benoiste; 7 août 1832, Lemaire c. Rouburne; 12 avr. 1834, Bardet c. Germain; 2 déc. 1840 (t. 2 1840, p. 660), Laperrière c. Manouri.

58. — L'achat d'un fonds de commerce avec les ustensiles et les marchandises qui le composent constitue un acte de commerce. — *Paris*, 15 mai 1844 (t. 2 1844, p. 77), Boucher c. Liévin.

59. — Jugé de même dans une espèce où la vente, outre les ustensiles et les marchandises, comprenait l'achalandage. — *Colmar*, 19 juin 1841 (t. 2 1841, p. 508), Christiani c. Dunand.

60. — L'achat d'un fonds d'hôtel garni avec les meubles qui le composent pour en louer l'usage, constitue un acte de commerce. — *Paris*, 18 nov. 1842 (t. 1er 1843, p. 252), Paul c. Givry.

61. — Les porteurs d'eau avec tonneaux qui vendent leur fonds peuvent être considérés comme ayant fait acte de commerce. — *Paris*, 15 juill. 1831, Jullien c. Lacombe.

62. — L'achat d'un fonds de commerce *à l'effet de l'exploiter* constitue, de la part de l'acquéreur, un acte de commerce qui soumet les parties à la juridiction commerciale, quant aux contestations qui s'élèvent sur l'exécution du contrat. — *Paris*, 31 déc. 1839 (t. 2 1830, p. 627), Delatouche c. Lesourd; *Orléans*, 20 déc. 1842 (t. 1er 1843, p. 20), Vialès c. Grand.

63. — De même l'acquisition d'un fonds par un pharmacien qui a déjà exercé cette profession constitue un acte de commerce de la compétence des tribunaux de commerce. — *Nîmes*, 17 mars 1829, Malbec c. Dufès; — Laterrade, *Code annoté des pharmacies*, nº 68.

64. — La dation en paiement à un commerçant, pour libération d'une dette commerciale, d'un fonds de commerce et des ustensiles qui en dépendent, constitue un acte de commerce qui peut être prouvé par témoins. — *Amiens*, 30 juill. 1839 (t. 1er 1841, p. 314), Hennecart c. Pouret.

65. — Jugé au contraire qu'il n'y a pas acte de commerce dans: 1º la vente d'un fonds de commerce (*Paris*, 18 août 1834, Pollet c. Gauguery); — 2º l'achat d'un fonds d'hôtel garni (*Paris*, 23 avr. 1828, Alphonse c. Radu; 14 avr. 1831, Vomot c. Barbier); — 3º d'une entreprise de poste aux chevaux (*Caen*, 28 juin 1830, Baudoire c. Goislard); — 4º d'un fonds de commerce de marchand de vins. — *Paris*, 13 nov. 1832, Poirier c. Grard.

66. — Décidé qu'il en est ainsi, à plus forte raison, quand l'acquisition est faite par un individu non négociant pour l'exploiter personnellement. — *Paris*, 12 mars 1829, Laroche c. Legrand; 19 nov. 1830, Morize c. Lévy; 14 avr. 1831, Vomot c. Barbier.

67. — ... Et sans intention de le revendre. — *Cass.*, 26 avr. 1832, Barbier de Lassaux c. Vernet.

68. — Surtout si les stipulations de l'acte ont pour objet principal la cession du fonds lui-même. — *Rouen*, 6 fév. 1840 (t. 1er 1840, p. 451), Ducy.

69. — Jugé de même que la vente d'un fonds d'imprimerie avec les presses, les caractères et les autres ustensiles nécessaires à l'exercice de la profession d'imprimeur, ne constitue pas un acte de commerce lorsqu'elle ne comprend pas en même temps des marchandises, et que l'acquéreur n'est pas déjà commerçant. — *Paris*, 2 janv. 1843 (t. 1er 1843, p. 141), Breton c. Mévil.

70. — On ne peut considérer comme étant commerçant au moment du contrat l'ancien pharmacien retiré du commerce qui, après s'être fait délivrer un diplôme, achète un nouveau fonds de pharmacie. — *Paris*, 19 nov. 1830, Morize c. Lévy.

71. — La vente d'un fonds de commerce, et la cession du droit au bail des lieux où le commerce s'exploite, ne constituent pas une opération commerciale, même lorsque le contrat a été passé entre marchands. — *Paris*, 2 mars 1839 (t. 1er 1839, p. 304), Thibault c. Branzon.

72. — Jugé aussi que des billets causés pour cession de bail, bien que cette cession se rattache à la vente d'un fonds de commerce, n'en constituent pas moins une opération distincte, laquelle n'a aucun caractère commercial, et, par conséquent, n'entraîne pas la contrainte par corps. — *Paris*, 23 janv. 1840 (t. 1er 1840, p. 267), Lecourt c. Berthoud.

73. — Il n'y a pas acte de commerce lorsque la vente du fonds n'a pas été accompagnée de celle des marchandises, et que c'est principalement de l'achalandage que les parties ont traité. — *Paris*, 5 juill. 1844 (t. 2 1844, p. 77), Lerouvillois c. Charpine.

74. — L'achat d'un pensionnat ne constitue pas un acte de commerce (*Paris*, 15 fév. 1843 (t. 2 1843, p. 137), Gaujard c. Lagny), lors même que l'achat comprendrait la clientèle et le matériel de la maison d'éducation. — *Paris*, 16 janv. 1835, Ribourt c. Aubert-His. — V. en outre *infrà* nos 195 et suiv.

75. — Jugé que la vente d'une place de facteur à la halle ne constitue pas un acte de commerce. — *Paris*, 20 juin 1840 (t. 2 1840, p. 173), Devé c. Marion.

76. — L'achat d'une charge de courtier de commerce ne constitue pas non plus par lui-même un acte de commerce. — *Paris*, 2 août 1832, Varillat c. Griolltray; *Aix*, 5 mai 1840 (t. 2 1840, p. 348), Dusseuil c. Plantin et Sallat.

77. — La vente d'un procédé industriel, et du matériel nécessaire à son exploitation, ne constitue pas davantage un acte de commerce. — *Paris*, 14 janv. 1836, Etienne c. Legry.

78. — On a jugé que celui qui se constitue actionnaire d'une société commerciale participe au commerce qui est l'objet de la société, et que, dès-lors, celui qui achète des actions dans une entreprise industrielle fait un acte de commerce. — *Bordeaux*, 10 nov. 1836, Lopès-Dias c. Blanchy.

79. — De même, décidé que le transfert d'actions industrielles, par voie d'endossement, dans une société anonyme ou en commandite, constitue une opération commerciale si la société a ce caractère, lors même qu'une clause de l'acte social aurait déclaré qu'il ne s'agit que d'un simple contrat civil. — *Lyon*, 26 juin 1839 (t. 2 1840, p. 438), Gauthier c. Passerat.

80. — L'acquisition faite par des commerçans de portions d'intérêts dans une société en nom collectif, dont il sont déjà membres, constitue de leur part un acte de commerce. — *Douai*, 26 janv. 1843 (t. 2 1843, p. 79), Dandois-Maillard c. Lebeau. — Il en est autrement de l'acquisition faite par des individus non négocians des parts de cette société, dont ils sont seulement commanditaires; il n'y a pas là, en ce qui les concerne, acte de commerce. — Même arrêt.

81. — Jugé, dans ce dernier sens, que le fait seul de l'obligation prise par un tiers de verser des fonds dans une société commerciale à la gestion de laquelle il doit demeurer étranger, ou la souscription d'actions par un associé commanditaire, même commerçant, ne constituent pas nécessairement des actes de commerce entraînant la contrainte par corps. — *Paris*, 28 fév. 1842 (t. 1er 1842, p. 409), Detry c. Liasse.

82. — Celui qui prend des actions dans une société anonyme ne fait pas acte de commerce, bien que la société ait un but commercial. — *Rouen*, 6 août 1841 (t. 2 1844, p. 519), Gentil c. Blondeau.

83. — L'acquisition faite par des commerçans de portions d'intérêt dans une société en nom collectif, dont ils sont déjà membres, constitue de leur part un acte de commerce. — Il en est autrement de l'acquisition faite par des individus non négocians de parts dans cette société, dont ils sont devenus seulement commanditaires: il n'y a pas là, en ce qui les concerne, acte de commerce. — *Douai*, 26 janv. 1843 (t. 2 1843, p. 79), Dandois-Maillard c. Lebeau.

84. — Les contestations qui dérivent d'un acte par lequel des particuliers *non commerçans* s'associent aux entrepreneurs d'un pont déjà achevé, et acquièrent des actions pour la perception d'un droit de péage qui forme le prix de la construction du pont, doivent être soumises au tribunal civil, à l'exclusion du tribunal de commerce. — *Cass.*, 23 août 1820, de Saint-Didier c. Chazal; — Goujet et Merger, nº 117.

85. — Les achats ou reventes, soit fictifs, soit sérieux, de rentes sur l'état, quelque réitérés qu'ils soient, ne constituent pas, par eux-mêmes, des actes de commerce. — *Paris*, 7 avr. 1835, N... c. Dabrin.

86. — Par suite, une contestation relative à la livraison de fonds publics entre parties non commerçantes, n'est point de la compétence du tribunal de commerce. — *Cass. belge*, 16 avr. 1834, Dewitte c. Janssens.

87. — C'est en conséquence du même principe qu'il a été décidé que celui qui fait habituellement à la bourse des marchés à terme ne peut, par cela seul, être réputé négociant. — *Paris*, 15 avr. 1809, Thomassin c. Bardet et Prier; 13 fruct. an XIII, Soubeiran c. Fissour.

88. — Ces décisions sont controversables. En effet, s'il est vrai que l'achat et la revente d'une inscription de rente pour effectuer un placement ne soit pas un acte de commerce (*Paris*, 27 août 1841, Carlier c. Caillat), d'un autre côté il faut admettre avec les auteurs (Merlin, *Rép.*, vº *Effets publics*, nº 14; Pardessus, *Dr. comm.*, nº 10; Vincens, *Législ. comm.*, t. 1er, p. 135; Mollot, *Bourses de commerce*, p. 350; Carré, *Compét.*, p. 539; Coin-Delisle, *Traité de la contr. par corps*, p. 77; Goujet et Merger, vº *Actes de commerce*, nº 79; Nouguier, t. 1er, p. 378), et avec plusieurs arrêts (*Cass.*, 18 fév. 1806, Grelet c. Fould et Perdonnet; *Paris*, 29 déc. 1807, Arnaud c. Coulbart; *Cass.*, 29 juin 1808, Mariette c. Delamarre et Lebourgeois; *Paris*, 11 fév. 1810, Belloux c. Debruelle; 25 avr. 1811, Fasquel et Perraut c. L...), que l'achat d'effets publics, en vue de spéculer ou de revendre, est une opération commerciale. La négociation de ces titres est soumise à des formes commerciales; la variation journalière de leurs cours en fait de véritables marchandises. — V. de plus *infrà* nº 130.

89. — Doit-on considérer comme acte de commerce l'achat, par des manufacturiers, des instrumens nécessaires au service de leur manufacture? Pour soutenir que cet achat n'est pas commercial, Locré (t. 8, p. 275 et 278) se fonde sur ce que ce n'est ni pour être revendus, ni pour être loués que ces instrumens sont achetés. C'est aussi l'avis de M. Horson, *Quest. de dr. comm.*, t. 2, p. 423, quest. 197e.

90. — C'était l'opinion que soutenait Jousse dans son commentaire sur l'art. 4, ord. 1673 (p. 307 de l'édit. de Bécane). Cet article disposait que « les juges et consuls connaîtraient les différends pour ventes faites par des marchands, artisans et gens de métier, afin de travailler de leur profession. » C'est sur ce texte que Jousse dit: « Les ventes faites par des marchands à des artisans de choses qui ne doivent point être employées ou converties en ouvrage de leur profession, ne sont point de la compétence des juges consuls, quand même les choses vendues seraient pour l'usage de la pro-

ession des ouvriers qui les achètent. Ainsi, une vente de pierres ou de bois, faite à un meunier pour la construction d'un moulin, n'est point de la compétence des juges consuls, parce que ces pierres ou ces bois ne sont point destinés pour être employés aux ouvrages qui sont de la profession du meunier, quoique ces choses lui soient fournies pour l'usage de son moulin. — V. *infrà* no 116. — Il en est de même des meubles et autres fournitures semblables, autrement il faudrait dire que la vente même d'un moulin faite par un meunier ou autre personne à un autre meunier, ou celle d'un étal faite par un boucher à un autre boucher, serait de la compétence des juges consuls : ce qui est absurde. Par la même raison, la vente d'un métier à bas faite à un bonnetier est une vente ordinaire pour l'usage de l'ouvrier seulement et non afin de revendre ; et, par conséquent, elle n'est pas de la compétence des juges consuls, comme le seraient des ventes de laines faites au même ouvrier, parce qu'alors ces laines sont destinées à être converties en ouvrage de sa profession. — De même, les ventes d'outils et autres instrumens de travail, faites par des marchands à des artisans et gens de métier, ne sont pas de la compétence des juridictions consulaires. »

91. — M. Bécane, dans ses annotations sur l'ouvrage de Jousse, déclare (p. 306) que le Code, loin de vouloir rien changer à cette doctrine, a entendu la consacrer d'une manière formelle en supprimant dans l'art. 632 les mots *afin de travailler de leur profession*, qui semblaient militer en faveur de l'opinion contraire. — Locré, *Esprit du C. comm.*, t. 8, p. 276 ; Orillard, no 258.

92. — M. Louis Nouguier (*Des tribunaux de commerce, des actes de commerce et du commerce*, t. 1er, p. 397) combat ces opinions. Il s'appuie d'abord sur la présomption fondée par l'art. 638, C. comm., que tout acte auquel se livre un commerçant est réputé commercial, à moins que le négociant qui s'est obligé ne prouve que l'acte a un caractère civil. Or, si un meunier n'est pas commerçant de profession, et s'il est dès-lors réputé s'être engagé dans les termes du droit commun, il n'en est pas de même du boucher qui, en achetant un étal indispensable pour l'exercice de sa profession ou propre à agrandir le cercle de ses affaires, fait une opération qui, loin d'être étrangère au commerce, a le commerce pour origine.

93. — Le limonadier qui achète l'huile nécessaire à l'éclairage de son café fait acte de commerce. — *Bordeaux*, 27 août 1835, Guillemot c. Martin.

94. — L'engagement pris par un limonadier pour le paiement de réparations et ornemens faits à son café, se rattache sans aucun doute à l'exercice de son industrie. — *Bourges*, 15 fév. 1842 (t. 1er 1843, p. 273), Simonnot c. Delgario et Graolo.

95. — On doit aussi considérer comme acte de commerce 1o l'achat, par un marchand, des poids, balances et autres instrumens à l'aide desquels il débite sa marchandise (Pardessus, no 17 ; Goujet et Merger, no 70) ; 2o l'achat par un fabricant des machines et instrumens nécessaires à l'exploitation de son usine ; 3o l'achat par un banquier des registres, papiers ou autres objets pour l'usage de ses bureaux. — Pardessus, no 51. — Jugé cependant, sous l'ord. 1673, que les tribunaux de commerce étaient incompétens pour connaître des contestations nées au sujet de fournitures telles que papier, encre, registres, etc., faites à un négociant pour son usage particulier et la consommation de sa maison. — *Cass.*, 21 niv. an V, Expilly c. Tevier.

96. — Décidé, mais à tort, selon nous, que l'achat de lampes et quinquets pour l'éclairage des ateliers d'un manufacturier ne constitue pas de la part de celui-ci un acte de commerce. — *Rouen*, 6 août 1822, Gerdret c. Daupley.

97. — De même, le fait de blanchissage de linge ne constitue un acte de commerce, ni de la part du blanchisseur, ni de la part du maître d'hôtel pour qui le linge a été blanchi. — En conséquence, les tribunaux de commerce sont incompétens pour connaître des actions qui résultent de ces faits. — *Rouen*, 9 déc. 1836, Flambart c. Milan, Mayer et Hadrot ; 5 avr. 1838 (t. 1er 1839, p. 574), Mersent c. Delahaye.

98. — Il faut, dit M. Pardessus, no 17, considérer comme acte de commerce l'achat que ferait le distillateur du bois et du charbon qu'il consomme pour faire ses distillations. Ce serait abuser des mots que de dire qu'il ne revend pas ce charbon, ce bois, en tout ou partie, après les avoir travaillés ; sans cet emploi, il n'aurait pu fabriquer les liqueurs qu'il vend, et ici l'esprit de la règle doit l'emporter sur le respect servile pour les mots. — Orillard, nos 255 et 260.

99. — Jugé que l'achat de tours, moules et autres travaux de menuiserie, faits pour le service d'une manufacture de porcelaine, constitue un acte de commerce. — *Limoges*, 9 fév. 1839 (t. 1er 1839, p. 581), Corret c. Margaine et Larivière.

100. — Jugé que le propriétaire qui achète du charbon pour alimenter momentanément son usine fait un acte de commerce. — *Rouen*, 30 juin 1840 (t. 2 1840, p. 396), Lemanicher c. Carpentier.

101. — Décidé, au contraire, que le propriétaire d'une filature mue par une pompe à feu, qui loue à divers des portions de force motrice, et divise entre eux ses ateliers, en se chargeant d'ailleurs d'alimenter et d'entretenir la pompe à feu, ne fait point un acte de commerce. — En achetant les huiles et charbons nécessaires à la pompe à feu, en payant les chauffeurs et autres ouvriers, le propriétaire n'a d'autre but que celui de faire fonctionner l'usine, conformément à sa destination, et d'en tirer le meilleur parti possible, sans, du reste, se constituer entrepreneur de manufacture. — *Rouen*, 17 juill. 1840 (t. 2 1840, p. 397), Hainguerlot c. Launay.

102. — Jugé de même qu'un notaire propriétaire d'usine ne peut être réputé commerçant, et, par suite, déclaré en état de faillite, sur le motif que les achats qu'il a faits à l'occasion et pour l'exploitation de son usine constituent des actes de commerce, alors surtout que ces actes ont été de courte durée et de peu d'importance. — *Bordeaux*, 30 avr. 1840 (t. 1er 1844, p. 339), Blaye c. Godinet.

103. — Mais l'achat d'un cheval pour l'exploitation d'une brasserie est de la compétence du tribunal de commerce. — *Metz*, 21 juin 1811, Munaut c. Munier.

104. — L'achat par un voiturier d'une charrette et de chevaux ou mulets pour effectuer le transport des marchandises et autres objets qui lui sont confiés, constitue un acte de commerce. — *Aix*, 6 août 1829, Montanart c. Julien ; *Rennes*, 19 août 1819, Dily c. Loyer.

105. — Le marchand de chevaux qui vend un cheval à un propriétaire fait un acte de commerce qui rentre dans la compétence des tribunaux de commerce. — *Aix*, 28 avr. 1837 (t. 2 1837, p. 144), Philippe c. Chapplain.

106. — Mais la vente d'un cheval à un marchand de chevaux par un individu non commerçant ne constitue pas, alors même qu'elle aurait eu lieu *en foire*, un acte de commerce. — *Poitiers*, 9 fév. 1838 (t. 2 1838, p. 141), Inisan c. Turpault. — L'ord. de 1673, qui déférait (V. tit. 12, art. 87) aux juges consuls la connaissance du commerce fait pendant les foires, ne s'étendait pas non plus aux ventes faites aux foires entre personnes non marchandes. Du moins, un arrêt du parlement de Toulouse, du 27 juill. 1753, rapporté par Jousse (éd. de Becane, p. 279), sur l'art. 1er de ce tit. 12, l'a décidé ainsi.

107. — Le commis voyageur qui loue un cheval à l'effet de voyager pour sa maison ne fait point une opération commerciale. — *Bordeaux*, 5 mars 1831, Beaulieu et Ardillier c. Escorne-Laville ; — Bioche, *Dict de procéd.*, vo *Acte de commerce*, no 104. — Selon M. Orillard, no 259, il en est autrement du commerçant qui achète ou loue un cheval pour effectuer des courses dans l'intérêt de sa maison.

108. — L'achat que font individuellement des acteurs de leurs costumes et parures n'est point acte de commerce, à la différence de celui que feraient des acteurs, associés pour une entreprise de théâtre, des décorations et autres objets nécessaires à leur établissement. — Pardessus, no 19.

109. — Les artisans font-ils des actes de commerce en achetant les objets nécessaires à leur profession ? On peut induire de la doctrine des auteurs la distinction suivante : S'agit-il des outils ou instrumens qui leur sont nécessaires ? Ils ne les achètent point pour les revendre, et s'ils comprennent dans le prix de leur travail le loyer de ces outils, ce n'est que comme l'accessoire de leur industrie. — Pardessus, no 19 ; Merlin, *Quest.*, vo *Commerce (acte de)*, § 2 ; Orillard, no 255.

110. — Mais s'agit-il des matières achetées par les artisans pour les revendre après les avoir travaillées, il serait, ce semble, peu juste de refuser au marchand qui a vendu ces objets le droit de poursuivre commercialement la condamnation des acheteurs. — Vincens, t. 1er, p. 144 ; Locré, t. 8, p. 274.

111. — La même doctrine est enseignée par M. Pardessus, no 15, car il répute actes de commerce les achats de couleurs par un peintre en bâtiment ; des marbres par un marbrier qui en fait des tables, des chambranles, etc. ; de tonneaux par un distillateur pour contenir et vendre le produit des distillations faites avec des liquides qu'il a achetés. — V. aussi Goujet et Merger, nos 66 et suiv. ; Orillard, no 255.

112. — Ainsi, jugé qu'un charron est bien justiciable de la juridiction commerciale pour le paiement des planches qu'il achète, pour travailler de son état, à un négociant qui n'est pas marchand de ces objets ; mais, n'étant qu'artisan et non marchand, il n'est pas soumis à la contrainte par corps. — *Turin*, 3 déc. 1810, Campana c. Tubo.

113. — Le teinturier qui achète des couleurs pour les employer à la teinture des étoffes qui lui sont remises, fait un acte de commerce, si, pour cette teinture, il reçoit un salaire comprenant la main-d'œuvre et la fourniture des couleurs. — *Bruxelles*, 3 janv. 1820, Fauvel c. Minet.

114. — Un maréchal ferrant fait un acte de commerce lorsqu'il achète des matières nécessaires à l'exercice de son état. En conséquence, il est justiciable des tribunaux de commerce, pour le paiement d'un billet causé pour valeur reçue en charbon. — *Nancy*, 4 déc. 1827, Planté c. Jacquet. — Pour l'achat de charbon fait par le propriétaire d'une usine, V. *suprà* no 95.

115. — Jugé toutefois qu'un serrurier qui achète du charbon pour l'exploitation de son atelier ne fait pas un acte de commerce. — *Bruxelles*, 28 nov. 1815, Vanacken c. Dekegele.

116. — La demande en paiement faite par un marchand contre un meunier, du prix d'une meule vendue à celui-ci, pour l'usage de son moulin, n'est pas de la compétence du tribunal de commerce. — *Amiens*, 17 mars 1823, Beaucourt c. Roger et Folliet.

117. — L'artisan qui achète une marchandise pour la travailler et la revendre ensuite, lors même qu'il ne travaille que pour des commandes journalières en détail, fait un achat pour revendre, et par conséquent acte de commerce. — Vincens, t. 1er, p. 126 ; Carré, t. 2, p. 542 ; Coin-Delisle, p. 79. — V. *contrà* Circul. minist. just., 7 avr. 1811.

118. — Ainsi, un tailleur de pierres est commerçant, et, comme tel, susceptible d'être déclaré en faillite, si, au lieu de se borner à tailler les pierres qui lui sont confiées à cet effet, il achète habituellement des pierres brutes pour les revendre après les avoir taillées. — Ainsi, la question de savoir si un tailleur de pierres peut être considéré comme commerçant dépend d'une appréciation de faits qui doit être agitée devant les juges du fond, et dont la cour de Cassation ne peut connaître. — *Cass.*, 15 déc. 1830, Durand c. Olivier.

119. — Mais l'ouvrier qui n'achète pas pour revendre, mais dont l'industrie consiste à rendre confectionnée, moyennant salaire, la matière qu'on lui confie, ne fait pas acte de commerce. — *Bruxelles*, 11 juin 1812, Boulanger c. N... ; *Cass.*, 12 déc. 1836 (t. 1er 1837, p. 620), Garrigon c. Rives.

120. — L'ouvrier qui traite avec un entrepreneur de bâtimens pour la taille des pierres et le plafonnage, à tant le pied ou la toise, ne fait pas un acte de commerce. — *Bourges*, 17 juill. 1837 (t. 2 1837, p. 408), Chabenet c. Rigolet.

121. — Au contraire, l'ouvrier fabriquant des briques moyennant un salaire et pour le compte d'un entrepreneur qui lui fournit les matières, est commerçant, et, comme tel, contraignable par corps. — *Paris*, 10 août 1826, Priour c. Roettier-Duplessis.

122. — Carré (*Compét. comm.*, no 88) décide que l'ouvrier imprimeur ne fait pas acte de commerce en achetant du papier pour l'usage de son imprimerie.

123. — Le serrurier en bâtimens qui achète du fer, qu'il revend après l'avoir travaillé et converti en objets de son art, exerce des actes de commerce et doit être réputé commerçant. — *Cass.*, 5 nov. 1812, Hervel.

§ 3. — *Revente.*

124. — Il ne suffit pas pour qu'il existe une obligation commerciale qu'il soit intervenu un achat de denrées ou marchandises, il faut que l'achat ait été fait pour revendre, c'est-à-dire dans l'intention d'opérer une *revente*. — Orillard, no 252.

125. — De ces mots de l'art. 632, C. comm., *pour revendre*, il suit que pour être commerciale, la vente doit avoir été précédée d'un achat, ou du moins de l'*intention* d'un achat de *denrées ou marchandises*, comme lorsque le vendeur n'a pas encore en sa possession les choses qu'il vend. — Bioche, *Dict. de procéd.*, vo *Acte de commerce*, no 16.

126. — Ainsi, ne fait pas acte de commerce l'auteur qui vend les productions de son esprit.

127. — ... Ni le propriétaire qui vend des denrées de son cru, et qui en achète d'autres pour sa consommation, tant qu'il n'est pas prouvé qu'il n'a point revendu les mêmes marchandises qu'il avait achetées. — *Cass.*, 14 janv. 1820, Contrib. indir. c. Poirier-Roully.

128. — Jugé de même qu'on ne peut réputer acte de commerce le fait du propriétaire ou vigneron qui vend les denrées de son cru : ni, par la

même raison, le jardinier pépiniériste. — *Colmar*, 17 juin 1809, Maller c. Honoré.

129. — Ni même celui qui ne se livre à la fabrication du sucre de betterave que par rapport à l'exploitation de ses fonds ruraux et pour les rendre plus productifs. — *Douai*, 21 juill. 1830, Radez c. Pourchaux; — Carré, *Lois de compétence*, n° 501.

130. — La vente de rentes sur l'état (dont nous avons déjà parlé (*suprà*, nos 85 et suiv.) ne constitue pas de la part du propriétaire vendeur un acte de commerce qui rende le tribunal de commerce compétent pour connaître de l'action intentée contre lui par l'agent de change de son mandataire. — *Paris*, 27 août 1831, Carlier c. Caillat.

131. — Il est cependant certaines ventes que leur nature fait ranger parmi les opérations commerciales, sans qu'il soit nécessaire d'établir qu'elles ont été précédées d'un achat; ce sont les entreprises de fournitures ou engagemens par lesquels un individu s'oblige à livrer à un tiers, à une époque fixe, une quantité déterminée de denrées ou marchandises — C. comm., art. 632. — La loi présume que l'entrepreneur ne tire pas de son propre fonds les objets fournis et qu'il se livre à une opération commerciale s'il ne prouve pas que ces objets sont le produit de sa culture. — Pardessus, n° 21. — Cependant, si cette présomption venait à cesser; si, par exemple, le fournisseur était un propriétaire qui tirât de son cru toutes les denrées fournies, on devrait, malgré les termes absolus de l'art. 632, et en s'arrêtant à l'art. 638, C. comm., décider que l'entreprise perdrait le caractère d'acte de commerce. — V. de plus *infrà* n° 357.

132. — On ne peut qualifier entreprise de fournitures les achats faits par des facteurs ou autres préposés pour le compte de leurs maîtres. Evidemment ils n'achètent pas pour revendre à ceux-ci : ils n'agissent que comme mandataires. — Pardessus, n° 21; Goujet et Merger, n° 87.

133. — L'achat par un propriétaire, fermier ou vigneron, des instrumens nécessaires à l'exploitation de son fonds, de tonneaux pour recueillir et vendre ses vins, n'est pas acte de commerce. — Pardessus, n° 13; Goujet et Merger, nos 48 et 49; Orillard, n° 270.

134. — Il en est de même, suivant M. Pardessus (n° 14), de l'achat, par un cultivateur, d'animaux maigres, même pour les engraisser et les revendre; cet achat n'est qu'une dépendance des travaux agricoles de l'acheteur, pourvu que celui-ci fasse de l'agriculture sa véritable et principale profession. — V. dans le même sens Orillard, n° 271.

135. — Jugé que le fermier qui achète des bestiaux maigres pour les engraisser et les revendre ne fait pas acte de commerce lorsque les animaux sont placés dans le fonds comme bestiaux d'embauche, c'est-à-dire pour consommer sur place des produits difficiles à écouler. — *Bourges*, 22 nov. 1836, Guillemeau c. Paillard; *Paris*, 29 mai 1843 (t. 2 1843, p. 170), Bidet c. Maurille.

136. — Jugé de même, soit que le fermier nourrisse les bestiaux avec des fourrages provenant de cette ferme, soit même qu'il les nourrisse avec des fourrages provenant de prés affermés séparément. — *Bourges*, 14 fév. 1840 (t. 1er 1842, p. 45), Pellardy c. Guillier.

137. — Jugé cependant que l'herbager qui achète des bestiaux ordinairement maigres, pour les engraisser et les revendre, fait acte de commerce et peut être déclaré en faillite, qu'il soit propriétaire des herbages de dépaissance ou qu'il n'en soit que le fermier. — *Rouen*, 14 janv. 1840 (t. 1er 1843, p. 547), Guidon c. Lamy. — M. Orillard, n° 272, voit aussi une opération commerciale dans le fait de celui qui achète des bestiaux et les revend après les avoir élevés et engraissés, si cette éducation est la principale industrie de l'acheteur.

138. — Jugé aussi que le tribunal de commerce est compétent pour connaître d'une contestation entre négocians, relative à une convention qui a pour objet d'engraisser des bêtes à cornes. — *Bruxelles*, 22 mai 1823, Gigtenaere c. Bondewell.

139. — Mais, quant à l'achat d'animaux pour en vendre les fruits, tels que la laine, le lait, le fumier, la cire, le miel, les œufs, les poulains, etc., il n'est point acte de commerce. — Arg. art. 638, C. comm.; — Locré, t. 8, p. 275.

140. — La vente par un propriétaire des fruits de son fonds n'attribue ni à la culture, ni aux engagemens y relatifs, la qualité d'actes de commerce. — Pardessus, n° 11; Orillard, n° 299.

141. — Peu importe que le propriétaire vende les choses telles que la culture les a procurées, comme les grains, le foin, etc., ou qu'il leur ait fait subir une préparation qui les dénature, comme le vin, ou enfin qu'il les ait extraits du sein de la terre par les travaux d'ouvriers salariés, comme les produits d'une carrière. — Même auteur.

142. — « Ces principes, ajoute M. Pardessus (n° 11), s'appliquent au fermier, quoiqu'on puisse dire dans la subtilité des mots qu'il a acheté du bailleur le droit de recueillir dans sa terre des fruits qu'il revend ensuite, et que même il les a acquis par les dépenses qu'il a faites pour parvenir à les récolter. — On doit aussi les étendre à celui à qui un propriétaire aurait vendu sa récolte future. L'un et l'autre sont moins acheteurs de choses mobilières que substitués momentanément aux droits qu'a le propriétaire de cultiver son fonds, d'en réunir et d'en débiter les fruits. »

143. — La promesse faite par le propriétaire d'un moulin à huile de vendre à un individu tous les noyaux des olives provenant de son pressoir, ne constitue pas un acte de commerce de sa part, quand même les olives ne proviendraient pas de sa propriété. — *Bastia*, 17 déc. 1839 (t. 1er 1844, p. 288), Sauty c. N...

144. — Jugé que le propriétaire qui vend une coupe de bois à un marchand de bois, ne fait pas une opération de commerce. — *Liége*, 16 déc. 1820, de Mérode c. Damoiseau. — Et de même le négociant qui s'engage à affecter un champ dont il est propriétaire à un certain genre de culture, et qui vend d'avance le produit de sa récolte, ne fait point acte de commerce. — *Liége*, 21 janv. 1813, Stupp c. Herstapp.

145. — Jugé toutefois que l'exploitation d'une carrière à l'effet de vendre les pierres qui en sont extraites, est un acte de commerce (C. comm., art. 632), et que la société formée entre le propriétaire d'une carrière et un autre individu, à l'effet d'exploiter cette carrière, constitue une société commerciale, même vis-à-vis du propriétaire. — *Bordeaux*, 29 fév. 1832, Dupuy c. J. Vallade.

146. — Cette solution nous paraît contraire aux principes. Le propriétaire continue en effet l'exploitation de son fonds comme s'il était seul. L'intervention d'un tiers qui, comme dans l'espèce, fait des avances et s'en rembourse en prenant une portion déterminée du montant des ventes, ne semble rien changer à la nature de l'exploitation, et il eût été, selon nous, plus conforme à la vérité de réputer ce tiers, non pas commerçant, mais associé à une entreprise purement *civile* d'un propriétaire qui exploite son propre fonds.

147. — L'art. 32, L. 21 avr. 1810, suivant lequel l'exploitation des mines n'est point considérée comme un acte de commerce, s'applique simplement aux exploitations qui ont lieu sous la direction et pour le compte des concessionnaires, et non à une spéculation de commerce dont l'objet est de réunir des actionnaires pour exploiter la mine; une société de cette nature est une spéculation de commerce. — *Cass.*, 30 avr. 1828, Thérouenne c. Servatius; *Bordeaux*, 22 juin 1833, de Pompignan c. de Royère.

148. — Jugé toutefois que l'association pour l'exploitation des mines n'est pas un acte commercial. — *Cass.*, 13 juin 1833, Dardel c. Martin.

149. — L'art. 32, L. 21 avr. 1810, portant que l'exploitation des mines n'est pas un commerce, ne doit s'appliquer qu'au cessionnaire de ces mines. En conséquence extraire *sans concession* d'une mine appartenant à un tiers, de la houille et des terres argileuses et alumineuses pour les employer ou les vendre, c'est faire une suite d'opérations commerciales. — *Cass.*, 28 août 1833, Adam c. Cros; 15 déc. 1835, mêmes parties.

150. — La convention qui a pour objet la recherche d'une mine ne constitue point par elle-même un acte de commerce, lorsque, d'ailleurs, rien n'est arrêté entre les parties sur le mode d'exploitation dans le cas d'une concession, ni sur les conditions d'une association ultérieure pour utiliser les résultats. — *Douai*, 17 sept. 1842 (t. 2 1843, p. 641), Parry c. Sauvage et Richard.

151. — Pour qu'un achat de marchandises constitue un acte de commerce, il ne suffit pas que l'acheteur les ait revendues; il faut encore qu'en les achetant il ait eu intention de les revendre. — *Amiens*, 8 avr. 1823, Rollet c. Cladière; *Bordeaux*, 25 juill. 1838 (t. 2 1838, p. 463), Pissot c. Mallard; — Pardessus, *Cours de Code comm.*, t. 1er, nos 12 et suiv.; Favard, *Rép.*, v° *Acte de commerce*; Vincens, *Législat. comm.*, t. 1er, p. 128; Locré, t. 8, p. 276.

152. — Donc, un achat de bois, pour les revendre, constitue un acte de commerce. — *Colmar*, 24 août 1808, Wolf c. Schmitt.

153. — L'achat fait dans le but de revendre étant le second caractère de l'acte de commerce, si cette intention ne peut être ni prouvée ni présumée, soit à cause de la qualité de l'acheteur, soit à raison de la nature de la chose achetée, l'opération n'est pas commerciale. — *Metz*, 19 avr. 1823, Legendre c. Pelleport.

154. — Ainsi, l'associé qui se rend adjudicataire, dans une vente, de meubles et ustensiles dépendant de la société, afin de faire porter ces objets à leur véritable valeur, ne fait point acte de commerce. — *Rouen*, 22 mai 1837 (t. 1er 1838, p. 22), Loisel c. Leclerc.

155. — C'est l'intention primitive qu'il faut seule considérer. Il s'agit de déterminer le but que s'est proposé l'acheteur au moment de l'acquisition. De là deux conséquences : 1° l'achat fait avec l'intention de revendre ne perd pas son caractère commercial, parce que la revente n'a pas lieu; — 2° le seul fait de la revente est insuffisant pour rendre commercial l'achat fait avec l'intention de conserver. Ainsi, le non commerçant qui achète des denrées au-delà de sa consommation ordinaire, à titre de provision, et qui profite d'une occasion favorable pour s'en défaire, ne fait pas un acte de commerce. — Pardessus, n° 12; Bioche, v° *Acte de commerce*, nos 45 et 46; Favard, *Répertoire*, v° *Acte de commerce*; Vincens, *Législ. comm.*, t. 1er, p. 128; Locré, t. 8, p. 276; Nouguier, t. 1er, p. 364 et suiv.

156. — De même, la revente, par suite de la survenance d'une occasion favorable, d'animaux achetés par un cultivateur pour le service de son domaine, n'empêche point que cet achat ne soit qu'un acte civil.

157. — La revente doit être l'objet principal. N'est-elle qu'accessoire à des opérations civiles, l'achat reste dans la classe de ces négociations. Au contraire, se rattache-t-elle à une opération de commerce, l'achat est commercial. — Pardessus, n° 14; Nouguier, t. 1er, p. 364.

158. — La quantité des choses achetées ne suffit pas pour imprimer à l'achat le caractère commercial; mais, si cette quantité est très considérable, elle peut, d'après les circonstances, constituer, aux yeux des juges, un projet de revente, une présomption de spéculation, et les porter à décider que l'achat a été fait pour arriver à une revente. — Goujet et Merger, n° 31.

159. — Il y a acte de commerce, bien qu'on vende ou qu'on loue en détail ce qui a été acheté en bloc. — Pardessus, n° 7.

160. — Les achats de denrées que font les aubergistes, cabaretiers, restaurateurs, etc., nécessaires à l'exercice de leurs professions, sont, sans contredit, des actes de commerce. — *Cass.*, 23 avr. 1813, Vercelli; — Goujet et Merger, n° 62; Pardessus, n° 15.

161. — Jugé de même qu'un boulanger, en achetant des farines d'un marchand, est censé l'avoir fait pour les ouvrer et les revendre sous une autre forme, et avoir fait acte de commerce. — *Grenoble*, 26 juill. 1811, Billon c. Michallon.

162. — Mais une fourniture de pain faite par un boulanger pour la consommation de la maison d'un particulier, ne peut être considérée comme une opération commerciale. — *Rennes*, 13 janv. 1831, Thomas c. Robie.

163. — De plus, l'entrepreneur d'un cercle de lecture qui reçoit des abonnés une rétribution annuelle, et fournit aux abonnés seulement, dans le local du cercle, du café et des rafraîchissemens aux prix communs de la ville, ne fait pas un acte de commerce. — *Grenoble*, 12 déc. 1829, Tourun c. Ribaud.

164. — L'achat d'une chose, même avec l'intention de la revendre, n'est point un acte de commerce s'il n'a pas lieu dans le but de faire une spéculation, de réaliser un bénéfice.

165. — Mais l'achat conserve un caractère purement civil, si l'acheteur n'a eu en vue qu'un intérêt public, sans aucun but de spéculation, comme dans le cas où l'état, une ville, une commune, achètent, par crainte de la disette, des grains qu'ils se proposent de débiter, et qu'ils revendent quelquefois avec bénéfice. — Bioche, *Dict. de procéd.*, v° *Acte de commerce*, n° 44; Goujet et Merger, nos 33 et 34; Orillard, n° 280.

166. — La même règle s'applique aux achats de papier faits par l'administration de l'enregistrement pour les débiter plus tard avec l'empreinte du timbre, et aux achats de tabacs indigènes ou étrangers, faits par la régie des contributions indirectes; ces acquisitions n'ont, en effet, d'autre but que d'arriver à des perceptions fiscales. — Pardessus, n° 12; Goujet et Merger, n° 35.

167. — Il en est de même des achats faits par les agens qui, commissionnés par le gouvernement, le représentent. — *Cass.*, 13 pluv. an VIII, Paintandre c. Lévy (espèce dans laquelle il s'agissait de fournitures de vivres pour l'armée), et 8 messid. an XI, Labouret c. Guérin (espèce dans laquelle il s'agissait de traites souscrites pour le compte du gouvernement par un sous-chef de l'administration des vivres de la marine).

168. — De là il résulte qu'un préposé, chargé

ACTE DE COMMERCE, sect. 3e, § 3.
ACTE DE COMMERCE, sect. 3e, § 3.

par le gouvernement de débiter du tabac, ne fait pas un acte de commerce, quoiqu'il achète ce tabac de la régie pour le revendre plus cher aux particuliers, son gain est moins un bénéfice mercantile qu'une remise. — *Bruxelles,* 6 mars 1813, Prevot c. Keyfer, et 5 mai 1813, Prevot c. Peters; *Colmar,* 30 juill. 1814, N...; — Pardessus, no 16; Goujet et Merger, no 37; Nouguier, t. 1er, p. 385; Orillard, no 273. — V. *contrà Metz,* 28 janv. 1817, Petit c. Peiffer. — Mais, si ce préposé joint à son débit la vente de tabatières, pipes, etc., il est commerçant à cet égard. — Goujet et Merger, no 37; Orillard, no 274.

169. — Ce que nous venons de dire des débitans de tabacs s'applique aux débitans de poudre, qui sont également de simples agens de la régie, choisis et nommés par le ministre des finances, mais qui, à côté de leur qualité de délégués de la régie, sont presque tous commerçans à un autre titre. — Orillard, no 275; Nouguier, t. 1er, p. 386.

170. — Il a été jugé que le titulaire d'un bureau de loterie est commerçant. — *Paris,* 26 avr. 1811, Bailleux c. Billeheu; — Carré, *Lois de compét.*; Foucher, t. 7, p. 166. — V. *contrà* Pardessus, no 16.

171. — Les salpêtriers sont des agens de l'état, chargés d'extraire le salpêtre *des matériaux produits par les démolitions,* et de livrer à la direction des poudres la quantité déterminée par les commandes. — LL. 13 fruct. an VIII et 10 mars 1819.

172. — L'achat, par un individu commissionné pour fabriquer du salpêtre pour le compte de l'état, des denrées nécessaires à cette fabrication, et la livraison des salpêtres dans les magasins de l'état, ne constituent point un acte de commerce, et cet individu ne peut, en cas de non paiement d'effets souscrits par lui pour l'achat des denrées nécessaires à la fabrication, être déclaré en état de faillite. — *Angers,* 28 janv. 1824, Carayon.

173. — Mais sont commerçans ceux qui, sans faire concurrence aux délégués de l'administration, se livrent à la fabrication du salpêtre indigène, par des procédés qui n'exigent pas l'emploi des matériaux de démolition. — Orillard, no 276; Nouguier, t. 1er, p. 387.

174. — Les entraves apportées, dans un intérêt fiscal, à la fabrication des cartes à jouer, qui doivent être vérifiées par la régie et recouvertes de bandes apposées par ses agens, n'empêchent pas la fabrication d'être libre, et il n'y a pas de raison pour que ceux qui l'entreprennent ne soient pas commerçans. — Orillard, no 276 *bis*; Nouguier, t. 1er, p. 387.

175. — La prise à bail de la perception des droits municipaux de places et marchés, d'octroi et autres taxes des villes (*Metz,* 9 fév. 1846, Vosgeain c. Ongener), de la rétribution des chaises dans les églises, ne constitue pas des actes de commerce. La ville ou l'établissement qui les ferait percevoir en régie ne ferait qu'un acte civil. La perception ne saurait changer de nature, lorsque le fermier acquiert, au prix fixe, moyennant une espèce d'abonnement, le droit de les faire à ses risques et périls. — Pardessus, no 16.

176. — Les fermiers du péage de bacs sur les fleuves ou rivières ne sont aussi que des commis ou préposés du gouvernement pour la perception d'un droit fixé et tarifé qui leur est adjugé. Ils ne peuvent être considérés comme des entrepreneurs de transports par eau. C'est ce que la cour royale de Nîmes a reconnu dans les motifs de son arrêt du 13 avr. 1812, fermier du bac de Mirabeau c. Andrieux.

177. — De même, celui qui se rend adjudicataire de la ferme de l'octroi d'une ville, et qui en perçoit les deniers, ne fait pas par cela seul un acte de commerce. — *Toulouse,* 5 mars 1825, Austry; — Merlin, *Quest.,* vo *Actes de commerce,* § 7; Nouguier, t. 1er, p. 387; Goujet et Merger, no 38.

178. — L'adjudicataire d'un entrepôt municipal n'est pas davantage réputé entrepreneur dans le sens de l'art. 632, C. comm., quand même il serait responsable des marchandises déposées; car il est de la nature des entreprises dont parle l'art. 632 que l'entrepreneur puisse traiter avec qui bon lui semble et au prix qui lui convient, qu'il ne soit pas le préposé d'un établissement public, obligé de se soumettre vis-à-vis de tous aux clauses de son bail, sans pouvoir se livrer à une spéculation. En conséquence, l'adjudicataire dont il s'agit n'est pas justiciable des tribunaux de commerce pour les faits relatifs à sa gestion. — *Bruxelles,* 5 mai 1818, Coomans c. Rebaltu.

179. — Mais on peut considérer comme agissant dans un but exclusif d'intérêt public des individus qui ont obtenu du gouvernement le droit d'exercer une industrie que l'utilité publique n'a pas permis de laisser à la libre concurrence. Ainsi un maître de poste fait acte de commerce quand il achète des chevaux pour son établissement (V. *infrà* no 222). Il en est de même de l'entrepreneur du service des convois et pompes funèbres dans une ville. — *Cass.,* 9 janv. 1810, Bouverel c. Leclerc.

180. — Outre l'intention de revendre avec bénéfice, il faut que la chose achetée soit l'objet, sinon unique, au moins principal de la revente, et si elle ne forme que l'accessoire d'une autre chose vendue sans avoir été achetée, l'acte est purement civil. — Goujet et Merger, no 42.

181. — Il en serait ainsi à plus forte raison, si l'intention de revendre n'a été qu'accessoire à une autre opération purement civile.

182. — Ainsi un auteur qui vend lui-même son ouvrage et qui a acheté les fournitures nécessaires à son impression ne fait pas acte de commerce. — *Paris,* 4 nov. 1809, Babaut c. Veillard; 1er déc. 1809, Mariette c. Despilly; 23 oct. 1834, Billard de Veaux c. Martin; 3 fév. 1836, Saint-Hilaire c. le Trésor public; — Pardessus, t. 1er, no 14; E. Vincens, *Législ. commerc.,* t. 1er, p. 133; Locré, *Code comm.,* art. 632; Merlin, *Quest.,* vo *Commerce (Acte de),* § 3; Despréaux, *Compétence des tribunaux de commerce,* no 346; Carré, *Lois comp.,* t. 7, p. 141, édit. de Foucher; Orillard, no 262; Nouguier, t. 1er, p. 372.

183. — L'achat d'un manuscrit, ne faisant que substituer l'acquéreur aux droits de l'auteur, ne constitue pas par lui-même, en l'absence de toute autre circonstance, un acte de commerce. — En conséquence des billets à ordre causés *valeur en manuscrit,* alors même qu'ils auraient été souscrits par un percepteur des contributions, doivent être considérés comme indépendans de la qualité de celui-ci, et n'entraînent pas contre lui la contrainte par corps. — *Paris,* 22 nov. 1842 (t. 1er 1843, p. 196), Quentin c. Perrée-Fiché.

184. — L'auteur qui s'est associé avec un imprimeur pour la publication et la vente de son ouvrage et qui a souscrit des billets à raison de cette association, ne fait pas acte de commerce. — *Paris,* 23 déc. 1840 (t. 1er 1841, p. 252), Despréaux c. Ber.

185. — Il en est ainsi, à plus forte raison, si l'auteur a donné à l'imprimeur le droit de se couvrir par le produit de la vente des frais d'impression. — *Paris,* 14 juin 1842 (t. 1er 1842, p 758), Deguernel c. Kleffer.

186. — La convention qui intervient entre un auteur et un imprimeur, par laquelle le premier cède au second la propriété de son œuvre jusqu'à concurrence d'un nombre d'exemplaires déterminé, à la condition de supporter les dépenses, et de profiter des bénéfices par moitié, après quoi l'auteur reprendra sa propriété, constitue, de la part de l'imprimeur, un acte de commerce. — *Paris,* 16 fév. 1844 (t. 1er 1844, p. 379), Kleffer c. Deguernel.

187. — Le traité par lequel un auteur cède à un libraire le droit exclusif de publier et de vendre son ouvrage moyennant le partage par moitié des bénéfices, tous frais prélevés, sous la condition de payer la moitié de ces frais dans le cas où le produit de la vente serait insuffisant pour les couvrir entièrement, ne constitue pas pour cet auteur un acte de commerce. — *Paris,* 10 mars 1843 (t. 1er 1843, p. 485), Peigné c. Pesron.

188. — L'achat de ces fournitures par la veuve ou les héritiers de l'auteur n'a également point le caractère d'acte commercial. (V. les mêmes autorités.) — Mais le contraire a lieu si cet achat est fait par un libraire pour l'impression de l'ouvrage dont il a acquis un droit d'édition. — De même, si pour l'impression de son ouvrage, l'auteur avait formé une société en nom collectif, l'achat des matières nécessaires à l'impression serait acte de commerce. — Arg. des art. 19, 20, 632, 637, C. comm. combinés; — Orillard, no 263.

189. — La société formée entre un homme de lettres et un artiste, dans le but de publier une collection de gravures, n'a pas un caractère commercial, alors qu'il est constant que tous les deux ont coopéré à la composition de l'ouvrage, et que l'un d'eux (l'homme de lettres, par exemple) n'est pas un simple bailleur de fonds spéculant sur le travail d'autrui. — *Paris,* 16 déc. 1837 (t. 1er 1838, p. 106), Dubois-Maisonneuve c. de Clugny.

190. — Toutefois la publication d'un livre qui ne contient autre chose qu'une indication des rues, monuments et curiosités d'une ville, ne doit pas être considérée comme œuvre littéraire; c'est là une opération commerciale qui rend son auteur justiciable des tribunaux de commerce et contraignable par corps. — C. comm., art. 632; — *Paris,* 9 fév. 1841 (t. 1er 1841, p. 253), George c. Daumas.

191. — Un journaliste qui achète du papier pour l'impression de son journal ne fait point un acte de commerce qui le rende justiciable du tribunal consulaire. — Le traité par lequel un journaliste s'est associé un marchand chargé de fournir le papier nécessaire à l'impression du journal, ne peut être considéré comme un acte de commerce, entraînant la juridiction commerciale. — *Bruxelles,* 13 déc. 1816, Maubach c. Hayez; 8 oct. 1818, journal *le Libéral* c. N...

192. — Cette décision est contraire à l'opinion de Pardessus (no 15). Suivant cet auteur, comme le journaliste ne rend compte que d'événemens ou d'objets qui sont en quelque sorte du domaine commun, il ne peut être assimilé à l'auteur d'un ouvrage purement scientifique ou littéraire, quoique périodique. — M. Orillard, no 264, fait une autre distinction. Si les propriétaires d'un journal en sont les rédacteurs, si rien n'entre dans leur publication sans avoir été revu et corrigé par eux, ils doivent être assimilés aux autres auteurs, et ne font pas acte de commerce en achetant le papier, l'encre, etc. Mais, si le propriétaire du journal est étranger à sa rédaction, il est l'éditeur de l'œuvre d'autrui.

193. — Mais y a-t-il acte de commerce quand l'entreprise d'un journal n'appartient pas à ses rédacteurs? — M. Coin-Delisle enseigne l'affirmative. « Dès qu'on admet, dit-il, que les productions de l'esprit deviennent un objet commercial, quand leurs auteurs les livrent à des tiers pour la publication, il faut convenir que la réunion des sociétaires étrangers à la rédaction suffit pour convertir en société de commerce celles qui sont formées pour la publication des journaux. »

194. — Le statuaire et le peintre qui achètent le marbre, la toile et les couleurs dont ils ont besoin pour exécuter une statue ou un tableau, ne font pas acte de commerce. — Pardessus, no 15; Vincens, t. 1er, p. 135; Nouguier, t. 1er, p. 372; Orillard, no 265.

195. — Sous l'ord. 1673, Rogue (t. 1er, p. 21, no 26) disait : « Les juges consuls connaissent des marchandises vendues à un maître de pension, soit pain, vin, bois, charbon, s'il revend ces denrées à ses pensionnaires. » — Denisart était d'une opinion contraire, il disait, vo *Consul* : « La jurisprudence du parquet ne permet pas non plus de traduire aux consuls les maîtres de pension qui sont maîtres ès arts, pour raison de fournitures de bouche faites à leur pension, parce que ce qui a rapport à l'éducation des enfans n'est pas regardé comme un commerce. »

196. — La cour d'appel de Paris, dans ses observations sur le projet du Code de comm. (t. 1er, p. 414), disait à ce sujet : « Le principe que celui-là seul est commerçant, qui achète pour revendre ou pour louer, admet une exception en faveur des sciences et des arts libéraux; ceux qui les professent, comme sont les instituteurs et les maîtres de pensionnat, s'occupent essentiellement de l'instruction, quoique leur état comporte des fournitures qui nécessitent des achats. Les fournitures ne sont qu'un accessoire; le principal, ce qui caractérise l'état, c'est l'instruction, qu'on ne peut, en aucun sens, qualifier de marchandise. » Telles sont les considérations qui ont inspiré les décisions qui vont suivre.

197. — Un maître de pension ne fait pas un acte de commerce en achetant les objets nécessaires à la nourriture de ses élèves. — *Douai,* 14 fév. 1827, Mash c. Reess Estienne; *Paris,* 19 mars 1814, Duckecte c. Baudoin; 11 juill. 1829, de Lannoy; 19 mars 1831, Leroux c. Riondelet; 16 déc. 1837 (t. 1er 1838, p. 132), Goyer Desfontaines c. Desaprès; 21 avr. 1838 (t. 1er 1838, p. 634), Houséal c. Collin; — Pardessus, no 15; Favard, vo *Acte de commerce;* Vincens, t. 1er, p. 133; Locré, *Esprit du C. de comm.,* t. 4, p. 110, sur l'art. 632; Carré, *Compét.,* t. 7, p. 127, no 490 (édit. de Foucher; Orillard, no 268; Goujet et Merger, no 43; Nouguier, p. 373.

198. — Ni en souscrivant des billets pour fournitures de livres qu'il doit remettre à ses élèves. — *Paris,* 13 juin 1843 (t. 2 1843, p. 137), Ravaut c. Testu.

199. — Le contraire avait été décidé à l'égard des billets à ordre souscrits par un maître de pension au profit d'un marchand, pour fournitures faites à son établissement. — *Paris,* 26 nov. 1807, Moreau c. Maigre.

200. — Jugé que les tribunaux de commerce peuvent connaître des demandes formées contre ceux qui tiennent des maisons de *pension bourgeoise,* relativement aux billets par eux faits pour le paiement des fournitures destinées à leurs maisons. — *Rouen,* 30 mai 1820, Fletcher.

201. — Cependant celui qui reçoit des pensionnaires à sa table ne fait pas acte de commerce. — *Limoges,* 16 fév. 1833, Tharaud c. Racaud.

202. — Une sage-femme qui reçoit chez elle des pensionnaires pour leur donner les soins de son état ne doit pas être pour ce seul fait réputée commerçante. — Les tribunaux ont la faculté d'apprécier si le nombre des pensionnaires est tel qu'il

puisse constituer un établissement commercial. — *Paris*, 15 avr. 1837 (t. 1er 1837, p. 303), Lethuillier c. Desprat; — Orillard, no 279; Nouguier, t. 1er, p. 382.

203. — Il en serait de même de l'établissement de maisons de santé dans lesquelles certains médecins confient à des confrères le soin de traiter les malades, se réservant l'administration de l'établissement et des bénéfices qu'il procure. — Orillard, *loc. cit.*; Nouguier, t. 1er, p. 383.

204. — Ne fait pas un acte de commerce le médecin habitant la campagne, qui achète des pharmaciens des remèdes et autres marchandises qu'il destine aux malades qu'il traite. — *Bourges*, 9 août 1828, Lévy c. Dury; *Limoges*, 6 janv. 1827, Bonnesais c. Dupuytren; — Goujet et Merger, no 46; Nouguier, t. 1er, p. 382.

205. — Mais l'obligation souscrite par un pharmacien en paiement de fournitures de miel constitue un acte de commerce. — *Metz*, 19 nov 1813, Gatain c. Fagot. — V. cependant COMMERÇANT.

206. — « Revendre *en nature*, dit M. Nouguier (*Des tribunaux de commerce, des commerçans et des actes de commerce*, t. 1er, p. 364), c'est le fait 1o du *commerçant* proprement dit qui achète et revend en gros les denrées; — 2o du *négociant* qui achète et revend aussi en gros, non seulement les denrées, mais aussi les produits manufacturés; — 3o du *marchand* qui vend en détail les denrées et marchandises achetées par lui, soit en gros, soit en détail. — Revendre après *mise en œuvre*, c'est le fait du manufacturier, du fabricant et de l'artisan. — L'ord. de 1673, tit. 12, art. 4, cite les exemples suivans : Les juges et consuls connaissent des différends pour ventes faites par des marchands, artisans et gens de métier, afin de revendre ou de travailler de leur profession; comme à tailleurs d'habits, passementeries et autres fournitures; — boulangers et pâtissiers, pour blé et farine; — maçons, pour pierres, moellons et plâtre; — charpentiers, menuisiers, charrons, tonneliers et tourneurs, pour bois; — serruriers, maréchaux, taillandiers et armuriers, pour fer; — plombiers et fontainiers, pour plomb; — et autres semblables. »

207. — Un achat ne cesse pas d'être commercial, bien qu'avant la revente la chose achetée ait subi un changement par le travail et la mise en œuvre. — Art. 632. — Ainsi, l'achat du minerai pour en tirer du fer, l'achat du vin pour le convertir en spiritueux, sont actes de commerce. — Bioche, *Dict. de procéd.*, vo *Acte de commerce*, no 80.

208. — La *revente* faite par un commerçant des marchandises qu'il a achetées à cet effet doit-elle être considérée comme un acte de commerce de sa part? — Oui, suivant Pardessus, no 20. « Le vendeur, dit-il, exécute le but qu'il s'était proposé en achetant, but qui avait déjà donné à son achat la qualité commerciale. Cette revente est donc aussi un acte commercial de sa part. » — V. conf Locré, t. 8, p. 263; Vincens, t. 1er, p. 123. — « Que fait, dit ce dernier auteur, le marchand qui vend, sinon un acte, et l'acte principal de son commerce? De quel droit, dès-lors, déclinerait-il la juridiction commerciale? »

209. — Jugé en ce sens que le négociant qui vend des marchandises de son commerce à un particulier non négociant, pour l'usage personnel de celui-ci, fait un acte de commerce qui le rend justiciable du tribunal de commerce. — *Toulouse*, 24 déc. 1824, Caze c. Lavergne; *Aix*, 28 avr. 1837 (t. 2, 1837, p. 144), Philippe c. Chapplain.

210. — Mais Carré (*De la compét.*, t. 2, p. 529) et M. Coin-Delisle (*Tr. de la contr. par corps*, p. 76) émettent une opinion contraire, et se fondent sur ce que, 1o la qualité de commerçant n'imprime le caractère d'actes qu'aux transactions entre commerçans; 2o que, dans le cas où la loi a voulu que la vente ou la revente fût un acte de commerce, elle a pris soin de l'exprimer (art. 633); 3o qu'attribuer à la juridiction des tribunaux de commerce une foule de contestations qui peuvent s'élever entre les consommateurs et les marchands en détail, ce serait entraver le cours rapide de la justice commerciale, sans utilité aucune pour le commerce, qui n'est pas essentiellement intéressé à ce que ces sortes de contestations soient vidées plus rapidement que les contestations purement civiles.

211. — Ainsi jugé que la vente faite par un commerçant d'objets de son commerce à un particulier non commerçant, qui n'a point acheté pour revendre, ne constitue point un acte de commerce, ni de la part du vendeur ni de la part de l'acheteur. — *Nîmes*, 19 août 1809, Charlot c. Grand; *Metz*, 19 avr. 1823, Legendre c. Pelleport.

Sect. 4e. — *Achats pour louer.*

212. — L'achat pour louer est commercial comme l'achat pour revendre. Les principes développés ci-dessus, concernant les achats *pour revendre*, s'appliquent, pour la plupart, aux achats *pour louer*. — Art. 632. — Ainsi, c'est l'intention de celui qui achète une chose pour en louer l'usage qu'il faut considérer, plus encore que le fait du louage; car, si cette intention est manifeste, elle constitue un acte de commerce, quoique non suivie d'exécution, tandis que le fait seul de location ne rendrait pas commercial l'achat fait sans cette intention. — Pardessus, no 18; Nouguier, *Des tribunaux de commerce, des commerçans et des actes de commerce*, t. 1er, p. 365.

213. — En d'autres termes, la simple location peut, comme la *revente*, constituer un acte de commerce; mais il faut la réunion des mêmes circonstances. — En conséquence, il est nécessaire, 1o que la chose ait été *achetée*; 2o qu'elle l'ait été dans l'*intention* principale de la louer; 3o qu'elle soit mobilière et rentre dans les denrées et marchandises. — Bioche, no 98; Nouguier, t. 1er, p. 365.

214. — Puisqu'il faut que la chose louée soit mobilière, acheter par exemple une ferme, une maison, un café, une auberge, un hôtel garni, un théâtre même, avec l'intention d'en louer ou d'en sous-louer l'usage, ce n'est pas faire une opération mercantile. — Nouguier, t. 1er, p. 366.

215. — Mais la cour royale de Paris a jugé qu'une femme mariée, qui tient en son nom un hôtel garni, doit être réputée par cela seul marchande publique. — *Paris*, 21 nov. 1812, Levaillant c. Cendrier.

216. — Le propriétaire d'une filature mue par une pompe à feu, qui loue à divers des portions de force motrice, et divise entre eux ses ateliers, en se chargeant d'ailleurs d'alimenter et d'entretenir la pompe à feu, ne fait point acte de commerce. — *Rouen*, 17 juill. 1840 (t. 2 1840, p. 397), Hainguerlot c. Launay; — Nouguier, t. 1er, p. 400.

217. — La chose mobilière louée ne doit pas être accessoire à une autre chose qui ne peut tomber dans le domaine des opérations mercantiles. — Ainsi le propriétaire d'un café ne veut pas l'exploiter par lui-même, il le meuble, le décore; la location de l'établissement, garni de glaces, de tables de marbre scellées à plâtre ou à chaux, n'est pas plus un acte de commerce que la location même du fonds dont ces meubles sont l'accessoire; mais des banquettes mobiles, des cristaux sont placés dans ce fonds, ils conservent leur nature mobilière. Leur achat est commercial, même lorsqu'il a été fait pour être loué avec le fonds, parce que, restant essentiellement distincts, ils n'en sont plus l'accessoire indispensable. Ainsi encore, l'achat des bestiaux, pour les donner à cheptel à son propre fermier, n'est pas commercial. « Le propriétaire de l'immeuble, dit Locré (*Espr. C. comm.*, art 632), a bien acheté ce troupeau pour en tirer parti au moyen de la location qu'il en fait, mais il n'est que l'accessoire de la location de l'immeuble, qui constitue un acte purement civil. » — Orillard, no 293.

218. — Au contraire, celui qui, n'étant pas propriétaire du fonds affermé, achète un troupeau pour le donner à cheptel au fermier d'autrui, fait un acte de commerce. — Bioche et Goujet, vo *Actes de commerce*, no 85; Nouguier, t. 1er, p. 367.

219. — Toutefois, Carré (*Lois de compét.*, no 99) dénie le caractère commercial à l'achat de bestiaux pour les donner à cheptel, même au *fermier d'autrui*.

220. — Le régisseur d'une forge qui se charge, moyennant un prix convenu, de la faire valoir pour lui-même, et prend pour son propre compte les marchandises qui s'y trouvent, fait, par ce traité, un acte de commerce qui le rend, à l'égard du propriétaire, justiciable du tribunal de commerce. — *Bourges*, 4 mars 1825, Levacher c. de Belabre.

221. — L'exercice de la profession de libraire, consistant à acheter ou tenir des livres pour en trafiquer publiquement, soit en louant leur usage, soit en les revendant, constitue dans l'un et l'autre cas un acte de commerce. — *Cass.*, 25 fév. 1836, Ministère public c. Labrousse.

222. — Le maître de poste qui achète un cheval d'un marchand de chevaux fait un acte de commerce. — *Paris*, 6 oct. 1813, Guichard c. Martin; *Bordeaux*, 28 août 1835, Dolezac c. Guerey; *Orléans*, 21 fév. 1837 (t. 2 1837, p. 529), Gaudriot c. Cotty.

223. — Jugé, au contraire, que les maîtres de poste ne sont point commerçans, et que l'achat d'un cheval par un maître de poste, ou la vente faite par lui d'un cheval qu'il a employé au service de la poste, ne constitue point un acte commercial. — *Limoges*, 1er juin 1821, Champagne c. Lambert; *Bruxelles*, 11 janv. 1808, Lefebvre c. Grandner.

224. — Cette dernière décision est contraire à l'opinion de Locré (t. 8, p. 274) et de Pardessus (no 16). — Nous partageons, pour notre compte, l'opinion de ces auteurs, et nous considérons les maîtres de poste comme des commerçans, puisque leur profession habituelle est d'acheter des chevaux

pour les louer et d'entreprendre des transports, c'est-à-dire de faire des actes de commerce. Ils sont, dit-on, agens du gouvernement. Mais cette qualité ne nous paraît pas incompatible avec celle de commerçant. Que l'on considère comme étant uniquement un agent du gouvernement celui qui n'est engagé à fournir à ce dernier que ses soins et son industrie, on le conçoit; mais celui qui, comme le maître de poste, s'engage envers le gouvernement, non seulement à lui fournir son industrie, mais à lui louer des chevaux à ses frais, risques et périls, celui-là est moins un agent du gouvernement qu'une sorte d'entrepreneur de fournitures, un véritable commerçant. On objecte que le maître de poste n'est pas libre de louer ses chevaux au prix qu'il lui convient; mais en obtenant la qualité de maître de poste, il déclare implicitement qu'il lui convient d'accepter la fixation du prix faite par le gouvernement. D'ailleurs, est-ce que le boulanger et le boucher ne sont pas aussi astreints à certaines limitations de tarifs, et a-t-on songé pour cela à leur dénier la qualité de commerçans? On objecte encore qu'il ne lui est pas facultatif de louer ou de ne pas louer ses chevaux suivant son bon plaisir. Mais pourquoi n'a-t-il pas cette liberté? Parce qu'il a pris envers l'état, ayant qualité pour stipuler au nom de tous, l'engagement de louer à tous. Nous ne voyons donc, dans les conditions imposées au maître de poste, rien qui le distingue et le sépare essentiellement des autres commerçans — Toutefois, ce n'est pas parce que le maître de poste nous semble un véritable entrepreneur de transports, dans le sens de la loi, que nous réputons acte de commerce l'achat des chevaux dont il a besoin. Cet achat, dès qu'il est fait avec l'intention de louer, est un acte de commerce par lui-même; la circonstance de l'entreprise de transport ne contribue en rien à lui donner ce caractère. — Carré, *Lois de compét.*, t. 7, p. 147; Despréaux, no 358; Orillard, nos 294 et 295; Nouguier, t. 1er, p. 383.

225. — Il en sera ainsi, à plus forte raison, si le maître de poste est en même temps relayeur de diligences. — *Paris*, 22 fév. 1841 (t. 1er 1841, p. 313), Lecoq c. Blanchot.

226. — Relativement aux achats que ferait le gouvernement ou ses administrations d'objets destinés à être loués, ils ne peuvent être considérés comme des actes de commerce : tels sont les achats de voitures et autres objets de transports faits par l'administration des postes. — Pardessus, no 18; Orillard, no 296.

Sect. 5e. — *Louage pour sous-louer.*

227. — Celui qui *loue* pour opérer une *sous-location* fait-il un acte de commerce, comme celui qui *achète* dans l'intention de *louer?* — M. Carré (*Lois de la compétence*, quest. 499e, p. 152) se fonde sur les termes de l'art. 632, qui ne comprennent que les achats, pour résoudre négativement cette question. — M. Coin-Delisle, qui, dans son *Traité de la contrainte par corps* (p. 79, no 10), défend la même opinion, tire argument de l'exemple suivant : — « A Paris, où les entrepreneurs de voitures et cabriolets de place reçoivent de leurs cochers une rétribution fixe par jour, par semaine ou par mois, de sorte que tout ce que ceux-ci reçoivent des particuliers qu'ils transportent leur appartient, sans qu'ils soient tenus d'en faire compte au maître, il s'opère un louage de chose pour l'exercice de leur industrie, et l'on ne peut pas dire que ces cochers soient commerçans ni contraignables par corps. » — L'exemple choisi par M. Coin-Delisle est loin d'être déterminant; car le cocher de cabriolet ne sous-loue pas au particulier qu'il transporte la chose même qu'il a louée de son maître. Le contrat qui intervient entre ce cocher et ses pratiques a une autre cause, d'autres objets que le contrat qui le lie à son maître. Au surplus, le louage a beaucoup de rapports avec la vente. On retrouve ici la pensée de spéculation, l'espérance de bénéfice, principaux caractères de l'acte de commerce. Les mêmes motifs qui font réputer acte de commerce les achats pour revendre ou louer doivent faire attribuer la même qualité au louage de choses mobilières fait dans la vue de les sous-louer. — Pardessus, no 32; Merlin, *Quest.*, vo *Commerce (Actes de)*, § 6; Nouguier, t. 1er, p. 368.

Sect. 6e. — *Louage d'industrie.*

228. — Bien que le louage d'industrie ne soit pas essentiellement commercial de sa nature, il faut souvent, à raison de ses rapports fréquens avec le commerce, le ranger parmi les actes commerciaux.

229. — Le louage d'industrie peut, comme la vente et le louage de choses mobilières, être commercial de la part de celui qui loue ses services, et civil de la part de celui qui les emploie, ou bien réciproquement commercial à l'égard de ce dernier, et civil à l'égard du premier. C'est également le but que se proposent les parties qui détermine le caractère du contrat. Il faut toujours rechercher s'il y a ou s'il n'y a pas spéculation. — Bioche, *Dict. de procéd.*, vº *Acte de commerce*, nº 110.

230. — Ainsi la convention par laquelle un entrepreneur s'engage à faire certains ouvrages pour le compte d'un propriétaire, est commerciale en ce qui le concerne, et civile pour ce qui regarde le propriétaire; tandis que le contrat par lequel un entrepreneur loue le service d'ouvriers pour l'aider dans son entreprise, est commercial vis-à-vis de lui, et civil vis-à-vis de ces derniers. — Bioche, *ibid.*, nº 111.

231. — D'après ces principes, sont réputés actes de commerce, 1º les entreprises de manufactures ou de travaux de construction ou de terrassement; — 2º les conventions d'apprentissage; — 3º les entreprises de transport par terre ou par eau, soit de personnes, soit de marchandises; — 4º les entreprises de commissions relatives au commerce; — 5º les opérations de courtage; — 6º les bureaux d'agences d'affaires; — 7º les établissemens de ventes à l'encan et spectacles publics. — C comm., art. 632. — Toutes ces espèces diverses d'actes de commerce vont faire l'objet des sections suivantes.

232. — Mais, avant de parcourir la série des actes ci-dessus énumérés, nous ferons observer que certains engagemens, non commerciaux par leur nature, sont néanmoins, suivant l'opinion de Pardessus, soumis à la compétence commerciale. Tels sont notamment les engagemens respectifs des commerçans et de leurs facteurs, commis et serviteurs, quand ces engagemens ont le commerce pour objet, et ceux intervenus entre les entrepreneurs des manufactures destinées à donner des produits commerciaux, et les ouvriers employés à ces manufactures. — LL. 12 avr. 1803, et 18 mars 1808.

Sect. 7e. — *Entreprises de manufactures, de constructions ou de travaux, de commission et de transport par terre ou par eau.*

§ 1er. — *Entreprises de manufactures.*

233. — Le nom d'entreprise désigne cette nature d'opérations dans lesquelles celui qui les consomme s'aide du concours de plusieurs autres personnes, et réunit des moyens combinés pour réitérer constamment la même nature d'actes.

234. — Les entreprises de manufactures sont celles dans lesquelles un individu, faisant travailler à bras ou avec les machines destinées à remplacer les forces humaines, fait mettre en œuvre les matières premières qu'on lui confie, qu'il achète et qu'il convertit ensuite en marchandises, ou les marchandises qu'il dénature et dont il fait d'autres marchandises. — Nouguier, t. 1er, p. 403.

235. — Ces entreprises ont donc pour base et pour caractère distinctif la location du travail et une spéculation sur le bénéfice qu'on a pu retirer de cette location. La spéculation consiste à transformer en un objet nouveau un objet acheté ou reçu à fin de mise en œuvre, et à retirer soit de la vente de cet objet, soit de la location du travail d'autrui, un gain plus ou moins considérable.

236. — Il convient d'appliquer ici la distinction entre les arts mécaniques et les arts libéraux : les arts mécaniques sont ceux dans lesquels on travaille plus des mains que de l'esprit; on les appelle *métiers*, et ceux qui s'y livrent portent assez généralement le nom d'*artisans*.

237. — On appelle arts libéraux ceux qui ont pour objet unique, ou du moins principal, des travaux d'esprit, et ceux qui s'y livrent reçoivent le nom d'*artistes*.

238. — De cette distinction il résulte que certains ouvrages produits par l'industrie peuvent être tour à tour, et suivant les individus, considérés comme actes de commerce ou comme opérations civiles.

239. — Ainsi, un peintre ne saurait être réputé avoir fait acte de commerce parce qu'il aurait payé un aide pour lui préparer ses couleurs, ou acheté la toile destinée à recevoir un tableau qu'il se serait engagé à fournir. Il ne spécule pas en effet sur le salaire de son aide, on ne peut pas dire qu'il ait l'intention de sous-louer son industrie comme le fabricant sous-loue celle des ouvriers qu'il emploie. C'est le cas d'appliquer ce principe d'après lequel l'achat n'est considéré comme commercial que lorsqu'il est destiné à fournir l'objet principal d'une revente. — Bioche, *ibid.*, nº 7.

240. — Toutefois, les progrès de l'industrie tendent à effacer, dans une foule de circonstances, la distinction entre les arts mécaniques et les arts libéraux, et, pour déterminer dans laquelle des deux classes doit être rangé tel ou tel genre d'ouvrage, les juges ne s'arrêteront pas à la qualification habituellement donnée à l'entrepreneur, mais seulement à la nature des travaux que son genre d'ouvrage a exigés. — Bioche, *ibid.*, nº 8.

241. — Il ne faut pas confondre l'artisan et le manufacturier proprement dit. — L'artisan loue son travail au jour le jour, il exécute au fur et à mesure les commandes qu'on lui donne; il n'achète pas, pour fabriquer et revendre, une grande quantité d'objets qu'il soumet à une manipulation. — Le manufacturier organise la mise en œuvre sur une vaste échelle, il loue les services de nombreux ouvriers; à l'aide d'achats personnels ou de mandats qu'il reçoit, il fait une ample provision de matières premières et il spécule en grand sur les produits ouvrés qu'il doit en tirer.

242. — L'entreprise de manufacture existe, que l'entrepreneur confie directement aux ouvriers la matière première qui lui appartient, ou qu'il la reçoive de celui qui veut faire fabriquer, et se charge, moyennant un prix, de cette fabrication qu'il fait exécuter par des ouvriers à ses ordres. — Pardessus, nº 35. — V. toutefois Coin-Delisle, p. 79.

243. — Dans l'un comme dans l'autre cas, le but du manufacturier est de retirer un bénéfice des fonds qu'il avance pour le salaire des ouvriers qu'il emploie et dont il sous-loue en quelque sorte l'industrie; il y a donc spéculation de sa part, conséquemment acte de commerce. — Vincens, t. 1er, p. 129; Merlin, vº *Commerce (Actes de)*, et Pardessus, nº 35.

244. — Peu importe que les ouvriers travaillent *à leur domicile* les ouvrages que l'entrepreneur veut leur faire manipuler, ou que ces ouvriers soient réunis dans un lieu appelé atelier, fabrique ou manufacture.

245. — Doit être réputé commerçant le propriétaire d'une manufacture qui fait des achats pour son établissement, qui en revend les produits, et qui se livre, d'ailleurs, à de fréquentes opérations de commerce; en cas de cessation de paiemens, il peut être constitué en état de faillite et non en simple déconfiture. — *Paris*, 9 sept. 1813, Defiers c. Barthélemy et Abadie.

246. — Bien que, dans cette affaire, la cour, pour attribuer au manufacturier la qualité de commerçant, ne se soit pas fondée seulement sur la circonstance de l'exploitation de la fabrique, mais aussi sur les différens actes de commerce qu'il avait faits, néanmoins il faut dire que, même en l'absence de ces circonstances, un manufacturier est essentiellement commerçant, sa profession habituelle consistant à acheter des marchandises pour les revendre manufacturées. — Pardessus, nº 78.

247. — Ainsi jugé qu'un fabricant est commerçant. — *Cass.*, 7 mars 1828, Cauchy.

248. — Dans le cas où le manufacturier, se bornant à louer l'industrie de ses ouvriers et l'usage de ses machines, entreprend de faire travailler les matières premières confiées à son intelligence, la distinction entre le manufacturier et l'artisan sera assez délicate, car l'artisan ne loue pas toujours son seul travail; quand son habileté est connue, ses pratiques deviennent nombreuses; il est obligé de se faire aider par des ouvriers ou des apprentis, il loue leur industrie, il se rapproche alors du manufacturier; mais le louage d'industrie maintenu dans d'étroites limites ne constitue pas un commerce : ce qui établira la distinction entre eux, ce sera la multiplicité des affaires, l'importance de l'établissement, la nature et la quantité des commandes, le grand nombre des ouvriers embauchés. Cette difficulté sera abandonnée à la sagesse des tribunaux de commerce, qui auront à rechercher s'il y a, dans l'ensemble des opérations, cette spéculation qui est un des caractères des actes de commerce. — Goujet et Merger, nº 108, et Nouguier, t. 1er, p. 405.

249. — Ainsi, jugé que les établissemens d'un foulonnier peuvent constituer par leur importance un établissement de manufacture. — *Rouen*, 2 déc. 1825, Duval c. Chardon.

250. — L'exploitation d'un établissement de blanchisserie est un acte de commerce. — *Cass.*, 15 avr. 1829, Courtin-Dusaulsoy c. Saucliere. — V., sous l'arrêt de Cassation précité, *Paris*, 16 juill. 1828, mêmes parties.

251. — Jugé cependant que le fait de blanchissage de linge ne constitue un acte de commerce, ni de la part du blanchisseur ni de la part du maître d'hôtel pour qui le linge a été blanchi. — *Rouen*, 5 avril 1838 (t. 1er 1839, p. 574), Mersent-Desbarres c. Delahaye.

252. — Il n'y a pas entreprise de manufacture dans l'engagement pris par les ouvriers de travailler et façonner pour autrui, et moyennant un certain prix, une matière première qu'ils reçoivent. — *Rome*, 5 sept. 1811, Lucenti et Casanova c. Delgrande; — Pardessus, nº 37.

253. — ... Ni, suivant ce dernier auteur, nº 35, dans l'engagement du meunier de convertir en farine le blé qu'on lui confie.

254. — Le meunier qui exerce en même temps l'état de marchand de grains est justiciable des tribunaux de commerce. — *Cass.*, 26 janv. 1818, L'Homme c. Cauché et Vauvincq; *Angers*, 11 déc. 1823, Fouchard c. Moreau.

255. — Pour savoir si l'on doit considérer comme commerçant le propriétaire qui trouve dans son propre fonds les matières premières qu'il élabore, par exemple le maître de forges qui tire de la terre la houille, le minerai, le bois et les autres choses propres à produire le fer qu'il débite, il faut distinguer entre le cas où le propriétaire se borne à donner à la substance extraite du sol la première préparation nécessaire pour qu'on en puisse faire usage, comme lorsqu'il vend le minerai ou la houille qu'il a recueillis, et celui où il se livre à une véritable élaboration des matières par une série de travaux et d'opérations successives qui constituent réellement une entreprise de manufacture. — Pardessus, nº 35, et Goujet et Merger, nº 106.

256. — Ainsi, c'est avec raison qu'il a été jugé que, bien que la loi du 21 avril 1810, art. 32, porte que l'exploitation des mines n'est pas considérée comme un commerce, cet article n'est pas applicable au cas où celui qui exploite une mine de fer possède en même temps un établissement de forge et un fourneau. — *Liége*, 15 mars 1827, N. c. N.

257. — On ne doit pas non plus donner la qualification de manufacturier à celui qui, s'occupant d'essais pour arriver à quelque découverte, achète des matières, et fait fabriquer sous ses yeux les instrumens qu'il invente, ou qu'il s'occupe de perfectionner, avant d'en faire l'emploi lui-même. Tel serait l'artiste ou l'artisan qui ferait fabriquer des ustensiles, des instrumens qu'il aurait inventés ou qu'il chercherait à perfectionner pour l'exercice de son art ou de son industrie, pourvu que d'ailleurs il ne dût pas être réputé commerçant. — Bioche, *Dict. de procéd.*, vº *Actes de commerce*, nº 105; Nouguier, t. 1er, p. 406; Goujet et Merger, nº 110, et Pardessus, nº 35.

258. — Mais prendre un brevet d'invention, l'exploiter et fabriquer les objets par le procédé privilégié, c'est établir une entreprise de manufacture.

259. — Toutefois, la convention par laquelle un fabricant s'engage à payer à un individu non négociant une certaine somme par année, pour que celui-ci donne des soins à sa manufacture, et la perfectionne à l'aide de procédés de physique, est un acte de commerce; les tribunaux de commerce sont compétens pour connaître d'une pareille convention. — *Liége*, 27 déc. 1811, Renoz c. Vanderheyden.

260. — Le tribunal de commerce est compétent pour connaître de la contestation qui s'élève à l'occasion d'un acte par lequel un négociant, qui veut acheter une fabrique, s'engage à vendre à un tiers les métiers qu'elle renferme; jusqu'à preuve contraire, une pareille convention est réputée acte de commerce. — *Douai*, 11 mai 1836, Kœchlin c. de Forment.

261. — Il ne faut pas oublier que l'état est, pour tout ce qui concerne les actes de commerce, en dehors du droit commun, parce qu'il n'est jamais réputé agir par spéculation; la fabrication qu'il s'est réservée du tabac et de la poudre à tirer ne pourrait donc pas être considérée comme opération commerciale. — Pardessus, nº 35; Goujet et Merger, *Dict. de comm.*, nº 107. — V. *suprà* nº 226.

262. — Les conventions d'apprentissage, à raison des rapports immédiats qu'elles ont avec le commerce, sont regardées comme commerciales à l'égard du maître qui, d'ailleurs, se sert de l'apprenti pour l'exploitation de son négoce. — Pardessus, nº 34. — Néanmois, le *juge de paix* est compétent. — L. 25 mai 1838, art. 5, nº 3.

§ 2. — *Entreprises de constructions ou de travaux.*

263. — Les entreprises de travaux et de constructions sont celles dans lesquelles un individu se chargeant, à forfait, et moyennant un prix convenu, de constructions ou réparations de quelque importance, est obligé de s'assurer du concours d'ouvriers, et généralement de fournir les matériaux.

264. — On a prétendu interpréter l'art. 633, C. comm., dans un sens tout-à-fait limitatif, et, de ce qu'il ne parle pas des constructions relatives à la navigation intérieure ou extérieure, conclure qu'il ne fallait pas considérer comme acte de commerce les constructions appliquées à tout autre objet.

265. — C'est ainsi qu'il a été jugé que, dans les termes de l'art. 633, C. comm., une entreprise de construction ne constitue un acte de commerce qu'autant qu'elle se rattache à la navigation intérieure ou extérieure. — *Colmar*, 8 juin 1822, Werner c. Lejeune; *Riom*, 14 mai 1825, Amaury c. Dechanée; *Liége*, 29 avr. 1833, Janssens c. Belleflamme; *Poitiers*, 21 déc. 1837 (t. 2 1838, p. 281), Gon c. Mesmain; *Caen*, 8 mai 1838 (t. 1er 1843, p. 238), Vidal et Gilbert c. Lemaitre; *Rouen*, 7 janv. 1839 (t. 1er 1843, p. 238), Chesnée de Bouteville c. Hérisson.

266. — Décidé, au contraire, que les entreprises de travaux publics autres que celles relatives à des constructions maritimes sont réputées actes de commerce, et rendent ceux qui en sont chargés justiciables des tribunaux de commerce. —*Poitiers*, 17 déc. 1840 (t. 1er 1843, p. 234), Béchet c. Rolland; *Poitiers*, 23 mars 1841 (t. 1er 1843, p. 235), Bech c. Lavergne.

267. — Il n'est pas inutile, pour fixer la portée de l'art. 633, C. comm., de se reporter aux observations et discussions qui en ont préparé la rédaction. Le projet présenté par la commission portait : « Sont réputés faits de commerce toutes entreprises de constructions. » Cette disposition parut louche à plusieurs cours et tribunaux. — Ils demandèrent que la commission expliquât si le mot *construction* s'appliquait aux constructions de tout genre, ou seulement aux constructions navales. — Le tribunal de commerce de Châtillon disait : « Si l'article entend *constructions navales*, il n'y a point en cela de nouvelles attributions. Il y en a une s'il entend entreprises de constructions indistinctement; mais on ne voit point d'inconvéniens dans ce cas-là même, seulement on croirait utile de s'expliquer. » — Locré, *Esprit du C. de comm.*, t. 8, p. 292.

268. — Les cours d'appel d'Angers et d'Orléans s'élevèrent, au contraire, contre cette innovation, supposé qu'on voulût l'introduire. — « Ne serait-il pas à craindre, disait la cour d'appel d'Angers, qu'en laissant le mot, on ne voulut l'étendre à toutes les constructions, par exemple à celle d'un édifice pour un simple particulier contre lequel l'architecte n'a que l'action ordinaire? interprétation fausse qu'on doit prévenir. »

269. — La cour d'appel d'Orléans s'exprimait ainsi : « On a compris dans le § 2, au nombre des faits de commerce, *toutes les entreprises de constructions*. C'est une nouveauté qui ne paraît pas admissible; ces entreprises sont de simples locations ou louages d'ouvrages; elles n'ont aucune analogie avec les faits de commerce et ne sauraient être réglées par les lois qui lui sont propres; elles lui sont trop étrangères, si ce n'est peut-être les constructions de navires marchands, à raison de leur destination pour le commerce. Quant aux entrepreneurs de bâtimens, s'ils peuvent être considérés comme marchands, *ce n'est que relativement à l'achat des matériaux qu'ils emploient et fournissent dans leurs entreprises*, et sous ce même point de vue, tous artisans, manufacturiers et gens de métier font effectivement le commerce des choses qu'ils achètent brutes pour les revendre ouvragées et fabriquées, ce qu'il semble nécessaire d'expliquer dans cet article. »

270. — D'après ces dernières observations, les commissaires-rédacteurs changèrent leur article, et aux mots « toutes entreprises de constructions, » substituèrent ceux-ci : « toutes entreprises de *constructions maritimes*. »

271. — L'art. 633 ne peut donc que très difficilement être étendu à des constructions autres que celles destinées à la navigation. — C'est ainsi qu'il est compris par Merlin, *Quest.*, v° *Commerce (Acte de)*, § 6, n° 2, et par M. Orillard, dans son *Traité de la compétence des tribunaux de commerce*, n° 308, et qu'il a été interprété par la jurisprudence. — V. *suprà* nos 43 et suiv.

272. — Mais de ce que l'art. 633 ne s'applique qu'aux entreprises ayant pour objet la construction de bâtimens destinés à la navigation intérieure et extérieure, s'ensuit-il qu'on ne puisse réputer acte de commerce les entreprises ayant pour objet la construction d'une maison ou de tout autre édifice, alors que l'entrepreneur ne se borne pas à diriger les travaux, mais qu'il achète et fournit les matériaux nécessaires pour leur exécution? — « Non, répond Merlin (*loco citato*), car il est clair qu'une pareille entreprise est, dans toute l'énergie du terme, *un acte de commerce*, puisque l'art. 632, C. comm., répute tel tout achat de denrées et marchandises pour les revendre, soit en nature, soit après les avoir travaillées et mises en œuvre, ou même pour en louer simplement l'usage, et que, dans le fait, l'entrepreneur n'achète les matériaux dont il s'agit que pour les livrer, tout travaillés et mis en œuvre, moyennant un prix déterminé, au propriétaire du fond sur lequel il doit élever la construction qu'il entreprend, c'est-à-dire pour les lui revendre. — De ce que l'art. 633, ajoute le même jurisconsulte, répute acte de commerce *toute entreprise de construction et tous achats et reventes de bâtimens pour la navigation intérieure et extérieure*, conclure que l'entreprise de toute autre construction que celle de bâtimens servant à la navigation n'est pas un acte de commerce, n'est-ce pas faire dire à cet article ce qu'il ne dit pas, ce qu'il n'entre pas dans son objet de dire, et le contraire de qui est dit implicitement par l'art. 632? — L'art. 633 n'est pas conçu, par rapport à la construction, en termes limitatifs; il ne dit pas que la construction des bâtimens servant à la navigation est la seule qui constitue une opération commerciale. Uniquement occupé de ce qui concerne le commerce maritime, il se tait sur les constructions étrangères à ce commerce, et par conséquent il se réfère pour celles-ci à la règle générale qui est tracée par l'art. 632, suivant lequel on doit réputer acte de commerce tout ce qui entraîne l'achat de choses mobilières pour les revendre, et le louage des choses de la même nature pour les sous-louer. — « Oserait-on inférer de l'art. 633, dit en terminant Merlin, que la construction d'une voiture n'est pas un acte de commerce de la part du charron, du serrurier et du sellier qui l'entreprennent en commun, en y employant le bois, le fer, l'acier et le cuir qu'ils achètent respectivement, pour la livrer à celui qui la leur a commandée, n'importe qu'il doive l'employer à son usage personnel ou qu'il se propose de la louer au public? Non assurément, et cependant il faudrait aller jusque-là pour pouvoir inférer de ce même article que l'on doit rayer de la catégorie des actes de commerce une construction de bâtiment qu'un maçon entreprend d'élever sur le fonds d'autrui avec les briques, les moellons, la chaux et le plâtre qu'il se procure par des achats. » —Telle est aussi la doctrine qu'enseignent MM. Pardessus, t. 1er, p. 275, n° 36, et Orillard, p. 279, n° 309; Goujet et Merger, *Dict. de dr. comm.*, n° 115.

273. — C'est aussi l'avis de M. Nouguier (t. 1er, n° 421), qui dit avec raison qu'en thèse générale les entrepreneurs de constructions ne sont pas commerçans, mais qu'ils le deviennent si à leur industrie ils joignent l'habitude d'acheter des matériaux et de les revendre dans les constructions par eux édifiées.

274. — Il faut donc reconnaître que, si les entreprises de travaux en construction diffèrent des entreprises de manufactures proprement dites, en ce qu'elles ont pour objet des constructions attachées au sol, telles que des aquéducs, des ponts, des chemins, etc., tandis que les entreprises de manufactures spéculent sur les meubles, elles doivent cependant leur être complètement assimilées quant au caractère commercial, car toutes deux louent les services de nombreux ouvriers : celui qui s'engage envers un propriétaire, une commune ou l'état, à exécuter des ouvrages de cette nature, a évidemment l'intention de percevoir un bénéfice sur les salaires qu'il sera forcé de payer aux ouvriers par lui employés et sur les dépenses accessoires qu'il sera obligé de faire, d'où il suit qu'il se livre à une spéculation. —Bioche, n° 153; Nouguier, t. 1er, p. 419; Pardessus, n° 36; Merlin, *Quest.*, v° *Commerce (Acte de)*, § 6; Goujet et Merger, n° 112.

275. — Ainsi, les entreprises de travaux de constructions sont civiles ou commerciales, selon les circonstances.

276. — Si l'entrepreneur s'est borné à faire des constructions avec des matériaux qui lui sont livrés, l'opération reste dans la limite des opérations ordinaires, car les opérations auxquelles les divers immeubles qui ne sont pas des marchandises donnent lieu ne sont pas commerciales.

277. — Si au contraire, ayant acheté des matériaux, l'entrepreneur les a revendus en les employant aux constructions, comme l'entreprise se complique d'un acte de fournitures, comme il y a eu achat de marchandises pour les revendre, il y a acte de commerce.

278. — Ainsi, jugé que la construction d'un bâtiment pour l'édification duquel le propriétaire fournit tous les matériaux nécessaires, et pour lequel l'entrepreneur ne s'est engagé qu'à fournir son travail et à procurer les échafaudages et autres objets nécessaires pour les constructions, ne doit pas être rangé dans la classe des commerçans, et n'est point justiciable du tribunal de commerce. — *Bruxelles*, 12 sept. 1825, R... c. D...

279. — Jugé toutefois, d'une manière absolue, qu'on ne peut considérer comme acte de commerce une entreprise de construction de deux pompes à feu dont l'usage doit être consacré à des sociétés charbonnières, moyennant un intérêt dans l'extraction de la houille, peu importe que l'entrepreneur se soit livré à des achats de matériaux considérables et à des opérations de change. — *Bruxelles*, 15 mars 1816, Henri Bivort c. Watteau.

280. — ... La construction d'une roue hydraulique pour une filature faite par un charpentier. — *Rouen*, 14 mai 1825, Amaury c. Dechanée.

281. — ... Les réparations qu'un manufacturier fait exécuter à son usine. — *Aix*, 9 mars 1827, Maurran c. Déonis.

282. — Un entrepreneur qui s'est chargé de travaux de maçonnerie à faire à une filature n'est pas, à l'occasion de ces travaux, justiciable des tribunaux de commerce. L'obligation du propriétaire de l'usine vis-à-vis de l'entrepreneur est une obligation purement civile. — *Rouen*, 7 janv. 1839 (t. 1er 1843, p. 238), Chesnée de Boutteville c. Hérisson.

283. — La construction d'une maison pour un particulier ne constitue pas un acte de commerce, mais un simple louage d'industrie. — *Colmar*, 14 août 1839 (t. 1er 1840, p. 286), Brendlé c. Harnist.

284. — L'entreprise de travaux ou constructions incorporés aux immeubles et au sol reste, par conséquent, soumise à la juridiction civile. Ainsi, l'engagement d'exécuter en sous-œuvre, en qualité de simple *tâcheron*, des remblais et déblais de terre sur une portion de canal, n'est qu'un louage d'ouvrage et ne peut donner lieu à aucune instance commerciale. — *Nancy*, 15 mars 1842 (t. 1er 1843, p. 193), Clausse c. Germain.

285. — Jugé encore que les entreprises ou sous-entreprises de travaux publics ou de constructions en général (les déblais et les remblais du canal de la Marne au Rhin) ne constituent pas des actes de commerce. — *Nancy*, 6 avr. 1843 (t. 2 1843, p. 649), Thébaut c. Tondeur.

286. — Jugé de même pour les entreprises de construction à faire aux canaux d'un port. — *Bruxelles*, 22 mai 1819, Balliau c. N...; — Carré, *Lois de compét.*, t. 2, n° 316.

287. — ... La construction d'un magasin d'artillerie. — *Rennes*, 24 août 1825, Catheline c. Riou Kerhallet.

288. — ... Une entreprise de construction et bâtiment de terre et spécialement de fortifications. — *Bruxelles*, 5 nov. 1818, N... c. Carondelet; *Rennes*, 24 août 1825, Catheline c. Riou Kerhallet.

289. — ... L'entreprise de celui qui s'est chargé d'une réparation de chemins publics et de l'achat des pierres nécessaires à cette réparation. — *Bruxelles*, 25 oct. 1833, Devroede.

290. — ... L'entreprise de travaux de construction, tels que la construction d'un palais de justice et d'une prison. — *Poitiers*, 21 déc. 1837 (t. 2 1838, p. 281), Gon c. Mesmain.

291. — ... La construction d'un marché. — *Paris*, 11 déc. 1830, Vaillant et Huzard c. de Bruneville.

292. — ... Ou la construction d'une église, ces entreprises ne devant être considérées que comme une location d'ouvrages purement civils. — *Caen*, 8 mai 1838 (t. 1er 1843, p. 238), Vidal c. Lemaître.

293. — La société formée entre un tailleur de pierres et un charpentier pour l'entreprise de la construction d'une église, mise en adjudication par une commune, n'est point une *société commerciale* : *spécialement* un charpentier qui se prétend l'associé d'un tailleur de pierres qui a entrepris la construction d'une église, ne peut assigner ce dernier devant le tribunal de commerce pour voir déclarer l'existence de la société. — *Pau*, 31 janv. [illegible], Claverie c. Forgues.

294. — Le sous-traité fait par un adjudicataire de travaux, en ce qui concerne les charpentes et boiseries des constructions dont il s'est chargé, ne constitue pas un acte de commerce, mais une entreprise de travaux à prix fait, régie par les dispositions du Code civ. relatives au louage d'ouvrage. — *Poitiers*, 21 déc. 1837 (t. 2 1838, p. 281), Gon c. Mesmain.

295. — Néanmoins, tout entrepreneur est justiciable de la juridiction commerciale à raison des achats de matériaux faits par lui pour les employer à sa construction. — Même arrêt.

296. — Ainsi, l'action d'un entrepreneur de bâtimens, intentée contre un autre entrepreneur avec lequel il a sous-traité pour la construction à forfait de certains bâtimens, est de la compétence des tribunaux ordinaires. — *Liége*, 29 avr. 1833, Janssens c. Belleflamme.

297. — Les contestations relatives à des travaux de terrassement à exécuter pour creuser le lit d'un canal ou pour la construction de ses chaussées ou

digues ne sont pas de la compétence des tribunaux de commerce. — *Nancy*, 2 fév. 1841 (t. 1er 1848, p. 239); Savel c. Belommet.

298. — Le sous-traité fait avec une compagnie concessionnaire d'un chemin de fer pour des transports de terre constitue un louage d'industrie et non un acte de commerce. — *Lyon*, 5 mars 1832, Savel c. Compagnie du chemin de fer de Saint-Etienne à Lyon.

299. — Jugé aussi que le réglement des travaux de terrassement, fait par un individu pour le compte des entrepreneurs d'un chemin de fer, ne constitue pas une affaire commerciale. — *Cass.*, 26 mars 1838 (t. 1er 1838, p. 401), Huard c. Blum.

300. — A l'égard d'une entreprise dans laquelle il n'y a que la main-d'œuvre à fournir, Merlin (*Quest. dr.*, vo *Commerce (Acte de)*, § 6, no 3) y voit un acte de commerce; car, selon lui, l'entrepreneur ne peut exécuter cette main-d'œuvre et ne l'exécute réellement que par des ouvriers dont il loue les services; parce que dans ce cas il ne prend à louage le travail de ses ouvriers que pour le sous-louer avec bénéfice au propriétaire du fonds sur lequel il doit faire, par leurs mains, les constructions qu'il a entreprises.

301. — D'après ces motifs, et aussi par suite de la distinction établie, il faut, conformément à l'opinion des auteurs cités plus haut, no 272, réputer entreprise de travaux et par suite actes de commerce :

302. — L'adjudication de travaux de fortifications, lorsque l'entrepreneur achète des bois de construction et d'autres marchandises pour les employer aux travaux des places fortes, à raison desquels il est payé à tant le pied. — *Bruxelles*, 23 juill. 1819, Serrure c. Lefebvre.

303. — ... L'entreprise du nettoiement des rues d'une ville. — *Turin*, 26 fév. 1814, Forinelli c. Maffey.

304. — ... Les entreprises de curage, ou entretien des canaux, égouts et autres choses de cette espèce. — Pardessus, no 36.

305. — ... La société formée pour la construction d'un pont sur une route départementale. — *Bastia*, 8 avr. 1834, Sabiani c. Arrighi.

306. — ... L'entreprise de réparations à faire à un chemin public. — *Turin*, 17 janv. 1807, Hermil c. Girod; *Limoges*, 21 nov. 1835, Gauche du Tailly c. Papon.

307. — ... Surtout s'il s'agit principalement, de la part de l'adjudicataire entrepreneur, de l'achat et de la fourniture des pierres nécessaires à ces travaux. — *Caen*, 27 mai 1818, Chrétien et Renouf c. Burette; *Poitiers*, 23 mars 1841 (t. 1er 1843, p. 235), Béché c. Lavergne.

308. — Une entreprise de travaux publics sur une route, avec fourniture de main-d'œuvre et de matériaux, est essentiellement un acte de commerce. — *Cass.*, 29 nov. 1842 (t. 1er 1843, p. 236), Bougoin et Homo c. Michonneau.

309. — Une entreprise de terrassement sur un chemin de fer ne pouvant s'exécuter que par des ouvriers loués à cet effet, et en faisant certaines espèces de fournitures, constitue un acte de commerce qui rend l'entrepreneur justiciable du tribunal de commerce. — *Aix*, 19 janv. 1844 (t. 1er 1844, p. 771), Camet c. Magnan.

310. — L'entrepreneur des travaux publics qui s'engage à fournir les matériaux nécessaires à la construction d'une église qu'il se charge d'élever fait acte de commerce. — *Rouen*, 26 déc. 1840 (t. 2 1844, p. 504), commune d'Ingouville c. Berson.

311. — Mais l'entreprise isolée d'ouvrages d'art ou de réparations de grands chemins ne peut faire considérer comme négociant celui qui ne se livre pas habituellement à ce genre d'industrie. — *Besançon*, 6 janv. 1818, Ragot c. Roux; *Caen*, 27 mai 1818 (cité no 307).

312. — L'entreprise faite en commun, par plusieurs personnes, de la construction d'une maison et de la fourniture des matériaux, est un acte de commerce et constitue une société commerciale. — *Bourges*, 19 nov. 1819, Renaud. — V. *contrà Colmar*, 14 août 1839 (t. 1er 1840, p. 286), Brendlé c. Harnist.

313. — Des constructions de cuves et chaudières pour une usine, données *en entreprise* à des maçons, constituent un acte de commerce dont la connaissance appartient à la juridiction commerciale, surtout lorsque les usines à construire doivent servir à l'utilité d'une fabrique appartenant à une société de commerce. — *Toulouse*, 15 juill. 1825, Houlés c. Brumet.

314. — La construction d'un haut-fourneau est une entreprise d'usine ou de manufacture qui doit être réputée commerciale, soit que l'entrepreneur fasse construire pour exploiter lui-même, soit qu'il ne le fasse que pour revendre. — *Lyon*, 14 août 1827, Crozier c. compagnie de Terre-Noire.

315. — L'engagement contracté par des entrepreneurs de serrurerie et de menuiserie de fournir à un commerçant des appareils relatifs à son industrie constitue, non pas un simple louage d'ouvrage et d'industrie, mais un acte de commerce dont la connaissance est de la compétence exclusive des tribunaux de commerce. — C. civ., art. 1779 et 1787; C. comm., art. 632; — *Paris*, 14 juill. 1843 (t. 2 1843, p. 341), Pallu et Pourebet c. Touzeau et Pallu.

316. — Le tribunal de commerce est compétent pour connaître de la demande formée par un propriétaire contre un maître charpentier à l'occasion de travaux que lui a fournis ce dernier pour la construction d'une maison. — *Colmar*, 2 mars 1840 (t. 2 1841, p. 30), Hommel c. Zeug.

317. — Fait acte de commerce le serrurier qui se charge de fournir la ferrure nécessaire pour un bâtiment. — *Cass.*, 5 nov. (et non mars) 1812, Hervet.

318. — Il suffit, pour qu'un achat de matériaux soit réputé acte de commerce, qu'il ait été fait pour servir accessoirement à une entreprise, encore que ces matériaux n'aient pas été destinés à devenir partie intégrante de l'entreprise et à être livrés par suite à celui pour qui elle se faisait. — *Bruxelles*, 27 avr. 1832, Horis c. Vandevelde.

319. — A plus forte raison fait-il acte de commerce lorsque, indépendamment du travail de ses ouvriers, l'entrepreneur fournit les échafaudages et autres objets nécessaires à la construction, les matériaux exceptés. — Goujet et Merger, no 115.

320. — Si, au contraire, les travaux de construction étaient effectués par les propriétaires du terrain eux-mêmes, les locations d'ouvriers et les achats, soit d'outils, soit de matériaux, faits par eux ne constitueraient que des actes purement civils, parce que leur intention ne serait pas de spéculer sur ces achats ou locations; ils n'auraient d'autre but que de réparer ou d'améliorer une propriété immobilière. — Pardessus, no 36; Goujet, no 116.

321. — Ainsi jugé à l'égard des réparations que le propriétaire fait faire par un ouvrier à son moulin à huile. — *Aix*, 9 mars 1827, Maurran c. Déonis.

322. — De même, les marchés pour construire ou réparer des ponts, des routes, défricher des landes, exploiter des mines, etc., ne sont point des actes de commerce *de la part du gouvernement, des communes ou de simples particuliers*, qui veulent faire sur leurs propriétés des travaux de cette nature. — Pardessus, no 36.

323. — Il en est de même des locations d'ouvriers, achats de matériaux, etc., qui seraient faits par le gouvernement, les communes ou de simples particuliers, s'ils voulaient eux-mêmes exécuter les travaux dont il s'agit, à l'aide d'ouvriers à la tâche ou à la journée, employés et payés directement, sans l'entremise d'un entrepreneur. — Pardessus, *loc. cit.*

324. — Conformément à ce que nous avons dit *suprà*, no 160, les fournitures faites, sur l'ordre d'un entrepreneur de travaux publics, par un aubergiste qui a été chargé de pourvoir à la subsistance des ouvriers et des chevaux employés à ces travaux, sont des actes de commerce. — *Cass.*, 29 novembre 1842 (t. 1er 1843, p. 236), Bougoin et Homo c. Michonneau; *Grenoble*, 4 fév. 1826, André c. Ogier; *Metz*, 26 mai 1842 (t. 1er 1842, p. 718), Fontaine-Delogne c. Dauloy. — De même, les avances faites aux ouvriers rentrent aussi sous cette juridiction. — *Lyon*, 16 janv. 1838 (t. 2 1838, p. 633), Gervais c. Richard.

325. — Les fournitures de pain faites par un boulanger à un marchand de bois, non pour l'usage de ce dernier, mais pour la nourriture des ouvriers qu'il emploie dans ses chantiers, constituent un acte de commerce, soumettant le débiteur à la juridiction consulaire. — *Limoges*, 21 fév. 1839 (t. 1er 1843, p. 18), Barraud c. Babillot; *Bordeaux*, 19 juill. 1842 (t. 1er 1843, p. 18), Geneste c. Fayaud.

326. — Il en serait autrement dans le cas où il s'agirait de denrées et marchandises destinées à l'usage particulier d'un commerçant et de sa famille, ou de ses domestiques, ou même d'ouvriers temporaires employés soit pour la maison, soit pour la famille. (Rés. impl.) — Il en serait encore autrement s'il s'agissait d'une simple entreprise de main-d'œuvre par un ouvrier. (Rés. impl.) — *Cass.*, 29 nov. 1842 (t. 1er 1843, p. 280 et 236), Bougoin et Homo c. Michonneau.

327. — Jugé aussi que les achats faits par un entrepreneur de travaux publics, de fers pour ferrer ses chevaux et pour servir à la confection ou à la réparation de ses outils et voitures, constituent des actes de commerce. — En conséquence, le tribunal de commerce est compétent pour connaître de l'action en paiement dirigée contre cet entrepreneur par le maréchal qui a fourni et employé ces fers. — C. comm., art. 631 et 638; — *Rouen*, 4 avr. 1842 (t. 1er 1842, p. 704), Delaneuville c. Avisse.

328. — Jugé au contraire que le fait par un commerçant d'acheter du pain d'un boulanger, même pour la nourriture de ses ouvriers, ne constitue pas une obligation commerciale. — *Bourges*, 18 janv. 1840 (t. 1er 1841, p. 592), Millot c. Bittard.

§ 3. — *Entreprises de commission.*

329. — L'entreprise de commissions consiste de la part d'un individu à se charger de faire, en son nom personnel, tel ou tel genre d'opérations de commerce pour le compte de tiers. L'acceptation d'une et même de plusieurs commissions de la part d'un individu non commerçant ne suffirait pas pour le faire considérer comme ayant fait un acte de commerce : il n'y aurait pas là ce que la loi désigne par entreprise de commission. — Nouguier, t. 1er, p. 410.

330. — Pour bien préciser les caractères que doit réunir l'entreprise de commission pour être une opération commerciale, il suffira de citer le passage suivant de la discussion au conseil d'état, d'après Locré (*Esprit du C. de comm.*, t. 8, p. 286 et 287) : « M. Merlin attaque la rédaction en ce que ces mots entreprise de commission présentent une idée trop vague et susceptible d'être étendue trop loin; on pourrait prétendre, par exemple, qu'ils autorisent à traduire devant les tribunaux de commerce le particulier, tel qu'il en a toujours existé beaucoup à Paris, qui fait profession et métier de recevoir les rentes et pensions des créanciers de l'état domiciliés dans les départemens. — M. Regnaut de Saint-Jean-d'Angély dit que la section de l'intérieur n'entend parler que de celui qui est chargé de commission pour marchandises et observe au surplus que le titre des commissionnaires développe bien la pensée des rédacteurs. — M. Beugnot dit que le mot commission est suffisamment expliqué par la nature de la loi; dans un code de commerce, il ne peut signifier que les commissions relatives à des objets de commerce. La rédaction proposée par la section de l'intérieur est adoptée. »

331. — Le commissionnaire n'agit que pour le compte d'autrui, et moyennant une certaine rétribution; mais il contracte avec des tiers en son propre et privé nom, et ne se propose d'autre but, en louant ainsi ses services à ceux qui les réclament, que de se procurer un bénéfice. Il doit donc être assimilé au négociant proprement dit. — Vincens, *Lég. comm.*, t. 1er, p. 130; Pardessus, no 39; Locré, *Espr. C. comm.*, art. 632; Goujet et Merger, no 118.

332. — Celui qui se livre habituellement à des opérations de courtage et de commission est, en raison des obligations qu'il a contractées, soumis à la juridiction commerciale. — *Bruxelles*, 12 nov. 1832, Christians c. Loppens.

333. — Sont entrepreneurs de commission, et non simples contre-maîtres, les habitans du département de la Somme qui se chargent de faire tisser et confectionner les chaînes de coton qui leur sont envoyées par la fabrique, et par suite ils sont justiciables des tribunaux de commerce. — *Rouen*, 21 mai 1829, Baudelocque c. Devergez.

334. — Mais jugé que le tribunal de commerce est incompétent pour connaître de l'action résultant entre deux individus de relations qui n'avaient pour objet que la remise qu'ils se faisaient réciproquement de marchandises et de denrées qu'ils achetaient l'un pour l'autre, sans autre but que de se rendre de bons offices, ces relations et ces bons offices ne constituant aucune opération de commerce. — *Rennes*, 21 juin 1813, Foucault c. Fortier.

335. — Le mandat diffère de la commission; néanmoins, un mandat ayant pour objet des opérations de commerce peut avoir aussi lui-même un caractère commercial. — *Montpellier*, 21 mars 1831, Roucher c. Puech; — Bioche, *Dict. de procéd.*, vo *Acte de commerce*, no 162; Goujet et Merger, no 119.

336. — On doit réputer commercial le mandat donné par un négociant à un autre pour le recouvrement de créances : dès-lors, c'est au tribunal de commerce qu'il appartient de connaître des difficultés qui peuvent s'élever entre le mandant et le mandataire relativement à son exécution. — *Lyon*, 17 février 1833, Debeauvais-Blanchard c. Descours.

337. — Les opérations entre l'administration de l'octroi et un entrepositaire commerçant peuvent-elles être réputées commerciales, et la preuve peut-elle, par suite, en être faite par témoins? — Rés. impl. nég. par *Cass.*, 23 mars 1831, Oppermann et Massot c. ville de Paris.

§ 4. — *Entreprises de transport par terre ou par eau.*

338. — Les entreprises de transport embrassent tout engagement de transporter par terre et par eau, d'un lieu dans un autre, soit des personnes, soit des marchandises ou des objets de quelque nature que ce soit. Il faut seulement que l'engagement ait été contracté dans un but de trafic. — Bioche, *Dict. de procéd.*, vo *Actes de commerce*, no 119.

339. — Mais il n'y aurait pas entreprise de transport et acte commercial de la part de celui qui ferait gratuitement un transport ou même

qui, employant habituellement ses chevaux et ses voitures à son propre usage, les louerait dans une occasion particulière. — Bioche, *ibid.*, no 124. — Ainsi, le cultivateur qui, après avoir conduit ses grains ou denrées à la ville, en ramènerait des marchandises pour le compte d'autrui moyennant une rétribution, ne ferait pas un acte de commerce. —Pardessus, no 39; Nouguier, t. 1er, p. 412; Goujet et Merger, vo *Actes de commerce*, no 121.

340.—De même, comme nous l'avons dit *suprà*, no 467, les personnes chargées par le gouvernement, à quelque titre que ce soit, d'effectuer des transports dont il s'est fait lui-même l'entrepreneur par des motifs de sûreté ou d'intérêt général, ne font pas acte de commerce. En effet, elles se trouvent aux lieu et place de l'administration, qui est toujours présumée agir dans un but d'intérêt général et jamais dans un but de spéculation. — Goujet et Merger, no 122; Orillard, no 326.

341. — Ainsi, jugé qu'on ne peut considérer comme faisant des actes de commerce des fermiers de bacs. — *Nîmes*, 13 avril 1812, fermiers du bac de Mirabeau c. Andrieux.

342. — Jugé aussi que le tribunal de commerce est incompétent pour statuer sur les contestations élevées à l'occasion d'un traité fait entre le fermier d'un bac et des entrepreneurs de diligences pour le passage de leurs voitures. —*Montpellier*, 20 déc. 1834. Rousset, Delrieu et compagnie c. Robert.

343. —Contrairement à ces décisions, M. Nouguier (t. 1er, p. 414) voit dans le fermier d'un bac un individu qui se livre à des actes de commerce, et il en donne pour raison qu'il transporte les personnes ou les choses d'une rive à l'autre.

344.—Mais cette opinion nous paraît erronée. Le fermier du bac n'a pas, à proprement parler, l'entreprise du transport d'une rive à l'autre. L'entrepreneur, dans ce cas, nous paraît plutôt être l'état, car le droit de bac est un droit exclusivement domanial, aussi est-ce le gouvernement qui a seul le droit de déterminer, selon les besoins de la circulation publique, le nombre et la situation des bacs. — L. 14 flor. an X. art. 9. — C'est l'état qui a la propriété du matériel des bacs. Les fermiers ne sont que les commis et préposés de l'administration, chargés par elle de percevoir un péage dont elle fixe le taux, investis par elle dans certains cas d'une délégation de l'autorité publique et par exemple du droit d'exiger, lors des passages de nuit, des voyageurs autres que les domiciliés, la représentation de leurs passeports. — L. 14 flor. an X, art. 46. — Enfin la loi a réglé la compétence à laquelle sont soumis les fermiers des bacs, et les tribunaux de commerce ne sont pas désignés, soit qu'il s'agisse des rapports des fermiers avec l'administration, soit qu'il s'agisse des contestations entre les fermiers et leurs sous-traitans.

345. — Mais faire des transports par terre ou par eau sa profession habituelle, former dans ce but un établissement, créer en un mot une *entreprise* à ce destinée, c'est ce qui constitue la spéculation commerciale, l'acte de commerce. — Nouguier, t. 1er, p. 412.

346. — Il y a acte de commerce de la part des entrepreneurs *particuliers*, c'est-à-dire qui, n'ayant pas de services publiquement annoncés, se chargent quand bon leur semble et à prix débattus d'effectuer les transports qu'on leur propose, comme de la part des entrepreneurs *publics* qui, ayant annoncé leur établissement au public avec des tarifs de prix, de périodicité, de jours et d'heures, ne sont pas maîtres de refuser de partir aux prix, jours et momens déterminés, et ne peuvent exiger d'autres conditions que celles exigées dans leurs annonces.

347. — Ainsi font acte de commerce : 1o les bateliers ou voituriers, soit que les bateaux ou voitures qu'il emploient pour les transports leur appartiennent en toute propriété, soit qu'ils les aient loués pour en sous-louer l'usage. — *Bordeaux*, 31 août 1831, Malineau c. Compagnie des bateaux à vapeur; *Aix*, 6 août 1829, Montanart c. Julien; — Vincens, t. 1er, p. 130; Goujet et Merger, no 123.

348. — Avant le Code de commerce, un entrepreneur général des transports militaires était justiciable des tribunaux de commerce pour l'exécution des traités par lui faits avec des particuliers. —*Cass.*, 11 vendém. an X, Mulron c. Géhier-Saint-Hilaire.

349.—Mais jugé qu'une entreprise de transports militaires est réputée acte de commerce à l'égard des tiers, et rend les entrepreneurs justiciables des tribunaux de commerce. — *Lyon*, 30 juin (et non 30 juill.) 1827, Rousset c. Bodin; *Cass.*, 22 frim. an IX, Géhier-Saint-Hilaire c. Leprieur; —Orillard, no 325.

350. — L'entrepreneur du service des convois et pompes funèbres dans une ville, quoique chargé d'un service public, est réputé commerçant et, comme tel, justiciable du tribunal de commerce. En effet, bien que placé sous la surveillance de l'autorité administrative, il agit dans son propre intérêt, il fournit à ses frais le matériel nécessaire à son entreprise. Les bénéfices lui profitent de même que les risques sont à sa charge; il doit donc être considéré comme entrepreneur de transports. — *Cass.*, 9 janv. 1810, Bouverel c. Leclerc; —Nouguier, t. 1er, p. 413; Goujet et Merger, no 40.

351. — La compagnie d'un chemin de fer est adjudicataire d'une entreprise de transport; en conséquence, les demandes que des particuliers forment contre elle, relativement aux obligations par elle contractées, sont de la compétence des tribunaux de commerce. — *Lyon*, 1er juill. 1836, Durand et Berthon c. compagnie du chemin de fer de Saint-Etienne.

352. — Jugé de même que l'entreprise d'un chemin de fer ayant pour objet le transport des marchandises et des voyageurs constitue une entreprise commerciale. — *Nîmes*, 10 juin 1840 (t. 2 1840, p. 556), Marne c. compagnie du chemin de fer du Gard; *Cass.*, 28 juin 1843 (t. 2 1843, p. 153), compagnie de la Grand'Combe c. Marne; — Nouguier, t. 1er, p. 413.

353. — L'association formée par des individus réunis en communauté, sous la direction d'un syndic, dans le but de se charger, moyennant un prix déterminé et au nom de la compagnie, du halage et transit des bateaux qui traversent une ville en remontant ou descendant une rivière, constitue une entreprise de transport par eau, justiciable, à raison de ses opérations, des tribunaux de commerce. — En conséquence, l'arrêt qui le décide ainsi, d'après les faits de la cause, au sujet d'une contestation entre cette compagnie et un maître de bateau, échappe à la censure de la cour de Cassation. — *Cass.*, 24 fév. 1841 (t. 2 1841, p. 383), Rollin c. Compagnie d'assurances générales.

354.—MM. Goujet et Merger (vo *Actes de commerce*, no 124) font sur cet arrêt l'observation suivante : « Il est vraisemblable que la circonstance que les haleurs ne se bornaient pas à tirer les bateaux et les dirigeaient dans un passage dangereux a exercé une certaine influence sur cette décision, car, s'il n'y avait pas une industrie mise en commun, il nous paraîtrait impossible de considérer comme commerciale une association d'ouvriers qui ne se réuniraient que pour faire usage de leurs forces physiques. »

355.—De l'arrêt du 28 juin 1843 (cité no 352), on peut à bon droit conclure qu'en cas de contestation il appartient aux tribunaux de rechercher et de décider s'il a existé une entreprise permanente et par conséquent commerciale, ou seulement un acte isolé, tel que cette appréciation, qui rentre dans le domaine du fait, échappe à la censure de la cour de Cassation.

356. — Font encore acte de commerce les commissionnaires chargeurs, de transport ou de roulage, même lorsque, n'ayant pas de voituriers qui voyagent à leur compte, ils se bornent à servir d'intermédiaires entre les expéditeurs de marchandises et les voituriers : cette entreprise est pour eux une spéculation à forfait. Recevant un prix élevé de leur mandant, ils traitent à meilleur marché avec les entrepreneurs qu'ils emploient, et font un véritable commerce. — Bioche, vo *Acte de commerce*, no 166; Nouguier, t. 1er, p. 415.

Sect. 8e.— *Entreprises de fournitures, d'agence d'affaires, de remplacement militaire, d'assurance terrestre, établissemens de ventes à l'encan et de spectacles publics.*

§ 1er. — *Entreprises de fournitures.*

357. — L'entreprise de fournitures est celle au moyen de laquelle un individu fait profession de livrer des fournitures dont il vend la propriété ou dont il loue l'usage. Elle a été rangée au nombre des actes de commerce, quand celui qui s'y livre a pour but de se procurer des bénéfices par la vente, la préparation, la location ou le transport des marchandises. Elle a été ainsi qualifiée parce qu'elle renferme l'idée de l'achat pour revendre. — Nouguier, t. 1er, p 416; Goujet et Merger, no 126.

358. — Les entreprises de fournitures sont des actes de commerce, sans qu'il y ait lieu de distinguer si l'entrepreneur exerce ou non une profession commerciale, ni si l'entreprise a pour objet de transmettre la propriété, ou seulement de louer l'usage des choses qui en sont la matière, ni si l'engagement de faire des fournitures a été pris envers des particuliers ou des établissemens publics ou envers le gouvernement.

359. — Le fournisseur ne contracte commercialement que lorsqu'il s'engage à livrer des denrées ou marchandises qu'il a achetées ou qu'il s'est procurées à titre onéreux. Le propriétaire qui, pour écouler les produits de ses récoltes, prendrait l'engagement d'en fournir certaines quantités à des époques convenues, ferait un acte d'exploitation foncière et non un acte de commerce.— Nouguier, t. 1er, p. 416.

360. — Une entreprise de fournitures passée avec l'administration constitue une opération de commerce. — *Cass.*, 10 fév. 1836, Moulin c. Breidt.

361. — Constituent des actes de commerce : 1o les entreprises pour le nettoiement des villes, pour leur éclairage, pour leur arrosage. — *Turin*, 26 fév. 1814, Farinelli c. Maffey.

362.— ... 2o Les entreprises pour l'entretien et la réparation des routes et chemins vicinaux.— *Caen*, 27 mai 1818, Chrétien et Renouf c. Burette.

363. — ... 3o Les entreprises pour location de décors et ameublemens employés dans les fêtes publiques ou particulières. —Nouguier, t. 1er, p. 416. — Les entreprises pour la location des choses nécessaires à la célébration des pompes funèbres sont aussi des entreprises de transport.—V. *suprà* no 350.

364. — L'individu qui s'est chargé à forfait des frais nécessaires à l'établissement d'un ordre religieux a fait par là acte de commerce, et peut être déclaré en faillite. —*Paris*, 15 avr. 1834, Dufour c. H.

365. — Les entreprises littéraires nommées souscriptions sont du genre des opérations commerciales, lorsqu'elles sont faites par d'autres que par l'auteur de l'ouvrage ainsi publié. C'est l'application de la distinction établie *suprà* no 283.

366. — Une entreprise de fournitures de subsistances militaires étant un acte de commerce, l'entrepreneur peut être condamné par corps pour faits relatifs à cette entreprise. — *Cass.*, 12 janv. 1812, Dupin c. Doncker.

367. — Dans les achats faits par le gouvernement, il faut bien distinguer si les acheteurs sont commissionnés par lui ou par une administration qu'il a créée, ou bien s'ils se sont engagés envers lui à faire les fournitures à des prix convenus. Ce n'est que dans ce dernier cas qu'ils sont entrepreneurs de fournitures, et que, fussent-ils d'ailleurs soumis aux réglemens que le gouvernement impose à ses agens, ils font des actes de commerce. Dans le premier cas, au contraire, c'est le gouvernement lui-même qui achète par leur entremise, et il est présumé n'acheter que pour ses besoins. — Pardessus, no 21; Orillard, no 335.

368. —Le traité que fait un entrepreneur général avec un sous-traitant, par lequel ce dernier s'engage à lui vendre des denrées qu'il revend ensuite au gouvernement, est une opération commerciale à raison de laquelle l'entrepreneur est justiciable des tribunaux de commerce.

369. — Les sous-traités par lesquels celui qui s'est rendu adjudicataire d'un marché de fournitures pour l'administration a cédé à des tiers partie de son entreprise ont un caractère commercial, et, par suite, les contestations élevées entre le cédant et les cessionnaires, relativement à ces traités, ont dû être portées devant la juridiction consulaire. — *Cass.*, 10 fév. 1836, Moulin c. Breidt.

370. — Il ne faut pas comprendre dans la classe des entrepreneurs de fournitures ou de leurs soustraitans ceux qui agissent pour le compte et sous le nom d'autrui, tels que les commis des marchands et les agens de l'état, qui achètent pour le compte de ceux qui les emploient. — Vincens, *Législ. comm.*, t. 1er, p. 132; Pardessus, no 21; Nouguier, t. 1er, p. 418; Goujet et Merger, no 127; Orillard, no 337.

§ 2. — *Agences d'affaires.*

371. — Les agences d'affaires étant destinées à prêter la main aux correspondances, traductions et recouvremens, achats et ventes de maisons, poursuites d'affaires contentieuses et autres semblables, exigent souvent de leurs gérans des maniemens de deniers, des remises d'argent d'un lieu à un autre, etc.; la loi a dû assimiler ces gérans à des commissionnaires, et, par suite, à des commerçans.— C. comm., art. 632; — Vincens, t. 1er, p. 134; Pardessus, no 42.

372. — La rémunération promise à un agent d'affaires par un commerçant, dans le cas où celui-ci procurerait à ce commerçant un acquéreur de son fonds, constitue entre les parties un acte de commerce de la compétence des tribunaux consulaires. — *Paris*, 14 nov. 1840 (t. 2 1840, p. 666), Petitjean c. Normand. — V. *contrà* *Paris*, 30 janv. 1839 (t. 1er 1839, p. 118), Escolier c. Liard.

373. — Des opérations isolées de gestion d'affaires ne suffisent pas pour remplir les conditions de la loi. Il faut qu'il y ait un bureau, une agence,

une entreprise de gestion d'affaires. — Nouguier, t. 1er, p. 429; Orillard, n° 338.

374.— Jugé que l'art. 632, C. comm., n'est applicable qu'aux entreprises d'agences et bureaux d'affaires qui concernent le commerce. — *Bruxelles*, 8 nov. 1823, N c. N.; — Locré, t. 8, p. 290.

375.— Mais, comme l'art. 632, C. comm., ne fait aucune distinction, il faut dire, avec M. Pardessus (n° 42) : « Quelles que soient en elles-mêmes les affaires auxquelles se livrent ces agens, lors même qu'elles n'auraient aucun caractère commercial, le fait de leur entremise est réputé à leur égard industrie commerciale. » — V. aussi Orillard, n° 340.

376. — Un agent d'affaires est, comme commerçant, justiciable du tribunal de commerce à raison des traités passés avec lui par des tiers, encore bien qu'il ait pris la qualité de propriétaire dans l'acte : cette qualification ne lie point la partie avec laquelle il a traité. — *Montpellier*, 26 janv. 1832, Lesage c. Martinolle.

377. — Jugé ainsi qu'un directeur d'agence ou de bureau d'affaires est commerçant, et passible, comme tel, des peines de banqueroute simple ou frauduleuse. — *Cass.*, 18 nov. 1813, Paul Detenre.

378. — Une agence ayant pour objet le service des armées peut être considérée comme une entreprise commerciale, et ses membres peuvent être traduits par les fournisseurs devant le tribunal de commerce, et non devant le juge civil, quoique l'action de ces derniers ait été, dans l'origine, de la compétence administrative, s'il n'y a lieu à cette juridiction exceptionnelle, au moyen de ce que le gouvernement français est devenu étranger à cette liquidation. — *Cass.*, 1er juill. 1829, Verac c. Cézan.

379. — On ne peut considérer comme agent d'affaires, dans le sens de l'art. 632, C. comm., celui qui représente les parties comme fondé de pouvoir devant le juge de paix, et leur donne des conseils à ce sujet, sans d'ailleurs tenir de bureau ou de cabinet d'affaires. — *Amiens*, 10 juin 1823, Lallemand c. Flobert; — Nouguier, t. 1er, p. 430; Orillard, n° 343.

380. — La décision d'un tribunal qui, en interprétant les actes et les faits de la cause, a jugé qu'un chargé d'affaires avait géré comme agent d'affaires et non comme mandataire gratuit, ne peut être qu'un mal jugé, et, comme elle ne constitue pas une erreur de droit, elle ne peut offrir un moyen de cassation. — V. au surplus AGENT D'AFFAIRES.

381. — M. Pardessus (*Cours de dr. comm.*, n° 44) place au nombre des agens d'affaires les directeurs et administrateurs des *tontines, caisses d'épargne* et autres semblables, excepté dans le cas où leurs fonctions leur sont conférées par le gouvernement. — V. aussi Nouguier, t. 1er, p. 431; Goujet et Merger, n° 130.

382. — Il ne faudrait pas voir davantage des actes de commerce dans les opérations des gérans des sociétés qui, sans être délégués par l'autorité administrative, étaient les délégués gratuits de réunions philanthropiques. Il serait, en effet, souverainement injuste d'assujétir à la rigueur des lois commerciales ceux qui, sans espoir d'obtenir un bénéfice, se dévouent à l'administration des épargnes du pauvre. — Nouguier, t. 1er, p. 432; Orillard, nos 341 et 475.

383. — Mais les administrateurs d'une tontine qui créent des actions au porteur qu'ils mettent en circulation sur la place, font un acte de commerce. — *Paris*, 4 mars 1825, Fournier-Verneuil c. Clair-Monnico.

§ 3. — *Agence de remplacement militaire.*

384. — Les entreprises de remplacemens militaires constituent des agences d'affaires, et doivent, comme telles, être réputées actes de commerce. — *Colmar*, 25 fév. 1839 (t. 1er 1839, p. 526), Barthel c. Proops et Loche; *Rennes*, 26 avr. 1841 (t. 2 1844), Chauvin c. Chesnel; — Orillard, n° 340.

385. — L'individu qui se charge habituellement et moyennant salaire de fournir des remplaçans militaires exerce des actes de courtage ou de commission. — *Nancy*, 14 mai 1839 (t. 1er 1844, p. 339), Grumbail c. Goquel.

386. — Sur la validité des sociétés de remplacement militaire non autorisées, V. COMPÉTENCE COMMERCIALE, REMPLACEMENT MILITAIRE, TRIBUNAL DE COMMERCE.

§ 4. — *Entreprises d'assurances terrestres.*

387. — Les assurances terrestres, par exemple contre l'incendie, contre la grêle, constituent-elles des actes de commerce? sont-elles commerciales? — Pour résoudre cette question une distinction est nécessaire.

388. — Les compagnies d'assurances mutuelles, bien qu'elles aient la forme d'une société commerciale, ne se livrent en face à aucun acte de commerce, puisqu'elles ne stipulent pas avec des tiers, qu'elles n'assurent que les choses appartenant aux membres de l'association, et que ce n'est pas en vue de réaliser des bénéfices qu'elles opèrent, mais seulement pour éviter une perte à celui des associés sur lequel le sinistre est tombé. — *Rouen*, 9 oct. 1820, Thuillier c. Gosselin; *Douai*, 4 déc. 1820, Charvet-Sarvage c. la Compagnie d'Assurances du Nord; *Cass.*, 15 juill. 1829, assurances mutuelles du Pas-de-Calais c. le Phénix; — Grün et Joliat, *Tr. des assur. terrestres*, n° 345; Malepeyre et Jourdain, *Tr. des sociétés*, p. 7; Alauzet, *Tr. des assurances*, t. 2, p. 506 et suiv., n° 576; Nouguier, t. 1er, p. 431; Orillard, n° 340.

389.—Mais les compagnies d'assurances à prime, au lieu d'être des sociétés civiles, comme l'ont prétendu M. Carré (*Lois de la compét.* (t. 2, p. 560, et M. Dalloz, v° *Commerce* (*Actes de*), sont bien des sociétés commerciales qui se livrent à une spéculation et qui, par leur grand nombre d'agens, peuvent être assimilées à des agences d'affaires. — *Rouen*, 24 mai 1825, Compagnie d'assurances c. Lemasson; *Paris*, 23 juin 1825, Muraine c. Dupin de Valène; *Cass.*, 8 avr. 1828, Dupin de Valène c. Delcourt; 1er avr. 1830, Bourbon-Leblanc. — Les assurances contre l'incendie des immeubles doivent être considérées comme des actes de commerce. — *Colmar*, 25 janv. 1843 (t. 2 1843, p. 605), le Réparateur c. Boin; — Quénault, *Tr. des assur. terrestres*, p. 314; Vincens, t. 1er, p. 318; Grün et Joliat, *Tr. des assur. terr.*, p. 394; Pardessus, t. 2, n° 588; Malepeyre et Jourdain, p. 8; Alauzet, n° 528, t. 2, p. 448; Nouguier, t. 1er, p. 433; Goujet et Merger, n° 160; Orillard, n° 471.

390. — De même celui qui fait partie, comme directeur et comme actionnaire, d'une société dont l'objet est d'assurer, à prime, les propriétés contre l'incendie et les risques de mer, doit être considéré comme commerçant. — *Cass.*, 1er avr. 1830, Bourbon-Leblanc.

§ 5.—*Etablissemens de ventes à l'encan.*

391. — Les établissemens de ventes à l'encan constituent de véritables agences, la spéculation du directeur fût-elle bornée à la disposition du local offert au public. Ce genre d'entreprise est d'ailleurs susceptible de courtage, de commission et de maniement de fonds. — Vincens, t. 1er, p. 153; Nouguier, t. 1er, p. 437; Goujet et Merger, n° 132; Orillard, n° 344.

§ 6. — *Spectacles publics.*

392. — La disposition de l'art. 632, C. comm., qui range parmi les actes de commerce les établissemens de spectacles publics, a été introduite sur les observations suivantes que la cour d'appel de Paris fit sur le projet du code : « On avait cru précédemment de voir excepter les entrepreneurs de spectacles de la classe des négocians, et c'était la jurisprudence des tribunaux avant la révolution. Elle pouvait avoir un fondement lorsque les auteurs étaient en même temps comédiens et entrepreneurs de leur propre théâtre. Que Molière, par exemple, après avoir composé une pièce, la récitât devant une assemblée choisie, ou que, voulant réunir un plus grand nombre de spectateurs, il s'associât une troupe, distribuât les rôles, joignît à la déclamation les costumes et l'appareil d'un spectacle, le résultat au fond était le même, c'était toujours Molière ou l'homme de génie faisant part au public de ses productions, vendant si l'on veut les fruits de son propre sol, et à ce titre il ne pouvait être considéré comme marchand. — Mais depuis que des individus, mettant à profit pour leur propre compte les travaux d'autrui, se sont érigés en entrepreneurs de théâtre, depuis surtout que les théâtres se sont si étrangement multipliés et sont devenus des objets de spéculation qui occupent plus d'ouvriers, appellent plus de fournisseurs, exigent plus de capitaux que beaucoup d'entreprises de commerce très-importantes, de ce moment les idées ont dû changer, et elles ont changé en effet. » — *Observations des tribunaux*, t. 1er, p. 414; Locré, t. 8, p. 290.

393.—Ces motifs, incontestables pour la généralité des théâtres, ne s'appliqueraient pas aux spectacles de certaines villes des départemens dont l'organisation repose sur les anciennes bases où le directeur est encore un artiste partageant les travaux de la troupe, payant de sa personne et de son talent, et dès-lors exploitant une profession libérale; et pour ces théâtres, il faudrait *peut-être*, dit M. Nouguier (t. 1er, p. 443), faire une exception et revenir à l'ancienne jurisprudence.

394. — Nous ne saurions admettre, même dans cette dernière hypothèse, l'opinion que M. Nouguier énonce avec hésitation. En effet, dans ce cas, comme dans les cas généraux signalés par la cour de Paris, l'entrepreneur achète ou loue à des marchands les choses matérielles nécessaires à son industrie, il achète des costumes et des décors, il engage à prix d'argent l'industrie des acteurs qu'il produit en public, enfin il loue aux spectateurs les places de la salle de spectacle. Il fait toujours une spéculation à l'exploitation de laquelle il participe, mais dont il a pour but de recueillir les bénéfices. Il fait donc toujours acte de commerce.

395.—L'art. 632 ne s'applique qu'aux entreprises des spectacles formées par des particuliers et qui sont leur propriété, et non aux administrations établies par le gouvernement pour la direction de certains théâtres. — Pardessus, n° 46.

396. — Sous l'empire de l'ordonnance de 1673, un directeur de spectacle n'était pas justiciable des tribunaux de commerce, pour raison de billets par lui souscrits. — *Paris*, 26 pluv. an X, Sugerel c. ses Créanciers.

397. — Ainsi, jugé qu'une entreprise de spectacles publics est réputée acte de commerce, et que les contestations relatives à l'exécution d'un acte ayant pour objet une entreprise de ce genre sont de la compétence du tribunal de commerce. — *Lyon*, 7 mars 1815, Fagos c. Lecomte; — Pardessus, t. 1er, nos 19 et 46; Carré, *Lois de la compét.*, t. 7, p. 244 (éd. de Foucher); Despréaux, *Comp. des trib. de comm.*, n° 400; Vincens, *Législat. comm.*, t. 1er, p. 135.

398. — Sont aussi des opérations commerciales les établissemens de lieux de danses et autres divertissemens offerts au public. — Pardessus, n° 46; Carré, *Lois de l'organ. judic.*, t. 7, p. 218; Despréaux, *Trib. de comm.*, n° 400; Orillard, n° 347; Nouguier, t. 1er, p. 442; Goujet et Merger, n° 134.

399. — L'aéronaute qui, moyennant un salaire, donne au public le spectacle d'une ascension en ballon, est commerçant, et, à ce titre, justiciable des tribunaux de commerce. — *Paris*, 1er août 1839, Duclos c. Dupuis-Delcourt; — Orillard, n° 344.

400. — La loi n'attache le caractère commercial qu'à l'établissement du théâtre et aux obligations qui en dérivent de la part du directeur. Il n'y a rien de commercial dans les engagemens que prennent les acteurs, musiciens et autres personnes employées au service du théâtre. Ceux-ci ne font que louer leur industrie, à la différence de l'entrepreneur, qui loue cette industrie pour en tirer un bénéfice, en l'exhibant au public. — Vincens, t. 1er, p. 135; Pardessus, nos 19 et 46; Nouguier, t. 1er, p. 443; Goujet et Merger, n° 136.

401. — Jugé toutefois que l'engagement qu'un acteur contracte avec un directeur de théâtre est un acte de commerce. — *Amiens*, 7 mai 1839 (t. 1er 1844, p. 338), Lecor c. Potel.

402. — Jugé également que les acteurs et les entrepreneurs sont justiciables des tribunaux de commerce, pour raison des indemnités auxquelles peut donner lieu l'exécution de leurs engagemens. — Ainsi, une danseuse qui ne remplit pas les engagemens qu'elle a contractés avec un directeur de théâtre, peut être condamnée par corps à les remplir. — *Paris*, 5 mai 1808, Dorli c. Morand; *Bordeaux*, 9 déc. 1841 (t. 1er 1842, p. 323), Duluc c. Léon. — V. au surplus COMPÉTENCE COMMERCIALE, THÉATRE, TRIBUNAL DE COMMERCE.

Sect. 9e. — *Opérations de change, banque et courtage, prêt sur gage.*

§ 1er. — *Opérations de change.*

403. — On distingue deux opérations de change : l'une consiste à échanger des monnaies d'une espèce contre d'autres monnaies d'une espèce différente. Elle prend le nom de *change menu* ou *manuel*. L'autre a pour but une remise d'argent de *place en place*; elle constitue le contrat de change par lequel une personne qui reçoit dans un lieu une somme d'argent s'oblige à faire payer cette somme dans un autre lieu à la personne qui la lui remet, ou à son ordre. Cette opération se nomme le *change local réel* ou *mercantile*, ou bien encore le *change du papier*.

404. — La loi déclarant d'une manière générale *acte de commerce* toute opération de change (C. comm., art. 632), semblerait repousser toute distinction entre le *change manuel* et le *change local*, et la remise d'argent de place en place. — Bioche, *Dict. de procéd.*, v° *Acte de commerce*, n° 191.

405. — Les opérations de change, soit qu'elles aient pour objet l'échange des monnaies françaises ou étrangères, soit qu'il s'agisse du contrat de change ou remise de fonds de place en place, ont été rangés parmi les actes de commerce, parce

que ces opérations sont toujours fondées sur un intérêt ou l'espoir d'un bénéfice. Il en est de même des lettres de changeet autres effets qui ont pour objet l'exécution du contrat de change (art. 632), ou d'un simple endossement. — *Cass.*, 21 fév. 1814, Rueff et Bicard c. Eck.

406. — Mais il n'y a pas acte de commerce dans le fait de l'échange par une personne non commerçante de monnaies étrangères contre d'autres valeurs. — Le tribunal de commerce est incompétent pour statuer sur des difficultés nées d'une telle opération. — *Paris*, 11 mars 1833, Sidi-Mohammed c. Mersanne; — Pardessus, *Tr. des lettres de change*, nº 6 et suiv.; Goujet et Merger, nº 142; Nouguier, t. 1er, p. 453.

407. — De même, un échange de pièces d'or contre des pièces d'argent ne constitue point une opération commerciale. — La demande en paiement de la différence de valeur ne peut pas être portée devant le tribunal de commerce, encore bien que le défendeur soit marchand. — *Riom*, 2 juill. 1824, Boudon c. Cheyrouse.

408. — Cette décision, dit M. Bioche (*Dictionnaire de procédure*, vº *Acte de commerce*, nº 191), nous paraît plus conforme à l'esprit de la loi; il résultait des circonstances de la cause que la partie qui avait fait le change n'avait pas acheté les monnaies étrangères dans l'intention de les revendre avec bénéfice. — Comment, en effet, voir une spéculation, et par suite un acte de commerce, dans l'acte d'un particulier qui échange des valeurs quelconques contre une monnaie dont il a besoin pour son usage personnel? Entendre ainsi le texte de l'art. 632, ne serait-ce pas fausser son esprit?

409. — Quant au change *local de papier*, sont actes de commerce les lettres de change qui servent à opérer remise de place en place, entre toutes personnes. — C. comm., art. 632.

410. — Cependant, si elles émanent de femmes ou filles non négociantes ni marchandes publiques, elles ne sont considérées à leur égard que comme simple promesse. — C. comm., art. 113.

411. — Il en est de même des lettres de change contenant supposition, soit de domicile, soit des lieux d'où elles sont tirées, ou dans lesquels elles sont payables. Elles cessent alors de constituer par elles-mêmes des actes de commerce, et ne conservent ce caractère qu'autant qu'elles sont souscrites ou endossées par des commerçans, et à l'égard seulement de ces signatures. — C. comm., art. 112 et 637.

412. — Ainsi jugé que la lettre de change est un acte de commerce, encore bien que sa cause soit purement civile et que le souscripteur ne soit pas commerçant. — *Paris*, 22 août 1810, Piat. c. N...; *Colmar*, 7 fév. 1806, Labarbin c. N...

413. — Jugé cependant que, sous l'empire de l'ord. de 1673, l'appréciation d'un acte purement civil passé entre particuliers non négocians n'a pu, quoique qualifié lettre de change, être soumise à un tribunal de commerce. — *Turin*, 22 août 1806, Biandra c. Beltz, Porta.

414. — A la différence des lettres de change, les billets à ordre ne constituent des actes de commerce qu'entre négocians, ou quand ils ont pour cause des opérations de commerce. — *Cass.*, 26 janv. 1827, Avril.

415. — La transmission par endossement de billets à ordre, lorsqu'ils ne constituent que de simples obligations, n'est point un acte de commerce, à moins qu'elle n'ait été faite par des commerçans, ou qu'elle n'ait elle-même pour cause un acte de commerce. — Même arrêt.

416. — Un billet à ordre qui contient une remise de place en place tient de l'essence de la lettre de change et présente réellement une opération de banque ou de change. En conséquence, il constitue un acte de commerce qui soumet le souscripteur à la juridiction commerciale. — *Bruxelles*, 17 fév. 1807, Duvivier c. Neels; 8 juill. 1820, Wautier c. Pirmez.

417. — Jugé de même que la remise d'argent faite de place en place, bien qu'elle résulte d'un billet à ordre, et non d'une lettre de change, constitue un acte de commerce, soumettant le souscripteur à la juridiction commerciale. — *Caen*, 19 janv. 1840 (t. 1er 1843, p. 561), Chéron c. Chevalier. — V. au surplus BILLET A ORDRE, LETTRE DE CHANGE.

418. — Le mandat donné à un négociant par un individu d'une autre ville, non négociant, de remettre à un tiers la somme nécessaire pour faire un voyage, ne peut être considéré comme constituant un acte de commerce. — *Paris*, 13 juin 1828, Chauvet c. Olombel.

§ 2. — *Opérations de banque et de prêt sur gage.*

419. — Sont déclarées actes de commerce toutes les opérations de banque, soit qu'elles se rapportent au change de place en place, dont les banquiers font leur profession habituelle, soit qu'elles émanent des banques publiques qui mettent en circulation des billets qu'elles remboursent sur leur présentation. — C. comm., art. 632.

420. — Le prêt fait par une maison de banque à un non commerçant, par acte notarié, et avec hypothèque sur ses biens, peut être considéré comme un acte commercial de la part de cette maison. — Une pareille obligation conserve son caractère commercial à l'égard du non commerçant au profit duquel le transport a été consenti, dans le cas où il est reconnu que ce transport se rattache à la première obligation par les liens d'un système organisé de fraude. — *Cass.*, 11 fév. 1834, Gaillard c. Barrel.

421. — Mais, relativement à un non commerçant, ne peuvent être considérés comme actes de commerce les crédits ouverts à un non négociant chez un banquier, les transports de créances sur l'état consentis à ce même individu, les billets à ordre créés par lui ou à son profit, et à l'occasion desquels sont intervenus des protêts et des jugemens de condamnation. En conséquence, cet individu ne pouvant, malgré tous ces actes, être réputé commerçant, ne doit pas être déclaré en faillite. — *Cass.*, 15 mai 1815, Aubé de Braquemont; *Paris*, 13 janv. 1816, mêmes parties. — Jugé de même en faveur d'un non commerçant pour qui un banquier recevait et payait. — *Paris*, 5 août 1811, Périer c. Raerden; Orillard, nº 353.

422. — Le crédit ouvert chez un banquier au profit d'un non commerçant, par suite du dépôt habituel des fonds de ce dernier, ne constitue pas, de la part du crédité, un acte de commerce qui le rende justiciable de la juridiction commerciale, encore bien qu'il ait reçu pour sa garantie des billets ou autres valeurs. — *Rouen*, 15 juin 1840 (t. 1er 1844, p. 340), Carpentier c. Chouquet.

423. — L'ouverture d'un crédit par un non commerçant, sur une maison de commerce, pour une somme dont il doit être fait usage directement *sous sa garantie*, en traites payables à vue, dans un délai fixé, sur cette maison, constitue un acte de commerce. — *Paris*, 12 avr. 1834, Paravey c. Jollimon de Marolles.

424. — Lorsque plusieurs particuliers non commerçans se sont associés pour liquider des contributions de guerre, avec le prix de divers immeubles qui leur sont vendus à pacte de rachat, et sous la condition d'une prime en cas d'exercice de cette faculté, les actes relatifs à cette société sont de la compétence des tribunaux civils et non des tribunaux de commerce. — *Cass.*, 14 déc. 1819, Otto de Treskow et de Delarivalière c. Heller; — Goujet et Merger, nº 148; Orillard, nº 354.

425. — Jugé toutefois que les sociétaires d'une banque formée sous le nom de *banque territoriale* sont contraignables par corps, quoique les effets de cette banque présentent une garantie hypothécaire. — *Cass.*, 21 mars 1808, sociétaires de la *banque territoriale* c. Baraudin.

426. — Sous l'ancienne législation, les prêteurs sur gage étaient réputés commerçans. — *Paris*, 2 niv. an XI, Thévenin; — Rogue, t. 1er, p. 21 et 22, nº 27. — Mais jugé que, depuis la loi du 16 pluv. an XII, qui a défendu tout établissement de prêt sur gage sans autorisation, et qui a assujéti à la patente les prêteurs sur gage, ceux-ci, bien qu'ils soient patentés, ne peuvent être réputés commerçans. — *Bruxelles*, 4 juin 1807, Wouters c. Seballe; 28 mai 1808, Questroi c. Rawens; — Carré, *Lois de la compét.*, t. 7, quest. 488e, p. 123 et suiv.; Nouguier, t. 1er, p. 379; Orillard, nº 372.

427. — Selon M. Pardessus (nº 31), les maisons de prêts sur nantissement, tenues par des particuliers, devraient, si le gouvernement jugeait à propos de les autoriser, être mises au rang des banques publiques, et considérées comme établissemens commerciaux.

428. — Les monts-de-piété ne sont pas des établissemens de commerce, mais d'utilité publique, dépendant de l'administration des hospices, dont l'objet principal est de venir au secours des classes peu aisées de la société, et d'empêcher l'artisan que le besoin presse, de devenir la proie de l'usurier. Aussi l'art. 632 ne comprend-il pas dans sa nomenclature ces établissemens. Ceux qui les dirigent sont soumis à certaines formalités dont l'omission est punie de peines pécuniaires et corporelles. — C. pén., art. 411. — V. MONT-DE-PIÉTÉ.

§ 3. — *Opérations de courtage.*

429. — Les opérations de courtage consistent à servir d'intermédiaire salarié à la négociation entre deux personnes ayant des intérêts distincts et séparés, et à les mettre en rapport lorsque les clauses du marché sont arrêtées. — Goujet et Merger, nº 149; Nouguier, t. 1er, p. 460; Orillard, nº 356.

430. Le courtage diffère de la commission principalement en ce que le courtier se borne à mettre les parties en présence, sans contracter aucune obligation personnelle, tandis que le commissionnaire ne fait pas connaître le nom de ceux pour lesquels il agit, et engage sa propre responsabilité vis-à-vis des tiers. — Mais le courtier, comme le commissionnaire, spécule sur son industrie, et fait par conséquent acte de commerce. — Bioche, vº *Actes de commerce*, nº 212; Goujet et Merger, nº 149; Orillard, nº 362.

431. — Aussi a-t-il été jugé que les courtiers de commerce sont commerçans. — *Paris*, 2 août 1832, Varillat c. Grioltray.

432. — La loi reconnaît pour les actes de commerce des agens intermédiaires les agens de change et les courtiers de commerce. — V. AGENT DE CHANGE, COURTIER DE COMMERCE.

433. — Il est des individus qui, sans être revêtus de la qualité de courtiers, se permettent de servir d'intermédiaires dans les opérations de courtage; ce courtage clandestin ou *marron* est considéré comme délit et puni de peines correctionnelles, mais l'opération de courtage n'en conserve pas moins son caractère commercial. — Nouguier, t. 1er, p. 465.

434. — L'individu qui se charge habituellement et moyennant salaire de fournir des remplaçans militaires exerce des actes de courtage ou de commission. — *Nancy*, 14 mai 1839 (t. 1er 1844, p. 339), Grumbail c. Goguel.

Sect. 10e. — *Actes du commerce maritime.*

435. — L'art. 633, C. comm., porte : « La loi répute acte de commerce maritime toute entreprise de construction et tous achats, ventes et reventes de bâtimens pour la navigation intérieure ou extérieure; — Toutes entreprises maritimes; — Tout achat ou vente d'agrès, apparaux et avitaillemens; — Tout affrétement ou nolissement, emprunt ou prêt à la grosse; — Toutes assurances et autres contrats concernant le commerce de mer; — Tous accords et conventions pour salaires et loyers d'équipages; — Tous engagemens de gens de mer pour le service des bâtimens de commerce. »

436. — Ainsi jugé que l'armement d'un navire est un acte de commerce dans le sens de l'art. 633, C. comm. — C'est donc aux tribunaux de commerce qu'il appartient de statuer sur les contestations qui s'élèvent entre l'armateur et les actionnaires intéressés à l'entreprise. — *Paris*, 1er août [illegible], Morris c. Legrand; — Carré, *Compét. comm.*, t. 7, p. 235, quest. 250e (édit. Foucher); Nouguier, *Des tribunaux de commerce, des commerçans et des actes de commerce*, t. 2, p. 42.

437. — Il en est de même des actes du capitaine du navire. — *Bordeaux*, 1er août [illegible], [illegible] c. David.

438. — L'art. 633, C. comm., comprend dans ses termes généraux les expéditions faites quotidiennement en mer par un patron pêcheur. — *Aix*, 23 nov. 1840 (t. 1er 1841, p. [illegible]), [illegible] des Madragues du Var c. Peyrau.

439. — Sont de la compétence du tribunal de commerce les contestations relatives au paiement du prix d'une pacotille maritime, consistant en oignons, pommes de terre et autres denrées, confiée à un capitaine de navire pour la vendre au lieu de sa destination et en partager le prix à son retour. — *Rouen*, 6 mai 1828, Lebas c. Bruneteau.

440. — En cas d'abordage de deux bateaux dans un canal de l'intérieur, l'action en réparation du dommage doit être portée devant le tribunal civil, et non devant le tribunal de commerce, lors même que les deux parties sont négocians. — *Bruxelles*, 6 avr. 1816, N... c. N...

441. — L'action en paiement des frais dus à une commission sanitaire, à raison de la quarantaine d'un navire, doit être portée devant le tribunal civil, et non devant le tribunal de commerce. — *Douai*, 19 nov. [illegible], commission sanitaire de Calais c. Dupont. — V. *contra Cass.*, [illegible] avr. [illegible], mêmes parties.

Sect. 11e. — *Présomption de la commercialité des actes.*

442. — Toutes obligations entre négocians, marchands et banquiers, sont réputées actes de commerce (art. 632). — L'art. 638 consacre la même règle en décidant que les billets souscrits par un commerçant sont censés faits pour son commerce

lorsqu'une autre cause n'y est pas énoncée. — En effet, puisque les négocians sont ceux qui font leur profession habituelle d'exercer des actes de commerce (C. comm., art. 1er), il est naturel de réputer actes de commerce les obligations des négocians.

443. — Mais ce n'est pas à raison de la qualité du négociant que son acte est réputé commercial, c'est à raison du but dans lequel la loi a de justes présomptions de penser que l'acte a été accompli.

444. — Ainsi jugé que les tribunaux de commerce ne sont pas compétens à raison de la profession seule des parties. Une contestation, pour appartenir à cette juridiction, doit avoir pour objet un acte de commerce, d'où résultent des obligations réciproques entre commerçans. — *Lyon*, 11 déc. 1840 (t. 1er 1841, p. 406), Montet, Moussé, Cavaillon c. Roux et Balp.

445. — Comme dans toute personne adonnée au commerce se rencontre une double qualité, celle de commerçant et celle de particulier, la présomption établie par l'art. 638 disparaîtra en présence de la preuve résultant de la nature du contrat ou des circonstances qui s'y réfèrent. — Orillard, no 185.

§ 1er. — *Des obligations auxquelles s'applique la présomption de commercialité.*

446. — Au premier coup d'œil, il paraîtrait résulter de la combinaison des art. 631 et 632, interprétés littéralement, que tout engagement, de quelque nature qu'il soit, dès qu'il est intervenu entre commerçans, appartient à la juridiction commerciale. Mais cette interprétation ne peut être admise en présence de la disposition de l'art. 638.

447. — M. Caron (*De la juridict. civ. des juges de paix*, t. 1er, p. 75, no 85) propose, à ce sujet, des règles qui peuvent se résumer ainsi : Les contestations entre commerçans ne sont du domaine de la juridiction commerciale qu'autant que l'engagement ou la transaction qui les fait naître est relatif au commerce respectif des deux parties, qu'autant que chacune d'elles a entendu faire, lors de cet engagement, un acte de son commerce. Ainsi, par exemple, un carrossier vend une voiture à un entrepreneur de transports. Il y a là de la part du vendeur, non pas un acte de commerce proprement dit, mais un acte de son commerce. Il y a pareillement, de la part de l'acheteur, acte relatif à son commerce (et même acte de commerce rigoureusement parlant); dès-lors, l'engagement résultant de la vente dont il s'agit est réellement, dans le sens de la loi, un engagement *entre négocians*, et appartient à la juridiction consulaire; au lieu qu'il en serait autrement si la vente avait été faite par un carrossier à un marchand de draps pour l'usage particulier de celui-ci, parce que, dans cette hypothèse, l'acheteur n'a point entendu faire, en achetant une voiture, un acte de commerce.

448. — « Il faut établir une distinction, ajoute M. Carou, *ibid*, no 87, entre l'*engagement* ou la *transaction* et l'*obligation* entre commerçans. L'engagement suppose des faits précis et connus sur lesquels il repose, et qui servent à déterminer son caractère, tandis que l'*obligation* est l'effet d'une cause préexistante qui est ignorée, sans que l'obligation cesse pour cela d'être valable. Pour que l'*engagement* puisse appartenir à la juridiction commerciale, il doit être démontré que le fait sur lequel il repose est relatif au commerce de l'une et l'autre des parties. Au contraire, toute *obligation* entre négocians est réputée acte de commerce, sans que cette présomption puisse être combattue par aucune preuve contraire. »

449. — Enfin, il y a encore, suivant M. Carou (*ibid*, no 88), cette distinction à faire entre l'obligation contractée par un commerçant envers un autre commerçant, et les billets souscrits par un commerçant, au profit d'un individu étranger au commerce, que celle-là est de droit réputée acte de commerce, tandis que ceux-ci ne sont réputés faits pour le commerce du souscripteur qu'en vertu d'une présomption susceptible d'être détruite par la preuve contraire.

450. — Les obligations d'un commerçant au profit d'un non commerçant, lorsque la cause en est commerciale, sont actes de commerce à l'égard du commerçant seulement. — Vincens, t. 1er, p. 136; Nouguier, t. 1er, p. 335. — Mais V. Carré, *Lois de compét.*, t. 7, p. 221.

451. — Le propriétaire qui assigne un commerçant auquel il a vendu des denrées provenant de son cru, et faisant l'objet du commerce de ce dernier, en paiement du prix de la vente, doit porter son action devant le tribunal de commerce, encore que, n'étant pas négociant et n'ayant pas fait acte de commerce, il ne pût lui-même être assigné à raison de cette vente que devant le tribunal civil. — *Bourges*, 25 août 1830, Belliard c. Lecocq.

452. — Jugé que le billet souscrit par un commerçant au profit d'un non commerçant est présumé fait pour le commerce du souscripteur. — *Paris*, 10 mars 1814, Vatré c. Martin; *Cass.*, 29 nov. 1839 (t. 1er 1844, p. 339), Aupierre.

453. — Les tribunaux de commerce sont compétens pour connaître d'un billet passé entre négocians, lors même que ceux-ci n'ont agi que comme personnes interposées, et dans l'intérêt de particuliers non commerçans. — *Nîmes*, 27 frim. an XI, Bartelier c. Astruc.

454. — Quelques personnes ont prétendu s'attacher à la lettre de l'art 638 et restreindre aux *billets* proprement dits la présomption légale que cet article établit, mais toute incertitude doit disparaître quand on rapproche de l'art. 638 l'art. 632, C. comm., qui parle de toutes obligations entre marchands, négocians ou banquiers.

455. — Il suit de là que toutes les obligations contractées par des commerçans sont placées sur la même ligne et soumises à la même présomption.

456. — Ainsi, peu importe qu'elles soient verbales ou écrites, unilatérales ou synallagmatiques; la présomption de commercialité est applicable sous quelque forme que ces obligations aient été formées. — Pardessus, no 50; Carré, *Lois de compét.*, t. 7, p. 221; Horson, t. 2, quest. 213e; Nouguier, t. 1er, p. 335; Goujet et Merger, no 9.

457. — Il y a présomption légale, sauf la preuve contraire, que les objets mobiliers achetés par un logeur l'ont été pour alimenter son commerce, et non pour son usage particulier. — *Bordeaux*, 18 juill. 1841 (t. 2 1841, p. 641), Pénicaud c. Taffard. — V. conf. Locré, t. 8, p. 274. — V. aussi Bioche, *Dict. de procéd.*, vo *Acte de commerce*, nos 226, 231 et 239.

458. — Celui qui est constitué restaurateur d'une société particulière, et qui y fournit toutes les denrées qui s'y consomment, doit être considéré comme commerçant, et par conséquent les billets souscrits par lui et qui n'expriment pas une cause étrangère à son commerce le rendent justiciable des tribunaux consulaires. — *Bruxelles*, 23 avr. 1832, Decoster c. N.....

459. — C'est en vertu de la présomption de l'art. 638 qu'il a été jugé qu'un billet non négociable souscrit entre commerçans, bien qu'il ne mentionne aucune cause commerciale, entraîne la compétence des tribunaux de commerce et la contrainte par corps. — *Paris*, 23 juin 1807, Langlumé c. Fortin et Poulet.

460. — Les billets d'un agent d'affaires, même sous la forme de simples reconnaissances, sont censés faits pour son agence, à moins d'énonciation d'une autre cause, et le rendent justiciable des tribunaux de commerce et passible de la contrainte par corps. — *Paris*, 6 déc. 1814, Perrier c. Villiaume; 18 août 1836, Bonvallet c. Boench.

461. — La même présomption s'applique aux simples reconnaissances sous seing-privé souscrites par un commerçant, quand une cause autre que celle du commerce n'est pas énoncée. — *Amiens*, 4 avr. 1826, Millet c. Ruton. — Comme aussi aux simples reconnaissances souscrites au profit d'un autre négociant avec lequel il est en relation d'affaires. — *Paris*, 12 fév. 1814, Bourrut c. Joinville.

462. — Il en était ainsi sous l'empire de l'ordonnance de 1673. — *Cass.*, 9 vendém. an XIII, Ligné et Dardel c. Bombart.

463. — Jugé, cependant, que sous l'empire de l'ordonnance de 1673, le billet causé pour argent prêté, et souscrit par un commerçant au profit d'un autre commerçant, ne devait pas être considéré comme un effet de commerce. — *Cass.*, 26 vendém. an VII, Poulet c. Lecomte.

464. — Non plus que des billets souscrits par une femme marchande publique, valeur reçue comptant, au profit d'un non négociant. — *Rouen*, 3 mai 1808, Lebrasseur c. Eschard. — V. *contrà Paris*, 1er oct. 1806, Duchauffour c. Jacquant.

465. — Un propriétaire qui s'est associé avec un négociant, pour vendre à un autre négociant une quantité considérable de denrées dont son covendeur fait le commerce, peut être traduit devant les tribunaux de commerce à raison de cette vente. — *Cass.*, 10 vendém. an XIII, Boissonneau c. Martinet.

466. — L'unité de l'obligation contractée conjointement par les deux vendeurs ne permettait pas dans l'espèce de les poursuivre devant des juridictions différentes.

467. — Un billet à ordre souscrit par un commerçant cesse de plein droit d'être présumé fait pour son commerce, s'il est causé valeur reçue en objets mobiliers. Dans ce cas, pour condamner le souscripteur par corps, il ne suffit pas que les juges déclarent qu'il est commerçant, ils doivent apprécier la véritable cause du billet. — *Cass.*, 2 juin 1835, Renard c. Pernel.

468. — L'énonciation, *valeur en marchandises*, dans un billet à ordre souscrit par un non commerçant, ne suffit pas pour faire considérer ce billet comme un acte de commerce, lorsqu'il n'est pas prouvé que les marchandises ont été achetées pour être vendues. — *Angers*, 11 juin 1824, Simon c. Mayaud.

469. — Jugé de même que ces mots, *valeur reçue en marchandises*, dans un billet à ordre, ne supposent pas qu'ils aient nécessairement pour cause un acte de commerce; il faut encore que la qualité du souscripteur, ou la nature de son opération, indiquent d'une manière constante qu'il ait fait un acte de commerce. — *Paris*, 17 sept. 1828, Raulet c. Cornu; 10 déc. 1829, D.... c. Billehou; 19 mars 1831, Leroux c. Riondelet; *Lyon*, 26 fév. 1829, Marchand c. Miquel.

470. — Un prêt d'argent entre commerçans est un acte de commerce. — *Paris*, 9 avr. 1825, Doré c. Laniesse; — Goujet et Merger, no 13; Orillard, no 188.

471. — L'emprunt d'une somme d'argent fait par un commerçant et versé dans son fonds constitue un acte de commerce. — *Cass.*, 12 déc. 1838 (t. 1er 1839, p. 495), Duquesne c. Delattre; *Orléans*, 29 mai 1840 (t. 2 1840, p. 272), Serrou c. Lauzet.

472. — De même, un aubergiste est justiciable des tribunaux de commerce pour les actions en paiement d'argent prêté, lorsqu'il a déclaré que le prêt était fait pour son commerce. — *Riom*, 3 août 1815, Davine c. Godenesche.

473. — Le prêt d'une somme d'argent fait par un non commerçant à un commerçant est censé fait pour le commerce de ce dernier. — *Rouen*, 23 juill. 1842 (t. 2 1842, p. 370), Férandier c. Sinoquet.

474. — Les tribunaux de commerce sont compétens pour connaître de la demande qu'un simple particulier forme contre un négociant, en paiement des capitaux dont il a fait le placement à intérêt dans sa maison, et en remise de compte, avec les pièces justificatives. — *Paris*, 3 avr. 1813, Ferey c. Froust.

475. — Pour que des billets à ordre portant seulement des signatures de non négocians soumettent les signataires à la juridiction commerciale et à la contrainte par corps, il ne suffit pas qu'ils énoncent que les fonds sont destinés à une opération commerciale, il faut de plus que ces fonds y soient réellement employés. — *Bastia*, 29 janv. 1833, Zevaco c. Basso. — Mais cette décision paraît bien rigoureuse, car, comme l'a fait observer M. Coin-Delisle (*Contr. par corps*, p. 84), le tiers-porteur a dû croire à l'énonciation mise librement par le souscripteur.

476. — Une obligation notariée, souscrite par un négociant au profit d'un non négociant pour ses besoins et affaires, avec constitution d'hypothèque, est, comme le simple billet, censée faite pour son commerce, et la condamnation doit en être prononcée par corps. — *Paris*, 6 août 1829, Bardon c. Rollet; *Cass.*, 6 juill. 1836, Dotézac c. Guercy.

477. — Jugé de même que tout emprunt fait par un négociant est présumé de droit fait pour son commerce, quoique le prêt ait eu lieu par acte notarié portant stipulation d'intérêts *au taux légal de* 5 p. 100. — *Douai*, 7 fév. 1825, Charles c. Dupuis; — Goujet et Merger, no 13.

478. — Toutefois, jugé que l'art. 638, § 2, C. comm., ne s'applique pas de plein droit aux prêts ou emprunts contractés verbalement. — *Poitiers*, 22 mai 1829, Faydeau c. Goreau. — V. *contrà Douai*, 11 juill. 1821, Guignon c. Sauvage; *Bourges*, 29 mai 1824, Colnte c. Marchand.

479. — Ainsi, ce n'est pas le tribunal de commerce, mais le tribunal civil qui doit connaître de l'action relative à un prêt verbal d'argent fait à un négociant par un individu non commerçant. — *Bourges*, 21 janv. 1812, N..... c. Charrel. — Il en est de même d'un prêt verbal fait par un négociant à un négociant. — *Bruxelles*, 5 déc. 1810, Foucher c. Courant.

480. — Sous l'empire de l'ord. de 1673, les tribunaux de commerce étaient compétens pour connaître entre marchands d'un nantissement fait pour sûreté de l'acquit de lettres de change. — *Cass.*, 4 prair. an XI, Delmas et Obtemberg c. Stevens; — Orillard, no 190. — V. *contrà*, mais à tort, selon nous, Carré, *Lois de la compét.*, t. 2, p. 527 (note).

481. — Le tribunal de commerce est compétent pour statuer sur une contestation entre deux commerçans ayant pour objet la restitution de marchandises que l'un d'eux s'est fait remettre par le mandataire de l'autre, comme lui ayant été promises à titre de gage d'une créance, et que celui-ci prétend avoir été enlevées sans droit. — *Cass.*, 31 mai 1836, Vaissier-Four c. Deleuze.

482. — Il y a engagement commercial dans le cautionnement souscrit sous la forme d'un billet à ordre, par un négociant, au profit d'un autre négociant, pour garantie d'une opération de commerce. — *Paris*, 18 fév. 1830, Goullet c. Johnson; — Goujet et Merger, n° 8; Orillard, n° 190.

483. — Le négociant qui a cautionné un crédit en faveur d'un autre négociant peut être assigné devant le tribunal de commerce du lieu où ce crédit a été ouvert, bien qu'il soit domicilié ailleurs, si ce tribunal est compétent à l'égard du débiteur principal mis en cause avec lui. — *Cass.*, 26 juill. 1809, Lebrun c. Boursier et Defernex; *Toulouse*, 16 avr. 1836 (t. 1er 1837, p. 350), Pradère c. Durègne.

484. — Mais la lettre par laquelle deux négocians associés déclarent à leur frère qu'ils consentent à le cautionner, pour une somme déterminée, auprès d'un autre négociant, doit être considérée comme ayant pour cause un sentiment de bienveillance, et non une opération commerciale, alors que les deux frères ont signé chacun pour leur compte particulier, et non sur leur raison sociale. — Et, par suite, un tel cautionnement ne rend pas les signataires justiciables du tribunal de commerce. — *Angers*, 8 fév. 1830, Farran c. Cesbron. — M. Orillard (*loc. cit.*) adopte la même doctrine.

485. — D'un autre côté, le cautionnement d'une dette commerciale par un non commerçant ne constitue pas de sa part un acte de commerce. — *Orléans*, 17 juin 1840 (t. 2 1840, p. 333), Hérault c. Pelissol-Croué; *Dijon*, 15 fév. 1841 (t. 1er 1841, p. 450), David c. Séguin.

486. — L'individu (non négociant) qui s'est rendu caution d'un négociant condamné à payer une somme par le tribunal de commerce n'est ni justiciable de ce tribunal ni contraignable par corps. — *Lyon*, 15 déc. 1832, Reverdy c. Mathieu.

487. — Il importe peu que la créance résulte de condamnations commerciales, même pour lettres de change. — *Poitiers*, 14 mai 1834, Gougaud c. Vanguyon.

488. — ... Ou que la somme soit due solidairement pour prix de marchandises vendues par un tiers à un non commerçant. — *Bruxelles*, 30 oct. 1830, Guillemaint c. Pavy.

489. — Une femme qui, par un acte séparé, a cautionné solidairement le paiement de lettres de change souscrites par son mari, négociant, n'est pas justiciable des tribunaux de commerce. — *Paris*, 18 mai 1811, Pool c. Channac.

490. — Jugé au contraire que l'individu, même non commerçant, qui a cautionné une dette commerciale, devient, par la nature même de son engagement, justiciable de la juridiction consulaire. — Le tribunal de l'obligé principal devient le tribunal de la caution. — *Rouen*, 6 août 1838 (t. 2 1838, p. 531), Coisy c. Guest.

491. — Jugé de même à l'égard de la solidarité d'un commerçant. — *Rouen*, 26 déc. 1840 (t. 2 1844, p. 504), comm. d'Ingouville c. Berson et Letendre.

492. — Il doit en être ainsi, encore bien que la caution nie avoir cautionné. — C. procéd., art. 181; — *Bourges*, 15 fév. 1842 (t. 1er 1843, p. 273), Simonot c. Dalgabio et Graolo.

493. — Jugé aussi que le cautionnement donné par un individu non commerçant pour le prix d'une charge de facteur à la halle, à la condition qu'un crédit serait ouvert par le vendeur à l'acheteur, rend la caution justiciable du tribunal de commerce. — *Paris*, 20 juin 1840 (t. 2 1840, p. 173), Devé c. Marion.

494. — Le non commerçant qui a cautionné une opération commerciale peut être assigné devant le tribunal de commerce où la demande originaire est pendante. — *Paris*, 6 juin 1831, Glatigny c. Milleret.

495. — Jugé encore que l'individu non commerçant qui a cautionné le paiement du prix de marchandises livrées à un négociant est justiciable du tribunal de commerce, lorsque l'action est intentée tout à la fois contre lui et contre le débiteur négociant. — Mais la contrainte par corps ne peut être prononcée contre la caution. — *Lyon*, 4 fév. 1835, Patricot c. Serdat-Carcassonne; *Bordeaux*, 25 mai 1841 (t. 2 1841, p. 180), Patrot c. Pingeon et Jamain; *Paris*, 15 janv. 1831, Daubigny c. Masson de Maizeray.

496. — Lorsqu'un individu non commerçant a cautionné une obligation pour prêt, souscrite par un commerçant au profit d'un autre commerçant, il est pour ce fait justiciable du tribunal de commerce. Dès-lors, s'il est actionné isolément et personnellement devant le tribunal civil, il peut demander son renvoi devant le tribunal de commerce. Toutefois, cette exception étant personnelle à son égard, il cesse d'être recevable à s'en prévaloir s'il propose ses moyens de défense au fond. — *Caen*, 25 fév. 1825, Fouet c. Fontaine.

497. — On doit réputer commercial le mandat donné par un négociant à un autre pour le recouvrement de créances : dès-lors, c'est au tribunal de commerce qu'il appartient de connaître des difficultés qui peuvent s'élever entre le mandant et le mandataire relativement à son exécution. — *Lyon*, 17 fév. 1833, Debeaurais-Blanchard c. Descours; — Orillard, n° 191.

498. — Décidé de même que le commerçant qui se charge de remettre à un tiers la somme qui lui est adressée pour cet objet accepte en cela un mandat qui, à raison de sa profession, est un mandat commercial, alors surtout qu'il exige un escompte pour le paiement actuel ; en conséquence, il peut être actionné devant le tribunal de commerce pour l'exécution de ce mandat. — *Bordeaux*, 14 avr. 1840 (t. 2 1840, p. 152), Bouche c. Dore.

499. — Jugé cependant que le mandat de recouvrer une somme due par un commerçant ne constitue pas, bien qu'il soit donné par un commerçant à un commerçant, un engagement commercial; dès-lors, c'est devant le tribunal civil, et non devant le tribunal de commerce, que le mandataire doit être assigné en reddition de compte. — *Bordeaux*, 28 nov. 1838 (t. 1er 1839, p. 197), Mauquié c. Foucaud.

500. — Une contestation relative à un contrat de dépôt nécessaire, intervenue entre commerçans, n'est pas de la compétence du tribunal de commerce si la qualité des parties n'a influé en rien sur la nature de ce contrat, qui est purement civil, et qui ne constitue point un fait de commerce. — *Lyon*, 14 janv. 1841 (t. 1er 1841, p. 406), Jardel c. Bissey et Chazotte; — Orillard, n° 192.

501. — Les obligations contractées pour paiement de frais et d'honoraires d'avoués, d'agréés et d'autres officiers ministériels, à l'occasion de poursuites devant les tribunaux, ne peuvent être réputées actes de commerce. — Pardessus, n° 52; Goujet et Merger, n° 8.

502. — L'art. 632, dans sa disposition relative aux obligations entre négocians, ne doit s'appliquer qu'aux engagemens relatifs au commerce de ces négocians. — *Bourges*, 21 avr. 1826, Perrève c. Sautereau. — Ainsi les obligations qui naissent, non d'une convention expresse ou tacite, mais d'un délit ou quasi-délit, ne sont pas commerciales, quoique le délit ou quasi-délit ait été commis par un commerçant envers un autre commerçant. Ainsi, l'action exercée par un commerçant contre un autre en restitution de marchandises que ce dernier a indûment reçues d'un voleur, ou qu'il a lui-même enlevées, ne serait pas de la compétence commerciale, quand même cette action ne serait accompagnée d'aucune demande en dommages-intérêts....; et quand même encore les marchandises indûment enlevées l'auraient été par celui même qui les avait vendues et livrées au réclamant. Car on ne peut dire qu'en ordonnant la restitution des marchandises, les juges ne fassent qu'ordonner l'exécution de la vente, puisque cette exécution avait été consommée par la livraison. — Pardessus, n° 53.

503. — Ainsi, l'action en indemnité, à l'occasion d'un délit ou quasi-délit, intentée par un négociant contre un autre négociant, doit être portée devant les tribunaux civils, et non devant les tribunaux de commerce. — *Lyon*, 11 déc. 1840 (t. 1er 1841, p. 406), Montet, Maussé et Cavaillon c. Roux et Balp. — Orillard, n° 203.

504. — Le négociant qui, sans être marchand de bois, vend les bois provenant de son cru, ne fait pas un acte de commerce, et sa qualité de négociant n'est pas une raison pour déclarer incompétent le tribunal civil, devant lequel il a porté les difficultés survenues entre lui et le marchand acquéreur de son bois, à l'occasion de l'exécution du marché, surtout si l'action du négociant propriétaire a pour objet des dégâts causés à sa propriété par le mode d'exploitation du bois vendu. — *Bourges*, 21 avr. 1826, Perrève c. Sautereau.

505. — Cependant il faut reconnaître que la juridiction commerciale pourrait être saisie quand le fait dommageable est survenu à l'occasion de l'exercice du commerce et pour y subvenir. Ainsi, entre commerçans, les difficultés relatives à la propriété d'un dessin, à l'usurpation d'une enseigne, d'une marque commerciale, du titre d'un journal, les atteintes portées par un négociant à une industrie rivale sont des abus de la profession commerciale qui peuvent dès-lors être soumises à la décision des juges de commerce.. — Nouguier, t. 1er, p. 340; Despréaux, p. 331, n° 529; Orillard, p. 188, n° 205.

506. — Ainsi la juridiction commerciale est compétente pour connaître du quasi-délit résultant de ce que par suite de l'amarrement d'un radeau, un autre radeau a sombré avec ses marchandises. — *Grenoble*, 5 janv. 1834, Depelley c. Plantier; — Orillard, n° 206.

507. — Serait commerciale la contestation résultant de ce qu'un commissionnaire se prétendrait propriétaire de marchandises que lui a confiées son commettant, parce que le seul engagement intervenu entre les parties est la commission, acte commercial, et que c'est précisément de son exécution qu'il s'agirait. — Pardessus, n° 25.

508. — La demande en restitution de pierres à bâtir, formée par un marchand contre un marchand d'objets pareils, qui *les aurait enlevées*, ne peut donner lieu qu'à une action civile et non portée devant les tribunaux de commerce. — *Cass.*, 13 vendém. an XIII, Bonnefon c. Veyssi.

509. — L'action intentée par un marchand de chevaux contre un autre, en restitution de plusieurs chevaux qu'il prétend lui appartenir, et avoir fait placer, suivant convention, dans l'écurie du défendeur, pour y être nourris et soignés pendant quelques jours, moyennant le paiement des frais de nourriture et autres, n'est point de la compétence de la juridiction commerciale, encore bien que les deux parties soient commerçantes, et que l'obligation qui donne lieu au procès se rapporte à leur commerce. — *Bruxelles*, 23 mai 1832, Lendormi c. Gruselin.

§ 2. — *De la preuve admise contre la présomption de commercialité.*

510. — Les contestations relatives aux engagemens entre commerçans ne sont de la compétence des tribunaux de commerce qu'autant que ces engagemens ont trait au commerce. L'art. 631, C. comm., ne fait qu'établir une simple présomption de droit qu'ils ont le commerce pour objet. — *Metz*, 9 fév. 1816, Vosgeain c. Ongener; *Bruxelles*, 22 mai 1819, Ballieu c. N...

511. — Cette présomption peut être détruite par la preuve contraire, laquelle est à la charge exclusive du défendeur. — *Rouen*, 23 juill. 1842 (t. 2 1842, p. 370), Férandier c. Sinoquet.

512. — ... Ou par des présomptions contraires. — *Bordeaux*, 19 avr. 1836, Picard c. Trepsat. — M. Orillard, n° 210, pense aussi que la non commercialité pourra être établie par le serment ou l'aveu de l'adversaire, par la preuve testimoniale, qui, sauf les cas de prêt à la grosse, d'assurance et de société, est toujours admissible en matière de commerce, ou par la preuve littérale tirée, soit de l'obligation elle-même, soit de tous autres écrits.

513. — La présomption de l'art. 632, C. comm., cesse lorsque la cause exprimée, ou la cause réelle, quoique non exprimée dans l'obligation, est, par sa nature, tout-à-fait étrangère au commerce. — Ainsi, ne sont pas réputés commerciaux les engagemens d'un commerçant pour achat de denrées et marchandises destinées à son usage ou à celui de sa famille. — Pardessus, n° 52; — *Lyon*, 16 janv. 1838 (t. 2 1838, p. 633), Gervais c. Richard; *Aix*, 22 janv. 1840 (t. 1er 1840, p. 625), Lapierre c. Gounelle.

514. — ... Ni les dépenses faites dans une auberge par des commerçans en paiement des fournitures et du logement donnés, soit à eux, soit à leurs commis et chevaux. — *Metz*, 9 juill. 1813, Rogister c. Wolf Bloch; *Limoges*, 2 mars 1837 (t. 1er 1839, p. 210), Belgy c. Vernaudon.

515. — Jugé encore que les tribunaux de commerce ne sont pas compétens pour connaître de l'action intentée par un aubergiste contre un marchand de chevaux, en paiement des fournitures journalières et en détail qu'il lui a faites pour la nourriture de ses chevaux et des gens chargés de les conduire. — *Metz*, 4 janv. 1823, N... c. N...

516. — Mais il y a un caractère commercial dans les engagemens pris par un voiturier envers un aubergiste pour la nourriture de ses domestiques et celle de ses chevaux employés aux transports qui constituent son industrie. — *Toulouse*, 8 mai 1835, Saint-Paul et Decap c. Fromont; — Pardessus, *loc. cit.*; Nouguier, t. 1er, p. 342.

517. — Il est de même compétent pour connaître de la vente faite entre commerçans d'un permis d'exportation de grains. — Ord. 1673, tit. 12, art. 4; L. 22 août 1790, tit. 12, art. 2; — *Cass.*, 5 août 1826, Reissel c. Jacobi.

518. — On ne peut considérer comme actes de commerce une foule de négociations dont l'objet même annonce qu'elles sont étrangères au commerce : telles sont les ventes et locations d'immeubles, à quelque emploi qu'on les destine, les transmissions de biens à titre gratuit, les arrangemens de famille pour partages de succession, et autres actes semblables dont le caractère est d'ailleurs aisé à reconnaître. Il faut, en effet, distinguer dans tout homme adonné au commerce sa qualité de commerçant et sa qualité de particulier. Cette distinction, enseignée par la raison, était

déjà suivie sous l'ord. de 1673.—Pardessus, n° 52.

319.— Le mandat gratuit que les créanciers auxquels un négociant a fait abandon de ses biens donnent à un tiers de gérer et administrer les biens abandonnés est un acte purement civil. — *Limoges*, 8 déc. 1836, Rigonnaud c. Robert.

320. — La location d'une loge par un marchand à un autre marchand pour la durée d'une foire n'est point un acte de commerce. Ainsi, les contestations relatives au paiement du prix de cette location ne sont pas de la compétence de la juridiction commerciale. — *Caen*, 24 mai 1826, Durand c. Huet-Barochée.

321. — L'achat fait à un commerçant par un autre commerçant (en dehors de son industrie spéciale) de matériaux nécessaires à une construction, ne constitue point, de la part de l'acquéreur, un acte de commerce qui le rende justiciable des tribunaux consulaires. — *Limoges*, 15 juin 1838 (t. 1er 1839, p. 210), Meyze c. Imbert.

322. — Un marchand de bois est justiciable du tribunal de commerce, en raison d'un achat de briques, même de peu d'importance, à moins qu'il ne prouve qu'elles ont été employées à son usage personnel. — *Rouen*, 9 avr. 1840 (t. 1er 1844, p. 346), Aubert.

323. — Les tribunaux de commerce ne sont pas compétens pour connaître entre négocians d'une demande en paiement de loyers, lors même que le demandeur a offert d'imputer sur sa créance la valeur d'un objet relatif à son commerce. — *Metz*, 10 déc. 1819, Devillé-Bodson c. Rambourg.

324. — Les tribunaux de commerce sont incompétens pour connaître d'une demande en paiement : 1° du loyer d'un terrain loué à une société charbonnière pour y déposer son charbon ; — 2° du prix de planches vendues à une telle société pour servir à son exploitation. — *Bruxelles*, 31 janv. 1828, P.... c. L....

325. — Mais le tribunal de commerce est compétent pour connaître d'une contestation élevée relativement au louage d'un câble fait par un marchand à un marchand.—*Rennes*, 15 nov. 1810, Ruellan c. Dunaud.

326. — Un commerçant ne peut être traduit devant le tribunal de commerce à raison de billets par lui souscrits, si ce billet exprime une cause purement civile, comme si, par exemple, il est causé valeur en immeuble ; et l'incompétence du tribunal peut être proposée pour la première fois en appel. — *Amiens*, 14 juin 1826, Sorel c. Rançon.

327. — La présomption de la cause commerciale d'un billet, résultant de la qualité de commerçant du souscripteur, s'évanouit alors que ce billet énonce, par ses termes combinés avec les circonstances particulières dans lesquelles il a été souscrit, une cause étrangère au commerce de ce souscripteur. — *Cass.*, 20 janv. 1836, Marty et Garnier c. Chardonnet.

328. — La cession de créances commerciales sur un failli n'est point de la compétence des tribunaux de commerce, encore qu'elle ait eu lieu entre marchands, s'il ne s'y joint d'ailleurs des circonstances particulières aux actes commerciaux. — *Bruxelles*, 14 mars 1832, Covelier-Vanbevès c. Vanmaldès.

329. — La cessation de la qualité de commerçant de la part de celui qui l'était lorsqu'il s'est engagé ne change pas la qualité de l'acte et ne dénature pas la présomption qui naît au moment même où l'obligation est contractée. — Pardessus, n° 50.

330. — Le syndic d'une faillite, même négociant, qui, en sa qualité de syndic, emprunte une somme dans l'intérêt de la masse des créanciers, et souscrit des effets sous sa responsabilité personnelle et solidaire, ne fait pas un acte de commerce soumis à la juridiction du tribunal de commerce.—*Toulouse*, 15 janv. 1833, Rousille c. Baudens et Dupau.

331. — Mais l'engagement souscrit par le failli pour supplément de dividende est commercial, et dès-lors rend le failli justiciable du tribunal de commerce.—*Paris*, 26 juill. 1835, Duguy c. Chabbal.

332. — Lorsque deux commerçans font entrer dans le compte courant qu'ils tiennent pour leurs négociations commerciales des sommes dues pour des causes étrangères au commerce, ces créances prennent en général le caractère commercial du compte dans lequel on les a comprises. — Pardessus, n° 52 ; Orillard, n° 191.

§ 3. — *Présomption de commercialité relativement aux billets des comptables des deniers publics.*

333. — Les receveurs, payeurs, percepteurs et autres comptables de deniers publics sont assimilés aux commerçans, relativement aux billets qu'ils souscrivent. Ces billets sont réputés faits pour leur gestion, si une autre cause n'y est exprimée ; ils les rendent justiciables des tribunaux de commerce, et passibles de la contrainte par corps. — Décl. 26 fév. 1692 ;—*Amiens*, 30 mai 1820, Reveillon c. Luc-Buttin ; — Locré, *Esprit du Code de comm.*, t. 8. p. 306 ; Coin-Delisle, *Comment. sur la contr. par corps*, p. 84, n° 14.

334. — Mais cette assimilation, établie dans la vue d'accélérer l'exécution des engagemens des comptables et d'augmenter leur crédit, étant une exception à la règle générale, ne doit pas être étendue au-delà des limites fixées par la loi ; et, par exemple, les comptables ne sont pas justiciables des tribunaux de commerce à raison de leurs engagemens *verbaux* ; et on ne peut ni leur imposer les obligations prescrites aux commerçans, ni leur appliquer les présomptions relatives à ces derniers. —Pardessus, n° 54.—Ce que nous avons dit, nos 310 et suiv., sur la preuve admise contre la cause commerciale de l'acte serait également applicable aux percepteurs et comptables publics.

335. — Bien qu'un percepteur des contributions directes soit soumis à la juridiction commerciale pour raison des billets souscrits, il n'est cependant point contraignable par corps, s'il n'est pas prouvé que les billets avaient une cause commerciale, ou qu'ils aient été souscrits au profit du trésor. — *Toulouse*, 21 août 1835, Bonnefons c. Rey.

336. — Un receveur d'enregistrement qui a endossé un billet à ordre est justiciable du tribunal de commerce et contraignable par corps au paiement comme s'il l'avait souscrit, à moins qu'il n'y soit énoncé que c'est pour une cause étrangère à sa gestion. — *Poitiers*, 24 janv. 1832, Gonsault c. Mazaurie.

337. — Jugé, au contraire, que le simple endossement d'un billet à ordre par un receveur d'enregistrement n'est pas un acte qui le rende justiciable des tribunaux de commerce (*Colmar*, 23 août 1814, Schneider c. Schoeffer). — Cette décision, suivant Vincens (t. 1er, p. 139), est plus conforme à la lettre qu'à l'esprit de la loi. « Quand, dit-il, un receveur négocie sa signature pour se faire des fonds, en usant des ressources du commerce, peu importe qu'il fasse circuler le papier qu'il crée ou celui qu'il s'est procuré et qu'il endosse. »

338. — Les billets à ordre souscrits par des comptables de deniers publics sont censés faits pour leur gestion, quoique leur valeur y soit énoncée *pour amiable prêt* : en conséquence, les tribunaux de commerce sont compétens pour connaître de pareils billets souscrits par un conservateur des hypothèques. — *Aix*, 30 mai 1829, R... c. Giraud.

339. — Ne doit pas être considéré comme billet de receveur, dans le sens de l'art. 634, C. comm., le billet qu'un individu, devant obtenir une place de receveur des deniers publics, a souscrit pour une somme destinée à faire le cautionnement de cette place. Par conséquent, le souscripteur n'est point justiciable du tribunal de commerce. — *Paris*, 22 juill. 1826, Tiran c. Leroux.

340. — Doivent être réputés comptables publics ceux qu'une administration financière, créée par l'état, prépose aux recettes dont elle est chargée, et qui versent ces recettes dans les caisses publiques. — Pardessus, n° 54. — V. ASSURANCES TERRESTRES, AVAL, COMMERÇANT, COMMERCE, COMMISSION, COMPÉTENCE COMMERCIALE, FAILLITE, PREUVE TESTIMONIALE, SOCIÉTÉ COMMERCIALE, TRIBUNAL DE COMMERCE.

ACTE DE DÉCÈS.

V. ACTE DE L'ÉTAT CIVIL.

ACTE DE DÉPOT.

1. — Tous actes et pièces peuvent être déposés chez les notaires, lorsqu'ils ne sont contraires ni aux lois de l'état ni aux mœurs.

2. — Ces dépôts ont lieu ou volontairement, ou par décision du juge.

3.—Dans l'un et l'autre cas, les notaires à qui de semblables dépôts sont faits doivent les constater par des actes particuliers. C'est ce qu'on appelle des *actes de dépôt*. — V. NOTAIRE, TESTAMENT.

4. — Lorsque la pièce déposée est un brevet reçu par le notaire auquel se fait le dépôt, l'acte prend le titre de rapport pour minute.—V. RAPPORT POUR MINUTE.

5. — Lorsque la pièce déposée est un acte sous seing-privé dont l'écriture et la signature sont reconnues par le déposant, l'acte prend le titre de *dépôt et reconnaissance d'écriture*.—Rolland de Villargues, *Rép.*, v° *Dépôt*, n° 10.

6.—Quand la pièce déposée est un acte sous seing-privé, l'acte de dépôt en contient la description afin qu'on ne puisse soupçonner aucune substitution, modification ou altération. Ainsi, dit Rolland de Villargues, on constate le nombre de feuilles qu'elle contient, leur format, le nombre de pages écrites, celles en blanc, les interlignes et surcharges, tout ce qui peut être défectueux, et les derniers mots qui la terminent. — Ces précautions sont surtout nécessaires quand il s'agit d'un testament.—V., au surplus, DÉPOT DE PIÈCES, NOTAIRE.

7. — Les greffiers reçoivent aussi, à titre de dépôt, des cahiers des charges, des rapports d'experts, des sentences arbitrales, des extraits de contrats pour la purge des hypothèques légales, des pièces arguées de faux, etc.

8. — Ils constatent la remise qui leur est faite par des actes de dépôt qui donnent lieu, lors de l'enregistrement, à la perception d'un droit fixe de 3 fr. 30 c., dixième compris.

V. ARBITRAGE CAHIER DES CHARGES, ENREGISTREMENT, EXPERTISE, PURGE LÉGALE.

ACTE DE FRANCISATION.

V. FRANCISATION.

ACTE DE GARANT.

1. — On appelait ainsi dans la Flandre maritime et en Artois l'acte par lequel les directeurs de la table des pauvres du pays, d'où sortait l'étranger qui venait s'établir dans l'une ou l'autre de ces deux provinces, s'engageaient à le reprendre, lui et sa famille, dans le cas où il tomberait dans l'indigence.

2. — Les actes de garant ont été abrogés par la loi du 25 vendém. an II, tit. 5, qui détermine le domicile où l'homme nécessiteux a droit aux secours publics. — V. DOMICILE DE SECOURS, TABLE DES PAUVRES.

ACTE DE JURIDICTION.

V. JURIDICTION.

ACTE DE MARIAGE.

V. ACTE DE L'ÉTAT CIVIL, MARIAGE.

ACTE DE NAISSANCE.

V. ACTE DE L'ÉTAT CIVIL.

ACTE DE NOTORIÉTÉ.

Table alphabétique.

ACTE DE NOTORIÉTÉ. — 1. — On appelle ainsi l'acte passé devant un officier public et par lequel, sur la déclaration de témoins, on constate un fait notoire, ou on supplée à un acte écrit qu'on est dans l'impossibilité de produire.

2. — Les jurisconsultes distinguent deux espèces d'actes de notoriété, ceux que, dans l'ancienne jurisprudence, délivraient les magistrats d'un siége pour attester un usage ou un point de droit, et ceux qui, sous l'empire de la nouvelle législation, servent dans plusieurs cas pour suppléer à des actes dont la production est difficile, sinon impossible.

—

Sect. 1re. — *Des actes de notoriété dans l'ancien droit.*

3. — Sous le nom d'*acte de notoriété*, on désignait dans l'ancien droit les attestations données par des officiers de justice ou par des avocats et praticiens du siége sur quelque point obscur de la coutume ou sur un usage local.

4. — Suivant Bayard et Camus, il y en avait de deux espèces : les uns faits en exécution d'un arrêt de cour souveraine; les autres, délivrés sur la simple réquisition des parties, et qui n'étaient, à vrai dire, que des certificats.

5. — Les actes de cette seconde catégorie avaient beaucoup moins d'autorité que ceux de la première : cependant on les voit très souvent confondus dans les recueils, et particulièrement dans l'ouvrage intitulé : *Actes de notoriété du Châtelet.*

6. — Ce n'est qu'après l'abolition des enquêtes par turbes, que l'usage des actes de notoriété est devenu fréquent. — Bouhier, *Cout. de Bourgogne*, chap. 13, no 71.

7. — Ces actes étaient rédigés par le lieutenant général ou particulier du siége, sur la réquisition des parties, dans la forme d'un procès-verbal. — Ils contenaient l'attestation de douze anciens, juges, avocats ou praticiens. On les appelait parfois *Certificats d'usage.*

8. — Ces actes devaient être motivés. — Denisart, vo *Actes de notoriété.*

9. — Remarquons toutefois que les actes de notoriété de ces deux catégories n'ont été introduits que par l'usage, et que jamais aucune loi ne les a autorisés. — Lamoignon, sur l'art. 23, ordonn. 1667, qui supprimait les enquêtes par turbes. — V. aussi Bouhier, *Observat. sur la cout. de Bourgogne*, ch. 13, nos 70 et suiv., et *Nouv. Denisart*, t. 1er, p. 171, vo *Actes de notoriété.*

10. — Le président Bouhier trouvait que l'ancienne forme des enquêtes par turbes avait plusieurs avantages sur celle qui s'observait pour l'obtention des actes de notoriété. Ces avantages, il faut le dire, étaient plus que compensés par la simplicité des formes et l'économie des frais. — *Nouv. Denisart*, vo *Actes de notoriété*, t. 1er, p. 172, § 4. — V. ENQUÊTE PAR TURBES.

11. — A la fin du dix-septième siècle, les avocats au parlement de Paris étaient dans l'usage de donner des certificats de notoriété, et ce dans des assemblées convoquées de la manière la plus solennelle, mais, par délibération prise dans la bibliothèque, le 5 janvier 1715, il fut décidé que dorénavant les avocats s'abstiendraient de donner leur avis dans cette forme. — V. Brillon, vo *Avocat*, no 12.

12. — Depuis le C. civ., tous ces actes de notoriété sur un point de droit ou de jurisprudence, toutes ces attestations quasi-judiciaires sur le sens d'une loi ou d'une coutume, ont cessé d'être en usage, quoique dans le principe on y ait eu recours dans quelques rares occasions.

13. — Jugé même qu'un acte de notoriété bien que dressé en pays étranger dans la forme usitée dans ce pays, peut, suivant les circonstances, qu'il appartient aux juges d'apprécier, être considéré comme ne faisant pas force probante relativement aux faits qui y sont énoncés. — *Cass.*, 27 déc. 1837 (t. 1er 1837, p. 449), Colombel c. Pouzin.

14. — Du reste, la cour de Cassation a formellement jugé que les tribunaux ne peuvent, sans excéder leurs pouvoirs, délivrer des arrêts en forme d'actes interprétatifs du sens de quelque article de coutume ou de loi. — *Cass.*, 14 avr. 1824, trib. de Guéret. — V. surtout le réquisitoire de M. Mourre, procureur général, t. 18, p. 630 et 632.

15. — Jugé également qu'un acte de notoriété délivré par des négocians étrangers est sans caractère légal et ne peut suppléer à des actes authentiques. — *Rennes*, 3 déc. 1834, Onffroy c. le préfet d'Ille-et-Vilaine.

16. — Cependant la cour de Bruxelles a décidé, mais à tort, selon nous, que depuis le Code civ., on peut encore être admis à prouver un point de jurisprudence ancienne par des actes de notoriété. — *Bruxelles*, 13 fév. 1810, Fauconnier c. Grégoire.

17. — Et même, qu'on peut prouver de cette manière qu'une loi est tombée en désuétude. — *Bruxelles*, 24 juill. 1810, Crousse c. Corbisier.

18. — Nous ferons remarquer à l'occasion de ces deux arrêts de la cour de Bruxelles, que les parties furent renvoyées devant les tribunaux de Namur et de Mons pour la délivrance des actes de notoriété qu'elles avaient demandé à produire, avec injonction de se conformer *à ce qui est en pareil cas requis.*

19. — Ainsi, ce n'était pas seulement un simple certificat émané de particuliers sans caractère que réclamait la cour de Bruxelles, c'était une attestation judiciaire, un procès-verbal officiel, un véritable règlement.

20. — Sous ce rapport, sa décision était évidemment illégale, car aucune loi n'a donné aux tribunaux le pouvoir de constater, d'une manière générale, des usages, des interprétations de loi ou de coutume, des abrogations ; et, d'un autre côté, le Code n'a tracé aucune règle, aucune forme de procédure pour la délivrance de ces actes.

21. — La cour de Bruxelles elle-même l'a si bien compris que, dans son dernier arrêt, tout en ordonnant la délivrance de l'acte de notoriété, elle crut devoir déclarer que c'était *sans rien préjuger sur la suffisance ou l'insuffisance de la preuve offerte par l'appelant.*

22. — Quoi qu'il en soit, il est aujourd'hui constant que les tribunaux, non seulement ne font plus d'actes de notoriété, mais qu'ils refusent de délivrer, même pour être produites devant les tribunaux étrangers, des attestations sur des points de droit, quoiqu'on se soit souvent adressé à eux pour en obtenir. On ne peut qu'approuver une aussi sage réserve.

Sect. 2e. — *Droit nouveau. — Cas divers dans lesquels un acte de notoriété doit ou peut être produit.*

23. — Avant de parcourir les différens cas dans lesquels un acte de notoriété est nécessaire, nous ferons remarquer qu'en général, ce genre de preuve, bien qu'autorisé par la loi, inspire peu de confiance et ne sert que pour l'objet spécial auquel il se réfère.

24. — Ainsi, l'acte de notoriété, qui, après tout, constate plutôt la croyance publique que le fait lui-même, n'a que par exception la force d'une preuve légale ; le plus souvent, ce n'est qu'un indice, qui, dans la pratique des affaires, n'a pas plus de valeur qu'un simple certificat.

§ 1er. — *Des actes de notoriété en matière d'actes de l'état civil.*

25. — Pour se marier il faut produire un acte de naissance, mais souvent cela est impossible : comment y suppléer ? — La loi permet, dans ce cas, qu'on rapporte, au lieu de l'acte de naissance, un acte de notoriété. — C. civ., art. 70.

26. — Cet acte doit être délivré à celui des époux qui le réclame par le juge de paix du lieu de sa naissance ou par celui de son domicile réel. — Même art. — V. Augier, *Encycl. des juges de paix*, vo *Actes de notoriété*, no 2.

27. — Il contient la déclaration faite par sept témoins de l'un et de l'autre sexe, parens ou non parens, des prénoms, nom, profession et domicile du futur époux, et de ceux de ses père et mère, s'ils sont connus, le lieu et, autant que possible, l'époque de la naissance et les causes qui empêchent d'en rapporter l'acte. Les témoins doivent signer l'acte de notoriété avec le juge de paix, et s'il en est qui ne puissent ou ne sachent signer, il en est fait mention. — C. civ., art. 71.

28. — Cet acte doit être homologué. A cet effet, il est présenté au tribunal de première instance du lieu où doit se célébrer le mariage. Le tribunal, après avoir entendu le procureur du roi, donne ou refuse son homologation, selon qu'il trouve suffisantes ou insuffisantes les déclarations des témoins et les causes qui empêchent de rapporter l'acte de naissance. — C. civ., art. 72.

29. — L'acte de notoriété, ne devant être admis que pour le cas où la loi l'a spécialement autorisé, ne pourrait servir à prouver la filiation de celui qui l'aurait obtenu, ni lui procurer les droits de famille, tels que celui de succéder. Il n'est bon que pour le mariage. — Toullier, *Droit civ.*, t. 1er, no 305 ; Carré, *Jurid. des juges de paix*, t. 3, p. 405, no 2299.

30. — Ainsi, on ne peut, hors le cas de mariage, prouver la naissance par des actes de notoriété. — *Colmar*, 11 janv. 1831, Meyer c. Wely.

31. — A plus forte raison faut-il décider qu'un acte de notoriété, fait dans la forme prescrite par les art. 71 et 72, C. civ., ne peut, alors qu'il n'a pas été homologué par le tribunal, être utilement opposé par celui qui s'est obligé envers des tiers, pour démontrer qu'il était encore mineur à l'époque où il a souscrit l'obligation. — C'est ce qui a été jugé, en effet, par la cour de *Metz*, 4 mars 1817, Mayer-Gaudchaux c. Lévy.

32. — Jugé de même, que lorsque les registres de l'état civil étant perdus, un individu, pour prouver ses droits à une succession, en raison de sa parenté, produit un acte de notoriété dressé devant le juge de paix, conformément aux art. 70 et 72, C. civ., cet acte ne fait pas foi aux yeux des tribunaux ; il faut une enquête ordonnée par eux. — Arg. de l'art. 46, C. civ. ; — *Trèves* (et non *Turin*), 19 janv. 1807, Grilten c. Weberlings.

33. — Toutefois, comme l'acte de notoriété pourrait former contre ceux qui l'auraient signé un commencement de preuve par écrit, M. Augier conseille au juge de paix de mentionner dans son procès-verbal qu'il ne le délivre qu'en exécution et en conformité de l'art. 70, C. civ., et seulement pour remplir l'objet de cet article. — *Encycl. des juges de paix*, vo *Acte de notoriété*, no 9, *in fine*. — V. aussi Carré, *Jurid. des juges de paix*, t. 3, no 2299.

34. — Sans attacher autant d'importance que M. Augier à cette mention, il nous suffit pour l'approuver qu'elle soit conforme à la réalité, et qu'elle ne puisse donner lieu à aucun inconvénient.

35. — S'il ne se trouvait, dans le lieu de la naissance ou dans celui du domicile du futur époux, qu'un nombre de témoins inférieur à celui prescrit par la loi, pourrait-on réunir les déclarations faites devant les deux juges de paix pour compléter le nombre légal ? En d'autres termes, deux actes de notoriété contenant les déclarations, l'un de quatre témoins, l'autre de trois, rempliraient-ils le vœu

de l'art. 70, C. civ.?—La question est controversée.

36. — Carré (*Juridict. des juges de paix*, t. 3, no 2303) soutient la négative. « La loi est formelle, dit-il, elle veut que le juge de paix reçoive la déclaration de sept témoins... C'est à la partie intéressée à prendre les moyens convenables pour faire comparaître les sept témoins devant le même juge, soit celui du lieu de la naissance, soit celui du lieu du domicile. »

37. — M. Augier, au contraire, fait remarquer avec raison que cette extrême rigueur est peu justifiée; qu'il ne s'agit après tout que de prouver que le requérant est, par son âge, habile à contracter mariage ; et qu'en pareil cas il paraît indifférent que les témoins déposent devant le même magistrat ; qu'enfin, le résultat des déclarations étant le même pour la justice, il n'y a pas de raison pour refuser à deux actes réguliers et authentiques l'effet que l'on est forcé d'accorder à un seul. —*Encycl. des juges de paix*, t. 1er, p. 37, no 6.

38. — Lorsqu'un militaire veut se marier, le ministre de la guerre exige un acte de notoriété constatant la fortune de la personne que ce militaire doit épouser. Cette déclaration est faite, ou devant le maire, ou devant un notaire, par des parens ou même par des tiers. — V. MARIAGE, MILITAIRE.

39. — C'est encore un acte de notoriété que doit produire le militaire qui veut faire constater son identité, alors qu'il y a eu omission ou interposition de ses prénoms dans un acte civil en opposition avec son acte de naissance.

40. — Dans ce cas, comme dans celui de l'art. 71, C. civ., suivant la décision du ministre de la guerre, c'est le juge de paix qui doit délivrer l'acte de notoriété, sur la déclaration de sept témoins. — Biret, *Justice de paix*, vo *Acte de notoriété*; Augier, *Encyclopédie des juges de paix*, *eod. verb.*, no 10.

§ 2. — *De l'acte de notoriété nécessaire pour suppléer au défaut d'acte respectueux.*

41. — La faveur du mariage a encore donné naissance à une seconde espèce d'acte de notoriété qu'il faut mentionner ici. — Aux termes de l'art. 155, C. civ., lorsque l'ascendant auquel aurait dû être fait l'acte respectueux est absent, il faut le constater par un acte de notoriété, à moins qu'on ne puisse produire un jugement déclarant l'absence ou ordonnant l'enquête.—Art. 115 et 116, C. civ.

42. — Cet acte doit être délivré par le juge de paix du lieu où l'ascendant a eu son dernier domicile connu. Il doit contenir la déclaration de quatre témoins appelés d'*office* par le juge de paix (C. civ., art 155), et n'a pas besoin d'être homologué.

43. — Comme on le voit, l'acte de notoriété autorisé par l'art. 155, C. civ., diffère sous deux rapports de celui dont il a été question dans le paragraphe précédent. — En effet, d'une part, le nombre des témoins n'est pas le même, et, d'un autre côté, la convocation de ces témoins se fait d'*office*, dans le cas prévu par l'art. 155, ce qui n'a pas lieu dans le cas de l'art. 70.

44. — Cependant, si le lieu du dernier domicile de l'ascendant n'était pas connu, l'acte de notoriété prescrit par l'art. 155, C. civ., pourrait être remplacé par un autre acte de notoriété passé devant notaire, ou devant le juge de paix. C'est ce que décide un avis du conseil d'état du 4 thermid. an XIII. « Considérant que si, comme » cela arrive souvent dans les classes pauvres, » par l'ignorance du dernier domicile, on ne peut » recourir à l'acte de notoriété prescrit par l'art. » 155, et destiné à constater l'absence d'un domi» cile connu, dans ce cas la raison suggère de se » contenter de la déclaration des témoins ; que » déjà dans beaucoup d'occasions semblables, des » officiers de l'état civil de Paris ont procédé aux » mariages sur des actes de notoriété passés ou » devant notaires ou devant les juges de paix, par » des témoins que les parties ont produits ; qu'il » n'en est résulté aucun inconvénient ni plainte ; » qu'il en est au contraire résulté beaucoup, lors» que, dans des cas pareils, on a voulu être plus » rigoureux et exiger davantage, etc. »

45. — Il résulte de l'avis qui précède que, pour cet acte de notoriété, les témoins peuvent être produits par les parties, et qu'il n'est pas nécessaire que ce soit le juge de paix qui les appelle d'office devant lui.

46. — Il y a mieux, d'après l'avis du conseil d'état, l'acte de notoriété peut même être suppléé par la déclaration faite avec serment par l'époux et par les témoins, devant l'officier de l'état civil, qu'ils ignorent le lieu du dernier domicile des ascendans auxquels il aurait dû être fait des actes respectueux. — Avis cons. d'état, 4 thermid. an XIII ; — Carré, *Jurid. des juges de paix*, t. 3, nos 2316 et 2317. — V. ACTES DE L'ÉTAT CIVIL.

47. — L'officier de l'état civil doit faire mention de ces déclarations dans l'acte de mariage. — Carré, *loc. cit.*, t. 3, no 2318.

48. — On voudra bien remarquer que la disposition de l'art. 155, relative à l'acte de notoriété destiné à remplacer l'acte respectueux, est applicable aux enfans naturels légalement reconnus, en cas d'absence de leur père ou de leur mère. — C'est la disposition expresse de l'art. 58, C. civ.

49. — L'époux qui voudrait se remarier pourrait-il suppléer par un acte de notoriété tel qu'il est prescrit par l'art. 155, à l'acte de décès de l'autre époux ? — Non, quand même il prétendrait que celui-ci est mort à la guerre, dont les événemens rendent la preuve du décès souvent très difficile. Il y aurait, dit Toullier, un extrême danger à admettre, comme preuve de décès, de simples actes de notoriété fournis après coup, et résultant le plus souvent de quelques témoignages achetés à la faiblesse.—Avis cons. d'état, 12 germ. an XIII.

§ 3. — *Des actes de notoriété en matière d'absence.*

50. — Lorsqu'une personne a disparu, et se trouve en état de présomption d'absence, Pigeau conseille au mari ou au mandataire, s'ils ont à faire une opération qui excède leurs pouvoirs, de joindre à leur requête à fin d'autorisation au président du tribunal un acte de notoriété constatant la disparition. — *Tr. de procéd. civ.*, t. 2, p. 317.

51. — Il en est de même dans le cas où la femme d'un présumé absent, ses enfans, ses créanciers, ou tous autres intéressés, recourent à des mesures conservatoires. — Rolland de Villargues, *Rép.*, vo *Notoriété*.

52. — L'acte de notoriété serait sans motifs, s'il existait déjà des preuves suffisantes de la disparition. — Pigeau, *ibid.*

53. — Les notaires ont concurrence avec les juges de paix pour recevoir cet acte de notoriété. — Rolland, no 79. — V. *contrà* Pigeau, *loc. cit.*

54. — L'acte de notoriété dressé en cas d'absence doit être attesté par quatre témoins, à cause de la gravité de la circonstance. — Pigeau, *ibid.*

55. — L'acte de notoriété est encore utile pour appuyer une demande en déclaration d'absence, lorsque surtout les personnes qui ont connaissance de la disparition qu'ils doivent attester, sont éloignées les unes des autres et des lieux où siége le tribunal appelé à prononcer sur la demande. — Rolland, *loc. cit.*, no 81.

56. — Jugé que les tribunaux peuvent se contenter d'un simple acte de notoriété, pour déterminer l'époque précise des dernières nouvelles de l'absent, si la déclaration d'absence ne l'a pas fixée. — *Cass.*, 24 nov. 1811, Magonnet.

§ 4. — *Des actes de notoriété après décès, à défaut d'inventaire, pour rectification d'erreurs ou omissions, fixation de qualités, etc.*

57. — Si, après l'ouverture d'une succession, il n'a pas été fait d'inventaire, on peut y suppléer par des actes de notoriété, qui produisent les mêmes effets, quant aux qualités et aux droits des héritiers. Ils doivent donc contenir les mêmes énonciations que celles exigées pour la régularité des inventaires. — Rolland de Villargues, *Rép.*, vo *Notoriété*, § 2, art. 1er.

58. — Ainsi, l'acte de notoriété doit exprimer : 1o les noms, profession et domicile du défunt, le lieu et l'époque de son décès ; 2o les noms, professions et demeures des héritiers, et leur degré de parenté; 3o la portion à recueillir par chaque héritier ; 4o leur état civil, en cas de minorité ou d'interdiction, les noms, profession et demeure de l'interdit ; 5o la mention des dispositions universelles ou à titre universel que le défunt aurait faites. — Rolland de Villargues, *ibid.*

59. — Les donataires ou légataires universels peuvent aussi requérir, immédiatement après le décès, un acte de notoriété, pour prouver que le don ou legs ne doit pas éprouver de réduction. Dans ce cas, il suffit que l'acte de notoriété constate que le défunt ne laisse pas d'héritiers à réserve. — Rolland, *ibid.*

60. — Ces deux espèces d'actes de notoriété doivent contenir la mention qu'il n'a pas été fait d'inventaire, et qu'ils ont été dressés à son défaut.

61. — On peut aussi dresser un acte de notoriété pour rectifier les erreurs ou omissions qui ont pu être commises dans l'intitulé d'inventaire. Ainsi, si l'on a exprimé d'une manière inexacte les noms, prénoms, professions et demeures de quelques-uns des héritiers, ou le titre de leur parenté, ces inexactitudes peuvent être réparées par un acte de notoriété, auquel il est bon d'annexer les expéditions des actes de naissance des héritiers sur lesquels l'erreur a été commise. — Rolland, nos 25 et 26.

62. — Si l'erreur porte sur les droits dans la succession d'un ou de plusieurs héritiers, il convient alors de faire intervenir à l'acte de notoriété celui ou ceux des héritiers auxquels on avait attribué un droit trop élevé, et de leur faire approuver la rectification. — Rolland, *ibid.*

63. — L'acte de notoriété doit être fait dans ces deux cas à la suite de l'inventaire, et il convient d'en faire mention en marge de l'intitulé.

64. — Si le notaire qui reçoit l'acte de notoriété n'est pas celui qui a dressé l'inventaire, l'acte de notoriété doit être déposé et annexé à la suite dudit inventaire.

65. — Dans le cas d'absence ou de mauvais vouloir des héritiers auxquels on a a attribué des parts trop fortes, on doit énumérer dans l'acte de notoriété les actes de l'état civil qui établissent la filiation et les droits de l'héritier au préjudice duquel l'erreur a été commise.

66. — Mais alors le notaire ne pourrait faire aucun changement à l'intitulé, et il devrait continuer d'en délivrer des expéditions sans mention, jusqu'à ce que la rectification ait été consentie par celui contre lequel elle est demandée, ou qu'elle ait été ordonnée par jugement. La raison en est que l'inventaire fait foi jusqu'à preuve contraire, dont le notaire n'est pas juge. — Rolland, *ibid.*

67. — ... Sauf à la partie lésée à empêcher cette délivrance par une opposition signifiée au notaire, ou à demander seulement qu'elle ne soit faite qu'avec mention de l'acte de notoriété. — Rolland, *ibid.*

68. — On rectifie de même, par un simple acte de notoriété, l'erreur d'omission d'un des héritiers.

69. — En cas de difficultés, l'héritier réclamant peut se pourvoir en justice ; il reste sous l'empire du droit commun. — V. PÉTITION D'HÉRÉDITÉ, SUCCESSION.

70. — L'héritier omis ou méconnu peut également former opposition et demander la mention de l'acte de notoriété dans l'extrait de l'intitulé d'inventaire. — Rolland, *ibid.*

71. — Si l'on a considéré comme existant et fait représenter à l'inventaire un individu dont la disparition était peu ancienne et qui ensuite ne se présente pas, les personnes intéressées peuvent, en s'appuyant sur l'art. 136, C. civ., demander la rectification de l'intitulé de l'inventaire.

72. — L'acte de notoriété est alors utile pour constater la disparition et l'absence sans nouvelles; mais il ne suffit pas ; il faut nécessairement que la rectification soit ordonnée par jugement, sans qu'il soit besoin de faire déclarer l'absence. Il ne s'agit pas en effet d'absence, mais d'une succession de droits dévolus à d'autres qu'à l'absent. — C'est ce qui a été jugé par le tribunal de la Seine, en juin 1817 (affaire Jolliot). — Rolland de Villargues, *Rép.*, vo *Notoriété*, nos 36 et 37.

73. — Il a même été jugé, dans cette affaire, que les cohéritiers pouvaient, quoique la personne absente eût laissé des enfans, poursuivre cette rectification.

74. — Si le défunt laisse une veuve, comme il peut y avoir incertitude sur les droits ou même sur la qualité des héritiers, il est quelquefois nécessaire de faire un acte de notoriété, par exemple en cas de grossesse.

75. — Dans ce cas, il est bon de mettre l'acte de notoriété à la suite de l'inventaire, et d'en faire mention en marge de l'intitulé. — Rolland, *ibid.*

76. — Lorsque l'enfant n'est pas né viable, l'intervention à l'acte de notoriété des personnes qui ont figuré à l'inventaire, n'est pas absolument nécessaire ; à la rigueur, la signature de deux témoins suffit. — Rolland, *ibid.*

77. — Il en est de même dans le cas où il naît un enfant qui n'est pas susceptible de désaveu. Dans le cas contraire, il est indispensable de faire intervenir à l'acte de notoriété les personnes qui ont été appelées à l'inventaire.

78. — Lorsque la famille du défunt n'est pas connue dans le lieu de l'ouverture de la succession, les héritiers peuvent faire préalablement constater leurs qualités par un acte de notoriété, qui doit être dressé dans le lieu où ils sont connus, et qui leur sert à requérir la levée des scellés et l'inventaire.

79. — Un acte de notoriété est également utile à l'enfant naturel qui se présente pour recueillir la totalité des biens de ses père et mère décédés, à défaut de parens au degré successible ; et au conjoint qui a droit à toute la succession, à défaut de parens au degré successible et d'enfans naturels.

80. — En cas de déshérence, il est quelquefois bon que la demande de l'état soit appuyée d'un

acte de notoriété constatant la déshérence. — V. DÉSHÉRENCE.

81. — Un acte de notoriété est encore utile à l'héritier qui se présente avant trente ans pour recueillir une succession présumée vacante ou en déshérence, et qui a besoin de constater sa qualité d'héritier.

82. — Il n'est pas nécessaire que l'héritier réclamant annexe à l'acte de notoriété les actes de l'état civil établissant sa filiation et ses droits. Il ne serait pas dispensé par là de les produire de nouveau devant le tribunal qui doit statuer sur sa demande. — Arg. Lettre du procur. du roi de Paris, du 2 pluv. an XIII, à la chambre des notaires.

§ 5. — *Des actes de notoriété relatifs à la création d'un majorat.*

83. — Aux termes de l'art. 9, décr. 1er mars 1808, lorsqu'une personne ayant des titres héréditaires se proposait d'affecter des biens à la formation d'un majorat transmissible à sa descendance, elle devait produire un acte de notoriété pour justifier du revenu de ces biens, lorsqu'elle ne pouvait le faire par des baux ayant au moins une durée de vingt-sept ans. — V. aussi Ord. 10 fév. 1824.

84. — Cet acte de notoriété devait être reçu par un juge de paix ou un notaire, sur la déclaration de sept notables de l'arrondissement, et constater la *commune renommée*.

85. — Par cette expression *commune renommée*, le législateur indiquait que les témoins n'avaient pas seulement à déposer de leur connaissance personnelle, mais à certifier qu'il était notoire pour tous, dans la contrée, que le revenu des biens s'élevait à la valeur déterminée par l'état estimatif. — Carré, *loc. cit.*, t. 3, p. 417, no 2322.

86. — On voit que, pour les majorats, le décret exigeait comme témoins des *notables*: le juge de paix n'aurait donc pas dû admettre la déclaration de personnes n'ayant aucune consistance sociale. — V. Augier, *loc. cit.*, no 3.

87. — Le décret ne désignait pas le juge de paix qui devait délivrer l'acte de notoriété, mais il était dans son esprit que l'on s'adressât au juge de paix de la situation des biens. — Augier, *Encycl. des juges de paix*, t. 1er, p. 42, no 4.

88. — Au surplus, la loi du 12 mai 1835 ayant supprimé les majorats, les dispositions du décret du 1er mars 1808 et de l'ordonnance du 10 fév. 1824 ont cessé d'être applicables. — V. MAJORAT.

§ 6. — *Des actes de notoriété concernant l'indemnité des émigrés et des colons de Saint-Domingue.*

89. — L'ordonnance du roi du 1er mai 1825 exigeait, en exécution de la loi du 27 avr. précédent, de tout prétendant droit à l'indemnité accordée aux émigrés, un acte de notoriété dressé par le juge de paix de la situation des biens, ou par celui du domicile du réclamant, signé de cinq *notables*, et constatant son identité avec le propriétaire exproprié.

90. — En exigeant ainsi, dit Carré, que les témoins soient des personnes *notables*, l'ordonnance exprime suffisamment qu'ils doivent jouir des droits civils et de la considération que suppose leur position sociale. — *Jurid. des juges de paix*, t. 3, p. 416, no 2320.

91. — Il en est de même relativement à l'indemnité affectée aux colons de Saint-Domingue. — L. 30 avr. 1826; Ord. 9 mai suiv.

92. — La seule différence qui existe entre les formalités exigées dans ce cas et celles déterminées pour l'indemnité des émigrés, c'est que l'acte de notoriété peut être délivré au colon de Saint-Domingue par tout juge de paix indistinctement.

93. — Cette latitude laissée aux réclamans s'explique à merveille; car, d'une part, on ne pouvait demander la production d'un acte de notoriété délivré par le juge de paix de la situation des biens, puisque le pays n'appartient plus à la France; et, d'un autre côté, la dispersion des colons de Saint-Domingue, témoins presque indispensables en pareille matière, aurait rendu très difficile la délivrance des actes de notoriété, si la loi eût exigé qu'on s'adressât pour les obtenir au juge de paix du domicile réel du réclamant.

94. — Au surplus, les délais pour réclamer, soit l'indemnité des émigrés, soit l'indemnité des colons de Saint-Domingue, étant expirés depuis long temps (L. 27 avr. 1825, art. 9; L. 30 avr. 1826, art. 4), il n'y a plus lieu aujourd'hui à délivrer les actes de notoriété dont il a été question dans ce paragraphe. — V. COLONS DE SAINT-DOMINGUE, ÉMIGRÉS.

§ 7. — *Des actes de notoriété à produire au trésor pour retrait de cautionnement, ou en matière de pensions et de rentes sur le grand livre.*

95. — Lorsque après le décès d'un comptable, d'un officier public ou d'un officier ministériel, ses héritiers ou ayant-droit veulent retirer son cautionnement, ils doivent produire, indépendamment du titre constatant le versement et du certificat de quitus, un certificat de propriété ou un *acte de notoriété* contenant leurs noms, prénoms et domiciles, la qualité en laquelle ils possèdent et procèdent, la part à laquelle ils ont droit et l'époque de leur jouissance. — Décr. 18 sept. 1806, art. 1er.

96. — Le certificat de propriété est délivré, soit par le notaire détenteur de la minute, lorsqu'il y a eu inventaire ou partage par acte public, ou transmission gratuite par donation ou testament, soit par le greffier, lorsque la propriété est constatée par jugement.

97. — A défaut de ce certificat, on doit produire un acte de notoriété délivré par le juge de paix du domicile du décédé, sur l'attestation de deux témoins. — Même décr., même art.

98. — Les mêmes dispositions s'appliquent aux héritiers ou ayant-droit d'un rentier inscrit sur le grand livre de la dette publique. Ainsi, ils doivent produire ou un certificat de propriété délivré par le notaire ou le greffier, comme il a été dit ci-dessus, ou un acte de notoriété délivré par le juge de paix sur l'attestation de deux témoins. — L. 28 flor. an VII, art. 6.

99. — Lorsqu'un créancier inscrit au grand livre de la dette publique signale des inexactitudes dans ses nom et prénoms, et en demande la rectification, il doit joindre à sa pétition un acte de notoriété.

100. — Cet acte doit être reçu devant un notaire qui en doit garder minute; il suffit qu'il soit attesté par deux témoins. — L. 8 fructid. an V, art 1er; Arrêté du gouvern., 27 frim. an XI.

101. — Lorsqu'un rentier ou pensionnaire de l'état déclare ne pouvoir produire son acte de naissance, le notaire certificateur doit admettre, comme en tenant lieu, un acte de notoriété qui constate ses nom, prénoms, lieu, date de naissance et profession, ainsi que le motif pour lequel il ne peut se procurer ledit acte; il est fait mention de l'acte de notoriété dans le certificat de vie. — Lettre du payeur gén. de la dette publ., 31 mars 1807; Instruct. aux not. certificateurs.

102. — Aux termes du décret du 1er juill. 1809, lorsque les héritiers d'un officier décédé veulent obtenir le paiement des sommes acquises à leur auteur et dues par l'état, ils doivent produire avec l'acte de décès un acte de notoriété constatant qu'ils sont seuls héritiers du défunt. Cet acte est délivré par le juge de paix du lieu de l'ouverture de la succession, sur l'attestation de deux témoins. — Art. 1er et 2.

103. — C'est encore aux juges de paix, dit Carré (*loc. cit.*, no 2324), qu'il appartient de délivrer l'acte de notoriété attestant sa qualité à l'héritier d'un ecclésiastique décédé pensionnaire de l'état, qui réclame le paiement des arrérages échus de la pension. Seulement Carré prétend que l'acte de notoriété dont il s'agit exige le concours de *trois* témoins; mais c'est une erreur: la loi sur laquelle cet auteur base son opinion fixe à *deux* et non à trois le nombre des témoins sur la déclaration desquels doit être donné l'acte de notoriété. — L. 28 flor. an VII, art. 6.

104. — Un acte de notoriété est utile pour établir les droits d'une veuve de militaire à une pension.

§ 8. — *Cas particuliers dans lesquels il peut être produit des actes de notoriété.*

105. — En matière d'adoption, la loi n'exige pas d'acte de notoriété; cependant il est des cas où il peut être bon d'en produire. Ainsi, s'agit-il d'attester la moralité de celui qui veut adopter? S'agit-il d'établir que des soins ont été donnés et des secours fournis pendant six ans au moins à l'enfant adoptif, ou que celui-ci a sauvé la vie à l'adoptant? Un acte de notoriété peut être fort utile.

106. — Dans ces diverses hypothèses, il n'y a pas de règles positives, et par conséquent aucune formalité n'est de rigueur.

107. — A la vérité, M. Biret (*Jurisprudence des juges de paix*) prétend que, dans ce cas, il faut l'attestation de sept témoins; mais cette fixation est tout-à-fait arbitraire. Dans le silence de la loi on ne peut se montrer aussi exigeant.

108. — Tout ce qu'on peut dire, c'est que la confiance du tribunal, en pareil cas, sera surtout déterminée par la moralité des témoins et par la considération dont ils sont environnés.

109. — Après cela, que M. Biret établisse un rapprochement entre l'adoption qui crée une filiation civile et la naissance naturelle, et qu'il invoque par analogie l'art. 71, C. civ., cette considération, plus ingénieuse que solide, ne convertira personne, car on a vu que la disposition invoquée n'était qu'une exception et ne devait recevoir aucune extension. — V. *suprà*, no 29.

110. — L'identité d'un membre de la Légion-d'Honneur peut être attestée par un acte de notoriété, pour rectifier les erreurs de noms dans les pièces qui doivent être produites à la grande chancellerie de la Légion-d'Honneur.

111. — Les personnes que les conservateurs des hypothèques ont grevées à tort d'inscriptions hypothécaires peuvent s'en faire décharger au moyen d'un acte de notoriété, qui cependant peut être rejeté par les conservateurs s'ils ne jugent pas les attestations suffisantes. — Rolland de Villargues, *ibid.*

§ 9. — *Forme des actes de notoriété. — Responsabilité.*

112. — Les actes de notoriété n'ont pas tous le même caractère, ils ne sont pas tous soumis aux mêmes formes.

113. — S'il faut en croire M. Rolland de Villargues, l'usage avait depuis long-temps investi les notaires du droit de recevoir les actes de notoriété, lorsque cette attribution leur a été donnée par la loi du 25 vent. an XI. — *Rép. du not.*, vo *Notoriété*, no 5.

114. — Cependant, dans plusieurs cas, les juges de paix ont, concurremment avec les notaires, le droit de faire des actes de notoriété. Quelquefois aussi ils ont un droit exclusif. — V. *suprà*, nos 25 et suiv. et *passim*.

115. — Après l'ordon. du 10 fév. 1824, il s'est élevé des doutes sur le point de savoir si les notaires pouvaient, comme les juges de paix, délivrer des actes de notoriété dans le cas prévu par l'art. 9, décr. 1er mars 1808. Aux termes de cet article, l'affirmative était certaine, mais la difficulté venait de ce que l'ordonnanc ne désignait que le juge de paix, et semblait exclure, par conséquent, les notaires. Aujourd'hui cette question est sans intérêt, puisque les majorats sont abolis. — V. MAJORAT.

116. — Le maire a aussi qualité, dans un cas spécial, pour dresser un acte de notoriété. — V. *suprà*, no 48.

117. — Lorsque c'est le notaire qui rédige l'acte de notoriété, il peut le délivrer en brevet. — L. 25 vent. an XI, art. 20.

118. — Toutefois, il est d'usage de garder minute de actes de notoriété destinés à prouver la qualité des prétendans droit à une succession ouverte, lorsqu'il n'y a pas eu d'inventaire. Ordinairement on y annexe une expédition de l'acte de décès. — V. no 100.

119. — Si c'est le juge de paix qui dresse l'acte de notoriété, il est assisté du greffier.

120. — Cependant, dans le cas prévu par l'art. 155, C. civ., c'est-à-dire lorsqu'il s'agit de suppléer par un acte de notoriété à un acte respectueux, on s'est demandé si le juge avait besoin du concours du greffier.

121. — La raison de douter venait de ce que le tarif n'alloue aucun émolument au greffier pour son assistance; mais cette considération n'est pas décisive. En effet, il est constant que le juge de paix doit être assisté du greffier dans le cas prévu par l'art. 70, C. civ. (Argum. décr. 16 fév. 1807, art. 6): pourquoi en serait-il autrement dans l'hypothèse de l'art. 155? Si la loi eût voulu faire une exception dans ce cas, elle l'eût dit; son silence confirme la règle, loin d'y déroger.

122. — Lorsqu'on veut produire avec l'acte de notoriété des papiers de famille, des pièces qui, sans faire titre, confirment les déclarations des témoins, le juge de paix les paraphe et en fait mention dans l'acte.

123. — En général, l'acte de notoriété n'est soumis à aucun contrôle; ce n'est que par exception qu'il doit être homologué par le tribunal. — V. *suprà*, no 28.

124. — Le nombre des témoins qui doivent concourir à l'acte de notoriété varie suivant les circonstances et les espèces.

125. — Ainsi, il faut sept témoins dans le cas prévu par l'art. 70, C. civ.

126. — Il en fallait sept aussi pour constater le revenu des biens qu'on voulait affecter à la formation d'un majorat. — Décr. 1er mars 1808, art. 9. — V. *suprà*, nos 83 et suiv.

127. — Dans le cas prévu par l'art. 155, C. civ., la loi n'exige que quatre témoins.

128. — Suivant Carré, il faut trois *témoins* pour l'acte de notoriété que doit produire l'héritier d'un

ecclésiastique, décédé pensionnaire de l'état, lorsqu'il réclame les arrérages échus de la pension ; mais nous avons déjà fait remarquer que cette opinion est erronée. — V. *suprà*, nº 103.

129. — Dans le plus grand nombre de cas, deux témoins suffisent, et leur déclaration constate la notoriété.

130. — Ordinairement c'est la partie intéressée qui produit les témoins ; mais, dans le cas de l'art. 155, C. civ., c'est le juge de paix qui les requiert d'*office*. — V. *suprà*, nº 42.

131. — Quoique la loi se serve du mot *témoins* pour désigner ceux sur la déclaration desquels l'acte de notoriété est rédigé, cependant il ne faut pas en conclure que les déclarans doivent avoir les qualités requises des témoins qui figurent dans les actes authentiques ou dans les enquêtes.

132. — Suivant Carré (*Jurid. des juges de paix*, nº 2306), on ne doit exiger d'eux aucune autre condition d'aptitude que celle de la qualité de Français jouissant des droits civils. Ainsi, on peut entendre des femmes, des parens et alliés, des serviteurs et domestiques. — V. cependant Rolland de Villargues, vº *Notoriété*, nº 8.

133. — Selon nous, on pourrait même entendre des étrangers, car il est des faits qui ne peuvent guère être constatés que par eux. Au surplus, dans la pratique, toutes les fois que des étrangers sont des témoins nécessaires, leur déclaration est reçue.

134. — Dans certains cas, il faut que les témoins soient *notables* ; c'est ce qu'exigeait notamment le décret du 1er mars 1808, en matière de majorat. — V. *suprà*, nº 86.

135. — Les personnes qui doivent être appelées de préférence sont celles qui ont leur domicile dans le lieu où le fait s'est passé.

136. — Il faut qu'elles aient une connaissance personnelle des faits qu'elles attestent, et qu'elles puissent inspirer confiance par leur moralité.

137. — Lorsqu'il s'agit d'un fait remontant à une époque reculée, il est bon de mentionner l'âge des témoins dans l'acte de notoriété.

138. — Les témoins doivent-ils faire leur déclaration sous serment ? Nous ne le pensons pas. Une formalité aussi sérieuse ne peut être exigée que lorsque la loi l'a prescrite (V. *suprà* nº 46) : ainsi, ni le notaire ni le juge de paix ne pourraient réclamer le serment des témoins produits devant eux, et s'ils le faisaient, ceux-ci pourraient refuser d'obtempérer à une semblable injonction. — V. aussi Carré, *loc. cit.*, t. 3, p. 411, nº 2307.

139. — D'après Carré, la manière de procéder à l'audition des témoins est différente, selon qu'il s'agit de constater un fait singulier ou des faits complexes.

140. — S'il s'agit d'un fait unique, les témoins peuvent déposer cumulativement, et le juge de paix peut se borner à constater qu'ils se sont tous accordés à certifier le fait.

141. — Si les déclarations portent sur des faits complexes, chaque témoin doit être entendu séparément, et le greffier doit écrire la déposition sous la dictée du juge. — Carré, *Jurid. des juges de paix*, t. 3, nº 2382 ; Bousquet, *Fonct. des juges de paix*, nº 587.

142. — Cette formalité n'est pas nécessaire assurément, mais elle n'a rien non plus qui répugne à la nature de l'acte qu'il s'agit de produire.

143. — La signature de chaque témoin peut être apposée soit au bas de sa déclaration, soit à la fin du procès-verbal, comme dans les actes notariés. — Augier, *Encyclop. des juges de paix*, vº *Acte de notoriété*, nº 3.

144. — Quoique les témoins qui concourent à un acte de notoriété ne soient pas des témoins proprement dits, et qu'ils ne puissent être poursuivis pour faux témoignage, cependant leur responsabilité est engagée, et si, par leur déclaration mensongère, ils ont causé un dommage, ils sont tenus de le réparer.

145. — Dans ces dernières années, il y a eu beaucoup d'exemples de condamnations à des dommages-intérêts prononcées contre des témoins qui, par faiblesse ou par une coupable complaisance, avaient attesté des faits faux dans des actes de notoriété qui avaient servi à dépouiller les véritables héritiers.

ACTE DE PALAIS.

Se dit des actes de procédure que les avoués se signifient les uns aux autres, dans le cours d'une instance. — V. ACTE D'AVOUÉ A AVOUÉ.

ACTE DE PROCÉDURE.

1. — Acte fait dans le cours d'une instance pour l'instruction du procès. — V. ACTE D'AVOUÉ A AVOUÉ, AVENIR, REQUÊTE, SOMMATION.

2 Il se dit aussi des actes faits dans certaines procédures d'exécution après que l'instance est terminée.

3. — Dans l'usage, le mot *acte de procédure* s'applique particulièrement aux actes qui appartiennent au ministère de l'avoué. — V. ALGÉRIE, PREUVE TESTIMONIALE, TIMBRE.

ACTE DE RECONNAISSANCE D'ENFANS.

V. ACTES DE L'ÉTAT CIVIL.

ACTE DE SUSCRIPTION.

Acte par lequel le testateur qui a fait un testament mystique en fait la présentation et le dépôt à un notaire. — V. TESTAMENT.

ACTE D'EXÉCUTION.

1. — Ce mot a deux significations : il s'entend, d'abord, d'un acte par lequel le créancier poursuit l'accomplissement de l'obligation ou de la condamnation existant à son profit. — Il s'entend, d'un autre côté, de l'acte même par lequel le débiteur accomplit les engagemens qu'il a contractés.

2. — Dans ce dernier sens, on juge que les actes d'exécution faits par le débiteur emportent acquiescement au jugement qui le condamne. — V. ACQUIESCEMENT.

3. — Dans le premier sens, les actes d'exécution ne peuvent être faits, en général, qu'en vertu d'un jugement ou d'un acte authentique revêtu de la formule exécutoire. — V. ACTE AUTHENTIQUE, EXÉCUTION, FORMULE EXÉCUTOIRE.

4. — Cependant les actes et arrêtés administratifs reçoivent exécution sans être revêtus de la formule exécutoire. — V. FORMULE EXÉCUTOIRE.

5. — Les principaux actes d'exécution sont d'abord le paiement, et ensuite l'emprisonnement, les saisies. — V. CONTRAINTE PAR CORPS, EXÉCUTION, SAISIE-EXÉCUTION, SAISIE IMMOBILIÈRE.

6. — Le commandement est-il un acte d'exécution ? — V. COMMANDEMENT.

7. — Quant à la question de savoir quels sont les actes d'exécution qui empêchent la péremption du jugement par défaut, V. JUGEMENT PAR DÉFAUT.

ACTE D'HÉRITIER.

Faire *acte d'héritier*, c'est disposer des biens d'une succession comme on ne pourrait le faire qu'en qualité d'héritier. — C'est ce qui résulte de l'art. 778, ainsi conçu : « L'acceptation peut être expresse ou tacite : elle est expresse quand on prend le titre ou la qualité d'héritier dans un acte authentique ou privé ; elle est tacite quand l'héritier fait un acte qui suppose nécessairement son intention d'accepter, et qu'il n'aurait droit de faire qu'en sa qualité d'héritier. » — V. HÉRITIER, SUCCESSION.

ACTE EXÉCUTOIRE.

1. — On donne ce nom aux actes qui sont revêtus de la formule qui confère l'exécution parée. — V. EXÉCUTION PARÉE, FORMULE EXÉCUTOIRE.

2. — Nul jugement ni acte ne peuvent être mis à exécution, s'ils ne portent le même intitulé que les lois, et ne sont terminés par un mandement aux officiers de justice donné au nom du roi. — Charte, art. 57 ; C. procéd. civ., art. 146 et 547.

3. — Avant le sénatus-consulte du 28 flor. an XII, il n'y avait pas de formule légalement établie pour les jugemens, tandis qu'il en existait une pour les actes notariés. — *Besançon*, 13 mars 1813, Bos c. Caignet.

4. — Décidé par le même arrêt qu'un jugement rendu avant le Code de procéd. n'a pu être signifié depuis ce Code que revêtu de la formule exécutoire prescrite par l'art. 146.

5. — La formule exécutoire a varié à diverses époques et sous les divers gouvernemens qui se sont succédé en France. Elle est aujourd'hui réglée par l'ord. royale du 16 août 1830. Elle porte l'intitulé suivant : « Louis-Philippe, roi des Fran- » çais, à tous présens et à venir, salut. » — Quant à la formule du mandement final, réglée par l'art. 141, sénatus-cons. organ. 28 flor. an XII, elle n'a pas varié depuis cette époque. — V. FORMULE EXÉCUTOIRE.

6. — Jugé que depuis la Charte de 1814 la formule du mandement aux officiers de justice, prescrite par l'art. 141, sénatus-cons. 28 flor. an XII, n'est plus nécessaire pour la régularité de la grosse d'un exécutoire, si d'ailleurs cette grosse est intitulée au nom du roi, et terminée par un simple mandement aux huissiers de la mettre à exécution. — *Nancy*, 9 juill. 1829, Demangeon c. Maurice. — V. *contrà* Merlin, *Rép.*, vº *Exécution parée*, § 3, édit. de 1827, et Favard, *Rép.*, vº *Acte notarié*, § 4, nº 1er. — V. EXÉCUTOIRE DE DÉPENS, FORMULE EXÉCUTOIRE.

7. — Jugé qu'il suffit, pour qu'un acte soit exécutoire, qu'il soit revêtu de la formule exécutoire qui existait à l'époque de sa confection. — *Bruxelles*, 25 juin 1807, N. c. N. — C'est aussi ce qu'avait décidé un avis du cons. d'état du 2 frim. an XIII. — Une ord. du 30 août 1815 adopta une décision contraire ; mais cette ordonnance a été elle-même abrogée par une circulaire du ministre de la justice Dupont (de l'Eure), du 20 déc. 1830, comme contraire à l'art. 70 de la Charte nouvelle, et comme reposant sur des principes qui ont disparu de notre constitution avec le préambule de la Charte de 1814. Les notaires et greffiers doivent aujourd'hui s'abstenir de toute rectification à l'intitulé des grosses expéditions qui leur sont représentées, à moins qu'il n'en soit autrement ordonné en justice. — Circul. du min. de la just. rapportée en note de l'arrêt de Bruxelles précité. — V. les autres autorités, *ibid.*

8. — Les jugemens rendus et les actes passés en France sont exécutoires dans tout le royaume, sans *visa* ni *pareatis*, encore que l'exécution ait lieu hors du ressort du tribunal par lequel les jugemens ont été rendus, ou dans le territoire duquel les actes ont été passés. — C. procéd., art. 547 ; L. 25 vent. an XI, art. 19.

9. — Néanmoins, en cas de plainte en faux principal, l'exécution de l'acte argué de faux est suspendue par la mise en accusation prononcée par la cour royale. En cas d'inscription de faux incident, les tribunaux peuvent, suivant la gravité des circonstances, suspendre provisoirement l'exécution de l'acte. — L. 25 vent. an XI, art. 19 ; C. civ., art. 131. — V. ACTE AUTHENTIQUE.

10. — Et lorsque les actes reçus par un notaire doivent être présentés hors de son ressort, ils sont soumis à la légalisation. — L. 25 vent. an XI, art. 28 — V. ACTE NOTARIÉ, LÉGISLATION.

11. — La contrainte peut en certains cas être attachée à l'exécution des actes authentiques. — V. CONTRAINTE PAR CORPS.

12. — Les jugemens rendus par les tribunaux étrangers, et les actes reçus par les officiers étrangers, ne sont susceptibles d'exécution, en France, qu'autant qu'ils ont été déclarés exécutoires par un tribunal français, sans préjudice des dispositions contraires qui peuvent être dans les lois politiques ou dans les traités. — C. procéd., art. 546 ; C. civ., art. 2123 et 2128.

13. — Lorsqu'une créance résulte d'un acte qui emporte exécution parée, les juges peuvent-ils accorder des délais au débiteur par application de l'art. 1244, C. civ. ? — V ACTE AUTHENTIQUE. — V. aussi EXÉCUTION, EXPÉDITION, GROSSE.

ACTE FRUSTRATOIRE.

1. — Acte inutile aux parties et que l'officier ministériel n'a fait que pour augmenter son émolument.

2. — Les actes frustratoires ne passent pas en taxe, il restent à la charge de l'officier ministériel qui les a faits. — Art. 1031, C. procéd.

3. — M. Boucher d'Argis (*Nouv. dict. raisonné de la taxe*, p. 180) distingue les actes frustratoires des demandes frustratoires. Suivant lui, le juge taxateur peut toujours rejeter les premiers de la taxe, et, dans ce cas, il doit refuser non seulement les émolumens, mais encore les déboursés. — « Mais il n'en est pas, dit-il, de même relativement aux demandes frustratoires. En effet, lorsqu'un tiers non intéressé dans une contestation y a été mal à propos appelé, c'est à lui ou, du moins, à ceux qui ont intérêt à ce que leur position ne soit pas aggravée par une augmentation de frais, à demander que ce tiers soit mis hors de l'instance, et que les frais de sa mise en cause soient laissés à la charge de celui qui l'a indûment appelé. Mais si, au lieu d'agir ainsi, toutes les parties défenderesses ont consenti à procéder avec lui, et si, en définitive, il a obtenu une condamnation de dépens contre l'une d'elles, il est évident que le juge taxateur ne peut lui refuser un exécutoire contre cette partie, même en se fondant sur ce que sa mise en cause étant frustratoire ; tous les frais qu'il a occasionés doivent être laissés à la charge du demandeur. Ce serait réformer le jugement, et il n'en a pas le droit. » — V. FRAIS FRUSTRATOIRES.

4. — Un acte de procédure purement frustratoire a-t-il pour effet de couvrir ou d'interrompre la péremption ? — V. PÉREMPTION.

ACTE HOSTILE.

V. BANDES ARMÉES, CRIMES CONTRE LA SURETÉ DE L'ÉTAT.

ACTE ILLÉGAL.

Acte ordonné ou exécuté par un fonctionnaire public, agent de l'autorité ou de la force publique, dans les limites de ses attributions, mais en dehors des cas prévus ou des formes prescrites par la loi. — V. ACTE ARBITRAIRE ET ILLÉGAL.

ACTE IMPARFAIT.

1. — Acte qui manque de quelques unes des conditions exigées pour sa validité.

2. — Les actes sous seings-privés sont imparfaits, lorsqu'ils ne contiennent pas toutes les formalités qui sont de leur essence ou du moins de leur nature, si, par exemple, l'acte n'est pas signé de toutes les parties ; s'il n'a pas été fait en autant d'originaux qu'il y a de parties contractantes (C. civ., art. 1325) ; si chaque original ne contient pas la mention du nombre des originaux qui en ont été faits (C. civ., art. 1325) ; si le billet ou obligation n'est pas écrit en entier de la main qui l'a souscrit, ou du moins si sa signature n'est pas précédée d'un *bon* ou *approuvé* portant en toutes lettres la somme ou la quantité de la chose. — C. civ., art. 1326.

3. — Un acte notarié est imparfait quant à la forme, notamment si le notaire était incompétent ou incapable, s'il n'a pas mentionné que les parties n'ont pu signer, si l'acte signé des parties ne l'est pas par le notaire ou par les témoins, etc. Il est imparfait, quant au fond, quand sa rédaction est inachevée et que la signature des parties a été apposée après un blanc. — V. *infrà* nos 12 et suiv.

4. — Le notaire n'a le droit ni de donner à l'acte la perfection qui lui manquait, ni de supprimer cet acte, sans engager sa responsabilité. — Parlement de Paris, arrêt de réglement du 21 mars 1650.

5. — En effet, un acte imparfait pour n'être pas, par exemple, signé de toutes les parties, n'en contient pas moins des conventions faites en sa présence et à l'exécution desquelles celui qui a signé a souvent intérêt de tenir ; le notaire ne peut cependant délivrer d'expédition, même à la partie qui l'a signé, qu'en vertu de l'ordonnance prescrite par l'art. 841, C. procéd. — Loret, *Elémens de la science notariale*, t. 1er, p. 366 et 367 ; Carré et Chauveau, *Lois de la procéd.*, no 2867.

6. — Il faut donc, pour obtenir copie d'un acte imparfait comme d'un acte qui n'a pas été enregistré dans le délai prescrit, l'autorisation du président du tribunal rendue au pied de la requête qui lui est présentée à cet effet. — V. au surplus, sur *les formalités à remplir* pour obtenir expédition d'un acte imparfait, le mot COPIE DES TITRES ET ACTES.

7. — L'enregistrement ne changerait rien à l'irrégularité d'un acte imparfait. Cette formalité ne peut pas plus valider l'acte que son absence ne peut l'annuler. — Carré et Chauveau, no 2867 ; Thomine-Desmazures, *Procéd. civ.*, t. 2, p. 417.

8. — Il est des actes imparfaits qui ne peuvent produire aucun effet, et d'autres qui, bien que non valables par eux-mêmes, peuvent du moins servir de commencement de preuve par écrit.

9. — Un acte notarié, pourvu qu'il ne soit pas du nombre de ceux pour lesquels la forme authentique est essentielle, vaut comme acte sous seings-privés, si l'imperfection ne provient que des formalités extrinsèques de l'acte, par exemple s'il n'est signé que des parties et non du notaire, ou si cet officier ministériel n'avait pas compétence ou capacité, etc. — Rolland de Villargues, *Répert.*, vo *Acte imparfait*, nos 19 et 20.

10. — L'acte imparfait à raison de l'absence des signatures est considéré comme n'ayant aucune existence ; la partie qui ne l'a point signé n'est donc pas obligée d'en demander l'annulation aux tribunaux. Le possesseur d'un tel titre ne pourrait prescrire que par la possession ordinaire de trente ans. — Toullier, t. 7, no 607.

11. — Mais, si l'acte est signé de quelques parties, et s'il constate un contrat unilatéral ou s'il contient plusieurs chefs distincts, il peut se soutenir vis-à-vis des parties signataires, ou du moins être invoqué contre elles comme commencement de preuve par écrit. — Rolland, *loc. cit.*, no 18.

12. — Un acte seulement commencé mais dont la rédaction aurait été ensuite abandonnée, ne pourrait être regardé comme acte imparfait propre à servir de commencement de preuve par écrit qu'autant que la signature d'une des parties se trouverait au pied de l'acte, même après un blanc.

13. — Jugé, dans ce sens, qu'une feuille de papier timbré, où se trouvait la signature d'une partie et sur laquelle le notaire avait commencé la rédaction d'un acte y annonçant que le signataire avait déclaré tenir quitte... (Ici la rédaction était restée inachevée, seulement le notaire avait écrit à la marge ces mots : *pour quittance finale*, 350 fr.), pouvait servir de commencement de preuve par écrit du paiement du prix de vente. — *Limoges*, 1er juin 1835 (t. 2 1844), Valette.

14. — Jugé de même que les signatures en blanc mises au pied d'une feuille que le notaire devait remplir des conventions des parties portant sur une vente d'immeubles moyennant 2,600 fr., suffisaient pour autoriser les vendeurs à faire preuve de la vente. — *Caen*, 3 août 1837 (t. 2 1844), Vervialec.

V. ACTE AUTHENTIQUE, ACTE NOTARIÉ, ACTE SOUS SEING-PRIVÉ, COPIE DES ACTES ET TITRES, ENREGISTREMENT.

ACTE JUDICIAIRE.

1. — Acte fait en justice ou dans le cours d'une instance, sous la surveillance ou avec le concours du juge.

2. — Il y a certains actes judiciaires qui émanent de l'avoué, de l'huissier ou du greffier ; il en est d'autres qui sont l'ouvrage même du juge.

3. — Ces actes, du reste, ne doivent jamais être confondus avec les jugemens proprement dits. — Poncet, *Traité des jugemens*, t. 1er, tit. 1er, chap. 1er.

4. — En général, on distingue deux espèces d'actes judiciaires, ceux qui appartiennent à la juridiction gracieuse, et ceux qui appartiennent à la juridiction contentieuse.

5. — Parmi les actes de la juridiction gracieuse, on compte les procès-verbaux d'enquête, les ouvertures de testamens olographes, les commissions d'huissiers, les permis de former opposition, les ordonnances d'*exequatur*, les ordonnances sur requêtes, etc., etc.

6. — Les actes de juridiction gracieuse pouvaient autrefois et peuvent encore aujourd'hui, pour la plupart, être faits à l'hôtel du juge quand il y a urgence, et le concours du greffier n'est pas nécessaire. — V. C. procéd., art. 1040.

7. — Aux termes de l'art. 2117, C. civ., il est des actes judiciaires qui emportent hypothèque comme les jugemens mêmes.

8. — Mais quels sont ces actes ? — Il est évident d'abord que ce ne sont pas les actes qui émanent des officiers ministériels. A ceux-là incontestablement ne s'applique pas la disposition de l'art. 2117, C. civ.

9. — Il est évident encore qu'elle ne s'applique pas à tous les actes du ministère du juge, car elle ne s'applique même pas à tous les jugemens.

10. — Comment donc doit-elle être entendue ? — Suivant M. Troplong (*Tr. des hypothèques*, t. 2. p. 180), l'art 2117 ne reçoit application que dans deux cas : 1o lorsqu'il s'agit de reconnaissances ou vérifications faites en justice ; 2o lorsqu'il s'agit des ordonnances d'*exequatur* s'appliquant aux sentences arbitrales. — V. HYPOTHÈQUE, JUGEMENT.

11. — Quels sont les actes judiciaires contre lesquels on peut se pourvoir par voie d'appel ? — V. APPEL.

12. — Aux termes de l'art. 80, L. 27 vent. an VIII, et de l'art. 441, C. inst. crim., les actes judiciaires peuvent être annulés pour excès de pouvoir, sur la dénonciation du ministre de la justice. — V. CASSATION, EXCÈS DE POUVOIR, ORGANISATION JUDICIAIRE.

13. — Un acte judiciaire est-il nul par cela seul qu'il n'est pas signé par le juge ou l'officier ministériel dont il est l'ouvrage ? Doit-il être déclaré tel sans qu'il soit besoin que la nullité en soit prononcée par la loi ? — Oui sans doute, dit Merlin, car ce n'est que par la signature du magistrat ou de l'officier ministériel qui est censé l'avoir dressé, que son existence peut être constatée légalement ; il n'existe donc pas, aux yeux de la loi, lorsqu'il n'est pas revêtu de cette signature. — Argum. *Cass.* 15 juin 1823, Picard ; — Merlin, *Répert.*, vo *Signature*, § 2.

V. ACTE, ENREGISTREMENT.

ACTE NOTARIÉ.

Table alphabétique.

ACTE NOTARIÉ. — 1. — Acte reçu par un notaire.

—

CHAPITRE. Ier. — *Notions préliminaires.*

2. — Les parties s'adressent au notaire toutes les fois qu'elles veulent ou doivent donner à leurs conventions quelles qu'elles soient, ou à certains actes, le caractère de l'authenticité. — L. 25 vent. an XI, art. 1er.

3. — Il y avait chez les Romains une sorte d'écriture publique qui ne jouissait pas de l'authenticité, c'étaient les actes reçus par les *tabellions*, qui ne doivent pas être confondus avec nos *notaires* (Toullier, t. 8, no 54, à la note). Justinien appelle les actes des tabellions actes *forenses*, actes faits publiquement, *instrumenta vel documenta publicè confecta, publicè celebrata* (*Nov.* 44, prœf.; *Nov.* 73, *cap.* 5 et 7; *Nov.* 49, *cap.* 2, etc.), parce qu'ils étaient faits publiquement par les tabellions établis autour du *Forum.*

4. — Cependant, ces actes, qui jouissaient d'une grande considération, ne faisaient point foi par eux-mêmes, *testimonium publicum non habebant,* la signature du tabellion ne leur conférait pas l'authenticité. Si l'écriture, si les signatures n'étaient pas reconnues, on appelait le tabellion en témoignage; il comparaissait en personne, et, après avoir prêté serment, il reconnaissait son écriture, et attestait la vérité des faits. S'il était mort, il fallait appeler les autres témoins (*Nov.* 73, *cap.* 8, § 1er et 2). Si tous étaient morts, on pouvait recourir à la vérification par comparaison d'écritures.

5. — Pour échapper à cette vérification, il arrivait souvent qu'on faisait insinuer les actes du tabellion, c'est-à-dire qu'on les déposait dans des archives publiques, destinées à conserver les actes que les parties y allaient déposer directement, après les avoir rédigés ou fait rédiger sous seing-privé (L. 19, § 6, ff., *De pœnis*; *Nov.* 15, *cap.* 5, et *Nov.* 73, *cap.* 7). Les actes ainsi déposés ou insinués s'appelaient *scripturœ publicœ.* En conséquence, ils étaient authentiques et faisaient foi en justice (L. 10, ff., *De probat.*, et L. 31, C., *De donat.*, etc.). C'était même la seule manière de rendre authentiques les actes des particuliers. — Danty sur Boiceau, *Addit. à la préface,* no 13; Toullier, t. 8, no 204.

6. — Chez nous, la forme notariale suffit seule pour donner à un acte le caractère de l'authenticité, c'est-à-dire pour lui attribuer entre les parties la force et l'autorité d'une loi.

7. — Les actes notariés constituent tantôt des *contrats,* quand ils contiennent des obligations réciproques, tantôt des *procès-verbaux,* lorsqu'ils ont pour but de constater des inventaires, des comparutions par suite de sommations, des actes respectueux, des comptes, liquidations, protêts, etc. — Ils conservent le nom d'*actes* s'ils ne contiennent que des obligations unilatérales, des consentemens, procurations, quittances, etc.; enfin, on les appelle *actes simples* lorsqu'on veut désigner ceux qui ne sont pas rédigés en minute. — V. ACTE, ACTE SIMPLE, BREVET, MINUTE.

8. — Les actes auxquels manque la signature du notaire ou d'une des parties sont nommés *actes imparfaits.* — V. ce mot.

9. — Chacun de ces actes est soumis à des règles qui lui sont propres, mais, par cela seul qu'ils sont passés devant notaire, ils doivent être assujétis à des formes communes à tous, à l'exposition et à l'examen desquelles cet article est consacré.

CHAPITRE II. — *Personnes qui doivent figurer à la réception des actes.*

Sect. 1re. — *Présence du notaire.*

10. — Chargé d'attester authentiquement la sincérité des conventions passées devant lui, le notaire doit présider lui-même à la réception des actes qu'il revêt de sa signature. — L. 25 vent. an XI, art. 1 et 9.

11. — C'est pour cela que, par délibération du 24 déc. 1730, les notaires de Paris convinrent unanimement et se promirent, en parole d'honneur, de ne souffrir « directement ni indirectement » qu'il soit fait des actes dépendans de leurs fonc» tions, que les signatures en soient reçues et que » les expéditions, copies ou extraits en soient faits, » que sous leurs vues, par leur su et sous leurs » ordres, par leurs clercs travaillant actuellement » dans leurs études et résidant chez eux... »

12. — Le notaire qui signerait en cette qualité un acte rédigé hors de son étude, par un autre que lui-même, et sans que les parties eussent comparu devant lui, commettrait un faux véritable et s'exposerait à des poursuites judiciaires, ou tout au moins à des peines disciplinaires. — Rolland de Villargues, *Rép. du not.*, vo *Notaire,* nos 61 *bis* et 172.

13. — Le faux matériel n'en existerait pas moins, si c'était un clerc qui recevait un acte, au lieu et place de son patron, puisque le notaire certifie par sa signature que les parties ont comparu devant lui, ce qui n'aurait pas eu lieu dans l'espèce.

14. — Jugé, en conséquence, que si, en raison de l'absence de l'intention de nuire, il n'y a pas faux criminel de la part d'un notaire qui a envoyé son clerc dans une commune, pour y procéder à une vente publique, et qui a ensuite revêtu de sa signature cet acte comme ayant été passé par lui, il y a cependant là un faux matériel qui, bien qu'exempt de criminalité, suffit pour faire condamner le notaire à une peine de discipline, par exemple à la censure. — *Nancy,* 26 juin 1826, G...

15. — En vain, pour soutenir le contraire, dirait-on que la loi du 25 vent. an XI a été modifiée par l'usage en ce qui touche la nécessité de la présence du notaire; en effet cette loi ne peut être considérée comme tombée en désuétude, dans quelques-unes de ses dispositions, par un usage contraire, ou par suite d'abus. — Même arrêt.

16. — De plus, le notaire qui n'aurait pas été réellement présent à la réception d'actes reçus sous son nom et qu'il aurait mis au rang de ses minutes, serait responsable, envers les parties, du préjudice dont ce défaut de présence est devenu l'occasion. — *Cass.*, 1er juin 1840 (t. 2 1840, p. 182), Cantel c. Thubeuf

17. — Car il est constant en principe que la responsabilité des notaires est engagée dans tous les cas d'inexécution des obligations qui leur sont imposées par les diverses dispositions de la loi du 25 vent. an XI. — Même arrêt. — V. NOTAIRE.

18. — Au reste, le contrat de vente reçu par un clerc de notaire hors la présence de ce notaire, nul comme acte authentique, est également nul comme acte sous seing-privé, lorsque, renfermant des obligations synallagmatiques, il n'a pas été fait double. — *Caen,* 5 janv. 1844 (t. 1er 1844, p. 668), Desrivières c. Defauchecourt. — V. ACTE SOUS SEING-PRIVÉ.

Sect. 2e. — *Concours de deux notaires ou assistance de témoins instrumentaires.*

19. — Les actes, dit l'art. 9, L. 25 vent. an XI, doivent être reçus par deux notaires ou par un notaire assisté de deux témoins.

20. — On appelle *notaire instrumentaire* ou *notaire en premier* celui qui *dresse* l'acte, qui en conserve la minute, et *notaire en second*, celui qui l'assiste. — Le notaire instrumentaire est choisi par les parties ou désigné par le tribunal. — Lorsque deux parties ont appelé chacune son notaire, des règles particulières déterminent celui des deux auquel doit rester la minute. — V. NOTAIRE.

21. — Les témoins appelés au lieu et place d'un second notaire prennent également le nom de *témoins instrumentaires*.

22. — Avant que l'institution du notariat eût été régularisée par Louis IX, le contrat passé devant notaire tirait surtout sa force de la présence d'un certain nombre de témoins pouvant suppléer l'acte s'il venait à se perdre, ou en attester la fidélité s'il était produit.

23. — La présence de témoins cessa d'être nécessaire lorsque ce roi défendit aux 60 notaires qu'il avait institués à Paris d'exercer leurs fonctions ailleurs qu'au Châtelet et leur prescrivit d'être toujours *deux* pour recevoir un acte et le porter *ensemble* au scelleur, ce qui était facile par la réunion de tous les notaires dans un même édifice.

24. — Mais, lorsque, le nombre des notaires s'étant accru, ils désertèrent peu à peu le Châtelet pour s'établir isolément dans la ville et se rapprocher de leur clientèle, la présence d'un second notaire à la réception des actes tomba en désuétude, sans qu'on en revînt à l'ancien usage d'appeler des témoins.

25. — Un édit de 1304 ramena le nombre des notaires de Paris à 60 et ordonna « qu'ils recevraient » les contrats dans des lieux et à des heures non » suspects et pardevant des témoins connus et » dignes de foi. » — Cette règle devint celle de toute la France.

26. — Louis XII, par une ordonnance de 1498, rappelle encore l'obligation de faire concourir à la confection des actes authentiques *deux notaires, ou un notaire et deux témoins*, « *nonobstant quelque » coutume locale contraire, qu'il déclare nulle et » abusive.* » — Cette disposition fut renouvelée dans les ordonnances de 1507, 1543 et 1579.

27. — Malgré ces rappels successifs, la lutte des notaires se perpétua contre la règle, et l'usage introduit de faire signer l'acte après coup par un autre notaire fut même solennellement consacré par l'art. 14 des statuts et réglemens des notaires de Paris, arrêtés le 30 avr. 1679 et homologués en parlement le 13 mai 1681 : « Les notaires, y lit- » on, seront obligés de signer, l'un pour l'autre, » les actes et contrats non contraires aux ordon- » nances et bonnes mœurs dont ils seront requis, » sans le pouvoir refuser. » — En oct. 1691, Louis XIV étendit cette pratique aux notaires de Lyon, « les » dispensant de prendre à l'avenir des témoins » pour signer, avec eux, les actes qu'ils passeront, » en les faisant signer en second par un de leurs » confrères, ainsi qu'il se pratique par les notaires » de notre bonne ville de Paris, sans néanmoins » rien innover à l'usage établi pour les testamens » solennels. »

28. — Un édit de mars et une déclaration du 4 sept. 1706 allèrent jusqu'à créer des *notaires-syndics* dans les villes et bourgs du royaume, à l'effet, notamment, de signer en second, *pour 2 sols 6 deniers*, par acte, tous les contrats et actes passés par leurs confrères, sans pouvoir être repris pour les actes qu'ils auraient ainsi signés en second, mais seulement pour ceux qu'ils auraient eux-mêmes passés comme notaires. — Mais les notaires-syndics furent supprimés par édit de déc. 1717 qui remit les choses au même état qu'avant l'édit de mars 1706.

29. — Ainsi, à l'exception de Paris et de Lyon, dans tout le reste du royaume, les notaires restèrent soumis à l'obligation de se faire assister réellement, lors de la réception des actes, soit d'un confrère, soit de deux témoins instrumentaires. — Et si, cependant, ils adoptèrent l'usage de ces deux villes, ce fut par un abus contraire au texte précis des lois qui régissaient leur institution.

30. — Aussi, un arrêt de réglement du parlement de Paris, du 13 sept. 1713, fait-il défense aux notaires de la ville et bailliage de Meaux de passer actes et contrats, autrement « qu'*en présence*... des » témoins dénommés, ou, au défaut desdits té- » moins, *en présence* du notaire qui sera appelé » pour signer lesdits actes en second, à peine de » nullité desdits actes et contrats et des dépens, » dommages-intérêts des parties, et de plus grande » peine, s'il y échet. »

31. — Quant aux témoins instrumentaires, nulle part, aucun acte législatif n'avait dispensé de leur présence réelle, et sur ce point, le chancelier d'Aguesseau s'exprimait ainsi, dans une lettre en date du 2 août 1728 (*Œuvres*, t. 9) : « Quand le fait » n'est pas relevé, les juges ferment les yeux sur » *cet abus, qui cependant ne devrait pas être toléré;* » mais toutes les fois que cet abus paraît claire- » ment aux yeux de la justice et qu'il y a eu des » preuves suffisantes de l'absence des témoins » qu'on a employés comme présens dans un acte, » il n'est pas permis aux juges d'user de dissimu- » lation à cet égard. »

32. — La loi du 6 oct. 1791 maintint provisoirement l'état de choses existant, sous ce rapport, sauf cette modification qu'elle apporta à la sévérité de quelques coutumes : « Néanmoins, dans les lieux » où la présence de deux notaires était textuelle- » ment requise ..., ils (les actes) pourront être » reçus par *un seul notaire public et deux témoins.* » — Sect. 2e, art. 4.

33. — Ce texte de la loi étant clair, précis, positif, il y a tout lieu de penser qu'à raison de l'importance d'un acte notarié qui fait foi jusqu'à inscription de faux, et qui emporte avec lui la voie d'exécution parée, le législateur de l'an XI a consacré par l'art. 9, L. 25 vent., le système qui offrait aux parties le plus de garanties, celui de la présence réelle. — Loin de prouver le contraire, les paroles de l'orateur du gouvernement qui annonçait au corps législatif qu'on entendait seulement maintenir ce qui existait déjà, s'appliqueraient plutôt à la loi générale qu'à des priviléges accordés aux villes de Paris et de Lyon. — Le rejet de la proposition du tribunat qui demandait que le mot *conjointement* fût ajouté dans l'article, prouve seulement que l'on ne voulut pas tomber dans un pléonasme.

34. — On s'est armé, en dernier lieu, pour soutenir le contraire, d'une lettre écrite le 16 avr. 1827, par Locré, ancien secrétaire général du conseil d'état, à M. Rolland de Villargues, de laquelle il résulterait que l'amendement du tribunat ne fut pas même présenté au conseil d'état; qu'il fut abandonné par la section du tribunat, dans la conférence *officieuse* engagée entre elle et la section du conseil; que la présence réelle fut reconnue impraticable pour cette multitude d'actes qui se font journellement, surtout à Paris, et qui est très dispendieuse pour les parties; qu'on la réserva seulement pour les testamens, parce qu'alors, et au moment de l'ouverture, le testateur n'est plus là pour reconnaître si l'on n'a point changé quelques-unes de ses dispositions.

35. — Malheureusement les souvenirs de Locré ont été interrogés bien tard, et l'autorité que son caractère officiel donne d'ordinaire à ses paroles disparaît ici, puisqu'il s'agit seulement de la révélation officieuse de pourparlers auxquels le secrétaire du conseil n'assistait à aucun titre, et qui prouvent d'autant moins que l'amendement proposé n'a pas eu de suites, et que *le conseil* n'a même pas été appelé à y statuer.

36. — L'art. 9 reste donc avec la signification grammaticale de ses termes et la pensée qu'en présence des précédens, on doit naturellement supposer à ses rédacteurs primitifs, alors surtout qu'il eût été si important et si facile de le formuler autrement, si l'on avait voulu lui faire dire autre chose que ce qu'il dit réellement.

37. — Toutefois l'abus survécut à la loi, et il faut le reconnaître, l'ancien usage se perpétua assez universellement sous les yeux du gouvernement, qui n'y prit garde, puisque au bout d'un certain nombre d'années se présente la question de savoir si l'usage avait pu abroger la loi.

38. — Quoique, depuis la loi du 21 juin 1843, cette question n'ait plus qu'un intérêt historique, nous n'en retracerons pas moins l'état de la doctrine et de la jurisprudence qui se rattache à l'art. 9, L. 25 vent. an XI.

39. — D'une part, MM. Rolland de Villargues, *Jurispr. du not.*, vo *Acte notarié*, no 53, et *Rép. du not.*, vo *Acte notarié* no 153; Duranton, t. 13, no 30; Favard, *Rép*, vo *Acte notarié*, § 2, no 2; Loret, *Élém. de la science notar*, t. 1er, p. 213, ont soutenu les effets de la désuétude, tout en cherchant à restreindre le sens et la portée des termes de l'art. 9. Mais ils se sont divisés sur l'application du principe à l'égard du notaire en second et des témoins. Les uns, M. Rolland de Villargues notamment, l'ont appliqué largement au notaire en second, aux témoins qui le remplacent; d'autres, le plus grand nombre, s'appuyant sur ce que l'art. 9 dit seulement que l'acte sera *reçu par deux notaires*, tandis qu'à l'égard des témoins il exige qu'il soit reçu par un notaire *assisté* de deux témoins, ont soutenu que si la présence réelle du notaire en second n'était pas indispensable, il en était autrement de celle des *témoins*. — Duranton, *Dr. franç.*, t. 13, no 29; Garnier-Deschênes, *Tr. élém. du notariat*, nos 76 et 77; Massé, *Parfait notaire*, liv. 1er, ch. 21; Loret, t. 1er, p. 215; Augan, *Cours de not.*, p. 46; Laënnec, *Dissert. sur la question*.

40. — D'autre part, Toullier (t. 8, no 78, chap. 13, addition), a soutenu avec vigueur la nécessité de la présence du notaire en second et des témoins instrumentaires.

41. — Nous partageons l'avis de Toullier; et, quant à l'usage, sans nous occuper de l'autorité qu'il pouvait avoir anciennement, sous l'empire des coutumes et d'une législation qui admettait des lois et des clauses *comminatoires*, nous croyons, avec M. le premier président Portalis, que, « dans » tout état constitutionnel qui a l'avantage d'être » régi par des lois écrites et gouverné par des lois » politiques qui établissent la distinction des pou- » voirs publics et la maintiennent, la loi ne sau- » rait être abrogée par l'usage. Tout usage con- » traire à la loi est un abus qui doit être réprimé, » car la religieuse exécution des lois est la meil- » leure garantie du droit de chacun. — Le pouvoir » législatif est un pouvoir jaloux qui n'admet pas » de partage; il s'est réservé l'interprétation, la » dérogation, l'abrogation, qui défend d'invoquer » la désuétude. Or, comment invoquer la puis- » sance de l'usage, quand il n'est pas permis de se » prévaloir du non-usage? » — Discours à la ch. des pairs, séance du 7 juin 1843 (V. *Monit.* du 8). — V. au surplus *Cass.*, 16 nov. 1841 (t. 2 1843, p. 573), Bobée. — V. aussi LOI.

42. — Au reste, la jurisprudence n'était pas plus uniforme que les opinions des auteurs. Ainsi il a été jugé, sous l'empire de la loi du 25 vent. an XI, d'une part, qu'un acte notarié autre qu'un testament *a pu* n'être pas déclaré nul parce que le notaire en second n'avait pas été présent à sa rédaction, et qu'il ne l'avait signé qu'après et hors la présence des parties. — *Bordeaux*, 17 juin 1826, Laurens c. Langlade; *Agen*, 17 fév. 1830, Lafiteau c. Pagès; *Nîmes*, 15 juin 1830, Moustardier c. Pleindoux; *Cass.*, 6 août 1833, mêmes parties; *Bordeaux*, 26 juill. 1842 (t. 2 1843, p. 573), Laplanche c. Huet.

43. — Il en était ainsi suivant la cour de Bordeaux, parce que l'usage constant et public qui existe depuis la loi du 25 vent. an XI, sans que le gouvernement eût cherché à le faire cesser, pouvait être considéré comme une abrogation tacite de la loi. — *Bordeaux*, 17 juin 1826, Laurens c. Langlade.

44. — ... Et suivant les autres décisions, parce que, bien qu'il fût vrai de dire que l'usage n'avait pu abroger la disposition de la loi du 25 vent. an XI, qui exigeait la présence des deux notaires à la rédaction des actes authentiques, cependant, dans les départemens où l'usage contraire était général, on avait pu respecter l'empire de cet usage. — *Nîmes*, 15 juin 1830 (cité au no 42); *Cass.*, 6 août 1833, mêmes parties.

45. — On décidait, par la même raison, que le notaire qui, dans un acte authentique autre qu'un testament, désignait comme présent et comme ayant participé à la rédaction de l'acte un autre notaire en second, qui était réellement absent, ne commettait pas un faux, et que l'acte n'était pas nul. — *Cass.*, 14 juill. 1825, Cordon c. Pellerin.

46. — Divers arrêts reconnaissaient que la même règle était applicable aux actes portant donation. — *Cass.*, 6 août 1833 (cité au no 42); *Amiens*, 16 juin 1837 (t. 2 1837, p. 618), Duminy c. Harove.

47. — Ainsi jugé, 1o que l'absence du notaire en second à la confection de l'acte ne pouvait invalider une donation entre vifs. — *Agen*, 14 déc. 1841 (t. 2 1842, p. 356), de Saint-Amans; *Bordeaux*, 26 juill. 1842 (t. 2 1843, p. 573), Laplanche c. Huet.

48. — 2o Qu'une donation par préciput, faite dans un contrat de mariage, était valable, que le notaire en second qui l'a signée eût été ou non présent à sa passation. — *Bourges*, 23 mai 1840 (t. 2 1840, p. 551), de C... c. L...

49. — D'où la conséquence qu'on devrait considérer comme frustratoire l'inscription de faux prise contre un acte notarié, à l'effet de prouver la non présence du notaire en second. — *Nîmes*, 15 juin 1830 (V. sous *Cass.*, 6 août 1833), Moustardier c. Pleindoux; *Agen*, 14 déc. 1841 (t. 2 1842, p. 356), de Saint-Amans.

50. — .... Alors surtout qu'il ne s'élèverait aucun soupçon de fraude, de dol ou de mauvaise foi. — *Agen*, 14 déc. 1841 (t. 2 1842, p. 356), de Saint-Amans.

51. — Il a été jugé d'autre part, et en sens contraire, par plusieurs arrêts : 1o que les actes notariés devaient être déclarés nuls s'ils n'avaient pas été reçus par deux notaires réellement présens, et qu'il ne suffisait pas que le notaire en second eût signé les actes plus tard. — *Toulouse*, 28 nov. 1825, Martin c. Augé; *Orléans*, 29 mars 1838, Leblanc c. Courreux, et 13 juin 1838 (t. 1er 1839, p. 652), Bobée; *Nîmes*, 12 janv. 1841 (t. 1er 1841, p. 236), Chopart c. Gonet.

52. — .... Qu'en conséquence, l'inscription de faux était recevable contre les énonciations de l'acte relatives à la présence du notaire. — *Nîmes*, 12 janv. 1841 (t. 1er 1841, p. 236), Chopart c. Gonet.

53. — 2o Que le défaut d'assistance réelle de l'un des deux notaires qui sont dits avoir concouru à recevoir un acte authentique pouvait être un juste motif de faire annuler cet acte ; et qu'en conséquence, il y avait lieu à déclarer pertinens et admissibles des faits qui tendaient à prouver l'absence de l'un des deux notaires. — *Cass.*, 3 août (et non 9) 1836, Delagrange c. Bazon.

54. — Ces décisions étaient fondées sur ce qu'aucun usage n'avait aboli ni pu abolir les dispositions de l'art. 9, L. 25 vent an XI. — *Cass.*, 24 avr. 1828, Augé c. Martin ; *Nîmes,* 12 janv. 1841 (t. 1 1841, p. 236), Chopart c. Gonet.

55. — On jugeait spécialement en ce sens que la présence du notaire en second était indispensable pour la validité des actes qui ne pouvaient être rédigés que dans la forme notariée (tels, par exemple, que les actes révocatoires de testamens). — Du moins que l'arrêt qui, par application des art. 9 et 68, L. 25 vent. an XI, le décide ainsi, échappait à la cassation. — *Cass.*, 7 mai 1839 (t. 1er 1839, p. 503), Bonnaud c. Chollet ; *Toulouse*, 28 nov. 1825, Martin c. Augé.

56. — ... Que dans les pays anciennement régis par le droit écrit, les actes notariés révocatoires de testamens devaient, à peine de nullité, être reçus et dressés en la présence réelle des notaires en second. — *Lyon,* 25 fév. 1836, Chollet c. Bonnaud.

57. — Au surplus, l'acte énonçant qu'il a été retenu par deux notaires devait être réputé faire foi jusqu'à inscription de faux, bien que l'un d'eux eût déclaré depuis qu'il était absent lors de sa rédaction. — *Bordeaux,* 14 mars 1832, Roux c. Pothié et Vidal.

58. — A l'égard de la présence des témoins instrumentaires, la jurisprudence a été moins divisée ; car s'il a été jugé par la cour de *Bruxelles* (8 mai 1824, Delierre) que, dans les actes ordinaires des notaires, il n'était pas nécessaire que les témoins fussent présens à la *passation* de l'acte, et qu'il suffisait qu'il en fût donné lecture en leur présence avant la signature...

59. — Il a, d'autre part, été jugé par la presque unanimité des cours que la présence effective des témoins instrumentaires au moment de la *réception* et de la signature des actes notariés constituait une formalité substantielle, et était exigée à peine de nullité. — *Paris,* 15 déc. 1838 (t. 1er 1839, p. 129), Paillard c. Dagonnet ; *Orléans,* 29 mars 1838 (t. 1er 1839, p. 632), Leblanc c. Couvreux ; 13 juin 1838 (t. 1er 1839, p. 652), Bobée ; *Paris,* 3 déc. 1839, t. 2 1839, p. 656), Cornu c. Genlin.

60. — Et que les dispositions impératives de la loi du 25 vent. an XI devaient surtout être scrupuleusement observées quand il s'agissait de la réception des actes de libéralité. — Même arrêt du 3 déc. — Au reste un acte notarié, et spécialement un contrat de mariage, n'est pas nul parce que la mention de la présence des témoins instrumentaires est placée au commencement de l'acte au lieu de l'être à la fin : ce n'est pas là une formalité substantielle inhérente à l'acte, mais une formalité simplement réglementaire. — *Cass.*, 18 juin 1844 (t. 2 1844, p. 291), de Richemont c. de Braguelangues.

61. — La cour de Cassation décidait que les lois ne pouvant, quand elles sont claires et précises, être regardées comme ayant cessé d'exister qu'autant qu'elles auraient été expressément révoquées par d'autres lois également claires et précises, il fallait en conclure, en présence de l'art. 9, L. 25 vent. an XI, qu'un acte de donation était nul, s'il avait été reçu par un notaire hors la présence de deux témoins instrumentaires. — *Cass.*, 16 nov. 1841 (t. 2 1843, p. 573), Bobée.

62. — Jugé en conséquence qu'un acte de donation entre vifs, énonçant qu'il avait été reçu par un notaire et deux témoins, était nul s'il était constant, en fait, que les témoins n'avaient pas été présens à la confection de l'acte, et qu'ils avaient apposé leur signature après coup. — *Cass.*, 25 janv. 1841 (t. 1er 1841, p. 154), Papin c. Audebert.

63. — De même, le contrat de mariage reçu par un seul notaire, sans l'assistance de témoins autres que les parens des époux au degré prohibé par la loi du 25 vent. an XI, était nul. — *Riom,* 28 mai 1824, Granet c. Jausenet.

64. — En conséquence de cette jurisprudence, on a décidé que le donateur pouvait s'inscrire en faux contre la donation entre vifs par lui faite, si les témoins instrumentaires n'étaient pas présens à la réception de l'acte par le notaire et à la signature des parties. — *Paris,* 3 déc. 1839 (t. 2 1839, p. 656), Cornu c. Gelin.

65. — Et qu'il y avait lieu de casser, pour violation des art. 9 et 68, L. 25 vent. an XI, et 931, C. civ., l'arrêt qui rejetait l'inscription de faux formée contre une donation, et fondée sur l'absence des témoins au moment de la confection de l'acte. — *Cass.*, 25 janv. 1841 (cité no 62).

66. — C'est dans cet état qu'est intervenue la loi du 21 juin 1843, qui dispose en ces termes : « Art. » 1er. — Les actes notariés passés depuis la promulgation de la loi du 25 vent. an XI ne peuvent » être annulés par le motif que le notaire en second » ou les deux témoins instrumentaires n'auraient » pas été présens à la réception desdits actes. — » Art. 2. — A l'avenir, les actes notariés contenant » donation entre vifs, donation entre époux pen- » dant le mariage, révocation de donation ou de » testament, reconnaissance d'enfans naturels, et » les procurations pour consentir ces divers actes, » seront, à peine de nullité, reçus *conjointement* » par deux notaires, ou par un notaire en présence » de deux témoins. — La présence du notaire en » second ou des deux témoins n'est requise qu'au » moment de la lecture des actes par le notaire et » de la signature par les parties. Elle sera mention- » née à peine de nullité. — Art. 3. — Les autres » actes continueront d'être régis par l'art. 9, L. 25 » vent. an XI, tel qu'il est expliqué par l'art. 1er » de la présente loi. — Art. 4. — Il n'est rien in- » nové aux dispositions du Code civ. sur la forme » des testamens. »

67. — Cette loi a eu pour but : 1o d'interpréter l'art. 9, L. 25 vent. an XI, et de mettre fin à une polémique qui laissait incertains, quant à leur validité, un grand nombre d'actes passés sous l'empire d'un usage dont la force obligatoire n'était pas universellement reconnue (*Toulouse*, 28 fév. 1844 (t. 2 1844, p. 207), Auriol c. Rafflt) ; — 2o de déterminer les actes à l'égard desquels la présence réelle du notaire en second et des témoins instrumentaires est nécessaire, et en quoi consiste cette présence réelle.

68. — De ce que l'art. 1er est interprétatif de la loi du 25 vent. an XI (principe reconnu par les arrêts cités au numéro suivant), il résulte qu'il a nécessairement validé tous les actes notariés faits jusqu'à sa promulgation, sauf toutefois ceux à l'égard desquels des dispositions spéciales exigeraient la présence réelle du notaire en second ou des témoins instrumentaires, sans que cette loi ait en rien modifié ces dispositions. — V. *infrà* no 88 et suiv.

69. — Ainsi, les donations faites jusqu'à la promulgation de cette loi, sans l'assistance réelle du notaire en second ou des témoins à la réception de l'acte, ne peuvent être annulées pour ce fait. — *Cass.*, 20 déc. 1843 (t. 1er 1844, p. 166), Boudon de St-Amans ; 19 fév. 1844 (t. 1er 1844, p. 607), Huet c. Laplanche ; *Paris,* 2 mars 1844 (t. 1er 1844, p. 548), Bailleau c. Chenet ; *Toulouse*, 28 fév. 1844 (t. 2 1844, p. 207), Auriol c. Rafflt.

70. — Et comme l'effet d'une loi interprétative est de saisir même les questions déjà pendantes devant les tribunaux, pour en soumettre la solution à l'interprétation donnée par elle, il s'en suit que la loi du 21 juin 1843, art. 1er, s'applique aux procès qui se trouvaient engagés à l'époque de sa promulgation sans qu'on puisse écarter cette application par le principe de la non rétroactivité des lois. — Mêmes arrêts ; — Coisnon et Rigault, *Archives du notariat,* no 35.

71. Cependant il ne serait plus permis de revenir sur des décisions devenues irrévocables avant cette promulgation, et qui auraient annulé des actes pour contravention à l'art. 9, L. 25 vent. an XI. — V. LOI.

72. — Suivant l'art. 3, les actes non compris dans l'art. 2 doivent rester régis par la loi du 25 vent. an XI (art. 9), d'où il résulte que, bien qu'à raison de l'interprétation donnée à cette dernière loi la présence réelle des témoins ou du notaire en second ne soit plus nécessaire, il n'en faut pas moins que ces actes soient revêtus de la signature de ces témoins ou de ce notaire en second. L'utilité de cette seconde signature, à l'égard des actes pour lesquels la présence réelle n'est pas exigée, avait néanmoins été contestée, surtout en présence de cette considération que la loi ne fixe aucun délai pour l'intervention du second notaire ou des témoins : on concluait même de cette dernière circonstance qu'il pourrait s'élever de graves questions sur l'authenticité des actes non revêtus de toutes les signatures requises. — Toutefois la difficulté paraît moins grave si on réfléchit que la loi a prescrit aux notaires un délai rigoureux pour l'enregistrement de leurs actes, ce qui les oblige conséquemment à les régulariser dans ce délai. — V. au surplus *infrà* no 98.

73. — Dans l'esprit de la loi nouvelle la signature du second notaire et des témoins instrumentaires n'est plus (sauf les cas prévus par l'art. 2) qu'une sorte de *visa*, ayant seulement pour effet de constater la régularité apparente de l'acte ; d'où il semble résulter qu'elle peut être apposée par un notaire qui n'aurait pas été revêtu de ce titre, lors de la réception de l'acte, même après la démission ou la mort du notaire rapporteur ou des parties.

74. L'art. 2, L. 1843, énumère, ainsi qu'il a été

dit plus haut, les divers actes à l'égard desquels la présence réelle du notaire en second ou des témoins instrumentaires sera exigée, et devra être mentionnée, le tout à peine de nullité. — La disposition de cet article est évidemment limitative.

75. — Ainsi, de ce que la loi ne parle que des donations entre vifs, il faut conclure que, si l'acceptation d'une pareille donation avait lieu par acte séparé, il ne serait pas nécessaire qu'elle fût reçue dans la forme exigée par l'art. 2. D'une part, en effet, l'acte par lequel le donataire accepte ne contient pas évidemment la donation. — De l'autre, les précautions extraordinaires dont on a cru devoir entourer la donation sont destinées à protéger le donateur et non le donataire, qui n'a rien à craindre ; il n'y a aucune raison pour donner à celui-ci des garanties dont il n'a pas besoin, pour environner de formalités toutes spéciales un acte d'acceptation duquel il ne peut résulter aucun abus. — Duvergier, *Coll. des lois*, t. 1843, p. 261.

76. — Au surplus, M. Duvergier ajoute que l'article précité n'avait ni pour but ni pour résultat de porter atteinte au principe, admis par la jurisprudence, que les donations déguisées sous la forme de contrats onéreux sont valables alors même qu'elles sont sous signatures privées (V. DONATION). « Dès-lors, dit-il, tant que cette jurisprudence subsistera, et malgré le surcroît de précautions introduit dans la loi nouvelle, il faudra décider qu'une donation, qui serait nulle si elle était faite par acte reçu par un seul notaire, est valable si les parties ont, dans un acte sous seing-privé, simulé une vente de la chose donnée. »

77. — Devrait-on comprendre sous ces mots l'acte par lequel le donateur déclarerait, avant toute acceptation de la part du donataire, son changement de volonté ? — Non, répond M. Duvergier, car il ne peut y avoir de révocation de donation qu'autant qu'il y a réellement eu donation ; or, sans l'acceptation, pas de donation complète.

78. — Le même auteur (*loc. cit.*) pense qu'en soumettant à l'art. 3 l'acte portant révocation de donation entre époux, la loi de 1843 a tranché la question de savoir si la révocation de pareilles donations peut émaner d'actes sous signatures privées (V. en ce sens Delvincourt, t. 2, notes, p. 448), et qu'elle l'a résolue par la négative. — C'est ce qui paraît résulter de la discussion qui a eu lieu à la chambre des députés. — V. DONATION ENTRE ÉPOUX.

79. — Le projet de loi et celui de la commission contenait, dans l'énumération faite par l'art. 2, les contrats de mariage ; mais ils en ont été éliminés. De ce qui a été dit, à cette occasion, et notamment du rapport de M. Frank-Carré devant la chambre des pairs, il résulte que les contrats de mariage, même contenant donation, ne sont pas soumis aux formalités de l'art. 2. Mais il est à regretter alors que la loi ne s'en soit pas expliquée nettement ; car, étudié dans son texte, l'art. 2 semble embrasser évidemment et sans distinction aucune tous actes contenant donation, ce qui comprend même les contrats de mariage ou autres. — Duvergier, *loc. cit.*

80. — Au reste, à l'égard des contrats de mariage, la jurisprudence décide que l'art. 1394, C. civ., portant que les conventions matrimoniales seront rédigées avant le mariage *par acte devant notaire,* ne doit pas être entendu en ce sens qu'il suffise, pour la validité du contrat de mariage et des donations qu'il contient, qu'il ait été reçu *par* un notaire, sans la présence des témoins *instrumentaires.* — *Riom,* 12 fév. 1818, Chabrier c. Faucon. — Ainsi, le contrat de mariage reçu par un seul notaire et deux témoins, ne réunissant pas les qualités exigées par la loi, est frappé de nullité radicale. Le notaire qui a un contrat de mariage entaché de pareille nullité peut, d'après les circonstances, par exemple, par suite d'une jurisprudence qui aurait déclaré valable un contrat de mariage ainsi rédigé, n'être pas considéré comme ayant commis une faute lourde qui le rende passible, dans toute leur étendue, des dommages-intérêts résultant de la nullité du contrat. — *Riom*, 22 juin 1844 (t. 2 1844, p. 490), Béal c. Bouche.

81. — De ce que l'art. 2 est limitatif, il en résulte qu'il exclut les actes d'hypothèque conventionnelle, bien que l'art. 2127 exige que ces actes soient consentis par actes passés en forme authentique, devant deux notaires ou devant un notaire et deux témoins. En effet l'art. 2127 s'en réfère à l'art. 9, L. 25 vent. an XI, et dès-lors l'interprétation donnée à ce dernier article s'applique aux actes portant constitution d'hypothèques, comme à tous autres non exceptés par l'art. 2 — Rapport de la commiss. de la ch. des pairs, séance du 31 mai 1843, *Monit.* 7 juin.

82. — Le même art. 2 explique que la présence réelle n'est nécessaire qu'au moment de la lecture

des actes par le notaire, *et de la signature par les parties.* — Mais il a été bien entendu que, si les parties ne savaient pas signer, la déclaration d'impossibilité de signer équivaudrait à la signature. « Cette déclaration, ajoutait le président de la chambre des députés, est la signature même, dans le sens de la loi, lorsqu'elle est pleinement justifiée. » Duvergier, *loc. cit.*

83. — Quant à la mention de la présence réelle du second notaire ou des témoins (mention exigée à peine de nullité), il résulte de la discussion que l'intention du législateur n'a pas été de prescrire des termes sacramentels : « C'est du fait de la mention, et non de la formule qu'il s'agit, disait le président de la chambre des députés en résumant la discussion. »

84. — Restait toutefois la question de savoir si, en exigeant cette mention, le législateur avait entendu modifier le protocole alors en usage : « Fait et passé.... *en présence* des sieurs tel et tel, témoins instrumentaires. » Ce protocole remplissait-il le vœu de l'art. 2? — Un député soutenait que ce protocole était suffisant ; toutefois, et dans le doute, la chambre des notaires de Paris a jugé à propos de changer la formule et de l'approprier à chacun des actes notariés, suivant qu'il s'agit d'actes rentrant dans la catégorie de l'art. 2 ou de l'art. 3.

85. — Voici les termes de ces formules pour les actes spécifiés au § 2 de l'art. 2 de la loi nouvelle, après ces mots : « et ont les parties signé avec les notaires, après lecture faite, » on ajoutera : « la lecture du présent acte par Me....., notaire en premier, et la signature par les parties ont eu lieu en présence de Me...., notaire en second. » — Si une ou plusieurs des parties ne savent ou ne peuvent signer, la formule sera ainsi rédigée : « La lecture du présent acte par Me....., notaire en premier, la signature par celles des partes qui l'ont signé, et la déclaration de ne le savoir ou de ne le pouvoir par les autres parties, ont eu lieu en présence de Me..., notaire en second. » — Si l'acte est fait en présence de témoins, la formule sera ainsi rédigée : « La lecture du présent acte par Me......., notaire, et la signature par les parties ont eu lieu en présence des deux témoins instrumentaires. » — Et si une ou plusieurs personnes ne savent ou ne peuvent signer, on dira : « La lecture du pésent acte par Me...., la signature par les parties qui l'ont signé, et la déclaration de ne le savoir (ou de ne le pouvoir) par les autres parties, ont eu lieu en présence des deux témoins instrumentaires. »

86. — Quant à la formule des actes autres que ceux spécifiés au § 1er de l'art. 2, la chambre des notaires a été d'avis qu'il n'y avait lieu d'y introduire aucun changement.

87. — Au surplus, cette loi est purement facultative pour les parties. Elles peuvent toujours exiger l'appel soit d'un second notaire, soit de témoins instrumentaires. Ce droit a été formellement reconnu lors de la discussion.

88. — L'art. 4 déclare ne rien innover aux dispositions du Code civ. sur la forme des testamens. « En effet, porte l'exposé des motifs, à la chambre des députés (séance du 4 fév. 1843, *Monit.* du 6), » tout est réglé, en cette matière, par le Code civ., » aux dispositions duquel il ne peut être question » de toucher. »

89. — Et il a été reconnu, d'une manière plus générale dans la discussion, qu'il s'agissait d'une loi *toute spéciale*, laquelle ne touchait en rien aux dispositions du Code civ. ou du Code de procéd.

90. — Ainsi, bien que l'art. 2 ne mentionne pas expressément les actes respectueux, il ne semble pas douteux que l'art. 154, C. civ., qui exige que de pareils actes soient notifiés par *deux notaires*, ou par un notaire et deux témoins, ne doive continuer à recevoir son exécution dans ce qu'il a de rigoureux et d'impératif. — Il ne s'agit pas là, dit M. Duvergier (*loc. cit.*), de la réception d'un acte, c'est une action qu'il faut accomplir ; or, la loi veut que les notaires et les témoins sortent de leur cabinet pour se transporter chez les ascendans. La fiction d'une signature après coup ne saurait équivaloir à la démarche qui est commandée. — D'ailleurs, dans l'usage, les deux notaires se transportent toujours chez les parens à qui la notification doit être faite. — V. au surplus ACTE RESPECTUEUX.

91. — De même il a été entendu que l'art. 977, C. procéd. civ., qui permet au notaire, en cas de partage et de licitation, de procéder seul, sans l'assistance d'un autre notaire ou de témoins, continuerait à recevoir son exécution. — Duvergier, *ibid.*, notes sur l'art. 3.

92. — Avant même la loi du 21 juin 1843, il y avait des actes que les notaires pouvaient faire sans le concours réel ou fictif d'un second notaire ou de témoins. — La loi nouvelle n'a en rien innové à cet état de choses.

93. — Tels sont 1o les certificats de vie pour le paiement des pensions et rentes viagères sur l'état. — Décr. 21 août 1806 et ordonn. 30 juin 1814.

94. — Mais cette exception n'est point applicable aux certificats de vie pour le paiement de rentes viagères autres que celles dues par l'état. — *Cass.* 19 nov. 1817, Tardif c. Cottun.

95. — 2o Les certificats de propriété destinés à faire inscrire sur le grand livre le nom du nouveau propriétaire d'une rente par suite de décès. — Décis. min. fin., 1er août 1821.

96. — En est-il des ventes judiciaires de biens immeubles renvoyées devant un notaire, comme des partages ordonnés en justice (art. 977)? M. Gagneraux (*Encyclop. du notariat*, p. 66, no 20) les croit soumis à la règle générale. Il est à remarquer néanmoins que les art. 954 et 970, C. procéd. (édit. 1843) parlent seulement du renvoi devant *un notaire*, ce qui permettrait d'admettre que le notaire ainsi *commis* a qualité pour procéder seul, sans qu'il soit besoin d'appeler des témoins ou un second notaire. Bien que cet argument ne soit pas péremptoire, il n'est cependant pas sans valeur, quand on considère le peu de garantie réelle qu'offre, dans l'état actuel de la législation, le concours, tel qu'on l'entend, soit du second notaire, soit des témoins instrumentaires.

97. — Sous la coutume du Nivernais, un notaire, commis par justice pour faire un inventaire, pouvait y procéder sans l'assistance d'un second notaire ou de deux témoins. En tous cas, la partie qui aurait assisté à l'inventaire serait non-recevable à se plaindre de ce défaut de formalité. — *Cass.*, 27 frim. an XII, Durat c. Sugnot. — A défaut d'exception dans la loi, nous ne pensons pas qu'il pût en être de même aujourd'hui ; l'art. 943, C. procéd., soumet formellement l'inventaire aux formalités communes à tous les actes notariés.

98. — La signature du notaire en second et des témoins est indispensable pour l'authenticité de l'acte. — Mais, jusqu'à quel moment un acte pourrait-il être signé par le notaire en second et les témoins instrumentaires, et dans quelles circonstances la nullité de l'acte resté imparfait sera-t-elle opérable? — La loi nouvelle ne dit rien à cet égard ; et en effet il s'agit là d'un cas qui se présentera rarement. — V. *suprà* no 72. — Mais, s'il se présentait, M. Duvergier pense qu'il faudrait décider 1o que la signature du second notaire et des témoins peut être donnée après coup, à quelque époque que ce soit, même après l'enregistrement. — 2o Que la nullité tirée du défaut de signature ne peut être opposée que par les tiers, et non par les parties elles-mêmes ; à moins qu'il ne soit constant que les parties ont laissé faire un acte incomplet et accordé un délai pour l'amener à un état de perfection. Dans ce cas, dit M. Duvergier, elles ont le droit d'exiger qu'on mette un terme à leurs incertitudes, et qu'enfin on ajoute à l'acte tout ce qui lui manque pour être complet. Les juges ne pourraient donc se dispenser de prononcer la nullité, si le défendeur ne parvenait pas à faire signer l'acte par le notaire en second ou par les témoins.

99. — Jugé néanmoins que, pour que l'exécution d'une donation par *les héritiers ou ayant-cause du donateur*, après le décès de celui-ci, emporte renonciation à opposer, soit les vices de forme, soit toute autre exception, il faut que cette exécution ait été volontaire et consentie librement et avec la connaissance de la circonstance qui constituerait le vice de l'acte attaqué. — Spécialement, le fils, au profit duquel une rente viagère a été, à titre de libéralité, constituée par son père dans le contrat de mariage de sa sœur, est encore, bien qu'il ait, depuis la mort de son auteur, touché des arrérages, recevable à critiquer le contrat de mariage, comme ayant été reçu et signé en l'absence du notaire en second. — *Bourges*, 23 mai 1840 (t. 2 1840, p. 551), de C... c. L...

Sect. 3e. — *Prohibitions.—Parenté entre les notaires, les parties et les témoins.—Clercs. — Serviteurs. — Parties intéressées.*

100. — Suivant l'art. 10, L. 25 vent. an XI, deux notaires, parens ou alliés, soit en ligne directe à tous les degrés, soit en ligne collatérale jusqu'au degré d'oncle ou de neveu inclusivement, ne peuvent concourir au même acte ; — et ce à peine de nullité. — Même loi, art. 68.

101. — L'art. 8 de la même loi porte que les notaires ne pourront recevoir des actes dans lesquels leurs parens ou alliés, au degré qui vient d'être indiqué, seraient parties, ou qui contiendraient quelque disposition en leur faveur.

102. — Enfin, de semblables prohibitions de parenté et d'alliance sont établies, sous la même peine, entre les notaires ou les parties contractantes d'une part, et les témoins de l'autre. — Art. 10 et 68.

103. — Des prohibitions analogues résultaient, sous l'ancien droit, de différens arrêts de réglemens. — Parlem. Paris, 22 mai 1550, 5 avr. 1559, 24 nov. 1601 ; Parlem. Bretagne, 10 juin 1757, 9 août 1766 ; — Duparc-Poullain, *Principes*, t. 7, p. 183 ; Gagneraux, *Encycl. du notar.*, p. 71, nos 2 et 3.

104. — On doit donc, par application de cette règle, réputer nul le contrat de mariage reçu par un seul notaire, et dont les témoins instrumentaires sont parens des parties au degré prohibé par la loi du 25 vent. an XI. — *Riom*, 20 nov. 1818, Preschaud c. Saraille et Bros ; 28 mai 1824, Granet c. Jausenet ; *Colmar*, 16 mars 1813, N. c. L. ; — Rolland de Villargues, *Répert. du not.*, vis *Contrat de mariage*, no 64, et *Parenté*, no 64 ; Gagneraux, *Encyclop. des lois sur le not. et l'enreg.*, t. 1er, p. 72. — *Contrà* (mais à tort, selon nous) *Riom*, 12 fév. 1818, Chabrié c. Faucon.

105. — Un pareil acte ne pourrait même valoir comme acte privé pour constater les apports et les conventions qu'il renferme, lors même qu'il serait signé de toutes les parties. — *Colmar*, 16 mars 1813, N... — V. CONTRAT DE MARIAGE.

106. — Et on ne peut, dans la vue de couvrir cette nullité, être admis à prouver par témoins l'exécution du contrat de la part de ceux par qui il est attaqué. — *Riom*, 28 mai 1824, Granet c. Jausenet.

107. — Rien n'empêche au surplus d'admettre, selon l'usage, comme *témoins honoraires*, dans un contrat de mariage, les parens et alliés des parties.

108. — Jugé encore qu'un acte est nul s'il a été reçu par un notaire, beau-frère de l'une des parties. — *Rennes*, 24 août 1814, Lollivier c. Ledantec. — Il en est ainsi notamment en matière de testament, et alors même qu'à l'époque de l'acte l'époux qui produisait l'alliance fût décédé sans postérité. — *Bordeaux*, 14 mars 1843 (t. 2 1843, p. 652), Descombes c. Greau.

109. — Mais il en serait autrement s'il avait été reçu pour le beau-frère de la femme du notaire. — Car il n'y a entre ce beau-frère et le notaire ni parenté ni alliance. — Rolland de Villargues, vo *Parenté*, no 49.

110. — La prohibition, naissant de la parenté ou de l'alliance, ne s'applique qu'au cas où le parent ou allié du notaire est réellement partie, et a un intérêt direct à l'acte que ce notaire reçoit. — On ne peut considérer comme ayant cet intérêt direct ni comme partie celui qui ne figurerait dans un acte que comme mandataire, même salarié, d'une société que l'acte concernerait. — *Grenoble*, 8 mars 1832, Durand c. Caisse hypothécaire ; *Cass.*, 30 juill. 1834, même affaire. — En sens contraire, Circ. min. 25 févr. 1823.

111. — L'arrêt de Grenoble précité a même jugé que l'intérêt d'un actionnaire, dans une société anonyme ou en commandite, n'est pas assez direct pour que le parent de cet actionnaire ne puisse recevoir comme notaire les actes concernant la société.

112. — Lorsqu'il s'agit de recevoir un testament public, les prohibitions de parenté ou d'alliance, relatives aux témoins, sont plus étendues. — C. civ., art. 975. — V. TESTAMENT.

113. — Jugé toutefois, en cette matière, à l'occasion d'un testament reçu en Corse, sous l'empire du statut civil de cette île et de l'édit de 1771, que la défense, écrite dans cet édit, d'admettre pour témoins aux actes notariés les parens des parties et du notaire, jusqu'au degré de cousin issu de germain, ne peut être étendue aux alliés au même degré. — *Cass.*, 17 avr. 1828, Durazzi c. Carabelli. — V. *suprà* no 107 et suiv.

114. — Le lien de parenté entre les témoins instrumentaires n'est pas une cause de nullité du testament : ainsi deux frères peuvent assister à sa confection. — *Bruxelles*, 25 mars 1806, Pierret. — Ce principe est également vrai pour les actes notariés ordinaires.

115. — A côté des prohibitions résultant de la parenté viennent s'en placer d'autres, fondées sur l'influence présumée des notaires sur certaines personnes.

116. — Ainsi, — 1o les notaires ne peuvent prendre leurs clercs pour témoins des actes qu'ils reçoivent. — L. 25 vent. an XI, art. 10. — A peine de nullité. — Art. 68.

117. — Mais qui doit-on comprendre dans la catégorie des clercs? — « Nous pensons, dit M. Rolland de Villargues (*Rép. not.*, vo *Clerc*, no 7), que pour avoir la qualité de clerc, il n'est pas nécessaire d'examiner si l'individu auquel il s'agit de l'attribuer aspire ou non à devenir notaire. Celui qui travaille habituellement dans une étude, sous la direction d'un officier public, a par cela même la qualité de clerc. Tel est le sens dans lequel s'expriment tous nos auteurs : Ferrière, *Nouveau Denisart*, Favard, etc. » — Pour nous, nous ajouterons que, d'après le silence de la loi sur ce qui peut constituer particulièrement la profession de

clerc de notaire, c'est aux tribunaux qu'il appartient d'apprécier les circonstances d'où l'on peut induire cette qualité. — V. Grenier, *Donations*, n° 253 *bis*.

118. — Jugé, en conséquence, qu'il suffit qu'un individu soit occupé et écrive habituellement dans l'étude d'un notaire pour être réputé clerc de celui-ci; et, dès-lors, il est incapable de servir de témoin instrumentaire dans les actes reçus par ce notaire. — *Bruxelles*, 12 avr. 1810, Berkman c. Debacker.

119. — ... Qu'il y aurait nullité d'une donation, sur le motif que l'un des témoins travaille accidentellement et à divers intervalles dans l'étude du notaire instrumentaire, sans avoir précisément le titre de clerc. — *Paris*, 13 mars 1832, Tillier c. Cathelin.

120. — Mais on ne peut considérer comme clerc de notaire celui qui fréquente habituellement l'étude d'un notaire, s'il ne s'y occupe que d'écritures étrangères au notariat, lors même qu'on lui confierait de temps à autre quelques actes à rédiger. — *Bruxelles*, 20 mars 1811, Le Bouchel c. Stockem.

121. — Il en est de même de celui qui fait des écritures dans l'étude d'un notaire s'il occupe en même temps d'autres fonctions, quand même on rapporterait un certificat de stage qui lui aurait été délivré par le notaire. — *Agen*, 18 mai 1824, Gaveret.

122. — Jugé encore qu'un individu, dont l'occupation principale est le commerce, mais qui a fait, par intervalle, quelques expéditions chez un notaire, ne peut être considéré comme clerc dans le sens de la loi, et être déclaré, par suite, incapable de figurer, en qualité de témoin, dans les actes reçus par ce notaire. — *Grenoble*, 7 avr. 1827, sous *Cass.*, 5 fév. 1829, Faure c. Bornier.

123. — Au surplus, l'arrêt qui décide, en fait et par l'appréciation des circonstances, qu'un individu qui a été témoin dans un testament n'était point clerc du notaire qui l'a reçu, ne donne point ouverture à cassation. — *Bruxelles*, 7 mai 1819, De L'Escaille.

124. — 2° Les serviteurs du notaire ne peuvent non plus lui servir de témoins instrumentaires (L. 25 vent. an XI, art. 10). — Il en est de même des serviteurs des parties. — Même art.

125. — Mais quelles sont les personnes que l'on doit considérer comme atteintes par cette expression : *serviteurs?* La Constitution de 1791 portait que pour être citoyen actif il fallait n'être pas dans un état de domesticité, c'est-à-dire de serviteur à gages (tit. 3, ch. 1er, sect. 2e, art. 1er). Le langage de la Constitution de l'an VIII est plus clair : « *L'état de domestique à gages, attaché au service de la personne ou du ménage.* » (V. art. 5, § 2; V. aussi Const. an III, art. 13, § 3.) — Il ne comprend que ce que les anciennes lois appelaient *serviteurs, domestiques*, et ne s'entend ni des domestiques d'un ordre élevé, tels que les bibliothécaires, les précepteurs, les secrétaires et intendans, qui, s'ils logent et sont nourris avec le maître de la maison et en reçoivent des gages, sont plutôt ses employés que ses serviteurs; ni des domestiques principalement employés aux travaux de la campagne, qui sont plutôt des ouvriers à l'année, des coopérateurs aux travaux du maître, habitant chez lui pour l'utilité des travaux qui leur sont confiés. — V. Henrion de Pansey, *Comp. des juges de paix*, ch. 30; Coin-Delisle, *Jouiss. des dr. civ.*, p. 10, n° 20.

126. — Un acte notarié serait nul si le notaire qui le reçoit était partie contractante ou même seulement *intéressée*. Cela résulte de l'esprit évident, bien plus que du texte de l'art. 8 de la loi du 25 vent. an XI, qui ne contient de prohibition expresse qu'à l'égard des actes dans lesquels les parens du notaire, jusqu'à un degré déterminé, seraient parties, ou qui contiendraient quelque disposition en leur faveur; mais la raison d'analogie est frappante; il existe même, pour le cas où il s'agit du notaire personnellement, un *à fortiori* incontestable.

127. — Jugé toutefois qu'un acte notarié, passé en Franche-Comté sous l'empire du réglement des archiducs de 1617, et attaqué comme nul en ce que le notaire rédacteur et ses frères y auraient été parties intéressées, a pu être déclaré valable alors que l'arrêt qui statuait ainsi décidait en fait : 1° que ce notaire avait été commis par justice pour recevoir cet acte; 2° que d'ailleurs ce notaire et ses frères n'étaient devenus parties intéressées que par l'effet du partage postérieur à l'acte. — *Cass.*, 12 fév. 1844 (t. 1er 1844, p. 275), commune d'Orchamps c. Millot.

128. — Aucune disposition expresse ne prononce non plus la nullité d'un acte notarié dans lequel un témoin instrumentaire aurait figuré comme partie. — Toutefois, en présence de l'art. 10,

qui porte que les témoins ne peuvent être parens ou alliés des parties contractantes, on conclut, en appliquant la même raison d'analogie que pour l'art. 8, que les témoins ne peuvent, *à fortiori*, être eux-mêmes parties contractantes à l'acte.

129. — Mais la cour de Cassation a jugé qu'un acte notarié n'est pas nul en ce que l'un des témoins instrumentaires, sans être d'ailleurs *partie contractante*, aurait eu indirectement *intérêt* à sa confection; par exemple, en ce que l'acte contiendrait à son profit une simple indication de paiement. — *Cass.*, 8 mai 1843 (t. 2 1843, p. 5), Proust c. Cand.

130. — Cette différence entre les témoins et les notaires résulte de la nuance de rédaction de l'art. 8 et de l'art. 10; elle s'explique facilement si on réfléchit que les notaires jouent, quant à la réception des actes, un rôle d'influence qui n'appartient nullement aux témoins.

131. — Un mandataire, figurant à l'acte pour son mandant, n'y pourrait assurément pas être témoin instrumentaire.

132. — Mais on a jugé qu'un acte notarié portant que l'engagement contracté est accepté, pour le créancier absent, par l'un des témoins instrumentaires, ayant charge et pouvoir ainsi qu'il l'a déclaré, ne peut être annulé par suite de cette énonciation (de pur style), lorsque le témoin n'a présenté aucun mandat, et que son acceptation n'a été d'aucune conséquence pour la validité de l'engagement, qui avait été accepté à l'avance par le créancier dans un acte précédent. — *Cass.*, 27 août 1833, Garelon et Rouly.

Sect. 4e. — *Idonéité des témoins instrumentaires.*

133. — Les témoins instrumentaires doivent, à peine de nullité, être citoyens français, sachant signer et être domiciliés dans l'arrondissement communal où l'acte est passé. — Art. 9 et 68, L. 25 vent. an XI.

134. — Est nulle la donation faite par un contrat de mariage rédigé en présence de deux témoins dont l'un n'est pas domicilié dans l'arrondissement communal où l'acte a été passé. — *Grenoble*, 21 déc. 1827, Lassarre c. Genin.

135. — La qualité de citoyen français implique la majorité, au moins depuis le Code civil. — Const. de l'an VIII, art. 2; C. civ., art. 388. — V. *infrà* n° 143. — La majorité est formellement exigée pour les testamens. — C. civ., art. 980. — V. *infrà* n° 150. — V. au surplus DROITS CIVILS.

136. — Un acte notarié n'est pas nul parce que les témoins qui l'ont signé ne s'étaient pas fait inscrire sur le registre civique de leur arrondissement. Cette formalité est tombée en désuétude. — *Bourges*, 9 août 1824, d'Avigneau c. Levasseur.

137. — Celui qui est en état de faillite peut néanmoins être témoin instrumentaire dans un acte notarié (*Cass.*, 10 juin 1824, Dodé c. Martin et Obry; *Liège*, 15 fév. 1827, N.), « attendu, dit la cour de Cassation, que la nomenclature des droits dont le failli peut être privé se trouve explicitement déterminée dans les lois sur le commerce, et qu'elles ne portent point l'interdiction au failli d'être témoin instrumentaire dans les actes notariés. » — *Contrà Rouen*, 12 mai 1839 (t. 2 1839, p. 58), Cheval.

138. — Il est généralement reconnu que l'erreur commune sur la capacité d'un témoin instrumentaire couvre la nullité résultant de son incapacité réelle. — *Toulouse*, 10 mai 1826 (Implic.), Bilas c. Michel.

139. — Ainsi jugé à l'égard d'étrangers réputés Français. — *Cass.*, 28 fév. 1821, Facker; *Metz*, 28 mars 1822, Gadel; *Cass.*, 10 mars 1824, Battesti.

140. — ... De même, un acte notarié, tel qu'un contrat de mariage auquel un étranger a concouru comme témoin, n'en est pas moins valable, lorsqu'il y a eu erreur commune sur la qualité de ce témoin, en ce que, d'après les fonctions dont il a été revêtu, il passait pour citoyen français. — *Cass.*, 28 juin 1831, Muller c. Staeklin.

141. — ... Et (en Belgique) l'opinion commune où l'on était qu'un individu, appelé comme témoin à un contrat de mariage, avait la qualité de citoyen belge, suffit pour la validité de cet acte. — *Bruxelles*, 30 mai 1831, N.

142. — Jugé par application du même principe que lorsque, dans la rédaction d'un acte de donation contractuelle, un notaire a été assisté d'un témoin condamné par contumace à une peine afflictive et infamante, un pareil acte n'est point nul, s'il était de notoriété publique que le témoin jouissait de l'exercice des droits civils. — *Cass.*, 4 août 1824, Miegeville.

143. — ... Et que la capacité putative dont jouissait un témoin mineur dans la commune, capacité ré-

sultant de ce qu'il avait déjà signé un grand nombre d'actes publics comme témoin, doit faire maintenir l'acte auquel il a concouru en vertu du principe *error communis facit jus*. — *Aix*, 30 juill. 1838 (t. 1er 1839, p. 367), Imbert.

144. — De ce que la capacité putative des témoins rend leur concours aussi valable que s'ils avaient eu la capacité réelle, il en résulte qu'il n'y a pas lieu d'admettre la preuve de la perte des droits civils de la part d'un des témoins qui jouissait notoirement de ces droits. — *Limoges*, 7 déc. 1809, Bloudot.

145. — On ne peut, par exemple, admettre la preuve qu'il était frappé de mort civile. — *Grenoble*, 14 août 1811, Buisson.

146. — Toutefois, deux arrêts ont décidé, en sens contraire, que l'erreur commune sur la capacité d'un témoin instrumentaire ne peut couvrir la nullité résultant de son incapacité réelle. — *Colmar*, 13 fév. 1818, Mannsbandal c. Altenberger; *Turin*, 17 fév. 1806, Maffet.

147. — En tout cas, l'erreur commune ne peut couvrir l'incapacité d'un témoin instrumentaire qu'autant qu'elle repose sur des faits et actes de possession publique qui motivent cette erreur. L'appréciation de ces faits et de leur caractère rentre dans le domaine des juges du fond. — *Cass.*, 24 juill. 1839 (t. 2 1839, p. 289), Moulinié c. Gassané.

148. — Aussi un arrêt a pu valablement considérer comme insuffisant pour constituer la capacité putative d'un témoin instrumentaire étranger : 1° le paiement de sa part de la contribution personnelle, parce que c'est là une charge qui pèse sur l'étranger résidant en France comme sur le Français; — 2° le fait qu'il a été incorporé dans la garde nationale en 1816, parce que c'était dans une ville (à Bayonne) où les étrangers n'étaient pas exempts de service; — 3° le fait qu'il a assisté comme témoin à quelques actes, parce qu'on ne pourrait induire de là qu'il avait une possession publique de la qualité de Français. — Même arrêt.

149. — Jugé de même que la capacité putative ne peut suppléer la capacité réelle, lorsque l'erreur commune n'est pas motivée sur des faits et des actes extérieurs propres à l'accréditer et à la rendre excusable. — *Toulouse*, 10 mai 1826, Bilas c. Michel.

150. — Quant à la capacité des témoins testamentaires, elle est réglée par le Code civil, et non par la loi du 25 vent. an XI, qui continue seulement à régler les formalités par lesquelles on constate cette capacité, telles que l'énonciation du domicile de ces témoins et autres mentions qui tiennent à la confection de l'acte. — *Cass.*, 4 janv. 1826, Billoux c. Berthonnet-Montroger. — V. TESTAMENT.

151. — Le fait que l'un des témoins aurait été dans l'impossibilité d'apposer librement sa signature en raison de son état d'ivresse serait non pertinent, si ce témoin était non pas témoin *instrumentaire*, et par conséquent nécessaire à la validité de l'acte, mais simplement *certificateur* de l'identité de la partie qui, du reste, n'est pas contestée. — *Paris*, 23 juin 1840 (t. 2 1840, p. 158), Giraud.

152. — Les aveugles peuvent-ils être témoins instrumentaires dans un acte notarié? Les lois romaines décidaient en termes exprès qu'ils en étaient incapables (L. 21, C., *de Testamentis*), et l'ordonnance de 1735 avait reproduit, dans son art. 46 cette disposition prohibitive. La législation nouvelle ne s'est pas expliquée à cet égard d'une manière formelle. Néanmoins, il paraît évident que l'intention du législateur a été de rejeter le témoignage des aveugles, surtout lorsqu'il s'agit d'actes testamentaires. — *Encyclop. du dr.*, v° *Aveugle*, n° 21.

Sect. 5e. — *Individualité des parties. — Témoins certificateurs.*

153. — L'art. 11, L. 25 vent. an XI, porte que le nom, l'état et la demeure des parties devront être connus des notaires ou leur être attestés dans l'acte par deux citoyens connus d'eux, ayant les mêmes qualités que celles requises pour être témoins instrumentaires.

154. — Aussi a-t-il été jugé par application de cet article que les notaires doivent, à peine de responsabilité envers les tiers, connaître ou se faire certifier l'individualité des personnes qui se présentent devant eux pour passer des actes. — *Paris*, 12 therm. an XII, Colin c. Lallemand; 19 mai 1806, mêmes parties; *Toulouse*, 28 janv. 1820, Guibal c. N.; 19 déc. 1820, Houles c. Chabbert.

155. — Le notaire qui, en recevant une obligation pour prêt, a négligé de se faire attester par témoins le nom, l'état et la demeure de l'emprun-

teur, qu'il ne connaissait pas, doit être déclaré responsable envers le prêteur du dommage résultant, pour ce dernier, d'une supposition de personne, alors surtout qu'il n'offre pas de prouver que l'individualité de l'emprunteur lui a été certifiée par le prêteur. — *Amiens*, 24 juill. 1824, et *Cass.*, 17 (et non 7) mars 1828, Lyon c. Fournier; — Rolland de Villargues, *Rép. du not.*, vo *Individualité*, no 13; Solon, *Nullités*, t. 2, no 246; Gagneraux, *Commentaire sur la loi du 25 vent. an XI*, art. 11, nos 7 et suiv., et 14, no 39. — Et lors même que l'autre partie devait inspirer toute confiance au notaire.— V. *Cass.*, 8 janv. 1823, Brière c. Brulé.

156. — Et cette responsabilité a lieu, quand bien même le notaire n'aurait fait que prêter son ministère aux parties, sur leur demande. — Même arrêt du 8 janv. 1823.

157. — De même, lorsque, par suite de la négligence du notaire à s'assurer de l'individualité des parties contractantes, l'acte par lui reçu se trouve entaché de faux par supposition de personne, cet officier est responsable du dommage qui peut en résulter pour les tiers qui ont traité sur la foi de cet acte. — Par exemple, si l'acte passé est une vente, et que la personne supposée soit le vendeur, les tiers qui auraient racheté de l'acquéreur, peuvent, s'il sont évincés par suite de la supposition de personne, considérer la négligence du notaire comme *cause* du dommage qu'ils éprouvent, et par suite exercer contre lui une action en dommages-intérêts. — *Cass.*, 29 (et non 30) déc. 1828, Dehœy c. Poitou.

158. — Et lorsqu'un notaire a négligé de se faire certifier l'individualité d'un mandant, il est garant de la nullité du transport fait en conséquence de la procuration, si le mandant avait pris un faux nom, encore bien qu'à la procuration ait été jointe une quittance sous seing-privé donnée par avance, par ce dernier, du montant de la créance; le notaire ne peut prétendre que ce dernier acte ait seul déterminé l'opération. — *Paris*, 19 août 1826, Duprat-Duverger c. B.

159. — Toutefois, et quoique le notaire qui néglige de faire certifier l'individualité d'une partie à lui inconnue commette une faute grave, des suites de laquelle il peut être déclaré responsable, cependant cette responsabilité ne peut être prononcée que lorsqu'il est prouvé que la négligence du notaire est la cause sinon unique, au moins principale du préjudice dont la réparation est demandée. — Spécialement, il n'y a lieu à aucune responsabilité, lorsque l'action est formée contre les héritiers du notaire par un individu qui a gardé le silence pendant dix ans, depuis la découverte du faux, et qui avait lui-même présenté au notaire, sous de faux noms, celui avec qui il avait traité. — *Angers*, 19 janv. 1828, Letourneau c. Lebreton.

160. — De même, un notaire qui ne s'est pas fait certifier l'individualité d'une partie qu'il ne connaissait point n'est passible d'aucune responsabilité, si cette omission n'a pas été la cause immédiate du dommage éprouvé par un tiers. — Ainsi, si la partie qui a pris un faux nom a vendu une chose qui ne lui appartenait point, et que l'acquéreur l'ait revendue à un tiers qui n'a pas pris le soin de s'informer comment son vendeur avait acquis la chose, ce tiers ne peut, en cas d'éviction, recourir contre le notaire rédacteur du premier contrat, sous le prétexte que cet officier aurait négligé de se faire certifier l'individualité du vendeur. — *Toulouse*, 24 août 1824, Armaing c. Dehœy.

161. — De même encore, le notaire qui a négligé de se faire certifier l'individualité d'un vendeur n'est pas responsable de l'éviction éprouvée par l'acquéreur ou le tiers acquéreur, lorsqu'il est constant que celui-ci connaissait la supposition du vendeur. — *Montpellier*, 1er juill. 1829, Dehœy c. Poitou; *Cass.*, 4 avr. 1831, mêmes parties.

162. — Mais, dans ce cas, c'est au notaire à prouver que la partie ou le tiers qui invoque la responsabilité connaissait la supposition de personne. — *Cass.*, même arrêt.

163. — Un notaire ne peut encourir le reproche de ne pas s'être assuré de l'individualité de la partie contractante, lorsqu'il prouve qu'il la connaissait, et qu'il a rédigé plusieurs actes auxquels elle a pris part. — *Colmar*, 22 déc. 1812 (et non 1814), H. Joeger c. N...

164. — L'arrêt précité (no 154), du 12 thermid. an XII, porte que, dans le cas de l'art. 11, L. 25 vent. an XI, les notaires sont civilement et *solidairement* responsables. « Cette décision, dit Gagneraux (*Comment. sur la loi du 25 vent. an XI*, t. 1er, art. 11), est fondée sur les termes rigoureux de la loi; mais il n'est pas douteux, selon nous, que le notaire en second, compromis par la négligence de son collègue, aurait contre lui une action utile en garantie; car le notaire en premier étant seul en rapport avec les parties doit répondre de leur identité au notaire en second qui signe de confiance. » — V. aussi Loret, sur l'art. 11, L. 25 vent. an XI.

165. — Il est certain, en tous cas, que depuis la loi de 1843, le notaire en second ne devrait plus être assimulé au notaire en premier pour les actes à l'égard desquels sa présence réelle ne serait pas exigée.

166. — Les notaires sont-ils sujets à la contrainte par corps pour les réparations civiles, auxquelles l'omission de la formalité prescrite par l'art. 11 les expose? — Nég. *Paris*, 12 therm. an XII, Colin et Lallemand. — V. à cet égard CONTRAINTE PAR CORPS.

167. — Les mots *nom, état et demeure* des parties, contenus dans l'art. 11, doivent s'entendre uniquement du nom de famille, et nullement des prénoms pour lesquels les notaires peuvent s'en rapporter à la *déclaration* des contractans, sans engager leur responsabilité. — *Cass.*, 8 janv. 1823, Brière c. Brulé; — Gagneraux, *Encycl. du notariat*, t. 1er, p. 73.

168. — Et il en serait de même au sujet des qualités que les parties pourraient faussement s'attribuer. — Rolland de Villargues, *Rép. du not.*, vis *Qualité*, no 13, et *Responsabilité des notaires*, no 58.

169. — L'individualité des parties qui ne sont pas connues du notaire peut être attestée par les témoins instrumentaires. — *Cass.*, 7 juin 1825, Julien. — Conf. Rolland de Villargues, *Rép. du not.*, vo *Individualité*, no 6; Augan, *Cours de not.*, p. 53; Gagneraux, *Encycl. des lois sur le not.*, t. 1er, p. 73, no 4. — V. contr. le *Dict. du not.*, vo *Individualité*, no 3.

170. — Les témoins certificateurs ne sont point nécessaires à la validité intrinsèque de l'acte; leur intervention a seulement pour effet de garantir vis-à-vis du notaire l'individualité attestée. Aussi, bien que l'art. 11 exige, en eux, les mêmes qualités que celles requises pour les témoins instrumentaires, il est convenable d'admettre que cet article renvoie simplement à l'art. 9, et que les prohibitions de parenté, ou autres écrites dans l'art. 10, ne leur sont point applicables. — Augan, *ibid.*, p. 52; Favard, *Rép.*, vo *Acte notarié*, § 2, no 7.

171. — Mais les notaires n'ont d'action contre les témoins qui attestent l'individuabilité d'une partie, qu'autant qu'ils les ont fait intervenir dans l'acte, et les ont ainsi rendus certificateurs de l'individualité. — *Paris*, 2 fév. 1838 (t. 1er 1838, p. 178), Grolé c. Sanders, Gounioux et Lapeyre.

172. — Cette règle s'applique aussi bien aux certificats de vie qu'aux autres actes du ministère des notaires. — Même arrêt.

173. — Il ne suffirait pas que ces témoins eussent signé sur les registres de l'étude; ces signatures ne peuvent être prises en considération par les tribunaux, et servir de base à une action en garantie. — Même arrêt.

174. — Le témoin qui a assisté le faussaire, lorsque celui-ci s'est présenté devant l'autorité pour y déclarer la perte du brevet et obtenir, par suite, la délivrance d'un duplicata, ne peut pas être tenu de garantir le notaire, avec lequel il n'a eu, du reste, aucune relation. — Même arrêt.

CHAPITRE III. — *Rédaction des actes.*

Sect. 1re. — *Enonciations que doivent contenir les actes.*

ART. 1er. — *Nom et résidence des notaires.*

175. — « Tous les actes doivent énoncer les nom » et lieu de résidence du notaire qui les reçoit à » peine de 100 fr. d'amende contre le notaire con» trevenant. » (L. 25 vent. an XI, art. 12.) — Cette amende, aujourd'hui, est réduite à 20 fr. (L. 16 juin 1824, art. 10). Mais, pas plus que les autres amendes réduites par cette loi, elle n'est désormais susceptible d'aucune autre réduction (Décis. min. fin., 23 nov. 1833), sauf aux notaires à se pourvoir en remise. — V. AMENDE.

176. — L'absence de ces énonciations n'entraînerait pas la nullité de l'acte, s'il y suppléait d'ailleurs suffisamment *par lui-même*; mais, dans le cas contraire, il serait nul comme acte authentique, ne portant pas avec lui la preuve qu'il a été reçu *par un notaire ayant capacité pour agir dans le lieu où il a été passé*. — Rolland de Villargues, vo *Acte notarié*, nos 81 et 87; Duranton, t. 13, no 44; Toullier, t. 8, no 84; Augan, *C. de not.*, p. 55.

177. — Il suffit du *nom* du notaire. Toutefois, il serait bon qu'il énonçât ses prénoms, dans le cas où il se trouverait, dans la même résidence, plusieurs notaires portant le même nom. Mais la loi ne l'ayant point exigé, il n'y aurait lieu de lui appliquer aucune peine à défaut de cette indication. — Rolland de Villargues, *ibid*, no 80.

178. — La loi n'exige pas davantage l'énonciation de la qualité de notaire. Partant, l'absence de cette énonciation n'entraînerait ni nullité ni l'application d'aucune peine. — Duranton, *ibid*; Toullier, *ibid*; Rolland de Villargues, *ibid*, nos 82 et suiv.; Augan, *Cours de not.*, p. 54.

179. — Toutefois, il faudrait, selon nous, que la qualité du notaire résultât suffisamment de l'acte, puisque c'est cette qualité qui lui donne capacité pour le recevoir; et l'acte serait nul, par exemple, s'il prenait, en le recevant, une autre qualité que celle de notaire. — V. conf. Toullier, *ibid.* — Tel serait le cas où il recevrait un acte en qualité de suppléant de la justice de paix, alors qu'il ne s'agirait pas d'arrangement intervenant sur essai de conciliation.

180. — Sous l'empire de la loi du 6 oct. 1791, il n'était pas nécessaire, à peine de nullité, que les actes notariés continssent la mention du département dans lequel résidait le notaire rédacteur. — *Poitiers*, 15 prair. an XI, Boisseau c. Servanteau.

181. — Sous la loi actuelle, bien qu'il fût utile, surtout lorsque plusieurs communes portent le même nom, de distinguer celle où réside le notaire par le canton, l'arrondissement et le département auxquels elle appartient, aucune de ces indications n'est rigoureusement nécessaire pour mettre le notaire à l'abri de l'amende. Le nom même de la commune suffit pour l'énonciation de sa résidence. — Rolland de Villargues, *ubi suprà*, no 86.

182. — L'art. 12 ne parle expressément ni du nom ni de la résidence du notaire en second. Cependant, lorsque le second notaire n'a pas la même résidence que le premier, on énonce généralement son nom et sa résidence.

183. — Sous l'empire de la loi du 6 fruct an IV, l'acte notarié était nul si le notaire qui le recevait n'y relatait point la patente à laquelle il était soumis, en vertu de cette loi (art. 18). — La loi du 1er brum. an VII, art. 37, remplaça la nullité par une amende contre le contrevenant. — *Cass.*, 7 vent. an VIII, Sejourné. — Aujourd'hui, les notaires ne sont plus soumis à la patente. — L. 25 vent. an XI, art. 33, et L. 25 avr. 1844, art. 13.

ART. 2. — *Nom et demeure des témoins instrumentaires.*

184. — Lorque l'acte est reçu avec l'assistance de témoins instrumentaires, il doit énoncer les noms et demeures de ces témoins, sous les peines prononcées par l'art. 68, c'est-à-dire à peine de nullité de l'acte comme authentique et des dommages-intérêts, s'il y a lieu, contre le notaire contrevenant. — L. 25 vent. an XI, art. 12.

185. — La loi n'exige pas les prénoms et qualités de ces témoins, ce qui serait néanmoins utile, sans être indispensable, dans le cas où tous porteraient le même nom et auraient la même demeure. — La mention des prénoms et qualités est formellement exigée quand il s'agit des témoins certificateurs. — Art. 13. — V. nos 199 et suiv.

186. — Un acte notarié n'est pas nul parce que le notaire a commis une erreur dans l'orthographe du nom d'un des témoins instrumentaires, que le notaire a écrit, par exemple, *Burdot* au lieu de *Burdet*. — Les juges ont pu rectifier cette erreur en se fondant sur des renseignemens pris en dehors de l'acte, par exemple sur ce qu'aucun individu de la commune ne porte le nom du témoin dénommé au testament, tandis qu'il s'y en trouve un d'un nom analogue, qui est celui du témoin véritable. — *Cass.*, 24 juill. 1840 (t. 2 1843, p. 331), Mirault c. Pardessus.

187. — La loi n'oblige pas à faire mention de la qualité des témoins. — Dès-lors, l'erreur sur la qualité d'un témoin instrumentaire dans un testament auquel on aurait donné le titre de docteur en médecine, bien qu'il ne fût qu'officier de santé, n'est pas une cause de nullité de l'acte, lorsque, d'ailleurs, l'erreur ne détruit pas l'identité du témoin. — *Bourges*, 9 mars 1836, Poupa c. Poumier.

188. — Quant à l'indication de la demeure des témoins instrumentaires, elle est exigée à peine de nullité. — *Colmar*, 1er fév. 1812, Christ; *Aix*, 26 août 1813, de Villevieille; *Limoges*, 8 août 1821, Niveau. — Ces arrêts ont été rendus en matière de testament, mais ils contiennent la consécration formelle du principe.

189. — Mais il suffit d'indiquer cette demeure par le nom de la commune où ils habitent, alors même qu'il y aurait plusieurs communes du même nom, soit dans le même, soit dans plusieurs cantons, arrondissemens ou départemens.

190. — Jugé même (mais c'est là seulement une

décision de fait et de circonstances) que le testament qui porte que les témoins demeurent dans *telle rue* indique suffisamment cette demeure, bien qu'il ne soit pas fait mention de la ville. — *Rennes,* 18 juill. 1816, Civel.

191. — ... Et qu'un testament n'est pas nul, quoique l'indication du lieu de la demeure d'un témoin ne soit pas accompagnée de la désignation de la commune dans le territoire de laquelle ce lieu est situé. — *Agen,* 5 août 1824, Laforgue.

192. — La loi n'a pas prescrit de formulaire que les notaires dussent suivre pour énoncer la demeure des témoins. — Dès-lors, quand un acte fait mention qu'il a été passé en présence de tel et tel *d'ici*, on peut considérer cela comme l'équivalent de *demeurant ici, lieu ou commune où l'acte est passé.* — *Colmar,* 22 avr. 1812, Ruch c. Lévy.

193. — Est suffisante également l'énonciation suivante : *un tel, de tel endroit.* — *Aix,* 3 déc. 1812, Courme c. Eyraud; *Caen,* 12 nov. 1814; *Cass.,* 28 fév. 1816, Reguant; *Cass.,* 23 nov. 1825, d'Olce c. Laharrague.

194. — Il en est de même de la mention que les témoins sont *habitans de telle commune.* — *Cass.,* 3 juill. 1838 (t. 2 1838, p. 354), Bedard c. Chatry.

195. — Il y a encore désignation suffisante de la demeure d'un témoin testamentaire par l'indication de la fonction dont il est revêtu, lorsqu'une résidence est nécessairement attachée à l'exercice de cette fonction. — *Grenoble,* 7 août 1828, Julien.

196. — De même, la mention du *domicile* des témoins équivaut à la mention de leur *demeure.* — *Douai,* 1er fév. 1816, Paccon. — Nous admettons d'autant plus cette décision, qu'il nous semble que, pour être conséquent avec l'art. 9, qui exige que les témoins soient *domiciliés* dans l'arrondissement où l'acte est passé, l'art. 12 aurait dû prescrire l'énonciation, non de la *demeure,* mais du *domicile* des témoins instrumentaires. — *Cass.,* 3 juill. 1838 (t. 2 1838, p. 354), *suprà* n° 194.

197. — Suivant M. Rolland de Villargues (v° *Acte notarié,* n° 101), l'acte serait nul s'il énonçait une fausse demeure des témoins, sauf, toutefois, à avoir égard aux causes qui ont pu induire le notaire en erreur, comme si un témoin avait changé de demeure depuis quelques jours. — Si l'acte était annulé dans l'espèce indiquée, la responsabilité, selon nous, devrait en retomber sur le témoin, que nous supposons présent à la lecture qui en aurait été faite, et qui n'aurait pas relevé l'erreur.

198. — L'énonciation de la demeure des témoins, dans un acte authentique, est partie intégrante de cet acte, et fait, comme lui, foi en justice. — L'appréciation de l'exactitude ou de la fausseté de cette énonciation n'est pas abandonnée aux présomptions des juges, et ne peut être détruite que par des documens certains, légaux et authentiques. — *Cass.,* 3 juill. 1838 (t. 2 1838, p. 354), Bédard c. Chatry.

ART. 3. — *Désignation des parties et des témoins certificateurs.*

§ 1er. — *Noms, prénoms, qualités et demeures.*

199. — « Les actes de notaires, dit l'art. 13, » L. 25 vent. an XI, doivent contenir les noms, » prénoms, qualités et demeures des parties, ainsi » que des témoins qui seraient appelés dans le » cas de l'art. 11.... à peine de 100 fr. d'amende » (aujourd'hui 20 fr. L. 16 juin 1824, art. 10) » contre le notaire contrevenant. »

200. — La loi est plus exigeante quand il s'agit des témoins certificateurs, dont elle prescrit d'énoncer les prénoms et qualités, que lorsqu'il s'agit des témoins instrumentaires (art. 12), dont elle prescrit seulement de mentionner les noms et la demeure. Il est assez difficile de rendre raison de cette différence, que M. Gagneraux (p. 82, n° 20) fait résulter de ce que les témoins certificateurs sont en quelque sorte parties à l'acte. Ils ne le sont pas plus que les témoins instrumentaires, qui, dans l'intérêt des contractans, doivent surveiller la réception de l'acte, tandis que les premiers peuvent, après avoir attesté l'identité des parties, se retirer à l'instant et demeurer complètement étrangers à cette réception.

201. — Une première remarque à faire, c'est que le défaut de ces énonciations n'entraîne pas *la nullité* des actes. — Ainsi l'omission même des noms des parties, et, à plus forte raison, des prénoms seulement ou de leur demeure, ne serait pas une cause d'annulation de l'acte si l'individualité, du reste, était assez certaine pour qu'il ne pût s'élever aucun doute. — Rolland de Villargues, *Rép. not.,* v° *Acte notarié,* n° 224. — « En effet, dit Toullier (t. 7, n° 501), cette omission, qui ne peut être qu'un oubli de plume, *lapsus calami,* est

ACTE NOTARIÉ, ch. 3, sect. 1re, art. 3.

presque toujours réparable par la signature des parties présentes; par la procuration de celles qui ne sont pas présentes, laquelle reste annexée à la minute; par la relation des prénoms, profession et domicile, et autres circonstances tirées de la contexture de l'acte. » — V. aussi Favard, v° *Acte notarié,* § 2, n° 6, et Augan, p. 55.

202. — Les *noms* dont parle l'art. 13, et par lesquels les parties doivent être désignées, sont les noms de famille (Rolland, n° 206), sauf le cas où elles auraient obtenu l'autorisation d'en changer.

203. — Nous estimons toutefois que celui auquel un titre royal aurait été conféré par le souverain serait suffisamment désigné, *quant au nom,* par ce titre. — Ainsi, n'aurait encouru aucune amende le notaire qui aurait fait figurer, dans un acte, le maréchal Soult, duc de Dalmatie, sous ce dernier nom, sans y joindre le nom originaire, Soult. — V. au surplus le mot NOM.

204. — Mais il n'en serait pas de même d'un nom usurpé, d'un sobriquet, d'un surnom, et le notaire ne saurait éviter l'amende, à moins de prouver que la fausse énonciation ne provient pas d'une faute qui lui soit imputable.

205. — Cependant, il n'y aurait aucun reproche à lui faire pour avoir inséré dans l'acte le surnom, le sobriquet ou le nom sous lequel une partie est généralement connue, pourvu qu'on ne pût pas les confondre avec le nom véritable ou les prendre pour une partie de ce nom. — Ainsi nulle contravention dans cette énonciation : N.... dit N.... — Cette mesure peut même devenir utile dans les localités où se trouvent plusieurs individus ayant les mêmes noms et prénoms, et parfois les mêmes qualités et demeures.

206. — Quelquefois, dit M. Rolland de Villargues (n° 207), il arrive que le nom se prononce d'une manière quoiqu'il doive s'écrire d'une autre. L'exactitude est ici importante, surtout lorsque la partie ne sait pas signer, et le notaire ne peut prendre trop de précautions.

207. — Il faut, autant que possible, énoncer les prénoms dans l'ordre où l'acte de naissance les donne, mais on conçoit que le notaire ne peut guère encourir ici de responsabilité, car il a dû s'en rapporter à la déclaration des parties, qui, d'ailleurs, peuvent s'être trompées elles-mêmes, par suite de l'habitude où l'on est dans certaines familles de donner aux enfans un grand nombre de prénoms. — Rolland, n° 209 et 210.

208. — L'erreur dans l'orthographe du nom ou d'un prénom substitué à un autre ne vicierait assurément pas l'acte, si d'ailleurs l'identité était certaine : on devrait appliquer ici le principe de l'arrêt de *Cass.* 24 juill. 1840, cité *suprà* n° 186.

209. — La qualité est la fonction, l'office, la profession exercée par la partie. Les titres de noblesse ne constituent point la qualité. Partant, point de contravention de la part du notaire qui aurait omis de les mentionner.

210. — Il est même interdit aux notaires, par l'art. 17, L. 25 vent. an XI, sous peine d'une amende de 100 fr., réduite à 20 fr., mais qui est portée au double en cas de récidive, d'employer des titres, qualifications et expressions féodales supprimées et que n'auraient point fait revivre des lois postérieures à celle du 25 vent. an XI.

211. — A défaut de qualité, dans le sens fixé ci-dessus, les notaires sont dans l'habitude d'ajouter après les noms et prénoms ces mots : *sans profession.* Cette énonciation n'est pas de rigueur. Elle a néanmoins l'avantage de mettre le notaire à l'abri des poursuites qui auraient pu être dirigées contre lui, pour avoir omis de faire mention de la qualité. — Rolland de Villargues, n° 216.

212. — La désignation de *propriétaire* pour celui qui n'exerce aucune profession est également suffisante. — On a même jugé, dans une matière où la loi exige la mention de la *profession* du demandeur (art. 61, C. procéd., en matière d'exploits), qu'il n'y aurait pas nullité en ce que la qualité de propriétaire aurait été donnée à un individu exerçant une profession. — *Paris,* 17 août 1810, Granier c. Roguier. — V. EXPLOIT.

213. — Il y a, dit M. Rolland de Villargues (n° 218), d'autres qualités qui doivent aussi être énoncées, mais qui sont étrangères à celles que l'art. 13 a eues en vue : ce sont les qualités qui donnent aux parties le droit d'agir, comme celles de mari, tuteur, mandataire, etc., etc.

214. — L'art. 13 prescrit d'énoncer la *demeure* des parties et témoins certificateurs; et M. Rolland de Villargues (n° 219) pense que par *demeure* on ne peut entendre que le domicile réel. — V. aussi Loret sur ledit art. 13. — Il nous semble toutefois difficile d'admettre une interprétation aussi rigoureuse; et la mention d'une demeure distincte du domicile nous paraîtrait, dans le cas de l'art. 13,

ACTE NOTARIÉ, ch. 3, sect. 1re, art. 3.

comme dans celui de l'art. 12 (où il s'agit de la demeure des témoins instrumentaires), être suffisante, pourvu qu'il s'agît, au moins, d'une demeure d'*habitude* et non d'une simple résidence momentanée et de passage.

215. — Quant aux indications spéciales qui peuvent servir à trouver plus facilement la demeure d'une partie ou d'un témoin certificateur, leur utilité est incontestable et il est bon que l'acte les fournisse; mais elles ne sont pas plus *nécessaires* dans le cas de l'art. 13 que dans celui de l'art. 12. — V. *suprà* ce que nous avons dit sur la mention de la demeure des témoins instrumentaires, nos 188 et suiv.

216. — Pour ce qui concerne les effets entre les parties et à l'égard de l'exécution des actes, de l'énonciation de leurs demeures, V. DOMICILE, EXPLOIT, COMPÉTENCE.

217. — Que doit-on entendre par *parties* dans le sens de l'art. 13, L. 25 vent. an XI? — La cour de Cassation, dans un arrêt cité au numéro suivant, a posé en principe qu'on doit réputer parties « non seulement ceux qui stipulent pour d'autres comme leurs représentans ou mandataires et qui signent les actes, mais encore et surtout les parties intéressées, et spécialement, dans un contrat de vente, le propriétaire, le vendeur et l'acheteur. »

218. — En conséquence, elle a jugé que, en cas de vente, par une tutrice, des biens appartenant au mineur, le mineur est *partie au contrat,* et, dès-lors, le notaire rédacteur de l'acte doit, sous les peines édictées par l'art. 13., L. 25 vent. an XI, et par la loi du 16 juin 1824, y mentionner les prénoms de ce mineur. — *Cass.,* 29 déc. 1840 (t. 1er 1841, p. 25), K...

219. — Peu importerait d'ailleurs que la vente fût irrégulière comme ayant été faite sans formalités de justice. — Même arrêt.

220. — Cependant, lorsque la procuration en vertu de laquelle agit un mandataire contient ses nom, prénom, qualité et demeure, et qu'elle reste annexée à l'acte en exécution de l'art. 13 (V. n° 531), il n'y aurait aucune contravention à s'y référer purement et simplement pour les indications relatives à ce mandataire.

221. — De même, si l'acte était consenti par un mandataire porteur d'une procuration contenant, à l'égard du mandant, toutes les désignations exigées par l'art. 13, cette procuration restant annexée à la minute (V. n° 531), et faisant ainsi partie de l'acte, il semble que la solution donnée au numéro qui précède devrait également s'appliquer ici, bien qu'il fût de meilleure règle que l'acte lui-même ne présentât aucune omission à l'égard du mandant et du mandataire.

222. — Dans une vente aux enchères et au comptant d'objets mobiliers, les acheteurs doivent-ils, à proprement parler, être considérés comme parties, et, dès-lors, le notaire qui procède à cette vente est-il tenu d'énoncer dans le procès-verbal d'adjudication les noms des adjudicataires? — La cour de Colmar a jugé la négative. — Arrêt 28 juill. 1827, Schwind.

223. — On pourrait, il est vrai, exciper par analogie contre cette décision de l'art. 625, C. procéd., qui impose aux commissaires-priseurs et huissiers procédant aux ventes de meubles sur saisie-exécution, l'obligation de mentionner les noms et domiciles des adjudicataires. Mais elle se défend par cette considération relevée par la cour, que, si on considérait les adjudicataires comme *parties,* il faudrait leur appliquer toutes les conséquences de ce principe, faire certifier leur individualité, exiger leurs signatures, paraphes, approbations des renvois, mots rayés, etc., les réunir tous pour entendre lecture du procès-verbal, etc., ce qui serait le plus souvent impossible, allongerait considérablement la durée de l'opération et augmenterait proportionnellement les frais. — V. aussi Gagneraux, *ubi suprà,* p. 81, n° 18, et *Solut. régl. enregist.* 29 déc. 1831.

224. — Les personnes pour lesquelles l'un des contractans déclare se porter fort sont parties à l'acte, puisqu'elles auraient le droit d'en exiger la communication, ne fût-ce que pour savoir si elles doivent le ratifier; dès-lors le notaire doit, à peine d'amende, énoncer leurs noms, professions et qualités. — *Rennes,* 31 août 1841 (t. 2 1843, p. 650), Piriou; *Metz,* 6 janv. 1841 (t. 2 1843, p. 651), Picart; *Douai,* 13 déc. 1842 (t. 2 1843, p. 651), B.

225. — Toutefois la cour de Douai (même arrêt) admet que si, dans des cas exceptionnels, les noms et qualités des personnes pour lesquelles on se porterait fort étaient inconnus de celui qui voudrait vendre leur bien en promettant leur ratification, le notaire devrait exprimer dans l'acte le motif qui l'empêcherait de les y mentionner, ou même, selon les circonstances, refuser son ministère, qu'il n'est tenu de prêter que lorsque l'action

qu'on lui demande ne le constitue pas lui-même en contravention à la loi.

226. — Lorsque deux ou plusieurs actes concernant les mêmes parties peuvent être et sont écrits à la suite l'un de l'autre (L. 13 brum. an VII, art. 23), le notaire peut-il se référer de l'un à l'autre pour la désignation de ces parties, sans, pour cela, contrevenir aux prescriptions de l'art. 13? L'affirmative a été jugée par la cour de Paris, dans une espèce où il s'agissait de la quittance d'un prix de vente transcrite à *la suite* de l'acte lui-même. — *Paris*, 4 mars 1842 (t. 2 1842, p. 5) Lecuyer et Rapule.

227. — Toutefois, la même cour avait expliqué dans un second arrêt qu'il en serait autrement (c'est-à-dire que le notaire ne pourrait, pour l'indication des noms, qualités et demeures des parties, se référer à un acte précédent) s'il s'agissait soit d'actes qui ne peuvent pas être annexés, soit même d'une quittance non annexée à l'acte auquel elle renvoie pour l'indication des qualités des parties..., ou qui ne viendrait pas immédiatement à la suite du premier, et ne s'y rattacherait que par une feuille jointe. — *Paris*, 4 mars 1842 (t. 2 1842, p. 5), Champion et Charlot.

228. — La cour de Cassation, par un arrêt récent, a décidé que la quittance d'un prix de vente délivrée par le vendeur à une date postérieure doit, malgré sa connexité avec l'acte de vente lui-même, et bien qu'elle soit écrite à la suite de cet acte, être considérée comme *un acte distinct et séparé*. Dès-lors le notaire rédacteur doit, à peine d'amende, y consigner toutes les mentions exigées par la loi du 25 vent. an XI, telles que les noms, prénoms, qualités et demeures des parties. — *Cass.*, 14 juin 1843 (t. 2 1843, p. 499), Danicourt. — C'est en effet cette solution qui nous paraît tout à la fois la plus juridique et la plus rationnelle.

§ 2. — *Enonciation de la patente des parties qui y sont soumises.*

229. — L'art. 37, L. 1er brum. an VII, disposait que « nul ne pouvait faire aucun acte pour tout ce qui était relatif à son commerce, sa profession ou son industrie, sans qu'il fût fait mention, en tête des actes de la patente prise, avec la désignation de la classe, de la date, du numéro et de la commune où elle avait été délivrée, et ce, à peine d'une amende de 500 fr., tant contre les particuliers sujets à la patente que contre les fonctionnaires publics qui auraient reçu lesdits actes sans mention de patente. »

230. — Cette prescription a été renouvelée et précisée par une ordonnance du 23 déc. 1814, portant que « les notaires, etc., etc., seront tenus de faire mention de la patente des particuliers qui y sont soumis, dans tous leurs actes, sous peine de l'amende prononcée par la loi de l'an VII. »

231. — Elle a enfin été reproduite par la nouvelle loi *sur les Patentes*, du 25 avr. 1844, qui ne modifie l'art. 37, L. an VII, qu'en ce qu'elle substitue le mot *officier ministériel* à celui *officier public*, et qu'elle réduit à 25 fr. l'amende de 500 fr., déjà d'ailleurs réduite à 50 fr. par la loi du 16 juin 1824.

232. — Bien que l'ord. de 1814 semble disposer d'une manière absolue à l'égard de tous les actes dans lesquels figurent des individus payant patente, cependant la jurisprudence a reconnu que la mention de la patente des commerçans dans des actes qui les concernent n'est exigée, sous peine d'amende, qu'autant que ces actes se rattachent au commerce, à la profession ou industrie des parties; qu'à cet égard, l'ord. du 23 déc. 1814 doit être renfermée dans les mêmes limites et entendue dans le même sens que la loi du 1er brum. an VII. — *Cass.*, 20 août 1833, Monseau; *Paris*, 3 août 1833, Compagnon; — Déc. min. fin. 17 janv. 1815; — Rolland de Villargues, *Jurisp. du not.*, art. 189 et 775; Bioche et Goujet, *Dict. de procéd.*, v° *Patente*, n° 7.

233. — Jugé dans le même sens par un autre arrêt qui ajoute que « dans les actes notariés contenant obligation par des commerçans en faveur d'autres commerçans, il n'y a pas lieu, en ce qui concerne la mention de leurs patentes, *d'appliquer les présomptions des art.* 636 et 638, *C. comm.* » — Ainsi, cette énonciation n'est pas nécessaire en cas d'obligation simplement causée *pour prêt de pareille somme fait en espèces*. — *Cass.*, 15 mars 1832 (et non 14), Depouilly.

234. — Ni lorsqu'il s'agit d'un acte par lequel un commerçant vend son fonds de commerce, cet acte ne constituant pas une opération de commerce. — *Paris*, 3 août 1833, Compagnon. — V. ACTE DE COMMERCE, FONDS DE COMMERCE.

235. — Cependant, d'après une circulaire min. just. 20 juill. 1831, les notaires seraient obligés de mentionner la patente dans toutes les obligations notariées des commerçans, même en faveur des non commerçans, lorsqu'une autre cause que celle du commerce du souscripteur n'est pas énoncée dans l'acte. Mais cette décision, par trop absolue, ne doit être admise qu'avec les distinctions établies par les arrêts rappelés aux numéros qui précèdent.

236. — Et il a été jugé que lorsque le procès-verbal du préposé de la régie de l'enregistrement ne constate pas qu'un acte notarié dans lequel il n'a point été fait mention de la patente des parties était relatif à des opérations commerciales, un tribunal a pu refuser d'ordonner l'apport de la minute demandée par le ministère public, à l'effet de vérifier si cet acte renfermait ou non des opérations commerciales. — *Cass.*, 20 août 1833, Monseau.

237. — Les entreprises des remplacemens militaires étant des agences d'affaires, et à ce titre commerciales (V. ACTE DE COMMERCE), le notaire qui reçoit un acte de remplacement en vertu de la procuration du directeur de l'agence est passible d'amende, s'il n'a pas énoncé dans l'acte l'existence de la patente de ce directeur, et cela, quoique la procuration soit notariée, et que ce dernier y soit qualifié de propriétaire. — *Orléans*, 14 mai 1842 (t. 2 1842, p. 46), Chesneau.

238. — De même, il y a contravention aux art. 37, L. 1er brum. an VII, et 10, L. 16 juin 1824, dans l'acte notarié de remplacement militaire passé soit avec une compagnie, soit avec un agent isolé, lequel ne fait pas mention de la patente de l'agence ou de la compagnie de remplacement. — *Paris*, 28 mai 1842 (t. 2 1842, p. 5), Champion, Berceon et Charlot.

239. — Les lois précitées déterminent comment et avec quels détails la mention de la patente doit être faite; l'omission d'une seule de ces indications donnerait lieu à l'amende. — Décis. min. fin. 3 oct. 1817, et Délib. rég. enreg. 11 fév. 1824.

240. — Toutefois, il a été jugé qu'un notaire qui a reçu un acte où figurait comme partie un négociant patenté a pu être déclaré n'avoir pas contrevenu à la loi du 1er brum. an VII, qui exige qu'il fasse mention de la date de la patente et de la commune où elle a été prise, lorsque l'acte porte : « *Le sieur...., dûment patenté sous le n° 1er du rôle supplémentaire de telle année, domicilié à...* » — *Cass.*, 11 mai 1831 (t. 23, p. 1570), Bosc.

241. — Un notaire ne peut point refuser son ministère à une partie, en se fondant sur ce qu'elle n'est pas munie de la patente à laquelle elle est soumise. — Il suffit au vœu de la loi que le notaire mentionne dans son acte que la patente n'existe pas. — *Aix*, 4 déc. 1835, Audoul; *Angers*, 4 avr. 1838 (t. 2 1840, p. 13), Tonnellier. — V. *contrà Orléans*, 5 avr. 1836, Dubois.

242. — Quant à la mention de la patente à laquelle étaient soumis les notaires, V. *suprà* n° 183.

Sect. 2e. — *Forme extérieure de la rédaction.*

243. — Il n'est point ici question du papier sur lequel doivent être écrits les actes. — Tout ce qui concerne cette matière se trouve rapporté au mot TIMBRE. — Pour les règles relatives à la réception des actes en minute ou en brevet, au droit aux minutes, à leur garde, à leur conservation, à leur transmission, etc., V. COPIE DES TITRES ET ACTES, MINUTE, NOTAIRE.

ART. 1er. — *Langue des actes.*

244. — L'ord. de Villers-Cotterets d'août 1539, art. 5, enjoignait aux notaires d'écrire leurs actes en langue française.

245. — La loi du 2 thermid. an II ordonnait qu'à partir du jour de sa publication, nul acte public ne pourrait, dans quelque partie que ce fût du territoire de la république, être écrit qu'en langue française (art. 1er), et punissait notamment tout notaire contrevenant de six mois d'emprisonnement et de la destitution (art. 3). — Mais une loi du 16 fructid., même année, suspendait l'exécution de la précédente, jusqu'à ce qu'il eût été fait à la convention nationale un nouveau rapport sur la matière par les comités de législation et d'instruction publique.

246. — Aux termes d'un arrêté du 24 prair. an XI, un délai d'un an était accordé, pour la rédaction des actes en langue française, dans les départemens de la ci-devant Belgique, de la rive gauche du Rhin, d'en delà les Alpes et autres, où l'usage se serait maintenu, d'employer la langue particulière du pays (art. 1er). — Seulement, les notaires pouvaient, à la réquisition des parties, écrire, à mi-marge de la minute française, la traduction en idiome du pays (art. 2).

247. — Par décret du 20 juin 1806, applicable à certaines localités ultramontaines, de nouveaux délais furent déterminés, passé lesquels, 1° il devait être pourvu au remplacement des officiers publics qui rédigeraient des actes autrement qu'en langue française; — 2° aucun candidat ne serait admis aux fonctions de notaire.... sans avoir justifié de sa connaissance de la langue française.

248. — Un autre décret du 19 vent. an XI portait un sursis indéfini, pour l'île de Corse, et à l'égard des notaires et quelques autres fonctionnaires et officiers, à l'emploi obligé de la langue française, et défendait d'admettre à l'avenir à ces fonctions et offices quiconque ne justifierait pas de sa connaissance de la langue française et de sa facilité à rédiger dans cette langue.

249. — Toutes ces dispositions exceptionnelles, auxquelles sont venues plus tard s'en ajouter d'autres, à mesure que la France impériale étendait ses conquêtes, présupposent le principe que l'emploi de la langue française est essentiellement obligatoire dans les actes publics, et spécialement dans les actes notariés.

250. — En effet, les notaires, fonctionnaires du gouvernement, qui leur a communiqué une partie de sa puissance, en conférant l'authenticité aux actes qu'ils reçoivent, en sanctionnant l'autorité de ces actes par la voie de l'exécution parée (V. *infrà* n° 256), doivent parler le langage du pouvoir qu'ils représentent, la langue officielle, le français. C'est là une des conséquences nécessaires du principe de l'unité gouvernementale introduit et développé par toute la législation postérieure à 1789.

251. — Aussi n'hésitons-nous pas à penser qu'à moins d'exception spéciale à la localité dans laquelle l'acte est passé, celui-ci ne peut produire les effets attachés aux actes notariés qu'autant qu'il est rédigé en français, sauf la faculté laissée par l'arrêté du 24 prair. an XI d'écrire à mi-marge la traduction en idiome du pays.

252. — Mais à cette traduction ne serait point attachée l'authenticité, la force exécutoire, et s'il s'élevait des doutes sur le sens et la portée de l'acte, c'est par la rédaction française qu'ils devraient être résolus, sauf, pour les parties, contre le notaire, une action en responsabilité fondée sur l'art. 1382, C. civ., dans le cas où une traduction erronée leur aurait, par sa faute, occasioné un préjudice.

253. — C'est par application du principe qui vient d'être établi qu'à l'occasion de la présentation faite aux notaires de Paris de modèles de procurations en anglais, pour retirer des fonds des caisses publiques d'Angleterre, ou pour négocier des effets publics de ce pays, le ministère du notaire n'étant demandé que pour attester la signature du mandant, la chambre des notaires a décidé, par circulaire du 2 janv. 1817, que *ces fonctionnaires ne devant jamais s'écarter des formes qui leur sont prescrites, ils ne devaient recevoir aucun acte qu'en langue française.*

254. — Cela est sans difficulté dans les actes ordinaires, où la rédaction appartient au notaire, qui est seulement obligé d'exprimer fidèlement les volontés des parties. — Mais que décider en matière de testament public, ce testament devant, aux termes de la loi, être écrit par le notaire ou l'un d'eux, sous la dictée du testateur, *et tel qu'il est dicté?* — C. civ., art. 972.

255. — Saisi de cette question, sur la demande des notaires de Gand et de Bruxelles, le grand-juge, ministre de la justice, répondit au procureur général de Bruxelles, le 4 thermid. an XII, qu'en présence de l'arrêté du 24 prair. an XII il n'y avait aucune distinction à établir entre les testamens et les autres actes; qu'au reste, les exigences de l'art. 972 n'étaient point inconciliables avec celles de cet arrêté, que les notaires devaient écrire en français le testament qui leur était dicté en langue étrangère (le flamand, dans l'espèce), sans que rien empêchât d'ailleurs d'écrire à mi-marge la dictée flamande. — V. TESTAMENT.

256. — Il va sans dire que les deux notaires doivent savoir le français et pouvoir rédiger en cette langue. C'est ce que prouvent, en principe, les dispositions exceptionnelles rendues pour certains pays conquis, et que nous avons indiquées *suprà* nos 246 et suiv. La même observation s'applique aux témoins instrumentaires; autrement, ils ne pourraient contrôler par eux-mêmes l'acte à la réception duquel ils concourent.

257. — Lorsque les parties ou l'une d'elles ignorent la langue française, et que le notaire, de son côté, ignore l'idiome de cette partie, il y a nécessité d'appeler un interprète. — Impl. *Cass.*, 19 déc. 1815, Aron c. Rugenelle; — Duller, t. 8,

n° 99; Favard, *Rép.*, v° *Langue française.* —V. cependant Duranton, t. 9, n° 80.

258. — L'interprète est un véritable témoin instrumentaire qui, de plus, représente la partie dont les intentions sont manifestées par son organe. Il doit donc être tout d'abord agréé par cette partie. Il doit, en outre, réunir toutes les qualités requises dans les témoins instrumentaires; mais, pas plus qu'eux, il n'est obligé de prêter serment.

259. — L'un des notaires ou des témoins instrumentaires pourrait-il servir d'interprète? Il faut distinguer, selon nous, le cas où l'acte est astreint à la présence réelle des deux notaires, ou d'un notaire et de deux témoins, de celui où la signature de ce second notaire et de ces deux témoins peut être apposée après coup (L. 21 juin 1843). — Dans le premier cas, il semble que les deux notaires ou les deux témoins, devant rester complétement étrangers à la partie, ne pourraient cumuler les fonctions de notaire ou de témoin concourant *à la réception de l'acte,* avec celle d'interprète représentant la partie pour transmettre les volontés. Dans le second cas, au contraire, où les signatures du second notaire ou des témoins ne sont plus qu'une affaire de forme qui, de la part des témoins, n'a plus aucune utilité réelle, et, de la part du notaire en second, n'en peut avoir d'autre que de lui faire apprécier la régularité extérieure de l'acte, et peut-être le caractère moral des clauses qui y sont contenues, il ne semble pas que l'on pût critiquer cet acte, parce que l'on y aurait employé comme interprète l'un des notaires ou des témoins.

260. — Il a été jugé qu'un acte notarié qui ne contrevient à aucune disposition dont l'art. 68, L. 25 vent. an XI, ordonne l'exécution à peine de nullité, et qui n'a été l'objet d'aucune poursuite en faux, ne peut être annulé par le motif que la partie qui s'y est obligée n'entendait pas le français, et que le notaire ne connaissait pas la langue qu'elle parlait, si l'un des témoins instrumentaires a servi d'interprète. — *Cass.*, 19 déc. 1815, Aron c. Hugenelle.

261.— Merlin (*Quest.*, v° *Testament*, § 17, art. 3) critique vivement cette décision. Il fait observer que la loi ayant exigé le concours de deux ou trois personnes pour la réception d'un acte, prendre l'interprète parmi l'une de ces personnes, c'est lui enlever le caractère auquel elle doit concourir à l'acte, qui se trouve ainsi vicié, faute d'un nombre suffisant de notaires ou de témoins instrumentaires. — Cette critique nous paraît également fondée aujourd'hui, mais avec la distinction que nous venons d'établir. — V. *suprà* n° 259.

262. — L'expédition est un acte officiel comme la minute elle-même; elle doit donc être délivrée en français; si la minute est en langue étrangère, si le notaire dépositaire est versé dans cette langue, il peut traduire lui-même, sinon faire opérer la traduction par un traducteur juré, auquel il la fera certifier sincère. Dans tous les cas, il sera bon de transcrire à mi-marge le texte original. — *Dict. du not.*, v° *Langue française,* n° 15. — V. COPIE DE TITRES ET ACTES.

263. — De même, lorsque des pièces écrites en langue étrangère sont présentées en dépôt chez un notaire, il est nécessaire de les faire préalablement traduire. — Rolland de Villargues, *Rép. du not.*, v° *Traduction et dépôt de pièces,* n° 7. —V. au surplus ACTE, n°s 44 et suiv.

ART. 2. — *Ecriture des actes.*

264.— Les actes des notaires seront écrits — *lisiblement, — en un seul et même contexte, — sans blanc, lacune ni intervalle, sans abréviations;* — ils énonceront, *en toutes lettres, les sommes et les dates,* — le tout à peine de *vingt francs* d'amende contre le notaire contrevenant. — LL. 25 vent. an XI, art. 13, et 16 juin 1824, art. 10.

265. — La contravention à une seule de ces formalités entraîne l'application de l'amende,— mais plusieurs contraventions, *de même nature, dans le même acte*, ne donnent lieu qu'à l'application d'une seule amende. — Délib. rég. enreg., 7 fév. 1818. — V. à cet égard AMENDE, NOTAIRE.

266. — Les grosses et expéditions sont, comme les minutes et les brevets, soumises, quant à l'écriture, aux formalités imposées par l'art. 13, et sous la même peine contre le notaire contrevenant. — Rolland de Villargues, v° *Acte notarié*, n° 255; Toullier, t. 8, n° 107. — Toutefois, suivant ce dernier auteur, l'amende ne serait pas encourue si la contravention pouvait n'être regardée que comme une erreur de copiste.

267. — Des lettres patentes du 1er sept. 1541 et un arrêt de réglement du parlement de Paris, du 6 avr. 1632, obligeaient les notaires à écrire eux-mêmes leurs actes, ou à les faire écrire exclusivement par leurs clercs. — Bien qu'il en soit encore ainsi le plus souvent, aucun texte dans la législation actuelle n'y oblige plus expressément les notaires, sauf dans le cas où il s'agit de recevoir un testament public. — Gagneraux, *ubi suprà* p. 79, n° 5, et C. civ., art. 972. — V. TESTAMENT.

ACTE NOTARIÉ, ch. 3, sect. 2e, art. 2.

268. — Mais, dit avec raison M. Rolland de Villargues (n° 238), les notaires devront toujours se garder de faire écrire un acte par l'une des parties.

269. — De ce que la loi veut que les actes soient *écrits*, s'en suit-il qu'il soit défendu aux notaires de faire imprimer ou lithographier les formules de certains actes qui se représentent le plus souvent? *Neg.*—Carré, *Cours d'organ. judic.*, p. 406; Augan, p. 57.— Toutefois, une délibération de la chambre des notaires de Paris du 21 mars 1839 porte: — 1° que « les notaires ne doivent jamais recevoir, soit en minute, soit en brevet, d'actes imprimés, lithographiés ou autographiés; » — 2° que les notaires ne peuvent user de la lithographie ou de l'imprimerie, pour la confection de leurs expéditions, grosses ou extraits, qu'en cas de nécessité démontrée et avec l'autorisation des parties.

270. — Chacune des formalités indiquées ci-dessus nécessite quelques explications spéciales.

§ 1er. — *Ecriture lisible.*

271.— Aux termes d'un arrêt de réglement du 4 sept. 1685, les notaires devaient écrire leurs actes d'une manière *aisée à lire*. Notre législation actuelle ne contient rien de plus précis à ce sujet, bien que les lois sur le timbre défendent d'écrire sur les papiers timbrés de différentes dimensions plus d'un certain nombre de lignes à la page et de syllabes à la ligne, *toutes compensations faites d'une page ou d'une ligne à l'autre* (V. le mot TIMBRE), ce qui rend ces lois purement fiscales. Les tribunaux apprécient donc souverainement la question de savoir si un acte est ou non écrit lisiblement.

272. — Pour qu'un acte soit écrit lisiblement, il ne suffit pas qu'on puisse comprendre, *deviner*, il faut qu'on puisse *voir avec les yeux* ce qui est écrit. S'il faut recourir à des documens étrangers (*extrinsecùs*), l'acte n'est pas lisible. — L. 1, ff., *De his quæ in testam. delentur.*

273. — L'arrêt de réglement du 4 sept. 1685 et l'édit de Lorraine du 14 août 1721, art. 51, exigeaient que les noms propres et les sommes fussent écrits d'un caractère plus gros que le reste de l'acte. — « C'est toujours ce qui s'observe, dit M. Rolland, n° 244. »

274. — L'acte illisible, ou les clauses illisibles d'un acte notarié sont nulles, sauf le recours des parties contre le notaire, s'il en est résulté pour elles un préjudice. — V. NOTAIRE.

275.—Lorsqu'un acte a été écrit lisiblement, on ne peut prononcer aucune amende contre le notaire, parce que cet acte serait ultérieurement devenu illisible. C'est là un fait qui ne tombe pas sous l'application de l'art. 13, sauf encore la responsabilité du notaire, si c'était par sa faute que l'acte fût devenu illisible. — C. civ., art. 1382. — V. NOTAIRE.

§ 2. — *Blancs, lacunes, intervalles.*

276. — Que doit-on entendre par les mots: *un seul et même contexte*, employés par l'art. 13, L. 25 vent. an XI? — L'unité de contexte d'un acte s'entend-elle aussi bien de l'enchaînement de ses dispositions que de leur suite matérielle? La loi veut-elle dire que les clauses d'un acte ne devront pas être entravées par d'autres clauses étrangères à l'affaire? — Loret (sur l'art. 13) et Augan (p. 57) adoptent cette dernière opinion; mais elle est repoussée par cette considération qu'il n'existe aucune loi qui défende d'insérer dans un contrat quelconque des stipulations de diverses natures appartenant à des contrats différens.—Il faut donc dire, avec la généralité des auteurs, que l'unité de contexte réside dans cette circonstace que l'acte est rédigé sans blanc, lacune ni intervalle, comme le dit au surplus l'art. 13, qui ne fait que développer le sens du mot *contexte.* — Dans l'ord. de 1535, les mots: « *Tout d'une datille* », exprimaient la même idée.—Merlin, *Rép.*, v° *Testament*, sect. 2e, § 2, art. 5, n° 5; Duranton, t. 9, n° 59, et t. 13, n° 43; Massé, *Parfait notaire,* t. 1er, ch. 20; Rolland de Villargues, v° *Contexte*, n°s 2 et 3.

277. — Il ne s'agit pas non plus, pour les actes ordinaires, de l'unité de contexte telle qu'elle est exigée par l'art. 976, C. civ., relatif aux testamens mystiques, lequel dit: « Tout ce que dessus *sera fait de suite et sans divertir à d'autres actes...* » — V. TESTAMENT. — Et, un acte commencé le matin, peut, après une interruption, être achevé le soir, sans qu'il y ait pour cela seul violation de l'unité de contexte.

278.—Il y a même des actes, tels que ventes, in-

ACTE NOTARIÉ, ch. 3, sect. 2e, art. 2.

ventaires et autres dont s'occupe le décret du 10 brum. an XIV, qui, bien souvent, ne peuvent être achevés dans la même journée. Il est vrai que, relativement à ces actes, ce décret prescrit la mention des interruptions, qui doit être signée par les officiers et les parties, ce qui fait en quelque sorte un acte distinct de chaque portion de l'acte entier. Mais ce décret a eu surtout pour objet d'établir des bases pour le réglement des mentions des actes tarifés par la loi. Il ne paraît donc pas applicable aux actes ordinaires dont la rédaction aurait pu prendre plusieurs jours, sans qu'on fût obligé de mentionner les renvois et sans qu'il y eût pour cela contravention à la règle de l'unité de contexte.

279. — En ce qui concerne les *blancs, lacunes* et *intervalles* prescrits par l'art. 13, V. BLANC.

§ 3. — *Abréviations.*

280. — Les actes doivent également être écrits sans abréviation.—L. 25 vent. an XI, art. 13.—Cependant il est certaines abréviations qui sont tolérées et consacrées par l'usage.—V. ABRÉVIATION.

§ 4. — *Sommes et dates en toutes lettres.*

281.—Les sommes et les dates doivent être énoncées en toutes lettres et non en chiffres (art. 13, emprunté à l'ordonnance d'oct. 1525 et à l'arrêt de réglement du 4 sept. 1685).— Édit de Lorraine de 1721, art. 60.

282. — On excepte généralement de l'obligation imposée par l'art. 13 les numéros des maisons, ceux des divisions adoptées pour distinguer les clauses d'un acte, tels que titres, chapitres, articles, 1°, 2° etc..., des inscriptions hypothécaires, des rentes sur le grand-livre, des actions sur la banque. — Rolland de Villargues, *Dictionn. not.*, v° *Chiffres*, n° 6.

283. — Jugé également, sous l'empire d'une législation qui soumet les notaires à la patente, que la défense d'énoncer les dates en chiffres ne s'étend pas à la mention faite par le notaire de la date de sa patente. — *Bruxelles*, 26 janv. 1828, G....—Cette décision s'appliquerait, par analogie, à la mention de la date de la patente des parties qui y sont soumises.

284. — D'après une lettre du ministre des finances de juillet 1831, la date de la naissance peut être exprimée en chiffres dans les certificats de vie. — Gagneraux, p. 84, n° 43.

285. — De même, une instruction générale du 20 juillet 1820, n° 942, citée par Rolland de Villargues (v° *Chiffre*, n° 11), semble avoir reconnu que les actes peuvent renfermer des tableaux en chiffres, quand ils ne peuvent être syncopés sans en détruire l'intelligence; mais le même auteur ajoute avec raison que les sommes doivent être d'abord rapportées en toutes lettres. — Augan, p. 62.

286. — Mais ce serait contrevenir à l'art. 13 que d'exprimer en chiffres, et non en toutes lettres, la date des actes énoncés dans un acte notarié.—Gagneraux, *ibid.*, n° 44.

287. — Cette prescription, au surplus, qui n'est pas faite à peine de nullité des actes, n'empêche pas l'emploi des chiffres, lorsqu'ils ne forment que la répétition des sommes déjà exprimées en toutes lettres. — V. ABRÉVIATION, n° 15.

288.—La loi du 22 pluv. an VII, ordonne même, art. 5, aux officiers procédant aux ventes publiques par enchères d'objets mobiliers, de porter au procès-verbal le prix de chaque objet adjugé, d'abord en toutes lettres, puis de le tirer hors ligne en chiffres.

289. — En cas de contravention à cette disposition, le notaire encourt-il l'amende prononcée par la loi du 22 pluv. an VII (15 fr., réduits à 5 par la loi de 1824), ou celle résultant de la loi du 25 vent. an XI (telle qu'elle est réduite également par la loi de 1824)? Rolland de Villargues, qui juge cette question (v° *Chiffres*, n° 10), la résout avec raison dans le premier sens, attendu que la loi de l'an VII est une loi spéciale appropriée à la nature et à l'importance relative de l'opération qu'elle a eue en vue.

§ 5. — *Renvois et apostilles.*

290. — Le mot *renvoi* désigne et la marque qui, placée dans le corps de l'acte, indique une addition d'écriture faite, soit en marge, soit à la fin de l'acte, et cette addition même. Cette marque est reproduite, soit au-dessus, soit au commencement de l'addition. — Le mot *apostille* signifie spécialement cette addition. — Nous emploierons indifféremment l'une ou l'autre expression.

291. — L'ord. de François Ier de 1535 avait voulu que tous les renvois fussent placés à la

ACTE NOTARIÉ, ch. 3, sect. 2e, art. 2.

fin de l'acte sans exception. Les abus qui résultèrent de cet état de choses amenèrent l'arrêt de règlement du parlement de Paris du 27 déc. 1627, qui ne permit des renvois à la fin des actes qu'à condition que ce qui serait ajouté n'entrerait point dans les signatures des témoins, des parties et du notaire, à peine de nullité. C'est dans cet esprit qu'a été conçue la loi du 25 vent. an XI. Le système contraire entraînerait les plus graves inconvéniens, puisqu'il permettrait à tous ceux dans les mains de qui l'acte pourrait tomber de faire des intercalations dans l'intervalle qui sépare toujours la dernière ligne de l'acte de la signature.

292. — L'art. 15 de cette loi est ainsi conçu : — « Les renvois et apostilles ne pourront, sauf » l'exception ci-après, être écrits *qu'en marge ;* ils » seront signés ou paraphés, tant par le notaire » que par les autres signataires, à peine de nul- » lité des renvois et apostilles. Si la longueur du » renvoi exige qu'il soit transporté à la fin de » l'acte, il devra être non seulement signé ou pa- » raphé, comme les renvois écrits en marge, *mais » encore expressément approuvé* par les parties, à » peine de nullité du renvoi. »

293. — Ces dispositions s'appliquent aux testamens authentiques, le silence du Code civil, à cet égard, ayant pour effet de renvoyer implicitement à la loi du 25 vent. an XI. — V. Gagneraux, p. 94, no 12.

294.—En principe donc tous les renvois doivent être écrits à la marge de l'acte. Ce n'est que par exception, c'est-à-dire lorsque leur longueur l'exige, qu'ils peuvent être régulièrement placés à la fin: cependant la loi n'ayant pas prononcé de nullité à ce sujet, on ne saurait annuler un renvoi composé seulement de trois lettres, en ce qu'il aurait été placé à la fin de l'acte et non en marge. — *Angers,* 20 mai 1825, Corvasier. — V. toutefois les motifs de l'arrêt de *Lyon*, du 18 janv. 1832, Blenet c. Guillermet.

295. — Suivant M. Rolland de Villargues (*Rép. du notar.*, vo *Renvoi*, no 3), le mot *marge* peut comprendre les blancs laissés en tête et au bas des pages. — Bien que cela soit de peu d'importance, nous pensons que l'art. 15 a pris le mot *marge* dans la signification propre, et qu'il signifie seulement le blanc laissé, à la gauche de la feuille sur laquelle est écrit l'acte. Cependant, comme, à notre avis, la nullité ne s'applique qu'au cas où le renvoi n'est ni signé ni paraphé par ceux qui doivent le faire, nous regardons comme valable, quoique moins régulier, le renvoi écrit en tête ou au bas de la page. — V. l'arrêt d'*Angers* précité, no 294.

296. — Les renvois écrits en marge doivent être signés ou paraphés par tous les signataires de l'acte, ce qui ne s'applique évidemment qu'à ceux dont les signatures sont nécessaires pour la validité de cet acte, et nullement aux signataires d'honneur qu'il est d'usage d'appeler à la réception des actes, par exemple, dans les contrats de mariage.

297. — Il en est de même de tous ceux qui ne savent ou ne peuvent signer. La mention y relative s'applique à l'absence de leurs signatures ou paraphes aux renvois, comme à l'absence de leurs signatures à la fin de l'acte lui-même. Dans ce cas, il suffit que le renvoi soit signé ou paraphé des deux notaires ou du notaire et des témoins.

298. — Le renvoi existant à la minute d'un acte notarié doit être réputé non écrit, s'il n'est pas approuvé par les parties contractantes, mais seulement par le notaire. — *Nîmes*, 13 juill. 1808, Bernard c. Ode.

299. — Lorsque le cahier des charges d'une adjudication faite devant notaire ne forme qu'un seul et même acte avec cette adjudication, les mêmes personnes qui ont concouru à l'ensemble de l'acte et l'ont signé doivent également approuver et parapher les renvois mis en marge, à peine de nullité. — *Caen*, 9 janv. 1827, Levasseur c. Mabire. — V. conf. Rolland de Villargues, *Rép. du not.*, vis *Renvoi*, no 6, et *Signature*, no 53 ; Gagneraux, *Encyclopédie des lois sur le notariat*, t. 1er, p. 94.

300. — Il doit y avoir autant d'approbations par signatures ou paraphes que de renvois. C'est donc au notaire, lorsqu'il s'en trouve plusieurs dans la même page, à laisser entre eux assez de place pour qu'on puisse signer ou parapher chacun d'eux. — V. Augan, *C. de notar.*, p. 68; Rolland de Villargues, *ubi suprà*, no 7 ; Gagneraux p. 93, no 6.

301. — La loi n'a donné aucune définition du paraphe. Dans le langage ordinaire, il s'entend de la marque distinctive dont certaines personnes ont l'habitude d'accompagner le nom dont elles signent. Le tout compose la signature. Souvent le paraphe apposé sur des actes se compose des initiales de la signature et de cette marque, d'autres fois, de cette marque seule. C'est évidemment aux juges du fait à statuer souverainement sur les cas où l'acte est ou non suffisamment paraphé.

302. — Jugé qu'un renvoi fait en marge d'un acte notarié est réputé paraphé par un testateur lorsque celui-ci a apposé au-dessous les initiales de ses nom et prénoms. — *Bourges,* 9 mars 1836, Poupa c. Poumier.

303. — Néanmoins, lorsqu'en marge d'un procès-verbal d'adjudication d'objets mobiliers vendus aux enchères, le notaire désigne les noms des acheteurs, soit en toutes lettres, soit par abréviation, qu'il mentionne la libération par le mot *payé* ou la lettre *P,* ces indications ne doivent pas être considérées comme de véritables renvois soumis aux mêmes formes que le corps de l'acte ; ce ne sont que de simples annotations personnelles au notaire. — *Colmar,* 28 juill. 1827, Schwind; — Gagneraux *ibid.*, no 14.

304. — Nous avons vu *suprà* no 292, que, aux termes de l'ar. 15, lorsque les renvois sont placés à la fin de l'acte, il ne suffit pas qu'ils soient signés ou paraphés par les signataires, ils doivent être, de plus, expressément *approuvés par chacun d'eux.*

305. — Mais il n'est pas nécessaire que l'approbation expresse soit écrite par chacun des signataires. Elle peut l'être par le notaire. C'est une constatation pour laquelle il a qualité, comme pour toutes les autres. — Rolland de Villargues, *ubi suprà,* no 16.

306. — Avant la loi du 25 vent. an XI, les renvois mis à la fin des actes notariés n'avaient pas besoin d'être signés et expressément approuvés par les parties. — *Riom,* 12 mai 1829, Pellet.

307. — L'administration de l'enregistrement avait pensé d'abord que par la fin de l'acte, il fallait entendre ce qui précède la clôture de l'acte, c'est-à-dire, ces mots : *fait et passé, etc....;* mais elle est revenue de cette décision par délibération des 6 avr. et 1er juin 1825. — Gagneraux, p. 93, no 9.

308. — On peut admettre même qu'ils peuvent être placés après les signatures. — Arg. *Cass.*, 23 mars 1829, Corvasier. — V. conf. Gagneraux, p. 93, no 7.

309. — C'est ce que suppose implicitement d'ailleurs la nécessité où se sont trouvés les tribunaux de décider plusieurs fois que les signatures, placées à la fin de l'acte, ne couvrent pas les renvois écrits avant les signatures.

310. — Ainsi, jugé que les renvois qui sont écrits à la fin d'un acte notarié et particulièrement d'un testament, mais avant les signatures, doivent néanmoins être spécialement signés ou paraphés par les parties, outre les signatures qui terminent l'acte. — *Cass.,* 6 juin 1826, Huguenin; 23 mars 1829, Corvasier; *Paris,* 25 mai 1826, Gueneau c. Jany; *Grenoble,* 26 déc. 1832, Oddon c. Candi; *Lyon,* 18 janv. 1832, Blener c. Guillermet.

311. — Il importerait peu que les notaires du ressort fussent dans l'usage de ne pas approuver et signer de tels renvois et qu'en raison de la longueur du renvoi on prétendît qu'il n'a pu être mis après coup. — Même arrêt de Grenoble.

312. — Un pareil renvoi est également nul comme disposition additionnelle, à défaut de mention spéciale de l'accomplissement de toutes les formalités exigées pour la validité de l'acte, spécialement la déclaration faite par le testateur de n'avoir pu signer pour cause de faiblesse. — Même arrêt.

313. — Les contraventions à l'art. 15 entraînent la nullité des renvois, mais non celle de l'acte lui-même. Le renvoi est seulement réputé non écrit. — *Cass.,* 24 nov. 1835, Escabasse.

314. — Mais la nullité de l'acte serait encourue si le renvoi nul avait pour objet l'accomplissement d'une formalité essentielle omise dans le corps d'un acte. La nullité de celui-ci serait alors une conséquence de la nullité du renvoi. — Tel serait le cas, par exemple, où le renvoi aurait eu pour objet les mentions relatives aux signatures — L. 25 vent. an XI, art. 14 et 68. — Conf. Duranton, t. 13, no 50.

315. — Du reste, la nullité du renvoi est la seule peine prononcée par l'art. 15. — Les contraventions à cet article ne sauraient, par conséquent, donner lieu à condamner le notaire à l'amende. — *Cass.,* 24 avr. 1809, Claudel ; *Rennes,* 5 mai 1834, Pinot. — Ce qui n'empêcherait pas, au surplus, d'agir en responsabilité contre lui, s'il y avait lieu. V. NOTAIRE.

316. — La mention de la lecture mise à la fin de l'acte s'applique, dans sa généralité, aux renvois, et ce principe a été appliqué aux testamens. — V. *Cass.,* 3 août 1808, Lescure ; *Bordeaux,* 17 mai 1833, Saulnier. — Toutefois, son application souffre difficulté en cette matière, la lecture du testament et la mention y relative étant prescrites, à peine de nullité. — C. civ., art. 972 et 1001. — V. TESTAMENT.

317. — Les renvois doivent être faits et régularisés en même temps que l'acte. — Cependant si le notaire s'apercevait de quelques omissions à cet égard, il devrait réunir les témoins ou le notaire et les parties pour y remédier. — V. Toullier, t. 8, no 112.

318. — Mais, si tous ou l'un d'eux s'y refusait, il est fort douteux qu'on pût le contraindre à approuver, après coup, un renvoi qui ne l'aurait pas été lors de la réception de l'acte.

319. — Dans tous les cas, une approbation postérieure ne saurait préjudicier aux droits qui auraient pu résulter pour des tiers du défaut de cette approbation. — V. Toullier, *ibid.* no 113.

320. — Toutefois le principe qui vient d'être posé, pleinement applicable, toutes les fois qu'il s'agit d'un des actes réservés par la loi du 21 juin 1843, cesse de l'être, à l'égard du notaire second ou des témoins, dans les actes ordinaires. — Dès qu'ils peuvent *très régulièrement* signer ces actes, après coup, on ne voit pas pourquoi ils ne pourraient pas, tout aussi régulièrement, approuver après coup, les renvois qu'ils renferment.

321. — Lorsque les renvois sont réguliers, les notaires, en délivrant grosse ou expédition de l'acte, doivent les transcrire à la place qu'ils auraient occupée dans le corps de l'acte. Mais il en est autrement, s'ils sont nuls. Dans ce cas, les notaires ne peuvent que les transcrire, par voie de mention, après avoir copié l'acte tel qu'il se trouverait dépourvu du renvoi nul. — Rolland de Villargues, *ubi suprà,* no 27; Toullier (*ibid,* no 111), qui cite un arrêt du parlement de Paris du 27 déc. 1627.

322. — En enregistrant les actes, les receveurs sont tenus d'en parapher les renvois, après les avoir mentionnés sur le registre. — Arr. du cons. 21 juin 1723 ; Ord. génér. de la régie, art. 29.

§ 6.— *Surcharges, interlignes, additions.*

323. — D'après l'art. 16, L. 25 vent. an XI, « il ne » doit y avoir dans les actes notariés ni *surcharge,* » ni *interligne,* ni *addition* dans le corps de l'acte, » et les mots surchargés, interlignés ou ajoutés, » sont nuls. En outre le même article prononce con- » tre le notaire une amende de 50 fr. (réduite à 10 fr. » par la loi du 16 juin 1824), sans préjudice de tous » dommages-intérêts, même de destitution, en cas » de fraude. »

324. — Comme l'art. 15, l'art. 16 est entièrement applicable aux testamens publics. — V. TESTAMENT.

325. — Le notaire serait passible d'amende alors même que les mots surchargés, interlignés, ajoutés ou raturés, seraient insignifians. — V. Décis. minis. fin. 8 nov. 1814.

326. — Une *surcharge* est, suivant Gagneraux (p. 95, no 2), l'opération qui consiste à mettre des lettres sur d'autres lettres, de manière à ce que les caractères primitifs soient déguisés par ceux qui leur ont été substitués.

327. — Cependant, il faut se garder de confondre, avec ce que la loi entend par surcharge, quelques altérations, quelques corrections dans les caractères de l'écriture, qui peuvent souvent provenir, soit de la précipitation avec laquelle on écrit, soit du tremblement de la main, soit de toute autre cause ou accident, ou qui ont pu n'avoir pour objet que de corriger une faute d'orthographe. — V. *infrà* no 346. — *Cass.*, 3 août 1808, Lescure.

328. — Par l'expression *d'interligne*, il faut entendre, non pas des mots formant une ligne qui fait suite au corps de la phrase, quoique cette ligne soit plus serrée que les autres, mais seulement, des mots placés au-dessus des expressions de la phrase, pour en parachever le sens. — *Angers*, 20 mai 1825, Corvasier, sous *Cass.*, 23 mars 1829.

329. — *L'addition* consiste à écrire dans le vide d'un alinéa ou dans l'espace qu'on doit laisser au commencement ou au bas des pages. — V. Gagneraux, p. 96, no 7.

330. — Il n'y aurait pas addition prohibée par la loi dans le fait d'ajouter, devant les parties et les témoins, et avant la signature de l'acte, quelques mots sur le blanc d'une ligne déjà commencée.

331. — Mais jugé que l'addition faite avant la signature d'un acte, sur une ligne brisée par des points, de quelques mots même reconnus sans influence sur les droits des parties et du fisc, constitue une contravention à l'art. 16. — *Colmar*, 1er fév. 1831, L... ; — *Contrà* Rolland, vo *Addition*, no 7.

332. — Outre les additions de mots, dit M. Rolland (vo *Addition*, no 9), il y a les additions de lettres qui se font pour substituer le pluriel au singulier, changer les sommes ou les dates, etc. — Elles sont

comprises expressément dans la prohibition ; mais, ajoute le même auteur, on comprend que les difficultés pourraient ici dégénérer en chicanes indignes de la régie.

333. — La date des actes fait essentiellement partie du corps de ces actes.— En conséquence, la surcharge de la date donne lieu à l'amende. — *Cass.*, 20 fév. 1816, Allaire. — Il en serait de même si la date était mise en interligne ou par addition.

334. — Des corrections faites, immédiatement et durant l'écriture, dans le corps de l'acte, de manière à ne former qu'un seul et même contexte avec lui, sans surcharges, interlignes ou intercalations, et avant l'énonciation de la clôture de l'acte et de la signature des parties, ne constituent point des contraventions à l'art. 16. — *Metz*, 8 avr. 1824, N....

335. — Mais il en est autrement de celles qui ne sont faites qu'après l'énonciation de la clôture de l'acte et de la signature des parties. — *Metz*, 8 avr 1824, N....

336. — Toutes contraventions à l'art. 16, constatées dans une minute, sont présumées être l'œuvre du notaire. Ce serait à lui, par conséquent, pour éviter la peine de l'amende, à prouver qu'il n'en est pas l'auteur.

337. — Mais cette présomption cesserait évidemment, si l'acte avait été délivré en brevet à la partie, et que ce fût seulement plus tard que l'on vînt à constater la contravention; il suffirait alors de la négation du notaire pour rejeter la preuve du fait incriminé sur le ministère public ou sur la partie qui aurait actionné le premier en dommages-intérêts. Cette preuve serait, suivant les circonstances, plus ou moins facile à administrer.

338. — Lorsque les surcharges, interlignes ou additions sont contemporaines à la réception de l'acte, elles ne constituent que les contraventions prévues et punies par l'art. 16.

339. — Si elles étaient postérieures, elles pourraient constituer le crime de faux (V. FAUX); il peut donc être important de connaître la date de la *contravention matérielle*. Il en est de même lorsqu'il s'agit d'apprécier l'action en dommages-intérêts des parties contre le notaire, car évidemment cette action sera d'autant mieux fondée que l'acte aura subi des altérations postérieurement à sa confection.—Enfin, les effets de l'acte lui-même peuvent dépendre de l'époque à laquelle auront été faites, par exemple, les surcharges et ratures.

340. — De ce que l'acte authentique fait foi jusqu'à inscription de faux, Merlin (*Rép.*, v° *Rectification*, n° 9) conclut que les surcharges doivent être présumées avoir été faites lors de la réception de l'acte. Toullier (t. 8, n°s 125, 126 et 127) et M. Duranton (t. 13, n° 54) soutiennent, au contraire, qu'on doit admettre la présomption que le notaire s'est conformé, lors de la réception de l'acte, aux prescriptions de l'art. 16, et que, par conséquent, les *ratures* (fait à l'occasion duquel il examine la question) doivent être réputées postérieures à l'acte. — Nous partageons cet avis. — V. les motifs de l'arrêt de *Bruxelles*, 28 juill. 1830, M...

341. — La loi déclare *nuls* les mots *surchargés, interlignés ou ajoutés*. — Ce qui peut amener la nullité de l'acte lui-même, si les mots annulés, au lieu d'être insignifians, étaient au contraire substantiels à l'acte, tellement que sans eux l'acte ne pût subsister. Ainsi dans un testament public, acte pour lequel le nom des témoins instrumentaires doit être mentionné dans le corps de l'acte indépendamment de leurs signatures, il y aurait nullité si le nom d'un de ces témoins était surchargé sans approbation ; et la signature du témoin, mise au bas de l'acte, ne pourra réparer le vice de la surcharge de son nom. — *Aix*, 15 janv. 1824, Cerdy c. Rougeau ; *Nîmes*, 22 juin 1841 (t. 2 1841, p. 158), Charasse.

342. — Jugé encore qu'un testament public dans lequel le nom de l'un des témoins instrumentaires est surchargé doit être déclaré nul, surtout lorsque ce témoin a été dans l'impuissance de signer le testament. — *Toulouse*, 29 avr. 1826, Servière c. Raudi.

343. — De même encore un acte notarié dont la *date* est surchargée est nul comme n'étant pas daté. — *Cass.*, 27 mars (et non 17) 1812, Fillon c. Crepain ; *Bruxelles*, 10 fév. 1830, Warocquier c. Sibille. — Toutefois Toullier (t. 8, n° 114 (note) considère cette décision comme très rigoureuse.

344. — ... Alors du moins qu'il n'y a pas approbation de cette surcharge. — Même arrêt de *Bruxelles* ; — Toullier, t. 8, n° 110 ; Rolland, v° *Addition*, n° 15.

345. — S'il y avait approbation des surcharges, le notaire n'encourrait même l'application d'aucune amende. — Décis. minis. fin. 17 janv. 1817. — V. *contrà* Gagneraux, p. 98, n° 28.

346. — De ce que la loi n'annule que les *mots*

surchargés, on a cru pouvoir élever la question de savoir s'il y avait lieu d'annuler un mot dans lequel *une seule lettre* aurait été surchargée.— A cet égard il a été décidé que lorsque la prétendue surcharge d'une lettre ne constituait qu'une correction destinée à réparer une erreur d'orthographe, la loi du 25 ventôse an XI ne trouvait pas son applicatoin. — *Cass.*, 3 août 1808, Lescure.

347. — D'un autre côté, on lit dans un arrêt de la cour de Toulouse « que si la loi de ventôse n'est pas applicable à des cas où la surcharge d'une partie du mot ne laisse aucun doute sur la sincérité du mot en soi, il faut raisonner tout autrement dans une espèce où un mot entier (le même mot) est surchargé à deux reprises sans qu'on puisse démêler celui qui existait primitivement. — *Toulouse*, 29 avril 1826, Servière c. Raudi. — Cette doctrine nous paraît conforme au vœu de la loi.

348. — Quand la dernière partie d'un mot exprimant une date a été surchargée, de manière que la première partie restante forme un nombre, le mot doit néanmoins être anéanti tout entier. — *Agen*, 20 juin 1807, N.... c. N....

349. — Au surplus, il faut reconnaître, en général, aux juges du fait le droit d'examiner souverainement et selon les circonstances s'il y a ou non surcharge dans le sens de la loi. C'est là une appréciation de faits et non la solution d'une question de droit qui ne peut être soumise à l'examen de la cour de Cassation.

350. — Dans un acte notarié, les mots écrits sur une rature constituent une surcharge, bien que cette rature n'ait laissé aucune trace de ce qui pouvait avoir été primitivement écrit.— *Bruxelles*, 28 juill. 1830.

351. — Dans ce cas, on doit présumer, jusqu'à preuve contraire, qu'il y avait quelque chose d'écrit avant la rature. Ce n'est pas au ministère public à prouver l'existence d'une écriture primitive. — Même arrêt. — V. Gagneraux, *Comment. sur la loi du 25 vent. an XI*, art. 16, n° 44.

352. — Ce n'est pas seulement la surcharge qui est annulée par l'art. 16, c'est le *mot surchargé*; ce qui comprend et le mot primitivement écrit sur lequel a été opérée la surcharge, qui est bien le *mot surchargé*, et le nouveau mot produit au moyen de la surcharge. L'annulation n'a donc point pour effet de faire revivre le mot primitif auquel une surcharge en aurait substitué un autre.

353. — Jugé en conséquence qu'un acte authentique ne fait foi des sommes qu'il énonce que lorsqu'il n'y a pas d'altération sur les mots qui les expriment. Dès-lors, si, dans un acte de donation, il existe des surcharges ou altérations sur une partie des mots qui expriment la somme donnée, les juges peuvent, sans violer le principe que foi est due aux actes authentiques jusqu'à inscription de faux, n'avoir aucun égard aux mots surchargés ou altérés.— *Cass.*, 27 juill. 1825, Valette c. Maury.

354. — Lorsqu'un acte est annulé à raison des surcharges qu'il renferme, le notaire rédacteur peut être, indépendamment de la condamnation à l'amende, déclaré responsable envers les parties lésées. — V. NOTAIRE.

355. — Lorsque dans un renvoi régulièrement approuvé par les parties il se trouve des mots surchargés, il n'est pas nécessaire qu'il y ait en outre une approbation spéciale pour ces surcharges. *Douai*, 18 mai 1841 (t. 1er 1842, p. 99), Coppin.

356. — On doit considérer comme nulle et non avenue la clause ajoutée après coup sur la minute d'un acte et qui n'a été approuvée ni comprise dans la première grosse qui en a été délivrée. — *Rennes*, 2 août 1816, Clerau c. N...; — Gagneraux, *Comment. sur la loi du 28 vent. an XI*, art. 16, n° 26.

357. — Si des additions faites après coup et hors la présence des parties l'avaient été avec intention de nuire, elles caractériseraient un faux. — C. pén., art. 147 ; — Rolland de Villargues, *Rép.*, v° *Addition*, n° 142.

358. — Toutefois, l'addition faite après coup à un acte public, de mots inutiles ou indifférens à la validité et aux effets qu'il doit produire, ne constituerait point un faux de la nature de ceux prévus par la loi.— *Cass.*, 9 janv. 1806, Garottoau ; — Rolland de Villargues, v° *Addition*, n° 13.

359. — Lorsqu'au bas et en marge d'un acte notarié, complet par la signature des parties ou les mentions qui y suppléent, on ajoute une clause additionnelle dérogeant entièrement aux stipulations qu'il renferme, cette clause forme un pacte nouveau, un acte particulier qui est soumis spécialement à toutes les formalités requises par la loi pour la validité du contrat, et, par conséquent, à la signature des parties, ou aux énonciations qui en tiennent lieu. — *Cass.*, 30 mars 1840 (t. 2 1842, p. 82), Tioch c. René.

§ 7. — *Ratures.*

360. — L'arrêt de réglement du 4 sept. 1685 défendait aux notaires de raturer soit des lignes entières, soit des mots, sans faire approuver la rature à la marge et sans faire signer l'approbation par les parties et les témoins ; il ordonnait que les ratures fussent faites par une barre et un trait de plume simple passant sur les mots, afin de pouvoir compter et distinguer facilement la quantité de mots rayés, à peine d'amende arbitraire.— Gagneraux, p. 96, n° 9.

361. — Cette manière d'opérer les ratures est et doit encore être suivie aujourd'hui. — L'art. 16, L. 25 vent. an XI, dispose que « les mots qui devront être rayés le seront de manière que le nombre puisse en être constaté à la marge de leur page correspondante ou à la fin de l'acte, et approuvé de la même manière que les renvois écrits en marge. » — Et ce, à peine d'une amende de 50 fr. (10 fr., L. 16 juin 1824) contre le notaire, ainsi que de tous dommages-intérêts, même de destitution en cas de fraude.

362. — Bien que cet article prescrive de constater *le nombre des mots rayés*, il est suffisamment satisfait à la loi, lorsque des lignes entières ont été rayées, par l'approbation de *tant de lignes rayées comme nulles*, sauf à y ajouter le nombre des mots épars qui pourraient aussi se trouver rayés dans l'acte. — Gagneraux, *ubi. suprà* n° 11.

363. — On doit compter pour un seul mot ceux composés de deux ou plusieurs mots réunis par un trait d'union, tels que *beau-frère, cousin-germain, c'est-à-dire*, etc. — Gagneraux, *ibid.*, n° 10.

364. — Au surplus, il n'y a point d'expression sacramentelle pour l'approbation, et elle résulte suffisamment de cette mention : *Rayé tant de mots* ou *tant de lignes comme nulles*.

365. — L'approbation d'une rature, faite par renvoi à la fin de l'acte, doit, pour être valable, être revêtue d'une signature spéciale de la part du notaire, des parties et des témoins. La simple signature qui termine l'acte est insuffisante, quoique l'approbation ait été écrite avant la signature.— Dans ce cas, il n'y a pas lieu d'annuler l'acte, mais seulement de déclarer les ratures nulles et non avenues. — *Montpellier*, 13 fév. 1829, Guinard c. Gely.

366. — Cependant il n'est pas nécessaire, comme pour les renvois transportés à la fin de l'acte, que l'approbation soit répétée avant chaque signature ou paraphe. Le contraire résulte de l'art. 16, qui exige seulement qu'il y ait approbation comme pour les renvois *écrits en marge*. Il suffit donc que le notaire formule une seule fois l'approbation, qui est ensuite signée ou paraphée par chacun des signataires de l'acte. — V. le § 3, n°s 301 et suiv.

367. — Une clause raturée dans un acte notarié doit être réputée non écrite, lorsque la rature a été faite avant la perfection de l'acte, et approuvée par les parties, quand même un des témoins ne l'aurait pas formellement approuvée.— On ne saurait être admis à suppléer à cette clause par la preuve testimoniale. — *Toulouse*, 20 juill. 1820, Canceris c. Larroche.

368. — Lorsque les mots raturés n'ont pas été approuvés ou que l'approbation qui en a faite est irrégulière, la loi se borne à frapper le notaire d'une amende, mais sans s'expliquer sur le sort de ces mots.— A cet égard il semble résulter implicitement d'un arrêt de la cour de Lyon qu'en pareil cas les mots raturés ne doivent pas être considérés comme faisant toujours partie de l'acte. —*Lyon*, 18 janv. 1832, Blenet c. Guillermet.

369. — Jugé en sens contraire qu'il y a lieu de déclarer nulles et non avenues les ratures non régulièrement approuvées, que les mots rayés doivent être rétablis dans leur état primitif, et être censés avoir toujours fait partie de l'acte. — *Montpellier*, 13 fév. 1829, Guinard c. Gely. — C'est à cet avis que se range Toullier, t. 8, n° 128. « Les ratures non constatées ni approuvées, dit-il, sont par cela même présumées ne pas exister avant la perfection de l'acte, elles sont donc nulles ou comme non avenues, et dès lors elles ne peuvent nuire à la validité des mots raturés... » Et le même auteur ajoute que si le législateur n'a pas prononcé expressément la validité de ces mots, c'est dans la crainte qu'une disposition impérative ne liât trop étroitement les juges *dans les cas extraordinaires* où la force et le nombre des présomptions pourraient exiger qu'on rejetât les mots raturés ou même l'acte entier.—V. au surplus la discussion à laquelle il se livre, n°s 116 et suiv.

370. — Dans un acte notarié, la rature d'un mot doit être assimilée à une surcharge, bien qu'il ne reste aucune trace des lettres.—*Bruxelles*, 28 juill. 1830, M...

Art. 3. — *Enonciations des poids et mesures.*

371. — Les notaires doivent, lorsqu'ils ont à énoncer des poids ou mesures ou tout autre élément de numération, se conformer au système légal de poids et mesures et de la numération décimale, et cela sous peine d'une amende fixée à 100 fr. par la loi du 25 vent. an XI, et, depuis, réduite à 20 fr. — LL. 16 juin 1824 et 4 juill. 1837.

372. — L'application rigoureuse de ce principe a été tempérée par plusieurs dispositions législatives et notamment par le décret du 12 fév. 1812, qui, tout en prescrivant l'usage du système légal, ne prohibait pas entièrement l'emploi simultané des anciennes dénominations.

373. — Aussi a-t-il été jugé qu'un notaire pouvait, sans contravention, employer dans ses actes la dénomination des anciennes mesures, lorsqu'il exprimait en même temps la valeur de ces mesures, dans le nouveau système décimal. Telle était l'expression *d'aune de cent vingt centimètres* dont s'était servi un notaire dans un inventaire de marchandises. — *Cass.*, 7 janv. 1834, Sauvet ; *Aix*, 23 janv. 1834, et *Cass.*, 18 (et non 12) nov. 1834, Tartainson, Denoise, etc.; *Rennes*, 5 mai 1834, Pinot ; *Amiens*, 12 juill. 1834, de Poilly ; — Circul. min. 30 nov. 1832, et Délib. de la régie, 25 janv. 1833.

374. — ... De même, lorsqu'un notaire énonçait, dans le premier article d'un inventaire, une mesure légale qui n'était pas répétée avec la même précision dans les derniers articles, on pouvait dire que l'expression première contenait une définition applicable aux articles subséquens. — *Cass.*, 7 janv. 1834, Sauvet.

375. — Aucun de ces tempéramens ne serait admis aujourd'hui. La loi du 4 juill. 1837 porte : Art. 1er. « Le décret du 12 fév. 1812, concernant » les poids et mesures, est et demeure abrogé. » — Art. 5. « A compter du 1er janv. 1840, toutes dénominations de poids et mesures, *autres que celles portées dans le tableau annexé à la présente loi* et » établies par la loi du 18 germin. an III, sont interdites dans les actes publics ainsi que dans les » affiches et annonces. Les officiers publics contrevenans seront passibles d'une amende de » vingt francs, qui sera recouvrée sur contrainte, » comme en matière d'enregistrement. » — V. au surplus POIDS ET MESURES.

Sect. 3e. — *Clôture ou complément des actes.*

Art. 1er. — *Lecture et mention de la lecture des actes.*

376. — L'ordonnance d'octobre 1535, chap. 19, art. 4, enjoignait aux notaires de lire, au long, en présence des parties, l'acte reçu par eux. Un arrêt de réglement du 4 déc. 1703 renouvelait cette injonction et ordonnait de mentionner, dans les actes, la lecture qui en avait été faite.

377. — L'art. 13, L. 25 vent. an XI, exige également que l'acte contienne mention de la lecture qui a dû en être faite aux parties, sans toutefois que l'omission de cette formalité entraîne la nullité de l'acte, sauf dans les testamens authentiques. — V. TESTAMENT. — C. civ., art. 972 et 1001. — L'art. 13 prononce seulement, contre le notaire, l'amende de 100 fr., réduite à 20 fr. par la loi du 16 juin 1824, art. 10.

378. — Lorsque les parties ou l'une d'elles n'entendent pas la langue française, il doit leur être fait, à la lecture, traduction de cet acte dans leur idiome ; mais la loi n'exige pas qu'il soit fait mention de cette traduction.

379. — Il n'est pas nécessaire, lorsqu'il s'agit d'actes dans lesquels on agit en vertu de procuration, de faire en outre mention de la lecture de ces procurations. — Augan, p. 74 ; Rolland, no 307.

380. — Le notaire n'est pas rigoureusement tenu de donner au testateur et aux parties lecture des mentions relatives aux signatures. — *Cass.*, 3 juill. 1834, Pons c. Giret.

Art. 2. — *Signature des actes et mentions y relatives.*

381. — L'art. 14, L. 25 vent. an XI, porte : « Les » actes seront signés par les parties, les témoins » et les notaires qui doivent en faire mention à la » fin de l'acte. Quant aux parties qui ne savent » ou ne peuvent signer, le notaire doit faire mention, à la fin de l'acte, de leur déclaration à cet » égard. » — Cette disposition est prescrite à peine » de nullité de l'acte comme authentique. — Art. 68.

§ 1. — *Signature des parties.*

382. — La nécessité de la signature des parties sur les actes notariés date de l'ord. d'Orléans, de janv. 1560. L'ord. de Blois de mai 1579 renouvela, à cet égard, la disposition de l'ord. d'Orléans, et exigea en outre (art. 166) que, dans le cas où des parties contractantes ne sauraient signer, il y eût, au moins, un des témoins instrumentaires qui signât la minute avec le notaire.

383. — Un arrêt de réglement du 4 oct. 1604 prescrivait aussi aux notaires de faire signer les actes par toutes les parties, tant celles qui s'obligeaient que celles qui acceptaient, et il leur défendait d'y énoncer la présence et l'acceptation des parties, si elles n'y étaient pas présentes.

384. — Aujourd'hui, la signature des parties est, à moins qu'elles n'aient déclaré ne savoir ou ne pouvoir la donner (V. *infrà* § 8, nos 474 et suiv.), une condition essentielle de la validité de l'acte notarié.

385. — On ne peut opposer à une demande en partage un acte de partage demeuré imparfait faute de la signature de l'une des parties, alors même que la partie qui n'a pas signé cet acte se serait mise en possession des biens qu'il lui attribuait. — *Cass.*, 6 juill. 1836, Flotta c. Greder.

386. — Lorsqu'à la fin d'un inventaire un notaire énonce qu'un héritier est resté, du consentement de tous les autres, chargé de l'argent trouvé, des effets inventoriés et des papiers certifiés, il est personnellement responsable, s'il ne fait pas signer cette déclaration. — *Rennes*, 14 avr. 1817, Le Drevo c. Gougeon.

387. — L'acte doit être signé par toutes les parties qui y figurent. Ainsi, dans le concours de cinq parties qui se présentent pour acquérir solidairement un immeuble, lorsque deux d'entre elles ont signé le contrat de vente, que deux autres ont refusé de le signer, et que la troisième n'a pas signé, comme ayant déclaré ne le savoir, les parties non signataires ne sont point légalement obligées. — *Metz*, 24 fév. 1831, et *Cass.*, 26 juill. 1832, Lassaux et Caron c. Templier.

388. — Et le refus de signer l'acte, de la part des parties qui s'étaient présentées pour acquérir, n'a point laissé subsister le contrat entre les deux signataires et les vendeurs. — Mêmes arrêts.

389. — Jugé de même qu'un acte notarié ne peut valoir comme acte sous seing-privé lorsque la signature de plusieurs parties solidaires y manque, et que la nullité n'est pas couverte par l'exécution que la convention a reçue. — *Cass.*, 27 mars 1812, Fillon c. Crepain.

390. — Cependant Toullier (t. 8, no 136) soutient qu'en pareil cas, la nullité ne peut être invoquée que par le créancier, de sorte qu'il peut demander l'exécution du contrat contre l'un des acquéreurs solidaires, quoique les autres ne l'aient point signé, parce que celui qui a signé a consenti à s'obliger pour le tout. A cette argumentation on peut répondre que l'obligation, dans l'intention du signataire, était subordonnée au recours à exercer par lui, contre chacun de ses coacquéreurs, dans le cas où il serait poursuivi par le créancier pour l'intégralité de la dette. — C. civ., art. 1213, 1214, 1156, 1161.

391. — Ainsi, lorsque le mari et la femme ont acquis conjointement et solidairement un immeuble par un acte qui n'a été signé ni par la femme ni par le notaire, le mari qui a exécuté volontairement le contrat en prenant possession de l'immeuble ne reste pas néanmoins obligé envers le vendeur, en vertu de la convention verbale de vente que cette jouissance peut faire supposer, mais dont rien ne constate les conditions, et alors surtout qu'il déclare n'avoir voulu acheter que conjointement avec sa femme. — *Cass.*, 1er déc. 1819, Dubos c. Carpentier-Dufay ; *Paris*, 24 juill. 1820, mêmes parties.

392. — Jugé toutefois qu'un acte authentique n'est nul, à défaut de signature de l'une des parties, que dans le cas où cette partie est véritablement contractante et a refusé ou omis de signer, et que, dès-lors, quand des époux *communs en biens* ont acheté conjointement un immeuble, le mari ne peut faire annuler la vente, sous prétexte que l'acte n'aurait pas été signé par sa femme, laquelle en réalité ne figurait que comme caution solidaire. — *Metz*, 25 mai 1816, Randu c. Poirier. — V. au surplus RATIFICATION.

393. — Jugé encore que lorsqu'un mari a vendu un bien qui lui est propre, par un acte notarié que sa femme, qui y est dite *partie*, refuse de signer, cet acte ne laisse pas de valoir comme acte sous signatures privées, s'il est signé de l'acquéreur et du vendeur. Le consentement de la femme, en pareil cas, n'offre à l'acquéreur qu'une garantie à laquelle il lui est loisible de renoncer. — *Cass.*, 3 juin 1824, Nivard.

394. — En effet, si l'art. 1318, C. civ., exige que l'acte qui n'est point authentique, pour défaut de forme, soit signé des parties pour valoir comme écriture privée, cela ne peut s'entendre que des parties contractantes, et non de celles qui n'y ont figuré qu'accessoirement, dont l'absence n'a point d'influence directe sur la validité du contrat, et spécialement, d'une femme qui n'a figuré comme covenderesse dans la vente consentie par son mari, d'un objet sur lequel elle n'a aucun droit de propriété, que par forme de fidéjussion. — *Colmar*, 12 déc. 1821, Kléber c. Hoffbauer.

395. — Les ventes d'immeubles aux enchères faites devant un notaire volontairement et sans autorité de justice sont des actes notariés ordinaires et comme tels assujétis à toutes les formalités prescrites par la loi du 25 vent. an XI. — *Cass.*, 24 janv. 1814, Colineau c. Grosset ; *Bruxelles*, 21 mai 1814, Serniclaux c. Culens.

396. — Dès-lors il doit, sous peine de nullité, être revêtu de la signature des vendeurs. — Même arrêt de *Bruxelles*.

397. — Il est également nul si l'adjudicataire a refusé de le signer. — *Cass.*, 24 janv. 1814, Colineau c. Grosset.

398. — Jugé toutefois que, bien qu'un acte d'adjudication d'immeubles, devant notaires, soit nul dans la forme en ce qu'il ne porte pas la signature des vendeurs, la vente peut subsister si, d'ailleurs, elle est prouvée par une autre voie légale. — *Bruxelles*, 21 mai 1814, Serniclaux c. Culens.

399. — ... Que le procès-verbal notarié, portant adjudication du bail des biens d'un hospice, n'est pas nul faute par le dernier enchérisseur d'y avoir apposé sa signature, lors surtout que ce dernier a reconnu dans un acte postérieur qu'il s'était réellement rendu adjudicataire. — *Rouen*, 23 août 1838 (t. 1er 1838, p. 488), Forestier c. hospice de Verneuil. — V. sous cet arrêt la consultation délibérée par Parquin dans cette affaire.

400. — ... Que l'adjudication pardevant notaire, procédant sans délégation de justice, peut être déclarée valable et obligatoire pour l'adjudicataire, alors même que le procès-verbal n'a pas été signé par celui-ci, lorsqu'il est constant, en fait, qu'il n'a refusé de le signer que parce qu'il croyait avoir été induit en erreur, et lorsque, par acte postérieur, il a reconnu s'être rendu adjudicataire. Du moins, l'arrêt qui juge ainsi par appréciation des actes et circonstances échappe à la censure de la cour de Cassation. — *Cass.*, 13 août 1839 (t. 2 1839, p. 443), Forestier c. Hospice de Verneuil.

401. — Un acte notarié qui contient, dans un même contexte, plusieurs actes ayant entre eux des rapports quant à leur objet, mais qui sont dressés à des jours différens, est nul en son entier, si l'une des parties n'a pas signé à chaque séance. — *Rennes*, 26 déc. 1810, Le Floch c. Bernard.

402. — La clause ajoutée au cahier des charges, après la signature des adjudicataires, et avertissant ceux-ci du non paiement du vendeur, a pu, s'ils ne l'ont pas signée, être réputée n'avoir pas été connue d'eux, et ne pouvoir, dès-lors, les constituer en mauvaise foi pour les priver du bénéfice de la prescription décennale. — *Cass.*, 31 janv. 1844 (t. 2 1844, p. 6), Calmelet c. Bougrel.

403. — Dans les actes notariés, le défaut de signature des parties, tant à la fin de l'acte qu'aux renvois, n'entraîne que la nullité des actes mêmes, et des dommages-intérêts contre le notaire contrevenant. — Il n'y a lieu de prononcer dans ce cas aucune amende contre ce notaire. — *Douai*, 18 mai 1841 (t. 1er 1842, p. 99), Coppin.

§ 2. — *Signature des témoins.*

404. — Sous l'empire de l'ordonnance de Blois, il ne suffisait pas, pour qu'un acte notarié fût authentique, d'y mentionner la présence des témoins ; il fallait que ceux-ci signassent ou déclarassent ne savoir signer, et, dans ce cas, qu'il en fût fait mention. — *Rennes*, 2 août 1841 (t. 2 1841, p. 519), Le Petit de Montfleury c. de Reméon.

405. — Sous la loi du 6 oct. 1791, la signature d'un seul témoin, sur deux présens à la rédaction de l'acte, suffisait pour sa validité lorsque l'acte avait été reçu dans un pays où, d'après l'ord. de Blois, un notaire pouvait instrumenter avec deux témoins, dont un seul devait signer. — *Cass.*, 25 fruct. an XI, Royou. — V. Merlin, *Quest.*, vo *Signature*, § 1er.

406. — Sous la législation actuelle, la signature des deux témoins instrumentaires est aussi indispensable que celles des parties et du notaire. — Cette nécessité se conçoit parfaitement pour tous les actes où la présence des témoins instrumentaires est exigée par la loi, au moment même de la passation de l'acte. Mais il en est autrement lorsque, comme dans les actes non réservés par la loi du

21 juin 1843, cette signature peut être donnée après coup et hors la présence des parties.

407. — Lorsque la minute d'un acte de vente n'est pas signée par les témoins instrumentaires désignés dans le corps de l'acte, que plusieurs renvois importans sont reportés à la fin de la minute et non inscrits en marge, ni approuvés par les témoins, comme ils auraient dû l'être, et qu'enfin il y a fausse désignation dans le nom des parties contractantes, ces erreurs substantielles ne permettent plus de croire à la vérité des dispositions contenues dans le contrat. Cet acte manque des formalités nécessaires pour lui imprimer le caractère authentique. De plus, le défaut de signature d'une des parties qui déclare ne savoir signer rend encore la vente nulle comme acte privé. — *Orléans*, 6 janv. 1813, Benard c. Pelicier.

408. — Il n'est besoin, pour la régularité de l'acte, ni de la signature des conseils de parties, ni de celle des témoins certificateurs, ni de celle des témoins honoraires.

409. — L'absence de ces signatures ou de leurs paraphes aux renvois, apostilles, etc., pas plus que le défaut de mentions y relatives, ne sauraient donc, soit vicier l'acte, soit faire encourir une amende au notaire. — V. Rolland de Villargues, *Répert.*, vis *Acte notarié*, nos 324, 325, 422, et *Signature*, no 37.

410. — Une donation entre vifs est nulle lorsque la minute n'a pas été signée par l'un des témoins instrumentaires. — *Paris*, 11 flor. an XI, Graillot c. Breuiller.

§ 3. — *Signature des notaires.*

411. — La signature des notaires opère le complément et la perfection de l'acte authentique.

412. — Toutefois, cette signature ne fait que conférer l'authenticité à l'acte, mais sans rien ajouter à l'effet obligatoire résultant du consentement des parties. — *Bordeaux*, 5 janv. 1833, Taupignon-Pignier c. Augier.

413. — Lorsque l'acte est reçu par deux notaires, il doit être signé par tous les deux, comme il le serait dans le cas contraire, par un seul notaire et les témoins instrumentaires. — Augan, *C. de notar.*, p. 77.

414. — Lorsqu'un acte a été rédigé en l'étude d'un notaire par l'un de ses clercs qui a reçu les droits d'enregistrement et les frais de passation, le notaire ne peut, à peine de dommages-intérêts, se dispenser de signer et de faire enregistrer cet acte, sous prétexte qu'il serait incomplet à cause du défaut de signature de l'une des parties contractantes, lorsque d'ailleurs l'acte renferme des conventions parfaites entre celles des parties qui l'ont signé. — *Colmar*, 21 avr. 1812, N..... c. C..... — V. NOTAIRE.

§. 4. — *Quand doivent être données les signatures.*

415. — Il n'est pas indispensable que les signatures des parties soient données immédiatement après la rédaction de l'acte au même lieu et au même moment. La loi ne prescrit rien à cet égard. Elles peuvent donc être données en des lieux et à des intervalles différens. Mais alors il est de règle que le notaire fasse mention des lieux et des jours où l'acte a été signé, afin de constater qu'il est resté dans les limites de son ressort et de ses pouvoirs.

416. — Au surplus, la présomption est toujours, à moins que le contraire ne soit constaté par l'acte lui-même, que les parties ont signé cet acte au moment même et au lieu où il a été rédigé.

417. — Il peut s'élever, sur le point de savoir comment et dans quelles limites se trouve engagée la partie qui a signé lorsque l'autre partie n'a pas apposé sa signature, certaines questions qui seront traitées au mot OBLIGATION.

418. — « Il est évident, dit M. Gagneraux (p. 89, no 14), que les témoins ne doivent apposer leurs signatures que lorsqu'ils ont *vu* apposer celles des parties contractantes. — Rien de plus conforme encore à l'esprit de la loi de l'an XI ; mais il est évident aussi qu'après l'interprétation donnée à cette loi par celle de 1843, il n'est plus nécessaire que les témoins connaissent même les signatures des parties pour revêtir l'acte des leurs. La même observation s'applique à la signature du notaire en second, sauf toujours les actes réservés par la dernière loi et soumis par elle à la nécessité de la présence réelle.

419. — Régulièrement aussi, pour ces derniers actes, c'est immédiatement après que les parties ont signé que les témoins instrumentaires doivent apposer leurs signatures, sans quoi l'on s'exposerait à des poursuites en faux, et ces signatures pourraient être considérées comme faites tardivement, dans le but de priver les parties de l'action en nullité (Rolland de Villargues, *Répert.*, vo *Signature*, no 42), ce qui s'applique encore à la signature du notaire en second.

420. — Le notaire rapporteur doit également signer l'acte, dès que toutes les autres signatures requises y ont été apposées. En effet et en droit, l'acte ne devient authentique que du moment où il a été signé par lui, et les parties peuvent avoir intérêt à ce que l'authenticité de leurs conventions date du jour même où elles ont été passées.

421. — Si, toutefois, le notaire avait omis de signer, il pourrait encore le faire, tant que les choses seraient entières et que les parties n'auraient pas manifesté l'intention de profiter de l'absence de la signature. — Rolland de Villargues, vo *Signature*, no 41. — Telle est la seule portée de la modification subie par l'art. 14, tel qu'il avait d'abord été rédigé : « Les actes seront *simultanément* signés par les parties, etc. »

422. — Mais il en serait autrement si les choses n'étaient plus les mêmes. — Ainsi, du principe que l'acte authentique n'existe pas, tant que le notaire n'y a point apposé sa signature, il résulte que, si le testateur expire avant que le notaire et les témoins aient signé la minute du testament public, il doit être considéré comme mort *ab intestat*, et que les légataires ne pourraient se prévaloir de la signature ajoutée à l'acte, par le notaire, après le décès. — *Gand*, 5 avr. 1833, Lemens.

423. — Jugé, par le même arrêt que, si le prétendu testament n'exprime pas que le notaire et les témoins ont signé, pendant la vie du défunt, la preuve testimoniale est admissible pour établir que le notaire et les témoins n'ont apposé leurs signatures qu'après son décès.

424. — Jugé encore que celui qui a consenti un acte, et qui même l'a signé, a le droit de se rétracter et de biffer sa signature, tant que cet acte n'a pas reçu sa perfection par la signature du notaire qui l'a reçu et celle des témoins instrumentaires. — *Orléans*, 29 mars 1838 (t. 1er 1839, p. 652), Leblanc c. Couvreux ; 13 juin 1838, Bobée (*ib.*).

425. — Le notaire pourrait-il, après la célébration du mariage, signer le contrat de mariage par lui rapporté antérieurement ? Le doute naît surtout des graves intérêts qui peuvent se rattacher à l'existence même du contrat de mariage. L'affirmative pourrait peut-être s'étayer des termes de l'art. 1394, C. civ. : « Toutes conventions matrimoniales seront RÉDIGÉES, avant le mariage, par acte devant notaire. » D'où la conséquence que, s'il y avait eu simple omission de signer de la part du notaire, et, si cette omission n'avait encore été relevée par aucune partie intéressée, elle pourrait être valablement réparée par l'apposition de la signature du notaire. Toutefois, cette opinion ne paraît pas en parfaite conformité avec l'esprit de la loi ; aussi la croyons-nous susceptible d'une sérieuse controverse.

426. — Si le notaire meurt lui-même avant d'avoir signé l'acte, MM. Favard (*Rép.*, vo *Acte notarié*, § 2, no 18) et Augan (*C. de notar.*) pensent qu'il y a lieu d'obtenir du tribunal la nomination d'un autre notaire de l'arrondissement, pour signer la minute restée imparfaite.

427. — Il faut distinguer, ce nous semble. S'agit-il d'un acte pour lequel il n'est pas besoin d'un notaire nommé d'office ? les parties pourraient simplement s'adresser à celui qui est détenteur des minutes du notaire décédé et le requérir de signer lui-même la minute imparfaite, mention préalablement faite et signée par les parties de cette réquisition, sauf à y appeler un second notaire ou des témoins instrumentaires, ou à leur faire signer ce complément d'acte, selon la nature de l'acte lui-même (L. 21 juin 1843).

428. — Mais l'expédient indiqué par MM. Augan et Favard devrait être employé, si l'acte ne pouvait être reçu que par un notaire nommé d'office, ou si les minutes du notaire décédé étaient encore détenues par un simple particulier non notaire.

429. — Il est évident toutefois qu'on ne pourrait ainsi réparer le vice de l'acte, qu'autant que cet acte ne serait pas soumis à des règles et formalités spéciales dont l'accomplissement ne résulterait pas de ces comparutions et réquisitions des parties devant le notaire.

430. — S'il s'agissait, par exemple, d'un testament public qui doit être, à peine de nullité, dicté par le testateur au notaire, il faudrait refaire, en entier, le testament ; car le fait de la dictée, qui doit être attesté par le notaire, ne l'étant point par la minute imparfaite, ne résulterait pas davantage de ce qu'un autre notaire aurait postérieurement signé ce testament sur la réquisition du testateur.

431. — De même, en matière de contrat de mariage non signé, avant la célébration du mariage, par le notaire décédé, destitué ou démissionnaire, un autre notaire ne pourrait certifier, par sa signature, la rédaction des conventions matrimoniales en temps utile. Il y aurait donc impossibilité de réparer le vice de l'acte.

432. — Dans certaines circonstances, les notaires et les témoins pourraient et devraient même signer l'acte, alors même que quelques unes des parties se refuseraient ou tarderaient à le faire. Tel serait le cas où s'agissant d'obligations divisibles et non solidaires, il y aurait déjà, au moyen des signatures données, convention parfaite entre les signataires. — *Colmar*, 21 avr. 1812, N.... c. N....

433. — Dans le cas même où il s'agirait d'obligation solidaire ou indivisible, si les parties signataires déclaraient persister, malgré le refus de quelques-unes d'entre elles de revêtir l'acte de leurs signatures, circonstance que le notaire devrait également mentionner, celui-ci ni les témoins présens ne pourraient refuser leurs signatures sans s'exposer à une action en dommages-intérêts. — V. NOTAIRE.

434. — Mais il serait bon alors que le notaire mentionnât le refus de signer fait par quelques-uns des comparans.

§ 5. — *Manière de signer.*

435. — La signature consiste, de la part du signataire, à écrire lui-même, sur l'acte, le nom de famille sous lequel il est porté sur les registres de l'état civil.

436. — Cependant les rois de France et la plupart des souverains de l'Europe ont toujours signé par leur nom de baptême ou prénom.

437. — Un usage général autorise également les évêques à signer par l'apposition d'une croix suivie des initiales de leurs prénoms et de la désignation de leur siége.

438. — Ainsi jugé que le testament d'un évêque, signé de cette manière, est valable, surtout s'il est constant que le testateur était dans l'usage de signer ainsi. — *Cass.*, 23 mars 1824, de Lerbodin.

439. — Mais ces exceptions doivent être étroitement limitées, et un fonctionnaire public ne pourrait s'en autoriser pour signer seulement par la désignation de sa qualité.

440. — Toutefois, il ne saurait encore y avoir nullité dans le cas où un individu revêtu d'un titre de noblesse conféré par le gouvernement signerait de ce titre, au lieu de le faire du nom propre de sa famille.

441. — En général, il en est de la signature comme du nom sous lequel un individu peut être désigné dans un acte, et toutes les fois que le signataire est universellement connu sous le nom qu'il a signé, on ne pourrait attaquer l'acte par le motif que ce ne serait pas là son nom véritable, mais un surnom, sobriquet ou nom usurpé. La seule règle est ici la bonne foi des parties, qui ne sont pas tenues d'exiger l'exhibition des actes de naissance de ceux avec qui ils traitent.

442. — Ainsi, un testament n'est pas nul parce que le testateur, au lieu de le signer de son véritable nom de famille, l'a signé d'un autre nom sous lequel il était connu et qu'il portait dans sa vie publique et privée. — *Bourges*, 19 août 1824, d'Avigneau.

443. — ... Ou parce qu'il l'a signé d'un surnom de terre, s'il est constant que, depuis plusieurs années, le testateur était dans l'usage d'apposer cette signature aux actes civils, solennels ou privés. — *Cass.*, 10 mars 1829, Berthonnet.

444. — ... Ou parce que l'un des témoins instrumentaires a signé d'un autre nom que celui sous lequel il est désigné dans l'acte, lorsqu'il est constant que le signataire est bien le même individu que le témoin, et que la dissemblance dans les noms provient de ce que ce témoin était habituellement désigné sous ces deux noms. — *Grenoble*, 7 avr. 1827, sous *Cass.*, 5 fév. 1829, Faure.

445. — Mais il en serait autrement, et il y aurait nullité, si un témoin instrumentaire avait été désigné et avait signé sous un autre nom que le sien, s'il n'était pas établi que ce nom lui est attribué par une erreur générale existant lors de la confection de l'acte. — *Amiens*, 2 avr. 1840 (t. 1er 1840, p. 548), Guay-Grévui c. Leloire.

446. — Il serait bon que le nom fût accompagné des prénoms dans la signature ; mais le nom seul suffit lorsque le signataire n'est pas dans l'habitude d'y joindre ses prénoms.

447. — Les femmes mariées signent, soit de leur nom de famille précédé ou suivi de leurs prénoms, soit de leurs prénoms suivis du nom de leur mari, soit de ce dernier nom, précédé du mot *femme*, écrit en entier ou par abréviation. Toutes ces signatures sont régulières lorsqu'elles sont conformes à l'usage constamment suivi par la signataire.

448. — La signature, pour être valable, doit être entière. Ainsi, le testament serait nul, si le testa-

leur mourait en traçant sa signature et avant de l'avoir achevée. — V. TESTAMENT.

449. — Mais les incorrections d'une signature, l'addition ou l'omission de quelques lettres, les retouches qui y ont été faites, ne sont pas des causes de nullité, lorsque d'ailleurs on ne révoque pas en doute l'identité du signataire ou que la sincérité de la signature n'est pas contestée par la voie de l'inscription de faux. — *Cass.*, 10 mars 1829, Berthonnet; 4 mai 1841 (t. 1er 1841, p. 712), Boisgirard; 5 août 1824, Laforgue.

450. — C'est un abus trop général, surtout parmi certains fonctionnaires, que celui qui consiste à signer d'une manière à peu près ou complètement illisible, alors que leur écriture ordinaire est très souvent parfaitement lisible. Il n'y a pas là cause de nullité, sans doute; mais du moment que la signature établit l'individualité du signataire, il serait à désirer que cette individualité ne fût jamais une énigme pour ceux à qui l'acte signé peut être présenté ou opposé.

451. — Il était d'usage autrefois, dans certains lieux, de faire apposer, par ceux qui ne savaient pas signer, une croix ou une marque quelconque, que le notaire indiquait comme *marque d'un tel.* Un signe semblable ne pourrait aujourd'hui remplacer une signature.

452. — Les signature et paraphe du notaire doivent être conformes à ceux qu'il a dû déposer aux lieux indiqués par l'art. 49, L. 25 vent. an XI. — V. NOTAIRE.

453. — Jugé, toutefois, qu'en cas de contestation sur la validité d'un titre notarié de 1377, qui ne porte ni le sceau ni la signature du notaire, mais une simple marque en forme de croix, les juges ont pu, sans violer aucune loi, déclarer ce titre authentique, par le motif que l'apposition d'un sceau n'était pas alors indispensablement requise pour la validité des actes notariés, et que les notaires ne signaient pas leurs actes de leur nom propre, mais seulement par une marque en forme de croix. — *Cass.*, 22 avr. 1828, Roquelaure c. commune de Verdun.

§ 6. — *Mention des signatures.*

454. — Le notaire doit, à peine de nullité, faire mention des signatures à la fin de l'acte. Cette mention, dit M. Rolland de Villargues (vo *Acte notarié,* no 349), est en réalité une attestation de ces signatures.

455. — Il en était ainsi dans l'ancienne jurisprudence, et cette obligation était également imposée, à peine de nullité, par les ordonnances d'Orléans, 1560, art. 84, et de Blois, 1579, art. 165. — Voici le texte de ces deux articles, avec leur ponctuation, soit d'après Néron, soit d'après Guénois, Charondas et Jacques Joly (*Nouvelle conférence des ord. et édits royaux* de 1642). — Charles IX, 1560, états d'Orléans, art. 84 : « Seront tenus les notaires » faire signer aux parties et aux témoins instrumentaires, s'ils savent signer, tous actes et contrats qu'ils recevront, dont ils feront expresse » mention, à peine de nullité desdits contrats ou » actes, d'amende arbitraire; et au cas que les parties ou témoins ne sauront signer, les notaires ou » tabellions feront mention de la requisition par » eux faite aux parties et témoins de signer, et de » leur réponse qu'ils ne savent signer. » — Henri III, 1579, états de Blois, art. 165 : « Tous les notaires » ou tabellions, tant royaux qu'autres, soit en pays » coutumier ou de droit écrit, seront tenus de faire » signer aux parties et aux témoins instrumentaires, s'ils savent signer, tous contrats ou actes » qu'ils recevront, dont ils feront mention, tant en » la minute qu'en la grosse qu'ils délivreront, à » peine de nullité desdits contrats, testamens et » actes et d'amende arbitraire; et au cas que les » parties ou témoins ne sauraient signer, les notaires et tabellions feront mention de la requisition par eux faite auxdites parties et témoins de » signer, et de leur réponse : le tout nonobstant » toutes lettres de déclaration que lesdits notaires » pourraient avoir obtenues au contraire, lesquelles nous avons cassées et révoquées, encore » qu'elles aient été vérifiées par nos cours de parlement. » — V. aussi arr. régl., 4 sept. 1685.

456. — Ainsi jugé que, dès avant la loi du 25 vent. an XI sur le notariat, l'acte notarié contenant don mutuel entre époux devait, à peine de nullité, mentionner que les parties avaient signé, lorsque, d'ailleurs, ces actes porteraient leurs signatures. — *Cass.*, 16 juill. 1833, Richault c. Duguet.

457. — De même, aujourd'hui, un acte de donation est nul, faute, par le notaire, d'avoir fait mention, sur la minute, de la signature des parties et des témoins, encore que, dans le fait, l'acte soit signé par chacun d'eux. — *Cass.*, 6 juin 1821, Chenneveau c. Champigny; *Poitiers*, 28 juill. 1829, Tenturier c. Limon. — V. Rolland de Villargues, *Répert.*, vo *Signature*, no 71; *Encyclop. du dr.*, vo *Acte notarié*, no 28.

458. — Jugé, toutefois, que, lorsque l'obligation constitue, de sa nature, un contrat, et que la partie *au profit de laquelle elle est consentie* la signe, le notaire ne doit pas nécessairement faire mention de cette signature pour donner à l'acte le caractère et l'effet d'un acte authentique. — *Cass.*, 8 juill. 1818, Prieur c. Boiron; — Merlin, *Rép.*, vo *Signature*, § 1er; Toullier, *Dr. civ.*, t. 8, no 92; Rolland de Villargues, *Rép. du notar.*, vis *Acte notarié*, nos 177 et suiv., et *Signature*, nos 25 et suiv.; Gagneraux, *Comment. sur la loi du 25 vent. an XI*, art. 14, no 54, et Teste, *Encyclop. du dr.*, vo *Acte notarié*, no 28.

459. — Le notaire qui a omis de faire mention de la signature des témoins est responsable de la nullité de l'acte, comme coupable de négligence, et quoiqu'il n'y ait point eu dol, fraude ou prévarication de sa part. — *Bourges*, 28 juill. 1829, Tenturier c. Simon. — V. au surplus NOTAIRE.

460. — Il n'est pas nécessaire de mentionner la signature des témoins certificateurs et de tous ceux qui ne figurent à l'acte qu'à titre de conseils ou de témoins honoraires (*suprà* nos 408 et 409), alors même que leurs signatures seraient apposées sur l'acte.

461. — Mais il en serait autrement s'il s'agissait de conseils obligés assistant les parties, qui ne pourraient, sans eux, consentir l'acte, tels que les curateurs, conseils judiciaires, assistant les mineurs émancipés ou les prodigues, tels encore que ceux dont l'assistance est indispensable pour la validité des conventions matrimoniales d'un mineur. — V. C. civ., art. 482 et suiv., 499, 513 et 1398.

462. — L'art. 14 prescrit indistinctement de mentionner les signatures des parties, des témoins et des notaires.

463. — Jugé, en conséquence, qu'un acte notarié est nul comme acte authentique, s'il ne contient pas la mention de la signature du notaire qui l'a reçu. — *Besançon*, 5 déc. 1809, Berlin c. Gonin.

464. — Toutefois, un avis du conseil d'état, des 16-20 juin 1810, inséré au *Bulletin des lois*, se fondant sur ce que l'arrêté du 15 prair. an XI, qui donne une formule pour la rédaction en grosses et y rappelle les mentions nécessaires, n'y comprend point celle de la signature même des notaires, décide que le défaut de cette mention ne doit pas entraîner la nullité de l'acte.

465. — Et depuis lors la cour de Cassation a jugé qu'il n'est pas nécessaire, à peine de nullité, qu'un acte notarié fasse mention de la signature des notaires. — *Cass.*, 11 mars 1812, Tollemare et Baudoin c. Tranchevant. — V. en ce sens *Metz*, 7 août 1812, N. c. N. — V. aussi Merlin, *Rép.*, vo *Signature*, § 3, art. 3, no 5; Toullier, *Dr. civ.*, t. 8, no 92; Berriat, *Proc. civ.*, t. 1er, p. 90, note 83e, no 2; Rolland de Villargues, *Rép. du not.*, vo *Signature*, no 52; Gagneraux, *Comment. sur la loi du 25 vent. an XI*, t. 1er, art. 14, no 56; Teste, *Encyclop. du dr.*, vo *Acte notarié*, no 29.

466. — Dans tous les cas, et en admettant même la nécessité de la mention de la signature du notaire, elle ne s'appliquerait évidemment qu'à la signature du notaire qui reçoit l'acte et en garde la minute, et non à celle du notaire qui signe l'acte en second. — *Cass.*, 11 mars 1812 (cité no précédent).

467. — L'arrêt du 11 mars 1812, cité aux deux nos qui précèdent, ajoute que ce défaut d'énonciation ne donne lieu qu'à une amende prononcée par l'art. 12, L. 25 vent. an XI.

468. — Cette décision ne nous paraît pas conforme à la loi. — En effet, l'art. 12 ne s'occupe aucunement des signatures ou des mentions y relatives, et l'art. 14, pas plus que l'art. 68, n'inflige d'autre peine que la nullité, pour contravention au premier de ces deux articles. S'il est vrai, comme l'a pensé le conseil d'état, qu'un acte ne soit pas nul parce que le notaire a omis d'y mentionner sa signature, cet avis n'a pu avoir pour effet de substituer à la nullité une autre peine qui n'est point prononcée par la loi.

469. — En ce qui concerne la nécessité de la mention des signatures dans un testament public, V. TESTAMENT.

§ 7. — *Forme de la mention des signatures.*

470. — Sans être assujétie à aucune formule sacramentelle, la mention des signatures doit être claire et précise.

471. — Ainsi, il n'est pas suffisamment satisfait à la disposition de l'art. 14, L. 25 vent an XI, qui porte que les notaires feront mention, à la fin des actes, de la signature des parties et des témoins, par l'énonciation suivante : ainsi fait, passé, conu et signé le présent acte, après lecture faite aux parties. — *Bruxelles*, 10 fév. 1830, Warocquier c. Sibille.

472. — De même, un contrat de mariage ne contient pas mention suffisante de la signature des témoins dans ces expressions : et ont, les futurs et les parens, déclaré ne savoir signer, à la réserve des soussignés. — *Paris*, 25 mai 1826, Guerreau c. Jarry.

473. — Y aurait-il mention suffisante de la signature des parties, si le notaire se bornait à énoncer qu'*elles déclarent signer?* La négative, qui s'appuie sur ce que le notaire seul a qualité pour constater l'accomplissement des formalités exigées par la loi et spécialement la signature des parties, nous paraît conforme au texte et à l'esprit de l'art. 14. Cependant, l'opinion contraire est à peu près unanimement consacrée par la jurisprudence, en matière de testament public, en tant qu'elle reconnaît aussi l'applicabilité de l'art. 14 à ces sortes d'actes. — V. TESTAMENT.

§ 8. — *Mentions relatives au défaut de signature.*

474. — Comme on l'a vu (*suprà*, no 381), l'art. 14 exige, à peine de nullité, lorsque les parties ou l'une d'elles ne savent ou ne peuvent signer, que le notaire mentionne leurs déclarations à cet égard.

475. — En matière de testament, l'art. 973, C. civ., reproduit cette disposition à l'égard du testateur, et veut de plus que le notaire fasse mention expresse de la cause qui empêche celui-ci de signer. — V. TESTAMENT.

476. — Mais dans les actes publics les termes équipollens peuvent suppléer à une mention expresse prescrite par la loi, toutes les fois que ces termes présentent un sens identique. — *Grenoble*, 20 janv. 1830, Payet c. Latreille.

477. — Toutefois, il ne suffirait pas de mentionner le fait de l'ignorance ou de l'impuissance de signer. La mention prescrite par la loi est celle de *la déclaration de la partie à cet égard.* — Toullier, t. 8, no 91, et t. 5, no 437; Duranton, t. 13, no 46; Augan, *C. de notar.*, p. 75; Rolland de Villargues, *Rép.*, vo *Signature*, no 56; Grenier, *Donat. et test.*, t. 1er, no 242; Merlin, *Rép.*, vo *Testament*, sect. 2e, § 4, art. 5.

478. — Les ordonnances d'Orléans (art. 84) et de Blois (art. 785) (citées no 455) faisaient, ainsi que nous l'avons vu, de la mention que les parties et témoins avaient été requis de signer et de leurs réponses qu'ils ne le savaient, une obligation formelle pour le notaire. — Quoique les termes de ces ordonnances fussent alors clairs, néanmoins on jugea pendant long-temps que la réquisition ou l'interpellation supposait la réponse, comme la réponse ou la déclaration de la partie supposait l'interpellation, en sorte que l'une des deux choses était regardée comme suffisante. Toutefois la loi du 8 sept. 1791 proscrivit cette jurisprudence; elle voulut que dans les testamens et autres actes de dernière volonté que les notaires recevraient, lorsque les testateurs ne sauraient ou ne pourraient signer, les notaires fussent tenus de faire mention formelle tout à la fois et de la réquisition par eux faite aux testateurs ou témoins de signer et de leur déclaration ou réponse de ne pouvoir ou ne savoir signer, le tout à peine de nullité. Aujourd'hui que la loi demande seulement qu'il soit fait mention *de la déclaration des parties et des témoins* (art. 14, L. 25 vent. an XI, et 973, C. civ.), il faut décider comme autrefois que l'interpellation suppose la réponse comme quand le notaire exprimant la cause de la non signature, dit : *Ne sait signer, enquis....*

479. — Ainsi ces mots : lequel n'a signé, pour ne le savoir, de ce requis, expriment suffisamment dans un acte public la déclaration de ne savoir signer. — *Grenoble*, 20 janv. 1830, Payet c. Latreille.

480. — La déclaration de ne savoir ou pouvoir écrire implique-t-elle celle de ne savoir ou pouvoir signer? — Cette question controversée et sur laquelle il est intervenu plusieurs décisions en matière de testament public sera traitée vo TESTAMENT.

481. — Lorsque les parties contractantes qui savent signer ont voulu le faire, si elles n'ont pu achever d'écrire leur nom commencé, l'acte est nul quoique le notaire ait ajouté la raison qui les avait empêchées de continuer, s'il ne fait pas mention en même temps qu'il les avait interpellées de dire quelle était la raison qui les empêchait de continuer. — *Agen*, 20 juin 1807, N.... c. N.....

482. — La déclaration dans un acte notarié que la partie a fait sa marque ordinaire n'équivaut pas à la déclaration de ne savoir signer. — *Colmar*, 4

mars 1817, Diebold; *Metz*, 2 mars 1840 (t. 2 1841, p. 521), Grenez c. Schemel.

485. — L'acte vicié de cette irrégularité est nul. — Mêmes arrêts.

484. — La fausse déclaration faite par une partie, dans un acte entre vifs, de ne savoir signer, ne pourrait lui fournir un prétexte de contester la validité de l'acte. Ce serait se prévaloir de sa propre faute ou de son dol. — Toullier, t. 5, no 441; — *Cass.*, 30 messid. an XI (motifs de l'arrêt), Château-Challon. — Et en matière de testament, V. TESTAMENT.

485. — *Quid*, si l'acte est attaqué par l'autre partie? Il semble que la question devrait être subordonnée à celle de savoir si cette partie avait ou non connaissance de la fausseté de la déclaration. Dans le premier cas, elle ne pourrait attaquer l'acte comme authentique; mais son action ne pourrait être repoussée dans le second.

486. — Jugé néanmoins, d'une manière absolue, que la fausse déclaration de ne savoir signer faite dans un acte notarié n'entraîne pas la nullité de cet acte. — *Cass.*, 30 messid. an XI, Château-Challon. — V. *contrà* Merlin, *Quest.*, vo *Signature*, § 3. — V. au surplus TESTAMENT.

487. — En tous cas, une donation entre vifs, dans laquelle le donateur a déclaré ne savoir signer, n'est pas nulle par cela qu'il serait prouvé que le donateur aurait une fois, avant la donation, formé sa signature, d'après un modèle qu'on lui aurait fourni; la donation ne pourrait être annulée qu'autant qu'on prouverait qu'il savait et pouvait signer à l'époque de la donation. — *Bruxelles*, 25 mars 1824, Dewachter.

§ 9. — *Place des mentions relatives aux signatures.*

488. — D'après l'art. 14, L. 25 vent. an XI, c'est à la fin de l'acte que doivent être placées les mentions relatives aux signatures.

489. — Toutefois, la loi n'indiquant pas, d'une manière expresse, la place de cette mention, il n'y aurait pas nullité si elle était faite, soit dans le corps de l'acte, soit au commencement. — *Turin*, 25 fév. 1810, Pieco; *Cass.*, 4 juin 1823, Damour c. Canteleau; *Dijon*, 8 janv. 1811, Descoyer c. Robin; — Merlin, *Répert.*, vo *Signature*, § 3, art. 3, no 8; Gagneraux, *Comment. sur la loi du 25 vent. an XI*, art. 14, no 52; *Encyclop. du notar.*, t. 1er, p. 87 et 94; Rolland de Villargues, *Rép. du notar.*, vo *Signature*, no 69; Teste, *Encyclop. du Dr.*, vo *Acte notarié*, no 28.

490. — Jugé dans le même sens que la mention de la signature du notaire dans un acte par lui reçu est suffisamment énoncée par les mots *pardevant le notaire soussigné*, quoique ces mots se trouvent au commencement de l'acte. — *Grenoble*, 17 juin 1809, Pajean c. Rousseau.

491. — Toutefois, il a été jugé, en sens contraire, qu'un acte est nul si la mention relative à la non signature d'une partie n'est point placée à la fin de l'acte, ne fût-elle suivie que d'une simple énonciation relative à un fait (dans l'espèce, la dictée par le testateur et l'écriture par le notaire). — *Douai*, 9 nov. 1809, Wallez; — Toullier, t. 8, no 95.

492. — Au surplus, on doit entendre par ces mots : *la fin de l'acte*, tout ce qui suit les clauses qu'il doit contenir, comme vente, donation, testament. — *Metz*, 22 janv. 1833 (sous *Cass.*, 16 déc. 1834, Nivoix c. Amour).

493. — En effet, la clôture d'un acte se compose nécessairement de plusieurs énonciations qui ne peuvent pas être écrites toutes à la fois; la loi n'en détermine pas l'ordre, et peu importe quelle est celle qui précède ou celle qui suit, pourvu qu'elles se trouvent toutes véritablement insérées dans les conclusions de l'acte dont elles font partie. — *Paris*, 25 nov. 1813, Moreau.

494. — Ainsi, la mention de la signature d'un testament public doit être considérée comme étant à la fin de l'acte, pourvu qu'elle soit renfermée dans la dernière phrase, bien qu'elle n'en forme pas le dernier membre. — *Douai*, 28 nov. 1814, Vanderborgh.

495. — ... Et la déclaration faite par une partie de ne savoir ou de ne pouvoir signer peut être mentionnée entre la dernière disposition de l'acte et la date qui en fait la clôture. — *Cass.*, 18 août 1817, Duflos.

496. — En admettant que la place que doit occuper la mention relative aux signatures constituât une formalité essentielle aux actes notariés, serait-elle applicable aux testamens, alors que les art. 973 et 976, C. civ., n'en parlent pas? — V. TESTAMENT.

ART. 3. — *Enonciation du lieu où l'acte est passé.*

497. — Les actes notariés doivent, sous peine de nullité, et même de faux, si le cas y échoit, mentionner le lieu dans lequel ils sont passés (L. 25 vent. an XI, art. 12 et 68). — Cette énonciation est nécessaire pour faire connaître si le notaire n'a pas instrumenté hors de son ressort.

498. — Les anciennes ordonnances prescrivaient, en outre, aux notaires, de déclarer la maison, le lieu particulier (*locum loci*) où ils recevaient un contrat. — Ord. Villers-Cotterets, juin 1539; Blois, mai 1579. — Duparc-Poulain, *Gr. cout. Bretagne*, t. 1er, p. 508. — V. aussi ord. de juill. 1304, art. 5.

499. — Cependant le défaut d'indication du lieu n'entraînait pas la nullité des actes, même en matière de testamens. — *Cass.*, 17 juill. 1816, Luppara c. Vidal. — *Contrà Riom*, 26 juill. 1813, mêmes parties.

500. — Aujourd'hui le défaut d'indications, dans un acte notarié, et notamment dans un testament, du lieu où il a été passé, rend cet acte nul. — *Lyon*, 18 janv. 1832, Blénet c. Guillarmet; *Rennes*, 4 avr. 1811, Lemoine. — V. aussi *Riom*, 26 juill. 1813, Luppara c. Vidal, et les motifs de l'arr. *Cass.*, 17 juill. 1818, même affaire.

501. — Mais il suffit d'indiquer la commune, sans qu'on soit tenu de faire mention de la maison, du lieu particulier où l'acte est reçu. — *Cass.*, 28 fév. 1816, Regnaud; 23 nov. 1825, Dolce c. Laharrague; *Bruxelles*, 10 juin 1819, de Conninck c. Neyrinckx. — Conf. Duranton, t. 13, no 42; Merlin, *Quest. dr.*, vo *Date*, § 2; Toullier, t. 8, no 82 (qui rétracte à cet égard l'opinion par lui émise au t. 5, no 453); Rolland de Villargues, vo *Acte notarié*, no 271; Augan, p. 58. — V. cependant Garnier-Deschênes, no 72, et Loret sur l'art. 12, L. 25 vent. an XI.

502. — Peu importerait que la commune où la ville fût plus ou moins considérable; la loi ne distingue pas (Rolland, *loc. cit.*). — Toutefois, cet auteur fait observer, avec raison, qu'il sera toujours plus convenable, surtout quand il s'agira d'un acte passé dans une grande ville, qu'il contienne indication du lieu particulier. — Augan, p. 60.

503. — Au reste, dit Toullier (t. 8, no 82), quand un notaire énonce qu'il a reçu un acte à Rennes, sans indiquer le lieu particulier, la maison, la rue, le hameau, si c'est à la campagne, il est présumé que c'est dans son étude que l'acte est passé : c'est la conséquence naturelle de cette formule ordinaire : « *Devant nous, notaire*, etc., *ont comparu* ou *ont été présens* tels et tels. »

504. — Si le notaire n'avait le droit d'instrumenter que dans une partie de la ville ou de la commune, la question serait assez délicate, en ce que d'une part la loi, n'exigeant que la mention du lieu, il serait vrai de dire que le notaire s'y est rigoureusement conformé en mentionnant le lieu. — Et cependant M. Rolland de Villargues (vo *Acte notarié*, no 273) pense, avec raison, que comme dans ce cas l'acte laisserait *douter* de la compétence du notaire (s'il ne mentionne pas le *locum loci*), et que les actes doivent porter avec eux la preuve de leur régularité, il y aurait lieu à annulation.

505. — La mention du lieu où un acte a été passé ne doit pas nécessairement être expresse, et peut résulter de diverses énonciations contenues dans cet acte. — *Bruxelles*, 10 juin 1819, Deconinck c. Neyrinckx.

506. — Ainsi, jugé qu'un acte notarié n'est pas nul par cela seul qu'il n'y est pas fait mention expresse du lieu où il a été reçu, et il suffit qu'à la lecture de l'acte il ne reste aucun doute sur le lieu où il a été passé. — *Rennes*, 9 mars 1809 (t. 7, p. 433), Perron c. Gandon.

507. — Dans l'espèce de cet arrêt, le notaire avait dit, dans l'acte, « qu'il *demeurait à*.....; que les parties contractantes s'étaient *présentées devant lui*, et que l'acte avait été signé par X..... *présentement à*..... (demeure du notaire); » on en a induit que l'acte avait été passé dans la demeure du notaire. Dans l'espèce de l'arrêt de 1819, il était dit : « Mentionné que les parties se trouvaient *maintenant* dans la ville de....... (lieu de la résidence du notaire) sous le deuxième ressort de la justice de paix. »

508. — La mention qu'un acte a été *signé tel jour, en tel lieu*, remplit le vœu de la loi, d'après lequel il doit être fait mention du jour et du lieu où l'acte a été passé. — *Douai*, 28 nov. 1814, Vanderborgh.

509. — Les mots *fait et passé en notre étude*, placés à la suite de la désignation du lieu de la résidence du notaire, énoncent suffisamment celui où l'acte a été passé. — *Angers*, 30 mai 1817, Sigogne c. Simon.

510. — Si l'acte avait été reçu ou signé dans plusieurs communes différentes, le notaire devrait en faire mention expresse, car il devient important, dit M. Rolland de Villargues, *ubi suprà* no 280, de savoir si le notaire avait le droit d'instrumenter dans ces diverses communes.

511. — Aux termes de deux arrêts du parlement de Paris, des 1er juin 1714 et 13 août 1722, les actes dans lesquels figuraient des prisonniers devaient être reçus *entre les deux guichets*, comme en lieu de liberté; et, d'après Gagneraux (*ubi suprà* p. 77, no 30), l'énonciation portant que l'acte a été signé dans la prison suffirait pour en faire prononcer la nullité. — Notre législation actuelle ne contient aucun texte qui reproduise cette disposition, et il y aurait lieu, selon nous, d'écarter la nullité qui reposerait uniquement sur le motif que l'acte aurait été reçu ou signé en prison. — Rolland, vo *Acte notarié*, no 270.

512. — De même, bien que l'ord. de juill. 1304 prescrivît aux notaires de recevoir des contrats dans des lieux non suspects, et qu'un arrêt du parlement de Bretagne leur fit défense de passer des actes dans les cabarets, nous ne croyons pas que ce fussent là des motifs suffisans pour faire, à eux seuls, annuler ces actes, bien que le notaire qui instrumenterait habituellement dans un cabaret pût encourir des peines de discipline.

513. — C'est ordinairement à la fin des actes volontaires et au commencement de ceux qui appartiennent à la juridiction contentieuse que se fait la mention du lieu. Mais la loi ayant simplement exigé cette mention, sans lui assigner une place particulière, elle pourrait tout aussi bien se trouver au commencement pour les premiers, et à la fin pour les seconds, sans que l'acte pût être attaqué pour ce motif.

ART. 4. — *Date des Actes.*

514. — L'importance de la date est manifeste. Outre qu'elle constate ordinairement le moment où la convention s'est formée, elle sert notamment à résoudre les questions qui se rattachent à la capacité légale des notaires, des parties, des témoins. Aussi les ordonnances de 1304, de 1579 et un arrêt de règlement du parlement de Paris du 4 sept. 1685 avaient-ils fait aux notaires une obligation expresse de la mentionner, même par avant et après midi.

515. — Une loi des Allemands, de 630 (V. Duparc-Poulain, Gr. cout. Bret., t. 1er, p. 508), s'exprimait ainsi : « *Scriptura* NON VALEAT, *nisi in quâ* » ANNUS ET DIES *evidenter ostenditur.* » — Telle est précisément la disposition reproduite par l'art. 12, L. 25 vent. an XI. L'acte doit, à peine de nullité, contenir l'énonciation de l'*année et du jour* où il a été passé.

516. — Cet article n'exige ni la mention de l'heure, qui pourrait devenir utile, dans certains cas, pour les questions de révocation de testament, par exemple, lorsque le même individu en a fait plusieurs le même jour (V. TESTAMENT), ni celle d'avant ou d'après midi, qui, cependant, est prescrite encore dans les contrats d'assurance maritime. — C. comm., art. 332. — V. ASSURANCE MARITIME.

517. — Le jour est suffisamment énoncé par le quatrième du mois, ou par relation à une époque fixe, comme *la veille de Noël, le lendemain de l'Assomption*, etc. — Toullier, t. 8, no 81; Rolland de Villargues, *ubi suprà*, no 285.

518. — De même, la mention que l'acte a été *signé tel jour, en tel lieu*, remplit le vœu de la loi sur l'indication du jour et du lieu où l'acte a été *passé*. — *Douai*, 28 nov. 1814, Wanderborgh.

519. — De ce qu'il n'y a pas de formule sacramentelle pour l'indication de la date, il suit que l'erreur, ou la fausseté de la date, peut être rectifiée, pourvu que ce soit au moyen des énonciations de l'acte lui-même. — *Rouen*, 23 juill. 1825, Brisset; — Gagneraux, *ubi suprà* p. 76, no 26; Rolland, no 299; Toullier, no 33. — Car, si on était obligé d'aller chercher des élémens de rectification en dehors de l'acte, celui-ci ne faisant pas connaître, par lui-même, l'époque où il a été passé, on ne pourrait pas dire qu'il est daté. — V. TESTAMENT.

520. — Lorsque plusieurs parties ont signé un acte, à des jours différens, le notaire pourrait, à la rigueur, ne le dater que du jour où la dernière d'entre elles y a apposé sa signature. Cependant, il est de bonne règle d'indiquer la date du jour où chaque signature a été donnée : cela peut être utile pour apprécier les questions de capacité, d'alibi, etc. — Rolland de Villargues, *ubi suprà*, no 294.

521. — De même, lorsqu'un notaire a passé plusieurs jours à la confection d'un acte, il peut lui donner à la fois toutes ces dates. — Merlin, *Rép.*, vo *Testament*, sect. 11e, § 1er, art. 6; Gagneraux, *ubi suprà* p. 76, no 23.

522. — Il doit même, lorsqu'il fait un inventaire des ventes, ou autres actes dont la confection exige plusieurs séances, indiquer, à chaque séance, l'heure du commencement et celle de la fin; et toutes les fois qu'il y a interruption dans l'opération avec renvoi à un autre jour ou à une autre heure de la même journée, il en doit être fait mention dans l'acte que les parties signent avec lui sur-le-

champ, pour constater cette interruption. — Décr. 10 brum. an IV, art. 1er et 2.

523. — Il est conforme aux prescriptions de ce décret que, dans les cas qu'il prévoit, le procès-verbal de chaque séance commence et se termine par les dates spéciales du commencement et de la fin. Mais dans les cas ordinaires, la date peut être placée indifféremment soit en tête, soit à la fin de l'acte. Toutefois l'usage que nous avons constaté (*suprà* nos 501 et suiv.), sur la place qu'occupe la mention du *lieu* où l'acte est passé, existe aussi pour la date.

524. — Il a donc été jugé qu'il n'est pas nécessaire que la date d'une donation entre vifs soit énoncée à la fin de l'acte, elle peut être placée au commencement. — *Bruxelles*, 10 juin 1819, Deconinck c. Neyrinck.

525. — La loi du 25 vent. an XI portait : « Le notaire qui contreviendra aux lois et arrêtés du gouvernement concernant l'annuaire de l'état devra être condamné à une amende de 100 fr., qui sera double en cas de récidive. » La loi du 16 juin 1824 a réduit à 20 fr. les amendes de 100 fr. — Art. 10.

526. — L'annuaire de la république était, on le sait, rédigé conformément au calendrier révolutionnaire. C'était donc à ce calendrier que les notaires devaient recourir pour exprimer, dans leurs actes, toutes les énonciations de temps. Un sénatus-consulte du 22 fructid. an XIII a rétabli le calendrier Grégorien, auquel aujourd'hui ils doivent se conformer.

527. — La date des actes doit être exprimée en toutes lettres. — V. *suprà*, nos 281 et suiv.

528. — Les notaires doivent dater leurs actes avant de les faire signer aux parties et à plus forte raison avant de les signer eux-mêmes. — Déclar. 14 juill. 1699, art. 13. — Rolland, no 298.

ART. 5. — *Annexes des procurations et autres actes.*

529. Un arrêt de réglement du parlement de Paris, du 16 juill. 1677, enjoignait aux notaires, à peine de dépens, dommages-intérêts et d'amende arbitraire, d'annexer à la minute des actes les procurations en vertu desquelles ils étaient faits. En ordonnant l'exécution de cet arrêt, un autre arrêt du 20 nov. même année autorisa les notaires à ne pas annexer les procurations, lorsque les parties les en dispenseraient. — V. Gagneraux, p. 84, no 45.

530. — Jugé toutefois que, sous l'ancien régime, aucune loi ne requérait que les procurations sous seing-privé, en vertu desquelles se passaient des actes notariés, restassent jointes à la minute ou déposées chez le notaire ; mais qu'il était d'usage que le notaire en délivrât des copies certifiées, et ce par extrait, lorsque ces procurations étaient encore relatives à d'autres objets. — *Bruxelles*, 22 mai 1818, hospices de Bruxelles c. Busscher ; 24 nov. 1819, mêmes parties.

531. — Sous le droit nouveau, les procurations des contractans doivent être annexées à la minute (à peine d'amende de 20 fr., L. 16 juin 1824, et L. 25 vent. an XI, art. 13). — Ces procurations, en effet, se rattachent directement à l'acte et ont pour objet de le compléter.

532. — En prescrivant cette annexe, la loi a eu pour but moins d'assurer la perception des droits du fisc que de forcer le notaire à mettre les parties intéressées en position de s'éclairer sur la nature et l'étendue de la procuration. — *Rennes*, 2 fév. 1833, Barazer; *Metz*, 10 déc. 1817, J.

533. — Par application du principe posé dans l'art. 13, L. du 25 vent. an XI, on a jugé que lorsqu'un acte notarié est rédigé en vertu d'une procuration, il faut, de toute nécessité, annexer à l'acte ou la procuration en brevet, ou l'expédition de cette procuration. — Il ne suffirait pas d'énoncer que la procuration a été présentée et rendue. — *Rennes*, 27 nov. 1832, Macé. — V. en ce sens Loret, t. 1er, p. 264; Rolland de Villargues, *Rép. du not.*, vo *Annexe de pièce*, nos 5 et 6 ; Augan, *Dict. du notariat*, p. 62, no 3 ; Goux, *Man. des not.*, p. 23 ; Gagneraux, *Comment. sur la loi du 25 vent. an XI*, t. 1er, art. 13, no 76.

534. — Et le principe est applicable même au cas où l'acte serait passé par un individu se portant fort pour un second, lequel serait mandataire d'un troisième suivant procuration; il ne suffirait pas d'énoncer dans l'acte cette procuration, on devrait encore l'y annexer. — *Metz*, 10 déc. 1817, J. — V. *contrà* Rolland, *Dict. not.*, vo *Annexe*, no 11. « Dès que la partie contractante se portait fort, dit-il, cela suffisait pour soutenir l'acte et semblait rendre superflue la mention de la procuration. »

535. — L'obligation d'annexe s'entend aussi bien des procurations en minutes que des procurations en brevets. — *Rennes*, 2 fév. 1833, Barazer. — « Dans ce cas, dit l'arrêt, il y a lieu d'annexer *soit la minute*, soit l'expédition qui, pour les parties, tient lieu de minute. » On sait toutefois que les notaires ne peuvent déplacer leurs minutes, d'où il résulte que la minute d'une procuration passée devant un notaire ne saurait être annexée à celle d'un acte passé devant un autre notaire.

536. — Mais on admet qu'il n'y a plus obligation d'annexer, 1o lorsque la procuration se trouve déjà en minute ou déposée dans l'étude du notaire qui reçoit l'acte, il suffit dans ce cas de s'y référer ; 2o lorsqu'elle se trouve déjà annexée à la minute d'un acte passé dans la même étude, dans ce cas il suffit également de s'y référer en énonçant clairement l'acte auquel elle est annexée. — Loret, t. 1er, p. 265; Rolland, vo *Annexe*, nos 20 et 21 ; Gagneraux, *loc. cit.*; Déc. min. just., 28 mars 1807 et 4 juill. 1818, et min. fin., 17 nov. 1809. — Voir toutefois Massé et Lherbette, *Jurisp. et style du not.*, t. 1er, p. 106.

537. — Hors ces cas, l'exception n'aurait plus lieu, la procuration eût-elle été reçue ou se trouva-t-elle annexée à un acte retenu par un notaire de la même localité. Il faut que les parties puissent trouver, dans l'étude même du notaire qui reçoit l'acte, tous les renseignemens nécessaires sur l'étendue des pouvoirs de ceux qui ont consenti cet acte. — Rolland, vo *Annexe*, no 13; Augan, p. 63.

538. — En matière d'acceptation de donation entre vifs, lorsque cette acceptation est faite en vertu de procuration, donnée par un majeur, expédition de cette procuration qui doit être passée devant notaires doit toujours rester annexée à la minute de la donation ou de l'acceptation qui en serait faite par acte séparé. — C. civ., 933.

539. — Si la partie qui agit comme mandataire déclare le faire en vertu d'un mandat verbal (C. civ. art. 1935), M. Rolland (*Dict. not.*, vo *Annexe*, no 12) pense que cette déclaration doit être admise par le notaire. « Ce serait, dit-il, à l'autre partie à juger s'il lui convient de s'en rapporter à une telle déclaration accompagnée surabondamment de l'obligation de faire ratifier. » — Massé et Lherbette, *Jurisprudence et style du not.*, t. 1er, p. 106.

540. — Ce n'est point se conformer à l'art. 13, L. 25 vent. an XI, qui prescrit d'annexer les procurations aux actes, que d'énoncer vaguement *qu'elles reposent dans le protocole du notaire*. — *Metz*, 8 avr. 1824, N.

541. — La loi n'ordonnant que d'annexer les procurations *à la minute*, il n'y a pas lieu de le faire aux actes délivrés en brevet. — Délib. régl. enreg., 22 nov. 1826; et Gagneraux, p. 85, no 47. — La raison en est simple. Lorsque la procuration est annexée à la minute, toutes les parties intéressées peuvent en avoir expédition en s'adressant au notaire. Au contraire, si une procuration sous-seing privé, par exemple, était annexée à un brevet, c'est-à-dire remise au porteur du brevet, le mandataire qui en serait dessaisi se trouverait ainsi dans l'impossibilité de justifier de son mandat, s'il venait à être querellé à l'occasion de ce mandat. — V. *contrà* Rolland, vo *Annexe*, no 14, p. 265.

542. — Cependant, comme le porteur du brevet peut avoir lui-même intérêt à justifier des pouvoirs de celui qui lui a consenti l'acte, il pourrait exiger, si la procuration sous seing-privé était en un seul original, qu'elle fût déposée en l'étude d'un notaire, pour qu'il en pût avoir, à tout besoin, expédition, ou, tout au moins, qu'il lui en fût délivré copie certifiée conforme par le mandataire et par les notaires ou le notaire et les témoins.

543. — Lorsqu'une procuration est générale, on peut simplement en extraire ce qui se rattache à l'acte, et annexer cet extrait à la minute, après l'avoir fait certifier conforme par le porteur, et les notaires ou le notaire et les témoins. — V. Rolland de Villargues, *Répert. du not*, vo *Annexe*, no 23, et *Dict. du not.*, *ibid.*, no 8. — Il cite un arrêté réglementaire du 13 sept. 1577.

544. Lorsqu'une partie n'est pas le mandataire direct du mandant, mais a été substituée dans les pouvoirs d'un premier mandataire, il y a nécessité pour le notaire de se faire représenter et d'annexer non-seulement la procuration primitive, mais encore l'acte de substitution ; c'est ce dernier acte qui donne pouvoir à la partie comparante de représenter le mandant, et c'est le premier qui fait connaître si le mandataire immédiat avait la faculté de se substituer un sous-mandataire. — V. Décis. min. fin., 16 juill. 1828 ; — Gagneraux, p. 85, no 50; Rolland, vo *Annexe*, no 17. — V. également l'arrêt de *Metz*, du 10 déc 1817, cité nos 532 et 534.

545. — Mais est-il nécessaire d'annexer à la minute d'un acte contenant substitution de procuration l'acte même de procuration ou son expédition ? — « Le doute, dit M. Rolland de Villargues (vo *Annexe*, no 17), peut venir de ce que dans ce cas le mandataire agit en vertu de sa procuration et que cette procuration est le titre qui lui donne le droit de se substituer. — Toutefois, ajoute-t-il, il ne semble pas que l'annexe soit nécessaire 1o parce que l'art. 13 de la loi de l'an XI suppose qu'il s'agit d'un contrat passé entre le mandataire et un tiers auquel il doit justifier de sa procuration ; 2o parce que, dans l'espèce, il y aura d'autant moins raison d'exiger l'annexe que le mandataire substitué ne pourra traiter au nom du mandant qu'en produisant, outre l'acte de subtitution, la procuration originaire, laquelle devra rester annexée à l'acte de même que la substitution. » Cette considération nous paraît concluante. — V. le no qui précède.

546. — En cas d'inventaire, par suite de levée de scellés, les procurations des héritiers non présens doivent être annexées, non au procès-verbal de levée de scellés, mais à l'inventaire dressé par le notaire. — Décis. min. just., 3 avr. 1827 et 28 avr. 1832, et Gagneraux, *ubi suprà* no 49.

547. — Toutefois, lorsque la levée des scellés a été requise par le mandataire d'un héritier dont la procuration est demeurée annexée à la réquisition faite sur le procès-verbal du juge de paix, il n'y a plus lieu de l'annexer à l'inventaire qui se fait en même temps que cette levée, et le notaire n'encourrait aucune condamnation si, en relatant la procuration du mandataire, il déclarait qu'elle se trouve annexée à la réquisition du juge de paix. — Rolland, vo *Annexe*, no 19. « Le but de la loi, dit-il, qui est d'assurer l'existence de la procuration, se trouve rempli dans cette circonstance. »

548. — L'autorisation écrite donnée par un mari à sa femme, à l'effet de passer un acte, est un vrai mandat qui donne pouvoir à la femme de contracter alors même qu'elle ne doit pas agir dans l'intérêt du mari; elle doit être représentée et annexée à l'acte passé par la femme en vertu de cette autorisation. — Augan, *Cours de notar.*, p. 56; Rolland de Villargues, vo *Annexe*, no 15. — Il en est de même de tous consentemens nécessaires à l'effet de passer des actes. — Rolland, *loc. cit.*, no 16, qui cite une délibération des notaires de Paris du 9 vent. an XIII.

549. — L'art. 13 n'a pas eu vue et ne prescrit pas l'annexe des actes qui ne sont pas à proprement parler des procurations, bien qu'ils produisent souvent les effets du mandat, ou qui existent dans des dépôts publics, à la disposition de tous intéressés, et dont les effets sont déterminés la plupart du temps par la loi.

550. — Ainsi nulle obligation d'annexer les actes portant nomination de tuteur, subrogé-tuteur, curateur, conseil judiciaire, maire, administrateur d'un hospice ou autre établissement public, mari représentant sa femme pour un acte à raison duquel il n'aurait pas besoin d'un pouvoir spécial, etc. — Il suffit, dans tous ces cas, d'énoncer les qualités auxquelles les parties agissent.

551. — Cependant, lorsque les notaires reçoivent un acte excédant les pouvoirs ordinaires de celui qui le passe, ils sont dans le bon usage d'annexer les pièces d'où résulte pour lui le pouvoir de consentir cet acte. Il est même des cas où cette formalité est une obligation. Ce n'est plus alors de l'art. 13 que naît cette obligation, mais de dispositions spéciales qui sont ou seront indiquées en traitant des matières auxquelles elles se rapportent. — V. [illegible].

CHAPITRE IV. — *Obligations imposées aux notaires, par suite de la réception des actes.*

Sect. 1re. — *Enregistrement.*

552. — Les actes notariés doivent être soumis à la formalité de l'enregistrement dans le délai de dix jours pour les actes de notaires qui résident dans la commune où le bureau d'enregistrement est établi ; de quinze jours, pour ceux des notaires qui n'y résident pas. — L. 22 frim. an VII, art. 20.

553. — La loi des 5 et 19 déc. 1790, art. 9, privait du caractère d'authenticité l'acte non enregistré dans le délai prescrit.

554. — Sous l'empire de cette loi des 5 et 19 août 1790, l'acte notarié, qui, à défaut d'enregistrement dans le délai de dix jours, ne pouvait valoir que comme acte sous signature privée, reprenait toute sa force comme acte notarié, dès qu'il avait reçu la formalité omise. — *Cass.*, 6 mars 1827, Moreau.

555. — Mais aussi, la date n'étant certaine que du jour de l'enregistrement, il s'ensuit que c'est d'après la législation en vigueur, lors de l'enregistrement, qu'il faut décider si, dans ce cas, une donation notariée est valable. — Même arrêt.

556. — Jugé cependant que le défaut d'enregistrement d'un acte notarié reçu, sous l'empire de cette législation, entre parties qui ne savaient pas signer, ne le rendait pas nul, et qu'en admettant

qu'il n'eût pas de date certaine à l'égard des tiers, il n'en était pas moins opposable au mineur pour lequel le tuteur avait fait l'acte. — *Bourges,* 20 juill. 1819, Robin c. Billebault.

557. — La loi de 1790 a été abrogée, sous ce rapport, par la loi du 22 frim. an VII, art. 71, 72, 73. — *Cass.,* 23 janv 1810, Losée c. Legros. — *Bourges,* 17 mai 1827, Graillot c. Lelong; *Toulouse,* 12 déc. 1835, Bézy c. Catusse. — V. conf. Favard, *Répert.,* vo *Acte notarié,* § 1er, no 3; Rolland et Trouillet, *Dict. de l'enreg.,* vo *Acte,* no 33; Troplong, *Hypoth.,* t. 2, no 507; Teste, *Encycl. du dr.,* vo *Acte notarié,* no 34; Gagneraux, *Encycl. du not.,* p. 120, no 31.

558. — Conséquemment, le défaut d'enregistrement d'un acte notarié, dans les délais prescrits, n'a plus d'autre effet que de soumettre les notaires au paiement d'une amende, et non de faire considérer l'acte comme sous seing-privé. — *Cass.,* 23 janv. 1810, Losée c. Legros.

559. — De même le défaut d'enregistrement d'un contrat de mariage, dans le délai fixé par la loi, ne le rend pas nul. — *Bourges,* 17 mai 1827, Graillot c. Lelong.

560. — Par la même raison, la reconnaissance d'un enfant naturel, faite par acte notarié, ne perd pas son caractère d'authenticité, par cela seul que l'acte ayant été d'abord enregistré dans le délai, le receveur a ensuite bâtonné l'enregistrement, à défaut du paiement des droits. — *Cass.,* 16 déc. 1811, Buisseret c. Maistriaux.

561. — Enfin, bien qu'un acte notarié n'ait point été enregistré, l'hypothèque qui y est consentie est valable et existe du jour même de sa date. — *Toulouse,* 12 déc. 1835, Bézy c. Catusse.

562. — Jugé cependant qu'un acte notarié passé aux colonies, où la formalité de l'enregistrement n'était pas usitée, n'a pu autoriser à prendre en France une inscription hypothécaire avant d'avoir été enregistré sur le continent. — *Cass.,* 7 déc. 1807, Lanou c. Gauthier et Savin Larclauze. — V. conf. Merlin, *Rép.,* vo *Enreg.,* § 4; Grenier, *Hypoth.,* t. 1er, no 17; *contrà* Favard, *ubi suprà;* Troplong, *ubi suprà.*

563. — Les actes notariés sont enregistrés sur minute ou brevet (L. 22 frim. an VII, art. 7), et les droits acquittés par les notaires pour les actes passés devant eux, sauf recours contre les parties. — *Ibid.,* art. 29 et 30.

564. — Un notaire doit indemniser les parties du préjudice qu'elles éprouvent par le défaut d'enregistrement des actes passés devant lui, encore bien qu'il n'ait pas reçu les fonds nécessaires pour acquitter les droits, s'il a négligé d'exiger, au moment de l'acte, la consignation d'une somme destinée à y faire face. — *Nimes,* 14 février 1813, Génoyer c. Boisson.

565. — Jugé encore que, lorsqu'un acte a été rédigé en l'étude d'un notaire par l'un de ses clercs qui a reçu les droits d'enregistrement et les frais de passation, le notaire ne peut, à peine de dommages-intérêts, se dispenser de signer *et de faire enregistrer* cet acte, sous prétexte qu'il serait incomplet à cause du défaut de signature de l'une des parties contractantes, lorsque d'ailleurs l'acte renferme des conventions parfaites entre celles des parties qui ont signé. — *Colmar,* 21 avr. 1812, N... — V. au surplus NOTAIRE.

566. — Jugé que les notaires ne sont pas tenus de porter sur leur répertoire ni de faire enregistrer les actes qu'ils n'ont pas signés, encore bien que ces actes soient signés par les parties et les témoins —*Cass. belge,* 2 avr. 1833, Enregistrement c. Van-Overschelde.

567. — Pour tous les développemens concernant cette matière, V. le mot ENREGISTREMENT.

Sect. 2e. — *Minutes et Brevets.*

568. — Aux termes de l'art. 20, L. 25 vent. an XI, les notaires sont tenus de garder minute de tous les actes qu'ils reçoivent, quelquefois même ils doivent en avoir une double minute. — Toutefois le même article ajoute que ne sont pas compris dans la présente disposition les certificats de vie, procurations, actes de notoriété, quittances de fermages, de loyers, de salaires, arrérages de pensions et rentes, et *autres actes simples* qui, d'après les lois, peuvent être délivrés en brevet. — V. à cet égard BREVET, MINUTE.

CHAPITRE V. — *Effets des actes notariés.*

Sect. 1re. — *Actes notariés.*

569. — Les actes reçus par les notaires sont *authentiques.* Les effets qu'ils produisent sont une conséquence de ce caractère, qui leur est attribué par la loi.

570. — Ainsi, 1o ils font foi en justice (L. 25 vent. an XI, art. 19; C. civ., art. 1319); 2o ils sont exécutoires par eux-mêmes dans tout le royaume, sans *visa* ni *pareatis,* encore que l'exécution ait lieu hors du ressort dans le territoire duquel ils ont été passés. — *Ibid.,* et C. procéd., art 547.

571. — L'acte notarié, régulier dans ta forme, c'est-à-dire dans lequel ne se rencontrent pas d'irrégularités susceptibles d'en entraîner la nullité (L. 25 vent. an XI, art. 68), fait pleine foi de tout son contenu entre les parties contractantes, leurs héritiers ou ayant-cause.

572. — Toutefois, en cas de plainte en faux principal l'exécution de l'acte argué de faux est suspendue par l'arrêt de mise en accusation. En cas d'inscription de faux incident, les tribunaux *peuvent,* suivant les circonstances, suspendre provisoirement cette exécution. — L. 25 vent. an XI, art. 19; C. civ., art. 1319.

573. — Jugé par application de cette disposition que la plainte en faux principal contre un acte notarié ne suspend son exécution *que lorsque* le jury a déclaré qu'il y a lieu à accusation. — *Colmar,* 3 mai 1808, Roost c. Blum.

574. — Le notaire aurait-il le droit d'intervenir dans une instance en faux incident civil formé à raison d'un acte qu'il aurait reçu. — V. FAUX INCIDENT, INTERVENTION, NOTAIRE.

575. — En principe, l'acte ne fait foi, jusqu'à inscription de faux, même entre les parties, que de ce que le notaire a pu et dû constater, par lui-même, dans l'exercice de ses fonctions, à moins qu'il ne s'agisse d'énonciations émanées des parties et ayant un rapport direct à la disposition. — C. civ., art. 1320.

576. — A l'égard des tiers, l'acte ne cesse pas d'être authentique et de faire foi, mais seulement de ce qui a été directement et personnellement constaté par le notaire. Tout ce qui n'est qu'énonciatif ne peut leur être opposé. — C. civ., art. 1319, 1320 et 1165.

577. — Jugé, en conséquence, que la foi due aux actes authentiques n'est pas la même pour les *opinions* ou *énonciations* du notaire que pour les *constatations.* — *Caen,* 9 janv. 1823, Ruel c. Durel; *Cass.,* 27 fév. 1824, Picquot Delamarre c. Ridel-Dufournay. — V. au surplus ACTE AUTHENTIQUE, TESTAMENT.

578. — Lorsqu'un notaire a reçu, en sa qualité, un acte emportant de la part du débiteur concession d'une inscription sur un immeuble dont celui-ci se dit propriétaire, et qu'il a rédigé de sa main, comme mandataire du créancier, les bordereaux d'inscription, l'obligation et les bordereaux peuvent, dans le cas où ce notaire vient ensuite à se prétendre propriétaire de l'immeuble hypothéqué en vertu d'un acte antérieur à la dation d'hypothèque, être considérés comme un commencement de preuve par écrit, de nature à entraîner contre la sincérité de cet acte l'admission de la preuve testimoniale ou de présomptions graves et concordantes. — *Cass.,* 4 avr 1838 (t. 2 1838, p. 234), Holder c. Barberet et Richard. — V. COMMENCEMENT DE PREUVE PAR ÉCRIT.

579. — La présence d'un témoin instrumentaire à un acte notarié dans lequel est comprise la donation d'une pièce de terre ne peut être utilement opposée à ce témoin, comme emportant renonciation à une vente antérieure qui lui aurait été faite de cette pièce de terre, qu'autant que l'identité résulterait tellement des termes de l'acte que tout doute à cet égard eût été impossible. — *Poitiers,* 6 avr. 1838 (t. 2 1838, p. 420), Ladmirault c. Séguin.

580. — Au surplus, ce qui concerne la foi due aux actes authentiques, leur force exécutoire et les cas dans lesquels ces effets viennent à cesser, est exposé, en son lieu, aux mots ACTE AUTHENTIQUE et PREUVE LITTÉRALE.

Sect. 2e. — *Actes sous seings-privés déposés chez les notaires.*

581. — Il semble que si l'acte déposé dans l'étude d'un notaire n'est pas authentique par lui-même, il ne le devient pas par le dépôt; qu'il acquiert seulement, s'il ne l'avait déjà, date certaine du jour de l'acte de dépôt; que celui-ci seul est authentique. — V. conf. Favard, *Rép.,* vo *Acte notarié,* § 1er, qui s'appuie sur ce que ces actes n'ont point été, dans l'origine, accompagnés, comme le veut l'art. 1317, C. civ., des solennités requises. — V. aussi *J. Pal.,* t. 13, p. 4, notes 1re, 2e et 3e.

582. — Mais l'opinion contraire a de nombreux partisans et est confirmée par la jurisprudence. — V. à ce sujet ACTE AUTHENTIQUE, ACTE SOUS SEING-PRIVÉ.

Sect. 3e. — *Expéditions et grosses.*

583. — Tant que la minute existe et peut être représentée, les expéditions et grosses ne font foi qu'autant qu'elles sont conformes à la minute, dont l'apport peut toujours être ordonné par les tribunaux. — C. civ. art. 1334.

584. — Lorsque la minute est perdue, on suit les distinctions établies par l'art. 1335.

585. — L'expédition d'un acte dont la minute ne se retrouve pas chez le notaire qui paraît l'avoir reçue, et dont il n'est fait aucune mention sur les registres de l'enregistrement, est, dans le sens de la loi, un acte authentique auquel on doit ajouter foi jusqu'à inscription de faux. — *Cass.,* 17 messid. an X, Coulomb c. Auzilly.

586. — Lorsqu'une partie représente la grosse d'un acte notarié dont la minute ne se retrouve pas parmi celles du notaire qui a reçu l'acte, elle ne peut être obligée de prouver que cette minute existe. — *Bourges,* 17 mai 1827, Graillot c. Lelong. — V. au surplus COPIE DE TITRES, NOTAIRE.

CHAPITRE VI. — *Nullité des actes notariés.*

587. — Aux termes de l'art. 68, L. 25 vent. an XI, « tout acte fait en contravention aux dispositions des art. 6, 8, 9, 10, 14, 20, 62, 64, 65, 66 et 67, est nul s'il n'est revêtu de la signature de de toutes les parties contractantes. »

588. — L'énumération renfermée dans l'art. 68 n'est pas complète, comme on peut s'en convaincre, notamment par l'art. 12 dont le 2e alinéa est également prescrit à peine de nullité, bien que l'art. 68 n'en parle pas. — Au surplus, nous avons, en parcourant les diverses formalités requises pour la rédaction des actes notariés, indiqué quel était l'effet des vices de cette rédaction sur le sort des actes eux-mêmes. — V. les paragraphes qui précèdent.

589. — « Lorsque l'acte sera revêtu de la signature de toutes les parties contractantes, il ne vaudra que comme écrit sous signature privée. » (Même art. 68). — Il faut, en effet, comme le dit M. Rolland de Villargues (vo *Acte notarié,* no 433), distinguer les actes des conventions qu'ils renferment; les conventions existent indépendamment des actes qui n'ont été imaginés que pour en rendre la preuve plus facile et plus durable.

590. — Ces dispositions s'appliquent à toutes les nullités dont l'acte notarié peut être entaché, soit par incompétence ou incapacité de l'officier public, soit par un défaut de forme. — Toullier, t. 8, no 134; Rolland de Villargues, *Répert.,* vo *Acte notarié,* no 434; Duranton, t. 13, no 68.

591. — Ainsi jugé d'après ce principe qu'un acte notarié, qui serait nul comme ayant été reçu au profit du notaire ou de ses proches, n'en serait pas moins valable comme acte sous seing-privé, s'il était signé de toutes les parties. — *Aix,* 8 prair. an XII, S... c. Guitard; *Cass.,* 28 brum. an XIV, Billois c. Willavicensio.

592. — De même, un acte notarié resté imparfait, sur le défaut de signature du notaire qui l'a reçu, mais revêtu de la signature de toutes les parties contractantes, vaut comme acte sous seing-privé. — *Paris,* 28 août 1841 (t. 2 1841, p. 547), Guiffrez c. Ponchat.

593. — Il n'est pas besoin pour que l'acte notarié puisse valoir comme sous seing-privé qu'il ait été fait double. — *Bruxelles,* 17 juin 1812, Cobbaert; *Paris,* 13 avr. 1813, Bertrand; *Colmar,* 12 déc. 1821, Kléber; *Paris,* 28 août 1841 (cité au no précédent). — Toullier, t. 8, nos 87 et 88; Gagneraux, p. 243, no 4; Duranton, t. 13, no 71; Rolland de Villargues, vo *Acte notarié,* no 468.

594. — Il n'est pas besoin non plus qu'il contienne l'approbation de la somme en toutes lettres dans les cas prévus par les art. 1325 et 1326, C. civ. — Gagneraux, p. 244, no 5; Duranton, t. 13, no 72; Rolland de Villargues, *loc. cit.*

595. — Mais ces dérogations aux art. 1325 et 1326, C. civ., ne sont admises qu'autant que l'acte, tout irrégulier qu'il est, a été reçu par un notaire; en effet, ce n'est qu'à un acte de cette espèce, mais resté informe comme authentique, que l'art. 68 peut s'appliquer. — Rolland de Villargues, no 118.

596. — En conséquence, un acte, quoique dressé par un notaire et signé des parties contractantes, mais qui n'a pas été *reçu* par ce notaire, lequel ne l'a point signé et n'en a point été chargé, ne peut valoir comme acte privé, si, renfermant des conventions synallagmatiques, il n'est point fait double. — *Paris,* 14 août 1815, Vaissier.

597. — De même, pour qu'un acte qui n'est pas authentique par l'incompétence de l'officier public ou par défaut de forme vaille comme acte sous seing-privé, il faut qu'il ait été reçu par un notaire, et il ne suffirait pas qu'en son absence il eût été rédigé par son clerc. Un tel acte non signé par le notaire ne peut valoir comme un acte sous seing-privé, quoique signé par les parties, si, renfermant des conventions synallagmatiques, il n'a pas été fait en double écrit. — *Paris*, 17 déc. 1829, Poirier. — V. aussi Duranton, t. 13, n° 74.

598. — L'art. 1328, C. civ., est applicable aux actes notariés réduits à l'état d'actes sous seing-privé. Ainsi, ils n'ont de date certaine, à l'égard des tiers, que du jour où l'une des conditions exigées par cet article s'est réalisée. — Gagneraux, p. 244, n° 10.

599. — Jugé que la mort d'un des témoins signataires de l'acte a l'effet de lui attribuer une date certaine à l'égard des tiers. — *Cass.*, 8 mai 1827, Mounel. — V. *suprà* ch. 3, § 6.

600. — Une condition indispensable pour que l'acte notarié, dépourvu des formalités nécessaires pour valoir comme authentique, puisse valoir comme acte sous seing-privé, c'est qu'il soit signé de toutes les parties contractantes. — Si donc l'une d'elles ne l'a pas signé, l'acte n'a pas la force même d'un acte sous seing-privé. — *Pau*, 11 mars 1811, Moudran c. Gapharre; *Cass.*, 27 mars 1812, Fillon c. Crepain; *Bourges*, 22 déc. 1840 (t. 2 1841, p. 623), Nolot c. Cornu; — Augan, p. 79; Rolland de Villargues, v° *Acte notarié*, n° 447.

601. — Et cette condition est si rigoureuse qu'un pareil acte (nul, par exemple, pour défaut de signature du notaire) ne pourrait, s'il n'était pas signé de l'une des parties qui aurait déclaré ne savoir signer, servir contre elle de commencement de preuve par écrit de la convention. — *Bourges*, 29 avr. 1823, Raisonnier.

602. — Jugé de même que, lorsque la minute d'un acte de vente notarié manque des formalités légales nécessaires pour lui imprimer le caractère authentique, la vente ne peut valoir comme acte privé, à défaut de signature d'une des parties, qui *a déclaré dans l'acte ne savoir signer*. — *Orléans*, 6 janv. 1813, Renard c. Pélicier.

603. — Si l'art. 1318, C. civ., exige que l'acte qui n'est point authentique, pour défaut de forme, soit signé des parties pour valoir comme écriture privée, cela ne peut s'entendre que des parties *contractantes*, et non de celles qui n'y ont figuré *qu'accessoirement*, dont l'absence n'a point d'influence directe sur la validité du contrat, et spécialement d'une femme qui n'a figuré, comme covenderesse dans la vente consentie, par son mari, d'un objet sur lequel elle n'a aucun droit de propriété, que par forme de fidéjussion. — *Colmar*, 12 déc. 1821, Kléber; — Rolland de Villargues, n°s 448 et suiv.

604. — Jugé de même que, lorsqu'un mari a vendu un bien qui lui est propre, par un acte que la femme qui y est dite *partie* refuse de signer, cet acte ne laisse pas de valoir comme acte sous signature privée, s'il est signé de l'acquéreur et du vendeur, le consentement de la femme, en pareil cas, n'offrant à l'acquéreur qu'une garantie à laquelle il lui est loisible de renoncer. — *Cass.*, 3 juin 1824, Nivard.

605. — Il peut même arriver qu'une partie soit réellement contractante à l'acte et que cet acte puisse néanmoins valoir comme sous seing-privé, encore bien qu'il ne porte pas sa signature. Tel serait le cas où une obligation unilatérale serait signée du débiteur seul et non du créancier, la signature de celui-ci n'étant pas nécessaire. — Gagneraux, p. 244, n° 6; Duranton, t. 13, n°s 73 et 78.

606. — Si l'acte contenait des conventions distinctes, et que les unes fussent signées sans que les autres le fussent, la nullité absolue de celles-ci n'empêcherait pas les premières de valoir comme écritures privées. — Rolland de Villargues, *Répert.*, v° *Acte notarié*, n°s 452 et suiv.; Massé et Lherbette, t. 1er, p. 111; Pigeau, t. 2, p. 936.

607. — A l'égard des parties solidairement obligées, l'acte notarié ne peut valoir comme acte sous seing-privé, lorsque la signature de l'une ou de plusieurs d'entre elles y manque. — *Cass.*, 27 mars 1812, Fillon.

608. — Spécialement, l'acte par lequel plusieurs individus détenteurs de terrains dont on menace de les évincer s'associent entre eux solidairement pour repousser les attaques de l'auteur de l'éviction, et s'engagent à payer les frais que cette défense occasionnera, ne peut, s'il est nul comme acte authentique pour défaut de forme, valoir comme acte sous seing-privé qu'autant qu'il a été signé par toutes les parties; le défaut de signature d'une seule d'entre elles en entraîne la nullité absolue, même à l'égard de celles qui l'ont signé — *Bourges*, 22 déc. 1840 (t. 2 1841, p. 623), Nolot c. Cornu.

609. — Jugé même que la nullité n'est point convertie par l'exécution que la convention a reçue. — *Cass.*, 27 mars 1812, Fillon c. Crepain. — V., au surplus, RATIFICATION.

610. — Un acte de vente notarié, nul à défaut de signature de l'une des parties, peut-il valoir comme commencement de preuve par écrit contre cette partie? — « Cette question, dit M. Rolland de Villargues (*Répert. not.*, n° 470), peut paraître délicate; comment nier qu'il y ait eu consentement formellement exprimé devant notaire, de la part même de celui qui a déclaré ne savoir signer? Tellement que, bien que l'attestation donnée par le notaire, à cet égard, doive disparaître par la nullité prononcée de l'acte, il est certain que, jusque-là, cette nullité peut être couverte par la ratification (C. civ., art. 1338), ce qui n'aurait pas lieu si la partie n'eût point du tout figuré dans l'acte. Quoi qu'il en soit, nous pensons que la question doit être résolue négativement. Autrement, l'on se mettrait en opposition avec la loi, qui, en annulant l'acte comme authentique, ne permet plus que l'on accorde aucune foi aux attestations du notaire. » — V. en ce sens *Liége*, 9 (et non 19) juill. 1812, Brener; *Bourges*, 29 avr. 1823, Mollet c. Raisonnier; — Gagneraux, *Commentaire sur la loi du 25 vent. an XI*, art. 68, n° 24. — V. aussi Merlin, *Répertoire*, v° *Commencement de preuve par écrit*, et Toullier, t. 9, n°s 86 et suiv., et t. 8, n°s 140 et suiv.

611. — Mais il paraît résulter d'un arrêt de la cour de Pau que le vendeur ne pouvait s'opposer à ce que l'acquéreur qui n'aurait pas signé se servît de l'acte imparfait comme d'un commencement de preuve par écrit. — *Pau*, 17 déc. 1821, Faure c. Daure. — Rolland de Villargues, v° *Acte notarié*, n° 469.

612. — La ratification, confirmation ou exécution de l'acte notarié nul pour vice de forme, qu'il fût ou non susceptible de valoir comme sous seing-privé, a-t-elle pour effet de le faire revivre comme acte authentique? — V. les mots CONFIRMATION, EXÉCUTION, RATIFICATION.

613. — L'adjudication pardevant notaire, procédant sans délégation de justice, peut être déclarée valable et obligatoire pour l'adjudicataire, alors même que le procès-verbal n'a pas été signé par celui-ci, lorsqu'il est constant, en fait, qu'il n'a refusé de le signer que parce qu'il croyait avoir été induit en erreur, et lorsque, par acte postérieur, il a reconnu s'être rendu adjudicataire; du moins, l'arrêt qui juge ainsi, par appréciation des actes et circonstances, échappe à la censure de la cour de Cassation. — *Cass.*, 13 août 1839 (t. 2 1839, p. 443), Forestier.

614. — L'art. 1318, C. civ., et la disposition de l'art. 68 (L. 25 vent. an XI) que le premier reproduit, sont applicables toutes les fois qu'il s'agit d'actes solennels pour lesquels l'authenticité est une condition nécessaire à la validité d'un acte. — Dans ces cas, la nullité de l'acte entraîne la nullité de la convention elle-même. — Duranton, t. 13, n° 69. — V. aussi Delvincourt, t. 2, p. 607; Rolland de Villargues, v° *Acte notarié*, n° 443; Gagneraux, p. 244, n° 8.

615. — Ainsi jugé qu'un testament public nul en la forme ne peut valoir comme acte sous seing-privé ni même comme commencement de preuve par écrit. — *Turin*, 14 mars 1807, Solo c. Pialo.

616. — De même, un testament notarié, nul en la forme pour défaut de mention de la lecture faite au testateur, ne peut servir pour faire connaître l'héritier désigné dans un autre testament par relation au testament nul. — *Cass.*, 21 nov. 1814, Tamercy. — V., au surplus, TESTAMENT.

617. — Jugé encore, par application du même principe : 1° qu'une donation entre vifs, ne pouvant être rédigée que dans la forme authentique n'a aucune force si elle est annulée comme reçue par un notaire hors de son ressort. — *Pau*, 11 mars 1811, Monoran c. Gapharre.

618. — 2° Qu'un contrat de mariage reçu par un notaire seul, non assisté de témoins instrumentaires, ne peut valoir comme acte sous seing-privé, même lorsqu'il est signé de toutes les parties. — *Colmar*, 16 mars 1813, N... c. H...

619. — Un acte notarié peut être déclaré nul sans inscription de faux, quand il lui manque quelque forme essentielle, et que d'ailleurs aucune circonstance n'en atteste la sincérité. — *Rennes*, 17 mai 1811, Morvan c. Favennec.

620. — La minute d'un acte de vente notarié peut être considérée comme manquant des formalités légales nécessaires pour lui imprimer le caractère authentique, lorsqu'elle n'est pas signée par les témoins instrumentaires, que plusieurs renvois importans sont reportés à la fin de l'acte et non inscrits en marge, ni approuvés par les témoins, et qu'enfin il y a fausse désignation dans le nom des parties contractantes. — *Orléans*, 6 janv. 1813, Bernard c. Pelicier.

621. — La nullité prononcée par l'art. 68 a lieu, sauf les dommages-intérêts, contre le notaire contrevenant. — V., à cet égard, NOTAIRE.

V. ABRÉVIATION, ACTE, ACTE ANCIEN, ACTE AUTHENTIQUE, ACTE SOUS SEING-PRIVÉ, ACTION PUBLIQUE, ACTION POSSESSOIRE, ADULTÈRE, AMENDE, CHAMBRE DES PAIRS, CHOSE JUGÉE, COMMENCEMENT DE PREUVE PAR ÉCRIT, COMMUNES, COMPÉTENCE CRIMINELLE, CONSEIL DE GUERRE, CONTRE-LETTRE, CONTRIBUTIONS INDIRECTES, COUR D'ASSISES, DÉLIT, DÉLIT DE PRESSE, DÉPENS, DÉPOT, DÉSISTEMENT, DIFFAMATION, DOMMAGES-INTÉRÊTS, DOUANES, DOUBLE ÉCRIT, ENREGISTREMENT, ÉTABLISSEMENS PUBLICS, FORÊTS, FRAIS, MINES, MINISTÈRE PUBLIC, NON BIS IN IDEM, NOTAIRE, PARTIE CIVILE, PEINE, PLAINTE, PRESCRIPTION CRIMINELLE, PRÉSOMPTION, PRESSE, PREUVE TESTIMONIALE, QUESTION D'ÉTAT, QUESTION PRÉJUDICIELLE, RESPONSABILITÉ CIVILE, TIMBRE, VOL.

ACTE NUL ET REFAIT.

1. — Quelquefois il arrive que des parties refont un acte parce qu'il était nul ou irrégulier en la forme, ou pour d'autres motifs. — En matière d'enregistrement on donne à cette sorte d'acte le nom d'acte nul et refait.

2. — L'acte refait ne donne lieu qu'à la perception d'un droit fixe de 2 fr., s'il ne contient aucun changement qui ajoute aux objets de la convention ou à leur valeur. — L. 28 avr. 1816, art. 43 et 50.

3. — Si de nouvelles conventions sont stipulées dans l'acte refait, il y a lieu à la perception de nouveaux droits fixes ou proportionnels d'après leur nature.

4. — Lorsque, pour cause de lésion, ou parce que tous les enfans n'ont pas été compris dans le partage, les enfans donataires refont un autre acte, le droit proportionnel n'est pas dû.

5. — La même obligation peut être répétée dans vingt actes successifs, sans donner ouverture de nouveau au droit proportionnel déjà perçu sur le premier acte. — Championnière et Rigaud, *Dictionnaire*, v° *Acte refait*, p. 29.

6. — La disposition de l'art. 43, L. 28 avr. 1816, s'applique aux donations refaites pour cause de nullité. — *Traité de l'enreg.*, t. 2e, n° 2359.

V. ENREGISTREMENT, NULLITÉ, TIMBRE.

ACTE PUBLIC.

On désigne ainsi tout acte émané d'une autorité publique, ou reçu par un fonctionnaire, ayant qualité à cet effet. — V. ABRÉVIATION, ACTE, ACTE AUTHENTIQUE, ACTE NOTARIÉ, ALGÉRIE, DONATION ENTRE VIFS, ENREGISTREMENT, PREUVE TESTIMONIALE, TESTAMENT.

ACTE RÉCOGNITIF.

Table alphabétique.

ACTE RÉCOGNITIF. — 1. — Acte par lequel un débiteur reconnaît une obligation établie par un titre antérieur, et se soumet de nouveau à son exécution. — Ce titre antérieur, qui sert de base à l'acte récognitif, prend le nom de *titre primordial*.

2. — L'acte récognitif a cela de commun avec l'acte confirmatif, qu'ils supposent l'un et l'autre l'existence de conventions précédemment faites; mais ils diffèrent en ce que l'acte récognitif n'ajoute rien à la valeur réelle du titre primordial, tandis que l'acte confirmatif donne à ce titre, soit plus de force qu'il n'en avait, soit même une force qu'il n'avait pas, *firmum actum reddit*. — V. TITRE CONFIRMATIF.

3. — Pothier (*Traité des Obligations*, nº 777), distinguait, d'après Dumoulin, deux espèces de titres récognitifs ou reconnaissances. 1º Ceux où la teneur du titre primordial se trouvait relatée et qu'on appelait *ex certâ scientiâ* ou *in formâ speciali et dispositivâ*, parce qu'ils étaient présumés faits avec pleine connaissance du titre; ils équipollaient au titre primordial dans le cas où il avait été perdu, et dispensaient dès-lors le créancier de le rapporter; 2º ceux qui ne contenaient pas la teneur du titre primordial étaient nommés *in formâ communi*, et servaient seulement à confirmer ce titre primordial et à interrompre la prescription, « mais ne confirmaient le titre primordial, dit Pothier (*ibid.*), qu'autant qu'il était vrai. Ils n'en prouvaient nullement l'existence et ne dispensaient pas le créancier de le rapporter. »

4. — Les rédacteurs du C. civ. ont, d'après Pothier, reproduit presque sans changemens les anciens principes; l'art. 1337 est ainsi conçu : « Les actes r cognitifs ne dispensent point de la représentation du titre primordial, à moins que sa teneur n'y soit spécialement relatée. — Ce qu'ils contiennent de plus que le titre primordial ou ce qui s'y trouve de différent n'a aucun effet. — Néanmoins, s'il y avait plusieurs reconnaissances conformes, soutenues de la possession, et dont l'une eût trente ans de date, le créancier pourrait être dispensé de représenter le titre primordial. »

5. — Dans ces dispositions, quelque peu obscures, se retrouvent encore les traces des anciennes distinctions établies entre les titres récognitifs : Le § 1er représente assez bien les actes *in formâ speciali*, le 3e § les actes *in formâ communi*.

6. — Les actes récognitifs supposant en général l'existence de conventions antérieures, celui qui les a souscrits est présumé avoir voulu, non point contracter une obligation nouvelle, mais seulement reconnaître son obligation première. — Il résulte de là que, en principe, le titre primordial forme aux yeux de la loi le seul point de départ, la seule preuve des obligations dont l'exécution est réclamée, et qu'il n'y peut être suppléé par un simple acte de reconnaissance.

7. — Et peu importent le nombre ou l'ancienneté des actes récognitifs : cela ne change rien au titre primordial aux dispositions duquel il faut toujours revenir lorsqu'il est représenté. — Pothier, *Oblig.*, nº 778; Toullier, *Droit civ. fr.*, t. 8, nº 488; Duranton, *Cours de droit civ. franç.*, t. 13, nº 261.

8. — Puisque l'acte récognitif est une reconnaissance de l'obligation première, il faut en conclure, et c'est ce que consacre formellement le § 2 de l'art. 1337, que si cette reconnaissance est plus étendue que le titre primordial, elle n'est point obligatoire, à moins qu'il n'apparaisse clairement que les parties ont entendu aller réellement au-delà, c'est-à-dire, y ajouter; « mais alors, ainsi que le fait remarquer avec raison M. Teste (*Encycl. du Droit*, vº *Actes-Récognitifs et Confirm.* nº 4), l'acte nouveau ne serait pas, à proprement parler, récognitif. » — Toullier, *loc. cit.*

9. — Jugé, par suite, que l'acte nouveau ne peut par des qualifications nouvelles et contraires à celles qui ont fixé la nature du titre primordial, changer cette nature, et, par exemple, transformer une rente, féodale en vertu du titre primitif, en une rente purement foncière. — *Cass.*, 12 janv. 1814, Jay c. Hospice de Vienne.

10 — Selon Pothier, toutefois (*Oblig.*, nº 779), si plusieurs reconnaissances remontant à plus de trente années portaient uniformément une obligation inférieure à celle énoncée dans le titre primordial, le créancier, en représentant celui-ci, ne pourrait prétendre plus que n'indiquent les rereconnaissances, parce qu'il y a prescription acquise en faveur du débiteur pour le surplus.

11. — Cette exception admise par Pothier en faveur du débiteur seul, est critiquée par Toullier (t. 8, nº 489). Selon cet auteur, tout est et doit rester réciproque entre le créancier et le débiteur. Si le débiteur peut retrancher ce qui se trouve dans l'acte récognitif de différent ou de plus que dans le titre primordial, pourquoi le créancier ne pourrait-il pas aussi corriger ce qui s'y trouve de différent à son préjudice, ajouter ce qui s'y trouve de moins? — Le Code paraît avoir laissé leur condition égale sur ce point : et l'on ne peut, sous prétexte de la faveur due à la libération, introduire une exception que n'ont point reproduite nos législateurs (Code civ. art. 1337), quoiqu'ils eussent sous les yeux le texte de Pothier. — V. aussi Delvincourt, t. 2, p. 622, note 4e.

12. — A ces objections il a été répondu 1º que l'art. 1337, en disant, dans la seconde disposition : « Ce qu'ils (les actes récognitifs) contiennent de *plus* ou ce qui s'y trouve de *différent* n'a aucun effet, » et en n'ajoutant pas, *ce qu'ils contiennent de plus ou de moins*, a semblé par cette omission laisser le cas du *moins* soumis à la règle générale qu'il faut toujours en revenir au titre, s'il est représenté; 2º que les rédacteurs du Code qui ont dans cet article, comme en bien d'autres, suivi pas à pas la doctrine de Pothier, ne doivent pas facilement être présumés s'en être écartés, et que, dans le doute, leur obscure rédaction doit être expliquée dans le sens du texte où elle a été puisée; 3º qu'il ne faut pas s'étonner de cette différence de position entre le créancier et le débiteur, différence qui se justifie par ce double motif, que la libération est plus favorable, et que l'on peut bien prescrire contre son titre dans la prescription à l'effet de se libérer, mais non point dans la prescription à l'effet d'acquérir, à moins qu'il n'y ait eu interversion de titre (C. civ., art. 2240, 2241, 2238). Or, ici l'interversion du titre n'est pas certaine, le paiement fait par le débiteur et reçu par le créancier en sus de ce qui lui était dû pouvant être le résultat d'une erreur. — Duranton, t. 13, nº 262. — Voyez aussi Rolland de Villargues, *Rép. du not.*, vº *Tit. nouvel*, nºs 40 et suiv.

13. — Il ne faut point perdre de vue, toutefois, que les actes récognitifs ne dispensent de la représentation du titre primordial, selon l'art 1337, § 1er, qu'autant que *sa teneur y est spécialement relatée*. — *Lyon*, 8 déc. 1838 (t. 2 1839, p. 272), Cyvoct, Mornieux.

14. — On s'est demandé ce qu'il faut entendre par ces derniers mots : Est-ce la copie littérale et complète du titre même, comme le décidaient les anciens casuistes et Dumoulin, *ad longum tenor... enarrato toto tenore*, et comme semblerait l'indiquer la différence des expressions employées dans cet article et dans l'art. 1338, qui n'exige pour les actes confirmatifs que *la substance* de l'obligation première? Nous ne le pensons point, car, ainsi que le dit Toullier (t. 8, nº 484), « relater la teneur d'un titre, ce n'est pas le copier. » — Il suffirait donc de rapporter les principales clauses, sauf aux tribunaux à apprécier dans leur sagesse si le titre primordial est suffisamment relaté : il ne peut exister de règles fixes à cet égard; toutefois, il sera toujours plus sage et plus sûr de rapporter, quand ce sera possible, l'acte primitif dans son entier. — Rolland de Villargues, *Rép. du notariat*, vº *Titre nouvel*, nº 30. — V. toutefois Teste, *loc. cit.*, nºs 5 et 6.

15. — Mais il ne suffit pas que *le titre* seulement soit relaté; il faut que *sa teneur*, c'est-à-dire les conventions mutuelles qu'il renferme, soit mentionnée ou indiquée. — Rolland de Villargues, *loc cit.*, nº 31.

16. — Jugé que, lorsqu'un arrêté de conseil de préfecture établit l'existence d'un ancien titre portant concession de droits sur une forêt domaniale, et en rappelle les dispositions, il peut, bien qu'il n'en soit pas la copie textuelle, être considéré comme un acte récognitif émané du gouvernement, lequel dispense le concessionnaire de représenter le titre original pour la justification de ses droits. — *Cass.*, 11 juin 1833, Kobi.

17. — Du reste, lorsqu'un acte relate formellement les termes du titre primordial d'une rente, qui a servi de base à des condamnations judiciaires et a été suivi d'exécution volontaire, sa production suffit pour dispenser celui qui réclame la rente de représenter le titre primordial. — *Metz*, 26 mai 1835 et 10 fév. 1836 (t. 1er 1839, p. 20), Hensienne c. Schwartz.

18. — Quand la teneur du titre primordial est spécialement relatée dans l'acte récognitif, il n'est pas nécessaire, pour que le créancier soit dispensé de représenter le titre primordial, que l'acte récognitif soit plus ou moins ancien, et qu'il soit ou non soutenu de la longue possession. — Duranton, t. 13, nº 260; Toullier, t. 8, nº 487.

19. — Bien que le créancier soit dispensé de représenter le titre primordial, lorsqu'il est relaté dans le titre récognitif, le débiteur n'en conserve pas moins le droit de le produire lui-même et de s'en tenir à son contenu s'il en devait résulter pour lui une obligation moins onéreuse. — Rolland de Villargues, *Répertoire du not.*, vº *Titre nouvel*, nº 27.

20. — En tous cas, le débiteur peut valablement dispenser son créancier de la représentation du titre primordial, bien qu'il ne soit point relaté dans l'acte récognitif. — *Cass.*, 5 déc. 1837 (t. 1er, 1838, p. 223), Lacombe c. de Rouville.

21. — L'art. 1337, C. civ., portant que les actes récognitifs ne dispensent de la représentation du titre primordial qu'autant que sa teneur y est spécialement relatée, est inapplicable en matière de servitude. D'après l'art. 695, même Code, le simple titre récognitif suffit pour remplacer le titre constitutif de la servitude, bien que sa teneur n'y soit point relatée. — *Cass.*, 16 nov. 1829, Ponroy c. Bourdon; 2 mars 1836, Roy et Duval c. Delongy et Besnard; — Pardessus, *Traité des servitudes*, nº 269, et Solon, *Traité des servitudes*, nº 369. — V. cependant Delvincourt, t. 1er, p. 172, note 8e.

22. — L'art. 1337 n'est point applicable non plus en matière commerciale. — En pareille matière, au contraire, les juges peuvent s'arrêter à des présomptions pour reconnaître l'existence de la créance. — *Cass.*, 29 déc. 1835, Fonade c. Chaumont.

23. — Il est inapplicable également aux actes qu'énumère l'édit d'avr. 1667, comme propres à prouver la domanialité des biens de la couronne. — *Cass.*, 12 nov. 1838 (t. 2 1838, p. 450), commune de Provenchères.

24. — En résumé, tout acte qui se réfère à un titre antérieur rentre dans une des trois hypothèses suivantes : ou il résulte de cet acte que les parties n'ont voulu que *renouveler* le titre ancien; alors il conserve le caractère d'une *reconnaissance*, et non seulement il ne dispense pas de la représentation du titre véritable de la convention, mais encore il n'a de valeur qu'autant qu'il est exactement conforme à ce titre. Tout ce qui en diffère reste sans effet. — Teste, *loc. cit.*, nº 5.

25. — Ou les parties, en dressant une *reconnaissance* ou un *titre nouvel*, ont expressément déclaré qu'elles veulent modifier le titre primitif, en y introduisant de nouvelles conventions; dans ce cas, le nouvel acte doit-être combiné avec l'ancien, afin d'avoir la mesure des droits et des obligations qui en résultent. — Même auteur, *ibid.*

26. — Ou enfin le rappel d'un titre ancien a pour but de la part des parties d'en rectifier les irrégularités ou même d'y substituer un contrat nouveau, destiné à régler seul pour l'avenir leurs obligations et leurs droits : alors la règle de l'art. 1337, C. civ., cesse d'être applicable et la représentation du titre primordial n'est plus nécessaire, puisque le titre nouveau se suffit à lui-même. — Pothier, *Oblig.*, nº 147; Teste, *loc. cit.*, nº 5; Delvincourt, *Cours de Code civ.*, t. 2, p. 391, note 3e; Malleville, *Analyse du C. civ.*, art. 1337; Duranton, t. 13, nº 262; Toullier, t. 8, nºs 484 et suiv.; Rolland de Villargues, vº *Rente*, nº 125.

27. — Si, depuis l'abolition des rentes créées avec mélange de droits féodaux, celui qui devait une rente de cette nature s'est obligé d'en continuer le paiement, il ne peut plus invoquer la loi du 17 juill. 1793, lors même que l'acte rappellerait les actes antérieurs, s'il résulte des faits que les parties ont entendu opérer novation. — En ce cas, l'obligation a une cause naturelle suffisante pour la validité de l'acte. — *Cass.*, 3 (et non 2) juill. 1811, Rigaud c. Berjaud.

28. — La disposition de l'art. 1337, portant que les actes récognitifs ne dispensent pas de la représentation du titre primonial ne s'applique point au cas où le nouveau titre a pour objet non de reconnaître l'acte primitif, mais de constater une obligation préexistante dont le titre aurait été détruit ou n'aurait jamais existé. — Du moins, l'arrêt qui le décide ainsi par interprétation des termes de l'acte litigieux échappe à la censure de la cour de Cassation. — *Cass.*, 29 janv. 1829, Agnès c. Caro; — Rolland de Villargues, vº *Rente*, nº 125; Toullier, t. 10, nº 301.

29. — Il pourrait arriver néanmoins que les titres récognitifs ne continssent point une relation suffisante du titre primordial et que ce titre ne pût lui-même être représenté, sans qu'il y eût cependant de la faute du créancier. — Fallait-il, en pareil cas, rejeter *de plano* toute réclamation de sa part et affranchir le débiteur d'une obligation peut-être légitime? — Evidemment non. — Le Code contient sur ce point une disposition expresse.

30. — En pareil cas, dans l'ancien droit, s'il y avait plusieurs reconnaissances conformes, dont quelqu'une fût ancienne, ou même *une seule ancienne*, et soutenue de la possession, elles pouvaient équipoller au titre primordial, et dispenser le créancier de rapporter ce titre, surtout lorsqu'il était très-ancien. — Pothier, *Oblig.*, nº 777.

31. — Jugé qu'avant le Code civil une seule reconnaissance a pu suffire pour établir une rente.

— *Cass.*, 24 vendém. an XIII, Jacoux, Mouly c. de Lasalle.

32.— Le troisième paragraphe de l'art. 1337 consacre les mêmes dispositions : la seule modification qu'il y ait introduite consiste à exiger plusieurs reconnaissances conformes, alors même que l'une d'elles remonterait à plus de trente ans, tandis qu'auparavant, ainsi qu'on vient de le voir, une seule reconnaissance ancienne suffisait.

33. — La disposition de l'art. 1337, C. civ., d'après laquelle il faut qu'il existe plusieurs reconnaissances soutenues de la possession et dont l'une aurait plus de trente ans de date, pour que le créancier puisse être dispensé de la représentation du titre primordial, ne s'applique point aux actes antérieurs au Code civil. A l'égard de ces actes, une seule reconnaissance est suffisante. — *Pau*, 11 août 1828 (et non 1827), Agnès c. Caro. — V. cet arrêt sous *Cass.*, 29 janv. 1829.— V. cependant *contrà* même cour, 30 janv. 1828, Carricondo de l'Arribar c. Dubart.

34.— Lorsque le titre constitutif d'une rente n'est pas représenté, il y peut être suppléé par des actes dont on peut induire la reconnaissance de la rente. — *Rennes*, 13 juin 1810, propriétaire des forges de Gaimpont c. Domaine.

35.— Les juges peuvent, suivant les circonstances, reconnaître l'existence d'une ancienne rente, encore bien que le créancier ne rapporte pas le titre primordial; par exemple, s'il est prouvé que la maison du créancier a été pillée et incendiée, lors de nos troubles civils, et s'il existe d'ailleurs dans la cause des présomptions graves, précises et concordantes. — *Poitiers*, 17 févr. 1825, Durand c. Lavoyrie.

36.—Le dernier paragraphe de l'art. 1337 a donné lieu à quelques critiques. Copiée dans Dumoulin et dans Pothier, cette disposition pouvait être très utile en matière féodale, et lorsqu'il s'agissait de concession de fief, ou de défendre les vassaux contre l'influence et les usurpations des seigneurs ; mais aujourd'hui, l'on ne voit pas comment une simple reconnaissance, qui n'est autre chose qu'un aveu par écrit, ne ferait pas pleine foi d'après l'art. 1335.

37. — Pour concilier l'art. 1337 avec les véritables principes, on a essayé de distinguer entre les personnes auxquelles l'acte récognitif est opposé. Delvincourt (t. 2, p. 621, note 2e) décide que la reconnaissance, de quelque manière qu'elle soit rédigée, fait foi contre celui de qui elle émane, ainsi que contre ses héritiers, parce que c'est réellement un aveu par écrit, mais qu'elle ne fait pleine foi à l'égard des tiers que lorsqu'elle réunit les conditions exigées par l'art. 1337. —M. Duranton (t. 13, no 263) admet cette opinion, en ce qui touche les effets de la reconnaissance vis-à-vis de celui de qui elle émane et de ses héritiers ; à leur égard, peu importe de quelle manière la reconnaissance a été rédigée, qu'elle soit ou non ancienne, etc., pourvu qu'elle soit claire et certaine. Mais les cohéritiers du reconnaissant, ses codébiteurs solidaires et ses cofidéjusseurs ne sauraient être liés par l'acte récognitif qu'autant qu'ils y seraient intervenus, lors même que la teneur du *titre primordial y serait spécialement relatée*, car une semblable reconnaissance est à leur égard *res inter alios acta*, en sorte qu'ils peuvent toujours, si on les poursuit, exiger la représentation du titre primordial, par lequel ils sont ou se sont obligés.

38. — Un juge peut sans violer la loi ordonner le paiement d'une dette avouée en justice, bien qu'on ne lui en exhibe ni le titre primitif ni le titre récognitif — *Cass.*, 22 avr. 1828, Lafonta c. Boc.

39.— « Du reste, ajoute M. Duranton *(ibid)*, la reconnaissance prouverait la convention, *rem ipsam*, à l'égard des autres créanciers du débiteur, encore qu'elle eût moins de trente ans, et que la teneur du titre primordial n'y fût pas spécialement relatée; et, en conséquence, le créancier pourrait prendre inscription, si elle les y autorisait, renouveler celle qu'il avait déjà prise, et se présenter dans toutes les distributions de deniers. » Cette dernière partie de l'opinion de M. Duranton, contraire à celle de Delvincourt, est sans doute fort rationnelle, mais si on l'admet, que devient la dernière partie de l'art. 1337 ?

40. — Les conditions imposées par l'art. 1337 à la dispense de représenter le titre primordial lorsque ces circonstances n'en relatent point la teneur portent donc — sur le nombre des reconnaissances produites, — sur leur conformité entre elles, — sur leur ancienneté, ou du moins de l'une d'elles (30 ans), — enfin sur une possession conforme.

41. — Depuis le Code civil, il n'est pas nécessaire de représenter un titre primordial, lorsqu'on produit des reconnaissances plus que séculaires, et soutenues par une possession conforme. — *Cass.*, 5 juill. 1837 (t. 1er 1840, p. 266), Bon c. fabrique de Sauveterre.

42. — Jugé qu'on peut demander le paiement d'une rente foncière, quoique le titre primordial ne soit pas représenté, si l'on y supplée par des reconnaissances des débiteurs. — *Rennes*, 7 janv. 1814, Aleno de Saint-Allouane c. Thourot.

43. — Les titres récognitifs d'une rente, passés antérieurement au Code civil, et contenant confession de la dette, peuvent dispenser de la représentation du titre primordial. — *Cass.*, 3 juin 1835, Souchal c. Bidon de Villemonteix.

44. — Sous l'empire de l'ancien droit, et particulièrement de la cout. du Poitou, la représentation du titre primordial concernant les rentes foncières pouvait être suppléée par des reconnaissances, anciens baux et autres documens, surtout à l'égard des communautés ecclésiastiques. — Les lois nouvelles, loin d'apporter aucune dérogation à ces principes, les ont, au contraire, confirmés. — *Limoges*, 29 août 1839 (t. 1er 1840, p. 58), Maumy, Doussinaud, Huguet c. les administrateurs de l'hospice de Limoges.

45. — D'après les lois des 15 mars 1790, tit. 2, art. 29; 15 juin 1791, et le décret du 25 août 1792, art. 5, ceux qui se prétendaient propriétaires d'une rente foncière devaient, à défaut de titre constitutif de cette rente, justifier de deux reconnaissances conformes et énonciatives d'une plus ancienne ; de plus, ces reconnaissances devaient n'être pas contredites par des reconnaissances antérieures et être soutenues d'une possession de quarante ans.

46. — Jugé qu'à défaut de représentation du titre primordial, ou des *deux reconnaissances prescrites par ces lois* pour y suppléer, une banalité ne doit pas être maintenue comme étant le résultat d'une convention passée entre une communauté d'habitans et un particulier non seigneur. — *Cass.*, 16 nov. 1836 (t. 1er 1837, p. 353), commune de Belgencier c. Ruel et de Panisse.

47. — Le créancier d'une rente n'est pas obligé d'en rapporter le titre primordial, lorsqu'il représente un arrêt très ancien qui en a ordonné le paiement, et qu'il prouve, en outre, que la rente a été servie pendant plusieurs siècles, en vertu de cet arrêt. — *Cass.*, 19 déc. 1820, hospice d'Évreux c. Hochon.

48. — L'une des deux reconnaissances que la loi du 15 mars 1790 exige, à défaut du titre primordial d'une rente, pour forcer le débiteur à en continuer le service, peut être remplacée par une sentence ou autres actes authentiques. — *Cass.*, 16 juin 1835, Bazennerye c. hospice de Limoges.

49.— Au reste, le contrat par lequel l'acquéreur est chargé de payer une rente au lieu et place du vendeur n'opère pas reconnaissance de la rente, quand le crédi-rentier n'y est point intervenu. En conséquence, celui-ci n'en est pas moins tenu de représenter le titre primordial. — *Paris*, 2 déc. 1836 (t. 1er 1837, p. 276), compagnie du Cotentin c. Duparc.

50. — Dans le concours des circonstances énumérées dans le paragraphe final de l'art. 1337, le créancier *peut être dispensé* de représenter le titre primordial.—Ces expressions indiquent clairement que le juge appelé à apprécier ces circonstances conserve toute sa liberté, et pourrait, s'il ne se trouvait suffisamment éclairé ni convaincu, exiger la production de ce titre.— A cet égard, la loi s'en réfère à sa sagesse, son appréciation est souveraine. — Teste, *Encyclop. du droit*, vo *Acte récognitif*, no 7.

51.— Jugé, en conséquence, qu'en appréciant et interprétant des titres nouvels comme actes interruptifs de la prescription, un tribunal a pu leur refuser ce caractère sans violer les dispositions de l'art. 1337, C. civ., relatives aux actes nouvels ou récognitifs. — *Cass.*, 2 août 1837 (t. 2 1837, p. 345), préfet de Seine-et-Oise c. Corron.

52. — De même, l'arrêt d'une cour royale qui juge que l'exécution donnée à une sentence d'adjudication dans laquelle se trouvent énoncés des droits d'usage et une reconnaissance de ladite servitude d'usage, et dispense d'en représenter le titre primordial, ne contient qu'une simple appréciation des actes et des faits de la cause, et échappe, dès-lors, à la censure de la cour de Cassation. — *Cass.*, 2 mars 1836, Roy et Duval c. de Fongy et Besnard.

53. — Enfin, l'arrêt d'une cour d'assises qui, en réunissant les élémens résultant des pièces du procès, déclare qu'elles présentent un acte récognitif, est une interprétation qui échappe à la censure de la cour de Cassation. — *Cass. belge*, 2 mai 1835, Talboom.

54. — En tous cas, les circonstances énumérées par l'art. 1337 doivent se trouver réunies ; à défaut d'une seule, le principe reprend toute sa force, et le juge ne pourrait dispenser de représenter le titre primordial. — En effet, la représentation de ce titre est la règle; la dispense, l'exception ; or, toute exception doit être rigoureusement renfermée dans les conditions qui lui sont imposées ; si l'une de ces conditions vient à manquer, on doit revenir à la règle. — Teste, *loc. cit.*, no 8.

55. — Ainsi, une seule reconnaissance, eût-elle trente ans, ne suffirait point au créancier, alors même que le titre serait perdu, et il ne pourrait plus que provoquer l'aveu ou le serment du débiteur, ou établir, dans les cas permis, la preuve par témoins de la perte du titre et de sa teneur.— Toullier, t. 8, no 487, et Rolland de Villargues, *loc. cit.*, no 37.

56. —L'acte récognitif doit être donné avant l'époque fixée par la loi pour que la prescription soit acquise. « Après vingt-huit ans de la date du » dernier titre, porte l'art. 2263, C. civ., le débiteur » d'une rente peut être contraint à fournir à ses » frais un titre nouvel à son créancier ou à ses » ayant-cause. » — V. TITRE NOUVEL.

ACTE RESPECTUEUX.

Table alphabétique.

ACTE RESPECTUEUX. — 1. — Acte par lequel les enfans qui ont atteint l'âge après lequel le consentement des père et mère ou des ascendans n'est plus indispensable pour la validité du mariage demandent à ceux-ci *conseil* avant de le contracter.

—

§ 1er. — *Historique.*

2. — Chez les Romains, où les enfans ne pouvaient jamais s'affranchir de la puissance paternelle, le consentement du père était rigoureusement exigé pour la validité du mariage de l'enfant, quel que fût son âge (L. 2 et 18, ff., *De nuptiis*). La seule dérogation à ce principe consistait dans la faculté qui appartenait à l'enfant de s'adresser au magistrat, lorsque le refus du consentement n'était basé sur aucun motif légitime. — L. 19, *eod. tit.*

3. — Ce système a été adopté par le Code Frédéric. — Partie 1re, liv. 2, tit. 2, *De sponsalibus*, § 22.

4. — Au contraire, en France, la loi du 20 sept. 1792 reconnut aux enfans devenus majeurs le droit de s'affranchir de toute autorité, à l'égard des père et mère, pour contracter mariage, et, dès-lors, celui de le contracter sans avoir besoin de leur demander ni consentement ni conseil.

5. — Tel est aussi le principe adopté par le droit anglais. — Blackstone, *Lois anglaises*.

6. — Entre ces deux systèmes, dont l'un exagérait et l'autre méconnaissait les droits de la puissance paternelle, était venue se placer, dès l'abord, en France, une législation qui, tenant un milieu juste et sage, fixait une majorité spéciale pour le mariage (trente ans pour les enfans mâles, — vingt-cinq ans pour les filles), et leur permettait de se marier après avoir fait *sommation* à leurs père et mère d'accorder leur consentement. L'usage et la nécessité de cette *sommation* appelée *respectueuse* ont été consacrés par plusieurs dispositions, tels que l'Edit de Henri II de fév. 1556; — la Déclaration de Louis XIII du 26 nov. 1639; — un arrêt de réglement du 26 nov. 1692, — et un Edit de Louis XIV de nov. 1697.

7. — Cette sommation ne pouvait être faite sans l'intervention du juge : « Les fils et les filles, même les veuves, dit l'arrêt de 1692, qui voudront faire sommer leurs pères et mères, aux termes de l'ordonnance, de consentir à leur mariage, seront tenus à l'avenir d'en demander permission aux juges des lieux du domicile de leurs père et mère, qui seront tenus de la leur accorder par requête. »

8. — Le nombre des sommations était de *trois* (arrêt de réglem. du parlement de *Toulouse*, 26 juin 1723), et la signification était faite par le ministère de notaires. — Arrêt de 1692.

9. — Le Code civil, en modifiant essentiellement le principe de la loi de 1792, a consacré de nouveau la nécessité des sommations respectueuses qu'on appelle maintenant *actes respectueux*.

§ 2. — *Dans quels cas il y a lieu à la notification des actes respectueux.*

10. — Les enfans ne peuvent, jusqu'à l'âge de vingt-cinq ans pour les fils et de vingt-un ans pour les filles, se marier sans le consentement des père et mère ou autres ascendans. — V. MARIAGE. — Mais à partir de cet âge, il leur suffit de demander *par acte respectueux et formel le conseil* de leur père et de leur mère, ou celui de leurs aïeuls et aïeules lorsque leurs père et mère sont décédés ou dans l'impossibilité de manifester leur volonté. — C. civ., art. 151.

11. — Depuis vingt-cinq ans jusqu'à trente pour les fils, et depuis vingt-un ans jusqu'à vingt-cinq accomplis pour les filles, le premier acte respectueux doit être renouvelé deux autres fois de mois en mois, et le mariage ne peut être célébré qu'un mois après le troisième acte. — C. civ., art. 152.

12. — *Après trente ans* (dit l'art. 153) il peut être, à défaut de consentement sur un acte respectueux, passé outre un mois après à la célébration du mariage.

13. — Bien que l'art. 153 ne reproduise pas la distinction établie par les art. 148 et 152 entre les fils et les filles, cependant il résulte de sa combinaison avec ces deux articles que l'âge de trente ans n'est fixé que pour les fils et non pour les filles.

14. — C'est ainsi qu'il a été décidé que la fille majeure de vingt-cinq ans, mais âgée de moins de trente ans, n'est pas tenue de réitérer deux fois l'acte respectueux. — *Bordeaux*, 22 mai 1806, Crouzeiller; *Besançon*, 24 mai 1808, Barcot; *Bourges*, 2 janv. 1810, Charriot c. Savornin; *Paris*, 19 (et non 21) sept. 1815, Vengny. — V. Pothier, *Mariage*, no 82; d'Héricourt, *Lois ecclésiastiques*, chap. 3, art. 1er, no 23; Vazeille, *Traité du mariage*, t. 1er, no 135; Rieff, *Actes de l'état civil*, no 182; Delvincourt, t. 1er, p. 57, note 1re; Coin-Delisle et Roger, *Actes de l'état civil*, p. 57; Delaporte, *Pandectes françaises*, sur l'art. 76, C. civ.; Marcadé, *Elém. du dr. civ. franç.*, sous l'art. 153; Collinières, *Encycl. op. du dr.*, vo *Actes respectueux*, no 12; Duranton, t. 2, no 108; Toullier, t. 1er, no 548, et Pezzani, *Tr. des emp. au mariage*, no 23.

15. — L'obligation de demander par des actes respectueux le conseil des père et mère est applicable aux enfans naturels légalement reconnus. — C. civ., art. 158.

16. — Mais elle n'est pas applicable aux enfans adoptifs. — En effet, bien loin que la loi prescrive ce devoir, l'art. 348 porte que l'adopté reste dans sa famille naturelle et y conserve ses droits. — Favard, vo *Acte respectueux*, t. 1er, p. 83, et Collinières, *loc. cit.*, no 18.

17. — L'appel du jugement qui nomme à un individu un conseil judiciaire étant suspensif, il s'ensuit que cet individu peut, tant que cet appel n'est pas vidé, faire, sans l'assistance du conseil, des sommations respectueuses pour obtenir leur consentement à son mariage. — *Toulouse*, 29 janv. 1821, Roquelaine.

18. — Le mariage contracté à l'étranger entre un Français et une étrangère est nul s'il n'a pas été précédé de publications faites en France conformément à l'art. 63 (C. civ., art. 170). — Il est également nul si le Français même âgé de plus de vingt-cinq ans n'a pas préalablement demandé le conseil de ses père et mère par un acte respectueux. — C. civ., art. 151, 152, 153 et 170; — *Cass.*, 6 mars 1837 (t. 1er 1837, p. 175), P...

19. — En cas d'absence de l'ascendant auquel eût dû être laissé l'acte respectueux, il sera passé outre à la célébration du mariage en représentant le jugement qui aurait été rendu pour déclarer l'absence, ou, à défaut de ce jugement, celui qui aurait ordonné l'enquête, ou, s'il n'y a pas encore eu de jugement, un acte de notoriété délivré par le juge de paix du lieu où l'ascendant a eu son dernier domicile connu. — Cet acte doit contenir la déclaration de quatre témoins appelés d'office par le juge de paix. — C. civ., art. 155.

20. — L'acte de notoriété prescrit dans ce cas n'a pas besoin d'être homologué par le tribunal; l'art. 155 ne l'exige pas, à la différence de ce qui est prescrit par l'art. 72 à l'époux qui ne peut représenter son acte de naissance. — La constatation de l'absence des ascendans est, en effet, beaucoup moins importante que celle de la naissance des époux: on conçoit donc que les prescriptions de l'art. 72 soient plus sévères que celles de l'art. 155. — Marcadé, art. 155, no 3.

21. — Si le lieu du dernier domicile ou du décès de l'ascendant était inconnu, un avis du conseil d'état approuvé le 4 therm. an XIII a décidé qu'à défaut d'actes de décès, et si sa non présence sans nouvelles ne peut être prouvée dans la forme prescrite par l'art. 155, il pourrait être procédé à la célébration sur la déclaration par serment de l'enfant majeur que le lieu du décès ou du dernier domicile de l'ascendant lui est inconnu; cette déclaration sera certifiée par quatre témoins qui en feront une pareille. De tout quoi il sera fait mention dans l'acte de célébration. — Pezzani, no 374, et Marcadé, art. 155, no 4.

22. — Si la résidence de l'absent était connue, l'enfant ne serait pas dispensé de lui faire notifier des actes respectueux, quel que fût son éloignement et quelque retard que dût en éprouver le mariage. — Pezzani, no 376.

23. — En cas d'interdiction ou de condamnation à une peine emportant mort civile ou à la réclusion ou aux travaux forcés, la représentation du jugement suffira pour qu'il puisse être passé outre à la célébration, si, toutefois, il n'y a pas d'autre ascendant dont on doive requérir le conseil. — Pezzani, no 377; Toullier, t. 1er, p. 457, et Collinières, *loc. cit.*, no 23.

24. — Si l'ascendant est sous le coup d'une condamnation emportant mort civile, Toullier (t. 1er, no 457) distingue si la condamnation a été rendue contradictoirement ou par contumace : dans le premier cas, le condamné étant mort aux yeux de la loi ne peut manifester sa volonté, et son fils ou descendant n'a pas besoin de lui notifier d'acte respectueux; dans le second cas, le descendant devra faire notifier l'acte respectueux tant que le délai de grace de cinq ans ne sera pas écoulé, ou faire constater son absence suivant la prescription de l'art. 155, C. civ.; mais après l'expiration des cinq ans, comme la mort civile est encourue, il suffira de représenter le jugement de condamnation.

25. — Il ne faut pas conclure des termes de l'art. 155 que toutes les fois que l'ascendant auquel l'enfant majeur aurait dû adresser un acte respectueux sera absent, il suffira de constater cette absence pour pouvoir contracter mariage, alors même qu'il y aurait d'autres ascendans présens; dans ce dernier cas, il faut recourir à l'art. 151, qui prescrit de faire la notification à l'ascendant supérieur, lorsque celui qui le précède est dans l'impossibilité de manifester sa volonté. — L'art. 155 ne s'appliquera donc littéralement qu'autant qu'il n'y a pas d'ascendans d'un degré supérieur à celui de l'absent. — Marcadé, art. 155, no 1er.

26. — Remarquons, au surplus, que le consentement des ascendans supérieurs ou les notifications à eux faites conformément à l'art. 151 ne suffiraient point pour autoriser l'officier de l'état civil à célébrer le mariage : l'absence de l'ascendant plus proche doit toujours être constatée, l'art. 155 est absolu et doit être dans tous les cas obéi.

27. — S'il n'y a aucun ascendant, ou si tous ceux qui existent sont dans l'impossibilité de manifester leur volonté, les fils ou filles mineurs de vingt-un ans ne peuvent contracter mariage sans le consentement du conseil de famille (C. civ., art. 160). — Dans ce cas, si l'enfant a plus de vingt-un ans, il n'a ni consentement ni conseil à demander, et par conséquent pas d'acte respectueux à notifier. — Marcadé, art. 155, no 2. — V. MARIAGE.

§ 3. — *Caractères de l'acte respectueux. — Termes. — Pouvoir. — Liberté.*

28. — L'acte respectueux est une marque de déférence donnée par l'enfant à ses ascendans; il ne faut donc pas que les termes dans lesquels il serait rédigé lui fassent perdre ce caractère; en un mot, il doit être *respectueux*. — Aussi la loi dit-elle que l'enfant demandera le *conseil* de ses père et mère ou aïeuls. — C. civ., art. 151; — Collinières, *loc. cit.*, no 35.

29. — Jugé par suite qu'on ne peut considérer comme respectueux, et par conséquent comme remplissant le vœu de l'art. 151, C. civ., l'acte par lequel un fils fait *sommation* à ses père et mère de lui donner conseil sur le mariage qu'il a l'intention de contracter, avec déclaration qu'en cas de refus il *agira comme s'ils avaient donné leur consentement*. — *Bordeaux*, 12 fructid. an XIII, Plandes; — Pezzani, *Tr. des empêchem. au mariage*, no 352.

30. — Toutefois, la cour de Cassation a déclaré valables des actes respectueux dans une espèce où l'enfant avait requis le *consentement* au lieu de demander *leur conseil*, et avait protesté, *en cas de refus, de passer outre au mariage dont il était dans la ferme intention de ne pas abandonner le projet* (*Cass.*, 24 déc. 1807, Dalbiat). — La protestation contenue dans l'acte aurait pu être considérée comme lui faisant perdre son caractère de respectueux. La cour s'est sans doute attachée principalement à l'*ensemble* des trois actes, dont le premier surtout contenait des expressions respectueuses.

31. — Dans tous les cas, il est constant que le mot *conseil*, dont la loi se sert, n'est pas sacramentel: c'est aux juges qu'il appartient d'apprécier les termes de l'acte pour décider s'il est réellement respectueux.

32. — Jugé, d'après ce principe, que l'emploi des termes *sommé* et *interpellé*, dans un acte respectueux, ne suffit pas pour entraîner la nullité de cet acte, lors surtout qu'il y est accompagné des mots *prières* et *humbles supplications*. — *Rouen*, 6 mars 1806, Morel; *Cass.*, 4 nov. 1807, mêmes parties; — Favard de Langlade, *Rép.*, vo *Acte respectueux*; Vazeille, *Tr. du mariage*, t. 1er, no 137; Merlin, *Rép.*, vo *Sommation respectueuse*, no 1er; *Tr. des empêchem. au mariage*, no 361; Collinières, *loc. cit.*, nos 33 et 36, et Marcadé, sous l'art. 151.

33. — De même, n'est pas nul l'acte respectueux dans lequel l'enfant requiert le *consentement* et non le *conseil* de ses parens, s'il ne contient d'ailleurs rien d'irrévérenciel. — *Bordeaux*, 22 mai 1806, Crouzeilles; *Liége*, 20 janv. 1813, Rellendorf; *Toulouse*, 27 juin 1821, Pouderoux; *Besançon*, 30 juill. 1822, de Saintoyant; *Bruxelles*, 4 nov. 1824, N...; *Amiens*, 8 avr. 1825, Ducroq.

34. — Doit-on considérer comme une marque d'irrévérence, et, dès-lors, comme viciant les actes respectueux, le fait par l'enfant d'avoir donné au notaire une seule procuration pour les signifier tous les trois? — La question est controversée.

35. — Plusieurs arrêts ont décidé qu'il y a nullité dans le fait d'avoir donné à l'avance une seule procuration, prouvant l'intention de n'avoir aucun égard aux conseils que les actes respectueux ont pour objet de demander, et devant dès-lors être considéré comme irrévérencieux. — *Rouen*, 19 mars 1828, Valette, et *Bruxelles*, 3 avr. 1823, Vanderdelst.

36. — Mais cette décision est repoussée par d'autres arrêts qui valident les actes respectueux, et refusent de considérer le fait d'avoir donné à l'avance *une seule procuration* comme une marque d'irrévérence. — *Caen*, 11 avr. 1822, Poignavant, et 24 fév. 1827, Pihan; *Bruxelles*, 26 déc. 1819; — Pezzani, *Tr. des empêchem. au mariage*, p. 243; Merlin (*Quest.*, vo *Actes respectueux*), qui critique l'arrêt du 3 avr. 1823; Collinières, no 32.

37. — La première de ces opinions semble préférable et plus en rapport avec l'objet des actes respectueux. — Si la loi ordonne la notification de trois actes respectueux de mois en mois, c'est dans l'espérance que, dans cet intervalle, l'enfant réfléchira sur la résistance prolongée de ses parens, et y trouvera peut-être la cause d'une détermination nouvelle. — Mais lui permettre de donner une seule procuration pour les trois actes n'est-ce pas l'autoriser à rejeter à l'avance leur *conseil*, et à se jouer d'un acte que l'on doit se garder de laisser dégénérer en une vaine formalité?

38. — En admettant, d'ailleurs, qu'une seule pro-

curation suffit, toujours serait-il vrai que chaque procès-verbal de notification devrait au moins contenir la preuve que la réponse des parens a été connue de l'enfant, et qu'il a persisté à requérir leur consentement.—*Douai*, 8 janv. 1828, Decluny. —V. toutefois Pezzani (nº 355), qui pense que la présomption est que l'enfant a eu connaissance des réponses.

39. — Il y a nullité des actes respectueux lorsqu'on n'y trouve pas la demande directe de conseil adressée aux père et mère par le fils de famille ou son fondé de pouvoirs. — *Montpellier*, 1er juill. 1817, Ginieis.

40. — Un des caractères essentiels des actes respectueux, c'est d'être *libres* et *volontaires* de la part de l'enfant. — En outre, l'esprit de la loi est de les considérer comme un moyen de rapprochement entre les parens et les enfans.

41. — Aussi, doit-on considérer comme bien rendu l'arrêt qui décide que les actes respectueux signifiés à ses père et mère par une fille qui s'est retirée dans la maison de celui qu'elle veut épouser, peuvent être annulés comme n'étant pas l'effet d'une volonté libre. — *Montpellier*, 31 déc. 1821, Marie L...; *Aix*, 6 janv. 1824, D... c. L...

42. — Et que, dans ce cas, les tribunaux peuvent ordonner que cette fille se retirera dans une maison qui lui sera indiquée par ses père et mère ou par la justice, et qu'elle y restera un certain temps pour y recevoir leurs conseils. — *Montpellier*, 31 déc. 1821; *Paris*, 21 fév. 1825, C...; 29 nov. 1836, Appert; —Pezzani, *Tr. des empêchemens au mariage*, nº 347.

43. — Jugé toutefois que de ce qu'une fille qui adresse des actes respectueux à son père s'est retirée de la maison paternelle, on ne doit pas nécessairement en induire que ses actes ne sont pas l'expression d'une volonté libre. — *Douai*, 27 mai 1835, Dautremer.

44. — ... Alors même qu'en quittant la maison paternelle, elle se serait retirée chez le père de celui qu'elle veut épouser. — *Agen*, 27 août 1829, Roussanes; *Paris*, 26 avr. 1836, Verest.

45. — ... Et que celui avec qui elle veut contracter mariage y résiderait aussi. — *Amiens*, 18 janv. 1840 (t. 2 1841, p. 489), Quaniaux.

46. — Un père ne peut exiger que sa fille quitte le domicile qu'elle s'est choisi, notamment celui de son amant, et se transporte dans une maison tierce indiquée, pour y recevoir sa réponse aux actes respectueux (*Bruxelles*, 18 juill. 1808, Neglens; *Cass.*, 21 mars 1809, Foliguier), attendu que la loi ne prescrit pas ces mesures. — Vazeille, *Tr. du mariage*, t. 1er, nº 139.

47.—Jugé même que les magistrats ne peuvent, en déclarant valables des actes respectueux faits par une fille, ordonner, avant de statuer sur la main-levée de l'opposition formée par le père au mariage, que celle-ci comparaîtra en personne devant son père et le président du tribunal, afin de déclarer si elle a notifié lesdits actes librement et sans contrainte (*Bruxelles*, 4 avr. 1811, Vandermersch); mais cette décision est critiquée avec raison par Pezzani, nº 347. — Il est évident, en effet, qu'une telle mesure, bien que le Code n'en dise rien, est dans le vœu de la loi, qui, d'ailleurs, ne la défend pas. — Vazeille, *ibid.*

48. — Jugé encore dans ce sens, mais sans plus de raison, qu'un tribunal ne peut, avant de statuer sur l'opposition au mariage, ordonner la comparution à huis clos du père et de la fille, pour les entendre tous deux sur les actes respectueux. —*Rouen*, 17 janv. 1820, Fulgence.—V. en sens contraire *Riom*, 30 juin 1817, Devolongat.

49. — Alors surtout que cette mesure aurait pour effet de retarder le jugement du fond au-delà du délai légal. — Même arrêt. — V. MARIAGE.

50. — Jugé, dans tous les cas, que, en supposant que dans certaines circonstances les tribunaux puissent ordonner quelquefois à une fille qui fait signifier les actes respectueux, étant dans la maison de celui qu'elle se propose d'épouser, de quitter cette maison pendant un temps déterminé, ils ne le peuvent pas lorsqu'elle y est retirée depuis plusieurs années, et qu'elle est âgée de près de vingt-sept ans, parce que, dans ce cas, la morale publique exige que la justice s'empresse de faire cesser le scandale d'une union illicite. — *Caen*, 26 août 1824, Rousse de la Villeneuve.

§ 4.—*Notification des actes respectueux.—Notaire.—Présence de l'enfant.—Pouvoir.—Témoins.—Notification.—Remise de l'acte.*

51. — Les actes respectueux sont notifiés par deux notaires ou par un notaire et deux témoins. —Art. 154. — Ce qui doit s'entendre en ce sens que les *deux notaires* ou le notaire et les deux témoins doivent être présens à la notification. — V. ACTE NOTARIÉ.

52. — Il n'est pas nécessaire que l'enfant soit présent à la notification de l'acte respectueux. — La jurisprudence est constante sur ce point, malgré quelques décisions contraires. — V. en ce sens: *Amiens*, 17 frim. an XII, Driencourt; *Rouen*, 6 mars 1806, Morel; *Bordeaux*, 22 mai 1806, Crouzelles; *Cass.*, 4 nov. 1807, Morel; *Bruxelles*, 18 juill. 1808, Néglens; *Angers*, 10 mars 1813, Troché (*solut. implic.*); *Liége*, 20 janv. 1813, Rottendorf; *Agen*, 1er fév. 1817, Sol; *Caen*, 27 juill. 1818, Régnier; 12 août 1818, Régnier; *Douai*, 22 avr. 1819, Saint-Remy; *Bruxelles*, 17 sept. 1819, N...; *Amiens*, 10 mai 1821, Coppès; *Toulouse*, 21 juill. (et non *Bruxelles*, 11 juill.) 1821, Mercier; *Besançon*, 30 juill. 1822 (et non 1823), de Saintoyant; *Rouen*, 7 oct. 1824, Piel; *Lyon*, 28 oct. 1827, Saint-Léger; *Douai*, 8 janv. 1828, Decluny; 15 fév. 1841 (t. 2 1841, p. 409), Boitel; 27 mai 1835, Dautreux; 5 sept. 1835, Castiau; *Paris*, 26 avr. 1836, Verest; *Lyon*, 15 déc. 1841 (t. 1er 1842, p. 395), Perel; *Colmar*, 12 juin 1844 (t. 2 1844, p. 479), A... — Malleville, *Analyse du C. civ.*, t. 1er, p. 174; Merlin, *Quest.*, vº *Actes respectueux*; Toullier, t. 1er, nº 491; Favard, *Rép.*, vº *Actes respectueux*; Duranton, t. 2, nº 111; Vazeille, t. 1er, nº 138; Coffinières, *loc. cit.*, nº 27; Marcadé, *Elém. dr. civ.*, art. 154.

53. — Décidé en sens contraire (*Angers*, 20 janv. 1809, Talourd), alors d'ailleurs que l'enfant ne s'est pas fait représenter par un fondé de pouvoir (*Caen*, 1er prair. an XIII, Lalonde); alors surtout qu'au bas du premier acte les père et mère ont exprimé le désir de voir l'enfant en personne. — Pothier, *Tr. du contr. de mariage*, nº 340; Delvincourt, t. 1er, p. 56, note 11e (Cela, dit-il, est plus convenable).

54. — Dans tous les cas il n'est pas nécessaire qu'il soit présent à la notification des deuxième et troisième actes, alors qu'il a été présent au premier et que ce n'est qu'après ce premier acte qu'il a quitté la maison paternelle. — *Caen*, 12 août 1818, Régnier.

55.—Jugé aussi qu'il y a nullité de l'acte respectueux auquel l'enfant n'a pas été présent, lorsque la réquisition de l'enfant au notaire et la notification de l'enfant au père rédigées en un seul contexte ne sont signées par l'enfant qu'à la suite de la notification, le notaire étant dans ce cas censé avoir agi sans pouvoir. — *Lyon*, 23 déc. 1831, Deschamps.

56. —... Et même que la nullité tirée du défaut de présence de l'enfant aux actes respectueux n'est pas réparée par la citation en conciliation donnée devant le juge de paix sur la demande en mainlevée de l'opposition au mariage, bien que cette citation ait pour objet de mettre en présence les père et mère de l'enfant. — *Caen* (et non *Agen*), 1er prair. an XIII, Lalonde.

57. — Si la présence de l'enfant n'est pas indispensable, doit-il au moins être représenté par un fondé de pouvoir? La cour royale d'Angers l'a décidé ainsi par arrêt du 20 janv. 1809, Talourd.

58. — Mais cette décision doit être repoussée; il est évident, en effet, qu'il suffit que l'enfant donne pouvoir au notaire pour la notification des actes: le notaire est son mandataire, il n'en a pas besoin d'autre.

59. — Ainsi jugé que l'art. 154, C. civ., n'impose pas à l'enfant l'obligation de se faire représenter par un mandataire autre que les officiers ou l'officier ministériel, assisté de deux témoins qui doivent faire cette notification, et consigner dans le procès-verbal la réponse du père. — *Douai*, 15 fév. 1841 (t. 2 1841, p. 409), Boitel; 27 mai 1835, Dautreux.

60. — Un arrêt de la cour royale de Paris a même décidé que la notification ne pourrait être faite à la requête du mandataire de l'enfant. — Mais le nom de ce mandataire figurerait sans inconvénient dans l'acte de réquisition qui précède la notification. — *Paris*, 10 mars 1825, de Champeaux.

61. — De ce que l'enfant n'est pas obligé de se faire représenter par un mandataire autre que le notaire, il résulte que s'il a chargé le notaire lui-même de son mandat, il n'y a pas nullité. — Dans ce cas le notaire sera réputé avoir été officier instrumentaire pur et simple; et l'absence d'un fondé de pouvoir, d'un représentant, ne saurait vicier l'acte. — Pezzani, nº 355.

62. — Jugé toutefois, mais sans raison, qu'un notaire ne peut, pour le même acte respectueux, remplir le double rôle de mandataire de l'enfant et d'officier instrumentaire. — *Douai*, 8 janv. 1828, Decluny.

63. — De ce que l'enfant n'est pas obligé de nommer un fondé de pouvoir chargé de le représenter, il ne s'ensuit pas que la nomination qu'il aurait faite de ce fondé de pouvoir soit nulle et vicie l'acte respectueux. — V., en ce sens, *Amiens*, 17 frim. an XII, Driencourt.

64. — L'enfant doit donner pouvoir au notaire pour la notification des actes respectueux; mais ce pouvoir doit-il être exprès, et, dans tous les cas, le notaire est-il obligé d'en justifier?

65. — Jugé que le notaire n'a pas besoin de justifier d'un mandat préalable pour notifier un acte respectueux, sa qualité d'officier public faisant présumer ce mandat. — *Douai*, 27 mai 1835, Dautremer.

66. — Jugé encore qu'un acte respectueux n'est pas nul, par cela seul que le notaire n'avait pas une procuration spéciale. — *Bruxelles*, 29 mars 1820, D...

67.—Ces décisions paraissent susceptibles de critique. — En effet, il semble juste que les ascendans puissent exiger la justification du pouvoir donné par l'enfant (Pezzani, nº 348). — Cette liberté devrait d'autant mieux leur être accordée si l'on admettait, suivant notre opinion (V. *suprà* nº 37), que le pouvoir donné par l'enfant doit être renouvelé par chaque acte respectueux.

68. — Le pouvoir donné au notaire de notifier les actes respectueux peut être donné par acte public ou sous seing-privé, ou même par lettre. — C. civ., art. 1785.

69. — Le défaut de légalisation du pouvoir sous seing-privé donné par l'enfant au notaire n'entraîne pas la nullité de cet acte. — *Paris*, 19 oct. 1809, Minot c. Juliard.

70.—La notification d'un acte respectueux n'est pas suppléée par la simple signification du mandat donné au notaire pour le notifier. — *Bruxelles*, 30 janv. 1813, Brouinex; 14 déc. 1816, Vaudormael.

71. — Il n'est pas nécessaire que copie de la procuration soit donnée dans chacun des actes respectueux. — *Rouen*, 7 oct. 1824, Piel.

72. — L'acte rédigé par le notaire doit, pour être valable, renfermer les conditions prescrites par la loi du 25 ventôse an XI pour les actes notariés. — Coffinières, *Encyclop. du dr.*, vº *Acte respectueux*, nº 31; Merlin, *Quest.*, vº *Acte respectueux*. — V. ACTE NOTARIÉ, NOTAIRE.

73. — Ainsi, notamment l'acte respectueux est nul, lorsque les témoins qui ont assisté le notaire étaient domiciliés dans un arrondissement autre que celui où l'acte a été rédigé. — *Angers*, 20 janv. 1809, Talourd.

74. — Jugé également que le failli qui ne s'est pas fait relever de sa faillite ne peut être témoin dans un acte authentique, par exemple dans un acte respectueux. — La maxime *error communis facit jus* ne peut être invoquée comme couvrant la nullité de l'acte, lorsque le fait de la faillite ne remonte pas à une époque éloignée, et a reçu toute la publicité possible, alors même que le failli serait demeuré inscrit sur les listes électorales et sur les contrôles de la garde nationale. — *Rouen*, 12 (et non 13 mai) 1839, Cheval.

75. — Jugé toutefois que le défaut d'indication de la demeure des témoins, dans le procès-verbal de signification d'un des actes respectueux, n'entraîne pas la nullité de ce procès-verbal, si les témoins qui y figurent sont les mêmes que ceux dont le notaire s'est fait assister dans les deux autres procès-verbaux où leur demeure se trouve indiquée (*Bruxelles*, 11 avr. 1810, Moucheron). — Mais cette décision, contraire à l'opinion de Merlin (*Quest.*, vº *Actes respectueux*), paraît également condamnée par les art. 12 et 68 (L. 25 vent. an XI), qui déclarent nuls les actes notariés dans lesquels la demeure des témoins ne se trouve pas mentionnée.

76. — Quelques inexactitudes dans l'énonciation des noms des témoins qui ont assisté à la notification des actes respectueux ne peuvent motiver la nullité de ces actes, surtout si l'identité des témoins ne peut être douteuse. — *Amiens*, 10 mai 1821, Coppin.

77. — L'original de la notification des actes respectueux doit, à peine de nullité, être revêtue de la signature du notaire et des témoins. — Coffinières, *loc. cit.*, nº 42.

78. — En est-il de même de la copie? — L'affirmative a été jugée à l'égard du notaire, et cela est sans difficulté. — *Bordeaux*, 12 fructid. an XIII, Hantey.

79. — Jugé toutefois qu'il n'est pas nécessaire, à peine de nullité, que la copie de l'acte respectueux soit signée des deux notaires, ou, à défaut du deuxième notaire, par deux témoins. — *Paris*, 26 avr. 1836, Verest; *Pau*, 1er mai 1824, N... — Mais cette dernière décision paraît motivée surtout par des circonstances de fait, notamment par la preuve, résultant de l'acte même, que la notification avait été faite concurremment par les deux notaires.

80. — A l'égard des témoins, la question est

controversée. — Plusieurs arrêts ont jugé que leur signature était indispensable, aussi bien sur la copie que sur l'original. — *Bordeaux*, 12 fruct. an XIII, Plantey; *Paris*, 12 fév. 1811, Hennequin; — Merlin, *Quest.*, v° *Actes respectueux*.

81. — Vazeille (*Tr. du mariage*, t. 1er, n° 136) est de cet avis, et il en donne une raison assez plausible. « Ce n'est pas, dit-il, parce que le notaire fait l'office d'huissier et que les témoins l'assistent en recors. C'est que la chose est dans la nature de l'acte, que l'art. 154 attribue sa formation à la coopération du notaire et des témoins, et que devant se former en deux exemplaires, un original et une copie, l'acte n'est parfait qu'autant que l'original et la copie sont également signés par le notaire et par les témoins. »

82. — Mais le système contraire est plus généralement adopté. Ainsi jugé qu'il n'est pas nécessaire, à peine de nullité, que les copies des actes respectueux soient signées des témoins, lorsque ces témoins ont signé les originaux. — *Caen*, 10 déc. 1819, Jouenne; *Montpellier*, 31 déc. 1821, L....; *Toulouse*, 7 juin 1830, Marty; *Paris*, 26 avr. 1836, Verest.

83. — Dans tous les cas, le père qui, ayant reçu la notification, y aurait fait une réponse dans l'acte même, serait non-recevable à la critiquer pour défaut de signature des témoins sur la copie. — *Toulouse*, 7 juin 1830, Marty.

84. — La jurisprudence qui dispense la copie de la signature des témoins nous semble préférable, et cela par les motifs exprimés dans l'arrêt de la cour de Caen du 10 déc. 1819 (cité *suprà*). « Attendu, porte cet arrêt, en ce qui concerne la forme de la notification, que, soit qu'on suppose que l'acte respectueux est un acte de notaire, soit qu'on suppose que ce soit, comme il a été prétendu, un acte d'huissier confié au notaire : dans le premier cas, il n'est pas vrai que le notaire doive faire signer les témoins à la copie de l'acte de notification, parce que les notaires ne sont sujets à cette formalité pour aucun des cas dépendans de leur ministère; qu'ils n'y sont pas davantage obligés dans le second cas, parce que les huissiers ne sont pas assujétis par une disposition générale à faire signer, par leurs recors, les copies qu'ils délivrent, qu'ils n'y sont obligés que dans certains cas spécifiés, et que celui-ci n'est pas du nombre. »

85. — Il n'est pas nécessaire que celui qui requiert la notification d'actes respectueux signe la copie dressée pour cette notification. — *Nimes*, 8 juill. 1831, Buisson; *Paris*, 26 avr. 1836, Verest; *Douai*, 27 mai 1835, Dautremer; 12 fruct. an XIII, Pantey.

86. — Jugé même d'une manière générale que l'art. 14, L. 25 vent. an XI, n'est pas applicable à la notification des actes respectueux, en ce sens qu'il n'y a pas nullité, parce que l'acte ne serait pas revêtu de la signature de l'enfant. — *Bruxelles*, 29 mars 1820, D...; *Besançon*, 30 juill. 1822, Desaintoyant.

87. — Lorsque l'enfant n'assiste pas à la notification de l'acte respectueux, le procès-verbal dressé par le notaire contient deux parties : 1° la réquisition faite par l'enfant de procéder à l'acte respectueux et le dressé de cet acte; 2° la notification elle-même. — De là est née la question de savoir si la réquisition et la notification forment ou non deux actes qui doivent renfermer chacun les formalités nécessaires pour leur perfection.

88. — Jugé comme conséquence du système affirmatif que dans le cas où l'enfant, pour se dispenser d'assister à la notification, se présente devant un notaire, et fait dresser l'acte respectueux, ce procès-verbal étant un acte notarié, doit, à peine de nullité, être revêtu de la signature des témoins et du notaire. Il ne suffirait pas que leur signature fût apposée au bas du procès-verbal de notification. — *Toulouse*, 2 fév. 1830, V... c. C...; — Pezzani, *Tr. des emp. au mar.*, n° 337; Rolland de Villargues, *Répert. du not.*, v° *Actes respectueux*, 2e édit., n° 37; Coffinières, *loc. cit.*, n° 43. — Dans la pratique la réquisition de l'enfant, adressée au notaire, est toujours signée par cet officier public et par les témoins.

89. — Jugé en sens contraire que, lorsqu'un acte respectueux est précédé d'une réquisition faite aux notaires, et signée par le fils, il n'est pas nécessaire que les notaires signent la réquisition; il suffit qu'ils apposent leurs signatures au pied du procès-verbal de notification. — La réquisition de notifier un acte respectueux et la notification qui en est la suite ne forment ensemble qu'un seul et même acte. — *Rennes*, 16 fév. 1826, Bruyer.

90. — Il faut remarquer toutefois que cet arrêt ne décide ainsi que parce que la réquisition et la notification sont deux actes successifs et presque simultanés, lesquels peuvent se faire de suite. — D'où l'on peut conclure que la décision serait différente si les deux actes étaient séparés par un intervalle de temps, comme, par exemple, si l'un était fait un jour et l'autre le lendemain.

91. — Jugé aussi qu'il n'est pas nécessaire que le notaire dresse un acte de notification distinct de l'acte respectueux. — *Douai*, 27 mai 1835, Dautremer.

92. — En tous cas, il y a nullité d'un acte respectueux qui n'énonce la présence des témoins qu'au moment de la réquisition faite par le fils au notaire de procéder à la notification de cet acte, sans constater la présence des témoins au moment même de la notification. — *Lyon*, 23 déc. 1831, Deschamps.

93. — Jugé également qu'il y a nullité de l'acte respectueux auquel l'enfant n'a pas été présent, lorsque la réquisition de l'enfant au notaire et la notification au père, rédigées en un seul contexte, ne sont signées de l'enfant qu'à la suite de la notification; dans ce cas, le notaire doit être considéré comme ayant agi sans pouvoir. — Même arrêt.

94. — Il n'est pas nécessaire pour la validité de l'acte respectueux qu'il soit laissé copie du procès-verbal de notification. — *Besançon*, 24 mai 1808, Barcot.

95. — L'omission dans le procès-verbal de notification des actes respectueux de la mention que copie en a été remise n'emporte pas nullité, lorsqu'il est d'ailleurs constant que cette formalité a été remplie. — *Bruxelles*, 18 juill. 1808, Neglens.

96. — Les actes respectueux peuvent être faits un jour férié (*Agen*, 27 août 1829, Roussanes; — Pezzani, *Tr. des emp. au mariage*, n° 367). — Les auteurs du *Nouveau Denisart* (v° *Fêtes*) enseignent une doctrine contraire.

97. — La nullité des actes respectueux peut être opposée en tout état de cause sur l'instance en opposition à un mariage, parce que c'est une nullité d'ordre public. — *Rennes* (et non *Poitiers*), 2 mars 1825, Bruyer.

98. — Jugé toutefois que le moyen tiré du défaut de liberté en ce que la fille qui notifie les actes serait retirée chez son amant, ne peut être opposé pour la première fois en cause d'appel. — *Agen*, 27 août 1829 (cité n° 96).

99. — La notification des actes respectueux doit être adressée à chacun des ascendans dont le conseil est requis, et copie leur doit en être laissée séparément. — La jurisprudence et la doctrine sont constantes sur ce point. — Duranton, t. 2, n° 106; Merlin, *Quest.*, v° *Actes respectueux*; Delvincourt, t. 1er, p. 56, note 9e; Vazeille, t. 1er, n° 134; Pezzani, *Tr. des emp. au mariage*, n° 362; Coffinières, *ibid.*, n° 37.

100. — Ainsi jugé que les actes sont nuls si le notaire, après s'être, dans le premier acte, adressé uniquement à la mère, sans s'informer de la présence du père, ne s'est adressé qu'au père dans les deux actes suivans. — *Bruxelles*, 5 mai 1808, Fruyt.

101. — De même, pour qu'un acte respectueux soit valable, il ne suffit pas que le notaire s'adresse au père, *tant en son nom qu'en celui de sa femme* : il faut que le notaire s'adresse au père et à la mère et fasse mention de la réponse de chacun d'eux. La nullité est alors d'ordre public. — *Douai*, 25 janvier 1815, Boidard.

102. — Les actes respectueux doivent être adressés et signifiés par copies séparées au père et à la mère. — V., dans le même sens, sur le principe, *Caen*, 12 déc. 1812, Boucquerel; *Montpellier*, 1er juill. 1817; Genieis, *Poitiers*, 2 mars 1823, N... c. N...; *Rennes*, 2 mars 1825, Bruyer (Cet arrêt pose en principe que laisser copie de l'acte respectueux est une formalité indispensable); *Paris*, 10 mars 1825, Dechampeaux; *Amiens*, 15 avr. 1837, Breton; 18 janv. 1840 (t. 2 1841, p. 489), Quaniaux.

103. — Le père peut former opposition au mariage de son fils lorsque celui-ci, en faisant signifier un acte respectueux, n'a pas formellement demandé le conseil de sa mère. — *Caen*, 7 janv. 1814, d'Epinay c. N...

104. — Jugé, toutefois, qu'il n'est pas prescrit, à peine de nullité, de laisser au père et à la mère, *au domicile commun*, deux copies des actes respectueux : il suffit d'une seule. — *Bruxelles*, 9 janv. 1824, Demunck.

105. — Et que, lorsque deux époux vivent en communauté, il n'y a pas nullité de l'acte respectueux que leur fait un de leurs enfans, parce qu'il n'aurait pas été laissé une copie à la femme, alors surtout qu'ils ont une volonté uniforme. — *Bruxelles*, 29 mars 1820, D...

106. — Est-il nécessaire que les actes respectueux soient signifiés à la personne même des ascendans, et ne suffit-il pas qu'ils le soient à son domicile?

107. — Il est constant, en principe, que la signification à domicile suffit. — *Bruxelles*, 21 frim. an XIII, Nieuwenhuisen; 18 juill. 1808, Neglens; *Lyon*, 22 avr. 1812, Granger; *Caen*, 23 janv. 1813, Leboulanger; *Bruxelles*, 30 janv. 1813, Bruinincix; *Agen*, 1er fév. 1817, Sol; *Caen*, 12 août 1818, Regnier; *Grenoble*, 1er déc. 1818, N...; *Douai*, 22 avr. 1819, Saint-Remy; *Bruxelles*, 17 sept. 1819, N...; *Caen*, 10 déc. 1819, Jouenne; *Amiens*, 10 mai 1821, Coppin; *Toulouse*, 27 juin 1821, Pouderoux.

108. — Alors surtout que l'absence de l'ascendant a été volontaire. — *Toulouse*, 21 juill. 1821, Mercier; *Limoges*, 15 janv. 1823, Descombes; *Pau*, 20 janv. 1824, N.....; 1er mai 1824, N.....

109. — ... Ou qu'il refuse la copie. — *Rennes*, 2 mars 1825, Bruyer; *Amiens*, 8 avr. 1825, Ducroq; *Cass.*, 11 juill. 1827, Thuet.

110. — .... Si, par exemple, les ascendans se tiennent absens pour ne pas recevoir le notaire. — *Lyon*, 28 oct. 1827, Saint-Léger; *Nimes*, 8 juill. 1830, Buisson; *Paris*, 26 avr. 1836, Verest; *Riom*, 28 janv. 1839 (t. 1er 1839, p. 618), N.....; *Lyon*, 15 déc. 1841 (t. 1er 1842, p. 395), Perret. — V. aussi sur ces différens points, Marcadé, *loc. cit.*, art. 154; Merlin, *Quest. de droit*, v° *Actes respectueux*; Toullier, t. 1er, n° 550; Delvincourt, t. 1er, p. 56, note 12e; Duranton, t. 2, n° 110; Vazeille, t. 1er, n° 136; Rolland de Villargues, v° *Actes respectueux*, n°s 43 et 46; Pezzani, *Tr. des empêch. au mariage*, n° 364 et suiv.; Coffinières, *ibid.*, n° 37.

111. — Il en doit être ainsi, même au cas où le domicile de l'ascendant est commun à lui et à l'enfant, s'il n'apparaît pas qu'on ait voulu éviter sa présence. — *Lyon*, 15 déc. 1841 (t. 1er 1842, p. 395), Perret.

112. — On comprend, en effet, que contraindre des notaires à des démarches réitérées et pénibles serait faire dépendre de l'ascendant l'effet d'un acte respectueux. — D'ailleurs, le principe de la liberté des mariages étant favorable, on doit interpréter la loi dans le sens qui en a facilité l'exécution, et ce, avec d'autant plus de raison que l'ascendant pourra faire connaître sa réponse dans un acte postérieur. — Coffinières, *loc. cit.*, n° 37.

113. — Mais est-il nécessaire, pour que la signification à domicile soit valable, que le notaire ait fait tout ce qui dépendait de lui pour trouver les ascendans en personne? — L'affirmative paraît résulter de plusieurs arrêts. — *Caen*, 23 janv. 1813, Leboulanger, et *Lyon*, 28 oct. 1827, Saint-Léger.

114. — Jugé aussi qu'en principe les actes respectueux devant être notifiés *à la personne* des père et mère, la remise de la copie ne doit être faite au maire que lorsque le notaire a employé tous les moyens possibles pour parler aux parens eux-mêmes. — *Caen*, 12 déc. 1812, Bouquerel. — V. toutefois Coffinières, *loc. cit.*, n° 38.

115. — Il y a nullité lorsque les actes respectueux ne sont pas remis à la personne même des père et mère, ou que, du moins, il n'est pas constaté par le procès-verbal des notaires que ceux-ci ont fait tout ce qui était en eux pour les trouver. — *Montpellier*, 1er juill. 1817, Ginieis, et *Bruxelles*, 3 avr. 1823, Vanderdilst. — V. *contrà* (impl.) sur la mention au procès-verbal; *Cass.*, 11 juill. 1827, Thuel.

116. — Décidé cependant que si l'ascendant est absent au moment de la notification, le notaire n'est pas tenu de se représenter. — *Bruxelles*, 18 juillet 1808, Neglens.

117. — Le système qui exige que les notaires fassent leurs efforts pour parler aux ascendans est évidemment dans le vœu de la loi, puisque l'art. 154 dit que le procès-verbal contiendra mention de la réponse de ceux-ci. — Toutefois, en l'absence d'un texte absolu et impératif, il nous paraîtrait impossible d'annuler un acte respectueux, par cela seul que le notaire n'aurait pas attendu l'ascendant à son domicile, ou ne se serait pas présenté de nouveau après lui avoir indiqué le moment auquel il reviendrait. Cela serait plus convenable, sans doute, mais une inconvenance n'est pas un motif suffisant de nullité.

118. — Jugé en ce sens qu'il n'est pas nécessaire que l'enfant, préalablement à la signification des actes respectueux, fasse sommation aux ascendans de se trouver chez eux à jour et heure et indiqués pour y répondre. — *Angers*, 10 mars 1813, Troché; *Agen*, 1er fév. 1817, Sol; *Toulouse*, 21 juill. 1821, Mercier; — Merlin, *Quest.*, v° *Acte respectueux*.

119. — En tous cas, l'acte signifié à domicile est valable, lorsqu'il résulte des circonstances de la cause que les notaires ont fait inutilement tous leurs efforts pour se présenter devant le père. — *Nimes*, 8 juill. 1830 et 8 juill. 1831, Buisson.

120. — Mais l'acte respectueux devrait facilement être déclaré nul si l'enfant avait pris ses mesures pour que les ascendans ne fussent pas rencontrés à leur domicile. — V. dans ses motifs *Toulouse*, 21 juill. 1821, Mercier. — En effet, dans ce cas il y aurait un manque de déférence qui ferait

perdre à l'acte son caractère de *respectueux*. — V. *contrà* Pezzani, nº 365.

121. — Il est nécessaire que les actes respectueux soient notifiés au nouveau domicile des père et mère, transporté dans une autre commune, bien que ces derniers n'aient point fait les déclarations exigées par la loi pour constater le changement de domicile, si, d'ailleurs, l'enfant en avait connaissance. — *Paris*, 10 mars 1825, de Champeaux.

122. — Si, dans l'intervalle entre la notification des trois actes respectueux, les père et mère viennent à changer de domicile, c'est au nouveau domicile que les actes non encore notifiés doivent l'être, à peine de nullité. — *Cass.*, 4 avr. 1837 (t. 2 1837, p. 352), Delabaume; — Toullier, t. 1er, nº 549.

123. — Il ne paraît pas que la notification de l'acte respectueux soit tellement assimilée aux exploits qu'ils doivent réunir toutes les conditions nécessaires pour la validité de ceux-ci. — Ainsi jugé qu'il n'y a pas nullité des actes respectueux en ce qu'ils ne contiendraient pas d'élection de domicile, et qu'ils donneraient une indication inexacte de la résidence de l'enfant, alors surtout qu'il n'apparaît pas que cette inexactitude ait été commise dans le but d'empêcher les conseils des parens d'arriver jusqu'à lui. — *Douai*, 5 sept. 1835, Castian.

124. — Lorsque les ascendans sont absens ou que le notaire ne peut parvenir jusqu'à eux, la copie des actes respectueux peut être remise au maire de la commune de préférence à un voisin. — *Caen*, 12 déc. 1812, Bouquerel; *Agen*, 1er fév. 1817, Sol. — En effet, il s'agit ici d'un acte d'une nature particulière, et le maire présente plus de garantie qu'un voisin. Cela exclut l'application de l'art. 68, C. procéd.

125. — Jugé, au contraire, par application rigoureuse de l'art. 68, C. procéd., que c'est à un voisin, et non pas au maire, que les actes respectueux doivent être remis, en cas d'absence des parens, et de leurs serviteurs ou domestiques. — *Montpellier*, 1er juill. 1817, Ginieis.

126. — Et que, lorsque l'ascendant ne se trouve pas chez lui, la copie doit être remise à ses parens ou domestiques, et, à leur défaut, au voisin ou au maire. — *Pau*, 20 janv. 1824, N...; *Lyon*, 15 déc. 1841 (t. 1er 1842, p. 395), Perret.

127. — La notification peut être valablement faite à la personne qui n'est que temporairement au service de l'ascendant. — *Bruxelles*, 11 avr. 1810, Moucheron.

128. — Elle *peut* être laissée au portier. — *Paris*, 16 avr. 1836, Verest.

129. — Dans tous les cas, si le voisin refuse de recevoir la copie, la remise doit être faite au maire ou à l'adjoint, et, à son défaut, au premier conseiller municipal, en suivant l'ordre du tableau. — *Riom*, 28 janv. 1839 (t. 1er 1839, p. 619), N. c. N.

130. — Lorsque la copie de l'acte respectueux est laissée au maire ou à l'adjoint de la commune, en l'absence de l'ascendant, il n'est pas nécessaire que l'original soit revêtu du visa exigé pour les exploits par les art. 68 et 70, C. procéd. — *Rouen*, 7 oct. 1824, Piel.

131. — Si l'ascendant est présent lorsque le notaire se présente, il doit consigner sa réponse sur le procès-verbal. S'il est absent, il peut, dans l'intervalle qui sépare les trois actes ou le dernier de ces actes et le mariage, faire signifier ses réponses. — Pezzani, nº 365.

§ 5. — *Renouvellement.*

132. — Les actes respectueux doivent, lorsque le fils est âgé de moins de trente ans et la fille de moins de vingt-cinq, être renouvelés deux fois de mois en mois. — C. civ., art. 152. — Ce délai se calcule de quantième à quantième, de telle sorte que l'acte respectueux notifié le 17 janvier est valablement réitéré le 17 février. — *Bordeaux*, 19 juin 1844 (t. 2 1844, p. 436), Boitard.

133. — Le renouvellement des actes respectuexu n'est nécessaire qu'autant qu'il n'intervient pas de consentement de la part des parens auxquels ils sont adressés.

134. — Si même le père seul consentait, il ne serait pas nécessaire de notifier d'autres actes à la mère, puisqu'en cas de dissentiment entre eux le consentement du père suffit. — Il en serait autrement si le refus venait du père, bien que la mère donnât son consentement. — C'est ce qui résulte de la combinaison des art. 115 et 148.

135. — De même s'il y a consentement de la part d'un aïeul de la ligne paternelle et maternelle, ou même d'une aïeule qui est seule dans sa ligne, le mariage peut être célébré sans délai et sans autres actes respectueux. — Arg. art. 150; — Marcadé, *ibid.*

136. — La règle *dies termini non computantur in termino* n'est pas applicable aux délais pour la signification des actes respectueux, le délai se compte de quantième à quantième. — *Paris*, 19 oct. 1809, Minot c. Juliard; *Bruxelles*, 29 mars 1820, D.; *Lyon*, 23 déc. 1831, Deschamps; — Coffinières, nº 14, et Pezzani, *Tr. des empêch. au mariage*, nº 331. — C'est ce qui résulte des expressions de la loi *de mois en mois*.

137. — Delvincourt (p. 56, note 13e) est d'un avis contraire. — Suivant lui, l'art. 1033 est applicable, et, ainsi, un acte respectueux signifié le 20 mai ne pourrait être renouvelé que le 21 juin. — « Les actes respectueux, dit-il, ne sont pas favorables; on doit donc observer toutes les formalités rigoureusement exigées par la loi. »

138. — Mais la signification d'un acte respectueux n'est pas nulle en ce qu'elle aurait suivi de plusieurs jours l'expiration du mois après lequel elle devait intervenir. — *Liége*, 20 janv. 1813, Rettendorf; — Pezzani, nº 333; Rolland de Villargues, *Rép.*, vº *Acte respectueux*, nº 75, et Coffinières, *loc. cit.*, nº 15.

139. — Les actes respectueux sont nuls lorsque l'enfant n'a fait faire qu'une seule sommation, et s'est borné, pour les deux autres sommations prescrites par la loi, à faire signifier copie à ses ascendans de la première sommation, sans que ces significations constatent l'existence de deux nouveaux actes énonçant une nouvelle comparution devant les notaires, et une nouvelle expression de sentimens. On ne peut dire que, dans ce cas, l'acte respectueux ait été renouvelé dans le sens de la loi. — *Rennes*, 9 oct. 1818, N....

140. — Toutefois, il n'est pas nécessaire que les renouvellemens d'actes respectueux soient rédigés séparément, en termes distincts et en autant d'originaux: ainsi, il n'y aurait pas nullité parce que la copie du premier aurait été représentée. — *Besançon*, 30 juill. 1822, Desaintoyant.

141. — La publication du mariage qui aurait été faite entre les actes respectueux n'en entraîne pas la nullité en leur retirant le caractère de respectueux. — *Colmar*, 12 juin 1844 (t. 2 1844, p. 479), A...

142. — Ce n'est qu'après un mois depuis le troisième acte respectueux qu'il peut être passé outre à la célébration du mariage. — C. civ., art. 152. — On a dû dès-lors déclarer non-recevable la demande en main-levée d'opposition à mariage formée par la fille âgée de moins de vingt-cinq ans avant l'expiration du délai d'un mois à partir du dernier acte respectueux par elle notifié à ses père et mère. — *Amiens*, 18 janv. 1840 (t. 2 1841, p. 489), Quaniaux.

143. — Lorsqu'il n'y a pas eu d'actes respectueux dans les cas où ils sont prescrits, l'officier de l'état civil qui a célébré le mariage doit être condamné à une amende de 16 à 300 fr., et à un emprisonnement qui ne peut être moindre d'un mois. — C. civ., art. 156, 157 et 192, et C. pén., art. 193.

144. — Aucune disposition n'a fixé le maximum de l'emprisonnement prononcé dans ce cas. — Cependant, il ne paraît pas qu'il doive être de plus d'une année. — C'est ce qui résulterait de la combinaison des art. 156, C. civ., et 193, C. pén., avec l'art. 157, C. civ. — En effet, l'art. 193, C. pén., prononçant un maximum d'emprisonnement d'une année contre l'officier de l'état civil qui ne s'est pas assuré de l'existence du consentement des père et mère au mariage, ne serait-il pas étrange d'infliger une peine plus rigoureuse au fait certainement moins grave de célébration du mariage par l'officier de l'état en l'absence d'actes respectueux? — Marcadé, sous les art. 156 et 157.

145. — C'est le tribunal civil et non le tribunal correctionnel qui doit prononcer les peines portées par l'art. 157. — L'art. 156, auquel se réfère cet article, l'indique assez clairement en disant que la poursuite aura lieu à la diligence des parties intéressées et du procureur du roi près le tribunal *de première instance* du lieu de la célébration. — Or, il est à remarquer que quand le législateur veut fonder la compétence du tribunal correctionnel, il le désigne sous ce nom ou sous celui de tribunal de première instance jugeant correctionnellement. — C'est ainsi, d'ailleurs, que l'a décidé un avis du conseil d'état du 4 pluv. an XII relativement à l'amende prononcée en vertu de l'art. 50, C civ., contre l'officier de l'état civil qui a contrevenu aux règles prescrites pour la teneur des actes de l'état civil. — Marcadé, *Elém. du dr. franç.*, sur l'art. 50, C civ., et Duranton, t. 1er, nº 281.

146. — Le mariage contracté en l'absence d'actes respectueux ne pourrait être annulé de ce chef; l'art. 157 ne prononce point de nullité, et il n'est point permis de la suppléer. — Duranton, t. 2, nº 113; Coffinières, *loc. cit.*, nº 28; Favard, *Rép.*, vº *Acte respectueux*; Delvincourt, t. 1er, p. 293; Toullier, t. 1er, nº 550; Malleville, sur l'art. 157, et Pezzani, nos 318 et 319. — V. au surplus MARIAGE.

147. — Jugé ainsi qu'un mariage n'est pas nul à défaut d'actes respectueux, lorsque l'enfant avait l'âge compétent pour consentir par lui-même au mariage. — *Cass.*, 12 fév. 1833, d'Hérisson.

148. — Jugé cependant que le défaut de consentement au mariage d'un enfant ayant atteint la majorité fixée par l'art. 148, C. civ., entraîne la nullité du mariage s'il n'a pas été fait d'acte respectueux. — Il y a lieu surtout de prononcer cette nullité si le mariage n'a été suivi d'aucune cohabitation, et si l'époux n'en invoque la validité qu'après un long délai, sans manifester l'intention de cohabitation, et uniquement pour obtenir contre les père et mère de l'épouse le paiement de la dot. — *Toulouse*, 29 juill. 1828, Saux c. Clochard. — Cette décision n'est, comme on le voit, qu'un arrêt d'espèce qui peut se justifier peut-être par les circonstances de la cause, mais dont la doctrine ne saurait, en principe, triompher. — Pezzani, *ibid.*

V. ACTE NOTARIÉ, ENREGISTREMENT, MARIAGE, NOTAIRE, TIMBRE.

ACTES CORRESPECTIFS.

1. — Les actes concernant le même fait, passés le même jour entre les mêmes parties, ou peu de jours l'un après l'autre, quoiqu'en divers instrumens, ne forment qu'un seul et même acte: on les appelle *correspectifs*, lorsque l'un est fait pour l'autre. — Championnière et Rigaud, *Tr. de l'enreg.*, nº 1319; *Dict. de l'enreg.*, vº *Actes correspectifs*.

2. — Du reste, cette définition est littéralement empruntée à Contramont (Obs. sur l'art. 15 du tarif de 1722), qui lui-même n'avait fait que paraphraser le passage suivant de Dumoulin: « *Contractus circa idem facti, eâdem die, etiam in diversis instrumentis, censentur* correspectivi *et inesse invicem mutuâ contemplatione facti et* unus contractus (§ 78, glos. 1re, nº 57).

3. — On retrouve encore la même doctrine développée par Henrys, t. 1er, liv. 4, quest. 4e; et d'Olive, liv. 2, ch. 22.

4. — On doit considérer comme faites dans un même acte les conventions nouvelles ajoutées par acte authentique à une première convention dans les vingt-quatre heures de celle-ci. — L. 28 avr. 1816, art. 43, nº 20; — Championnière et Rigaud, *Tr. de l'enreg.*, t. 1er, nº 682.

5. — En matière féodale, deux actes ne pouvaient plus être considérés comme correspectifs, lorsqu'ils étaient séparés par un intervalle de dix ans. — Déclar. du roi du 27 juill. 1731; — Guyot, *Duquint*, ch. 4, sect. 3e, dist. 1er, nº 4; Sudre, *Des lods*, § 9, nº 5.

6. — L'administration de l'enregistrement a souvent essayé de faire considérer comme des actes correspectifs la vente, par deux actes séparés, de la superficie d'un bois et du fonds, ou d'une usine et de ses accessoires immobiliers; mais la cour de Cassation a toujours repoussé cette prétention, lorsque ces actes avaient été faits sans fraude. — Championnière et Rigaud, *Dict. de l'enreg.*, vº *Actes correspectifs*. — V. aussi ENREGISTREMENT.

ACTES DE L'ÉTAT CIVIL.

Table alphabétique.

ACTES DE L'ÉTAT CIVIL. — 1. — On entend par *état civil* l'ensemble des qualités qui déterminent la position, absolue ou relative, de chaque individu dans la société civile et dans la famille, envers lesquelles ces qualités lui imposent certains devoirs et lui attribuent certains droits. — Les *actes de l'état civil* sont ceux qui ont pour objet de constater l'existence de cet état.

2. — La naissance, le mariage, la mort, — tels sont les trois événemens principaux qui signalent le passage de l'homme sur la terre et qui forment la base de son état civil, tels sont ceux, par conséquent, qu'il est surtout nécessaire de fixer. — La loi a permis l'adoption d'enfans étrangers à la famille et la reconnaissance des enfans naturels; ce sont deux modifications trop graves apportées à l'état de ces enfans pour qu'il n'importe pas également d'en établir l'existence par des actes publics.

3. — Il est quelques événemens encore qui, sans être précisément la source de nouveaux droits ou devoirs, apportent nécessairement à ceux existans d'assez notables modifications : tels sont la séparation de corps, la condamnation à la mort civile, l'émancipation, etc. — La loi a jugé inutile d'en faire l'objet d'actes de l'état civil; les conditions qu'elles a prescrites pour leur constatation régulière lui ont paru suffisantes, eu égard à leur influence moins directe sur l'état civil des personnes.

4. — Quant aux publications de mariage, ce ne sont point, à proprement parler, ainsi que le font remarquer les auteurs, des actes de l'état civil, car elles ne donnent et ne retirent aucun droit. — Ce sont de simples procès-verbaux reçus par les officiers de l'état civil, destinés seulement à établir l'accomplissement de simples formalités relatives au mariage, et que la loi prescrit même de rédiger sur des registres.

—

CHAPITRE Ier. — *Historique.*

5. — On ne trouve dans les diverses législations des peuples de l'antiquité aucun texte qui ait ordonné la constatation publique des naissances, mariages et décès.

6. — A Rome, les pères de famille constataient les naissances par une inscription sur les registres domestiques, et la preuve de la filiation, de l'âge, de la légitimité pouvait être faite soit par ces écrits, soit par témoins, et même par de simples lettres. — LL. 1 et 2, § 5, ff., *De carbon. edict.*; 9, Cod., *De probat.* — Les familles constituées en dignité, avaient l'usage de faire mentionner les naissances dans les registres publics. — Marc-Antonin décida que cette pratique serait suivie par tous les citoyens, et défendit d'admettre la preuve de la filiation par témoins. — Duranton, *C. de droit franç.*, t. 1er, no 275 et la note.

7. — En France, l'ord. de Villers-Cotterets, du mois d'août 1539, est le premier acte législatif qui ait prescrit aux chapitres, colléges, monastères et curés de tenir registre des sépultures des personnes tenant bénéfices, et des *baptêmes* de tous, avec mention du temps et de l'heure de la nativité, pour établir le temps de majorité et de minorité (art. 50 et 51). — Mais il paraît, ainsi que l'atteste Danty (*Traité de la preuve par témoins*, sur l'art. 55 de l'ord. de Moulins, no 10), que ces registres ne faisaient preuve que du fait matériel de la naissance et du baptême, mais n'établissaient jamais l'état ni la filiation.

8. — Plus tard, l'ord. de Blois de 1579, art. 181, décida que les registres tenus par les curés feraient foi en justice et remplaceraient la preuve par témoins à l'égard des naissances, mariages, morts et enterremens. Enfin, l'ord. de 1667, tit. 20, art. 7 et suiv., et la déclaration du 9 avr. 1736, régularisèrent ce système.

9. — Quant aux protestans, leur état civil était constaté par leurs ministres, dont les registres se tenaient aux consistoires. — Ils perdirent ces droits spéciaux à la révocation de l'édit de Nantes (édit d'oct. 1685). — A partir de cette époque, comme il était censé n'y avoir en France que la religion catholique, la naissance des enfans non baptisés n'était portée sur aucun registre, les mariages devaient être célébrés et constatés seulement par les prêtres catholiques; quant aux décès, une déclaration du roi du 11 déc. suivant (1685) décida qu'ils seraient constatés par les juges royaux en présence de deux témoins. — Malgré ces dispositions, les parlemens ont souvent validé des mariages de protestans célébrés sans recourir aux prêtres catholiques. — Deselozeaux, *Encyclop. du droit*, vo *Actes de l'état civil*, no 9.

10. — Ce n'est qu'en 1787 que l'état civil a été rendu aux protestans. — Un édit de Louis XVI, du 28 nov., permit à ceux de ses sujets, et aux étrangers établis dans le royaume, qui ne professeraient pas la religion catholique, de s'adresser aux officiers de justice de leur domicile pour constater les naissances, mariages et décès, et régla la tenue des registres, les extraits à en délivrer. — Dès ce moment, il y eut deux sortes de registres de l'état civil; les uns, tenus par le clergé, pour les catholiques; les autres, tenus par les officiers de l'état civil, pour les non catholiques.

11. — Cette distinction disparut nécessairement devant les lois de la révolution; ainsi, la constitution de 1791, tit. 2, art. 7, promit un mode uniforme pour constater les naissances, mariages et décès. — La loi du 20 sept. 1792 attribua la garde des actes constituant l'état des citoyens aux muni-

ACTES DE L'ÉTAT CIVIL, ch. 2, sect. 1re.

cipalités, et la réception de ces actes à des officiers publics nommés par les conseils généraux des communes. — Remarquons cependant que les législateurs de cette époque, après avoir ainsi transféré les registres de l'état civil des mains du clergé en celles de l'autorité temporelle, déclarèrent qu'ils n'entendaient nullement gêner la liberté qu'avaient les citoyens de consacrer les naissances, mariages et décès par les cérémonies du culte auquel ils étaient attachés. — L. 20 sept. 1792, tit. 6, art. 8.

12. — Plus tard, une loi du 7 vendém. an IV vint défendre (art. 20) « à tous juges, administrateurs et fonctionnaires publics, d'avoir aucun égard aux attestations que des ministres des cultes pourraient donner sur l'état civil des citoyens, » et punir d'une amende de 100 à 500 livres (art. 21) et d'un emprisonnement d'un mois à deux ans « les parties qui les produiraient devant les tribunaux ou les administrations, les fonctionnaires publics qui y auraient égard, et tous officiers de l'état civil qui feraient mention dans les actes des cérémonies religieuses, ou qui exigeraient la preuve qu'elles auraient été observées. »

13. — Le concordat du 18 germin. an X décida que « les registres tenus par les ministres du culte n'étant et ne pouvant être relatifs qu'à l'administration des sacremens, ne suppléeraient, dans aucun cas, les registres ordonnés par la loi, pour constater l'état civil des Français. » — Art. 55.

14. — Enfin fut promulgué, le 21 mars 1803, et devint dès-lors la seule loi de la nation, le titre 2 du Code civ., qui règle le droit actuel relatif aux actes de l'état civil.

CHAPITRE II. — *Principes généraux.*

Sect. 1re. — *Des personnes chargées de la réception des actes de l'état civil et de leur responsabilité.*

§ 1er. — *Des personnes chargées de la réception des actes de l'état civil.*

15. — La réception et la conservation des actes de l'état civil étaient confiées par la loi des 20-25 sept. 1792 (tit. 1er, art. 1er) aux municipalités, et les conseils généraux des communes devaient nommer parmi leurs membres, suivant l'étendue et la population des lieux, une ou plusieurs personnes chargées de ce soin. — Art. 2.

16. — L'art. 1er, sect. 2e décr. du 19 décemb. 1792, voulait même que, dans les communes de 50,000 ames et au-dessus, les déclarations de naissance et de décès fussent faites d'abord devant le commissaire de police du quartier, mais nous ne pensons pas, malgré l'opinion contraire de M. Marcadé (sur l'art. 35, no 1er), que cette disposition soit restée en vigueur. — D'ailleurs, elle est aujourd'hui inexécutée.

17. — Relativement au mariage, les dispositions des édits de 1639, 1697 et 1737, qui exigeaient que le mariage fût célébré devant l'église catholique et en outre devant le curé du domicile des parties, avaient été abrogées par l'art. 7 de la constitution de 1791, qui proclama que le mariage ne serait plus désormais considéré que comme contrat civil. — Toutefois, cette constitution n'institua pas les nouveaux officiers compétens pour recevoir le contrat civil. Cette organisation n'eut lieu que par la loi du 20 sept. 1792. — Or, comme, depuis les décrets des 22 nov. 1790 et 29 nov. 1791, presque tous les membres du culte catholique émigrèrent, il s'ensuivit que, jusqu'à la loi de sept. 1792, le mariage se trouva destitué de toute solennité publique dans sa célébration. — Aussi vit-on des mariages constatés par des notaires, des greffiers, des huissiers; il y en eut même de consignés dans des actes sous seing-privé. — Merlin, *Rép.*, vo *Mariage*, sect. 4e, § 2, no 11.

18. — C'est ce qui explique comment l'art. 9, sect. 4e, tit. 4 de la loi du 20 sept. 1792, imposait à ceux qui se sont mariés de la sorte, l'obligation de venir, dans la huitaine, déclarer leur mariage aux nouveaux officiers de l'état civil qu'elle instituait. — Mais tous ne remplirent pas cette formalité, et le conseil d'état, consulté sur la validité des mariages de ceux qui l'avaient négligée, les reconnut valables par un avis du 17 germin. an XI.

19. — La loi du 19 vendém. an IV conféra les fonctions d'officier de l'état civil à l'agent municipal dans les communes de moins de 5,000 ames. — Pour les autres communes c'était toujours un membre de la municipalité, conformément à la loi du 20 sept. 1792.

20. — Vint enfin la loi du 28 pluv. an VIII, qui, en réorganisant l'administration municipale, conféra (art. 13) aux maires et adjoints des communes, sans distinction de leur population, la rédaction des actes de l'état civil. — Le Code civil n'a pas dérogé à cette disposition.

21. — On s'est demandé si les adjoints peuvent, sans délégation spéciale du maire, remplir les fonctions d'officiers de l'état civil.

22. — La raison de douter vient de ce qu'une circulaire ministérielle du 30 juill. 1807 a disposé que les adjoints ne pourraient remplir les fonctions d'officiers de l'état civil « qu'en vertu *d'une délégation spéciale du maire*, et qu'ils doivent faire mention de cette *délégation* de pouvoirs dans les actes qu'ils rédigent et dans les extraits qu'ils délivrent ». — Mais M. Coin-Delisle fait remarquer que cette circulaire paraît basée sur l'arrêté du 12 pluv. an IX, et sur l'art. 5 du décret du 4 juin 1806, qui confèrent au maire seul le droit d'*administrer* : or, dit-il, la loi du 28 pluv. an VIII a essentiellement distingué les *fonctions administratives* du maire de celles qui se rattachent à *l'état civil* (art. 13 et 16). Le décret de 1806, relatif uniquement au droit d'*administration*, ne peut donc altérer en rien la capacité des adjoints comme *officiers de l'état civil*. — Coin-Delisle, *Act. de l'état civ.*, Introd., no 8.

23. — Aussi a-t-il été jugé qu'en l'absence ou en cas d'empêchement du maire, l'adjoint remplace de *plein droit* celui-ci dans la rédaction des actes de l'état civil. — *Angers*, 20 août 1821, sous l'arrêt de la même cour du 25 mai 1822, Guesnerie c. Hamon; *Metz*, 19 août 1824, L... c. Bouxin. — V. *contrà* Rieff, sur l'art. 35, no 22; Grün, nos 27 et suiv.

24. — Au surplus, la question ne peut se présenter à Paris, où les adjoints sont autorisés à recevoir les actes concurremment avec les maires. — Avis du conseil d'état du 8 mars 1808, non inséré au *Bulletin des lois*, et cité par MM. Garnier-Dubourgneuf, *Manuel des officiers de l'état civil*, no 6; Coin-Delisle, *Actes de l'état. civ.*, Introd., no 8, et Desclozeaux, *Encyclop. du droit*, vo *Actes de l'état civil*, no 13. — Ce dernier auteur fait remarquer avec raison que cet avis du conseil lui-même était fondé sur une erreur, puisque, motivant sa décision sur le nombre d'actes à recevoir à Paris, il semblait investir les adjoints d'un droit nouveau, tandis qu'il aurait dû reconnaître un droit égal aux maires et adjoints de toutes les communes de France.

25. — La question ne peut se présenter non plus dans le cas prévu par la loi du 18 flor. an X relative à la nomination d'adjoints spéciaux pour les îles, îlots ou villages dépendant d'une commune dont les communications avec le chef-lieu seraient rendues difficiles, dangereuses ou impossibles. — Coin-Delisle, *loc. cit.*

26. — Lorsque des obstacles rendent les communications difficiles, dangereuses ou impossibles entre le chef-lieu d'une commune et les sections qui en dépendent, le préfet nomme un adjoint de plus pour remplir dans ces communes les fonctions d'officier de l'état civil. — Décret 18 flor. an X, art. 1er et 2, et L. 4 mars 1831, art. 2.

27. — Pour les actes de naissance, mariage et décès des membres de la famille royale, le chancelier de France, président de la chambre des pairs, remplit les fonctions d'officier de l'état civil. — Ord. du 23 mars 1816, art. 1er. — V. FAMILLE ROYALE.

28. — Dans nos colonies, les fonctions d'officier de l'état civil ne sont pas partout remplies par les mêmes agens. — Au Sénégal et à l'île Bourbon, elles le sont par l'autorité municipale. — A Cayenne et à la Guadeloupe, il y a des officiers de l'état civil spéciaux. — A la Martinique, les ecclésiastiques sont encore chargés de ces fonctions. — Dans l'Inde et à Miquelon, elles sont remplies par les administrateurs de la marine. — Desclozeaux, *loc. cit.*, no 15.

29. — A Alger, pour les chrétiens, les officiers de l'état civil sont les officiers municipaux. — Quant aux musulmans, dont la loi défend le dénombrement et s'oppose, par suite, à la tenue des registres constatant les naissances, mariages et décès, ils n'ont point d'officiers de l'état civil. — Les personnes importantes annoncent la naissance de leurs enfans au cadi, qui inscrit la déclaration, en l'attestant, sur le registre où se trouvent toutes les décisions et les actes qu'il reçoit. — Les mariages sont toujours précédés d'un contrat et d'une constitution de dot par l'époux; ces actes sont déposés chez le cadi. — Les décès sont assez régulièrement constatés. — Cela tient à ce que la communauté musulmane, héritant de ceux qui meurent sans laisser d'héritiers, a intérêt à connaître, et prend note sur un registre de tous les membres de sa religion. — Desclozeaux, *ibid.*

30. — Quant aux fonctionnaires qui, à l'étranger ou sur mer, remplissent les fonctions de l'état civil, soit pour les simples citoyens, soit pour les militaires ou marins français, V. *infrà* nos 166 et suiv., 319 et suiv., 455 et suiv., 464 et suiv.

31. — L'officier de l'état civil est seul compétent pour la réception des actes de l'état civil; ainsi aujourd'hui, à la différence de l'état transitoire dont nous parlions no 17, serait nulle une déclaration de naissance faite pardevant notaire. — Toullier, t. 1er, no 301; Coin-Delisle, *Introd.*, no 11.

32. — Sous l'empire de la loi du 20 septembre 1792, l'agent national d'une commune n'avait pas qualité pour recevoir un acte de mariage. Cet acte ainsi reçu, et ne contenant d'ailleurs aucune mention de l'absence ou de l'empêchement de l'officier de l'état civil, non plus que de l'accomplissement des formalités prescrites par la loi de 1792, était nul. — *Cass.*, 2 déc. 1807, Perrault c. Brechard.

33. — Un officier de l'état civil peut-il recevoir un acte qui concerne, soit son propre état, soit l'état de personnes de sa famille? — A défaut de loi qui dispose à cet *égard*, une lettre du garde des sceaux du 21 juillet 1818 au procureur général près la cour royale de Paris (V. Hutteau d'Origny, liv. 2, ch. 1er, § 2, no 43; Garnier-Dubourgneuf, no 19; Lemolt, *Manuel*, chap. 1er, p. 11; Coin-Delisle, *Introd.*, no 12) a défendu aux officiers de l'état civil de recevoir un acte toutes les fois qu'il est du nombre des personnes dont la déclaration, le consentement ou le témoignage sont requis pour sa validité, comme aussi de recevoir ceux constatant la naissance, le mariage ou le décès de ses enfans.

34. — M. Lagarde (*Instr. gén. sur les dev. et fonct. des maires*, no 320) pense même qu'on devrait appliquer, par analogie, aux officiers de l'état civil, l'art. 8 de la loi du 25 vent. an XI, qui défend aux notaires de recevoir des actes dans lesquels leurs parens ou alliés en ligne directe à tous les degrés, et en collatérale jusqu'au degré d'oncle ou de neveu inclusivement, seraient parties. — Mais M. Coin-Delisle (*Introd.*, no 12) fait remarquer avec raison que la loi de l'an XI contient une exception spéciale qui ne saurait être étendue, et il en conclut qu'on ne pourrait critiquer un acte par la raison seule que les comparans ou les parties seraient parens de l'officier de l'état civil qui l'a reçu.

35. — Quant au point de savoir si un acte serait nul par cela seul que l'officier de l'état civil serait partie ou déclarant, Merlin (*Rép.*, vo *État civil* (*Actes de l'*), § 5, no 8, art. 4) le résout affirmativement. — Toutefois, en l'absence de toute nullité écrite dans la loi, M. Coin-Delisle (*Introd.*, no 14) pense qu'il y aurait lieu, de la part des juges, d'apprécier les circonstances; et il applique cette décision même au cas où le maire aurait constaté son propre mariage. — Mais on comprend que, sous ce dernier rapport, il y a une impossibilité absolue à ce que l'officier de l'état civil procède lui-même à la célébration de son mariage; qu'il ne peut, tout en étant contractant, remplir la mission de tiers qui est confiée à l'officier public RECEVANT, comme le dit l'art. 75, C. civ., *de chaque partie* l'une après l'autre la déclaration qu'elles se prennent pour mari et femme et les déclarer unis par le mariage.

36. — Dans les Pays-Bas, un arrêté royal du 3 juin 1823 porte expressément que les officiers de l'état civil ne pourront recevoir aucun acte qui concerne leurs épouses, leurs père et mère et leurs enfans. — Merlin, *loc. cit.*

37. — Il est presque superflu d'ajouter que les parens d'un officier de l'état civil, par exemple son père, son fils, son frère, etc., ne pourraient s'autoriser de leur parenté pour exercer ses fonctions. — On a pourtant vu et on voit encore aujourd'hui quelques exemples, rares, à la vérité, de cette étrange prétention; il est de la dernière évidence que les actes qu'ils auraient ainsi faits seraient radicalement nuls.

38. — A défaut du maire et de l'adjoint, le premier conseiller municipal est appelé pour le remplacer. — L. 21-23 mars 1831, art. 5. — Le motif du remplacement doit être mentionné dans l'acte. — Grün, no 30; Claparède, no 35.

39. — Les officiers de l'état civil n'étant que des notaires publics qui ne doivent écrire que sous la dictée de la loi, aucun sujet de méfiance ne peut s'élever contre eux, et, par conséquent, ils ne peuvent être récusés. — Desclozeaux, *ubi suprà*, no 29.

40. — La compétence de l'officier de l'état civil est territoriale; les fonctions de cet officier sont nécessairement circonscrites par les limites mêmes de la commune. — Hutteau d'Origny, *loc. cit.*, no 2. — Il en résulte que c'est l'officier du lieu où se passe le fait qui doit recevoir l'acte plutôt que l'officier du domicile. — V. ADOPTION, MARIAGE.

41. — Comme officiers de l'état civil, les maires et adjoints ne sont point agens administratifs.

mais fonctionnaires publics; par suite ils dépendent, non des préfets, mais des procureurs du roi. — Marcadé, *Elém. dr. civ. français,* sur l'art. 36, no 1er.

§ 2. — *Responsabilité des officiers de l'état civil.*

42. — La loi a fixé, pour la tenue et le dépôt des registres de l'état civil, ainsi que pour la rédaction des actes, des règles qui seront indiquées plus bas (nos 66 et suiv.), et à l'observation desquelles elle attache une importance méritée. — Leur inexécution engage donc la responsabilité des officiers de l'état civil, soit envers les particuliers, qui peuvent en éprouver un préjudice, soit envers la société, dans laquelle elle peut jeter quelque trouble. Dans le premier cas, c'est une simple responsabilité civile, qui se résout en dommages-intérêts envers les parties lésées; dans le second, c'est une contravention contre laquelle la loi prononce des peines plus ou moins graves, selon l'importance de l'infraction.

43. — La *responsabilité civile,* fondée sur le principe posé d'une manière générale dans les art. 1382 et suiv., C. civ., est, de plus, et pour le cas particulier, formellement consacrée par les art. 51 et 52.

44. — « Toute altération, tout faux dans les actes de l'état civil, porte l'art. 52, toute inscription de ces actes faite sur une feuille volante et autrement que sur les registres à ce destinés, donneront lieu aux dommages-intérêts des parties, sans préjudice des peines portées au Code pén. »

45. — Cet art. 52, quant à la responsabilité, n'est qu'énonciatif; il est certain que tout fait ou toute négligence, en ce qui concerne les registres ou la rédaction des actes, entraîne la responsabilité de l'officier de l'état civil, à raison du dommage qui peut en résulter pour les tiers, soit que ces faits ou omissions émanent de lui ou de tout autre, soit qu'ils ne rentrent point dans les termes précis de l'article; par exemple, si l'officier avait égaré les registres. — Seulement, aucune peine ne saurait être appliquée qu'autant qu'elle a été expressément édictée par la loi.

46. — Il faut entendre ici par *altération* tout fait volontaire de l'homme qui aurait dénaturé la substance de l'acte; aussi un changement arrivé dans l'état matériel du registre, qui ne serait que le résultat du temps ou d'un événement indépendant de la surveillance active de l'officier de l'état civil, ne donnerait-il lieu contre lui à aucune action de la part des parties intéressées.

47. — Toutefois, l'art. 51 serait applicable si l'accident qui a produit l'altération avait pu être prévenu par la prudence de l'officier de l'état civil. — Coin Delisle, sur l'art. 51. — En pareil cas, sa négligence peut, aussi bien que son fait, engager sa responsabilité. — Ce sera aux tribunaux à fixer, selon les circonstances, le point où elle devra cesser de lui être imputable.

48. — L'art. 51 proclame la responsabilité, même des simples dépositaires, c'est-à-dire du maire et du greffier chargés de la surveillance des dépôts existant à la municipalité et au greffe, en exécution de l'art. 43. — Cette sollicitude de la loi prouve l'importance qu'elle attache à la constatation régulière de l'état des citoyens. — C'est aux dépositaires à ne se faire assister dans la garde des registres que de préposés dont ils soient sûrs, et à apporter, dans la communication qu'ils se permettent quelquefois d'en faire à des étrangers, la plus scrupuleuse surveillance. — La responsabilité des commettans, établie en principe par l'art. 1384, ne saurait recevoir une plus sage et plus utile application.

49. — « Tout dépositaire des registres, porte l'art. 51, sera civilement responsable des altérations qui y surviendront, sauf son recours, s'il y a lieu, contre les auteurs desdites altérations. »

50. — Quand l'irrégularité prend un certain caractère de gravité, la loi prononce, outre la responsabilité civile, des peines qui, dans certains cas, peuvent devenir extrêmement rigoureuses. Les simples contraventions, passibles d'une amende seulement, sont, la plupart, punies par le Code civ. lui-même; mais c'est au Code pén. qu'il faut recourir alors qu'il s'agit de délits, et surtout de crimes. — Dans le premier cas, ce sont les tribunaux civils qui prononcent; dans le second, il faut recourir aux tribunaux criminels ordinaires.

51. — L'art. 50 est ainsi conçu : « Toute contravention aux articles précédens, de la part des fonctionnaires y dénommés, sera poursuivie devant le tribunal de première instance, et punie d'une amende qui ne pourra excéder 100 fr. »

52. — Les articles *précédens,* dont parle l'art. 50, sont les art. 34, 35, 36, 37, 38, 39, touchant la rédaction des actes; les art. 40, 41, 42, 43, 44, 49, qui concernent la tenue des registres, les mentions à y faire, leur dépôt et celui des pièces y annexées; enfin l'art. 45, relatif aux extraits à en délivrer.

53. — Les mots *des fonctionnaires y dénommés,* qui se trouvent également dans cet article, ont donné lieu à la question de savoir si les membres du ministère public y étaient compris, et, dès-lors, tenus de l'amende comme les officiers de l'état civil. — Des opinions émises par MM. Lacuée, Cambacérès et Bérenger (séance cons. d'ét. 22 fruct. an X; Locré, *Lég. civ.*, t. 3, p. 195), il semblerait résulter que oui, et Toullier professe cette opinion (t. 1er, no 312). — Mais rien n'indique, dans les travaux du conseil d'état, que le conseil ait partagé l'avis de ceux de ses membres que nous venons de citer. Il faut donc dire que les membres du parquet ne rentrent ni dans les termes ni dans l'esprit de cet article. — Pour les omissions, erreurs ou négligences qu'ils peuvent commettre, ils ne ressortissent que du garde des sceaux. — Sous ce rapport, la rédaction de l'art. 52 est peut-être un peu trop large. — Marcadé, *Droit civ. franç.*, t. 1er, sur l'art. 50; Desclozeaux, *loc. cit.*, no 33 à la note.

54. — L'action du ministère public pour l'application des peines prononcées par les tribunaux civils en vertu du Code civil dure trente ans. — L'art. 638, C. inst. crim., qui fixe la durée des actions en matière criminelle, est ici inapplicable. — *Cass.,* 30 juin 1814, Friot et Castex.

55. — Cet arrêt de la cour de Cassation est, il est vrai, intervenu dans un cas de contravention notariale. — Mais nous pensons que les raisons de décider sont les mêmes et qu'il y a lieu de donner ici la même solution. — Voyez en ce sens Desclozeaux (*ibid.*, no 35), qui exprime le regret que cette prescription n'ait pas été réduite à une moindre durée, par exemple à deux années, comme elle l'est pour les contraventions notariales par la loi du 16 juin 1824, art. 24.

56. — En principe, l'officier de l'état civil qui contrevient aux lois concernant les actes de son ministère ne peut s'excuser sur son ignorance ou sa bonne foi. — *Turin,* 6 avr. 1808, Barelli.

57. — Les altérations volontaires et les faux commis par l'officier de l'état civil ou les dépositaires des registres (V. *suprà*, nos 15 à 32, 38 à 40) entraînent contre eux la peine des travaux forcés à perpétuité. — La peine n'est que des travaux forcés à temps si le crime est imputable à de simples particuliers. — C. pén., art. 145, 146 et 147. — V. FAUX.

58. — Quant à l'inscription sur feuilles volantes, elle a toujours été considérée comme un délit. — V. Décl. 1736, dont l'art. 9 la réprime par des procédures extraordinaires contre les curés, et la condamnation à l'amende ou à une plus grande peine, suivant l'exigence des cas. — V. aussi l'art. 5, tit. 2, L. 20-25 sept. 1792, qui prononce la peine d'une amende de 100 livres, de la destitution et de la privation pendant dix ans des droits de citoyen actif. — L'art. 192, C. pén., punit ce délit d'un emprisonnement d'un mois au moins et de trois mois au plus, et d'une amende de 16 fr. à 200 fr.

59. — Au contraire, la contravention comprise dans ces mots de l'art. 42 : « Inscription faite *au-« trement* que sur les registres à ce destinés, » ne tombe que sous l'application de l'art. 50, C. civ. (amende n'excédant pas 100 fr.). — Elle résulte, en effet (dans les communes où les registres de l'état civil sont multiples), du fait simple d'avoir inscrit un acte sur un registre au lieu de l'inscrire sur un autre. — Delaporte, *Pand. franç.*, no 36, sur l'art. 52; Coin-Delisle, sur l'art. 52, no 2.

60. — Les amendes prononcées par les tribunaux civils, en cette matière, ne s'élevant jamais à 1,500 fr., on s'est demandé si l'appel était ouvert contre leurs jugemens. — L'affirmative, qui, du reste, ne nous paraît pas douteuse, est enseignée par Toullier (t. 1er, no 312), MM. Duranton (t. 1er, no 281) et Coin-Delisle (sur l'art. 54). — Pour prononcer l'amende, dit ce dernier auteur (*loc. cit*), les tribunaux jugent principalement que l'acte contient une contravention; donc ils connaissent d'un acte de l'état civil, au moins quant à la forme; et il conclut qu'aux termes de l'art. 54 l'appel est recevable. — Un arrêt de la cour royale de Paris du 16 mars 1821 (Varry c. Enregistrement) peut, en outre, être invoqué à l'appui de cette opinion; il admet l'appel contre un jugement du tribunal civil condamnant un notaire à 100 fr. d'amende. — La cour de Cassation a rejeté le pourvoi formé contre cet arrêt. — V. *Cass.*, 10 déc. 1822 (mêmes parties).

61. — M. Desclozeaux (*Encyclop. du droit*, vo *Actes de l'état civil*, no 36), au contraire, se prononce contre l'admission de l'appel. — Il se fonde 1o sur ce qu'il est de principe incontestable que les amendes prononcées par les tribunaux civils ne sont pas des peines; 2o sur ce que, les tribunaux saisis ne s'occupant pas, comme dans le cas de l'art. 54, de la validité des actes, de la foi qui leur est due, on ne peut dire qu'ils en connaissent : ils s'en servent seulement comme de pièce à conviction; 3o enfin, il repousse l'argument que l'on voudrait tirer de l'arrêt de la cour royale de Paris qui n'a pas jugé directement la question : il s'agissait, non du taux de l'amende, mais surtout de savoir si la contravention reprochée devait être poursuivie par voie de contrainte ou par le ministère public.

62. — Indépendamment de la responsabilité et des pénalités qui peuvent résulter contre l'officier de l'état civil et les dépositaires des registres, tant de l'art. 50 que des art. 51 et 52, C. civ., la loi a fixé certaines pénalités particulières pour diverses contraventions qui peuvent être commises dans la célébration des mariages et dans la rédaction des actes qui la constatent. — Nous verrons *infrà*, chap. 4, en quoi elles consistent.

63. — Les officiers de l'état civil n'étant point, ainsi que nous l'avons vu, des fonctionnaires administratifs, les maires ou adjoints qui en remplissent les fonctions ne sont point, en cette qualité, protégés par l'art. 75 de la constitution de l'an VIII, et peuvent, dès-lors, être traduits devant les tribunaux pour les contraventions qu'ils ont commises dans la tenue des registres ou la rédaction des actes, sans l'autorisation préalable du conseil d'état. — Avis du conseil d'état des 30 niv.-4 pluv. an XII et 31 juill. 1806; — *Cass.*, 11 juin 1807, Faure; 9 mars 1815, maire et adjoint de La Vacquerie; — Cons. d'état, 2 juin 1819, Bernardi; 31 janv. 1838, Heck. — V. FONCTIONNAIRES PUBLICS.

Sect. 2e. — *Tenue, dépôt et vérification des registres de l'état civil.*

64. — Avant la révolution de 1789, la tenue des registres de l'état civil était régie par l'art. 8 du tit. 20 de l'ord. de 1667; cet article portait : « Il sera fait chacun an deux registres pour écrire les baptêmes, les mariages et les sépultures en chacune paroisse, dont les feuillets seront paraphés et cotés par premier et dernier par le juge royal du lieu où l'église est située; l'un desquels servira de minute, et demeurera entre les mains du curé ou du vicaire, et l'autre sera porté au juge royal pour servir de grosse. »

65. — A l'ord. de 1667 succéda la loi du 20 sept. 1792, qui décida, par ses art. 1er et 2 du tit. 2, qu'il y aurait, dans chaque municipalité, trois registres pour constater, l'un les naissances, l'autre les mariages, et le troisième les décès. Les trois registres devaient être tenus doubles, sur papier timbré, fournis aux frais de chaque district, et envoyés aux municipalités par le directoire, dans les quinze premiers jours du mois de décembre de chaque année; ils devaient être cotés par premier et dernier, et paraphés sur chaque feuillet, le tout sans frais, par le président de l'administration du district, ou, à son défaut, par un des membres du directoire, suivant l'ordre de la liste.

66. — En cet état de la législation, les auteurs du Code civil eurent à décider s'il serait ou non tenu des registres doubles pour *chaque espèce* d'actes. Il fut reconnu que, pour certaines localités, la multiplicité des registres deviendrait onéreuse et embarrassante, et que, pour d'autres, elle favoriserait l'ordre et les recherches à faire. Dans cette position, on crut devoir rédiger l'art. 40 de manière à laisser au gouvernement le soin de décider, par voie réglementaire, dans quels cas il serait utile de prendre l'un ou l'autre de ces modes.

67. — Aussi l'art. 40 porte-t-il que les actes de l'état civil sont inscrits, dans chaque commune, *sur un ou plusieurs registres* tenus doubles. — C. civ., art. 40.

68. — Dans toutes les communes populeuses, on a les trois registres, plus un quatrième pour les publications; mais dans celles de moindre importance on n'en a que deux, un pour les naissances, mariages, décès, l'autre pour les publications. — Seulement la table du premier doit présenter réunis tous les actes de chaque espèce, et se trouve ainsi divisée naturellement en trois parties, affectées l'une aux naissances, la seconde aux mariages, la dernière aux décès.

69. — Pour que les registres soient uniformes, on a soin de les faire confectionner tous les ans, non par les maires des communes, mais au chef-lieu du département, d'où on envoie aux sous-préfectures ceux destinés à chaque arrondissement. Le sous-préfet les transmet au greffe du tribunal civil pour être cotés et paraphés. — Ce travail fait, le greffier le retourne au sous-préfet, qui alors

fait parvenir au maire de chaque commune ceux qui lui sont destinés. — Le coût de ces registres est porté sur le budget de la commune.

70. — On avait proposé, lors de la discussion, de donner des modèles d'actes aux officiers civils, et de les obliger de s'y conformer; mais cette proposition fut rejetée. — Cependant, le 15 fructid. an XII, le ministre de l'intérieur adressa aux préfets, pour être transmises aux officiers de l'état civil, des formules d'actes pour leur servir de guide. — Souvent, en exécution de cette recommandation du ministre, l'administration fait coller ces formules sur les couvertures des registres fournis aux communes. — Ces formules, de même que toutes les instructions ministérielles, ne sont point strictement obligatoires, en ce sens que leur inobservation ne constituerait point une contravention punissable. — Mais les maires, dans l'intérêt même de l'uniformité des actes, auraient tort de ne point s'y conformer.

71. — De la nécessité d'écrire les actes sur des registres résulte la prohibition de les écrire sur feuilles volantes (Coin-Delisle, sur l'art. 42), et la loi frappe en effet d'une peine l'inscription sur les feuilles volantes. — V. *suprà* no 58.

72. — Si le registre, ou l'un des registres fournis à l'officier de l'état civil, est insuffisant, il y pourvoit, en achetant le nombre de feuilles de papier timbré qu'il présume devoir lui être nécessaire; et, après avoir fait coter et parapher tous les feuillets par le président du tribunal, il les attache au registre, à la suite de ceux qui déjà en faisaient partie. A partir de ce moment, ces feuillets font corps avec le registre, et ne peuvent plus en être séparés. — La marche est la même s'il devient nécessaire d'ajouter une seconde ou une troisième fois de nouveaux feuillets. — Au reste, en cotant ces feuillets, on ne continue point la série de numéros suivie pour les premiers, mais on recommence une nouvelle série, en inscrivant : 1er *feuillet supplémentaire*, 2e, 3e, etc.

73. — Les registres de l'état civil sont sujets au timbre (L. 13 brum. an VII, art. 12). — Toutefois il a été jugé qu'un acte de l'état civil n'est pas nul pour n'avoir pas été inscrit sur un registre timbré. — *Cass.*, 13 fruct. an X, Lanefranque. — V. aussi Coin-Delisle, sur l'art. 41, no 4, et Merlin, *Quest.*, vo *Mariage*, § 3.

74. — Les registres doivent être cotés par première et dernière, et paraphés sur chaque feuille par le président du tribunal de 1re instance ou par le juge qui le remplace. — C. civ., art. 41. — Cette disposition a pour objet de garantir les parties contre les substitutions de feuillets; elle est reproduite de l'ord. de 1667 et de la loi du 29 sept. 1792. — Marcadé, *Él. de dr. civ. franç.*, sur l'art. 41.

75. — Sur la réclamation d'un grand nombre de magistrats, une circulaire du 13 mai 1810, du ministre de l'intérieur, considérant que l'art. 41, C. civ., exigeait seulement que les registres fussent cotés et paraphés *non pas sur tous leurs feuillets*, mais *par première et dernière*, dispensa les présidens de coter et parapher les feuillets intermédiaires, à la charge d'énoncer dans le procès-verbal d'ouverture la quantité de feuillets dont le registre serait composé. — Gillet, *Anal. des circul. et instr. min.*, p. 106.

76. — Cette décision ministérielle était évidemment contraire à la loi, qui veut, ainsi qu'on l'a vu, que chaque feuillet soit paraphé; aussi n'est-elle pas généralement suivie. — Coin-Delisle, sur l'art. 41, no 3. — Tout ce que l'on peut faire, ajoute cet auteur, c'est d'éviter aux présidens le travail de numérotage des feuillets (*Ibid.*). — C'est ce qui se fait habituellement.

77. — Et M. Hutteau-d'Origny (tit. 3, ch. 2, § 1er, no 3), pense que, si des feuillets n'ont pas été paraphés, l'officier de l'état civil doit les bâtonner et exprimer la cause pour laquelle il refuse de s'en servir.

78. — La formalité du paraphe a lieu *sans frais*. — Déclar. de 1736, art. 2; — Locré, t. 3, p. 126, Coin-Delisle, *loc. cit.*

79. — Sous l'ancien droit, les curés ou vicaires devaient envoyer, six semaines après l'expiration de chaque année, la grosse ou la minute des registres signée d'eux et certifiée véritable au greffe du juge royal. Le greffier dressait un procès-verbal de réception et en donnait décharge après avoir procédé à un collationnement de la grosse avec la minute. — Ord. de 1667, tit. 20, art. 11.

80. — Suivant la loi du 20 sept. 1792 (tit. 2, art. 9 et suiv.), le dépôt se faisait au directoire de district, et les registres étaient ensuite tous remis au directoire de département.

81. — Le Code civil veut (art. 43) que les registres soient clos et arrêtés par l'officier de l'état civil, à la fin de chaque année, et que, *dans le mois*, l'un des doubles soit déposé aux archives de la commune, l'autre au greffe du tribunal de première instance.

82. — Le procureur du roi doit veiller à ce que le dépôt au greffe soit effectué dans le délai prescrit; à cet effet il adresse, s'il y a lieu, des invitations aux maires et aux juges de paix, et se concerte au besoin avec les préfets et les sous-préfets. — Circul. min. 20 avr. 1820; 4 fév., 31 déc. 1823. — Massabiau, no 775.

83. — La clôture des registres par l'officier de l'état civil a lieu le 31 déc. au soir, immédiatement après le dernier acte porté sur le registre. Elle a lieu quand même il n'y aurait aucun acte. — Hutteau-d'Origny, tit. 3, ch. 2, § 3, no 1er; Lagarde, *Instr. gén.*, nos 368 et 369; Coin-Delisle, sur l'art. 43, no 1er.

84. — Bien que la clôture des registres ne doive avoir lieu qu'à la fin de l'année, cependant, si les cours et tribunaux ordonnent, pour l'instruction des affaires, l'apport au greffe des registres courans, dans ce cas ces registres sont clos avec mention de la cause qui nécessite cette clôture prématurée, après que les officiers de l'état civil se sont procuré de nouveaux registres. — Ce qui doit avoir lieu dans la quinzaine, au plus tard, de la signification à eux faite. — Ord. des 18 et 28 août 1819. — Duvergier, *Coll. des lois*, à sa date.

85. — Dans ce cas, les cours et les tribunaux doivent comprendre les frais des nouveaux registres dans la liquidation des frais et dépens mis à la charge de la partie qui succombe. — Même ord., art. 3.

86. — Le mois accordé pour le dépôt doit être employé à faire une table alphabétique des actes contenus aux registres (L. 20 sept. 1792, tit. 2, art. 8; décr. 20 juill. 1807, art. 1er), et le procureur du roi doit veiller à l'observation de cette formalité (Ord. 26 nov. 1823, art. 4). — La loi du 20 sept. 1792 et le décret du 20 juill. 1807 ont même ordonné le dressé d'une table décennale destinée à comprendre et à réunir les diverses tables annuelles; la forme dans laquelle ces tables doivent être dressées est indiquée par le décret de 1807 et par l'ordonnance de 1823, qui, de plus, contiennent des modèles d'actes. — V. Coin-Delisle, sur l'art. 43, no 4.

87. — Les tables décennales doivent être faites par les greffiers des tribunaux de première instance dans les six mois de la onzième année, et en triple expédition pour chaque commune; l'une de ces expéditions reste au greffe; la deuxième est adressée au préfet du département, et la troisième à chaque mairie du ressort du tribunal. — Même décret, art. 3 et 5.

88. — Les expéditions faites pour la préfecture ou pour les communes sont payées au greffier sur les fonds destinés aux dépenses administratives soit du département, soit de la commune, à raison d'un centime par nom, non compris le prix du timbre. Chaque feuille doit contenir quatre-vingt-seize noms ou lignes, c'est-à-dire vingt-quatre par page. Pour l'expédition qui doit rester au tribunal il n'est remboursé au greffier, à titre de frais judiciaires, que le coût du papier timbré (décr. 20 juill. 1807, art. 6, 7 et 8). — Cette expédition peut même être sur papier libre. — Circul. minist. 29 avr. 1813, citée par Massabiau, *Manuel du proc. du roi*, t. 1er, no 774.

89. — Les tables annuelles et décennales sont faites sur papier timbré et certifiées par les fonctionnaires qui les ont dressées. — Décr. 20 juill. 1807, art. 4.

90. — La loi ne dit pas quelle est l'autorité qui constate l'état des registres lors du dépôt qui est fait aux archives de la commune. Nous ne pensons pas cependant que ce dépôt puisse être opéré sans cette formalité; dans les communes où il y a des archives et un archiviste, celui-ci est intéressé à la vérification des registres, et l'on conçoit alors qu'il dresse un procès-verbal de réception et de vérification des registres, contradictoirement avec l'officier de l'état civil, puisqu'ils sont responsables l'un et l'autre; mais dans les communes où il n'y a pas d'archiviste, qui est-ce qui constatera l'état des registres au moment du dépôt? C'est évidemment là une lacune à combler.

91. — Les procurations et autres pièces qui doivent demeurer annexées aux actes de l'état civil, seront déposées, après qu'elles auront été paraphées par la personne qui les aura produites, et par l'officier de l'état civil, au greffe du tribunal avec le double des registres dont le dépôt doit avoir lieu audit greffe. — C. civ., art. 44.

92. — La rédaction de cet article est vicieuse en ce qu'elle semble dire que la personne qui produit les pièces ne doit les parapher qu'au moment du dépôt, ce qui serait contraire à la véritable intention de la loi, c'est au moment même où les pièces sont produites qu'elles doivent être paraphées.

93. — On s'est demandé si les pièces produites devaient être immédiatement annexées à l'acte à l'appui duquel elles viennent, ou s'il suffit de les réunir en liasse pour les annexer au registre où sont inscrits les actes auxquels elles se rapportent. — Quelques personnes voudraient qu'elles ne fussent pas séparées des actes, comme cela se pratique pour les actes notariés. — Mais le plus grand nombre des auteurs enseigne qu'il suffit de les annexer au registre (V. notamment Coin-Delisle, sur l'art. 44; Lagarde, *Traité de l'organisation municipale*, no 411; Grün, no 120; Rieff, sur l'art. 44, et l'usage est conforme à cette doctrine. — On conçoit que les notaires qui rédigent leurs actes sur feuillets séparés y joignent les pièces à l'appui, mais ne serait-ce pas bien difficile, sinon impossible dans un registre, par exemple, uniquement destiné aux actes de mariage et qui en contiendrait cent et même deux cents? — D'ailleurs, quels inconvéniens pourrait-il en résulter? Le but de la loi est qu'on puisse, pour chaque acte, se reporter facilement aux pièces justificatives, et il est évidemment rempli alors qu'on les a sous la main en parcourant le registre. — La recherche en est au reste rendue on ne peut plus simple, au moyen de la précaution rigoureusement recommandée aux officiers de l'état civil, et observée par presque tous, d'inscrire sur *chaque pièce* le titre et le numéro de l'acte à l'appui duquel elle est produite, et le nom des parties qui y figurent; si en les réunissant l'officier de l'état civil les maintient dans l'ordre des actes eux-mêmes, on ne peut rien désirer de plus.

94. — L'officier de l'état civil a le droit, lors du dépôt des registres et des pièces, d'exiger une décharge du greffier. — Décl. 1736, art. 18; — Hutteau-d'Origny, tit. 3, chap. 2, § 3, no 5; Coin-Delisle, sur l'art. 44, no 3. — V. cependant une lettre du chancelier, du 24 déc. 1814, qui porte que le greffier doit se borner à constater le dépôt sur un registre tenu à cet effet. — V. aussi Massabiau, no 778.

95. — Le dépôt au greffe des registres de l'état civil n'est pas sujet au droit de rédaction ni à aucun droit de greffe, car il s'agit là d'une mesure d'ordre public. — Déc. min. fin. 24 sept. 1808; Instr. de la régie, art. 405, no 5.

96. — C'est sur le procureur du roi que repose l'obligation de vérifier les registres de l'état civil (C. civ., art. 53); ce soin peut être confié aux substituts seuls ou partagé entre tous les membres du parquet. — Circul. minist. 31 déc. 1823.

97. — Cette vérification est faite dans les quatre premiers mois de l'année : il en est dressé un procès-verbal qui doit désigner chaque acte défectueux par le numéro du registre dont il fait partie, et signaler les contraventions et les dispositions législatives qui ont été violées. — Ord. 26 nov. 1823, art. 1er; — Coin-Delisle, sur l'art. 53, no 1er. — V. aussi Circul. minist. 20 avr. 1820 et 31 déc. 1823 (Gillet, p. 190 et 238).

98. — A la suite de l'ord. du 26 nov. 1823 (Duvergier, *Coll.*, à sa date) se trouve un modèle du procès-verbal à dresser par le procureur du roi. — Et la rédaction de ce procès-verbal suppose que ce magistrat a dû indiquer à l'officier de l'état civil celles des irrégularités commises qui *peuvent* et *doivent* être réparées, sans nuire à la substance de l'acte.

99. — Si le procureur du roi s'est transporté sur les lieux, il fait appeler les parties intéressées et l'officier de l'état civil, et réparer en leur présence les irrégularités qui peuvent s'être glissées sans nuire à la substance des actes. — S'il a relevé les irrégularités depuis le dépôt des registres au greffe et aux archives de la commune, il invite l'officier de l'état civil à faire les régularisations nécessaires sur les registres restés à sa disposition, puis à se rendre au greffe avec les parties dont le concours est nécessaire (celles notamment dont la signature a été omise) pour faire la même rectification sur les registres y déposés.

100. — Mais M. Coin-Delisle (sur l'art. 53, no 2) fait remarquer avec raison qu'un pareil mode de procéder ne tend à rien moins qu'à transformer les membres du parquet en juges souverains, tant des irrégularités substantielles et de celles qui ne le sont pas, que des personnes qui doivent être ou n'être pas appelées à cette réparation d'actes prétendus irréguliers. Il soutient donc que, quand l'acte est clos et que les parties, les déclarans et les témoins se sont retirés, rien n'y peut plus être changé, même du consentement des parties. — Le système contraire jetterait trop d'incertitude sur la tenue des registres et la foi qui leur est due. — L'opinion de M. Coin-Delisle se fonde sur l'exposé des motifs par M. Thibaudeau et sur le rapport de M. Siméon. « Cette vérification, disait M. Thibaudeau, ne donne pas au procureur du roi ni au tribunal le droit de rien changer *d'office* à l'état des

registres; ils doivent demeurer avec leurs *omissions*, leurs *erreurs* et leurs *imperfections*; il serait du plus grand danger que, même sous ce prétexte de *régulariser*, de *corriger* ou de *perfectionner*, aucune autorité pût porter la main sur les registres.»

101. — Les procureurs du roi doivent également adresser aux maires des communes dont les registres sont le plus mal tenus des instructions destinées à les éclairer sur les irrégularités qu'ils ont commises, et à en prévenir le retour. — Ces instructions doivent être envoyées en copie aux procureurs-généraux avant d'être adressées aux destinataires, pour que ces fonctionnaires puissent contrôler et rectifier l'œuvre de leurs substituts. — Dans l'usage, on envoie au parquet de la cour royale les lettres originales elles-mêmes, qui sont retournées par le procureur-général après qu'il les a parcourues; puis on les adresse aux officiers de l'état civil.

102. — Indépendamment de cette obligation, le procureur du roi peut toujours, s'il le juge nécessaire, se transporter dans les communes pour vérifier les registres de l'année courante, surtout quand ils sont habituellement mal tenus ou quand il importe de constater leur état après le décès ou la démission d'un maire. — Ord. 26 nov. 1823, art. 5; — Circul. min. 31 déc. 1823.

103. — Il peut aussi déléguer à cet effet le juge de paix du canton où se trouvent les registres à vérifier (Ord. 26 nov. 1823, art 5). Mais cette délégation ne peut avoir lieu que sur l'ordre ou l'autorisation du procureur-général lorsque, pour son exécution, le juge de paix serait obligé de se transporter à plus de cinq kilomètres de sa résidence ou du chef-lieu de son canton, ce qui lui donnerait droit à des frais de transport. — Ord. 10 mars 1825, art. 6.

104. — Le magistrat du parquet qui se déplace pour cette opération a droit à une indemnité proportionnée à la distance qu'il doit parcourir. — Massabiau, no 788; — Ord. 10 mars 1825, art. 1er; décr. 18 juin 1811, art. 88.

105. — Si la vérification des registres signale quelques contraventions de la part des officiers de l'état civil, le procureur du roi doit requérir contre eux la condamnation à l'amende. — C. civ., art. 53.

106. — M. Duranton (t. 1er, no 281) pose comme principe que si la connaissance des simples contraventions dans la tenue des registres appartient aux tribunaux de première instance (art. 50), la connaissance des *délits* commis dans cette tenue de registres appartient aux cours royales, et il cite en note, à l'appui de son opinion, un avis du conseil d'état approuvé le 4 pluv. an XII. — M. Coin-Delisle, au contraire (sur l'art. 53, no 3), pense, et avec raison selon nous, que les tribunaux correctionnels sont seuls compétens (et non les cours royales) pour connaître de pareils délits, la compétence des cours royales en matière de délits étant limitativement restreinte par l'art. 10 de la loi du 20 avr. 1810, ainsi que par les art. 479 et 483, C. inst. crim., qui ne s'occupent ni des officiers de l'état civil ni des délits par eux commis dans la tenue de leurs registres.

107. — En cas d'irrégularités dont l'existence soumet l'officier de l'état civil à une peine, le ministère public a qualité pour poursuivre d'office l'application de cette peine. — Ainsi jugé, notamment dans une espèce où il s'agissait de la peine prononcée par l'art 156, C. civ., contre un officier de l'état civil qui a célébré le mariage d'un mineur placé sous la direction du conseil de famille, sans mentionner le consentement de ce conseil. — *Turin*, 6 avr. 1808, Barelli.

108. — Mais un avis du conseil d'état du 31 juill. 1806 autorise le ministre de la justice à prescrire aux procureurs du roi de lui faire connaître les poursuites qu'ils se proposent de faire, à arrêter celles qui n'auraient pas pour objet des négligences vraiment coupables par leur gravité. — Les circulaires ministérielles vont encore plus loin et recommandent expressément aux procureurs du roi de n'exercer de poursuites qu'après avoir pris l'avis du procureur général et du garde des sceaux. — On comprend, en effet, que de simples négligences ou inadvertences ne doivent que dans des cas fort rares être une cause de poursuites contre des hommes honorables qui n'ont souvent accepté que par dévoûment les fonctions toutes gratuites et même souvent onéreuses de l'état civil.

Sect. 3e. — *Rédaction des actes de l'état civil; énonciations qu'ils doivent contenir.*

109. — Les registres de l'état civil sont destinés à recevoir les actes de naissance, de mariage, de décès et de reconnaissance d'enfans naturels.

En outre, l'art. 359, C. civ., veut que dans les trois mois qui suivront le jugement qui l'a accueillie, l'adoption soit inscrite sur le registre de l'état civil du lieu où l'adoptant a domicile. — V. sur ce dernier point ADOPTION.

110. — Enfin un dernier registre est consacré aux publications de mariage. — Ce registre doit être, aux termes de l'art. 63, coté et paraphé de la même façon que les autres registres de l'état civil, comme il est dit en l'art. 41; il n'est point tenu double, et doit être déposé également à la fin de chaque année au greffe du tribunal. La manière de le tenir et les formes extérieures des actes qu'il contient sont les mêmes que celles des autres registres, et par conséquent régies par les mêmes dispositions. — V. *infrà* nos 334 et suiv., et MARIAGE, chap. 3, sect. 1re et 2e.

111. — Il n'est dû aucun droit pour la confection des actes de l'état civil et leur inscription sur les registres. — Décr. 12 juill. 1807, art. 4.

112. — Les actes sont inscrits sur les registres sans aucun blanc. Les ratures et les renvois sont approuvés et signés de la même manière que le corps de l'acte. Il n'y est rien écrit par abréviation, et aucune date ne doit être mise en chiffre. — C. civ., art. 42.

113. — L'article ne parle point des interlignes ni des surcharges. — Il résulte cependant de son esprit qu'ils doivent être également proscrits; quand il est nécessaire d'ajouter ou changer quelque chose à l'acte, il faut le faire au moyen d'un renvoi.

114. — La facilité d'imiter les paraphes a fait exiger que les renvois soient signés; et Hutteau-d'Origny (tit. 3, ch. 2, § 2, no 3) regarde les paraphes comme étrangers à l'acte. Toutefois, suivant MM. Coin-Delisle (sur l'art. 42) et Delvincourt (t. 1er, p. 31, note 1re), il est trop rigoureux d'annuler les renvois simplement paraphés.

115. — Les actes de l'état civil doivent être rédigés en langue française. — Rieff, sur l'art. 34, no 17. — V. au reste arrêté du 24 prair. an IX; L. 2 therm. an II; décr. 16 fruct., an II.

116. — Les actes de l'état civil doivent énoncer l'année, le jour et l'heure où ils sont reçus. — C. civ., art. 34.

117. — L'énonciation de l'heure a paru nécessaire en ce qu'en cas d'inscription de faux elle peut faciliter la preuve qu'une des personnes désignées comme présentes à l'acte n'y assistait pas réellement. — Toullier, t. 1er, no 308; Duranton, t. 1er, no 282; Coin-Delisle, sur l'art. 34, no 1er.

118. — Chacune de ces énonciations est nécessaire sans doute; mais il est des cas où une énonciation absente pourrait se suppléer. Ainsi, par exemple, l'oubli de la date ne vicierait pas l'acte, si d'ailleurs il était inscrit sur un registre bien tenu entre deux actes du même jour. Ainsi encore, la mention d'une année pour une autre serait rectifiée par la contexture même du registre. — Tronchet, séance du 6 fruct. an IX; Coin-Delisle, sur l'art. 34, no 1er; Toullier, no 311.

119. — La mention du *mois* n'est pas exigée expressément, par l'art. 34, à côté de celle de l'*année*, du *jour* et de l'*heure*. — C'est une omission évidente et dont on ne saurait arguer pour se soustraire à l'obligation de déclarer le *mois*.

120. — Les actes de l'état civil doivent en outre énoncer les prénoms, nom, âge, profession, domicile de tous ceux qui y sont dénommés. — C. civ., art. 34.

121. — Ils doivent aussi énoncer la qualité de membre de la Légion-d'Honneur de celui qui en est revêtu. — Circul. min. 8 juin 1807; — Rieff, sur l'art. 34, nos 19 et 20, et Grün, *Formulaire pour la rédaction des actes de l'état civil*, no 116.

122. — .... Ainsi que la qualification de pair, de député. — Coin-Delisle, sur l'art. 34, no 2.

123. — .... Et les qualifications nobiliaires. — Charte constitutionelle, art. 62.

124. — On doit également ajouter aux noms et prénoms les surnoms, mais seulement quand ils servent à distinguer les membres d'une même famille. — Coin-Delisle, *loc. cit.*

125. — Le procureur fondé qui peut représenter une partie dans quelques-uns des actes de l'état civil est considéré lui-même comme partie à l'acte, et dès-lors les énonciations prescrites par l'art. 34 doivent avoir lieu à son égard. — Rapport de M. Siméon (Locré, *Lég. civ.*, t. 3, p. 206); Coin-Delisle, *loc. cit.*

126. — De même, si un mari et une femme figurent tous deux dans un acte, et que la femme ait une profession et un domicile distincts de celui de son mari, il faut l'énoncer. — Lagarde, no 341; Coin-Delisle, *loc. cit.*

127. — Les actes de l'état civil ne peuvent être argués de nullité à raison du défaut des formalités prescrites par l'art. 34, C. civ.; par exemple, à raison du défaut d'énonciation, dans un acte de naissance, de l'âge du père et de celui des témoins. — *Bruxelles*, 4 juill. 1811, Judoque Wiemersch c. Denoker. — V. aussi en ce sens Toullier, t. 1er, no 311; Proudhon, *Cours de dr. franç.*, chap. 13, *in fine*; Duranton, t. 1er, no 337; Coin-Delisle, p. 6, no 10. — V. cependant, en sens contraire, Biret, *des Nullités*, p. 78.

128. — Remarquons toutefois que cette doctrine ne doit pas être entendue d'une manière absolue; un acte de l'état civil peut évidemment être argué de nullité comme tout autre acte authentique; mais ce n'est que dans le cas où le vice de l'acte serait de nature à lui enlever sa force probante; s'il ne présentait que l'omission d'une ou de plusieurs des formalités que nous venons de signaler, il devrait être maintenu. — Coin-Delisle, *loc. cit.*

129. — Dans l'ancien droit et sous l'application soit de l'ordonn. de 1667, soit de la déclaration du 9 avr. 1736 sur la rédaction des actes de naissance, il s'était introduit de graves abus; des curés, mus souvent par un zèle inconsidéré, s'étaient permis de s'immiscer dans l'examen de la vérité des déclarations qui leur étaient faites et d'exprimer dans la rédaction des actes leur opinion personnelle sur ces mêmes déclarations; plusieurs étaient allés jusqu'à chercher à altérer ou affaiblir la portée de ce qu'avaient déclaré les parties. Cet excès de pouvoir de la part des curés avait donné lieu à de graves difficultés, et provoqua de la part de Louis XVI une déclaration interprétative de celle du 9 avr. 1736, qui défendit d'une manière formelle aux rédacteurs des actes de l'état civil « d'insérer par leur propre fait, dans lesdits actes, soit sur les registres sur lesquels ils sont transcris, ou autrement, aucunes clauses, notes ou énonciations, autres que celles contenues aux déclarations de ceux qui auraient présenté les enfans au baptême, sans pouvoir faire aucune interpellation sur les déclarations qui seraient faites par ceux qui présentent les enfans au baptême, le tout sous les peines portées par l'art. 39 de la déclaration du 9 avril 1736. »

130. — La loi du 20 sept. 1792, tit. 3, art. 12, reproduisit la disposition de la déclaration de Louis XVI en ajoutant une disposition pénale contre les officiers de l'état civil. Ces textes étaient trop sages pour ne pas être adoptés par les auteurs du Code civil; et l'art. 35 dispose que « les officiers de l'état civil ne peuvent rien insérer dans les actes qu'ils reçoivent, soit par note, soit par énonciation quelconque, que ce qui doit être déclaré par les comparans. »

131. — De là il résulte que l'officier de l'état civil doit se borner à transcrire les déclarations des parties; il n'a aucune juridiction et son ministère n'est autre que celui d'un greffier; l'intention du législateur sur ce point est clairement expliquée dans le discours de M. Chabot au corps législatif : « les officiers de l'état civil ne pourront plus se permettre aucune interpellation, ni recherche, ni inquisition sur des faits qui ne devront pas être consignés, ou sur la vérité des déclarations faites par les parties; leur ministère se borne à recevoir ces déclarations lorsqu'elles seront conformes à la loi; ils n'auront le droit ni de les contredire, ni de les commenter, ni de les juger. » — Locré, *Lég. civ.*, t. 3, p. 226. — V. aussi Rieff, sur l'art. 35, no 28; Grün, no 119.

132. — Remarquons toutefois que, si le ministère de l'officier de l'état civil se borne à écrire les déclarations des parties, il faut aussi que ces déclarations ne contiennent que ce qu'elles doivent contenir; c'est-à-dire, le fait même que l'acte doit constater; si les déclarans voulaient aller au-delà, l'officier de l'état civil pourrait et devrait refuser de transcrire ce qui s'écarterait du but légal. — Toullier, t. 1er, no 308; Duranton, t. 1er, nos 283 et suiv.; Coin-Delisle, sur l'art. 35, no 1er.

133. — Ainsi on ne pourrait énoncer dans un acte que *tel individu* est mort *assassiné*, ou *sur l'échafaud*, ou *dans une prison*, ni qu'un enfant est fils de *tel*, *célibataire*, et de *telle*, *femme mariée* (Marcadé, *Elém. dr. civ fr.*, sur l'art. 35, no 2), ni qu'un enfant est fils naturel de *tel*, si la déclaration n'émanait pas de ce dernier ou de son fondé de pouvoir. — Duranton, no 284.

134. — La prohibition des déclarations surabondantes, dit avec raison M. Coin-Delisle, s'étend à celles faites par des personnes que l'acte concerne, ou par des personnes qui y sont étrangères. Ainsi, ajoute-t-il, un témoin ne pourra y insérer sa qualité prétendue de fils légitime ou naturel de telle personne, puisque la loi (art. 34) exige seulement les noms, prénoms, âge, profession et domicile des personnes dénommées aux actes. — Coin-Delisle, sur l'art. 35, no 2.

135. — Cependant, le rôle de l'officier de l'état civil n'est point purement passif, et si un crime, par exemple, ou une illégalité flagrante devait résulter de son concours, il ne devrait pas craindre d'engager sa responsabilité. — Ainsi, un homme qu'il saurait marié se présenterait pour contracter une nouvelle union, il devrait refuser. — Un homme marié voudrait reconnaître un enfant né hors mariage, il ne devrait pas recevoir sa déclaration. — Desclozeaux, *Encycl. du dr.*, vo *Actes de l'ét. civ.*, no 28.

136. — Selon M. Desclozeaux, *ibid.*, no 30, l'officier ne doit pas dresser d'office les actes de l'état civil; s'il apprend que des naissances ou décès aient eu lieu sans déclarations, il en prévient immédiatement le procureur du roi. Ce magistrat avertit les familles des formalités à remplir pour réparer les omissions et poursuit les contrevenans s'il y a lieu. — Cette marche, bonne en ce qu'elle ne laisse rien à l'arbitraire des officiers de l'état civil, pourrait cependant paraître rigoureuse, si elle était prescrite et suivie d'une manière trop absolue. — Nous ne verrions aucun inconvénient, si le silence des parties ne venait par exemple que de leur ignorance, à ce que l'officier de l'état civil les éclairât directement sur leurs devoirs et leur indiquât, sans recourir au procureur du roi, les formalités qu'elles sont tenues d'observer.

137. — L'officier de l'état civil pourrait-il, comme le professe Toullier *(loc. cit.)*, s'assurer que les déclarans et les témoins ne sont pas tels qu'ils se qualifient, et s'arrêter dans sa rédaction, s'il venait à soupçonner la fausseté de la déclaration? — Nous ne le pensons pas, ce serait s'écarter du principe qui refuse à l'officier de l'état civil toute espèce de juridiction et lui défend toute recherche et inquisition sur la vérité des déclarations faites par les parties. La raison sur laquelle s'appuie ce savant professeur nous semble d'ailleurs peu concluante; ce serait, dit-il, abandonner aux premiers venus, le droit d'attribuer un enfant à un citoyen. — A cela nous répondrons que, d'après la rigueur du principe sur lequel est fondé l'art. 35, on ne conçoit pas que l'officier de l'état civil puisse, sur un soupçon, s'arrêter dans sa rédaction et refuser ainsi son ministère aux parties, jusqu'à ce qu'il ait éclairé le doute qu'il pourrait avoir; nous pensons qu'il faudrait dire alors avec Toullier lui-même *(eod. loc.)*, *si les déclarations sont fausses, on poursuivra les faussaires*, mais l'officier de l'état civil n'a le droit ni de les commenter, ni de les contredire, ni de les juger.

138. — Si l'officier de l'état civil n'observait pas ce point de la loi, il s'exposerait à être poursuivi par ceux qui auraient à se plaindre des énonciations ou des notes qui ne devaient pas être faites. — Duranton, t. 1er, no 283. — Il en serait de même des parties de qui émaneraient la déclaration, ou les remarques illicites.

139. — La mère et l'officier de l'état civil qui ont signé un acte de naissance contenant déclaration de paternité sans l'aveu de celui à qui ils l'ont attribuée peuvent être condamnés envers le prétendu père ou ses héritiers à des dommages-intérêts. Mais une pareille condamnation ne peut frapper les témoins. — *Besançon*, 3 juin 1808, Clerc c. Bigoy et Richardot.

140. — Dans le cas où les *parties intéressées ne sont pas obligées de comparaître en personne*, elles peuvent se faire représenter par un fondé de procuration spéciale et authentique. — C. civ., art. 36.

141. — Il est naturel d'entendre par *parties intéressées* celles qui ont un intérêt à ce que le fait, objet de l'acte, soit légalement constaté. — Ainsi, pour la rédaction d'un acte de naissance, d'un acte de mariage, d'un acte de reconnaissance d'enfant naturel, les père et mère sont évidemment *parties intéressées*. — Duranton, t. 1er, no 287.

142. — Les *déclarans* sont-ils compris dans la classe *des intéressés* qui peuvent se faire représenter? — M. Hutteau-d'Origny (tit. 3, ch. 1er, § 1er, no 15) soutient la négative; mais M. Coin-Delisle (sur l'art. 36, no 3) soutient que le principe ne saurait être, en l'absence de prohibition légale, d'une rigueur absolue. — Il se demande, par exemple, si un maire pourrait refuser la déclaration de naissance faite par un père représenté par un mandataire. Non, dit-il, car, si le père *est déclarant, il est aussi partie intéressée*.

143. — De cette explication donnée par M. Coin-Delisle, on pourrait conclure que tout déclarant qui ne serait pas partie intéressée, c'est-à-dire dont la rédaction de l'acte ne pourrait, en quoi que ce soit, blesser les intérêts, serait obligé de comparaître en personne. — Ceci s'appliquerait, par exemple, aux diverses personnes mentionnées dans l'art. 56, et pour lesquelles il est du devoir, à la fois social et légal, de déclarer le fait de la naissance. Il nous semble difficile, toutefois, de saisir, au point de vue de l'art. 36, une nuance parfaitement tranchée entre les intéressés proprement dits et les déclarans : le mot *intéressés* peut aussi bien s'appliquer à la rédaction même de l'acte qu'à ce qui en fait l'objet. — Les déclarans (dans le cas de l'art. 56) ne sont-ils pas intéressés à ce que la déclaration ait lieu, puisque l'absence de cette déclaration les soumet à une peine? — Art. 346, C. pén.

144. — Mais l'art. 36 lui-même suppose que certaines parties intéressées seront obligées de comparaître en personne. Quelles sont-elles? — L'art. 294, C. civ., en citait un exemple formel pour le cas de divorce par consentement mutuel. « *Les parties, dit cet article, se présenteront ensemble et en personne.* »

145. — A ce cas plusieurs auteurs ont ajouté celui du mariage, en ce qui concerne les époux. Ils soutiennent donc qu'on ne peut se marier par procureur. — Marcadé, *El. dr. civ.*, sur l'art. 36; Delvincourt, t. 1er, p. 71, note 5e; Locré, *Espr. C. civ.*, sur l'art. 36; Duranton, t. 1er, no 287; Vazeille, *Tr. du mar.*, t. 1er, no 184; Hutteau-d'Origny, tit. 7, chap. 4, § 1er, no 12. — V. *contrà* Pothier, *Tr. du contr. de mar.*, no 367; Toullier, t. 1er, no 574; Merlin, *Rép.*, vo *Mariage*, sect. 4e, § 1er, art. 1er, quest. 4e; Coin-Delisle sur l'art. 36, no 7, qui se fondent sur l'absence de toute disposition expressément prohibitive. — Sous le droit ancien, il était permis de se marier par procureur; on se fondait principalement, pour le décider ainsi, sur les termes de la loi 5, ff., *de Ritu nupt.* : *Mulierem absenti per litteras ejus, vel per nuntium, posse nubere placet, si in domum ejus deduceretur.* On le pouvait aussi sous le droit canonique; c'est ce qu'on voit dans la décrétale de Boniface VIII, chap. dernier, *de Procuratoribus.*

146. — La solution de cette question ne saurait, suivant nous, être douteuse. Elle résulte, aussi clairement que possible : 1o de l'art. 75, C. civ., qui veut que l'officier de l'état civil *fasse lecture aux parties* du titre du mariage sur *les droits et devoirs des époux*. Or, quelle serait l'utilité de cette lecture si l'une des parties était représentée par un procureur fondé; — 2o De la disposition du même article qui veut que l'officier de l'état civil reçoive *de chaque partie, l'une après l'autre*, la déclaration qu'elles veulent se prendre *pour mari et femme*. N'est-il pas évident que la loi suppose que chacun des époux sera et demeurera libre jusqu'au dernier moment de donner ou de refuser son consentement. Ce qui n'existerait pas si, par la signature d'une procuration, l'un deux, et, peut-être, tous les deux ensemble, ils avaient, à l'avance, enchaîné leur volonté. — En outre, la loi veut que la détermination décisive de l'époux se produise sous la protection de l'officier de l'état civil et des témoins; or, toutes les garanties exigées pour la constatation de la liberté de volonté échapperaient nécessairement au cas de mariage par procureur. — Enfin, lors de la discussion du tit. 2 dont fait partie l'art. 36, le premier consul dit formellement, dans une des conférences du conseil d'état, que le mariage n'aurait plus lieu qu'*entre personnes présentes*. — Marcadé, *El. dr. civ. fr.*, sur l'art. 36.

147. — Bien que la procuration doive être spéciale et authentique, il n'en résulte pas que le défaut d'authenticité soit nécessairement une cause de nullité des actes, qui pourront, selon les circonstances, être maintenus. — Ainsi, selon M. Coin-Delisle, si la procuration a pour objet un consentement dont la manifestation ne soit soumise à aucune forme solennelle, par exemple, le consentement d'un père au mariage de son fils, l'acte sera valable, encore que la procuration soit sous seing-privé. Il en serait autrement s'il s'agissait d'une déclaration pour laquelle la forme authentique fût nécessaire, par exemple, d'une reconnaissance de paternité naturelle. — *Comment. anal.* sur l'art. 36, no 1er. — Toutefois, le mieux est encore de prévenir toutes ces difficultés, et, pour cela, les officiers de l'état civil doivent tenir la main à l'observation rigoureuse de l'art. 36.

148. — Les témoins produits aux actes de l'état civil ne pourront être que du sexe masculin, âgés de vingt-un ans au moins, parens ou autres. — C. civ., art. 37.

149. — Cette disposition toute spéciale a modifié l'ancienne législation sur ce point; l'ordonnance de 1667 et la déclaration de 1736 admettaient les *marraines* comme témoins aux actes de naissance et n'exigeaient point la majorité des témoins, même pour les contrats de mariage. La loi du 20 sept. 1792, tit. 3, art. 1er, voulait que les témoins fussent âgés de vingt-un ans; et il admettait la femme à en remplir le ministère.

150. — Toutefois, il a été jugé, sous l'empire de cette loi, qu'un mariage n'était pas nul pour avoir été célébré en présence de deux témoins dont un était mineur. — V. au surplus, à cet égard, MARIAGE, chap. 3, sect. 2e.

151. — Il ne faut pas confondre les *témoins* avec les *déclarans*, lesquels peuvent être du sexe féminin et mineurs. Ainsi une femme pourrait déclarer une naissance, le fait d'un enfant trouvé ou un décès. — V. C. civ., art. 56, 58 et 78; — Coin-Delisle, sur l'art. 37, no 4; Duranton, t. 1er, no 288.

152. — Il n'est pas nécessaire, comme pour les actes notariés, que les témoins sachent signer et soient domiciliés dans l'arrondissement communal où l'acte est passé. — Duranton, t. 1er, no 283; Coin-Delisle, sur l'art. 37, no 3. — V. cependant Delaporte, *Pand. fr.*, t. 2, p. 234.

153. — Il n'est même pas nécessaire qu'ils soient Français. — La raison en est, suivant M. Duranton *(loc. cit.)*, que c'est moins l'exercice d'un droit civil qu'un bon office rendu aux parties (Delvincourt, t. 1er, p. 31, note 7e; Hutteau-d'Origny, tit. 3, chap. 1er, § 1er, no 9), et M. Coin-Delisle ajoute qu'une famille peut avoir intérêt à ce qu'une naissance, un mariage, un décès, ne puissent être méconnus par un parent étranger *(loc. cit.)*. — V. aussi Marcadé, *Elém. de droit franç.*, t. 1er, sous l'art. 37.

154. — Il est évident, dans tous les cas, que les morts civilement et les individus frappés, soit de dégradation civique, soit de l'interdiction temporaire par l'art. 42, C. civ., ne peuvent être témoins aux actes de l'état civil. — Duranton et Coin-Delisle, *loc. cit.*

155. — Les témoins sont choisis par les parties intéressées. Il faut, en effet, que ces témoins connaissent les comparans, puisqu'il s'agit de rendre public l'état de la famille qui, en soi, est privé. — Coin-Delisle, sur l'art. 37. — Néanmoins, si ces parties ne pouvaient trouver de témoins, l'officier de l'état civil aurait le droit d'en appeler. On avait même proposé de lui conférer expressément ce droit, et d'ajouter à l'art. 37 : « *ou appelés par l'officier public* ». Mais, si cette proposition de Regnaud (de Saint-Jean-d'Angely) ne fut pas adoptée, on n'en modifia pas moins la première rédaction de l'art. 37; et, au lieu des mots : « *ne* pourront être choisis *que* par les parties intéressées », on lit ceux-ci : « *seront choisis par*, etc., etc. » — Coin-Delisle, sur l'art. 37, no 7.

156. — Dans un très grand nombre de municipalités, on a pris l'habitude de se servir, pour presque tous les actes, des mêmes témoins. — C'est un grave abus. — Si la loi a voulu que l'événement fût avant tout certifié par les parens et amis, c'est qu'ils sont mieux placés pour le connaître. — Ce n'est donc qu'à leur défaut qu'il faut appeler les voisins, et, au défaut seulement de ceux-ci, des étrangers.

157. — Si l'officier de l'état civil connaît le déclarant ou les parties contractantes sans connaître les témoins, ou les témoins sans connaître les parties contractantes, il doit recevoir l'acte; — car, dans l'un ou l'autre cas, l'individualité de tous les comparans (parties et témoins) est certaine pour lui. — Mais, si tous les comparans lui étaient inconnus, aurait-il le droit de refuser? *Oui*, dit Toullier (t. 1er, no 308), s'il soupçonne la fraude; autrement, ce serait abandonner aux premiers venus le droit d'attribuer un enfant à un citoyen — Coin-Delisle, sur l'art. 37, no 7. — « Au surplus, ajoute ce dernier auteur, les moyens par lesquels les officiers de l'état civil s'assureront de l'individualité des témoins sont entièrement abandonnés à leur prudence. »

158. — Le ministère de témoins aux actes de l'état civil est purement facultatif. La rédaction première de l'art. 37 portait ces mots : « Les témoins *appelés*, etc., seront... etc. »; on a, dans la rédaction définitive, substitué le mot *produit* au mot *appelé*, pour mieux établir qu'il n'y avait rien d'obligatoire dans l'assistance comme témoin. — Coin-Delisle, no 8.

159. — L'officier de l'état civil doit donner lecture des actes aux parties comparantes ou à leur fondé de procuration et aux témoins; il doit être fait mention de l'accomplissement de cette formalité. — C. civ., art. 38.

160. — Ces actes sont signés par l'officier de l'état civil, par les comparans et les témoins, ou mention est faite de la cause qui les empêche de signer. — C. civ., art. 39.

161. — Cette dernière disposition est la reproduction des lois anciennes sur ce point. — Ord. 1667, tit. 20, art. 10; décl. 9 avr. 1836, et L. 29 sept. 1792, sect. 4e, tit. 3, art. 8.

162. — L'officier de l'état civil n'est tenu de mentionner que l'empêchement de signer, et non la réquisition de signer qu'il a faite aux parties. — *Toulouse*, 26 mars 1824, Caubère c. Boy.

163. — L'absence de quelques signatures exigées par la loi entraînerait-elle nullité de l'acte? — Jugé que l'absence de la signature de l'officier de l'état civil, dont la présence *serait, du reste, attes-*

lée par une note de sa main, n'entraînerait pas nullité. — *Grenoble*, 5 avr. 1824, Juge.

164. — En serait-il de même dans le cas d'un acte de mariage, si cet acte n'était pas signé, soit par les personnes dont le consentement est nécessaire, soit par les époux eux-mêmes? — V. MARIAGE, chap. 3, sect. 2e.

Sect. 4e. — *Actes de l'état civil reçus en pays étranger.*

165. — Les actes de l'état civil des Français et des étrangers, faits en pays étranger, font foi s'ils ont été rédigés dans les formes usitées dans ledit pays. — Art. 47. — Ainsi se trouve réglée, par application de la maxime *locus regit actum*, la foi due aux actes de l'état civil reçus par les officiers étrangers, et qui sont passés, soit entre des Français, soit entre Français et étrangers, soit entre étrangers seulement. — V. MARIAGE.

166. — Les actes de l'état civil des Français sont également valables s'ils ont été reçus, conformément aux lois françaises, par les agens diplomatiques ou par les consuls (art. 48); d'où il résulte que les Français, à l'étranger, ont deux moyens de faire constater leur état civil. — Coin-Delisle, sur l'art. 48; Toullier, t. 1er, no 310; Duranton, t. 2, no 234.

167. — Jugé en effet que l'art. 47, C. civ., qui veut que tout acte d'état civil des Français et des étrangers, fait en pays étranger, fasse foi s'il a été rédigé dans les formes usitées dans le pays, reçoit son application au cas où l'acte ne concerne que des Français, comme au cas où il concerne tout à la fois des Français et des étrangers...; alors surtout qu'il n'existait pas dans le pays étranger d'agent consulaire français. — *Cass.*, 7 juill. 1835, Papon c. Puray.

168. — Mais les ambassadeurs ou les consuls n'ont aucun caractère pour recevoir les actes de l'état civil des étrangers. — Pourraient-ils recevoir les actes qui concerneraient à la fois un étranger et un Français, par exemple, un acte de mariage? — V. MARIAGE.

169. — Si, dans le pays où un fait d'état civil se serait passé, on ne tenait pas de registres pour en constater l'existence, la preuve par témoins pourrait être admise : ainsi, plus spécialement, une étrangère qui prétendrait avoir épousé en Egypte un officier français pourrait être admise à prouver que les lois de son pays ne l'obligeaient pas à faire constater son mariage sur des registres publics, surtout si elle avait en sa faveur un commencement de preuve par écrit. — *Cass.*, 8 juin 1809, David c. Faultrier; 7 sept. 1809, Mazo c. Destaing; — V. aussi, en ce sens, Merlin, *Répert.*, vis *Mariage*, sect. 5e, § 2, no 11; *Etat civil*, § 2, no 1, et *Jugement*, § 7 bis; Coin-Delisle, sur l'art. 47, no 2.

170. — Mais jugé qu'un acte de notoriété, bien que dressé en pays étranger dans la forme usitée dans ce pays, peut, suivant les circonstances, qu'il appartient aux juges d'apprécier, être considéré comme ne faisant pas force probante relativement aux faits qui y sont énoncés. — Spécialement, s'il s'agit d'établir la date d'un décès, et alors surtout qu'il n'est nullement justifié de la perte des registres de l'état civil, il peut être repoussé comme ne prouvant pas cette date, si les déclarations des témoins ne paraissent aux juges ni suffisamment expliquées ni sincères. — *Cass.*, 27 déc. 1837 (t. 1er 1838, p. 449), Colombel c. Pouzin.

171. — Avant le Code, aucune loi n'accordait textuellement aux agens diplomatiques et commerciaux à l'étranger le droit de faire les fonctions d'officiers de l'état civil. — Mais Pothier (*Tr. du contr. de mar.*, no 363) dit qu'on devait considérer comme valable, dans un pays non catholique, le mariage d'un Français célébré, sans fraude, par l'aumônier de la chapelle de l'ambassadeur de sa nation, qui tenait les registres des naissances, mariages et décès. — Delaporte, *Pand. franç.*, sur l'art. 5. — V. aussi arrêt parl. *Paris*, du 15 mars 1672, cité par Brodeau, sur Louet, *Lett. M.*, som. 6, no 48; Coin-Delisle, sur l'art. 48.

172. — Une ordonnance, du 4 janv. 1713, attribuait le même pouvoir aux consuls; elle déclarait même nul et acte de désobéissance celui qui avait été reçu par d'autres que par eux.

173. — Malgré le silence de la loi de 1792, les ambassadeurs et les consuls ont, depuis cette loi, reçu les actes de l'état civil; et un avis du cons. d'état du 4 frim. an XI approuva rétroactivement cette interprétation ou cette extension donnée à leurs fonctions. — Coin-Delisle, sur l'art. 48.

174. — Les agens diplomatiques et les consuls sont, en général, assujétis à toutes les formes prescrites aux officiers de l'état civil. — Leurs actes sont inscrits sur des registres particuliers, tenus en double, cotés et paraphés par eux. Un des doubles reste à la chancellerie, l'autre est envoyé, chaque année, au ministre des affaires étrangères. Circ. min. aff. étr. 8 août 1814.) — La même circulaire prescrit à ces agens d'envoyer au ministre une expédition des actes par eux reçus pour être transmise à l'officier de l'état civil du domicile de la même partie. — Hutteau d'Origny, tit. 3, ch. 5, no 16 et suiv.; Coin-Delisle, sur l'art. 48.

Sect. 5e. — *Publicité et délivrance des actes de l'état civil. — Foi due à ces actes et à leurs extraits. — Preuves admises à leur défaut.*

§ 1er. — *Publicité et délivrance des actes de l'état civil.*

175. — L'ord. de 1667, tit. 20, art. 18, permettait de délivrer des extraits des actes de l'état civil à toutes personnes *qui en auraient besoin*. L'art. 33 de la déclaration de 1738 restreignit cette faculté aux personnes *qui auraient le droit* de lever ces actes. — La loi de 1792, tit. 2, art. 18, modifia cet état de la législation, et l'art. 45 dispose, d'une manière absolue, que « *toute personne* peut se faire délivrer, par les dépositaires des registres de l'état civil, des extraits de ces registres. »

176. — Cette disposition est formelle, et on en conclut 1o que la voie du compulsoire n'est pas nécessaire pour se faire délivrer un acte de l'état civil; 2o que le dépositaire qui refuserait la délivrance pourrait y être contraint par corps. — *Colmar*, 14 juin 1814, Grodwolh c. Morel; — Coin-Delisle, sur l'art. 45, no 1er.

177. — On entend par *dépositaires* les maires, adjoints et greffiers auxquels le dépôt a été fait. Quant aux *secrétaires* de maires, ou à ceux qui se qualifient de *secrétaires généraux*, ils ne peuvent délivrer aucun acte authentique, aucun extrait ou expédition. — Avis du cons. d'état, 6 juin 1807. — Toutefois, le même avis a déclaré valables les extraits délivrés par eux et légalisés antérieurement à sa publication. — Les archivistes chargés de la conservation des registres n'ont pas non plus caractère pour délivrer des expéditions. — Merlin, *Rép.*, vo *Etat civil*, § 2; Coin-Delisle, sur l'art. 45, no 4. — V. *contrà* Hutteau-d'Origny, tit. 3, chap. 3, § 1er, no 8 (à l'égard des archivistes municipaux et des archivistes des ministères de la guerre, de la marine et des affaires étrangères, pour les actes reçus hors du royaume et dont les registres sont remis à ces ministères).

178. — Quant aux curés, ils ont perdu, depuis leur dépossession des registres de l'état civil, le droit d'en délivrer des extraits. — La loi du 7 vendém. an IV défendait, même à tous juges, administrateurs ou fonctionnaires publics quelconques, d'avoir aucun égard à leurs attestations, *sous peine d'amende et d'emprisonnement*. — Mais la loi du 18 germ. an X dit seulement que les registres tenus par les ministres du culte ne pourront en aucun cas suppléer les registres ordonnés par la loi. — Desclozeaux, *Encycl. du droit*, vo *Actes de l'état civil*, no 95.

179. — Un certificat mortuaire délivré par les agens de l'armée de Condé n'a pas dû être considéré comme authentique et faisant foi de son contenu. — *Paris*, 18 germ. an XIII, Malsy. c. du Puget.

180. — L'extrait délivré doit contenir une reproduction *littérale* de l'acte existant au registre. — Ce qui n'empêche pas que les simples extraits délivrés antérieurement au Code civil ne conservent leur authenticité. — Coin-Delisle, *loc. cit.*, no 7.

181. — Les nouveaux extraits des actes anciens ne peuvent être soumis à aucune modification ni suppression. — Ainsi une circulaire du ministre de la justice du 21 avr. 1806 (Gillet, p. 86) prescrit formellement de laisser subsister, dans les extraits de naissance antérieurs à la loi du 20 sept. 1792, la mention des cérémonies de baptême. — M. Coin-Delisle (*loc. cit.*) pense qu'il en serait de même à l'égard des qualifications féodales, malgré les lois qui les proscrivaient (Charte const., art. 62) : c'est à tort que le contraire a été déclaré. — Avis du cons. d'état, 10 févr. 1806 (non inséré au *Bulletin des Lois*). — Desclozeaux, *Encycl. du droit*, vo *Actes de l'état civil*, 96.

182. — La fidélité de l'extrait doit être telle que les imperfections mêmes de l'acte doivent être reproduites, ainsi que toutes mentions qui s'y rattachent. — Hutteau-d'Origny, *loc. cit.*, no 3; Lagarde, no 664; Coin-Delisle, *loc. cit.*

183. — Suivant le décret du 12 juillet 1807, les droits dus pour la délivrance d'un extrait d'acte de l'état civil sont, quel que soit le dépôt d'où on le tire, greffe ou mairie, pour les actes de naissance ou de décès, dans les communes de moins de 50,000 habitans, de

	f.	c.
(pour les actes de naissance ou de décès, dans les communes de moins de 50,000 habitans)	»	30
Dans les villes de plus de 50,000 habitans	»	60
A Paris	»	75
Et pour les actes de mariage, d'adoption et de divorce, dans les villes ou communes de moins de 50,000 habitans	»	60
Dans les villes de plus de 50,000 habitans	1	»
A Paris	1	50
Il doit en outre être remboursé, pour frais de timbre et pour chaque extrait, d'après l'art. 63, loi du 28 avril 1816	1	25

Enfin, si l'extrait est légalisé, il est dû au greffier un droit de 25 c., aux termes de l'art. 11, L. 21 ventôse an VII.

184. — Il est défendu d'exiger d'autres taxes et droits à peine de concussion. — V. CONCUSSION.

185. — Le droit de greffe n'est pas dû sur les extraits des registres de l'état civil délivrés par les tribunaux de première instance (L. 21 vent. an VII, art. 9; décret 12 juill. 1808. — *Cass.* belge, 14 mai 1834, Enregistrement c. Delacharlerie.

186. — Le décret qui fixe le tarif des expéditions des actes de l'état civil doit rester affiché en gros caractères dans tous les dépôts des registres et dans chacun des bureaux ou lieux où sont reçues les déclarations relatives à l'état civil. — Décret 12 juill. 1808, art. 5.

§ 2. — *Foi due aux actes de l'état civil et à leurs extraits.*

187. — L'art. 45 du Code civil dispose que les *extraits* délivrés *conformes aux registres* et régularisés par le président du tribunal de première instance ou par le juge qui le remplacera feront foi jusqu'à inscription de faux.

188. — Cette disposition est reproduite du droit ancien : l'ordonnance 1667, tit. 20, art. 7, décidait que les registres des naissances, mariages et décès, tenus en bonne forme, feraient foi et preuve en justice, et la loi du 20 septembre 1792, tit. 2, art. 6, étendit la disposition de l'ordonnance aux extraits qui en seraient délivrés.

189. — L'article 45 ne s'occupe que de la foi due *aux extraits* et non de celle due *aux actes*. Autrement, ainsi que le fait remarquer judicieusement Coin-Delisle, il serait trop général, puisqu'il ne limite en rien la foi qu'il accorde sans distinguer entre ce qui est de l'essence de l'acte ou ce qui lui est accidentel, ce qui est direct ou énonciatif (*Comm. anal.* sur l'art. 45).

190. — Il faut donc entendre l'article en ce sens que, certifiés par le dépositaire et accompagnés de toutes les formalités légales, les extraits remplacent le registre, font foi d'une conformité parfaite et ont la même valeur et la même force probante, ni plus ni moins, qu'aurait le registre lui-même. — Coin-Delisle, *loc. cit.*

191. — Les extraits des registres des actes de l'état civil, comme les actes eux-mêmes, ne font foi jusqu'à inscription de faux qu'à l'égard des faits qui se sont passés devant l'officier de l'état civil, et dont la réalité a été constatée par lui. — Quant aux faits pour lesquels il est obligé de s'en rapporter aux déclarations des comparans, ils peuvent toujours être démentis par la preuve testimoniale. — *Angers*, 25 mai 1822, Guesnerie c. Hamon; — Desclozeaux, *ibid.*, no 91; Marcadé, *Elém. de dr. civ*, sur l'art. 45, no 4. — V. aussi Duranton, t. 1er, nos 303 et suiv. — V. *contrà* Toullier, t. 1er, no 306.

192. — Ainsi, jugé que l'acte de célébration d'un mariage ne prouve que le fait de la célébration et non la réalité des dénominations et qualifications que les contractans se sont attribuées. — *Cass.*, 16 mars 1841 (t. 1er 1841, p. 481), Constant c. Tarcauson.

193. — ... Qu'un acte de l'état civil ne fait pas foi de naissance, et surtout de la viabilité d'un enfant, lorsque cet enfant n'a pas été présenté à l'officier qui a dressé l'acte. — Dans ce cas, si le fait de la naissance est contesté, il peut être suppléé par la preuve testimoniale à la preuve qui devait résulter de l'acte. — *Angers*, 25 mai 1822, Guesnerie c. Hamon.

194. — ... Que l'acte de naissance ne fait foi de l'acte du jour de la naissance d'un enfant qu'autant qu'il est fait dans les délais prescrits par le Code civil. — *Paris*, 9 août 1813, Texier.

195. — La foi due aux extraits n'existe qu'autant

qu'ils sont *conformes aux registres*. Donc, si la conformité est contestée, la représentation des registres peut être demandée, alors même, ajoute M. Duranton (t. 1er, no 299) que l'officier de l'état civil aurait fait suivre l'extrait de la mention : « Délivré conforme au registre. » — Delvincourt, t. 1er, p. 28, note 5. — Toutefois, cette doctrine est combattue avec beaucoup de force par M. Marcadé (sur l'art. 45, no 3), qui soutient que les extraits certifiés par les officiers de l'état civil, conformes aux registres, font foi contre les registres eux-mêmes; on ne peut méconnaître la gravité des raisons invoquées par cet auteur à l'appui de son opinion, et qui sont de nature à faire hésiter sur le parti à prendre dans cette délicate question.

196. — Les copies anciennes des registres de l'état civil de Saint-Domingue, envoyées en France en exécution de l'édit du mois de juin 1776, ne peuvent faire foi que pour leur contenu, si elles ne sont conformes aux dispositions de cet édit. Ainsi, par exemple, le défaut du *collationné* prescrit par l'art. 3 suffit pour rendre possible la supposition d'omissions commises. — Dès-lors, en cas de perte, pendant les désastres de Saint-Domingue, des registres de la paroisse dans laquelle un mariage aurait été contracté, celui qui argumente de l'existence de ce mariage peut en faire la preuve par les voies ouvertes par l'art. 46, C. civ.— *Paris*, 20 janv. 1837 (t. 1er 1837, p. 514), Fouron c. Clerc et Perrin.

197. — La légalisation exigée par l'art. 45, pour que l'extrait de l'état civil fasse pleine foi de son contenu, n'est pas une condition constitutive de l'authenticité de l'acte (*Cass.*, 22 oct. 1812, min. pub. c. Borchi), elle a seulement pour objet de prouver la vérité de la signature de l'officier public.—Merlin, *Rép.*, vo *Faux*, sect. 1re, § 2 *bis*; Desclozeaux, *ibid.*, no 89.

198. — D'où il résulte, dit M. Coin-Delisle (sur l'art. 45), que cette formalité est inutile quand on produit la pièce au tribunal même dont un des membres devrait apposer la légalisation si elle était requise.

199. — Mais pourrait-on, par induction de la loi du 25 vent. an XI, qui le décide ainsi pour les actes notariés, dire que ces actes font foi sans légalisation dans l'étendue de l'arrondissement où ils ont été reçus? — Nous pensons que *oui*, avec MM. Toullier, t. 1er, no 307; Delaporte, sur l'art. 45; Hutteau-d'Origny, tit. 3, ch. 3, § 1er, no 15; Marcadé, *Elém. de dr. fr.* sur l'art. 45, no 2; Desclozeaux, *Encyclopédie du dr.*, vo *Actes de l'état civ.*, no 96. — Ce dernier auteur cite même un extrait de la séance du conseil d'état du 23 fructidor an X, où, sur une observation de M. Jollivet, que jusqu'alors les actes authentiques faisaient foi sans légalisation dans l'arrondissement où ils avaient été reçus, M. Emmery répondit que l'article ne contredisait point ce principe, et n'exigeait de légalisation que dans les cas où le tribunal ne connaissait pas la signature de l'officier public qui l'avait délivré. —Locré, *Lég. civ.*, t. 3, p. 195. — L'usage est conforme à cette doctrine. — Toutefois, elle est combattue par MM. Coin-Delisle (sur l'art. 45, no 7), et Duranton (t. 1er, no 299 à la note), par le motif que la signature des maires et adjoints n'est pas aussi connue que celle des notaires, et que l'art. 45 ne fait pas la même distinction que la loi de ventôse.

200. — Sous les ordonnances de 1667 et de 1749, l'acte de décès d'un Français mort en pays étranger a pu faire foi en justice, bien qu'il n'eût pas été légalisé par l'agent français résidant dans le pays où cet acte avait été délivré, si, d'ailleurs, il avait été légalisé par les autorités locales, et si d'autres circonstances venaient attester le décès. — *Cass.*, 3 vent. an XI, Flossac c. Farsier.

§ 3. — *Preuves admises à défaut de registres ou d'actes de l'état civil.*

201. — L'art. 46, C. civ., dispose que *lorsqu'il n'a pas existé* de registres ou qu'ils *ont été perdus*, la preuve *en sera reçue* tant par titres que par témoins; et, dans ce cas, les mariages, naissances et décès pourront être prouvés tant par les registres et papiers émanés des pères et mères décédés, que par témoins.

202. — La première preuve à faire, pour bénéficier de l'art. 46, est celle qui concerne *la non-existence* ou la *perte* des registres. — Ce n'est, en effet, que lorsque cette preuve a été faite que la partie intéressée peut être admise à établir par témoins le fait du décès, de la naissance, etc. — *Bruxelles*, 11 décembre 1817, Huybrechts.

203. — L'on ne peut, même lorsqu'on a la possession d'état, prouver son mariage non inscrit sur les registres de l'état civil, si on ne justifie pas de la perte de ces registres. — *Bruxelles*, 7 juin 1806, Demidde Léer c. Alexandre; *Paris*, 7 février 1809, Rossary c. Thouret.

204.—En ce qui concerne cette première preuve, l'art. 46 est impératif, et il semble résulter de ses termes que les juges ne peuvent refuser, à la partie qui demande à la faire, le droit d'y procéder. — *Cass.*, 12 décembre 1827, S. L. c. Laguens (dans ses motifs).

205. — Il a toutefois été jugé d'une manière générale que les juges peuvent refuser d'admettre un individu qui se prétend issu d'un mariage légitime à prouver par témoins *soit la perte des registres de l'état civil*, soit la célébration du mariage allégué, lorsqu'ils déclarent en fait qu'il n'existe ni commencement de preuve par écrit, ni présomptions, ni indices des faits qui puissent conduire à la preuve demandée. — *Cass.*, 20 mars 1838 (t. 2 1838, p. 245), Roche.

206. — Au surplus, en cas d'admission comme en cas de rejet d'une preuve testimoniale offerte pour prouver l'omission existant sur les registres, l'appréciation des juges est souveraine. — *Cass.*, 1er juin 1830, Delacour c. d'Auteroche; 24 mars 1829, Baylon c. Roche.

207. — Lorsqu'il s'agit d'établir la date d'un décès, et alors surtout qu'il n'est nullement justifié de la perte des registres de l'état civil, un acte de notoriété, dressé en pays étranger, dans la forme usitée en ce pays, peut être repoussé comme ne prouvant pas cette date, si les déclarations des témoins ne paraissent aux juges ni suffisamment expliquées ni sincères. — *Cass.*, 27 déc. 1837 (t. 1er 1838, p. 449), Colombel c. Pouzin.

208. — La preuve est faite *tant par titres que par témoins* (art. 46), et plusieurs auteurs pensent qu'elle peut résulter d'un certificat du greffier du tribunal et de l'officier de l'état civil, constatant qu'on ne trouve ni aux archives de la commune ni au greffe les registres du temps auquel se rapporte l'acte dont l'existence est méconnue. —V. en ce sens Duranton, t. 1er, no 293, et Toullier, t. 1er, no 346, qui reproduisent, au reste, l'opinion de Rodier, (*Quest. sur l'ord. de* 1667, édit. de 1769.) — Ou tout au moins M. Duranton dit qu'il est plus régulier de produire d'abord ce certificat.

209.— Mais de pareils certificats ne font preuve qu'autant qu'ils ne sont pas contredits. — *Toulouse*, 24 juin 1820, Dubois c. Legrand.

210. — Les deux genres de preuve, *titres et témoins*, peuvent être annulés, ou bien le tribunal peut se contenter de l'un ou de l'autre. — Rodier, *Quest.* 5e, sur l'art. 14, ord. 1667; Jousse, note 1re (*in fine*) sur le même article; Toullier, t. 1er, no 346; Duranton, t. 1er, no 294; Coin-Delisle, sur l'art. 46, no 9.

211. — L'art. 46 ne dispose que pour le cas où les registres ont été perdus ou n'ont pas existé. — Faut-il l'appliquer également au cas d'omission, de feuillets perdus, etc.? — Presque tous les auteurs enseignent l'affirmative. — Rodier, *Quest.* 3e, sur l'art. 14, tit. 20, ord. 1667; Malleville, sur l'art. 46; Merlin, *Rép.*, vis *État civil*, § 2, no 1er, *Mariage*, sect. 4e, § 3, no 6; Toullier, t. 1er, no 349; Duranton, t. 1er, no 296; Desclozeaux, *loc. cit.*, no 97; Marcadé, *Élém. de dr. civ.*, sur l'art. 46, no 2; Coin-Delisle, sur l'art. 46, no 5. — En effet, chaque partie n'a intérêt qu'à la feuille qui la concerne; c'est pour elle comme si le registre entier n'existait pas.

212. — La jurisprudence s'est prononcée dans le même sens, en admettant, en cas de perte ou d'enlèvement d'un feuillet du registre, la preuve de cette perte ou enlèvement, et, par suite, des mariages, naissances et décès que l'on suppose y avoir été inscrits. — *Cass.*, 21 juin 1814, Jabouin c. Sarrade; 24 mars 1829, Baylon c. Rodu; *Bastia*, 18 mars 1842 (t. 2 1842, p. 426), Marcelli c. Buonacorsi.

213. — En un mot, l'art. 46 n'est pas *limitatif*, mais simplement *démonstratif*. — V., outre les arrêts cités au numéro qui précède, *Agen*, 9 germin. an XIII, Gory; *Cass.*, 12 mars 1807, Desmée c. Demons; *Cass.*, 2 févr. 1809, Nanteau c. Sainte-Colombe; *Riom*, 30 janv. 1810, Royet c. Piary; *Toulouse*, 21 mars 1810, Anglade; *Aix*, 28 mars 1811, Constans c. Chabrière; *Bordeaux*, 29 août 1811, Massieu c. Sieuzac; 9 mars 1812, Guillet c. N...; *Paris*, 9 août 1813, Texier; *Riom*, 14 mai 1817, N... c. Bonioux; *Cass.*, 22 déc. 1819, Rivayran c. Monsarrat; *Agen*, 19 juin 1821, Gorbay c. Dufour; *Montpellier*, 12 fév. 1825, Corrat c. Cannac; *Cass.*, 23 mars même année, Houel c. Louvel; *Caen.*, 22 fév. 1826, Alexandre c. Legreulay; *Cass.*, 12 déc. 1827, S. L. c. Laguens; *Bourges*, 31 août 1829, Guillot c. Coulon; *Cass.*, 1er juin 1830, Delacour c. d'Auteroche; 22 août 1831, Duval c. Auvray; *Montpellier*, 2 mars 1832, Griffaulières; *Limoges*, 26 juill. même année, Conty c. Minist. publ.; *Rennes*, 31 juill. 1834, Pothier c. Min. publ. — V. toutefois *Cass.*, 12 août 1828, Estanave c. Laprada. — V. MARIAGE.

214. — L'art. 46 reçoit son application au cas de perte *partielle*, comme à celui de perte totale des registres. — *Cass.*, 14 fév. 1837 (t. 1er 1837, p. 112), Coste.

215. — Ainsi, il est applicable au cas de perte d'une procuration annexée à un acte de naissance. — Peu importe, d'ailleurs, qu'il s'agisse d'un acte portant reconnaissance d'un enfant naturel par son père. Le bénéfice des dispositions de l'art. 46 appartient à l'enfant naturel comme à l'enfant légitime. — Même arrêt.

216. — Cette doctrine puise une très grande force dans la loi du 13 janv. 1817, dont l'art. 5 admet la preuve testimoniale du décès des militaires, lorsqu'il est constant ou que les registres ont été perdus en tout *ou en partie*, ou que leur tenue a éprouvé des *interruptions*. — « Cet article, dit M. Desclozeaux (*ibid.*, no 97), n'est pas une exception au droit commun, mais une interprétation de l'art. 46, appliquée à un cas spécial, et qui doit servir de règle dans les cas ordinaires. »

217. — L'art. 46 serait encore applicable si, dans le pays où le fait d'état civil s'est passé, on ne tenait aucun registre pour en constater l'existence. — V. *suprà* no 169.

218. — Mais M. Coin-Delisle (sur l'art. 46, no 12) pense que, dans les cas non spécialement prévus par le texte, le refus par les juges d'admettre la preuve préalable de l'omission ou inexactitude, etc., ne contiendrait pas une violation de loi. — Telle est aussi l'opinion de M Duranton, t. 1er, no 296.

219. — Quant au point de savoir si, quand on se borne à alléguer qu'un acte de l'état civil *a été omis* sur les registres, la preuve des mariages, naissances et décès devrait être admise, sa solution peut varier suivant les circonstances.

220. — Ainsi, lorsque les registres de l'état civil ont été mal tenus ou faits après coup, et qu'il en est résulté des omissions, la preuve des mariages, naissances et décès doit être ordonnée. Le législateur n'a pu entendre, en effet, que le mauvais état des registres dût priver un citoyen de son existence civile. — *Agen*, 9 germin. an XIII, Gory; *Cass.*, 2 fév. 1809, Nanteau c. Sainte-Colombe; *Riom*, 30 janv. 1810, Royat c. Piary; *Toulouse*, 21 mars 1810, Anglade; *Bordeaux*, 29 août 1811, Massieu c. Sieuzac; *Bordeaux*, 9 mars 1812, Guillet c. N...; *Riom*, 14 mai 1817, N... c. Bonioux; *Cass.*, 1er juin 1830, Delacour c. d'Auteroche; *Cass.*, 22 août 1831, Duval c. Auvray.

221. — Il en est de même du cas où l'omission résulte d'un jugement précédemment obtenu, bien que ce jugement soit réformé par l'arrêt qui ordonne la preuve. — *Cass.*, 22 déc. 1819, Rivayran c. Monsarrat.

222. — Cependant, si les registres sont régulièrement tenus, et que l'omission de l'acte puisse être imputée à la négligence des parties : si, par exemple, il s'agit d'un acte de mariage pour lequel leur signature était nécessaire, et que, par conséquent, elles devaient faire rédiger, la preuve ne doit pas être admise. — Marcadé, *El. dr. civ.*, sur l'art. 46, no 2.

223. — De ce que l'art. 46 est démonstratif et non limitatif, il résulte encore qu'il s'étend non seulement aux registres destinés à recevoir les naissances, mariages et décès, seuls indiqués par lui, mais à tous ceux qui contiendraient la preuve d'un état civil, par exemple à ceux spécialement affectés aux adoptions, reconnaissances d'enfant naturel, etc. — Desclozeaux, *ibid.*, no 98.

224. — Ainsi, lorsqu'il est constant qu'il n'a point existé à la mairie de registres servant à inscrire les prestations de serment des étrangers nationalisés, ou que ces registres ont été perdus, les tribunaux ne peuvent refuser d'admettre comme preuve supplétive de la prestation du serment celle qui résulte de différens actes ou titres non suspects, sous prétexte que cette preuve n'est pas authentique et légale. — *Cass.*, 4 fév. 1822, Macdermott c. Domaine.

225. — Il ne faudrait pas, toutefois, appliquer d'une manière absolue et sans restriction le principe qui résulte de cet arrêt. — Ainsi, s'il est permis de croire que l'on peut prouver la perte totale ou partielle des registres où devraient se trouver un acte d'adoption, une reconnaissance de paternité, un divorce, il n'en est pas de même à l'égard de l'*omission* de pareils actes sur des registres régulièrement tenus; la raison en est que pour les divorces et les actes d'adoption l'inscription sur le registre est précisément un fait facultatif pour les parties, fait dont l'absence est une preuve d'un changement de volonté et un mode licite d'anéantissement de l'acte. — C. civ., art. 264, 266, 294 et 359.—Et, d'un autre côté, en ce qui concerne les re-

connaissances, la preuve de l'omission serait un moyen détourné d'arriver à la recherche de la paternité. — M. Coin-Delisle (sur l'art. 46, no 8), qui trace ces règles avec beaucoup de précision, ajoute que de même, pour ces trois actes, il ne serait pas permis de prouver qu'il n'a pas été tenu de registres, sauf peut-être le cas où leur inscription aurait été faite sur feuilles volantes.

226. — Lorsque la preuve de la perte ou de la non existence des registres est faite, reste à faire la preuve de l'acte dont on veut établir l'existence. — A cet égard, la loi dit que la preuve pourra se faire tant par les registres et papiers émanés des père et mère décédés que par témoins. — Art. 46.

227. — Remarquons d'abord que l'art. 46 dispose que la preuve *peut* être admise ; d'où on a conclu que si l'admission de la preuve de la perte ou de la non tenue des registres est ordonnée d'une manière absolue ; si à cet égard, la disposition est impérative, il n'en est pas de même pour la preuve des mariages, naissances et décès ; la loi laisse au juge la faculté de l'admettre ou de la refuser. — *Cass.*, 12 déc. 1827, S... L... c. Lagueus ; —Coin-Delisle, sur l'art. 46, no 18, et Toullier, t. 1er, no 347.

228. — A plus forte raison cet article laisse-t-il aux juges la faculté de s'en tenir à l'une des deux preuves, ou de les exiger toutes deux. — Desclozeaux, *ibid.*, no 101.

229. — Ils peuvent même se décider par des présomptions graves, précises et concordantes.— Jugé notamment qu'ils peuvent, sur ce seul fondement, admettre l'existence d'une procuration annexée à un acte de naissance, surtout si les témoins instrumentaires sont morts.—*Cass.*, 16 fév. 1837 (t. 1er 1837, p. 112), Coste.

230. — Sous l'ancienne législation, en cas de perte des registres de l'état civil, la preuve des naissances, mariages et décès pouvait être suppléée par les présomptions tirées des papiers domestiques, et d'une réunion d'actes de famille contenant la reconnaissance des rapports de parenté de l'individu dont la filiation était contestée. — *Cass.*, 23 mars 1825, Houel, de Cussy et Bignon c. Louvel.

231. — L'avis du conseil d'état du 17 germin. an XIII, portant qu'en l'absence de preuves positives du décès d'un militaire on ne peut admettre, pour les remplacer, des présomptions résultant de témoignages vocaux, ne forme pas obstacle à ce que la femme d'un militaire, lorsqu'elle a fourni la preuve du défaut ou de la perte des registres dans lesquels aurait dû être inscrit l'acte de décès de son mari, soit admise à prouver ce décès, tant par titres que par témoins, conformément à l'art. 46, C. civ. — *Bruxelles*, 14 oct. 1824, N..... c. N....

232. — La preuve testimoniale des mariages, naissances et décès peut-elle être admise sans commencement de preuve par écrit? — Il faut distinguer : lorsqu'il s'agit de mariage ou de décès, l'affirmative ne nous paraît pas douteuse ; la disposition de l'art. 46 trouve son application sans aucune difficulté ; la preuve testimoniale est accueillie sans le concours du commencement de preuve par écrit ; la loi ne l'exige pas, et, d'un autre côté, c'est ce qui résulte de la jurisprudence constante de la cour de Cassation et des cours royales. —*Agen*, 9 germin. an XIII, Gory ; *Trèves*, 19 janv. 1807, Gritten c. Weberlings; *Cass.*, 12 mars 1807, Dermée c. Demons ; 2 fév. 1809, Nanteau c. Sainte-Colombe ; *Riom*, 30 janv. 1810, Royat c. Piary ; *Toulouse*, 21 mars 1810, Anglade; *Aix*, 28 mars 1811, Constans c. Chabrier; *Bordeaux*, 29 août 1811, Massieu c. Sieuzac ; 9 mars 1812, Guillet c. N.....; *Cass.*, 21 juin 1814, Sabouis c. Sarrade ; *Agen*, 19 juin 1821, Garbay c. Dufour ; *Montpellier*, 12 fév. 1825, Carrale c. Cannac ; *Cass.*, 1er juin 1830, Delacour c. d'Auteroche ; 22 août 1831, Duval c. Auvray ; *Limoges*, 26 juill. 1832, Couty; 31 juill. 1834, Portier; *Pau*, 20 janv. 1837 (t. 1er 1837, p. 314), Fouron c. Clerc et Perrin. — V. aussi, en ce sens, Toullier, t. 1er, no 347 ; Merlin, *Répert.*, vis *Etat civil*, § 2, note 1re sur l'art. 46, et *Mariage*, sect. 4e, § 3, no 6; Malleville, sur l'art. 46 ; Duranton, t. 1er, no 296 ; Delvincourt, t. 1er, p. 35, note 3e; Coin-Delisle, *Comment. anal.*, § 1er, nos 4, 5 et suiv.; Rieff, *Comment. sur les actes de l'état civil*, art. 46, p. 251.

233. — Lorsqu'il s'agit de naissance, il faut encore distinguer : ou la preuve en est demandée dans l'objet de constater le fait de la naissance, abstraction de tout rapport de filiation, ou bien elle est demandée dans le but unique de prouver cette même filiation ; dans le premier cas, il n'est pas nécessaire de produire un commencement de preuve par écrit, la loi ne l'exige pas non plus ; l'art. 46 doit encore être appliqué sans restriction aucune. —V., en ce sens, l'arrêt de *Trèves* du 19 janv. 1807, Gritten c. Weberlings, déjà cité.

234. — Dans le second cas, au contraire, il n'en est pas ainsi ; la filiation ne peut se prouver qu'autant qu'il existe un commencement de preuve par écrit résultant des titres de famille, des registres et papiers domestiques du père ou de la mère, ou enfin d'actes publics, et même privés, émanés d'une partie engagée dans la contestation, ou qui y aurait intérêt si elle était vivante ; telle est la disposition de l'art. 323, C. civ. C'est là une exception à la règle générale tracée dans l'art. 46.

235. — Lors donc qu'il ne s'agit que d'établir, soit un décès, soit un mariage ou une naissance, mais non une filiation, les deux modes de preuve, papiers et registres émanés des père et mère, et preuve testimoniale, peuvent être cumulés ou employés séparément. —Rodier, *Quest.* 5e, sur l'art. 14, ord. 1667 ; Toullier, t. 1er, no 346 ; Duranton, t. 1er, no 294 ; Delvincourt, t. 1er, p. 35, note 3e ; Merlin, *Répert.*, vo *Etat civil*, § 2, no 3 sur l'art. 46 ; Coin-Delisle, sur l'art. 46, no 13 ; Marcadé, *El. dr. civ.*, sur l'art. 46, no 4. — C'est ce qui paraît, au surplus, résulter de l'exposé des motifs présenté par Thibeaudeau, bien qu'on ait (mais à tort) soutenu le contraire.—En signalant la preuve testimoniale comme dangereuse lorsqu'elle était employée seule, cet orateur avait uniquement en vue le titre de la *Paternité et de la filiation*. — V. aussi le disc. de Chabot (de l'Allier).

236. —Selon M. Marcadé (*Elém. dr. civ.*, t. 1er, sur l'art. 46, no 3), il faut encore distinguer, même quand il s'agit de prouver la célébration d'un mariage : — si ce sont les époux eux-mêmes qui recourent à la preuve, ils restent soumis aux règles que nous venons d'indiquer;—mais si ce sont des enfans venant, après la mort de leurs père et mère, réclamer la qualité d'enfans légitimes, il y a pour eux exception à ces règles. — En effet, d'après les principes, pour établir leur légitimité, ils devraient tout d'abord, ou rapporter l'acte de mariage de leurs auteurs, ou faire les deux preuves successives indiquées par notre article.— Or, il n'en sera pas ainsi, il suffira, d'après l'art. 197, que les père et mère décédés aient vécu publiquement comme mari et femme légitimes, et que les enfans aient une possession d'enfans légitimes, laquelle ne soit pas contredite par leur acte de naissance.

237. — L'art. 46 dit que la preuve se fait par *les registres et papiers émanés* des père et mère décédés. La rédaction présentée par le tribunat contenait ces mots : « Registres, papiers domestiques *ou autres écritures publiques ou privées* » (Locré, *Législ. civ. et com.*, t. 3, p. 181).— Ces derniers mots ont disparu. —Merlin (*Répert.*, vo *Etat civil*, *loc. cit.*) fait remarquer que la rédaction du Code est plus générale que celle du tribunat, et que, dès-lors, elle doit être entendue dans le sens de *tout écrit, authentique ou privé, laissé par les père et mère.*

238. — Mais peut-on admettre des actes non émanés des père et mère ? La difficulté vient de ce que l'art. 46, dans son § 1er, se sert du mot *titres*, et dans le § 2, des mots *registres et papiers émanés des père et mère.* — Cependant divers auteurs pensent que l'art. 46 dispose d'une manière purement *énonciative*, et que dès-lors des actes émanés d'autres parens, même de personnes étrangères, peuvent, suivant les circonstances, et quand ils ne sont pas suspects de collusion et de fraude, concourir à former la preuve. — Coin-Delisle, sur l'art. 46, no 15 ; Desclozeaux, *Encycl. du droit*, vo *Actes de l'état civil*, no 103 ; Marcadé, *loc. cit.*, no 1 ; Taulier, *Th. C. civ.*, t. 1er, p. 156. — « Cette latitude, dit M. Coin-Delisle, ne présente aucun danger dans une matière sur laquelle on peut offrir la preuve par témoins. »

239. — Nous doutons que telle ait été l'intention de la loi ; la rédaction même de l'art. 46, la suppression des mots *ou autres écritures publiques ou privées*, semblent indiquer que le législateur a voulu disposer d'une manière plutôt restrictive qu'énonciative. — Est-il vrai, d'ailleurs, de dire qu'il ne soit pas plus dangereux, en matière aussi grave, d'autoriser les juges à recourir à tous les titres quelconques, que de leur permettre de recourir à la preuve testimoniale? Enfin, n'est-ce pas déjà bien assez des incertitudes et des dangers de la preuve testimoniale, sans se livrer encore aux présomptions vagues et incertaines que pourrait faire naître la production de papiers ou de titres puisés au hasard, et sortant de mains inconnues ?

240. — Mais il y a plus ; la loi n'admet que les registres et papiers des père et mère *décédés* ; et la suppression du mot *vivans*, qui se trouvait dans le projet de l'ord. de 1667, suivie en cela par nos codes, l'indique assez. — On a voulu ainsi mettre les tribunaux à l'abri de toute fraude, et empêcher les parens de changer ou supprimer l'état de leurs enfans. — Rodier, *Quest.* 6e ; Jousse, note 3e sur l'art. 14 ; Delvincourt, 1er vol., p. 35, note 2e ; — Or, comment admettre que, tandis que les papiers des père et mère ne pourraient faire preuve qu'après leur décès, les papiers à eux étrangers auraient force probante même du vivant de leurs auteurs ; car les partisans de l'opinion que nous combattons ne disent pas que les pièces émanées d'étrangers ne seraient reçues comme preuve qu'après le décès de leurs auteurs, et, ils l'accorderaient, que cela n'est pas dans la loi.

241. — La preuve par témoins se fait dans la forme des enquêtes ordinaires ; la preuve contraire est admise. — Delaporte, *Pand. fr.*, sur l'art. 46, no 28 ; Toullier, t. 1er, no 346 ; Coin-Delisle, sur l'art. 46, no 16. — L'ord. de 1667 (tit. 10, art. 14, dont l'art. 46 est la reproduction) disait expressément : « *Sauf à la partie à prouver le contraire.* » Si ces mots, reproduits dans le projet du Code, en ont été retranchés, c'est que *la preuve contraire est toujours de droit.*

242. — Aussi de simples certificats, dressés en l'absence de contradicteurs légitimes, ne feraient-ils pas preuve. — *Toulouse*, 24 juin 1820, Dubois c. Legrand.

243. —M. Coin-Delisle (sur l'art. 46, no 17) pense que, en pareille matière, les parens et alliés (à l'exception des descendans, lesquels sont parties intéressées) seraient admis comme témoins, sauf aux juges à apprécier les reproches qui seraient dirigés contre eux. — V conf., sous l'ancien droit, Rodier, *Quest.* 5e sur l'art. 14, ord. 1667 ; Mornac, *in Leg.* 7, Cod., *De in integ. rest.* — M. Marcadé va plus loin encore : « Il est clair, dit-il (sur l'art. 46, no 1er), que, pour entrer dans l'esprit de l'article, si les père et mère existaient encore, ce seraient les premières personnes à faire entendre. »

244. — La partie qui ne représente aucun acte de l'état civil constatant sa qualité est néanmoins dispensée de l'établir, si elle représente des actes émanés de son adversaire qui en impliquent la reconnaissance formelle de la part de ce dernier. — *Colmar*, 11 janvier 1831, Meyer c. Weyl.

245. — En cas de perte de registres de l'état civil, si l'enfant qui demande à établir par témoins sa filiation fait remonter l'époque de sa naissance à un temps antérieur à la promulgation du Code civil, c'est d'après les dispositions de l'ord. de 1667 que les juges doivent prononcer sur l'admissibilité de la preuve offerte. — *Cass.*, 12 déc. 1827, S... L... c. Laguens.

246. — Une partie est recevable, même en l'absence de toute contestation privée, à se pourvoir devant le tribunal, et à le prier d'ordonner l'exécution de telles formalités qu'il jugera nécessaires pour constater un décès, surtout si, en faisant cette demande, elle propose la preuve de faits qui peuvent conduire à la découverte de la vérité. — Cela résulte, quoique implicitement, d'un arrêt de la cour de Rennes, du 31 juillet 1834, Portier.

CHAPITRE III. — *Actes de naissance.*

247. — La naissance des citoyens intéresse à un haut degré la famille et la société : *Non tantum parenti cujus esse dicitur, verum etiam rei publicæ nascitur* (L. 1, § 15, ff., *De ventr. in possess. mitt.*). A ce titre elle devait fixer l'attention des législateurs, et provoquer des règles propres à constater d'une manière certaine et authentique son existence. Cependant, la législation romaine ne nous a laissé aucune disposition sur ce point important.

284. —En France, la première manifestation légale s'y rattachant d'une manière directe est l'art. 51 de l'ord. du 1er août 1539, ainsi conçu : « Il sera tenu registre en forme de preuve des baptêmes, qui contiendra le temps et l'heure de la nativité, et, par l'extrait du registre, se pourra prouver le temps de majorité ou minorité, et fera pleine foi à cette fin. » Jusqu'alors la preuve de la naissance se faisait à l'aide de documens émanés du père, et de présomptions ou indices auxquels on ajoutait foi ; on en trouve la preuve dans un passage de la paraphrase de cette même ordonnance attribuée à Bourdin, jurisconsulte du temps. — « Afin donc, dit-il, que la preuve de l'âge soit certaine, elle ordonne que registres publics seraient faits, auxquels fût contenu l'âge, et qu'ils fissent foi publique, afin que, quand il serait question de l'âge, il ne fallut recourir à d'autres preuves qu'auxdits registres publics ; car les livres même de la nativité des enfans, tirés des propres monumens du père, étant joints à d'autres indices ou renseignemens, *font preuve certaine de disposition de droit*; combien donc davantage doivent faire pleine foi ces registres publics tenus par main et autorité publiques. »

249. —Les art. 52 et 53 de l'ordonnance de 1539

prescrivaient les formalités, soit pour la rédaction, soit pour la conservation des registres; et on y remarque que les registres devaient, indépendamment de leur réception par le curé, être signés par un notaire. — « Il était besoin, dit Bourdin, d'ajouter ces deux articles aux précédens, car, si la faculté de faire ces registres eût été donnée aux seuls curés ou vicaires, *le plus souvent la foi d'iceux eût été révoquée en doute*, ou bien il y eût pu avoir quelque *fausseté* ou soupçon de fraude. »

250. — L'ord. de 1667 succéda à celle de 1539; mais elle ne prescrivit rien de spécial pour l'acte de naissance. La loi du 20 sept. 1792 fut la première qui, en attribuant la tenue des registres de l'état civil à des officiers qui se rattachaient à l'organisation municipale, formula des règles spéciales pour chacun des actes de naissance, mariage et décès. C'est dans cette loi que les auteurs du Code civ. ont puisé leurs dispositions. En les signalant, nous ferons connaître les modifications que la loi nouvelle a apportées à celles qu'elle a remplacées.

251. — Les déclarations de naissance doivent être faites, dans les trois jours de l'accouchement, à l'officier de l'état civil du lieu. — C. civ., art. 55.

252. — Ni l'ord. de 1667 ni la loi du 20 sept. 1792 n'avaient fixé de délai pour les déclarations de naissance. Toutefois, à une époque où la liberté des cultes n'existait point encore, une déclaration du 14 mai 1724 (art. 3) contraignit *tous* les sujets du royaume de faire baptiser leurs enfans dans les églises *vingt-quatre heures après leur naissance*, sous peine d'amende, et même de plus grandes peines, suivant l'exigence du cas.

253. — Plus tard, et alors que tous les cultes purent exister sous la protection de la loi, la loi elle-même fut méconnue, et des naissances furent soustraites à l'officier de l'état civil, et de graves inconvéniens en furent la suite. La loi du 20 sept. 1792 avait bien prononcé une peine de deux mois de prison contre les personnes chargées de faire les déclarations; mais cette disposition restait comme non avenue, puisqu'on avait omis de fixer le délai dans lequel devait être faite la déclaration, et passé lequel le contrevenant devrait être considéré comme passible de la peine. Ce fut pour remédier à ce vice de la loi de sept. 1792 que fut porté le décret du 19 déc. suivant, qui fixa le délai à trois jours, et qui porta la peine à deux mois de prison pour la première fois, et à six mois en cas de récidive.

254. — Le Code civ., en fixant le délai de trois jours pour la déclaration de naissance, n'avait lui-même disposé que d'une manière incomplète, car sa disposition manquait de sanction. — Le Code pén. a comblé cette lacune en punissant le défaut de déclaration de naissance, dans le délai légal, d'une peine de 16 à 300 fr. d'amende, et de six jours à six mois d'emprisonnement. — C. pén., art. 346.

255. — On ne compte pas, dans le délai de trois jours, le jour de l'accouchement. — Hutteau-d'Origny, tit. 4, chap. 1er, § 1er, n° 9; Lagarde, n° 417; Coin-Delisle, sur l'art. 55, n° 2; Desclozeaux, *Encycl. du dr.*, v° *Actes de l'état civil*, n° 58. — V. *contrà* Lemolt, *Manuel*, chap. 2, sec. 1re, § 1er.

256. — Après le délai de trois jours, l'officier de l'état civil doit-il refuser de recevoir et d'inscrire la déclaration, sauf à la partie à faire statuer par le tribunal, sur sa réclamation? — La jurisprudence et la plupart des auteurs enseignent l'affirmative. — *Colmar*, 25 juill. 1828, Dietschy (cet arrêt se fonde sur ce qu'autrement il serait libre aux officiers de l'état civil d'introduire des étrangers dans les familles). — V. conf. Duranton, t. 1er, n° 313; Marcadé, *Elém. dr. civ.*, sur l'art. 55; Merlin, *Rép.*, v° *Naissance*, § 4, *in fine*; Desclozeaux, *ubi suprà* n° 59; Hutteau-d'Origny, tit. 4, chap. 1er, n° 12; Lagarde, *Instr. gén.*, nos 417, 652; Lemolt, *Manuel*, chap. 2, p. 38; Garnier-Dubourgneuf, *Nouveau Manuel*, n° 101; Bioche et Goujet, *Dict. proc.*, v° *Actes de l'état civil*, n° 31; Rieff, *Actes de l'état civil*, sur l'art. 55. — V. aussi avis du cons. d'état du 8 brum. an XI, approuvé le 12 (Bull. 125, n. 2067). — V. *contrà* Coin-Delisle, sur l'art. 55, qui croit pouvoir invoquer la discussion qui a précédé l'adoption de cet article.

257. — Du reste, il a été jugé qu'un acte de naissance n'est pas nul en ce que l'officier de l'état civil aurait reçu une déclaration tardive. — *Angers*, 20 août 1821 (sous un arrêt de la même cour du 25 mai 1822, Guesnerie c. Hamon).

258. — La première opinion nous paraît préférable. En effet, l'inscription d'une déclaration tardive ouvrirait la porte à des doutes graves, et, par suite, à des difficultés sans nombre, tandis que, si, à la requête de l'enfant ou de ses parens, un jugement est rendu, ce jugement, intervenu en connaissance de cause, fixera le jour réel de la naissance, et son inscription au registre le constatera d'une manière authentique. Telle est, au reste, la pratique suivie constamment, et recommandée par les procureurs du roi.

259. — L'acte de naissance reçu *après les délais* fait-il foi du jour de la naissance qui y est indiqué? ou, tout au moins, constate-t-il la naissance à partir du jour de sa date? — V. en ce dernier sens *Paris*, 9 août 1813, Texier; — Duranton, t. 1er, n° 313.

260. — Quant à M. Coin-Delisle (sur l'art. 55), il se demande pourquoi la déclaration faite tardivement, mais dans un délai rapproché, par le père ou par une personne qui en aurait reçu mission de la loi, ne ferait pas preuve de la date de la naissance; et il conclut que, sur ce point, comme en tout ce qui concerne les nullités, le plus sûr et le plus conforme aux principes est d'accorder foi aux actes et de laisser les tribunaux juges des irrégularités, d'après les circonstances particulières et leur importance. — Cette opinion, malgré les quelques inconvéniens qui en sont la conséquence, nous paraît la plus rationnelle. Ce sera aux tiers qui se prétendront lésés par les énonciations d'un pareil acte à tirer parti de son irrégularité et à s'en faire une arme pour en établir les inexactitudes.

261. — La déclaration doit être faite à l'officier de l'état civil du lieu de l'accouchement. L'art. 55 ne le dit pas d'une manière bien claire; mais c'est ainsi qu'il faut entendre sa rédaction, peut-être insuffisante sur ce point. On concevra facilement, en effet, combien, dans certaines circonstances, il serait difficile de déclarer la naissance de l'enfant à l'officier de l'état civil du lieu du domicile de la mère. — V. sur ce point Rieff, n° 17; Grün, n° 139.

262. — La naissance de deux jumeaux donne lieu à deux actes. — Grün, n° 157; Claparède, nos 121 et suiv.

263. — L'enfant doit être présenté à l'officier de l'état civil; il faut que la naissance lui soit justifiée, et elle ne peut mieux l'être que par la représentation même de l'enfant. — C. civ., art. 55.

264. — La formalité de la présentation de l'enfant à l'officier de l'état civil était déjà prescrite par la loi du 20 sept. 1792, tit. 3, art. 6. — Remarquons, toutefois, que cette loi ajoutait qu'en cas de péril imminent l'officier public serait tenu, sur la réquisition qui lui en serait faite, de se transporter dans la maison où se trouverait le nouveau-né. Le Code civil se tait sur ce point, mais il ne nous paraît pas douteux qu'en pareil cas l'officier de l'état civil dût déférer à la réquisition qui lui serait faite. L'orateur du gouvernement en exprimait, d'ailleurs, la pensée, d'une manière non équivoque : « L'enfant, dit-il, sera toujours représenté à l'officier de l'état civil; cette formalité est nécessaire pour prévenir les abus; elle n'interdit pas à l'officier de l'état civil de se transporter vers l'enfant, suivant l'exigence des cas. » — Telle est aussi l'opinion de Toullier, t. 1er, n° 313; de Delvincourt, t. 1er, note 2e, p. 36; Coin-Delisle, sur l'art. 55, n° 6; Malleville, sur l'art. 55; Marcadé, *ibid.* — Et, dans ce cas, le maire doit indiquer dans l'acte le lieu où il a été dressé. — Hutteau-d'Origny, tit. 4, ch. 1er, § 3, n° 12.

265. — Mais il a été jugé que l'acte n'est pas nul par le défaut de présentation de l'enfant à l'officier de l'état civil. — *Angers*, 25 mai 1822, Guesnerie c. Hamon.

266. — Cependant la cour de Cassation a jugé (21 juin 1833, Jalumiot) que la présentation de l'enfant faisait partie intégrante de l'acte. — « D'où il suit, dit M. Desclozeaux (*Encycl. du droit*, v° *Actes de l'état civ.*, n° 61), que, si la déclaration de la naissance faite par le père, dans le délai, n'est suivie de la présentation de l'enfant qu'après les trois jours, l'acte de naissance reste incomplet. »

267. — C'est vivant que l'enfant doit être présenté; s'il était mort avant l'enregistrement de sa naissance, ce serait le cas prévu par le décret du 4 juill. 1806. — Marcadé, sur l'art. 55. — V. *infrà* nos 424 et suiv.

268. — L'acte de naissance dressé par l'officier de l'état civil, sur la déclaration qui lui est faite, fait foi par lui-même que l'enfant est né *vivant*. La foi qui s'attache à cet acte ne peut être infirmée par la mention contenue dans un acte dressé le même jour, que l'enfant est *mort en naissant*. On ne peut même induire de cette double circonstance une contradiction qui autorise les juges à avoir recours à la preuve testimoniale. — *Paris*, 13 flor. an XII, Deshaies.

269. — La naissance de l'enfant doit être déclarée par le père, ou, à défaut du père, par les docteurs en médecine ou en chirurgie, sages-femmes, officiers de santé ou autres personnes qui auront assisté à l'accouchement; et, lorsque la mère sera accouchée hors de son domicile, par la personne chez qui elle sera accouchée. — C. civ., art. 56.

270. — L'obligation créée par cet article n'est pas solidaire, quelle que soit d'ailleurs la généralité des termes dans lesquels il est conçu. Loin de là, il faut admettre que le législateur a voulu établir un ordre d'obligations et par suite de responsabilités. — En première ligne figure *le père*. — La loi, en effet, le suppose plus intéressé que qui que ce soit à l'accomplissement de cette formalité.

271. — La loi du 20 sept. 1792 (tit. 3, art. 2 et 3) obligeait aussi en première ligne, non le père, mais *le mari*, à faire la déclaration; la rédaction nouvelle met sur la même ligne que le père légitime le père naturel qui a reconnu l'enfant avant sa naissance ou qui veut le reconnaître dans l'acte. — Rapport de M. Siméon (Locré, *Lég. civ.*, t. 3, p. 200 et suiv.)

272. — L'obligation de déclarer la naissance ne pèse sur le père qu'autant qu'il est présent.

273. — Mais la cour d'Amiens paraît avoir exagéré les conséquences de ce principe vrai en lui-même, lorsqu'elle a décidé que le père qui n'a point fait à l'officier de l'état civil la déclaration de la naissance de son enfant n'encourt pas les peines prononcées par la loi, *s'il était absent de son domicile lors de la naissance de cet enfant*, et encore bien qu'il y fût de retour avant l'expiration des trois jours qui lui sont accordés pour faire cette déclaration. — Amiens, 2 janv. 1837 (t. 1er 1837, p. 531), Prévost.

274. — En effet, de la combinaison des art. 55 et 56, C. civ., et 346, C. pén., il résulte évidemment, suivant nous, que le père est obligé de déclarer dans les trois jours la naissance de son enfant, qu'il ait ou non assisté à sa naissance, à moins qu'il n'y ait eu de sa part impossibilité de le faire. Or, dans l'espèce, cette impossibilité n'existait pas, puisque le père était de retour chez lui assez tôt pour pouvoir faire la déclaration avant l'expiration des trois jours depuis la naissance. — L'obligation de déclarer la naissance d'un enfant, que la loi impose à différentes personnes, doit être plus sacrée et plus rigoureuse pour le père que pour tout autre, et la loi n'a pu vouloir en dispenser celui-ci, alors que des étrangers s'y trouvaient encore soumis. — Marcadé, *Elém. dr. civ.*, sur l'art. 56.

275. — En imposant *à priori* une obligation au père, l'art. 56 suppose évidemment que ce père est connu et ne dispose que pour l'hypothèse d'une femme mariée. Cependant, il s'appliquerait encore, même au cas d'une femme non mariée, si, comme cela peut arriver, le père naturel avait reconnu l'enfant avant la naissance, — car c'est au *père* et non au *mari*, ainsi que nous l'avons vu (*suprà* n° 271), que l'article impose son obligation. — Marcadé, sur l'art. 56.

276. — Ce n'est qu'à défaut de père, c'est-à-dire « lorsqu'il sera absent ou ne pourra agir, ou que la mère ne sera pas mariée » (L. 20 sept. 1792, art. 3), et que le père ne se fera pas connaître, que commence l'obligation des docteurs en médecine ou en chirurgie, sages-femmes ou officiers de santé, qui ont assisté à l'accouchement.

277. — En effet, il a été jugé que, lorsqu'il y a un père connu légalement, avoué et présent sur les lieux, l'accoucheur n'est point tenu de déclarer la naissance de l'enfant et n'est passible d'aucune peine pour n'avoir point fait de déclaration. — *Bruxelles*, 20 oct. 1831, V...; *Lyon*, 19 juill. 1827, Fontan (dans ses motifs).

278. — La sage-femme qui a assité à un accouchement n'est pas tenue de faire à l'officier de l'état civil la déclaration de la naissance de l'enfant, lorsque le père et l'aïeule de la mère ont été présens à la naissance, et se sont chargés d'accomplir cette déclaration. — *Angers*, 29 août 1842 (t. 2 1843, p. 10), Chanteloup. — V. aussi *Lyon*, 19 juill. 1827, Fontan.

279. — Enfin, en l'absence de médecin, sage-femme, ou officier de santé, la loi désigne toutes autres personnes ayant assisté à l'accouchement. — Art. 56.

280. — Il est à regretter peut-être que la loi n'ait pas établi des classifications suivant l'ordre de parenté ou d'affection présumée, parmi les *autres personnes* qui peuvent être tenues de l'obligation de déclarer la naissance.

281. — M. Coin-Delisle (sur l'art. 56, n° 3) pense que, tant dans l'art. 56, C. civ., que dans l'art. 346, C. pén., le mot *assister* n'est pas synonyme des mots *être présent*, et ne s'entend pas des personnes qu'une circonstance fortuite a rendues témoins d'un accouchement, mais de celles qui ont porté aide et secours. C'est, dit-il, une extension des mots de la loi de 1792 (art. 3) « qui ont fait l'accouchement. »

282. — Au reste, l'obligation dans laquelle se trouvent les personnes que désigne l'art. 56 de déclarer la naissance de l'enfant à défaut du père

ACTES DE L'ÉTAT CIVIL, ch. 3.

leur a été imposée sans distinction et sans ordre successif; elle pèse donc également et au même titre sur tous. — *Cass.*, 2 août 1844 (t. 2 1844, p. 103), Murel et Courbassière.

283. — L'art. 56 veut que lorsque la mère accouche hors de son domicile, la déclaration soit faite par la personne chez laquelle l'accouchement a lieu (art. 56). — On s'est demandé, au sujet de cet article : 1° si dans ce cas l'obligation du père disparaît; 2° si l'obligation des diverses personnes (sauf le père) indiquées par la loi existe simultanément avec celle de la personne chez laquelle s'est fait l'accouchement.

284. — La première question n'est pas douteuse. L'obligation du père est trop sacrée pour qu'elle puisse disparaître devant une circonstance aussi insignifiante que celle d'un accouchement hors du domicile de la mère. Il résulte d'ailleurs du texte même de l'art. 56 que ces mots *« à défaut du père »* protègent aussi bien l'étranger qui a reçu la mère que les diverses personnes, accoucheur ou autres, indiquées par la loi. — Coin-Delisle, sur l'art. 56, n° 3. — Toutefois le contraire paraît résulter des motifs d'un arrêt de la cour de Lyon du 19 juillet 1827, Fontan (déjà cité).

285. — Quant à la seconde question, elle a été résolue en ce sens que l'obligation principale pèse sur la personne chez laquelle l'accouchement a eu lieu, et qu'en conséquence cette obligation décharge complètement les médecins, etc., et autres personnes, qui ne peuvent subir les conséquences de la négligence de l'obligé principal. — *Cass.*, 7 nov. 1823, Duboscage; *Lyon*, 19 juillet 1827, Fontan; Merlin, *Rép.*, v° *Déclaration de naissance*, n° 1, *in fine*; Coin-Delisle, sur l'art. 56, n° 3; Desclozeaux, *ubi suprà* n° 60; Marcadé, sur l'art. 56.

286. — Dans l'espèce de l'arrêt du 7 nov. 1823, la personne chez laquelle l'accouchement s'était fait avait été condamnée pour défaut de déclaration. — La cour a pensé qu'en refusant de condamner également le médecin, l'arrêt attaqué s'était conformé à la loi.

287. — Nous avons toutefois fait remarquer sous l'arrêt du 7 nov. 1823, et il semble résulter des termes de cet arrêt, comme aussi il résulte clairement de l'arrêt du 19 juill. 1827 que, si la personne chez laquelle l'accouchement a eu lieu n'était pas présente, l'obligation des personnes indiquées en l'art. 56 reparaîtrait. — Carnot (t. 2, p. 151, n° 2) relève même cette personne de son obligation, lorsqu'elle n'a pas été présente à l'accouchement, *bien qu'elle en ait été instruite.*

288. — MM. Chauveau et Hélie (*Th. C. pén.*, t. 6, p. 342) critiquent l'arrêt du 7 nov. 1823, mais en lui donnant, suivant nous, une fausse interprétation, puisqu'ils le considèrent comme jugeant en principe, ou tout au moins comme entraînant pour conséquence que l'obligation de faire la déclaration ne pèserait sur personne, si la personne chez laquelle l'accouchement aurait eu lieu n'y assistait cependant pas. — Or, l'arrêt ne juge pas cela. — V. les n°s qui précèdent. — Les mêmes auteurs, au surplus, supposent, mais à tort, que l'art. 346, C. pén., a modifié, en ce qui concerne la disposition pénale, l'ordre d'obligations établi par l'art. 56, C. civ. Il résulte, au contraire, de la combinaison de ces deux articles, que l'art. 346 n'a eu d'autre objet que de compléter l'art. 56, en lui donnant une sanction.

289. — L'art. 56 est limitatif, en ce sens que le défaut de déclaration ne peut être imputé comme délit aux personnes qui n'y sont pas indiquées. — Mais il n'en résulte pas que la déclaration ne puisse émaner d'autres personnes. — Quelques auteurs citent, par exemple, le cas où la mère accoucherait dans un isolement absolu : il faudrait bien que dans ce cas l'officier de l'état civil se contentât de sa déclaration. — Hutteau-d'Origny, tit. 4, chap. 1er, § 1er, n° 5; Lagarde, n° 418; Coin-Delisle, sur l'art. 56, n° 4.

290. — La loi n'exige pas qu'il soit fait mention dans l'acte que le déclarant était au nombre des personnes désignées par l'art. 56, et, dans le silence de l'acte, la présomption, à cet égard, est pour l'affirmative. L'officier de l'état civil, si le contraire existait, devrait le mentionner avec soin. Car les auteurs enseignent que l'acte qui constaterait une déclaration faite par une personne non investie d'une mission légale ne ferait pas la même foi. — Duranton, t. 1er, n° 310; Coin-Delisle, sur l'art. 56, n° 5.

291. — La déclaration prescrite par l'art. 56 ne porte que sur le *fait* de la naissance, ou tout au moins les déclarans ne sont pas tenus, sous le rapport pénal, de déclarer autre chose que ce fait; notamment on ne pourrait leur reprocher de ne pas avoir indiqué le nom de la mère. — *Cass.*, 16 sept. 1843 (t. 1er 1844, p. 92), Mallet; 1er juin 1844 (t. 2 1844, p. 305), Romieux et Demasson; *Agen*, 20 avr. 1844 (t. 2 1844, p. 508), Rigaud.

292. — Malgré cette décision, fondée sur le texte de la loi, il entre nécessairement dans le vœu du législateur que la déclaration soit aussi complète que possible, et puisse aider à la rédaction de l'acte de naissance. — MM. Toullier (t. 1er, n° 317), Duranton (t. 1er, n° 315), et Coin-Delisle (sur l'art. 57, n° 10), enseignent même que la mère, quand elle est connue, doit toujours être déclarée. — Et toutefois, MM. Toullier (*loc. cit.*), Coin-Delisle (*ibid.*), Delvincourt (t. 1er, p. 36, note 4e), Hutteau-d'Origny (tit. 4, chap. 1er, § 4, n° 10), et Desclozeaux (*Encyclopédie du dr.*, v° *Actes de l'état civil*, n° 63), estiment que, si la mère cache son nom, on doit respecter son secret, et que l'officier de l'état civil est sans qualité pour chercher à le pénétrer. — V. aussi le règlement de l'hospice de la Maternité.

293. — La cour de Cassation a consacré cette dernière opinion, en jugeant que l'obligation de déclarer le nom de la mère ne saurait être imposée surtout aux médecins ou sages-femmes chez lesquels l'accouchement aurait eu lieu, et qui n'auraient connu la grossesse et le nom de la mère qu'à raison de leur profession et sous le sceau du secret, l'art. 378, C. pén., leur défendant, sous peine d'amende, de révéler de pareils secrets. — *Cass.*, 1er juin 1844 (t. 2 1844, p. 305), Romieux; même date (*ibid.*), Demasson; *Agen*, 20 avr. 1844 (t. 2 1844, p. 508), Rigaud. — Nous nous associons entièrement à cette jurisprudence, qui nous paraît plus juridique que celle des cours de Dijon (14 août 1840 [t. 1er 1843 p. 739], Clertau) et Paris (20 avr. 1843 [t. 1er 1843, p. 600], Depuille), qui avaient, dans des espèces identiques, appliqué au médecin la peine prononcée par l'art. 346, C. pén., contre ceux qui refusent ou omettent de déclarer la naissance. — Remarquons, en outre, que la cour de Cassation n'établit aucune distinction entre le médecin qui procède à un accouchement hors de son domicile et celui qui a reçu chez lui l'accouchée; d'où il faut conclure, ce nous semble, que l'un et l'autre lui paraissent également protégés par l'art. 378, C. pén.

294. — On peut même, jusqu'à un certain point, considérer comme s'écartant de la doctrine consacrée par l'arrêt du 20 avr. 1843, celui qui décide que l'individu qui, après avoir déclaré la naissance de son enfant et promis de le représenter le lendemain, ainsi que l'acte de célébration de son mariage, a disparu sans tenir sa promesse, et a rendu par là impossible, faute de renseignemens suffisans, la rédaction, dans le délai fixé par l'art. 56, C. civ., de l'acte de naissance, est passible des peines portées par l'art. 346, C. pén. — *Cass.*, 21 juin 1833, Jalumiot.

295. — La déclaration de naissance est obligatoire, même au cas où l'enfant est mort-né. — Jugé en conséquence que la personne, et notamment l'officier de santé, qui a assisté à la naissance d'un enfant sans en avoir fait la déclaration à l'officier de l'état civil, ne peut être affranchi de la peine prononcée par l'art. 346, sous le prétexte que cet enfant était mort-né, et, par suite, n'avait pas eu d'existence réelle dans le sens légal. — *Cass.*, 2 sept. 1843 (t. 1er 1844, p. 726), Murel et Courbassière; *Grenoble*, 22 janv. 1844 (*ibid.*), mêmes parties; 2 août 1844 (t. 2 1844, p. 103), mêmes parties. — V. cependant, en sens contraire, *Nancy*, 17 sept. 1839 (t. 2 1839, p. 646), Gérard.

296. — L'acte doit être rédigé de suite, en présence de deux témoins. — C. civ., art. 56.

297. — L'acte de naissance doit énoncer le jour, l'heure et le lieu de la naissance, le sexe de l'enfant et les prénoms qui lui sont donnés; les prénoms, noms, profession et domicile des père et mère, et ceux des témoins. — C. civ., art. 57.

298. — Toutes ces exigences de la loi reposent sur des motifs graves : l'indication de l'heure a été reconnue nécessaire pour constater lequel de deux jumeaux est l'aîné (*Observ. de Fourcroy*, séance du Cons. d'état du 6 fruct. an IX). Il était en effet reconnu en jurisprudence que l'aîné de deux enfans nés du même accouchement était celui qui avait vu le jour le premier. — V. Denisart, v° *Aîné*, n° 58; Rolland de Villargues, v° *Jumeaux*; Ferrière, *Dict. de dr.*, v° *Aîné*; Coin-Delisle, sur l'art. 57, n° 3; Hutteau-d'Origny, tit. 4, § 3, n° 9.

299. — L'énonciation du lieu fait reconnaître la compétence de l'officier de l'état civil, et rend les vérifications plus faciles. — Toutefois cette énonciation n'est pas prescrite à peine de nullité. — *Bruxelles*, 4 juill. 1811, Wiemersch. c. Denoker.

300. — L'officier de l'état civil est-il tenu de vérifier le sexe de l'enfant? — *Oui*, d'après MM. Hutteau-d'Origny (tit. 4, chap. 1er, § 1er, n° 16), et Garnier-Dubourgneuf (n° 108, note 3e), par le motif que la loi ne veut laisser à la foi du déclarant que ce que l'officier de l'état civil ne peut pas vérifier par lui-même. — *Non*, selon MM. Coin-Delisle (sur l'art. 57, n° 5) et Desclozeaux (*loc. cit.*, n° 62). — Il semble, en effet, résulter de la discussion au Conseil d'état (séance du 6 fruct. an IX) que la présentation de l'enfant n'a été exigée qu'afin que l'officier de l'état civil pût s'assurer de l'existence de cet enfant. — Coin-Delisle, *loc. cit.*

301. — Les prénoms de l'enfant ne doivent être pris que parmi ceux en usage dans les différents calendriers, ou dans ceux des personnages connus de l'histoire ancienne. (L. 11 germin. an XI). — Mais les juifs ont la faculté de choisir les prénoms parmi les personnages de la Bible. — Circul. min. Int. 28 sept. 1813, (Gillet, p. 131.

302. — Les juifs français qui n'ont pas de nom de famille ni de prénoms fixes ont été astreints, par le décr. du 20 juill. 1808 (art. 1er), d'en adopter dans les trois mois de ce décret, et d'en faire la déclaration pardevant l'officier de l'état civil de la commune où ils étaient domiciliés.

303. — L'art. 57, comme le précédent, suppose une filiation légitime. — La règle qui prescrit l'énonciation du nom du père ne doit donc pas être prise d'une manière absolue; la recherche de la paternité étant interdite (C. civ., art. 340), il n'est permis de signaler dans l'acte de naissance un individu comme père de l'enfant que lorsqu'il vient lui-même le déclarer, ou lorsqu'il existe un mariage légalement contracté qui le signale à tous comme père des enfans qui naissent pendant sa durée. — V. en ce sens Locré, t. 3, p. 209, n° 21; Toullier, t. 1er, n° 316; Duranton, t. 1er, n° 284; Favard de Langlade, v° *Naissance*, n° 3; Coin-Delisle, sur l'art. 57, n° 8; Marcadé, *Elém. dr. civ. franç.*, sur l'art. 57.

304. — Il est même une circonstance où la déclaration du père devrait être repoussée par l'officier de l'état civil; c'est celle où cette déclaration serait faite par un homme marié avec une femme autre que la mère de l'enfant (Duranton, n° 285); ou bien encore celle où une déclaration faite par un homme libre aurait pour résultat, soit d'attester une paternité incestueuse (Hutteau-d'Origny, tit. 4, chap. 1er, § 4, n° 4), soit de donner à l'enfant un autre père que le mari de la mère. — *Besançon*, 4 août 1808, Bredier c. Guillardet et Rochat.

305. — Le fait, de la part du déclarant, et, par suite, de l'officier de l'état civil, d'imputer à une personne, dans la rédaction d'un acte de naissance, une paternité non avouée, ou une liaison adultérine ou incestueuse pourrait, indépendamment du droit de demander la rectification, motiver contre eux l'application de dommages-intérêts. — Merlin, *Rép.*, v° *Naissance (Actes de)*, § 4; Hutteau-d'Origny, tit. 4, chap. 1er, § 4, n° 7; Toullier, t. 1, n° 316; Delvincourt, t. 1er, p. 36, note 7e; Coin-Delisle, sur l'art. 57, n° 9; Duranton, t. 1er, n° 315.

306. — Et un arrêt a condamné aux frais de l'instance en rectification l'officier de l'état civil qui avait reçu une déclaration de paternité naturelle et même adultérine, non avouée, ainsi que la mère elle-même par qui il avait fait signer l'acte de naissance. — *Besançon*, 3 juin 1808, Clerc c. Bigey et Richardot.

307. — Mais le même arrêt a refusé de prononcer une semblable condamnation contre les témoins, attendu que, dans l'espèce, il n'y avait eu aucune faute de leur part.

308. — Quant au nom de la mère, il doit être indiqué dans l'acte s'il a été déclaré (V. *suprà* n°s 291 et suiv.); sinon l'enfant est inscrit comme *né de père et mère inconnus.*

309. — L'acte de naissance d'un enfant naturel dressé dans les formes déterminées par la loi, fait preuve de l'accouchement de la mère qui y est indiquée, quoique celle-ci ne l'ait pas signé. — *Paris*, 7 juill. 1838 (t. 2 1838, p. 139), Lamarre c. Parent. — V. en ce sens Toullier, t. 2, n° 948. — V. *contrà* Duranton, t. 3, n° 236.

310. — *Enfans trouvés.* — Les enfans trouvés sont ceux qui, nés de père et mère inconnus, ont été trouvés dans un lieu quelconque ou portés dans les hospices destinés à les recevoir. — L. 19 janv. 1811, art. 2.

311. — La constitution de 1791 est le premier acte législatif qui, en France, se soit occupé des enfans trouvés. Elle déclara (tit. 1er, n° 5) qu'il serait créé un établissement général pour les recueillir; vint ensuite la loi du 27 frim. an V, qui décida qu'ils seraient reçus gratuitement dans tous les hospices de la république, où ils resteraient jusqu'à leur majorité ou émancipation. — V. ENFANT TROUVÉ.

312. — Le Code civil n'a rien changé à cette législation, il s'est contenté de prescrire certaines formalités aux officiers de l'état civil pour que la naissance des enfans trouvés fût constatée d'une manière aussi certaine que possible. L'art. 58 porte :

« Toute personne qui a trouvé un enfant nouveau-né est tenue de le remettre à l'officier de l'état civil, ainsi que les vêtemens et autres effets trouvés avec l'enfant, et de déclarer toutes les circonstances du temps et du lieu où il a été trouvé. Il en est dressé un procès-verbal détaillé, qui énonce en outre l'âge apparent de l'enfant, son sexe, les noms qui lui sont donnés, l'autorité civile à laquelle il est remis. Ce procès-verbal est inscrit sur les registres. »

313. — L'officier de l'état civil, en rédigeant l'acte qui doit constater l'état de l'enfant trouvé, ne doit omettre aucune des circonstances qui peuvent tendre à le faire reconnaître. « Si, disait M. Siméon (*Rapport au tribunat*, séance du 17 vent. an XI), une rigueur justement adoptée pour l'intérêt et le repos des familles interdit aux enfans la recherche de leur père, la loi n'en prescrit pas moins de décrire avec exactitude tout ce qui leur a été laissé dans leur abandon. Un simple vêtement, un haillon pourra quelquefois aider à un retour de tendresse ou de remords, et à rendre des enfans à des parens qui les voudraient retrouver, ou auxquels un heureux hasard les ferait reconnaître : ici la loi n'est pas seulement prévoyante, elle est affectueuse et paternelle. »

314. — L'absence des témoins ne doit pas empêcher le maire auquel l'enfant est présenté de rédiger l'acte de suite. — Lagarde, nº 432; Hutteau d'Origny, tit. 4, ch. 2, nº 9. — Et d'un autre côté, le déclarant n'offrant aucune garantie quant aux circonstances de la naissance, cet officier ne devrait pas consigner le nom de la personne qu'on lui indiquerait comme mère de l'enfant. — Duranton, nº 317 (note); Coin-Delisle, sur l'art. 58, nº 3.

315. — Les noms de l'enfant sont choisis, non par le comparant, mais par le maire; s'il est présenté par les administrateurs d'un hospice, ceux-ci ont le droit de choisir les noms. — Circul. min. int. 30 juin 1812; Déc. 19 janv. 1811, art. 15; — Hutteau d'Origny, tit. 4, ch. 2, nº 5; Lagarde, nº 435.

316. — La sanction de l'art. 58 est dans l'art. 347, C. pén., qui punit d'un emprisonnement de six jours à six mois et d'une amende de 16 à 300 fr. « toute personne qui, ayant trouvé un enfant nouveau-né, ne l'aurait pas remis à l'officier de l'état civil dans les délais prescrits par l'art. 58, C. civ. » — Et le même article ajoute que « cette disposition n'est pas applicable à celui qui aurait consenti à se charger de l'enfant et qui aurait fait sa déclaration à cet égard devant la municipalité du lieu où l'enfant a été trouvé. »

317. — De ce que, ni l'art. 58, C. civ., ni l'art. 347, C. pén., ne fixent de délai, Hutteau d'Origny (nº 3) conclut que la remise de l'enfant à l'officier de l'état civil doit avoir lieu immédiatement et que, selon les circonstances, la peine pourrait être encourue même avant les trois jours de l'art. 56. — Et M. Coin-Delisle (nº 6) ajoute qu'elle pourrait ne pas être prononcée pour retard en cas d'empêchement légitime.

318. — M. Coin-Delisle (*loc. cit.*) fait remarquer au surplus que l'art. 347 ne doit pas être entendu en ce sens que tout individu qui trouve un enfant puisse le garder pour en prendre soin. Il faut que l'administration y consente. — V. aussi Lagarde, nº 437.

319. — *Enfans nés en mer.* — S'il naît un enfant pendant un voyage de mer, l'acte de naissance est dressé dans les vingt-quatre heures, en présence du père, s'il est présent, et de deux témoins pris parmi les officiers du bâtiment, ou, à leur défaut, parmi les hommes de l'équipage. Cet acte est rédigé, savoir : sur les bâtimens du roi, par l'officier de l'administration de la marine; et sur les bâtimens appartenant à un armateur ou négociant, par le capitaine, maître ou patron du navire. L'acte de naissance est inscrit à la suite du rôle d'équipage. — C. civ., art. 59.

320. — Les expressions *capitaine, maître* ou *patron* ne désignent point trois chefs inférieurs l'un à l'autre, qui, sur le même bâtiment, pourraient se suppléer pour remplir les fonctions d'officier de l'état civil. — Il s'agit du commandant unique du bâtiment, qui, dans l'Océan, porte le nom de capitaine, et, dans la Méditerranée, celui de maître ou de patron. — Si, pendant le voyage, ce chef, venant à mourir, en était empêché, les fonctions d'officier de l'état civil devraient être remplies par celui qui le remplacerait dans le commandement. La loi, muette ici sur ce point, le dit formellement dans l'art. 989, pour la réception des testamens. — Marcadé, sur l'art. 59.

321. — Au premier port où le bâtiment aborde, soit de relâche, soit pour toute autre cause que celle de son désarmement, les officiers de l'administration de la marine, capitaine, maître ou patron, sont tenus de déposer deux expéditions authentiques des actes de naissance qu'ils ont rédigés, savoir : dans un port français, au bureau du préposé à l'inscription maritime, et, dans un port étranger, entre les mains du consul. L'une de ces expéditions reste déposée au bureau de l'inscription maritime ou à la chancellerie du consulat, l'autre est envoyée au ministre de la marine, qui fait parvenir une copie, de lui certifiée, de chacun desdits actes, à l'officier de l'état civil du domicile du père de l'enfant, ou de la mère si le père est inconnu : cette copie est inscrite de suite sur les registres. — C. civ., art. 60.

322. — M. Marcadé fait observer (sur l'art. 60) que les expéditions authentiques dont parle cet article sont des copies certifiées conformes à l'original et délivrées par celui qui a reçu l'acte, et qui est, sous ce rapport, regardé comme officier public.

323. — A l'arrivée du bâtiment dans le port du désarmement, le rôle d'équipage est déposé au bureau du préposé à l'inscription maritime, qui envoie une expédition de l'acte de naissance, de lui signée, à l'officier de l'état civil du domicile du père de l'enfant, ou de la mère, si le père est inconnu, cette copie est inscrite de suite sur les registres. — C. civ., art. 61.

324. — On pourrait penser que cet art. 61 ne reçoit son application entière qu'à défaut d'accomplissement complet des prescriptions de l'article 60, car pourquoi inscrire deux fois le même acte? — Cependant M. Marcadé (sur l'art. 61) pense qu'il doit toujours être exécuté. — L'article ne fait point de distinction et dispose d'une manière absolue.

325. — Dans le cas de l'art. 61, c'est directement et sans l'intermédiaire du ministre de la marine que la copie est envoyée à l'officier de l'état civil. — Cette copie est unique, le préposé n'en conserve pas un double, il lui suffit de conserver le rôle de l'équipage même. — Même auteur, *ibidem.*

326. — La reconnaissance d'un enfant naturel, quand elle a lieu devant l'officier de l'état civil, est soumise aux mêmes formalités que les actes de l'état civil ordinaires. — Proudhon, t. 1er, p. 116; Coin-Delisle, sur l'art. 62, nº 1er. — V. cependant Hutteau d'Origny, tit. 5, ch. 1er, § 2, nº 6, et Garnier du Bourgneuf, nº 140.

327. — Il existe un arrêt de la cour de Paris qui paraît avoir validé une pareille reconnaissance faite sans l'assistance de témoins, et cet arrêt est cité par M. Garnier du Bourgneuf à l'appui de son argumentation. — Mais M. Coin-Delisle (sur l'art. 62, nº 1) fait remarquer que cet arrêt n'a rien jugé, puisque la reconnaissance se trouvait renfermée dans une procuration valable. — *Paris*, 1er fév. 1812, Chretin c. Chopart.

328 — Au surplus, M. Coin-Delisle (*loc. cit.*) convient que l'absence de cette formalité n'entraînerait pas de plein droit la nullité de l'acte, mais ferait encourir à l'officier de l'état civil l'amende fixée par l'art. 50, C. civ.

329. — L'acte de reconnaissance doit être inscrit sur les registres à sa date et il en est fait mention en marge de l'acte de naissance s'il en existe un. — C. civ., art. 62.

330. — S'il n'existait point d'acte de naissance, l'acte de reconnaissance n'y suppléerait point. — Ce dernier ne prouverait que la filiation, mais non l'époque et le lieu de la naissance. — Il faudrait donc, pour suppléer au défaut d'acte de naissance, recourir à l'art. 46. — Marcadé, *Elém. dr. civ.*, sur l'art. 62, nº 1er.

331. — L'art. 62 se sert des mots *l'acte de reconnaissance d'un enfant :* d'où M. Delvincourt a conclu (t. 1er, p. 36, note 8e) qu'il devait s'appliquer aussi bien à la reconnaissance des enfans légitimes qu'un événement aurait enlevés à leurs parens, qu'aux enfans naturels. — Mais M. Coin-Delisle (sur l'art. 62, nº 2) combat cette opinion comme de nature à fournir le moyen d'introduire des enfans étrangers dans la famille. — Il invoque en outre l'exposé des motifs et les rapports de MM. Duchesne et Siméon comme ne laissant pas de doute sur l'application exclusive de l'art. 62, aux reconnaissances d'enfans naturels, (*loc. cit.*) — V. aussi dans ce sens Marcadé, *Elém. dr. fr.*, sur l'art. 62, nº 3.

332. — La reconnaissance peut être faite devant l'officier de l'état civil du lieu où se trouve le déclarant au moment où il en demande acte. — M. Coin-Delisle (*loc. cit.*), d'accord avec Hutteau d'Origny (tit. 5, ch. 1er, § 2, nº 4), dit nettement qu'un maire ne peut refuser la déclaration d'une personne, en ce qu'elle serait étrangère à sa commune, et qu'il ne pourrait s'arrêter que devant le doute qu'il aurait sur l'identité du déclarant ou des témoins.

333. — La reconnaissance peut avoir lieu devant l'officier de l'état civil, ainsi que l'annonce l'art. 62; mais, d'après l'art. 334, elle peut également être faite dans tout acte authentique. Ainsi, un notaire, un juge de paix assisté de son greffier pourront la recevoir. — Mais alors M. Marcadé (sur l'art. 62) enseigne que l'acte de reconnaissance doit être transcrit sur les registres de l'état civil. — L'art. 62, dit cet auteur, a pour but, non d'indiquer comment se feront les reconnaissances, ni par qui elles seront reçues (c'est un point traité art. 7), mais uniquement d'imposer l'obligation de les inscrire sur les registres et de les mentionner en marge de l'acte de naissance. — Et ce n'est pas sans dessein qu'il porte d'une manière générale et applicable à toute espèce de reconnaissance, que *l'acte de reconnaissance d'un enfant devra être inscrit sur les registres.* — C'est d'ailleurs ce qui résulte formellement des paroles prononcées par le tribun Duchesne, dans son rapport au tribunat : « L'art. 65, disait-il, ordonne l'inscription sur les registres, de l'acte de reconnaissance d'un enfant, dans le cas où elle pourra avoir lieu selon les règles qui seront établies au titre de la filiation, *ce qui nous a paru indispensable.* »

CHAPITRE IV. — *Actes de mariage.*

Sect. 1re. — *Actes de publication de mariage.*

334. — Avant d'être célébré, tout mariage doit être *publié :* de là, la formalité préalable des publications, autrefois appelées *bans* (V. BANS DE MARIAGE), et qui n'est autre chose que l'annonce publique du mariage qui doit être célébré. — Toullier, t. 1er, nº 361; Coin-Delisle, sur l'art. 63, nº 1er.

335. — L'usage de faire précéder le mariage de publications est très ancien : il en est fait mention dans l'épître décrétale du pape Innocent III à l'évêque de Beauvais, vers le commencement du treizième siècle. Les conciles de Latran et de Trente avaient consacré cet usage dans l'église, et l'ordonnance de Blois (art. 40) lui avait donné force de loi. (V. MARIAGE, ch. 3, sect. 1re, § 1er). — Après l'ordonnance de Blois, la loi du 20 sept. 1792 en consacra aussi la nécessité, et le Code civil l'a reproduite (art. 63).

336. — Les publications doivent être faites par l'*officier de l'état civil* (art. 63), et aucun autre officier public ne serait compétent pour les faire. — Coin-Delisle, sur l'art. 63. — Sous le droit ancien, il était défendu aux huissiers et autres officiers de justice, de faire des publications de bans, sur le refus du curé; Févret (liv. 5, chap. 2) rapporte un arrêt du 12 mars 1614 qui condamne un sergent à une forte amende et à une suspension de ses fonctions pendant six semaines, pour avoir publié des bans au refus du curé. — Pothier, *du Contrat de mariage*, nº 71.

337. — Si l'officier de l'état civil refusait de faire les publications, il pourrait être contraint par jugement; et, à défaut par lui d'obéir aux ordres de la justice, le tribunal pourrait ordonner que les publications seraient faites par un autre officier de l'état civil voisin, ou par un membre du conseil municipal. — Pothier, *loc. cit.*, et Coin-Delisle, sur l'art. 63, nº 2.

338. — Les publications, qui, sous l'ordonnance de Blois, devaient être faites au nombre de trois, furent réduites à une seule par la loi du 20 sept. 1792 (tit. 4, sect. 2e, art. 1er et 3). — Le Cod. civ. en prescrit deux (art. 63); mais il autorise la dispense pour *cause grave* de la dernière. — C. civ., art. 169. — V. DISPENSE DE MARIAGE.

339. — L'officier de l'état civil est tenu de faire les publications lorsqu'il en est requis; elles peuvent même être faites avant la signification des actes respectueux prescrits par les art. 152 et 153, C. civ. — Coin-Delisle, sur l'art. 63, nº 5.

340. — Faut-il, pour que l'officier de l'état civil fasse les publications, qu'il ait la certitude du consentement des parties contractantes? — Dans l'usage, il est vrai, on ne s'inquiète guère de ce consentement. — Mais il n'en est pas moins évident que l'officier de l'état civil ne doit pas céder trop légèrement à la réquisition qui lui est faite, car, ainsi que le dit M. Coin-Delisle (nº 4), « il est telle publication de mariage qui pourrait, suivant les circonstances, constituer une diffamation. » — Et le même auteur ajoute que l'officier de l'état civil devrait également acquérir la certitude du consentement des personnes sous l'autorité desquelles l'époux mineur serait placé.

341. — S'il s'agit de militaires, l'officier de l'état civil doit, avant la publication des bans, exiger un certificat du conseil d'administration de leur corps constatant qu'ils ont déclaré leur mariage, et qu'il n'existe aucun empêchement. — Hutteau d'Origny, tit. 7, chap. 3, § 2, nº 18 (qui cite une circulaire du ministre de la guerre, du 5 thermid. an VIII, et une lettre du même ministre au grand juge, du 30 pluv. an XIII); Coin-Delisle, nº 6.

342. — Les publications ne peuvent être faites que le dimanche (art. 63) ; la raison qu'en donne le législateur, c'est qu'elles ne produisent réellement la publicité que lorsqu'elles sont faites les jours où les citoyens se réunissent (Thibaudeau, *Exposé des motifs*) ; sous le droit ancien, elles pouvaient être aussi faites les jours de fêtes. — Ordonnance de *Blois*, art. 40.—Pothier, *du Contrat de mariage*, nº 74.

343. — Sous l'empire de la loi du 20 sept. 1792, la convention nationale, après avoir entendu le rapport de ses comités de législation et d'instruction publique, décréta que la publication ordonnée par cette loi pourrait être faite dans les formes ordinaires, tous les jours de la décade indistinctement. — L. 16 oct. 1793.—Mais, comme cette loi détruisait la publicité qui doit être donnée aux projets de mariage, on sentit la nécessité de remédier aux abus qu'elle faisait naître, et un arrêté du 7 thermid. an VIII décida que les publications ne pourraient avoir lieu que les jours de décadi.

344. — Elles doivent être faites à huit jours d'*intervalle* ; mais cette locution est impropre, et les auteurs sont d'accord qu'elle doit être entendue en ce sens que les publications seront faites : la première, un dimanche ; et la seconde, le dimanche suivant. — V. en ce sens Toullier, t. 1er, nº 564 ; Hulteau d'Origny, tit. 7, chap. 3, § 2, nº 18 ; Lagarde, nº 570 ; Vazeille, t. 1er, nº 157 ; Coin-Delisle, sur l'art. 63, nº 7.

345. — Les publications sont faites à haute voix devant la porte de la maison commune (art. 63). En outre, l'art. 64 ajoute qu'un extrait *de l'acte de publication* est ensuite affiché à la porte de la maison commune, pendant les huit jours d'intervalle de l'une à l'autre publication.

346. — Dans un certain nombre de communes rurales, on a l'habitude de faire toutes les annonces, et par conséquent les publications à la porte de l'église, et les affiches sont fixées sur la même porte. — Cet usage, fondé sur une intention de publicité plus grande, n'a sans doute pas des inconvéniens bien sérieux ; cependant, il n'est point conforme à la volonté formelle de la loi, et à ce titre il doit être proscrit, aujourd'hui surtout qu'il est si peu de communes qui soient encore privées d'une mairie.

347. — Le texte de l'art. 64 n'exige évidemment l'affiche que de la première publication. — Mais les auteurs pensent que cette formalité, dont l'accomplissement remédie au défaut de solennité des annonces de mariage, doit avoir lieu aussi bien pour la deuxième publication que pour la première. C'est ce qui se pratique dans l'usage. — Lagarde, nº 570 ; Hulteau d'Origny, tit. 7, chap. 3, § 2, nº 10 ; Coin-Delisle, sur l'art. 64, nº 1er.

348. — Le mariage ne peut être célébré avant le troisième jour depuis et non compris la deuxième publication (art. 64) c'est-à-dire avant le *mercredi*.— Marcadé, sur l'art. 65, nº 1er ; Toullier, t. 1er, nº 566 ; Duranton, t. 2, nº 229 ; Vazeille, nº 157.—Quelques auteurs, notamment Hulteau d'Origny (nº 25) et Lagarde (nº 587), pensent même qu'il ne peut l'être qu'à une heure postérieure à celle de l'acte de publication unique ; mais M. Coin-Delisle, sur l'art. 64, nº 2, répond avec raison que cette opinion est erronée, la loi ne calculant que *de momento ad momentum*.

349. — En cas de dispense d'une publication, le mariage peut avoir lieu trois jours après la publication unique, cela est de toute évidence. — Duranton, Hulteau d'Origny et Coin-Deisle. *loc. cit.*

350. — Lorsqu'il a été nécessaire de faire des publications dans plusieurs communes, c'est de la dernière en date que court le délai. — Coin-Delisle, sur l'art. 64, nº 4.

351. — Les publications se font, suivant les circonstances, tant au lieu du domicile des époux, que dans d'autres lieux. — V. à cet égard MARIAGE, chap. 3, sect. 1re.

352. — Les publications et l'acte qui en est dressé, doivent énoncer les prénoms, noms, professions et domicile des futurs époux, leur qualité de majeurs ou de mineurs, et les prénoms, noms, professions et domicile de leur pères et mères. L'acte énonce, en outre, les jours, lieux et heures où les publications ont été faites ; il doit être inscrit sur un seul registre, qui est coté et paraphé comme il est dit en l'art. 41, et déposé, à la fin de chaque année, au greffe du tribunal de l'arrondissement. — C. civ., art. 63.

353. — Si le mariage n'a pas été célébré dans l'année, à compter de l'expiration du délai des publications, il ne peut plus être célébré qu'après que de nouvelles publications ont été faites dans les formes ci-dessus prescrites (C. civ., art. 65). — En effet, ce délai passé, le mariage est censé abandonné. — Anciennement, l'usage de divers diocèses était également de déclarer les publications de bans

inefficaces après divers délais réglés par les différens rituels. — Mais la loi du 20 sept. 1792 ne contenait aucune disposition de même nature. — Coin-Delisle, sur l'art. 65, nº 2.

354. — La nécessité de renouveler les publications surannées existe alors même que d'autres publications, relatives au même mariage, faites dans d'autres communes, seraient encore efficaces. — Coin-Delisle, sur l'art. 65, nº 3.

355. — Les auteurs sont divisés sur le point de savoir quel jour expire l'année pendant laquelle le mariage peut être célébré sans nouvelles publications ; les uns pensent que le terme d'un an commence à courir du jour où le mariage a pu être régulièrement célébré ; et, comme le jour du terme, le jour *à quo*, ne compte pas, ils en concluent qu'un mariage publié pour la deuxième fois le 4 fév. d'une année, et qui ne pouvait être célébré au plutôt que le 7, peut être retardé jusqu'au 7 fév. de l'année suivante *inclusivement*. — Toullier, t. 1er, nº 507 ; Delvincourt, t. 1er, p. 69, note 2e ; Rieff, sur l'art. 65, nº 161. — Au contraire, suivant MM. Marcadé (sur l'art. 65, nº 2), Hulteau d'Origny (tit. 7, chap. 3, § 2, nº 25), et Coin-Delisle (sur l'art. 65, nº 2), le terme du dépôt est la dernière heure du jour qui a précédé la troisième après la dernière publication ; d'où il résulte (en prenant l'exemple précité) que, le 7 fév. de la première année étant le premier jour utile pour se marier, cette année se terminera nécessairement le 6 fév. suivant à minuit ; autrement on trouverait deux fois le 7 fév. dans la même année. — Nous adoptons pleinement cette dernière opinion.

356. — Ces explications suffisent pour prévenir l'erreur dans laquelle tombent certains officiers de l'état civil qui, prenant trop à la lettre les mots de l'article « n'a pas été célébré *dans l'année...* » croient que le mariage doit être célébré avant le 31 déc. de l'année dans laquelle ont été faites les publications. — C'est ainsi que M. Marcadé (sur l'art. 65, nº 2) cite un maire qui avait refusé de célébrer en fev. 1839 un mariage dont les publications avaient été faites dans le courant de nov. 1838.

357. — Au surplus, pour tout ce qui concerne l'influence du défaut ou de l'irrégularité des publications, V. MARIAGE, chap. 3, sect. 1re, § 1er.

Sect. 2e. — *Opposition au mariage.*

358. — Le droit d'opposition au mariage est ouvert au profit de certaines personnes. — V. MARIAGE.

359. — L'art. 66, C. civ., porte que « les actes d'opposition au mariage sont signés, sur l'original et sur la copie, par les opposans ou par leurs fondés de procuration spéciale et authentique ; ils sont signifiés, avec la copie de la procuration, à la personne ou au domicile des parties, et à l'officier de l'état civil qui met son visa sur l'original. »

360. — La loi du 20 sept. 1792 (tit. 4, sect. 3e, art. 4) contenait une disposition semblable.— Seulement, le Code exige de plus que la procuration soit spéciale et authentique. Du reste, l'opposition à mariage est du ministère des huissiers. — V. MARIAGE, ch. 2, sect. 2e.

361. — Faut-il considérer la signature de l'opposant comme une condition substantielle de l'opposition, de telle sorte que son absence opère la nullité de l'acte ? — La question est controversée. —MM. Vazeille (t. 1er, nº 171, p. 230) et Coin-Delisle (sur l'art. 66, nº 2) pensent qu'il n'y a pas nullité ; car, disent-ils, les nullités de procédure n'existent que quand la loi les prononce, ou que la disposition violée est constitutive de la substance des actes ; or, la loi ne prononce pas la nullité, et la signature de l'opposant ne peut être considérée comme constitutive de la substance de l'opposition. —D'un autre côté, Merlin (*Répert.*, vº *Opposition*), MM. Dalloz (*Répert. alph.*, vº *Mariage*, sect. 4, art. 2, nº 5), Rieff (sur l'art. 66, nº 167), Marcadé (sur l'art. 176, nº 2, t. 1er, p. 523), se sont prononcés en sens contraire : ils disent, avec raison, que la signature exigée par la loi dans cette circonstance tient évidemment à la substance de l'acte ; que, tant qu'il n'est pas signé, c'est un projet d'opposition, et non une opposition réelle qui ne peut produire aucun effet. — V., en ce sens, *Liége*, 24 oct. 1812, B. c. B.

362. — Les oppositions, sous le droit ancien, étaient seulement signifiées au curé qui avait fait les publications, et il lui était enjoint de tenir un registre où les oppositions étaient transcrites. — V. *Arrêt de Régl.* 15 juin 1691, cité par Pothier, *Tr. du contr. de mariage*, nº 82. — La loi nouvelle est plus sage, elle ordonne la signification aux deux époux, qui peuvent éviter le fâcheux éclat

d'un procès en renonçant au mariage. — Delvincourt, t. 1er, p. 62, note 9e ; Duranton, t. 2, nº 209 ; Vazeille, t. 1er, nº 171 ; Coin-Delisle, sur l'art. 66, nº 3.

363. — Toutefois, suivant Delaporte (*Pand. fr.*, sur l'art. 66, nº 13) et M. Coin-Delisle (*loc. cit.*), le défaut des oppositions aux parties n'emporterait pas nullité, puisque celle faite à l'officier de l'état civil suffirait pour remplir le but principal de l'opposition, c'est-à-dire pour arrêter le mariage ; mais l'huissier et la partie seraient exposés à des dommages-intérêts.

364. — L'opposition doit être signifiée à l'officier de l'état civil des communes où les publications ont été faites, parce que le mariage peut être célébré devant l'officier de l'état civil de chacune de ces communes.—C. civ., art. 74 ;—Hulteau d'Origny, tit. 7, ch. 3, § 3, nº 12 ; Coin-Delisle (*loc. cit.*), nº 4. — M. Marcadé (sur l'art. 176, nº 3) pense, au contraire, qu'il suffit que l'opposition ait été signifiée à l'officier de l'une des communes seulement où les publications ont eu lieu ; et il en donne cette raison excellente que, pour faire célébrer le mariage, il faut que les parties rapportent un certificat de non opposition, délivré par l'officier de toutes les communes où les publications auront dû être faites.

365. — L'officier de l'état civil doit *viser* les oppositions de mariage (C. procéd. civ., art. 1039), quelles que soient leurs irrégularités, dont il n'est pas juge (*contrà* Lagarde, nº 575), sinon l'huissier doit s'adresser au procureur du roi, dont le visa suffit, aux termes de l'art. 1039. — Coin-Delisle, *loc. cit.*

366. — Dès que l'officier de l'état civil a reçu la signification de l'opposition, il en fait, sans délai, une mention sommaire sur le registre des publications ; il fait aussi mention, en marge de l'inscription de ladite opposition, des jugemens ou des actes de main-levée, dont expédition lui est toujours remise.— Cod. civ., art. 67.

367. — Selon M. Marcadé (sur l'art. 67, t. 1er, p. 525, 2e éd.), il peut arriver que main-levée de l'opposition soit faite sans qu'il y ait d'acte ou écrit exprès de produit, — si, par exemple, un père opposant venait lui-même déclarer qu'il retire son opposition et assistait au mariage pour y consentir.

368. — En cas d'opposition, l'officier de l'état civil ne pourra célébrer le mariage avant qu'on lui en ait remis la main-levée, sous peine de 300 fr. d'amende et de tous dommages-intérêts.— C. civ., art. 68.

369. — Cette disposition est absolue ; elle reproduit les prescriptions générales d'un arrêt de réglement du parlement de Paris (du 15 juin 1691), lequel « faisait défense à tous curés, vicaires et prêtres, lorsqu'il y aurait des oppositions à mariage, de procéder à la célébration sans avoir auparavant main-levée par écrit desdites oppositions, » défense dont la violation était punie canoniquement par trois ans de suspension du prêtre qui l'avait commise, et de dommages-intérêts envers l'opposant. — Pothier, nº 82.

370. — D'après M. Marcadé (t. 1er, p. 525, sur l'art. 176, nº 6, 2e éd.), si l'opposition ne peut soulever aucune question, s'il est *évident* que l'opposant n'a ni qualité ni motif légal, l'officier de l'état civil peut et doit procéder au mariage, malgré cette opposition. — Nous ne pouvons admettre cette opinion, qui rendrait les officiers de l'état civil juges des oppositions, et leur permettrait de les écarter, si graves qu'elles fussent, en alléguant qu'elles sont *évidemment* mal fondées. — Il ne doit jamais appartenir qu'aux tribunaux, seuls, de statuer en cette matière ; sauf à donner aux parties qui ont souffert d'une opposition trop légèrement faite l'indemnité du dommage qu'elle leur aura causé.

371. — Il est vrai que la loi de 1792 portait que « les oppositions formées hors les cas, les formes, et par toutes personnes autres que celles désignées, seraient considérées *comme non avenues*, et que l'officier public pourrait *passer outre à l'acte de mariage* (tit. 4, sect. 3e, art. 9). — Il est vrai encore que M. Siméon disait, au tribunat, que les oppositions arrêteraient les officiers de l'état civil, *pourvu* qu'elles fussent *en forme régulière* ; ce qui, au premier abord, peut paraître les constituer juges de la régularité en la forme ; mais M. Coin-Delisle dit, et avec raison, que ces mots n'indiquent qu'une chose, à savoir : « qu'une défense verbale ou lettre missive, ou tout autre mode qu'un acte émané d'un officier public, ne peut constituer une opposition devant laquelle l'officier de l'état civil doive s'arrêter » ; mais il n'en résulte pas que l'officier de l'état civil doive apprécier lui-même le bien fondé ou la régularité de l'opposition. — Coin-Delisle, *loc. cit.* ; Pothier, nº 82 ; Duranton, t. 2, nº 203 ; Hulteau d'Origny,

tit. 7, ch. 3, § 3. no 2; Coin-Delisle, sur l'art. 68, no 1er. — V. cependant Merlin, *Répert.*, vo *Opposition*, no 4; Lagarde, no 377; Marcadé, *loc. cit.*, et sur l'art. 68, t. 1er, p. 526, 2e éd.

372. — Le mariage contracté au mépris d'une opposition mal fondée ne serait pas, par cela seul, frappé de nullité. — D'Héricourt, *L. ecclés.*, 3e part., chap. 5, art. 1er, no 23; Pothier, no 82; Coin-Delisle, *loc. cit.*; Delvincourt, t. 1er, p. 62, note 11e; Delaporte, sur l'art. 68, no 76. — Aussi, ce dernier ajoute-t-il que l'officier de l'état civil contre lequel on dirige une action en réparation peut, quoique passible de l'amende (peine de sa désobéissance), discuter les causes de l'opposition et la qualité de l'opposant pour échapper aux dommages-intérêts. — M. Coin-Delisle (*loc. cit.*) est de cet avis; mais il dit qu'on peut douter qu'il en soit de même si l'opposition est fondée au fond, quoique vicieuse en la forme, parce que le droit d'invoquer une nullité d'exploit est personnel à la partie litigante qui aurait pu y renoncer, même implicitement, par des défenses au fond.

373. — Le mode de procéder pour obtenir la main-levée des oppositions, et tout ce qui concerne l'instance à laquelle cette main-levée peut donner lieu, est expliqué vo MARIAGE.

374. — S'il n'y a point d'opposition, il en est fait mention dans l'acte de mariage; et, si les publications ont été faites dans plusieurs communes, les parties remettent un certificat délivré par l'officier de l'état civil de chaque commune, constatant qu'il n'existe point d'opposition. — C. civ., art. 69.

375. — Le certificat délivré par l'officier de l'état civil doit être légalisé, s'il en est fait usage hors de l'arrondissement dans lequel il a été fait; il doit en outre, comme toutes les pièces annexées aux actes de l'état civil, être paraphé par l'officier de l'état civil qui célèbre le mariage et par les parties. — Rieff, no 183.

Sect. 3e. — *Actes de mariage; célébration; pièces à produire.*

376. — L'officier de l'état civil se fait remettre l'acte de naissance de chacun des futurs époux. Celui qui serait dans l'impossibilité de se le procurer pourra le suppléer en rapportant un acte de notoriété délivré par le juge de paix du lieu de sa naissance, ou par celui de son domicile. — C. civ., art. 70.

377. — Cet acte de notoriété n'est pas nécessaire lorsqu'il s'agit d'un individu qui a été reçu dans un hospice d'enfans trouvés. Dans ce cas, un certificat particulier de son entrée dans cet hospice tient lieu de l'acte de naissance. — Hutteau d'Origny, tit. 7, chap. 3, § 1er, no 6. — En sens contraire, Coin-Delisle, sur l'art. 70, par le motif qu'un des objets de l'acte de notoriété est d'indiquer les parens, s'ils sont connus, ou d'établir qu'ils sont inconnus lors du mariage; or, le certificat ci-dessus ne peut fournir la preuve que de l'âge, et rien de plus.

378. — Les effets de l'acte de notoriété se bornent au mariage, et ne peuvent servir, dans une question d'état, même de commencement de preuve par écrit. — Maleville, sur l'art. 70; Vazeille, *Mariage*, no 182; Toullier, t. 1er, no 358; Delvincourt, t. 1er, note 5e, p. 70; Coin-Delisle, sur l'art. 70, no 3. — Toutefois, si les témoins sont parens, un pareil acte sera évidemment et nécessairement un des élémens de la possession d'état (Coin-Delisle, *loc. cit.*), et même « il devrait, dit Toullier (*loc. cit.*), faire *preuve* complète contre ceux qui l'auraient signé et contre leurs héritiers. »

379. — Jugé encore qu'un acte de notoriété fait dans la forme prescrite par les art. 71 et 72, C. civ., ne peut, alors qu'il n'a pas été homologué par le tribunal, être utilement opposé par celui qui s'est obligé envers des tiers, pour démontrer qu'il était encore mineur à l'époque où il a souscrit l'obligation. — *Metz*, 4 mars 1817, Mayer-Gaudchaux c. Lévy.

380. — Hors le cas de mariage, on ne peut prouver la naissance par des actes de notoriété. — *Colmar*, 11 janv. 1831, Meyer c. Weyl.

381. — L'acte de notoriété contient la déclaration faite par sept témoins, de l'un ou de l'autre sexe, parens ou non parens, des prénoms, noms, profession et domicile du futur époux et de ceux de ses père et mère s'ils sont connus; le lieu, et, autant que possible, l'époque de sa naissance, et les causes qui empêchent d'en rapporter l'acte. Les témoins signent l'acte de notoriété avec le juge de paix; et, s'il en est qui ne puissent ou ne sachent signer, il en doit être fait mention. — C. civ., art. 71.

382. — « Il ne faut pas (dit M. Rieff, sur cet article) tirer de ces mots : *autant que possible, l'époque de la naissance*, cette conséquence que l'on puisse, dans certains cas, se dispenser entièrement de faire mention de l'époque de la naissance; l'acte doit contenir une désignation au moins approximative de l'époque de la naissance des futurs époux. » Cette opinion, qui nous paraît fondée, est aussi celle de Delvincourt, t. 1er, p. 63, note 3e.

383. — L'acte de notoriété est présenté au tribunal de première instance du lieu où doit se célébrer le mariage. Le tribunal, après avoir entendu le procureur du roi, donne ou refuse son homologation, selon qu'il trouve suffisantes ou insuffisantes les déclarations des témoins, et les causes qui empêchent de rapporter l'acte de naissance. — C. civ., art. 72.

384. — Lorsque les ascendans dont le consentement est nécessaire pour la célébration du mariage sont présens, un consentement écrit n'est pas nécessaire. — Toullier, t. 1er, no 570; Duranton, t. 2, no 231; Coin-Delisle, sur l'art. 72, no 2; — V. aussi Merlin, *Rép.*, vo *Mariage*, sect. 4e, art. 2, no 5; Marcadé, *Élém. dr. fr.*, sur l'art. 73, no 1er.

385. — S'ils sont absens, ou bien encore si le consentement émane de la famille, ce consentement doit être rédigé en forme authentique et contenir les prénoms, noms, professions et domiciles des futurs époux, et de tous ceux qui auront concouru à l'acte, ainsi que leur degré de parenté. — C. civ., art. 73.

386. — Le consentement des parens pourrait être remis à l'officier de l'état civil par un tiers, et ce tiers peut être fondé de pouvoir à l'effet de consentir : ou bien encore le futur époux peut lui-même produire l'acte de consentement. — Duranton, t. 2, no 201.

387. — Ce consentement, soit direct, soit par forme de procuration, doit-il être donné pour le mariage *avec une personne déterminée*, ou bien les père et mère peuvent-ils donner un consentement *indéfini* au mariage que contractera leur fils avec la personne qu'il choisira? — Delvincourt, t. 1er, p. 70, note 1re, et M. Duranton, t. 2, no 91, sont d'avis que l'acte doit indiquer spécialement la personne que leur enfant doit épouser. Ils invoquent la loi 34, ff., *de Ritu nupt.* — V. aussi Marcadé, sur l'art. 73, t. 1er, p. 499, 2e éd., et une lettre du ministre de la justice du 27 avr. 1807, citée par Hutteau d'Origny, tit. 7, ch. 1er, § 3, no 19. — Tel est également l'avis de M. Vazeille (*Traité du mar.*, t. 1er, nos 116 et 117), qui va même plus loin que M. Duranton, en soutenant que la forme de consentement indéfini emporterait la nullité du mariage. — Quant à MM. Coin-Delisle (sur l'art. 73) et Lagarde (no 339), ils sont d'avis qu'en l'absence de toute disposition formelle, on doit croire que la loi s'en est rapportée à la prudence de l'officier de l'état civil pour apprécier si la désignation, dans le consentement ou dans la procuration pour consentir, a été chose possible.

388 — Nous ne pouvons admettre cette dernière opinion, qui laisse aux officiers de l'état civil un arbitraire d'autant plus périlleux qu'on ne peut se dissimuler que, dans un très-grand nombre de communes rurales, les citoyens qui en remplissent les fonctions sont encore peu lettrés. D'ailleurs, l'économie de la loi nous paraît écarter toute idée d'un consentement général. — Ce n'est point uniquement pour flatter les ascendans dans leur autorité que leur consentement a été rendu nécessaire, mais surtout pour appeler leur attention sur le choix de leur enfant, provoquer leurs conseils, les mettre à même d'apporter, dans un projet qui doit faire entrer un étranger dans la famille et peut compromettre l'avenir d'un enfant, tout le poids d'une raison plus froide et d'une expérience moins directement impressionnée par l'intérêt personnel. — Peuvent-ils d'avance aliéner une pareille prérogative? Cela est plus que douteux, car ce serait peu moral. — Un autre argument en faveur des consentemens spéciaux se tire de la nécessité, pour celui qui s'est déjà marié, d'obtenir un nouveau consentement pour un second mariage : comment, en présence de ce soin de la loi à exiger le consentement des ascendans, même pour le second, pour le quatrième mariage, et alors qu'il l'a déjà donné plusieurs fois pour les unions précédentes, est-il possible de soutenir raisonnablement qu'un seul consentement suffirait pour plusieurs projets d'union, et même pour plusieurs mariages. — V. MARIAGE.

389. — Les pièces que les conjoints doivent produire pour qu'il soit passé outre à la célébration peuvent donc se résumer ainsi qu'il suit : — 1o L'acte de naissance des époux, ou l'acte de notoriété homologué dont il a été parlé ci-dessus; — 2o La dispense d'âge (s'il en a été accordé); — 3o La dispense de parenté, en cas d'empêchement résultant de parenté ou alliance (V. MARIAGE); — 4o L'acte de consentement des père et mère (non présens), ou celui des ascendans ou de la famille dans les cas déterminés par la loi, ou du conseil des hospices, s'il s'agit du mariage d'un enfant trouvé (V. MARIAGE); — 5o Les actes respectueux s'il en a été fait (V. ACTE RESPECTUEUX); — 6o Les pièces justificatives des causes (telles que décès, absence, démence, maladie, privation de droits civils) qui empêcheraient de rapporter le consentement ou le conseil des père, mère ou autres ascendans; — 7o Les certificats de publications; — 8o L'acte constatant la main-levée des oppositions, dans le cas où il en a été fait; — 9o La preuve de la dissolution du précédent mariage qui aurait pu être contracté par l'un des futurs époux (décès, divorce ou mort civile).

390. — Enfin, s'il s'agit de militaires de terre ou de mer, l'officier de l'état civil doit exiger, en outre, la justification du consentement de l'autorité dont ils relèvent. — V. à cet égard déc. 16 juin 1808, art. 3, 3 août 1808, 28 août 1808; ord. 29 oct. 1820, art. 272; Instr. 21 oct. 1818, art. 156.

391. — Le mariage est célébré dans la commune où l'un des deux époux a son domicile. Ce domicile, quant au mariage, s'établit par six mois d'habitation continue dans la même commune. — C. civ., art. 74. — V. à cet égard MARIAGE, ch. 3.

392. — Le mariage doit être célébré dans la maison commune, ou, quand il n'y en a pas, dans la maison particulière qui en tient lieu; toutefois, l'omission de cette formalité n'entraîne pas nullité (Proudhon, *Cours de dr. franç.*, t. 1er, p. 220; Duranton, t. 2, no 335; Merlin, *Répert.*, vo *Mariage*, sect. 4, § 1er, art. 1er, no 3; Coin-Delisle, sur l'art. 75, no 5), mais elle sert d'élément de conviction en cas d'action en nullité pour défaut de publicité ou de consentement. — V. au surplus MARIAGE.

393. — Le mariage doit être célébré par l'officier de l'état civil du domicile de l'une des parties. C. civ., art. 165. — V. MARIAGE.

394. — Le jour du mariage est *désigné par les parties* (art. 75.) — Toutefois, dans les localités populeuses, et notamment à Paris, il s'est introduit, dans les mairies, l'usage de ne procéder à la célébration des mariages qu'à certains jours de la semaine indiqués par le maire; mais, malgré cet usage, il semble qu'en cas d'urgence, les parties pourraient obtenir le bénéfice de l'art. 75.

395. — Le mariage peut être célébré même un dimanche ou jour de fête légale, sans toutefois que, dans ce cas, l'officier de l'état civil puisse y être contraint. — En effet, l'art. 57 de la loi du 18 germ. an X porte que « le repos des fonctionnaires publics est fixé au dimanche. » — Hutteau d'Origny, tit. 7, ch. 4, § 1er, no 8; Lagarde, no 389; Coin-Delisle, sur l'art. 75, no 2.

396. — Il peut même être célébré le soir. — Hutteau d'Origny, ibid., no 9. — Et c'est en effet ce qui a lieu fréquemment dans l'usage, lorsque d'ailleurs l'officier public y consent. — Mais M. Coin-Delisle (*loc. cit.*, no 2) fait observer avec raison qu'il pourrait être imprudent d'y procéder *pendant la nuit*, parce que l'heure indue est un des élémens de la clandestinité.

397. — La célébration a lieu en présence de *quatre témoins*, art. 75. — V. à cet égard MARIAGE, ch. 8, sect. 2e.

398. — En présence de ces témoins, l'officier de l'état civil fait lecture aux parties des pièces relatives à leur état et aux formalités du mariage, et du chap. 6 du tit. *Du mariage*, sur les droits et les devoirs respectifs des époux. Il reçoit de chaque partie, l'une après l'autre, la déclaration qu'elles veulent se prendre pour mari et femme : il prononce, au nom de la loi, qu'elles sont unies par le mariage, et il en dresse acte sur-le-champ. — C. civ., art. 75.

399. — Bien que la lecture des pièces et du ch. 6 du tit. *Du mariage* ne soit pas prescrite à peine de nullité (Locré, sur l'art. 191), cependant l'officier de l'état civil ne doit pas s'en dispenser. — Dans la séance du 14 fruct. an IX, le premier consul disait que cette lecture faisait connaître aux parties contractantes l'étendue de l'engagement et les conditions du contrat, *et offrait en outre l'avantage de donner à une fille dont on aurait forcé les inclinations le temps de réclamer à la face du public.*

400. — Le silence gardé par le futur époux sur la question, s'il accepte pour épouse la personne qui se présente pour contracter avec lui, est considéré comme un refus de consentement. — Coin-Delisle, sur l'art. 75, no 10.

401. — S'il s'agit du mariage d'un sourd-muet qui sache écrire, il est juste de le faire répondre par écrit, et sa réponse doit être jointe à l'acte de mariage. — Lagarde, *Traité de l'organisation municip.*, no 598-8o; Coin-Delisle, sur l'art. 75, no 11.

ACTES DE L'ÉTAT CIVIL, ch. 5.

—Si, au contraire, le sourd-muet ne sait pas écrire, plusieurs auteurs pensent que l'officier de l'état civil doit *énoncer dans l'acte* les signes à l'aide desquels le sourd-muet a manifesté son consentement.—Hutteau d'Origny, tit. 7, ch. 1er, § 2, nº 7; Garnier du Bourgneuf, *Manuel de l'officier de l'état civ.*, nos 171 et 282.— Ces auteurs se fondent sur une lettre du garde des sceaux au procureur du roi de Troyes, du 21 juin 1809.—M. Coin-Delisle est d'un avis contraire; il pense que, si l'officier public est en état de comprendre le sourd-muet et de s'en faire comprendre, il doit se borner à exprimer que, par ses signes, celui-ci lui a déclaré prendre en mariage la personne présente ; mais qu'en cas de doute il ne doit pas passer outre à la célébration du mariage. — La description des signes pourrait, en effet, donner lieu plus tard à de sérieuses difficultés, dans le cas où l'on contesterait, soit sa régularité, soit les conséquences que l'officier de l'état civil aurait cru devoir tirer des signes décrits.

402. — La déclaration des époux qu'ils se prennent en mariage et celle de l'officier de l'état civil qui prononce, au nom de la loi, que l'union conjugale est formée, est substantielle. — V. MARIAGE, ch. 3, sect. 2e.

403. — L'acte est dressé immédiatement, il doit contenir : 1º les prénoms, noms, professions, âge, lieux de naissance et domicile des époux ; 2º s'ils sont majeurs ou mineurs ; 3º les prénoms, noms, professions et domiciles des pères et mères; 4º le consentement des pères et mères, aïeuls et aïeules, et celui de la famille, dans le cas où ils sont requis; 5º l'acte respectueux s'il en a été fait : 6º les publications dans les divers domiciles ; 7º les oppositions, s'il y en a eu , leur main-levée, ou la mention qu'il n'y a point eu d'opposition ; 8º la déclaration des contractans de se prendre pour époux, et le prononcé de leur union par l'officier public ; 9º les prénoms, noms, âge, professions et domiciles des témoins, et leur déclaration s'ils sont parens ou alliés des parties, de quel côté et à quel degré. — C. civ., art. 76.

404. — La signature des parties, des témoins et de l'officier de l'état civil sur l'acte de mariage est-elle prescrite à peine de nullité? — Il paraît admis par la jurisprudence que la nullité ne résulte pas nécessairement de l'inobservation de cette formalité, sauf la peine applicable à l'officier de l'état civil.

405. — Ainsi, jugé qu'un acte de mariage n'est pas nul en ce qu'il y manque la signature de l'une des parties contractantes, si l'absence de cette signature n'est que le résultat d'une inadvertance ou d'une erreur, et si l'acte a été signé par l'autre partie, par les témoins et par l'officier de l'état civil qui l'a reçu en cette qualité. — *Montpellier*, 4 février 1840 (t. 2 1843, p. 560), Alet c. Lagarrigue. — V. MARIAGE, ch. 3, sect. 2e.

406. — Il est d'usage dans quelques mairies de laisser signer, au bas de l'acte de mariage, non-seulement les personnes dont la signature est exigée, mais en outre tous les assistans, parens ou non, à qui l'on pense faire par là une politesse. — C'est un abus que ne doivent pas souffrir les officiers de l'état civil : ce surcroît de signatures, outre qu'il est inutile, rend fort difficiles, quelquefois impossibles, à cause des similitudes de noms, les vérifications de la signature par les véritables parties, et peut faire naître de sérieuses difficultés. — Les procureurs du roi doivent, conformément aux instructions qu'ils reçoivent, inviter, chaque fois qu'ils en ont l'occasion, les maires à s'en abstenir.

407. — L'officier de l'état civil ne peut procéder au mariage si les publications n'ont pas été faites, et faites conformément à la loi, ou bien encore s'il n'a pas été obtenu de dispenses, conformément à la loi. L'infraction à cette obligation emporte contre lui l'application d'une amende qui ne peut excéder 300 fr. — C. civ., art. 192.

408. — Il serait passible de la même amende si le mariage n'avait pas été célébré publiquement, ou bien s'il avait procédé à un mariage pour la célébration duquel il serait incompétent, encore que la contravention ne fût pas jugée suffisante pour entraîner la nullité du mariage. — C. civ., art. 193.

409. — En outre, l'art. 156, C. civ., punit de la même amende et d'un emprisonnement dont la durée ne peut être moindre de six mois, l'officier de l'état civil qui aurait procédé à la célébration des mariages contractés par des fils n'ayant pas atteint l'âge de 25 ans accomplis, ou par des filles n'ayant pas atteint l'âge de 21 ans accomplis, sans que le consentement des père et mère, celui des aïeuls et aïeules et celui de la famille, dans les cas où ils sont requis, fussent énoncés dans l'acte de mariage.

410. — La répression de cette contravention est poursuivie à la diligence des parties intéressées et du procureur du roi. — Même article.

411. — Enfin l'art. 157 soumet à la même amende et à un emprisonnement qui ne peut être moindre d'un mois, l'officier de l'état civil qui procède à la célébration d'un mariage en l'absence d'actes respectueux, dans le cas où ils sont requis.

412. — C'est devant les tribunaux civils que doit être traduit le maire qui est poursuivi pour contravention aux articles du Code, sur la célébration du mariage. — *Turin*, 6 av. 1808, Barelli.

413. — Avant le Code pénal, l'officier de l'état civil qui procédait à la célébration du mariage d'une veuve avant le délai de dix mois prescrit par l'art. 238, C. civ., n'encourait aucune peine. — *Colmar*, 7 juin 1808, Grosbenny c. Kronenberger.

414. — Ce n'est qu'après la célébration du mariage civil, et après la justification qui est faite de ce mariage, qu'il peut être passé outre à la célébration du mariage religieux. — L'infraction à cette règle entraîne contre les ministres du culte l'application des peines édictées par les art. 199 et 200, C. pén.

CHAPITRE V. — *Actes de décès.*

415. — L'acte de décès a pour objet de constater : 1º qu'il y a eu décès, 2º quelle est la personne décédée, 3º à quelle famille elle appartient. — Ainsi, dès que l'officier de l'état civil reçoit la déclaration d'un décès, il doit se transporter auprès de la personne décédée pour s'assurer du décès. — C. civ., art. 77.

416. — Il n'est pas toujours facile de s'assurer de la mort d'un individu ; plusieurs maladies peuvent enlever à l'homme les signes extérieurs de la vie et tromper le zèle et la prudence de l'officier public. Une mesure de précaution avait été proposée lors de la discussion au conseil d'état (V. Locré, *Lég. civ.*, t. 3, p. 91) pour éviter toute erreur à cet égard, ou du moins pour les rendre extrêmement rares : c'était d'ordonner que l'officier de l'état civil se ferait assister d'un chirurgien. La proposition fut rejetée à cause de la difficulté d'avoir toujours un homme de l'art sur les lieux, disposé à céder à la réquisition qui lui serait faite pour cet objet.

417. — Cependant cette sage précaution a été adoptée dans plusieurs villes populeuses. Ainsi, à Paris, un premier arrêté du préfet de la Seine du 27 vend. an IX porte que, lorsqu'un des maires de Paris sera averti d'un décès, il ordonnera à un officier de santé de se transporter au domicile de la personne décédée, et de lui en faire immédiatement son rapport verbal. Un second arrêté, du 31 déc. 1821, prescrit aux gens de l'art chargés de vérifier les décès de dresser un procès-verbal indiquant les nom et prénoms du décédé, son sexe, son âge, s'il est marié, sa profession ; la date du décès, jour, mois et heure ; la rue et le numéro du domicile, et tous les renseignemens possibles sur la nature de la maladie, ses causes, sa durée et les noms des personnes qui ont donné des soins au décédé. Cette mesure a aussi été adoptée à Strasbourg, à Marseille, à Tours.

418. — Malheureusement cet exemple de prudence n'est pas assez suivi, et il est encore quelques communes où l'officier de l'état civil accomplit la prescription de la loi en vérifiant les décès par lui-même ; il en est un plus grand nombre qui s'en abstient complètement et ne se fait suppléer par personne. — Nous ne saurions trop regretter cet abus, qui laisse une latitude fâcheuse aux déclarations mensongères.

419. — Cette vérification faite, l'officier de l'état civil délivre, sur papier libre et sans frais, l'autorisation d'inhumer, pourvu qu'il se soit écoulé vingt-quatre heures depuis le décès. — C. civ., art. 77.

420. — Il est cependant certains cas (par exemple, ceux de putréfaction ou décès par suite de maladie contagieuse) où l'autorisation d'inhumer peut être donnée avant le délai de vingt-quatre heures. L'art. 77 du Code civil renvoie pour ces cas aux réglemens de police. Mais il n'existe pas de réglemens généraux. — Une ordonnance de police rendue pour Paris, le 14 messid. an XII, veut que l'inhumation avant les vingt-quatre heures ne soit permise que sur l'avis des médecins et chirurgiens qui auront suivi la maladie ou de ceux qui auront été préposés pour constater l'état du cadavre.

421. — M. Marcadé fait remarquer que ce n'est pas l'autorisation d'inhumer qui ne peut avoir lieu qu'après vingt-quatre heures, mais bien l'inhumation elle-même. — L'autorisation se délivre en effet plus tôt, avec la mention toutefois que l'inhumation ne pourra se faire avant *telle heure*. — *El. de dr. fr.*, sur l'art. 77.

422. — L'art. 358 du Code pénal punit de six jours à deux mois d'emprisonnement et d'une amende de 16 à 50 fr. ceux qui, sans l'autorisation préalable de l'officier public, auront fait inhumer un individu décédé.

423. — Le Code civil se tait sur le délai dans lequel doit être faite la déclaration et sur les personnes auxquelles est impartie l'obligation de la faire. Faut-il en conclure que l'obligation n'est imposée à personne et qu'on peut faire la déclaration quand on voudra? — M. Marcadé pense (*El. de dr. civ. fr.*, sur l'art. 77, nº 3) que, pour entrer dans les vues du législateur, il faut recourir à la loi du 20 sept. 1792, d'où ont été tirées presque toutes les dispositions relatives aux actes de décès, et dire, conformément à l'art. 1er du tit. 5, que la déclaration doit être faite par les deux plus proches parens ou voisins, et au plus tard dans les vingt-quatre heures. — C'est, du reste, ce qui résulte, selon nous, de la combinaison des art. 77 et 78 sainement interprétés. — Mais leur inobservation, étant dénuée de sanction, ne pourrait, bien entendu, donner lieu à l'application d'aucune peine.

424. — Des doutes s'étaient élevés sur le point de savoir si l'autorisation d'inhumer devait être demandée pour les enfans morts-nés. On disait que la loi, ne parlant que d'individus *décédés*, ne pouvait s'appliquer à l'enfant dont la vie s'était éteinte en naissant ou avant de naître; que soumettre son inhumation aux lois du décès, ce serait implicitement dire qu'il a eu vie et jeter le trouble dans les successions (V. Chauveau et Hélie, *Théorie du Code pén.*, t. 6, p. 394). Ces appréhensions éveillèrent l'attention du législateur, qui, sans décider précisément la question de l'autorisation d'inhumer, prescrivit cependant ce qui devait être fait en pareil cas. Un décret du 4 juill. 1806 dispose que, « lorsque le cadavre d'un enfant dont la naissance n'a pas été enregistrée sera présenté à l'officier de l'état civil, cet officier n'exprimera pas qu'un tel enfant est décédé, mais seulement *qu'il lui a été présenté sans vie.* » Cet acte sera ainsi à sa date sur les registres de décès, sans qu'il en résulte aucun préjugé sur la question de savoir s'il y a eu vie ou non. Par cette prudente réserve, la question de successibilité reste intacte ; aucun argument pour ou contre la vie ne peut être tiré de l'acte dressé par l'officier public. En ce qui concerne l'autorisation d'inhumer, nous pensons qu'elle doit être demandée, car c'est là une mesure de police et de sûreté qui intéresse à un trop haut point l'ordre public ; d'ailleurs, dès qu'il doit y avoir inhumation, elle ne peut être faite sans que l'autorité y ait donné sa sanction.

425. — Il résulte du décret de 1806, ainsi que des modèles d'actes fournis par l'autorité aux officiers de l'état civil, que l'acte de présentation d'un enfant sans vie, bien qu'*acte de décès*, inscrit sur le registre des *décès*, doit être fait sur la déclaration d'un tiers, en présence de témoins, c'est-à-dire dans la même forme que les actes de naissance. — Il faudrait, en conséquence, appliquer ici tout ce qui a été dit de ces actes sur les qualités des témoins et déclarans, et les obligations relatives, soit au temps dans lequel doit être faite la déclaration, soit aux personnes chargées par la loi de ce soin.

426. — Du reste, la marche et la forme sont les mêmes, soit que l'enfant soit mort-né ou que, né vivant, il soit mort avant la déclaration.

427. — MM. Chauveau et Hélie (*loc. cit.*), et un arrêt de la cour de *Nancy*, du 17 sept. 1839 (t. 2 1839, p. 646, Gérard), ont fait à cet égard une distinction. Le premier soutient que la nécessité de l'autorisation n'existe pas en cas d'avortement, parce qu'alors, dit-il, il n'y a pas d'enfant, et l'arrêt a décidé que, lorsqu'il résulte d'un procès-verbal d'autopsie, dressé légalement, que l'enfant qui est décédé n'était point parvenu au terme de viabilité, son inhumation sans autorisation préalable de l'officier de l'état civil ne constitue ni délit ni contravention.

428. — Cette doctrine peut présenter de graves inconvéniens : la question de viabilité et celle de savoir s'il y a eu enfant, créature humaine, en cas d'avortement, appartiennent à la physiologie; peut-être sont-elles d'une solution difficile, mais dans tous les cas elles ne devraient pas être abandonnées à l'appréciation de ceux qui sont le moins aptes à les résoudre, c'est-à-dire, au père, à la mère ou autres personnes de la famille ou du voisinage, qui entourent ordinairement l'accouchée au moment de sa délivrance. D'ailleurs la question de viabilité peut se rattacher à de trop graves intérêts pour ne pas la soumettre à des mesures conservatrices de tous les droits. Dans ce cas donc, plus que dans tout autre, il nous semble qu'une déclaration et une demande d'inhumation à l'officier de l'état civil seraient la marche la plus sage et la plus sûre. — Cependant, quand il s'agit d'un

ACTES DE L'ÉTAT CIVIL, ch. 5.

simple avorton, évidemment non viable, l'usage est contraire.

429. — L'acte de décès est dressé par l'officier de l'état-civil, sur la déclaration de deux témoins. Ces témoins sont, s'il est possible, les deux plus proches parens ou voisins, et, lorsque la personne est décédée hors de son domicile, la déclaration doit être faite par la personne chez laquelle elle est décédée et un parent ou autre. — C. civ., art. 78.

430. — Ici les déclarans sont en même temps témoins de l'acte. — Ils doivent donc réunir les qualités exigées par la loi pour ces témoins.

431. — Quelquefois les déclarations de décès sont faites et reçues dans la même forme que les actes de naissance, c'est-à-dire par un déclarant en présence de deux témoins. — Ce mode de procéder est irrégulier, mais l'irrégularité n'est point assez grave pour nécessiter une rectification judiciaire de l'acte ; les deux témoins qui assistent à la déclaration nous paraissent tenir lieu, à la rigueur, des témoins déclarans qu'exige la loi.

432. — L'acte de décès doit contenir les prénoms, nom, âge, profession et domicile de la personne décédée ; les prénoms et nom de l'autre époux, si la personne décédée était mariée ou veuve ; les prénoms, noms, âges, professions et domiciles des déclarans, et, s'ils sont parens, le degré de parenté. Le même acte contient de plus, autant qu'on peut le savoir, les prénoms, noms, profession et domicile des père et mère du décédé et le lieu de sa naissance. — C. civ., art. 79.

433. — Parmi ces nombreuses énonciations, on ne trouve pas celle du jour et de l'heure du décès. Presque tous les auteurs qui ont écrit sur la matière ont signalé cette omission (V. Duranton, t. 1er, no 323 ; Malleville, sur l'art. 79 ; Hutteau d'Origny, tit. 8, chap. 1er, § 2, no 2 ; Garnier du Bourgneuf, no 300 ; Lemolt, chap. 6, sect. 1re, § 3 ; Marcadé, *El. de dr. civ. fr.*, sur l'art. 72 ; Coin-Delisle, sur l'art. 79, no 10) comme très-grave ; mais plusieurs d'entre eux ont émis l'opinion qu'elle était volontaire. « Il est à croire, ont-ils dit, que c'est à raison des importantes conséquences qu'entraînerait la mention du jour et de l'heure du décès que le législateur n'a pas voulu en faire une partie substantielle de l'acte. C'eût été laisser aux déclarans une trop grande influence sur les droits éventuels des parties intéressées. » — V. notamment Desclozeaux, *Encyclop. du dr.*, vo *Actes de l'ét. civ.*, no 70. — Dans tous les cas, parce que la loi n'a pas prescrit ces énonciations, il résulte qu'elles ne font foi que jusqu'à preuve contraire et non jusqu'à inscription de faux. — Duranton, t. 1er, no 323 ; Coin-Delisle, *loc. cit.* ; Marcadé, *ibid.*

434. — L'acte de décès fait foi de l'individualité de la personne à laquelle il s'applique. — Mais fait-il foi jusqu'à inscription de faux, même au regard de celui qui aurait été désigné à tort comme décédé ? — M. Coin-Delisle (sur l'art. 79, no 4) pense qu'un tel individu pourrait invoquer l'art. 326 sur les réclamations d'état, sans pouvoir être repoussé par la prétendue foi due à l'acte de décès et sans être obligé de recourir à l'inscription de faux.

435. — On cite assez généralement, comme consacrant la thèse contraire, un arrêt de la cour de Cassation du 30 avr. 1807 (Douhaut c. Champignelles). — Mais M. Coin-Delisle (*loc. cit.*) combat l'induction que l'on pourrait tirer de cet arrêt.

436. — Il existe d'ailleurs certaines énonciations qui peuvent être combattues sans qu'il soit nécessaire de recourir à l'inscription de faux. — Telle est, par exemple, celle qui concerne l'âge du décédé (Duranton, t. 1er, no 322), les prénoms et, en général, toutes les énonciations que l'ignorance des déclarans peut rendre fautives. — Coin-Delisle, sur l'art. 79, no 6. — On doit y ajouter celles qui porteraient sur des liens de famille.

437. — En résumé, nous répéterons ici ce que nous avons dit plus haut, au chap. 1er, sect. 5e, § 2, sur la foi due aux actes de l'état civil. — Tout ce que l'officier de l'état civil constate personnellement fait foi jusqu'à inscription de faux, mais on ne doit ajouter foi que jusqu'à preuve contraire à tout le reste qui vient des déclarans et des témoins. — Telle est aussi l'opinion de M. Marcadé (sur l'art. 79).

438. — En cas de décès dans les hôpitaux militaires, civils ou autres maisons publiques, les supérieurs, directeurs ou administrateurs et maîtres de ces maisons sont tenus d'en donner avis, dans les vingt-quatre heures, à l'officier de l'état civil, qui s'y transportera pour s'assurer du décès et en donner acte, conformément à l'art. 79 sur les déclarations qui lui sont faites et sur les renseignemens qu'il a pris. C. civ., art. 80. — Il est tenu, en outre, dans les hôpitaux et maisons, des registres destinés à inscrire ces déclarations et renseignemens. — L'officier de l'état civil envoie l'acte de décès à celui du dernier domicile de la personne décédée, qui l'inscrit sur les registres. — C. civ., art. 80.

439. — Par ces mots *autres maisons publiques*, il faut entendre les séminaires, couvens, colléges royaux, écoles entretenues aux frais de l'État, etc. Mais on n'y doit plus comprendre les lazarets, depuis la loi du 3 mars 1822, dont l'art. 19 porte que « les membres des autorités sanitaires exerceront les fonctions d'officiers de l'état civil dans l'enceinte des lazarets et autres lieux réservés. » — Coin-Delisle, *loc. cit.*

440. — Il n'y faut pas comprendre non plus, d'après M. Marcadé (sur l'art. 80), les prisons ou maisons de réclusion ou de détention, pour lesquelles l'art. 84 contient des dispositions spéciales.

441. — Les registres tenus dans les hôpitaux et autres maisons publiques n'ont aucun caractère d'authenticité et ne peuvent, dans aucun cas, suppléer ceux de l'état civil ; ils ne pourraient être invoqués ni produits pour prouver le décès d'un individu. Leur destination est déterminée par l'article 80. Elle ne peut être étendue ni changée. — V. circul. min. de l'intér. du 30 oct. 1808.

442. — A l'égard des hôpitaux militaires, un arrêté du 24 therm. an XIII dispose que « les économes des hôpitaux militaires sont tenus de remettre tous les mois un extrait du registre mortuaire au commissaire des guerres (aujourd'hui l'intendant militaire), qui l'adressera au ministre de la guerre avec une double expédition de l'acte de mort ». Et une décision du ministre, du 2 brum. an XI, prescrit de relater soigneusement sur ces extraits le numéro que chaque militaire décédé avait sur le registre matricule du corps auquel il appartenait.

443. — L'officier de l'état civil doit envoyer deux doubles de l'acte de décès des militaires au ministre de la guerre, en ayant soin d'y relater aussi le numéro du registre matricule qu'il aura trouvé sur le billet d'entrée et sur les autres papiers du militaire. — Instr. min. 24 brum. an XII.

444. — En cas de décès dans les prisons ou maisons de réclusion ou de détention, il en doit être donné avis sur-le-champ par les concierges ou gardiens à l'officier de l'état civil, qui s'y transporte comme il est dit en l'art. 80, et rédige l'acte de décès. — C. civ., art. 84.

445. — L'art. 84 dit que la déclaration sera faite *sur-le-champ*. Sans fixer de terme précis, nous pensons que ce terme devrait être de vingt-quatre heures, comme dans l'art. 80. — Marcadé, *El. de dr. civ. fr.*, sur l'art. 84.

446. — Dans ce cas et celui prévu par l'art. 83, il doit être envoyé une expédition de l'acte de décès à l'officier de l'état civil du domicile du décédé, ainsi que cela est prescrit par l'art. 80. — Marcadé, *El. dr. civ. fr.*, sur l'art. 84.

447. — Dans les différens cas prévus par les art. 80, 82, 83 et 84, l'acte doit être dressé en présence de deux témoins, conformément à l'art. 78, qui domine tout le chapitre. — Marcadé, *El. dr. civ. fr.*, sur l'art. 84.

448. — Le texte même des art. 82 et 83 indique que, dans les cas qu'ils prévoient, les officiers de l'état civil n'ont pas à se déplacer, puisque le décès leur est attesté par des officiers publics dont le témoignage présente toutes garanties de véracité. — Marcadé, *ibid.*

449. — Toutes les fois qu'il y a des signes ou indices de mort violente, ou d'autres circonstances qui donnent lieu de la soupçonner, on ne peut faire l'inhumation qu'après qu'un officier de police, assisté d'un docteur en médecine ou en chirurgie, a dressé procès-verbal de l'état du cadavre et des circonstances y relatives, ainsi que des renseignemens qu'il a pu recueillir sur les prénoms, âge, profession, lieu de naissance et domicile de la personne décédée. — C. civ., art. 81.

450. — Sous la loi du 20 sept. 1792, il n'était pas nécessaire, pour que l'acte de décès dressé en cas de mort violente fît foi en justice, qu'il contînt mention des renseignemens donnés par l'officier de police qui avait constaté la reconnaissance et l'état du cadavre : il suffisait qu'il fût dressé et signé par l'officier de l'état civil. — *Cass.*, 12 frim. an VII, Buzot.

451. — L'officier de police, dans le cas de l'art. 81, est tenu de transmettre de suite à l'officier de l'état civil du lieu où la personne est décédée tous les renseignemens énoncés dans son procès-verbal, d'après lesquels l'acte est alors rédigé. L'officier de l'état civil en envoie une expédition à celui du domicile de la personne décédée, s'il est connu : cette expédition est inscrite sur les registres. — C. civ., art. 82.

452. — En cas de condamnation à la peine de mort, les greffiers criminels sont tenus d'envoyer, dans les vingt-quatre heures de l'exécution du jugement, à l'officier de l'état civil du lieu où le condamné a été exécuté, tous les renseignemens énoncés en l'art. 79, C. civ., d'après lesquels l'acte de décès est rédigé. — C. civ., art. 83.

453. — Sous le Code civil, dans tous les cas de mort violente ou dans les prisons et maisons de réclusion, ou d'exécution à mort, il ne sera fait sur les registres aucune mention de ces circonstances, et les actes de décès seront simplement rédigés dans les formes prescrites par l'art. 79, C. civ. — C. civ., art. 85.

454. — Selon M. Marcadé (*El. de dr. civ. fr.*, sur l'art. 85), la mention des circonstances énumérées dans cet article étant expressément défendue par la loi, les parties intéressées pourraient, si elle avait eu lieu, la faire disparaître au moyen d'un jugement de rectification, conformément à l'art. 99, et les frais de ce jugement retomberaient à la charge de l'officier de l'état civil, puisque c'est par sa faute qu'il serait nécessité.

455. — En cas de décès pendant un voyage de mer, il en est donné acte dans les vingt-quatre heures, en présence de deux témoins pris parmi les officiers du bâtiment, ou, à leur défaut, parmi les hommes de l'équipage. Cet acte est rédigé, savoir : sur les bâtimens du roi, par l'officier de l'administration de la marine ; et sur les bâtimens appartenant à un négociant ou armateur, par le capitaine, maître ou patron du navire. L'acte de décès est inscrit à la suite du rôle de l'équipage. — C. civ., art. 86.

456. — V., pour l'interprétation à donner à cet article, ce que nous avons dit (*suprà* nos 319 et suiv.) sur l'art 59 relatif aux actes de naissances des enfans nés en mer.

457. — Au premier port où le bâtiment abordera, soit de relâche, soit pour toute autre cause que celle de son désarmement, les officiers de l'administration de la marine, capitaine, maître ou patron, qui ont rédigé les actes de décès, sont tenus d'en déposer deux expéditions, conformément à l'art. 60. — Art. 87.

458. — A l'arrivée du bâtiment dans le port du désarmement, le rôle d'équipage est déposé au bureau du préposé à l'inscription maritime ; il envoie une expédition de l'acte de décès, de lui signée, à l'officier de l'état civil du domicile de la personne décédée ; cette expédition est inscrite de suite sur les registres. — Même article.

459. — Outre ces hypothèses de morts non ordinaires, prévues par le Code civ., il en est d'autres dont il ne parle point et qui ont été, ou réglées par des dispositions spéciales, ou complètement passées sous silence par la législation.

460. — Ainsi, lorsque des ouvriers employés dans des exploitations de mines ont été ensevelis dans leurs travaux, les art. 18 et 19 du décret du 3 janv. 1813 veulent que les maires et autres officiers de police se fassent représenter leurs corps et ne permettent leur inhumation qu'après que le procès-verbal de l'accident aura été dressé, conformément à l'art. 81, C. civ., et sous les peines portées dans les art. 358 et 359, C. pén. — Lorsqu'il y aura impossibilité de parvenir jusqu'au lieu où se trouvent les corps des ouvriers dans les travaux, les exploitans, directeurs et autres ayant-cause des propriétaires, seront tenus de faire constater cette circonstance par le maire ou autre officier public, qui en dressera procès-verbal et le transmettra au procureur du roi, à la diligence duquel, et sur l'autorisation du tribunal, cet acte sera annexé au registre de l'état civil.

461. — Cette disposition serait applicable également au cas où l'ouvrier aurait été écrasé dans des puits, des souterrains.

462. — ... Et dans celui où une personne aurait été engloutie par les eaux dans un naufrage, une inondation, ou dévorée par un incendie, ou enfin aurait péri par un accident quelconque, et de manière à ce que son corps ait disparu ou soit méconnaissable. — Quelques auteurs veulent qu'on suive les règles de l'absence, mais c'est une erreur évidente, il n'y a point d'analogie à établir entre ce cas et celui où un individu a disparu sans que rien n'indique où ni comment. — C'est, ainsi que nous l'avons dit, aux formes prescrites par l'art. 19 du décret de 1813 qu'il faut alors recourir. — Desclozeaux, *Encyclop. du dr.*, vo *Actes de l'état civil*, no 71 ; Marcadé, *ibid.*, sur l'art. 87, no 4.

CHAPITRE VI. — *Actes de l'état civil concernant les militaires hors du territoire du royaume.*

463. — Sur le territoire du royaume, les actes de l'état civil relatifs aux militaires doivent être dressés, suivant les règles ordinaires, par les officiers de l'état civil. — Thibaudeau, *Exposé des motifs.* — V. aussi avis cons. d'état, 4e complément.

ACTES DE L'ÉTAT CIVIL, ch. 6.
ACTES DE L'ÉTAT CIVIL, ch. 6.

an XIII; Inst. min. de la guerre 24 brum. an XII et 8 mars 1823, et *Journal milit. officiel* (1823, 1er semestre, p. 341).

464. — Mais, à l'égard des militaires réunis en corps d'armée au-delà des frontières, la loi a tracé des règles particulières. — Dans la séance du cons. d'état, 14 fructid. an IX, le premier consul se plaignit de ce que la section de législation ne s'était point occupée de l'état civil des militaires en campagne. — Thibaudeau lui répondit qu'il y était pourvu par l'art. 47, qui déclare valables les actes faits en pays étrangers, dans les formes qui y sont usitées. — « Le militaire, répondit le premier consul, n'est jamais chez l'étranger quand il est sous le drapeau; *où est le drapeau, là est la France.* Il faut une loi sur les naissances, les mariages et les décès à l'armée » (Locré, *Lég. civ.*, t. 3, p. 95). — C'est donc dans cet esprit que fut rédigé le chap. 5, tit. 2, liv. 1er, C. civ., dont nous nous occupons.

465. — On est d'accord pour assimiler à ces corps ceux qui, en cas de révolte ou d'invasion, seraient dans l'impossibilité de recourir aux officiers publics ordinaires pour constater le décès des militaires morts sur le champ de bataille, ou pour faire divers actes relatifs à l'état civil. — Duranton, t. 1er, no 331; Marcadé, *Elém. de dr. civ. franç.*, sur l'art. 88, no 4; Lagarde, no 629; — Instr. précitées; — Coin-Delisle, *Observ. gén. sur le chap.* 5. — L. 13 janv. 1817. — V. cependant Merlin, *Rép.*, vo *Etat civil*, § 3, no 4, sur l'art. 98.

466. — Si le militaire, en pays étranger, est censé en France, il n'en est pas de même du prisonnier de guerre; à son égard, les art. 47 et 48 sont seuls applicables (V. *suprà* chap. 1er, sect 4e; Duranton, t. 1er, no 332, et Marcadé, *Elém. de dr. civ. franç.*, sur l'art. 88, no 3); et les déclarations que les prisonniers rentrans pourraient faire sur le décès de leurs compagnons de captivité ne pourraient, à défaut d'acte légal, devenir un titre authentique qu'avec la sanction des tribunaux. — Instr. 8 mars 1823; — Coin-Delisle, *loc. cit.*

467. — Les dispositions qui vont suivre ne concernent que l'armée de terre; quant aux militaires embarqués, ou à leurs enfans embarqués avec eux, les dispositions des articles 59, 60, 61, 86 et 87 leur sont seules applicables. — Coin-Delisle, *loc. cit.*

468. — Les actes de l'état civil faits hors du territoire du royaume, concernant les militaires ou autres personnes employées aux armées, sont rédigés dans les formes ordinaires, sauf certaines exceptions qui seront ultérieurement indiquées. — C. civ., art. 88.

469. — « Il faut entendre par employés, dit une instruction du ministre de la guerre (1809-1823): 1o tout individu appartenant à une administration militaire et porteur d'une commission du ministre de la guerre; — 2o tout individu appartenant à une entreprise d'un service administratif d'armée, porteur d'une semblable commission, ou du moins commissionné par l'entrepreneur, et compris dans un tableau fourni par cet entrepreneur, et approuvé par le ministre; — 3o les vivandières, les domestiques, les cantinières, etc., qui n'ont point de commission ministérielle, mais qui sont autorisés à suivre les armées par le major général ou le grand prévôt. »

470. — M. Coin-Delisle (sur l'art. 88) ajoute même que « l'art. 89 devrait être appliqué aux femmes et enfans des militaires dont il faudrait constater le décès, l'esprit de la loi étant qu'on n'ait besoin de recourir aux officiers de l'état civil du pays étranger pour aucune des personnes qui se trouvent à la suite de l'armée. »

471. — Quant aux enfans nés dans les camps, leur naissance ne doit être constatée par les chefs de corps et les intendans militaires que lorsqu'ils sont nés de femmes de militaires ou d'employés. — Desclozeaux, *Encyclop. du dr.*, vo *Actes de l'état civil*, no 21.

472. — Le quartier-maître, dans chaque corps d'un ou plusieurs bataillons ou escadrons, et le capitaine commandant dans les autres corps, remplissent les fonctions d'officiers de l'état civil; ces mêmes fonctions sont remplies, pour les officiers sans troupe et pour les employés de l'armée, par l'inspecteur aux revues, attaché à l'armée ou au corps d'armée. — C. civ., art. 89.

473. — Une instruction ministérielle du 24 brum. an XII annonçait que, s'il venait à être apporté quelque changement à la nature des fonctions des quartiers-maîtres, les obligations relatives aux actes de l'état civil, qui leur sont imposées par la loi, devraient être remplies par les officiers, quel que fût leur grade, qui seraient chargés dans les corps de la tenue et du dépôt des registres matricules et contrôles nominatifs. Cette observation s'applique à tous les articles de cette instruction où il est question des quartiers-maîtres. — Aujourd'hui, ce sont les majors qui sont chargés du soin de tenir en campagne les registres de l'état civil. — Duranton, t. 1er, no 333; Rieff, sur l'art. 8; — arr. 1er vendém. an XII.

474. — De même, les inspecteurs aux revues et les commissaires des guerres ont été remplacés par un corps d'administrateurs composés d'intendans, sous-intendans et adjoints sous-intendans militaires. — Ord. 29 juill. 1817. — D'après une instruction ministérielle citée par M. Desclozeaux (*Encyclopédie du dr.*, vo *Actes de l'état civil*, no 19), un sous-intendant supplée de droit l'intendant dans les fonctions d'officier de l'état civil, toutes les fois qu'il n'y a pas d'intendant attaché au corps d'armée.

475. — Il est tenu, dans chaque corps de troupes, un registre pour les actes de l'état civil relatifs aux individus de ce corps, et un autre à l'état-major de l'armée ou du corps d'armée pour les actes civils relatifs aux officiers sans troupes et aux employés; ces registres sont conservés de la même manière que les autres registres des corps et états-majors, et déposés aux archives de la guerre, à la rentrée des corps ou armées sur le territoire du royaume. — C. civ., art. 90.

476. — Aussitôt qu'un ou plusieurs corps, ou des détachemens, sortent du territoire français, ils établissent un registre destiné à recevoir les actes de l'état civil; ces différens actes y sont inscrits de suite, sans aucun blanc; les ratures et renvois sont approuvés et signés de la même manière que le corps de l'acte; il ne doit y être rien écrit par abréviation, et aucune date ne doit être mise en chiffres. Ces registres sont fournis par les corps et états-majors; et, aussitôt après la rentrée sur le territoire français, ils sont envoyés au ministre de la guerre, sauf à en établir de nouveaux, dans le cas où ces mêmes corps ou détachemens quitteraient encore le territoire français. — Inst. min. 24 brum. an XIII.

477. — Les registres sont cotés et paraphés, dans chaque corps, par l'officier qui le commande; et, à l'état-major, par le chef de l'état-major général. — C. civ., art. 91.

478. — Il n'est pas nécessaire qu'ils soient tenus doubles. — *Pandectes franç.*, sur l'art. 90, no 115, et Coin-Delisle, sur les art. 90 et 91, no 1er.

479. — Dans les détachemens composés seulement d'une ou plusieurs compagnies n'allant pas jusqu'à un escadron, c'est le capitaine commandant qui remplit les fonctions d'officier de l'état civil (C. civ., art. 89); c'est encore lui qui, aux termes de l'art. 91, cote et paraphe les registres. — C'est un assez bizarre résultat. — La cote et le paraphe n'ajouteront, dans ce cas, à la tenue des registres aucune garantie nouvelle. — Marcadé, *Elém. de dr. civ. franç.*, sur l'art. 91.

480. — Les déclarations de naissance à l'armée sont faites dans les dix jours qui suivent l'accouchement. — C. civ., art. 92.

481. — La raison de cette exception à l'art. 55, C. civ., est tirée de la difficulté et des obstacles que présentent une déclaration à faire en campagne, dans un corps d'armée dont les officiers sont séparés, et la recherche et le transport des témoins du lieu de la naissance à celui où se trouve l'officier chargé d'en recevoir la déclaration. — Duranton, t. 1er, no 334, et Rieff, sur l'art. 92, no 297.

482. — La disposition pénale portée par l'art. 346, C. pén., n'est pas applicable à l'omission de la déclaration exigée par l'art. 92; cette disposition doit être restreinte au cas de la contravention à l'art. 55, C. civ., pour lequel elle a été faite. — Rieff, sur l'art. 92, no 297.

483. — L'art. 92, C. civ., ne fait exception qu'à l'art. 55. — Quant aux autres formalités, elles sont les mêmes hors du territoire que dans l'intérieur, et les officiers de l'état civil doivent se conformer aux dispositions générales relatives aux actes de naissance. — Inst. min. de la guerre 8 mars 1823. — Coin-Delisle, sur l'art. 92.

484. — Les officiers de l'état civil militaires peuvent, comme les officiers ordinaires de l'état civil dans l'intérieur du royaume, recevoir, même séparément, des reconnaissances d'enfans naturels. « Et c'est à tort, dit Coin-Delisle, que les instructions du ministre limitent ce droit au cas où la reconnaissance a lieu lors de la naissance ou dans l'acte de mariage des père et mère. — Coin-Delisle, sur l'art. 92; Hutteau d'Origny, tit. 5, chap. 3, no 1er, et Marcadé, *Elém. de dr. civ. franç.*, sur l'art. 98.

485. — L'officier chargé de la tenue des registres de l'état civil devra, dans les dix jours qui suivront l'inscription d'un acte de naissance audit registre, en adresser un extrait à l'officier de l'état civil du dernier domicile du père de l'enfant, ou de la mère, si le père est inconnu. — C. civ., art. 93.

486. — Afin d'éviter les erreurs que pourraient commettre des bataillons ou escadrons qui, étant détachés du corps, se trouveraient dépourvus des registres matricules, le major envoie l'extrait mentionné dans cet art. 93 au dépôt du corps où il est confronté avec le signalement du père de l'enfant, s'il est connu, et transmis par le conseil d'administration au lieu de son dernier domicile, ou à celui de la mère dans le cas où le père est inconnu. Un double de cet acte est envoyé au ministre de la guerre, et le numéro du registre matricule dans lequel le père aurait été signalé est relaté avec soin dans cet acte de naissance. — Inst. min. 24 brum. an XII.

487. — Les publications de mariage des militaires et employés à la suite des armées sont faites au lieu de leur dernier domicile: elles sont mises, en outre, vingt-cinq jours avant la célébration du mariage, à l'ordre du jour du corps, pour les individus qui tiennent à un corps, et à celui de l'armée ou du corps d'armée, pour les officiers sans troupes, et pour les employés qui en font partie. — C. civ., art. 94.

488. — Cette disposition exceptionnelle doit être observée seulement hors du territoire français. — Inst. min. 24 brum. an XII et 8 mars 1823. — Mais il faut remarquer que les publications faites au dernier domicile doivent avoir l'intervalle et la durée prescrites par le droit commun, et que l'art. 94 ne dispense pas des publications au domicile des parens, quand le droit commun les requiert. — V. MARIAGE. — Coin-Delisle, sur l'art. 94, no 1er.

489. — En général, le dernier domicile d'un militaire est celui qu'il avait avant d'entrer au service, s'il était majeur, ou le domicile de ses père, mère ou tuteur, s'il était mineur. — Il peut se faire aussi qu'un individu, entré fort jeune dans les armées et les ayant toujours suivies, n'ait réellement pas de dernier domicile; dans ce cas, les publications de son mariage sont faites au lieu de sa naissance, qui, quant à lui, sera considéré comme lieu de son dernier domicile, à défaut de tout autre. — Instr. du 24 brum. an XII.

490. — A l'égard des enfans de troupes, les publications à faire dans le lieu où se trouve le corps sont les seules exigibles à leur égard. — Inst. min. 24 brum. an XII, 8 mars 1823. — Duranton, t. 1er, no 335 et la note.

491. — Immédiatement après l'inscription sur le registre de l'acte de célébration du mariage, l'officier chargé de la tenue du registre en enverra une expédition à l'officier de l'état civil du dernier domicile des époux. — C. civ., art. 95.

492. — Si chacun des époux a eu pour dernier domicile une commune différente, il faut deux expéditions. — Hutteau d'Origny, tit. 7, chap. 6, § 1er, no 3; Duranton, t. 2, no 335; Coin-Delisle, sur l'art. 95, no 1er. — V. *contrà* Delaporte, *Pand. franç.*, sur l'art. 95, no 120.

493. — L'art. 95 veut que l'expédition soit envoyée *immédiatement* après l'inscription sur le registre, tandis que les art. 93 et 96 ne prescrivent de faire cet envoi pour les actes de naissance et de décès que dans les dix jours. — Cela tient, dit M. Marcadé (sur l'art. 95) à la plus grande importance de l'acte, qui doit être de suite soustrait aux hasards de la guerre, pour prévenir surtout la bigamie.

494. — En cas d'inobservation par l'officier de l'état civil militaire de l'obligation ci-dessus, l'exécution peut en être requise par chacun des époux, soit à leur retour, soit par l'entremise d'un mandataire. — Hutteau d'Origny, tit. 7, chap. 6, § 1er, no 5; Coin-Delisle, sur l'art. 95, no 2.

495. — Le militaire français qui se trouve avec son corps en pays étranger peut valablement, et nonobstant les règles tracées par les art. 94 et 95, faire constater son mariage dans les formes usitées au pays où il réside momentanément. — V. MARIAGE, chap. 4.

496. — Jugé que les ordres du jour du général en chef de l'expédition d'Egypte, des 30 fructid. an VI et 21 vendém. an VII, approuvés par le gouvernement, frappant de nullité les actes susceptibles d'être produits en justice, qui n'auraient pas été enregistrés dans un bureau institué à cet effet, ne s'appliquaient qu'aux actes passés par les commissaires des guerres, aux actes sous seing-privé et à ceux passés entre les Français et les nationaux pardevant les notaires du pays, et non aux mariages contractés entre des nationaux et des Français. — *Cass.*, 8 juin 1809, David c. Faultrier.

497. — Les actes de décès sont dressés, dans chaque corps, par le quartier-maître, et, pour les officiers sans troupes et les employés, par l'ins-

pecteur aux revues de l'armée, sur l'attestation de trois témoins; et l'extrait de ces registres est envoyé, dans les dix jours, à l'officier de l'état civil du dernier domicile du décédé. — C. civ., art. 96.

498. — L'officier de l'état civil se fait rendre compte à la suite de chaque action, par les sergens-majors des compagnies, du nom des militaires manquans. Il fait appeler ensuite, pour chaque individu, trois témoins voulus par la loi et qui attestent les causes de l'absence; il constate, par ce moyen, la mort ou la prise par l'ennemi des individus absens, et établit les actes de décès qu'il envoie conformément aux dispositions précédentes. — Inst. min. 24 brum. an XII et 8 mars 1823.

499. — Le décès des militaires à l'armée ne peut être légalement constaté que par la représentation de l'extrait du registre tenu conformément à l'art. 96. — Avis du cons. d'état 17 germin. an XIII. — Depuis cet avis est intervenue la loi de 1817, qui a introduit un autre mode pour constater les décès des militaires qui ont cessé de paraître à leur corps ou au lieu de leur domicile, depuis le 21 avr. 1792 jusqu'au 20 nov. 1815. — V. ABSENT (militaire).

500. — Il faut compléter cet article par la disposition analogue de l'art. 89, et dire que, dans les corps de moins d'un bataillon, les actes de décès comme ceux de naissance et de mariage doivent être dressés par le capitaine commandant. — Marcadé, sur l'art. 96.

501. — En cas de décès dans les hôpitaux militaires ambulans ou sédentaires, l'acte en sera rédigé par le directeur desdits hôpitaux, et envoyé au quartier-maître du corps ou à l'inspecteur aux revues de l'armée ou du corps d'armée dont le décédé faisait partie; ces officiers en feront parvenir une expédition à l'officier de l'état civil du dernier domicile du décédé. — C. civ., art. 97.

502. — Encore ici il faut ajouter, au milieu de l'article : « Ou au capitaine commandant dans les corps de moins d'un bataillon ou escadron ». — Marcadé, sur l'art. 97.

503. — L'extrait du registre que doivent tenir les directeurs des hôpitaux militaires, ambulans ou sédentaires, est, en outre, remis chaque mois en double expédition au commissaire des guerres (aujourd'hui intendant militaire), qui fait de suite passer au ministre ces deux actes mortuaires, avec un bordereau nominatif de chaque hôpital. Les quartiers-maîtres doivent avoir soin de réclamer, et particulièrement des hôpitaux ambulans, les actes de décès des militaires qu'ils savent y avoir été transportés. — Ils ne relatent le genre de mort, dans tous les actes de décès en général, qu'à l'égard des militaires morts sur le champ de bataille, ou des suites de blessures reçues en combattant l'ennemi, ou de maladies provenant des fatigues de la guerre, ou enfin morts de maladies ordinaires et dont le genre est spécifié par les officiers de santé. — Inst. min. de la guerre 24 brum. an XII et 8 mars 1823.

504. — Ce n'est pas l'acte, ainsi que le dit à tort l'article, qui doit être envoyé, mais une expédition. — L'acte est rédigé sur un registre et non sur des feuilles volantes, il ne peut donc être détaché. — Marcadé, sur l'art. 97.

505. — L'officier de l'état civil du domicile des parties, auquel il aura été envoyé de l'armée expédition d'un acte de l'état civil, sera tenu de l'inscrire de suite sur les registres. — C. civ., art. 98.

506. — Lorsqu'un procès-verbal constatant le décès d'un militaire a été signé sur les registres par des témoins qui se sont bornés à certifier le décès sans en indiquer les circonstances, les juges peuvent suppléer par une enquête au silence du procès-verbal. — *Rennes*, 6 août 1816, Barrey c. N....

CHAPITRE VII. — *Rectification des actes de l'état civil.*

507. — Il y a lieu à rectification d'un acte de l'état civil toutes les fois qu'il y a irrégularité, erreur, altération ou omission dans les énonciations qu'il doit contenir, et alors même que l'erreur de l'omission ne porterait que sur l'orthographe des noms. — Avis cons. d'état 19 mars 1808.

508. — Les juges ne peuvent faire de rectifications ni d'office ni spontanément; de quelque nature que soit l'irrégularité relevée, la rectification doit en être demandée par les parties intéressées et ordonnée par un jugement.

509. — Il avait été dérogé à ce principe déjà établi par l'ordonn. de 1667, par la loi du 2 flor. an III, d'après laquelle les registres perdus ou détruits devaient être remplacés, soit par des copies prises sur les doubles existans, soit à l'aide de renseignemens pris auprès des commissaires préposés à leur confection. Mais cette loi de circonstance a rencontré dans son exécution des obstacles insurmontables; et deux avis du conseil d'état des 13 niv. an X et 12 brum. an XI ont rappelé expressément le principe, que, du reste le C. civ. n'a pas tardé à consacrer. — Desclozeaux, *Encycl. du dr.*, vº *Actes de l'état civil*, nº 77.

510. — Toutefois il a été jugé que, lorsque, sur une contestation relative à une succession, un arrêt décide qu'un individu dont la parenté est méconnue et les titres généalogiques critiqués, est parent du défunt, et que les erreurs qui peuvent se trouver dans ces titres généalogiques sont corrigées par d'autres actes également dignes de foi, cet arrêt emporte entre les parties rectification contradictoire des actes de l'état civil constituant l'état de cet individu. — *Cass.*, 19 juill. 1809, Davost c. Bouvery; — Coin-Delisle, sur l'art. 99, nº 4; Carré et Chauveau, *L. procéd.*, nº 2897.

511. — Lorsque la rectification d'un acte de l'état civil sera demandée, porte l'art. 99, il y sera statué, sauf l'appel, par le tribunal compétent, et sur les conclusions du procureur du roi. Les parties intéressées seront appelées s'il y a lieu.

512. — En disant que la rectification doit être *demandée*, et qu'il y sera statué *sur les conclusions* du procureur du roi, l'art. 99, par cela même, indique qu'en principe le droit de provoquer la rectification appartient aux parties intéressées seulement et non directement au ministère public. — Marcadé, *El. de dr. civ. fr.*, sur l'art. 99. — C'est au surplus ce qui résulte de la discussion qui a eu lieu au conseil d'état. — La disposition du projet qui créait un mode particulier de rectification à la requête du commissaire du gouvernement a été supprimée. — V. les observations de Cambacérès, séance 12 brum. an X (Locré, *Lég. civ.*, t. 3, p. 112).

513. — Aussi a-t-il été jugé que le ministère public ne peut être intimé sur l'appel d'un jugement qui rejette une demande en rectification d'un acte de l'état civil. Dans ce cas, il n'a que la voie de réquisition et non celle d'action. — *Bruxelles*, 6 frim. an XIV, Janse.

514. — Jugé toutefois que le ministère public peut attaquer, par voie d'appel, les jugemens qui ordonnent une rectification aux registres de l'état civil. — *Bourges*, 2 fév. 1820, Procureur-général c. Barret.

515. — Le ministère public est recevable, les parties intéressées dûment appelées, à provoquer un jugement qui ordonne l'inscription, sur les registres de l'état civil, de la déclaration tardive d'une naissance. — *Colmar*, 25 juill. 1828, Dietschy.

516. — On peut expliquer cette décision en disant que l'art. 99 n'a voulu tracer de règle absolue qu'en matière de *rectification* proprement dite. Lorsqu'au contraire il s'agit d'un cas spécial, comme celui d'omission d'une déclaration de naissance, dénier l'action directe au ministère public, ne serait-ce pas s'exposer à laisser la faiblesse sans protection et la loi sans sanction; ce qui arriverait si le père, qui a été puni conformément à l'art. 346, C. pén., pour n'avoir pas fait la déclaration de la naissance de son enfant dans le délai prescrit, pouvait encore braver la loi et refuser de faire inscrire son enfant sur les registres de l'état civil? — D'ailleurs ne pourrait-on pas aussi considérer l'ordre public comme intéressé à ce qu'aucun citoyen ne puisse être soustrait aux charges éventuelles qui peuvent peser sur tous?

517. — Le principe de la non intervention directe du ministère public reçoit cependant deux exceptions. — La première dans le cas où l'ordre public est intéressé à la ratification. — Alors le ministère public peut la poursuivre d'office. — Avis du Cons. d'état 12 brum. an XI; Circul. minist. de la just. 22 brum. an XIII; décr. 18 juin 1811 (Tar. crimin.), art. 122.

518. — ... La seconde lorsque la ratification à opérer intéresse des individus dans un état d'indigence constatée. — V. décis. minist. 6 brum. an XI, et 22 brum. an XIV; L. 25 mars 1817, art. 75. — *Toulouse*, 1er août 1836, Procureur du roi de Moissac; *Nîmes*, 21 mars 1838 (t. 1er 1838, p. 586), Combe.

519. — Au nombre des cas où le ministère public a le droit d'agir d'office pour faire rectifier les actes de l'état civil, on plaçait autrefois le recrutement militaire. — Hutteau d'Origny, tit. 9, chap. 1er, § 2, nº 3. — Aujourd'hui, il résulte de l'art. 7, L. 21 mars 1832, que, si la notoriété publique désignait un jeune français comme ayant l'âge requis pour le recrutement, il ne serait besoin d'aucune procédure en rectification pour le comprendre sur la liste, et que ce serait à lui à prouver son âge par la représentation de son acte de naissance. — Coin-Delisle, sur l'art. 99, nº 6.

520. — Pour pouvoir agir en rectification d'un acte de l'état civil, il faut que l'existence de l'acte que l'on veut faire rectifier, puisse, en restant tel qu'il est, porter un préjudice au demandeur. Il devrait, avant tout, prouver ce préjudice; mais il ne serait pas nécessaire que ce préjudice, fondement de la demande, fût un préjudice pécuniaire; un intérêt moral suffirait. — *Paris*, 19 avril 1884, Yvon c. Cozier; — Coin-Delisle, sur l'art. 99, nº. 7.

521. — Par application du même principe, il a encore été jugé qu'on ne peut donner pour prénom à un enfant le nom de famille d'un individu qui ne reconnaît pas en être le père; que celui dont le nom a été usurpé a une action pour en obtenir la suppression; qu'il peut même demander des dommages-intérêts contre ceux qui l'ont donné à l'enfant. — *Bruxelles*, 5 janv. 1807, Bory c. Riga.

522. — De même, celui qui veut faire rectifier, à son profit, un acte de l'état civil régulier, qui, d'après son contrat, ne lui est pas applicable, doit préalablement prouver que cet acte, prétendu défectueux, lui est exclusivement applicable. — *Bourges*, 1er juin 1831, Guillot c. Vacher-Coulon.

523. — Les héritiers de celui que concerne l'acte peuvent aussi en demander la rectification après son décès. — Ainsi, des enfans sont recevables à demander la rectification de l'acte de naissance de leur mère *décédée en possession de son état*, surtout si le décès a eu lieu avant le Code, et cette demande peut être faite même après le délai de cinq ans, fixé par l'art. 329, C. civ. — *Aix*, 17 août 1808, Courteron c. Madier.

524. — Par suite, le jugement de rectification d'un acte de naissance est nul de plein droit à l'égard de l'enfant qui le désavoue, s'il ne l'a pas requis, ou s'il n'y a pas été appelé. — *Cass.*, 28 juin 1815, Lanchère.

525. — La personne qui déclare avoir l'intention de se charger de la tutelle officieuse d'un enfant n'a pas par cela seul la qualité d'intéressée exigée par l'art. 99, C. civ., à l'effet de demander, du chef de cet enfant, la rectification de son acte de naissance. — *Lyon*, 11 mars 1842 (t. 2 1842, p. 614), Céaly.

526. — L'acte de naissance d'un individu existant ne peut être rectifié que de son consentement, et celui d'un mineur que sur la demande de ceux qui le représentent légalement. — *Lyon*, 11 mars 1842 (t. 2 1842, p. 614), Céaly.

527. — Le *tribunal compétent* pour ordonner la rectification d'un acte de l'état civil est celui dans le greffe duquel est déposé le double des registres; l'art. 99 ne le dit point, mais cela résulte de l'ensemble du tit. 5, liv. 1er, 2e partie du C. procéd., et notamment de son art. 855. — Toullier, t. 1er, nº 341; Thomines-Desmazures, *Comment. du C. procéd.*, nº 1001; Marcadé, sur l'art. 99, nº 3; Coin-Delisle, *Comment. analyt.*, art. 99, nº 15, p. 86, et Desclozeaux, *ibid.* — V. aussi Rodier, sur l'art. 10, tit. 20, ordonn. 1667, et Merlin, *Rép.*, vº *Emigration*.

528. — « La raison en est, dit M. Duranton (t. 1er, nº 342), que généralement, les registres ne doivent pas être déplacés, et que d'ailleurs c'est dans le ressort de ce tribunal que sont ordinairement domiciliés les parens et autres personnes dont le témoignage est nécessaire pour statuer sur la demande. »

529. — S'il s'agit de la rectification d'un acte de l'état civil reçu hors de France, il y aura lieu, par le Français qui y est intéressé, de le faire transcrire sur les registres de l'état civil du domicile, par analogie avec ce qui est permis par l'art. 171, C. civ., et alors le tribunal au greffe duquel le registre est déposé devient naturellement compétent. — Coin-Delisle, *Comment. analyt.* sur l'art 99, et Desclozeaux, *Encyclop. du dr.*, vº *Actes de l'état civil*, nº 87.

530. — Toutefois, c'est devant le tribunal du domicile d'origine que doit être portée la demande en rectification de l'acte de décès d'un Français dressé en pays étranger. — *Cass.*, 10 mars 1813, Pigeollot c. Dupuget; — Coin-Delisle, sur l'art. 99, nº 30.

531. — Quand les actes de l'état civil reçus hors de France n'intéressent que des étrangers, les tribunaux français sont incompétens pour ordonner leur vérification. — Desclozeaux, *loc. cit.*

532. — Les auteurs enseignent généralement que, si une demande en rectification a lieu pendant le cours d'une instance, la compétence sur l'incident appartient aux juges de la demande principale. — Duranton, t. 1er, nº 342, et Coin-Delisle, sur l'art. 99, nº 19). — Cependant, M. Marcadé critique vivement cette doctrine (*Elém. du dr. civ. Franç.*, t. 1er, sur l'art. 99, nº 3). — Selon lui, le tribunal de la situation des registres est seul et exclusivement compétent, soit que la rectification

ACTES DE L'ÉTAT CIVIL, ch. 7.

ACTES DE L'ÉTAT CIVIL, ch. 7.

soit demandée principalement, soit qu'elle s'élève incidemment.

333. — Ainsi, la demande en rectification d'un acte de l'état civil qui aurait pour résultat de changer l'état d'une personne est subordonnée à l'action même en réclamation d'état, laquelle doit être portée devant le tribunal du domicile du défendeur. — *Cass.*, 14 mai 1834, Despine c. Demidoff.

334. — Il ne faut pas confondre le cas où l'état de celui que l'acte concerne peut recevoir quelque atteinte par la demande en rectification, de celui où cette demande n'a simplement pour objet que la réparation d'une erreur commise dans les énonciations; dans la première hypothèse, le demandeur doit agir directement et par voie d'ajournement contre la partie intéressée, il n'y a pas lieu à rectification. Le jugement à intervenir pourra peut-être y donner lieu, mais c'est par voie principale que le demandeur doit agir et non par requête en rectification. — *Colmar*, 15 juin 1831, Utord.

335. — L'enfant né pendant le mariage de sa mère, et qui a été inscrit sur les registres de l'état civil comme né de père inconnu, ne peut obtenir, sur simple requête, la rectification de son acte de naissance et l'inscription du mari de sa mère, comme étant son père. Cette rectification ne doit être ordonnée qu'après avoir appelé ceux qui peuvent avoir intérêt à le contester. — *Bordeaux*, 11 juin 1828, Bernard.

336. — La demande en rectification est portée au tribunal par voie de requête présentée au président (C. procéd., art. 855), qui ordonne au bas la communication au ministère public et commet un membre du tribunal pour faire le rapport.

337. — Le tribunal statue, après rapport, sur les conclusions du procureur du roi, et les parties intéressées sont appelées, s'il y a lieu. — C. civ., art. 99; C. procéd., art. 856.

338. — D'après M. Desclozeaux (*loc. cit.*, n° 82), l'affaire n'est portée à l'audience qu'autant que l'on appelle les parties intéressées. — Et, si le demandeur est seul en cause, comme il n'a pas de contradicteur, tout se passe dans la chambre du conseil avec pleine régularité.

339. — Le tribunal, avant de statuer sur la demande, peut ordonner la convocation du conseil de famille. — C. procéd., art. 856.

340. — Cette mesure peut être ordonnée alors même que la demande intéresserait un majeur. — Pigeau, liv. 3, § 3, n° 5; Coin-Delisle, sur l'art. 99, n° 22.

341. — Le président ne pourrait seul, même sur les conclusions du ministère public, ordonner la mise en cause des parties intéressées. — Demiau, sur l'art. 856; Carré et Chauveau, *L. procéd.*, n° 2895. — Car, ainsi que le dit M. Coin-Delisle, n° 21, elles ne doivent pas être appelées, si la demande ne peut donner lieu à aucune contestation.

342. — Lorsqu'il n'a été dressé pour deux jumeaux qu'un seul acte de naissance qui n'indique pas l'heure à laquelle chacun d'eux a vu le jour, l'action tendant à réparer cette omission, dans le but de constater lequel des deux est l'aîné et a droit en cette qualité à l'exemption du service militaire, comme fils aîné de veuve, constitue une action ordinaire en rectification d'un acte de l'état civil valablement formée et instruite conformément aux art. 99, C. civ., et 855, C. procéd., sans qu'il y ait lieu de mettre en cause le préfet, aux termes de l'art. 26, L. 21 mars 1832. — *Caen*, 17 août 1843 (t. 1er 1844, p. 557), Laquesne c. Hamelet.

343. — Lorsque l'action en rectification d'un acte de naissance formée par celui que son numéro appelle à faire partie du contingent peut avoir pour résultat de l'exempter du service militaire, le porteur d'un numéro qui se trouve compris dans le contingent par suite de cette exemption est recevable à intervenir dans l'instance. — *Caen*, 17 août 1843 (t. 1er 1844, p. 557), Laquesne c. Hamelet.

344. — S'il y a lieu d'appeler les parties intéressées, la demande est formée par exploit, sans préliminaire de conciliation, et, si les parties sont en instance, par acte d'avoué à avoué. — C. procéd., art. 856.

345. — La compétence n'est pas modifiée par l'appel qui est fait des parties intéressées; le tribunal saisi par la requête, c'est-à-dire celui du lieu des registres, reste compétent, sauf le cas où la demande en rectification n'aurait été formée que pour détourner les intéressés de leurs juges naturels, et pour soumettre à un tribunal, par voie incidente, une question dont, par voie principale, un autre aurait été saisi. — Coin-Delisle, n° 18.

346. — Une demande en rectification d'un acte de naissance n'est pas non-recevable, pour n'avoir pas été intentée contre la personne dont l'extrait de naissance est signalé comme erroné; il suffit, d'après les art. 99, C. civ., 855 et 856, C. procéd., que l'on présente requête au tribunal, qui ordonne la mise en cause des parties intéressées qu'il juge convenable. — *Besançon*, 12 juillet 1811, Bonnet et Doubey c. Grenot.

347. — La demande en rectification d'un acte de l'état civil ne peut être formée conjointement avec une autre demande contenue dans une tierce-opposition; elle doit être formée par action principale et suivant les formes tracées par l'art. 855, C. procéd. — En pareil cas, les juges doivent s'abstenir de prononcer sur la demande en rectification, ils ne peuvent pas statuer en la considérant comme incidente à la tierce-opposition et indivisible d'avec elle. — *Poitiers*, 7 avr. 1824, Pellerin c. Augier et Duval. — V. aussi *Cass.*, 1er avr. 1827, qui a rejeté le pourvoi contre cet arrêt.

348. — Jugé toutefois que, lorsqu'une mère a fait inscrire son enfant sur les registres de l'état civil comme étant né d'un individu non présent à l'acte, et qui est décédé sans avoir reconnu cet enfant, le père du défunt a droit et qualité pour rectifier cet acte de naissance, contradictoirement avec la mère de l'enfant mineur. Les tribunaux ne peuvent refuser cette rectification sous le prétexte que, s'agissant d'une demande intéressant l'état d'un enfant mineur, la mère ne pourrait y acquiescer sans avoir été préalablement autorisée par le conseil de famille. — *Besançon*, 3 juin 1808, Clerc c. Bigey et Richardot.

349. — Et que l'erreur commise dans l'indication d'un des prénoms du père sur l'acte de naissance d'un enfant naturel et reconnu par le père lui-même de son vivant, peut être rectifiée après son décès, sans qu'il soit besoin d'appeler ses héritiers au jugement de rectification. — *Paris*, 12 août 1807, Hamelin c. Adélaïde Gabrielle.

350. — Il y a plusieurs cas où, en faveur du mariage, les futurs époux sont dispensés d'obtenir des jugemens de rectification, et de faire rectifier sur les registres les actes qu'il sont tenus de produire. — Ces cas ont été réglés par un avis du conseil d'état du 30 mars 1808, qui dispose ainsi:

351. — 1° Dans le cas où le nom d'un des futurs n'est pas orthographié, dans son acte de naissance, comme celui de son père, et dans celui où l'on aurait omis quelqu'un des prénoms de ses parens, le témoignage des père, mère ou aïeuls, assistant au mariage et attestant l'identité, suffit pour autoriser la célébration du mariage. — Il en est de même si, étant absens, ils attestent l'identité dans leur consentement donné en forme légale, ou si, ces parens décédés, l'identité est attestée, savoir: pour les mineurs, par le conseil de famille, et, pour les majeurs, par les quatre témoins de l'acte de mariage.

352. — 2° Si les omissions d'une lettre ou d'un prénom se trouvent dans l'acte de décès des père, mère ou aïeuls, la déclaration à serment des personnes dont le consentement est nécessaire pour les mineurs, et celle des parties et des témoins pour les majeurs, sont suffisantes, sans qu'il soit nécessaire, dans tous les cas, de toucher aux registres de l'état civil, qui ne peuvent jamais être rectifiés qu'en vertu de jugement.

353. — Ces formalités ne sont exigibles que lors de l'acte de célébration, et non pour les publications, qui doivent toujours être faites conformément aux notes remises par les parties. — En aucun cas, les déclarations faites par les parens ou témoins ne peuvent nuire aux parties qui n'y ont pas concouru.

354. — Dans les cas autres que le mariage, un acte de notoriété ne peut suppléer au silence ou à l'absence des registres de l'état civil, et les tribunaux ne peuvent, sur un pareil acte, ordonner la rectification des registres. — *Bourges*, 31 août 1819, Gobilliaud, et 2 févr. 1820, Procureur général c. Barret.

355. — L'art. 100, C. civ., pose en principe que: « Le jugement de rectification ne peut, dans aucun temps, être opposé aux parties intéressées qui ne l'auraient pas requis ou qui n'y auraient pas été appelées. »

356. — Cette disposition est introductive d'un droit nouveau. — Les lois 25, ff., *de Statu homin.*, et 1, § 16, 2 et 3, ff., *de agn. et alend. lib.*, disposaient formellement qu'en matière de question d'état ce qui était jugé pour un l'était pour tous.

357. — Aujourd'hui, malgré la précision du texte de l'art. 100, des auteurs recommandables ont persisté à soutenir la doctrine des jurisconsultes romains. — Proudhon, *Cours de dr. fr.*, t. 1er, p. 76 et 77; Toullier, t. 10, n° 217; Duranton, t. 1er, nos 345 et suiv; Marcadé, *Él. de dr. fr.*, sur l'art. 100, n° 4. — Ces auteurs soutiennent tous que, lorsque le jugement a été rendu contre un contradicteur légitime, il fait foi, non seulement pour lui, pour ses enfans, mais encore pour toute la famille. — Nous ne pouvons adopter cette opinion; comment concevoir en effet qu'un jugement rendu entre le père et l'enfant qui, par exemple, inscrit sur les registres de l'état civil comme enfant naturel, réclamerait la qualité d'enfant légitime, peut être irrévocable, non-seulement à l'égard du père, mais aussi à l'égard des autres enfans, des parens collatéraux, qui n'auraient pas été appelés à l'instance? Que deviendrait le grand principe qui veut qu'on ne puisse être condamné sans avoir été entendu? Que deviendraient les familles, s'il pouvait dépendre d'un père d'y introduire un étranger, le fruit d'un commerce illicite, et de donner un père légitime aux autres enfans, un parent à tous les parens collatéraux, habile à leur succéder au détriment de ceux auxquels la loi aurait conféré le titre d'enfans légitimes! C'est précisément pour prévenir un pareil abus et détruire une opinion si contraire aux intérêts moraux et matériels des familles qu'a été porté l'art. 100.

358. — Par application de cette règle, il a été décidé que, lorsqu'un individu a un enfant issu d'un mariage légitime, et qu'un autre enfant obtient contre le père seul un jugement qui le déclare aussi enfant légitime, comme né du mariage de son père avec une autre femme, ce jugement a contre l'enfant du premier lit l'autorité de la chose jugée quant aux droits héréditaires, mais non relativement aux droits de famille, tels que le nom et la parenté. En conséquence, cet enfant est recevable, en ce point, à former tierce-opposition au jugement et à contester la légitimité de son frère. — *Cass.*, 9 mai 1821, N... c. N...

359. — Un enfant naturel qui s'est mis en possession de la succession d'une personne qu'il prétend être son père légitime ne peut opposer au donataire qui veut le faire évincer un jugement de rectification de son acte de naissance auquel ce donataire n'a pas été appelé. — *Colmar*, 29 nov. 1843 (t. 1er 1844, p. 624), Sorg c. OErtlé.

360. — Mais il a été décidé également que le jugement de rectification qui ordonne qu'un acte de naissance omis sur le registre de l'état civil y sera porté peut être opposé même aux tiers intéressés qui n'y ont pas été parties, s'il a été rendu contradictoirement avec le ministère public, quand il n'est produit que pour établir la qualité de Français résultant de la naissance en France, sans attribuer ni famille, ni parens, ni aucun droit de cette nature. Il doit surtout en être ainsi lorsque ces tiers ne présentent aucune preuve tendant à infirmer la qualité de Français. — *Poitiers*, 26 juin 1829, de Ternessu c. Dorguène. — V. conf. Coin-Delisle, sur l'art. 100, n° 2.

361. — Les débiteurs d'un individu décédé ne peuvent être rangés au nombre des parties intéressées qui, aux termes de l'art. 100, ont droit de prétendre qu'on ne peut leur opposer un jugement de rectification de l'acte de décès de leur créancier. — *Metz*, 23 janv. 1821, Schneider c. Weldmann.

362. — Tout jugement de rectification d'un acte de l'état civil est susceptible d'appel. — C. inst. crim., art. 54 et 99. — Cet appel doit être formé dans les trois mois depuis la date du jugement, en présentant au président de la Cour royale une requête sur laquelle ce dernier indique un jour auquel il sera statué à l'audience sur les conclusions du ministère public. — C. procéd., art. 858.

363. — Cette disposition, applicable à la partie qui croirait avoir à se plaindre du jugement qu'elle a fait rendre sans contradicteur, ne pourrait plus être invoquée si, les parties intéressées ayant été mises en cause, il y avait contestation, litige réel; alors les formes ordinaires des recours contre les jugemens reprendraient leur empire, et, par suite, le délai courrait du jour de la signification du jugement et non plus du jour de sa date.

364. — Le pourvoi en cassation, étant de droit commun, est ouvert dans tous les cas contre l'arrêt, soit qu'il y ait deux parties en cause, soit qu'il n'y ait que le demandeur. — Duranton, t. 1er, n° 344.

365. — Le jugement de rectification ne pouvant être opposé aux intéressés qui n'y ont pas été parties ni représentées, ces intéressés ne sont pas tenus de l'attaquer par voie d'opposition ou d'appel pour en répudier les effets. — Toullier, t. 1er, n° 344; Favard de Langlade, v° *Rectification des actes de l'état civil*; Merlin, *Rép.*, v° *Opposition à un jugement*, § 1er, n° 1er, et Berriat-Saint-Prix, *Cours de procéd. civ.*, part. 3e, liv. 1er, tit. 5, § 2.

366. — Ils ne sont pas tenus non plus de se pourvoir par tierce-opposition, puisque ce jugement ne préjudicie pas à leurs droits. — C. procéd., art. 474. — Mais, s'ils n'y sont pas tenus, ils peuvent néanmoins recourir à cette voie, ou, à leur volonté, agir par action ordinaire. — Marcadé, *Elém. de dr. fr.*, sur l'art. 100, n° 2.

367.—Toutefois, suivant M. Coin-Delisle (*loc. cit.*), il faudrait former tierce-opposition au jugement de rectification si l'on voulait obtenir que l'expédition ne fût plus, à l'avenir, délivrée avec la rectification obtenue.

368. — .... Ou bien encore s'il s'agissait d'un jugement obtenu avant le Code civ., car, sous l'ord. de 1667, le jugement qui ordonnait la rectification d'un acte de naissance formait titre au profit de l'enfant, même vis-à-vis des tiers qui n'y avaient pas été parties, tant qu'il n'avait pas été réformé par un jugement postérieur. C'est en vain qu'on aurait opposé à celui qui prétendait s'appliquer l'acte rectifié qu'il avait titre et possessions contraires. — *Cass.*, 25 mai 1793, Parent c. Hiver; — Coin-Delisle, *loc. cit.*

369. — Aucune rectification, aucun changement ne pourront être faits sur l'acte. — Les jugemens de rectification seront inscrits sur les registres par l'officier de l'état civil, aussitôt qu'ils lui auront été remis. — Mention en sera faite en marge de l'acte réformé, et l'acte ne sera plus délivré qu'avec les rectifications ordonnées, à peine de tous dommages-intérêts contre l'officier qui l'aurait délivré. — C. procéd., art. 857, et C. civ., art. 101.

370. — Si le double du registre sur lequel est l'acte rectifié se trouve au greffe, la mention de la rectification à faire sur ce registre appartient au greffier.

371.—La disposition de l'art. 857 doit être entendue en ce sens que la délivrance de l'expédition est faite avec mention non seulement du jugement rectificatif, mais encore de ce en quoi consiste la rectification (Av. cons. d'état, 4 mars 1808.)—Demiau (sur l'art. 857) et Lagarde (nº 668) pensent même que l'on doit substituer aux mots réformés ceux ordonnés par le jugement. — V. *contrà* (et avec raison) Carré et Chauveau, *L. de procéd.*, nº 2900, et Coin-Delisle, sur l'art. 101, nº 3. — Car, ainsi que le dit ce dernier auteur, si les jugemens de rectification ne peuvent être opposés aux tiers, il faut que ceux-ci puissent discerner, lors de la production d'une expédition, quelle partie fait foi contre tous, quelle partie peut être attaquée.

372. — Si, au contraire, il s'agit de changer de *nom*, le postulant doit s'adresser au gouvernement, qui prononce dans la forme prescrite pour les réglemens d'administration publique. —Si le changement est admis, l'arrêté ne doit avoir son exécution qu'une année après son insertion au *Bulletin des Lois*, et, durant cette année, toute personne est admise à se pourvoir par requête, devant le gouvernement, pour obtenir la révocation de l'arrêté. — Néanmoins, les questions d'état qui entraînent *changemens de noms* sont de la compétence des tribunaux. — L. 11 germ. an XI, art. 4 et suiv. — V. NOM et PRÉNOM.

373. — Celui qui se trouve dans le cas de changer de *prénom* seulement doit se pourvoir par requête, et obtenir du tribunal un jugement qui précise la rectification de l'acte de l'état civil. — L. 11 germin. an XI, art. 34.

V. ABRÉVIATION, ACTE DE NOTORIÉTÉ, ADOPTION, ENREGISTREMENT, FAUX, FONCTIONNAIRE, MINISTÈRE PUBLIC, PREUVE TESTIMONIALE, TIMBRE.

ACTE SÉPARÉ.

V. AVAL, ENREGISTREMENT.

ACTE SIMPLE.

V. ENREGISTREMENT.

ACTE SIMULTANÉ.

V. ENREGISTREMENT.

ACTE SOLENNEL.

1. — Acte pour lequel la loi a prescrit l'accomplissement de certaines formalités ou l'emploi de certaines paroles, tellement indispensables à la validité de cet acte que l'omission d'une seule de ces formes emporterait nullité et l'empêcherait de produire aucun effet civil.

2. — La coutume de Paris (art. 79) réputait acte solennel le testament même olographe.

3. — Sous le Code civil, on peut citer comme exemple d'acte solennel les actes de donation qui doivent être nécessairement passés devant notaires.

4.—L'art. 1317, C. civ., soumet toute espèce d'acte authentique à des *solennités*. — V. au surplus CONTRAT SOLENNEL, SOLENNITÉS.

ACTE SOUS SEING-PRIVÉ.

Table alphabétique.

ACTE SOUS SEING-PRIVÉ. — 1. — Acte souscrit sans l'intervention d'un officier public, et à l'égard duquel on n'a pas observé les formalités nécessaires pour lui conférer l'authenticité.

—

§ 1er. — *Des actes sous seing-privé en général. — Quels actes peuvent être faits sous seing-privé.*

2. — Aucune écriture ne fait foi par elle-même que des caractères qui tombent sous nos sens ; elle ne peut faire foi ni de la vérité des faits qu'elle contient, ni de la main qui l'a tracée, ni du temps où elle l'a été; on n'en peut jamais tirer que des conjectures, parce que, en effet, il n'y a aucune liaison nécessaire entre ces écritures et la réalité ou l'existence des faits qu'elles énoncent, l'époque où ils se sont passés, en les supposant vrais, ni enfin la personne qui en a tracé les caractères. — Toullier, t. 8, nº 190, et t. 9, nº 61. — V. ACTE AUTHENTIQUE.

3. — Cependant, comme les transactions les plus importantes de la vie civile reposent presque toujours sur la foi due aux écrits, il n'y aurait qu'incertitudes et difficultés dans la société, dans le commerce et dans les affaires, si l'on observait rigoureusement ce principe, d'ailleurs très vrai, philosophiquement parlant, qu'aucune écriture ne fait foi par elle-même qu'autant qu'elle est reconnue, ou aidée et soutenue par d'autres preuves. C'est donc par nécessité que, pour le repos et la paix de la société, la loi a établi en faveur des écritures où l'on a observé toutes les formalités requises pour leur conférer l'authenticité, l'éminente prérogative de faire foi par elles-mêmes, jusqu'à inscription de faux, sans autre preuve ni vérification préalable. — Toullier, t. 8, nos 190 et 191.

4. — Mais une pareille prérogative ne pouvait être et n'a point été étendue aux écritures privées. Aussi, est-il reconnu en principe que les écritures privées ne peuvent, seules et par elles-mêmes, prouver ni contre ceux à qui elles sont attribuées, et dont elles portent le nom, ni, à plus forte raison, contre des tiers. — Toullier, t. 8, nº 192.

5. — Cependant, lorsque ces écritures présentent la forme d'un acte, c'est-à-dire d'un de ces écrits qu'on a coutume de faire pour conserver la mémoire et prouver l'existence d'un contrat et d'une promesse, elles forment une apparence de preuve à laquelle on suppose naturellement quelque réalité. — Or, cette apparence de preuve produit deux effets. — Toullier, t. 8, nos 193 et 194.

6. — Le premier est d'obliger la personne à qui on oppose l'écrit, si c'est elle qui paraît en être l'auteur, d'avouer ou de désavouer formellement son écriture ou sa signature, sous peine de voir l'écrit reconnu, et d'être condamnée sans autre preuve, comme si elle l'avait formellement reconnu; son silence équivaut alors à un aveu. — Toullier, t. 8, nos 194, 195, 210 et 211.

7. — Le second est, dans le cas de dénégation de la signature, ou de non reconnaissance de la part des héritiers ou ayant-cause de celui-ci, à qui on l'attribue, d'autoriser celui qui fonde sa demande sur un acte sous seing-privé à en faire la vérification.—Ord. 1667, tit. 12, art. 7; —C. procéd., art. 195; — Toullier, nos 176, 211 et 212.

8. — En règle générale, il est permis de rédiger sous seing-privé tous les actes et contrats, à l'exception de ceux qui, par une disposition expresse de la loi, doivent être passés devant notaire, et ne peuvent être reçus que par les officiers publics ou fonctionnaires préposés à cet effet.

9. — Les actes et contrats qui ne peuvent être rédigés sous seing-privé sont, entre autres :

10. — Les procurations données par les parties intéressées, pour se faire représenter aux actes de l'état civil, où elles sont obligées de comparaître en personne (C. civ., art. 36);

11. — ... Les consentemens à mariage (C. civ., art. 73). — V. ACTES DE L'ÉTAT CIVIL, MARIAGE.

12. — ... Les adoptions (C. civ., art. 345 et 353).— V. ADOPTION.

13. — ... Les délibérations des conseils de famille (C. civ., art. 415 et suiv.). — V. CONSEIL DE FAMILLE.

14.—...Les ventes des biens de mineurs (C. civ., art. 459). — V. VENTE JUDICIAIRE.

15. — ... Les émancipations (C. civ., art. 477).— V. ÉMANCIPATION.

16.—... Les renonciations à succession ou à communauté (C. civ., art 784 et 1457). — V. COMMUNAUTÉ, SUCCESSION.

17. — ... Les acceptations de succession sous bénéfice d'inventaire (C. civ., art. 793). — V. SUCCESSION BÉNÉFICIAIRE.

18. — ... Les associations faites entre le défunt et l'un des héritiers, dans le cas prévu par l'art. 854, C. civ.—V. RAPPORT.

19.—...Les donations entre vifs, les acceptations de ces donations, et les procurations pour faire ces acceptations (C. civ., art. 931, 932 et 933). — V. DONATION.

20. — ... Les testamens publics et mystiques (C. civ., art. 971 et 976). —V. TESTAMENT.

21. — ... Les actes d'emprunt et quittances nécessaires pour opérer la subrogation (C. civ., art. 1250). — V. SUBROGATION.

22.—... Les contrats de mariage (C. civ., art. 1394). — V. CONTRAT DE MARIAGE.

23. — ... Les aliénations des biens dotaux, dans les cas prévus par la loi (C. civ., art. 1555 et suiv.). — V. DOT.

24. — ... Les constitutions d'hypothèques et les

mains-levées d'inscriptions hypothécaires (C. civ., art. 2127 et 2158). — V. HYPOTHÈQUE, INSCRIPTION HYPOTHÉCAIRE, MAIN-LEVÉE.

25. — ...Les soumissions de caution (C. procéd., art, 519). — V. RÉCEPTION DE CAUTION.

26. — ...Les ordres et contributions judiciaires (C. procéd., art 657, 663, 749 et 755). — V. DISTRIBUTION PAR CONTRIBUTION et ORDRE.

27. — ...Les licitations ordonnées par justice (C. procéd., art. 954, 970 et suiv.).— V. LICITATION.

28.—...Les sociétés anonymes (C. comm., art. 40). — V. SOCIÉTÉ.

29.—...Les ventes publiques de meubles, bois et récoltes, etc. (L. 22 pluv. an VII). — V. VENTE PUBLIQUE DE MEUBLES.

30. — ...Les cessions de brevets d'invention. — L. 25 mai 1791, art. 15. — V. BREVET D'INVENTION.

31. — Sous l'empire des Constitutions Sardes, toute espèce de contrat entre vifs devait, à peine de nullité, être fait par instrument public.—*Cass.*, 13 mai 1807, Vacquiery.

32. — Dans les cas même où les parties peuvent faire un acte sous seing-privé, il arrive quelquefois qu'elles conviennent que cet acte sera *réalisé* devant notaire, à la réquisition de l'une d'elles. Une telle convention ne fait point, par elle-même, dépendre de cet acte la perfection du contrat; à moins qu'il ne paraisse clairement que telle a été l'intention des parties. — Vinnius, *in Instit., De empt. vend.*; Pocquet de Livonnière, liv. 4, chap. 6, §§ 4 et 5; Bourjon, t. 1er, p. 409 et 410; Pothier, *Oblig.*, no 11, et Toullier, t. 8, no 140. — V. aussi *Riom*, 9 mars 1844 (t. 2 1844, p. 460), Babut c. Albignat.

33. — Lorsqu'il est constant que, dans l'intention des parties, un acte sous seing-privé ne sera valable qu'autant qu'il sera réalisé devant notaire, le contrat ne devant alors acquérir sa perfection que par l'acte notarié qui devra en être passé, chaque partie peut se rétracter jusque là. *Datur pœnitentiæ locus.* —L. 17, *C. De fide inst.*, et *Inst. De empt. et vend., in princ.* — La raison en est que les parties contractantes l'ont ainsi voulu, et qu'il leur est permis de faire dépendre leur obligation de telle condition que bon leur semble. — Toullier, t. 8, no 140.

34. — La clause qu'*un acte sera réalisé devant notaire à la réquisition de l'une des parties*, donne naissance à une action pour contraindre la partie récalcitrante à la réalisation. Il est même d'usage alors que les tribunaux, en condamnant à cette réalisation, déclarent qu'à défaut par la partie de la consentir, le jugement en tiendra lieu. — V. l'arrêt de Riom cité no 32; —Rolland de Villargues, vo *Acte authentique*, no 28. — V. VENTE.

35. — Un acte sous seing-privé devient authentique par le dépôt qui en est fait dans l'étude du notaire par les parties elles-mêmes. — Rolland de Villargues, vo *Acte sous seing-privé*, no 25.—V. ACTE AUTHENTIQUE.

§ 2. — *Forme des actes sous seing-privé.*

36. — En général, et sauf certaines exceptions que nous signalerons tout à l'heure, les actes sous seing-privé ne sont assujétis à aucune forme proprement dite; car on ne peut considérer comme telle la signature. — Toullier, t. 8, no 258; Duranton, t. 13, no 127.

37. —Ainsi, les dispositions de la loi du 25 vent. an XI sur le notariat ne leur sont point applicables; par exemple, celle qui ordonne d'approuver les ratures, celle qui défend les interlignes. — Toullier, t. 8, no 258; Rolland de Villargues, *eod. verbo*, no 40.

38. — Jugé, en conséquence, que les mots placés en interligne dans un acte sous seing-privé ne sont pas nuls quoique non approuvés, s'il est établi que ces mots sont écrits de la main de la partie qui les désavoue. En pareil cas, l'écriture vaut approbation. — S'il y a contestation sur ce point, il doit être procédé à une vérification d'écriture. — *Bordeaux*, 17 juin 1829, Montaxier c. Gimont.

39. — Toutefois, la loi du 25 ventôse an XI traçant à cet égard des règles, et indiquant des précautions fort sages, il sera plus prudent et plus sûr d'y recourir.—Favard, *Rép.*, vo *Interligne*; Rolland de Villargues, vo *Acte sous seing-privé*, no 29.

40. — Il n'est pas non plus nécessaire que les actes sous seing-privé soient, comme les actes notariés, rédigés en langue française. L'art. 3 de l'arrêté du 24 prair. an XI exige seulement, lorsqu'on présente ces actes à l'enregistrement, qu'on y joigne une traduction française certifiée par un traducteur juré. — Toullier, t. 8, no 100; Rolland de Villargues, *ibid.*, no 37.

41.—...Ni que les sommes soient mises en toutes lettres, quoique cela soit infiniment utile, et que la marche contraire puisse être dangereuse par la facilité des falsifications et des surcharges, et par la possibilité des accidens qui peuvent faire disparaître un chiffre ou le rendre illisible. —Duranton, t. 13, no 159; Rolland de Villargues, *ibid.*, no 38. — Argum. de l'art. 13, L. vent. an XI.

42. — La date même n'est pas rigoureusement nécessaire dans les actes sous seing-privé en général, quoique ce soit là une formalité souvent fort utile; par exemple, en cas de contestation, pour savoir si l'acte a été souscrit en temps de capacité. — L. 34, ff., *De pign. et hyp.*; — Toullier, t. 8, no 239; Duranton, t. 13, no 127; Rolland de Villargues, vo *Acte sous seing-privé*, nos 41 et 42.

43. — Quoiqu'en général on ne soit pas censé avoir signé un acte sans l'avoir lu, parce qu'ainsi le veut la prudence la plus ordinaire, néanmoins cela arrive quelquefois, et dans ce cas, il n'y a point par cela seul nullité de l'acte, lorsque d'ailleurs on n'articule pas qu'il y ait eu fraude. — Toullier, t. 8, nos 261 et 275; Rolland de Villargues, *eod. verbo*, nos 43 et 45.

44. — Il n'est pas même nécessaire que les actes sous seing-privé soient écrits de la main des parties ou de l'une d'elles, ni que dans ce cas elles fassent précéder leur signature de l'approbation de l'écriture; l'approbation n'étant spécialement prescrite que pour les billets et promesses de payer. — C. civ., art. 1326; — Toullier, t. 8, no 261; Rolland de Villargues, vo *Acte sous seing-privé*, nos 33 et 50; *Dict. du notariat*, *eod. verbo*, no 6. — V. APPROBATION D'ÉCRITURE.

45. —La décision contenue au numéro précédent souffrait exception, d'après les anciens réglemens, à l'égard des notaires, greffiers et autres gens de la loi et de pratique, qui ne pouvaient écrire pour autrui, ou signer comme témoins, des actes sous seing-privé (Décl. du roi, 19 mars 1693; — Arr. cons., 21 juill. 1696 et 9 nov. 1706). Mais ces réglemens ont été abrogés par les lois des 19 déc. 1790 et 22 frim. an VII. — Avis du Cons. d'ét., 1er avr. 1808; — Duranton, t. 13, no 128; Rolland de Villargues, *eod. verbo*, no 34.

46. — C'est de la signature des parties que les actes sous seing-privé tirent leur force; c'est elle qui constate le consentement nécessaire pour rendre la convention obligatoire. Jusque là ce ne sont que des projets ou des offres, l'acte reste imparfait. — Toullier, t. 8, nos 260, 344 et 348.

47. — L'acte sous seing-privé qui doit constater une convention synallagmatique n'est point obligatoire s'il n'est signé que de l'une des parties. — *Bourges*, 24 fév. 1832, Gagel c. Arpot.

48. — Un acte de partage sous seing-privé non signé de toutes les parties, et à l'exécution duquel quelques unes se refusent, est nul même à l'égard de ceux qui l'ont signé. — *Bruxelles*, 20 mai 1807, Claus; *Riom*, 14 août 1820, Chelle.

49. — Un bail sous seing-privé est nul si tous les cobligés n'ont pas signé. — *Rennes*, 13 janv. 1816, Lebreton c. Lebihan.

50. — Jugé toutefois qu'un acte sous seing-privé peut, en certains cas, être valable à l'égard des signataires, encore bien qu'il n'ait pas été signé par une personne désignée comme partie. — *Metz*, 12 mai 1818, de Filley c. Schneider.

51. — Celui qui n'a pas encore signé peut le faire ou offrir de le faire, tant que les autres signataires ne se sont pas rétractés, ou n'ont pas demandé la nullité de l'acte. — Toullier, t. 8, nos 346 et 347; Rolland de Villargues, *loc. cit.*, no 48.

52. — Ainsi jugé que le défaut de signature sur un acte synallagmatique de la part d'une des parties contractantes, peut être réparé par une accession postérieure. — *Amiens*, 24 prair. an XIII, Vestu c. Blanchard. —V. les observations de Toullier sur cet arrêt, t. 8, no 547.

53.—Mais, bien que la signature soit substantielle dans les actes sous seing-privé, puisqu'elle a pour but de constater le consentement, la nullité résultant du défaut de signature pourrait être couverte par l'exécution du non signataire (Toullier, t. 8, no 517). — Car, dans les contrats synallagmatiques, toute nullité, soit de forme, soit substantielle, peut être couverte par l'exécution volontaire des parties. — *Cass.*, 19 déc. 1820, Lescours.

54. — Ainsi jugé que le défaut de signature sur un acte synallagmatique de la part d'une des parties contractantes, peut être réparé par le consentement du non signataire à l'exécution de l'acte à son égard, avant la demande en nullité fondée sur le défaut de signature. — *Amiens*, 24 prair. an XIII, Vestu c. Blanchard.

55. — ... Que, lorsqu'un individu s'est engagé envers un autre, par un acte sous seing-privé, à l'associer dans son commerce, cet acte, bien que signé seulement par le premier, devient obligatoire s'il a reçu son exécution. —*Liége*, 22 avr. 1812, Hassen c. Lommersmann.

56.—...Que la nullité d'une transaction, résultant du défaut de signature de l'une des parties sur l'un des originaux, peut être couverte par l'exécution volontaire. —*Cass.*, 19 déc. 1820, Lescours.

57. — Jugé aussi que la circonstance que plusieurs des signataires d'une demande en concession de mines n'auraient pas voulu signer l'acte passé le même jour, et en exécution de cette demande, ne rend pas l'acte nul entre les signataires, alors surtout qu'il y a eu exécution de leur part. — *Cass.*, 4 juill. 1833, Rolland-Palle et Cunit c. Palluat.

58. — Jugé, au contraire, que lorsqu'un acte synallagmatique sous seing-privé a été signé du nom d'une des parties contractantes par une main étrangère, l'autre partie peut en demander la nullité, encore que le contrat ait reçu son exécution, et que depuis la demande, celui qui n'a point signé, offre de le faire, et approuve la signature donnée en son nom. — *Rouen*, 25 mars 1807, Rivière et Frondière c. Bellant.

59.—... Que la nullité résultant de ce qu'un acte d'abandon de biens par une mère à ses enfans n'a pas été signé par celle-ci avant son décès, ne saurait être couverte par l'exécution que les enfans, qui ont ensuite partagé les biens, ont donnée à l'acte, sans aucune déclaration qu'ils entendent le ratifier. — *Besançon*, 13 mars 1827, Grandvaux.

60.—... Que lorsqu'une partie refuse de signer un acte sous seing-privé synallagmatique dans lequel elle contractait, conjointement avec d'autres qui ont signé, cet acte est nul ou non obligatoire, même à l'égard des parties qui ont signé, bien que leurs intérêts soient distincts de ceux de la partie non signataire. — Un pareil acte ne saurait être ratifié par l'exécution volontaire qu'il avait reçue de la part de toutes les parties.—*Grenoble*, 15 nov. 1834, Robin c. Clerc.

61. — ... Que la nullité d'un acte sous seing-privé contenant des conventions synallagmatiques, qui résulte du défaut de signature de l'une des parties, n'est pas couverte par la sommation faite, à la requête de la partie qui n'a pas signé l'acte, de le réaliser devant notaire.—*Bourges*, 30 mars 1831, Colin c. Pernin.

62. — ... Que la nullité résultant du défaut de signature de l'une des parties est absolue, de telle sorte qu'elle ne peut être couverte par la ratification tacite ou résulter d'un commencement d'exécution. — *Bourges*, 24 fév. 1832, Gagel c. Arpot; *Douai*, 7 janv. 1836, Slandy c. Massy.

63. — ...Que la nullité d'un acte sous seing-privé, résultant du défaut de signature de l'une des parties, n'est pas couverte par la déclaration que fait cette partie, postérieurement au procès engagé sur la nullité, qu'elle entend exécuter l'acte, alors que les autres parties n'ont pas accepté cette déclaration. — *Cass.*, 8 nov. 1842 (t. 1er 1843, p. 73), Mattei c. Limarola.

64.—Mais l'omission dans un acte de la signature d'une des parties contractantes n'entraîne pas la nullité de la convention qu'il renferme, lorsque cette convention est prouvée d'ailleurs par l'aveu des parties et par un ensemble de pièces qui leur sont communes. — *Colmar*, 10 juill. 1837 (t. 2 1837, p. 397), Geng c. Reffinger.

65. — Une partie n'est pas recevable à arguer de nullité un acte sous seing-privé qu'on lui oppose, sous le prétexte que la signature qu'il contient est informe, lorsqu'elle avoue y avoir apposé son prénom et la majeure partie des lettres formant son nom de famille, dans l'intention de le munir de sa véritable signature. — *Bruxelles*, 30 janv. 1817, Opsomer.

66. — Pour que l'acte sous seing-privé soit valable, il ne suffit pas que la signature des contractans y ait été apposée, il faut qu'elle l'ait été avec connaissance de cause.

67. — Bien qu'un aveugle puisse conserver l'administration de ses biens, il est incapable de traiter par actes sous seings-privés, et, par suite, une quittance signée de lui ne pourait former une décharge valable. — *Pau*, 8 août 1808, Théaux c. Rose.

68. — Une transaction ne doit pas être annulée, par cela seul qu'elle a été écrite par un amiable compositeur sur un blanc-seing qui lui a été confié par les parties. — *Rennes*, 28 avr. 1848, Chardel c. Bernard Delisle.

69. — Celui dont la signature se trouve au bas d'une lettre de change ne peut se prévaloir de l'aveu du porteur, que cette signature a été donnée en blanc, mais avec convention qu'elle était ainsi donnée pour servir à une lettre de change. —*Riom*, 22 juill. 1817, Lagout c. Trenty.

70. — La règle de la nécessité de la signature sur les actes sous seing-privé est sujette à exceptions. Certaines écritures privées peuvent former un commencement de preuve ou même une

ACTE SOUS SEING-PRIVÉ, § 3.

preuve entière, quoiqu'elles n'aient pas été signées; telles sont les écritures mises à la suite d'un acte ou d'une quittance, les livres, registres ou journaux et tablettes. — C. civ., art. 1329 et suiv.; — Toullier, t. 8, nº 260. — V. COMMENCEMENT DE PREUVE PAR ÉCRIT.

71. — Trop souvent l'on voit des actes dans lesquels les parties, ne sachant signer, apposent leur *croix ordinaire.* — Ce mode de signer a toujours été considéré comme insuffisant, même alors qu'il était accompagné de la présence de témoins. — V. CROIX (signature).

72. — Des témoins peuvent être appelés à la confection des actes sous seing-privé. Cette précaution, autrefois usitée, peut être utile : 1º en ce que la déposition de ces témoins est le moyen le plus sûr de vérifier l'écriture en cas qu'elle soit déniée; 2º si l'un d'eux vient à mourir, la date de l'acte est assurée contre les tiers du jour de la mort de ceux qui l'ont souscrit. — C. civ., art. 1328; — Toullier, t. 8, nº 240, note; Rolland de Villargues, vº *Acte sous seing-privé*, nº 52.

73. — La règle qui n'assujétit les actes sous seing-privé à aucune forme reçoit exception dans plusieurs cas.

74. — 1º Les testamens olographes doivent être écrits en entier, datés et signés de la main du testateur. — C. civ., art. 970. — V. TESTAMENT OLOGRAPHE.

75. — 2º Quand les actes sous seing-privé contiennent des conventions synallagmatiques, ils ne sont valables qu'autant qu'ils ont été faits en autant d'originaux qu'il y a de parties ayant un intérêt distinct. — C. civ., art. 1325. — V. DOUBLE ÉCRIT.

76. — 3º Le billet ou la promesse sous seing-privé par lequel une seule partie s'engage envers l'autre à lui payer une somme d'argent ou une chose appréciable, doit être écrit en entier de la main du souscripteur, ou du moins il faut qu'outre sa signature celui-ci ait écrit de sa main un *bon* ou *approuvé*, portant en toutes lettres la somme ou la quantité de la chose, excepté dans le cas où l'acte émane de marchands, artisans, laboureurs, vignerons, gens de journée et de service. — C. civ., art. 1326. — V. APPROBATION D'ÉCRITURE.

77. — 4º Dans certains cas, la date est formellement prescrite; par exemple, dans les effets de commerce, dans les contrats d'assurance. — V. ASSURANCES MARITIMES, DATE, LETTRE DE CHANGE.

78. — Toutes dénominations de poids et mesures autres que celles établies par la loi du 18 germin. an III, et consacrées par celle du 4 juill. 1837, sont interdites dans les actes sous seing-privé et autres écritures privées produites en justice, sous peine d'une amende de 20 fr. contre les officiers publics, et de 10 fr. contre les autres contrevenans, par chaque acte ou écriture sous signature privée. — L. 4 juill. 1837, art. 5.

79. — Enfin les actes sous seing-privé doivent, pour la plupart, être écrits sur papier timbré, et soumis à l'enregistrement avant de pouvoir être produits en justice. — V. ENREGISTREMENT, TIMBRE.

§ 3. — *Effets des actes sous-seing privé. — De leur exécution.*

80. — L'acte sous seing-privé, reconnu par celui auquel on l'oppose, ou légalement tenu pour reconnu, a, entre ceux qui l'ont souscrit et entre leurs héritiers et ayant-cause, la même foi que l'acte authentique. — C. civ., art. 1322.

81. — Remarquons d'abord que la loi n'accorde à l'acte sous seing-privé l'effet de faire foi, qu'autant qu'il est *reconnu* par celui auquel on l'oppose ou *légalement tenu pour reconnu.* — Rolland de Villargues, vº *Acte sous seing-privé*, nº 61.

82. — Lorsqu'une quittance sous signature privée est déniée et que la vérification en est ordonnée tant par experts que par témoins, conformément à l'art. 195, C. procéd. civ., s'il ne résulte ni de l'expertise, ni de l'enquête, que la pièce soit fausse, c'est-à-dire si sa sincérité matérielle est reconnue, les juges ne peuvent, en se fondant sur des présomptions plus ou moins graves, et alors qu'ils ne signalent l'existence ni du dol ni de la fraude, déclarer que la libération résultant de la quittance produite ne se trouve cependant pas constatée. — *Cass.*, 20 mars 1839 (t. 1er 1839, p. 277), Capus c. Cayre.

83. — Un inventaire sous seing-privé fait foi contre la partie intéressée qui ne l'a pas contesté au fond, et qui en a même reconnu la sincérité et l'exactitude. — *Cass.*, 1er juill. 1828, André c. Beteille.

84. — Lorsque, sur une demande en restitution, comme indûment payée, d'une somme portée dans une quittance, il est prétendu, par le créancier, que cette quittance a fait double emploi avec une autre quittance, les juges peuvent, sans violer l'art. 1322, C. civ., déclarer, par appréciation des actes et des circonstances, qu'il y a eu double emploi, et, par suite, rejeter l'action en restitution, sous la seule charge imposée au créancier d'affirmer, par serment, que ce double emploi a eu lieu. On dirait vainement que la demande en restitution étant justifiée par la quittance, il n'était pas permis de se décider par des présomptions, ni de déférer le serment supplétif. — *Cass.*, 18 mars 1829, Henry c. Ligeret.

85. — La reconnaissance d'écriture d'un acte émané du père commun, et le consentement donné par les enfans à ce que cet acte soit placé au rang des minutes d'un notaire, doivent être considérés comme renfermant tout à la fois reconnaissance d'écriture et ratification expresse de l'acte de leur auteur. L'arrêt qui le juge ainsi échappe à la censure de la cour de Cassation. — *Cass.*, 15 fév. 1832, H. Verdier c. de Pins et de Thézan.

86. — De ce qu'il a été pris des conclusions tendant à l'annulation, pour cause de dol et de fraude, d'un acte sous seing-privé, les juges ont pu en induire qu'il y avait eu reconnaissance de la signature. — *Cass.*, 27 août 1835, Blocq c. Berr.

87. — La reconnaissance ou vérification qui est intervenue même à l'occasion d'une seule des clauses d'un acte, produit effet quant aux autres clauses dont l'exécution est ensuite demandée. — Toullier, t. 8, nº 238.

88. — Si l'acte n'était reconnu que par l'un des héritiers de celui qui l'a souscrit, et auquel il aurait été opposé, cette reconnaissance ne pourrait préjudicier aux autres héritiers ou ayant-cause; elle ne donnerait point contre eux, à l'acte reconnu, la foi d'un acte authentique, mais seulement contre les héritiers et ayant-cause de celui qui a fait la reconnaissance. — Toullier, t. 8, nº 238; Rolland de Villargues, vº *Acte sous seing-privé*, nº 65.

89. — L'acte sous seing-privé dont l'écriture a été reconnue en justice n'acquiert pas un caractère d'authenticité, et la stipulation d'hypothèque qu'il renferme ne devient pas valable. — *Toulouse*, 18 déc. 1816, Girou c. Fournet.

90. — Celui qui agit en vertu d'un acte sous seing-privé est tenu d'en prouver la sincérité. — *Paris*, 21 juill. 1812, Giguet.

91. — La partie qui veut faire usage en justice d'un acte sous seing-privé n'est pas tenue avant tout de demander qu'il soit procédé à la reconnaissance des écritures. Il suffit que cet acte ne soit pas méconnu par la partie à laquelle on l'oppose. — *Bruxelles*, 10 août 1814, de Cock c. Bourgeois. — V. nº 152.

92. — Celui à qui on oppose un écrit qu'il dénie n'a pas à en établir la fausseté; il peut être admis à combattre, par la preuve testimoniale, les moyens invoqués par celui qui se prévaut de cet écrit. — *Besançon*, 12 juin 1812, Joly c. Fèvre.

93. — Si celui auquel on oppose un acte sous seing-privé est obligé d'avouer ou de désavouer formellement sa signature, il en est autrement lorsqu'un pareil acte est opposé à des héritiers comme la preuve d'une obligation qu'aurait contractée celui dont ils recueillent l'hérédité. — Ces héritiers peuvent se contenter de déclarer qu'ils ne reconnaissent pas l'écriture et la signature de leur auteur. — Dans ce cas, la preuve de l'obligation par la vérification d'écriture doit être nécessairement ordonnée préalablement à toute condamnation, et d'office, lors même qu'il n'y aurait pas eu de conclusions à ce sujet. — *Cass.*, 15 juill. 1834, Parel c. Dextre.

94. — L'héritier qui, même de bonne foi, a déclaré ne pas reconnaître la signature de son auteur apposée sur un acte sous seing-privé, doit être condamné aux frais de la vérification d'écriture, s'il est jugé que la signature est sincère. — *Cass.*, 11 mai 1829, Delseyries.

95. — Les art. 1324, C. civ., et 193, C. procéd., en autorisant l'héritier à déclarer qu'il ne reconnaît pas l'écriture ou la signature attribuée à son auteur, ont simplement pour objet de soustraire l'héritier à l'inconvénient de voir l'écrit tenu pour reconnu, faute d'aveu ou de dénégation, et de se voir appliquer les peines d'amende et de contrainte par corps prononcées par l'art. 213, C. procéd. — Mais on ne peut conclure des articles précités que la loi a entendu créer en faveur de cet héritier une exception à la disposition de l'art. 130, C. procéd. — En conséquence, l'héritier qui a déclaré ne pas reconnaître l'écrit sous seing-privé attribué à son auteur doit être condamné aux dépens si la signature est reconnue valable. — Il en est de même au cas où l'écrit est un testament. — *Poitiers*, 5 fév. 1834, Ageron c. Lemonnier.

96. — L'acte sous seing-privé ayant, entre les parties, la même force que l'acte authentique, celui qui l'a souscrit ne peut être admis à prouver que la date de cet acte n'est point sincère. — *Agen*, 15 nov. 1813, Combettes-d'Hauteserre c. Combarrieu.

97. — La partie qui produit un acte sous seing-privé et qui en excipe ne peut être admise à en contester elle-même la date. — *Rouen*, 19 fév. 1814, Lanon c. Pinchon.

98. — Un acte sous seing-privé fait foi de sa date, entre les parties qui l'ont souscrit, leurs héritiers ou ayant-cause; ce n'est que contre les tiers qu'il n'a de date certaine que du jour où il a été enregistré. — *Cass.*, 24 août 1829, de Bricqueville c. de Semonville.

99. — Toutefois, lorsqu'il est établi qu'un acte sous seing-privé n'a pas été daté au moment de sa confection, et que la date qu'il porte a été apposée après coup, les juges peuvent décider que cet acte n'aura, même entre ceux qui l'ont souscrit ou leurs héritiers, d'autre date que celle de son enregistrement, nonobstant la disposition de l'art. 1322, C. civ. — *Cass.*, 19 janv. 1814, Bazas c. Monginot.

100. — Si les actes sous seing-privé font foi entre les parties de leur contenu et de leur date, ce principe cesse d'être applicable aux actes frauduleux, le dol et la fraude faisant exception à toutes les règles. Dès-lors, quand une cour a annulé, comme frauduleux, des actes sous seing-privé, on ne peut tirer un moyen de cassation de ce que l'arrêt a jugé que ces actes n'avaient pas de date certaine. — *Cass.*, 22 mars 1825, Blin c. Launay.

101. — De même que l'acte authentique, l'acte sous seing-privé, reconnu ou légalement tenu pour reconnu, prouve *contre les tiers* le fait même de la convention, *rem ipsam.* Il peut, tout comme lui, servir de base à la prescription de dix et vingt ans; mais à la différence de l'acte authentique, qui fait foi par lui-même de sa date, l'acte sous seing-privé n'a de date certaine à l'égard des tiers que du jour où il *a été produit* aux tiers, ou de l'une des manières exprimées à l'art. 1328, C. civ. — Pothier, *De la prescript.*, nº 99; Toullier, t. 8, nºs 239, 240; Merlin, *Quest. de dr.*, vº *Tiers*, § 2; Duranton, t. 13, nº 112; Rolland de Villargues, nºs 66 et suiv.

102. — « Les actes sous seing-privé, porte » l'art. 1328, C. civ., n'ont de date contre les tiers » que du jour où ils ont été enregistrés, du jour » de la mort de celui ou de l'un de ceux qui les ont » souscrits, ou du jour où leur substance est cons» tatée dans des actes dressés par des officiers pu» blics, tels que procès-verbaux de scellé ou d'in» ventaire. »

103. — Lorsque les actes sous seing-privé ont ainsi acquis date certaine, ils font foi non seulement de leur date, mais du fait même de la convention : ils peuvent servir de base à la prescription de dix et vingt ans, et, lorsqu'il s'agit de vente d'immeubles, ils peuvent prévaloir contre des actes authentiques postérieurs. — Duranton, t. 13, nº 130.

104. — Dans le cas où un acte, nul comme acte authentique, est valable comme écriture privée, la mort de l'un des témoins signataires de l'acte a l'effet de lui attribuer une date certaine a l'égard des tiers. — *Cass.*, 8 mai 1827, Monnet c. Bonfaute.

105. — Un acte sous seing-privé acquiert date certaine par le décès d'une des parties contractantes, bien que le double produit en justice ne porte pas sa signature, s'il est toutefois écrit en entier de sa main. — *Cass.*, 2 juill. 1838 (t. 2 1838, p. 253), Pothier de la Berthelière.

106. — L'articulation du fait d'un premier paiement, consignée dans des actes d'huissier, ne suffit point pour donner à la quittance privée qui se rapporte à ce paiement le caractère d'authenticité admis par l'art. 1328, C. civ., en faveur des actes privés dont la substance est constatée dans des actes publics. — *Aix*, 8 janv. 1841 (t. 2 1841, p. 282), de Gasquet c. Bernard.

107. — A supposer que les contraintes et commandemens décernés par la régie de l'enregistrement puissent équivaloir aux actes dressés en conformité de l'art. 1328, C. civ., pour donner date certaine aux contrats, il suffit que ces contraintes et commandemens ne contiennent ni l'énonciation positive des obligations renfermées dans la convention dont la date est litigieuse, ni celle des mentions relatives à l'acquittement de ces obligations, pour qu'on puisse en conclure qu'ils ne renferment pas la substance de la convention ainsi que le prescrit l'art. 1328, et que, dès-lors, ils sont insuffisans pour assurer son identité et constater sa date. — *Cass.*, 23 nov. 1841 (t. 1er 1842, p. 130), Dulugat c. Vincendeau.

108. — L'art. 1328, C. civ., est-il limitatif ou démonstratif? En d'autres termes, les cas énumérés

ACTE SOUS SEING-PRIVÉ, § 3.

ACTE SOUS SEING-PRIVÉ, § 3.

dans cet article sont-ils les seuls qui puissent servir à fixer la date à l'égard des tiers?

109. — Dans notre ancienne jurisprudence, on pensait qu'aucune loi n'ayant établi de règle à cet égard, ni même déterminé l'effet des actes sous seing-privé, en général, les tribunaux ne pouvaient pas limiter les circonstances susceptibles d'assurer cette date, et devaient adopter une doctrine purement rationnelle.

110. — Aujourd'hui, le législateur a posé lui-même les cas où la date des actes sous seing-privé doit être réputée certaine. Il est même à remarquer qu'il ne s'est pas borné, dans l'art. 1328, à proposer les trois cas dont il parle comme de simples exemples d'applications : il dit, au contraire, que les actes sous seing-privé *n'ont de date* contre les tiers *que du jour*, etc... expressions qui doivent paraître exclusives de tout autre cas que ceux que renferme l'article. — Toullier (t. 8, nos 242 et 243), adopte une opinion contraire, et cite divers cas où la date des actes sous seing-privé lui paraît devoir être considérée comme certaine, à raison de l'impossibilité où se seraient trouvées les parties de signer postérieurement à la date indiquée.—Mais, outre que les circonstances dont parle cet auteur ne paraissent pas, pour la plupart, établir une véritable impossibilité de signer un acte, son opinion nous paraît difficile à admettre. Le Code civil aurait pu dire en général que les actes sous seing-privé auraient date certaine à compter du jour où l'un des souscripteurs serait tombé dans l'impossibilité d'écrire ou de signer; mais, au lieu de poser une règle, il a énuméré des circonstances; au lieu de se reporter à l'impossibilité d'écrire, où à toute autre circonstance pouvant rendre la date certaine, il s'est arrêté à une cause d'impossibilité la plus fréquente et la plus décisive, à des circonstances qu'il a lui-même déterminées et précisées. Sans doute cette cause n'est pas la seule, et il existe d'autres circonstances non moins probantes que la mort; mais si le juge franchit la limite, où s'arrêtera l'arbitraire? — Favard de Langlade, vo *Acte sous seing-privé*, sect. 1re, § 4, no 7; Solon, *Nullités*, no 97; Duranton, p. 13, no 131; Rolland de Villargues, vo *Acte sous seing-privé*, nos 70, 71 et 72; Thémis, t. 7, p. 235. — V. *contrà* Toullier, *loc. cit.*; Delvincourt, t. 2, p. 612, note.

111. — Jugé en conséquence que l'art. 1328, C. civ., est limitatif et non démonstratif. — Dès-lors, un acte sous seing-privé ne peut avoir date certaine contre les tiers par l'effet d'autres circonstances que celles établies par cet article. — *Bordeaux*, 27 janv. 1829, Montaxier c. Cornille; *Grenoble*, 9 mai 1833, Mesly c. Chabert; *Nîmes*, 27 mai 1840 (t. 1er 1841, p. 439), Carron c. Bernard; *Agen*, 4 déc. 1841 (t. 2 1843, p. 263), Galtié c. Manié.

112. — Ainsi, on ne peut, hors des cas prévus, suppléer la date par la preuve que le tiers avait connaissance de l'acte. — *Grenoble*, 9 mai 1833, Mesly c. Chabert.

113. — Ainsi encore, lorsqu'un immeuble a été vendu par acte sous seing-privé, l'acquéreur ne peut invoquer comme établissant la vérité de la date ni sa propre possession, ni la connaissance personnelle qu'avait eue de la vente la partie qui la conteste. — *Nîmes*, 27 mai 1840 (t. 1er 1841, p. 439), Carron c. Bernard.

114. — De même, la vente d'un immeuble faite sous-seing privé, qui n'a pas acquis date certaine par l'un des moyens énumérés dans l'art. 1328, C. civ., ne peut être opposée au créancier qui saisit l'immeuble en vertu d'un titre hypothécaire postérieur. — *Agen*, 4 déc. 1841 (t. 2 1843, p. 263), Galtié c. Manié.

115. — Lorsqu'un immeuble a été l'objet de deux ventes successives, l'une par acte sous seing-privé, l'autre par un acte public passé avant l'enregistrement du premier, l'acquéreur par acte sous-seing privé ne peut être admis à prouver par témoins contre le second acquéreur la vérité de la date de son titre, en établissant que celui-ci en a eu connaissance. — *Toulouse*, 19 mars 1812, Laval c. Pujol.

116. — De même, la vente sous seing-privé d'un immeuble ne fait pas foi de sa date, et ne peut empêcher l'effet d'une hypothèque résultant d'un jugement antérieur à son enregistrement, alors même qu'elle est immédiatement suivie de la prise de possession par l'acquéreur, et de son inscription sur le rôle des impositions foncières, et que la vente est confirmée quelques années après par le vendeur, dans un acte notarié portant revente. — Cet acte ne peut même être considéré comme un commencement de preuve par écrit, suffisant pour faire admettre la preuve que la vente a eu lieu réellement avant le jugement. — *Colmar*, 11 mars 1817, Kielinger c. Wulffner.

117. — On ne peut opposer aux tiers que les actes sous-seing privé qui ont acquis date certaine par la constatation de leur substance dans des actes authentiques, et non des conventions verbales qu'une des parties aurait, dans des actes de cette dernière espèce, soutenu avoir été antérieurement consenties à son profit. — *Douai*, 27 avr. 1844 (t. 1er 1844, p. 762), Gillon et Delair c. Carnier.

118. — L'art. 1328, C. civ., n'attachant la certitude de la date des actes sous signature privée qu'on oppose aux tiers que dans les trois circonstances qu'il détermine, il s'ensuit qu'on ne peut pas dire qu'une vente sous seing-privé ait date certaine à l'égard d'un créancier hypothécaire du vendeur, par le motif qu'il a eu connaissance personnelle de cette date. — *Cass.*, 27 mai 1823, Bruel c. Beret. — V. toutefois, sur cet arrêt, Rolland de Villargues, vo *Acte sous-seing privé*, no 73; Thémis, t. 7, p. 235.

119. — Jugé, au contraire, que l'art. 1328, C. civ., est démonstratif et non limitatif, en sorte que la certitude de la date des actes sous seing-privé peut être établie par des moyens autres que ceux énoncés dans cet article. — *Metz*, 4 juill. 1821, Spiekert c. Haman et Doyen; *Grenoble*, 10 juin 1825, Bajat c. Barthellon.

120. — ... Que la date d'un écrit sous seing-privé peut être suffisamment assurée dans le sens de l'art. 1328, C. civ., par les actes d'exécution qui ont suivi. — *Paris*, 11 janv. 1810, syndics G... C... c. Hervas et Récamier.

121. — Jugé, en conséquence, que les actes visés pour timbre ont date certaine, même à l'égard des tiers, du jour où ils ont été soumis à la formalité du *visa*. — *Grenoble*, 10 juin 1825, Bajat c. Barthellon.

122. — ... Qu'encore bien que la date d'un acte sous seing-privé ne soit rendue certaine, à l'égard des tiers, d'aucune des manières fixées par l'art. 1328, C. civ., elle peut cependant être réputée véritable, en raison des circonstances de la cause. Tel est le cas, par exemple, où la caution, par acte sous seing-privé, d'un locataire, a payé pour ce dernier, et sur des quittances *sous seing-privé*, les loyers dus au propriétaire. — En pareil cas, la caution peut même être, à l'égard des tiers, réputée subrogée, à partir du jour de l'acte de cautionnement, dans le privilége du propriétaire. — *Bordeaux*, 24 fév. 1826, Noailly c. Bechet.

123. — ... Que la preuve par témoins est admissible à l'effet d'établir, à l'égard des tiers, la date d'un acte sous seing-privé, hors les cas déterminés par l'art. 1328, C. civ., ou du moins afin de prouver l'existence et l'époque des conventions contenues dans cet acte. — *Bourges*, 19 mai 1828 (rapporté avec *Cass.*, 21 juill. 1830), Cassier c. Connétable.

124. — ... Que, lorsqu'il est constant en fait que des lettres de change, souscrites pour prêts faits à une société commerciale, dont une femme, depuis mariée sous le régime dotal, faisait partie, ont une date certaine antérieure au mariage, bien qu'elles n'aient été enregistrées que postérieurement, le paiement desdites lettres de change peut être poursuivi sur les biens dotaux. — *Cass.*, 1er déc. 1830, Harel c. Lafontaine.

125. — ... Que la vente consentie par une femme avant son mariage, mais qui n'a été enregistrée que postérieurement, ne peut être attaquée par le mari comme aliénation d'un immeuble dotal, lorsqu'il résulte de considérations appréciées par le juge que cette vente est réellement antérieure au mariage. — *Grenoble*, 13 mai 1831, Mazet c. Plagnol.

126. — ... Que l'acte contenant dation d'immeubles en paiement de la dot, s'il se réfère à des articles de mariage rédigés sous l'empire d'une coutume qui autorisait ce genre de convention, a date certaine, même contre les tiers, du jour où ces articles ont été souscrits, quoique la date de son enregistrement soit postérieure. — *Pau*, 14 avril 1831 (rapporté avec *Cass.*, 23 août 1832), Prisonnier c. Noguez.

127. — ... Que le timbre de la poste aux lettres suffit, indépendamment des circonstances énoncées dans l'art. 1328, C. civ., pour imprimer date certaine à la pièce qui en est revêtue, ainsi qu'aux déclarations ou reconnaissances qui pourraient y être mentionnées. — *Pau...* (rapporté avec *Cass.*, 23 juin 1835), Daru c. Ducos et Dumoulin.

128. — Entre deux cessionnaires du même droit, la préférence doit être donnée à celui qui, le premier, a fait enregistrer son titre, fût-il certain en fait que ce titre est postérieur en date. En pareil cas, le cessionnaire dont le titre a date certaine est, par rapport à l'autre, un véritable tiers, dans le sens de l'art. 1328, Code civ. — *Besançon*, 21 nov. 1843 (t. 1er 1844, p. 639), Jacquot.

129. — Jugé que le transport d'une somme d'argent, fait même par acte authentique, au mépris de conventions verbales, intervenues antérieurement entre le cédant et un tiers, peut être annulé, s'il est constaté que le cessionnaire avait connaissance de ces conventions. — *Cass.*, 25 janv. 1842 (t. 2 1842, p. 657), Girault. — V. au surplus TRANSPORT DE CRÉANCE.

130. — L'acte sous seing-privé, qui n'a point acquis de date certaine par l'une des circonstances énoncées en l'art. 1328, C. civ., forme-t-il un commencement de preuve par écrit, suffisant pour faire admettre à prouver la date par témoins? — Danty, sur Boiceau (*De la preuve par témoins*, liv. 2, ch. 1er, no 1er), enseigne la négative; mais l'opinion contraire, qui paraît mieux fondée, est adoptée par Toullier (t. 9, no 73, et t. 8, nos 240 et 235). — *Rép. du not.*, vo *Acte sous seing-privé*; Rolland de Villargues, *eod. verb.*, no 74.

131. — Ainsi, l'acquéreur de bonne foi qui oppose à l'action en revendication un contrat d'acquisition sous seing-privé, d'une date antérieure aux dix années requises pour la prescription, peut être admis à prouver par témoins que la possession qui procède de son titre remonte au-delà de ces dix années. C'est ce que jugea, sur les conclusions conformes de Joly de Fleury, l'arrêt du 29 déc. 1716, rapporté au *Journal des audiences*, et cité par Pothier, *Prescriptions*, no 99. — V. aussi Toullier, t. 8, no 240.

132. — Jugé que le créancier porteur d'une obligation sous seing-privé, et spécialement d'une lettre de change d'une date antérieure à une vente consentie par son débiteur, peut attaquer cette vente comme faite en fraude de ses droits, lorsqu'il allègue la fraude contre le tiers acquéreur lui-même. En pareil cas, la date de l'obligation peut être déclarée antérieure à la vente, bien qu'elle n'ait été enregistrée qu'après, et qu'elle ne se trouve dans aucune des circonstances qui, d'après l'article 1328, C. civ., pouvaient lui donner une date certaine. — *Cass.*, 14 déc. 1829, Lapierre c. Goupy.

133. — Nous avons signalé la différence entre les effets que produit l'acte sous seing-privé à l'égard de ceux qui l'ont souscrit ou de leurs héritiers et *ayant-cause*, et à l'égard des *tiers* (Code civ., art. 1322 et 1328). — Ce serait ici le cas d'expliquer ce qu'on doit entendre par *ayant-cause* et *tiers*, dans le sens de ces deux articles; mais on trouvera ces explications au mot AYANT-CAUSE.

134. — Il est généralement reconnu que le principe que les actes sous seing-privé n'ont point de date certaine contre les tiers n'est pas applicable aux matières de commerce. Les tribunaux peuvent, d'après les circonstances, appliquer le principe, le modifier ou en écarter l'application, suivant que l'équité ou l'intérêt du commerce paraissent l'exiger. — Pardessus, *Cours de dr. comm.*, t. 4, no 246; Toullier, t. 8, no 244; Rolland de Villargues, vo *Acte sous-seing privé*, no 75; Duranton, t. 13, no 140; *Dict. du notar.*, vo *Acte sous seing-privé*, no 15; Boulay-Paty, *Faillites et banqueroutes*, t. 1er, no 225; Teste, *Encyclop. du dr.*, vo *Acte sous seing-privé*, no 12.

135. — Ainsi jugé que l'art. 1328, C. civ., relatif à la date certaine des actes sous seing-privé, n'est pas applicable en matière de commerce. — *Bordeaux*, 2 mai 1826, Jaubert c. Trouillot; *Paris*, 21 juill. 1836, Darré c. Hédin; *Cass.*, 17 juill. 1837 (t. 2 1837, p. 592), mêmes parties.

136. — ... Alors même qu'ils sont produits dans une instance civile. — *Bordeaux*, 2 mai 1826, Jaubert c. Trouillot.

137. — Au moins, la disposition de l'art. 1328, C. civ., n'est pas rigoureusement applicable en matière de commerce. — *Toulouse*, 4 juin 1827, Delmas c. Bories; *Cass.*, 28 janv. 1834, Parot c. Grassière.

138. — Et l'application de cette disposition peut recevoir exception, suivant les circonstances. — *Cass.*, 4 fév. 1819, Carel c. Aycard et Nicolas; 28 juin 1825, Orinel c. Levay.

139. — ... Notamment en matière de lettres de change. — *Cass.*, 28 juin 1825, cité au no 138.

140. — Jugé, en conséquence de ce principe, que la vente de marchandises, faite par le failli avant sa faillite, doit avoir effet à l'égard des créanciers, bien qu'elle ne soit constatée que par un acte sous seing-privé, enregistré seulement depuis la faillite, si toutefois la vérité de la date est établie par l'exécution partielle du marché avant les symptômes précurseurs de la faillite. — *Paris*, 12 avril 1811, Armet-Delisle c. Chandenier.

141. — ... Que le débiteur d'un failli, poursuivi en paiement par le syndic de la faillite, peut, alors que les circonstances écartent tout soupçon de fraude, opposer un accord sous signature privée, passé avec le failli antérieurement à la faillite, mais enregistré après son ouverture, et par lequel le montant de la dette aurait été réduit et l'époque du paiement différée. — *Toulouse*, 4 juin 1827, Delmas c. Bories.

142. — Que le créancier d'un failli peut être admis au passif de la faillite, encore bien que son titre sous seing-privé n'ait acquis une date certaine que postérieurement à l'ouverture de cette faillite. — *Cass.*, 4 fév. 1819, Carel c. Aycard et Nicolas.

143. — Que le créancier, qui n'a pour titres que des billets à ordre, non enregistrés ni protestés avant la faillite, doit néanmoins être colloqué dans la distribution des deniers provenant de la vente des biens du failli, lorsque la sincérité de ces billets n'est pas suspecte. — *Paris*, 26 déc. 1810, Lefrançois c. Gerbé et Duchesne.

144. — Que, bien que des actes sous seing-privé, passés entre négocians pour des transactions commerciales, n'aient pas été enregistrés, la date peut, selon les circonstances, être réputée certaine et opposée à des tiers : par exemple, l'insertion, à plusieurs reprises, dans les journaux, d'avis annonçant la dissolution d'une société commerciale, a pu servir à fixer l'époque de cette dissolution, ainsi que des actes, soit de liquidation, soit d'arrêté de compte, qui en ont été la suite ; et si, postérieurement, un des coassociés est tombé en faillite, ses créanciers ont pu être déclarés mal fondés à réclamer la part revenant au failli dans la société. — *Bordeaux*, 22 déc. 1828, Beylot c. Bancezette.

145. — Que le cessionnaire porteur d'un titre sous-seing privé, non enregistré, peut être préféré au cessionnaire porteur d'un titre authentique, postérieur en date, si la sincérité de la date du premier contrat résulte tant des documens de la cause que des moyens de preuve admis par l'article 109, C. comm. — *Paris*, 21 juill. 1836 (t. 2 1837, p. 173), Darré c. Hédin.

146. — Mais l'exception consacrée par les arrêts précités, n'ayant été introduite qu'en faveur des écrits ayant pour objet des opérations commerciales, il en résulte que le cautionnement apposé par un négociant au bas d'un simple billet, souscrit par un non commerçant, étant un acte civil, de même que le billet, ne peut être opposé aux tiers, s'il n'a pas de date certaine. — *Bordeaux*, 27 janv. 1829, Montaxier c. Cornille.

147. — Jugé même que la quittance sous seing-privé, du prix de vente de marchandises qu'un tiers prétend avoir achetées du failli, ne suffit pas pour prouver que l'existence et la date de la vente sont antérieures à la faillite, lorsqu'il n'est produit, à l'appui de cette quittance, aucune écriture, tenue soit par le prétendu acheteur, soit par le failli avant la faillite. Cette quittance ne peut dès-lors avoir, à l'égard des syndics de la faillite, d'autre date que celle de l'enregistrement. — *Bruxelles*, 12 septemb. 1816, Neerinckx c. Moysons.

148. — Jugé aussi qu'on ne peut revendiquer des marchandises vendues plus de dix jours avant la faillite et encore intactes dans les magasins du failli, lorsque la preuve de cette vente ne résulte que d'un acte sous seing-privé, qui n'a reçu aucune des formes déterminées par l'art. 1328, C. civ. — *Metz*, 17 août 1818, Anceaux.

149. — A la différence des actes authentiques, qui emportent exécution parée quand ils sont revêtus de la formule exécutoire, il faut, pour que les actes sous seing-privé soient exécutoires, que l'exécution en ait été prononcée en justice.

150. — D'après un édit de 1684, le porteur d'un acte sous seing-privé ne pouvait obtenir de condamnation qu'il n'eût préalablement formé demande en reconnaissance de l'écriture. — Toutefois, une exception avait été faite par une déclaration du 15 mai 1703, à l'égard des effets de commerce, pour lesquels il n'était point nécessaire d'assigner préalablement en reconnaissance de l'écriture : on pouvait, *de plano*, conclure à la condamnation, et, sur la demande en paiement, le tribunal adjugeait les conclusions du demandeur, quoique le défendeur fît défaut, sauf à celui-ci à former opposition au jugement. — Duranton, t. 13, n° 113.

151. — Dans notre droit actuel, il est généralement admis que l'on peut, même quant aux actes qui n'ont pas pour cause le commerce, conclure au paiement du billet ou autre acte privé, sans avoir préalablement formé demande en reconnaissance de l'écriture, sauf au défendeur à proposer pour exception qu'il désavoue l'écriture, ou qu'il ne connaît pas celle de son auteur, auquel cas la vérification en est ordonnée. — Duranton, t. 13, n° 114 ; Toullier, t. 8, n° 229. — Toutefois, il est plus prudent et plus sûr, dit Toullier (*ibid.*, n° 230), d'assigner le défendeur *pour avoir acte de la reconnaissance, ou pour faire tenir l'écrit pour reconnu.* — V. au surplus RECONNAISSANCE D'ÉCRITURE.

152. — Jugé que l'on n'est pas tenu de faire reconnaître l'écriture d'un acte sous seing-privé, lorsque cette écriture n'est pas déniée. — *Cass.*, 24 juin 1806, d'Hauins c. Enregistrement. — V. n° 91.

153. — L'exécution d'un acte privé, même reconnu après une expertise, peut être arrêtée par une inscription de faux. — Duranton, t. 13, nos 123 et 124 ; Pigeau t. 1er, p. 319. — V. FAUX INCIDENT CIVIL.

ACTE SYNALLAGMATIQUE.

Terme improprement employé comme équivalent *de contrat synallagmatique* pour indiquer les conventions par lesquelles les contractans s'obligent réciproquement les uns envers les autres. — C. civ., art. 1102. — V. ACTE, ACTE SOUS SEING-PRIVÉ, DOUBLE ÉCRIT, OBLIGATION.

ACTE UNILATÉRAL.

Acte dans lequel il n'y a qu'une partie qui s'oblige envers l'autre. — C. civ., art. 1103. — V. ACTE, CAUTIONNEMENT.

ACTEUR.

V. ACTE DE COMMERCE, CONTRAINTE PAR CORPS, THÉATRE, TRIBUNAL DE COMMERCE.

ACTIF.

1. — Ensemble des valeurs mobilières appartenant à un particulier, à une succession, à une communauté, à une société, à une faillite, etc. — On dit l'actif d'une faillite par opposition au *passif*, c'est-à-dire au montant des dettes du failli.

2. — La locution *dettes actives* est, selon nous, vicieuse. Ces deux mots représentent deux idées contradictoires, et leur réunion ne peut certainement offrir à l'esprit d'une manière exacte la notion qu'exprime le mot *créances*. L'expression *dettes passives* est un pléonasme. — V. COMMUNAUTÉ, FAILLITE, SOCIÉTÉ, SUCCESSION.

ACTION (Droit romain).

Table alphabétique.

ACTION. — 1. — On entend par ce mot les moyens légaux accordés aux personnes pour obtenir, conserver ou recouvrer la jouissance de leurs droits. — Bonjean, *Tr. des actions en droit romain*, t. 1er, p. 1re.

2. — En droit romain, l'action était *criminelle* ou *civile*, suivant qu'elle tendait à la réparation d'un fait qui blessait l'intérêt public, ou qu'elle avait pour but l'indemnité due à un particulier lésé. L'action criminelle était aussi désignée sous le nom d'*action publique*, et l'action civile sous celui d'*action privée*. — Bonjean, *ibid.*, p. 7, § 6. — L'action publique sera traitée, v° ACTION PUBLIQUE (*historique*).

3. — *Lato sensu*, l'action civile comprenait tous les droits sanctionnateurs qui garantissaient la conservation des droits ; ainsi, les *demandes introductives d'instances*, les *interdits*, les *stipulations prétoriennes*, les *exceptions*, les *restitutions en entier*. — Ulpien, L. 37, *præ.* ff., tit. *De oblig. et action.*, et L. 1re, tit. *De except.*

4. — Plus restrictivement, l'action désignait la demande introductive d'instance. (Ulpien, L. 178, § 2, ff., tit. *De verb. signif.*). C'est sous ce point de vue que nous allons d'abord l'examiner. Après avoir exposé la procédure ordinaire, nous parlerons des stipulations prétoriennes en traitant des *cognitiones extraordinariæ* (tit. 3, chap. 2, § 2, nos 256 et suiv.). Les exceptions, les interdits et les restitutions en entier seront traités vis EXCEPTION, INTERDIT, RESTITUTION EN ENTIER.

5. — Le droit romain présente trois systèmes d'actions privées ou de procédure civile bien distincts : celui des *actions de la loi*, celui des *formules*, et enfin le système des *jugemens extraordinaires* (*cognitiones extraordinariæ*). — Gaïus, *Comm.*, 4, § 11 et suiv., et § 33 et suiv. ; Justinien, *Instit.*, liv. 4, tit. 6.

6. — Observons que dans les deux premiers systèmes de procédure romaine, qui diffèrent si essentiellement, on remarque un caractère commun qui disparut avec eux, et ne se retrouve pas dans les institutions judiciaires modernes : nous voulons parler de la division de la procédure en deux parties distinctes. La première partie s'accomplissait devant le magistrat, qui fixait le point litigieux sur lequel le juge avait à prononcer. Le magistrat était juge du droit : le juge statuait sur le fait. — Walter, *Hist. de la procéd. civ. chez les Romains*, trad. Laboulaye, p. XIV, chap. prélim.

7. — Dans le troisième système, au contraire, la manière de procéder était plus simple. Le magistrat seul était chargé de dire et d'appliquer le droit, sans qu'il fût nécessaire de recourir à un juge, et sans qu'on employât de formule. Du reste, il faut observer que bien avant l'abolition des formules, cette manière de procéder sans *judex* s'était établie exceptionnellement et pour certains cas. En l'année 294 de J.-C., Dioclétien fit de l'exception la règle générale. — Ceci nous amène à exposer, dans la première partie de notre travail, l'organisation judiciaire des trois systèmes. Dans la seconde, nous traiterons des actions considérées en elles-mêmes, abstraction faite de leur applica-

tion ; et enfin, dans la troisième partie, nous étudierons la marche de la procédure.

—

TITRE 1er. — *Organisation judicaire.*

CHAPITRE Ier. — *Organisation sous le système des actions de la loi.*

Sect. 1re. — *Des magistrats.*

8. — En admettant, à défaut de preuves positives, que la séparation entre le magistrat, chargé de la *jurisdictio*, et le *judex*, chargé de l'application du droit, n'existât pas dès l'origine des actions de la loi, toujours est-il qu'à une certaine époque de ce premier système, elle est incontestable. En effet, deux des cinq actions de la loi consistaient dans la dation d'un juge : c'étaient la *judicis postulatio* et la *condictio*. Une troisième, la plus ancienne de celles qui avaient pour but la reconnaissance des droits, l'*actio sacramenti*, tendait aussi à la dation d'un juge. Il est douteux si avant la loi Pinaria, dont la date n'est pas connue, et qui s'occupait de cette dation d'un juge, il n'y avait pas lieu à en nommer un, ou si au contraire cette loi n'avait statué que sur le délai dans lequel on devait le nommer. — Gaïus, *Comm.*, 4, § 15; Walter, *Procéd. civ. chez les Romains*, chap. 1er, p. 3, trad. Laboulaye.

9. — La loi des douze Tables suppose comme préexistante cette distinction entre le *jus* et le *judicium*, d'où il résulte qu'elle existait dans les temps les plus reculés. — Lois des douze Tables, tabl. 1re, § 1er; 2e, § 2; 3e, § 2; 7e, § 5; 9e, § 3; 12e, § 3.

10. — A l'origine de Rome, les rois nous sont représentés comme les magistrats chargés de la *jurisdictio*. Après eux vinrent les consuls jusqu'en 387 de Rome, époque à laquelle la préture fut instituée. A côté des préteurs, et dès la même époque, les deux édiles curules furent investis d'une juridiction spéciale : en matière de ventes d'esclaves et d'animaux et généralement en matière de réglemens de police. Dès les premières années du sixième siècle, un préteur pérégrin fut établi à côté du préteur qui existait déjà : il fut chargé de la juridiction relativement aux étrangers. — Denys d'Halycarnasse, II, 14; X, 1; Cicéron, *Traité de la rép.*, V, 2; ff., lib. 1, tit. 2, L. 2e, § 27, 26 et 34; Walter, p. 2; Bonjean, *Encyclop. cathol.*, v° *Action*, p. 279.

11. — A côté de ces magistratures, qui existaient à Rome, les colonies, les municipes, les villes, les préfectures en avaient qui leur étaient particulières. Ainsi, les magistrats supérieurs des colonies et des municipes, duumvirs ou quatuorvirs, avaient la juridiction. Les préfets envoyés de Rome exerçaient cette même juridiction dans les villes préfectures. La Sicile, la Sardaigne, l'Espagne et la Narbonnaise ayant été réduites en provinces, on établit en 526 et 556 quatre nouveaux préteurs pour les gouverner. Sous Sylla, il y avait dix préteurs, et sous Jules César douze. — ff., tit. *De orig. jur.*, L. 2e, § 32, frag. *Pomponii*, Tite-Live, XXIII, 30; Cicéron, *In Rull.*, II, 34, Bonjean, § 48; Walter, *ibid.*; Zimmern, *Traité des actions en droit romain*, trad. Étienne, § 2 et suiv.

12. — Tous ces divers magistrats avaient, chacun dans la mesure de ses attributions et dans les limites de son territoire, la *jurisdictio*, c'est-à-dire la *diction* ou déclaration du droit, soit comme pouvoir *législatif*, soit comme pouvoir *judiciaire*. Ils exerçaient leur juridiction législative au moyen des édits, et leur juridiction judiciaire en appliquant les règles préexistantes, au moyen de la dation d'un juge, ou en statuant eux-mêmes sur les contestations privées. — Gaïus, 1, § 2 et 6; *Instit.*, tit. *De jure nat.*, § 3 et 7. — Voir les auteurs cités.

13. — On distinguait la juridiction suivant qu'elle était *volontaire* ou *contentieuse*, *limitée* ou *illimitée*, *ordinaire* ou *extraordinaire*, *propre* ou *déléguée*, *propre* ou *prorogée*.

14. — La juridiction était *volontaire*, quand le magistrat intervenait, non pour régler une contestation, mais afin de donner aux actes une solennité requise pour la valeur de ces actes : tels étaient la *manumissio*, la *vindicta*, la *cessio in jure*, l'*adoption*, l'*adrogation*. — Gaïus, 1, § 98 et suiv.; II, § 24; *Institut.*, liv. 1er, tit. 11; Ortolan, *Expl. histor. des Instit. de Justinien* (3e édit.), sur le liv. 1er, tit. 5.

15. — La juridiction *contentieuse* avait pour but de mettre fin aux contestations entre particuliers. Cette juridiction ne pouvait s'exercer hors de la circonscription territoriale qui était tracée au magistrat, à la différence de la volontaire. — ff., tit. *De jurisdict.*, L. 13, frag. *Ulpiani*.

16. — La juridiction *limitée* était dévolue aux magistrats municipaux : elle était bornée quant au *territoire*, quant à l'*importance* et à la *nature* des affaires. L'importance de la cause était déterminée par la *demande*. La juridiction limitée ne comprenait point, en général, l'*imperium*, c'est-à-dire le pouvoir de commander et de contraindre, le droit d'employer la force publique pour faire exécuter les ordres qu'on avait donnés. — ff., tit. *Ad municipal.*, L. 26, fr. *Pauli*.

17. — L'*imperium* appartenait, au contraire, aux magistrats ayant la juridiction *illimitée*, c'est-à-dire aux magistrats supérieurs, le préteur à Rome, et les présidens dans les provinces. Cette dernière juridiction était sans bornes quant à la nature et à l'importance du procès. Elle n'avait de limites que relativement au territoire. — Bonjean, § 33.

18. — La juridiction *ordinaire* était celle qui s'exerçait par la dation d'un *judex* : on l'appelait ainsi par opposition à la juridiction *extraordinaire*, par laquelle le magistrat statuait lui-même. — Bonjean, § 15, 23 et suiv., 34.

19. — La juridiction *propre* était celle qui était exercée par une personne qui en avait été investie directement par la loi; on l'opposait à la juridiction *déléguée*, c'est-à-dire exercée en vertu du pouvoir conféré par le magistrat à une autre personne de faire tel acte qui ne la concernait pas directement. Le magistrat pouvait déléguer son pouvoir en tout ou en partie, soit pour une seule affaire, soit pour un nombre indéterminé d'affaires. Il pouvait déléguer son pouvoir soit à un autre magistrat, soit à un simple particulier. Observons que la délégation ne pouvait avoir lieu en matière criminelle, non plus qu'en matière de juridiction volontaire. — Tite-Live, XXIV, 44; Cicéron, *Epist. ad Quint. frat.*, I, 1; ff., tit. *Damni infecti*, LL. 1 et 4, § 3; *De jurisdic.*, LL. 16 et 17; *De offic. ejus cui mand.*, L. 1; *De reg. juris*, L. 70; *De offic. procons.*, LL. 2, § 1er; 6, § 1er.

20. — La juridiction était dite *prorogée*, par opposition à la juridiction *propre*, alors que la compétence du magistrat était étendue à une affaire qui était en dehors de ses attributions. La prorogation n'étant qu'une extension de juridiction, il est certain qu'elle ne pouvait être faite qu'à l'égard des personnes ayant juridiction. — Cod., tit. *De jurisd.*, L. 3, Const. Dioclétien et Maximien.

Sect. 2e. — *Des juges.*

21. — Les juges étaient de deux sortes : les uns étaient choisis pour une affaire spéciale (tantôt un seul statuait, c'était l'*unus judex* ; tantôt ils étaient trois; on les appelait *arbitres*); les autres formaient un tribunal permanent, le collége des centumvirs et celui des décemvirs.

22. — Le *judex* était toujours unique : il y avait ordinairement trois arbitres. Le *judex* et les arbitres étaient choisis par les parties, qui pouvaient récuser sans motif celui qui leur était proposé. Si les parties ne pouvaient pas s'entendre sur le choix, l'on recourait à la voie du sort. Le magistrat attribuait le juge ou les arbitres choisis par les parties. Le juge et les arbitres ne pouvaient pas, sans motif légitime, refuser de connaître de la contestation pour laquelle ils avaient été choisis, car leur nomination les faisait considérer comme investis d'une charge publique. — Gaïus, 4, § 104 et suiv.; Cicéron, *De leg.*, 1, 21, *Pro Cluent.*, c. 43; *In Verr.* III, 31; III, 2, 13 et 14; Pline, *Hist. nat.*, *præf.*; ff., lib. 5, tit. 1, L. 78; lib. 50, tit. 5, L. 13, § 2.

23. — Le juge que les parties pouvaient choisir devait être pris dans certaines catégories. Durant le premier système, il fut pris uniquement dans la classe des sénateurs. Il est à croire qu'il en fut de même des arbitres. La seule différence qui existât entre le juge et les arbitres consistait en ce que le premier n'avait besoin d'avoir aucune connaissance spéciale, au lieu que les arbitres devaient avoir celle de certains arts. — Ortolan, *Hist. du droit romain*, p. 201; Plaute, *Rudæus*, acte 3, scène 4, vers 7 et 5.

24. — Le tribunal permanent des centumvirs était composé de juges élus annuellement et indistinctement dans chaque tribu : les plébéiens y étaient admis comme les patriciens. Vers l'an de Rome 512, le nombre des juges centumviraux était de 105, chaque tribu nommant trois juges. On voit que le nom de centumvirs qu'on employait pour désigner l'ensemble du tribunal n'était qu'approximativement exact. En effet, au temps de Pline, les membres de ce tribunal portaient encore le nom de centumvirs, bien qu'ils fussent 180. Remarquons que les centumvirs ne siégeaient qu'à Rome et qu'ils étaient étrangers aux provinces. — Tite-Live, liv. 2e, 21; 6e, 5; 7e, 15; 8e, 17; 9e, 20; 10e, 9; Festus, v° *Centumviralia*; Pline, *Epist.* VI, 33; Bonjean, § 84.

25. — Le tribunal centumviral était divisé tantôt en deux, tantôt en quatre colléges. Il était présidé par un magistrat romain, d'abord par les ex-questeurs; sous Auguste par les décemvirs; au temps de Pline, par un préteur, en présence des décemvirs. Il siégeait au forum. On ne sait pas s'il rendait les sentences en un seul collége ou par chambres séparées. Nous inclinons à penser que le plus souvent il jugeait séparément. Sans cela, quelle eût été l'utilité de la division du tribunal en deux ou quatre colléges ? — Quintilien, *Inst. orat.*, V°, 2, 1; XI, 1, 78; XIIe, 5, 6; Pline, *Epist.*, I, 18; IVe, 24; VIe, 33; Ve, 21; Suetone, *Domit.*, 8; Cicéron, *de orat.*, 1, 38; *pro Cæcin.*, 18; Bonjean, *ibid.*; Domenget, *Inst. de Gaïus, trad. et annot.*, p. 375, note.

26. — La compétence du tribunal centumviral embrassait : 1° les questions de propriété quiritaire, et de ses démembremens; — 2° les questions relatives à l'hérédité; — 3° les questions d'état. — Bonjean, § 87.

27. — On ne connaît pas les attributions du tribunal des *décemvirs*, ainsi nommé, sans doute, à cause du nombre de ses membres. Nous savons

seulement qu'on procédait devant eux par la forme du *sacramentum*; que sous Octave ils furent chargés de diriger le tribunal centumviral; et qu'ils eurent sous l'empire une portion de la juridiction criminelle.—Cicéron, *pro Cæcina*, 33; *pro Domo*, 29; Walter, p. 12.

CHAPITRE II.—*Organisation judiciaire sous le système formulaire.*

Sect. 1re. — *Magistrats.*

28. — Les magistratures que nous venons de parcourir furent conservées avec leur juridiction. Le nombre des préteurs fut augmenté; au temps de Pomponius on en comptait dix-huit à Rome. —Bonjean, *Encyclop. cathol.*, vo *Action*, p. 279; Pomponius, L. 2, § 32, ff., *De origin. juris.* — L'empereur était le chef suprême de l'état. Il exerçait le pouvoir législatif au moyen des *édits* qui prirent le nom de Constitutions. Il exerçait la juridiction au moyen des *rescrits*, ou décisions rendues sur des questions particulières, mais sans que l'empereur eût pris connaissance de l'affaire, et au moyen des *décrets* qui étaient de véritables jugemens. Le nom de *Constitution* était applicable aux rescrits et aux décrets aussi bien qu'aux édits. —*Instit.*, liv. 1er, tit. 2, § 6; Gaïus, comm. 1er, § 5.— Le préfet de la ville et le préfet du prétoire furent institués avec une juridiction spéciale. Le préfet de la ville, magistrat temporaire sous la république, devint permanent sous Auguste. Il connaissait des causes criminelles et de tout ce qui concernait la police. Sa juridiction s'étendait sur Rome et dans le rayon militaire. Il statuait principalement sur les plaintes des esclaves contre leurs maîtres et réciproquement; sur celles des patrons contre leurs affranchis, et sur les *appels* formés contre les décisions des préteurs. Il rendait des interdits et pouvait organiser un *judicium*.— Les préfets du prétoire (d'origine impériale, au nombre de deux sous Auguste), tirés de l'ordre des chevaliers, n'étaient d'abord que de simples capitaines des gardes. Ils en vinrent à cumuler l'autorité militaire avec les autorités judiciaire et administrative. Leurs arrêts étaient sans appel comme ceux de l'empereur lui-même. Leur autorité embrassait tout le territoire de l'empire. — ff., tit. *De offic. præf. urb.*, LL. 1re et 2; Bonjean, *Tr. des actions*, § 57 et 59; Domengel, p. 394, note; Zimmern, tit. 2, § 19 et suiv.

29. — L'Italie fut divisée par Adrien en quatre départemens, sous la direction de quatre *consulaires*, à l'exception d'un district qui fut soumis à la juridiction immédiate du préteur urbain. Marc-Aurèle remplaça les *consulares* par des *juridici*, qui exercèrent la même puissance jusqu'à Aurélien qui plaça un *corrector* à la tête de l'Italie. Les duumvirs furent conservés comme magistrats municipaux; mais ils n'eurent plus l'*imperium*, si ce n'est quant à la partie inhérente à la *jurisdictio*; et ne purent plus juger qu'à charge d'appel, qui se portait devant le préteur de Rome ou devant le lieutenant impérial du district. — Les lieutenans impériaux et le préteur urbain connaissaient des appels des jugemens rendus par les magistrats municipaux du district, et de toutes les causes enlevées à ces derniers; mais à charge d'appel devant l'empereur, le préfet de la ville ou celui du prétoire. Ils avaient exclusivement l'*imperium*. — Bonjean, § 64 et suiv.; Zimmern, *ibid.*

30. — Les provinces, divisées par Auguste en provinces du peuple et en provinces de l'empereur, avaient à leur tête des gouverneurs, sous les noms de proconsuls, propréteurs, lieutenans de César, présidens, préfets. Les gouverneurs avaient un pouvoir souverain et absolu dans leur province, et n'avaient de supérieur que l'empereur. Ils réunissaient en leur personne toutes les branches de juridiction. L'Egypte était gouvernée par un *præfectus Augustalis*, ayant des pouvoirs semblables aux gouverneurs des autres provinces.— ff., tit. *De offic. procons.* et *De offic. præsid.*; *De offic. præf. August.*

Sect. 2e. — *Juges.*

31. — Le juge unique était toujours pris dans certaines catégories. Seulement, par suite d'une loi de transaction, portée par Aurélius Cotta, en l'an 684 de Rome, il ne fut plus choisi exclusivement parmi les patriciens. Dès cette époque on distingua trois classes de juges : la première était composée de sénateurs, la deuxième de chevaliers, et la troisième de tribuns du trésor. Cette dernière fut composée, sous Antoine, de militaires,

sans égard au cens qu'ils payaient. Auguste fit une quatrième classe de personnes pouvant être choisies pour juges; elle était composée de gens ne payant qu'un faible cens : enfin, Caligula en créa une cinquième classe. Dans l'origine, le nombre des jurés, parmi lesquels les parties pouvaient choisir un juge, était de 300; sous Auguste, il fut porté à mille, et du temps de Pline à plusieurs milliers. — Bonjean, § 74 et 75; Domenget, p. 374, note.

32. — L'arbitre ou les arbitres continuèrent à être choisis comme sous le premier système. Le tribunal des centumvirs se soutint jusqu'à l'établissement de la procédure extraordinaire, mais il alla toujours en déclinant.—Bonjean, § 89; Zimmern, § 16; Walter, p. 8 et suiv.

33. — Une nouvelle classe de juges se développa sous ce système : celle des récupérateurs. Les récupérateurs différaient des juges en ce qu'ils n'étaient pas pris dans des catégories. Les personnes qui se trouvaient présentes étaient ou pouvaient être choisies; on avait recours à eux dans les causes urgentes, ou pour des affaires de peu d'importance. Ils connaissaient des actions réelles et des actions personnelles, mais plus particulièrement de la possession. Peut-être, dit M. Bonjean, les *recuperatores* étaient-ils chargés alors, non seulement de juger le différent, mais encore de mettre leur décision à exécution, en rétablissant par la force celui qui avait été dépouillé de sa possession. — *Encyclop. cathol.*, vo *Action*, p. 285. — Leurs fonctions avaient, suivant M. Zimmern, quelque analogie avec celles de nos juges de paix.—Observons que les contestations entre étrangers étaient toujours soumises à des récupérateurs. Ils ne pouvaient juger qu'au nombre de trois; souvent ils étaient cinq. — Zimmern, trad. Etienne, p. 100; Bonjean, § 80 et suiv.; Walter, p. 7.

CHAPITRE III. — *Organisation judiciaire sous le troisième système.*

34. —Sous Constantin, la différence entre le *jus* et le *judicium* disparut. Il n'y eut plus lieu nécessairement à la dation d'un juge, ni à la rédaction d'une formule. L'assignation était donnée directement à l'adversaire devant l'autorité compétente, par dénonciation au greffe. Le magistrat faisait notifier la dénonciation à la partie assignée et jugeait lui-même l'affaire. — Toutefois, au cas de multiplicité des affaires, le magistrat pouvait renvoyer devant les juges inférieurs la connaissance des causes de moindre importance; mais ils jugeaient sans formule. — Cod. lib. 2, tit. 58, L. 2; lib. 3, tit. 3, L. 2; Nov. 82, ch. 1er; C. de Théod., lib. 2, tit. 4; tit. 3, L. 1re.

35. — L'empire était divisé en quatre grandes préfectures, à la tête de chacune desquelles était un préfet du prétoire : c'étaient l'Orient, l'Illyrie, l'Italie, les Gaules. Chaque préfecture était divisée en provinces gouvernées par un *rector* ou *præses*. Les cités avaient aussi leurs autorités locales; ainsi Rome avait un préfet de la ville et un préteur urbain; Constantinople des *defensores civitatum*. — Bonjean, § 101.

36. — Les préfets du prétoire connaissaient en dernière instance et comme remplaçant l'empereur. — Le *præses* ou *rector* de la province était le juge ordinaire des affaires civiles; il connaissait aussi des appels des sentences rendues par les magistrats locaux. — Bonjean, *ibid.*

37. — Les *judices pedanei*, ou juges inférieurs, furent institués sous cette période de la procédure. Le président de la province avait le droit d'en établir. Zénon en attacha un certain nombre à chaque prétoire. Justinien en fit un collége permanent, et limita leur juridiction à 300 solides. — Cod. lib. 3, tit. 3, LL. 4 et 5; nov. 82, ch. 1er à 5.

TITRE 2. — *Actions en elles-mêmes, abstraction faite de leur application.*

CHAPITRE 1er. — *Système des actions de la loi.*

38. — Le système des actions de la loi a précédé les deux autres. Etabli dès les premiers âges de Rome, il fut en vigueur jusqu'au temps de Cicéron. Les Commentaires de Gaïus sont le seul document qui vienne jeter quelque lumière sur cette ancienne procédure.— V. Bonjean, § 14; Ortolan, *Explic. hist. des Inst. de Justin.*, 3e édit., t. 2, p. 403.

39. — Bien que sous ce système le mot *action* désignât le moyen légal de poursuivre un droit, on l'entendait plus spécialement de la procédure prise dans son ensemble. — Bonjean, § 14; Ortolan, *loc. cit.*; Domengel, *Institutes de Gaïus, traduites et annotées*, p. 396, note.

40. — Il y avait cinq *actions de la loi*, c'est-à-dire cinq formes de procéder en justice. C'étaient : 1° l'*actio sacramenti*; 2° la *judicis postulatio*; 3° la *condictio*; 4° la *manus injectio*; 5° la *pignoris capio*. — Gaïus, *Comm*, 4, § 12.

41. — L'*actio sacramenti* fut long-temps la seule qui servit à la réclamation des droits. Elle était générale et s'employait pour toutes les affaires auxquelles la loi n'avait pas attaché d'action spéciale. — Gaïus, 4, § 13.

42. — On l'appelait ainsi à cause du dépôt d'une certaine somme d'argent que, dans le principe, chacun des plaideurs remettait dans les mains du pontife, et parce que l'argent consigné par la partie perdante était confisqué et employé au besoin du culte, *ad sacra publica*. — Festus, vo *Sacramentum*, Varron, *de Linguâ latinâ*, 4, 36.

43. — Le montant du *sacramentum* était de 500 ou 50 as, suivant que la valeur du litige était de 1,000 as et au-dessus, ou qu'elle était inférieure à 1,000 as. Mais s'il s'agissait d'une contestation relative à la liberté d'une personne, le *sacramentum* n'était jamais que de 50 as, quelque considérable que fût cette personne. — Gaïus, 4, § 14.

44. — Voici comment s'accomplissait le rite de l'*actio sacramenti* : si l'action était réelle et avait pour objet une chose mobilière, qu'on pût apporter ou conduire devant le préteur, cette chose était amenée devant ce magistrat. Le demandeur, tenant une baguette (*festuca*), saisissait la chose, un esclave, par exemple, et disait : « Je dis que cet esclave est dans mon domaine quiritaire comme il se comporte (*secundum suam causam*): ainsi que j'ai dit, tu le vois, j'impose cette baguette. » En même temps, il touchait l'objet avec sa baguette. Le défendeur répétait les mêmes paroles et faisait le même geste. Cette première formalité était ce qu'on appelait le *manuum consertio*. — Après cela, le préteur disait : « Lâchez cet esclave, l'un et l'autre. » Les plaideurs obéissaient. — Le demandeur continuait : « Je demande pour quelle cause tu as revendiqué ? » — Le défendeur répondait : « J'ai exercé mon droit en imposant cette baguette. » — Alors le premier revendiquant disait : « Comme tu as revendiqué injustement, je te provoque à 500 as (ou 50 as) de *sacramentum*. » — « Je t'y provoque également, » répliquait l'adversaire. — Le préteur accordait ensuite la jouissance de la chose à l'un des plaideurs, c'est-à-dire qu'il le constituait possesseur intérimaire, en lui ordonnant de garantir à son adversaire la restitution de la chose litigieuse et de la jouissance, c'est-à-dire de la chose et de ses fruits. Cette garantie était appelée *prædes litis et vindiciarum*. — Gaïus, 4, § 16, trad. Domenget.

45. — Au temps de Gaïus, outre cette sûreté que le possesseur intérimaire était contraint de fournir à son adversaire, le magistrat recevait encore une double caution des plaideurs pour le paiement du *sacramentum*, qui ne se déposait plus préalablement dans les mains du pontife, comme dans le principe, mais que la partie contre laquelle on avait obtenu gain de cause payait au magistrat pour le trésor public. Ces dernières garanties étaient appelées *prædes sacramenti*. — Gaïus, *ibid.*

46. — Quand ces formalités étaient une fois accomplies, le procès continuait comme pour une action personnelle.—V. *infrà* nos 52 et suiv.

47. — Si l'objet réclamé était un immeuble ou une chose immobilière qu'on ne pût apporter devant le préteur, les parties avaient une formalité de plus à accomplir : c'était la *deductio*.

48. —Dans le principe, la *deductio* consistait dans le transport des parties et du magistrat sur le terrain litigieux ou dans l'endroit où se trouvait l'objet litigieux. C'était là que se faisait avec la baguette la revendication solennelle, qu'on appelait *manuum consertio*. On revenait ensuite devant le tribunal, où s'accomplissait la provocation au *sacramentum*. — Bonjean, t. 1er, p. 384, § 148; Ortolan, 3e éd., t. 2, p. 407.

49. — Plus tard, par suite de l'extension du territoire et de la multiplicité des affaires, le magistrat renonça à accompagner les plaideurs sur le lieu où était situé l'objet litigieux. Mais sur l'ordre du préteur, ces derniers s'y rendaient accompagnés de témoins : là le combat était simulé. C'est cette *deductio* qui remplaça la première. Les parties revenaient ensuite devant le magistrat, en ayant soin d'apporter une partie de l'objet contesté. Sur cette partie s'accomplissait la revendication. — Gaïus, 4, § 17; Aulu-Gelle, *Noct. att.* XX, 10; Cicéron, *Pro Cæcina*, c. 1, 7, 8 et 32.

50. — Dès avant le temps de Cicéron, les parties se rendaient de leur propre mouvement sur le lieu où était l'objet contesté, sans attendre l'ordre du préteur. La *deductio* se faisait par anticipation,

et les parties venaient ensuite devant le magistrat, munies du fragment nécessaire. — Cicéron, *Pro Murena*, c. 12.

51. — Dans l'*actio sacramenti* relative aux poursuites d'obligations, le combat simulé, la revendication par la baguette, et l'attribution de la possession intérimaire n'avaient pas lieu. Il est à présumer que les parties devaient tour à tour s'interpeller sur l'obligation que l'une d'elles prétendait exister et que l'autre niait. Après cela, arrivait la provocation au *sacramentum*. — Heffler, *Observat.*, cap. 5 ; Bonjean, t. 1er, p. 381, § 145 ; Ortolan, *loc. cit.*, p. 410.

52. — Que le procès fût relatif à la réclamation d'un droit réel ou à une contestation personnelle, après que les formalités que nous venons de tracer avaient été accomplies, les parties demandaient un juge, qu'elles n'obtenaient qu'après un délai de trente jours. Du moins, il est certain qu'il en était ainsi depuis une certaine loi Pinaria, citée par Gaïus, mais dont la date est inconnue. On ignore si avant cette loi il n'y avait pas dation de juge, ou si, au contraire, le juge était donné sans attendre l'expiration d'un délai de trente jours. — Gaïus, 4, § 15 ; Ortolan, *loc. cit.*, p. 409 ; Bonjean, *ibid.*

53. — Après la nomination du juge, les parties fixaient un jour pour comparaître devant lui. Quand elles étaient en sa présence, avant de défendre leur cause, elles lui exposaient le plus souvent en peu de mots, et comme pour lui fournir une indication, le sujet du débat. C'était le résumé de l'affaire. — Gaïus, 4, § 15.

54. — Suivant que le juge décidait en faveur du demandeur ou contre lui, son *sacramentum* était déclaré juste ou injuste. Dans le premier cas, le demandeur reprenait le montant de son *sacramentum*, et avait gain de cause ; à l'inverse, le défendeur perdait le sien ; dans le second cas, le demandeur perdait le montant de son *sacramentum* et son procès, et le défendeur reprenait son *sacramentum*. A l'époque où la consignation effective n'eut plus lieu, la caution de celle des parties qui avait obtenu gain de cause était libérée, et le paiement du *sacramentum* de l'autre partie était exigé d'elle ou de sa caution, par le magistrat. — Cicéron, *pro Cæcina*, 33 ; *pro Domo*, 29 ; *de Orat.*, I, 10 ; *pro Milone*, 27.

55. — L'*actio sacramenti*, qui fut long-temps la seule action de la loi employée pour la réclamation des droits, avait cet inconvénient que le juge ne pouvait qu'apprécier si le *sacramentum* était juste ou non, sans pouvoir tenir compte des obligations réciproques dont les parties étaient tenues entre elles. Il pouvait se faire aussi que l'objet réclamé fût caché : de là, impossibilité d'accomplir le rite solennel de l'action *sacramenti*. — Ortolan, t. 2, p. 411.

56. — Ces inconvéniens amenèrent sans doute la création d'une autre action de la loi, beaucoup plus simple et moins fatale aux plaideurs. Cette action fut appelée *judicis postulatio*.

57. — Nous ne connaissons pas la procédure qu'on suivait dans cette action, les pages qui lui étaient consacrées dans le manuscrit de Gaïus n'ayant pas été retrouvées. Nous avons seulement la formule dans laquelle la demande du juge devait être faite. Elle nous a été transmise par Valerius Probus et est ainsi conçue : J. A. V. P. U. D. (*judicem arbitrumve postulo uti des*). — V. Zimmern, trad. Etienne, p. 113, § 42 ; Ortolan *loc. cit.*, p. 412.

58. — La *judicis postulatio* s'employait dans les poursuites d'obligations de choses indéterminées ; ainsi, dans les affaires concernant les tutelles, les fiducies, les ventes, louages, mandats, sociétés, enfin toutes celles où le juge devait tenir compte des obligations réciproques des parties. — Cicéron, *de Offic.*, III, 10 et 17.

59. — Cette action n'ayant d'application que dans les affaires personnelles où le montant de l'obligation était indéterminé, il en résultait que l'*actio sacramenti* était encore employée pour la réclamation des droits réels et pour les affaires d'obligations de choses déterminées. — Ortolan, *loc. cit.*, p. 414.

60. — Les mêmes motifs qui avaient amené l'introduction de la *judicis postulatio* donnèrent naissance à la *condictio* qui est d'une date plus récente. Cette troisième action fut créée par la loi Silia, portée vers l'an de Rome 510, pour la réclamation des sommes certaines d'argent, et par la loi Calpurnia, de dix ans postérieure, relativement à toute autre obligation de chose certaine. — Ortolan, t. 2, p. 415 ; Bonjean, *Encyclop. cathol.*, vo *Action*, p. 295 ; Domenget, *Inst. de Gaïus*, § 20, comm. 4.

61. — Nous ne connaissons pas plus la procédure suivie dans cette troisième action que celle relative à la précédente. Gaïus nous apprend que, de son temps, c'était déjà une question controversée que de savoir pourquoi on avait créé une action spéciale pour réclamer ce qui était dû, puisqu'on pouvait atteindre ce résultat, soit par l'action *sacramenti*, soit par la *judicis postulatio*. — Gaïus, 4, § 20. Bonjean, *ibid.*, p. 302 et 303.

62. — Quoi qu'il en soit, il est certain que depuis la création de la *condictio*, l'action *sacramenti* ne s'appliqua plus qu'aux droits réels, dont la connaissance était renvoyée au tribunal des centumvirs. La *judicis postulatio* s'employait pour la poursuite de toutes obligations autres que celles de donner des choses certaines. La *condictio* était accordée dans les obligations de donner des choses certaines. — Ortolan, t. 2, p. 417.

63. — A côté des actions que nous venons de parcourir, et qui étaient relatives à la poursuite des droits, il y avait deux autres actions de la loi qui n'étaient que des voies d'exécution. C'étaient la *manus injectio* et la *pignoris capio*.

64. — On entendait généralement par *manus injectio* l'exercice d'un droit par l'appréhension physique d'une chose ou d'une personne, hors de la présence de l'autorité. — Servius, *ad Virgil. Æneid.*, lib. 10, v. 1.

65. — L'action de la loi *per manus injectionem* était celle dont la formalité caractéristique consistait dans une pareille main-mise. Mais il faut remarquer que, dans ce cas, l'appréhension physique s'accomplissait devant le magistrat, circonstance qui la distinguait essentiellement des mains-mises extrajudiciaires. — Gaïus, 4, § 29 ; Ortolan, t. 2, p. 418 ; Zimmern, trad. Etienne, § 44 ; Bonjean, § 156.

66. — Elle différait des trois premières actions de la loi en ce qu'elle ne donnait jamais lieu à la constitution d'un juge, et de la cinquième, en ce que cette dernière ne se passait pas devant le magistrat, ce qui avait fait douter, dit Gaïus, qu'elle fût une véritable action de la loi. — Gaïus, § 29, comm. 4.

67. — Il y avait trois espèces différentes de *manus injectiones*, comme action de la loi. C'étaient : la *manus injectio judicati*, celle *pro judicato*, et la *manus injectio pura*. — Gaïus, 4, § 21 et suiv.

68. — La *manus injectio judicati* avait été introduite par la loi des douze-tables, pour assurer l'exécution des jugemens. Le demandeur, après avoir amené de gré ou de force, par une main-mise extrajudiciaire, son adversaire en présence du magistrat, disait : « Par dol, vous ne m'avez pas donné les dix mille sesterces que le juge vous avait condamné à me payer ; c'est pourquoi je mets la main sur vous pour ces dix milles sesterces. » En même temps, il saisissait le défendeur par quelque partie de son corps. Le défendeur, dans ce cas, ne pouvait pas repousser la main du demandeur, ni agir par lui-même. Il devait nommer un représentant (*vindex*) qui se chargeât de le défendre. Celui qui ne pouvait pas ou ne voulait pas fournir ce représentant était conduit dans la maison du créancier, où il était enchaîné. — Gaïus, 4, § 21.

69. — Dans cet état, le débiteur se nommait *addictus*. Il était esclave de fait, mais non encore de droit. Ni ses enfans, ni ses biens ne passaient dans le domaine de son créancier. La loi des douze-tables réglait sa nourriture et le poids des fers dont on pouvait le charger. — Gaïus, comm. 3, § 189 et 199 ; Quintil., V. 3 ; L. des douze-tables, tabl. 3.

70. — Le débiteur restait dans cette situation pendant soixante jours, dans l'intervalle desquels, de neuvaine en neuvaine, il devait être conduit devant le magistrat, dans le *comitium*, avec proclamation de la somme pour laquelle il était *addictus*, afin que ses parens, ses amis acquittassent sa dette s'ils voulaient le libérer. Faute de paiement, le délai de soixante jours étant expiré, il subissait une diminution de tête définitive, et était vendu comme esclave à l'étranger, au-delà du Tibre. — Tite-Live, V, 14 ; VI, 36 ; VII, 16 ; Denys d'Halycarnasse, IV, 11.

71. — Dans la suite, certaines lois permirent, dans d'autres cas, la *manus injectio*, comme s'il y avait eu chose jugée. Ainsi, la loi Publilia l'autorisa contre celui pour lequel son *sponsor* avait payé, si, dans les six mois après le paiement, il n'avait pas remboursé ; la loi Furia la permit aussi contre celui qui avait réclamé et reçu d'un *sponsor* plus que sa part virile ; enfin, beaucoup d'autres lois accordèrent cette action dans plusieurs autres cas. — Gaïus, trad. Domenget, *Comm.* t. 4, § 22.

72. — D'autres lois établirent, pour certains autres cas, la *manus injectio* pure, c'est-à-dire, sans regarder la chose comme jugée. Ainsi fit la loi Furia sur les testamens, contre celui qui avait reçu, comme legs ou donation à cause de mort, plus de 1000 as, à moins que cette loi ne l'eût compris par exception parmi ceux qui pouvaient recevoir davantage ; ainsi fit la loi Marcia, contre les usuriers, qui permit la *manus injectio* pour leur faire rendre les intérêts qu'ils avaient reçus. — Domenget, *ibid.*

73. — Dans le cas de *manus injectio* pure, à la différence de ce qui avait lieu dans les autres cas, le défendeur pouvait défendre par lui-même, et n'était pas *addictus*. Seulement, si la défense n'était pas de nature à faire renvoyer le défendeur absous, le magistrat le condamnait *extra ordinem*, et le demandeur arrivait plus tard à l'exécution de cette sentence par la *manus injectio judicati*. — Gaïus, 4, § 24. — V. Ortolan, t. 2, p. 421.

74. — Suivant Gaïus, l'action de *manus injectio* ne conserva sa rigueur primitive que dans le cas où on poursuivait l'exécution de la chose jugée et dans celui où le *sponsor* réclamait le montant de la somme qu'il avait payée pour le débiteur. Hors ces deux cas, la loi Varia, dont la date peut se placer dans la première moitié du septième siècle de Rome, permit de repousser la main du demandeur et de défendre par soi-même. — Domenget, *Inst. de Gaïus*, 4, § 25 ; Ortolan, t. 2, p. 421, note 3.

75. — La cinquième action de la loi, la deuxième relative aux modes d'exécution, était la *pignoris capio*. A la différence de la *manus injectio*, qui s'exerçait sur la personne du débiteur, celle-ci n'avait trait qu'à ses biens. Elle n'avait d'application que dans des cas exceptionnels, déterminés par la loi ou les coutumes. A la différence des autres actions de la loi, elle ne s'accomplissait pas devant le magistrat, ce qui (joint à ce qu'elle s'exécutait même pendant les jours néfastes et en l'absence du défendeur) avait fait douter qu'elle fût réellement une action de la loi. — Gaïus, 4, § 26 et 29.

76. — L'usage avait introduit la *pignoris capio* relativement au service militaire, en faveur des soldats, contre ceux qui devaient leur payer la solde, ou le prix et l'équipement d'un cheval, ou le prix du fourrage. — Gaïus, 4, § 27.

77. — La loi des douze-tables l'avait introduite contre l'acheteur d'une victime qui n'en payait pas le prix, et contre le locateur d'une victime qui ne payait pas son prix, lorsque ce prix était destiné à un sacrifice. La loi Censoria l'accordait également aux fermiers des impôts publics contre ceux qui n'acquittaient pas les impôts dont ils étaient tenus. — Gaïus, § 28.

78. — Nous ne connaissons pas la procédure de cette action de la loi. Nous savons seulement qu'elle s'accomplissait en prononçant des paroles solennelles. — Gaïus, § 29.

CHAPITRE. II. — *Système formulaire.*

Sect. 1re. — *Transition du premier système au second.*

79. — La transition du premier système de procédure au système formulaire fut loin de s'accomplir brusquement. On remarque au contraire une gradation ménagée qui remplace le premier système par un autre approprié au droit des gens et à l'usage des pérégrins. C'est la continuation des démembremens que nous avons déjà vus relativement à l'action primitive du *sacramentum*. — Ortolan, t. 2, p. 427.

80. — Gaïus nous dit expressément que certaines actions du système formulaire sont dérivées des actions de la loi. — Gaïus, 4, § 10.

81. — Plus loin, le même jurisconsulte nous donne, comme exemple d'actions formulaires dérivées des actions de la loi, l'action donnée au publicain, dans laquelle la fiction consiste en ce que le débiteur est condamné au montant de la somme que, sous le premier système, il aurait dû payer s'il avait voulu reprendre son gage. — Gaïus, trad. Domenget, 4, § 32.

82. — L'endroit du manuscrit de Gaïus où il faisait ressortir la filiation des actions formulaires nous manque. Mais il est facile de retrouver des analogies frappantes entre les deux systèmes, et de montrer la génération du second par le premier.

83. — Ainsi, prenant pour exemple la procédure qui était suivie dans l'action réelle formulaire, avant qu'elle fût arrivée à son plus grand développement, nous voyons que les plaideurs agissaient par la formule de sponsion. Or, la procédure suivie dans ce cas était celle-ci : « Si telle chose a lieu, ou si telle chose n'a pas lieu, promets-tu tant ? » Après cela, on agissait par une formule dans laquelle le juge avait à examiner si la *sponsio* était juste ou injuste ; et par là même il décidait le procès. — Gaïus, 4, § 13, 93 et 94.

84. — Les choses se passaient ainsi dans les procès nés en matière d'obligations, avec ce caractère

de ressemblance de plus, que le défendeur provoquait à son tour son adversaire par une restipulation équivalente à la *sponsio*. Ici, la *sponsio* avait un caractère pénal, de même que le *sacramentum* des actions de la loi : le demandeur devait la perdre si sa provocation était reconnue injuste, comme le défendeur devait perdre le montant de la restipulation si elle était injuste. Ce dernier était, en outre, condamné au principal du procès. Mais il est à remarquer que la somme promise par le plaideur perdant était acquise au plaideur gagnant, et non plus au trésor, comme l'ancien *sacramentum*. — Gaïus, 4, § 13 et 171 ; Ortolan, p. 431, t. 2.

85. — S'il s'agissait de réclamation de propriété ou autres droits réels, il n'y avait que la provocation à la *sponsio*, sans que le défendeur provoquât à la restipulation. Ici, le montant de la sponsion n'était point exigé, car ce n'était point une action pénale, mais une procédure par laquelle on jugeait le fond du procès, une simple action préjudicielle. — Gaïus, 4, § 94.

86. — Dans l'action réelle *per sponsionem* ayant trait à la propriété, il y avait lieu d'attribuer la possession intérimaire à l'un des plaideurs, qui, de même que dans l'action *sacramenti*, devait garantir à son adversaire la restitution de la chose et de ses fruits, en cas de perte du procès ; à cet effet, il devait s'engager par une stipulation qu'on appelait *pro præde litis et vindiciarum*, parce qu'elle tenait lieu de l'ancienne caution *prædes litis et vindiciarum*. Elle devait être cautionnée par un fidéjusseur. — Cicero, *in Verrem*, 1, 115.

87. — Le nom seul de cette stipulation, qui est le même que celui de la garantie exigée du possesseur intérimaire dans l'*actio sacramenti*, rapproché de cette gageure de *sponsio* et de *restipulatio*, qui représentent la double provocation au *sacramentum*, prouve évidemment la transfusion de l'*actio sacramenti* dans l'action formulaire *per sponsionem*.

88. — La *sponsio* différait, toutefois, du *sacramentum* en ce qu'elle ne consistait pas, comme ce dernier, en une somme certaine et déterminée. Tantôt elle était d'une portion de l'objet en litige ; tantôt elle était abandonnée à la fixation des parties. — Gaïus, 4, § 13 et 171.

89. — Dans certains cas, la procédure *per sponsionem* était obligée ; dans d'autres, elle était volontaire. — Gaïus, *loc. cit.*

90. — Outre cette ressemblance de formes que nous venons de signaler entre l'action *sacramenti* et la procédure formulaire *per sponsionem*, nous en trouvons d'autres dans les termes mêmes des formules où l'on reconnaît clairement l'origine des actions de la loi. Ainsi, nous avons vu que la provocation du demandeur en matière de propriété, sous le premier système, se faisait ainsi : « *Hunc ego hominem meum esse aio.* » Or, nous retrouvons les mêmes paroles dans l'*intentio* de la formule de l'action réelle : « *Si paret hominem ex jure quiritium Auli Agerii esse.* » — De même, la *demonstratio* des formules est ainsi conçue : « *Quod Aulus Agerius hominem vendidit.* » Or, dans l'action de la loi *per manus injectionem*, le demandeur provoquait ainsi son adversaire : « *Quod tu mihi judicatus sive damnatus es.* » — Gaïus, 4, §§ 9, 21 et 24.

91. — Les causes de la décadence des antiques actions de la loi tiennent à leur extrême subtilité, à leur formalisme rigoureux, et aux dangers auxquels elles exposaient les plaideurs. — Gaïus, 4, § 11 et 30 ; Bonjean, *Encyclopédie catholique*, v° *Action*, p. 307.

92. — Aussi, la loi Æbutia, antérieure de quelque temps à Cicéron, et les deux lois Julia (dont l'une est la loi *Judiciorum privatorum* portée par Auguste, et dont l'autre est probablement la loi *Judiciorum publicorum*, portée par le même empereur) les supprimèrent-elles pour les remplacer par la procédure formulaire. — Gaïus, 4, § 30 ; Bonjean, t. 1er, p. 440, et *Encyclop. cathol.*, v° *Action*, p. 307.

93. — Quelles que soient, en définitive, les dates de ces lois, il est certain qu'elles ne firent que reconnaître en droit une pratique nouvelle que l'influence de la procédure applicable aux pérégrins avait introduite en fait, tout en l'appropriant, comme nous venons de le voir, au système reconnu. — Zimmern, § 49 ; Walter, chap. 2, p. 16 ; Ortolan, t. 2, p. 427 et 428.

94. — Cette influence est facile à saisir si l'on remarque que, dès les premières années du sixième siècle, à la même époque où la dernière action de la loi, la *condictio* fut créée, un préteur *peregrinus*, chargé de statuer sur les différends entre pérégrins et entre pérégrins et citoyens romains, fut institué. Les étrangers ne pouvaient, en effet, participer au droit civil, ni, en conséquence, invoquer la procédure des *legis actiones*. Aussi, un système particu-

lier dût-il leur être accordé, dans lequel le juge n'avait point à statuer sur une question de droit civil, mais seulement sur un point de fait déterminé à l'avance par le magistrat. — Ortolan, t. 2, p. 428.

95. — L'acte dans lequel le magistrat indiquait au juge la décision qu'il aurait à rendre était la formule. — Ortolan, *ibid.*

96. — Observons, du reste, que, dans les procès entre pérégrins ou entre citoyens romains, et pérégrins, le magistrat ne nommait pas un seul juge pour l'examen du fait posé dans la formule, mais plusieurs, qu'on appelait récupérateurs, au nombre de trois ou de cinq, choisis par les parties, parmi les citoyens ou les personnes présentes au tribunal. — Ortolan, *ibid.*

97. — De ce que les récupérateurs n'avaient pas de question de droit civil à examiner, mais un simple fait à vérifier, il résulte que la formule ne contenait que deux parties : celle où le point de fait à examiner était posé, et celle dans laquelle le magistrat accordait aux récupérateurs le pouvoir de condamner ou d'absoudre, selon que les faits seraient ou non vérifiés. Ce sont précisément ces deux parties que nous retrouvons dans les actions formulaires *in factum* appliquées entre citoyens romains et qui furent nécessairement pendant longtemps les seules qu'on leur accorda. — Ortolan, p. 429.

98. — Cette procédure simple et sans dangers était de nature à plaire aux citoyens romains, qui pratiquaient des règles beaucoup plus rigoureuses. Aussi durent-ils solliciter du magistrat qu'il accommodât la formule à leurs contestations entre citoyens, d'autant plus qu'ils y participaient dans leurs procès avec les pérégrins. Et, comme il arrivait fréquemment que le préteur pérégrin suppléait le préteur urbain, il y eût, de la part des magistrats, tendance à favoriser un système dont ils appréciaient la simplicité. — Ortolan, p. 430.

99. — C'est ainsi que s'introduisit le nouveau système d'actions, qui, appliqué entre citoyens romains, dût cependant subir des changemens notables, précisément parce qu'il était nécessaire de tenir compte du droit civil, et qu'on devait accommoder la procédure récente aux rites des actions de la loi. Aussi en avons-nous vu des traces sensibles dans la gageure de *sponsio* et dans les termes mêmes des formules, malgré l'absence de détails qui nous manquent sur les solennités de l'ancienne procédure.

100. — Mais cette transformation de la procédure n'avait pas fait disparaître entièrement l'ancien système. Ainsi, l'*actio sacramenti* fut maintenue en matière de propriété quiritaire et d'autres droits réels, pour lesquels on allait devant le tribunal des centumvirs. Cette action fut également maintenue pour le cas de dommage imminent ; mais, pour ce dernier objet, personne ne voulait plus agir ainsi ; on avait plutôt recours à la stipulation *damni infecti*, qui donnait des avantages plus complets. — Gaïus, *Comm.*, 4, § 31. — V. *infrà* n° 258.

101. — Même en matière de propriété quiritaire, de questions d'état et d'hérédité, objets pour lesquels le *sacramentum* avait été maintenu, il fut loisible aux citoyens d'agir par la formule *per sponsionem*. Enfin, à côté de cette dernière formule, l'usage en admit une beaucoup plus simple, par laquelle le demandeur tendait directement à la réclamation de son droit, formule calquée sur celle qui était reçue en matière d'obligations, et qu'on appela formule pétitoire par opposition à celle *per sponsionem*. — Gaïus, *Comm.*, 4, § 91 et 92.

Sect. 2e. — *Composition et parties de la formule.*

102. — Sous le système formulaire, bien que le mot action ait toujours le sens général que nous lui avons donné (nos 1er et suiv.), il est pris le plus souvent dans un sens plus restreint, qui est celui-ci : « L'action est le droit que nous avons de poursuivre devant le juge (*notre chose*) ou ce qui nous est dû. » — *Instit.* liv. 4, tit. 6, § 1er.

103. — Le texte de Justinien ne définit que l'action personnelle, le nom de *petitio* étant consacré pour désigner l'action réelle. Cela tient sans doute à cette circonstance que, dans le principe du nouveau système, l'action formulaire n'avait d'application qu'en matière d'obligations, la pétition étant réservée au collège centumviral. — Ortolan, t. 2, p. 439.

104. — Dans ce système, on prend aussi souvent la formule pour l'action elle-même. L'instance aussi prend quelquefois le nom d'action. Les trois mots *actio*, *formula* et *judicium* y sont considérés comme synonymes. — Ortolan, t. 2, p. 439, et t. 1er, p. 410 et 417.

105. — La formule était l'acte dans lequel le magistrat instituait le juge, dans lequel il déterminait les questions que celui-ci aurait à examiner, et les principes de droit qu'il devrait appliquer. — Bonjean, § 168.

106. — Quand un préteur entrait en fonctions, il publiait une grande quantité de formules qu'il inscrivait sur son *album*, parmi lesquelles le demandeur choisissait l'action qu'il prétendait exercer. Il dictait en quelque sorte au magistrat les faits qu'il invoquait, la prétention qu'il élevait et la condamnation qu'il demandait. De son côté, le défendeur dictait ses moyens de défense, auxquels le demandeur pouvait répondre par des répliques, et ainsi de suite. Après cela, le magistrat arrêtait la formule avec laquelle il renvoyait les parties devant le juge. — ff., lib. 2, tit. 13, *De edendo*, L. 1, pr. et § 1er ; Gaïus, 4, § 133, 46, 131, 59, 41 ; Asconius, *in Verr.*, c. 3 ; Cicero, *Pro Roscio Comœdo*, 24.

107. — Les parties principales de la formule étaient : la *démonstration*, partie où le magistrat exposait le fait prétendu par le demandeur ; l'*intention*, où était exprimée la prétention du demandeur ; l'*adjudication*, où le magistrat attribuait au juge le pouvoir d'adjuger à l'une des parties un droit de propriété appartenant à l'autre ; et enfin la *condamnation*, où le juge recevait le pouvoir de condamner ou d'absoudre. — Gaïus, 4, § 39 à 43.

108. — Mais ces quatre parties n'étaient pas toujours réunies dans la formule. Ainsi, dans certaines actions réelles, l'*intentio* seule s'y trouvait : c'étaient les actions préjudicielles. — L'adjudication ne se rencontrait jamais que dans trois actions particulières, les actions *familiæ erciscundæ*, *communi dividundo*, et *finium regundorum*, les seules où le juge reçut le pouvoir de faire une attribution de propriété. Dans un grand nombre d'actions, la formule ne contenait que deux parties, la condamnation, et une partie qui réunissait l'intention et la démonstration, et qui prenait le nom d'intention. C'étaient les actions *in factum*. — Gaïus, 4, § 44.

109. — L'*intentio* était la plus importante de toutes les parties. Il ne pouvait exister de formule sans elle. — Gaïus, *ibid.*, Bonjean, § 173 ; Ortolan, t. 2, p. 443.

110. — Elle était tantôt conçue *in jus*, tantôt conçue *in factum*. L'*intentio* conçue *in jus* était celle où le juge avait une question de droit civil à examiner, et qui faisait rentrer l'action qui la contenait dans la classe des actions *in jus*. Elle était, au contraire, conçue en fait, quand elle ne laissait au juge qu'à examiner un point de fait ; ce qui mettait l'action où elle était comprise parmi les actions *in factum*. — Gaïus, § 45 et 46. — V. *infrà* sect. 3, § 3, nos 176 et suiv.

111. — La condamnation que le juge pouvait prononcer était toujours pécuniaire, et devait être d'une somme d'argent déterminée. La *condemnatio*, partie de la formule, déterminait tantôt le montant de cette somme d'une manière précise, tantôt, au contraire, elle fixait seulement au juge une limite qu'il ne pourait pas dépasser. Enfin, dans certains cas, le magistrat imposait au juge une limite plus vague, déterminée seulement par quelques circonstances qu'il devait apprécier ; par exemple, il permettait de condamner le défendeur jusqu'à concurrence de ce qui avait tourné à son profit. Il arrivait enfin dans certaines actions que le juge n'avait aucune limite qui restreignît la condamnation : il en était ainsi en matière de réclamation de propriété. — Quand la *condamnation* ne précisait pas rigoureusement le montant de la somme que le juge pouvait prononcer contre le défendeur, et que, d'un autre côté, elle ne laissait pas à ce dernier toute latitude, elle était dite *condamnation taxée*. La condamnation taxée se subdivisait elle-même en deux classes, la taxation, qui fixait un *maximum* que le juge ne pouvait pas dépasser, et la taxation vague, qui laissait au juge à apprécier le profit fait par le défendeur, ou le montant du pécule. — Gaïus, 4, § 48 à 52 ; ff., lib. 15, tit 1er, *De pecul.* ; LL. 2, F. Pomp., 5, pr. et § 1, 30, § 1, 36 et 41, F. Ulp. ; lib. 5, tit. 1 *De re judic.*, L. 57, Fr. d'Ulp. ; lib. 42, tit. 8, *Quæ in fraud. credit.* L. 12, § 6, Fr. Ulp.

112. — Outre ces parties principales, la formule comprenait des parties accessoires qu'on appelait *adjectiones* dans le langage des jurisconsultes. — Gaïus, 4, § 129.

113. — Parmi ces *adjectiones*, les unes étaient dans l'intérêt du demandeur, les autres dans celui du défendeur. Elles étaient placées, soit en tête de la formule, soit à la suite de l'une des parties principales. — Gaïus, 4, § 115 et suiv., 127, 129 et suiv.

114. — Entre autres, on remarque les *prescriptions*, ainsi nommées parce qu'elles étaient écrites en tête de la formule. — Les *prescriptions* avaient été introduites dans l'intérêt du deman-

deur. — Il pouvait se faire, en effet, qu'un débiteur fût tenu d'une obligation ayant des échéances périodiques, et qu'il fût actionné par son créancier pour les prestations échues. Dans ce cas, comme il n'y avait qu'une même obligation contractée, qu'un droit unique, le demandeur ne pouvait agir qu'en vertu de cette obligation, comprenant à la fois et ce qui était échu et ce qui était à échoir. Mais s'il intentait sa demande dans de tels termes, sans la restreindre aux prestations dues, comme il avait ainsi déduit devant le juge toute l'obligation, même dans ce qu'elle avait de futur, il n'obtenait que ce qui était échu; et si, par la suite, il voulait réclamer le surplus, il était déchu pour plus pétition. Afin d'éviter cette déchéance, il était de son intérêt de faire insérer, en tête de la formule, une prescription dans laquelle il restreignait le montant de sa demande à ce qui était dû à l'époque où il agissait. — Gaïus, 4, § 131 et 132.

115. — De même, si un demandeur agissait *ex empto*, pour la *mancipation* d'un fonds, voulant se réserver l'action *ex empto* ou *ex stipulatu* pour l'avenir, il devait faire insérer cette prescription en tête de la formule : « *Il s'agit de la mancipation d'un fonds.* » Autrement, ayant déduit l'obligation entière devant le juge, il n'aurait pas eu d'action ultérieure pour la possession; et cependant, par sa première action, il n'aurait obtenu que la mancipation, puisque, à l'époque où il agissait, la mancipation seule lui était due. Le cas d'application de cette *prescription* est facile à apercevoir. Il suffit de supposer une vente dans laquelle le vendeur s'était réservé la possession jusqu'à une certaine époque, ne s'engageant à faire actuellement que la mancipation. — Gaïus, 4, § 131.

116. — Certaines *prescriptions* avaient aussi été introduites en faveur du défendeur. On remarque notamment la *præscriptio fori*, la *præscriptio temporis*, qui seront expliquées en détail dans la section historique du mot exception. — Gaïus nous apprend que, de son temps, toutes les prescriptions introduites en faveur du défendeur étaient transformées en exceptions. — Gaïus, 4, § 133.

117. — Les exceptions étaient au nombre de ces *adjectiones*, qui pouvaient rentrer accessoirement dans la formule. Il en était de même des *dupliques, tripliques*, etc. — V. EXCEPTION (historique).

118. — Dans les formules, c'était le magistrat lui-même qui s'adressait au juge, à la différence de ce qui avait lieu dans les actions de la loi, où les parties s'adressaient directement la parole. Après avoir constitué le juge en ces termes : *Judex esto*, et si l'action était personnelle, le préteur exposait ainsi, dans la *démonstration*, le fait générateur de l'obligation : « *Quod Aulus Agerius apud Numerium Negidium mensam argenteam deposuit.* » Il posait ensuite la prétention du demandeur : « *Quidquid ob eam rem Numerium Negidium Aulo Agerio dare facere oportet ex fide bona ejus.* » Et plus bas, il ajoutait la condamnation : « *Id judex Numerium Negidium condemnato ; si non paret absolvito.* » — Gaïus, 4, § 47.

119. — Si l'action était réelle, après la nomination du juge, le préteur exposait ainsi le fait générateur du droit du défendeur : « *Quod Aulus Agerius Titii heres est.* » Il rédigeait ensuite l'*intentio* contenant la prétention du demandeur : « *Si paret eam rem ex jure quiritium Auli Agerii esse ;* » après quoi il écrivait la *condemnatio* : « *Quidquid ob eam rem dare facere oportet Aulo Agerio, dare facere Aulo Agerio Numerium Negidium, judex, condemnato ; si non paret absolvito.* — Gaïus, 4, § 41 ; Zimmern, § 52.

120. — Observons quant à présent, pour y revenir plus loin (nos 207 et suiv.), que la *condemnatio* de la formule de l'action réelle était conditionnelle, c'est-à-dire qu'elle ne devait être prononcée, même en cas de preuve du fondement de la prétention du demandeur, qu'autant que le défendeur ne restituerait pas l'objet réclamé. On ajoutait à cet effet, après la condamnation, cette clause restrictive : « *Nisi restituat,* » qui donnait au juge le droit et lui imposait le devoir de prononcer l'ordre (*jussus, arbitrium*) de restituer. Et ce n'était qu'à défaut d'exécution de ce *jussus* que le juge prononçait la condamnation. — Gaïus, 4, § 47 et 163 ; Cicero, *in Verr.* II, 12.

121. — Les actions *in factum* ne contenant que deux parties : celle où le fait générateur du droit était énoncé, et la *condemnatio*, leur formule était ainsi conçue : « *Judex esto ; si paret Aulum Agerium apud Numerium Negidium mensam argenteam deposuisse, eamque dolo malo Numerii Negidii Aulo Agerio redditam non esse, quanti ea res erit, tantam pecuniam judex Numerium Negidium Aulo Agerio condemnato ; si non paret absolvito.* » — Gaïus, 4, § 47.

122. — Les trois actions *familiæ erciscundæ*,

communi dividundo et *finium regundorum*, comprenaient une quatrième partie, l'*adjudication*, ainsi conçue : *Quantum adjudicari oportet, judex Titio adjudicato.* — Gaïus, 4, § 42. — V. *suprà* nos 107 et 108.

Sect. 3e. — *Division des actions sous le système formulaire.*

123. — En exposant le système des actions de la loi, nous avons vu qu'il y avait cinq manières générales de procéder. Nous venons de voir que sous le système formulaire, au contraire, il y a uniformité absolue de procéder : c'est toujours avec une formule que les parties vont devant le juge. Mais, s'il n'y a entre les actions formulaires aucune différence quant à la manière de les mettre en usage, il y en a de très grandes dans la rédaction même de la formule, différences qui tiennent tantôt à des raisons intrinsèques, tantôt à des motifs historiques. — Zimmern, § 59.

§ 1er. — *Actions réelles, actions personnelles.*

124. — La division capitale des actions formulaires est celle qui distingue les actions réelles des actions personnelles. Elles rentrent toutes dans ces deux grandes classes, comme le dit Gaïus, en critiquant l'avis de certains jurisconsultes anciens, qui voulaient quatre genres d'actions, comme il y avait quatre genres de sponsions. — Domenget, *Inst. de Gaïus*, trad. et annot., p. 327, note.

125. — Cette division tient à la nature même des choses, à des raisons intrinsèques, et n'est point exclusivement propre au système formulaire. Elle est essentielle à tous les systèmes, car toujours ou nous réclamons en justice un droit absolu sur une chose, ou nous poursuivons ce qui nous est dû par tel ou tel. Sous les actions de la loi, l'action *sacramenti*, tant qu'elle exista seule, avait une procédure distincte, suivant que le demandeur tendait à la reconnaissance d'un droit réel, ou à la poursuite d'une obligation ; et les actions *judicis postulatio* et *condictio*, furent créées pour la réclamation des droits personnels. Un tribunal eut connaissance des droits réels (le tribunal des centumvirs), tandis qu'un juge privé statuait sur les questions d'obligations. — Domenget, *ibid.*, p. 396, note.

126. — L'action est réelle lorsque nous prétendons qu'une chose corporelle est nôtre ou qu'un droit absolu nous compète, par exemple, un droit d'usage, d'usufruit, de passage, de conduite, d'acquéduc, d'élever plus haut ou de prospect. Cette action ne suppose qu'une personne, sujet du droit, et une chose objet de ce droit, abstraction faite de toute autre personne que nous prétendrions tenue envers nous d'une obligation. En d'autres termes, l'action est réelle alors que nous réclamons un droit absolu sur une chose, indépendamment d'un fait quelconque dont nous prétendrions notre adversaire tenu envers nous. — Gaïus, 4, § 3 ; *Inst.* Just., liv. 4, tit. 6, § 1 ; Ducaurroy, *Inst. expl.*, t. 2, p. 304 ; Ortolan, t. 2, p. 456 ; Bonjean, t. 2, liv. 3 ; Zimmern, § 59 ; Walter, p. 27 et suiv., ch. 3.

127. — L'action personnelle est celle par laquelle nous prétendons que quelqu'un est *obligé* envers nous, soit par un contrat, soit par un délit, c'est-à-dire lorsque nous prétendons qu'il faut donner, faire ou fournir. — Gaïus, 4, § 2.

128. — De cette division des actions, il résulte qu'en droit romain, on ne pouvait pas agir par action réelle en soutenant que l'adversaire était tenu envers le demandeur, car on ne pouvait pas *donner* à celui-ci ce qui lui appartenait déjà, puisque, par *donner*, on entendait *transférer la propriété*, et qu'une chose dont on est déjà propriétaire ne peut être transférée de nouveau en propriété à son maître. — Gaïus, 4, § 4.

129. — Cette différence essentielle entre les actions réelles et les actions personnelles en nécessitait une dans la rédaction des formules, différence qui se trouvait dans l'*intentio*, où le demandeur exprimait sa prétention. Aussi, matériellement, la formule de l'action réelle se distinguait de celle de l'action personnelle, en ce que dans l'intention de la première, le demandeur ne nommait pas son adversaire, au lieu que dans celle de l'action personnelle, le nom du défendeur était nécessairement inséré. — V. notamment Gaïus, 4, § 34, 36, 37, et surtout 41 ; Ortolan, *loc. cit.*

130. — Si le défendeur n'était pas et ne pouvait pas être nommé dans l'*intentio* de la formule, il l'était au contraire dans les autres parties, notamment dans la *condamnation*, qui, portant nécessairement sur une somme pécuniaire à fournir,

devait s'adresser directement au défendeur. — Gaïus, 4, § 43.

131. — On voit que la dénomination d'*actio in rem* vient précisément de ce que l'*intentio* de la formule était dirigée *in rem*, sur le droit lui-même, tandis que l'action *in personam* était, au contraire, dans son *intentio*, dirigée contre le défendeur, qu'on prétendait obligé. C'est dans le même sens qu'on distinguait des exceptions *in rem*, pour désigner une disposition générale, sans acception de personne, et des exceptions *in personam*, quand elles tendaient à établir un fait attribué à une personne. — ff., lib. 44, tit. *Doli mali except.*, L. 2, § 1er, 2 et 33, F. Ulp ; Ortolan, p. 457, t. 2.

132. — De ce que l'*intentio* de l'action réelle était rédigée généralement et tendait directement au droit absolu, des interprètes modernes en ont conclu que l'action réelle était celle qui s'attachait à la chose et se donnait contre tout possesseur de cette chose, tandis que l'action personnelle était celle qui restait attachée à la personne, et ne se donnait jamais contre une autre personne que celle qu'on prétendait obligée. C'était là une erreur évidente, et qui est généralement abandonnée aujourd'hui. En effet, il résulte d'un fragment de Paul (ff., lib. 6, tit. 1, L. 27, § 3) que l'action réelle pouvait être exercée, en certains cas, contre le non possesseur, tandis que, d'autre part, plusieurs actions personnelles se donnaient contre tout possesseur : telles étaient l'action *ad exhibendum*, l'action *quod metûs causâ* et les actions noxales. — ff., lib. 10, tit. 4, *Ad exhib.*, L. 3, § 15, Fr. Ulp.; lib. 4, L. 14, § 3, tit. *Quod metûs causâ*; *Inst.*, liv. 4, tit. 8, *De noxal. act.*, § 5, et tit. 6, § 27; Ortolan, t. 8, p. 538 ; Ducaurroy, t. 2, p. 365.

133. — L'utilité de la division des actions en réelles et en personnelles consiste en ce que, dans les premières, il suffit d'établir que le droit revendiqué appartient au demandeur, au lieu que dans les secondes, prouver qu'on est créancier, sans établir aussi qu'on l'est de telle personne déterminée, ce ne serait arriver à aucun résultat. — Ducaurroy, no 1182, t. 2, p. 209.

134. — On désignait sous le nom général de *vindicatio* l'action réelle, tandis qu'on appelait *condictio* l'action personnelle. — Gaïus, 4, § 5 ; ff., lib. 44, tit. 7, *de Oblig. et act.*, L. 25, pr. Fr. Ulp. ; lib. 12, tit. 1er, *De jurejur.*, L. 2, § 48, Fr. Paul.

135. — Toutefois, plusieurs actions réelles recevaient un nom particulier : ainsi, on disait la *petitio hereditatis*, l'*actio publiciana*, l'*action contraire à la publicienne*, la *Paulienne*, la *Servienne* la quasi-*Servienne* ou *hypothécaire*. — Gaïus, 4, § 36 ; *Instit.*, § 4 et suiv., liv. 4, tit. 6.

136. — En outre, quand l'action réelle avait pour objet la réclamation d'un droit autre que celui de propriété, comme un droit d'usufruit ou de servitude prédiale, elle prenait le nom d'*actio confessoria* ou affirmative. — ff., lib. 8, tit. 5, *Si servitus vindicetur, vel ad alium pertinere negetur*, L. 2, pr. Fr. Ulp.

137. — Dans les cas de contestations sur des droits réels autres que celui de propriété, celui qui déniait qu'un tiers eût un de ces droits sur sa propriété avait de son côté une action réelle qu'on appelait *négatoire* pour empêcher l'exercice de ce droit. On conçoit l'utilité de cette action, si l'on remarque que dans la formule négatoire on affirmait qu'on avait la propriété exempte du droit prétendu, ce qui revenait à la revendication de la fraction que l'adversaire soutenait en être détachée. — V. ff., *ibid.* ; Ortolan, t. 2, p. 511.

138. — L'action négatoire ne pouvait pas s'employer en matière de pleine propriété, parce qu'elle n'aurait produit aucun résultat ; car prétendre qu'un tiers n'est pas propriétaire d'une chose, ce n'est pas prouver qu'on en soit propriétaire. En outre, le possesseur d'une chose corporelle pouvait, au moyen des interdits *uti possidetis* et *utrubi*, protéger sa possession sans engager la question de propriété; au lieu que la possession des droits autres que celui de propriété n'était pas, dans l'origine, protégée par l'interdit, ce qui avait nécessité l'introduction de l'action négatoire, qui fut maintenue même après l'extension des interdits aux servitudes. — *Frag. vaticana*, § 90 et 91 ; Javolénus, L. 20, *De servit.* ff.; *Inst.* Just., liv. 4, tit. 6, § 2; Ortolan, *loc. cit.*, Ducaurroy, no 1184 ; Gaslonde, thèse de licence (*Paris*, 13 août 1836).

139. — Malgré l'affirmation du texte de Justinien, où cet empereur dit que l'action négatoire n'existait pas dans les contestations de propriété des choses corporelles, les commentateurs ont fait de vains efforts pour découvrir un cas où cette action négatoire existait même pour ces sortes de contestations. M. Ducaurroy a vu ce cas unique dans celui du propriétaire qui, attaqué par la publicienne, repousse cette action par l'exception *justi dominii*. Or, ce cas nous paraît mal trouvé, puisqu'en effet, la position du propriétaire qui opposait

l'exception *justi dominii*, et qui était obligé de la prouver, était la même que celle de toute partie opposant une exception, puisqu'elle était toujours obligée de la prouver, ce qui a fait dire : *Reus fit actor excipiendo*. — ff., lib. 44, tit. 1er, L. 1. — V. toutefois Ducaurroy, no 1186.

140. — Du reste, la fin du § 2 du titre 6, liv. 4, des *Instit.*, d'où l'on a voulu conclure qu'il existait un cas où l'action négatoire était employée en matière de propriété, parle expressément d'une *action*, et l'explication de M. Ducaurroy ne nous fournirait qu'un cas d'exception, ce qui établit clairement qu'elle doit être rejetée. — Nous aimons mieux ne voir, dans la fin du paragraphe, avec M. Ortolan et beaucoup d'autres commentateurs, que la répétition surabondante de ce qui avait été dit en tête du paragraphe; c'est-à-dire qu'il n'existait qu'*un cas* (celui relatif aux contestations de droits réels autres que le droit de propriété) où l'action négatoire fût en usage. — Ortolan t. 2, p. 512.

141. — Le nom de *condictio* s'appliquait à toutes les actions personnelles dont l'*intentio* se référait généralement aux obligations de donner ou de faire. Mais il n'en faut pas conclure qu'il désignât également toutes les actions personnelles. En effet, les obligations peuvent consister non-seulement à donner ou à faire, mais encore à fournir (*præstare*). Or, la *condictio* ne concernait que les obligations de donner ou de faire, laissant en dehors celles qui consistaient dans toute autre prestation. — Gaïus, 4, § 5.

142. — Il résulte de la définition même de la *condictio*, qu'elle ne comprenait pas les actions *in factum*, ni les actions *in jus*, qui étaient de bonne foi, puisque, dans les unes et les autres, il y avait lieu à des prestations autres que l'obligation de donner ou celle de faire. La *condictio* ne désignait donc que des actions de droit strict, et ne les comprenait pas toutes. — Ducaurroy, no 1230.

143. — Nous voyons, en effet, que chaque fois que la loi ou le droit prétorien avaient établi une action spéciale, ils lui avaient attaché un nom particulier, soit que cette action fût de bonne foi, soit qu'elle fût de droit strict. Ainsi, on disait l'action *furti*, l'action *ex lege Aquiliâ*, l'action d'injures, l'action exercitoire, l'action *quod jussu*, l'institoire, l'action *de peculio*, etc., comme on disait l'action *pigneratitia*, les actions *empti, venditi, conducti, locati, pro socio, mandati, contraria mandati, tutelæ, contraria tutelæ*, etc. — V. *Inst.*, liv. 3, tit. 14, 23, 24, 25, 26; liv. 4, tit. 6, et § 28, tit. 7; Gaïus, *Comm.* 3, § 202 et suiv.; 4, § 8 et suiv., § 71 et suiv., § 62.

144. — Nous avons vu, en exposant le système des actions de la loi, que la *condictio* de ces actions s'appliquait uniquement en matière d'obligations de choses certaines. Il est à remarquer que, sous la procédure formulaire, la *condictio*, bien qu'elle ait un sens différent de celui qu'elle avait précédemment, désignait plus spécialement les obligations de donner telle somme ou telle chose déterminée. Ulpien le dit formellement, en ces termes : *Certi condictio competit ex omni causa, ex omni obligatione, ex quâ certum petitur*. — V. ff., lib. 12, tit. 1er, *de rebus cred.*, L. 9, *præm.*

145. — Quand le système formulaire fût arrivé à un plus grand développement, on introduisit d'autres actions personnelles qui tendaient à la dation d'une chose incertaine, et auxquelles on donna aussi le nom de *condictio*. Il en fut de même pour les cas où, au lieu d'une obligation de donner, il s'agissait d'une obligation de faire. Mais dans ces différens cas, comme l'*intentio* de la formule était incertaine, on désignait l'action sous le nom de *condictio incerti*, tandis que l'action appliquée en matière d'obligation de donner une chose certaine était appelée *condictio certi*. — ff., LL. 12, § 2, tit. *De cond. furt.*; 3, tit. *De cond. sine causa*; 40, § 1er, *De cond. indeb.*; 9, tit. *De rebus cred.*; *Inst.*, liv. 3, pr. tit. *De oblig.*, pr. et § 1er, tit. *Quib. mod. re contr.*; § 6, tit. *De obl. quasi ex contr.*; Gaïus, 4, § 204, 213.

146. — En résumé, la *condictio certi* naissait de la stipulation d'une chose certaine, du contrat *litteris*, du legs *per damnationem* d'une chose certaine, de la constitution de dot, de la promesse de certains ouvrages faite par l'affranchi à son patron, du *mutuum*, de la dation d'une chose certaine dans un but autre qu'une donation, si ce but n'avait pas été rempli, de toute loi ayant établi une peine déterminée contre l'auteur d'un dommage, et enfin, dans le cas de vol pour la restitution des objets volés. — La *condictio incerti* s'employait pour contraindre à l'acquittement de son obligation celui qui s'était engagé à constituer un droit d'usufruit, qui est de sa nature une chose incertaine; pour la réclamation d'un legs *sinendi modo*, ou d'un legs *per damnationem* de chose incertaine; pour la demande en libération d'une obligation. — ff., tit. *De condict. ex lege.*, fr. Paul. L. 1.; tit. *De cond. sine causa*, fr. Ulpien, L. 1, § 1 et 3; Frag. Afric., L. 4; fr. Paul. L. 1 pr., § 1 et 2; fr. 3, *De cond. ob turp. caus.*, Ulpien, fr. 9, § 1, tit. *De reb. cred.*; *Inst.* liv. 3, tit. 14, 15, 21, 29. — V. aussi Ducaurroy, no 1231; Ortolan, p. 461 et suiv., t. 2; Domenget, p. 397 et 398, note.

147. — Plus spécialement, et par une raison historique, on voit que le nom de *condictio* avait été réservé à l'action par laquelle le demandeur réclamait une somme d'argent déterminée, comme l'ancienne *condictio* telle que l'avait établie la loi des douze tables; tandis qu'on désignait sous l'expression générique de *condictio triticaria* les autres condictions, soit certaines, soit incertaines. Enfin, en dernier lieu, et par opposition aux actions *in rem*, on avait appliqué le nom de *condictio* à toute action personnelle. — ff., lib. 13, tit. 3, *De cond. tritic.*, L. 1; lib. 44, tit. 7, *De oblig. et act.*, L. 25, pr. fr. Ulpien.

§ 2. — *Actions civiles, actions prétoriennes.*

148. — La deuxième division des actions formulaires est celle qui distinguait les actions civiles (créées par les lois ou ce qui tenait lieu de loi) des actions prétoriennes (introduites par le préteur). On voit que cette division tenait à l'origine historique des actions, et n'avait aucunement trait à une différence essentielle tirée de leur nature intrinsèque. — *Inst.*, liv. 4, tit. 6, § 3; Domenget, *Inst. de Gaïus*, p. 398, note.

149. — Nous venons de passer en revue un grand nombre d'actions civiles en traitant de la première division des actions. Nous y avons aussi énuméré plusieurs actions prétoriennes. Il nous reste à examiner en détail quelques-unes des plus importantes.

150. — Le préteur avait créé des actions réelles et des actions personnelles. Parmi les actions réelles prétoriennes, on rencontre fréquemment l'action publicienne, l'action contraire à la publicienne, la paulienne, la servienne, la quasi-servienne ou hypothécaire, et enfin toutes les actions préjudicielles, moins la *liberalis causa*, qui était du droit civil antérieur à la loi des douze tables, et avait été insérée dans cette loi par Appius Claudius. — ff., lib. 1, tit. 2, L. 2, § 24; Gaïus, 4, § 86, *Inst.*, liv. 4, tit. 6, § 4, 5, 6, 7, 13. — V. Domenget, p. 398, note.

151. — La publicienne, ainsi nommée parce qu'elle avait été introduite par le préteur Publicius, qui vivait du temps de Cicéron, supposait accompli un fait qui ne l'était pas, et donnait au possesseur, qui avait perdu la possession avant d'avoir usucapé, le droit de revendiquer comme si l'usucapion avait eu lieu avant la perte de la possession. — Au temps de Gaïus, la publicienne pouvait recevoir application dans quatre cas distincts : 1o quand une chose *mancipi* ayant été livrée par le véritable propriétaire avec intention d'en faire acquérir le domaine à celui qui la recevait, mais sans qu'on eût accompli la mancipation ou tout autre mode d'acquérir les choses *mancipi* d'après le droit civil, le possesseur en voie d'acquérir cette chose par l'usucapion en perdait la possession avant que l'usucapion fût accomplie. Dans cette circonstance, la revendication civile n'était pas donnée à l'ex-possesseur : la publicienne lui était donc utile; — 2o lorsqu'on avait reçu, avec juste titre et de bonne foi, mais *à non domino*, une chose soit *mancipi*, soit *nec mancipi*, si on perdait la possession avant d'avoir usucapé, la publicienne était nécessaire. Mais, dans ce cas, elle ne produisait pas contre toute personne le même effet que dans le cas précédent. Ainsi, si elle était intentée contre le véritable propriétaire, comme il eût été contraire à l'équité, partant au but de l'action publicienne, de dépouiller le véritable maître, on donnait à ce dernier l'exception *justi dominii* pour repousser la demande; de même, si, toujours dans le même cas, la publicienne était intentée contre un possesseur qui avait reçu la chose à juste titre et de bonne foi, dans le but d'en acquérir le domaine, on appliquait l'adage : « *in pari causâ melior est causa possidentis*, » et la prétention du demandeur était repoussée, sans distinguer entre le cas où c'était le même tiers qui avait fait la tradition aux deux contendans et celui où c'étaient deux personnes différentes; — 3o si, dans les provinces, on était en train de prescrire, ou si même on avait possédé assez long-temps pour que la prescription fût accomplie, et qu'on perdît la possession, il était besoin de recourir à la publicienne, car la prescription ne rendait pas propriétaire, et ne permettait pas en conséquence d'employer l'action réelle civile; — 4o le véritable propriétaire avait lui-même souvent intérêt à agir par la publicienne, qui ne l'obligeait pas, comme l'action civile, à justifier de la propriété de ses auteurs. — ff., lib. 6, tit. 2, *De public. in rem act.*, LL. 9, § 5; 12, § 4; 11, § 1-17; lib. 19, tit. 1, *De act. empt.*, L. 31, § 2; *Inst.*, liv. 4, tit. 6, § 4; Gaïus, *Comm.* 2, § 41; 4, § 36; Ortolan, t. 2, p. 514; Ducaurroy, t. 2, nos 1189 et suiv.; Domenget, *ibid.*

152. — L'action publicienne n'était pas accordée pour les objets que les jurisconsultes romains appelaient choses vicieuses, puisqu'elles n'étaient pas susceptibles d'usucapion. Toutefois, bien que les servitudes prédiales ne fussent pas soumises à l'usucapion, comme, d'après le droit prétorien, elles étaient susceptibles d'acquisition par un long usage, l'action publicienne leur était applicable; il en était de même de l'usufruit sous Justinien, qui paraît avoir rendu ce dernier droit susceptible d'uscucapion, par dix ans ou vingt ans de possession. — Du reste, sous ce prince, les moyens d'acquérir du droit des gens ayant été confondus avec ceux du droit civil, et la prescription admise dans les provinces et l'usucapion ayant également été confondues, le premier et le troisième cas d'application de la publicienne avaient disparu. Le deuxième et le quatrième restaient seuls en usage. — ff., lib. 6, tit. 2 *De public. in rem act.*, L. 11, § 1er; Cod. lib. 7, tit. 33, const. 12; *Inst.*, liv. 4, tit. 6, § 4.

153. — L'action contraire à la publicienne se donnait à celui contre lequel l'usucapion s'était accomplie pendant qu'il ne pouvait agir, soit qu'il fût absent, soit que le possesseur fût absent, n'ayant point de représentant légal contre lequel on pût revendiquer. Elle permettait à l'ancien propriétaire de revendiquer, dès que la chose serait possible, comme si l'usucapion n'avait pas eu lieu. Mais il fallait, pour que l'action contraire à la publicienne fût accordée, que l'absence du propriétaire, quand l'impossibilité d'agir venait de son fait, fût basée sur une juste cause, comme un service public, une détention chez l'ennemi. Si, au contraire, l'impossibilité d'agir avait été causée par le possesseur qui s'était caché pendant les délais de l'usucapion pour empêcher l'interruption, l'action contraire était accordée, quel que fût le motif de l'absence du possesseur. — Au temps de Justinien, ce dernier cas d'application était inutile, car cet empereur avait permis l'interruption de l'usucapion contre l'absent, au moyen d'une protestation, soit devant le président, soit devant l'évêque, soit même devant le défenseur de la cité. — ff., lib. 4, tit. 6, L. 1, § 1; LL. 2, 9, 13, 14, 15 et 21, pr., § 1 et 2; tit. 22 et 23, pr. et § 4; 25 et 26, § 2 et 3; Cod. lib 7, tit. 40, *De ann. except.*, L. 2, *Const.* Justinien; *Inst.*, liv. 4, tit. 6, § 5.

154. — L'action contraire à la publicienne devait être intentée dans l'année, à partir du jour où l'impossibilité d'agir avait cessé. — Justinien substitua à ce délai celui de quatre années continues. — ff., lib. 44, tit. 7, L. 35; liv. 4, tit. 6; C., lib. 2, tit. 53, *De temp. in integ. restit.*, L. 7, *Const.* de Justinien.

155. — L'action paulienne se donnait aux créanciers d'un débiteur qui avait aliéné ses biens en fraude de leurs droits. C'était une action réelle par laquelle les créanciers, après s'être fait envoyer en possession des biens du débiteur, revendiquaient les choses aliénées, comme si cette aliénation n'avait pas eu lieu. — A côté de cette action réelle paulienne, dont parlent les Institutes, on voit au Digeste une action personnelle du même nom, qui tend à faire révoquer tout acte fait par un débiteur en fraude de ses créanciers. — Théophile. *Paraphrase*, sur le liv., 4, tit. 6. § 6, *Inst.*; ff., lib. 22, tit. 1, L. 38, pr. et § 4; lib. 42, tit. 8, LL. 1, § 2; 3 et 6 pr., § 1 et 2. — V. aussi ACTION PAULIENNE, OBLIGATION.

156. — L'action servienne, appelée ainsi du nom de son auteur, le préteur Servius, avait pour but de permettre au bailleur d'un fonds rural la revendication des objets que le colon avait promis d'y apporter comme sûreté de ses fermages. Elle se donnait contre tout tiers détenteur desdits objets. Pour que cette action pût être exercée par le propriétaire du fonds, il n'était pas nécessaire que les choses affectées au prix du fermage eussent déjà été apportées dans la ferme. Il faut ajouter qu'à la différence du contrat ordinaire de gage, qui chez les Romains se formait par la tradition seule de l'objet du gage, et qui, même dans le principe, n'existait que si le débiteur avait transporté (fiduciairement) la propriété de la chose au créancier, dans le cas de l'action servienne, au contraire, la poursuite du gage pouvait se faire même avant toute tradition faite au bailleur, et aussi alors qu'il en avait perdu la possession. — ff., lib. 20, tit. 1 et 2 et tit. *De pact.*, L. 17, § 2, Fr. Paul; Cod., liv. 8, tit. 14 et 15.

157. — L'action quasi-servienne, ou hypothécaire, était accordée à celui auquel, par la seule convention, le débiteur avait conféré le même droit réel que s'il lui avait remis un gage : c'était

une extension de l'action servienne. — On voit combien cette possibilité de conférer un droit réel par la simple convention était contraire aux principes rigoureux du droit civil; et ce n'est que par l'immense avantage qu'on en retirait pour le crédit qu'on peut expliquer son introduction dès avant le temps de Cicéron. — ff, lib. 20, tit. 1; Cicéron, *Ad familiar.*, XIII, 56; *Inst.*, liv. 4, tit. 6, § 7; Ducaurroy, nº 1202.

158. — Cette action qui, comme la servienne, donnait au créancier trois droits bien distincts : celui de vente, celui de préférence et celui de suite, ne pouvait pas, comme en droit français, être exercée par un créancier hypothécaire que d'autres créanciers hypothécaires auraient primé, à moins qu'il ne les eût désintéressés. Mais, d'un autre côté, la date de l'établissement des gages ou hypothèques déterminait la préférence, de telle sorte que le créancier hypothécaire non possesseur primait le créancier nanti du gage, mais postérieur en date. Il y avait toutefois exception à cette dernière règle pour certaines hypothèques : notamment pour celle du fisc, celle de la femme pour sa dot, etc. — ff., lib. 20, tit. 1 et 4; Cod., lib. 8, tit. 18; LL. 4, *Const.* d'Antonin, et 12, *Const.* de Justinien; lib. 4, tit. 46, 1, *Const.* d'Antonin; Ducaurroy, nº 1204. — V. au surplus GAGE, HYPOTHÈQUE, PRIVILÉGE.

159. — Les actions préjudicielles étaient celles dans lesquelles il s'agissait d'obtenir uniquement, par décision judiciaire, la constatation d'un état ou d'un fait, constatation dont on ne prétendait faire résulter aucune condamnation immédiate, mais dont on se proposait de tirer un avantage ultérieur. Nous savons que la formule de ces sortes d'actons ne contenait que l'*intentio*. Long-temps on avait cru que leur usage se bornait aux questions d'état; il est certain aujourd'hui qu'elles étaient souvent employées pour la simple constatation d'un fait, par exemple, pour la fixation de la dot; pour la question de savoir si les *sponsores* ou les *fidepromissores* avaient été avertis de l'étendue de leur obligation, comme le voulait la loi Apuléia. Toutes ces actions, moins la *causa liberalis*, avaient été créées par le droit prétorien. — Gaïus, 3, § 123; 4, § 44; *Inst.*, liv. 4, tit. 6, § 13.

160. — La *causa liberalis* était employée, soit qu'il s'agît de faire déclarer quelqu'un esclave, soit de le faire déclarer libre. Jusqu'à Justinien, l'homme litigieux était revendiqué devant le magistrat par un licteur, ou *assertor libertatis;* la question pouvait être résolue jusqu'à trois fois, si le magistrat se prononçait pour l'esclavage. Mais Justinien ayant autorisé l'homme litigieux à se défendre lui-même, avait voulu que la chose jugée fût jugée à l'égard de tous. — ff., lib. 1, tit. 2, L. 2; Cod., lib. 7, tit. 16, L. 6.

161. — Le droit prétorien avait introduit un grand nombre d'actions personnelles. Parmi elles, Gaïus énumère l'action qu'on donnait pour ou contre l'étranger qu'on feignait citoyen romain; celle qui se donnait contre un débiteur *diminué de tête*, qu'on feignait n'avoir pas subi cette diminution; celle qui était accordée à l'envoyé en possession de biens prétorienne; celle qui compétait à l'acheteur de biens, et qu'on appelait *servienne* quand elle était exercée par l'acheteur des biens d'un défunt, et qui se nommait *rutilienne* quand elle était donnée à l'acheteur des biens d'un vivant. Parmi les actions personnelles prétoriennes, on comptait encore les actions *quod jussu*, *exercitoire*, *institoire*, *tributoire*, *de peculio*, de constitut, et la classe innombrable des actions *in factum*. — Gaïus, 4, § 34 et suiv.; § 70 et suiv.; ff., lib. 13, tit. 5; Cod., lib. 4, tit. 18; *Inst.*, liv. 4, § 9.

162. — Quant aux actions que le préteur donnait pour ou contre l'étranger, contre un débiteur diminué de tête, pour ou contre l'envoyé en possession de biens prétorienne, de même que les actions servienne et rutilienne, actions sur lesquelles nous reviendrons dans une division ultérieure, il est bon de remarquer tout d'abord qu'elles étaient une application extensive de certaines actions déjà créées, et non une création de nouvelles actions. Il faut observer, en outre, qu'elles étaient soit réelles, soit personnelles, suivant qu'en supposant comme une réalité la fiction qu'elles nécessitaient, l'action eût été réelle ou personnelle. — V. *infrà* § 4, nºs 182 et suiv.

163. — Ainsi, l'action accordée au possesseur de biens, quand elle tendait à la poursuite d'une obligation que l'héritier pouvait réclamer par une action personnelle civile, était donnée à ce possesseur de biens comme action personnelle, et la formule en était ainsi rédigée : « *Soyez juge, si Aulus Agérius, dans le cas où il serait héritier de Séius, et si quelque chose était dû à Séius, s'il appert que Numérius Négidius doive donner dix mille sesterces à Aulus Agérius,* etc. » — Gaïus, 4, § 34.

164. — De même, dans le cas où il y avait lieu à une action personnelle contre un étranger, par exemple, dans le cas de vol, le préteur donnait une formule ainsi conçue : « *Soyez juge, s'il appert qu'un vol d'une coupe d'or a été commis par Dion ou à l'aide de ses conseils, délit pour lequel il faudrait condamner Dion comme voleur, s'il était citoyen romain,* etc. » Si c'était au contraire l'étranger qui intentait l'action de vol, on disait : « *Soyez juge, s'il appert qu'un vol a été commis par Séius au préjudice de Dion, délit pour lequel il faudrait condamner Séius envers Dion, si ce dernier était citoyen romain,* etc. » — Gaïus, 4, § 37.

165. — Les actions qu'on donnait contre les personnes diminuées de tête, et qu'on feignait n'avoir pas subi cette diminution; celle qu'on donnait pour ou contre l'acheteur de biens avaient des formules rédigées dans le même sens. — Gaïus, § 35 et 36.

166. — Les actions *quod jussu*, *exercitoire*, *institoire*, *tributoire*, *de peculio*, étaient données contre le père ou le maître d'un fils de famille ou d'un esclave, pour les affaires qu'un tiers avait faites avec ce fils ou cet esclave. On remarque avec raison qu'elles étaient plutôt des attributs des diverses actions qu'on aurait données contre le père ou le maître, si l'affaire avait eu lieu directement entre lui et le tiers, qu'elles n'étaient des actions spéciales. Ainsi, dans les cas où le fils ou l'esclave avait fait un achat, une vente, un louage, c'étaient les actions *empti*, *venditi*, *conducti*, *locati*, qui étaient données contre le père ou le maître, avec une modification de formule que nous ne connaissons pas. On appelle ces actions *indirectes* par opposition à celles qu'on aurait données si l'affaire eût été traitée directement avec le maître, et qu'on appelait *directes*. — Ortolan, t. 2, p. 560.

167. — Si l'affaire avait été faite par l'ordre du père ou du maître, le préteur donnait action pour le tout contre le père ou le maître. C'était le cas de l'action *quod jussu*. — Gaïus, 4, § 70.

168. — Les actions *exercitoire* et *institoire* se donnaient, la première contre le père ou le maître qui avait préposé son fils ou son esclave à la direction de son navire, et lorsqu'on avait contracté avec ce préposé dans le cercle de ses attributions; la seconde contre celui qui avait préposé son fils ou son esclave à la tête de son cabaret ou de tout autre établissement, et lorsqu'on avait contracté avec le fils ou l'esclave dans les limites de ses attributions. Leur dénomination se tirait de ce qu'on appelait *exercitor* le préposé à la tête d'un navire, et *institor* le préposé d'une taverne. Elles se donnaient pour le tout contre le maître ou le père, parce que l'engagement paraissait avoir été contracté d'après leur volonté.

169. — Elles se donnaient même dans le cas où le préposé était étranger au préposant, qu'il fût esclave ou homme libre. — Il est bon de remarquer que, dans le cas de ces deux actions et de l'action *quod jussu*, on ne considérait pas le fils ou l'esclave, ou le tiers étranger préposé, comme un mandataire, mais plutôt comme l'expression même de la volonté de son père; car si on l'avait considéré comme mandataire, nous savons que le préposant n'aurait pas été tenu vis-à-vis des tiers contractans, puisque, dans les principes du droit romain, le mandataire n'obligeait pas son mandant vis-à-vis des tiers. Mais comme si, dans ces cas, on avait appliqué vis-à-vis du fils ou de l'esclave les principes du mandat, il serait arrivé que le mandant ne pouvant être poursuivi que *de in rem verso* ou *de peculio*, les tiers auraient été facilement lésés, le droit prétorien vint corriger cette iniquité au moyen des trois actions que nous venons d'examiner. Quant à l'extension de cette règle d'équité à tout préposé autre que le fils ou l'esclave, elle s'explique par cette considération que le tiers qui traitait avec ce préposé avait en vue le préposant, et croyait même le plus souvent contracter directement avec lui, qu'il ne connaissait pas. — Gaïus, 4, § 71; Domengel, *op. cit.*, p. 372, note.

170. — L'action *tributoire* se donnait à celui qui, dans la distribution que le père ou le maître avait à faire du pécule avec les créanciers de son fils ou de son esclave, ayant commercé sur son pécule avec son autorisation, se plaignait de la répartition, qu'il ne trouvait pas équitable. La répartition devait être faite au marc le franc, sans préférence pour les créances du père ou du maître, qui n'avait que le droit de concourir. — Gaïus, 4, § 72; *Instit.*, liv. 4, tit. 7, § 3.

171. — Le préteur avait aussi introduit l'action *de peculio* et *de in rem verso* contre le père ou le maître en faveur de celui qui avait traité avec le fils ou l'esclave, qui commerçait, à l'insu de son père ou de son maître, sur son pécule. Elle se donnait, jusqu'à concurrence du pécule, si le père ou le maître n'avait profité en rien de l'acte à l'occasion duquel il était actionné, et jusqu'à concurrence du profit qu'il en avait retiré, s'il y avait eu profit. Cette action avait une double condamnation. Le juge était dans l'usage d'examiner préalablement s'il y avait eu profit pour le père ou le maître, et de condamner jusqu'à concurrence de ce profit, le cas échéant. Il ne passait à l'estimation du pécule que dans le cas contraire. Quand il y avait lieu à l'examen du pécule, on en déduisait préalablement ce qui en était dû au père ou au maître. — *Instit.*, liv. 4, tit. 7, § 4.

172. — Celui qui avait en sa faveur l'une des actions *quod jussu*, *exercitoire*, ou *institoire*, pouvait intenter cette action ou bien l'action *tributoire* ou celle *de peculio*, à son choix; mais il avait un intérêt évident à ne pas choisir l'une des deux dernières, puisque, dans la tributoire, il concourait avec le maître et n'avait droit qu'au pécule ou à une fraction, et que, dans l'action *de peculio*, il était primé par le père ou le maître, à moins qu'il n'y eût profit pour ce dernier, tandis que, dans l'exercice des trois premières actions, il agissait pour le tout. — Gaïus 4, § 74, *Instit.*, *ibid.*, § 5.

173. — Celui qui avait droit à l'action *tributoire* pouvait également agir par l'action *de peculio* et *de in rem verso*. Le plus souvent cette dernière lui était plus avantageuse que la *tributoire*, par laquelle il n'obtenait que ce qui avait été employé du pécule au commerce du fils ou de l'esclave, et ce qui avait été reçu par lui à l'occasion de ce commerce; au lieu que, par l'action *de peculio*, il obtenait tout le pécule, et même au-delà, s'il y avait eu profit pour le père ou le maître. — Toutefois, comme le père ou le maître primait les créanciers agissant *de peculio;* s'il n'y avait pas eu profit pour lui, et que tout le pécule, ou la majeure partie du pécule, eût été employé au commerce du fils ou de l'esclave, et si, en outre, il était dû quelque chose au père ou au maître, les créanciers avaient souvent plus d'intérêt à exercer la *tributoire*, car elle ne donnait qu'un droit de concours et non de préférence au père ou au maître. — Gaïus, 4, § 74; *Instit.*, *ibid.*, et Ortolan, *hic*.

174. — L'action de constitut, d'origine prétorienne, était donnée à celui auquel la promesse avait été faite, par le pacte de constitut, de lui payer à jour fixe une dette préexistante. Elle avait été introduite par imitation d'une action civile, appelée *receptitia*, et qui n'avait application que dans un cas spécial, celui où un banquier (*argentarius*) avait promis de payer pour un de ses cliens la dette de celui-ci. L'action de constitut était extensive de la première et se donnait contre toute personne capable de s'obliger, qui avait promis le paiement à jour fixe. — L'une et l'autre existèrent simultanément, produisant des effets différens. Ainsi, l'action *receptitia* était perpétuelle, s'appliquait à toute sorte d'objets, et se donnait soit qu'il y eût eu ou non dette préexistante; celle de constitut, au contraire, supposait toujours une dette préexistante, était annale, et ne s'appliquait qu'aux choses s'appréciant au poids, au nombre ou à la mesure. Justinien confondit les deux actions en une, qu'il appela action *de constituta pecunia*, qu'il déclara perpétuelle, se donnant contre toute personne et pour toute sorte d'objets; mais il maintint la nécessité d'une dette préexistante. — *Instit.*, *ibid.*, § 9; Cod., lib. 4, tit. 18, L. 2, Constit. de Justinien; Ortolan, t. 2, p. 298 et 526.

175. — La classe innombrable des actions *in factum* était d'origine prétorienne. Nous allons examiner, dans le paragraphe suivant, en quoi elles différaient des actions *in jus*.

§ 3. — *Actions* in jus, *actions* in factum.

176. — Les actions *in jus* étaient celles dont la formule posait une question de droit civil à examiner, soit de propriété (*si paret hominem ex jure Quiritium Auli Agerii esse*), soit d'obligation (*si paret*, ou *quidquid paret dare facere oportere*). Leur formule avait trois parties, la *demonstratio*, l'*intentio* et la *condemnatio*. — Dans les actions *in factum*, au contraire, il n'y avait que deux parties, précisément par suite de son origine historique, cette formule ayant existé avant la formule *in jus*, et étant venue du système de procédure applicable aux pérégrins qui, ne participant pas au droit civil, ne pouvaient point invoquer les règles de ce droit et devaient nécessairement borner leur prétention à la constatation d'un fait, dont le juge tirait la conséquence. Dans l'action *in factum*, la démonstration se confondait avec l'intention, pour former la première partie de la formule, qui était immédiatement suivie de la condamnation. Gaïus nous fournit plusieurs exemples de ces sortes de formules. — *Comm.*, 4, § 46 et suiv.

177. — Dans les différentes actions que nous avons déjà parcourues, et dont la plupart sont *in jus*, nous avons vu que plusieurs avaient leur origine dans le droit prétorien. Toutefois, le plus souvent c'était par une formule *in factum* que le préteur investissait d'une action les droits introduits par lui, ou qu'il étendait certaines actions civiles d'un cas prévu à des cas imprévus. Ainsi, quand le droit civil était inapplicable à raison de certaines circonstances, quand, par exemple, les fils de famille prétendaient un droit de propriété ou d'obligation pour eux-mêmes, comme ils n'avaient pas de personnalité distincte, et comme la propriété ou la créance était au père et non à eux, le droit civil ne leur accordait pas d'action ; mais les actions *in factum*, ne soulevant aucune question de propriété ou d'obligation, pouvaient être exercées par les fils de famille. Aussi leur accordait-on les actions de dépôt et *de commodat*, lesquelles pouvaient faire l'objet d'une formule *in factum* aussi bien que d'une formule *in jus*. — V. ff., tit. *De obl. et act.*, LL. 13, fr. Ulpien, 9, fr. Paul; Gaïus, *Instit.*, *comm.*, 4, § 47.

178. — Plusieurs actions *in factum* étaient accordées pour étendre l'application d'un principe ou d'une loi. Nous en avons un exemple à l'occasion de la loi Aquilia. Il est même à remarquer que le droit prétorien avait introduit deux actions *in factum* au sujet de cette loi : la première, appelée *actio utilis in factum ex lege Aquiliâ*, qui s'appliquait aux cas analogues à ceux prévus par la loi même; et une action qualifiée purement *in factum*, parce que les faits pour lesquels elle était donnée ne présentaient pas la même analogie avec ceux qu'avaient prévus la loi Aquilia. — V. Ortolan, t. 2, p. 467, note 3e; Ducaurroy, nos 1223 et 1224.

179. — Un grand nombre d'actions *in factum*, de création purement prétorienne, qui n'empruntaient rien aux actions civiles, avaient été introduites soit pour sanctionner un principe d'équité étranger au droit civil, notamment pour réprimer la violence ou le dol, soit pour faire respecter l'autorité des magistrats. Telles étaient l'action *quod metûs causâ*, sur laquelle nous reviendrons ultérieurement, en traitant des actions arbitraires, celle de dol, qui se donnait contre celui qui avait employé des ruses, supercheries ou machinations pour tromper son adversaire; l'action *de albo corrupto*, contre celui qui aurait dégradé l'album du préteur; celle contre la partie qui avait, sans permission préalable, appelé *in jus* son père ou son patron; et une foule d'autres. — *Inst.*, liv. 4, § 12 et 31.

180. — Toutes les actions réelles civiles, et presque toutes les actions réelles prétoriennes étaient *in jus*. Toutefois, l'action servienne accordée au bailleur d'un fonds rural, quoique réelle, était conçue *in factum*. De même, les actions accordées à l'emphytéote et au superficiaire étaient *in factum*. — Les *condictiones certi* et *incerti* étaient également *in jus*. Il en faut dire autant des actions nées des contrats, et des quasi-contrats reconnus par le droit civil; de celles qui naissaient des délits pour la réparation desquels le droit civil les avait créées. On voit donc que presque toutes les actions *in factum* étaient personnelles, et qu'elles avaient toutes leur origine dans la juridiction prétorienne. — C., lib. 8, tit. 33, L. 1; Ribbentrop, p. 41; Keller, p. 217; Zimmern, p. 194, § 65.

181. — A côté des actions *in factum* que nous venons de parcourir, et qui ne donnaient au juge qu'un point de fait à examiner, on voit figurer l'action civile *præscriptis verbis*, qui dans les textes est appelée fréquemment *actio in factum præscriptis verbis*, et quelquefois même *actio in factum* tout court. Mais il faut se garder de la confondre avec l'*actio in factum* ordinaire, dont elle diffère essentiellement. Ainsi, cette action qui naissait des contrats réels et innomés, *do ut des*, *do ut facias*, *facio ut facias*, *facio ut des*, avait une *intentio civilis*, conçue *in jus*, dont l'objet était indéterminé, et se rédigeait ainsi : « *Quidquid ob eam rem dare facere oportet.* » Elle n'était *in factum* que sous le rapport de la démonstration, et en ce sens qu'on y exposait l'énoncé du fait générateur de l'obligation, parce qu'on ne pouvait pas le désigner par une dénomination légale qui n'existait pas. — C., lib. 2, tit. 4, L. 6, *Const.* d'Alexandre; lib. 4, tit. 54, L. 6, *Const.* Dioclétien et Maximien; ff., lib. 2, tit. 14, L. 7, § 2, fr. Ulp.

§ 4. — *Actions directes, — utiles, — fictives, — contraires, — indirectes, — noxales.*

182. Les actions que le droit civil ou prétorien avaient introduites pour des cas déterminés étaient appelées *directes*, par opposition à celles qui se donnaient par extension d'une action créée pour un cas spécial à des cas non prévus, et qu'on appelait actions *utiles* parce qu'elles recevaient application *causâ utilitatis*. Cette extension se rencontre soit relativement à une action de droit civil (ainsi, on disait *actio utilis legis Aquiliæ*), soit relativement à une action prétorienne (ff., lib. 11, tit. 7, L. 7, *pr.*, et § 1er). — *Inst.*, liv. 4, tit. 2.

183. — Quand l'action utile reposait sur une fiction (nous en avons plusieurs exemples dans les actions prétoriennes que nous avons déjà parcourues, nos 151 et suiv.), elle était appelée action *utile fictive*. Aussi Gaïus désigne-t-il par *actio utilis fictiva* celle qu'on donnait contre l'individu qui avait subi une diminution de tête, laquelle on considérait comme non avenue. Remarquons qu'une action *fictive* était toujours *utile*, puisqu'elle ne se donnait que par ce motif qu'on considérait comme accompli un fait qui ne l'était pas, ou comme non arrivé un fait accompli, ce qui impliquait toujours extension d'un cas prévu à un autre non prévu. Mais la réciproque n'avait pas toujours lieu, car il arrivait souvent que le cas imprévu pour lequel on accordait une action établie pour un autre cas n'était point une fiction. Ainsi l'action utile de la loi *Aquilia* n'était point fictive. Il faut, du reste, ne pas confondre ces fictions avec celles dont Gaïus parle plus haut, comme ayant servi de transition du premier système de procédure au système formulaire. — V. Gaïus, 4, § 34 et suiv., § 10 et 32; Zimmern, § 54, p. 152, note 11, p. 155, *Observ. de M. Etienne*; Ducauroy, no 1221.

184. — La dénomination d'action *directe* était aussi employée par opposition à celle d'action *contraire*. Ainsi, quand dans un contrat synallagmatique les deux actions qui pouvaient en résulter, par exemple, dans le mandat, dans le dépôt, dans le gage, et aussi dans quelques quasi-contrats, comme la tutelle, n'avaient pas reçu chacune une dénomination particulière, on disait l'action *directe* de mandat, de dépôt, de gage, de tutelle, par opposition à l'action *contraire* de mandat, de dépôt, de gage, de tutelle. — V. *Inst.*, liv. 3, tit. 14, 26 et 27.

185. — Si l'action donnée contre une personne était née directement d'un fait qui lui était personnel, en d'autres termes, si elle en était tenue pour son propre compte, on l'appelait aussi *directe* par opposition à celle qui était donnée contre une personne pour le fait de son fils, de son esclave ou de tout autre préposé. Cette dernière était appelée action *indirecte*. Nous en avons donné l'explication en traitant des actions personnelles prétoriennes, no 161, 166 et suiv. — *Instit.*, liv. 3, tit. 7.

186. — Enfin, on opposait encore l'action *directe* à l'action *noxale*. Cette dernière était donnée contre le père ou le maître, à l'occasion des délits de ses enfans ou de ses esclaves. Elle était *arbitraire*, et permettait au père ou au maître de se soustraire à l'obligation de réparer le dommage, en abandonnant au demandeur en propriété l'auteur du délit si c'était un de ses esclaves, et en *mancipium* si c'était un de ses enfans. Ce *mancipium* pouvait cesser par la satisfaction du créancier, satisfaction qui rendait le mancipé *sui juris*, au lieu de le replacer sous la puissance de son père. — Justinien abolit, quant aux enfans, l'abandon noxal, que l'usage avait déjà laissé tomber en désuétude; mais il le conserva relativement aux esclaves. — *Instit.*, liv. 4, tit. 8.

187. — Quoique personnelle, l'action noxale se donnait contre tout détenteur de l'auteur du délit : d'où il résultait que cette action pouvait devenir directe si l'esclave était affranchi, ou si le fils était devenu *sui juris*, comme, à l'inverse, si le délit avait été commis par une personne libre qui était devenue esclave ou fils de famille, l'action qui était d'abord directe devenait noxale. — *Instit.*, liv. 4, tit. 8, § 5.

§ 5. — *Actions pénales, — non pénales, — mixtes.*

188. — On appelait *pénales* les actions qui tendaient à la poursuite d'une peine. En conséquence, toutes les actions qui naissaient des délits étaient pénales. Toutefois, parmi ces actions, il y en avait qui, outre la poursuite de la peine, tendaient à celle de la chose ou d'une indemnité, et qu'à cause de cela on appelait mixtes. De ce nombre était l'action de la loi Aquilia, lorsqu'elle était intentée au double contre celui qui avait nié, et quelquefois lorsqu'elle était intentée au simple, l'action *vi bonorum raptorum*. — *Instit.*, liv. 4, tit. 6, § 18 et 19.

189. — Les actions qui ne tendaient qu'à la poursuite de la chose étaient appelées *persequendæ rei* (persécutoires de la chose). De ce nombre étaient toutes les actions réelles; et, parmi les actions personnelles, presque toutes celles qui naissaient des contrats ou des quasi-contrats. Toutefois, l'action de dépôt nécessaire, quand elle se poursuivait contre le dépositaire même, était mixte, car elle se donnait au double. De même, dans le cas où un *sponsor* avait payé pour celui qu'il avait cautionné et n'était pas remboursé dans les six mois, il avait contre ce débiteur l'action *depensi* qui était au double. De même, dans le cas de chose jugée, l'action *judicati* se donnait au double contre le défendeur qui avait nié la condamnation. De même enfin, l'action *ex testamento* était mixte contre le défendeur qui avait nié un legs *per damnationem* dont il était tenu. Mais, sous Justinien, l'action *depensi* n'existait plus; l'action *ex testamento*, à part le cas où elle tendait à la réclamation d'un legs pieux, était simplement persécutoire; l'action *judicati* était également persécutoire. — Gaïus, 4, § 25 et 171; *Instit.*, *ibid.*, § 17 et 19.

190. — Les trois actions personnelles, *familiæ erciscundæ*, *communi dividundo*, *finium regundorum*, étaient appelées actions mixtes, mais dans un sens autre que celui des actions par lesquelles on poursuivait une chose et une peine. Dans ces trois actions particulières, la formule attribuait au juge le pouvoir d'adjuger la propriété et de prononcer une condamnation; il y avait donc pouvoir sur la chose et sur les personnes; et c'est en ce sens seulement que le texte des Institutes a pu dire que ces actions étaient *tam in rem quam in personam*. En effet, d'après ce que nous avons dit en définissant l'action réelle et l'action personnelle, on voit qu'une action ne pouvait pas, dans le sens absolu, être à la fois réelle et personnelle, puisque l'*intentio* de l'*actio in rem* ne nommait pas le défendeur, au lieu que celle de l'*actio in personam* le nommait, et qu'on ne peut pas à la fois nommer et ne pas nommer une personne. C'est là ce qui a fait dire à Gaïus : « Nous ne pouvons pas réclamer de quelqu'un notre chose en ces termes : *S'il appert qu'il doit donner.* » — D'ailleurs, Justinien qualifie lui-même d'actions personnelles les trois actions qui nous occupent. — ff., lib. 10, tit. 1, L. 1; Cod., lib. 7, tit. 40, L. 1, § 1, *Const.* de Justinien; *Inst.*, liv. 4, tit. 6, § 20; — V. aussi Domenget, *Instit. de Gaïus*, trad. et annot., p. 399, note; Walter, ch. 3, p. 35, trad. Laboulaye; Ortolan, t. 2, p. 534; Ducaurroy, no 1236; Bonjean, *Encyclop. cathol.*, vo *Action*, p. 254 et 255.

191. — Ulpien les qualifie de mixtes, en ce sens que chacune des parties y joue à la fois le rôle de demandeur et celui défendeur. — ff., lib. 44, tit. 7, L. 37, § 1.

§ 6. — *Actions au simple, — au double, — au triple, — au quadruple.*

192. — Toutes les actions non pénales étaient au simple. L'action d'injures, quoique pénale, était au simple, ainsi que toutes celles dont la condamnation était déterminée. On agissait au double dans les actions de vol non manifeste, de la loi Aquilia, quand au chef relatif à l'*adstipulator*, *servi corrupti* contre celui qui avait corrompu ou tenté de corrompre un esclave, de dépôt nécessaire et de legs pieux. Les actions *furti concepti* et *furti oblati* étaient au triple; Justinien les supprima et les remplaça par celle qu'il créa contre un demandeur qui, dans la citation, avait demandé plus qu'il ne lui était dû. L'action de vol manifeste, celle *quod metûs causâ*, celle que Justinien établit contre les huissiers qui avaient exigé des parties au-delà du tarif, étaient au quadruple. — Les actions de vol manifeste ou non manifeste, l'action *servi corrupti* étaient toujours au quadruple, au triple ou au double, à la différence des autres actions non au simple qui n'étaient au quadruple, au triple ou au double qu'en cas de dénégation. — *Inst.*, tit. 6 liv. 4, § 22 et suiv.; Gaïus, *Comm.* 3, § 191, *Comm.* 4, § 7 et suiv., et 173.

§ 7. — *Actions de bonne foi, — de droit strict, — arbitraires.*

193. — Les actions de bonne foi étaient celles dans lesquelles le juge prenait l'équité pour base de sa décision. Il avait un pouvoir plus étendu que dans les autres actions. Ainsi, bien que la formule contînt une question de droit civil à examiner, il prenait en considération la bonne foi, et devait admettre les prétentions contraires des parties, si elles étaient fondées sur l'équité. On appelait ces actions actions de bonne foi, parce que leur formule contenait, ajoutés à la question de droit, qu'elle posait, les mots *ex fide bonâ*, ou ceux-ci : *quod æquius melius*, ou autres équivalens. — Cicéron, *Topica*, 36; Zimmern, § 63 (*bis*); Gans, p. 15 et suiv., 98 et suiv.

194. — Elles naissaient : des contrats synallagmatiques, des quasi-contrats de communauté entre héritiers et autres, de la gestion d'affaires, de la fiducie, du mandat, du dépôt et de la tutelle. L'action *præscriptis verbis*, naissant du contrat estimatoire ou de l'échange, était aussi de bonne foi. Enfin la *petitio hereditatis*, quoique réelle, fut rangée par Justinien dans cette classe. Cet empereur y

rangea aussi, dans un cas spécial, l'action *ex stipulatu*, qui était éminemment de droit strict de sa nature. La raison qui le porta à faire rentrer ainsi, pour un cas unique, *l'actio ex stipulatu* parmi les actions de bonne foi, tient à ce que, sous la législation de ce prince, l'action *rei uxoriæ*, accordée à la femme pour la réclamation de sa dot, et qui était de bonne foi, fut supprimée, et fit place à celle *ex stipulatu*, à laquelle Justinien transporta les effets de la première. Avant cette suppression, les deux actions *rei uxoriæ* et *ex stipulatu* existaient pour des cas distincts. La première était générale, et se donnait à la femme, de quelque manière que la dot eût été constituée. La seconde ne se donnait que s'il y avait eu stipulation que la dot serait restituée : elle était de droit strict, et en conséquence beaucoup plus rigoureuse à l'égard du mari, qui ne pouvait faire aucune retenue, réclamer aucun délai, ni opposer le bénéfice de compétence, à la différence de ce qui arrivait quant à l'action *rei uxoriæ*. — *Inst.*, liv. 4, tit. 6, § 29 ; Ortolan, t. 2, p. 539 et suiv.

195. — De ce que, dans les actions de bonne foi, le juge prenait l'équité pour base de sa décision, il résultait que tout fait de dol, tant de la part du demandeur que de celle du défendeur, devait être suppléé par lui, sans qu'il fût nécessaire au demandeur d'invoquer l'action de dol ou la stipulation dite *cautio de dolo*, et sans que le défendeur eût besoin de faire insérer dans la formule l'exception de dol, ou toute autre déduite de la mauvaise foi, notamment celle *pacti conventi*. — ff., lib. 4, tit. 3, L. 7, § 3 ; lib. 30, tit. *de Leg.* L. 84, § 5 ; lib. 18 tit. 5, L. 3 ; *Vaticana fragm.*, § 94.

196. — De même, dans ces actions, le magistrat n'enjoignait pas au juge d'établir la compensation, laquelle paraissait s'accommoder aux actions de bonne foi, et qu'il était du devoir du juge de régler. En effet, rien ne serait plus contraire à l'équité que de condamner un défendeur à payer le montant de son obligation sans lui tenir compte de ce qui lui est dû par son adversaire. — Gaïus, 4, § 63.

197. — De même, le juge devait d'office condamner le défendeur à la valeur des fruits des choses dues, ou à payer les intérêts s'il s'agissait de sommes d'argent, et cela du jour où il était en demeure ; car dès ce moment il était en faute. Il n'était pas besoin pour cela d'une demande à part, à la différence de ce qui avait lieu relativement aux actions de droit strict. — ff., lib. 22. tit. 1er, L. 32, § 2 ; L. 34 ; lib. 12, tit. 1, L. 31, *pr.*

198. — De même, enfin, dans ces sortes d'actions, le juge devait suppléer d'office tout ce qui était d'usage commun dans les mœurs et dans la coutume, car rien n'eût été plus contraire à l'équité que de n'en pas tenir compte ; alors que les parties avaient dû le prendre en considération. — ff., lib. 21, tit. 1er, L. 31, § 20.

199. — A part ces traits caractéristiques, les actions de bonne foi ne différaient pas des actions de droit strict. Ainsi, toutes les exceptions qui n'étaient pas basées sur la mauvaise foi ne pouvaient être suppléées d'office par le juge. Il fallait, notamment, pour qu'il pût les prendre en considération, que les exceptions *procuratoriæ, cognitoriæ, litis residuæ, rei judicatæ, quod facere possit*, fussent insérées dans la formule. — ff., lib. 44, tit. 2, L. 8 ; Gaïus, 4, § 107 ; Zimmern, § 63 ; Ortolan, t. 2, p. 174, note 4 ; Domenget, *ibid.*, p. 400, note.

200. — Dans les actions de droit strict, le juge ne pouvait pas s'écarter des principes du droit civil ; ni, en conséquence, prendre en considération la bonne foi et l'équité en dehors de ces principes. Aussi avons-nous vu que, dans les actions de la loi, dans *l'actio sacramenti*, sa mission se bornait à déclarer le *sacramentum* juste ou injuste, et dans la *condictio* que le demandeur réclamait de son adversaire une chose certaine, qu'il obtenait en entier ou n'obtenait pas, sans que le juge pût lui accorder une partie du montant de sa demande en lui refusant le reste.

201. — Tel était le droit rigoureux du premier système de procédure que nous avons parcouru ; mais en passant dans le système formulaire, si le principe est resté, il a dû nécessairement subir quelques modifications en s'accommodant à la formule. Ainsi, il est vrai que le juge ne pouvait pas, dans dans ce système, suppléer d'office ce qui était bien et équitable, alors que le droit civil n'avait pas prévu la circonstance particulière qui était alléguée par le défendeur, dont l'obligation existait civilement, mais entachée d'un vice né de cette circonstance. C'est précisément pour prévenir une décision inique et contraire à l'équité que le préteur avait introduit dans sa formule certaines restrictions à l'ordre de condamner contenu dans la *condamnation*, restrictions qui furent appelées *exceptions*. Si, par exemple, le demandeur actionnait une personne en vertu d'une stipulation dont les solennités avaient été régulièrement accomplies, le lien de droit était formé, alors même que la promesse eût été surprise par dol ou arrachée par violence, car le droit civil ne tenait pas compte de la circonstance dans laquelle la promesse avait été faite. — Mais comme il y aurait eu, dans ce cas, iniquité à condamner le défendeur, le préteur introduisait dans la formule, sur la demande de ce dernier, l'exception de dol ou de violence, qui permettait au juge de prendre ce fait en considération. — *Inst.*, liv. 4, tit. 13, § 1 et pr. ; Gaïus, 4, § 116. — V. aussi EXCEPTION (section historique).

202. — De même si, après qu'une obligation civile avait été formée, les parties convenaient par pacte que le montant de l'obligation ne serait pas demandé, et que la première obligation fût née d'un contrat de droit strict, le juge ne pouvait avoir égard à la convention de pacte, que le droit civil ne regardait point comme obligatoire, qu'autant que l'exception *pacti conventi* avait été insérée dans la formule. — *Inst.*, *ibid.*, § 3.

203. — Il en faut dire autant du cas où il y aurait eu chose jugée dans un cas où le droit primitif n'était pas éteint *ipso jure* par la sentence, sauf à remarquer ici que le défendeur avait besoin d'invoquer l'exception *rei judicatæ*, que l'absolution eût été prononcée en sa faveur dans une action de bonne foi ou dans une action de droit strict. — V. EXCEPTION (section historique).

204. — En règle générale, les actions civiles étaient de droit strict ; mais il faut entendre par actions civiles celles qui avaient pris naissance dans l'ancien droit civil. Ainsi, les *condictiones* étaient toutes de droit strict. Quant aux *condictiones* qui avaient hérité de l'ancienne *condictio*, et qu'à raison de cela on appelait *condictiones certi*, ainsi que nous l'avons vu plus haut (nos 144 et suiv.) comme elles tendaient toutes à une dation certaine, elles produisaient toujours ce résultat rigoureux, que le juge était borné par les termes de la formule, et n'avait aucune latitude d'appréciation, soit quant à l'objet de l'obligation, soit quant aux obligations réciproques des parties ; à moins que le magistrat ne lui eût enjoint, par une exception, d'y avoir égard. — Les *condictiones incerti*, qui avaient recueilli l'héritage de la *judicis postulatio*, et dont le but était de faire prononcer une condamnation incertaine, quoiqu'elles fussent également actions de droit strict, laissaient par leur nature même, comme l'ancienne *judicis postulatio*, une plus grande latitude au juge, puisqu'il y avait pour lui nécessité d'apprécier les faits générateurs de l'obligation, pour fixer *quiquid dare facerece oportebat*. — Gaïus, 4, § 53, 131, 136 et 137 ; ff., lib. 45, tit. 1, LL. 75, § 7 ; 76, § 1.

205. — De ce qui précède, on peut conclure que les *condictiones incerti*, précisément à cause de la latitude qu'elles laissaient au juge, et de leur condamnation, qui était *incerta* comme celle des actions de bonne foi, sans cesser d'être de droit strict, ont cependant servi de transition, de chaînon destiné à rattacher les actions de droit strict originaire aux actions de bonne foi. — Zimmern, § 62 ; Ortolan, t. 2, p. 473.

206. — Nous avons vu, en exposant (nos 124 et suiv.) la division capitale des actions du système formulaire, que l'une des deux grandes classes de cette division comprenait les actions par lesquelles le demandeur prétendait un droit absolu sur une chose qu'il désignait comme sienne, et celles par lesquelles il arguait d'une obligation. Nous avons expliqué également que la distinction entre ces actions par lesquelles on réclame un droit absolu, et celles par lesquelles on prétend un droit d'obligation, tenait à la nature même des actions ; qu'elle se retrouvait dans tous les systèmes de procédure. Nous savons aussi qu'à l'époque des actions de la loi, quand le *sacramentum* avait trait à une question de propriété ou autre droit réel, celui des contendans auquel la possession intérimaire était accordée fournissait une garantie appelée *prædes litis et vindiciarum*, qui assurait à l'adversaire, en cas de gain du procès, la restitution de la chose même et de ses fruits. Passant à la transfusion du système des actions de la loi avec celui des formules, nous avons remarqué qu'en matière de droits réels la formule *per sponsionem* était une imitation du *sacramentum* ; qu'ici, comme dans l'ancien droit, le possesseur intérimaire garantissait, par une caution appelée *pro præde litis et vindiciarum*, la restitution de la chose et de ses fruits. L'idée expresse de la restitution de la chose et de ses fruits passa jusque dans la formule pétitoire elle-même, en ce sens que le juge y fut chargé, quand il reconnut la justesse du droit du demandeur, d'ordonner cette restitution, et de ne prononcer de condamnation pécuniaire contre le défendeur que faute par celui-ci de restituer.

207. — A cet effet, le juge reçut du magistrat, et dans la formule même, le pouvoir de prononcer un *jussus* ou *arbitrium*, un ordre préalable par lequel il ordonnait au défendeur de restituer la chose réclamée. Et ce n'était qu'à défaut d'obéissance à cet ordre que la condamnation pécuniaire était prononcée. Les actions dans les formules desquelles ce *jussus* ou *arbitrium* pouvait être inséré furent appelées *arbitraires*, à cause du caractère distinctif de l'*arbitrium*, qui les séparait des actions de droit strict et des actions de bonne foi. — *Instit.*, liv. 4, tit. 6, § 31.

208. — Toutes les actions réelles, moins les actions *préjudicielles*, qui ne contenaient pas de *condemnatio*, et la *petitio hæreditatis*, que Justinien a classée parmi les actions de bonne foi, étaient arbitraires, tandis que les actions personnelles étaient en général *stricti juris* ou *bonæ fidei*. Toutefois, les actions personnelles *ad exhibendum*, *finium regundorum*, *de eo quod certo loco*, *quod metùs causâ*, *de dol•*, l'action paulienne, qu'elle fût personnelle ou réelle, et enfin les actions noxales étaient arbitraires. — *Instit.*, liv. 4, tit. 6, § 31 et 33 ; ff., lib. 10, tit. 1, LL. 2, § 1 ; 4, § 3 ; 8, § 1 ; lib. 42, tit. 8, L. 10, § 20 et 25, et *suprà* no 155.

209. — L'action *ad exhibendum*, introduite pour faciliter la revendication (ff., tit. *ad exhib.* L. 1, fr. Ulp.), mais appartenant en général à quiconque était intéressé à l'exhibition d'une chose (*eod.* L. 13, fr. Gaïus, et L. 3, § 7. fr. Ulp.), était accordée contre toute personne à qui la possession ou la simple détention rendait l'exhibition possible, et même contre celui qui, par dol, se serait mis dans l'impossibilité d'exhiber. — Ducaurroy, no 1379. — V. ACTION AD EXHIBENDUM.

210. — L'action *finium regundorum*, qui se donnait entre voisins, était arbitraire en ce que le juge pouvait avoir à prononcer le *jussus* ou ordre préalable de faire des restitutions, d'abattre des arbres ou des constructions, pour le rétablissement des limites. — ff., lib. 10, tit. 1 ; LL. 2, § 1 ; 4, § 3 ; 8, § 1.

211. — L'action *quod certo loco* était utile à celui auquel on avait promis l'acquittement d'une obligation en un certain lieu, et qui voulait l'obtenir ailleurs. Comme il y avait plus pétition à demander ailleurs qu'au lieu convenu, le créancier, en agissant ainsi, s'exposait à être repoussé dans sa demande. Mais comme d'un autre côté il avait souvent intérêt à recevoir le paiement dans cet autre endroit, le préteur imagina une modification à la formule, modification qui permit au créancier d'agir où il voudrait, sans craindre de plus pétition. Ce changement consista à rendre la formule arbitraire, en subordonnant la condamnation au cas où le défendeur ne satisferait pas. De plus, il rendit la condamnation incertaine dans ce cas, pour qu'il fût permis au juge de prendre en considération la différence de lieu et d'en tenir compte dans sa sentence. — Du reste, observons que si le créancier agissait par une action de bonne foi, ou même par une *condictio incerti*, comme il n'y avait pas lieu à plus pétition, et que le juge était libre de déterminer le montant de la condamnation en appréciant la différence de lieu, il n'était pas besoin de l'action *quod certo loco* — ff., lib. 13, tit. 4, L. 2 pr. ; Gaïus, 4, § 47 ; *Instit.*, liv. 4, § 33, tit. 6.

212. — Nous avons déjà expliqué (nos 179 et 192) que l'action *quod metùs causâ* était une action prétorienne au quadruple, se donnant contre toute personne qui avait tiré profit de l'aliénation ou de tout autre acte arraché par la violence. — L'action de dol, au contraire, ne se donnait que contre l'auteur du dol.

213. — Les actions noxales ont aussi été traitées aux nos 186 et suivans. Nous ne nous en occuperons ici que pour établir, contrairement à l'opinion de quelques commentateurs, notamment M. Ortolan, que ces actions étaient arbitraires. Cela résulte clairement du texte du § 31, liv. 4, tit. 6, des *Instit.*, ainsi conçu : « *Præterea, quasdam actiones arbitrarias, id est, ex arbitrio judicis pendentes, appellamus : in quibus, nisi arbitrio judicis is cum quo agitur actori satisfaciat, veluti rem restituat, vel exhibeat, vel solvat*, vel ex noxali causa servum dedat, *condemnari debeat.* » En outre, dans le § 1er *De officio judicis*, on lit : « *Si noxali judicio addictus est, observare debet (judex) ut si condemnandus videtur dominus ità debeat condemnare* : Publium Mævium Lucio Titio in decem aureos condemna, aut noxam dedere. . » Or, n'est-ce pas précisément à cet ordre de donner la chose même qu'on reconnaît le caractère distinctif de l'action arbitraire ; et peut-on dire que l'abandon noxal n'était pas ordonné au défendeur, quand on voit que Justinien considère comme rentrant dans le devoir du juge l'obligation d'y condamner ce défendeur? Ajoutez aux deux textes cités un fragment de Paul, où il est dit :

« *Arbitrio judicis absolvi eum oportet*, » en parlant du maître d'un esclave délinquant ; et le doute ne sera plus permis. — ff., lib. 9, tit. 4, L. 4, § 1. — V. Ducaurroy, nº 1291 ; mais V. toutefois Ortolan, t. 2, p. 571.

214. — Dans le principe, le *jussus* ou l'*arbitrium* n'était point obligatoire, en ce sens qu'on ne pouvait contraindre le défendeur à l'exécution, si ce n'est indirectement et par crainte de la condamnation. Le même principe resta applicable même sous le troisième système, toutes les fois que la satisfaction ordonnée tendait à autre chose qu'à la restitution ou exhibition d'une chose corporelle. Mais dans ce dernier cas, l'*arbitrium* put, par la suite, être exécuté *manu militari*, à défaut de satisfaction volontaire. Cicéron semble indiquer qu'il en était ainsi de son temps. — Cicéron, *in Verrem*, II, 12 ; ff., lib. 6, tit. 1, LL. 9 et 68.

215. — Les actions *in factum* ne posant pas de question de droit civil à examiner, le juge n'y était pas renfermé dans les principes de ce droit ; elles n'étaient donc pas de droit strict. On ne peut pas dire non plus qu'elles fussent de bonne foi, puisqu'il n'était pas besoin d'ajouter à la formule les mots *ex fide bonâ*, pour que le juge pût échapper à la rigueur du droit civil qui ne s'appliquait pas. Nous voyons que toutes celles dans lesquelles une restitution ou exhibition était à faire rentraient dans la classe des actions arbitraires. Quant aux autres, elles étaient en dehors de la division que nous venons de parcourir. — ff., lib. 4, tit. 2, L. 14, § 1 ; tit. 3, L. 18 ; — Gaïus, 4, § 45 et suiv., 141, 163 et 165.

§ 8. — *Actions contre lesquelles il était permis d'opposer le bénéfice de compétence.*

216. — Quand une femme actionnait son mari en restitution de sa dot ; quand un demandeur poursuivait le pécule d'un fils de famille ou d'un esclave contre le père ou le maître ; quand un fils ou un affranchi actionnait son père ou son patron ; quand un associé agissait contre son coassocié ; quand un créancier poursuivait son débiteur, qui avait fait cession de biens, et sur les biens que celui-ci avait nouvellement acquis, — dans tous ces cas, le défendeur n'était condamné que jusqu'à concurrence de ce qu'il pouvait payer ou du pécule. On appelait *bénéfice de compétence* ce droit réservé à certains débiteurs en faveur de leur position spéciale vis-à-vis de leurs créanciers. — *Instit.*, liv. 4, tit. 6, § 36 et suiv.

§ 9. — *Actions perpétuelles, — actions temporaires.*

217. — En principe, les actions civiles étaient perpétuelles, c'est-à-dire que le droit de les intenter durait éternellement. — Toutefois, les actions purement pénales ne pouvant jamais être intentées contre les héritiers du délinquant, si ce n'est jusqu'à concurrence du profit qu'ils auraient retiré du délit, il en résulte que ces actions, quoique civiles, étaient nécessairement bornées à la durée de l'existence de l'auteur du dommage. Ainsi, les actions de vol, celle de la loi Aquilia, n'étaient perpétuelles qu'en ce sens qu'elles n'étaient pas limitées à un délai préfixe. Il y avait encore exception, quant à l'action que le créancier avait contre les *sponsores* et les *fidepromissores*, laquelle ne durait que deux ans, d'après la loi Furia, et ne se donnait pas contre leurs héritiers ; quant à l'action de la loi *Julia repetundarum*, qui était limitée à un an contre les héritiers ; quant à celle qu'avait l'adstipulateur, qui ne passait pas aux héritiers, etc. — Gaïus, 3, § 121 ; *Inst.*, liv. 4, tit. 12, ff., lib. 48, tit. 11, L. 2.

218. — Les actions qui dérivaient de la juridiction prétorienne étaient généralement temporaires, c'est-à-dire que le droit de les intenter était borné à un an. Mais il y avait plusieurs actions prétoriennes qui avaient une durée perpétuelle : c'étaient celles qui étaient données par imitation du droit civil ou pour l'adoucir. Ainsi, l'action au quadruple *furti manifesti* était perpétuelle, ce qui était juste, dit Gaïus, car on avait substitué une peine pécuniaire à la peine capitale, que la loi des douze Tables avait portée contre le voleur manifeste. Les actions qui se donnaient au possesseur de biens, et à tous ceux qui étaient *loco heredum*, étaient également perpétuelles. — La publicienne, et en général toutes les actions prétoriennes persécutoires de la chose se donnaient après l'année. — Gaïus, 4, § 110 et 111 ; ff., lib. 44, tit. 7, L. 35, pr.

219. — Dans le Bas-Empire, la perpétuité des actions civiles fut remplacée par une durée de trente ans, sauf quelques cas exceptionnels (notamment celui de l'action hypothécaire), pour lesquels la durée fut portée à quarante ans. — Cod., lib. 7, tit. 39.

§ 10. — *Instance légitime, — instance contenue dans l'imperium.*

220. — Il faut bien se garder de confondre les *judicia legitima* avec les actions perpétuelles, et les *judicia imperio continentia* avec les actions temporaires. En effet, d'une part, nous venons de voir que l'action perpétuelle était celle qu'on n'était pas contraint d'intenter dans un délai déterminé, et que l'action temporaire était celle qu'on avait perdu le droit de faire valoir, par cela seul qu'on avait laissé écouler sans agir le délai d'une année depuis qu'on y avait droit. — D'autre part, Gaïus nous apprend qu'il y avait *legitimum judicium* (instance légitime) si le procès se débattait à Rome ou dans le rayon milliaire autour de Rome, entre citoyens romains, et devant l'*unus judex*, citoyen romain. Le même jurisconsulte ajoute qu'il y avait *judicium imperio continens* (instance contenue dans l'*imperium*) toutes les fois qu'une de ces trois conditions manquait ; et plus bas : « On dit que des instances sont contenues dans l'*imperium*, parce qu'elles ne sont valables que tant que dure le pouvoir du préteur qui les a données. »

221. — En d'autres termes, les *judicia*, qu'ils fussent *légitimes* ou contenus dans l'*imperium*, n'étaient que l'instance, le procès engagé par la délivrance de la formule, abstraction faite du droit de poursuivre, tandis que l'action perpétuelle ou temporaire était le droit de demander au magistrat la formule perpétuellement ou pendant un certain temps.

222. — Dans le principe, les *judicia legitima* n'avaient pas de limites. D'après la loi *Julia judiciaria* (portée l'an 729 de Rome), leur durée fut bornée à dix-huit mois, à dater de leur organisation. — Quant aux *judicia imperio continentia*, leur durée ne pouvait pas se prolonger au-delà de celle du pouvoir du magistrat qui les avait organisés. — Gaïus, 4, § 104 et 105.

223. — De la définition que Gaïus donne du *legitimum judicium*, il résulte qu'une instance pouvait être *légitime*, quoiqu'elle ne provînt pas d'une loi, et bien qu'elle fût *temporaire* ; si, par exemple, une action prétorienne était poursuivie à Rome ou dans le rayon milliaire, entre citoyens romains et devant un seul juge, citoyen romain. A l'inverse, il résulte de la définition du *judicium imperio continens*, qu'une action née d'une loi pouvait, quoique perpétuelle, donner lieu à une instance contenue dans l'*imperium* ; si, par exemple, elle était poursuivie au-delà du rayon milliaire, ou dans Rome même, devant des récupérateurs, ou si le juge ou l'une des parties n'était pas citoyen romain. — Gaïus, *Comm.* 4, § 109.

224. — Quoique cette distinction entre l'instance légitime et l'instance contenue dans l'*imperium* fût tout-à-fait étrangère au droit même d'exercer l'action, elle avait, cependant, une influence majeure sur ce droit de poursuite. Ainsi, nous voyons que si une action personnelle conçue *in jus* avait été débattue en instance légitime, la *litis contestatio* ayant nové l'obligation, le demandeur ne pouvait plus intenter de nouveau son action, ce qui rendait inutile l'exception de chose jugée. Et si, après avoir obtenu la formule d'instance légitime, le demandeur la laissait périmer, il ne pouvait pas non plus demander une nouvelle formule, parce que la dation de la première avait nové l'obligation dont elle était née. — Gaïus, 4, § 107.

225. — Mais si l'action débattue en instance légitime était réelle, la péremption de cette instance ou la sentence qui en était résultée n'empêchait pas le demandeur de recommencer le procès, car la *litis contestatio* n'avait pu produire de novation, attendu que les obligations seules pouvaient être novées, et non les droits réels. — Gaïus, *ibid.*

226. — De même, l'action *in factum*, quoique débattue en *instance légitime*, pouvait être intentée à nouveau, car cette action étant basée sur un fait, et ne donnant pas lieu à une formule où le demandeur prétendît une *obligation*, ne pouvait pas être novée. Cette vérité est saillante, si l'on observe la conception de la formule *in factum*, où le magistrat s'exprimait ainsi : « S'il appert que tel fait est vrai, condamnez ; s'il n'appert pas, absolvez. » — Aussi était-il besoin (comme dans le cas où l'action était réelle) de l'exception *rei judicatæ* au défendeur, qui, même en *instance légitime*, avait déjà gagné son procès. — Gaïus, 3, § 180 et 181 ; 4, § 107 ; Bonjean, t. 1er, p. 477 ; Walter, p. 38 et suiv. ; Zimmern, § 120, p. 360.

227. — Si l'action avait été débattue en *instance contenue dans l'imperium*, qu'elle fût réelle ou personnelle, conçue *in jus* ou conçue en fait, elle pouvait toujours être intentée à nouveau par le demandeur qui avait succombé. Aussi le défendeur avait-il besoin d'invoquer l'exception *rei judicatæ*. — Gaïus, § 106, comm. 4.

228. — Mais quelle était la raison de cette différence entre les effets du *judicium legitimum*, alors qu'il éteignait *ipso jure* le droit du demandeur, et le *judicium imperio continens*, qui n'éteignait jamais la première action qu'indirectement et au moyen d'une exception ? — MM. Bonjean et Zimmern (*loc. cit.*) enseignent que le *judicium imperio continens* étant un moyen tiré de l'*imperium* du magistrat, ne pouvait détruire une *prétention fondée sur le droit civil*. — Nous croyons que ce motif est inexact. En effet, il arrivait fréquemment que la prétention du demandeur, quoique débattue en *judicium imperio continens*, n'était pas fondée sur le droit civil, ce qui, le cas échéant, rendait inapplicable la raison des auteurs cités. En second lieu, Gaïus nous enseigne que l'action, quoique née du droit civil, pouvait être débattue en instance contenue dans l'*imperium*, comme, à l'inverse, une action prétorienne pouvait être jugée en instance légitime. Le moyen pris d'un *legitimum imperio continens* n'était donc pas tiré de l'autorité du magistrat. — Il nous paraît plus vrai de dire que la différence des résultats produits par les deux *judicia* tenait à ce que l'instance légitime avait d'abord une durée illimitée, puis une durée certaine et assez prolongée, dix-huit mois, d'où il résultait toujours pour le demandeur la possibilité de mettre à profit la formule par lui obtenue, au lieu que le *judicium imperio continens* n'étant valable que pendant la durée du pouvoir du magistrat qui l'avait organisé, comme il arrivait souvent qu'une instance n'avait pu être formulée que la veille de la fin de la magistrature du préteur, il y avait impossibilité pour le demandeur de tirer profit de la formule obtenue. C'est pourquoi on lui permettait de réclamer une nouvelle formule, afin de ne pas le rendre victime d'une circonstance qui lui était étrangère. Et si le défendeur opposait l'exception *rei judicatæ*, il était tout simple que, reconnue vraie, elle paralysât la nouvelle demande. Que si, au contraire, il n'y avait lieu qu'à l'exception *rei in judicium deductæ*, le demandeur devait obtenir une *duplique* pour repousser cette exception, opposée dans ce cas contrairement à l'équité.

§ 11. — *Actions transmissibles, — actions non transmissibles.*

229. — Les actions réelles et celles qui naissaient des contrats et quasi-contrats et en général toutes les actions persécutoires se donnaient aux héritiers du créancier et contre les héritiers du débiteur. Il y avait toutefois exception quant à l'action donnée à l'adstipulateur, laquelle ne passait pas à ses héritiers, et quant à celles qui compétaient contre les *sponsores* ou *fidepromissores*, lesquelles ne pouvaient s'exercer contre leurs héritiers. Les actions pénales ne se donnaient point contre les héritiers du délinquant, si ce n'est jusqu'à concurrence du profit qu'ils en avaient retiré ; mais elles compétaient aux héritiers de celui qui avait souffert du délit, à moins qu'elles ne fussent, comme l'action d'injures, d'une nature telle qu'elles ne pussent être appréciées que par la personne injuriée. Si l'instance avait une fois été organisée, les actions pénales se donnaient contre les héritiers, c'est-à-dire que l'instance pouvait se poursuivre contre eux. — Gaïus, 4, § 112 ; *Inst.*, liv. 4, tit. 12, § 1er.

CHAP. III. — *Jugemens extraordinaires.*

230. — Sous cette dernière période, qui date du règne de Dioclétien, les parties s'assignaient devant le président ou devant les juges inférieurs, chacun suivant les limites de leur compétence. Il n'y avait plus lieu à la *datio judicis* des précédens systèmes, partant plus de formules. Nous savons, du reste, qu'avant Dioclétien, et pour des cas exceptionnels, le magistrat procédait sans nommer de *judex*. Cet empereur n'a fait que transformer l'exception en règle générale. — ff., lib. 2, tit. 7, L. 3, § 1 ; lib. 3, tit. 1, L. 1, § 6.

TITRE 3. — *Marche de la procédure.*

CHAPITRE. 1er. — *Actions de la loi.*

231. — Sous ce premier système, on appelait *in jus vocatio* l'acte privé par lequel on introduisait la demande judiciaire. Elle s'accomplissait ainsi : le demandeur sommait son adversaire de le suivre devant le magistrat : *in jus veni, in jus sequere, in jus eamus, in jus te voco.* — Plaute, *Curcul.*, V, 2, vers 23 ; *Persa*, IV, 9, vers 8 et suiv. ; *Rudens*, III, 6, vers 15, 30, 32 et 31.

232. — Si le défendeur résistait, on pouvait le

conduire de force chez le magistrat, en prenant des témoins. — Plaute, *loc. cit.*; Pline, *Hist. nat.*, XI, 103; Cicéron, *De legib.*, II, 4; Aulu-Gelle, *Noct. attic.*, XX, 1; Festus, v° *Struere*; Porphyre, *Ad Horat.*, sat. I, 9, v. 65.

233. — En présence du magistrat, les parties y accomplissaient les formalités particulières à chaque action de la loi. Si l'affaire ne pouvait s'expliquer le même jour, les plaideurs promettaient de se représenter à jour fixe. On appelait cette promesse *vadimonium*. — Gaïus, 4, § 184.

234. — Quand il y avait lieu à la nomination d'un juge, et dès qu'il avait été désigné, les parties se donnaient jour pour comparaître devant lui le troisième jour. Cette promesse de comparution s'appelait *comperendinatio*. — Gaïus, 4, § 15.

235. — En présence du juge, chaque partie présentait un résumé de l'affaire, après quoi les plaidoiries étaient prononcées, et la sentence était rendue. — Pour le rite particulier à chaque action de la loi, V. tit. 2, chap. 1er, nos 38 et suiv.. — Gaïus, 4, § 15.

236. — Qu'on fût demandeur ou défendeur, on devait agir par soi-même, les principes du mandat ne permettant pas de se faire représenter par autrui. Il y avait toutefois exception dans cinq cas, savoir : *pro populo, pro libertate, pro tutela*, en vertu de la loi *Hostilia*, au nom des captifs et des absens pour le service de la république, qui avaient été victimes d'un vol, et enfin, dans le cas de l'action *repetundarum*, qu'on pouvait intenter pour un étranger. — *Inst.*, liv. 4, tit. 10; Gaïus, 4, § 82; Cicéron, *In Cæcil.*, Or. IV, 16 et 20.

CHAPITRE. II. — *Marche de la procédure formulaire.*

§ 1er. — *Procédure ordinaire.*

237. — L'ajournement (*in jus vocatio*) s'accomplissait, sous ce système comme dans le précédent, sans que le demandeur fût tenu de faire connaître pour quels motifs il citait son adversaire *in jus*. Toutefois, il le faisait ordinairement par une *litis denuntiatio*. Le défendeur pouvait, en donnant la caution *judicio sistendi*, c'est-à-dire de comparaître au jour convenu, se dispenser de suivre le demandeur. Un décret de Marc-Aurèle consacra l'usage de la *litis denuntiatio*. Le *vadimonium*, ou promesse de se représenter à jour fixe, avait lieu quand l'action ne pouvait être terminée le jour même de l'action. — Aurel. Victor, *De Cæsar.*, 16; Gaïus, 4, § 184.

238. — Si le défendeur était absent ou se cachait, le magistrat pouvait ordonner la *missio in possessionem* de ses biens, pour le forcer à se présenter, car à Rome on ne connaissait pas les jugemens par défaut. Nous verrons *infrà* (n° 256 et suiv.) en traitant des *cognitiones extraordinariæ*, l'effet de cette *missio in possessionem*. — En cas d'absence du défendeur, le magistrat pouvait aussi le considérer comme *indefensus*, et le traiter comme s'il avait été condamné; ce qui, du reste, n'avançait pas beaucoup le demandeur, puisque dans l'ancien droit on ne connaissait que l'exécution sur la personne. — Bonjean, § 195.

239. — Quand les parties étaient en présence du magistrat, le demandeur indiquait l'action dont il voulait se servir. C'était l'*editio actionis*. Il demandait ensuite à haute voix l'action désignée. C'était la *postulatio actionis*. — Le magistrat accordait ou refusait l'action. Il la refusait si elle lui paraissait mal fondée ou mal présentée, ou si l'affaire était de nature à être réglée par lui définitivement. Sinon, il rédigeait la formule comme nous l'avons vu au titre 2, chap. 2, sect. 2e, nos 102 et suiv., sur les indications des parties. Cette délivrance de la formule avait pour effet de préciser le litige et de fixer le point de fait ou de droit que le juge avait à décider. On disait alors que le procès était *lis contestata*, qu'il y avait eu *litis contestatio*. — ff., L., 27, tit. *De verborum oblig.*; L. 42, tit. *De mortis causâ don.*; L. 31, *De judic.*; LL. 16 et 17, *De procur.*; L. 25, *De rei vend.*; Gaïus, 3, §§ 180 et suiv.; Cicér., *Pro Rosc.*, 11; *De inv.*, II, 19.

240. Le principal effet de la *litis contestatio* était la novation nécessaire qu'elle opérait dans le droit des plaideurs. Nous avons déjà expliqué, au titre 2, chap. 2, nos 220 à 228, comment et pourquoi cette novation judiciaire n'avait lieu qu'autant que l'action avait été débattue en *judicium legitimum* et qu'elle était personnelle *in jus*. Cette novation judiciaire différait de la novation ordinaire en ce qu'elle n'anéantissait pas comme celle-ci l'obligation avec tous ses accessoires; la nouvelle obligation comprenait le principal et les accessoires de l'obligation antérieure, tels que gages, priviléges et intérêts. — Gaïus, 3, § 180; 4, § 107; ff., tit. *De reg. jur.*, LL. 86 et 87; *De nov.*, L. 29.

241. — Un autre effet très remarquable de la *litis contestatio* c'était de rendre perpétuelles les actions qui auparavant n'étaient que temporaires. — ff., tit. *De fidej. et nomin.*, L. 8; tit. *De nov.*, L. 29; tit. *De liber. caus.*, L. 24; tit. *De reg. jur.*, L. 139; tit. *De jurejur.*, L. 9, § 3, L. 26; tit. *De oblig. et act.*, L. 58.

242. — C'est au moment de la *litis contestatio* que le juge devait se reporter pour déterminer si l'action était ou non fondée. — Quant aux restitutions à faire, c'était au moment de la sentence que le juge devait s'attacher, et il ne devait condamner qu'autant qu'elles étaient possibles à cette époque, à moins qu'il n'y eût eu dol de la part du défendeur. — ff., tit. *De rei vend.*, LL. 18, 20, 27, § 1 et 42; tit. *Si serv. vind.*, L. 8, § 4 et 5; tit. *De usuf. accresc.*, L. 10; tit. *De nox. act.*, L. 42, § 1.

243. — Quand les parties étaient devant le magistrat, elles pouvaient s'adresser l'une à l'autre, et le magistrat pouvait d'office adresser à chacune des questions ayant pour but d'obtenir les renseignemens nécessaires à la rédaction de la formule. C'était là ce qu'on appelait interrogations *in jure*. L'effet de ces interrogations était de lier *quasi ex contractû* la partie qui avait reconnu comme vrai ce qui lui était demandé, et de faire condamner *in solidum* celui qui niait ce fait, si ultérieurement on en établissait la vérité. Il en était ainsi au cas de refus de répondre. — A la suite de ces interrogations, le magistrat donnait une formule d'action appelée *actio interrogatoria*. — ff., tit. *De interr.*, L. 4 et 7, et L. 11, § 1er et suiv.

244. — L'aveu spontané du défendeur, s'il était fait *in jure*, le faisait considérer comme s'il avait été condamné, pourvu toutefois que cet aveu portât sur une somme déterminée. De là la maxime *confessus pro judicato habetur*. — L'aveu du demandeur sur les contradictions proposées par le défendeur empêchait l'action d'être accordée. — *Sent. de Paul*, II, 1, § 5; ff., tit. *De confess.*, L. 6. pr. et § 1er.

245. — Le serment pouvait être déféré par l'une des parties à l'autre, soit *in jure*, soit *in judicio*, soit extraordinairement, soit d'office par le juge. — V. SERMENT.

246. — Après la délivrance de la formule, les parties se donnaient jour pour comparaître devant le juge. — Il ne paraît pas que, sous ce système, elles se donnassent aucune garantie pour assurer cette comparution. — Asconius, *In Verr.*, I, 9.

247. — Si le demandeur ne comparaissait pas au jour fixé, le défendeur pouvait requérir jugement. Le juge pouvait prononcer, soit l'absolution, soit la condamnation. Si le défendeur ne requérait pas jugement, il pouvait y avoir lieu à la péremption de l'instance, suivant ce qui a été expliqué au titre 2e, chap. 2e, § 10. — En cas de défaut, le demandeur devait solliciter du magistrat une ordonnance qui enjoignît au défendeur de comparaître. Cette ordonnance était renouvelée deux ou trois fois, à des intervalles de dix jours. Après la dernière citation, le juge pouvait prononcer. — ff., tit. *De liber. caus*, L. 27, § 1; tit. *De confess.*, L. 6, § 3; tit. *De appell.*, L. 28; tit. *De judic.*, L. 68 et suiv.

248. — Les parties présentes, et après la production des rescrits impériaux, des réponses des prudens, les témoins entendus, les parties ou leurs avocats plaidaient leur cause. Le juge prononçait sur-le-champ ou ordonnait une ou plusieurs remises, soit pour préparer la décision, soit pour l'administration des preuves. — ff. et Cod., tit. *De delat.*; ff., tit. *De judic.*, L. 36; Cod., *De div. rescr.*, L. 2; Cicér., *Pro Flacco*, 20; *Pro Cæcina*, 2, 3, 33; *Pro Quinct.*, 9 et 22; Macrob., *Sat.* 9, 12, *in fin.*

249. — Les moyens de preuve admis en matière civile étaient les témoins, les titres, le serment et l'aveu. — V. PREUVE.

250. — Le juge devait prononcer la sentence à haute voix et à l'audience, dans le principe en langue latine, par la suite, soit en latin, soit en grec. Elle devait être motivée et prononcée les parties présentes, à peine de nullité, sauf le cas de contumace, après avertissement. Elle produisait la même novation que la *litis contestatio*. — Gaïus, 3, § 180; Bonjean, § 228.

251. — Sous le second système, il fut permis de se faire représenter en justice, soit comme demandeur, soit comme défendeur. Ce représentant prenait le nom de *cognitor* ou *procurator*, suivant qu'il avait été constitué devant le magistrat, en présence de l'adversaire et au moyen de paroles solennelles, ou que l'une de ces trois conditions manquait. Les tuteurs et curateurs pouvaient aussi agir ou défendre pour leur pupille. — V. du reste n° 236 et MANDAT.

252. — Par suite de ce que l'action était intentée

par ou contre un *cognitor* ou *procurator*, la formule subissait certaines modifications. — Ainsi, dans le cas où le demandeur était *cognitor* ou *procurator*, il faisait écrire l'*intentio* du chef de sa partie et faisait rédiger la *condemnatio* à son profit. Dans le cas où le défendeur était un *cognitor* ou *procurator*, l'*intentio* désignait le défendeur lui-même, et la *condemnatio* était dirigée contre le représentant. — Si l'action était réelle, l'*intentio* n'était pas différente, soit que l'action fût poursuivie contre un *procurator* ou *cognitor*, soit qu'elle fût exercée contre le maître de l'action, car l'intention de ces actions ne désignait pas le défendeur; mais la condamnation était prononcée contre le *cognitor* ou le *procurator*. — Gaïus, 4, § 86 et 87.

253. — Certaines garanties étaient exigées des plaideurs pour assurer les droits de l'adversaire. — Ainsi, dans l'action réelle, le défendeur devait fournir la caution *judicatum solvi*, caution contre laquelle on pouvait agir au cas de condamnation du défendeur et d'inexécution de la sentence. Cette caution devait être fournie par le défendeur, qu'il défendît en son nom ou au nom d'autrui. Du reste, la caution différait suivant qu'on agissait *per formulam petitoriam*, ou *per sponsionem*. Dans le premier cas, il y avait lieu à la caution *judicatum solvi*, dans le second à la stipulation *pro præde litis et vindiciarum* (V. tit. 2, chap. 2, nos 86 et suiv.). Dans l'action réelle, le demandeur qui agissait pour lui-même ne donnait pas caution. Le *cognitor* ne la fournissait pas non plus, car il était considéré comme substitué à son mandant : le procureur devait, au contraire, donner la caution *de rato* (que le mandant ratifierait), car il était à craindre que le mandant n'intentât lui-même action pour la même affaire, inconvénient qui n'était pas à craindre quand le demandeur était *cognitor*, puisque dans ce cas il était admis que le mandant ne pouvait pas plus intenter action pour la même affaire que s'il avait agi lui-même. — Les tuteurs et curateurs étaient mis, quant à la caution, sur le même rang que les procureurs; toutefois, dans la pratique on les en dispensait quelquefois. — Si l'action était personnelle, le demandeur était tenu comme dans une action réelle. Le défendeur qui défendait pour autrui devait fournir caution lui-même, s'il était procureur, tuteur ou curateur; s'il était *cognitor*, c'était au maître à fournir la caution *judicatum solvi*. Celui qui défendait pour lui-même ne donnait caution que dans des cas déterminés. Deux causes pouvaient motiver cette caution : le genre de l'action et la personne du défendeur, lorsqu'il était suspect. Le genre de l'action y donnait lieu dans les cas de chose jugée, de chose payée, ou lorsqu'on agissait relativement aux mœurs d'une femme; la personne du défendeur nécessitait la caution lorsqu'on agissait contre un banqueroutier (*qui decoxerit*), contre un débiteur dont les biens étaient possédés ou poursuivis par ses créanciers, ou lorsque sa personne était suspecte aux yeux du préteur. — Gaïus, 4, §§ 88 et suiv., 96 et suiv.

254. — Pour prévenir ou réprimer les procès intentés sans fondement et par calomnie, plusieurs peines avaient été établies contre les plaideurs. Parmi celles qui concernaient le défendeur, les unes étaient pécuniaires, d'autres consistaient dans la religion du serment, d'autres enfin dans l'infamie. — Outre la peine pécuniaire de la *sponsio*, nous avons vu que, dans certaines actions, la condamnation était au double contre le défendeur qui avait nié; que, dans d'autres, la condamnation était du double, du triple ou du quadruple, qu'on eût nié ou non. — Si aucune de ces garanties n'existait, c'est-à-dire s'il n'y avait lieu ni à la *sponsio* ni à une action au-dessus du simple, le demandeur pouvait exiger du défendeur le serment qu'il ne défendait pas par esprit de calomnie. — Enfin, certaines actions étaient infamantes pour le défendeur condamné. — Gaïus, 4, § 171 et suiv., et *suprà* tit. 2e, sect. 3e, §§ 5 et 6.

255. — La *restipulation* existait dans certaines actions contre le demandeur. L'action de calomnie était aussi accordée au défendeur contre le demandeur dans tout procès. Elle était du dixième du montant de la demande, et se donnait contre celui que le défendeur prétendait avoir intenté une action par esprit de calomnie. — Dans certaines actions, le défendeur avait l'action contraire : elle était du dixième de la demande quand elle était opposée à l'action d'injures, et du cinquième en faveur d'une femme qu'on actionnait comme ayant cédé frauduleusement la possession qu'elle avait obtenue du préteur en se faisant faussement passer pour grosse; et aussi lorsqu'on la donnait à celui qui était actionné comme ayant empêché la prise de possession ordonnée par le préteur. L'action contraire était plus sévère que celle de calomnie, en ce qu'elle se donnait contre un deman-

deur qui avait intenté une action mal fondée, même par suite d'une erreur involontaire. L'action de calomnie et l'action contraire ne pouvaient se cumuler. — Dans tous ces cas, le défendeur pouvait exiger du demandeur le serment qu'il n'agissait pas par esprit de calomnie; mais il n'avait que le choix, sans pouvoir cumuler ces moyens. — Gaïus, 4, § 174 et suiv.

§ 2. — *Cognitiones extraordinariæ.*

256. — En dehors de cette procédure ordinaire, il y avait souvent lieu à une marche plus simple, dans laquelle le magistrat statuait seul; on la désignait sous le nom de *cognitiones extraordinariæ.* On ne la rencontre guère dans le système des actions de la loi, si ce n'est dans la *manus injectio;* mais sous le système formulaire elle devint d'une application de plus en plus fréquente, au fur et à mesure que ce système se développa. — ff., lib. 3, tit. 5, L. 47, § 1er. — Ces *cognitiones extraordinariæ* avaient lieu dans les restitutions en entier (*restitutiones in integrum*), dans les envois en possession (*missiones in possessionem*), et en général toutes les fois que le magistrat avait à exercer son *imperium.* On les rencontrait aussi dans tous les cas que des dispositions législatives spéciales avaient attribués à la connaissance extraordinaire du magistrat, notamment en matière de fidéicommis; dans les cas de juridiction gracieuse, par exemple dans les actes solennels de *manumission, vindicte, cessio in jure;* et enfin toutes les fois que le magistrat, qui voulait suppléer aux lacunes du droit civil ou obvier à sa rigueur, avait préféré recourir à ce moyen plutôt que de créer des actions spéciales. Ainsi, alors qu'il s'agissait de demandes d'alimens entre ascendans, descendans, patrons et affranchis, ou de demandes d'honoraires, ou de salaires de la part des professeurs d'arts libéraux, d'avocats, de nourrices. — ff., lib. 25, tit. 3, L. 5; lib. 50, tit. 13, L. 1re; — Ortolan, t. 2, p. 485 et suiv.

257. — Les *restitutiones in integrum* seront traitées v° RESTITUTION en entier. Nous allons dire quelques mots des *missiones in possessionem.*

258. — Les *missiones in possessionem* étaient accordées par le préteur pour assurer à une personne la conservation de ses droits, ou pour contraindre à l'exécution de ses décrets ou des sentences judiciaires. Elles avaient lieu le plus souvent pour une universalité de biens, quoiqu'elles s'appliquassent aussi *in res singulas.* Il y avait *missio in possessionem* contre un débiteur qui se cachait sans se faire défendre, ou qui n'exécutait pas la sentence rendue contre lui. Dans le premier cas, elle avait pour but de contraindre le débiteur à se présenter, pour qu'on pût le condamner, et, dans le second, d'assurer l'effet de la condamnation. Les créanciers d'une succession vacante pouvaient obtenir l'envoi en possession des biens de leur débiteur défunt. Il y avait un autre cas d'application en faveur de l'enfant qui était encore dans le sein de sa mère; et un autre était fourni par l'édit Carbonien, en faveur de l'impubère successible dont on contestait l'état. En matière de dommage imminent, il y avait aussi lieu à cette *missio*, alors que le propriétaire du bâtiment menaçant ruine refusait la stipulation prétorienne, dite caution *damni infecti.* Enfin, nous savons que les légataires ou les fidéicommissaires pouvaient l'obtenir contre l'institué qui refusait la *cautio legatorum*, autre stipulation prétorienne. Ces stipulations étaient appelées actions dans le sens large, parce qu'elles produisaient le même effet que les actions (L. 37, *præm.*, ff., tit. *De oblig. et actionibus*). — Dans tous ces cas, l'envoyé en possession n'avait que la garde des biens; c'était une sorte de gage. Il faut se garder de confondre cette possession avec la *bonorum possessio* accordée aux successeurs prétoriens. — ff., lib. 42, tit. 4, L. 7, § 1er et suiv.; lib. 42, tit. 9; lib. 39, tit. 2 et 10; lib. 36, tit. 4; Cod., lib. 7, tit. 72; lib. 13, tit. 7, L. 26.

259. — La *missio in possessionem* des biens d'un débiteur, et celle des biens d'un défunt qui n'avait pas de successeur, étaient suivies d'une possession de trente jours dans le premier cas, et de quinze dans le second. Après ce délai, qui était employé à annoncer la vente des biens, le préteur ordonnait aux créanciers de s'assembler, pour élire un *magister* (syndic) choisi parmi eux, et chargé de la vente. L'adjudication ne pouvait avoir lieu que trente jours après cette réunion, s'il s'agissait des biens d'un débiteur vivant, et après quinzaine, s'il s'agissait de ceux d'un défunt. La raison de cette différence dans les délais tenait à ce que la vente des biens d'une personne vivante ne devait pas être consentie facilement, attendu qu'elle pouvait l'empêcher, soit en fournissant la caution *judicatum solvi*, soit en payant. — Gaïus, 3, § 77 et suiv.

260. — Au temps de Gaïus, cette adjudication ne donnait pas le domaine quiritaire à l'acheteur. Elle ne lui donnait que le domaine *in bonis*, en lui permettant d'arriver au véritable domaine par l'usucapion. C'était donc un moyen d'avoir la chose *in bonis*, moyen qu'il faut ajouter à celui qui résultait de l'aliénation, faite par le véritable propriétaire, d'une chose *mancipi* sans l'emploi des formalités voulues par le droit civil, et qui, d'après M. Ortolan, est le seul moyen qui nous soit connu d'arriver au domaine *in bonis.* — Gaïus, 2, § 41; 3, § 80; Ortolan, t. 1er, sur le tit. 1er, liv. 2, *Inst.*

261. — L'*emptio bonorum*, qui suivait la *missio in possessionem* dont nous venons de parler, différait de la *sectio bonorum*, laquelle n'avait lieu qu'en faveur du trésor public, relativement aux biens de celui qui avait été condamné sur une accusation publique. La *sectio bonorum* appartenait au droit civil : aussi les *sectores* (acheteurs) *bonorum* devenaient-ils propriétaires *ex jure quiritium*, sans qu'il fût besoin de recourir à l'usucapion. La vente se poursuivait par les questeurs du trésor que le préteur envoyait en possession. — Gaïus, 4, § 145 et 146. — Observons que sous Justinien la différence, entre le domaine *in bonis* et le domaine *ex jure quiritium*, avait disparu. — Asconius, *ad Cicer., Verr.*, 1, 20 et 23.

262. — La *missio in possessionem* était venue remplacer, dans la pratique, la contrainte, qui, autrefois, s'exerçait sur la personne du débiteur, au moyen de la *manus injectio.* Toutefois, ce dernier mode d'exécution s'était perpétué même jusqu'au temps de Justinien, mais avec des adoucissemens. Ainsi, le créancier obtenait du magistrat le droit de conduire son débiteur dans sa maison, de l'y contraindre à travailler pour lui jusqu'à l'acquittement de sa dette. Mais le débiteur ne perdait pas sa qualité d'ingénu, et ses enfans ne pouvaient être contraints à travailler pour leur père. — Plutarque, 20, *Lucullus;* Cicéron, *Pro Flacc.*, 20, 21; Lex Rubria, chap. 21 et 22; Diodore, 1, 79.

263. — La *distractio bonorum* était la vente en détail, faite par l'office d'un curateur, des biens d'un débiteur illustre. Elle était moins rigoureuse que l'*emptio bonorum*, en ce qu'elle n'entraînait aucune déchéance d'état, à la différence de celle-ci, qui faisait éprouver une diminution de tête infamante. Du reste, à la chute du système formulaire, la *distractio bonorum* fut accordée en faveur de tout débiteur. A la différence de l'*emptio bonorum*, elle ne libérait le débiteur que jusqu'à concurrence du prix produit par la vente. — ff., lib. 27, tit. 10, LL. 5 et 9; lib. 42, tit. 7, L. 4.

264. — La *cessio bonorum* était l'abandon volontaire que le débiteur faisait de ses biens à ses créanciers; elle était suivie de la vente comme la *missio in possessionem :* mais elle ne faisait pas éprouver de *capitis deminutio* au débiteur; et, à l'inverse, elle ne le libérait pas complètement, et ne mettait pas à l'abri des poursuites de ses créanciers ses biens futurs; mais elle lui permettait de réclamer le bénéfice de compétence. — V. CESSION DE BIENS.

265. — Le *pignus prætorium* différait encore des moyens de contrainte qui précèdent. Il était ordonné par le magistrat contre un débiteur condamné ou *confessus*, et consistait en une espèce de séquestre, dont la durée était de deux mois, après lesquels la vente était faite par les *officiales.* Le prix en provenant servait à l'acquit de la dette. Le créancier pouvait devenir adjudicataire, faute d'acheteurs. — ff., lib. 42, tit. 1er, LL. 15 et 31; C., lib. 8, tit. 23, L. 1re.

CHAPITRE III. — *Marche de la procédure sous le troisième système.*

266. — L'ajournement se faisait toujours au moyen de la *litis denuntiatio.* Mais il est à remarquer que cet acte introductif d'instance ne resta pas, comme dans le système précédent, un acte purement privé. La citation dut être donnée dans un procès-verbal dressé par un officier public, ayant capacité à cet effet. Quelquefois, cependant, l'ajournement était donné au défenseur par un *viator* (huissier) commis sur requête : c'était dans les causes sommaires, n'exigeant pas de *litis denuntiatio.* On s'adressait aussi fréquemment à l'empereur, qui renvoyait devant le gouverneur de la province par un rescrit qu'on déposait chez le magistrat, qui le faisait signifier au défendeur. — — C. Théod., tit. *De denunt.*, L. 2; tit. *De infirm., his quæ sub. tyrann.*, L. 9 et lib. 1, tit. 2; Symmacus, *Epist.* X, 48; Cod. Just., lib. 1, tit. 19 et suiv.

267. — Le défendeur qui ne se présentait pas au jour fixé pour la comparution était traité comme contumace : s'il avait un motif d'excuse, il pouvait cependant obtenir de l'empereur la réparation de la *denuntiatio.* — Bonjean, § 245.

268. — Justinien ordonna que l'ajournement serait fait par écrit, et présenté au tribunal avec requête tendant à ce que la demande fût communiquée au défendeur. L'écrit présenté au tribunal (*libellus conventionis*) contenait un exposé sommaire des moyens et de la demande, et devait être signé du demandeur ou d'un *tabularius*, au cas où le demandeur ne savait pas signer. Ce dernier s'engageait à lier l'instance dans les deux mois au plus tard, à peine du double des frais déjà faits; à poursuivre l'instance jusqu'à la fin, et à rembourser les frais occasionés à son adversaire, en cas d'insuccès; le serment ou une caution venaient garantir ces divers engagemens. — Le magistrat donnait une ordonnance d'assignation, à moins que la demande ne lui parût pas soutenable. L'assignation était ensuite notifiée au défendeur par l'un des huissiers du tribunal. Le défendeur devait fournir la caution *in judicio sisti*, à moins qu'il ne fût une personne illustre, auquel cas sa caution juratoire suffisait. Le délai légal pour comparaître fut porté à vingt jours par Justinien. — Bonjean, § 247; *Inst.*, liv. 4, tit. 11, § 2.

269. — Si le défendeur ne comparaissait pas, et qu'il eût fourni la caution *in judicio sisti*, on pouvait agir contre la caution, et condamner le défendeur à l'amende pour le forcer à se présenter, ou même le faire amener par contrainte. S'il n'avait pas fourni caution, il y avait lieu à des amendes, et même à la procédure contre les contumaces. Ce dernier mode était même employé quand il y avait eu caution, et que les moyens pratiqués n'étaient pas suffisans. Le défendeur contumace perdait le bénéfice de ses exceptions et de la preuve contraire; et le juge prononçait sa sentence, soit d'absolution, soit de condamnation. — Au surplus, jusqu'à la consommation de la vente, qui ne pouvait avoir lieu qu'après un délai assez prolongé, le défendeur pouvait, en remboursant les frais faits, et en offrant caution, se faire relever du défaut et obtenir la faculté de se défendre. — Si l'action était réelle, le demandeur pouvait, s'il ne faisait pas preuve complète de son droit, obtenir un envoi en possession *provisoire :* dans ce cas, le défendeur pouvait, dans l'année, se faire remettre en possession, en donnant caution et en offrant de se défendre. Après ce délai, il ne pouvait plus agir que par la revendication, mais en établissant la preuve de son droit. — Si le défendeur refusait de présenter ses moyens après avoir comparu, il était jugé comme contumace, après trois sommations à lui faites de dix jours en dix jours qu'il eût à se défendre. La condamnation qui intervenait après la dernière sommation était définitive. — Bonjean, § 249.

270. — Si le demandeur ne comparaissait pas, il était déclaré déchu de l'instance. — Justinien décida que le défendeur pourrait, en outre, faire juger l'instance définitivement, en faisant assigner par trois fois le demandeur, et à des intervalles de trente jours. L'affaire n'était jugée qu'après une année à l'expiration du dernier délai. Pendant cette année, le demandeur pouvait reprendre l'instance en payant les frais. — Si le défendeur avait déjà produit sa défense quand le demandeur faisait défaut, le premier ne pouvait obtenir que l'absolution de l'instance. — Que la contumace fût celle du demandeur ou celle du défendeur, les frais étaient à sa charge, qu'il obtînt gain de cause ou non. La contumace entraînait, en outre, déchéance de l'appel. — Bonjean, *ibid.*

271. — Si c'était un procureur, un tuteur ou curateur qui plaidait, soit en demandant, soit en défendant, il devait fournir la caution *de rato*, à moins que, au cas de procuration donnée par le défendeur, le mandant n'eût constitué son procureur d'une manière solennelle et *in judicium*, en fournissant la caution *judicatum solvi*, ou qu'après avoir fait cette constitution *in judicium*, il se fût engagé extrajudiciairement comme fidéjusseur pour son procureur pour toutes les causes de la caution *judicatum solvi.* Dans ces deux cas, il devait, en outre, donner hypothèque sur ses biens, fournir caution qu'il se présenterait pour entendre le prononcé de la sentence : et s'il ne se présentait pas, la caution devait payer le montant de la condamnation, à moins qu'il n'y eût appel. Si le procureur intervenait en demandant, il était dispensé de la caution *de rato* quand il avait un mandat insinué, ou qu'il avait été constitué par le maître du litige et *in judicium.* — *Inst.*, 4, tit. 11, § 3, 4 et 5.

272. — Les preuves et les plaidoiries étaient faites comme dans le précédent système. La sentence produisait le même effet. — Bonjean, § 255 et 256.

273. — Les moyens de prévenir ou de réprimer les procès téméraires étaient, au temps de Justinien, le serment qui était déféré au demandeur et au défendeur, et, en outre, à leurs avocats. La

condamnation aux dommages et aux frais fut aussi introduite, et se cumula avec le serment pour remplacer l'action de calomnie. Certaines actions restèrent plus qu'au simple et infamantes, les unes alors qu'on avait nié, les autres dès le principe. — *Inst.*, 4, tit. 16, § 1, et *suprà* tit. 2, chap. 2, sect. 3e, § 5 et 6; tit. 3, chap. 1er, nos 254 et suiv.

ACTION (Droit français).

Table alphabétique.

ACTION. — 1. — C'est le droit de poursuivre, devant les tribunaux, ce qui nous est dû ou ce qui nous appartient. La demande est l'exercice de ce droit. — V. DEMANDE.

Sect. 1re. — *Historique.*

2. — Quoique nos Codes et nos jurisconsultes aient emprunté à la législation romaine un grand nombre d'expressions et de distinctions relatives à la matière des actions, il faut reconnaître que ces expressions et distinctions, dont le sens primitif était déjà altéré au temps de Justinien, ne peuvent plus être transportées dans notre droit qu'en modifiant les définitions qui en avaient été données par les jurisconsultes romains.

3. — On a vu *suprà*, au mot ACTION (droit romain), combien les idées, les institutions, les systèmes qui ont régné à Rome à toutes les époques, étaient différens de nos principes et des habitudes de notre procédure judiciaire.

4. — Ce serait donc une téméraire entreprise, un projet sans utilité et sans intérêt, que de rechercher, par des rapprochemens forcés, à rattacher la théorie française des actions à la théorie romaine.

5. — Un travail de ce genre, quoiqu'il ait été plusieurs fois tenté, n'aboutira jamais qu'à jeter de la confusion dans les idées, ou qu'à constater de telles dissemblances qu'il n'y a aucun avantage à les signaler.

6. — Dans l'ancien droit, un de ces naïfs praticiens, si précieux à consulter quand il s'agit de nos institutions coutumières ou féodales, Bouteillier, a essayé de suivre pas à pas la législation romaine sur la matière des actions, et n'a pas craint de traduire dans sa *Somme rurale* des textes sans application à nos mœurs, et que, par parenthèse, il n'entendait pas.

7. — Faut-il dire qu'il a eu la patience d'énumérer, de nommer et de définir plus de soixante actions, dont la plupart, à coup sûr, n'avaient rien à faire dans son livre, d'ailleurs si intéressant et si original ?

8. — Afin qu'on puisse juger du mérite de cette laborieuse et bizarre entreprise, nous dirons qu'il est question dans la Somme de Bouteillier des actions *nices*, des actions *copulaires*, des actions de *besoigne faite*, des actions de *postrèmes*, des actions de *vice de litige*, etc.

9. — Très certainement ni les romanistes ni les jurisconsultes les plus familiarisés avec la législation du moyen âge ne sauraient expliquer, sans recourir au texte ou aux notes de Charondas, le sens que l'auteur attachait à ces expressions.

10. — Nous pourrions sans peine indiquer d'autres jurisconsultes plus modernes qui se sont également fourvoyés, comme Bouteillier, en voulant importer dans notre droit les principes du droit romain en matière d'actions ; mais nous en avons assez dit sur ce point; d'ailleurs la précaution que nous avons prise de traiter, dans deux articles séparés, ce qui concerne le droit romain et ce qui s'applique plus spécialement au droit français, prouve assez toute l'importance que nous attachons à ce qu'on ne confonde pas l'un avec l'autre.

11. — La vérité est que nous n'avons pris des Romains que les grandes divisions qui servent à faire connaître les principaux genres d'actions. — Boncenne, *Théor. de la procéd. civ.*, *Introd.*, t. 1er, p. 60.

12. — Chez les Romains, les actions avaient un nom spécial qu'elles tiraient ou des contrats nommés, ou d'une loi, ou du préteur qui les avait créées, ou d'un fait particulier. — V. *suprà* ACTION (droit romain), nos 134, 136, 137, 141, 143 et suiv.

13. — Chez nous, les actions s'exercent sans qu'il soit nécessaire de les nommer.

14. — Le demandeur, disait la cour de Cassation, n'est pas obligé de spécifier nominativement l'action qu'il exerce ; il suffit que sa demande soit claire et précise. — Observ. de la cour de Cass. sur le projet du C. procéd., art. 45. — V. *infrà* nos 23 et suiv.

15. — C'est ce qu'avait déjà dit, au seizième siècle, l'un de nos plus célèbres praticiens. « Aujourd'hui, en ce royaume, nous gardons la disposition du droit canon, car il n'est mestier (besoin) d'exprimer le nom de l'action que l'on intente, mais suffit tellement déclarer le fait que l'on en puisse tirer bonne conclusion du droit du demandeur. » Imbert, *Pratique*, p. 85, édit. de 1612.

16. — A Rome, sous le second système de procédure (V. ACTION (droit romain), tit. 3, ch. 2, nos 237 et suiv.), on ne pouvait, en général, se présenter devant le juge sans avoir au préalable obtenu du magistrat une formule d'action... La formule d'action était le grand *criterium* du procès romain. — Bonjean, *Encyclop. catholique*, vo *Action*, p. 300, § 1er.

17. — En France, même dans l'ancien droit, il n'y a jamais eu de formule pour les actions; notre système de procédure est tout-à-fait étranger au système formulaire des Romains. — Boitard, *Leçons de procéd.*, t. 1er, p. 121, édit. 2e.

18. — A Rome, on distinguait les actions de *bonne foi* des actions *stricti juris*, et, dans ces dernières, l'action tombait en déchéance s'il était demandé plus qu'il n'était dû.

19. — En droit français, toutes les actions sont de bonne foi, en ce sens que le juge estime ce qu'il faut accorder et ce qu'il faut refuser au demandeur : *Quantum, vel quid æquius, melius*. Toutefois, il ne peut ajouter à la demande, et juger *ultrà petita*. S'il est demandé plus qu'il n'est dû, ce n'est point un motif de rejeter l'action, mais seulement de la réduire. — Boncenne, *Introd.*, t. 1er, p. 60.

20. — Puisque les règles du droit romain, en matière d'actions, ne sont presque d'aucun usage en droit français, il eût été à désirer que les rédacteurs du Code de procéd. eussent pris la peine d'y suppléer.

21 — Ils n'en ont rien fait, ils n'ont eu aucun égard aux nombreuses et vives réclamations qui leur furent adressées à ce sujet

22. — On sait, en effet, que lorsque le projet du Code de procéd. fut soumis aux observations des tribunaux, plusieurs cours d'appel demandèrent

qu'on ajoutât en tête de ce Code un livre préliminaire qui comprit quelques notions générales sur les actions.

23. — La cour de Cassation ne s'en tint pas là, elle chargea une commission, dont Merlin fit partie, de préparer ce livre préliminaire, et elle le fit imprimer en tête de ses observations.

24. — Plus tard, lorsque le projet fut soumis au tribunat, de nouvelles réclamations, émanées de ce corps, vinrent se joindre à celles de la cour de Cassation, mais sans plus de succès.

25. — Les rédacteurs du Code pensèrent que les articles proposés ne seraient pas à leur place dans une loi, et que les notions qu'ils renfermaient appartenaient plutôt à la doctrine ; en conséquence, ils passèrent outre.

26. — On doit le regretter, car on a ainsi abandonné à la controverse une matière importante et difficile, que le législateur aurait dû éclaircir et simplifier.

27. — Du reste, on consultera toujours avec fruit le travail de la cour de Cassation, bien qu'il ne soit pas complétement irréprochable. Le livre préliminaire qu'elle proposait d'ajouter, et qui n'avait pas moins de soixante-un articles, était intitulé : *De l'administration de la justice en général* ; il était divisé en plusieurs titres, dont le premier était intitulé : *Des actions* ; le second : *Devant quels juges les actions civiles doivent s'intenter.* — Nous aurons plus d'une fois l'occasion de citer quelques dispositions de ce projet.

Sect. 2e. — *Nature et caractère des actions.*

28. — Nous avons dit que l'action était le droit de poursuivre devant les tribunaux ce qui nous est dû ou ce qui nous appartient. — Cette définition, qui est plus complète, et par conséquent plus exacte que celle des *Institutes*, nous l'empruntons à la cour de Cassation, qui proposait de la placer dans un titre préliminaire du Code de procédure. — Observat. de la cour de Cassation, art. 2. — V. aussi Pothier, *Pandect.*, *De regul. juris*, no 1436, et cout. d'Orléans, *Introd.*, no 109, édit. in-4o ; Boncenne, *Théorie de la procéd. civ.*, *Introduct.*, t. 1er, p. 55; Carré, *Lois de la procéd.*, t. 1er, *Introduct.*, ch. 1er, p. 28.

29. — La définition des *Institutes* pèche en ce qu'elle ne comprend pas les droits réels. — « *Actio nihil aliud est*, dit Justinien, *quam jus persequendi in judicio* QUOD SIBI DEBETUR. » *Instit.*, *De act.*, in pr. — V. L. 51, ff., *De act. et obligat.* ; — Duval, *Parfait procureur*, t. 1er, chap. 68 ; Jousse, t. 1er, p. 13, Ord. de 1667 ; Pigeau, *Procéd. du Châtelet*, t. 1er, p. 33.

30. — Le mot action a encore deux acceptions différentes.

31. — Tantôt il sert à désigner la poursuite elle-même, et c'est dans ce sens que Merlin définit l'action « une *demande judiciaire*, fondée sur un titre ou sur la loi par laquelle le demandeur requiert que celui contre qui il agit ait à le satisfaire, ou qu'il y soit condamné par le juge. » — Merlin, *Répert.*, vo *Action*.

32. — Tantôt il exprime le moyen, la voie par lesquels nous parvenons à obtenir ce qui nous appartient ou ce qui nous est dû. — Berriat, *Cours de procéd.*, t. 1er, p. 108, 6e édit. ; Heineccius, *Instit.*, § 1088; Delvincourt, *Instit.*, p. 305.

33. — Ce n'est qu'improprement que le mot action a reçu ces deux dernières significations. En effet, on peut avoir une action et ne pas l'exercer, l'action et la poursuite sont donc deux choses distinctes.

34. — L'action existe entre les mains de celui qui a un droit à exercer ; elle existe, au moment même de l'ouverture de ce droit, avant la demande judiciaire, et indépendamment de cette demande, qui n'en est que l'exercice.

35. — C'est ce que reconnait expressément, dans un réquisitoire prononcé devant la cour de Cassation, l'un des plus grands jurisconsultes de notre temps : « Personne n'ignore, dit M. Daniels, la différence qui existe entre l'*action* et l'*instance*. Le droit que nous avons de poursuivre devant les tribunaux ce qui nous est dû, c'est l'*action*. L'exercice actuel du droit, c'est ce qui constitue l'*instance*... » — Merlin, *Répert.*, vo *Péremption*, § 6, réquisitoire du 19 août 1814 ; — V. aussi *Cass.*, 5 mai 1814, Fournier c. Roussel Lavalette.

36. — D'ailleurs, souvent une demande est formée sans qu'il y ait une action ou un droit ; car elle peut n'être pas fondée, et il ne suffit pas toujours de demander pour obtenir. — Boncenne, *Théorie*, *Introduct.*, t. 1er, p. 56.

37. — L'action est différente aussi de la forme sous laquelle elle se produit, et par conséquent ne doit pas être confondue avec elle.

38. — Une autre confusion existe encore dans quelques ouvrages : on prétend qu'il n'y a pas à distinguer entre l'action et le droit qu'elle est destinée à protéger, que l'action et le droit sont une seule et même chose.

39. — C'est une erreur, et ce qui le prouve, c'est que, non seulement l'action et le droit n'ont pas la même origine, mais qu'ils n'ont pas toujours et nécessairement le même objet.

40. — Ils n'ont pas la même origine, car le droit dérive de la loi ou du contrat qui tient lieu de loi entre les parties ; l'action suppose quelque chose de plus : pour qu'elle existe, il faut que notre droit ait été méconnu, qu'on y ait résisté. — Le droit est donc engendré par un fait licite, l'action par un fait illicite, car c'est toujours un fait illicite que de méconnaître le droit d'autrui. — Bonjean, *Encyclopédie cathol.*, vo *Action*, p. 365.

41. — Ils n'ont pas toujours le même objet, car quelquefois l'action tend à faire obtenir une somme d'argent, quand, en vertu de l'obligation, c'était un corps certain auquel on avait droit.

42. — Une troisième différence peut encore être signalée, c'est que celui à qui le droit appartient n'a pas toujours l'action, ou du moins l'exercice de l'action.

43. — Ainsi, l'interdit a très certainement le droit résultant à son profit d'une convention ou de la loi, mais il n'a pas l'action, c'est son tuteur qui agit pour lui.

44. — Il en est de même du mineur ou de tout autre incapable.

45. — De tout ce qui précède, il suit que les actions doivent être considérées comme des droits particuliers qui naissent de la violation des autres droits, et qui, étant destinés à assurer leur exercice, peuvent, suivant M. Blondeau, être appelés des droits *sanctionnateurs*. — Thémis, t. 4, p. 144 ; t. 7, p. 703 ; *Chrestomathie*, t. 1er, p. 116.

46. — C'est ce qui fait dire à M. Berriat Saint-Prix (*Cours de procéd.*, t. 1er, p. 109, 6e édit.), au texte : « Soit que l'on considère l'action comme un moyen de réclamer en justice, etc., soit qu'on le considère comme un droit de poursuivre en justice, elle a quelque chose de distinct, et du droit qui en est la source, et de la demande judiciaire par laquelle elle est exercée. »

47. — Du reste, la distinction entre le droit et l'action était si généralement admise autrefois qu'on regardait déjà les actions comme faisant partie du patrimoine, comme formant une espèce de biens.

48. — Il n'y avait de divergence entre les auteurs que sur le point de savoir si elles étaient des biens *sui generis*, des biens d'une espèce particulière, ou si elles devaient être rangées dans la classe des meubles ou des immeubles, suivant la nature des choses qui en faisaient l'objet.

49. — Ce dernier parti, adopté par Cujas (consultation 3e, par Merlin) (*Répert.*, vo *Légitime*, § 8, et par Henrion de Pansey, *Compét. des juges de paix*, ch. 16), a été consacré par le Code civil, art. 526 et 529. — V. BIENS.

50. — Ajoutons cependant que les rédacteurs de nos codes ne se sont pas toujours servis du mot action avec la même signification.

51. — Quelquefois, ils ont employé ce mot dans le sens du droit de poursuivre. — C. civ., art. 137, 475, 950, 1304, 1456, 1524, 1935, 1965 et 2262 ; C. procéd., art. 401.

52. — Souvent aussi ils l'ont employé comme synonyme de *demande*, *instance judiciaire*. — C. civ., art. 25, 183, 307, 464 et 1342 ; C. procéd., art. 426. — V. aussi DEMANDE, INSTANCE.

Sect. 3e. — *Division des actions.* — *Règles générales.*

53. — Nous n'avons jamais admis, dans notre jurisprudence, les nombreuses divisions des actions consignées dans plusieurs lois du Digeste et du Code, et que l'empereur Justinien semble n'avoir réunies, dans ses *Institutes*, que pour hérisser de difficultés inutiles l'étude du droit romain.

54. — On a vu que ces classifications, étant pour la plupart des conséquences du système des formules ou de l'empiètement du droit prétorien sur le droit civil, sont sans application au droit français. — Gaïus, *Comment.*, 4, § 10, 34, 45, 62, 69, 103 et 110 ; Justinien, *Instit.*, *De actionib.*, §§ 3, 16, 21, 36. — V. aussi *suprà* ACTION (droit romain), tit. 2, ch. 2, nos 124 et suiv.

55. — Aussi est-ce à tort, selon nous, que la cour de Cassation a, dans un de ses arrêts, qualifié une action d'*utilis in rem*. — *Cass.*, 5 nov. 1806, Bournezeau c. Rubatel. — Cette expression n'est pas susceptible d'un sens raisonnable dans notre législation. — Berriat, t. 1er, p. 110, note 7e.

56. — Il faut éviter avec soin ces réminiscences, et s'en tenir aux seules classifications qui dérivent de la nature des choses.

57. — Comme les droits d'une personne peuvent lui être assurés par la loi civile ou par la loi criminelle, on divise, en général, les actions en *publiques* ou *criminelles*, et en *privées* ou *civiles*. — — Berriat, t. 1er, p. 110, note 3e ; Bonjean, *loc. cit.*, p. 366. — V. ACTION CIVILE, ACTION PUBLIQUE.

58. — Suivant Prost de Royer (*Dict.*, vo *Action*, t. 2, p. 677, no 3), les actions publiques sont celles qui forment les obligations respectives des souverains et des sujets, relativement au régime de l'état civil et politique.

59. — « *Civitatibus introductis, negotia et actiones civium alterari et novis respectibus distingui cœperunt ; quo imprimis pertinet, quod actiones sint vel privatæ, vel publicæ.* » — Boehmer, *Introd. in jus publicum universale*, part. gen., cap. 2, § 9.

60. — Comme la définition de Prost de Royer n'est ni bien exacte ni bien claire, nous dirons que les actions publiques sont celles qui sont exercées dans l'intérêt de la société, par les officiers du ministère public. — V. ACTION PUBLIQUE, MINISTÈRE PUBLIC.

61. — Et nous ajouterons que, lorsque ces actions sont portées (comme cela arrive le plus souvent) devant un tribunal criminel, afin de provoquer la répression d'un fait qualifié crime, délit ou contravention, elles sont aussi appelées *actions criminelles*. — V. ACTION PUBLIQUE.

62. — Les actions particulières ou privées sont celles qui n'ont aucun trait à la société, à l'administration du corps politique dont on est membre, mais qui concernent chaque citoyen en particulier. — Prost de Royer, *Dict. des arr.*, t. 1er, p. 677, no 3.

63. — « *Privatæ actiones sunt quæ nullum respectum habent ad publicum statum, seu administrationem reipublicæ, sed à singulis, qua talibus, in proprium commodum expediuntur.* » — Boehmer, *Introd. in jus public. univers.*, part. gen., cap. 2, § 9.

64. — Elles peuvent être exercées, soit devant les tribunaux civils, soit même devant les tribunaux criminels, accessoirement à l'action publique. — V. ACTION CIVILE.

65. — Le chef de l'état, le souverain lui-même ne fait pas toujours des actions qui intéressent le public et le corps qui est sous son régime ; il peut vendre, il peut louer, il peut contracter comme un simple père de famille ; et ces opérations, n'ayant aucun rapport à l'administration de la chose publique, ne doivent pas être envisagées comme des actions publiques : elles ne sont que des actions particulières. — Prost de Royer, *Dict.*, vo *Action*, no 3, p. 677.

66. — Quand l'action privée est exercée à l'occasion d'un fait qualifié crime, délit ou contravention par la loi pénale, elle prend le nom d'ACTION CIVILE. — V. ce mot.

67. — Les actions civiles ou privées se divisent en trois classes : l'action *personnelle*, l'action *réelle* et l'action *mixte*. — V. *infrà* art. 1er, § 1er et 2, nos 70 et suiv., 95 et suiv., 126 et suiv., et art. 2, nos 150 et suiv.

68. — On divise aussi les actions en actions mobilières et actions immobilières. — V. *infrà* art. 2, nos 136 et suiv.

69. — Enfin l'action réelle immobilière se subdivise en action *pétitoire* et en action *possessoire*. — V. *infrà* nos 267 et suiv. — V. aussi ACTION POSSESSOIRE. — Nous allons parcourir rapidement ces divisions et subdivisions.

ART. 1er. — *Des actions personnelle et réelle.* — *Principes généraux.*

70. — L'action est personnelle quand le demandeur allègue une obligation de la part du défendeur, quand il agit en vertu d'une créance. — Boncenne, t. 1er, p. 61 ; Boitard, t. 1er, p. 126 ; Berriat, t. 1er, p. 111.

71. — Ainsi, l'action est personnelle lorsque nous prétendons que quelqu'un est *obligé* envers nous, soit par un contrat, soit par un délit, c'est-à-dire lorsque nous prétendons qu'il faut donner, faire ou fournir. — V. ACTION (droit romain), no 127.

72. — Elle est réelle lorsque le demandeur, qui ne se prétend pas créancier, agit en justice sans alléguer de lui au défendeur aucun rapport de créance ou d'obligation.

73. — « *In personam actio est, quotiens cum aliquo agimus qui nobis vel ex contractu vel ex delicto obligatus est, id est cùm intendimus dare, facere, præstare, oportere.* »

74. — « *In rem actio est, cùm aut corporalem rem intendimus nostram esse, aut jus aliquod nobis competere, velut utendi aut utendi fruendi, eundi agendi, aquamve ducendi, vel altius tollendi, vel prospiciendi.* » — Gaïus, *Comm.* 4, §§ 2 et 3.

75. — Cette distinction, quoique élémentaire, est d'une extrême importance, et nous y insistons, parce que tous les jours, dans la pratique, on dit, on répète que l'action personnelle est celle qui est

dirigée *contre la personne*, et l'action réelle celle qui est dirigée *contre la chose*.

76. — Cette fausse idée vient évidemment de ce qu'en droit romain, lorsqu'il s'agissait d'une action réelle, le nom du défendeur ne figurait pas dans la partie de la formule appelée *intentio*, tandis que, au contraire, le défendeur était toujours nommé dans l'*intentio*, lorsqu'il s'agissait d'une action personnelle.

77. — Et c'est pour cela qu'on disait que l'action était dirigée *in personam, in rem*. — V. ACTION (droit romain), nos 124, 128, 131, 133, 135, 143, 206.

78. — Mais qui ne voit que ces accidens de la procédure romaine n'ont absolument aucun rapport avec ce qui se passe chez nous?

79. — D'ailleurs, même en droit romain, ces mots *in rem* ne signifiaient pas que l'action était dirigée *contre la chose*, mais que le demandeur revendiquait un *droit absolu sans désignation de personne*. C'est ce que prouvent divers textes du Digeste. — V. L. 1re, § 3, *Quar. rer. actio non dat.*; L. 9, § 1er, *Quod metûs causa*; L. 8, § 1, *Liberat. legat*.

80. — C'est ce qu'exprime aussi un célèbre professeur, dans le passage suivant : — « L'utilité de la division des actions en réelles et personnelles consiste en ce que, dans les premières, il suffit d'établir que le droit revendiqué appartient au demandeur, au lieu que dans les secondes, prouver qu'on est créancier, sans établir aussi qu'on l'est de telle personne déterminée, ce ne serait arriver à aucun résultat. » — Ducaurroy, *Instit.*, t. 2, p. 309, no 1182.

81. — Tenons donc pour constant que l'action personnelle est celle qui est dirigée contre une personne déterminée que nous prétendons être obligée envers nous par un contrat, un quasi-contrat, un délit, un quasi-délit.

82. — Et que l'action est réelle toutes les fois que la prétention du demandeur ne suppose pas l'existence d'une obligation corrélative du défendeur, toutes les fois en un mot qu'il agit en vertu d'un droit absolu.

83. — Ainsi l'on voit que la division des actions tient non pas à l'objet de l'action, non pas à la nature de la chose réclamée, mais à la cause, au principe, à l'élément générateur de l'action. — Boitard, t. 1er, p. 126, no 186, 2e édit.

84. — De cette nature différente des deux actions personnelle et réelle découlent des conséquences importantes.

85. — En effet, l'action personnelle ayant son fondement dans une créance du demandeur contre le défendeur, il s'ensuit que cette action s'attache à la personne de ce dernier qui n'a nul moyen de s'y soustraire, et que non seulement elle tient à la personne, mais que, la personne morte, elle passe à ses héritiers. — Boitard, *Leçons*, t. 1er, p. 126, no 186.

86. — Dans l'action réelle, au contraire, où le demandeur n'allègue contre le défendeur aucune espèce de créance, où l'action du demandeur ne se fonde que sur une relation de la personne à la chose, le défendeur n'est attaqué qu'accidentellement et comme possesseur de la chose, en telle sorte que l'objet venant à changer de main, ce n'est plus contre le détenteur originaire, mais contre le nouveau détenteur que l'action sera dirigée. — Boitard, *Leçons*, *ibid*.

87. — D'un autre côté, ce n'est pas devant les mêmes tribunaux que ces deux actions sont portées (C. procéd., art. 59, §§ 1er et 3) : ainsi, elles diffèrent encore quant à la juridiction.

88. — Ajoutons que lorsque l'action s'exerce judiciairement, la loi veut que l'exploit, s'il s'agit d'une action réelle, contienne une mention qui n'est pas nécessaire en matière personnelle.

89. — En effet, l'art. 64, C. procéd., dispose qu'en matière réelle, les exploits doivent énoncer, à peine de nullité, la nature de l'héritage, la commune et, autant qu'il est possible, la partie de la commune où il est situé, et deux au moins des tenans et aboutissans, etc....

90. — Enfin, un jeune docteur de la faculté de Paris, M. Fr. Berriat Saint-Prix, dans une note insérée dans la 6e édition du *Cours de procédure* de son père, t. 1er, p. 112 et 113, note 2e, indique une autre différence entre l'action personnelle et réelle, différence déjà signalée et développée par Cujas avec sa sagacité ordinaire.

91. — Voici l'hypothèse. — Une chose nous est due en vertu de plusieurs titres (par exemple de convention, de testament, etc.)... Nous la réclamons en vertu d'un seul, et par l'action personnelle : si nous succombons, nous pouvons agir de nouveau par la même action, en vertu d'un des autres titres.

92. — Au contraire, si par l'action réelle nous revendiquons une chose en nous bornant à dire qu'elle nous appartient, et par conséquent sans spécifier le titre sur lequel est fondée notre propriété, nous ne pouvons plus, après avoir succombé, agir par la même voie, et en vertu d'un titre d'après lequel nous prétendrions n'avoir pas agi, l'autorité de la chose jugée s'y opposerait.

93. — La raison de cette différence tient à ce que : 1o en exerçant d'une manière générale l'action réelle en revendication, nous sommes censés y avoir compris tous les titres, toutes les causes de notre propriété; — 2o une fois propriétaire d'une chose, nous ne pouvons le devenir de nouveau en vertu d'un autre titre (*causa dominii multiplicari non potest*), tandis qu'il n'en est pas de même à l'égard de ce qui nous est dû, parce que la personne qui nous est obligée peut de nouveau s'obliger et être obligée envers nous, et à raison d'autres titres, pour la même chose.

94. — C'est peut-être, ajoute M. F. Berriat Saint-Prix, d'après ces principes qu'on a décidé que celui qui a, en quelque sorte, deux droits d'hypothèque, par exemple, 1o comme créancier direct; — 2o comme subrogé à un autre créancier, aussi hypothécaire, peut les exercer successivement, lorsqu'il produit à l'ordre ouvert sur le prix de l'immeuble aliéné. — *Cass.*, 5 avr. 1831, Belloncle c. Samson.

§ 1er. — *De l'action personnelle.*

95. — Maintenant que les principes généraux sont posés, il nous reste à faire connaître les diverses applications qui en ont été faites soit par les auteurs, soit par la jurisprudence.

96. — En général, il y a peu de difficultés à reconnaître l'action personnelle de l'action réelle : les caractères bien tranchés qui les distinguent ne permettent guère de s'y tromper.

97. — Mais on est souvent embarrassé pour distinguer l'action personnelle de l'action mixte, car, comme on le verra *infrà* § 3, l'action mixte, bien que le législateur en suppose l'existence, est tellement difficile à caractériser dans notre droit, que jusqu'ici aucun auteur, aucun tribunal n'a pu le faire d'une manière satisfaisante : on ne trouve qu'obscurité, contradiction, incertitude sur ce point dans les livres et dans la jurisprudence.

98. — Nous avons déjà dit que l'action était personnelle lorsque le demandeur agit en vertu d'une obligation, toutes les fois qu'il allègue que la personne contre laquelle il plaide est liée envers lui par un contrat, un quasi-contrat, un délit ou un quasi-délit. — Voilà le principe qu'il ne faut pas perdre de vue, et qu'on retrouvera appliqué dans la plupart des espèces suivantes.

99. — Est personnelle l'action exercée par l'acquéreur d'une coupe de bois contre le vendeur, pour être autorisé à faire abattre les arbres qu'il a achetés, et spécialement les baliveaux qu'il prétend avoir laissés au-delà du nombre convenu. — *Cass.*, 5 oct. 1813, Mirepoix; — Pothier, *Tr. de la communauté*, no 70; Merlin, *Rép.*, vo *Biens*, § 1er.

100. — L'action en paiement d'un billet est personnelle, lors même que le défendeur prétendrait que l'obligation est sans cause comme ayant eu pour objet le rachat d'une redevance féodale. — *Cass.*, 2 fév. 1814, Teutsch.

101. — La demande en restitution d'une somme payée indûment et comme dette commerciale en vertu d'un jugement du tribunal de commerce est une action purement civile et personnelle, qui doit, sous ce double rapport, être portée devant le tribunal civil du domicile du défendeur. — *Douai*, 10 mai 1842 (t. 2 1842, p. 382), Caldagaise c. Lelieux.

102. — La demande en paiement d'une somme déterminée, avec ordre de compenser jusqu'à due concurrence une autre somme due par le demandeur suivant un compte arrêté en justice, n'est pas une demande en redressement de compte de la compétence du tribunal devant lequel il a été rendu, mais bien une demande personnelle qui doit être portée devant le tribunal du domicile du défendeur. — *Cass.*, 20 janv. 1841 (t. 1er 1841, p. 409), Gallice c. Abautret.

103. — L'action par laquelle le créancier d'une indemnité accordée par le gouvernement réclame d'un tiers, qui l'a indûment touchée à sa place, la restitution de cette indemnité, ou des valeurs (telles que des inscriptions de rente) données en paiement, n'est pas une action réelle en revendication, mais bien une action pure personnelle, dont l'exercice n'est pas subordonné à l'existence actuelle et identique des valeurs réclamées dans les mains de celui contre qui l'action est dirigée. — *Cass.*, 4 mai 1836, Dreux c. Abeille et Laveyssière.

104. — L'action en délivrance d'un titre nouveau et en paiement des arrérages d'une rente hypothéquée sur un immeuble est une action personnelle. — *Paris*, 18 janv. 1823, de Polart.

105. — L'action en paiement des arrérages d'une rente foncière non contestée est mobilière et personnelle. — *Cass.*, 13 oct. 1813, Vandick c. Rottering.

106. — L'action en restitution de titres qu'on prétend avoir remis à la personne de laquelle on les réclame, encore que cette action soit formée comme base d'une demande en revendication d'immeubles dont le défendeur est en possession, doit être considérée comme action personnelle. — *Cass.*, 3 fév. 1806, Gasté.

107. — L'action d'un particulier tendant à jouir du droit à lui concédé par une fabrique de se placer dans un banc de l'église, ou à obtenir subsidiairement une indemnité équivalente, constitue non une action immobilière, mais une action personnelle et mobilière de la compétence du juge de paix. — *Cass.*, 14 mars 1833, Fab. de Vavincourt.

108. — Est considérée comme personnelle la demande en nullité d'un testament dirigée par les héritiers du sang contre un légataire universel. — *Orléans*, 21 août 1829, Maupas; *Cass.*, 18 janv. 1820, Sudour c. Noguès.

109. — L'action en révocation d'une donation entre vifs est-elle personnelle, réelle ou mixte? — M. Poncet, qui a traité cette question avec de très grands développemens (*Tr. des actions*, p. 174, no 121), fait plusieurs distinctions.

110. — Suivant lui, si la révocation est demandée pour cause d'ingratitude, l'action est personnelle.

111. — Si c'est pour cause d'inexécution des conditions, elle devient réelle quant aux tiers, mais elle reste personnelle à l'égard du donataire.

112. — Si la révocation a lieu pour cause de survenance d'enfans, alors, et dans ce seul cas, l'action doit être déclarée réelle, quoique, cependant, ajoute l'auteur, l'état de nos mœurs et de notre civilisation dût plutôt la faire considérer comme personnelle.

113. — *Quid* si la donation est attaquée en nullité par les créanciers du donateur, comme ayant été faite en fraude de leurs droits? — La question a été jugée diversement.

114. — Suivant la cour de Cassation, dans ce cas, l'action en nullité est une action personnelle et mobilière, ou au moins une action mixte, et peut, par conséquent, être portée régulièrement devant le tribunal du domicile des défendeurs. — *Cass.*, 27 déc. 1843 (t. 1er 1844, p. 100), Hynalies, Dugast c. d'Aigneaux, Hutteau d'Origny et de la Villeurnoy.

115. — Suivant la cour d'Amiens, au contraire, la demande formée par un créancier en nullité pour cause de fraude d'une donation d'immeubles faite par son débiteur à un tiers, doit être considérée comme une action réelle, et non comme une action mixte, et, en conséquence, elle doit être portée devant le tribunal de la situation des biens. — *Amiens*, 16 mars 1839 (t. 1er 1840, p. 658), Dubaret c. Paillet.

116. — Jugé que la demande en paiement d'une somme stipulée payable dans le cas d'exercice du droit de retour réservé par un donateur d'immeubles est une action personnelle ou au moins mixte, qui peut être portée devant le tribunal du domicile du défendeur. — *Cass.*, 4 janv. 1820, Foncaul c. Louvel de Janville.

117. — L'action tendant à faire prononcer la résolution d'une transaction est une action personnelle qui, aux termes de l'art. 59, C. procéd., doit être portée devant le tribunal du domicile du défendeur; elle ne peut être formée incidemment devant le juge saisi du débat dans lequel on en excipe. — *Liége*, 23 déc. 1816, Defavereaux c. Jaymaert.

118. — L'action en rescision pour cause de dol, de lésion ou de violence, est-elle personnelle ou mixte? — Elle est certainement personnelle, lorsqu'il s'agit d'une vente mobilière.

119. — ... Même lorsque cette action est exercée par des créanciers agissant en vertu de l'art. 1167, C. civ., et se plaignant de ce que la vente a été faite en fraude de leurs droits. — *Cass.*, 13 juill. 1818, Wetter.

120. — Mais la question est beaucoup plus controversée, lorsqu'il s'agit d'une demande en rescision ou en nullité d'une vente immobilière.

121. — Dans le projet auquel nous avons déjà fait plusieurs emprunts, la cour de Cassation n'admettait aucune distinction; elle décidait nettement que l'action en rescision était personnelle dans tous les cas, que la vente portât sur un objet mobilier ou sur un objet immobilier. — Observ. cour de Cassation, liv. prélimin., art. 10.

122. — Mais nous verrons *infrà*, art. 3, qu'elle n'a pas été toujours fidèle dans ses arrêts au principe qu'elle-même avait formulé.

123. — Quoi qu'il en soit, suivant la cour de

Riom, l'action en résolution d'une vente d'immeubles et en restitution du prix, intentée par l'acquéreur ou ses créanciers contre le vendeur, est une action personnelle. — *Riom*, 30 déc. 1825, de Bryon c. Bertrand. — V. *infrà* nº 210.

124. — Il en est de même de l'action intentée par les créanciers en nullité d'une vente de biens immobiliers appartenant à des mineurs, faite en fraude de leurs droits, alors surtout que c'est ce tribunal qui a autorisé la vente. — *Riom*, 1er déc. 1808, Tolozan. — V. cependant *infrà* § 3, nos 206 et suiv.

125. — Notons que l'action personnelle ne peut être dirigée que contre le débiteur lui-même, ses héritiers ou autres successeurs universels, mais non contre les ayant-cause à titre particulier.

§ 2. — *De l'action réelle.*

126. — Le caractère de l'action réelle n'est pas moins tranché que celui de l'action personnelle.

127. — En effet, l'action est réelle lorsque nous prétendons qu'une chose corporelle est nôtre, ou qu'un droit absolu nous compète, par exemple, un droit d'usage, d'usufruit, de servitude. — V. ACTION (droit romain), nº 126. — V. aussi Merlin, *Répert.*, vº *Action*, § 2 ; Boncenne, *Introduct.*, t. 1er, p. 62.

128. — Seulement, comme on a déjà vu que l'action réelle mobilière, quoique distincte de l'action personnelle, était, au point de vue du Code de procédure et quant à la compétence, placée sur la même ligne, il n'en sera pas question ici, nous ne nous occuperons que de l'action réelle proprement dite, c'est-à-dire de l'action réelle immobilière.

129. — Est réelle l'action de la femme en revendication de ses immeubles dotaux aliénés pendant le mariage. En conséquence, elle doit être intentée devant le tribunal de la situation de ses immeubles, et non devant celui du domicile du premier acquéreur. — *Cass.*, 29 avr. 1835, Tamboy c. Grosselin.

130. — Est réelle et non mixte l'action qui tend à la fois 1º au désistement d'immeubles ; 2º à des dommages-intérêts pour faits d'indue jouissance de ces immeubles, et l'on doit dans ce cas assigner le défendeur devant le tribunal de la situation de l'objet litigieux. — *Amiens*, 13 nov. 1824, Legros c. Lacour. — V. *infrà* nos 181 et suiv.

131. — De même, est réelle et non mixte l'action ayant pour objet de faire décider que le possesseur d'un immeuble n'en est pas le vrai propriétaire, et qu'il n'est que le *prête-nom* d'un tiers ; en conséquence, elle doit être portée devant le tribunal de la situation de l'immeuble. — *Cass.*, 5 mai 1829, Ouvrard c. Seguin.

132. — L'action en pétition d'hérédité est-elle réelle ? — Oui, même dans le cas où le demandeur aurait conclu à des prestations personnelles. — V. *infrà* nos 181 et suiv.

133. — L'hypothèque étant un droit réel, il arrive le plus souvent que les actions qui naissent à son occasion sont également réelles.

134. — Ainsi, l'on dit d'une manière générale que l'action hypothécaire est une action réelle et qu'elle doit être portée au tribunal de la situation. — C. civ., art. 2159 et 2161 ; — Merlin, *Répert.*, vº *Inscription*, § 5 ; Berriat, t. 1er, p. 137, au texte, nº 12.

135. — Mais nous croyons qu'ainsi formulée, cette proposition est beaucoup trop vague et qu'elle manque d'exactitude. En effet, nous n'avons plus dans notre droit l'ancienne action hypothécaire qui existait autrefois. — Troplong, *Hypothèques*, t. 3, p. 380, nº 779 bis ; Grenier, *Hypothèques*, t. 2, p. 92, nº 339. — Nous devons donc éviter d'employer une expression qui ne peut que jeter de la confusion dans les idées.

136. — Ceci entendu, demandons-nous si l'action en main-levée d'inscription est une action réelle. — Lorsque la question de validité de l'inscription pour vice de forme est la seule de laquelle dépende la demande en main-levée, il ne peut s'élever aucune incertitude sur le caractère de réalité attaché à l'action.

137. — C'est ce qui a été jugé, en effet, par la cour de Paris, le 9 mars 1813, dans l'affaire Vaignon c. Picard.

138. — Mais la question peut présenter plus de difficultés lorsque la radiation dépend de l'appréciation du titre qui sert de fondement à l'hypothèque. Le débiteur peut demander la radiation en soutenant que le titre est entaché du vice de fraude, de dol ou d'erreur ; qu'il y a défaut de capacité, etc. Or, la question de savoir si une obligation est valable est personnelle. Ne peut-on pas dire, avec Grenier (*Hypoth.*, t. 1er, p. 188 et 189), et Carré (*Compétence*, t. 1er, p. 482, 1re édit.), que la demande en radiation lui est ici purement accessoire, et que la réalité de l'action en radiation doit céder à la personnalité de la demande en nullité de l'acte ?

139. — Tel n'est pas l'avis de Tarrible (*Répert.* de Merlin, vº *Radiation*, nº 10, p. 590), ni celui de Pigeau (*Procéd.*, t. 2, p. 423, nº 2) ; ces auteurs soutiennent que, même dans ce cas, l'action est réelle.

140. — Une troisième opinion a été émise par M. Troplong (*Hypoth.*, t. 3, nº 732, p. 272). Ce savant magistrat estime que l'action est mixte, parce qu'elle réunit un double caractère de personnalité et de réalité. — « Il y a personnalité, dit-il, en tant que l'effort de la demande tend à faire détruire le lien de droit formé par l'obligation. Il y a réalité, en tant que le demandeur, se posant comme propriétaire, demande contre tout possesseur l'affranchissement de son immeuble et s'appuie sur le *jus in re*. »

141. — L'inscription peut encore donner lieu à une demande en réduction, lorsqu'elle est excessive. Dans ce cas, l'action est réelle, et elle doit être portée au tribunal de la situation des biens. — C. civ., art. 2161. — V. HYPOTHÈQUE, INSCRIPTION.

142. — Mais les conclusions additionnelles tendant à faire ordonner l'affectation hypothécaire des immeubles du débiteur ne rendent point réelle l'action immobilière qui, de sa nature, est personnelle et mobilière. — *Cass.*, 2 avr. 1833, de Bloom c. de Bagration.

143. — La procédure d'ordre est rangée dans la classe des actions réelles ; ainsi l'ordre doit toujours être ouvert devant le tribunal de la situation des biens dont le prix est à distribuer, nonobstant toute clause contraire du cahier des charges. — *Paris*, 31 mai 1826, Bauchau ; *Cass.*, 13 juin 1809, Couturier.

144. — Les questions d'état doivent-elles être rangées dans la classe des actions personnelles ou dans celles des actions réelles ? — Il n'y a pas à hésiter là-dessus, dit Boitard (t. 1er, p. 132, nº 192). En effet, puisque l'action personnelle suppose toujours une obligation prétendue du défendeur envers le demandeur, il est évident qu'une question d'état ne peut donner matière à une action personnelle ; quand je demande simplement à faire reconnaître que je suis le père, le fils, l'époux d'une personne, ce n'est nullement là, quant à présent, une question d'obligation ou de créance que je soulève ; je maintiens que tel droit, que telle qualité, que tel état m'appartient ; je le maintiens vis-à-vis de tous. Il n'y a rien là de personnel.

145. — Suivant Favard de Langlade (*Rép.*, t. 1er, p. 103, vº *Action*, § 1er, nº 2), les actions relatives aux récoltes, fruits et bois sont *réelles*, tant que ces objets n'ont pas été séparés du fonds ; elles sont mobilières si la vente en a été faite séparément, ou s'il y avait eu une saisie-brandon. — Argum. *Cass.*, 1er juin 1822, commissaires priseurs d'Hargebrouck c. Vanderheyde.

146. — Suivant la cour de Cassation, dans son projet de 1806, il faut mettre au rang des actions réelles, 1º les actions pour dommages faits aux champs, fruits et récoltes.

147. — 2º Celles pour réparations locatives et pour les indemnités prétendues par le fermier au locataire pour non jouissance, ainsi que pour les dégradations alléguées par le propriétaire, etc., etc. — V. Observat. *Cass.*, art. 61.

148. — Jugé que la demande en paiement d'une somme pour préjudice résultant d'une prise d'eau dans un temps prohibé, alors que l'application de la défense au défendeur était contestée, est une action réelle, ou au moins mixte dont le juge de paix ne peut connaître. — *Cass.*, 8 avr. 1829, Petit.

149. — Dans l'ancien droit, les actions réelles n'étaient jamais en France de la compétence des tribunaux ecclésiastiques.

ART. 2. — *De l'action mixte.*

150. — Les rédacteurs du Code de procédure, sur la foi des interprètes, qui avaient pris à la lettre le § 20 des *Instit.*, *De action.*, ont admis l'existence d'actions mixtes, c'est-à-dire d'actions qui sont à la fois réelles et personnelles. — Art. 59, § 4, et 64, C. procéd.

151. — Déjà, avant le Code de procédure, la loi du 26 vent. an IV, art. 7, avait commis la même faute : elle avait emprunté au droit romain cette troisième classe de la grande division des actions.

152. — Certes, il n'y aurait aucun reproche à adresser au législateur à cet égard, s'il se fût bien rendu compte de ce qu'il faisait, et s'il eût pris soin surtout d'indiquer d'une manière claire et précise les caractères distinctifs de l'action mixte.

153. — Malheureusement il n'en a rien fait, il a laissé à la doctrine et à la jurisprudence la tâche ingrate de suppléer à l'insuffisance de son œuvre ; si bien qu'aujourd'hui, à travers le conflit d'opinions et de systèmes qui ont surgi, il est à peu près impossible de se reconnaître et d'avoir une idée exacte de ce qu'il faut entendre par matière mixte.

154. — « C'est, en effet, une chose remarquable que le privilége qu'ont toujours eu ces actions de diviser les esprits, d'engendrer des doctrines multiples et de servir de foyer à une incessante polémique. » — Benech, *Tr. des tribunaux de première instance*, p. 296.

155. — En droit romain, le § 20 des *Institutes*, au tit. *De actionibus*, qui de tout temps a fait le désespoir des interprètes, admettait l'existence d'actions dont le caractère paraissait être mixte, c'est-à-dire *in rem* et *in personam*.

156. — « *Quædam actiones mixtam causam obtinere videntur, tam in rem quam in personam*, » disent les *Institutes*. — V. ACTION (droit romain), nº 190.

157. — Mais quelles sont ces actions ? Justinien en cite trois, l'action de partage entre cohéritiers (*familiæ erciscundæ*), l'action de partage entre communistes qui ne sont pas cohéritiers (*communi dividundo*), l'action de bornage (*finium regundorum*).

158. — Ce texte paraît positif, mais il s'en faut bien qu'on puisse le prendre à la lettre.

159. — D'abord, ainsi que le fait très judicieusement remarquer M. Bonjean (*Encycloped. cathol.*, vº *Action*, p. 354), il est absolument impossible de concevoir comment, avec le système des formules romaines, une action pouvait être en même temps *in rem* et *in personam*. — En effet, il implique contradiction, que dans l'*intentio* le défendeur soit et ne soit pas nommé.

160. — D'un autre côté, M. Bonjean soutient que, loin d'avoir un caractère mixte, comme l'affirme Justinien, les trois actions divisoires, *familiæ erciscundæ*, *communi dividundo*, *finium regundorum*, sont toutes *in personam*. — *Instit.*, § 3 et 4, *De obligationib. quasi ex contractû* ; Paul, L. 1, ff., *Finium regundorum* ; C., L. 1, § 1, *De ann. except.*

161. — Nous n'avons pas à expliquer ici les divers systèmes, les interprétations plus ou moins ingénieuses, à l'aide desquels les docteurs ont essayé, sans trop de succès, de donner un sens raisonnable au paragraphe 20 des *Institutes*. Sur ce point, nous nous en référons à ce qui a été dit *suprà* au mot ACTION (droit romain), nº 190.

162. — Ce à quoi nous voulons arriver seulement, c'est à cette observation que si, en droit romain, la matière des actions mixtes était obscure, elle ne l'est pas moins en droit français, malgré tous les efforts des auteurs anciens et modernes.

163. — Dans l'ancienne jurisprudence française, certains auteurs n'admettaient d'autres actions mixtes que celles du droit romain : quelques-uns, tels que Duparc-Poullain, avaient, à cet égard, des théories plus ou moins étranges ; mais il n'y avait aucune règle qui réunît l'assentiment de la majorité des auteurs. — Rodière, *Explicat. rais.*, t. 1er, p. 113.

164. — Ce n'est donc, ajoute le même auteur, ni d'après le droit romain, ni d'après l'ancienne jurisprudence qu'on peut déterminer avec certitude les matières qui, dans le sens de l'art. 59, C. procéd., doivent être considérées comme mixtes.

165. — Mais, s'il en est ainsi, où donc trouverons-nous les notions qui nous manquent, les éclaircissemens qui sont ici plus nécessaires que sur toute autre matière du droit ?

166. — Est-ce dans la jurisprudence ? Mais on verra bientôt combien elle offre peu de secours. D'ailleurs, à proprement parler, elle n'existe pas : il est intervenu beaucoup d'arrêts sur la matière, mais ils n'ont entre eux aucune homogénéité.

167. — Est-ce parmi les auteurs ? Même embarras ; les livres se contredisent comme les arrêts. Il y a beaucoup de systèmes, mais il n'y a pas d'uniformité dans les doctrines.

168. — Le système le plus radical, et, selon nous, le plus raisonnable non seulement en théorie, mais en pratique, est celui qui refuse d'admettre l'existence des actions mixtes. — « De ce que l'on a quelquefois une double action, dit M. Bonjean (*loco citato*, p. 375), l'une personnelle, l'autre réelle, on n'est pas autorisé à en conclure que l'action est mixte. »

169. — Ce système, vers lequel penchent visiblement plusieurs jurisconsultes distingués, notamment MM. Poncet, Duvergier, Boitard, Merlin, Chauveau Adolphe (et avant eux Vinnius et Voet), est probablement celui qui triompherait aujourd'hui, si nos Codes étaient soumis à une révision. Il n'y aurait qu'à gagner à cette simplification.

170. — Déjà même, sous l'assemblée constituante, Thouret avait proposé d'abroger les ac-

tions mixtes.—*Projet de Code judiciaire*, tit. 2, art. 6. — Il est à regretter qu'elle ne l'ait pas fait; elle eût ainsi coupé la racine de l'une des grandes subtilités de droit.

171. — Quoi qu'il en soit, comme la loi existe et qu'elle consacre l'existence des actions mixtes, il s'agit de savoir comment elle doit être entendue et dans quels cas elle doit recevoir application.

172. — Un premier système consiste à ne considérer comme mixtes que les trois actions divisoires désignées dans le § 20 des *Institutes*, tit. *De actionibus*, c'est-à-dire l'action en partage entre héritiers, l'action en partage entre communistes, l'action en bornage.

173. — Mais de ces trois actions, la dernière, sous le rapport de la compétence, doit être considérée comme purement réelle, car il serait déraisonnable de porter une action en bornage devant un autre jury que celui de la situation. Aussi Rodier ne mentionne-t-il pas cette action parmi les actions mixtes qu'il cite. — Rodière, *Explicat. raisonnée*, t. 1er, p. 112; Chauveau, sur Carré, *Lois de la procéd.*, t. 1er, p. 281, au texte.

174. — Boitard est également de cet avis. — « Je ne crains pas de dire qu'il n'est jamais venu à l'idée d'aucun plaideur, voulant intenter une action en bornage, de se prévaloir du caractère mixte de cette action pour aller l'intenter devant le tribunal du domicile du défendeur. On ne comprendrait pas, par exemple, qu'ayant à Bordeaux un immeuble situé près du vôtre, j'allasse introduire l'action en bornage entre nos deux immeubles, non devant le tribunal de Bordeaux, mais devant le tribunal de la Seine ou de Strasbourg, parce que vous y êtes domicilié; ce serait abuser étrangement de l'art. 1870, C. civ., qui donne aux servitudes légales je ne sais quel caractère imparfait de personnalité. » — *Leçons de procéd.*, t. 1er, p. 142 et 143, 2e édit. — V. aussi Poncet, *Actions*, p. 195, no 133.

175. — Ces observations sont si justes que la cour de Cassation, qui cependant regardait l'action en bornage comme mixte, proposait, dans l'art. 59 de son projet, d'attribuer juridiction en pareille matière au tribunal de la situation.—On a droit de s'étonner que cette proposition n'ait pas été accueillie par le législateur.

176.—D'un autre côté, l'action en partage d'hérédité étant soumise à des règles spéciales par l'art. 59, il est manifeste que ce n'est point cette action que le législateur a pu avoir en vue quand il a posé des règles spéciales de compétence pour les matières mixtes.

177. — Enfin, quant à l'action en partage d'un objet commun, elle est assimilée à l'action en partage d'hérédité toutes les fois que la communauté provient d'une société (art. 1872, C. civ.); et le cas où l'indivision existe sans société préalable est beaucoup trop rare pour qu'on puisse supposer que l'art. 59 n'a voulu désigner que ce cas unique sous le nom de matière mixte.

178. — Reste donc toujours à retrouver et à indiquer quelle a été, quelle a pu être la pensée du législateur.

179. — Voici un second système : on dit que les actions mixtes ou *doubles* sont ainsi qualifiées parce que chacune des parties y joue à la fois un rôle complexe, celui de demandeur ou de défendeur, et l'on en conclut qu'il faut ranger dans cette catégorie toutes les actions qui offrent ce caractère.

180. — Cette interprétation, fort contestable du reste, et qui d'ailleurs a été puisée dans des textes du droit romain, ne doit pas nous arrêter, et nous ne la mentionnons que pour mémoire, par la raison toute simple qu'elle n'a été donnée pour la première fois que longtemps après la publication du Code de procédure. On nous accordera sans doute qu'elle n'a pu avoir aucune influence sur les rédacteurs de ce Code, puisqu'elle leur est restée complètement étrangère. Ajoutons qu'il serait fort difficile, en droit français, pour ne pas dire impossible, de désigner des actions qui eussent ce double caractère. Ainsi, en supposant que cette interprétation fut exacte, elle n'aurait aucune utilité pratique.

181. — Dans un autre système, on dit qu'il faut considérer comme mixtes les actions qui, étant réelles au fond, renferment cependant des accessoires qui sont personnels de leur nature, c'est-à-dire le remboursement d'impenses, la restitution de fruits, etc., etc. — V. notamment Carré, *Lois de la procéd.*, t. 1er, p. 286, quest. 259e; *Lois de la compét.*, art. 237; Benech, *Tribunaux de première instance*, p 295; Henrion de Pansey, ch. 11, p. 81, 7e édit.

182. — Telle était la pensée de la cour de Cassation dans son projet de 1806, car elle y avait inséré un art. 18 ainsi conçu : « Il est des actions auxquelles on donne plus particulièrement qu'à toutes autres le nom d'*actions mixtes*, c'est-à-dire à la fois réelle et personnelle, parce qu'outre la revendication d'une chose, elles embrassent *presque toujours des prestations.* »

183. — On comprend que dans ce système, qui a trouvé des partisans, le nombre des actions mixtes serait très considérable; et, en effet, tout d'abord la cour de Cassation ajoute à la nomenclature de Justinien l'action en pétition d'hérédité, action purement réelle (V. *suprà* § 2, no 132), mais qui d'ordinaire est accompagnée de conclusions tendant à des restitutions de fruits, à des dommages-intérêts, en un mot à des prestations personnelles.

184. — Mais il faut se garder de croire qu'il suffise qu'une demande de prestations personnelles soit jointe à une demande de propriété ou de droits réels pour que l'action exercée soit mixte. En effet, si l'on admettait un pareil système, il n'y aurait plus d'actions réelles, ainsi que le fait remarquer avec raison Merlin (*Rép.*, vo *Servitudes*, § 35); la revendication elle-même serait une action mixte. — Berriat-Saint-Prix, *Cours de procéd.*, t. 1er, p. 117, note 2e.

185. — D'ailleurs, il dépendrait toujours du demandeur, en formant à tort ou à raison ces demandes accessoires, de changer le véritable caractère de l'action, et de convertir toutes les actions réelles en actions mixtes, ce qui n'a pu entrer dans la pensée du législateur.— Rodière, *Explicat. raisonnée*, t. 1er, p. 116; Boitard, *loc. cit.*, p. 137 et 138, no 203.

186. — Cependant, il a été jugé que l'action qui porte tout à la fois sur le délaissement d'un immeuble, sur une restitution de fruits et des dommages-intérêts, est mixte, et le demandeur, en ce cas, peut assigner à son choix le défendeur devant le juge du domicile de ce dernier, ou devant le juge de la situation de l'objet litigieux. — *Grenoble*, 29 avr. 1824, Gatel-Bouvier et Laurent c. Clerc.

187. — Mais il faut tout-à-fait repousser cette doctrine, condamnée par ses conséquences, et c'est ce qu'a fait la cour d'Amiens dans un arrêt du 13 nov. 1824, Legros c. Lacour.—V. *suprà* no 130.

188. — D'ailleurs, cette doctrine irait directement contre la pensée du législateur, qui a voulu que les actions réelles fussent dévolues au tribunal de la situation, contrairement à l'ancienne jurisprudence, qui laissait au demandeur le choix entre ce tribunal et celui du domicile du défendeur.

189. — De ce qui précède, il suit que la nature d'une action doit toujours s'apprécier d'après ses caractères essentiels et non point d'après ce qui n'est qu'accidentel.

190. — Ainsi, une obligation purement personnelle, mais garantie par une hypothèque, pourra bien produire deux actions, l'action personnelle et l'action hypothécaire, qui est une espèce de demande réelle; mais elle ne produira pas d'action mixte.—Rodière, *Explicat. raisonnée*, t. 1er, p. 116.

191. — Jugé cependant que l'action personnelle de sa nature, qui est dirigée contre un héritier, tant en cette qualité que comme biens tenant, perd ce caractère et devient mixte, lorsque cet héritier est détenteur des biens hypothéqués à la créance du demandeur, et qu'il est assigné en cette dernière qualité, comme en celle d'héritier. — *Cass.*, 10 déc. 1806, Ranchon c. Gasset. — V. aussi Boncenne, *Th. de la procéd. civ.*, *Introd.*, t. 1er, p. 75.

192. — Il est à remarquer que cet arrêt a été rendu sous l'empire de la loi des 16-24 août 1790 : néanmoins, il est approuvé par M. Troplong, *Hypothèques*, t. 3, p. 379, no 779.

193. — Depuis le Code de procéd., jugé aussi que l'action personnelle de sa nature, qui est dirigée contre un héritier, perd ce caractère et devient mixte, par conséquent hors des attributions du juge de paix, lorsque cet héritier est détenteur des biens hypothéqués à la créance du demandeur, et qu'il est assigné en cette qualité, comme en celle d'héritier. — *Cass.*, 24 août 1826, Laprade c. Delsol.

194. — Un autre système encore a été présenté par M. Chauveau, dans les *Lois de la procéd. civ.*, p. 281, au texte; il ne regarde comme mixtes que les actions qui présentent deux chefs simultanés ou alternatifs, dont l'un touche une chose mobilière, et l'autre une chose immobilière.

195. — Dans ce cas, c'est en vertu des principes de la connexité que l'auteur arrive à attribuer juridiction à tel ou tel tribunal, au choix du demandeur. — V. aussi sur ce point Duvergier, *Vente*, t. 2, nos 93 et suiv.

196. — Quelque ingénieuse que soit cette interprétation, elle ne nous satisfait pas: — d'abord, parce qu'elle n'explique pas l'art. 59, § 4, et ne fait qu'en démontrer l'inutilité; — ensuite, parce qu'elle est trop nouvelle, trop moderne pour avoir déterminé les rédacteurs du Code; nous ne devons donc pas nous y arrêter.

197. — Sans nous étendre davantage sur les autres systèmes qui ont été produits (et il y en a encore plusieurs), nous en signalerons un dernier, auquel, dans le doute, Boitard donne le conseil de s'arrêter, et qui, en effet, mieux que tout autre, rend raison de la pensée du législateur.

198. — Lorsque, dit-il, le demandeur agit à la fois en deux qualités bien distinctes, qualité de propriétaire, qualité de créancier, et que, par une corrélation nécessaire, le défendeur est attaqué tout ensemble, et comme détenteur, et comme débiteur, l'action doit être considérée comme mixte. — *Leçons de procéd.*, t. 1er, p. 139, no 204.

199. — Pour mieux faire comprendre son idée, Boitard prend pour exemple l'action en partage. — « L'action en partage, dit-il, est intentée par le demandeur, en sa qualité de propriétaire indivis de la chose dont il demande le partage; réciproquement, il l'intente contre un individu qui n'est passible de cette action qu'en sa qualité accidentelle, passagère, transitoire, de copropriétaire de la chose indivise. Sous ce rapport, l'action de partage présente, au premier aspect, un caractère de réalité qu'on n'y peut pas méconnaître. — Mais si, à cette première idée, vous ajoutez que nul n'est tenu de rester dans l'indivision; que le législateur lui-même, dans un intérêt public, impose à tout communiste l'obligation de subir le partage demandé par l'autre, vous reconnaîtrez dans le demandeur le caractère de créancier, dans le défendeur le caractère de débiteur; vous reconnaîtrez entre eux l'existence d'une obligation, obligation imposée par la loi, et qui vient jeter dans l'action un caractère de personnalité qui n'est plus un accessoire, mais qui tient au principal, caractère qui, au premier abord, ne nous frappe pas. »

200. — Boitard ne s'abuse pas sur le mérite de cette interprétation; mais c'est en définitive la seule à laquelle on puisse s'arrêter lorsqu'on veut absolument trouver des actions mixtes. — V. aussi Berriat, t. 1er, p. 116 et 117, notes 1re et 2e.

201. — Du reste, voici la raison qui la lui a fait adopter, et qui la justifie, en effet, jusqu'à un certain point. — Il est parti de cette idée que les rédacteurs du Code de procédure, en employant les mots *actions mixtes*, y avaient attaché la même signification qui leur avait été donnée par les interprètes de l'ancien droit, qui étaient ses guides habituels.

202. — Or, tout le monde sait que parmi les jurisconsultes du dix-huitième siècle, il n'en est point qui ait eu plus d'autorité, lors de la confection de nos Codes, et aux ouvrages duquel on ait fait plus d'emprunts que Pothier.

203. — Cherchons donc quelle est, sur ce point, l'opinion de Pothier. Nous la trouvons clairement exprimée dans l'*Introduction générale aux coutumes*, § 121, en ces termes : — « Il y a des actions » proprement dites, dont la nature participe de » celle des actions réelles et de celle des actions » personnelles. — On en compte trois : l'action de » bornage entre voisins, l'action de partage d'une » succession entre des cohéritiers, et l'action de » partage de quelque autre chose que ce soit. » Elles participent de la nature de l'action réelle » ou de revendication, en ce que le voisin réclame » et revendique en quelque façon, par cette action, la partie limitrophe de son héritage, qui » doit être fixée et déterminée par le bornage; le » cohéritier ou copropriétaire réclame la portion » qui lui appartient dans la succession, ou la chose » commune qui doit être déterminée par le partage. Elles participent de la nature des actions » personnelles, en ce qu'elles naissent d'un engagement personnel : l'action de bornage naît de » l'engagement respectif que le voisinage forme, » *quasi ex contractu*, entre les voisins, qui oblige » chacun d'eux à borner leurs héritages lorsque » l'un d'eux le requiert; les actions de partage » naissent de l'engagement que la communauté » ou indivis forme entre des cohéritiers ou copropriétaires, qui oblige chacun d'eux à partager la succession ou autre chose qui leur est » commune, lorsque l'un d'eux le requiert. »

204. — Pothier ne s'en tient pas là; il reconnaît encore, comme ayant un caractère de personnalité et de réalité, d'autres actions, notamment l'action en réméré, l'action en résolution de vente pour défaut de paiement de prix, l'action en rescision pour cause de lésion.

205. — Sans me porter absolument garant de l'exactitude logique de cette doctrine, ajoute Boitard (*loco citato*), p. 150, elle avait prévalu dans la pratique, sans doute par des raisons d'utilité. Cela suffit pour qu'il soit raisonnable de supposer que l'art. 59, § 4, C. procéd., a voulu la consacrer.

206. — Voici quelques arrêts qui peuvent être invoqués à l'appui de cette solution.

207. — L'action en rescision d'un contrat de vente d'un immeuble, pour lésion d'outre-moitié,

est une action mixte. — *Cass.*, 5 nov. 1806, Bourzeau c. Rubatel. — V. *suprà* nos 119 et suiv.

208. — L'action en rescision d'une vente pour cause de lésion est une action mixte qui peut, dès-lors, être portée devant le tribunal du domicile du défendeur, aussi bien que devant le tribunal du lieu de la situation de l'immeuble. — *Cass.*, 13 fév. 1832, Fournier c. Capitan.

209. — L'action en rescision d'un contrat de vente pour cause de lésion est mixte, lors même qu'il s'agirait d'une vente d'immeubles passée sous la coutume de Bretagne, si l'action en rescision est postérieure à la loi du 26 vent. an IV. — *Cass.*, 5 nov. 1806, Majombert.

210. — Cependant il a été jugé qu'on doit considérer comme *personnelle*, et non comme *mixte*, l'action en résolution d'une vente d'immeubles intentée par les créanciers de l'acquéreur contre le vendeur, et en restitution du prix. Dès-lors, elle doit être portée non devant le tribunal du lieu de la situation des biens, mais devant celui du vendeur ou de celui qui a vendu, en se portant fort pour lui. — *Riom*, 30 déc. 1825, de Bryon c. Bertrand. — V. *suprà* no 123.

211. — Parmi les auteurs, il existe sur cette question une assez grande divergence.

212. — Suivant M. Troplong, l'action en résolution de la vente d'un immeuble non payé est mixte tant que l'acquéreur a encore en sa possession la chose vendue, puisqu'elle tend à la dissolution du contrat et au délaissement de l'immeuble. — *Traité de la vente*, nos 625 et suiv. — V. aussi Boncenne, t. 1er, p. 75; Rauter, *Procéd.*, no 55; Duranton, t. 16, no 452; Rodière, *Explicat. rais.*, p. 113; Benech, *Trib. de prem. inst.*, p. 296 et 297.

213. — M. Troplong invoque à l'appui de cette thèse l'opinion de Tiraqueau, de Loyseau, de Furgole et de Pothier.

214. — L'opinion contraire a trouvé aussi, dans l'ancien droit, de nombreux partisans. — Du reste, l'art. 8 de la Coutume de Bretagne décidait que l'action en rescision était purement personnelle.

215. — Si l'action en rescision est dirigée contre le tiers détenteur, l'action est réelle. — Troplong, *Vente*, no 805. — V. aussi Bioche, *Dict. de procéd.*, vo *Action*, no 32; Berriat-Saint-Prix, t. 1er, p. 101, et *infrà* no 219.

216. — Carré (*Compétence*, t. 1er, p. 476) soutient, en citant un passage de Duparc-Poullain, que l'action en résolution ou en rescision est *personnelle* contre l'acheteur, et mixte vis-à-vis du tiers détenteur. — V. dans le même sens Bioche (vo *Action*, no 32), du moins dans l'hypothèse où l'acheteur n'est plus détenteur de l'immeuble vendu.

217. — Pigeau (*Procéd.*, t. 1er, p. 81) est d'avis que l'action du vendeur contre l'acheteur est mixte tant que la chose est entre ses mains; mais s'il l'a vendue, l'action, mixte dans son principe, cesse de l'être et devient personnelle contre l'acquéreur primitif, en même temps qu'une action réelle vient s'y joindre contre les tiers détenteurs.

218. — M. Poncet (*Traité des actions*), p. 170, dénie complètement à l'action en rescision ou résolution le caractère mixte. — « Je crois, dit-il, pouvoir soutenir que l'action est personnelle, *même contre les tiers qui possèdent l'immeuble du chef de l'acquéreur.* »

219. — Dans son *Traité de la vente* (t. 1er, p. 467, et t. 2, p. 93 et suiv.), M. Duvergier combat vigoureusement la jurisprudence de la cour de Cassation, et soutient que l'action en résolution ou en rescision est personnelle contre l'acquéreur, et réelle contre les tiers détenteurs. — V. *suprà* no 215.

220. — On voit par ces citations, et nous aurions pu les multiplier encore, quelles divergences existent dans les opinions sur cette question depuis si long-temps controversée. Nous ferons remarquer seulement que, pour être conséquens avec eux-mêmes, il faut que ceux qui déclarent mixte l'action en rescision ou en résolution reconnaissent également que, dans notre droit, l'acheteur d'un corps certain, d'un immeuble, par exemple, a contre le vendeur une action mixte.

221. — En effet, aujourd'hui que la propriété se transfère par le seul effet de la volonté, l'acheteur a, contre le vendeur : 1o une action personnelle dérivant de ce que le vendeur s'est obligé envers lui à lui délivrer la chose vendue (action *ex empto*); — 2o une action réelle, une action en revendication dérivant de ce que, à l'instant même de la perfection du contrat, la propriété de l'immeuble promis a passé immédiatement sur la tête de l'acheteur.

222. — C'est ce que proclame M. Troplong (*Tr. de la vente*, t. 1er, no 262). — « L'action de l'acheteur, dit-il, pour obtenir la délivrance, est *mixte* à l'égard du vendeur, car elle est partie personnelle et partie réelle. Les deux natures d'action y sont jointes et se prêtent un mutuel appui. »

223. — « La raison en est simple, dit le même auteur. L'obligation qui, dans le vieux droit, ne produisait jamais que le *jus ad rem*, est, aujourd'hui, un moyen de transférer le *jus in re*... et, comme le *jus in re* a toujours pour sanction une action réelle, il est clair que l'acquéreur peut se poser comme maître de la chose, et la réclamer, soit contre le vendeur direct, soit contre tous ceux à qui ce dernier l'aurait revendue ultérieurement, en exerçant une action marquée au coin de la réalité la plus évidente. — Néanmoins, à côté du caractère réel de cette action se trouve un caractère personnel non moins frappant. Le vendeur est obligé personnellement, en vertu du contrat, à livrer la chose. Il est astreint à cette obligation par un lien qui saisit sa personne et engage aussi celle de ses héritiers. »

224. — L'avis de M. Troplong est aussi l'avis de M. Boitard. — « Il faut reconnaître, dit cet auteur, que, dans les principes actuels, tout créancier d'un corps certain peut agir en deux qualités distinctes, en vertu d'un double droit : d'abord comme créancier et par action personnelle, c'est en matière de vente l'action en délivrance; secondement comme propriétaire, et par action réelle, nous l'appellerons l'action en délaissement. » — *Leçons de procéd.*, t. 1er, p. 151.

225. — A ces divers cas, M. Rodière (*Explication raisonnée*, t. 1er, p. 115) ajoute le suivant : — « L'obligation, dit-il, où se trouvent les donataires d'immeubles de supporter la réduction de leurs donations, toutes les fois que ces donations réunies excèdent la quotité disponible, peut aussi être envisagée comme une sorte d'obligation personnelle imposée par la loi à ces donataires vis-à-vis des héritiers à réserve, et produire à ce titre une action immobilière mélangée de personnalité, c'est-à-dire une action mixte. »

226. — Au surplus, M. Rodière résume ainsi sa doctrine : — « Nous considérons comme mixtes : 1o toutes les actions qui tendent à obtenir l'exécution d'une aliénation d'immeubles ou droits immobiliers, quand elles sont dirigées contre l'auteur de l'aliénation ou ses successeurs universels; — 2o toutes celles qui tendent à obtenir la nullité, résolution ou réduction d'aliénations immobilières, soit qu'on les dirige contre les acquéreurs primitifs, ou bien contre les acquéreurs postérieurs. » — *Ibid.*

227. — La doctrine, on le voit, afin de donner effet à une disposition légale dont la portée est incertaine, a beaucoup élargi le cercle des matières mixtes; la jurisprudence est encore allée plus loin, et elle a appliqué le principe posé dans le § 4 de l'art. 59, C. procéd. civ., à un certain nombre d'espèces, fort diverses entre elles, que nous n'entendons pas discuter, mais que nous devons faire connaître.

228. — Est considérée comme action mixte la demande qui a pour but de faire cesser l'administration d'un curateur à une succession vacante, en partie immobilière, et de faire nommer un séquestre. En conséquence, elle peut être portée au tribunal du domicile du curateur, ou à celui de la situation des biens. — *Bourges*, 5 août 1820, Bruneau.

229. — La demande en nullité d'une obligation, et, par suite, en radiation des hypothèques prises en vertu de cette obligation, est mixte. — *Cass.*, 1er flor. an XII, Sauter c. Ménager; 29 brum. an XIII, mêmes parties.

230. — L'action dirigée par un acquéreur contre son vendeur, tendant à faire cesser l'effet d'un autre contrat de vente, et à le faire mettre et maintenir dans la propriété et possession du fonds vendu, est une action mixte que le demandeur peut porter à son choix devant le tribunal du domicile du défendeur ou devant celui de la situation des biens. — *Cass.*, 2 fév. 1809, Perrin c. de Boufflers.

231. — La demande en reconnaissance d'écriture et en résiliation devant notaire d'un acte de vente sous seing-privé est une action mixte, qui peut être portée devant le tribunal du lieu de la situation de l'immeuble vendu. — *Paris*, 26 août 1835, Guillaume c. Gerbe.

232 — L'action qui tend à la réalisation par acte notarié d'une vente immobilière est une action *mixte*, en ce qu'elle a pour but et doit avoir pour conséquence la prise de possession des objets vendus. Dès-lors, elle peut être intentée devant le tribunal du lieu de la situation des immeubles. — *Cass.*, 31 mai 1837 (t. 2 1837, p. 285), Mêmes parties.

233. — Lorsque des époux se sont mariés sous le régime de la communauté, l'action des héritiers du prédécédé contre le survivant ou ses héritiers, en partage des biens dont se composait la communauté ayant existé entre les époux, est une action mixte, qui doit être portée devant le juge de la situation, ou celui du domicile du défendeur, aux termes de l'art. 59, § 4, C. procéd., et non une action de la nature de celles dont parle le § 5, no 1er, même article, et qui doivent être intentées devant le tribunal du lieu où la succession est ouverte. — *Bruxelles*, 3 mai 1828, Bataille c. Decoster.

234. — Le juge de paix ne peut connaître de la réclamation d'une rente comme établie *sur la maison* du débiteur, alors que l'existence de cette rente est déniée par ce dernier. Ce n'est plus une action purement personnelle et mobilière, mais bien une action mixte. — *Cass.*, 8 déc. 1829, Fabrique de Boussois.

235. — La cour de Paris (16 fév. 1808, Lapareillé c. Rubotin) a jugé qu'il fallait considérer comme mixte l'action en congé et déguerpissement d'une maison dont le bail était expiré. — Cette décision a été critiquée avec beaucoup de force par M. Poncet, *Tr. des actions*, p. 181, nos 124 et 125.

ART. 3. — *Des actions mobilières et immobilières.*

236. — La division des actions mobilières et immobilières ne jouait aucun rôle en droit romain; elle offre au contraire chez nous une haute importance. — Bonjean, *loc. cit.*, p. 377.

237. — Dans le langage des lois, on donne simplement le nom d'action mobilière à la revendication d'un effet mobilier, et l'on entend plus ordinairement par action réelle l'action réelle immobilière. C'est en ce sens que les art. 59 et 64, C. procéd., ont été rédigés. — Boncenne, t. 1er, *Introduct.*, p. 62.

238. — Mais quoique le peu de précision du Code de procédure à cet égard ait eu le grave inconvénient de faire confondre, dans la pratique, les actions personnelles avec les actions mobilières, et les actions réelles avec les actions immobilières, il n'en faut pas moins revenir aux principes.

239. — En droit, les expressions *action personnelle, action mobilière*, ne sont nullement synonymes l'une de l'autre, pas plus que ne le sont les expressions correspondantes d'*action réelle* et d'*action immobilière*.

240. — L'action est *mobilière* quand elle a pour objet un effet mobilier, *cùm tendit ad quid mobile*; — *immobilière*, quand elle a pour objet un immeuble, *cùm tendit ad quid immobile*.

241. — Ainsi, la division des actions en mobilières et immobilières est tout-à-fait indépendante de la cause, de l'origine de l'action; elle tient uniquement à la nature de l'objet que l'action a pour but de nous faire obtenir.

242. — Il suit de là que parmi les actions personnelles, il y en a de mobilières comme il y en a d'immobilières.

243. — Et par exemple, suivant M. Bonjean (*loc. cit.*, p. 376), il faut regarder comme *personnelle immobilière* l'action par laquelle le donataire d'immeuble, qui n'a point encore fait transcrire l'acte de donation, réclame du donateur l'exécution de la donation; en effet jusqu'à la transcription le donataire n'a encore aucune action contre les tiers.

244. — De même, dans les actions réelles, il y en a de mobilières comme il y en a d'immobilières. — C'est ce qu'explique très bien Pothier, *Introd. gén. aux cout.*, §§ 110, 112 et 119. — V. aussi Pigeau, *Procéd.*, t. 1er, p. 81.

245. — Si, dans l'usage, on continue à confondre l'action personnelle avec l'action mobilière, et l'action réelle avec l'action immobilière, cela tient : — 1o à ce qu'il est fort rare aujourd'hui, quoique cela ne soit pas impossible, qu'une action personnelle immobilière existe sans le concours d'une action réelle.

246. — 2o A ce que l'action réelle n'est accordée, en fait de meubles, que dans des cas fort rares (art. 2279, 1141, 2102, C. civ.), et surtout à ce que la même règle de compétence s'applique et pour l'action personnelle et pour l'action réelle mobilière.

247. — Il est, du reste, très facile d'expliquer pourquoi c'est devant le tribunal du domicile du défendeur que se porte l'action réelle mobilière.

248. — En effet, c'est une idée depuis long-temps admise en droit français, que la situation des meubles, leur situation légale est celle du domicile de celui qui les possède, avec ou sans juste titre. Les meubles pouvant être déplacés d'un moment à l'autre, n'ayant par eux-mêmes aucune situation, aucune assiette, d'où la loi puisse faire un règlement de compétence, ont toujours pour situation fictive, pour situation légale, le domicile de la personne sous la puissance de laquelle ils se trouvent présentement, et qui peut, à son gré, les éloigner ou les rapprocher. — Boitard, t. 1er, p. 131, no 191 *in fin.*; Rodière, *Explicat. raisonnée*, t. 1er, p. 111.

249. — C'est par cette raison que l'art. 2, C.

procéd., dispose qu'en matière *personnelle* ou *mobilière*, la citation doit être donnée devant le juge de paix du domicile du défendeur.

250. — Et ce'st aussi pour cela que la cour de Cassation avait proposé un article ainsi conçu : « Les objets mobiliers suivent la personne obligée à les livrer ; ainsi, les actions réelles mobilières ne sont distinguées des actions personnelles que dans les cas spécifiés par la loi. » — Observ. Cass., art. 9.

251. — Les actions mobilières et immobilières diffèrent entre elles dans plusieurs points, et surtout en ce qui concerne la juridiction et l'exercice.

252. — *La juridiction* : En effet, 1o les actions mobilières peuvent être soumises au juge de paix, tandis que ce magistrat n'a pas le droit de connaître des actions immobilières, excepté quant au possessoire.

253. — 2o Les actions mobilières se portent au juge du *domicile* (art. 59, § 1er), tandis que les actions immobilières se portent à celui de la situation. — Art. 59, § 3.

254. — *L'exercice* : L'action mobilière, en effet, n'a jamais pour objet la possession séparée de la propriété, elle s'exerce seulement au pétitoire. L'action immobilière, au contraire, peut s'exercer et par la voie du pétitoire et par la voie du possessoire. — Berriat, t. 1er, p. 119, au texte.

255. — Autres différences : 1o Les actions mobilières tombent dans l'actif de la communauté ; les actions immobilières restent propres à l'époux. — V. COMMUNAUTÉ.

256. — 2o Les actions mobilières sont comprises dans le legs à titre universel du mobilier ; il en est autrement des actions immobilières. — V. LEGS.

257. —3o L'action mobilière ne se dirige que contre le mari, pour les droits de la femme non séparée, et en conséquence il n'est pas besoin, en ce cas, de donner à la femme une copie séparée de l'exploit. — Merlin, *Répert.*, vo *Action*, § 3.

258. — 4o L'exercice des actions mobilières du mineur appartient au tuteur, et il ne peut être entravé dans cet exercice par l'opposition du conseil de famille. — *Riom*, 15 avr. 1809, Cottard c. Antoing ; — Berriat, t. 1er, p. 120, note 15e.

259. — Voici quelques applications paticulières des principes qui précèdent.

260. — Est immobilière l'action relative aux récoltes, fruits et bois non séparés du fonds, et formée avant la vente de ces objets, à moins qu'ils n'aient été saisis-brandonnés. — Favard de Langlade, *Répert.*, vo *Action*, § 1er, no 2. — V. BIENS, MEUBLES.

261. — Est immobilière l'action en revendication d'un immeuble ou d'une servitude, soit contre le vendeur, soit contre des tiers.

262. — L'action en rescision d'une vente d'immeuble pour lésion est-elle mobilière ou immobilière ? — Pour déterminer le caractère d'une action, il faut s'attacher exclusivement à l'objet de la demande : or, le vendeur ne peut demander que la rescision du contrat, et par conséquent la restitution de l'immeuble ; il ne peut pas exiger de l'acheteur le supplément du juste prix que celui-ci a cependant la faculté de lui offrir. Il suit de là que l'action est immobilière, *tendit ad quid immobile*. — Delvincourt, *Cours de Code civil*, t. 3, p. 164, note 2e. — V. *contrà Cass.*, 23 prair. an XII, Dubout c. Cinget ; 14 mai 1806, Fabre c. Blaquière Linoux. — V. *suprà* no 206.

263. — Est mobilière l'action du créancier hypothécaire contre le tiers détenteur, en représentation du prix de l'immeuble, par suite des lettres de ratification obtenues par ce dernier. — *Cass.*, 15 mars 1808, Pibaleau c. Achard.

264. — Est également mobilière et personnelle, et non pas immobilière, l'action par laquelle un particulier réclame le droit à lui concédé par une fabrique d'église de se placer dans un bout de l'église, ou subsidiairement une indemnité. — *Cass.*, 14 mars 1833, fabrique de Vavincourt c. Varin.

265. —La demande formée par un cohéritier du rapport du prix d'une adjudication déjà consommée est une action purement mobilière et sommaire. — *Orléans*, 13 août 1817, N... c. N...

266. — Des offres réelles tendant à l'exercice d'un réméré constituent une action mobilière. — *Riom*, 4 déc. 1822, Chabanier c. Clermont.

ART. 4. — *Des actions pétitoire et possessoire.*

267. — L'action réelle immobilière se divise en action *pétitoire* et action *possessoire*.

268. — L'action pétitoire est celle qui a pour but la revendication de la propriété d'un immeuble ou d'un droit réel immobilier. — V. ACTION PÉTITOIRE.

269. —L'action possessoire est celle qu'on exerce pour être maintenu dans la possession soit d'un fonds, soit de certains droits réels immobiliers, ou pour recouvrer cette possession.

270. — On donne le nom de *complainte* à l'action possessoire lorsqu'elle tend à empêcher le trouble éprouvé par le détenteur sans qu'il y ait eu dépossession. — V. ACTION POSSESSOIRE.

271. — Si le détenteur de l'immeuble a été complètement dépossédé, on donne le nom de *réintégrande* à l'action qui lui appartient pour évincer l'usurpateur et se faire réintégrer. — V. ACTION POSSESSOIRE.

272. — On connaît aussi, dans notre droit, une action possessoire dite *dénonciation de nouvel œuvre*. Mais c'est une question de savoir si elle ne se confond pas avec la complainte. — V. ACTION POSSESSOIRE.

273. — Ce qu'il y a de certain, c'est que la confusion qui a si long-temps existé dans les livres et dans la jurisprudence au sujet de cette action provenait des emprunts qu'on avait voulu faire à la législation romaine. — V. ACTION POSSESSOIRE.

274. — Pour qu'une action possessoire soit recevable, il faut qu'elle ait été intentée dans l'année du trouble. — Cod. procéd., art 23.

275. — Il faut aussi que celui qui l'exerce ait la saisine, c'est-à-dire ait possédé l'immeuble litigieux pendant un an au moins, par lui ou les siens, à titre non précaire. — Cod. procéd., art. 23.

276. — Il n'y a d'exception à cet égard (encore la question est-elle vivement controversée) que lorsqu'il y a eu dépossession violente. — Dans ce cas, la cour de Cassation applique la maxime : *Spoliatus antè omnia restituendus*. — V. ACTION POSSESSOIRE.

277. — Le pétitoire et le possessoire ne peuvent pas être cumulés. — Cod. procéd., art. 25 ; Ordonn. 1667, tit. 18, art. 5. — V. ACTION POSSESSOIRE.

Sect. 4e. — *De l'exercice des actions.*

278. — Quoique ce qui se rapporte à l'exercice des actions soit traité plus spécialement au mot DEMANDE (V. ce mot), cependant nous rappellerons quelques principes.

279. — L'intérêt est la mesure des actions. Celui qui est sans intérêt n'est pas recevable à agir.

280. — C'est un principe que la cour de Cassation avait formulé dans ses observations sur le C. procéd., art. 3, et qu'elle a souvent appliqué depuis dans ses arrêts. — V. notamment *Cass.*, 3 juill. 1841 (t. 2 1843, p. 540), Bouelle c. Foubert et Ministère public.

281. — En général, l'intérêt doit être né et actuel (Argum. C. civ., art. 191) ; cependant, il y a des actes conservatoires qui peuvent être faits, il y a des actions qui peuvent être exercées en vertu d'un droit même éventuel. — C. civ., art. 1180.

282. — Il faut que l'intérêt soit légitime. — Bioche, vo *Action*, no 68.

283. — Il ne le serait pas si l'action avait pour base un fait immoral ou illicite. — C. civ., art. 6 et 1133.

284. —C'est donc avec raison qu'il a été jugé que lorsqu'une action a pour but l'apurement d'un commerce prohibé par les lois, tel que la traite des noirs, les tribunaux doivent refuser de prononcer, même à l'égard d'articles qui n'auraient pas un rapport direct avec ce commerce illicite. — *Cass.*, 7 nov. 1832, Mille c. Héberard.

285. — ... Que la compagnie des agens de change n'a pas d'action en remboursement des prêts faits à un agent de change avec connaissance de cause, pour le paiement de différences provenant de jeux de bourse. — *Paris*, 11 juil. 1836.

286. — L'action ne serait pas recevable non plus si l'obligation en vertu de laquelle on voudrait l'exercer était une obligation naturelle. — C. civ., art. 1235, 1965 et 1967. — V. OBLIGATION.

287. — En général, on ne peut pas être forcé d'exercer une action, quand on ne juge pas qu'il soit opportun de le faire.

288. — Cependant, si un individu se vantait d'être le créancier d'un autre, il pourrait être forcé par celui-ci de faire une déclaration positive à cet égard et d'exercer son action dans un certain délai, sous peine de forclusion. — L. *Diffamari*, Cod., *De ingen. manumiss* ; — *Grenoble*, 15 fév. 1816, Devilly c. Hugonild ; — Poncel, *Des actions*, p. 38 à la note.

289. — Pour exercer une action en justice, il faut être capable. — V. DEMANDE, FEMME MARIÉE, INTERDICTION, MINEUR.

290. — Il faut aussi avoir qualité, c'est-à-dire être maître du droit qu'on veut faire prévaloir et agir comme tel.

291. — Jugé, par application de ce principe, que le vice-président de la commission du syndicat d'amortissement, chargée en Belgique de l'administration du domaine, n'avait pas qualité pour intenter des poursuites au nom de cette administration. — *Liége*, 20 fév. 1834, N..... c. N.....

292. — .... Que, les corporations d'arts et métiers ayant été supprimées par la loi du 2 mars 1791, les individus dont elles se composaient ne peuvent aujourd'hui être représentés en justice par des syndics, et être tirés d'instance dans des causes où ils sont personnellement attaqués. — *Cass.*, 18 nov. 1823, Constantin et Alluaud c. Rougier.

293. — Dans certains cas, celui qui est maître du droit, celui à qui l'action compète, ne peut cependant agir que par un représentant légal. — V. COMMUNE, FEMME MARIÉE, INTERDICTION, MINEUR.

294. — Quelquefois, l'action, bien qu'elle appartienne à une personne capable d'agir, peut être exercée par un autre.

295. —C'est ce que porte l'art. 1166, C. civ., ainsi conçu : « Les créanciers peuvent exercer tous les droits et actions de leur débiteur, à l'exception de ceux qui sont exclusivement attachés à la personne. »

296. — Un mandataire peut exercer une action au lieu et place du mandant.

297. — Mais, dans l'instance, il doit agir au nom de celui de qui il tient ses pouvoirs, et non en son nom personnel.

298. — En effet, c'est une maxime certaine, en France, que *nul ne plaide par procureur*. — *Cass.*, 8 nov. 1836 (t. 1er 1837, p. 25), Cotentin c. Léroult-Lafontaine ; *Nîmes* (et non *Toulouse*), 23 déc. 1830, Doux et Berthon c. Coste. — V. PLAIDER PAR PROCUREUR.

299. — Il a été jugé cependant qu'on peut agir utilement par le ministère d'un prête-nom. — *Cass.*, 7 avril 1813, André c. Teissier ; 2 janv. 1828, Longuet c. Testard. — V. PLAIDER PAR PROCUREUR, PRÊTE-NOM.

300. — Lorsque deux actions sont ouvertes à un individu, et qu'après en avoir d'abord exercé une, il veut recourir à l'autre, il le peut, à moins qu'il ne s'agisse de deux actions s'excluant mutuellement.

301. — Ainsi, celui qui a tenté vainement d'exercer la faculté de rachat peut attaquer la vente comme n'étant qu'un contrat pignoratif. — *Pau*, 17 mai 1830, Muratté c. Castets.

302. — Jugé aussi que le créancier qui a tout à la fois l'action personnelle contre son débiteur originaire et l'action réelle contre le tiers détenteur peut exercer cette dernière action avant d'avoir épuisé la première. — *Cass.*, 25 fév. 1806, Duclaut c. Gazzino.

303. — Toutefois, lorsqu'il existe plusieurs actions entre lesquelles on a la faculté d'opter, il importe de faire avec soin le choix de l'action qu'on veut intenter. — Souvent un mauvais choix cause un tort irréparable. — La nouvelle action peut être repoussée ou par une fin de non-recevoir résultant de l'autorité de la chose jugée, ou par quelque moyen de forme : ces moyens eux-mêmes peuvent emporter le fond. — Bioche, vo *Action*, no 81 ; Merlin, *Répert.*, vo *Action*.

304. — Quelquefois aussi il arrive que le choix d'une action emporte virtuellement l'abandon de l'autre.

305. — Par exemple, lorsqu'un propriétaire qui a été dépossédé, et qui a tout à la fois contre l'usurpateur et l'action en revendication et l'action en réintégrande, a commencé par se pourvoir au pétitoire, il n'est plus recevable à agir au possessoire. — C. procéd., art. 26 ; — Imbert, *Pratiq. jud.*, liv. 1er, ch. 33, no 12.

306. — La plus-pétition ne détruit l'action dans aucun cas. Celui qui demande le plus est réputé demander le moins, quoiqu'il n'y ait pas conclu, et le juge peut le lui adjuger, pourvu que le moins soit compris dans le plus, qui est l'objet de sa demande. — Observ. de la cour de Cass., art. 46.

307. — Les actions, faisant partie du patrimoine, passent aux héritiers.

Sect. 5e. — *Devant quel tribunal les actions doivent s'intenter.*

308. — Le Code de procédure ne parle des actions que pour indiquer le tribunal devant lequel elles doivent être portées. — C. procéd., art. 59.

309. — Mais ce n'est pas ici que nous traiterons les questions qui se rattachent à cette disposition importante. Elles seront mieux placées aux mots COMPÉTENCE et DEMANDE, et nous y renvoyons.

310. — Nous consignerons seulement en passant quelques observations fondamentales.

311. — En général, c'est devant le tribunal de son domicile que le défendeur doit être actionné. *Actor sequitur forum rei.*

312. — Ce principe s'applique d'abord au cas où il s'agit d'une action *personnelle*.

313. — Il s'applique aussi aux actions réelles mobilières. — C. procéd., art. 59.

314. — Et enfin aux actions réelles qui ont pour objet une question d'état.

315. — Quant aux autres actions réelles, c'est-à-dire aux actions *réelles immobilières*, c'est devant le tribunal de l'objet litigieux qu'elles doivent être portées.

316. — Il n'en était pas ainsi sous l'ancienne jurisprudence. Le demandeur avait le choix entre le tribunal de la situation et celui du domicile du défendeur, comme cela a lieu encore pour les actions mixtes.

317. — La loi du 26 ventôse an IV avait aussi laissé cette option au demandeur, mais elle a été abrogée par l'art. 59, § 3, C. procéd.

318. — Lorsque plusieurs actions réelles connexes sont portées devant divers tribunaux, elles doivent être renvoyées devant celui dans le ressort duquel est située la majeure partie des fonds contentieux. — *Cass.*, 17 (et non 27) avril 1811, Champy c. commune du Ban-de-la-Roche.

319. — En matière mixte, l'action est portée ou devant le juge de la situation ou devant le juge du domicile du défendeur. — C. procéd., art. 59, § 4.

320. — L'action en partage de succession diffère des autres actions mixtes relativement à la juridiction. Elle doit être portée devant le juge de l'ouverture de la succession. — C. procéd., art. 59, § 5.

321. — Quant à l'action en bornage, on a déjà dit qu'elle devait être portée devant le juge de la situation. — V. *suprà* nos 173-175.

322. — En matière mixte, le demandeur peut assigner le défendeur devant le tribunal de la situation des biens litigieux, quoiqu'il ait cité en conciliation devant le juge de paix du domicile de celui-ci. — *Bourges*, 24 nov. 1815, Habert c. de Palaiseau.

323. — La demande en résolution d'une vente d'immeubles doit être portée devant le tribunal de la situation des biens, alors même qu'elle serait introduite par suite et comme fin subsidiaire d'une demande en garantie sur la poursuite dirigée contre le vendeur par un créancier que le vendeur était chargé de payer. Ce n'est pas le cas d'appliquer le principe que la demande en garantie doit être déférée au tribunal saisi de la demande principale. — *Toulouse*, 28 mai 1831, Salibas c. Saint-Jean.

324. — L'acte par lequel des cohéritiers, sans faire cesser l'indivision, déterminent la quotité des droits dont ils se font l'attribution respective dans un immeuble de la succession, change leur qualité d'héritiers en celle de communistes, en telle sorte que la demande formée ultérieurement à fin de partage de cet immeuble ne doit plus être portée devant le tribunal du lieu où la succession s'est ouverte. — *Paris*, 22 nov. 1838 (t. 1er 1839, p. 70), Bleuart et Pitié C. Lonchampt.

325. — Dans ce cas, l'action du créancier personnel de l'un des héritiers à fin de partage ou de licitation de l'immeuble, préalable à la saisie immobilière, est une action *mixte*, qui peut être portée, au choix du demandeur, soit devant le tribunal de la situation, soit devant celui du domicile du défendeur. — Même arrêt.

326. — Si, en matière personnelle, il y a plusieurs défendeurs, l'action est portée devant le tribunal du domicile de chacun d'eux, au choix du demandeur.

327. — Lorsqu'une cause est commencée devant le juge du domicile du défendeur, ce juge reste saisi encore bien que le défendeur ait changé de domicile.

328. — Le juge compétent pour connaître des actions possessoires, c'est le juge de paix, sauf appel devant le tribunal de première instance. — V. ACTION POSSESSOIRE.

329. — L'action pétitoire est portée devant les tribunaux de première instance, sauf appel, dans certains cas, devant les cours royales. — V. APPEL, DEGRÉ DE JURIDICTION.

330. — Voilà les règles principales, mais elles reçoivent de nombreuses exceptions. — V. COMPÉTENCE, DEGRÉS DE JURIDICTION. DEMANDE, ÉTRANGER, FAILLITE, FRAIS ET DÉPENS, PARTAGE, SAISIE-ARRÊT.

ACTION AD EXHIBENDUM.

1. — Cette action était donnée, chez les Romains, dans le but de faire représenter un objet qui avait été caché ou même détruit de mauvaise foi. — L. 9, ff., *Ad exhibend.* — Elle différait de l'interdit exhibitoire, en ce qu'elle n'avait d'application que pour l'exhibition des choses et des esclaves, au lieu que l'interdit s'appliquait uniquement à l'exhibition d'une personne libre. — LL. 3, § 6 et suiv., *Ad exhib.*, 4 et 3, *De homine libero exhibendo.*

2. — Toute personne ayant intérêt légitime à ce que cet objet fût représenté avait droit à cette action. — L. 3, § 10, et L. 19, ff. *Ad exhib.*.

3. — Le juge prescrivait l'exhibition ou immédiatement ou dans un délai déterminé ; et si l'on n'exhibait pas au jour fixé, le défendeur était condamné à réparer le dommage causé par ce défaut d'exhibition. — *Inst.* Justinien, liv. 4, tit. 17, § 3. — V. au surplus ACTION (droit romain).

ACTION ANNALE.

Action qui doit être exercée dans l'année. — V. ACTION POSSESSOIRE, nos 423 et suiv. — V. aussi ACTION (droit romain).

ACTION CIVILE.

Table alphabétique.

ACTION CIVILE. — 1. — C'est celle qui appartient à tout individu qui a souffert un dommage par suite d'un fait puni par la loi. Son objet est la réparation du préjudice causé par ce fait à des intérêts privés. — Mangin, *Tr. de l'act. publ.*, t. 1er, no 1er.

2. — De nombreuses différences séparent l'action civile de l'action publique quoiqu'elles aient aussi des points de contact assez fréquens. Cette vérité apparaît mieux quand on les examine de près l'une et l'autre. — V. ACTION PUBLIQUE.

—

Sect. 1re. — *Historique.*

3. — Le droit de faire réparer le dommage qui nous a été causé par un crime ou un délit a été reconnu et devait l'être par toutes les législations.

4. — La vraie et seule difficulté que l'exercice de cette action ait pu soulever résulte de sa jonction avec l'action publique, et du défaut de distinction entre ces deux actions.

5. — A Rome on distinguait les délits publics dont la poursuite appartenait à tout citoyen, *cui libet ex populo*, et les délits privés qui ne produisaient d'action qu'au profit de la partie lésée.

6. — La partie lésée, en exerçant son action contre un délit privé, exerçait néanmoins, à proprement parler, l'action publique et non l'action privée, car elle demandait non seulement la réparation du dommage, mais une condamnation qui, quoique pécuniaire, dès qu'elle excédait la réparation du préjudice causé, ne pouvait être considérée que comme un moyen de répression.

7. — Les lois barbares, qui, dans presque tous les cas, autorisaient la composition, c'est-à-dire permettaient au coupable d'éviter le châtiment en payant une somme déterminée, dont une portion tournait au profit des parties lésées, confondaient aussi l'action privée et l'action publique.

8. — La distinction nette et tranchée entre l'action privée, qui n'a pour objet que la réparation du préjudice privé, et l'action publique, au contraire dégagée, soit à faire réparer le dommage social, soit à imposer une expiation, soit à amener la correction du coupable, n'a été faite que dans notre ancienne législation.

9. — A la vérité, l'ord. de 1670 permettait, dans tous les cas, à la partie civile de saisir les juges criminels, mais les procureurs du roi ou fiscaux étaient nécessairement parties jointes et requéraient seuls l'application des peines. — Jousse, *Admin. de la just. crim.*, t. 1er, p. 561.

10. — Néanmoins, la partie civile était préférée à la partie publique pour la poursuite de l'accusation ; elle était nommée dans tous les actes de la procédure, et tous ces actes se faisaient à sa requête et en son nom. — Jousse, *ibid.*, t. 3, p. 71.

11. — Quand la partie civile négligeait d'agir, de faire assigner des témoins, soit pour être entendus, soit pour être récolés ou confrontés, le juge devait, sur la réquisition de la partie publique, fixer un délai dans lequel la partie civile serait tenue de produire les témoins, etc., et faute par elle de le faire, ordonner que les témoins seraient assignés à la diligence du procureur du roi aux frais de la partie civile. — Jousse, *ibid.*

12. — Dans le système du Code pén. de 1791 et du Code du 3 brum. an IV, bien que l'action civile fût parfaitement distincte de l'action publique, elle participait encore à la poursuite ; et, par exemple, la loi admettait les parties civiles à concourir à la rédaction de l'acte d'accusation. — Code de brum., art. 5, 6, 226 et 22",

13. — Et même, si la partie civile et le ministère public ne pouvaient s'accorder, soit sur les faits, soit sur la nature de l'acte d'accusation, chacune d'elles rédigeait séparément son acte (Code de brum., art. 227). Dans ce cas, les jurés étaient tenus de délibérer sur tous deux, et ils pouvaient admettre l'un et rejeter l'autre, ou déclarer qu'il n'y avait lieu à suivre sur aucun. — *Ibid.*, art. 244.

14. — La loi du 7 pluv. an IX maintint cette disposition ; mais elle fut abrogée par le Code d'inst. crim., qui, sur ce point, n'a nullement été modifié par la loi du 28 avr. 1832.

15. — Ainsi, aujourd'hui, la séparation entre l'action publique et l'action civile est plus tranchée qu'elle ne l'a jamais été. C'est le ministère public qui la poursuit, et non la partie civile ; il n'est plus partie jointe, mais partie principale ; c'est lui qui est en nom dans la procédure, et qui lui imprime la direction qu'il juge convenable.

16. — Il y a cependant une exception en matière de petit criminel. Aux termes des art. 145 et 182, C. inst. crim., la partie lésée peut citer directement devant le tribunal de simple police ou devant le tribunal correctionnel celui qui, par son fait, qualifié délit ou contravention, a causé un préjudice dont il lui est demandé réparation.

17. — De bons esprits ont blâmé cette disposition : tout en reconnaissant qu'il est bon, pour éviter la multiplicité des jugemens, que la partie civile puisse porter son action en dommages-intérêts devant les juges criminels, ils regrettent qu'elle ait le pouvoir de citer directement devant eux et de les saisir par sa seule volonté de l'action publique en même temps que de l'action privée ; ce qui n'avait pas lieu sous le Code de brum.

18. — Ils trouvent qu'il est fâcheux que le premier venu puisse traduire un citoyen honorable devant les tribunaux de police correctionnelle, et qu'il est dangereux, d'ailleurs, de permettre à la partie lésée de compromettre le sort de l'action publique par un exercice intempestif. — Leselyer, *Tr. des act. publ. et priv.*, t. 1er, p. 652.

19 — Ces considérations et le scandale de quelques poursuites inconsidérées déterminèrent le garde des sceaux à présenter un projet dans lequel on remarquait la disposition suivante : « Néanmoins, la citation donnée directement par la partie civile sera soumise au visa préalable du procureur du roi, sauf à cette partie, en cas de refus du procureur du roi, à présenter requête à la chambre du conseil. La chambre du conseil, saisie par cette requête, autorisera, s'il y a lieu, la citation. »

20. — Ce projet fut présenté à la chambre des députés, le 20 fév 1842 ; mais la disposition qui vient d'être rappelée y trouva tant d'adversaires, et le projet, d'ailleurs, touchait à des questions si graves, que les innovations proposées n'ont pu, jusqu'ici, obtenir la sanction législative.

21. — Du reste, M. Leselyer (t. 1er, p. 652) fait remarquer que le danger des citations sans fondement ou dictées par l'animosité trouve un remède suffisant dans la faculté accordée au prévenu acquitté de réclamer devant le tribunal correctionnel des dommages-intérêts pour les poursuites injustes dont il a été l'objet. Si ce moyen ne paraît pas assez efficace, on pourrait y ajouter, dit-il, celui d'une amende que le tribunal prononcerait contre l'auteur de la citation déclarée mal fondée. — On voit par ce passage que, même dans l'opinion de ceux qui ont blâmé la formalité du visa préalable, la loi actuelle laisse quelque chose à désirer. Sans nous prononcer sur la nature de la réforme qu'il convient d'introduire dans la législation sur ce point, nous dirons seulement que, sous le Code du 3 brum. an IV, il fallait que la partie civile obtînt un visa du directeur du jury pour pouvoir citer directement l'auteur du délit qui lui avait causé dommage devant le tribunal correctionnel. — V. ACTION PUBLIQUE, MINISTÈRE PUBLIC.

22. — Dans la pratique, on demande jour au ministère public, et des recommandations expresses sont faites aux huissiers à ce sujet. Mais c'est une pure formalité d'ordre dont l'inobservation, on le comprend, ne saurait élever de fin de non-recevoir contre l'action, sauf au tribunal saisi à remettre l'examen de l'affaire à une audience postérieure, si son rôle se trouve trop chargé. La mesure recommandée aux huissiers n'a donc point la même efficacité que celle que voulait obtenir le garde des sceaux en présentant le projet de loi dont il vient d'être question. — En Algérie, une ordonn. du 26 sept. 1842, art. 38, porte que la partie civile ne peut directement citer le prévenu à l'audience, si elle n'est préalablement autorisée par le ministère public, sans préjudice de l'action civile en réparation ou dommages-intérêts qu'elle peut toujours intenter.

Sect. 2e. — *Qui peut se constituer partie civile. — Dans quels cas et dans quelles formes.*

23. — L'action civile ayant pour objet la réparation du dommage causé par un crime, un délit ou une contravention, on peut poser en principe que toutes les personnes lésées par le crime, le délit ou la contravention, ont le droit de se porter parties civiles. — C. inst. crim., art. 1er et 63.

24. — Et il n'y a que ces personnes ainsi lésées ou leurs représentans qui le puissent. — Lesellyer, *Tr. des act. publ. et priv.*, t. 2, p. 278, no 546.

25. — Mais cette proposition absolue exige comme toutes celles du même genre des restrictions et des explications.

26. — Suivant M. Lesellyer (t. 1er, no 8), de ce que l'action civile n'existe que lorsque le préjudice dont on demande la réparation provient d'un crime, d'un délit ou d'une contravention, il suit qu'elle ne peut être exercée alors que le fait préjudiciable est seulement *connexe* à un crime, à un délit ou à une contravention — V. en ce sens Chauveau et Hélie, *Th. du Cod. pén.*, t. 1er, p. 281, 1re édit.; Mangin, *Act. publ.*, t. 1er, no 122.

27. — En effet, cette doctrine a été consacrée par la cour de Cassation le 30 juill. 1829 (Courtin c. Morin). Elle a jugé que la circonstance que le fait dommageable serait connexe à un délit ou à une contravention ne suffit pas pour autoriser les tribunaux de répression à en connaître, si ce fait ne constitue par lui-même ni délit ni contravention. — Ainsi, lorsqu'un individu a contrevenu à l'arrêté par lequel un maire a défendu d'exposer des denrées en vente ailleurs que sur le lieu du marché, et a déterminé le prix de la location des places, cette dernière disposition, dans laquelle le maire a agi dans l'intérêt privé de la commune, n'autorise pas le fermier des droits de place à intervenir pour réclamer des dommages-intérêts dans la poursuite exercée par le ministère public, à raison du premier chef. — V. aussi *Cass.*, 12 avr. 1834, Jouve et Aubert.

28. — Par application du principe ci-dessus posé, que, pour se constituer partie civile, il faut que le fait qui a causé dommage ait le caractère d'un crime, d'un délit ou d'une contravention, on a jugé : 1o que la demande à fin de réparation des latrines d'une maison, de manière à ce qu'elles ne refluent pas dans le puits d'une maison voisine, constitue, s'il n'a été contrevenu à aucun règlement de police, une simple action civile dont la connaissance n'appartient nullement au tribunal de police. — *Cass.*, 8 sept 1809, Marie c. Lafosse.

29. — 2o Que le refus du créancier de donner quittance d'une somme qu'il a reçue ne suffit pa

pour autoriser le débiteur à se porter partie civile. — Lesellyer, *loc. cit.*

30. — 3° Qu'il en est de même du refus de restituer des présens faits en considération d'un mariage qui n'a pas eu lieu. — *Cass.*, 30 janv. 1829, Lefebvre c. Bouchard.

31. — Jugé aussi que le détournement momentané, par un mandataire, d'une somme qui lui a été confiée, ne peut motiver une action civile, tant qu'il n'y a pas eu mise en demeure de la restituer. — *Cass.*, 17 juill. 1829, Gouchaux-Beer.

32. — Sous le Code du 3 brum. an IV, une anticipation de terrain appartenant à autrui, opérée lors du labourage d'une autre partie de terrain contigu, n'était qualifiée délit par aucun texte, et ne pouvait donner lieu qu'à une action civile. — On ne pouvait même, sous ce Code, considérer cette anticipation comme une voie de fait ou violence légère punie par l'art. 605 dudit Code. — *Cass.*, 4 oct. 1810, Delaisse.

33. — Les parties civiles ne pouvant agir au criminel qu'accessoirement à l'action publique, dès que cette action est déclarée éteinte, aucune partie civile n'est recevable à reproduire le même fait pour en faire la matière d'une poursuite au criminel. — Spécialement, lorsque sur la plainte d'un créancier, la chambre du conseil a déclaré prescrite l'action en banqueroute frauduleuse exercée contre le failli, un autre créancier ne peut, sur une nouvelle plainte, et en produisant de nouvelles charges, faire revivre la poursuite. — *Cass.*, 1 mai 1812, Roger c. Hendron; — Mangin, n° 34.

34. — Si toute personne lésée par un délit peut se porter partie civile, il faut au moins savoir ce que signifie le mot *lésé*, et si tout dommage *même moral* autorise l'exercice de l'action civile. — V. *infrà* § 1er.

35. — Pour l'exercice de l'action civile il faut aussi être capable en général d'exercer une action; et enfin lorsqu'on a la capacité exigée par la loi, il faut encore remplir les conditions soit de temps, soit de forme, imposées par les règles générales du droit ou par des textes exprès du Code d'instruction criminelle. — V. *infrà* § 2.

36. — L'exercice de l'action civile, avantageux quand il est couronné de succès, entraîne des inconvéniens pour celui qui succombe; ce n'est donc pas un des points les moins utiles de la matière que celui de savoir quand on est réputé s'être porté partie civile. — V. *infrà* § 3.

37. — Nous passerons successivement en revue ces différentes questions.

§ 1er. — *Préjudice éprouvé.*

38. — On a vu plus haut que toute personne lésée par un crime ou un délit peut se porter partie civile.

39. — Quoique la société tout entière soit lésée par le délit, le ministère public ne peut jamais se porter partie civile. On suppose que, quant à la société, le dommage est suffisamment réparé par la peine infligée au délinquant; et quant aux personnes qui ont éprouvé spécialement un préjudice, c'est à elles seules qu'appartient le soin de veiller à leurs intérêts pécuniaires. — Massabiau, *Manuel du procureur du roi*, n° 1421; Legraverend, *Traité de législ. crim.*, t. 1er, p. 185.

40. — Ainsi, le ministère public ne peut faire prononcer des dommages-intérêts au profit des pauvres, lors même que le délit avait eu pour but de les priver d'un droit que les usages leur accordaient. — *Cass.*, 16 nov. 1821, Duclos; — Mangin, t. 1er, n° 38; Massabiau, *Manuel*, n° 1421.

41. — A plus forte raison, lorsque le délit pour lequel des individus étaient poursuivis a été amnistié, le ministère public est sans qualité à l'effet de provoquer la condamnation du prévenu à des dommages-intérêts vis-à-vis de la partie lésée : ce droit n'appartient qu'à cette dernière. — *Cass.*, 18 janv. 1828, Triplot.

42. — On peut être lésé dans sa réputation aussi bien que dans sa fortune, et dans un cas comme dans l'autre, on est autorisé à réclamer des dommages et intérêts, et par conséquent à se porter partie civile.

43. — Mais il faut que le dommage soit direct; on ne serait jamais reçu à se porter partie civile à raison de torts éloignés et indirects. — V. cependant Lesellyer, t. 2e, p. 278, n° 547.

44. — Cette règle se trouvait déjà posée dans le Code du 3 brum. an IV. L'art. 94 s'exprimait ainsi : « Pour être admis à rendre plainte, il faut avoir à la fois un *intérêt direct* et un *droit formé* de constater le délit, lorsqu'il existe, et d'en poursuivre la réparation contre le délinquant. »

45. — Un célèbre criminaliste adopte cette définition et la justifie en ces termes : « un *intérêt direct*, parce que c'est le caractère distinctif de la plainte, et qu'on ne peut se porter accusateur à raison d'un crime ou d'un délit, si l'on n'a à sa punition qu'un intérêt éloigné et indirect : — un *droit formé*, parce qu'il ne suffit pas que le délit ou le crime puisse un jour vous être nuisible pour que vous soyez admis à rendre plainte. Il faut encore que le préjudice soit réel, actuel, et que, dès ce moment vous en ressentiez les effets. » — Legraverend, t. 1er, p. 195, édit. Duvergier.

46. — De là, quelques auteurs ont conclu qu'il fallait avoir souffert un dommage matériel et appréciable, tout au moins personnel et constaté; comme le faisait très bien remarquer M. Dupin aîné, dans son réquisitoire du 15 juin 1833. « L'erreur » capitale est de croire qu'il n'y ait qu'un intérêt » matériel d'argent qui puisse donner lieu à une » action en dommages-intérêts. Ne voit-on pas des » dommages-intérêts demandés par le fils pour la » mort de son père, par le père pour celle de son » fils, par la femme pour celle de son mari ou de » son enfant? Faut-il donc les déclarer non-recevables?... Evidemment, c'est ici méconnaître la » morale du droit, mettre l'argent à la place des » affections, à la place de l'honneur. Celui qui agit » en pareille matière, selon la belle expression de » la loi romaine *causam agit doloris*, plaide la » cause de la douleur..... »

47. — Cette doctrine de M. Dupin a, du reste, été confirmée par la jurisprudence, après quelques tâtonnemens.

48. — La question s'était d'abord présentée devant la cour de Paris dans les circonstances suivantes : — quelques pharmaciens de Paris avaient poursuivi en police correctionnelle des herboristes qui vendaient des médicamens. La cour, par arrêt du 19 mai 1832, les déclara non-recevables; mais cet arrêt fut cassé, le 1er sept. suivant, attendu qu'il y avait dommage réel ou moral, quelle que fût la difficulté d'appréciation.

49. — L'affaire ayant été renvoyée devant la cour de Rouen et jugée comme elle l'avait été déjà par la cour de Paris, la cour de Cassation fut de nouveau saisie, et rendit, le 15 juin 1833 (Bagel c. Gueneau), en audience solennelle, sur les conclusions conformes de M. Dupin, un arrêt qui a consacré de nouveau la doctrine émise dans l'arrêt de 1832, et qui a fixé définitivement la jurisprudence.

50. — Il a été jugé également qu'un officier de santé (à plus forte raison un médecin) a qualité pour intenter l'action civile contre ceux qui exercent illégalement la médecine. — *Paris*, 4 juin 1829, Jauze c. Joubert.

51. — M. Mangin (dans son *Traité de l'action publ.*, t. 1er, n° 129), à propos de ce dernier arrêt, blâme la jurisprudence consacrée par l'arrêt des chambres réunies de la cour de Cassation du 15 juin 1833. L'intérêt, selon M. Mangin, était dans ce cas trop éloigné, trop incertain pour autoriser une plainte. — V. aussi *Bourges*, 17 mars 1831, Bagel c. religieuses de la Croix.

52. — Les critiques de M. Mangin nous semblent mal fondées. L'intérêt que peut avoir un médecin ou un pharmacien à empêcher l'exercice illégal de la médecine ou la vente des médicamens est évident; et le dommage qu'il a éprouvé est toujours assez grand pour lui faire obtenir au moins une condamnation aux dépens, à titre de dommages intérêts.

53. — Ce que nous venons de dire des actions des médecins et officiers de santé contre les charlatans s'applique aussi aux avoués contre ceux qui se livrent au délit de postulation, aux notaires, commissaires-priseurs contre ceux qui usurpent leurs fonctions, aux courtiers de commerce contre les courtiers marrons. — V. le réquisitoire de M. Dupin dans l'affaire Bagel, 15 juin 1833. — V. aussi AVOUÉ, COMMISSAIRE-PRISEUR, COURTIER DE COMMERCE, NOTAIRE, POSTULATION.

54. — Cependant il a été jugé que la chambre syndicale des courtiers de commerce de Paris n'avait pas d'action civile contre un des membres de la compagnie qui avait enfreint les devoirs de sa profession. — *Cass.*, 29 août 1834, courtiers de Paris c. Paulmier.

55. — La question s'est aussi plusieurs fois présentée de savoir si des huissiers ont qualité pour intervenir comme parties civiles dans un procès correctionnel, suivi à la requête du ministère public contre un individu accusé d'avoir procédé sans titre à une vente publique de récoltes sur pied. — V. entre autres arrêt de *Rouen*, 11 déc. 1840 (t. 1er 1841, p. 588), Icard c. Biberprey. — V. HUISSIER, VENTE PUBLIQUE DE MEUBLES.

56. — Le principe de l'intérêt direct pour être admis à se porter partie civile était déjà consacré dans l'ancien droit, toutefois avec quelques distinctions. — Jousse, t. 1er, p. 565; Muyart de Vouglans, t. 2, p. 104; Roussaud de Lacombe, *Mat. crim.*, 3e part., sect. 1re, ch. 1er, p. 269; Pothier, *procéd. civ. et crim.*, t. 2, p. 108

57. — Ainsi, l'on décidait, et l'on décide encore aujourd'hui que ce n'est pas admettre une action civile fondée sur un intérêt indirect que de permettre au mari ou au père de poursuivre la réparation du dommage causé à sa femme ou à ses enfans mineurs. — Massabiau, *Manuel*, n° 1425; Lesellyer, t. 2, n° 547; Mangin, *Act. publ.*, n° 124.

58. — Le père ou le mari a aussi le droit de se porter partie civile en son nom, si le fait lui porte préjudice à lui-même. — Mangin, n° 124.

59. — C'est ainsi qu'on a jugé que le mari pouvait personnellement et sans l'assistance de sa femme poursuivre la réparation d'une injure faite à celle-ci, lorsque son propre honneur y est intéressé. — *Cass.*, 14 germin. an XIII, Labat c. Gombault. — Mangin, *ibid.*; Lesellyer, *ibid.*

60. — Le père peut demander des dommages-intérêts à raison de l'homicide involontaire de son fils. — *Cass*, 29 fév. 1828, Voëlklin.

61. — Les maîtres peuvent se plaindre du délit commis contre leurs domestiques, lorsque ce délit tend à compromettre leurs intérêts. — *Cass.*, 26 vend. an XIII, Rambert-Bibet c. Giraulet; — Mangin, *Action publ.*, n° 124; Legraverend, t. 1er, p. 201; Morin, *Dict. dr. crim.*, v° *Action civile*, p. 35; Lesellyer, t. 2, p. 281 *in fine*.

62. — Le fait seul que le délit a été commis au préjudice du domestique dans les fonctions auxquelles son maître l'employait n'autoriserait pas ce dernier à se porter partie civile. — Mangin, *ibid.*

63. — La veuve peut poursuivre l'assassin de son mari et les enfans l'assassin de leur père, encore qu'ils aient renoncé à sa succession, parce que sa mort leur cause un préjudice direct et certain. — Carnot, *Inst. crim*, t. 1er, p. 19; Bourguignon, sur l'art. 1er, C. inst. crim.; Massabiau, n° 1425.

64. — Le pardon accordé au meurtrier par sa victime n'empêche pas la poursuite de réparations civiles de la part des héritiers. — *Cass.*, 5 mai 1818, Desbuisson c. Lechoisnier; — Massabiau, n° 1425.

65. — La jurisprudence paraît aujourd'hui constante pour admettre les enfans à se plaindre de la diffamation dirigée contre la mémoire de leur père. — V. DIFFAMATION.

66. — Le simple *possesseur* d'effets qui lui ont été soustraits à l'aide d'un délit peut se porter partie civile. — *Cass.*, 18 nov. 1836 (t. 2 1837, p. 86), Lezin-Delperch c. Catherine Vianès.

67. — Les cessionnaires de la partie lésée peuvent-ils se porter parties civiles? Dans l'ancien droit, cette question était controversée. — V. Ayrault, *Inst. jud.*, liv. 2, art. 4, nos 81 et suiv.; Jousse, *Just. crim.*, t. 1er, p. 590; Muyart de Vouglans, *Lois crim.*, t. 2, p. 117 (p. 591 édit. in-fol.).

68. — Mangin (*Traité de l'act. publ*, n° 128) admet le cessionnaire à porter plainte, mais au nom de la partie lésée et comme son fondé de pouvoir.

69. — Le même auteur est d'avis que le cessionnaire ne peut se porter partie au-delà du prix de la cession (t. 1er, p. 269, n° 128), et il se fonde sur le danger d'autoriser des spéculations sur un crime. Cette décision était d'ailleurs admise sous l'ancienne jurisprudence.

70. — Il est bon toutefois de remarquer que le cessionnaire agit en son nom propre, que tout dommage appréciable en argent peut être l'objet d'une cession, sauf aux magistrats à en apprécier la moralité, et qu'il ne serait peut-être pas juste que le cessionnaire, qui court les chances fâcheuses d'un procès, ne dût pas en courir aussi les chances avantageuses.

71. — Le sursis accordé par le propriétaire d'un billet à un individu qui s'en est approprié le montant par un abus de confiance, sous la promesse faite par ce dernier de le rembourser à l'époque convenue, à peine d'être poursuivi devant les tribunaux compétens, ne peut élever une fin de non-recevoir contre la plainte de la partie lésée. — *Bordeaux*, 21 juill. 1830, Courbon c. Renier.

72. — On a jugé que des individus compris dans une seule et même poursuite pouvaient se porter parties civiles les uns contre les autres. — *Cass.*, 3 déc. 1836 (t. 1er 1837, p. 37), Demiannay.

73. — L'art. 3, C. inst. crim., n'autorise les tribunaux de répression à statuer que sur l'action civile définie par les art. 1er et 2 du même Code, c'est-à-dire celle qui tend à la réparation du préjudice causé directement à la partie plaignante par le crime, le délit ou la contravention poursuivis devant eux, et nullement sur les actions en garantie que peut former le prévenu contre les tiers auxquels il prétend faire remonter la cause première du délit qui lui est imputé. — Un tribunal de police ne peut donc, en condamnant les boulangers pour mise en vente de pains confectionnés avec des farines vicieuses ou nuisibles, statuer sur l'action en garantie de ceux-ci contr

les meuniers qui leur ont vendu ces farines, et prononcer contre ces derniers des dommages-intérêts. — *Cass.*, 9 déc. 1843 (t. 1er 1844, p. 739), Guincètre c. Blanchetière.

74. — Peut-on considérer comme lésé par un crime celui qui a été poursuivi à raison de ce crime et acquitté, et doit-on l'admettre à se porter partie civile sur les poursuites dirigées plus tard contre le vrai coupable? L'affirmative a été jugée. — *Cass.*, 19 juill. 1832, Fréd. Benoit; — Morin, *Dict. dr. crim.*, vº *Action civile*, p. 35.

75. — Mais cette décision est avec raison blâmée par MM. Chauveau et Hélie (*Théor. du C. pén.*, t. 1er, p. 277). A moins que le coupable n'ait lui-même dénoncé un innocent pour détourner les poursuites, on ne peut dire qu'il soit l'auteur direct du dommage. Le préjudice est né des poursuites dirigées à tort par le ministère public, et l'accusé n'en saurait être responsable.

76. — En tout cas, la question de savoir si une personne est lésée par un crime ou un délit est une question de fait, dont l'appréciation souveraine appartient aux tribunaux saisis de l'action publique. — *Cass.*, 19 juill. 1832, Fréd. Benoit. — La cour de Cassation est sans pouvoir à cet égard. — Même arrêt.

77. — Jugé aussi qu'un tribunal de police correctionnelle ne viole aucune loi en adjugeant à la partie civile une somme déterminée, en réparation des pertes qu'elle a essuyées par l'effet des poursuites que le délit reconnu l'a obligée de faire. — *Cass.*, 4 oct. 1816, Friquet c. Tomy.

§ 2. — *Capacité.*

78. — La lésion est sans doute la première condition imposée par la loi au droit de se porter partie civile, mais ce n'est pas la seule. Il faut aussi nécessairement que la personne lésée ne soit ni mineure ni interdite, et, si c'est une femme mariée, qu'elle soit autorisée par son mari.

79. — L'action civile, en effet, soit qu'on la porte devant les tribunaux civils, soit qu'on la porte devant les tribunaux de répression saisis de l'action criminelle par une faveur exceptionnelle, n'est jamais qu'une action civile soumise aux règles ordinaires du droit.

80. — Aussi ne faut-il pas, quoique le législateur ait paru, dans l'art. 63, C. d'inst. crim., consacrer cette confusion, assimiler la plainte et l'action civile. Toute personne, même incapable, même étrangère, qu'elle ait été lésée ou non par un délit, peut porter plainte contre ce délit, sauf aux organes du ministère public à avoir à cette dénonciation tel égard qu'il leur conviendra.

81. — Cette distinction bien comprise fait disparaître la difficulté qui s'est élevée de savoir si l'étranger qui se porte partie civile dans une instance criminelle est tenu de fournir la caution *judicatum solvi*. Nul doute que l'étranger ne puisse porter plainte. Mais si, non content de dénoncer les faits au ministère public, il en demande la réparation à son profit, il exerce une action purement civile, et il est tenu de fournir caution. Le droit qu'on lui accorde de porter son action devant les tribunaux criminels, pour éviter, soit une double procédure, soit la diversité des jugemens, ne peut le dispenser de fournir les garanties ordinairement exigées de lui.

82. — Cette opinion paraît universellement admise. — *Cass.*, 3 fév. 1814, Damour c. Neumann; — Carnot, sur l'art. 63, C. inst. crim.; Legraverend, t. 1er, chap. 5, p. 201, note 8e; Mangin, *Tr. de l'act. publ.*, t. 1er, nº 125; Carré et Chauveau, *Lois de la procéd.*, t. 1er, nº 703; Berriat, *Procéd.*, p. 227; Favard, *Rép.*, vº *Exception*, § 1er, nº 2; Duranton, t. 1er, nº 161; Massabiau, nº 1429; Morin, *Dict. dr. crim.*, vº *Action civile.*

83. — L'individu en état d'interdiction légale, par suite d'une condamnation afflictive et infamante, n'est pas incapable de rendre plainte, à raison des délits par lesquels il se prétend lésé. Mais il ne saurait se constituer partie civile que sous le nom et par le ministère de son curateur. — C. civ., art. 25, nº 5; — *Cass.*, 6 nov. 1817, André Billardou; — Chauveau et Hélie, *Théor. du C. pén.*, t. 1er, p. 211.

84. — La femme mariée ne peut se constituer partie civile sans y être autorisée par son mari ou par la justice. — *Cass.*, 30 juin 1808 (intérêt de la loi), Hellot et Pezant; — Massabiau, *Manuel*, nº 1428; Mangin, *Act. publ.*, nº 125.

85. — En cas d'absence du mari, l'autorisation peut être donnée par les juges saisis de l'action criminelle. — Massabiau, *Manuel*; nº 1428. — V. AUTORISATION DE FEMME MARIÉE.

86. — Le défaut d'autorisation du mari n'est pas un motif de nullité des jugemens favorables à la femme, lorsque ce défaut n'a pas été opposé avant le jugement, et cette nullité ne peut être opposée que par la femme, le mari ou leurs héritiers. — Massabiau, *ibid.*

87. — Un mineur émancipé peut se constituer partie civile, sans l'autorisation ni l'assistance de son curateur. — Carnot, *C. inst. crim.*, art. 1er, nº 38; Bourguignon, sur l'art. 1er, C. inst. crim.; Massabiau, *Manuel*, nº 1429. — V. ÉMANCIPATION, MINORITÉ.

88. — Les créanciers peuvent aussi, en exerçant les droits de leur débiteur, se porter parties civiles, conformément aux art. 1166, 1167, C. civ.; 584, 592, C. de comm. — Mangin, t. 1er, nº 126; Morin, *Dict. dr. crim.*, vº *Action civ.*, p. 35.

89. — Avant la loi du 28 mai 1838, modificative du Code de commerce, on demandait si les créanciers pouvaient, *ut singuli*, se porter parties civiles contre le failli prévenu de banqueroute frauduleuse. Les termes des art. 588, 595 et 598 ne permettaient pas de douter que les créanciers n'eussent le droit de se porter parties civiles, *ut singuli*, sur une poursuite en banqueroute simple. — *Cass.*, 19 mai 1815, Grébauval c. Simonnet; — Mangin, nº 126.

90. — Les termes précis de l'art. 595, C. comm., rendaient la jurisprudence incertaine en ce qui concernait la banqueroute frauduleuse. Néanmoins M. Mangin (*loc. cit.*) soutenait avec force la recevabilité de l'action des créanciers, et elle a été consacrée par les art. 584 et 592 de la nouvelle loi des faillites. — V. *contrà Cass.*, 24 nov. 1820, B. c. R. — V. BANQUEROUTE.

91. — Lorsqu'une partie civile tombe en faillite et se trouve représentée dans l'instance par ses syndics, elle ne perd pas pour cela sa qualité de partie civile, et par suite elle ne peut être entendue qu'à titre de renseignement et sans prestation de serment.

92. — Le tiers auquel a été confié un enfant trouvé dans un hospice n'a pas qualité pour se porter partie civile dans la poursuite des délits commis sur la personne de l'enfant; cette faculté n'appartient qu'à la commission administrative des hospices ou à celui de ses membres désigné par elle pour exercer les fonctions de tuteur. — *Bordeaux*, 28 nov. 1833, Laville c. Hervé.

93. — Jugé que l'administration de la dette du royaume de Prusse est recevable à se porter partie civile sur une poursuite en contrefaçon des monnaies de Prusse exercée en France. — *Cass.*, 20 (et non 29) juin 1829, Samuel Dalsace.

94. — Outre la capacité générale nécessaire pour se porter partie civile, il faut n'avoir fait aucun acte qui entraîne ou qui suppose une renonciation à son droit. Les principes sur ce point n'offrent pas d'obscurité. Soit que l'action naissant d'un délit ait été portée devant les juges saisis de l'action criminelle, soit qu'elle ait été portée devant les juges civils, tout fait qui n'implique pas renonciation à demander des dommages-intérêts ne saurait élever une fin de non-recevoir contre elle.

95. — Sous le Code du 3 brum. an IV, celui qui ne s'était pas pas porté partie plaignante dans l'instruction n'était pas recevable à intervenir au moment des débats, et le tribunal criminel commettait un excès de pouvoir en lui adjugeant des dommages-intérêts. — Code 3 brum. an IV, art. 8, 94, 226, 432; C. inst. crim., 67 et 359; — *Cass.*, 1er pluv. an VII, Aubry c. Philippe.

96. — A plus forte raison devait-on juger, sous l'empire de cette législation, qu'il y avait excès de pouvoir dans la disposition par laquelle un tribunal recevait, après la déclaration du jury de jugement, l'intervention d'une partie qui ne s'était point antérieurement constituée partie civile, et lui accordait des dommages-intérêts. — *Cass.*, 5 niv. an VII, Aborin et Abazad; 9 thermid. an VIII, Gachot et Rugard. — V. *contrà Cass.*, 30 janv. 1808, Marion c. Azemard.

97. — On jugeait aussi sous le même Code, que les débats et le jugement étaient nuls si, après avoir été entendus comme témoins, les plaignans avaient demandé et obtenu des dommages-intérêts. — V. *contrà Cass.*, 11 brum. an V, Mauduit. — V. toutefois *Cass.*, 30 janv. 1808, Marion c. Azemard.

98. — Maintenant, aucune loi n'exige que pour être admise à se porter partie civile avant la clôture des débats, la personne lésée par un crime ait pris précédemment la qualité de partie plaignante. On ne peut, sous le prétexte qu'elle n'a jamais figuré au procès, la considérer comme un tiers qui est obligé de s'adresser aux tribunaux civils. — *Cass.*, 16 oct. 1812, Ardouin et Brise.

99. — Celui qui a été entendu en qualité de témoin dans le débat peut encore se porter partie civile jusqu'à la clôture des débats. — *Cass.*, 27 déc. 1811, Barrié; 5 nov. 1813, Osmond c. Bourdon; 17 nov. 1836 (t. 2 1837, p. 86), Mohamed-ben-Haddou.

100. — On doit moins encore hésiter à dire que le plaignant peut, même après avoir déposé comme témoin, se porter partie civile, lorsque, d'ailleurs, le tribunal déclare écarter de la cause sa déposition et celle de ses domestiques. — *Cass.*, 7 janv. 1837 (t. 1er 1837, p. 135), N. c. Baratoux.

101. — Le plaignant qui ne s'est pas constitué partie civile est recevable à former, après l'arrêt de condamnation, une demande civile à fin de réparation du dommage qu'il a souffert, quoiqu'il ait été entendu comme témoin dans le débat. — *Aix*, 9 juill. 1829, Fouquet c. Dubourg.

102. — Le plaignant dont la demande à fin d'être reçu comme partie civile a été rejetée en première instance ne peut pas être déclaré non-recevable en appel à prendre cette qualité, sous le prétexte qu'après le rejet de sa demande le tribunal de première instance l'a fait entendre comme témoin. — *Bruxelles*, 28 déc. 1822, J... c. Lantremange.

§ 3. — *Formes.*

103. — Sous l'empire du Code du 3 brum. an IV, tout individu qui portait plainte d'un fait qui le lésait était, par cela seul, considéré comme partie civile; aussi cette dénomination et celle de partie plaignante étaient-elles employées indifféremment dans ce Code comme ayant la même signification. — Dalmas, *Frais de justice*, p. 389.

104. — Mais depuis, on est revenu au système de l'ordonnance de 1670, et, d'après l'art. 66, C. inst. crim., le plaignant ne peut être réputé partie civile qu'autant qu'il en manifeste expressément la volonté.

105. — La loi n'a pas tracé de formes spéciales pour l'intervention des parties civiles devant les tribunaux criminels. L'art. 66, C. inst. crim., porte seulement que les plaignans ne seront réputés parties civiles s'ils ne le déclarent formellement, soit par la plainte, soit par acte subséquent, ou s'ils ne prennent par l'un ou par l'autre des conclusions en dommages-intérêts.

106. — On en a conclu avec raison que la partie civile peut intervenir utilement à l'audience et y prendre, pour la première fois et verbalement, des conclusions en dommages-intérêts sans avoir besoin de rédiger un acte d'intervention. — *Limoges*, 16 nov. 1812, N..... c. N.....

107. — Jugé aussi que la constitution de la partie civile ne peut résulter que d'une déclaration positive, ou de conclusions à fin de dommages-intérêts. — *Cass.*, 2 mai 1840 (t. 2 1840, p. 540), Wenlen.

108. — Il ne suffirait donc pas, pour que le plaignant fût réputé partie civile, qu'il eût consigné une certaine somme pour les frais de la procédure. — *Paris*, 3 nov. 1835, Monvoisin et Lardin c. Boucot; 24 mai 1836, Bruyer c. Darrac et Chaise-Martin.

109. — Le plaignant, en matière criminelle, est intéressé dans les débats du procès, bien qu'il ne se soit pas porté partie civile; dès-lors, il doit être considéré comme partie, dans le sens de l'art. 23, L. 17 mai 1819, relativement à la responsabilité des écrits qu'il y a produits. — *Bastia*, 27 déc. 1834, Biadelli c. Podesta.

110. — L'agent de police qui, en formant opposition au jugement par lequel un tribunal l'a condamné aux dépens, sans qu'il fût partie au procès, conclut à des dommages-intérêts contre les prévenus, au lieu de se borner à demander la rétractation de la disposition qui le concerne, devient partie civile, et se rend par-là non-recevable à exciper, sur son pourvoi contre le jugement qui le déboute de son opposition, de ce qu'il n'aurait pas été partie au procès. — *Cass.*, 9 fév. 1809, Garaud et Cavalier. — Carnot, *C. inst. crim.*, art. 368, nº 22.

111. — L'ordonnance du magistrat instructeur dans laquelle un individu est désigné comme partie civile ne peut lui attribuer une qualité qui n'est pas justifiée résider en lui, si cette ordonnance a été rendue hors de sa présence, et sans qu'on l'ait appelé. — *Rome*, 21 mars 1811, Menichelli c. Celani.

112. — Du reste, l'action civile peut être portée, soit devant les juges civils, soit devant les juges criminels. Devant les juges criminels, on peut se constituer partie civile en tout état de cause, c'est-à-dire jusqu'à la clôture du débat exclusivement.

113. — La personne lésée par un délit est recevable à se constituer partie civile en tout état de cause, et jusqu'à la clôture des débats, quoiqu'elle n'ait point rendu plainte, ou que l'instruction se soit faite sur les poursuites d'office du ministère public. — *Cass.*, 5 nov. 1813, Osmond c. Bourdon.

114. — Le plaignant peut se constituer partie civile, en tout état de cause, et jusqu'à la clôture des débats, encore bien qu'il ait précédemment déclaré ne vouloir se porter ni dénonciateur ni partie civile. — *Cass.*, 27 déc. 1811, Jean Barrié c. min. publ. et Ramel.

115. — Le plaignant peut se porter partie civile

quoiqu'il n'ait pas formé opposition à l'ordonnance de la chambre du conseil portant qu'il n'y a lieu à suivre, dans les vingt-quatre heures de la signification qui lui a été faite, si, de son côté, le ministère public y a formé opposition. — Au surplus, les chambres du conseil et des mises en accusation n'ayant pas le droit de statuer sur les intérêts civils des parties, leurs ordonnances ou arrêts n'ont pas l'autorité de la chose jugé à cet égard. — *Bruxelles*, 28 déc. 1322, Lantremange.

Sect. 3e. — *Contre qui peut être intentée l'action civile.*

116. — L'action civile peut être dirigée soit contre le prévenu, soit contre ses représentans. — C. inst. crim., art. 2.

117. — Le fait qui constitue le crime, le délit ou la contravention pouvant être commis par plusieurs, il en résulte que l'action civile peut être dirigée contre tous les coauteurs.

118. — Elle peut l'être aussi contre les complices. — C. pén., art. 60; Lesellyer, t. 2, p. 362, nº 605 et p. 485, nº 705.

119. — Et même, comme on vient de le dire plus haut, contre les représentans. — C. inst. crim., art. 2.

120. — Le mot *représentant* employé dans l'art. 2 du Code d'inst. crim. doit se prendre dans deux sens différens. Il signifie d'abord qu'en cas de mort de l'auteur du délit, l'action civile subsiste contre ses héritiers ou représentans.

121. — Ainsi en cas de décès d'un accusé de vol avant son jugement définitif, la partie lésée est admissible à prouver, au civil, la culpabilité du défunt, non établie par l'action publique, pour faire condamner ses héritiers à des dommages-intérêts. — *Toulouse*, 30 avr. 1821, Bordes c. Cazes.

122. — Le principe qui fait accorder, contre les héritiers, l'action civile, ayant pour objet la réparation pécuniaire du délit, est tirée du droit canonique. C'est ce qu'atteste Pothier (*Tr. des obligations*, nº 639). — « Par le droit romain, dit cet auteur, la plupart des obligations qui naissaient des délits s'éteignaient par la mort du débiteur, lorsque la demande n'avait pas été déduite en jugement contre lui de son vivant et ne passait point à ses héritiers... — Les principes du droit canonique sont différens; il n'y a que la peine due au délit qui s'éteint par la mort de celui qui l'a commis; mais l'obligation de réparer le tort que quelqu'un a commis par son délit passe à ses héritiers: c'est la décision du *Cap. fin.*, *De sepult.* et du *cap.* 5, *De rapt.* — Nous avons sur ce point préféré, comme plus équitables, les principes du droit canonique aux principes du droit romain; et dans la pratique du barreau, quoique les héritiers de celui qui a commis quelque délit n'en aient pas profité, ils sont tenus des dommages-intérêts de celui envers qui il a été commis, quand même il n'aurait pas intenté son action contre le défunt; c'est ce qui est attesté par Jean Faber (Faure), *Instit.*, tit. *De act.*, § *Pœnales*; et par d'Argentré, sur l'art. 189 de la coutume de Bretagne. »

123. — Du principe que l'action civile a lieu contre les héritiers, quoique l'action publique soit éteinte par la mort du prévenu, résulte cette conséquence particulière, pour le cas de faux, que, même après la mort du prévenu, les parties intéressées pourront poursuivre, contre ses héritiers, l'anéantissement de l'acte argué de faux, et qu'à cette fin ils pourront, soit prendre la voie du faux incident, si les héritiers produisent l'acte dans une instance, soit agir par action principale dans le cas contraire. — Telle est la doctrine enseignée par M. Duranton, *Cours de C. civ.*, t. 13, nº 91. — V. aussi Lesellyer, t. 2, p. 492, nº 711.

124. — En second lieu, il faut induire de ce mot *représentant*, que si l'auteur du délit est incapable, s'il est mineur ou interdit, l'action civile doit être intentée contre son tuteur qui le représente quant à ses intérêts civils.

125. — La partie civile ne peut réclamer, devant une cour d'assises, des dommages-intérêts contre un accusé mineur sans avoir mis en cause son tuteur. — *Cour d'assises de la Moselle*, 1er août 1829, Mosquinot c. Hirtz; *Haut-Rhin*, 15 mars 1831, Volfschlœger c. N.... — V. *contrà Grenoble*, 5 mars 1835, Bergeron c. Baudrad.

126. — La même décision s'applique aux tribunaux de police correctionnelle, qui offrent moins de garanties aux prévenus que la cour d'assises.

127. — Jugé cependant que la partie civile n'est pas obligée de mettre le tuteur en cause dans une poursuite correctionnelle exercée contre un mineur par le ministère public sur la plainte de cette partie civile, dont l'action n'est alors qu'accessoire à l'action publique et suit les mêmes formes. — *Bruxelles*, 6 nov. 1822, N... c. Vandenberghe.

128. — Il est toutefois bon d'observer que la partie civile ne devrait pas être déclarée complètement non-recevable faute par elle d'avoir mis en cause le tuteur du mineur, accusé ou prévenu, mais que les tribunaux devraient seulement se borner à refuser de prononcer contre le mineur une condamnation à des dommages-intérêts.

129. — Indépendamment des auteurs, coauteurs, complices et représentans qui peuvent être poursuivis par action civile, il est une autre classe d'individus contre laquelle, dans certains cas, l'action civile peut aussi être dirigée, nous voulons parler des personnes que la loi déclare responsables du dommage causé par le délit, quoiqu'elles y soient restées étrangères. — C. civ., art. 1384; C. pén., art. 73, 74; C. forest., art. 45, 46, 206; L. 15 avr. 1829 sur la pêche fluv., art. 74.

130. — Seulement on remarquera que la responsabilité civile du fait d'autrui étant une exception à la règle par laquelle, en général, on ne répond que de son propre fait, les cas de responsabilité ne sauraient être étendus. Ils doivent être renfermés dans les termes rigoureux de la loi. — Toullier, *Dr. civ.*, t. 11, nº 258; Chauveau et Hélie, *Théorie du C. pén.*, t. 2, p. 284 et 289; Lesellyer, t. 2, p. 501, nº 716.

131. — Les personnes civilement responsables peuvent être traduites en même temps que le prévenu devant la juridiction criminelle. L'action civile à exercer contre elles naît du délit, et dès que l'art. 3, C. inst. crim., porte que l'action civile peut être poursuivie en même temps et devant les mêmes juges que l'action publique, il n'y a pas de raison pour distinguer entre le prévenu et les personnes civilement responsables. — V. Mangin, nº 34; — *Cour d'assises du Haut-Rhin*, 23 fév. 1831, Stolz c. Mayer.

132. — On a jugé spécialement que le père d'un accusé mineur peut, comme civilement responsable des faits de son fils, être appelé par la partie civile devant la cour d'assises où le fils est renvoyé. — Même arrêt.

133. — L'action civile survit à l'action criminelle toutes les fois que l'extinction de celle-ci n'empêche pas qu'un dommage ait été causé sans droit. Il résulte seulement alors de l'extinction de l'action publique, que l'action civile doit nécessairement être portée devant les tribunaux civils, puisqu'elle n'est portée devant les tribunaux criminels qu'accessoirement à l'action criminelle.

134. — Ainsi on peut intenter l'action civile pour réparation du dommage causé contre un individu amnistié ou gracié. L'amnistie efface le délit, la grace relève de la peine, mais dans les deux cas le dommage civil subsiste et réparation en est due.

135. — Dans le cas d'amnistie, la juridiction criminelle déjà saisie reste compétente pour statuer sur les réparations civiles surtout en matière de délits forestiers. — *Cass.*, 30 janv. 1830, Carrère c. Larroque.

136. — L'action civile peut être exercée contre un Français, pour crime ou délit commis en pays étranger envers un Français (C. inst. crim., art. 7), et contre un étranger pour crime commis en France contre un étranger ou un Français. — C. civ., art. 3.

137. — Il est vrai, en ce qui concerne le crime commis contre un étranger que l'art. 3, C. civ., n'est pas littéralement applicable à ce cas. On ne comprend en effet, et on ne doit comprendre sous le nom de lois de police et de sûreté que les lois répressives, c'est-à-dire celles qui ont pour objet la peine et non celles qui ont pour objet seulement la réparation des dommages. « Toutefois, dit M. Duranton (t. 1er, nº 153), l'étranger lésé dans sa personne ou dans ses biens par un délit commis en France ne réclamerait pas vainement justice de nos tribunaux. »

138. — Cette décision peut être généralisée; les art. 14 et 15 du C. civ. déclarent les tribunaux français compétens pour connaître des obligations contractées en pays étranger par un étranger envers un Français, et par un Français envers quelques personnes que ce soit. Les obligations qui naissent d'un délit ne sont pas moins sacrées que celles qui naissent d'une convention; les unes et les autres sont évidemment comprises dans les expressions des art. 14 et 15 du Code civ. D'où il faut conclure qu'un Français peut être traduit devant les tribunaux de France pour se voir condamner à réparer le dommage causé par un délit commis par lui en pays étranger même envers un étranger, et que, par la même raison le Français peut faire condamner l'étranger en France à réparer le dommage causé par un délit commis en pays étranger. — Mangin, nº 73.

139. — Seulement, il ne faut point oublier que l'action civile n'étant jamais portée seule devant les tribunaux criminels devra être nécessairement portée devant les tribunaux civils si le crime ou délit n'est pas de la compétence des tribunaux français. Dans quels cas l'action publique doit-elle être portée devant les tribunaux de France? — V. ACTION PUBLIQUE.

Sect. 4e — *Devant quels juges peut être portée l'action civile.*

140. — L'action pour réparation d'un dommage causé sans droit, *damnum injuria datum*, peut dans quelques cas très-exceptionnels seulement être portée devant les tribunaux criminels, lors même qu'il n'y a ni crime ni délit.

141. — Ainsi la partie civile peut demander et obtenir devant la cour d'assises des dommages-intérêts contre un prévenu absous ou acquitté. — C. inst. crim., art. 358; — *Cass.*, 22 juill. 1813, Sauvegrain c. Morin; 26 mars 1818, Gisch c. Buesch; — Mangin, nº 431; Bourguignon sur l'art. 358, C. instr. crim.

142. — On avait déjà jugé sous le code du 3 brum. an IV, que l'action civile avait pu être exercée contre le prévenu renvoyé de l'accusation par le jury. — *Colmar*, 3 mars 1810, Erhard c. Utheiller. — V. *contrà Cass.*, 29 therm. an VII, Gros c. Chataigner.

143. — Une cour d'assises peut même condamner un accusé à des dommages-intérêts, comme ayant, par sa faute, causé un homicide, quoique le jury ait déclaré qu'il l'a commis involontairement et sans imprudence. — *Cass.*, 26 mars 1818 (cité nº 141); — Mangin, *Action publique*, nº 431.

144. — L'acquittement d'un accusé ne fait pas obstacle à ce que la cour d'assises statue sur les dommages-intérêts prétendus contre lui par la partie civile. — *Cass.*, 18 oct. 1842 (t. 1er 1843, p. 536), Douayes c. Maguero.

145. — Mais les tribunaux correctionnels sont incompétens pour prononcer des dommages-intérêts contre un prévenu acquitté. — C. inst. crim., art. 191, 159, 212; — *Cass.*, 27 juin 1812, Belsœur c. Boudet; 1er avr. 1813, Landrin.

146. — Il en est de même des tribunaux de simple police. — *Cass.*, 12 fév. 1808, Locquet c. Manchiou; 27 juin 1812, Belsœur c. Boudet; 1er avr. 1813, Landrin; 3 mars 1814, Fabry et Degueldre; 3 nov. 1826, Natal c. Mazet; 29 fév. 1828, Mouton et Petit dit L'Etang.

147. — Le jugement correctionnel qui ne statue pas explicitement sur les réserves à fins civiles d'une partie n'en détruit pas l'effet. — *Cass.*, 22 fév. 1821, Lobstein.

148. — Quant à l'individu acquitté, il peut, aussi bien devant le tribunal de police correctionnelle que devant la cour d'assises, faire condamner la partie civile à des dommages-intérêts. — C. inst. crim. art. 359 et 192; — *Cass.*, 27 juin 1812, Belsœur c. Boudet.

149. — De même, les tribunaux de simple police peuvent aussi statuer sur les dommages-intérêts réclamés par l'inculpé acquitté contre le plaignant. — C. inst. crim., art. 159.

150. — Les tribunaux spéciaux institués par la loi du 23 flor. an X pouvaient, comme les tribunaux criminels ordinaires, connaître des dommages intérêts réclamés par l'accusé contre la partie plaignante. — C. 3 brum. an IV, art. 392; — *Cass.*, 14 therm. an XII, Letoum c. Olivier.

151. — Enfin la loi veut que l'accusé acquitté, qui n'a connu son dénonciateur que depuis le jugement, mais avant la clôture de la session, porte son action en dommages-intérêts contre lui devant la cour d'assises. — C. inst. crim., art. 359.

152. — Il y a des cas où l'action publique ne peut être exercée sans autorisation : ainsi un pair ne peut être jugé criminellement que par la chambre des pairs, et un député ne peut être poursuivi pendant la durée de la session qu'avec l'autorisation de la chambre des députés. Il n'en faut pas conclure que l'action civile contre ces mêmes personnes ait besoin d'aucune autorisation. — Mangin, t. 2, nº 269; Lesellyer, t. 3, p. 45, nº 787; Legraverend, t. 1er, p. 479. — V. CHAMBRE DES DÉPUTÉS, CHAMBRE DES PAIRS, DÉPUTÉ, PAIR DE FRANCE.

153. — Mais l'action civile dirigée contre un fonctionnaire public à raison de ses fonctions ne peut être portée devant les tribunaux civils sans l'autorisation du conseil d'Etat. L'art. 75 de la constitution de l'an VIII, en employant ces expressions « ne peuvent être poursuivis pour des faits relatifs à leurs fonctions, » ne distingue pas entre les poursuites à fins civiles et celles à fins criminelles. — Mangin, t. 2, nº 269; Lesellyer, t. 3, p. 69, nos 788 et suiv. — V. FONCTIONNAIRE PUBLIC.

154. — L'action civile peut être poursuivie en

même temps et devant les mêmes juges que l'action publique. Elle peut aussi l'être séparément. Dans ce dernier cas, l'exercice en est suspendu tant qu'il n'a pas été prononcé définitivement sur l'action publique, intentée avant ou pendant l'exercice de l'action civile. — C. inst. crim., art. 3.

155. — L'action civile en réparation du dommage causé par un délit peut être exercée indépendamment de l'action publique. — *Cass.*, 21 déc. 1813, Nourry. — Ce point a toujours fait difficulté en matière de diffamation; mais l'affirmative est aujourd'hui consacrée par la jurisprudence.

156. — Il a été jugé en effet qu'en matière de délit de presse l'action civile peut être, séparément de l'action publique, portée par un fonctionnaire public diffamé devant les tribunaux civils. — *Cass.*, 21 fév. 1843 (t. 1er 1843, p. 719), Gaudzry c. Bourdeau. — V. au surplus DIFFAMATION.

157. — Il est de principe que le juge compétent pour la répression d'un crime, d'un délit ou d'une contravention, n'est compétent pour connaître de l'action civile qui en résulte que lorsqu'il est saisi en même temps de l'action publique pour l'application de la peine.

158. — Néanmoins peut-on traduire devant la juridiction criminelle la personne civilement responsable, lorsque l'auteur du délit n'y est pas traduit lui-même? — La négative a été jugée par un arrêt de cassation du 11 sept. 1818 (Laroyenne c. Vieillemain), et la jurisprudence sur ce point est bien fixée. — *Cass.*, 16 janv. 1806, Briollat; 28 mars 1807, Mériel; 31 août 1810, Hauchard; 27 juin 1811, Brissac; 18 avril 1812, Lallemand; 9 mai 1812, Roger; 1er avril 1813, Landrin. — V. aussi Carnot, *C. inst. crim.*, art. 145, no 1er, note; Mangin, *Act. publ.*, t. 1er, p. 64, no 34; Chassan, *Tr. des délits de la parole*, t. 2, p. 102, no 3; Merlin, *Quest. de dr.*, vo *Responsabilité civile*, § 2.

159. — La raison de décider ainsi, c'est que les tribunaux criminels ne sont compétens pour statuer sur l'action civile qu'accessoirement à l'action publique.

160. — Cependant, en matière de police, Legraverend, s'appuyant sur les termes de l'art. 145, C. inst. crim., estime que la personne civilement responsable peut être citée devant les tribunaux de police, sans que l'auteur même du fait coupable y soit cité. — *Législat. crim.*, t. 2, p. 316.

161. — M. Boitard, d'accord sur le principe avec les auteurs que nous avons cités plus haut, pense que l'on pourrait, mais dans un cas unique, admettre une exception basée sur les termes de l'art. 145, ce serait dans le cas où l'auteur de la contravention serait tellement jeune qu'il y aurait impossibilité de voir en lui un prévenu, par exemple, un enfant de sept à huit ans. — *Leçons sur le Code d'inst. crim.*, p. 249 et 250. — Encore, dans ce dernier cas, ne voyons-nous aucun inconvénient à citer l'auteur de la contravention lui-même devant le tribunal. — V. au surplus Chauveau et Hélie, *Théorie du Code pénal*, t. 2, p. 298, et Le-sellyer, t. 2, p. 513 et suiv., no 725.

162. — La partie lésée par un délit ne pouvant être contrainte à agir, le prévenu est non-recevable à demander sa mise en cause, pour qu'il soit statué en même temps sur l'action civile et sur l'action publique. — *Cass.*, 30 juill. 1819, Selves; — Mangin, t. 1er, no 28.

163. — Les tribunaux de répression ne pouvant connaître de l'action civile qu'accessoirement à l'action publique, un tribunal correctionnel excède les règles de sa compétence, lorsqu'en acquittant de la prévention de complicité de vol l'individu qui a acheté du voleur les objets soustraits, il le condamne à les restituer au propriétaire. — *Cass.*, 7 sept. 1820, Laveyssière c. de Starpole.

164. — L'action civile portée devant les juges criminels, n'étant jamais qu'accessoire à l'action criminelle, n'a pas de règles de compétence qui lui soient propres. Elle peut être portée devant le tribunal saisi de l'action criminelle et par conséquent devant le tribunal soit de la résidence du prévenu, soit du lieu où il sera trouvé, soit du lieu où le délit a été commis. — C. inst. crim., art. 23

165. — Lorsque le tribunal de police correctionnelle, ayant rejeté une plainte portée après l'introduction d'une action civile et condamné le plaignant en des dommages-intérêts, le jugement qui prononce sur l'appel de ce dernier vient à être cassé pour avoir fait revivre l'action publique éteinte à défaut d'appel de la part du ministère public, le renvoi ordonné par le tribunal de cassation devant un autre tribunal criminel ne lui donne le droit de statuer que sur l'admission du plaignant en qualité de partie civile, et sur les dommages-intérêts auxquels il a été condamné. Ce tribunal ne peut, sans excéder ses pouvoirs, prononcer sur les demandes principales qui ont fait l'objet de l'action civile suspendue seulement par l'exercice de l'action publique. — *Cass.*, 12 thermid. an X, Isnel c. Delivel.

166. — La loi du 20 mai 1838 sur les vices rédhibitoires, n'ayant eu pour objet que de fixer les délais dans lesquels pouvaient être intentées les actions civiles résultant des vices rédhibitoires en dehors des cas où la dissimulation de ces vices constituerait un délit, n'a point dérogé aux dispositions du Code d'instruction criminelle qui autorisent toute personne lésée à en demander la réparation. — Dès-lors, quand le propriétaire d'un cheval atteint d'une maladie contagieuse est poursuivi correctionnellement pour n'avoir point averti le maire de sa commune, le tiers auquel il a vendu ce cheval sans lui faire connaître cette maladie peut lui demander des dommages-intérêts devant le tribunal correctionnel, même après le délai pendant lequel seulement il aurait pu intenter l'action rédhibitoire. — *Paris*, 16 mars 1844 (t. 2 1844, p. 56), Motte c. Allain. — V. VICES RÉDHIBITOIRES.

167. — L'action civile peut être intentée indépendamment de l'action criminelle, c'est-à-dire avant ou après l'action criminelle. Mais sur ce point il est nécessaire de ne pas commettre de confusion. Lorsque l'action civile précède l'action criminelle, on ne peut pas dire qu'elle ait pour objet la réparation d'un dommage causé par un délit, ce serait déplacer la compétence. Les tribunaux criminels seuls peuvent reconnaître l'existence d'un délit et en tirer des conséquences. Tant qu'ils n'ont pas statué, on peut dire seulement qu'un dommage a été causé sans droit, et à ce titre les tribunaux civils prononcent une condamnation à des dommages et intérêts contre le défendeur.

168. — La partie lésée par un crime ou par un délit, qui ne s'est point portée partie civile, est recevable, lors même que le prévenu a été mis hors de prévention par une ordonnance de la chambre du conseil, à poursuivre la réparation du dommage par action civile. — Merlin, *Rép.*, vo *Non bis in idem*, no 4; — *Bruxelles*, 13 mars 1814, Néris c. Ballet.

169. — Quand l'action civile, au lieu de précéder l'action criminelle, la suit, il en est autrement. Il y a alors chose jugée quant à l'existence du délit; il est certain que le dommage doit être réparé s'il y a eu dommage, ce dernier point seul reste à juger; car il n'est pas douteux, ainsi que nous l'avons dit *suprà* avec la jurisprudence, que les tribunaux aient le droit de juger qu'un délit n'a causé aucun dommage à celui qui en a été la victime.

170. — La distinction que nous avons établie entre l'action civile précédant, et l'action civile suivant l'action criminelle, est très importante quant à ses conséquences. Dans le premier cas, en effet, les dommages-intérêts ont pour objet la réparation d'un préjudice causé sans droit, dans le second, la réparation du dommage causé par un délit; par suite, dans le premier cas, il faut appliquer à la condamnation les règles spéciales aux dommages-intérêts naissant d'un délit.

171. — Ainsi, dans le second cas seulement, c'est-à-dire, lorsque le délit est constant, s'il y a plusieurs délinquans, la solidarité a lieu contre eux pour le paiement des dommages-intérêts et des frais. — C. procéd., art. 130; C. pen., art. 55.

172. — La contrainte par corps a également lieu dans le même cas pour le paiement des dommages-intérêts. — L. 17 avr. 1832, art. 33; C. pén., art. 52.

173. — Lorsqu'au contraire il n'existe pas de délit, la contrainte par corps, au lieu d'être impérative, est simplement facultative, aux termes de l'art. 126, C. procéd. civ.

174. — Celui qui a, en qualité de témoin, déposé sans réserves dans un procès criminel, peut néanmoins intenter, après l'arrêt de condamnation, une action en dommages-intérêts devant la juridiction civile. — *Bruxelles*, 12 janv. 1832, D... c. B...

175. — L'action civile peut encore suivre l'action criminelle en ce sens que même après l'acquittement, le plaignant peut former une action en dommages-intérêts non à raison d'un dommage causé par un délit, mais à raison d'un dommage causé sans droit.

176. — Lorsqu'un arrêt de la chambre des mises en accusation a décidé qu'il n'y avait lieu à suivre, attendu que de l'instruction ne résultaient pas des indices suffisans de crime, délit ou contravention, la partie civile peut encore se pourvoir, à raison des mêmes faits, devant les tribunaux civils. On ne peut lui opposer ni que l'arrêt criminel a l'autorité de la chose jugée, ni que l'option de la voie criminelle lui a fermé la voie civile, ni qu'il y a litispendance. — *Paris*, 30 déc. 1836 (t. 1er 1837, p. 155), Cailloué c. Magonet.

177. — Lorsqu'une action civile en dommages-intérêts est intentée séparément, après qu'il a été statué sur l'action publique, c'est au tribunal du domicile du défendeur qu'il appartient d'en connaître, quoiqu'à ce tribunal appartienne le juge d'instruction qui a procédé à l'information criminelle. — *Cass.*, 11 août 1842 (t. 1er 1843, p. 31), Soucsme c. Corbasson.

178. — Bien que l'une des parties civiles qui s'était jointe aux poursuites du ministère public ait été, par suite de la cassation de l'arrêt de condamnation, renvoyée, sur la question des dommages-intérêts, devant un tribunal autre que celui du domicile du défendeur, l'autre partie civile qui a agi séparément ne peut être obligée de procéder devant le même tribunal. — Vainement on prétendrait que, les deux demandes ayant une origine commune, il en doit résulter des décisions contraires et inconciliables, si ces deux demandes diffèrent par des points essentiels qui ne permettent pas d'y trouver un caractère d'identité, ou même de connexité proprement dite, susceptible d'amener ce résultat. — Même arrêt.

179. — L'action civile naissant d'une contravention ou d'un délit ne doit pas pour cela être portée devant le tribunal de paix ou de première instance; il faut consulter les règles ordinaires de la compétence. Il n'est pas douteux que le juge de paix jugeant civilement ne soit compétent pour connaître de l'action civile formée devant lui dans les limites de sa compétence ordinaire, en réparation d'un délit dont la loi attribue la connaissance au tribunal de police. — *Cass.*, 12 déc. 1809, Gadeau c. Grenet.

180. — Mais l'incompétence du tribunal de simple police pour prononcer sur l'action civile isolément intentée est absolue et peut être opposée en tout état de cause, même en appel. — *Cass.*, 11 sept. 1818, Laroyenne c. Vuillemain. — V. Chassan, *Traité des délits de la parole*, t. 2, p. 102, no 3. — V. nos 161 et suiv.

Sect. 5e. — *De l'action intentée devant les juges criminels.*

181. — L'action civile peut être portée devant les juges criminels en tout état de cause, c'est-à-dire jusqu'à la clôture des débats. — C. inst. crim., art. 66, 68, 359.

182. — L'individu qui, dans un jugement criminel, n'a déclaré se porter partie civile qu'après la clôture des débats et la lecture à l'audience de la déclaration du jury, ne peut plus invoquer en sa faveur les dispositions de l'art. 359, C. inst. crim., et prendre des conclusions ayant pour but d'obtenir des dommages-intérêts contre l'accusé. — C. inst. crim., art. 67 et 359; — *Cour d'assises de Seine-et-Marne*, 13 mai 1838 (t. 2 1840, p. 6), Deniau; — Mangin, no 424.

183. — La cour d'assises du Haut-Rhin a, il est vrai, jugé le 18 mars 1824 (Fuchs c. Benkeo) que celui qui a été entendu comme témoin dans le débat est recevable à se constituer partie civile et à demander des dommages-intérêts après la déclaration du jury, mais avant le jugement. — Cette cour n'avait pas remarqué que l'art. 359, C. inst. crim., n'accorde qu'à la partie civile la faculté de demander des dommages-intérêts jusqu'au jugement, et qu'il ne résulte pas de là qu'on puisse se porter partie civile après la clôture des débats.

184. — Le droit de se porter partie civile devant le tribunal saisi de l'action criminelle ne doit point préjudicier au prévenu. Dans le cas donc d'une poursuite correctionnelle, la partie lésée ne serait pas recevable à se porter partie civile pour la première fois en cause d'appel. Ce serait priver le prévenu du double degré de juridiction auquel il a droit. — *Bruxelles*, 17 juin 1826, Vincent c. Charles B...; *Paris*, 14 juin 1831, N... c. N...; *Cass.*, 24 mai 1833, Dejame c. Beyraud; 22 mars 1834, Epinaud c. Segros; 17 juill. 1841 (t. 2 1841, p. 343), R... c. D... — V. *contrà Bruxelles*, 28 déc. 1822, J... c. Lautremange.

185. — On ne peut se porter partie civile pour la première fois en cause d'appel, lors même que le prévenu a fait défaut devant le tribunal correctionnel. — *Cass.*, 17 juill. 1841 (t. 2 1841, p. 343), R... c. D...

186. — Le plaignant qui s'est constitué partie civile à l'ouverture des débats est recevable à prendre ses conclusions en dommages-intérêts après la déclaration du jury, qui ne peut être qualifiée jugement, dans le sens de l'art. 359, C. inst. crim. — *Cass.*, 2 mars 1833.

187. — Lorsque l'accusé a été déclaré non coupable, la partie civile ne devant être admise à prendre des conclusions dans son intérêt privé qu'après l'ordonnance d'acquittement, l'accusé ne peut lui opposer une fin de non-recevoir tirée de ce qu'elle ne les aurait pas prises avant cette ordonnance. — *Cass.*, 24 janv. 1830, Letellier.

188. — L'individu prévenu d'un délit ne peut, après avoir conclu au fond, opposer une fin de

non-recevoir résultant de ce que la partie adverse, ayant d'abord opté pour la voie civile à l'effet d'obtenir la réparation du délit, l'a ensuite abandonnée pour prendre la voie criminelle. — *Bordeaux*, 23 nov. 1842 (t. 1er 1844, p. 380), de la Torre c. Fauché.

189. — La partie civile peut abandonner la voie criminelle pour prendre la voie civile : *favores ampliandi*; mais elle ne peut abandonner la voie civile pour prendre la voie criminelle. Presque tous les auteurs ont écrit en ce sens. — Jousse, *Inst. crim.*, t. 3, p. 11 ; Merlin, *Rép.*, vo *Délit* ; Denisart, t. 10, p. 108 et 197 ; Carnot, *Inst. crim.*, art. 128 ; Berriat, *Cours de droit crim.*, p. 26 ; Mangin, no 35 ; Thomine, *Procéd. civ.*, t. 1er, no 12.

190. — Elle ne peut pas davantage, abandonnant la voie civile qu'elle a prise, intervenir sur les poursuites dirigées directement par le ministère public. — *Cass.*, 18 messid. an XII, Destin c. Bressy; *Grenoble*, 29 mai 1833, S.... c. F...

191. — Ce principe n'est pas applicable et la partie lésée peut passer du civil au criminel, lorsque l'affaire ayant paru purement civile il s'y est découvert pendant l'instance un élément criminel. — Mangin, *loc. cit.* — En effet, dans cette hypothèse, on ne peut pas dire que la partie civile a fait option; elle n'a pas eu le choix entre la voie criminelle et la voie civile, puisqu'elle ignorait l'existence de l'élément criminel.

192. — Au contraire, celui qui a agi par la voie civile pour obtenir la restitution d'un dépôt est non-recevable à prendre ultérieurement la voie de la police correctionnelle, s'il n'y a eu aucun fait nouveau qui soit venu révéler la prétendue violation de ce dépôt. — *Cass.*, 11 fév. 1832, Lemoine c. Chosson.

193. — Lorsqu'il a été sursis au jugement d'une action civile à fin de dommages-intérêts résultant d'une imputation injurieuse, parce que le défendeur avait dénoncé au ministère public les faits imputés, et lorsque après un arrêt de la chambre d'accusation portant qu'il n'y a lieu à suivre, le demandeur originaire forme à son tour une plainte en police correctionnelle, pour dénonciation calomnieuse, cette plainte est essentiellement différente de l'action civile précédemment intentée, et ne peut pas être écartée, sous le prétexte que le plaignant a opté pour la voie civile. — *Cass.*, 28 janv. 1819, Ménil-Drey c. Lebrun.

194. — Celui qui n'a point formé d'action civile, et qui s'est borné à défendre, devant le tribunal civil, à celle qui était formée contre lui, peut saisir le tribunal correctionnel de sa plainte en dénonciation calomnieuse, et n'est pas tenu de la porter devant le tribunal qui a prononcé sur la demande primitive. — *Cass.*, 12 oct. 1816, Quotel c. Valdampierre.

195. — Si par le seul fait de la plainte les juges criminels sont saisis des questions civiles inhérentes au délit, à plus forte raison le sont-ils lorsque la partie civile intervient.

196. — Ce serait vainement que le prévenu alléguerait des questions préjudicielles de propriété et de possession mobilières ou de conventions : le juge de l'action est en même temps juge de l'exception, et il doit être statué sans renvoi. Il n'en est autrement que lorsque les questions préjudicielles ont été formellement distraites de la juridiction criminelle et attribuées à une autre. — Mangin, nos 168 et suiv.; — L. 2, au Code *De judiciis*. — V. *contrà* Toullier, t. 9, p. 244 et suiv.

197. — Mais les tribunaux criminels doivent, pour résoudre ces questions préjudicielles, se conformer aux règles du droit civil. Ils ne pourraient, par exemple, si le délit dépendait d'une convention qui doit être prouvée par écrit, admettre la preuve testimoniale pour établir l'existence de cette convention. — Mangin, *loc. cit.*, no 170.

198. — En conséquence, la police correctionnelle pour abus de blanc-seing doit être écartée s'il s'agit d'une valeur supérieure à 150 fr., lorsque la remise du blanc-seing lui-même n'est établie par aucune preuve ou commencement de preuve par écrit, et qu'on n'allègue point qu'elle soit le résultat de la fraude ou de la violence. — *Cass.*, 5 mai 1831, Forest. — V. ABUS DE BLANC-SEING.

199. — Le ministère public n'est pas recevable à prouver par témoins la fausseté d'un serment prêté, en matière civile, sur un objet excédant la somme ou valeur de 150 fr., s'il n'en existe un commencement de preuve par écrit. — *Cass.*, 5 sept. 1812, Gilbert Merlin.

200. — Le ministère public n'est pas recevable à prouver par témoins au criminel la fausseté d'un serment litisdécisoire prêté au civil, au sujet d'un bail verbal d'une valeur excédant 150 fr., alors qu'il n'existe pas un commencement de preuve par écrit. — *Cass.*, 16 août 1844 (t. 2 1844, p. 225), Benoni. — V. SERMENT.

201. — Lorsque le prévenu se prévaut d'un droit de propriété ou de tout autre droit réel sur l'immeuble qui a été l'objet du fait qui donne lieu aux poursuites, et que cette exception légitimerait le fait si elle était établie, le juge doit en renvoyer le jugement à la juridiction civile. Ce principe résulte plutôt de la jurisprudence que de la loi, ou plutôt il n'a été établi par la loi que pour des cas spéciaux fort restreints. — Code forest., art. 182; L. sur la pêche fluviale, art. 59.

202. — Jugé que lorsqu'un individu inculpé d'avoir intercepté un passage public excipe d'un droit de propriété sur ce passage, cette exception nécessite le renvoi devant la juridiction civile. — *Cass.*, 30 juill. 1825, Bourin.

203. — Les contraventions aux réglemens de l'autorité compétente, qui assurent la perception des droits de péage sur les ponts, doivent être portées devant les tribunaux de simple police, comme le prescrit l'art. 56, L. 6 frim. an VII, pour les bacs et bateaux. — Mais dès qu'il s'agit de décider si le droit de péage est ou n'est pas dû, à raison des causes d'exemption qui peuvent se trouver en la personne et dans les qualités des passans, le tribunal de simple police doit se déclarer incompétent, et renvoyer les parties à procéder devant le juge de paix en son audience civile. — *Cass.*, 26 août 1826, Moreau et Duluc; — Merlin, *Quest.*, vo *Péage*; Mangin, no 180.

204. — Lorsqu'un tribunal de simple police renvoie à fins civiles pour faire statuer sur une exception de propriété, il ne peut, sans violer toutes les règles de compétence, mettre la poursuite de l'action civile à la charge du maire, agissant au nom de la vindicte publique. — *Cass.*, 21 mai 1829, Fongass.c. — V. au surplus QUESTION PRÉJUDICIELLE.

205. — Des travaux faits par un individu sur sa propriété, pour se procurer un plus fort volume d'eau, ne peuvent, quelque préjudiciables qu'ils soient pour son voisin, donner lieu qu'à une action civile ordinaire en dommages-intérêts, et non à une poursuite devant le tribunal de simple police. — *Cass.*, 7 thermid. an XII, Simon.

206. — L'action civile peut être portée devant les juges criminels, soit quand la partie civile vient se réunir à l'action publique déjà pendante, soit lorsque la partie civile saisit directement les juges criminels en citant l'inculpé devant eux.

207. — La partie civile qui a porté son action en dommages-intérêts devant le tribunal de police correctionnelle n'est pas recevable à proposer ensuite l'incompétence de ce tribunal, sous le prétexte que les faits sont de la compétence de la cour d'assises. — *Cass.*, 12 oct. 1816, N... c. N...; — Mangin, t. 1er, p. 75, no 38.

208. — Jugé que l'art. 183, C. inst. crim., qui veut que la citation donnée à la requête de la partie civile énonce les faits de la plainte, n'est pas prescrit, à peine de nullité. Seulement, il est clair que, dans ce cas, le tribunal ne peut refuser au prévenu un délai suffisant pour préparer sa défense, après que le plaignant a articulé les faits à l'audience. — *Cass.*, 12 fév. 1819, Sombret c. Richomme.

209. — Lorsque la partie civile est détenue dans une maison d'arrêt, le tribunal de police correctionnelle peut-il refuser d'ordonner qu'elle sera extraite de la prison pour comparaître en personne à l'audience, et y soutenir la plainte qu'elle a portée? — L'affirmative a été jugée par la cour de Cassation, le 11 juill. 1817, dans l'affaire Maubreuil.

210. — Carnot (sur l'art. 243, C. inst. crim.) présente des objections contre cette décision. «On se demandera, dit-il, si l'art. 190, C. inst. crim. a dérogé au principe établi dans l'art. 85, C. procéd., qui a son fondement dans le droit naturel ; si la faculté accordée par l'art. 190 étant dans son intérêt, elle ne peut être privée de l'exercice de cette faculté contre sa volonté? si l'intérêt bien entendu de la vindicte publique n'exige pas sa présence pour établir un débat entre elle et le prévenu? »

211. — Quoique ces raisons aient de la gravité, cependant, en l'absence d'un texte, il paraît difficile de forcer un tribunal à ordonner l'extraction du plaignant de la maison d'arrêt où il est détenu, pour le faire comparaître à l'audience. Il est évident que le refus du tribunal d'obtempérer aux réquisitions de la partie civile sur ce point ne saurait entraîner l'annulation de son jugement. — D'ailleurs, le plaignant n'a-t-il pas la faculté de se faire représenter à l'audience par un mandataire de son choix? C'en est assez pour la régularité de la poursuite.

212. — L'intervention de la partie civile, en simple police, ne peut en aucune manière retarder le jugement de l'affaire. — *Cass.*, 28 prair. an VIII, Lapaune.

213. — On s'est demandé si la personne lésée par un délit devait être admise à se porter partie civile, même devant la juridiction exceptionnelle de la cour des pairs. L'affirmative paraît résulter d'un arrêt de cette cour du 31 janv. 1818, comtesse de Saint-Morys c. Barbier-Dufay. Nous ne voyons guère en effet pourquoi on élèverait des doutes à cet égard. — V. aussi arr. même cour, 3 août 1826 (quest. 1re), marchés de Bayonne. — V. cependant *cour des pairs*, 21 déc. 1830, procès des ministres.

214. — La partie qui a porté l'action civile devant les juges civils est non-recevable à porter son action devant le tribunal de police correctionnelle. — Mais on s'est demandé si les conclusions du ministère public contre le prévenu cité par une partie civile non recevable doivent être aussi déclarées nulles. L'affirmative a été jugée, et avec raison, par un jugement du tribunal de Cassation du 11 frim. an XI, Canard c. Mollard. La citation donnée à la requête du plaignant étant nulle, le tribunal ne se trouve pas régulièrement saisi. Or, les conclusions du ministère public ne peuvent couvrir l'insuffisance de la citation.

215. — Il ne faut pas néanmoins tirer de cette décision des conséquences exagérées. Le ministère public, dans l'espèce de l'arrêt précédent, ne se trouvait arrêté que par l'insuffisance de la citation ; s'il avait agi sur une plainte émanant d'une personne sans intérêt, ou même sur une plainte signée d'un faux nom, la citation étant régulière, la condamnation prononcée contre le prévenu ne pourrait être annulée. — Mangin, no 16.

216. — De même, le défaut d'intérêt de la partie civile ne peut vicier la procédure criminelle dans laquelle elle est intervenue. — *Cass.*, 4 mars 1830, Vlard ; — Mangin, *ibid.*, no 16; Carnot, *Supplém. au Code d'inst. crim.*, p. 14.

217. — Ainsi encore on a jugé sous l'empire du Code de brum. an IV, et on jugerait également aujourd'hui, qu'aucune disposition de la loi n'autorise à priver les plaignans du droit de suivre leur action personnelle devant le tribunal saisi de l'action publique, sous le prétexte que la plainte n'a pas été adressée à l'un des fonctionnaires désignés par la loi pour la recevoir. — *Cass.*, 8 prair. an XI, Letourneur et Bouland.

218. — Quoique, en général, le ministère des avoués ne soit pas nécessaire en matière criminelle, on pouvait hésiter sur le point de savoir si la partie civile ne doit pas se faire représenter par un avoué. Mais aucun texte de loi ne l'exigeant, il n'y a pas de raison pour déroger aux règles ordinaires du droit criminel, et pour ne pas permettre à la partie civile de réclamer elle-même ses dommages-intérêts. — Massabiau, no 1449.

219. — Ainsi jugé qu'aucun article de loi n'exige que, devant les cours d'assises, la partie civile ait recours au ministère d'un avoué pour présenter sa demande en dommages-intérêts. — *Cass.*, 25 nov. 1831, Brunaud c. Bosquillon. — V. toutefois *contrà Orléans*, 5 mai 1829, duc d'Orléans c. Norel.

220. — Il n'est pas non plus nécessaire de notifier au prévenu les conclusions de la partie civile, quand elles sont prises verbalement à l'audience. Dans l'usage, elles lui sont toujours signifiées avec la citation quand la partie civile est partie principale; rarement quand elle est intervenante, surtout au correctionnel.

Sect. 6e. — *De la consignation.*

221. — L'art. 160, décr. 18 juin 1811, porte qu'en matière de police simple ou correctionnelle, la partie civile qui n'aura pas justifié de son indigence sera tenue, avant toutes poursuites, de déposer au greffe ou entre les mains du receveur de l'enregistrement la somme présumée nécessaire pour les frais de la procédure. Le greffier ne peut exiger aucune rétribution pour la garde de ce dépôt, à peine de concussion.

222. — Le certificat d'indigence doit être délivré par le maire du domicile du plaignant, apostillé par le percepteur des contributions, visé par le sous-préfet et approuvé par le préfet, conformément à l'art. 420, C. inst. crim. — Massabiau, *Manuel*, no 1457.

223. — Dans quel cas la partie civile est-elle tenue de consigner à l'avance les frais de justice? La jurisprudence a singulièrement varié sur ce point. Le doute est causé par les mots *avant toutes poursuites*, de l'art. 160, décr. 18 juin 1811.

224. — On a d'abord exigé que la partie qui ne justifiait pas de son indigence consignât dans tous les cas les frais présumés de l'instance. — Massabiau, no 1455.

225. — Ainsi on jugeait que la partie qui poursuit directement devant le tribunal de simple po-

lice ou devant le tribunal de police correctionnelle la réparation des délits commis à son préjudice, était tenue de consigner préalablement la somme présumée nécessaire pour les frais de la poursuite. — *Cass.*, 7 août 1829, Segny; 14 juill. 1831, Tardif; *Toulouse*, 5 nov. 1833, Gattier.

226. — Mais, depuis, la jurisprudence de la cour de Cassation paraît s'être fixée en sens contraire, et aujourd'hui elle dispense de consignation la partie qui poursuit directement et à sa requête. — *Cass.*, 11 juill. 1828, Baisset et Bertal; 19 juill. 1833, Cristin; 28 fév. 1824, Barthès; 3 mai 1838 (t. 1er 1838, p. 616), Lucas.

227. — On a même jugé que la consignation imposée à la partie civile de la somme présumée nécessaire pour les frais, devant avoir lieu avant toutes poursuites, ne peut être exigée lorsque cette partie n'intervient qu'à l'audience, dans le cours des débats, et que l'initiative des poursuites avait été prise par le ministère public. — *Bruxelles*, 28 déc. 1822, J... c. Lautremange; *Cass.*, 12 août 1831, Rochette.

228. — Toutefois, et malgré cette jurisprudence constante, plusieurs auteurs spéciaux persistent à soutenir que la consignation doit avoir lieu dans tous les cas, sans qu'on ait à examiner si la partie civile agit comme partie principale ou comme partie jointe. — Massabiau, nº 1456; Dalmas, *Frais de just. crim.*, nº 433, et une circulaire du ministre de la justice du 30 août 1833 prescrit aux officiers du ministère public de continuer à exiger la consignation.

229. — Il est au moins certain que la consignation est nécessaire lorsque la partie civile intervient dans l'instruction, ou avant toutes poursuites du ministère public.

230. — La consignation n'a, de plus, jamais lieu qu'en matière de police simple ou correctionnelle, et jamais au grand criminel. — Inst. gén. 30 sept. 1826, sur le tarif criminel, nº 132, *in fine*; — Massabiau, nº 1456.

231. — Le montant de la somme à consigner est fixé par le ministère public, et en cas de désaccord entre la partie civile et le ministère public, il faut en référer au tribunal saisi de la plainte pour qu'il fixe la somme qui doit être consignée. — *Cass.*, 13 mai 1824, Martin; 14 juill. 1831, Tardif.

232. — Il est certain que cette question offre peu d'intérêt, si, comme le veut le dernier état de la jurisprudence, la partie qui poursuit directement n'est pas tenue de consigner. Dans le cas, en effet, où le ministère public poursuit seul sur la dénonciation de la partie civile, étant toujours maître de diriger ou non des poursuites, il peut fixer à son gré la somme qui doit être consignée, sans que l'intervention du tribunal puisse être efficace.

233. — Lorsque, les faits dénoncés par le plaignant n'ayant pas été commis à son préjudice, il n'a point qualité pour se porter partie civile et diriger les poursuites de son chef, il n'est pas obligé, pour déterminer l'action du ministère public, de consigner préalablement les frais de poursuite. — *Montpellier*, 22 nov. 1841 (t. 2 1842, p. 573), Balestrier.

234. — Si le tribunal refusait de déterminer la somme à consigner, ou de faire droit de toute autre manière aux conclusions du ministère public tendant à ce que la partie civile ne fût pas admise dans son action avant qu'elle eût consigné, le ministère public ne devrait pas hésiter à attaquer par les voies de droit la décision intervenue. — Circul. min., 18 juill. 1832; — Massabiau, nº 1458.

235. — Il doit être tenu par les greffiers, et sous la surveillance du ministère public, un registre sur lequel il est ouvert, pour chaque affaire, un compte particulier aux parties civiles qui ont consigné. — Ord. 28 juin 1832, art. 1er. — Ce registre est coté et paraphé par le procureur du roi. — *Ibid.*, art. 2. — Massabiau, nº 1459.

236. — Les sommes non employées sont remises par le greffier aux parties civiles sur leur simple récépissé, lorsque l'affaire est, quant à elles, définitivement terminée. — Ord., 28 juin 1832, art. 3. — Massabiau, nº 1461.

Sect. 7e. — *Du sursis.*

237. — Au lieu de supposer que l'action civile précède l'action criminelle, ou réciproquement, on peut supposer qu'elles se trouvent coexister devant des juridictions différentes. L'art. 3, C. inst. crim., veut qu'alors l'action civile soit suspendue jusqu'au jugement de l'action criminelle. Il résulte de là que l'action civile ne peut être formée, tant que l'action criminelle dure, que devant les juges criminels. — Art. 8, C. 3 brum. an IV; — Morin, *Dict. dr. crim.*, vº *Action civile*, p. 36.

238. — Il y a excès de pouvoir dans le jugement qui prononce sur l'action civile avant qu'il ait été statué définitivement sur l'action publique engagée la première. — *Cass.*, 22 messid. an VII, Pendefer c. Langlois.

239. — Les règles établies par les art. 8, C. 3 brum. an IV, et 3, C. inst. crim., relatives à la *suspension* de l'action *civile* résultant d'un délit, n'ont leur application que dans le cas où l'action criminelle et l'action civile sont dirigées contre la même personne. — *Cass.*, 7 janv. 1813, Stuum; — Mangin, t. 1er, nº 166.

240. — Si l'action criminelle tient l'action civile en état, il importe d'examiner dans quel cas l'action criminelle sera censée exister. Il est certain qu'une plainte déposée entre les mains du ministère public ne suffit pas pour qu'il y ait une action criminelle formée, et qu'il doive être sursis à l'action publique. Mais si le ministère public saisi de la plainte la transmet au juge d'instruction en requérant ce magistrat d'informer, l'action criminelle existe, et il doit être sursis à l'action civile. — Paris, 16 janv. 1838 (t. 1er 1838, p. 237), Mariage c. Meslier.

241. — Ainsi on a jugé avec raison que, du moment où le juge d'instruction est saisi, soit qu'il y ait ou non mandat décerné contre le prévenu, il doit être sursis au jugement de l'action civile. — *Cass.*, 18 nov. 1812, Quillard et Truelle c. Molin et Jeannet; — Mangin, t. 1er, nº 166; Morin, *Dict. dr. crim.*, p. 36; Legraverend, t. 1er, p. 16 et 68; Bourguignon, *Jurisp. des Cod. crim.*, sur l'art. 3. — Toutefois le contraire avait été jugé par la cour de Paris dans la même affaire. — V. arrêts 28 janv. et 3 fév. 1812.

242. — Une plainte portée par la partie civile ne constituant pas une action publique, l'exercice de l'action civile n'a pas pu, sous le Code du 3 brum. an IV, plus que sous le Code de 1810, être suspendu par l'effet d'une plainte au criminel qui n'a pas été suivie de poursuites de la part du ministère public. — *Cass.*, 10 avr. 1810, Lelargue c. Fortin et Sauret.

243. — En matière de faux, les art. 239 et 240, C. procéd., contiennent des règles spéciales. Les tribunaux civils sont obligés de surseoir jusqu'après le jugement sur le faux, lorsqu'il résulte de la procédure des indices de faux ou de falsification, si les auteurs ou complices sont vivans et si le crime n'est pas éteint par la prescription. — C. inst. crim., art. 460.

244. — Une partie ne peut obtenir qu'il soit sursis au jugement d'un procès civil à juger en justifiant du dépôt d'une plainte en faux principal, alors que cette plainte est postérieure à deux premières plaintes relatives aux mêmes faits, l'une en faux principal, l'autre en faux incident, déjà formées dans le cours des débats, et rejetées par la justice. — *Paris*, 11 juin 1825, Mariette c. Delamarre et Lebourgeois.

245. — Lorsque, par un premier jugement, un tribunal a sursis sur une demande en paiement d'une obligation jusqu'après le jugement à intervenir sur une plainte en escroquerie formée contre le porteur du titre, il suffit qu'une ordonnance de la chambre du conseil, portant qu'il n'y a lieu à suivre sur cette plainte, ait été frappée d'opposition, pour que le tribunal ne puisse passer outre au jugement de l'action civile avant la décision définitive à intervenir sur cette plainte. — *Paris*, 10 sept. 1829, Desmarets c. Bastiat; — Mangin, nº 166.

246. — Lorsque, pendant le cours d'un procès civil, il s'élève un procès criminel, les juges saisis du procès civil sont tenus, dans tous les cas, de surseoir jusqu'à ce qu'il ait été prononcé définitivement sur le procès criminel, soit que les poursuites criminelles aient lieu spontanément de la part du ministère public, soit qu'elles aient été provoquées par la partie lésée. — Spécialement, les juges saisis d'une simple demande en vérification d'écriture doivent surseoir à leur jugement, si le ministère public vient, pendant l'instance civile, à diriger des poursuites pour crime de faux contre les auteurs de la pièce à vérifier. — Ils doivent encore ordonner le sursis de la cause réclamé par la partie défenderesse, lorsque le juge d'instruction détient les pièces les plus importantes du procès civil, et qu'il a déclaré ne vouloir les remettre, ni à cette partie, ni à ses conseils. — *Cass.*, 28 mars 1836, Picard c. de Charost. — V. au surplus VERIFICATION D'ÉCRITURE.

247. — L'exercice de l'action publique ne peut pas être suspendu jusqu'à ce qu'il ait été statué sur l'appel d'un jugement qui a rejeté l'inscription de faux incident. C'est au contraire l'exercice de l'action civile qui est suspendu de plein droit tant qu'il n'a pas été prononcé sur l'action publique. — *Cass.*, 28 avr. 1809, Clère.

248. — Lorsque le souscripteur d'un billet à ordre, se prétendant victime d'un abus de confiance, a porté plainte en faux contre la signature de l'endosseur, cette plainte doit donner lieu au sursis de l'action civile du tiers porteur jusqu'à ce qu'il ait été définitivement prononcé sur l'action publique. — *Paris*, 2 juin 1831, Godeau c. Caban.

249. — La cour royale de Bordeaux a jugé que, lorsque celui qui s'est porté partie civile dans une instance criminelle en vol a formé, pour sûreté des dommages-intérêts qui pourront lui être alloués, une saisie-arrêt entre les mains de créanciers du prévenu et a assigné ce dernier en validité devant le tribunal civil, celui-ci doit statuer sans attendre le jugement de l'action criminelle, et non surseoir conformément à l'art. 3, C. inst. crim., qui est ici inapplicable. — *Bordeaux*, 23 août 1831, D. c. Ducasse. — Cette décision, bonne au fond, nous semble mal motivée. C'était bien plutôt parce que la créance n'était pas certaine que parce qu'il n'y avait pas de titre que le tribunal et la cour devaient refuser de surseoir.

250. — Lorsqu'une partie, après avoir opté pour la voie civile, porte plainte contre l'usage d'un titre qu'elle prétend simulé, elle ne peut demander qu'il soit sursis au jugement de l'action civile jusqu'au jugement de l'action correctionnelle, et, si la cour refuse de surseoir, puiser dans ce refus un moyen de cassation contre l'arrêt. Ce n'est qu'en cas d'exercice de l'action publique seulement que la cour est tenue de surseoir, et la plainte portée par la partie civile seule ne constitue pas une action publique dans le sens de la loi. — *Cass.*, 15 juin 1829, Morice c. Legouès; — Mangin, *Action publ.*, t. 1er, p. 350.

251. — Le principe que le criminel tient le civil en état reçoit exception en matière de question d'état; dans ce cas il est plus vrai de dire que c'est le civil qui tient le criminel en état. — C. civ., art. 326 et 327.

252. — Jugé que la plainte en faux portée par une femme contre son acte de mariage, ayant pour objet de réclamer contre l'état de femme mariée que cet acte lui donne, et contre l'état d'époux qu'il attribue à son prétendu mari, il y a également lieu au sursis, jusqu'à ce qu'il ait été statué sur la question d'état par les tribunaux compétens. — *Grenoble*, 9 déc. 1822, Thérèse Bouzon et ministère public c. Guy et Deroux. — Cette décision est combattue avec force par M. Mangin, t. 1er, nº 192. — V. QUESTION PRÉJUDICIELLE.

Sect. 8e. — *Dommages-intérêts. — Frais et dépens.*

253. — La partie civile peut encourir devant les tribunaux, soit civils, soit criminels, une double condamnation, 1º aux dommages-intérêts, — 2º aux frais. Elle n'en peut encourir aucune autre, à moins qu'elle-même ne soit inculpée d'un délit, et condamnée à raison de ce délit.

254 — Ainsi, le plaignant qui succombe dans sa plainte, mais qui n'est personnellement prévenu d'aucun délit, ne peut être condamné à une amende. — *Cass.*, 18 messid. an XII, Lecerf c. Blin.

§ 1er. *Dommages-intérêts.*

255. — La partie civile peut être condamnée à des dommages-intérêts par tous les tribunaux criminels, aussi bien par les tribunaux de simple police et de police correctionnelle que par la cour d'assises; mais ce qui vient d'être dit de la partie civile ne s'applique pas au simple plaignant.

256. — Un tribunal de répression excède ses pouvoirs en condamnant aux frais du procès et aux dommages-intérêts du prévenu acquitté celui qui s'est borné à faire au commissaire de police la déclaration d'un vol qu'il prétendait avoir été commis à son préjudice, sans se porter partie civile, et sans intervenir dans l'instance où il n'a figuré que comme témoin. — *Cass.*, 9 fév. 1809 (Intérêt de la loi), Darce.

257. — Nous avons supposé qu'une instance s'était engagée et nous avons dit que le tribunal de répression ne pouvait, en acquittant le prévenu ou l'accusé, prononcer des dommages-intérêts contre le plaignant qui ne s'était point porté partie civile. Mais il est clair que le prévenu acquitté peut au moins se pourvoir, dans ce cas, devant les tribunaux civils pour obtenir des dommages-intérêts.

258. — Mais la loi n'accorde à l'accusé une action en dommages-intérêts contre la partie civile que dans le cas où il a été acquitté par une cour criminelle après un débat public; l'accusé ne peut exercer cette action, lorsqu'il n'a obtenu sa mise en liberté que sur une simple ordonnance essentiellement provisoire et subordonnée à la survenance de nouvelles charges. — *Rome*, 21 mars 1811, Menichelli c. Celani.

259. — A plus forte raison doit-on dire que le plaignant qui ne s'est point constitué partie civile

n'est passible d'aucuns dommages-intérêts envers le prévenu à l'égard duquel une ordonnance a déclaré n'y avoir lieu à suivre. — *Rome,* 21 mars 1811, Menichelli c. Celani.

260. — Cette double décision ne doit être évidemment acceptée qu'avec une certaine réserve. Sans doute si la partie civile ou le plaignant a été de bonne foi, si l'ordonnance de non lieu a été fondée plutôt sur le défaut de charges suffisantes que sur la certitude de l'innocence de l'inculpé, les tribunaux civils ne devraient pas condamner le plaignant ou la partie civile à des dommages-intérêts. Mais si, au contraire, l'innocence de l'inculpé est évidente, si le plaignant, quoique de bonne foi, a commis une faute lourde en accusant un innocent, il serait juste de le condamner à réparer le dommage qu'il a causé.

261. — Le législateur est entré dans cette voie en ordonnant, par l'art. 136, C. inst. crim., que la partie civile qui aura formé opposition à une ordonnance de non lieu et qui succombera dans son opposition soit condamnée à des dommages-intérêts envers le prévenu.

262. — La partie civile qui a formé opposition à l'ordonnance de la chambre du conseil, rendue en faveur du prévenu, peut être condamnée à des dommages-intérêts envers lui, soit qu'il ait été arrêté, soit qu'il ne l'ait pas été. — *Cass.*, 10 juin 1813, Béchaud.

263. — Les chambres des mises en accusation sont compétentes pour statuer sur les dommages-intérêts que l'art. 136, C. inst. crim., accorde au prévenu comme une suite du débouté de l'opposition de la partie civile, sans qu'il soit besoin de recourir aux tribunaux civils par action séparée. — *Cass.*, 10 juin 1813, Béchaud.

264. — L'art. 136, C. inst. crim., étant conçu en termes impératifs, on s'est demandé si la partie civile qui a formé opposition à l'ordonnance de non lieu ne doit pas nécessairement être condamnée aux dommages-intérêts du prévenu, sans que celui-ci ait formé de demande à cet égard. Nous pensons qu'il faut répondre négativement et supposer, pour l'interprétation raisonnable de l'art. 136, que le prévenu mis en cause aura demandé des dommages-intérêts. Telle est aussi l'opinion de Legraverend, t. 1er, chap. 10, p. 101, et de Bourguignon, *Jurispr. des Codes crim.*, sur l'art. 136, t. 1er, p. 310, no 1er.

265. — Mais le contraire a été jugé par un arrêt de la cour de Cassation du 6 nov. 1823 (Brière c. Guérard), et cet arrêt paraît approuvé par Merlin, *Quest. de droit,* vo *Réparation civile,* § 4 3o. — V. dans le même sens Carnot, *C. inst. crim.*, art. 136, no 2.

266. — Le droit, pour le prévenu, de former devant la chambre des mises en accusation une action en dommages-intérêts contre la partie civile qui a formé opposition à l'ordonnance de non lieu ne le prive pas du droit de poursuivre, par la voie civile, son action en dommages-intérêts, lors surtout que l'opposition de la partie civile a eu pour objet de prolonger sa détention. — *Aix*, 22 mai 1835, Aguelier c. Maurin et Trimolière.

267. — À l'inverse, le plaignant qui s'est constitué partie civile et qui a formé opposition à une ordonnance de la chambre du conseil portant qu'il n'y a lieu à suivre ne peut, après la confirmation de cette ordonnance, introduire devant le tribunal civil une action en dommages-intérêts, sans violer la maxime *non bis in idem*, s'il n'a fait aucunes réserves devant la chambre d'accusation. — *Aix*, 12 mai 1835, Aguelier c. Maurin et Trimolière.

268. — C'est un principe général de notre droit que des dommages-intérêts ne peuvent être adjugés qu'à celui qui les demande formellement. Aussi a-t-on dû juger qu'une cour de justice criminelle n'avait pas le droit de prononcer des dommages-intérêts au profit d'une partie civile qui n'en a point demandé. — *Cass.*, 9 août 1811, Dominique Barachini c. Ministère public. — V. aussi *Cass.*, 9 fév. 1809, Darce, et 11 nov. 1824, Labrousse.

269. — Les tribunaux correctionnels ne peuvent non plus allouer de dommages-intérêts à la partie lésée qu'autant qu'elle les réclame. La faculté qu'ils ont d'ordonner la restitution des objets volés sans qu'il y ait demande de la part du propriétaire n'est applicable qu'aux objets déterminés et déposés au greffe, mais non aux sommes d'argent que le prévenu a soustraites ou s'est fait remettre et qui sont restées en sa possession. — *Nîmes*, 27 mars 1833, Teste c. Féraud.

270. — En cas de condamnation, la partie civile peut obtenir des dommages-intérêts contre le prévenu; mais les tribunaux ne sont pas obligés de lui en adjuger. Les dommages-intérêts sont la réparation du préjudice causé, et il est possible que, malgré la condamnation, la partie civile n'ait en rien souffert du délit. — *Cass.*, 13 oct. 1815, Porcheron c. Vizard; 20 juin 1816, Bartholoméi c. Piétri.

271. — Sous le Code du 3 brum. an IV, les tribunaux criminels ne pouvaient prononcer sur les dommages-intérêts de l'accusé contre la partie plaignante qu'autant qu'il avait été déclaré coupable ou que le fait dont il avait été déclaré convaincu ne se trouvait pas défendu par la loi; et l'action devait être portée devant les tribunaux civils dans le cas d'acquittement par suite de non conviction. — *Cass.*, 6 vendém. an X, Gabriel Ségur. — V. au surplus DOMMAGES-INTÉRÊTS.

§ 2. — *Frais.*

272. — La condamnation aux dépens étant la conséquence ordinaire de l'insuccès, on doit trouver naturel que la partie civile qui succombe soit condamnée aux dépens envers le prévenu. Mais dans l'intérêt du fisc, on a été beaucoup plus loin. Ainsi d'abord, la partie civile doit être condamnée en cas d'acquittement même aux frais faits par le ministère public.

273. — De plus, aux termes des art. 157 et 158, décr. 18 juin 1811, la partie civile devait, même en cas de condamnation du prévenu, être condamnée aux frais envers le ministère public, sauf son recours contre qui de droit. — *Cass.*, 27 mai 1819, Lecabec; *Cass.*, 31 juill. 1829, Symphorien c. Schmitt.

274. — Cette disposition du tarif de 1811, puisée dans la loi du 5 pluv. an XIII, avait donné une extension évidente à l'art. 368, C. inst. crim., qui ne rendait la partie civile passible des frais qu'autant qu'elle succombait dans son action. Cependant la cour de Cassation ayant décidé que le décret du 18 juin 1811 avait force de loi, l'art. 157 reçut application, malgré son exagération et son danger. — Dalmas, *Frais de justice,* p. 387.

275. — Les inconvéniens de ce système ne tardèrent pas à se faire sentir; la responsabilité trop étendue de la partie civile détourna souvent les personnes lésées de toute intervention dans les poursuites criminelles, si bien que les auteurs du réglement se trouvèrent avoir agi contre le but qu'ils se proposaient : aussi, lors de la révision du Code d'instruction criminelle, s'empressa-t-on de revenir à des idées plus saines.

276. — Par la loi du 28 avr. 1832, la disposition de l'art. 368, C. inst. crim., fut de nouveau consacrée, et maintenant la partie civile ne peut plus être condamnée aux frais, du moins dans les affaires soumises au jury, qu'autant qu'elle succombe. — Dalmas, *Frais de justice,* p. 388.

277. — Le nouvel art. 368 dispose même que, dans les affaires soumises au jury, on doit restituer à la partie civile, si elle ne succombe pas, les frais par elle préalablement consignés.

278. — Avant la loi du 28 avr. 1832, dans une affaire soumise au jury, la partie civile devait être condamnée aux frais envers l'état, quoique sur huit chefs de ses conclusions sept lui eussent été adjugés. — *Cass.*, 13 mai 1813, Quayrats.

279. — Contrairement à ce qui se pratique devant la cour d'assises, en matière de police correctionnelle ou de simple police, la partie civile doit aujourd'hui encore être condamnée aux dépens envers le ministère public aussi bien en cas de condamnation qu'en cas d'acquittement, sauf dans le premier cas son recours contre le condamné. — *Cass.*, 26 sept. 1839 (t. 1er 1840, p. 439), N... et commune de Pourru-Saint-Rémy.

280. — Celui qui s'est constitué partie civile en faisant citer le prévenu en police correctionnelle est responsable envers le trésor public des frais de toutes les poursuites faites par le ministère public sur cette plainte, et doit y être condamné nonobstant toute transaction qu'il aurait pu faire avec le prévenu. — *Cass.*, 5 févr. 1813, Marty.

281. — La partie civile, mise en cause par le ministère public sur l'appel du prévenu condamné en première instance, doit être condamnée aux dépens, en cas d'infirmation du jugement. — *Toulouse*, 10 mars 1834, Lafue d'Auzas.

282. — Mais celui à la requête duquel a été dressé le procès-verbal qui a servi de base aux poursuites ne peut pas être condamné aux dépens, s'il n'a point pris la qualité de partie civile et s'il n'est même pas partie au procès. — *Cass.*, 11 nov. 1824, Labrousse.

283. — L'accusé ne peut se faire un moyen de nullité de ce qu'aucuns dépens n'auraient été mis expressément à la charge de la partie civile, quoique celle-ci eût été déclarée non-recevable dans sa demande en dommages-intérêts, si cet accusé n'a été condamné aux frais qu'envers l'état; cette condamnation ne comprenant pas les frais faits par la partie civile, lesquels restent à la charge de celle-ci. — *Cass.*, 23 fév. 1843 (t. 2 1843, p. 677), Piéri.

284. — La partie civile doit être condamnée aux dépens de l'instance par le jugement qui, faute par elle de s'être préalablement pourvue au conseil d'état, la déclare non-recevable à poursuivre la diffamation qui l'a lésée. — *Cass.*, 26 juill. 1838 (t. 2 1838, p. 179), Guillaume c. le curé Guien.

285. — Toutes les fois qu'il y a eu consignation, les taxes et les exécutoires pour le paiement des frais doivent être décernés directement sur la partie civile, et payés en son nom par le greffier sur les sommes déposées. Le greffier doit informer le ministère public du moment où les premières avances étant devenues insuffisantes il serait nécessaire d'en exiger de nouvelles. — Circ. min., 3 mai 1825; — Massabiau, no 1461.

286. — En matière de police correctionnelle, les honoraires des avoués et des conseils des prévenus ne peuvent jamais retomber à la charge de la partie civile, et ne doivent pas être compris dans la liquidation des dépens. — *Cass.*, 12 avr. 1821, Forêts c. Patry.

287. — Dans le cas d'une poursuite commune contre plusieurs accusés, celui qui ne s'est porté partie civile que vis-à-vis de l'un d'eux ne peut se plaindre d'avoir été condamné à une portion des frais généraux, lorsque cette portion de frais a été déterminée par la cour, qui avait plein pouvoir à cet égard, comme relative à la partie de la poursuite qui concernait son adversaire. — *Cass.*, 3 déc. 1836 (t. 1er 1838, p. 37), Demiannay c. Thuret.

288. — Lorsqu'il s'agit d'un crime, les frais doivent toujours être avancés par la partie publique, sauf la répétition contre la partie civile dans le cas où elle succombe. L'exécutoire délivré par le juge d'instruction à un expert doit donc l'être sur le trésor et non sur la partie civile. — *Paris*, 25 août 1840 (t. 2 1840, p. 422), de Saint-Cricq c. Colliau-Carment. — V. *contrà Paris*, 19 déc. 1835, Touaillon c. Paillotet.

289. — Lorsque le prévenu est acquitté, la partie civile doit nécessairement être condamnée aux frais. Le tribunal qui condamnerait le prévenu à des dommages-intérêts commettrait un excès de pouvoir. — *Cass.*, 20 niv. an XIII, Burel c. Masson.

290. — La condamnation aux frais peut être valablement poursuivie contre les héritiers du condamné décédé avant l'exécution du jugement. — Avis cons. d'état, du 26 fructid. an XIII.

291. — En cas de décès du prévenu avant le jugement, l'action du trésor en paiement des frais de poursuite est éteinte, mais l'action de la partie civile subsiste contre les héritiers du prévenu; et elle peut réclamer par la voie civile le paiement des frais qu'il a faits au criminel. — Bourguignon, t. 1er, p. 14; Rogron, sur l'art. 2, C. inst. crim.

292. — Si le condamné est décédé dans les délais du pourvoi en cassation, mais avant de s'être pourvu, le recouvrement des frais peut être poursuivi contre les héritiers.

293. — En tout cas, les héritiers ne peuvent jamais être tenus des frais que personnellement pour leur part et portion et hypothécairement pour le tout. — C. civ., art. 873. — V. FRAIS ET DÉPENS.

Sect. 9e. — *De l'influence de l'action civile sur l'action publique et réciproquement.*

294. — L'influence des décisions civiles sur les décisions criminelles et réciproquement a fait l'objet de plusieurs graves discussions. En fait et avec l'ordre de nos juridictions, il n'est pas possible d'empêcher que l'existence du même fait ne soit soumise à deux juridictions différentes pour qu'elles en tirent chacune les conséquences qui lui conviennent.

295. — Ainsi le fait d'avoir tué un homme appartient à la juridiction civile en ce qu'elle condamnera l'auteur du meurtre à réparer le préjudice causé, et à la juridiction criminelle en ce qu'elle applique les peines prononcées par la loi. Mais de ce que l'une des juridictions aura reconnu le fait constant, s'ensuit-il qu'il devra être également reconnu constant par l'autre? En d'autres termes la chose jugée au civil sera-t-elle également jugée au criminel? Et la chose jugée au criminel sera-t-elle également jugée au civil?

296. — Quelques auteurs veulent que sauf les cas exceptionnels, comme les questions d'état, où la loi subordonne l'une des actions à l'autre, la chose jugée au civil soit sans influence sur la chose jugée au criminel et réciproquement, parce que les conditions nécessaires à l'existence de la chose jugée ne se rencontrent pas, le procès n'ayant pas le même objet et ne s'agitant pas entre les mêmes personnes. — Toullier, t. 8, p. [illegible], 10, p. 384.

297. — D'autres veulent au contraire que si la chose jugée par la juridiction civile, par exemple, est préjudicielle à l'action criminelle, l'autorité de la chose jugée soit applicable. Ainsi lorsqu'il a été jugé par les juges civils qu'un prévenu de bris de clôture était propriétaire du terrain, lorsqu'un accusé de suppression d'état rapporte un jugement qui prouve un état conforme à ses prétentions, il n'y a plus lieu à condamnation criminelle. — Mangin, t. 2, no 418 et suiv.; Merlin, *Quest. de droit*, vo *Faux*, § 6.

298.—Enfin, suivant ces auteurs, la chose jugée au criminel étant toujours jugée avec la société tout entière doit influer toujours sur l'action civile, de telle sorte que si le prévenu ou accusé a été déclaré coupable par les tribunaux criminels, les tribunaux civils n'aient pas le pouvoir de dire qu'il ne serait pas l'auteur du fait à l'égard de la partie civile. Ils invoquent la loi elle-même, qui semble avoir en effet consacré cette décision en voulant que le criminel tînt le civil en état.

299. — On convient d'ailleurs généralement que les juges criminels, en déclarant que le fait n'est pas constant comme crime ou délit, ou que le prévenu n'est pas coupable, ne peuvent implicitement décider que le fait qui ne serait plus un crime ni un délit, mais un simple fait dommageable dont il est dû réparation par le prévenu ou accusé, ne lui est pas imputable. — Mangin, t. 2, no 417.

300.— En tout cas, un tribunal de répression ne peut refuser de statuer sur une plainte dont il est saisi, sous le prétexte qu'il y a une question préjudicielle de possession à décider, lorsque le plaignant rapporte un jugement en bonne forme et acquiescé qui lui adjuge cette possession. — *Cass.*, 18 juin 1807, Peret c. colons de Chabrier.

301. — Le tribunal saisi d'une plainte en soustraction de testament ne doit point subordonner la condamnation du prévenu à un jugement préalable sur la validité du testament. Il y a contre celui qui a détruit les moyens d'en juger une présomption de droit que cet acte était valable. — *Cass.*, 4 oct. 1816, Fiquet c. Tomy.

302. — Les ordonnances de non lieu n'ayant qu'un caractère essentiellement provisoire ne sauraient évidemment lier le juge civil. — *Cass.*, 21 messid. an IX, Godier c. Terray; 24 nov. 1824, Gorlay c. Fourmentin; 12 juill. 1825, Vigneron c. Desprès; 12 août 1834, Lecomte c. Baussan et Maupas.—V. *contrà Cass.*, 19 messid. an VII, Douanes c. Vandelinck; 4 mars 1817, Anglade c. Deshoulières; 21 avr. 1819, Glassier c. Bonniol.

303. — Celui qui a été condamné par contumace comme coupable de faux, et qui, plus tard, après s'être représenté, a obtenu son renvoi de l'accusation, ne peut, lorsque, pendant son absence, les contrats argués de faux ont été annulés, contradictoirement avec son curateur, par les juges civils, demander devant ces mêmes juges la nullité de leur décision, sur le motif qu'elle n'a plus de fondement. Il doit être déclaré non-recevable, alors surtout que la condamnation civile repose sur une cause étrangère à la compétence de la cour d'assises, et que, par exemple, les obligations ont été annulées non-seulement pour vice de faux, mais encore comme entachées de dol et de fraude. — *Rennes*, 22 janv. 1833, Le Gall. c. Gauthier. — V. CHOSE JUGÉE.

Sect. 10e. — *Des voies de recours ouvertes à la partie civile.*

304. — La partie civile qui se prétend lésée par un jugement, une ordonnance, ou un arrêt, peut les attaquer, suivant les cas, par voie d'opposition, d'appel ou de cassation. Pour se rendre bien compte de ces différentes formes de procéder, on doit distinguer si la partie civile intervient dans l'instruction, ou si elle cite directement le prévenu.

305. — Lorsqu'une instruction est dirigée contre un prévenu, et que la chambre du conseil, sur le rapport du juge d'instruction, décide qu'il n'y a lieu à suivre à son égard, la partie civile peut s'opposer, soit à son élargissement s'il est détenu, soit à la discontinuation des poursuites. Cette opposition est portée devant la chambre des mises en accusation.

306. — L'opposition doit être formée dans un délai de vingt-quatre heures, qui court du jour où la notification de l'ordonnance lui a été faite à son domicile élu (C. inst. crim., art. 135 et 229). Le prévenu gardera prison jusqu'à l'expiration de ce délai. — *Ibid.*, art. 135.

307. Le simple plaignant qui ne s'est pas constitué partie civile est non-recevable à former opposition envers l'ordonnance de la chambre du conseil, portant qu'il n'y a lieu à suivre contre l'inculpé. — *Cass.*, 19 mars 1813, Gaus; *Metz*, 17 déc. 1819, Janet c. Charton.

308. — La partie civile ne peut se présenter ni être appelée devant la chambre des mises en accusation, mais elle peut fournir des mémoires sans que l'instruction en soit retardée. — C. inst. crim., art. 217 et 223.

309. — La partie civile est non-recevable à se pourvoir en cassation, sans le concours du ministère public, contre un arrêt de la chambre des mises en accusation portant qu'il n'y a lieu à suivre. — *Cass.*, 28 juin 1822, Niogret c. Chazal.

310. — Lorsqu'une instruction se poursuit contre un inculpé, la partie civile ne peut saisir la juridiction criminelle de son action qu'en intervenant sur les poursuites commencées. Elle ne pourrait pas saisir directement le tribunal de police correctionnelle, l'action civile n'étant jamais qu'accessoire à l'action publique.

311. — La partie lésée, sur la plainte de laquelle il est intervenu en chambre du conseil, après instruction, une ordonnance portant qu'il n'y a lieu à suivre, est non-recevable à citer directement à sa requête le prévenu en police correctionnelle. — *Cass.*, 18 avr. 1812, Lallemand c. Martin;—Legraverend, t. 2, chap. 4, p. 386; Carnot, sur l'art. 128, C. inst. crim.; Mangin, *Act. publ.*, t. 2, no 387.

312. — La même décision s'appliquerait au cas où ce n'est pas sur la plainte de la partie lésée que le juge d'instruction a été saisi. L'action publique étant provisoirement suspendue par l'ordonnance de non lieu, il ne saurait être au pouvoir d'une partie civile de la faire revivre à l'aide d'une citation directe.

313. — La partie civile intervient aussi dans le cas de mise en liberté provisoire sous caution. — C. civ., art. 113 et suiv.

314. — La partie civile qui succombe dans son opposition doit être condamnée aux dommages-intérêts du prévenu. — C. inst. crim., art. 136. — V. *suprà* sect. 8e, § 1er, nos 259 et suiv.

315. — Sous la loi du 7 pluv. an IX, comme sous le Code de brum. an IV, la partie plaignante était non-recevable à se pourvoir contre une ordonnance du directeur du jury portant que sa plainte ne pouvait pas donner lieu à poursuite devant le tribunal correctionnel. — C. brum. an IV, art. 64 et 147; — *Cass.*, 16 fructid. an IX, Darbault.

316.— Sous le même Code, la partie plaignante était non-recevable à se pourvoir en cassation contre une déclaration du jury portant qu'il n'y avait lieu à accusation, même en fondant son pourvoi sur l'irrégularité de la procédure qui avait précédé cette déclaration. — *Cass.*, 28 germin. an IX, Hasslaver.

317. — ... Ou à se pourvoir en cassation contre l'ordonnance du directeur du jury qui, sur les conclusions conformes du magistrat de sûreté, renvoyait les parties à se pourvoir à fins civiles.— *Cass.*, 9 frim. an XIII, Coutenceau.

318. — La partie civile était également non-recevable à appeler de l'ordonnance du directeur du jury, portant que l'action était éteinte par la prescription, et à se pourvoir en cassation contre l'arrêt intervenu sur son appel. D'après la loi du 7 pluv. an IX, il ne pouvait être élevé de conflit avec le directeur du jury que par le substitut magistrat de sûreté. — *Cass.*, 13 juin 1806, Dujardin de Ruzé c. Delamarre.

319. — La partie civile, devant le tribunal de police correctionnelle, a les mêmes droits, quant à l'action civile, que devant les juges civils. Ainsi, elle peut se désister de son action, elle peut faire défaut, former opposition au jugement de défaut, ou interjeter appel d'un jugement contradictoirement rendu.

320. — La partie civile a le droit de former opposition au jugement par défaut qui la déboute de sa demande. — *Paris*, 29 nov. 1837 (t. 1er 1838, p. 11), Cadeau c. Quol; — Carnot, *Inst. crim.*, art. 187, no 11; Merlin, *Rép.*, vis *Défaut*, § 3, art. 1er, et *Tribunal de police*, sect. 2e, § 3.

321. — Encore bien que la partie civile ait exposé l'affaire dans une première audience, le jugement rendu en son absence dans une autre audience à laquelle la cause avait été renvoyée pour entendre les plaidoiries des parties et le développement de leurs moyens respectifs, est par défaut et susceptible d'opposition. — *Cass.*, 26 mars 1824, Carré c. Ligonnet.

322. — Aucune disposition de loi n'interdit à la partie civile la faculté de se pourvoir par opposition envers l'arrêt de la cour d'assises qui la condamne par défaut à des dommages-intérêts au profit de l'accusé acquitté. — Lorsque l'opposition n'a pu être formée qu'après la clôture de la session dans laquelle a été rendu l'arrêt par défaut contre lequel elle est dirigée, elle doit être portée devant la cour d'assises de la session suivante. — *Cass.*, 29 avr. 1817, Jean-Louis Pain c. Chrétien; — Carnot, *C. inst. crim.*, art. 359. — V. *contrà* Legraverend, t. 2, chap. 2, p. 270.

323. — La partie civile est chargée de suivre l'exécution du jugement en ce qui la concerne, et peut en interjeter appel quant à ses intérêts civils seulement. — C. inst. crim., art. 197 et 202.

324. — L'appel doit être interjeté, par la partie civile, dans le délai de dix jours, à partir du jugement, s'il est contradictoire avec elle, et par voie de déclaration au greffe du tribunal qui a prononcé, et dépôt de requête à l'appui. — C. inst. crim., art. 203 et 204.

325. — La partie civile, si elle succombe, pourra être condamnée à des dommages-intérêts envers le prévenu. — C. inst. crim., art. 213.

326. — La partie civile peut augmenter, en appel, sa demande de dommages-intérêts, si le préjudice qu'elle a souffert s'est aggravé depuis le jugement de première instance. — *Cass.*, 23 nov. 1827, Mainot c. Lépine.

327. — L'appel interjeté par la partie civile n'a trait qu'à l'action civile, et est, par conséquent, sans influence sur l'action criminelle. Réciproquement l'appel interjeté par le ministère public ne peut servir à la partie civile. Ce principe est fécond en conséquences.

328. — Ainsi, une partie civile ne peut, sur le seul appel du ministère public, lorsqu'elle a laissé écouler les délais d'appel, faire réformer le jugement qui lui refuse des dommages-intérêts.

329. — Et réciproquement, une cour de justice criminelle ne peut, sur le seul appel de la partie civile, prononcer des peines contre un prévenu acquitté par jugement de police correctionnelle. — *Cass.*, 10 janv. 1806 (intérêt de la loi), Delmas et Deramond.

330.— Cette dernière décision offre, sans doute, une anomalie assez étrange. Il se pourra, en effet, que la cour, saisie par l'appel de la partie civile seulement, reconnaissant la culpabilité du prévenu, le condamne à des dommages-intérêts, et soit cependant sans pouvoir pour lui infliger une peine. D'autre part, il est indispensable que la cour constate la culpabilité du prévenu pour le condamner même à des dommages-intérêts, puisque les tribunaux correctionnels sont incompétens pour prononcer sur l'action civile, si le fait n'est qualifié par la loi ni crime ni délit (C. inst. crim., art. 191). Ces conséquences, quoique étranges, ne peuvent être sérieusement combattues.

331. — La partie civile peut également, lorsqu'elle a fait défaut en police correctionnelle, former opposition au jugement qui acquitte l'inculpé ou le prévenu, mais quant à ses intérêts civils seulement. Le jugement rendu contradictoirement avec le ministère public qui acquitte l'inculpé ne pourra être réformé sur l'opposition de la partie civile; sauf à la partie publique à se pourvoir par appel si elle le juge convenable.

332. — La partie civile peut se pourvoir en cassation contre tous jugemens ou arrêts en dernier ressort, rendus en matière correctionnelle ou de police. — C. inst. crim., art. 216, 408 et 413.

333. — Mais elle ne peut se pourvoir en cassation contre une ordonnance d'acquittement ou un arrêt d'absolution en matière de grand criminel. Elle ne pourrait attaquer que la disposition de cet arrêt qui aurait prononcé contre elle des condamnations civiles supérieures aux demandes de la partie acquittée ou absoute. — C. inst. crim., art. 412.

334. — Le recours fait au greffe de la cour de Cassation doit être notifié dans les trois jours à la partie contre laquelle il est formé. — C. inst. crim., art. 418.

335. — La partie civile doit joindre aux pièces une expédition authentique de l'arrêt; elle doit en outre, à moins d'indigence dûment constatée, et à peine de déchéance, consigner une amende de 150 fr. ou de la moitié de cette somme, si l'arrêt est rendu par contumace ou par défaut.—C. inst. crim., art. 419 et 420. —Si elle succombe, elle sera, en outre, condamnée à une indemnité de 150 fr. et aux frais envers la partie acquittée et absoute ou renvoyée. — C. inst. crim., art. 436.

336. — Une partie civile ne peut se faire un moyen de cassation de ce qu'on l'aurait condamnée à des dommages-intérêts à raison d'outrages envers une autre partie, quoique ces outrages eussent été provoqués par des faits de même nature de la part de celle-ci, l'appréciation de tels faits étant de la compétence exclusive des juges du fond. — *Cass.*, 3 déc. 1836 (t. 1er 1838, p. 37), Demiannay et Thuret.

337.—La partie qui n'a pas conclu personnellement devant la cour royale à ce qu'il fût sursis au jugement de l'action civile, jusqu'à celui de l'action publique, n'est pas recevable à se plaindre, devant la cour de Cassation, de ce que les conclusions de son adversaire, tendant à cette fin, auraient été rejetées. — *Cass.*, 14 avr. 1836, Gugenheim c. Schmerber.

338. — La partie civile est sans qualité pour se plaindre devant la cour de Cassation de ce que les formes légales n'ont pas été appliquées au prévenu reconnu coupable, par exemple du délit de contrefaçon. — *Cass.*, 26 juin 1835, Hacquart c. Gadral.

339. — La partie civile non condamnée n'a pas le droit de se pourvoir en cassation sans l'intervention de la partie publique, contre des actes ou arrêts rendus dans la procédure de grand criminel. — *Cass.*, 29 germin. an XIII, Gitareau. — V. *Cass.*, 12 pluv. an XIII, Bigot; — Merlin, *Répert.*, v° *Cassation*, § 3.

340. — ... Ni de former opposition au jugement du tribunal de Cassation qui, sur le pourvoi de l'accusé, a annulé le jugement d'un tribunal criminel. — *Cass.*, 28 germin. an IX, Hasslaver.

341. — Pour que la partie civile qui succombe dans son recours en cassation puisse être condamnée à l'indemnité mentionnée en l'art. 436, C. inst. crim., il faut que l'arrêt contre lequel elle s'est pourvue ait acquitté, absous ou renvoyé. — *Cass.*, 28 janv. 1813, Douanes c. Okeis; — Bourguignon, *Jurispr. des Codes crim.*, t. 2, p. 335.

342. — L'action publique étant exercée par des fonctionnaires spécialement établis à cet effet, les parties civiles sont sans qualité pour attaquer les arrêts de compétence rendus sur ces sortes d'actions. — *Cass.*, 28 germin. an XIII, Bonnet-Imbert et Chaland c. Gor.

343. — Le Code du 3 brum. an IV n'interdisait pas à la partie plaignante la voie du recours en cassation contre les jugemens de police correctionnelle. D'ailleurs, lorsque le prévenu était renvoyé de la plainte et la demande du plaignant rejetée avec dépens, le plaignant devrait être considéré comme *partie condamnée* et avait, à ce titre, le droit de se pourvoir en cassation. — *Cass.*, 7 prair. an XI, Bossange c. Moutardier et Leclerc.

344. — Sous le même Code, la partie plaignante était sans qualité pour attaquer en cassation une ordonnance du directeur du jury qui, statuant sur la compétence, la renvoyait à se pourvoir à fins civiles. — *Cass.*, 3 frim. an XII, Barbier.

Sect. 11e. — *Comment l'action civile prend fin.*

345. — L'action civile s'éteint de plusieurs manières différentes. Nous examinerons les trois principaux modes d'extinction, à savoir le jugement, le désistement et la prescription.

346. — Le décès du prévenu n'éteint pas l'action civile (C. inst. crim., art. 2), mais il oblige les juges criminels saisis de la double action à se dessaisir. — Legraverend, t. 1er, p. 69; Carnot, *Code inst. crim.*, art. 2, *Obs. addit.*, n° 5.

347. — L'extinction de l'action publique par le décès du prévenu, survenu après le jugement du tribunal de police correctionnelle, n'empêche pas que l'appel de ce jugement, quant à l'action civile dirigée par les héritiers ou contre eux, ne doive être porté au tribunal chargé de prononcer sur les appels de police correctionnelle. — *Cass.*, 11 flor. an X, Douanes c. Huyben.

348. — Lorsque le prévenu décède durant l'instance de son pourvoi en cassation, la cour doit néanmoins statuer dans l'intérêt de la partie civile; mais si l'arrêt est cassé, la partie civile ne peut plus porter son action que devant les tribunaux civils.

§ 1er. — *Du jugement.*

349. — L'application à l'action civile de la maxime *res judicata pro veritate habetur*, soulève de graves et nombreuses difficultés, dont quelques-unes ont été traitées par nous lorsque nous avons examiné l'influence de l'action publique sur l'action civile et réciproquement. — V. *suprà* sect. 9e, n°s 292 et suiv. — V. aussi NON BIS IN IDEM.

§ 2. — *Du désistement.*

350. — La partie civile étant libre d'intenter ou de n'intenter pas son action, peut s'en désister quand il lui plaît. Cependant le désistement en cette matière a quelques règles spéciales plus ou moins éloignées du droit commun.

351. — Ainsi le désistement de l'action civile éteint les poursuites de la partie civile, mais est sans influence sur celles du ministère public qui cependant ont été provoquées par la partie civile.

352. — La loi veut, en outre, que ce désistement soit donné dans les vingt-quatre heures de la constitution de la partie civile, pour qu'elle ne soit pas tenue des frais faits depuis qu'il aura été signifié, sans préjudice néanmoins des dommages-intérêts du prévenu. — Ord. 1670, tit. 3, art. 5; Décr. 18 juin 1811, art. 157, et C. inst. crim., art. 66 et 368.

353. — En aucun cas le désistement donné après le jugement ne peut être valable, quoiqu'il ait été donné dans les vingt-quatre heures de la constitution. — C. inst. crim., art. 67.

354. — Si l'heure est indiquée dans la déclaration, le plaignant n'a que vingt-quatre heures, à partir de ce moment, pour se désister; si l'heure n'est pas indiquée, il a le jour tout entier qui suit la date de la déclaration. — Carnot, *Code inst. crim.*, art. 66, n°s 6 et suiv.

355. — Le désistement doit être fait dans les vingt-quatre heures. Ce délai est-il prolongé lorsque les vingt-quatre heures commencent dans un jour férié? — On pourrait fonder la négative sur les dispositions de la loi du 27 thermid. an VI, qui veut que les dimanches et fêtes ne forment aucun obstacle à l'expédition des affaires criminelles. — *Cass.*, 27 août 1807, Yégu. — V. aussi Merlin, *Rép.*, v° *Fête*, n° 14; Legraverend, t. 1er, ch. 5, p. 199.

356. — Cependant, il y aurait une excessive rigueur à soutenir que le désistement doit être signifié dans les vingt-quatre heures, quoique la plainte ait été portée la veille au soir d'une fête. Ce serait rendre dans beaucoup de cas impossible l'exécution de l'art. 66, C. inst. crim., les huissiers devant refuser d'instrumenter et les greffes se trouvant fermés.

357. — Le désistement doit être signifié tant au procureur du roi en la personne du greffier, qu'aux prévenus s'ils ont été désignés ou s'ils sont connus. — Bourguignon, sur l'art. 66, C. inst. crim.; Boitard, *Leçons sur le Code inst. crim.*, p. 126.

358. — La partie civile qui s'est désistée purement et simplement ne peut, selon Legraverend (t. 1er, p. 206) et Carnot (art. 66, n° 18), intervenir de nouveau dans le cours de la procédure. Il en serait autrement si son désistement avait été accompagné de réserves ou conditionnel. — Merlin, *Rép.*, v° *Partie civile*. — Nous serions portés, quant à nous, à repousser toute distinction.

359. — Le désistement de la partie civile n'est qu'un abandon de son action: elle peut toujours se porter partie civile de nouveau. Seulement, le prévenu doit avoir le droit de s'y opposer et d'exiger que la partie civile reste en cause, afin de faire statuer définitivement sur son action. Nous ne faisons qu'appliquer à l'action *civile* les règles ordinaires du droit *civil*. — V. *contrà* Boitard, *Leçons sur le Code d'inst. criminelle*, p. 127.

360. — Le plaignant qui s'est constitué partie civile à raison d'un délit conserve cette qualité à l'égard des complices comme à l'égard de l'auteur principal, s'il ne s'est pas désisté dans le délai de droit. — *Cour d'assises du Nord*, 7 août 1835, Beugny c. Rivenne.

361. — En matière civile ordinaire, le désistement a pour effet d'éteindre seulement l'instance et non le droit (C. procéd., art. 403). — Il en est évidemment de même du désistement de l'action civile portée devant les tribunaux civils. Mais lorsque cette action est portée devant les tribunaux criminels, faut-il admettre la même décision? — Nous n'hésiterons pas à répondre affirmativement. L'action civile portée devant les juges criminels n'en conserve pas moins sa nature, et nous ne voyons pas de raison de ne pas continuer, en l'absence de textes précis, à lui appliquer les règles ordinaires du droit civil. De là il résultera toutefois que la partie civile fera sagement d'expliquer l'étendue de son désistement, et que, dans tous les cas, le prévenu aura le droit de s'opposer à ce désistement et à exiger que la partie civile reste en cause. — V. *contrà* Boitard, *Leçons sur le Code d'instruction crim.*, p. 127, 1re édit.

362. — Ainsi, jugé que la partie lésée peut, après s'être pourvue devant le tribunal de simple police, abandonner cette voie et saisir valablement le juge de paix de l'action civile, sauf à être sursis au jugement, s'il y a lieu, jusqu'après celui de l'action publique. — *Cass.*, 21 nov. 1825, Sennequier c. Cabasson. — V. aussi *Cour d'assises de la Haute-Garonne*, 22 janv. 1823, Laborie c. Artigue.

363. — On a critiqué cette décision. La proposition de la cour suprême n'est soutenable, a-t-on dit, que sous la condition d'un désistement exprès de la part du plaignant de l'action par lui portée devant le tribunal de répression. Il y aurait, en effet, sans ce désistement, violation de la maxime *Non bis in idem*. Il ne faut pas admettre, du reste, que le désistement puisse produire un pareil effet en tout état de cause. Une fois l'affaire portée à l'audience, le tribunal de répression saisi par les conclusions des parties a le droit et l'obligation de statuer sur l'action publique. Le plaignant peut sans doute encore renoncer à ses dommages-intérêts, mais il ne peut évidemment plus changer de juridiction. S'il en était autrement, il exercerait d'une manière indirecte l'action publique, qui n'appartient qu'au ministère public. En laissant à la partie lésée la faculté d'intenter séparément l'action civile, l'art. 3, C. inst. crim., suppose nécessairement que c'est le ministère public, et non cette partie, qui a saisi le tribunal de répression. Si l'art. 182 lui permet de donner l'impulsion à l'action publique, c'est parce que le tribunal serait incompétent pour statuer sur ses intérêts civils, qui ne sont qu'un accessoire de l'action publique; mais il est impossible d'admettre sans bouleverser tous les principes, ainsi que le suppose l'arrêt cidessus, que, l'action publique continuant à subsister, la partie civile qui l'a mise en mouvement soit libre d'en détacher son action privée et de la porter devant d'autres juges qu'elle croira plus favorables à ses intérêts. De bons auteurs pensent qu'en général elle ne peut pas revenir par un désistement sur une option consommée. — Merlin, *Répert.*, v° *Délit*, § 1er; Mangin, *Tr. de l'action publique*, t. 1er, p. 66, n° 35.

364. — C'est ce que soutient aussi un savant criminaliste, le président Barris: « L'humanité, dit- » il, et même la justice, ne permettent pas qu'on » traîne ainsi un accusé d'une juridiction devant » une autre, et qu'on décline à son préjudice celle » qu'on a volontairement saisie, parce qu'on ne la » croira peut-être pas favorable aux demandes » qu'on a formées devant elle. » (V. *Répert.* de Merlin, v° *Délit*, § 1er.) — Cette doctrine était celle de l'ancienne jurisprudence.

365. — Si le désistement n'avait eu lieu que pour reproduire plus tard devant le même tribunal la même demande, sous une forme plus régulière, il n'y aurait pas de fin de non-recevoir. — Jugé ainsi que le plaignant qui s'est désisté sous la réserve formelle de se porter de nouveau partie civile, lorsqu'il le jugerait à propos, ne s'est point rendu par là non-recevable à intervenir plus tard en cette qualité. — *Bruxelles*, 28 déc. 1822, G... c. Lantremange.

366. — La difficulté devient plus grande lorsque la partie civile, qui avait d'abord saisi de son action les juges civils, veut s'en désister pour la porter devant les juges criminels. Nous avons vu plus haut que, d'après l'avis de presque tous les auteurs, la partie civile ne peut revenir du civil au criminel, quoiqu'elle puisse passer de la juridiction criminelle à la juridiction civile.

367. — Cependant nous approuverions, au moins en ce point, un arrêt de la cour d'assises de la Haute-Garonne, qui avait jugé que la partie lésée, après avoir introduit son action devant le tribunal civil, pouvait, en s'en désistant, intervenir devant la cour d'assises et y réclamer des dommages-intérêts. — *Cour d'assises de la Haute-Garonne*, 22 janv. 1823, Laborie c. Artigue.

368. — L'art. 403, Code procédure, est trop formel pour qu'on puisse donner un effet à l'action intentée devant les juges civils, et dont le demandeur s'est désisté. Seulement, le défendeur à cette action aura évidemment le droit de s'opposer au désistement s'il apparaît de l'intention de la partie civile de saisir les juges criminels, et les tribunaux civils saisis et auxquels la question sera soumise devront accueillir la prétention du défendeur et repousser le désistement.

369. — Comme on ne peut se départir valablement de la qualité de partie civile relativement à l'état que dans les vingt-quatre heures de la déclaration par laquelle cette qualité a été prise, l'individu qui s'est désisté avant le jugement de première instance, mais après les vingt-quatre heures qui ont suivi la déclaration par laquelle il s'est constitué partie civile, est responsable des frais faits sur l'appel interjeté par le ministère public. — *Paris*, 22 juin 1837 (t. 2 1837, p. 198), Smedt.

370. — Sous le Code de brumaire an IV, la partie civile devait aussi se désister dans les vingt-quatre heures. — C. 3 brum. an IV, art. 92 et 96. — *Cass.*, 4 prair. an XII, Joly, Aimé et Humbert.

371. — Mais, sous ce Code comme aujourd'hui, on se gardait de confondre le plaignant et la partie civile. Aussi jugeait-on que celui qui avait fait une plainte et ne s'en était pas désisté dans les vingt-quatre heures ni même depuis, ne pouvait être considéré que comme partie plaignante. — *Cass.*, 18 flor. an VIII, Couane et Gauthier.

§ 3. — *Prescription.*

372. — La prescription de l'action civile s'acquiert par les mêmes délais que celle de l'action

publique. — C. inst. crim., art. 2, 637, 638 et 640. — V. ACTION PUBLIQUE.

375. — Sous le Code du 3 brum. an IV, l'action civile a pu être exercée contre le condamné par la contumace, dans les cinq ans qui lui étaient accordés pour se représenter. — *Colmar*, 3 mars 1810, Erhard c. Uttwiller.

374. — Il existe quelques dérogations à la règle qui veut que l'action civile et l'action publique aient la même durée. L'une de ces dérogations a été établie en matière de délits de la parole et de la presse par l'art. 29, L. 26 mai 1819.

375. — La partie civile profite des diligences qu'elle a faites pour interrompre la prescription, lors même que l'action publique serait prescrite.

376. — Le principe qui accorde à l'action civile la même durée qu'à l'action criminelle doit être sainement entendu.

377. — Toutes les fois, en effet, que pour fonder l'action civile on aura besoin de l'appuyer sur l'existence d'un délit, l'action civile se prescrira en même temps et par les mêmes délais que l'action criminelle. Mais si la partie civile se fonde seulement sur le préjudice qui lui a été causé sans droit, son action ne se prescrira que par le laps de temps nécessaire pour la prescription des actions civiles ordinaires, c'est-à-dire par trente ans.

378. — Ainsi, celui qui avait la faculté de demander, devant le tribunal correctionnel ou le tribunal civil, la suppression d'entreprises faites sur sa propriété, ne peut être déclaré non-recevable dans son action civile, sous prétexte que l'action publique est éteinte par la prescription. — *Cass.*, 20 mars 1828, Dassonvillez c. Péraut.

379. — Jugé également que la partie lésée peut toujours exercer son action civile en réparation du dommage causé, quoique le délit n'ait été l'objet d'aucune action publique. — *Cass.*, 26 juill. 1813, Venezieni c. Martini et Embriaco.

380. — La minorité n'est pas une cause de suspension de la prescription de l'action civile. — *Lyon*, 17 juin 1842 (t. 2 1843, p. 77), Douanes c. Condamin.

Sect. 12e. — *Administrations et établissemens publics assimilés aux parties civiles.*

381. — D'après l'art. 158, décret 18 juin 1811, sont assimilés aux parties civiles : 1o toute régie ou administration publique relativement aux procès suivis soit à sa requête, soit même d'office, par le ministère public, mais dans son intérêt matériel et pécuniaire ;

382. — 2o Les communes et les établissemens publics dans les procès instruits ou à leur requête ou même d'office pour crimes ou délits commis contre leurs propriétés. — Massabiau, no 1467.

383. — Dans la première catégorie, il faut ranger : 1o la direction des contributions indirectes, pour toutes les contraventions, tant à la perception des droits qu'elle est chargée de recouvrer, qu'aux lois sur la garantie des matières d'or et d'argent, les poudres et salpêtres, etc. ;

384. — 2o La direction des douanes ;

385. — 3o Celle de l'enregistrement et des domaines ;

386. — 4o Celle des forêts pour tous les délits commis en matière d'eaux et forêts, notamment pour les délits de pêche en temps prohibé, ou avec des engins non autorisés ;

387. — 5o Celle des postes, notamment pour les poursuites dirigées contre ceux qui s'immiscent dans le transport des dépêches.

388. — Mais l'art. 158 ne s'applique pas à l'administration des mines. D'après l'instruction générale du 30 sept. 1826, no 131, c'est pour le compte du ministère de la justice que doivent être avancés les frais de poursuite dirigée pour la répression des contraventions aux lois sur les mines, attendu que l'administration des mines n'a point de caisse particulière. — Massabiau, no 1469.

389. — Il n'en est ainsi au surplus que dans les instances suivies en vertu des lois spéciales relatives à ces administrations, et non dans le cas des délits non prévus par les lois fiscales et dont la répression est provoquée principalement dans l'intérêt de la société. — Circul. minist. 27 juin 1835 ; — Massabiau, no 1470.

390. — Dans la seconde catégorie indiquée par l'art. 158, décr. 18 juin 1811 2o, il faut ranger : 1o les communes toutes les fois qu'il s'agit, soit de délits commis dans leurs communaux, bois ou autres propriétés, ou de dégradations, anticipations ou usurpations commises sur les chemins vicinaux, soit de contraventions aux lois, ordonnances et réglemens concernant les octrois municipaux. — Dalmas, *Frais de justice*, p. 393.

391. — 2o Les hospices ;

392. — 3o Les fabriques ;

393. — 4o L'université et les établissemens qui en dépendent, lorsqu'il s'agit de délits commis dans leurs propriétés, de poursuites à exercer contre ceux qui contreviennent aux réglemens universitaires, etc. ;

394. — 5o La caisse des invalides de la marine, reconstituée par l'ord. du 22 mai 1816 ;

395. — 6o La Légion-d'Honneur ;

396. — En un mot, toutes les administrations et tous les établissemens publics qui possèdent des biens particuliers, ou qui perçoivent des droits ou des revenus distincts de ceux de l'état, et affectés à des dépenses spéciales. — Massabiau, *Manuel*, no 1469 ; Dalmas, p. 393.

397. — M. Dalmas fait remarquer que les termes du réglement, en ce qui concerne les administrations et établissemens publics, sont si généraux, qu'ils s'appliquent même aux procès poursuivis d'office et sans leur participation, par cela seul qu'il s'agit de leurs propriétés ou de leurs intérêts. — V. en effet, sur ce point, la circulaire du garde des sceaux du 13 mai 1826.

398. — Cependant, lorsque le même individu est poursuivi à la fois pour plusieurs faits prévus par les lois pénales, dont les uns ont porté préjudice à une administration publique, tandis que la répression des autres intéresse uniquement la vindicte publique, et qu'il est impossible de distinguer avec précision, parmi ces faits, ceux qui sont exclusivement à la charge de l'état, et ceux dont l'administration poursuivante est tenue, la totalité de ces frais doit être allouée sur les fonds généraux du département de la justice. — Décis. du garde des sceaux, 22 mars 1826.

399. — D'un autre côté, comme la répression des crimes intéresse essentiellement l'ordre public, quels que soient les intérêts particuliers qui s'en trouvent lésés, les administrations et les établissemens publics ne sont point tenus des frais de poursuites dans les affaires qui peuvent donner lieu à des peines afflictives et infamantes. — Dalmas, p. 394.

400. — Il en est autrement en matière correctionnelle et de simple police : les frais qui seraient supportés par des parties civiles ordinaires restent à leur charge.

401. — Cette obligation s'étend à tous les frais, tant de première instance que d'appel, et de quelque nature qu'ils soient, tels que voyages de magistrats, droits et indemnités des greffiers, salaires d'huissiers, indemnités de témoins, honoraires de médecins, experts ou interprètes, etc... — « Toute distinction, dit M. Dalmas, entre les diverses instances, ou entre les diverses espèces de frais, ou entre les poursuites d'office et celles qui sont faites par les intéressés, blesserait également l'esprit et la lettre du réglement. »

402. — Les honoraires dus à l'avoué du prévenu ne peuvent être mis à la charge d'une administration publique qui succombe dans une poursuite par elle exercée ; cette administration ne devant supporter que les frais qui auraient été mis à la charge de l'état. — Décr. 18 juin 1811, art. 3 et 158 ; — *Cass.*, 29 oct. 1824, Forêts c. Blanc ; 2 avr. 1836, Forêts c. Hubert ; — Dalmas, *Frais de just. crim.*, p. 14.

403. — Le réglement ne s'explique pas sur le mode de paiement des frais qui sont à la charge des établissemens et des administrations publics. Cette lacune a été comblée par une décision du ministre des finances et par une circulaire du ministre de la justice du 6 oct. 1812.

404. — Aux termes de ces instructions, les frais doivent être payés, pour le compte des administrations qu'ils concernent, par les préposés de la régie, de l'enregistrement et des domaines, qui, pour s'en faire rembourser, tiennent un compte ouvert avec chacune d'elles. — V. aussi ord. 22 mai 1816, art. 4 ; et la circul. du ministre de la justice du 3 mai 1825.

405. — L'administration des contributions indirectes est seule exceptée de cette règle. C'est elle qui fait l'avance des frais faits dans son intérêt. Les mandats et les exécutoires sont délivrés sur ses préposés. — Instr. gén. 30 sept. 1826, no 131 ; — Massabiau, no 1472.

406. — Il a été décidé aussi, depuis la circulaire du 6 oct. 1812, qu'il pouvait en être de même à l'égard de l'administration des douanes. — Dalmas, p. 395.

V. ABUS DE CONFIANCE, ACTE AUTHENTIQUE, AMNISTIE, ASSURANCE, TERRESTRE, PREUVE TESTIMONIALE.

ACTION COMMERCIALE.

Action ayant pour objet des actes ou des opérations de commerce et qui, en général, ressortit à la compétence des tribunaux de commerce. — V. ACTE DE COMMERCE, AVARIES, COMPÉTENCE COMMERCIALE, FAILLITE, FRAUDE, SOCIÉTÉ, TRIBUNAL DE COMMERCE.

ACTION CONFESSOIRE.

1. — Action tendant à faire reconnaître un droit réel, autre que celui de propriété, tel qu'une servitude ou un usufruit ; par opposition à l'action négatoire que l'on intente dans le but de faire déclarer que l'adversaire n'a pas tel ou tel droit réel. — V. ACTION (droit romain), no 136, ACTION (droit français), SERVITUDE, USUFRUIT.

2. — Dans l'ancien droit français on désignait sous le nom d'action confessoire, *servitutis usufructus*, l'action par laquelle une douairière revendiquait le droit d'usufruit qui lui était acquis par l'ouverture du douaire, pour la portion qui lui en appartenait. — V. Pothier, *Du douaire*, part. 1re, chap. 4, art. 2, no 187. — V. L. 5, § 1, ff., *Si usuf. pet.*

ACTION D'AVARIE.

C'est l'action par laquelle l'assuré, dans le cas de sinistre mineur, réclame de l'assureur la réparation de la perte partielle ou des détériorations de la chose assurée. — V. ASSURANCES MARITIMES.

ACTION DOMANIALE.

V. DOMAINE.

ACTION EN DÉLAISSEMENT.

V. DÉLAISSEMENT.

ACTION EN LIEF DE COMMINATOIRE.

V. LIEF DE COMMINATOIRE.

ACTION EN NULLITÉ.

Demande par laquelle, établissant le vice qui infecte un contrat, on s'adresse aux tribunaux pour en faire prononcer la nullité ou l'annulation. — V. NULLITÉ.

ACTION EN RESCISION.

1. — Action par laquelle on s'adresse aux tribunaux pour faire prononcer l'inefficacité d'un contrat qui réunit toutes les conditions essentielles à sa validité, mais qu'on prétend infecté d'un vice qui en doit arrêter ou prévenir l'exécution.

2. — On prononce la rescision pour faits antérieurs au contrat, la nullité pour faits concomitans, la résolution pour faits postérieurs.

3. — Le Code civil semble confondre dans la même signification l'action en nullité et l'action en rescision (art. 887, 2053 et 1110). — Toutefois, dans les art. 887, 1674 et 1305, il appelle plus spécialement action en rescision celle qui naît de la lésion. — C'est en ce sens surtout que cette expression est aujourd'hui le plus habituellement employée. — V. NULLITÉ, RESCISION. RÉSOLUTION.

ACTION HOSTILE.

Le Code pénal punit ceux qui, par des *actions hostiles* non approuvées par le gouvernement, auront exposé l'état à une déclaration de guerre ou des Français à éprouver des représailles. — Les actions hostiles dont il est ainsi question sont prévues et punies plus ou moins sévèrement par les art. 84 et 85, C. pén., selon qu'elles ont eu ou non les résultats indiqués plus haut. — Elles sont rangées dans la classe des crimes contre la sûreté extérieure de l'état. — V. CRIMES CONTRE LA SURETÉ DE L'ÉTAT.

V. aussi BANDES ARMÉES.

ACTION HYPOTHÉCAIRE.

Action par laquelle le créancier agit contre tout possesseur ou détenteur de l'héritage hypothéqué par le débiteur pour sûreté de sa créance. — V. HYPOTHÈQUE, PURGE, TIERS DÉTENTEUR.

ACTION IMMOBILIÈRE.

V. ACTION (droit français), nos 70 et suiv.

ACTION MIXTE.

V. ACTION (droit français), nos 150 et suiv.

ACTION MOBILIÈRE.

V. ACTION (droit français), n°s 240 et suiv.

ACTION NÉGATOIRE.

Action par laquelle nous dénions un droit de servitude, soit personnelle, soit réelle, à celui qui prétend l'avoir sur notre héritage. — V. SERVITUDE, USUFRUIT.—V. aussi ACTION (droit romain), ACTION CONFESSOIRE.

ACTION NOXALE.

V. ACTION (droit romain), n°s 186 et suiv., 213.

ACTION PAULIENNE.

1. — En droit romain, cette action se donnait aux créanciers d'un débiteur qui avait aliéné ses biens en fraude de leurs droits.

2. — Les *Institutes* de Justinien classent cette action parmi les actions réelles prétoriennes *fictives*. — Elle permettait aux créanciers de revendiquer les objets aliénés, comme si l'aliénation n'avait pas eu lieu. Il suffisait d'établir la collusion entre le débiteur et l'acquéreur pour que cette action fût accordée. — Elle était annale. — *Instit.*, liv. 4, tit. 6, § 6; Théophile, *Paraphr.*, *hic*.—V. ACTION (droit romain), n° 155.

3. — Au Digeste et au Code l'action paulienne nous apparaît comme action personnelle. — Elle tendait à faire révoquer, non seulement les aliénations comme celle dont parlent les Institutes, mais tout acte fait en fraude des créanciers, soit en libérant les débiteurs, soit en contractant de nouvelles dettes par suite d'une collusion. Cette action personnelle était *in factum* et arbitraire. Elle se donnait contre les complices du débiteur ou contre leurs héritiers.—LL. 1, § 2; 3, *pr.*, et § 1 et 2; 10, § 19, 20 et 25. ff., *Quæ in fraudem creditorum facta sunt*.

4. — Pour que l'action paulienne fût donnée contre une personne qui avait traité à titre onéreux avec le débiteur, il fallait nécessairement qu'il y eût eu collusion entre cette personne et le débiteur. Si, au contraire, la personne avait traité à titre gratuit, l'action s'exerçait contre elle, alors même qu'elle n'avait pas colludé.—LL. 9 et 10, § 2; 6, § 11, ff., *ibid.* — Mais, dans l'un et l'autre cas, il fallait qu'un préjudice réel eût été causé aux créanciers.

5. — L'action personnelle paulienne avait passé dans notre ancien droit français. Un édit du mois de mai 1609 annulait tous transports, cessions, ventes et aliénations faits aux enfans et héritiers présomptifs ou amis du débiteur. — Jousse, sur l'ord. de 1673, tit. 11, art. 4.

6. — Un réglement pour la ville de Lyon, homologué par arrêt du conseil du 7 juill. 1667, prononçait, de plein droit, la nullité des actes faits par un débiteur dans les dix jours qui précédaient la faillite. — L'ordonnance de 1673 consacra le même principe, et une déclaration du 18 nov. 1702 rendit commun à tout le royaume le réglement fait pour la ville de Lyon.

7. — Le Code civ., art. 1167, et le Code comm., art. 446, 447, 448 et 449, ont admis les créanciers à faire annuler les actes faits par leurs débiteurs en fraude de leurs droits. — V. FAILLITE, OBLIGATION.

ACTION PERPÉTUELLE.

Action qui, en droit romain, ne s'éteignait pas par la prescription. — V. ACTION (droit romain), n°s 217 et suiv.

ACTION PERSONALIS IN REM SCRIPTA.

On donnait ce nom à l'action *quod metûs causâ*, qui, bien qu'elle fût personnelle, avait une *intentio* dirigée *in rem*, c'est-à-dire d'une manière absolue et contre toute personne ayant profité de la violence.—L. 9, § 8, ff., *Quod metûs causâ*.

V. ACTION (droit romain), n° 212.

ACTION PERSONNELLE.

V. ACTION (droit français), n°s 70 et suiv., SERMENT JUDICIAIRE ET EXTRA-JUDICIAIRE.

ACTION PÉTITOIRE.

1. — L'action pétitoire est celle au moyen de laquelle on revendique la propriété d'un fonds ou d'un droit réel contre le possesseur. — V. ACTION (droit français).

2. — Pour que l'action pétitoire puisse être utilement exercée lorsqu'une action possessoire a été intentée précédemment, il faut que l'instance sur le possessoire soit vidée. — Quant à la défense de cumuler le possessoire et le pétitoire, V. ACTION POSSESSOIRE, chap. 7.

V. PREUVE, SERMENT JUDICIAIRE ET EXTRA-JUDICIAIRE.

ACTION POPULAIRE.

1. — Action qui protége le droit du peuple. — L. 1, ff., *De popul. act.*

2. — L'action populaire est opposée à l'action privée, qui est donnée seulement pour une affaire privée à celui qui a intérêt. Mais l'action populaire compète à toute personne quelconque du peuple qui, la première, se prend à l'exercer. — Pothier, *Pandect.*, tit. *De verb. sig.*, n° 170.

3. — Pothier (*Pandect.*, tit. *De popul. act.*, n° 1) cite comme exemples d'actions populaires les actions *de sepulcro violato*, *de termino moto*, *de albo corrupto*, *de dejectis et effusis*, et la plupart des interdits. — M. Ducaurroy (*Institut. expliquées*, n° 1267) indique aussi comme agissant *pro populo* l'agent ou le syndic exerçant les actions d'une ville ou d'une province. — L. 1, § 1, ff., *Quod cujusque univers.*

4. — Il est certain qu'à Rome accuser et poursuivre était un droit commun à chaque citoyen. L'amour de la gloire et l'amour de la patrie créaient des accusateurs, il fallait souvent choisir entre ceux qui se présentaient; et Cicéron n'obtint la faveur d'accuser Verrès qu'après l'avoir disputée à Cæcilius Niger. — Prost de Royer, t, 2, p. 208. — C'est ce que la loi 16, ff., *De accusat.*, développe en ces termes: « *Si plures existant qui eum in publicis judiciis accusare volunt, judex eligere debet eum qui accuset, causâ scilicet cognitâ, æstimatis accusatorum personis, vel de dignitate, vel de eo quod interest, vel ætate, vel moribus, vel aliâ justâ de causâ.* »

5. — Comme il n'y avait pas à Rome de magistrature établie pour accuser et poursuivre, c'était une charge commune. Chaque citoyen la regardait comme une portion de la souveraineté. C'est pour cela qu'elle ne pouvait pas être exercée par les étrangers; et que entre autres les Siciliens furent obligés de recourir à Cicéron pour accuser Verrès. — Prost de Royer, t. 2, p. 208.

6. — La loi ne confiait non plus un acte si important ni aux femmes ni aux enfans, à moins qu'ils n'eussent un intérêt direct et personnel. — L. 6, ff., *De popular. act.* —Elle excluait encore les affranchis à l'égard de leurs patrons, les esclaves, infirmes et ceux qui se faisaient payer pour accuser.

7. — « A Rome, dit Montesquieu (*Esprit des lois*, liv. 6, chap. 8), il était permis à un citoyen d'en accuser un autre. Cela était établi selon l'esprit de la république, où chaque citoyen est censé tenir tous les droits de la patrie dans ses mains. On suivit sous les empereurs les maximes de la république; et d'abord on vit paraître un genre d'hommes, une troupe de délateurs; quiconque avait bien des vices et bien des talens, une âme bien basse et un esprit ambitieux, cherchait un criminel dont la condamnation pût plaire au prince; c'était la voie pour aller aux honneurs et à la fortune, chose que nous ne voyons point parmi nous. Nous avons aujourd'hui une loi admirable: c'est celle qui veut que le prince établi pour faire exécuter les lois prépose un officier dans chaque tribunal pour poursuivre en son nom tous les crimes. »

8. — Montesquieu (*loc. cit.* à la note) dit que ce droit pour tout citoyen d'en accuser un autre existait aussi dans bien d'autres cités qu'à Rome. En effet, chez les Perses, le droit d'accuser appartenait à tout le monde. — Brisson, *De regno Persarum*, p. 538 (édit. *Operum minorum*, 1749 fol). — Les Grecs permettaient aussi à tout le monde de se faire justice. — *L. atticæ*, lib. 7, tit. 2.

9. — Ne peut-on pas voir encore une action populaire dans ces dispositions des lois franques que M. Boncenne (*Théor. de la procéd. civ.*, t. 1er, p. 527) rappelle en ces termes: « Il y avait dans les lois franques des tarifs de compositions pécuniaires pour la réparation des crimes. La poursuite en était toute civile. *Chaque particulier* pouvait l'intenter. Là il n'était pas besoin de ministère public, et l'exercice en eût été trop périlleux, quand toutes les querelles judiciaires se vidèrent en champ clos; car, suivant l'expression de Montesquieu, qui aurait voulu se faire le champion de tous contre tous. »

10. — Jean Bouteiller (*Somme rurale, ou le grand Coustumier de practique civile et canon.*, tit. 27, p. 260) consacre à l'action populaire les lignes suivantes: « Item à sçauoir est que entre les autres actions est une aussi action appelée action populaire, laquelle est très nécessaire entre les autres, et est telle que s'il aduient en aucune ville quelque droict qui appartienne au commun profit du peuple, sçachez que vn seul ou plusieurs en peuuent faire et intenter action, et aussi femme que homme, pour ce qui lui touche en dommage propre. Si serait un pupille, c'est à sçauoir son tuteur pour luy. Et en ceste action de populaire demandant et poursuiuant pour estre poursuiuy par procureur, au cas que le demandeur seroit préiudicié en sa propre chose et dommage; mais en cas où il ne seroit préiudicié ne dommagé, et n'auroit action que populaire vniuerselle et non particulière, il ne seroit à receuoir par procureur, mais conviendroit qu'il poursuivict sa demande en personne ou personnes propres si plusieurs estoient, et le défendeur, soit que le demandeur en ceste action ait cause particulière ou vniuerselle de populaire, est tousiours à receuoir par procureur (L. 5, ff., *De popul. act.*), et n'est pas action de populaire à entendre pour les particuliers d'vn mestier, ou d'vn collége, ou d'vne ville, mais conuient que l'action ait regard à tous généralement, et pource est appelée action populaire: car aussi a elle regard au petit que au grand, et aussi bien y est à receuoir le petit que le grand, et vn seul que plusieurs. »—*Per tot. tit.*, ff., *De popul. act.*

11. — L'organisation régulière et complète de notre société moderne, l'institution du ministère public et des fonctionnaires représentant l'état, l'administration et les communes, ont rendu inutiles les actions populaires; aussi est-il aujourd'hui incontestable que les actions qui pourraient intéresser la nation doivent être exercées par les autorités placées à sa tête; et que si, par une distinction qui offre quelque analogie avec celle indiquée par Jean Bouteiller, un habitant d'une commune peut revendiquer l'exercice d'un droit appartenant à la commune, ce n'est qu'au point de son intérêt particulier (*ut singulus*) qu'il peut s'en prévaloir. — V. COMMUNES.

12. — Nous ne saurions même voir une action populaire comme l'entendaient les lois romaines, dans le droit accordé, par la loi du 18 juill. 1837 (art. 49, 2e alinéa), à *tout contribuable* inscrit au rôle de la commune, d'exercer à ses frais et risques, avec l'autorisation du conseil de préfecture, les actions qu'il croira appartenir à la commune, et que la commune, préalablement appelée à en délibérer, aurait refusé ou négligé d'exercer. — V. COMMUNES.

13. — Peut-être y aurait-il plutôt une *action populaire* dans les exécutions qu'accomplit spontanément, et par lui-même, le peuple des Etats-Unis, lorsqu'il applique *la loi de Lynch*.

ACTION POSSESSOIRE.

Table alphabétique.

ACTION POSSESSOIRE. — 1. — C'est celle qui est exercée par le détenteur d'un immeuble placé dans le commerce, et qui tend, en cas de trouble, à le faire maintenir ou réintégrer dans sa possession.

2. — On oppose cette action à l'action *pétitoire* qui a pour objet direct la question de propriété, tandis que la première a trait exclusivement à la possession. — Ce sont les conclusions du demandeur qui déterminent la nature de l'action ; s'il réclame un droit de propriété, l'action est pétitoire ; s'il réclame un droit de possession, elle est possessoire. — V. ACTION PÉTITOIRE, et *infrà* chap. 2.

CHAP. Ier. — *Historique* (n° 3).

CHAP. II. — *Nature des actions possessoires. — Leurs différentes espèces* (n° 29).

SECT. 1re. — *Nature des actions possessoires* (n° 29).

§ 1er. — *Distinction entre le possessoire et le pétitoire* (n° 34).

§ 2. — *Effets généraux des actions possessoires* (n° 57).

SECT. 2e. — *Des différentes espèces d'actions possessoires* (n° 63).

ART. 1er. — *Complainte* (n° 63).

§ 1er. — *Historique* (n° 63).

§ 2. — *Caractères généraux du trouble. — Trouble de fait. — Trouble de droit* (n° 77).

§ 3. — *Distinction entre le trouble de fait et le trouble de droit* (n° 96).

ART. 2. — *De la réintégrande* (n° 131).

ART. 3. — *Dénonciation de nouvel œuvre. — Droit romain. — Jurisprudence ancienne. — Droit actuel* (n° 170).

CHAP. III. — *Quelles sont les choses qui peuvent être l'objet des actions possessoires* (n° 220).

SECT. 1re. — *Des choses du domaine public en général* (n° 227).

§ 1er. — *Chemins* (n° 234).

§ 2. — *Canaux* (n° 256).

§ 3. — *Eglises* (n° 257).

SECT. 2e. — *Cours d'eau* (n° 263).

SECT. 3e. — *Servitudes* (n° 295).

SECT. 4e. — *De quelques cas spéciaux* (n° 330).

§ 1er. — *Des meubles peuvent-ils être l'objet d'une action en complainte* (n° 330).

§ 2. — *Examen de cas spéciaux relativement à l'exercice de l'action possessoire* (n° 349).

CHAP. IV. — *Conditions requises pour l'exercice des actions possessoires* (n° 388).

SECT. 1re. — *Qualités intrinsèques de la possession pour agir au possessoire* (n° 385).

SECT. 2e. — *Annalité* (n° 401).

§ 1er. — *Annalité de la possession* (n° 401).

—

CHAPITRE Ier. — *Historique.*

3. — La plupart de nos institutions, plus ou moins dénaturées par le temps, tirent leur origine du droit romain ; aussi, lorsqu'un jurisconsulte s'occupe d'une matière de droit, son premier soin est-il de remonter à la compilation Justinienne comme à la source véritable de toute la jurisprudence moderne. — Suivant en cela la voie qui lui avait été tracée par nos auteurs des seizième et dix-septième siècles, et s'appuyant sur un passage de Vinnius mal interprété, Henrion de Pansey a prétendu que les actions possessoires étaient de véritables *interdits*. « *Interdicta » nihil aliud sunt quàm actiones quibus de posses- » sione disceptatur.* » — *Compét. des juges de paix*, 4e édit., ch. 38, p. 385.

4. — Sans nous jeter dans une controverse qui nous entraînerait trop loin, nous dirons seulement que nous ne regardons pas l'opinion de Henrion comme parfaitement exacte. En effet, les interdits avaient beaucoup d'autres objets que des faits de possession. — D'un autre côté, en droit romain, on ne connaissait pas la possession annale; le possesseur actuel était maintenu alors même que sa possession n'aurait daté que d'un jour. « *Uti possidetis interdicto is vincebat qui in- » terdicti tempore possidebat.* » — *Inst.*, *De interd.*, § 4.

5. — La possession était donc véritablement un fait chez les Romains, elle ne laissait aucun droit derrière elle, lorsqu'un tiers usurpait la chose. Il n'y avait qu'un cas où celui qui avait été dépossédé en fait pouvait se faire rendre la possession, c'était le cas de violence. Le préteur accordait l'interdit *undè vi* au possesseur dépouillé violemment de son héritage, et cette action durait un an comme dans notre droit.

6. — Mais ce qu'il faut bien remarquer, c'est que ce délai d'un an ne s'appliquait qu'à l'action et ne concernait pas la possession. Le droit romain ne connaissait que le fait actuel, il ne connaissait pas la possession annale. Ce n'est que plus tard et dans le moyen âge que la saisine possessoire s'est introduite dans nos lois. — Belime, *Act. possess.*, p. 214, 2e alin. ; Klimrath, *Etude hist. sur la saisine*, t. 2, p. 353.

7. — On voit par ce peu de mots combien il peut être dangereux de remonter au droit romain pour y puiser les principes relatifs aux actions possessoires. Selon nous, l'étude des interdits n'a d'intérêt qu'au point de vue historique. — V. INTERDIT.

8. — Si maintenant nous passons du droit romain au droit canon, qui sous tant de rapports n'est qu'une émanation du premier, nous trouvons que les décrétales n'apportent pas de dérogations graves aux principes suivis en matière d'interdits.

9. — En droit canon, l'action de réintégrande, ou l'interdit *undè vi*, durait trente ans. Aucune exception n'y est opposable, et les docteurs formulent la fameuse maxime : *Spoliatus ante omnia restituendus.*

10. — Les décrétales dérogent au droit romain, pour étendre la faveur due au spolié. D'après les lois romaines, l'interdit *undè vi* était personnel, c'est-à-dire qu'il n'atteignait pas les tiers détenteurs, même de mauvaise foi, à qui l'auteur de la voie de fait aurait transmis la chose. La décrétale d'Innocent III, *sæpè contigit*, permet au contraire, en ce cas, de recouvrer la chose contre les tiers détenteurs, *non obstante juris civilis rigore.*

11. — Du reste, cette dérogation s'explique suffisamment par la date de la décrétale (1216). On sait combien, à cette époque d'anarchie féodale, les faits de violence étaient fréquens et difficiles à réprimer. La sagesse des papes essaya de venir en aide à la justice.

12. — Ainsi, ce n'est point dans le droit canon qu'il faut aller chercher le principe de la *saisine* ou *possession annale*, c'est dans le droit coutumier.

13. — Que l'on ouvre nos plus anciens coutumiers, que l'on consulte nos vieux jurisconsultes des treizième et quatorzième siècles, et l'on y trouvera la preuve que la *saisine*, c'est-à-dire la possession d'an et jour est un élément nouveau, est une production indigène. — Pierre de Fontaine, *Conseil*, ch. 17, § 11; *Grand Coutumier de Charles VI*, liv. 2, ch. 21; *Ancien Coutumier d'Artois*, ch. 26, § 5, édit. de Maillard; *Etablissemens de saint Louis*, liv. 1er, ch. 154 et *passim*; Beaumanoir, ch. 8, 30, 32 et 44, édit. de Beugnot; Jean Desmares, *Décisions*, n° 413; Bouteiller, *Somme rurale*, liv. 1er, ch. 31.

14. — Non seulement l'institution, mais le mot lui-même est français. — « *Prehendere Galli* SAI- » SIRE *dicunt, sicut et possessionem* SAISINAM *vo- » cant.* » — Cynus, L. 3, *De condict. ob. caus. dat.*

15. — « Nous appelons veraie saisine, dit aussi le » *Livre de justice et de plet*, quant aucun remaint » sesi an et jor comme sires et par jostice à la » veue et à la seue de celui qui demander puet, et » ne veut demander et se test. »

16. — On peut donc sans témérité considérer la saisine comme une émanation du droit coutumier, du droit féodal. — V. SAISINE.

17. — Toutefois, il ne faut pas comme Duplessis, copié par Henrion de Pensey et par d'autres auteurs moins éminens, faire remonter jusqu'aux Francs l'origine de la complainte : M. Belime prouve très bien que le texte de la loi salique sur lequel on appuie cette opinion a été détourné de son véritable sens et qu'il a été mal entendu. — Belime, *Act. possess.*, p. 216 et suiv.

18. — Reconnaissons cependant que si les jurisconsultes romains n'ont pas connu la possession annale, que si la saisine est née sur notre sol, nos vieux auteurs ont eu le tort d'essayer eux-mêmes de rattacher cette institution nationale aux textes du droit romain. Trouvant quelque analogie entre la complainte et l'interdit *uti possidetis*, entre la réintégrande empruntée au droit canon et l'interdit *undè vi*, et ne se préoccupant pas des différences, ils ont eux-mêmes appelé *interdits* les actions possessoires, et ont ainsi contribué à jeter dans les idées une confusion que la législation moderne n'a pas dissipée, comme on le verra plus bas.

19. — Ceci bien entendu, il nous resterait à nous occuper spécialement des faits historiques qui se rattachent à la complainte, à la réintégrande et à la dénonciation de nouvel œuvre, mais ces développemens seront mieux à leur place en tête des articles dans lesquels il est traité de chacune de ces actions ; c'est là qu'on les retrouvera. — V. *infrà* ch. 2, sect. 2e, art. 1er, 2 et 3.

20. — Ajoutons seulement, avant d'indiquer les textes législatifs ou empruntés à nos coutumes qui se réfèrent à la matière des *actions possessoires*, que c'est une des plus difficiles du droit, ainsi que le prouve la statistique, et que peu de juges de paix sont aptes à remplir la tâche difficile qui leur a été donnée. — Boncenne, *Introd. théor. procéd. civ.*, t. 1er, p. 280.

21. — Dans ces derniers temps, un magistrat haut placé, M. Bérenger, a cru devoir attaquer les dispositions de la législation française sur les actions possessoires. Suivant lui, il n'y a aucune utilité à séparer l'action possessoire de l'action pétitoire : ce n'est qu'une complication, qu'un embarras, qu'une entrave.

22. — Loin de partager cette opinion qui ne repose pas sur une étude suffisamment approfondie des faits, nous pensons que la loi a très bien fait de ne pas confondre l'action possessoire avec l'action pétitoire. Le droit de propriété n'est pas toujours d'une parfaite évidence : souvent il est contesté par plusieurs personnes dont les prétentions paraissent également plausibles. Pour savoir quel est celui qui doit rester vainqueur sur la question de propriété, il faut consulter des titres souvent contraires, s'enquérir des faits obscurs, aborder des questions difficiles ; quelquefois même après une longue instruction la question reste encore douteuse. Dans ce cas, la loi, conforme à la raison, veut qu'à défaut de preuve de la propriété ou jusqu'à la solution définitive de la contestation dont elle est l'objet, le possesseur soit préféré : *in pari causâ melior est causa possidentis.*

23. — D'ailleurs, tant que le droit de propriété n'est pas définitivement réglé, la possession ne peut demeurer vacante ; l'intérêt public exige que les terres soient cultivées, que les fonds ne restent pas improductifs. Pour éviter donc les désordres qui pourraient résulter de l'incertitude de la possession, il était de toute nécessité d'adjuger provisoirement cette possession à celui des deux contendans qui a en sa faveur un titre apparent, la possession, titre qui manque à son adversaire.

24. — Et puis, n'est-ce rien que d'être dispensé de prouver la propriété ou la légitimité de sa possession, et de pouvoir dire jusqu'à preuve contraire : *possideo quia possideo?*

25. — « Que de procès n'ai-je pas vus échouer, dit M. Curasson, parce qu'au lieu d'intenter l'action possessoire, le demandeur s'était pourvu au pétitoire!... Tous les jours il arrive que l'administration forestière, les communes et même des particuliers transforment en délits, et poursuivent devant les tribunaux correctionnels ou de police des faits qui souvent ne sont que des actes de possession légitime. Dans ce cas, il est de la prudence du prévenu, renvoyé à fins civiles, de prendre la voie du possessoire, car il est nombre de propriétés qui ne sont point assurées par des titres assez positifs, pour fonder une demande en revendication, et la possession trentenaire est quelquefois difficile à établir. » — *Compét. jug. de paix*, t. 2, p. 6, n° 7.

26. — Ainsi, celui qui a la possession annale doit bien se garder d'agir au pétitoire, au lieu de se pourvoir par l'action possessoire. C'est le conseil que donne Pothier (*Traité du domaine*, n° 307). — « Le propriétaire d'une chose, dit-il, ne doit avoir recours à l'action en revendication que lorsqu'il a perdu entièrement la possession de cette chose ; s'il est troublé par quelqu'un, il a un très grand intérêt d'intenter contre celui qui le trouble l'action en complainte possessoire, plutôt que l'action de revendication ; et pareillement, s'il avait été dépossédé par violence, il a un très grand intérêt de se pourvoir par l'action possessoire qu'on appelle action en réintégrande, plutôt que par une demande en revendication. La raison est que lorsqu'on en vient au pétitoire, il y a beaucoup plus d'avantage à être le possesseur de la chose qui fait l'objet du procès qu'à être le demandeur, celui-ci étant chargé de prouver son droit de propriété dans cette chose, au lieu que le possesseur n'a rien à prouver de son côté, et est toujours présumé et réputé propriétaire, jusqu'à ce que le demandeur ait pleinement prouvé et établi son droit de propriété. »

27. — Cette opinion de Pothier, nous la retrouvons dans la législation romaine : en effet, voici ce que dit Gaius dans la loi 24, ff., *De rei vindicat.* : « *Is qui destinavit rem petere, animadvertere debet, » an aliquo interdicto possit nancisci possessionem, » quia longè commodiùs est ipsam possidere, et ad- » versarium ad onera petitoris compellere, quàm » alio possidente petere.* »

28. — Les actes législatifs qui ont réglementé la matière des actions possessoires sont : 1° la coutume de Paris, art. 96, 97, 98 ; — 2° l'ordonnance de 1667, tit. 18, art. 1er et 2e (V. *infrà* ch. 2, sect. 2e, art. 1er et 2); — 3° la loi des 16-24 août 1790, sur l'organisation des justices de paix (art. 10 du tit. 3), qui attribue aux juges de paix la connaissance de *toutes les actions possessoires* : — 4° la loi du 26 oct. 1790, qui décide que ces actions doivent être portées devant le juge de la situation de l'objet litigieux ; — 5° l'art. 2060 2°, C. civ., qui porte que la contrainte par corps peut être prononcée en cas de réintégrande ; — 6° les art. 23, 24, 25, 26 et 27, C. procéd. civ., lesquels ont laissé des lacunes qui forcent de recourir aux anciens principes ; — 7° l'art. 6, L. 25 mai 1838 sur les justices de paix, qui est ainsi conçu : « Les juges de paix connaissent à charge d'appel : 1° des entreprises commises dans l'année, sur les cours d'eau servant à l'irrigation des propriétés et au mouvement des usines et moulins, sans préjudice des attributions de l'autorité administrative, dans les cas déterminés par les lois et par les régle-

mens; 2o des dénonciations de nouvel œuvre, complaintes, actions en réintégrande, et autres actions possessoires fondées sur des faits également commis dans l'année. »

CHAPITRE II. — *Nature des actions possessoires. — Leurs différentes espèces.*

Sect. 1re. — *Nature des actions possessoires.*

29. — Le but direct des actions possessoires est ou d'empêcher que le possesseur ne soit troublé ou de le faire réintégrer, s'il vient à être dépossédé. — Pour le cas de trouble, l'action possessoire prend, suivant les circonstances, le nom de *complainte* ou de *dénonciation de nouvel œuvre;* pour le cas de dépossession, le nom de *réintégrande.*

30. — Les actions possessoires sont de véritables actions réelles, naissant d'un droit dans la chose, c'est-à-dire du droit de possession, qui, n'étant lui-même qu'une présomption de propriété, ne peut avoir d'autre caractère que la propriété même. — Belime, ch. 10, no 210.

31. — La première conséquence de ce principe, c'est que les actions possessoires peuvent être exercées contre toute personne qui usurpe ou détient la chose, indépendamment de toute idée d'obligation préexistante.

32. — La seconde conséquence, c'est que si l'usurpateur immédiat avait vendu la chose, même à un acquéreur de bonne foi, celui-ci pourrait être attaqué par la complainte, qui, comme toute action réelle, suit la chose entre les mains des tiers.

33. — La troisième conséquence, c'est que l'action doit être portée devant le juge de la situation de l'objet litigieux. — C. procéd., art. 3.

§ 1er. — *Distinction entre le possessoire et le pétitoire.*

34. — Les actions possessoires diffèrent de l'action pétitoire en ce que le demandeur conclut seulement, dans les premières, à être maintenu ou réintégré dans la possession sans rien préjuger sur le fond du droit, tandis que dans la dernière, c'est la propriété même qu'il revendique.

35. — Elles diffèrent également de l'action connue autrefois sous le nom d'*action publicienne*, en ce que celle-ci était formée par l'acquéreur de bonne foi, fondé en titre et en voie de prescrire contre le possesseur qui lui avait enlevé la chose, tandis que pour la complainte il n'est pas nécessaire qu'il y ait titre et bonne foi : il suffit d'avoir possédé pendant une année *animo domini*. — V. ACTION (droit romain), no

36. — En général, c'est par les conclusions du demandeur que se détermine la nature de l'action qu'il intente; cependant ce n'est pas toujours aux termes mêmes de l'assignation qu'il faut s'attacher pour cela, mais plutôt à l'intention du demandeur et à l'objet de la demande.

37. — Ainsi, l'action originairement possessoire n'a pas cessé d'être telle, soit parce que le demandeur a conclu à 50 fr. de dommages-intérêts, en se fondant *sur son droit à la propriété,* soit parce que le juge de paix a ordonné la mise en cause d'un tiers, que le défendeur disait être *propriétaire* de l'objet litigieux. — *Cass.*, 1er mars 1819, comte de Béarn c. Tarlé; *Amiens*, 3 juill. 1822, Blattier c. Caron. — V. aussi Bioche et Goujet, *Dict. de procéd.*, vo *Action possessoire*, no 4.

38. — De même, celui qui, dépossédé par violence, avait le droit d'exercer l'action en réintégrande, ne peut être considéré comme ayant renoncé à cette action pour prendre la voie de la complainte possessoire, en ce qu'il aurait conclu à être *maintenu et gardé en la possession annale qu'il offrait de prouver*. Ces conclusions et cette offre surabondante ne sauraient avoir modifié la nature de son action, s'il a demandé, tant dans l'exploit introductif d'instance que dans les explications qu'il on suivie dans le cours de la procédure, à être maintenu *à titre de réintégrande* avec dommages-intérêts. — *Cass.*, 19 août 1839 (t. 2 1839, p. 188), Duvivier c. Toudouze. — V. toutefois l'arrêt du 9 fév. 1837 (t. 2 1837, p. 257), Brasseur c. Bertrand. Mais dans l'espèce de cet arrêt, il semble résulter des faits qu'il y avait eu option pour l'action en complainte.

39. — De même encore, bien que le demandeur en complainte ait prétendu que la possession dans laquelle il demandait à être maintenu réunissait tous les caractères voulus par la loi, notamment que sa jouissance n'était pas à titre précaire et qu'il possédait *animo domini*, sans néan-

moins prendre de conclusions pour être déclaré propriétaire, l'action ne cesse point d'être possessoire. — *Cass.*, 30 nov. 1818, Aubertie c. Caignard.

40. — Mais l'action est pétitoire et par conséquent de la compétence du tribunal de première instance lorsque le demandeur en réintégration de terres usurpées dans l'année conclut à être rétabli non seulement dans la possession, mais encore dans la propriété du terrain. — *Cass*, 3 oct. 1810, Morat c. Besse.

41. — Et l'action ne cesse pas d'être pétitoire parce que le fermier contre lequel elle a été intentée a demandé la mise en cause du propriétaire et que celui-ci a déclaré ne pas vouloir prendre part à la contestation ; ces incidens ne peuvent faire perdre à l'action son caractère primitif. — Même arrêt.

42. — Il a été jugé, dans le même sens, que, lorsque le défendeur à une action en complainte soutient que le terrain litigieux n'est pas le même que celui énoncé dans le titre du demandeur, et que ce dernier n'offre point d'autre preuve de sa possession que ce titre, le juge de paix doit s'abstenir et renvoyer les parties à se pourvoir au pétitoire, car, dans ce cas, la preuve de la possession n'est pas faite. — *Cass.*, 12 avr. 1813, Balagny c. d'Avrange-d'Augeranville. — V. aussi Merlin, *Rép.*, vo *Complainte ;* Guichard, *Quest. poss.*, p. 293, *in fine*.

43. — Ce n'est pas toujours par les conclusions primitives que se détermine le caractère de l'action : la demande originaire peut être modifiée par des conclusions subsidiaires. — *Cass.*, 21 avr. 1834, Blasque c. de Rogemont.

44. — La nature de l'action n'est pas modifiée par les moyens invoqués par le défendeur. — Garnier, *Tr. des act. poss.*, p. 224 et 373 ; Bioche et Goujet, *ibid.*, no 8 ; Ferrière, vo *Complainte ;* Duparc-Poullain, *Princ. du droit*, t. 10, p. 703, no 24; Denisart, vo *Complainte ;* Carou, *Princ. des actions poss.*, 1re édit., no 553 ; 2e édit., no 605.

45. — Cependant M. Belime (*Tr. des actions poss.*, no 319) est d'avis que si le défendeur répond à l'action contre lui intentée, qu'il n'a pas agi *jure dominii;* qu'il n'a aucune prétention à répéter les actes qu'on lui impute, on ne peut voir dans la demande une action possessoire, puisqu'il n'y a nul débat sur la possession. — V. p. 345.

46. — « De deux choses l'une, ajoute M. Belime, ou bien le fait, changeant de face par la nature de la défense, ne se trouve plus placé dans les attributions du juge de paix, cas auquel il doit se dessaisir, en réservant toutefois les frais de la citation qui devront être mis à la charge de la partie qui succombera; ou bien le fait reste de la compétence du juge de paix à quelque autre titre, cas auquel il en connaîtra sans qu'il soit besoin d'une nouvelle citation. »

47. — « Supposons, continue le même auteur, que le propriétaire d'un fonds non enclavé passe sur mon héritage pour enlever sa récolte, en endommageant la mienne. Craignant qu'il ne prétende sur moi une servitude de passage, je l'actionne au possessoire, mais devant le juge de paix il reconnaît qu'il n'a aucun droit d'agir ainsi ; il s'excuse seulement sur ce que le trajet sur son propre fonds étant long et difficile, il a cru pouvoir passer sur ma propriété. Je dis que, dans une pareille hypothèse, il n'y a plus de question possessoire ; mais il en reste une autre, celle de dommage causé aux récoltes. Et comme ces sortes d'actions sont de la compétence du juge de paix, il en connaîtra, quels que soient les dommages-intérêts réclamés. »

48. — Nous ne pouvons admettre cette distinction plus ingénieuse qu'exacte. Nous persistons à croire que lorsque le juge de paix a été régulièrement saisi de la connaissance d'une action possessoire, la reconnaissance par le défendeur du droit de son adversaire ne change en aucune façon la compétence du tribunal devant lequel la demande a été portée. Nous voyons au contraire dans cette circonstance une nouvelle preuve que l'action était bien intentée, et par conséquent le juge doit non pas se dessaisir, mais adjuger au demandeur ses conclusions, lui accorder, s'il y a lieu, des dommages-intérêts, et condamner le défendeur aux dépens.

49. — Au surplus, c'est ce qui a été jugé dans le cas où le défendeur excipait de son droit de propriété. — *Cass.*, 9 fév. 1820, Maichin c. Guillemot ; 23 fév. 1814, Porral c. Vialotte ; 10 juin 1816, Hamart c. Moreau ; 30 nov. 1818, Aubertie c. Caignard ; 1er mars 1819, comte de Béarn c. Tarlé ; 13 juin 1814, Leroi c. Taffoire.

50. — A plus forte raison, le juge de paix ne cesse pas d'être compétent lorsque le défendeur assigné au possessoire ne conteste ni la propriété

ni la possession annale du demandeur. — *Cass.*, 15 juill. 1834, Amanieu c. Créon.

51. — Ce serait comme juge civil, et non comme juge de police, que le juge de paix devrait statuer sur une action en usurpation de clôture et trouble à la possession, quoique la citation contînt ces mots : « Sauf les conclusions du ministère public, à raison de l'amende prévue par l'art. 41, tit. 2, L. 6 oct. 1791 ; » surtout si le ministère public, après avoir reconnu le caractère civil de l'action, a refusé de conclure et s'est retiré. — *Cass.*, 21 avr. 1834, Blasque c. de Rogemont.

52. — Jugé cependant que lorsque des terrains indivis entre divers particuliers, et sur lesquels ils exerçaient en commun un droit d'usage, ont été partagés entre eux, et que quelques uns des copartageans sont, pour avoir enclos leur lot, actionnés devant le juge de paix, par la voie possessoire, à la requête d'un des copartageans auquel ils opposent l'acte qu'il a signé, le juge de paix peut se déclarer incompétent, en se fondant sur ce que l'action tient plutôt à la propriété qu'à une question de possession. — *Cass.*, 29 juin 1824, Eirel c. Doyen.

53. — Celui auquel la loi accorde l'action possessoire peut, s'il le préfère, intenter l'action pétitoire. — Belime, no 322.

54. — Mais la partie qui, sans intenter l'action possessoire, assigne directement au pétitoire, doit faire la preuve de la propriété qu'elle allègue, quelle que soit la position dans laquelle elle se trouve relativement à la possession. — *Besançon*, 2 août 1827, commune Vaivre c. commune de Pusey.

55. — De même, celui qui, après avoir été renvoyé sur une instance correctionnelle à se pourvoir à fins civiles, prend la voie du pétitoire sans passer par le possessoire, doit faire preuve tant par titres que par témoins de la propriété qu'il allègue. — *Besançon*, 14 août 1822, Bouvet c. commune de Grandvaux.

56. — Il en serait ainsi, alors même que ce serait l'autre partie qui, sur le renvoi demandé par le prévenu, aurait saisi les juges civils. — *Cass.*, 7 déc. 1831, commune de la Roche-Vanneau c. Meugnot.

§ 2. — *Effets généraux des actions possessoires.*

57. — La conséquence la plus importante du jugement rendu au possessoire, c'est que celui qui a obtenu la possession est présumé propriétaire; de telle sorte que poursuivi au pétitoire il n'a pas à prouver son droit de propriété. Il est donc présumé propriétaire dans l'intervalle. — *Cass.*, 5 juill. 1826, Bartholdi c. ville de Colmar. — V. aussi Pothier, *Possession*, no 83 ; Bioche et Goujet, vo *Actions possessoires*, no 9; Toullier, t. 7, no 28.

58. — De là quelques auteurs ont conclu, mais à tort selon nous, que celui qui, par jugement rendu au possessoire, a été maintenu en possession d'un héritage, ne peut, lorsqu'il succombe au pétitoire, être condamné à la restitution des fruits par lui perçus depuis le premier jugement, sous prétexte que ce jugement ne l'avait maintenu que provisoirement et à titre précaire, et qu'ainsi il a possédé de mauvaise foi. Le jugement au possessoire est définitif sur le fait et les caractères de la possession, et le possesseur fait les fruits siens tant que le réclamant n'a pas établi ses droits par la voie du pétitoire. — *Cass.*, 5 juill. 1826 (cité no 57). — V. aussi *Nouveau Denisart*, vo *Complainte*, § 4, no 3, et Hennequin, *Revue de législ.*, t. 6, p. 215 (article intitulé *De la possession, relativement aux fruits*).

59. — M. Carou (no 566, 1re édit. ; 660 et suiv., 2e édit.), s'appuyant sur l'opinion de Carré (*Just. de paix*, t. 2, p. 399) et de Duparc-Poullain (t. 1er, p. 150, no 2), et sur l'art. 24, C. procéd., combat, avec raison, cette solution de la cour de Cassation : « Le jugement possessoire, dit-il, ne règle que le fait en lui-même, non pas le droit des parties : que la possession ait été ou non de bonne foi, n'importe, il suffit qu'en fait elle existe, et le possesseur est maintenu. Mais le jugement lui-même, qui maintient celui-ci en possession, rend-il sa possession de bonne foi? Non, assurément, puisqu'il ne fait que consacrer un fait préexistant : il ne maintient la possession que telle qu'elle était et avec les caractères qu'elle avait : de bonne ou de mauvaise foi, si elle était déjà de bonne ou de mauvaise foi... Donc, si le possesseur n'apporte à l'appui de sa possession, et pour la justifier, que le jugement lui-même qui l'a déclaré possesseur, il doit être condamné à la restitution des fruits, et cela doit s'entendre des fruits perçus depuis ce jugement comme de ceux perçus auparavant : il est tenu, dit l'art. 549, de rendre les produits avec la chose au propriétaire qui la revendique. La loi n'a point

distingué. » — V. aussi Garnier, *Act. possess.*, p. 101 ; Curasson, t. 2, p. 317. — M. Bélime (*Tr. du dr. de possess.*, no 497 et suiv.) adopte cette opinion ; il s'appuie sur l'ancienne jurisprudence, et sur l'esprit de l'arrêt de *Cass.*, du 5 juill. 1826 (cité nos 57 et 58), qu'il interprète dans son sens.

60. — Il en serait ainsi *à fortiori* du cas où la recréance, ou possession provisionnelle, aurait été accordée à l'une des parties ; car, dans ce cas, si la partie à qui cette possession est accordée a le droit de jouir de l'héritage contentieux pendant le procès au pétitoire, ce n'est qu'à la charge de rendre compte des fruits à l'autre partie, dans le cas où celle-ci gagnerait au pétitoire. — Pothier, *Tr. de la possess.*, no 105 ; Henrion de Pansey, *De la compét. des juges de paix*, chap. 48 ; Bioche et Goujet, vo *Action possessoire*, no 174. — Sur la recréance, V. *infrà* nos 606 et suiv.

61. — Un autre effet de la possession ainsi obtenue et prolongée pendant un certain temps, c'est de faire arriver le possesseur à la propriété. — C. civ., art. 2219, 2228 et suiv. — V. PRESCRIPTION. — V. aussi Carou, no 18, 1re édit. ; 22, 2e édit.

62. — Nous verrons, du reste, sous le chap. 4, ce qui est exigé pour l'exercice des actions possessoires, et, par conséquent, à quelles conditions on peut arriver à rejeter sur son adversaire le fardeau de la preuve, et à préparer à son avantage le bénéfice de la prescription.

Sect. 2e. — *Des différentes espèces d'actions possessoires.*

ART. 1er. — *De la complainte.*

§ 1er. — *Historique.*

63. — La complainte est l'action possessoire par excellence, c'est celle dont le nom autrefois servait à désigner toutes les actions ; on disait *la complainte en cas de propriété, en cas de gage, en ou de saisine et nouvelleté*, etc...

64. — Aujourd'hui, le sens de cette expression est plus restreint ; complainte ne désigne plus que l'action par laquelle le possesseur annal demande à être maintenu dans sa possession.

65. — Aux yeux mêmes de certains auteurs, elle est la seule action possessoire reconnue dans notre droit ; car la réintégrande, suivant eux, n'est pas, à proprement parler, une action possessoire, et la dénonciation de nouvel œuvre n'en diffère que par le nom et par l'objet auquel elle s'applique. — Bélime, *Act. possess.*, p. 223 *in fine* et 224.

66. — Ceux qui veulent, en toute occasion, remonter au droit romain pour y chercher l'origine de nos institutions, prétendent que la complainte correspond à l'interdit *retinendæ possessionis* des Romains. — V. INTERDIT. — Nous avons dit nos 3 et suiv. ce que nous pensions de cette opinion.

67. — Nous avons dit aussi (no 47) qu'il ne fallait pas s'arrêter davantage à l'opinion de ceux qui, sans remonter jusqu'au droit romain, prétendent trouver dans la loi salique l'origine de la complainte.

68. — C'est dans le droit coutumier que la saisine a pris naissance, et, par conséquent, lorsqu'on veut l'étudier dans sa source, il faut consulter nos plus anciens coutumiers et nos praticiens des treizième et quatorzième siècles. — V. aussi Klimrath, *Étud. hist. sur la Saisine* ; Troplong, *Prescript.*, t. 1er, p. 477 ; Henrion de Pansey, *Compét.*, chap. 33 et 34 ; Bélime, *Act. possess.*, chap. 9, p. 209 ; Albrechts, *Die Gewere als Grundlage des Ællern deutschen sachenrechts* (la saisine comme fondement de l'ancien droit germanique relativement aux choses) ; Chavot, *Dissertation couronnée à la Faculté de Dijon en 1840*.

69. — La plupart des vieux auteurs enseignent que la complainte a lieu pour simple trouble dans la possession, et que lorsque la possession nous a été totalement enlevée, c'est le cas d'intenter la réintégrande. Il ne faut aucunement s'attacher à cette idée, qui n'est plus exacte aujourd'hui. La complainte s'exerce toutes les fois que le possesseur annal éprouve de la contradiction sans voie de fait, qu'il soit inquiété seulement ou dépossédé tout-à-fait, peu importe. La réintégrande s'intente, au contraire, lorsqu'il y a eu voie de fait ou violence. En sorte que la différence ne consiste pas dans le plus ou moins d'étendue du trouble, mais dans le caractère avec lequel ce trouble s'est produit. — Bélime, *Act. possess.*, p. 224, chap. 10, no 209 *in fine*.

70. — Du reste, cette distinction entre le simple trouble, qui n'enlevait que la saisine, et la dépossession réelle, disparut vers le milieu du quatorzième siècle. En effet, le grand coutumier nous apprend que ce fut Simon de Bucy, mort premier président du parlement de Paris, en 1368, qui introduisit cette règle, que celui qui serait expulsé de son héritage n'en perdrait que la possession de fait, et qu'il en conserverait la saisine. « C'est messire Simon de Bucy qui premièrement trouva et » mit sus les cas de nouvelleté. » — De sorte que, depuis Simon de Bucy, il fallait agir, dans tous les cas, pour être *maintenu* dans sa possession et saisine. — Laurière, *Cout. de Paris*, t. 1er, p. 256. — V. aussi Henrion de Pansey, *Compét.*, chap. 35 ; Bourjon, *Dr. commun. de la France, des Act. réelles*, tit. 4, chap. 1er, sect. 2e, no 13 ; Troplong, *Prescript.*, t. 1er, p. 482, no 299 ; Carou, no 28, 1re édit. ; no 32, 2e édit.

71. — Un arrêt du parlement, rendu vers la fin du treizième siècle, avait statué « que les plaintes de nouvelle dessaisine n'iraient pas au parlement ; mais que chaque bailli ou sénéchal, dans sa baillie ou sénéchaussée, appelant avec lui des hommes de bien, se transporterait sur le lieu du débat, et s'informerait sans bruit si la dessaisine, l'empêchement, le trouble étaient nouveaux, et que, s'il en était ainsi, il ferait aussitôt ressaisir le lieu, le mettrait sous la main du roi (*in manu regis*), et puis ferait droit aux parties. » — Laferrière, *Hist. du dr. franç.*, t. 1er, p. 297.

72. — L'ord. du 22 sept. 1347 portait que lorsque quelqu'un se plaignait d'avoir été troublé dans sa possession ou saisine injustement et nouvellement, il devait présenter, dit M. Laferrière (*ibid.*), des lettres royales de nouvelleté. Le juge les remettait à quelqu'un de ses sergens pour qu'elles fussent exécutées, et commettait le même sergent par lettre ou autrement, afin qu'il convoquât ou ajournât les parties sur le lieu contentieux, si le cas dénoncé demandait l'inspection : là, en présence des objets, le demandeur, qui avait obtenu les lettres, faisait sa plainte contre le défendeur, suivant la teneur des lettres. Aussitôt le défendeur devait ou s'opposer ou céder. En cas d'opposition, le sergent devait rétablir le défendeur dans sa possession, s'il avait été expulsé ou lésé autrement, avant d'être reçu à opposition. Les lieux étant ressaisis, le sergent devait mettre la chose sous la main du roi, et par la main du roi il faisait la recréance (nous verrons plus loin ce que c'est que la recréance) ; alors il assignait à jour certain, devant le juge compétent ; tout cela devait être fait par le sergent *uno die, imo unâ horâ, sine aliquâ figurâ judicii*. — Le système de cette ordonnance rappelle, sous beaucoup de rapports, la procédure des interdits romains. — V. INTERDIT.

73. — La coutume de Paris (art. 96, tit. 4) disposait ainsi : « Quand le possesseur d'aucun héritage ou droit réel, réputé immeuble, est troublé et empêché dans sa possession et jouissance, il peut et lui loist soi complaindre, et intenter poursuite en cas de saisine et de nouvelleté dans l'an et jour du trouble à lui fait, et donné audit héritage ou droit réel, contre celui qui l'a troublé. » — V. aussi art. 97 et 98.

74. — L'ord. de 1667 (tit. 18, art. 1er) s'exprimait ainsi : « Si aucun est troublé en la possession et jouissance d'un héritage ou droit réel, ou universalité de meubles qu'il possédait publiquement, sans violence, à autre titre que de fermier ou possesseur précaire, il peut, dans l'année du trouble, former complainte, en cas de saisine et nouvelleté, contre celui qui lui a fait le trouble. »

75. — L'ordonnance de 1667 resta en vigueur jusqu'aux lois des 16-24 août 1790, et 26 oct. même année, qui, elles-mêmes, ont été abrogées ou modifiées par les art. 23 et 27, C. procéd. civ., et par l'art. 6, L. 25 mai 1838, dans lequel il faut aller chercher le dernier état de notre droit.

76. — Dans l'ancienne jurisprudence, l'action en complainte, quoique distincte de l'action pétitoire, était portée devant les mêmes tribunaux. Mais, après l'institution des juges de paix, la loi du 24 août 1790 a remis à ces magistrats la connaissance de ces sortes d'affaires, qu'ils conservent encore aujourd'hui.

§ 2. — *Caractères généraux du trouble.*

77. — On a vu plus haut que la complainte a pour objet de faire cesser le trouble apporté à la possession de celui qui a la saisine. Mais qu'entend-on par trouble ?

78. — On appelle trouble tout empêchement causé au possessoire : *Turbatio dicitur fieri per quamcumque molestiam et impedimentum*. — Rebuffe, *Comment. in reg. constit. gall., de mater. poss.*, art. 6, gl. 1re.

79. — Pour que le trouble, dans la possession, donne lieu à complainte, il faut que cette possession réunisse certaines conditions exigées par la loi. — V. *infrà* chap. 4, nos 383 et suiv.

80. — On doit réputer trouble de possession tout acte emportant prétention à la propriété ou à un droit de servitude, quand bien même le plaignant n'aurait pas à craindre qu'un droit pût être acquis contre lui. — Bélime, nos 316 et 317.

81. — Il est impossible d'énumérer toutes les espèces de troubles qui peuvent se commettre. Rebuffe en comptait vingt-deux ; Menochius (*de Remed. adip. ret. vel. recup. poss.*) en avait découvert six de plus ; mais de pareils catalogues ne peuvent qu'être incomplets et illusoires. — Bélime, no 323.

82. — Le trouble, dans la possession d'un droit incorporel, peut donner lieu à l'action en complainte. — En conséquence, le défrichement d'un sentier que le propriétaire d'un héritage limitrophe est, d'après les titres communs, obligé de maintenir en état de non culture, au profit de celui à qui appartient le droit de passage, peut être considéré par ce dernier comme un trouble à sa jouissance, et motiver une action possessoire de sa part. — *Cass.*, 15 fév. 1841 (t. 1er, 1841, p. 626), Dumont c. Tanton et Conchon ; — Pothier, *de la Possess.*, no 55 ; Merlin, *Rép.*, vo *Possession*, § 1er ; Garnier, *Tr. des act. possess.*, p. 132 ; Troplong, *Tr. de la prescript.*, no 337 ; Pardessus, *Tr. des servit.*, no 324.

83. — Outre la maintenue en possession, le complaignant peut, selon les circonstances, conclure à des dommages-intérêts. — Bioche et Goujet, vo *Actions possessoires*, no 27.

84. — Si le fait de trouble constitue une contravention, un délit ou un crime, le possesseur troublé peut poursuivre le délinquant devant les tribunaux de répression. — Proudhon, *Du dom. publ.*, t. 3, no 995 ; Bélime, no 315.

85. — Le droit romain nous fournit un exemple d'un dommage grave qui ne serait pas un trouble : ce serait le cas où, dans un incendie, quelqu'un prendrait sur lui de démolir une maison pour arrêter les progrès des flammes (L. 7, ff., *quod vi aut clam*) ; on pourrait, suivant les circonstances, agir en dommages-intérêts, mais il n'y aurait pas lieu d'intenter une action possessoire. — Bélime, nos 315 et 321.

86. — Pour donner lieu à la complainte, il n'est pas nécessaire qu'il y ait un préjudice actuel, il suffit que le demandeur puisse alléguer un préjudice prochain. — *Cass.*, 14 août 1832, Moutier et Lemercier c. Bézuel.

87. — ...Si, par exemple, le trouble annonce, de la part du détenteur, l'intention d'acquérir la possession ou de la rendre équivoque dans la personne du demandeur. — Pothier, *Possess.*, no 108 ; Bélime, no 317.

88. — Aussi a-t-il jugé que l'action possessoire est recevable toutes les fois qu'un ouvrage fait de main d'homme peut nuire à la propriété d'autrui, quoique ce dommage ne soit pas encore arrivé. — *Cass.*, 2 déc. 1829, Bras-Dumas c. Capelle ; *Riom*, 10 fév. 1830, Richard c. Gire. — V. aussi Daviel, *des Cours d'eau*, t. 2, nos 714 et 964 ; Garnier, p. 144 ; et Bioche et Goujet, *Dict. de Procéd.*, vo *Action possessoire*, no 15.

89. — C'est l'application du principe de droit romain : « *Toties locum habet, quoties manu facto opere agro aqua nocitura est.* » — L. 11, § 11, ff., *De aquâ arcendâ*.

90. — Mais le propriétaire qui exerce l'action possessoire doit prouver, pour être recevable, non seulement que des travaux ont été établis par le défendeur sur le terrain dont il se prétend possesseur, mais encore qu'il résulte de ce trouble quelque dommage pour lui. — Faute par le demandeur de faire cette double preuve, il doit être déclaré sans intérêt et sans qualité à se plaindre des travaux exécutés par son adversaire. — *Cass.*, 21 mai 1838, Desportes c. Richier.

91. — Jugé, dans ce sens, que des travaux faits par un propriétaire sur son terrain, pour diminuer les inconvéniens d'une servitude, ne peuvent donner lieu à une action possessoire, s'il n'en résulte aucun préjudice pour le fonds dominant. — *Cass.*, 6 déc. 1827, Salles c. Queheillat. — V. aussi Pothier, *De la possess.*, no 103.

92. — Jugé de même que la complainte possessoire peut être repoussée s'il est constant, en fait, qu'il n'en résulte pour le présent et qu'il ne peut en résulter pour l'avenir aucun notable préjudice. — *Cass.*, 14 août 1832, Moutier c. Beziol.

93. — Jugé encore que le possesseur du trop plein des eaux d'une fontaine est non-recevable à intenter une action en complainte à raison d'une prise d'eau pratiquée par un tiers dans le canal qui alimente cette fontaine, si cette entreprise ne lui cause aucun préjudice. — *Cass.*, 12 nov. 1833, Delsol c. Bois.

94. — Par application du même principe, il a été décidé que dans le cas où un propriétaire, voulant construire sur son terrain, a pratiqué une excava-

tion sous le mur d'un propriétaire voisin, et a remplacé la terre qu'il en a extraite par une bonne maçonnerie, les juges peuvent, sans violer aucune loi, refuser d'ordonner, sur la demande du propriétaire du mur, le rétablissement des lieux dans leur premier état, alors qu'il n'y a contestation, ni sur la propriété, ni sur la possession de ce dernier, et qu'il est constant qu'il n'éprouve aucun préjudice. — *Cass.*, 27 août 1827, Visoccq c. Fournier.

95.—L'action serait-elle recevable, quand même les travaux auraient été exécutés sur le terrain appartenant à l'auteur du trouble? — La jurisprudence a reconnu qu'il y aurait lieu à une action possessoire. Mais est-ce par voie de complainte ou par voie de dénonciation de nouvel œuvre qu'il faudrait procéder?—V., *infrà* nos 470 et suiv., les variations de la jurisprudence sur cette question.

§ 3.—*Distinction entre le trouble de fait et le trouble de droit.*

96. — Il y a deux sortes de trouble, le trouble de fait et le trouble de droit.

97. — «Trouble, dit Loisel (liv. 4, tit. 5, règle 12), » s'entend non seulement par voie de fait, mais » aussi par dénégation judiciaire. »

98. — 1o *Trouble de fait.* — Le trouble de fait a lieu lorsqu'un obstacle matériel est apporté à la jouissance; par exemple, le détournement d'un cours d'eau, l'établissement d'une haie, d'un fossé. —V. les exemples cités au chap. 3.

99. — Le fait matériel de la possession ne constitue pas à lui seul le trouble de fait : il faut de plus la volonté de posséder. En effet, puisque la complainte a pour but une maintenue de possession, c'est le droit et non le fait de possession que l'on doit considérer; or, dans notre hypothèse, la possession elle-même n'ayant pas été troublée, puisque les entreprises faites sur le fonds l'auraient été sans intention de posséder le terrain sur lequel elles auraient été faites, il n'y aurait pas de motif pour intenter cette action. — V. Pothier, *Possession*, no 39; Boitard, *Leçons de proc.*, t. 1er, p. 425; Bélime, *Du droit de poss.*, no 315.

100. — C'est même plus dans l'intention que dans le fait matériel lui-même que gît le caractère du trouble possessoire. — Imbert, *Pratique judiciaire*, liv. 1er, chap. 16; Bélime, no 318.

101. — Contrairement à l'opinion de Carré et de MM. Bioche et Goujet (vo *Action possessoire*, no 18), nous admettrions dans ce cas la réintégrande. —V. chap. 2e, sect. 2, art. 2, nos 131 et suiv. — Boitard (p. 425) pense au contraire qu'il y aurait seulement lieu à l'application de l'art. 1382, C. civ., et par conséquent à une action en dommages-intérêts.

102. — Bien que les servitudes discontinues ne puissent se prescrire (C. civ., art. 691), cependant l'action possessoire serait ouverte contre un propriétaire, dont le fonds n'est pas enclavé, qui, sans avoir aucun titre, prétendrait passer sur le terrain du voisin, et persisterait, malgré l'opposition de ce dernier, à réclamer un droit de passage. — Bélime, no 316.

103. — Il a même été jugé que le simple fait d'avoir passé avec voiture dans la cour d'un individu constitue un trouble de la compétence du juge de paix, bien que la propriété et la possession du demandeur ne soient pas contestées. — *Cass.*, 21 avr. 1834, Blasque c. de Rogemont; 15 juill. 1831, Amonieu c. Créon. — Dans ce cas, il est donné acte de l'aveu que la possession n'est pas contestée, et le juge de paix statue sur les dommages-intérêts, dans les limites de sa compétence. — V. *contrà* Bélime, nos 320 et suiv.

104. — Le fait de chasser sur le territoire d'autrui, de voler des fruits dans un verger, ne pourrait servir de base à la complainte, pas plus qu'on ne pourrait diriger cette action contre le délinquant qu'un propriéteire surprendrait pêchant dans son canal ou faisant paître du bétail dans son bois. — Proudhon, *Traité du domaine public*, t. 3, no 995; Bélime, no 315.

105. — Pareillement, si celui sur la propriété duquel avancent les branches des arbres du voisin procède lui-même à l'élagage, contrairement à l'art. 672, C. civ., cet acte n'emportant pas de prétention à la propriété des arbres, ne constitue pas un trouble susceptible d'entraîner la complainte, mais c'est une voie de fait qui rend l'auteur passible d'une peine correctionnelle. — Bélime, no 325. — V. aussi C. forest., art. 150.

106. — 2o *Trouble de droit.* — On appelle trouble de droit celui qui résulte de la contestation de la possession manifestée par un acte ou un exploit, tels qu'une saisie, une sommation, une citation. — V. Rodier, sur l'art. 1er, tit. 18 de l'ord.; Duparc-Poullain, *Pr. de jur.*, liv. 10, tit. *De la compl.*; Berriat Saint-Prix, t. 1er, p. 115; Henrion, chap. 37, p. 332 et suiv.; Merlin, *Rép.*, vo *Complainte*, § 4; Bioche et Goujet, vo *Action possessoire*, no 16; Bélime, no 330. — Ce trouble s'appelait aussi autrefois *trouble de paroles*.

107. — Si un tiers, se croyant propriétaire d'une maison, opère la saisie des meubles du locataire, c'est un trouble de droit qui permet d'agir par la complainte. — *Cass.*, 12 oct. 1814, Huot c. Petit et Boudit; — Bélime, no 330.

108. — C'est encore ce qui a lieu si un tiers signifie congé à mon fermier ou l'actionne en réparations locatives. —V. Boitard, p. 426.

109. — Il pourrait arriver aussi que des contradictions de fait souvent réitérées fissent perdre à la possession le caractère de possession paisible exigé pour l'admission de l'action (chap. 4); et l'on devrait comprendre dans cette espèce de trouble une simple sommation extrajudiciaire. — Vazeille, *Prescription*, no 45; Bioche et Goujet, vo *Action possessoire*, nos 16 et 83.

110. — La complainte formée contre une personne est un trouble de droit à sa possesion. Il n'en est pas de même de la revendication; le prétendu propriétaire, loin de troubler ainsi le possesseur, rend au contraire hommage à sa possession, puisqu'on ne revendique que contre ceux qui possèdent. — Bélime, no 335.

111. — Le mémoire fourni par un propriétaire devant l'autorité administrative pour faire rejeter la demande formée par son voisin afin d'être autorisé à faire les travaux nécessaires à la jouissance d'un droit constitue un véritable trouble à la propriété. — Ce trouble est de nature à donner lieu à une action judiciaire en reconnaissance du droit de propriété et en dommages-intérêts, surtout si la décision administrative qui rejette la demande n'est fondée que sur le litige soulevé par le mémoire sur la question de propriété, et ne prononce ainsi que sauf à statuer ultérieurement dans le cas où cette question serait décidée en faveur du pétitionnaire. — *Cass.*, 5 avr. 1835 (t. 2 1837, p. 80), Durand c. Cornu.

112. — Un propriétaire contre lequel le garde champêtre d'une commune a, de l'ordre du maire, dressé un procès-verbal constatant une prétendue anticipation sur le chemin communal, peut considérer ce procès-verbal comme un trouble à sa possession, et former contre la commune une action en complainte. — *Cass.*, 10 janv. 1827, Martin c. commune de Champlay.

113. — Tous les auteurs sont d'accord pour reconnaître que le trouble de droit, de même que le trouble de fait, donne lieu à l'action en complainte. —V. Duparc-Poullain, *Principes de jurisprudence*, liv. 10, tit. *De la complainte*; Rodier, sur l'art. 1er, tit. 18, ordonn. de 1667; Merlin, *Rép.*, vo *Complainte*, § 4; Henrion de Pansey, *Compétence des jug. de paix*, chap. 37, p. 332 et suiv.; Berriat Saint-Prix, *Proc. civ.*, p. 115; Carré, *Just. de paix*, t. 1er, p. 47, et t. 2, p. 392; Garnier, *Action possess.*, p. 151; Carou, *Juridict. civ. des juges de paix*, no 588; Poncet, *Traité des actions*, no 87; Bioche et Goujet, *Dictionn. de procéd.*, vo *Action possessoire*, no 16.

114. — Mais tous sont également d'accord que l'action au pétitoire, tendant à la dépossession d'un immeuble ou d'un droit réel, ne peut être considérée comme un trouble de droit, parce que cette action n'empêche pas la possession, qui subsiste pendant l'instance au pétitoire. —V., outre les auteurs rappelés au numéro qui précède, Denizart, vo *Trouble*, qui rapporte un arrêt rendu en ce sens le 12 août 1763.

115. — C'est ainsi qu'il a été jugé que l'action en partage de biens indivis formée par l'un des communistes contre celui qui a joui séparément de tout ou partie de ces biens ne peut être considérée comme un trouble de droit à la possession de ce dernier, et donner lieu de sa part à une action en complainte. — *Cass.*, 25 avr 1842 (t. 2 1842, p. 231), Hervé de Beaulieu c. Jasnot et Gilbert.

116. — De même, l'exception de propriété opposée par le défendeur à une action correctionnelle ne constitue pas par elle-même un trouble de nature à autoriser l'action en complainte. — *Cass.*, 20 janv. 1824, Gaide-Roger, c. Caroillon de Vaudeul; — Bioche et Goujet, vo *Action possessoire*, no 26.

117. — Mais jugé que la citation en conciliation sur une demande relative à la propriété d'un terrain constitue un trouble qui donne au possesseur de ce terrain le droit de demander, devant les tribunaux, à être maintenu dans sa propriété. — *Metz*, 14 nov. 1816, Darodes c. Guillaume. — Cet arrêt n'a pas été rendu en matière possessoire, mais il renferme le principe posé par les auteurs sur le caractère du trouble de droit.

118. — L'action en complainte ne serait pas recevable pour le trouble résultant d'un acte administratif. — *Cons. d'ét.*, 22 nov. 1826, Petit; — Carré, *Just. de paix*, t. 2, p. 469; Guichard, *Quest. poss.*, p. 468; Bélime, no 339.

119. —... Ou à l'occasion de travaux publics. — L. 28 pluv. an VIII, art. 4. — V. aussi Carou, *Act. poss.*, no 556, 1re édit; no 606, 2e édit.; Garnier, p. 378.

120. — Par exemple, lorsque l'administration fait placer des bornes et apposer des affiches indiquant les limites présumées d'un ancien chemin vicinal qu'elle se propose de rétablir, le possesseur de ce terrain doit se borner à présenter ses réclamations à l'autorité administrative, sauf à s'adresser aux tribunaux, si la fixation définitive du chemin porte atteinte à sa propriété. — *Cass.*, 26 déc. 1826, Paillette c. commune de Fontaines. — Il en devrait à plus forte raison être ainsi aujourd'hui, sous la loi du 21 mai 1836, dont l'art. 15, par le seul effet du classement d'un chemin vicinal, exproprie le riverain dont la propriété est réunie au chemin et ne lui laisse que le droit de réclamer une indemnité.

121. — Si un maire, usant des pouvoirs que lui confère la loi du 24 oct. 1790, ordonne d'urgence la destruction d'un mur menaçant ruine, ou d'un auvent avançant sur la voie publique, le propriétaire ne pourrait pas l'attaquer en complainte. — Bélime, no 340.

122. — Cependant, si des riverains, sous prétexte de procéder au curage d'une rivière, en exécution des réglemens administratifs, ont exécuté des travaux qui ont apporté un trouble à la jouissance du propriétaire d'une usine, l'action qui en résulte a pu être considérée comme action possessoire. — *Cass.*, 8 nov. 1836 (t. 1er 1837, p. 8), Lefebvre et Seillière c. Lefebvre-Soyez.

123. — Pareillement, en cas de procès-verbal d'encombrement, si l'habitant cité au tribunal de police soutient que l'emplacement sur lequel il a opéré le dépôt lui appartient, on doit accorder un sursis pour faire vider cette question préjudicielle, d'abord au possessoire et ensuite au pétitoire. — Curasson, *Compét. des juges de paix*, t. 1er, p. 60; Bélime, *Act. poss.*, no 341.

124. — Quant à la question de savoir si l'autorisation que le gouvernement accorde aux usines doit être considérée comme un acte de l'autorité publique, et comme telle, empêcher les tribunaux d'en ordonner la destruction, V. *infrà* nos 263 et suiv.

125. — Pour le trouble résultant de l'exécution d'un jugement, on doit employer les voies de recours établies contre les jugemens. — Merlin, *Quest.*, vo *Complainte*, § 1er; Duparc-Poullain, *Princ. du droit*, liv. 10, p. 696, no 12; Carré, *Just. de paix*, t. 2, p. 393, nos 1583 et 1586, p. 397; Bioche et Goujet, vo *Action possessoire*, no 23; Carou, *Act. poss.*, no 556, 1re édit.; no 606, 2e édit. — V. cependant Bélime, nos 337 et suiv.; Proudhon, *Usufruit*, t. 3, no 1830.

126. — Mais, lorsque deux personnes se disputent mon héritage au pétitoire, je puis prendre ce fait pour trouble et former contre elles la complainte, et, dans ce cas, le tribunal doit surseoir jusqu'après le jugement sur l'action possessoire. — Arrêt du parlement de Paris du 26 juin 1570; — Charondas, liv. 6, *Rép.*, p. 21. — Denisart, Ferrière, Rousseau de Lacombe et tous nos anciens praticiens adoptent le système de cet arrêt, contre lequel M. Bélime (no 336) élève cependant des objections sérieuses.

127. — Le sens de l'ancienne maxime : *Complainte sur complainte ne vaut*, est que si deux personnes plaident au possessoire relativement à un héritage dont une autre croit avoir la possession, celle-ci ne doit pas former contre elles une nouvelle complainte, mais faire opposition à celle qui est déjà engagée, en demandant à y intervenir. — V. Imbert, *Prat. judic.*, liv. 1er, chap. 16; Rebuffe, *Comm. in reg. const.*, art. 6, gl. 1; Bélime, nos 218 et 219.

128. — Un propriétaire ne peut attaquer au possessoire celui qui aurait hypothéqué son immeuble, encore que l'inscription eût été prise: car, bien que cette inscription puisse nuire au crédit du propriétaire, néanmoins elle n'entrave pas le possesseur dans sa libre jouissance. — Bélime, no 333.

129. — Les juges du fond sont souverains pour décider si tel fait constitue ou non un trouble qui puisse donner lieu à complainte. — Bioche et Goujet, *Act. poss.*, no 26.

130. — Spécialement, un jugement ne fait qu'apprécier les circonstances de la cause, et ne contrevient pas à la loi, lorsqu'il décide qu'une plantation de peupliers faite par un propriétaire sur son pré ne peut être considérée comme un trouble à la jouissance d'un droit de secondes herbes qu'un tiers a sur ce fonds, et que, par suite, il déclare non-recevable l'action en complainte inten-

sée par ce tiers. — *Cass.*, 19 juill. 1825, Bergier c. Clément.

ART. 2. — *De la réintégrande.*

131. — Pothier (*Traité de la possession*, sect. 2e, no 106) définit ainsi cette action : « On appelle action en réintégrande l'action de complainte lorsqu'elle se donne pour le cas de force et de dessaisine, c'est-à-dire dans lequel le possesseur n'est pas seulement troublé, mais a été entièrement dépossédé par violence. »

132. — On ajoute que la réintégrande répond à l'interdit *undè vi* (V. Curasson, *Compét. des juges de paix*, t. 2, p. 36) du droit romain. — V. INTERDIT (dr. rom.).

133. — À Rome, les constitutions impériales sévissaient si rigoureusement contre le spoliateur, que, dans le cas même où il eût été propriétaire du fonds, il ne lui était plus permis de le revendiquer contre celui qu'il avait dépouillé. —*Instit.*, *De interd.*, § 3. — V. cependant Troplong, *Prescript.*, t. 1er, p. 477 et 478.

134. — Le droit canonique a adopté le principe du droit romain, en proclamant cette maxime : *Spoliatus ante omnia restituendus.* — V. *Decret. Gregor.*, au tit. *De restit. spoliat.*; les décrétales d'Innocent III, de Grégoire IX, qui remontent aux douzième et treizième siècles. — Il faut remarquer que ni les canons ni les commentateurs ne parlent de la possession annale.

135. — Pour porter remède aux violences provoquées par certaines coutumes (Cout. de Beauvoisis, chap. 32), qui avaient autorisé les dépossédés à reprendre leur chose par la force, Saint-Louis, par son ordonnance de 1270, naturalisa en France la réintégrande.

136. — Beaumanoir, en son *Commentaire sur la coutume de Beauvoisis* (p. 171), déclare que celui qui a dépossédé son adversaire doit, s'il veut être entendu en justice, commencer par le rétablir. Peu importe, ajoute-t-il que le dépossédé eût une saisine bonne ou mauvaise, qu'elle fût de temps grand ou petit, qu'elle eût été acquise par dol ou violence, même par crime qui emporte la hart. — V. aussi Henrion de Pansey, *Compét. des juges de paix*, chap. *De la réintégr.*; Argou, *Inst. au droit français*, liv. 2, chap. 9; — « N'est point nécessaire, dit Imbert (*Pratique judic.*, chap. 17), que le demandeur prouve possession d'an et jour avant la spoliation, ains seulement qu'il était possesseur au temps de la spoliation. » — V. aussi Papon, 2e *notaire*, liv. 8, tit. *De l'interdit, undè vi.*

137. — L'ord. de 1667, tit. 18, art. 2, porte : « Celui qui aura été dépossédé par violences ou voies de fait pourra demander la réintégrande par action civile et ordinaire, ou extraordinairement, par action criminelle; et s'il a choisi l'une de ces deux actions, il ne pourra se servir de l'autre, si ce n'est qu'en prononçant sur l'extraordinaire, on lui eût réservé l'action civile. »

138. — L'action en réintégrande existe-t-elle aujourd'hui comme action distincte de l'action possessoire? C'est une question qui a donné naissance aux plus vives controverses; elle équivaut à cette autre question : Le possesseur spolié par voie de fait peut-il, à la différence de ce qui est exigé en matière de complainte, se faire réintégrer, même sans prouver l'annalité de sa possession?

139. — Les auteurs qui prétendent que, dans le cas de dépossession par voie de fait, l'action possessoire exige la possession annale, soutiennent : 1o que la réintégrande n'a jamais existé, dans notre ancien droit, avec la faveur qu'on veut y attacher aujourd'hui, ou que du moins sa durée n'a été qu'éphémère; — 2o que la maxime *spoliatus ante omnia restituendus* s'applique seulement à cette règle que le possessoire doit précéder le pétitoire; — 3o que le spolié, pour former la réintégrande, devait, comme dans la complainte, prouver sa possession paisible et publique; — 4o que l'art. 23, C. procéd. civ., exige indistinctement la possession annale de ceux qui veulent intenter les actions possessoires. — Ils ajoutent que, si la réintégrande était nécessaire à une époque où l'autorité luttait avec peine contre le droit du plus fort, aujourd'hui cette institution ne présente plus la même utilité dans une société régulière, et où la violence est facilement réprimée. — D'ailleurs, disent-ils, la loi offre des moyens assez efficaces dans l'application de l'emprisonnement, de l'amende, des dommages-intérêts. — V. Toullier, t. 11, no 174; principalement Troplong, *Prescript.*, t. 1er, nos 296 à 312; Demiau, Thomine, art. 23; Carré, *Lois*, t. 1er, p. 47; Boitard, nos 2 et 454; Augier, *Encycl. des juges de paix*, vo *Action possessoire*, 7; Merlin, *Rép.*, vo *Voie de fait*, § 2; Berriat-Saint-Prix, t. 1er, p. 129, note 37; Poncet, *Traité des actions*, p. 98, no 62; Foucher, notes sur le *Traité de la Compét.* de Carré, t. 3, quest. Q, p. 331; Ad. Chauveau, *Revue sur les actions poss.*; Curasson, *Compét.*, t. 2, p. 37, no 28.

140. — D'un autre côté, pour soutenir que l'exercice de la réintégrande n'exige pas une possession annale, on répond que la réintégrande n'est point une véritable action possessoire; qu'elle n'est pas, comme cette dernière, fondée sur une présomption de propriété; que c'est, au contraire, une action *in personam* qui dérive d'un délit, et qui, par application du principe posé dans l'art. 1382, C. civ., oblige le délinquant à réparer sa faute. Donc, on ne saurait, pour la déclarer inadmissible, tirer argument de ce que l'art. 23, C. civ., exige la possession annale pour toutes les actions possessoires. — On ajoute qu'elle existait dans notre ancien droit, et comme, d'autre part, elle est nécessaire, dans l'intérêt de la paix publique, pour que la législation moderne ne l'admît pas, il faudrait qu'elle l'eût proscrite expressément. Au contraire, le Code civil la cite textuellement dans l'art. 2060. Elle est d'ailleurs encore utile, car les faits de spoliation échappent souvent à la poursuite criminelle. — On ajoute enfin que la maxime *Spoliatus ante omnia restituendus*, introduite par les décrétales, n'était pas synonyme de cette règle que le possessoire doit précéder le pétitoire, puisque les canonistes admettaient le cumul (V. *infrà* nos 620 et suiv.). — Pothier, *Possess.*, no 114; Henrion, chap. 52; Favard, vo *Réintégrande*, sect. 2e, no 47; vo *Complainte*, § 6; Guichard, 309; Garnier, no 42; Caron, nos 60 et suiv.; et principalement M. Bélime, nos 371 et suiv. — Nous nous rangeons, non sans hésitation, à cette dernière opinion. — Nous ajouterons, comme argument d'analogie, que l'art. 261, C. de procéd. de Genève, porte : « cette possession devra être d'un an au moins, *sauf le cas de dépossession par violence.* »

141. — Ainsi, la réintégrande existe, mais ce n'est pas une véritable action possessoire, elle ne découle pas d'une présomption de propriété, elle n'est pas réelle. Telle est du moins l'opinion de M. Bélime. *Actions possess.*, p. 396, no 371.

142. — Du reste, la doctrine de la cour de Cassation a été invariable sur ce point : elle a constamment appliqué la maxime *Spoliatus ante omnia restituendus.* — Ainsi jugé que la nouvelle législation n'a pas abrogé ce principe de l'ancien droit, qu'en matière d'actions possessoires, celui qui a été dépossédé par violence ou voie de fait doit, avant tout, être réintégré, encore qu'il n'eût pas la possession annale. — En d'autres termes, l'action en réintégrande, à la différence de l'action en complainte, est recevable, encore que celui qui l'intente n'ait pas possédé pendant une année, et que le défendeur offre de prouver une possession annale antérieure à la possession momentanée du demandeur. Il suffit que celui qui exerce l'action prouve sa possession *actuelle et matérielle* au moment de la voie de fait ou violence. — *Cass.*, 28 déc. 1826, Chauffier c. Guyouvard; 5 avr. 1841 (t. 1er 1841, p. 496), Durou c. Ducourneau; 19 août 1839 (t. 2 1839, p. 188), Duvivier c. Toudouze; 17 nov. 1835, Trollay c. Langlois; 4 juin 1835, commune de Mayenne c. Hospice de Mayenne; 4 déc. 1833, Chauschot c. Charpentier; 25 mai 1822, Barré c. Languillaume et Rabouin; — Bélime, sur ce dernier arrêt, no 579, note 2e; — Bioche et Goujet, *Dict. proc.*, vo *Act. publ.*, no 18; Merlin, *Rép.*, vo *Réintégrande*; Berriat, p. 11; Favard de Langlade, *Répert.*, vo *Réintégrande*; Henrion de Pansey, *Compét. des juges de paix*, chap. 52, et Garnier, *Traité des act. possess.*, p. 50.

143. — Jugé ainsi que dès que la possession actuelle et matérielle et la dépossession par violence ou voie de fait sont établies, l'action en réintégrande doit être admise, lors même que le défendeur se porterait demandeur reconventionnel en complainte possessoire, et prouverait sa possession annale, mais sans préjudice de la décision à intervenir sur cette demande en complainte. — *Cass.*, 5 avr. 1841 (t. 1er 1841, p. 496), Durou c. Ducourneau.

144. — En matière de réintégrande, il y a lieu d'appliquer le principe *Spoliatus ante omnia restituendus*, lors même que la voie de fait consistant dans un détournement d'eaux par le propriétaire supérieur au préjudice des propriétaires inférieurs qui en étaient en possession, l'auteur de la voie de fait demanderait un sursis pour faire interpréter par l'autorité administrative un règlement d'eaux qu'on lui oppose et qu'il soutient non obligatoire. — *Cass.*, 11 mai 1841 (t. 2 1841, p. 338), Bouis c. Thanaron.

145. — De même la réintégrande doit être ordonnée en faveur du demandeur dont on ne conteste pas la possession, encore bien que le défendeur excipe de ce que le terrain litigieux serait un chemin public. — *Cass.*, 31 août 1836 (t. 1er 1837, p. 59), Bailly c. Perrin et Thermoz.

146. — Mais l'action en réintégrande devient, par l'offre du demandeur de prouver la possession annale, qu'il invoque à l'appui de sa demande, une action en complainte que le juge peut déclarer mal fondée, si la possession n'est pas postérieurement prouvée suffisante. — *Cass.*, 16 mai 1827, Bignon-Beauséjour c. Pouvereau.

147. — Et le demandeur au possessoire qui a fondé son action sur la possession annale ne peut, après le rejet de sa demande, basé sur ce que cette possession n'existe pas, se faire un moyen de cassation de ce qu'il ne se serait pas agi dans la cause d'une complainte, mais bien d'une action en réintégrande, pour laquelle il n'était pas besoin de la possesion annale. — *Cass.*, 9 fév. 1837 (t. 2 1827, p. 257), Brasseur c. Bertrand.

148. — Il est incontestable, au surplus, que, lorsqu'un tribunal reconnaît qu'un demandeur en réintégrande, qui prétend avoir été dépouillé par violence et voies de fait, n'a jamais été en possession de l'objet litigieux, c'est le cas de déclarer l'action en réintégrande non-recevable. — *Cass.*, 11 juin 1828, Garrigou c. Saint-André.

149. — Pour qu'il y ait lieu à réintégrande, suivant la cour de Cassation, il faut que la dépossession ait eu lieu par voie de fait ou violence. — *Cass.*, 4 déc. 1833, Chauschot c. Charpentier.

150. — La voie de fait ne suppose pas de résistance et existe par cela seul que l'agresseur s'est emparé d'un héritage qu'il savait que le possesseur ne lui aurait pas abandonné sans contestation. — Bioche et Goujet, vo *Act. possessoire*, no 42. — La violence, au contraire, suppose la résistance. — Jousse, *Comm. ord. de* 1667.

151. — Pour constituer la violence, il faut que l'acte de dépossession ou d'usurpation contienne une voie de fait grave, positive, telle qu'on n'ait pu la commettre sans blesser la sécurité et la protection que chaque individu a droit d'attendre de la force des lois, et sans compromettre la paix sociale. — Motifs d'un arrêt *Cass.*, 4 déc. 1833, Chauschot c. Charpentier.

152. — Mais elle ne résulte pas de la simple inexécution d'un contrat relatif à la possession. — Ainsi, l'action en réintégrande est non-recevable de la part de celui qui prétend qu'un propriétaire riverain, auquel il a cédé un terrain en échange, a labouré ce terrain contrairement à la convention qui en réservait quelque temps la jouissance au demandeur. — Même arrêt; — Bioche et Goujet, *Dict. de procéd.*, vo *Action possessoire*, no 40, et p. 423.

153. — Il en serait de même à l'égard du propriétaire dont la maison menace ruine. — Bioche et Goujet, no 41. — V. *contrà* Loiseau, *Dict. action poss.*, no 74. — De même il y a lieu à complainte et non à réintégrande, si mon voisin, pour faire acte de possession, a arraché la borne séparative de nos deux héritages, s'il s'est emparé des fruits de mon champ, s'il a curé un fossé mitoyen ou planté des arbres en deçà de la distance voulue. Il n'y a point là expulsion, mais simple trouble. — Boitard, p. 425 et 426; Bioche et Goujet, vo *Action possessoire*, no 41.

154. — Mais pour qu'une dépossession soit violente et puisse servir de base à la réintégrande, il n'est pas nécessaire qu'il y ait eu combat ou sang répandu. — *Cass.*, 28 déc. 1826, Chauffier c. Guyouvard; 4 déc. 1833, Chauschot c. Charpentier; 18 fév. 1835, de Géménos c. Albertas.

155. — Il suffit qu'il y ait eu voies de fait positives, exercées d'autorité privée et de nature à amener un résultat pareil en cas de résistance de la part de celui qui est victime. — *Cass.*, 18 fév. 1835, de Géménos c. Albertas.

156. — De même la destruction d'une digue opérée contre la volonté de celui qui l'a élevée doit être considérée comme une voie de fait donnant lieu à l'action en réintégrande. — *Cass.*, 28 déc. 1826, Chauffier c. Guyouvard.

157. — Jugé encore que dans une contestation relative à un droit de prise d'eau, l'enlèvement d'une vanne par l'une des parties et son remplacement par une nouvelle, modifiée à l'effet d'interrompre le cours de l'eau jusque-là recueillie par la partie adverse, constitue un fait de dépossession violente donnant lieu à une action en réintégrande : c'est à tort qu'on prétendrait qu'il n'y a lieu qu'à une action en dénonciation de nouvel œuvre. — *Cass.*, 18 fév. 1835, Géménos c. Albertas.

158. — Jugé que l'action en réintégrande, supposant tout à la fois une possession réelle et actuelle et une dépossession par violence ou voie de fait, est inadmissible dans le cas d'une suppression de servitude discontinue et non apparente,

telle qu'une servitude de passage. — *Cass.*, 5 mars 1828, Rohard c. Catrice. — Nous ne saurions adopter le principe posé par cette décision, à laquelle on pourrait opposer plusieurs des arrêts que nous venons de rapporter, et spécialement *Cass.*, 28 déc. 1826, Chauffier c. Guyouvard; — Henrion de Pansey, *Compét. des juges de paix*, chap. 52; Favard, *Rép.*, v° *Réintégrande*, sect. 2e, n° 47; Bélime, n° 385.

159. — On doit considérer comme demande en réintégrande celle qui a pour objet la réclamation de dommages-intérêts pour voies de fait commises dans l'année et consistant en une destruction de clôture et un comblement de fossés. — *Cass.*, 16 mars 1841 (t. 1er 1841, p. 469), Mulot et Auzoux c. de Toustain. — V. en outre 17 nov. 1835, Trollay c. Langlois; 4 juin 1835, commune de Mayenne c. Hospice de Mayenne.

160. — Le tiers acquéreur qui a reçu la chose de celui qui a commis la violence peut-il être poursuivi par la réintégrande? — S'il est de mauvaise foi, oui. — S'il est de bonne foi, non; parce que la réintégrande, comme nous l'avons dit, est une action qui naît d'un délit et par conséquent ne peut suivre la chose entre les mains d'un tiers. — « *Cum à te vi dejectus sim, si Titius eamdem rem possidere cœperit, non possum cum alio quam tecum interdicto experiri.* » — ff., L. 7 *De vi et de vi arm.*: Zazius, *In dig. de vi et vi arm.*, n° 1; — Bélime, n° 386; — V. *contrà*, Troplong, *Prescript.*, t. 1er, p. 412. — V. aussi Pothier, *Poss.*, n° 122.

161. — Il est entendu que si le spolié avait la possession annale, il pourrait attaquer le tiers détenteur par la complainte. — Bélime, *ibid.*

162. — De même que sous l'ordonnance de 1667, le spolié a le choix entre la réintégrande et l'action criminelle. — V. art. 456, C. des délits et des peines; C. pén., art. 434, 437, 444, 449. — V. aussi C. pén., art. 309 et suiv.

163. — S'il y a plusieurs délinquans, ils doivent être condamnés solidairement aux amendes, restitutions, dommages-intérêts et frais. — C. pén., art. 55. — Même décision, si l'instance a lieu devant le juge de paix. — V. Pothier, *Possess.*, n° 118; Bélime, n° 388.

164. — La contrainte par corps doit être prononcée pour la restitution des fruits perçus pendant l'indue possession et pour le paiement des dommages-intérêts. — C. civ., art. 2060. — Cet article s'applique à la spoliation non seulement du véritable propriétaire, mais encore d'un simple possesseur. — Bélime, n° 389.

165. — Dans quel délai la réintégrande doit-elle être formée? — Dans l'année de l'usurpation, s'il s'agit de la réintégrande civile. — L. 25 mai 1838, art. 6. — Si l'usurpation est poursuivie correctionnellement, l'action ne se prescrit que par trois ans. — C. d'inst. crim., art. 538. — Ce qui toutefois ne s'appliquerait qu'au cas où l'auteur de la voie de fait ne serait pas resté plus d'un an en possession. — Bélime, n° 390.

166. — La voie de fait exercée par un fermier le rendrait personnellement passible des peines prononcées par la loi criminelle, quand même il prétendrait qu'il n'a agi que par l'ordre du bailleur. — Il faudrait décider le contraire à l'égard de l'ouvrier qui aurait cru travailler sur le fonds du maître. — Bélime, n° 391. — On donne, dans ce cas, l'action contre le maître. — Pothier, *Possess.*, 118 et 119.

167. — Une autre différence entre la réintégrande et l'action criminelle, c'est que les juges au criminel ne peuvent ordonner la réintégration du spolié dans son héritage. La disposition de l'ordonnance de 1667 à cet égard est abrogée implicitement. — Av. cons. d'état 4 fév. 1812; Favard, v° *Complainte*; Garnier, *des Act. poss.*, p. 346.

168. — Est-il nécessaire que l'action civile soit expressément réservée, pour que l'on puisse agir par la réintégrande après les poursuites criminelles? — L'affirmative était admise sous le régime de l'ordonnance de 1667, dont nous avons rapporté le texte. — Cette disposition est abrogée, et en conséquence la voie de la réintégrande sera encore ouverte, quand même il n'y aurait eu aucune réserve à cet égard. — Bélime, n° 392.

169. — Lorsque, dans une action en réintégrande portée devant le tribunal de première instance, le demandeur conclut à une indemnité pour la dépréciation de la valeur capitale et locative de son immeuble, le caractère pétitoire de l'indemnité se communique à cette demande, qui s'en empreint même exclusivement si le défendeur, de son côté, prétend être propriétaire de l'immeuble litigieux. — Dès lors la cour royale est compétente pour connaître de l'affaire comme juge d'appel. — *Cass.*, 10 août 1842 (t. 2 1842, p. 272), Houache c. commune de Fleury-sur-Andelle.

ART. 3. — *Dénonciation de nouvel œuvre.*

170. — On appelle ainsi une sorte d'action possessoire qui a pour objet de suspendre la continuation de travaux commencés par un propriétaire sur son propre fonds, et qui, en opérant un changement dans l'ancien état de choses, seraient de nature à nuire aux droits du voisin.

171. — Cette action a son origine dans le droit romain: sous cette législation, elle avait pour but d'empêcher la continuation de travaux dont un tiers prétendait souffrir ou craignait de souffrir préjudice; que ces travaux fussent faits sur le fonds du dénonçant ou sur le fonds du voisin. — D'Hauthuille, *Revue de législ. et de jurisp.*, t. 5, p. 353; Pothier, *Pandectes*, t. 15, p. 496; Troplong, t. 2, p. 510 et 514, n°s 320 et 324; Carou, *Act. poss.*, n° 34, édit. 1re, et n° 39, édit. 2e. — V. L. 5, § 10, ff., *De op. nov.*

172. — La dénonciation se faisait soit au propriétaire lui-même, soit à celui qui dirigeait les travaux, aux ouvriers ou à toute personne qui, se trouvant sur les lieux, pouvait en faire part au propriétaire. — L. 5, § 3, *ibid.*, L. 10.

173. — Après la dénonciation de nouvel œuvre, les travaux devaient, même sans l'intervention du magistrat, être suspendus, jusqu'à ce que le juge eût décidé si le constructeur avait ou non le droit de les achever. — L. 1, § 2 et L. 8, § 4, *ibid.*

174. — Cependant, on s'adressait ordinairement au préteur quand les travaux étaient faits sur le terrain du dénonçant. — L. 5, § 10, *ibid.*

175. — Le dénonçant faisait constater l'état des travaux (L. 8, § 5, *ibid.*); et si les travaux étaient continués, le délinquant, pour pouvoir être entendu dans la contestation, devait rétablir les choses dans l'état dans lequel elles étaient lors de la dénonciation. — Henrion, chap. 38, p. 380; Carou, *Act. possess.*, n° 34.

176. — Le droit de dénonciation de nouvel œuvre pouvait résulter, non seulement d'une construction, mais encore d'une démolition. — L. 1, § 11, *ibid.*

177. — Il fallait, dans tous les cas, que le nouvel œuvre changeât l'état antérieur des lieux, de sorte que tout ce qui tenait à l'exploitation, tel que l'enlèvement de la moisson, la coupe d'un arbre, la taille d'une vigne, ne serait pas tombé sous l'application de l'édit. — L. 1, § 12, *ibid.*; — D'Hauthuille, *ibid.*; Carou, n° 35, édit 1re, et n° 41, édit. 2e.

178. — Primitivement, l'action sur le fonds devait être vidée dans l'année de la dénonciation; mais Justinien a permis d'empêcher l'édification, même après l'année. — *L. unic., cod. De nov. op. nunc.*, lib. 8, tit. 11; — Pothier, *Pandect.*, éd. Bréard de Neuville, t. 15, p. 531.

179. — De la dénonciation résultait une reconnaissance implicite de la possession de l'adversaire: *In operis novi nunciatione possessorem adversarium facimus.* — L. 1, § 6, ff. *De op. nunc.*

180. — Après l'achèvement des travaux, on n'aurait plus eu que la voie de l'interdit: *Erit transeundum ad interdictum quod vi aut clàm factum erit ut restituatur.* — L. 1, § 1, *ibid.*

181. — L'ancienne jurisprudence admettait aussi une action dite de nouvel œuvre: « Si sachez que dénonciation de nouvel œuvre a lieu, sitôt que quelqu'un fait ou fait faire nouvel œuvre au préjudice d'autres. Celui qui sent que c'est en son préjudice le peut défendre et dénoncer... si depuis il y était œuvré, ce serait attenté, et tomberait en peine et amende d'attentat, et de fait convient que l'ouvrage soit cessé du tout jusqu'à ce que celui qui l'ouvrage fait faire, fait convenir et dénoncer pardevant le juge à savoir pourquoi il a fait cette dénonciation, et sera le faiseur de l'ouvrage demandeur ce cas, et le dénonçant possessionnaire ou possesseur de sa dénonciation, qui *est grande dignité en procès.* Alors le dénonçant, comme défendeur et possesseur, soutiendra la dénonciation et les causes qu'il a de ce faire. » — Bouteillier, liv. 2, tit. 32, *De la somme rurale.* — Ce document est de la fin du quatorzième siècle.

182. — Charondas, dans ses notes sur ce passage de la *Somme rurale*, définit ainsi ce qu'était de son temps, la dénonciation de nouvel œuvre: « Nonciation ou dénonciation de nouvel œuvre est une prohibition de bâtir et édifier nouvel œuvre; elle se faisait ou pour conserver notre droit, ou pour empêcher le dommage, ou pour maintenir le droit public, et ça ou par parole du nonciateur, ou par ject de pierre, ou par mise de faict ou autorité du préteur. On ne practique en France que la dernière manière par autorité du juge, et les parties étant oüies pardevant luy, il ordonne si la dénonciation tiendra, ou si celui qui a commencé de bâtir continuera l'œuvre en baillant caution. »

183. — Toutefois, pour prouver que la dénonciation de nouvel œuvre ne se distinguait pas de la complainte, on cite ce passage de Papon (2e *Notaire*, liv. 8, tit. de l'interdit *unde vi*): « Autre et troisième force se nomme inquiétative et clandestine, sans apertement être découverte, *comme de bâtir contre la possession d'autrui et faire nouvel œuvre*; et pour avoir réparation de cette dernière force est propre l'interdit *quod vi aut clàm*. Mais l'usage du jour d'hui n'a fait différence d'icelui et de la complainte... *vrai est que l'on y a voulu pratiquer une action nommée dénonciation de nouvel œuvre, qui n'est pas diverse du cas de nouvelleté nommée complainte.* — Bélime, n° 362.

184. — Quoi qu'il en soit, il est certain qu'aucune loi n'avait admis expressément la dénonciation de nouvel œuvre. « Nos plus anciens auteurs, dit M. d'Hauthuille (*Revue de législat.*, t. 6, p. 53), posent en principe que la pratique française ne connaît que deux actions possessoires, la complainte en cas de saisie et de nouvelleté, et la réintégrande. Ils ne présentent point la dénonciation de nouvel œuvre comme formant une troisième espèce d'action possessoire. »

185. — De ce défaut de textes précis résultait un défaut de fixité dans les règles relatives à cette espèce d'action. — Henrion de Pansey, p. 381, et Carou, *Action possess.*, n° 37, édit. 1re, et n° 43, édit. 2e.

186. — Toutefois on peut poser en principe que le système romain avait, en grande partie, passé dans notre ancienne jurisprudence. Elle en différait cependant: 1° en ce que, suivant l'expression de Bouteillier (V. *suprà* n° 181), le faiseur de l'ouvrage devenait demandeur sur le fond, et que, par suite, le dénonçant était défendeur: — 2° en ce que, s'il s'agissait de travaux faits sur le terrain du voisin, on admettait généralement qu'il n'y avait lieu qu'à la complainte ordinaire. — Ferrière, *Dict. de droit*, v° *Dénonciation de nouvel œuvre*; Henrion, p. 386; Carré, *Just. de paix*, t. 2, p. 231, n° 1379; Carou, n° 39, édit. 1re, et n° 46, édit. 2e; — 3° en ce que, lorsque les travaux étaient achevés, celui qui avait à s'en plaindre ne pouvait plus agir qu'au pétitoire, tandis qu'en droit romain on lui accordait l'interdit ordinaire. — Carou, n° 39, édit. 1re, et n° 46, édit. 2e. — V. cependant les n°s 59 et 73 de la dernière édition.

187. — De même qu'en droit romain (L. 8, ff., *De op. nov. nunc.*), on pouvait diriger cette action non seulement contre le voisin immédiat, mais encore contre un voisin plus éloigné. — Bioche et Goujet, n° 28.

188. — L'action en dénonciation de nouvel œuvre, qui n'avait pas été reconnue explicitement par le Code de procéd. civ., a été mise au nombre des actions possessoires par l'art. 6, § 1er, L. 25 mai 1838.

189. — Faut-il conclure de ce dernier texte législatif que la dénonciation de nouvel œuvre existe dans notre droit telle qu'elle existait dans l'ancienne jurisprudence?

190. — L'existence même de cette action comme action distincte, sous notre législation, a été révoquée en doute, surtout avant la loi de 1838. Les auteurs étaient divisés: Merlin (*Quest.*, v° *Dénonciation de nouvel œuvre*, § 5) la rejetait dans tous les cas; Henrion de Pansey, au contraire (*Compét. des juges de paix*, chap. 38), l'admettait. — V. aussi Carré, *Just. de paix*, t. 2, p. 246; Guichard, *Quest. possess.*, p. 461; Garnier, *Act. possess.*, p. 28; Augier, *Encycloped.*, t. 1er, p. 87.

191. — Dans le sens de la première opinion, on fait remarquer que ni Bornier, ni Jousse, ni Pothier (*Tr. de la possess.*), ni Pigeau (*Procéd. du Châtelet*), ne traitent de la dénonciation de nouvel œuvre; que la législation est restée muette sur le caractère de cette action; que le pouvoir du juge étant déterminé par les conclusions du demandeur, et ces conclusions devant s'apprécier plutôt dans leur esprit que d'après leurs termes, quand même la demande serait qualifiée *dénonciation de nouvel œuvre*, le juge, si le demandeur a conclu à la suppression des travaux ou au rétablissement de la possession, peut, de même que si l'action avait été qualifiée *complainte*, ordonner cette suppression. — Merlin, *loc. cit*; Carou, édit. 2e, n°s 59 et 73, et Bélime, n° 361 et suiv.

192. — Au contraire, à l'appui de la deuxième opinion, on dit: Le Code de procédure traite des actions possessoires, mais sans les définir; il est donc nécessaire, en cette matière, de recourir aux anciens principes. Si l'on voulait se renfermer strictement dans les termes du Code de procédure, il faudrait aussi rejeter la réintégrande, ou du moins en soumettre l'exercice à la possession annale: condition qui n'est pas exigée par la cour de Cassation. — Bioche et Goujet, *Act. possess.*, n° 30.

193. — La jurisprudence de la cour de Cassation a également éprouvé des variations. Ainsi, cette

cour a déclaré que la dénonciation de nouvel œuvre est de sa nature une action possessoire. — *Cass.*, 15 mars 1826, Marin c. Saulneret.

194. — ... Qu'elle doit être introduite et jugée comme toute autre action possessoire. — *Cass.*, 11 juill. 1820, Calvet c. Pradet.

195. — ... Que ce n'était que par une action en dénonciation de nouvel œuvre qu'on pouvait introduire une demande en suppression de tout ou partie d'une digue construite par le propriétaire sur son propre fonds. — *Cass.*, 14 mars 1827, Lenclud c. Mignon; 5 mars 1828, Robart c. Catrice.

196. — D'un autre côté, il a été jugé que c'est une simple action possessoire, et non pas une action en dénonciation de nouvel œuvre, que celle formée par plusieurs propriétaires riverains, à l'effet de faire ordonner que l'eau d'un ruisseau, détournée par le propriétaire supérieur au moyen d'une rigole nouvellement établie sur son fonds, soit rendu à son cours ordinaire, pour qu'il puisse en jouir comme par le passé. — *Cass.*, 28 avr. 1829, Petit c. Alluand.

197. — Et le même arrêt décide que cette action a été régulièrement formée dans l'année de trouble, et a dû être accueillie par les tribunaux, lorsque, d'une part, les propriétaires riverains sont en possession depuis longues années de prendre partie des eaux pour l'irrigation de leurs propriétés, à la faveur d'ouvrages établis sur leurs propres fonds, et que, d'autre part, la nouvelle entreprise du propriétaire supérieur est cause que le volume d'eau qui leur parvient est moins considérable qu'il ne l'était auparavant. — Même arrêt.

198. — Il a été jugé également qu'on ne saurait reconnaître le caractère de dénonciation de nouvel œuvre à l'action en destruction de travaux achevés sur le terrain du défendeur, et en indemnité immédiate, par voie de dommages-intérêts, du préjudice actuel résultant de ces travaux. La cour suprême a déclaré que c'était là une complainte possessoire ordinaire. — *Cass.*, 20 juin 1843 (t. 2 1843, p. 510), Sampigny d'Issincourt c. Mouline. — V. *infrà* nº 201; — *Cass.*, 13 avr. 1819, Guérin c. Carbonnel.

199. — ... Que c'est par voie de complainte que le copropriétaire d'une haie mitoyenne peut agir contre le voisin qui, par des travaux exécutés sur le terrain de cette haie, a nui aux racines en les mettant à découvert et porté ainsi du trouble à la possession du complaignant. — *Cass.*, 14 avr. 1830, Clément c. Pommeran.

200. — ... Que l'on doit considérer comme action en complainte, et non comme action en dénonciation de nouvel œuvre, celle qui tend à la suppression d'ouvrages, tels qu'un égout et une porte cochère nouvellement établis sur un chemin dont on prétend avoir la possession exclusive. — *Cass.*, 11 mai 1841 (t. 2 1841, p. 346), Godard c. Lavaure.

201. — Jugé aussi que c'est une action possessoire que celle qu'un propriétaire intente dans l'année pour faire cesser le trouble apporté à sa jouissance par des travaux exécutés, non sur son propre terrain, mais sur celui de l'auteur du trouble. — *Cass.*, 13 avr. 1819, Guérin c. Carbonnel.

202. — Nous adoptons l'opinion de Henrion de Pansey et la doctrine de l'arrêt du 15 mars 1826 (cité nº 193), et nous pensons que, sous la législation actuelle, surtout depuis la loi de 1838, la dénonciation du nouvel œuvre a conservé une existence distincte des autres actions possessoires. — V. Cependant les difficultés d'application signalées par Carou (*Act. possess.*, nº 50, 1re édit.; nº 57, 2e édit.) — Cet auteur, dans sa première édition, avait admis que la dénonciation du nouvel œuvre avait les caractères que lui attribuait l'ancienne jurisprudence. Mais, dans l'édition qu'il a publiée depuis la loi du 25 mai 1838, il a cru devoir adopter le système contraire. — V. l'analyse de la discussion à la chambre des pairs (*Moniteur*, séance du 25 juin 1837), sur laquelle il s'appuie, nos 59 et 73. — V. aussi Bélime, nos 361 et suiv.

203. — De notre solution principale nous déduisons comme conséquences : 1º que si les travaux commencés par le voisin ne sont pas achevés, on peut en demander la suspension au moyen de la dénonciation de nouvel œuvre. — Bioche et Goujet, nº 30.

204. — Mais la simple dénonciation du nouvel œuvre ne suffit pas pour faire cesser les travaux commencés, sans que l'intervention du juge soit nécessaire. — *Cass.*, 11 juill. 1820, Calvet c. Pradet. — V. Henrion de Pansey, *Compét. des juges de paix*, ch. 38; Favard, vº *Complainte*, sect. 3e, nº 3; Merlin, *Rép.*, vº *Dénonciation de nouvel œuvre*, § 3; Berriat, p. 87, note 31e, et Bioche et Goujet, *Dict. de procéd.*, vº *Action possessoire*, nº 29; Chauveau, *Revue sur les act. possess.*, t. 43, p. 441, et Garnier, *Act. possess.*, p. 25 et suiv.

205. — 2º Que le juge de paix a le droit d'ordonner la suspension des travaux qui auraient été faits depuis qu'il a donné ordre de suspendre. — Bioche et Goujet, nº 30. — V. *Cass.*, 5 févr. 1838 (t. 1er 1838, p. 233), Gaislard de Villebresme c. Augereau.

206. — Bien que cette destruction semble au premier abord devoir être ordonnée plutôt par le juge du pétitoire que par celui du possessoire, il est certain que c'est le seul moyen de faire cesser efficacement le trouble; c'est le cas d'appliquer la maxime *Spoliatus ante omnia restituendus.* — Telle est l'opinion de Merlin (*Quest.*, vº *Dénonciation de nouvel œuvre*); de Garnier (*Traité des act. poss.*, p. 29); de Chauveau (Ad.), qui (dans sa *Revue sur les actions possessoires*, p. 8) signale dans les termes suivans les conséquences du système contraire : « Comment admettre qu'une action possessoire puisse avoir un caractère mixte par le fait de celui contre lequel on doit l'exercer? Paul avait droit de passer par la porte de Pierre; Pierre l'a faite murer pendant la nuit, le *nouvel œuvre est achevé*, et Paul n'aura pas le droit de faire citer Pierre devant le juge de paix!... tandis que Paul aurait ce droit si Pierre l'avait chassé de sa maison ou avait coupé sa récolte. On conçoit cette opinion au milieu des subtiles distinctions nominales des Romains; mais cette bizarrerie, qui était inadmissible même sous l'empire de l'ordonnance de 1667, ne peut plus exister aujourd'hui. — Le seul système qui paraisse rationnel est celui-ci : vous me troublez dans ma possession *par un acte quelconque*, je me plains avant l'expiration de l'année, et c'est au juge de paix que je dois m'adresser. »

207. — 3º Que si les travaux ont été terminés avant toute réclamation, le voisin ne peut plus agir au possessoire. — Bioche et Gouget, nº 30; Carou, nº 51, 1re édit.; nº 58, 2e édit. — V. cependant nº 59, 2e édit. — V., en sens contraire, Bélime, nº 365.

208. — Il ne faut pas perdre de vue qu'ici l'action est dirigée contre un propriétaire qui a fait sur son propre fonds des travaux qui ont nui au voisin. Or, si la plainte est tardive, comme le dénoncé est présumé avoir agi dans la plénitude de son droit de propriétaire, il ne sera possible de l'attaquer qu'à l'aide d'un titre, et par conséquent au pétitoire. — Bioche et Goujet, nº 30. — V. *contrà* Bélime, nº 365.

209. — Toutefois la jurisprudence a varié sur cette question : — ainsi, d'une part 1º elle a jugé que le possesseur troublé *par des ouvrages complètement terminés* peut, dans l'année du trouble, agir au possessoire, pour le faire cesser, bien que, dans ce cas, l'achèvement des travaux eût, suivant le droit ancien, rendu inadmissible l'action en dénonciation de nouvel œuvre. — *Cass. belg.*, 18 mai 1835, Goffiot c. Castagne.

210. — ... 2º Que l'action possessoire, connue autrefois sous le nom de nouvel œuvre, à raison d'un trouble causé par des travaux exécutés par un voisin sur son propre fonds, est recevable même après l'achèvement des travaux, lorsque d'ailleurs elle a été intentée dans l'année de ce trouble. — *Cass.*, 5 fév. 1838 (t. 1er 1838, p. 233), Goislard de Villebresme c. Augereau.

211. — Mais jugé aussi que la dénonciation de nouvel œuvre ne peut plus être exercée lorsqu'on a laissé achever le nouvel ouvrage sans s'en plaindre. — *Cass.*, 15 mars 1826, Marin c. Saulneret.

212. — M. Bélime, qui adopte une solution principale contraire à la nôtre et qui, par conséquent, malgré la loi de 1838, ne reconnaît pas d'existence propre à la dénonciation de nouvel œuvre, tire de son système les conséquences suivantes : 1º l'action possessoire est recevable même après l'achèvement des travaux (nº 365); — 2º le juge de paix a le droit d'ordonner la destruction de ces travaux (nº 366) et peut, dans sa prudence, ne pas l'ordonner (nº 367); — 3º en cas de construction sur le sol d'autrui, le juge de paix n'est pas compétent pour procéder aux estimations de main d'œuvre et de plus-value (nº 368).

213. — Au surplus, quel que fût le préjudice éprouvé par suite de la nouvelle construction, elle ne donnerait naissance à la dénonciation de nouvel œuvre qu'autant que celui qui l'aurait élevée n'aurait pas le droit de le faire. — *Cass.*, 28 fév. 1814, Kellermann c. Vaigeman.

214. — Ainsi le bâtiment élevé par un voisin où les jours sont pratiqués à distance voulue par la loi ne saurait motiver une action de la part du propriétaire limitrophe; car, alors même que celui-ci aurait un droit de servitude sur le fonds voisin pour empêcher une construction, cette espèce de servitude, ne pouvant être prescrite, quelle que fût la durée de la possession, ne saurait donner ouverture à une action possessoire. — Même arrêt.

215. — Cependant jugé, contrairement à ce qui précède, que si une tranchée faite par un propriétaire sur son propre fonds avait été pratiquée de telle sorte que les eaux d'un étang voisin vinssent s'infiltrer par cette tranchée, le propriétaire de l'étang pourrait intenter l'action en dénonciation de nouvel œuvre. — *Cass.*, 13 avr. 1819, Guérin c. Carbonnel.

216. — Toute action cesserait s'il ne résultait des travaux aucun préjudice pour le fonds voisin, quand bien même ces travaux auraient pour but de diminuer les inconvéniens d'une servitude créée au profit de ce fonds voisin. — *Cass.*, 6 déc. 1827, Salles c. Queheillat.

217. — On a même décidé que, dans le cas où un propriétaire, voulant construire sur son terrain, a pratiqué une excavation sous le mur d'un propriétaire voisin, et a remplacé la terre qu'il en a extraite par une bonne maçonnerie, les juges peuvent, sans violer aucune loi, refuser d'ordonner, sur la demande du propriétaire du mur, le rétablissement des lieux dans leur premier état, alors qu'il n'y a contestation ni sur la propriété, ni sur la possession de ce dernier, et qu'il est constant qu'il n'éprouve aucun préjudice. — *Cass.*, 27 août 1827, Vissecq c. Fournier. — V. au reste l'application de ce principe, *suprà* sect. 2e, art. 1er.

218. — Il en serait de même dans le cas où le propriétaire riverain d'une rivière non navigable ni flottable aurait établi sur la moitié du lit de la rivière, attenant à sa propriété, une digue dont l'effet serait de rétrécir le lit de la rivière, d'en rendre le cours plus rapide et d'en diriger les efforts contre la rive opposée. — *Cass.*, 2 déc. 1829, Bras-Dumas c. Capelle. — V. aussi Daviel, *Cours d'eau*, t. 2, nº 626. — V. cependant Duranton, t. 5, nº 213.

219. — Le juge pourrait-il, comme dans l'ancienne jurisprudence, autoriser, suivant les circonstances, le défendeur à continuer ses travaux en donnant caution? — M. Garnier (t. 8, p. 364) soutient la négative par le motif que l'action en dénonciation de nouvel œuvre étant assimilée à toutes les demandes possessoires ordinaires, le juge, en reconnaissant la possession annale qui fait présumer le droit au fond, ne pourrait se dispenser de réprimer l'atteinte qui y aurait été portée. — La solution contraire serait, suivant lui, une composition illégale avec le droit de propriété. — Il nous semble toutefois que l'inconvénient signalé par M. Garnier pourrait ne pas exister au même degré s'il s'agissait de travaux exécutés sur le fonds du défendeur; ne serait-il pas juste d'accorder quelque latitude au juge, sauf à lui à distinguer les travaux qui seraient ou non de nature à nuire d'une manière absolue au plaignant, et à veiller, dans tous les cas, à ce que les droits de celui-ci fussent également garantis en cas de jugement favorable au pétitoire?

CHAPITRE III. — *Quelles sont les choses qui peuvent être l'objet des actions possessoires.*

220. — Nos Codes n'ont pas déterminé les espèces de biens dont la possession peut être l'objet d'une action possessoire, elles ont laissé à la doctrine et à la jurisprudence de poser les règles de la matière.

221. — Le principe est que tout immeuble susceptible d'être acquis par prescription peut être l'objet d'une action possessoire.

222. — Ainsi jugé que l'action possessoire qui réunit les caractères voulus par la loi est recevable à l'égard de toute espèce d'immeuble, même de ceux qui sont, comme les marais salans, régis par des lois particulières. — *Cass.*, 11 juin, Leterme c. Bosseron. — V. conf. Garnier, *Des act. poss.*, p. 291; Bioche et Goujet, *Dict. de procéd.*, vº *Act. poss.*, nº 49.

223. — Mais ce principe ne suffit pas, dans sa généralité, pour résoudre les difficultés que présente cette matière, surtout dans le silence de nos lois.

224. — Suivant Henrion de Pansey (*Compét.*, ch. 42), la loi n'entend parler que des immeubles *réels*, c'est-à-dire, comme le porte l'art. 96 de la cout. Paris, des *héritages*.

225. — Suivant M. Bélime (*Act. poss.*, nº 220), tout immeuble corporel ou *incorporel* peut devenir l'objet de la complainte. — Nous verrons plus bas que ces deux propositions ne sont pas parfaitement exactes : celle de M. Bélime est trop large, celle de M. Henrion trop restreinte.

226. — Pour mettre plus d'ordre dans la matière, nous diviserons ce chapitre en quatre sections : 1º des choses du domaine public en général; 2º des cours d'eau; 3º des servitudes; 4º de quelques cas spéciaux.

Sect. 1re. — *Des choses du domaine public en général.*

227. — Il ne faut pas confondre les choses du *domaine public* avec les propriétés *domaniales*.

228. — Par choses du domaine public proprement dites, il faut entendre les choses consacrées à un service public perpétuel, telles que les routes, les rues, les canaux, les promenades, les églises, les places de guerre, etc. — V. CHOSES, BIENS. — V. aussi Proudhon, *Domaine public*, t. 1er, nos 201 et suiv.

229. — Par propriétés domaniales on désigne les biens possédés privativement par l'état, tels que les fonds affermés à des particuliers ou les forêts domaniales.

230. — Dans son *Traité de la Compétence*, Henrion de Pansey, après avoir observé qu'autrefois la complainte n'avait pas lieu en matière domaniale, ajoute :

231. — « Je ne connais pas d'exemples de l'ap» plication de ces règles, depuis l'établissement » du régime actuel. Je n'ai pas même voulu élever » la question, et je laisse au conseil d'état le soin » de la résoudre, par la raison que le domaine pu» blic étant aujourd'hui prescriptible, sa décision » dépend bien plus des convenances que des prin» cipes. »

232. — Cette observation a lieu d'étonner sous la plume d'un jurisconsulte aussi éminent que M. Henrion. On ne comprend pas en effet qu'on puisse dire qu'une pareille question *dépend bien plus des convenances que des principes*, et que c'est au *conseil d'état* qu'il appartient *de la résoudre*. — Comme le fait très bien remarquer M. Curasson (*Compét. des Juges de paix*, 2e édit., t. 2, p. 117, no 31), si autrefois l'action possessoire n'était pas recevable contre le domaine de la couronne, c'est qu'alors ce domaine était confondu avec celui de l'état, lequel était *imprescriptible*. Mais aujourd'hui que ce privilége *d'imprescriptibilité* a été aboli par la loi du 1er déc. 1790, il n'y a pas de raison pour que l'action possessoire soit refusée, soit au domaine, soit contre lui : le conseil d'état n'a pas à intervenir dans une question aussi simple, la connaissance en appartient exclusivement au pouvoir judiciaire.

233. — Il n'entre pas dans notre plan d'indiquer ici en détail quelles sont les choses du domaine public. Qu'il nous suffise de rappeler qu'on en distingue trois classes ; la première comprend les chemins et tout ce qui concerne la voie publique ; la seconde comprend les cours d'eau ; la troisième les monumens publics.

§ 1er. — *Chemins.*

234. — Trois espèces : 1o routes royales, 2o routes départementales, 3o chemins vicinaux. — Ajoutons les rues, places et autres portions de la voie publique dans l'intérieur des communes. — 1o et 2o *Routes royales* (elles appartiennent à l'état), *routes départementales* (elles appartiennent aux départemens) : Quand même, ce qui n'est guère probable, l'occupation d'une partie du sol de ces routes aurait duré plus d'une année, il n'y aurait pas lieu à l'action possessoire, car ces choses sont imprescriptibles pour cause d'intérêt public. — V. Bélime, no 223.

235. — Même solution quant aux fossés qui bordent ces routes et qui en font partie intégrante. — *Ibid.*

236. — 3o *Chemins vicinaux* (ils appartiennent aux communes). — La loi du 21 mai 1836 les déclare imprescriptibles. — Ils ne peuvent donc faire l'objet d'actions possessoires.

237. — Toutefois, à la suite d'un arrêté pris par le préfet en vertu de l'art. 15 de cette loi, pour déterminer la largeur d'un chemin vicinal, bien que cet arrêté attribue définitivement au chemin la largeur fixée, les riverains peuvent plaider au possessoire et même au pétitoire contre la commune, et se prévaloir ensuite du jugement, non pas pour réclamer le relâchement de la parcelle du terrain litigieux, mais pour fixer les bases de leur demande en indemnité. — Serrigny, *de la Compét. administr.* no 694 ; Bélime, *Act. poss.*, nos 341 et 226.

238. — C'est en ce sens qu'il a été jugé 1o que la déclaration de vicinalité d'un chemin ne fait pas obstacle à ce que les tribunaux ordinaires connaissent des questions de possession et de propriété relatives à ce chemin. — *Cass.*, 26 fév. 1833, Rothschild c. comm. de Jossigny.

239. — 2o... Qu'il appartient aux tribunaux seuls de statuer sur la question de propriété relative aux chemins communaux, soit que leur vicinalité ait été déclarée par l'autorité administrative, soit qu'elle ne l'ait pas été. — *Cass.*, 25 nov. 1831, Larché c. comm. de Beyre.

240. — 3o... Que les actions possessoires sont exclusivement de la compétence du juge de paix, lors même que le terrain litigieux serait un chemin vicinal. — *Cass.*, 1er décembre 1833, Thély c. Mazoteau.

241. — Un arrêté administratif qui, durant l'instance, a déclaré que le chemin prétendu usurpé était vicinal, ne fait pas obstacle à ce que le juge de paix maintienne le demandeur dans la possession du terrain litigieux. — *Cass.*, 8 juillet 1829, Villain c. Bunouf.

242. — Mais il a été jugé par un arrêt récent que si la connaissance des questions relatives à la propriété des terrains déclarés chemins vicinaux appartient à l'autorité judiciaire, ainsi que l'appréciation des faits de possession antérieurs aux actes administratifs qui ont déclaré la vicinalité, il n'en est pas moins vrai que nulle action en maintenue ou en renvoi en possession relative à un tel terrain n'est recevable lorsqu'elle est fondée sur des faits de possession *postérieurs* à son classement administratif comme chemin vicinal. — Et cela alors même qu'un recours contre les actes tendant à faire distraire le terrain litigieux du sol vicinal serait pendant devant le conseil d'état. — *Cass.*, 6 juill. 1841 (t. 2 1841, p. 410) ; Renaud c. commune de Delizy ; — Bélime, no 227.

243. — Cet arrêt pose en principe qu'avant comme depuis la loi du 21 mai 1836, un chemin n'était plus susceptible de propriété, et conséquemment de possession privée, dès qu'il avait été classé comme chemin vicinal. — Même arrêt.

244. — En tous cas, le juge de paix ne doit pas se déclarer incompétent lorsqu'une partie allègue que le terrain qui fait l'objet d'une action possessoire est un chemin vicinal. — Il doit se borner à surseoir à tout jugement, jusqu'à ce qu'il ait été prononcé sur la vicinalité du chemin litigieux par l'autorité administrative compétente. — *Cass.*, 31 juill. 1832, Poultier c. Chambon et Roy.

245. — Lorqu'un chemin communal a été l'objet d'une usurpation, la commune peut s'adresser au préfet, et obtenir de lui une déclaration de vicinalité.

246. — Si le préfet refuse de déclarer la vicinalité, il peut cependant maintenir provisoirement la commune en jouissance du chemin contesté jusqu'à ce que la question de propriété ait été jugée. — V. Bélime, no 230. — Cette solution est conforme au principe admis par la cour de Cass., le 12 fév. 1834, Folliet c. Vandervaken.

247. — Quant à la question de savoir si chaque habitant peut *ut singulus* agir contre celui qui entrave la voie publique, et par quel moyen il peut y arriver, V. le chap. 5. — V. aussi Bélime, nos 232 et 233.

248. — 4o Quant aux *rues*, *places* et autres portions de la voie publique dans l'intérieur des communes, une fois le plan d'alignement terminé, tous les terrains compris dans la ligne d'abornement font partie de la voie publique, deviennent imprescriptibles et ne peuvent faire dès-lors la matière d'actions possessoires.

249. — Mais l'autorité judiciaire est compétente pour juger l'action possessoire intentée à l'occasion d'un terrain, bien que le défendeur soutienne qu'il fait partie de la voie publique d'une commune, si cette action n'a pour but que des intérêts privés, si la commune n'a pas été mise en cause, et si le jugement de cette action ne peut préjudicier aux droits qu'elle peut faire valoir. — *Cass.*, 12 déc. 1836 (t. 1er 1837, p. 285), Boucher c. Labouverie.

250. — Le défendeur à l'action possessoire ne peut, sous prétexte que la possession du demandeur avait pour objet une voie publique imprescriptible comme exclusive, susceptible d'une possession seulement précaire, obtenir la cassation du jugement qui accueille l'action possessoire, en se fondant, par appréciation de faits, sur ce que les travaux par lui exécutés constituent un trouble pour le demandeur. — Même arrêt.

251. — Un terrain qui n'est ni une place publique, ni une dépendance de rue, ni un objet servant à un usage public, peut être la matière d'une action possessoire, et le litige sur ce point est étranger à la juridiction administrative et exclusivement de la compétence des tribunaux. — *Cass.*, 7 août 1834, commune de Châtillon sur Loire c. Bizot.

252. — Pareillement, lorsqu'un terrain qui longe un chemin est déclaré *n'être ni communal, ni un chemin, ni servant de chemin*, il peut être l'objet d'une action possessoire. — *Cass.*, 2 fév. 1842 (t. 1er 1842, p. 191), commune de la Croix-Saint-Leufroix c. de Chantemerle.

253. — Un terrain peut servir à la tenue des foires et marchés d'une commune sans cesser d'être une propriété privée et sans avoir le caractère d'imprescriptibilité qui appartient aux propriétés publiques. — Il peut dès-lors être l'objet d'une action possessoire intentée par le propriétaire troublé par la commune dans la perception de la taxe établie pour l'apport des marchandises sur ce terrain. — *Cass.*, 1er août 1809, commune de Roulot c. Viequelin ; — Garnier, *des Actions possess.*, p. 310 ; Henrion, p. 377 ; *le Praticien français*, t. 1er, p. 174 ; Bioche et Goujet, vo *Action possess.*, no 54. — V. aussi Henrion, *des Biens communaux*, chap. 3. Cet auteur (p. 25) cite un décret du 27 mars 1814 qui adopte les principes de cet arrêt.

254. — Le juge de paix pouvant, sans contrevenir à l'art. 23, C. procéd. civ., qui défend de cumuler le possessoire et le pétitoire, consulter les titres respectivement produits pour s'éclairer sur le caractère de la possession alléguée de part et d'autre, peut, par suite, si le terrain litigieux lui paraît avoir le caractère d'une place publique, déclarer que ce terrain n'est pas susceptible d'une possession privée, et rejeter, en conséquence, comme non-recevable, l'action possessoire. — *Cass.*, 25 fév. 1840 (t. 1er 1840, p. 584), de Beaussier et Dufos de Mery c. commune de la Taulle.

255. — Mais les chemins, rues, places, etc., ne sont imprescriptibles que tant que dure l'affectation publique. Dès que cette affectation cesse, le caractère de prescriptibilité, et dès-lors la possibilité d'agir au possessoire, reparaît.

§ 2. — *Canaux.*

256. — L'art. 1er de la loi du 29 flor. an X les assimile aux fleuves et rivières navigables : ils sont soumis aux mêmes règles. — V. Proudhon, t. 1er, p. 273, no 207. — Bélime, no 235 ; Caron, no 337.

§ 3. — *Églises.*

257. — Elles n'étaient pas susceptibles de propriété privée en droit romain (V. CHOSES) ni dans la doctrine de notre ancienne jurisprudence. — Aujourd'hui le caractère d'imprescriptibilité ne s'applique qu'aux églises mises par l'autorité publique à la disposition du culte. — V. PRESCRIPTION.

258. — Ainsi jugé que les églises et les chapelles consacrées au culte divin ne peuvent, tant qu'elles conservent leur destination, devenir l'objet d'une action possessoire. — *Cass.*, 1er déc. 1823, de Laurière c. fabrique de Moncaut ; 18 juill. 1838 (t. 2 1838, p. 405), de Tinandier c. fabrique d'Opme. — V. aussi Bélime, *Act. poss.*, no 236 ; — Circul. du ministre de l'intérieur (M. Decazes), du 12 avr. 1819 ; *Recueil des circul. du ministre de l'intérieur*, t. 3, p. 423 ; Décis. du ministre des cultes, 28 juin 1825 ; — Foucart, *Elém. de droit publ. et admin.*, t. 3, no 221 ; Cormenin, *Quest. de droit administ.*, t. 3, p. 147. — V. *contrà* Carré, *Traité du gouvern. des paroisses*, nos 292 et 302. — V., sous l'ancien droit, Denisart, vo *Bancs des églises*, nos 4 et suiv.

259. — Les droits de bancs et places d'église pouvaient, dans l'ancienne jurisprudence, donner naissance à l'action en complainte, au profit de celui qui représentait un titre de concession. — V. Bourjon, *Droit comm.*, tit. 4, *Des actions réelles*, no 24.

260. — Mais les lois des 12 juill. 1790 et 20 avr. 1791 ayant aboli les droits attachés à la qualité de patron, et le décret du 30 déc. 1809 n'ayant disposé que pour l'avenir, les descendans des anciens fondateurs d'églises ne peuvent réclamer la jouissance privilégiée d'aucune chapelle, soit en vertu d'une longue possession, soit même en vertu de titres. — *Cass.*, 18 juill. 1838 (t. 2 1838, p. 405), de Tinandier c. fabrique d'Opme.

261. — Et aujourd'hui que ces droits ne peuvent plus être concédés par les fabriques qu'à titre provisoire et précaire, une place dans la chapelle d'une église ne peut jamais être l'objet d'une possession exclusive, *animo domini*, qu'on puisse acquérir par prescription, et qui, par suite, donne lieu à l'action possessoire. — *Cass.*, 19 avr. 1825, de Courcy c. curé d'Annet. — V. aussi Henrion de Pansey, *Compét. des juges de paix*, chap. 44 ; Bioche et Goujet, *Dict. de procéd.*, vo *Action possessoire*, no 52 ; Garnier, *Act. possess.*, no 340 ; Bélime, no 236 bis.

262. — Les choses du domaine public peuvent, par une déclaration de l'autorité compétente, rentrer dans le patrimoine privé de l'état, et alors elles sont soumises aux règles ordinaires des actions possessoires. — V. Bélime, no 237. — V., au surplus, PRESCRIPTION, PLACES DE GUERRE.

Sect. 2e. — *Cours d'eau.*

263. — La loi du 24 août 1790 semblait restreindre la compétence des juges de paix aux cours d'eau servant à l'irrigation des prés.

264. — L'art. 6, L. 25 mai 1838, attribue à ces magistrats la connaissance des entreprises commises dans l'année sur les cours d'eau servant

à l'irrigation des propriétés et au mouvement des usines et moulins.

265. — Trois classes de cours d'eau : 1o rivières navigables ou flottables ; 2o rivières non navigables ni flottables ; 3o simples ruisseaux.

266. — 1o *Rivières navigables ou flottables.* — L'art. 644, C. civ., déclare formellement que les riverains n'ont pas le droit de dériver les eaux des rivières navigables ou flottables, soit pour l'irrigation de leurs fonds, soit pour tout autre usage ; il suit de là que toute tentative de ce genre devrait être poursuivie administrativement. — V. Serrigny, *Traité de la compét. admin.*, t. 2, no 639.

267. — Si l'autorité administrative avait fait une concession relativement à cette espèce de cours d'eau, l'action possessoire du concessionnaire serait recevable. — V. Bélime, no 243.

268. — Si cette concession n'avait pas été obtenue, M. Bélime pense que la loi n'ayant pas indiqué de forme à suivre pour obtenir l'autorisation du préfet, comme elle a eu soin de le faire à l'égard des usines, cette autorisation peut être présumée, tant que l'administration ne réclame pas, et que, par conséquent, le possesseur peut user de l'action possessoire. — V. no 243.

269. — Nous ne saurions partager cette opinion, parce que la possession, dans ce cas, serait un délit. On ne doit se permettre aucune entreprise sur un cours d'eau du domaine public. — V. cependant *Cons. d'état*, 28 mars 1838, Guyot c. Ferclon.

270. — Si l'un des riverains établissait des ouvrages ou plantations qui nuisissent aux riverains inférieurs ou à ceux de la rive opposée, ceux-ci pourraient-ils demander la destruction de ces travaux devant le juge de paix ? — M. Carou (*Act. poss.*, no 329) dit que l'affirmative ne peut souffrir de difficulté.

271. — Néanmoins, nous ne saurions admettre cette opinion. En effet, ces sortes de travaux intéressent plus ou moins le régime des eaux, et la jurisprudence constante du conseil d'état ne reconnaît comme compétens à cet égard que les conseils de préfecture. — *Cons. d'état*, 20 juin 1821, Lescaille ; 22 janv. 1824, Hache ; 19 oct. 1825, Château-Renard ; 15 sept. 1831, Bertrand. — V. Bélime, no 244.

272. — Au reste, les propriétaires de moulins à eau établis sur un fleuve ne peuvent agir par voie de complainte devant le juge de paix contre l'employé qui, par ordre de l'administration supérieure chargée de surveiller la navigation, a fait, après y avoir inutilement invité les propriétaires, chômer les moulins. — *Bruxelles*, 1er fév. 1822, Decoalack c. Buysse et Demulie.

273. — 2o *Rivières non navigables ni flottables.* — MM. Proudhon, Foucart et Bélime enseignent que le lit de ces sortes de cours d'eau n'appartient pas aux riverains ; s'il en est ainsi, ceux-ci ne peuvent agir au possessoire contre les personnes qui entreprendraient, par exemple, de tirer du sable ou de couper des herbes dans le cours de ces rivières. — Bélime, no 244 *bis*. — V. du reste ALLUVION et PROPRIÉTÉ.

274. — 3o *Ruisseaux.* — Leur lit faisant partie des fonds sur lesquels ils coulent, ils se trouvent soumis aux actions possessoires. — De là naissent plusieurs conséquences.

275. — 1o Le propriétaire riverain d'un ruisseau ayant la possession annale de ses eaux peut intenter l'action en complainte contre l'autre riverain, qui, au moyen d'un fossé pratiqué sur son fonds, détourne une partie des eaux du ruisseau. — *Cass.*, 20 mai 1829, Beauffremont c. commune de Traves.

276. — 2o Des propriétaires riverains qui sont en possession immémoriale d'un cours d'eau ont pu intenter l'action possessoire contre celui qui, par des constructions sur ce cours d'eau, porte atteinte à leur jouissance. — *Cass.*, 3 déc. 1828, Bouis c. syndics de la commune de Tourves ; 1er mars 1815, Géhin c. Dieudonné.

277. — Spécialement, le trouble apporté à la possession annale d'un cours d'eau qui coule sur un chemin public peut donner lieu à l'action en complainte de la part de celui qui s'en sert, au passage, pour arroser sa propriété. — *Cass.*, 24 fév. 1803, Derivières c. Simon et Grimold ; 26 janv. 1836, Boubée et Perez c. Meunier ; — Merlin, *Rép.*, vo *Complainte*, § 3, no 8 ; Favard de Langlade, vo *Justice de paix*, § 3 ; Garnier, *Traité des actions possessoires*, p. 243 ; Duranton, t. 5, no 169.

278. — ... Et en général, l'action intentée par le riverain d'un cours d'eau contre un riverain supérieur, dans le but de faire cesser le trouble résultant pour sa jouissance de travaux entrepris sur ce cours d'eau et d'obtenir réparation, est une action possessoire. — *Cass.*, 17 août 1836 (t. 1er 1837, p. 186), Crebassa et Mas c. Bayle.

279. — Mais lorsque deux propriétaires voisins ont chacun une usine sur le même cours d'eau, l'usage plus ou moins restreint fait par l'un d'eux du droit de tenir son réservoir plein ou de le vider en tout ou en partie, *dans son propre intérêt et selon ses convenances*, ne peut constituer en faveur de l'autre aucune espèce de droit. — En conséquence, le changement de système hydraulique adopté par l'autre ne peut donner lieu à complainte de la part du second, sous le prétexte que ce nouveau système fait refluer les eaux d'une manière préjudiciable à sa propriété. — *Cass*, 4 déc. 1837 (t. 1er 1838, p. 167), Framezelle c. Lengaigne.

280. — 3o L'action possessoire qui a pour objet la cessation du trouble apporté à la jouissance d'un droit d'irrigation, bien que non fondée en titre ou sur la qualité bien établie du propriétaire riverain (C. civ., art. 644), est recevable, alors que ce droit s'exerçait au moyen d'une vanne qui a été détruite, et que l'action tend au rétablissement de cette vanne. — On dirait en vain que le droit d'irrigation, étant une servitude discontinue non susceptible de s'acquérir par prescription, ne pouvait servir de base à une action possessoire. — *Cass.*, 3 fév. 1840 (t. 1er 1840, p. 577), Leroy c. Ledanois et Jumel.

281. — 4o C'est devant les juges de paix et non devant les tribunaux civils que doivent être portées les actions à fin de répression des entreprises sur les cours d'eau commises dans l'année, et de rétablissement des lieux dans l'état où ils étaient avant le trouble, bien qu'on y ait joint une demande en dommages-intérêts de la compétence des tribunaux civils. — *Amiens*, 3 juill. 1822, Blattier c. Caron.

282. — 5o Lorsque l'action possessoire a pour objet le trouble apporté dans la jouissance d'un cours d'eau, la compétence du juge de paix ne dépend pas de la question de savoir si les eaux sont vives ou dormantes. — En ce cas, lorsque le demandeur au possessoire, outre le rétablissement du cours d'eau, réclame des dommages-intérêts qui n'excèdent pas 50 fr., le juge de paix peut statuer en dernier ressort. — *Cass.*, 24 mai 1813, Lidonne c. Peypoux. — V. Garnier, *Tr. des Act. poss.*, p. 241 ; Bioche et Goujet, *Dict. de procéd.*, vo *Action possessoire*, no 57 ; Merlin, *Quest.*, vo *Dernier ressort*, § 25. — Mais V. aussi *Cass.*, 25 mai 1813, Rocher.

283. — 6o Le propriétaire d'un fonds supérieur qui, depuis plus d'un an, a construit sur sa propriété un lavoir alimenté par un ruisseau bordant un fonds supérieur, est recevable à intenter l'action en complainte pour trouble apporté à sa jouissance par le propriétaire du fonds inférieur, encore qu'il n'ait fait aucun ouvrage apparent destiné à faciliter la chute et le cours de l'eau dans sa propriété. — On ne peut dire qu'il ne s'agit, dans ce cas, que d'un réglement d'eaux, d'après les titres ou les usages locaux, et que, dès-lors, le demandeur devait se pourvoir au pétitoire et non au possessoire. — *Cass.*, 5 avr. 1830, Gaussens c. Massé.

284. — Le trouble apporté à la possession annale d'un cours d'eau donne lieu à l'action en complainte devant le juge de paix, lors même que les travaux d'où résulte ce trouble ont été exécutés non sur le terrain du plaignant, mais bien sur le propre fonds de son adversaire. — *Cass.*, 18 avr. 1838 (t. 2 1838, p. 96), Patouillard c. Motiron.

285. — Lorsque celui qui se plaint d'un trouble apporté à sa possession d'une prise d'eau produit un titre qui ne détermine pas la quotité de la prise d'eau, le juge ne peut, en maintenant le demandeur en possession, réduire sa jouissance au tiers de ce qu'elle était au moment du trouble. — *Cass.*, 21 mars 1831, maire de Marseille c. Dollières.

286. — Quant à la hauteur des eaux pour le service des usines, elle est hors du commerce, et reste dans le domaine de l'administration. — Par suite, la possession d'un barrage tendant à élever les eaux d'un ruisseau pour le service d'une usine n'est pas de nature à en faire acquérir la propriété, et ne peut, par conséquent, servir de base à l'action en complainte. — *Cass.*, 13 déc. 1826, Guy c. Normand. — C'est aussi la jurisprudence du conseil d'état (V. 17 janv. 1831, Pelet.) — Troplong, *Prescr.*, no 134, et Bélime, no 247.

287. — Cependant, il a été jugé qu'un tribunal a le droit d'ordonner, *à titre de mesure provisoire*, qu'un barrage sera établi dans une rivière, pour rendre au propriétaire d'une usine inférieure tout le volume d'eau dont il jouissait avant le trouble apporté à la possession. — *Cass.*, 8 nov. 1836 (t. 1er 1837, p. 8), Lefebvre et Seillère c. Lefebvre-Soyez.

288. — Jugé aussi que, bien que l'autorité administrative ait autorisé la construction d'un barrage et d'un réservoir, sur une rivière non navigable, le juge de paix n'en est pas moins compétent pour connaître de la complainte formée par les propriétaires riverains, à raison du trouble apporté par cet établissement à la jouissance qu'ils avaient du cours d'eau. — *Liège*, 28 juill. 1820, Guillaume c. N.....

289. — Le juge du possessoire, saisi d'une action en complainte pour entreprise faite par un riverain sur les eaux du canal d'un moulin, n'est pas obligé, en maintenant le propriétaire du moulin en possession des eaux du canal, de déclarer le maintenir en possession du canal lui-même, alors d'ailleurs que l'entreprise ne porte pas sur le sol — *Cass.*, 17 janv. 1842 (t. 2 1842, p. 729), Bordères et Grand c. Raoul. — V. même jour (t. 2 1842, p. 730), Bordères et Grand c. Danizan.

290. — Le juge de paix peut-il ordonner la destruction des barrages faits dans l'année et qu'il reconnaîtrait avoir nui aux riverains ? — C'est une question vivement controversée : Proudhon (*Traité du dom. publ.*, t. 4, no 1185) refuse le droit d'ordonner la suppression, et ne reconnaît aux tribunaux d'autre droit que celui d'adjuger des dommages-intérêts. Il se fonde sur ce que l'administration est seule compétente pour tout ce qui a rapport au roulement des usines.

291. — Nous distinguerons : ou les travaux ont été faits sans autorisation, et, dans ce cas, le juge de paix peut, même au pétitoire, ordonner la destruction de travaux qui constituent un délit, aux termes de l'art. 457, Code pén. — V. Garnier, *Des act. poss.*, p. 381 ; Bélime, no 250.

292. — Ou les travaux ont été autorisés, et, dans ce cas, nous n'admettons pas que la destruction puisse être ordonnée. — V. *Cons. d'état*, 18 juill. 1838, Millet c. Beraud. — V. aussi Bélime, no 250.

293. — L'opinion contraire est soutenue par MM. Daviel (*Législ. des cours d'eau*, nos 473 et 965), Foucart (t. 2, p. 615) et Carou (*Act. poss.*, no 332). Ces auteurs ont été déterminés principalement par la crainte de donner à l'administration le privilége de créer des servitudes au profit d'un particulier sur un autre particulier.

294. — Mais nous pensons qu'il reste un remède suffisant contre cet abus dans le pouvoir laissé au juge de prononcer des dommages-intérêts en réparation du tort causé, et nous croyons qu'il y aurait un danger bien plus réel à laisser à un juge de paix le droit de détruire, malgré l'autorisation administrative, une usine qui peut avoir une très grande importance.

Sect. 3e. — *Servitudes.*

295. — Les servitudes peuvent-elles être l'objet d'actions possessoires ? — Il faut à cet égard faire plusieurs distinctions.

296. — En principe, on ne peut exercer l'action possessoire qu'autant qu'on a, sur la chose qui en est l'objet, un droit établi par un titre ou par la prescription. Mais les servitudes qui ne sont pas établies sur des titres peuvent-elles s'acquérir par la prescription ? — Suivant le Code civil, les seules servitudes continues et apparentes s'acquièrent par la prescription ; les servitudes continues non apparentes et les servitudes discontinues, apparentes ou non apparentes, ne peuvent s'acquérir que par titres.

297. — De là les trois propositions suivantes : 1o Si la servitude est tout à la fois continue et apparente, comme elle est susceptible d'une véritable possession, elle peut donner lieu à la complainte.

298. — Jugé que, dans les pays où l'on suivait la maxime *nulle servitude sans titre*, et spécialement en Normandie, il n'était pas nécessaire, pour pouvoir intenter la complainte, à raison d'une servitude déclarée prescriptible sous le Code civil, d'avoir une possession trentenaire, la possession annale suffisait. — *Cass.*, 15 avr. 1822, Lemoigne c. Lesdos-Laporte. — V. aussi Carou, *Act. possess.*, no 259 ; Toullier, t. 3, no 629 ; Troplong, *Prescript.*, no 857 ; — Cout. d'Orléans, art. 215 ; Cout. de Paris, art. 186.

299. — 2o La servitude, au contraire, discontinue ou continue non apparente, n'étant pas, suivant l'art. 691, C. civ., susceptible d'être établie, même par une possession immémoriale, ne saurait fonder une action possessoire. — *Cass.*, 23 nov. 1808, Chegaray c. Sallenave.

300. — 3o Celles cependant de cette dernière espèce qui seraient fondées en titre pourraient procurer ces actions. — V. Dunod, *Tr. des Prescript.*, part. 3e, chap. 6, p. 293 ; Toullier, t. 3, no 715 ; Pardessus, *Servit*, no 324 ; Duranton, t. 5, no 635 ; Garnier, *Tr. des act. possess.*, p. 321 ; Merlin, *Rép.*, vo *Servit.*, no 35 ; Aulanier, *Act. poss.*, p. 123 ; Solon, *des Servit.*, p. 426 ; Bélime, *Act. possess.*, nos 255 et suiv. ; Bioche et Goujet, *Dict. proc.*, vo *Act possess.*, nos 75 et suiv., nos 166 et suiv. ; Troplong, *Prescript*, no 857 ; Balbus, *de Præscriptionibus.*

2e part., c. 1, nos 3 et 4 ; Cœpolla, *de Servit. præd. urban.*, ch. 19, nos 7 et suiv. ; d'Argentrée, art. 271, *Consuet. britann.*, vo *Sans titre* ; Pothier, *Intr. au tit. des servit. sur la cout. d'Orléans*, no 8 ; Ferrière, sur l'art. 186 de Paris, glose 1, no 8.

301. — Conformément à ces principes, la cour de Cassation a décidé qu'on ne peut se prévaloir de la possession dénuée de titre pour se faire maintenir par voie de complainte dans un droit de servitude imprescriptible. — *Cass.*, 23 mars 1812, Schoouvliet c. Colle; 21 oct. 1807, Joffrenot c. Mancellot; 13 août 1810, Tournet c. Delpy ; 10 sept. 1811, Sabadini c. Bugarli.

302. — ... Que les contestations sur le droit de servitude discontinue tiennent essentiellement au pétitoire, et sont hors de la compétence des juges de paix. — *Cass.*, 2 févr. 1820, Tarnier c. Aubin Mairet.

303. — La cour suprême a déclaré non-recevable l'action possessoire en maintenue d'un droit de passage, lequel constituant une servitude discontinue ne peut s'acquérir que par titre et non par prescription. — *Cass.*, 3 juin 1835, de Chambure c. de Massol.

304. — ... Celle d'un fermier en rétablissement et en maintenue d'un droit de passage dont il est privé par une voie de fait. — *Cass.*, 5 mars 1828, Rohart c. Catrice.

305. — ... L'action en complainte de la part du propriétaire contre celui qui est prouvé par une enquête avoir de tout temps, et notamment dans l'année qui a précédé le trouble, exercé sans titre une servitude, même discontinue et imprescriptible, telle qu'une servitude de passage. — *Cass.*, 11 nov. 1829, Glomeau c. Rougeron. — Néanmoins si, sur la demande formée par l'ancien possesseur contre l'auteur du trouble, celui-ci ne justifiait pas d'une possession civile ayant opéré saisine à son profit, le litige devrait être jugé en faveur du premier, car en perdant de fait la jouissance depuis plus d'une année, il n'aurait pas perdu la possession ; mais s'il s'agissait d'un trouble de droit ou d'un trouble de fait qui n'eût pas consisté dans une dépossession effective, le défendeur n'ayant aucune possession, il deviendrait impossible de lui en opposer les vices, et par conséquent l'action au possessoire serait prescrite.

306. — Lorsqu'une action en complainte est intentée à raison du trouble que le demandeur éprouve dans un passage qu'il prétend exercer de temps immémorial sur un chemin de desserte servant en commun à l'exploitation de plusieurs héritages, et auquel les premiers juges ont reconnu cette destination, les juges d'appel peuvent, en appréciant les titres respectifs des parties, déclarer que la demande n'a pour objet qu'un droit de passage constituant une servitude discontinue qui ne saurait s'établir sans titre, et décider, d'après ce fait, qu'il n'y a pas lieu à complainte. — *Cass.*, 20 mai 1828, Descoins c. Astruc.

307. — Jugé cependant que l'action possessoire est recevable lorsqu'il s'agit, non d'une servitude de passage, mais de la communauté d'un chemin. — *Cass.*, 19 nov. 1828, Moutier c. Arnault.

308. — Le propriétaire du fonds supérieur peut retenir un cours d'eau dérivé d'une rivière, au moyen de travaux apparens pratiqués par lui sur son fonds, encore que le propriétaire du fonds inférieur ait la jouissance de ce cours d'eau de temps immémorial, même d'une manière conforme à des réglemens d'administration publique. — Une pareille jouissance a le caractère d'une servitude discontinue, qui ne peut, aux termes de l'art. 691, C. civ., s'établir que par titres, et par suite ne donner lieu qu'à l'action pétitoire, non à l'action possessoire. — *Cass.*, 20 mars 1827, Lehoult c. de Beauffres. — La décision serait semblable, lors même qu'il s'agirait d'une servitude dont la possession aurait commencé avant le Code et sous l'empire d'une coutume qui permettait l'établissement par prescription des servitudes discontinues. — V. Bioche et Goujet, *Dict. de proc.*, vo *Act. poss.*, no 75.

309. — Ainsi jugé que si la servitude discontinue a été acquise par la prescription trentenaire, dans un pays où elle pouvait s'acquérir de cette manière, le propriétaire du fonds dominant, en cas de trouble, doit agir directement au pétitoire et non par action possessoire, puisque le juge de paix ne pourrait apprécier et constater la possession sans préjuger le possessoire — *Cass.*, 2 juill. 1823, Obert c. Chancel; 17 fév. 1813, Cazenave c. Lassus. — V. Merlin, *Rép.*, vo *Servitude*, § 35.

310. — ... Et, en principe, qu'une servitude discontinue, dans un pays où elle pouvait autrefois s'acquérir par prescription, ne peut aujourd'hui donner lieu à une action en complainte fondée sur le seul fait de la possession annale. — *Cass.*, 3 oct. 1814, Bertrand c. Andoque ; 2 juill. 1823, Obert c. Chancel ; 10 fév. 1812, Velten et Vandhommer c. Hugel. — V. Pardessus, *des Servit.*, no 324 ; Toullier, t. 3, no 715 ; Duranton, t. 5, no 615 ; Merlin, *Quest.*, vo *Servit.*, § 5 ; Garnier, *Tr. des act. possess.*, p. 321 ; Henrion de Pansey, *Tr. de la compét. des juges de paix*, chap. 43, § 7. — V. Augier, *Encycl. des juges de paix*, p. 96 ; Carou, *Act. possess.*, no 169.

311. — Néanmoins les servitudes discontinues acquises avant le code, étant maintenues (art. 691, C. civ.), donneraient naissance à l'action possessoire. — Carou, *Act. poss.*, no 169 ; Bélime, no 263 ; Henrion de Pansey, *Compét. des juges de paix*, ch. 43.

312. — Sous la cout. de Metz, sous laquelle les servitudes s'acquéraient par la prescription de vingt ans et vingt jours, le propriétaire sur le terrain duquel le voisin ouvre une vue peut considérer cette entreprise comme un trouble apporté à sa jouissance plus qu'annale affranchie du droit de servitude, et intenter une action possessoire qui dès-lors est de la compétence du juge de paix. — *Cass.*, 8 brum. an XII, Vanderveckin c. Hayer.

313. — Si la doctrine et la jurisprudence sont d'accord pour reconnaître que l'action possessoire est inadmissible dans l'espèce d'une servitude qui ne peut s'acquérir que par titre, cette règle doit cesser lorsqu'au contraire il existe un titre. — V. Toullier, t. 3, no 715; Duranton, t. 5, no 635; Garnier, *Tr. des Actions possess.*, p. 321 ; Pardessus, *Tr. des Servitudes*, no 324, et Merlin, *Rép.*, vo *Servitude*, § 35.

314. — Aussi, la cour de Cassation a-t-elle jugé constamment que les servitudes discontinues apparentes ou non-apparentes peuvent donner lieu à l'action possessoire, quand celui qui les réclame était en possession d'un titre. — *Cass.*, 9 mai 1831, Delahaye c. Moquet ; 21 mars 1831, maire de Marseille c. Dollières ; 24 juillet 1810, Carteret c. Pelleport; 4 fév. 1829, Barbet c. Gombert ; 17 mai 1820, Clavier c. Goulard ; même date, Jourdan c. Cabasse ; 6 juil. 1812, Herblin c. Hue ; 2 mars 1820, Lecornu c. Simon ; 24 juil. 1839 (t. 2 1839, p. 180) Dadé c. Condorcet. — V. Merlin, *Rép.*, vo *Servitude*, § 9 ; *Quest. eod.* vo, § 6 ; Toullier, t. 3, no 717 ; Duranton, t. 5, no 638 ; Pardessus, *Servit.*, no 324.

315. — ... Spécialement, que celui au profit duquel un titre a constitué une servitude discontinue sur les eaux d'un canal qui font mouvoir son moulin peut, s'il est troublé dans sa possession, intenter l'action en complainte contre l'auteur du trouble. — *Cass.*, 30 mars 1830, Sauteyra c. Raynaud.

316. — Quant à la question de savoir si la connaissance que le juge de paix prend des titres entraîne ou non le cumul du possessoire et du pétitoire, nous la traitons sous le chap. 7.

317. — La plainte au possessoire devrait être admise pour les servitudes discontinues, mais manifestées par un signe apparent, tel que l'existence d'une porte dans le cas où l'on se prévaut d'un droit de passage. — V. Bélime, no 264.

318. — Les principes en matière d'imprescriptibilité des servitudes discontinues ne sont pas non plus applicables à un sentier d'exploitation, dès-lors le trouble apporté au passage sur ce sentier peut donner lieu à l'action possessoire. — *Cass.*, 11 déc. 1827, Pagès c. Demontval.

319. — Jugé, en conséquence, qu'un sentier servant depuis longues années à l'exploitation des terres ou des vignes de plusieurs propriétaires voisins ne doit pas être considéré comme une servitude discontinue dont l'usage puisse, à défaut de titre, être interdit par celui dont le sentier traverse la propriété. — Au contraire, ce sentier de simple exploitation est présumé le résultat d'une convention entre les propriétaires voisins, pour la desserte de leurs fonds respectifs, et le particulier troublé dans la jouissance du passage peut intenter l'action en complainte, quoiqu'il ne produise aucun titre. — *Cass.*, 29 nov. 1814, Antoine c. Joly. — La doctrine consacrée par cet arrêt n'est pas nouvelle; elle a été adoptée sous l'empire des coutumes, qui ne reconnaissaient pas de servitudes sans titre. — V. Poquet de Livonière, sur la cout. d'Anjou, art. 449, et Guyot, sur les cout. de Mantes et de Meulan, art. 94. — V. aussi Favard, vo *Complainte*, sect. 1re, no 9, et Garnier, *Tr. des actions possess.*, p. 282 et 283. — Mais on comprend facilement que la décision devrait être tout opposée, si les premiers juges avaient statué en fait que le sentier constituait une servitude discontinue. — V. *Cass.*, 20 mai 1828, Descoins c. Astruc.

320. — Celui qui se prétend propriétaire du sol sur lequel est établi un chemin privé est recevable à demander, par voie de complainte, à être maintenu dans la possession annale d'un droit de passage sur le chemin. — *Cass.*, 26 août 1829, de Radepont c. Fleury. — V. Garnier, *Tr. des actions possess.*, p. 283, et Bioche et Goujet, *Dict. de procéd.*, vo *Action possess.*, no 82.

321. — Au surplus, celui qui est troublé dans

l'exercice d'une servitude légale est toujours recevable à intenter l'action possessoire : il a son titre dans la loi. — Bélime, no 262 ; Pardessus, *Servit.*, part. 2e, ch. 2, sect. 2e, no 222 ; Bioche et Goujet, *Dict.*, vo *Act. poss.*, no 79; Garnier, *Act. poss.*, p. 318; Carou, *Act. poss.*, no 184; Favard de Langlade, vo *Servitude*, sect. 2e, § 7, no 4.

322. — Jugé, en ce sens, que la servitude de passage est, au cas d'enclave, une servitude qui peut, à la différence des autres servitudes discontinues, donner lieu, s'il y a trouble, à la complainte possessoire. — *Cass.*, 7 juin 1836 (t. 1er 1837, p. 32), commune de Chauvoncourt c. ville de Saint-Mihiel ; 16 mars 1830, Maillot c. Donzelot ; 19 nov. 1832, Barry c. Hubert; 7 mai 1829, Liste civile c. Defrézols-Boursault.

323. — Jugé même, par ce dernier arrêt, que, dans ce cas, l'action en complainte est recevable, quoique la servitude de passage soit réclamée sur un des biens formant la dotation de la couronne, que la loi du 8 nov. 1814 a déclarés imprescriptibles. — V. Carou, *Act. poss.*, no 185.

324. — A ces divers arrêts, on oppose celui de *Cass.*, du 8 juil. 1812, Fresne c. Bobey ; mais cet arrêt ne tranche pas la question : il s'agissait d'ailleurs d'une espèce dans laquelle les juges du fond avaient déclaré que la circonstance d'enclave n'était pas prouvée.

325. — Dans un cas analogue, la cour de Cassation a décidé que, bien qu'une action possessoire ait eu primitivement pour objet un droit de passage à raison du fait d'enclave, il suffit que dans le cours de l'instance le demandeur, rectifiant ses conclusions, ait déclaré réclamer la possession du droit de passage à titre de propriétaire, et que le juge de paix, appréciant les titres produits (et tout en écartant le fait d'enclave), ait reconnu ce caractère à la possession dans laquelle il maintenait le demandeur, pour que le tribunal d'appel ne puisse, sans apprécier différemment ces titres, écarter l'action, en ce que, le fait d'enclave n'étant pas prouvé, elle ne porterait plus que sur une servitude discontinue non susceptible de s'acquérir par prescription. — *Cass.*, 29 mars 1841 (t. 1er 1841, p. 463), Garnier c. Dupas.

326. — Les servitudes négatives non apparentes sont-elles de nature à donner les actions possessoires ? — S'il n'y a pas de titre, la négative est évidente. — Bélime, no 265.

327. — En l'absence d'un titre, on dit, pour accorder l'action, que celui à qui la servitude était concédée jouissait de son droit autant qu'il pouvait en user, par cela seul que son adversaire ne faisait pas ce qu'il lui était interdit de faire; que c'était là une possession qu'il devait avoir le droit de faire respecter par l'action possessoire.

328. — Nous ne saurions admettre cette solution, et nous adoptons la doctrine de la cour de Cassation, qui, dans l'espèce particulière d'une servitude qui consistait à ne point obscurcir le jour du voisin, a décidé qu'en l'absence de titre, l'action possessoire ne pouvait avoir lieu relativement à cette servitude. — *Cass.*, 28 fév. 1814, Kellermann c. Vaigemon. — V. Merlin, *Rep.*, vo *Servitude*, § 35; Carré, *Just. de paix*, t. 2, p. 376 ; Bioche et Goujet, *Dict.*, vo *Act. poss.*, nos 31 et 75 ; Carou, no 178; Bélime, no 265.

329. — On ne peut agir en complainte contre le propriétaire asservi, pour l'exécution des ouvrages nécessaires à l'exercice de la servitude, et qui ont été mis à sa charge, aux termes de l'art. 696, C. civ. — V. Belime, no 266.

Sect. 4e. — *De quelques cas spéciaux.*

§ 1er. — *Des meubles peuvent-ils être l'objet d'une action en complainte?*

330. — En principe, les meubles ne peuvent pas être l'objet d'une action possessoire, c'est ce qu'a déclaré explicitement M. Bigot Préameneu dans l'exposé des motifs du tit. de la *Prescript.* — V. aussi Imbert, *Prat. judic.*, ch. 17 ; Bélime, no 273.

331. — Et cette décision s'applique même aux actions immobilisées de la Banque de France. — V. Duranton, t. 4, no 103; Bélime, no 274.

332. — Mais ne faut-il pas excepter au moins les immeubles par destination ? — Non.

333. — Toutefois, M. Henrion de Pansey adopte l'affirmative. « Celui qui est troublé dans la jouis-» sance d'une maison peut demander d'être main-» tenu dans la possession, non-seulement de » l'édifice, mais *des meubles qu'il renferme* et qui, » par *leur destination*, sont *réputés immeubles.* » — *Compét.*, ch. 45, § 4.

334. — M. Carou croit que, dans ce cas, on a une double action, action en revendication, action pos-

sessoire; mais il ajoute que le demandeur a intérêt à agir directement au possessoire pour faire cesser le trouble et obtenir la réparation du préjudice qu'il a souffert. — V. dans le même sens *Cass.*, 24 avr. 1834, Blasque c. de Rogemont.

335. — M. Garnier est aussi de cet avis; seulement il prétend que « c'est moins dans la possession des objets mobiliers que le demandeur conclut à être maintenu ou à être réintégré, que dans celle de l'immeuble à l'exploitation duquel ces objets sont destinés. Sans doute, continue M. Garnier, cette action ne sera que très rarement intentée, soit parce que le propriétaire préférera prendre la voie criminelle, soit parce qu'il aura la conviction que l'auteur de la soustraction n'élève aucune prétention à la propriété ni à la possession du surplus de son immeuble, et qu'une action en dommages-intérêts le satisfait pleinement. Mais il n'en n'est pas moins certain qu'il a la faculté d'opter pour l'action possessoire sans que le juge puisse l'y déclarer non-recevable. » — *Act. possess.*, p. 203 et 204.

336. — La décision négative que nous avons adoptée pour les immeubles par destination s'applique-t-elle aux immeubles par l'objet auquel ils s'appliquent (C. civ., art. 526), par exemple, à l'usufruit des choses immobilières, à l'emphytéose, aux actions tendant à revendiquer un immeuble? Il faut encore distinguer.

337. — Quant aux actions tendant à revendiquer des immeubles, il est certain qu'elles ne peuvent donner lieu à l'action possessoire; et la raison en est simple, c'est que l'action comme droit d'agir en justice est un droit abstrait, incorporel, qui n'est pas susceptible de possession. *Res incorporales traditionem et usucapionem non recipere manifestum est.* — Pothier, *Pand.*, t. 17, p. 84, sect. 2e, § 1; Carou, *Act. possess.*, p. 76, no 89; Carré, *Just. de paix*, t. 2, p. 271.

338. — Quant à l'usufruit et à l'emphytéose, V. ce qui est dit *infrà* nos 358 et suiv.

339. — L'ancienne jurisprudence admettait à ces principes deux exceptions : — La première relativement aux choses saintes et notamment aux reliques.

340. — Augeard (t. 2) rapporte un arrêt du parlement de Paris, en date du 13 mars 1708, qui rejeta l'action en complainte relative à la relique de Châlons, connue sous le nom de *nombril de Jésus-Christ*, par le motif que le bris de cette relique avait eu lieu par l'ordre d'un supérieur ecclésiastique, en reconnaissant toutefois, en principe, que la complainte était possible. — V. Belime, no 277.

341. — Il est évident que l'exception relative aux choses saintes n'a plus d'application.

342. — L'autre exception avait été introduite à l'égard d'une *universalité de meubles* par l'ordonnance de 1667, tit. 18, art. 1er; mais le Code de procédure ne renferme aucune disposition à cet égard. — Le silence du législateur sur cette question a donné lieu entre les auteurs à une vive controverse. — D'un côté, Merlin (*Rép.*, vo *Complainte*), Henrion de Pansey (*Comp. des juges de paix*, chap. 43), Pigeau, et MM. Poncet, Zachariæ, Troplong (*Prescrip.*, t. 1er, p. 640, no 281), Berriat (t. 1er, p. 118), Boitard (*Leçons de procéd.*, t. 1er, p. 432), se sont prononcés pour l'affirmative.

343. — De l'autre, MM. Chauveau sur Carré (t. 1er, p. 94, texte), Favard de Langlade (vo *Complainte*, sect. 1re, § 1er), Carré (*Just. de paix*, t. 2, p. 460), Garnier (p. 189), Augier (p. 90), Carou (p. 390, nos 390, nos 599 et 600), Aulanier (p. 85, no 72), Curasson (*Comp. des juges de paix*, 2e édit., p. 142, § 1, no 2) et Belime (p. 309, no 278) adoptent un sentiment contraire.

344. — Ceux qui admettent l'action possessoire dans ce cas raisonnent ainsi : ils font remarquer que dans l'ancien droit, même avant l'ordonnance de 1667, l'action possessoire avait lieu pour une universalité de meubles : or, comme le Code de procédure n'a rien dit à cet égard, comme il n'a pas déterminé les choses qui pouvaient être l'objet de l'action possessoire, on en conclut qu'il s'en est référé aux anciens principes.

345. — Ce raisonnement est bien peu concluant, et peut être facilement rétorqué : d'ailleurs, si l'on va au fond des choses, si l'on se demande qu'elle est l'utilité de l'exception qu'on veut introduire et sur quelles raisons elle s'appuie, on est obligé de reconnaître que le système que nous venons d'exposer mérite peu de faveur.

346. — En effet, d'une part, la question est sans utilité pratique, car on a beau parcourir les recueils d'arrêt anciens et modernes, on ne trouve pas une seule décision sur ce point. Bourjon lui-même déclarait qu'une pareille thèse était *vain examen, vaine curiosité*. — *Dr. comm.* (t. 2, p. 512, no 26). — D'un autre côté, on ne trouve parmi les jurisconsultes qu'un seul commentateur qui ait essayé de justifier théoriquement l'exception consacrée par l'art. 97 de la coutume de Paris et par l'ordonnance de 1667, c'est Duplessis; or, voici sur quelle considération il s'appuie : il prétend que les universalités de meubles ont *une faveur immobilière* (*sapit quid immobile*). — V. Duplessis, Cout. de Paris, *Des actions*, p. 598. — De semblables raisons méritent-elles qu'on s'y arrête?...

347. — Dans l'opinion contraire, à laquelle nous nous rangeons, on fait remarquer que l'admission de la complainte pour une universalité de meubles est inconciliable avec les lois actuelles. — « Les différens cas que désignent les lois de 1790 et de 1838 font assez entendre, dit M. Curasson, que cette action n'est applicable qu'à des immeubles ou droits immobiliers. — Et ce qui prouve que ces lois ne peuvent être appliquées autrement, c'est l'art. 3, C. procéd., ordonnant que, pour toutes les actions possessoires, la citation soit donnée devant le juge de la *situation des lieux*, ce qui ne peut s'appliquer qu'à des droits immobiliers; l'art. 2 du même Code, voulant que le défendeur soit assigné devant le juge de son domicile, en matière *purement personnelle et mobilière*. — Que pourrait signifier enfin la possession annale exigée par l'art. 23? En cas de débats relatifs à une succession mobilière, la question tient au fond du droit et ne peut être jugée que d'après les titres. A quoi pourrait aboutir la maintenue possessoire de l'injuste détenteur, si ce n'est à favoriser son usurpation, à le mettre à même d'user, d'abuser, de détruire et de dissiper les objets qui composent l'universalité des meubles? (*Compét. des juges de paix*, t. 1er, p. 143, no 2). — Ces raisons, qui sont parfaitement développées par M. Belime, nos 278 à 282, nous paraissent décisives sur la question.

348. — Au surplus, il est bon de remarquer que les auteurs qui admettent l'action possessoire pour une universalité de meubles limitent cette action au cas où il s'agit de meubles dépendant d'une succession. — V. Troplong, *Prescript.*, t. 2, p. 684, no 1066; Henrion de Pansey, *Compét.*, p. 463; Bourjou, *Droit commun*, t. 2, p. 212, et Pothier, *Proc. civ.*, ch. 3, art. 1er, § 2.

§ 2. — *Examen de cas spéciaux relativement à l'exercice des actions possessoires.*

349. — Celui qui serait troublé dans un droit de chasse n'aurait pas, pour s'y faire maintenir, d'action possessoire. — Belime, no 267. — M. Pardessus, au contraire (*Servitude*, no 12), considère le droit de chasse comme un droit réel, réputé immeuble, et donnant ouverture à l'action possessoire. — Bioche et Goujet, vo *Action possessoire*, no 60.

350. — *Quid*, quant au droit de pêche? — Proudhon distingue : il est imprescriptible, quand c'est un tiers qui vient commettre un délit sur une propriété; prescriptible, si c'est le riverain de l'autre bord qui l'exerce dans toute la largeur du lit de la rivière, parce qu'alors il ne fait qu'exercer une sorte d'usage lié au fonds qui lui appartient. — *Traité du domaine public*, t. 3, no 996. — V. art. 2, ord. 24 avr. 1829 sur la pêche fluviale.

351. — Nous pensons que le texte de cette ordonnance, qui accorde aux riverains le droit de pêche jusqu'au milieu de la rivière, *sauf les droits contraires acquis par possession ou par titres*, doit s'entendre des droits de propriété acquis par des tiers sur le cours d'eau lui-même. — C'est l'opinion de MM. Belime, no 268, et Garnier, *Act. poss.*, p. 339. — V. aussi Troplong, *Prescript.*, t. 1er, no 203. — V. cependant Bioche et Goujet, vo *Act. poss.*, no 60.

352. — Quant aux droits de pâture, il faut distinguer : il s'agit ou de grasses ou vives pâtures, ou bien de vaine pâture. — V. VAINE PATURE. — Dans le premier cas, l'action possessoire est ouverte; au second cas, elle ne l'est pas. — C'est l'opinion d'Henrion de Pansey. — V. aussi Ferrière, *Dict. de procéd.*, vo *Pâturage*; Denisart, vo *Vaine pâture*.

353. — M. Belime, no 270, combat cette solution, en s'étayant de l'art. 648, Code civ., qui, par cela même qu'il traite de la vaine pâture dans le titre relatif aux *servitudes*, laisse entendre qu'elle constitue une véritable servitude légale, susceptible comme telle d'être protégée par l'action possessoire.

354. — Jugé qu'un droit de parcours doit nécessairement être fondé sur un titre, et que l'on ne peut l'établir par la possession dans une instance en complainte. — *Cass.*, 2 nov. 1830, habitans de Rieux c. habitans de Grez.

355. — ... Que l'action, de la part d'un propriétaire qui tend à être maintenu dans l'exercice d'un droit de pâturage exclusif sur son propre terrain, est une action possessoire de la compétence du juge de paix. — *Cass.*, 19 vend. an XI, Dumoulin c. Barré. — V. Merlin, *Rép.*, vo *Servitude*, § 5; Favard, vo *Complainte*, p. 593; Henrion de Pansey, *Compét. des juges de paix*, p. 380; Garnier, des *Act. possess.*, p. 326; Aulanier, *Tr. des act. possess.*, no 184; Carré, *Compét. et organ. jud.*, t. 2, p. 309.

356. — ... Que l'action en complainte peut être intentée à l'occasion d'un terrain qui ne s'exploite que par le pacage des bestiaux et l'enlèvement des litières. Le juge saisi de cette action doit, dès-lors, examiner les faits. — *Cass.*, 8 janv. 1833, Delavaud c. Massoulard. — Du même jour, arrêt identique de la même chambre.

357. — Pour qu'un droit réel donne naissance à une action possessoire, il faut qu'il s'applique à un immeuble, qu'il soit réputé immeuble (*Cout. de Paris*, art. 96); qu'il soit susceptible d'une jouissance réelle (Pothier, *Possess.*, no 88); enfin qu'il soit prescriptible; *ibid.*, nos 90 et 91. — Bioche et Goujet, vo *Act. possess.*, no 59.

358. — Outre les droits réunissant ces conditions, et dont nous avons déjà parlé, on peut citer : 1o le droit d'usufruit. — Augier, p. 82; Boitard, sur l'art. 23, C. procéd.

359. — 2o Le droit d'usage. — C. civ., art. 526; Pothier, no 116. — V. cependant Carou, *Act. possess.*, nos 202 et suiv.

360. — 3o L'emphytéose; la cour de Cassation a décidé que le preneur à emphythéose a qualité pour intenter l'action possessoire. — *Cass.*, 2 juin 1822, Bournisien-Dubourg c. d'Espagnac. — Nous développons cette question sous le chap. 5.

361. — ...Le droit, acquis en vertu d'une concession, de prendre des tourbes dans une tourbière ou d'exploiter dans une mine. — Carré, *Justice de paix*, t. 3, p. 63; Bioche et Goujet, 60.

362. — L'action en complainte ne serait pas recevable : — 1o relativement aux rentes foncières qui, aujourd'hui, ne constituent plus un droit réel. — Merlin, *Rép.*, vo *Rente foncière*, § 2, art. 5, nos 2 et 3; Garnier, p. 334; Bioche et Goujet, vo *Act. possess.*, no 62-3o; Belime, no 283. — V. *contrà* Guichard, *Quest. possess.*, p. 114; Henrion, chap. 43, § 2. — V. anal. *Cass.*, 29 juill. 1828, Audebert c. Boucher.

363. — 2o A l'occasion des droits de champart, de complant et de quart. — Merlin, *Rép.*, vo *Complainte*, § 3, no 1; Augier, p. 93; Bioche et Goujet, no 62. — V. *contrà* Henrion, ch. 43, § 2; Guichard, *Quest. possess.*, p. 120.

364. — Un avis du conseil d'état, du 4 therm. an VIII, a décidé que le bail à complant ne transférait au preneur aucun droit sur la propriété des biens qui en sont l'objet. — Aulanier, p. 86, no 73, et Carou, *Principes sur les act. possess*, no 232.

365. — Jugé, en ce sens, que les anciens droits de complant, de quart, champart, etc., consistant dans le droit du bailleur à une portion des fruits, ne sont plus, même lorsqu'ils ont été créés sous l'ancienne législation qui les réputait inhérens à l'immeuble, que des créances mobilières, conséquemment non susceptibles d'être l'objet d'une action possessoire. — *Cass.*, 29 juillet 1828, Audebert c. Boucher; 16 janv. 1826, Isle-Beauchêne c. Bourdaiseau.

366. — ...Qu'une redevance, par exemple un droit de complant, bien que créé pour transmission de propriété, sous l'ancienne législation qui la réputait immeuble, est devenue rachetable et mobilière par la détermination de la loi; dès-lors, le refus d'en continuer la prestation ne peut donner lieu à l'exercice de l'action possessoire. — *Cass.*, 11 fév. 1833, Baty c. Denechaud; 9 août 1831, Beneteau c. Dutemps.

367. — « Ceci toutefois, dit M. Carou (no 233), ne s'applique qu'au propriétaire de la redevance. Mais celui qui tient l'héritage a la pleine propriété et possession de cet héritage, et il a, sans aucun doute, comme tout autre propriétaire, le droit de la complainte pour repousser le trouble apporté à sa possession. » — V. aussi *Encycl. des juges de paix*, vo *Act. possess.*, sect. 3e, no 7.

368. — Un droit de secondes herbes constitue-t-il un droit de copropriété ou une servitude réelle, autorisant, en cas de trouble, la voie de complainte possessoire? — Il faut distinguer : si ce droit est établi en faveur de la personne, il ne saurait donner lieu à l'action possessoire; *secus* s'il était établi au profit d'un héritage voisin. — Bioche et Goujet, *Dict. de procéd.*, vo *Act. possess.*, no 62.

369. — Le droit de récolter le varech n'est pas une servitude discontinue. On ne peut donc lui appliquer les principes qui rendent ces sortes de servitudes insusceptibles de toute complainte possessoire. — *Cass.*, 5 juin 1839 (t. 1er 1839, p. 655), comm. de Flamanville c. comm. de Siouville.

370. — Une haie séparant deux héritages peut être l'objet d'une action possessoire. — *Cass.*,

8 vendémiaire an XIV, Jarnan c. veuve Malquin. — Pardessus, *Servitudes*, no 188; Toullier, t. 3, no 229; Duranton, t. 5, no 370; Bioche et Goujet, *Dict. de procéd.*, vo *Act. possess.*, no 56.

371. — Le voisin copropriétaire d'une haie mitoyenne qui, d'après l'usage du lieu, doit avoir sept pieds de largeur, peut exercer la complainte contre le voisin qui, en enlevant des terres à quinze pouces du milieu de la haie, a nui aux racines en les mettant à découvert, et a porté ainsi un trouble à la possession du complaignant. — *Cass.*, 14 avr. 1830, Clément c. dame Pommerais.

372. — Celui qui se dit possesseur d'arbres plantés sur le terrain d'autrui, mais sans prétendre les avoir plantés lui-même, ne peut fonder une action possessoire, quant à ces arbres, sur des faits de simple jouissance, surtout si ces faits sont reconnus pour n'avoir pas les caractères de la possession légale. — La question de savoir si des faits de jouissance ont les caractères de la possession légale rentre exclusivement dans l'appréciation des juges du fond. — *Cass.*, 9 mai 1836 (t. 1er 1837, p. 30), Logette c. Lemaignen.

373. — Sous la loi du 25 août 1792, le propriétaire d'un bac ne pouvait actionner en complainte celui qui avait établi un autre bac sur la même rivière. — *Cass.*, 14 niv. an VII, Giraud c. d'Apcher Vabres. — V. au surplus BACS ET BATEAUX.

374. — Sous la législation actuelle, le bac et le droit de passage concédé ne sont que des choses mobilières : ils ne peuvent donc être l'objet d'une action possessoire. — V. Carou, *Act. possess.*, no 393.

375. — Le terrain que couvre l'eau d'un étang, quand elle est à la hauteur de la décharge, n'est pas susceptible, de la part de tout autre que du propriétaire de l'étang, d'une possession qui puisse servir de base à l'action possessoire. — *Cass.*, 23 avr. 1811, Lebouteillier c. Lebailly de Frenay. — C'est l'application de l'art. 558, Code civ., fondé sur la loi 12, *pr.*, *ff.*, *de Acquir. rer. domin.*, qui en donne ainsi la raison : « *Lacus et stagna, licet interdum crescant, interdum exarescant, suos tamen terminos retinent, ideoque in his jus alluvionis non adgnoscitur.* » Cela est évident. L'eau retient toujours son lit ordinaire. Si, en diminuant, elle en laisse une partie à découvert, elle viendra l'occuper de nouveau dans sa hauteur accoutumée : par conséquent le propriétaire de l'étang est aussi propriétaire de son lit naturel, soit que l'eau le couvre ou non. Donc il ne peut pas être privé de cette propriété par la possession d'un autre; donc il ne peut y avoir lieu contre lui à l'action possessoire, parce qu'il ne peut y avoir de véritable possession. C'est ce qu'enseignent Toullier, t. 3, no 139; MM. Duranton, t. 4, no 406; Garnier, *Des act. possess.*, p. 249, et *Régime des eaux*, 2e part, no 117; Guichard, *Quest. possess.*, confér. 3e, § 14, p. 110, et Vaudoré, *Droit rural*, t. 1er, no 479.

376. — Mais, à l'inverse, si, par suite de barrages opérés après autorisation administrative, les eaux d'un étang refluent à certaines époques sur les propriétés voisines, le propriétaire du barrage peut-il prétendre que ce fait d'inondation constitue une servitude continue et apparente, et par conséquent susceptible d'être acquise à l'usine par prescription? — Tout en renvoyant, pour l'examen de la première question, au mot SERVITUDE, nous admettons que, depuis le Code civ., aucune prescription ne serait opposable aux propriétaires qui réclameraient des indemnités, à raison des dégâts occasionnés par l'inondation. — Belime, no 251 bis. — V. cependant Toullier, t. 3, no 138; et Proudhon, *Traité du domaine public*, t. 4, no 1145.

377. — Si au lieu d'inondations accidentelles, il s'agissait d'inondations régulières, nous reconnaîtrions qu'elles pourraient donner naissance à une servitude, et, par suite, à l'action possessoire. Tels seraient les moulins de ban, en usage dans l'ancienne Bresse. — Belime, no 251 ter.

378. — Les eaux pluviales qui coulent sur la voie publique ne sont pas susceptibles d'une possession exclusive pouvant autoriser l'action possessoire. — *Cass.*, 21 juillet 1825, Boissière c. Groult; 14 janv. 1823, Peynier c. Roccas. — V. aussi Dunod, *Traité des prescrip.*, p. 87; Henrion de Pansey, *Comp. des juges de paix*, p. 283; Solon, *Des servitudes réelles*, no 46; Belime, *Act. possess.*, no 246 ter.

379. — Les *lais* et *relais* de la mer, déclarés aliénables par l'art. 41, L. 16 sept. 1807, peuvent être prescrits; ils peuvent donc faire l'objet d'une action en complainte. — L. 16 sept. 1807, art. 41. — *Cass.*, 8 nov. 1824, Arrighi c. Conti. — V. aussi Pardessus, *Traité des serv.*, no 39; Vazeille, *Traité de la prescr.*, nos 60 et 87; Garnier, *Traité des act. possess.*, p. 244, et Bioche et Goujet, *Dict. de procéd.*, vo *Act. possess.*, no 58; Carou, *Act. possess.*, no 206 (édit. 1re), no 419 (édit. 2e).

380. — M. Belime (*Actions possessoires*, no 284) examine si les offices sont des biens dont on puisse retenir ou reconquérir la possession par la complainte. On peut dire que la question est oiseuse. Autrefois les offices étaient réputés immeubles; ils étaient susceptibles d'hypothèques; on comprend dès-lors que, sous l'empire d'une telle législation, les offices pussent être l'objet d'une action possessoire; mais aujourd'hui que les offices, bien que retombés dans le commerce, ont perdu leur caractère immobilier, la question n'a plus d'intérêt et ne peut plus même être posée.

381. — La même observation s'applique aux bénéfices, nonobstant le concordat de 1801.

382. — Aussi a-t-il été jugé que les tribunaux sont incompétens pour connaître de l'action possessoire formée par un ecclésiastique qui se prétend titulaire d'une cure depuis plus d'un an et d'un jour, et qui se plaint d'être dépouillé par la nomination d'un autre curé faite par l'évêque et agréée par ordonnance royale. — *Nîmes*, 26 mai 1824, Simil c. Reynard. — Concord. an X, art. 6; Ch. constit., art. 6.

CHAPITRE IV. — *Conditions requises pour l'exercice des actions possessoires.*

383. — Les actions possessoires ne sont recevables qu'autant qu'elles sont formées dans l'année du trouble par ceux qui, depuis une année au moins, étaient en possession paisible par eux ou les leurs, à titre non précaire. — C. procéd., art. 23.

384. — Cette matière se divise en deux branches : 1o qualités intrinsèques de la possession nécessaires pour agir au possessoire; 2o annalité tant de la possession que de l'action.

Sect. 1re. — *Qualités intrinsèques de la possession nécessaires pour agir au possessoire.*

385. — Pour exercer utilement l'action possessoire, il faut posséder : « La possession est la détention ou la jouissance d'une chose ou d'un droit que nous tenons ou que nous exerçons par nous-mêmes ou par un autre qui le tient ou l'exerce en notre nom. » — C. civ., art. 2228.

386. — Le droit résultant de titres ne peut, indépendamment de toute possession, servir de fondement à une action possessoire, sous le prétexte que la possession légitime est un accessoire de la propriété. — *Cass.*, 6 avr. 1824, Fayol c. de Chabrières; — Bioche et Goujet, *Dict. de procéd.*, vo *Act. possessoire*, et Garnier, *Tr. des actions possess.*, p. 376.

387. — Afin d'éviter un double emploi, nous renvoyons aux mots POSSESSION et PRESCRIPTION, pour l'explication des propositions suivantes : — Origine de la possession; — La possession suppose un acte corporel accompagné de l'intention; — Le fermier ne possède pas; le droit de posséder n'appartient qu'au propriétaire; — Différence de la détention, de la possession et de la saisine; — La possession est-elle un droit ou un fait? — Le droit de possession est-il un droit réel ou personnel? — La possession engendre-t-elle une présomption complète de propriété? — Deux personnes peuvent-elles posséder la même chose en même temps? — Divisions de la possession en civile ou naturelle, — réelle ou artificielle, — de bonne ou de mauvaise foi, — vicieuse ou non vicieuse.

388. — C'est encore sous le mot PRESCRIPTION que nous examinerons : 1o comment s'acquiert et se transmet la possession; 2o comment elle se perd quand la chose est entre les mains d'un détenteur précaire.

389. — Ces notions supposées acquises sur la possession en général, reste à examiner la question de savoir si la possession pour agir au possessoire est la même que la possession pour prescrire.

390. — Tous les auteurs qui ont écrit sur la possession sont d'accord sur ce point; tous reconnaissent que la rédaction incomplète de l'art. 23, C. procéd., doit être complétée par l'art. 2229, C. civ., ainsi conçu : « Pour prescrire, il faut une possession continue et non interrompue, paisible, publique, non équivoque, et à titre de propriétaire. » — Locré, *Législ. civ.*, t. 21, p. 558; Merlin, *Rép.*, vo *Complainte*, § 2; Henrion, p. 416; Guichard, p. 76; Garnier, p. 104; Belime, nos 28 et suiv.; Bioche et Goujet, vo *Action possessoire*, no 73; Carou, *Act. poss.*, no 665; Aulanier, no 20; *Encyclop. des juges de paix*, vo *Action possessoire*, sect. 2e, no 2.

391. — Cependant M. Serrigny, dans son *Traité de l'organ., de la compét. et de la procéd. en mat. admin.*, t. 2, no 695, semblerait contredire cette doctrine; voici comment il s'exprime : « Il nous paraît tout-à-fait inexact de prétendre que l'action possessoire n'est recevable qu'autant qu'elle porte sur une chose prescriptible et qu'elle réunit les conditions exigées par l'art. 2229, C. civ. Il suffit, pour se convaincre du contraire, de comparer cet article avec l'art. 23, C. procéd. — L'un règle les conditions de la possession pour conduire à la prescription; l'autre fixe les conditions pour donner ouverture à l'action possessoire. Or, ce dernier n'est pas aussi rigoureux que le premier. Ainsi, par exemple, il n'exige pas que la possession soit continue et non interrompue, et c'est avec raison que la cour de Cassation en a conclu que l'action possessoire était recevable de la part de celui qui était troublé dans la jouissance d'une servitude discontinue, fondée sur un titre. Cela prouve que la prescriptibilité n'est pas une condition rigoureuse pour l'exercice de l'action possessoire. »

392. — Nous répondons, avec M. Belime (no 29), que, même en admettant que la prescriptibilité ne soit pas une condition rigoureuse pour qu'on puisse agir au possessoire (no 252), cependant, il ne faut pas confondre la *nature* de l'objet possédé avec les *caractères* de la possession, qui doivent être les mêmes et pour la prescription et pour les actions possessoires.

393. — Mais l'action possessoire n'est-elle admissible qu'autant que la chose qui en serait l'objet serait de nature à être acquise par prescription? La jurisprudence de la cour de Cassation paraît fixée pour l'affirmative.

394. — Ainsi, elle a jugé : 1o qu'il ne suffit pas de posséder pour être fondé à se pourvoir par voie de complainte quand on est troublé dans sa possession, que cette action n'est admissible qu'autant que la possession est de nature à faire acquérir par prescription le droit dans lequel on demande à être maintenu. — *Cass.*, 7 juin 1820, Larrouy c. Saubade, et 6 juill. 1825, Latouel c. Polinière.

395. — ... 2o Que les choses dont la propriété est imprescriptible, et celles qui ne peuvent faire l'objet d'une propriété privée, par exemple une rue, une place publique, ne peuvent être l'objet d'une possession utile de nature à servir de base à une action en complainte. — *Cass.*, 25 juill. 1837 (t. 2 1837, p. 96), la ville de Grasse c. Théas. — Enfin, cette jurisprudence a été confirmée par un arrêt tout récent de la chambre civile, du 10 janv. 1844 (t. 1er 1844, p. 355), comm. de Perrigny c. comm. de Conliége et de Briod), lequel a décidé qu'un cimetière, étant de sa nature et par sa destination placé hors du commerce, ne pouvait, même entre communes, tomber en prescription, ni, par conséquent, donner lieu à une action en complainte.

396. — On ne saurait opposer un arrêt tout spécial qui décide qu'un juge de paix peut maintenir un demandeur en complainte dans la possession de la lisière d'un bois, quoique, d'après tous les auteurs, les confins d'héritage soient imprescriptibles. — *Cass.*, 9 août 1830, Robin c. Auroux.

397. — Cette doctrine des arrêts qui précèdent vient à l'appui de notre système d'assimilation entre la possession pour la prescription et la possession pour l'exercice des actions possessoires. M. Belime (no 252) adopte une opinion qui s'écarte de la jurisprudence de la cour de Cassation : tout en reconnaissant que les choses du domaine public ne peuvent pas être l'objet d'une action possessoire, il se refuse à appliquer ce principe aux meubles et immeubles de la couronne, bien que la loi du 2 mars 1832 les ait déclarés inaliénables et imprescriptibles.

398. — Notre solution, du reste, serait toute différente, s'il s'agissait de biens qui ne seraient frappés que d'une imprescriptibilité temporaire. — Ainsi, la suspension de la prescription pendant le mariage (sous le régime dotal) ne saurait mettre la femme à l'abri des actions possessoires. — Il en serait de même à l'égard des mineurs et des interdits, malgré cette règle de Boutillier en sa *somme rurale* (tit. 31) : « Item, encores peux et dois savoir que contre pupille ne contre furieux durant leur furiosité, saisine ne peut ne doit acquérir. » — Aujourd'hui, tous les auteurs sont d'accord sur la solution que nous adoptons.

399. — Il faut donc, pour l'exercice des actions possessoires, en exceptant toutefois le cas de la réintégrande, que la possession soit paisible, — publique, — non précaire, — non équivoque, — continue, — non interrompue, — non fondée sur des actes de pure faculté, ou sur des actes de tolérance. — Enfin, elle ne peut tirer son origine d'actes réprouvés par la loi.

400. — Ces caractères de la possession étant exposés sous le mot PRESCRIPTION, nous nous bornons à renvoyer à ce mot.

Sect. 2e. — *Annalité.*

§ 1er. — *De l'annalité de la possession.*

401. — L'action possessoire n'est recevable, suivant l'art. 23, C. procéd., qu'autant que celui qui l'intente est en possession de la chose depuis une année au moins, par lui-même ou par les siens.

402. — M. Garnier, dans son *Traité des actions possessoires*, blâme cette disposition : à ses yeux, la possession est toujours respectable, même quand elle existe depuis moins d'un an, et c'est une inconséquence, suivant lui, que de refuser au possesseur, dans ce cas, une action pour faire cesser le trouble apporté à sa jouissance.

403. — M. Curasson (*Compét. des juges de paix*, t. 2, p. 76, no 2) a solidement réfuté cette objection et démontré que l'art. 23, C. procéd., était en parfaite harmonie avec l'art. 2230, C. civ., dont excipe M. Garnier. — Du reste, l'art. 23 est si précis qu'il n'est pas permis d'hésiter sur le sens et la portée de sa disposition. — V. d'ailleurs *infrà* no 414, l'arrêt rendu dans l'intérêt de la loi, le 16 janv. 1821.

404. — Dans l'ancien droit, la possession devait être d'un an et d'un jour, pour servir de base à la complainte : « *Dies additur ut omnes molestæ quæstiones de anni tempore tollantur.* » (Gragius, *De feudis*, lib. 2, tit. 12, § 3.) — Aujourd'hui, il suffit que le complaignant ait possédé pendant toute l'année qui a précédé le trouble. — *Cass.*, 19 mars 1834, Boucherot c. d'Ourche ; — Toullier, t. 9, no 127 ; Aulanier, no 9 ; Garnier, p. 86 ; Belime, no 348 ; Bioche et Goujet, vo *Action possessoire*, no 100. — V. *contrà* Carou, no 696, et Curasson, *Compét. des juges de paix*, t. 2, p. 68. Ces deux auteurs s'appuient sur la rédaction de l'art. 2243, C. civ.

405. — Jugé spécialement que le propriétaire du fonds inférieur qui, depuis plus d'un an, a exécuté sur le fonds supérieur des ouvrages apparens destinés à recueillir des eaux coulant artificiellement de ce dernier fonds, est recevable, au cas de trouble dans sa possession du cours d'eau, à exercer l'action en complainte. — *Cass.*, 27 mars 1832, Roche c. Seve.

406. — L'avantage de la possession annale ne se réduit pas à faire réussir l'action en complainte de celui qui justifie de cette possession. Le possesseur a, en outre, le grand avantage de ne pas être tenu d'établir ni la propriété ni la légitimité de sa possession, laquelle est reconnue par la nature même de la demande en revendication. Il peut se borner à répondre, *possideo quia possideo.*

407. — C'est ce qu'exprime nettement Jean Desmares, lorsqu'il dit : « Saisine et possession gaignée par tenure paisible, après an et jour, *trait à soy et gaigne la propriété de le héritage.* »

408. — D'un jugement du tribunal du Havre il semble résulter que l'année de jouissance nécessaire pour l'action en complainte peut être considérée comme révolue quand la jouissance a eu lieu suivant l'usage du pays, de Pâques à Pâques, bien que cette solennité ne soit pas invariablement fixée au même jour du mois, et que l'intervalle entre deux fêtes puisse être de moins ou de plus d'un an. — Mais une décision de ce genre, fût-elle explicite, ne peut être considérée que comme une erreur échappée au magistrat. La loi repousse une semble doctrine.

409. — Le demandeur au possessoire n'est pas tenu, pour prouver sa possession, de justifier d'actes faits dans l'année du trouble ; il lui suffit d'établir qu'il a, depuis un an au moins, une possession paisible et à titre non précaire. — La décision qui, reconnaissant ce caractère à la possession invoquée, admet l'action possessoire, ne viole aucune loi. — *Cass.*, 4 juill. 1838 (t. 2 1838, p. 340), Davy c. dame Angot ; — Carré, *Just. de paix*, t. 2, p. 381, et Bioche et Goujet, vo *Action possessoire*, no 100.

410. — Jugé, en conséquence, que la possession annale d'une eau courante, nécessaire pour autoriser l'action possessoire en cas de trouble, résulte, au profit du propriétaire du fonds inférieur, de cela seul que l'eau, en suivant son cours naturel, arrive à sa propriété, et de l'obligation imposée par la loi au propriétaire du fonds supérieur de la rendre à son cours ordinaire à la sortie de son héritage. — *Cass.*, 27 mars 1832, Roche c. Seve ; — Merlin, *Rép.*, vo *Complainte*, § 8, no 8.

411. — Jugé aussi que c'est aux juges du possessoire qu'appartient l'appréciation souveraine des faits qui peuvent caractériser la possession. — Ainsi le jugement qui déclare une action en complainte non-recevable sur le motif que la possession n'a pas été paisible depuis plus d'un an ne peut être attaqué en cassation sous prétexte que les faits qui ont troublé cette possession sont furtifs, entachés de violence, ou supportés à titre de simple tolérance par le possesseur. — *Cass.*, 24 fév. 1841 (t. 1er 1842, p. 139), de Lambilly c. Leborgne.

412. — Il n'est pas nécessaire qu'on ait été soi-même en possession pendant une année. On peut, à l'aide des accessions de possessions, compléter sa possession personnelle par celle de son auteur. — Belime, no 349, et Bioche et Goujet, no 101.

413. — Il n'y a lieu à joindre les possessions que lorsqu'elles sont contiguës (Pothier, *Prescr.*, no 124), c'est-à-dire, quand aucun tiers n'a possédé intermédiairement. — Bioche et Goujet, no 102. — V. au surplus, pour les accessions en matière de possession, au mot PRESCRIPTION.

414. — Une difficulté se présente, lorsque, de deux acquéreurs du même bien, aucun n'a de son chef la possession annale. Dans ce cas, le juge de paix ne doit pas maintenir en possession celui qui s'y est mis le premier, il doit au contraire apprécier les titres respectivement produits pour déterminer quel est celui des deux acquéreurs qui lui paraît être en droit de réunir la possession du vendeur à la sienne. — *Cass.*, 16 janv. 1821 (intérêt de la loi), Vionnet c. Rochaix, et 12 fructid. an X, Thomas c. Usquin et Lefebvre.

415. — La possession annale n'est-elle exigée que pour agir contre le propriétaire ou du moins contre le précédent possessseur, ou bien est-elle nécessaire même contre un tiers qui n'aurait pas lui-même une possession annale antérieure au trouble ? — Divers auteurs ont soutenu que la possession annale n'était nécessaire qu'autant que l'action en complainte était dirigée contre un précédent possesseur annal, mais non lorsqu'il s'agit d'un possesseur nouveau dont la possession ne consiste que dans le trouble lui-même. — V. en ce sens Pigeau, *Procéd. civ.*, t. 2, p. 507 ; Merlin, *Quest.*, vo *Complainte*, § 2 (sous l'ord. de 1667 ; l'auteur ne discute pas la question sous le Code de procéd.) — V. aussi Carré (qui a plusieurs fois changé d'avis), *Lois de la compét. civile*, no 416 ; *Lois de la procéd.*, t. 1er, no 107 ; *Droit français dans ses rapports avec la justice de paix*, t. 2, no 1575. — Mais d'autres repoussent cette distinction, et soutiennent que la possession annale est toujours nécessaire en matière de complainte. — V., entre autres, Garnier, *Tr. des act. poss.*, p. 80 ; Poncet, *Tr. des act.* ; Aulanier, *Tr. des act. poss.*, et de Brossard, *Juridict. des juges de paix.*

416. — Cette dernière opinion, consacrée par arrêt de *Cass.*, 9 fév. 1837, Brassour c. Bertrand (t. 2 1837, p. 257), est la plus conforme à l'art. 23, C. procéd. ; c'est aussi celle que nous adoptons. En effet, le Code de procédure n'accorde les actions possessoires qu'à ceux qui possèdent *depuis une année au moins* par eux ou les leurs ; on ne peut admettre une distinction qui a été expressément exclue par la loi.

417. — M. Belime (nos 346 et 347) embrasse une opinion contraire. Il appuie son système sur ce que, dans l'ancien droit, on n'exigeait pas que le demandeur eût la possession annale au moment du trouble (cout. de Paris, art. 96 ; ord. de 1667, art. 1er du tit. *des Complaintes*). — V. aussi Ferrière, sur *Paris*, t. 1er, p. 1528 ; Bourjon, *Droit comm.*, liv. 6., tit. 3, chap. 3, no 11 ; Duparc-Poullain, t. 10, p. 704 ; Boucheul, sur l'art. 399, cout. de Poitou. — Il doit en être de même, dit-il, sous l'empire du Code de procédure. Pigeau (*Procéd.*, t. 2, liv., 3, *des Act. poss.*), qui était lui-même un des rédacteurs de ce Code, atteste qu'en exigeant la possession annale on n'avait entendu l'exiger que contre le précédent possesseur. Il nous semble donc, continue-t-il, qu'on ne doit pas hésiter, d'après cela, à suivre une doctrine si bien appuyée, je ne dis pas seulement sur les auteurs, mais aussi sur l'équité, car c'est le cas ou jamais de citer l'axiome du droit romain : *Qualis cumque enim possessor, hoc ipso quod possessor est, plus juris habet quam ille qui non possidet.* (L. 2, ff., *Uti possid*). — V. aussi Pothier, *Possess.*, no 96, et Bioche et Goujet, no 112.

418. — Malgré l'autorité de ce raisonnement, nous persistons néanmoins à croire qu'il ne faut faire aucune distinction : cette distinction peut, en effet, être équitable, mais elle n'est pas dans la loi : « Le possesseur actuel, dit M. Troplong (*Presc.*, t. 1er, no 312), ne doit-il pas être préféré au possesseur évincé ? Ne doit-il pas repousser l'action de son adversaire en lui disant : prouvez que vous êtes possesseur avant moi, car vous êtes demandeur : quant à ce qui me concerne, je n'ai pas à vous dire comment je possède ni depuis quand je possède, *possideo quia possideo.* Voilà toute ma réponse et toute ma défense. Quand vous aurez montré que votre action est recevable, nous verrons alors si vous êtes fondé à lever le voile qui cache l'origine de ma possession. » — V. aussi Toullier, t. 11, no 127, et Carou, no 693.

419. — Il faut, pour pouvoir agir, prouver que la possession annale a porté précisement sur l'objet en litige : toute ambiguïté rendrait non-recevable. — Ainsi, pour être recevable à intenter la complainte à raison d'une extraction de pierres et de matériaux dans le lit de la rivière, il faut que le riverain justifie qu'il a eu spécialement la possession annale de la partie du lit d'où les matériaux ont été extraits. — *Cass.*, 11 fév. 1834, Pavin c. Montravel.

420. — C'est, du reste, à la possession qui existait au moment du trouble qu'il faut que l'annalité s'applique : ainsi, quand deux prairies sont séparées par une clôture, la possession annale invoquée par le propriétaire de l'une de ces prairies relativement à son terrain jusqu'à la clôture ne peut, sur l'action en réintégrande qu'il intente, lui être contestée, sous le prétexte que des bornes anciennes limitent sa propriété à deux mètres en deçà de cette même clôture. — *Cass.*, 20 nov. 1833, commune du Temple c. Lodey.

421. — La possession d'une chose principale profite relativement à ses accessoires, de telle sorte que pour ces accessoires l'annalité n'est pas nécessaire, pourvu que le principal ait été possédé pendant un an. — Belime, no 350.

422. — Celui qui, après un premier jugement sur le possessoire, dans lequel il avait succombé, a néanmoins continué sa possession pendant an et jour, n'est plus recevable à demander d'y être maintenu, lorsqu'il y est troublé ultérieurement. — *Cass.*, 12 juin 1809, Plan de Syeyes c. Guien et Chaix, et 17 mars 1819, Johannet c. Pardoux-Velland ; — Berriat-Saint-Prix, p. 115, no 8 ; Carré, t. 1er no 101, et Favard de Langlade, vo *Complainte*, sect. 1re, § 2, no 3.

§ 2. — *De l'annalité de l'action.*

423. — L'action doit être formée dans l'année du trouble, à peine de déchéance (C. procéd. civ., art. 23). — Le double motif de cette décision légale, c'est : 1o de soumettre cette action à une courte prescription, afin que le juge de paix n'ait à examiner que des faits récens faciles à constater sur une enquête ; 2o c'est qu'il ne peut y avoir d'action possessoire que là où la possession est disputée par les parties. — Belime, no 352.

424. — Cette dernière considération nous porte à admettre que l'action se prescrirait par un an, quand même le complaignant n'aurait pas cessé de posséder. — Belime, *ibid.*

425. — Ainsi l'action en bornage au possessoire n'est pas recevable quand la clôture qui donne naissance au trouble existe depuis plus d'un an ; il n'y a plus lieu, en ce cas, qu'à l'action en revendication. — *Besançon*, 10 mars 1828, Ravenet c. Rivière ; — Bioche et Goujet, *Dict. de procéd.*, vo *Action possessoire*, no 113, et Fremy-Ligneville, *Code des archit.*, no 95 ; Chauveau, vo *Action possessoire*, no 548.

426. — Ainsi encore celui sur le fonds duquel s'étendent, depuis plusieurs années, les branches des arbres du voisin, ne peut porter devant le juge de paix une action possessoire en élagage. — *Cass.*, 29 déc. 1830, Dumoncel c. Bras.

427. — Il faut remarquer que, d'après les art. 5 et 6, L. 25 mai 1838, le juge de paix est appelé à connaître de l'action en élagage d'arbres et de l'action en bornage, quand la propriété n'est pas contestée. — Mais ce changement de juridiction ne change rien aux principes qui doivent guider dans la solution des questions possessoires que nous venons d'examiner.

428. — S'il s'agit de travaux d'une certaine durée, c'est du jour où ces travaux ont commencé, et non du jour où ils ont été achevés que le délai doit courir ; et cela, malgré la disposition de l'art. 642, C. civ. — Belime, no 357.

429. — C'est à partir du trouble lui-même, et non à partir seulement de la connaissance légale que peut en avoir eue la partie intéressée, que court le délai de l'action possessoire. — *Cass.*, 22 avr. 1839 (t. 1er 1839, p. 418), Javon c. Commune de Saint-Ouen. — On le décidait ainsi dans l'ancien droit : Bornier, sur les mots *Dans l'année du trouble* de l'art. 1er, tit. 18, ord. 1667, s'exprime en ces termes : « Cela est conforme à l'ordonnance de Charles VII, art. 71, et à celle de François Ier, à Villers-Cotterets, en août 1539, art. 61, par laquelle il est dit que nulle complainte ne sera reçue après l'an, tant en matières bénéficiales que profanes, d'autant que la disposition des droits des interdits sont annaux, suivant la loi 1re, *Uti possidetis*, et la loi 1re, § *fin.*, ff., *De interd.* ; et il faut prendre l'an pour continu, c'est-à-dire à compter du jour du trouble et des derniers exploits et des actes de possession, et non du jour que le trouble est venu à la connaissance de celui qui veut intenter la complainte, d'autant que le

trouble, de même que la possession, consiste en fait. » — Telle est aussi l'opinion de M. Garnier, *Traité des actions possessoires*, p. 90. — « On pourrait, dit-il, se faire la question de savoir si l'année dans laquelle le possesseur doit agir en complainte a son cours dès l'instant où le trouble a eu lieu, ou seulement de celui où il est parvenu à sa connaissance ; mais par cela même que la loi l'a fait partir du jour du trouble, sans distinction ni restriction, elle n'exige pas qu'il ait été connu de la partie intéressée ; autrement il pourrait arriver qu'une complainte serait formée après un grand nombre d'années ; ce qui serait contraire à la nature de cette action, qui a pour but de faire obtenir une prompte répression et d'assurer la possession à celui qui l'avait à une époque très rapprochée. Ainsi le législateur a voulu circonscrire l'exercice de cette action dans un bref délai ; il a d'ailleurs pensé qu'une possession qui doit être publique ne pourrait être ignorée du propriétaire ni de ses agens. Ajoutons enfin qu'il s'agit ici d'une véritable prescription, et que la loi n'exige point que la possession qui lui sert de base soit spécialement connue du propriétaire. » — V. aussi Chauveau, *Dict. proc.*, v° *Action possessoire*, n° 72 ; Favard de Langlade, v° *Complainte*, sect. 1re, § 2, n° 6.

430. — Par application de ce principe que le délai court *contrà ignorantem*, on a jugé que l'action possessoire doit être intentée dans l'année, lors même que le trouble a été exercé envers un fermier qui n'a point averti le propriétaire en temps utile. — *Cass.*, 12 oct. 1814, Huot c. Petit et Bandit. — V. anal. C. civ., art. 614 ; Merlin, *Quest.*, v° *Complainte*, § 3 ; Favard, v° *Complainte*, sect. 1re, § 2, n° 6 ; Bioche et Goujet, *Dict. de procéd.*, v° *Action possessoire*, n° 115 ; Belime, n° 353.

431. — Toutefois le délai de la déchéance ne courrait pas, si le trouble était clandestin, si, par exemple, un propriétaire avait creusé clandestinement un souterrain sous la maison de son voisin. — Belime, n° 356.

432. — Pour supputer le délai de déchéance, il faut y comprendre le *dies ad quem*, mais non le *dies à quo*. En conséquence, n'est pas compris dans ce délai le jour du trouble ; mais il faut y comprendre le dernier jour de l'année, quand même ce serait un jour férié. — Garnier, p. 87 ; Belime, n° 334 ; Bioche et Goujet, n° 114.

433. — Le délai d'un an, pour se pourvoir en complainte, court-il contre un mineur ? — Oui, la loi a eu pour but de restreindre dans un court délai l'exercice de l'action possessoire, et ce but serait manqué si le mineur devait attendre sa majorité pour agir. D'ailleurs, il est de principe que les prescriptions de courte durée courent contre les mineurs aussi bien que contre les majeurs. — Bourjon, *Droit commun de la France* ; Lemaître, *Coutume de Paris*, tit. 4. chap. 1er, sect. 2e ; Denisart, v° *Complainte* ; Carré, *Droit français*, n° 1580 ; Curasson, t. 2, p. 78 ; Belime, n° 355. — Pigeau est le seul auteur qui soutienne l'opinion contraire ; c'est une erreur échappée à cet estimable auteur, d'ordinaire fort judicieux.

434. — L'action qui est exercée en police correctionnelle par le propriétaire d'un immeuble, pour obtenir la répression d'un délit commis dans sa propriété, et par lequel il est troublé dans sa possession, n'interrompt pas la prescription de l'action possessoire, qui lui est ouverte de droit contre l'auteur du trouble. — *Cass.*, 20 janv. 1824, Gaide-Roger c. Carollon de Vaudeul ; — Bioche et Goujet, *Dict. de procéd.*, v° *Action possessoire*, n° 148 ; Garnier, *Traité des actions possessoires*, p. 153. — V. cependant Curasson, t. 2, p. 80, n° 7.

435. — Celui qui, actionné au possessoire, est convenu devant le juge de paix que le trouble ne remontait pas à un an, en se bornant à discuter la nature et le caractère de ce trouble, ne peut, en appel, être admis à prouver qu'il remontait à plus d'un an. — *Cass.*, 5 fév. 1838 (t. 1er 1838, p. 238), Goislard de Villebresme c. Augereau.

436. — Pour les questions qui peuvent se rattacher à la distinction entre le trouble de fait et le trouble de droit, nous renvoyons au chap. 2, sect. 2e, art. 1er, § 2.

CHAPITRE V. — *Quelles sont les personnes qui peuvent intenter les actions possessoires ou y défendre.*

437. — Pour apprécier si une personne peut intenter l'action possessoire, il faut considérer deux choses : la capacité de cette personne, et la nature du droit à l'occasion duquel elle prétend avoir le droit d'agir au possessoire. — Nous aurons donc à examiner 1° la capacité personnelle ; 2° la capacité réelle.

Sect. 1re. — *Capacité personnelle.*

438. — Les questions à examiner, sous cette première division, sont relatives à la capacité d'agir en justice, à la condition du mineur ou interdit, au cas où un conseil judiciaire a été nommé.

439. — Pour se rendre compte de l'influence que ces diverses circonstances peuvent avoir sur l'exercice de l'action possessoire, il faut préliminairement examiner si, en intentant cette action, on fait acte de propriétaire, ou bien si elle rentre dans les actes de pure administration.

440. — L'exercice des actions possessoires est un acte conservatoire et qui rentre dans les fonctions d'administration. Conséquemment, un *mandataire général* a qualité pour intenter ces actions. Cette proposition s'appuie 1° sur le texte de l'art. 1998, C. civ., qui n'exige le mandat exprès que lorsqu'il s'agit d'aliéner ou d'hypothéquer, ou de quelque autre acte de propriété ; 2° sur l'art. 1428, C. civ., qui, après avoir déclaré le mari *administrateur* des biens de sa femme, ajoute qu'il peut exercer seul toutes les actions possessoires qui appartiennent à celle-ci. — Pothier, *du Mandat*, nos 150 et suiv. ; Delvincourt, t. 3, p. 131, note 1re ; Duranton, t. 18, p. 226 ; Belime, *Act. poss.*, n° 287 ; Carou, *Act. poss.*, n° 753 ; Bioche et Goujet, v° *Action possessoire*, n° 129.

441. — De là il suit que le tuteur peut, comme représentant le mineur ou l'interdit, intenter une action possessoire.

442. — Mais, pour l'intenter, a-t-il besoin de l'autorisation du conseil de famille ? Cette question est diversement résolue. L'art 464, C. civ., déclare que le tuteur ne peut introduire en justice une action relative *aux droits immobiliers* du mineur sans l'autorisation du conseil de famille. De cette disposition on conclut que le possessoire étant un droit immobilier, l'action qui a été introduite pour faire respecter ce droit est une action immobilière (Poncet, *des Actions*, p. 52) ; que conséquemment elle ne peut être intentée sans l'autorisation du conseil de famille. — V. Carré, *Just. de paix*, t. 2, p. 429 ; Delvincourt, t. 1er, p. 458 et 459.

443. — Bien que ce raisonnement ne manque pas de force, nous croyons devoir adopter l'opinion contraire : nous nous appuyons d'abord sur ce que, dans l'ancien droit, il en était ainsi (V. Duparc-Poullain, t. 5, p. 96, n° 121). D'autre part, le tuteur est institué par la loi mandataire général du mineur ; ses pouvoirs sont même plus étendus que ceux d'un autre mandataire général ordinaire, car il peut répondre seul à une demande en partage formée contre le mineur. Or, nous avons démontré que le mandataire aurait le droit d'exercer la complainte. — Pardessus, *Servit.*, p. 509, n° 355 ; Carou, *Act. poss.*, n° 770 ; Bioche et Goujet, v° *Action possessoire*, n° 129 ; Belime, n° 288.

444. — On peut même contester que la possession soit un droit immobilier ; et, même en décidant le contraire, on peut dire que le Code n'a probablement entendu parler que des actions en revendication concernant le fond du droit. — V. Belime, *ibid.* — On peut d'ailleurs s'étayer de la règle appliquée aux maires par la loi du 18 juill. 1837. — V. *infrà* n° 461 ; Carou, n° 770 ; Belime, *ibid.*

445. — Même décision relativement à un *mineur émancipé*. — Carou, n° 771 ; Belime, n° 289.

446. — Contrairement à l'opinion de M. Aulanier (*Act. poss.*, n° 302), nous pensons que l'action possessoire introduite par le *mineur non émancipé*, et quoique pubère, doit être considérée comme non avenue, même à l'effet de prévenir la déchéance. Nous appliquons à ce cas la maxime, quelque rigoureuse qu'elle soit, formulée ainsi par Boncenne : « Le droit d'assigner suppose la capacité d'ester en jugement..... Les personnes gouvernées par autrui n'ont pas cette capacité. Tels sont les mineurs et les interdits, qui ne procèdent que par leurs tuteurs (*Théor. de la procéd.*, t. 2, p. 135). » — Carou, n° 772.

447. — Même solution, *à fortiori*, pour les *interdits*, et même pour les *prodigues* auxquels est donné un conseil judiciaire (C. civ., art. 513). — Belime, n° 290 ; Carou, n° 773.

448. — Quant aux biens des femmes mariées, le *mari*, sous le régime de communauté, peut seul former la complainte (C. civ., art. 1428). — Carré, t. 2, p. 353 ; Aulanier, n° 314 ; Toullier, t. 12, p. 368, n° 390. — V. aussi Dumoulin, *Cout. de Bourges*, ch. 4, art. 5. — Après la séparation de biens, si la femme, quoiqu'elle administre ses biens, ne peut pas intenter l'action possessoire sans autorisation, cela tient exclusivement à ce motif qu'elle ne peut ester en justice sans l'autorisation de son mari (C. civ., art. 215), et non à ce que l'exercice des actions possessoires excéderait, en général, les pouvoirs d'un administrateur. — V. Laferrière, *Hist. du dr. fr.*, t. 1er, p. 201 ; — Pardessus, *Des servit.*, p. 509, n° 335.

449. — Enfin, sous le régime dotal, quant aux biens dotaux, le mari peut actionner au possessoire (Arg. de l'art. 1549) ; et quant aux paraphernaux, même règle que pour le cas de séparation (C. civ., art. 1576). — Belime, n° 291 ; Pothier, *Contrat de mar.*, n° 97 ; Bioche et Goujet, v° *Act. poss.*, n° 129 ; Carou, nos 764 et suiv.

450. — Les envoyés en possession des biens d'un *absent* peuvent agir au possessoire. — Arg. des art. 134 et 128, C. civ. — Belime, n° 292 ; Carou, n° 756.

451. — Même décision : 1° à l'égard de l'époux qui, dans le cas d'absence, a obtenu l'administration (Carou, n° 756) ; — 2° et du curateur nommé à l'administration des biens d'un absent. — Carou, n° 757.

452. — Dans le cas de *société*, le droit d'intenter l'action possessoire appartient : 1° dans les sociétés civiles et dans les sociétés en participation, à l'associé chargé de l'administration ; si personne n'a été chargé, tous les associés ont le même droit ; — 2° dans les sociétés en nom collectif ou en commandite, par l'adminitrateur, ou par chacun des associés dont le nom figure dans la raison sociale ; — 3° dans les sociétés anonymes, par le gérant. — Belime, n° 293.

453. — Le *failli*, étant dessaisi, est représenté par les agens et par les syndics, soit définitifs, soit provisoires. — Belime, n° 294.

454. — L'*héritier*, même avant d'avoir pris qualité, peut intenter l'action possessoire. — Carré, *Just. de paix*, t. 3, p. 408. — Cependant, pour que cet acte ne pût pas le faire considérer comme héritier, il serait plus prudent qu'il déclarât n'agir que comme habile à succéder. — Belime, n° 295.

455. — L'héritier qui, en vertu d'un partage provisoire, fait entre lui et ses cohéritiers, a joui d'un immeuble, peut exercer l'action possessoire, bien qu'à l'époque de la demande il existe un partage définitif qui attribue cet immeuble à l'un d'eux, mais qui n'a pas encore reçu son exécution. — *Metz*, 29 avr. 1823, Pelletier c. Martinet. — L'héritier continue la possession de son auteur (C. civ., art. 2237) ; mais une fois le partage opéré, chaque héritier est présumé avoir succédé seul au lot qui lui est échu (C. civ., art. 883). Il semblerait dès-lors que la solution ci-dessus devrait être critiquée. Cependant, si l'on remarque que le partage définitif n'étant pas exécuté, la possession, dans l'espèce, appartenait encore, en fait, à l'héritier qui a exercé la complainte, on verra que cette solution est conforme aux vrais principes de la matière. — Bioche et Goujet, *Dict. de procéd.*, v° *Action possessoire*, n° 106.

456. — *L'héritier bénéficiaire* et le *curateur* à une succession vacante, ont, non seulement le droit, mais même le devoir de faire les poursuites nécessaires pour protéger la possession des biens héréditaires. — Belime, n° 295.

457. — *L'héritier apparent*, étant réputé propriétaire (Toullier, t. 7, p. 30, nos 27 et 28), peut user de l'action possessoire relativement aux biens de l'hérédité, et le jugement liera le propriétaire rentré dans ses droits, pourvu qu'il n'y ait pas eu collusion. — Carou, n° 750.

458. — Les *successeurs irréguliers*, à la différence de l'héritier, ne peuvent exercer cette action qu'après avoir obtenu la délivrance (art. 724, 770 et 773, C. civ.).

459. — Même solution, à l'égard des légataires particuliers ou même à titre universel (art. 1011 et 1014).

460. — ... Et des légataires universels, s'ils se trouvent en concours avec des héritiers à réserve (art. 1010). — Belime, n° 296.

461. — La loi du 18 juill. 1837 détermine les formes à suivre par les communes pour le cas où elles auraient à intenter une action possessoire. En général, pour pouvoir intenter une action, il est nécessaire qu'elles soient autorisées par le conseil de préfecture, et une fois cette autorisation obtenue, elles procèdent par le maire, qui est leur représentant légal. — Exceptionnellement, l'art. 55 autorise le maire à intenter, sans autorisation préalable, toute action possessoire et à y défendre. M. Belime (n° 298) pense que cette dispense d'autorisation est absolue, sauf cependant la délibération du conseil municipal, que le maire doit provoquer.

462. — Dans le *Juge de paix* (t. 9, p. 92) se trouve une dissertation empruntée au *Journal des cons. municip.*, et délibérée par MM. Duvergier, Hennequin, de Bérigny et Lebon. Les auteurs de cet écrit soutiennent que la dispense accordée par la loi de 1837 n'a rapport qu'à l'autorisation *préalable*, mais que le maire doit se munir de cette auto-

risation quand l'action a été intentée. Nous adoptons néanmoins l'opinion de M. Belime : c'est aussi celle de M. Carou, qui l'appuie principalement sur la discussion législative. — V. nº 775.

463. — Cette dispense ne doit pas s'étendre au cas d'appel. — L. 12 juill. 1837, art. 49. — V. *Dissertation citée*, — Belime, nº 299 ; Carou, nº 776 ; Serrigny, *Compétence administrative*, t. 1er, nos 423 et suiv.

464. — Si une section de commune plaide contre la commune ou contre une autre section de la même commune, elle est représentée par le membre choisi par une commission syndicale composée de trois ou cinq membres que nomme le préfet. Ce serait le maire qui représenterait la section, si elle avait à intenter une action possessoire contre une autre commune ou contre la section d'une autre commune. — V. Carou, nº 777 ; — L. 18 juill. 1837, art, 56 et 57.

465. — Les habitans peuvent-ils *ut singuli* exercer les actions de la commune ? — Il est certain qu'aux termes de l'art. 49, L. 18 juill. 1837, le contribuable inscrit au rôle de la commune, qui croit avoir à se plaindre par suite d'une entreprise sur la voie publique, peut agir personnellement au possessoire, après sommation infructueuse faite au maire, et en obtenant l'autorisation du conseil de préfecture. Dans ce cas la commune est mise en cause, et le jugement lui est opposable.

466. — En cas d'urgence, l'habitant de la commune pourra-t-il agir *de plano*, sans autorisation ? — Le droit ancien semblait admettre l'affirmative. On lit, en effet, dans Denisart (vº *Communauté d'habitans*) : « S'il s'agit de droits dont chacun des habitans retire un avantage personnel, par exemple, des droits de passage ou d'usage, un seul habitant est maître de poursuivre l'action indépendamment de la communauté.

467. — Avant la loi de 1837, la cour de Cassation, appelée plusieurs fois à se prononcer sur cette question, après quelques variations, a fini par admettre que les habitans pouvaient agir *ut singuli*. — Ainsi, par arrêt du 10 nov. 1812 (Funbertaud c. Etcleim), elle a jugé que lorsque les habitans d'un village ou hameau forment une action possessoire en nom individuel, au lieu de la former en nom collectif et comme section de commune, ils n'ont pas besoin de l'autorisation administrative. — Même solution dans les arrêts du 15 juin 1829, Mauhon c. Gros ; du 12 fév. 1834, Falliet c. Vandervaken, et du 3 déc. 1828, Bouis c. syndics de la commune de Tourves. — V., au surplus, COMMUNES et AUTORITÉ MUNICIPALE.

468. — Postérieurement à la loi de 1837, la doctrine de la cour de Cassation doit encore être maintenue. — Telle est l'opinion de Proudhon (*Usage*, nº 772), de MM. Curasson (t. 2, p. 272), et Belime (nº 233). M. Carou, dans sa 1re édit., avait adopté une opinion opposée, mais il a embrassé la solution de Proudhon dans sa 2e édit (nº 779). — V. aussi Décret du 9 brum. an XIII, et Ord. du 27 nov. 1814.

469. — Toutefois, il faut restreindre l'application de cette règle au cas où l'habitant serait intéressé directement par le voisinage de sa propriété, parce que son droit, dans ce cas, peut être assimilé à une servitude légale imposée au fonds de la commune au profit de son héritage ; et on devrait, au contraire, décider qu'il n'aurait pas le droit d'agir privativement s'il ne réclamait le passage qu'au même titre que tous les autres habitans. — Cette distinction est admise par les auteurs cités.

470. — On a, du reste, jugé que le défendeur à une action en complainte pour fait de passage sur un chemin dont le complaignant se prétend propriétaire, a qualité pour soutenir que ce chemin est communal, et n'est pas obligé de mettre le maire en cause. — *Cass.*, 24 fév. 1841 (t. 1er 1842, p. 139), de Lambilly c. Leborgne ; — Cormenin, *Droit admin.*, vº *Commune*, p. 87.

471. — Jugé, d'autre part, que la faculté laissée aux habitans d'une commune, *par tolérance* de l'administration municipale, d'extraire du lit d'un torrent les pierres et sables que les eaux y déposent, ne confère pas à ceux des habitans qui seraient troublés pas d'autres dans l'exercice de cette faculté, le droit de former contre ceux-ci une action possessoire. — *Cass.*, 29 août 1831, d'Orlhac de Borne c. Perrein.

472. — Un particulier peut, sans autorisation préalable, intenter l'action possessoire contre une commune. — Avis Cons. d'état, 2 juill. 1806 ; — Boncenne, *Th. de la proc.*, t. 2, p. 227 ; Curasson, t. 2, p. 137 et 271 ; Carou, *Act. poss.*, nº 781. — Arg. tiré de l'art. 55, L. 10 mai 1838, qui, après avoir posé en principe que nul ne peut intenter une action contre un département sans avoir adressé préalablement un mémoire au préfet, excepte de cette formalité les actions possessoires.

Sect. 2e. — *Capacité réelle.*

473. — En règle générale, toute personne troublée dans un droit réel immobilier a l'action possessoire pour protéger ce droit. — C'est en vertu de ce principe que l'on a jugé :

474. — ... Que le copropriétaire ou communiste troublé dans la jouissance du terrain qu'il possède peut exercer l'action en complainte de même que s'il en était possesseur exclusif. — *Cass.*, 23 nov. 1836 (t. 2 1837, p. 328), Carmichael c. Chrétien ; — Garnier, *Tr. des act. possess.*, p. 311 ; Favard, vº *Complainte* ; Guichard, *Quest. possess.*, p. 155 ; Carré, *Just. de paix*, t. 2, p. 485, nº 1061 ; Augier, *Encycl. des juges de paix*, vº *Act. possess.*, sect. 3e, nº 8 ; Bioche et Goujet, *Dict. de procéd.*, vº *Action possess.*, nº 125 ; Chauveau, *Dict. gén. proc.*, même mot, nº 47.

475. — ... Que les actes de possession exclusive que fait un co-propriétaire sur l'immeuble dont il n'a que la jouissance commune avec ses copropriétaires peuvent donner lieu, de la part de ces derniers, à l'action possessoire. — *Cass.*, 27 juin 1827, Hospices d'Arles et Delorme c. Nay ; 8 déc. 1824, Athénos et Heureux c. Cormerais ; — Bioche et Goujet, *Dict. de proc.*, vº *Action possessoire*, nº 125.

476. — Jugé cependant que lorsque des terrains indivis entre divers propriétaires, et sur lesquels ils exerçaient en commun un droit d'usage, ont été partagés entre eux, et que quelques uns des copartageans sont actionnés, pour avoir enclos leur lot, devant le juge de paix, par la voie possessoire à la requête d'un des copartageans auquel ils opposent l'acte qu'il a signé, le juge de paix peut se déclarer incompétent pour connaître de cette action, en se fondant sur ce qu'elle tient plutôt à la propriété qu'à une question de possession. — *Cass.*, 29 juin 1824, Eirel c. Doyen.

477. — C'est par application du même principe qu'il a été reconnu que le propriétaire d'un moulin construit sur un cours d'eau a, comme les propriétaires riverains, l'action en complainte possessoire, en cas de trouble causé à la possession du cours d'eau. — *Cass.*, 6 déc. 1836 (t. 1er 1837, p. 39), Bigeon, c. Bourgogne.

478. — Un propriétaire, sommé par acte extrajudiciaire de venir procéder au bornage de sa propriété, en présence d'un expert géomètre et d'un notaire, peut, lorsque, malgré ses protestations, les bornes ont été placées sur un terrain dont il a la possession annale, intenter l'action en complainte sans être tenu d'attaquer le procès-verbal constatant l'opération des experts. — *Cass.*, 27 août 1829, Benoist c. Juillet. — Garnier, *Traité des act. possess.*, p. 146 ; Bioche et Goujet, *Dict. de procéd.*, vº *Action possessoire*, nº 22, et Duranton, *Cours de droit franç.*, t. 5, nº 260. — V., en outre, la loi du 6 juin 1838, art. 6.

479. — Le *nu-propriétaire* et *l'usufruitier* possèdent tous les deux ; de sorte que si un trouble survient de la part d'un tiers, l'action appartient à tous les deux ; au premier, parce que ce trouble semble mettre son droit en question ; au second, parce qu'il porte atteinte à sa jouissance. Si l'usufruitier réussit, le bénéfice du procès profite au nu-propriétaire ; s'il succombe, ce dernier n'en a pas moins le droit d'intenter personnellement l'action ; et si, dans ce cas, il obtient gain de cause, le droit d'usufruit renaîtra. — V. Proudhon, *Usuf.*, t. 1er, nos 1260 et 1266 ; Belime, nº 302 ; Bioche et Goujet, vº *Act. poss.*, nº 124. — V. aussi Pothier, *De la possess.*, nº 100 ; Duparc-Poullain, t. 1er, p. 150, et t. 10, p. 690, nº 2 ; Carou, nº 731 ; — C. civ., art. 613, 614 et 2229.

480. — Le nu-propriétaire ne peut, pour compléter la prescription annale et intenter l'action possessoire, joindre à sa propre possession celle qu'a eue l'usufruitier dont la jouissance est éteinte. — *Cass.*, 6 mars 1822, Watou c. Minguet. — V. Favard, *Rép.*, vº *Complainte*, sect. 1re, § 2. — V. *contrà* Augier, *Encycl. des juges de paix*, p. 80. — Il résulte implicitement de cette décision que l'usufruitier a une possession qui lui est propre, et que dès-lors il peut, comme nous l'avons dit, exercer l'action possessoire. — V. Pothier, *Traité de la possess.*, nº 100 ; Proudhon, *de l'Usufruit*, t. 1er, nº 21 ; Henrion de Pansey, *Compét. des juges de paix*, ch. 40, et Bioche et Goujet, *Dict. de procéd.*, vº *Action possessoire*, nos 123 et 124. — Ces derniers auteurs pensent que cette décision ne s'applique qu'à l'action ayant pour objet la maintenue dans le droit d'usufruit, et qu'il en serait autrement si le nu-propriétaire agissait relativement à son droit de nue-propriété.

481. — Le *nu-propriétaire* et *l'usufruitier* peuvent s'attaquer réciproquement au possessoire, de

même qu'ils attaqueraient des tiers. — V. Belime, nº 303.

482. — Si deux co-usufruitiers étaient convenus de jouir *alternis annis*, ils n'ont pas plus l'action possessoire l'un contre l'autre que deux copropriétaires qui auraient fait la même convention. Un trouble, dans ce cas, ne constituerait qu'une violation de contrat qui devrait être poursuivie par les voies ordinaires. — Belime, nº 304.

483. — Les solutions admises pour l'usufruit s'appliquent également au droit d'*usage*. — Belime, nº 305.

484. — Celui qui a droit d'usage dans les bois peut former la complainte, non seulement lorsqu'il représente un titre, mais encore lorsqu'il a joui sans titre, pourvu que, dans ce dernier cas, il ne se soit pas mis en possession sans délivrance ; car la prise de possession sans délivrance constitue un délit, aux termes de l'art. 79, C. forest., et, par conséquent, ne pourrait donner naissance à la saisine possessoire. — Belime, nº 306. — V. cependant Carou, nº 246.

485. — Pour les forêts de l'état, il ne saurait en être ainsi, puisque l'art. 61, C. forest., ne reconnaît de droit d'usage dans ces forêts qu'au profit de ceux qui s'appuieraient sur un titre ou sur un jugement. — V. aussi art. 112 et 120, C. forest.

486. — Le preneur à *emphytéose* a-t-il qualité pour intenter l'action possessoire en son nom personnel ? — Que, sous l'empire du Code civil, les baux emphytéotiques soient encore licites, c'est là un point qui n'est plus contestable (V., en ce sens, Merlin, *Quest.*, vº *Emphytéose*, § 3, nº 2 ; Favard, *Répert.*, vº *Emphytéose* ; Toullier, t. 3, nº 101 ; Duvergier, *Louage*, t. 1er (contin. de Toullier, t. 18), nº 154 ; Duranton, t. 4, nº 80 ; Carré, *Compét.*, t. 2, nº 412, et Proudhon, *Traité des droits d'usuf.*, nº 97. — V. toutefois Delvincourt, t. 3, p. 185, notes (mais il est réfuté par M. Duvergier, *loc. cit.*). C'est aussi ce qui résulte de la jurisprudence et même de plusieurs ordonnances royales et de divers actes émanés du pouvoir législatif. — Sénat. cons., 30 janv. 1810, art. 14 ; L. du 8 nov. 1814, art. 15 ; Ord. 21 juin 1826 et 28 juin 1829, art. 8, du 21 avr. 1822, et du 8 août 1821, art. 2. — Mais quel est le caractère des baux emphytéotiques ? quelle est l'étendue des droits qu'ils emportent au profit du preneur ? C'est là une question grave et sur la solution de laquelle les jurisconsultes ne sont pas d'accord : les divers systèmes sont fort nettement exposés par M. Duvergier (*loc. cit.*, nº 155), qui pense, et M. Rolland de Villargues avec lui (*Rép. du not.*, vº *Emphytéose*, nos 4 et suiv.), que l'emphytéote peut exercer l'action *possessoire*. — V. aussi conf. Favard, vº *Emphytéose* ; Guichard, *Quest. poss.*, p. 247 ; Garnier, *Traité des actes possess.*, p. 308 ; Carré, *Just. de paix*, t. 2, p. 332 ; Caron, *Principes sur les actions possess.*, nos 222 et suiv., et Bioche et Goujet, *Dict. de proc.*, vº *Action possessoire*, nº 60, édit. 2e.

487. — La cour de cassation, par arrêt du 26 juin 1822 (Bournizieu-Dubourg c. d'Espagnac), reconnaissant que l'emphytéote a un droit réel qui tient de celui de propriété, lui a accordé l'action possessoire tant contre les tiers que contre le propriétaire lui-même qui le troublerait dans sa jouissance. — V aussi Belime, *Act. poss.*, nº 307 ; *Pratique des terriers*, t. 5, p. 97. « *Usum et usum fructum plenissimum et quasi dominium alteri concedit.* » dit Cujas, en parlant de la concession d'emphytéose (*Paratit. ad tit. de jur. emphyt. Cod.*).

488. — Le *superficiaire* jouit aussi des actions possessoires, car il a plus de droits que l'usufruitier et est, à certains égards, considéré comme propriétaire. — Belime, nº 308 ; Carou, nos 218 et 732 ; Aulanier, p. 508. — V. aussi L. 1, § 1er, ff., *De superfic.*, lib. 43, tit. 18 ; — Baudouin, *Domaine congéable*, p. 237 ; *Institutions conven.*, t. 2, p. 228.

489. — Nous avons déjà posé le principe que la loi (C. procéd., art. 23) ne permet d'exercer la complainte qu'à ceux qui ont un titre non précaire.

490. — De là il résulte qu'un acquéreur qui a, par lui-même, possédé une prise d'eau pendant plus d'un an, est non-recevable à intenter une action possessoire pour s'y faire maintenir, si son vendeur avait déjà, avant la vente, succombé dans une semblable action ; la possession de l'acquéreur en ce cas n'a pu être que précaire. — *Cass.*, 17 mars 1819, Johannet c. Pardoux-Velland ; Berrial, p. 115, nº 8 ; Garnier, *Traité des act. possess.*, p. 114, et Bioche et Goujet, *Dict. proc.*, vº *Action possessoire*, nº 105. — Il est incontestable que les jugemens rendus contre le vendeur ont, quant aux droits transmis par le contrat, force de chose jugée contre l'acquéreur. Mais ne peut-on pas objecter que l'acquéreur commence par des actes qui lui sont personnels une possession qui lui est propre et qui peut dès-lors être affranchie des

vices qui entachaient la possession de son vendeur. — V. *Instit.*, *De usucap.*, §§ 12 et 13.

491. — C'est encore par application de ce principe qu'il a été jugé qu'un fermier troublé dans une servitude nécessaire à son exploitation ne peut à cet égard intenter l'action en complainte. — *Cass.*, 7 sept. 1808, Carquille c. Lefèvre; 10 mai 1829, N... c. N...; — Vinnius, *Inst.*, *De interdict.*, § 5, no 1er; Bourjon, *Droit comm. de la France*, tit. 4, *Des actions réelles*, sect. 3e, t. 2, p. 511; Jousse, *Comment. sur l'ord. de* 1667, tit. 18, art. 1er, no 5; Pothier, *Traité de la possession*, no 100; Berriat, p. 114, no 29; Carré, sur l'art. 23; Thomines, t. 1er, p. 86, no 44; Merlin, *Rép.*, vis *Complainte*, § 3, no 7, et *Servitude*, § 35, no 3; Henrion, *Compét. des juges de paix*, chap. 25; Favard, vo *Complainte*, sect. 1re, § 3, no 1er; Garnier, *Traité des actions possess.*, p. 357; Guichard, *Quest. possess.*, p. 243; Bioche et Goujet, *Dictionn. de procéd.*, vo *Action possessoire*, no 122. — Mais l'intervention du propriétaire avant contestation en cause suffit pour régulariser l'action possessoire intentée par le fermier. Ce dernier, bien qu'il ne puisse exercer la complainte, n'est pas dépouillé du droit de demander réparation des dommages causés à ses récoltes. L'action civile qui lui compète en ce cas est autorisée par la loi des 16-24 août 1790 et l'art. 3, C. procéd., et est également de la compétence des juges de paix.

492. — Aussi a-t-on reconnu que l'action possessoire formée par un fermier, en cette qualité, est intentée régulièrement, lorsque, avant la contestation en cause, le propriétaire intervient et déclare prendre les fait et cause de son fermier. — *Cass.*, 8 juill. 1819, Ferrand c. Mangin-Lépine.

493. — Jugé spécialement que le locataire troublé dans sa possession par un autre locataire du même immeuble doit porter son action devant le tribunal civil et non devant le juge de paix, par voie d'action possessoire. — *Cass.*, 17 avr. 1827, Pinette c. Lanlt. — V., au reste, les autres arrêts cités, sect. 2e, art. 1er.

494. — Le principe qui exclut le fermier de l'exercice des actions possessoires est conforme à l'opinion de tous les auteurs, ainsi que cela résulte de l'énumération que nous venons de faire. — Cependant M. Belime (no 309), s'emparant de l'opinion émise par M. Troplong, que le droit du fermier est un droit réel, ajoute : « Quels sont les effets caractéristiques du droit réel dans un immeuble ? Nous n'en connaissons que deux : 1o il est opposable aux tiers; 2o il produit l'action possessoire. Or, de ces deux effets, le premier existe irrécusablement, d'après l'art. 1743. Pourquoi, en bonne logique, le second n'existerait-il pas aussi ? Quel principe de raison serait donc violé, si le fermier intentait les actions possessoires; si ce fermier, qui jouit de l'immeuble comme un usufruitier, avait ausi comme lui la complainte pour défendre sa possession ? » — Toute la doctrine de M. Belime reposant sur la question de réalité du droit du fermier, ce ne peut être ici le lieu de discuter cette question. (V. BAIL.) — Nous nous contenterons d'ajouter que, tout en reconnaissant la force de son argumentation, nous n'y trouvons pas de motif suffisant pour adopter une opinion contraire à celle de la cour de Cassation.

495. — Néanmoins, nous n'en étendons pas les conséquences jusqu'au cas du *bail à vie*. — V. Belime, no 310; Merlin, *Rép.*, vo *Usufruit*, § 1er, no 3; Proudhon, *Usufruit*, t. 1er, p. 112. — V. aussi L. 1, § 3, ff., *De superfic.* — Cette espèce de bail, qui a quelque analogie avec l'usufruit, nous semble devoir donner naissance aux actions possessoires.

496. — *L'Antichrésiste* n'est qu'un détenteur précaire; son droit se borne à se faire payer sur les fruits de l'immeuble. Mais peut-il exercer l'action possessoire ? — MM. Carou, no 238, Aulanier, p. 65, no 60, et Bioche, vo *Action possessoire*, no 101, adoptent la négative. — M. Belime, tout en adoptant cette opinion, ajoute : « Et cependant nous ne voyons pas de motifs réels de la lui refuser. » — D'un autre côté, M. Favard (*Répert.*, vo *Complainte*, sect. 2e, no 4) et les auteurs du *Praticien français*, t. 1er, p. 183, se prononcent dans un sens contraire. — C'est cette dernière opinion qui a été consacrée par la cour de Cassation, arrêt 16 mai 1820, Gérard c. Dupuy. — V. du reste ANTICHRÈSE.

497. — Tout ce qui a rapport à la détention précaire ne saurait s'appliquer au cas de réintégrande; aussi a-t-il été jugé que le possesseur à titre d'antichrèse est recevable à intenter l'action en réintégrande. — *Cass.*, 16 mai 1820, Girard c. Dupuy, et qu'il en est de même du fermier. — *Cass.*, 10 nov. 1819, Dea c. Dauphinot. — V. Favard, t. 1er, p. 609, no 4, et le *Prat. français*, t. 1er, p. 183; Belime, no 383. — V. cependant Proudhon, *Traité de l'usufruit*, t. 1er, p. 22; Bioche, vo *Act. possess.*, no 121.

498. — Tout possesseur de fait peut intenter

l'action en réintégrande, et l'on ne pouvait exiger une possession civile toutes les fois qu'il s'agissait de se faire rendre justice contre la violence et les voies de fait. — V. chap. 2, sect. 2e, art. 2. — V. Henrion, ch. 52; Guichard, p. 249, 424; Favard, *Rép.*, vo *Complainte*, sect. 2e, no 4; Garnier, p. 357. — V. cependant Pothier, *Possess.*, no 115; Carré, *Just. de paix*, t. 2, p. 408.

499. — Celui à qui appartient le droit de rétention peut exercer la complainte relativement à la chose sur laquelle il exerce son droit de rétention. En conséquence, cette action appartient : 1o au cohéritier qui, en faisant le rapport en nature, a le droit de retenir la possession de l'immeuble rapporté, jusqu'à remboursement des sommes qui lui sont dues pour améliorations (C. civ., art. 867); 2o à l'acheteur à pacte de réméré (C. civ., art. 1673). — V. Belime, no 313.

500. — Nous avons vu jusqu'à présent quelles sont les personnes qui peuvent, dans les actions possessoires, jouer le rôle de demandeurs; pour savoir quelles personnes peuvent remplir le rôle inverse, il suffit de poser cette règle, que l'action possessoire peut être intentée contre les personnes qui elles-mêmes auraient pu l'intenter. — V. Carou, no 791.

501. — Ainsi une action en complainte possessoire est valablement dirigée contre le fermier, auteur du trouble. — Dans ce cas, le fermier doit, pour être mis hors d'instance, non-seulement nommer son bailleur, mais encore l'appeler en garantie. — *Cass.*, 19 nov. 1828, Moutier c. Arnault.

502. — Cependant, si le fermier qui occupe deux héritages appartenant à deux propriétaires différens exerce des actes de jouissance au profit de l'un des héritages et au préjudice de l'autre, la présomption, à défaut de preuve contraire, est qu'il n'a point agi *animo domini*, et ces faits de jouissance sont impuissans à fonder la complainte. — Au moins le jugement qui le décide ainsi ne viole aucune loi et ne peut encourir la cassation. — *Bordeaux*, 19 mars 1834, Boucherot c. d'Ourche.

503. — L'acquéreur qui n'a pas été chargé d'entretenir un bail stipulé résiliable par le fait de la vente peut, si depuis son entrée en possession il est troublé par le fermier qui demande à jouir de l'effet de son bail, exercer contre lui l'action possessoire. — *Cass.*, 6 frim. an XIV, Fournier c. Bonneren et Gailleton. — V. Merlin, *Rép.*, vo *Complainte*, no 5.

504. — En général, l'auteur d'un trouble possessoire qui prétend n'avoir agi que par l'ordre d'un tiers dans l'intérêt duquel ce trouble a été effectué doit être personnellement condamné au rétablissement des choses dans leur état primitif, s'il n'a pas appelé ce tiers en garantie. — *Cass.*, 15 juill. 1834, Amanieu c. Créon. — « Le demandeur, dit Carou (*Princ. sur les act. poss.* no 663, 1re édit., no 797, 2e édit.), qui veut se défendre d'une usurpation commise sur lui, ou revendiquer un droit sur la chose d'autrui, peut ne pas connaître le véritable propriétaire. Le propriétaire, pour lui, c'est le détenteur de la possession de cette chose; il est donc juste qu'il puisse citer en justice ce détenteur et mettre ainsi ses droits à couvert, jusqu'à ce que, par les soins du détenteur lui-même, il soit mis en présence du véritable propriétaire, contre lequel il pourra valablement les soutenir et les faire reconnaître. Tel est le véritable but de l'art. 1728, C. civ.; c'est un principe de justice et de raison résultant de la nature des choses; il est rationnel de l'étendre à tous les cas analogues. » — V. aussi Troplong, *Louage*, sur l'art. 1727; Curasson, t. 2, p. 299.

505. — Mais celui dans l'intérêt duquel ont été commis des actes attentoires aux droits du possesseur, et qui ont été de la part de ce dernier l'objet d'une complainte admise par la justice, ne peut invoquer ces mêmes actes comme fondant à son profit une possession contraire, et comme établissant de sa part la possession paisible par lui ou les siens dont parle l'art. 23, C. procéd. civ. — Peu importe d'ailleurs que l'action en complainte n'ait pas été dirigée contre lui, mais contre les auteurs personnels du trouble (un ouvrier à ses gages et son colon). — En vain aussi, pour écarter les effets de la sentence rendue contre les auteurs du trouble, exciperait-on de ce que ceux-ci auraient, devant le tribunal saisi de l'action en complainte, indiqué (mais sans aucun appel en cause) le nom de celui pour lequel ils agissaient, et soutiendrait-on que, dès-lors, le possesseur prétendu troublé ne pouvait plus suivre régulièrement sur son action que contre ce dernier. — *Cass.*, 31 août 1842 (t. 2 1842, p. 479), de Chamblant c. de Tillères.

506. — La complainte doit être accordée au propriétaire contre le fermier qui, à l'expiration du bail, prétendrait se perpétuer dans la jouissance, en alléguant qu'il est propriétaire du fonds. —

Ulpien, L. 3, § 3 *Uti possid.*, ff.; Rebuffe, *Comm. in reg. const. gall. de mat. poss.*, art. 1er, glos. 2; Papon, *second notaire*, tit. 8, *De int. et act. poss.*, *in fine*; Belime, no 328.

507. — M. Zachariæ (t. 1er, p. 355) semble ne donner contre le fermier, dans ce cas, qu'une action personnelle, résultant du contrat, puisqu'il professe qu'en général on ne peut attaquer au possessoire tous ceux qui, après avoir obtenu un immeuble par une convention, s'y perpétuent au-delà du temps fixé.

508. — Nous reconnaissons, dans ce cas, au propriétaire, le droit d'agir par l'action personnelle qui naît du contrat, mais nous ne saurions exclure d'une manière absolue la complainte. La solution du savant professeur d'Heidelberg ne nous semblerait admissible, en matière de louage, que dans le cas où la prétention du fermier serait fondée sur le contrat lui-même, par exemple, s'il prétendait que la continuation de jouissance résulterait d'une tacite reconduction.

509. — Si, sur la sommation faite au fermier d'un possesseur annal par un tiers, ce fermier a payé pendant plus d'une année ses fermages à ce tiers, on peut dire qu'il a cessé de détenir la chose pour son ancien maître; dès-lors le véritable possesseur civil est celui qui a fait la sommation, puisque sa possession s'est continuée pendant le temps requis par la loi, même à l'encontre du propriétaire. — Bioche et Goujet, nos 16 et 115.

CHAPITRE VI. — *Tribunal compétent. — Instruction et jugement.*

Sect. 1re. — *Tribunal compétent.*

§ 1er. — *Juridiction exclusive.*

510. — Les juges de paix sont seuls compétens pour connaître en première instance des actions possessoires. — *Rennes*, 25 mars 1820, de Chefontaine.

511. — Jugé, conformément à ce principe, 1o qu'une action qualifiée possessoire est toujours de la compétence du juge de paix, quel que soit le caractère de la possession attribuée au demandeur. — *Cass.*, 16 juin 1810, Paradis c. Perroux.

512. — ...2o Que la connexité qu'une action de cette nature pourrait avoir avec une instance portée au pétitoire ne pourrait la faire distraire de cette juridiction. — *Cass.*, 17 avr. 1837 (t. 1er 1837, p. 489), Hermel c. Delgrange.

513. — ...3o Que la demande provisoire tendant à obtenir des défenses contre une partie d'exercer aucun acte de jouissance sur l'héritage litigieux est une véritable action possessoire, du ressort de la justice de paix, et hors des attributions des tribunaux de première instance. — *Cass.*, 4 août 1819, Gilles c. Benault de Lubières; — Guichard, *Quest. possess.*, p. 299; Garnier, *Traité des act. possess.*, p. 345; Carré, *Justices de paix*, t. 2, p. 481, no 89, et Bioche et Goujet, *Dict. de procéd.*, vo *Action possessoire*, no 140; Carou, *Act. possess.*, nos 603 et suiv.

514. — ...4o Que lorsque, sur une action relative à une suppression de vues, l'une des parties prend des conclusions tendant à ce qu'on suspende des constructions dont l'élévation obstruerait les jours sur lesquels le litige existe, elle forme une véritable action possessoire dont la connaissance n'appartient qu'au juge de paix. — *Cass.*, 28 juin 1825, Guibal et Soulot c. Chaneau.

515. — ...5o Que la compétence du juge de paix, en cette matière, est indépendante de l'autorisation accordée ou refusée par l'administration, pour l'établissement de l'ouvrage qui donne lieu à la complainte. — *Cass.*, 14 août 1832, Montier et Lemercier c. Bézuel.

516. — Par suite, la connaissance de l'action possessoire intentée contre un individu qui s'est mis en possession d'un terrain acquis administrativement appartient au juge de paix seul, et à l'exclusion de l'autorité administrative. — *Cass.*, 11 mai 1831, Mosnier c. Vercollier; — Henrion de Pansey, *Compét. des juges de paix*, p. 287; Berriat, t. 1er, p. 50, no 43; Garnier, *Rég. des eaux*, t. 2, no 388, et Bioche et Goujet, *Dict. de procéd.*, vo *Act. possess.*, no 132.

517. — Et le propriétaire qui se plaint que des travaux nouvellement entrepris par un autre propriétaire sur un chemin prétendu vicinal ont pour effet de détourner les eaux de ce chemin sur son terrain, et de grever ainsi son héritage d'une servitude d'écoulement des eaux, peut intenter une action en complainte possessoire devant le juge de paix. — Les tribunaux ne peuvent, en ce cas, se déclarer incompétens et renvoyer les parties devant l'autorité administrative, sous le prétexte que l'action portée devant eux aurait pour résultat de les faire statuer sur des dégradations ou empiètemens commis sur un chemin public. — *Cass.*, 22 juin 1835, Gélis et Ginestre c. Teyssonnière.

518.—...6° Que les actions possessoires intentées contre les communes sont de la compétence des juges de paix, comme celles dirigées contre les particuliers. — *Cass.*, 19 janv. 1831, commune de Saint-Maurice c. Pellerin. — Ord. 29 janv. 1819, art. 6; ord. 11 janv. 1826, et Bioche et Goujet, *Dict. de procéd.*, v° *Action possessoire*, n° 138.

519.—...Que, par conséquent, les actions possessoires, relatives aux biens communaux, sont de la compétence des juges de paix. — *Cass.*, 10 nov. 1812, Faubertaud c. Eteleim; — Favard, v° *Complainte*, *loc. cit.*

520.—...Et que le juge de paix est compétent pour connaître d'une contestation élevée au possessoire entre deux particuliers qui réclament la possession d'une eau dont la source est sur un terrain communal, l'un par le motif qu'il a possession d'an et jour, l'autre, parce que l'usage de ces eaux lui aurait été concédé par délibération du conseil municipal approuvée du préfet. — *Cass.*, 15 prair. an XII, Valderey c. Vincent. — Décr. 24 mai 1808; ord. 6 déc. 1820, et 18 fév. 1824; — Henrion de Pansey, *Compét. des juges de paix*, p. 287; Berriat, t. 1er, p. 50, n° 43; Garnier, *Régime des eaux*, t. 2, n° 388.

521. — Le tribunal de police est incompétent pour ordonner une maintenue possessoire (C. 3 brum. an IV, art. 605; C. inst. crim., art. 139). — *Cass.*, 16 germin. an V, Bence c. Barly; 18 brum. an VII, Saint Clair.

522. — D'autre part, celui qui a introduit devant le juge de paix une action possessoire, à raison de l'enlèvement des fruits d'une vigne, est non-recevable à porter une plainte devant le tribunal correctionnel, à raison du même fait. — *Cass.*, 9 mai 1828, Esprit Carratier c. de Grave. — V. conf. Mangin, *Traité de l'act. publ.*, t. 1er, p. 68, n° 35.

523.—Les actions possessoires doivent être portées devant le juge de la situation de l'objet litigieux—C. procéd., art. 3, et 59;—Berriat, t. 1er, p. 115, note 31e; Henrion de Pansey, *Compét. des juges de paix*, chap. 18; Bioche et Goujet, v° *Act. possess.*, n° 147.

524. — Aussi a-t-on jugé que quand deux individus possèdent en commun des pâturages, si l'un des deux en a clos une partie pour en jouir à l'exclusion de l'autre, on doit porter l'action en complainte devant le juge paix du pacage litigieux. — *Cass.*, 19 nov. 1828, Domingon c. Charmensal.

525. — Ce n'est pas devant les juges de paix que doivent être portées les actions possessoires formées avant la nouvelle organisation judiciaire devant une justice seigneuriale; elles doivent être jugées par les tribunaux, qui ont remplacé cette justice (L. 12-19 oct. 1790, art. 6). — *Bourges*, 26 avr. 1809, Prévot c. Blanchard.

526. — Et aujourd'hui, les tribunaux sont incompétens pour connaître de l'action possessoire formée par un ecclésiastique qui se prétend titulaire d'une cure depuis plus d'un an et d'un jour, et qui se plaint d'être dépouillé par la nomination d'un autre curé faite par l'évêque et agréée par ordonnance royale. — *Nîmes*, 26 mai 1824, Simil c. Reynard. — Bioche et Goujet, v° *Action possessoire*, n° 63; Pothier, *Traité de la posses.*, nos 134 et suiv.; Lacombe, *Rec. de jur. eccl.*, v° *Bénéfice*, et d'Héricourt, *Lois ecclésiast.*, part. 2e, *Des bénéfices*, chap. 1er, n° 18. — V. aussi édition de Crémieux, art. 13; ord. 1667, tit. 15, art. 4; ord. 16 fév. 1826.

527. — Lorsque devant le tribunal saisi par appel il n'a pas été question d'action possessoire, mais de savoir si l'une des parties avait creusé un ruisseau en tout ou en partie, et, dans ce cas, quel était son droit, cette appréciation était dans les attributions exclusives du tribunal. — *Cass.*, 11 févr. 1832, Ramier c. Jolniers.

528. — Lorsqu'après avoir décidé qu'en admettant qu'un particulier qui, troublé dans la jouissance de sa clôture, en demande le rétablissement avec dommages-intérêts, eût dû, au lieu de conclure à la réintégrande, conclure à la maintenue en possession, son action, considérée soit comme action en réintégrande, soit comme action en complainte, n'en est pas moins une action possessoire de la compétence du juge de paix, la cour de Cassation a jugé que, dans tous les cas, on n'est pas admis à se prévaloir devant elle de cette prétendue incompétence quand on ne l'a opposée ni devant le juge de paix ni devant le tribunal d'appel. — *Cass.*, 16 avr. 1833, Despujols c. de Monbadon. — V. aussi Boitard, p. 425 et 426.

§ 2. — *Questions préjudicielles.*

529.— Si, devant le juge du possessoire, il s'élève des questions préjudicielles qui ne puissent être décidées que par une autre autorité, soit administrative, soit judiciaire, le juge de paix doit surseoir à statuer sur le possessoire. — V. Carou, n° 603; Bioche et Goujet, v° *Act. possess.*, n° 133.

530.—Ainsi, jugé que, lorsque, pendant le cours d'une instance en complainte, il s'élève une contestation dont la connaissance est attribuée par la loi à l'autorité administrative, le juge devant lequel cette instance est pendante doit, au lieu de se déclarer incompétent, surseoir seulement au jugement de l'action possessoire, pour y être statué après que la décision administrative aura été rendue. — *Cass.*, 3 nov. 1824, Arrighi c. Conti; 13 flor. an IX, Darman c. Cameleyre; 11 mai 1831, Mosnier c. Vercollier; 28 août 1811, Balaud c. Petit; 31 juill. 1832, Poullier c. Chambon et Roy.— V. L. 16-24 août 1790, tit. 2, art. 13; ord. 22 nov. 1826; arrêté 13 brum. an X; — Merlin, *Quest.*, v° *Pouvoir judiciaire*, § 9; Henrion de Pansey, p. 287; Carou, n° 603; *Encyclop. des juges de paix*, v° *Questions préjudicielles*, t. 4, p. 334, n° 2.

531. — En conséquence, lorsque l'administration élève un conflit sur une action possessoire entre particuliers, relative à un chemin, et que par suite de ce conflit le juge de paix a sursis à statuer jusqu'après la décision administrative, l'action possessoire peut, après cette décision qui renvoie devant les tribunaux ordinaires pour y faire statuer sur la largeur du chemin en litige, être reprise devant le juge de paix, et ce magistrat est compétent pour en connaître. — *Cass.*, 11 juin 1827, Jamet c. Merlin;—Bioche et Goujet, *Dict. de procéd.*, v° *Action possessoire*, n° 133. — Aujourd'hui, et d'après les formalités prescrites pour les conflits par l'ordonnance royale du 1er juin 1828, le préfet ne peut plus élever le conflit devant le juge de paix, mais seulement devant le tribunal civil, sur l'appel de la décision du juge de paix.—V. l'ord. du 5 sept. 1836.

532. — Spécialement, lorsqu'une action possessoire est exercée relativement à un mur séparatif de deux héritages par celui des deux propriétaires qui s'en prétend propriétaire exclusif, et que l'autre propriétaire soutient que le mur est mitoyen, le juge du possessoire ne cumule pas le possessoire et le pétitoire en ordonnant qu'il sera sursis à statuer jusqu'à ce que la question de mitoyenneté du mur ait été jugée par les tribunaux compétens. — Si le défendeur n'a pas fait juger son exception de mitoyenneté dans le délai qui lui a été fixé, le juge du possessoire peut rejeter l'exception comme non justifiée. — On ne peut attaquer la sentence pour empiètement sur le pétitoire, puisque le défendeur peut encore porter devant le tribunal de première instance une demande ayant pour objet la reconnaissance de ce droit de mitoyenneté. — *Cass.*, 3 fév. 1840 (t. 1er 1840, p. 658), Courleux c. Bouche.

533. — De ce qu'une demande possessoire comprendrait quelques chefs qui appartiendraient au pétitoire, il n'en résulte pas que le juge du possessoire doive se déclarer incompétent sur le tout. Il doit statuer sur le possessoire, et renvoyer à qui de droit la connaissance du pétitoire.— *Cass.*, 30 janv. 1837, Monnier c. Favel. — V. Carou, *Act. possess.*, n° 604.

534. — Du reste, lorsque la possession d'un immeuble n'a pas été contestée par le demandeur au pétitoire, et que celui-ci n'a produit aucun titre qui puisse enlever aux défendeurs cette possession reconnue, la possession de l'immeuble doit être adjugée à ces derniers. — *Rennes*, 4 fév. 1811, Hubert de la Massue et Desrieux c. Marchand de Jussé.

§ 3. — *Trouble pendant le pétitoire.*

535. —L'action pétitoire pendante devant un tribunal ne forme pas obstacle à l'introduction d'une action au possessoire, lorsque les faits de trouble sont postérieurs à la première action. — Dans ce cas, l'action possessoire doit être formée devant le juge de paix du canton, et non devant le tribunal saisi de l'action pétitoire. — *Cass.*, 7 août 1817, Demeaux c. Dulac; 4 août 1819, Gilles c. Benault de Subières; 28 juin 1825, Guibal et Soulol c. Chancau; 30 mars 1830, Sauteyra c. Raynaud; 17 avr. 1837 (t. 2 1837, p. 489), Hermel c. Delgrange; 24 juill. 1837 (t. 2 1837, p. 415), Rivière c. Piel. — V. Favard, *Rép.*, v° *Dénonc. de nouv. œuvre*, § 5; Carré, *Des just. de paix*, t. 2, p. 466, n° 1644; Garnier, *Traité des actions possessoires*, p. 345; Bioche et Goujet, *Dict. de procéd.*, v° *Action possessoire*, n° 139, et Merlin, *Quest.*, v° *Dénonciation de nouvel œuvre*, § 4.

536. —Henrion de Pansey reconnaît, il est vrai, que l'action pétitoire pendante devant un tribunal ne forme pas un obstacle à l'introduction d'une demande au possessoire, lorsque les faits de trouble sont postérieurs à la première action. Mais ce savant magistrat ne partage pas la doctrine consacrée par les arrêts ci-dessus, quant au juge qui doit connaître, dans cette circonstance, de la demande au possessoire; et voici dans quels termes il exprime son opinion (*Traité de la compét. des juges de paix*, ch. 54): « Lorsque les parties qui se prétendent respectivement propriétaires d'un objet quelconque saisissent un tribunal de leur différend, il se fait entre elles un quasi-contrat, par lequel elles renoncent à toutes espèces de voies de fait, et mettent fictivement l'objet litigieux en dépôt dans les mains de la justice. Si l'une d'elles se permet de changer l'état des choses, et que cette entreprise donne lieu à un second procès, quel en sera le juge? Ce ne peut être que celui qui est saisi du fond de la difficulté. Car qui sait mieux que lui quel était l'état des choses au moment où le procès a commencé? Et sans connaissance comment juger s'il y a innovation? Enfin toute voie de fait durant le litige est un attentat à l'autorité du juge saisi de la contestation, et c'est à lui seul qu'il appartient de venger les injures qui lui sont faites. Ajoutons que, s'il en était autrement, il y aurait dans deux tribunaux différens deux procès pour le même objet, ce qui choquerait les règles de l'ordre judiciaire. Et peu importe qu'au moment de l'entreprise le procès soit pendant devant un tribunal de première instance ou devant une cour d'appel: dans les deux cas, la règle est la même; dans les deux cas, le juge du fond doit être également juge de cette espèce d'incident. Si donc il arrivait qu'une question de propriété s'agitât devant une cour royale, que, pendant ce litige, celui qui a conservé la jouissance de l'objet contentieux fût troublé dans sa possession par quelque voie de fait de la part de son adversaire, et qu'il jugeât à propos d'intenter une complainte possessoire, ce serait la cour d'appel qu'il devrait en saisir, quoique ces sortes d'actions fussent attribuées aux juges de paix par une loi spéciale. » — V., dans le même sens, Guichard, *Question posses.*, p. 302. — V. cependant le même, p. 289. — Nous ne saurions partager cette doctrine qui nous paraît en opposition avec les principes que nous venons d'exposer dans le § 1er de cette section.

537. — Le défendeur au pétitoire peut même se pourvoir au possessoire à raison de faits antérieurs à la formation de la demande au pétitoire, car il ne saurait dépendre de la volonté du défendeur au possessoire d'éluder la compétence du juge de paix, en assignant le demandeur devant le tribunal de première instance avant l'action en complainte. — *Cass.*, 8 avr. 1823, Lallier c. Lesage;—Carré, *Lois de la procédure*, sur l'art. 25, quest. 128, et *Des justices de paix*, n° 1646 (t. 2, p. 463), et L. *de compét.* (t. 2, p. 367); Thomine Desmazures, *Commentaire sur le C. procéd.*, n° 49. — Mais il en doit être autrement du demandeur au pétitoire; il avait, en effet, le droit de porter à son choix sa demande devant le juge de paix ou devant le tribunal de première instance, et de revendiquer ou la possession ou la propriété. En optant pour cette dernière action, il s'est rendu non-recevable à intenter plus tard la première. C'est ce que décide en termes formels, l'art 26, C. procéd., portant que le demandeur au pétitoire ne peut plus agir au possessoire. — V. en outre, Henrion de Pansey, ch. 53, p. 512 et suiv.; Bioche et Goujet, v° *Action possessoire*, n° 200.—V. cependant Carou, *Action possess.*, n° 715.

§ 4. — *Etendue de la compétence.*

538. — Suivant l'art. 10, tit. 3, de la loi du 24 août 1790, le juge de paix pouvait connaître des *actions possessoires* sans appel jusqu'à la valeur de cinquante livres, et à charge d'appel, à quelque valeur que la demande pût monter.—De là suivait la question de savoir si le juge de paix pouvait statuer en dernier ressort, quelle que fût d'ailleurs la valeur de l'objet contesté, lorsque l'indemnité déclarée ne s'élevait pas au-dessus de cinquante fr.

539. — Jusqu'à l'année 1822, la cour de Cassation a varié dans la solution de cette question.

540. — Ainsi, d'un côté, elle a décidé que le juge de paix peut prononcer en dernier ressort quand le demandeur a conclu à la réparation du trouble apporté à la possession, et que les dommages-intérêts qu'il réclame n'excèdent pas cinquante fr. — *Cass.*, 16 juin 1810, Paradis c. Perroux; 25 oct. 1808, Daguillard c. Manant; 1er juill. 1812, Chauvin c. Taulignan; 10 nov. 1819, Dex c. Dauphinot. — V. Henrion, *Compét. des juges de paix*, p. 144; Favard, v° *Complainte*, sect. 1re, § 5, n° 8;

Merlin, vo *Dernier ressort*, § 1er; Carré, no 133, et Bioche, *Dictionn. de procédure*, vo *Action possessoire*, no 148; Carou, *Action possess.*, no 608; Belime, *Action possess.*, no 433.

541.—...D'autre part, 1o qu'en matière d'action possessoire, c'est par la valeur de la chose dont la possession est réclamée que se détermine la compétence du dernier ressort, sans égard aux dommages-intérêts demandés. — *Cass.*, 24 messid., an XI, Brun c. Chataiguier.

542. —... 2o Que lorsque le juge de paix, en statuant sur une action possessoire, ordonne la destruction d'ouvrages d'une valeur indéterminée, son jugement est susceptible d'appel. — *Cass.*, 18 juin 1816, Vasseur c. Lamarre.

543.—...3o Que le juge de paix ne peut connaître qu'en premier ressort d'une action possessoire, lorsque le demandeur a conclu à des dommages-intérêts indéterminés.—*Cass.*, 25 mai 1813, Rocher c. Dussap.

544. — Le 25 mai 1822, intervint un arrêt des sections réunies qui a fixé la jurisprudence : cet arrêt décide qu'en matière possessoire, la compétence en dernier ressort du juge de paix n'est pas déterminée par la fixation des dommages-intérêts résultant du trouble, mais par la valeur de l'objet qui donne lieu à l'action en complainte. — Qu'en d'autres termes, le juge de paix, qui ne peut prononcer qu'en premier ressort sur une action en complainte qui a pour objet une possession dont la valeur est indéterminée, ne devient pas compétent pour statuer en dernier ressort, par cela seul que le demandeur a rattaché à son action principale une demande en dommages et intérêts qui n'excède pas 50 fr. — *Cass.*, 25 mai 1822, Barré c. Languillaume et Rabouin; 11 avr. 1827, ville de Pontoise c. Roger d'Arquinvilliers; 31 août 1831, de Puyvert c. de Larochefoucauld.

545. — C'est en conformité de cette jurisprudence qu'il a été décidé que l'action possessoire qui a pour objet 1o la réparation d'un dommage prétendu causé à l'exploitation d'une usine par l'établissement d'un barrage destiné à conduire les eaux dans les propriétés riveraines, 2o la destruction de ce barrage, est indéterminée et susceptible dès-lors du double degré de juridiction, alors même que les dommages-intérêts réclamés ne s'élèvent qu'à moins de 50 fr. — Il en est de même de l'action possessoire qui tend au rétablissement d'une vanne au moyen de laquelle les eaux étaient détournées du côté des héritages riverains, et qui a été détruite. — *Cass.*, 3 fév. 1840 (t. 1er 1840, p. 577), Leroy c. Ledanois et Jumel.

546. — Même solution, en matière de réintégrande : l'action en réintégrande, lorsqu'elle a pour objet une valeur indéterminée, doit subir les deux degrés de juridiction, quoique les dommages et intérêts demandés n'excèdent pas 50 fr. — *Cass.*, 5 mars 1828, Rohart c. Catrice.

547. — Aujourd'hui, l'art. 6 de la loi du 25 mai 1838 a tranché la question; cet article est ainsi conçu : « Les juges de paix connaissent *à charge d'appel* des dénonciations de nouvel œuvre, complaintes, actions en réintégrande et autres actions possessoires fondées sur des faits également commis dans l'année. » — V. Carou, no 608; Belime, no 433; Benech, *Justice de paix*, p. 227, § 1er.

548. — Jugé, avant la L. de 1838, que la compétence du juge de paix, quant au dernier ressort, est déterminée par les conclusions des parties, et non par le jugement. — Et qu'ainsi est en premier ressort le jugement qui, sur une demande en complainte et en 30 fr. de dommages et intérêts, donne acte au défendeur de ce qu'il ne conteste pas la possession du demandeur, et déclare ce dernier quand à présent non-recevable. — *Cass.*, 11 avr. 1827, ville de Pontoise c. Roger d'Arquinvilliers.

Sect. 2e. — *Instruction, etc.*

549. — Comme toutes les actions rentrant dans la compétence du juge de paix, les demandes possessoires s'engagent directement par une citation, sans préliminaire de conciliation.

550. — La citation est donnée pardevant le juge de la situation de l'objet litigieux.—C. procéd., art. 3, § 2.

551. — Tous les huissiers du canton peuvent donner cette citation, car, aux termes de la loi du 25 mai 1838 (art. 16), les huissiers audienciers ont perdu le privilége de donner seuls les citations devant la justice de paix à laquelle ils sont attachés. — V. HUISSIERS DES JUSTICES DE PAIX.

552. — Le délai pour comparaître est d'un jour au moins entre celui de la citation et le jour indiqué pour la comparution.—C. procéd., art. 5.

553. — La citation peut-elle être donnée au fermier ou aux ouvriers qui ont exécuté des travaux par ordre du propriétaire? — Cette question a été

examinée sous la sect. 2e du chap. 5, nos 473 et suiv. —V. Belime, nos 406 et 407.—Nous nous contenterons de rapporter les termes de l'art. 1727, C. civ : « Si ceux qui ont commis des voies de fait prétendent avoir quelque droit sur la chose louée, ou si le preneur est lui-même cité en justice pour se voir condamner au délaissement de la totalité ou de la partie de cette chose, ou à souffrir l'exercice de quelque servitude, il doit appeler le bailleur en garantie, et doit être mis hors d'instance, s'il l'exige, en nommant le bailleur pour lequel il possède. »

554. — Dans le cas où l'auteur du trouble serait un usufruitier, il serait plus sûr de mettre en cause avec lui le nu-propriétaire : « Si l'usufruitier, dit Proudhon, *Usufruit* (t. 1er, p. 40), peut agir *procuratorio nomine* en vertu du mandat tacite inhérent à sa qualité de gardien, cela ne doit avoir lieu que sans préjudice des droits du propriétaire : celui-ci peut donc toujours former tierce-opposition aux jugemens rendus contre l'usufruitier.» — Belime, no 408.

555. — Peut-on citer un cohéritier, tant pour lui que pour ses cohéritiers? Cette question revient à celle-ci : le jugement au possessoire obtenu contre un héritier peut-il être opposé à tous les autres?—M. Carou (*Act. poss.*, no 747) se décide pour l'affirmative : ces derniers, suivant lui, n'auraient que le droit d'intervenir dans l'instance engagée devant le juge de paix ou en appel, c'est-à-dire tant que les choses sont entières. « Mais, dit-il, quand le jugement a acquis force de chose jugée, il doit être définitif, même contre eux; ils ne pourraient, en ce cas, qu'exercer une action en garantie contre leur copropriétaire, qui aurait eu le tort de ne pas les appeler en cause, ou qui aurait négligé d'opposer les moyens de défense qu'il pouvait avoir.» — M. Curasson, au contraire, pense que, si les cohéritiers ne sont pas appelés en cause, le jugement n'a point contre eux l'autorité de la chose jugée, et qu'ils pourraient l'attaquer par la voie de la tierce-opposition. — *Compét. des just. de paix*, t. 2, p. 94.

556. — Nous adoptons cette dernière opinion, qui est aussi celle de M. Belime (*Act. poss.*, no 409).— Mais nous ne saurions admettre, avec ce dernier auteur, que la position des copropriétaires étant indivisible, si celui qui n'a pas été mis en cause parvient à faire rétracter le jugement, il relève nécessairement ses copropriétaires. Une pareille solution nous semble être en opposition avec le principe de la stabilité de la chose jugée.

557. — L'acheteur cité au possessoire peut-il appeler son vendeur en garantie? — Nous admettons les distinctions que fait M. Belime: « Est-on ou n'est-on plus dans l'année de la vente? En d'autres termes, le demandeur se fonde-t-il sur une possession acquise avant la vente ou depuis? Si l'on se trouve encore dans l'année de la vente, comme il est évident que le demandeur prétend avoir commencé de posséder auparavant, l'acheteur peut appeler son auteur en cause pour le défendre, puisque le trouble qu'il éprouve vient d'un droit que le vendeur avait laissé acquérir sur l'immeuble. — Si, au contraire, le demandeur n'avait acquis la possession que depuis que l'acheteur est en jouissance, celui-ci, ne pouvant l'imputer qu'à sa propre négligence, ne pourrait pas appeler son vendeur en garantie, et, s'il le faisait, le juge de paix devrait lui refuser le délai qu'il réclamerait dans ce but (no 410). » — V. aussi Duparc-Poullain, t. 8, p. 91; Henrion, chap. 41; Bioche et Goujet, vo *Action possessoire*, no 166.

558. — Mais il n'y a jamais lieu à garantie en matière de réintégrande. — C. civ., art. 1725, 1726 et 1727. — Bioche et Goujet, *Act. poss.*, no 165.

559. — C'est au demandeur, suivant la règle générale, à prouver le fondement de sa demande : donc, en matière de complainte, le demandeur doit prouver le trouble et sa possession annale. Le trouble est presque toujours avoué; en cas de dénégation, l'enquête aurait pour but de rechercher si le défendeur est l'auteur de ce trouble, et de fixer le chiffre des dommages-intérêts.

560. — Sur le fait de la possession, au contraire, il est difficile que les parties soient d'accord : la preuve de ce fait peut être recherchée par tous les moyens légaux, car les plaideurs se trouvent dans une de ces circonstances prévues par la loi, où l'une des parties ne pouvait pas réclamer de l'autre une reconnaissance écrite.

561. — La possession pourra donc s'établir par titres, par témoins, par simples présomptions, dans le sens de l'art. 1353, par l'aveu de la partie, par serment. — C. procéd., art. 24; C. civ., art. 1348.

562. — Les titres sur lesquels le juge peut motiver sa décision au possessoire sont ceux qui tendraient à établir directement des faits de possession, tels qu'un procès-verbal de délivrance

consenti à un usager, ou un jugement au possessoire antérieurement rendu contre le défendeur.— Belime, no 413.

563. — Le juge, pour former sa conviction, peut même s'aider d'actes qui n'émaneraient pas de l'adversaire, par exemple, des baux, des quittances de contributions, des marchés d'ouvriers, puisqu'en cette matière, il peut avoir recours aux simples présomptions. — Pothier, *de la prescript.*, no 177; Belime, no 414.—V. cependant Mascardus, *De probat.*, concl. 1086.

564. — Les titres nouveaux sont préférables aux anciens, puisque c'est à l'aide des premiers que l'on établit quel est le dernier possesseur annal. — Loisel, *Inst., Coutum.*, liv. 5, tit. 4, reg. 26; Belime, no 415.

565. — La règle qui veut qu'on juge les actions possessoires d'après les faits de possession, et non d'après les titres de propriété (*Cass.* 14 août 1832, Moutier et Lemercier c. Bézuel), doit s'entendre en ce sens que le juge ne doit pas puiser dans le fond du droit des motifs de décision sur le possessoire.

566. — Mais, ainsi que Henrion de Pansey (*Compét. des juges de paix*, chap. 51) l'établit parfaitement dans quelques hypothèses, il y a nécessité de consulter les titres de propriété; mais c'est seulement lorsque les parties sont en désaccord sur la question de possession, et que les faits sont insuffisans pour la résoudre, que le juge consulte les titres et recherche à qui elle appartient. Depuis, cette opinion a été consacrée par de très nombreux arrêts desquels il résulte que l'examen de ces titres, dans ces limites, ne constituerait pas un cumul du possessoire et du pétitoire.—*Bruxelles*, 31 déc. 1816, Masson; *Cass.*, 21 déc. 1820, Pérez c. Burgan; 19 avr. 1825, de Courcy c. curé d'Anel; 13 nov. 1839 (t. 2 1840, p. 73), Cossin c. Boisseau; 23 nov. 1840 (t. 1er 1841, p. 306), Gon c. Bernard; 9 déc. 1840 (t. 1er 1841, p. 305), Fournier c. Belen; 1er fév. 1841 (t. 2 1841, p. 284), Berton c. Mongeois; 15 fév. 1841 (t. 1er 1841, p. 626), Dumont c. Tanton. —V. le président Fabvre, *Cod. Fabrianus* (liv. 8, tit. 4, déf. 1re), Dunod, *Traité des prescript.*, et Voët, (liv. 43, tit. 17, no 5); Dumoulin (sur l'art. 141, cout. du Maine), qui dit : « *Titulata vel antiquior possessio vincit*; » Belime, no 413.

567. — Le juge de paix peut, par exemple, se fonder sur un titre d'acquisition pour décider que le demandeur doit être maintenu dans la possession annale d'un cours d'eau, destiné à alimenter une usine, comme en ayant joui à titre de propriétaire. — *Cass.*, 7 janv. 1829, Lombard de Quincieux c. Chazel; — Bioche et Goujet, *Dict. de procéd.*, vo *Action possessoire*, no 152.

568.—...Et pour reconnaître la réalité de la possession d'une servitude, s'appuyer sur les titres qui lui sont représentés, et les apprécier; son appréciation est souveraine quant à la possession.— *Cass.*, 4 juill. 1838 (t. 2 1838, p. 340), Davy c. Angot.

569. — Spécialement, lorsqu'en matière de possessoire l'art. 9 de la loi du 28 août 1792 est invoqué par une commune comme titre de sa possession sur un terrain qu'elle prétend avoir été vain et vague à l'époque de la loi précipitée, le jugement qui intervient peut valablement décider que cet article n'est pas applicable dans l'espèce, et qu'en fait la commune n'a exercé qu'une possession à titre d'usagère. C'est là une conséquence du principe qui investit le juge du possessoire du droit d'apprécier les titres des parties dans leur rapport avec la possession. — *Cass.*, 18 mars 1840 (t. 2 1840, p. 117), commune de Valdavid c. Desfourneaux.

570. — Il peut aussi, sans cumuler le pétitoire et le possessoire, consulter les titres respectifs des parties pour s'assurer quelle est, entre deux possessions coexistantes, celle qui se trouve la mieux colorée et peut donner plus de droit à la maintenue. Spécialement, il peut consulter comme simple élément de décision, et non par application directe, un aveu ou dénombrement revêtu du sceau d'un notaire. — *Cass.*, 13 nov. 1839 (t. 2 1840, p. 73), Cossin c. Boisseau.

571.—Cette question se représentera sous le chapitre qui traite de la prohibition du cumul, du possessoire et du pétitoire. —V. *infrà* nos 620 et suiv. — Au reste, le juge du possessoire peut examiner les titres de propriété produits par les parties, quand il croit cet examen utile pour éclairer la possession; ce n'est là qu'une faculté dont aussi il peut ne pas user. —*Cass.*, 23 nov. 1840 (t. 1er 1841, p. 306), Gon c. Bernard. — Henrion de Pansey, *De la compét. des justices de paix*, chap. 51.

572. — A défaut de titres, le juge a recours à la preuve testimoniale. — C. procéd., art. 24.— Ainsi, par exemple, lorsque les parties sont contraires en fait sur la question de savoir si la jouissance d'une pièce de terre est comprise dans un bail, il y a

lieu d'ordonner la vérification par témoins. — *Rennes*, 10 mars 1818, Lemonze c. Savina.

573. — L'enquête ordonnée par le juge de paix ne peut porter sur le fond du droit, (même art.), sans quoi il y aurait cumul du possessoire et du pétitoire. — V. chap. 7, nos 620 et suiv.

574. — En conséquence, le jugement qui, sur une action en complainte, admet le défendeur à prouver que le plaignant n'est pas propriétaire du chemin qu'il réclame, et qu'il n'en a que l'usage commun avec le public, viole l'art. 24, C. procéd., qui veut que l'enquête ne porte pas sur le fond du droit, et cumule ainsi le possessoire et le pétitoire. — *Cass.*, 18 juin 1816, Vasseur c. Lamarre.

575. — La voie d'enquête est facultative; aussi la cour de Cassassion a-t-elle jugé qu'en matière d'action possessoire, le juge n'est pas tenu d'ordonner l'enquête demandée par une des parties. — *Cass.* 28 juin 1830, Escoffier c. Fauvin; 4 juin 1834, commune de Mayenne c. hospice de Mayenne.

576. —...Qu'il peut maintenir en possession le demandeur, sans être obligé, s'il trouve sa religion suffisamment éclairée, d'ordonner une enquête. — *Cass.*, 25 juill. 1826, Clergeaux c. Congloux.

577. —...Spécialement, lorsque le demandeur au possessoire n'offre pas de justifier sa possession exclusive, et que d'ailleurs son adversaire prouve qu'il a eu aussi la possession de l'objet litigieux, le juge peut prononcer en faveur de ce dernier, sans être obligé d'ordonner que le demandeur fera preuve de sa possession exclusive. — *Cass.*, 31 août 1831, de Puyvert c. de la Rochefoucauld.

578. — D'autre part, bien que l'enquête n'ait pas été demandée par l'une des parties, elle peut être ordonnée d'office par le juge. — C. procéd., art. 24.

579. — Quant à la manière de procéder, il faut appliquer aux actions possessoires les règles générales en matière d'enquêtes. — V. ENQUÊTE. — V. aussi Belime, nos 420 et suiv.; Carou, *Acte poss.*, nos 622 et suiv.

580. — Nous renvoyons au mot PRESCRIPTION et au mot SERVITUDE, pour l'examen des trois propositions suivantes: 1o La possession ancienne fait-elle présumer la possession nouvelle? 2o La possession actuelle fait-elle toujours présumer la possession ancienne? 3o Celui qui prouve sa possession ancienne et sa possession actuelle est-il toujours présumé avoir possédé dans le temps intermédiaire? — V. au surplus Belime, *Action poss.*, nos 124 et suiv.

581. — Le jugement qui, sur une action en complainte, autorise le demandeur *à faire preuve du trouble* dont il se plaint, *la preuve contraire réservée au défendeur* préjuge le fait de la possession annale en faveur du premier, et ne laisse soumis au résultat de l'enquête que le fait matériel du trouble articulé. — *Cass.*, 24 juill. 1839 (t. 2 1840, p. 119), Verlet et Martin c. Rittner.

582. — En matière d'action possessoire, le jugement par lequel, *avant faire droit et sans rien préjuger*, le juge de paix ordonne la visite des lieux et une enquête, n'entraîne pas chose jugée sur le caractère de la possession articulée; le juge de paix reste toujours libre d'apprécier cette possession, et, se fondant sur ce que l'objet litigieux n'est pas susceptible de prescription, de repousser l'action en complainte. — *Cass.*, 25 juill. 1837 (t. 2 1837, p. 90), la ville de Grasse c. Théars.

583. — Lorsque, sur une demande en complainte, le défendeur allègue qu'il a la possession annale de couper des litières, de fagoter et de faire paître sur le terrain en litige, même que ces auteurs ont cultivé ce terrain pendant nombre d'années sans trouble ni opposition, le tribunal qui juge qu'en fait le demandeur ne justifiant pas suffisamment de sa possession annale, il y a lieu à admettre le défendeur à la preuve de ses faits de possession, ne contrevient pas aux dispositions de l'art. 691, C. civ., d'après lequel les servitudes discontinues ne peuvent s'établir que par titres. — *Cass.*, 21 fév. 1827, Babin de Lignac c. Grandpré; — Bioche et Goujet, *Dict. de procéd.*, vo *Act. poss.*, no 92.

584. — Avant le Code de procédure, le tribunal civil qui annulait une enquête ordonnée par un juge de paix, en matière possessoire, pouvait ordonner une nouvelle enquête devant lui. — *Cass.*, 21 vent. an XI, Lorain c. Bellecour. — V. Carré, *Quest.*, no 2424, et Merlin, *Quest. de droit*, vo *Appel*, § 11, art. 1er, no 2.

585. — Lorsqu'un tribunal infirme la sentence d'un juge de paix qui a statué sur toute une action possessoire, il ne viole pas l'art. 473, C. procéd., qui ne permet d'évoquer le fond que pour le tout, en ordonnant une enquête omise par le premier juge. Il peut lui-même procéder à cette enquête au lieu de renvoyer à cet effet devant le juge de paix, sans priver les parties d'un degré de juridiction

sur l'appréciation de l'enquête. — *Cass.*, 19 nov. 1828, Domingon c. Charmensat.

SECT. 3e. — *Jugement.*

ART. 1er. — *Ce qu'il doit contenir.*

586. — Dès que l'instruction est complète, le juge doit rendre son jugement, ou, au plus tard, à la première audience. — C. procéd., art. 39 et 42.

587. — Il y aurait nullité, si le juge n'exprimait dans ses motifs que la partie à laquelle il donne gain de cause avait la possession annale. — Belime, no 429

588. — Le jugement qui, après avoir déclaré que le défendeur au possessoire n'a pas eu une possession paisible, se borne, sans attribuer à celui-ci la possession du terrain litigieux, à rejeter l'action en maintenue du demandeur, faute par lui de prouver sa possession, ne peut être attaqué comme ayant maintenu en jouissance une partie qui ne justifiait que d'une possession illégale. — *Cass.*, 23 juill. 1834, commune de Villiers-sur-Auleby c. commune de Saint-Germer. — V. conf. Bioche et Goujet, *Dict. de procéd.*, vo *Acte poss.*, no 172.

589. — Lorsqu'une complainte possessoire est fondée sur la possession annale, le jugement qui maintient le demandeur purement et simplement en possession n'est censé le maintenir que dans la possession demandée, encore bien que dans ses motifs ce jugement fasse également mention, à titre d'argument, de la possession immémoriale. — *Cass.*, 22 août 1842, (t. 2 1842, p. 304), commune de Chierry c. Lecroq.

590. — Il faut remarquer, au reste, que le jugement au possessoire déclaratif d'une possession immémoriale ne lie pas les juges du pétitoire par l'autorité de la chose jugée. — *Cass.*, 31 juill. 1832, commune de Pressigny c. Pierrot.

591. — Lorsqu'un jugement constate que le demandeur en complainte avait la possession annale, et qu'il avait été troublé dans cette possession, on allègue vainement devant la cour suprême que l'action possessoire était non-recevable, parce qu'il résulte des termes mêmes de l'exploit introductif d'instance, que le demandeur n'avait pas eu une possession paisible pendant l'année qui a précédé le trouble dont il s'est plaint. — *Cass.*, 7 mai 1829, Liste civile c. Defrézales-Borsault.

592. — Pourtant, c'est violer les règles de la procédure, en matière possessoire, que de maintenir le défendeur à une action en complainte dans la possession de l'immeuble ou du droit litigieux, bien qu'il n'ait pris aucunes conclusions à cet effet, et que même il n'ait point articulé la possession annale en sa faveur. — *Cass.*, 26 janv. 1824, Delondre c. commune de Poilly.

593. — Il n'est pas indispensable que le mot *possession annale* se trouve dans la sentence du juge de paix : il suffit qu'il y ait un équivalent. — Belime, no 429.

594. — La défense de troubler à l'avenir n'est qu'une clause de style dont il nous semble qu'on peut se dispenser. — *Ibid.*

595. — Le jugement doit ordonner la restitution des fruits perçus par le défendeur, *deductis impensis.* — Il doit également fixer le chiffre des dommages-intérêts à allouer, s'il y a lieu.

596. — Celui qui a obtenu gain de cause au possessoire, et auquel des dommages-intérêts ont été adjugés à ce titre, peut, s'il succombe au pétitoire, être à son tour condamné à des dommages-intérêts, si ce n'est pas pour restituer ceux qu'il a obtenus au possessoire, et si cette dernière condamnation ne l'assimile pas à un possesseur de mauvaise foi, mais se borne à régler les dommages résultant du procès sur le pétitoire. — — *Cass.*, 15 avr. 1833, Lacroix c. commune de Rouffach.

597. — La demande d'une somme d'argent, à titre de dommages-intérêts, pour cause d'un détournement d'eaux opéré par voies de fait, a pu être considérée, non comme une action principale personnelle et mobilière, mais comme accessoire à une action en réintégrande, alors surtout que le demandeur a renoncé devant le juge de paix aux dommages-intérêts par lui réclamés; que le premier juge n'a prononcé que sur le possessoire, et que ce n'est également que sur le possessoire qu'il a été contesté en appel. — *Cass.*, 11 mai 1841 (t. 2 1841, p. 358), Rouis c. Thanaron.

598. — Le juge du possessoire est compétent pour ordonner la destruction des ouvrages qui constituent le trouble sur lequel est motivée l'action en complainte ou en réintégrande. — *Cass.*,

30 janvier 1837 (t. 2 1837, p. 284), Monnier c. Favel. — Cette question n'est pas sans difficulté. — V. Belime, nos 430 *bis* et 366. — Nous avons déjà examiné ce point sous l'art. 3 du chap. 2, dans le cas de dénonciation de nouvel œuvre. — V. aussi Bioche et Goujet, vo *Act. poss.*, no 179.

599. — Le juge de paix a-t-il le droit d'ordonner une plantation de bornes, dans le but d'empêcher les empiètemens futurs? — S'il prétendait faire un bornage définitif, il excèderait ses pouvoirs. — S'il s'agit, au contraire, de fixer la limite jusqu'à laquelle s'étendra la possession des parties, cette mesure nous paraît justifiée par son utilité.

600. — Cette distinction a été admise par la cour de Cassation, qui a décidé que le juge de paix qui, sur une action en complainte, ordonne une plantation de bornes, conformément aux conclusions du demandeur, ne cumule pas le possessoire et le pétitoire, surtout s'il déclare que ces bornes ne pourront nuire à l'exercice de l'action pétitoire, si on voulait l'intenter. — *Cass.*, 26 janv. 1825, Gonord c. commune de Condé-sur-Yton. — V. aussi *Cass.*, 27 avr. 1814, Laurent c. Finel.

601. — Nous ajouterons avec M. Belime (no 217) qu'il y a d'autant moins de doute sur ce point aujourd'hui, que la loi de 1838 a placé dans les attributions du juge de paix les actions en bornage dont il ne connaissait pas auparavant.

602. — Mais nous ne saurions admettre qu'il pût ordonner cette plantation de bornes d'office, sans que le demandeur y eût conclu. Quelque avantage qu'il y ait à fixer la limite précise de la possession, nous croyons qu'il faut, dans le silence de la loi, éviter de statuer *ultrà petita.* — V. conf. Belime, no 217.

603. — Celui qui, étant assigné comme possesseur, se borne à s'en rapporter à la prudence, au lieu d'offrir le désistement, doit être condamné comme s'il avait continué de posséder, quand même il aurait délaissé la possession avant le jugement. — *Metz*, 24 août 1813, Arsigny c. Marandel.

604. — Un jugement rendu en pays étranger, sur une action possessoire, quoiqu'il ne soit pas exécutoire en France, suffit néanmoins pour rendre certain le fait de la possession en faveur de celui qui a obtenu ce jugement. — Et particulièrement, l'adjudicataire d'un bois peut réclamer la possession exclusive de la haie mitoyenne qui sépare son bois et celui d'un propriétaire voisin, lorsque ce dernier a été déclaré possesseur mitoyen de la haie par un jugement rendu par un juge de paix étranger. — *Cass.*, 21 fév. 1826, de Grelle c. Caraman. — V. conf. Bioche et Goujet, *Dict. de procéd.*, vo *Exécution des jugemens et actes*, no 57.

605. — Les jugemens sur le possessoire peuvent être attaqués par les voies établies contre les jugemens ordinaires. — V. Bioche et Goujet, vo *Act. possess.*, no 184. — V. *suprà* ch. 6, sect. 1re, § 4.

ART. 2. — *De la Récréance.*

606. — « La récréance, dit M. Laferrière (*Hist. du dr. franç.*), faisait une instance à part pour la possession provisoire de l'objet litigieux entre plusieurs qui prétendaient à la possession. » — Denizart la définit un jugement en *matière bénéficiale*, et qui maintient ou envoie par provision en la jouissance d'un bénéfice litigieux celui des contendans qui a le droit le plus apparent. — V. *Dict. de jur.*, vo *Récréance.*

607. — C'est que la récréance n'était usitée autrefois que dans les matières bénéficiales. — V. Ord. de Louis XII, de 1499; Ord. de Villers-Cotterets, de François Ier, en 1539, art. 59. — Guenois, *Conf. des ord. roy.*, liv. 3, tit. 8. — V. *contrà* Pothier, *Possess.*, no 105. — V. au surplus la dissertation de M. Belime sur cette question, no 399.

608. — Sous l'ord. de 1667, lorsque deux parties qui prétendaient chacune droit à un immeuble avaient confondu dès l'origine le possessoire et le pétitoire, aucune d'elles ne pouvait plus demander, soit la réintégrande, soit la maintenue en possession. — S'il s'agit dans ce cas d'adjuger provisoirement les fruits de la chose litigieuse, la justice doit décider en faveur de la partie dont le droit à la propriété est le plus apparent, à la charge toutefois pour elle de donner caution. — *Paris*, 9 niv. an XIV, La Loge-Gaucher et More Quingery c. Guillier.

609. — Quelle que fût, au reste, la portée de ce moyen provisionnel dans l'ancien droit, il est certain que les circonstances dans lesquelles il était employé se reproduisent souvent, et qu'il est indispensable d'examiner quel moyen doit prendre le juge de paix. — Sur la question de savoir si la récréance existe encore dans notre droit, V. pour

l'affirmative Henrion de Pansey, *Comp. des juges de paix*, ch. 48 ; Bioche et Goujet, v° *Act. poss.*, n° 174 ; Troplong, *Prescript.*, t. 1er, p. 523. — V. en sens contraire Augier, p. 74 ; Garnier, *Tr. des act. poss.*, p. 69 ; Belime, n° 398.

610. — Les auteurs et la jurisprudence ont apprécié diversement les règles à suivre pour le cas où les parties prouvent également des actes de possession pendant l'an et jour. — 1° Henrion de Pansey (chap. 51) estime, et un arrêt de la cour de Cassation, du 19 juill. 1830 (commune d'Anconne c. Grasset) a jugé que, dans ce cas, le juge peut maintenir en possession celle des deux parties qui justifie le mieux de son droit de propriété.

611. — 2° D'un autre côté, la même cour a décidé que lorsque, sur une action possessoire intentée par un voisin contre l'autre, les parties ont été appointées en preuve, et qu'il résulte des enquêtes respectives qu'elles ont cumulativement et sans trouble exercé des actes de possession sur le terrain contesté, le juge peut les maintenir toutes deux dans cette possession, sans être tenu d'ordonner le séquestre de l'objet litigieux. — *Cass.*, 28 avr. 1813, Dumoulin c. Lefebvre.

612. — 3° En troisième lieu, on a proposé d'appliquer la règle *Actore non probante, absolvitur reus*. — Garnier, *Act. possess.*, p. 67 ; Chauveau, *J. des avoués*, t. 43, p. 630. — 4° Pour quatrième moyen, on décide que le juge du possessoire doit s'abstenir et renvoyer les parties à se pourvoir au pétitoire. — 5° On a proposé aussi d'ordonner le séquestre de l'immeuble litigieux.

613. — Jugé, en ce sens, que lorsque, sur une action possessoire, ni l'une ni l'autre des parties n'a fait preuve suffisante de la possession, le juge peut ordonner le séquestre de l'objet litigieux jusqu'au jugement de propriété. — Que, dans ce cas, l'instance étant terminée sur la possession, le juge doit statuer sur les dépens sans qu'il y ait lieu de les réserver ; et, aucune des parties ne pouvant être considérée comme ayant succombé, il peut en prononcer la compensation. — *Cass.*, 31 juill. 1838 (t. 1er 1841, p. 304), Levivier c. Lefroid.

614. — 6° Enfin, comme sixième moyen, on a décidé qu'en matière possessoire, les juges peuvent, alors même qu'ils déclarent en fait que les enquêtes sont contradictoires sur le point de savoir à laquelle des deux parties appartient la possession, se dispenser d'accorder la *récréance* à l'une d'elles ou d'ordonner le séquestre de l'immeuble litigieux, surtout si d'autres motifs de leur jugement, puisés dans l'appréciation des titres sous le rapport de la possession, reconnaissent que cette possession appartient au demandeur. — *Cass.*, 9 décembre 1840 (t. 1er 1841, p. 305), Fournier c. Belen.

615. — M. Troplong (*Prescript.*, t. 1er, n° 330) n'admet la récréance que comme une mesure provisionnelle tant au pétitoire qu'au possessoire, et il fait observer que dans notre droit elle ne peut être demandée par action ; elle ne saurait être réclamée que par une demande incidente formée sur le pétitoire ou le possessoire. — M. Curasson (*Compét. des juges de paix*, t. 2, p. 390) ajoute que le juge peut l'ordonner d'office, et qu'une demande incidente n'est pas indispensable.

616. — M. Poncet (*Des actions*, n° 30), au contraire, est d'avis que le tribunal saisi d'une demande au pétitoire ne pourrait incidemment ordonner la récréance, parce que les actions possessoires sont enlevées aux juges du possessoire et attribuées au juge de paix.

617. — Quel parti devra donc prendre le juge ? Il doit examiner avant tout si les parties ne possèdent pas *sub diverso respectu*, et alors maintenir les deux parties litigantes dans une possession qu'elles ont en fait toutes les deux. — V. Thomines-Desmazures, sur l'art. 24, C. procéd. ; Belime, n° 401. — V. aussi Ulpien, l. 3, *in princip.*, ff., *Uti possid.* ; Duaren, *ad tit. Uti possid.*, ff.

618. — Le Code de procéd. de Genève (art. 263) permet, dans ce cas, au juge, ou d'ordonner le séquestre, ou d'adjuger la possession à celui qui a le droit le plus apparent, à la charge de donner caution.

619. — Si, au contraire, la possession appartient évidemment à l'un des deux seulement, nous rejetons le premier système, parce qu'il suppose, non seulement l'examen des titres de propriété (ce qui serait permis), mais encore une décision motivée sur ces titres, ce qui constituerait un cumul du possessoire et du pétitoire. — V. ch. 7. — Nous repoussons également les troisième et quatrième moyens, parce qu'ils constitueraient une sorte de déni de justice. — Enfin nous adoptons le moyen alternatif édicté dans le Code de procéd. de Genève, pourvu que, dans le cas de récréance, le jugement ne soit pas motivé sur les titres de propriété.

CHAP. VII. — *Cumul du possessoire et du pétitoire. — De la préséance du possessoire sur le pétitoire.*

Sect. 1re. — *Du cumul du possessoire et du pétitoire.*

620. — « Le possessoire et le pétitoire ne seront jamais cumulés. » Tel est le texte laconique de l'art. 25, C. procéd. — L'application de ce principe a donné lieu aux plus graves difficultés.

621. — Pour en saisir la portée, il faut en rechercher l'origine. — Par ordonnance du 28 oct. 1446, rendue par Charles VII à Montil-lez-Tours, il fut défendu à tous gens de justice *« de conduire le pétitoire et le possessoire en matière de nouvelleté ensemble. »* (Art. 72.) — Comme, à cette époque, c'étaient les mêmes juges qui statuaient sur l'une et l'autre matière, Charles VII avait eu pour motif déterminant de cette séparation le désir de ne pas entraver les plaintes possessoires par leur jonction à la question du fond. — Il faut remarquer, toutefois, que rien, sous le régime de cette ordonnance, ne s'opposait à ce que ces deux actions fussent poursuivies en même temps, mais séparément.

622. — En 1535, François Ier traça une ligne de démarcation plus profonde, et établit la préséance du possessoire sur le pétitoire, par son ordonnance d'Ys-sur-Tille, dont nous rapportons la principale disposition sous la sect. 2e, chap. 7.

623. — Sous l'ordonn. de 1667, un tribunal ne pouvait cumuler le pétitoire avec le possessoire (tit. 8, art. 5). — *Cass.*, 25 germin. an IV, Leleizour-Robetto c. Lebrun.

624. — En droit canon, on reconnaissait comme possible le cumul du possessoire et du pétitoire ; ainsi que le prouvent ces passages de l'abbé de Palerme : *« Si possessorio et petitorio est simul actum, potest judex possessorium priùs terminare. — Si spoliatus possessorio et petitorio simul agens possessionem et spoliationem probat, sed non dominium, obtinebit in possessorio, sed succumbet in petitorio. — Panormitanus*, t. 2, p. 195 et 196, sur la décr. *Cum ecclesia sutrina.*

625. — Dans notre législation moderne, chacune de ces actions doit être jugée par un tribunal différent qui ne saurait être compétent sur les deux cumulativement : au juge de paix la connaissance exclusive des actions possessoires (V. chap. 6, sect. 1re) ; au tribunal de première instance la connaissance du pétitoire. L'art. 25, C. procéd., défend à l'un et à l'autre de cumuler le possessoire et le pétitoire.

626. — Les principes pour l'application de cette règle peuvent se ramener à trois : 1° les conclusions ne doivent pas porter sur le fond ; 2° le jugement ne peut rien décider sur la question de propriété ; 3° même en se renfermant dans la question du possessoire, le juge ne peut fonder sa décision sur des motifs qui ne seraient tirés que du fond du droit.

627. — Ces trois propositions seront développées dans trois articles auxquels nous en joindrons un quatrième qui renferme quelques règles spéciales.

ART. 1er. — *Conclusions.*

628. — Les conclusions ne doivent pas porter sur le fond. — *Cass.*, 30 nov. 1818, Aubertie c. Caignard. — Si, au fond, le demandeur ne conclut qu'à être maintenu au possessoire, quand bien même quelque expression ambiguë dans les conclusions pourrait faire supposer qu'il a entendu parler du fond du droit, le juge de paix devrait plutôt adopter le sens d'après lequel sa juridiction pourrait rester saisie. — V. Belime, n° 437.

629. — Ainsi, bien qu'un particulier se prétende propriétaire d'un cours d'eau sur lequel un trouble a été exercé, et qu'il ait été déclaré par le juge de paix que ce particulier a le droit d'user du cours d'eau, le jugement ne cumule pas le possessoire et le pétitoire, si les conclusions du demandeur qui lui ont été adjugées tendaient seulement à la cessation du trouble. — *Cass.*, 15 juill. 1834, Amanieu c. Créon. — Il faut plutôt s'attacher à l'intention du demandeur qu'au sens littéral des mots. — V. Bioche et Goujet, *Dict. de procédure*, v° *Action possessoire*, n° 4. — V. *suprà* chap. 2, sect. 1re.

630. — C'est en ce sens qu'il a été jugé que ce n'est pas cumuler le possessoire et le pétitoire que de conclure à une plantation de bornes en formant l'action en complainte. — *Cass.*, 27 avr. 1814, Laurent c. Finel ; 26 janv. 1825, Gonord c. commune de Condé-sur-Yton. — V. Garnier, *Tr. des actions possess.*, p. 214 ; Bioche et Goujet, *Dict. de procéd.*, v° *Action possessoire*, n° 192 (2e édit.) ;

Carré, *Justices de paix*, t. 2, p. 277 ; Guichard, *Quest. possess.*, p. 304.

631. — Mais, si la citation était conçue de telle sorte qu'on ne pût l'interpréter autrement que comme une demande pétitoire, le juge de paix devrait se déclarer incompétent.

632. — Il en serait de même dans le cas où les conclusions, bien qu'elles portassent explicitement sur la possession, ne comprendraient évidemment qu'une question de propriété, par exemple dans le cas où un légataire poursuivrait au possessoire un héritier pour une demande d'envoi en possession de la chose léguée. — V. Belime, n° 441.

633. — Lorsque le défendeur excipe de moyens tirés du pétitoire et étrangers à la possession, le juge de paix n'en doit pas moins rester saisi de l'action possessoire sur laquelle il doit statuer en s'abstenant de connaître du pétitoire. — *Cass.*, 23 fév. 1814, Porral c. Vialatte ; Bioche et Goujet, *Dictionn. procéd.*, v° *Action possessoire*, n° 142.

634. — Bien que le juge de paix qui maintient une partie dans la possession annale et immémoriale d'un terrain cumule le pétitoire et le possessoire (*Cass.*, 15 juill. 1829, Matet c. Lesprit), cependant, c'est à tort que l'on a prétendu que c'était cumuler le possessoire et le pétitoire que d'offrir de prouver sa *possession immémoriale, et notamment d'an et jour.* — V. Belime, n° 438. — V. aussi Bioche et Goujet, v° *Action possessoire*, n° 187 1°.

635. — Aussi a-t-on jugé qu'il n'y a pas cumul du possessoire et du pétitoire dans un jugement dont le dispositif n'a pour objet que le maintien d'une partie dans la possession, lors même que dans l'instruction cette partie aurait allégué une possession trentenaire. — *Cass.*, 7 août 1834, commune de Chatillon-sur-Loire c. Bizot.

636. — Il n'y aurait pas, du reste, cumul du pétitoire avec le possessoire dans le jugement qui, sur la demande en maintenue de la jouissance d'un puits, fondée sur une possession immémoriale, maintiendrait le demandeur en possession, parce qu'il établit son droit de copropriété. — *Cass.*, 4 mars 1828, Ugnon c. Jourdan. — V. Bioche et Goujet, *Dict. de procéd.*, v° *Action possessoire*, n° 193.

637. — Le juge de paix, il est vrai, saisi du possessoire, ne peut ensuite, quelques variations qu'offrent les conclusions des parties, faire porter sa sentence sur autre chose que sur la possession. — *Riom*, 24 juin 1825, de Venny c. commune de Gannat. — Pardessus, *Traité des servitudes*, n° 325.

638. — Mais, si le demandeur, après avoir conclu à être maintenu *dans la possession et propriété* de tel immeuble, déclare à l'audience restreindre sa demande à la seule possession, le juge de paix devra se déclarer compétent, en mentionnant dans son jugement la restriction du demandeur. — V. Belime, n° 439.

639. — D'autre part, il n'y a pas cumul du possessoire et du pétitoire dans une instance où, dès la première comparution devant le juge de paix, le défendeur déclare qu'il ne conteste ni la propriété ni la possession du demandeur. — *Cass.*, 27 août 1827, Visseq c. Fournier. — V. Bioche et Goujet, *Dictionn. de procéd.*, v° *Action possessoire*, n° 194.

640. — Lorsque devant le tribunal saisi de l'appel d'une action possessoire, l'appelant donne à sa défense plus de développemens, sans conclure au pétitoire, il n'y a pas cumul du pétitoire et du possessoire, bien que le tribunal, appréciant les titres des parties, déclare que l'une des parties est propriétaire de l'objet litigieux, s'il s'est borné à prononcer sur le possessoire. — *Cass.*, 31 juill. 1828, Pravoz c. Dufour.

641. — On ne peut intenter à la fois les actions possessoire et pétitoire, même par deux assignations distinctes, l'une devant le juge de paix, l'autre devant le tribunal de première instance. — V. Pigeau, t. 2, p. 477 ; Carré, t. 1er, p. 51 ; Bioche et Goujet, v° *Action possessoire*, n° 186. — A la différence de ce qui se passait sous le régime de l'ord. de 1446. — V. *suprà*.

ART. 2. — *Dispositif.*

642. — Le juge de paix ne doit statuer, en aucune façon, sur le fond du droit. — C. pén., art. 25.

643. — C'est, en général, par le dispositif que l'on doit apprécier s'il y a cumul.

644. — Ainsi, jugé que, le dispositif faisant seul le jugement, on ne peut critiquer comme cumulant le possessoire et le pétitoire un jugement qui ne prononce dans son dispositif que la maintenue en possession, bien que l'un des motifs semble préjuger la question du pétitoire. — *Cass.*, 26 juill. 1832, Formon c. Vailland ; 18 mai 1813, Allier

c. Benoist; 28 juin 1830, Escoffier c. Faurin; 31 août 1831, de Puyvert c. de la Rochefoucauld; 19 déc. 1831, Gecimard c. N.

645. — L'on reconnaîtra qu'il y a cumul, lorsqu'en supposant le jugement passé en force de chose jugée, ce jugement devrait préjuger la question de propriété, et conséquemment entraver l'exercice de l'action pétitoire. — V. Belime, nº 442.

646. — Si, en se fondant sur ce que le demandeur aurait prouvé à la fois sa possession et sa propriété, le juge de paix se borne à maintenir le demandeur dans sa possession, il n'y a pas cumul, car le motif surabondant tiré de la question de propriété laissera subsister cette question dans son entier. — *Cass.*, 1er mars 1819, comte de Béarn c. Tarlé; — Bioche et Goujet, vº *Action possessoire*, nº 4. — V. *suprà* chap. 2.

647. — Et même le jugement qui décide qu'une partie possédait à titre de propriétaire ne cumule pas, par cela seul, le possessoire avec le pétitoire. — *Cass.*, 3 déc. 1827, Bondier-Lange et Marmet c. Ruty; 4 mars 1828, Ugnon c. Jourdan.

648. — Voici quelques espèces dans lesquelles on a appliqué ces principes. — Ce n'est point cumuler le pétitoire avec le possessoire que de dire que la jouissance des eaux d'un ruisseau appartient exclusivement à l'une des parties pendant la belle saison, et que, durant le reste de l'année, cette jouissance est commune aux deux parties. — En conséquence, en ordonnant les mesures nécessaires pour le maintien de cette jouissance, le juge du possessoire n'a point excédé ses pouvoirs et n'est point réputé avoir fait un réglement d'eau. — *Cass.*, 9 août 1836 (t. 1er 1837, p. 116), Brun c. Fauconnet.

649. — De même, lorsque, sans contester d'une manière absolue le droit accordé au riverain supérieur par l'art. 644, C. civ., le propriétaire inférieur se plaint seulement de ce que le riverain détourne, retire ou absorbe l'eau, au préjudice de sa possession, le juge du possessoire est compétent pour statuer. — Ce juge peut, sans incompétence ni cumul, examiner hypothétiquement la question du pétitoire. — *Cass.*, 6 déc. 1836 (t. 1er 1837, p. 39), Bigeon c. Bourgogne.

650. — Il peut, sans empiéter sur le pétitoire, admettre la preuve d'une prescription trentenaire pour déterminer le caractère de la possession. — Il peut se refuser à l'admission de cette preuve, lorsqu'il s'agit d'une servitude continue non apparente. — *Cass.*, 26 juill. 1836, ville d'Apt c. Pin.

651. — Il peut également, sans qu'il y ait cumul du pétitoire et du possessoire, constater d'après les faits et les titres que la possession invoquée est une atteinte à la propriété publique, pour en tirer la conclusion qu'elle est illicite. — *Cass.*, 14 fév. 1837 (t. 1er 1837, p. 100), les tenanciers arrosans du territoire de Cabestany. c. la ville de Perpignan.

652. — Il n'y a point délimitation du terrain litigieux ni par conséquent cumul du pétitoire et du possessoire, de la part du juge de paix qui, en prescrivant la maintenue possessoire de ce terrain, désigne le point auquel la possession s'étendra. — *Cass.*, 9 août 1830, Robin c. Auroux; — Bioche et Goujet, *Dict. de procéd.*, vº *Action possessoire*, nº 192.

653. — Le droit de pêche et celui de navigation étant différens, et pouvant exister l'un sans l'autre, il ne peut y avoir cumul du pétitoire et du possessoire lorsque, dans le cours de l'instance au possessoire sur le droit de navigation, l'état a formé une action au pétitoire sur le droit de pêche. — *Rennes*, 22 mai 1841 (t. 2 1841, p. 487), Saulnier de la Pinelais c. l'Etat.

654. — Le jugement qui maintient une partie en possession d'un canal peut, comme conséquence, ordonner le rétablissement d'un barrage établi dans le lit de ce canal, et que l'autre partie aurait enlevé.

655. — Mais le juge du possessoire cumule le possessoire et le pétitoire lorsque, pour rejeter l'action de celui qui se prétend troublé dans la possession plus qu'annale d'un atterrissement formé dans ce canal, il décide que cet atterrissement faisait partie du canal, et conclut de là 1º que le fait de la possession du canal entraînait avec lui le droit de posséder l'atterrissement; 2º que la destination donnée au canal par le père de famille empêchait d'acquérir par la prescription l'atterrissement, *qui en faisait partie.* — *Cass.*, 17 nov. 1841 (t. 1er 1842, p. 40), Descombes c. Descombes-Desmorelles.

656. — Le juge saisi d'une action possessoire résultant du trouble apporté à la jouissance d'une rigole sur laquelle les parties prétendent avoir le droit de faire certaines saignées cumule le possessoire et le pétitoire lorsqu'au lieu de se borner à adjuger la possession à l'une des parties, il constate en même temps la nécessité d'assurer à chacune d'elles le droit qui lui appartient d'ordonner des mesures propres à fixer le mode de jouissance et à prévenir tout procès entre elles, et que, se fondant à la fois sur l'art. 645, C. civ., et sur les titres respectifs dont il ordonne l'exécution, il détermine les dimensions de la rigole litigieuse, et le caractère et la nature des saignées qu'il sera permis d'y pratiquer. — *Cass.*, 14 déc. 1841 (t. 1er 1842, p. 64), Claudureau c. Forgemol.

657. — Le jugement qui, sur une demande au pétitoire, maintient le défendeur en possession et ordonne une enquête avant de faire droit au pétitoire, est plutôt provisoire que possessoire; dès lors, le jugement définitif qui l'a suivi et l'arrêt confirmatif ne peuvent être attaqués en cassation comme cumulant le possessoire et le pétitoire, surtout s'il n'a point été formé appel contre le jugement interlocutoire et s'il ne se trouve dans les décisions définitives aucune trace du titre possessoire. — *Cass.*, 19 avr. 1836, Galpin c. Piollin.

658. — Le juge saisi d'une action en réintégrande ne peut statuer sur cette action en se fondant sur un titre fixant le droit des parties. — *Cass.*, 21 vent. an II, Beglieux.

ART. 3. — *Motifs.*

659. — Même en ne statuant que sur la question possessoire, le jugement ne doit pas être fondé sur des motifs tirés exclusivement du fond du droit. — V. Belime, nº 446. — V. C. procéd., art. 24, qui, en défendant, s'il y a enquête ordonnée, de la faire porter sur le fond du droit, prescrit par cela même au juge de paix de ne statuer sur la possession que d'après les faits de possession.

660. — L'application de ce principe a donné naissance à un grand nombre de difficultés judiciaires. — Ainsi, d'une part, on a jugé 1º que, lorsque, sur une question possessoire, un jugement défère la possession à l'une des parties, en se fondant uniquement sur un titre de transaction, il statue par là sur le pétitoire, et dès-lors il encourt la cassation. — *Cass.*, 7 août 1833, Genay c. habitans de Champagne-Mouton.

661. — 2º Que le juge de paix saisi d'une complainte formée par le riverain d'un cours d'eau contre un riverain opposé ne peut, sans cumuler le pétitoire et le possessoire, la rejeter par le motif que le défendeur n'a fait qu'user du droit que lui confère l'art. 644, C. civ., qu'il ne nuit pas au demandeur, et qu'enfin la prise d'eau a été substituée à une autre qui existait, de toute ancienneté, à peu de distance. — *Cass.*, 20 avril 1824, Brideau c. Guillet. — V. aussi Pardessus, *Traité des servitudes*, nº 491; Garnier, *Traité des actions possessoires*, p. 378, et Bioche et Goujet, *Dict. de procéd.*, vº *Action possessoire*, nº 187.

662. — 3º Que le jugement qui repousse une action en complainte par le motif que le demandeur n'est point propriétaire des terrains contigus à celui qu'il possède cumule le pétitoire avec le possessoire. — *Cass.*, 23 nov. 1836 (t. 2 1837, p. 328), Carmichael c. Chrétien.

663. — 4º Qu'il en est de même de la décision qui, sans se borner à statuer sur l'action possessoire intentée à raison d'un chemin litigieux, dispose dans ses motifs qu'il est présumable, en raison de la position locale, que le chemin a été pris sur la propriété du demandeur, et défend au défendeur de faire aucune entreprise relativement audit chemin. — *Cass.*, 16 mars 1841 (t. 1er 1841, p. 469), Mulot et Auzoux c. de Toustain.

664. — Mais il n'y a pas cumul du possessoire et du pétitoire dans le jugement qui rejette une action en complainte pour fait de passage sur un chemin en se fondant sur ce que ce chemin est public, si d'ailleurs le dispositif ne statue que sur le possessoire — *Cass.*, 24 fév. 1841 (t. 1er 1842, p. 139), de Lambilly c. Leborgne.

665. — D'autre part il a été jugé 1º que le jugement qui accueille une action en complainte, en se fondant sur ce que le terrain litigieux est présumé, jusqu'à preuve contraire, la propriété du demandeur, ne cumule point le pétitoire avec le possessoire. — *Cass.*, 12 déc. 1836 (t. 1er 1837, p. 285), Boucher c. Labouverie

666. — 2º Qu'un jugement qui, statuant sur une action possessoire, déboute le demandeur, attendu qu'il ne prouve pas son droit de communion sur le passage en la possession duquel il veut être maintenu, ne cumule pas par là le possessoire et le pétitoire, s'il réserve au demandeur la faculté d'agir au pétitoire. — *Cass.*, 9 nov. 1825, veuve Jourdan c. Ribot. — V. conf. Bioche et Goujet, *Dict. de procéd.*, vº *Action possessoire*, nº 193.

667. — 3º Que le pétitoire n'est pas cumulé avec le possessoire par le juge de paix qui, appelé à statuer sur une action en complainte, à l'occasion de l'exercice d'un droit de passage, apprécie les faits de la cause, qu'il qualifie d'abus de ce droit, dans les motifs de son jugement, quoiqu'il se borne dans le dispositif à maintenir le demandeur en sa possession. — *Cass.*, 24 juin 1828, Biraud c. Pasquier.

668. — ... 4º Ou qui déclare dans les motifs de son jugement qu'au droit de propriété du demandeur se joint la possession annale, si, dans le dispositif, il ne statue que sur la possession. — *Cass.*, 20 mai 1829, Beauffremont c. commune de Traves.

669. — 5º Que le juge du possessoire qui, dans le dispositif de son jugement, s'est borné à statuer sur le possessoire, ne peut être considéré comme ayant cumulé le possessoire et le pétitoire, parce que, dans les motifs seulement de son jugement, il a apprécié un acte de possession remontant au-delà de l'année qui a précédé l'action. — *Cass.*, 3 déc. 1834, de Pleurs c. de Maricourt.

670. — ... 6º Même décision relativement au juge qui, pour accueillir l'action portée devant lui, se fonde sur la possession immémoriale du demandeur, si le dispositif de son jugement ne statue que sur la possession. — *Cass.*, 7 juill. 1836, Carnaud c. Alphand.

671. — ... Il en est de même, bien que le juge de paix discute le titre sur lequel est fondée la possession, dans les motifs de son jugement, et semble par là résoudre la question au possessoire et au pétitoire, lorsque dans le dispositif il s'est borné à statuer sur la possession. — *Cass.*, 18 mai 1813, Allier c. Benoist; 28 juin 1830, Escoffier c. Fouvin; de Puyvert c. de Larochefoucauld; 19 déc. 1831, Gécimard c. N; — Garnier, *Traité des actions possessoires*, p. 369; Bioche et Goujet, *Dictionn. de procéd.*, vº *Action possessoire*, nº 188; Berriat, t. 1er p. 111, note 22e.

672. — La difficulté, en cette matière, naît principalement de la question de savoir quel est le devoir du juge de paix lorsque les moyens opposés par la défense transportent le débat sur une question de propriété. Nous avons, sous le § 2, sect. 1re, ch. 6 (nos 529 et suiv.), examiné ce que devait faire, en général, le juge du possessoire, lorsqu'une question préjudicielle se présente; nous rapporterons seulement ici le dernier état de la jurisprudence relativement aux servitudes discontinues, car c'est surtout à l'occasion de ce genre de servitudes que la question doit se présenter, puisqu'elles ne peuvent donner lieu à l'action possessoire qu'autant qu'elles sont fondées en titre. — V. Bélime, nos 447 et 260; Carou, nos 166 et suiv.; Pardessus, *Servit.*, p. 524, nº 341.

673. — Jugé que le possesseur troublé dans la possession d'une servitude discontinue (par exemple, d'un droit de passage) est recevable à intenter l'action possessoire, pourvu que ce soit dans l'année du trouble et qu'il l'appuie d'un titre non précaire; et que le juge de paix doit, encore bien que ce titre soit contesté, en examiner le mérite et l'applicabilité pour admettre ou rejeter l'action possessoire. Il ne peut se borner à surseoir jusqu'à ce que le mérite du titre ait été apprécié par les juges du fond. — *Cass.*, 24 juill. 1839 (t. 2 1839, p. 180); Dadé c. Condorcet et O'Connor; 2 mars 1820, Lecornu c. Simon; 17 mai 1820, Clavier c. Goutard; *id.*, Jourdan c. Cabasse; 24 juin 1828, Biraud c. Pasquier; — Merlin, *Rép.*, vº *Servitude*, § 9, et *Quest.*, *eod. verb.*, § 6; Toullier, t. 3, nº 717; Duranton, t. 5, nº 638; Pardessus, *Traité des Servitudes*, nº 324; Aulanier, p. 121, nº 116; Carré, *Justice de paix*, t. 2, p. 255; Garnier, *Traité des act. poss.*, p. 322; Carou, *Principes sur les act. possess.*, nº 183; Bioche et Goujet, *Dict. proc.*, vº *Action possessoire*, nº 77, 2e éd. — V. cependant Belime, nos 447 et suiv.

674. — Si, dans l'examen que fait le juge de paix, les titres lui paraissent établir clairement que la possession n'est pas précaire, il doit accueillir l'action possessoire; que si au contraire il pense que les titres ne font pas cesser la présomption de précaire, attachée par la loi à la jouissance d'une servitude discontinue, soit parce qu'ils sont obscurs, soit parce qu'ils sont combattus par des moyens qui en rendent l'application douteuse, il doit, en exprimant son opinion à cet égard, rejeter l'action possessoire. — *Cass.*, 17 mai 1820, Clavier c. Gontard; même jour, Jourdan c. Cabasse.

675. — M. Belime combat cette doctrine; selon lui, le juge de paix ne doit pas rejeter l'action par cela seul que les titres lui paraissent douteux : « Je concevrais, dit-il, que si ce doute venait de ce que le demandeur avait mal prouvé sa possession, il dût prononcer contre lui, suivant la maxime *actore non probante absolvitur reus.* Mais ici le doute vient bien plutôt de la loi elle-même que du

juge qui n'a pas mission d'apprécier les titres. Peut-être que ces actes, qui paraissent obscurs au juge de paix, paraîtront incontestables au tribunal compétent. Est-il juste de faire souffrir le demandeur d'un doute qui ne lui est pas imputable ? » (*Traité du dr. de poss.*, nº 453.)

676. — Le juge du possessoire ne cumule pas le pétitoire, lorsque pour s'éclairer sur le caractère de la possession d'une servitude de passage, réclamée par le demandeur en complainte, il vérifie si l'héritage du demandeur est enclavé. — *Cass.*, 7 mai 1829, Liste civile c. Defrézals-Boursault.

677. — Le juge de paix peut apprécier le titre représenté, pour juger si la possession est seulement précaire et de tolérance, sans pour cela toucher au pétitoire. — *Cass.*, 6 juill. 1812, Herblin c. Hue; 30 nov. 1818, Aubertie c. Caignard; 26 janv. 1825, Gonord c. commune de Condé-sur-Iton; 4 fév. 1829, Barbet c. Gombert; 15 déc. 1812, Bontron c. Collineau; — Merlin, *Rép.*, vº *Servitude*, § 9, et *Quest. de droit*, vº *Servitude*, § 6; Toullier, t. 3, nº 717; Duranton, t. 5, nº 638; Pardessus, *Servitudes*, nº 324.

678. — Spécialement, le jugement au possessoire qui déclare qu'une commune n'a pas eu la possession *animo domini* d'un terrain par elle alléguée, et ne lui reconnaît que la possession de simples droits d'usage dans lesquels elle la maintient, ne cumule pas pour cela le possessoire et le pétitoire. — *Cass.*, 18 mars 1840 (t. 2 1840, p. 117), commune de Valdavid c. Desfourneaux.

679. — Mais la question de validité ou de non validité des titres ne peut autoriser le juge à déclarer la possession vicieuse et sans effet; ce serait là cumuler le pétitoire et le possessoire. — *Cass.*, 23 mai 1838 (t. 2 1838, p. 349), de Borda c. commune de Saint-Vincent-de-Xaintes; — Belime, *Act. possess.*, nº 451.

680. — En général, il n'y a pas cumul du pétitoire avec le possessoire lorsque, pour éclairer la possession, le juge puise des motifs soit dans les actes produits au procès, soit dans les faits particuliers de la cause. — *Cass.*, 2 fév. 1842 (t. 1er 1842, p. 191), commune de la Croix-Saint-Leufroy c. de Chantemesle; *Bruxelles*, 31 déc. 1816, Masson c. soc. de Bonne-Espérance; *Cass.*, 21 déc. 1820, Pérez c. Burgan; 19 avr. 1825, Decourcy c. curé d'Annet; 31 juill. 1828, Pravoz c. Dufour; 26 juill. 1836, ville d'Apt c. Pin; 13 nov. 1839 (t. 2 1840, p. 73), Cossin c. Boisseau; 16 fév. 1837 (t. 1er 1837, p. 110), tenanciers de Cabestany c. ville de Perpignan; 23 nov. 1840 (t. 1er 1841, p. 305), Fournier c. Becen; 1er fév. 1841 (t. 2 1841, p. 284), Berton c. Mongeois; 15 fév. 1841 (t. 1er 1841, p. 626), Dumont c. Tanton; 11 mai 1841 (t. 2 1841, p. 346), Godard c. Lavauvre; 17 nov. 1841 (t. 1er 1842, p. 40), Descombes c. Descombes-Desmorelles; 23 nov. 1841 (t. 1er 1842, p. 86), commune du Miroir c. Lorin; 8 déc. 1841 (t. 2 1842, p. 615), de Laval-Montmorency c. Sarrazin. — V. aussi Carré et Chauveau, *Lois de la procéd.*, quest. 101e *bis* et 102e, t. 1er, p. 97 et 129; Proudhon, *Usufruit*, t. 5, p. 44, nº 1490; Pigeau, *Comm.*, t. 1er, p. 75.

681. — Ainsi lorsque la demande a pour objet la possession d'un canal creusé de main d'homme pour l'irrigation des prairies qui bordent une de ses rives, le juge du possessoire peut prendre en considération la destination donnée à ce canal par le père de famille pour en adjuger la possession au propriétaire des prairies, de préférence au propriétaire des terrains situés sur l'autre rive. — *Cass.*, 17 nov. 1841 (t. 1er 1842, p. 40), Descombes c. Descombes-Desmorelles.

682. — De ce que le juge du possessoire peut et doit complètement examiner le titre invoqué comme base légale de la possession et l'apprécier, il ne suit pas qu'il doive prononcer sur les objections (telles par exemple que des exceptions de prescriptions et de déchéances) qui sont opposées à sa validité. Ce serait là statuer sur le fond du droit, dont la connaissance n'appartient qu'au juge du pétitoire. — *Cass.*, 8 mai 1838 (t. 1er 1838, p. 636), Clément, Alquier c. Bourgeret.

683. — Mais, toutes les fois que l'exception du défendeur ne porte que sur un fait placé par la loi sous la compétence du juge de paix, celui-ci doit en connaître. — L. 25 mai 1838; — Belime, nº 465.

684. — Lorsque, sur une demande en complainte tendant à faire rétablir le libre écoulement des eaux d'un canal qui a été comblé par l'adversaire, celui-ci offre de substituer un autre canal dont il indique le lieu et la dimension, il n'y a pas là une exception à l'action principale, sur laquelle le juge de l'action possessoire puisse statuer. — *Cass.*, 6 avr. 1831, Robert.

685. — Le juge de paix saisi du possessoire est dans l'obligation d'apprécier et de fixer le titre du demandeur, non pas comme titre définitif, mais

seulement comme indicateur de la possession civile, ainsi que de la servitude. — *Cass.*, 9 mai 1831, Delahaye c. Mocquet.

686. — Aussi a-t-on décidé qu'il y a contravention à l'art. 25, C. procéd., de la part du juge qui, étant saisi d'une action en complainte, refuse de prononcer sur cette action, et se borne, en mettant les parties hors d'instance, à les renvoyer à se pourvoir au pétitoire, sur le prétexte que la décision du litige se réfère à l'examen des titres respectifs, et que, par conséquent, elle appartient immédiatement au pétitoire. — *Cass.*, 29 déc. 1828, Courbon c. Valencogne; — Bioche et Goujet, *Dict. de procéd.*, vº *Action possessoire*, nº 187.

687. — Lorsque le juge de paix se trouve dans l'impossibilité de statuer sur le mérite de la possession, il peut renvoyer les parties à se pourvoir au pétitoire, sans contrevenir à la règle qui défend le cumul du pétitoire et du possessoire. — *Cass.*, 17 mars 1819, Jacob c. Devillers-Bodson; — Bioche et Goujet, *Dict. de procéd.*, vº *Action possessoire*, nº 191.

ART. 4. — *Questions spéciales.*

688. — Lorsque le demandeur et le défendeur font également preuve de possession, les juges peuvent, sans cumuler le possessoire et le pétitoire, prendre en considération les titres représentés par les parties afin d'attribuer la possession à celle des deux qui justifie le mieux son droit à la propriété. — *Cass.*, 19 juill. 1830, commune d'Anconne c. Grasset.

689. — Mais que décider dans le cas où deux acheteurs, ayant traité avec le même vendeur, s'attaquent mutuellement au possessoire? — C'est une règle certaine en droit qu'un acquéreur troublé dans sa jouissance et qui, pour s'y faire maintenir, prend la voie de la complainte, peut se prévaloir de la possession de son vendeur. L'art. 23, C. procéd., consacre ce principe. Son application est facile lorsqu'il s'agit seulement de prouver la possession du vendeur. Mais lorsque le demandeur et le défendeur en complainte ont acquis de la même personne, le juge de paix ne peut plus se borner à vérifier la possession annale du vendeur; il faut nécessairement qu'il examine auquel des deux, du demandeur ou du défendeur, la propriété a été transférée légalement: car alors celui qui aura obtenu le premier un contrat translatif de propriété devra réussir sur l'action possessoire, parce qu'il sera en droit de s'attribuer la possession du vendeur. Dans ce cas, la difficulté rend donc nécessaire et indispensable l'examen des deux actes; mais prenons garde que cet examen doit seulement avoir pour objet de savoir lequel des deux contrats doit être préféré à l'autre, relativement à la possession; il ne doit pas porter sur leur validité. Le juge de paix qui déclarerait nul l'un de ces actes, et qui ferait dériver de cette nullité la possession de l'autre partie, cumulerait le possessoire et le pétitoire et commettrait un excès de pouvoir manifeste. — Bioche et Goujet, vº *Act. posses.*, nº 187; Augier, *Encycl. des Juges de paix*, p. 160. — V. cependant Belime, *Act. possess.*, nos 454 et 455.

690. — Ces principes ont été consacrés par la cour de Cassation, qui a décidé: 1º que lorsqu'un possesseur troublé et l'auteur du trouble tiennent un fonds du même propriétaire, tous deux ont le droit d'invoquer la possession de l'auteur commun et de la joindre à la leur pour compléter la possession annale afin de baser l'action en complainte. — *Cass.*, 15 déc. 1812, Bontron c. Collineau.

691. —...2º Que celui qui s'est mis en possession le premier ne doit pas par cela seul être préféré; qu'au contraire, dans ce cas, le juge de paix doit apprécier les titres respectivement produits, pour décider quel est celui des deux acquéreurs qui lui paraît en droit de réunir la possession du vendeur à la sienne. — *Cass.*, 12 fruct. an X, Thomas c. Usquin et Lefebvre.

692. —...Mais que si le juge remonte à celle du vendeur, il ne peut, sans cumuler le possessoire et le pétitoire, examiner le mérite des titres respectifs de propriété, et faire dériver *de la nullité* de l'un d'eux la possession de la partie à laquelle cet acte était opposé. — *Cass.*, 11 août 1819, Hardy et Bourgeon c. Bazin; 8 mai 1838 (t. 1er 1838, p. 636), Clément et Alquier c. Bourgeret. — V. cependant les objections que fait M. Belime contre la doctrine de ces trois arrêts. (*Act. possess.*, nº 454 et 455.)

693. — Si un vendeur cite son acheteur en trouble, en alléguant la nullité de la vente; si cette nullité est évidente, le juge de paix ne peut prononcer la nullité de l'acte; mais, sans y avoir égard, il statuera sur le possessoire, sauf à l'autre partie à se pourvoir, comme elle l'entendra, pour

faire valoir son titre. — Toullier, t. 7, p. 622 Belime, *Act. possess.*, nº 416.

694. — Mais l'acheteur ne devrait pas succomber si, dans les mêmes circonstances, il était entré et resté en possession pendant une année entière, en exécution de son contrat. — Belime, (nº 417). Toullier (p. 624 et 625), ainsi que Carré (sur l'art. 23 C. procéd.), dans l'opinion contraire, cherchent à établir que, pour se défendre avec avantage, il suffirait au vendeur cité au possessoire pour avoir tenté de se ressaisir du fonds d'exhiber le titre nul, puisqu'il établirait de cette façon le vice originel de la possession de son adversaire.

695. — Nous préférons la solution de M. Belime, car il n'est pas besoin d'être propriétaire pour agir en complainte, et comme il est interdit au juge de paix de porter ses investigations sur le fond du droit, il ne doit juger de la possession que par la possession: attribuer au juge de paix le droit de déclarer la possession vicieuse parce que le titre d'acquisition est nul en forme, ce serait autoriser le cumul que la loi proscrit. — Belime, nº 417.

696. — Supposons qu'au lieu d'une nullité de plein droit l'acte soit sujet seulement à une action en rescision; supposons que, dans ce cas, le vendeur actionne en trouble l'acheteur qui tente de se mettre en jouissance, et que celui-ci réplique en prétendant qu'on lui a vendu; *quid juris?* — S'il s'agit d'une nullité patente, le juge condamnera l'acheteur; s'il y a doute, il surseoira et renverra les parties au pétitoire pour faire vider la question préjudicielle. — Belime, nº 459.

697. — Dans tous les cas de résolution de contrat, et notamment dans le cas de *réméré*, le vendeur qui tenterait de se ressaisir de l'immeuble sans le consentement de l'acheteur pourrait être régulièrement traduit au possessoire. — Béline, nº 460.

698. — De quelque façon que ce soit que le juge de paix ait violé le principe qui prohibe le cumul du possessoire et du pétitoire, c'est par la voie de l'appel que l'on obtient la réformation de sa sentence. — Belime, nº 466.

699. — Sur quoi, dans ce cas, les juges d'appel devront-ils statuer? Lorsque le tribunal d'appel infirme la sentence d'un juge de paix pour avoir cumulé le possessoire et le pétitoire, il doit, au lieu de se borner à l'annuler pour cause d'incompétence, prononcer lui-même sur le possessoire. — *Cass.*, 17 août 1836 (t. 1er, 1837, p. 186), Crebassa et Mas c. Bayle.

700. — Mais le tribunal d'appel n'aurait pas le droit, en infirmant, de résoudre lui-même la question de propriété. — *Cass.*, 29 août 1836, Boussard c. Colinot. — V. Belime. nº 467. — Un arrêt de de *Cass.* du 14 février 1832, Ramiers c. Jolliniers, semble contraire à cette solution, mais il faut remarquer que, dans cette affaire, devant le tribunal saisi par appel, il n'avait plus été question d'action possessoire, mais simplement du point de savoir si l'une des parties avait creusé un ruisseau, et dans ce cas quel était son droit, appréciation rentrant dans les attributions exclusives du tribunal. — V. au surplus APPEL.

701. — En matière d'action possessoire, le jugement rendu sur l'appel qui infirme la sentence du juge de paix d'une part pour excès de pouvoir en ce qu'elle s'est occupée de la question de propriété, et d'autre part pour mal jugé au fond en ce que l'action possessoire aurait dû être écartée, ne peut être cassé par le motif qu'il contenait une erreur en ce qui concerne l'excès de pouvoir si la décision sur le fond n'est pas attaquée. — *Cass.*, 12 nov. 1828, Dupeyroux c. Maubert.

702. — Quelque important que soit le principe que le possessoire et le pétitoire ne peuvent être cumulés, rien ne nous paraît s'opposer à ce que les parties puissent y contrevenir d'un commun accord. En conséquence, nous pensons que deux propriétaires, par exemple, qui seraient en discussion au sujet d'une pièce de terre, pourraient valablement charger des arbitres de régler leur différend tant au possessoire qu'au pétitoire: « *Sicut partes de petitorio et possessorio simul transigere possunt, ità et compromittere etiam in arbitros.* » (Dumoulin, *Comm. ad tit. tertium consuet. Parisiensis*, nº 12). — Belime, nº 468.

703. — Jugé même que, quand, sur une action au possessoire, le défendeur ayant répondu qu'il avait la propriété de l'objet litigieux, le demandeur a nommé avec lui un arbitre pour statuer sur tous les points qui pouvaient les diviser, l'arbitre est alors investi du pouvoir de statuer sur le pétitoire comme sur le possessoire. — *Bordeaux*, 13 juill. 1830, Marchives c. Camus.

704. — Dans le cas de compromis, les arbitres ne sont pas tenus de statuer d'abord sur le possessoire et d'attendre, pour prononcer sur le pétitoire, que la sentence sur la possession ait été exécutée, con-

formément à l'art. 27, C. procéd. Ils peuvent, en conséquence, prononcer sur le tout par une même décision. — Belime, nº 469.

705. — Et même, s'il y a appel du jugement arbitral, le tribunal statue à la fois sur le possessoire et le pétitoire, sans qu'on puisse lui reprocher un cumul; car, dans ce cas, suivant l'opinion de Dumoulin, le juge à qui l'on défère la sentence a moins à statuer sur une contestation relative au possessoire et au pétitoire qu'à examiner si les arbitres ont bien accompli leur mission. — Dumoulin *ibid.*; Belime, nº 470.

Sect. 2e. — *De l'influence du possessoire sur le pétitoire.*

706. — On dit quelquefois que le possessoire est sans influence sur le pétitoire ; voici dans quel sens :

707. — La décision rendue au *possessoire* est sans influence sur le *pétitoire* ; ainsi les mêmes faits peuvent être considérés par le juge du possessoire comme prouvant une possession utile, et par le juge du pétitoire comme équivoques et sans portée. — *Cass.*, 25 janv. 1842 (t. 2 1842, p. 651), commune de Saint-Ouen c. Delavaud ; 31 juill. 1832, commune de Pressigny c. Pierrot.

708. — Le juge du pétitoire peut donc déclarer faux des faits que le juge de paix, en statuant sur le possessoire, a reconnus comme vrais. — *Nîmes*, 17 janv. 1812, Valladier c. Causse ; — Carré, *just. de paix*, t. 1er, p. 269, note 4e.

709. — Ainsi, un arrêt rendu au pétitoire ne peut pas violer l'autorité de la chose jugée par des sentences qui n'ont prononcé que sur le possessoire. — *Cass.*, 17 fév. 1809, Besnier c. Gauthier.

710. — Mais à part ce sens spécial, on peut dire que le possessoire a sur le pétitoire trois sortes d'influences : — 1º le possessoire déplace la preuve, puisque celui qui est en possession, étant réputé propriétaire, n'a plus aucune preuve à fournir ; — 2º il donne un droit de jouissance provisoire jusqu'au jugement sur le pétitoire ; 3º — enfin, il retarde le pétitoire, puisque l'action sur la propriété ne peut être intentée qu'après l'exécution du jugement au possessoire.

711. — Nous avons examiné les deux premiers points sous la sect. 1re du chap. 2. Quant à la préséance du possessoire sur le pétitoire, on peut l'envisager sous un double point de vue, soit en ce sens que, suivant l'art 27, C. procéd., le défendeur au possessoire ne peut se pourvoir au pétitoire qu'après que l'instance sur le possessoire est terminée ; soit en ce sens qu'avant d'être admise à entamer le pétitoire, la partie qui a succombé doit justifier qu'elle a satisfait à toutes les condamnations prononcées contre elle.

712. — Sur la première de ces règles que nous avons analysées plus haut (V. ch. 2, sect. 1re), il nous suffira d'ajouter : — 1º que le principe d'après lequel le possessoire doit suspendre le pétitoire est tellement absolu que les juges du pétitoire devraient surseoir si un tiers intervenait et formait la complainte contre les parties litigantes. — V. Belime, nos 336 et 474.

713. —... 2º Que ce principe ne s'applique qu'au défendeur, sauf le cas où le demandeur aurait reconventionnellement réclamé des dommages-intérêts pour cause de trouble de la part du demandeur. — Belime, nº 473. — Nous ne considérons même pas cette dernière circonstance comme constituant une exception, car, dans ce cas, le demandeur joue le rôle de défendeur.

714. — C'est avec cette distinction que nous admettons le principe de l'arrêt qui décide que, lorsque le désistement d'une action possessoire n'a pas été accepté par le défendeur, ou qu'il n'en a pas été donné acte par le juge, l'action possessoire n'a pas été vidée, et que conséquemment le demandeur est non-recevable à former une action pétitoire. — *Cass.*, 8 mars 1836, Pelletier c. Boudairon ; — Carré, *Lois de la procéd.*, sur l'art. 27 ; Bioche et Goujet, *Dict. de procéd.*, vº *Action possessoire*, nº 201 ; Aulanier, nº 245 ; Caron, *Principes des actions possess.*, nº 723. — V. aussi Levassour, *Manuel des justices des paix*, 3e édit., t. 1er, p. 82.

715. —... 3º Qu'encore que l'instance possessoire soit pendante, l'assignation au pétitoire n'est pas nulle. — Cette solution a de l'importance, puisqu'elle peut fournir un moyen d'empêcher qu'une prescription ne s'accomplisse *intrà moras judicii*. — On procédera, pour arriver à ce résultat, de même que pour l'application de l'art. 48 en matière de conciliation, c'est-à-dire que le tribunal refusera d'écouter le demandeur jusqu'à ce que le possessoire soit vidé, mais aussitôt qu'il aura été satisfait à la loi, l'affaire sera reprise sans nouvelle assignation. — Belime, nº 475.

716. — Reste à examiner la seconde des règles relatives à la préséance du possessoire sur le pétitoire.

717. — François Ier, dans son ordonnance d'Ys-sur-Tille, de l'année 1535, statue : « que la partie qui sera déchue du possessoire ne sera reçue à intenter le pétitoire que préalablement elle n'ait payé et satisfait les frais et dépens auxquels elle aura été condamnée à cause dudit possessoire. »

718. — Le Code de procédure (art. 27) ne parle que du *défendeur* qui a succombé. Carré (sur cet article) induit de là que le demandeur, dans le cas où il succomberait, ne serait pas entravé par l'art. 27 dans son action en revendication. — Nous croyons qu'en général son action pétitoire serait recevable, mais qu'il faudrait toutefois excepter le cas où il serait lui-même condamné à des dommages-intérêts par suite d'une demande reconventionnelle de son adversaire pour trouble. — Belime, nº 477. — Il peut, sous ce rapport, être considéré comme défendeur. — Guichard, *Quest. poss.*, p. 341 et 342. — V. cependant Aulanier, nº 270 ; Carou, nº 720.

719. — Du principe que les actes sous seing-privé n'ont de date à l'égard des tiers que par leur enregistrement, il résulte que les jugemens obtenus au possessoire contre le vendeur avant cet enregistrement sont opposables à l'acquéreur, et que dès-lors celui-ci doit les exécuter avant de se pourvoir au pétitoire sans pouvoir exciper d'une prétendue possession publique et *animo domini* antérieure à leur obtention. — *Cass.*, 30 nov. 1840 (t. 1er 1841, p. 58), Bavoux c. Roux, Moreau et Corby.

720. — L'exécution doit être pleine, réelle et sérieuse ; et celui-là n'est pas réputé avoir satisfait au jugement possessoire obtenu contre lui qui, après avoir opéré la destruction d'ouvrages ordonnée par le jugement, recommence une entreprise en tout semblable à la première. — En conséquence, l'action pétitoire par lui intentée ne doit pas être admise tant que les lieux ne sont pas remis par lui dans l'état prescrit par le jugement possessoire. — *Bourges*, 22 janv. 1839 (t. 2 1839, p. 19), Gilles c. Desbarres ; — Carou, *Act. possess.*, nº 721.

721. — Mais lorsqu'une action au possessoire et une action au pétitoire, bien que relatives au même fond, n'ont pas de rapport entre elles, la demande au pétitoire doit être admise sans que le demandeur justifie avoir exécuté les condamnations prononcées au possessoire. — *Toulouse*, 25 janv. 1825, Bilas c. Rolland de Saint-Rome ; — Bioche et Goujet, *Dict. de procéd.*, vº *Action possessoire*, nº 204.

722. — Jugé qu'une demande tendant à obtenir l'homologation et l'exécution d'un arpentage convenu entre les propriétaires d'un confin ne peut être considérée comme une action pétitoire. — Une partie peut donc former cette demande avant d'avoir pleinement satisfait aux condamnations prononcées contre elle, à l'occasion d'une action possessoire, fondée sur ce qu'avant la rédaction du procès-verbal d'arpentage, elle s'était mise en possession de la part qui lui était assignée. — *Metz*, 12 déc. 1825, Camion c. Arnould.

723. — La défense de se pourvoir au pétitoire est-elle aussi la défense de reprendre les poursuites d'un procès déjà pendant au pétitoire ? — Jugé dans le sens de la négative que l'art. 27, C. procéd. civ., qui ne permet pas à celui qui a succombé au possessoire de se pourvoir au pétitoire avant d'avoir exécuté les condamnations prononcées contre lui au possessoire, n'est pas applicable au cas de la reprise d'un procès autrefois pendant au pétitoire et demeuré suspendu pendant l'instance au possessoire. — *Riom*, 29 juin 1809, commune de Vic-sur-Allier c. Nathoy ; — Carré, *Just. de paix*, t. 1er, nº 130 ; Bioche et Goujet, vº *Action possessoire*, nº 203.

724. — Nous pensons, au contraire, que la prohibition de l'art. 27 s'applique aussi bien au cas de reprise d'instance qu'au cas d'introduction d'instance au pétitoire. — Poncet, *Des actions*, p. 144 ; Belime, nº 478 : « On doit, dit ce dernier auteur, repousser l'opinion de Carré, qui n'a pour elle que la lettre morte de la loi et qui va directement contre son esprit. »

725. — Lorsque la partie qui a obtenu les condamnations au possessoire est en retard de les faire liquider, le juge du pétitoire peut fixer pour cette liquidation un délai après lequel l'action au pétitoire sera reçue. — (C. procéd., art. 27.) — S'il en était autrement, la partie qui a obtenu gain de cause pourrait, en n'exigeant pas l'exécution des condamnations prononcées à son profit, paralyser indéfiniment les droits de propriété de son adversaire. — Rodier, sur l'ord. de 1667 ; Berriat, t. 1er, p. 112, note 24e ; Bioche et Goujet, vº *Action possessoire*, nº 202.

726. — C'est par ce motif qu'on a jugé que lorsque le demandeur au possessoire a laissé écouler vingt-deux ans sans poursuivre l'action possessoire qu'il avait formée, et qu'actionné au pétitoire par son adversaire, il a défendu au fond, il est non-recevable à opposer contre l'action pétitoire la nullité résultant de ce que l'action possessoire n'a pas été définitivement jugée. — C. procéd., art. 27 et 173 ; — *Bourges*, 7 fév. 1846, Pelletier c. Auclert et Magnart.

727. — Mais le retard dans la liquidation des dommages-intérêts, alors qu'aucun délai n'aurait été fixé par le tribunal, ne pourrait autoriser celui qui a succombé au possessoire à poursuivre sa demande au pétitoire, même en présentant une caution. — V. Belime, nº 479, qui fait remarquer qu'on aurait pu le soutenir sous l'ord. de 1667.

728. —... Ou en faisant cession des biens. — En effet, le seul effet de la cession de biens, aux termes de l'art. 1268, C. civ., est de procurer au débiteur la liberté de sa personne. — Charondas, liv. 6, *Rép.*, p. 165 ; Belime, nº 480.

729. — L'arrêt d'une cour royale qui annulle des jugemens qui ont prononcé sur la demande pétitoire avant d'avoir vidé la demande possessoire fait une juste application des principes. — Mais ces jugemens, vicieux en ce qu'ils confondaient deux actions essentiellement distinctes, étaient en dernier ressort et ne pouvaient être attaqués que par la voie du recours en cassation. En conséquence, doit être cassé l'arrêt de cour royale qui, au lieu de renvoyer l'arrêt devant d'autres juges pour être statué sur le possessoire, prononce l'annulation de ce jugement. — *Cass.*, 7 août 1833, Saigeot c. Pfleger.

730. — Un jugement qui maintient un particulier dans la possession d'un pied de terrain au-delà d'un fossé, et qui déclare par conséquent que ce fossé est tout entier sur le terrain de ce particulier, ne peut former un titre au pétitoire, et ne suffit pas pour détruire la présomption légale de la mitoyenneté du fossé. — C. civ., art. 666 et 1352 ; — *Bourges*, 26 mai 1825, Charlot c. Lerasle. — V. cependant Pardessus, *Tr. des Servit.*, nº 183, et Duranton, t. 5, nº 356.

V., au surplus, COURS D'EAU, INTERDIT (droit rom.), JUGE DE PAIX, PRESCRIPTION, PREUVE, SERMENT JUDICIAIRE ET EXTRAJUDICIAIRE, SERVITUDES, USUFRUIT.

ACTION PRÉJUDICIELLE.

V. QUESTION PRÉJUDICIELLE.

ACTION PRÉTORIENNE.

V. ACTION (droit romain).

ACTION PRINCIPALE.

V. DEMANDE.

ACTION PUBLIQUE.

Table alphabétique.

ACTION PUBLIQUE. — 1. — C'est l'action qui appartient à la société pour la punition des atteintes portées à l'ordre social. Son objet est l'application des peines. — Mangin, *Tr. de l'Act. publ.*, t. 1er, no 1er.

2. — Ainsi, l'action publique est la conséquence nécessaire de tout crime, de tout délit, de toute contravention. — Boitard, *Leçons de dr. crim.*, p. 261, édit. 2e.

3. — C'est en ce sens que le Code du 3 brum. an IV proclamait que « tout délit donne essentiellement lieu à une action publique. » — *Tit. préliminaire*, art. 4.

4. — Quoique les mots *action publique* soient pris, le plus souvent, comme synonymes d'*action criminelle*, cependant on les applique aussi aux actions en matière civile, exercées par le ministère public lorsqu'il agit d'office dans un intérêt d'ordre public.

5. — Ainsi, lorsque le procureur du roi provoque la nullité du mariage dans les cas prévus par les art. 184 et 191, C. civ., l'action qu'il exerce est une *action publique*. — Merlin, *Rép.*, vo *Mariage*, sect. 6e, § 3, no 3.

6. — Il en est de même notamment encore en cas d'absence ou d'interdiction, dans les cas prévus par les art. 113, 114 et 491, C. civ. — V. ABSENCE, ALIÉNÉS, INTERDICTION.

7. — C'est encore par action publique que le ministère public agit lorsqu'il provoque une décision disciplinaire. — L. 20 avr. 1810, art. 45 et 46; Merlin, *Rép.*, vo *Chambre des avoués*, no 3, p. 521, édit. 5e.

8. — Toutefois, l'action publique ne sera considérée ici que dans ses rapports avec le droit criminel : ce sera aux mots ACTES DE L'ÉTAT CIVIL, DISCIPLINE, INTERDICTION, MARIAGE, MINISTÈRE PUBLIC, que nous traiterons de l'action publique en tant qu'elle s'exerce en matière civile.

Sect. 1re. — *Historique.*

9. — Les lois pénales étant destinées à protéger, à maintenir le lien social en réprimant les faits qui portent atteinte au gouvernement établi, à la personne des citoyens ou à leurs propriétés, il est vrai de dire que l'action publique appartient à la société tout entière. — Mangin, *Act. publ.*, no 4.

10. — L'action publique appartient essentiellement au peuple, disait le Code du 3 brum. an IV, art. 5; mais elle n'a pas toujours été exercée de la même manière.

11. — Dans les anciennes républiques, les accusations étaient populaires, c'est-à-dire que la société n'avait point délégué à certains magistrats spéciaux le droit de poursuivre la répression des délits, et que tout citoyen pouvait se porter accusateur d'un délit public. — Prost de Royer, *Dict.*, vo *Accusation*, t. 2, p. 208 ; Meyer, *Instit. judic.*, t. 5, p. 279. — V. ACTION POPULAIRE.

12. — Godefroy a cru voir notre ministère public et des accusateurs en titre dans ces *questeurs du parricide* établis par la huitième loi des douze tables, mais il paraît que les fonctions de ces magistrats se bornaient à faire des enquêtes et à rechercher les crimes capitaux. — Prost de Royer, *loc. cit.*

13. — Quoiqu'il n'y eût pas à Rome d'accusateur en titre, on distinguait les *délits publics* des *délits privés*. Les premiers, comme les crimes de lèse-majesté, de meurtre, de faux, de péculat, d'adultère, etc., déclarés délits publics par la loi, étaient réellement populaires. L'action contre les seconds n'était permise qu'à ceux qui en avaient éprouvé un dommage. — Mangin, no 5 ; L. 4, ff., *De popularib. judic.*; *Instit.*, § 1er, *De publicis judiciis*; Prost de Royer, *Dict.*, vo *Accusation*, t. 2, p. 207; Lesellyer, t. 1er, no 318.

14. — C'est ce qui avait lieu, par exemple, pour le cas de vol ; l'action répressive n'appartenait qu'à la personne qui avait souffert du délit. — *Instit.*, liv. 4, tit. 1er.

15. — Les inconvéniens de ce pouvoir accordé à chaque citoyen ne tardèrent pas à se faire sentir sous l'empire. — V. ACTION POPULAIRE, no 7.

16. — Déjà, sous la république, on avait cherché à créer des garanties, soit au profit de la société, soit au profit des accusés ; ainsi on faisait prêter serment à l'accusateur de ne point abandonner l'accusation. La loi voulait, en outre, qu'il gardât prison pendant l'instance, et qu'il donnât caution de persister dans l'accusation jusqu'au jugement. Mais ces précautions et celles qu'on y ajouta furent vaines.

17. — Lorsque l'empire romain eut fait place aux conquérans barbares, l'action publique dut à peu près cesser d'exister. Presque tous les crimes s'expiant par des compositions, c'est-à-dire par des sommes pécuniaires que le coupable donnait à l'offensé ou à sa famille, il n'existait plus, à proprement parler, qu'une action civile. — Loi salique, tit. 43, art. 1er; Schenck, *Tr. sur le min. publ.*, t. 1er, p. 9.

18. — C'est aux premiers temps de la monarchie qu'il faut faire remonter l'origine du ministère public, et la remise exclusive à ce fonctionnaire de l'exercice de l'action publique. Il semblerait qu'un magistrat, d'abord établi près des tribunaux sous le nom de défenseur du fisc, dont il devait principalement surveiller les intérêts, se trouva, par une suite naturelle de l'extension donnée à ses fonctions, et probablement aussi par une conséquence des besoins sociaux, exclusivement chargé de l'exercice de l'action publique. — Schenck, *Tr. du min. publ.*, t. 1er, p. 10 et suiv.

19. — Cette institution subit, en France, de nombreuses modifications, depuis l'origine de la monarchie jusqu'à nos jours. — Henrion de Pansey, *Autorité judiciaire*, chap. 14. — V. MINISTÈRE PUBLIC.

20. — Elle a fini par devenir une institution fondamentale. « Nous avons aujourd'hui, dit Montesquieu (*Esprit des lois*, liv. 6, chap. 8), une » loi admirable, c'est celle qui veut que le prince » établi pour faire exécuter les lois, prépose un » officier dans chaque tribunal pour poursuivre, » en son nom, tous les crimes. » — Lesellyer, *Tr. des act. publ. et privées*, t. 1er, p. 520, no 318.

21. — On est surpris, dit Garat, qu'une si belle institution soit sortie du sein de la barbarie des gouvernemens modernes. — Garat, *Rép.* de Merlin, vo *Ministère public*.

22. — Comme à Rome, on distinguait en France les délits publics des délits privés. Ces derniers ne pouvaient être poursuivis que par les parties offensées. — Ord. 1670, tit. 25, art. 19 ; — Morin, *Dict. dr. crim.*, vo *Action publique*, p. 37.

23. — Les délits publics que le procureur du roi

et des seigneurs devait poursuivre d'office étaient ceux qui entraînaient peine capitale ou peine afflictive. — Même ordonnance, même article.

24. — Mais la mesure des peines n'étant souvent déterminée que par la jurisprudence des parlemens et l'opinion des criminalistes, il en résultait une grande incertitude sur les délits qui étaient publics et sur ceux qui étaient privés. — Mangin, n° 7.

25. — De plus, la délégation de l'action publique n'était pas si exclusive que les parties lésées ne participassent à son exercice. On tenait pour constant, comme aujourd'hui, qu'au ministère public seul appartenait de requérir l'application des peines; mais lorsque le plaignant se constituait partie civile, il pouvait obliger le ministère public de joindre son action à la sienne. — Mangin, *Action publique*, n° 8.

26. — Dans le cas de jonction de la partie publique à la partie civile, celle-ci était toujours préférée à la partie publique pour la poursuite de l'accusation. « Elle est aussi nommée, dit Jousse (*Justice criminelle*, t. 3, p. 71), dans tous les actes de la procédure, et ces actes se font sous son nom et à sa requête; le procureur du roi ou fiscal est seulement joint aux qualités. » — V. ACTION CIVILE.

27. — En Angleterre, on retrouve encore quelques traces du système du droit romain, mais seulement en ce qui concerne la procédure criminelle. — Chaque partie lésée par un délit, quel qu'il soit, peut en poursuivre en son nom la réparation, non pas seulement la réparation civile et pécuniaire, mais la réparation pénale, car elle peut exiger que, sur sa réquisition, les poursuites criminelles soient commencées et conduites jusqu'à leur terme. Aussi n'est-ce que dans des cas fort rares que l'action publique vient se substituer à l'action pénale privée. — Boitard, *Leçons sur le C. inst. crim.*, p. 264.

28. — On a vu comment était réglé, sous l'ancienne législation, l'exercice de l'action publique. La révolution française, en bouleversant l'ordre judiciaire, respecta l'institution du ministère public. On comprit même, à cette époque de renouvellement social, que la société devait faire poursuivre en son nom, et par des mandataires de son choix exclusivement, la répression des délits.

29. — Sous l'empire du décret des 16-29 sept. 1791, la poursuite des crimes et délits fut remise : 1° à des juges de paix nommés par le peuple, chargés de recevoir les plaintes, de constater les faits, d'entendre les témoins et de faire arrêter les prévenus.

30. — ... 2° A des accusateurs publics également nommés par le peuple, chargés de soutenir, devant les tribunaux criminels, les accusations admises par le jury, chargés, en outre de surveiller les officiers de police de leurs départemens. — V. ACCUSATEUR PUBLIC.

31. — ... 3° Enfin à des commissaires du roi, nommés par le roi, simplement chargés d'assister aux débats, de requérir l'application de la loi d'après les déclarations du jury, et de faire exécuter les jugemens. — V. COMMISSAIRES DU ROI.

32. — Ces derniers magistrats, qui n'étaient réellement dans ce système de défiance contre l'administration de la justice qu'une superfétation, furent supprimés par un décret des 20-22 oct. 1792, qui réunit leurs fonctions à celles d'accusateur public. — Cependant les conseils de guerre ont encore des *commissaires* qui n'ont d'autre mission que de requérir l'application de la loi et de faire exécuter le jugement. — V. CONSEIL DE GUERRE.

33. — Rétablis sous le nom de commissaires du pouvoir exécutif par la constitution du 5 fruct. an V, il sont restés seuls chargés de l'action publique par suite de l'attribution qui leur fut faite depuis et définitivement des fonctions des accusateurs publics, supprimés par la constitution du 22 frim. an VIII. — V ACCUSATEUR PUBLIC, COMMISSAIRE DU ROI.

34. — Ce Code, entre autres améliorations notables, distingua soigneusement l'action publique de l'action civile, et ne permit l'exercice de la première qu'aux fonctionnaires spécialement établis à cet effet. — Code 3 brum. an IV, art. 5 et 6; — Lesellyer, *Trait. des act. publiq. et priv.*, t. 1er, p. 10, n° 6.

35. — A la vérité, il admet encore les parties civiles à concourir à l'acte d'accusation (art. 226 et 227); mais l'initiative appartenait au magistrat. — V. ACTE D'ACCUSATION, ACTION CIVILE.

36. — Enfin, par son art. 4, il fit disparaître toute distinction entre les délits privés et les délits publics.

37. — Le gouvernement consulaire ayant succédé au directoire, l'action publique fut déléguée au chef de l'état, qui l'exerça par des officiers de son choix. Les art. 41 et 63 de la constitution du 22 frim. an VIII portent que le premier consul nomme les commissaires du gouvernement près les tribunaux, et que ces magistrats remplissent les fonctions d'accusateur public.

38. — Le sénatus-consulte du 28 flor. an XII confirma ces règles, en établissant que la justice se rendait au nom de l'empereur par les officiers qu'il instituait. — Art. 1er.

39. — Le Code d'instruction criminelle qui nous régit et que la charte a confirmé a été promulgué sous l'empire du sénatus-consulte organique du 28 floréal an XII. — V. MINISTÈRE PUBLIC.

Sect. 2e. — *Nature et objet de l'action publique.*

40. — L'action publique diffère de l'action civile d'abord quant à son objet ; en effet, elle tend essentiellement à l'application de la peine : l'action civile, au contraire, a uniquement pour objet la réparation du dommage causé par le délit à des intérêts privés. — Mangin, *ibid.* — V. ACTION CIVILE.

41. — Les deux actions diffèrent également, soit par les personnes auxquelles est accordé le droit de les exercer, soit par les tribunaux devant lesquels elles sont ou peuvent être portées, soit par les personnes contre lesquelles on peut les former, soit par leur durée. — Boitard, *Leçons*, p. 261 et suiv.

42. — L'influence réciproque du civil sur le criminel, fait naître de nombreuses et délicates questions, dont quelques-unes sont examinées au mot *action civile*. — V. aussi CHOSE JUGÉE, QUESTION PRÉJUDICIELLE.

43. — L'action publique et l'action civile sont en principe, et hors les cas d'exception qui résultent expressément de la loi, indépendantes l'une de l'autre. Aussi l'extinction de l'une n'entraîne-t-elle pas l'extinction de l'autre, quoique dans certains cas elle puisse modifier les règles de compétence qui lui sont propres. — V. *infrà* nos 152 et suiv.

44. — L'action publique ayant pour objet l'application des peines ne peut être exercée qu'à raison d'un fait expressément prévu et puni par la loi pénale. — C. inst. crim., art 364.

45. — Ainsi, il ne suffirait pas que des faits fussent immoraux pour que l'action publique pût les atteindre, il faudrait encore que la loi les eût défendus et punis.

46. — Tous les délits peuvent être poursuivis d'office par le ministère public, à moins qu'il n'existe une disposition de loi expresse qui le lui défende. — V. *suprà* n° 152.

47. — Mais il est bon de remarquer que le ministère public n'use pas, dans tous les cas, de ce pouvoir. La poursuite des délits sans importance pour l'ordre public grèverait le trésor, sans utilité, de frais considérables : les circulaires ministérielles recommandent à cet égard une prudente réserve aux officiers du ministère public. — Circul. min. just., 16 août 1842; — Legraverend, t. 1er, p. 20; Massabiau, *Manuel du procureur du roi*, n° 1225; Bérenger, *Just. crim.*, p. 278.

48. — Ainsi, le ministère public ne doit pas multiplier les informations et les poursuites d'office sur des plaintes légères ou insignifiantes qui n'ont souvent d'autre but que de satisfaire des passions ou des haines particulières, des intérêts de vanité ou d'amour-propre, ou de procurer, aux dépens de l'état et sans aucune espèce d'utilité pour l'ordre social, la réparation de quelque tort léger qu'un individu aurait éprouvé. — Circul. minist. 8 mars 1817 et 20 nov. 1829; — Massabiau, n° 1225; Morin, *Dict. dr. crim.*, v° *Action publique*, p. 38.

49. — Le droit de citation directe confié aux parties elles-mêmes pare suffisamment à cet inconvénient. Il est vrai qu'il existe quelques délits, tel que celui d'*usure*, contre lesquels la jurisprudence ne permet pas que les parties lésées par le délit puissent se porter parties civiles; mais le nombre en est trop faible pour qu'il puisse être sérieusement pris en considération. Les parties d'ailleurs ont toujours le droit, même dans ce cas, de demander aux tribunaux civils la réparation du dommage qu'elles ont éprouvé.

50. — Enfin, lorsqu'il s'agit de crimes et que le ministère public ne croit pas les indices suffisans pour courir les chances d'une poursuite, les parties civiles peuvent, en consignant et en couvrant ainsi à l'avance le trésor des frais d'une poursuite sans résultat, obtenir plus aisément qu'une instruction soit commencée. — V. ACTION CIVILE.

51. — Mais le fait que le plaignant se porte partie civile, et même l'offre de consigner telle somme que le ministère public jugera convenable, ne suffisent pas pour contraindre ce dernier à poursuivre. Il jouit à cet égard de la plus complète indépendance. — C. inst. crim., art 1er; Mangin, t. 1er, nos 15 et suiv. — V. *contrà* Carnot, *Inst. crim.*, art. 61, n° 3, art. 63, n° 8, *Obs. addit.*, n° 1er et suiv., et Bourguignon, *Jurispr. du Code crim.*, t. 1er, p. 166. — V. aussi art. 47, 64, 66, 67, 68 et 69, C. inst. crim.; et 160, décr. 18 juin 1811.

52. — Rien ne serait plus fâcheux que le système contraire. Il en résulterait, en effet, que le ministère public serait dans la dépendance du premier venu et obligé de faire commencer une instruction sur les plaintes souvent les plus mal fondées. — *Cass.*, 10 messid. an XII (intérêt de la loi), Bergeret; 8 déc. 1826 (intérêt de la loi), Calmette et Laborde.

53. — La partie lésée a sans doute le droit de se plaindre au procureur général et au ministre de la justice du refus du procureur du roi d'avoir égard à sa dénonciation, mais si ces fonctionnaires eux-mêmes approuvent le refus, et si le fait constitue un crime, il n'existe pour elle aucun moyen de faire que les tribunaux soient saisis de l'action publique. — V. aussi *infrà* sect. 3e n° 54.

Sect. 3e — *Qui peut exercer l'action publique.*

54. — Aux termes de l'art. 1er, C. inst. crim., l'action pour l'application des peines n'appartient qu'aux fonctionnaires auxquels elle est conférée par la loi. — Décr. 30 mars 1808, art. 79, et L. 20 avr. 1810, art. 45

55. — Mais quels sont ces fonctionnaires? L'art. 45 L. 20 avr. 1810, organique des cours royales, répond à cette question; il porte : « Les procureurs » généraux exerceront l'action de la justice criminelle dans l'étendue de leur ressort. »

56. — Les parties lésées par le délit ne participent nullement à son exercice.

57. — Les procureurs généraux ne sont pas les seuls fonctionnaires auxquels appartienne l'action publique ; elle peut être exercée encore 1° par les substituts du procureur général et avocats généraux attachés à son parquet. — C. inst. crim., art. 253, 272, 273, 284, 287, 288, 375.

58. — 2° Par les procureurs du roi ou leurs substituts devant les tribunaux correctionnels, et, dans certains cas, devant la cour d'assises. — Même Code, art. 182, 202.

59. — 3° Par les commissaires de police, et, en cas d'empêchement, par les maires et adjoints, devant les tribunaux de simple police. — C. inst. crim., art. 144.

60. — 4° Par l'adjoint du maire, ou, à son défaut, par un membre du conseil municipal, lorsque le tribunal de police est tenu par le maire. — C. inst. crim., art. 167.

61. — Tous ces fonctionaires sont nommés par le roi, auquel est dévolu le pouvoir exécutif. — V. MINISTÈRE PUBLIC.

62. — Il est naturel, en effet, que le chef de l'état veille par ses agens à l'exécution des lois et poursuive la répression des infractions à l'ordre public qu'il est chargé de maintenir.

63. — Dans l'ancien droit on tenait pour maxime que *tout juge est officier du ministère public*. — Jousse, *Justice crim.*, t. 3, p. 66. nos 149 et 150; d'Aguesseau, *OEuvres*, t. 10, p. 31, lettre 25.

64. — Mais cette maxime ne peut plus avoir cours aujourd'hui, elle est contraire aux dispositions du C. d'inst. crim. — Lesellyer, t. 1er, p. 533, n° 326; Merlin, *Rép.*, v° *Tribunal de police*, sect. 2e, § 8; Mangin, *Act. publ.*, n° 88.

65. — Toutefois, il est remarquable que les procureurs généraux chargés d'exercer l'action publique dans l'étendue de leur ressort, sont placés, à cet égard même, sous la direction, ou dans la dépendance des cours royales, qui peuvent d'office, et quand elles le jugent convenable, ordonner des poursuites criminelles ou évoquer des poursuites commencées. — C. inst. crim, art. 235 ; L. 20 avr. 1810, art. 11 ; — Ortolan et Ledeau, *Traité du ministère public*, n° 37.

66. — Ce droit n'appartient néanmoins qu'à la chambre d'accusation ou aux chambres réunies de la cour, et non aux autres chambres individuellement. — Massabiau, *Manuel du procureur du roi*, n° 1217.

67. — Ainsi, la chambre des appels de police correctionnelle d'une cour royale commet un excès de pouvoir en ordonnant au ministère public de mettre un individu en cause. — *Cass*, 27 nov, 1828, Porcq; 8 déc. 1826 (intérêt de la loi), Laborde.

68. — Il n'est pas permis à d'autres juges ou tribunaux d'enjoindre au ministère public de mander devant eux ou de poursuivre qui que ce soit. — *Cass.*, 8 déc. 1826 (intérêt de la loi), Calmette ; 27 nov. 1828, Porcq ; 24 avr. 1834, Quervanvilliers. — V. MINISTÈRE PUBLIC.

69. — Les tribunaux devront, lorsqu'un délit ar-

rive à leur connaissance, en donner avis au procureur du roi. — C. inst. crim., art. 29.

70. — Il est un cas néanmoins où les tribunaux peuvent juger sans provocation du ministère public. C'est celui où il s'agit des crimes ou délits qui se commettent à leurs audiences. Dans cette hypothèse, ils sont saisis comme s'il y avait eu citation directe, et ils appliquent la peine sur les conclusions du ministère public. — C. inst. crim., art. 504 et suiv. — V. DÉLIT D'AUDIENCE.

71. — Ajoutons que lorsque la cour de Cassation aperçoit dans une procédure criminelle des traces d'un délit qui n'a pas été poursuivi, elle peut ordonner que ce délit sera, à la diligence du procureur général, dénoncé d'office à l'officier de police judiciaire chargé par la loi d'en faire la recherche.

72. — Le ministre de la justice a, sur les procureurs généraux et procureurs du roi, un droit de surveillance et une certaine suprématie; mais il n'a pas la direction de l'action publique pour la répression des crimes et délits : ce sont les cours royales que la loi a investies de ce droit. — *Cass.*, 22 déc. 1827, Beuret et Cadot c. Marcadier.

73. — En conséquence, un procureur général ne peut pas être déclaré non-recevable dans son action publique, sous le prétexte que le ministre ne l'avait autorisé qu'à exercer l'action disciplinaire. — Même arrêt. — Mangin, t. 1er, p. 175, no 91.

74. — Ainsi, les art. 9 et 135, C. inst. crim., et l'art. 11, L. 20 avr. 1810, préviennent les abus auxquels pourrait donner lieu la trop grande influence du ministre, en plaçant la police judiciaire sous l'autorité des cours royales, et en les autorisant à enjoindre au procureur général d'exercer des poursuites sur les dénonciations ou plaintes qui leur sont faites par un de leurs membres. — Mangin, t. 1er, p. 178, no 91.

75. — L'action publique appartenant au ministère public seul, il ne peut, sauf le cas où la cour lui enjoint de poursuivre, être forcé d'agir. Ainsi, il peut ne tenir aucun compte des plaintes déposées entre ses mains, même quand ces plaintes seraient accompagnées d'une offre de consignation. Le système contraire mettrait évidemment l'action publique dans les mains des particuliers, qui pourraient en abuser. — *Cass.*, 8 déc. 1826, Calmette et Laborde; — Mangin, t. 1er, no 17; Parant, *Lois de la presse*, p. 221, § 4; de Grattier, *Comm. sur les lois de la Presse*, t. 1er, p. 307, no 7, et Chassan, t. 2, p. 13, no 10.

76. — Si le ministère public ne poursuivait pas par négligence ou connivence, il y aurait lieu d'abord à une réprimande de la part de ses supérieurs, et, suivant la gravité des faits, à suspension, destitution ou prise à partie. — Schenck, *Minist. publ.*, t. 2, p. 10; Massabiau, *Manuel*, no 1219.

77. — Cependant, il existe quelques exceptions, soit en ce qui concerne plusieurs administrations publiques, soit à l'égard de quelques délits à raison desquels la loi autorise la partie lésée à traduire directement le coupable devant le tribunal correctionnel. — V. *infrà* nos 217 et suiv. — V. aussi MINISTÈRE PUBLIC.

78. — Les parties lésées par une contravention ou par un délit ont le droit de citer directement l'auteur de la contravention ou du délit et les personnes civilement responsables devant les tribunaux de simple police ou de police correctionnelle pour obtenir de ces tribunaux des dommages-intérêts. — C. inst. crim., art. 145-182. — V. ACTION CIVILE, PARTIE CIVILE.

79. — Il ne faut pas conclure de là que la partie civile puisse exercer l'action publique. La citation directe saisit le tribunal de la double action, mais la partie civile ne peut que démontrer la culpabilité du prévenu pour établir la compétence du tribunal et son propre droit à des dommages-intérêts; elle ne peut pas requérir contre le prévenu l'application de la loi pénale.

80. — Jugé cependant qu'un maître de poste a qualité pour appeler, sans le secours du ministère public, d'un jugement correctionnel qui, sur sa poursuite, a refusé de prononcer l'amende établie contre les entrepreneurs de voitures publiques qui n'emploient pas les chevaux de poste. — *Cass.*, 12 août 1837 (t. 2 1837, p. 281), Lemaire. — Cette solution n'implique aucune contradiction avec la proposition précédente; l'intérêt du maître de poste vient, dans cette espèce, de ce que la loi lui attribue partie des amendes prononcées contre les contrevenans. Elles ont donc un caractère civil plutôt que pénal.

81. — Le droit de requérir l'application de la peine n'appartient qu'au ministère public. Mais, comme le tribunal est saisi de l'action publique, il a le droit, nonobstant l'abandon de la prévention par le ministère public, de déclarer le prévenu coupable et de prononcer des peines contre lui. — V. *infrà*, no 99.

82. — La citation directe saisissant le tribunal de l'action publique et de l'action civile, et la partie civile n'ayant de pouvoir que quant à la dernière de ces deux actions, il en résulte que, nonobstant son désistement, le tribunal saisi par la citation publique peut, s'il trouve cette action suffisamment fondée, appliquer au prévenu les peines portées par la loi. Dans l'usage, lorsque le demandeur se désiste, le tribunal ne fait pas de difficulté d'acquitter le prévenu; mais rien n'empêcherait, si le délit paraissait suffisamment grave, que le tribunal en retînt la connaissance.

83. — Jugé, d'après ce principe, que le faux commis par un notaire dans l'exercice de ses fonctions peut être poursuivi par le ministère public, encore bien que les intéressés ne se soient ni portés parties civiles ni dénonciateurs, et qu'ils aient même renoncé à leur action civile. — *Cass.*, 2 août 1821, Peretti.

84. — Le ministère public peut poursuivre d'office les infractions aux lois de la librairie, toutes les fois qu'elles constituent un crime ou un délit. Il n'a pas besoin pour cela d'être muni d'une dénonciation émanée du directeur de la librairie. — *Cass.*, 29 mars 1827, Goujon.

85. — Il est bon de remarquer aussi que la citation donnée à la requête de la partie civile est un moyen exceptionnel de saisir le tribunal de l'action publique. D'où il suit que si le procureur du roi avait, antérieurement à la citation, saisi le juge d'instruction de la connaissance du délit, le tribunal devrait annuler la citation donnée à la requête de la partie civile, et attendre la décision de la chambre du conseil.

86. — Même dans les cas où l'action est réellement exercée par le ministère public, la loi subordonne quelquefois cet exercice à certaines conditions, et, par exemple, à la plainte de la partie lésée. — V. *infrà* sect. 5e, § 1er.

87. — La poursuite terminée, et l'affaire portée à l'audience, le magistrat du ministère public ne relève plus que de sa conscience pour les conclusions qu'il croit devoir prendre après avoir assisté aux débats. — Merlin, *Quest. de droit*, vo *Ministère public*, no 5; Berriat Saint-Prix, *Droit crim.*, p. 24; Massabiau, *Manuel*, no 1220.

88. — Le ministère public ne peut pas être récusé en matière criminelle; mais s'il croit, par des motifs de délicatesse, devoir s'abstenir, il le peut en se faisant remplacer. Les juges n'ont pas à statuer sur cette détermination, dont les motifs peuvent demeurer secrets. — *Cass.*, 28 janv. 1830, Pagru; — Massabiau, t. 2, no 1219. — V. MINISTÈRE PUBLIC, RÉCUSATION.

89. — Si le dépôt d'une plainte ne suffit pas pour forcer le ministère public à poursuivre un crime ou un délit, le défaut de plainte ou de dénonciation ne suffit pas non plus pour paralyser son action. Il peut agir, soit sur la clameur publique, soit par suite de renseignemens connus de lui seul, et sous sa responsabilité, et malgré le désistement des plaignans.

90. — En matière de grand criminel, l'irrégularité ou le désaveu de la plainte sur laquelle le ministère public a exercé ses poursuites ne peuvent en aucune manière entraver l'exercice de son action. — *Cass.*, 9 janv. 1808, Cornu, Bellard et de Sineff.

91. — Le ministère public a toujours le droit d'exercer l'action publique à raison d'un délit, malgré le jugement intervenu sur l'action civile, sans qu'il ait été fait des réserves de sa part, ou qu'elles aient été ordonnées d'office par le tribunal. — *Metz*, 26 mars 1821, Peiffer. — V. NON BIS IN IDEM.

92. L'arrêt qui a déclaré la partie civile déchue du droit d'exercer son action contre le prévenu ne peut être un obstacle à l'exercice de l'action du ministère public. — Ainsi, lorsqu'un arrêté de l'administration locale (de Pondichéry) a disposé que l'action en répression de la fraude en matière de contributions indirectes pourrait être exercée dans un délai déterminé par le domaine ou par le ministère public, l'appel interjeté par le procureur général dans le délai de l'art. 203, C. inst. crim., mais après que l'appel interjeté par le fermier du domaine a été déclaré nul, n'a pu être déclaré non-recevable, par le motif, soit que l'arrêté local n'aurait pas autorisé l'action *successive* de la partie civile et du ministère public, soit que, vu la maxime *Non bis in idem*, l'action du domaine aurait épuisé le droit d'appel. — *Cass.*, 3 fév. 1844 (t. 1er 1844, p. 584), Vindegakichenin.

93. — Lorsque la partie civile renonce, à l'audience, à un chef de sa demande, sa renonciation est valable et produit immédiatement son effet en ce qui la concerne; mais le ministère public peut, nonobstant cette renonciation, se prévaloir du chef abandonné, et demander que le tribunal se déclare incompétent pour en connaître. — En pareil cas, le tribunal ne peut se dispenser de statuer sur le déclinatoire ainsi que sur le chef relevé, sous prétexte du désistement de la partie civile. — *Nancy*, 16 nov. 1842 (t. 1er 1843, p. 268), Lepetit c. Florentin.

94. — Dans les matière spéciales comme dans les matières ordinaires, le ministère public peut poursuivre d'office les délits sans avoir reçu l'impulsion de la part des agens des administrations par des procès-verbaux préalables. — Il en est ainsi en particulier dans les contraventions aux lois sur la garantie des matières d'or et d'argent. — L. 19 brum. an VI, art. 101 et 102; *Metz*, 28 mai 1821, Groff; 9 juill. 1821, Saquot. — V. cependant nos 234 et suiv.

95. — Le droit de poursuivre d'office les crimes et les délits ne pouvant être modifié que par une disposition expresse de la loi, le ministère public a qualité pour poursuivre d'office les délits ruraux prévus par la loi des 28 sept.-6 oct. 1791. — *Cass.*, 31 oct. 1822, Moreau; — Mangin, no 161. — V. *contrà Cass.*, 23 janv. 1813, Soppe; — Legraverend, t. 1er, p. 53.

96. — Il en est de même en matière de contravention de police; ainsi, celui qui a conduit une charrue attelée de deux chevaux à travers un champ emblavé ne peut pas être renvoyé de la poursuite du ministère public, sous le prétexte que le fait n'intéresse pas l'ordre public et qu'il n'y a lieu qu'à l'action civile de la part du propriétaire du champ. — *Cass.*, 11 juin 1813, Pichin; — Mangin, *Action publique*, nos 16 et 161.

97. — Les juges ne peuvent sans déni de justice refuser de faire droit sur l'action publique intentée au nom du gouvernement ni dispenser les délinquans des peines applicables aux délits reconnus. — *Cass.*, 20 prair. an XI, Croze.

98. — En conséquence, un tribunal ne peut se dispenser d'appliquer la peine voulue par la loi à un individu trouvé détenteur d'effets militaires qu'il s'est procurés par des achats prohibés, sur le motif de l'existence d'une circulaire par laquelle un ministre a affranchi des poursuites les détenteurs d'effets militaires qui en feraient la déclaration dans un délai non encore expiré. — *Cass.*, 28 juill. 1814, Gérard; — Mangin, t. 2, no 447; Toullier, t. 1er, no 56; Carnot, *C. inst. crim.*, art. 413.

99. — D'un autre côté, si les tribunaux sont sans pouvoir pour contraindre le ministère public à les saisir de la connaissance d'un délit, l'action leur est entièrement soumise dès qu'ils en ont été saisis. L'opinion du ministère public ne les lie pas, et son refus de requérir l'application d'une peine ne les empêche pas de la prononcer. — *Cass.*, 14 pluv. an XII, Cuesne c. Maréchal; 27 juin 1811, Brissac; 29 fév. 1828, Petit; — Merlin, *Quest. de droit*, vo *Ministère public*, § 5; Schenck, *Ministère public*, t. 2, p. 16. — V. *suprà* no 82.

100. — Le procureur général, ainsi qu'il a été dit (*suprà* nos 55 et suiv.), exerce l'action publique, soit par lui-même, soit par ses substituts, avocats généraux, substituts du procureur général, procureur du roi ou leurs substituts, commissaires de police, maires, adjoints ou conseillers municipaux chargés des fonctions du ministère public près les tribunaux de simple police et de police municipale. — V. AVOCAT GÉNÉRAL, MINISTÈRE PUBLIC, PROCUREUR DU ROI, SUBSTITUT, TRIBUNAL DE SIMPLE POLICE, TRIBUNAL DE POLICE MUNICIPALE.

101. — Les procureurs du roi n'ont l'action publique que pour poursuivre devant le tribunal auquel ils sont attachés, et encore sont-ils obligés d'obéir aux ordres du procureur général, entre les mains de qui est concentrée l'action judiciaire dans tout le ressort. — C. inst. crim., art. 274; L. 20 avr. 1810, art. 45 et 47; décr. 6 juill. 1810, art. 42; — Massabiau, *Manuel*, no 1220.

102. — L'art. 45, L. 20 avr. 1810, qui confère aux procureurs généraux l'action de la justice criminelle dans l'étendue de leur ressort, s'applique à la poursuite des délits comme à celle des crimes. — *Cass.*, 14 mars 1817, Poitevin; 1er juill. 1813, Mausservey.

103. — En conséquence, les procureurs généraux ont la faculté d'appeler de leur propre chef des jugemens de police correctionnelle rendus dans l'étendue de leur ressort, lors même que l'appel devrait être porté au tribunal d'un chef-lieu de département et non à la cour impériale. — *Cass.*, 1er juill. 1813, Mausservey; — Merlin, *Rép.*, vo *Appel*, sect. 2e, § 8 *bis*; Bourguignon, *Jurisprud. des Codes crim.*, sur l'art. 205, C. inst. crim., t. 1er, p. 469, no 3; Legraverend, t. 2, chap. 4, sect. 4e, p. 399, et Mangin, *Traité de l'action publique*, t. 1er, p. 168, no 87.

104. — Le procureur du roi et le procureur gé-

néral ont également le droit d'interjeter appel des jugemens rendus par les tribunaux de police correctionnelle.—C. inst. crim., art. 202.—V. APPEL CRIMINEL.

105.—Lorsque plusieurs magistrats appartenant à des tribunaux différens ont dirigé des poursuites à raison du même délit, la préférence doit être accordée à ceux qui ont les premiers décerné mandat d'amener.—Bourguignon, sur l'art. 23, C. inst. crim.—V. COMPÉTENCE CRIMINELLE.

106.—Sont également compétens pour exercer l'action publique, le procureur du roi du lieu du crime ou du délit, celui de la résidence du prévenu, et celui du lieu où il a été trouvé. — C. inst. crim., art. 23.

107.—Le ministère public, investi par la loi de l'exercice de l'action publique, peut former opposition à l'ordonnance de mise en liberté rendue par la chambre du conseil.—C. inst. crim., art. 135 et 199.

108.—On doit bien se convaincre de ce principe que l'appel interjeté par une partie seulement ne profite qu'à elle, et qu'ainsi, sur l'appel interjeté par la partie civile, la cour ne peut augmenter ni diminuer la peine, pas plus qu'elle ne peut, sur l'appel de la partie publique, augmenter ou diminuer les dommages-intérêts.

109.—Toutefois, la partie publique se trouve dans une position un peu différente du prévenu. Sur l'appel interjeté par le prévenu seulement, la cour ne peut que diminuer la peine ou l'en décharger entièrement, elle ne peut l'aggraver. Lorsqu'au contraire le ministère public a interjeté appel d'une manière illimitée, la cour peut aussi bien abaisser la peine que l'élever. Le ministère public, en effet, représentant de la société, a aussi bien qualité pour requérir la diminution que pour requérir l'aggravation des peines. — *Paris*, 9 nov. 1829, Mouton; *Cass.*, 12 nov. 1835, Issenmann.

110.—Lorsque l'appel interjeté par le ministère public est déterminé et qu'il a été formellement exprimé par l'acte d'appel que le ministère public appelle *à minimâ* ou *ad mitiorem*, la cour peut-elle dans le premier cas augmenter et, dans le second, diminuer la peine? — V. APPEL CORRECTIONNEL, MINISTÈRE PUBLIC.

111.—On doit même décider que les différens représentans du ministère public ne sont pas liés par les actes l'un de l'autre. En d'autres termes, si le procureur du roi a acquiescé à un jugement du tribunal de police correctionnelle en l'exécutant ou le faisant exécuter, ce magistrat peut se trouver lié (*Cass.*, 2 flor. an X, Vivians); mais le procureur général n'en conserve pas moins le droit d'appeler *à minimâ* ou de se pourvoir en cassation contre ce jugement. — *Cass.*, 15 déc. 1814, Courbalet; 17 juin 1819, Bathe; 16 janv. 1824, Ferry.

112.—*A fortiori*, lorsqu'il y a eu renvoi après cassation devant une autre cour d'assises, le ministère public près cette cour n'est-il pas lié par les conclusions prises devant la première. — *Cass.*, 9 juin 1826, Loercher.

113.—Jugé que le ministère public est recevable à se pourvoir contre un arrêt, quoique cet arrêt ait été notifié de sa part aux condamnés avec sommation de l'exécuter. — *Cass.*, 26 mai 1827, Chauvet.

114. — Jugé, sous l'empire du Code du 3 brum. an IV, que le procureur du roi près du tribunal de police correctionnelle ne peut être déclaré non-recevable à interjeter appel d'un jugement qui prononce la mise en liberté d'un prévenu, par cela seul qu'avant les dix jours du délai d'appel, il a consenti à la mise en liberté du prévenu. — *Cass.*, 16 juin 1809, Salza.

115.—Même décision sous l'empire du Code inst. crim.—*Cass.*, 2 fév. 1827, Lebozec.

116.—Lorsque le procureur général et le procureur du roi ont, l'un et l'autre, interjeté appel, la non-recevabilité du premier appel ne doit pas empêcher le tribunal saisi de statuer sur l'appel du procureur du roi, s'il est régulier.—*Cass.*, 15 janv. 1807, Tassi.

117.—Du principe de l'indivisibilité du ministère public, il suit qu'un substitut du procureur du roi a qualité pour appeler des jugemens correctionnels, rendus par le tribunal auquel il est attaché, comme le procureur du roi lui-même, sans qu'il soit nécessaire d'un mandat de celui-ci. — *Cass.*, 19 fév. 1829, Baudel; 3 sept. 1829, Demures.—V. MINISTÈRE PUBLIC, SUBSTITUT.

118.—Il le pourrait, encore bien qu'il n'eût pas porté la parole dans l'affaire. — *Cass.*, 19 fév. 1829, Baudel.

119.—Les procureurs du roi ne peuvent se pourvoir en cassation contre les jugemens en dernier ressort des tribunaux de simple police. Ce droit n'appartient qu'aux officiers du ministère public près le tribunal de simple police. — *Cass.*, 6 août 1824, Boucheron.

120. — Un maire, comme officier du ministère public, a qualité pour poursuivre l'infraction à un réglement municipal qui fixe le nombre des bestiaux que chaque habitant, eu égard au terrain qu'il abandonne, peut envoyer au parcours de la vaine pâture.—*Cass.*, 12 nov. 1828, Blanin.

121.—Un garde champêtre ne peut, dans l'intérêt de la vindicte publique, faire citer en simple police le prévenu d'une contravention qu'il a constatée.— *Cass.*, 15 déc. 1827, Michault.

Sect. 4e. — *Contre quelles personnes l'action publique peut être exercée.*

122.—L'art. 3 du Code civil porte que les lois de police et de sûreté obligent tous ceux qui habitent le territoire. Il résulte de cette disposition que les lois pénales françaises ne peuvent, en principe, être appliquées qu'aux faits qui se sont passés sur le territoire de France.

123. — Mais aussi on n'a jamais à rechercher à quelle nation appartient l'auteur du crime ou du délit; il suffit que le fait qui lui est imputé se soit passé en France.

124. — Lorsqu'un individu, sans quitter le territoire français, commet un crime en pays étranger, on peut se demander si le crime est punissable aux termes des lois françaises. L'affirmative paraît certaine. En effet, aucune nation ne peut tolérer que ses citoyens, à l'abri de ses frontières, commettent impunément des crimes contre les citoyens des autres nations. Les lois de police et de sûreté obligent tous ceux qui se trouvent sur le territoire, et la loi pénale ne distingue pas si la victime se trouve en France, dès que l'auteur du délit y est.

125. — La France, dit M. Mangin, ne doit pas être un foyer d'agression contre les étrangers; on ne peut y publier impunément des libelles qui blessent l'honneur de ceux-ci, y fabriquer des faux qui attaquent leur fortune, en faire partir des menaces de mort et d'incendie. Un pays qui tolérerait de tels actes se mettrait en hostilité contre toutes les règles du droit des nations et de la civilisation. — *Traité de l'act. publ.*, t. 1er, nos 60 et 72.

126. — Celui qui adresse de France à un étranger, et dans un pays étranger, une lettre contenant menace de mort, avec ordre de déposer une somme d'argent dans un lieu indiqué, peut, à raison de ce crime, être poursuivi et jugé en France.— *Cass.*, 31 janvier 1822, Mary.

127. — Le commerçant français établi en pays étranger peut être poursuivi devant les tribunaux français, comme accusé de banqueroute frauduleuse, lorsque les faits de fraude qui lui sont imputés ont eu lieu en France, et particulièrement lorsque c'est en France qu'il a soustrait des marchandises au préjudice de ses créanciers. — *Cass.*, 1er septembre 1827, Montigny. —V. BANQUEROUTE FRAUDULEUSE.

128. — Il faut de plus que l'action publique soit dirigée contre un individu certain et déterminé. Le ministère public peut bien sans doute requérir le juge d'instruction d'informer contre les auteurs encore inconnus d'un fait coupable déterminé par les circonstances de temps et de lieu, mais, lorsque l'instruction est terminée, le ministère public ne peut requérir, et la chambre du conseil, ou après elle la chambre des mises en accusation, ordonner le renvoi devant la police correctionelle ou la cour d'assises, que d'un individu certain, et désigné par son nom ou par le nom sous lequel il a été connu des témoins ou des plaignans. —V. ACCUSÉ, nos 6 et 7.

129. — Il en était autrement sous l'ancienne jurisprudence. — V. QUIDAM.

130. — On ne peut, à peine de nullité, mettre en accusation un inconnu. — *Cass.*, 7 janvier 1825, Fagi.

131. — ... Ni un individu désigné seulement sous la qualification de *chasseur*, de *hussard* ou de *canonnier*. — *Cass.*, 9 pluv. an X, Petit-Cuenot.

132 — ... Ni un individu qui n'est désigné dans l'ordonnance de prise de corps que sous le nom de la commune où il a déclaré être né. — *Cass.*, 10 décembre 1825, Passy; —Carnot, sur l'art. 134, C. inst. crim., t. 1er, p. 332, observ. addit.

133.—La règle même que les lois pénales ne s'appliquent qu'aux crimes ou délits commis sur le territoire français n'est pas absolue. Le Code d'instruction criminelle contient plusieurs exceptions qui auraient besoin d'être régularisées et probablement étendues. Une fois déjà la chambre des pairs s'est livrée, sur ces délicates questions, à un examen sérieux et approfondi. Il est à regretter que cette grave et longue discussion n'ait produit aucun résultat.

134. — Tout Français, porte l'art. 5, C. inst. crim., qui se sera rendu coupable d'un crime attentatoire à la sûreté de l'état, de contrefaçon du sceau de l'état, de monnaies nationales ayant cours, de papiers nationaux, de billets de banques autorisées par la loi, pourra être poursuivi, jugé et puni en France, d'après les dispositions des lois françaises.

135. — Cette disposition pourra être étendue aux étrangers qui, auteurs ou complices des mêmes crimes, seraient arrêtés en France ou dont le gouvernement demanderait l'extradition. — C. inst. crim., art. 6.

136. — Dans quels cas l'extradition peut-elle être demandée et obtenue, et quelles sont les nations avec lesquelles nous avons des traités relatifs à l'*extradition?* — V. ce mot.

137. — En tout cas, l'accusé qui comparaît par suite d'extradition ne peut être jugé et condamné qu'à raison des faits pour lesquels son extradition a été demandée et obtenue. — *Cass.*, 4 sept. 1840 (t. 2 1840, p. 591), Darmenon; — Legraverend, *Lég. crim.*, t. 1er, ch. 1er, sect. 8e; Mangin, *Act. publ.*, t. 1er, no 76.

138. — Tout Français qui se sera rendu coupable, hors du territoire du royaume, d'un crime contre un Français, pourra, à son retour en France, y être poursuivi et jugé, s'il n'a pas été poursuivi et jugé en pays étranger, et si le Français offensé rend plainte contre lui. — C. inst. crim., art. 7.

139. — Cette disposition exceptionnelle doit être prise à la lettre, et l'art 7, C. inst. crim., ne peut être appliqué qu'autant que toutes les dispositions qu'il énumère se trouvent réunies. — V. *infrà* nos 169 et 170.

140. — Jugé que, lorsqu'un Français s'est rendu coupable d'adultère contre un autre Français, hors du territoire du royaume, il peut être poursuivi en France à son retour. — *Paris*, 12 juill. 1839 (t. 1er 1843, p. 178), Denin. —V. ADULTÈRE, no 67.

141. — On ne peut poursuivre en France un étranger à raison d'un crime par lui commis en pays étranger, sur la personne d'un Français qui en a rendu plainte, lors même qu'il aurait des complices français justiciables des tribunaux de France. — *Cass.*, 2 juin 1825, Michel Bouscail; — Mangin, t. 1er, p. 114, no 64.

142. — Le crime commis en pays étranger par un Français sur la personne d'un étranger ne peut pas être poursuivi en France, quoique à l'époque de ce crime le pays où il a été commis fût occupé par les troupes françaises et administré par des autorités françaises, s'il n'existait aucun acte de réunion émané de l'autorité publique. — *Cass.*, 22 janv. 1818, Guittard-Villassèque; —Mangin, t. 1er, p. 116, no 64; Merlin, *Quest.*, vo *Délit*, § 8, no 2.

143. — Aurait-on pu juger de même, dit Merlin (*ibid.*), s'il eût été question d'un crime ou délit commis par un militaire français dans le pays étranger occupé par l'armée dont il faisait partie, et prévu par le Code pénal militaire de France? Non, car alors le crime ou délit n'aurait pas seulement préjudicié à l'étranger sur la personne duquel il eût été commis, il n'eût pas seulement violé l'ordre public d'un pays étranger à la France, il eût encore porté atteinte aux lois françaises elles-mêmes, il eût surtout compromis l'honneur et la sûreté de l'armée française.

144. — La question la plus délicate et la plus controversée en cette matière est celle de savoir si l'art. 7, C. inst. crim., s'applique aussi bien aux *délits* commis en pays étranger par un Français contre un Français, qu'aux *crimes*. Les auteurs sont en désaccord, et il existe aussi des arrêts en sens divers.

145. — Ceux qui veulent que l'art. 7 s'applique aux délits comme aux crimes soutiennent que cet article doit être combiné avec l'art. 24 du même Code, qui ordonne au procureur du roi du lieu de la résidence du prévenu de poursuivre indistinctement les crimes ou les délits. Ils invoquent aussi l'art 269, C. pén., et se fondent sur la rédaction primitive du projet de Code d'inst. crim., qui appliquait la disposition de l'art. 7 aussi bien aux délits qu'aux crimes, et qui a été changée sans qu'on en voie la raison. — *Colmar*, 23 août 1820, Billoer et Lasherne c. Lang; —Legraverend, *Lég. crim.*, t. 1er, p. 92, note 2e, et Duvergier sur Legraverend, *ibid.*; Bourguignon, *Jurispr. des Codes crim.*, sur l'art. 7, C. inst. crim.; Berriat, *Cours de dr. crim.*, p. 33, no 4.

146.—L'opinion contraire, qui nous semble plus juste, se fonde sur le silence de l'art. 7 et la nature exceptionnelle de ses dispositions, et sur l'impossibilité que le mot délit en ait été effacé sans cause. On peut repousser d'ailleurs l'argument tiré de l'art. 24 en soutenant que cet article ne parle que d'une manière transitoire des crimes et délits prévus aux art. 5, 6 et 7 qui précèdent, et en s'en référant à ces articles. — *Douai*, 18 mai 1837 (t. 2 1837, p. 405), N....; — Carnot, *Inst. crim.*, t. 1er, p. 57 et 122; Mangin, *Action publique*, t. 1er, p. 126, n° 69.

147. — Aux termes d'un avis du conseil d'état du 28 oct. 1806, approuvé le 20 nov. suivant, les vaisseaux neutres admis dans les ports de l'état sont de plein droit soumis aux lois de police qui régissent le lieu où ils sont reçus, et les gens de l'équipage sont également justiciables des tribunaux du pays pour les délits qu'ils commettent, même à bord, envers des personnes étrangères à l'équipage, mais non pour les délits commis à bord de la part d'un homme de l'équipage contre un autre homme de l'équipage, à moins que dans ce dernier cas le secours de l'autorité locale ne soit réclamé, ou que la tranquillité du port ne soit compromise.

148. — Mais les principes du droit des gens, d'après lesquels tout navire étranger est considéré comme la continuation du territoire du pays auquel il appartient, sans qu'aucun acte d'autorité ou juridiction y soit permis au gouvernement de tout autre état, cessent d'avoir leurs effets en faveur des navires neutres ou portant pavillon ami qui commettent des actes d'hostilité, notamment en débarquant sur la plage les auteurs d'un complot ayant pour but le renversement du gouvernement. — *Lyon*, 15 oct. 1832, Kergorlay (affaire du *Carlo-Alberto*); *Cass.*, 7 sept. 1832, même affaire; — Mangin, t. 1er, n° 67.

149. — D'ailleurs, un navire ne peut se prévaloir de sa position de relâche forcée, alors que son danger imminent de périr en mer n'est point justifié, et qu'il n'allègue aucune cause de force majeure qu'il n'est pas au pouvoir des hommes de prévoir et empêcher. —*Lyon*, 15 oct. 1832, Kergorlay (affaire du *Carlo-Alberto*).

150. — Dans le cas de réunion d'un pays étranger au territoire du royaume, les coupables de crimes commis dans ce pays avant la réunion peuvent être saisis en France et jugés à raison de ce crime. L'impossibilité où l'on était de les saisir n'était point un droit qui leur fût personnel, mais seulement un effet des droits respectifs de souveraineté, et il cesse par la réunion des deux territoires sous la même domination. — Mangin, t. 1er, n° 68.

151. — Un avis du conseil d'état du 31 mai 1806, approuvé le 4 juin suivant, décide que des jugemens rendus en France contre des étrangers, antérieurement à la réunion, et qui prononcent des amendes, peuvent être exécutés après la réunion sur les biens et même sur la personne des condamnés. — Mangin, n° 68.

Sect. 5e. — *Causes qui suspendent l'exercice de l'action publique.*

152. — Le ministère public en principe est complètement maître de l'action publique, en ce sens qu'il peut l'exercer spontanément et sans avoir besoin d'aucune provocation ou autorisation; mais cette règle comporte d'assez nombreuses exceptions.

153. — Les causes qui suspendent l'exercice de l'action publique proviennent : — ou de la nature des faits qui constituent la prévention; — ou de la qualité des personnes qui sont l'objet de cette prévention; — ou des conflits élevés par l'autorité administrative. — Mangin, t. 1er, n° 129.

154. — Il faut mettre au nombre des causes qui font obstacle, moins à l'exercice de l'action publique qu'au jugement à intervenir sur cette action, les questions préjudicielles. On désigne par là les questions dont la solution doit précéder le jugement sur l'action publique. — V. QUESTION PRÉJUDICIELLE.

155. — C'est aux tribunaux criminels qu'il appartient de décider si le délit est éteint par la prescription, ou par une amnistie, ou encore s'il ne peut être poursuivi sans la plainte de la partie lésée et si cette plainte a été faite; mais, lorsque le prévenu élève une question de propriété immobilière ou toute autre question dont la solution appartient exclusivement aux tribunaux civils, les tribunaux criminels doivent surseoir à statuer jusqu'à ce que les tribunaux civils aient tranché la difficulté.

156. — Ces dernières questions, dont les tribunaux criminels ne peuvent pas connaître, prennent plus spécialement le nom de questions préjudicielles, par opposition aux premières, qu'on désignerait alors sous le nom de questions préalables. — V. au surplus ACTION CIVILE, QUESTION D'ÉTAT, QUESTION PRÉJUDICIELLE.

157. — On reconnaissait anciennement quelques causes de suspension de l'action publique qui n'existent plus aujourd'hui. Ainsi, sous la loi du 23 germin. an III, l'état de grossesse d'une femme était un obstacle à ce qu'elle pût être mise en jugement à raison d'un crime emportant peine de mort. —*Cass.*, 8 germin. an XIII, Dieudonnée Saive.

158. — En pareil cas aujourd'hui, l'état de la femme ferait seulement retarder son exécution jusqu'après sa délivrance. — *Cass.*, 7 nov. 1811, Marie Bonnefoy.

159. — Sous l'empire de l'ordonnance de 1670 (tit. 25, art. 19), la transaction faite par la partie civile arrêtait les poursuites du ministère public, lorsque le délit n'emportait pas peine afflictive.

§ 1er. — *Obstacles provenant des faits qui constituent la prévention.*

160. — Les crimes ou délits dont la poursuite est subordonnée à diverses circonstances se trouvent prévus, soit par le Code pénal, soit par les lois spéciales. Nous nous bornerons ici à les énumérer, renvoyant pour plus d'explications aux mots qui les concernent.

161. — Quoique, ainsi que nous l'avons déjà dit, l'action publique n'ait pas besoin en général d'être provoquée par la partie lésée, il en est autrement pour un certain nombre de délits. Mais, la plainte une fois déposée, l'action du ministère public devient libre, et il ne serait plus au pouvoir du plaignant d'éteindre l'action par un désistement. La jurisprudence, il est vrai, décide le contraire en matière d'*adultère* (V. ce mot, n° 58); mais cette exception, fondée sur des règles spéciales à l'adultère, ne doit pas être étendue. — Mangin, *Act. publique*, n° 131. — V. cependant *infrà* n° 186.

162. — Bien que la partie civile se désiste de ses poursuites, le ministère public est recevable à continuer l'exercice de l'action publique mise en mouvement par la plainte de la partie civile, lors même que la loi attribuerait à la partie civile une portion de l'amende. — *Cass.*, 13 avr. 1839 (t. 1er 1839, p. 470), Adam; — Legraverend, t. 1er, p. 53; Mangin, t. 1er, n° 131.

163. — La nécessité d'une plainte pour autoriser l'action du ministère public ne peut être étendue en dehors des cas spécialement déterminés par la loi. — Aussi a-t-on eu raison de juger que le ministère public a le droit de poursuivre un mari qui bat sa femme de manière à troubler la tranquillité publique, encore bien que la femme n'ait fait aucune plainte. — *Cass.*, 28 vent. an X, Laurent Géeraert; — Merlin, *Quest.*, v° *Femmes*, § 5.

164. — ... Ou qu'elle n'ait pas formé de demande en séparation de corps. — *Cass.*, 15 mars 1828, Bardenat; — Chauveau et Hélie, *Th. du C. pén.*, t. 5, p. 413. — Cette question n'est réellement susceptible d'aucune difficulté.

165. — L'article 4, C. inst. crim., qui porte que la renonciation à l'action civile ne peut arrêter ni suspendre l'exercice de l'action publique, est applicable aux délits et contraventions prévus par les lois spéciales, comme aux délits classés dans le Code pénal. Ainsi, la transaction survenue entre l'auteur d'un délit forestier et le propriétaire du bois, postérieurement à la plainte, ne prive point le ministère public du droit de continuer les poursuites pour faire prononcer les peines ordonnées par la loi. — *Cass.*, 23 janv. 1813, Soppe; — Mangin, n° 131; Legraverend, t. 1er, p. 53.

166. — La renonciation à l'action civile de la part de celui dont les propriétés ont été ravagées par des bestiaux laissés à l'abandon ne peut arrêter ni suspendre l'exercice de l'action publique. — *Cass.*, 23 déc. 1814, Guillaume Lebelle.

167. — La circonstance que l'individu qui se plaint d'une escroquerie a d'abord agi par la voie civile, et qu'il intervient comme partie civile devant la police correctionnelle, ne peut pas élever une fin de non-recevoir contre l'action publique exercée par le ministère public. — *Cass.*, 13 août 1835, Gindre.

168. — Tout cela bien compris, il s'agit maintenant d'indiquer les circonstances qui font obstacle à l'exercice de l'action publique.

169. — 1° Les crimes commis à l'étranger par un Français ne peuvent être poursuivis en France que sur la plainte du Français offensé. — C. inst. crim., art. 7.

170. — Le crime commis *en pays étranger* par un Français et au préjudice d'un Français doit être poursuivi en France sur la plainte de celui-ci, encore bien que le principal intéressé soit étranger et n'ait adressé aucune réclamation aux tribunaux français. — En conséquence, un muletier français, auquel une somme a été remise pour la transporter d'un pays étranger en France, peut poursuivre en France les individus qui lui ont dérobé cette somme, alors même que le propriétaire étranger ne porte aucune plainte. —*Cass.*, 1er mars 1838 (t. 1er 1840, p. 369), Lanciry et Barnèche.

171. — 2° L'adultère ne peut être poursuivi que sur la plainte du mari ou de la femme. — C. pén., art. 336 et 339. — V. ADULTÈRE.

172. — Il en est ainsi, soit à l'égard de la femme, soit à l'égard du complice. Le ministère public, en poursuivant le complice tout aussi bien qu'en poursuivant la femme, produirait le scandale que la loi veut éviter. Aussi juge-t-on que le désistement du mari éteint l'action déjà intentée même contre le complice. — V. ADULTÈRE. — V. aussi en sens contraire Favard de Langlade, *Rép.*, v° *Ministère public*, t. 3, p. 572.

173. — Le désistement n'a pas même besoin d'être exprès; il suffit que la réconciliation entre les époux soit reconnue par le tribunal.

174. — Il reste bien entendu que ce n'est jamais l'époux outragé, mais le ministère public qui exerce l'action, et que l'époux outragé conserve seulement la qualité de plaignant. — *Cass.*, 26 juill. 1828, Paillet c. Dubarret.

175. — Il en résulte : — qu'il n'est pas nécessaire que le mari figure au procès, comme partie. — *Cass.*, 22 août 1816, D. C....

176. — ... Que le mari ne peut exercer de recours contre le jugement qu'en qualité de partie civile, et que ses diligences n'empêchent pas l'extinction de l'action publique. — *Cass.*, 26 juill. 1828, Paillet c. Dubarret.

177. — ... Que sur son appel le tribunal ne peut infirmer le jugement que quant à ses intérêts civils seulement. — *Cass.*, 3 sept. 1831, Rouby; — Merlin, *Quest.*, v° *Adultère*, § 6; Mangin, t. 1er, n° 140.

178. — Mais la mort de l'époux outragé a pour effet, soit d'empêcher l'exercice de l'action publique, soit d'éteindre l'action déjà intentée. — V. ADULTÈRE.

179. — 3° Dans le cas de chasse sur le terrain d'autrui sans le consentement du propriétaire, la poursuite d'office ne peut être exercée par le ministère public sans une plainte de la partie intéressée qu'autant que le délit a été commis dans un terrain clos et attenant à une habitation ou sur des terres non encore dépouillées de leurs fruits. — L. 3 mai 1844, art. 26. — V. CHASSE.

180. — 4° La pêche sur le terrain d'autrui ne peut également être poursuivie que sur la plainte du propriétaire. — L. 15 avr. 1829, art. 67; — Massabiau, n° 1347. — V. PÊCHE.

181. — 5° La diffamation ou l'injure envers les agens diplomatiques étrangers ou les simples particuliers ne peut être poursuivie que sur la plainte ou à la requête de la personne diffamée ou injuriée. — L. 25 mars 1822, art. 17. — Il en est de même quand le délit a été commis envers des cours, tribunaux, ou autres corps constitués. — L. 26 mai 1819, art. 4. — V. DIFFAMATION.

182. — Au surplus, on jugerait certainement encore aujourd'hui que le ministère public n'a pas besoin du concours de la partie civile pour pouvoir, sur la plainte de celle-ci, exercer l'action publique à raison d'un fait d'injures verbales envers un particulier. — *Cass.*, 25 fructid. an X, N....; — Merlin, *Rép.*, v° *Accusation*, n° 2.

183. — Il ne faut pas confondre avec les délits de diffamation et d'offense celui d'excitation au mépris ou à la haine contre une classe de personnes. Ce délit étant un trouble apporté à la paix publique, et n'ayant point d'ailleurs parmi les parties lésées de contradicteur légal, peut être poursuivi d'office. Il est, d'ailleurs, prévu par la loi du 25 mars 1822, non abrogée en cette partie et qui n'a subordonné les poursuites à aucune condition particulière.

184. — Les offenses faites à la garde nationale peuvent être poursuivies d'office. La garde nationale ne forme qu'une classe de citoyens établie pour le maintien de l'ordre public et à laquelle il est interdit de délibérer. — *Cass.*, 29 avr. 1831, Ragon.

185. — On a jugé qu'il y avait excès de pouvoir de la part du procureur de la commune qui avait lui-même dénoncé et poursuivi les injures faites à un juge de paix. — *Cass.*, 19 oct. 1792, Boyer.

186. — Il a encore été jugé, mais à tort suivant nous, que, dès que celui qui a porté une plainte en injures ou en calomnie s'en est désisté, la poursuite ne peut pas être continuée. — *Assises de la Flandre-Orientale*, 5 mai 1834, V.... c. *Messager de Gand*.

187. — 6° En matière de contributions indirectes la régie a seule le droit de poursuivre les contrevenans et de transiger avec eux. — LL. 5 vent. an XII, art. 90, et 1er germin. an XIII, art. 28; décr. 16 mars 1813, art. 4; ord. 25 mars 1818, art. 4.

188. — 7° Les délits des fournisseurs ne peuvent

être poursuivis que sur la dénonciation du gouvernement. — C. pén., art. 433, § 2. — V. MARCHÉS ET FOURNITURES.

189. — 8° Les offenses envers les souverains étrangers ne peuvent être poursuivies que sur la demande ou à la requête des souverains offensés. — L. 26 mai 1819, art. 2.

190. — 9° De même, les offenses envers les chambres ne sont l'objet des poursuites du ministère public qu'autant qu'il y a eu autorisation de la chambre offensée. — LL. 26 mai 1822, art. 3, et 8 oct. 1830, art. 4.

191. — 10° Le rapt ne peut être poursuivi quand le ravisseur a épousé la personne enlevée, ni puni quand ce mariage n'est pas attaqué. — C. pén., art. 357. — V. au surplus RAPT.

192. — 11° Les poursuites en suppression d'état ne peuvent commencer qu'après le jugement civil sur la question d'état. — C. civ., art. 327. — V. QUESTION PRÉJUDICIELLE.

§ 2. — *Obstacles provenant de la qualité des personnes qui sont l'objet de la prévention.*

193. — Il y a aussi des personnes envers lesquelles l'action publique ne peut être exercée que dans des circonstances et avec des formalités particulières. — Massabiau, *Manuel du procur. du roi*, n° 1349.

194. — Ainsi 1° les ministres ne peuvent être accusés à raison de leurs fonctions que par la chambre des députés, ni jugés que par la chambre des pairs. — Charte de 1830, art. 47. — La chambre des pairs se constitue elle-même en cour de justice, et les fonctions du ministère public sont confiées à des commissaires délégués par la chambre des députés et pris dans son sein. — *Cour des pairs*, 27 déc. 1830, ministres de Charles X.

195. — 2° Aucun pair ne peut être arrêté que de l'autorité de la chambre, et jugé que par elle en matière criminelle. — Charte de 1830, art. 29. — Par *matière criminelle* il faut entendre aussi les matières de police correctionnelle, mais non celles de simple police. — Massabiau, *Manuel du procureur du roi*, n° 1349. — V. CHAMBRE DES PAIRS.

196. — 3° Aucun membre de la chambre des députés ne peut, pendant la durée de la session, être poursuivi ni arrêté en matière criminelle, sauf le cas de flagrant délit, qu'après que la chambre a permis sa poursuite. — Charte de 1830, art. 44. — V. CHAMBRE DES DÉPUTÉS.

197. — 4° Les archevêques et évêques et les magistrats de l'ordre judiciaire poursuivis correctionnellement ne sont justiciables que des cours royales. — L. 8 avr. 1810, art. 10; C. inst. crim., art. 479 et suiv.

198. — Les procureurs généraux des cours royales ont seuls le droit de diriger des poursuites contre les magistrats des tribunaux de première instance. — C. inst. crim., art. 479 et 483. — L'instruction ordonnée dans ce cas par l'art. 484, C. inst. crim., et dans laquelle les fonctions ordinairement dévolues au juge d'instruction et au procureur du roi doivent être immédiatement remplies par le premier président et le procureur général de la cour royale, ne doit avoir lieu que dans le cas où le fonctionnaire serait prévenu d'un crime emportant la peine de la forfaiture ou autre plus grave; s'il s'agit d'un délit emportant une peine correctionnelle, la chambre civile de la cour royale doit être directement saisie par citation directe donnée à la requête du procureur général. — *Cass.*, 6 oct. 1837 (t. 1er 1838, p. 237), Montaur.

199. — Dès qu'il n'appartient qu'au procureur général de poursuivre les juges ou officiers de police judiciaire pour délits par eux commis dans l'exercice de leurs fonctions, la partie civile ne peut prendre l'initiative et exercer le droit de citation directe devant la cour. — *Bruxelles*, 14 janv. 1832, L.... c. N... — V. JUGE, MINISTÈRE PUBLIC.

200. — 5° Les fonctionnaires publics agens du gouvernement ne peuvent être poursuivis pour des faits relatifs à leurs fonctions qu'avec l'autorisation du conseil d'état. — Constit. 22 frim. an VIII, art. 75.

201. — Par les mots *fonctionnaires publics* et *agens du gouvernement* il faut entendre les conseillers, maîtres des requêtes et auditeurs au conseil d'état, les préfets, sous-préfets, maires, adjoints, commissaires de police, et en général tous les magistrats de l'ordre administratif, quand ils agissent en cette qualité; — les agens diplomatiques et consulaires; — les intendans et sous-intendans militaires et les commissaires de marine; — les receveurs de deniers publics, si ce n'est pour perceptions illicites; — les officiers de police administrative; — les vérificateurs des poids et mesures; — les administrateurs des hospices et des bureaux de bienfaisance; — les préposés des octrois; — les préposés à la navigation intérieure et les garde-pêche; — enfin, les agens des administrations des forêts, des douanes, des postes, des contributions indirectes, des poudres, des monnaies, etc. — Massabiau, n° 1352. — V. au surplus FONCTIONNAIRE PUBLIC.

202. — 6° Les militaires et marins en activité de service sont justiciables des tribunaux militaires ou maritimes, quand ils n'ont pas de complices étrangers à l'armée de terre ou de mer. — Circul. minist. 23 frim. an VII; — Massabiau, n° 1349. — « C'est une maxime inviolable de notre droit français, dit cet auteur (n° 1256), que tous les inculpés d'un même délit, soit comme auteurs, soit comme complices, doivent être jugés par le même tribunal.

203. — Les agens diplomatiques étrangers ne sont pas non plus soumis à l'action publique en France; ils ne relèvent que des tribunaux des pays qu'ils représentent. — Montesquieu, *Esprit des lois*, liv. 26, chap. 31.

204. — Leur famille et leur suite jouissent des mêmes immunités. Leurs hôtels sont réputés terre étrangère, et par conséquent inviolables. — *Nouveau Denisart*, v° *Ambassade*, § 7; — Mangin, n° 82.

205. — Ces règles ne s'appliquent point aux consuls, qui ne participent point aux immunités accordées aux agens diplomatiques. — V. AGENT DIPLOMATIQUE, CONSUL.

206. — En cas de flagrant délit, toute personne, de quelque titre ou fonction qu'elle soit revêtue, à l'exception du roi, que la constitution déclare inviolable (Charte de 1830, art. 12), doit être arrêtée sans aucune formalité ni autorisation préalable. L'arrestation, l'interrogatoire et le mandat de dépôt ont lieu comme à l'ordinaire, sauf, après ces premiers actes, à en revenir aux formes et aux juridictions spéciales. — Massabiau, n° 1350.

207. — L'art. 121, C. pén., déclare coupables de forfaiture, et punit de la dégradation civique tout officier de police judiciaire, tous procureurs généraux ou du roi, tous substituts, tous juges qui auront provoqué, donné ou signé un jugement, une ordonnance ou un mandat tendant à la poursuite personnelle ou à l'accusation d'un ministre, d'un membre de la chambre des pairs, de celle des députés ou du conseil d'état, sans les autorisations prescrites, ou qui, hors les cas de flagrant délit ou de clameur publique, auraient donné ou signé l'ordre de saisir ou d'arrêter une de ces personnes.

208. — Les officiers du ministère public qui auraient requis, et les juges qui auraient, après une réclamation légale des parties intéressées ou du gouvernement, rendu des ordonnances ou décerné des mandats contre ces agens ou préposés prévenus de crimes ou délits dans l'exercice de leurs fonctions, sont passibles d'une amende de 100 fr. au moins et de 500 fr. au plus. — C. pén., art. 129.

209. — L'action disciplinaire et l'action publique pour la répression des crimes, délits ou contraventions commis par un fonctionnaire étant indépendantes l'une de l'autre, l'exercice de celle-ci n'est nullement entravé par l'exercice de celle-là, qui peut indifféremment lui succéder ou la précéder, sans qu'il y ait violation de la règle *non bis in idem*. — *Cass.*, 22 déc. 1827, Beurel et Cadot c. Marcadier. — V. DISCIPLINE, NON BIS IN IDEM.

§ 3. — *Obstacles provenant des conflits élevés par l'autorité administrative.*

210. — Les conflits d'attribution sont en général des contestations entre plusieurs autorités qui veulent chacune s'attribuer la connaissance d'une affaire. — De l'autorité administrative à l'autorité judiciaire, le conflit est un acte par lequel un préfet revendique pour l'autorité administrative le jugement de tout ou partie d'une contestation portée devant un des tribunaux de son département. — Mangin, t. 2, n° 271.

211. — Il ne peut être élevé de conflit en matière de grand criminel; il ne peut en être élevé en matière de police correctionnelle que dans deux cas : 1° lorsque la répression du délit est attribuée par une disposition législative à l'autorité administrative; — 2° lorsque le jugement à rendre par le tribunal dépendra d'une question préjudicielle dont la connaissance appartiendrait à l'autorité administrative, en vertu d'une disposition législative. — Ord. 1er juin 1828, art. 1er et 2. — V. CONFLIT.

212. — La matière des conflits est réglée par les lois des 14 oct. 1790, 21 fructid. an III; C. pén., art. 127 et suiv., et ord. 1er juin 1828. — V. aussi décr. 13 brum. an X; — Mangin, *De l'action publ.*, t. 2, n° 271. — V. au surplus CONFLIT.

Sect. 6e. — *Comment s'exerce l'action publique.*

213. — L'action du ministère public s'exerce de deux manières, soit par citation directe à l'audience, soit en requérant une instruction contre les inculpés.

214. — Le prévenu d'une contravention est d'ordinaire cité directement à la requête du ministère public devant le tribunal compétent. Ce n'est que par exception qu'une instruction peut précéder le renvoi en simple police, et que ce renvoi peut résulter d'une ordonnance de la chambre du conseil ou d'un arrêt de la chambre des mises en accusation. — C. inst. crim., art. 129 et 145.

215. — En règle générale, au contraire, on ne peut comparaître devant la cour d'assises qu'après une instruction préalable et sur le renvoi fait devant cette juridiction par une ordonnance de la chambre du conseil confirmée par un arrêt de la chambre des mises en accusation. — C. inst. crim., art. 133.

216. — Le tribunal est saisi en matière correctionnelle, soit par le renvoi fait par la chambre du conseil, ou par la chambre d'accusation, soit par la citation donnée directement au prévenu et aux personnes civilement responsables du délit par la partie civile, et, à l'égard des délits forestiers, par les conservateurs, inspecteurs ou sous-inspecteurs forestiers, ou par les gardes généraux, et, dans tous les cas, par le procureur du roi. — C. inst. crim., art. 130, 160 et 182.

217. — La partie lésée par le délit a, soit en matière de simple police, soit en matière de police correctionnelle, le même droit de citation directe que le ministère public. Ce n'est pas faire exception à cette règle que de dire avec la jurisprudence, que la personne victime d'un fait d'usure ne peut citer directement l'auteur de ce fait pour habitude d'usure devant le tribunal de police correctionnelle. Le délit, dans ce cas et dans quelques autres, se composant d'une série de faits, la victime de l'un de ces faits ne peut se dire victime d'un délit, quoique le fait dommageable dont elle se plaint soit réellement un des élémens du délit.

218. — Les tribunaux de simple police, sauf le cas où l'affaire leur a été renvoyée par la chambre du conseil ou la chambre d'accusation, ne sont saisis de l'action publique qu'à l'égard des personnes que le magistrat exclusivement investi du droit de l'exercer a traduites devant eux. Une fois saisis de cette action, ils ne peuvent, sans violer les règles de la compétence, surseoir à statuer et prescrire au ministère public de mettre en cause des individus qu'il n'a pas cru devoir poursuivre, excepté, toutefois, dans le cas où la partie civilement responsable du fait incriminé aurait été seule citée. — *Cass.*, 24 avr. 1834, Quervauvilliers.

219. — Bien qu'une contravention n'ait pas été ni pu être constatée par un procès-verbal, rien ne s'oppose à ce qu'elle soit poursuivie et constatée par une instruction légale. — C. inst. crim., art. 1er et 154; — *Cass.*, 28 nov. 1806, Mignot.

220. — Le maire a qualité, à l'effet de poursuivre les contraventions à un règlement fait par le conseil municipal sur l'exercice du droit de vaine pâture. — *Cass.*, 12 juin 1828, Blanvin.

221. — Avant le Code d'inst. crim., les commissaires de police n'étaient pas tenus de prendre une cédule du juge de paix pour faire citer les délinquans devant le tribunal de police. — *Cass.*, 4 brum. an XIV, Chambon. — *A fortiori* faut-il le décider aujourd'hui que les cédules ne sont plus nécessaires, même en matière civile.

222. — La citation en police correctionnelle, à la requête de la partie civile, saisit également le tribunal de l'action publique comme de l'action civile. — *Cass.*, 9 mai 1822, Sirey c. habitans de Coulures.

223. — En matière correctionnelle, le ministère public a la faculté de citer directement le prévenu à l'audience ou de requérir une information, selon qu'il le juge convenable. — *Cass.*, 13 déc. 1827, Jean Caillaud.

224. — Le ministère public, étant libre de choisir entre la voie d'une instruction et la citation directe, ne peut, lorsqu'il a opté pour l'une de ces voies, l'abandonner et revenir à l'autre. — Cependant le contraire paraît avoir été jugé par la cour de *Grenoble*, le 7 fév. 1828, Joubert.

225. — Ainsi, d'après cet arrêt de la cour de Grenoble, le ministère public aurait pu, après avoir saisi le juge d'instruction, citer néanmoins le prévenu directement devant la police correctionnelle. Cette décision est contraire à tous les principes. L'affaire, une fois entre les mains du juge d'instruction, ne peut en sortir que par une ordonnance de la chambre du conseil, rendue sur les conclusions du ministère public et le rapport

du juge d'instruction, et il serait aussi étrange qu'inconvenant que le ministère public pût à son gré saisir et dessaisir ce magistrat. — C. inst. crim., art. 127 et suiv.

226. — Lorsque l'individu civilement responsable d'un délit a seul été actionné, le tribunal de répression doit, non point le relaxer, mais surseoir à prononcer sur la responsabilité civile et fixer le délai dans lequel le ministère public sera tenu de poursuivre et mettre en cause les auteurs mêmes du délit. — *Cass.*, 31 janv. 1833, Eudin; 5 juill. 1833, Held; — Mangin, t. 1er, p. 65, no 34.

227. — Devant le tribunal de simple police, les parties peuvent comparaître volontairement, et sans qu'il soit besoin de citation. — C. inst. crim., art. 147. — Il n'existe aucune disposition semblable en ce qui concerne les tribunaux de police correctionnelle. Doit-on appliquer à leur égard la disposition de l'art. 147?

228. — L'affirmative, combattue par Legraverend (t. 2, chap. 4, p. 385, note 1re), a cependant été consacrée par un arrêt de la cour de *Cass.*, du 18 avr. 1822 (Burlin). — La cour, se fondant sur le silence de la loi, a jugé que le tribunal de police correctionnelle était valablement saisi de la connaissance d'un délit de chasse par la comparution volontaire des deux parties. — V. toutefois *Cass.*, 11 oct. 1827, Guichard.

229. — Il n'en faut pas conclure que, lorsque, dans l'examen d'une plainte en injures, l'audition des témoins fait connaître que le plaignant a lui-même injurié le prévenu, cette circonstance autorise le ministère public à prendre à l'audience des réquisitions contre ce plaignant, si aucune plainte n'a été portée contre lui par la partie intéressée. — *Cass.*, 11 oct. 1827, Guichard.

230. — Dès qu'aucune plainte, en effet, n'a été déposée par la partie injuriée ou diffamée, l'action du ministère public est paralysée, aux termes de l'art. 5 de la loi du 26 mai 1819, et il n'y a pas à examiner si le tribunal est régulièrement saisi.

231. — Mais nous serions disposés à croire que, si la partie injuriée portait plainte à l'audience même, le tribunal pourrait, sur le consentement du plaignant de comparaître, prononcer contre lui la peine de la diffamation, quoique aucune citation ne lui eût été donnée. En cas de refus, rien n'empêcherait le tribunal de remettre la première affaire à un jour déterminé, auquel le ministère public citerait le plaignant, afin que les peines fussent appliquées en même temps contre le plaignant et contre l'inculpé. — Circul. du procureur général de Rennes, 10 fév. 1814, et Massabiau, no 1228.

232. — On éviterait ainsi l'usage qui s'est introduit devant quelques tribunaux de police correctionnelle, de compenser les dépens en acquittant l'inculpé, lorsqu'ils reconnaissent que les torts sont réciproques.

233. — Le ministère public ne peut être déclaré non-recevable dans son action faute par lui d'avoir produit les témoins à l'audience même où la cause a été appelée la première fois; et si, en cas d'insuffisance ou de nullité du procès-verbal, il offre la preuve testimoniale, cela suffit pour que le tribunal doive fixer le délai dans lequel elle sera fournie. — *Cass.*, 25 mars 1830, Maupas.

Sect. 7e. — *Exercice de l'action publique par des administrations publiques.*

234. — L'administration des contributions indirectes exerce l'action publique dans toute sa plénitude, à l'exclusion même des officiers du ministère public pour les contraventions aux lois qui la concernent. — L. 5 vent. an XII, art. 88 et suiv.; Décr. 5 germ. an XII, art. 23; 1er germin. an XIII, chap. 7; Ord. 3 janv. 1821, art. 10. — V. CONTRIBUTIONS INDIRECTES.

235. — Cette administration a le droit de transiger, et sa transaction fait disparaître le délit; d'où il résulte que, si le ministère public poursuivait, il devrait être déclaré non-recevable. — *Cass.*, 11 nov. 1826, Clém. Pomiès; 18 janv. 1828, Bas.

236. — Le ministère public est également non-recevable à se pourvoir en cassation contre l'arrêt qui acquitte le prévenu, puisque la loi ne lui accorde aucune action en cette matière. — *Cass.*, 25 août 1827, Leblanc.

237. — Et enfin les décisions qui interviennent entre le prévenu et le ministère public, sans l'intervention de la régie, sont sans autorité contre elle. — *Cass.*, 24 fév. 1820, Contrib. ind. c. Soudaix.

238. — Si cependant la contravention était de nature à entraîner une peine corporelle, par exemple dans le cas de fraude commise à l'aide d'escalade, ou par un souterrain, ou à main armée (L 28 avr. 1816, art. 46), le ministère public aurait qualité pour requérir, comme il l'a seul en pareil cas en matière de douanes. — Mangin, t. 1er, no 42.

239. — Relativement à la garantie des matières d'or et d'argent, le ministère public concourt aux poursuites avec la régie et peut les exercer sans sa participation, aux termes de la loi du 19 brum. an VI, art. 102, où il est dit que les procès-verbaux constatant les contraventions seront remis aux magistrats remplissant les fonctions du ministère public près le tribunal correctionnel. — *Cass.*, 13 fév. 1806, Jarrin; 3 nov. 1825, Rattier; 15 avr. 1826, Balet.

240. — En cette matière, la régie n'a pas le droit de transiger et ne peut, par conséquent, arrêter les poursuites commencées. — Déc. 28 flor. an XIII.

241. — L'action du ministère public pour fait de détention illégale de poudre de guerre ne peut être entravée ni paralysée par une transaction intervenue entre l'administration des contributions indirectes et le délinquant. — *Angers*, 3 juin 1833, Beaumont. — V. L. 24 mai 1834. — V. aussi POUDRES ET MUNITIONS DE GUERRE.

242. — L'administration des douanes participe aussi à l'action publique quant à la poursuite des contraventions passibles d'amendes et de confiscation, mais elle n'exclut pas le ministère public. — *Cass.*, 16 mess. an XIII, Douanes c. Broschel; 3 sept. 1824, Raymond c. Douanes; 21 nov. 1828, Crucq c. Douanes.

243. — Elle est exclue elle-même dans le cas de délit passible d'emprisonnement. — *Cass.*, 23 fév. 1811, Antoine Favrot c. Douanes; — Mangin, no 46.

244. — Cependant il a été jugé que toute transaction intervenue entre l'administration et le prévenu éteignait l'action et mettait obstacle aux poursuites. — *Cass.*, 30 janv. 1820, Cornil Pollet c. Jean Maire; — Mangin, t. 1er, no 47. — V. *contrà* Legraverend, t. 1er, p. 655.

245. — L'arrêt du 30 janv. 1820 se fonde sur l'arrêté du 14 fructid. an X, qui, en ordonnant qu'il pourrait être statué administrativement sur les procès de fraude, lorsqu'il aurait été reconnu qu'il serait contre l'équité d'appliquer rigoureusement les peines de la fraude, n'a point fait de distinction entre les peines pécuniaires et les peines corporelles.

246. — Cette décision est juste en effet, en une matière rigoureuse, où la loi doit être interprétée dans le sens le plus favorable au prévenu, quoiqu'il soit vrai de dire qu'il y a quelque chose d'étrange dans le pouvoir accordé à une administration, d'éteindre par son désistement des poursuites qui ne lui appartiennent pas et que la loi a exclusivement confiées au ministère public.

247. — L'administration forestière exerce aussi l'action publique concurremment avec le ministère public. Elle a pour représentant un de ses agens siégeant auprès et au-dessous de l'officier du ministère public aux audiences correctionnelles. Elle peut interjeter appel des jugemens et se pourvoir en cassation. — L. 15-29 sept. 1791, tit. 9; C. inst. crim., art. 9 et 182; C. forest., 21 mai 1827, art. 159, 183 et 184; Ord. réglem., 1er août 1827. — V. FORÊTS.

248. — Il résulte de ces lois diverses : 1o que l'administration forestière a qualité pour provoquer même l'application des peines corporelles toutes les fois qu'elles sont prononcées par le Code forest. — *Cass.*, 8 mai 1835, Riff et Genestier.

249. — 2o Que par ses poursuites l'administration conserve l'action publique.

250. — Elle ne pourrait interjeter appel d'un jugement rendu sur la seule poursuite du procureur du roi, tandis que celui-ci, partie nécessaire dans toutes les poursuites correctionnelles, peut toujours appeler des jugemens rendus. — *Cass.*, 7 fév. 1806, Denelle c. Laglaire; 4 avr. 1806, Raoult; — Merlin, *Rép.*, vo *Appel*, sect. 2e, § 4, no 1er; Carnot, art. 202, no 7.

251. — 3o Que le ministère public peut appeler d'un jugement acquiescé par l'administration forestière. — *Cass.*, 9 mai 1807, Vallet.

252. — 4o Que l'administration et le ministère public exercent même les actions civiles des propriétaires lésés, et poursuivent dans leur intérêt la réparation du dommage qu'ils ont pu souffrir. — *Cass.*, 8 mai 1835, Riff et Genestier.

253. — L'administration des forêts peut interjeter appel, même du jugement conforme à ses conclusions, lorsqu'elle a conclu à une amende inférieure à celle que la loi a prononcée. — *Cass.*, 17 mai 1834, Forêts c. Siegrist.

254. — Les inspecteurs et autres agens de l'administration des forêts, bien qu'ils soient chargés de poursuivre les auteurs des délits forestiers, n'ont pas qualité pour intenter des actions à leur *requête* : c'est à la *requête de l'administration* que les citations doivent être faites et l'action poursuivie. — *Cass.*, 29 oct. 1824, Forêts c. Farel; même date, Forêts c. Jean. — V. FORÊTS.

255. — Les actions concernant les bois et forêts qui font partie du domaine de la couronne sont exercées par les administrateurs de la dotation de la couronne ou du domaine privé. — Art. 86, C. forest., combiné avec les art. 12 et 27, L. 2 mars 1832.

256. — Les agens et gardes forestiers du domaine de la couronne sont assimilés en tous points aux agens et gardes de l'administration forestière. — C. forest., art. 87.

257. — L'administration des postes ne participe qu'indirectement aux poursuites à diriger contre les contrevenans aux lois qui protégent son monopole : elle dresse les procès-verbaux qui constatent le délit, mais c'est le ministère public qui exerce l'action publique. — Arrêté du 27 prair. an IX, art. 5.

258. — Du reste, il est facultatif au ministère public, à qui des procès-verbaux de contravention sur les postes ont été adressés, de renvoyer les prévenus devant le juge d'instruction, pour faire informer préalablement, ou de les citer directement devant le tribunal correctionnel. — *Cass.*, 24 avr. 1828, Lafond.

259. — Avant la suppression de la loterie, l'administration n'avait pas le droit de poursuivre les délinquans, ce droit n'appartenait qu'au ministère public. — Jugé, en conséquence, que l'administration de la loterie ne pouvait interjeter appel du jugement qui refusait de prononcer l'amende si le ministère public n'en avait appelé lui-même. — *Cass.*, 30 nov. 1821, Loterie royale c. Michel.

Sect. 8e. — *Extinction de l'action publique.*

260. — Les causes générales qui éteignent l'action publique sont au nombre de cinq : 1o le décès du prévenu; — 2o la prescription; — 3o un jugement passé en force de chose jugée, qui acquitte le prévenu du fait incriminé; — 4o l'amnistie du prince; — 5o la condamnation du prévenu à une peine plus forte que celle que lui feraient encourir les délits qu'il a commis antérieurement à cette condamnation. — Mangin, t. 2, no 277.

261. — Le désistement exprès ou tacite du ministère public ne dispense pas le tribunal de statuer. La citation donnée à la requête du ministère public saisit irrévocablement le tribunal, qui peut toujours, s'il le juge convenable, prononcer une peine contre le prévenu. — Schenck, t. 2, p. 16; Massabiau, *Manuel*, no 1222.

262. — Cependant dans quelques cas le désistement, non du ministère public, mais de la partie civile, éteint même l'action publique. Il en est ainsi en cas d'adultère. — V. *suprà* no 161. — V. aussi ADULTÈRE.

263. — En matière de contributions indirectes, les transactions intervenues entre la régie et les contrevenans arrêtent l'action publique. — Arr. 14 fruct. an X; Ord. 2 janv. 1827. — V. ACTION CIVILE, CONTRIBUTIONS INDIRECTES, et *suprà* no 235.

§ 1er. — *Décès du prévenu ou accusé.*

264. — Quel que soit le crime ou le délit, l'action publique s'éteint par le décès du prévenu. Ce principe était déjà reconnu dans notre ancienne législation, qui permettait cependant, dans certains cas exceptionnels, de faire le procès au cadavre ou à la mémoire. — Muyart de Vouglans, *Inst. au dr. crim.*, p. 95.

265. — Les législateurs modernes ont adopté la règle et rejeté toutes les exceptions. — Mangin, t. 2, no 278; Carnot, *Inst. crim.*, art. 2; Massabiau, *Manuel*, no 1305.

266. — La jurisprudence a également consacré ce principe. — Ainsi jugé que les héritiers de la personne inculpée ne peuvent être tenus d'aucune peine, même pécuniaire, qu'elle aurait encourue, si elle est décédée avant toutes poursuites. — *Cass.*, 28 messid. an VIII, Douanes c. Mitchel; — Massabiau, *Manuel*, no 1306.

267. — Mais le décès d'un accusé de vol n'empêche pas l'action en restitution contre ses héritiers. L'enquête tendant à établir sa culpabilité est admissible au civil, mais ne peut être suppléée par une information criminelle antérieure. — *Toulouse*, 30 avr. 1821, Bordes c. Cazes.

268. — Lors même qu'un jugement a été prononcé, si le condamné s'est pourvu par les voies d'appel ou de cassation, ou s'il est mort dans les délais que la loi lui accordait pour se pourvoir, si le jugement enfin n'avait pas acquis l'autorité de la chose jugée, son décès anéantit la procédure et le jugement, et il meurt *integri status*. — Mangin, t. 2, no 278.

269. — Il est de toute évidence que le décès de

l'auteur d'un crime ou délit n'éteint pas l'action publique à l'égard des complices. — *Cass.*, 21 avr. 1815, Cartin père; 4 juin 1835, Drujon; — Mangin, t. 2, nº 278; Massabiau, *Manuel*, nº 1307.

270. — Dans ce cas, le jury peut être interrogé sur l'existence des faits principaux imputés au défunt, en tant que leur constatation peut être nécessaire pour établir la culpabilité des complices. — *Cass.*, 4 juin 1835, Drujon.

271. — L'action publique, en matière de contravention aux lois fiscales, soit que le ministère public l'exerce, soit que son exercice ait été confié à la régie, est éteinte par le décès du prévenu avant toute condamnation définitive. Il ne peut y avoir d'exception à ce principe que quand la loi déclare d'autres personnes responsables de la contravention. — Mangin, nº 279. — V. CONTRIBUTIONS INDIRECTES, DOUANES.

272. — Le décès du prévenu n'éteint pas l'action publique pour la confiscation des choses saisies en contravention. C'est ce que la cour de Cassation a plusieurs fois jugé. — Merlin, *Répert.*, vº *Tabac*, nº 9; Mangin, nº 280.

273. — Mais le décès du prévenu éteint l'action pour la confiscation lorsque le délit ne gît pas dans la chose qu'il s'agit d'atteindre, et que la confiscation n'est qu'une aggravation de peine personnelle au coupable. — Mangin, *ibid.*

274. — La condamnation aux frais n'étant pas une peine, il en résulte que, quand le condamné meurt avant qu'il ait été prononcé sur son pourvoi, la cour de Cassation y statue néanmoins du chef de la condamnation aux frais. — *Cass.*, 16 janv. 1811, Enreg. c. Ponton.

275. — Il faut donc qu'à cet égard, dit le président Barris (note 221e), la cour examine la régularité de la procédure et du jugement de condamnation, et cela sans qu'il soit nécessaire d'appeler les héritiers ou représentans du condamné, sauf à ceux-ci à former opposition à l'arrêt qui aurait rejeté le pourvoi.

276. — Si le prévenu décède, soit pendant l'instruction, soit après, mais avant qu'aucun jugement ait été rendu, on peut se demander par qui les frais seront supportés, et si le ministère public ne pourra pas intenter l'action publique ou la poursuivre pour faire statuer sur les frais seulement. L'affirmative offrirait les plus sérieux inconvéniens. Quoique l'action n'eût pour objet qu'une condamnation aux frais, elle n'en aurait pas moins pour résultat de flétrir la mémoire du condamné.

277. — Il faut donc reconnaître que, tant qu'aucun jugement n'a été rendu, et encore bien qu'un tribunal soit régulièrement saisi de l'action, le décès du prévenu met fin aux poursuites et que le trésor supporte seul et sans recours contre les héritiers du prévenu les frais déjà faits.

278. — Il en serait de même s'il y avait un jugement susceptible d'opposition au moment du décès du prévenu. L'opposition remettant la chose au même état que si aucun jugement n'avait été rendu, le décès produira le même effet et on ne pourra pas dire réellement qu'il y ait eu un jugement.

279. — Mais, si le jugement est contradictoire, ou si au moment du décès les délais de l'opposition étaient expirés, quoiqu'on se trouve encore dans les délais d'appel, la condamnation aux frais doit subsister contre les héritiers du prévenu, sauf à eux à interjeter appel pour faire réformer le jugement dans cet intérêt seulement. On peut argumenter en ce sens des arrêts précités de la cour de Cassation qui décident que, quand le condamné meurt dans les délais du pourvoi, la cour de Cassation doit néanmoins y statuer du chef de la condamnation aux frais. — V. *suprà* nº 274.

280. — Le décès du prévenu a pour effet tout à la fois d'éteindre l'action publique, et de rendre le tribunal de répression incompétent pour prononcer sur l'action civile. — *Cass.*, 23 mars 1839 (t. 2 1842, p. 635), Charmeusat.

281. — Quant à l'action civile, elle subsiste malgré le décès du prévenu. Toutefois il y a quelques distinctions à faire. Si le prévenu décède avant que le tribunal de répression ait été saisi, il est clair que l'action civile ne devra être portée que devant les tribunaux civils. — Mangin, *Act. publique*, nº 282.

282. — Si le prévenu décède avant tout jugement, mais lorsque déjà le tribunal de police correctionnelle est saisi et qu'il y a constitution de la partie civile, l'affaire doit continuer d'être instruite et jugée par le même tribunal dans les intérêts de la partie civile. — *Cass.*, 9 déc. 1813, Droits réunis c. Van Brabant; — Massabiau, nº 1030.

283. — A plus forte raison, si un jugement susceptible d'appel ou de pourvoi en cassation a statué sur l'action civile lorsque le prévenu décède, ce jugement, qui forme un titre contre le prévenu et ses héritiers, subsistera jusqu'à ce qu'il ait été réformé, et les tribunaux criminels continueront à être compétens pour connaître de l'appel ou du pourvoi, quant à l'action civile seulement. — Mangin, *ibid.*; Massabiau, nº 1308.

284. — Toutefois, s'il n'avait existé au moment du décès du prévenu qu'un jugement par défaut frappé d'opposition, l'action civile ne devrait pas continuer à être portée devant les tribunaux criminels. En effet, l'art. 187, Code instr. crim., porte que la condamnation *sera comme non avenue*, si dans les cinq jours de la notification qui lui en sera faite le prévenu forme opposition. Dès-lors, puisque après l'opposition rien n'existe plus, l'action civile doit être portée devant les tribunaux civils. — Mangin, *ibid.*

285. — Le jugement cessant d'avoir effet, la partie civile ne pourra recouvrer contre les héritiers du condamné les frais par elle faits devant la juridiction criminelle, mais ils entreront dans la condamnation aux dommages-intérêts qu'elle obtiendra des tribunaux civils.

286. — L'arrêt rendu par contumace cesse également d'avoir effet, même à l'égard de la partie civile, si le condamné meurt dans le délai de grace des cinq années qui ont suivi l'exécution par effigie. Sa condamnation étant anéantie de plein droit, la partie civile doit porter son action devant les tribunaux civils. — Mangin, nº 283.

287. — Et nous ajouterons, quant aux frais dans ce cas, ce que nous avons déjà dit lorsque le condamné meurt dans les délais de l'opposition.

§ 2. — *Prescription.*

288. — La prescription dont il est question ici est celle qui éteint l'action publique, et qui, par voie de conséquence, éteint aussi l'action civile. — Code instr. crim., art. 637, 638 et 640. — Quant à la prescription des peines, V. AMENDE, PEINE, PRESCRIPTION (mat. crimin.).

289. — Suivant Rousseaud de la Combe (*Traité des mat. crim.*, 3e part., ch. 1er, nº 4), les raisons qui ont fait adopter en France les lois romaines au sujet de la prescription des peines, « sont que celui qui » a porté si long-temps son crime et l'inquiétude » d'être poursuivi, est réputé assez puni; que pen» dant ce long temps les preuves qu'un accusé » pourrait avoir de son innocence seraient dépé» ries : qu'au contraire, un accusateur peut se ser» vir de ce temps pour pratiquer des preuves; » qu'enfin on penche toujours à présumer l'inno» cence, et qu'on regarde comme favorable tout ce » qui va à sa décharge. »

290. — Ces réflexions, surtout la seconde, ont touché Filangieri. « Si pour garantir la propriété, » dit-il, il avait fallu établir une prescription dans » les actions civiles, il était juste, pour assurer la » vie, l'honneur et la liberté du citoyen, d'établir » aussi une prescription dans les actions crimi» nelles. Rien n'est plus difficile que de se défendre » d'une accusation formée un grand nombre d'an» nées après le crime. » — *Science de la législation*, liv. 3, ch. 2, t. 3, p. 23.

291. — M. Lesellyer (*Act. publ. et privée*, t. 6, p. 6, nº 2204) ajoute qu'après un certain laps de temps, le souvenir du crime ou du délit étant effacé, la punition de ce crime ou de ce délit est peu utile. — V. aussi Puffendorf, *Droit de la nature et des gens*, t. 2, liv. 4, ch. 12, *De la prescription*, § 2, *in fine*.

292. — Ces réflexions ne sont pas seulement applicables à l'action publique, elles servent aussi à justifier la prescription en tant qu'elle s'applique à l'action civile.

293. — La prescription en matière criminelle est d'ordre public, et les tribunaux correctionnels ou les cours d'assises doivent, même d'office, en faire jouir les prévenus ou accusés. Par conséquent aussi le condamné est recevable à s'en prévaloir en cassation, quoiqu'il ne l'ait invoquée ni en première instance ni en appel. — *Cass.*, 28 janv. 1808, Zendy et Dautun; 20 mai 1824, Daillant; 11 juin 1829, Contributions indirectes c. Soccard; — Mangin, nº 287.

294. — Le prévenu ne peut renoncer à la prescription afin de se faire juger. — *Cass.*, 8 nov. 1811, Barthélemy; 18 juin 1812, Tesquet et Gutter; — Merlin, *Rep.*, vº *Prescription*, sect. 1re, § 3, nº 12; Mangin, nº 289.

295. — Dans l'ancien droit criminel l'action publique se prescrivait généralement par vingt ans, sauf quelques cas exceptionnels. L'assemblée constituante établit une prescription uniforme pour les crimes et les délits. Cette prescription était de trois ans lorsqu'il n'y avait pas eu de poursuites, de six ans lorsque des poursuites non suivies de mise en accusation avaient été commencées; et la prescription partait du jour où le délit avait été connu ou légalement constaté. — L. 25 sept. -6 oct. 1791.

296. — Le Code du 3 brum. an IV maintint ces dispositions, exigeant seulement, pour faire courir la prescription, que le délit eût été à la fois connu *et* légalement constaté.

297. — Aujourd'hui, les *crimes* se prescrivent par dix ans à compter du jour où ils ont été commis, s'il n'y a pas eu de poursuites, ou à compter du dernier acte d'instruction ou de poursuite, s'il en a été fait qui n'aient pas été suivis de jugement. — C. inst. crim., art. 637.

298. — Les délits se prescrivent par trois ans, qui partent du jour du délit s'il n'y a pas eu de poursuites, ou du dernier acte d'instruction ou de poursuite non suivi de jugement. — C. inst. crim., art. 638.

299. — L'action publique pour une contravention se prescrit par une année révolue, à compter du jour où elle aura été commise, même lorsqu'il y aura eu procès-verbal, saisie, instruction ou poursuite, si dans cet intervalle il n'est point intervenu de condamnation; s'il y a eu un jugement définitif de première instance de nature à être attaqué par la voie de l'appel, l'action publique et l'action civile se prescriront après une année révolue à compter de la notification de l'appel qui en aura été interjeté. — C. inst. crim., art. 640.

300. — S'il y a eu pourvoi et cassation du jugement, la prescription n'est acquise qu'après le même délai depuis l'arrêt de cassation. — *Cass.*, 16 juin 1836, Chaudesais; — Massabiau, nº 1339.

301. — Ces prescriptions s'appliquent à tous les délits prévus par le Code pénal, quand même des lois antérieures auraient soumis ces délits à une prescription spéciale. — Mangin, nº 293. — V. DÉLIT RURAL.

302. — Ainsi jugé que le fait d'avoir construit sur une rue un bâtardeau en fumier qui a fait refluer l'eau pluviale dans la cave du voisin et y a causé du dégât constituant, non le délit prévu par l'art. 15, tit. 2, C. rur. de 1791, mais la contravention punie par l'art. 471, nº 4, C. pén., le jugement qui déclare prescrite l'action publique non exercée dans le mois, aux termes de l'art. 8, sect. 7e, tit. 1er, C. rur. précité, commet une violation de la loi. — *Cass.*, 25 avr. 1824, Jeanniot.

303. — La prescription s'applique même aux délits non compris dans le Code pénal et prévus par des lois spéciales qui n'en ont pas réglé la prescription. — Mangin, nº 294.

304. — Dans le cas de passage d'une législation à une autre, on doit, par analogie de l'art. 6, décr. 23 juill. 1810, déclarer que la prescription la plus courte s'appliquera aux faits qui se sont passés sous l'empire de la législation abrogée. Ainsi on appliquerait la prescription de l'art. 640 à un fait qualifié de contravention par la loi sous l'empire de laquelle il a été commis, et qu'une loi nouvelle qualifierait de crime. — Mangin, nº 295.

305. — Les crimes commis par des mineurs de moins de seize ans ne doivent se prescrire que par dix ans, quoique les coupables ne puissent être punis que de peines correctionnelles. La loi, en effet, en modifiant les peines et en changeant la juridiction à raison de l'âge des coupables, n'a pu vouloir changer la nature des faits, et on doit restreindre son exception aux cas pour lesquels elle l'a établie. — *Cass.*, 22 mai 1841 (t. 2 1841, p. 492), Ganivet; — Mangin, nº 296. — V. contrà Massabiau, nº 1340.

306. — En tout cas, ce n'est pas par le titre de l'accusation, mais par la déclaration de culpabilité qu'il faut juger si un fait est un crime ou un délit, pour savoir quelle prescription doit lui être appliquée; et si le jury, en écartant une circonstance aggravante, faisait du fait qui lui est soumis un simple délit, la cour devrait ne prononcer aucune peine, si la prescription de trois années était applicable. — Mangin, nº 297.

307. — Et à l'inverse, la prescription de l'art. 637 serait seule applicable, s'il résultait du débat que le fait considéré d'abord comme délit était réellement un crime. — Mangin, *ibid.*; Massabiau, nº 1333.

308. — Jugé en conséquence que le temps nécessaire pour opérer la prescription se détermine par la qualification donnée au fait dans le jugement qui aurait été rendu, nonobstant la prescription acquise. — *Cass.*, 9 juill. 1829, Jean Bousquié.

309. — Quant aux prescriptions relatives à certains délits, voyez les mots qui les concernent.

310. — Le jour où le crime a été commis doit compter dans le délai nécessaire pour la prescription. — Mangin, nº 319.

311. — Pour les crimes ou délits successifs, la prescription ne commence à courir que du jour où ils ont entièrement cessé. — Mangin, nº 321.

312. — Par exemple, s'il s'agit de prêts usuraires, la prescription ne court qu'à partir du dernier

d'entre eux. — Massabiau, no 1338. — V. USURE.

313. — La prescription de l'action publique ne court pas contre les crimes dont la poursuite ou le jugement sont subordonnés, aux termes notamment de l'art. 327, C. civ., à la décision d'une question préjudicielle. Il n'en peut être autrement, puisque la loi interdit au ministère public le droit de poursuivre ces délits. — Mangin, no 335. — V. QUESTION PRÉJUDICIELLE.

314. — La prescription ne peut non plus courir pendant le sursis prononcé par les tribunaux pour faire juger une question préjudicielle. — Mangin, *ibid.*

315. — Ni pendant le temps qui s'écoule entre la demande en autorisation de poursuivre certains fonctionnaires publics et l'obtention de cette autorisation. — *Cass.*, 13 avr. 1810 (int. de la loi), Jouault et Roul; — Mangin, no 336; Massabiau, no 1338.

316. — La prescription de trois ans n'est pas acquise aux condamnés pour un crime qui, par l'admission des circonstances atténuantes, n'ont été punis que d'une peine correctionnelle. — Massabiau, no 1340.

317. — La démence d'un accusé n'empêche pas la prescription de courir en sa faveur. — *Cass.*, 22 avr. 1817, Harlog Heymann; — Massabiau, no 1340.

318. — La prescription de l'action publique est acquise au condamné par défaut en police correctionnelle après trois ans révolus depuis sa condamnation, si elle ne lui a pas été valablement signifiée et s'il n'a été fait depuis aucun acte d'instruction ou de poursuite. Le jugement par défaut n'est alors considéré que comme acte interruptif de prescription après lequel elle reprend son cours. — *Paris*, 26 déc. 1816, Pontier; *Cass.*, 31 août 1827, Buchillot.

319. — La plainte portée par la partie lésée, soit au procureur du roi, soit au juge d'instruction, n'interrompt point le cours de la prescription de l'action publique. — Mangin, no 353.

320. — S'il y a eu poursuite devant un tribunal incompétent, le délai pour la prescription ne court qu'à partir de la déclaration d'incompétence. — Massabiau, no 1337.

321. — En général, les actes d'instruction interrompent la prescription. Mais il ne faut entendre par actes d'instruction que les actes émanés des magistrats, notamment les réquisitions du ministère public au juge d'instruction, même lorsqu'elles ne sont pas suivies de citation donnée au prévenu. — Massabiau, no 1342.

322. — A plus forte raison doit-on considérer comme acte d'instruction l'information même non contradictoire contre l'inculpé. — *Ibid.*

323. — ... Ou même l'assignation donnée à un témoin.

324. — Mais que faut-il décider relativement à la plainte? La plainte n'est pas un acte d'instruction ; aussi pensons-nous, avec MM. Favard de Langlade (*Nouv. Rép.*, vo *Prescription*, sect. 5e, § 1er, no 4) et Mangin (t. 2, no 353, p. 204), que la plainte seule ne suffit pas pour interrompre la prescription. — V. *contrà* Legraverend, t. 1er, p. 79.

325. — Il en est de même des poursuites dirigées par un magistrat incompétent ou sans qualité. — *Cass.*, 11 mars 1819, Boyer et Bardot; — Massabiau, no 1344.

V. au surplus PRESCRIPTION (mat. crim.).

§ 3. — *Chose jugée.*

326. — C'est une maxime incontestable de notre droit criminel qu'un individu qui a été légalement et souverainement jugé ne peut plus être poursuivi à raison du même fait, la société étant réputée avoir obtenu la réparation qui lui est due. — Mangin, no 370. — V. CHOSE JUGÉE, NON BIS IN IDEM.

327. — Quant à l'influence exercée par l'action civile sur l'action publique et réciproquement, V. ACTION CIVILE, CHOSE JUGÉE, QUESTION PRÉJUDICIELLE.

§ 4. — *Amnistie.*

328. — L'amnistie diffère de la grace en ce que celle-ci dispense seulement de l'application de la peine, tandis que l'amnistie a pour effet d'éteindre l'action criminelle, soit qu'elle ait déjà été formée, soit qu'elle ne l'ait pas encore été. — V. au surplus AMNISTIE. — V. Mangin, no 442; Massabiau, nos 1309 et suiv.

§. 5. — *Condamnation antérieure du prévenu.*

329. — L'action publique ne doit pas être inutilement exercée. Or en vertu du principe qui veut qu'en cas de conviction de plusieurs crimes ou délits la peine la plus forte soit seule prononcée, il devient donc inutile de le poursuivre lorsqu'il a déjà été condamné à une peine plus forte que celle que lui feraient encourir les délits qu'il a commis antérieurement à cette condamnation.

V. ABUS DE CONFIANCE, ACCUSATION, ACCUSÉ, ACTE AUTHENTIQUE, ACTES DE L'ÉTAT CIVIL, ACTION CIVILE, ADULTÈRE, AGENT DIPLOMATIQUE, AMNISTIE, ANIMAUX, APPEL COMME D'ABUS, CHOSE JUGÉE, CONTRIBUTIONS INDIRECTES, DOUANES, ENREGISTREMENT, FORÊTS, MATIÈRES D'OR ET D'ARGENT, MINISTÈRE PUBLIC, NON BIS IN IDEM, PEINE, PRESCRIPTION, QUESTION PRÉJUDICIELLE, RAPT.

ACTION RÉCURSOIRE.

V. GARANTIE.

ACTION RÉDHIBITOIRE.

L'action rédhibitoire est celle qui existe au profit de l'acheteur, à raison des vices connus sous le nom de *rédhibitoires* qui peuvent exister dans la chose vendue. — Cette action est soumise à des formes et à des délais particuliers. — V. VICES RÉDHIBITOIRES.

ACTION RÉELLE.

V. ACTION (droit français), no 126.

ACTION RÉSOLUTOIRE.

V. RÉSOLUTION.

ACTION RÉVOCATOIRE.

1. — On donne quelquefois ce nom à l'action par laquelle les créanciers attaquent les actes faits par leur débiteur en fraude de leurs droits (art. 1167, C. civ.; — Toullier, *Droit civ.*, t. 6 p. 376, no 343). — Mais les jurisconsultes appellent plus particulièrement action révocatoire celle qui a pour objet de faire déclarer nulle la vente du fonds dotal. — C. civ., art. 1560.

2. — Lorsqu'il s'agit de l'action révocatoire accordée par l'art. 1167, le principe est que les créanciers ne peuvent l'exercer que subsidiairement, et dans le cas seulement où les biens du débiteur ne suffiraient pas pour payer ses dettes.

3. — Un autre principe fondamental en cette matière, c'est que l'action révocatoire ne peut être admise que contre des actes frauduleux.

4. — A Rome, l'action révocatoire devait être formée dans l'année. En France, la loi n'a point fixé de délai péremptoire pour exercer cette action. C'est aux juges, dit Toullier (t. 6, no 356), à déterminer, d'après les circonstances, si le temps écoulé depuis l'acte prétendu frauduleux est suffisant pour détruire le soupçon de fraude.

5. — En matière de faillite, l'action révocatoire, dans l'intérêt de la masse, des actes faits par le débiteur depuis la cessation de paiement ou dans les dix jours qui ont précédé cette époque, est affranchie de toute condition : c'est la loi elle-même qui suppose la fraude et qui l'atteint. — C. comm., art. 446. — V., au surplus, FAILLITE.

6. — D'après le droit romain, l'action révocatoire ne s'appliquait qu'aux actes par lesquels le débiteur diminuait son patrimoine, elle ne s'étendait point au cas où il négligeait d'acquérir et d'augmenter son bien. — Cette distinction a été repoussée par la jurisprudence française : le créancier exerce tous les droits et actions de son débiteur, à l'exception de ceux qui sont exclusivement attachés à la personne. — C. civ., art. 1166. — V. OBLIGATION.

7. — Lorsque l'action révocatoire a pour objet de faire annuler l'acte par lequel le mari ou la femme, ou tous les deux conjointement, ont aliéné le fonds dotal, elle peut être exercée par la femme ou ses héritiers après la dissolution du mariage.

8. — Le mari lui-même peut faire révoquer cette aliénation pendant le mariage; mais il demeure passible de dommages-intérêts envers l'acheteur, s'il n'a pas déclaré dans le contrat que le bien vendu était dotal.

9. — La femme peut-elle exercer l'action pendant le mariage? — V. DOT. — V. aussi Toullier, t. 14, p. 250, no 228.

10. — On ne peut opposer aucune prescription soit au mari, soit à la femme, contre l'action révocatoire pendant la durée du mariage. Le mari ne peut plus l'exercer, ni après la dissolution ni après la séparation des biens prononcée. — V. DOT.

11. — Mais pendant combien de temps l'action de la femme durera-t-elle? quel est le délai de la prescription de l'action révocatoire? — Le Code garde le silence sur ce point, c'est donc d'après les principes généraux qu'il faut résoudre la question, qui, du reste, est fort grave. — Pour la solution, V. DOT.

ACTION TEMPORAIRE.

V. ACTION (droit romain), nos 217 et suiv.

ACTIONS, ACTIONNAIRES.

On nomme *action* une quote-part d'intérêt dans une société anonyme ou en commandite dont le capital est divisé en portions égales. — L'*actionnaire* est le propriétaire d'une ou de plusieurs actions. — V. SOCIÉTÉ.

ACTIONS AU PORTEUR.

V. SOCIÉTÉ.

ACTIONS DE LA BANQUE.

V. BANQUE DE FRANCE.

ACTIONS DES CANAUX.

V. CANAUX.

ADAGE.

1. — Maxime de droit, ordinairement fort concise, et d'un usage fréquent à l'école et au barreau. C'est ainsi qu'on dit : « Le mort saisit le vif. » — « N'est héritier qui ne veut. »

2. — C'est surtout aux écrits des jurisconsultes romains que l'on emprunte les adages dont on entend se prévaloir, et alors la citation se fait en latin, malgré la bigarrure que ces textes jettent dans le style et dans la plaidoirie. Ainsi, par exemple, on dit tous les jours : *Licet vim vi repellere.* — *Impossibilium nulla obligatio est.* — *Nemo plus juris ad alium transferre potest quàm ipse habet.* — *Utile per inutile non vitiatur*, etc.....

3. — Il faut reconnaître, du reste, que ces axiomes, monnaie courante des discussions judiciaires, ont souvent, dans la langue latine, une précision et une énergie qu'il serait difficile de leur conserver en français.

4. — L'usage de prouver par adages s'est introduit partout, grace à cette maxime célèbre, dont on a tant abusé au moyen-âge : *Erubescendum est jurisconsulto sine lege loqui.*

5. — A cette époque, on croyait que les propositions, même les plus évidentes, avaient besoin d'être démontrées, et l'on faisait à tous propos des citations de lois, de brocards, d'autorités, avec plus d'érudition que de discernement.

6. — Aujourd'hui on y met plus de discrétion. Cependant on ne peut disconvenir que les légistes n'emploient très souvent encore, dans leurs discussions, des adages qui, pour être souvent cités, n'en sont pas plus exacts, et dont on serait fort embarrassé d'indiquer la source. C'est aux juges à ne pas se payer de mots, et à écarter de leurs jugemens ces fausses maximes qui ne prouvent d'ordinaire que l'impuissance du plaideur à fournir une bonne démonstration.

7 — Barbosa, dans son ouvrage intitulé *Axiomata juris*, a formulé et commenté les adages du droit romain et du droit canonique. M. Dupin, dans la partie du *Manuel du jeune avocat et de l'étudiant en droit*, qui a pour titre *Prolegomena juris*, a réuni les principaux axiômes des lois romaines qui constituent les règles du droit. M. Berriat Saint-Prix, à la suite de son *Cours de procédure civile* (t. 2, p. 732) a aussi publié une liste des adages par lui cités dans son ouvrage. Enfin, M. Victor Fons, dans une brochure intitulée *Aphorismes du droit*, a réuni et commenté les adages tant du droit romain que du droit français.

ADDIT DU PROCÈS.

1. — Expressions autrefois en usage dans la Bretagne, et qui exprimaient la conclusion du procès, le moment de le juger.

2. — Il est beaucoup question de l'*addit* dans les anciennes constitutions des ducs de Bretagne que Sauvageau a jointes à l'édition de la très ancienne coutume de cette province. — Guyot, *Répert.*, vo *Addit du procès* (art. de Garran de Coulon).

ADDITION AUX ÉCRITURES.

1. — Dans l'ancienne pratique, on appelait *addition* les écritures que l'on signifiait après avoir donné ses défenses et ses répliques, soit pour ajouter de nouveaux faits, produire de nouveaux titres ou de nouveaux moyens, soit pour répondre aux nouvelles productions de la partie adverse.

2. — L'ord. de 1667 proscrit l'usage des dupliques, tripliques, additions premières, secondes et autres écritures, avec défense aux juges de les passer en taxe. — Nonobstant cette prohibition

les abus des productions multipliées se perpétuèrent jusqu'à la révolution.

ADDRESSÉE (Droit ancien).

Ce mot était en usage dans la coutume de Hainault. « Une femme, dit cette coutume, chassée de la maison par son mari, peut demander en justice une *addressée*, c'est-à-dire une pension suffisante pour sa subsistance et son entretien. » — Art. 97. — V. ALIMENS, PENSION ALIMENTAIRE.

ADÉNÉRER.

1. — Ancien terme de pratique qui signifie *estimer, apprécier*. On le trouve dans plusieurs coutumes et dans d'anciennes ordonnances.

2. — Quelquefois ce mot est employé dans un autre sens; il signifie *faire argent* d'une chose, la *vendre aux enchères*. C'est ce qui fait dire à Ferrière, *Dict. de droit*, qu'adénérer vient du latin : *ad œneum, aut œris pretium constituere*.

3. — Dans la cout. de Lille, chap. 9, art. 10, et dans celle de Blois, art. 37, on lui donnait cette dernière acception, et on l'appliquait à l'encan de meubles saisis par un sergent.

ADHÉSION.

1. — Consentement donné par une partie à un acte, à des conclusions, à une demande.

2. — Lorsque le consentement de la partie s'applique à un jugement, à un arrêt, il prend le nom d'*acquiescement*. — V. ce mot.

3. — Le mot *adhésion* désigne aussi l'assentiment donné par des avocats à une consultation rédigée par un de leurs confrères.

4. — Anciennement, dans la pratique des officialités, on donnait le nom de demande en adhésion à celle qui était formée par une personne mariée, pour faire ordonner que son conjoint eût à vivre avec elle suivant les lois du mariage. — V. Brunet, *Notaire apostolique*, t. 1er, chap. 7, p. 94; Decombes, *Officialités*, t. 1er, p. 3 et 250.

V. ABONNEMENT (contributions indirectes), ACQUIESCEMENT, ENREGISTREMENT.

ADIRÉ.

Ce qui est perdu, égaré. Se dit particulièrement des pièces d'une procédure.

ADITION D'HÉRÉDITÉ.

1. — On entend par *adition d'hérédité* l'acceptation expresse ou tacite que fait d'une succession un héritier légitime ou institué. — C. civ., art. 778.

2. — Après l'adition d'hérédité, l'héritier n'est plus reçu à renoncer à la succession ou à ne l'accepter que sous bénéfice d'inventaire. — V. HÉRITIER BÉNÉFICIAIRE.

3. — Suivant l'art. 779, C. civ., les actes purement conservatoires, de surveillance ou d'administration provisoire, ne sont pas des actes d'*adition d'hérédité*, si l'on n'y a pris le titre ou la qualité d'héritier. — V. SUCCESSION.

ADJOINT AU MAIRE.

Officier nommé dans chaque commune, conformément au mode prescrit par la loi du 21 mars 1831, pour remplacer le maire en cas d'absence ou d'empêchement, et pour remplir celles des fonctions que le maire juge à propos de lui déléguer ou qui lui sont déférées par la loi. — V. ACTES DE L'ÉTAT CIVIL, COMMUNES, MAIRE, ORGANISATION MUNICIPALE.

ADJOINT AUX ENQUÊTES (ancien droit).

1. — Assesseur assistant le juge chargé de procéder à une enquête ou à une information.

2. — Autrefois, il était de principe, en France, qu'un juge ne pouvait, seul, faire une enquête, soit en matière civile, soit en matière criminelle : il devait être assisté d'un *adjoint*. — « C'était, dit Loysel, une espèce de contrôleur du commissaire. »

3. — L'ordonnance de 1363, art. 21, prescrivait que les enquêtes ordonnées par le parlement fussent faites par des commissaires, ou par un commissaire et un *adjoint*.

4. — Ce principe se trouve encore rappelé dans l'ordonnance de 1535. — Il est enjoint, par François Ier, à tous commissaires procédant à une enquête, de faire eux-mêmes les examens et interrogatoires des témoins, *présens leurs adjoints*; et il leur est défendu de se décharger de ce soin sur ceux-ci, ou sur leurs greffiers ou leurs clercs. — Ordonn. de 1535, chap. 7, art. 5.

5. — Aux termes de l'art. 61 du célèbre Edit de Nantes, dans le cas où le commissaire chargé de l'enquête était catholique, l'*adjoint* devait être de la religion prétendue réformée, et réciproquement.

6. — En 1586, les offices d'adjoints furent érigés en titres vénaux, et divisés en deux classes.

7. — Les uns devaient être remplis par des gens *expérimentés en théorique et pratique, et duement qualifiés*, c'est-à-dire *gradués*. Ceux-là étaient employés dans les cours souveraines et dans les juridictions royales.

8. — Les autres pouvaient être occupés par des procureurs, notaires ou praticiens. Leurs fonctions étaient les mêmes que celles des autres; mais elles ne s'exerçaient que dans les juridictions subalternes.

9. — L'ordonnance de 1667, tit. 22, art. 12, abrogea les fonctions d'*adjoints* comme inutiles, et cette disposition fut répétée par l'ordonnance de 1670, tit. 6, art. 8.

10. — Cependant, telle était l'instabilité de la législation à cette époque, que les offices d'adjoints furent rétablis par l'édit de février 1674, et confirmés par les édits et déclarations d'avril 1696 et 5 nov. 1704. — V. *Encyclop. méthod.*, p. 155.

11. — Le malheur des temps et la pénurie des finances semblaient rendre cette mesure nécessaire; mais, après la mort de Louis XIV, la suppression de ces offices fut prononcée de nouveau, et cette fois définitivement. — V. *Edit de nov. 1717*.

12. — Le parlement de Douai, qui n'avait point enregistré l'ordonnance de 1667, fut le seul qui maintint les fonctions d'*adjoint* dans son ressort. D'après la jurisprudence de cette cour, une enquête était nulle si elle avait été faite sans l'assistance d'un *adjoint*. Cet usage subsista jusqu'à la révolution. — V. Pollet, *Recueil d'arrêts*, part. 3e, no 39; et Desjaunaux, t. 2, no 259.

13. — Les adjoints existaient aussi dans la Lorraine pour une foule de cas. En 1707, le duc Léopold les supprima dans toutes les juridictions; il n'y eut d'exception que pour les enquêtes faites par les juges, *non gradués*, des justices seigneuriales; ceux-ci devaient prendre pour *adjoint* un gradué ou, à son défaut, un praticien non suspect aux parties. — Ord. de Lorraine, tit. 5, art. 17.

ADJOUR.

Terme employé dans quelques coutumes pour exprimer une assignation à comparaître en justice. — V. AJOURNEMENT.

ADJOURNEMENT.

Commission de justice pour ajourner et exploit d'ajournement. — Dans les lois des Francs, l'ajournement était désigné sous le nom de *mannitio*. — MANNIRE *id est vocare in jus testibus prœsentibus*. — Ragueau, vo *Adjournement*. — V. AJOURNEMENT, EXPLOIT.

ADJUDANT-MAJOR.

V. ARMÉE, GARDE NATIONALE.

ADJUDICATAIRE.

Personne au profit de laquelle une adjudication est faite. — V. ADJUDICATION.

ADJUDICATION.

Action d'adjuger. — Le but de l'adjudication est d'obtenir, par la voie de la concurrence et de la publicité, le meilleur prix et les meilleures conditions pour la vente d'un bien mobilier ou immobilier, ou pour l'exécution des fournitures ou travaux nécessaires pour les divers services publics ou communaux. — V. DOMAINES NATIONAUX, ENCHÈRE, ENREGISTREMENT, ENTREPRENEURS, EXPROPRIATION FORCÉE, FORÊTS, LICITATION, MARCHÉS DE FOURNITURES, SAISIE-IMMOBILIÈRE, TIMBRE, TRAVAUX PUBLICS, VENTE.

ADJUDICATION A LA BAGUETTE.

1. — Mode d'adjudication en usage dans quelques juridictions hors du ressort de Paris.

2. — Voici comme on procédait : — L'officier chargé de vendre l'héritage décrété frappait avec une baguette un certain nombre de coups, et mettait, entre chaque coup, un intervalle déterminé. L'adjudication était faite au profit de celui dont l'enchère venait d'être annoncée au moment où le dernier coup de baguette avait été frappé. — D'Héricourt, *Traité de la vente des immeubles*, chap. 10, no 30. — On voit que ce mode ressemblait assez à celui dont font usage nos commissaires-priseurs.

3. — Brillon cite un arrêt du parlement de Paris, qui défend aux juges d'adjuger *à la baguette* aucuns biens décrétés. — *Dict. des arrêts*, vo *Adjudication*, no 55.

4. — L'adjudication à la baguette était employée pour les ventes de la compagnie des Indes. Le directeur donnait un coup de baguette sur un plat, pour annoncer qu'il adjugeait au dernier enchérisseur. — V. *Nouveau Denisart*, t. 1er, p. 228, no 4.

ADJUDICATION A LA BARRE DE LA COUR (ancien droit).

1. — C'était un mode d'adjudication moins long et moins dispendieux que le décret qu'on employait dans quelques ressorts, afin d'épargner les frais. — V. Née de Larochelle, *Cout. d'Auxerre*, p. 193.

2. — Cette espèce d'adjudication, connue aussi sous le nom de *vente sur publication*, avait un grave inconvénient, c'est qu'elle ne purgeait pas les hypothèques. — V. Prost de Royer, vo *Adjudication*, t. 2, p. 761 et 762.

ADJUDICATION DE BIENS NATIONAUX.

V. BIENS NATIONAUX.

ADMALLER.

Vieux mot qui signifiait *citer, appeler en justice*.

ADMINICULE.

Dérivé du mot latin *adminiculum (ad manum)*, appui, étai; il sert à désigner une circonstance qui, insuffisante pour constituer une preuve, tend cependant à la former ou à la fortifier. C'est un commencement de preuve, une preuve imparfaite, ainsi qu'on l'a défini.

ADMINISTRATEUR.

V. ABSENCE, ADMINISTRATION, COMMUNAUTÉ, FONCTIONNAIRE PUBLIC, HYPOTHÈQUE LÉGALE, ORGANISATION ADMINISTRATIVE, PARTAGE, PUISSANCE PATERNELLE, TUTELLE.

ADMINISTRATION PUBLIQUE.

1. — L'administration publique, dans son acception la plus large, est l'ensemble des pouvoirs qui, dans l'état, veillent au maintien de l'ordre, pourvoient à l'exécution des lois et aux besoins de la société. — Trolley, *Cours de dr. adm.*, no 6.

2. — Elle est une des branches du pouvoir exécutif confié à la royauté. — Charte const., art. 12.

3. — Prise au point de vue le plus élevé, l'administration publique est extérieure ou intérieure.

4. — L'administration publique extérieure règle les rapports de la France avec les autres nations, propose et accepte les traités, détermine et règle les ambassades, et applique à ses actes le droit international. — V. DIPLOMATIE.

5. — L'administration publique intérieure veille aux nécessités des divers services publics, et prend les mesures qui ont pour objet la police générale du royaume.

6. — Dans ce même ordre d'action, l'administration publique fait les ordonnances et les réglemens d'administration publique, et facilite ainsi l'exécution des lois.

7. — L'administration publique régit aussi la fortune de l'état; elle dispose des propriétés communes; elle aliène, acquiert, échange, concède, en se conformant à certaines conditions prescrites par la loi; elle garde, conserve; elle exerce des actions et défend en justice. — De Gérando, *Instit. de droit adm.*, t. 1er, p. 87.

8. — Elle perçoit les revenus, acquitte les dépenses, liquide les créances et les dettes. — *Ibid.*

9. — Enfin, elle exécute des travaux, elle construit, répare, entretient etc. — *Ibid.*

10. — Cette action incessante de l'administration publique, concentrée, unique à son sommet, se divise en descendant et s'exerce sous la direction d'un certain nombre d'agens qui, bien qu'obéissant à une impulsion commune, agissent cependant chacun d'après des lois qui lui sont propres.

11. — C'est cette division de la puissance administrative qui a donné naissance aux grandes administrations ou ministères, puis dans un degré

 ADOPTION ET TUTELLE OFFICIEUSE.

inférieur à celles de l'enregistrement et des domaines, des douanes, des postes, des eaux et forêts; à celles des contributions directes et indirectes, à celles des ponts et chaussées, de la caisse d'amortissement, et de la caisse des dépôts et consignations. — V. ADMINISTRATIONS PUBLIQUES, ORGANISATION ADMINISTRATIVE.

12. — L'administration publique a ses tribunaux comme elle a ses agens : quelquefois aussi ses agens sont juges.

13. — Le contentieux administratif est essentiellement distinct du contentieux judiciaire. En général, le contentieux administratif a sa cause dans les actes de l'administration; le contentieux judiciaire dans les faits civils.

14. — Il suit de là que les tribunaux ordinaires peuvent et doivent appliquer les actes administratifs, mais qu'ils ne peuvent les interpréter. — V. ACTE ADMINISTRATIF, COMPÉTENCE ADMINISTRATIVE.

15. — Il ne peut être exercé aucune action contre l'administration, par qui que ce soit, sans qu'au préalable on se soit pourvu par simple mémoire, au préfet, pour donner une décision, à peine de nullité. — L. des 23 et 28 oct.-5 nov. 1790, tit. 3, art. 15.

ADMINISTRATIONS PUBLIQUES.

1. — On entend par administrations publiques les divers pouvoirs qui, sous la direction des ministres, sont chargés des différentes parties du service public. — V. Solon, *Répert. des juridictions*, v° *Administration publique;* Rolland de Villargues, *cod. verb.*

2. — Le roi, chef suprême de l'état, nomme à tous les emplois d'administration publique. — Charte de 1830, art. 13.

3. — Tout agent de l'administration est responsable de l'usage de l'autorité qui lui est confiée.

4. — Mais l'administration n'est liée par les actes de ses agens qu'autant que ces actes sont faits dans l'exercice du mandat légal que la loi leur confie. — *Cass.*, 11 fév. 1825, Teyssonnier.

5. — Il est défendu à tous les corps administratifs de prendre aucun arrêté sur les matières qui ne leur sont pas attribuées, sous peine de forfaiture. — L. 28 août 1793, art. 1er.

6. — Les préposés des administrations financières, obligés de fournir un cautionnement, ne pouvaient autrefois faire servir à un nouvel emploi ce même cautionnement; ils étaient obligés d'en fournir un nouveau, sauf à eux à retirer des mains du trésor la somme primitivement versée; aujourd'hui, et depuis l'ordonn. du 25 juin 1835, les préposés des administrations ou régies peuvent faire servir leur cautionnement à la garantie de tous les faits résultant des diverses gestions dont ils sont chargés, quel que soit le lieu où ils exercent leurs fonctions. — V. l'art. 1er de ladite ordonnance.

7. — Seulement, lorsqu'un préposé des douanes, des postes, de l'enregistrement et des domaines est appelé à de nouvelles fonctions ou à une nouvelle résidence, il ne peut entrer en service qu'après avoir présenté au chef de service chargé de l'installer : — 1° le certificat d'inscription de son dernier cautionnement; — 2° le récépissé à talon, constatant le versement du supplément auquel il aura pu être assujéti; — 3° le certificat de non-opposition, délivré par le greffier du tribunal dans le ressort duquel il a exercé ses fonctions précédentes. — V. ord., art. 3.

8. — Les administrations ou régies intentent ou soutiennent les actions judiciaires relatives aux objets dont la direction et la conservation leur sont confiées. — Solon, *Rép. des juridictions*, t. 1er, p. 280, v° *Administration publique*.

9. — Les administrations publiques sont assignées en leurs bureaux, dans le lieu où réside le siége de l'administration ; dans les autres lieux, en la personne et au bureau de leur préposé. — C. procéd., art. 69 3°. — V. EXPLOIT.

10. — Lorsque les administrations publiques procèdent dans les instances introduites devant le conseil d'état, les dépens faits, soit par elles, soit par leurs adversaires, restent à la charge de la partie qui les a faits; aucune disposition de loi ou d'ordonnance n'autorise à prononcer de condamnation aux dépens contre les administrations, ni même en leur faveur; c'est là un point de jurisprudence désormais constant. — V. notamment *Cons. d'état*, 28 mai 1837, Brun; 28 août 1837, Boisson; 2 août 1838, Schaaf; 28 janv. 1841, Jounnin; 25 août 1841, Capdeville; 9 déc. 1842, Schneider. — V. aussi Magnitot et Delamarre, *Dict. du droit administratif*, v° *Conseil d'état*, p. 306; Serrigny, *Traité de l'org. et de la comp. adm.*, t. 1er, n° 357. — V. DÉPENS.

11. — Le principal motif de cette jurisprudence, d'après M. Serrigny *(loc. cit.)*, est une raison d'économie; l'état est la partie qui doit avoir le plus de contestations administratives, et conséquemment celle qui serait le plus exposée à des condamnations de dépens.

12. — Les administrations publiques peuvent se pourvoir en cassation, mais si elles succombent elles ne sont pas condamnées à l'amende; elles ne supportent que les frais et l'indemnité de 150 fr. envers la partie acquittée. — C. inst. crim., art. 436. — V. Déc. du grand juge, 25 avr. 1806. — V. CASSATION.

13. — Les administrations publiques sont assimilées aux parties civiles relativement aux procès suivis soit à leur requête, soit même d'office et dans leur intérêt; en conséquence, ces administrations, soit qu'elles succombent ou non, sont tenues des frais d'instruction, expédition et signification des jugemens, sauf leur recours contre les prévenus ou accusés qui sont condamnés et les personnes civilement responsables. — Tarif crim., art. 157 et 158.

14. — Les dispositions de ces articles ne s'appliquent cependant qu'aux administrations publiques qui possèdent des biens particuliers ou qui perçoivent des revenus, des rétributions et des amendes dont le produit est affecté à des dépenses spéciales. — V. Legraverend, t. 1er, chap. 19; Garnier du Bourgneuf, *Manuel des frais de justice en matière criminelle*, sur l'art. 158 du Tarif crim.

15. — Jugé que lorsqu'une partie acquittée est intervenue dans l'instance en cassation sur le pourvoi d'une administration ou régie de l'état, le désistement du pourvoi ne peut soustraire cette administration ou régie au paiement des frais et indemnités envers ladite partie intervenante, aux termes du dernier paragraphe de l'art. 436, C. inst. crim. — *Cass.*, 16 août 1811, Forêts c. N....; 4 sept. 1812, Douanes c. Mayer. — V. aussi Carnot, *C. inst. crim.*, art. 419.

16. — Lorsque les administrations publiques obtiennent des condamnations avec contrainte par corps, elles ne sont pas obligées de consigner les alimens des parties condamnées. On fait ici l'application du décret du 4 mars 1808, qui dispense les agens du trésor de cette consignation; la raison qu'on en donne c'est que dans l'un et l'autre cas il s'agit de débiteur envers l'état. — V. Legraverend, *Législ. crim.*, t. 1er, chap. 19, p. 650. — V. CONTRAINTE PAR CORPS.

ADMITTATUR.

1. — Certificat de capacité délivré, après examen, aux candidats qui demandaient à être admis dans certaines compagnies, telles que celles des notaires, des procureurs, des commissaires au Châtelet, etc.

2. — Cette expression, qui avait passé du latin dans la langue des jurisconsultes et des praticiens, n'est plus en usage aujourd'hui. — V. CERTIFICAT DE CAPACITÉ.

ADOPTION.

V. ADVOUERIE.

ADOPTION ET TUTELLE OFFICIEUSE.

Table alphabétique.

ADOPTION ET TUTELLE OFFICIEUSE. — 1. — L'adoption est un contrat solennel qui établit entre deux personnes des rapports de paternité et de filiation purement civils. — Duranton, t. 1er, n° 267.

2. — La *tutelle officieuse* est un contrat de bienfaisance par lequel une personne s'oblige à nourrir et à élever gratuitement un mineur pour le mettre en état de gagner sa vie, et à administrer aussi sa personne et ses biens.

3. — La connexité intime qui existe entre l'adoption et la tutelle officieuse nous a déterminés à les réunir : en cela, au surplus, nous n'avons fait que suivre la marche indiquée par le Code civ. — Les règles qui sont propres à chacun de ces deux contrats feront l'objet de deux titres séparés.

—

TITRE 1er. — *Adoption.*

CHAPITRE Ier. — *Historique.*

4. — L'origine de l'adoption remonte à une haute antiquité ; mais, à supposer qu'elle ait été chez les peuples anciens une institution régulière, il n'est resté que fort peu de traces de son organisation. — Quant à l'adoption chez les Athéniens, par exemple, on ne sait qu'une chose, c'est qu'elle n'avait lieu qu'en faveur des enfans mâles dans la vue de perpétuer le nom, et qu'elle ne liait pas l'adopté de telle sorte qu'il ne pût retourner à sa famille primitive, pourvu qu'il laissât un fils légitime à la famille dans laquelle il était entré par l'adoption. — Grenier, *Disc. hist. sur l'adoption.*

5. — Lors donc que l'on veut connaître l'adoption des anciens, c'est à l'adoption des Romains qu'il faut arrêter sa pensée comme à celle dont les documens nous ont été le plus complètement transmis. — A Rome, l'adoption était en honneur. — On en connaissait deux sortes, 1o l'*adrogation*, au moyen de laquelle un citoyen romain, non soumis à la puissance paternelle *(sui juris)*, passait sous la puissance d'un autre avec ses enfans et ses biens ; 2o l'adoption proprement dite, par laquelle un fils de famille, *alieni juris*, était donné en adoption, par celui sous la puissance duquel il était placé, à un père de famille étranger. — V., pour les formes de ces sortes d'adoption, Ducaurroy, *Inst. expliq.*, t. 1er, p. 123 et suiv. — Ajoutons que l'adrogation n'était pas admise à Rome du temps de Gaïus, au lieu que l'adoption proprement dite avait lieu à Rome et même dans les provinces. — Gaïus, *Comm.* 1, § 100.

6. — Dans le principe, l'effet caractéristique de l'adoption était de *faire passer l'adopté* dans la famille de l'adoptant, en le retranchant de la sienne. Mais il s'opéra, sous Justinien, un changement notable dans cet effet, qui ne continua plus de subsister que quand l'adoptant était un des ascendans de l'adopté ; dans tous les autres cas, Justinien voulut que l'adopté ne passât ni dans la famille ni sous la puissance de l'adoptant, auquel seulement il acquérait le droit de succéder *ab intestat*, sans que ce droit fût réciproque. — L. *penult.*, Cod., *De adopt.* ; *Institut.*, § 2, *eod. tit.*

7. — L'adopté ne perdit plus ainsi, sauf le cas excepté par Justinien, ses droits de succession dans sa famille naturelle ; mais alors il devenait, comme avant la constitution de ce prince, étranger à sa famille naturelle, de telle façon que, si l'adoptant émancipait par la suite son fils adoptif, celui-ci était privé de tous droits successifs par le droit civil, et ne trouvait de secours dans le droit prétorien qu'autant que son père adoptif l'avait émancipé avant la mort de son père naturel; auquel cas le préteur lui accordait la possession de biens *contra tabulas* ou *unde liberi* comme à un simple émancipé. — Gaïus, *Comm.* 2, § 135 ; Justinien, *Instit.*, *De adopt.*, § 2.

8. — Quant à l'adrogation, elle conserva, sous Justinien, ses anciens effets, sauf, toutefois, la différence résultant des modifications introduites par Justinien dans les acquisitions faites par le père naturel au moyen de ses enfans ; ainsi, sous ce prince, le père naturel n'étant plus réellement propriétaire que du pécule *profectice*, et n'ayant plus que l'usufruit du pécule *adventice*, sans conserver aucun droit sur les pécules *castrense* et *quasi castrense*, il s'ensuivit que l'adrogeant ne put acquérir, par l'effet de l'adrogation, que l'usufruit des biens de l'adrogé, sauf à lui à rester propriétaire du pécule qu'il donnerait, par la suite, à ce dernier, qui conservait toujours la propriété de ses pécules *castrense* et *quasi castrense*. — Gaïus, *Comm.* 3, § 83; Justinien, *Instit.*, *De acquisit. per adrogat.*

9. — On sait, au reste, que les obligations contractées par l'adrogé, tant qu'il était *sui juris*, s'éteignaient, d'après le droit civil, par la petite *capitis deminutio* : mais le droit prétorien corrigeait cette rigueur en considérant la *capitis deminutio* comme non avenue dans ce cas, et en donnant les actions utiles contre l'adrogé, si l'adrogeant se refusait à satisfaire les créanciers. — Sous Justinien, l'action utile prétorienne fut remplacée par l'envoi en possession des biens qui provenaient du fils, l'usufruit compris ; envoi qui permettait aux créanciers de faire vendre ces biens. — Gaïus, *Comm.* 3, § 377 et suiv., et *Comm.* 4, § 38 ; Justinien, *Instit.*, *De adopt.*, § 3.

10. — A l'égard des obligations dont l'adrogé était tenu, il est digne de remarque que, si elles faisaient partie d'une universalité de droits actifs et passifs, telle, par exemple, qu'une hérédité, l'action pouvait être suivie contre le père adrogeant sans qu'il fût besoin de recourir à l'action utile ; cela tenait, dans ce cas particulier, à ce que l'adrogeant avait acquis un tout indivisible, le droit d'hérédité qui revenait à l'adrogé et passait à l'adrogeant, que l'on considérait alors comme héritier. — Gaïus, *Comm.* 3, § 54, et la note de Domenget.

11. — Au temps de Gaïus, l'adrogation se faisait par une loi ; sous Justinien, par rescrit du prince. — L'adrogation des femmes, d'abord interdite d'une manière absolue, ne devint possible que sous Justinien. — Gaïus, *Comm.* 1, § 98 et suiv. ; Justinien, *Instit.*, *De adopt.*, § 1er ; L. 21, ff., *De adopt. et emancip.*

12. — Justinien permettait également l'adrogation des impubères, moyennant les conditions ordinaires, pourvu, toutefois, que l'adrogation fût reconnue honnête et avantageuse à l'impubère : l'adrogeant devait, en outre, donner caution à une personne publique pour assurer, en cas de mort du pupille avant sa puberté, la restitution de ses biens à ses héritiers : si l'adrogeant venait à émanciper l'impubère sans motifs, ou le déshéritait en mourant, il devait être condamné à lui laisser le quart de ses propres biens (la quarte Antonine), outre la restitution de ceux qui venaient de lui. — Justinien, *Instit.*, *De adopt.*, § 3.

13. — L'adoption proprement dite, telle que Justinien l'avait modifiée (*suprà* nos 6 et suiv.), que les docteurs ont appelée *imparfaite*, a été admise, à quelques modifications près, par le Code prussien promulgué en 1794.

14. — En France, l'adoption a été long-temps inconnue ; on en trouve, il est vrai, le nom dans quelques anciens capitulaires et dans certaines coutumes, mais il ne paraît pas qu'il s'y attachât l'idée de paternité et de filiation que l'adoption nous représente aujourd'hui. — Ce n'était, le plus souvent, qu'une association militaire, une institution contractuelle ou une administration commune de biens communs.

15. — Cette adoption, toutefois, conférait originairement des droits de succession à celui qui en était l'objet : ainsi, l'institué acquérait, du vivant même du testateur (ces institutions se faisaient ordinairement par testament), les mêmes droits qu'auraient eus les héritiers du sang : le testateur ne pouvait ni faire une nouvelle institution au profit d'un autre et au préjudice du premier institué, ni même aliéner ses biens à titre onéreux, si ce n'est pour cause de pauvreté, et après avoir offert à l'institué la préemption. — *Lex Rotharis*, §§ 173 et 174 ; Marculfe, form. 2 et 13. — Pothier nous apprend que de son temps l'adoption n'était plus en usage dans les pays de coutume : ceux qui suivaient le droit romain étaient les seuls qui la reconnussent. — Pothier, *Tr. du contrat de mariage*, part. 3e, chap. 3, art. 3.

16. — L'assemblée constituante décréta donc, en quelque sorte de nouveau, le principe de l'adoption le 18 janv. 1792, sans toutefois en régler la nature, la forme ni les effets : depuis cette époque jusqu'à la promulgation du Code civ., il intervint, il est vrai, quelques actes législatifs dans lesquels il fut parlé d'*adoption*, mais ces actes se bornèrent à consacrer le principe déjà reconnu, ou à tracer quelques règles purement provisoires. Tels sont : 1o le décret du 25 janv. 1793, ainsi conçu : « La convention nationale *adopte*, au nom de la patrie, la fille de Michel Lepelletier, et elle charge son comité de législation de lui présenter très incessamment un rapport sur les lois de l'adoption » ; 2o la constitution de 1793, qui porte : Tout homme qui..... *adopte un enfant* est admis à l'exercice des droits de citoyen français ; 3o le décret du 16 frim. an III, qui valide une apposition de scellés requise pour la conservation des droits d'un *adopté*, et porte que, jusqu'à ce qu'il ait été statué par la convention nationale sur les effets des adoptions faites antérieurement à la promulgation du Code civil, les juges de paix devront, s'ils en sont requis par les parties intéressées, lever les scellés, pour la vente du mobilier être faite après inventaire, sur l'avis d'une assemblée de parens, sauf le dépôt jusqu'au réglement des droits des parties : 4o l'arrêté du 19 flor. an VIII, relatant les actes d'*adoption* dont le modèle est au *Bulletin*, no 184.

17. — C'est aux rédacteurs du Code civ. qu'il était réservé de *créer* le titre de l'adoption. Il est, toutefois, assez remarquable que le premier projet du Code ne comprenait pas ce titre, et que c'est la cour de Cassation qui, dans ses observations, proposa de combler cette lacune. — Au conseil d'état la discussion fut longue et animée. L'adoption avait des partisans et des adversaires : de Malleville n'en voulait pas, Tronchet en voulait peu. Le premier consul, au contraire, soit conviction désintéressée, soit, comme quelques uns l'ont supposé, dans une arrière-pensée politique, la défendait avec chaleur. — Le principe l'emporta pourtant, mais comme principe entièrement nouveau et dégagé des précédens tirés de la législation romaine. — Locré, *Esprit du Code civ.*, t. 5, p. 335 et suiv.

18. — L'adoption telle qu'elle existe aujourd'hui n'a presque rien de commun que le nom avec l'ancienne adoption des Romains. Les causes, les effets caractéristiques, les formes, tout est différent. — Ainsi, par exemple, dans notre droit, l'adopté reste dans sa famille, y conserve ses droits, demeure sous la puissance de ses père et mère, sans passer sous la puissance ni dans la famille de l'adoptant, aux parens duquel il ne peut jamais succéder.

CHAPITRE II. — *Adoption antérieurement au Code civil. — Lois du* 18 *janv.* 1792 *et du* 28 *germin. an XI.*

19. — Depuis 1792 un grand nombre d'adoptions avaient eu lieu. C'est pour en régulariser et déterminer les effets que fut rendue la loi du 25 germ. an XI, ainsi conçue (art. 1er) : « *Toutes adoptions » faites par actes authentiques* depuis le 18 janv. » 1792 jusqu'à la publication des dispositions du » Code civil relatives à l'adoption, seront valables » quand elles n'auraient été accompagnées d'au» cune des conditions depuis imposées pour adop» ter et être adopté. » L'application de cette loi a donné lieu à diverses décisions.

20. — En validant les adoptions faites *par acte authentique*, cette loi a entendu parler de celles faites par acte passé devant un notaire, devant un juge de paix, ou devant un officier de l'état civil, ou devant tout autre officier public ayant le droit d'instrumenter dans le lieu où l'acte a été rédigé. — Chabot, *Quest. transit.*, vo *Adoption*, § 1er.

21. — On a dû considérer comme réunissant les caractères d'authenticité voulus par la loi du 25 germ. an XI l'adoption résultant 1o d'une lettre écrite aux officiers municipaux d'une commune dans laquelle un individu a déclaré adopter un enfant mineur désigné : 2o de la délibération prise

à la suite de cette lettre par le corps municipal et signée de l'adoptant, laquelle déclare l'adoption valable. — *Paris,* 11 vent. an XII, Hesse c. Saint-Valentin.

22. — Sous l'empire de la loi de 1792, la déclaration faite devant un notaire qu'on reconnaissait un enfant pour le sien et qu'on l'adoptait afin de lui conférer les droits d'enfant légitime, contenait une véritable adoption. — *Nîmes*, 14 mars 1812, Marcé c. Martineau.

23. — Jugé de même pour la déclaration consignée dans un acte authentique par lequel le père d'un enfant naturel devait le reconnaître et voulait qu'il fût son héritier légitime, comme s'il était né du mariage, pourquoi il l'adoptait en tant que de besoin. — *Paris*, 13 juill. 1822, Gaudet c. Gentil.

24. — L'adoption faite par testament *authentique*, avant le Code, a dû être réputée valable. — *Pau*, 22 juill. 1826, N... c. N.

25. — La loi de germin. déclarant valable *toutes adoptions,* Grenier, dans son *Traité succinct de l'adoption,* no 44, dit que l'objet de cette disposition a été de régler le sort de toutes adoptions, *quelles qu'elles fussent*, faites par des personnes capables, sous l'empire de la loi du 18 janv. 1792, qui s'était bornée à décréter le principe de l'adoption.

26. — Ainsi il a été jugé qu'on devait réputer valable et inaltérable l'adoption d'un enfant naturel reconnu faite avant le Code. — *Cass.*, 24 nov. 1806, Dufay c. Dubuq; 24 juill. 1811, Decamps; *Toulouse,* 5 mars 1817, Lemès; *Pau,* 22 juill. 1826, N.... c. N....; *Paris,* 13 juill. 1822, Gaudet c. Gentil; — Chabot, *Question transitoire,* vo *Adoption,* § 2.

27. — Jugé de même à l'égard de l'adoption faite par un père qui avait des enfans légitimes. — *Besançon,* 28 janv. 1808, Talbert c. Dormoy; 24 juil. 1811, Decamps. — V. toutefois (dans ses motifs) *Bruxelles,* 12 juill. 1806, Desbrower c. Rappe.

28. —...Ou à l'égard de l'adoption d'un mineur. — *Besançon,* 4 août 1808, Bredier c. Gaillardet; *Cass.*, 16 fruct. an XII, mêmes parties (encore que l'adoption fût faite sans le consentement du père du mineur). — Chabot, *Quest. transit.,* vo *Adoption,* § 1er. — Sous le Code un mineur ne peut être adopté. — V. *infrà* no 67.

29. — Mais cette adoption, quoique conservant ses effets sous le Code, par suite de la loi transitoire du 25 germin. an XI, n'a pas, sous ce Code, conféré de plein droit au père adoptif la tutelle du mineur adopté. — Même arrêt du 4 août 1808.

30. — Doit également être maintenue l'adoption authentique faite par une femme sans autorisation de son mari. — *Cass.*, 13 déc. 1809, Verlamy c. Granet.

31. — Jugé encore que, sous l'empire de la loi du 18 janv. 1792, le consentement de l'adopté n'était pas nécessaire pour la validité de l'adoption. — Dans tous les cas, le consentement et l'acceptation de l'adopté seraient suffisamment résultés de ce qu'il aurait, pendant plusieurs années, habité avec l'adoptant et pris dans plusieurs actes publics la qualité d'enfant adoptif. — *Rennes,* 14 mars 1812, Marcé c. Louis.

32. — Sous l'empire de la même loi un aïeul a pu adopter ses petits-enfans, bien que, leur père étant frappé de mort civile, ces petits-enfans fussent, en vertu de la représentation, au premier degré de la descendance de l'adoptant. — Dans tous les cas ces adoptions ont été validées par la loi du 25 germin. an XI. — *Besançon,* 28 janv. 1808, Talbert c. Dormoy.

33. — Doit-on réputer valable, ou tout au moins inattaquable, depuis la loi du 25 germin. an XI, l'adoption d'un enfant adultérin faite dans l'intervalle du 18 janv. 1792 au Code civil? — La jurisprudence a suivi sur cette question une marche qu'il est important de signaler. — Après avoir reconnu la validité ou le maintien de l'adoption (*Aix,* 10 janv. 1809, Vassal c. Gandolfo; *Riom,* 28 juin 1809, Pichot Duclos c. Duclos; *Cass.,* 12 nov. 1811, Gaudolfe), elle en a prononcé la nullité (*Nancy,* 18 août 1814, Delille; *Cass.*, 23 déc. 1816, Delille). Ce dernier arrêt pose en principe que la loi du 25 germin. an XI n'a fait que valider les adoptions à l'égard desquelles on n'aurait pas rempli les conditions postérieurement imposées par le Code civil, mais qu'elle a, quant aux incapacités absolues qui viciaient l'essence des adoptions, laissé les choses dans le droit commun. — Ces décisions ont été rendues dans des espèces où l'enfant adoptif se trouvait en concurrence avec des enfans légitimes. — Puis, par arrêts de *Bordeaux,* 18 fév. 1821, Roux c. de Jarnac, et *Cass.,* 9 fév. (et non 9 janv.) 1824, mêmes parties, *elle en est revenue* à consacrer la validité de l'adoption faite en faveur d'un enfant adultérin, mais seulement en ce sens que les collatéraux ne pouvaient la critiquer. Enfin,

par plusieurs arrêts postérieurs elle en a définitivement reconnu la nullité (*Grenoble*, 27 avr. 1825, Barneron c. Coupie; et *Cass.,* 13 juill. 1826, mêmes parties; 26 juin 1832, Guerin c. Comte), et cela d'une manière générale, car, si les deux premiers de ces arrêts sont également rendus entre des enfans légitimes et un adopté adultérin, lors de l'arrêt de 1832, c'étaient des collatéraux qui attaquaient l'adoption, et elle a été annulée sur leur demande. — L'arrêt de 1832 pose le même principe que celui du 23 déc. 1816 précité.

34. — Jugé, dans tous les cas, qu'en supposant valable l'adoption d'un enfant adultérin faite avant le Code, elle serait inefficace pour conférer à l'adopté la qualité d'héritier de l'adoptant, si celui-ci n'est décédé qu'après la publication du Code, et que l'enfant ne peut diviser le titre dont il se sert pour invoquer la partie qui établit son adoption et rejeter celle qui l'entache du vice d'*adultérin.* — *Nancy,* 18 août 1814, Delille.

35. — Jugé qu'un acte de reconnaissance d'un enfant adultérin ne peut être considéré comme un acte d'adoption, valable aux termes de l'art. 1er de la loi transitoire du 25 germin. an XI. — *Lyon,* 17 mai 1837 (t. 2 1837, p. 523), Carbonnelli.

36. — On a dû considérer comme nulle l'adoption d'un individu né en pays étranger de père et mère morts civilement, alors même que les père et mère auraient été ensuite amnistiés. — *Besançon,* 28 janv. 1808, Talbert c. Dormoy. — V., sur les adoptions faites au profit des étrangers, *infrà* nos 74 et suiv.

37. — La loi du 25 germin. an XI, qui déclare valables toutes les adoptions faites par actes authentiques depuis le 18 janv. 1792 jusqu'au Code, est applicable même aux adoptions faites dans les pays réunis où l'adoption était en usage, encore bien qu'elles ne fussent pas conformes aux statuts locaux, si d'ailleurs elles étaient postérieures à la réunion. — *Cass.,* 12 nov. 1811, Gaudolphe c. Line. — V. *contrà Bruxelles,* 12 juill. 1806, Desbrower c. Rappe (pour les pays où la loi de 1792 n'avait pas été publiée depuis leur réunion).

38. — L'adoptant qui, dans l'acte d'adoption, avait réglé la part héréditaire de l'enfant adopté, n'a pu, sous l'empire de la loi du 25 germin. an XI, user de la faculté accordée par cette loi de déclarer s'il avait eu l'intention de lui conférer les droits de successibilité. — *Cass.,* 26 avr. 1808, Savouroux c. Marie Faure.

39. — Dans le cas d'une adoption faite avant le Code civil avec stipulation que l'adopté serait appelé à la succession de l'adoptant, *conformément aux lois,* les tribunaux peuvent, s'il a été fait depuis un legs à l'adopté, refuser à celui-ci la plénitude des droits conférés aux adoptés par le Code civil, en considérant le legs comme opérant, dans les termes de la loi du 25 germin. an XI, règlement des effets de l'adoption. — *Besançon,* 28 janv. 1808, Talbert c. Dormoy. — L'arrêt qui le décide ainsi ne donne pas ouverture à cassation. — *Cass.*, 6 oct. 1808, mêmes parties.

40. — En matière d'adoption antérieure au Code civil, les héritiers légitimes de l'adoptant n'ont pas été autorisés par la publication de la loi transitoire du 25 germin. an XI à se mettre en possession de sa succession, jusqu'à ce que l'adopté eût atteint sa majorité, sous prétexte que ce n'était qu'à cette époque que ce dernier pouvait consentir irrévocablement à l'adoption et lui faire produire des effets définitifs. — *Paris,* 9 niv. an XIII, Depienne c. Debrue.

41. — L'adoption faite avant le Code était irrévocable (*Cass.,* 26 avr. 1808, Savouroux c. Faure; V. aussi *Nîmes,* 14 mars 1812, Marée c. Martinet), à moins qu'on ne prouvât qu'elle avait été extorquée par violence. Mais l'existence de la violence ne résultait pas de la simple circonstance que l'adopté et les témoins étaient membres du gouvernement révolutionnaire (Arrêt de *Nîmes* précité).

42. — Les art. 354, 356 et 357, C. civ., relatifs aux conclusions du ministère public en matière d'adoption, n'ont trait qu'aux adoptions introduites ou autorisées par le Code; mais ils ne peuvent s'étendre à une espèce d'adoption antérieure, entièrement différente dans ses formes et ses effets, faite sans le concours de l'autorité publique, et ne formant plutôt qu'une institution contractuelle, surtout s'il est question, non de la validité de l'adoption, mais de ses effets pécuniaires. — Un recueil cite, à la date du 23 août 1820 (de Hamel c. Benoît), un arrêt de la cour de cassation comme contenant ces solutions.

43. — Le loi du 25 germin. an XI, relative aux effets des adoptions antérieures au Code civil, n'attribuait point à l'adopté des droits sur la succession des parens de l'adoptant. — *Toulouse,* 25 avr. 1844 (t. 2 1844, p. 51), Defos c. Lacroix.

CHAPITRE III. — *De l'adoption sous le Code civil.*

Sect. 1re. — *Différentes espèces d'adoption.*

44. — Bien que l'adoption soit une, quant à ses effets, on peut cependant, à raison de la différence des conditions requises, distinguer trois espèces d'adoption : 1o L'adoption ordinaire, qui a le caractère d'une pure libéralité de la part de l'adoptant; — 2o L'adoption rénumératoire, qui se fait dans la vue de reconnaître un grand service de l'adopté qui a sauvé la vie à l'adoptant; — 3o L'adoption testamentaire, qui n'est permise qu'au tuteur officieux.

Sect. 2e. — *Conditions requises du côté de l'adoptant.*

§ 1er. — *Adoption ordinaire.*

45. — L'adoptant, *de quel sexe qu'il soit,* doit être âgé de plus de 50 ans (art. 343).

46. — Les mots *de quel sexe qu'il soit* indiquent que, dans notre droit, les femmes peuvent adopter, à la différence de ce qui avait lieu en droit romain où, dans l'origine, les femmes ne pouvaient entrer dans l'assemblée du peuple où se faisaient les adrogations; l'adoption ne leur était permise qu'en considération de la perte de leurs enfans, et encore ne pouvait-elle s'opérer sans un rescrit du prince. — *Inst., De adopt.*, § 10.

47. — En outre, l'adoptant doit avoir au moins quinze ans de plus que l'adopté (art. 343). — En droit romain il fallait que l'adoptant eût dix-huit ans de plus que l'adopté. *Adoptio naturam imitatur* et pro monstro *est ut major sit filius quam pater.* — *Inst., De adopt.*, § 4.

48. — Celui ou celle qui se propose d'adopter ne doit avoir, à l'époque de l'adoption, ni enfans ni descendans légitimes. — C. civ., art. 343.

49. — D'après la règle qui veut que l'enfant conçu soit réputé né toutes les fois que son intérêt le demande, l'adoption ne pourrait légalement avoir lieu si la femme qui adopte ou dont le mari adopte était enceinte au moment où se formerait le contrat. — Duranton, t. 1er, no 278. — Dans ce cas on observerait, pour calculer la durée de la grossesse, les dispositions des art. 312 et 315 du Code civil. Les dix mois commenceraient à courir du jour du contrat passé devant le juge de paix (V. *infrà* nos 95 et suiv.), et non du jour de l'arrêt, qui n'en est que l'homologation (V. *infrà* nos 99 et suiv., 121 et suiv.). — Duranton, *loc. cit.*; Toullier, no 1001; Delvincourt, t. 1er, p. 96, note 3e. — V. cependant Proudhon (t. 1er, p. 136), qui pense, mais à tort, que la capacité des parties doit être déterminée d'après l'époque de l'inscription de l'adopté sur les registres de l'état civil. — V. aussi Odilon Barrot, *Encycl. du droit,* vo *Adoption*, no 19.

50. — M. Marcadé (*Elém. de droit civ. français,* sur l'art. 343, no 3) enseigne que l'art. 312, C. civ., n'est pas applicable; il se fonde sur ce que cet article n'est point une règle générale, mais une disposition d'exception et de faveur : en cas de contestation, les tribunaux pourraient donc, selon lui, juger que l'enfant né neuf mois et demi après l'adoption n'était pas conçu lors de cette adoption; ils pourraient même le décider pour l'enfant né huit mois après l'adoption, et déclarer, d'après le rapport des médecins et les données de la science, que l'enfant est né à sept mois de terme. Mais, comme la loi ne reconnaît pas de gestation de plus de dix mois ou de moins de six mois, l'adoption qui aurait eu lieu dix mois avant la naissance sera toujours valable, tandis qu'elle sera toujours nulle si elle n'a pas précédé la naissance de plus de six mois.

51. — Le Code civ. ne parlant que de descendance *légitime,* il faut en conclure que l'existence d'enfans naturels, même reconnus, ne mettrait pas obstacle à l'adoption. — Duranton, no 278; Toullier, t. 2, no 986; Grenier, *De l'adoption*, no 10; Marcadé, *loc. cit.*, no 3.

52. —... Non plus que l'existence d'enfans adoptifs (Toullier, no 986). Cela résulte d'ailleurs de ce que l'art. 348 lui-même suppose l'existence de plusieurs enfans adoptifs dans la même famille. — Marcadé, *loc. cit.*; Odilon Barrot, *loc. cit.*, no 17.

53. — L'adoptant, s'il est marié, doit avoir le consentement de son conjoint (C. civ., art. 344). — La raison en est que l'adoption entraîne des charges qui pourraient blesser les conditions de l'association conjugale. — Il résulte de la discussion au conseil d'état que le consentement doit être *formel* et ne s'induirait d'aucune circonstance, pas même de la vie commune dans la maison conjugale avec l'adopté portant le nom de l'adoptant. — En outre,

il ne pourrait y être suppléé à l'égard du mari par l'autorisation de justice.

54. — Bien que l'adoption ait pour but de créer à l'adoptant une postérité fictive, la loi n'exige pas que celui-ci obtienne pour la conférer le consentement de ses père et mère. Ce consentement n'est donc pas nécessaire. — Duranton, n° 282.

55. — L'adoption ne peut être exercée qu'envers l'individu à qui l'on a, pendant sa minorité, et pendant six ans au moins, fourni des secours et donné des soins non interrompus (C. civ., art. 345). — C'est un temps d'épreuve établi pour nourrir et garantir entre l'adoptant et l'adopté les sentimens naturels qui doivent répondre au titre de père et d'enfant. — Toullier, n° 986.

56. — L'appréciation de la nature et de la continuité des soins est dans le domaine des tribunaux. Delvincourt (t. 1er, p. 95, note 4e) pense que six années de tutelle pourraient compter pour l'adoption si le tuteur pouvait s'excuser de la tutelle. — Il en serait autrement s'il n'avait aucun motif d'excuse. — Au reste, il n'est pas nécessaire que les soins aient été donnés en vue de l'adoption. — Odilon Barrot, *loc. cit.*, n° 24.

57. — Il faut enfin que la personne qui se propose d'adopter jouisse d'une bonne réputation (art. 355). — Ainsi celui qui a subi une condamnation déshonorante ne doit pas être admis à adopter; au surplus les tribunaux sont appréciateurs des faits qui pourraient entacher plus ou moins la réputation de l'adoptant, et leur pouvoir est d'autant plus large que leur décision n'est point motivée. — V. nos 107 et suiv.

58. — De ce que l'adoption est un acte de droit civil qui établit entre l'adoptant et l'adopté des liens de parenté et de famille, et les constitue civilement l'un envers l'autre dans un état permanent et irrévocable, M. Duranton (n° 277) conclut que pour pouvoir adopter il faut être Français, n'ayant pas perdu cette qualité, ou, si on est étranger non naturalisé, jouir au moins des droits civils en France, conformément à l'art. 13, C. civ.; ou qu'il existe entre la France et la nation à laquelle on appartient des traités qui autorisent la disposition générale de l'art. 11, C. civ. Il invoque (à raison de l'identité des principes) l'arrêt de la cour de Cassation du 5 août 1823. — V. *infrà* n° 75. — Au surplus l'arrêt du 7 juin 1826 (Canillac c. Solima) dit en termes exprès que l'adoption ne peut émaner que d'un Français, à moins de traités de réciprocité. — Delvincourt, t. 1er, p. 96, note 2; Marcadé, *loc. cit.*, sur l'art. 346, n° 1er. — Il ne saurait, au surplus, être douteux qu'un mort civilement ne peut adopter.

59. — Celui qui a adopté un enfant peut encore en adopter d'autres. — *Bourges*, 21 frim. an XII, Jérôme de V. c. N; — Grenier, *Adoption*, n° 10; Toullier, t. 2, n° 936; Duranton, t. 3, n° 291. — C'est ce qui s'induit nécessairement de l'art. 348.

60. — Toutefois, ajoute M. Duranton, *loc. cit*, le même individu ne pourrait adopter deux époux : ils seraient frère et sœur par adoption, et le mariage, qui serait interdit entre eux s'ils étaient déjà adoptés, est, par la même raison, un obstacle à l'adoption (*Instit., De nuptiis*, § 2). — Mais rien ne s'opposerait à ce qu'une personne mariée adoptât un époux, et que le conjoint de celui-ci fût aussi adopté par le conjoint de cette même personne.

61. — Deux époux peuvent adopter la même personne (art. 344). — Toutefois il n'est pas nécessaire (la loi ne l'exigeant pas) que l'adoption ainsi faite ait lieu *simultanément*. — Duranton, n° 290.

62. — Un prêtre catholique peut-il adopter? — Cette question est résolue négativement par MM. Duranton, t. 3, n° 286; Delvincourt, t. 1er, p. 95, note 1re; Odilon Barrot, *Encycl. du droit*, v° *Adoption*, art. 2, n° 26; Marcadé, *Elém. de droit civ. français*, sur l'art. 346, n° 2, attendu que, l'adoption ne constituant pas seulement un mode particulier de disposer, mais établissant des rapports *de paternité et filiation*, celui qui ne peut se marier (V. MARIAGE) ne peut adopter. — Le tribunal de la Seine a décidé au contraire, et avec raison suivant nous, qu'en l'absence de disposition formelle on ne pouvait, en se fondant sur des analogies plus ou moins puissantes entre le mariage et l'adoption, créer une incapacité : il a donc validé une adoption conférée par un prêtre. — La cour de Paris, saisie de l'appel de ce jugement, n'a pas résolu la question en principe : elle s'est bornée à confirmer l'adoption, attendu qu'il s'agissait d'un individu qui, après avoir été ordonné prêtre, avait cessé ses fonctions en 1794, et ne les avait jamais reprises, soit avant, soit depuis le concordat de 1801. — V. *Paris*, 19 fév. 1842 (t. 1er 1842, p. 282), Houel c. Daguier, et la discussion qui a précédé cet arrêt. — Mais la cour de Cassation (chambre des requêtes), tout en rejetant le pourvoi dirigé contre cet arrêt, a fondé ce rejet en principe sur ce qu'il n'existe ni dans la législation civile ni dans les canons reçus en France et ayant force de loi, aucun texte qui prohibe l'adoption par un prêtre catholique. — *Cass.*, 26 nov. 1844 (t. 2 1844, p. 577), même affaire.

63. — Dans tous les cas un ministre protestant pourrait adopter, puisque le mariage lui est permis. — Duranton, n° 286.

64. — Nul revêtu d'un majorat ne peut adopter un enfant mâle, suivant les règles déterminées par le Code civil, ou transmettre le titre qui lui est accordé ou échu à un enfant adopté avant qu'il eût été revêtu de ce titre, qu'autant qu'il obtient l'autorisation du souverain, énoncée dans les lettres-patentes délivrées à cet effet. — Décr. 1er mars 1808, art. 36.

§ 2. — *Adoption rémunératoire.*

65. — Cette adoption, qui ne peut avoir lieu que dans les cas exprimés par l'art. 345 (V. *infrà* nos 88 et suiv.), est soumise aux conditions de l'adoption ordinaire, à l'exception des trois suivantes. Ainsi il n'est pas nécessaire : 1° que l'adoptant soit âgé de cinquante ans : il suffit qu'il soit majeur, et dans ce cas, fût-il même âgé de moins de vingt-cinq ans, il n'a pas besoin du consentement de ses père et mère. — Duranton, n° 282. — V. cependant Maleville sur l'art. 345; — 2° qu'il y ait quinze ans de différence entre l'adoptant et l'adopté (il suffit que le premier soit plus âgé); — 3° que l'adoptant ait donné des soins et des secours à l'adopté pendant six ans. L'adoption peut avoir lieu sans délai.

§ 3. — *Adoption testamentaire.*

66. — V. *infrà* tit. 2, *Tutelle officieuse*, chap. 3.

Sect. 3e. — *Conditions requises du côté de l'adopté.*

§ 1er. — *Adoption ordinaire.*

67. — L'adopté doit être majeur (C. civ., art. 346). — En effet, ainsi qu'on le verra, l'adopté s'engage par un contrat solennel et irrévocable, il doit donc avoir la capacité de contracter. — Grenier, *Adoption*, n° 6; Proudhon, t. 2, p. 127; Odilon Barrot, *Encyclop. du dr.*, v° *Adoption*, n° 27.

68. — Si l'adopté, ayant encore ses père et mère ou l'un d'eux, n'a pas accompli sa vingt-cinquième année, il doit rapporter le consentement donné à l'adoption par ses père et mère ou par le survivant. (Art. 346.) — Et cela sans distinction, sous le rapport de l'âge, entre le fils ou la fille de famille. — Duranton, n° 289; Delvincourt, t. 1er, p. 96, note 2e; Marcadé, *El. dr. civ. fr.*, sur l'art. 346, n° 4; Odilon Barrot, *loc. cit*, n° 28.

69. — La loi exige le consentement *des père et mère*; donc, en cas de dissentiment, la volonté du père ne prévaudrait pas comme pour le mariage. — L'adoption est une institution spéciale, moins favorable que le mariage. — Duranton, n° 289; Delvincourt, t. 1er, p. 95, note 10e; Rolland de Villargues, v° *Consentement à adoption*, n° 5; Marcadé, *loc. cit.* — Toutefois, si l'un des père et mère était dans l'impossibilité de manifester sa volonté, le consentement de l'autre devrait suffire (Duranton, *loc. cit.*), et, en cas d'absence, il y aurait lieu de procéder conformément à l'art. 155, C. civ.

70. — Après vingt-cinq ans accomplis, l'adopté n'est tenu que de requérir le *conseil* de ses père et mère ou du survivant d'eux. — La réquisition devrait avoir lieu dans la même forme que pour le mariage, mais en se bornant à un seul acte. — Duranton, n° 289; Toullier, n° 987; Delvincourt, t. 1er, p. 96, note 3e; Marcadé, *loc. cit.*

71. — Du reste, le consentement des autres ascendans n'est pas exigé, comme au cas de mariage, après la mort des père et mère. — Duranton, n° 289; Toullier, n° 987; Delvincourt, t. 1er, p. 96, note 1re; Marcadé, *ibid.*

72. — Il faut que l'adopté n'ait pas été déjà adopté par une autre personne, à moins que ce ne soit par le conjoint de l'adoptant. — C. civ., art. 344.

73. — Si la personne qui veut être adoptée est mariée, a-t-elle besoin du consentement de son conjoint? — Non, dit M. Duranton (n° 292), puisque la loi ne l'exige pas. Et si le mari refuse d'autoriser sa femme, elle peut, conformément à l'art. 219, comme s'il s'agissait d'accepter une donation ou une succession, demander l'autorisation de justice, à la condition toutefois qu'en cas de refus du mari les biens de la communauté ne pourront être affectés à l'obligation de fournir des alimens à l'adoptant. — Suivant Delvincourt (t. 1er, p. 95, note 10e), au contraire, le consentement du conjoint est nécessaire quand même ce serait le mari qui serait adopté; car, dit-il, l'adopté devant joindre à son nom celui de l'adoptant, il semble convenable qu'un mari ne puisse forcer sa femme à prendre un autre nom que celui qu'il a porté jusqu'alors. — Cette dernière considération ne nous paraît pas de nature à prévaloir sur le silence de la loi. — L'avis de M. Duranton semble donc préférable. — Odilon Barrot, *loc. cit.*, n° 29.

74. — L'adoption étant un droit purement civil, et n'appartenant ni au droit naturel, ni au droit des gens, la jurisprudence en a conclu avec raison que les nationaux seuls peuvent être adoptés, si ce n'est dans le cas où les traités rendent commun aux étrangers les droits civils appartenant aux nationaux.

75. — Ainsi ont été déclarés nuls, en l'absence de traités stipulant la réciprocité, 1° l'adoption conférée par un Français à un sujet du grand-duché de Bade. — *Cass.*, 5 août 1823, Dugied c. Sander; *Dijon*, 31 janv. 1824, mêmes parties; *Cass.*, 22 nov. 1825, mêmes parties. — V. cependant (même affaire) *Colmar*, 28 juill. 1821 (arrêt cassé par celui de 1823).

76. — 2° Celle conférée au sujet d'un pays soumis à la domination anglaise. — *Cass.*, 7 juin 1826, Canillac c. Solima.

77. — MM. Delvincourt, t. 1er, p. 97, note 2e, Duranton, t. 3, n° 287, Coin-Delisle, *Comm. anal., Jouiss. des dr. civ.*, sur l'art. 11, et Odilon Barrot, *loc. cit.*, n° 30, déclarent aussi l'étranger incapable d'être adopté.

78. — Jugé toutefois (mais sans motifs) que la qualité de facteur de commerce, attaché à une maison française dans les échelles du Levant, rend l'étranger capable d'être adopté par un Français, encore bien qu'il n'existerait pas de réciprocité établie par les traités des deux nations. — *Aix*, 17 avr 1832, Peracco c. Marcenaro.

79. — Un enfant naturel reconnu peut-il être adopté? — Cette question est l'objet d'une vive controverse, et la cour de Cassation n'est pas d'accord avec elle-même sur sa solution. — En effet, après l'avoir résolue affirmativement par un arrêt du 28 avr. 1841 (t. 1er 1841, p. 737, Boirot), elle vient récemment (après partage) de la résoudre en sens contraire. — V. *Cass.*, 16 mars 1843 (t. 1er 1843, p. 539), Thorrau. — Il y a toutefois cela de remarquable que M. le procureur général Dupin, lors du premier arrêt, et M. le premier avocat-général Laplagne-Barris, lors du second, avaient énergiquement conclu dans le sens de l'adoption en se fondant sur les données qui ressortent de la discussion du conseil d'état, et sur des considérations morales d'une haute puissance. — V. ces conclusions dans notre recueil, *loc. cit.* — Nous n'hésitons pas à adopter l'avis de ces deux magistrats. Ajoutons que l'on peut tirer induction, en faveur de l'adoption, du troisième considérant d'un arrêt de la même cour, du 24 juill. 1811, Decamp.

80. — Quant aux cours royales, elles se sont presque toutes montrées favorables à l'adoption. — *Bruxelles*, 16 prair. an XII, de Meyer; 22 avr. 1807, Denokère; *Paris*, 9 nov. 1807, Bonneau; *Grenoble*, 28 mars 1808, Durandart; *Rouen*, 12 mai 1808, Caqueray; *Grenoble*, 19 déc. 1808, Perrotin; 27 mars 1809, Blache; *Caen*, 18 fév. 1811, Laverdais; *Agen*, 10 avr. 1811, Bordelié; *Douai*, 13 fév. 1824, Desplechin; 1er mai 1824, N...; *Angers*, 29 juin 1824, Thoreau de Lévaré; *Douai*, 30 août 1824, Verly; *Grenoble*, 10 mars 1825, Cotte; *Bordeaux*, 1er fév. 1826, Maraval; *Rennes*, 14 fév. 1828, Bellier; 24 mars 1828, Lefebvre; *Poitiers*, 17 mai 1828, N...; *Angers*, 28 mars 1828, B...; *Orléans*, 4 mai 1832, Aveline, veuve Frinault; *Lyon*, 6 fév. 1833, Guichard; *Rennes*, 30 mars 1835, Maignen; *Toulouse*, 2 juin 1835, Gaubert; *Paris*, 13 nov. 1835, Tranchant; *Riom*, 14 (et non 30) mai 1838 (t. 1er 1838, p. 584), Boiron; *Limoges*, 4 juin 1840 (t. 2 1840, p. 773), Lajugie c. Lavergne; *Dijon*, 30 mars 1844 (t. 2 1844, p. 28), Peyrard; *Angers*, 12 juill. 1844 (t. 1er 1844, p. 28), D'Héliand et de Fenoyl; *Rennes*, 19 août 1844 (t. 2 1844, p. 336), Robert c. Bois-Louveau. — V. conf. Grenier, *Adoption*, n° 35; Proudhon, t. 2, p. 138; Duranton, t. 3, n° 293.

81. — Et le système défavorable à l'adoption n'a été consacré comparativement que par peu d'arrêts. — *Paris*, 15 germ. an XII, Lemarquis; *Nîmes*, 18 flor. an XII, Laporte; 3 prair. an XII, Laget; *Besançon*, 1er pluv. an XIII, N...; *Nîmes*, 30 déc. 1812, Bernard; *Pau*, 1er mai 1826, Riquon; *Bourges*, 22 mars 1830, Lainé; *Angers*, 21 août 1839 (t. 2 1839, p. 234), Thoreau; enfin *Cass*, 16 mars 1843, cité plus haut. (On peut consulter notamment ce dernier arrêt.) — Mais la plupart des auteurs ont embrassé ce système. — Loiseau, Appendice au *Traité des enfans naturels*, p. 345 et suiv.

Delvincourt, t. 1er, p. 95, note 1re; Chabot, *Successions*, t. 2, p. 121, no 34; Toullier, t. 2, nos 988; Favard, vo *Adoption*, sect. 2e, § 1er, no 4; Dictionnaire du not., vo *Légitimation*, no 5, 1re éd., et vo *Adoption*, no 5, 2e éd.; Merlin, *Rép.*, vo *Adoption*, § 4 (ce dernier auteur, dans sa 3e édit., vo *Adoption*, et Toullier, éd. 1re, liv. 1er, tit. 8, no 988, avaient d'abord adopté l'opinion contraire); Marcadé, *loc. cit.*; Odilon Barrot, *loc. cit.*, nos 32 et suiv.— Toullier cite comme résolvant la question en ce sens un arrêt de la cour de Cassation du 14 nov. 1815 (Bernard), qu'il dit avoir été rendu sur les conclusions de Merlin. Mais cette assertion erronée est réfutée par Merlin lui-même qui (*loc. cit.*) y répond en ces termes : « Il y a dans ce passage deux erreurs de fait : 1o l'arrêt de la cour de Cassation du 14 nov. 1815 ne proscrit pas cette opinion (celle qui admet au bénéfice de l'adoption les enfans naturels reconnus); il déclare au contraire formellement *qu'il est inutile de s'occuper de la question élevée* par le demandeur en cassation (dans l'intérêt duquel cette opinion était soutenue), parce que l'arrêt attaqué par celui-ci comme ayant violé la loi en la rejetant n'était ni ne devait être motivé, et que *des arrêts portant refus d'adoption dont l'on ne peut connaître les motifs ne peuvent, quant au fond, former l'objet d'un pourvoi en cassation*; 2o je n'étais plus au parquet de la cour de Cassation le 14 nov. 1815; j'avoue que, si j'avais eu à donner un avis sur le fond de l'affaire jugée en ce jour-là, il aurait été *contre l'adoption.*» —Enfin, M. Benech, professeur à la Faculté de Toulouse, s'est, dans une brochure dont le titre seul indique la tendance (*De l'illégalité de l'adoption des enfans naturels*), livré à un examen approfondi de la question, et la résout contre l'adoption.

82. — Dans tous les cas, et en supposant qu'un enfant naturel ne pût être adopté par son père naturel, on ne devrait pas, pour empêcher l'adoption, autoriser la recherche de la paternité en dehors des termes de l'art. 340, C. civ. — Duranton, t. 3, no 293.—V. *Cass.*, 11 vent. an XII, Hesse.

83. — Peut-on, sous le Code, adopter un enfant adultérin ou incestueux ?—La cour de *Rouen* a décidé l'affirmative par un arrêt du 15 fév. 1813, Auger.

84. — Mais la négative résulte, et avec plus de raison, d'un arrêt de la cour de Cassation, qui a jugé en outre que, lorsqu'un père, en adoptant son enfant adultérin, a reconnu, *dans l'acte même d'adoption*, le vice de la naissance de cet enfant, un arrêt qui se fonde sur cette reconnaissance pour annuler l'adoption ne viole pas la loi qui défend la recherche de la paternité. — *Cass.*, 13 juill. 1826, Coupie c. Barneron.

85. — Jugé aussi en ce sens, qu'en supposant valable l'adoption d'un enfant adultérin, faite avant le Code, elle serait inefficace pour conférer à l'adopté la qualité d'héritier de l'adoptant, si celui-ci n'est décédé qu'après la publication du Code, et que l'enfant ne peut diviser le titre dont il se sert pour invoquer la partie qui établit son titre d'adoption, et rejeter celle qui l'entache du vice d'adultérin. — *Nancy*, 18 août 1814, Delisle.

86. — Mais jugé, par application du principe, maintenant constant, que la reconnaissance volontaire d'un enfant adultérin ne peut lui nuire, que l'enfant qui, après avoir été pendant long-temps en possession de l'état d'enfant né de père inconnu, *a d'abord été reconnu par un homme marié*, et dans un seul acte, soit comme enfant naturel, soit comme enfant adoptif, et qui ensuite, et *par un acte postérieur*, a été adopté par le même individu, est fondé à repousser l'acte qui lui confère une filiation adultérine pour s'en tenir à l'acte d'adoption. On dirait en vain que l'acte contenant à la fois une reconnaissance et une adoption est indivisible et doit être annulé pour le tout.— *Toulouse*, 15 mai 1827, Pradère c. Albin.

87. — Le mort civilement ne peut être adopté; c'est ce qui résulte nécessairement de l'art. 22, C. civ.—V. l'arrêt du 28 janv. 1808, Talberq (rendu sous la loi de 1792, et cité *suprà* no 32).

§ 2. — *Adoption rémunératoire.*

88. — Les conditions et qualités requises du côté de l'adopté sont les mêmes que pour l'adoption ordinaire.— En outre, cette adoption ne peut avoir lieu qu'en faveur de celui qui aurait sauvé la vie à l'adoptant soit dans un combat, soit en le retirant des flammes ou des flots.—C. civ., art. 345.

89.—Les conditions énoncées dans l'art. 345 sont-elles limitatives ? — M. Duranton ne le pense pas. « Ce qu'il faut, dit-il (no 284), c'est un dévouement généreux et manifeste dans le but de sauver la vie à l'adoptant qui était en danger de la perdre. » — Ainsi il y aurait lieu, suivant lui, au bénéfice de

l'art. 345, si l'adopté avait sauvé la vie à l'adoptant dans la ruine d'un bâtiment.

90. — Il semble qu'il devrait en être de même si l'adoptant avait défendu l'adopté et sauvé sa vie avec risques dans une attaque à main armée dirigée contre lui, bien que ce ne fût pas ce que dans les cas ordinaires on appelle *un combat*.— V. dans ce sens Marcadé, sur l'art. 345, no 5.

91. — Le patronage que l'adopté aurait prêté comme avocat à l'adoptant dans une accusation capitale, ou les secours qu'il lui aurait donnés comme médecin ne motiveraient pas l'application de l'art. 345.—A moins, dit M. Duranton (*loc. cit.*), que, dans ce dernier cas, la maladie fût contagieuse et le dévouement manifeste. — Mais cette opinion ne doit être admise qu'avec réserve; les juges devront en effet prendre en considération que le devoir d'un médecin est de prodiguer ses soins à ses malades quel que soit le caractère de la maladie, et que ce devoir est d'autant plus impérieux que le mal est plus dangereux. — Odilon Barrot, *loc. cit.*, no 49.

92. — Dans tous les cas, si la cause du dévouement de l'adopté était simulée, les héritiers de l'adoptant pourraient, après sa mort, attaquer le contrat d'adoption.—Duranton, no 214.—V., pour les voies à suivre, *infrà* no 194.

93. — La règle qui défend l'adoption d'une même personne par plusieurs, s'ils ne sont époux, est-elle applicable à l'adoption rémunératoire ? — Nous penchons volontiers pour l'affirmative, car l'art. 344 pose un principe général auquel nulle dérogation n'a été introduite par la loi : d'ailleurs, l'adoption étant basée sur l'ordre de la nature, toutes les fois que le législateur n'a pas porté de disposition expresse qui contrarie cet ordre, il est raisonnable de s'y conformer.—V. cependant Marcadé, *loc. cit.*, art. 346, no 5.

§ 3. — *Adoption testamentaire.*

94. — V. *infrà* tit. 2, *Tutelle officieuse*, chap. 3.

Sect. 4e. — *Formes de l'adoption.*

§ 1er. — *Adoption ordinaire.*

95. — La personne qui se propose d'adopter, et celle qui veut être adoptée, doivent se présenter devant le juge de paix du domicile de l'adoptant pour y passer acte de leurs consentemens respectifs. — C. civ., art. 353.

96. — Suivant le droit romain, les actes de cette nature ne pouvaient se faire par procureur. Dans notre droit, l'adoptant ou l'adopté peuvent se faire représenter par un fondé de pouvoir, pourvu que la procuration soit spéciale. — Delvincourt, t. 1er, p. 104, note 2e; Favard de Langlade, vo *Adoption*, sect. 2e, § 2, no 1er.

97.— Ainsi jugé que l'adopté n'est pas tenu de comparaître en personne devant le juge de paix du domicile de l'adoptant pour y passer acte de son consentement à l'adoption : il peut se faire représenter par un fondé de pouvoir.— *Bruxelles*, 22 avr. 1807, Denokère. — V. toutefois Odilon Barrot, *loc. cit.*, no 52.

98. — Dans ce cas, la procuration doit être annexée à la minute de l'acte d'adoption, et il faut en délivrer expédition à la suite de l'acte. — V. Augier, *Encycl. des juges de paix*, vo *Adoption*. — On trouve, au surplus, dans la loi du 19 flor. an VIII, un modèle des actes d'adoption.

99. — Une expédition de l'acte contenant le consentement respectif doit être remise dans les dix jours suivans, par la partie la plus diligente, au procureur du roi près le tribunal de première instance dans le ressort duquel se trouve le domicile de l'adoptant, *pour être soumis à l'homologation de ce tribunal* (art. 354). — Ce délai de dix jours est-il de rigueur, et l'adoption serait-elle nulle, si le procès-verbal du juge de paix n'avait été remis au tribunal qu'après ce délai?—La loi ne le dit pas, comme pour le cas de l'art. 359 (V. *infrà* no 113), d'où Favard de Langlade (vo *Adoption*, sect. 2e, § 2, no 2) a conclu que l'expiration de ce délai ne serait pas pour le tribunal un motif suffisant de réformer son homologation.—V. en ce sens Toullier, t. 7, no 503. — Cependant Malleville (sur l'art. 354) croit que, dans ce cas, il serait prudent de réitérer le procès-verbal. C'est ce que paraît penser aussi M. Duranton (no 303).—Delvincourt (t. 1er, p. 97, note 4) est d'avis que les juges auront toute liberté pour admettre ou refuser l'homologation, à défaut d'observation des délais. Nous nous rangeons d'autant plus volontiers à cette opinion de Delvincourt, que la décision du juge n'est pas accompagnée de motifs.

100.—Le tribunal se procure les renseignemens convenables touchant l'accomplissement des con-

ditions légales et la réputation de celui qui se propose d'adopter; puis, après avoir entendu le procureur du roi, il prononce *qu'il y a lieu ou qu'il n'y a pas lieu à adoption*. — C. civ., art. 355 et 356.

101. — La vérification dont il est question dans l'art. 355 doit avoir lieu, non par une enquête juridique, mais par les renseignemens particuliers que chaque juge peut se procurer, et par des connaissances personnelles sur les mœurs et la probité de l'adoptant. — Toullier, no 997.

102.—Le jugement du tribunal doit être rendu en *la chambre du conseil*. — Mêmes articles. —Le législateur a voulu que les demandes d'adoption non accueillies restassent secrètes, afin qu'on ne pût rien inférer de désavantageux aux parties, sous le rapport de la moralité. Il en est ainsi soit qu'il rejette, soit même qu'il *accueille* l'adoption, puisqu'il peut ne pas être confirmé.

103. — Ainsi jugé que le jugement du tribunal de première instance qui déclare qu'il y a lieu à une adoption est nul, s'il a été rendu publiquement sur le rapport fait par un juge et les conclusions données par le procureur du roi en audience publique. — *Douai*, 9 août 1839 (t. 2 1839, p. 246), Carpentier. — V. conf. Duranton, no 299 (note); Bioche et Goujet, *Dict. procéd.*, vo *Adoption*.

104. — Il ne doit pas être motivé. — Mêmes articles.— L'énonciation des motifs sur l'admission ou le rejet de l'adoption pouvait gêner la liberté des juges et nuire à la réputation de l'adoptant, et peut-être de l'adopté. — Proudhon, t. 2, p. 131; Delvincourt, t. 1er, note 2e de la page 98; Toullier, t. 2 no 997; Bioche et Goujet, *Dict. de procéd.*, vo *Adoption*, no 18.—Dès-lors, le législateur, dans l'intérêt de la bienséance et de la morale, a dû interdire au juge de faire connaître les considérations d'après lesquelles il se détermine.

105. — Dans le mois qui suit le jugement du tribunal, ce jugement est, sur les poursuites de la partie la plus diligente, soumis à la cour royale. — C. civ., art. 357. — On peut appliquer au délai d'un mois, dont parle l'art. 357, ce qui a été dit (no 99) sur le délai de dix jours de l'art. 354.

106. — La cour instruit dans la même forme que le tribunal et prononce ainsi : « Le jugement est confirmé ou infirmé : en conséquence il y a lieu ou il n'y a pas lieu à adoption. » — C. civ., art. 357.

107.—L'arrêt qui prononce ainsi ne doit pas être motivé.—C. civ., art. 357.—Toutefois l'arrêt qui infirmerait le jugement de première instance pour nullité de formes (par exemple en ce qu'il aurait été rendu publiquement) devrait être motivé.— *Douai*, 9 août 1839 (t. 2 1839, p. 246), Carpentier. — On comprend que les raisons qui font prohiber l'énonciation des motifs n'existent plus quand il ne s'agit plus de rejeter l'adoption par des motifs qui se rattachent non à l'honneur des individus, mais à des *irrégularités de forme* qui ne touchent à aucune considération personnelle, et qu'il est indispensable même de signaler aux parties, qui ont intérêt à les éviter devant le tribunal où elles peuvent être renvoyées.

108. — L'arrêt doit, s'il rejette l'adoption, être rendu en la chambre du conseil. Il en est de même s'il annulle pour vice de forme le jugement de première instance. — *Douai*, 9 août 1839 (t. 2 1839, p. 246), Carpentier.—V. conf. Delvincourt, t. 1er, p. 98, note 5e; Bioche et Goujet, *Dict. procéd.*, vo *Adoption*, no 21.

109.—S'il admet l'adoption, il doit être rendu en audience publique (art. 358) *ordinaire*.—Il a été jugé en effet que les demandes d'adoption, quoiqu'elles intéressent l'état civil des citoyens, ne sortent pas de la nature des affaires qui doivent être jugées en audience ordinaire. Elles ne doivent pas être déférées aux cours royales réunies en audience solennelle. — *Limoges*, 4 (et non 14) juin 1840 (t. 2, 1840, p. 773), Lajugie-Lavergne c. Michel.

110. — En outre, l'arrêt doit être affiché en tels lieux et en tel nombre d'exemplaires que la cour jugera convenable.—C. civ., art. 358.

111. — Bien que l'art. 138 du C. procéd., qui impose au greffier l'obligation de signer la minute de chaque jugement, s'étende aux jugemens d'adoption, toutefois cette obligation n'est pas prescrite à peine de nullité, et il suffit, pour la régularité du jugement, qu'il ait été signé par le président et le rapporteur. — *Paris*, 26 avr. 1830, Schnéder c. Robert Dumesnil.

112. — L'arrêt qui prononce sur une demande à fin d'adoption pourrait-il devenir l'objet d'un pourvoi au fond, si d'ailleurs les formes voulues par la loi avaient été observées ? — La cour de Cassation a décidé la négative pour le cas où l'arrêt porte *refus d'adoption*. — *Cass.*, 14 nov. 1815, Bernard. — Il en serait autrement si l'arrêt *admettait* l'adoption. En effet, un semblable arrêt, quoique non motivé, peut offrir une violation manifeste de

la loi : par exemple, si l'adoptant ou l'adopté n'avaient pas l'âge requis, si le premier avait des enfans légitimes, ou si l'adoption avait eu lieu de la part d'un époux sans le consentement de l'autre, il est évident qu'il y aurait contravention formelle aux art. 343 et 344, C. civ., et que rien ne serait plus facile à constater que cette contravention. Au contraire, lorsque l'arrêt a refusé l'adoption, cette décision négative ne peut guère prêter au reproche de contrevenir à la loi : si le rejet de l'adoption peut être injuste, il peut aussi être fondé sur de justes motifs. On ne pourrait donc présenter à l'appui du pourvoi que des probabilités ; mais des probabilités ne suffisent pas pour autoriser la cassation d'un arrêt. — Il faut observer de plus que le pourvoi, dans les cas où nous venons de dire qu'il serait ouvert, devrait être soumis aux déchéances résultant des délais ou aux fins de non-recevoir produites par l'acquiescement et aux autres conditions générales des pourvois en cassation.

113. — Dans les trois mois de l'arrêt, l'adoption doit être mise au nombre des actes qui règlent l'état des citoyens par l'inscription qui en est faite à la réquisition de l'une des parties sur le registre de l'état civil du lieu où l'adoptant est domicilié. — C. civ., art. 359.

114. — Cette inscription est nécessaire, et le délai de trois mois est de rigueur. Faute d'inscription dans ce délai, l'adoption reste sans effet. — C. civ., art. 359 ; — Delvincourt, t. 1er, p. 98, note 7.

115. — De là, il faut conclure que l'adoption n'existe réellement que par l'inscription sur les registres de l'état civil et que, jusqu'à cette inscription, les parties peuvent, *de leur consentement mutuel*, annuler le contrat passé devant le juge de paix. Elles peuvent le faire soit expressément, soit tacitement, en omettant les formalités instituées pour assurer effet au contrat, soit en négligeant l'inscription de l'arrêt d'homologation. — Duranton, no 301 ; Toullier, no 1002 ; Delvincourt, t. 1er, p. 98, note 7e ; Marcadé, *loc. cit.*, sur l'art. 360, no 3.

116. — Mais, une fois le contrat formé, une des parties ne pourrait le dissoudre sans le consentement de l'autre, car il confère des droits irrévocables et soumis seulement à la condition suspensive de l'inscription sur les registres (Merlin, *Rép.*, vo *Révocation d'adoption* ; Grenier, *Adopt.*, p. 507 et 538 ; Duranton, t. 3, no 326. — V. cependant Toullier, t. 2, no 118). — Cette solution résulte de l'art. 360, qui déclare que la mort de l'adoptant n'empêche pas l'adopté de poursuivre l'adoption, sauf aux héritiers de l'adoptant de présenter au procureur du roi les observations qu'ils croient propres à faire rejeter l'adoption. — Odilon Barrot, vo *Adoption*, no 58 ; Marcadé, sur l'art. 360, no 3.

117. — En conséquence, jugé que le contrat ainsi passé devant le juge de paix ne peut plus être brisé, même avant la sanction judiciaire donnée à l'adoption, par le changement de volonté d'une seule des parties, et *à fortiori* lorsque ce changement de volonté ne s'est manifesté qu'après l'arrêt d'adoption, quoique avant l'inscription. — *Grenoble*, 2 mars 1842 (t. 1er 1843, p. 741), Fournier c. Bouchard.

118. — Lorsque l'arrêt est inscrit, l'adoption est accomplie, tout est consommé : désormais les qualités de père et de fils sont imprimées à l'adoptant et à l'adopté. — Delvincourt, *loc. cit.*

119. — L'adoption serait nulle si, au lieu d'être inscrite sur le registre de l'état civil du domicile de l'adoptant, elle l'était sur celui du domicile de l'adopté, alors même que l'adoptant et l'adopté seraient domiciliés dans le même arrondissement et dans des cantons voisins, si leurs domiciles sont dans des communes différentes. — *Montpellier*, 19 avr. 1842 (t. 1er 1843, p. 496), Loubatières.

120. — Le droit de requérir l'inscription appartient à l'adoptant et à l'adopté, mais aucun d'eux n'y est obligé envers l'autre. — Même arrêt.

121. — Bien que l'acte passé devant le juge de paix n'ait d'effet définitif qu'autant qu'il a reçu l'homologation de justice, et que jusqu'à l'inscription de l'arrêt d'homologation il puisse être anéanti par la volonté des parties, il n'en constitue pas moins *entre les parties*, ainsi que nous l'avons dit *suprà* no 116, un contrat qui ne peut être révoqué par l'une sans le consentement de l'autre : aussi est-ce toujours à la partie la plus diligente, même sans le concours de l'autre, que la loi remet le soin des poursuites.

122. — Les droits qui résultent d'un pareil contrat intervenu entre les parties sont tellement irrévocables, que la mort même de l'adoptant survenue avant la décision de justice ne suffirait pas pour les anéantir. — Dans ce cas, l'instruction commencée peut être continuée et l'adoption admise s'il y a lieu. Seulement l'art. 360 semble exiger, pour que cette instruction soit continuée, que le contrat ait été *porté devant les tribunaux* antérieurement au décès.

123. — De cette dernière disposition, Malleville (sur l'art. 360) a conclu expressément que, si le décès de l'adoptant arrivait *après l'acte*, mais *avant* qu'il eût été envoyé aux tribunaux, l'adoption demeurerait sans effet. — V. aussi Duranton, t. 3, no 302.

124. — Et ces auteurs ne font aucune distinction entre le cas où l'adoptant viendrait à mourir *dans le délai* accordé par l'art. 354 pour porter l'acte devant les tribunaux, et celui où il ne décéderait que postérieurement à ce délai.

125. — Cette dernière opinion est évidemment trop rigoureuse. En effet, si l'art. 354 accorde aux parties un délai de dix jours pour soumettre l'acte d'adoption à l'homologation du tribunal, il est évident que la longueur de ce délai ne peut se retourner contre elles. L'art. 360 n'a d'ailleurs voulu exprimer que deux choses : à savoir, 1o qu'il n'était pas nécessaire que les deux parties vécussent au moment où l'adoption serait définitivement admise ; 2o que le décès de l'adoptant n'interrompait pas l'instruction. — Aussi est-ce avec raison que la cour d'Orléans a admis une adoption, bien que le décès de l'adoptant fût survenu avant que l'acte eût été présenté à l'homologation du tribunal, dans une espèce où le décès était antérieur à l'expiration du délai de dix jours depuis l'acte d'adoption. — *Orléans*, 17 juin 1842 (t. 2 1842, p. 52), Ropton ; — Delvincourt, t. 1er, p. 98, note 6e.

126. — Delvincourt, *loc. cit.*, semble même admettre d'une manière générale que la condition d'avoir porté devant les tribunaux l'acte d'adoption avant le décès de l'adopté n'a rien d'absolu, puisque tout est consommé par l'acte passé devant le juge de paix, et que, pour le surplus des opérations, on n'exige plus que l'intervention d'une seule partie. — V. aussi Proudhon, t. 2, p. 133. — Et cette opinion semble s'accorder avec l'idée que le délai de dix jours prescrit par l'art. 354 n'est par un délai de rigueur. — V. *suprà* no 99.

127. — En tous cas, par ces mots de l'art. 360 *porté devant les tribunaux*, M. Duranton entend que la formalité exigée sera réputée accomplie lorsque l'expédition de l'acte aura été remise au procureur du roi ; peu importerait, d'ailleurs, que ce magistrat l'eût ou non présenté au tribunal. — Duranton, t. 3, no 302, note.

128. — Dans le cas spécial de l'art. 360, les héritiers de l'adoptant peuvent, s'ils jugent l'adoption inadmissible, remettre au procureur du roi tous mémoires et observations à ce sujet, droit qui en thèse ordinaire n'appartiendrait pas aux héritiers présomptifs de l'adoptant.

129. — Si la mort de l'adoptant est sans influence sur les droits acquis à l'adopté par le contrat formé devant le juge de paix, il en est de même du changement survenu dans l'état ou l'incapacité de l'adoptant. Ainsi la survenance d'un enfant avant l'admission ou l'inscription de l'adoption n'empêcherait pas l'adopté de faire continuer l'instruction ; — car la survenance d'enfans *non conçus* au moment du contrat passé devant le juge de paix ne révoque pas l'adoption. — Toullier, no 1004.

130. — Le jugement qui a rejeté une première demande en adoption a-t-il l'autorité de la chose jugée, et élève-t-il une fin de non-recevoir contre une seconde demande à fin d'adoption ? — Jugé négativement par la cour de *Lyon* (16 fév. 1833, Guichard) pour le cas où la cour royale n'a pas été appelée à statuer sur la première demande.

131. — Il devrait évidemment en être de même, encore que la cour royale eût été appelée à prononcer ; car, les jugemens d'adoption n'étant pas motivés, on est légalement réputé ignorer à quelles causes est due le rejet de la demande, et si ces causes subsistent toujours. — Un arrêt qui rejette une adoption ne peut prononcer que *quant à présent* : il n'établit pas plus d'incapacité qu'un jugement qui maintient une opposition à mariage, opposition que l'on fait lever en produisant la preuve que la cause a cessé. — Duranton, no 303. — Seulement, dit cet auteur, il faudrait un nouvel acte d'adoption et une nouvelle procédure.

132. — Inutile de dire que si avant le nouvel acte d'adoption des incapacités non existantes lors de la première demande s'étaient produites, elles devraient faire rejeter la seconde.

133. — Les actes d'adoption autres que jugemens sont soumis par la loi du 22 frim. an VII (art. 68, § 1er, no 9) à un droit fixe de 1 fr. — Les jugemens de première instance admettant une adoption sont soumis à un droit fixe de 50 fr. par la loi du 28 avr. 1816 (art. 48, no 2). — Enfin, les arrêts des cours royales confirmant une adoption sont soumis par la même loi (art. 49) au droit fixe de 100 fr.

§ 2. — *Adoption rémunératoire.*

134. — Les formes de l'adoption ordinaire et les solutions que nous venons de passer en revue sont les mêmes pour l'adoption rémunératoire.

§ 3. — *Adoption testamentaire.*

135. — V. le tit. 2, *Tutelle officieuse*, chap. 3.

Sect. 5e. — *Effets de l'adoption.*

§ 1er. — *Adoption ordinaire et adoption rémunératoire.*

136. — L'adopté prend le nom de l'adoptant *en l'ajoutant au sien*. — C. civ., art. 347. — Suivant le Code prussien, cette disposition reçoit effet encore bien que l'adoptant soit une femme. — Et le Code civ. n'excepte pas ce cas. — Toullier, no 1007 ; Odilon Barrot, *loc. cit.*, no 64.

137. — Si l'adoption était faite par une femme mariée, ce serait son nom de fille et non celui de son mari que l'adopté devrait prendre ; car il devient fils de cette femme et non celui du mari. — Marcadé, *Elém. dr. civ. franç.*, sur l'art. 349.

138. — Mais l'adopté reste dans sa famille naturelle, et y conserve tous ses droits. — C. civ., art. 348.

139. — Ainsi les rapports de successibilité continuent de subsister entre ses parens et lui.

140. — L'adopté a droit de cumuler dans la succession de l'adoptant les droits successifs qui lui appartiennent comme enfant adoptif, et ceux qu'il tient d'une institution d'héritier faite en faveur de *certains parens* de l'adoptant au nombre desquels se trouve l'adopté. — Ainsi, lorsque après avoir adopté une de ses nièces, un individu a légué la portion disponible de ses biens à ses neveux et nièces, la nièce adoptée peut, en vertu de ce legs, réclamer, indépendamment de sa réserve, sa part dans la portion disponible. — *Nancy*, 4 août 1829. — V. aussi *Cass.*, 24 août 1831, Humbert c. Chemin, qui a rejeté le pourvoi.

141. — De même, si l'adopté veut contracter mariage, c'est toujours de ses père et mère et autres ascendans naturels qu'il doit obtenir le consentement ou requérir le conseil, car il dépend toujours, quant à ce, de ses parens naturels et non de son père adoptif. — Duranton, t. 2, no 308 ; Toullier, t. 2, no 1017 ; Proudhon, t. 2, p. 141 ; Marcadé, sur l'art. 349.

142. — Mais, si les ascendans naturels de l'adopté étaient tous décédés, nous serions disposés à croire que l'adopté doit obtenir le consentement de son père adoptif. — En effet, l'adopté devient fils de l'adoptant, il acquiert des droits sur sa succession, la dette alimentaire existe entre eux : on conçoit qu'en cas de concours de la famille naturelle et de l'adoptant, on décide en faveur de la première, car les liens qui continuent d'y rattacher l'adopté sont plus anciens, plus forts, et on ne pouvait sans inconvénient multiplier les consentemens aux mariages. Mais, une fois la famille naturelle éteinte, il n'y a plus de raison pour affranchir l'adopté du consentement de l'adoptant. — La même solution pourrait être donnée si les ascendans naturels n'étaient point en état de manifester leur volonté.

143. — L'adoption produit une sorte d'affinité civile qui fait prohiber le mariage : — entre l'adoptant, l'adopté et ses descendans ; — entre les enfans adoptifs du même individu ; — entre l'adopté et les enfans qui pourraient survenir à l'adoptant ; — entre l'adopté et le conjoint de l'adoptant, et réciproquement entre l'adoptant et le conjoint de l'adopté. — C. civ., art. 348. — La prohibition ne s'étend pas plus loin.

144. — Ces empêchemens au mariage sont-ils simplement *prohibitifs* ? — Oui, selon MM. Zachariæ, t. 3, § 463, note 3 ; Duranton, t. 2, p. 332 ; Marcadé, sur les art. 348 et 349. — Ils sont *dirimans* suivant Proudhon, t. 1er, p. 230 ; Merlin, *Rép.*, vo *Empêchement au mariage*, § 4, art. 29 ; Vazeille, t. 1er, no 228. — V. MARIAGE.

145. — Les effets de l'alliance produite par l'adoption ont même été reconnus d'une manière absolue par la cour de Cassation, qui a jugé que l'alliance qui existe entre l'adoptant et le mari de l'adoptée met obstacle à ce qu'ils puissent faire partie l'un et l'autre du même conseil municipal. — *Cass.*, 30 nov. 1842 (t. 2 1842, p. 703), Prieur c. Triogon-Saulnier. — V. cependant Leroy, *Encyclopédie du dr.*, vo *Alliance*, no 7.

146. — L'adoption engendre pour l'adoptant et l'adopté l'obligation réciproque de se fournir des alimens. — C. civ., art. 349. — V. ALIMENS.

147. — L'adopté a sur la succession de l'adoptant les mêmes droits qu'y aurait l'enfant né en

mariage, même quand il existerait d'autres enfans de cette dernière qualité nés depuis l'adoption (art. 350) *et non conçus antérieurement* (l'adoption n'étant pas possible s'il y avait *conception* antérieure). — V. *suprà* nos 48 et suiv.

148. — Puisque l'adopté a sur les biens de l'adoptant *les mêmes droits* que l'enfant légitime, il en résulte qu'il a le droit de demander la réserve légale. — Duranton, no 317; Toullier, no 1011; Delvincourt, t. 1er, p. 96, note 5; Proudhon, t. 2, p. 140; Grenier, *Tr. de l'adoption*, no 40; Merlin, *Rép.*, vis *Adoption* et *Légitime*; Delaporte, *Pand. fr.*, sur l'art. 913; Coin-Delisle, *Comm. anal.* sur l'art. 913; Favard de Langlade, vo *Portion disponible*, sect. 1re, § 1er.

149. — Mais comment doit se former la réserve? Sur quels biens doit-elle porter? — Sur ces points il y a controverse.

150. — D'abord il ne semble pas qu'il y ait de difficulté possible relativement aux dispositions testamentaires. Ainsi jugé que l'enfant adoptif peut, comme l'enfant né du mariage, demander la réduction des dispositions testamentaires faites par l'un des époux au profit de son conjoint, alors même que l'adoption serait antérieure au Code. — *Trèves*, 22 janv. 1813, Théobald.

151. — A l'égard des donations entre vifs, les auteurs pensent généralement que l'adopté peut en demander la réduction si elles sont *postérieures* à l'adoption. — V. les auteurs cités au no qui suit, et Duranton, no 318. — V. *contrà* Delvincourt (t. 1er, p. 96, note 5), qui se fonde sur ce que, suivant l'art. 350, l'adopté n'a de droits que *sur la succession* de l'adoptant.

152. — Mais ils lui refusent ce droit à l'égard des donations entre vifs faites et acceptées antérieurement à l'adoption. — Toullier, t. 2, no 1011, et t. 5, no 303; Grenier, *Traité de l'adopt.*, p. 529, no 39, et Delvincourt, t. 1er, p. 96, note 5. — V. aussi Chabot, *Comment. sur les success.*, art. 756, note 5 de Belost-Jolimont; Favard, vo *Adoption*, § 3, no 5.

153. — Cette doctrine a été repoussée avec raison par un arrêt de la cour de Cassation, rejetant le pourvoi contre un arrêt de Montpellier qui a jugé que l'enfant adoptif a, comme l'enfant né en mariage, le droit de réclamer la réserve légale, par voie de réduction sur les donations entre vifs, même sur celles faites antérieurement à l'adoption, et qu'ainsi l'enfant qui a été adopté par deux époux a le droit de faire réduire à la quotité disponible fixée par l'art. 1094, C. civ., la donation que le mari a faite à sa femme par contrat de mariage, avant l'adoption, de l'universalité des biens qu'il laisserait à son décès. — *Montpellier*, 8 juin 1823; *Cass.*, 29 juin 1825, Carrion de Nizas c. Rouch. — V. conf. Coin-Delisle, *Comm. anal.*, sur l'art. 913; Rolland de Villargues, vo *Adoption*, § 3, no 31; Marcadé, sur l'art. 350, no 3. — C'est aussi vers cette opinion que M. Duranton (t. 8, no 319) déclare incliner.

154. — Jugé de même que l'adoption a pour effet de réduire à la quotité disponible l'institution contractuelle faite au profit du conjoint de l'adoptant, et que l'adopté peut demander cette réduction, encore bien qu'il ait consenti antérieurement à l'exécution de l'institution contractuelle, ce consentement n'équivalant pas à une renonciation à la réduction. — *Paris*, 26 mars 1839 (t. 1er, 1845), de Vaudrimay c. Coulard.

155. — Jugé toutefois que le retour stipulé dans un contrat ancien pour le cas de prédécès du donataire sans enfans, doit avoir effet nonobstant l'adoption faite par le donataire, bien que le donataire en qualité d'époux eût consenti à l'adoption. — *Cass.*, 27 juin 1822, Ressein c. d'Andurain. — Cette décision, dit M. Duranton (no 320), n'est pas contraire à celle du 29 juin 1825 (*suprà* no 153), car dans l'esprit de l'art. 951, C. civ., l'adoption n'est pas une *survenance* de postérité qui fasse obstacle au droit de retour. — C. civ., art. 320. — Grenier, no 37. — V. toutefois *infrà* nos 173 et suiv.

156. — Dans tous les cas, Toullier, *loc. cit.*, dit que si les donations antérieures à l'adoption se trouvaient révoquées par la survenance d'enfans légitimes, l'adopté partagerait avec eux les biens rentrés dans la succession de l'adoptant, sur laquelle il a les mêmes droits qu'eux. — V. aussi Chabot, *Quest. transit.*, vis *Adoption*, no 19, et *Réduction*, p. 272 et 273. — V. conf. Duranton, no 316 (alors même que l'enfant dont la naissance a opéré la révocation serait mort avant son père et avant que les biens fussent rentrés de fait dans la main de celui-ci. — Arg. de l'art. 964.

157. — Jugé que l'adopté a pu, depuis la loi du 25 germin. an XI, demander, comme l'enfant légitime et naturel, la réduction autorisée par la loi du 17 niv. an II (art. 13 et 14) des avantages que les père et mère adoptifs s'étaient conférés postérieurement à l'adoption. — Dans le cas de réduction, l'époux qu'elle avait frappé devait la restitution des fruits depuis l'ouverture de la succession de son conjoint, alors même que le décès aurait eu lieu avant la loi du 25 germin. an XI. — *Cass.*, 26 avr. 1808, Savouroux c. Marie Faure.

158. — Quant aux donations intermédiaires entre le contrat passé devant le juge de paix et l'inscription de l'adoption sur les registres de l'état civil, elles devaient, par suite du principe que ce contrat crée un droit acquis au profit de l'adopté, être réputées *postérieures* à l'adoption. — Toullier, no 1011; Chabot, *Quest. trans.*, vo *Adoption*, § 5. — V. *contrà* Grenier, *Ad.*, nos 26 et 40.

159. — De là il ne résulte pas que l'adoption opère, comme la survenance d'enfans légitimes, la révocation des donations. — Duranton, no 315

160. — En effet, ce n'est que quant aux droits héréditaires que l'adopté est assimilé à un enfant légitime. Or, la révocation opérée par l'art. 960, C. civ., n'est point l'exercice d'un droit héréditaire, puisque ce droit se réalise entre vifs et dans l'intérêt actuel du père et de l'enfant. Le but de l'art. 960 est de ne point détourner du mariage celui qui se serait dépouillé d'une partie de ses biens; la révocation est au profit du père, qui peut disposer de nouveau des mêmes biens dans les limites de la quotité disponible. — Marcadé, sur l'art. 350, no 3.

161. — Jugé encore que l'adoption ne saurait, quand à l'effet révocatoire, être assimilée à l'aliénation dont parle l'art. 1038, C. civ., et que dès-lors les legs contenus dans un testament antérieur à l'adoption conférée par le testateur ne sont pas révoqués par elle. — *Montpellier*, 20 avr. 1842 (t. 2 1843, p. 344), Ginestat c. Loubatières.

162. — De même, l'adoption, même assimilée à la survenance d'enfans, ne peut révoquer les libéralités testamentaires faites antérieurement par l'adoptant. — Même arrêt.

163. — L'enfant adoptif n'a pas le droit d'attaquer comme lui portant préjudice les aliénations faites par son père adoptif. — *Rennes*, 14 mars 1812, Marcé c. Louis, dit Martinet.

164. — Du principe que l'adopté a les mêmes droits qu'un enfant légitime, il résulte encore que la représentation a lieu en faveur de ses descendans venant à la succession de l'adoptant. — *Paris*, 27 janv. 1824, Marmo c. Trimester; — Proudhon, t. 2, p. 139; Toullier, no 1015; Duranton, no 314; Marcadé, sur l'art. 350, no 4. — V. *contrà* Grenier, no 37; Delvincourt, t. 1er, p. 96, note 6.

165. — Et, par suite, le legs d'immeuble fait par l'adoptant aux enfans de l'adopté doit être, relativement aux droits d'enregistrement, considéré comme fait en ligne directe. — *Cass.*, 2 déc. 1822, Baduel c. Enregistrement.

166. — Il faudrait même dire, pour être toujours conséquent avec le principe, que les descendans légitimes de l'adopté pourraient succéder *de leur chef* à l'adoptant; car le droit de succession spéciale accordé à l'adoptant par les art. 351 et 352 n'existe que quand l'adopté ne laisse point de descendans légitimes, ce qui prouve que le législateur a considéré la parenté fictive qui rattache l'adopté à l'adoptant comme s'étendant à toute la descendance du premier. Cela peut s'induire encore de la collation du nom de l'adoptant qui passe aux enfans de l'adopté, et de la prohibition de mariage établie entre l'adoptant et la descendance de l'adopté. — Marcadé, sur l'art. 350, no 4.

167. — Mais l'adopté lui-même n'a pas le droit de représenter l'adoptant dans une succession que celui-ci aurait recueillie s'il eût été vivant. Cela résulte des termes de l'art 350, qui refuse à l'adopté tout droit sur les biens des parens de l'adoptant.

168. — Il en faut dire autant de l'enfant naturel de l'adopté; puisque la reconnaissance ne rattache l'enfant qui en est l'objet qu'à son auteur qui l'a reconnu, sans créer aucune relation de famille entre lui et la famille de cet auteur, l'enfant naturel n'aura pas plus le droit de représenter l'adopté qu'il n'en aurait si celui-ci était enfant légitime de l'adoptant. — Marcadé, sur l'art. 350, no 4. — V. SUCCESSION IRRÉGULIÈRE.

169. — L'adopté pourrait être écarté de la succession de l'adoptant pour cause d'indignité. — C. civ., art. 727. — Mais, dans ce cas, les biens dont il serait privé appartiendraient, conformément à l'art. 730, à ses enfans ou descendans s'il en existait, et non aux parens de l'adoptant. — Argum. des art. 730, 348 et 350. — Duranton, no 327.

170. — L'adoption prive-t-elle les ascendans de l'adoptant de leur réserve dans la succession de celui-ci? — Non, suivant le Code prussien (partie 2e, tit. 2, art. 673), à moins que les père et mère n'aient consenti à l'adoption, et Toullier (no 1011) dit que cette solution est dans l'esprit du Code civil. — Mais MM. Grenier (no 42), Duranton (no 312, note), et Odilon Barrot (no 67) pensent, et avec raison, qu'elle ne saurait être admise sous notre droit, parce qu'on ne peut considérer l'adoption du même œil qu'une disposition gratuite. — Delvincourt (t. 1er, p. 96, note 6e) arrive à la même conclusion; mais, comme il considère l'adoption comme une donation de la succession, il regrette que le Code ait permis de préjudicier par l'adoption à la réserve quand on ne pourrait y porter atteinte par aucune donation.

171. — L'adopté n'a aucun droit de successibilité sur les biens des parens de l'adoptant (art. 350). Il ne pourrait même, comme nous l'avons vu (no 167), représenter l'adoptant prédécédé dans la succession des ascendans de celui-ci. — Duranton, no 313. — Mais, si le droit s'était ouvert du vivant de l'adoptant, ce dernier l'aurait recueilli et transmis à l'adopté comme faisant partie de son patrimoine. — C. civ., art. 781. — Duranton, *loc. cit.*

172. — L'expression *parens* employée dans l'art. 350 du Code précité est générique, et comprend les parens en ligne directe aussi bien que ceux de la ligne collatérale. — *Toulouse*, 25 avril 1844 (t. 2 1844, p. 51), Defos c. Lacroix.

173. — Il n'y a pas de réciprocité, quant au droit de successibilité, entre l'adoptant et l'adopté. Ainsi, après la mort de l'adopté, ses biens appartiennent à ses parens naturels; mais, si l'adopté meurt sans descendans légitimes, les choses données par l'adoptant ou recueillies dans sa succession et qui existeront en nature lors du décès de l'adopté retourneront à l'adoptant ou à ses descendans, à la charge de contribuer aux dettes et sans préjudice des droits des tiers. — C. civ., art. 351.

174. — Le droit de retour est une véritable succession. — Demante, *Programme d'un Cours de droit français*, t. 1er, p. 179, no 340. — Mais ce droit doit être restreint dans les limites que la loi lui a assignées.

175. — Ainsi, l'adoptant et ses *descendans légitimes* peuvent seuls en profiter. Les autres héritiers de l'adoptant ne le pourraient pas. — C. civ., art. 351.

176. — Les enfans adoptifs de l'adopté empêcheraient-ils le droit de retour établi au profit de l'adoptant par les art. 351 et 352, C. civ.? — Pour la négative on invoque les termes de l'art. 350, d'après lesquels le droit de retour n'existe qu'autant que l'adopté meurt *sans descendans légitimes*. Or, dit-on, ces expressions ne comprennent point de simples adoptés, surtout dans un titre où le législateur se sert à chaque instant des mots *descendans légitimes* par opposition aux enfans adoptifs; on ajoute que la pensée de l'adoptant a été, quand il faisait une donation à son fils adoptif, d'avantager celui-ci et ses descendans, mais non des étrangers; c'est même sur cette pensée qu'est fondé le droit de retour établi par l'art. 351. On irait donc contre le vœu du législateur si on admettait l'enfant adopté par le fils adoptif comme empêchement au droit de retour, puisque cet enfant reste aussi étranger au père adoptant qu'il l'est au père naturel de l'adopté. — Marcadé, sur les art. 350 et 351. — V. cependant le même auteur sur l'art. 747, à propos duquel il enseigne que le droit de retour de l'ascendant donateur est empêché par l'existence d'un enfant adoptif du donataire.

177. — Mais dans l'opinion contraire, et c'est vers elle que nous pencherions, on peut dire que l'adoption vaut au moins comme donation, ou même comme testament en faveur de l'adopté: des auteurs même la considèrent comme une donation de succession; à ce titre donc, les biens qui font partie de la succession du deuxième adoptant étant passés à l'adopté au moment même et par le fait du décès sont, comme ceux de l'ascendant donateur dans le cas de l'art. 747, considérés comme ne se retrouvant plus en nature après la mort du donataire, et dès-lors le donateur ne peut exercer son droit de retour. — Il serait bizarre d'ailleurs que le second adoptant pût disposer des biens qu'il tient de son père adoptif, soit par donation entre vifs, soit par testament, et empêcher ainsi le droit de retour au profit d'un étranger, tandis qu'une adoption, qui a infiniment plus de puissance qu'une donation et qu'un testament, produirait cependant des effets beaucoup plus restreints. — V. en ce sens Toullier, t. 4, no 240.

178. — Le retour ne s'exerce que sur les biens qui existent *en nature* au décès de l'adopté. Ce qui semblerait exclure tout droit *au prix* en cas d'aliénation, la loi ne s'étant pas prononcée à cet égard comme dans l'art. 747. — Toullier, no 1013; Grenier, no 15; Duranton, no 323. — V. *contrà* Malleville, sur l'art. 351; Delvincourt, t. 1er, p. 96, note 11e.

179. — L'adoptant ou ses descendans succéderaient-ils à l'action en reprise que l'adopté pourrait avoir contre des tiers à raison de ces biens? — L'art. 351 ne le dit pas expressément comme l'art. 747. — Toutefois, M. Duranton (nº 323) pense que le principe *qui habet actionem ad rem recuperandam rem ipsam habere videtur* doit recevoir son application. — V. conf. Malleville et Delvincourt, *loc. cit.* — V. *contrà* Toullier et Grenier, *loc. cit.*

180. — Suivant M. Duranton (nº 323), l'action en réméré, en rescision, pour violence, erreur, dol, lésion, celle en nullité, pour vice de forme, incapacité ou autre cause, devraient être assimilées à l'action en reprise, sauf, pour l'adoptant ou ses descendans qui les exerceraient, l'obligation de payer, sans répétition contre les héritiers de l'adopté, ce qui pourrait être dû aux acheteurs et autres pour rentrer dans lesdits biens, et même d'indemniser les héritiers du prix qu'ils auraient dû toucher comme encore dû si l'action en réméré ou autre n'eût pas été exercée.

181. — Si l'adopté avait légué les biens à lui donnés par l'adoptant ou recueillis dans sa succession, le droit de retour pourrait-il s'exercer? — Non, suivant MM. Delvincourt (*loc. cit.*) et Duranton (nº 325), dont nous partageons pleinement le sentiment, « attendu que la loi ne règle la succession qu'à défaut de la manifestation de volonté de la part de l'homme. » — Mais il n'est pas douteux que l'adoptant ou ses descendans n'eussent le droit en ce cas de poursuivre, s'il y avait lieu, l'annulation du testament.

182. — Le droit de retour ne s'exerce que *sauf contribution aux dettes*, c'est-à-dire que l'adoptant doit contribuer aux dettes dans la proportion des biens qu'il reprend avec la masse générale, *proratâ portione emolumenti*. — Duranton, nº 321, note; Delvincourt, t. 1er, p. 96, note 12e; Marcadé, sur l'art. 352, nº 4.

183. — Il s'exerce *sans préjudice des droits des tiers*, ce qui laisse subsister les droits de servitude, d'usufruit, d'usage; seulement ces charges diminueront d'autant la valeur estimative pour fixer la contribution aux dettes. — Les hypothèques subsisteront aussi, mais les dettes hypothécaires seront comprises dans la masse générale de la succession. — Duranton, nº 322; Delvincourt, t. 1er, p. 96, note 12e.

184. — Si du vivant de l'adoptant et après le décès de l'adopté, les enfans ou descendans laissés par celui-ci mouraient eux-mêmes sans postérité, l'adoptant succédera aux choses par lui données comme il est dit ci-dessus; mais ce droit sera inhérent à la personne de l'adoptant et non transmissible à ses héritiers, même en ligne descendante. — Art. 352.

185. — Cette disposition ne peut recevoir d'application qu'en cas de défaillance de *toute* postérité de l'adopté du vivant de l'adoptant, et ce serait dans la succession du dernier mourant que l'adoptant exercerait, s'il y avait lieu, son droit de reprise. — Delvincourt, t. 1er, p. 97, note 1re.

§ 2. — *Adoption testamentaire.*

186. — V. le titre 3, *Tutelle officieuse*, ch. 3.

Sect. 6e. — *Annulation et révocation de l'adoption.*

187. — Qu'est-ce que l'adoption si elle peut être révoquée? disait Napoléon au sein du conseil d'état, dans la séance du 4 nivôse an X. — Locré, t. 6, p. 514. — Le principe est donc que l'adoption est irrévocable. — V. aussi en ce sens Grenier, *Traité de l'adoption*; Merlin, *Rép.*, vº *Révocation d'adoption*; Duranton, t. 3, nº 326. — L'adoption, en effet, n'est pas un contrat ordinaire: elle crée des rapports de paternité et de filiation, elle engendre des droits et des devoirs dont la nature échappe au domaine des conventions.

188. — Ainsi, le contrat une fois formé devant le juge de paix ne peut être anéanti par la volonté *de l'une des parties*. — V. *suprà* nº 116.

189. — L'adoption inscrite sur les registres de l'état civil ne pourrait, même d'un commun accord, être révoquée, fût-ce par l'emploi des moyens suivis pour l'obtenir. — Delvincourt, t. 1er, p. 98, note 7.

190. — Toutefois, on invoque contre ce système la maxime: *Nil tam naturale est quam eo genere quidquid dissolvere quo colligatum est* (L. 35, ff., *De reg. jur.*) — Toullier, t. 2, nº 1019, paraît pencher pour la révocabilité, en se fondant sur le Code prussien, nºs 7 et 14; il doute néanmoins que des tribunaux puissent suppléer sans excès de pouvoir au silence du Code à cet égard.

191. — L'adoption n'est pas révoquée par la survenance d'enfans conçus et nés depuis le contrat passé devant le juge de paix. — Toullier, nº 986. — C'est au surplus ce qui résulte implicitement des dispositions de la loi qui règlent les cas de concours des enfans adoptifs et des enfans légitimes nés postérieurement.

192. — Elle n'est pas révoquée non plus pour cause d'ingratitude; car ce n'est pas un simple *don d'hérédité*: elle imprime aux parties des qualités civiles dont le caractère s'étend aux enfans de l'adopté; ceux-ci ne peuvent être privés par la faute de leur père des avantages attachés à l'adoption, notamment du droit de porter le nom de l'adoptant. — *Grenoble*, 2 mars 1842 (t. 1er 1843, p. 741), Fournier c. Bouchard; — Duranton, nº 328; Dupin, *Réquisitoires*, t. 1er 1841, p. 737 et suiv.

193. — Dans tous les cas, le fait par l'adopté d'avoir quitté le domicile de l'adoptant et de s'être marié sans son consentement et après notification d'actes respectueux n'aura pas l'extrême gravité nécessaire pour entraîner cette révocation. — *Grenoble*, 2 mars 1842 (t. 1er 1843, p. 741), Fournier c. Bouchard.

194. — Lorsque les conditions légales n'ont pas été observées, l'adoption peut-elle, comme subreptice, être annulée sur la demande des intéressés? — Cette question est généralement décidée affirmativement par le motif que le jugement qui prononce une adoption est un acte de juridiction volontaire qui n'a pas l'autorité de la chose jugée à l'égard des tiers intéressés à faire annuler l'adoption. — *Cass.*, 22 nov. 1825, Sander-Lotzbeck c. Sander; 24 août 1831 (implic.), Humbert c. Chevin; *Paris*, 26 avril 1830, Schneider c. Robert Dumesnil. — V. sur ce point Dupin, *Réquisit.*, t. 1er 1841, p. 737 (aff. Boirot); Duranton, nº 329; Toullier, nº 1019.

195. — Jugé de même par le tribunal de la Seine que les parties intéressées, collatéraux ou autres, ont le droit d'attaquer une adoption même consommée, et après le décès de l'adoptant, pourvu toutefois que l'action soit fondée sur des motifs de rescision péremptoires. — V. le jugement rapporté avec l'arrêt de la cour royale de *Paris*, du 19 fév. 1842 (t. 1er 1842, p. 282), Houel c. Daguier.

196. — Jugé en ce sens que la nullité d'un jugement d'adoption peut être poursuivie par l'héritier institué de l'adoptant, encore qu'il ne soit pas héritier à réserve. — *Colmar*, 28 juillet 1821, Dugied c. Sander.

197. — ...Et en outre que, lorsque deux époux ont conféré l'adoption à un étranger, les héritiers de l'un des adoptans peuvent demander la nullité de l'adoption sans le concours de l'autre. — *Cass.*, 22 nov. 1825, Sander-Lotzbeck c. Dugied.

198. — En tous cas, les collatéraux sont non-recevables à demander la nullité d'une adoption du vivant de l'adoptant, même sur le fondement de l'inobservation d'une condition substantielle, à savoir le défaut d'accomplissement de la condition des six années de secours et de soins exigée par l'art. 345, C. civ...., alors d'ailleurs qu'ils reconnaissent n'avoir d'autre intérêt à la révocation de l'adoption que d'empêcher l'adopté de porter le nom de l'adoptant. — *Grenoble*, 22 mars 1843 (t. 2 1843, p. 342), Rogniat c. Calvat et Capelle.

199. — Quant à la voie à suivre pour faire prononcer la nullité, il est généralement reconnu que cette nullité peut être poursuivie par voie d'action principale et sans qu'il soit besoin de former tierce-opposition à l'arrêt qui a consacré l'adoption. — *Colmar*, 28 juill. 1821, Dugied c. Sander; *Nancy*, 13 juin 1826, Fautot c. de Limoges; *Dijon*, 31 janv. 1824, rapporté sous l'arrêt de cassation du 22 nov. 1825; *Paris*, 26 avr. 1830, Schneider c. Robert Dumesnil; — Merlin, *Quest.*, vº *Adoption*, § 11, nº 3; Delvincourt, t. 1er, p. 98, note 5e; Duranton, t. 3, nº 33, et Grenier, *Adoption*, nº 22.

200. — Jugé même qu'elle *doit* être demandée par voie d'action principale et que les héritiers de l'adoptant n'auraient pas le droit de former tierce-opposition. — *Nancy*, 13 juin 1826, et *Paris*, 26 avr. 1830 (arrêts cités au numéro qui précède). — V. aussi Duranton, t. 3, nº 330, et Bioche et Goujet, *Dict. de procéd.*, vº *Adoption*, nºs 24 et 31; Henrion de Pansey, *De l'aut. judic.*, nº 14, p. 205.

201. — Cette action principale doit être portée devant le tribunal de première instance (*Cass.*, 22 nov. 1825, Sander c. Dugied; Duranton, nº 338) et non devant la cour royale. — *Grenoble*, 7 mars 1842 (t. 1er 1843, p. 741), Fournier c. Bouchard.

202. — Et le tribunal qui a rendu le jugement d'adoption confirmé est compétent pour statuer sur la demande en nullité. — V. l'arrêt du 26 avr. 1830, cité nº 199.

203. — La raison de le décider ainsi se tire de ce que l'arrêt rendu en cette matière n'est qu'un arrêt d'homologation, ainsi que le dit expressément l'art. 354, C. civ., d'un jugement qui s'identifie avec le contrat qui en est la cause et la base: d'où il suit que l'action dirigée contre l'arrêt attaque le contrat nul et non l'arrêt, ce qui constitue une action principale, soumise en conséquence aux deux degrés de juridiction. — Duranton, t. 3, nº 331; Delvincourt, *loc. cit.*; Marcadé, sur l'art. 360, nº 4; Demante, *Prog. d'un cours de droit français*, t. 1er, p. 350.

204. — Quant à la requête civile, elle ne peut servir de moyen pour attaquer l'acte d'adoption, puisque celui qui attaque l'adoption n'a pas été partie dans l'arrêt d'admission. — Duranton, t. 3, nº 330.

205. — Il en est de même de la voie de cassation, puisque, comme le font remarquer des auteurs, il s'agit moins d'un arrêt proprement dit que d'un acte de juridiction volontaire, lequel, d'ailleurs, n'est pas motivé, et qu'enfin on ne peut se pourvoir contre un arrêt auquel on n'a pas été partie. — V. cependant Toullier (t. 2, nº 1019), qui cite à l'appui de son opinion l'arrêt du 14 nov. 1815 (Bernard). — Mais cet arrêt statue pour un cas différent de celui où l'une des parties à l'acte d'adoption se pourvoit contre l'arrêt qui refuse de l'accueillir.

206. — Merlin (*Quest.*, vº *Adoption*, § 11, nº 3) propose aussi, comme de nature à être suivie, la voie de demande en rapport de l'arrêt. Il se fonde sur la doctrine de Dunod (p. 22), suivant laquelle les actes de juridiction volontaire peuvent être révoqués par le tribunal même qui les a faits lorsqu'il est mieux informé et qu'on procède devant lui par voie contentieuse.

207. — Les demandeurs en nullité peuvent offrir de prouver que les conditions légales n'ont pas été remplies, mais l'arrêt qui a rejeté la preuve des faits tendant à établir l'absence de ces conditions, en se fondant sur ce qu'il résultait de l'arrêt d'adoption une *présomption légale* de l'accomplissement de ces conditions, échappe à la censure de la cour suprême, s'il a, en outre, motivé le rejet de la preuve offerte sur ce que les faits articulés n'étaient pas pertinens et concluans. — Les juges peuvent rejeter la preuve des faits ainsi articulés, en se fondant sur ce qu'ils ne sont pas pertinens et concluans, encore que la preuve fût offerte, tant *par titres* que par témoins. — *Cass.*, 24 août 1831, Humbert et Quivault c. Chenin.

208. — L'annulation de l'adoption pour défaut d'accomplissement régulier des formalités légales, par exemple en ce que l'inscription de l'arrêt aurait eu lieu sur le registre de l'état civil du domicile de l'adopté au lieu de l'être sur celui du domicile de l'adoptant, ne donne pas à l'adopté le droit de réclamer des dommages-intérêts contre la succession de l'adoptant, alors même que l'irrégularité serait imputable au fait personnel de l'adoptant. — *Montpellier*, 19 avr. 1842 (t. 1er 1843, p. 457), Loubatières. — La raison en est que l'adopté aurait pu et dû surveiller l'exécution littérale de la loi.

209. — A quelle époque l'action en nullité de l'adoption pourra-t-elle être intentée? Suivant M. Marcadé (sur l'art. 360, nº 3), il faut distinguer entre les personnes qui ont un intérêt moral à l'exercice de cette action et celles qui n'y ont qu'un intérêt pécuniaire. Les premières pourront agir à toute époque, tandis que les autres ne le pourront qu'alors que leur intérêt sera né et actuel, c'est-à-dire après la mort de l'adoptant.

210. — M. Marcadé soutient même qu'aucune prescription ne peut atteindre l'action en nullité, parce que l'adoption qui n'a pas été faite dans les conditions exigées par la loi, étant nulle et non avenue aux yeux de la loi, n'a pu produire aucun effet légal par le seul laps de temps, en vertu de la maxime *quod nullum est nullum producit effectum*. — Mais cette opinion, prise dans sa généralité, n'est évidemment pas admissible; il faut restreindre le principe qu'elle pose à la vie de l'adoptant; une fois le décès de l'adoptant arrivé, l'intérêt des collatéraux prend naissance, et dès-lors commence à courir la prescription de l'action en nullité.

§ 2. — *Adoption testamentaire.*

211. — V. le tit. 2, *Tutelle officieuse*, ch. 3.

TITRE II. — *De la tutelle officieuse.*

212. — C'est un contrat de création moderne dont la législation romaine ni les législations voisines n'offrent aucun modèle, et qui a été imaginé dans le but de faciliter l'adoption à ceux qui, voulant adopter un individu, craignent de mourir avant qu'il n'ait atteint sa vingt-unième année.

213. — Ce contrat a été jusqu'ici d'un usage peu fréquent: l'exposé des motifs qualifiait la tutelle officieuse de « *préparation à l'adoption*, et, pour ainsi dire, d'*adoption commencée* » — Procès-verbal 21 vent. an XI; — Locré, *Esprit C. civ.*, t. 1er, p. 491.

CHAPITRE Ier. — *Conditions exigées du tuteur officieux et du pupille.*

214. — Les conditions de la part de la personne qui veut se charger de la tutelle officieuse sont 1° d'être âgée de plus de cinquante ans (art. 361); 2° de n'avoir ni enfans ni descendans légitimes (même art.); 3° d'obtenir le consentement de son conjoint, si elle est mariée. — C. civ., art. 362.

215. — En outre, elle doit, suivant M. Duranton (n° 334), être capable d'exercer la tutelle ordinaire (V. art. 28, 42, C. pén., 442 et suiv. C. civ.). — Ceci doit, toutefois, ne s'entendre que sous les modifications que réclame la tutelle officieuse. Ainsi, la disposition qui exclut de la tutelle les femmes autres que la mère et les ascendans ne s'appliquerait pas à la tutelle officieuse. Cette tutelle, qui a pour but l'adoption, n'est pas interdite aux femmes, puisque l'adoption leur est permise. — Duranton, n° 334, note; Toullier, n° 1026.

216. — Les conditions du côté du pupille sont : 1° d'être âgé de moins de 15 ans (art. 364); 2° d'obtenir le consentement de ses père et mère ou du survivant d'eux, ou, à leur défaut, d'un conseil de famille, ou enfin, s'il n'a pas de parens connus, celui des administrateurs de l'hospice où il aura été recueilli, ou de la municipalité du lieu de sa résidence (Art. 361).

217. — Faut-il, relativement au consentement, étendre aux aïeuls et aïeules ce qui est dit des père et mère, et n'est-ce qu'à leur défaut que le conseil de famille doit être consulté ? — Oui, selon Delaporte, *Pandectes franç.* — V. toutefois *suprà*, nos 71 et suiv.

CHAPITRE II. — *Forme et effets généraux de la tutelle officieuse.*

218. — Le contrat est passé devant le juge de paix du domicile de l'enfant. L'acte consiste dans le procès-verbal constatant les demandes et consentemens respectifs. — Ce procès-verbal est signé par le tuteur officieux, s'il sait signer; sinon, mention est faite qu'il ne sait pas signer. — Toullier, n° 1028.

219. — Il n'est pas besoin de recourir, comme pour l'adoption, à l'homologation des tribunaux. —Proudhon, t. 2, p. 144.

220. — Les actes de tutelle officieuse sont soumis par la loi du 28 avril 1816 (art. 48) à un droit fixe d'enregistrement de 50 fr.

221. — Les effets de la tutelle officieuse sont que, si le pupille a quelque bien et s'il était en tutelle antérieurement, l'administration de ses biens et de sa personne passera au tuteur officieux.

222. — Toutefois, les père et mère du pupille n'en conservent pas moins la puissance paternelle avec tous ses attributs, ainsi que l'administration et la jouissance des biens de l'enfant. — Duranton, n° 339; Toullier, n° 1029. — V. PUISSANCE PATERNELLE, USUFRUIT LÉGAL.

223. — Proudhon, au contraire (t. 2, p. 145), pense, mais à tort, que la tutelle, même légale, s'efface devant la tutelle officieuse, et que l'enfant ne reste soumis à son père ou à sa mère qu'en ce qui ne porte pas atteinte aux droits et obligations du tuteur officieux.

224. — Ce tuteur doit remplir les fonctions d'un tuteur ordinaire. Il doit compte de son administration (art. 370). Il est soumis à l'hypothèque légale (art. 2121). —Duranton, n° 341, et t. 19, n° 310; Magnin, *Des minorités*, n° 551; Grenier, n° 281. — V. HYPOTHÈQUE LÉGALE, TUTELLE. — Mais dans cette tutelle il n'est pas nommé de subrogé tuteur. La loi ne prescrit pas cette nomination, et la surveillance d'un subrogé tuteur aurait pu être un obstacle de nature à détourner ceux qui auraient été disposés à former le contrat. — Duranton, n° 340. —V. *contrà* Magnin, *Des minorités*, t. 1er, n° 552.

225. —La tutelle des hospices sur l'enfant qui y a été admis cesse par la tutelle officieuse dont cet enfant a été l'objet. — Cette première tutelle ne tenant pas à l'ordre public ni aux rapports essentiels des familles et concernant uniquement l'intérêt de l'enfant, elle ne revit pas par la mort du tuteur officieux arrivée avant la majorité ou l'émancipation de cet enfant, alors surtout que celui-ci a des revenus plus que suffisans pour pourvoir à ses besoins. — En pareil cas il y a lieu de lui nommer un tuteur et un subrogé tuteur en la forme ordinaire. — *Angers*, 26 juin 1844 (t. 2 1844, p. 281). Richou et Biolai c. hospice d'Angers.

226. — Un autre effet de la tutelle officieuse est qu'elle emporte avec soi, sans préjudice de toutes stipulations particulières, l'obligation de nourrir le pupille, de l'élever, de le mettre en état de gagner sa vie (C. civ., art. 364). Aussi le tuteur officieux ne peut-il, comme le tuteur ordinaire, prélever les dépenses de l'éducation du pupille sur les revenus de celui-ci. — C. civ., art. 365.

227. — L'obligation résultant de l'art. 364 passe même aux héritiers du tuteur ; car, suivant l'art. 367, si le tuteur meurt avant que la tutelle n'ait produit ses effets quant à l'adoption, il doit être fourni au pupille, durant sa minorité, *des moyens de subsister* dont, à défaut de convention particulière, la quotité et l'espèce doivent être réglées, soit amiablement entre les représentans du tuteur et du pupille, soit judiciairement en cas de contestation.

228. — Le pupille a droit à des alimens sur les biens de son tuteur officieux décédé sans l'avoir adopté, encore que celui-ci lui ait fait un legs, à moins que le testateur n'ait exprimé formellement que ce legs était fait pour lui tenir lieu d'alimens. — V. *Nancy*, 4 août 1829, et l'arrêt de rejet du 24 août 1831, Armard.

229. — Et l'arrêt qui fixe ces alimens, eu égard à la position du mineur, échappe à la censure de la cour de Cassation. — Même arrêt.

230. — Telles sont les dispositions du Code relatives à la tutelle officieuse et à ses effets. — Du reste, il résulte des art. 364, 367 et 369, que les conditions de cette tutelle peuvent être réglées par des stipulations particulières qui font la loi des parties et sur lesquelles liberté entière leur est donnée.

231. — Le tuteur officieux ne peut pas s'affranchir de la tutelle avant de remplir l'obligation que lui impose l'art. 364.

232. — Les père et mère pourraient-ils la faire cesser s'il y avait de graves motifs ? Pourraient-ils du moins exiger, s'il y avait lieu, dans l'intérêt du pupille, que le mode d'éducation ou d'administration de la personne fût modifié ? — M. Augier (*Encycl. des Juges de paix*, v° *Tutelle officieuse*, n° 6) se prononce pour l'affirmative, et selon nous avec raison. Ce droit s'exercerait au moyen d'une action portée devant le tribunal de première instance.

CHAPITRE III. — *Effets de la tutelle officieuse quant à l'adoption. — Adoption testamentaire.*

233. — Le tuteur officieux peut, dans la prévoyance de son décès avant la majorité du pupille, lui conférer l'adoption par acte testamentaire. — C. civ., art. 366.

234. — Cet acte peut être olographe, mystique ou public : il est soumis, quant à sa validité, aux formes requises pour les testamens. — V. TESTAMENT. — Il n'est pas nécessaire qu'il contienne une disposition de biens (art. 895), cette disposition étant une conséquence virtuelle du fait d'adoption. — Duranton, n° 305.

235. — Cette adoption a cela de particulier, 1° qu'elle peut être faite *après cinq ans* révolus depuis le commencement de la tutelle officieuse, tandis que l'adoption ordinaire ne peut être faite qu'après six ans au moins de secours fournis à l'adopté pendant sa minorité; 2° qu'elle est faite au profit d'un *mineur*, tandis que l'adoption par contrat ne peut s'exercer qu'au profit d'un majeur ; 3° que l'adoptant n'a pas besoin, comme pour l'adoption ordinaire ou rémunératoire, du consentement de son conjoint. — Toullier, n° 992; Duranton, n° 307; Marcadé, sur l'art. 366, n° 1er.

236. — Les cinq ans dont parle l'art. 366 doivent, suivant les auteurs, être révolus à l'époque de la date de l'acte : il ne suffirait pas que le tuteur mourût après ce délai pour que l'adoption conférée antérieurement fût validée. — Duranton, n° 306; Delvincourt, t. 1er, note 5e de la p. 101; Marcadé, *loc. cit.* — Toutefois, cette opinion nous paraît bien rigoureuse, et nous serions assez disposé à en admettre une contraire, plus conforme, selon nous, à l'esprit de la loi et à la volonté de l'adoptant sainement interprétée.

237. — L'adoption testamentaire n'a d'effet qu'autant que le tuteur officieux ne *laisse* pas d'enfans légitimes (art. 366). — Ainsi, il est juste de dire que la survenance d'enfans légitimes *révoque* l'adoption testamentaire; mais cela doit être entendu seulement en ce sens que l'adoptant *laissera* des enfans à *son décès*. La survenance d'enfans qui décéderaient avant le testateur n'opérerait pas cette révocation. — Duranton, n° 342, note.

238. — Il est hors de doute que, puisqu'il s'agit d'un acte testamentaire, 1° le testateur peut le révoquer, et anéantir ainsi l'adoption de sa propre autorité; 2° le pupille peut renoncer au bénéfice de l'adoption tant qu'il ne l'a pas acceptée (Duranton, n° 304, note). — C'est encore là une différence qui existe entre cette sorte d'adoption et l'adoption par contrat, qui, une fois formée, ne peut être répudiée ou anéantie par la seule volonté de l'une ou de l'autre des parties. — V. *suprà*, n° 116.

239. — L'adoption conférée par acte testamentaire, et acceptée par le pupille après le décès de son tuteur, produit, au profit de l'adopté, les mêmes effets que l'adoption ordinaire et rémunératoire.

240. — L'adoption testamentaire doit-elle être inscrite sur les registres de l'état civil ? — Non, suivant Delvincourt (t. 1er, note 6e de la p. 101), et on comprend qu'il en soit ainsi, si l'on remarque que cette adoption ne produisant ses effets que par l'acceptation de l'enfant devenu majeur, elle peut cesser d'un moment à l'autre. — V. Marcadé, sur l'art. 366, n° 2.

241. — Les parties intéressées pourraient demander la nullité de l'adoption conférée par testament, soit en ce que les conditions requises pour la tutelle officieuse ou pour l'adoption n'auraient pas été remplies, soit pour cause de vice de l'acte testamentaire. — Proudhon, t. 2, p. 133. — L'action devrait évidemment être introduite par demande principale.

242. — Lorsque le pupille a atteint sa majorité avant le décès du tuteur officieux, celui-ci peut l'adopter : mais il n'est pas tenu de le faire. — De son côté le pupille peut refuser l'adoption que son tuteur voudrait lui conférer. — Arg. de l'art. 368.

243. — Si l'un et l'autre consentent à l'adoption, il est procédé à l'adoption dans les formes indiquées ci-dessus (V. sect. 4e pour l'adoption ordinaire ou rémunératoire), et les effets seront en tous points les mêmes. — V. sect. 5e, art. 368.

244. — Il résulte de là que l'adoptant et l'adopté sont obligés de se pourvoir de nouveau des autorisations requises pour l'adoption, encore qu'ils les auraient déjà obtenues pour la formation du contrat de tutelle officieuse. — En outre, ils doivent réunir toutes les conditions requises pour l'adoption ordinaire. — V. sect. 2e et 3e; Malleville, sur l'art. 368.

245. — Bien que le tuteur officieux soit libre de refuser l'adoption, cependant le pupille peut, dans les *trois mois* qui suivent sa majorité, lui faire toutes réquisitions à cet effet. — Si ces réquisitions restent sans résultat, et que le pupille ne se trouve pas en état de gagner sa vie, le tuteur officieux peut être condamné à l'indemniser de l'incapacité où il se trouverait à cet égard. — Art. 369.

246. — Pour que l'indemnité soit due, il suffit qu'il n'y ait pas adoption, quelle que soit la cause de ce défaut d'adoption, pourvu toutefois qu'elle provienne du tuteur, soit que celui-ci *refuse*, soit qu'il y ait impossibilité de sa part, comme serait par exemple la survenance d'enfans légitimes, le refus de consentement de son conjoint, etc. — Delvincourt, t. 1er, p. 101.

247. — Si le pupille avait des moyens de subsistance, il ne lui serait pas dû d'indemnité, encore qu'il ne fût pas en état de gagner sa vie. — Arg. de l'art. 369. — V. Malleville, sur cet article.

248. — Cette indemnité se résout en secours propres à lui procurer un métier. — Même art.

249. — Elle est due, dit l'art. 369, *sans préjudice* des stipulations qui auraient pu avoir lieu dans la prévoyance de ce cas. — Il ne résulte pas de là que l'indemnité soit due *indépendamment* de ces stipulations, mais bien que ces stipulations feront cesser l'indemnité, à moins qu'elles n'aient été faites indépendamment de l'indemnité qui seulement n'aurait pas été réglée. — V. Malleville, sur cet article; Delvincourt, t. 1er, p. 101, note 3e.

250. — Au surplus, la loi dit que le tuteur *peut* être condamné à une indemnité, et non qu'il le *sera*. — Les tribunaux apprécieront ; car il est possible que le pupille ne soit hors d'état de gagner sa vie que par suite de sa mauvaise volonté et de son inconduite. — Duranton, n° 345, note; Toullier, n° 1036; Delvincourt, *loc. cit.*, note; Marcadé, sur l'art. 369.

251. — Si le pupille laisse écouler le délai de *trois mois*, depuis sa majorité, sans requérir l'adoption, il est censé y avoir renoncé, et alors aucune indemnité ne lui est due. — Toullier, n° 1035.

252. — Mais, selon M. Marcadé (sur l'art. 369), n'est pas le délai de trois mois, de l'art. 369, n'est pas fixé contre le pupille en ce sens qu'il soit déchu du droit de requérir l'adoption par l'expiration de ce délai. La loi a voulu dire seulement que le tuteur ne pourrait être actionné utilement avant que ces trois mois fussent écoulés. — En effet, l'article dit que le tuteur ne pourra être condamné qu'après les trois mois, mais non qu'il ne pourra plus être condamné après les trois mois.

253. — L'action en indemnité, accordée à l'enfant, n'étant pas spécialement limitée par la loi, dure trente ans, conformément aux dispositions de l'art. 2262, C. civ. — Marcadé, *ibid.*

234. — Le pupille n'a droit non plus à aucune indemnité s'il refuse l'adoption que lui offre son tuteur. — Toullier, art. 1032.

235. — L'hypothèque légale, qui grève les biens du tuteur officieux comme tuteur (V. *suprà* n° 224), n'existe pas au profit du mineur pour le montant de l'indemnité à laquelle ce tuteur peut être condamné pour défaut d'adoption. — Persil, *Quest.*, p. 267. — V. DONATION ENTRE ÉPOUX.

V. ABSENCE, ACTE DE NOTORIÉTÉ, ACTE RESPECTUEUX, ACTE SOUS SEING-PRIVÉ, ACTE DE L'ÉTAT CIVIL, ENREGISTREMENT, PREUVE TESTIMONIALE.

ADULTÈRE.

Table alphabétique.

ADULTÈRE. — 1. — L'adultère (*ad alterum thorum vel alterum accessio*) est la violation consommée de la foi conjugale par *l'un ou l'autre* des époux. — Ce mot s'emploie sous deux acceptions : il désigne tantôt le fait même de cette violation, tantôt celui qui s'en est rendu coupable.

—

§ 1er. — *Historique.*

2. — Autrefois, l'adultère était considéré comme crime et puni comme tel (V. nos 164 et suiv.). — La loi nouvelle l'a rangé parmi les attentats aux mœurs, et fait descendre dans la classe des délits. — Les motifs qui ont, en cela, guidé le législateur, ont été ainsi exposés par de Montseignat au corps législatif? — « Il est une infraction aux mœurs, moins publique que la prostitution érigée en métier, mais presque aussi coupable ; si elle ne suppose pas des habitudes aussi dépravées, elle présente la violation de plus de devoirs, c'est l'adultère, placé dans tous les codes au nombre des plus graves attentats aux mœurs; à la honte de la morale, l'opinion semble excuser ce que la loi doit punir ; une espèce d'intérêt accompagne le coupable ; les railleries poursuivent la victime. Cette contradiction entre l'opinion et la loi a *forcé* le législateur à faire descendre dans la classe des délits ce qu'il n'était *pas en sa puissance* de mettre au rang des crimes. »

3. — Par ces paroles, l'orateur du gouvernement exprimait le regret que la loi nouvelle, sans se modeler complétement sur la loi ancienne, ne pût pas, du moins, user d'une sévérité proportionnée avec la gravité du fait qu'il s'agissait de réprimer. Cette impossibilité existait-elle réellement ? Et les lois doivent-elles nécessairement se mettre à la suite de ce qu'on appelle, souvent bien à tort, *l'état des mœurs et de l'opinion ?* C'est ce que nous ne nous chargerons pas de décider ; mais on peut néanmoins regretter qu'à force de se montrer indulgente et timide, la loi ait, en quelque sorte, légitimé l'indulgence du monde, et diminué la répulsion que mérite un fait qui porte une atteinte aussi profonde à la sainteté du mariage et au repos de la famille.

4. — Ce n'est pas, au surplus, seulement sous le rapport de la pénalité que la loi nouvelle a innové aux lois anciennes. — Nous verrons dans le cours de cet article, et à mesure que nous arriverons à l'explication des textes aujourd'hui en vigueur, en quoi consistent ces modifications. — Il importe néanmoins d'en signaler sur-le-champ une fort importante : c'est celle qui accorde à la femme le droit de dénoncer l'adultère du mari (V. n° 26). — Ajoutons qu'à la différence de la loi romaine, et se rapprochant en cela de notre ancienne jurisprudence, le Code de 1810 a imprimé, à beaucoup d'égards, au délit d'adultère le caractère de *délit privé.* — V. au surplus § 3.

§ 2. — *Caractères du délit d'adultère.*

5. — Trois élémens sont nécessaires pour constituer le délit d'adultère : 1° l'union consommée des sexes ; 2° le mariage de l'un des agens au moins ; 3° le dol ou la volonté coupable de la part de la personne mariée. — Chauveau et Hélie, *Théorie C. pén.*, t. 6, p. 209.

6. — *Union consommée des sexes.* — De là il résulte : 1° que la simple pensée de l'adultère et les familiarités coupables qui n'en sont le plus souvent que le prélude ne constituent pas le délit ; en effet, la simple tentative de l'adultère n'a pas été assimilée à l'adultère lui-même. En cela le Code pénal a suivi les erremens de l'ancien droit. Fournel (*Tr. de l'Adultère*, p. 5) enseigne qu'il fallait essentiellement la consommation de l'œuvre *« ità ut unum sint et sese commisceant. »* Il faut reconnaître, toutefois, que les juges n'étant pas obligés, en pareille matière, d'accueillir un genre de preuve plutôt qu'un autre, sauf en ce qui concerne le complice, (*infrà* nos 145 et suiv.), seront et devront être disposés à prendre en sérieuse considération la gravité des présomptions sans avoir besoin d'exiger la preuve directe et absolue de l'existence matérielle du fait.

7. — C'est la violation de la foi conjugale, bien plus que le danger de donner au mari des enfans qui ne lui appartiendraient pas, qui constitue le délit d'adultère. — Aussi devrait-on le considérer comme existant, alors même qu'à raison de l'âge ou des infirmités du complice ou de la femme la conception serait chose complétement impossible. — Bedel, *Tr. de l'adult.*, nos 5 et 6.

8. — On devrait appliquer la même décision au cas où le grand âge du mari et celui de sa concubine entretenue dans le domicile conjugal ne permettraient pas de supposer la conception comme résultat de l'adultère, car il suffit que la paix du ménage se soit ainsi trouvée troublée incessamment par une union scandaleuse. On comprend, au surplus, qu'il appartiendra aux juges de décider souverainement si le délit d'adultère est ou non établi.

9. — L'adultère n'existant qu'autant qu'il y a union des deux sexes, il en résulte que les familiarités criminelles entre personnes du même sexe ne constitueraient pas le délit. — Chauveau et Hélie, *loc. cit.*, et Bedel, *Tr. de l'Adult.*, n° 6. — Toutefois, le Code prussien admet, en pareil cas, l'existence du délit d'adultère. — Part. 2e, tit. 1er, art. 672, et tit. 20, art. 1005.

10. — *Mariage.* — Du principe posé (n° 6), il résulte, 2° que s'il n'y a pas de mariage ou de mariage valable qui enchaîne la personne accusée d'adultère, ce délit ne saurait exister. Il n'est pas nécessaire, au surplus, que les deux complices de l'adultère soient mariés l'un et l'autre : et notre droit ne s'est pas attaché à la distinction établie par les lois canoniques entre l'adultère simple (commis entre une femme mariée et un homme libre) et l'adultère *double* (*inter uxoratos*). Cette distinction existe encore (quant à la pénalité) dans la loi prussienne. — V. § 5.

11. — Ainsi, pas d'adultère lorsque le commerce illicite se place avant la célébration du mariage. Autrefois, il est vrai, dans le droit romain, l'accusation d'adultère était admise contre *la fiancée.* (L. 7, Cod., *De adult.*, et L. 13, § 3, ff., *ad leg. Jul., De adult.*) ; il en était de même chez les Juifs (*Deuteron.*, chap. 22-23), et même en France, à l'époque où les *fiançailles* étaient reconnues et avaient presque la valeur du mariage (V. FIANÇAILLES, et Fournel, *Tr. de l'adult.*, p. 8). Mais depuis le concile de Trente et l'ordonnance de Blois, les fiançailles cessèrent d'avoir lieu, et la jurisprudence n'admit plus l'adultère avant la célébration du mariage. — Chauveau et Hélie, t. 6, p. 212.

12. — Pas d'adultère non plus après la dissolution légale du mariage ; d'où il résulte qu'après la condamnation du mari à une peine emportant mort civile (condamnation qui entraîne la dissolution du mariage (V. MARIAGE), la femme ne peut être reprise pour adultère. — Chauveau et Hélie, *loc. cit.*

13. — Il suffit qu'il existe un mariage *non annulé* pour que l'infraction à la foi conjugale donne lieu à l'accusation d'adultère. — Ainsi, serait coupable du délit d'adultère la femme qui, ayant contracté une nouvelle union pendant l'absence de son conjoint, entretiendrait des relations avec son premier mari depuis son retour, si celui-ci ne faisait pas annuler le second mariage, que lui seul est recevable à attaquer (C. civ. art. 139. — V. ABSENCE). En effet, tant que la justice n'a pas prononcé la dissolution de la seconde union, elle existe avec tous ses effets civils. — De Valisménil, *Encyclop. du dr.*, v° *Adultère*, n° 5.

14. — Et dans ce cas, le second mari pourrait même poursuivre le premier comme coupable de complicité du délit, sauf à celui-ci à soulever la question préjudicielle. Dans ce cas, la juridiction correctionnelle devrait surseoir à statuer tant à l'égard de la femme que de son présumé complice. — De Valisménil, *Encyclop. du dr.*, *loc. cit.*

15. — On doit encore décider, comme conséquence de ce principe, que la femme d'un individu mort civilement, qui aurait contracté un nouveau mariage, se rendrait coupable du délit d'adultère en entretenant un commerce avec son premier époux. — De Valisménil, *Encyclop. du dr.*, *loc. cit.*, n° 7, et Bedel, *Tr. de l'adult.*, n° 6.

16. — Mais la femme, poursuivie comme adultère, pourrait opposer la nullité de son mariage, et le mari devrait, dans ce cas, avant toute poursuite ultérieure, prouver sa validité, le jugement de la plainte étant subordonné à cette question préjudicielle. — Chauveau et Hélie, t. 6, p. 238. — V. QUESTION PRÉJUDICIELLE.

17. — La séparation de corps ne dissout pas le mariage, aussi a-t-il été jugé que le droit pour le mari de dénoncer l'adultère de sa femme subsiste même après que cette séparation a été prononcée. — *Cass.*, 27 avr. 1838 (t. 2 1838, p. 68), Marmin ; *Caen*, 13 janv. 1842 (t. 2 1842, p. 523), Godefroy ; — Bedel, *Tr. de l'adult.*, n° 53.

18. — Si, comme nous le verrons plus tard, la jurisprudence interdit à la femme la plainte en adultère après la séparation de corps, c'est qu'une pareille plainte ne peut, de sa part, reposer que sur le fait d'avoir entretenu une concubine dans la maison conjugale ; or, la même jurisprudence décide (quoique à tort suivant nous) que par le fait de la séparation de corps la maison conjugale a disparu. — V. *infrà* § 3.

19. — *Volonté coupable.* — Le principe qu'il n'y a pas de délit sans volonté de le commettre trouve son application en matière d'adultère : *Sine dolo adulterium non committitur* (Farinacius, quest. 141e, n° 100). Dès-lors, la violence exercée sur la femme ou son erreur, lorsqu'elles sont bien constatées, écartent le délit. — Chauveau et Hélie, *loc. cit.*

20. — Comme cause d'erreur, écartant l'idée de la volonté, on peut citer le cas où la femme, croyant de bonne foi son mariage dissous par le décès de son mari, entretiendrait des relations avec un autre homme. Ce n'est pas le cas d'appliquer la maxime de droit : *Danti operam rei illicitæ imputantur omnia quæ sequuntur, etiam præter voluntatem ejus.* — De Valisménil, *Encyclop. du dr.*, *loc. cit.*, n° 8, et Bedel, *Tr. de l'adult.*

21. — On peut encore citer le cas rapporté dans un arrêt de la cour de *Besançon*, du 13 oct. 1828 (Gaume), où un individu se serait glissé, pendant le sommeil de la femme, à la place que son mari venait de quitter.

22. — Toutefois, le délit est de telle nature que les juges ne devront admettre qu'avec la plus grande circonspection l'excuse tirée du défaut de volonté de le commettre. — C'est aux faits qui l'ont précédé et accompagné à déposer de son caractère ; et MM. Chauveau et Hélie (t. 6, p. 237) disent avec raison que la violence morale ne serait pas une excuse suffisante, à moins que la femme n'eût été dans l'alternative de céder à son ravisseur ou de subir une mort certaine.

23. — Mais la volonté elle-même ne suffit pas en l'absence du fait, c'est-à-dire de l'infraction réelle à la foi conjugale. Ainsi le mari qui aurait commerce avec sa femme croyant cohabiter avec une concubine ne pourrait être poursuivi comme coupable d'adultère. — Vatisménil, *Encyclop. du dr., loc. cit.*, n° 5.

24. — Si le complice ignorait le mariage de la femme, pourrait-il, en invoquant sa bonne foi, soutenir que, n'ayant pas eu la *volonté* de se rendre coupable d'un adultère, le fait manque, à son égard, d'un des caractères constitutifs de la criminalité? — La plupart des auteurs enseignent l'affirmative par suite de la maxime : « *Nec adulterium committi dicitur ab eo qui ignorat mulierem cum quâ se commississet esse nuptam. — Excusat ignorantia facti.* » — Farinacius, quest., 141, n° 97; Jousse, t. 3, p. 231; Fournel, p. 96; Chauveau et Hélie, t. 6, p. 261. — Mais, disent avec raison ces derniers auteurs, il faut que cette ignorance soit parfaitement établie. — Et nous ajouterons qu'elle sera très rarement présumée.

§ 3. — *Poursuite.*

25. — La loi *Julia, De adulteriis*, déclarait l'adultère crime *public* (L. 2, § 8 et 9, ff.), et l'accusation pouvait être dirigée *jure mariti parentum et extraneorum*. Plus tard, Constantin abolit le droit des étrangers. — Mais notre ancien droit, en posant en principe que le délit d'adultère est un *délit privé*, établit la maxime : « *Maritus genitalis thori solus vindex.* »

26. — Le Code pén. de 1810 porte que l'adultère de la femme ne peut être dénoncé que par le mari (C. pén., art. 336). — Et la pensée de cet article paraît expliquée par ces paroles de l'orateur du gouvernement : « Sans doute l'adultère porte atteinte à la sainteté du mariage, que la loi doit protéger et garantir; mais, sous tout autre rapport, c'est moins un délit contre la société que contre l'époux, qu'il blesse dans son amour propre, sa postérité et son amour. »

27. — L'adultère est donc, dans notre droit nouveau, ce que l'on appelle vulgairement un *délit privé*, sans que toutefois on doive attacher à cette qualification des effets aussi importans que dans l'ancien droit, où le mari était seul investi de l'action publique dans la poursuite, et concluait contre sa femme aux peines prononcées par la loi.

28. — La loi, en effet, ne dit qu'une chose, à savoir, que l'adultère *est dénoncé* par le mari; mais une fois la dénonciation faite, la poursuite est dirigée au nom de la société. — Mangin, *Tr. de l'act. publ.*, n° 140; Merlin, *Quest.*, v° *Adultère*, § 3.

29. — De là il résulte que, dès que le mari a dénoncé sa femme pour adultère, le ministère public est autorisé à poursuivre la répression de ce délit sans le concours personnel du mari dans l'instance. — *Cass.*, 22 août 1816, C..... ; 30 mars 1832, Paillet; *Bruxelles*, 23 nov. 1821, (et non 1822), F ..s; *Pau*, 30 janv. 1835, Tachoacres; — Mangin, *loc. cit.*; Carnot, *C. pén.*, art. 336; Chauveau et Hélie, t. 6, p. 219.

30. — ... Et que le ministère public est recevable en cette matière, comme en toute autre, à interjeter appel sans le concours du mari. — *Caen*, 13 janv. 1842 (t. 2 1842, p. 523), Godefroy. — Cet arrêt pose, en effet, en principe que, dès que, par sa plainte, le mari a mis l'action publique en mouvement, cette action peut et doit s'exercer dans toute sa plénitude et devant tous les degrés de juridiction.

31. — Jugé toutefois (mais cette décision est fort contestable) que le ministère public est non-recevable à se rendre appelant *à minimâ* de la disposition d'un jugement qui, sur une demande en séparation de corps, a condamné la femme à la prison pour adultère, s'il n'y a pas appel du mari. — *Douai*, 27 mars 1828, femme Guyon.

32. — Il a en effet été posé en principe, par un autre arrêt, qu'en matière d'adultère l'exercice de l'action publique n'appartient qu'au ministère public, malgré les restrictions dont la loi l'a frappé dans l'intérêt de la paix et de l'honneur des familles. — *Cass.*, 26 juill. 1828, Paillet c. Paillet et Dubarret.

33. — De là il résulte encore que le recours du mari qui s'est porté partie civile ne peut conserver l'action publique ni avoir pour conséquence de la faire revivre lorsqu'elle s'est éteinte; et c'est en conséquence de ce principe que la cour de Cassation a décidé que le mari qui a porté plainte en adultère contre sa femme est non-recevable, comme toute autre partie civile, à se pourvoir en cassation, sans le concours du ministère public, contre l'arrêt de la chambre des mises en accusation, portant qu'il n'y a lieu à suivre sur sa plainte. — Même arrêt. — Chauveau et Hélie, *loc. cit.*

34. — Toutefois, la même cour a jugé que l'appel du mari, en matière d'adultère, saisit la cour royale de la même manière et avec les mêmes effets que la citation directe avait saisi le premier juge. — Et que, dès-lors, cette cour peut, sur l'appel *à minimâ* du mari contre le jugement qui n'avait condamné la femme qu'à une amende, prononcer, malgré le silence du ministère public, la peine de l'emprisonnement. — *Cass.*, 3 sept. 1831, Rouby; *Paris*, 29 avr. 1841 (t. 2 1841, p. 45), Bastien c. Panchet; — Merlin, *Quest.*, v° *Adultère*, § 6; Vatisménil, *Encyclopédie du droit*, v° *Adultère*, n° 9.

35. — ... Et que l'appel du mari autorise le ministère public qui ne s'est pas pourvu contre le jugement de première instance à requérir contre la femme la peine de l'emprisonnement, l'art. 202, Code inst. crim., n'étant pas applicable à ce cas. — *Cass.*, 18 oct. 1837 (t. 2 1837, p. 367), Potel.

36. — Jugé encore que le ministère public n'étant que partie jointe dans la poursuite du délit d'adultère, le mari est recevable à appeler du jugement qui prononce l'acquittement de sa femme, et à requérir l'application de la peine, sans le concours du ministère public. — *Paris*, 17 janv. 1823, Barbot.

37. — Mais ces décisions sont vivement critiquées par MM. Chauveau et Hélie, qui distinguent le droit de dénonciation, appartenant au mari seul, de l'action pour l'application des peines, laquelle appartient à la partie publique seule. — En vain exciperait-on de ce que, au civil, l'appel interjeté par le mari du jugement qui rejette l'action en séparation de corps pour adultère fait revivre pour le ministère public le droit de requérir la condamnation de la femme en cas d'adultère reconnu; car on sait qu'en pareille matière le droit du ministère public naît de l'instance en séparation de corps, et que l'action facultative du ministère public est *purement accessoire* à cette instance, que dirige seul le mari; au contraire, ce n'est pas le mari qui dirige l'instance correctionnelle; l'action du ministère public n'est pas accessoire, elle est principale et indépendante de tout intérêt privé; elle s'éteint donc dès que le magistrat qui en est dépositaire garde le silence après qu'elle a été repoussée.

38. — Et c'est dans ce sens et par ces considérations qu'il a été jugé par la cour de Paris que, même en matière d'adultère, l'appel de la partie civile est sans influence sur l'action publique, et que, si le défaut d'appel dans le délai légal de la part du ministère public n'empêche pas la partie civile d'interjeter appel et de faire condamner le complice à des dommages-intérêts, néanmoins l'action civile n'en demeure pas moins éteinte et le prévenu affranchi de toute peine. — *Paris*, 8 juin 1837 (t. 2 1837, p. 139), L. c. P.

39. — L'action du ministère public, étant subordonnée à la dénonciation du mari, ne peut porter que sur les faits compris dans cette dénonciation; aussi a-t-il été jugé que la poursuite du ministère public ne peut comprendre des faits antérieurs à ceux indiqués dans la plainte du mari et découverts pendant l'information. — *Poitiers*, 4 fév. 1837 (t. 2 1842, p. 575), C. G.

40. — L'action du ministère public est subordonnée à la dénonciation du mari, soit qu'il s'agisse de poursuivre la femme ou le complice. En effet, disent MM. Chauveau et Hélie, accuser celui-ci, ce serait indirectement attaquer celle-là. — *Loc. cit.*

41. — Et le mari ne peut dénoncer le complice de sa femme sans dénoncer en même temps celle-ci; cela n'est pas douteux. *Est enim crimen duorum.* — Ferrière, v° *Adultère*, éd. 1787, p. 59; Carnot, *loc. cit.*; Mangin, *Traité de l'act. publ.*, t. 1er, n° 139 (induction de l'arrêt de Toulouse, 6 déc. 1838 (t. 1er 1839, p. 175), Liangy).

42. — Aussi a-t-il été jugé avec raison que lorsque le mari qui surprend sa femme en flagrant délit d'adultère déclare lui pardonner et ne vouloir qu'il soit exercé de poursuites que contre le complice, cette déclaration, constituant une exception de réconciliation (nos 106, 194), s'oppose à ce que le mari puisse agir même contre le prévenu de complicité. — *Cass.*, 28 juin 1839 (t. 2 1839, p. 98), Dumont c. Souillet; *Rouen*, 21 sept. 1839 (t. 2 1844, p. 382), mêmes parties. — Cette décision est fondée sur ce que la condamnation du complice serait la condamnation morale de la femme, ce qui détruirait le pardon accordé par le mari et serait inconciliable avec l'empêchement par lui mis aux poursuites de l'adultère imputé à sa femme.

43. Toutefois, M. de Vatisménil (*Encycl. du dr.*, n° 42) soutient l'opinion contraire. « On ne voit pas, dit-il, la nécessité de poursuivre les deux coupables. Le mari peut vouloir pardonner à la mère de ses enfans et la ramener à ses devoirs par la reconnaissance, mais il ne doit pas au complice le sacrifice de son ressentiment. »

44. — Mais, lorsque le mari a dénoncé sa femme sans désigner son complice, le ministère public est-il recevable à le rechercher et à le poursuivre? — L'affirmative résulte nettement d'un arrêt de la cour de Cassation du 17 janv. 1829, Gébert; — Mangin, n° 139.

45. — « En effet, dit M. Mangin (*Traité de l'action publique*, t. 1er, p. 293, n° 140), les entraves apportées par la loi au libre exercice de l'action publique, en cette matière, n'ont pour motif que l'intérêt de l'époux, la paix et l'honneur des ménages. Dès que le mari a dénoncé l'outrage dont il croit avoir à se plaindre, ces considérations n'existent plus. » A l'appui de son opinion, M. Mangin invoque le *Nouveau Denisart* (t. 1er, p. 285). — Cependant Carnot (*C. pén.*, art. 336 n° 5), soutient que l'adultère n'est qu'un délit *relatif*, et que comme il serait loisible au mari de ne rendre même pas plainte contre sa femme, il peut à plus forte raison ne la faire porter que contre elle; que par suite, dès que la partie publique ne serait pas recevable dans sa plainte contre sa femme, dans le cas du silence du mari, elle ne peut avoir plus de droit contre son prétendu complice. — Mais MM. Chauveau et Hélie (*Théorie du Code pénal*, t. 6, p. 223) répondent que dès que le mari a porté plainte, l'action du ministère public, qui était enchaînée, reprend son libre cours et ne saurait être scindée; qu'il est dans l'esprit de la loi que le complice suive le sort de la femme, et qu'il n'existe plus aucune raison de l'épargner.

46. — Lorsque la loi parle de la *dénonciation* du mari, elle entend parler d'une dénonciation spéciale et directe; mais cette dénonciation ne pourrait s'induire, en tant qu'elle autoriserait le ministère public à agir d'office contre le complice d'une action civile en séparation de corps intentée par le mari, alors même que le complice serait formellement désigné dans la demande en séparation et la femme condamnée conformément à l'art. 308, C. civ. — *Cass.*, 16 juin 1842 (t. 2 1842, p. 20), Depée; *Orléans*, 12 avr. 1842 (t. 1er 1842, p. 618), même affaire; — Carnot, *Comm. C. pén.*, *loc. cit.*, n° 11.

47. — Toutefois, l'opinion contraire a été adoptée par la cour de Poitiers. — V. Arr. 24 mars 1842 (t. 2 1844, p. 360), R ..; alors surtout que la demande a été suivie de condamnation. — V., en ce sens, de Vatisménil, *Encycl. du dr.*, v° *Adultère* n° 43.; Mangin, *Tr. de l'acte publ.*, t. 1er, n° 132. — Ce dernier auteur soutient qu'il y a plainte et dénonciation dans le sens de la loi, dès que celui qui a souffert demande une réparation, soit qu'il la demande aux tribunaux correctionnels en provoquant l'action publique pour y joindre la sienne, soit qu'il l'adresse aux tribunaux civils, ainsi que l'art. 3, C. inst. crim., lui en laisse la faculté.

48. — Jugé encore que lorsqu'un individu a été dénoncé par le mari et poursuivi *uniquement* pour complicité d'un vol commis au préjudice de ce dernier par sa femme mineure, le tribunal correctionnel ne peut, sans violer les dispositions qui n'autorisent la poursuite de l'adultère que *sur la plainte expresse* du mari, se déclarer incompétent en se fondant sur un fait autre que celui dénoncé et qui lui paraîtrait constituer le crime d'enlèvement de mineure; autoriser des poursuites d'office contre le ravisseur d'une femme mariée mineure, ce serait arriver à la constatation de l'adultère sans l'autorisation et même malgré le refus de poursuivre de la part du mari. — *Cass.*, 1er juill. 1831, Périer; — Carnot, *C. pén.*, art. 354, *Obs. addit.*

49. — En ce qui concerne la femme, nous verrons *infrà* (nos 175 et suiv.) que la dénonciation du mari résulte suffisamment de la demande en séparation de corps pour adultère, et que cette dénonciation, toute implicite qu'elle puisse être, met en mouvement l'action du ministère public.

50. — En principe, le droit de dénoncer l'adultère est un droit personnel au mari; car seul le mari peut être juge de l'opportunité d'une plainte qui intéresse à un si haut dégré son honneur et le repos de sa famille, *maritus genialis thori solus vindex*. — Mais ce droit est-il tellement personnel qu'en cas d'interdiction du mari le tuteur ne puisse faire la dénonciation aux lieu et place de celui-ci? Cette question peut souffrir difficulté.

51. — D'une part, M. Bedel refuse au tuteur toute espèce de droit, soit pour dénoncer l'adultère, soit pour suivre l'instance, lors même qu'elle aurait déjà été intentée avant l'interdiction. — Au contraire, M. de Vatisménil (*loc. cit.*, n° 10), tout en déniant, en principe, au tuteur le droit de dénoncer l'adultère, ajoute néanmoins que si l'interdiction n'avait été prononcée qu'après la plainte portée, les poursuites pouvant s'exercer à la requête du ministère public, le tuteur aurait la fa-

culté de se porter au nom de celui-ci partie civile et de figurer au procès.

52. — La distinction admise par M. de Vatisménil ne nous semble pas acceptable. En effet, à côté du droit exclusif de dénonciation, se trouve pour le mari le droit absolu d'arrêter la poursuite ; le ministère public ne peut agir, poursuivre et arriver à une condamnation qu'autant que le mari reste uni à lui au moins d'intention, depuis le premier jusqu'au dernier acte de la poursuite; cela est si vrai qu'il a été décidé constamment que l'action en adultère engagée sur la plainte du mari s'éteint par le *décès de celui-ci* (V. nº 77). Il n'y a donc pas lieu de distinguer entre l'adultère dénoncé au moment de l'interdiction et celui qui ne le serait que postérieurement à cette interdiction, et la question doit être examinée et résolue en principe et d'une manière absolue et générale.

53. — Pour nous, nous n'hésitons pas à penser que le tuteur, quels que puissent être ses pouvoirs relativement à l'action, soit en désaveu, soit en séparation de corps, est sans droit, soit pour dénoncer l'adultère, soit pour venir en aide au ministère public, une fois que l'action s'est engagée sur la dénonciation du mari. — Il en est, relativement à la poursuite du cas d'interdiction, comme du cas de mort : dès que le mari ne peut plus manifester, soit expressément, soit implicitemen, sa volonté, toute poursuite, toute condamnation demeure impossible. Sans doute, dans certains cas il pourra résulter de là une impunité déplorable, mais cet inconvénient réel ne suffit pas pour méconnaître le principe dominant de la poursuite en adultère, qui veut qu'elle soit du commencement à la fin l'œuvre de la volonté personnelle du mari, et qu'il n'y ait de condamnation qu'autant que la persistance intentionnelle du mari fait disparaître toute idée, soit d'innocence, soit de pardon. — Toutefois, la solution pourrait être autre dans le cas où ce serait par suite d'une demande en séparation de corps formée par le tuteur que l'adultère serait constaté. Il serait difficile, dans ce cas, de refuser au ministère public le droit d'exercer l'action que lui ouvre l'art. 308, C. civ. — Mais aussi c'est une question que celle de savoir si le tuteur a qualité pour poursuivre contre la femme adultère une demande en séparation de corps au nom du mari interdit. — V. INTERDICTION.

54. — Le mandat donné par le mari de poursuivre sa femme adultère serait-il considéré comme valable ? — L'affirmative semble évidente dans le cas où il s'agit d'un adultère consommé, dont la preuve est acquise, et en vue duquel le mandat est conféré. On ne voit pas en effet pourquoi le mari ne pourrait dans ce cas agir par procureur, sauf, bien entendu, le droit qui lui resterait réservé d'arrêter les poursuites, et sauf aussi le droit pour le tribunal d'ordonner la comparution du mari en personne si quelque fait peut faire douter de la persistance de sa volonté à poursuivre sa plainte.

55. — Mais la thèse changerait s'il s'agissait d'un mandat qui eût précédé le fait d'adultère ou par lequel le mari aurait chargé un tiers de poursuivre sa femme *au cas d'adultère*, et même en déclarant à l'avance qu'il avait la volonté de ne jamais pardonner à sa femme. M. Bedel dit avec raison qu'un pareil mandat ne serait pas valable; et M. de Vatisménil (*loc. cit.*, nº 11) appuie cette opinion en ajoutant « qu'on ne conçoit pas que le mari puisse valablement renoncer d'avance, dans la prévoyance immorale de la culpabilité de la femme, à se départir d'une résolution qu'aurait peut-être fait fléchir plus tard, soit une disposition d'esprit plus généreuse, soit la connaissance des circonstances qui peuvent atténuer la faute commise. »

56. — Le décès du mari laisse les héritiers sans droit pour dénoncer l'adultère. — Cela est si vrai qu'il a même été jugé qu'en cas de décès du mari, demandeur en divorce pour cause d'adultère, ses héritiers n'étaient pas recevables à suivre sur cette demande et à prouver les faits d'adultère pour faire prononcer la révocation des donations faites à la femme par le contrat de mariage. — *Toulouse*, 23 janv. 1820, Barthélemy c. Lavigne.

57. — Mais si le mari venait à décéder soit pendant l'instance et avant toute condamnation, soit après une condamnation, mais alors que cette condamnation n'aurait pas encore acquis l'autorité de la chose jugée, son décès éteindrait-il la poursuite commencée? — V. nºs 78 et 102.

58. — Une fois l'adultère dénoncé, le mari peut-il, en se désistant de sa plainte, anéantir la poursuite? — Favard de Langlade (*Rép.*, vº *Ministère public*, nº 6) a soutenu la négative en se fondant sur les motifs d'un arrêt de *Cass.* du 22 août 1816 (C...), lequel dispose en effet « que si la loi autorise la partie lésée à intenter l'action civile qui lui compète séparément de l'action publique devant les tribunaux civils, elle ne lui donne pas le droit d'arrêter ou de suspendre l'action publique. Mais cette opinion est combattue par MM. Chauveau et Hélie (t. 6, p. 226), qui invoquent l'ancienne jurisprudence attestée par Fournel, (*Tr. de l'adult.*, p. 74), et la loi 29, ff., *ad leg. Jul., De adulter.* — Ils font remarquer qu'il serait contradictoire de continuer les poursuites malgré la volonté du mari, lorsque son assentiment est nécessaire pour les commencer. La société doit se trouver heureuse de la réconciliation des époux, et elle a intérêt à éviter un scandale public. — Enfin, les mêmes auteurs repoussent l'autorité de l'arrêt précité, par le motif qu'il n'avait pas à juger le point dont il est question.

59. — Au surplus, la cour de Cassation elle-même a depuis jugé, conformément à cette dernière doctrine, que « l'action du ministère public cesse d'avoir un caractère légal lorsque, pendant les poursuites, le mari retire sa dénonciation par une déclaration formelle. » — *Cass.*, 7 août 1823, Poulard. — Quant au désistement et aux faits qui peuvent en tenir lieu. — V. nºs 73 et suiv.

60. — Lorsque l'action du ministère public est mise en mouvement, elle ne peut pas être facilement suspendue; aussi, en l'absence de désistement ou de faits qui en tiennent lieu, n'est-elle pas obligée de s'arrêter devant des procès civils intentés à cause de l'adultère.

61. — Ainsi jugé que le tribunal saisi d'une plainte en adultère peut induire de l'acte de reconnaissance d'un enfant adultérin la preuve de la culpabilité du complice, sans être tenu de surseoir jusqu'à la décision à intervenir sur le désaveu formé à la requête du mari; le tribunal, en admettant cette preuve, ne préjuge rien sur la question de paternité. — *Paris*, 13 mars 1826, de Cairon et Soubiranne c. de Carion.

62. — Le désistement du mari intervenu, soit pendant l'instance devant les premiers juges, soit en appel, profite-t-il au complice ? — V. nº 98 et suiv.

63. — La femme prévenue d'adultère qui a quitté le domicile conjugal sans s'être fait autoriser par justice à choisir une autre résidence peut y être valablement assignée à la requête du ministère public. — *Cass.*, 13 mai (et non 1er mai) 1813, Lemaigre.

64. — L'adultère de la femme n'est pas le seul qui tombe sous l'action pénale. — La loi pénale, à la différence de la loi romaine (L. 1, *ad* ff., *leg. Jul., De adulter.*) et de l'ancien droit (Fournel, *Tr. de l'adult.*, p. 13 ; Jousse, t. 3, p. 240), accorde à la femme le droit de dénoncer l'adultère du mari, C. pén., art. 339. — Mais bien loin d'adopter le principe de plusieurs législations qui considéraient l'adultère du mari comme *gravius in maribus quàm in fœminis* (Damhouderius, ch. 89, nº 109), l'art. 339 a restreint la répression du délit d'adultère, quant au mari, au cas unique où il aurait entretenu une concubine *dans le domicile conjugal*. — V. nºs 112 et suiv. — Et encore, ce délit, même prouvé, n'est-il frappé que d'une peine bien moins sévère que celle qui atteint la femme adultère. — V. nº 170. — MM. Chauveau et Hélie, t. 6, p. 234, semblent regretter avec raison que la loi ait établi une telle différence entre deux faits qui ont cependant, suivant nous, sinon les mêmes conséquences, au moins, dans leur principe, le même degré de criminalité.

65. — C'est seulement *sur la plainte* de la femme que l'action publique peut s'exercer contre le mari. — L'art. 339 ne laisse pas de doute à cet égard ; et le mot *plainte*, dont se sert cet article, n'a pas de signification différente de celle du mot *dénoncé*, employé par l'art. 336 relativement au mari. — V. *suprà* nºs 46 et suiv.

66. — La femme peut-elle, en même temps qu'elle dénonce son mari, dénoncer sa concubine? Cette dénonciation ne serait utile qu'autant que l'on considérerait la concubine comme une complice passible des mêmes peines que le délinquant, C. pénal, art. 60. — M. Bedel, qui déclare l'art. 60 applicable au cas d'adultère, accorde à la femme offensée le droit de dénoncer la concubine. — V. nºs 180, 182.

67. — La cour de Paris a décidé que le mot *crime*, employé dans l'art. 7 Code inst. crim., était général et s'appliquait aux délits comme aux crimes proprement dits. Qu'en conséquence l'adultère commis par un Français, hors du territoire du royaume, contre un Français, peut être poursuivi en France au retour de l'auteur du délit. — *Paris*, 12 juill. 1839 (t. 1er 1843, p. 178), Denin. — V. sur le principe relatif à la répression du délit commis à l'étranger le mot ACTION PUBLIQUE.

§ 4. — *Fins de non-recevoir contre la poursuite.*

68. — Indépendamment des fins de non-recevoir qui peuvent résulter, contre l'action en adultère, de l'absence d'un ou plusieurs des caractères constitutifs du délit (V. paragraphe 1er), il en est d'autres que la loi et la jurisprudence signalent comme de nature, soit à empêcher la poursuite, soit à l'arrêter dans sa marche.

69. — La première est la *prescription*. En droit romain, le délit d'adultère se prescrivait par cinq ans (*L.* 5, Cod. *ad leg. Jul., De adulter*). — Il en était de même dans l'ancien droit (Jousse, t. 3, p. 244), sauf le cas d'inceste ou d'absence du mari, où le délai se prolongeait jusqu'à vingt ans. Aujourd'hui, en l'absence de toute disposition spéciale, le délit tombe sous la prescription générale de trois ans, résultant des art. 637 et 638, Code inst. crim.

70. — Il en est du délit d'adultère comme de tout autre délit, et cette prescription serait applicable même au cas où il s'agirait, incidemment à une séparation de corps, de prononcer la peine édictée par l'art. 308, C. civ.; cette peine, quelle que soit la juridiction qui la prononce, ne perdrait pas son caractère de peine correctionnelle. — V. *infrà* nº 176.

71. — La prescription n'est pas interrompue par la minorité, l'absence ou l'impossibilité d'agir de la partie lésée, non plus que par l'ignoance où serait cette partie de l'existence du délit. Et l'on ne pourrait considérer comme créant une sorte de prescription spéciale contre le mari, l'art. 316, C. civ., qui limite le délai pendant lequel il lui est permis de former l'action en désaveu.

72. — La femme mineure de seize ans pourra-t-elle repousser l'action d'adultère en invoquant l'art. 66 du Code pén. ? — Nous ne le pensons pas; en effet, par cela même que la loi suppose à la femme la capacité suffisante pour contracter mariage, elle exclut nécessairement l'idée que la femme puisse commettre sans discernement le délit d'adultère. — Mais la disposition de l'art. 69 paraît trop générale pour qu'il puisse être interdit à la femme d'invoquer, quant à l'application de la peine, le bénéfice de son âge. — V. DISCERNEMENT.

73. — Le mari peut se désister de sa plainte, et ce désistement équivalant, suivant les expressions de la cour de Cassation, à une preuve légale de l'innocence de la femme, l'action publique se trouve, par cela même, éteinte. Peu importerait que le désistement n'intervînt que *sur l'appel*. Tant que l'instance existe, le mari est maître d'en arrêter la marche et d'en prévenir les résultats. *Cass.*, 17 août 1827, Aujogne c. Berthaud; 7 août 1823, Poulard; 27 sept. 1839 (t. 2 1839, p. 613), Moreau.

74. — Il a cependant été jugé que, lorsque le mari se désiste de la plainte en adultère portée contre sa femme, les juges peuvent, en ordonnant la cessation des poursuites, condamner la femme aux frais envers le trésor. — *Montpellier*, 25 mai 1835, C...

75. — Mais cette décision ne doit pas être suivie. En effet, il n'y a que la partie qui succombe qui puisse être condamnée aux dépens. Or, la femme ne succombe point lorsque la plainte est retirée; et pour nous servir des termes mêmes de l'art 194, Code inst. crim., aucune *condamnation* n'est prononcée. La cour de Montpellier a fait un faux raisonnement; elle prétend que le mari ne peut libérer sa femme des frais avancés par le trésor. Il n'y aurait pas de doute si la femme était reconnue coupable; mais elle est présumée innocente tant qu'aucune condamnation n'est intervenue, et le tribunal ne peut rien préjuger sur sa culpabilité. C'est donc à tort qu'on lui imposerait une charge qui ne peut être que l'accessoire d'une condamnation. Un arrêtiste a voulu que le mari fût passible des frais en vertu de l'art. 1382, Code civ. Si une action était exercée à ce sujet, ce ne pourrait être que par la voie civile. Le ministère public doit, pour prévenir le préjudice qu'un désistement cause au trésor, exiger que le mari se porte partie civile quand il y a lieu de prévoir une réconciliation.

76. — Pour que le désistement donné par le mari pendant l'instance d'appel produise ses effets, il n'est pas nécessaire que celui-ci déclare consentir *à reprendre sa femme*. Cette déclaration n'est exigée qu'au cas où il s'agit pour le mari de faire cesser les conséquences d'une condamnation définitivement prononcée. — *Liége*, 4 fév. 1825, E.., — Merlin, *Quest.*, vº *Adultère*, § 4, nº 3.

77. — Le décès du mari, intervenu avant toute condamnation, a tous les effets d'un désistement et éteint l'action publique. La raison en est, suivant la cour de Cassation, qu'à toutes les époques de la procédure, l'action du ministère public a besoin du concours, soit exprès, soit présumé du mari, puisqu'elle est constamment subordonnée à sa volonté; et que le décès du mari, en faisant disquête du ministère public, le tuteur aurait la fa-

paraître ce concours, élève nécessairement contre l'action publique une fin de non-recevoir insurmontable. — *Cass.*, 27 sept. 1839 (t. 2 1839, p. 613), Moreau.

78. — Il en est de même, par les mêmes motifs, du décès survenu *après* un jugement de condamnation; mais avant que ce jugement n'ait acquis l'autorité de la chose jugée. — *Cass.*, 29 août 1840 (t. 1er 1841, p. 68), Laparra c. Salesse.

79. — Mais on ne saurait reconnaître le même effet à la demande en séparation de corps introduite par le mari. Une telle demande n'anéantit pas l'action en adultère exercée contre la femme, par le ministère public, sur la dénonciation du mari. — *Cass.*, 22 août 1816, C.....

80. — En effet, dit Merlin, *Quest.*, vo *Adultère*, § 4, le désistement ne se présume pas, et loin de renoncer à sa plainte, le mari qui forme une demande en séparation de corps manifeste clairement l'*intention d'y persister*, puisqu'il prend pour base de son action civile le fait qu'il a dénoncé; enfin tout ce qu'on peut induire du sursis ordonné par l'art. 3, Code inst. crim., c'est que le mari agit prématurément; mais agir prématurément à fins civiles, ce n'est pas se désister d'une dénonciation par laquelle on a provoqué antérieurement une action criminelle. — De Vatisménil, *Encycl. du dr.*, vo *Adultère*, no 9.

81. — Il n'est pas toujours besoin d'un désistement formel du mari pour que l'action en adultère s'éteigne. Ainsi, on doit considérer comme ayant les mêmes effets qu'un tel désistement la réconciliation survenue soit avant, soit depuis la plainte. Cette règle est puisée dans la pensée morale de la loi, qui appelle sans cesse le pardon du mari sur les fautes de la femme (Chauveau et Hélie, t. 6, p. 244.) Ainsi jugé par divers arrêts. — *Cass.*, 7 août 1823, Poutard; 17 août 1827, Aujogne et Berthaud; 8 déc. 1832, Geiger. — Quelque courte qu'ait été la réconciliation. — *Cass.*, 9 fév. 1839 (t. 1er 1839, p. 291), Liauzy; 27 sept. 1839 (t. 2 1839, p. 613), Moreau; *Toulouse*, 6 déc. 1838 (t. 1er 1839 p. 175), Liauzy.

82. — Il en était de même dans l'ancien droit. « *Crimen adulterii maritum*, retentâ in matrimonio uxore, *inferre non posse nemini dubium est*, disait la loi 11, Cod., *ad. leg. Jul.*, *De adult.* — Jousse, t. 3, p. 242; Chauveau et Hélie, *Th. C. pén.*, t. 6, p. 245.

83. — Les caractères de la réconciliation ne pouvaient être déterminés par la loi; c'est donc aux tribunaux à apprécier les circonstances proposées comme de nature à l'établir. — *Cass*, 7 août 1823, Poutard; Chauveau et Hélie, *loc. cit.*

84. — Et il semble que de la part des juges du fond, cette appréciation doit être souveraine et échapper nécessairement à la censure de la Cour de cassation. — Toutefois, si les juges avaient constaté des faits d'où résultât nécessairement la réconciliation, et que cependant ils eussent refusé d'en tirer les conséquences légales, la cour de Cassation annulerait leur décision; c'est ce qu'elle a fait dans une espèce où, après avoir relaté: 1o « que pendant l'instance en adultère, le mari était allé plusieurs fois voir sa femme, et qu'il avait présenté et fait inscrire comme son fils l'enfant dont elle était accouchée; 2o qu'il avait été vu embrassant sa femme, lui portant des bouquets à l'occasion de sa fête et sortant en voiture avec elle, » la cour de Paris avait cependant déclaré qu'il ne résultait pas de là une réconciliation. — *Cass.*, 8 déc. 1832, Geiger.

85. — Il est bien entendu que s'il s'agit de faits de réconciliation antérieurs à la plainte, il faut que ces faits se placent à une époque où le mari connaissait le délit d'adultère. Car le mari ne pourrait être présumé avoir accordé son pardon à un fait qu'il ne connaissait pas.

86. — La cohabitation de deux époux dans le même lit constitue une réconciliation. — *Toulouse*, 6 déc. 1838 (t. 1er 1839, p. 175), Liauzy.

87. — En serait-il de même de la simple cohabitation dans le même domicile? — Tout dépend des circonstances, et on doit dire de la réconciliation appliquée à l'action en adultère ce qui est dit de la réconciliation appliquée à l'action en séparation de corps. — V. SÉPARATION DE CORPS.

88. — La grossesse de la femme, survenue depuis la connaissance acquise de l'adultère, est-elle une preuve de réconciliation? — Il faut d'abord remarquer que, si c'est le mari qui s'en prévaut pour repousser la plainte de sa femme, le moyen sera péremptoire. Le nier, ce serait avouer un adultère. — De Vatisménil, *Encycl. du dr.*, vo *Adultère*, no 25.

89. — Quant à la femme, M. Bedel (*Tr. de l'Adultère*, p. 32) pense qu'elle pourra se faire un moyen de sa grossesse contre la poursuite en adultère; il fonde surtout son opinion sur la présomption légale établie par l'art. 312. — Mais M. de Vatisménil (*loc. cit.*, no 25) ne partage pas cette opinion: il pense que la maxime *pater is est*, introduite en faveur de l'enfant, n'est pas destinée à protéger la mère, suivant l'adage: *Fictio non porrigitur ultrà suum casum*, et il lui semble immoral que la femme puisse trouver l'impunité dans un fait qui serait un nouvel outrage pour le mari. — Il nous semble néanmoins que si le mari ne dénonçait pas le deuxième adultère qui aurait été la cause de la grossesse, il y aurait présomption grave en faveur de la femme que cette grossesse est l'œuvre du mari, et que dès-lors il y a eu réconciliation.

90. — Le simple fait, par le mari, de n'avoir pas usé du droit que lui accorde la loi de former une action en désaveu, ne peut être considéré comme emportant, en l'absence de toute autre circonstance, la preuve de la réconciliation. — En effet, l'absence de désaveu peut avoir une tout autre cause, et notamment, malgré l'adultère, l'incertitude sur l'illégitimité de l'enfant. — De Vatisménil, *Encycl. du dr.*, vo *Adultère*, no 24.

91. — C'est à l'époux qui repousse la plainte en adultère en articulant qu'il y a eu réconciliation qu'incombe la preuve. C'est un moyen de défense dont il doit établir le bien fondé.

92. — La preuve du rapprochement, s'il est nié, se fait par lettres ou autres écrits, par témoins, par interrogatoires sur faits et articles. — De Vatisménil, *Encycl. du dr.*, *loc. cit.*, no 21. — V. SÉPARATION DE CORPS.

93. — Elle peut même se faire par la voie du serment décisoire. — *Trèves*, 28 mai 1813, Wandelyn.

94. — ... Ou par la voie du serment déféré d'office. — Bedel, *Tr. de l'adultère*, no 19.

95. — M. de Vatisménil (*Encycl. du dr.*, vo *Adultère*, no 17) dit avec raison que la transaction à prix d'argent sur l'adultère mettrait obstacle à toute poursuite ultérieure de la part du mari, en ce qu'elle attesterait qu'il y a eu remise de l'offense. — Et il faut le décider ainsi, soit que la transaction intervînt entre le mari et la femme (tout immoral que pût être un pareil acte), soit qu'elle restât entre lui et le complice, à l'égard duquel la jurisprudence lui reconnaît une action en dommages-intérêts. — V. *infrà* nos 185 et suiv.

96. — Toute compétence existe, pour apprécier les faits proposés comme constituant la réconciliation, en faveur des tribunaux saisis de la poursuite; mais il ne faut pas oublier que la réconciliation n'est pas seulement une circonstance atténuante ou une excuse; qu'elle n'a pas pour effet de *modifier la culpabilité*, mais *d'anéantir la poursuite* elle-même. C'est donc avec raison qu'il a été jugé que, dans le cas d'une poursuite en adultère déférée au jury par suite de la connexité de ce délit avec le crime de vol imputé au complice de la femme, c'est à la cour d'assises qu'il appartient de statuer, *sans assistance du jury*, sur les faits de réconciliation que la femme oppose à l'action du mari. — *Cour d'ass. Seine*, 16 fév. (et non 12 fév.) 1834, Ruidiaz.

97. — La fin de non-recevoir, tirée soit de la prescription soit de la réconciliation, peut, aussi bien que celles résultant de l'absence d'un des caractères constitutifs du délit, être invoquée par le mari poursuivi en adultère, comme par la femme. Cela est hors de toute contestation. — Chauveau et Hélie, t. 6, p. 254.

98. — Mais les effets de la réconciliation s'étendent-ils de la femme à son complice? La jurisprudence s'est prononcée pour l'affirmative, et la raison de décider en ce sens se puise dans ce considérant déjà cité de l'arrêt du 7 août 1823, « que la réconciliation du mari avec la femme est accueillie comme *une preuve légale* que le délit d'adultère n'a pas été commis. » — Or, s'il n'y a pas de délit, et conséquemment pas d'auteur principal, comment y aurait-il un complice?

99. — Ainsi il a été jugé que la réconciliation des époux, lors même qu'elle n'a eu lieu qu'après le commencement des poursuites, éteint l'action du ministère public contre le complice. — *Toulouse*, 6 déc. 1838 (t. 1er 1839, p. 175), Liauzy.

100. — ... Qu'en effet c'est une fin de non-recevoir *péremptoire*, et que le complice de la femme peut, comme elle, s'en prévaloir dans l'intérêt de sa défense. — *Cass.*, 9 fév. 1839 (t. 1er 1839, p. 291), Liauzy; 28 juin 1839 (t. 2 1839, p. 98), Souillet; 27 sept. 1839 (t. 2 1839, p. 613), Moreau.

101. — ... Et que même l'adhésion de la femme au jugement du tribunal de première instance qui l'a condamnée pour adultère ne peut priver le prévenu de complicité du droit d'invoquer en appel cette fin de non-recevoir. — *Cass.*, 9 fév. 1839, (t. 1er, 1839, p. 291), Liauzy.

102. — On doit également accorder au complice le bénéfice résultant du décès du mari survenu avant condamnation ayant acquis l'autorité de la chose jugée. « Attendu, dit la cour de Cassation, que l'action contre le complice doit suivre le sort de l'action contre la femme. » V. les arrêts précités. — *Cass.*, 27 sept. 1839 (t. 2 1839, p. 613), Moreau; 29 août 1840 (t. 1er 1841, p. 61), Laparra c. Salesse.

103. — Il en est de même du désistement donné par le mari, puisque ce désistement, aussi bien que la réconciliation, efface le délit, en suppose légalement l'inexistence, et éteint l'action publique. — *Lyon*, 12 juill. 1827, sous *Cass.*, 17 août 1827, Aujogne c. Berthaud; 27 sept. 1839 (t. 2 1839, p. 613), Moreau; *Paris*, 12 juin 1830, Crételan; — Mangin, *Tr. de l'act publ.*, t. 1er, no 137. — V. *contrà* (mais à tort) *Rouen*, 1er août 1816, Nicolas.

104. — Peu importerait d'ailleurs que le désistement ne fût donné qu'en cause d'appel. — *Paris*, 1er déc. 1842 (t. 1er 1843, p. 190), Cieutat; *Bastia*, 15 déc. 1843 (t. 1er 1844, p. 240), Raggi.

105. — Mais l'indivisibilité de position qui associe le complice au bénéfice de la réconciliation des époux et du désistement donné par le mari n'existe plus dès que l'adultère a été définitivement constaté par la justice, par exemple lorsque le jugement qui condamne la femme a acquis l'autorité de la chose jugée. En mettant au grand jour le déshonneur du ménage, la condamnation a fait tomber les entraves qui gênaient l'action publique. — Aussi la cour de Cassation a-t-elle décidé que, dans ce cas, le désistement du mari ne saurait arrêter les poursuites du ministère public contre le complice qui s'est rendu appelant de la condamnation rendue contre lui. — *Cass.*, 17 janv. 1829, Gébert; — Mangin, *Tr. act. publ.*, t. 1er, no 138; Chauveau et Hélie, *Th. C. pén.*, t. 6, p. 268. — V. aussi sur le principe l'arrêt de *Toulouse*, 6 déc. 1838 (t. 1er 1839, p. 175), Liauzy. — V. *contrà*, dans ses motifs, *Poitiers*, 24 mars 1842 (t. 2 1844, p. 360), R...

106. — C'est par suite du même principe qu'il a été décidé que le pardon accordé à la femme par le mari ne peut anéantir la condamnation irrévocable prononcée contre le complice. — V. no 199.

107. — Toutefois la cour d'Aix a cru devoir refuser au complice le bénéfice de la réconciliation intervenue *avant toute condamnation* POUR ADULTÈRE, mais dans une espèce qui ne se comprend bien que par l'explication des faits. Le ministère public avait poursuivi et fait condamner une femme et un homme comme coupables *de complicité d'outrages publics à la pudeur*. A l'expiration de la peine, le mari de la condamnée se réconcilia avec elle, puis il actionna le complice en dommages-intérêts, à raison du tort qu'il lui avait causé par *les désordres publics* auxquels il s'était livré avec sa femme, et par l'adultère qu'il avait commis avec elle. Celui-ci opposa la réconciliation, et il soutint que cette réconciliation, intervenue *avant toute condamnation* POUR FAIT D'ADULTÈRE, avait créé une fin de non-recevoir contre l'action du mari. Mais la cour, sans égard à cette exception, accueillit la demande. — *Aix*, 27 janv. 1829, Buère c. Engelfred.

108. — La lecture du considérant de cet arrêt suffit pour prouver que c'est bien moins sur l'existence de l'adultère que sur le dommage résultant pour le mari, des faits qui avaient servi de base à la condamnation correctionnelle, que la cour s'est fondée pour accueillir la demande du mari. Or, la réconciliation des époux ne pouvait influer en rien sur le sort de la demande réduite à ces termes. — Il ne faudrait donc pas considérer l'arrêt comme méconnaissant le principe que la réconciliation profite au complice.

109. — Doit-on considérer comme une fin de non-recevoir, contre la plainte du mari, la connivence de celui-ci aux actes de débauche de sa femme? La question est controversée. Dans l'ancien droit, la connivence du mari constituait non seulement une cause d'indignité mais un véritable délit: et dans ce cas le ministère public recouvrait le droit de poursuivre d'office la femme, le complice et le mari. — Muyart de Vouglans, *Lois crim.*, t. 1er, p. 222; Jousse, t. 3, p. 236; *Nouveau Denisart*, t. 1er, p. 273. — V. aussi LL. 46, ff., *De soluto matrimonio*; 29, § 3, ff., *ad. leg. Jul.*, *De adult.*; 28, C., *eod. tit.*

110. — Le projet du Code pénal contenait des dispositions analogues: il portait que le mari qui avait connivé à l'adultère de sa femme ne serait pas admis à la dénoncer et qu'il serait condamné à une amende; et que, dans ce cas, les coupables seraient poursuivis d'office. — Mais cette disposition a été retranchée dans la crainte qu'elle ne devînt une cause de scandale. — Que résulte-t-il de là? Une seule chose, suivant M. Mangin, à savoir que le mari n'est plus passible d'aucune peine, mais il n'en résulte pas qu'il puisse dénoncer sa femme, car si sa réconciliation élève une fin de non-recevoir contre la plainte, à plus forte raison ne doit-

il pas être écouté quand il a autorisé les faits qu'il vient ensuite dénoncer. — Mangin, *Tr. de l'act. publ.*, t. 1er, n° 135; Merlin, *Rép.*, v° *Adultère*.

111. — Au contraire, MM. Chauveau et Hélie (*Th. C. pén.*, t. 6, p. 249) reconnaissent, même dans ce cas, au mari, le droit de porter plainte; il leur répugne de voir dans l'infamie du mari un motif d'impunité complète pour la femme, et ils pensent que, si les législateurs, en repoussant l'article contenu dans la première rédaction du Code pén., avaient eu l'idée d'enlever au mari le droit d'agir, ils l'auraient au moins conservé dans les mains du ministère public pour que la société ne restât pas désarmée en présence du scandale. — Bourguignon, *Jurisp. C. crim.*, sur l'art. 336, t. 3, p. 314; Legraverend, t. 1er, ch. 1er, p. 44. — V. n° 189.

112. — Dans tous les cas, la loi elle-même pose en principe que l'adultère du mari crée au profit de la femme une fin de non-recevoir (C. pén., art. 336). — L'adultère du mari est constant, suivant l'art. 339, lorsque celui-ci a été convaincu, sur la plainte de la femme, d'avoir entretenu une concubine dans la maison conjugale.

113. — Cette disposition est empruntée à l'ancienne jurisprudence : « Quand le mari, dit Jousse (t. 3, p. 226), qui veut accuser sa femme d'adultère, est lui-même coupable de ce crime, elle peut faire cesser son action en usant de récrimination à son égard, et en opposant à son mari le même crime dont il l'accuse, car cette récrimination est de droit. » — V. aussi Serpillon, *C. crim.*, t. 1er, p. 108 (113 de l'édition de 1677); Muyart de Vouglans, *Lois crim.*, t. 1er, p. 201.

114. — Jugé par application des art. 336 et 339 C. pén., que la plainte de la femme ne suffit pas pour enlever au mari la faculté de la dénoncer comme prévenue d'adultère; il faut que sur la plainte de la femme, il ait été convaincu d'avoir entretenu une concubine dans la maison conjugale. — *Bruxelles*, 23 nov. 1821 (et non 1822), S....

115. — Mais il résulte aussi de la combinaison de ces articles que la femme, accusée d'adultère par son mari, peut repousser cette accusation *en portant elle-même* plainte contre celui-ci, et en prouvant qu'il entretient une concubine dans la maison conjugale.

116. — Il n'est pas nécessaire, pour que la femme puisse opposer la fin de non-recevoir prévue par les art. 336 et 339, C. pén., *qu'il y ait eu contre le mari jugement de condamnation pour adultère prononcé avant le dépôt de sa plainte.* — *Lyon*, 21 juin 1837 (t. 2 1837, p. 518), Marmin et de Bruire c. Marmin; — Chauveau et Hélie, t. 6, p. 243. — Tel est également l'avis de Merlin (*Quest.*, v° *Adultère*, § 8), et de M. Mangin (*Tr. act. publ.*, t. 1er, n° 134). — Mais ce dernier auteur ajoute que, dans ce cas, la plainte de la femme est préjudicielle à celle de l'époux et qu'elle doit être jugée d'abord; enfin que, jusqu'à ce jugement, *il doit être sursis* aux poursuites dirigées contre elle. « En effet, dit-il, on ne pourrait joindre les deux plaintes pour statuer sur le tout par un seul et même jugement : la fin de non-recevoir invoquée par la femme, ne pouvant reposer que sur la condamnation du mari, il faut bien qu'il intervienne *d'abord* une décision sur la plainte portée contre celui-ci. — V. aussi en ce dernier sens, Chauveau et Hélie, *loc. cit.*

117. — Il a été jugé que la femme est non-recevable à se plaindre en police correctionnelle du concubinage de son mari dans la maison conjugale, lorsqu'elle a porté ce grief devant le tribunal civil, pour obtenir la séparation de corps, et que sa demande a été rejetée. — *Cass.*, 30 mars 1832, Paillet; — Chauveau et Hélie, *loc. cit.*

118. — En supposant que la peine établie par l'art. 308, C. civ., pût fournir une fin de non-recevoir à la femme poursuivie correctionnellement après le rejet d'une demande en séparation de corps formée par le mari, serait-il juste de conclure de même à l'égard du mari lorsque la loi civile ne porte aucune peine analogue qui punisse l'adultère dont il serait convaincu?

119. — La preuve de l'adultère du mari met obstacle à la prononciation de toute peine contre la femme; — aussi a-t-il été jugé que, lorsque dans une instance en séparation de corps il y a preuve à la fois de l'adultère de la femme et de l'entretien, par le mari, d'une concubine dans la maison conjugale, le ministère public ne peut requérir contre la femme l'application de l'art. 308, C. civ. — *Amiens*, 1er août 1840 (t. 2 1842, p. 24), Patonel.

120. — La loi veut, pour que l'adultère du mari soit réputé exister, qu'il y ait eu entretien d'une concubine dans le domicile conjugal. — On peut, pour l'explication des mots *Entretien de concubine* et *Domicile conjugal*, se reporter au mot SÉPARATION DE CORPS.

121. — La maison du mari continue-t-elle d'être la maison conjugale même après que la séparation de corps a été prononcée? Et dès-lors le mari, qui y entretient une concubine, peut-il être considéré comme rentrant dans les prévisions de l'art. 339, C. pén.? — Cette question importante a été diversement résolue. — Aff. *Lyon*, 21 juin 1837 (t. 2 1837, p. 519), Marmin. — Nég. *Cass.*, 27 avr. 1838 (t. 2 1838, p. 69), Même affaire; *Grenoble*; 18 nov. 1838 (t. 2 1839, p. 118), Même affaire. — Chauveau et Hélie, t. 6, p. 240.

122. — La première de ces décisions nous semble plus sage et plus morale. — Ne suffit-il pas, en effet, que le mariage ne soit pas dissous pour que la place de la femme légitime soit marquée dans la maison du mari? Ne suffit-il pas que, dans les prévisions, dans les espérances du législateur, la femme puisse être appelée à venir la reprendre un jour pour qu'il ne permette pas qu'elle soit souillée par de honteux désordres dont l'existence, en même temps qu'elle serait un outrage à la sainteté d'une union indissoluble, aurait, en outre, pour triste résultat, surtout si elle devait jouir d'un brevet d'impunité, de rendre de plus en plus impossible une réconciliation que la loi doit appeler de tous ses vœux?

123. — Dans tous les cas, il est évident que pendant tout le temps que dure l'instance en séparation de corps, bien que la femme soit autorisée à avoir une habitation séparée, la maison du mari ne cesse pas d'être réputée maison conjugale; et que dès-lors l'entretien d'une concubine dans cette maison donnerait à la femme le droit de plainte. — Toutefois, une induction contraire pourrait résulter des derniers considérans de l'arrêt du 27 avr. 1838 précité n° 121.

124. — Il suffit, au surplus, que le fait de l'entretien de la concubine soit établi, alors même que le fait matériel d'adultère aurait été consommé dans un autre lieu. — De Vatisménil, *Encyclop. du dr.*, v° *Adultère, loc. cit.*, n° 13.

125. — On doit décider également que par le mot *entretenu*, l'art. 339 n'a pas entendu qu'il y aurait nécessairement entretien *à prix d'argent*. Cet article recevrait donc son application, alors même que le commerce criminel aurait été entretenu gratuitement.

126. — Mais à quelle époque doit se placer le délit d'adultère du mari pour qu'il soit non-recevable à dénoncer sa femme? Suffira-t-il que la concubine ait disparu du domicile conjugal, pour que le mari rentre dans son droit, alors même que le temps de la prescription de son propre délit ne serait pas accompli? Cette question ne manque pas de difficulté; car si l'on peut dire d'un côté que tant que la prescription n'est pas acquise, la femme reste dans les termes de l'art. 339, et peut faire condamner son mari, ce qui lui assure le bénéfice de l'art. 336; d'un autre côté, ne serait-il pas regrettable d'accorder l'impunité à la femme à raison de désordres déjà anciens, et dont son mari lui-même aurait fait justice depuis longtemps?

127. — Telles sont les fins de non-recevoir que la femme peut invoquer contre la poursuite d'adultère; quant aux mauvais traitemens et aux injures dont elle pourrait avoir été victime de la part de son mari, ce serait peut-être, suivant les circonstances, des motifs d'atténuation du délit d'adultère à elle reproché, mais on ne saurait y voir une cause de rejet absolu de la plainte du mari. — Chauveau et Hélie, t. 6, p. 253.

128. — C'est en ce sens qu'il a été jugé que le mari est recevable à porter une plainte en adultère contre sa femme, quoiqu'elle ait obtenu contre lui la séparation de corps pour sévices ou injures graves, la loi n'admettant d'autre cause d'indignité que le fait de la part du mari d'avoir entretenu une concubine dans la maison conjugale. — *Paris*, 13 mars 1826, de Cairon et Soubiranne c. de Cairon.

129. — Il en était autrement dans l'ancien droit. « La débauche et la mauvaise conduite du mari, dit Jousse (t. 3, p. 236), est une excuse valable pour la femme, parce qu'alors le mari a donné lui-même occasion à l'injure qui lui est faite. » — V. aussi Fournel, *Tr. de l'adult.*, p. 150; L. 13, ff., *ad. Leg. Jul.*, *De adult.* — V. toutefois Farinacius, quest. 141, n° 60; *Nec uxor*, dit-il, *pœna adulterii excusatur propter viri sævitiam, propter famis necessitatem aut propter paupertatem.*

130. — Il a été dit plus haut (n° 97) que le mari pouvait, comme la femme, opposer la prescription du délit d'adultère ou la fin de non-recevoir tirée de la réconciliation. Mais la femme n'aurait pas le droit d'éteindre l'action publique au moyen d'un désistement. — Chauveau et Hélie, t. 6, p. 235.

131. — De même, le mari ne peut opposer comme fin de non-recevoir l'inconduite de la femme. En déclarant le mari indigne de porter plainte quand lui-même a tenu une concubine dans le domicile conjugal, la loi n'a pas fait peser sur la femme la même indignité, « peut-être, disent MM. Chauveau et Hélie (t. 6, p. 255), parce que la femme, même coupable, a droit encore à la protection de la loi, pour réclamer l'inviolabilité du domicile conjugal. » — V. en ce sens Mangin, *Tr. de l'act. publ.*, t. 1er, n° 144; — Merlin, *Quest. de dr.*, v° *Adultère*, § 9.

132. — Carnot (*C. pén.*, art. 336, n° 2) soutient l'opinion contraire en se fondant sur ce qu'il n'est aucun fait qui, pouvant donner lieu à l'exercice d'une action, ne puisse être opposé comme exception contre l'exercice d'une action de même nature. — Mais MM. Chauveau et Hélie, et Mangin (*loc. cit.*), font remarquer avec raison que cette maxime ne peut s'appliquer aux délits, lesquels ne se compensent pas les uns avec les autres, à moins d'une disposition formelle de la loi.

133. — On peut, au surplus, tirer argument dans le sens de cette dernière opinion de l'arrêt qui décide que le mari contre lequel la séparation de corps est provoquée pour cause d'adultère ne peut opposer, comme exception à cette demande, la propre inconduite de sa femme, ou que du moins l'arrêt qui repousse cette exception ne viole aucune loi. — *Cass.*, 9 mai 1821, Sadureau. — V. SÉPARATION DE CORPS.

134. — Mais est-il vrai, comme l'ajoute Merlin, que les deux actions du mari et de la femme puissent, en ce cas, marcher parallèlement et aboutir chacune à une condamnation? MM. Chauveau et Hélie (t. 6, p. 255) soutiennent la négative par le motif que l'action du mari reste frappée de déchéance dès qu'il se trouve dans le cas prévu par l'art. 339, et que l'adultère de la femme ne relève pas cette déchéance. — Toutefois l'adultère du mari dénoncé par la femme ne dispenserait pas le tribunal, en ordonnant la séparation de corps pour adultère de cette femme, de prononcer contre elle la peine portée en l'art. 308, C. civ. — *Aix*, 14 mars 1843 (t. 2 1844, p. 188), Abrane.

§ 5. — *Preuve du délit.*

135. — La preuve du délit d'adultère varie suivant qu'il s'agit soit d'un des époux, soit du complice.

136. — A l'égard des époux, le délit d'adultère se prouve de la même manière que tous les autres délits (Art. 154, 155, 156 et 189, C. inst. crimin.), sans qu'on puisse exiger, pour ce cas, le mode particulier de preuve établi par la loi à l'égard du complice. La jurisprudence est constante à cet égard. — *Cass.*, 13 mai 1813 (et non 1er mai), Lemaigre; *Paris*, 24 fév. 1815, J....; — Merlin, *Quest.*, v° *Adultère*, § 10; — Carnot, *loc. cit*; — Chauveau et Hélie, *Th. C. pén.*, t. 6, p. 256.

137. — Jugé que la circonstance que le mari aurait entretenu une concubine dans le domicile conjugal, et se serait par conséquent rendu coupable du délit prévu et puni par l'art. 339, C. pén., peut résulter de l'ensemble des faits rapportés dans un procès-verbal du commissaire de police. — *Cass.*, 12 janv. 1843 (t. 2 1843, p. 136), Ricard.

138. — La loi laisse à la prudence des tribunaux l'appréciation des preuves invoquées contre l'époux prévenu d'adultère. On ne peut donc poser ici de principes absolus. C'est au juge à se déterminer par la valeur des élémens de conviction qui lui sont offerts.

139. — Mais on ne saurait appliquer chez nous la règle admise par les Hébreux, qui voulait qu'il y eût présomption d'adultère lorsque, selon l'expression de leurs docteurs, une femme demeurait cachée avec un homme pendant le temps suffisant *pour cuire et manger un œuf.* — Bedel, n° 24.

140. — La preuve testimoniale, et les présomptions graves et de nature à ne laisser aucun doute dans l'esprit, sont donc admises en pareille matière. — Au surplus, on peut appliquer ici tout ce qui est dit relativement à la preuve de l'adultère pour arriver à la séparation de corps. — V. SÉPARATION DE CORPS.

141. — L'aveu de la femme sera sans doute, le plus souvent, une preuve suffisante; mais il peut arriver que ces aveux n'aient d'autre but que d'arriver à une séparation de corps. C'est donc au juge qu'il appartiendra d'en apprécier la sincérité. — De Vatisménil, *Encyclop. du dr.*, v° *Adultère*, n° 33.

142. — M. de Vatisménil ajoute (*loc. cit.*) que l'aveu du mari présenterait en lui-même, et sauf l'appréciation des circonstances, moins de créance que celui de la femme, attendu que ni sa liberté, ni son honneur (du moins suivant le jugement du monde), ne se trouveraient compromis. On devra donc croire plus facilement de sa part à une ma-

nœuvre dirigée en vue d'une séparation de corps. — Cette séparation, d'ailleurs, entraîne celle de biens, et on sait qu'en pareille matière l'aveu du mari ne fait pas preuve. — C. procéd., art. 870.

143. — Le principe de l'art. 312, C. civ., serait incontestablement applicable à la matière; ainsi il y aurait preuve d'adultère dans le fait de la naissance d'un enfant, si le mari établissait que pendant le temps qui s'est écoulé depuis le trois centième jusqu'au cent quatre-vingtième jour avant l'accouchement, il était, soit pour cause d'éloignement, soit par l'effet de quelque accident, dans l'impossibilité physique de cohabiter avec sa femme. — C. civ., art. 312.

144. — Mais la moins équivoque de toutes les preuves est bien évidemment celle qui résulte du flagrant délit, constaté par des procès-verbaux ou des témoignages qui l'établissent d'une manière irrécusable. — V. sur le flagrant délit *infrà* no 146.

145. — A l'égard du complice, la loi n'admet d'autres preuves que celles résultant, soit du flagrant délit, soit de lettres ou autres pièces écrites par lui. — C. pén., art. 338; — *Cass.*, 13 mai 1813, Lemaigre; *Paris*, 24 fév. 1815, Jonas.

146. — *Flagrant délit.* — La preuve du flagrant délit peut être faite par témoins, même à une époque éloignée du moment où le délit a été commis. — Elle ne doit pas nécessairement résulter d'une constatation faite par le procureur du roi ou par tout autre officier de police judiciaire, dans les termes de l'art. 41, C. inst. crim. — *Cass.*, 22 sept. 1837 (t. 1er 1838, p. 290), Guyet; *Paris*, 13 mars 1826, de Cairon et Soubiranne; *Orléans*, 15 juill. 1837 (t. 2 1842, p. 575), C... L...; *Paris*, 8 juin 1837 (t. 2 1837, p. 139), H... c. P...; *Poitiers*, 4 fév. 1837 (t. 2 1842, p. 575), G... c. G...; *Bourges*, 27 août 1840 (t. 2 1841, p. 105); *Poitiers*, 24 mars 1842 (t. 2 1844, p. 360), R...; — Duvergier, *C. pén. ann.*, sur l'art. 338; Legraverend, t. 1er, p. 46, note 1re; Carnot, *Comm. C. pén.*, *loc. cit.*; Chauveau et Hélie, t. 6, p. 258 et suiv.

147. — En effet, l'art. 338, C. pén., n'exige point que le flagrant délit ait été constaté *à l'instant même*; il admet comme preuve le flagrant délit en général, sans impartir aucun délai. Il ne pouvait même disposer autrement sans réduire le plus souvent le mari à l'impossibilité d'établir la preuve de la complicité d'adultère; cependant, lorsqu'il y a flagrant délit, le scandale est à son comble, et il n'y a plus aucun motif de ménagement envers le complice, soit qu'un procès-verbal ait été rédigé, soit qu'il ne l'ait pas été. Cette circonstance est indifférente. En vain invoquerait-on l'art. 41, C. inst. crim., qui définit le flagrant délit, « celui qui se commet actuellement ou qui vient de se commettre, » pour en conclure que la preuve légale ne peut en être administrée qu'au moment même ou à un moment voisin du délit. MM. Chauveau et Hélie (t. 6, p. 259) repoussent l'application de cet article, qui ne leur paraît relatif qu'à l'information faite par le procureur du roi. Et ils considèrent comme flagrant délit celui qui a été commis publiquement, et dont le coupable a été vu par plusieurs témoins au moment où il le consommait.

148. — Toutefois la cour d'Angers a décidé qu'il faut que le flagrant délit ait été constaté *immédiatement*, pour que la preuve en puisse être admise contre le complice de la femme. — *Angers*, 8 mai (et non 8 mars ou 18 mai) 1820, T... c. L...

149. — Et l'on cite généralement, comme ayant fait un pas vers cette doctrine, un arrêt de la cour de Cassation du 23 août 1834 (Taillard). — Mais cet arrêt ne nous semble pas avoir jugé la question, au moins d'une manière bien nette.

150. — Dans tous les cas, la preuve par témoins doit porter directement sur le fait même du délit. On devrait rejeter celle qui ne porterait que sur des faits accessoires dont on voudrait induire l'existence de ce délit par voie de présomption. — *Cass.*, 22 sept. 1837 (t. 1er 1838, p. 290), Guyet. — Jugé cependant que l'art. 338 n'exige point que la preuve produite soit exclusivement celle du flagrant délit au moment de sa consommation; et qu'il suffit que la preuve soit faite de faits et circonstances de nature telle qu'ils le supposent nécessairement, ou plutôt qu'ils le constituent dans le sens dudit art. 338. — *Bourges*, 27 août 1840 (t. 2 1841, p. 105), R...

151. — Il serait assez difficile de préciser les faits qui doivent être considérés par les juges comme constituant le flagrant délit d'adultère. — V. Chauveau et Hélie, t. 6, p. 51. — On comprend que tout, à cet égard, dépendra des circonstances.

152. — Ainsi, par un premier arrêt, la cour de Cassation a décidé qu'alors que le délit d'adultère n'avait pas été constaté au moment où il se commettait ou venait de se commettre, les juges pouvaient considérer la complicité comme résultant légalement de ce que le prévenu aurait occupé pendant plusieurs jours, avec une femme mariée, une chambre garnie, mangé avec elle, et couché dans le même lit. — *Cass.*, 23 août 1834, Taillard.

153. — Mais elle a décidé, d'un autre côté, que le fait, par un individu, d'avoir été surpris, pendant la nuit, couché dans le lit d'une femme mariée, et avec elle, constituait le flagrant délit. Il y avait entre cette décision et celle qui précède cette différence que, dans la première, la femme et le prétendu complice n'avaient pas été *vus* et *surpris* couchés ensemble, circonstance qui se rencontrait dans celle-ci. — *Cass.*, 22 sept. 1837 (t. 1er 1838, p. 290), Guyet.

154. — C'est à ce principe que MM. Chauveau et Hélie (t. 6, p. 211) se rattachent, lorsqu'ils disent que l'adultère leur paraîtrait consommé lorsque, « *reperiuntur solus cum solâ, nudus cum nudâ in eodem lecto;* » autrement, ajoutent-ils, toute preuve deviendrait impossible.

155. — Au surplus, la déclaration de l'existence du flagrant délit d'adultère qui s'est répété plusieurs fois est une déclaration en fait qui rentre exclusivement dans les attributions des tribunaux, et qui échappe à la censure de la cour de Cassation. — *Cass.*, 5 juin 1829, Legrand. — V. conf. Chauveau et Hélie, *Th. C. pén.*, t. 6, p. 260.

156. — *Lettres ou pièces écrites.* — La preuve écrite ne peut résulter que de lettres ou autres pièces émanées du prévenu, et écrites par lui-même. — C. pén., art. 338.

157. — Ainsi jugé qu'on ne peut considérer, comme une preuve légale de complicité du délit d'adultère, l'aveu fait par le prévenu dans un interrogatoire de lui *signé* et par lui subi, en état d'arrestation, devant un juge d'instruction, cet aveu n'étant ni spontané, ni libre, et n'ayant pas dès-lors le caractère de liberté morale qui doit distinguer les écrits émanés du prévenu de ce genre de complicité. — *Paris*, 18 mars 1829, Magnan; — Chauveau et Hélie, *Th. C. pén.*, t. 6, p. 257.

158. — Jugé aussi que, bien qu'il soit constant que des lettres produites soient émanées du complice, elles ne peuvent être admises comme faisant preuve contre lui, si elles ne sont point signées ni écrites de sa main. — *Paris*, 13 mars 1826, de Cairon et Soubiranne.

159. — Toutefois ce dernier arrêt décide également que de pareilles lettres peuvent être jointes à d'autres preuves, comme se fortifiant réciproquement. — Cette décision peut être à bon droit critiquée. En disposant que les *seules* preuves qui pourront être admises seront, etc., la loi repousse toutes autres preuves, soit comme accessoires, soit comme principales; elle ne fait à cet égard aucune distinction. Le système de la cour de Paris est diamétralement contraire au but du législateur, qui n'a pas voulu qu'en accumulant des adminicules on parvînt, comme dans les autres matières, à établir une preuve complète. Les inconvéniens qu'il a voulu prévenir sont absolument les mêmes.

160. — Mais on doit considérer comme une pièce écrite par le prévenu de complicité du délit d'adultère, et comme formant une preuve légale de sa culpabilité, un acte de naissance dressé par l'officier de l'état civil, et signé par le prévenu, contenant sa déclaration, qu'il est père d'un enfant issu de la femme convaincue d'adultère. — *Paris*, 11 févr. 1829, Reine c. Lamoureux; — Chauveau et Hélie, *Th. C. pén.*, t. 6, p. 257.

161. — Et il a été décidé, dans le même sens, que l'acte de reconnaissance d'un enfant adultérin forme une preuve écrite contre le complice qui l'a signé comme père de l'enfant. — *Paris*, 13 mars 1826, de Cairon et Soubiranne c. de Cairon; — Chauveau et Hélie, *loc. cit.*

162. — Le jugement de condamnation qui énonce qu'un individu s'est rendu complice du délit d'adultère, et que le flagrant délit s'est répété plusieurs fois, satisfait à l'art. 195, C. inst. crim., qui veut que tout jugement de condamnation énonce les faits reconnus à la charge du prévenu. — *Cass.*, 5 juin 1829, Legrand.

163. — Il a été dit plus haut (no 24) que le délit imputé au complice pourrait être réputé manquer d'un des caractères de criminalité (la volonté), s'il était établi que ce complice ignorait l'existence du mariage. — Mais les auteurs prévoient un autre cas où le complice ne pourrait être poursuivi, c'est celui où la femme adultère serait une prostituée. — Ainsi le décidait la loi romaine (L. 22, C., *ad leg. Jul.*, *De adult.*; Paul. *Sent.*, liv. 2, § *De adult.*). — Julius Clarus (§ *adulterium*, *add.* no 27) étend même cette décision au cas où la femme aurait eu un grand nombre d'amans. Mais cette dernière opinion ne saurait être admise. — Quant à la première, MM. Chauveau et Hélie (t. 6, p. 261 et suiv.) l'adoptent. « On ne peut, disent-ils, reprocher dans ce cas au complice, d'avoir violé la sainteté du mariage et porté le trouble et la désunion au milieu des époux. » — V. no 189.

§ 6. — *Jugement et peines.*

164. — La plupart des législations ont eu contre l'adultère des peines très sévères. — En Égypte, l'homme adultère était puni de mort; la femme avait le nez coupé. — A Athènes, (lorsque Solon eut modifié la rigueur des lois de Dracon), l'adultère fut déclaré passible d'une peine arbitraire, qui pourtant ne pouvait pas être la mort. — A Rome, sous la république, et alors que le pouvoir des maris sur leurs femmes était absolu, il était naturel que le crime d'adultère ressortît du tribunal domestique; aussi le mari était-il arbitre du sort de sa femme coupable; seulement, avant de prononcer la peine (qui d'ordinaire était le bannissement), il devait prendre l'avis de ses plus proches parens.

165. — Plus tard le relâchement des mœurs nécessita des mesures plus rigoureuses. La loi *Julia*, portée par Auguste, fit de l'adultère un crime public dont l'accusation fut permise à tous; elle prononça la peine de la relégation (L. 30, *C. ad leg. Jul.*, *De adult.*; L. 2, § 8 et 9, ff., *eod tit.*). Constantin remplaça la relégation par la peine de mort, mais en restreignant le droit d'accuser au plus proche parent (L. 30, C. *ad. leg. Jul.*, *De adult.*), attendu que les étrangers abusaient de cette faculté pour troubler les mariages. Enfin Justinien, tout en maintenant la peine de mort contre le complice, modifia la peine à l'égard des femmes, en ordonnant par la Novelle 134 qu'elles seraient fustigées et enfermées dans un monastère dont le mari pouvait pendant deux ans les retirer; après ce terme, elles prenaient le voile.

166. — En France, l'adultère fut d'abord puni d'une simple peine pécuniaire. — Plus tard, un Capitulaire de Charlemagne prononça la peine de mort (Baluze, lib. 5, cap. 325), mais il ne paraît pas que cette peine ait été long-temps appliquée. Elle fut remplacée par des châtimens qui variaient suivant les localités; tantôt c'était le fouet, tantôt le bannissement. — Enfin, vers le seizième siècle, on commença à suivre les dispositions de la Novelle, et l'état de la législation et de la jurisprudence se trouve résumé dans ce passage de Jousse (t. 3, p. 215) : « Aujourd'hui, la jurisprudence qui s'observe en France est qu'à l'égard de la femme adultère on suit dans toute sa rigueur la Novelle 134, ch. 10, et l'authentique *Sed hodiè*, du *Cod. ad leg. Jul.*, *De adulteriis* ». — On a seulement retranché la peine du fouet : ainsi on condamne la femme à être authentiquée, c'est-à-dire renfermée dans un couvent pendant un temps pendant lequel son mari peut la recevoir et la reprendre; sinon, ledit temps passé, elle est condamnée à être rasée et voilée sa vie durant. »

167. — Le Code pénal de 1791 n'avait prononcé aucune peine contre l'adultère. — Cette lacune a été comblée par le Code de 1810, qui édicte néanmoins des peines particulières, selon qu'il s'agit de l'adultère de la femme, ou de l'adultère du mari.

168. — L'article 337 porte que : la femme coupable du délit d'adultère doit subir la peine de l'emprisonnement pendant trois mois au moins, et deux ans au plus.

169. — L'article 338, C. pén., prononce la même peine contre le complice de la femme adultère, et le rend en même temps passible d'une amende de 100 fr. à 2,000 fr.

170. — Quant au mari qui est convaincu, sur la plainte de sa femme, d'avoir entretenu une concubine dans la maison conjugale, il est passible d'une amende de 100 fr. à 2,000 fr. — C. pén., art. 339.

171. — Ces diverses peines se rapprochent de celles prononcées par les diverses législations modernes. — Ainsi, suivant la loi prussienne, la peine est d'une réclusion de trois à six mois dans une maison correctionnelle, si l'une des parties est seule mariée; et de six mois à un an, si l'un et l'autre étaient mariés (art. 1064). — Le Code autrichien porte que toute personne mariée qui commet un adultère, ainsi que la personne libre avec laquelle l'adultère est commis, sont condamnées à l'arrêt de un à six mois. Les lois spéciales de Naples portent la prison depuis sept mois jusqu'à cinq ans, et punissent en outre le complice d'une amende de 50 à 500 ducats. — Enfin, le Code du Brésil (art. 250) prononce contre la femme et contre le complice la peine de la prison avec travail pendant un an à trois ans.

172. — D'autres législations sont restées fort sévères, on peut même dire atroces, à l'égard de l'adultère. Telle est, par exemple, la législation indienne et les lois de Manou (liv. 8, no 353, traduction de Loiseleur-Deslongchamps), donnant comme motif de cette sévérité « que c'est

de l'adultère que naît dans le monde le mélange des classes, et du mélange des classes provient la violation des devoirs, destructrice de la race humaine, qui cause la perte de l'univers! »—On peut voir au surplus *(loc. cit.)* de quelle nature étaient ces peines; nous citerons seulement, d'après M. Loiseleur-Deslongchamps, les dispositions suivantes: « Si une femme, fière de sa famille et de ses qualités, est infidèle à son époux, que le roi la fasse dévorer par des chiens dans une place très fréquentée (nº 371). Qu'il condamne l'adultère *son complice* à être brûlé sur un lit de fer chauffé à rouge, et que les exécuteurs alimentent sans cesse le feu avec du bois, jusqu'à ce que le pervers soit brûlé. »

173. — Arrivons à l'application de la législation française.

174.— En fixant le même maximum et le même minimum d'emprisonnement pour la femme et son complice, la loi n'a pas entendu imposer aux juges l'obligation de leur appliquer une peine égale. — Il est au contraire de toute évidence qu'ils peuvent proportionner la peine à la culpabilité de chacun d'eux. Il en est de ce cas comme de celui de complicité ordinaire. — V. COMPLICITÉ.

175. —La peine de l'adultère est prononcée par les tribunaux correctionnels saisis de la plainte. —Toutefois, en cas de séparation de corps prononcée contre la femme, pour cause d'adultère, c'est aux juges *civils* qu'il appartient, par le jugement même qui prononce la séparation, de condamner la femme à une peine que l'art. 308, C. civ., qualifie de *réclusion dans une maison de correction* pendant un temps qui ne peut être moindre de trois mois ni excéder deux ans.

176. — Mais malgré la qualification donnée à la peine par l'art. 308, C. civ., et le caractère de la juridiction qui la prononce, cette peine ne perd pas sa nature correctionnelle; aussi, a-t-il été jugé que la femme qui, déjà condamnée par un tribunal civil à plus d'une année de réclusion dans une maison de correction pour adultère par application de l'art. 308, C. civ., se rend encore coupable du même délit, est en état de récidive et passible de l'aggravation de peine prononcée par l'art. 58, C. pén. —*Caen*, 18 janv. 1842 (t. 2 1842, p. 523), Godefroy.

177. — A ne s'arrêter qu'à la lettre des articles 308, C. civ., et 463, C. pén., il semblerait que la peine portée par l'art. 308, C. civ., ne devrait pas être modifiée par l'existence de circonstances atténuantes. — V. au reste CIRCONSTANCES ATTÉNUANTES.

178. — Si le mari n'avait demandé la séparation de corps que pour inconduite notoire, le ministère public pourrait-il, sous prétexte que l'adultère résulte des pièces du procès, conclure à la détention de la femme? — La réponse est facile et se trouve dans l'art. 308, C. civ., lui-même, qui n'autorise les tribunaux à condamner la femme qu'au cas où la séparation *est prononcée pour adultère.*—Le droit du ministère public se trouve réglé par les termes mêmes du jugement, et le jugement lui-même ne peut être que la consécration des conclusions qui auraient été prises formellement par le mari.

179. — Mais la compétence du tribunal civil est une exception qui doit être renfermée dans les limites que la loi indique. Ainsi, le tribunal civil serait incompétent pour prononcer une peine contre le complice de la femme punie comme adultère, ou contre le mari qui aurait entretenu une concubine dans le domicile conjugal, bien que ce fût là le grief sur lequel reposerait le jugement de séparation de corps.

180. — L'article 338 ne prononce de peine que contre le complice de la femme adultère, d'où l'on a conclu que la concubine entretenue par le mari dans le domicile conjugal n'était passible d'aucune peine comme complice du délit d'adultère commis par celui-ci.—*Paris*, 6 avr. 1842 (t. 2 1842, p. 639), Fanny; — Carnot, *Comm. C. pén.*, art. 339, nº 10; Rauter, t. 2, nº 473. — V. *contrà* Bedel, *Tr. de l'adultère*, nº 56.

181. — Toutefois, et sans examiner précisément cette question, MM. Chauveau et Hélie (t. 6, p. 271) se demandent si l'art. 60, C. pén., ne doit pas recevoir son application au cas d'adultère comme lorsqu'il s'agit de tout autre délit, et si dès-lors tous ceux qui ont favorisé la perpétration du délit, en fournissant les moyens de le commettre, ne doivent pas être mis en cause comme complices et punis comme tels. Ils rappellent que dans l'ancien droit l'affirmative n'était pas douteuse (L. 9, 10 et 20, ff., *ad leg. Jul., De adult.*; Farinacius, *Quest.*, 141, nº 49; Jousse, t. 3, p. 228). « Les complices du crime d'adultère, dit ce dernier auteur, doivent être punis comme ceux qui sont coupables d'adultère: tels sont ceux qui favorisent ces sortes d'entrevues, qui les ménagent par leurs intrigues, ou qui prêtent leur maison à cet effet. » Puis, ils soutiennent qu'il en doit être de même sous notre droit, l'art. 60 ne comportant aucune exception spéciale pour le cas d'adultère. Les complices doivent donc, suivant eux, être compris dans les poursuites, en les soumettant toutefois aux règles spéciales qui dominent ces poursuites. —V. en ce sens Bedel, *Tr. de l'adult.*, p. 89 et 90.

182. — Si cette doctrine, que nous considérons comme parfaitement juste, était admise, on comprend qu'elle trancherait la question relative à la concubine, puisque celle-ci n'échapperait aux art. 338 et 339 que pour tomber incontestablement sous l'application de l'art. 60. — Nous ne devons pas nous dissimuler, toutefois, qu'elle paraît repoussée aussi bien dans sa généralité (art. 60) que dans sa spécialité (art. 339) par les considérans de l'arrêt de Paris précité nº 180.

183. — Avant la loi du 28 avr. 1832, la cour de Lyon avait posé en principe que le préjudice qui se rattache à l'adultère étant inappréciable, et ce délit outrageant tout à la fois la loi, la morale publique et la religion, l'art. 463, C. pén., qui autorise les juges à modérer la peine encourue, était, sous tous les rapports, inapplicable. — *Lyon*, 29 mai 1828, C.....

184. — Mais cette décision, à supposer qu'elle fût juste, ne saurait être suivie depuis la loi du 28 avr. 1832; la quotité du préjudice n'étant plus un obstacle à l'application de l'art. 463, et cet article posant un principe général qui domine, à moins d'exception formelle, tous les délits prévus par le Code pénal.—Chauveau et Hélie, *Th. C. pén.*, t. 6, p. 267.

185. — Le jugement qui prononce contre la femme et son complice la peine de l'adultère peut-il, en outre, condamner celui-ci à des dommages-intérêts envers le mari? — Carnot (*C. pén.*, art. 338, nº 6) soutient la négative. « La loi, dit-il, n'accorde de dommages-intérêts ni au mari ni à la femme; elle fait uniquement perdre à la femme les avantages que son mari lui avait faits (V., sur ce point, *infrà* nºs 198 et 192); il serait même honteux au mari, dans nos mœurs, d'en exiger du complice. »—Tel est aussi l'avis de M. Bedel (*Tr. de l'adult.*, p. 106), sauf le cas où l'éclat du procès aurait causé un préjudice réel au mari, en le forçant à changer de résidence.

186. — Mais cette opinion ne doit pas être suivie; l'art. 1382, C. civ., porte que « tout fait de l'homme qui cause un dommage à autrui oblige celui par la faute duquel le dommage est arrivé à le réparer. » Or, il est évident que l'époux, victime de l'adultère, éprouve un dommage; il lui est donc dû une réparation pécuniaire, sauf aux juges à veiller à ce que l'exercice d'un pareil droit ne devienne pas pour lui la source d'une spéculation scandaleuse. C'est, au surplus, en ce sens qu'est fixée la jurisprudence de la cour de Cassation. — Arr. 5 juin 1829, Legrand; 22 sept. 1837 (t. 1er 1838, p. 290), Guyet; *Poitiers*, 4 fév. 1837 (t. 2 1842, p. 575), G...; *Aix*, 27 janv. 1829, Buès c. Engelfred; — Chauveau et Hélie, t. 6, p. 269; Vatisménil, *Encyclop. du dr.*, vº *Adultère*, nº 57.

187. — Et l'appréciation de ce dommage est abandonnée entièrement à l'appréciation des juges du fond. — *Cass.*, 22 sept. 1837 (t. 1er 1838, p. 290), Guyet.

188.—Il a donc été jugé que l'obligation souscrite par le complice de la femme adultère, en faveur du mari, n'est pas nulle comme ayant une cause immorale. — *Paris*, 19 mai 1843 (t. 2 1843, p. 101), Parinet c. Mignon.

189. — Mais la même cour a décidé que l'adultère, préparé de connivence entre le mari et la femme, ne peut servir de base à une demande en dommages-intérêts de la part du mari contre le complice attiré dans le domicile conjugal. — *Paris*, 1er mars 1844 (t. 1er 1844, p. 507), Mêmes parties.

190. — Sous l'ancien droit, la femme convaincue d'adultère perdait sa dot; mais notre loi civile n'a pas ajouté cette peine à celles qu'elle a prononcées. — De même il n'existe plus, entre les adultères, aucune prohibition absolue de se donner (art. 702 C. civ.), sauf aux tribunaux à apprécier les circonstances qui pourraient fournir la preuve de captation ou de suggestion. — V. DONATION, LEGS. — Cependant M. Bedel (*Tr. de l'adult.*, p. 94) soutient que cette dernière incapacité existe toujours.

191. — Sous l'empire de la loi du divorce, l'épouse contre laquelle il avait été obtenu ne pouvait jamais épouser son complice (C. civ., art. 298). Il n'en est pas de même pour le cas de séparation de corps. La mort de l'époux qui l'a obtenue venant à dissoudre le mariage, les deux coupables d'adultère peuvent s'unir légitimement. — De Vatisménil, *loc. cit.*, nº 61.

192. — L'époux condamné pour adultère ne perd point *ipso jure* la tutelle de ses enfans. Si cependant son inconduite était notoire, son immoralité dangereuse pour ses pupilles, il pourrait être destitué en vertu de l'art. 444, C. civ.—V. TUTELLE.

193. — La condamnation, et même la séparation de corps prononcée pour adultère, entraînent-elles, contre l'époux coupable, la révocation de ses avantages matrimoniaux? La jurisprudence de la cour de Cassation s'est jusqu'à présent prononcée pour la négative (V. DONATION). — Lorsque le divorce était permis, l'époux contre lequel il avait été prononcé pour adultère encourait cette révocation. — V. DIVORCE.

194.—Le mari peut arrêter l'effet de la condamnation prononcée contre sa femme, en consentant à la reprendre (C. pén., art 337). — C'est aussi ce que dit l'art. 308, C. civ.—L'orateur du gouvernement expliquait ainsi cette disposition: « Par la nature presque privée de ce délit, ou plutôt par la puissance domestique dont est investi le mari, ce dernier restera toujours maître d'arrêter l'effet de la condamnation prononcée contre son épouse. Il pourra, en la reprenant chez lui, se livrer au plaisir de lui pardonner, et jouira, dans toute sa plénitude, du droit de faire grâce et de resserrer les liens de l'amour par ceux de la reconnaissance. »

195. — Cette faculté, laissée au mari, ne donne lieu à aucune difficulté d'application, dans les cas ordinaires. — Mais que devrait-on décider dans le cas où une femme aurait été condamnée *à une seule peine* comme convaincue du double délit d'adultère et d'un autre délit, par exemple, de blessures volontaires? — Le mari, en pareille occurence, peut-il, en consentant à reprendre sa femme, faire cesser l'effet de la condamnation? La cour de Metz a jugé la négative; elle a même décidé que le tribunal ne peut, non plus, en procédant par voie d'interprétation du jugement de condamnation, déterminer la peine encourue pour le délit de blessures, et libérer la femme de la partie de la peine relative au délit d'adultère. — *Metz*, 4 juill. 1825, Deverne.

196. — Il semble, en effet, au premier abord, comme le dit la cour de Metz, qu'il y ait quelque chose d'extraordinaire dans l'espèce de ventilation proposée par le mari. Et cependant, en y réfléchissant, n'arrive-t-on pas à reconnaître que c'est le seul moyen de concilier les exigences de la loi avec l'équité? Ainsi, dans l'exemple même qui nous est offert, la cour de Metz a évidemment porté atteinte aux droits du mari, et violé l'art. 337, C. pén. De même elle aurait porté atteinte aux droits du ministère public, violé l'autorité de la chose jugée et commis un excès de pouvoir, en déchargeant purement et simplement la femme de toute condamnation. Peut-être avait-elle des doutes sur sa propre compétence. Il est maintenant admis en principe que les tribunaux correctionnels connaissent des incidens contentieux qui s'élèvent sur l'exécution de leurs jugemens. Or, la demande du mari qui veut reprendre sa femme présente incontestablement un incident de cette nature. Le seul moyen pour le tribunal d'éviter les écueils que nous venons de signaler, de maintenir la stricte exécution des lois et de la concilier avec l'équité, n'est-il pas de remettre, par la voie qui lui est offerte, les choses dans l'état où elles doivent être?

197. — Si le pardon accordé à la femme intervenait après une séparation de corps prononcée, il entraînerait, par cela même, renonciation au bénéfice du jugement, et la femme pourrait obliger son mari à la recevoir.

198. — Mais lorsque la femme a subi sa peine, le mari peut-il, contre le gré de celle-ci, faire cesser les effets de la séparation de corps? — Cette question est controversée. — V. SÉPARATION DE CORPS.

199. — La faculté accordé au mari d'arrêter l'effet de la condamnation prononcée pour adultère a pour but de favoriser la réunion des époux. — Elle ne peut donc être invoquée que par la femme, et non par le complice, qui doit subir sa peine sans que le mari puisse ni directement ni indirectement en paralyser l'exécution. — La jurisprudence est constante sur ce point. — *Lyon*, 12 juill. 1827, sous *Cass.*, 17 août 1827, Anjogne et Berthaud; *Cass.*, 17 janv. 1829, Gebert; impl. *Toulouse*, 6 déc. 1838 (t. 1er 1839, p. 175), Liauzy; —Legraverend, t. 1er, chap. 1er, p. 57; Mangin, *Tr. de l'Act. publ.*, nº 138; Chauveau et Hélie, t. 6, p. 268.

200. — On cite généralement, en ce sens, un arrêt qui a jugé que le pardon accordé par le mari à sa femme, et sa cohabitation avec elle depuis sa condamnation et celle de son complice, prononcées sur la seule poursuite du ministère public pour outrage public à la pudeur, ne peuvent fournir au complice une fin de non-recevoir contre la

demande en réparations civiles ultérieurement formée par le mari pour le tort à lui causé tant par l'adultère que par les désordres qui ont motivé la condamnation correctionnelle. — *Aix*, 27 janv. 1829, Bués c. Engelfred.—Mais nous avons déjà fait remarquer (*suprà* § 3, n° 107) que les termes de cet arrêt empêchaient qu'on n'en tirât une solution de principe sur les effets de la réconciliation à l'égard du complice (en matière d'adultère).

201. — L'art. 324, Code pén., déclare excusable le meurtre commis par l'époux sur son épouse ainsi que sur le complice, à l'instant où il les surprend en flagrant délit dans la maison conjugale. — V. PROVOCATION.

V. ACTION CIVILE, ACTION PUBLIQUE, MINISTÈRE PUBLIC, SÉPARATION DE CORPS.

ADULTÉRIN (Enfant).

V. ENFANT ADULTÉRIN.

ADVOCATIO.

1. — Dans la langue du moyen âge, ce mot signifiait *défense*, *protection*, et quelquefois *garde* (*custodia*). — V. ADVOUÉ.

2. — On s'en servait aussi pour désigner la récompense, le salaire de l'*advoué* à la garde duquel les biens avaient été confiés.—Ducange, *Glossaire*, v° *Advocatio*.

ADVOUÉ.

1. — Terme qui désignait, dans l'ancien droit, les gardiens, protecteurs et patrons des abbayes et monastères, ou des villes et communautés.— « *Advocatio est urbis aut ecclesiæ præpositura, vel patronatus : nam et patronos ecclesiarum vocabant advocatos, custodes, vice dominos.* » — Gratien, *De jure patronat.*; *Glossaire du droit français*, v° *Advouez*.

2.—Dans les temps de troubles au sein desquels la féodalité prit naissance, les églises et les couvens, pour s'assurer la propriété de leurs biens et la jouissance de leurs droits, en abandonnèrent une partie aux seigneurs, sous la condition que ceux-ci seraient leurs défenseurs et leurs gardiens.

3. — Cet usage se maintint et s'étendit au milieu des agitations du moyen âge. Au treizième siècle, presque tous les barons possédaient la garde des églises situées dans leurs domaines.

4.—Mais déjà les jurisconsultes posaient comme point de doctrine que si la garde particulière des églises et des abbayes appartenait au baron, la garde générale était réservée au roi. « Li roys, dit » Beaumanoir, généraument a la garde de toutes » les églises dou royaume, mes *spéciaument* chas- » cun barons l'a en sa baronnie. »

5. — Si le baron donnait des sujets de plainte à ceux dont la garde lui était confiée, ceux-ci pouvaient s'adresser au roi, en sa cour de parlement; et si les doléances étaient trouvées justes, le baron perdait son droit de protection, et l'église ou l'abbaye passait sous la garde du roi.

6. — C'est ainsi que, successivement et sans violence, les seigneurs perdirent un pouvoir dont les effets étaient de maintenir les droits temporels du clergé sous leur entière dépendance.

7. — Les avoués, dans les premiers temps, étaient de deux sortes, militaires et judiciaires.

8. — Les premiers, qui étaient les plus considérables, défendaient à main armée les terres des communautés, et conduisaient les hommes libres de ces terres à la guerre du roi ou du seigneur suzerain, ayant en tête la bannière de la communauté.

9. — Pour prix de leurs services, ils recevaient des chevaux, des armes et des prestations accommodées à la médiocrité des richesses du temps, un vêtement, du vin, quelques deniers. — Henri Ier, roi de France, recevait quatre setiers de vin par arpent de terre, pour ses advoueries sur l'église de Chartres.

10. — Quelques uns, en petit nombre, défendaient et servaient les gens d'église, *ex amore Dei, pro sola remuneratione Dei*. Parmi ces généreux défenseurs on cite Charlemagne, qui se glorifiait d'être haut-avoué de Saint-Pierre.

11.—Les advoués judiciaires avaient une moindre importance; ils exerçaient par délégation la juridiction en matière criminelle, et, pour leurs honoraires, ils percevaient le tiers des amendes.

12.—Vers la fin de la domination carlovingienne, les deux fonctions des advoués militaires et judiciaires se réunirent en une seule charge, et cette confusion de pouvoirs, suivant M. Rapetti (*Revue de législat.*, t. 9, p. 128), dut contribuer à faire dégénérer la protection des advoueries en oppression.

13.—Dans quelques provinces, vers la même époque, les advoués ne pouvant suffire aux devoirs de leur charge, d'autant plus que les congrégations religieuses acquéraient sans cesse de nouvelles terres, on institua, du consentement des évêques et des abbés, des advoués inférieurs, appelés *sub advocati*, *ad advocati*, administrant sous la responsabilité des advouez supérieurs, et jouissant de tous leurs droits, moins ceux qui étaient purement honorifiques.

14.—Les sous-advouez étaient dits de *tierce-main*, et les capitulaires prescrivent *ne advocatitia transeat ad quartam manum*.

15.— Plus tard, le pouvoir royal s'étant affaibli, les advoueries s'inféodèrent dans les mains des familles qui en étaient investies et devinrent des propriétés féodales, à raison desquelles il fallut prêter le serment de foi et hommage et qui se transmirent et s'aliénèrent comme tous les autres biens. —Du reste, il faut, pour plus amples détails, consulter l'*Histoire des advoueries en Belgique*, par M. J. de Saint-Genois, ouvrage qui a été couronné, en 1834 par l'Académie des sciences et lettres de Bruxelles.

16.— Le mot *advoué* est aussi employé dans la *Somme rurale* comme synonyme d'enfant adoptif. — V. ADVOUERIE.

ADVOUERIE.

1. — C'est le droit qui est dû au seigneur à cause de sa protection. — V. ADVOUÉ.

2. — Ce terme s'emploie aussi par quelques anciens praticiens comme synonyme d'*adoption*. — Boutillier, *Somme rurale*, liv. 1er, tit. 94, p. 536.

AFFAIRE.

1. — Dans la pratique, ce mot s'emploie comme synonyme de contestation, procès. On dit, par exemple, une *affaire ordinaire*, une *affaire sommaire* : *l'affaire est au rôle*.

2. — Affaire se dit aussi de tout ce qui a rapport aux intérêts de fortune de quelqu'un. Ainsi, quand on charge un mandataire de la gestion de ses affaires, cela s'entend non seulement de la direction à donner aux affaires contentieuses, mais de toutes les mesures utiles aux intérêts du mandant.

3. —C'est ainsi encore que, lorsqu'on parle d'un agent d'affaires, on désigne un mandataire se chargeant, moyennant salaire, de négociations, de placemens, de recouvremens, de recettes aussi bien que de procès. — V. AGENT D'AFFAIRES.

4. — Lorsque volontairement et sans en avoir reçu mandat, on gère l'affaire d'autrui, soit que le propriétaire connaisse la gestion, soit qu'il l'ignore, celui qui gère contracte l'engagement tacite de continuer la gestion qu'il a commencée, et de l'achever jusqu'à ce que le propriétaire soit en état d'y pourvoir lui-même : il doit se charger aussi de toutes les dépendances de cette même affaire. — C. civ., art. 1372.

5. — Si le propriétaire vient à mourir avant que l'affaire soit consommée, celui qui en a pris la gestion est obligé de continuer jusqu'à ce que l'héritier ait pu en prendre la direction. — C. civ., art. 1373. —V. GESTION D'AFFAIRES.

AFFÉAGE, AFFÉAGEMENT, AFFÉAGISTE.

On entendait par afféagement une sorte de *diminution* ou d'*empirement* de fief, par laquelle le vassal aliénait, avec rétention, une partie de son domaine, par bail à cens. Ces termes n'étaient guère usités que dans une partie de la Bretagne.

AFFECTATION.

Table alphabétique.

Abus, 28.
Acte administratif, 60. — récognitif, 61.
Affectation domaniale, 3.
Ancien droit, 7 s.
Appréciation, 67, 68.
Artillerie, 11, 12.
Attribution du chauffage, 43.
Bois, 4, 7, 8, 21, 36, 38, 50, 63, 73. — de l'état, 75, 77, 95. — des particuliers, 9, 76.
Canaux, 73.
Cantonnement, 4, 7, 41, 48, 79, 80.
Cessation, 52, 86, 91, 92, 93, 94.
Code forestier, 72 s.
Commune, 17, 19, 38, 72, 73.
Compétence, 83, 84, 85.
Comptage, 82.
Concession, 52, 54, 62, 64, 65, 70, 89, 90.
Concession précaire, 26.
Corporation ecclésiastique, 70.
Coupes de bois, 38.
Déchéance, 54, 74.
Délai, 53, 90.
Délivrance, 81, 82.
Domaine de la couronne, 75. — de l'état, 40, 42.
Droit d'affectation, 6, 19, 20-25, 32, 36, 38, 39, 68.
Durée, 55-58, 66, 89.
Etablissement industriel, 16, 19, 20, 72.
Etat, 70.
Exception, 51.
Expédition, 60.
Exploitation, 81, 82.
Flottage, 14.
Force majeure, 94.
Hypothèque, 2.
Inaliénabilité, 40, 42.
Indemnité, 44.
Industrie, 36.
Jouissance, 55.
Libéralité, 26, 32, 33.
Lorraine, 20.
Marine, 10, 11, 13.
Ministre des finances, 84, 96.
Nombre des affectations, 77.
Origine, 27.
Particulier, 17, 70, 72.
Perpétuité, 57, 87-89.
Pied d'arbre, 50.
Pont, 73.
Ponts et chaussées, 11, 13.
Possession, 71.
Poudre et salpêtre, 11 s.
Préfet, 85.
Preuve, 39. — testimoniale, 62.
Prix, 64.
Prohibition pour l'avenir, 95.
Protestation, 96.
Reconnaissance, 54, 58.
Rente, 65.
Révocation, 24, 29-34, 40-49, 52, 57, 64, 65, 78, 86, 88.
Rhin, 10, 13.
Salines, 9, 30.
Service public, 4, 11.
Servitude, 22.
Stère, 50.
Temps limité, 86-88.
Titre, 53, 54, 58-63, 71, 78.
Titre vicieux, 70.
Traduction, 60.
Tribunaux, 83, 85.
Usage, 6, 22-27, 33, 38, 39.
Usines, 73, 91-94.
Utilité publique, 6, 11, 18.
Vente, 6, 7, 18, 29.
Village, 73.
Ville de Paris, 7, 8.

AFFECTATION. — 1. — Affecter, c'est attribuer une chose à un usage déterminé.

2. — Ainsi on dit que certains biens sont affectés au paiement des dettes, et en ce sens affectation est presque synonyme d'hypothèque.— Denizart, v° *Affectation*.

3.—On nomme *affectation domaniale* l'acte public qui affecte des terrains ou parcelles de terrain faisant partie du domaine de l'état au service d'une administration publique.

4. — Dans une de ses acceptions fort habituelles, le mot *affectation* s'applique aux charges que la loi, pour un service public, impose à la propriété privée, et notamment aux bois des particuliers.

5. — On nomme aussi *affectation* de coupes de bois (et c'est l'acception le plus usuellement employée) la faculté accordée à un établissement d'industrie, à une paroisse ou commune, ou à des particuliers, de prendre, dans les forêts de l'état, à un prix modique, et pendant un temps déterminé ou indéterminé, les bois nécessaires à l'alimentation de cet établissement, ou aux besoins de ces communes ou particuliers.

§ 1er. — *Des affectations de bois à des services publics.*

6. — « Ces affectations n'ont rien de commun avec le droit d'usage, disent MM. Proudhon et Curasson (*Traité des droits d'usage*, n° 406); c'est une vente forcée de certains produits d'une forêt pour cause d'utilité publique, vente dont le prix varie suivant le taux du commerce; ces affectations ne descendent d'aucun contrat; la puissance législative les avait imposées dans l'intérêt public, et la même puissance a le droit de les anéantir ou de les modifier selon les circonstances. »

7. — L'ancien droit français nous offre plusieurs exemples d'affectations; ainsi, par un édit de François Ier du mois de mai 1520 (anciennes lois françaises, Isambert, Jourdan et Decruzy, t. 12, p. 178), les bois situés à six lieues près de la rivière de Seine, et tous autres fleuves descendant en icelle, tant à mont qu'à val, avaient été affectés au chauffage de la ville de Paris.

8. — Des lettres-patentes du 17 oct. 1735 affectaient de même à la consommation des habitans de Besançon tous les bois situés dans la partie des montagnes à la distance d'une lieue de la rivière du Doubs, pour être amenés dans cette ville au moyen du flottage.

9. —Enfin, d'anciennes ordonnances de Franche-Comté avaient affecté aux salines du gouvernement tous les bois des communes et des particuliers situés dans un certain rayon.

10. — C'est ainsi qu'aujourd'hui encore les bois des particuliers ont été affectés, aux termes des art. 122 et 136, C. forest., au service de la marine, et aux digues nécessaires pour retenir l'impétuosité du Rhin.

11. — Les services publics auxquels les bois des particuliers étaient affectés avant le Code forestier étaient au nombre de quatre : 1° la marine; 2° les ponts et chaussées; 3° l'artillerie; 4° l'administration des poudres et salpêtres.

12. — Les deux dernières affectations, qui étaient réglées par l'arrêté des consuls du 25 fructid. an XI

et le décret du 16 flor. an XIII, ont été supprimées par le Code forestier. — M. Martignac, commissaire du roi lors de la discussion du Code forestier, l'a formellement déclaré dans la séance de la chambre des pairs du 19 mai 1827. — V. au reste C. forest., art. 218; Dupin, *C. forest.*, sur l'art. 122; Baudrillart, *C. forest. annoté*, sur l'art. 122.

13. — Le Code forestier n'a donc conservé d'autres affectations que celles concernant le service de la marine (C. forest., art. 122 et suiv.), et celui des ponts et chaussées pour les travaux d'endigage ou de fascinage sur le Rhin (C. forest., art. 136 et suiv.) — V. au reste FORÊTS, MARINE, RHIN.

14. — « On trouve, dit M. Dupin (*C. forest. annoté*, art. 136), une disposition analogue à celle de cet article, établie par les réglemens relatifs au flottage des bois. Lorsqu'il est nécessaire de se procurer des *rouettes, harts*, et en général ce qu'on appelle des *étoffes*, les flotteurs sont autorisés à en prendre sur les routes en indemnisant. Ce droit a-t-il survécu au Code? On peut dire que oui, par la raison que le Code forestier ne considère que le bois en forêt et non le bois devenu marchandise. Les réglemens concernant la navigation et le flottage sont en dehors de ce Code. » MM. Sebire et Carteret (*Encycl. du droit*, vº *Affectation spéciale des bois à des services publics*, nº 4), partagent l'avis de M. Dupin.

§ 2. — *Des affectations de bois pour des établissemens industriels, des communes ou des particuliers.*

15. — Selon Baudrillart (*Dict. des eaux et forêts*, vº *Affectation*), une affectation est la faculté accordée à *un établissement d'industrie* de prendre à un prix modique et pendant un certain temps les bois nécessaires à l'alimentation de cet établissement.

16. — C'est à peu près dans les mêmes termes que M. le comte Roy, rapporteur de la commission de la chambre des pairs chargée de l'examen du projet du C. forestier, définissait les affectations. « On appelait ainsi la faculté qui a été accordée de prendre annuellement, dans les forêts de l'état ou d'une communauté d'habitans, pour un établissement d'industrie, les bois nécessaires à l'alimentation de cet établissement, moyennant une rétribution qui était en proportion avec la valeur des matières livrées. »

17. — Ces définitions, justes quant à l'indication de la nature du droit et de l'objet sur lequel ce droit s'exerce, sont incomplètes relativement aux personnes ou êtres moraux qui pouvaient en tirer avantage. En effet, la simple lecture de l'art. 58, C. forest., suffit pour convaincre que les affectations de coupes de bois pouvaient avoir lieu en outre au profit des communes ou des particuliers.

18. — La qualité des affectations des coupes de bois révèle assez que ce n'est pas dans l'utilité publique qu'il faut chercher la cause des affectations dont s'occupent les art. 58 et suiv., C. forest.; on n'y retrouve pas le caractère de vente des produits du sol que nous signalions dans les affectations de bois pour certains services de l'état.

19. — En effet, ces affectations consistent dans le droit de se faire délivrer, dans une forêt de l'état, une quantité déterminée d'arpens, de stères ou de pieds d'arbres pour alimenter un établissement industriel, et même pour la création d'une commune, ou pour seconder un intérêt particulier, droit concédé, sinon *gratuitement*, du moins pour une *faible rente*, qui n'est pas en proportion de la valeur des matières livrées.

20. — C'est surtout en Lorraine (voir l'ord. de 1707, sur les bois et forêts, celle du 18 mars 1722 et l'édit du 9 juill. 1729) qu'il a été accordé à des établissemens industriels des concessions en bois connues sous ce nom d'*affectations*, et consistant dans des livraisons annuelles de bois faites moyennant une rétribution dont la modicité était tout-à-fait hors de proportion avec la valeur livrée. Quelques uns de ces actes contenaient la stipulation d'un terme; la durée des autres était indéterminée ou stipulée à perpétuité. — Devaulx et Foelix, *C. forest. annoté*, t. 2, p. 407.

21. — La cour de Cassation a même jugé, le 24 janv. 1837 (t. 1er 1837, p. 385, préfet de Loir-et-Cher c. Clermont-Tonnerre), que les affectations forestières n'étaient connues que dans les provinces d'Alsace et de Lorraine.

22. — « L'affectation, disent MM. Proudhon et Curasson (*Traité des droits d'usage*, nº 406), n'est donc pas autre chose qu'un droit d'usage, une servitude réelle créée pour l'avantage de l'établissement auquel elle est affectée, servitude qui, comme toutes les autres de ce genre, finit par l'extinction de la chose à laquelle elle était destinée. »

23. — Il n'y a, selon les mêmes auteurs, entre l'affectation de cette espèce et l'usage ordinaire, d'autre différence, sinon que l'usager a *communément* le droit d'être pourvu jusqu'à la concurrence de ses besoins, tandis que l'affectation est réduite à une quantité fixe et déterminée des produits de la forêt. Cette fixation n'a d'ailleurs rien d'incompatible avec le droit d'usage ordinaire, puisque l'art. 122, ord. réglementaire du 1er août 1827, prévoit le cas de bois de chauffage qui se délivrent par stères.

24. — MM. Proudhon et Curasson, dans le chapitre dont nous venons d'extraire quelques lignes, s'attachent à soutenir que par suite de leur nature de servitude, les affectations étaient des concessions *irrévocables*, et qui auraient dû trouver auprès du législateur la même faveur dont, lors de la rédaction du Code forestier, ont joui les droits d'usage.

25. — Mais l'interprétation donnée aux affectations par le gouvernement et l'administration des eaux et forêts, par la législation intermédiaire, et, on peut le dire, par la législation actuelle, est loin d'etre aussi favorable aux affectataires que l'était la doctrine des deux auteurs que nous avons cités.

26. — Baudrillart, dans un ouvrage presque officiel, publié avant le Code forestier, dans son *Diction. des eaux et forêts*, vº *Affectation*, ne considérait les affectations que comme des concessions purement précaires, que comme de simples libéralités, dès-lors toujours révocables.

27. — Ce qui est certain d'abord, c'est que l'origine des affectations ne remonte pas à des temps aussi reculés que celle des droits d'usage; elles ne sont pas non plus aussi multipliées que ces droits.

28. — Il est encore reconnu que les affectations ont eu lieu lorsque les bois étaient très abondans et surtout dans les forêts qui manquaient de débouchés; on avait donc dû favoriser des établissemens sans lesquels les bois n'auraient eu que peu ou point de valeur; mais l'abus avait été porté loin, puisque, dans quelques occasions, des bois affectés au service d'une forge se payèrent à raison de 5 centimes le stère.

29. — Les réclamations des habitans des localités où se faisaient les délivrances ont amené des recherches de la part de l'autorité, et il a été reconnu que le bas prix fixé pour certaines affectations excitait les concessionnaires à vendre les bois qui leur étaient délivrés, ce qui était contraire à l'objet des concessions, et que l'état de la population, de l'industrie et des forêts même ne permettait plus de continuer dans certaines localités les délivrances demandées par certains établissemens.

30. — Quant à la législation, on peut citer d'abord un décret du 23 fév. 1790 qui, sur la réclamation des propriétaires, a supprimé l'affectation aux salines de Salins de Montmorot des bois communaux situés dans l'arrondissement de ces salines, et un décret du 30 mars 1790 qui a supprimé l'affectation aux salines de Dieuze, Moyenvic et Château-Salins des bois appartenant aux communes et aux particuliers et de ceux dépendant des bénéfices.

31. — Baudrillart (*loc. cit.*) se fait encore un argument d'une ordonnance du roi du 7 octobre 1821, qui, rendue sur le rapport du ministre des finances, a révoqué l'affectation faite aux forges de Reichoffen dans le département de la Moselle. — Il est bon d'observer en passant que cette ordonnance avait été rendue en matière contentieuse en l'absence de la partie intéressée, qui se pourvut par opposition. Pendant que l'affaire était pendante au conseil d'état, survint le Code forestier, dont l'art. 58 permettait aux affectataires de se pourvoir devant les tribunaux pour faire reconnaître la perpétuité de leurs droits; aussi le conseil d'état se dessaisit de l'affaire. — *Cons. d'état*, 27 sept. 1827, de Diétrich.

32. — Baudrillart (*Dict. gén. des eaux et forêts*, vº *Affectation*) invoque encore un avis du conseil d'état du 5 mai 1820, approuvé par le ministre des finances le 17 juillet suivant, qui a considéré les affectations, non comme constituant un droit en faveur de ceux qui les avaient obtenues, mais comme des libéralités toujours révocables.

33. — Enfin cet auteur appuie son opinion sur les distinctions qui séparent le droit d'usage des affectations.

34. — « Les droits d'usage, dit-il (*loc. cit.*), sont accordés pour les besoins personnels et domestiques de l'usager. Ils ne peuvent être cédés ni transportés à qui que ce soit, l'usager doit en jouir par lui-même, il n'a pas le droit de demander les délivrances qu'il aurait négligé de prendre, car les usages ne s'arréragent pas, ces droits peuvent être réduits selon la possibilité des forêts, ou convertis en un cantonnement. »

35. — Ils ont pour objet de favoriser la population dans le pays où le bois y est abondant, de procurer des secours à de petits établissemens ruraux et jamais des faveurs à la spéculation manufacturière.

36. — Les affectations au contraire étaient accordées pour aider le développement de l'industrie, pour assurer aux forêts plus de valeur par une consommation plus proportionnée à l'abondance de leurs productions.

37. — Mais lorsque les effets sont produits, lorsque des jouissances suffisantes ont compensé les dépenses de premier établissement, lorsque les besoins de la contrée réclament les bois qui étaient donnés en affectation, il n'y a pas de motifs pour continuer des faveurs qui alors tourneraient contre l'intérêt social.

38. — Il y a encore cette différence entre l'usage et l'affectation, que le premier est ordinairement accordé à des communes forestières, et qu'il ne s'exerce point dans des cantons déterminés, tandis que les affectations sont accordées à des individus et qu'elles portent sur des masses de bois déterminées et régulièrement divisées en coupes annuelles ou sur des quantités de cordes de bois invariables. Elles ne grèvent pas, comme les usages et les servitudes, toute l'étendue de la propriété; elles sont restreintes et limitées à une partie seulement de cette propriété.

39. — Jugé qu'un droit d'affectation dont le but a été de procurer à des établissemens industriels le moyen de surmonter les premières difficultés qui s'opposaient à leur création, mais non pas de leur servir de dotation irrévocable, lorsque surtout ils auraient atteint leur développement, n'est autre chose qu'un droit d'usage qui, à moins qu'il n'ait été concédé à perpétuité par des titres exprès, doit être considéré comme essentiellement précaire. — *Nancy*, 11 fév. 1833, N...

40. — Ces distinctions étaient importantes pour empêcher de confondre ces deux droits et ôter au concessionnaire d'une affectation la pensée, soit de demander un cautionnement, soit de regarder sa jouissance comme perpétuelle.

41. — La révocation des affectations est basée sur le principe de l'inaliénabilité du domaine, qui en France a été solennellement proclamée par l'édit de 1566, qui faisait défense aux parlemens et chambres des comptes d'entériner les lettres patentes qui porteraient aliénation *du domaine et des fruits qui en dépendent, pour quelque cause et pour quelque temps que ce soit.*

42. — Ce principe de la révocation par suite de l'inaliénabilité devrait frapper toutes les affectations, qu'elles fussent perpétuelles, à terme ou sans terme.

43. — L'ord. 1669, tit. 20, art. 11, prohibait à l'avenir tous dons, *attributions de chauffage*; donc les affectations ainsi que les droits d'usage qui, dans les forêts de l'état, auraient été concédés depuis la publication de l'ordonnance, seraient frappés d'une nullité radicale.

44. — En soutenant la légalité de la révocation de ces affectations, on ajoutait qu'il ne pouvait être dû d'indemnité pour ceux qui jouissaient à titre gratuit, et que, quant à ceux qui payaient une redevance pour prix des délivrances qui leur étaient faites, cette redevance était tellement insignifiante et si fort au-dessous du prix des bois, que les concessionnaires avaient pu, non seulement récupérer tous les frais qu'ils avaient faits pour leur établissement, mais encore obtenir des bénéfices considérables. — Baudrillart, vº *Affectation*.

45. — Le Code forestier est parvenu à concilier le retour à la prohibition avec les principes de l'équité, et par ses dispositions il a procuré sans trop de secousses l'abrogation de ces sortes d'affectations dont la plupart avaient été faites au mépris des prohibitions légales, et qui toutes sont, dans leur principe, contraires à une bonne exploitation.

46. — Le premier projet du Code était plus rigoureux que la rédaction définitive, il accordait aux affectations un délai double de celui que fixe l'art. 58, mais à l'expiration de ce délai il les annulait toutes sans distinction.

47. — Mais la cour de Cassation fit la proposition suivante: 1º diviser les affectations ou concessions en deux classes, celles dont le terme est fixé par les actes et celles auxquelles les actes n'en donnent aucun; — 2º maintenir les premières pour tout le temps assigné à leur durée; — 3º prescrire l'exécution de celles faites à *perpétuité*, sauf au gouvernement à se libérer de ses obligations par un cantonnement qui sera réglé de gré à gré, et, en cas de contestation, par les tribunaux.

48. — Par suite de ces observations et de la discussion qui s'est engagée dans la chambre des députés, le projet a été adopté dans les termes suivans:

49. — Les affectations de coupes de bois ou délivrances, soit par stères, soit par pieds d'arbres, qui ont été concédées à des communes, à des établisse-

mens industriels, ou à des particuliers, nonobstant les prohibitions établies par les lois et les ordonnances alors existantes, doivent continuer d'être exécutées jusqu'à l'expiration du terme fixé par les actes de concession, s'il ne s'étend pas au-delà du 1er septembre 1837. — C. forest., art 58, 1er alinéa.

50. — On doit assimiler à des affectations faites par stères ou par pieds d'arbres celles par lesquelles les habitans d'une commune étaient autorisés à prendre un quart d'arpent par personne dans les coupes de bois taillis et futaies d'une forêt réunie au domaine de l'état. — *Cass.*, 10 mars 1835, préfet de la Meurthe c. commune de Saint-Louis.

51. — Les affectations de coupes de bois, soit par stères, soit par pieds d'arbres, concédées à des communes dans les bois du domaine de l'état (et spécialement en Lorraine), nonobstant les prohibitions établies par les lois et ordonnances alors existantes, ne doivent plus avoir d'effet après le 1er septembre 1837. — Même arrêt.

52. — Les affectations faites au préjudice des mêmes prohibitions, soit à perpétuité, soit sans indication de termes ou à des termes plus éloignés que le 1er septembre 1837, cesseront à cette époque d'avoir aucun effet. — C. forest., art. 58, 2e alin.

53. — La concession primitive du bois mort et du mort bois dans une forêt réunie au domaine de l'état a pu, si le titre de concession remontait à une époque où l'inaliénabilité de la forêt n'existait pas, être maintenue jusqu'en 1837, mais elle n'a pu être convertie au profit des habitans de la forêt en un droit de propriété, ni être prorogée au-delà du délai fixé par le Code forestier. — *Cass.*, 10 mars 1835, préfet de la Meurthe c. commune de Saint-Louis.

54. — Les concessionnaires de ces diverses affectations qui prétendaient que leur titre n'était pas atteint par les prohibitions ci-dessus rappelées, et qu'il leur conférait des droits irrévocables, ont dû, pour y faire statuer, se pourvoir devant les tribunaux dans l'année qui a suivi la promulgation du Code forestier, sous peine de déchéance. — C. forest., art. 58, 3e alin.

55. — Si leur prétention a été rejetée, ils doivent jouir néanmoins des effets de la concession jusqu'au terme fixé par le second paragraphe de l'art. 58. — C. forest., art. 58, 4e alin.

56. — Ainsi, les affectations faites seulement pour un terme qui ne dépassait pas le 1er septembre 1837 devaient être exécutées pour le terme restant à courir, qu'elles eussent été ou non prohibées par les lois régissant le pays où les actes avaient été passés.

57. — Les affectations concédées pour des termes plus éloignés que le 1er septembre 1837, ou faites à perpétuité ou sans indication de terme, ont dû cesser au 1er septembre 1837, si elles étaient frappées de prohibition par les lois sous l'empire desquelles elles avaient été faites.

58. — Enfin, les affectations que n'atteignait aucune loi prohibitive doivent être exécutées, quel que soit le terme de leur durée, fussent-elles perpétuelles. Mais les affectataires ont dû, à peine de déchéance, se pourvoir dans le délai d'une année pour faire reconnaître par les tribunaux qu'à l'époque où l'affectation a été concédée, il n'existait dans le pays aucune loi prohibant de telles concessions.

59. — Lorsque l'original d'un acte de concession dans une forêt domaniale, rédigé en langue allemande, qui a été déposé dans les archives d'une sous-préfecture et qui a disparu sans qu'on puisse indiquer la cause de cet accident, est remplacé par la traduction qui a été faite de cet original en langue française par un interprète attaché à la préfecture, cette traduction constitue, sinon une preuve complète, du moins un commencement de preuve par écrit qui autorise les juges à admettre des présomptions pour former une preuve complète. — *Cass.*, 13 nov. 1833, Barthelot c. préfet de la Meurthe.

60. — L'expédition de cet acte traduit, reconnu par les arrêtés administratifs, suivi d'une longue possession, a pu être admise comme constituant un titre que l'art. 58, C. forest., oblige les concessionnaires à rapporter et à soumettre dans l'année à l'appréciation des tribunaux. — Même arrêt.

61. — Lorsqu'un arrêté du conseil de préfecture établit l'existence d'un ancien titre portant concession d'affectation sur une forêt domaniale, et en rappelle les dispositions, il peut, bien qu'il n'en soit pas la copie textuelle, être considéré comme un acte récognitif émané du gouvernement, lequel dispense le concessionnaire de présenter le titre original pour la justification de ses droits. — *Cass.*, 11 juin 1833, préfet de la Meurthe c. Kobi.

62. — Les concessionnaires d'affectations de coupes de bois dans les forêts de l'état qui veulent faire juger par les tribunaux que leur titre n'est pas atteint par des prohibitions légales existant au moment de la concession, et qu'il leur a été conféré des droits perpétuels, sont tenus de produire le titre constitutif de leur concession, sans pouvoir établir par la preuve testimoniale et même par un réglement forestier, qu'ils sont, depuis un temps immémorial, en possession de ces affectations. — *Cass.*, 29 avr. 1835, préfet de la Meurthe c. Schlosser.

63. — Un arrêt du conseil qui accorde à une commune une assignation de bois sur une forêt de l'état, non pas à titre gratuit, mais pour lui tenir lieu des droits qui lui étaient dus de toute ancienneté, peut être considéré comme un titre valable qui, aux termes de l'art. 58, C. forest., place cette affectation hors de toute atteinte. — *Cass.*, 22 déc. 1835, préfet de la Moselle c. commune de Reyers-Villers; même jour, préfet de la Moselle c. commune de Rehrbach.

64. — Le prix stipulé pour une concession dans des forêts appartenant actuellement à l'état, et que l'art. 58, C. forest., déclare révocable, doit, ainsi que la concession elle-même, être maintenu jusqu'au 1er septembre 1837. L'art. 218 ne déroge pas à l'art. 58, C. forest. — *Cass.*, 14 nov. 1833, Dietrich.

65. — L'obligation, pour une abbaye, de livrer annuellement une certaine quantité de bois à prendre dans ses forêts, sous la condition, par le concessionnaire, de payer une rente annuelle qui doit cesser si la fourniture cesse, a pu être considérée comme constituant un contrat synallagmatique qui liait les deux parties contractantes, et qui ne pouvait être révoqué par la volonté d'une seule d'entre elles. — Même arrêt.

66. — Ainsi, de l'art. 58, C. forest., il résulte encore que le titre de concession aura dû être maintenu pour un temps plus long que dix ans ou pour un temps illimité, soit parce qu'il aura été ainsi décidé par des arrêts ayant le caractère de chose jugée, soit parce que la concession aura été antérieure aux lois prohibitives ou à leur mise en vigueur dans la province, soit pour toute autre cause abandonnée dans chaque espèce à l'appréciation des tribunaux. — M. de Martignac, commissaire du roi, séance de la chambre des députés, *Moniteur* du 21 avr. 1827, no 141.

67. — Les affectations, ainsi que l'indique le texte formel de l'art. 58, C. forest., ont dû être appréciées d'après la législation existant à l'époque des concessions.

68. — Il faut observer à cet égard que la concession peut avoir été faite dans certaines parties de la France avant leur incorporation au royaume, et qu'il faut dès-lors, si elle émane de princes souverains, consulter le droit public qui régissait ces provinces, et rechercher si le domaine y était également frappé d'inaliénabilité, même à l'égard des concessions de fruits. — V. DOMAINE.

69. — Les *affectations* forestières n'étaient connues anciennement que dans les provinces d'Alsace et de Lorraine; dès-lors on n'a pas dû appliquer aux concessionnaires de coupes de bois dans les autres provinces de France l'art. 58, C. forest., qui prescrivait aux concessionnaires de ces affectations de se pourvoir dans l'année devant les tribunaux pour en faire reconnaître l'irrévocabilité. — *Cass.*, 24 janv. 1837 (t. 1er 1837, p. 325), préfet de Loir-et-Cher c. Clermont-Tonnerre.

70. — L'affectation a-t-elle été concédée par un particulier ou une corporation ecclésiastique aujourd'hui représentée par l'état, ce n'est pas l'état, possesseur actuel, qu'il faut considérer, mais l'auteur de la concession, et il n'y a pas de doute qu'elle doit être maintenue, à moins que l'acte ne soit infecté d'un vice qui n'aurait pas été couvert par la possession. — Proudhon, *Tr. du dr. d'usage*, no 413.

71. — Quel que puisse être le titre du concessionnaire, et quelle qu'ait pu être sa possession, il a dû se pourvoir dans l'année devant les tribunaux, à peine de voir cesser ses droits au 1er avr. 1837. — Il était donc très important de distinguer les concessions d'affectation des droits d'usage, qui sont soumis par le Code forestier à d'autres règles moins rigoureuses.

72. — Comme nous le disions en commençant, il semblerait résulter des discours prononcés à la chambre, que les affectations dont il s'agit devraient se réduire aux concessions faites pour un établissement industriel. — Le texte de l'art. 58 comprend les affectations de coupes de bois, soit par stères, soit par pieds d'arbres, qui ont été concédés à des communes, à des établissemens industriels ou à des particuliers; mais ce serait se tromper que de croire que le Code forestier a entendu ranger dans la classe des affectataires les communes usagères, dont le droit est déterminé à la livraison annuelle d'une certaine quantité de bois. Ces droits d'usage, qui peuvent aussi être fixés à une quantité déterminée de bois (C. forest., art. 79, 81 et 82), sont réglés par les art. 61 et suiv., C. forest.

73. — La signification de l'art. 58, C. forest., a été précisée dans la discussion à la chambre des députés, et un député, M. Saladin, qui était en même temps procureur général à la cour royale de Nancy, a expliqué comment un droit d'affectation avait pu être constitué au profit d'une commune. « Les terres en friche, a dit ce député, les bois sans valeur et périssant sur couche, ont été affectés à des établissemens d'*usines*, de *verreries* et de *forges*, à la confection de *routes*, de *ponts* et de *canaux*, à la fondation de *villages*, de *cens* et *hameaux*, et, suivant leur importance, le prince leur a assigné à *perpétuité* ou à *terme* les bois dont ils avaient besoin. » — Ainsi, pour que le droit accordé aux habitans d'une commune puisse être considéré comme une affectation, il faut 1o que la concession ait eu pour cause la création d'un village; — 2o que la quantité de bois à délivrer en cette considération ait été déterminée d'une manière fixe par le titre primitif. — Sans ces deux conditions le droit est un usage ordinaire et non un droit d'affectation. — Proudhon, *Dr. d'usage*, no 410.

74. — L'importance de cette distinction est bien sentie quand on remarque que les affectataires à titre particulier étaient placés par l'art. 58 dans la nécessité de faire, dans le délai d'un an à dater de la promulgation du Code, reconnaître leurs droits par les tribunaux, et que, faute de l'avoir fait, ils ont été déchus de leurs droits à compter du 1er sept. 1837, tandis que l'art. 61 impose aux usagers d'autres conditions.

75. — L'art. 88, C. forest., a rendu l'art. 58 applicable aux forêts du domaine de la couronne.

76. — Il peut exister des propriétaires, autres que l'état et le domaine de la couronne, dont les bois soient assujétis à des droits d'affectation; mais les dispositions des art. 58 et suiv., C. forest., ne leur étant pas applicables, les usagers à ce titre restent soumis aux règles tracées pour l'exercice des droits d'usage ordinaires. — Proudhon et Curasson, *Tr. des droits d'usage*, no 414.

77. — Lors du Code forestier, les affectations ou concessions de coupes sur les bois de l'état étaient au nombre de quatre-vingt-sept. — Aujourd'hui les affectations maintenues en conséquence des dispositions de l'art. 58, C. forest., sont au nombre de vingt-sept. Elles sont irrévocables en ce sens que le droit n'en peut être contesté; mais le gouvernement peut en affranchir les forêts de l'état, en usant du droit que lui donne le dernier alinéa de l'art. 58, C. forest. — On voit que cette matière n'a plus aujourd'hui d'intérêt que pour un très petit nombre de cas.

78. — Le dernier alinéa de l'art. 58, C. forest., porte : « Dans le cas où leur titre serait reconnu valable par les tribunaux, le gouvernement, quelles que soient la nature et la durée de l'affectation, aura la faculté d'en affranchir les forêts de l'état, moyennant un cantonnement qui sera réglé de gré à gré, ou, en cas de contestation, par les tribunaux, pour tout le temps que devait durer la concession. »

79. — L'action en cantonnement ne peut pas être exercée par les concessionnaires. — C. forest., art. 58.

80. — Sur le mode d'exercer le cantonnement à l'égard d'un affectataire, V. CANTONNEMENT, FORÊTS.

81. — Les concessionnaires dont l'affectation n'est pas convertie en cantonnement sont d'ailleurs astreints pour l'exercice de leurs droits à certaines règles. Ainsi, lorsque la délivrance doit être faite par coupe ou par pieds d'arbres, les ayant droit ne peuvent en effectuer l'exploitation qu'après que la désignation et la délivrance leur en ont été faites régulièrement et par écrit par l'agent forestier, chef du service. Ils doivent se conformer pour l'exploitation à tout ce qui est prescrit aux adjudicataires des bois de l'état pour l'usance et la vidange des ventes. Les opérations d'arpentage, de balivage et de martelage, ainsi que le réarpentage et le récolement, sont effectués par les agens de l'administration forestière de la même manière que pour les coupes vendues par l'état et avec les mêmes réserves. — Ordonn. régl. 1er août 1827, art. 109.

82. — Lorsque les délivrances doivent être faites par stères, elles sont imposées comme charges aux adjudicataires des coupes, et les possesseurs d'affectations ne peuvent enlever les bois auxquels ils ont droit qu'après que le comptage en a été fait contradictoirement entre eux et l'adjudicataire en présence de l'agent forestier local. — Ordonn. réglem. 1er août 1827, art. 116.

83. — Toutes les questions relatives aux affectations et aux effets qu'elles doivent produire sont

de la compétence exclusive des tribunaux. — *Cons. d'état*, 9 janv. 1828, Bergun et Schverer; 11 fév. 1829, de Chastenay-Lanty; 2 sept. 1829, habitans d'Issanlas; 25 mars 1835, Kribs; — Cormenin, t. 1er, p. 281, vo *Bois*.

84. — Les actes qualifiés *décisions*, par lesquels le ministre des finances a refusé d'adhérer aux demandes des concessionnaires, ne font point obstacle à ce qu'ils fassent valoir leurs prétentions devant les tribunaux compétens. — *Cons. d'état*, 11 fév. 1829, de Chastenay-Lanty; 2 sept. 1829, habitans d'Issanlas.

85. — Le préfet ne peut pas non plus statuer sur les contestations élevées entre l'administration des forêts et les propriétaires d'usines dont le roulement a été suspendu. — *Cons. d'état*, 25 mars 1835, Kribs.

86. — Les affectations ont dû cesser d'avoir leur effet à l'époque déterminée par les actes de concession, lorsque le terme fixé par ces actes expirait avant le 1er sept. 1837. — C. forest., art. 58, 1er alin.

87. — Le droit d'affectation, selon M. Proudhon, doit être considéré comme perpétuel, à moins qu'il ne résulte des termes exprès de l'acte que la concession n'avait été faite que pour un temps. C'est, en effet, à son avis, une servitude à laquelle on ne saurait appliquer d'autre règle que celle tracée par l'art. 703, C. civ. : « Les servitudes cessent lorsque ces choses se trouvent en tel état que l'on ne peut plus en user. »

88. — D'après M. Troplong, au contraire (*Tr. des prescript.*, no 408), par leur nature les affectations n'ont été qu'un secours provisoire accordé à l'industrie, et il faut des preuves bien certaines pour les regarder comme irrévocables; c'est en quoi le droit d'affectation diffère du droit d'usage proprement dit.

89. — Cette dernière interprétation nous paraît préférable, mais il faut remarquer qu'elle offre aujourd'hui, dans son application à la matière qui nous occupe, fort peu d'intérêt, puisque les affectations même perpétuelles ont dû être soumises aux tribunaux dans le délai d'un an, fixé par l'art. 58, C. forest., et que le résultat de la décision judiciaire qui a dû intervenir a dû résoudre le litige relativement à la durée de la concession.

90. — Jugé que les affectations de coupes de bois faites par le ci-devant duc de Lorraine, dans ses forêts, pour l'alimentation d'une usine à construire, avant l'édit du 9 juill. 1729 et la réunion de ce pays à la couronne de France, et les aliénations de ces bois et forêts faites par le roi depuis le traité de réunion, lorsqu'elles se résument en coupes annuelles et déterminées, ne donnent pas aux concessionnaires le droit d'en continuer l'exploitation au-delà du 1er sept. 1837, terme fatal prévu par l'art. 58, C. forest. — *Cass.*, 7 mai 1834, Walter et compagnie c. préfet de la Moselle.

91. — Les affectations faites pour le service d'une usine cesseront en entier de plein droit et sans retour, si le roulement de l'usine est arrêté pendant deux années consécutives, sauf le cas de force majeure dûment constatée. — C. forest., art. 59, 2e alin.

92. — A prendre à la lettre ce 2e alin. de l'art. 59, on pourrait croire qu'il a entendu établir, en faveur des usines, une exception à la règle posée par l'art. 58, C. forest.; mais il faut reconnaître que le maître de l'usine, pour jouir d'une affectation perpétuelle, est soumis aux mêmes conditions que les autres concessionnaires; et il est de plus, nonobstant l'autorité du jugement qui a reconnu son droit, soumis à une nouvelle cause de déchéance résultant de la suspension biennale du roulement de l'usine.

93. — Ce sera au propriétaire de l'usine à démontrer que la force majeure est la seule cause de la cessation du roulement de l'usine. — C. civ., art. 1148.

94. — Il serait prudent de faire la constatation de la force majeure qui a suspendu le roulement de l'usine avant l'expiration de deux ans, contradictoirement avec les représentans de l'état. Si cependant l'usinier n'avait pas pris cette précaution, il serait recevable à faire, après le laps de deux ans, et comme défense à la demande en déchéance, la preuve de la force majeure par toutes les voies ordinaires de preuve, et notamment par témoins.

95. — L'art. 60, C. forest., répétant la disposition de l'ord. 1669, tit. 20, art. 11, porte qu'à l'avenir il ne sera fait, dans les bois de l'état, aucune affectation ou concession de la nature de celles dont il est question dans les art. 58 et 59, C. forest.

96. — La décision du ministre des finances portant défense de faire à l'avenir à des propriétaires d'usine aucune délivrance de bois dans une forêt royale, n'est pas un jugement contre lequel on devra se pourvoir devant le conseil d'état : c'est une simple instruction donnée à des subordonnés, et qui ne fait pas obstacle à ce que l'administration ou les parties intéressées fassent valoir leurs droits devant les tribunaux. — *Cons. d'état*, 15 juill. 1832, Abat c. Ministre des finances.

AFFICHE.

Table alphabétique.

AFFICHE. — 1. — Feuille manuscrite ou imprimée apposée dans un lieu public pour porter une chose à la connaissance de tous.

2. — On considère comme imprimée l'affiche lithographiée ou gravée, et comme manuscrites celles qui sont écrites à la main, ou faites à l'aide de planches évidées, ou de lettres, ou poinçons.

3. — On doit aussi considérer comme affiches, sous le rapport de la publicité et de la police municipale, les inscriptions peintes sur les murs, et contenant des énonciations qui font ordinairement l'objet des affiches.

4. — Il n'existe pas aujourd'hui de différence entre une affiche et un placard, et si, dans des temps reculés, il en a existé quelqu'une, ce n'a pu être que dans le mode d'attacher au mur la feuille manuscrite ou imprimée. Le placard était appliqué et collé au mur, tandis que l'affiche était fixée et clouée. — V. *infrà*, no 12, l'arrêt du conseil du 4 mai 1669.

—

CHAPITRE Ier. — *Historique et législation.*

5. — Les affiches sont fort anciennes. Nous lisons, en effet, dans le *Deutéronome*, chap. 6, verset 9, que Dieu donna au peuple d'Israël l'ordre d'écrire ses lois sur les poteaux de ses maisons et sur ses portes.

6. — Les *cyrbes*, *axones*, ou tables d'Athènes, les douze *tables* de Rome, l'*album* de ses préteurs, sont autant de monumens qui attestent l'antiquité de l'usage des affiches.

7. — Les affiches n'ont pas constamment été employées à un usage aussi salutaire que celui de la promulgation des lois, et plus d'un ancien monument judiciaire de notre histoire témoigne du coupable usage qui a été fait du droit d'afficher.

8. — Ainsi, une ordonnance du prévôt de Paris, du 15 avr. 1472, portait injonction de lui dénoncer les gens qui avaient affiché des libelles contre le roi, les princes et les principaux officiers de la couronne, à peine, contre ceux qui seraient trouvés en avoir eu connaissance, d'être traités comme complices. — Delamarre, *Traité de la police*, t. 1er, p. 262.

9. — Des lettres patentes de Charles VI, du 18 fév. et du 6 avr. 1407, furent adressées au prévôt de Paris, pour faire le procès à ceux qui avaient affiché des placards excitant le peuple à sédition et à se soulever contre l'autorité du roi. — Isambert, Jourdan et Decruzy, *Anciennes lois françaises*, t. 7, p. 170.

10. — Un arrêt du parlement, rendu le 7 juin 1649, sur les conclusions du procureur général du roi, portait : « Il est défendu à toutes personnes d'afficher aucuns arrests de la cour, ordonnez estre luz, publiez et affichez, qu'au préalable la lecture et publication n'en ait esté faite par le juré crieur et les jurés trompettes de la prévosté de Paris. » — Delamarre, *Tr. de la police*, t. 1er, p. 263.

11. — L'arrêt du parlement du 22 janv. 1653 prononçait des peines plus sévères, puisqu'il défendait à tous imprimeurs d'imprimer placards et mémoires pour afficher sans permission, et à toutes personnes de les afficher, à peine de la vie et d'être procédé contre eux comme perturbateurs du repos public. — Delamarre, *ibid.*

12. — Un arrêt du conseil, du 4 mai 1669, faisait défense d'afficher à Paris aucune feuille ou placard sans la permission du lieutenant de police, à peine de punition corporelle de ceux qui auraient appliqué ou affiché dans les lieux publics aucuns placards imprimés ou manuscrits sans permission. — Denizart, vo *Affiches*, no 17. — V. le texte de cet arrêt du conseil, dans le *Tr. de la police* de M. Delamarre, t. 1er, p. 263.

13. — Mais, dit Denizart (vo *Affiches*, no 18), ces arrêts ont été rendus dans des temps de troubles.

14. — C'est aussi pour prévenir ou calmer des troubles qu'ont été portés les art. 13, 14 et 15, L. 11-23 mai 1791, dont voici le texte : « — Art. 13. Aucun citoyen et aucune réunion de citoyens ne pourront rien afficher sous le titre d'arrêtés de délibérations, ni sous aucune autre forme obligatoire et impérative. — Art. 14. Aucune affiche ne pourra être faite sous un nom collectif; tous les citoyens qui auront coopéré à une affiche seront tenus de la signer. — Art. 15. La contravention aux deux articles précédens sera punie d'une amende de 100 liv., laquelle ne pourra être modérée, et dont la condamnation sera prononcée par voie de police. »

15. — La loi des 29-31 mars 1793, inspirée aussi par des influences révolutionnaires, obligeait les propriétaires d'apposer, à l'extérieur des maisons, des affiches indiquant les noms de ceux qui les habitaient. Ces affiches devaient être renouvelées toutes les fois qu'il y aurait mutation d'individus ou détérioration de l'affiche (art. 2). — La peine était un emprisonnement d'un mois à six mois, et une amende égale au double du montant des contributions du délinquant (art. 4).

16. — La loi du 28 germin. an IV, répressive des délits qui pouvaient être commis par la voie de la presse, interdisait à peine de six mois, et en cas de récidive, de deux années d'emprisonnement, d'imprimer aucune affiche qu'elle ne portât le nom de l'auteur ou des auteurs, et le nom et l'indication de la demeure de l'imprimeur (art. 1er et 2).

17. — Le 7 avr 1814, le gouvernement provisoire, pour éviter l'abus que dans les circonstances où le pays se trouvait alors, on pouvait faire des pamphlets et affiches publiques, susceptibles de devenir facilement une arme perfide dans les mains de ceux qui pourraient chercher à semer le trouble parmi les citoyens, défendit d'apposér, dans les rues et places publiques, aucun placard ni affiche sans l'autorisation de la préfecture de police.

18. — La loi du 10 déc. 1830, par son art. 1er, interdit d'afficher, dans les rues et lieux publics, aucun écrit, soit à la main, soit imprimé, gravé ou lithographié, contenant des nouvelles politiques ou traitant d'objets politiques.

19. — Les actes de l'autorité publique sont exceptés de cette prohibition.

20. — Sur l'ancien droit relativement à la destruction des affiches, V. *infrà* sect. 7e, nos 155 et suiv.

CHAPITRE II. — *Différentes espèces d'affiches.*

21. — L'apposition des affiches destinées à porter un fait ou un document législatif, judiciaire ou administratif, à la connaissance des citoyens, est souvent prescrite par le législateur ou par l'autorité dans des ordonnances rendues dans les limites de sa compétence. Les affiches sont aussi apposées par l'ordre ou la volonté des particuliers.

Sect. 1re. — *Affiches prescrites par la loi.*

22. — Les affiches sont prescrites par la loi notamment dans les cas dont l'énumération suit :

23. — *Matières civiles et commerciales.* — Acte des publications de mariage. — C. civ., art. 64. — V. ACTES DE L'ÉTAT CIVIL, nos 345 et 347.

24. — ... Tarif des expéditions des actes de l'état civil. — Décr. 12 juill. 1807, art. 5.

25. — ... Jugement de déclaration d'absence et d'envoi en possession des biens d'un absent. — — C. civ., art. 118.

26. — ... Arrêt d'adoption. — C. civ., art. 358.

27. — ... Jugement prononçant une séparation de corps ou, avant la loi du 1er mai 1816, un divorce entre mari et femme dont l'un serait commerçant. — C. comm., art. 66.

28. — ... Vente de biens de mineurs. — C. civ., art. 459; C. procéd., art. 958 et suiv.

29. — La preuve de l'apposition d'affiches prescrite en matière de licitation de biens indivis avec des mineurs ne peut être faite par témoins; elle ne peut résulter que des procès-verbaux requis en pareil cas. — *Cass.*, 7 déc. 1810, Bloquel c. Zosserand; — Berriat-Saint-Prix, *Cours de procéd. civ.*, p. 707, no 19; Carré, *Lois de la procéd.*, no 2703; Merlin, *Rép.*, vo *Preuve*, sect. 2e, § 3, art. 1er; — Décis. min. justice, 19 oct. 1810.

30. — ... Jugement prononçant ou levant une interdiction. — C. civ., art. 501.

31. — ... Envoi en possession, dans les successions irrégulières, du conjoint survivant et de l'état. — — C. civ., art. 770.

32. — ... Jugement de séparation de biens. — C. civ., art. 1445.

33. — ... Acte notarié constatant le rétablissement de la communauté entre époux séparés de biens. — C. civ., art. 1451.

34. — ... Il doit y avoir dans le bureau du conservateur des hypothèques un tableau affiché contenant le nom des communes de l'arrondissement. — L. 21 vent. an VII, art. 39. — On doit y afficher également l'heure de l'ouverture du bureau du conservateur. — Ordres gén. de la régie, de l'enregistr. et des dom., art. 14; — Despréaux, *Dict. gén. des hypoth.*, vo *Conservateur des hypothèques*, no 4.

35. — ... Assignation à ceux qui n'ont ni domicile ni résidence connus en France. — C. procéd., art. 69 8o.

36. — ... Ventes mobilières par autorité de justice, par suite de saisie-brandon (C. procéd., art. 629 et 630), de saisie-exécution (C. procéd., art. 617, 618, 619, 620 et 621), de saisie des rentes constituées sur particuliers (C. procéd., art. 645), de saisie-gagerie et de saisie foraine (C. procéd., art. 825). — V. ces mots.

37. — C'est à tort que, dans le supplément à son *Dictionnaire général*, M. Armand Dalloz (vo *Affiche*, no 25) indique la *saisie conservatoire* comme une des hypothèses dans lesquelles il y a lieu à affiche. En effet, M. Armand Dalloz lui-même, dans son *Dict.* (vo *Saisie conservatoire*, no 11), avait dit : « La saisie autorisée par le président du tribunal de commerce étant purement conservatoire, n'est suivie d'aucun acte d'exécution. »

38. — ... Vente d'immeubles par suite de saisie immobilière (C. procéd., art. 684 et 699), de folle enchère (C. procéd., art. 735), et de surenchère (C. procéd., art. 709 et 836).

39. — Il fallait nécessairement autrefois qu'il y eût, aux termes de l'édit de Henri II, du 3 sept. 1551, art 3, portant réglement sur le fait des criées, un pannonceau royal aux armes de France sur l'original et sur chaque copie de l'affiche. — Ainsi, jugé le 11 déc. 1576 (suivant Mornac), contre le cardinal de Guise, archevêque de Reims, et le 30 janv. 1609, dit d'Héricourt, pour un décret fait dans le comté d'Eu, où les pannonceaux avaient été mis aux armes de madame de Guise, comtesse d'Eu.

40. — Denizart (vo *Affiche*, no 14) dit qu'au Palais, c'est-à-dire au Parlement, les affiches indicatives de ventes par licitation contenaient les conditions mêmes de la vente, parce que l'usage n'était pas comme au Châtelet de mettre au greffe une enchère sur laquelle ces conditions fussent détaillées. — V. au reste, sur les énonciations qu'en matière de vente immobilière les affiches doivent contenir, les mots FOLLE ENCHÈRE, SAISIE IMMOBILIÈRE, SURENCHÈRE, VENTE DE BIENS DE MINEURS.

41. — ... Demande et jugement de séparation de biens. — C. procéd., art. 866 et 872.

42 ... — Jugement prononçant la séparation de corps. — C. procéd., art. 880.

43. — ... Affiche du jugement d'admission à la cession de biens. — C. procéd., art. 903.

44. — ... Vente du mobilier d'une succession. — C. procéd., art. 945.

45. — ... Vente par suite de licitation. — C. procéd., art. 972.

46. — ... Vente des meubles et immeubles d'une succession bénéficiaire — C. procéd., art. 986 et suiv.

47. — ... Acte contenant autorisation au mineur émancipé pour faire le commerce. — C. comm., art. 2.

48. — ... Acte constatant une société anonyme (C. comm., art. 45), une société en commandite et une société en nom collectif (C. comm., art. 42).

49. — ... Extrait du contrat de mariage d'un commerçant, aux greffes et chambres d'officiers ministériels désignés par l'art. 872, C. procéd. — C. comm., art. 69.

50. — ... Procès-verbal de perquisition à la suite de protêt d'effets de commerce. — C. comm., art. 173, et C. procéd., art. 68.

51. — ... Vente de navires saisis. — C. comm., art. 203 et suiv.

52. — ... Jugemens déclaratifs de faillite. — C. comm., art. 452.

53. — ... Vente des immeubles du failli. — C. comm. art. 572.

54. — *Matières criminelles.* — Avant le décret du 27 brum. an VI, l'affiche des jugemens criminels, même aux frais du trésor, n'était autorisée pour aucun jugement criminel, si ce n'est pour quelques délits énumérés dans l'art. 35, tit. 2, L. 19-22 juill. 1791. Aussi a-t-il été jugé qu'il y avait excès de pouvoir de la part d'un tribunal criminel qui, sous l'empire de la loi de 1791, ordonnait l'affiche de son jugement aux frais du condamné. — *Cass.*, 14 sept. 1793, Lévi; 6 brum. an VII, Feunat; 12 niv. an VIII (intérêt de la loi); 12 niv., 3 et 7 germ. an VIII, Cousin; 7 prair. an VIII, Raillard; 8 thermid. an VIII, Vareins; 14 pluv. an X, Mazade; 17 pluv. an X (intérêt de la loi); 30 fructid. an X, Connéigre; 30 vendém an XI, Benoit; 18 prair. an XII, Fradet; 1er thermid. an XII, Bailly; 23 mars 1811, Jordren; 17 mai 1811, Lalouel.

55. — Un décret du directoire exécutif, du 27 brum. an VI, ordonna l'impression en placards et par extraits des jugemens des tribunaux criminels prononçant une peine quelconque. L'art. 36, C. pén., prescrit pour les arrêts emportant la peine de mort, les travaux forcés à perpétuité et à temps, la déportation, la détention, la réclusion, la dégradation civique et le bannissement, ces affiches, dont les frais sont à la charge du trésor. — Décr. 18 juin 1811, art. 104.

56. — ... Jugemens et arrêts de condamnation rendus en matière de banqueroute et de crimes ou délits commis dans les faillites. — C. comm., art. 600.

57. — ... Instruction du jury. — C. inst. crim., art. 342.

58. — ... Jugement constatant la non présence d'un juré. — C. inst. crim., art. 396.

59. — ... Ordonnance qui prescrit au contumace de se présenter. — C. inst. crim., art. 466. — Cette affiche tient lieu de notification au contumace.

60. — Le jugement rendu contre un capitaine de corsaire qui a illégalement rançonné des bâtimens à la mer est, aux frais du délinquant, affiché en telles villes maritimes et en tel nombre d'exemplaires que le jugement désigne. — Arr. consul. 2 prair. an XI, art. 49.

61. — Le jugement de condamnation, en matière de loterie, devait être affiché aux frais du coupable. — Décr. 25 sept. 1813, art. 2. — Mais aujourd'hui que la loi du 21 mai 1836 a prohibé les loteries et établi une nouvelle pénalité sans prescrire l'affiche du jugement, le décret du 25 sept. 1813 doit être considéré comme abrogé.

62. — En cas d'absence du prévenu, les procès-verbaux en matière de contributions indirectes doivent être affichés à la porte de la maison commune. — Décr. 1er germ. an XIII, art. 24. — V. cependant CONTRIBUTIONS INDIRECTES.

63. — En cas d'absence du prévenu, la copie du procès-verbal en matière de douanes est affichée dans le jour à la porte du bureau. — L. 9 flor. an VII, art. 6.

64. — ... Vente des objets saisis par les préposés des contributions indirectes. — Décr. 1er germ. an XIII, art. 33.

65. — ... Jugement de condamnation pour contravention à la marque des matières d'or et d'argent. — L. 19 brum. an VI, art. 80.

66. — ... Vente des objets saisis en matière d'octroi. — Ord. 9 déc. 1814, art. 79. — En cas d'absence du prévenu de contravention aux droits d'octroi, copie du procès-verbal de contravention est affichée à la porte de la commune. — Ord. 9 déc. 1814, art. 77. — Les limites du territoire auquel s'étend la perception du droit d'octroi sont indiquées par un poteau portant une affiche ou inscription. — Ord. 9 déc. 1814, art. 26.

67. — *Matières administratives et spéciales.* — Objet et durée des enquêtes relatives aux travaux publics qui ne peuvent être exécutés qu'en vertu d'une loi ou d'une ordonnance royale. — Ord. 18 fév. 1834, art. 5 et 9.

68 ... — Ordonnance royale qui autorise les travaux de fortifications dont l'urgence ne permet pas de faire déclarer l'utilité publique dans les formes de la loi du 3 mai 1841. — L. 30 mars 1831, art. 3.

69. — ... Adjudications à passer relativement à des fournitures, à des travaux, à des exploitations ou fabrications au nom de l'état (Ord. 7 déc. 1836, art. 6), ou bien au nom des communes et des établissemens de bienfaisance. — Ord. 14 nov. 1837, art. 6.

70. — ... Adjudication des travaux des bâtimens du service de l'artillerie. — Réglement du 23 mai 1840.

71. — ... Adjudication de fournitures dont le prix est payable par le département de la guerre. — L. 20 sept. 1791, tit. 2, art. 6.

72. — ... Adjudication du service des transports militaires. — L. 21 mars 1792, art. 2.

73. — ... Adjudication de fournitures de denrées, habillement, équipement et entretien des invalides. — L. 16 mai 1792, tit. 2, art. 31.

74. —... Tableaux de recensement pour le recrutement de l'armée, et indication du jour et de l'heure du tirage au sort. — L. 21 mars 1832, art. 10.

75. —... Marchés pour approvisionnemens de papiers destinés à être timbrés (L. 27 mai 1791, tit. 5, art. 60). —... Marchés pour fournitures de papier, registres et impressions pour le service de la régie, de l'enregistrement et du domaine. — Même loi, art. 61.

76. —... Avis portant que les rôles des contributions directes sont entre les mains du percepteur, et que chaque contribuable doit se libérer sous peine de contrainte.—L. 4 messid. an VII, art. 5 et 6.

77. —... Arrêtés du préfet prononçant l'ouverture de la chasse. — L. 3 mai 1844, art. 3.

78. —... Ordonnances du roi ou actes administratifs qui prescrivent l'application de la loi du 3 mars 1822 relative à la police sanitaire à une portion du territoire français. — L. 3 mars 1822, art. 1er.

79. —... Aliénation des biens du domaine de l'état. —L. 16 brum. an V; L. 15 flor. an X, art. 1er.

80. — ... Bail des immeubles dépendant du domaine de l'état. — L. 23 oct. 1790, tit. 2, art. 13.

81. —... Baux n'excédant pas trois ans des propriétés communales. — Ord. 7 oct. 1818, art. 3.

82. —... Demande en concession de mines. — L. 21 avr. 1810, art. 22 et 23.

83. —...Demandes en autorisation d'établissemens insalubres de première classe (Instr. min. intér., 22 nov. 1811), mais non des établissemens insalubles de deuxième et troisième classe. — V. ÉTABLISSEMENS INSALUBRES.

84. —... Adjudication de coupes des bois de l'état. — C. forest., art. 17; Ord. 1er août 1827, art. 79, 84 et 85.

85. —... Déclaration de cessation de ses fonctions par tout notaire, avoué, greffier, huissier, commissaire-priseur (L. 25 niv. an XIII, art. 5). —... Par tout agent de change et courtier de commerce. — L. 25 niv. an XIII, art. 6.

86. —... Listes contenant les noms des électeurs.— L. 19 avr. 1831, art. 19, 49 et 71; Ord. 11 oct. 1820; Instr. min. intér., 29 sept. 1830.

87. — ... Tableau de la composition du conseil de discipline de la garde nationale. — L'art. 105, L. 22 mars 1831, exige seulement le dépôt de ce tableau dans le lieu des séances du conseil de discipline, afin que tout garde national puisse en prendre communication. C'est l'instruction du ministre de l'intérieur (Casimir Périer) sur les conseils de discipline (Circul. 25 juill. 1831) qui, par son no XIII, a prescrit l'affiche de ce tableau.

88. — Les fabricans ou marchands orfèvres sont tenus de mettre dans le lieu le plus apparent de leur boutique un tableau énonçant les articles de la loi du 19 brum. an VI, relatifs au titre et à la vente des ouvrages d'or et d'argent. — L. 19 brum. an VI, art. 78.

89. — Le tarif des droits de navigation doit être affiché sur le port, en face de chaque bureau de perception.—Arrêté du 8 prairial an XI, art. 28.

90. — Chaque voiture publique à destination fixe doit porter à l'extérieur le nom du propriétaire ou entrepreneur, et l'estampille délivrée par l'administration des contributions indirectes (Ordonn. 16 juill. 1828, art. 4). — Elle doit porter dans l'intérieur l'indication du nombre de places qu'elle contient et leur numéro. — Ord. 16 juill. 1828, art. 4.

91. — Les voitures de places de l'intérieur de Paris doivent porter affiché dans l'intérieur le tarif du prix de la course, aux termes de diverses ordonnances successives du préfet de police.

92. — Pour les formalités particulières relatives à ces diverses affiches, le lecteur se reportera à chacune des matières qui viennent d'être indiquées.

Sect. 2e. — *Affiches apposées par ordre du gouvernement ou de l'administration.*

93. —Nul n'est réputé ignorer la loi; il faut donc lui donner la plus grande publicité possible. Aussi le gouvernement prescrit-il quelquefois l'affiche des lois qu'il importe le plus de connaître. Nous trouvons dans de nombreux monumens de la législation française des rois le mode de publication prescrit pour la promulgation des lois; mais depuis le Code civil, l'affiche n'est plus nécessaire pour la promulgation, bien qu'elle puisse être employée dans des cas exceptionnels.—V. LOIS.

94. —Un avis du conseil d'état du 23 prair. an XIII a décidé que les décrets impériaux insérés au Bulletin des lois étaient obligatoires dans chaque département du jour auquel le Bulletin avait été distribué au chef-lieu, conformément à l'art. 11, L. 12 vendém. an IV, et que, quant à ceux qui n'étaient point insérés au Bulletin, ou qui n'y étaient indiqués que par leur titre, ils étaient obligatoires du jour qu'il en était donné connaissance aux personnes qu'ils concernaient, par publication, affiche, notification ou signification ou envois faits ou ordonnés par les fonctionnaires publics chargés de l'exécution.

95. — Quant aux actes administratifs, ceux qui intéressent l'ordre public ou qui imposent des obligations à tous les membres de la société ou à un certain nombre d'entre eux, doivent nécessairement être affichés ou publiés; sans cela, les citoyens n'étant pas censés les connaître, ils ne seraient passibles d'aucune contravention. — Fouquet, *Encyclop. du dr.*, vo *Affiche*, no 5. — C'est ainsi qu'une ordonnance royale du 18 déc. 1838 a prescrit aux maires de faire afficher un avis pour mettre les parties intéressées à même d'élever la réclamation que l'art. 18 de la loi du 18 juill. 1837 leur permet contre les délibérations prises par le conseil municipal concernant le mode d'administration des biens communaux, les conditions de certains baux à ferme ou à loyer, le mode de jouissance et de répartition des pâturages et fruits communaux, et les affouages.

96. — Certains actes de l'administration doivent aussi être annoncés par des affiches; mais, comme cette publicité n'est pas facultative, et qu'elle est prescrite par la loi, nous avons dû énumérer ces actes. — V. *suprà* nos 22 et suiv.

97. — Les affiches émanant de l'autorité, quoique ayant un caractère politique, sont exceptées de la prohibition portée par la loi du 10 déc. 1830; il est, en effet, nécessaire que l'autorité publique exerce un droit que la loi interdit aux simples citoyens. Mais elle n'en use que par elle-même et sous sa responsabilité. Les fonctionnaires qui peuvent faire afficher de tels actes sont ceux-là seuls qui ont le droit de prendre des arrêtés, de faire des ordonnances et des réglemens.— De Grattier, *Comment. sur les lois de la presse*, t. 2, p. 235, no 7.

98. — Les affiches émanant de l'administration sont en général imprimées. Mais elles peuvent aussi être manuscrites. C'est ce qui se pratique, par raison d'économie, dans beaucoup de communes rurales.

99. — Dans les villes et dans chaque municipalité, il doit être désigné par les officiers municipaux des lieux exclusivement destinés à recevoir les affiches des lois et actes de l'autorité publique. — L. 18 mai 1791, art. 11.

Sect. 3e. — *Affiches ordonnées par justice.*

100. —Il faut distinguer les affiches que les juges *doivent* de celles qu'ils *peuvent* ordonner. Les premières ont été indiquées *suprà* § 1er (nos 22 et suiv.); il ne nous reste à parler ici que des affiches qui *peuvent* être ordonnées par justice.

101. —L'affiche d'un jugement disciplinaire prononcé contre un officier ministériel peut être ordonnée.—Décr. 30 mars 1808, art. 102.—Jugé toutefois que l'art. 1036, C. procéd., est sans application en matière de discipline; aussi le tribunal qui prononce une peine disciplinaire contre un notaire ne peut ordonner que son jugement sera affiché et publié dans les journaux. — *Douai*, 13 fév. 1843 (t. 1er 1844, p. 359), Trux.

102. —En matière de délits commis par voie de publication, les juges peuvent ordonner l'impression et l'affiche du jugement aux frais du condamné.—L. 26 mai 1819, art. 26.

103. —Lorsqu'une partie à l'audience du juge de paix manque de respect envers lui, ce magistrat peut le condamner à une amende de 10 fr. et à l'affiche du jugement dans toutes les communes du canton.—C. procéd., art. 10.—Cette disposition paraît devoir être généralisée pour toutes les juridictions.

104. — Les tribunaux civils peuvent ordonner l'affiche de leurs jugemens sur la réquisition des parties. — C. procéd., art. 1036. — Ils sont juges de l'opportunité de cette mesure, dont l'appréciation est abandonnée à leur sagesse.—*Cass.*, 4 frim. an IX et 1er frim. an X, Marcial c. Millet-Lafont; 31 déc. 1822, Vermont c. Delarue.

105. —Ces arrêts et les termes généraux de l'art. 1036, C. procéd., consacrent au profit des tribunaux un droit d'appréciation souveraine. On a cependant soutenu que la disposition ne devait pas être interprétée dans un sens trop large, et que l'affiche ne peut être ordonnée que lorsqu'il y a lieu de prononcer des injonctions, de supprimer des écrits ou de les déclarer calomnieux. —Fouquet, *loc. cit.*, no 14. — Cette manière restrictive d'interpréter l'art. 1036, C. procéd., vers laquelle semble pencher aussi M. Berriat-Saint-Prix (*Cours de procéd. civ.*, p. 29), nous paraît contraire au texte de l'art. 1036, C. procéd.

106. — Ce pouvoir d'ordonner l'affiche de leurs jugemens appartient-il à tous les tribunaux sans exception; ou bien n'est-il établi que pour les tribunaux civils et les cours royales, à l'exclusion des tribunaux exceptionnels, comme les juges de paix et les tribunaux de commerce? Les termes de l'art. 1036, C. procéd., paraissent généraux, et d'ailleurs l'attribution résultant de cette disposition n'est pas incompatible avec les principes qui servent de base à la compétence de ces juridictions. Selon M. Fouquet (*loc. cit.*, no 15), les tribunaux de première instance et les cours royales ont seuls ce droit.

107. —Dans tous les cas, lorsque l'affiche est demandée par voie d'action civile, les tribunaux criminels ou civils ne peuvent se dispenser de statuer sur ce chef de conclusions.—*Cass.*, 26 pluv. an XII, Wirts; 19 avr. 1806, Beaussier; 11 juill. 1823, Gemond c. Garat;—De Grattier, *Comment. sur les lois de la presse*, t. 1er, p. 502, no 7.

108. —Hors les cas que nous venons d'énumérer, les tribunaux criminels, correctionnels ou de police ne peuvent ordonner d'office l'affiche de leurs jugemens; mais s'ils sont requis par la partie civile d'ordonner cette affiche comme réparation, ils peuvent la prononcer. — *Cass.*, 7 prair. an VIII, Paillard; 26 pluv. an XII, Wirts; 18 prair. an XII, Fradel; 26 vendém. an XIII, Duret.

109. —L'affiche, dans ce cas, est moins une peine qu'une indemnité; la disposition qui l'ordonne ou qui la refuse ne peut être attaquée par le ministère public.—*Cass.*, 22 oct. 1812, Gerber.

110. —Cette distinction est essentielle et le tribunal ne peut dépasser le nombre d'exemplaires demandé.—*Cass.*, 17 thermid. an XI, Legrip.

111. —La disposition par laquelle les tribunaux ordonnent l'affiche de leurs jugemens est une peine. A ce titre, on ne peut ni la modifier ni l'étendre. Si donc un tribunal a ordonné l'affiche de son jugement à cent exemplaires, il n'est pas permis d'en faire afficher un plus grand nombre, et l'on doit assimiler à l'affiche du jugement son impression à la suite d'un mémoire et sa distribution. —*Paris*, 1er juin 1831, Derosne.

112. —Lorsque par des arrêts et jugemens il est ordonné qu'ils seront affichés aux frais d'une partie, il n'est pas libre à l'autre de multiplier ces affiches. — Dans l'ancienne pratique, suivant Denizart (vo *Affiches*, no 15), on ne passait en taxe que cent copies d'affiches tout au plus. Il est certain qu'aujourd'hui il ne serait passé en taxe que le nombre strictement fixé par le jugement ou arrêt ayant ordonné l'affiche.

113. —Merlin nous apprend (*Rép.*, vo *Affiche*, no 7) qu'autrefois, si le nombre des affiches n'était pas déterminé par le jugement, la restriction en était, suivant l'usage, à cent exemplaires. M. Fouquet (*Encyclop. du dr.*, vo *Affiche*, no 21) pense qu'il en doit être de même encore aujourd'hui.

114. —Les affiches qui n'émanent pas de l'autorité sont généralement arrachées chaque soir, et peut-être doit-on penser que les tribunaux, en ordonnant l'apposition d'un certain nombre d'affiches, prennent en considération l'existence éphémère de ce mode de publication, mais néanmoins ce n'est pas un motif pour priver la partie au profit de laquelle l'affiche a été ordonnée, du droit de prolonger l'existence de l'affiche en la plaçant sur un tableau mobile, exposé chaque matin et retiré chaque soir.

Sect. 4e. — *Affiches apposées par ordre des particuliers.*

115. —Considérée sous le point de vue politique, la publicité par voie d'affiche tient à la liberté de publication qui appartient à tout citoyen. Mais l'exercice de ce droit est limité comme tous les autres par un intérêt d'ordre public; il est lié aussi à la police de la voie publique. Il faut donc envisager l'affichage sous deux points de vue: le premier purement politique, et c'est dans la loi du 10 déc. 1830 que se trouvent les règles à cet égard; le second, de police municipale, est réglementé par le décret du 18 mai 1791.

§ 1er. — *Des affiches comme moyen de publication politique.*

116. —Aucun écrit, soit à la main, soit imprimé, gravé ou lithographié, contenant des nouvelles politiques, ne peut être affiché ou placardé dans les rues, places ou autres lieux publics. — L. 10 déc. 1830, art. 1er.—Nous avons déjà dit que les actes de l'autorité publique sont exceptés de cette prohibition.

117. —Cet article est limitatif; il ne prohibe l'apposition d'affiches que lorsqu'elles contiennent des nouvelles politiques, ou qu'elles traitent d'objets politiques.

118.—Mais la prohibition s'applique à l'affiche de toute annonce de livre ou brochure, qui contiendrait quelques extraits ayant rapport à la politique.—Malleville, Rapport à la chambre des pairs; Duvergier, *Collection des lois*, t. 30, p. 449; Grattier, t. 2, p. 234; Fouquet, *Encyclop. du dr.*, v° *Affiches*, n° 29.

119.—La prohibition prononcée par la loi du 10 déc. 1830, art. 1er, ne s'applique pas aux affiches qui n'ont pour objet qu'un intérêt purement privé. Peuvent donc être publiés par voies d'affiches ou de placards dans les rues, places ou autres lieux publics, tous les avis concernant l'agriculture, le commerce, l'industrie, les ventes, location, demandes de remplaçans, de domestiques, d'associés, etc. —De Grattier, *Comment. sur les lois de la presse*, t. 2, p. 232.

120.—On entend par *lieux publics* les spectacles, bals, concerts, cafés, etc., où on est admis moyennant ou sans rétribution; mais il n'y aurait pas de motif de confondre sous cette dénomination les lieux servant à des réunions ou sociétés particulières dans lesquels on n'est admis que sur des invitations ou la présentation d'un ou plusieurs sociétaires.—De Grattier, t. 2, p. 237. — V. DÉLIT DE LA PRESSE.

121.—L'infraction aux dispositions de cet article est punie d'une amende de 25 à 500 fr., et d'un emprisonnement de six jours à un mois, cumulativement ou séparément. — L. 10 déc. 1830, art. 5, alin. 1er.

122.—Il faut bien remarquer que les peines prononcées par cet article sont indépendantes de celle qui pourrait être encourue pour un délit résultant de la nature même de l'écrit. — Même loi, art. 5, alin. 3e.

123.—La discussion à la chambre des députés démontre jusqu'à l'évidence que l'art. 1er, L. 10 déc. 1830, étant étranger à tout ce qui touche à l'intérêt privé, il ne peut s'appliquer au fait d'apposition d'affiches et placards qui renfermeraient des délits contre les particuliers. En effet, lors de la discussion à la chambre des députés, M. Dugas-Montbel avait proposé d'ajouter aux écrits énoncés dans cet article *les écrits renfermant des expressions injurieuses pour les individus*. Cet amendement a été rejeté comme inutile sur l'observation de M. Barthe, « que l'injure et la diffamation sont défendues non seulement dans les placards, mais dans toutes sortes d'écrits. » Ainsi, dans ce cas, le délit de diffamation ou d'injures serait seul poursuivi..

124.—La connaissance du délit résultant de l'infraction à l'art. 5, L. 10 déc. 1830, est de la compétence de la cour d'assises.—Même loi, art. 6.—Cette attribution de juridiction est critiquée par MM. Chassan (*Traité des délits de la parole*, t. 2, p. 172) et de Grattier (t. 2, p. 242). L'infraction à la disposition de la loi relative à l'affichage est, selon eux, une contravention purement matérielle dont la répression devait appartenir aux tribunaux correctionnels.

125.—L'art. 6 renvoie, pour la poursuite et le jugement des faits, à l'art. 4, L. 8 oct. 1830, qui renvoie lui-même à la loi du 26 mai 1819. Devra-t-on appliquer la loi du 9 sept. 1835, qui a modifié quelques unes des dispositions de la loi du 26 mai 1819? La négative est professée par M. Chassan (t. 2, p. 409), par ce motif que la loi du 9 sept. 1835 ne s'occupe pas des matières d'affichage. Mais on peut répondre que la loi de 1835 n'a fait que modifier celle de 1819, étrangère elle-même à l'affichage et que, puisque celle-ci doit être appliquée, elle doit l'être avec les modifications résultant de lois postérieures.—De Grattier, t. 2, 243.

126.—L'art. 463, C. pén., est applicable lorsque la cour d'assises reconnaît en faveur du prévenu l'existence de circonstances atténuantes. C'est à la cour et non au jury à examiner cette question. L'art. 8 de la loi du 10 déc. 1830 exigeait une seconde condition, que le préjudice causé n'excédât pas 25 francs. Le nouveau système, adopté par l'art. 463 du Code pénal, a modifié l'art. 8, en ce sens qu'il n'est plus nécessaire que le préjudice causé n'excède pas 25 fr.—De Grattier, t. 2, p. 244; Parant, *Lois de la presse*, p. 187 et 188.

127.—L'affiche des actes de la cour de Rome non autorisés est punie contre les évêques, curés et les fonctionnaires publics, ecclésiastiques ou laïques, par le décret des 2-17 juin 1791. A l'égard des autres personnes qui auraient participé à la publication, elles peuvent être considérées et punies comme complices. — Décr. 2-17 juin 1791; L. 18 germin. an X.

§ 2. — *Des affiches dans leur rapport avec la police municipale.*

128. — Le droit d'affiche, sauf les modifications contenues dans les numéros précédens, appartient à tous les citoyens en se conformant aux règles prescrites par la loi et l'autorité compétente.

129. — Les particuliers peuvent donc employer la voie des affiches pour faire des réclamations, des annonces ou pour toute autre cause qui ne porte pas atteinte à l'ordre public et aux bonnes mœurs.—Magnitot et Delamarre, *Dict. du dr. adm.*, v° *Affiche*.

130.—Comme nous avons eu occasion de le dire déjà, la loi du 18 mai 1791 fait défense à tout citoyen et réunion de citoyens de rien afficher sous le titre d'arrêté, de délibération, etc., ni sous aucune forme impérative (art. 13). — Aucune affiche ne peut être faite en nom collectif, mais tous ceux qui y ont coopéré sont tenus de la signer (art. 14). — Chaque contravention est passible d'une amende de 100 fr. (art. 15).

131.—Les lois des 14 déc. 1789 (art. 50), 16-24 août 1790 (tit. 11, art. 3 et 4), 19-22 juill. 1791 (tit. 1er, art. 46), confiant à l'autorité municipale la police des rues, places, lieux et édifices publics, lui donnent le droit de régler cette matière par des arrêtés de police.

132. — Aucune publication ne peut être faite dans une commune, ni conséquemment aucune affiche ne peut y être apposée sans l'autorisation du maire. — L. 13 nov. 1791, et L. 13 fév. 1834; — Magnitot et Delamarre, *Dict. de dr. adm.*, v° *Affiche*.

133. — La surveillance accordée aux maires relativement aux affiches appartient aussi aux sous-préfets, et à Paris au préfet de police. Elle est exercée par les commissaires de police et autres personnes déléguées. — Goujet et Merger, *Dict. de dr. comm.*, v° *Affiche*, n° 20.

134. — L'arrêté du maire qui interdit à toutes personnes de placer ostensiblement aucune enseigne, écriteau, inscription ou devise, sans en avoir obtenu la permission, est légal et obligatoire. — *Cass.*, 26 fév. 1842 (t. 1er 1842, p. 699), Alleaume.

135. — Le fait d'avoir apposé des affiches en contravention à l'arrêté du maire constitue une contravention, et les juges ne peuvent se dispenser d'appliquer les peines prononcées par la loi, sous prétexte que l'arrêté est muet sur la pénalité. — *Cass.*, 25 mars 1830, Bruère.

136. — La loi du 10 déc. 1830, sur les afficheurs, n'a pas restreint ni modifié le pouvoir attribué à l'autorité municipale de subordonner à son autorisation l'affiche de tout placard ou annonce relatifs à d'autres objets que la politique. — *Cass.*, 13 (et non 15) fév. 1834, Gobert.

137. — Un réglement de police qui défend d'annoncer une représentation théâtrale sans l'obtention préalable du *visa* de l'autorité municipale sur l'affiche à ce destinée est encore exécutoire. La loi du 10 déc. 1830 n'ayant statué qu'à l'égard des affiches contenant des passages politiques, elle a laissé toute leur force aux lois établissant le pouvoir de l'autorité municipale.—*Cass.*, 3 janv. 1834, Vivien; — de Grattier, t. 2, p. 233, n° 4.

138. — Il ne suffit pas d'avoir demandé le *visa*, il faut l'avoir obtenu. — Même arrêt.

139. — Le tribunal de simple police est compétent pour connaître d'une contravention à un réglement de police relatif à l'impression des affiches. — *Cass.*, 11 janv. 1834, Perret.

140. — Mais le réglement de police qui soumet l'impression des affiches à l'autorisation préalable de l'autorité municipale ou de police est nul, et non obligatoire, comme contraire à la charte et aux lois sur la presse. — Même arrêt; — de Grattier, *Comment. sur les lois de la presse*, t. 1er, p. 82.—Les lois du 9 sept. 1835 ni aucune autre n'ont dérogé à cette jurisprudence, qui doit conserver toute son autorité.

141. — On ne peut sans l'autorisation du propriétaire placarder une affiche sur les murs d'une maison. — Celui dans l'intérêt duquel l'affiche aurait été ainsi apposée, et, par exemple, le commerçant dont l'industrie serait annoncée, pourrait être personnellement condamné à des dommages-intérêts. — Il n'est pas même nécessaire, comme dans le cas de poursuites dirigées par l'administration de l'enregistrement pour défaut de timbre, de prouver que ces affiches ont été ainsi apposées par ordre de celui dont la condamnation est demandée. C'est à ce dernier de mettre l'afficheur en cause et d'exercer contre lui son recours en garantie. sinon l'absence d'intérêt de la part de l'afficheur et l'intérêt évident de la personne dont le nom figure sur l'affiche font présumer qu'elle a donné des ordres dont elle seule doit profiter. Telle est la jurisprudence du tribunal de la Seine.

142. — Le particulier qui affiche lui-même sans visa du maire, et contrairement à un arrêté municipal, un placard annonçant la mise en vente ou en location de sa propriété, est passible d'une peine de simple police. — *Cass.*, 13 fév. 1834, Gobert. — Il serait même passible d'une amende de 25 fr. à 200 fr., par application de l'art. 7, L. 10 déc. 1830, s'il n'avait pas satisfait aux prescriptions de l'art. 2, même loi.

143. — L'arrêté par lequel un maire défend qu'aucun écrit, soit à la main, soit imprimé, gravé ou lithographié, soit affiché sans qu'un exemplaire ait été revêtu du visa du maire, et les autres exemplaires timbrés du cachet de la mairie, ne comprend pas les affiches apposées en vertu des décisions judiciaires et annonçant une vente forcée devant un notaire.—*Cass.*, 9 août 1838 (t. 2 1838, p. 309), Darmès.

144. — Celui qui a été trouvé placardant des affiches sans la permission de l'autorité municipale, contrairement à un arrêté de police qui prescrit cette permission, excepté pour les affiches apposées par autorité de justice, ne peut être renvoyé de l'action exercée contre lui, sous le prétexte que, les placards lui ayant été remis par le président du tribunal, il avait pu les considérer comme exceptés de la prohibition portée au réglement. — *Cass*, 25 mars 1830, Bruère.

145.—Toute apposition d'affiches dans lesquelles on ne trouve pas l'indication vraie des noms, profession et demeure de l'imprimeur, est punie d'un emprisonnement de six jours à six mois. — C. pén., art. 283. — Cette disposition est réduite à des peines de simple police, 1° à l'égard des afficheurs qui ont fait connaître la personne de laquelle ils tiennent l'écrit imprimé; 2° à l'égard de quiconque a fait connaître l'imprimeur. — C. pén., art. 284. — La même disposition couvrait l'imprimeur, mais elle est modifiée par les lois nouvelles sur la presse. — V. IMPRIMEUR. — Dans tous les cas il y a confiscation des affiches saisies.

146. — Sur les obligations que produisent les affiches de spectacle entre les auteurs, les directeurs de théâtre et le public, V. THÉATRE.

147. — Des affiches faites à l'aide d'une planche de cuivre noircie, puis appliquées à la main sur le papier, ne sont pas soumises aux formalités prescrites par la loi sur les affiches imprimées.— *Paris*, 13 mai 1836, Delachantérie.

CHAPITRE III. — *Papier timbré et enregistrement des affiches.*

148. — Les affiches émanées de l'autorité publique peuvent seules être imprimées sur papier blanc, toutes les autres doivent l'être sur papier de couleur. — Décret du 22-23 juill. 1791; LL. des finances, 28 avr. 1816, art. 65 et 66; 25 mars 1817, art. 77, § 2; 15 mai 1828, art. 76.

149. — La contravention est punie d'une amende de simple police contre les particuliers, et d'une amende de 100 fr. contre les imprimeurs. — Mêmes lois.

150.—Il ne suffirait pas d'apposer aux encoignures des affiches relatives à un intérêt privé et imprimées sur papier blanc, des barres de diverses couleurs. La contravention existe malgré cette précaution. — *Paris*, 3 avr. 1834, cité par M. de Grattier, t. 2, p. 235.

151. — Au reste, pour ce qui concerne la couleur et la dimension du papier des affiches, le timbre et l'enregistrement, V. TIMBRE, art. 6.

CHAPITRE IV. — *Lieux d'affiches et manière d'afficher.*

152. — Dans les villes et dans chaque municipalité, les officiers municipaux doivent désigner les lieux exclusivement destinés à recevoir les affiches des lois et actes de l'autorité publique. Aucun citoyen ne pourra faire des affiches particulières dans ces lieux, sous peine de 100 fr. d'amende. — Décret du 18 mai 1791, art. 11.

153. — Le décret du 18 mai 1791 dispose que la peine sera prononcée par la voie de police; mais les principes de la compétence criminelle ont changé, elle se règle par la nature de la peine, et les tribunaux de simple police ne pouvant prononcer une amende au-dessus de 15 fr. (C. inst. crim., art. 137 et 139), c'est aux tribunaux correctionnels qu'il appartient de statuer sur la contravention. — De Grattier, t. 2, p. 234, n° 2. — V. *contrà*, mais à tort selon nous, Goujet et Merger, *Dict. dr. comm.*, v° *Affiches*, n° 15.

154.—La loi prescrivant pour certains cas des affiches, il est nécessaire de constater qu'elles ont été régulièrement et convenablement apposées. Il y a lieu alors de dresser un acte de leur apposition. — V. au surplus AFFICHEUR.

CHAPITRE V. — *Destruction des affiches.*

155. — Les Romains, dit l'auteur du *Code de la police*, avaient établi des peines sévères contre ceux qui par mauvais dessein gâtaient ou suppri-

maient des affiches. — Dans l'ancien droit français la peine était proportionnée aux circonstances, et elle ne pouvait être moindre que d'amende ou de prison, suivant la qualité des personnes.

156. — Un arrêt du parlement de Paris, rendu sur l'enregistrement de l'édit des criées de 1551, défendait à toutes personnes d'arracher ou de déchirer les affiches apposées pour un décret forcé, à peine d'amende arbitraire et même de punition corporelle. Brillon nous apprend qu'une demoiselle fut condamnée à 200 livres d'amende, par un arrêt du parlement de Grenoble du 16 mars 1665, pour avoir arraché de pareilles affiches. — Merlin, *Rép.*, v° *Affiches*, n° 3.

157. — L'amende de 11 à 15 fr. prononcée par l'art. 160, C. pén. 1832, contre ceux qui auraient méchamment enlevé ou déchiré les affiches apposées par l'ordre de l'administration, s'applique au cas des affiches légales ou judiciaires.

158. — La lacération des affiches ne pourrait pas ouvrir une voie de nullité contre la procédure de saisie et de vente; c'est ce qui a été jugé, comme l'observe M. Goujet, en son *Traité des criées*, le 24 juill. 1507, contre un particulier qui s'était rendu appelant d'une saisie réelle qu'on poursuivait contre lui au Châtelet de Paris. Mais, suivant la remarque de d'Héricourt, ce moyen ferait sensation contre un adjudicataire, si celui-ci avait déchiré les affiches pour écarter les enchérisseurs. — Merlin, *Rép.*, v° *Affiches*, n° 3.

159. — Seront punis d'une amende de 11 à 15 fr., inclusivement, ceux qui auront méchamment enlevé ou déchiré les affiches apposées par ordre de l'autorité. — C. pén., art. 479, n° 9.

160. — L'art. 479, n° 9, C. pén., ne punit que la lacération des affiches apposées par ordre de l'administration; d'où il suit que le même fait à l'égard des affiches apposées dans l'intérêt des particuliers ne pourrait donner lieu qu'à une action civile. — Chabrol-Chaméane, *Dict. gén. des lois pénales*, v° *Contravention*, t. 1er, p. 246, note 9e, n° 2.

161. — Celui qui, après avoir détaché une affiche apposée par ordre de l'administration, la fait immédiatement replacer, n'est pas passible de la peine portée par la loi contre ceux qui, méchamment, enlèvent ou déchirent des affiches. — *Cass.*, 6 oct. 1832, Hébert.

AFFICHEUR.

1. — Celui qui appose les affiches publiques ou privées.

2. — Le législateur, pour compléter les garanties édictées par lui relativement à l'affichage, a voulu que le soin de placarder fût confié à des hommes sur lesquels la surveillance fût possible.

3. — Dans l'ancien droit, les afficheurs dépendaient de la communauté des libraires. Ils devaient savoir lire, écrire, et avoir été reçus par le lieutenant général de la police sur la présentation des syndics et adjoints des libraires et imprimeurs. Trois jours après leur réception, ils étaient tenus de faire enregistrer leurs noms et demeures dans le livre de la communauté, avec soumission de venir déclarer les maisons où ils iraient loger. L'infraction à ces dispositions d'un arrêt du conseil du 22 sept. 1722 était punie de l'interdiction et de 50 liv. d'amende. A leur porte devait être un écriteau indiquant leurs noms, et sur leur habit, sur une plaque en cuivre, était gravé le mot *afficheur*. Les mardi et vendredi de chaque semaine ils étaient astreints à déposer, à la chambre des libraires et imprimeurs de Paris, une copie des affiches qu'on leur donnait à placarder. Le même arrêt fixait le nombre des afficheurs à quarante à Paris.

4. — L'art. 290, C. pén., punissait d'un emprisonnement de six jours à deux mois quiconque aurait exercé, sans l'autorisation de la police, le métier d'afficheur. Cet article est abrogé par la loi du 10 déc. 1830.

5. — Aux termes de cette loi (art. 2), quiconque veut exercer, même temporairement, la profession d'afficheur, doit en faire préalablement la déclaration devant l'autorité municipale et indiquer son domicile. — Cette déclaration doit être renouvelée à chaque changement de domicile.

6. — Cette loi n'astreint plus le métier d'afficheur qu'à une simple déclaration, sans qu'il soit besoin d'obtenir une autorisation. Cette disposition subsiste encore, la loi du 16 fév. 1834 ne l'ayant modifiée qu'à l'égard des crieurs publics. — De Grattier, *Lois de la presse*, t. 2, p. 237, note 1re; Chassan, *Traité des délits de la parole*, t. 1er, p. 533.

7. — Plusieurs arrêtés municipaux rendus en vertu des lois du 14 déc. 1789, art. 50; 16-24 août 1790, tit. 11, art. 3 et 4, et 19-22 juill. 1791, tit. 1er, art. 46, prescrivent aux afficheurs le port de certains signes ostensibles. Ils sont encore en vigueur, car ils n'ont rien de contraire aux lois des 10 déc. 1830 et 16 fév. 1834. — De Grattier, *ibid.*, p. 238.

8. — Toute infraction à la disposition de la loi qui ordonne la déclaration préalable des nom et demeure de celui qui veut exercer la profession d'afficheur est punie d'une amende de 25 à 200 fr., et d'un emprisonnement de six jours à un mois, cumulativement ou séparément. — L. 10 sept. 1830, art. 7. — La peine est prononcée par les tribunaux correctionnels; ils peuvent toutefois appliquer l'art. 463, C. pén. — L. 10 déc. 1830, art. 8. — Sur l'admission des circonstances atténuantes, V. AFFICHE, n° 126.

9. — L'afficheur est puni d'un emprisonnement de six jours à six mois si les nom, profession et demeure de l'auteur ou de l'imprimeur ne se trouvent pas sur l'affiche. — C. pén., art. 283.

10. — Mais s'il fait connaître la personne de laquelle il tient l'affiche, il n'est passible que d'une peine de simple police. — C. pén., art. 284. — V. AFFICHE.

11. — L'afficheur peut aussi être réputé complice de l'auteur d'affiche ou placard provoquant à des crimes, des délits ou des contraventions. — C. pén., art. 285; L. 17 mai 1819, art. 1er, et 9 sept. 1835, art. 1er.

12. — Les afficheurs doivent présenter les affiches qu'ils ont à apposer à la préfecture de police à Paris, et dans les départemens aux maires, sous-préfets ou préfets, pour obtenir le visa. — Arrêté 7 avr. 1814.

13. — Les dispositions de l'art. 2, L. du 10 déc. 1830, ne peuvent s'étendre aux propriétaires qui apposeraient eux-mêmes ou feraient apposer par une autre personne des affiches imprimées ou manuscrites pour la vente d'un bien, la location d'une ferme, alors même qu'ils mettraient plusieurs affiches de ce genre. M. Demarçay avait proposé un amendement qui consacrait formellement cette exception. Mais il a été rejeté sur les observations de la commission, qui a déclaré que l'intention de la loi n'était pas d'assujétir les particuliers aux conditions déterminées pour les afficheurs. — Duvergier, *Collect. des lois*, t. 30, p. 449, note 2e; de Grattier, t. 2, p. 237.

14. — Cependant un propriétaire se rendrait passible des peines de simple police en faisant de semblables affiches, s'il existait un arrêté municipal qui défendît à tout particulier de faire publier et afficher aucun placard sans la permission de l'autorité municipale, et avant d'avoir déposé à la mairie un exemplaire de chaque affiche. — De Grattier, *Comment. sur les lois de la presse*, t. 2, p. 238.

15. — Jugé en effet que la loi du 10 déc. 1830 n'a pas restreint ni modifié le pouvoir attribué à l'autorité municipale de subordonner à son autorisation l'affiche de tout placard ou annonce relatif à d'autres objets que la politique, et que l'autorité municipale peut donc interdire d'apposer dans des lieux publics, sans son visa préalable, aucune affiche, qu'elle soit relative à la vente ou location d'un immeuble (*Cass.*, 13 fév. 1834, Gobert), ou à l'annonce d'une représentation théâtrale. — *Cass.*, 8 janv. 1834, Vivien.

16. — Jugé aussi, mais implicitement, que l'arrêté municipal portant que les affiches et avis au public ne pourront être apposés que par l'afficheur public est légal et obligatoire. — Il y a contravention à cet arrêté de la part d'un peintre qui, sans autorisation et sans le ministère de l'afficheur de la ville, a peint sur la façade d'une maison l'indication d'une société d'assurances et le nom de son directeur. — *Cass.*, 26 fév. 1842 (t. 1er 1842, p. 699), Alleaume.

17. — Les entrepreneurs de la pose et de la conservation des affiches sont rangés, par la loi du 25 avr. 1844, sur les patentes, dans la sixième classe des patentables, et imposés à 1° un droit fixe basé sur le chiffre de la population de la ville ou commune où est situé l'établissement d'industrie; — 2° un droit proportionnel du vingtième de la valeur locative de la maison d'habitation et des locaux servant à l'exercice de la profession imposable. — V. PATENTE.

V. AFFICHE.

AFFIDATION, AFFIDÉS.

L'affidation était une sorte de recommandation en usage au temps de l'établissement du système féodal. On a aussi donné ce nom au contrat de louage. — Les affidés étaient de quasi-vassaux sous la protection d'un patron dont les droits étaient limités par certaines règles. — Goetzmann, *Dr. commun des fiefs*; Merlin, *Rép.*, v° *Affidation*.

AFFILIATION ou ASSOCIATION.

C'était, dans la coutume de Saintonge, une sorte d'adoption qui conférait à l'associé des droits de succession sur certains biens de l'affiliant. L'art. 1er de cette coutume s'exprime ainsi sur l'affiliation : « Celui qui est associé et affilié succède à l'affiliant et à l'associant avec les enfans naturels et légitimes par tête, des biens meubles et acquêts immeubles faits par l'affiliant, et non ès héritages; car quant à iceux, adoption ne peut profiter par la coutume, si ce n'est que les adoptés, affiliés et associés portent et confèrent les héritages, ou qu'à iceux aient renoncé, ou qu'en traité de mariage autrement ait été accordé; car, èsdits cas, l'adopté, affilié ou associé succède par tête avec lesdits autres enfans ès héritages comme ès autres biens. » — V. ADOPTION.

AFFILIATION.

1. — Ce mot exprime l'admission d'un citoyen dans une association, secte ou corporation quelconques. — Il désigne aussi l'union entre elles de plusieurs sectes ou corporations.

2. — D'après l'art. 21, C. civ., le Français qui, sans autorisation du roi, s'affilierait à une corporation militaire étrangère perd sa qualité de Français. — V. FRANÇAIS.

3. — Dans la coutume de Saintonge, l'adoption *affiliait* l'adopté à la famille de l'adoptant, c'est-à-dire lui donnait les mêmes droits et lui imposait les mêmes charges qu'aux membres de la famille. — V. au surplus ASSOCIATION, ASSOCIATION ILLICITE, ASSOCIATION RELIGIEUSE, DROITS CIVILS FRANÇAIS, etc.

AFFILOIRS (Marchand d').

Les marchands d'affiloirs sont rangés par la loi du 25 avr. 1844, sur les patentes, dans la huitième classe des patentables, et imposés à 1° un droit fixe basé sur le chiffre de la population de la ville où est situé l'établissement industriel; — 2° un droit proportionnel du quarantième de la valeur locative de la maison d'habitation et des locaux servant à l'exercice de la profession. — V. PATENTE.

AFFINAGE, AFFINEURS.

1. — Purification des métaux par une opération chimique qui les dégage de tout alliage.

2. — Celui qui fait sa profession habituelle de purifier ainsi les métaux prend le nom d'*affineur*.

3. — Bien que la profession d'affiner et de départir les matières d'or et d'argent ait été déclarée libre par l'art. 112, L. 19 brum. an VI, cependant l'affinage des matières d'or et d'argent est soumis à certaines formalités qui limitent, dans l'intérêt public, la liberté de la profession d'affineur. — V. MATIÈRES D'OR ET D'ARGENT, MONNAIE.

4. — Les ateliers destinés à l'affinage des métaux, soit au fourneau à coupelle, soit au fourneau à réverbères, et ceux pour l'affinage de l'or et de l'argent, par l'acide sulfurique, sont rangés au nombre des *établissemens dangereux, insalubres et incommodes*. — V. ÉTABLISSEMENS INSALUBRES (nomenclature).

5. — Quant aux affineurs d'or, d'argent ou de platine, ils sont rangés par la loi du 25 avr. 1844, sur les patentes, dans la 3e classe des patentables et imposés à 1° un droit fixe basé sur le chiffre de la population de la ville ou commune où est situé l'établissement industriel; — 2° un droit proportionnel du 20e de la valeur de la maison d'habitation, et des locaux servant à l'exercice de leur profession.

6. — Les affineurs de métaux autres que l'or, l'argent et le platine, sont rangés par la même loi dans la 5e classe. Le droit proportionnel auquel ils sont assujétis est le même que celui imposé aux affineurs d'or. — V. PATENTE.

AFFINITÉ.

V. ALLIANCE.

AFFIRMATION (Matière civile).

1. — Attestation *sans* serment de la vérité d'un fait.

2. — Denizart (v° *Affirmation*) définissait l'affirmation l'assurance que l'on donne *par serment* de la vérité d'un fait. Merlin (*Rép.*, v° *Affirmation*) dit, d'après Guyot : « c'est l'acte d'assurer *avec serment* la vérité d'un fait »; et plus loin il déclare que l'affirmation, considérée comme ayant pour objet de mettre le juge à même de prononcer sur un fait contesté, est synonyme de *serment judiciaire*. —

Toullier (*Dr. civ. français*, t. 10, nº 153) prétend aussi que l'affirmation est synonyme de serment, et qu'elle doit être *assermentée*.

3. — Nous croyons, malgré ces autorités, qu'il ne faut pas confondre l'affirmation avec le serment. — Entre le serment et l'affirmation, voici quelle est, selon nous, la différence : Dans le serment, la Divinité est prise à témoin de la vérité du fait attesté. L'affirmation n'a pas lieu avec cette solennité. Dans l'affirmation, on ne jure pas, on se borne à déclarer qu'on affirme. — Le serment est un acte nécessairement judiciaire, prêté publiquement devant un tribunal entier, sauf le cas d'empêchement légitime (C. procéd., art. 121), et aussi sauf le cas de témoignage en matière d'enquête (C. procéd., art. 262). L'affirmation n'a pas toujours le caractère d'acte judiciaire, et d'ailleurs, si elle doit parfois être faite devant un juge, elle n'est jamais reçue par le tribunal en son audience.

4. — M. Fouquet (*Encyclop. du dr.*, vº *Affirmation*, nº 4), et, d'après lui, M. Armand Dalloz (*Supplém.* à son *Dict.*, vº *Affirmation*, nº 2), signalent encore cette différence que le serment a trait à l'avenir, l'affirmation au passé.

5. — Cette distinction n'est pas juste en tous points, car si elle est fondée en ce qui regarde le serment (*jusjurandum promissorium*) prêté, par exemple, par un fonctionnaire ou un officier ministériel qui, au moment d'entrer en charge, promet, en adjurant la Divinité, de remplir en son âme et conscience les fonctions qui lui sont confiées, elle est certainement inexacte pour ce qui touche le serment considéré comme preuve d'une obligation ou d'une libération (*jusjurandum assertorium*). En effet, le serment, défini par l'art. 1357, C. civ., s'applique évidemment à un fait accompli ; il a trait au passé, à une obligation ou à une libération préexistante, dont la preuve fait la matière du litige soumis au juge, qui ne peut statuer qu'à propos d'événemens passés.

6. — Peut-être pourrions-nous, avec quelque fondement, signaler cette autre différence que le serment porte nécessairement sur un fait personnel à la partie à laquelle il est déféré (C. civ., art. 1359 et 2275), tandis que l'affirmation peut porter sur des faits non personnels à la partie qui affirme. Ainsi des héritiers admis à une distribution par contribution ou au passif d'une faillite devront nécessairement affirmer la sincérité de la créance, qui cependant procède du chef de leur auteur et d'une convention ou d'un fait qui étaient personnels à celui-ci.

7. — De ce que le serment est un fait personnel à la partie à laquelle il est déféré, il suit qu'il ne peut jamais être prêté par l'intermédiaire d'un mandataire, tandis que l'affirmation peut être faite par un procureur spécial. — V. pour exemple C. procéd., art. 534, et AFFIRMATION DE COMPTE, nº 3.

8. — Au reste, une conséquence de la différence établie par le législateur entre l'acte solennel du serment et l'affirmation se retrouve dans l'art. 366, C. pén., qui prononce des peines sévères contre le faux serment, tandis que la fausseté de l'affirmation n'est érigée en infraction par aucune loi pénale.

9. — L'espèce d'affirmation qui, pour les quakers, tient lieu du serment fait en adjurant la Divinité, n'est en réalité qu'un mode de serment proprement dit. — V. SERMENT.

10. — M. Fouquet (*Encyclop. du dr.*, vº *Affirmation*, nº 2) critique nos lois, qui, dans certains cas, ont, suivant lui, commis la faute de se servir du mot *affirmation*, lorsqu'elles auraient dû employer celui de *serment*, et réciproquement.

11. — Le premier exemple cité par M. Fouquet est pris dans l'art. 1781, C. civ., d'après lequel le maître est cru *sur son affirmation* pour la quotité des gages, pour le paiement du salaire de l'année échue et pour les à-compte donnés pour l'année courante. Le second exemple est tiré de l'art. 191, C. forest. Dans ces deux cas, selon M. Fouquet, le législateur aurait dû employer le mot *serment*, tandis que, dans l'art. 943 8º, C. procéd., il aurait dû se contenter d'exiger une affirmation.

12. — Ces critiques ne nous semblent pas justes pour ce qui concerne nos lois civiles. Il nous paraît que le législateur a dû se contenter d'une affirmation de la part du maître opposé à son domestique. Au contraire, il a dû prendre la garantie solennelle d'un serment contre les personnes mentionnées en l'art. 943 8º, C. procéd., qui, en jurant qu'elles n'ont vu détourner ni su qu'il ait été détourné aucun objet de la succession, remplissent en quelque sorte l'office de témoins. — Quant à l'affirmation dont parle l'art. 191, C. forest., V. AFFIRMATION DE PROCÈS-VERBAL.

13. — V. au reste, pour les diverses espèces d'affirmation, les mots qui suivent.

AFFIRMATION DE COMPTE.

1. — Formalité imposée à celui qui rend un compte en justice.

2. — Cette affirmation est exigée d'abord comme une garantie générale que le compte est exact et fidèle, ensuite comme la seule justification possible de dépenses minimes, dont la preuve littérale ne pourrait être rapportée, et dont cependant l'oyant compte doit tenir indemne le rendant son mandataire.

3. — Elle doit être faite devant le juge commissaire par le rendant en personne ou par son fondé de pouvoirs spécial, en présence des oyans ou eux dûment appelés.

4. — L'affirmation de compte doit-elle être faite sous serment ? — Evidemment non, la loi n'ayant pas exigé cette formalité. D'ailleurs, ce qui prouve que le serment n'est pas nécessaire en pareille matière, c'est que l'affirmation peut être faite par un fondé de pouvoirs (art. 534, C. procéd.) ; or, on ne prête pas serment par procuration. — Rogron, *Cod. procéd. expliqué*, p. 707. — V. aussi REDDITION DE COMPTE.

AFFIRMATION DE CRÉANCE.

1. — Attestation par le créancier de la sincérité du montant de sa créance. — Elle n'est pas accompagnée de la sanction du serment.

2. — Cette formalité est prescrite en matière de distribution par contribution (C. procéd., art. 671), et en matière de faillite (C. comm., art. 497).

3. — L'affirmation n'est pas prescrite en matière d'ordre, puisque l'art. 771, C. procéd., ne l'exige pas ainsi que l'a fait l'art. 671, C. procéd., en matière de distribution par contribution. Les auteurs sont unanimes pour approuver cette décision. — Pigeau, *Procéd.*, t. 2, p. 262 ; Carré, *Lois de la procéd.* nº 2610 ; Demiau-Crouzilhac, *Explic. du C. de procéd.*, p. 468. — M. Adolphe Chauveau, dans son édition de Carré (t. 6, p. 114), déclare que la raison de cette différence entre l'ordre et la contribution est aussi péremptoire que simple. « En matière de contribution, dit-il, il s'agit de paiement de créances pour la plupart chirographaires, et par conséquent faciles à simuler ou du moins à post-dater, tandis qu'au contraire les titres de ceux qui viennent à un ordre sont généralement authentiques et méritent plus de confiance. »

4. — Nous ne sommes pas complètement satisfaits de la raison que donne M. Chauveau d'après Pigeau ; nous reconnaissons bien qu'en matière d'ordre le titre des créanciers doit presque toujours être un acte authentique, puisque l'hypothèque ne résulte le plus souvent que d'un jugement ou d'un acte notarié ; cependant cette garantie d'authenticité n'implique pas nécessairement la sincérité et l'existence de la créance au moment de l'ordre, et d'ailleurs elle manque complètement à l'égard des créanciers qui réclament un des priviléges généraux sur les immeubles.

5. — L'affirmation de créance n'est pas nécessaire en matière de saisie immobilière ; ainsi le saisi n'est pas recevable à proposer contre l'adjudication préparatoire une nullité qu'il ferait résulter de ce que le poursuivant n'aurait pas affirmé sa créance. — *Nimes*, 25 avr. 1820, N.... c. M.... ; *Lyon*, 13 avr. 1822, N.... c. M....

AFFIRMATION DE DÉPENS.

1. — Déclaration que doit faire l'avoué qui veut obtenir la distraction des dépens. — C. procéd., art. 133.

2. — L'objet de cette affirmation est de constater que les dépens dont l'avoué demande la distraction au tribunal ont été avancés par lui de ses deniers personnels.

3. — A ne consulter que le texte de l'art. 133, C. procéd., il semblerait que c'est au moment même de la *prononciation du jugement* que l'avoué doit demander la distraction et faire son affirmation. — En effet, dit M. Chauveau sur Carré (t. 2, nº 564, p. 670), « ne serait-il pas dérisoire que l'avoué formât sa demande ou dans l'exploit d'ajournement, ou dans tout autre acte de procédure, alors qu'il n'a fait encore que peu ou point d'avances ?... Ne serait-il pas inutile que tous les avoués en cause la formassent immédiatement avant le prononcé au moment où il va être décidé qu'un seul d'entre eux en aura le droit ?... »

4. — Nonobstant ces considérations, il est d'usage de demander la distraction et de faire l'affirmation dont parle l'art. 133 dans les conclusions mêmes ou dans tout autre acte de procédure équivalent. Ainsi, le plus souvent l'affirmation précède le jugement.

5. — C'est ce que constatent Pigeau, *Procéd.*, t. 1er, tit 5, ch. 3, art. 3 ; Boitard, *Leçons de procéd.*, t. 1er, p. 542 ; Carré, *Lois de la procéd.*, nº 564 ; Favard de Langlade, *Répert.*, vº *Jugement*, nº 18 ; Boucher d'Argis, *Taxe*, p. 125, vº *Distraction de dépens*.

6. — Au surplus, si l'affirmation peut précéder le jugement, rien n'empêche qu'elle ne soit faite, comme le désire M. Chauveau, au moment de la prononciation du jugement, et même après. — *Limoges*, 27 août 1823, Conquet c. Beaune-Beaurie ; — Thomine-Desmazures, *Commentaires*, t. 1er, p. 257.

7. — M. Boucher d'Argis va plus loin, il prétend que la formalité de l'affirmation est depuis longtemps tombée en désuétude. — V. *Dict. de la taxe*, p. 125.

8. — Cela n'est pas exact, les avoués se conforment toujours à la disposition de l'art. 133, mais c'est ordinairement dans les conclusions écrites qu'ils font l'affirmation requise.

9. — On voit par là qu'il est indifférent dans la pratique que l'affirmation intervienne avant le jugement ou lors de sa prononciation, qu'elle soit faite verbalement à l'audience ou dans les écritures. Quel que soit le mode qu'on adopte, il n'y a pas de nullité. — V. *Comment. du tarif*, t. 1er, p. 210, nº 67 ; Pigeau, *Procéd.*, t. 1er, p. 545, et Lepage, *Questions*, p. 137.

10. — Si l'affirmation de l'avoué n'avait pas eu lieu, soit dans les écritures, soit à l'audience au moment de la prononciation du jugement, le tribunal pourrait, sur la demande de l'avocat plaidant, ordonner la distraction des dépens, à la charge par l'avoué de faire ultérieurement l'affirmation requise. — *Riom*, 15 mars 1828, Dupic c. Descorailles ; *Cass.*, 14 févr. 1827, Vimeux c. Beuvrier et d'Hallut.

11. — Dans ce cas, toutefois, les frais du nouveau jugement constatant l'affirmation restent à la charge de l'avoué. — V. Chauveau sur Carré, *Lois de la procéd.*, t. 1er, p. 671, nº 564, *in fine*.

12. — L'affirmation exigée par l'art. 133 doit-elle être faite sous serment ? Non, d'abord la loi ne l'a pas dit comme elle l'a fait dans l'art. 189, C. comm. ; d'un autre côté, l'on ne doit pas multiplier les cas où le serment est requis.

13. — Cependant la cour impériale de Rome a jugé, le 22 janv. 1811, que l'avoué, pour obtenir la distraction, devait affirmer sous serment : mais cette décision isolée, contraire à ce qui se pratique dans les tribunaux depuis trente ans, a été combattue avec raison par Carré et Chauveau, t. 2, nº 566 ; Favard de Langlade, *Répert.*, vº *Jugement*, nº 19 ; Thomine-Desmazures, *Procéd.*, t. 1er, p. 257 ; Boncenne, *Théor. de la procéd. civ.*, t. 2, p. 567 à 571 ; Boitard, *Leçons de procéd.*, t. 1er, p. 543, 1re édit. ; Delaporte, *Pand. franc.*, t. 1er, p. 142, et Rogron, *C. procéd. expliq.*, p. 263.

14. — Le tribunal, en prononçant la distraction des dépens au profit de l'avoué, doit-il constater l'affirmation et en donner acte ? — C'est assez l'usage (V. Carré, *Lois de la procéd.* t. 1er, nº 564, et la formule donnée par Pigeau). Cependant nous ne pensons pas, comme M. Rogron (*C. procéd. expliq.*, p. 263), que cette formalité soit absolument nécessaire. Ce qui importe, c'est que la distraction soit prononcée, car rien ne peut la suppléer. Quant à l'affirmation, elle peut être constatée sans que le tribunal en ait donné acte. — V. au surplus AVOUÉ, DISTRACTION DE DÉPENS, FRAIS ET DÉPENS.

AFFIRMATION DE PROCÈS-VERBAL (Matière criminelle).

1. — On donne ce nom à une formalité à laquelle ont été soumis par la loi certains procès-verbaux faisant foi en justice soit jusqu'à inscription de faux, soit seulement jusqu'à preuve contraire, et sans l'accomplissement de laquelle ils n'ont plus le même degré de force probante. Tels sont les procès-verbaux des gardes champêtres, des gardes forestiers, des gardes pêche, des employés des contributions indirectes, des douanes, des octrois, etc.

2. — L'affirmation n'est pas une formalité imposée directement à tous les procès verbaux, elle n'est que spéciale à certains d'entre eux ; elle ne peut être étendue à ceux que la loi n'y a pas formellement assujétis. — *Cass.*, 24 mai 1821, Genoudet ; — Mangin, *Tr. des procès-verbaux*, nº 25.

3. — Cette formalité consiste dans la déclaration que font *avec* serment, devant des officiers publics compétens, les rédacteurs de ces procès-verbaux spéciaux, que toutes les énonciations consignées dans leurs procès-verbaux sont exactes et sincères.

4. — L'affirmation d'un procès-verbal dans le cas où la loi l'exige ne peut, dit M. Mangin (*ibid.*, nº 25), être autre chose que le *serment* prêté par le rédacteur que les énonciations contenues au procès-ver-

sai sont sincères. A la vérité, la loi n'a assujéti ce serment à aucune formule, et les expressions *affirmation, affirmer*, ne sont pas tellement sacramentelles qu'on ne puisse leur donner des équivalens; mais il faut absolument qu'il résulte de l'acte dressé par l'officier public qui reçoit l'affirmation que la déclaration qui lui a été faite par le rédacteur que le procès-verbal est sincère a été confirmée par son serment. Ainsi le vœu de la loi ne serait pas rempli et le procès-verbal serait nul si le rédacteur déclarait simplement qu'il persiste dans le procès-verbal (*Cass.*, 29 févr. 1812, Forêts c. Liberati; 3 juill. 1812, Régie des sels et tabacs c. Natilé), qu'il le déclare sincère et véritable (20 mars 1812, Forêts c. Martin).

5. — Le mot *affirmer* signifie *déclarer avec serment*. Il est, dit Mangin (*loc. cit.*), synonyme du mot *jurer*. Ainsi un procès-verbal qui constaterait qu'il a été *affirmé* remplirait le vœu de la loi. — *Cass.*, 29 févr. 1812, Forêts c. Liberati; 3 juill. 1812, Régie des sels et tabacs c. Natilé.

6. — Mais si le sens du mot *affirmer* était modifié par des déclarations qui en altérassent le sens; si, par exemple, les rédacteurs, tout en affirmant le procès-verbal, déclaraient que cette affirmation n'est pas faite sous la foi du serment, l'affirmation serait nulle et par suite le procès-verbal qui en serait la suite. — *Cass.*, 19 janv. 1810, Droits réunis c. Garabiglia; — Mangin, *Traité des procès-verbaux*, no 25.

7. — Pour ce qui concerne le détail des formalités de l'affirmation et les fonctionnaires devant lesquels elle doit avoir lieu, V. CONTRIBUTIONS INDIRECTES, DOUANES, ENREGISTREMENT, FORÊTS, OCTROI, PÊCHE FLUVIALE. — V. surtout PROCÈS-VERBAL (matière criminelle).

AFFIRMATION DE VOYAGE.

1. — Formalité imposée au plaideur qui, ayant fait un voyage à l'occasion d'un procès, se propose de réclamer de sa partie adverse, dans le cas où elle succomberait, les frais qu'il a été obligé de faire en se déplaçant.

2. — Anciennement, il y avait un bureau spécial qu'on appelait *greffe des affirmations*, et où se faisaient les affirmations de voyage.

3. — Aujourd'hui, c'est au greffe que la partie fait son affirmation; elle doit être assistée de son avoué. — Décr. 16 fév. 1807, art. 146.

4. — Dans l'ancien droit, la copie de l'acte d'affirmation devait être signifiée à la partie adverse, et ce n'était qu'à partir de cette signification que couraient les frais de voyage et de séjour. Il n'en est plus de même aujourd'hui.

5. — Un arrêt du 20 sept. 1672 défendait de passer en taxe aucuns frais de voyage qui ne seraient pas justifiés par des actes d'affirmation. — V., au surplus, VOYAGE.

AFFIRMATION D'INVENTAIRE.

La femme survivante qui veut conserver la faculté de renoncer à la communauté doit faire inventaire, et cet inventaire doit être par elle affirmé sincère et véritable lors de sa clôture devant l'officier public qui l'a reçu. — C. civ., art. 1456. — V. INVENTAIRE.

AFFIRMATION EN CAS DE JET A LA MER.

Le capitaine d'un navire est tenu, en cas de jet à la mer, d'affirmer au premier port où le navire aborde, les faits qui ont nécessité le jet. — C. comm., art. 413. — V. JET.

AFFIRMATION EN CAS DE SAISIE-ARRÊT.

1. — Le tiers saisi entre les mains duquel une saisie-arrêt a été formée doit faire l'affirmation des sommes qui appartiennent à la partie saisie et qu'il a entre les mains. — C. procéd., art. 571. — V. SAISIE-ARRÊT.

2. — Cette affirmation a reçu dans la pratique le nom de *déclaration affirmative*.

3. — Cette affirmation, pouvant être faite par procuration spéciale (C. procéd., art. 572), n'a pas le caractère du serment. — Merlin, *Rép.*, vo *Affirmation*, no 4. — V. SAISIE-ARRÊT.

AFFIRMATION SOUS SERMENT.

Attestation avec serment de la vérité d'un fait. — V. SERMENT.

AFFOUAGE.

Table alphabétique.

AFFOUAGE. — 1. — Droit au profit de certains individus de prendre dans les forêts le bois nécessaire à leur chauffage, aux besoins de leur maison.

2. — On entend aussi par affouage le bois qui, dans les communes propriétaires ou usagères de forêts, se distribue en nature aux habitans pour servir, soit au chauffage, soit à des constructions ou réparations de bâtimens. — Rost, *Traité de l'organisation et de l'administration municipale*, t. 1er, p. 157.

3. — Le mot *affouage* paraît venir de *focus*, foyer, lieu où l'on fait le feu. Ce mot est tiré de la préposition *ad* et du substantif *focum*, et on l'applique au bois destiné à être apporté sur le foyer, *ad focum*, pour y être consommé, en sorte que le droit d'affouage, étymologiquement pris, est, comme le dit Ducange, *jus cœdendæ sylvæ domesticos in usus*.

4. — Si le droit d'affouage est établi au profit d'un ou de plusieurs habitans, sur le produit d'un bois appartenant, soit à l'état, soit à des particuliers, ce droit est nommé *droit d'affouage*, et constitue un droit d'usage. — V. USAGE DANS LES FORÊTS. — Quand ce droit s'exerce sur une forêt communale par les habitans de la commune, il prend le nom d'*affouage communal*, et, dans ce dernier cas, il constitue un droit de copropriété au profit des habitans qui en jouissent. — Dufour, *Droit admin. appliqué*, t. 1er, no 546. — C'est de ce dernier droit qu'il sera question ici.

5. — On voit déjà, et nous établirons plus loin avec détail que l'affouage communal a été mal à propos confondu avec le droit d'affouage, dont le propre est de s'exercer dans le bois d'autrui, de l'état ou d'un particulier, et qui, dans la vérité des choses, doit seul être classé parmi les droits d'usage. — Dufour, *Dr. admin. appliqué*, no 501.

6. — Il va être question ici du droit d'*affouage communal* ou de l'*affouage des habitans*.

—

Sect. 1re. — *Législation.*

7. — C'est du tit. 28 du Code des Bourguignons, promulgué par Gondebaud, à la fin du cinquième siècle, que l'affouage considéré comme droit d'usage, ainsi que la plupart des autres usages, tire son origine: « *Si quis Burgundio aut Romanus silvam non habeat, incidendi ligna ad usus suos de jacentivis et sine fructu arboribus, in cujuslibet silvâ habeat liberam potestatem, neque ab illo cujus silva est repellatur.* » — Codex legum antiquarum, p. 280.

8. — La France possédait autrefois d'immenses forêts dont les produits excédaient les besoins de la population; le prince, les seigneurs et les corporations à qui ces forêts appartenaient, accordaient facilement aux communes et aux particuliers la faculté de prendre le bois nécessaire à leur chauffage. Le droit des habitans à la jouissance des biens appartenant à la commune dont ils font partie, a aussi donné naissance à l'autre nature d'affouage dont nous nous occupons.

9. — Jusqu'à l'ordonnance de 1669 aucune disposition législative n'avait organisé l'exercice du droit d'affouage dans les bois des communes qui disposaient librement de leurs coupes.

10. — Des motifs d'intérêt public ont amené, quant aux affouages, des restrictions qui n'existent pas relativement à la jouissance des biens communaux autres que les bois.

11. — Une bonne administration pouvait seule conserver les bois et élever les produits; l'intérêt des communes voulait donc que les agens de la puissance publique intervinssent dans l'aménagement, la vente et l'exploitation de leurs bois. — Henrion de Pansey, *Des biens communaux*, chap. 7.

12. — D'après l'art. 1er, tit. 25, de l'ordonn. de 1669, tous les bois des communes ont dû être arpentés, figurés et bornés.

13. — Suivant l'art. 2, le quart de ces bois avait été mis en réserve pour y laisser croître des futaies, et l'art. 8 défendait d'y faire aucune coupe, si ce n'était en cas d'incendie ou ruine notable des églises, ports, ponts, murs et autres lieux publics, et après en avoir obtenu l'autorisation du gouvernement. Cette réserve, comme le remarque M. Proudhon (*Tr. des droits d'usage*, no 907), était donc destinée à servir uniquement aux besoins du corps de la commune.

14. — Par exécution de l'art. 3, les trois autres quarts des bois communaux furent mis en coupes réglées pour l'usage des habitans qui y exploitaient annuellement un triage d'assiette en usance. Cette exploitation, qui consistait principalement en coupe de taillis, ne devait être faite qu'avec la réserve seulement des seize baliveaux de l'âge du taillis par arpent. Mais aujourd'hui, dit M. Proudhon, *loc. cit.*, on en doit réserver vingt-cinq.

15. — L'art. 12 autorisait la vente par la commune des coupes ordinaires des assiettes en usance avec l'autorisation de l'administration, afin de subvenir aux besoins extraordinaires de la commune.

16. — Le Code forest. vint, en 1827, substituer une nouvelle législation à l'ordonnance de 1669, et soumit les bois communaux à des règles posées par les art. 90 à 112.

17. — Il fut encore reconnu par le nouveau lé-

gislateur que, si les communes usaient de leurs bois avec une indépendance absolue, il pourrait arriver que des ressources qui, avec des coupes sagement réglées, sont annuelles et régulières, fussent en une seule année dissipées par des conseillers municipaux imprévoyans, et que, dès-lors, l'autorité publique devait prévenir des résultats aussi désastreux.

18. — Aussi, les bois des communes ont-ils été, quant au régime et à l'administration, placés, comme les bois de l'état et du domaine de la couronne, sous l'action immédiate de la direction générale des forêts.

19. — L'art. 103 du Code de 1827 est le seul qui s'occupe spécialement et nommément de l'affouage des habitans, mais leur droit est soumis, dans son exercice, aux dispositions mentionnées en l'art. 112 du même Code.

Sect. 2e. — *Nature de l'affouage.*

20. — M. Proudhon (*Traité des droits d'usage*, no 903), et après lui MM. Sebire et Carteret (*Encycl. du dr.*, vo *Affouage*), ont qualifié le droit des habitans à l'affouage « un droit d'usage-servitude réelle appartenant à l'habitant, comme celui qui appartient à un particulier sur le bois d'un autre particulier pour son chauffage ou l'entretien de sa maison, ou à raison de sa résidence ou de sa culture. »

21. — « La propriété d'une forêt communale, dit M. Proudhon (*Tr. des dr. d'usage*, no 903), n'appartient qu'au corps de la commune considérée comme *université*, c'est-à-dire à un corps permanent destiné à se reproduire toujours dans ses élémens constitutifs, et qui en conséquence ne meurt pas; d'où il résulte que cette propriété doit arriver aux générations futures et rester toujours la même, comme le corps auquel elle appartient sera aussi perpétuellement le même. Il est donc bien certain que les habitans considérés *ut singuli* ne sont point ici des copropriétaires par indivis, et qu'ils ne seraient pas recevables à partager entre eux le fonds pour s'en attribuer à chacun une part; car faire rentrer l'immeuble par parcelles dans le domaine privé, ce serait dénaturer l'unité du droit de propriété et détruire la perpétuelle substitution d'une génération à l'autre. »

22. — Les habitans ne sont pas davantage usufruitiers, selon M. Proudhon, parce que l'usufruitier a droit à la totalité du produit du fonds, et que cependant la législation enlève à l'habitant une partie de ces produits. D'où cet auteur conclut que n'étant ni propriétaires indivis ni usufruitiers, ils doivent être usagers. — V. aussi en ce sens Carasson, *C. forest.*, t. 1er, p. 392.

23. — Mais cette doctrine, contre laquelle s'était déjà prononcé M. Favard de Langlade, dans son rapport à la chambre des députés sur le projet du Code forestier, est réfutée par M. Migneret (*Tr. de l'affouage dans les bois communaux*, no 8), dont l'opinion est adoptée par M. Dufour (*Dr. administratif appliqué*, t. 1er, no 548) et par M. Serrigny (*Tr. de l'organ. et de la compét. en matièrs administ.*, t. 2, no 792).

24. — « Pour envisager l'habitant comme usager dans la forêt communale, dit M. Migneret, il faut d'abord le considérer comme un tiers par rapport à la commune et comme étranger à la propriété de la forêt, ce qui n'est pas; car l'art. 542, C. civ., définit les biens communaux, ceux à la propriété desquels ont droit les habitans de la commune. D'où il faut conclure que la propriété de ces biens repose véritablement sur la tête des habitans.... D'un autre côté, pour que l'habitant ne fût qu'usager, il faudrait que sa jouissance fût en tout conforme à celle de l'usager, et M. Proudhon reconnaît lui-même qu'il n'en est pas ainsi. L'affouage n'est pas limité aux besoins de l'usager, parce que la coupe est entièrement distribuée aux habitans sans examen du besoin qu'ils en ont. D'un côté, s'il paraît excéder les limites du droit d'usage, d'un autre il est bien moins utile pour les habitans, car jamais l'usager n'est tenu de sacrifier son émolument au profit du propriétaire, et cependant dans une foule de cas la commune vient prendre une partie du produit de la coupe pour la caisse municipale; ce serait donc un droit d'usage qui n'en serait pas un, puisqu'il s'affranchirait de toutes les règles qui conviennent à la nature de ce droit. »

25. — Les droits de l'habitant à l'affouage dans les bois communaux sont précisément ceux des membres d'une société aux biens qui la composent, et il n'est aucune des modalités de la jouissance des habitans sur l'affouage qui ne puisse être ramenée aux règles de la société. La commune, comme société, a des droits, des obligations particulières, et chaque membre a à l'égard de cette société, les droits et les devoirs qui résultent de l'association. La commune, comme société, possède un patrimoine qui est le fonds social et l'administre d'abord dans l'intérêt de la société en général et ensuite dans l'intérêt de chaque associé en particulier. Cette société, dont le pacte social est dans la loi, est perpétuelle de sa nature, et par conséquent les biens qu'elle possède ne peuvent donner lieu à un partage qui ne serait praticable qu'à la dissolution de l'association. Le produit des fonds communaux est le bénéfice social destiné avant tout à l'acquittement des charges des communes et ne pouvant donner lieu à un partage en dividende qu'après qu'elles seront tout-à-fait acquittées. Si le produit des biens communaux est nul ou insuffisant, l'habitant comme l'associé est tenu de sacrifier une partie de son propre patrimoine à l'acquit de ces charges, au moyen de l'impôt que la commune fait frapper sur lui. Enfin, de même que chaque associé a un droit de propriété sur les immeubles sociaux, quoique ce soit la société qui soit propriétaire, à proprement parler, l'habitant a un droit de propriété sur les biens communaux, quoique ce soit la commune qui, comme être moral, soit le propriétaire, et de même que l'associé n'a aucun droit de disposer d'un immeuble social tant que dure la société, de même l'habitant, quoique ayant un droit de propriété sur le bois communal, ne peut en réclamer le partage, parce que la société ne doit point finir. — Migneret, no 10; Dufour, no 549; Serrigny, no 792.

26. — Le Code forestier prouve clairement, ajoute M. Serrigny, no 793, que les habitans ne sont pas des usagers dans leurs bois communaux. En effet, l'art. 83 défend aux usagers de vendre et d'échanger les bois qui leur sont délivrés, et de les employer à une autre destination que celle pour laquelle le droit d'usage a été accordé. Or, l'ar. 112, qui déclare les dispositions de la sect. 8e, tit. 3, sur l'exercice des droits d'usage dans les bois de l'état applicables à la jouissance des communes dans leurs propres bois, et excepte formellement celles de l'art. 83; c'est-à-dire que les habitans des communes ne sont pas, comme les usagers, frappés de la prohibition de vendre leurs coupes affouagères. Cette différence a été introduite dans le Code forestier par un amendement proposé par la commission de la chambre des députés, que le rapporteur, Favard de Langlade, justifiait en disant: « On doit faire une grande différence entre les droits d'usage qu'ont les habitans d'une commune dans les forêts de l'état et ceux qu'ils ont dans leurs bois communaux, l'un étant un droit sur une chose qui ne leur appartient pas, et *l'autre un droit réel qui n'est qu'un mode de jouissance de leur propre chose.* » — Duvergier, *Collect. des lois*, t. 1827, p. 152.

27. — D'ailleurs, si les habitans étaient de véritables usagers, on ne pourrait porter atteinte à leurs droits ou les dénaturer sans leur consentement unanime. Or le mode de jouissance des bois communaux peut être changé dans les formes administratives sans qu'il y ait lieu à indemnité pour aucun des habitans. Les usagers ne sont soumis qu'au cantonnement et au rachat (C. civ., art. 63 et 64), tandis que la coupe affouagère peut être vendue au lieu d'être partagée. On peut décider qu'elle sera amodiée, et dans l'un comme dans l'autre cas, une grande perturbation est apportée dans la jouissance des affouagistes, puisque l'argent versé dans la caisse communale tourne ainsi à l'avantage des contribuables forains, en épargnant les centimes additionnels, tandis que les habitans domiciliés jouissaient seuls de l'affouage en nature. — Serrigny, no 793.

28. — Enfin, la loi du 18 juill. 1837 considère l'affouage sous le même point de vue. Aussi les conseils municipaux, qui *règlent* les objets qui n'affectent que la jouissance temporaire des biens communaux, trouvent dans l'art. 17, spécifiés au nombre de ces objets, *le mode de jouissance et la répartition des fruits communaux et les affouages*, tandis qu'ils n'ont que le droit de *délibérer* s'il s'agit du parcours et de la vaine pâture qui s'exercent non plus sur les fonds communaux, mais sur les héritages des particuliers. Cette différence dans les attributions du conseil municipal vient de ce que dans le premier cas le conseil agit sur des fonds communaux dont il partage les fruits entre les ayant-droit, tandis que dans le second il opère sur les fonds d'autrui. — Serrigny, no 793.

Sect. 3e. — *Des bois soumis à l'affouage, de leur délivrance, des rôles, et des taxes d'affouage.*

§ 1er. — *Des bois soumis à l'affouage.*

29. — Chaque année il est délivré aux communes qui possèdent des bois une coupe affouagère pour l'usage des habitans. — Magnitot et Delamarre, *Dict. du dr. admin.*, vo *Affouage*.

30. — L'affouage renferme un double droit, l'un a pour objet la délivrance du bois taillis ou de chauffage, l'autre celle des futaies ou bois de construction.

31. — Nous avons vu *suprà*, no 13, que, d'après l'art. 2, tit. 25, ord. 1669, sur les eaux et forêts, le quart des bois communaux soumis au régime forestier était mis en réserve pour y laisser croître des futaies. L'art. 93, C. forest., a sanctionné une réserve semblable. Dès-lors ce quart en réserve ne saurait être compris parmi les produits forestiers auxquels s'applique l'affouage. — Migneret, no 21.

32. — Les chablis, les arbres sur pied, quoique endommagés, ébranchés, morts ou dépérissans, ne pouvant être abattus et vendus sans l'autorisation du ministre des finances (Ord. régl. 1er août 1827, art. 102 et 103), ne peuvent conséquemment faire en général partie de l'affouage. La vente qui en est faite conformément à l'art. 104 de la même ordonnance, doit profiter à la caisse communale.

33. — L'affouage des habitans comprend donc les coupes ordinaires de taillis, et s'il y a lieu les coupes par anticipation.

34. — Quant à la futaie qui a crû sur ce taillis, elle ne peut être coupée qu'autant qu'elle est hors d'état de prospérer, et, à moins de titre ou d'usage contraire, elle n'est pas partagée entre les affouagistes, mais elle est délivrée pour construction ou réparation aux propriétaires de la commune qui en ont besoin, et le paiement exigé d'eux profite encore à la caisse municipale. — C. forest., art. 105.

35. — L'usage qui a été maintenu par le Code forestier, art. 105, peut cependant avoir établi la coutume de partager la futaie marquée en délivrance aussi bien que le taillis; cet usage doit encore être suivi. — Migneret, no 21.

36. — Tous les bois appartenant aux communes ne sont pas indistinctement soumis au régime forestier, quelques uns de ces bois ne sont que des buissons, des arbres épars sur les terres communales et particulièrement sur les terres livrées aux pâturages; ils seraient peu susceptibles d'une exploitation régulière. Ils sont naturellement placés sous l'action des officiers municipaux qui seuls ont droit de régler ce qui concerne les pâturages communaux. — Bost, t. 1er, p. 158.

37. — Mais ces buissons et ces arbres peuvent être assez étendus ou assez nombreux pour qu'il soit possible de les faire entrer dans l'aménagement d'un bois voisin, qui appartiendrait également à la commune.

38. — Si l'administration forestière propose leur aménagement, et qu'il y ait opposition de la part des communes, la vérification de l'état des bois sera faite par les agens forestiers, contradictoirement avec le maire. Le procès-verbal de cette vérification sera envoyé au préfet, qui fera délibérer les conseils municipaux et transmettre le tout au ministre des finances, sur le rapport duquel il sera statué par ordonnance royale. — Ord. 1er août 1827, art. 128.

39. — Sont aussi affranchis du régime forestier les arbres non réunis en massif de forêts, tels que ceux qui sont plantés sur les chemins vicinaux, sur les promenades et places publiques, sur les remparts et fossés des villes, dans les cimetières et autres propriétés communales.

40. — Avant le Code forestier les communes ne pouvaient obtenir que du ministre des finances et sur l'avis préalable des agens de l'administration forestière l'autorisation d'abattre ces arbres, mais l'art. 90, C. forest., qui ne soumet au régime forestier que les bois taillis ou futaies appartenant aux communes déclarés susceptibles d'aménagement ou d'une exploitation régulière, a fait penser au ministre des finances qu'il n'avait plus à s'occuper des demandes en délivrance d'arbres épars. Le ministre de l'intérieur a décidé alors que les préfets, plus à portée d'apprécier les besoins et de pourvoir à la création des ressources pour y satisfaire, pourraient accorder les autorisations qui seraient réclamées à ce sujet.

41. — Mais comme il s'agit toutefois d'une aliénation de propriétés, les préfets ne peuvent, d'après l'instruction du ministre de l'intérieur, l'autoriser qu'après s'être préalablement assurés que les arbres ont atteint leur maturité ou qu'ils sont dépérissans; ils doivent prendre des arrêtés spéciaux par chaque demande séparée, en imposant à l'administration municipale l'obligation expresse de prélever sur le prix des arbres vendus une somme suffisante pour remplacer les arbres abattus, et de procéder à la plantation des

jeunes arbres destinés à ce remplacement dans l'année même de l'autorisation.

42. — Les conseils municipaux ne peuvent régler la répartition des coupes affouagères que pour les bois dont il vient d'être question et qui ne sont pas soumis au régime forestier. Les coupes des autres bois communaux, lorsque la délivrance en a été faite par les agens forestiers, sont confiées à un entrepreneur spécial agréé par l'administration forestière.

§ 2. — *De la délivrance des rôles et des taxes d'affouage.*

43. — Les coupes des bois communaux, destinées à être partagées en nature pour l'affouage des habitans, ne peuvent avoir lieu qu'après que la délivrance en a été préalablement faite par les agens forestiers, et en suivant les formes prescrites par l'art. 81 pour l'exploitation des coupes affouagères délivrées aux communes dans les bois de l'état, le tout sous les peines portées par ledit article. C. forest., art. 103. — *Cass.*, 9 avr. 1813, Caso-Baillet.

44. — La délivrance de la coupe affouagère est faite au maire. — Ord. 1er août 1827, art. 122. — Elle doit avoir lieu dans le mois de septembre, ou dans la première quinzaine d'octobre au plus tard. — Magnitot et Delamarre, v° *Affouage.*

45. — Cette délivrance a pour objet de déterminer la coupe à exploiter, de marquer les baliveaux du taillis, et de délivrer celles des futaies qui doivent être coupées. — Migneret, n° 22.

46. — Quant à la futaie, les arbres viciés, surabondans, ou hors d'état de prospérer, doivent seuls être délivrés. — Ord. 1er août 1827, art. 70.

47. — S'il s'élève des difficultés entre l'agent forestier chargé de faire la délivrance et la commune qui trouve la délivrance mal effectuée, il nous paraît certain que la commune a le droit de se pourvoir administrativement contre les opérations de l'agent. — Migneret, n° 23.

48. — Les dépenses de l'affouage figurent aux budgets des communes depuis une décision du gouvernement, notifiée par le ministre de l'intérieur, le 12 novembre 1807. — Magnitot et Delamarre, v° *Affouage.*

49. — Ces dépenses sont le salaire des gardes, les frais de martelage et autres pour l'évaluation des bois à distribuer aux habitans. — C. forest., art. 103; Ord. régl. 1er août 1827, art. 141.

50. — Il était autrefois pourvu à ces dépenses au moyen de la vente d'une portion de la coupe. Mais ce mode a été abandonné depuis la loi de finances du 7 août 1828, qui a autorisé les taxes que les municipalités étaient dans l'usage d'asseoir sur les produits des coupes, et qui étaient acquittées par les affouagistes, d'après le rôle de répartition arrêté par le conseil municipal.

51. — La délivrance de l'affouage a lieu quelquefois sans que les habitans soient tenus à d'autre contribution qu'un paiement des frais occasionés par les coupes elles-mêmes. Mais dans la plupart des communes l'administration leur impose, en outre, l'obligation de verser une somme à la caisse municipale pour subvenir aux dépenses générales de la commune.

52. — Toutefois, par avis du 8 avr. 1838, le conseil d'état a déclaré que les taxes assises sur les affouages doivent autant que possible n'être que la représentation des frais inhérens à la jouissance, mais que l'autorité municipale peut, pour des causes graves, dans l'intérêt général de la commune, et sauf l'approbation de l'autorité compétente, élever ces taxes à une somme supérieure à cette représentation.

53. — Le rôle des rétributions à payer chaque année par les habitans qui participent à l'affouage, doit être rédigé à l'avance par le conseil municipal. L. 18 juill. 1837, art. 17 et 44. — Bost, t. 1er, p. 161.

54. — Le conseil municipal, pour procéder à cette opération, doit d'abord arrêter le total de la somme à imposer sur l'affouage pour le paiement des charges communes, pour ensuite répartir cette somme proportionnellement sur chacun des lots composant la distribution.

55. — Il doit, en outre, dresser la liste nominative des habitans qui ont droit à l'affouage, et indiquer la somme que chacun d'eux doit payer.

56. — Si l'usage de la commune a établi, pour la futaie, un mode de répartition différent de celui suivi pour le taillis, le conseil municipal doit établir deux rôles, et pour cela répartir d'abord la somme à payer entre la futaie et le taillis dans la proportion de leur valeur respective, et ensuite dresser les deux rôles. Si le mode de répartition de la futaie et du taillis est uniforme, il n'est besoin que d'un seul rôle.

57. — Les rôles ainsi divisés sont publiés et affichés, à la diligence des maires, aux époques que fixent annuellement les préfets.

58. — Les habitans ainsi avertis et mis en demeure peuvent réclamer contre l'omission qui a pu être faite de leurs noms sur les listes, et contre les erreurs faites dans la répartition de la taxe. — Migneret, n° 30. — Sur la compétence à propos de ces réclamations, V. *infrà* nos 60, 143, 162 et suiv.

59. — Une fois dressés, les rôles ou états de distribution sont soumis à l'approbation du préfet et rendus exécutoires par ce fonctionnaire.

60. — Mais, d'après une circulaire du ministre de l'intérieur, du 10 janv. 1839, nul n'a le droit de demander une remise ou modération de la taxe affouagère elle-même, et la loi n'a investi aucune autorité judiciaire ou administrative du droit de prononcer comme juge sur une telle réclamation.

61. — Dans le même sens que cette circulaire, il existe une lettre du ministre de l'intérieur, adressée le 4 mai 1839 à un préfet, suivant laquelle il n'est pas de loi qui ait soumis à la juridiction des conseils de préfecture les difficultés auxquelles peut donner lieu, entre les communes et les habitans, l'établissement des taxes affouagères. — « Ces redevances, poursuit la même lettre, ne constituent pas un impôt; elles représentent, soit le prix modéré du bois délivré aux affouagers, soit le simple remboursement des frais inhérens aux bois communaux. L'art. 14, L. 18 juill. 1837, ne les assimile aux contributions publiques que pour le mode de leur recouvrement, ce qui exclut implicitement la même assimilation en ce qui concerne l'appréciation du principe et l'étendue de l'obligation des taxes. Ainsi, à supposer qu'un habitant niât cette obligation, en se fondant sur ce qu'il aurait renoncé au bénéfice de l'affouage, la contestation sur ce point de fait serait du ressort des tribunaux ordinaires. On ne conçoit pas qu'il puisse s'élever en cette matière d'autres difficultés sur lesquelles il y eût lieu de statuer par acte de juge. En effet, lorsque la participation à l'affouage est avouée, l'usager doit payer la taxe réglée par le conseil municipal et approuvée par le préfet. Il ne saurait, à aucun titre, ainsi que nous l'avons vu au n° 60, en réclamer ni la décharge ni la modération, et aucune autorité n'aurait le pouvoir d'admettre de semblables demandes, nonobstant le refus du conseil municipal d'y accéder. Ce conseil pourrait seul les accueillir sous l'approbation du préfet; mais ce serait là un acte purement bénévole, par conséquent d'administration intérieure, qui ne peut être ordonné ni par les tribunaux ni par les conseils de préfecture. Il suit de là que, hors des cas prévus ci-dessus, tout habitant compris aux rôles des taxes d'affouage, qui refuserait d'acquitter ces taxes, devrait être immédiatement poursuivi dans les formes établies pour le recouvrement des contributions publiques, nonobstant toute demande en décharge ou modération. »

62. — M. Serrigny (*Tr. de l'organ. et de la compét. en mat. admin.*, n° 805) enseigne au contraire que le conseil de préfecture est compétent pour connaître des réclamations individuelles contre les taxes mises à la charge des parties prenantes dans la distribution affouagère; cette compétence repose, selon cet auteur, sur le texte de l'art. 44, L. 18 juill. 1837, et sur la loi annuelle du budget des recettes qui assimile ces taxes aux contributions directes.

63. — En général, le recouvrement des taxes ne doit pas éprouver de retard ni donner lieu à des poursuites, puisque chaque habitant n'obtient la délivrance des bois qui lui reviennent qu'après avoir acquitté le montant de sa cote.

64. — Un grand nombre de maires avaient pris l'habitude de délivrer l'affouage aux habitans sans s'être assurés si les parties prenantes s'étaient acquittées de la taxe assise sur chaque lot. Pour remédier à cet abus, le ministre de l'intérieur a décidé par une circulaire du 31 déc. 1836, insérée au *Courrier des communes* (t. 9, p. 91), qu'à l'avenir aucun habitant ne pourrait enlever son lot d'affouage qu'en présence du garde forestier, et que celui-ci n'y devrait consentir que sur la production de la quittance de la taxe délivrée par le receveur municipal et du permis du maire apposé au dos de la quittance. Tout enlèvement qui aurait lieu furtivement ou ostensiblement avec le seul permis du maire, sera constaté par le garde forestier et déféré au tribunal compétent, pour que les auteurs en soient poursuivis selon la rigueur des lois, comme en matière de délits forestiers.

65. — Par suite des retards que la nécessité de la présence du garde forestier apportait à la distribution, la circulaire précitée (n° 60) du 10 janv. 1839 s'est bornée à prescrire l'enlèvement en présence de l'entrepreneur de la coupe.

66. — D'après les mêmes circulaires, il doit être tous les ans, à l'époque de la distribution des affouages, rendu compte au préfet par les maires de la manière dont la délivrance des lots aura été opérée; le préfet doit instruire le ministre de l'intérieur des circonstances principales de l'exécution de cette circulaire.

67. — Les portions d'affouage non enlevées à défaut de paiement de la taxe sont, à la diligence du receveur municipal, mises en vente séparément par le maire, dans la forme des adjudications publiques, mais seulement jusqu'à concurrence du montant de la taxe non acquittée et des frais de vente. Le surplus est délivré à ceux des habitans auxquels ces mêmes portions étaient originairement attribuées. — Migneret, n° 37.

68. — La coupe affouagère attribuée aux communes peut être vendue dans certains cas. — Ainsi, par exemple, dans les communes dont les ressources sont insuffisantes pour le paiement de leurs gardes champêtres et forestiers, ou pour l'acquit des charges et contributions établies sur leurs bois et autres biens en jouissance commune, les coupes affouagères, au lieu d'être distribuées aux habitans, peuvent être *vendues* sur l'autorisation du préfet. — C. forest., art. 109.

69. — Dans ce cas, lorsque les conseils municipaux jugent convenable de voter la vente de la coupe affouagère, ils doivent en émettre le vœu en arrêtant le budget de l'année, et envoyer au préfet double expédition de la délibération, afin que cette vente soit portée sur les états de l'administration forestière, qui sont dressés au commencement de l'année. — Magnitot et Delamarre, v° *Affouage.*

70. — La vente des coupes affouagères est faite par voie d'adjudication; mais, à raison de la faible importance de ces coupes, il n'est pas nécessaire que l'adjudication soit faite au chef-lieu de la sous-préfecture; le préfet désigne le lieu qui lui paraît le plus convenable. — Ord. réglement. 1er août 1827, art. 86. — V. FORÊTS.

71. — Lorsqu'une commune est hors d'état de payer au trésor avec ses revenus ordinaires les contributions assises sur ses bois, le préfet doit d'abord mettre le conseil municipal en demeure de délibérer sur le point de savoir s'il ne convient pas d'asseoir sur chaque lot d'affouage une taxe assez élevée pour subvenir au paiement de la contribution dont il s'agit. Dans le cas où le conseil municipal se prononcerait pour la négative, il y a lieu d'assurer le paiement de ces contributions en faisant, ainsi que l'indique l'art. 109, C. forest., distraire de la coupe ordinaire une portion suffisante de bois qui sera vendue aux enchères, avant toute distribution d'affouage aux habitans. — Décis. min. 17 juill. 1841.

72. — Lorsque le conseil municipal a voté l'affectation du produit d'une coupe sur le quart de réserve à un objet d'utilité communale, le maire adresse cette délibération au préfet, qui la transmet aux ministres de l'intérieur et des finances; ce dernier ministre, s'il y a lieu, soumet à l'approbation du roi l'ordonnance qui autorise la coupe. L. 20 sept. 1791; C. forest., art. 17; Ord. réglement. 1er août 1827, art. 82 à 91.

Sect. 4e. — *Des personnes qui ont droit à l'affouage.*

73. — Le partage de l'affouage doit se faire, dit l'art. 105, C. forest., par feu, c'est-à-dire par chef de famille ou de maison ayant domicile réel et fixe dans la commune.

74. — L'affouage est un revenu communal. — La première condition à remplir pour y prendre part est donc d'être membre de la commune.

75. — Il n'est pas nécessaire d'être Français pour jouir du droit d'affouage; il suffit d'être habitant de la commune à laquelle ce droit appartient pour être admis à y prendre part. — Un étranger peut devenir habitant d'une commune dans le sens que ce mot comporte relativement à la jouissance des droits d'affouage, lorsqu'il a été autorisé à établir son domicile en France. — *Cass.*, 26 fév. 1838 (t. 1er 1838, p. 360), commune d'Aviotte c. Lalouette.

76. — Jugé cependant qu'il ne suffit pas, pour participer à l'affouage, d'être habitant et chef de famille dans une commune, il faut encore être Français. — *Colmar*, 26 nov. 1836 (t. 2 1837, p. 403), commune de Bendorf c. Cassal; 20 janv. 1841 (t. 1er 1841, p. 538), comm. de Durrenentzen c. Kloppfer.

77. — Que doit-on entendre par un domicile réel? Faut-il avoir résidé un an dans la commune? ou bien suffit-il d'y avoir un domicile acquis, quel que soit le temps de la résidence?

78. — L'administration avait assez long-temps pratiqué l'usage d'exiger un certain temps de résidence pour justifier de la réalité de la fixité du domicile. M. Dupin aîné (*Comment. sur le Code forest.*, art. 105) émet l'avis qu'il faut un an et un jour pour être admis à la répartition de l'affouage.

79. — Mais l'opinion contraire nous paraît préférable. L'art. 105, C. forest., exige seulement sans autre condition un domicile réel et fixe ; or la loi civile n'a pas imposé de conditions de temps à l'établissement du domicile légal, et l'exception introduite par l'art. 74 pour le domicile quant au mariage vient confirmer cette règle générale. Cette dernière opinion, que M. Proudhon (*Tr. de l'usufr.*, nº 3224) a fondée sur une savante argumentation, est aujourd'hui généralement adoptée. — Bost, *Tr. de l'organ. et des attrib. municip.*, t. 1er, p. 165; Sebire et Carteret, *Encyclop. du dr.*, vº *Affouage*, nº 14 ; Migneret, nº 154.

80. — Mais ce dernier auteur fait remarquer avec raison que, pour recevoir l'affouage, il faut être domicilié dans la commune *avant* l'époque de la répartition.

81. — Lorsqu'un père de famille meurt laissant des enfans mineurs qui continuent de résider dans la maison paternelle, et que leur tuteur a son domicile établi dans une autre commune, M. Proudhon (*Tr. des dr. d'usage*, nº 958) est d'avis qu'ils ont droit à l'affouage dans la commune où leur père était domicilié. Mais nous croyons avec M. Migneret (*Tr. de l'affouage*, nº 158) que la loi, en fixant le domicile du mineur chez son tuteur, n'a pas distingué si, par suite d'une convention entre les parties, le mineur aurait une autre résidence. Les mineurs n'auraient donc pas, selon nous, dans l'espèce posée par M. Proudhon, droit à l'affouage dans la commune de leur résidence.

82. — Le mot *chef de famille ou de maison* indique un individu maître de sa personne et du logis; c'est ce qui résulte bien clairement de la discussion qui s'est engagée sur le projet de l'art. 105, C. forest., à la chambre des députés. Le projet portait seulement *chef de famille*; M. de Montbel proposa d'y substituer ceux-ci : *chef de maison*. « En effet, dit-il, un célibataire, un curé, un desservant, par exemple, n'est pas dans le sens habituel, du moins dans le sens restreint, un chef de famille. » — M. Fumeron d'Ardeuil répondit qu'un arrêt du conseil de 1777 avait expliqué la chose autant que possible, et avait dit qu'on entendait par chef de famille les gens mariés ou garçons. — M. Favard de Langlade fit connaître que la commission avait été unanimement d'avis que dans les mots *chef de famille* se trouvaient nécessairement compris les curés et les desservans, parce qu'ils sont au nombre des chefs de maison. — Pour trancher toute difficulté on ajouta à la rédaction primitive ces mots : *ou de maison*.

83. — Puisqu'il faut pour être chef de famille ou de maison être maître de sa personne ou de ses biens, on ne peut considérer comme tels le mineur non émancipé, l'interdit, les domestiques à gages, etc.

84. — La femme mariée qui n'a pas d'autre domicile que celui de son mari n'a pas droit à l'affouage. Mais il en serait autrement de la femme séparée de corps, à laquelle le jugement donne le droit d'avoir un domicile séparé de celui de son mari. M. Migneret (nº 158) admet aussi une exception en faveur de la femme séparée de biens dont le mari serait absent par suite du désordre de ses affaires.

85. — La femme dont le mari est domestique n'a pas d'autre domicile que son mari, dont le domicile est chez son maître. La résidence que la femme peut avoir dans une autre commune ne peut pas être considérée comme un domicile; dès-lors, elle n'a pas droit à l'affouage. — Migneret, nº 161.

86. — Si le père et les enfans vivent en commun, soit que les enfans n'aient jamais quitté la maison paternelle, soit que le père ait préféré à une vie isolée la situation de pensionnaire chez ses enfans, il n'y a qu'un chef de famille et qu'une portion d'affouage; mais si le père s'est réservé son mobilier, s'il a un logement distinct, lors même qu'il prendrait ses repas avec ses enfans, il a droit à un affouage. — Migneret, nº 143.

87. — Les célibataires, les curés et desservans, les agens du gouvernement, les employés des administrations publiques ont droit à l'affouage lorsqu'ils ont un domicile dans la commune. Pour les circonstances qui constituent l'établissement ou la translation du domicile, V. DOMICILE.

88. — Le maître d'école, lorsqu'il se trouve dans les mêmes conditions de domicile, a droit à l'affouage. — Le conseil municipal peut aussi attribuer à la salle d'école de la commune une portion indépendante de celle donnée à l'instituteur comme habitant, car l'affouage est destiné aux besoins communs de la commune; il peut donc être affecté au chauffage du lieu où tous les enfans de la commune sont reçus.

89. — Les militaires n'ont certainement pas leur domicile, et partant pas de droit à l'affouage dans la ville où ils tiennent garnison. Nous déciderions de même à l'égard des gendarmes en résidence dans une commune, à moins de circonstances particulières indépendantes du service et propres à faire penser qu'ils ont fixé leur domicile dans cette commune.

90. — Il n'est pas nécessaire que le chef de famille paie une contribution. — *Bourges*, 10 mars 1840 (t. 1er 1841, p. 92), Moreau c. commune de Remilly. — M. Proudhon (*Tr. des dr. d'usage*, nº 960) avait embrassé cette opinion, que soutiennent aussi MM. Sebire et Carteret (*Encyclop. du dr.*, vº *Affouage*, nº 1er), mais que combat l'annotateur de Proudhon, M. Curasson. « Il est certain, dit ce dernier, que le prolétaire, voire même le mendiant, qui ne paie aucune espèce de contribution, n'en a pas moins, dans la distribution par feu, une part égale à celle du gros cultivateur qui le nourrit; et c'est là un des vices les plus frappans de cette répartition. » Mais cette raison ne nous paraît pas de nature à faire abandonner l'opinion consacrée par la cour de Bourges.

91. — Il faut, pour exercer le droit d'affouage dans un bois appartenant à une commune, y avoir son habitation et non pas des propriétés seulement. — *Bourges*, 30 nov. 1830, Monin c. Pinson.

92. — Ainsi il faut reconnaître que si, d'après l'art. 532, C. civ., les biens communaux sont ceux à la propriété ou aux produits desquels les habitans d'une commune ont un droit acquis, et s'il faut nécessairement posséder une habitation, une maison, un feu dans une commune, pour en être réputé habitant et avoir droit à la jouissance des produits des biens communaux, l'exercice de ce droit n'est pas personnel à ceux qui résident dans la commune, mais appartient en leur nom et de leur chef aux fermiers ou locataires qui occupent des maisons, habitations ou feux. — *Cass.*, 23 juill. 1834, Larrieu c. comm. de Poyanne et de Saint-Geours ; — Bost, t. 1er, p. 167.

93. — Si une section de commune est distraite pour être incorporée à une autre commune, les habitans de la section n'en conservent pas moins, sur les biens de la commune de laquelle ils ont été distraits les droits d'affouage qu'ils avaient précédemment. — Bost, t. 1er, p. 167.

94. — De même, lorsque, deux communes ayant été réunies, l'une est devenue section de l'autre, il ne résulte pas de cette réunion que les affouages appartenant à l'une d'elles deviennent propriété de l'autre commune. — Bost, t. 1er, p. 167; Magnitot et Delamarre, vº *Affouage*.

95. — L'ancienneté de la réunion n'influe pas sur le droit, s'il n'y a pas eu prescription acquise par une longue possession. — Bost, t. 1er, p. 167.

96. — Aussi la plupart des décrets et ordonnances qui prononcent la réunion de communes ou de sections de communes portent : « sauf les droits de propriété et d'usage qui restent indivis; » ou « sans préjudice des droits d'*affouage*, de parcours, etc., dont chaque commune continuera de jouir séparément. »

97. — Ce principe est formellement consacré par l'art. 5, L. 18 juill. 1837, aux termes duquel les habitans de la commune réunie à une autre commune conservent la jouissance exclusive des biens dont les fruits étaient perçus en nature.

98. — Jugé que les droits sur les biens communaux sont des droits réels inhérens à l'ancien territoire et qui ne doivent pas être étendus aux terres nouvellement réunies à ce territoire par suite de leur distraction d'autres communes, et qu'ainsi la réunion, opérée en vertu d'un décret, d'un domaine au territoire d'une commune, ne confère pas au propriétaire le droit de participer à l'affouage des bois de commune, surtout si ce décret réserve les droits respectifs de propriété. — *Besançon*, 28 fév. 1828, Bonnet c. commune de Champagney.

99. — Mais on ne pourrait considérer comme une section de commune une réunion d'ouvriers qui viendraient s'agglomérer autour d'une manufacture; cependant si en fait leur domicile était bien établi dans la commune, ils devraient être admis à participer à l'affouage.

100. — L'usage de n'admettre au partage des affouages le nouvel habitant que moyennant une taxe préalable doit-il être maintenu?

101. — Pour l'affirmative on a dit que de l'art. 105, C. forest. il résultait que l'intention du législateur avait été de respecter les anciens réglemens ou les *usages* établis dans les communes, concernant la répartition des affouages, d'où il fallait conclure que, si un ancien réglement exige que chaque nouvel habitant d'une commune paie une certaine taxe comme droit de *bienvenue* pour être admis au rôle d'affouage, cette taxe est obligatoire; on a ajouté que cette taxe n'était au fond qu'une indemnité due aux anciens habitans pour la diminution de part que le dernier habitant leur fait éprouver.

102. — Mais la négative a été embrassée par le ministre de l'intérieur dans une lettre du 20 juill. 1835, ainsi conçue: « Aucune disposition législative n'autorise la perception de la taxe dont il s'agit. L'art. 105 C. forest. en respectant les *usages* n'a entendu parler que des usages relatifs au partage par feu, par tête, ou par tout autre mode; toutes les taxes de la nature de celles qu'on qualifiait autrefois d'achat de droit de bourgeoisie ont été abolies par les lois de finances, qui ne comprennent sous les mots de *taxes d'affouage* que celles auxquelles la généralité des habitans est soumise; il convient donc que tous les habitans jouissent de l'affouage sans distinction entre les anciens et les nouveaux, et l'autorité doit poursuivre l'abolition de toute taxe s'écartant du principe d'égalité qui doit être scrupuleusement observé en matière d'impôts. » Bost, t. 1er, p. 168.

103. — Décidé que l'usage qui aurait existé dans une commune de n'admettre de nouveaux habitans à la participation de l'affouage, qu'autant qu'ils auraient versé une somme déterminée dans la caisse de la commune, n'est pas du nombre de ceux que l'art. 106 C. forest. a voulu conserver. — *Colmar*, 26 nov. 1836 (t. 2 1837, p. 403, 493), commune de Bendorf c. Cassal.

Sect. 5e. — *Du partage et de l'exploitation.*

104. — Suivant l'art. 5 de la déclaration de Léopold, duc de Lorraine, du 13 juin 1724, les bois destinés pour l'affouage d'une communauté devaient être partagés par égales portions entre tous les habitans.

105. — La loi du 26 niv. an II étendit cette disposition à toute la France et déclara que les bois *actuellement coupés*, provenant des biens communaux, devraient se partager par tête, conformément à la loi du 10 juin 1793.

106. — Un membre de la Convention nationale, étant en mission dans le département de la Haute-Saône, avait pris, le 23 prair. an III un arrêté par lequel, considérant cette loi comme faite uniquement pour les bois qui se *trouvaient coupés* au moment où elle avait été rendue, il avait prescrit un mode de distribution tout différent. Mais, le 19 frim. an X, le gouvernement a annulé cet arrêté et a ordonné que le partage des bois communaux d'affouage autres que les futaies, dans le département de la Haute-Saône et dans tous ceux où l'affouage a lieu, se ferait par tête d'habitant, conformément à la déclaration du 13 juin 1724 et à la loi du 26 niv. an II.

107. — Mais un décret du 20 juin 1806, deux avis du cons. d'ét. des 4 et 20 juill. 1807, et un décr. du 6 juin 1811, rétablirent le partage par feu, c'est-à-dire par chef de famille, mode qui a aussi été choisi par le Code forest.

108. — En effet, d'après l'art. 105 C. forest., la répartition des affouages s'opère par feux et non par tête, c'est-à-dire par chefs de famille ou de maison ayant domicile réel et feu dans la commune, à moins qu'il n'y ait titre ou usage contraire. — Bost, t. 1er, p. 161.

109. — Le projet du Code forest. prescrivait d'une manière absolue le partage par feux, mais le rapporteur de la commission de la chambre des députés, M. Favard de Langlade, demanda qu'on respectât un mode différent qui serait établi par un *usage ou une possession immémoriale équivalente à un titre*, et l'amendement proposé en ce sens par la commission fut adopté.

110. — C'était là un retour aux anciens principes consacrés par beaucoup de coutumes; il était, il est vrai, de jurisprudence dans le treizième siècle que la possession la plus longue était insuffisante pour conférer des droits d'usage, et que nul ne pouvait en réclamer sans charte de concession, ou sans payer une redevance au seigneur. — V. anciennes cout. de Champagne et Brie, rédigées de 1244 à 1290, art. 24; Beaumanoir, *Cout. de Beauvoisis*, chap. 24 (qui nous a conservé un jugement de Creil, rendu d'après le même principe). — Mais les esprits se divisèrent sur le sens du mot *titre*. Des jurisconsultes prétendirent que par ce mot il fallait entendre la possession immémoriale, qui était un véritable titre. Cette opinion, adoptée par des hommes de poids, fut érigée en loi par les cout. de Chaumont, art. 102; de Nivernais, tit. *Des bois*, art. 9 et 10; de Meaux, art. 76; d'Auxerre, art. 261; de Sens, art. 147, et de Saint-Mihiel, tit. 13, art. 9. — Cependant la jurisprudence du treizième siècle s'était conservée dans quelques coutumes. — V. notamment Troyes, art. 168, et cout. duché de Bourgogne, tit. *Des forêts*, art. 2.

111. — Que faut-il entendre aujourd'hui par les mots *titre* ou *usages* dont se sert l'art. 105, C. forest.?

112. — Ces titres ne sont pas, *ne peuvent pas être*

des titres *conventionnels* intervenus entre la commune et ses habitans, sur la jouissance et le mode de partage des bois communaux. De semblables accords sont impossibles.

113. — Il ne s'agit pas non plus de titres postérieurs à la loi du 10 juin 1793 ; car, depuis lors, tout étant réglé par la loi, il n'a pu s'établir d'usage ou de titre contraire aux dispositions impératives de cette loi.

114. — Les titres dont parle l'art. 105, C. forest., sont donc les anciens titres, c'est-à-dire des réglemens administratifs ou judiciaires, émanés de cours souveraines ou du pouvoir administratif d'alors, avant la législation qui a prescrit pour tout le royaume un mode de partage uniforme. — Carasson, *C. forest.*, t. 1er, p. 424 ; Sebire et Carteret, vo *Affouage*, no 28.

115. — Les usages doivent nécessairement être anciens. On devrait considérer comme impuissans, en présence de l'art. 105, C. forest., les usages établis depuis la loi du 10 juin 1792, et celle du 26 niv. an II, qui seraient contraires à cet art. 105. L'usage, qui suppose un titre, ne peut pas être plus puissant que le titre lui-même. Les communes doivent donc revenir aux usages régulièrement établis avant la loi précitée, et à leur défaut seulement suivre le Code lui-même.

116. — Jugé conformément à ces principes que les usages maintenus par l'art. 105, C. forest., sont ceux relatifs au mode de partage, entre les habitans d'une commune, des bois d'affouage. — *Cass.*, 6 av. 1838 (t. 1er 1838, p. 485), commune de Bendorff, et la note.

117. — Lorsque le conseil municipal veut abandonner le mode légal de partage pour en revenir aux anciens usages, ou réciproquement, on suit le mode de procéder indiqué par le décret du 19 brum. an XIII ; c'est au conseil municipal qui, d'après l'art. 17, § 4, L. 18 juill. 1837, règle les affouages, qu'il appartient de prendre l'initiative. Par sa délibération, il constate l'ancien usage et arrête, d'après cette base, le mode de répartition. La délibération est adressée par le maire au sous-préfet, qui la transmet au préfet, avec son avis. Ce dernier fonctionnaire la soumet au ministre, avec ses observations, et une ordonnance royale statue. — Migneret, nos 110 et 111.

118. — Le mode de distribution et de répartition des bois d'affouage ne peut être arbitrairement changé par l'autorité administrative. Avant la loi du 18 juill. 1837 un nouveau mode d'affouage ne pouvait être établi par le préfet, sans que son arrêté eût été soumis au gouvernement et revêtu de son approbation. Déc. 8 brum. an XIII. — *Cons. d'état*, 7 oct. 1812, commune de Dalheim ; — Magnitot et Delamarre, vo *Affouage*.

119. — Les usages sont susceptibles d'être prouvés par écrit ou par témoins.

120. — La preuve écrite d'un usage ne doit pas être confondue avec le *titre*. Ainsi, on ne devrait pas considérer comme un titre, mais comme la preuve d'un usage, la série des délibérations du conseil municipal qui ont pendant plusieurs années réglé la répartition de l'affouage. Il en serait de même d'une décision judiciaire qui, rendue à l'occasion d'intérêts privés, contiendrait des énonciations propres à indiquer les bases de l'usage.

121. — La preuve testimoniale sera fournie dans les formes ordinaires. Sur les formalités de l'enquête, et sur le point de savoir si les habitans de la commune pourront être entendus comme témoins, V. ENQUÊTE.

122. — Le taillis se partage par feu ; mais l'art. 105, C. forest., indique pour la futaie un mode spécial de partage.

123. — La délivrance des futaies, à titre d'affouage, a lieu pour l'entretien, la réparation ou la reconstruction des maisons ; elles se distribuent dans la proportion de l'étendue des bâtimens. Il n'y a pas à examiner si le propriétaire est ou non domicilié dans la commune pour lui accorder sa part dans les coupes, car c'est à la maison et pour la maison, qui est toujours là, que cette coupe est due. Le créancier, c'est la maison, comme la forêt est le débiteur. — Proudhon, *Tr. de l'usufr.*, no 3246.

124. — La futaie doit être délivrée à l'usufruitier de la maison, sauf réglement, à la fin de l'usufruit, entre lui et le propriétaire. Il est évident que le locataire n'y aurait aucun droit, puisque les grosses réparations ne sont pas à sa charge. — Migneret, no 252.

125. — L'art. 105, C. forest., dispose qu'à moins de titre ou usage contraire, la valeur des arbres délivrés pour reconstruction ou réparation de maison sera estimée à dire d'experts et payée à la commune.

126. — La délivrance gratuite des futaies eût été une faveur pour les riches propriétaires, et une injustice pour les pauvres. En obligeant à verser une somme à la caisse municipale, le Code a établi l'égalité entre tous les habitans, puisque chacun d'eux profite des sommes ainsi encaissées par la commune.

127. — Mais il faut toutefois observer que ce mode, établi par la loi, doit céder devant un titre ou un usage contraire.

128. — Lorsqu'il y a lieu d'estimer la valeur des bois à délivrer aux affouagistes, il doit être procédé à l'estimation par un agent forestier, nommé par le préfet, et un expert nommé par l'affouagiste ; en cas de partage, un troisième expert est nommé par le président du tribunal. — Ordon. régl. 1er août 1827, art. 111.

129. — L'expertise prévue par l'art. 105, C. forest., est faite dans le procès-verbal même de la délivrance par le maire de la commune ou son délégué, par l'agent forestier et par un expert au choix de la partie prenante. Le procès-verbal est remis au receveur municipal par l'agent forestier. — Ordonn. réglem. 1er août 1827, art. 145.

130. — Le droit d'affouage n'arrérage pas, c'est-à-dire qu'il ne peut être dû aucun affouage pour le passé à celui qui ne s'est pas présenté pour réclamer sa part. Mais il n'en saurait être de même, selon Proudhon (*Tr. de l'usufr.*, no 3246), pour la distribution des futaies. La maison est toujours dans son état de délabrement, le besoin existe toujours, la demande du retardataire doit donc être accueillie, s'il n'y a pas eu positivement de sa faute dans l'omission dont il se plaint.

131. — Ainsi, après l'expiration du délai fixé pour la coupe, les habitans d'une commune ne peuvent couper les bois qui leur sont délivrés dans les forêts communales. — Magnitot et Delamarre, vo *Affouage*.

132. — Quand les bois de chauffage se délivrent par coupes, l'exploitation en est faite aux frais des usagers (ou affouagers), par un entrepreneur spécial nommé par eux et agréé par l'administration forestière. — C. forest., art. 81.

133. — L'art. 82, C. forest., que l'art. 112 déclare applicable à l'affouage communal, défend aux habitans d'exploiter eux-mêmes ; mais l'entrepreneur a néanmoins la faculté d'employer, sous sa responsabilité, trois habitans à l'exploitation qui lui a été confiée. — Circul. minist. 10 mars 1828.

134. — Cette coupe ne peut être exploitée, sous peine d'amende, qu'après la remise au maire d'un *permis d'exploiter*, qui est accordé par l'administration forestière.

135. — Les habitans d'une commune qui ont, sans délivrance ni autorisation de l'administration forestière, coupé du bois de chauffage dans un bois appartenant à cette commune, ne peuvent pas être acquittés sous le prétexte d'une ancienne possession, ni d'un acte de partage qui n'a pas la couleur d'un acte apparent, ni de l'exécution donnée à cet acte, à l'insu de l'administration forestière. — *Cass.*, 9 oct. 1824, Forêts c. Fougerousse.

136. — Pour les obligations et la responsabilité de l'entrepreneur de la coupe, V. FORÊTS.

137. — Aucun bois ne doit être partagé sur pied ni abattu par les affouagers individuellement, et les lots ne peuvent être faits qu'après l'entière exploitation de la coupe. L'art. 81, C. forest., prononce contre la violation de ces prohibitions diverses pénalités applicables en matière d'affouage, d'après l'art. 112, C. forest.

138. — MM. Magnitot et Delamarre (vo *Affouage*) émettent l'opinion suivante : « L'affouage étant le droit que possède une commune de couper dans un bois à elle appartenant les portions destinées au chauffage des habitans ou à des constructions qui intéressent la commune, la conséquence naturelle est que l'affouager ne peut faire aucun trafic des bois qu'il a droit de prendre, ni les employer autrement que pour l'objet à raison duquel ils lui ont été délivrés. C. forest., art. 83 ; C. civ., art. 631. »

139. — Cette opinion nous semble erronée ; il n'est pas douteux pour nous aujourd'hui, en présence de l'art. 112, C. forest., que les affouagers ont le droit de vendre les coupes qui leur sont délivrées, puisque l'art. 83, qui interdit cette faculté quand l'affouage constitue un droit d'usage, qui a pour limites les besoins personnels, est déclaré par l'art. 112 inapplicable à l'affouage quand il constitue un véritable droit de propriété (V. *suprà* no 26). — Sebire et Carteret, *Encyclop. du dr.*, no 31 ; Migneret, no 246.

140. — Jugé que le principe d'interdiction de vente des bois d'affouage, tiré de l'ancienne législation française, et sanctionné par l'art. 83, C. forest., est un principe du droit commun auquel il a toujours été permis de déroger par des conventions particulières. — *Nancy*, 2 janv. 1844 (t. 2 1844, p. 157), préfet des Vosges c. commune d'Etival.

Sect. 6e. — *Du contentieux et de la compétence en matière d'affouage.*

141. — Trois sortes de réclamans peuvent critiquer les rôles d'affouage : — 1o ceux qui ayant des droits acquis n'y ont pas été portés ; — 2o ceux qui, inscrits les années précédentes, ont été omis ou n'ont été portés que pour une part moindre ; — 3o ceux qui critiquent l'inscription d'un habitant qu'ils prétendent sans droit à la répartition.

142. — Il n'y a pas de délai prescrit à peine de déchéance pour les réclamations ; mais la nature même des choses indique que le réclamant devra se pourvoir avant la clôture définitive de la liste. Il est mis en demeure par l'affiche indiquée *suprà* (no 57). Mais nous pensons que, puisque le rôle est soumis à l'approbation du préfet, ce fonctionnaire doit exercer un contrôle sérieux et utile aux parties intéressées ; dès-lors le réclamant qui, par des circonstances indépendantes de sa volonté, n'aurait pas pu soumettre sa réclamation au conseil municipal en temps utile, pourrait encore fournir la justification de son droit au préfet, qui aurait qualité pour statuer.

143. — Toute mesure administrative relative à l'affouage est susceptible de plusieurs recours qui ne participent pas de la même nature. En effet, la mesure peut être en opposition avec les besoins d'une bonne police, et en même temps elle peut porter atteinte aux droits qu'a l'habitant de la commune dans le partage. — Dans le premier cas, le recours est du ressort de l'administration elle-même, qui est le juge naturel en ce qui concerne les intérêts généraux ; dans le second, le recours doit être porté devant les tribunaux administratifs ou devant les tribunaux ordinaires, selon que le droit appartenant au réclamant a trait à un acte administratif, ou que la question soulevée par le délit est subordonnée à un principe de droit civil. — Dufour, t. 1er, no 552. — V. *infrà* no 155.

144. — La confection de la liste affouagère est, comme on l'a vu, confiée au conseil municipal, qui, dès-lors, décide en premier lieu sur les réclamations de toute espèce que l'affouage peut faire naître et qui lui sont soumises par le maire. — Dufour, no 553.

145. — Le préfet règle, sauf recours au ministre de l'intérieur, dont l'approbation rend la mesure définitive et obligatoire, tout ce qui se rattache purement à l'administration. — Dufour, no 554.

146. — Le préfet est compétent pour statuer sur la mise en vente d'une portion des coupes affouagères d'une commune. — *Cons. d'état*, 10 août 1828, Tonnaire ; — Cormenin, t. 1er, p. 276, vo *Bois*.

147. — Les préfets sont compétens pour statuer sur la délivrance des bois d'affouage destinés aux constructions, en cas d'urgence. — Ord. réglem. 1er août 1827, art. 123 ; — Cormenin, t. 1er, p. 276, vo *Bois*.

148. — Ainsi, dit M. Proudhon (*Tr. des dr. d'usage*, no 948), c'est au préfet qu'il appartient 1o de prescrire aux maires les mesures préalablement nécessaires pour opérer le partage des affouages, telles que le recensement des feux et le toisé des maisons de leurs communes ; 2o d'enjoindre aux maires de convoquer les conseils municipaux pour former, de concert avec eux, les rôles ou états nominatifs des affouagers ; 3o de régler la forme de ces rôles, de prescrire comment ils doivent être publiés et affichés pour que toutes les personnes intéressées soient mises à portée de se plaindre de leur omission ou d'en demander le redressement ; 4o de fixer les délais durant lesquels ces rôles doivent être affichés, et après lesquels on ne recevra plus de réclamations, si ce n'est par rapport à des circonstances extraordinaires.

149. — Si un habitant réclame contre ces mesures ou signale leur irrégularité, c'est au préfet qu'il appartient de statuer, sauf recours au ministre. Son arrêté est obligatoire, car il est purement administratif.

150. — Mais s'agit-il d'une réclamation fondée sur l'atteinte portée à un droit particulier, par exemple d'une réclamation contre l'omission d'un individu qui aurait dû être porté sur la liste, le préfet n'a pas le pouvoir de rendre une décision qui ne doit émaner que d'une autorité juridique. Il ne peut qu'intervenir entre le réclamant et le conseil municipal, pour éclairer la marche de ce dernier et, s'il y a lieu, éviter un procès. — Dufour, no 554.

151. — M. Serrigny (t. 2, no 796) émet un autre avis. « On a prétendu, dit-il, que les habitans qui demandent à être compris dans le partage de l'affouage établi par une délibération conforme au mode légal de répartition devaient agir devant le préfet, auquel l'art. 18, L. 18 juill. 1837, confère le pouvoir d'annuler la délibération du conseil munici-

pal, soit d'office, soit *sur la réclamation de toute partie intéressée.* Mais la raison indique que ce droit d'annulation ne doit être exercé qu'autant que la délibération est contraire à la loi ou à l'intérêt de la commune, et que le préfet ne peut pas substituer sa volonté à celle du conseil municipal pour faire ce que celui-ci aurait dû faire et n'a pas fait. Ce serait s'ériger en juge d'un débat contentieux que d'ajouter au rôle de répartition ceux que le conseil municipal en a exclus; le préfet est donc incompétent. »

152.—Le ministre de l'intérieur exerce le même pouvoir que le préfet, mais il décide souverainement sur tout ce qui rentre dans l'administration, et, sa décision rendue, il n'y a aucun recours, puisqu'elle est un acte administratif, pour la faire réformer.

153.—Cependant la décision du préfet ou du ministre, lorsqu'elle lèse des droits particuliers, ne peut être considérée que comme un simple avis qui ne lie pas le juge auquel peuvent recourir ceux dont l'intérêt a été froissé.

154.—Alors s'ouvre pour la partie lésée le recours contentieux dont sont susceptibles les décisions rendues en matière d'affouage.—*Cons. d'état*, 10 août 1828, Tonnaire; 24 janv. 1827, commune d'Octeville c. Toussaint.

155. — Le recours, dans ce cas, est porté devant les tribunaux administratifs, si le droit du réclamant repose sur un acte administratif.—Il est porté devant les tribunaux ordinaires, si le droit du réclamant est subordonné à un principe de droit civil. — Dufour, nº 557. — V. *suprà* nº 143.

156. — Aux termes des art. 1er et 2, sect. 5e, L. 10 juin 1793, qui, sur le point dont il s'agit ici, n'a été depuis abrogée par aucune autre, les contestations ayant pour objet le mode de partage des biens communaux ou portant sur la manière d'exécuter ces partages devaient être soumises aux directoires des départemens qui sont aujourd'hui représentés par les conseils de préfecture compétens pour statuer comme eux sur le contentieux administratif; or les assiettes exploitées dans les forêts communales sont certainement des biens communaux; donc toutes les contestations qui peuvent s'élever entre les habitans sur le mode de partage de ces assiettes doivent être portées en premier ressort au conseil de préfecture.—Par la même raison on doit décider que, s'il y a des réclamations contre le rôle de répartition des sommes qui sont à payer par les parties prenantes, comme affectées spécialement sur l'affouage, c'est au conseil de préfecture qu'elles doivent être portées.—Proudhon, nº 944; Serrigny, t. 2, nº 805; Migneret, nº 206.

157.—Est-ce aux conseils de préfecture qu'il appartient de décider si l'usage autrefois en vigueur dans les communes est contraire au partage par feu? — Le conseil d'état s'est constamment prononcé pour la négative.—*Cons. d'état*, 11 janv. 1837, commune d'Heimersdorff c. Federspiel; 14 juill. 1838, commune de Réchésy c. Cordelier.

158.—M. Serrigny (*Tr. de l'organ. de la compét. en mat. admin.*, t. 2, nº 806) se prononce pour la compétence des conseils de préfecture. Il s'appuie sur ce que la répartition de l'affouage est faite par un corps administratif, sous la surveillance de l'autorité administrative supérieure, sur ce que les actes constatant les anciennes répartitions sont dans les archives des communes, sur ce que l'autorité administrative est exclusivement compétente, soit qu'il s'agisse de régler le mode de répartition ou de le changer; il conclut de là que, tous les élémens de la décision étant entre les mains de l'administration, c'est elle qui mieux que les tribunaux peut constater les précédens.

159.—Mais la contestation dont il s'agit ici ne porte aucun des caractères du contentieux administratif, seuls susceptibles de justifier la compétence du conseil de préfecture. On retrouve ici des exceptions empruntées au droit commun et rentrant, dès-lors, à moins d'une dérogation qui n'existe pas, dans la compétence des tribunaux civils. — Dufour, nº 559.

160.—En conséquence, jugé que les tribunaux civils sont compétens pour statuer entre des particuliers et une commune sur un mode de jouissance ou une répartition de l'affouage fondés sur d'anciens titres.—*Cons. d'état*, 11 janv. 1837, comm. d'Heimersdorff c. Federspiel; 8 fév. 1831, Renard c. habitans d'Ozouer-le-Voulgis; — Cormenin, t. 1er, p. 283, vº *Bois.*

161. — Toute contestation qui a pour objet ou la propriété foncière ou les droits d'usage prétendus sur cette propriété, rentre donc dans les attributions du pouvoir judiciaire, soit que la difficulté existe entre plusieurs communes ou sections de communes, soit qu'elle ait lieu entre une commune et un ou plusieurs particuliers.—Dufour, nº 560.

162. — Ainsi, lorsque plusieurs habitans d'une commune se croient lésés dans la répartition des bois d'affouage ou qu'ils n'ont point été compris dans la distribution qui en a été faite aux autres habitans, si le préfet refuse d'accueillir leur demande pour être dorénavant compris dans la répartition, son arrêté ne fait pas obstacle à ce que les réclamans intentent, s'ils s'y croient fondés, une action devant les tribunaux contre la commune, à raison du droit d'affouage qu'ils prétendent.—Magnitot, vº *Affouage.*

163.—Ainsi, c'est aux tribunaux à statuer lorsqu'il s'agit de savoir si le droit d'être compris dans l'affouage communal appartient à un particulier qui tient son droit, non de la qualité d'acquéreur d'un domaine national, mais de celle d'habitant.—L. 10 juin 1793; — *Cons. d'état*, 20 sept. 1809, Chollez contre commune de Conflans;—Bost, t. 1er, p. 169.

164.—Bien que les opérations relatives au partage et à la distribution des affouages entre les habitans d'une même commune soient du ressort exclusif de l'administration, néanmoins, s'il s'élève, à l'occasion de ces opérations, des contestations qui soulèvent des questions de propriété ou de capacité, ces contestations doivent être portées devant l'autorité judiciaire. — Telle est, par exemple, la question de savoir si, dans la répartition des affouages, les célibataires des deux sexes n'ont dû être compris que pour une demi-portion, cette question touchant à la capacité. — *Cass.*, 13 fév. 1844 (t. 1er 1844, p. 324), commune de Reynel c. Louvent.

165.—La question de savoir si le réclamant est domicilié dans la commune et est soumis à la même administration que les autres habitans est préjudicielle à la répartition de l'affouage. Le domicile s'établit et se prouve par des moyens tirés du droit civil; il tient d'ailleurs en quelque sorte à l'état des personnes et se trouve ainsi placé sous la sauve-garde des tribunaux.

166. — Les tribunaux civils sont seuls compétens pour apprécier les titres ou la possession sur lesquels le réclamant fonde sa prétention. — *Cons. d'état,* 20 sept. 1809, Chollez; 25 sept. 1834, Humbey c. hameau de Servins; — Dufour, nº 561.

167.—Les tribunaux civils sont seuls compétens pour apprécier la qualité de Français du réclamant.—*Cass.*, 26 fév. 1838 (t. 1er 1838, p. 360), commune d'Aviotte c. Lalouette; — Dufour, nº 561; Serrigny, nº 804.

168.—Ainsi, les tribunaux civils seuls peuvent être saisis en matière d'affouage des questions relatives au domicile du réclamant.—*Cons. d'état*, 21 déc. 1825, commune de Bavant; 31 janv. 1834, Bregand; — Dufour, nº 560; Serrigny, nº 803; Bost, t. 1er, p. 169.

169. — C'est aussi aux tribunaux à statuer lorsque le réglement du mode d'affouage est subordonné à une question préalable de propriété.—LL. 28 août 1792, 28 pluv. an VIII; — *Cons. d'état*, 15 juin 1825, Chouet c. commune de Montigny-lèz-Amoges; — Bost, t. 1er, p. 169.

170.—Les tribunaux civils sont compétens pour statuer entre une commune affouagée et le propriétaire d'un bois, au sujet d'une rente pour droits d'affouage. — *Cons. d'état*, 1er mai 1822, Paran c. commune de Langogne; —Cormenin, t. 1er, p. 283, vº *Bois.*

171.—Mais lorsque le réclamant se plaint seulement d'avoir été exclu induement de la répartition, devant quelle autorité doit-il porter sa réclamation?

172. — Devant les tribunaux, disent MM. Proudhon (*Tr. de l'usufruit*, nº 3276) et Curasson (t. 1er, p. 495 et 499); car le réclamant est, comme tous les autres habitans, un véritable usager. Or, la loi du 10 juin 1793, sect. 5e, art. 3, attribue à l'autorité judiciaire les procès entre la commune et les propriétaires, à raison des biens patrimoniaux ou communaux pour droits, *usages*, etc.

173.—Mais la compétence du conseil de préfecture paraît plus d'accord avec la qualité du réclamant, qui, comme nous l'avons démontré plus haut, n'est pas un usager, mais un copropriétaire. D'ailleurs, la contestation a pour base un acte administratif, la délibération du conseil municipal et la rédaction par lui faite des listes affouagères.

174.—La loi du 10 juin 1793, sect. 5e, art. 2, attribue aux directoires de département (aujourd'hui les conseils de préfecture) la connaissance des contestations relatives au mode de partage des biens communaux. Pourquoi, d'ailleurs, n'appliquerait-on pas à la contestation relative à la répartition de l'affouage ce qui a été décidé pour le partage des autres fruits communaux? — V. en ce sens *Conseil d'état*, 16 mars 1836, Etienne c. Lemoine.

175.—L'art. 3, sect. 5e, L. 10 juin 1793, suppose, d'ailleurs, une contestation entre une commune et un tiers pour des droits de propriété ou d'usage. Or, la contestation entre une commune et l'un de ses habitans, en cette qualité d'habitant, n'est ni une question de propriété ni une question de droits d'usage. — La répartition de l'affouage par le conseil municipal est une opération administrative, faite sous la tutelle de l'administration supérieure, qui doit avoir l'autorité nécessaire pour terminer la contestation élevée par l'un des membres de la communauté.—Si les tribunaux avaient le droit de connaître des réclamations individuelles contre le rôle de répartition arrêté par le conseil municipal, il faudrait aller jusqu'à dire qu'ils pourraient connaître des réclamations contre le toisé des maisons dans les communes où les futaies sont ainsi distribuées en vertu d'un usage maintenu par l'art. 105, C. forest., et qu'en conséquence ils auraient le droit d'ordonner des expertises pour vérifier et refaire ce toisé et rétablir ainsi l'égalité proportionnelle entre les ayant-droit. De pareilles procédures seraient monstrueuses. Les conseils de préfecture, au lieu d'autoriser les communes à défendre à de pareilles contestations, devraient les retenir et les juger, et, dans le cas où le réclamant persisterait à saisir les tribunaux, ils devraient provoquer l'exercice du conflit.—Serrigny, nº 800.

AFFOUAGEMENT.

1. — Ce mot, dérivé de *fouage*, était particulièrement usité en Provence, où il indiquait la répartition par feux d'une taille que les comtes de Provence levaient dans certains cas sur leurs sujets. On l'employait aussi pour indiquer le livre qui contenait cette répartition. — Plus tard, on appela aussi affouagement, dans la même province, un tableau qui contenait les noms de toutes les communautés de Provence estimées à un certain nombre de feux, eu égard à la quantité de fonds taillables qui y étaient situés, et dans lequel le mot *feu* ne signifiait pas une maison, mais une certaine quantité de biens fonds taillables et évaluée cinquante mille livres.

2. — On employait aussi quelquefois le mot d'affouagement pour indiquer la répartition des impôts et le tableau de cette répartition, notamment dans le Languedoc, le Dauphiné et quelques autres provinces. C'est ainsi que Boulainvilliers, dans son ouvrage sur l'*État de la France*, dit que l'affouagement du Languedoc n'a pas été renouvelé depuis 200 ans. Ces affouagemens sont devenus sans objet depuis que la loi du 22 nov. 1790 a établi sur des bases nouvelles une contribution uniforme pour tous les biens fonds de la France. — Merlin, *Rép.*, vº *Affouagement.*

AFFRANCHISSEMENT.

1. — C'est l'acte par lequel un maître donne la liberté à son esclave.

2. — Il y avait à Rome plusieurs modes d'affranchissement. Ainsi, l'esclave pouvait être affranchi: 1º par le cens, lorsqu'avec la permission du maître il se faisait inscrire parmi les citoyens romains sur les tables du cens qui se faisait tous les cinq ans (l'institution du cens tomba en désuétude sous l'empire); —2º par la vindicte, devant le magistrat compétent, avec des formes et des paroles solennelles; — 3º entre amis et 4º par lettres, c'est-à-dire par une déclaration verbale (*inter amicos*) ou écrite (*per epistolam*), mais faite, dans l'un et l'autre cas, en présence de cinq témoins qui signalent la déclaration écrite ou l'acte constatant la déclaration verbale du maître; — 5º par testament ou par codicille; — enfin de plusieurs autres manières énumérées au Code. — Ulp., 1, reg. 7 et 8; L. un., §1 et 2, Cod., *De lat. libert. toll.*; — Ducaurroy, *Instit. expliq.*, nº 72; Ortolan, *Explicat. hist. des instit.*, t. 1er, p. 165 et suiv.; Beaufort, *Républiq. rom.*, liv. 6, ch. 3, t. 2, p. 144.

3. — Un nouveau mode d'affranchissement fut institué par l'empereur Constantin: ce fut l'affranchissement dans l'église (*in sacrosanctis ecclesiis*), en présence du peuple et avec l'assistance des évêques qui signaient l'acte d'affranchissement (L. 1, Cod., *De his qui in eccles.*)— Du temps de Pothier, il existait encore un monument de cette espèce d'affranchissement sur la porte de la principale église d'Orléans. On y lisait, en effet, l'inscription suivante: « *Ex beneficio S. ✝ per Joannem episcopum, et per Albertum S. ✝ casatum, factus est liber Lembertus, teste hâc sanctâ ecclesiâ.* » — Pothier, *Pand. Justinian.*, lib. 40, tit. 1, nº 1; Cujas, *Instit.*, not.; Ortolan, *Explicat. hist. des Instit.*, t. 1, p. 168 (2e édit.).

4. — Chez les barbares, le mode d'affranchissement le plus ancien était celui qui se faisait devant le roi (*ante regem*), par le jet ou le saut du denier (*per denarium jactatum vel excussum*). Un homme, le maître ou son mandataire, paraissait devant le roi avec un esclave. L'esclave tendait la main, et sur cette main il y avait un denier. Le maître, ou son mandataire, frappant la main de l'esclave par dessous, faisait sauter le denier en l'air, et l'esclave s'en allait libre, ayant reçu une charte dont on peut voir la teneur dans Marculfe, I, 22. — V. aussi L. Salic., tit. 30, § 1; — Klimrath, *Trav. sur l'hist. dr. franç.*, t. 1er, p. 399.

5. — Outre ce mode d'affranchissement, il en existait d'autres encore dont les effets variaient suivant les formes employées. — Il y avait notamment l'affranchissement par charte, *per chartam* (Marculfe, II, 32), l'affranchissement devant témoins, qui s'opérait en faisant passer l'affranchi par plusieurs mains interposées (L. Rothar, 225), enfin l'affranchissement dans l'église, en présence du clergé. — Klimrath, *loc. cit.*

6. — Sous le régime féodal, il faut distinguer, quant à l'affranchissement, entre trois espèces de serfs dont la condition était fort inégale : les serfs de corps ou de poursuite, qui étaient tellement serfs par leur naissance, qu'ils ne pouvaient, en quelque lieu qu'ils allassent s'établir, se soustraire à la puissance de leur seigneur; les serfs d'héritage, qui n'étaient serfs qu'à raison de quelque héritage qu'ils possédaient dans le territoire du seigneur; enfin, les serfs de meubles, qui tenaient le milieu entre les deux espèces précédentes. — Pothier, *Des personnes*, tit. 1er, sect. 4e.

7. — Les serfs d'héritage pouvaient s'affranchir en abandonnant l'héritage auquel leur servitude était attachée, et les serfs de meubles en abandonnant, non seulement tous les héritages qu'ils avaient dans la seigneurie, mais encore tous leurs meubles. — Pothier, *loc. cit.*; Laurière, *Gloss. du dr. fr.*, t. 2, vº *Serfs*, p. 360.

8. — Quant aux serfs de corps ou de poursuite, ils ne pouvaient devenir libres que par l'affranchissement volontaire de leur seigneur, obtenu soit à titre onéreux, soit à titre gratuit. — Guyot, *Rép.*, vº *Main-morte*.

9. — Les héritages pouvaient aussi être affranchis par la même voie de la dépendance féodale; mais, comme les seigneurs tenaient leurs fiefs du roi, et qu'ils ne pouvaient en diminuer la consistance ou les droits sans sa permission, il fallait, pour la solidité d'un affranchissement, au cas que le fief retournât entre les mains du roi, faire homologuer l'affranchissement à la chambre des comptes, et payer une finance au roi pour son indemnité. — Guyot, *Rép.*, vº *Main-morte*.

10. — Cette obligation avait lieu aussi en matière d'affranchissement des serfs de poursuite, et c'est ce qu'exprime Loisel lorsqu'il dit, dans ses *Institut. coutum.* (t. 1er, p. 107, règle 73, éd. de 1783) : « Avant » qu'un serf manumis par son seigneur soit franc, » *il faut qu'il paie finance au roi.* » — V. aussi Beaumanoir, ch. 45, p. 253 et 254, édit. de Lathaumassière.

11. — Quant à l'affranchissement des esclaves dans nos colonies, nous nous en occuperons ultérieurement au mot ESCLAVAGE.

V. ESCLAVAGE, MAIN-MORTE.

AFFRÈREMENT OU AFFRAIREMENT.

Ce mot, synonyme de *confraternité*, a été pris dans deux acceptions différentes. — On le trouve employé pour *frérage* dans un titre de l'an 1231, cité par Pithou, en son *Histoire des comtes de Champagne et de Brie*, p. 754. — En Languedoc on appelle *affrèrement* la communauté entre mari et femme. — Merlin, *Rép.*, vº *Affrèrement*.

AFFRÉRISSEMENT.

1. — On appelle *affrérissement* une double adoption qui fait entrer les enfans d'un second lit dans la famille de l'époux décédé, et ceux du premier lit dans la famille ou de l'époux ou de l'épouse de leur père ou mère survivant. — Le mot *affrérissement* signifie proprement l'action de rendre frères. — Merlin, *Rép.*, vº *Affrérissement*.

2. — Cette sorte d'adoption, fort usitée en Allemagne sous le nom d'*unio prolium*, n'était mentionnée en France que dans la coutume de Saint-Amand, en Flandre. — Merlin, *loc. cit.*

3. — Voici, en effet, ce qu'on lisait au titre 26 de cette coutume : « Il est que, par style anciennement usité en effet de contrat, on fait à ladite ville et terre affrérissement par-devant lesdits prévôt et quatre échevins pour le moins; de sorte que l'on fait les enfans de premières noces semblables aux enfans qui procèdent dudit second mariage, pour également partir aux biens de leurs père et mère, de quelque côté qu'ils soient procédés; et ce, sur l'affirmation que font les plus prochains parens paternels et maternels desdits enfans de premières noces, qu'audit affrérissement le bien desdits enfans est très bien gardé. »

4. — Aujourd'hui on ne pourrait plus faire d'affrérissement, même par contrat de mariage, en présence de l'art. 1389, C. civ., qui défend de changer l'ordre légal des successions. — Merlin, *Rép.*, vº *Affrérissement*.

AFFRÈTEMENT.

1. — C'est la convention qui a pour objet la location totale ou partielle d'un navire. — On l'appelle aussi *nolissement*. La première dénomination est usitée dans les ports de l'Océan; la seconde dans ceux de la Méditerranée.

2. — La convention d'affrètement se réalise au moyen d'une charte-partie. — V. CHARTE-PARTIE.

3. — Celui qui loue son navire s'appelle *fréteur*, et celui à qui le navire est loué *affréteur*.

4. — Le *frêt* ou *nolis* est le prix de la location. — V. FRÊT.

AFFRÉTEUR.

On nomme ainsi celui qui prend un navire à loyer. — V. AFFRÈTEMENT, CHARTE-PARTIE, FRÊT.

AFFRONTAILLES.

Terme de pratique usité dans quelques provinces pour désigner les bornes de plusieurs héritages aboutissant à celles d'un autre fonds.

AFRIQUE.

V. ALGÉRIE, ILE BOURBON, SÉNÉGAL.

AGARICS (Marchand d').

Les marchands d'agarics (espèce de champignons) sont rangés par la loi du 25 avr. 1844, sur les patentes, dans la sixième classe des patentables, et imposés à 1º un droit fixe basé sur le chiffre de la population de la ville ou commune où est situé l'établissement industriel; — 2º un droit proportionnel du vingtième de la valeur locative de la maison d'habitation et des locaux servant à l'exercice de la profession. — V. PATENTE.

AGE.

1. — Le mot *âge* exprime soit le nombre d'années auquel une personne est arrivée, soit les diverses périodes de la vie. — Mais il n'a d'importance légale que pris dans le premier sens.

2. — L'âge d'une personne se détermine en tenant compte en entier du jour de la naissance et du jour du décès. — LL. 132, 134, ff., *De verb. sign.*

3. — La preuve de l'âge résulte du registre de l'état civil. — V. ACTES DE L'ÉTAT CIVIL.

4. — C'est par l'âge d'une personne que se détermine sa capacité, tant sous le rapport civil que sous le rapport politique. — De même, il est certaines fonctions qui ne peuvent être exercées, certains emplois qui ne peuvent être obtenus, qu'autant qu'on est arrivé à un âge déterminé. — V. au surplus les mots ACTE RESPECTUEUX, ADOPTION, AGENT DE CHANGE, ARMÉE, AVOCAT, AVOUÉ, CHAMBRE DES DÉPUTÉS, CHAMBRE DES PAIRS, CHASSE, COMMISSAIRE-PRISEUR, CONSEIL D'ÉTAT, CONSEIL GÉNÉRAL, CONSEIL MUNICIPAL, CONTRIBUTIONS, COURTIER, COUR DES COMPTES, CULTE, DOUANES, DROITS POLITIQUES, DROITS CIVILS, ÉLECTIONS, ÉMANCIPATION, ENREGISTREMENT, ENSEIGNEMENT, FONCTIONS PUBLIQUES, FORÊTS, GARDE NATIONALE, GREFFIER, HUISSIER, INTERPRÈTE, JUGE DE PAIX, JURY, MAIRE, MAJORITÉ, MARIAGE, MINORITÉ, NOTAIRE, OBLIGATION, ORGANISATION ADMINISTRATIVE, ORGANISATION JUDICIAIRE, PÊCHE, PRÉFET, PRUD'HOMMES, RECRUTEMENT, TÉMOIN, TESTAMENT, TRIBUNAL DE COMMERCE, TUTELLE.

5. — L'âge d'une personne la met parfois à l'abri de certaines dispositions pénales, lui confère certains droits ou lui permet de s'exempter des charges imposées à la généralité des citoyens. — Il arrive encore que l'âge de la victime soit une circonstance aggravante de la criminalité de certains faits. — V. AGE (bénéfice d'), ATTENTAT A LA PUDEUR, CONTRAINTE PAR CORPS, EXPOSITION D'ENFANT, EXPOSITION PUBLIQUE, GARDE NATIONALE, JURY, PEINES, PENSION, TUTELLE.

6. — L'âge influe aussi sur l'époque à laquelle le roi, mineur de dix-huit ans au moment de son avènement, prend en main les rênes du gouvernement. — V. RÉGENCE, ROI.

AGE (Bénéfice d').

1. — On appelait autrefois *lettres de bénéfice d'âge* des lettres par lesquelles un mineur obtenait l'administration de ses biens et était réputé majeur en ce qui ne concernait pas l'aliénation de ses immeubles.

2. — D'après les édits de mars 1704 et de janvier 1706, personne ne pouvait être admis au bénéfice d'âge sans lettres de la grande chancellerie, ou des chancelleries établies près des parlemens.

3. — L'usage des lettres de bénéfice d'âge a été aboli par la loi du 7 sept. 1790. — On appelle aujourd'hui *Emancipation* le *Bénéfice d'âge* d'autrefois. — Merlin, *Rép.*, vº *Bénéfice d'âge*.

4. — On désigne encore par ce mot l'avantage que certains prévenus ou condamnés tiennent de la loi de pouvoir invoquer leur âge trop ou trop peu avancé, soit comme cause d'excuse ou de justification (notamment les mineurs de seize ans), soit comme motif de réduction, de permutation ou de dispense de peine (par exemple les mineurs de dix-huit ans et les septuagénaires). — V. sous les mots DISCERNEMENT, MINEUR DE DIX-HUIT ANS, SEPTUAGÉNAIRE, le détail des exceptions et difficultés que peut faire naître l'excès ou l'insuffisance de l'âge dans ces différens cas.

AGÉ.

1. — Ce terme est employé dans plusieurs coutumes comme synonyme d'*émancipé, mis hors de tutelle, majeur.* — Sous la cout. de Lille (tit. *Des tuteurs et curateurs*, art. 1er) les mâles étaient *réputés âgés* (ce qui équivalait à une sorte d'émancipation) à dix-huit ans, et les femmes à quinze. — Celle d'Artois (art. 154) *réputait âgés* les mâles arrivés à quatorze ans et les femmes qui avaient atteint onze ans complets.

2. — Par la qualification *âgés* prise d'une manière absolue et sans emploi d'aucun terme qui caractérisât une fiction, on entendait plus spécialement les individus majeurs de vingt-cinq ans. — Cout. d'Artois, et Maillard sur l'art. 72 de cette cout.; L. 3, Cod., *Si major;* Novelle 100, ch. 2; — Merlin, *Rép.*, vº *Agé*.

3. — Dans notre droit le mot *âgé* ne s'emploie pas seul : il indique, suivant la désignation précise qui le suit, qu'une personne est arrivée à tel ou tel âge.

AGENCEMENT.

On donnait ce nom, dans les ressorts des parlemens de Bordeaux et de Pau, à ce qu'on appelait *augment* dans d'autres ressorts. — V. AUGMENT DE DOT.

AGENT CONSULAIRE.

V. CONSUL.

AGENT DE FAILLITE.

1. — Personne chargée, sous le Code de comm. de 1808, de veiller et de procéder aux opérations préliminaires de la faillite.

2. — L'institution de ces agens a été, lors de la rédaction du projet du Code de comm., proposée par la section de l'intérieur du conseil d'état, qui l'avait empruntée aux curateurs établis en matière de banqueroute par les lois d'Angleterre, de Hollande et de Gênes, qui leur ont confié la mission d'administrateurs et même de juges en certains cas.

3. — Il s'éleva contre cette partie du projet plus d'une objection. On allégua la crainte de substituer aux anciens abus des abus nouveaux, en créant pour les gens d'affaires une profession habituelle et permanente, qui, vivant des faillites, trouverait profit à en perpétuer la situation précaire. On critique comme compliquant l'administration et multipliant les frais, la triple cascade des curateurs aux syndics provisoires, et de ces syndics aux syndics définitifs. Enfin, on se plaignit de la trop grande étendue des pouvoirs conférés à ces curateurs. D'autres propositions furent émises; mais quand on eut arrêté l'institution d'un juge-commissaire investi d'une simple surveillance, on reconnut la nécessité d'administrer durant le dessaisissement dont le failli était frappé, et la section proposa de créer des agens administrateurs choisis par le tribunal même en dehors des créanciers, et d'établir simultanément des créanciers contrôleurs; mais on écarta comme inutiles ces créanciers contrôleurs, et on restreignit la durée et les pouvoirs de l'agent dans les termes où les présentait le Code de comm. de 1808.

4. — Le tribunal de commerce, par le jugement qui déclarait la faillite et ordonnait l'apposition des scellés, nommait, suivant l'importance de la faillite, un ou plusieurs agens. — C. comm. 1808, art. 454.

5. — Les agens que nommait le tribunal pouvaient être choisis parmi les créanciers présumés ou tous autres qui offriraient le plus de garantie pour la fidélité de leur gestion. — C. comm. 1808, art. 456.

6. — Nul ne pouvait être nommé agent deux fois dans le cours de la même année, à moins qu'il ne fût créancier. — C. comm. 1808, art. 456.

7. — Les agens nommés par le tribunal de commerce géraient la faillite sous la surveillance du juge-commissaire, jusqu'à la nomination des syndics. — C. comm. 1808, art. 459.

8. — La gestion provisoire des agens ne pouvait durer que quinze jours au plus, à moins que le tribunal ne jugeât nécessaire de prolonger cette agence de quinze autres jours pour tout délai. — C. comm. 1808, art. 459.

9. — Les agens étaient révocables par le tribunal qui les avait nommés. — C. comm. 1808, art. 460.

10. — Les agens ne pouvaient faire aucune fonction avant d'avoir prêté serment devant le juge-commissaire de bien et fidèlement s'acquitter des fonctions qui leur étaient attribuées. — C. comm. 1808, art. 461.

11. — Pour le délai des opérations préliminaires ou provisoires confiées aux agens par le Code de commerce de 1808, V. FAILLITE.

12. — A la gestion provisoire des agens succédait, dans le système du Code de comm. de 1808, l'administration des syndics provisoires.

13. — Dans les vingt-quatre heures qui suivaient la nomination des syndics provisoires, les agens cessaient leurs fonctions et rendaient compte à ces syndics, en présence du juge-commissaire, de toutes leurs opérations et de l'état de la faillite. — C. comm. 1808, art. 481.

14. — Après ce compte-rendu les syndics provisoires continuaient leurs opérations commencées par les agens. — C. comm. 1808, art. 482.

15. — Le projet de la loi du 28 mai 1838, modificative du titre des faillites, supprimait les agens, et l'exposé des motifs présenté par le garde des sceaux, M. Persil, en reproduisant quelques unes des critiques qui avaient accueilli l'institution des agens lors de la discussion du Code de 1808, justifiait cette suppression en ces termes : « L'opinion publique signalait comme l'un des vices du régime des faillites la complication des divers modes d'administration établis par le Code, qui multiplie les formalités, les lenteurs et les frais, et cette succession d'agens et de syndics, qui à peine se sont mis au courant des affaires, qu'on les en écarte pour les remplacer par des administrateurs nouveaux.... Il est impossible de ne point maintenir la ligne de démarcation qui sépare le syndicat provisoire du syndicat définitif, les représentans de l'union des créanciers vérifiés, investis de ses pleins pouvoirs, et les hommes que le tribunal aura choisis dans les premiers momens parmi les créanciers présumés pour leur confier une mesure provisoire et bornée. Mais pourquoi faire précéder ce syndicat d'une autre agence provisoire ? Pourquoi ne pas appeler dès le principe dans l'administration de la faillite les créanciers qui sont intéressés à la faire marcher rapidement vers son but, au lieu d'agens étrangers qui ont au contraire intérêt à prolonger leurs fonctions pour en retirer plus d'émolumens? Nous vous proposons de supprimer les agens, et de faire nommer immédiatement des syndics provisoires par le tribunal de commerce, etc.... »

16. — Le projet de loi du gouvernement fut amendé par les chambres, de telle sorte que M. Renouard (*Traité des faillites*, t. 1er, p. 409) a pu dire avec raison ; « La loi nouvelle ne supprime réellement pas les agens ; elle n'en a changé que le nom.... Les agens du Code de 1808 et les syndics provisoires de la loi actuelle se ressemblent par l'époque et le mode de leur nomination, par leur caractère temporaire borné à peu près à la même durée et par leur rééligibilité. — V. FAILLITE.

AGENT D'AFFAIRES.

Table alphabétique.

AGENT D'AFFAIRES. — 1. — On appelle ainsi celui dont la profession habituelle consiste à se charger de faire, moyennant salaire, les affaires d'autrui, litigieuses ou non litigieuses, et dont l'établissement est annoncé à la confiance du public par des circulaires ou autres moyens de publicité.

2. — Ainsi, l'on peut gérer les affaires de plusieurs personnes sans être, à proprement parler, agent d'affaires, tandis qu'on a cette qualité du moment que l'on offre ses services au public comme mandataire salarié. — Goujet et Merger, *Dict. de dr. comm.*, v° *Agent d'affaires*, n° 1er.

3. — Selon MM. Sebire et Carteret (*Encyclop. du dr.*, v° *Agent d'affaires*, n° 7), le contrat qui intervient entre l'agent d'affaires et ses cliens n'a pas de dénomination spéciale. Il diffère du mandat, qui est gratuit de sa nature s'il n'y a convention contraire (C. civ., art. 1986). — Il diffère de la gestion d'affaires, qui est un engagement exclusif de toute convention préalable, tandis que c'est cette convention qui forme la base du contrat intervenu entre l'agent d'affaires et celui dont il défend les intérêts. Il diffère du louage d'ouvrage forme que l'art 1710, C. civ., définit un contrat par lequel l'une des parties s'engage à faire quelque chose pour l'autre, moyennant un prix convenu entre elles, et que les art. 1779 et suiv. limitent dans son application aux personnes qui font de leur travail ou de leur industrie un bail véritable ou un marché.

4. — Nous ne saurions, comme les auteurs que nous venons de citer, voir, dans les rapports qui unissent l'agent d'affaires à son client, une sorte de contrat innommé. Nous pensons qu'entre eux intervient un véritable mandat, salarié, il est vrai, soit par suite d'une convention expresse et légalement prouvée, soit par suite d'une convention tacite, résultant du concours de la volonté des deux parties. Or, de ce qu'un salaire a été formellement stipulé, ou de ce qu'on doit présumer que l'intention des parties a été nécessairement qu'il en serait payé un, il ne suit pas qu'il y ait là rien de constitutif d'un contrat non qualifié, rien d'incompatible avec le contrat de mandat, puisqu'aux termes des art. 1986, 1992 et 1999, le mandat peut assurer une rétribution au mandataire.

5. — Toutes les agences ayant pour objet la gestion des fortunes mobilières (*Conseil d'état*, 30 déc. 1843, Cadel), la poursuite d'affaires contentieuses près les administrations publiques ou particulières, et près les tribunaux, le recouvrement et le placement de capitaux, la perception de rentes sur l'état, la vente et l'achat d'effets publics, de créances, de meubles ou d'immeubles, la défense des intérêts privés dans les assemblées de faillite et devant arbitres, sont de véritables entreprises commerciales (V., comme exemple d'application, *Cons. d'ét.*, 16 juill. 1842, Chopin; 8 mai 1842, Lagoguée). — De même, sont des agences d'affaires les établissemens où l'on fait habituellement des traductions d'actes et documens écrits en langues étrangères et dans lesquelles on rédige des notes ou lettres en ces langues. — Pardessus, *Droit comm.*, n° 43; Vincens, *Législat. comm.*, t. 1er, p. 134; Coin-Delisle, *Tr. de la contrainte par corps*, p. 76 à 80; Goujet et Merger, *Dict. de dr. comm.*, v° *Agent d'affaires*, n° 3.

6. — Sont de la même nature les agences de remplacement pour le service militaire. — *Nancy*, 14 mai 1839 (t. 1er 1844, p. 339), Grumbail c. Goguel. — V. ACTE DE COMMERCE, nos 384 et suiv. — Décidé de même que le cabaretier qui est en même temps associé d'une compagnie d'assurances pour le remplacement militaire doit être soumis à la patente d'agent d'affaires. — *Cons. d'ét.*, 1er mars 1842, Roger.

7. — ... Les établissemens dont les gérans se chargent de procurer des mariages. — *Trib. de la Seine*, 6 janv. 1830 (*Gaz. des Trib.*, 7 janv. 1830).

8. — ... Les tontines, les caisses d'épargne. — *Cass.*, 15 déc. 1824, Guéroult de Fougères c. Lanjuinais ; — Pardessus, n° 44.

9. — Mais il en est autrement des tontines, caisses d'épargne ou monts-de-piété, dont les administrateurs sont nommés par le roi ou par ses délégués. — Goujet et Merger, *Dict. de dr. comm.*, v° *Agent d'affaires*, n° 4. — V. ACTE DE COMMERCE.

10. — La loi réputant actes de commerce les entreprises d'agences, les bureaux d'affaires (C. comm., art. 632. — V. ACTE DE COMMERCE), et l'habitude des actes de commerce constituant la qualité de commerçant, les agens d'affaires sont commerçans. — *Cass.*, 18 nov. 1813, Detenre.

11. — Des principes qui viennent d'être rappelés, il suit qu'un individu ne peut être réputé commerçant, à raison des affaires dont il se charge, qu'autant qu'il tient *bureau ouvert*, c'est-à-dire qu'autant qu'il fait profession de gérer, soit toutes sortes d'affaires, soit seulement toutes affaires d'un certain genre, fût-ce même des affaires purement civiles.

12. — Ainsi, on ne peut considérer comme agent d'affaires, dans le sens de l'art. 632, C. comm., celui qui représente les parties, comme fondé de pouvoir devant le juge de paix, et leur donne des conseils à ce sujet, sans d'ailleurs tenir de bureau ou de cabinet d'affaires. — *Amiens*, 10 juin 1822, Lallemand c. Flobert.

13. — Cependant, le conseil d'état a jugé qu'on doit réputer agent d'affaires, et patenter comme tel, celui qui accepte des procurations pour paraître devant la justice de paix et le tribunal de commerce, fait des lettres missives, et donne des conseils à ceux qui lui accordent leur confiance. — *Cons. d'état*, 13 avr. 1836, Meunier.

14. — Jugé aussi que celui qui fait les affaires qui lui sont confiées, soit devant les tribunaux, soit devant les notaires, doit être réputé agent d'affaires et imposé comme tel. — *Cons. d'état*, 25 avr. 1834, Thiboult; 8 avr. 1842, Delisle; 15 déc. 1842, Saural; 24 fév. 1843, Hazard-Hennequin.

15. — Un agent d'affaires étant réputé commerçant, ses billets, même sous la forme de simples reconnaissances, sont censés faits pour son agence, à moins d'énonciation d'une cause contraire, et le rendent justiciable du tribunal de commerce et passible de la contrainte par corps. — *Paris*, 6 déc. 1814, Perrier c. Villiaume; 18 août 1836, Bonvallet c. Baench; 26 juin 1838 (t. 1er 1839, p. 497), N... c. Ch...; — Louis Nouguier, *Des trib. de comm., des commerç. et des actes de comm.*, t. 1er, p. 429, n° 5.

16. — Jugé encore qu'un agent d'affaires est, comme commerçant, justiciable du tribunal de commerce, à raison des traités passés avec lui par des tiers, encore bien qu'il ait pris la qualité de propriétaire dans l'acte : cette qualification ne lie point la partie avec laquelle il a contracté. — *Montpellier*, 26 janv. 1832, Lesage c. Martinolle.

17. — L'agent d'affaires qui, en cette qualité, a fait faire par un huissier des actes de son ministère, peut être poursuivi devant le tribunal de commerce pour le paiement des frais. — Du moins, il en peut être ainsi lorsqu'il ne s'agit que de frais extrajudiciaires, ou que, s'agissant tout à la fois de frais judiciaires et extrajudiciaires, il n'a été proposé aucune distinction à ce sujet. — *Cass.*, 31 janv. 1837 (t. 1er 1837, p. 252), Saint-Martin c. Christophe.

18. — Ce serait à l'agent d'affaires à prouver contre la présomption résultant de l'art. 638, que son engagement a une cause non commerciale. — C. comm., art. 638.

19. — Il a été jugé que l'art. 632, C. comm., n'est applicable qu'aux entreprises d'agences et bureaux d'affaires qui concernent le commerce. — *Bruxelles*, 8 nov. 1823, N...; — Locré, *Législ. comm.*, t. 8, p. 290.

20. — Mais cette opinion ne nous paraît pas devoir être suivie, et, selon nous, il n'y a aucune distinction à faire entre le cas où l'agent d'affaires a traité avec un négociant, et celui où il s'est engagé envers un non commerçant, entre celui où l'agent s'occupe d'affaires civiles ou d'affaires commerciales; car ce qui donne la qualité de commercial à l'acte de l'agent d'affaires, ce n'est pas l'objet de l'affaire qu'il traite, c'est le caractère de spéculation, l'intention de bénéficier qui préside à ses démarches; c'est cette pensée de louer ou de vendre son industrie. — Pardessus, t. 1er, n° 42; Goujet et Merger, v° *Agent d'affaires*, n° 8; Louis Nouguier, *Des trib. de comm., des commerç. et des actes de comm.*, t. 1er, p. 429, n° 4.

21. — Un agent d'affaires étant réputé commerçant peut être déclaré *en faillite* en cas de cessation de paiemens; et il est passible des peines de la banqueroute simple ou frauduleuse, dans le cas où, en cessant ses paiemens à raison des affaires de son cabinet, il a commis les faits déterminés par la loi pour constituer ces infractions. — *Cass.*, 18 nov. 1813, Detenre; — Louis Nouguier, *loc. cit.*, n° 5.

22. — Avant la loi du 28 mai 1838, l'agent d'affaires en état de faillite, qui avait employé à ses

affaires personnelles des sommes qui lui avaient été confiées pour les placer en rentes sur l'état, et des capitaux de rentes qu'il avait été chargé de vendre pour en faire un emploi déterminé, devait être poursuivi comme coupable de banqueroute frauduleuse, et non d'un simple abus de confiance. — *Cass.*, 9 juin 1832 (réglem. de juges), Glatigny.

23. — Mais dans la discussion de la loi du 28 mai 1838, on a reconnu que la circonstance aggravante, résultant du mandat ou du dépôt dont un négociant abusait, appartenait à un autre ordre de faits que la faillite ou banqueroute, et devait être régie par le droit commun. — Duvergier, t. 38, p. 414, note 1re. — Ces faits ne rentreraient aujourd'hui dans le nouvel art. 591, C. comm., qu'autant qu'ils emporteraient dissimulation d'une partie de l'actif.

24. — Le mandat dont se chargent les agens d'affaires est toujours présumé devoir être salarié; d'où la conséquence qu'ils ont le droit de réclamer le prix de leurs services, lors même que ce prix n'aurait pas été stipulé d'avance. On ne serait pas fondé à leur opposer que le mandat ne cesse d'être gratuit qu'autant qu'il y a eu stipulation contraire. — C. civ., art. 1986.

25. — Ainsi jugé qu'il n'y a pas ouverture à cassation contre un arrêt qui, en interprétant les actes et les faits de la cause, a décidé que, dans une gestion, le gérant a fait les fonctions d'un agent d'affaires, et non d'un mandataire à titre gratuit, et lui a par suite adjugé un salaire, quoique aucune stipulation n'eût été faite à cet égard. — *Cass.*, 18 mars 1818, Desmarquettes c. Bourgeois.

26. — Toutefois, les salaires des agens d'affaires sont sujets à réglement par le juge, dans le cas même où ils ont été fixés par la convention. Ils peuvent, par conséquent, être réduits en cas de révocation avant la fin de l'opération, alors même qu'il aurait été convenu que l'agent recevrait le salaire entier, même en cas de révocation. — *Cass.*, 11 mars 1824, Isart c. Desgardes; — Bioche, *Dict. de procéd.*, v° *Agent d'affaires*, n° 10; Goujet et Merger, v° *Agent d'affaires*, n°s 14 et 15.

27. — Cependant, dans le cas où il serait établi que l'agent a été chargé d'une affaire uniquement en qualité de parent ou d'ami, ou bien qu'il s'est immiscé sans autorisation de la personne intéressée dans les affaires qui la concernaient (C. civ., art. 1372), il serait mal fondé à réclamer un salaire. — Goujet et Merger, v° *Agent d'affaires*, n° 13.

28. — Encore qu'un agent d'affaires n'ait consenti à se charger des frais nécessaires pour le recouvrement d'une créance que moyennant promesse de partage de cette créance au cas de remboursement, le créancier, qui depuis a fait directement remise d'une partie de la dette, peut n'être condamné envers cet agent qu'au paiement de moitié de la somme obtenue, alors surtout qu'il apparaît que la remise n'a été consentie qu'à raison de l'insolvabilité du débiteur et dans la crainte d'une perte totale. Du moins l'arrêt qui le décide ainsi par interprétation de la convention des parties ne viole aucune loi, et échappe à la censure de la cour de Cassation. — *Cass.*, 27 juin 1834, Renaud c. Hauteville.

29. — L'immoralité de la stipulation ne permettrait pas à un agent d'affaires, qui s'est chargé de procurer un mariage, de réclamer l'accomplissement d'une convention par laquelle une partie se serait engagée à lui payer 5 % de la dot qu'elle recevrait de son conjoint, en s'en rapportant à lui sur tous les moyens à employer pour arriver au mariage. — Goujet et Merger, v° *Agent d'affaires*, n° 17.

30. — L'agent d'affaires est tenu plus étroitement qu'un mandataire ordinaire de l'accomplissement du mandat salarié qu'il a accepté : il ne pourrait donc abandonner à son gré l'affaire par lui entreprise; et dans le cas où il le ferait, il serait passible de dommages-intérêts équivalant au préjudice causé à son mandant. — Goujet et Merger, v° *Agent d'affaires*, n° 21.

31. — Le simple particulier qui use du ministère de l'agent d'affaires ne fait pas acte de commerce. — Goujet et Merger, v° *Agent d'affaires*, n° 8.

32. — La récompense promise par un commerçant à un agent d'affaires, pour les soins à prendre par ce dernier, à l'effet de chercher un acquéreur du fonds de commerce du promettant ne constitue pas, de la part de celui-ci, une obligation commerciale. — *Paris*, 30 janv. 1839 (t. 1er 1839, p. 118), Escolier c. Liard; — Goujet et Merger, v° *Agent d'affaires*, n° 18.

33. — L'agent d'affaires qui a fait des frais pour la conservation d'une chose a droit de réclamer le paiement de ces frais par privilége sur le prix de cette chose. — C. civ., art. 2102 3°.

34. — Mais ce privilége devrait, d'après les termes formels de l'art. 2102 3°, C. civ., être restreint aux déboursés, et ne pourrait être étendu aux émolumens que demanderait l'agent d'affaires. Il serait évidemment mal fondé à prétendre au privilége que l'art. 2101, C. civ., n'accorde qu'aux *frais de justice* dus à des officiers ministériels. — Sebire et Carteret, *Encycl. du droit*, v° *Agent d'affaires*, n° 6; Goujet et Merger, n° 19.

35. — Les salaires des agens d'affaires n'étaient, sous l'ancienne jurisprudence, et ne sont sous le Code civil, soumis à aucune prescription particulière. — *Cass.*, 18 mars 1818, Desmarquettes c. Bourgeois. — Ils sont dès-lors soumis à la prescription trentenaire.

36. — Les agences ou bureaux d'affaires peuvent être comme les autres fonds de commerce l'objet de ventes ou cessions. — V. FONDS DE COMMERCE.

37. — Les personnes exerçant la profession d'agens d'affaires sont exclues de la profession d'avocat. — Ord. 20 nov. 1822, art. 42.

38. — Les directeurs d'agences ou bureaux d'affaires sont rangés, par la loi du 25 avr. 1844 sur les patentes, dans la quatrième classe des patentables et imposés à : 1° un droit fixe basé sur le chiffre de la population de la ville ou commune où est situé l'établissement; — 2° un droit proportionnel du vingtième de la valeur locative de la maison d'habitation et des locaux servant à l'exercice de la profession. — V. PATENTE.

39. — Les agens d'affaires sont nécessairement compris, quant à la patente, dans la dénomination de directeurs d'agence et bureaux d'affaires. — *Cons. d'état*, 21 déc. 1825, Marconnot.

40. — Celui qui se livre à des opérations de recouvrement d'effets de commerce, moyennant une remise qui lui est allouée, doit être imposé à la patente comme agent d'affaires. — *Cons. d'état*, 22 nov. 1836. Ministre des finances c. Perret.

41. — Il a été jugé, sous la loi du 1er brum. an VII, que celui qui se livrait à des opérations de prêt et d'escompte devait être imposé à la patente, par assimilation de son industrie avec celle des directeurs de bureaux d'affaires. — *Cons. d'état*, 3 avr. 1834, Donon; 9 mai 1838, Jardin. — Mais ces décisions ne devraient plus recevoir d'application sous la loi du 25 avr. 1844, qui a imposé les escompteurs nominalement à l'impôt de la patente, pour un droit plus fort que celui dont sont frappés les agens d'affaires. — V. ESCOMPTEURS.

42. — Les registres des agens d'affaires étaient soumis au timbre par la loi du 13 brum. an VII, art. 13. La loi du 20 juill. 1837 a remplacé le droit de timbre par 3 cent. additionnels au principal de la contribution des patentes.

V. ABUS DE CONFIANCE, ACTE DE COMMERCE, COMPÉTENCE, CONTRAINTE PAR CORPS, MANDAT, TIMBRE.

AGENT DE CHANGE.

Table alphabétique.

AGENT DE CHANGE. — 1. — Officier ministériel préposé en qualité d'agent intermédiaire exclusivement à tous autres à la négociation entre toutes personnes des valeurs publiques ou particulières, susceptibles de cette transmission, chargés de plus de constater d'une manière authentique le cours de nos valeurs, ainsi que celui des matières d'or et d'argent, et enfin autorisé à s'interposer entre les négocians de tout genre pour faciliter leurs opérations de change ou de commerce.

—

Sect. 1re. — Historique, nombre, résidence et nomination des agens de change.

§ 1er. — *Historique de l'institution des agens de change.*

2. — Avant le règne de Charles IX chacun servait librement d'intermédiaire pour les opérations de change, le commerce d'or, d'argent, de billets ou de marchandises ; par exception, dans quelques villes, les *courretiers* (le mot *agent de change* n'était pas en usage encore) étaient choisis par les prévôts des marchands, maires et échevins, ou par les juges consuls entre les mains desquels ils prêtaient serment de bien et fidèlement remplir leur emploi; mais il résultait de cette liberté généralement accordée de faire le courtage de nombreux abus qu'on songea à faire disparaître. — Guyot, *Rép.*, vo *Agent de change.*

3. — En conséquence, un édit du mois de juin 1572 établit en titre d'office tous ceux qui étaient alors les courretiers, tant de change et deniers, que de drap, soie et autres marchandises, à la charge de prendre des lettres de provisions, et de se faire recevoir en cette qualité de courretier par les baillis, sénéchaux et autres juges royaux des lieux de leur résidence.

4. — C'est à cet édit de Charles IX que remonte la reconnaissance légale des agens de change, qui, sous le nom de *courretiers*, cumulaient les fonctions aujourd'hui attribuées au courtier proprement dit, et celles de l'agent de change.

5. — En 1595, Henri IV renouvela les dispositions de cet édit, dont les guerres de la ligue avaient empêché l'exécution, et un arrêt du conseil du 15 avr. 1595 défendit à toute personne de s'entremettre dans l'exercice des fonctions de *courretiers*, de change, banque et marchandises, avant d'avoir pris des lettres de provision, sous peine de punition corporelle, de crime de faux et de 500 écus d'amende. — Guyot, *Rép.*, *loc. cit.*; Mollot, *Bourses de comm.*, no 67.

6. — Aux termes de l'arrêt du conseil de 1595, les lettres de change, rechange et vente en gros de marchandises étrangères, contresignées par le *courretier*, emportaient hypothèque du jour de l'échéance après une simple sommation. C'était une conséquence nécessaire résultant d'abord du système hypothécaire, établi par l'édit de 1571, aux termes duquel une obligation authentique emportait, de plein droit et sans stipulation, hypothèque sur les biens présens et à venir du débiteur, et ensuite du caractère public dont les *courretiers* étaient revêtus, et qui leur permettait de conférer l'authenticité aux actes relevant de leurs attributions.

7. — L'arrêt du conseil de 1595 fixa le nombre des courretiers de change, banque et marchandises à huit pour Paris, à douze pour Lyon, à quatre pour Rouen, à quatre pour Marseille, à trois pour La Rochelle, à trois pour Tours, à trois pour Bordeaux, et à un pour chacune des places d'Amiens, Dieppe et Calais. L'arrêt ordonnait de plus que dans les autres villes on en établirait autant qu'il serait nécessaire.

8. — Mais les huit courtiers ou agens de change de Paris furent successivement augmentés en 1610, 1629, 1633, 1634, 1638, et leur nombre, à cette dernière époque, se trouvait porté à trente.

9. — En 1645, Louis XIV créa six nouveaux offices d'agens de change pour Paris, et après d'assez nombreuses vicissitudes, leur nombre fut élevé jusqu'à soixante par l'édit du mois de nov. 1714. Un arrêt du Conseil du 22 déc. 1733 les réduisit à quarante, et ils furent ramenés à ce chiffre par l'arrêt du conseil du 26 nov. 1781, de celui de cinquante qui avait été fixé par un autre arrêt du conseil du 24 juin 1775.

10. — Les *courretiers* ne furent qualifiés *agens de change* que par les édits de 1613 et de 1639.

11. — Cette profession prenant un très grand développement, Louis XIV la réglementa par un édit de 1705, qui, supprimant les offices alors existans, en créa cent seize héréditaires, et attribua aux titulaires des gages au denier vingt, sur le pied de la finance fixée à 60,000 liv. Cet édit les confirma, en outre, dans les droits dont ils jouissaient, leur accorda des prérogatives d'exemption de taxe, etc., déclara qu'ils ne dérogeaient point à la noblesse, leur donna le titre d'agens de banque, change, commerce et finances, et, contrairement à l'édit de mars 1673, leur permit d'avoir chez eux un bureau ouvert et une caisse.

12. — Mais sous le règne de Louis XV la vénalité des offices des agens de change et tous les honneurs et prérogatives y attachés furent supprimés, et cette profession ne put être désormais exercée qu'en vertu de commissions royales. — Arrêts du conseil des 30 août 1720 et janv. 1723.

13. — Enfin, un arrêt du conseil du 24 sept. 1724 ordonna l'établissement d'une bourse pour Paris, et détermina les attributions des agens de change.

14. — La vénalité des offices fut rétablie par l'édit de mars 1786, qui porta la finance à 100,000 liv.

15. — C'est dans les arrêts du conseil des 26 nov. 1781 et 5 sept. 1786 qu'on trouve, pour la première fois, des traces d'une séparation complète entre les agens de change et les courtiers.

16. — Mais bientôt survint la loi du 17 mars 1791, qui supprima les offices d'agens de change comme tous les autres, et déclara qu'il était libre à toute personne d'exercer telle profession, art ou métier qu'elle trouverait bon, à charge seulement de payer une patente.

17. — Cette loi du 17 mars 1791 fut déclarée applicable à la profession d'agent de change, par la loi du 8 mai 1791, qui prescrivit en outre l'obligation de se conformer aux anciens règlemens sur les bourses de commerce.

18. — Quoi qu'il en soit de l'utilité ou des dangers du monopole en ces matières, l'expérience ne tarda pas à prononcer, et par la loi du 28 vendém. an IV, la Convention, obéissant à la nécessité, déclara que les agens de change à Paris seraient pourvus d'une commission délivrée par le gouvernement, et y exerceraient exclusivement leurs fonctions.

19. — La loi du 28 vent. an IX déclara exclusives les fonctions d'agent de change et de courtier dans toute la France.

20. — Le Code de comm., confirmant ces dernières lois, déclara (art. 74) que la loi reconnaissait pour les actes de commerce des agens intermédiaires, savoir les agens de change et les courtiers.

21. — Enfin la loi du 28 avril 1816 (art. 91), en exigeant des agens de change un supplément de cautionnement, leur a permis de présenter un successeur à la nomination du roi.

§ 2. — *Résidence et nombre des agens de change.*

22. — La résidence des agens de change est déterminée par la loi : « Il y a des agens de change dans toutes les villes qui ont des agens de commerce. » (L. 28 vent. an IX, art. 6 ; C. comm., art. 75.)

23. — Cependant, il importe de remarquer que cette règle est loin d'être absolue, et qu'ainsi, d'une part, il n'a pas été pourvu aux places d'agens de change et de courtiers établis près quelques bourses, tandis que, d'autre part, il y a des agens de change et courtiers dans beaucoup de villes et places qui n'ont pas de bourse. — Mollot, *Bourses de comm.*, no 73.

24. — Dans les villes où il n'y a ni agens de change ni courtiers institués par le gouvernement, ces professions sont libres ; dans les villes où le gouvernement n'a établi que des courtiers de commerce, ceux-ci ont la faculté d'exercer les fonctions d'agens de change comme les autres citoyens. — Avis cons. d'état 2 prair. an X.

25. — Les fonctions d'agens de change ne sont pas incompatibles avec celles de courtier. « Les mêmes individus peuvent exercer cumulativement les fonctions d'agent de change et de courtier, s'ils y sont autorisés par l'acte du gouvernement qui institue la bourse, ou par l'acte qui les nomme. » — C. comm., art. 81.

26. — Cette autorisation peut être donnée par une ordonnance spéciale postérieure à la nomination du titulaire.

27. — Le nombre des agens de change auprès de chaque bourse de commerce est laissé à l'appréciation du gouvernement. C'est la conséquence implicite de l'art. 1er, L. 28 vent. an IX, qui confie au gouvernement le droit d'instituer des bourses de commerce partout où il le juge convenable. — V. aussi L. 29 germin. an IX, et Mollot, *Des bourses de comm.*, no 75.

28. — Les offices d'agens de change et de courtiers sont cessibles comme ceux de notaires ou d'avoués, conformément à la loi du 28 avr. 1816. Mais l'art. 91 de cette loi porte en termes exprès que la faculté de présenter son successeur ne déroge point au droit qu'a le roi de réduire le nombre de ces fonctionnaires. — Mollot, no 75.

29. — Le nombre des agens de change à Paris a été fixé à soixante, par ord. royale du 29 mai 1816, conforme en cela à la déclaration de 1786, qu'elle rappelle, et qui disposait que ce nombre ne pourrait être augmenté sous aucun prétexte.

30. — Faut-il admettre que, contrairement à ce qui est vrai pour toute la France, le nombre des agens de change de Paris ne pourrait être augmenté par une ordonnance royale? M. Mollot (no 76) fonde l'affirmative sur la citation faite dans le préambule de l'ord. du 29 mai 1816, de la déclaration du 19 mars 1786, de l'arrêt du cons. du 10 sept., et des lettres patentes du 4 nov. de la même année, qui fixaient irrévocablement à soixante le nombre des agens de change de Paris, sans que ce nombre pût être augmenté sous quelque prétexte que ce fût.

31. — Mais il suffit de lire ce préambule pour se convaincre que l'ordonnance a voulu expliquer les motifs de la fixation du nombre des agens de change de Paris à 60, et non établir une limitation. Il serait d'ailleurs contraire aux principes constitutionnels que le roi pût renoncer d'avance au pouvoir qui lui est conféré par une loi dans un intérêt d'avenir.

32. — Il serait trop long de rapporter tous les décrets ou ordonnances qui ont fixé le nombre des agens de change ou des courtiers dans les différentes villes de France. Le tableau en est dressé par M. Mollot (*Append.*, nos 1er et 2), dans son *Tr. des bourses de comm.* Nous nous bornerons à donner la date de la création des agens de change dans les différentes places de commerce :

33. — Alby, 21 août 1834; Amiens, 17 messid. an IX, 6 nov. 1817; Arras, 3 thermid. an IX; Auch, 12 nov. 1834; Aurillac, 30 mai 1835; Auxerre, 26 juin 1821; Bayonne, 7 thermid. an IX; Béziers, 30 janv. 1831; Bordeaux, 7 messid. an IX; Boulogne, 7 thermid. an IX; Brest, 9 thermid. an IX; Bruges, 19 messid. an IX; Bruxelles, 13 messid. an IX; Caen, 13 thermid. an IX, 31 déc. 1817; Cahors, 10 mai 1820; Calais, 16 avr. 1818, 4 mars 1819; Carcassonne, 7 messid. an IX (mais ils ont été supprimés le 23 août 1830); Castres, 26 août 1829; Clermont-Ferrand, 7 thermid. an IX; Colmar, 27 mai 1836; Douai, 6 messid. an IX; Douarnenez, 23 avr. 1840; Dunkerque, 7 messid. an IX; Dijon, 17 messid. an IX; Fontenay-le-Comte, 29 nov. 1834; Gray, 11 mars 1818; Grenoble, 13 thermid. an IX; le Havre, 7 thermid. an IX; la Rochelle, 13 frim. an X; Lille, 6 messid. an IX, 4 nov. 1830; Lorient, 3 messid. an IX; Luçon, 29 juill. 1829; Lyon, 12 prair. an IX, 1er flor. an XI; Mâcon, 5 oct. 1831; Marans, 31 août 1835; Marseille, 13 messid. an IX, 15 oct. 1817, 3 mars 1835; Melle, 23 avr. 1840; Metz, 25 pluv. an X; Milhau, 24 fév. 1819; Mirande, 8 oct. 1817, 30 juin 1836; Moissac, 16 sept. 1831; Montpellier, 12 prair. an IX; Mulhausen, 18 mai 1828, 6 fév. 1834; Nantes, 6 messid. an IX; Nîmes, 13 messid. an IX; Niort, 9 thermid. an IX, 15 avr. 1818; Orléans, 13 therm. an IX (supprimés le 3 germin. an XI); Paris, 3 messid. an IX, 1er thermid. an IX, 29 mai 1816; Poitiers, 4 mai 1828; Reims, 17 messid. an IX; Ren-

nes, 15 juin 1834; Rochefort, 13 frim. an X; Rodez, 9 thermid. an IX; Rouen, 7 thermid. an IX, 31 janv. 1818; Saint-Brieuc, 20 mars 1835; Saint-Étienne, 24 juin 1831; Saint-Geniez, 2 août 1829; Saint-Jean-d'Angély, 18 nov. 1833, 14 fév. 1836; Saintes, 2 juin 1834; Saumur, 9 nov. 1834; Strasbourg, 7 fructid. an IX; Toulouse, 6 messid. an IX; Valenciennes, 6 messid. an IX; Vienne, 12 août 1830; Villefranche, 21 déc. 1834; Villeneuve-sur-Lot, 13 oct. 1839.

34. — Une ord. du 3 mars 1835 a porté à dix le nombre des agens de change de Marseille. — V. aussi ord., 14 fév. 1836 et 23 avr. 1840.

35. — La compagnie des agens de change de Paris est placée dans les attributions du ministre des finances (ord. 29 mai 1816, art. 1er). Les agens de change de toutes les autres places, quel que soit leur nombre, se trouvent rangés dans les attributions du ministre de l'intérieur (ord. 3 juill. 1816; — Mollot, nº 78), aujourd'hui du ministre du commerce, sauf en ce qui concerne l'exécution de la loi du 14 avr. 1819, qui crée un livre auxiliaire des grands livres, et charge le ministre des finances de suivre cette opération.

36. — Cette disposition, dit M. Mollot, dans son *Tr. des bourses de comm.* (nº 78), qui semble séparer la compagnie des agens de change de Paris de toutes les autres compagnies d'agens de change et de celle des courtiers, a été long-temps débattue au conseil d'état, mais elle était nécessaire. Les comités réunis pensèrent, en effet, « qu'une exception à la règle générale, relativement aux seuls agens de change de Paris, serait fondée sur la part qu'ils prennent au mouvement des fonds publics, et sur l'influence qu'ils exercent sur le crédit, influence que le ministre des finances doit surveiller, et qu'il peut être obligé de réprimer si elle devient nuisible. »

§ 3. — *Nomination des agens de change.*

37. — Pour la nomination aux fonctions d'agent de change, on doit considérer la capacité du candidat, le mode de nomination, l'installation et la nature du traité sur la charge. — Mollot, nº 79.

38. — Les conditions pour être nommé agent de change sont celles qui suivent :

39. — « Aucun individu, ne jouissant pas des droits de citoyen français, ne pourra être nommé agent de change ou courtier. » — Arrêté du 29 germin. an IX, art. 7.

40. — M. Mollot (*Traité des bourses de commerce*, nº 82) fait remarquer avec raison qu'un étranger ne pourrait être nommé agent de change ou courtier, lors même qu'il aurait été admis à fixer son domicile en France, aux termes de l'art. 13, C civ. — L'étranger qui voudrait être agent de change devrait donc obtenir la naturalisation. — Goujet et Merger, *Dict. dr. comm.*, vº *Agent de change*, nº 19.

41. — Conformément aux arrêts du conseil des 30 août 1720, art. 4, et 24 sept. 1724, art. 21, le candidat aux fonctions d'agent de change doit être âgé de 25 ans révolus. — Mollot, nº 83.

42. — Le contraire, il est vrai, est soutenu par M. Vincens (*Lég. comm.*, t. 1er, p. 518), qui prétend que les agens de change et courtiers étant commerçans, la nomination peut avoir lieu à 18 ans (C. comm., art. 2). Mais d'abord, pour faire écarter le terme extrême de l'opinion de M. Vincens, il suffit de rappeler que pour être agent de change il faut être citoyen français, et qu'on n'est citoyen qu'à 21 ans; ensuite il est beaucoup plus sage de s'en référer, dans le silence des lois nouvelles, aux anciennes dispositions sur ce point, et d'exiger des candidats aux fonctions d'agent de change l'âge requis pour tous les individus qui exercent la plupart des emplois publics. — Mollot, *ibid.*; Goujet et Merger, vº *Agent de change*, nº 20. — Au surplus, l'usage est conforme à cette opinion, et il est constant qu'à Paris on ne nomme pas les agens de change avant 25 ans. — Règlement de la comp. des agens de change de Paris, tit. 2, art. 1er.

43. — Nul ne pourra être inscrit sur les listes de présentation aux fonctions d'agent de change, s'il ne justifie qu'il a exercé la profession d'agent de change, banquier ou négociant, ou travaillé dans une maison de banque, de commerce ou chez un notaire, à Paris, pendant quatre ans au moins. — Arrêté du 29 germ. an IX, art. 6.

44. — Les cas d'exclusion prescrits par la loi sont ceux qui suivent :

45. — Aucun individu en état de faillite ayant fait abandon de biens ou atermoiement, sans s'être depuis réhabilité, ne peut être nommé agent de change. — Arr. 29 germin. an IX, art. 7.

46. — L'art. 83, C. comm., porte aussi : « Ceux qui ont fait faillite ne peuvent être agens de change ni courtiers, s'ils n'ont été réhabilités. »

47. — Quoique la disposition de l'art. 83, C. comm., soit moins générale que celle de l'art. 7, Arrêté du 29 germin. an IX, il ne faut pas croire qu'elle l'abroge. On ne pourrait donc nommer agent de change un individu qui, sans être tombé en faillite, aurait notoirement fait un abandon de ses biens ou un atermoiement. — Pardessus, *Dr. comm.*, nº 122.

48. — Tout agent de change ou courtier destitué en vertu de l'art. 87, C. comm., ne pourra être réintégré dans ses fonctions. — C. comm., art. 88.

49. — L'arrêté du 25 prair. an X, art. 5, interdit les fonctions d'agent de change à ceux qui ont été déclarés par le gouvernement incapables de les exercer, pour contravention, par récidive, aux dispositions prohibitives du courtage clandestin.

50. — Le mode de nomination des agens de change varie, selon qu'il s'agit de remplir une place d'agent de change nouvellement créée, ou de remplacer un agent démissionnaire ou décédé, ou de remplacer un agent de change destitué. — Mollot, nº 95.

51. — Si la charge est nouvellement créée ou vacante par suite de destitution, il y est pourvu spontanément par le gouvernement.

52. — Pour la nomination à une place nouvellement créée, le tribunal de commerce désigne, dans une assemblée générale et spéciale, dix banquiers ou négocians, et pour Paris, huit banquiers et huit négocians. Cette assemblée forme une liste double du nombre d'agens de change à nommer, laquelle liste est adressée au préfet du département, qui peut y ajouter les noms d'autres candidats, sans toutefois excéder le quart du total. Le préfet l'adresse au ministre de l'intérieur (aujourd'hui du commerce), qui peut aussi ajouter un nombre au moins égal au quart de la première liste, et présente ensuite la liste entière au roi, qui fait la nomination dans les villes où il existe déjà des agens de change; les syndics donnent leur avis sur la personne qu'il s'agit de pourvoir. — Arrêtés des 29 germin. an IX, art. 5 et 8; 27 prair. an X, art. 21.

53. — Aux termes de l'art. 8, de l'arrêté du 29 germin. an IX, la nomination qui a lieu en remplacement d'un agent de change destitué doit être faite de la même manière que la nomination dans le cas de création d'offices d'agent de change ou d'augmentation de leur nombre.

54. — Cependant, toutes les fois qu'il y a eu lieu, à Paris, à la nomination d'agens de change dans ce cas, on s'est contenté de la seule présentation de la chambre syndicale. Ce mode n'est pas régulier, et ne saurait tirer à conséquence pour l'avenir. — Mollot, nº 101.

55. — La déchéance de présenter un successeur, que l'art. 91, L. 28 avr. 1816, attache à la destitution, n'est pas rigoureusement exécutée dans la pratique, car le gouvernement, prenant en considération le droit de propriété des titulaires et de leurs ayant-droit, et la position malheureuse des créanciers ou de la famille, permet toujours aux ayant-cause du titulaire destitué de présenter un successeur, sous des conditions qu'il impose et qui concilient tous les intérêts. — Goujet et Merger, vº *Agent de change*, nº 29.

56. — Si la charge devient vacante par démission, le droit de présentation appartient au titulaire qui se démet, ou, au cas de décès durant l'exercice, à sa veuve ou à ses héritiers et représentans. — L. 28 avril 1816, art. 91.

57. — A Paris, le démissionnaire ou ses représentans doivent faire agréer provisoirement leur candidat par la chambre syndicale, qui exprime son adhésion motivée et la transmet au ministre des finances, chargé de l'agréer définitivement et de provoquer la nomination royale. — Ord. 29 mai 1816. — En conséquence, tout agent de change qui veut disposer de sa charge doit préalablement présenter son successeur à la chambre syndicale. Si elle le refuse, le traité ne peut avoir lieu. — Délibération de la chambre syndicale, 6 oct. 1820. — Si elle l'agrée, le nom du candidat est affiché au cabinet de la bourse pendant quinze jours avant l'assemblée générale où il doit être présenté à la compagnie. — Chaque membre de la compagnie est tenu de participer par son suffrage à l'admission ou au rejet du candidat, et il doit communiquer tous les renseignemens qu'il a obtenus sur son compte; tout membre qui sans raison jugée suffisante par la chambre se dispense d'assister à l'assemblée où la présentation a lieu est considéré comme coupable d'indifférence envers la compagnie. — Décision de la chambre syndicale des 16 août et 6 oct. 1821. — Dans tous les cas, le droit de refuser ou d'agréer le candidat appartient en définitive au gouvernement.

58. — Dans les départemens, les transmissions se font par des demandes adressées aux préfets et renvoyées par ceux-ci aux tribunaux de commerce du ressort. Ces tribunaux donnent leur avis motivé. Les demandes sont ensuite communiquées par le préfet aux syndics et agens de change de la localité, s'il y en a, pour avoir leurs observations; s'il n'y a pas d'agens de change, l'avis du tribunal de commerce suffit. Ces formalités remplies, la demande est adressée au ministre du commerce par le préfet, qui y joint son avis; le ministre agrée définitivement le candidat et le propose à la nomination du roi. — Ord. 3 juill. 1816.

59. — Ainsi, en cas de décès du titulaire, la somme payée par le successeur présenté à l'agrément du roi entre dans la succession de l'ancien titulaire et doit profiter à ses créanciers avant que les héritiers puissent y rien prétendre. — Mollot, nº 103.

60. Les difficultés entre l'agent de change démissionnaire, ou son héritier, et celui qui prétend avoir acheté le droit de succéder à sa charge, forment des contestations relatives à un contrat régi par le droit civil; dès-lors elles sont de la compétence des tribunaux ordinaires et non de l'autorité administrative. — Mollot, nº 104.

61. — A Paris, une décision réglementaire prise par la chambre syndicale le 16 août 1820 veut que dans les traités les parties remettent la décision de toutes leurs contestations aux membres de la chambre syndicale, choisis pour arbitres souverains et en dernier ressort. — Mollot, *ibid.*

62. — La chambre veut aussi qu'il soit dit que le traité demeurera nul de plein droit, dans le cas où le successeur désigné ne serait pas agréé par elle. — Décision 6 oct. 1820; — Mollot, *ibid.*

63. — La loi du 28 avr. 1816, en autorisant certains fonctionnaires à présenter leurs successeurs, n'avait assujéti le mode de présentation à aucune formalité déterminée. Par conséquent, le fait de la présentation, établi par lettre ou par tout autre acte, le titulaire ne pouvait plus la retirer au prédice et sans le consentement du successeur désigné. — Mollot, nº 105. — V. *Cass.*, 8 fév. 1826 (et non 28, comme le dit à tort M. Mollot), Ross c. Duverdier.

64. — Mais aujourd'hui, d'après la loi du 5 juin 1841, tout traité ou convention ayant pour objet la transmission, à titre gratuit ou onéreux, d'un office ou objets en dépendant, doit être constaté par écrit et enregistré avant d'être produit à l'appui de la demande en nomination d'un successeur désigné.

65. — Ceci n'a trait qu'à la présentation; quant aux conditions de cette présentation entre les parties, c'est-à-dire à la stipulation du prix et aux autres conditions accessoires, on recourra pour les preuves, si l'acte de présentation ne les renferme pas, aux règles générales sur les obligations. — Mollot, nº 106.

66. — En exécution de la loi du 9 janv. 1818, et avant d'entrer en fonctions, les agens de change sont tenus de verser à la caisse d'amortissement un cautionnement qui, pour Paris, a été fixé à 125,000 fr., à 15,000 fr. pour les principales villes, telles que Lyon, Marseille, Bordeaux, Rouen, et descend ensuite jusqu'à 1,000 fr. selon l'importance des places de commerce. — L. 28 avr. 1816, art. 30, et tableau annexé à l'ord. du 9 janv. 1818.

67. — Ce cautionnement peut être versé en tout ou en partie par un ou plusieurs tiers prêteurs aux termes de l'art. 1er, L. 25 niv. an XIII; mais il n'en reste pas moins affecté par premier privilége à la garantie des obligations imposées à l'agent de change dans l'exercice de ses fontions. — Arrêté du 29 germin. an IX, art. 12; L. 25 vent. an XIII, art. 1er et 4. — Le prêteur n'a qu'un privilége de second ordre qui lui donne seulement le droit de reprendre le cautionnement avant les créanciers ordinaires. — Mollot, nº 92. — V. au reste CAUTIONNEMENT DES OFFICIERS MINISTÉRIELS.

68. — En outre du cautionnement, chaque agent de change de Paris est tenu, par une mesure de discipline intérieure, de verser dans une caisse commune la somme de 50,000 fr., qu'on appelle fonds de réserve, et qui est spécialement destinée à l'acquit d'engagemens de confrère à confrère. Les produits de ces fonds de réserve sont répartis entre les membres de la compagnie. — Mollot, nº 93, note 1re.

69. — Tout agent de change nommé s'engage, par écrit, à remettre chaque jour le montant des droits qu'il perçoit pour le timbre des engagemens contractés par son entremise, et le produit qu'il retire des comptes de retour; l'administration de ce fonds de réserve est confiée à la chambre syndicale. — Goujet et Merger, vº *Agent de change*, nº 41.

70. — Quand un agent de change se voit à découvert, il peut exposer sa situation à la chambre syndicale, qui, selon les conjectures, lui fait des avances qui peuvent s'élever jusqu'à 500,000 fr. On établit chaque année une balance générale, et

si les recettes éventuelles offrent un excédant sur les prêts, il se fait une répartition par tête entre tous les membres de la compagnie. Le chef du parquet de la bourse n'installe un nouvel agent de change qu'après que celui-ci a donné son adhésion formelle au réglement ci-dessus analysé. Dans cette communauté d'intérêt, on ne saurait voir une société commerciale rendant les agens de change solidaires envers des tiers. —*Trib. de comm. de la Seine*, 5 fév. 1833 (*Gaz. des trib.*, 10 févr. 1833); — Goujet et Merger, vo *Agent de change*, no 42.

71. — L'agent de change présente au tribunal de commerce le récépissé de son cautionnement versé au trésor, et sa commission, qui est enregistrée au tribunal; enfin il prête, devant ce même tribunal, le serment exigé des officiers publics. — Arrêté du 29 germin. an IX, art. 9; L. 31 août 1830; —Mollot, no 107; Orillard, *Compét. des trib. de comm.*, no 360.

72. — Les agens de change sont obligés de payer une patente dont le chiffre est fixé par la loi du 7 mai 1844, d'après un tarif exceptionnel (tableau B), et eu égard à la population, sauf à Paris où la patente est invariablement de 1,000 fr. En outre, les agens de change sont soumis au droit proportionnel du quinzième de leur loyer.

Sect. 2e. — *Attributions et priviléges exclusifs des agens de change.*

73. — Les agens de change ne sont pas *fonctionnaires publics*, mais seulement *officiers publics*; car ils n'exercent aucune portion du *pouvoir exécutif*, et n'impriment à aucun de leurs actes un caractère *d'exécution parée*. — Mollot, *Bourses de commerce*, no 120.

74. — Quoiqu'ils ne soient que des agens intermédiaires, et ne puissent faire de négociations que par ordre et pour compte d'autrui, les agens de change sont néanmoins commerçans, et soumis à toutes les obligations des commerçans; à ce titre, ils sont tenus par corps des engagemens relatifs à leurs fonctions.—Ord. 1673, tit. 2, art. 1er et 2; L. 15 germin. an VI, tit. 2, art. 1er; Arrêté du 29 germin. an IX, art. 16; C. comm., art. 74 et 84.—Si, dans l'intérêt de la sûreté publique, on leur interdit de faire pour leur compte certains actes de commerce, leur entremise n'en est pas moins une spéculation commerciale, une entreprise de commission ou de courtage, un acte de commerce (C. comm., art. 632). Ils peuvent faire faillite et, en ce cas, être déclarés en banqueroute; or, ce sont là des situations essentiellement commerciales. — C. comm., art. 89; Savary, *Parfait négociant*, vo *Agent de change*; Mollot, no 122; Orillard, *Compét. des trib. de comm.*, no 362; Goujet et Merger, vo *Agent de change*, no 75; Vincens, *Lég. comm.*, p. 62; Pardessus, *Cours de droit comm.*, no 128; Louis Nouguier, *Des tribunaux de commerce, des commerçans et des actes de commerce*, t. 1er p. 463.

75. — Dans la discussion de la loi sur les patentes à la chambre des pairs (séance du 18 avril 1844), on a prétendu que les agens de change ne devaient pas être réputés commerçans; et l'on a dit que, par suite d'une nomination récente d'un courtier de commerce au tribunal consulaire de Rouen, le conseil d'état, sur le double pourvoi des ministres de la justice et du commerce, avait décidé que les agens de change et les courtiers de commerce ne devaient pas figurer sur les listes de notables commerçans. M. de Rambuteau, préfet de la Seine, a répondu que, parmi les notables commerçans qui doivent nommer les juges du tribunal de commerce, était toujours compris un certain nombre de courtiers et d'agens de change, et que la chambre et le tribunal de commerce consultés les avaient toujours appelés à faire partie des listes des notables. M. Girod (de l'Ain), président du conseil d'état, a déclaré que le conseil d'état avait seulement examiné le point de savoir si, parmi les patentables, telle classe devait faire partie de la liste, et qu'on n'avait pas jugé si la qualité de commerçant appartenait ou non aux agens de change. — Quoique la question, ainsi soulevée, n'ait pas été résolue par la chambre, nous n'en pensons pas moins, par les raisons que nous donnons plus haut, qu'un agent de change est un commerçant.

76. — Le contrat de mariage d'un agent de change doit donc être publié, conformément à l'art. 67, C. comm. — Mollot, no 122.

77. — Les agens de change sont justiciables du tribunal de commerce. — Arrêté du 29 germin. an IX, art. 16; — Mollot, nos 122 et 472 —V. aussi C. comm., art. 89.

78. — Ils sont soumis à la contrainte par corps pour l'exécution des engagemens pris par eux à l'occasion de leur profession.

79. — Ils doivent payer patente. — V. *suprà* no 72.

80. — Les agens de change ont des attributions qui leur sont communes avec les courtiers et d'autres qui leur sont exclusivement propres.

81. — « Ils pourront faire, concurremment avec les courtiers de marchandises, les négociations et le courtage des ventes ou achats des matières métalliques. » — C. comm., art. 76.

82.—Mais les agens de change ont seuls le droit: 1o de faire les négociations des effets publics et autres susceptibles d'être cotés, telles que les rentes sur l'état et les actions émises par les compagnies de banque, de commerce ou d'industrie anonymes ou en commandite; — 2o de faire, pour le compte d'autrui, les négociations des lettres de change ou billets, et de tous papiers commerçables; — 3o de constater le cours des ventes et achats de valeurs métalliques et celui de toutes les négociations d'effets. — C. comm., art. 76.

83. — Cette dernière attribution est une innovation due à l'art. 76, C. comm. L'art. 7, L. 28 vent. an IX, permettait aux courtiers qui ont d'ailleurs, concurremment avec les agens de change, le droit de faire les négociations et le courtage des ventes ou achats de matières métalliques, d'en constater aussi le cours. — Locré, *Esprit du Code de comm.*, t. 1er, p. 469; Mollot, no 114; Goujet et Merger, no 91.

84. — On appelle *cours* les divers prix auxquels les négociations se concluent pendant le temps diurne de l'ouverture de la bourse. Par le mot *cours de toute négociation d'effets*, on entend 1o celui des effets publics et autres susceptibles d'être cotés à la bourse; ce cours est le simple résultat des achats et ventes qui ont lieu pendant la durée de la bourse; — 2o celui des effets de commerce proprement dits qui se négocient pour faciliter la transmission des valeurs d'une place à une autre place. — Ce cours s'appelle ordinairement *change*. — Goujet et Merger, vo *Agent de change*, no 92.

85. — Ces mots de l'art. 76, C. comm., *valeurs métalliques*, ne comprennent que les matières d'or et d'argent monnayés ou en lingots, et non toute espèce de métaux. —Il est vrai que les mots *matières métalliques* et *métaux* sont synonymes; ils embrassent non seulement l'or et l'argent, mais le fer, le plomb, l'étain; il est vrai encore que la loi n'a pas fait ici de distinction. Mais l'arrêté du 27 prair. an X, art. 9, a eu pour but d'empêcher le jeu sur la monnaie ou la matière propre à faire la monnaie nationale. — Dans ce but, cinq agens de change furent spécialement nommés pour faire les ventes et achats des matières métalliques, c'est-à-dire des matières d'or et d'argent, car ces précautions eussent été inutiles s'il se fût agi de plomb ou de fer. Ce qui prouve, au reste, qu'il ne s'agit que de métaux précieux, c'est que, sous le titre de *vente des matières d'or et d'argent*, l'arrêté du 27 prair. an X indique les formes de la vente et de l'achat des espèces et matières d'or et d'argent, et se sert indifféremment des mots *matières d'or et d'argent* et *pièces métalliques*. C'est, enfin, que l'art. 15 du même arrêté fait une exception relative aux objets de bijouterie qui sont évidemment en or ou argent. — Goujet et Merger, vo *Agent de change*, no 98.

86.—On a pensé que les agens de change avaient des données plus positives que les courtiers sur les cours, parce que les achats et ventes de matières métalliques étaient faits plus fréquemment par eux. — Mollot, *ibid.*

87. — Ils ont également seuls le droit de certifier le compte de retour qui doit suivre une lettre de change ou un billet à ordre protesté.—C. comm., art. 181.

88. — Il est défendu à toute personne étrangère aux fonctions d'agent de change de s'y immiscer sous quelque prétexte que ce soit, à tout négociant de confier ses négociations de bourse à un autre qu'à un agent de change, et de payer des droits de commission à d'autres qu'aux agens nommés par le roi. La compagnie des agens de change est chargée elle-même d'y veiller. — Arrêt du cons. 26 nov. 1781, art. 23; L. 28 vent. an IX, art. 8; Arrêté du 27 prair. an X, art. 4 et 5; —Mollot, no 418.

89.—Les syndics et adjoints des agens de change sont chargés, ainsi que le préfet de police à Paris, les maires et officiers de police dans les autres places de commerce, de veiller à l'exécution de ces dispositions. Ces fonctionnaires ont le droit, après vérification des faits, d'interdire au prévenu, par mesure de police, l'entrée de la bourse. En cas de récidive, le gouvernement doit le déclarer incapable de parvenir aux fonctions d'agent de change, le tout sans préjudice de la poursuite devant le tribunal correctionnel pour lui infliger les amendes sus-énoncées, qui sont applicables aux enfans abandonnés.

90. — La poursuite correctionnelle peut être dirigée d'office par le ministère public, sans plainte ni procès-verbaux préalables des syndics des agens de change.

91. — Les personnes qui ont employé les délinquans comme intermédiaires sont régulièrement entendues dans l'instruction. — Goujet et Merger, no 80.

92. — Si les faits poursuivis ont causé un préjudice aux plaignans, les tribunaux correctionnels peuvent, outre les peines ci-dessus indiquées, prononcer contre les contrevenans des dommages-intérêts. — *Cass.*, 14 août 1818, Froust et Cosson.

93. — Conformément à la règle générale relative à la prescription en matière criminelle (C. inst. crim., art. 637), l'action publique et l'action civile se prescrivent par trois ans, à compter du jour où le délit a été commis, s'il n'a été fait aucun acte de poursuite ou d'instruction, et, à compter de ce dernier acte, s'il y a eu des poursuites ou une instruction non suivie de jugement. — Même arrêt. — Goujet et Merger, no 83.

94. — Le consentement qu'un agent de change aurait donné tacitement en prêtant son nom ou en donnant une signature de complaisance n'excuserait pas celui qui aurait usé de ce nom ou de cette signature, ce serait seulement un délit particulier de l'agent de change qui l'exposerait aux peines sus mentionnées. — *Cass.*, 4 messid. an XI, Pepet; —Goujet et Merger, no 84.

95. — Les négociations faites par les intermédiaires sans qualité sont déclarées nulles.—Arrêté du 27 prair. an X, art. 7.

96. — Quoiqu'il ne soit permis à personne de s'immiscer dans les fonctions d'agent de change, la cour de Douai a jugé que lorsque le nombre des agens de change et courtiers de commerce est reconnu insuffisant dans une ville où l'organisation de ces officiers publics est demeurée incomplète, le tribunal peut excuser des individus qui se sont livrés au courtage clandestin, comme ayant pu croire que cela leur était permis. — *Douai*, 12 sept. 1829, Roger.

97. — Mais cette excuse était évidemment inadmissible, et, malgré l'arrêt qui l'a consacrée, il est permis de douter que la jurisprudence consentît à entrer dans cette voie et à sanctionner une violation aussi flagrante de la loi.

98. — Une grave question relative au nombre des agens de change a été soulevée devant les tribunaux belges. Plusieurs individus qui s'étaient immiscés dans les fonctions d'agens de change, ayant été cités à la requête des agens de change devant le tribunal correctionnel de Bruxelles, présentaient pour leur défense les moyens suivans: —1o par un arrêté du 21 déc. 1815, le gouvernement alors existant a renvoyé à l'autorité communale de Bruxelles toutes les requêtes à fin de nomination d'agens de change; or, aux termes de la loi du 28 vent. an IX, ainsi qu'aux termes de l'art. 75, C. comm., toutes les nominations d'agens de change doivent être faites par le roi. La délégation exercée en vertu de l'arrêté du 21 déc. 1815 est contraire à la loi, et les agens de change nommés par l'autorité communale de Bruxelles n'ont pas une position légale et régulière; ils ne peuvent, en conséquence, revendiquer des droits qui ne leur sont point acquis; — 2o La bourse de Bruxelles a été établie par la loi du 28 vent. an IX; or, cette loi est abrogée par l'art. 6 de la constitution belge de 1830, qui pose en principe la liberté en tout et pour tout, et qui, par conséquent, a émancipé les professions industrielles.

99. — Mais ces moyens de défense n'ont pas prévalu, et il a été jugé: — 1o que le souverain peut déléguer ceux de ses pouvoirs qui ne sont pas inhérens à la couronne; — 2o qu'en conséquence, les agens de change et courtiers près les bourses de commerce ont pu être nommés par les administrations communales par suite de la délégation qui en a été faite. — *Bruxelles*, 28 déc. 1833, N...; *Cass. belge*, 12 juin 1834, N...

100. — Jugé également que, — 1o la constitution belge de 1830 n'a modifié en rien les lois qui régissent les diverses professions industrielles; — 2o et que des individus munis de la patente de commissionnaires ne peuvent s'immiscer dans les fonctions d'agens de change ou de courtier. — L. 23 vent. an IX, art. 8. — Mêmes arrêts.

101. — Jugé que la patente d'une profession ne dispense pas du brevet ou commission nécessaire pour l'exercice de cette profession. Spécialement, l'individu patenté comme commissionnaire en fonds publics ne peut faire, relativement à ces fonds, les opérations réservées aux agens de change et courtiers. — C. comm., art. 91 et 92; L. 11 fév. 1816, art. 4, § 1er; — *Cass. belge*, 12 juin 1834, N... c. N...

102.—Il est du reste permis, même dans les villes où il existe des agens de change, à tous particuliers, de négocier entre et par eux-mêmes les lettres de change ou billets à leur ordre ou au porteur et tous les effets de commerce qu'ils garantissent par leur endossement, et de vendre aussi par eux-mêmes leurs marchandises ; mais aucun autre qu'un agent de change ne peut négocier de tels effets pour le compte d'autrui.—Arrêté du 27 prair. an X, art. 4.

103.—Le commis d'un marchand étant, jusqu'à preuve contraire, réputé avoir agi pour son patron, ne peut être poursuivi pour avoir négocié des effets appartenant à celui-ci.—Goujet et Merger, n° 88.

Sect. IIIe.—*Devoirs des agens de change.*

§ 1er.— *Obligations imposées aux agens de change.*

104.—Du principe que les fonctions des agens de change et des courtiers sont exclusives, et ne peuvent être exercées que par ceux qui ont été investis par l'état de pouvoirs à cet effet, il résulte que leur ministère est forcé comme celui de tous les officiers ministériels.—Mollot, n° 184.

105. — Le ministère des agens de change étant forcé à l'égard des négociations d'effets publics, il ne leur est pas permis de refuser leur assistance à ceux qui les requièrent pour des opérations licites rentrant dans leurs attributions.—Mollot, n° 184.

106.—Lorsqu'un agent de change refuse son ministère, on doit s'adresser à la chambre syndicale, puis au tribunal de commerce pour discuter les motifs de son refus, et le contraindre à agir s'ils sont inadmissibles.—Mollot, *ibid*.

107. — La négociation des effets quels qu'ils soient, ainsi que des matières métalliques, peut avoir lieu au comptant ou à terme. — Mollot, n° 126.

108.—Les opérations faites au comptant n'offrent pas, pour être comprises, de difficulté ; il en est autrement de celles à terme. Par leur nature, en effet, ces dernières opérations offrent une grande analogie avec les jeux ou paris, et servent souvent à les déguiser. Aussi ont-elles donné lieu à de graves et nombreuses difficultés dont nous nous occuperons au mot MARCHÉS A TERME. —V. ce mot.

109. — Nous devons faire remarquer ici seulement, et sans entrer dans le fond même de la difficulté, que les marchés à terme sur les effets publics, à la bourse de Paris, se contractent de deux manières.

110. — On les appelle *fermes*, lorsque l'effet doit nécessairement être livré et le prix payé au terme convenu, quelle que soit la hausse ou la baisse survenue dans l'intervalle.—Mollot, n° 127.

111.—On nomme, au contraire, *marchés à prime* ceux dans lesquels, moyennant une somme payée comptant, et qu'il abandonne au vendeur, l'acheteur peut résoudre le marché lorsqu'il lui plaît.—Mollot, *ibid*.

112.—La prime payée au moment du marché diffère des arrhes, en ce que la partie qui l'a reçue ne peut se refuser à l'exécution du marché en restituant le double, ainsi que la loi le permet pour les arrhes (C. civ. art. 1590). Rien ne s'oppose toutefois à ce que les parties stipulent la restitution de la prime dans les termes du droit commun. Lorsque le marché se consolide, la prime s'impute sur le prix que l'acheteur doit payer.—Goujet et Merger, n° 119.

113.—Les marchés à terme ne sont soumis à aucune formalité spéciale ; il suffit, pour en constater l'existence, d'un acte signé et fait double entre les deux agens de change par l'intermédiaire desquels s'opère la négociation entre chaque agent de change et son client acheteur ou vendeur; il est encore nécessaire de constater, par un acte signé en double, le mandat donné par celui-ci et exécuté par l'autre.

114.—De plus, dans tous les marchés à terme faits à la bourse de Paris, l'acheteur se réserve la faculté de prendre livraison des effets négociés avant le terme fixé et à sa volonté, en payant immédiatement le prix convenu par le marché. Cette exécution anticipée s'appelle *escompte*. — Goujet et Merger, n° 120 ; Mollot, n° 129.

115.— Quand le marché à terme porte sur des effets publics, son échéance ne peut excéder le délai de deux mois, à compter du jour de sa date, sous peine de nullité.—Arrêté du 22 sept. 1786; — Mollot, n° 130; Goujet et Merger, n° 121.

116. — Les marchés à terme ont toujours pour échéance la fin du mois courant ou la fin du mois suivant ; tous ceux qui se font sur la place se liquident à la même époque. Cette opération générale se nomme *liquidation*.

117.—Celui qui a chargé un agent de change de faire des marchés à terme se résolvant en différences, et qui lui demande le paiement de ces différences, est par cela même non-recevable à exciper des lois qui prohibent les marchés à terme.—*Cass.*, 10 avr. 1833, Séguin c. Leroux.

118.—L'agent de change doit se faire remettre les effets qu'il est chargé de vendre ou les sommes nécessaires pour payer ceux qu'il est chargé d'acheter.—Arrêté du 27 prair. an X, art. 13 ;—*Paris*, 18 fév. 1823, Coutte c. Sandrié, Mussard et Augé.

119.—Cette disposition, dont le principe avait été posé dans l'art. 29 de l'arrêté du 24 sept. 1724, a pour objet d'obtenir que toutes les négociations soient sérieuses, et d'empêcher les jeux de bourse, qui ont été constamment proscrits par la loi.

120.—L'agent de change demeure responsable de la livraison et du paiement de ce qu'il a vendu et acheté; son cautionnement est affecté à cette garantie, et devient saisissable en cas de non consommation dans l'intervalle d'une bourse à l'autre, sauf le délai nécessaire au transfert des rentes et autres effets publics dont la remise exige des formalités spéciales.—Arrêté 24 sept. 1724, art. 19.

121. — L'agent de change, *avant d'opérer*, doit avoir reçu de ses cliens les effets ou sommes dont il s'agit.—*Paris*, 18 fév. 1823, Coutte c. Sandrié, Mussard et Augé.

122.—L'agent de change qui, ayant négligé la précaution de la remise du prix ou des effets à négocier, est obligé de revendre les rentes par lui acquises, faute par son client d'en prendre livraison et de les payer, n'a point d'action contre celui-ci pour se faire rembourser la différence en moins que produit le prix de la vente comparé à celui de l'acquisition.—*Paris*, 18 fév. 1823, Coutte c. Sandrié, Mussard et Augé.

123.—Jugé pareillement que l'agent de change chargé d'opérer la vente à terme d'une rente sur l'état, comme de toute autre valeur, doit être nanti du titre, ou en mesure de justifier du dépôt de pièces établissant la propriété du vendeur. A défaut de ce dépôt, la vente doit être considérée comme fictive et ne donne lieu à aucune action de la part de l'agent de change contre le prétendu vendeur, alors surtout qu'il n'établit pas que ce dernier fût alors propriétaire d'une inscription de rente d'une valeur égale ou supérieure à celle négociée.—*Paris*, 17 fév. 1842 (t. 1er 1842, p. 434), Turquois c. Pomme.

124.—Mais si un agent de change, devant être présumé n'avoir contracté que les mains garnies, n'a point d'action contre ses commettans, ceux-ci n'ont pas le droit, même à l'occasion de marchés à terme, de répéter la différence qu'ils ont volontairement payée.—*Paris*, 10 avr. 1823, M... c. Valedeau.

125.—Sous le mot *effets*, l'arrêté du 27 prair. an X, art. 13, comprend aussi bien les effets privés ou particuliers, comme les lettres de change, que les effets publics ; les raisons d'exiger que l'agent de change soit nanti sont en effet les mêmes pour les uns et pour les autres. — Mollot, n° 133 ; Goujet et Merger, n° 112.

126.—Les négociations à terme des effets publics sont soumises à cette règle de la remise des effets comme les négociations au comptant, à raison de la nécessité d'assurer, dans les unes comme dans les autres, la livraison de la chose par le vendeur et le paiement du prix par l'acheteur. — *Paris*, 18 fév. 1823, Coutte c. Sandrié, Mussard et Augé;— Mollot, n° 38 ; Goujet et Merger, v° *Agent de change*, n° 111.

127. — M. Mollot (n° 135) va même plus loin, et pense que le nantissement est obligé lorsque l'agent de change fait des négociations de matières métalliques.—Gouget et Merger, n° 111.

128.—Au surplus, ce qu'il importe surtout de remarquer, c'est que la règle de l'art. 13, arrêté du 27 prair. an X, n'est applicable que lorsque l'agent de change agit au nom d'une partie qui reste inconnue, et que cet article est sans application lorsque l'agent de change se borne à mettre les parties en rapport à l'instar d'un courtier.—Mollot, n° 134.

129.—Ainsi, quand la vente des effets de commerce s'opère entre les parties elles-mêmes, l'agent de change n'étant plus qu'un intermédiaire, la remise n'a point besoin d'être faite, l'art. 13, arr. 27 prair. an X, ne s'appliquant pas à ce cas. —Goujet et Merger, n° 112.

130.—Il n'est pas nécessaire que le prix soit versé en espèces par l'acheteur à l'agent de change. Il suffit que les valeurs remises par l'acheteur soient de telle nature que l'agent de change puisse les réaliser sans sortir de l'exercice de ses fonctions.—Mollot, n° 136.

131. — La remise exigée par l'art. 13 de l'arrêté de prairial se constate par la reconnaissance signée de l'agent de change de la somme ou d

l'effet, et par la mention sur son journal.—Mollot, n° 140 ; Goujet et Merger, n° 113.

132. — L'agent de change a également satisfait à l'obligation d'exiger la remise du prix lorsqu'il a reçu des valeurs qu'il peut réaliser comme des lettres de change. Mais M. Mollot (n° 144) pense que si l'agent de change avait reçu des valeurs qu'il ne pourrait réaliser par lui-même, il ne serait plus alors qu'un créancier nanti suivant le droit commun, et qu'il devrait faire constater la remise conformément aux art. 2074 et suiv., C. civ.

133. — La remise couvre l'agent de change, de sorte que si le client tombe en faillite, l'agent de change sera préféré, pour ce qui lui est dû, sur les valeurs dont il est nanti, à tous les autres créanciers du failli. — Mollot, n° 145.

134. — De plus, si ce sont des valeurs qui lui ont été remises, il a reçu le mandat tacite de les négocier quand bon lui semblera et de la manière qui lui paraîtra le plus utile à son client.—Mollot, n° 147 ; Goujet et Merger, n° 125.

135. — Celui-ci, d'ailleurs, reste propriétaire, de telle sorte que si les valeurs se déprécient, la perte devra retomber sur lui, et l'agent de change aura un recours pour se faire rembourser ses avances et frais qu'il a dû faire, à raison de la négociation.— *Paris*, 6 mai 1825, Vatry c. d'Hémart ; — Mollot, n° 152 ; Goujet et Merger, n° 123.

136. — L'agent de change qui a acheté des rentes sur l'état ou d'autres effets sans que l'acheteur lui en ait préalablement versé n'a pas sur ces rentes ou effets plus de droit que tous les autres créanciers de l'acheteur. Par conséquent, les rentes sur l'état étant insaisissables, il ne peut les faire revendre; et si ce sont d'autres effets, il doit suivre les formes ordinaires et n'a aucun privilége sur le prix. — Mollot, n° 153.

137. — De ce que les agens de change, d'après les règles de leur profession, doivent être nantis, il ne résulte pas que s'ils font des opérations sans l'être, ils soient sans action contre leur client. On a jugé que les agens de change qui vendent à la bourse des effets publics dont ils ne sont pas nantis, peuvent, après avoir mis leurs commettans en demeure, faire acheter au cours et aux risques de ces derniers, par le syndic de la compagnie, la quantité des mêmes effets nécessaires au complément de la livraison. — *Paris*, 13 fructid. an XIII, Soubeiran c. Fissour.

138. — Jugé que l'agent de change qui achète et revend des effets publics *par ordre et pour compte* d'un client ne peut être considéré comme ayant fait des négociations à terme et pour son propre compte ; il a agi comme mandataire et a droit, en cette qualité, d'actionner son client à fin de réglement de compte. — *Cass.*, 22 juin 1814, Jacques c. Bresson.

139. — Dans l'espèce de cet arrêt, on invoquait contre l'agent de change et pour lui refuser action, l'art. 85, Code comm., qui lui défend de faire aucune opération pour son compte personnel, de payer et de recevoir pour ses commettans. Mais en admettant, avec l'arrêt, que l'agent de change qui négocie des effets publics n'est qu'un simple mandataire, on ne peut lui refuser l'action du mandataire contre le mandant, c'est-à-dire le recours du garanti contre son garant.

140.—En tout cas, les commettans des agens de change, qui sont dans l'usage de spéculer sur la hausse et la baisse des effets publics, ne sont pas contraignables par corps au paiement des différences. — *Paris*, 13 fructid. an XIII, Soubeiran c. Fissour.

141. — « Les agens de change et courtiers ne peuvent refuser de signer une reconnaissance des effets qui leur sont confiés. » — Arrêté 27 prair. an X, art. 11.

142. — Cette règle s'applique même aux matières métalliques. — Mollot, n° 155.

143. — Mais, à Paris, les agens de change refusent dans tous les cas de remettre des reconnaissances; ils offrent seulement d'enregistrer sur leurs livres en présence des cliens, les sommes, valeurs ou effets que ceux-ci leur livrent. — Mollot, *ibid*.

144. — Le plus souvent, l'agent de change se fait remettre avant l'opération des sommes ou valeurs qu'on désigne habituellement sous le nom de *couverture*, et qui sont destinées à l'indemniser de la perte que l'opération pourrait produire si le client refusait de l'accepter.

145. — La couverture doit être fournie en argent ou en valeurs réalisables par le ministère de l'agent de change lui-même et avant le délai fixé par la loi pour la consommation de la négociation. Un agent de change ne saurait régulièrement recevoir, pour sa couverture, ni des effets de commerce, puisqu'il serait obligé d'y apposer son endos et qu'il ferait en cela un acte commercial qui lui est interdit, ni des créances ordinaires, pour le

recouvrement desquelles il serait astreint à des actes étrangers à son ministère et même à se constituer le mandataire de son client. — *Lyon*, 25 mai 1841 (t. 1er 1842, p. 394), Latour c. Chevret et Charbonnet ; — Goujet et Merger, no 143.

146. — A défaut de paiement au jour de l'échéance, l'agent de change a le droit de disposer des effets qui lui ont été remis par son client à titre de couverture. — *Paris*, 21 juin 1836 (t. 1er 1837, p. 33), Drucker c. Moulle.

147. — L'agent de change à qui des valeurs ont été remises à titre de couverture pour les opérations de bourse peut les faire vendre et s'en indemniser à défaut de paiement au jour de l'échéance; mais il ne lui appartient de disposer de ces valeurs qu'au fur et à mesure des liquidations opérées, jusqu'à concurrence seulement des différences à réaliser, et non par anticipation. — En conséquence, la faillite du client qui a donné les ordres n'autorise pas l'agent de change à faire vendre ses couvertures par anticipation, et sans attendre le résultat de la liquidation. Toutes imputations ainsi faites doivent être annulées, et le produit des ventes restitué à la faillite. — *Paris*, 18 janv. 1838 (t. 1er 1838, p. 133), Bardet c. Lecordier.

148. — On doit considérer comme un dépôt entre les mains d'un agent de change le produit de la vente d'effets publics, en telle sorte qu'il ne puisse opposer, en compensation avec ce produit, des sommes à lui dues par son client. — *Paris*, 7 mai 1832, Lallier C. Aguado; — Goujet et Merger, no 136.

149. — Nul ne peut transmettre plus de droits qu'il n'en a lui-même. Ce principe général s'applique aux agens de change. Un agent de change chargé d'une négociation de billets à ordre n'est qu'un simple mandataire, il n'a aucun droit de propriété sur ces billets; or, si l'agent de change transmet à des tiers ses créanciers les billets dont la négociation lui a été confiée, et cela pour opérer une compensation, pour éteindre sa dette, il dépasse les limites de son mandat.

150. — Dans ce cas, les tiers n'ont aucun droit de propriété, en vertu du transfert illégal opéré par l'agent de change. Ainsi il a été jugé : que la remise qu'un agent de change qui aurait reçu des billets à ordre pour en opérer la négociation ferait de ces billets à un tiers n'en transmettrait la propriété à celui-ci qu'autant qu'il en aurait fourni la valeur à cet agent de change. — Si donc un agent de change chargé de négocier des billets à ordre les remettait en paiement de sa propre dette à une personne avec laquelle il serait en compte-courant, celle-ci ne pourrait en appliquer la valeur à sa créance, l'agent de change ayant agi, en les lui remettant, en dehors des limites de son mandat. — *Lyon*, 25 mai 1841 (t. 1er 1842, p. 394), Latour c. Chevret et Charbonnet.

151. — Lorsqu'il achète pour le compte d'autrui, l'agent de change n'est pas propriétaire des rentes achetées, bien que les transferts soient faits en son nom.

152. — En conséquence, celui sur l'ordre, avec l'argent et pour le compte duquel des rentes ont été achetées, peut les revendiquer dans la faillite de l'agent de change au nom duquel les transferts de ces rentes ont été faits. — Du moins, une cour royale a pu, sans violer la loi, conclure des faits par elle reconnus comme constans que les effets publics ainsi achetés par l'agent de change appartenaient à son commettant. — *Cass.*, 23 juill. 1833, Gallot c. Richard d'Aubigny.

153. — L'art. 4 du réglement des agens de change du 10 fructid. an X est ainsi conçu : Lorsqu'un marché à terme n'est pas suivi à l'échéance, de la livraison, il faut que l'acheteur fasse : 1o dans les trois jours sommation au vendeur de livrer ; 2o et à défaut de livraison, de procéder à l'achat pour le compte du vendeur, à ses risques et périls, de la quantité des rentes proposées, et ce, sur le parquet et par le ministère du syndic des agens de change.

154. — Conformément à ce réglement, il a été jugé qu'une vente d'effets publics doit être considérée comme non avenue si, faute de livraison par le vendeur à l'époque stipulée, l'acheteur ne le met en demeure de livrer les effets et n'en fait ensuite opérer le rachat au compte de celui-ci par le syndic des agens de change. — *Paris*, 7 mars 1811, Delaunay c. Bouchet.

155. — On a jugé que lorsqu'à l'échéance d'un marché à terme, l'acheteur, qui n'a pas d'avance déposé le prix, refuse de prendre livraison des effets achetés, l'agent de change a le droit de revendre ces effets, et de retenir par prélèvement, même à l'égard des tiers, ses déboursés et le montant de la différence entre les prix de vente et revente. — *Paris*, 14 janvier 1840 (t. 1er 1840, p. 107), Decoussy c. Lantoine.

156. — ...Et que le client qui ne remet pas à l'agent

de change, le jour de l'échéance, les fonds nécessaires pour prendre livraison des effets achetés à terme pour son compte et d'après son ordre, est passible des pertes causées par les reports et la revente. — *Paris*, 21 juin 1836 (t. 1er 1837, p. 33), Drucker c. Moulle.

157. — Mais ces principes sont loin d'être incontestés. Les rentes achetées pour un client et en son nom lui appartiennent; la loi les déclare insaisissables, et ce principe ne peut être modifié par les dispositions du réglement du 10 fructid. an X. Ainsi, selon un arrêt de la cour de Paris, de ce que les marchés à terme ne sont pas prohibés, il n'en résulte pas que les agens de change puissent, sans un mandat exprès, même de l'autorisation de leur chambre syndicale, vendre des effets publics achetés par un de leurs cliens qui aurait négligé d'en prendre livraison et d'en payer le prix à l'époque fixée. — *Paris*, 11 janv. 1821, Buthiau c. Montel.

158. — « Les agens de change et courtiers sont tenus d'avoir un livret revêtu des formes prescrites par l'art. 11, C. de comm. » — C. comm., art. 84. — C'est-à dire un livre coté, paraphé et visé soit par un juge du tribunal de commerce, soit par le maire ou l'adjoint de la commune dans la forme ordinaire et sans frais.

159. — « Ils sont tenus de consigner dans ce livre jour par jour et par ordre de dates, sans ratures, interlignes ni transpositions et sans abréviations ni chiffres, toutes les conditions des ventes, achats, assurances, négociations, et en général toutes les opérations faites par leur ministère. » — C. comm., art. 84. — Ce journal n'a pas besoin d'être écrit de la main de l'agent de change.

160. — L'art. 11 de l'arrêté du 27 prair. an X les obligeait à consigner leurs opérations sur des carnets qu'ils devaient transcrire dans le jour sur leur livre-journal. On convient généralement que cette disposition n'a pas été abrogée par le Code de commerce. — Mollot, no 158. — Avant, comme depuis la loi du 14 mai 1837, le carnet a pu être formé de papier libre et écrit avec du crayon. — Goujet et Merger, no 140.

161. — Le réglement provisoire des agens de change de Paris a reconnu la nécessité du carnet, et a voulu qu'ils fussent uniformes, cotés et paraphés par un syndic ou adjoint. — Mollot, no 158.

162. — A Paris, les agens de change ont d'autres livres destinés à établir leur comptabilité, mais ces livres auxiliaires ne peuvent en justice avoir l'autorité des deux livres imposés par la loi, le *carnet* ou portatif, et le journal.

163. — Ni le journal, ni le carnet, ni à plus forte raison les autres registres en partie double non exigés par la loi, mais que tiennent aujourd'hui régulièrement tous les agens de change, n'ont le caractère authentique et ne font foi jusqu'à inscription de faux. La preuve contraire est admise contre les énonciations contenues dans les registres de l'agent de change, et les tribunaux sont libres d'y avoir tel égard qu'il leur plaît. — Mollot, no 161 ; Locré, *Esprit du Code de comm.*, t. 1er, p. 540 ; Goujet et Merger, no 141.

164. — Ce que nous venons de dire est vrai à l'égard des tiers. Quant à l'agent de change lui-même, ses livres doivent évidemment faire foi contre lui. — Mollot, no 164.

165. — Ils ne pourraient former un titre en sa faveur, qu'autant qu'il s'agirait d'une opération de commerce faite pour un commerçant, les livres régulièrement tenus étant susceptibles d'être en ce cas admis par le juge pour faire preuve de la négociation. — C. civ., art. 1331, 1332, et C. comm., art. 12.

166. — Si le livre-journal et le carnet ne sont pas d'accord, M. Mollot (no 163) veut qu'on s'en rapporte plutôt au carnet écrit au moment même où l'opération se consomme. Le carnet étant écrit au moment même de l'opération, il semble que c'est le plus ordinairement à ses énonciations qu'il convient de s'attacher. Cependant les juges apprécieront, d'après les circonstances, quel est celui des deux livres qui mérite le plus de confiance.

167. — Les agens de change sont tenus de représenter leur livre-journal et leur carnet aux juges ou aux arbitres (arrêté 27 prair. an X, art. 11); mais cette disposition ne s'étend pas jusqu'aux parties, lesquelles, par une conséquence du carnet imposé aux agens de change, comme nous le verrons *infrà* nos 177 et s., ne peuvent exiger qu'un extrait de ce qui les concerne. Ces extraits signés de l'agent de change font foi comme le registre. — Mollot, no 168.

168. — Les *arbitres* dont parle l'arrêté du 27 prairial sont des arbitres juges et non des arbitres rapporteurs. — C. procéd. civ, art. 429 ; — Mollot, no 167.

169. — L'agent de change doit conserver son carnet et son journal pendant dix ans, à partir de

la cessation de ses fonctions. — C. comm., art. 11; Mollot, no 169.

170. — Cette obligation de conserver ses registres doit être d'autant plus fidèlement exécutée par l'agent de change que son journal peut être le seul et est presque toujours le principal document qui constate une opération dont il peut n'exister aucune autre trace. L'absence de registres serait opposable à l'agent de change, soit pour repousser les réclamations formées par lui, soit pour établir celles dirigées contre lui. — Goujet et Merger, no 145.

171. — L'agent de change ou le courtier qui, d'une manière dommageable à un tiers, consignerait sur son registre une vente supposée, ou qui l'antidaterait, commettrait un faux. — *Cass.*, 11 fructid. an XIII, Masencal, Cambon, Lestrade et Lapleine ; — Pardessus, no 46 ; Goujet et Merger, no 146. — M. Mollot (no 174) émet l'opinion contraire, en se fondant sur ce que les registres de l'agent de change n'ont pas un caractère public.

172. — La qualité de commerçant des agens de change porterait à croire qu'ils sont tenus de faire chaque année un inventaire. Cependant, M. Mollot soutient que l'art. 9, C. comm., n'est pas applicable à leur commerce, qui est spécial et régi par des règles particulières. — Mollot, no 171.

173. — Lorsqu'une opération est consommée par deux agens de change ou courtiers, chacun d'eux l'inscrit sur son carnet et le montre à l'autre. — Arr. 27 prair. an X, art. 11.

174. — La négociation de plus est annoncée à haute voix par le crieur, si elle concerne des effets publics. — Mollot, nos 54 et 174. — Tout agent de change a le droit de demander, quand un cours est annoncé, avec qui et par qui il a été fait. — Goujet et Merger, no 147.

175. — Un agent de change peut opérer pour un client, dans l'intérêt d'un autre client et sans le concours d'un autre agent de change, les ventes connues sous le nom de *ventes à cliens*. Ces ventes sont fréquentes et ne font naître aucune difficulté.

176. — Lorsqu'il achète, l'agent de change doit se conformer aux règles générales et aux instructions données par son client, mais un agent de change n'est pas tenu d'aviser son client des achats d'effets à terme qu'il a faits pour son compte, et d'après son ordre, le jour même où ces opérations ont eu lieu, à moins de convention expresse. — Il n'existe à cet égard aucun usage obligatoire sur la place de Paris. — *Paris*, 21 juin 1836 (t. 1er 1837, p. 33), Drucker c. Moulle.

177. — Chaque agent de change ou courtier remet aux parties un bordereau ou arrêté signé de lui et constatant l'opération dont elles l'ont chargé. — Arr. du cons., 24 sept. 1724, art. 26, 7 août 1785, art. 6 ; L. 28 vendém. an IV, art 6 ; C. comm., art. 109.

178. — Ce bordereau est un moyen de prouver la négociation, mais ce n'est pas un moyen de preuve unique. L'art. 109, C. comm., autorise même la preuve par témoins lorsqu'il s'agit d'une affaire commerciale. — Mollot, no 176 ; Goujet et Merger, no 149.

179. — Lorsque l'opération que le bordereau doit constater a été faite par un courtier, le bordereau peut être signé par les deux parties. Mais il n'en est pas ainsi quand l'opération a été faite par un agent de change, parce que le secret est exigé d'eux. — Arrêté du 27 prair. an X, art. 19.

180. — Toutefois, il ne faut pas tirer de ce principe des conséquences extrêmes, et si le bordereau ne doit pas contenir le nom des deux parties, il peut et doit contenir au moins le nom des deux agens de change des parties. — Réglem. de 1724, art. 30 et 31.

181. — Jugé que des bordereaux, soit de vente, soit d'achat d'effets publics, doivent, pour être réputés pièces justificatives, contenir à la fois le nom de l'agent de change acheteur ou vendeur et celui duquel on a acheté ou auquel on a vendu. — L'interdiction qui est faite aux agens de change d'enregistrer aucuns noms sur le livre-journal qu'ils sont chargés de tenir ne s'entend que des noms des personnes qui les ont chargés de négociations. — *Cass.*, 17 mars 1807, D... c. F...

182. — Il est inutile de rappeler 1o que l'arrêt qui exige que les bordereaux soient ainsi régularisés ne peut être attaqué pour violation de la chose jugée, par le motif qu'un jugement arbitral, passé en force de chose jugée, avait déjà ordonné la preuve d'une négociation *par bordereaux et comptes de l'agent de change*. — Même arrêt.

183. — ...2o Que l'arrêt qui décide en fait que des bordereaux n'établissent pas suffisamment un achat ou une vente d'effets publics ne peut donner ouverture à cassation. — Même arrêt.

184. — Quoique le bordereau ne soit jamais un

acte authentique, il est certain qu'il fera pleine foi entre les parties, s'il est signé de toutes deux. — Mollot, no 178; Pardessus, *Cours de dr. comm.*, no 126. — Il n'y aurait pas lieu à la vérification d'écritures, puisque la signature des deux parties est attestée par l'agent de change. — Toullier, t. 8, no 396; Goujet et Merger, no 150.

185. — S'il n'est signé que par l'agent de change, le bordereau ne fera preuve encore de la négociation qu'autant qu'il concordera avec les livres de l'agent de change, et qu'on ne rapportera pas au juge la preuve qu'il y a eu fraude ou erreur. — *Cass.*, 17 mars 1807, D... c. F...; — Mollot, no 178, Toullier, t. 8, no 396.

186. — L'art. 11 de l'ordonnance de police du 1er thermid. an IX, qui obligeait les agens de change et courtiers à fournir, avant leur sortie de la bourse, à ceux qui les avaient employés, un bordereau signé d'eux des négociations et opérations qu'ils auraient faites, n'est plus exécuté. — Mollot, no 179; Goujet et Merger, no 153.

187. — Des obligations particulières sont aussi imposées aux agens de change, selon la nature des valeurs qu'ils sont chargés de négocier.

188. — Nul ne peut, d'après l'art. 2 de l'arrêté du 2 vendém. an IV, concernant la bourse de Paris, vendre ou échanger des matières métalliques ni faire aucun traité y relatif, s'il ne justifie qu'il est actuellement possesseur des objets à vendre ou à échanger, et ce, par la production d'un certificat de dépôt, soit chez un agent de change, soit chez un notaire de Paris. Toute contravention à ces dispositions est considérée comme agiotage et punie conformément à la loi du 13 fruct. an III. — Ces dispositions sont toujours en vigueur, au moins pour les ventes à termes, car, à défaut du dépôt ou de la preuve qu'au moment de la négociation les pièces métalliques étaient en la possession de l'acheteur, l'opération devient illicite et est annulée comme jeu de bourse, par la loi du 2 vent. an IV, dont la pénalité est remplacée par les art. 421 et 422., C. pén.

189. — D'après le réglement du 2 déc. 1786, tit. de la police intérieure de la bourse, art. 10, les opérations sur les valeurs métalliques doivent être consommées dans la journée.

190. — Des formes spéciales sont prescrites pour la négociation des rentes sur l'état. — V. RENTES SUR L'ÉTAT.

191. — Tous les effets publics au porteur doivent être livrés et payés dans l'intervalle d'une bourse à l'autre. Quant aux effets transmissibles par voie d'endossement, l'agent de change acheteur est tenu de remettre, dans l'intervalle d'une bourse à l'autre, les noms auxquels ils devront être endossés le lendemain; ces effets doivent être livrés et payés le lendemain, de manière que le troisième jour, y compris celui de la négociation, tout soit entièrement consommé. — Arrêté ch. syndicale, 21 fructid. an X.

192. — Quant aux actions des sociétés particulières non susceptibles d'être cotées, aucune forme n'est indiquée par la loi. Il faut en conséquence se reporter au réglement du 2 déc. 1786, art. 10, qui veut que les effets se livrent et se paient dans la journée de la négociation. S'il s'agit d'effets nominatifs, on suit, pour leur transmission, les formes stipulées dans les statuts des sociétés en commandite. — Goujet et Merger, no 159.

193. — La négociation d'effets de commerce proprement dits, qu'ils soient au porteur ou transmissibles par voie d'endossement, s'opère, à la bourse, par le ministère de deux agens de change, sans que les parties se connaissent, soit par un agent de change faisant l'office d'un simple intermédiaire ou courtier. L'agent de change doit, en ce cas, remettre à chacune des parties un simple arrêté signé de lui, et qui, pour faire preuve complète du marché, doit être signé par les parties. Toute sa responsabilité consiste à certifier la dernière signature apposée. — Goujot et Merger, no 159.

194. — La négociation de change peut s'effectuer aussi par deux agens de change en bourse, sans que les parties se connaissent. L'opération est constatée par le bordereau de chaque agent de change, par son carnet et son journal, à moins que les parties ne consentent à signer toutes deux le bordereau. L'opération doit se consommer dans le jour. — Réglem. 2 déc. 1786, art. 10; Mollot, no 274; Goujet et Merger, no 160.

195. — Une des obligations les plus rigoureuses imposées aux agens de change par la nature même de leur ministère, qui est toute de confiance, est celle de garder le secret sur les opérations dans lesquelles ils sont employés comme intermédiaires.

196. — « Les agens de change devront garder le secret le plus inviolable aux personnes qui les auront chargés de négociations, à moins que les parties ne consentent à être nommées ou que la nature même des opérations ne l'exige. » — Art. 19, Arrêté 27 prair. an X.

197. — Comme exemples de cette dernière espèce d'opérations, on peut citer les transferts de rentes ordonnés par jugemens ou bien autorisés par justice, dans l'intérêt d'un mineur ou d'un interdit, les lettres de change et autres effets de commerce dont la valeur dépend du nom ou du crédit des signataires.

198. — Il résulte de cette règle une double conséquence : 1o L'agent de change connaît seul son client et a seul action contre lui. — 2o L'agent de change répond de l'opération qu'il a faite envers son confrère, comme s'il avait agi pour son propre compte, et sans pouvoir, dans aucun cas, se prévaloir de la conduite de son client.

199. — En conséquence, on a eu raison de juger que, dans les négociations d'effets publics à la bourse, les agens de change opèrent, non comme des mandataires ordinaires, mais comme des commissionnaires stipulant en leur nom personnel pour le compte d'un commettant, et que, par suite, le vendeur et l'acheteur qui ont traité par leur entremise sont non-recevables à agir l'un contre l'autre. — *Cass.*, 9 août 1823, Lacaze c. Delamarre; — Mollot, no 182.

200. — Les agens de change, devant garder le secret sur les noms de leurs cliens, sont les représentans légaux et absolus de leurs cliens innomés. En conséquence, ils ont qualité pour intenter en leur nom des actions devant les tribunaux, à raison des négociations par eux faites pour leurs cliens innomés. — Ils sont personnellement responsables du paiement du prix des effets publics qu'ils ont achetés pour leurs cliens, ou de la différence résultant des ventes faites sur eux, à défaut de paiement du prix. — *Paris*, 29 mai 1810, Delatte c. Corteans et Martin.

201. — La responsabilité mentionnée dans l'arrêt précédent est la conséquence du principe que le mandataire est responsable de la faute qu'il a commise et des conséquences de cette faute.

202 — Lorsqu'un agent de change a désintéressé le client pour lequel il a acheté des rentes, il peut agir en son nom personnel contre le vendeur en retard de livrer. — *Paris*, 29 messid. an XII, Perrot c. Bouchet.

203. — Du reste, quelle que soit la qualité que l'on veuille donner à l'agent de change qui négocie des effets publics, qu'il soit considéré comme simple mandataire ou commissionnaire, il serait trop rigoureux de lui refuser une action contre ses commettans, puisque les agens de change sont tenus de garantir et de consommer l'exécution des contrats qu'ils stipulent en qualité d'agens de change.

204. — Jugé que l'agent de change est fondé à exercer contre son client une action en remboursement des avances et frais qu'il a dû faire pour exécuter la négociation, et en paiement des dommages-intérêts qui peuvent lui être dus. — *Paris*, 6 mai 1825, Vatry c. d'Hémart.

205. — Quand les parties ont consenti à être nommées, l'agent de change n'est plus considéré que comme leur mandataire, et dès-lors elles ont l'une contre l'autre une action directe pour l'exécution du contrat.

206. — Dans l'ancien droit français, la violation du secret était punie par 3,000 fr. d'amende payable par corps outre la destitution et la réparation du dommage causé. Mais cette pénalité a été abrogée par l'arrêté du 27 prair. an X, qui n'a laissé subsister au profit des parties lésées que le droit d'obtenir des dommages-intérêts. — Goujet et Merger, no 109.

§ 2. — *Prohibitions auxquelles sont soumis les agens de change.*

207. — La loi, pour donner toutes les garanties désirables aux parties forcées d'employer le ministère des agens de change, a soumis ces agens intermédiaires à des prohibitions qui sont sanctionnées par des pénalités sévères.

208. — L'art. 85, C. comm., interdit formellement aux agens de change et courtiers de faire aucune opération de commerce ou de banque pour leur propre compte, de s'intéresser directement ni indirectement dans aucune entreprise commerciale, de recevoir ni payer pour le compte de leurs commettans.

209. — Un agent de change qui fait des opérations pour son compte, disait l'orateur du gouvernement en exposant les motifs du Code de commerce, affaiblit les garanties qu'il est tenu de présenter, car il ne conserve pas le caractère de neutralité absolue entre les contractans qui l'emploient; il se rend partie intéressée dans des opérations qui doivent lui rester étrangères, il trahit la confiance publique et celle du commerce, car de mandataire il devient concurrent, et concurrent d'autant plus dangereux qu'il opère connaissant parfaitement les intentions de ses commettans, qui sont trompés par son caractère officiel.

210. — Il ne pourrait pas davantage autoriser sa femme commune en biens à faire le commerce.

211. — Il est évident que c'est le négoce habituel qui lui est interdit, et qu'il pourrait sans violer la loi se livrer à quelques actes isolés dans son intérêt privé; ainsi il pourrait valablement tirer une lettre de change sur son débiteur, en prendre une sur un lieu où il en aurait besoin pour ses propres affaires ou en endosser une dans le même but. — Pardessus, no 76.

212. — Les agens de change ne peuvent pas se rendre garans de l'exécution des marchés dans lesquels ils s'entremettent. — C. comm., art. 86.

213. — Aux termes de l'art. 87 du même Code, l'agent de change ou le courtier qui a contrevenu aux dispositions des art. 85 et 86 encourt la destitution ou l'amende, sans préjudice de l'action des parties en dommages et intérêts.

214. — Le droit de prononcer la destitution du contrevenant n'appartient pas seulement à l'autorité administrative. Il peut être exercé par le tribunal chargé d'appliquer la peine.

215. — L'agent de change ainsi destitué ne peut plus être réintégré dans ses fonctions. — C. comm., art. 88.

216. — Tout agent de change qui a fait pour son propre compte des opérations consistant à acheter et à revendre fictivement des effets publics, dans le but unique de recevoir et de payer à la fin du mois la différence entre le cours du mouvement et celui de la fin mois, qu'il les ait faites sous son nom ou sous un nom supposé, commet le délit puni par les art. 419 et 422, C. pén.

217. — Ces prohibitions doivent être sainement entendues. Si l'agent de change s'entremet pour son compte dans des opérations de commerce ou de banque, il encourra l'amende de 3.000 fr. au plus prononcée par l'art. 87, C. comm.; mais il n'en résultera pas que les opérations cessent d'être valables.

218. — Au contraire, il a été plusieurs fois jugé, et avec raison, que les dispositions de la loi qui défendent aux agens de change et courtiers de faire pour leur compte des opérations de commerce, sous des peines déterminées, n'entraînent pas la nullité de ces opérations. — *Cass.*, 15 mars 1810, Lelièvre de Rochefort c. Martime; 18 déc. 1828, Adam c. Meneust; *Bruxelles*, 24 oct. 1829, Vloers c. Degroef; — Pardessus, t. 1er, no 74; Mollot, no 295.

219. — Spécialement, lorsqu'un agent de change, agissant en cette qualité, négocie des traites et qu'il en touche le montant, contrairement aux dispositions du Code de commerce, la négociation ne doit pas être déclarée nulle à l'égard du tiers de bonne foi qui en a payé le prix. — *Cass.*, 18 déc. 1828, Adam c. Menoust.

220. — L'agent de change qui fait des opérations de commerce pour son compte personnel se soumet à toutes les obligations d'un négociant ordinaire; ainsi le billet souscrit par un agent de change, pour des opérations commerciales faites par lui, contrairement à la prohibition de la loi, le soumet à la contrainte par corps. — *Bordeaux*, 19 avr. 1836 (t. 1er 1837, p. 359), Picard c. Trepsat.

221. — Mais, ainsi que toute fraude et que tout délit, le fait que l'agent de change aurait contrevenu à la loi en faisant des négociations pour son compte personnel ne se présume pas, il doit être prouvé. Ainsi, lorsqu'un agent de change a servi d'intermédiaire entre un banquier et un tiers pour des négociations de fonds, le compte courant établi entre l'agent et le banquier, à l'occasion de ces négociations, ne suffit pas pour faire considérer l'agent comme s'étant obligé personnellement en violation des lois de son institution, alors surtout que les remises en effets faisant l'objet desdites négociations n'ont pas été souscrites par l'agent ou à son ordre, mais ont été au contraire toujours passées directement par le banquier à l'ordre du véritable bénéficiaire. — *Rouen*, 15 nov. 1834, Larivière et Desmaiest c. Alexandre.

222. — Il est un second rapport, sous lequel la défense faite à l'agent de change de s'entremettre dans aucune opération pour son compte personnel, et de se rendre garant de l'exécution des marchés, doit nécessairement être restreinte.

223. — Nul doute, en effet, qu'il ne soit défendu à l'agent de change de se rendre garant de l'exécution d'un marché dans lequel il s'entremet seulement pour rapprocher les parties.

224. — Mais, lorsqu'il fait une opération, comme il arrive le plus souvent, pour le compte d'un tiers

inconnu et qui doit rester tel (arrêté 27 prair. an X, art. 19), l'agent de change, aux termes de l'art. 13, est responsable de la livraison et du paiement de ce qu'il a vendu et acheté. Ce n'est donc point cette garantie, qui tient à la nature même de ses fonctions, que lui interdit l'art. 86, C. comm. — Mollot, nº 280.

225. — On a donc eu raison de juger que la défense faite à l'agent de change par les art. 85 et 86, C. comm., de payer, recevoir ou se porter garant pour ses cliens, ne s'entend que des opérations étrangères à ses fonctions. — *Paris*, 9 juin 1836, Mène c. Dahrin.

226. — Qu'elle est seulement relative aux opérations que les agens de change voudraient faire pour leur compte personnel; et qu'on ne peut l'étendre à ce qu'ils reçoivent ou paient comme dépositaires momentanés. — *Bruxelles*, 24 oct. 1829, Vloers c. Degroef.

227. — Jugé que l'obligation contractée au profit d'un agent de change, pour garantie d'un crédit qu'il ouvre à un négociant, est valable, et que l'incapacité prononcée par l'art. 85, C. comm., ne s'applique pas à une pareille opération. — *Toulouse*, 5 juin 1832, Courrech c. Fornier.

228. — Cet arrêt déclare que l'ouverture d'un crédit faite à un négociant par un agent de change ne constitue pas une opération de banque, une négociation commerciale et personnelle, et par conséquent une contravention à l'art. 85, C. comm. La question de savoir si l'ouverture d'un crédit faite à un négociant par un agent de change constitue ou non une contravention à l'art. 85, C. comm., est peu importante dans l'espèce. En effet, il s'agit de se décider sur la valeur de l'obligation contractée par un négociant envers un agent de change qui lui a ouvert un crédit, et quand bien même un agent de change en agissant ainsi aurait encouru la pénalité de l'art. 85, C. comm., l'obligation serait valable, puisqu'il s'agit d'une responsabilité personnelle restreinte à l'individu et qui n'entraîne point la nullité de la négociation. Au surplus, la doctrine de l'arrêt de Toulouse est conforme à celle des arrêts précédens et notamment à celle de l'arrêt de cassation du 15 mars 1810, cité nº 218.

229. — Du reste, la jurisprudence paraîtrait tendre à établir que les agens de change peuvent, sans contrevenir aux art. 85 et 86, C. comm., ouvrir un crédit à leurs cliens. Cette doctrine s'explique par ce motif, que lorsqu'il paie pour un de ses commettans, l'agent de change est censé agir comme caissier, comme dépositaire et non point faire une opération de banque. Toutefois, cette doctrine est en opposition avec le texte strict et formel de l'art. 85, C. comm., qui défend positivement à l'agent de change de *recevoir ni payer pour le compte de ses commettans*, et, par voie de conséquence, de leur ouvrir un crédit.

230. — La cour royale de Paris a jugé que la défense faite aux agens de change par les art. 85 et 86, C. comm., de payer, recevoir, ou se porter garans pour leurs cliens, ne s'entend que des garanties qu'ils donneraient pour des opérations faites avec des tiers, et non du crédit qu'ils accordent à leurs cliens. — *Paris*, 14 nov. 1836 (t. 1er 1837, p. 237), Pelez c. Juteau.

231. — L'agent de change qui est entré dans une société commerciale a contrevenu aux lois réglementaires de sa profession; cependant il n'encourt qu'une responsabilité personnelle, comme l'agent de change qui fait le commerce pour son compte (V. *suprà* nos 208 et suiv), et la société reste valable.

232. — Quoiqu'en général les associés de l'agent de change ne puissent se prévaloir contre lui de sa qualité, sauf à lui à répondre devant qui de droit de sa contravention à l'art. 87, C. comm., on a cependant eu raison de juger qu'un agent de change qui avait contracté une société commerciale, contrairement au prescrit de l'art. 85, ne pouvait, étant encore agent de change, être chargé de la liquidation de cette société qui devait entraîner des opérations nouvelles, puisque c'eût été en quelque sorte être chargé de commettre un délit. — *Bordeaux*, 9 juin 1830, Lopès-Dias c. Isaac Lopès-Dias.

233. — Un agent de change peut-il faire partie d'une société anonyme de banque ou de commerce? L'affirmative est soutenue par M. Vincens (*Législation commerciale*, t. 1er, p. 588), et combattue par M. Mollot (nº 283). En reconnaissant que cette dernière opinion est plus conforme que la précédente au texte de la loi, il faut avouer aussi qu'elle est d'une application à peu près impossible, car on ne saurait empêcher un agent de change d'employer des fonds en achat d'actions de sociétés anonymes, si surtout ces actions, comme il arrive souvent, sont au porteur.

234. — Il n'y a pas moins de danger à permettre à un agent de change de faire partie d'une société civile; cependant, comme aucun texte de loi ne le lui défend, il n'encourrait pas pour ce fait la peine prononcée par l'art. 87, C. comm.

235. — Un agent de change peut-il former une société pour l'exploitation de sa charge? Cette question, qui se présente fréquemment, et que nous examinons au mot SOCIÉTÉ, paraît résolue par la pratique dans le sens de l'affirmative, malgré les tribunaux, qui refusent généralement de considérer la société comme valable, et les auteurs dont la plupart professent la même opinion. — V. cependant Mollot, nº 284. — Il est certain qu'à Paris, presque toutes les charges d'agent de change sont exploitées en société, et on rencontre des personnes qui prennent publiquement la qualité d'*associé d'agent de change*. Le temps seul nous apprendra si l'usage en ce point est destiné à prévaloir sur les principes et sur la loi.

236. — M. Mollot, après avoir reconnu qu'à Paris il se fait beaucoup de sociétés de ce genre avec l'agrément de la chambre syndicale, ajoute que, dans ces traités, la chambre syndicale est toujours constituée arbitre souveraine des difficultés auxquelles la société donnerait naissance. — Nº 284.

237. — Ceux qui admettent la validité de ces sociétés soutiennent qu'en réalité ce n'est point la charge qui est mise en société, mais seulement la finance qui peut être cédée aux termes de la loi du 28 avr. 1816, et les émolumens attachés à la charge. Il serait en effet impossible de soutenir qu'un agent de change aurait la liberté de transmettre tout ou partie des fonctions qui lui ont été personnellement confiées par l'autorité royale.

238. — Jugé que le traité par lequel un agent de change s'engage envers un tiers à lui faire une remise sur les courtages de chaque affaire que celui-ci lui procurera n'a rien de contraire à l'ordre public ni aux lois, et doit recevoir son exécution. — *Paris*, 10 fév. 1844 (t. 1er 1844, p. 307), Lecordier c. Croquelois.

239. — Rien n'empêcherait non plus un agent de change ou tout officier ministériel de vendre ou de donner une partie de ses honoraires, si ce contrat n'entraînait pas forcément l'immixtion du cessionnaire dans les fonctions de l'officier ministériel; mais c'est de là précisément que naît la difficulté. Où sera le secret imposé à l'agent de change, par l'art. 19 de l'arrêté du 27 prair. an X, si des tiers ont le droit de prendre communication de ses registres pour reconnaître le montant de ses bénéfices? Ne devra-t-on pas craindre enfin que leur intérêt ne les porte à entrer plus avant dans l'exercice de sa fonction?

240. — Selon M. Mollot, la société dont nous nous occupons serait une société *commerciale*, en nom *collectif* ou en *commandite*. Nous admettons aisément qu'elle est commerciale; mais il nous semble plus difficile de lui reconnaître les caractères des sociétés en nom collectif ou en commandite. Les arrêts qui l'ont qualifiée de société en participation sont ceux qui nous paraissent s'être le mieux conformés à l'esprit de la loi: c'est une société occulte par sa nature, formée pour une ou plusieurs opérations, et qui doit avoir lieu aux conditions convenues entre les parties. — C. comm., art. 48. — V. SOCIÉTÉ.

241. — La conséquence de cette opinion serait que le défaut de publication, qui ne peut jamais empêcher les tiers de faire valoir l'existence de la société, n'empêcherait pas davantage les associés d'invoquer l'existence de la société contre les tiers. — Mollot, nº 293.

242. — Mais il ne faut pas confondre la publication et l'enregistrement. Si un agent de change fait faillite, on ne pourra sans doute pas contester la société pour défaut de publication, mais on pourra contester son existence sur le fondement que l'acte n'a pas date certaine antérieure à la faillite. Les tribunaux verront seulement si le versement de la mise par l'associé est suffisamment justifié, nonobstant le défaut d'enregistrement. — Mollot, nº 294.

243. — Dans tous les cas, on a eu raison de juger que les associés d'un agent de change n'ont le droit d'être colloqués au marc le franc sur le prix de la charge, à raison de leurs mises, que déduction faite de leur part contributoire dans les pertes. — *Paris*, 11 juill. 1836, créanciers Bureaux c. agens de change de Paris; — Mollot, nº 289.

244. — « Ne pourront, les agens de change et de commerce, à peine de destitution et 3,000 fr. d'amende, négocier aucune lettre de change, billet, vendre aucune marchandise appartenant à des

gens dont la faillite serait connue. » — Arrêté 27 prair. an X, art. 18; arrêt du cons. 24 sept. 1724, art. 37; L. 8 mars 1791, art. 11.

245. — La faillite n'est censée connue pour l'agent de change que lorsqu'elle a été déclarée par jugement du tribunal de commerce. — L. 8 mai 1791; — Mollot, nº 297.

246. — Peu importe que le jugement qui déclare la faillite en fasse remonter l'ouverture à une époque antérieure à la négociation faite par l'agent de change. — Mollot, nº 298; Goujet et Merger, nº 178.

247. — La disposition de la loi du 8 mai 1791, qui défendait aux agens de change de négocier aucun effet qui leur serait remis par des particuliers non connus et non domiciliés n'a plus aujourd'hui d'application. Mais reste pour l'agent de change l'obligation de connaître son client, puisqu'il est responsable de toutes les négociations faites pour son compte en état de faillite, puisqu'il garantit encore sa signature sur les transferts et les effets négociables. — Mollot, nº 299.

248. — L'application de la loi du 8 mai 1791 pourrait avoir de l'importance pour la vente d'effets au porteur perdus ou volés. On eût pu exiger, sous l'empire de cette loi, que l'agent de change qui avait vendu des effets de ce genre fît connaître la personne de laquelle il les tenait. Mais il est impossible aujourd'hui de soutenir qu'il en soit encore ainsi.

249. — Toutes négociations *en blanc* des lettres de change, billets à ordre ou autres effets de commerce sont défendues aux agens de change. — L. 20 vendém. an IV, art. 1er, 2 et 3; L. 28 vendém. an IV; C. comm., art. 137 et 138; délibération de la chambre syndicale, 1er fruct. an X; — Mollot, nº 300.

250. — « Il est défendu aux agens de change et courtiers de se faire suppléer ou représenter dans l'intérieur du parquet de la Bourse. » — Art. 12, ord. préfet de police, 1er thermid. an IX; arrêté 27 prair. an X, art. 23.

251. — Cette prohibition ne s'applique qu'à des tiers, et n'empêcherait pas un agent de change de représenter un confrère absent dans l'intérieur du parquet de la Bourse. — Mollot, nº 302.

252. — Et, en dehors du parquet, les agens de change ne peuvent se faire suppléer que pour des actes qui ne tiennent point à l'exercice de leur profession. Ainsi, ils ne peuvent donner une procuration pour signer un transfert d'inscription. — Mollot, nº 303.

253. — L'arrêté de l'an X, tout en défendant aux agens de change de se faire suppléer dans l'intérieur du parquet, leur avait permis d'avoir un commis principal, autorisé par la compagnie et révocable à sa volonté ou à celle de l'agent de change qui l'employait. Ce commis, revêtu d'un caractère officiel, pouvait opérer au nom et sur la signature de son agent de change. Mais cette institution ayant entraîné quelques abus, la compagnie a arrêté qu'à l'avenir aucun de ses membres ne pourrait plus avoir de commis principal. Les commis employés aujourd'hui pour la tenue de leur caisse ou écritures n'ont aucun caractère légal, et n'ont aucun rapport avec le commis initié aux négociations dont parle l'arrêt du 27 prair. an X.

254. — « Les agens de change ne peuvent s'assembler ailleurs qu'à la Bourse, ni faire des négociations à d'autres heures que celles indiquées, à peine de destitution et de nullité des opérations. » — Arrêté 27 prair. an X, art. 3.

255. — Les agens de change ne peuvent aliéner, sans autorisation de justice, les inscriptions de rente sur l'état excédant un capital de 1,000 fr., lorsqu'elles appartiennent à des mineurs, des interdits, des successions bénéficiaires ou vacantes, et plus généralement à des incapables. Il en est de même des actions de la Banque quand il s'agit d'en aliéner plus d'une. — L. 24 mars 1806; avis cons. d'état, 27 nov. 1807; Décr. 25 sept. 1813; — Mollot, nº 305.

256. — La prohibition du transfert est absolue pour des rentes sur l'état et des actions de la banque affectées à des majorats, quelle que soit leur quotité. — Décr. 1er mars et 21 déc. 1808. — Mais voyez aussi L. 12 mai 1835, abolitive des majorats.

257. — La prohibition du transfert est également absolue pour les pensions sur l'état. — L. 8 niv. an VI, art. 4; arrêté du 7 thermid. an X, art. 2; — Mollot, nº 307.

258. — Les agens de change et courtiers ne peuvent exiger ni recevoir aucune somme au-delà des droits qui leur sont attribués par le tarif arrêté par les tribunaux de commerce, sous peine de concussion. — Régl. 27 prair. an X, art. 20. — V. *infrà* nº 364.

259. — Ils ne peuvent enfin prêter leur ministère aux jeux de bourse. — V. JEUX DE BOURSE, SUR

chés à terme. — Arr. du cons. d'état 7 août, 2 oct. 1785, et 22 sept. 1786; L. 28 vend. an IV, art. 4; Arrêté 27 prair. an X, art. 7; C. pén., art. 421 et 422.

260. — L'agent de change qui tombe en faillite a manqué à son premier devoir, celui de s'abstenir de faire le commerce. Sa faute donc est double, et contre lui la peine doit être plus forte que contre le simple négociant; aussi le Code pénal porte-t-il, dans son art. 404, la disposition suivante: «Les agens de change et courtiers qui auront fait faillite seront punis de la peine des travaux forcés à temps; s'ils sont convaincus de banqueroute frauduleuse, la peine sera celle des travaux forcés à perpétuité.» — V. BANQUEROUTE.

261. — L'agent de change failli ne peut, dans aucun cas, être déclaré excusable. — C. comm., art. 540.

§ 3. — *Responsabilité des agens de change.*

262. — L'agent de change, selon qu'on le considère dans ses rapports avec son client, ou dans ses rapports avec les autres agens de change, ses confrères, occupe une double position.

263. — A l'égard de son client, l'agent de change est un mandataire ordinaire, tenu de toutes les obligations du mandat, tandis qu'à l'égard de l'agent de change avec lequel il a traité, il agit en son nom propre, et est responsable personnellement de l'opération. C'est la conséquence et du secret et de l'obligation d'être nanti qui lui sont également imposés. — Mollot, nº 351; — Arrêté du 27 prair. an X, art. 13; C. comm., art. 91.

264. — La même responsabilité a lieu soit que que les agens fassent des marchés à terme ou au comptant. — Mollot, nº 355.

265. — Cette double responsabilité cesse avec les causes qui la font naître. Ainsi, d'une part, l'agent de change n'encourt aucune responsabilité lorsqu'il se borne à être intermédiaire entre les parties, et à les rapprocher pour qu'elles concluent elles-mêmes la négociation. — Mollot, nº 356.

266. — On tient également à la Bourse de Paris, que l'agent de change qui a fait connaître au client l'agent de change avec lequel il a traité ne répond pas envers le client de la solvabilité de son confrère. — Mollot, nº 357.

267. — Enfin, l'agent de change ne garantit pas vis-à-vis de son confrère l'engagement du client qu'il lui a fait connaître, dans le cas où celui-ci a consenti à être nommé conformément à l'art. 19 de l'arrêté du 27 prair. an X. — Mollot, nº 355.

268. — L'agent de change n'étant qu'un intermédiaire entre les parties, et étant soumis en général aux règles du mandat, ne doit rien faire sans y être autorisé par le client. — Cass., 22 juill. 1823, N...; — Pardessus, *Cours de dr. comm.*, t. 1er, nº 126.

269. — Les tribunaux ont eu à appliquer ces règles dans un assez grand nombre de circonstances et n'ont jamais hésité à le faire.

270. — Le nantissement opère la formation et l'acceptation du mandat, à l'égard de l'agent de change.

271. — En conséquence, on a jugé que l'agent de change suffisamment nanti ne peut se dispenser d'exécuter un ordre d'achat de rentes sans se rendre garant et responsable des pertes que l'exécution de cet ordre aura produites. — *Cass.*, 19 fév. 1835, Vandermarcq c. Couck-Sonc.

272. — Tout mandataire salarié est responsable de sa négligence; il doit garantir son mandant des conséquences d'une faute même légère (C. civ., art. 1992). Jugé en conséquence que l'agent de change qui, après avoir transféré, au nom de son mandant, une rente sur le grand-livre de la dette publique à un agent de change généralement considéré comme solvable, n'a pas exigé le paiement du prix dans les trois jours suivans, est responsable de l'insolvabilité de l'agent de change survenue le quatrième jour. — *Paris*, 22 avr. 1824, Ricordeau c. Dumarest.

273. — L'agent de change contre lequel on a décidé en fait qu'il y avait eu faute de sa part à ne pas exécuter un ordre d'achat à lui transmis, parce qu'il n'avait pas eu le droit de se constituer juge de son opposition, a pu être condamné à réparer le préjudice causé, encore bien que l'arrêt ait déclaré que sa conduite avait été dictée par un sentiment de sollicitude et de désintéressement honorable. — C. civ., art. 1991 et 1992; — *Cass.*, 19 fév. 1835, Vendermarcq c. Couck-Sonck.

274. — L'agent de change est responsable envers son client du remboursement des sommes qu'il a reçues pour lui ou de la remise des effets qu'il a achetés en son nom. — Mollot, nº 359.

275. — Une autre espèce de responsabilité pèse encore sur l'agent de change, c'est celle des actes de ceux dont il emploie le ministère; il serait, aux termes de l'art. 1384, C. civ., garant des infidélités dont ses commis, employés, ou garçons de caisse pourraient se rendre coupables dans l'exercice des fonctions qu'il leur a confiées.

276. — Un des cas les plus graves de responsabilité contre l'agent de change est celui qui résulte des art. 15 et 16, arrêté du 27 prair. an X.

277. — L'aliénation de rentes sur l'état s'effectue au moyen de deux opérations successives, parfaitement distinctes et produisant des effets différens: 1º la négociation qui a lieu à la Bourse; — 2º le transfert qui se fait au trésor.

278. — La négociation forme entre deux agens de change un contrat par lequel l'un des agens de change promet de livrer à l'autre une rente de la somme convenue moyennant le prix réglé entre eux. Ainsi, ils sont personnellement engagés à fournir la rente promise, et s'il arrive que le client soit incapable, l'agent de change qui a promis la livraison est obligé, pour la faire, d'acheter à ses frais, pour se libérer, une rente égale à celle qu'il a vendue.

279. — Pour le transfert des rentes, les obligations de l'agent de change sont différentes. L'art. 15 porte que le transfert des inscriptions de rente sur l'état doit être fait en présence d'un agent de change qui certifie l'identité du propriétaire, la vérité de la signature et des pièces produites; et l'art. 16 ajoute que l'agent de change sera, par le seul effet de sa certification, responsable de la validité desdits transferts, en ce qui concerne l'identité du propriétaire, la vérité de sa signature et des pièces produites.

280. — Selon M. Mollot (nº 365), cette responsabilité n'est établie qu'au profit de l'ancien propriétaire, et non au profit de l'acheteur, parce que la rente ayant été achetée en Bourse, le contrat est valable à l'égard de l'acheteur aux termes de l'art. 2280, C. civ.

281. — L'agent de change, signataire du faux transfert, est tenu de remettre au propriétaire dépouillé une rente de même nature et quotité ou sa valeur au cours du faux transfert, avec tels dommages-intérêts que de droit. — Mollot, nº 366.

282. — L'agent de change, en cas de faux transfert, a une action en garantie contre l'auteur du faux, mais n'en a point contre le trésor public, qui n'a fait le transfert que sous sa responsabilité à lui-même. — Mollot, nº 366.

283. — En cas de faux transfert de rente, c'est l'agent de change certificateur et non pas le trésor public qui est responsable envers le titulaire de l'inscription frauduleusement transférée. Si cependant celui qui s'est frauduleusement approprié la rente était un employé du trésor, le trésor alors serait responsable avec l'agent de change. — C. civ., art. 1384. — Le trésor, supposé responsable dans ce cas, n'a pas un recours en garantie contre l'agent de change, surtout s'il s'est écoulé plus de cinq ans depuis la déclaration de transfert. — *Paris*, 25 janv. 1833, Trésor public, c. synd. Langlumé des Angles; *Cass.*, 29 fév. 1836, mêmes parties.

284. — Dans les arrêts qui précèdent, le motif de la responsabilité du trésor est justement fondé sur les termes de l'art. 1384, C. civ. En effet, celui qui avait soustrait l'inscription de rente était, dans l'espèce, un employé du trésor; dès-lors, le trésor est tombé sous l'application des règles de la responsabilité civile.

285. — L'agent de change répond-il de la capacité de son client? Nul doute s'il la connaît. Ainsi, on a fort bien jugé que l'agent de change qui négocie des effets appartenant à un interdit dont il connaît l'état demeure garant de sa négociation. — *Cass.*, 3 brum. an XI, Degumin c. Egloff.

286. — Mais lorsque l'agent de change n'a pas eu connaissance de l'incapacité du propriétaire vendeur, la difficulté devient beaucoup plus grave. La cour royale de Paris a voulu que dans ce cas l'agent de change fût encore responsable. — Elle a décidé que lorsqu'un individu pourvu d'un conseil judiciaire a vendu une rente sur l'état, sans l'assistance de ce conseil, ce n'est pas le trésor royal qui répond de cette vente faite sans capacité, ni le notaire, parce qu'il aurait délivré un certificat attestant le droit de l'héritier d'être immatriculé aux lieu et place de son père décédé, mais c'est l'agent de change par le ministère duquel a été vendue la rente. — *Paris*, 24 janv. 1825, de Bussy c. Trésor royal.

287. — Mais cet arrêt a été cassé avec raison par la cour suprême. — *Cass.*, 8 août 1827, Vandermarcq c. de Bussy. — S'il est vrai en effet, comme tous les arrêts l'ont reconnu, que le trésor ne doive être passible d'aucune garantie lorsque les formalités prescrites pour le transfert ont été accomplies, ce n'est pas un motif pour déclarer l'agent de change responsable. — En fait, un agent de change n'a pas les moyens d'arriver à vérifier exactement la qualité de tous les propriétaires de

rente qui lui passent dans les mains. En droit, aucun arrêté, aucune loi n'oblige les agens de change à attester la capacité civile de leurs cliens et ne les rend responsables des erreurs qu'ils pourraient commettre à ce sujet. Enfin, la conscience repousse cette idée que l'on puisse rendre un agent de change responsable d'un fait qu'il n'a pu connaître, surtout lorsque, comme dans l'espèce de l'arrêt du 8 août 1827, le transfert a été fait avec les formalités prescrites par la loi, et sur la production des pièces qui ne faisaient pas mention de l'incapacité du vendeur. — C. civ., art. 513 et 1124; Mollot, nº 367.

288. — L'acheteur d'une rente appartenant à un incapable ne peut pas même être forcé de restituer l'inscription contre le remboursement du prix d'achat, l'art. 2280, C. civ., n'obligeant à cette remise que dans le cas où la chose aurait été perdue ou volée. — Mollot, nº 367.

289. — Le trésor n'est également passible d'aucune garantie, lorsque les formalités du transfert ont été régulièrement accomplies. — Mollot, *ibid.*

290. — Il en résulte que le seul moyen efficace d'empêcher que les incapables soient exposés à perdre leurs inscriptions de rente sans aucun recours, indépendamment de la rétention du titre par les représentans de l'incapable, consiste à faire porter sur l'inscription la mention de l'incapacité. — Mollot, nº 367.

291. — Aux termes de l'art. 16 de l'arrêté du 27 prair. an X, la garantie de l'agent de change en cas de faux transfert ne pourra avoir lieu que pendant cinq années à partir de la déclaration du transfert.

292. — Cette prescription n'admet d'interruption ni pour minorité ni pour aucune autre cause. — Arg. de l'art. 2278; C. civ.; — Mollot, nº 370.

293. — La prescription de cinq ans établie par l'art. 16 de l'arrêté du 27 prair. an X en faveur des agens de change n'est pas une prescription libératoire, mais une décharge de garantie à l'égard d'un paiement non valablement fait. — Dès-lors, l'agent de change actionné après le délai de cinq années par le véritable propriétaire d'une rente transférée à l'aide d'une fausse signature peut être condamné à verser le montant du transfert entre les mains de celui-ci, s'il ne justifie par aucune quittance de sa délibération au profit du faussaire. — *Cass.*, 18 nov. 1840 (t. 2 1843, p. 151), Crouzet c. de la Gatinerie; — Dunod, *Tr. des prescript.*, p. 115; Mollot, *Des bourses de comm.*, nº 370.

294. — L'agent de change est responsable sous un double rapport du faux transfert opéré sur sa certification. En vendant une rente, en effet, il en reçoit le prix. Or, tandis que, d'une part, il doit indemniser le propriétaire du transfert de sa rente, il doit, d'autre part, justifier que le prix qu'il a reçu ne lui est pas resté entre les mains. — Cette justification se fera par une quittance émanée de l'individu qui a pris faussement le nom du titulaire de la rente.

295. — Mais si l'agent de change ne représente pas cette quittance, pourra-t-il opposer la prescription de cinq ans pour se dispenser de restituer le titre induement transféré?

296. — La cour royale de Paris avait d'abord jugé que la prescription de cinq ans créée par l'arrêté du 27 prair. an X ne peut être invoquée par l'agent de change contre l'action en paiement du produit du transfert qu'autant qu'il justifie de ce paiement par une quittance émanée du titulaire vrai ou putatif dont il a certifié la signature. — *Paris*, 7 août 1838 (t. 2 1838, p. 129), Crouzet c. de la Gatinerie.

297. — Mais revenant depuis sur cette opinion dans une affaire identique, la même cour a jugé contrairement que, si l'agent de change est responsable de faux transfert opéré sur sa certification et du versement du produit de la négociation par lui faite au faux titulaire entre les mains de l'agent d'affaires intermédiaire, néanmoins, l'agent de change qui, opérant un transfert de rente, certifie l'identité et la vérité de la signature du faux titulaire, et qui verse immédiatement après la vente le prix du transfert à un individu indiqué frauduleusement par le prétendu propriétaire, peut invoquer la prescription de cinq ans établie par l'art. 16 de l'arrêté du 27 prair. an X, pour mettre à couvert sa responsabilité tant à l'égard du paiement qu'à l'égard du transfert, qui, dans ce cas, doivent être considérés comme constituant une même opération. — *Paris*, 24 mars 1840 (t. 1er 1840, p. 400), Chaud c. Crouzet. — V. en ce sens la consultation de MM. Mollot et Flandin, sous l'arrêt du 7 août 1838 (t. 2 1838, p. 129).

298. — Enfin, la cour de Cassation a décidé que si les agens de change sont responsables de la validité des transferts en ce qui concerne l'identité du

propriétaire et la vérité de la signature des pièces produites, les actions auxquelles cette responsabilité peut donner lieu sont soumises à la prescription de cinq ans, établie par l'art. 16 de l'arrêté du 27 prair. an X, et que pour que l'agent de change actionné après le délai de cinq années par le véritable propriétaire d'une inscription transférée au moyen d'une fausse signature soit vis-à-vis de celui-ci à couvert de toute responsabilité, il n'est pas nécessaire qu'il justifie de sa libération par une quittance émanée du faussaire, il suffit qu'il soit établi en fait et qu'il résulte des circonstances que cet agent de change a versé le montant du transfert entre les mains de ce dernier ou de son mandataire. — *Cass.*, 31 mai 1843 (t. 2 1843, p. 151), Drouard c. Crouzet.

299. — L'agent de change est soumis, pour le transfert des actions de la Banque de France, à la même responsabilité que pour ceux des inscriptions de rente sur l'état. — Mollot, nº 371.

300. — Quant aux lettres de change ou autres effets, les agens de change sont assujétis à une garantie spéciale; ils sont (art. 14, réglement du 27 prair. an X) civilement responsables de la vérité de la dernière signature des lettres de change ou autres effets qu'ils négocient.

301. — Autrefois, en vertu de l'édit de 1705 et de l'arrêt du conseil du 7 août 1785, les agens de change étaient garans de la vérité de toutes les signatures apposées sur les effets par eux négociés. — Mollot, nº 374.

302. — L'agent de change étant garant de la vérité de la dernière signature est tenu de réparer les conséquences du faux envers ceux qui en ont souffert. — Mollot, nº 373.

303. — Lorsque la négociation des lettres de change et billets à ordre s'opère par voie de courtage, l'agent de change, qui n'est plus qu'un intermédiaire et ne fait que rapprocher les parties, n'est plus garant de la vérité de la dernière signature. — Mollot, nº 375.

304. — L'agent de change garantit en général la signature de celui qui transmet l'effet, ce qui a fait douter s'il garantit aussi la signature unique apposée sur un effet au porteur. M. Mollot adopte l'affirmative avec raison. Autrement la partie qui achète ces sortes d'effets n'aurait ni moyen de s'assurer de leur sincérité ni recours en cas de faux, puisqu'elle ne connaît que l'agent de change qui les lui a transmis. — Mollot, nº 376.

305. — L'agent de change ne garantit pas la capacité de celui qui l'a chargé de négocier des lettres de change ou autres effets. — Mollot, nº 378.

306. — La responsabilité de la dernière signature ne se prescrit pas par cinq ans. L'art. 14 de l'arrêté du 27 prair. ne lui est pas applicable. — Mollot, nº 379.

307. — L'agent de change qui négocie des effets à lui remis par des particuliers dont la faillite serait connue est responsable à l'égard de la faillite. — Arrêté 27 prair. an X, art. 18.

308. — Le propriétaire d'un effet au porteur, perdu ou volé, n'est pas fondé à attaquer en garantie l'agent de change qui l'a négocié. — Mollot, nº 382. — Nous supposons que l'agent de change n'a plus cet effet entre les mains.

309. — Mais aux termes de l'art. 2279, C. civ., tout propriétaire d'un effet mobilier perdu ou volé peut le revendiquer pendant trois années. Un billet au porteur dont l'identité peut être constatée constitue un effet mobilier auquel le principe précédent est applicable. Il en résulte qu'un billet pareil négocié par un agent de change peut être revendiqué ainsi, sauf le recours de l'agent de change contre celui qui l'a trompé.

310. — La revendication triennale d'une chose mobilière perdue ou volée est applicable à un billet au porteur contre l'état, par exemple à une reconnaissance de liquidation. — Spécialement, le propriétaire d'une reconnaissance de liquidation soustraite frauduleusement a une action contre l'agent de change qu'il a chargé de la négocier. — Cet agent de change ayant reçu le titre d'un agent d'affaires qui le tenait du voleur, en qualité de mandataire, a une action récursoire contre l'agent d'affaires, s'il n'est pas prouvé qu'il ait connu le mandat. — Par suite de cette action, l'agent d'affaires est contraignable par corps. — *Paris*, 26 déc. 1828, Vaudermack c. Thierry-d'Hemel et Demonchy; — Mollot, nº 383.

311. — La vente d'action au porteur faite entre agens de change au comptant et avec livraison à la Bourse transfère définitivement la propriété à l'acheteur. — Le propriétaire des actions transférées, dont l'agent de change a disparu, ne peut les revendiquer contre l'agent acquéreur de bonne foi qui s'en est lui-même dessaisi. — *Paris*, 16 mars 1833, Franchessin c. Lavareille.

312. — Il a été jugé que le fait de la disparition

d'un agent de change autorise la liquidation immédiate des opérations à terme faites entre lui et ses collègues. — Même arrêt. — A Paris, dans le cas de disparition d'un agent de change, suivant un usage constamment suivi, on liquide, au jour de la disparition et au cours moyen de ce jour, toutes les opérations en suspens entre l'agent présumé en déconfiture et ses collègues. Il est procédé à cette liquidation par tous les agens de change d'accord avec un ou plusieurs membres de la chambre syndicale, nommés commissaires pour l'agent absent. Cette mesure a pour objet de fixer immédiatement la position de ce dernier à la Bourse, et de se mettre ainsi à couvert, dans un intérêt commun, des chances d'un avenir incertain. — Cela n'est qu'une application rationnelle du principe posé en l'art. 1188, C. civ., qui déclare déchu du bénéfice du terme tout débitant failli ou ayant diminué les sûretés promises à ses créanciers. Ainsi, l'agent de change qui disparaît après avoir vendu au comptant et livré des effets publics au porteur et les avoir ensuite rachetés à terme, élève contre lui la présomption légale qu'à l'expiration du terme il ne sera pas en mesure de payer le prix des reventes à lui faites; il encourt la déchéance du délai stipulé, et l'agent de change qui, après une liquidation conforme à l'usage, reste possesseur des valeurs qu'il avaient vendues à celui qui a disparu et qui étaient livrables à une époque plus ou moins éloignée, peut en disposer pour son propre compte.

§ 4. — *Sur quoi et comment s'exerce la responsabilité des agens de change.*

313. — La responsabilité de l'agent de change s'exerce sur tous ses biens. Elle s'exerce de plus spécialement et par privilége sur son cautionnement. — C. civ., art. 2092.

314. — « Le cautionnement des agens de change ou courtiers sera spécialement affecté à la garantie des condamnations qui pourraient être prononcées contre eux par suite de l'exercice de leurs fonctions. » — Arrêté 20 germin. an X, art. 12. — V. aussi art. 13, arrêté 27 prair. an X; art. 1er, L. 25 niv. an XIII; C. civ., art. 2107, § 7.

315. — Nous avons dit *suprà* (nº 67) qu'un agent de change peut faire verser les fonds de son cautionnement par un tiers prêteur; mais, dans ce cas, le tiers prêteur n'a qu'un privilége de second ordre sur le cautionnement. — Mollot, nº 92.

316. — La déclaration au profit des prêteurs des fonds de cautionnement, dit l'art. 4, L. 25 niv. an XIII, faite à la caisse d'amortissement à l'époque de la prestation, tiendra lieu d'opposition pour leur assurer l'effet du privilége de deuxième ordre, aux termes de l'art. 1er, même loi.

317. — Quoique la loi du 28 avril 1816, qui a permis au titulaire de présenter son successeur, n'ait pas affecté le prix de la charge au paiement des créanciers, sans doute parce qu'elle refuse le droit de présentation au titulaire destitué, le gouvernement consent ordinairement que la charge du failli soit vendue, sous la condition que le prix sera employé au paiement des créanciers et en première ligne des créanciers pour faits de charge. — Mollot, nº 386.

318. — Il importe que cette condition soit exprimée dans l'acte du gouvernement; autrement tous les créanciers de l'agent de change viendraient par contribution. — Mollot, nº 387.

319. — Dans la pratique, on appelle *fait de charge* celui qui engendre la *responsabilité légale* et par suite *le privilége*. On ne doit considérer comme tel que le fait qui rentre nécessairement dans les fonctions de l'agent de change, et qui n'a pu émaner de lui qu'en sa qualité. Tous actes faits par l'agent de change en dehors de ses fonctions ne peuvent déterminer que des créances ordinaires. — Mollot, nº 389.

320. — La partie qui a remis à un agent de change des sommes ou valeurs pour les employer en achats de rentes ou d'effets quelconques est créancier de l'agent de change pour faits de charge et par conséquent privilégiée sur le cautionnement. — Mollot, nº 390.

321. — Si les effets achetés par les agens de change ne sont pas payés par leurs cliens, ce défaut de paiement, dont ils sont responsables (étant une suite de l'exercice de leurs fonctions), est un fait de charge pour lequel les fonds de leur cautionnement sont affectés par privilége. — *Paris*, 29 mai 1816, Delatte c. Cortéans et Martin.

322. — La rétention, par un agent de change, de sommes reçues d'un tiers pour des opérations de bourse à profit commun, ne constitue pas un fait de charge qui donne lieu au privilége sur le cautionnement. — *Paris*, 10 déc. 1841, Simonnet c. Froment.

323. — Dans l'espèce de l'arrêt qui précède, on a jugé que la stipulation du profit commun constitue une association qui fait perdre à l'agent de change sa véritable qualité. En pareille circonstance il est considéré à juste titre comme ayant agi en dehors de ses fonctions; il n'y a donc pas lieu à *fait de charge* et par conséquent à *privilége*.

324. — Il en est de même dans tous les cas où les créances ne naissent point d'actes pour lesquels le ministère de l'agent de change est forcé. — *Cass.*, 10 mai 1827, Fréconnet c. Cléret.

325. — L'abus que fait un agent de change des fonds qui sont laissés entre ses mains, en se livrant à des opérations *fictives* de bourse, contrairement aux intentions du propriétaire de ces fonds, constitue un simple abus de confiance, qui donne lieu seulement, en faveur de ce dernier, à une action ordinaire, résultant de la violation du mandat ou du dépôt, et non une prévarication dans l'exercice des fonctions d'agent de change, qui confère un privilége sur le montant de son cautionnement. — *Cass.*, 25 juill. 1826, Félix c. Mussart.

326. — Toucher les arrérages d'une rente est un fait dont tout le monde peut se charger; procurer à quelqu'un des traites sur l'étranger est un fait qui rentre dans les attributions spéciales des agens de change. Jugé donc que l'agent de change qui retient les arrérages de rentes qu'il s'était chargé de toucher pour un tiers ne commet pas un fait de charge qui puisse donner un privilége sur son cautionnement. — Mais, lorsque l'agent de change a reçu mandat non seulement de toucher les arrérages de rentes, mais en outre de procurer des traites sur l'étranger, à l'effet de faire passer aux titulaires les arrérages reçus pour leur compte, s'il abuse des fonds qui lui ont été laissés pour ce motif, il se rend coupable d'un fait de charge donnant privilége sur son cautionnement. — Arrêté du 29 germin. an IX, art. 12. — *Paris*, 15 avr. 1833, Lallier c. Raguet-Lépine.

327. — Un agent de change qui a remboursé son client se trouve subrogé à tous les droits du client remboursé; il peut donc exercer le privilége de son client sur le cautionnement d'un autre agent de change.

328. — Jugé que le défaut de livraison, par un agent de change, de rentes qu'il s'est obligé de livrer, constitue un fait de charge, et donne lieu au privilége sur le cautionnement, lors même que cet agent de change a contracté, non avec son propre client, mais avec un autre agent de change ou le client de ce dernier. — *Paris*, 29 messid. an XII, Perrot c. Bouchet.

329. — Le privilége de la régie de l'enregistrement sur le cautionnement, à raison des amendes et frais auxquels les contraventions d'un agent de change peuvent donner lieu, ne [illegible] se faire payer qu'après les créan[illegible] charge. — *Cass.*, 7 mai 1816, Enre[illegible] main.

330. — Par sa délibération du [illegible] la chambre syndicale des agens de [illegible] ris fixe à *cinq jours* le délai nécessaire pour la consommation de la négociation des inscriptions sur l'état, et à *trois jours* celui relatif à la négociation des autres effets publics. Ces délais sont établis au profit des parties et non contre elles.

331. — Aussi a-t-on bien jugé que l'arrêté de la chambre syndicale des agens de change, qui fixe à cinq jours le délai dans lequel les opérations relatives au transfert des inscriptions sur le grand-livre doivent être terminées, n'est pas obligatoire pour la partie forcée d'employer le ministère de l'agent de change, de telle sorte qu'elle perde son privilége sur le cautionnement, pour fait de charge, si elle laisse écouler le délai fixé sans réclamer ses fonds ou ses titres. — Au contraire, la partie intéressée conserve son privilége sur le cautionnement tant qu'elle n'est pas payée ou qu'elle n'a pas fait novation. — C. civ., art. 1273; — *Paris*, 4 juill. 1828, Ragouilleau c. Roger; *Cass.*, 14 juill. 1828, mêmes parties; — Mollot, nº 391.

332. — M. Mollot (nº 392), après avoir admis la solution qui précède, soutient cependant que la novation devra aisément se supposer si le client laisse pendant long-temps ses fonds entre les mains de l'agent de change.

333. — ... Ou si la somme a été passée en compte courant sur les livres de l'agent de change. — *Ibid.*

334. — ... Ou si un client, après avoir remis à son agent de change des valeurs en compte courant, a fait par son entremise des opérations à terme, puis, concevant des doutes sur la solvabilité de cet agent, lui a donné l'ordre d'acheter des fonds, et si la faillite est survenue dans ces entrefaites. — Mollot, nº 393. — *Cass.*, 10 mai 1827, Fréconnet c. Cléret.

335. — Lorsqu'un client, désirant placer une somme en reports, consent à ce que l'inscription

achetée soit mise au nom de l'agent de change pour faciliter la liquidation mensuelle, il n'a pas fait de charge à revendiquer si l'agent de change dispose de l'inscription. — Mollot, no 396.

336. — Les créances privilégiées pour fait de change produisent des intérêts, même en cas de faillite de l'agent de change. — *Paris*, 4 juill. 1828, Ragoulleau c. Roger ; *Cass.*, 14 juill. 1829, mêmes parties ; — Mollot, no 397.

337. — A plus forte raison, le créancier dont l'agent de change ou les syndics de sa faillite ont mal à propos contesté le privilége, et par suite retardé le paiement, peut exiger des intérêts et les faire porter au taux légal.

338. — Les intérêts seront payés au créancier sur le taux de 5 ou 6 0/0, quoique la caisse des consignations ne les paie qu'à raison de 4 0/0. — Mollot, no 398.

339. — Les questions de privilége s'agiteront devant les tribunaux ordinaires en cas de simple déconfiture, et devant le tribunal de commerce en cas de faillite, ce qui arrivera le plus ordinairement. — Mollot, no 399.

340. — En vertu de l'art. 13 de l'arrêté du 27 prair. an X, et de l'art. 2, L. 25 niv. an XIII, la garantie sur le cautionnement s'exerce par voie de saisie-arrêt ou opposition. — Mollot, no 400.

341. — L'opposition se forme, soit directement à la caisse d'amortissement, soit pour les agens de change et courtiers au greffe du tribunal de commerce. — L. 25 niv. an XIII, art. 2.

342. — L'original de l'opposition doit rester déposé, pendant vingt-quatre heures, à la caisse d'amortissement ou au greffe des tribunaux, pour y être visé (L. 25 niv. an XIII, art. 3) ; et l'opposition doit être suivie d'une demande en validité dans les formes ordinaires.

343. — Si les oppositions excèdent le montant du cautionnement, il y aura lieu d'ouvrir une contribution. — C. procéd., art. 656 et suiv. ; Mollot, no 405.

344. — Nous avons dit (no 68) qu'il existe à Paris, entre les membres de la compagnie des agens de change, une association connue sous la dénomination de *fonds commun* ou *caisse commune*. Cette caisse des fonds communs ayant prêté à un agent de change, il s'est élevé la question de savoir quels droits la caisse pouvait avoir sur le cautionnement de l'agent de change emprunteur ?

345. — 1o Ce prêt est illicite et nul lorsqu'il est fait pour couvrir et payer des différences provenant de jeux de bourse et autres opérations prohibées ; — 2o Ce prêt ne donne aucun privilége sur le cautionnement, puisque le cautionnement, aux termes de la loi du 25 niv. an XIII, est *affecté par un second privilége au remboursement des fonds prêtés* [illegible] *partie du cautionnement.*

— *Actions et compétence.*

[illegible] actions qui se rattachent au minis[illegible] de change comprennent celles qu'il intente contre ses cliens, celles qui sont formées contre lui par des cliens ou par des tiers, les actions entre agens de change, les actions pénales pour délits ou contraventions commis par eux ou à leur préjudice.

347. — L'action de l'agent de change contre son client est une action de mandat qu'il peut porter dans tous les cas devant les tribunaux civils, sans qu'il y ait lieu d'examiner si son client est ou n'est pas négociant. — Mollot, no 444.

348. — Cependant l'agent de change peut la porter devant les tribunaux de commerce, si l'opération dont il a été chargé constitue de la part de son client un acte de commerce. — Mollot, *ibid.*; Goujet et Merger, no 264.

349. — Outre la rapidité de la procédure des tribunaux de commerce, l'agent y trouvera aussi l'avantage de faire prononcer contre son client la contrainte par corps. — Mollot, no 445.

350. — L'opération n'est pas commerciale lorsqu'elle a pour objet unique un placement de fonds. Mais elle est commerciale lorsqu'elle a pour but une spéculation devant produire des bénéfices. — Mollot, no 446.

351. — La vente de rentes sur l'état ne constitue pas, de la part du propriétaire vendeur, un acte de commerce qui rende le tribunal de commerce compétent pour connaître de l'action intentée contre lui par l'agent de change de son mandataire. — *Paris*, 27 août 1831, Carlier c. Caillat. — V. au surplus ACTE DE COMMERCE, nos 85 et 130.

352. — La demande en validité de l'opposition formée sur le cautionnement de l'agent de change est, dans tous les cas, de la compétence des tribunaux civils. — Mollot, no 447.

353. — L'agent de change étant commerçant, toutes les demandes formées contre lui soit par des cliens, soit par des tiers, sont de la compétence des tribunaux de commerce. — Mollot, no 451.

354. — Et, par suite, la contrainte par corps a lieu contre l'agent de change pour sûreté des condamnations prononcées contre lui à raison de son ministère. — Mollot, no 453.

355. — Mais jugé que l'association ayant pour but l'exploitation d'une charge d'agent de change ne constitue pas un fait industriel ou commercial, mais une simple association de capitaux, fait purement civil, et dont les conséquences doivent être appréciées dès-lors par la juridiction ordinaire. — *Paris*, 17 juill. 1843 (t. 1er 1844, p. 479), Chaulin c. Marcel de Bruges.

356. — Lorsque l'agent de change, assigné devant le tribunal de commerce par un tiers, appelle en garantie son client, celui-ci peut demander son renvoi devant les juges ordinaires. — C. procéd., art. 181 ; — Mollot, no 452 ; Goujet et Merger, no 265.

357. — « S'il arrive contestation entre les agens de change, relativement à l'exercice de leurs fonctions, elle sera portée d'abord devant le syndic et les adjoints qui sont autorisés à donner leur avis. » — L. 29 germin. an IX, art. 16.

358. — Si les parties intéressées ne veulent pas se conformer à l'avis du syndic et des adjoints, l'avis sera renvoyé au tribunal de commerce, qui prononcera s'il s'agit d'intérêts civils. — L. 29 germin. an IX, art. 16.

359. — La rapidité de certaines opérations a dû faire établir pour elles une marche spéciale. On peut voir à cet égard la délibération de la chambre syndicale des agens de change de Paris du 10 fruct. an X, approuvée le 28 du même mois, et l'art. 4. tit. 5, sect. 1re, du réglement provisoire de la compagnie des agens de change de Paris. — Mollot, no 454.

360. — Le tribunal de commerce doit prononcer la contrainte par corps entre agens de change, puisqu'il est tenu de la prononcer entre négocians. — Mollot, no 437.

361. — Et son jugement, quoique précédé de l'avis de la chambre syndicale, qui ne peut être considérée que comme un bureau de conciliation, et non comme un degré de juridiction, est susceptible d'appel. — Mollot, no 458.

362. — Les actions pénales contre les agens de change, aussi bien que celles contre les individus qui se sont immiscés dans leurs fonctions, sont de la compétence des tribunaux correctionnels. — Mollot, nos 459 et suiv.

363. — Les tribunaux correctionnels sont compétens pour prononcer, outre l'amende, la peine de la destitution contre l'agent de change reconnu coupable de contravention aux dispositions de l'art. 85, C. comm. — *Paris*, 11 juin 1842 (t. 2 1843, p. 80), Joubert.

Sect. 4e. — *Emolumens des agens de change.*

364. — L'agent de change étant un mandataire forcé a droit, sans aucune convention spéciale, au salaire tarifé par le syndicat de sa compagnie. — *Cass.*, 16 avr. 1833, Séguin c. Leroux.

365. — Après plusieurs variations dans le taux du courtage, une délibération de la chambre syndicale de Paris du 9 janv. 1819, art. 3, a décidé que les agens de change de Paris ne pourraient recevoir moins d'un huitème, ni plus d'un quart pour cent pour chaque opération au comptant ou à terme dont ils auraient été chargés, ainsi que sur les négociations de lettres de change.

366. — Il faut ajouter que, dans l'usage devenu constant, les courtages sont aujourd'hui réduits à un huitième pour cent, c'est-à-dire à 1 fr. 35 c. par 1000 francs. — Mollot, no 409.

367. — Il existe d'autres tarifs dans les différentes places de commerce. — Mollot, no 410. — Dans les unes, le droit est d'un huitième pour cent, dans d'autres du dixième pour cent, etc. Ici il se paie de chaque côté, là c'est le vendeur seul qui le paie.

368. — A défaut de loi, d'usage local, ou de convention particulière, chacun des contractans acquitte le droit par moitié. — Décret 15 déc. 1813, art. 20. — Pardessus, no 127 ; Goujet et Merger, no 199.

369. — L'agent de change ne peut convenir d'un salaire moindre que celui établi par le tarif et par l'usage, sous peine de censure, de suspension de ses fonctions et même de destitution. — Délib. de la ch. synd. du 9 janv. 1819.

370. — Dans tous les cas, l'agent de change ne peut pas être présumé avoir enfreint cette prohibition. — *Paris*, 23 avr. 1830, Séguin c. Leroux ; *Cass.*, 16 avr. 1833, mêmes parties.

371. — Le commettant, condamné à payer à un agent de change des droits de courtage au taux fixé par la chambre syndicale de la compagnie des agens de change, ne peut fonder un pourvoi en cassation sur ce moyen que c'est au tribunal de commerce seul qu'il appartient de déterminer la commission due aux agens de change pour la négociation des effets publics, lorsque le tarif arrêté par le syndicat est inférieur à celui précédemment établi par le tribunal de commerce. — *Cass.*, 16 avr. 1833, Séguin c. Leroux.

372. — Le droit de courtage est dû sur le net produit de la négociation, et non sur la valeur nominale des effets. — Délib. de la ch. synd. des 9 nov. 1822 et 8 juill. 1824. — Mollot, no 411 ; Goujet et Merger, no 200.

373. — Les agens de change peuvent se faire payer de leurs émolumens après la consommation de la négociation ou sur des mémoires qu'ils fournissent de trois mois en trois mois aux banquiers, négocians ou autres pour lesquels ils font des opérations. — Arrêté 27 prair. an X, art. 20.

374. — Au surplus, c'est là une faculté et non une obligation pour eux. Leur action, qui n'est limitée par aucune loi, dure trente ans. — Mollot, no 413 ; Goujet et Merger, no 201.

375. — L'agent de change qui se prête sciemment à des jeux de bourse n'a aucun droit de réclamer ses honoraires. — Mollot, no 416 ; — *Cass.*, 16 avr. 1833, Séguin c. Leroux.

Sect. 5e. — *Discipline et chambre syndicale.*

376. — Le plus ancien réglement qui ait établi une discipline intérieure pour la compagnie des agens de change est celui du 2 oct. 1714. Ses dispositions avaient été confirmées ou légèrement modifiées par les réglemens des 30 août 1720, 5 sept. 1784 et 2 déc. 1786, lorsqu'arriva la loi du 8 mai 1791, qui supprima les offices d'agens de change ou de courtiers, pour en permettre le ministère à toutes personnes. — Mollot, no 318 ; Goujet et Merger, no 45.

377. — Mais en rétablissant les agens de change, on voulut rendre aux chambres syndicales leur ancien pouvoir. L'art. 22, arrêté du 27 prair. an X, est ainsi conçu : « Les agens de change et courtiers de commerce de chaque place sont autorisés à faire un réglement de discipline intérieure, qu'ils remettront au ministre de l'intérieur (aujourd'hui du commerce), pour être par lui présenté à la sanction du gouvernement. »

378. — En exécution de cette loi, la compagnie des agens de change de Paris adopta, le 28 fructid. an IX, un projet de réglement que tous ses membres signèrent et promirent d'exécuter jusqu'à ce que le gouvernement l'eût approuvé. Mais cette approbation fut refusée. — Mollot, no 468.

379. — En 1819, la même compagnie rédigea et fit imprimer un nouveau projet de réglement, qui est encore aujourd'hui la loi spéciale de la compagnie, bien qu'il n'ait pas reçu non plus la sanction du gouvernement. — Mollot, no 468. — Chaque membre l'adopte lors de son entrée en fonctions, et s'engage à l'exécuter. Les bourses des autres places n'ont aussi que des réglemens signés par les agens de change lors de leur nomination, et qui n'ont pas reçu la sanction du gouvernement.

380. — En outre, l'ord. royale 29 mai 1816 renferme quelques dispositions réglementaires sur la chambre syndicale des agens de change de Paris.

381. — La chambre syndicale est composée d'un syndic et de six adjoints (art. 15, arrêté du 29 germin. an IX). Le syndic et les adjoints sont élus chaque année en assemblée générale et à la majorité absolue des suffrages. Les fonctions des adjoints durent un an. Lorsque, dans une place, il y a moins de six agens de change ou courtiers réunis qui puisent former le nombre légal exigé pour la formation d'une chambre syndicale, les agens de change ou courtiers existans font l'office de cette chambre. — Mollot, nos 471 et 472.

382. — Les attributions de la chambre syndicale sont extérieures ou intérieures. Les premières portent sur les rapports de la compagnie avec les tiers, les autres ne regardent que les membres entre eux. — Mollot, no 473.

383. — La plus importante de leurs attributions intérieures consiste dans la constatation des divers cours cotés à la bourse. Le mode de constatation des cours a plusieurs fois varié. — Mollot, no 474.

384. — Aux termes de l'art. 15, ordonn. de police 1er therm. an IX, les agens de change, à Paris, se réunissent au parquet à la fin de chaque séance de la bourse, vérifient les cotes des effets publics, en font arrêter le cours par le syndic et un adjoint, ou par deux adjoints en cas d'absence du syndic, et font constater dans la même forme le cours du change.

385. — On constate de même le cours des ma-

 AGENT DE L'AUTORITÉ PUBLIQUE.

tières métalliques, quoique l'ordonnance n'en parle pas. — Mollot, nº 475.

386. — Dans les places autres que Paris, la constatation des cours ne peut être faite que par le syndic et quatre adjoints, conformément à la L. 15 pluv. an IX; Mollot, nº 477.

387. — La constatation des cours ainsi faite ne jouit pas du privilége de l'authenticité, mais elle forme une preuve suffisante. — Mollot, nº 478.

388. — La chambre syndicale est chargée de dénoncer au préfet de police à Paris, aux maires et officiers de police dans les départemens, les tiers étrangers qui viendraient à s'immiscer dans les fonctions des agens de change. Elle a pour mission de dénoncer aussi les contraventions commises par les banquiers, négocians ou marchands qui opèrent avec des individus sans qualité.

389. — L'ordonnance royale du 29 mai 1816 porte, art. 3 : « La chambre syndicale aura sur les membres de la compagnie la surveillance et l'autorité d'une chambre de discipline; elle veillera, avec le plus grand soin, à ce que chaque agent de change se renferme strictement dans les limites légales de ses fonctions; elle pourra, suivant la gravité des cas, censurer, suspendre les contrevenans de leurs fonctions, et provoquer, auprès de notre ministre des finances, leur destitution. »

390. — Il est à remarquer que l'ordonn. de 1816 ne détermine ni le mode de censure, ni la durée de la suspension, ni les moyens d'instruction de la chambre syndicale, ni le mode de procéder. — Mollot, nº 483.

391. — La chambre syndicale peut vérifier, quand il lui plaît, la situation des membres de la compagnie, leurs livres et leur caisse. — Goujet et Merger, nº 52.

392. — On a jugé avec raison que la chambre syndicale des agens de change n'est responsable envers personne des décisions disciplinaires qu'elle rend contre un agent de change, dans les limites de ses attributions. — *Paris*, 31 mars 1827, Sandrié-Vincourt c. Chambre synd. des agens de change.

393. — S'il est dans la nature des attributions de la chambre syndicale de dénoncer tous les abus intérieurs, c'est pour elle un devoir mais non pas une obligation entraînant un lien de droit; par suite, le défaut, par la chambre syndicale, de dénonciation d'un agent de change, ne la rend pas responsable envers les créanciers de l'agent de change failli. — Même arrêt.

394. — La chambre syndicale n'est pas mandataire de la compagnie; jugé en conséquence qu'elle n'a pas qualité pour obliger la compagnie des agens de change, et que dès-lors cette compagnie ne peut être attaquée en réparation des actes par lesquels la chambre syndicale aurait attenté aux droits des tiers. — Même arrrêt.

395. — L'engagement de la part de la chambre syndicale de se charger de la liquidation d'un agent de change, signalé comme près de faillir, ne se présume pas; il doit être prouvé de la manière la plus évidente. — Même arrêt.

396. — Aussi a-t-il été jugé que le fait de la part de la chambre syndicale des agens de change d'avoir manifesté l'intention de se charger de la liquidation d'un agent de change, à une époque où la situation de celui-ci paraissait encore satisfaisante, n'emporte pas nécessairement l'obligation de payer un déficit considérable, dont l'existence avait été dissimulée. — Même arrêt.

397. — Jugé pareillement que le fait de la chambre syndicale des agens de change d'avoir demandé à un agent de change failli des états de situation, reçu de lui des dépôts et vendu des rentes pour son compte, ne la rend pas responsable de ses dettes. — Même arrêt.

398. — La chambre syndicale doit donner son avis sur les contestations qui s'élèvent entre les agens de change relativement à l'exercice de leurs fonctions, et cet avis est renvoyé au tribunal de commerce, si les intéressés ne veulent pas s'y conformer. — Arr. 29 germin. an IX, art. 16; — Mollot, nº 491; Goujet et Merger, nº 53.

399. — Mais la chambre n'a aucun droit d'avis sur les réclamations formées par des tiers lésés contre la compagnie. — Mollot, nº 493.

400. — Le syndic et les adjoints donnent aussi leur avis motivé lorsqu'il y a des nominations à faire dans la compagnie, soit qu'il s'agisse de l'augmenter, soit qu'il y ait lieu seulement de remplacer un membre démissionnaire, décédé ou destitué. — Arrêté du 27 prair. an X, art. 21; L. 28 avr. 1816; Ord. 29 mai 1816, art. 4.

401. — L'art. 2, L. 15 pluv. an IV, fixe ainsi les attributions spéciales du syndic des agens de change : « Le syndic correspondra particulièrement avec le gouvernement; il sera chargé d'envoyer exactement, chaque jour, le bulletin du cours du change à la trésorerie nationale et au ministre des finances. »

402. — Voici comment cette mesure s'exécute aujourd'hui : Tous les jours, la chambre syndicale de Paris, représentée par deux de ses membres, signe quatre copies imprimées du bulletin du cours, qui sont adressées, l'une au ministre des finances, l'autre à la caisse d'amortissement, une troisième à la préfecture de police, et une quatrième au ministre de l'intérieur.

V. BOURSE DE COMMERCE, COURTIER, EFFETS PUBLICS, MARCHÉS A TERME, RENTES SUR L'ÉTAT, SOCIÉTÉS.

AGENT DE L'AUTORITÉ PUBLIQUE.

Table alphabétique.

AGENT DE L'AUTORITÉ PUBLIQUE. — 1. — On désigne sous ce nom toute personne investie d'une portion quelconque du pouvoir.

2. — *Lato sensu* la dénomination d'agens de l'autorité publique comprend tous les fonctionnaires publics, magistrats ou autres; mais dans une acception plus restreinte, on ne désigne sous cette qualité que les fonctionnaires d'un ordre inférieur, ou dont l'autorité n'est point permanente, c'est-à-dire est accidentelle et restreinte à certaines circonstances.

3. — Doivent être considérés comme agens ou dépositaires de l'autorité publique, ou comme investis d'un caractère public, ceux-là seuls qui, par délégation médiate ou immédiate du gouvernement, exercent dans un intérêt public une portion de son autorité, ou font exécuter ses ordres. — *Paris*, 31 mars 1843 (t. 1er 1843, p. 601), Briet.

4. — Ainsi, ne sont pas agens de l'autorité publique : 1º les membres des commissions administratives des hospices. — *Cass.*, 27 nov. 1840 (t. 1er 1841, p. 438), Clément c. Parmantelot.

5. — 2º Les avoués, qui n'exercent aucune portion de l'autorité publique, et ne sont chargés d'aucune portion de l'administration publique, mais exercent leurs fonctions seulement dans des intérêts privés dont la défense leur est volontairement confiée par les parties. — *Cass.*, 14 avr. 1831, Fourdinier c. Cressent et Lefebvre; 9 sept. 1836, Fournier Verneuil c. Hocmelle; — Chassan, t. 1er, p. 382, note 3e; de Grattier, *Comment. sur les lois de la presse*, t. 1er, p. 208, note.

6. — 3º Les notaires. — *Cass.*, 9 sept. 1836 précité; — Chassan et de Grattier, *loc. cit.*

7. — 4º Les huissiers. — *Cass.*, 25 juin 1831, Bergé; — de Grattier, *loc. cit.*

8. — 5º Les ministres des cultes, soit attachés à une paroisse, soit placés près de l'administration d'un hospice. — *Paris*, 31 mars 1843 (t. 1er 1843, p. 601), Briet. — V. CULTE.

9. — 6º Les membres d'un collége électoral. — *Rennes*, 15 fév. 1838 (t. 1er 1838, p. 294), élect. de Vannes c. Mangin; *Cass.*, 25 mai 1838 (t. 2 1838, p. 106), mêmes parties; — de Grattier, t. 1er, p. 208, et la note.

10. — Nos lois répressives ne considèrent pas à un point de vue identique les différens agens revêtus d'un caractère légal.

11. — Ainsi, le Code pénal, s'attachant à la nature extérieure de leur mission, les distingue, suivant la différence de son objet, en fonctionnaires publics, agens de l'autorité et agens de la force publique. — Les nuances qu'il a établies entre eux sont respectées par lui dans toutes ses dispositions. — V. notamment art. 174, 175, 177, le tit. 1er, liv. 3, § 2, et les art. 222 et suiv.

12. — Les lois des 17 et 26 mai 1819, au contraire, ainsi que toutes celles qui en sont le développement ou la conséquence, considérant ces agens sous le rapport de leur origine et de leur nature identiques, les confondent dans la dénomination commune de *dépositaires ou agens de l'autorité publique*.

13. — En théorie ces nuances n'auraient peut-être point une grande utilité, mais dans la pratique elles deviennent extrêmement importantes, car elles permettent seules d'appliquer sainement les dispositions diverses de ces différentes lois, et d'expliquer les conflits d'interprétation que pourrait faire naître leur rapprochement. — *Encyclop. du dr.*, vº *Agent de l'autorité publique*, nos 1er et suiv.

14. — Lors donc qu'on trouve employés ces mots : *agens de l'autorité publique*, il faut examiner avec soin s'il s'agit d'appliquer le Code pénal ou la loi du 17 mai 1819. Dans le premier cas, ils doivent être pris dans un sens restrictif; dans le second cas, au contraire, ils désignent tout à la fois et les agens de l'autorité proprement dite, et les agens de la force publique, enfin toute personne agissant dans un caractère public.

15. — Ainsi, dans le sens du Code pénal, sont agens de l'autorité publique, non seulement les magistrats de l'ordre judiciaire ou administratif, tels que les juges, membres du ministère public, juges de paix, préfets, maires, etc., mais aussi les officiers de la police judiciaire, tels que commissaires de police, officiers de gendarmerie, gardes champêtres et forestiers, etc.

16. — Les présidens des colléges électoraux légalement installés, sont des agens de l'autorité publique. — *Cass.*, 19 août 1837 (t. 2 1837, p. 614), B... et R... — V. ÉLECTIONS.

17. — Dans le nombre des agens, il y en a qui sont alternativement dépositaires de l'autorité ou de la force publique, ce sont les gardes champêtres, les agens de l'administration forestière, les gendarmes et même certains agens de police. — V. AGENT DE LA FORCE PUBLIQUE, AGENT DE POLICE, GARDES CHAMPÊTRES, GENDARMERIE.

18. — C'est dans le sens des lois de 1819 que divers arrêts ont reconnu aux gardes nationaux, dans l'exercice de leurs fonctions, le caractère d'agens de l'autorité publique. — *Cass.*, 5 août 1831, Savary; 17 mai 1832, Berlin; — *Encyclop. du dr.*, vº *Agent de l'autorité publique*, nº 2.

19. — Et il a été jugé qu'on doit regarder les gardes nationaux d'une localité comme une réunion d'*agens de l'autorité publique*, et non comme un corps constitué. — *Cass.*, 24 fév. 1832, Fontaneau des Essarts c. Merson. — Telle est également l'opinion de MM. Parant, *Lois de la presse*, p. 99; Chassan, *Tr. des délits de la parole*, t. 2, p. 30, note 1re; de Grattier, *Comment. sur les lois de la presse*, t. 1er, p. 267.

20. — Toutefois, la cour de Colmar, par arrêt du 22 fév. 1832 (N...), en faisant à la garde nationale l'application de l'art. 4, L. 26 mai 1819, a décidé implicitement, mais à tort, qu'elle était un corps constitué.

21. — Doivent être également considérés comme agens de l'autorité publique (toujours dans le sens de la législation de 1819) : — Les agens de police, dans la surveillance et dans les fonctions qu'ils exercent par les ordres de l'autorité municipale. — *Cass.*, 28 août 1829, Guichard; 16 juin 1832, de Brian; — Parant, *Lois de la presse*, p. 92; Chassan, *Délits de la parole*, t. 1er, p. 282, note 4e.

22. — Les art. 222 et suiv., C. pén., et les lois de 1819, ont pour but de protéger plus spécialement les agens de l'autorité publique contre les outrages et violences dont ils peuvent être l'objet, soit dans l'exercice, soit à l'occasion de l'exercice de leurs fonctions. — V. pour les questions qui peuvent s'élever à ce sujet, BLESSURES ET COUPS, FONCTIONNAIRE PUBLIC, OUTRAGE.

23. — Quant au point de savoir si la loi de 1819 a abrogé en tout ou en partie les art. 222 et suiv., C. pén, V. OUTRAGE.

24. — Les agens de l'autorité sont compris dans les prévisions de l'art. 230, qui punit les violences commises contre les agens de la force publique et les citoyens chargés d'un ministère du service public; il est évident que ces derniers comprennent au moins les agens revêtus d'une manière permanente d'un caractère public. — *Encyclop. du dr.*, vº *Agent de l'autorité publique*. — V. BLESSURES ET COUPS, RÉBELLION.

25. — En ce qui concerne les abus d'autorité, violences et autres crimes ou délits que les agens de l'autorité publique peuvent commettre dans leurs fonctions, V. ABUS D'AUTORITÉ, ARRESTATION ILLÉGALE, ATTENTAT A LA LIBERTÉ, FONCTIONNAIRE PUBLIC, LIBERTÉ INDIVIDUELLE.

26. — Pour les garanties dont quelques uns jouissent, soit à raison des tribunaux dont ils sont justiciables en matière criminelle, soit à l'égard de l'autorisation préalable qui peut être nécessaire pour les poursuivre, V. FONCTIONNAIRE PUBLIC.

AGENT DE LA FORCE PUBLIQUE.

Table alphabétique.

AGENT DE LA FORCE PUBLIQUE. — 1. — On désigne sous ce nom toute personne chargée par la loi d'une mission coërcitive.

—

§ 1er. — *De la force publique en général. — Agens divers.*

2. — La force publique en elle-même est la réunion des forces individuelles agissant dans l'intérêt commun et de chacun; elle est instituée, aux termes de l'art. 1er, tit. 4, Constit. 3 sept. 1791, pour défendre l'état contre les ennemis du dehors, et assurer au dedans le maintien de l'ordre et l'exécution des lois.

3. — La force publique se divise en trois parties principales dont chacune a sa destination propre, son organisation et son mode de service particuliers. — Ce sont : 1º l'armée de ligne; — 2º la garde nationale; — 3º la gendarmerie.

4. — L'armée est particulièrement destinée à agir contre les ennemis du dehors, la garde nationale et la gendarmerie à réprimer les désordres intérieurs. Mais cette destination n'est point exclusive. — V. ARMÉE, GARDE NATIONALE, GENDARMERIE.

5. — Chacun des membres qui composent ces trois grands corps a dans l'exercice de sa mission le caractère d'agent de la force publique.

6. — Jugé en conséquence qu'un chef de poste de la garde nationale est, durant son service, un agent de la force publique. — *Cass.*, 9 sept. 1831, Perrachon.

7. — Et ce caractère est permanent chez les membres de l'armée et de la garde nationale, en ce sens qu'il n'est point nécessaire, pour qu'on ne puisse y porter atteinte, qu'ils exercent une mission coërcitive, il suffit que ce soit leur destination légale. — Aussi, une patrouille qui exerce un simple devoir de surveillance n'en constitue pas moins une réunion d'agens de la force publique. — Morin, *loc. cit.*; *Encyclop. du dr.*, vº *Agent de l'autorité et de la force publique*, nº 2.

8. — Quant aux membres de la gendarmerie, qui sont dans un assez grand nombre de cas agens de l'autorité et même fonctionnaires publics, leur caractère d'agens de la force publique n'est point, bien qu'il ne les abandonne jamais, permanent dans le même sens, puisque parfois il est sinon effacé, du moins couvert par un caractère plus élevé.

9. — Indépendamment des corps armés dont nous venons de parler, le caractère d'agens de la force publique s'attache encore à divers autres fonctionnaires.

10. — Il appartient notamment aux gardes champêtres et aux gardes forestiers lorsqu'ils exercent la surveillance qui leur est confiée. — *Cass*, 19 juin 1818, Philibert Menu; 23 août 1832, Jacques Moreau; 8 avr. 1826, Corcinos; 16 déc. 1841 (t. 1er 1842, p. 604), Petit-Jean.

11. — Les gardes champêtres sont également agens de la force publique lorsqu'ils sont chargés de l'exécution d'un arrêté municipal. — *Cass.*, 2 mai 1839 (t. 1er 1840, p. 173), Hubas.

12. — En outre, les gardes champêtres et les gardes forestiers ont évidemment le caractère d'agens de la force publique lorsque, aux termes de l'art. 16, C. inst. crim., ils arrêtent et conduisent devant le maire ou devant le juge de paix le prévenu d'un délit entraînant la peine d'emprisonnement ou une peine plus grave, qu'ils ont surpris en flagrant délit ou qui est dénoncé par la clameur publique. — V. Morin, *Dict. dr. crim.*, vº *Agent de la force publique.*

13. — Les gardes forestiers des apanages sont considérés, dans l'exercice de leurs fonctions, comme des agens de la force publique. — *Cass.*, 23 août 1832, Jacques Moreau.

14. — Il a même été jugé que cette qualité appartient aux gardes des particuliers. — *Cass.*, 19 juin 1818, Philibert Menu; 8 avr. 1826, Corcinos; 16 déc. 1841 (t. 1er 1842, p. 604), Petit-Jean.

15. — Il en est de même encore des préposés de la partie active des douanes. — Morin, *loc. cit.*

16. — Les appariteurs ou agens de police peuvent être considérés comme des agens de la force publique lorsque, aux termes de l'art. 77, décr. 18 juin 1811, ils prêtent main-forte pour l'exécution des jugemens, ou lorsqu'ils arrêtent, en vertu d'un mandat spécial dont ils sont pourvus, les individus prévenus ou condamnés. — *Cass.*, 28 août 1829, Guichard; 15 fév. 1818, Delogé et Guérin c. Brizard; 27 mai 1837 (t. 1er 1837, p. 557), Bailly.

17. — Ils sont encore agens de la force publique lorsqu'ils sont chargés, en leur qualité d'appariteurs, de la conduite d'une patrouille. — *Cass.*, 6 oct. 1831, Balme. — V. AGENT DE POLICE.

18. — Enfin il est des cas où les simples particuliers, bien que n'étant revêtus d'aucun caractère officiel, sont appelés eux-mêmes à concourir par la force à la répression du désordre. — V. *infrà* nº 29.

19. — Mais ne doivent point être considérés comme agens de la force publique les commissaires de police. — Ils sont compris dans la qualification générale employée par l'art. 222, C. pén., de *magistrats de l'ordre administratif et judiciaire.* — *Cass.* (chambres réunies), 2 mars 1838 (t. 1er 1838, p. 333), Gérard. — V. aussi, dans le même sens, *Cass.*, 30 juill. 1812, Rasschaert; 8 juill. 1833, Lamarthonie.

20. — La cour de Cassation avait cependant jugé, par arrêt du 7 août 1818 (Simon Cambournac), que, hors l'exercice des fonctions de ministère public dont il est chargé devant le tribunal de simple police, le commissaire de police n'est qu'un simple agent de la force publique. Mais, comme on le voit, elle n'a point persisté, et avec raison selon nous, dans cette jurisprudence.

21. — Ne doivent pas non plus être considérés comme agens de la force publique les contrôleurs et inspecteurs de la caisse de Poissy, nommés par le préfet de la Seine; ils sont des agens de l'autorité municipale. — *Paris*, 21 juin 1838 (t. 2 1840, p. 39), Martin.

22. — ... Les contrôleurs de la garantie des matières d'or et d'argent. — *Lyon*, 13 mai 1840 (t. 2 1840, p. 619), J...

23. — ... Les préposés ou employés de la régie des contributions indirectes. — *Cass.*, 25 août 1827, Marcel; 1er mars 1844 (t. 2 1844, p. 363), Bouyer. — V. cependant *contrà Douai*, 28 juill. 1843 (t. 2 1844, p. 362), Farine.

24. — ... Les préposés de l'octroi. — *Cass.*, 25 août 1827, Marcel.

25. — ... Le maire et le fermier de l'octroi. — Arg. *Cass.*, 5 mars 1831, octroi de Mirande.

26. — ... Le capitaine d'une compagnie de pompiers organisée par le maire d'une ville, sans le concours de l'autorité supérieure, pour venir au secours des citoyens en cas d'incendie. — *Bourges*, 20 août 1829, Boucheron. — Mais il en serait autrement si la compagnie était constituée avec le concours de l'autorité supérieure. Ce serait alors une partie de la garde nationale.

§ 2. — *Règles suivant lesquelles procèdent les agens.*

27. — Il est des cas où les agens de la force publique peuvent agir spontanément et de leur chef; il en est d'autres où ils ne peuvent qu'obéir aux injonctions qui leur sont faites par les agens de l'autorité ou fonctionnaires publics.

28. — Et d'abord, comme nous l'avons vu ci-dessus (nº 12), les gardes champêtres et les gardes forestiers doivent, aux termes de l'art. 16, C. inst. crim., arrêter et conduire devant le juge de paix ou devant le maire tout individu surpris en flagrant délit, ou qui est dénoncé par la clameur publique, lorsque ce délit emporte la peine d'emprisonnement ou une peine plus grave.

29. — En outre, aux termes de l'art. 106, même Code, *tout dépositaire de la force publique*, et même *toute personne*, est tenue de saisir le prévenu surpris en flagrant délit, ou poursuivi, soit par la clameur publique, soit dans les cas assimilés au flagrant délit, et de le conduire devant le procureur du roi, sans qu'il soit besoin de mandat d'amener, si le crime ou délit emporte peine afflictive ou infamante.

30. — Quelques doutes se sont élevés sur l'interprétation de ce dernier article. — Ce droit d'arrestation sans mandat est-il applicable à tous les cas de flagrant délit, quelle que soit la peine encourue? Y a-t-il lieu, au contraire, de le restreindre, pour les cas assimilés par la loi au flagrant délit, aux seuls faits passibles de peines afflictives et infamantes? — V., pour la solution de ces questions, FLAGRANT DÉLIT.

31. — Hors les cas qui viennent d'être indiqués, les agens de la force publique ne peuvent agir qu'en vertu d'un mandat légal ou d'une réquisition faite par une autorité compétente.

32. — La loi du 8 juill. 1791, tit. 3, art. 16, porte: « Dans toutes les circonstances qui intéressent la » police, l'ordre, la tranquillité intérieure des » places, et où la participation des troupes serait » nécessaire, le commandant militaire n'agira que » d'après la réquisition *par écrit* des officiers » civils. »

33. — Aux termes de la loi du 27 du même mois, les procureurs généraux syndics de département, les procureurs syndics de districts et les juges de paix pouvaient requérir les agens de la force publique, et ceux-ci pouvaient requérir l'assistance de tous les citoyens; il leur suffisait de prononcer les mots : *force à la loi*.

34. — Tous les officiers de police judiciaire ont le droit de requérir la force publique. — C. inst. crim., art. 25. — Le juge d'instruction délivre les mandats d'amener (même Code, art. 61), qui sont des actes de réquisition de la force publique.

35. — Le porteur du mandat contre un prévenu qui ferait résistance peut requérir la force publique; celle-ci sera tenue d'obéir sur la réquisition contenue dans le mandat d'amener. — *Ibid.*, art. 99-108.

36. — Le président d'une cour d'assises peut requérir la force publique pour faire amener devant la cour les prévenus qui, mis en demeure de comparaître par une sommation régulière, refuseraient de se présenter aux débats. — L. 9 sept. 1835, art. 8 et 9.

37. — La force publique peut être requise même par les huissiers, pour l'exécution des ordonnances ou ordres des agens de l'autorité publique, des mandats de justice ou jugemens; c'est ainsi que l'art. 77 du réglement du 18 juin 1811, porte : « Enjoi» gnons aux agens de la force publique, toutes et » quantes fois *ils en seront requis par les huissiers*, » de leur prêter aide et main-forte, sans pouvoir » exiger d'eux aucune rétribution. »

38. — Aux termes de l'art. 3, décr. 11 juin 1806, « les sous-officiers de gendarmerie peuvent, pour » tous les objets importans et urgens, mettre en » réquisition les gardes champêtres d'un canton, « et les officiers ceux d'un arrondissement... mais « ils sont tenus de donner avis de cette réquisi« tion aux maires et sous-préfets, et de leur en « faire connaître les motifs généraux. »

39. — La gendarmerie peut requérir l'aide et l'assistance de la garde nationale et des troupes de ligne. — Ord. sur le service de la gendarmerie, 29 oct. 1820, art. 3. — Elle doit s'adresser aux autorités locales. — Art. 92.

40. — Dans les cas urgens, les sous-préfets peuvent ordonner la réunion de plusieurs brigades en un seul corps, à la charge d'en informer immédiatement le préfet. — *Ibid.*, art. 74.

41. — Pour transporter les brigades réunies d'une compagnie d'un département dans un autre, il ne suffit pas de la réquisition des préfets; il faut un ordre formel du ministre de la guerre et du ministre de l'intérieur. — *Ibid.*, art. 84.

AGENT DE POLICE.

§ 3. — *Délits commis contre les agens.*

42. — Les agens de la force publique sont le bras de l'autorité. A ce titre ils ont droit au même respect que le pouvoir au nom duquel ils agissent. Aussi la loi les a-t-elle couverts d'une protection spéciale en frappant de peines sévères les délits commis à leur égard.

43. — Ainsi, toute attaque, toute résistance avec violences et voies de fait envers la force publique agissant pour l'exécution des lois, des ordres ou ordonnances de l'autorité, des mandats de justice ou jugemens, est qualifiée crime ou délit de rébellion, suivant qu'elle est accompagnée de telles ou telles circonstances déterminées par la loi. — C. pén., art. 209 et suiv. — V. RÉBELLION.

44. — L'outrage fait par paroles, gestes ou menaces, à un agent de la force publique dans l'exercice ou à l'occasion de l'exercice de ses fonctions, est puni d'une peine plus ou moins sévère, suivant qu'il s'adresse à un simple agent ou à un commandant de la force publique. — C. pén., art. 224 et suiv. — V. OUTRAGE.

45. — Les violences dirigées contre un agent de la force publique ou un citoyen chargé d'un ministère public, si elles ont eu lieu pendant qu'ils exerçaient leur ministère, ou à cette occasion, sont punies avec une sévérité qui varie suivant qu'elles ont été ou non la cause d'effusion de sang, blessures ou maladies, qu'elles ont amené la mort, avec ou sans intention de la donner, avec ou sans préméditation. — C. pén., art. 230 et suiv. — V. BLESSURES ET COUPS.

46. — La loi protége encore les agens de la force publique contre les diffamations ou injures dont ils pourraient être l'objet, soit dans l'exercice, soit à l'occasion de l'exercice de leurs fonctions. — LL. 17 mai 1819, art. 16, et 19-26 mai 1819. — On ne trouve point, à la vérité, dans ces lois le mot *agens de la force publique*; mais nous avons expliqué au mot AGENT DE L'AUTORITÉ PUBLIQUE (nos 10 et suiv.) qu'au lieu de distinguer, comme l'a fait le Code pénal, les agens de la force publique des agens de l'autorité publique, ces lois les avaient confondus, sous la dénomination générale de dépositaires ou agens de l'autorité publique, et avaient appliqué la même répression aux diffamations ou injures qui pouvaient être dirigées contre eux. — V. AGENT DE L'AUTORITÉ PUBLIQUE, DIFFAMATION, INJURE.

47. — Jugé cependant que l'outrage ou l'insulte envers un agent de la force publique dans l'exercice de ses fonctions, ou à l'occasion de cet exercice, sont réprimées par l'art. 224, C. pén., et non par l'art. 19, L. 17 mai 1819, qui ne punit le même délit envers ledit agent qu'autant qu'il procédait comme agent de l'autorité publique. — *Cass.*, 17 déc. 1841 (t. 1er 1842, p. 477), Nicart.

48. — La peine est plus forte, aux termes de l'art. 225, C. pén., lorsque l'offense s'adresse non à un simple agent, mais à un commandant de la force publique. — Ce n'est point le grade de l'agent qu'il faut considérer, mais le point de savoir s'il commandait. — Ainsi un officier de gendarmerie qui agirait sous les ordres d'un officier supérieur ne serait qu'un agent, tandis qu'un brigadier qui donnerait des ordres à ses hommes serait un commandant, dans le sens de la loi.

49. — Quant à la question de savoir si l'art. 224, C. pén., a été abrogé par la loi du 17 mai 1819, ou si au contraire ces deux lois s'appliquent à des faits distincts, V. OUTRAGE.

§ 4. — *Délits commis par les agens.*

50. — Si la loi protége, ainsi que nous venons de le voir, les agens de la force publique dans l'exercice de leurs fonctions, elle punit aussi d'une manière spéciale les délits qu'ils commettent dans l'accomplissement de ces mêmes fonctions.

51. — Ces délits peuvent être commis, soit contre la chose publique, soit contre les particuliers.

52. — Tout commandant, tout officier ou sous-officier de la force publique, qui, après en avoir été légalement requis par l'autorité civile, refuse de faire agir la force placée sous ses ordres, est puni d'un emprisonnement d'un mois à trois mois, sans préjudice des réparations civiles qui pourraient être dues, suivant les cas. — C. pén., art. 10 et 234.

53. — Il ne s'agit ici que d'un refus pur et simple, dégagé de toute autre circonstance qui pût en changer le caractère; on comprend en effet que, si ce refus avait eu pour objet de favoriser quelque autre crime, une rébellion, par exemple, il changerait de nature et serait puni d'autres peines. — Chauveau et Hélie, *Th. C. pén*, t. 4, p. 417.

54. — Ce qui constitue le délit prévu par l'art. 234, C. pén., ce n'est pas le fait matériel d'inexécution de la réquisition, c'est la volonté de désobéir, le refus; il faut donc que ce refus soit constaté. — Chauveau et Hélie, t. 4, p. 418.

55. — Mais, pour que le délit existe, il faut que l'ordre ait été adressé au commandant d'un poste ou d'un détachement quelconque, quel que fût d'ailleurs son grade; car, s'il avait été adressé, soit à un officier, soit même à un sous-officier se trouvant en ce moment même sous les ordres d'un chef supérieur, la responsabilité du refus ne pourrait peser sur cet officier ou ce sous-officier. — Chauveau et Hélie, t. 4, p. 418.

56. — Les art. 67 et suiv., L. 22 mars 1831, n'ont point dérogé, pour la garde nationale, à la disposition de l'art. 234, C. pén.; en effet, ces articles prévoient et punissent, non pas le refus par un chef de faire agir la garde nationale sur une réquisition légale, mais le manquement, par un garde national, au service personnel pour lequel il a été commandé, ce qui est bien différent. — Chauveau et Hélie, t. 4, p. 419. — V. aussi Carnot, sur l'art. 234, no 3.

57. — Pour être régulière et obligatoire, la réquisition doit être faite par écrit, conformément à la formule indiquée par l'arrêté du 13 flor. an VII, et l'ord. 29 oct. 1820, art. 58. — Toutefois en cas d'urgence (notamment dans les cas prévus par les art. 99 et 108, C. inst. crim.), ces formalités ne seraient pas rigoureusement nécessaires; bien qu'aucune loi ne le dise, il doit y avoir là une exception commandée par la force des choses. — Chauveau et Hélie, t. 4, p. 419 et 420. — V. aussi Carnot, sur l'art. 234, no 6.

58. — Si, hors le cas d'urgence, la réquisition n'est pas faite dans les formes légales, ou si elle n'émane pas d'un fonctionnaire ayant qualité pour la faire, elle n'est point obligatoire, et le commandant de la force publique qui refuse d'y obtempérer ne se rend passible d'aucune peine. — Chauveau et Hélie, t. 4, p. 420; Carnot, sur l'art. 234, nos 5 et 6.

59. — Lorsque la perpétration du crime qu'il s'agissait d'empêcher a causé un préjudice à autrui, le commandant de la force publique qui a refusé d'obéir à la réquisition qui lui était faite doit être condamné à indemniser le particulier lésé. Cela est de toute justice et résulte d'ailleurs des art. 10 et 234, C. pén., combinés.

60. — Si le commandant de la force publique avait transmis la réquisition au corps placé sous ses ordres et que la troupe eût refusé d'y déférer, l'art. 234 ne serait plus applicable; mais les individus coupables de la désobéissance seraient traduits devant le conseil de discipline du corps auquel ils appartiendraient, pour y être jugés et punis à raison de leur désobéissance. — Carnot, sur l'art. 234, no 7.

61. — Lorsque des détenus s'évadent par la négligence ou la connivence des préposés à leur garde, conduite ou transport, ces préposés sont punis de peines déterminées par les art. 237 et suiv., C. pén. — V. ÉVASION DE PRISON.

62. — Les délits contre les particuliers sont relatifs ou aux personnes ou au domicile.

63. — A l'égard des personnes, les agens de la force publique ne doivent pas outrer la rigueur de l'exécution des ordres qu'ils ont reçus. La constitution du 3 sept. 1791 pose à cet égard un principe nettement formulé : « Tout homme étant » présumé innocent jusqu'à ce qu'il ait été déclaré » coupable, toute rigueur qui ne serait pas néces- » saire pour s'assurer de sa personne doit être » sévèrement réprimée par la loi. » Prolégomènes, » art. 20. — « La force publique est instituée pour » l'avantage de tous, et non pour l'utilité particu- » lière de ceux auxquels elle est confiée. » — *Ibid.*, art. 12.

64. — Ainsi, lorsque les agens de la force publique portent illégalement atteinte à la liberté individuelle, ou lorsque, sans motif légitime, ils exercent des violences contre les particuliers, ils se rendent passibles des peines portées aux art. 114 et suiv., 186 et 198, C. pén. — V. ABUS D'AUTORITÉ, ARRESTATION ILLÉGALE, ATTENTAT A LA LIBERTÉ, BLESSURES ET COUPS, LIBERTÉ INDIVIDUELLE.

65. — Quant aux atteintes portées à l'inviolabilité du domicile des citoyens, V. VIOLATION DE DOMICILE.

AGENT DE POLICE.

Table alphabétique.

AGENT DE POLICE. — 1. — Agent préposé à la surveillance publique et au maintien du bon ordre; on l'appelle encore *garde* ou *sergent de ville*, *appariteur*. — A Paris on le connaît plus spécialement sous le nom de *sergent de ville*, *inspecteur de police* et même *officier de paix*.

2. — La loi des 19-22 juillet 1791 (tit. 1er, art. 12) avait donné aux agens de police le droit de constater par des procès-verbaux les contraventions de police; elle les assimilait, à cet égard, aux commissaires de police. Mais le Code du 3 brum. an IV et le Code d'inst. crim. leur ont enlevé ce droit en ne les comprenant pas dans l'énumération limitative des officiers de police judiciaire. — *Cass.*, 23 fév. 1809, Lavis et d'Escroux; 30 mars 1839 (t. 2 1839, p. 293), Rieux; — Merlin, *Quest.*, vo *Fonctionnaires publics*.

3. — Cependant leur existence est reconnue par diverses dispositions de lois postérieures au Code d'inst. crim.

4. — Ainsi, l'art. 209, Code pén., punit les attaques, ainsi que la résistance avec violences et voies de fait envers les officiers ou *agens* de la police administrative ou judiciaire.

5. — L'art. 77, régl. du 18 juin 1811 (tarif criminel), enjoint aux agens de la force publique *et de la police* de prêter aide et main-forte aux huissiers toutes les fois qu'ils en sont requis, et sans pouvoir en exiger aucune rétribution, à peine d'être poursuivis. — Le même article autorise les agens de police, lorsqu'ils sont eux-mêmes porteurs de mandemens de justice et viennent à découvrir hors de la présence des huissiers les prévenu[illegible] condamnés, à les arrêter et à les con[illegible] le magistrat compétent. — Dans ce c[illegible] capture leur est dévolu.

6. — L'art 6, décr. 6 avr. 1813, fix[illegible] allouer aux ..... *agens de police* pour le[illegible] opérées par eux, conformément à l'art. ..., [illegible] 1811.

7. — Les agens de police sont nommés, à Paris, par le préfet de police, qui les révoque, les suspend, les organise et leur donne leurs instructions. — Ailleurs, ce sont les maires qui sont chargés de ce soin. — *Encyclop. du dr.*, vo *Agent de police*, no 3.

8. — Ils ne prêtent pas serment, car ils ne sont pas officiers publics. — Mangin, *Tr. des procès-verbaux*, no 76. — V. aussi *Cass.*, 9 mars 1833, Pelleport.

9. — Leurs fonctions consistent principalement à surveiller, soit l'exécution des arrêtés de l'autorité municipale, soit le maintien du bon ordre dans toutes les parties de la police, et à faire rapport aux officiers de police près desquels ils sont placés de tout ce qu'ils voient de contraire au bon ordre.

10. — Ils ne peuvent recevoir ni déclarations ni plaintes, mais ils doivent seulement recueillir avec soin et exactitude des renseignemens sur les contraventions, les délits et les crimes, et sur leurs auteurs, pour ces renseignemens être remis à leurs supérieurs.

11. — Ils n'ont, lorsqu'ils ne sont pas porteurs de mandats légaux dans les cas prévus par l'art. 77, décr. 18 juin 1811, aucun droit coërcitif sur les citoyens, et ne peuvent dès-lors les arrêter, à moins de flagrant délit; leur droit à cet égard n'est pas autre que celui des simples particuliers.

12. — Les fonctions des agens de police, excepté celles des sergens de ville, ne sont point ordinairement ostensibles. — Mais ils doivent être commissionnés et porteurs, soit d'une carte, soit d'une médaille indicative de leur qualité.

13. — Ils sont particulièrement subordonnés aux commissaires de police; ils doivent les aider dans l'exercice de leur ministère, obtempérer à leurs réquisitions, exécuter tous leurs ordres.

14. — Dans les lieux où il n'y a point de commissaire de police, les agens exercent sous les ordres immédiats du maire; ils doivent aussi déférer aux réquisitions qui peuvent leur être faites par les juges de paix, comme officiers de police auxiliaires du procureur du roi.

15. — A Paris, les inspecteurs de police et les sergens de ville sont divisés en brigades, selon le nombre des arrondissemens, et placés sous la direction des officiers de paix.

16. — Les officiers de paix, institués au nombre de vingt-quatre pour la ville de Paris, par la loi des 21-29 sept. 1791, furent supprimés par la loi du 19 vend. an IV (11 oct. 1795), puis rétablis par la loi du 23 flor. suivant (12 mai 1796), qui en attribuait la nomination au département de la Seine sur la présentation du bureau central. — Plus tard, un arrêté des consuls, du 19 niv. an VIII (9 janv. 1800), décida qu'ils seraient nommés par le premier consul, sur la présentation du ministre de la police générale. — Il paraît qu'une ordonnance royale du 25 fév. 1822, non insérée au *Bulletin des lois*, ordonna la réorganisation des officiers de paix *attachés à la préfecture* et attribua leur nomination au ministre de l'intérieur. — Mais ces agens, placés hiérarchiquement au-dessous des commissaires de police, ne sont cependant point sous leurs ordres : leur mission est exclusivement attachée à la police, ce sont de véritables *agens de police*. — L'art. 38 de l'arrêté du 12 messid. an VIII leur donnait le droit « *de faire saisir* et traduire devant les tribunaux de police correctionnelle les personnes prévenues de délits du ressort de ces tribunaux, » d'où l'on inférait en leur faveur le droit d'arrestation. — C'est ce droit, qui, contesté depuis la promulgation du Code d'inst. crim., a donné lieu à l'arrêt bien connu rendu par la cour royale de Paris, le 27 mars 1827, à l'occasion des poursuites dirigées contre M. Isambert. — V. au surplus LIBERTÉ INDIVIDUELLE, OFFICIERS DE PAIX.

17. — Quoi qu'il en soit, les officiers de paix, les inspecteurs non attachés aux commissaires de police, appartiennent à un bureau central placé auprès du préfet, sous la direction d'un commissaire, et désigné sous le titre de bureau de la police municipale.

18. — Les agens de police ne sont point agens du gouvernement, dans le sens de l'art. 75, Const. de l'an VIII, et n'ont conséquemment aucun droit à la protection accordée par cet article. — Morin, *Dict. dr. crim.*, v° *Agent de police*.

19. — De ce que les agens de police ne sont pas officiers de police judiciaire (*suprà* n° 2), il s'ensuit qu'ils ne peuvent faire de leur chef aucun des [illegible]rsuite et d'instruction placés par la loi [illegible] attributions de ces officiers, et spécia[illegible]roduire d'office dans le domicile des [illegible]

[illegible] lors le refus, de la part du citoyen dont [illegible] a été violé d'office par un agent de police, d'obéir à ses injonctions doit être considéré comme légitime. — *Bourges*, 10 mai 1838 (t. 2 1838, p. 528), Patrin.

21. — De même, les procès-verbaux ou rapports des simples agens de police, et notamment des sergens de ville et des inspecteurs chargés des rondes de nuit dans Paris, ne sont pas suffisans pour constater légalement l'existence de contraventions. — *Cass.*, 7 août 1829, Mater; 30 mars 1839 (t. 2 1839, p. 298), Rieux; 15 oct. 1842 (t. 1er 1843, p. 168), Tresfel; 13 août 1841 (t. 1er 1844, p. 347), Piffart.

22. — Ces procès-verbaux n'ont d'autorité devant les tribunaux que lorsqu'ils sont appuyés par des preuves légales. — *Cass.*, 28 août 1829, Guichard.

23. — Le prévenu d'une contravention constatée par un semblable rapport peut être renvoyé de la plainte, alors que, n'avouant pas la contravention, il se borne à dire qu'il ignore si elle a eu lieu, et que d'ailleurs aucun témoin n'a été produit. — *Cass.*, 15 oct. 1842 (t. 1er 1843, p. 168), Tresfel.

24. — Mais ces rapports ont le caractère de dénonciations, et ils peuvent être pris en considération à titre de renseignemens. — Mangin, *des Procès-verbaux*, n° 76. — V. aussi *Cass.*, 28 août 1829, Guichard.

25. — Le commencement de preuve qui résulte du procès-verbal d'un simple agent de police peut être complété par l'aveu du prévenu. — *Cass.*, 24 sept. 1829, Servoize; 13 mai 1831, Gachet (dans les motifs); 17 fév. 1837 (t. 1er 1838, p. 75), Bœuf et Mathieu; — Mangin, *Proc.-verb*, n° 76.

26. — Quoique le procès-verbal d'un simple agent de police ne fasse pas foi de son contenu, un tribunal de simple police peut juger, sans violer aucune loi, qu'une contravention est suffisamment constatée par la déclaration de cet agent, consignée dans son procès-verbal, renouvelée à l'audience sous la foi du serment, et qui n'est combattue par aucune preuve contraire. — *Cass.*, 30 oct. 1812, Daune. — En effet, la loi ne demande pas compte aux tribunaux jugeant en police correctionnelle ou en simple police des élémens sur lesquels ils ont établi leur conviction, et, dans l'espèce, la déposition sous serment de l'agent rédacteur du rapport avait parfaitement pu être considérée comme complétant suffisamment la preuve de la contravention. — Mangin, *Des procès-verbaux*, n° 76; Carnot, *C. inst. crim.*, art. 329, n° 3.

27. — Si le procès-verbal dressé par un commissaire de police, sur le rapport d'un simple agent qui ne l'a pas affirmé, ne fait pas foi de la contravention qu'il constate, il suffit du moins pour que le tribunal de simple police ne puisse pas acquitter le prévenu sans avoir entendu comme témoin l'agent rapporteur. — *Cass.*, 4 mars 1826 (intérêt de la loi), Sulpicy. — V. cependant *Cass.*, 15 oct. 1829, Rameau. — Dans cette dernière espèce, un procès-verbal ayant été dressé par deux agens de police et visé seulement par un commissaire de police, le tribunal avait renvoyé les inculpés de la poursuite par le motif que ce procès-verbal n'avait pas été dressé contradictoirement avec eux. — Le motif était inadmissible sans doute, mais le dispositif se justifiait aisément par le défaut d'autorité des procès-verbaux dressés par de simples agens de police. — Néanmoins, la cour de Cassation a annulé le jugement par le motif que le tribunal avait créé une nullité non établie par la loi.

28. — Les procès-verbaux ou rapports des agens de police n'ayant aucune valeur juridique, il ne peut jamais y avoir lieu de s'occuper de leur régularité; aucune forme ne leur étant imposée, ils ne peuvent, quelle qu'elle soit, être irréguliers.

29. — Jugé cependant que les procès-verbaux des inspecteurs de la salubrité publique sont, aux termes de l'art. 74, L. 25 mars 1817, assujétis au visa pour timbre et à l'enregistrement en débet, sauf à poursuivre le recouvrement des droits contre les condamnés. — Les inspecteurs se trouvent compris sous les dénominations de préposés et d'employés, dont se sert la loi du 28 avr. 1816, art. 43. — Les procès-verbaux assujétis à l'enregistrement sont astreints à la formalité préalable du timbre. — *Cass.*, 22 juin 1842 (t. 2 1842, p. 588), Rieux et Ségé c. Enregistrement.

30. — De la combinaison des art. 77, décr. 18 juin 1811, et 19, L. 17 mai 1819, il résulte que les agens de police peuvent être considérés sous un double rapport : 1° comme *agens de la force publique* quand ils agissent en vertu de l'art. 77, décret 18 juin 1811; — 2° comme *agens de l'autorité publique*, lorsque, par les ordres de l'autorité municipale, ils exercent la surveillance que cette autorité leur a confiée. — *Cass.*, 28 août 1829, Guichard.

31. — D'où la conséquence que, s'ils sont outragés par paroles, gestes ou menaces, ils doivent être protégés, dans le premier cas, par l'art. 224, C. pén., dans le second, par l'art. 19, L. 17 mai 1819. — *Cass.*, 28 août 1829, Guichard; 27 mai 1837 (t. 1er 1837, p. 557), Bailly.

32. — Il a même été jugé que si l'agent était chargé, par exemple, de la conduite d'une patrouille, il remplirait un service du ministère public dans le sens de l'art. 230, C. pén. — *Cass.*, 6 oct. 1831, Balmé.

33. — ... Et que, dès-lors, les coups et les blessures qui lui seraient portés et faites avec effusion de sang pendant qu'il s'acquitterait de sa mission constitueraient le crime prévu par l'art. 230, C. pén., et non le simple délit réprimé par l'art. 311. — Même arrêt de 1831; — De Grattier, *Comm. L. de la presse*, t. 1er, p. 207, à la note.

34. — La circonstance que les sergens de ville ne prêtent point serment n'empêche point qu'ils ne soient agens de l'autorité publique, lorsque, par les ordres de l'autorité municipale qui les a légalement institués, ils exercent la surveillance et remplissent les fonctions qu'elle leur a confiées. — *Cass.*, 9 mars 1833, Pelleport; 16 juin 1832, de Brian; — Parant, *L. de la Presse*, p. 92; Chassan, *Tr. des dél. de la par.*, t. 1er, p. 282, note 4e.

35. — Par contre, si les agens de police exécutent des arrestations illégales ou exercent des violences illégitimes, ils sont sous l'application des art. 186 et 341, C. pén., relatif aux abus d'autorité et aux arrestations illégales et séquestrations de personnes. — Morin, *Dict. de dr. crim.*, v° *Agent de police*.

36. — Les officiers municipaux ou commissaires de police, qui seuls ont qualité pour assister les employés dans les visites qu'ils font pour la garantie des matières d'or et d'argent, ne sauraient être remplacés pour ces visites, à peine de nullité du procès-verbal, par les agens de police mentionnés dans l'art. 12, L. 12 juillet 1791, tit. 1er. — *Cass.*, 12 (et non 13) juill. 1834, Contrib. indir. c. Blet; 2 oct. 1818, Cusson; — Legraverend, t. 1er, ch. 5, p. 233.

V. VIOLATION DE DOMICILE, VISITE DOMICILIAIRE.

AGENT DIPLOMATIQUE.

Table alphabétique.

AGENT DIPLOMATIQUE. — 1. — On désigne sous ce nom ou sous celui de *Ministre public* toute personne, quelle que soit la qualité qu'on lui donne, qui a mission de représenter, soit d'une manière générale et permanente, soit pour un objet particulier et un temps limité, une puissance auprès d'une autre puissance. — Vattel, *Tr. du dr. des gens*, liv. 4, chap. 5.

—

CHAPITRE Ier. — *Origine des agens diplomatiques, leurs différentes classes, personnel des missions.*

2. — L'origine de la fonction d'agent diplomatique, telle qu'elle existe aujourd'hui, est toute moderne. Les Grecs, les Carthaginois et les Romains ne dépêchaient et ne recevaient des envoyés que pour un temps et pour des objets déterminés, la conclusion d'un traité par exemple. Les différens peuples qui se formèrent des débris de l'empire romain eurent bien aussi des envoyés ou messagers pour administrer leurs affaires, mais ce n'est que lors de la formation des états modernes, et par suite des nombreuses relations qui les unirent, que l'on vit apparaître la *mission* de personnes chargées de représenter, d'une manière permanente, les puissances de l'Europe les unes auprès des autres.

3. — Primitivement, en Europe, on ne connaissait qu'une seule classe d'agens ou ministres publics, on les nommait, soit *ambassadeurs*, soit *procureurs*. — Dans les circonstances extraordinaires, on envoyait des gentilshommes, mais qui ne jouissaient pas du caractère ni des prérogatives des ambassadeurs.

4. — C'est vers le quinzième ou le seizième siècle que, soit pour éviter les frais énormes de représentation, soit pour échapper à des querelles d'étiquette, on commença à envoyer avec le titre de *résidens* des ministres chargés d'une mission permanente, mais d'un rang inférieur, et, par conséquent, revêtus à un degré moins élevé du caractère représentatif. — Leti, *Cerem. hist. politico*, t. 6.

5. — Puis vinrent les *chargés d'affaires* établis pour des commissions spéciales de leurs gouvernemens, et qui cédaient le pas aux résidens, quelle que fût d'ailleurs l'importance de leur commission.

6. — Depuis on a encore augmenté les diverses classes de ministres et les grades dans les ordres inférieurs, en établissant des agens sous le titre et avec le caractère de *ministres plénipotentiaires, ministres résidens, ministres chargés d'affaires.*

7. — Tout agent diplomatique réunit deux qualités différentes : 1° celle de fonctionnaire public, 2° celle de mandataire du gouvernement qui l'emploie. — La première est le plus souvent permanente ; la seconde dans laquelle il agit au nom du gouvernement qu'il représente, est essentiellement temporaire, puisqu'elle n'est le résultat que d'une commission spéciale. — Ch. de Martens, *Guide diplomatique*, t. 1er, chap. 2, § 4, p. 28.

8. — Les agens diplomatiques sont aujourd'hui partagés en quatre classes. — Un règlement fait à Vienne le 19 mars 1815 par les plénipotentiaires des huit puissances signataires du traité de Paris, savoir, l'Autriche, l'Espagne, la France, la Grande-Bretagne, le Portugal, la Prusse, la Russie et la Suède, en a fixé trois. — La première comprenant les ambassadeurs, légats ou nonces ; — la seconde les envoyés, ministres ou autres accrédités auprès des souverains ; — la troisième, celle des chargés d'affaires accrédités auprès des ministres chargés des affaires étrangères. — Des stipulations ajoutées le 21 nov. 1818, par les plénipotentiaires des cinq puissances (France, Autriche, Grande-Bretagne, Prusse, Russie) réunis au congrès d'Aix-la-Chapelle, convinrent que les *ministres résidens* accrédités formeraient, par rapport à leur rang, une classe intermédiaire entre les ministres du second rang et les chargés d'affaires.

9. — *Première classe.* — Les ambassadeurs sont *ordinaires* ou *extraordinaires*. — Les légats *simples* ou *à latere* ou *de latere*. — Les nonces *ordinaires* ou *extraordinaires*.

10. — Les ambassadeurs étaient dits *extraordinaires* quand leur mission avait pour but une négociation spéciale, particulière, comme de jurer une paix ou un traité d'alliance, de féliciter un prince sur son avènement au trône, etc. On les appelait *ordinaires* lorsque leur mission était générale et permanente. Mais cette distinction peut être considérée comme ne subsistant plus de nos jours. La qualité d'ambassadeur extraordinaire est, en effet, accordée même à ceux dont la mission est indéterminée dans sa durée ; seulement, ce titre diffère du premier en ce qu'il semble porter en soi une marque plus éclatante de distinction. — *Encyclop. du dr.*, v° *Ambassadeur.*

11. — Le titre d'*ambassadeur* se donne le plus généralement aux agens des grandes nations, comme la France, l'Angleterre, la Russie, l'Espagne, etc. — Ord. du roi 16 déc. 1832, art. 2.

12. — On appelle *nonces* les ambassadeurs que le pape charge de le représenter, n'importe pour quelles affaires, auprès des autres souverains. Les *légats*, au contraire, sont les ministres que le pape envoie dans les pays catholiques pour exercer, en son nom, les fonctions spirituelles qui dépendent de sa qualité de chef de l'église. — Les nonces sont ordinaires ou extraordinaires, dans les mêmes circonstances et les mêmes conditions que les ambassadeurs. — Les simples légats diffèrent des légats *à* ou *de latere*, en ce que les premiers ne sont point cardinaux, quoi qu'ils soient honorés de la légation apostolique, et qu'en cette qualité ils jouissent de toutes les prérogatives qu'on accorde aux seconds.

13. — Les ministres de première classe jouissent seuls du caractère représentatif, c'est-à-dire du droit de représenter l'état ou le souverain qui le reconnaît, et de prétendre, par conséquent, aux mêmes honneurs que leur constituant s'il était présent. — Mais ce droit, reconnu en principe, est borné dans la pratique à la jouissance de certaines prérogatives honorifiques, arbitrairement réglées par chaque cour. — Ch. de Martens, *Guide diplomatique*, t. 1er, p. 42.

14. — *Seconde classe.* — Dans la seconde classe sont compris les *envoyés*, les *envoyés extraordinaires*, les *envoyés extraordinaires et ministres plénipotentiaires*, les *ministres plénipotentiaires*, les *internonces* du pape et le ministre d'Autriche à Constantinople, portant le titre d'*internonce et ministre plénipotentiaire*. — Ch. de Martens, *Guide diplom.*, t. 1er, p. 44. — Bielfeld (*Inst. polit.*, t. 2, p. 276) range cependant les internonces du pape dans la troisième classe, et les nonces dans la seconde, mais c'est une erreur.

15. — La dénomination d'*envoyés* est le plus ordinairement donnée aux agens des petites souverainetés. Elle peut aussi appartenir aux représentans des grandes puissances. Mais alors ces derniers ne représentent leur nation que d'une manière imparfaite ; ils ne sont pas revêtus du caractère représentatif proprement dit, ou au premier degré. — Ce n'est que vers le milieu du dix-huitième siècle que le cérémonial a placé les plénipotentiaires au rang des envoyés. — Réal, *Science du gouvernement*, t. 6, p. 48.

16. — *Troisième classe.* — Dans la troisième classe sont rangés seulement les *ministres-résidens*. Ce sont ceux qui, bien que munis de lettres de créance, représentent leur nation, non dans sa dignité, mais seulement dans ses affaires. Nos représentans à Hambourg, Carlsruhe, Nauplie et Florence se nomment *ministres-résidens*. — Ord. 16 déc. 1832, art. 4.

17. — En France, comme en Allemagne, on observe la distinction existant entre les ministres résidens et les envoyés. — Aussi presque tous les souverains ont-ils fait quitter ce titre à leurs représentans pour leur donner celui d'envoyés extraordinaires.

18. — *Quatrième classe.* — Enfin, dans cette classe sont rangés les *ministres chargés d'affaires* et les *consuls généraux*, auxquels la plupart des grandes puissances attribuent un caractère diplomatique. — Les chargés d'*affaires ad interim* accrédités, soit par le gouvernement qui les envoie *ad hoc*, soit par le chef de mission dont ils remplissent temporairement les fonctions, appartiennent également à cette classe.

19. — Autrefois, le chargé d'affaires avait une mission principale. Il y avait seulement cette différence entre lui et l'ambassadeur, qu'au lieu d'être accrédité par des lettres de créance, il l'était par une lettre ministérielle ou par la présentation de l'ambassadeur qu'il remplaçait. La dénomination de chargés d'affaires a été plus récemment appliquée aux secrétaires d'ambassade qui, par *interim*, suppléent l'ambassadeur en son absence ou avant son arrivée. L'ordonnance du 16 déc. 1832 l'a réservée pour nos représentans dans les missions de Cassel, Darmstadt et Hanovre. — C. civ., art. [illegible]

20. — Quelquefois on donne le titre de *députés* aux ministres envoyés à un congrès, ou de *commissaires* à ceux envoyés pour régler des limites, terminer des différends de juridiction ou pour l'exécution de quelque article d'un traité ou d'une convention. — Ces agens jouissent ordinairement des prérogatives et immunités accordées à ceux de seconde ou de troisième classe. — Ch. de Martens, t. 1er, p. 45.

21. — Avant qu'on eût introduit ces dénominations, on donnait le titre d'*agent* à ceux qu'on ne voulait pas revêtir de la qualité d'ambassadeurs. Depuis, ce titre a été spécialement appliqué à ceux qui étaient les simples commissionnaires des princes, pour leurs affaires particulières auprès des souverains des autres puissances. — Aujourd'hui, l'expression *agent diplomatique*, détournée de sa signification primitive, s'emploie dans un autre sens : c'est un terme générique qui comprend tous les représentans, quel que soit leur titre, de chaque nation. Le code civil lui a donné lui-même cette signification. — V. notamment art. 48 et 170.

22. — On désigne enfin par le mot *consul* ceux des agens que les divers gouvernemens envoient dans les divers pays pour protéger le commerce de leurs nations respectives. — Mais les consuls ne sont pas, à proprement parler, des agens diplomatiques. — V. *infrà* n° 203. — V. aussi CONSUL.

23. — Lorsque les gouvernemens ne veulent pas traiter ostensiblement certaines affaires, ils envoient et accréditent secrètement, pour traiter, des personnes de confiance, sans leur donner le caractère de ministre, ou en ne les autorisant à le déployer que dans certains cas donnés. — Ces agens ne sont en réalité que de simples particuliers et ne peuvent prétendre à aucun cérémonial diplomatique. Cependant, le gouvernement qui les reçoit doit les faire jouir d'une complète inviolabilité. — Ch. de Martens, t. 1er, p. 37.

24. — Quant aux émissaires secrets envoyés dans un pays même à l'insu du gouvernement, celui-ci peut, soit leur interdire l'entrée du territoire, ou les faire expulser s'ils s'y sont déjà introduits, soit même les considérer et les faire punir comme espions s'il y a lieu. — Ch. de Martens, *ibid.*

25. — Dans le personnel des ambassades de première et de deuxième classe seulement, il y a quelquefois des secrétaires d'ambassade nommés par le gouvernement et placés sous les ordres de leurs ministres pour les assister dans l'exercice de leurs fonctions. — Les secrétaires des légations papales portent le nom d'*auditeurs de nonciature*, et lorsqu'ils remplissent par *interim* les fonctions du nonce, celui d'*internonces.*

26. — En France, on a établi des premiers et des seconds secrétaires d'ambassade ; cette distinction a été admise et suivie également par quelques autres gouvernemens. — Ch. de Martens, *Guide diplom.*, t. 1er, § 47.

27. — Les secrétaires d'ambassade ou de légation servent tant à des objets de cérémonie, tels que visites de notification, complimens, etc., qu'aux affaires de la mission, soignent les archives, chiffrent et déchiffrent les dépêches, préparent la correspondance, rédigent les protocoles. — En cas d'empêchement du ministre, ils peuvent même suivre les conférences et présenter les mémoires signés de lui. — Ch. de Martens, *Préc. du dr. des gens*, t. 2, § 236 (édit. de M. S. Pinheiro-Ferreira).

28. — En règle générale, et à moins d'instructions contraires, c'est le secrétaire d'ambassade ou de légation qui remplace, comme chargé par *interim* des affaires de la légation, le ministre empêché. — Dans les missions anglaises, les premiers secrétaires d'ambassade sont, en cas d'absence de l'ambassadeur, revêtus du titre et des fonctions de ministres plénipotentiaires. — Ch. de Martens, *Guide diplom.*, t. 1er, § 47, p. 112.

29. — Les secrétaires d'ambassade représentent donc l'ambassadeur ; à ce titre, ils sont compris dans l'expression générique *agens diplomatiques ou ministres publics*, et jouissent des mêmes priviléges que ces fonctionnaires sous le rapport de la juridiction. — G. Culpisius, *Sur les ambass. de l'empire*, cité par Brillon, *Dict. des arrêts*, vo *Ambassadeur*. — V. aussi ord. du roi de Prusse de juin 1724 ; Vattel, liv. 4, chap. 9, no 122 ; Wicquefort, liv. 1er, sect. 5e ; Bynkershoeck, chap. 15, § 3 ; Merlin, *Rép.*, vo *Min. publ.*, sect. 6e, no 7.

30. — Il peut y avoir encore des conseillers d'ambassade ou de légation ; mais ces fonctions sont assez rares, et d'ordinaire les attributions en sont déterminées par le titre de leur institution.

31. — Indépendamment des secrétaires d'ambassade, les gouvernemens attachent quelquefois aux missions, surtout à celles de première classe, un *chancelier d'ambassade*, un *directeur de chancellerie*, des *secrétaires interprètes, aumôniers, attachés ou élèves.*

32. — Les secrétaires interprètes ou *drogmans* ne sont guère en usage que dans les missions asiatiques, en Turquie, ou à celles de ces pays près des gouvernemens européens. — Le nom d'élèves est appliqué surtout aux missions autrichiennes à Constantinople. — Ch. de Martens, *loc. cit.*, § 49.

33. — Les dépêches, pour plus de sûreté de leur remise, sont confiées à des courriers exprès. — Le plus souvent ces courriers sont institués *ad hoc* sous le titre de *courriers de cabinet.* — Quelquefois on charge de ce soin des fonctionnaires civils ou militaires, ou même de simples gens de confiance qui ne sont pas employés du gouvernement ; dans ce dernier cas, leurs passeports les qualifient de *courriers porteurs de dépêches.*

CHAPITRE II. — *Droit d'envoyer et de recevoir des agens diplomatiques.*

34. — Le droit d'envoyer des agens chargés de représenter un état auprès d'une nation étrangère appartient à tous les états, pourvu qu'ils jouissent, vis-à-vis de ceux auxquels on les envoie, d'une complète indépendance. — Ch. de Martens, *Guide diplomatique*, t. 1er, p. 28.

35. — Aussi, pour que les états mi-souverains en jouissent faut-il qu'ils y aient été autorisés par la puissance souveraine dont ils dépendent. — Ch. de Martens, *ibid.* — Merlin (*Rép.*, vo *Ministre public*, sect. 2e, § 1er, nos 1er et suiv.) pense cependant que ce droit appartient aux états vassaux ou tributaires. — V. aussi Pailliet, *Dict. de dr. franç.*, vo *Agent diplomatique*, no 4.

36. — Les villes sujettes, et qui se reconnaissent pour telles, mais qui néanmoins ont le droit de traiter avec les puissances étrangères, peuvent-elles envoyer à ces puissances des agens diplomatiques et en recevoir de leur part? Non ; car un peuple ne peut être à la fois souverain et sujet. Cependant Vattel (*Droit des gens*, liv. 4, chap. 5, no 60) est d'avis contraire. Il fonde son opinion sur le principe que qui a le droit a les moyens. C'est une erreur. Les villes sujettes ne peuvent traiter que par l'intermédiaire de la puissance dont elles dépendent. C'est ainsi qu'autrefois les Neufchâtelois traitaient avec la France par l'intermédiaire du roi de Prusse, dont ils dépendaient. — Merlin, no 9 ; Pailliet, vo *Agent diplomatique*, no 426.

37. — Suivant Vattel (liv. 4, § 60), les prérogatives de la souveraineté ne se perdent point, même par un traité de protection, à moins de conventions contraires. — Dans ce cas, le droit d'envoyer des agens diplomatiques peut donc être exercé.

38. — Quant aux états confédérés, il faut distinguer : ou ils n'ont entre eux que des liens politiques pour leur sûreté et leur défense commune, et ne sont à l'égard les uns des autres que de simples alliés, comme les cantons suisses, et alors nul doute que chacun d'eux n'ait conservé la jouissance de ce droit ; ou ils ont, pour leurs intérêts politiques, un centre commun investi du pouvoir de faire des lois pour chacun d'eux, un conseil, un congrès, chargé de les représenter et d'agir au dehors en leur nom collectif, comme les sept Provinces-Unies des Pays-Bas, qui avaient un centre commun d'autorité sous le nom d'États-Généraux ; dans ce cas, chacun des états confédérés ne peut user isolément du droit d'envoyer des agens diplomatiques ; ce droit n'appartient plus qu'au congrès qui les représente. — Merlin, *ibid.*, no 5 ; Pailliet, *loc. cit.*

39. — Le droit d'ambassade actif et passif est essentiellement attaché au chef du gouvernement. — Ainsi, en France, c'est le roi qui nomme et révoque à volonté les agens diplomatiques. — Constit. 3 sept. 1791, ch. 4, art. 2 ; Constit. 22 frim. an VIII, art. 41 ; arg. art. 13, Charte de 1830 ; — Pailliet, *Dict. de droit*, vo *Ambassadeur*, no 6.

40. — Le droit d'ambassade peut se perdre par une abdication volontaire. — Mais, selon le droit public international, il ne le pourrait jamais par une abdication forcée ou une perte involontaire du pouvoir souverain. — Aussi la réception d'un ambassadeur par un gouvernement est-elle considérée comme une reconnaissance de celui qui l'envoie. — Ch. de Martens, *loc. cit.*, p. 30.

41. — Quand il s'élève des contestations relatives au droit d'ambassade, ou si des circonstances politiques, telles qu'une régence, durant la minorité, la maladie ou la captivité d'un souverain, en rendent l'exécution difficile, on se borne à s'envoyer réciproquement des agens diplomatiques sans caractère représentatif. — Ch. de Martens, t. 1er, p. 29. — Nous pensons cependant que le régent, auquel appartient en France, aux termes de l'art. 3, L. 30 août 1842, le plein et entier exercice de l'autorité royale an nom du roi mineur, aurait incontestablement le droit d'envoyer et d'accréditer des ambassadeurs auprès des puissances étrangères, et le refus de recevoir des ambassadeurs devrait être considéré comme le refus de reconnaître la souveraineté du roi des Français.

42. — Un prince qui est détenu prisonnier dans le royaume d'un autre prince, s'il n'a pas perdu la souveraineté, y peut avoir un ministre. Mais la question de savoir si ce ministre doit être considéré comme ambassadeur ou non dépend de l'autorité que sa commission lui donne. C'est ce qui a été décidé en l'année 1571, par cinq des plus savans jurisconsultes de l'Angleterre, à l'occasion de l'évêque de Ross, qui se prétendait, après l'abdication de Marie, reine d'Écosse, ambassadeur de cette princesse à Londres. — Merlin, *ubi suprà*, no 8 ; Pailliet, *ibid.*

43. — Les ministres des gouvernemens qui ont le droit d'ambassade ne peuvent d'eux-mêmes le mettre en exercice, mais seulement comme délégués à cet effet par le chef du gouvernement. — Merlin, no 10 ; Pailliet, *ubi suprà.*

44. — Un sujet, fût-il le fils ou le frère d'un roi, n'a point en principe le droit d'ambassade. Cela est constant, malgré quelques exemples contraires rapportés par Merlin (no 12). Il en est ainsi surtout lorsqu'il s'agit de sujets rebelles contre leur gouvernement même. Cependant si l'on veut ramener l'ordre et la paix, il faut négocier, écrire, s'aboucher, traiter enfin. Or, tout cela est impossible si l'on refuse d'admettre les représentans des rebelles. La rigueur du principe doit donc fléchir devant le salut public. — Plusieurs exemples sont cités à l'appui de cette exception dans le Dictionnaire de Pailliet, *loc. cit.*

45. — Tout état souverain qui envoie des ministres publics est également en droit d'en recevoir. — Il peut même déterminer les conditions auxquelles il consent à recevoir ces ministres. — Ch. de Martens, t. 1er, p. 30, § 6.

46. — Si l'on craint un refus de la part du gouvernement auquel on veut envoyer un agent, on prend ordinairement la précaution de le faire sonder sur le choix qu'on a fait, parfois on lui propose plusieurs individus pour lui en laisser le choix. — Ch. de Martens (t. 1er, p. 31) rapporte à cet égard un usage introduit par quelques puissances catholiques telles que la France, l'Espagne, le Portugal, c'est celui de pouvoir désigner les personnes qu'elles veulent recevoir du pape en qualité de nonce.

47. — Mais c'est à l'état qui envoie qu'il appartient de fixer le grade diplomatique qu'il lui plaît de donner à ses agens. — Toutefois, le droit d'envoyer des ministres de première classe est réservé, par un usage généralement reconnu, aux princes souverains jouissant des honneurs royaux, aux grandes républiques et au pape comme souverain séculier. — Ces puissances ne reçoivent même point chez elles les ministres de première classe des états inférieurs. — Cependant rien n'empêche ceux-ci de s'envoyer entre eux des ministres de cette classe. — Au surplus, les gouvernemens conviennent volontiers entre eux du grade des agens qu'ils sont disposés à s'envoyer mutuellement. — Ch. de Martens, t. 1er, p. 32, § 7.

48. — Il peut arriver qu'un état envoie plusieurs agens près de la même cour, soit comme chargés chacun d'une mission spéciale, soit pour agir de concert dans le même but. C'est surtout ce qui arrive dans les congrès. — Ils peuvent être de même rang, et, dans ce cas, ils ont droit au même cérémonial (Wicquefort, l'*Ambassad. et ses fonct.*, t. 1er, p. 372), ou de classes inégales.

49. — Quand ils agissent pour le même objet, les agens composant la même ambassade ne font ensemble qu'un corps, et chacun d'eux ne peut négocier seul, ni avoir des conférences particulières sans ses collègues. Mais on convient toujours de s'écarter de cette règle, afin de pouvoir, en recevant des communications confidentielles, préparer les négociations chacun par ses propres moyens. La confiance ne peut être égale pour tous, et on l'étoufferait en voulant toujours traiter en commun. — Merlin, *eod. loc.*, sect. 2e, § 2, no 2 ; Pailliet, no 7.

50. — A l'inverse, un seul agent peut être chargé de plusieurs missions. — Ch. de Martens (*Guide diplomat.*, t. 1er, p. 35, note 1re) cite, par exemple, le ministre de Prusse, qui est accrédité à la fois et dans la même qualité auprès de la confédération suisse, des grands-ducs de Hesse et de Bade et du prince de Nassau.

51. — Enfin, plusieurs souverains peuvent n'avoir qu'un seul agent diplomatique accrédité près la même cour.

CHAPITRE III. — *Conditions requises pour l'exercice des fonctions diplomatiques.*

52. — Les lois modernes déterminent bien l'âge auquel on peut régner, juger, administrer, être le représentant de son pays dans son pays même ; mais elles ne disent rien de l'âge auquel on peut représenter son pays auprès d'une nation étrangère.

53. — Merlin (*Rép.*, vo *Ministre public*, sect. 3e, no 2) nous apprend que Philippe de Commines voulait que les agens diplomatiques ne fussent ni trop jeunes ni trop âgés. L'histoire nous atteste que ce conseil n'a pas toujours été suivi. Ainsi, en 1539, le sénat de Venise nomma à l'ambassade de Constantinople Thomas Cantarini, âgé de quatre-vingt-quatre ans. Charles-Quint se plaignait, en 1586, de ce que Philippe II, son fils, roi d'Espagne, lui envoyait un ambassadeur *sans barbe*. En 1775, le roi de France reçut le prince Doria Pamphili, nonce de vingt-trois ans.

54. — La seule induction à tirer de ces faits, c'est que le choix en cette matière ne peut avoir d'autre limite que la confiance ; et que chaque gouvernement est libre de choisir celui qui convient le mieux au poste qu'il s'agit de remplir. On peut, en effet, avoir les talens nécessaires avant l'âge qui les suppose, et les conserver à l'âge où ils manquent ordinairement. — Merlin, *loc. cit.* ; Pailliet, no 2.

55. — Les femmes ne sont point exclues des fonctions diplomatiques ; et, sans remonter au temps où le sénat de Rome députait Véturie et Volumnie vers Coriolan et les Volsques, on peut citer presque de nos jours Renée du Bec, notamment, veuve du maréchal de Guébriant, qui fut accréditée par Louis XIV, en 1646, comme ambassadrice auprès de Wladislas IV, roi de Pologne. — D'autres femmes, avant et depuis, avaient déjà et ont encore, sinon été revêtues formellement du caractère d'ambas-

sadrices, du moins rempli des missions diplomatiques : ainsi ce furent Louise de Savoie, mère de François Ier, et Marguerite d'Autriche, archiduchesse des Pays-Bas, fille naturelle de Charles-Quint, qui négocièrent et signèrent, le 5 août 1529, en qualité de plénipotentiaires, le traité de pacification générale dit de Cambrai et auquel est resté le nom de la *Paix des Dames*. — Ce fut la duchesse de Chevreuse qui négocia la Fronde à Bruxelles, et quand il fut question de détacher l'Angleterre de la Hollande, c'est encore la duchesse d'Orléans, sœur du roi Charles, qui, à l'âge de vingt-six ans, fut chargée par Louis XIV de consommer le traité. —Voltaire, *Siècle de Louis XIV*, ch. 10; Ch. de Martens, *Guide diplomatique*, t. 1er, p. 35, note 2e; *Encyclop. du dr.*, v[o] *Ambassadrice*.

56.—M. Pailliet (*Dict. du dr.*, v[o] *Agent diplomatique*, n° 3) se montre assez partisan de l'opinion qui admet les femmes dans la carrière diplomatique, et il se fonde notamment sur ce que Dieu a donné aux femmes plus d'inclination à la paix qu'aux hommes. — Cette raison, il faut en convenir, ne paraît pas irrésistible, et si l'on considère l'interdiction qui pèse chez nous sur les femmes, relativement aux fonctions publiques, et la barrière qui les sépare du trône, on peut être assez facilement conduit, sinon à une solution diamétralement opposée, du moins à conclure que leur admission à ces fonctions est peu compatible avec l'esprit de nos institutions comme avec la position que nos mœurs leur ont faite. — Sans doute il y a d'honorables exceptions, et il peut être utile, indispensable même de faire concourir à un grand intérêt public des facultés hors ligne ou une influence incontestée, mais les missions à confier restent le plus souvent alors dans l'intérêt même de leur réussite tout officieuses, et n'attribueraient aux femmes qui peuvent en être chargées aucun caractère officiel ni légal. — On ne peut donc pas dire que le sexe soit indifférent pour les missions diplomatiques.

57. — Il n'est point, d'ailleurs, nécessaire que ceux que l'on charge de hautes missions soient d'une naissance illustre. — On l'a cependant prétendu en disant que l'illusion serait détruite si l'on tirait de la poussière le représentant de la souveraineté. — Autrefois, peut-être, un semblable motif pouvait avoir quelque valeur, aujourd'hui il est inadmissible. — Dans tous les temps et dans nos sociétés modernes surtout, l'homme que son mérite et ses services ont illustré peut représenter partout son pays. — Cependant, comme chaque nation a ses préjugés, il convient de consulter ce qui lui convient le mieux, et ce n'est évidemment pas en les heurtant qu'on parviendrait le mieux à assurer la solidité des relations d'amitié ou d'intérêt que l'on peut désirer établir avec elles. — Merlin, *loc. cit.*, sect. 3e, n°s 1er et 4.

58.—Plusieurs gouvernemens, tels que la France, la Suède, la Hollande, la Sardaigne, etc., ont établi de ne jamais recevoir un de leurs sujets en qualité d'envoyé d'une puissance étrangère. — Ch. de Martens, t. 1er, p. 31.

59. — Un décret du 27 nov. 1792 chargeait même le pouvoir exécutif de notifier aux puissances étrangères que la France ne reconnaîtrait aucun émigré comme ministre public.

60.—Aux termes de l'art. 20 du décr. du 26 août 1811, les Français, même autorisés à passer au service d'une puissance étrangère, ne peuvent servir comme ministres plénipotentiaires dans aucun traité où les intérêts de la France pourraient être débattus. Les Français qui se seraient fait naturaliser en pays étranger ne pourront jamais non plus être accrédités comme ambassadeurs, ministres ou envoyés auprès du gouvernement français, ni chargés de missions d'apparat qui les mettraient dans le cas de paraître en France avec un costume étranger. — Même décret, art. 24.

61.—Cependant un Français pourrait être choisi, avec ou sans autorisation du roi, dans des négociations spéciales étrangères à la France, pour l'agent diplomatique d'une nation étrangère auprès d'une autre nation étrangère, sans qu'il pût en résulter pour lui la perte de sa qualité.

62. — La France pourrait également confier à un étranger le soin de la représenter auprès d'autres nations. Aucune disposition de loi ne s'y oppose. Mais on conçoit qu'il n'y a lieu d'user de cette faculté que bien rarement, et qu'à moins de circonstances exceptionnelles il est préférable de confier des missions toutes françaises à des agens français.

63. — Les membres de la famille royale pourraient-ils représenter la France en qualité d'agens diplomatiques? La constitution des 3-14 sept. 1791 s'était positivement expliquée à cet égard. Suivant l'art. 5, sect. 3e, chap. 2, tit. 3, les membres de la famille du roi ne pouvaient remplir les fonctions d'ambassadeur qu'avec le consentement du corps législatif, accordé sur la proposition du roi.—Nous ne pensons point que ces dispositions aient survécu à tous les changemens de gouvernement et de constitution qui ont eu lieu depuis.—Et les chartes de 1814 et de 1830 ni aucune autre loi n'y ont renouvelé de semblables défenses; rien ne s'opposerait plus, suivant nous, à ce qu'un membre de la famille royale fût chargé de représenter la France.

64. — Quant aux conditions intellectuelles d'aptitude que doivent réunir ceux qui se destinent à la carrière diplomatique, aucune disposition légale, avant le 25 avr. 1830, n'avait déterminé en quoi elles devaient consister. Il fallait, disait-on assez vaguement, connaître les hommes, apprécier leur caractère, leurs penchans et leurs faiblesses, connaître les nations, savoir leur langue, étudier leurs opinions, caresser leurs préjugés, leurs mœurs, s'identifier avec leurs usages; enfin savoir l'histoire. Mais aucune direction n'était imprimée à ces études; il n'y avait point d'écoles spéciales et préparatoires pour la diplomatie, comme pour toutes les autres fonctions.

65. — Un réglement du 25 avr. 1830 (Duvergier, *Collect. des lois*, t. 30, p. 34) a organisé ces études. Il a établi au département des affaires étrangères un cours de droit public et un cours d'instruction diplomatique. « Ces cours, porte l'art. 1er, seront dirigés par le publiciste et le jurisconsulte de ce département; ils auront lieu simultanément, et leur durée sera de deux ans. Le nombre des jeunes gens qui les suivront, à titre d'élèves diplomatiques, pourra s'élever jusqu'à vingt-quatre. Il sera fait au moins deux leçons par semaine pour le premier cours, et un pour le second. La seule condition exigée pour y être admis sera de subir un examen qui prouve que l'on a fait de bonnes études classiques. »

66. — Ces cours rendent aptes à devenir *secrétaires-surnuméraires* d'ambassade. Ce titre a été créé par le réglement précité. Il n'y avait antérieurement que des *attachés*. Mais avant de pouvoir être inscrit sur la liste des aspirans à cette candidature, le même réglement a exigé qu'on fît preuve de la connaissance de l'une des deux langues anglaise ou allemande, et qu'on justifiât d'une fortune suffisante pour vivre convenablement auprès d'une puissance étrangère (art. 2). — Les secrétaires surnuméraires ne reçoivent point d'appointemens (art. 4).

67. — Les art. 3 et suiv. déterminent le nombre des secrétaires-surnuméraires, les circonstances dans lesquelles le gouvernement pourra les employer auprès d'une puissance étrangère, règlent leur costume, suppriment la qualité d'*attachés* à la personne des ambassadeurs et ministres, en conservant cependant les avantages de ce titre à ceux qui l'avaient reçu, et obligent ceux d'entre eux qui comptent moins de deux années de service à suivre les deux cours érigés par l'art. 1er.

68. — L'ord. des 1er-22 mars 1833 rétablit le titre et les fonctions d'*attachés* dans nos ambassades ou légations de Turin, de Naples, de Bruxelles, de Francfort, de Hambourg, etc. (art. 2), et fixe l'ordre d'avancement de ces attachés dans le corps diplomatique (art. 3).—Cette ordonnance a en même temps réduit le nombre des secrétaires des missions diplomatiques françaises (art. 1er).

CHAPITRE IV. — *Réception des agens diplomatiques, honneurs dont ils jouissent.*

69. — Le caractère et les attributions des agens diplomatiques sont établis par une lettre de créance ou par un plein pouvoir.

70. — La *lettre de créance* ou *créditif* est la lettre que l'agent reçoit de son souverain pour être remise au souverain étranger auprès duquel elle est destinée à l'accréditer. — Les lettres de créance dont sont porteurs les chargés d'affaires ne sont adressées qu'au ministre des affaires étrangères du gouvernement près duquel ils sont envoyés.— Ch. de Martens, t. 1er, § 18, p. 47.

71. — Les légats ou nonces des papes sont porteurs de bulles qui leur tiennent lieu de lettre de créance et de pouvoir général. — Ch. de Martens, *ibid.*

72. — Comme ces bulles ou diplômes peuvent n'être pas toujours en harmonie avec les lois de l'état et celles de l'église gallicane, ils ont été constamment soumis en France à un rigoureux examen. — Tant que la vérification n'a pas eu lieu, les légats ne sont admis ni à rendre leurs hommages au roi, ni à exercer aucune de leurs fonctions. — Henrion de Pansey, *Aut. judic.*, t. 2, p. 99.

73. — Il est d'usage qu'à son arrivée au lieu de destination l'agent fasse remettre au ministre des affaires étrangères une copie légalisée de sa lettre de créance, ou communique cette lettre, qui alors est expédiée sous cachet volant, en demandant une audience du souverain pour remettre l'original. — Il est indispensable en effet que le souverain auprès duquel il est accrédité connaisse d'avance le contenu de sa lettre, soit pour prononcer sur son admission, soit pour régler le cérémonial qui doit être observé à l'égard de l'envoyé eu égard à sa qualité. — Ch. de Martens, *Guide diplom.*, t. 1er, § 18, p. 49; Bielfeld, *Institut. polit.*, t. 2, p. 296.

74. — Les envoyés en Turquie doivent être porteurs, non-seulement d'une lettre de créance pour le sultan, mais de deux autres lettres pour le grand-visir et le reis-effendi (ministre des affaires étrangères). — La première de ces deux lettres remise dans l'audience solennelle donnée par le grand-visir avant l'audience de son souverain, est écrite, non par le souverain qui accrédite un envoyé, mais par son ministre des affaires étrangères; la seconde, toujours écrite par ce ministre, est remise par un des secrétaires ou drogmans de la mission. — Ch. de Martens, *ibid.*, à la note.

75. — Une seule lettre de créance peut suffire à deux agens du même ordre, envoyés par le même gouvernement. — De même un seul agent, accrédité auprès de plusieurs gouvernemens ou auprès du même gouvernement en plusieurs qualités, peut être porteur de plusieurs lettres de créance. — Ch. de Martens, t. 1er, p. 50.

76. — Quelquefois l'agent reçoit de son souverain *des lettres de recommandation* pour des princes ou hauts fonctionnaires du gouvernement auprès duquel il est envoyé; il ne faut point confondre ces lettres avec des lettres de créance. — Ickstadt, *De legat. in civit. privil. et juribus* (Wurtzbourg, 1740, in-4°), et *Opuscul.*, t. 2, p. 501.

77. — Quand les pouvoirs de l'agent prennent fin par la mort de son souverain, la lettre par laquelle le successeur notifie l'événement au gouvernement étranger, comprend ordinairement les nouvelles lettres de crédit qui sont nécessaires à l'agent, ou bien il lui en est expédié d'autres. — Si c'est par la mort du souverain auprès duquel réside l'agent qu'expirent ses pouvoirs, il est indispensable que de nouvelles lettres lui soient expédiées, sinon on pourrait induire du défaut d'envoi un refus de reconnaître le gouvernement qui succède. — Cependant il est d'usage que l'agent continue ses fonctions jusqu'à la réception de ses nouveaux pouvoirs. — Ch. de Martens, *ibid.*

78. — Lorsqu'un agent est chargé d'une négociation spéciale, on lui délivre des pleins pouvoirs *ad hoc* indiquant l'étendue de ses facultés et expliquant en outre si le porteur doit se borner à écouter des propositions pour en faire rapport ou peut en faire lui-même et conclure; si, dans le cas où il y a plusieurs ministres, ils peuvent agir séparément; enfin, s'ils peuvent se substituer des plénipotentiaires.

79. — On désignait autrefois sous le nom d'*actus ad omnes populos* les pleins pouvoirs autorisant l'agent à traiter avec toutes les puissances. — Ce pouvoir paraît n'être plus usité aujourd'hui. — On en trouve quelques exemples cités dans de Torcy, *Mém.*, t. 3, p. 65, et Lamberty, *Mém.*, t. 8, p. 748, et t. 9, p. 653.

80. — Le ministre reçoit de plus de son gouvernement des instructions destinées à lui faire connaître le but de sa mission, les règles de conduite qu'il doit observer afin de se mettre à même d'agir de la manière la plus convenable à la réussite de sa négociation et de lui faire connaître l'étendue véritable et quelquefois secrète de ses pouvoirs. — V. des modèles d'instructions dans les *Mémoires* de Walsingham, t. 1er, p. 260 et suiv.

81. — Les instructions ne sont destinées qu'à l'agent seul et doivent rester secrètes, à moins qu'on ne le charge ou qu'il ne juge à propos d'en donner communication en tout ou en partie. — On violerait le droit des gens si on le forçait à les faire connaître. — Ch. de Martens, *loc. cit.*, § 20.

82. — Les agens se servent d'ordinaire dans leur correspondance avec leur gouvernement d'un chiffre dont de part et d'autre on a la double clef, c'est-à-dire le chiffre chiffrant et le chiffre déchiffrant; les communications réciproques restent ainsi secrètes. — Plusieurs gouvernemens ont, outre un chiffre spécial pour chaque agent, un chiffre banal qui sert à tous leurs agens et au moyen duquel ils peuvent correspondre secrètement entre eux. — Ch. de Martens, § 21.

83. — En temps de paix, les agens diplomatiques n'ont besoin d'aucune pièce spéciale pour se rendre sûrement à leur poste, il leur suffit du passeport délivré par leur gouvernement à tous ceux de ses nationaux qui veulent voyager à l'étranger et visé par le représentant du pays qu'ils doivent traverser et dans lequel ils se rendent. Mais en temps de guerre, il est nécessaire qu'ils soient munis d'un sauf-conduit des puissances avec lesquelles leur gouvernement est en guerre, autrement

ils courraient le risque d'être arrêtés sans que le droit des gens fût violé.—Ch. de Martens, *ibid.*, § 22.

84. — En France, les passeports des ambassadeurs et ministres étrangers et des personnes de leur famille ou de leur suite sont délivrés par le ministre des affaires étrangères. — Décr. 23 et 27 août 1792.

85. — Arrivé au lieu de sa destination, le ministre présente au ministre des affaires étrangères ses lettres de créance et demande audience.

86. — Autrefois l'audience solennelle était précédée d'une entrée solennelle; mais cette cérémonie est tombée en désuétude. — V. de Réal, *Science du gouvernement*, t. 5, p. 309.

87. — L'ambassadeur introduit en présence du souverain dans la salle d'audience où un fauteuil lui a été préparé, se découvre pour prononcer son discours d'audience, auquel le souverain répond ou, le plus souvent, fait répondre par son ministre. — « Ce droit de rester couvert est, dit de Martens (*Précis du dr. des gens*, t. 2, p. 73, note *a*), le point essentiel du cérémonial; cependant dans les audiences des reines l'ambassadeur se contente de faire le signe de se couvrir. Il ne se couvre pas non plus dans les audiences du pape. »

88. — Le même cérémonial est observé dans les républiques. — Deux décrets des 6 fructid. an II et 1 flor. an III en avaient réglé sur les mêmes erremens toutes les parties : « Lors de la réception des envoyés des puissances étrangères dans le sein de la représentation nationale, portait l'art. 1er du second de ces décrets, ceux qui seront revêtus du caractère d'ambassadeurs seront assis dans un fauteuil vis-à-vis du président. Ils parleront assis, il sera placé pour leur cortége des banquettes à droite et à gauche (art. 2). La disposition des articles précédens est commune à tous les envoyés des puissances étrangères revêtus du caractère de ministres plénipotentiaires (art. 3). Le président, dans sa réponse à l'ambassadeur ou autre envoyé, lui donnera les mêmes titres qui lui seront attribués par ses lettres de créance (art. 4). »

89. — Cette audience publique n'est pas, au reste, nécessaire pour que l'ambassadeur puisse entrer en fonctions, et quelquefois on s'est contenté d'une audience privée; il suffit pour que leur caractère soit reconnu, qu'ils aient présenté leurs lettres de créance.—De Martens, *Précis du dr. des gens*, § 206.

90.—Quant aux ministres du second ordre, quelquefois ils obtiennent une audience publique. — Janiçon, *Etat prés. des Prov.-Unies*, t. 1er, p. 97. — Mais le plus souvent ils ne sont admis qu'à une audience privée, pour remettre les pièces qui les accréditent.

91. — Les agens d'un ordre inférieur et accrédités seulement par le ministre des affaires étrangères remettent simplement leurs lettres de crédit au ministre du souverain près duquel ils sont envoyés. — Cependant, depuis 1783, les simples chargés d'affaires sont présentés au roi de France. — Ch. de Martens, *Guide diplom.*, t. 1er, p. 100, à la note.

92. — Puis l'agent fait notifier sa légitimation aux autres membres du corps diplomatique par une personne marquante de sa suite. — Quant aux visites d'étiquette à rendre ou à recevoir en pareil cas, elles donnent lieu parfois à d'assez nombreuses difficultés, qui souvent empêchent, du moins jusqu'à ce qu'elles soient réglées, que les membres contestans se reconnaissent en leur qualité officielle. — De Martens, *Précis du dr. des gens*, § 208.

93. — Il s'élève aussi de fréquentes disputes sur les préséances qui doivent être accordées soit aux ministres de même qualité entre eux, soit aux agens de qualités différentes. Un réglement fait à Vienne le 19 mars 1815 a fixé le rang qui appartenait aux agens des huit puissances signataires du traité de Paris de 1814 (V. *suprà* nos 9 et suiv.). — Plus tard un protocole du 21 nov. 1818, rédigé à Aix-la-Chapelle par les plénipotentiaires des cinq grandes puissances, a complété les dispositions de ce réglement. — Cependant les difficultés n'ont pas toutes été tranchées et il n'est pas rare qu'il s'en élève encore. — « A cet égard, dit Ch. de Martens (*Guide diplomat.*, t. 1er, ch. 6, § 37), c'est l'usage observé dans le pays où l'on se trouve qui doit être suivi. » — V. au reste, pour quelques détails sur divers points du cérémonial et les réglemens et protocole ci-dessus cités, le même auteur, § 37-46.

94. — Dans les traités de paix on accorde sans difficulté le pas au ministre du médiateur. — De Martens, *Précis du dr. des gens*, t. 1er, § 137.

95. — Les ministres de 1re classe reçoivent le titre d'*excellence* de tous ceux qui s'adressent à eux, excepté du souverain près duquel ils sont accrédités. — C'est en se fondant sur ce dernier motif que les cardinaux réunis en conclave refusent de donner l'excellence aux ambassadeurs.

96. — Quant aux ministres des autres classes, on ne leur accorde l'excellence qu'autant qu'ils y ont droit par les autres qualités dont ils sont revêtus, mais non en raison de leur caractère diplomatique. — Ainsi, dans presque tous les pays, l'*excellence* se donne aux ministres d'état, aux ministres secrétaires d'état avec portefeuilles (en France on leur dit simplement M. le ministre), aux maréchaux, lieutenans-généraux, grands chambellans. — En Suède les sénateurs, en Espagne les grands d'Espagne prennent ce titre. — En Turquie, on appelle *excellence* le reis-effendi, et *altesse* le grand-visir, — Ch. de Martens, *Guide diplom.*, t. 1er, § 44, p. 106 et 107, aux notes.

97. — Avant l'établissement des missions permanentes il était d'usage de rendre aux ambassadeurs sur leur passage les mêmes honneurs qu'on aurait rendus au souverain qu'ils représentaient; cet usage est tombé en désuétude.

98. — Entre autres prérogatives auxquelles les ambassadeurs peuvent prétendre sont les honneurs militaires. — En France, un décret du 24 messid. an XII, tit. 13, sect. 1re, art. 1er, dispose que sous aucun prétexte il ne sera rendu aucune espèce d'honneurs militaires à un ambassadeur étranger sans l'ordre formel du ministre de la guerre. — Le ministre des relations extérieures se concertera avec le ministre de la guerre pour les honneurs à rendre aux ambassadeurs français ou étrangers. Le ministre de la guerre donnera des ordres pour leur réception (art. 2). Il en sera des honneurs civils pour les ambassadeurs français et étrangers, ainsi qu'il est dit pour les honneurs militaires (sect. 2e, art. 3).

99.—Les art 37 et 38 du décret du 6 frim. an XIII contiennent des dispositions analogues sur les honneurs à rendre aux agens diplomatiques dans les ports de mer; rien ne peut être fait à cet égard sans les ordres du ministre de la marine.

100. — Il est d'usage dans tous les gouvernemens d'Europe de réserver dans les solennités, au corps diplomatique, les premières places après celles destinées aux princes et aux princesses du sang.

101. — Quelques gouvernemens possèdent, dans les pays où ils ont des ambassadeurs, des hôtels d'ambassade; le plus souvent les agens diplomatiques habitent des maisons ou hôtels qu'ils louent à leurs frais. — Il n'y a que les ambassadeurs et envoyés extraordinaires qui soient, selon la règle, logés et réfugiés par le gouvernement qui les reçoit.

102. — Dans quelques pays, les agens diplomatiques font placer au-dessus de la porte de leur hôtel les armes de leur souverain. — Dans les jours de solennité ils arborent sur leur hôtel le drapeau de leur nation. — Ch. de Martens, *Guide diplom.*, t. 1er, p. 109.

103. — Les femmes des ministres publics, non seulement participent à l'indépendance et à l'inviolabilité de leurs maris, mais peuvent prétendre, dans les cérémonies, les présentations à la cour, les visites d'étiquette, etc., sur les autres dames d'agens diplomatiques, aux mêmes prérogatives et préséances que leurs maris obtiennent sur les maris de celles-ci. — Ce n'est toutefois qu'aux femmes d'ambassadeurs qu'on accorde le droit de *tabouret* dans les cercles des impératrices et des reines. —Ch. de Martens, *Guide diplom.*, § 48.

104. — Les enfans des agens diplomatiques et les autres personnes de leur famille participent également aux prérogatives dont ils jouissent eux-mêmes. — Même auteur, *ibid.*

CHAPITRE V. — *Inviolabilité, indépendance. — Exterritorialité. Personnes de la suite. — Audition en témoignage. — Culte.*

Sect. 1re. — *Inviolabilité, indépendance des agens diplomatiques, atteintes y relatives.*

105. — La personne des agens diplomatiques, quelle que soit leur dénomination, est sacrée, *Sancti habentur legati* (L 17, ff., *De legationibus*). — Cette inviolabilité a lieu aussi bien en temps de guerre qu'en temps de paix. Ainsi le veut le droit des gens, fondé principalement sur la nécessité où sont toutes les nations d'avoir et d'entretenir entre elles des relations; aussi il n'en est pas, si barbare qu'elle puisse être, chez laquelle ne soit respectée la personne des agens diplomatiques. « Les Iroquois, dit Montesquieu (*Esprit des lois*, liv. 1er, chap. 3), qui mangent leurs prisonniers, reçoivent et envoient des ambassadeurs. » — Merlin, *Rép.*, vo *Ministre public*, sect. 5e, § 3, no 1er; Pailliet, *Dict. de dr.*, vo *Agent diplomatique*, § 2, no 8; Schleusing, *De leg. inviolabil.*, *Lips.*, 1690, *Viteb.*, 1743 in-4o; Burlamaqui, *Principes du dr. de la nat. et des gens*, t. 2, chap. 15, § 2.

106.—A Rome, on n'était pas d'accord sur le mode de punir les attentats aux personnes et aux droits des ambassadeurs ou des gens de leur suite. Les uns voulaient qu'on poursuivît les individus qui les avaient commis comme coupables de violence publique (L. 7, ff., *Ad legem Juliam, De vi publicâ*); les autres, qu'on les livrât aux puissances étrangères qui avaient envoyé les ambassadeurs (L. 17, ff., *De legationibus*).

107.—C'est ce dernier parti qui fut suivi en Angleterre en 1627, et en Russie en 1708. Mais dans d'autres états modernes, en Hollande et en Suède, on adopta le principe que ces attentats devaient être réprimés par les tribunaux du pays où ils avaient eu lieu.

108.—Ce principe prévalut aussi chez nous. Le Code civil l'a consacré en disposant que les lois de police et de sûreté obligent tous les individus indistinctement qui habitent le territoire: ce qui comprend tous les crimes et tous les délits, sans distinction des personnes au préjudice desquelles ils ont été commis.

109.—Avant la mise en activité du Code d'instruction criminelle de 1808, les procès criminels qui avaient pour objet *des attentats commis contre le droit des gens* devaient être soumis à des jurés spéciaux, ainsi que cela résulte des art. 180 et 516 du Code des délits et des peines du 3 brum an IV. Aujourd'hui, la répression de ces sortes d'attentats se ferait de la même manière et dans les mêmes formes que celle des attentats contre toutes personnes autres que les agens diplomatiques.

110.—Dans les cas ordinaires, celui qui a été condamné pour crime ou délit peut obtenir sa grâce du roi. Mais lorsqu'il s'agit de crimes commis contre les représentans d'une nation étrangère, il semble que le droit de faire grâce ne doive plus être en la puissance du roi; car c'est moins lui que le souverain étranger qui a été offensé. Le pardon de l'offense doit dépendre uniquement de ce dernier. Mais ce pardon seul serait impuissant pour faire cesser la peine, le souverain étranger n'ayant pas même, pour ce cas, reçu de notre constitution le pouvoir de détruire les effets de la justice française. Il devrait donc alors solliciter l'intervention du pouvoir auquel a été donné en France le droit de faire grâce, et c'est en son nom seul que la peine pourrait être remise.

111.—La diffamation envers les agens diplomatiques est punie aujourd'hui par la loi du 17 mai 1819 (art. 17) d'un emprisonnement de huit jours à dix-huit mois et d'une amende de 50 à 3,000 fr., ou de l'une de ces deux peines seulement, selon les circonstances.

112.—L'injure envers les mêmes personnes est punie d'un emprisonnement de cinq jours à un an et d'une amende de 25 à 2,000 fr., ou de l'une de ces deux peines seulement, selon les circonstances. —Même loi, art. 19.

113.—Il est à remarquer que la loi n'exige pas que la diffamation ou l'injure aient eu lieu pour des faits relatifs aux fonctions des agens diplomatiques. Elle ne distingue pas non plus le cas où elles sont commises dans l'exercice de leurs fonctions; elle entend leur accorder une protection spéciale pour tous les cas, sans distinction, où ils sont offensés, quels que soient les motifs de la diffamation et de l'injure. — Chassan, *Traité des délits et contraventions de la parole*, édit. de 1837, t. 1er, p. 403, no 3; de Grattier, *Comment. des lois de la presse.*, sur l'art. 17, L. 17 mai 1819, no 1er, t. 1er, p. 215.

114.—La diffamation commise envers les agens diplomatiques étrangers, accrédités près du roi, doit donc être punie, encore bien qu'elle n'ait pas pour objet des faits relatifs à leurs fonctions. — *Cass.*, 27 janv. 1843 (t. 1er 1843, p. 725), Barrachin c. Reschid-Pacha.

115. —Le respect dû au seul caractère d'ambassadeur n'a pas permis de faire à l'égard de ceux qui en sont revêtus la distinction introduite à l'égard des fonctionnaires par l'art. 16, L. 17 mai 1819, et a encore moins permis de les ranger dans la classe des simples particuliers.—Même arrêt.

116.—La preuve de la vérité des faits diffamatoires allégués contre des agens diplomatiques ne serait même pas admissible. « Nous n'avons, nous Français, a dit M. Chassan (*loc. cit.*, t. 2, édit. de 1838, p. 449), aucun droit d'inquisition et de surveillance sur la vie publique des étrangers. Si nos lois protégent spécialement les agens diplomatiques accrédités près du roi, c'est dans un intérêt tout politique, afin que la sévérité de la peine prévienne de pareilles attaques, qui pourraient imprudemment engager le pays dans une guerre étrangère. Ce serait augmenter l'irritation née à l'occasion de ces attaques, que de livrer la vie de ces agens étrangers aux investigations de la justice française. Le mal que ferait une pareille investigation serait souvent plus grand que celui de l'attaque elle-même. »

117. — L'art. 17 ci-dessus n'est relatif qu'aux agens diplomatiques *accrédités auprès du roi*, il ne s'applique donc pas aux agens français accrédités auprès des puissances étrangères, lesquels rentrent dans les dispositions de l'art. 6, L. 25 mars 1822; ce sont des fonctionnaires publics. — De Grattier, *loc. cit.*, nº 3.

118. — Mais quel est le tribunal compétent pour statuer sur les délits de diffamation commis par la voie de la presse contre les agens diplomatiques accrédités près du roi? Ces délits doivent-ils être déférés au jury, auquel la loi du 8 oct. 1830 a attribué la connaissance de tous les délits de diffamation envers nos fonctionnaires publics; ou bien, au contraire, ne sont-ils pas du ressort de la police correctionnelle?

119. — La cour de Cassation, appelée récemment à se prononcer sur cette importante question, l'a résolue par l'arrêt du 27 janv. 1843 (t. 1er 1843, p. 726, Barrachin c. Reschid-Pacha), en faveur de la compétence des cours d'assises.

120. — Toutefois cette décision ne laisse point que de soulever de sérieuses objections. — En effet, ne peut-on point dire que l'agent diplomatique étranger ne saurait être considéré comme un *fonctionnaire public?* Ses attributions, d'un ordre plus élevé, sont néanmoins plus restreintes. Le cercle dans lequel il doit se mouvoir lui est tracé d'avance par les lois de son pays. S'il forfait dans l'exercice de ses fonctions, il ne relève que de la justice du souverain dont il est le représentant. Aucune responsabilité légale ne pèse sur lui à l'encontre des Français. Sans doute, le caractère dont il est investi commande en sa faveur une protection toute spéciale; mais cette protection ne peut jamais s'exercer au-delà des limites des lois. La loi du 8 oct. 1830 ne concernant que les *fonctionnaires publics*, c'est-à-dire ceux qui ont une part plus ou moins active, plus ou moins large, plus ou moins directe, à l'exercice de la puissance publique, civile ou politique, il ne serait peut-être point déraisonnable d'en conclure que la poursuite et la répression des délits de diffamation commis envers les agens diplomatiques ne peuvent avoir lieu que d'après les règles du droit commun, et sont, par suite, du ressort des tribunaux correctionnels.

121. — Au reste, d'après l'art. 5, L. 26 mai 1819, les délits d'injure ou de diffamation envers tout agent diplomatique étranger ne peuvent être poursuivis que sur leur plainte.

122. — Un agent diplomatique muni de passeports qui dévoilent son caractère devient inviolable dans sa personne, dès le moment où il a mis le pied sur le territoire du pays dans lequel il est envoyé, s'il s'est fait connaître, quoique son véritable caractère ne se développe dans toute son étendue que lorsqu'il a remis au souverain ses lettres de créance et a été reconnu par lui. — Merlin, sect. 5e, § 3, nº 3; Ch. de Martens, *Guide dipl.*, t. 1er, § 23, p. 58.

123. — L'indépendance dont jouit l'agent diplomatique, accordée à la qualité dont il est revêtu, intéresse la dignité du prince et du gouvernement qu'il représente autant et plus même que sa personne; aussi ne peut-il renoncer aux priviléges qui le placent dans le pays où il est accrédité en dehors des règles du droit commun sans le consentement exprès de son gouvernement. — Merlin, *loc. cit.*, sect. 5e, § 4, art. 10; Wicquefort, *Mémoire sur les ambassadeurs*, p. 39. — V. aussi Mangin, *Act. publique*, nº 81, *in fine*.

124. — Il ne lui serait donc pas loisible d'accepter, sans ce consentement, un emploi, un titre quelconque du gouvernement auprès duquel il réside. — Ch. de Martens, *Guide dipl.*, *loc. cit.*, § 25.

125. — Mais si avant d'être nommé à une mission l'agent diplomatique était déjà, comme simple particulier, dans le pays où il doit résider, son inviolabilité ne daterait que du moment de la remise de sa lettre de créance. — Ch. de Martens, t. 1er, § 23, p. 58.

126. — Cette inviolabilité devrait continuer à exister malgré la mésintelligence qui surviendrait entre les deux gouvernemens et alors même que les hostilités seraient commencées. — Ch. de Martens, *Guide dipl.*, t. 1er, § 23, p. 59.

127. — Le privilége d'indépendance dont jouissent les ministres publics peut-il être invoqué par celui qui est né sujet du pays dans lequel il est accrédité?

128. — Cette question n'a que peu d'intérêt en France, où, ainsi que nous l'avons vu (*suprà* nos 58 et suiv.), les ambassadeurs envoyés par les puissances étrangères ne peuvent pas être Français. — Mais, outre qu'elle peut s'élever en d'autres pays, il serait possible que la législation ou les usages actuels de France reçussent des modifications et qu'il y eût lieu dès-lors de la résoudre.

129. — Les auteurs sont divisés sur la solution

qu'il convient de lui donner. — Bynkershoeck notamment (chap. 12, § 1er) pense qu'en général et abstraction faite de toute loi locale, le souverain qui admet son propre sujet à représenter un prince étranger conserve sur lui sa juridiction, du moins en matière personnelle.

130. — Mais la majorité est contraire à ce sentiment et admet l'indépendance du ministre public. Le prince auprès duquel un ambassadeur est envoyé, disent les auteurs de la nouvelle édition du *Diction. des arrêts* de Brillon, vº *Ambassadeur*, peut refuser de le recevoir; mais, s'il l'a une fois admis et accrédité, le ministre, quel qu'il soit, doit vivre tranquille à l'abri du caractère public qui lui a été reconnu et du droit des gens, qui là encore doit l'emporter sur le droit civil. — Ce n'est pas une absolution qui lui est accordée pour tous les actes qu'il peut avoir commis ou pourra commettre, mais une sauvegarde qui dure autant que le ministère public, et seulement jusqu'à ce qu'il ait été rappelé, remplacé, et qu'il soit retourné vers son nouveau maître; après quoi, s'il revenait sans caractère, il serait exposé aux poursuites et aux peines encourues. — V. aussi Wicquefort, *Tr. de l'ambassad.*, sect. 11e et 27e; Ch. de Martens, *Guide diplomat.*, § 25; Vattel, liv. 4, chap. 8, nº 112; Merlin, p. 138 et 139; Lesellyer, t. 3, nº 769.

131. — Wicquefort va plus loin et prétend (*ibid.*) qu'en devenant ministre public étranger le sujet d'un état devient absolument étranger à cet état et passe sous la sujétion indéfinie du prince qu'il représente. — Mais cette proposition paraît exagérée: en thèse générale, et à moins de dispositions locales contraires, le titre de ministre public conféré par un prince étranger ne fait point que l'on change pour cela de souverain, et que l'on cesse d'être sujet du pays auquel on appartenait d'abord. — L'art. 17, C. civ., d'après lequel l'acceptation non autorisée par le roi de fonctions publiques conférées par un gouvernement étranger, fait perdre la qualité de Français, ne peut être invoqué, en France, contre cette solution, car l'acceptation par un Français de lettres de créance remises par un gouvernement étranger est nécessairement subordonnée à la condition que le roi l'autorisera: or, le roi qui le reçoit l'autorise nécessairement. — Merlin, *loc. cit.*; Lesellyer, *ibid.*

132. — L'inviolabilité doit s'étendre même jusqu'aux pays que l'agent diplomatique traverse, après avoir fait connaître sa qualité et y avoir été autorisé, pour se rendre de l'état qui l'envoie à celui où il est envoyé, encore bien que ces pays intermédiaires soient en guerre avec l'état qu'il représente. *Legatus, non solùm inter sociorum jura*, disait Cicéron, *sed etiam inter hostium tela incolumis servatur.* — V. Merlin, nº 4. — Grotius adopte implicitement cette solution en disant (*De jure pacis et belli*, lib. 2, cap. 18, § 5, nos 1er, 2 et 3) que le principe contraire n'est admissible qu'à l'égard des puissances sur les terres de qui les ambassadeurs passent, sans en avoir la permission. — V. aussi, dans le même sens, une décision des états-généraux des Provinces-Unies du 7 nov. 1679; Merlin, *Rép.*, vº *Ministre public*, sect. 5e, § 4, art. 12; Lesellyer, *Act. publ.*, t. 3, nº 770. — V. toutefois Bynkershoeck, chap. 9, § 7; Guichard, nº 231.

133. — Mais si l'agent n'est pas reconnu comme tel par le gouvernement du pays qu'il traverse, il n'est véritablement dans ce pays qu'un simple particulier et peut être traité comme tel. — Lesellyer, t. 3, nº 770.

134. — Au reste, la qualité de ministre public est suffisamment établie par une lettre du ministre des affaires étrangères, seul compétent pour attester le fait. — Lesellyer, *ibid.*

135. — Le droit des gens n'autorise pas davantage à violer, par représailles, dans la personne d'un agent diplomatique, la sûreté et la protection qu'il lui assure. — Merlin, *loc. cit.*, nº 5.

Sect. 2e. — *Exterritorialité.*

136. — Comme complément de l'inviolabilité des agens diplomatiques, le droit des gens universel leur accorde le privilége de l'*exterritorialité*, lequel consiste à les considérer comme n'ayant point quitté le pays qu'ils représentent et comme continuant, dès-lors, à vivre hors du territoire dans lequel ils résident effectivement. — Ch. de Martens, *loc. cit.*, § 24.

137. — L'*exterritorialité* va même, d'après le droit positif de la plupart des nations, jusqu'à considérer non seulement le ministre lui-même comme étant hors du territoire du gouvernement près duquel il exerce, mais encore quelques personnes de sa suite, son hôtel et même ses carrosses. — Ch. de Martens, *ibid.*

§ 1er. — *Exterritorialité quant à la personne, à l'hôtel et aux voitures de l'agent diplomatique.*

138. — Les agens diplomatiques étant censés résider toujours dans leur propre pays, et leur hôtel réputé faire partie de son territoire, il en résulte qu'ils conservent non seulement leur nationalité, mais encore le domicile qu'ils avaient avant de partir, quelque longue que soit leur absence. — C. civ., art. 106; — Merlin, *Rép.*, vº *Domicile*, § 2, nº 1er; Pailliet, *ubi suprà*.

139. — C'est en vertu de ce principe que le décret du 5 juill. 1792, art. 16, dispensait les ambassadeurs étrangers, en France, de porter la cocarde nationale.

140. — *Exterritorialité quant à la personne.* — Une des principales conséquences de ce principe est que l'ambassadeur n'est pas tenu de suivre pour la forme des actes relatifs à sa personne, à sa famille et à ses biens, les lois de la nation où il exerce ses fonctions. — Fœlix, *Traité de droit international privé*, nº 185.

141. — Car la convention souscrite par un ambassadeur dans son hôtel est réputée écrite dans le territoire du prince qu'il représente. — Arrêt du sénat de Casale (Sardaigne) du 17 mai 1842, cité par M. Fœlix, *Traité de droit international privé*, nº 184, note 3e.

142. — Mais on comprend que cette extension de l'exterritorialité, étant exclusivement de droit positif, peut varier et varie en effet suivant les traités, les usages ou les lois particulières des différens peuples. On n'en pourrait donc tirer des conséquences absolues. — De Martens, *Précis du droit des gens*, t. 2, § 215, p. 86.

143. — Parmi ces conséquences, cependant, il en est quelques unes qui semblent à peu près universellement admises.

144. — Ainsi, les ministres étrangers sont exempts pour eux et pour les gens de leur suite de tout impôt personnel et de toute taxe somptuaire. — Ce genre d'imposition, en effet, suppose chez ceux qui y sont soumis une espèce de sujétion incompatible avec l'exterritorialité. — V. décr. 7 therm., an III, art. 17. — V. aussi Merlin, *Rép.*, vº *Ministre public*, sect. 5e, § 5, nº 2; Ch. de Martens, *Guide diplom.*, § 32.

145. — Mais ils restent pour les immeubles qu'ils possèdent en France assujétis aux contributions foncières imposées sur les propriétés ou biens-fonds appartenant aux nationaux, sauf néanmoins la maison qui leur sert d'hôtel. — Mêmes auteurs.

146. — Quant aux impositions indirectes, telles que droits de douanes, octrois, entrée, etc., on leur en accordait volontiers l'exemption pour les objets à leur usage qu'ils faisaient venir de l'étranger; mais de nombreux abus ont déterminé, de la part d'un grand nombre de puissances, des modifications notables à ces priviléges, qui paraissent aujourd'hui assez rares.

147. — D'après l'art. 1er, tit. 1er, du décret du 6 août 1791 sur les douanes, les mesures relatives aux passeports donnés aux ambassadeurs tant étrangers que français doivent faire l'objet de conventions avec les puissances étrangères et être établies sur le pied d'une entière réciprocité.

148. — Dans plusieurs pays, les agens diplomatiques ne peuvent donc introduire aucune marchandise prohibée; dans d'autres ils sont tenus de souffrir la visite par la douane des caisses qui leur sont adressées, sans toutefois que cette visite puisse jamais être faite dans leur hôtel, à moins qu'ils ne le demandent eux-mêmes, relativement à leurs équipages; ils sont exempts presque partout de toute visite. — Ch. de Martens, *loc. cit.*, § 32.

149. — Selon l'usage à peu près général, ils ne sont point exempts des droits de péage et autres établis pour l'entretien des routes, ponts, canaux, etc., qu'ils parcourent.

150. — *Hôtel.* — L'exterritorialité, avons-nous dit, s'étend à l'hôtel des ministres publics. — Il s'ensuit que ces hôtels sont exempts des visites des préposés de la police ou des douanes auxquelles pourraient être soumis les nationaux. — Kluit, *Hist. fœderum*, t. 2, p. 541.

151. — L'hôtel de l'agent est également exempt du logement militaire et des charges qui le remplacent dans un grand nombre de pays. — Ch. de Martens, § 31.

152. — Autrefois, un assez grand nombre de cours, notamment celles de Rome, de Madrid, de Venise, etc., accordaient aux agens diplomatiques *la franchise des quartiers*, c'est-à-dire l'exemption de la juridiction du pays en faveur des maisons situées dans l'arrondissement de leur hôtel en y arborant les armes de leur souverain. — A Rome encore, les légations de France et d'Espagne jouissaient, selon Ch. de Martens (*Guide diplom.*, § 33, t. 1er, p. 80, note 2e), d'une certaine franchise de quartier; mais dans la plupart des autres pays, cet

usage a été aboli. — En Espagne, cette abolition remonte à deux ordonnances de 1594 et de 1684. — V. FRANCHISE DES QUARTIERS. — Lavardini, *Legat. rom. ej.*, etc., *dissidio*, 1688, édit. 2e; Schmauss, *Corp. jur. gent. acad.*, t. 1er, p. 1069; Khevenhuller, *Annales*, t. 4, p. 1340.

153. — Un autre usage toléré en quelques endroits reconnaissait aux ministres publics le droit de délivrer des *billets de protection* à des personnes étrangères à leur mission, soit pour exercer des métiers dont la liberté était restreinte, soit pour toute autre cause. — Aujourd'hui, cette espèce de privilége n'existe plus nulle part. — De Martens, *Précis du droit des gens*, t. 2, § 221, p. 100.

154. — Mais jusqu'où s'étend le privilége de l'exterritorialité accordé à l'hôtel des agens diplomatiques? Va-t-il jusqu'à constituer un droit d'asile au profit de tous ceux qui, étant soumis par leur qualité ou par l'acte perpétré à la juridiction des tribunaux français, y ont commis des crimes, ou qui, après les avoir commis au dehors, s'y sont réfugiés, et n'est-il point permis d'y arrêter même des personnes accusées de crimes d'état?

155. — Quelques auteurs, admettant l'exterritorialité jusque dans ses dernières conséquences, veulent que, si un malfaiteur s'est réfugié dans l'hôtel d'un ministre étranger, les autorités du pays n'aient le droit que de faire entourer cet hôtel par la force publique pour s'assurer que le réfugié ne pourra pas s'échapper, sauf à solliciter son extradition, par l'intermédiaire du ministre des affaires étrangères, d'abord auprès de l'agent diplomatique lui-même, et, en cas de refus, auprès du souverain de cet agent. — Mais ils n'accordent en aucun cas le droit de pénétrer dans l'hôtel malgré le ministre. — Denizart, vo *Ambassade*, § 7; Bourguignon, *Man.*, sur l'art. 6, C. inst. crim., no 3; Carnot, *Inst. crim.*, art. 514, no 5. — V. aussi Brillon, *Dict. des arrêts*, vo *Ambassadeur*.

156. — D'autres pensent qu'il faut distinguer le cas où il s'agit de crimes graves et celui où il n'est question que de crimes ordinaires, et qu'en définitive il faut laisser au prince auprès duquel l'agent diplomatique est accrédité le soin de décider dans l'occasion jusqu'à quel point on doit respecter le droit d'asile qu'un ambassadeur s'attribue. — Vattel, t. 2, liv. 2, ch. 9, § 118; Péréze, *Prælect. in cod.*, lib. 10, tit. 63, *De legationibus*, no 10.

157. — Mais la doctrine contraire à l'inviolabilité de l'hôtel des ambassadeurs en pareil cas est la plus généralement admise: il importe à la sûreté d'un état que les crimes ne restent pas impunis, et le ministre n'a aucun motif légitime de soustraire aux mains de la justice un individu sur lequel il n'a point de juridiction: si donc il refuse son extradition dûment sollicitée par l'autorité compétente, celle-ci peut, non seulement cerner l'hôtel pour empêcher le coupable d'échapper, mais y pénétrer et l'en arracher de vive force. — Bynkerschœck, *De judic. comp. legat.*, ch. 21; Wicquefort, *Le parfait ambassadeur*, liv. 1er, sect. 8e; Grotius, *De jure. pac. et belli*, lib. 2, cap. 18, § 8, no 3. — V. aussi Barbeyrac, sur Puffendorf, *Droit de la nature et des gens*, liv. 8, ch. 3, § 15, note 5e; Ch. de Martens, *Guide diplom.*, t. 1er, § 34, p. 81.

158. — En France surtout, les deux premières opinions doivent être repoussées. — On n'y peut plus reconnaître de lieu d'asile: l'art. 98, C. inst. crim., portant que les mandats d'amener, de comparution, de dépôt et d'arrêt seront exécutoires dans toute l'étendue du royaume, n'admet en effet aucune distinction. — Quant à l'opinion de Vattel, elle peut, dit Merlin, être bonne dans un pays où les pouvoirs du gouvernement ne sont circonscrits par aucune limite constitutionnelle; mais, dans ceux où la loi seule prononce sur l'état des citoyens, il ne peut dépendre du gouvernement d'établir de semblables exceptions. — Merlin, *Répert.*, vo *Ministre public*, sect. 5e, § 5, no 3; Lesellyer, *Tr. dr. crim.*, t. 5, nos 1963 et suiv.; Mangin, *Act. publ.*, t. 1er, no 82.

159. — *Voitures.* — Quant aux voitures des ministres publics, bien qu'exemptes des visites des préposés des douanes, elles ne pourraient servir à soustraire des prévenus ou accusés à la juridiction de leur pays. — Ch. de Martens, *Guide diplom.*, t. 1er, § 34, p. 82.

§ 2. — *Exemption de juridiction.*

160. — Les agens diplomatiques sont exempts de toute juridiction civile et criminelle de l'état auprès duquel ils sont accrédités. — Cette exemption, conséquence logique de l'exterritorialité, est reconnue et consacrée par le droit des gens universel. — Ch. de Martens, *loc. cit.*, § 26; Grotius, *De jure pac. et belli*, liv. 2, ch. 18, § 4, nos 8 et suiv.; Bynkerschœck, *Tr. du juge compét. des ambassad.*, ch. 8, § 8; Vattel, *Dr. des gens*, liv. 4, ch. 7, no 92; Jousse, *Just. crim.*, t. 1er, p. 425, no 37; Burlamaqui, *Principes du dr. de la nat. et des gens*, éd. Dupin, t. 5, p. 305; Nouveau Denizart, vo *Ambassade*; Merlin, *Rép.*, vo *Ministre public*, sect. 5e, § 4, art. 1er, 2, 3 et 11; Pailliet, *Dict. de dr.*, vo *Agent diplomatique*, § 2, nos 9 et 10; Ayrault, *Introd. judic.*, liv. 1er, part. 4o, nos 12 et suiv.

161. — Le droit des gens a voulu, dit Montesquieu (*Espr. des lois*, liv. 26, ch. 21), que les princes s'envoyassent des ambassadeurs, et la raison, tirée de la nature des choses, n'a pas permis que les ambassadeurs dépendissent du souverain chez qui ils sont envoyés, ni de ses tribunaux. Ils sont la parole du prince qui les envoie, et cette parole doit être libre: aucun obstacle ne doit les empêcher d'agir. Ils peuvent souvent déplaire, parce qu'ils parlent pour un homme indépendant. On pourrait leur imputer des crimes, s'ils pouvaient être punis pour des crimes; on pourrait leur supposer des dettes, s'ils pouvaient être arrêtés pour des dettes. Un prince qui a une fierté naturelle parlerait par la bouche d'un homme qui aurait tout à craindre. Il faut donc suivre, à l'égard des ambassadeurs, les raisons tirées du droit des gens, et non pas celles qui dérivent du droit politique. Que s'ils abusent de leur titre représentatif, on le fait cesser en les renvoyant chez eux. On peut les accuser même devant leur maître, qui devient par là leur juge ou leur complice. — V. toutefois en sens contraire, Henri Cocceius, dont une dissertation rapportée par Samuel Cocceius, son fils (*Jus civile controversum*, liv. 50, tit. 7, *De legationibus*, quæst. 3, t. 2, p. 749), a été traduite et insérée par M. Lesellyer dans son traité *Des actions publ. et priv.*, t. 2, no 765; Antonio de Vera, *Traité du parf. ambassad.*, no 45; Fréd. de Maerselar, *Légat.*, diss. 13; Arumœus, *De jur. publ.*, t. 2, disc. 21, nos 48 et 49; Bouchel, *Biblioth. du dr. franç.*, vo *Ambassadeur*; Perèze, *Prælect. in cod.*, liv. 10, tit. 63, no 11; Mevius, *De arrestis*, ch. 4, nos 17 et 18.

162. — Le projet du Code civil avait lui-même consacré les principes de Montesquieu par une disposition ainsi conçue: « Les étrangers revêtus d'un caractère représentatif de leur nation, en qualité d'ambassadeurs, de ministres, d'envoyés, ou sous quelque autre dénomination que ce soit, ne seront point traduits, ni en matière civile ni en matière criminelle, devant les tribunaux de France. Il en sera de même des étrangers qui composent leur famille ou qui seront de leur suite. » Cet article a été retranché. « Ce qui regarde les ambassadeurs, dit au tribunat l'orateur du gouvernement (M. Portalis), appartient au droit des gens. Nous n'avons point à nous en occuper dans une loi qui n'est que de régime intérieur. » — V. la discussion engagée sur cette partie du projet et les paroles du premier consul rapportées par Fenet, *Trav. prépar. du Code civil*, t. 7, p. 15.

163. — Selon les lois romaines, les *legati* étaient obligés de répondre devant les juges de Rome aux accusations que l'on intentait contre eux, pour les crimes ou délits dont ils s'étaient rendus coupables pendant leur députation, mais non pour ceux qu'ils avaient commis antérieurement. — LL. 24, § 1er, ff., *De judiciis*; 12, ff., *De accusationibus*.

164. — En France, au contraire, on admet, comme le projet du Code civil, que l'action publique ne peut s'étendre aux crimes, délits et contraventions commis en France par des agens diplomatiques étrangers. — V., entre autres, Mangin, *De l'action publique*, t. 1er, no 79; Morin, *Dict. de droit criminel*, vo *Agens diplomatiques*; Rauter, t. 1er, no 9. — V. aussi Legraverend, *Lég. crim.*, t. 1er, p. 102.

165. — Tel paraît être, au reste, l'usage presque général de l'Europe. — Huber, *Prælect. jur. civ.*, tit. *De in jus voc.*, sect. *De arrest. person.*, no 6; Bynkerschœck, ch. 8, § 6; Merlin, *Rép.*, vo *Ministre public*, sect. 5e, § 4, art. 3.

166. — La cour de Cassation a elle-même jugé qu'on ne pouvait arrêter dans un port français le capitaine d'un vaisseau parlementaire, sous le prétexte d'une contravention aux lois des douanes. — *Cass.*, 29 therm. an VIII, Douanes c. John Davidson.

167. — Dans le cas où un Français, par exemple, croirait avoir à se plaindre d'un agent diplomatique étranger, à raison d'un crime, d'un délit ou d'une contravention par lui commis en France, comme ces faits ne peuvent, dans l'intérêt de la morale et de la vindicte publique, rester impunis, il devrait adresser sa plainte au gouvernement français.

168. — Mais quel est à cet égard le pouvoir du gouvernement? Un décret de la convention nationale du 13 vent. an II, après avoir interdit à toute autorité constituée d'attenter en aucune manière à la personne des envoyés des gouvernemens étrangers, avait ordonné que les réclamations qui pourraient s'élever contre eux fussent portées au comité de salut public, qui seul était compétent pour y *faire droit*.

169. — Mangin (*Action publ.*, nos 79 et 80) considère ce décret comme rendant aujourd'hui encore le gouvernement seul arbitre de ce qu'il peut être convenable de faire en cette matière.

170. — Nous ne pouvons partager cette opinion: le droit du gouvernement doit se borner, selon nous, à dénoncer au gouvernement que représente l'agent diplomatique inculpé les faits qui lui sont reprochés, et à exiger, selon la gravité du fait, qu'il le révoque immédiatement et le punisse, ou qu'il l'autorise, lui, gouvernement français, à traduire l'agent diplomatique devant ses propres tribunaux. Le refus du gouvernement étranger de répondre à cette demande pourrait amener l'expulsion de l'agent diplomatique. — Ch. de Martens, *Guide dipl.*, t. 1er, § 27, p. 67.

171. — Toutefois, parmi les auteurs qui enseignent l'inviolabilité des agens diplomatiques en matière criminelle ordinaire, il en est quelques uns qui font exception pour le cas où ils sont prévenus de crimes attentatoires à la sûreté de l'état dans lequel ils sont accrédités. — Pelzhoffer, *Arcana status*, liv. 4, § 10, 13 et 14; Barbeyrac, sur Bynkerschœck, ch. 24, § 12, et sur Grotius, liv. 2, ch. 18, § 4, no 3, note 2e; Merlin, *Rép.*, vo *Ministre public*, art. 11, 3e quest.

172. — D'après Bynkerschœck (ch. 24, § 12) et Vattel (liv. 4, ch. 7, no 98), cette opinion devrait, à raison des embarras que sa mise à exécution pourrait entraîner, être restreinte au cas où l'ambassadeur en vient aux voies de fait, prend les armes et use de violence. — De Martens, *Préc. du dr. des gens*, § 218; Schmelzing, *Guide systém. du dr. des gens en Europe*, § 348; Saalfald, *Man. du dr. des gens positif*, § 66.

173. — Mais d'autres auteurs vont jusqu'à accorder à l'autorité des lieux où résident les ministres publics le droit d'empêcher les crimes et délits qu'ils se préparaient à commettre, et par conséquent de prendre des mesures préventives contre ceux qui ourdiraient des trames dangereuses, exciteraient les sujets à la révolte, en un mot conspireraient contre le souverain et contre l'état. — De Martens, *Précis du droit des gens moderne*, liv. 7, ch. 5, § 218; Bort, *De arrestis*, ch. 4, no 4; Wicquefort, liv. 1er, sect. 28; Merlin, *loc. cit.* — V. aussi Bynkerschœck, ch. 19, § 1er; Vattel, *Dr. des gens*, liv. 4, ch. 7, §§ 99 et 101; Schmaltz, *Dr. europ.*, liv. 3, ch. 3.

174. — Cette opinion nous paraît on ne peut plus rationnelle: si la sûreté et la sainteté des ambassadeurs exigent le respect absolu à l'inviolabilité des ministres publics et l'affranchissement pour eux de l'action des lois et des juridictions de l'état, d'un autre côté le droit de défense légitime des états et leur sécurité intérieure doivent leur permettre de réduire à l'impuissance l'agent diplomatique qui tenterait de troubler le repos ou la sécurité du pays où il réside, soit en l'expulsant du territoire, soit même en prenant contre lui, selon les circonstances, les mesures propres à prévenir ou à arrêter le mal qu'il a voulu causer. — C'est ainsi qu'en France Henri IV ordonna l'arrestation et le renvoi d'un secrétaire d'ambassade d'Espagne, et que plus tard l'ambassadeur lui-même, prince de Cellamare, fut arrêté et conduit à la frontière sous escorte par les ordres du régent. — On sait également l'emprisonnement du marquis de Monti et celui du marquis Du Héron, ministre de France en Pologne; l'affaire de l'évêque de Ross, prévenu d'avoir excité en Angleterre les sujets de la reine Elisabeth à la révolte. — Ch. de Martens, *Causes célèbres du dr. des gens*, t. 2, App., p. 373, t. 1er, p. 139 et 210. — V. également Kluber, *Dr. des gens moderne*, part. 2e, tit. 1er, sect. 1re, ch. 3, § 211, note C, qui atteste de nombreuses infractions à l'inviolabilité des ambassadeurs, surtout, dit-il, de la part de l'Angleterre.

175. — L'immunité des juridictions civile et criminelle accordée aux ministres publics s'applique *à fortiori* aux simples contraventions de police. — Ce n'est pas qu'il lui soit pleinement loisible de faire, soit dans l'intérieur de son hôtel, soit au dehors, rien qui puisse troubler l'ordre ou compromettre la sûreté publique. Il doit, au contraire, respecter tous les réglemens y relatifs; mais, s'il lui arrivait de les enfreindre, on ne pourrait que recourir aux voies diplomatiques et s'adresser au ministre des affaires étrangères.

176. — *Matière civile.* — En ce qui concerne les *affaires civiles*, les lois romaines faisaient la même distinction que relativement aux crimes ou délits. Elles ne voulaient pas que les *legati* pussent être cités devant les juges de Rome, pendant le temps de leur mission, pour les obligations qu'ils avaient contractées antérieurement, même à Rome. — L. 2, §§ 3 et 4, et L. 24, ff., *De judiciis*.

177. — En France, aucune disposition spéciale ne réglait cette matière. — L'usage seul reconnaissait les priviléges des ambassadeurs. — L'Assemblée constituante déclara même, à la suite d'une réclamation adressée par le corps diplomatique au ministre des affaires étrangères, « que dans aucun cas elle n'avait entendu porter atteinte par ses décrets à aucune des immunités des ambassadeurs et ministres étrangers. » — Décr. 11 déc. 1789; — Fœlix, *Tr. de dr. international privé*, n° 192.

178. — Le décret de la Convention du 13 vent. an II, que nous avons cité *suprà* n° 168, est applicable en matière civile comme en matière criminelle. — Seulement aujourd'hui c'est au ministre des affaires étrangères que devraient être adressées les réclamations que l'on pourrait avoir à formuler contre les agens diplomatiques.

179. — Quant aux agens accrédités eux-mêmes et aux autres étrangers qui se trouvent sur le territoire français par suite de transactions politiques auxquelles le gouvernement a pris part, ils n'ont de rapport direct qu'avec le ministre des affaires étrangères. — Ils ne communiquent avec les autres ministres et les autorités secondaires que par son entremise. — Arrêté 22 messid. an XIII, art. 1er.

180. — L'art. 14 de notre Code civ. établit le principe de la compétence des tribunaux français en matière civile à l'égard des étrangers. Mais aucune de nos lois ne s'explique spécialement sur les agens diplomatiques. La disposition du projet qui y était relative a été retranchée, ainsi que nous l'avons vu (n° 162). Cependant les principes généraux qui ont fait proclamer leur inviolabilité en matière criminelle doivent la faire admettre également en matière civile. — Merlin, sect. 5e, § 4, art. 1er, 2, 3 et 11; Pailliet, v^is^ *Agent diplomatique*, § 2, nos 9 et 10, et *Action concernant les étrangers*, n° 8; Guichard, *Traité des droits civils*, n° 227; Fœlix, *Traité du dr. intern. priv.*, n° 186.

181. — Pendant le cours de sa mission, le ministre public ne cesse point d'appartenir à son pays; il y conserve son domicile et il doit rester justiciable des tribunaux, comme s'il était toujours présent. — Kluber, *Droit des gens de l'Europe*, § 204.

182. — Aussi sa succession s'ouvre-t-elle au lieu de ce domicile. — *Paris*, 22 juill. 1815, Lainé c. Marguère.

183. — Aucune action ne peut donc être formée contre un agent diplomatique étranger devant les tribunaux du pays où il exerce ses fonctions; aucune contrainte par corps, aucune saisie ne peut être pratiquée pour dettes contractées par lui. — Fœlix, *loc. cit.*, n° 186.

184. — Ainsi jugé que l'individu qui a reçu d'un prince étranger une mission diplomatique auprès du gouvernement français ne peut, pendant la durée de cette mission, être traduit devant les tribunaux indigènes par suite des obligations qu'il a contractées comme *homme privé*. — *Paris*, 5 avr. 1813, Bazili c. Gay.

185. — Il n'est donc pas nécessaire, pour que les agens diplomatiques étrangers soient affranchis, en matière civile, de la juridiction française, que leurs obligations aient été souscrites pour des faits même de leur ambassade, à l'occasion seulement de leur mission. — Guichard, n° 229.

186. — Leur indépendance à cet égard s'étend même aux dettes commerciales (Merlin, sect. 5e, § 4, art. 7; Guichard, *Droit civil*, n° 229), fussent-elles contractées par lettres de change. — Ch. de Martens, § 26.

187. — ... Ainsi qu'à celles qui auraient été contractées, soit en France, soit à l'étranger, antérieurement à leurs fonctions. — Guichard, n° 230; Fœlix, n° 186; Pailliet, v° *Action concernant les étrangers*, n° 11.

188. — L'immunité de la juridiction civile va jusqu'à protéger ses effets particuliers et les meubles de son hôtel, lors même que, sur le point de partir, il n'aurait point satisfait ses créanciers. — De Martens, § 31.

189. — Quelques auteurs pensent cependant que la prohibition de saisir les meubles des ambassadeurs ne s'applique qu'à ceux qui forment leur ameublement et qui sont nécessaires pour l'exercice de leurs fonctions, ainsi que les sommes qui sont destinées à leur entretien personnel et à celui de leur maison. — Merlin, *ubi suprà*, art. 6; Guichard, n° 234; De Martens, *Guide dipl.*, § 26.

190. — Toutefois on reconnaît qu'un ambassadeur ne pourrait décliner la compétence des tribunaux étrangers si, par exemple, ayant succombé dans une action qu'il y avait lui-même introduite, il se trouvait actionné en paiement des frais auxquels il aurait été condamné. — Guichard, n° 232; Fœlix, n° 190.

191. — ... Ou si, ayant obtenu gain de cause dans cette action par lui introduite, il était intimé en appel. — Bynkerschœck, ch. 16; Merlin, *loc. cit.*; Pailliet, *ubi suprà* n° 12.

192. — ... Ou si à la suite de ladite action on formait contre eux une demande reconventionnelle. — Bynkerschœck, ch. 14, § 13.

193. — Mais si l'agent diplomatique était sujet de l'état dans lequel il exerce ses fonctions, et si son constituant consentait à ce qu'il fût considéré comme tel, il resterait soumis aux lois de cet état, en tout ce qui ne toucherait point à son caractère diplomatique comme les autres citoyens. — Ch. de Martens, *ibid.*

194. — Si les agens diplomatiques étrangers possédaient en France des immeubles, ces immeubles demeureraient soumis à la juridiction du pays, et pourraient par suite, sans aucun doute, être saisis, faire l'objet d'une expropriation, donner lieu à une action réelle. Car les immeubles, même ceux possédés par des étrangers, sont régis par la loi française (C. civ., art. 3), et ils ne peuvent être considérés comme attachés à leur personne. — Merlin, *loc. cit.*, art. 8; Guichard, n° 233; Pailliet, n° 13; Wheaton, *Elém. du dr. international*, t. 1er, part. 2e, ch. 3, § 18; Rolin, *Dissert. de jurid. judic. in extraneos*, tit. 2, n° 3.

195. — Les revenus et denrées provenant de ces immeubles seraient également soumis aux poursuites des créanciers des agens diplomatiques. — Guichard, n° 234; Pailliet, n° 14.

196. — Toutefois, si une maison appartenant en France à un agent diplomatique étranger était occupée par lui et considérée comme son *hôtel*, elle ne saurait être saisie, nonobstant la disposition de l'art. 3, C. civ. — Guichard, n° 233, *in fine*.

197. — Mais, lorsque les agens diplomatiques étrangers sont justiciables des tribunaux français, comment l'exploit qui les concerne doit-il être signifié? Est-ce à leur hôtel ou au parquet du procureur du roi? — La difficulté vient, d'une part, de l'inviolabilité des agens diplomatiques, et, de l'autre, du privilége de l'exterritorialité, par suite duquel ils sont censés toujours résidant dans leur pays, et leur hôtel est réputé faire partie du territoire de ce pays. — Aussi cette question a-t-elle été diversement résolue.

198. — Selon Pigeau (*Comment.* sur l'art. 69, C. procéd., t. 1er, p. 198), l'exploit doit leur être notifié en parlant à leur personne, hors de leur hôtel, ou au parquet du procureur du roi.

199. — Legat (*Code des étrangers*, p. 10) veut que les assignations ne puissent leur être remises qu'au parquet du procureur du roi.

200. — Quant à MM. Bioche et Goujet, ils estiment (*Dict. de procéd.*, v° *Ministre public*) qu'une assignation donnée soit à la personne de l'agent hors de son hôtel, soit en son hôtel même en parlant au suisse, ne saurait être déclarée nulle.

201. — Nous ne saurions admettre une semblable doctrine, qui nous paraît en contradiction flagrante, soit avec l'inviolabilité de l'ambassadeur, soit avec le privilége de l'exterritorialité qu'on lui reconnaît, et le jugement du tribunal de première instance de la Seine, du 2 juillet 1834, cité par MM. Bioche et Goujet (*cod. loc.*), lequel a décidé que l'huissier qui remettait la copie d'une citation à l'hôtel d'un ambassadeur était passible de peines disciplinaires comme s'étant rendu coupable d'atteinte à la considération due aux représentans des souverains étrangers, nous semble plus conforme aux vrais principes, bien que peut-être trop rigoureux, eu égard à l'incertitude où doit se trouver un huissier en présence d'une semblable divergence d'opinions entre les auteurs, si toutefois, dans l'espèce qui a donné lieu au jugement précité, l'huissier inculpé avait été de bonne foi.

202. — Quoi qu'il en soit, puisque l'agent diplomatique peut être assigné, il faut qu'il puisse recevoir l'exploit. — Or, comme il est réputé être toujours dans son pays, la marche, selon nous, à suivre à son égard, est celle prescrite par le Code de procédure lui-même, vis-à-vis des étrangers non résidant en France et qu'on veut appeler devant un tribunal français; — c'est-à-dire que la copie doit être remise, ainsi que l'enseigne Legat (*loc. cit.*), conformément au § 9 de l'art. 69 dudit Code, au procureur du roi près le tribunal où doit être portée la demande, lequel enverra cette copie au ministre des affaires étrangères, chargé de la faire parvenir au destinataire. — « En matière d'affaires civiles, dit Bynkerschœck (ch. 8, § 2), qui invoque le témoignage de Grotius, si l'on a quelque chose à demander en justice à un ambassadeur, on doit agir comme s'il n'était point dans le lieu où il exerce son ambassade, comme s'il n'y avait point contracté, etc. » — C'est au reste ce qui a été formellement jugé par un arrêt du parlement de Paris, 20 juin 1729, d'après M. Terrasse (*Archives judiciaires*), rapporté par Merlin, *Rép.*, v° *Ministre public*.

203. — Les consuls n'étant point considérés comme ministres publics, il en résulte que l'indépendance de juridiction accordée à ces derniers ne saurait leur être apppliquée. — Merlin, *Répert.*, v° *Etrangers*, § 2; Pardessus, *Cours de dr. commerc.*, t. 5, n° 1448; Bourguignon, *Man.* et *Jurisp. C. crim.*, art. 6, *C. inst. crim.*, n° 4; Mangin, *Act. publ.*, t. 1er, n° 83; Lesellyer, *loc. cit.*, n° 776. — « Aussi, dit Merlin (*loc. cit.*), tous les jours des consuls sont-ils cités dans nos tribunaux à la requête des Français envers lesquels ils se sont obligés. »

204. — Jugé notamment que les consuls étrangers en France, dans les villes maritimes, ne jouissent point par leur caractère de prérogatives d'immunités telles qu'ils puissent, eux et leurs employés, être exempts de la juridiction des tribunaux en matière de délit ou contravention. — En d'autres termes, les tribunaux français sont compétens pour connaître des délits ou contraventions imputés aux consuls étrangers en France ou à leurs employés. — *Aix*, 14 août 1829, Courtiers de commerce c. Maglione et Prève.

205. — Spécialement, les employés d'un consul étranger en France qui se sont immiscés dans les fonctions de courtiers, interprètes, conducteurs de navires, pour assister les capitaines de la nation à laquelle le consul appartient auprès des administrations françaises, ne peuvent exciper de leur qualité d'agens du consul pour décliner la juridiction des tribunaux français. — Même arrêt. — Toutefois, le tribunal de la Seine, par jugement du 1er déc. 1840, a ordonné la mise en liberté de M. Beyley, consul des Etats-Unis, accrédité auprès du gouvernement sarde, qui avait été arrêté pour dette commerciale au moment où il traversait la France porteur de dépêches de son gouvernement. Voici les motifs de ce jugement : « Attendu que les termes de la loi du 13 vent. an II sont généraux, et qu'ils consacrent l'inviolabilité des agens diplomatiques, sans distinguer quelle est la qualité de ces agens et la dénomination sous laquelle ils sont désignés; — Attendu que la loi ne distingue pas non plus entre le cas où ils sont accrédités en France et celui où ils traversent ce pays pour se rendre dans le pays auprès du gouvernement duquel ils sont accrédités... »

Sect. 3e. — *Personnes de la suite des agens diplomatiques.*

206. — L'indépendance dont jouissent les agens diplomatiques est partagée par les personnes attachées à la mission qui les représentent, soit directement, soit même indirectement, dans leurs fonctions, notamment par les secrétaires d'ambassade. — Lesellyer, t. 3, n° 774.

207. — Quant aux personnes de leur maison qui n'ont aucun caractère public, on est d'accord qu'elles participent aux priviléges des ministres publics, et sont exemptées de la juridiction du pays où elles se trouvent. — Guichard, n° 228; Pailliet, *loc. cit.*, n° 9.

208. — Jugé en conséquence que les personnes attachées en France aux ambassades jouissent aussi, comme en matière criminelle, du privilége qu'ont les ambassadeurs de ne pouvoir être poursuivis devant les tribunaux français pour les dettes contractées pendant l'exercice de leurs fonctions. — *Paris*, 29 juin 1811, Angelo-Poulot c. Ferton.

209. — Ainsi, les femmes des agens diplomatiques ont comme leur mari un droit particulier à la protection de l'état où ils sont accrédités. — On ne pourrait donc, dit Bynkerschœck (ch. 13, § 4), faire arrêter leurs effets. — Wicquefort, *Tr. de l'ambassad. et de ses fonctions*, liv. 1er, sect. 28, p. 419; Merlin, *Rép.*, v° *Ministre public*, sect. 6, n° 1er.

210. — Si la femme d'un ministre d'une puissance étrangère accrédité en France est traduite pour une obligation personnelle devant un tribunal français, elle peut décliner cette juridiction. L'incompétence, étant d'ordre public, peut même être proposée en tout état de cause, en appel, par exemple, et ne saurait être couverte par une défense au fond présentée devant les premiers juges. — *Paris*, 21 août 1841 (t. 1er 1843, p. 406), de Poppenheim c. Tiercin.

211. — Pour les domestiques, une ordonnance des états-généraux des Provinces-Unies, du 9 sept. 1669, proclamait leur indépendance. — Il en était déjà ainsi à Rome : « *Rex*, disaient les hérauts des anciens Romains, *facis-ne me tu regium nuntium populi romani Quiritium? Vasa, comites que meos?* (Tite-live, liv. 1er, ch. 24, n° 5), et la loi 7, ff., *Ad leg. Jul. de vi publ.*, était applicable à celui qui était convaincu d'avoir outragé *legatos, oratores, comitesve*. — Telle était aussi chez nous l'opinion de Denizart (*Collect. de jurisprud.*, v° *Ambassadeur*, n° 6), et

de Brillon (*Dict. des arrêts*, vo *Ambassadeur*). — « Les ambassadeurs seuls, dit ce dernier auteur, font le procès à leurs domestiques. » — V. dans le même sens Grotius, *De jur. pac. et bell.*, lib. 2, cap. 18, no 1; Perèze, *Prælect. in cod.*, lib. 10, tit. 43, *De legat*, no 10.

212. — Cette solution devrait être maintenue alors même que les domestiques pris par l'ambassadeur seraient sujets du pays où il est accrédité. — On devrait donc l'appliquer par exemple au Français qui passerait au service d'un agent diplomatique accrédité en France. — Il en est, par analogie, de ce cas, dit Merlin, comme de celui où c'est l'ambassadeur lui-même qui est sujet du souverain près duquel il exerce sa mission. — Merlin, *Rép.*, vo *Ministre public*; Bynkerschœck, ch. 15, § 5; Girard de Rayneval, *Inst. du dr. de la nature et des gens*, p. 368; Bourguignon, *Man.* et *Jurispr. des Cod. crim.*, art. 6, *Inst. crim.*, no 6; Lesellyer, *Tr. act. publ. et priv.*, t. 3, no 772. — Toutefois, Mangin combat avec force cette opinion, t. 1er, no 81. — V. aussi Ch. de Martens, *Guide dipl.*, § 29, t. 1er, p. 72.

213. — La juridiction civile est à peu près incontestée, selon le témoignage de Ch. de Martens (*Guide dipl.*, § 29), aux agens des deux premières classes; quant aux autres, tout en leur accordant une autorité plus étendue sur leurs gens qu'on ne l'accorderait à tout autre particulier, elle est cependant très limitée, surtout dans les grandes cours.

214. — Quant aux crimes ou délits commis par les gens du ministre, soit dans son hôtel, soit au dehors, on n'accorde presque chez aucune puissance aux agens diplomatiques le droit d'exercer sur les coupables tous les actes de la juridiction criminelle. — En général, on distingue si les coupables sont sujets du pays où le crime a été commis, ou s'ils sont étrangers; dans le premier cas, ils doivent être jugés par les autorités de ce pays; dans le second, ils sont le plus souvent renvoyés devant leurs juges naturels, sauf, toutefois, le droit qui ne peut être enlevé aux autorités du pays d'instruire contre eux la procédure, et de constater sur les lieux les circonstances du fait. — Ch. de Martens, *Guide dipl.*, § 29.

215. — Ce dernier droit accordé aux juges du lieu emporte nécessairement celui de recourir aux voies d'instruction légale nécessaires pour amener la découverte de la vérité, en observant toutefois les égards que dans l'usage du pays on a pour les personnes du haut rang et renfermant l'enquête dans les limites nécessaires à l'instruction de la procédure. — En pareil cas, personne, l'ambassadeur lui-même, ne pourrait se refuser à faire les dépositions requises; toutefois, s'il s'élevait des difficultés, il serait nécessaire de s'adresser toujours au ministre des affaires étrangères. — Ch. de Martens, *loc. cit.*

216. — En ce qui concerne les contraventions commises par les domestiques d'un ministre, « on respecte assez généralement, dit Ch. de Martens (*loc. cit.*, § 30), le principe de l'exterritorialité, en ce que, même dans le cas où le prévenu serait saisi hors de l'hôtel du ministre, l'autorité locale ne refuse guère son extradition. »

Sect. 4e. — *Exercice du culte.*

217. — Les agens diplomatiques des première et deuxième classes ont le droit, incontesté aujourd'hui par toute l'Europe, d'avoir une chapelle dans leur hôtel, même lorsque dans la ville où il est situé il existe une église de leur religion. — Ch. de Martens, *Guide dipl.*, § 35.

218. — Ce droit comporte celui d'exercer un culte religieux, et, par suite, d'entretenir les personnes nécessaires à son service, telles que aumônier, sacristain, etc., de faire exercer tous les actes du culte compatibles avec l'ordre public, notamment de se servir d'un orgue. — Ch. de Martens, *ibid.*

219. — Ch. de Martens pense même qu'il pourrait donner à sa chapelle la forme d'une église, y mettre des cloches, faire des processions, etc. — Nous ne partageons point cette opinion, combattue également par G. F. de Martens (*Précis du dr. publ.*, § 225, p. 105, note *a*). — Si dans certains pays, en France par exemple, les processions sont interdites même aux nationaux, à plus forte raison devraient-elles l'être à des étrangers, et on comprend parfaitement comment l'ordre, la sûreté ou la commodité publics peuvent-être intéressés à ce qu'on ne puisse élever de véritables églises sous prétexte de chapelle, ni y placer des cloches.

220. — Dans quelques pays même, on autorise les étrangers et même les nationaux à faire leurs dévotions dans la chapelle du ministre, et même quelquefois on permet (notamment à Berlin à l'aumônier de la mission de Sardaigne) aux aumôniers de pratiquer certains actes de leur ministère hors de l'hôtel du ministre. — Même auteur, *ibid.*

221. — Ces privilèges pourraient être invoqués en vertu du principe de l'exterritorialité, mais le droit des gens universel n'étend l'exterritorialité qu'aux points essentiellement liés au but des missions, et non à ceux qui en sont indépendans; c'est donc en réalité dans le droit des gens positif, c'est-à-dire dans les traités ou la tolérance des nations, qu'il faut en chercher l'unique justification. — G. F. de Martens, *Préc. du dr. des gens*, t. 2, §§ 223 et 224.

222. — Au reste ce droit, exigeant des frais assez considérables, est assez rarement exercé, surtout parmi les ministres de la deuxième classe.

Sect. 5e. — *Autres charges ou immunités des agens diplomatiques, et délits commis par eux contre leurs nationaux et leur gouvernement.*

223. — Les fonctions des agens diplomatiques consistent principalement dans la négociation des affaires de l'état; mais les agens diplomatiques français à l'étranger réunissent à ces fonctions certaines attributions à raison desquelles ils sont investis du caractère d'officiers publics.

224. — Ainsi, ils sont chargés de légaliser les actes authentiques passés dans le pays où ils sont les représentans de notre nation, et dont il doit être fait usage devant nos tribunaux. — Merlin, *ubi suprà*, § 6; Pailliet, *loc. cit.*

225. — Ils doivent délivrer aux créanciers de rentes viagères sur l'état, qui demeurent ou se trouvent momentanément dans le lieu de leur résidence ou à portée de ce lieu, les certificats de vie qui leur sont nécessaires pour se faire payer par le trésor public.

226. — Ils reçoivent les actes de l'état civil des Français en pays étranger. — C. civ., art. 48.

227. — Mais ils n'ont aucune juridiction sur les Français qui se trouvent dans les pays où ils résident. — V. Merlin, sect. 6e, no 2.

228. — Il est expressément défendu, sous peine de destitution et de plus grande peine, s'il y échet, à tous ...... agens diplomatiques et autres fonctionnaires appelés à surveiller l'exécution des lois sur la course et les prises, ou à concourir au jugement de la validité des prises faites par les croiseurs français, d'avoir des intérêts directs ou indirects dans les armemens en course ou en guerre et marchandises. — Arr. 2 prair. an XI, art. 122.

229. — Nos agens diplomatiques sont dispensés de la tutelle et de la curatelle, à raison de leur mission hors du territoire français. — C. civ., art. 428 et 429.

230. — Il a été jugé aussi qu'un ambassadeur étranger ne pouvait être constitué gardien judiciaire. — C. civ., art. 2060, § 4; — *Paris*, 19 mai 1829, de Lignerolles c. de Strogonoff.

231. — On s'est demandé si la prescription courait pour ou contre les agens diplomatiques. — La solution ne nous paraît pas un instant douteuse, et se trouve, à notre avis, virtuellement comprise dans les termes de l'art. 2251, C. civ., d'après lequel la prescription court contre *toutes personnes*, à moins qu'elles ne soient dans quelque exception établie par la loi. — Or, dans aucune de ses dispositions, la loi n'a attribué à l'exercice des fonctions diplomatiques l'effet de suspendre le cours de la prescription.

232. — Les particuliers contre lesquels une prescription a été commencée du chef d'un agent diplomatique, avant son départ, pourraient donc l'interrompre, soit en faisant des actes contraires, soit de toute autre manière prévue par la loi, et notamment en notifiant tous exploits à son domicile connu en France. — L'agent diplomatique, de son côté, contre lequel une prescription aurait couru depuis son départ, ne pourrait se plaindre, car c'était à lui de confier à un mandataire l'administration de ses biens et la défense de ses droits.

233. — Il doit être, en effet, de principe, comme autrefois à Rome (L. 140, ff., *De div. reg. juris*), que l'absence des ambassadeurs ou agens diplomatiques ne doit nuire ni à eux ni à autrui.

234. — On comprend au reste que la prérogative de l'*exterritorialité* n'est reconnue à un agent diplomatique que contre le gouvernement étranger auprès duquel il est accrédité, mais non contre son propre gouvernement. — A l'égard de celui-ci donc il sera réellement en pays étranger, et non présumé toujours présent dans son pays.

235. — Ainsi, les crimes et délits qu'il commettrait dans le pays où il exerce ses fonctions, soit au préjudice des nationaux, soit à celui de ses propres concitoyens, seront, aux yeux de son gouvernement, réellement commis en pays étranger.

236. — Dès-lors, pour les agens français notamment, ce sont les règles posées par l'art. 7, C. inst. crim., qu'il faudra suivre. — Il faudrait donc, par exemple, qu'il y eût une plainte du Français offensé.

237. — Il ne faut pas perdre de vue, toutefois, que les agens diplomatiques sont *agens du gouvernement* dans le sens de l'art. 75, constitution de l'an VIII, et que, par conséquent, aucune poursuite ne pourrait être exercée contre eux, soit par la partie civile, soit même par la partie publique, qu'après l'autorisation du conseil d'état obtenue. — V. FONCTIONNAIRE PUBLIC.

238. — Mais la plainte de la partie lésée, ne constituant point un acte de poursuite, devrait toujours être reçue par les fonctionnaires chargés de ce soin par la loi, sauf à ne lui donner suite qu'après l'autorisation obtenue et selon les règles prescrites en pareil cas. — Le fonctionnaire qui refuserait de recevoir une semblable plainte se rendrait donc coupable d'un véritable déni de justice.

239. — Ce que nous avons dit ci-dessus (nos 234 et suiv.) s'appliquerait, selon nous, même au cas où il s'agirait de crimes commis par les agens français contre la sûreté de leur gouvernement. — MM. Merlin (*Rép.*, vo *Compétence*) et Mangin (*Act. publ.*, no 71) enseignent cependant que l'agent du gouvernement est toujours, *en ce qui concerne sa mission* (pour les crimes et délits ordinaires, l'exactitude de nos propositions ne leur paraît pas douteuse), présent en France, et n'est jamais absent par rapport au gouvernement qui lui a donné sa confiance. « S'il en était autrement, dit Merlin, il n'est pas de ministre public qui ne pût en pays étranger trahir impunément l'état qu'il représente, et qui ne pût se mettre à l'abri de toute poursuite en s'abstenant de rentrer dans sa patrie. »

240. — Les raisons invoquées par M. Merlin avaient sans doute quelque force sous l'empire du Code du 3 brum. an IV, qui n'autorisait la poursuite du coupable, en pareil cas, qu'autant *qu'il avait été arrêté en France*; mais elles tombent complètement aujourd'hui que le Code d'inst. crim. (art. 5) permet toujours de poursuivre, juger et punir en France tout Français (agent diplomatique ou autre) qui se sera rendu coupable hors du territoire d'un crime attentatoire à la sûreté de l'état, de contrefaçon du sceau de l'état, de monnaies nationales ayant cours, de papiers nationaux et de billets de banques autorisées par les lois.

241. — Quant à l'arrêt de cassation du 25 fructid. an XIII (Troette), invoqué par M. Mangin à l'appui de son opinion, nous ferons remarquer qu'il n'a pas précisément jugé la question, et que d'ailleurs il a été rendu dans des circonstances complètement différentes de celles que nous supposons, puisqu'il s'agissait d'une concussion commise par un payeur français dans un pays étranger *occupé par les armées françaises*. — Il n'était donc là et ne pouvait être aucunement question du principe de l'exterritorialité ni de son application possible.

Sect. 6e. — *Audition en témoignage des agens diplomatiques.*

242. — Avant le Code d'inst. crim., les agens diplomatiques ou de commerce français chez l'étranger ne pouvaient, aux termes de la loi du 20 thermid. an IV (art. 1er), être forcés de s'éloigner de la commune où ils se trouvaient pour venir déposer devant les tribunaux. — Et en matière criminelle, leurs dépositions devaient être reçues par un magistrat de leur résidence, sur la demande du juge d'instruction et sur une série de questions rédigées par lui.

243. — Le Code d'inst. crim. a apporté à ces formalités quelques modifications. — L'art. 514 prescrit les nouvelles règles à observer.

244. — D'après cet article, si la déposition des ambassadeurs ou autres agens français accrédités près les cours étrangères est requise devant la cour d'assises ou devant le juge d'instruction du lieu de leur résidence ou de celui où ils se trouveraient accidentellement, ils doivent la fournir dans les formes ordinaires.

245. — S'il s'agit d'une déposition relative à une affaire poursuivie hors du lieu où ils se trouvent accidentellement, et si cette déposition n'est pas requise devant le jury, le président ou le juge d'instruction saisi de l'affaire doit adresser à celui du lieu où se trouvent ces fonctionnaires un état des faits, demandes et questions sur lesquels leur témoignage est requis. — Même article.

246. — S'il s'agit du témoignage d'un agent résident auprès d'un gouvernement étranger, cet état sera adressé au ministre de la justice, qui en fera le renvoi au juge délégué sur les lieux pour recevoir la déposition. — Même article.

247. — Le président ou juge d'instruction auquel sera adressé l'état mentionné en l'article précédent fera assigner le fonctionnaire devant lui et recevra sa déposition par écrit. — Art. 515.

248. — Cette déposition sera envoyée close et cachetée au greffe de la cour ou du juge requérant, communiquée sans délai à l'officier chargé du ministère public, lue publiquement aux jurés, et soumise aux débats, sous peine de nullité. — Art. 512 et 516.

249. — Ces dépositions ne diffèrent intrinsèquement en aucune façon de celles émanées des témoins ordinaires : rien ne s'oppose donc à ce qu'elles soient discutées, débattues comme elles, malgré la haute dignité des personnes qui les ont faites. — C'est évidemment ce que permet la loi en prescrivant de les *soumettre aux débats*. — Legraverend, *Législ. crim.*, t. 1er, p. 263.

250. — Si les agens diplomatiques français sont cités à comparaître comme témoins devant un jury assemblé hors du lieu où ils se trouvent accidentellement, ils peuvent en être dispensés par une ordonnance du roi. Dans ce cas, ils déposent par écrit, et l'on observe les dispositions des art. 514, 515 et 516, que nous venons d'indiquer. — Art. 517.

251. — Le décret du 4 mai 1812 a dérogé en partie aux dispositions du Code d'inst. crim. — Suivant les art. 4 et 6, lorsque les agens diplomatiques français près les cours étrangères sont cités en témoignage, ils peuvent s'en excuser en alléguant la nécessité du service du roi, et alors il ne doit pas être donné suite à la citation.

252. — Dans ce cas, les officiers chargés de l'instruction, après qu'ils se sont entendus avec eux sur le jour et l'heure, viennent dans leur demeure pour recevoir leurs dépositions, et il est procédé à cet égard ainsi qu'il est prescrit à l'art. 516, Code inst. crim. — Même décret, art 4.

253. — Lorsque les agens diplomatiques cités comme témoins ne s'excusent pas, ils sont reçus par un huissier à la première porte du palais de justice, introduits dans le parquet et placés sur un siége particulier. Ils sont reconduits de la même manière. — *Ibid.*, art. 5.

254. — Le décret ne parlant que des *officiers chargés de l'instruction*, sans s'occuper explicitement, comme le Code d'inst. crim., du cas où il s'agit de déposer devant une cour d'assises ou une juridiction d'exception, Legraverend en conclut (t. 1er, p. 267) qu'il ne s'applique qu'aux citations données pour comparaître comme témoins dans le cours de l'instruction, mais que, quand les fonctionnaires y mentionnés et notamment les agens diplomatiques sont appelés pour déposer devant une cour d'assises, les dispositions générales ou spéciales du Code d'inst. crim. sur leur audition doivent être seules exécutées, sauf l'observation du cérémonial réglé par le décret.

255. — Le Code d'inst. crim. et le décret du 4 mai 1812 sont également muets sur le point de savoir si on peut et comment on doit réclamer le témoignage des agens diplomatiques étrangers accrédités en France ou des personnes de sa famille ou de sa suite.

256. — Carnot (*Inst. crim.*, art. 514, n° 5) estime que ce serait violer le principe de l'indépendance des agens diplomatiques si on les citait et traduisait devant la justice pour faire leur déposition.

257. — Cette opinion nous semble trop absolue. — Sans doute on ne pourra adresser ou remettre directement au ministre étranger, non plus qu'aux personnes de sa famille ou de sa suite, des réquisitions ou citations à l'effet de se rendre devant un fonctionnaire ou un tribunal français ; mais si, un crime ayant été commis, il n'était possible de le constater que par leur audition ou leur intermédiaire, nous ne pensons point qu'il y ait prohibition absolue de recourir à eux.

258. — Seulement, nous pensons qu'en pareil cas le juge chargé de l'instruction, ou le ministère public, devrait recourir au ministre de la justice, qui transmettrait les pièces à son collègue des affaires étrangères. — Ce dernier s'adresserait alors par la voie diplomatique, soit à l'agent directement, soit, en cas de refus, à son gouvernement, qui déciderait alors si son représentant doit ou non prêter son concours à la justice française.

CHAPITRE VI. — *Comment les missions diplomatiques prennent fin.*

259. — La mission de tout agent diplomatique cesse par l'*extinction de ses lettres de créance* ou *pleins pouvoirs*, par son *rappel*, par son *éloignement volontaire ou forcé*, par sa *mort*.

260. — *Extinction des lettres de créance.* — Les lettres de créance ou pleins pouvoirs accordés à un agent diplomatique prennent fin, soit par l'expiration du temps pour lequel ils ont été donnés, soit par tout changement essentiel survenu dans la forme du gouvernement, soit enfin par l'abdication ou la mort du souverain constituant, ou de celui auprès duquel l'agent est accrédité.

261. — Le ministre dont les pouvoirs ont pris fin n'a plus droit aux immunités accordées à la qualité dont il était revêtu, il ne peut continuer à traiter ou conférer avec les autorités du pays où il se trouve qu'autant qu'elles y consentent. — Dans la pratique, on continue cependant à traiter l'agent diplomatique comme tel, et souvent même à traiter avec lui tant qu'on n'a pas de motifs pour penser que les relations doivent rester interrompues avec le pays qu'il représente. — Ch. de Martens, § 67.

262. — Toutefois, jusqu'au départ de l'agent, il reste inviolable, comme lorsqu'il était en exercice. — Ch. de Martens, *ibid.*

263. — *Lettres de rappel.* — Les lettres de rappel peuvent être envoyées à l'agent diplomatique dans trois cas principaux.

264. — 1° Quand le but de sa mission est rempli ou qu'on renonce à l'atteindre.

265. — 2° Lorsque le ministre est promu à d'autres fonctions, ou qu'il a obtenu ou reçu sa démission.

266. — 3° Enfin quand, par suite de mésintelligence entre les deux gouvernemens, l'agent est rappelé par celui qui l'a accrédité.

267. — *Eloignement volontaire ou forcé.* — Il y a éloignement volontaire de l'agent diplomatique lorsque celui-ci, soit qu'il ait à se plaindre de quelque violation du droit des gens, soit par suite de tout autre événement important survenu pendant le cours de sa mission, croit devoir quitter son poste sans attendre son rappel, ou déclare de son propre mouvement que ses fonctions doivent être considérées comme terminées.

268. — L'éloignement est forcé quand le gouvernement près duquel l'agent est accrédité croyant avoir à se plaindre gravement de sa conduite, lui fait signifier d'avoir à prendre congé, ou lui enjoint de quitter le territoire dans un délai fixé, ou même le fait conduire sous escorte jusqu'à la frontière.

269. — *Audience de congé.* — Dans tous les cas où aucune raison de mésintelligence n'oblige l'agent diplomatique à partir sans prendre congé du souverain, il communique copie de sa lettre de rappel au ministre des affaires étrangères, en sollicitant une audience de congé du souverain, auquel il dépose l'original de ladite lettre. — Ch. de Martens, § 70.

270. — L'audience, soit publique, soit privée, accordée à l'agent par le souverain, se passe avec le même cérémonial que celle d'arrivée. — Ch. de Martens, *ibid.*

271. Si, lors de son rappel, l'agent est absent de la cour où il est accrédité, l'usage lui permet de prendre congé par écrit du souverain, en lui envoyant sa lettre de rappel. — Ch. de Martens, *ibid.*

272. — Dans l'un et l'autre cas, le ministre des affaires étrangères remet ou fait parvenir à l'agent diplomatique partant une lettre de congé dite de *récréance*, puis, s'il est sur les lieux, on lui fait délivrer ses passeports. — Ch. de Martens, *ibid.*

273. — Si le successeur de l'agent rappelé arrive avant le départ de celui-ci, ce dernier le présente au souverain dans son audience de congé ; si l'agent n'est remplacé *ad interim* que par un chargé d'affaires, il le présente comme tel au ministre des affaires étrangères. — Ch. de Martens, *ibid.*

274. — Il peut arriver qu'un agent soit autorisé à déployer, dans des circonstances données, un caractère plus élevé que celui dont il est revêtu, ou même doive quitter son titre et continuer ses fonctions avec un titre moins relevé. — Dans ces divers cas, on observe le même cérémonial que s'il arrivait ou partait, et il acquiert ou perd la jouissance des prérogatives attachées au titre nouveau qu'il prend, ou à l'ancien qu'il quitte. — Ch. de Martens, § 71.

275. — Les agens diplomatiques nommés par *interim*, de même que les chargés d'affaires qui rentrent parmi les secrétaires d'ambassade, n'ont évidemment pas besoin de lettres de rappel. — Ch. de Martens, *ibid.*

276. — *Mort de l'agent diplomatique.* — Lorsque l'agent diplomatique meurt dans le pays où il est accrédité, son souverain et sa famille peuvent exiger les honneurs de funérailles convenables. — Ch. de Martens, § 72.

277. — Si la famille du défunt veut faire transporter le corps dans son pays, il est assez généralement d'usage de l'exempter du droit d'*étole*, même dans les pays que le convoi ne fait que traverser. — Ch. de Martens, *ibid.*

278. — Le secrétaire d'ambassade ou de légation, à moins qu'il n'y ait au même lieu un autre agent diplomatique de la même puissance, appose les scellés sur les meubles et papiers du défunt et dresse l'inventaire de ses biens. — Ch. de Martens, § 73.

279. — En l'absence du secrétaire de légation, l'apposition des scellés et l'inventaire des biens sont faits par le ministre d'une cour de famille ou alliée, qui invite plusieurs de ses collègues à l'assister, et appose son sceau sur les archives de la légation ; un procès-verbal est dressé en double et remis à l'agent nommé en remplacement de celui décédé. — Ch. de Martens, *ibid.*

280. — A Rome, les scellés sont apposés par les cardinaux protuteurs. — En Allemagne, dans quelques cours, un ministre de la même puissance, accrédité auprès d'une cour voisine, a été quelquefois autorisé à procéder à cette apposition. — Ch. de Martens, *ibid.*, p. 161, note 1re.

281. — En tous cas, c'est le gouvernement local qui doit intervenir le dernier, apposer des scellés ou pourvoir à la sûreté des archives, et, même dans ce cas, la cour de l'agent décédé pourrait toujours charger un mandataire d'apposer ses sceaux à côté de ceux du gouvernement local. — Ch. de Martens, § 73.

282. — Quant à la succession, elle est, par suite du privilége de l'exterritorialité, ouverte au lieu du domicile véritable de l'agent, dans son pays. Ce sont donc les lois de son pays qui régissent les droits de succession, la validité du testament en ce qui concerne la capacité du disposant ou la quotité disponible, etc., etc. — V. SUCCESSION, TESTAMENT.

283. — Les biens meubles peuvent sortir en toute liberté. — Ils sont naturellement exempts de tous droits d'aubaine ou de détraction. — Quant à ceux vendus par les héritiers, les acheteurs pourraient, sans qu'il en résultât une violation du droit des gens, être obligés à acquitter les droits fixés par les lois. — Ch. de Martens, §§ 74 et 75.

284. — La mort de l'agent diplomatique met fin aux honneurs et prérogatives attachés à son titre. — Toutefois, il est d'usage de les continuer pendant un certain temps à sa veuve ainsi qu'aux personnes de sa suite et de sa maison. — La fixation de ce terme appartient au gouvernement près duquel l'agent était accrédité. — Après son expiration, toutes ces personnes rentrent sous la juridiction du pays. — Ch. de Martens, § 75. — V. ACTE, ACTES DE L'ÉTAT CIVIL, ENREGISTREMENT.

285. — Les pensions de retraite des agens diplomatiques sont réglées par les arrêtés des 3 flor. an VIII (23 avr. 1800) et ord. royale du 19 nov. 1823. — Le temps nécessaire pour y avoir droit, fixé à vingt années par la première de ces dispositions (art. 12), a été réduit à quinze années par la seconde. — Du reste, il n'est point nécessaire que ces quinze années se soient écoulées toutes dans l'exercice des fonctions d'agent diplomatique ; on peut les compléter par d'autres services rendus, notamment dans le service militaire. — *Cons. d'état*, 4 mars 1830, Massias. — V. aussi Magnitot et Delamarre, *Dict. de dr. admin.*, v° *Agent diplomatique*, sect. 3e.

AGENT DRAMATIQUE.

Les agens dramatiques sont rangés par la loi du 25 avr. 1844, sur les patentes, dans la sixième classe des patentables, et imposés : 1° à un droit fixe basé sur le chiffre de la population de la ville où est situé l'établissement ; — 2° à un droit proportionnel du vingtième de la valeur locative de la maison d'habitation et des locaux servant à l'exercice de leur profession. — V. PATENTE.

AGENT DU GOUVERNEMENT.

V. FONCTIONNAIRE PUBLIC.

AGENT FORESTIER.

1. — Fonctionnaire préposé, sous les ordres de la direction générale, à la conservation, à la surveillance et à l'administration des forêts.

2. — La dénomination d'*agens forestiers* est employée par la loi elle-même, notamment dans le Code forest., art. 30, 32, 38, 41, 44, 45, etc.

3. — Les art. 160, 166, 174, 176, 186 et 207, C. forest., emploient la dénomination d'agens forestiers par opposition à celle de *gardes*, qui désigne les gardes à pied et les gardes à cheval.

4. — Le sens de cette expression a été précisé lors de la discussion à la chambre des députés.

L'art. 30, C. forest, soumet les adjudicataires de coupes de bois à obtenir, avant toute exploitation, l'autorisation écrite de *l'agent forestier local.* Ces derniers mots figuraient dans le projet du Code forestier, mais un député (M. Devaux) proposa d'y substituer, *du garde général.* Cet amendement fut écarté sur l'observation suivante, faite par M. de Martignac, commissaire du roi. « On confond souvent la dénomination d'agent avec celle de garde, qui n'est pourtant pas la même; les procès-verbaux des agens forestiers ne sont pas affirmés, tandis que ceux des gardes doivent l'être; ainsi, dans le cas de l'art. 30, C. forest., on doit entendre par *agent forestier local* un inspecteur, un sous-inspecteur, un garde-général. Si on s'était servi, comme on l'a proposé, de l'expression *garde général*, les inspecteurs et sous-inspecteurs ne s'y trouveraient pas compris. »

5. — Cette interprétation explicative est confirmée par l'irrécusable texte des art. 11, 14 et 24 de l'ord. royale d'exécution du Code forestier, en date du 1er août 1827.

6. — De l'art. 11 de cette ordonnance, il résulte que les agens forestiers sont, à proprement parler, les conservateurs, les inspecteurs, les sous-inspecteurs et les gardes généraux.

7. — Donc les arpenteurs (auxquels une ord. royale du 12 fév. 1840 a substitué les ingénieurs forestiers), les gardes à cheval et les gardes à pied ne sont pas, dans l'acception propre du mot, des agens forestiers.

8. — Les art. 14, 15, 16, 17 et 18 de l'ord. du 1er août 1827 déterminent les fonctions, le service, la correspondance hiérarchique, la tenue des registres, la responsabilité et l'uniforme des divers agens forestiers. — V., au surplus, CONSERVATEUR DES FORÊTS, FORÊTS, INSPECTEUR DES FORÊTS, SOUS-INSPECTEUR DES FORÊTS.

AGENT JUDICIAIRE DU TRÉSOR PUBLIC.

1. — Employé du ministère des finances chargé de représenter le trésor public dans toutes les instances où le trésor est partie.

2. — Sous l'ancien régime, il y avait au ministère des finances deux agens du contentieux, le *contrôleur des restes* et le *contrôleur des bons d'état.*

3. — Le contrôleur des restes était spécialement chargé de poursuivre la rentrée de tous les débets dont la condamnation était prononcée contre les comptables par la chambre des comptes de Paris. — C'était lui qui dirigeait, à la cour des aides, toutes les procédures de la compétence de cette juridiction. — Il était surveillé par les procureurs généraux attachés aux tribunaux devant lesquels il agissait.

4. — Le contrôleur des bons d'état était chargé par les divers ministres secrétaires d'état de poursuivre la rentrée de toutes les sommes dues au trésor public par d'autres que par des comptables directs. — Il pouvait également poursuivre les comptables eux-mêmes, lorsque l'autorité, comme cela arrivait souvent, renvoyait les contestations devant des commissions prises dans le sein du conseil.

5. — L'assemblée constituante supprima ces deux emplois, et décida qu'il serait nommé par le roi un ou deux agens qui seraient chargés du recouvrement des créances actives du trésor public et de la poursuite des comptables constitués en débet. — L. 21 juill.-15 août 1790, art. 3.

6. — Il ne devait être alloué à ces agens, pour leur traitement, qu'une remise à prendre sur les sommes dont ils auraient opéré le recouvrement. — Cette remise devait être fixée par l'assemblée nationale, sur la proposition du ministre des finances. — Même art.

7. — Aux termes de l'art. 16, L. 17-29 sept. 1791, l'agent judiciaire du trésor public devait mettre tous les trois mois sous les yeux de l'assemblée législative l'état de la poursuite des différentes actions par lui intentées et rendre cet état public par la voie de l'impression. — En cas de négligence de sa part, il devenait personnellement responsable des sommes dont il avait négligé d'opérer le recouvrement. — Il devait également fournir un cautionnement en immeubles de 60,000 livres.

8. — Quoique la loi autorisât la création de deux agens du trésor public, dans l'intérêt même du service, il n'y en eut qu'un de nommé, ce fut M. Turpin. — Plus tard, lorsque M. Berryer père dut fermer son cabinet pour éviter les persécutions révolutionnaires, il fut adjoint à M. Turpin, avec la qualité de *sous-agent.*

9. — C'était au domicile de l'agent judiciaire que devaient être remises toutes les significations et assignations concernant le trésor public. — L. 27-31 août 1791, art. 6.

10. — Lorsque les affaires lui paraissaient susceptibles de difficulté, il devait prendre l'avis par écrit des hommes de loi à lui indiqués par les commissaires de la trésorerie. — L. 27-31 août 1791, art. 3.

11. — Les attributions de l'agent judiciaire du trésor ont peu changé, quoique la législation ait subi de nombreuses modifications.

12. — Aux termes de l'art. 69 2°, C. procéd., le trésor public ne peut être valablement assigné qu'en la personne ou au bureau de cet agent.

13. — Toutes les assignations et significations données au trésor en la personne ou au bureau de son agent doivent être revêtues du visa (art. 1039, C. procéd. civ.). — Toutefois l'omission de cette formalité n'emporte pas nullité.

14. — Si les assignations et significations sont faites *au domicile* de l'agent, elles ne sont valables qu'autant qu'elles ont été visées par lui : c'est du moins ce que décide l'art. 6, L. 27-31 août 1791 ; mais on peut douter que cette disposition soit encore en vigueur aujourd'hui, surtout en présence d'un texte aussi formel que l'art. 69, C. procéd. civ., qui ne permet d'assigner qu'*en la personne ou au bureau de l'agent.* — V. cependant Sebire et Carteret, *Encyclop. du droit*, v° *Agent judiciaire du trésor*, n° 4.

15. — Comme il est impossible que l'agent judiciaire suffise à tout le service que nécessite le contentieux du trésor royal, il y a dans chaque département un avoué, résidant au chef-lieu, qui est commissionné par le ministre des finances en qualité d'agrégé à l'agence judiciaire. — Cet avoué est chargé, sous la direction de l'agent, de suivre les poursuites à exercer contre les débiteurs du trésor. — Décr. 7 mai 1808.

16. — D'après l'art. 1er, L. 11 fructid. an V, les jugemens rendus sur les instances dans lesquelles l'agent du trésor public a été partie, soit en demandant, soit en défendant, sont exécutoires par provision. — V. EXÉCUTION PROVISOIRE.

17. — Toutefois, cette exécution provisoire n'a lieu *en faveur des particuliers* qu'autant qu'ils fournissent bonne et suffisante caution dans les formes ordinaires. — Même loi.

18. — L'agent judiciaire reçoit un traitement fixe, comme les autres employés supérieurs du ministère des finances; ses appointemens ne consistent plus dans des remises sur les sommes recouvrées, ainsi que cela avait lieu sous l'empire de la loi du 21 juill. 1790.

AGENTS MUNICIPAUX.

1. — Nom donné aux administrateurs des communes sous la république.

2. — Les agens municipaux ont été remplacés par les maires. — L. 28 pluv. an VIII. — V. COMMUNE, MAIRE.

AGENTS NATIONAUX.

1. — Fonctionnaires chargés, sous le gouvernement révolutionnaire, de requérir l'exécution des lois et de dénoncer les négligences apportées dans cette exécution, et les infractions qui pouvaient se commettre.

2. — Ils furent institués par le décret du 14 frim. an II, sect. 2e, art. 14, et remplacèrent les procureurs syndics de district, les procureurs de commune et leurs substituts.

3. — Ainsi, il y avait les agens nationaux de districts et les agens nationaux attachés aux communes.

4. — Le nombre des agens nationaux était égal à celui des procureurs syndics de district et des procureurs de communes et de leurs substituts. — *Ibid.*, art. 19.

5. — Mais leurs fonctions étaient beaucoup plus actives et plus importantes : elles étaient en harmonie avec les autres institutions de la même époque et participaient, dans de certaines limites, à l'établissement, à la consolidation du régime révolutionnaire.

6. — Une disposition spéciale les autorisait à se déplacer et à parcourir l'arrondissement de leur territoire, afin d'exercer de plus près leur surveillance et de dénoncer les fonctionnaires publics négligens et prévaricateurs. — Décret 14 frim. an II, sect. 2e, art. 14 et 16.

7. — Les agens nationaux de district devaient entretenir une correspondance exacte avec les comités de salut public et de sûreté générale : le décret du 14 frim. an II leur imposait l'obligation d'écrire aux deux comités tous les dix jours.

8. — Les agens nationaux attachés aux communes étaient tenus de correspondre avec le district de leur arrondissement. — Décret 14 frim. an II, art. 17.

9. — Les agens nationaux de district étaient sous la surveillance des comités de salut public et de sûreté générale, qui les dénonçaient à la convention en cas de négligence ou d'infraction aux lois. — *Ibid.*, art. 18.

10. — Il y avait incompatibilité entre les fonctions d'agent national et de juré. — Décret 2 niv. an II, art. 2.

11. — L'incompatibilité existait également entre l'agent national d'un district et le receveur du même district, parens ou alliés jusqu'au degré de cousin germain inclusivement. — Décret 17 frim. an III.

12. — Ce décret fut modifié par la loi du 14 therm. an II, qui portait que les cousins germains pouvaient être simultanément membres d'une même administration.

13. — L'agent national de chaque district formait tous les trois mois une liste de jurés, qu'il adressait au directeur du jury. — Décret 2 niv. an II, art. 6, 7, 9 et 11.

14. — Il formait également la liste du jury spécial d'accusation. — *Ibid.*, art. 33 et 35. — V. JURY.

15. — Les agens nationaux étaient chargés de la surveillance des maisons d'arrêt et de justice. — *Ibid.*, art. 44.

16. — Le traitement et le remplacement des agens nationaux étaient déterminés par le décret des 16-22 germin. an II.

17. — Les agens nationaux qui ne remplissaient pas avec exactitude leurs fonctions, étaient privés du droit de citoyen pendant cinq ans, et condamnés pendant le même temps à la confiscation du *tiers de leur revenu.* — Décret 14 frim. an II, sect. 5e, art. 2.

18. — L'organisation des administrations départementales et municipales changea avec la constitution de l'an III et les fonctions des agens nationaux reprirent leur caractère purement administratif.

19. — Les agens nationaux furent supprimés par la loi du 28 pluv. an VIII.

AGENTS SALARIÉS.

1. — La loi du 21 mars 1831 sur les élections municipales (art. 18) établit une incompatibilité entre les fonctions d'électeur et celles d'*agent salarié de la commune;* mais elle ne dit pas ce qu'il faut entendre par ces expressions. De là plusieurs difficultés soulevées devant les tribunaux ou devant le conseil d'état.

2. — Ainsi, l'on s'est demandé si l'inspecteur des eaux thermales d'une commune, si l'habitant de la commune dont la femme exerce les fonctions d'institutrice, peuvent exercer les fonctions d'électeurs municipaux.

3. — On s'est demandé encore si l'agent salarié de la commune qui donne sa démission le jour de l'élection peut être repoussé dans l'exercice de ses droits électoraux aux termes de l'art. 18. — Pour la solution de toutes ces questions et autres analogues, V. ÉLECTIONS MUNICIPALES.

AGIO.

1. — On entend par agio le profit ou la perte résultant de la cession de choses dont le prix est déterminé par les lois, ou qui ont par elles-mêmes un prix fixe. — Sebire et Carteret, *Encycl. du dr.*, v° *Agio*, n° 1er. — Selon d'autres auteurs, cette expression, d'origine italienne, importée en France à l'époque du système de Law, a désigné originairement dans son acception propre le change des monnaies de différens pays, ou bien des diverses monnaies d'un même pays, moyennant la somme nécessaire pour couvrir la différence existant entre la valeur nominale et la valeur réelle de ces monnaies, eu égard à leur composition et à leur dégradation.

2. — L'agio a été ensuite appliqué au change des papiers-monnaies.

3. — La rareté ou l'abondance des espèces ou du papier sur une place où s'opère la négociation élève ou abaisse le taux de l'agio. — Goujet et Merger, *Dict. de dr. comm.*, v° *Agio*, n° 2.

4. — Le préjudice résultant de la circulation d'une monnaie dégradée ou en défaveur porta les peuples commerçans à créer des banques de dépôt qui établirent une monnaie fixe, invariable et toujours de la même valeur; on obligea, en outre, ceux qui de l'étranger tiraient des lettres de change de les stipuler payables en monnaie de banque de dépôt. Par là le pays n'eut plus d'agio à payer à l'étranger à cause de la dégradation des monnaies; mais de semblables institutions n'existent pas dans tous les pays de commerce. — Goujet et Merger, *Dict. de dr. comm.*, v° *Agio*, n° 3.

5. — On voit par là que l'agio proprement dit

n'a rien d'illicite, et qu'il ne faut pas le confondre avec l'agiotage.

AGIOTAGE-AGIOTEUR.

1. — Le mot *agiotage* indiquait, dans le principe, l'opération qui donne lieu aux profits et pertes connus sous le nom d'agio. — Les *agioteurs* étaient ceux qui se livraient à ce genre d'opérations.

2. — Ce mot est aujourd'hui pris en mauvaise part; il désigne des jeux de bourse ou des spéculations illicites dont le but est de maîtriser les cours des effets publics ou des marchandises, et de créer subitement et sans motifs sérieux des hausses et des baisses factices, notamment sur le prix des effets.

3. — Après s'être exercé surtout sur les effets publics, l'agiotage est devenu la plaie du crédit et de l'industrie; en exploitant la curiosité publique, il engage les capitaux à se porter sur des opérations qui n'ont aucune base sérieuse, et les déceptions qui en sont la conséquence rejaillissent sur des opérations loyales et purement commerciales. Après avoir été trop confians, les capitalistes, dupés dans leurs espérances, deviennent d'une défiance et d'une timidité excessives; le pays semble appauvri subitement, et les progrès de l'industrie sont suspendus faute d'aliment.

4. — Aussi la loi a-t-elle sevèrement défendu l'agiotage. Non contente d'avoir refusé toute action en justice pour réclamer les fruits ou l'exécution de ces spéculations aléatoires (C. civ., art. 1965), elle a prononcé contre ses auteurs des peines sévères.

5. — On peut consulter, dans l'ancienne législation, les arrêts du cons. des 21 sept. 1721, 7 août et 28 oct. 1785, 22 sept. 1786, 14 juill. 1787, etc.

6. — La rareté du numéraire, la cherté des subsistances et des denrées, la nécessité de réprimer les exportations frauduleuses des valeurs métalliques, ont été, à diverses époques de la révolution, des motifs de rigueurs nouvelles contre l'agiotage et les agioteurs.

7. — Ainsi, Saint-Just et Lebas, en mission comme représentans du peuple, avaient pris un arrêté qui ordonnait de *raser la maison* de quiconque serait convaincu d'agiotage. Mais, par un décret du 14 vent. an XIII, la convention a rapporté cet arrêté.

8. — De plus, il a été déclaré qu'il y a agiotage, suivant la loi du 13 fructid. an III, de la part de celui qui vend dans des lieux publics, autres que les bourses, l'or, l'argent, etc., ou des marchandises qui ne seraient pas exposées en vente, ou dont il ne serait pas propriétaire; — suivant la loi du 29 vendém. an IV (chap. 1er, art. 15), de la part de celui qui vend ou achète des matières ou espèces métalliques à terme ou à prime; — suivant la même loi (chap. 2, art. 1er), de la part de l'agent de change qui négocie des lettres de change pour son compte; — suivant la loi du 28 vendém. an IV (chap. 3, art. 3 et suiv.), de la part de celui qui négocie des lettres de change sur l'étranger en blanc, ou à terme ou à prime; — suivant la loi du 2 vent. an IV (art. 6), de la part de ceux qui contreviennent aux dispositions de la loi sur la vente des matières d'or et d'argent et des marchandises.

9. — Les contrevenans étaient punis de deux ans de détention, de l'exposition dans un lieu public avec un écriteau sur la poitrine portant le mot *agioteur*, et de la confiscation de tous leurs biens. — LL. 13 fructid. an III, 24 vendém. et 2 vent. an IV.

10. — L'art. 419, C. pén., punit d'un emprisonnement d'un mois au moins et d'un an au plus, et d'une amende de 500 fr. à 10,000 fr, et de plus de la peine facultative de la surveillance pendant deux ans au moins et cinq ans au plus, tous ceux qui, par des voies ou moyens frauduleux quelconques, ont opéré la hausse ou la baisse du prix des denrées ou marchandises, ou des papiers et effets publics au-dessus ou au-dessous des prix qu'aurait déterminés la concurrence naturelle et libre du commerce.

11. — Mais la difficulté de constater régulièrement les infractions que ces lois ont pour objet de réprimer est telle que, la plupart du temps, l'agiotage échappe à la vindicte publique. — V. AGENT DE CHANGE, COALITION, EFFETS PUBLICS, MARCHÉS A TERME, RENTES SUR L'ÉTAT.

AGNAT. — AGNATION.

1. — L'agnation était la parenté qui, chez les Romains, conférait les droits de famille: c'était le lien qui unissait les cognats membres de la même famille. *Agnati sunt cognati virilis sexûs ab eodem orti.* — L. 2, ff., *De suis legitimis hæredibus.*

2. — Justinien (*Inst.*, § 1er, *De legitimâ agnatorum tutelâ*) définit les agnats: *Agnati sunt cognati per virilis sexûs cognationem conjuncti.* Il ne faut pas considérer cette définition comme exprimant le caractère de l'agnation, mais comme indiquant simplement quels sont ordinairement les agnats. En effet, il pouvait arriver qu'un parent par les hommes ne fût pas agnat, s'il était sorti de la famille; et, d'un autre côté, l'adoption pouvait rendre agnat soit un parent par les femmes, soit même un étranger.

3. — Au reste, lorsqu'il s'agissait de déterminer les droits de tutelle et de succession des agnats les uns relativement aux autres, ce n'était pas à l'existence actuelle et simultanée des individus sous la puissance du même père de famille que l'on reconnaissait l'agnation qui les unissait, mais bien à cette circonstance que, lors de la mort du père de famille commun, ils se trouvaient ensemble sous la puissance de ce père de famille. — Ulpien (ff., lib. 50, tit. 16, L. 195, § 4) définit nettement la famille romaine: *Communi jure familiam dicimus omnium agnatorum. Nam et si patre familiâs mortuo singuli singulas familias habent, tamen omnes, quæ sub unius potestate fuerunt, recti ejusdem familiæ appellabuntur, qui ex eâdem domo et gente proditi sunt.*

4. — L'agnation se perdait par toute diminution de tête.

5. — On ne pouvait par un pacte renoncer à son droit d'agnation (L. 34, ff., *De pactis*).

6. — L'intérêt de la distinction entre les cognats et les agnats a disparu depuis la *Novelle* 118, cap 4.

7. — Les effets de l'agnation avaient été introduits en France, dans les pays de droit écrit, par l'édit connu sous le nom d'édit de Saint-Maur; mais l'édit d'août 1729 a ramené aux anciennes règles.

8. — En Allemagne, la distinction entre les agnats et les cognats est toujours en vigueur.

AGRAFES (Fabricants d').

1. — Les fabricans d'agrafes par procédés mécaniques sont assujétis, par la loi du 25 avr. 1844 sur les patentes, 1° à un droit fixe de 50 fr.; — 2° à un droit proportionnel du 20e de la valeur locative de la maison d'habitation, et du 40e des loyers de l'établissement industriel.

2. — Ceux qui n'usent que des procédés ordinaires sont, s'ils travaillent pour leur compte, rangés par la même loi dans la cinquième classe des patentables, ce qui les rend passibles d'un droit fixe calculé sur le chiffre de la population de la ville où est situé l'établissement industriel, et assujétis à un droit proportionnel du 20e de la valeur locative de la maison d'habitation et des locaux servant à l'exercice de la profession. — S'ils travaillent à façon, ils ne sont rangés que dans la huitième classe et soumis qu'à un droit proportionnel du 40e de la valeur locative de la maison d'habitation et des locaux servant à l'exercice de la profession. — V. PATENTE.

AGRÉÉS.

Table alphabétique.

AGRÉÉS. — 1. — Personnes qui obtiennent l'agrément d'un tribunal de commerce pour défendre devant lui les causes des parties qui veulent leur confier ce mandat.

2. — On les désigne encore dans plusieurs tribunaux par leur ancien nom de *postulans.*

3. — L'ordonnance de 1667 (tit. 16, art. 1er) portait que ceux qui étaient assignés par devant les juges et consuls des marchands étaient tenus de comparoir en personne. « Les parties devaient être *ouïes de leur bouche,* » disaient les anciennes ordonnances; les huissiers et les procureurs durent néanmoins être plus d'une fois repoussés dans leurs tentatives à fin de postuler pour les parties; le parlement de Paris rendit le 6 juillet 1713 un arrêt pour y mettre obstacle.

4. — D'après l'art. 2, ord. 1667, en cas de maladie, absence ou autre légitime empêchement, les parties pouvaient envoyer un mémoire contenant les moyens de leur demande ou défense signé de leur main, ou par un de leurs parens, voisins ou amis ayant de ce charge et procuration spéciale, dont il ferait apparoir; devait être la cause vidée sur le champ sans ministère d'avocat ni de procureur.

5. — Jousse (*Comm. sur l'ord.* 1667, tit. 16, art. 2, n° 3) motive cette prohibition sur ce que « l'expédition des affaires consulaires doit être prompte, et que souvent le ministère de ceux qui sont employés à la défense des parties en retarde l'expédition ». C'est pour cela, ajoute-t-il, que dans les juridictions consulaires, il n'y a pas de procureurs en titre d'office.

6. — « Cependant, poursuit-il, l'usage dans la plupart de ces juridictions est de se servir de personnes qui en font les fonctions et qui sont préposées pour défendre et plaider les causes des parties qui veulent bien se servir de leur ministère; ces personnes sont choisies par les juges consuls. »

7. — Rogue (*Jurisp. cons.*, t. 1er, chap. 1er, n° 8, p. 5), mentionnant l'ancienneté de l'institution des agréés, en justifie l'utilité. « Il y a, dit-il, dans les juridictions consulaires des personnes agréées par les juges, pour plaider dans le cas que les particuliers ne veulent ou ne peuvent le faire; ils sont d'une grande utilité et épargnent beaucoup de voyages aux parties éloignées, en leur adressant leurs pièces par la poste ou les messageries. »

8. — Ce furent d'abord de pauvres marchands au nombre de six seulement qui trouvèrent grâce auprès de leurs notables, des juges consuls, et qui furent autorisés *à servir de conseil pour soulager les justiciables.* — Nouguier, *Des trib. de comm., des commerçans et des act. de comm.*, t. 1er, p. 115.

9. — En 1659, les agréés furent portés à neuf; en 1723 ils furent dix, en 1755 onze, en 1771 dix. — La révolution de 1789 ouvrit plus largement la carrière. Le comité de législation de la convention demanda raison du monopole attribué aux agréés. Les juges consuls défendirent l'institution attaquée et assurèrent son existence en portant à vingt-un le nombre de ses membres.

10. — La commission chargée de rédiger le Code de procédure civile avait proposé d'instituer des avoués près des juges de commerce; mais la cour de cassation et les cours impériales de Caen, Dijon, Metz, Nancy et Trèves, et plusieurs tribunaux de première instance, réclamèrent contre cette innovation. « Beaucoup de commerçans, disait la cour de Cassation, expédient seuls leurs affaires; il faut leur en conserver la faculté. Pour les autres, il faut accorder aux tribunaux de commerce le droit de désigner un certain nombre de mandataires, avec faculté de les révoquer: c'est le seul moyen d'éloigner de ces tribunaux la chicane, ennemie mortelle du commerce. » (*Obs. des tr.*, t. 2, p. 452). — C'est conformément à ces observations que fut rédigé l'art. 414, C. procéd., qui a reproduit l'art. 627, C. comm., dont le conseiller d'état Marel exposait ainsi les motifs: « Devant les tribunaux de commerce, le fait doit être rapporté avec une sorte de naïveté et autant que possible par les parties elles-mêmes, afin que le juge soit plus à portée d'apprécier leur bonne foi. » C'est dans le même sens que Boncenne (*Théor. de la procéd. civ.*, t. 1er, p. 376) dit: « Il ne faut pas d'intermédiaire entre le commerçant qui plaide et le commerçant qui juge. »

11. — Ainsi, en interdisant le ministère des avoués devant les tribunaux de commerce, le Code a tacitement laissé à ces juridictions la faculté d'autoriser certaines personnes à postuler plus habituellement devant eux, et à représenter les plaideurs. C'est ce qui résulte de la discussion engagée au conseil d'état, sur l'art. 627, C. comm. — La section de l'intérieur avait présenté l'article suivant: *Il est interdit aux tribunaux de commerce d'appeler pour plaider devant eux des hommes de loi et des praticiens particulièrement désignés.* Voici en quels ter-

AGRÉÉS.

AGRÉÉS. 291

mes M. Locré (*Esprit du Code de commerce*) rapporte la discussion qui s'est engagée sur cette partie du projet : « M. Jaubert dit que le Code de procédure civile a sagement décidé que le ministère des avoués ne serait pas nécessaire devant les tribunaux de commerce; mais que dans l'état actuel des choses, il existe des *agréés* qui plaident pour la partie, lorsqu'elle ne peut ou ne veut se défendre elle-même. Si cette institution était détruite, et que la partie fût obligée de choisir au hasard son défenseur, elle serait exposée à être trompée; car il n'est pas facile aux particuliers de distinguer dans une foule de personnes souvent inconnues celles qui méritent leur confiance sous le rapport des talens et de la probité; il faudrait donc, sans rendre le ministère des agréés forcé, permettre de dresser un tableau de gens exercés, éprouvés, qu'on offrirait à la confiance du public. » — Le prince archi-chancelier fait remarquer « qu'on pouvait se borner à déclarer que le ministère des avoués n'est pas nécessaire dans les tribunaux de commerce, sans confirmer ni détruire les agréés. Par là, on resterait dans l'état actuel : chaque tribunal de commerce conservant ses usages, c'est la force des choses qui introduit les agréés dans les tribunaux; on n'a pas pu refuser aux parties qui n'avaient pas l'habitude de s'expliquer en public la ressource d'employer le secours d'hommes plus exercés. — Il serait d'autant plus dangereux de supprimer les agréés et de laisser plaider pour les parties quiconque voudrait se charger de la défense, que le tribunal de commerce n'aurait aucune police sur tous ces défenseurs. » M. Réal propose de se borner à rappeler l'art. 414, C. procéd. — Cette disposition a été adoptée et a servi de base à la rédaction de l'art. 627, C. comm.

12. — Par avis du 9 mars 1825, le comité du contentieux du conseil d'état déclara que ce serait dénaturer l'institution des tribunaux de commerce que de transformer les agréés, en quelque sorte, en officiers ministériels en leur donnant un caractère public, en les astreignant au cautionnement, en les soumettant à des conditions d'éligibilité, en déterminant des incompatibilités, en les autorisant à présenter des successeurs, et que dès-lors il n'y avait pas lieu de proposer une loi sur cet objet.

13. — Le gouvernement se borna simplement à donner par l'ord. du 10 mars 1825, sur laquelle le tribunal de commerce de Paris ne fut pas consulté, une sanction plus efficace aux dispositions des art. 414, C. procéd., et 627, C. comm.

14. — C'est donc avec raison qu'il a été jugé que les agréés près les tribunaux de commerce n'ont aucun caractère officiel, et qu'ils sont de simples mandataires qui ne peuvent sous aucun rapport être assimilés aux officiers ministériels. — *Bourges*, 11 mai 1839 (t. 1er 1844, p. 478), Delrouche c. Garde.

15. — Aujourd'hui, dans presque toutes les places de commerce, les tribunaux de commerce autorisent plus ou moins explicitement l'institution des agréés, chargés habituellement de représenter et défendre les parties devant elles.

16. — Il est impossible, dit M. Horson (*Encycl. du dr.*, v° *Agréés*, n° 4), de méconnaître que, dans l'état actuel de l'institution des tribunaux de commerce, en présence de l'extension qu'a reçue leur compétence, de la gravité des intérêts et de l'importance des questions sur lesquelles ils sont appelés à prononcer, il serait déraisonnable d'*obliger* les parties, comme on l'a fait en 1667, à se défendre elles-mêmes.

17. — La nécessité de ces intermédiaires naturels entre les tribunaux de commerce et leurs justiciables s'est fait sentir sous un autre rapport.

18. — A Paris, par exemple, il n'est pas rare que le tribunal de commerce statue dans une audience sur deux ou trois cents demandes en condamnation de billets ou de lettres de change. Toutes ces affaires se régularisent par le ministère des agréés, avec ordre et célérité, à la satisfaction du tribunal, qui rend prompte justice, et des parties, qui s'évitent un déplacement beaucoup plus onéreux pour elles que ne l'est l'émolument auquel elles se soumettent. Que l'on suppose au contraire chaque demandeur ou défendeur se présentant en personne ou par un fondé de pouvoir particulier, et l'on comprendra la confusion, les lenteurs, le désordre qui en résulteraient. A quoi il faut ajouter l'extrême danger, dans une grande ville où les juges ne peuvent personnellement connaître leurs justiciables, d'admettre une reconnaissance de dettes, et de prononcer une condamnation contradictoire sur la comparution d'un inconnu qui se dit le débiteur ou qui excipe d'un mandat non authentique. — Horson, *ibid.*, n° 4.

19. — A Paris, les agréés sont nommés par le tribunal après l'épreuve d'un stage et par suite du rapport d'une commission d'enquête qui a pour objet de fixer le tribunal sur la moralité et la capacité du postulant. — Gasse, *Manuel des juges de comm.*, p. 145.

20. — Ils prêtent serment devant le tribunal, en la chambre du conseil, de bien et fidèlement remplir leurs fonctions avec honneur et probité et de se conformer aux arrêts et réglemens du tribunal. — Gasse, *Manuel des juges de comm.*, p. 145.

21. — L'origine du serment remonte au commencement du dix-huitième siècle, et la cause aux manquemens commis par quelques agréés à cette époque où tout était encore imparfait dans cette institution comme dans celle des juges consuls. La révolution de 1789 apporta un temps d'arrêt dans la prestation du serment au moment où la légalité de l'existence des agréés était aussi une question pour la Convention; mais le serment est revenu plus tard avec l'empire, et depuis lors est toujours resté en usage. — Louis Nouguier, t. 1er, p. 121.

22. — Le costume des agréés à Paris consiste dans un petit manteau court à collet de serge noire, avec queue en soie de même couleur et se prolongeant du haut de l'habit jusqu'à l'extrémité des pans, rabat et bonnet carré. — Les agréés de province ont moins de spécialité de costume que ceux de Paris. Généralement ils portent, comme les avoués, la robe noire sans chaperon.

23. — « Pendant long-temps, dit M. Nouguier (*ibid.*, p. 117), chaque cabinet d'agréé fut, à la mort et à la retraite de celui qui l'occupait, considéré comme en déshérence, mais peu à peu il fut reconnu que ces cabinets et la clientèle qui pouvait s'y rattacher étaient acquis par de longues années de travail. Cette valeur était souvent l'unique ou le principal patrimoine d'un fils, d'une veuve ou d'un gendre. Des exemples successifs ont dès-lors fondé le principe de la transmission qui existe aujourd'hui. Ce principe laisse du reste au tribunal de commerce le droit de juger de la capacité, de la moralité et de la solvabilité de tout candidat présenté en remplacement d'un agréé. Ces conditions ne sont déclarées remplies que sur l'avis de la chambre des agréés, sur le rapport d'une commission choisie au sein du tribunal et après une épreuve de deux mois, que le candidat subit en plaidant à l'audience publique. »

24. — Le tribunal qui nomme les agréés a sur eux un droit de réglement et de police. — Délibér. du tribunal de comm. de Paris du 21 déc. 1809 et du 10 juin 1813.

25. — Par la même délibération du 10 juin 1813, le tribunal de commerce de Paris, reconnaissant que le nombre des agréés était au-dessus de celui que pouvaient comporter les affaires et les besoins du service, le réduisit à quinze, en faisant désintéresser et éteindre les cabinets les moins occupés au moyen d'une indemnité de 225,000 fr., que les quinze agréés restans prélevèrent proportionnellement sur eux-mêmes et qui fut équitablement répartie entre les six agréés sortans, désignés par le vote du tribunal. Ce nombre de quinze est celui qui existe encore aujourd'hui. — Nouguier, *Des trib. de comm., des commerçans et des act. de comm.*, t. 1er, p. 116.

26. — Les agréés ne sont revêtus d'aucun caractère public. — Favard de Langlade, *Rép.*, v° *Agréé*.

27. — Ce sont de simples citoyens recommandables par leur probité et leur savoir, *offerts* par le tribunal de commerce à la confiance des justiciables pour la défense de leurs intérêts. — Orillard, *De la compét. des trib. de comm.*, n° 15.

28. — On a agi sagement, ce nous semble, en leur refusant, comme nous l'avons dit nos 12 et suiv., le caractère d'officiers ministériels. « Autrement, dit avec raison Locré (*Espr. du Code de comm.*, t. 9, p. 118-124), ils deviendraient des avoués eux-mêmes, et ainsi l'institution qu'on a voulu exclure du tribunal de commerce se trouverait jusqu'à un certain point rétablie sous une autre forme (C. procéd., art. 414; C. comm., art. 617). Ce sont des particuliers sans caractère public que le tribunal a jugés capables de représenter les parties, et qu'il offre à la confiance publique. S'en sert qui veut. »

29. — Le ministère des agréés n'étant pas forcé, les parties sont toujours libres de choisir pour leur défenseur tels autres mandataires qu'il leur plaît.

30. — De ce que les agréés n'ont aucun caractère public, il en résulte qu'ils ne fournissent point de cautionnement.

31. — Le projet de la loi sur les patentes, présenté à la chambre des députés, et duquel est sortie la loi du 15 mai 1844, soumettait les agréés à la patente; la commission de la chambre des députés proposa au contraire de les exempter de cette contribution. Mais les mots d'*agréés* furent retranchés de l'art. 12, relatif aux exemptions, à la suite d'une discussion à laquelle prirent part MM. Chegaray, Berger, Debelleyme, Grandin et M. le garde des sceaux (Martin (du Nord).

32. — Les motifs de ce vote de suppression peuvent se résumer ainsi : Aucune loi ne reconnaît l'existence d'officiers ministériels qui aient, de plein droit, la faculté de représenter les parties devant les tribunaux consulaires, quoique des tribunaux de commerce aient jugé à propos d'en établir auprès d'eux par des arrêtés qui leur sont spéciaux, mais qui n'ont jamais été reconnus, qui n'ont jamais pu l'être par aucun acte de l'autorité publique; et enfin, la seule énonciation du mot *agréé* dans la loi pourrait faire croire à l'existence de nouveaux offices et donner lieu à des transmissions nouvelles qui pourraient être en contradiction avec le silence gardé généralement au sujet des agréés par notre législation.

33. — M. Rivière de Larque, ayant demandé si la suppression du mot *agréés* dans le tableau des exceptions ne les rendait pas patentables, M. le ministre des finances (Lacave-Laplagne) a répondu : « La chambre a voté sur la proposition de la commission le tableau A, dans lequel ne se trouvaient pas compris les agréés, par conséquent ils ne sont pas imposés à la patente comme agréés. Restent ensuite les cas particuliers dans lesquels on pourrait les considérer comme agens d'affaires. Ils ne sont pas portés dans le tableau A qui a été voté. En supprimant le mot dans l'article, on ne le rétablit pas dans le tableau; les choses restent ce qu'elles étaient auparavant. » — *Moniteur*, 7 mars 1844, p. 537.

34. — Dans le cours de la même discussion, le rapporteur de la chambre des députés, M. Vitet, a dit : « Il y a eu, à une certaine époque, prétention de la part de l'administration d'imposer les agréés à la patente; mais une ordonnance, rendue en conseil d'état (1er sept. 1841, Forastié), a décidé par assimilation avec les avocats qu'ils devaient en être exemptés. » — *Moniteur, loc. cit.*

35. — A cause de la similitude qui existe entre la profession d'agréé et celle d'agent d'affaires, un arrêté du conseil de discipline de l'ordre des avocats à la cour de Paris, du 26 juin 1832, a décidé en principe qu'à l'avenir aucune personne ayant exercé les fonctions d'agréé ne serait admise dans l'ordre. Un autre arrêté, 24 nov. 1835, a déclaré persister dans les précédens. Avant 1832 les anciens agréés étaient admis au stage.

36. — M. Mollot (*Règles sur la profession d'avocat*, n° 129), qui cite ces arrêtés en les approuvant, ajoute : « Il importe de dire que tout récemment, le 9 mars 1841, un ancien agréé a été admis au tableau, mais le conseil a déclaré qu'il n'entendait ni rapporter ni modifier les précédens en vigueur. » L'espèce était toute différente. Après la cessation de ses anciennes fonctions, M*** avait exercé la profession d'avocat à Orléans pendant sept années; il faisait partie du conseil de l'ordre d'Orléans; il exerçait près le tribunal civil de la même ville les fonctions de juge suppléant.

37. — Les agréés sont astreints, comme tous autres mandataires, à la représentation d'un pouvoir *spécial* de leurs cliens, ou à se faire autoriser par eux à l'audience. — C. comm., art. 627; ordonn., 10 mars 1825; — Chauveau, *Comment. du tarif*, t. 1er, Introd., p. 140, n° 7.

38. — Un avis du comité de législation du conseil d'état, du 16 sept. 1820, porte que les agréés ne peuvent être dispensés de la représentation du pouvoir spécial exigé par l'art. 627, C. comm., et une lettre du garde des sceaux du 6 oct. 1820, adressée au procureur général de Dijon, a décidé conformément à l'avis sus-daté.

39. — Le gouvernement sentit encore en 1825 la nécessité de rappeler à l'observation de l'art. 627, C. comm., ceux des tribunaux de commerce qui pouvaient s'en être écartés. — Sur un avis du conseil d'état, du 9 mars 1825 (Duvergier, *Collect. des lois*, t. 25, p. 46, 2e part.), une ordonnance royale du 10 mars 1825 décida qu'il serait fait mention expresse dans la minute du jugement, soit de l'autorisation donnée par la partie présente au tiers qui l'aurait défendue, soit du pouvoir spécial dont ce tiers aurait été muni.

40. — En cas de contravention à cette injonction, les présidens des tribunaux de commerce et les procureurs généraux chargés de vérifier mensuellement l'état des feuilles d'audience et des jugemens et autres actes déposés au greffe (ord. 5 nov. 1823, art. 6), en rendent compte au garde des sceaux, pour être pris à l'égard du greffier telles mesures qu'il appartient. — Ord. 10 mars 1825, art. 3.

41. — Le pouvoir peut être donné à l'agréé au bas de l'original ou de la copie de l'assignation. — C. comm., art. 627.

42. — Ce pouvoir est exhibé au greffier et visé

par lui, sans frais, avant l'appel de la cause. — C. comm., art. 627.

43. — L'exploit au bas duquel est apposé le pouvoir est remis à l'agréé, après le visa. — Les difficultés qu'entraîne cette remise, dans la révision annuelle des droits d'enregistrement, par l'insuffisance des énonciations du plumitif rédigé par le greffier ne peuvent être un motif assez grave pour dépouiller les agréés de leur titre. L'administration des domaines s'est plusieurs fois adressée aux tribunaux de commerce pour qu'ils ordonnassent le dépôt des exploits au greffe, sans aucune remise ultérieure aux agréés; mais ces demandes n'ont pas été accueillies. — Toutefois, plusieurs tribunaux conservent l'exploit d'assignation, qui sert comme minute des qualités et pour la rédaction du jugement.— Bioche et Goujet, *Dict. de procéd.*, v° *Agréé*, n° 12.

44. — Il n'est pas nécessaire que ce pouvoir soit passé devant notaire.— Jousse, *Comment. sur l'ord.* 1667, tit. 16, art. 2, note 1re, t. 1er, p. 340. — Cependant la partie adverse pourrait déclarer ne pas reconnaître la signature donnée par le mandant dans un acte sous seing-privé. Les tribunaux pourraient aussi, en cas de présomptions graves, exiger un pouvoir authentique ou dont tout au moins la signature fût légalisée..

45. — L'unique distinction faite par le tribunal de commerce de Paris en faveur de ses agréés consiste à les dispenser de faire légaliser la signature des parties sur les pouvoirs en vertu desquels ils procèdent. — Nouguier, *Des trib. de comm.*, *des comm.*, *des actes de comm.*, t. 1er, p. 123.

46. — Même, dans certaines localités, l'enregistrement du pouvoir n'est pas exigé. — Bioche et Goujet, *Dict. de procéd.*, v° *Agréé*, n° 5.

47.—Cependant, comme il doit être fait mention expresse, dans la minute du jugement qui intervient, de l'autorisation donnée à l'agréé par la partie présente, ou du pouvoir spécial dont il est muni (ord. 10 mars 1825), il résulte de là que le pouvoir doit être enregistré.

48.—Les dispositions par voie réglementaire étant contraires au vœu de la loi sont, par conséquent, interdites aux tribunaux.— C. civ., art. 5; — Pardessus, n° 1343; Bioche et Goujet, *Dict. de procéd.*, v° *Agréé*, n° 7.—Ainsi jugé que lorsqu'un tribunal de commerce prend une détermination portant: *Nous arrêtons provisoirement, jusqu'à ce qu'il en ait été autrement ordonné par l'autorité supérieure, qu'un mandat donné à un tiers pour représenter le mandant dans toutes les affaires commerciales qu'il peut avoir devant le tribunal, est suffisamment spécial*, cet arrêté est illégal et doit être annulé comme contraire au principe qui défend au juge de prononcer par voie de disposition générale et réglementaire. — *Cass.*, 19 juill. 1825, trib. de comm. de Reims.

49. — La remise par la partie à un agréé de l'original de la copie de l'assignation et de toute autre pièce n'équivaut point à un mandat spécial.— Ord. 10 mars 1825;—Berriat, *Cours de procéd.*, t. 1er, p. 380 et 381; Pardessus, *Cours de dr. comm.*, n° 1343; Carré, *Lois de la procéd.*, t. 3, quest. 1296e et 1516e; Bioche et Goujet, *Dict. de procéd.*, v° *Agréé*, n° 5; Thomine-Desmazures, *Procéd. civ.*, t. 1er, p. 639 et 644; Demiau, *Explicat. du Code de procéd.*, p. 305; Boucher, *Instit. des agréés*, p. 12 et 61 à 63; Vincens, *Exposition raisonnée de la législ. comm.*, t. 1er, p. 78; Despréaux, *Compét. des trib. de comm.*, n° 39; Orillard, *Compét. comm.*, n° 238; Boitard, *Leçons de procéd.*, t. 2, p. 498; Nouguier, *Des trib. de comm.*, t. 1er, p. 127. — *Contrà* Favard, *Rép.*, v° *Agréé*; mais il écrivait avant l'ordonn. du 10 mars 1825.

50. — C'est aussi avant cette ordonnance que la cour royale de Rennes a jugé (9 mai 1810, Brouillard c. Bourcard) que si le mari et la femme se trouvent simultanément assignés, l'agréé qui est muni de la copie de l'assignation peut être réputé les représenter tous deux, quoiqu'il ne soit assisté que de la femme, et que celle-ci seule ait signé le pouvoir qui se trouve au bas de l'assignation. Mais cette opinion ne pourrait plus être adoptée depuis l'ordonn. du 10 mars 1825.

51. — Lorsqu'il n'est pas constaté que l'agréé sur la demande duquel un tribunal de commerce a accordé un délai par jugement ait eu un pouvoir spécial de la partie, et qu'il l'ait représenté au greffier, ce jugement doit être réputé rendu par défaut. — *Rouen*, 1er juill. 1826, Chéron c. Desjardins.

52. — Jugé de même que lorsque devant un tribunal de commerce un avoué (il en sera de même d'un agréé, puisque devant les tribunaux de commerce les avoués ne sont que des mandataires ordinaires), se présente sans mandat pour une partie et y reconnaît une dette en son nom, le jugement qui a condamné cette partie est par défaut et susceptible d'opposition, encore bien qu'il soit qualifié contradictoire. — *Metz*, 23 août 1822, Boucher-Tontaine et Desroches.

53. — L'opinion que le jugement rendu contre un agréé sans mandat est par défaut à l'égard de la partie est en opposition avec le système qui regarde le désaveu comme nécessaire pour faire tomber le jugement rendu contre un agréé sans pouvoir. Cette opinion tendrait à faire regarder le désaveu comme inutile.

54. — Le désaveu étant une voie extraordinaire pour anéantir les effets des déclarations faites en justice par un officier ministériel, qui jusqu'à preuve contraire est présumé s'être renfermé dans les limites de son mandat, il semble qu'il n'est pas nécessaire de recourir à cette voie extraordinaire, lorsque les déclarations sont émanées d'un mandataire simple particulier et sans aucun caractère public; que dans ce cas il suffit de prouver que le mandataire a excédé les bornes de son mandat pour que tout ce qu'il a fait soit annulé. — C. civ., art. 1998; — Duvergier, *Collect.*, note sous l'ord. du 10 mars 1825.

55. — Le jugement par défaut, rendu contre une partie ayant un agréé, est-il susceptible d'opposition après la huitaine de la signification? — V. JUGEMENT PAR DÉFAUT.

56.—Les agréés près les tribunaux de commerce peuvent être soumis à l'action en désaveu, sans qu'il y ait d'ailleurs à suivre les règles tracées par le Code de procédure pour le désaveu des officiers ministériels. — *Toulouse*, 24 avr. 1841 (t. 2 1841, p. 80), Sabardu c. Gary et Dufour.

57.—Les agréés sont sujets à désaveu, lorsqu'ils font dans la procédure ou la plaidoirie des offres ou aveux préjudiciables à la partie qu'ils représentent; et cette action est de la compétence exclusive des tribunaux civils. — *Paris*, 7 févr. 1824, Marchais-Dussablon c. Delassaigne; *Rouen*, 1er mars 1811, Tarrel c. Larsonnier; *Nîmes*, 22 juin 1824, Marlier c. Giraudy et Soulier; — Horson, *Encycl. du dr.*, v° *Agréé*; Favard, *loc. cit.*; Thomines, t. 1er, p. 558; Carré, *Lois de la procéd.*, quest. 1296e.

58. — L'agréé qui a reçu mandat d'agir selon les intérêts de son client, et qui n'a pas cru devoir proposer un moyen de forme, lequel était spécifié dans ce mandat, ne peut être tenu de dommages-intérêts, ni même de la restitution des frais. — *Toulouse*, 24 avr. 1841 (t. 2 1841, p. 80), Sabardu c. Gary et Dufour.

59. — Lorsque la partie n'a point intenté le désaveu contre son agréé, qui a conclu au fond devant le tribunal, on ne peut l'admettre, devant la cour, à proposer contre son adversaire la nullité de la citation, en ce qu'elle n'aurait pas été signifiée à son domicile réel. — Même arrêt.

60. — Un tribunal de commerce ne peut interdire ni suspendre les agréés qui sont dans l'usage de plaider devant lui en vertu de procuration. — *Pau*, 1er sept. 1818, L.... c. N.... — Mais ce tribunal pourrait leur retirer son agrément.—Bioche, *Dict. de procéd.*, v° *Agréé*, n° 17; Favard de Langlade, v° *Agréé*, n° 4; Nouguier, t. 1er, p. 128.

61. — A Paris, les vacations et émolumens des agréés sont fixés par un réglement d'ordre intérieur arrêté par le tribunal de commerce.—Gasse, *Manuel des juges de commerce*, p. 145.

62. — Le 7 mars 1808, le ministre de la justice s'occupant d'un tarif pour les tribunaux de commerce, écrivait au tribunal de Paris, qui lui avait transmis sur ce projet un mémoire à titre de renseignemens: « Je n'y ai rien trouvé qui concernât les défenseurs agréés admis par le tribunal à plaider les causes des parties. L'émolument qu'ils perçoivent ne doit pas être arbitraire. » — Le tribunal répondit le 27 mai 1808: « Si nous n'avons pas parlé des honoraires des agréés lorsqu'ils sont employés par les parties, c'est parce qu'il n'est rien passé en taxe à ce sujet dans les frais, attendu que dans notre tribunal, les parties ont le droit de plaider elles-mêmes leurs causes; que nos agréés ne sont pas des avoués et qu'ils ne font aucune écriture, leur ministère se réduisant à plaider pour des parties qui ne veulent pas le faire elles-mêmes; au lieu que pour les avoués des tribunaux ordinaires, qui font des écritures, la loi a fixé leurs droits. Or, il s'ensuit que les parties conviennent de gré à gré avec nos agréés de leurs honoraires; cependant il est assez d'usage que pour des causes qui se terminent dans la même audience, on leur paie 3 fr.»— Guibert-Laperrière, *Recueil de réglemens de la compagnie des agréés au trib. de comm. de la Seine*, p. 89.

63. — A quatre époques différentes: le 10 juin 1793, le 14 mai 1814, le 26 juin 1816, et le 29 juin 1839, le tribunal de commerce de Paris s'est occupé de réglementer les émolumens de ses agréés.—D'après le dernier état de choses et sans parler des honoraires auxquels ils peuvent avoir droit pour des soins autres que ceux de présence à l'audience, il leur est alloué 4 francs par chaque vacation, quand ils représentent le demandeur, et 3 francs aussi par chaque vacation, quand ils représentent le défendeur. Le nombre des vacations est, quant à l'émolument, limité, quel que soit le nombre réel des audiences, à une seule présentation pour les affaires qui ne reçoivent pas une solution entière, et de trois au plus pour celles qui sont l'objet d'un jugement définitif. Un droit de 3 francs pour l'expédition de chaque jugement dont la levée est requise par la partie, et quelques allocations encore, notamment en matière de faillite, complètent ce tarif. —Nouguier, *Des trib. de comm., des comm., et des actes de comm.*, t. 1er, p. 124.

64. — Le 21 déc. 1809, le tribunal de commerce de Paris régla avec soin l'organisation des agréés, établit une chambre disciplinaire, détermina sa composition, ses fonctions, et institua enfin une bourse commune où les agréés verseraient une partie de leurs émolumens, de manière à faire ainsi un fonds sans cesse renouvelé et sans cesse réparti qui alimente les cabinets les moins occupés. Ce réglement est encore dans toute sa force et vigueur et n'a subi que de légères modifications. Ces modifications ont porté principalement sur la bourse commune, dont les conditions ont été tantôt étendues, tantôt restreintes, mais toujours avec le consentement unanime des agréés. — D'après ce réglement, le versement en bourse commune était de 25 centimes par chaque cause placée au rôle. Le 17 juin 1813 il fut porté à la totalité des émolumens dans les affaires d'audience et au dixième des émolumens alloués pour les faillites. Ce versement de la totalité des émolumens ayant paru exorbitant, le 14 mai 1814, il fut réduit à 3 fr. par chaque demande portée pour la première fois à l'audience, et maintenu pour le dixième des honoraires des faillites. Ce dernier versement est tombé en désuétude; mais le premier reçoit sa fidèle exécution. — Nouguier, *Des trib. de comm., des comm. et des actes de comm.*, t. 1er, p. 126.

65. — Ainsi, les honoraires auxquels les agréés ont droit ne peuvent être compris dans les dépens mis à la charge de la partie qui succombe. Leur ministère n'est pas forcé; le tarif n'a rien statué à leur égard. — Bioche et Goujet, *Dict. de procéd.*, v° *Agréé*, n° 15.

66. — Cependant il a été jugé que les frais d'enregistrement du pouvoir donné par les parties aux agréés pour les représenter, sont à la charge de la partie qui succombe. — *Cass.*, 5 nov. 1835, N... c. N... — Nouguier, t. 1er, p. 127.

67.—« Cette solution, disent MM. Bioche et Goujet (v° *Agréé*, n° 15), nous paraît contraire au principe, en matière de taxe, d'après lequel toute procuration facultative de la part d'une partie doit rester à sa charge. » — Toutefois, certains tribunaux de commerce allouent même aux agréés des honoraires plus ou moins élevés.

68. — Il résulte du principe que les agréés ne sont pas des officiers ministériels, mais de simples mandataires, qu'ils ne peuvent porter devant les tribunaux de commerce où ils postulent les demandes formées pour frais et honoraires contre leurs cliens. Ils n'ont contre ceux-ci qu'une action ordinaire de la compétence des tribunaux civils. — *Cass.*, 5 sept. 1814, Delestre c. Parthon; *Colmar*, 5 août 1826, Hauman c. Spach; *Bourges*, 11 mai 1839 (t. 1er 1844, p. 478), Detouche c. Garde. — Berriat-Saint-Prix, *Cours de procéd. civ.*, p. 124, note 138e; Bioche et Goujet, v° *Agréé*, n° 14; Favard, *Rép.*, v° *Agréé*. — Cette action dure trente ans. — Bioche, *Dict. de procéd.*, v° *Agréé*, n° 14; Carré, *Lois de la compét.*, t. 1er, p. 340; Vazeille, *Tr. de la prescript.*, n° 685; Nouguier, t. 1er, p. 133.

69.—M. Orillard (*De la compét. des trib. de comm.*, n° 237) soutient au contraire que l'action des agréés en paiement des frais et honoraires doit être portée devant le tribunal de commerce. Il se fonde, non pas sur les principes généraux relatifs au paiement des frais dus aux officiers ministériels (C. procéd., art. 60), mais sur ce que le mandat donné par un commerçant à un agréé est pour les besoins et l'utilité de son commerce. Après avoir soutenu que l'arrêt du 5 sept. 1814 (Delestre c. Parthon) n'est pas contraire à cette solution, cet auteur argumente de l'arr. du 31 janv. 1837 (t. 1er 1837, p. 252), Saint-Martin c. Christophe, suivant lequel un agent d'affaires qui, en cette qualité, a fait faire à un huissier des actes de son ministère, est justiciable des tribunaux de commerce pour le paiement de ces actes.

70. — Le tribunal de commerce de Paris s'est déclaré compétent pour connaître d'une demande en paiement de frais, formée par un agréé, en matière de faillite. — Bioche et Goujet, v° *Agréé*, n° 14.

71.—L'action *directe* du mandat ne peut être portée devant le tribunal de commerce par le commerçant mandant contre l'agréé qui a comparu pour lui;

le mandat de la part de l'agréé est un acte purement civil. Il en serait autrement si le mandataire *ad lites*, choisi par un commerçant, était commerçant lui-même; par exemple, si c'était un agent d'affaires. — Orillard, *De la compét. des trib. de comm.*, n° 239.

12. — L'art. 2276, C. civ., relatif à la prescription, en faveur des avoués, au sujet des pièces qui leur sont confiées, ne s'applique pas aux agréés près les tribunaux de commerce. —Carré, *Compét. civ.*, t. 1er, p. 340; Vazeille, *Prescript.*, n° 685. — Leur responsabilité dure trente ans, comme toutes les obligations résultant du mandat qu'ils ont accepté.

V. AVEU.

AGRÉEURS.

Les agréeurs sont rangés, par la loi du 25 avr. 1844 sur les patentes, dans la troisième classe des patentables, et imposés 1° à un droit fixe basé sur le chiffre de la population de la ville où est situé l'établissement; — 2° à un droit proportionnel du 20e de la valeur locative de la maison d'habitation et des locaux servant à l'exercice de la profession. — V. PATENTE.

AGRÉGÉ.

V. ENSEIGNEMENT, UNIVERSITÉ.

AGRÈS.

1. — On entend par cette dénomination la chaloupe, le canot, les ancres, mâts, câbles, voiles, poulies, vergues et autres objets qui, par eux-mêmes, ne font pas tellement partie intégrante du navire, qu'on ne puisse les en détacher sans fracture, mais qui, formant l'appareil indispensable pour l'équiper et le mettre en état de naviguer, en font un accessoire nécessaire. — Pardessus, *Dr. comm.*, n° 599.

2. — On devrait même comprendre sous cette expression les canons qui ne seraient pas placés sur le navire, s'ils avaient déjà servi, ou s'ils étaient disposés pour son usage habituel. — Mais il n'en serait pas de même des approvisionnemens de guerre ou de bouche. — Pardessus, *ibid.* — V. NAVIRE.

AGRICULTURE.

1. — Art de cultiver la terre.

2. — L'agriculture, l'industrie et le commerce sont les fondemens de la richesse des nations. — V. COMMERCE.

3. — Pour faire prospérer l'agriculture, il lui faut protection, encouragement et liberté. — La liberté de l'agriculture a été consacrée par l'art. 2 du décret des 5-12 juin 1791, en ces termes : « Les propriétaires sont libres de varier à leur gré la culture et l'exploitation de leurs terres, de conserver à leur gré leurs récoltes, et de disposer de toutes les productions de leurs propriétés dans l'intérieur du logement et au dehors, sans préjudicier aux droits d'autrui, et en se conformant aux lois. » Cet article a été textuellement reproduit par l'art. 2, tit. 1er, L. 28 sept.-6 oct. 1791.

4. — L'art. 645, C. civ., exige également qu'en prononçant sur les contestations élevées entre propriétaires, les tribunaux concilient l'intérêt de l'agriculture avec le respect dû à la propriété.

5. — La loi s'est également occupée de la nature des plantations et ensemencemens, de certains modes de culture, de l'époque de la récolte.

6. — Ainsi, un propriétaire ne saurait introduire un genre de production végétale de nature à projeter dans le voisinage des exhalaisons dangereuses pour la santé, soit des hommes, soit des animaux, ni semer un champ de plantes vénéneuses dont l'approche serait pernicieuse aux bestiaux. — Fournel, *Tr. du voisinage*, v° *Agriculture*.

7. — Pour le même motif, il ne lui est point permis d'ensemencer de riz ses terres, dans un canton où ce genre de culture ne serait pas en usage. Il lui faut une autorisation de l'administration centrale. — Fournel, *eod loc.*; Vaudoré, *Droit rural*, t. 1er, p. 27.

8. — Autrefois, les laboureurs qui fumaient leurs terres avec des matières fécales avant qu'elles fussent reposées et consommées encouraient, aux termes d'une ord. de police du 13 déc. 1697, une amende de 300 liv. — La même peine était également prononcée par un arrêt du conseil du 26 mai 1786, contre les cultivateurs qui employaient, pour préparer les grains destinés à la semence, de l'arsenic, du vert-de-gris, de l'opium et autres substances nuisibles à la santé; mais ces dispositions ne sont plus en vigueur.

9. — La culture du tabac n'est autorisée que dans certains départemens. — LL. 28 avr. 1816, art. 180 et suiv.; 27 avr. 1836. — V. TABACS.

10. — Tout propriétaire est libre de labourer et de cultiver son champ comme il l'entend, et de le féconder au moyen d'irrigations. Mais personne ne peut inonder l'héritage de son voisin, ni lui transmettre les eaux d'une manière nuisible, sous peine de payer le dommage et une amende qui ne peut excéder la somme du dédommagement. — L. 28 sept.-6 oct. 1791, art. 15, tit. 2; C. pén., art. 457.

11. — L'agriculture a ses dispenses et ses immunités. — V. JOUR FÉRIÉ, VOITURES.

12. — Pour les cas où la liberté de l'agriculture a dû céder à l'intérêt public, V. AUTORITÉ MUNICIPALE, DÉFRICHEMENT, VOIRIE.

13. — L'époque de la récolte est déterminée, pour certaines productions, par l'autorité locale. Ce sont les réglemens émanés de cette autorité que l'on nomme *bans de vendanges, bans de moissons*, etc. — Cependant on peut dire, en règle générale, que chaque propriétaire est libre de faire sa récolte, de quelque nature qu'elle soit, avec tout instrument et au moment qui lui convient, pourvu qu'il ne cause aucun dommage aux propriétaires voisins. — L. 28 sept.-6 oct. 1791, tit. 1er, sect. 5e, art. 1er. — V. BAN DE MOISSONS, BAN DE VENDANGES.

14. — Nulle autorité ne peut suspendre ou intervertir les travaux de la campagne dans les opérations de la semence et des récoltes. — Même loi, même titre, art. 2.

AGRIER.

On donne ce nom, dans quelques contrées, à ce qu'on appelle ailleurs *champart* ou *terrage*. — V. CHAMPART.

AIDES.

1. — Bien que le mot *aides* ait servi primitivement à désigner tous les subsides ou impôts de diverse nature, sans égard à leur mode de perception, les droits d'aides s'entendaient plus particulièrement de ceux perçus sur les boissons et autres denrées vendues en France ou transportées à l'extérieur du royaume, par opposition aux droits de traite, qui se percevaient en général sur les marchandises importées en France ou exportées en pays étranger.

2. — Ces droits, infiniment nombreux, formaient une des parties les plus obscures de la législation financière du pays, car ils variaient, non seulement dans chaque province, mais souvent dans la même ville. De là vient qu'on les divisait en droits généraux et locaux.

3. — En 1783, les droits d'aides généraux pouvaient être ramenés, à raison de leur perception, aux quatre dénominations suivantes : 1° les droits à la vente en gros, qui comprenaient les droits de gros, d'augmentation, de jauge et de courtage, de courtiers-jaugeurs et d'annuel; — 2° les droits à la vente en détail, tels que les droits de huitième, subvention, jauge et courtage, quatrième, augmentation, sou pour pot et annuel; — 3° les droits à l'entrée dans les villes et bourgs, c'est-à-dire les droits d'anciens et nouveaux cinq sous, de neuf livres par tonneau, de contrôle sur les bières, de subvention, de jauge et courtage, d'inspecteurs aux boucheries, d'inspecteurs aux boissons et les droits réservés; — 4° les droits au passage ou à la sortie des villes, savoir : les droits d'anciens et nouveaux cinq sous, les quarante-cinq sous des rivières, le droit du pont de Joigny, la jauge et le courtage. — Prost de Royer, *Dict. de jurisp.*, t. 3, p. 626.

4. — Quant aux droits d'aides locaux qui se percevaient, suivant leur nature, soit à la vente en gros ou en détail, soit à l'entrée, au passage ou à la sortie des villes, ils comprenaient, indépendamment des octrois : 1° les droits des entrées de Paris, de Rouen, de Dieppe, du Havre; — 2° les droits du tarif d'Alençon; — 3° les droits de cloison à Angers; — 4° les droits de trois livres par année sur le vin étranger entrant dans le gouvernement de Lyon; — 5° le droit et pied-fourché du Cotentin; — 6° les aides de Versailles; — 7° le droit de sou pour livre à Orléans; — 8° le droit de sou pour livre attribué aux vendeurs de poisson sur les côtes de Normandie et de Picardie; — 9° le vingt-quatrième d'Angoulême; — 10° les impôts, les lots et devoirs de Bretagne; — 11° l'équivalent de Languedoc; — 12° les aides du Maconnais; — 13° les cent sous par muid d'eau-de-vie, fixés à six livres quinze sous par muid, sur la Seine et autres rivières y affluentes; — 14° les droits du pont de Meulan; — 15° l'ancien octroi et droit de passe-debout à Orléans. — Prost de Royer, *ibid.*, t. 3, p. 627.

5. — Des exemptions étaient accordées, savoir : pour les droits d'aides généraux, à certaines villes, à raison de leurs priviléges et immunités; et pour les droits d'aides locaux, à quelques personnes, à cause de leurs qualités et prérogatives. Dans cette dernière classe figuraient les ecclésiastiques, les communautés religieuses, les membres de l'université.

6. — Ces droits, après avoir été d'abord mis en ferme, par des adjudications partielles faites à des particuliers, dépendaient tous de la régie générale, lors de la révolution de 1789.

7. — La loi des 12-17 mars 1791, art. 2, a aboli tous ces droits, connus sous le nom de *droits d'aide*, et autres, quelle que soit leur dénomination, dépendant de la régie générale.

8. — Aujourd'hui, quelques uns de ces droits seulement ont été rétablis; et leur perception, uniforme pour toute la France, est confiée à l'administration des *contributions indirectes*. — V. ce mot.

AIEUL.

1. — On appelle *aïeul* l'ascendant du deuxième degré : *Avus hoc est patris et matris pater : item ava, similiter tam paterna quàm materna.* — L. 10, § 11, ff., *De grad. et affin.*

2. — Il existe entre les aïeuls et leurs petits-fils une réciprocité de certains droits et obligations. — Ainsi l'aïeul peut réclamer des alimens de son petit-fils, et de même il est tenu de lui en fournir. — V. ALIMENS.

3. — Il lui succède dans un certain ordre, et réciproquement. — V. DROIT DE RETOUR, RÉSERVE, SUCCESSION.

4. — L'aïeul doit, dans certains cas, être consulté pour le mariage de son petit-fils. — V. ACTE RESPECTUEUX, MARIAGE.

5. — La contrainte par corps ne peut être prononcée ni contre lui, au profit de son petit-fils, ni à son profit contre celui-ci. — V. CONTRAINTE PAR CORPS, PARENTÉ.

AIGUILLES.

1. — Les fabricans, pour leur compte, d'aiguilles, clefs et autres petits objets pour montres ou pendules sont rangés dans la sixième classe et imposés : 1° à un droit fixe basé sur le chiffre de la population de la ville ou commune où est situé l'établissement; — 2° à un droit proportionnel du vingtième de la valeur locative de la maison d'habitation et des locaux servant à l'exercice de la profession.

2. — Les fabricans à façon des mêmes objets ne sont placés que dans la huitième classe, et imposés : 1° à un droit fixe établi d'après les mêmes bases que les fabricans pour leur compte; — 2° à un droit proportionnel du quarantième de la valeur locative de la maison d'habitation et des locaux servant à l'exercice de la profession.

3. — Les fabricans d'aiguilles à coudre ou à tricoter ou à métiers à faire des bas, par procédés ordinaires, pour leur compte, sont imposés par la loi du 25 avril 1844 sur les patentes : 1° à un droit fixe de 25 francs; — 2° à un droit proportionnel du vingtième de la valeur locative de la maison d'habitation, et de celle des magasins de vente complètement séparés de l'établissement, et du vingt-cinquième de la valeur locative de l'établissement industriel.

4. — Quant à ceux qui travaillent à façon, par les mêmes procédés, ils sont rangés dans la huitième classe des patentés, et imposés : 1° à un droit fixe, basé sur le chiffre de la population de la ville ou commune où est situé l'établissement; — 2° à un droit proportionnel du quarantième de la valeur locative de la maison d'habitation et des locaux servant à l'exercice de la profession.

5. — Les fabricans qui travaillent par procédés mécaniques sont imposés : 1° à un droit fixe de 25 francs lorsque le nombre d'ouvriers ne dépasse pas cinq, et de 3 francs par ouvrier en sus, jusqu'au maximum de 300 fr.; — 2° à un droit proportionnel du vingtième de la valeur locative de la maison d'habitation et du quarantième de celle de l'établissement industriel.

6. — Les monteurs d'aiguilles pour les métiers à faire des bas sont rangés dans la huitième classe, et imposés dès-lors aux mêmes droits fixe et proportionnel que les fabricans à façon par les procédés ordinaires.

7. — Les marchands en gros d'aiguilles à coudre et à tricoter sont rangés dans la première classe et imposés : 1° à un droit fixe basé sur le chiffre de la population de la ville ou commune où est situé l'établissement; — 2° à un droit proportion-

nel du quinzième de la valeur locative de la maison d'habitation et des locaux servant à l'exercice de la profession.

8. — Les marchands en demi-gros ne sont rangés que dans la seconde classe des patentables et imposés : 1° à un droit fixe semblable à celui des marchands en gros ; 2° à un droit proportionnel du vingtième de la valeur locative de la maison d'habitation et des locaux servant à l'exercice de la profession.

9. — Enfin, les marchands en détail sont rangés dans la quatrième classe et imposés au même droit fixe (sauf la différence de classe), et au même droit proportionnel que les marchands en demi-gros.

AINESSE (Droit d').

Table alphabétique.

1. — On nomme droit d'aînesse les prérogatives que la loi attribuait autrefois à l'aîné comme étant le chef de la famille. — Merlin, *Répert.*, v° *Aînesse.*

2. — Le droit d'aînesse n'avait pas lieu en signe collatérale, si ce n'était dans bien peu de coutumes. — Denizart, v° *Aîné*, n° 3.

3. — Le droit d'aînesse, inconnu dans le droit romain, est né du régime féodal. « Les fiefs étant chargés d'un service, il fallait, dit Montesquieu (*Esprit des lois*, liv. 31, chap. 32), que le possesseur fût en état de le remplir, et pour cela sans doute il fallait abandonner à l'aîné la plus grande partie des biens au préjudice des puînés. Ce droit aurait dû s'anéantir avec la chute du gouvernement féodal, mais la nécessité l'avait fait naître, l'orgueil le fit subsister quand la raison de son institution n'existait plus. Le droit d'aînesse servait à conserver la fortune dans la famille, et à mettre le chef de cette famille en état de se maintenir dans le rang qu'avaient occupé les ancêtres; il servait à perpétuer le souvenir des noms illustres et l'éclat des maisons; il fut adopté dans presque toutes les coutumes de France, et il a fallu un bouleversement dans les idées pour en opérer l'extinction. Les idées d'égalité absolue qui prévalurent dans la révolution lui ont porté le dernier coup. » — Duvergier, *Coll. des lois*, t. 26, p. 107 et 108.

4. — Sous l'ancienne législation, les prérogatives attachées à l'aînesse consistaient en droits utiles et en droits honorables. Les droits utiles attribuaient à l'aîné une plus forte part dans la succession de ses auteurs, quant aux fiefs et aux alleux nobles. — Pothier, *Des successions*, ch. 2, sect. 1re, § 4. — V. FIEF, SUCCESSION.

5. — Le préciput compris dans cette plus forte part se composait : 1° d'un manoir, c'est-à-dire d'une maison à demeurer, que l'aîné avait le droit de choisir parmi toutes celles de la succession; 2° d'une certaine quantité de terre régie par les coutumes, autour dudit manoir; 3° d'une portion avantageuse dans le surplus des biens nobles que les coutumes d'Orléans et de Paris réglaient à deux tiers desdits biens, quand il n'y avait que deux enfans; et de la moitié quand il y en avait un plus grand nombre. — Pothier, *Des successions*, ch. 2, sect. 1re, § 4. — V. FIEF.

6. — Le renonçant devait, d'après Pothier (*ibid.*), être compté pour le calcul de la plus forte part de l'aîné. Cet auteur s'appuie de l'art. 310 de la coutume réformée de Paris, ainsi conçu : « La part de l'enfant qui s'abstient accroît aux autres enfans héritiers, *sans aucune prérogative d'aînesse de la portion qui accroît.* » Dumoulin était toutefois d'un avis contraire (*Gloss.* 4, sur le § 13). — Il devait, suivant Pothier (*ibid.*), en être de même dans la coutume d'Orléans, dont l'art. 359 contenait une disposition semblable à celle de l'art. 310 de la coutume de Paris.

7. — Il ne suffisait pas qu'un héritage fût intrinsèquement un fief pour être sujet au droit d'aînesse : il fallait que le défunt le tînt en fief. Ainsi, l'héritage pris à cens ou rente ne se partageait pas noblement entre les héritiers du preneur. Le droit de cens ou de rente, au contraire, se partageait noblement dans la succession du bailleur. — Coutume d'Orléans, art. 345 et suiv.; — Pothier, *ibid.*

8. — Les droits honorables étaient, pour la plupart, indépendans de la qualité d'héritier, et demeuraient à l'aîné quoiqu'il renonçât à la succession. « A l'aîné, disait la cout. de Troyes, art. 14, appartient le nom du seigneur, le cri (c'est-à-dire la devise) et le dépôt des titres. » — V., de plus, cout. Normandie, art. 350. — Pothier, chap. 2, sect. 1re, § 9, ajoutait dans le même sens : « Une prérogative attachée au droit d'aînesse était que l'aîné restait dépositaire de tous les titres de la famille, des portraits, des manuscrits du père commun et des autres ancêtres. » — V. NOBLESSE.

9. — Les coutumes de Paris et d'Orléans accordaient le droit d'aînesse aux roturiers comme aux nobles. — Pothier, ch. 2, section 1re, art. 2, § 1er.

10. — L'aîné était celui qui se trouvait au moment de l'ouverture de la succession le plus âgé des enfans mâles du défunt, alors même qu'il y en aurait eu de plus âgés que lui, qui à cette époque étaient morts naturellement ou civilement sans laisser de postérité pour les représenter. — Pothier, *ibid.*; Denizart, v° *Aînesse*, n° 2.

11. — Le fils exhérédé n'était pas considéré comme le mort civilement quant à sa qualité d'aîné. Aussi son exhérédation ne conférait pas à son puîné le droit d'aînesse. — Pothier, *ibid.*

12. — La même décision était suivie quant au fils aîné renonçant, quoique gratuitement. — Cout. de Paris, art. 310; d'Orléans, 359; — Dumoulin, cité par Pothier, *ibid.*

13. — Le fils avait le droit d'aînesse sur ses sœurs, quoiqu'elles fussent ses aînées. S'il n'y avait que des filles, il n'y avait pas de droit d'aînesse. — Cout. de Paris, art. 19; d'Orléans, art. 89 *in fine.*

14. — Toutefois quelques coutumes, notamment celle de Tours, donnaient le droit d'aînesse à la fille aînée, à défaut d'enfans mâles. — Pothier, *loc. cit.*

15. — Le fils légitimé avait le droit d'aînesse sur les enfans nés du mariage qui l'avait légitimé. Mais il ne l'avait pas sur les enfans intermédiaires, c'est-à-dire nés d'un mariage antérieur à sa légitimation, mais célébré depuis sa naissance. Il n'était point leur aîné comme enfant légitime. — Pothier et Dumoulin, *ibid.* — Lebrun était toutefois d'un avis contraire. — V. analogue, en matière de transmission d'apanage, v° APANAGE.

16. — Entre deux jumeaux, le premier qui était sorti de la mère était l'aîné. — *Caen*, 17 août 1843 (t. 1er 1844, p. 557), Lequesne c. Hamlet. — Le droit d'aînesse appartenait à celui qui était en possession de la qualité d'aîné et qui avait été reconnu pour tel dans la famille : l'autre ne pouvait revenir contre le jugement de la famille qu'en faisant une preuve contraire. — Denizart, v° *Aînesse*, n° 59. Mais s'il était impossible de reconnaître quel était le premier sorti du sein de la mère, il n'y avait point de droit d'aînesse. — Pothier, *ibid.* — Toutefois, dans ce dernier cas, quelques uns pensaient qu'il fallait laisser au père le droit de choisir; d'autres décidaient qu'il fallait reconnaître pour aîné celui qui était le plus robuste. Dumoulin et Lebrun, cités par Pothier, pensaient, l'un que le sort devait en décider, l'autre que les deux jumeaux devaient partager ensemble le droit d'aînesse et jouir alternativement des choses indivisibles; opinion insoutenable, suivant Pothier, parce que c'eût été admettre *deux aînés* dans une famille et donner deux chefs à un même corps.

17. — La représentation était admise au profit des enfans (mâles ou filles) de l'aîné dans la succession de l'aïeul. Mais dans la subdivision l'aîné de la branche prenait lui-même son droit d'aînesse sur ses frères et sœurs. S'il n'y avait que des filles qui représentassent l'aîné, elles prenaient ensemble le droit d'aînesse, mais il n'y avait point entre elles de droit d'aînesse dans les subdivisions. — Cout. de Paris, art. 305 et 324; — Pothier, *ibid.*

18. — Le droit d'aînesse supposait la qualité d'héritier dans la personne de celui qui voulait en profiter. L'aîné ne pouvait donc l'exercer s'il n'acceptait la succession. — Pothier, *Des successions*, ch. 2, § 5.

19. — Ainsi jugé que sous l'empire de la législation féodale, le fils aîné noble, qui renonçait à la succession de ses père et mère, ne pouvait retenir, dans la donation entre vifs qui lui avait été faite, le préciput et les portions avantageuses; le droit d'aînesse ne se prenait qu'à *titre d'héritier.* — *Cass.*, 26 août 1818, de Rohan-Rochefort.

20. — Mais il n'y avait pas renonciation à la qualité d'héritier et par suite au droit d'aînesse de la part de l'héritier légitimaire qui avait renoncé à réclamer sa légitime en nature pour s'en tenir à un don particulier, lorsqu'il existait un légataire universel. — *Cass.*, 17 nov. 1829, Dugon.

21. — Lorsque le droit d'aînesse s'exerçait par représentation, et qu'ensuite il y avait lieu à la subdivision dont il a été parlé (n° 17), Pothier (art. 2, § 1er) enseigne, contre l'opinion de Lebrun, que l'aîné des représentans pouvait, bien qu'il eût renoncé à la succession de son père, prendre le préciput dans la subdivision. « En effet, dit-il, cette subdivision était un partage de la succession de l'aïeul, et non de celle de son père, peu importe qu'il ait renoncé à la succession de son père. »

22. — Le droit d'aînesse était considéré comme une légitime à laquelle les père et mère ou autres ascendans ne pouvaient donner aucune atteinte.

23. — Mais, à la différence de ce qui avait lieu relativement à la légitime ordinaire, la légitime féodale (ou le droit d'aînesse) pouvait être diminuée ou même réduite à rien par des dispositions ou donations entre vifs faites à des étrangers. Car la coutume n'accordait à l'aîné ce droit d'aînesse que dans les biens nobles *qui se trouvaient dans la succession du défunt.* — Pothier, *ibid.*, § 6. — Par la même raison un père et une mère pouvaient, par une convention avec le seigneur, commuer en censive les biens qu'ils tenaient noblement, sans que l'aîné pût s'en plaindre. — Même auteur, *loc. cit.*

24. — Toutefois le droit d'aînesse ne pouvait être diminué par des donations entre vifs des héritages féodaux faites par l'ascendant au profit des puînés. — Pothier, *ibid.*

25. — Et même, suivant Pothier, il y avait lieu de penser qu'un père ou une mère ne pouvaient préjudicier au droit d'aînesse en *vendant* à leur puîné un héritage féodal, et qu'il devait être fait raison, dans les biens de la succession, à l'aîné, de la part qu'il aurait eue dans cet héritage sans la déduction de sa portion virile dans le prix que le défunt en avait reçu. — *Ibid.*

26. — Dans la coutume d'Artois, le père pouvait priver son fils aîné de toute part dans ses biens libres, pour le cas où il voudrait exercer son droit d'aînesse. — *Cass.*, 12 germ. an IX, Topart; — Merlin, *Quest.*, v° *Aînesse (droit d')*, § 2.

27. — La coutume d'Orléans, art. 91, permettait aux père et mère d'exclure le droit d'aînesse dans les fiefs qu'ils *acquéraient.* — Mais, dit Pothier, cette disposition était particulière à la coutume d'Orléans et contraire au droit commun.

28. — Le droit d'aînesse n'était point exclusif de la qualité d'héritier dans la personne des puînés. C'est ce qui a été jugé pour l'ancienne coutume d'Amiens. — *Cass.*, 13 mars 1806, Roussel c. de Wargemont.

29. — Le fils aîné majeur pouvait renoncer à son droit d'aînesse après que la succession était ouverte; mais il ne le pouvait pas avant son ouverture, par le double motif 1° qu'une telle renonciation eût été une convention *de hæreditate viventis*; 2° qu'il se serait élevé contre elle une présomption d'absence de liberté dans le consentement; le fils eût été présumé n'avoir consenti que par l'ordre de ses père et mère. — Pothier, *ibid.*, § 8. — Et le même auteur ajoute (*loc. cit.*) que cette décision devait être suivie alors même que la renonciation avait été faite par contrat de mariage.

30. — L'art. 11, tit. 1er, L. 15-28 mars 1790, a aboli le droit d'aînesse par rapport aux fiefs.

31. — Ce même article contenait toutefois une exception en faveur de ceux qui, au moment de la publication de la loi, étaient mariés ou veufs avec enfans, lesquels, dans les partages à faire entre eux et leurs cohéritiers de toutes les successions, mobilières et immobilières, directes et collatérales, qui pourraient leur échoir, devaient jouir de tous les avantages que leur attribuaient les anciennes lois.

32. — C'est la loi des 8-13 avr. 1791 qui a aboli le droit d'aînesse quant aux biens autres que les fiefs. — V. Merlin, *Quest.*, v^is^ *Aînesse, Exclusion coutumière, Féodalité* et *Succession.*

33. — Jugé que l'exception établie par l'art. 11,

tit. 1er, décr. 15-30 mars 1790, en faveur des mariés ou veufs sans enfans, aux dispositions abolitives du droit d'aînesse et des partages inégaux, à raison de la qualité des personnes, n'a pas pu être étendue au droit que certaines coutumes avaient établi en faveur d'enfans plus jeunes (tel que le privilége de l'usement de Quévaise, en Bretagne), si, lors de l'abolition de l'inégalité des partages, il n'était pas certain qu'il ne surviendrait pas d'autres enfans du père commun, c'est-à-dire si celui-ci n'était pas décédé. — *Rennes*, 18 mai 1812, Quemeur.

34. — Les enfans d'un aîné qui était marié lors de la publication des lois des 15 mars 1790 et 8 avr. 1791 ont pu, par représentation de leur père décédé depuis, exercer dans les successions ouvertes postérieurement à ces époques le droit d'aînesse et les autres avantages que les lois précitées conservaient à leur auteur. — *Cass.*, 6 (et non 16) frim. an XI, Blondel; 26 flor. an XI, Gouyon de Marcé c. Gouyon; — Merlin, *Quest.*, v° *Succession*, § 7.

35. — Un projet de loi présenté à la chambre des pairs le 10 fév. 1826, et dont le troisième article, le seul qui ait été adopté, forme aujourd'hui la loi du 17 mai 1826, sur les substitutions, avait pour but le rétablissement du droit d'aînesse. Le premier article de ce projet était ainsi conçu : « Dans toute succession déférée à la ligne directe descendante, et payant 300 fr. d'impôt foncier, si le défunt n'a pas disposé de la quotité disponible, celle quotité sera attribuée, à titre de préciput légal, au premier né des enfans mâles du propriétaire décédé. — Si le défunt a disposé d'une partie de la quotité disponible, le préciput légal se composera de la partie de cette quotité dont il n'aura pas disposé. — Le préciput légal sera prélevé sur les immeubles de la succession, et, en cas d'insuffisance, sur les biens meubles. »

36. — L'art. 2 portait : « Les dispositions des deux premiers paragraphes de l'article qui précède cesseront d'avoir leur effet lorsque le défunt en aura formellement exprimé la volonté par acte entre vifs ou par testament. » Enfin l'art. 3 était relatif aux substitutions à deux degrés. C'est le seul qui ait ait passé ainsi que nous venons de le dire. — V. SUBSTITUTION.

37. — Le but des rédacteurs du projet de loi, tel qu'il fut présenté à la chambre des pairs le 10 fév. 1826, était de créer une aristocratie pour servir, disait-on, de soutien à la monarchie. On argumentait ainsi en faveur du système proposé : « Chaque forme de gouvernement doit, pour se soutenir, avoir en elle-même un principe de stabilité, sans lequel sa constitution tendrait sans cesse à s'altérer et à périr. Celui qui convient à la monarchie tempérée est l'esprit de famille... — Constituée sur les mêmes principes que la monarchie, éprouvant des besoins semblables, la famille tend aussi à étendre son existence dans l'avenir ; l'esprit qui la dirige est celui de conservation, c'est-à-dire d'ordre et de morale ; sa force est surtout celle de résistance à tout bouleversement qui compromettrait sa sécurité... — Pour conserver ou créer l'esprit de famille, il faut donc trouver un moyen de conserver ou créer les familles elles-mêmes. Le préciput légal, attribué à l'un des successibles, et les substitutions remplissent le but désiré. » — On ajoutait à ces motifs des considérations dont l'exactitude est au moins problématique, et qui peuvent se résumer à ceci : le gouvernement est intéressé à ce que le nombre de ceux qui participent aux affaires du pays ne soit pas trop restreint, car il paraît d'autant plus représenter l'intérêt de tous, qu'il est exercé par un plus grand nombre. — L'intérêt agricole souffre du morcellement de la propriété, car le morcellement excessif nécessite un grand nombre de limites improductives et multiplie nécessairement les contestations. Le perfectionnement de l'industrie agricole est impossible ailleurs que dans les pays de grandes cultures. — V. *Moniteur* du 16 fév. 1826.

38. — On répondait à ces considérations « que le droit d'aînesse venait renverser le principe d'égalité introduit par la révolution et consacré par la charte; que l'histoire prouvait que l'aristocratie n'avait pas toujours été le soutien du trône et qu'elle n'avait pas été le seul soutien de la monarchie ; que le petit propriétaire était aussi intéressé que le grand à la conservation de la monarchie ; que l'agglomération de la propriété dans un petit nombre de mains serait nuisible au prince et au peuple, puisque l'élection n'exprimerait plus alors que l'opinion d'un petit nombre de privilégiés, souvent contraire à l'intérêt de la masse. » On ajoutait que, « loin de nuire à l'industrie agricole, le morcellement des terres augmentait la production, car il rendait la culture plus facile. »

39. — Ainsi fut rejetée la disposition du projet qui était non seulement contraire à la charte, mais encore opposée aux mœurs de la nation, et qui blessait la nature et la morale. — Duvergier, *Coll. des lois*, t. 26, p. 134 et suiv., notes sous la loi du 17 mai 1826.

40. — Aujourd'hui les droits respectifs des enfans entre eux se trouvent régis par l'art. 745, C. civ., ainsi conçu : « Les enfans ou leurs descendans succèdent à leurs père et mère, aïeuls, aïeules ou autres ascendans, sans distinction de *sexe* ni de *primogéniture*, et encore qu'ils soient issus de différens mariages. » — V. SUCCESSION.

41. — L'aînesse ne confère de droits que relativement aux biens érigés en majorats, en vertu du sén.-cons. du 14 août 1806 (V. MAJORAT), et qu'en matière de recrutement, alors qu'on est fils de veuve au moment du tirage au sort. — V. RECRUTEMENT.

AJOUR.

1. — Ce mot était employé dans quelques coutumes, et notamment dans le style des cours et justices séculières du pays de Liége, comme synonyme d'ajournement.

2. — A Valenciennes, ajour exprimait l'ensemble des poursuites que dirigeait le créancier hypothécaire d'une rente dont il était dû trois termes d'arrérages.

3. — Ces poursuites avaient pour effet, si la rente était foncière, de faire réintégrer le créancier dans l'héritage affecté à la rente.

4. — Si, au contraire, la rente était constituée, les poursuites avaient pour objet de faire vendre l'héritage par autorité de justice, et le prix était distribué entre les créanciers suivant l'ordre des hypothèques.

5. — Toutefois, le créancier ne pouvait être colloqué dans l'ordre que pour trois années d'arrérages, à moins de stipulation expresse ; et encore, même dans ce cas, le créancier n'avait contre son débiteur qu'une action personnelle. — V. cout. de Valenciennes, art. 48 ; — Guyot, *Répert.*, article de Merlin, v° *Ajour*.

AJOURNEMENT.

1. — Acte d'huissier par laquel une personne est sommée, à la requête d'une autre, de comparaître à certain jour devant le juge qui doit connaître de la contestation.

2. — Ainsi, l'ajournement est synonyme du mot assignation. — V. ce mot et surtout EXPLOIT.

3. — Bornier faisait dériver le mot *ajournement* de ceux-ci *in diem dictio* (citation faite en plein jour); mais la véritable étymologie est celle que donne Ferrière. Suivant ce praticien, ajournement vient des mots *ad jour, ad journement*, c'est-à-dire citation pour comparaître à un jour fixe, déterminé. — V. aussi Ducange, *Gloss.*, v° *Adjornamentum*; Laurière, *Glossaire du droit français*, v° *Adjournement* ; Guyot, *Rép.*, v° *Ajournement*.

4. — L'ajournement *(vocatio in jus)* était désigné dans les lois des barbares sous le nom de *mannitio*, et sous le nom de *semonce* dans la coutume de Normandie.

5. — Anciennement, l'ajournement n'était valable qu'autant qu'il avait été fait avec la permission ou de l'exprès commandement du juge. — Ord. de saint Louis, de 1254; de Philippe-le-Bel, de 1302, art. 23 ; — Masuer, *Pratique*, tit. 1er.

6. — Quelquefois, dit Masuer, les adjournemens se font en vertu de lettres royaux, en forme de mandement *de debitis*.

7. — C'est ce qu'explique aussi Bouthillier (*Somme rurale*, tit. 3, p. 16). — « Si dois sçavoir que quiconque veut ès cas permis adjourner autre en parlement et cause personnelle ou criminelle, il convient avoir mandement du roi nostre sire, autrement dit lettres royaux contenant le cas... »

8. — A cette époque il y avait certaines formes pour ajourner un pair de France, un prince, un prélat, un seigneur, un gentilhomme, *à cause de leur révérence et autorité*, dit Ragueau. — *Indice des droits royaux*, v° *Adjournement*.

9. — Quant aux formes de l'ajournement et aux principes qui régissent aujourd'hui cette matière, V. EXPLOIT.

V. ALGÉRIE.

AJOURNEMENT A CRI PUBLIC.

Citation à comparaître, qui se faisait à son de trompe, dans les places publiques, et qui était particulièrement en usage contre les contumax, les vagabonds et les criminels. On disait aussi *ajournement à ban*.

AJOURNEMENT PERSONNEL (Décret d')

1. — On appelait de ce nom, en matière criminelle, sous l'empire des décret des 8 et 9 oct. 1789, de l'ordonnance criminelle du 28 août 1670, et de quelques ordonnances antérieures, l'acte par lequel le magistrat compétent ordonnait qu'un prévenu serait *ajourné*, ou assigné à jour dit à comparaître en personne par devant lui, pour répondre aux charges qui résultaient déjà contre lui de l'instruction et des pièces du procès, et autres sur lesquelles les gens du roi voudraient le faire entendre.

2. — Ce décret ne se décernait généralement que lorsque le fait pour lequel il existait prévention était assez grave pour qu'il en pût résulter peine infamante en cas de conviction.

3. — Il emportait de droit interdiction de fonctions, lorsqu'il était décerné contre un juge ou tout autre officier public, et il se décernait par un seul juge sur les conclusions du procureur du roi ou du procureur fiscal.

4. — Le décret des 8 et 9 oct. 1789, art. 9, établit que les décrets d'ajournement personnel ne pourraient plus être prononcés que par trois juges au moins, ou par un juge et deux gradués.

5. — La loi des 16 et 29 sept. 1791 substitua la qualification de *mandat d'amener* à celle de décret *d'ajournement personnel*, dont elle modifia en même temps les effets, et elle donna aux juges de paix, aux capitaines et aux lieutenans de gendarmerie le droit de décerner ces mandats.

6. — La loi du 3 brum. an IV (Code des délits et des peines) créa le *mandat de comparution*, avec lequel l'ancien décret d'ajournement personnel avait aussi quelques rapports, quoiqu'il constituât une mesure plus sévère.

7. — Les *mandats de comparution* et *d'amener* ont été maintenus par le Code d'instruction criminelle actuellement en vigueur, et c'est entre ces deux mandats que pourrait être placé, quant à ses effets, l'ancien *décret d'ajournement personnel*. — V. INSTRUCTION CRIMINELLE, MANDATS D'EXÉCUTION.

ALAMBICS.

Les fabricans ou marchands d'alambics et autres grands vaisseaux en cuivre sont rangés par la loi du 25 avr. 1844, sur les patentes, dans la quatrième classe des patentables et imposés : 1° à un droit fixe basé sur le chiffre de la population de la ville ou commune où est situé l'établissement ; — 2° à un droit proportionnel du vingtième de la valeur locative de la maison d'habitation et des locaux servant à l'exercice de la profession. — V. PATENTE.

ALBATRE.

Les fabricans ou marchands d'objets en albâtre sont rangés par la loi du 25 avr. 1844, sur les patentes, dans la cinquième classe des patentables, et imposés : 1° à un droit fixe basé sur le chiffre de la population de la ville ou commune où est situé l'établissement ; — 2° à un droit proportionnel du vingtième de la valeur locative de la maison d'habitation et des locaux servant à l'exercice de la profession. — V. PATENTE.

ALBERGEMENT.

1. — L'albergement était un ancien contrat usité surtout dans le Dauphiné, et qui répondait à peu près à l'emphytéose et au bail à viage. — Le contrat était fait en général pour quatre-vingt-dix-neuf ans ; mais ce terme n'était pas essentiel. On pouvait contracter pour un temps moins long, et même convenir de certains cas de résolution. — Domat, *Lois civiles*, liv. 1er, tit. 4, sect. 10e, n° 9.

2. — L'albergataire qui ne payait pas la rente était soumis au déguerpissement des immeubles albergés, bien que le pacte commissoire n'eût pas été stipulé dans l'acte. — *Grenoble*, 13 fév. 1833, Bergoin c. Vargoz; — Domat, liv. 1er, tit. 4, sect. 10e, n° 9; Despeisses, *Droits seigneuriaux*, liv. 3, p. 119; Salvaing, *Usage des fiefs*, chap. 29. — V. aussi Merlin, *Rép.*, v° *Commise emphytéotique*, n° 1er; Duvergier, *Louage*, t. 1er (contin. de Toullier, t. 18), nos 166 et suiv.

3. — Les acquéreurs successifs de l'immeuble albergé étaient soumis aux mêmes obligations que l'albergataire, et le possesseur actuel de l'immeuble soumis à la rente était passible des arrérages échus et de tous les frais faits par le créancier contre les possesseurs antérieurs. — Même arrêt. — V. aussi *Cass.*, 30 août 1827, Coens c. Bouvier. — V. au surplus EMPHYTÉOSE.

ALBERGUES.

On appelait ainsi, sous le règne de la féodalité, les rentes et redevances dues au domaine du roi ou à des seigneurs particuliers. — Les redevances seigneuriales ont été abolies par la loi du 17 juill. 1793.

ALCALI.

Les fabriques d'alcali caustique et celles d'alcali volatil sont rangées parmi les établissemens insalubres. — V. ce mot, à la nomenclature.

ALCOOL.

1. — Esprit de vin, base essentielle des eaux-de-vie, esprits et liqueurs.

2. — L'alcool pur, contenu dans les eaux-de-vie, esprits et liqueurs, est soumis aux droits d'entrée; l'alcool dénaturé peut être frappé d'un droit de dénaturation. — LL. 12 déc. 1830, 24 juill. 1843, art. 5.

3. — Les vins destinés à être mêlés à l'eau-de vie ne sont affranchis du droit général de consommation que lorsqu'ils contiennent moins de vingt-un centièmes d'alcool pur. — LL. 28 avr. 1816, art. 91; 24 juin 1824, art. 7. — V. BOISSONS.

ALÉA.

On entend par ce mot, dont l'étymologie latine, *alea*, signifie coup de dé, jeu de hasard, certaines conventions dont les avantages ou les pertes consistent dans un événement incertain. — V. CONTRAT ALÉATOIRE.

ALÉATOIRE (Contrat).

V. CONTRAT ALÉATOIRE.

ALEU.

Dans le langage du droit, ce mot désigne l'héritage qui ne doit point de droits seigneuriaux: *illius enim fundi proprietas à nullo recognoscitur.* — V. FRANC-ALEU.

ALEVIN (Marchands d').

Les marchands d'alevin sont rangés par la loi du 25 avr. 1844 sur les patentes, dans la septième classe des patentables et imposés: 1° à un droit fixe basé sur le chiffre de la population de la ville ou commune où est situé l'établissement; — 2° à un droit proportionnel du quarantième de la valeur locative de la maison d'habitation et des locaux servant à l'exercice de la profession. — V. PATENTE.

ALGÉRIE.

Table alphabétique.

ALGÉRIE. — 1. — Possession française dans le nord de l'Afrique.

—

Sect. 1re. — *Historique et organisation en général.*

2. — L'origine de la propriété française sur les côtes du nord de l'Afrique ne remonte pas seulement à 1830. Depuis quatre siècles la France y possédait une partie du littoral, qui s'étendait depuis Bodjeyah (Bougie) jusqu'à la frontière de l'état de Tunis.

3. — Ce territoire se divisait en deux parties possédées à des titres différens. La partie orientale, comprise entre l'état de Tunis et la rivière Seybas, appartenait en propriété à la France, qui y avait construit les forteresses du *Bastion de France* et de la *Calle*, et le poste du *Moulin*.

4. — La partie occidentale, qui s'étendait à la suite jusqu'à Bodjeyah, était possédée à titre de concession de la régence d'Alger, moyennant une redevance de 17,000 livres tournois en 1694, et qui s'était élevée jusqu'à 200,000 fr. en 1817. La France y exploitait la pêche du corail.

5. — De plus, on sait que depuis longues années la plupart des nations de la chrétienté étaient de fait tributaires de la régence d'Alger.

6. — Un décret du 10 mars 1792 ordonna au ministre de la marine de rendre compte de divers objets relatifs au traité fait avec le dey d'Alger, pour la délivrance des Français captifs.

7. — Le 26 frim. an X (17 déc. 1801) un traité de paix eut lieu entre la république française et la régence d'Alger. — Pour l'exécution de ce traité il fut conclu, le 28 oct. 1819, un arrangement par lequel il fut stipulé que la France paierait sept millions en numéraire. — Le 24 juill. 1820, une loi autorisa le ministre des finances à prélever, sur le crédit affecté au paiement de l'arriéré, la somme nécessaire pour acquitter ces sept millions.

8. — On connaît les causes qui ont déterminé la France à porter ses armes dans l'Algérie et les conquêtes successives que nous y avons faites. Aujourd'hui l'Algérie est une dépendance de la France. Elle est régie par des dispositions particulières qui ne sont, sous beaucoup de rapports, ni les dispositions des lois de la métropole ni celles des colonies.

9. — Dans les premiers temps qui suivirent l'occupation du pays d'Alger, les pouvoirs civils et militaires étaient nécessairement réunis dans une seule main. Une ordonnance royale du 1er déc. 1831 vint les séparer. Elle confia à un intendant civil la direction et la surveillance des services civils et financiers et de l'administration de la justice. Cet intendant civil était placé sous les ordres immédiats du président du conseil des ministres et respectivement sous ceux des autres ministres. Mais cette ordonnance fut révoquée par une autre du 12 mai 1832.

10. — La pensée de la colonisation de cette nouvelle conquête a dû résulter de notre premier établissement sérieux sur le littoral. La première chose à faire pour coloniser est de chercher à s'assimiler le pays qu'on veut coloniser. Dès-lors, il y a nécessité évidente de le bien connaître. Aussi voyons-nous, dès 1833 (ord. du 12 déc.), le gouvernement instituer une commission spéciale, chargée de recueillir dans la province d'Alger les faits et documens sur la régence.

11. — Une ordonnance royale du 22 juill. 1834 confie le commandement général et la haute administration des possessions françaises dans le nord de l'Afrique à un gouverneur général, sous les ordres et la direction du ministre de la guerre (art. 1er).

12. — Le gouverneur général a sous ses ordres, comme chargés des différens services civils et militaires, un officier général commandant les troupes, un intendant civil (remplacé depuis par un directeur de l'intérieur), un officier général commandant la marine, un procureur général, un intendant militaire et un directeur des finances. Ces mêmes fonctionnaires composent le conseil d'administration auprès du gouverneur. — Ord. 22 juill. 1834, art. 2 et 3.

13. — Jusqu'à ce qu'il en soit autrement ordonné, les possessions françaises dans le nord de l'Afrique seront régies par ordonnances royales, dont les projets sont préparés en conseil par le gouverneur général. — En cas d'urgence, le gouverneur peut, provisoirement et par voie d'arrêté, rendre exécutoires les dispositions contenues dans ces projets. — Ord. 22 juill. 1834, art. 4 et 5.

14. — Le gouverneur général des possessions françaises du nord de l'Afrique peut y promulguer, sans le concours du conseil colonial, les actes législatifs en vigueur sur le continent de la France; en conséquence, la promulgation par lui faite de certaines dispositions de la loi du 30 avr. 1790 sur la chasse, et du décret du 4 mai 1812, sur les permis de port d'armes de chasse, est légale et rend

ces dispositions obligatoires. — *Cass.*, 21 mai 1836, Glaireau.

15. — Le gouverneur général nomme à tous les emplois publics auxquels il n'est pas pourvu par les ordonnances royales, ou dont le ministre de la guerre ne s'est pas réservé la nomination. — Ord. 31 oct. 1838, art. 10.

16. — Ont été successivement nommés gouverneurs généraux des possessions françaises dans le nord de l'Afrique : le lieutenant-général Drouet (ord. 27 juill. 1834); le maréchal comte Clausel (ord. 8 juill. 1835); le lieutenant général comte Damrémont (ord. 12 fév. 1837; le maréchal comte Valée) (ord. 1er déc 1837); le lieutenant général Bugeaud (ord. 29 déc. 1840)

17. — Des ordonnances spéciales ont déterminé l'organisation de l'administration civile, celle de la justice et celle des finances. Mais l'administration de l'armée et celle de la marine sont restées soumises aux lois qui les régissent. — Ord. 22 juill. 1834, art. 6.

18. — Il ne peut entrer dans notre pensée de faire connaître toutes les lois et ordonnances qui ont régi et organisé cette colonie. Nous indiquerons celles qui ont été abrogées ou modifiées, et nous analyserons sommairement celles qui expriment le dernier état d'organisation.

Sect. 2e. — *Administration militaire.*

19. — Bien que l'administration de l'armée et celle de la marine soient restées soumises aux lois qui les régissent (ord. 22 juill. 1834, art. 6), cependant la conquête et la possession de l'Algérie ont donné lieu à quelques dispositions particulières et à la création de troupes spéciales dont on doit dire un mot.

20. — C'est principalement à ce sujet qu'a été rendue la loi du 9 mars 1831, qui autorise la formation d'une légion d'étrangers en France et de corps militaires composés d'indigènes et d'étrangers, hors du territoire continental.

21. — Une ordonnance du 21 mars 1831 autorise la formation en Afrique 1o de bataillons et escadrons de *zouaves*, dont elle règle l'organisation; 2o de deux escadrons de *chasseurs algériens*. — Ces deux bataillons ont été compris dans les *chasseurs d'Afrique*, lors de la création, par l'ordonnance du 17 nov. 1831, de deux régimens de cavalerie légère sous cette dernière dénomination.

22. — Une ordonnance du 12 avr. 1842 règle le mode de recrutement du corps des chasseurs d'Afrique. Il a lieu. 1o par les jeunes soldats provenant des appels; 2o par des engagés volontaires; 3o et subsidiairement par des militaires appartenant aux régimens de cavalerie de l'armée.

23. — L'art. 7 de l'ord. du 17 nov. 1831 prescrit de joindre au corps des chasseurs d'Afrique un nombre indéterminé de cavaliers indigènes et colons. Ce fut l'origine des *spahis*. — Les spahis ont été régulièrement organisés en quatre escadrons, placés d'abord sous le commandement d'un lieutenant colonel. Des spahis ont été créés également à Bone et à Oran (ord. 10 sept. 1834, 10 juin 1835 et 12 août 1836). Après diverses modifications qu'ont subies ces corps spéciaux, l'ordonnance du 31 août 1839, art. 1er et 2, a statué de la manière suivante :

24. — « Les trois régimens de chasseurs d'Afrique et les divers corps de spahis précédemment » organisés sont réunis en un seul corps de cavalerie régulière, formant quatre régimens de » chasseurs d'Afrique et de spahis. Le 1er et le 2e » régimens sont composés de six escadrons de » chasseurs français et de deux escadrons de spahis français et indigènes; les deux autres régimens comptent cinq escadrons de la première » espèce, et un seul de la seconde. »

25. — Puis est venue l'ordonnance du 7 déc. 1841, sur l'organisation de la cavalerie indigène en Algérie, qui fixe à vingt escadrons la force du corps des spahis, dans lesquels sont compris les corps de cette arme déjà existans, et les 7e et 8e escadrons du 1er régiment de chasseurs d'Afrique.

26. — Ces deux corps, momentanément réunis, se trouvent définitivement séparés. Les spahis, placés d'abord sous le commandement d'un lieutenant colonel, sont actuellement commandés par un colonel, qui réside à Alger, et par deux lieutenans colonels résidant l'un à Bone, l'autre à Constantine (ord. 28 avr. 1842). — Les engagés indigènes doivent prêter, sur le Koran, serment de fidélité au roi des Français (ord. 7 déc. 1841). Cette ordonnance règle tout ce qui concerne la solde, l'avancement, l'armement et l'administration de ce corps.

27. — Les lieutenans et sous-lieutenans français des spahis jouissent des avantages que fait aux lieutenans et sous-lieutenans de cavalerie l'ordonnance du 3 nov. 1837, et ils ont droit à un cheval d'escadron fourni par l'état.

28. — L'ord. du 3 juin 1832 porte création de deux bataillons d'infanterie légère, sous la dénomination de 1er et 2e *bataillons d'Afrique*, et elle en règle la composition. — Par une autre ord. du 18 sept. suivant, les dispositions de la précédente ont été appliquées aux deux régimens d'infanterie et au corps d'artillerie de la marine.

29. — Ces bataillons d'infanterie sont formés de soldats provenant des compagnies de fusiliers de discipline ou des ateliers de condamnés (ord. 23 juin 1833). Cette ordonnance, considérant qu'un grand nombre de soldats de ces deux classes peuvent recevoir cette destination, prescrit l'organisasion d'un 3e bataillon d'Afrique. — Chacun de ces bataillons a encore reçu une augmentation de deux compagnies (ord. 3 août 1834); le nombre total des compagnies est aujourd'hui de dix par bataillon (ord. 12 mai 1836). L'art. 2 porte que ces compagnies ne recevront que les soldats condamnés à une peine correctionnelle de plus de trois mois de prison auxquels il restera, leur peine expirée, plus d'une année de service à faire.

30. — Les *tirailleurs d'Afrique* ont été organisés en un bataillon, sous réserve d'autres bataillons à créer selon les besoins du service, par une ord. du 28 oct. 1836. Ce bataillon est devenu le premier des dix bataillons de *chasseurs à pied* créés par l'ord. du 28 sept. 1840. Une ordonnance du mois de juill. 1842 a donné à ce corps la dénomination de *chasseurs d'Orléans*.

31. — L'infanterie indigène a été organisée d'une manière régulière en Algérie, par ord. du 7 déc. 1841, distincte de celle qui organise la cavalerie indigène et qui est du même jour. Cette ordonnance crée des bataillons de *tirailleurs indigènes*, dont elle fixe momentanément le nombre à trois, et qui prendront le nom de la province où ils seront formés (art. 1er).

32. — Les emplois de l'état-major et du petit état-major sont exclusivement réservés aux Français. Les lieutenans et les sous-lieutenans sont moitié Français, moitié indigènes. Le commandement, même par intérim, d'une compagnie, ne peut jamais être exercé que par un Français. — Les sergens, les caporaux, les tambours, les clairons et les simples tirailleurs sont exclusivement indigènes (art. 3). — Cette ordonnance règle ensuite l'avancement, l'armement, l'administration de ce corps.

33. — Une ordonnace du 22 août 1831 a créé, à Alger, une direction d'artillerie dont le ressort s'étend à toutes les possessions du nord de l'Afrique.

34. — Les canonniers gardes-côtes ont été organisés pour le service spécial de l'artillerie sur le littoral de l'Afrique, par ordonnance du 1er août 1831. Ils ont été supprimés par une ordonnance de 1838 (22 nov.), qui crée une treizième batterie dans les six premiers régimens d'artillerie, et affecte ces treizièmes batteries au service des places, des forts et des côtes de nos possessions du nord de l'Afrique (art. 1er et 2). — Le personnel de ces batteries a été augmenté par ordonnance du 26 avr. 1841, et l'état-major de ce corps par une autre ordonnance du 13 juin 1842.

35. — Une compagnie d'ouvriers du génie a été organisée pour le service de l'Algérie par ordonnance du 1er fév. 1841. — Le 5 mai 1841, il a été créé, pour le service de l'armée d'Afrique, une demi-compagnie d'armuriers.

36. — Au nombre des corps spéciaux qui entrent dans la composition de l'armée (V. ARMÉE, sect. 1re, § 3, no 31) se trouve le train des équipages militaires. L'ord. du 1er fév. 1832 organise d'une manière spéciale la sixième compagnie de ce corps pour le service de l'armée d'Afrique.

37. — Le service de la gendarmerie est fait, en Afrique, par une légion composée de quatre compagnies, dont les siéges sont fixés à Alger, à Bouffarick, à Constantine et à Oran. — Ord. du 31 août 1839.

38. — L'ord. du 31 oct. 1831, porte : « Vu l'ord. du 1er avr. 1818, portant création de dix compagnies de discipline, la cinquième compagnie des fusiliers et la cinquième compagnie des pionniers de discipline seront formées, en Algérie, d'après les bases de l'ordonnance précitée et de celle du 5 janv. 1820. » — V. sur la composition des compagnies de discipline l'ord. du 7 févr. 1834, vo ARMÉE, sect. 1re, § 4, no 46; et sect. 2e, sur l'avancement militaire dans l'Algérie.

39. — L'ord. du 10 août 1834, distincte de celle du même jour qui règle l'organisation judiciaire, place le service maritime sous la direction d'un contre-amiral, qui a le titre de *commandant de la marine* (art. 1er), et qui a sous ses ordres un capitaine de frégate ou de corvette, adjudant, un lieutenant de vaisseau, sous-adjudant, deux commis de marine entretenus (art. 2).

40. — Un ord. du 7 fév. 1841 autorise le ministre de la guerre à régler, par des arrêtés spéciaux, les rapports de son département avec le gouverneur général de l'Algérie et les chefs de service placés sous ses ordres.

Sect. 3e. — *Administration civile et financière.*

41. — L'administration civile et financière est placée sous l'autorité du gouverneur général. Sous ses ordres agissent : 1o le directeur de l'intérieur remplaçant l'ancien intendant civil; 2o et le directeur des finances. — Ord. 22 juill. 1834, art. 2 et 3; ord. 31 oct. 1838, art. 1er.

42. — Des sous-directeurs administrent sous les ordres du directeur de l'intérieur les provinces de Constantine, d'Oran (ord. 31 oct. 1838, art. 2) et de Philippeville (ord. 10 déc. 1842). — La sous-direction d'Alger, créée par ord. du 3 déc. 1838, a été supprimée (ord. 7 fév. 1841).

43. — Une ord. du 4 mars 1835 trace des règles particulières relativement aux cautionnemens, dépôts et consignations faits ou *à faire* en Algérie.

44. — Une ord. du 26 déc. 1842 institue en Algérie des curateurs aux successions vacantes. Ils sont nommés dans le ressort de la cour royale, par le procureur général; sur la proposition du procureur du roi. Leur nomination est publiée dans le *Moniteur algérien*.

45. — D'après l'art. 2 de cette ordonnance, une succession sera présumée vacante lorsqu'au moment de son ouverture aucun héritier ne se présentera, soit en personne, soit par un mandataire spécial, ou lorsque les héritiers présens ou connus y auront renoncé. — Les autres dispositions de cette ordonnance, en quarante-neuf articles, déterminent les règles d'administration que doivent suivre les curateurs, leur responsabilité, la reddition des comptes, etc., etc.....

46. — Une ord. du 7 déc. 1835 a fixé le taux de l'argent, *jusqu'à nouvel ordre*, tant en matière civile qu'en matière commerciale, à 10 % par an.

47. — Une ord. du 31 juill. 1836 trace le mode de liquidation des indemnités qui peuvent être dues aux propriétaires dépossédés par suite de mesures administratives dans les possessions françaises du nord de l'Afrique.

48. — Une ord. du 25 août 1838 établit un évêché à Alger.

49. — Une ord. du 13 avr. 1839 maintient les droits de membres de l'université aux fonctionnaires de l'instruction publique qui, avec l'autorisation du ministre, seront attachés aux établissemens d'instruction publique de l'Algérie.

50. — Le régime financier des possessions françaises de l'Afrique résulte aujourd'hui de l'ordonnance du 21 août 1839, qui classe les recettes et les dépenses en recettes et dépenses au profit ou à la charge du trésor, et en recettes et dépenses au profit ou à la charge de la colonie (art. 2 et 7). L'ordonnance fait connaître ces diverses classes de recettes et de dépenses; elle en règle la perception, l'ordonnancement, le personnel, etc.

51. — Ces dispositions ont été précédées ou complétées par d'autres ordonnances des 31 oct. 1835 et 16 déc. 1843.

52. — Une ord. du 19 oct. 1841 rend exécutoires, en Algérie, sauf les exceptions et modifications y exprimées, les lois, décrets et ordonnances qui régissent en France 1o les droits d'enregistrement; 2o les droits de greffe; 3o les droits d'hypothèques; 4o les obligations des officiers publics et ministériels, en ce qui concerne la rédaction matérielle des actes et la tenue des répertoires (art. 1er). Ces exceptions et modifications consistent principalement dans les suivantes :

53. — Les droits de greffe, d'enregistrement et d'hypothèque perçus en France, soit comme droits fixes, soit comme droits proportionnels, sont réduits de moitié en Algérie, décime non compris. — Toutefois le minimum du droit à percevoir ne peut descendre au-dessous de 25 cent (art. 2).

54. — Les mutations par décès de biens meubles ou immeubles ne sont assujéties à aucun droit, ni soumises à aucune déclaration (art. 4).

55. — D'après une ord. du 10 janv. 1843, les lois, décrets et ordonnances qui régissent actuellement, en France, l'impôt et les droits de timbre, sont applicables et exécutoires en Algérie, à partir du 1er mars 1843 (art. 1er). — Le délai a été reporté au 1er juill. 1843. — Ord. 12 mars 1843.

56. — Les lois et ordonnances qui seraient rendues, en France, relativement aux droits d'enregistrement, de greffe ou d'hypothèque, ne deviendront exécutoires, en Algérie, qu'en vertu

d'ordonnances spéciales (ord. 19 oct. 1841, art. 7). Il en est de même en ce qui concerne les droits de timbre. — Ord. 10 janv. 1843, art. 2.

57. — Le service des postes est réglé par deux ordonnances des 26 juin 1835 et 16 déc. 1843. — Et le mode de transport entre la France et l'Algérie, par deux autres ordonnances des 23 fév. 1837 et 7 déc. 1841.

58. — D'après une ordonnance du 26 déc. 1842, la loi du 18 germin. an III et celle du 19 frim. an VIII, sur les poids et mesures, sont exécutoires, en Algérie, à partir du 1er mars 1843.

59. — Les prix de vente des poudres royales sont fixés par une ord. du 22 juin 1841.

60. — Le régime des douanes est réglé par deux ordonnances des 23 juill. 1839 et 16 déc. 1843.

Sect. 4e. — *Administration de la justice.*

§ 1er. — *Organisation judiciaire.*

61. — Les justices de paix sont les premières institutions judiciaires qu'on ait essayé d'organiser en Afrique. — Ord. 18 mai 1832.

62. — L'organisation judiciaire a été réglée pour la première fois, en Algérie, par l'ord. du 10 août 1834.

63. — Cette ordonnance a été modifiée par celle du 6 oct. 1836 quant au personnel et à quelques attributions des membres des tribunaux de première instance et du tribunal supérieur. Puis est venue l'ordonnance du 16 janv. 1838, qui a complété ces modifications, en augmentant le nombre des membres du tribunal supérieur et en étendant sa juridiction.

64. L'ordonnance du 28 févr. 1841 est venue modifier plus profondément encore celle du 10 août 1834 et compléter les essais de réforme tentés depuis cette époque. Elle a établi une organisation judiciaire plus large et plus en harmonie avec les besoins de la colonie.

65. — L'ordonnance du 28 févr. 1841 a elle-même été modifiée par celle du 26 sept. 1842, à laquelle de nouveaux changemens ont encore été apportés par l'ordonnance du 30 nov. 1844.

66. — Enfin une ord. du 16 avr. 1843 a prescrit l'exécution en Algérie du Code de procédure civile sous les modifications que nous allons ci-après indiquer.

67. — La justice est administrée au nom du roi par des tribunaux français et par des tribunaux indigènes. — Ord. 26 sept. 1842, art. 1er.

68. — Les juges français sont nommés et institués par le roi. Ils ne peuvent entrer en fonctions qu'après avoir prêté serment; leurs audiences sont publiques au civil comme au criminel, excepté dans les affaires où la publicité est jugée dangereuse pour l'ordre et les mœurs. Leurs jugemens sont toujours motivés. — Ord. 26 sept 1842, art. 2.

69. — Les tribunaux musulmans sont institués par le gouverneur général, avec l'approbation du ministre de la guerre; leur nombre est indéterminé. — Ord. 26 sept. 1842, art. 3.

70. — L'organisation judiciaire comprend : 1° une cour royale (elle remplace le tribunal supérieur d'Alger établi par l'ordonnance du 10 août 1834); 2° des tribunaux de première instance; 3° un tribunal de commerce; 4° des tribunaux de paix; 5° des juridictions spéciales en cas de difficulté et de rareté des communications; 6° enfin des tribunaux musulmans. — Ord. 26 sept. 1842, art. 3.

71. — La cour royale siége à Alger (ord. 26 sept. 1842, art. 3), et son ressort embrasse tous les territoires compris dans la juridiction des tribunaux de première instance de l'Algérie. — Ord. 30 nov. 1844, art. 1er.

72. — Elle se compose d'un président, d'un vice-président, de douze conseillers, d'un greffier en chef qui a sous ses ordres deux commis-greffiers assermentés. — Ord. 30 nov. 1844, art. 2.

73. — Les fonctions du ministère public près la cour sont remplies par un procureur général, deux avocats généraux et deux substituts du procureur général. — Ord. 30 nov. 1844, art. 2. — Les conseillers adjoins sont supprimés. — Ord. 30 nov. 1844, art 14.

74. — En toute matière, la cour royale ne peut juger qu'au nombre de cinq conseillers au moins. — Ord. 26 sept. 1842, art. 5.

75. — Le tribunal de première instance d'Alger se compose d'un président, d'un vice-président, d'un juge d'instruction, de cinq juges, d'un greffier auquel sont adjoints des commis-greffiers assermentés, dont le nombre est déterminé par le ministre de la guerre selon les besoins du service. — Il y a près de ce tribunal un procureur du roi et deux substituts. — Ord. 30 nov. 1844, art. 4.

76. — Le tribunal de première instance d'Alger se divise en deux chambres, une chambre civile et une chambre correctionnelle. L'une et l'autre chambre jugent au nombre de trois juges au moins. — Ord. 30 nov. 1844, art. 5.

77. — Les tribunaux de première instance de Bone, d'Oran, de Philippeville et de Blidah se composent chacun d'un président, de quatre juges dont l'un est chargé du service de l'instruction, et d'un greffier qui a sous ses ordres un commis greffier assermenté; ils jugent au nombre de trois juges; il y a près de chacun de ces tribunaux un procureur du roi et un substitut. — Ord. 30 nov. 1844, art. 8. — Les juges adjoints sont supprimés. — Ord. 30 nov. 1844, art. 14.

78. — Les tribunaux de paix siégent à Alger, à Blidah, à Bone, à Oran, à Philippeville, et dans tous les autres lieux où leur établissement serait jugé nécessaire. — Ord. 26 sept. 1842, art. 3. — Il y sera pourvu, dit l'art. 13, par des ordonnances royales. C'est ainsi qu'une nouvelle justice de paix a été créée depuis à Constantine. — Ord. 9 déc. 1842. — Puis une seconde justice de paix à Alger et une à Douéra. — Ord. 30 nov. 1844, art. 9.

79. — Chaque juge de paix a deux suppléans et un greffier; le commissaire de police, ou un autre officier de police désigné par le procureur général, y remplit dans les matières de simple police les fonctions du ministère public. — Ord. 26 sept. 1842, art. 11. — Le service au tribunal de simple police d'Alger doit se faire conformément aux dispositions des art. 142 et 143, C. inst. crim. — Ord. 30 nov. 1844, art. 11.

80. — Le tribunal de commerce siégeant à Alger se compose de notables négocians nommés chaque année par ordonnance royale, sur la présentation du gouverneur général et sur le rapport du ministre de la guerre; les membres de ce tribunal sont indéfiniment rééligibles; ils ne peuvent rendre de jugement qu'au nombre de trois; ils ne reçoivent ni traitement ni indemnité. Il y a auprès de ce tribunal un greffier et des commis greffiers, dont le nombre est réglé par le ministre de la guerre. — Ord. 26 sept. 1842, art. 14.

81. — Le procureur général exerce toutes les attributions conférées en France aux procureurs généraux près les cours royales et celles qui lui sont spécialement conférées par les ordonnances, arrêts, arrêtés et réglemens dans l'Algérie. — Ord. 26 sept. 1842, art. 15. — En cas d'absence ou d'empêchement, il est remplacé par celui des avocats généraux qu'il désigne ou par le plus ancien. — Art. 16.

82. — Le procureur général correspond directement avec le ministre de la guerre, pour tout ce qui concerne l'administration de la justice. — Ord. 26 sept. 1842, art. 17.

83. — Indépendamment des tribunaux indigènes, des assesseurs musulmans sont attachés aux tribunaux français, et au nombre de quatre pour Alger, de deux pour les autres villes, à l'effet de les assister et de siéger avec eux dans les cas déterminés; ils sont nommés par le gouverneur général. — Ord. 26 sept. 1842, art. 21.

84. — Des interprètes assermentés sont spécialement attachés au service des divers tribunaux et répartis selon les besoins par arrêté du gouverneur général. — Ord. 10 août 1834, art. 19; ord. 26 sept. 1842, art. 22.

85. — Tous les magistrats, les greffiers et commis-greffiers doivent réunir toutes les conditions d'aptitude requises pour exercer les fonctions correspondantes dans l'ordre judiciaire de France. Les juges de paix doivent être licenciés en droit, ils peuvent être nommés, ainsi que leurs suppléans, à l'âge de vingt-cinq ans révolus. — Ord. 26 sept. 1842, art. 23.

86. — Les ordonnances portant nomination des membres de la cour royale, des tribunaux de première instance et des juges de paix d'Alger, Bone, Oran, Philippeville et Blidah, sont rendues sur la proposition et le contre-seing du garde-des-sceaux, qui se concerte à cet effet avec le ministre de la guerre. — Ord. 26 sept. 1842, art. 24. — Ces magistrats sont considérés comme détachés pour un service public du département de la justice. Ils peuvent demander à rentrer dans la magistrature métropolitaine après cinq ans d'exercice en Algérie. — Art 25.

87. — Les magistrats et les greffiers et commis-greffiers portent le costume attribué en France aux fonctions qu'ils remplissent. — Ord. 26 sept. 1842, art. 26.

88. — Les traitemens des membres de la magistrature sont déterminés par une ordonnance royale. — V. 2e ord. 26 sept. 1842 et ord. 30 nov. 1844. — Ils subissent les retenues en faveur de la caisse des retraites. Les services en Algérie sont comptés comme s'ils avaient été rendus en France. — Ord. 26 sept. 1842, art. 27.

89. — Les greffiers et les commis-greffiers sont nommés par le gouverneur général, qui règle les traitemens et les indemnités à leur allouer; moyennant quoi le matériel des greffes et le personnel auxiliaire est à leur charge. Les droits de greffe et d'expéditions sont perçus au profit du trésor. — Ord. 26 sept. 1842, art. 28.

90. — L'ordonnance du 26 oct. 1837 avait créé deux commis-greffiers à Alger, un à Oran et un à Bone. Une ordonnance du 8 fév. 1839 avait créé un troisième commis-greffier à Alger. L'ord. du 26 déc. 1842 (art. 5, 7, 9) laissait au ministre de la guerre le soin d'en déterminer le nombre. Nous avons vu *suprà* que ce nombre avait été fixé définitivement par l'ord. du 30 nov. 1844, art. 2, 4 et 8.

91. — Les juges de paix et leurs greffiers n'ont droit à aucune vacation en dehors de leurs traitemens. Il leur est seulement alloué une indemnité de transport, réglée par arrêté du ministre de la guerre, en raison des distances parcourues. (Ord. 26 sept. 1842, art. 29.) — S'il y a lieu à indemnité pour remplacement provisoire des greffiers, elle est réglée par le ministre de la guerre (art. 41).

92. — En matière criminelle et correctionnelle, les assesseurs sont supprimés. — Ord. 26 sept. 1842, art. 40.

93. — Le ministre de la guerre règle le mode de rémunération des assesseurs musulmans, à raison de leur participation aux jugemens. — *Ibid.*, art. 30.

94. — Les tribunaux musulmans sont maintenus, sauf la modification portée en l'art. 43. Les muphtis et cadis sont nommés et destitués par le gouverneur général avec l'approbation du ministre de la guerre. Ils reçoivent un traitement dont la quotité est déterminée par le ministre de la guerre. — Même ord., art 31.

95. — Les réglemens pour le service intérieur et l'ordre des audiences des divers tribunaux ne sont exécutoires qu'après l'approbation du ministre de la guerre et sous les modifications qu'il aura prescrites. — *Ibid.*, art. 73.

96. — Les tribunaux de l'Algérie n'ont point de vacation; ils sont toutefois autorisés à suspendre leurs audiences pendant dix jours consécutifs en juin, juill., août et sept. — Ord. 26 sept. 1842, art. 74.

§ 2. — *Compétence des tribunaux français et indigènes.*

97. — Les tribunaux français connaissent, entre toutes personnes, de toutes les affaires civiles et commerciales, à l'exception de celles dans lesquelles des Musulmans sont seuls parties, et qui continueront d'être portées devant les cadis. — Ord. 26 sept. 1842, art. 33.

98. — Constituée en chambre civile, la cour royale connaît, en matière civile et commerciale de l'appel des jugemens rendus en premier ressort, par les tribunaux de première instance et de commerce et par les tribunaux musulmans. — Ord 26 sept. 1842, art. 5; 30 nov. 1844, art. 3.

99. — Constituée en chambre criminelle, la cour royale juge 1° toutes les affaires de la compétence des cours d'assises, directement pour les provinces d'Alger, et, sur appel, des jugemens rendus par les tribunaux de Bone, Oran, Philippeville et Blidah, dans les cas prévus par le 3e alinéa de l'art. 40; — 2° les appels en matière correctionnelle; — 3° directement, les crimes et délits prévus par le chap. 3, tit. 4, liv. 2, C. inst. crim., dans tous les cas où la connaissance en est déférée aux cours royales de France. — Ord. 26 sept. 1842, art. 5. — Elle connaît en outre des appels en matière civile et commerciale qui lui sont envoyés par le président. — Ord. 30 nov. 1844, art. 3.

100. — La cour royale ne peut exercer d'autres attributions que celles qui lui sont expressément conférées par des ordonnances spéciales. Le droit d'évocation, les injonctions au procureur général lui sont nommément interdits. Elle ne peut se réunir en assemblée générale que sur la réquisition du procureur général et pour délibérer sur l'objet de ces communications. — Ord. 26 sept. 1842, art. 6.

101. — La compétence en premier et dernier ressort des tribunaux de première instance, en matière civile et correctionnelle, est la même que celle des tribunaux de première instance de France. — Ils connaissent de l'appel des jugemens en premier ressort des tribunaux de paix, en matière civile et de simple police. — Les tribunaux de première instance de Bone, Oran, Philippeville et Blidah connaissent en outre : 1° des crimes, à charge d'appel; — 2° des affaires de compétence, à l'égard desquelles leur compétence en premier et dernier ressort est la même qu'en matière civile. — Dans tous les cas où le tribunal statue sur des faits qua-

lités crimes, le juge qui a fait l'instruction ne peut siéger. — Ord. 16 avr. 1843, art. 10.

102. — La compétence du tribunal de commerce d'Alger, à raison de la matière, est la même que celle des tribunaux de commerce en France. Il juge en dernier ressort dans les limites établies pour les tribunaux civils par l'art. 10. — Ord. 26 sept. 1842, art. 36.

103. — La compétence en premier et dernier ressort, et les attributions spéciales des juges de paix en matière civile et de simple police, sont les mêmes qu'en France. — Ord. 26 sept. 1842, art. 12.

104. — Dans tout procès où un Musulman est intéressé, les tribunaux français civils et de commerce sont assistés d'un assesseur musulman, pris à tour de rôle parmi ceux nommés en exécution de l'art. 31 de l'ordonnance. Cet assesseur a voix consultative : son avis, sur le point de droit, est toujours mentionné dans le jugement. (Ord. 26 sept. 1842, art. 34.) — Cette disposition est applicable à la cour royale, statuant sur appel en matière civile et commerciale. — Art. 35.

105. — La loi française régit les conventions et contestations entre Français et étrangers. Les indigènes sont présumés avoir contracté entre eux selon la loi du pays, à moins de convention contraire. Les contestations entre indigènes, relatives à l'état civil, seront jugées conformément à la loi religieuse des parties. Dans les contestations entre Français ou étrangers et indigènes, la loi française, ou celle du pays, est appliquée, selon la nature de l'objet en litige, la nature de la convention, et, à défaut de convention, selon les circonstances ou l'intention présumée des parties. — Ord. 26 sept. 1842, art. 37.

106. — Les tribunaux français connaissent, sauf l'exception établie par l'art. 42 en faveur des conseils de guerre, de tous les crimes, délits et contraventions, à quelque nation ou religion qu'appartienne l'inculpé. — Ord. 26 sept. 1842, art. 38.

107. — Ils ne peuvent prononcer, même contre les indigènes, d'autres peines que celles établies par les lois pénales françaises. — Art. 39.

108. — Demeure réservée aux conseils de guerre la connaissance des crimes et délits commis en dehors des limites déterminées en exécution de l'art. 4, c'est-à-dire par arrêtés du ministre de la guerre. — Ord. 26 sept. 1842, art. 42. — Cette disposition est la reproduction textuelle de l'art. 37, ord. 10 août 1834.

109. — Les conseils de guerre connaîtront seuls, en Algérie, des crimes commis par les indigènes en dehors des limites de la juridiction des tribunaux ordinaires, et pouvant donner lieu à l'application de la peine de mort. Ils connaîtront seuls aussi des crimes et délits qui intéresseraient la souveraineté française ou la sûreté de l'armée. — Ord. 17 juill. 1843, art. 2.

110. — Les indigènes non militaires ne sont justiciables de la juridiction militaire qu'autant que les crimes qui leur sont imputés ont été commis envers des Européens dans les limites des juridictions civiles constituées. — Dès-lors, le jugement d'un conseil de guerre qui, statuant à l'égard d'un indigène, ne détermine pas le lieu précis où le crime a été commis, est nul comme n'établissant pas que la juridiction militaire s'est renfermée dans les limites de sa compétence. — *Cass.*, 2 juill. 1841 (t. 2 1843, p. 432), Ali-Ben-Ouescoun.

111. — Les cadis continueront de connaître, entre Musulmans seulement, de toutes affaires civiles ou commerciales. Ils continueront également de constater et rédiger en forme authentique les conventions dans lesquelles des Musulmans sont seuls intéressés. Toutefois, lorsqu'il n'existera point de notaire français en résidence dans un rayon de vingt kilomètres, le cadi pourra constater et rédiger toutes les conventions dans lesquelles un Musulman sera partie. — Ord. 26 sept. 1842, art. 43.

112. — Les cadis connaissent de toutes les infractions commises par les Musulmans, punissables d'après la loi du pays, lorsque d'après la loi française elles ne constituent ni contraventions, ni délits, ni crime. — Ils sont, s'il y a lieu, saisis de la connaissance de ces faits par l'autorité française et tenus de statuer sur ses réquisitoires. — Ord. 26 sept. 1842, art. 44.

113. — Les ministres du culte israélite, institués à un titre quelconque par le gouverneur général pour l'exercice ou la police de ce culte, n'ont aucune juridiction sur leurs coréligionnaires, lesquels sont exclusivement justiciables des tribunaux français. — Ord. 26 sept. 1842, art 32.

114. — Cependant les rabbins sont appelés à donner leur avis écrit sur les contestations relatives à l'état civil, aux mariages et répudiations entre Israélites. Ils prononcent sur les infractions à la loi religieuse, lorsque, d'après la loi française, elles ne constituent ni crime, ni délit, ni contravention; toutes autres attributions leur sont interdites. — Ord. 26 sept. 1842, art. 49.

115. — L'exécution des jugemens des cadis et des rabbins a lieu par des agens spéciaux de la force publique, institués ou agréés par le procureur général. — Ord. 26 sept. 1842, art. 44 et 49. — Il est tenu de ces jugemens un registre qui est soumis tous les mois au procureur général. — Art. 46 et 49.

116. — En dehors des limites fixées, conformément à l'art. 4, c'est-à-dire par arrêtés du ministre de la guerre, les cadis musulmans, nommés et institués par le gouverneur général, conservent leurs anciennes attributions, sauf la juridiction des conseils de guerre et les autres exceptions déterminées par la législation locale. — Ord. 26 sept. 1842, art. 45.

§ 3. — *Procédure civile et commerciale.*

117. — Toutes les instances civiles sont dispensées du préliminaire de conciliation. Néanmoins, le président du tribunal ou le juge qui le remplace peut inviter les parties à comparaître en personne sur simple avertissement et sans frais. Quand un Musulman doit être mis en cause, cette invitation précède nécessairement l'assignation. — Ord. 26 sept. 1842, art. 54.

118. — En matière de justice de paix, la forme de procéder est celle qui est suivie en France devant les tribunaux de paix. — Ord. 26 sept. 1842, art. 55.

119. — La loi du 25 mai 1838, sur les justices de paix, et celle du 17 avr. 1832, sur la contrainte par corps, sont exécutoires en Algérie, en tout ce qui n'est pas contraire aux dispositions de l'ordonnance du 16 avr. 1843 et à celles antérieures qu'elle n'a point modifiées. — Ord. 16 avr. 1843, art. 45.

120. — La forme de procéder en matière civile ou commerciale, devant les tribunaux français en Algérie, est celle qui est suivie en France devant les tribunaux de commerce. Les parties sont tenues de déposer à l'audience leurs conclusions écrites et motivées, signées d'elles ou de leurs défenseurs. — Ord. 26 sept. 1842, art. 55.

121. — Lorsqu'il s'agit de droits ou actions ayant pris naissance en Algérie, le demandeur peut assigner à son choix, devant le tribunal du défendeur en France, ou devant le tribunal de l'Algérie dans le ressort duquel le droit ou l'action auront pris naissance. — Ord. 16 avr. 1843, art. 2.

122. — En Algérie, la résidence habituelle vaut domicile. — Ord. 16 avr. 1843, art. 2.

123. — Aucune citation ou notification ne peut être valablement faite qu'à la personne ou au domicile réel ou d'élection, ou à la résidence de la partie citée. Est nulle toute signification ou notification faite à la personne ou au domicile d'un mandataire, s'il n'est porteur d'un pouvoir spécial et formel de défendre à la demande. — Cette nullité devra être prononcée, en tout état de cause, sur la réclamation de la partie intéressée, et même d'office par le tribunal. — Ord. 16 avr. 1843, art. 3.

124. — Lorsque le lieu du domicile ou de la résidence ne sera pas connu, l'exploit sera affiché à la principale porte et dans l'auditoire du tribunal. Extrait de la copie sera inséré au *Moniteur algérien*, et copie de l'exploit sera adressée par l'officier du ministère public, soit au ministre de la guerre s'il s'agit d'un Français, soit au ministre des affaires étrangères s'il s'agit d'un étranger. — Néanmoins, dans le même cas, la citation ne sera valable qu'autant que le demandeur rapportera un certificat constatant que la partie assignée n'a point fait la déclaration du lieu de la résidence à la mairie du chef-lieu de l'arrondissement judiciaire, sur un registre tenu à cet effet. Ce certificat est délivré sans frais et dispensé de l'enregistrement. — Ord. 16 avr. 1843, art. 4.

125. — La disposition de l'art. 72, C. procéd., est commune à ceux qui sont domiciliés ou qui résident habituellement en Algérie. — Ord. 16 avr. 1843, art. 3.

126. — Le délai pour les ajournemens à comparaître devant les tribunaux de l'Algérie est augmenté d'un jour par chaque myriamètre de distance, par terre, entre le tribunal devant lequel la citation est donnée et le domicile ou la résidence, en Algérie, de la partie citée. — Ord. 16 avr. 1843, art. 6.

127. — Quand une partie domiciliée en Algérie et assignée devant un tribunal de cette colonie ne peut se rendre que par voie de mer dans le lieu où siége le tribunal, il est accordé, indépendamment des délais ci-dessus, un délai fixe de trente jours pour la traversée. — Ord. 16 avril 1843, art. 7.

128. — Si la partie citée à comparaître devant un tribunal de l'Algérie est domiciliée ou réside en France, il y a un délai de vingt-un jours pour la traversée maritime de France à Alger, et de quarante jours pour la traversée maritime de France à tous les points du littoral; plus un jour par trois myriamètres pour la distance de Toulon au lieu de la résidence ou du domicile de la partie citée, sans préjudice, le caséchéant, du délai réglé par l'art. 6, à raison des distances qui devraient être parcourues par terre en Algérie. — Ord. 26 avr. 1843, art. 8.

129. — Si la partie assignée demeure hors de la France continentale et de l'Algérie, il y aura un délai unique; savoir : de soixante jours si elle demeure à Tunis, et de quatre-vingt-dix jours si elle demeure dans les états limitrophes de la France et de l'Algérie. Les dispositions des art. 73 et 74, C. procéd. civ., sont, au surplus, applicables aux ajournemens en Algérie. — Ord. 16 avr. 1843, art. 9.

130. — Dans les cas prévus par l'art. 4 de l'ordonnance du 16 avril 1843, le délai de l'ajournement sera, savoir : si la partie est française, celui que comporte, d'après les règles ci-dessus établies, la distance entre Paris et le lieu du tribunal devant lequel la citation est donnée; — 2° si la partie est étrangère, le délai réglé par l'art. 9 précédent; — 3° si le domicile d'origine de la partie est inconnu, le délai ordinaire des ajournemens. — Ord. 16 avr. 1843, art. 10.

131. — Que doit-on entendre par le *domicile d'origine* dont parle l'art. 10? Est-ce le domicile qu'avaient les parens de la partie citée, et qu'elle est censée avoir voulu conserver tant qu'elle n'a pas manifesté l'intention d'en prendre un autre? Evidemment non. Si tel était le sens à donner à ces mots, ce paragraphe serait insignifiant, puisque l'art. 10 raisonne dans l'hypothèse de l'art. 4, c'est-à-dire dans le cas où on ignore absolument le domicile. — Ces mots indiquent donc qu'on ignore la *nationalité* de la partie citée. — Duvergier, *Collection des Lois*, t. 43, p. 117, note 2e.

132. — En Algérie, toutes les matières sont réputées sommaires et jugées sur simples conclusions motivées, signées par le défenseur constitué. Ces conclusions sont respectivement signifiées dans la forme des actes d'avoué à avoué vingt-quatre heures au moins avant l'audience où l'on doit se présenter. A cette audience, les défenseurs déposent leurs conclusions, et la cause est plaidée, ou le tribunal indique un jour pour les plaidoiries. — Ord. 16 avr. 1843, art. 11.

133. — Le tribunal peut ordonner qu'il sera fourni des mémoires et déterminer les délais dans lesquels ils devront être signifiés. Ce jugement n'est pas signifié. Les mémoires ne peuvent être grossoyés, et le tribunal taxe les honoraires du défenseur suivant l'importance du travail. — Le tribunal pourra également mettre la cause en délibéré. — Ord. 16 avr. 1843, art. 12.

134. — Dans tous les cas, les tribunaux peuvent, selon les circonstances, et nonobstant l'expiration des délais réglés par les art. 6, 7, 8, 9 et 10 ci-dessus, surseoir d'office à la prononciation du défaut, et renvoyer la cause à tel jour qu'ils jugeront convenable. — Ord. 16 avr. 1843, art. 14.

135. — S'il est constaté qu'il y a urgence et péril en la demeure, les tribunaux auront la faculté, en usant de ce pouvoir avec une grande réserve, d'ordonner, avant l'échéance des délais de la citation, les mesures conservatoires ou de précaution que les circonstances rendraient indispensables. Il faut néanmoins pour cela que le demandeur ait dénoncé dans l'exploit introductif de l'instance la demande qu'il se propose d'en faire. Le ministère public sera toujours entendu dans ce cas. — Ord. 16 avril 1843, art. 15.

136. — Les dispositions des art. 406 à 413, C. procéd. civ., sur les incidens de procédure et les enquêtes sommaires, sont applicables en toutes matières. — Ord. 16 avr. 1843, art. 14.

137. — La caution *judicatum solvi* peut être exigée même par le défendeur étranger, mais résidant et ayant un établissement en Algérie. Elle ne peut être exigée que des demandeurs étrangers qui n'ont ni résidence habituelle ni établissement en Algérie. — Ord. 16 avr. 1843, art. 19.

138. — La disposition du Code de procéd., art. 167, relative aux immeubles possédés par le demandeur et qui le dispensent de fournir la caution *judicatum solvi*, est applicable aux immeubles situés en Algérie. — Art. 20.

139. — Les Algériens plaidant en France ne doivent pas être considérés comme étrangers et, comme tels, astreints à la caution *judicatum solvi*. — *Paris*, 2 fév. 1839 (t. 1er 1839, p. 290), Nathan Bacri.

140. — Le délai pour interjeter appel des jugemens contradictoires en matière civile, commerciale et de justice de paix, est d'un mois à partir de la signification, soit à personne, soit au domicile réel ou d'élection. Ce délai est augmenté à

raison des distances qui seront réglées par un arrêté du gouverneur général. A l'égard des incapables, ce délai ne pourra courir que par la signification à personne ou à domicile de ceux qui sont chargés de leurs droits.—Ord. 26 sept. 1842, art. 56.

141. — Ceux qui demeurent hors de l'Algérie, ou dans un lieu autre que celui où le jugement a été rendu, auront, indépendamment de ces délais, les augmentations de délais établis à raison de la distance fixée pour les ajournemens. — Ord. 16 avr. 1843, art. 16.

142. — Lorsque leur absence sera motivée par l'une des causes énoncées aux art. 446 et 485, C. procéd. civ. (absence pour le service de l'état, missions, etc.), le délai, à raison de la distance, sera de quatre-vingt-dix jours, s'ils se trouvent en France, et d'une année s'ils se trouvent hors du territoire de la France continentale.—Ord. 16 avr 1843, art. 19.

143. —Il peut être appelé de tous jugemens rendus par les cadis dans les limites, les délais et les formes prescrites à l'égard des jugemens rendus par les tribunaux français.—Ord. 26 sept. 1842, art. 56.

144. — Dans aucun cas, l'appel ne sera reçu ni contre les jugemens par défaut, ni contre les jugemens interlocutoires, avant le jugement définitif. — *Ibid.*

145. — Dans le cas de requête civile, la consultation exigée par l'art. 495, C. procéd. civ., pourra être donnée par trois défenseurs exerçant près les tribunaux de l'Algérie, et délégués par le procureur général. — Ord. 16 avr. 1843, art. 17.

146. —Les réceptions de cautions seront jugées conformément aux art. 440 et 441, C. procéd. civ. — Ord. 16 avr. 1843, art. 18.

147 — Dans tous les cas où les tribunaux de paix, de première instance ou de commerce, sont autorisés à prononcer l'exécution provisoire sous caution, ils peuvent, en même temps, ordonner que les fonds recouvrés sur les poursuites du demandeur seront déposés, sans divertissemens de deniers, dans une caisse publique, pour y rester jusqu'à ce que le jugement soit passé en force de chose jugée. — Ord. 16 avr. 1843, art. 43.

148. — Lorsqu'il s'agit d'une obligation contractée en Algérie, en matière civile ou commerciale, même antérieurement à la présente ordonnance, le créancier pourra, après mise en demeure, citer son débiteur devant le tribunal de l'Algérie dans le ressort duquel l'obligation aura pris naissance, à l'effet de faire prononcer contre lui la contrainte par corps, même dans le cas où il y aurait eu reconnaissance de la dette dans un acte emportant exécution parée. — Ord. 16 avr. 1843, art. 44.

149. — Sont admis au bénéfice de cession de biens les étrangers résidant en Algérie et y ayant un établissement. — Ord. 16 avr. 1843, art. 21.

150. — Lorsque l'exécution d'un jugement rendu par le cadi, en matière civile ou commerciale, ne pourra être obtenue à l'aide des voies autorisées par la loi musulmane, la partie qui aura obtenu ce jugement pourra se pourvoir auprès du président du tribunal civil du ressort, pour le faire rendre exécutoire selon les formes de la loi française. — Ord. 16 avr. 1843, art. 22.

151. —Le président, dans ce cas, rendra, s'il y a lieu, une ordonnance d'exequatur, comme en matière de jugement arbitral, la partie adverse préalablement entendue ou dûment appelée. —La partie à qui l'exequatur sera refusé pourra se pourvoir contre cette décision, comme dans le cas d'opposition prévu, en matière d'arbitrage, par l'art. 1028, C. procéd. —Même article.

152. — Tout créancier pourra former opposition au départ par voie de mer de son débiteur, en vertu d'une ordonnance rendue sur requête par le président du tribunal civil du lieu où le débiteur veut s'embarquer, ou par le juge qui le remplace. — Ord. 16 avr. 1843, art. 23.

153. —Si le passeport n'a pas encore été délivré, l'opposition sera notifiée à l'officier de police chargé de le donner. —Même article.

154. — L'ordonnance du président liquidera provisoirement la créance s'il y a lieu. Elle mentionnera le jour et l'heure où elle aura été rendue et accompagnera la notification de l'opposition à peine de nullité. Elle sera exécutoire sur minute, et pourra même être signifiée avant l'enregistrement, sauf à la faire enregistrer en même temps que l'exploit, sous les peines de droit. — Même article.

155. — Si le passeport est demandé pour une des villes du littoral où sont établis des tribunaux de première instance, des justices de paix ou des commissariats civils, il ne pourra être refusé. Mais en vertu de l'autorisation donnée dans la forme de l'article précédent, le créancier pourra, sans qu'il soit besoin de se pourvoir de nouveau, former, au lieu d'arrivée, ou en tout autre port, opposition au départ ou à la délivrance du passeport pour un lieu autre que les villes ci-dessus mentionnées. — Il sera, à cet effet, délivré par le greffier autant de grosses de l'ordonnance autorisant l'opposition qu'il en sera demandé par la partie poursuivante. — Ord. 16 avr. 1843, art. 24.

156. — Si le débiteur présumé s'embarque sur un navire de commerce autre que les paquebots à vapeur servant de courriers, son départ pourra être arrêté, quelle que soit la destination du navire. — Ord. 16 avr. 1843, art. 25.

157. — Dans tous les cas, l'ordonnance du juge sera notifiée au débiteur dans les vingt-quatre heures de sa date, sous peine d'être réputée non avenue, et le débiteur pourra s'embarquer sans qu'il puisse être délivré une nouvelle ordonnance autorisant l'opposition au départ. — Ord. 16 avr. 1843, art. 26.

158. — Si le débiteur ne peut être trouvé au moment de la signification de l'ordonnance, et s'il n'a ni domicile ni résidence connus dans le lieu où il veut s'embarquer, copie de l'exploit sera laissée au juge de paix qui visera l'original. — Même article.

159. — Le débiteur présumé pourra, en vertu de l'autorisation du président qui a rendu l'ordonnance ou du juge qui le remplace, citer le demandeur d'heure à heure devant ce magistrat, qui statuera comme en matière de référé, même un jour de fête ou de dimanche.—Ord. 16 avr. 1843, art. 27.

160. — L'ordonnance du président sera exécutoire par provision, si elle confirme l'opposition au départ. Dans le cas contraire, l'appel du demandeur sera suspensif. Il pourra être interjeté immédiatement sur la citation donnée d'heure à heure, avec l'autorisation du président de la cour. L'affaire sera jugée à la première audience et toutes autres affaires cessantes. — Ord. 16 avr. 1843, art. 28.

161. — S'il y a contestation sur le fond de la demande qui a motivé l'opposition au départ, le juge renverra les parties à l'audience, et il sera statué dans le plus bref délai. — Les juges pourront néanmoins, selon les circonstances, autoriser le départ, et ordonner l'exécution provisoire nonobstant appel de leur jugement sur ce point.—Ord. 16 avr. 1843, art. 29.

162. — En tout état de cause, le débiteur présumé pourra faire cesser l'opposition à son départ en fournissant caution qui sera agréée par le tribunal saisi de la contestation, et même par le juge de référé. — La demande en réception de caution sera jugée sans retard, avant toute affaire, même commencée. — Ord. 16 avr. 1843, art. 30.

163. — Si l'opposition au départ est reconnue vexatoire et de mauvaise foi, il y aura lieu contre l'opposant à des dommages-intérêts. Le tribunal pourra, en outre, condamner celui-ci à une amende de 500 fr. — Ord. 16 avr. 1843, art. 31.

164. — Dans les villes du littoral où ne siégent pas des tribunaux de première instance, l'opposition au départ pourra être autorisée, dans les formes ci-dessus réglées par les juges de paix, et, à défaut, par les commissaires civils. En ce cas, la copie signifiée dont il est fait mention dans l'art. 25, deuxième alinéa, sera laissée, le cas échéant, au greffier du juge de paix, et, à défaut, au secrétaire du commissariat civil, qui devra connaître de la demande. — Ord. 16 avr. 1843, art. 32.

165. — Il y aura constitution de défenseur dans tous les cas où la constitution d'avoué est prescrite par le Code de procédure. — Ord. 16 avr. 1843, art. 33.

166. — Tous les actes qui, d'après le Code de procédure, doivent être faits par le ministère des avoués, sont faits en Algérie par le ministère des défenseurs. Ces actes sont notifiés entre défenseurs dans la forme des significations d'avoué à avoué. — Ord. 16 avr. 1843, art. 34.

167. — Les jugemens rendus par les tribunaux étrangers et les actes reçus par des officiers étrangers (C. procéd., art. 546) ne sont exécutoires en Algérie que dans les cas prévus par les art. 2123 et 2128, C. civ. — Ord. 16 avr. 1843, art. 35.

168. — La dispense portée par l'art. 547, C. procéd., par les *visa* et *pareatis* est applicable aux jugemens rendus et aux actes passés en Algérie. — Ord. 16 avr. 1843, art. 36.

169. — Dans tous les cas où le Code de procédure civile ordonne que le délai qu'il détermine pour l'accomplissement d'une formalité sera augmenté d'un jour par trois myriamètres, comme dans tous ceux où il y a lieu à une notification ayant pour objet de faire courir ou de prévenir une déchéance, le délai supplémentaire à raison de la distance sera réglé conformément aux dispositions des art. 6, 7, 8, 9 et 10 ci-dessus.—Ord. 16 avr. 1843, art. 37.

170. — Lorsque le Code procédure civile abrége les délais ordinaires à raison de la distance, comme dans les art. 641, 642, 677, 691, 725 et 731, ou lorsqu'il ordonne qu'une chose sera faite dans un certain délai à peine de dommages-intérêts, comme dans le cas de l'art. 602, le délai à raison de la distance sera spécialement déterminé par le président du tribunal et par ordonnance rendue sur requête du poursuivant.—Ord. 16 avr. 1843, art. 38.

171. — Lorsqu'il y a lieu de citer un témoin demeurant hors du lieu où il doit être entendu, le président du tribunal devant lequel il devra être procédé à l'enquête fixera par ordonnance sur requête le délai qui sera donné au témoin pour comparaître. — Ord. 16 avr. 1843, art. 39.

172. — De même, toutes les fois que le Code de procédure ordonne des formalités, apposition de placards, affiches, publications, ventes d'effets mobiliers dans des lieux ou dans des formes déterminées, et que ces formalités ne pourront être exécutées conformément audit Code, à raison d'un empêchement local, ou qu'elles ne pourront l'être que d'une manière dommageable pour les parties, par suite de l'état des lieux, la partie devra se pourvoir devant le tribunal, qui déterminera par ordonnance le mode d'accomplissement de ces formalités, en se conformant autant que possible aux prescriptions du Code de procédure. — Ord. 16 avr. 1843, art. 40.

173. — Dans tous les cas où le Code de procédure ordonne de laisser au maire un exploit ou tout autre acte de procédure, s'il ne se trouve pas de maire dans le lieu où la notification est faite, la copie sera remise au greffier de la justice de paix, à défaut, au secrétaire du commissariat civil, ou à défaut encore, à la principale autorisation civile du lieu. Celui à qui la copie sera remise sera tenu de viser l'original. — Ord. 16 avr. 1843, art. 41.

174. — Les insertions et annonces qui, d'après le Code de procédure, doivent être faites dans les journaux d'arrondissement ou de département, se feront dans l'une des feuilles publiées à Alger, tant qu'il n'existera pas de journaux dans les autres localités. — Ord. 16 avr. 1843, art. 42.

175. — Il n'est point innové aux ordonnances et arrêtés antérieurs concernant les défenseurs, en ce qui touche les matières commerciales. — Ord. 16 avr. 1843, art. 47. — On annonce qu'une ordonnance se prépare au ministère de la guerre, ayant pour objet de rendre exécutoire en Algérie le Code de procédure civile. Cette mesure serait une amélioration importante, dont nous hâtons la réalisation de tous nos vœux.

§ 4. — *Instruction criminelle et Code pénal.*

176. — En matière correctionnelle ou de simple police, le tribunal est saisi par le ministère public, soit qu'il y ait eu ou non instruction préalable. S'il y a eu instruction, le juge remet les pièces au procureur-général ou à ses substituts, qui peuvent ne pas donner suite à l'affaire ou saisir le tribunal compétent. — Ord. 26 sept. 1842, art. 57.

177. — La partie civile ne peut directement citer le prévenu à l'audience, si elle n'est préalablement autorisée par le ministère public, sans préjudice de l'action civile en réparation ou dommages-intérêts, qu'elle peut toujours intenter. — Ord. 26 sept. 1842, art. 58. — V. ACTION CIVILE (n° 22).

178. — En toute matière, le procureur général à Alger, et dans les autres siéges le procureur du roi peuvent autoriser la mise en liberté provisoire avec ou sans caution. Ils peuvent admettre comme cautionnement suffisant, sans qu'il soit besoin de dépôt de deniers ou autres justifications et garanties exigées par la loi française, la soumission écrite de toute tierce personne jugée solvable, portant engagement de représenter ou de faire représenter le prévenu à toute réquisition de justice, ou à défaut, de verser au trésor, à titre d'amende, une somme déterminée dans l'acte du cautionnement. Le prévenu mis provisoirement en liberté sera solidairement tenu au paiement de cette amende. Le recouvrement des sommes dues à ce titre sera poursuivi par voie de contrainte, comme en matière d'enregistrement. — Ord. 26 sept. 1842, art. 59.

179. — A Alger, dans le cas de crime, aussitôt que l'information est terminée, le procureur du roi transmet les pièces de la procédure au procureur général. Si celui-ci est d'avis qu'il y a lieu de traduire l'accusé devant la cour royale constituée en cour criminelle, il dresse l'acte d'accusation, et demande au président l'indication d'un jour pour l'ouverture des débats. L'ordonnance du juge et l'acte d'accusation sont signifiés à l'accusé, auquel toutes les pièces de la procédure sont communiquées sur sa demande. — Ord. 26 sept. 1842, art. 60.

180. — Le moyen tiré de ce que l'acte d'accusation dressé contre un Musulman n'a pas été notifié avec une analyse sommaire en langue arabe ne peut être opposé devant la cour de Cassation, lorsqu'il ne l'a pas été devant la juridiction saisie du procès. — Il y a présomption que l'interprète a traduit tout le débat, lorsqu'il n'y a eu aucune réclamation à cet égard, soit de l'accusé, soit de son défenseur. — *Cass.*, 10 déc. 1841 (t. 1er 1842, p. 48), Ben-Hadj-Ben-Bayr.

181. — Le procureur général à Alger et le procureur du roi dans les autres siéges peuvent également, dans le cas de crime, saisir directement la cour royale ou le tribunal, sans instruction préalable. — Ord. 26 sept. 1842, art. 60.

182.—En toute matière et en tout état de cause, le procureur général peut requérir à l'instant la remise des pièces, faire cesser les poursuites et mettre le prévenu en liberté. Ce droit peut être exercé par le procureur du roi dans les siéges autres que celui d'Alger. — Ord. 26 sept. 1842, art. 61.

183. — La forme de procéder en matière criminelle et correctionnelle, ainsi que les formes de l'opposition ou de l'appel, sont réglées par les dispositions du Code d'inst. crim., relatives à la procédure devant les tribunaux correctionnels.—Ord. 26 sept. 1842, art. 62.

184. — Toutefois, les dépositions des témoins à l'audience seront constatées en la forme suivante: il sera donné lecture, par le greffier, des notes par lui tenues; le juge les rectifiera et complétera s'il y a lieu. Le témoin sera invité à déclarer si l'analyse sommaire de sa déposition est fidèlement reproduite. Le témoin sera en outre requis de signer, ou mention sera faite de la cause qui l'en empêche. Les notes ainsi arrêtées seront signées du greffier, certifiées par le juge, et jointes, en cas d'appel, à l'expédition du jugement. — Même art. 62.

185. — Jugé, sous l'empire de l'ord. du 28 fév. 1841, que «l'art. 155, C. inst. crim., qui règle la formule du serment à prêter par les témoins, en matière correctionnelle, est applicable même en matière criminelle dans l'Algérie; qu'ainsi les témoins doivent jurer de dire la vérité, toute la vérité, rien que la vérité, sans faire précéder les paroles du serment, de parler sans haine et sans crainte..» — *Cass.*, 31 mars 1842 (t. 2 1842, p. 58), Gras.

186. — L'art. 336, C. inst. crim., qui prescrit au président de faire le résumé des débats, étant exclusivement relatif à la procédure devant la cour d'assises, il n'y a pas lieu de l'appliquer devant les tribunaux de l'Algérie, où les procédures criminelles ont lieu dans les formes établies en France pour les matières correctionnelles (ord. 10 août 1834, art. 53). — *Cass.*, 25 janv. 1839 (t. 1er 1839, p. 569), Soliman-Ben-Abd-el-Rahman.

187. — Jugé, sous l'empire de l'ord. du 10 août 1834, que le tribunal correctionnel d'Alger n'est point tenu de mentionner dans ses jugemens que la condamnation a été prononcée aux trois quarts des voix des juges qui y ont concouru. L'existence de cette majorité résulte suffisamment du prononcé du jugement. — *Cass.*, 2 avr. 1835, Marène.

188. — Le mode de procéder devant les tribunaux de simple police est réglé par les sect. 1re et 3 du chap. 1er, titre 1er, liv. 2, C. inst. crim.—Ord. 26 sept. 1842, art. 62.

189. — Néanmoins l'appel des jugemens de simple police, dans les cas où il est autorisé, doit être, sous peine de déchéance, déclaré au greffe des tribunaux de paix dans les dix jours au plus tard, à partir de celui où le jugement a été prononcé contradictoirement, et, si le jugement est par défaut, dans les dix jours au plus tard après celui de la signification, outre le délai à raison des distances.— Ord. 26 sept. 1842, même art. 62.

190. — En matière criminelle, le président de la cour royale d'Alger, les présidens des tribunaux de première instance de Bone, Oran et Philippeville, pourront faire application de l'art. 269, C. inst. crim., c'est-à-dire, appeler toutes personnes en témoignage et se faire représenter toutes pièces durant les débats. — Ord. 26 sept. 1842, art. 63.

191.—Devant le tribunal correctionnel supérieur d'Alger qui juge les affaires criminelles suivant les règles établies pour les tribunaux correctionnels et sans assistance de jurés, un témoin ne peut être entendu sans prestation de serment, en vertu du pouvoir discrétionnaire du président et à titre de simples renseignemens.—*Cass.*, 23 janv. 1833, Marsilly.

192. — Aucune disposition légale ne prescrit, en Algérie, de faire traduire par un interprète aux condamnés le jugement de condamnation et l'avertissement relatif au droit de se pourvoir en cassation.—En tout cas, lorsque le condamné s'est pourvu en temps utile, il est non-recevable à se plaindre du défaut de traduction.—*Cass.*, 25 janv. 1839 (t. 1er 1839, p. 569), Soliman-Ben-Abd-el-Rahman.

193. — Toutes les fois que le tribunal supérieur d'Alger est saisi directement, comme seul compétent, de la connaissance d'un crime commis par un musulman indigène contre des colons européens et chrétiens, il n'y a lieu de prononcer d'autres peines que celles du Code pénal français. Ce n'est que lorsque, s'agissant de crimes ou de délits commis par un musulman indigène contre un autre musulman indigène, le tribunal statue, soit par appel, soit par voie d'évocation, qu'il y a lieu de consulter la loi musulmane et la loi française pour appliquer celle des deux qui prononce la peine moindre (ord. 10 août 1834, art. 32, 33 et 41).—*Cass.*, 25 janv. 1839 (t. 1er 1839, p. 569), Soliman-Ben-Abd-el-Rahman.

194. — Lorsque le tribunal supérieur d'Alger, ayant qualifié à tort, d'après la loi musulmane, le fait à lui dénoncé, quand le Code pénal français était seul applicable, et ayant néanmoins prononcé une peine portée par ce dernier Code, sur le motif que celle établie par la loi musulmane n'était pas compatible avec la législation française, il est résulté de cette substition que le tribunal se trouve avoir prononcé la peine encourue à raison du crime dont l'accusé a été déclaré convaincu, il y a lieu d'appliquer, en pareil cas, l'art. 411, C. inst. crim., d'après lequel l'erreur commise dans la citation du texte de la loi appliquée n'entraîne pas la nullité de l'arrêt de condamnation, si la peine prononcée est la même que celle portée par la loi contre le crime. —Même arrêt.

195.— Lorsque les conseils de guerre ont connu des crimes et délits commis en dehors des limites déterminées en exécution de l'art. 4, c'est-à-dire par arrêtés du ministre de la guerre, leurs jugemens ne donnent lieu qu'au pourvoi en révision, tel qu'il est réglé par les lois militaires. Néanmoins, lorsqu'un Français ou Européen, étranger à l'armée, a été traduit devant un conseil de guerre, le jugement peut être déféré à la cour de Cassation, mais seulement pour incompétence ou excès de pouvoir. — Ord. 26 sept. 1842, art. 42.

196. —Un conseil de guerre séant en Algérie qui a été saisi de la connaissance d'un assassinat commis hors des limites du territoire civil par un indigène sur un Français n'est pas tenu d'indiquer dans son jugement si le lieu où le crime a été commis est en dehors du territoire civil de la colonie, c'est-à-dire en deçà des limites territoriales de la compétence des juges militaires, lorsque l'accusé, loin de contester la compétence des juges militaires *ratione loci*, a reconnu, soit devant le conseil de guerre, soit devant le conseil de révision, que le crime avait été commis dans le sein des tribus non soumises à la France, et qu'il a déclaré dans son interrogatoire que son dernier domicile était chez une de ces tribus. — *Cass.*, 11 mars 1842 (t. 2 1843, p. 477), (intérêt de la loi) El-Chourfi.

197. — Lorsqu'en Algérie un indigène est accusé devant un conseil de guerre d'un crime commis hors des limites du territoire civil au préjudice d'un Français et d'un autre indigène, dans des circonstances qui intéressaient la souveraineté française, lequel crime se trouve dès-lors, et *ratione loci* et *ratione materiæ*, de la compétence du conseil de guerre, l'exception résultant de ce qu'il a été précédemment condamné pour le même fait par un tribunal indigène pourrait motiver un sursis jusqu'à l'annulation par le tribunal supérieur d'Alger de la sentence du tribunal indigène, mais elle ne saurait provoquer la cassation du jugement du tribunal militaire, puisqu'elle ne rentre pas dans les cas d'incompétence ou d'excès de pouvoirs, qui seuls pouvaient donner ouverture à cassation, d'après l'art. 77, L. 27 vent. an VIII. — Même arrêt.

198. — Le pourvoi formé par un indigène contre le jugement d'un conseil de guerre d'Algérie est suspensif. — Même arrêt.

199. — Aucune exécution à mort, par quelque juridiction qu'elle ait été ordonnée, ne peut avoir lieu qu'autant qu'il en a été rendu compte au roi et par lui statué.— Néanmoins, dans les cas d'urgence extrême, le gouverneur général peut ordonner l'exécution, à la charge de faire immédiatement connaître les motifs de sa décision au ministre de la guerre, qui en rend compte au roi.— Le gouverneur général ne peut déléguer ce pouvoir. —Ord. 1er avr. 1842; 26 sept. 1842, art. 50.

200. — A l'avenir, dans aucun cas, les tribunaux musulmans et les autorités musulmanes, quelles qu'elles soient, ne pourront prononcer, en Algérie, des jugemens portant condamnation à la peine de mort.—Ord. 17 juill. 1843, art. 1er.

201. — L'art. 463, C. pén., n'est point applicable aux crimes et délits commis par des indigènes, 1° contre la sûreté de l'état;—2° contre la chose publique;—3° contre la personne ou au préjudice d'un Français, d'un Européen ou d'un indigène au service de la France. — Ord. 26 sept. 1842, art. 47.

202. — Tout indigène condamné à une peine excédant six mois d'emprisonnement pourra être transféré en France pour y subir sa peine. A l'expiration de la peine, il pourra être contraint d'y résider pendant le temps qui sera déterminé par le gouvernement. Le retour en Algérie pourra de plus lui être interdit à temps et à toujours. — Ord. 26 sept. 1842, art. 48.

203. — Le gouverneur général peut ordonner le sursis à l'exécution de toute condamnation criminelle non capitale; il en rend compte sur-le-champ au ministre de la guerre. — Ord. 26 sept. 1842, art. 51. — Le droit de grace n'appartient qu'au roi (art. 52).

§ 5. — *Dispositions générales.*

204. — Toute citation ou notification faite à un musulman, en matière civile ou criminelle, doit être accompagnée d'une analyse sommaire en langue arabe, faite et certifiée par un interprète assermenté, à peine de 20 fr. d'amende contre l'huissier, et sans préjudice de la nullité de l'acte, si le juge croit devoir la prononcer. — Ord. 26 sept. 1842, art. 68. — L'ord. de 1834, art. 58, exigeait la traduction de l'acte en langue arabe.

205. — Nonobstant toutes dispositions des lois, les nullités des actes d'exploits et de procédure sont facultatives pour le juge, qui pourra, selon les circonstances, les accueillir ou les rejeter. — Ord. 10 août 1834, art. 59; ord. 26 sept. 1842, art. 69. — Cette disposition continuera d'être exécutée, à l'exception des nullités établies par la présente ordonnance.—Ord. 16 avr. 1843, art 46.

206. — Jugé en conséquence que les tribunaux de l'Algérie peuvent, selon les circonstances, accueillir ou rejeter toutes les nullités d'exploits et actes de procédure — *Cass.*, 17 oct. 1837 (t. 2 1837, p. 511), Ahmed-Ben-Amar; 25 janv. 1839 (t. 1er 1839, p. 569), Soliman-Ben-Abd-el-Rahman.

207.—...Qu'ainsi il n'y a pas lieu de prononcer la cassation d'un arrêt de condamnation, parce qu'on n'aurait pas notifié à l'accusé la traduction de l'acte d'accusation, encore bien que cette traduction soit exigée *à peine de nullité* par l'art. 58, ord. 10 août 1834. — *Cass.*, 17 oct. 1837 (t. 2 1837, p. 511), Ahmed-Ben-Amar.

208. — De même, le moyen tiré de ce que l'exploit contenant notification à un musulman indigène de l'acte d'accusation dressé contre lui et citation devant le tribunal supérieur d'Alger n'a été accompagné d'une traduction en langue arabe que par extrait ne peut être invoqué devant la cour de Cassation, alors surtout que l'accusé, loin de proposer ce moyen devant le tribunal, a déclaré formellement, à l'audience, renoncer à s'en prévaloir.— *Cass.*, 25 janv. 1839 (t. 1er 1839, p. 569), Soliman-Ben-Abd-el-Rahman.

209.— Les interprètes assermentés près des tribunaux français en Afrique, ayant un caractère permanent et non accidentel, ne sont pas tenus de réitérer leur serment dans chacune des affaires où leur ministère est utile. — *Cass.*, 28 janv. 1836, Murano; 17 nov. 1836, Mohamed-Ben-Raddon; 21 déc. 1843 (t. 1er 1844, p. 518), Sahdi-Ben-Amer.

210. — Tout jugement portant condamnation au paiement d'une somme d'argent ou à la délivrance de valeurs ou d'objets mobiliers pourra, lors de sa prononciation, être déclaré exécutoire par la voie de contrainte par corps. Toutefois cette contrainte prononcée contre des militaires présens en Algérie et en activité sous les drapeaux ne sera mise à exécution qu'un mois après l'avis donné par la partie poursuivante au chef de l'état-major de la division qui en fournira récépissé.—Ord. 26 sept. 1842, art. 72.

211. — En toute matière, le recours en cassation est ouvert contre les jugemens et arrêts en dernier ressort. — Ord. 26 sept. 1842, art. 53. — L'ord. du 10 août 1834, art. 46, n'ouvrait aux parties le recours en cassation que contre les jugemens du tribunal supérieur, et l'ord. du 28 fév. 1841, art. 53, ne l'autorisait qu'en matière criminelle ou correctionnelle.

212. — Le délai pour se pourvoir en cassation contre les jugemens du tribunal supérieur d'Alger est d'une année comme pour les colonies situées en-deçà du Cap de Bonne-Espérance, et non de six mois seulement comme pour la Corse. — *Cass.*, 9 mai 1842 (t. 2 1842, p. 10), Delcambre c. Luxardo.

§ 6. — *Juridiction administrative.*

213. — La juridiction administrative avait déjà été établie et réglée par les ord. des 10 août 1834, art. 54 à 57; et 28 fév. 1841, art. 64 à 67.

214. — Le conseil d'administration établi près du gouverneur général statue sur les matières contentieuses, dont la connaissance lui est attribuée par la législation de l'Algérie. — Ord. 26 sept. 1842, art. 64.

215. — L'instruction a lieu dans les formes observées en France devant les conseils de préfecture. Dans tous les cas où il y a lieu à visite ou estimation par experts, leur rapport ne vaut, devant le conseil, que comme renseignement. — Même art.

216. — Les décisions du conseil d'administration en matière contentieuse, sauf les exceptions prévues, pourront être déférées au conseil d'état; mais elles seront, dans tous les cas, provisoirement exécutoires. Néanmoins, eu égard aux circonstances, le gouverneur général pourra d'office, ou sur la demande des parties intéressées, suspendre l'exécution jusqu'à décision définitive. — Art. 65.

217. — Dans tous les cas où le gouverneur général peut prononcer seul, ses arrêtés ne donnent ouverture à aucun recours au contentieux, sauf aux intéressés à réclamer devant le ministre de la guerre. — Art. 66.

218. — Lorsque l'autorité élève le conflit d'attributions, le conseil, auquel est adjoint un nouveau membre de l'organisation judiciaire, se réunit sous la présidence du gouverneur général, et juge le conflit, sauf appel au conseil d'état, s'il y a lieu. — Art. 67.

219. — Les agens de l'établissement du dispensaire d'Alger ne sont pas des agens du gouvernement, mais bien des agens particuliers de la police municipale. Par conséquent, ils peuvent, à raison des délits qu'ils ont commis dans l'exercice de leurs fonctions, être poursuivis sans autorisation préalable du conseil d'état. — *Cass.*, 11 mai 1839 (t. 1er 1840, p. 121), Ministère public c. Vallière Cabet.

§ 7. — *Officiers publics et ministériels.*

220. — Le ministre de la guerre continue de nommer à tous les emplois d'officiers publics et ministériels. — Ord. 26 sept. 1842, art. 73.

221. — Les réglemens concernant l'exercice des fonctions ou professions de notaires, défenseurs près les tribunaux, commissaires-priseurs et courtiers de commerce, sont arrêtés par le ministre de la guerre. — Ord. 26 sept. 1842, art. 73. — V. NOTAIRE.

222. — Les officiers publics que l'autorité militaire a institués, sans délégation, pour remplir les fonctions de notaires dans l'étendue de nos possessions d'Afrique, ont été sans pouvoir pour instrumenter en cette qualité, et pour conférer aux actes passés devant eux, et spécialement à un bail passé à Bone, le 7 juill. 1832, un caractère authentique, alors surtout qu'ils sont entrés en fonctions sans avoir prêté préalablement serment. — *Cass.*, 9 mai 1842 (t. 2 1842, p. 10), Delcambre c. Luxardo.

223. — Un arrêté du ministre de la guerre, du 30 déc. 1842 (V. Duvergier, *Collect. des lois*, t. 43, p. 590), porte réglement de l'exercice et de la discipline de la profession de notaire en Algérie. Ce réglement reproduit les dispositions de la loi du 25 vent. an XI, et des autres lois et réglemens sur le notariat, sauf les modifications commandées par la nature des choses et des lieux. On remarque entre autres les suivantes :

224. — ... Toutes les fois qu'une personne, ne parlant pas la langue française, est partie ou témoin dans un acte, le notaire doit être assisté d'un interprète assermenté, non parent ni allié des parties au degré de cousin germain, et qui signe l'acte comme témoin additionnel. — Arrêté du minist. de la guerre, 30 déc. 1842, art. 16.

225. — ... Les notaires doivent tenir un répertoire particulier pour les dépôts qui leur seront faits de testamens olographes. — Même arrêté, art. 26.

226. — ... Les notaires ne peuvent s'absenter de l'Algérie sans congé, sous peine d'être réputés démissionnaires. — Arrêté 30 déc. 1842, art. 12.

227. — ... Les offices de notaires sont incessibles. — Même arrêté, art. 14.

228. — ... Le tarif établi par les décrets du 16 fév. 1807, pour les vacations et droits de voyages des notaires de Paris, est applicable aux notaires de l'Algérie, avec réduction d'un dixième. — Pour les actes non tarifés, les honoraires sont réglés à l'amiable. Les droits d'expédition sont de 2 fr. 50 c. par rôle de trente lignes à la page, et quinze syllabes à la ligne. — Même arrêté, art. 34 et 35.

229. — Les honoraires des notaires à Alger doivent être payés à raison de 3/4 0/0 sur le capital des actes qu'ils reçoivent, d'après le tarif pour les villes de second ordre en France, et non d'après le tarif plus élevé de la capitale. — *Alger*, 17 avr. 1833, Cappé c. Guertin et Berbery.

230. — Une rente, assise à Alger sur des immeubles, doit être capitalisée sur le pied de 10 0/0, pour avoir le rapport des 3/4 0/0 des honoraires d'un notaire à Alger. — Même arrêt.

V. ACTES DE L'ÉTAT CIVIL.

ALIBI.

1. — Ce mot, qui en latin signifie ailleurs, désigne le moyen de justification invoqué par l'accusé qui prétend qu'au moment où le fait qu'on lui impute a été commis, il était dans un lieu différent.

2. — L'alibi une fois établi justifie complètement, on le conçoit, l'accusé ou le prévenu, mais c'est un moyen de défense périlleux, car on en tire habituellement, lorsqu'il reste incertain, une induction défavorable à celui qui l'a invoqué.

3. — Du reste, aucune loi ne détermine, pour que l'alibi soit efficace, la distance qui doit exister entre le lieu où le fait allégué s'est passé et celui où prétend s'être trouvé celui à qui on l'impute. — Tout, à cet égard, dépend des circonstances de lieu et de temps dans lesquelles le fait s'est produit, et même des conditions d'âge, de force, de santé de son auteur présumé. — C'est aux juges seuls, et, en matière de grand criminel, aux jurés qu'il appartient d'apprécier et de décider la réalité du fait; ils jugent alors uniquement selon les inspirations de leur consience. Aucune règle ne leur est imposée.

4. — L'alibi peut être établi par tous les moyens de preuves admis en matière criminelle, il pourrait résulter notamment de la production d'un acte authentique ou public, dans lequel aurait figuré le prévenu. — *Encyclopédie du droit*, vº *Alibi*, nº 5.

5. — L'alibi est presque toujours opposé en matière criminelle, cependant il pourrait être également invoqué avec succès en matière civile, si par exemple celui à qui on attribue une obligation prouvait qu'il était absent au moment où elle est censée avoir été contractée. — *Encyclop. du dr.*, nº 2. — V. au surplus DÉFENSE.

ALIÉNATION.

1. — L'aliénation, à parler généralement, dit Denizart, est le transport d'une chose de la main d'une personne en celle d'une autre *in alieni manum*, ce qui pourrait s'entendre de la possession comme de la propriété.

2. — Mais dans le langage des lois il signifie particulièrement le transport de la propriété d'une main dans une autre, *alienare, alienum facere.* — L. 1, Cod., *De fund. dot.*

3. — Ce mot désigne donc tous les actes par lesquels une personne transporte à une autre qui n'y avait antérieurement aucun droit, son droit de propriété ou un démembrement de son droit de propriété sur une chose.

4. — L'aliénation du droit de propriété dans son intégrité a lieu par la vente, par l'échange, par la donation, par le partage, par l'ameublissement, etc.

5. — Ainsi jugé que le terme *aliéner*, dans le langage du droit, comprend la donation comme la vente. — *Bordeaux*, 1er juin 1838 (t. 2 1838, p. 664), Devorilles c. Fondazouze.

6. — La prescription, étant pour celui au profit duquel elle s'accomplit un mode d'acquérir la propriété, produit aussi l'effet d'une aliénation au regard de celui qu'elle dépouille.

7. — La constitution d'un usufruit de servitude d'usage ou d'habitation emporte l'aliénation d'un démembrement de la propriété.

8. — Les lois romaines attachaient au mot *aliénation* un sens bien plus étendu, puisqu'elles réputaient aliénation l'établissement d'un gage, d'une hypothèque, et même la détérioration de la chose. — L. 7, Cod., *De reb. alien.*

9. — Il n'en est pas ainsi dans notre droit. Le nantissement ou l'hypothèque n'emportent aucun droit de propriété au profit du créancier.

10. — Mais négliger d'acquérir, et, par exemple, renoncer à une succession, ce n'est pas faire une aliénation (L. 28, ff., *De verb. signif.*), et nous ne croyons pas qu'on puisse, contre cette interprétation, qui dérive de la nature des choses, se faire un argument de l'art. 788, C. civ., qui, en autorisant les créanciers d'un héritier à faire annuler la renonciation qui leur porte préjudice et à accepter la succession du chef de leur débiteur, semble avoir eu seulement en vue le bénéfice à conférer aux créanciers.

11. — En principe, le droit d'aliéner une chose appartient au propriétaire, s'il n'en a pas été déclaré incapable par la loi. — C. civ., art. 537 et 1594.

12. — Il y a dans certains cas des personnes qui, n'étant pas propriétaires, peuvent cependant aliéner. Tels sont le créancier gagiste, l'héritier apparent. — V. HÉRITIER APPARENT, NANTISSEMENT.

13. — Pour les incapacités, V. COMMUNES, DOMAINE DE L'ÉTAT, DOT, FABRIQUE, FEMME MARIÉE, HOSPICES, INTERDICTION, MAIN-MORTE, MINEUR, MORT CIVILE.

14. — Puisque l'aliénation est une transmission de la propriété, les choses qui, étant placées hors du commerce, n'appartiennent à personne, ne peuvent être l'objet d'une aliénation.

15. — Le droit exclusif du propriétaire d'aliéner sa chose est encore modifié par le droit que l'art. 545, C. civ., et l'art. 9 de la charte confèrent au gouvernement de poursuivre l'expropriation pour cause d'utilité publique. — V. EXPROPRIATION POUR UTILITÉ PUBLIQUE.

16. — Aussi d'anciens jurisconsultes reconnaissent deux espèces d'aliénations : l'aliénation volontaire et l'aliénation nécessaire.

17. — L'aliénation volontaire est celle qui a lieu en vertu d'un contrat librement consenti par le propriétaire.

18. — L'aliénation nécessaire est celle que le propriétaire est contraint de faire en vertu d'un droit exercé sur sa chose, indépendamment de son consentement actuel d'aliéner.

ALIÉNÉS.

Table alphabétique.

ALIÉNÉS. — 1. — On ne doit considérer comme tels, dans le sens de la loi, que ceux qui sont dans un état habituel d'imbécillité, de démence ou de fureur. — Il ne faut donc point ranger sur la même ligne les personnes atteintes simplement d'affections morbides et passagères, telles que transports au cerveau, accès de délire, etc., qui n'altèrent que momentanément l'usage ou l'exercice de leurs facultés intellectuelles.

—

Sect. 1re. — *Historique.*

2. — Le Code civil, en traitant de l'interdiction, ne s'était occupé ni des mesures à prendre pour procurer aux aliénés les soins que leur position réclame, ni des dispositions propres à assurer la société contre leurs fureurs, ni des précautions nécessaires pour garantir leur liberté individuelle; et, jusqu'à la loi du 30 juin 1838, qui est venue combler cette lacune, tout en cette matière était abandonné à la confusion et à l'arbitraire. — C'est à peine si l'on trouve, à cet égard, dans la collection de nos lois depuis 1789 jusqu'en 1838, quelques dispositions éparses, dont le vague et l'insuffisance ne peuvent être contestés.

3. — Ainsi, dans la loi des 16-26 mars 1790, qui avait pour objet la mise en liberté des personnes détenues en vertu de lettres de cachet, on trouve un article (art. 9) relatif aux aliénés, et ainsi conçu : « Les personnes détenues pour cause de démence seront, pendant l'espace de trois mois, à compter du jour de la publication des présentes, à la diligence de nos procureurs, interrogées par les juges dans les formes usitées, et en vertu de leurs ordonnances, visitées par les médecins, qui, sous la surveillance des directoires de districts, s'expliqueront sur la véritable situation des malades, afin que, d'après la sentence qui aura statué sur leur état, ils soient élargis ou soignés dans les hôpitaux qui seront indiqués à cet effet. » Cette disposition est, on le voit, purement temporaire, et d'ailleurs les hôpitaux dont elle parle ne furent jamais indiqués. — Durieu et Roche, *Répertoire des établissemens de bienfaisance*, vº *Aliénés*, p. 39.

4. — La loi des 16-24 août 1790, art. 3, tit. 2, mettait au nombre des objets de police confiés à la vigilance des administrations municipales le soin d'obvier ou de remédier aux événemens fâcheux qui pourraient être occasionnés par les insensés ou les furieux laissés en liberté ; mais on comprend qu'une disposition aussi vague devait, selon les circonstances et les hommes, ouvrir la porte à l'arbitraire, ou avait une fort médiocre efficacité ; aussi, à défaut de règles, et surtout de ressources, les municipalités restaient-elles le plus souvent inactives. — Durieu et Roche, *ibid.*

5. — La loi des 19-22 juill. 1791 établit (art. 15) des peines contre ceux qui laisseraient divaguer des insensés ou des furieux, sans indiquer plus que la précédente les moyens de prévenir ces divagations.

6. — L'art 7, tit. 3, L. 24 vendém. an XI, nous révèle que lors de la promulgation de cette loi un certain nombre d'insensés étaient enfermés dans les dépôts de mendicité aux frais de la nation ; le même article ordonna que ces insensés fussent transférés dans les maisons de répression instituées par cette loi et qu'ils continuassent d'être à la charge publique ; ainsi, les aliénés étaient confondus avec des repris de justice.

7. — Le Code pénal contient plusieurs dispositions ayant quelque rapport à cette matière. — Les unes, générales, sont relatives à la protection de la liberté individuelle. Ainsi, les art. 114 à 122 et 186 répriment les atteintes qui seraient portées à cette liberté par les fonctionnaires publics. Les art. 341 à 343 répriment celles qui lui seraient portées par de simples particuliers.

8. — Les autres, spéciales, renouvellent les peines portées contre ceux qui auraient laissé divaguer des fous ou des furieux placés sous leur garde et ceux qui auraient occasionné la mort ou la blessure des animaux ou bestiaux appartenant à autrui par l'effet de cette divagation (art. 475, nº 7, et 479, nº 2). La loi se tait sur les cas dans lesquels la divagation aurait occasionné un homicide, des blessures aux hommes, des incendies, etc. — V. discours de présentation de M. le ministre de l'intérieur à la chambre des députés du 6 janv. 1837 (*Moniteur du 7*).

9. — Cependant, la confusion et l'arbitraire ne cessaient de régner. Les louables efforts tentés, en 1819, par le gouvernement pour introduire quelques améliorations, n'obtinrent que peu de succès.

10. — Enfin, le besoin de l'intervention du pouvoir législatif, pour porter un remède à tous ces maux, se fit vivement sentir. — La loi de finances du 18 juill. 1836 ordonna, par son art. 6, que « les dépenses pour les aliénés indigens seraient assimilées, pour 1837, aux dépenses variables départementales, sans préjudice du concours de la commune du domicile de l'aliéné et des hospices. »

11. — Et peu de temps après, le 6 janv. 1837, un projet de loi spécial, sur les aliénés, fut présenté à la chambre des députés. C'est ce projet de loi qui, modifié et amendé, après trois discussions à la chambre des députés, et deux discussions à la chambre des pairs, est devenu la loi du 30 juin 1838, qui règle aujourd'hui la matière.

12. — « La législation antérieure était muette, disait M. le ministre de l'intérieur dans l'exposé des motifs de la loi de 1838, et ce silence trouve une explication naturelle dans l'état même des esprit durant les derniers siècles ; la superstition ne permettait de voir dans la folie autre chose qu'un mal surnaturel, qu'une sorte d'état mystérieux qu'il fallait craindre et respecter peut-être ; aussi ne faut-il pas s'étonner que les aliénés soient restés jusque dans ces derniers temps sans asile et, en quelque sorte, sans secours ; à peine y a-t-il cinquante ans que ces malheureux erraient encore dans les villes et dans les campagnes, tristes objets d'une cruelle dérision, jusqu'au moment où les prisons s'ouvraient pour préserver la population de leurs emportemens, et pour les soustraire eux-mêmes aux empressemens d'une curiosité brutale. »

13. — Les aliénés étaient donc presque hors la loi commune. On prenait des précautions pour protéger les individus et l'ordre public contre leur fureur, mais souvent ces précautions avaient pour résultat d'aggraver leur position, aucune règle fixe n'était établie, aucune base légale n'était posée, tout était, en cette matière, confusion et arbitraire. La sûreté publique n'était pas suffisamment garantie, la liberté individuelle pouvait être compromise, et les soins convenables n'étaient point offerts aux malades. — Duvergier, *Coll. des Lois*, t. 38, p. 490, à la note.

14. — La loi du 30 juin 1838 pourvoit au placement des aliénés dans des établissemens spéciaux, tant dans leur intérêt que dans celui de la sûreté publique ; elle prend des précautions multipliées pour que nul individu, sous prétexte d'aliénation mentale, ne puisse être privé de la libre disposition de sa personne ; enfin, elle contient certaines règles sur les droits civils des aliénés.

15. — Cette loi a été suivie de l'ord. du 18 déc. 1839, qui en règle l'exécution. — On peut encore consulter, à cet égard, diverses circulaires ministérielles dont voici les plus importantes : — 23 juill. 1838, sur l'ensemble de la loi ; — 18 sept. 1838, sur l'art. 24 ; — 10 avr. 1839, sur la forme des états à envoyer au ministre ; — 5 juill. 1839, sur l'art. 22 ; — 5 août 1839, sur les art. 1er, 25, 26, 27 et 28 ; — 18 déc. 1839, et 5 août 1840, sur les art. 20, 21 et 22 ; — 25 juin 1840 ; — 14 août 1840, sur l'art. 25 2º ; — 16 août 1840, sur les art. 25, 26, 27 et 28 ; — 25 déc. 1840, sur les art. 20, 21 et 22 ; — 1er fév. 1841, sur la correspondance des directeurs d'asiles publics d'aliénés avec les préfets et sous-préfets ; — 12 août 1841, sur les devoirs des conseils généraux, — et 28 juin 1842, sur le recouvrement des frais faits par ou pour les aliénés.

Sect. 2e. — *Etablissemens d'aliénés.*

16. — La loi pose d'abord en principe que tout département est tenu d'avoir un établissement public spécialement destiné à recevoir et soigner les aliénés, ou de traiter à cet égard avec un établissement public ou privé, soit de ce département, soit d'un autre. — L. 30 juin 1838, art. 1er.

17. — Cet article consacre un système tout nouveau, et témoigne de la sollicitude du législateur pour les aliénés. Il ne suffit plus qu'ils soient séquestrés et que la société soit à l'abri de leurs fureurs ; il faut encore qu'ils reçoivent les soins que leur position exige, et que, dans aucun cas, ils ne puissent être confondus avec des malfaiteurs ou avec d'autres malades. — Durieu et Roche, *ibid.*, nº 3.

18. — « Tout aliéné dangereux dont la séquestration sera ordonnée par l'autorité publique, doit être reçu et traité aux frais du département, s'il ne possède personnellement aucune ressource ; c'est principalement en vue de cette classe que sont fondés les établissemens publics.... Le devoir du gouvernement ne s'arrête pas là. Il est des aliénés dont la condition est trop déplorable, quoiqu'ils ne menacent point la sécurité des citoyens, pour que la société ne leur vienne pas en aide : tous ceux qui sont en proie au premier accès d'un mal que l'art peut dissiper doivent être admis à recevoir les secours de la science. » — Rapport de M. Vivien à la chambre des députés, le 27 mars 1838 ; — Duvergier, *Collect. des lois*, t. 38, p. 437.

19. — « Mais si la loi ouvrait indistinctement les établissemens créés ou subventionnés par les départemens à quiconque se prévaudrait du titre d'aliéné, elle faciliterait les plus ruineux abus ; l'imbécillité, l'idiotisme, touchent de près à l'aliénation mentale, et pourraient aisément se confondre avec elle : les communes, pour se dégager du fardeau de leurs pauvres, les familles, pour se soustraire à leurs charges domestiques, ne manqueraient pas d'imposer au département, comme atteints d'aliénation mentale, tous les indigens.... Les établissemens seraient bientôt encombrés, et les départemens placés dans la pénible alternative de laisser s'accroître indéfiniment une dépense onéreuse, ou de refuser des secours aux nouveaux malades, le plus souvent mieux disposés que les autres à recevoir les secours de l'art.... Des mesures doivent être prises pour que tous les aliénés dont la raison n'est pas irrévocablement détruite obtiennent un traitement immédiat et complet. Après avoir pourvu à cette nécessité, les départemens pourront admettre dans leurs établissemens les autres aliénés avec toutes les restrictions propres à empêcher que leur nombre ne soit un obstacle à l'admission des malades en traitement. » — *Ibid.*

20. — « Ainsi, les établissemens ouverts aux termes de l'art. 1er devront recevoir tous les aliénés dangereux dont l'autorité publique aura ordonné la séquestration, et, en outre, tous ceux dont les conseils généraux, sous l'approbation du ministre, auront autorisé l'admission. » — *Ibid.*

21. — « Les traités passés avec les établissemens publics ou privés doivent être approuvés par le ministre de l'intérieur. » — *Ibid.* — Mais est-ce au ministre de l'intérieur ou au conseil général qu'il appartient de décider si le département aura un établissement spécial ou s'il traitera avec un autre établissement ? Nous pensons que le ministre pourra souvent exercer une grande influence, mais que la solution définitive de la question est réservée au conseil général, puisque c'est lui qui vote la dépense. — Durieu et Roche, *ibid.* — V. aussi Dufour, *Tr. de droit admin.*, t. 3, nº 1884.

22. — Lorsque le département possède déjà un établissement d'aliénés, le gouvernement trouve un moyen de le contraindre à le conserver et à en supporter les dépenses de réparation et d'entretien, que la loi déclare obligatoires, dans la disposition qui interdit aux conseils généraux de changer la destination des édifices départementaux sans l'autorisation du roi, le conseil d'état entendu. — L. 10 mai 1838, art. 11, 12 § 1er, et 29 ; — Dufour, *ibid.*

23. — Quant aux clauses du traité qui intervient entre un département et un établissement voisin, elles doivent, sans doute, être pesées et appréciées par le conseil général ; mais il paraît rentrer davantage dans les attributions du préfet d'en surveiller le libellé, sur lequel le conseil général n'a pas, dès-lors, à délibérer. — Le ministre pourrait donc prescrire des modifications de forme et de rédaction avant de donner son approbation, sans soumettre de nouveau le traité au conseil général.

24. — Cependant, l'attention des conseils généraux doit être appelée sur ces traités ; car leurs

observations pourront être prises en considérations relativement aux traités expirés ou résiliables. — Circul. min. 16 août 1840.

25. — L'objet principal des traités avec les établissemens privés concerne la fixation du prix du traitement de chaque aliéné; cette fixation n'est pas à faire avec les établissemens publics, les dépenses devant, dans ce cas, d'après l'art. 26, § 2, être réglées par un tarif arrêté par le préfet. — Circul. min. 5 août 1839.

26. — Les départemens qui ne peuvent pas former seuls un établissement sont donc obligés de traiter avec celui d'un autre département. — Il vaudrait mieux encore que deux ou plusieurs départemens s'unissent pour fonder et entretenir un établissement commun. — Les termes de la loi ne s'y opposent pas, et le gouvernement devrait favoriser cette combinaison; car si les départemens s'isolent, chacun ne pourra former que des établissemens qui n'offriront ni les ressources ni les développemens convenables. — Duvergier, *loc. cit.*, p. 494.

27. — Quelques membres de la chambre des pairs ont soutenu qu'entre les établissemens destinés à recevoir et à soigner les aliénés, la préférence devait être accordée à ceux qui sont desservis par des congrégations religieuses, ou plutôt que tous devaient être confiés à leurs soins pieux. — Mais cette prétention, vivement combattue, n'a pas été accueillie.

28. — Une circulaire ministérielle du 16 août 1840 conseille, comme économie mieux entendue, la création de grands établissemens d'aliénés plutôt que celle de petits. — Elle prescrit d'agrandir les établissemens de ce genre déjà subsistans et qui seraient insuffisans, et d'affecter au traitement des insensés ceux qui admettent en même temps des individus affectés de maladies différentes. — Toutefois cette affectation doit être exclusive, car il serait contraire à la loi de 1838 (art. 5), et au succès du traitement des aliénés d'admettre dans les hospices où ils sont traités des malades étrangers : les aliénés doivent être traités dans des locaux spéciaux et séparés.

29. — La même circulaire pose comme règle que les traités passés par l'administration avec les établissemens privés doivent être de courte durée, par exemple d'un an, sauf à prendre en considération les circonstances qui rendraient nécessaires un traité moins restreint, soit dans l'intérêt des aliénés eux-mêmes, soit comme appui moral à donner à un établissement qui s'en montrerait digne.

30. — Le § 2 de l'art. 1er se terminait par ces mots : « Ils (les traités) ne seront valables que si le chef de cet établissement s'est soumis à n'employer que des médecins agréés par le préfet. » — Mais sur l'observation de quelques membres de la chambre des pairs que cette précaution, utile dans certains cas, ne devait cependant pas être insérée dans la loi, et qu'il fallait laisser aux réglemens d'administration publique, dont parle l'art. 6, le soin d'établir de semblables règles, cette disposition a, du consentement du ministre de l'intérieur, été retranchée de la loi.

31. — Les établissemens publics consacrés aux aliénés sont placés sous la direction, et les établissemens privés sous la surveillance de l'autorité publique. — Art. 2 et 3. — Pour ces derniers, l'établissement lui-même et son directeur doivent être approuvés et agréés par le gouvernement. — Art. 5.

32. — Le mot *direction*, de l'art. 2, a une double signification : d'une part, il exprime le droit d'en réglementer complètement l'administration et le régime, de manière à ce que son administration y soit plus immédiate et plus forte; en second lieu il détermine, par opposition au mot *surveillance* employé par l'art. 3, la différence de l'action de l'autorité sur les établissemens publics, où, comme nous venons de le voir, elle réglemente les services de toute nature, et les asiles privés où elle n'exerce que la police exigée dans l'intérêt de la liberté individuelle et de la sûreté des personnes. — Durieu et Roche, *Etabliss. de bienf.*, v° *Aliénés*, n° 9.

33. — Il en résulte encore que l'action du gouvernement n'est point la même sur les établissemens d'aliénés et sur ceux ordinaires de charité, tels que hospices, hôpitaux, etc., puisque dans ces derniers il exerce un droit de haute tutelle plutôt que de direction, et n'intervient dans leur gestion que par voie d'appobation ou d'improbation des mesures proposées par les commissions administratives, qui ont seules l'initiative. — Aussi, tandis que l'institution des commissions administratives des hospices ordinaires et leurs attributions fondamentales ont été fixées par des lois, l'organisation administrative des asiles publics d'aliénés a été abandonnée, par la loi de 1838, au pouvoir réglementaire, et c'est en vertu de l'art. 2 de cette loi qu'a été rendue l'ordonnance du 18 déc. 1839. — Durieu et Roche, *ibid.*, n° 9.

34. Les établissemens publics sont administrés sous l'autorité du ministre de l'intérieur, des préfets, et sous la surveillance d'une commission gratuite, par un directeur responsable, dont les attributions sont déterminées par l'ordonnance du 18 déc. 1839.

35. — La même ordonnance détermine aussi les conditions moyennant lesquelles l'autorisation peut être accordée de former ou diriger des établissemens privés pour le traitement des aliénés. — Art. 17 et suiv.

36. — Il faut, pour obtenir l'autorisation, prouver qu'on est majeur et jouissant des droits civils; et, quand on n'est pas docteur en médecine, produire l'engagement d'un docteur qui se charge du service médical de la maison. — *Ibid.*

37. — L'autorisation peut être retirée par une ordonnance royale, dans les cas déterminés par l'art. 31 de ladite ordonnance du 18 déc. 1839; le préfet peut prononcer la suspension provisoire du directeur. — Art. 31, 32 et 33 de l'ord.

38. — Le préfet et ses délégués, ceux du ministre de l'intérieur, le président du tribunal, le procureur du roi, le juge de paix, le maire de la commune, ont mission de visiter les établissemens publics ou privés consacrés aux aliénés; de recevoir les réclamations des personnes qui y sont placées, et de prendre à leur égard tous les renseignemens propres à faire connaître leur position. — Art. 4.

39. — De plus, les établissemens privés doivent être visités à des jours indéterminés, une fois au moins par trimestre, par le procureur du roi de l'arrondissement; et les établissemens publics, une fois au moins par semestre. — Même art.

40. — Le droit de visite du préfet ne s'étend pas au delà des limites de son département; il ne pourrait donc visiter officiellement les établissemens d'un autre département, sous le prétexte qu'ils reçoivent les aliénés du sien. — Durieu et Roche, n° 11.

41. — Il n'est point fait mention des sous-préfets; mais il résulte de la discussion à la chambre des pairs que ce fonctionnaire, chef de l'administration dans son arrondissement, sera désigné d'une manière permanente par le préfet pour s'assurer, par des visites fréquentes, si la loi est observée dans les établissemens d'aliénés, si l'ordre y existe, et si les soins y sont exactement donnés aux malades. — Sous ce rapport, les sous-préfets seront donc délégués permanens. — Duvergier, p. 496; Durieu et Roche, n° 12.

42. — Quant aux délégations spéciales, elles pourront avoir lieu pour des visites accidentelles, dans des cas et pour des causes accidentels, relativement à telle disposition à introduire dans le régime de l'établissement public ou à imposer aux directeurs des établissemens privés. — C'est ce qui résulte de la discussion à la chambre des pairs.

43. — Quelques personnes demandaient qu'il ne pût y avoir qu'un délégué, mais il a été bien entendu que le préfet pourrait en choisir plusieurs. « Il peut être quelquefois utile de déléguer un certain nombre de personnes, disait le ministre de l'intérieur à la chambre des pairs. A Paris, par exemple, il y a des cas où le préfet croit devoir s'éclairer par une commission de trois médecins; d'autres cas dans lesquels on peut prier un prêtre, le curé de la paroisse, je suppose, d'assister le médecin et d'examiner si tous les soins sont bien administrés. »

44. — Du reste, ni le ministre ni le préfet ne doivent, autant que possible, choisir des délégués qui soient parens des personnes intéressées dans l'établissement. — Ce principe était consacré par une disposition expresse du projet de loi, mais cette disposition, bien que supprimée, n'en reste toujours pas moins dans l'esprit général de la loi; elle n'a été écartée que parce que, posée d'une manière absolue, elle aurait été le plus souvent inexécutable. Comment, en effet, un ministre, en nommant un inspecteur général, aurait-il pu être assuré qu'il n'avait de relations de parenté avec aucun des intéressés des nombreux établissemens de France? tout au plus serait-ce possible de la part d'un préfet, quant aux délégués de son département. — Duvergier, *ibid.*, p. 496.

45. — Les inspecteurs généraux des hospices, et les inspecteurs départementaux, ne peuvent inspecter les établissemens publics et privés d'aliénés qu'autant qu'ils y sont expressément autorisés par le ministre de l'intérieur ou par le préfet du département; mais l'inspecteur général du service des aliénés a, par la nature de ses fonctions, le pouvoir d'inspecter tous les établissemens publics ou privés sans autre délégation. — Durieu et Roche, v° *Aliénés*, n° 13.

46. — L'intervention des magistrats de l'ordre judiciaire est motivée sur ce que la liberté individuelle est placée sous leur vigilance. — L'art. 4 ne parle point des premiers présidens de cours royales ni des procureurs généraux, par le motif qu'ils tiennent de leurs fonctions le droit de pénétrer dans les établissemens d'aliénés. En effet, placés hiérarchiquement au-dessus des présidens de tribunaux et des procureurs du roi, ils ont, à *fortiori*, les mêmes pouvoirs. — Toutefois, le silence de la loi sur leur compte doit faire penser que tandis qu'elle impose aux présidens et procureurs du roi l'*obligation* de visiter les asiles publics et privés d'aliénés, elle en laisse seulement la faculté aux premiers présidens et procureurs généraux. — Durieu et Roche, n° 10. — V. néanmoins Duvergier, *loc. cit.*, p. 497.

47. — Le grand nombre de fonctionnaires auxquels le droit de visite est accordé a été l'objet de vives critiques dans les deux chambres. — On a craint qu'elles ne rendissent trop facile la révélation de ce que les familles ont intérêt à tenir dans le secret, et même qu'elles ne retardassent la guérison des malades. — Cependant, les dispositions du projet ont été respectées; on a pensé que la liberté individuelle ne pouvait être entourée de trop de garanties. Toutefois, M. Duvergier (p. 496) fait remarquer que ce n'est point sans quelque répugnance, et que la discussion a révélé la pensée que l'on devrait exécuter la loi, sous ce rapport, avec beaucoup de réserve et de précaution.

48. — Les diverses personnes indiquées dans l'article doivent être admises lorsqu'elles se présentent pour remplir leur mission : un paragraphe du projet le disait formellement, mais il a été supprimé comme inutile.

49. — Cependant, si l'entrée de l'établissement leur était refusée par le directeur, elles devraient se retirer auprès du préfet, du sous-préfet ou du procureur du roi, et à leur défaut auprès du maire ou du juge de paix, qui, au besoin, requerraient l'assistance de la force publique. — Elles-mêmes n'auraient point qualité pour la requérir, elles pourraient seulement dresser procès-verbal du refus, et le transmettre au procureur du roi ou au préfet, qui provoqueraient, suivant les circonstances, les mesures administratives ou judiciaires nécessitées par une résistance illégale. — Durieu et Roche, *ibid.*, n° 17.

50. — Il a été bien reconnu, lors de la discussion, qu'en donnant aux personnes chargées de visiter les établissemens la mission de recevoir les réclamations des séquestrés, on a entendu que l'administration et l'autorité judiciaire auraient toujours le droit de faire une enquête, même à l'extérieur. — Si les observations à faire portent sur le régime de la maison, le rapport sera fait à l'autorité administrative, qui a dans ses mains tout pouvoir pour réformer les abus. — Si l'examen a rapport aux personnes et qu'il y ait lieu à enquête judiciaire, cette enquête rentre dans le domaine des tribunaux, et suit, dès-lors, les règles ordinaires. — Duvergier, *loc. cit.*, p. 497.

51. — Les établissemens privés consacrés au traitement d'autres maladies ne peuvent recevoir les personnes atteintes d'aliénation mentale, à moins qu'elles ne soient placées dans un local entièrement séparé. — Ces établissemens doivent être, à cet effet, spécialement autorisés par le gouvernement, et sont soumis, en ce qui concerne les aliénés, à toutes les obligations prescrites par la loi de 1838 (art. 5).

52. — Cette disposition était nécessaire pour le traitement efficace des maladies mentales, et pour qu'on ne vît plus les aliénés confondus avec des personnes atteintes de maladies repoussantes ou contagieuses, comme cela arrivait trop souvent. — Les contraventions aux dispositions de cet article sont punies par l'art. 41.

53. — La loi cependant n'exige pas deux bâtimens distincts, c'est-à-dire un pour chaque espèce d'établissement. « On doit traiter les aliénés séparément, disait un pair, et, par conséquent, il n'y a pas d'inconvénient à ce qu'on leur assigne des quartiers dans les maisons où se trouvent d'autres malades, pourvu qu'ils ne communiquent pas avec eux. »

54. — Dans les cas d'urgence, l'autorité du lieu, le préfet, le sous-préfet, le maire, peuvent prendre sur eux de faire entrer une personne atteinte d'aliénation dans une maison de santé, sauf à en rendre compte immédiatement; la loi ne peut prévoir toutes les hypothèses, et a laissé quelque chose à l'exécution, à la jurisprudence. Il faut bien alors trouver les moyens d'y pourvoir à l'instant même. — Il est évident que s'il s'agit de déposer pour une nuit un aliéné dans un hospice ou pour deux nuits dans une maison de santé, il ne peut s'élever aucune difficulté, car la loi a prévu

ce cas (art. 24). Sa prévision s'applique non-seulement à l'aliéné indigent, mais à toute espèce d'aliéné. C'est ce qu'a déclaré formellement le ministre de l'intérieur à la chambre des pairs.

55. — Il suit de là, selon MM. Durieu et Roche (no 20), que le directeur d'une maison de santé auquel on propose de recevoir provisoirement un aliéné doit exiger une réquisition de l'autorité locale; que si la maladie se déclare sur un individu déjà admis dans son établissement et que le transport immédiat dans un établissement spécial ne soit pas possible, il doit se faire autoriser à le conserver provisoirement : dans les deux cas, l'autorité locale rend compte à l'autorité supérieure de la mesure qu'elle a prise.

56. — Les conditions auxquelles sont accordées les autorisations dont les établissemens privés doivent être munis, les cas où elles peuvent être retirées et les obligations imposées à ceux qui sont autorisés, sont déterminées par des réglemens d'administration publique. — Art. 6.

57. — Quant aux établissemens publics en tout ou en partie au service des aliénés, leurs réglemens intérieurs sont, dans les dispositions relatives à ce service, soumis à l'approbation du ministre de l'intérieur. — Art. 7.

58. — Dans les établissemens qui ne sont consacrés qu'en partie au service des aliénés, les quartiers qui leur restent étrangers ne doivent point être soumis aux réglemens spéciaux. — Duvergier, *loc. cit.*, p. 500.

59. — L'ordonn. 18 déc. 1839 a pourvu à l'exécution des art. 6 et 7.

60. — Les quartiers existans au moment de la loi de 1838 ont pu être maintenus par le ministre, quelque minime que fût le nombre des malades susceptibles d'y être entretenus. Mais des quartiers dont la création est proposée doivent être assez étendus pour permettre de recevoir et de traiter cinquante aliénés au moins. — Ord. 18 déc. 1839, art. 11 et 12.

61. — L'établissement de Charenton a un caractère tout spécial, il n'est ni communal, ni départemental, ni privé. M. le ministre de l'intérieur a déclaré, lors de la discussion de la loi de 1838, qu'il appartient à l'Etat, et qu'il est entretenu à ses frais, et il a ajouté que si, pour mettre son réglement antérieur en harmonie avec la loi actuelle, quelques modifications étaient nécessaires, elles seraient faites. — Duvergier, *ibid.*

62. — En 1838, il existait, selon le ministre de l'intérieur (v. la discussion), quatre-vingt-quatre établissemens publics ou privés spéciaux pour le traitement des aliénés, sans compter les maisons de santé. MM. Durieu et Roche (*loc. cit.*, p. 42) disent cependant qu'en 1842 il n'en existait que soixante, dans lesquels étaient reçus près de quinze mille aliénés.

Sect. 3e. — *Placement dans les établissemens d'aliénés.*

63. — Les placemens dans des maisons d'aliénés sont volontaires ou forcés.

§ 1er. — *Placemens volontaires.*

64. — Le placement volontaire peut être demandé par toutes personnes parentes ou non parentes qui ont eu des relations avec l'aliéné. — L. 30 juin 1838, art. 8.

65. — Les chefs ou préposés responsables des établissemens publics et les directeurs des établissemens privés consacrés aux aliénés ne peuvent recevoir une personne atteinte d'aliénation mentale s'il ne leur est remis : 1o Une demande d'admission écrite et signée par celui qui la forme, ou, s'il ne sait écrire, reçue par le maire ou le commissaire de police, qui doit en donner acte, et contenant les noms, profession, âge et domicile tant de la personne qui forme la demande que de celle dont le placement est réclamé, et l'indication du degré de parenté, ou, à défaut, de la nature des relations qui existent entre elles. Quand la demande n'a pas été reçue par le maire ou le commissaire de police, le chef de l'établissement doit, sous sa responsabilité, s'assurer de l'individualité de la personne qui l'a formée. Si la demande est formée par le tuteur d'un interdit, il doit fournir à l'appui un extrait du jugement d'interdiction. — Même article.

66. — Le projet de la loi de 1838 exigeait, dans l'intérêt de la liberté individuelle, l'autorisation préalable du préfet pour toute admission d'un aliéné dans un établissement, mais l'intervention de l'autorité publique a été écartée par le motif qu'une semblable précaution n'était pas indispensable et pouvait même être nuisible à la liberté qu'elle avait pour but de protéger, en ce que l'autorisation déchargerait peut-être la famille de la responsabilité du placement pour la faire passer tout entière à l'administration. — « Lorsqu'une personne est placée dans un établissement d'aliénés, disait M. Vivien dans son rapport, il faut que la responsabilité de cet acte pèse sur quelqu'un et qu'il soit toujours permis, en cas d'abus, d'atteindre les coupables; à cet effet, la personne qui fait effectuer le placement doit être connue et désignée. »

67. — Les formalités qui ont été substituées à l'article du projet sont tirées en partie d'une ordonnance de police du 9 août 1828, qui était suivie à Paris (Rapport de M. Vivien à la chambre des députés).

68. — Un bulletin d'entrée contenant mention des pièces produites doit être envoyé dans les vingt-quatre heures avec un certificat du médecin de l'établissement, et une copie du certificat indiqué plus haut, à Paris au préfet de police, dans les départemens au préfet, ou au fonctionnaire inférieur chargé de le lui transmettre. — Art. 8.

69. — Lorsque le bulletin d'entrée est remis au maire, ce magistrat doit l'adresser non au sous-préfet, mais directement au préfet. — Dans cette matière, il y a toujours urgence. — Durieu et Roche, no 35.

70. — C'est au préfet du département où est placé l'établissement que doivent être envoyés le certificat du médecin et le bulletin d'entrée, et non au préfet du département auquel appartient l'aliéné. — Le premier seul administre l'établissement (*suprà* nos 34 et suiv.), ordonne les vérifications et inspections destinées à constater l'état des malades, ordonne leur maintien ou leur sortie, il a donc seul qualité pour recevoir ces pièces, ainsi que les communications des directeurs concernant les familles des malades des autres départemens, sauf à lui à transmettre ces renseignemens à ses collègues, qui en informent les intéressés. — Durieu et Roche, no 34.

71. — Les placemens volontaires peuvent être effectués même dans les établissemens publics, sans qu'il soit nécessaire de se pourvoir auparavant de l'ordre ou de la permission des préfets. — Un député exprimait la crainte qu'il n'en résultât un encombrement et que les places dont on pourrait disposer ne se trouvassent ainsi occupées dans les momens les plus urgens, mais il a été répondu, tant par le rapporteur que par le ministre de l'intérieur, que « le droit de présenter des aliénés dans les établissemens n'emportait pas pour ceux-ci l'obligation de les recevoir, et qu'il faudrait, pour cela, être dans les termes des réglemens de ces établissemens, dans les conditions au moyen desquelles on peut y être admis. » — Il y a des aliénés qu'on doit séquestrer, ce sont ceux qui troublent l'ordre public ou la sûreté des personnes; ils doivent être sous la surveillance spéciale du gouvernement : pour ceux-là, l'asile doit toujours s'ouvrir; mais, pour les autres, on pourra les refuser ou les admettre, cela dépendra de la situation de l'établissement, cela doit être laissé aux instructions particulières du ministre, aux réglemens d'administration publique. » — Duvergier, *Collect. de lois*, t. 38, p. 502.

72. — La question est la même pour les établissemens privés, quand on a toutes les pièces que l'article exige, et qu'on se présente dans un établissement privé, on peut demander l'admission, mais elle peut être refusée. — Rapport de M. Vivien.

73. — Le premier paragraphe du projet portait : « Les chefs, directeurs ou préposés responsables des établissemens publics et privés, etc. » Le rapport de la commission de la chambre des députés a dit, pour expliquer le changement de rédaction : « L'indication des personnes placées à la tête des établissemens d'aliénés et sur lesquels pèsent les obligations imposées par la loi a été modifiée de manière à faire comprendre que tout établissement privé doit avoir un directeur autorisé, en exécution de l'art. 5; les établissemens publics seuls peuvent employer des préposés responsables; quant aux autres établissemens, nous ne voulons pas que la responsabilité puisse être éludée, que des prête-noms officieux soient proposés à l'autorité, et nous faisons porter les obligations établies sur les directeurs exclusivement. »

74. — Cependant l'art. 27 de l'ord. du 18 déc. 1839 permet « à tout directeur d'un établissement privé consacré aux aliénés de faire agréer à l'avance, par l'administration, une personne chargée de le remplacer dans le cas où il viendrait à cesser ses fonctions par suite de suspension, d'interdiction judiciaire, d'absence, de faillite, de décès, ou pour toute autre cause. — La personne ainsi agréée est de droit, dans ces divers cas, investie de la gestion provisoire de l'établissement, et soumise, à ce titre, à toutes les obligations du directeur lui-même. — Cette gestion provisoire ne peut jamais se prolonger au-delà d'un mois, sans une autorisation préalable du préfet. »

75. — D'après le projet, la demande devait être visée par le maire ou le commissaire de police; cette formalité a été supprimée comme inutile, puisque c'est aux chefs de l'établissement de constater, sous leur responsabilité, l'individualité du réclamant (Duvergier, p. 502); ils feront donc prudemment, s'ils ne le connaissent pas, de faire, à l'instar des notaires (L. 25 vent. an XI, art. 9), cette constatation par l'attestation de deux citoyens majeurs connus d'eux et domiciliés dans le département. — Durieu et Roche, no 24.

76. — Rien ne s'opposerait à ce qu'un aliéné qui, dans des intervalles lucides, apprécierait son état et ne pourrait ou ne voudrait pas recourir à des parens, fût admis en justifiant de son identité, et sur sa propre demande, appuyée d'un certificat de médecin qui constaterait son état mental. — Les établissemens d'aliénés ne sont pas des prisons, mais des maisons de santé spéciales établies autant dans l'intérêt privé des malades que dans l'intérêt de la sûreté publique. — Durieu et Roche, no 25.

77. — Un inconnu trouvé sur la voie publique en état d'aliénation mentale doit être conduit au préfet, sous-préfet ou maire, qui seuls peuvent ordonner son admission dans un établissement (art. 18 et 19). — Cependant les personnes qui viendraient à le reconnaître pourraient le présenter elles-mêmes à l'établissement, en remplissant les formalités prescrites; mais, dans ce cas, elles devraient se charger du prix de la pension, car les aliénés admis sur l'ordre de l'autorité tombent seuls à la charge du département. — Durieu et Roche, no 27.

78. — Si on découvrait la famille de cet aliéné et qu'elle se refusât à recevoir et garder ce malheureux, qui lui appartient, M. Dufour pense (*Traité du droit admin.*, t. 3, no 1896) qu'on devrait le faire entrer dans un établissement public, mais que, dans ce cas, l'établissement pourrait user, pour se faire payer le prix de la pension, du droit qui lui est donné au regard des parens, soumis par la loi à l'obligation de fournir des alimens. — V. aussi l'art. 27.

79. — Si le maire ou le commissaire de police chargés de recevoir la demande des personnes qui ne savent pas écrire refusaient de remplir ce devoir, ces personnes devraient s'adresser à leurs supérieurs dans l'ordre hiérarchique, c'est-à-dire au sous-préfet et au préfet. — Durieu et Roche, no 29.

80. — On doit remettre encore aux chefs et préposés des établissemens privés 2o un certificat de médecin constatant l'état mental de la personne à placer, les particularités de sa maladie et la nécessité de la tenir enfermée. — Ce certificat ne peut plus être admis après quinze jours depuis qu'il a été délivré, ni s'il émane d'un médecin attaché à l'établissement, ou parent ou allié au deuxième degré inclusivement, des chefs ou propriétaires de l'établissement, ou de la personne qui demande le placement. — En cas d'urgence, ce certificat peut ne pas être exigé. Art. 8.

81. — L'expression *médecin* dont se sert l'article désigne nécessairement un *docteur en médecine*. — On ne pourrait donc admettre le certificat constatant l'état mental de la personne à placer qui émanerait d'un officier de santé. — Mais celui délivré par un docteur en chirurgie serait suffisant. — Durieu et Roche, no 30.

82. — L'obligation d'indiquer dans le certificat les causes de la maladie, qu'imposait le projet, a été supprimée par le motif que les causes de l'aliénation doivent quelquefois demeurer secrètes; notamment si elles sont de nature à compromettre l'honneur de la famille. — Deuxième rapport de M. Vivien.

83. — La prohibition d'admettre le certificat d'un médecin parent ou attaché à l'établissement est commune aux établissemens publics et privés. — Si l'établissement dépendait d'un hospice, le médecin de l'hospice, qui ne serait pas celui de l'établissement, pourrait délivrer le certificat; sinon il faudrait un médecin étranger. — Si le médecin des deux sections était seul dans le pays, on devrait en appeler un du voisinage. — Durieu et Roche, no 31.

84. — Il est possible que le directeur d'un établissement ignore les rapports de parenté existant entre le médecin signataire du certificat et la personne qui fera effectuer le placement; mais la loi doit se borner à tracer des règles générales, sans se laisser arrêter par des hypothèses exceptionnelles; elle ne pouvait donc statuer sur ce cas tout particulier. — Duvergier, p. 503.

85. — Une observation faite par le président de la chambre des députés ferait penser que le certificat qu'en cas d'urgence on est dispensé de produire au moment du placement doit être fourni ultérieurement et transcrit sur le registre de l'établissement, conformément à l'art. 12; mais MM. Durieu et Roche professent une opinion contraire (no 44); ils font observer, avec raison, que ce certificat ne pourrait plus être d'aucune utilité après que l'individu a été admis dans l'établissement sous la garantie et la responsabilité du médecin de la maison, et que le préfet l'a fait examiner par un homme de l'art.

86. — Selon MM. Durieu et Roche (no 31), la disposition qui dispense du certificat du médecin en cas d'urgence n'est applicable qu'aux établissemens publics.

87. — La demande d'admission, le certificat du médecin et tous autres produits à l'appui de la demande, doivent être timbrés, conformément à l'art. 12 de la loi du 13 brum. an VII. — Durieu et Roche, no 36.

88. — Enfin, on doit remettre, en outre, 3o le passeport ou toute autre pièce propre à constater l'individualité de la personne à placer. — Art. 8.

89. — A défaut de ces pièces, les directeurs et préposés doivent exiger, comme pour les personnes qui demandent l'admission et qui ne sont pas connues d'eux, l'attestation de deux citoyens majeurs qu'ils connaissent et qui soient domiciliés dans le département (*suprà* no 75). — Durieu et Roche, no 33.

90. — Si le placement a lieu dans un établissement privé, le préfet, dans les trois jours de la réception du bulletin, charge un ou plusieurs hommes de l'art de visiter la personne placée et de faire sur-le-champ un rapport sur son état mental; il peut leur adjoindre telle autre personne qu'il croit convenable. — Art. 9.

91. — Bien que dans cet article on ne trouve point l'expression médecin employée dans l'article précédent, le préfet ne pourrait non plus désigner un simple officier de santé; nous avons vu (*suprà* no 81) que des docteurs en médecine ou en chirurgie pourraient seuls être requis.

92. — Les frais de la visite ordonnée par le préfet doivent être fixés, d'après l'art. 29 de la loi de finances du budget des recettes pour 1842, conformément aux art. 16, 17, 24, 90, 91 et 92 du tarif criminel du 18 juin 1811. Cet article ajoute que « ces frais sont payés par les directeurs des établissemens dans lesquels les visites sont opérées, et que le recouvrement en est poursuivi et opéré à la diligence de l'administration de l'enregistrement et des domaines. »

93. — En l'absence d'instructions ou dispositions sur le mode de paiement, il semble rationnel de faire solder la somme due aux gens de l'art, comme les frais de justice, par le receveur de l'enregistrement. — Le mandat du préfet servirait de titre au créancier et de pièce justificative au receveur. — Durieu et Roche, no 39.

94. — Dans le même délai et pour tous les établissemens, soit publics soit privés, le préfet notifie administrativement les noms, profession et domicile, tant de la personne placée que de celle qui a demandé le placement : 1o au procureur du roi de l'arrondissement du domicile de la personne placée; 2o au procureur du roi de l'arrondissement de la situation de l'établissement. — Art. 10.

95. — Cette notification a pour but de mettre ces magistrats en mesure de rechercher les motifs de la séquestration, et, s'il y a lieu, de provoquer, soit officiellement du préfet (art. 16), soit officiellement des tribunaux (art. 29 et 32), la mise en liberté des détenus, et même, au besoin, de poursuivre les auteurs de la séquestration illégale, ainsi que leurs complices, médecins, directeurs et autres.

96. — Quinze jours après le placement d'une personne dans un établissement public ou privé, il doit être adressé au préfet un nouveau certificat du médecin de l'établissement, confirmant ou rectifiant le premier et constatant les changemens survenus dans l'état du malade. — Art. 11.

97. — Ce certificat doit être délivré par le médecin en chef de l'établissement, et seulement en cas d'empêchement, constaté par le médecin adjoint. — En cas d'empêchement de l'un et l'autre, le préfet pourvoit provisoirement à leur remplacement. — Ord. 18 déc. 1839, art. 9.

98. — L'inobservation de ces prescriptions est punie par l'art. 41 d'un emprisonnement de cinq jours à un an, d'une amende de 50 à 3000 fr., ou de l'une de ces deux peines, sauf l'application de l'art. 463, C. pén., sur les circonstances atténuantes.

99. — Chaque établissement doit avoir un registre coté et paraphé par le maire, sur lequel on inscrit immédiatement les noms, profession, âge et domicile des personnes admises, la mention du jugement d'interdiction, si elle a été prononcée, et le nom de leur tuteur; la date de leur placement, les noms, profession et demeure de la personne, parente ou non, qui l'a demandé; le certificat du médecin joint à la demande d'admission, et ceux que le médecin de l'établissement adresse à l'autorité, conformément aux art. 8 et 11 de la loi; enfin, les sorties et les décès des personnes placées (art. 12). Le médecin doit consigner sur ce registre, au moins une fois par mois, les changemens survenus dans l'état des malades. Ce registre doit être soumis aux personnes qui, aux termes de la loi (art. 4), ont droit de visiter l'établissement. Ces personnes doivent, après leur visite, y apposer leur visa, leur signature et leurs observations, s'il y a lieu. Art. 12.

100. — L'importance que la loi attache à la tenue de ce registre, dans l'intérêt de la liberté individuelle, fait dire à MM. Durieu et Roche (no 43) qu'il est dans son esprit que les énonciations y soient écrites *de suite,* sans aucun blanc, ni interligne, ni rature, ni renvoi, que rien n'y soit écrit par abréviation, et qu'aucune date ne soit mise en chiffres. — Sans aller aussi loin que cet auteur, nous pensons cependant qu'il doit être apporté à la tenue de ces registres le plus grand soin et la plus stricte exactitude.

101. Les mêmes auteurs pensent aussi (art. 44) que, malgré le silence de l'article, les pièces ou l'acte constatant l'individualité de l'aliéné et son passeport doivent être transcrits sur le registre; il est certain que cette transcription ne peut être qu'utile.

102. — Les transcriptions ordonnées par l'art. 12 doivent être faites alors même que le médecin de l'établissement ayant reconnu que l'individu admis n'est pas réellement aliéné, celui-ci aurait été mis en liberté dans les vingt-quatre heures. — L'admission, si peu qu'elle ait duré, est un fait accompli qu'il peut être utile de trouver établi d'une manière irréfragable en cas d'action en justice.

103. — Le visa apposé par des personnes qui visitent l'établissement doit énoncer la date du jour où il est apposé. — Durieu et Roche, no — 47.

§ 2. — *Placemens forcés.*

104. — Le placement forcé est ordonné d'office à Paris par le préfet de police, et dans les départemens par le préfet, lorsque l'état d'aliénation d'une personne interdite ou non interdite compromet la sûreté publique. — Les ordres des préfets doivent être motivés et énoncer les circonstances qui les ont rendus nécessaires. Ils doivent, de plus, ainsi que ceux donnés conformément aux art. 19, 20, 21 et 23, être inscrits sur un registre semblable à celui qui est prescrit par l'art. 12, dont toutes les dispositions sont applicables aux individus placés d'office. — Art. 18.

105. — C'est par le préfet du département où se trouve l'aliéné, et non par celui de la situation de l'établissement, que doit être pris l'arrêté de placement d'office, sauf au premier à s'entendre avec celui-ci, et à l'informer de la translation, afin qu'il en surveille et assure l'exécution. — Durieu et Roche, no 63.

106. — Mais du moment que l'aliéné est arrivé dans l'établissement, c'est au préfet du lieu que doivent être adressés les certificats et rapports prescrits par l'art. 20, c'est à lui à faire les notifications de l'art. 22. (Mêmes auteurs, no 64). — C'est lui seul encore qui peut ordonner que l'aliéné continuera à être séquestré ou sera rendu à la liberté. — Circul. 28 déc. 1839 et 25 juin 1840.

107. — D'après le projet, les ordres de placement n'étaient valables que pour six mois, mais cette disposition a été repoussée à cause des dangers qu'elle présenterait en cas d'omission.

108. — Les placemens opérés par les intendans et sous-intendans militaires des militaires aliénés qui se trouvent dans leurs circonscriptions sont des placemens volontaires, et, comme tels, soumis aux formalités de la sect. 2e de la loi. — Ces placemens sont faits dans les établissemens publics ou privés, moyennant les prix arrêtés à l'amiable entre le ministre de la guerre et les directeurs des asiles. — Durieu et Roche, no 66.

109. — Les détenus atteints d'aliénation mentale ne peuvent être placés que par l'ordre du préfet ou du sous-préfet sur le rapport des directeurs des maisons de détention. — Durieu et Roche, no 67.

110. — En cas de danger imminent, attesté par le certificat d'un médecin ou par la notoriété publique, les commissaires de police à Paris, et les maires dans les autres communes, doivent ordonner, à l'égard des personnes atteintes d'aliénation mentale, les mesures provisoires nécessaires, à la charge d'en référer dans les vingt-quatre heures au préfet, qui doit statuer sans délai. — Art. 19.

111. — Pour que les commissaires de police et maires puissent agir, il faut que le danger soit *imminent,* s'il n'y avait que possibilité de danger, ils devraient en référer au préfet.

112. — Le sous-préfet pourrait également ordonner la séquestration, à la charge d'en référer au préfet dans les vingt-quatre heures, comme les maires et commissaires de police. — Il est le représentant du préfet dans son arrondissement, il peut, en général, faire, sauf son approbation, tous les actes qui n'ont pas été expressément réservés à ce dernier. — Durieu et Roche, no 70.

113. — Les hospices et hôpitaux civils sont tenus de recevoir provisoirement les personnes qui leur sont adressées, en vertu des art. 18 et 19, jusqu'à ce qu'elles soient dirigées sur l'établissement spécial destiné à les recevoir, aux termes de l'art. 1er, ou pendant le trajet qu'elles font pour s'y rendre. — Dans toutes les communes où il existe des hospices ou hôpitaux, les aliénés ne peuvent être déposés ailleurs que dans ces hospices ou hôpitaux; dans les lieux où il n'en existe pas, les maires doivent pourvoir à leur logement, soit dans une hôtellerie, soit dans un local loué à cet effet. — Dans aucun cas, les aliénés ne peuvent être ni conduits avec les condamnés ou les prévenus ni déposés dans une prison. — Ces dispositions sont applicables à tous les aliénés dirigés par l'administration sur un établissement public ou privé. — Art. 24.

114. — Aucune raison ne peut dispenser de la rigoureuse exécution de cet article. — Dans quelques départemens, des difficultés d'exécution s'étaient d'abord élevées, assez graves pour que les préfets aient cru devoir en référer au ministre et continuer jusqu'à nouvel ordre l'usage d'admettre les aliénés dans les maisons d'arrêts; mais une circulaire du ministre de l'intérieur du 18 sept. 1838 est venue rappeler de la manière la plus pressante à ces fonctionnaires les prescriptions de la loi de 1838, et leur recommander de prescrire aux administrateurs d'hospices d'aviser aux moyens d'assurer le mieux possible la garde provisoire des aliénés qui leur seraient envoyés. « Si les salles de malades étaient entièrement remplies, continue M. le ministre, on placerait l'aliéné dans une des salles affectées aux autres services de la maison, fût-ce un logement des employés du service intérieur, quels qu'ils soient; et s'il était nécessaire, on le ferait garder à vue. »

115. — Si, néanmoins, un hospice refusait de recevoir un aliéné en passage ou enfermé par ordre de l'autorité, le maire pourrait forcer sa résistance, et ferait délivrer immédiatement le logement nécessaire, ainsi que le prescrit cette circulaire. — Durieu et Roche, no 80.

116. — Quant aux lieux où il n'existe pas d'hospice, il est toujours facile au maire de se procurer un local propre à la garde provisoire de l'aliéné; il ne s'agit pas, ainsi qu'un membre de la chambre des pairs avait semblé le croire, d'un local que l'on serait obligé de louer à l'année, mais d'une chambre louée à cet effet, soit dans une auberge, soit partout ailleurs, puisque, le plus souvent, il ne s'agit de loger l'aliéné que pour une seule nuit, pour le moment de son passage. — « Dans le cas même de dénûment absolu, ne pourrait-on pas, disait M. le rapporteur à la chambre des pairs, disposer pour une nuit de la maison d'école, et serait-il impossible de combiner les étapes de manière à ce qu'elles n'aient lieu que dans des villes ou des bourgs où il serait facile de procurer un asile à l'aliéné ? »

117. — L'aubergiste qui, sur la réquisition du maire, refuserait de mettre une chambre à sa disposition, se rendrait coupable de refus d'un service légalement requis, contravention prévue et réprimée par l'art. 475, no 12, C. pén.

118. — Il en serait de même du particulier qui, à défaut d'auberge dans le pays, opposerait le même refus aux réquisitions du maire. — Durieu et Roche, no 82.

119. — Si le maire ne pouvait s'entendre avec l'aubergiste ou le particulier, relativement au prix du local fourni, ce seraient les tribunaux ordinaires (le juge de paix, L. 25 mai 1838) qui devraient être appelés à statuer sur le différend. — C'est ce qui résulte d'une ordonnance du conseil d'état du 10 fév. 1816. (Lebrun). — Durieu et Roche, no 83.

120. — Une circulaire du ministre de l'intérieur du 5 août 1839 résout ainsi les questions qui

pouvent s'élever relativement au remboursement des dépenses occasionnées aux hospices et aux communes par le passage des aliénés. — Les dépenses des hospices qui ont été obligés de faire approprier des locaux ou construire des cellules spéciales, étant la suite nécessaire de l'obligation nouvelle imposée par la loi à ces hospices, doivent rester à leur charge exclusive; sauf au conseil général, si elles étaient trop onéreuses, à allouer à titre de secours une indemnité sur laquelle le ministre statuerait ultérieurement.— Quant aux dépenses de nourriture et autres occasionnées par les aliénés, le taux doit en être fixé par le préfet, qui arrête, conformément à l'art. 26, L. 30 juin 1838, un prix moyen de journée, et le nombre de journées d'aliénés que supporte chaque hospice lui est remboursé. — Les communes doivent également être remboursées des dépenses de même nature qu'elles sont obligées d'effectuer pour le logement des aliénés dans les auberges ou autres lieux loués spécialement. — Le montant des sommes employées à ces remboursemens, ainsi que le montant des frais de transport, doit être ajouté aux frais ordinaires d'entretien de l'aliéné, et payé, comme ces derniers, c'est-à-dire par l'aliéné, par sa famille ou par le département, sauf le concours de la commune du domicile.

121. — Dans le premier mois de chaque semestre, un rapport rédigé par le médecin de l'établissement sur l'état de chacune des personnes qui y est retenue, sur la nature de sa maladie, et les résultats du traitement, doit être adressé par les chefs directeurs ou préposés responsables des établissemens au préfet qui prononce sur chacun individuellement, et ordonne sa maintenue dans l'établissement ou sa sortie. — Art. 20.

122. — A la chambre des pairs, la commission proposait d'ajouter que le préfet pourrait prescrire une visite spéciale par un ou plusieurs médecins de son choix, et leur adjoindrait, s'il le jugeait à propos, telle autre personne qu'il désignerait; mais cet amendement a été repoussé comme inutile, le pouvoir qu'il avait pour but de donner aux préfets leur appartenant déjà en vertu de l'art 4.

123. — La circulaire du 25 juin 1840 prescrit aux préfets de transmettre, tous les six mois, au ministre, les avis individuels de maintenue ou de sortie; un préfet avait demandé qu'on autorisât plutôt à dresser seulement des états collectifs, mais le ministre a repoussé cette demande par le motif que les avis individuels rendaient plus faciles le classement des pièces dans les bureaux et leurs recherches. — Lettre au préfet du Loiret du 19 juill. 1841, et Durieu et Roche, nº 73.

124. — L'état semestriel doit comprendre tous les aliénés, qu'ils aient été placés volontairement ou d'office, et quel que soit le temps auquel remonte leur entrée.— Il doit être adressé au préfet du département seulement où est situé l'établissement, et avant le 20 juill. et le 20 janv.— Circul. 25 juin 1840.

125. — C'est dans les dix jours du rapport et de l'état parvenu que le préfet doit prendre un arrêté individuel sur les aliénés qui en sont l'objet, notifier cet arrêté au directeur de l'établissement, au procureur du roi et au maire du lieu du domicile de l'aliéné, enfin transmettre au ministre, conformément au modèle adopté, un avis des mesures qu'il a cru devoir prendre. — Circul. 25 juin 1840.

126. — En cas de refus ou d'omission des directeurs de transmettre l'état et les documens prescrits, le préfet doit en informer le ministre. — Même circul.

127. — Les ordres de maintenue et de sortie doivent être transcrits sur le registre spécifié dans l'art. 12, et la mise en liberté doit être opérée sans délai par les chefs, directeurs et préposés, sous les peines prononcées par les art. 30 et 41. — Durieu et Roche, nº 73 *bis*.

128. — Lorsque les préfets ordonnent la mise en liberté d'un aliéné placé par ordre d'un de leurs collègues, ils doivent en donner avis à ce dernier. — Circul. 25 juin 1840.

129. — Les certificats et rapports délivrés par les médecins aux directeurs des établissemens d'aliénés, et transmis par ces derniers aux préfets, conformément aux art. 8, 11 et 20, sont dispensés du timbre par l'art. 16, nº 1er, L. 13 brum. an VII.

130. — A l'égard des personnes dont le placement a été volontaire, et dans le cas où leur état mental pourrait compromettre l'ordre public ou la sûreté des personnes, le préfet peut, dans les formes tracées par le § 2 de l'art. 18 (pour les placemens), décerner un ordre spécial à l'effet d'empêcher qu'elles ne sortent de l'établissement sans son autorisation, si ce n'est pour être placées dans un autre établissement. — Les chefs, directeurs ou préposés responsables, seront tenus de se conformer à cet ordre. — Art. 21.

131. — Outre l'obligation imposée par cet article, le préfet doit examiner scrupuleusement si, parmi les aliénés placés volontairement, il n'en est point qui soient retenus arbitrairement ou sans motifs suffisans; dans ce cas, il doit ordonner leur sortie immédiate et communiquer à l'autorité judiciaire les faits venus à sa connaissance pour que des poursuites soient exercées s'il y a lieu. — Circul. 28 déc. 1839 et 25 juin 1840.

132. — Les contraventions aux dispositions du dernier paragraphe de cet article, de la part des personnes qu'il désigne, sont réprimées par l'art. 41.

133. — Les ordres des préfets concernant le placement, la maintenue et la sortie des aliénés, donnés en vertu des art. 18, 19, 20 et 21, doivent être communiqués aux procureurs du roi et notifiés au maire du domicile de ces personnes, lequel est tenu d'en donner immédiatement avis aux familles. — Il en est rendu compte au ministre de l'intérieur. — Ces diverses notifications doivent, aux termes de l'art. 22, être faites dans les formes et délais énoncés par l'art. 10, c'est-à-dire administrativement et par lettre, et dans les trois jours.

134. — Les états transmis au ministre doivent être exactement conformes aux modèles imprimés. — Les noms des aliénés écrits en gros caractères. — les femmes désignées par leur nom de famille et non par celui de leur mari, qui doit seulement être ajouté.— Les états doivent être transmis sur feuille double pour former dossier, et tous par un même envoi. — Circul. 25 juin 1840.

135. — Quant aux préfets dans les départemens desquels il n'existe point d'établissement, ils doivent envoyer un état négatif. — Même circul.

Sect. 4e. — *Sortie des établissemens.*

136. — Le séjour des personnes placées volontairement dans les établissemens d'aliénés cesse par la déclaration du médecin de l'établissement, inscrite sur le registre énoncé par l'art. 12, et portant qu'il y a guérison. — S'il s'agit d'un mineur ou d'un interdit, il est donné immédiatement avis de cette déclaration aux personnes auxquelles il doit être remis, et au procureur du roi. — Art. 13.

137. — Il n'est pas nécessaire que la déclaration exigée par cet art. émane de *tous* les médecins de l'établissement, il suffit de celle du médecin en chef et à son défaut de son suppléant.—Ord. 18 déc. 1839, art. 9.

138. — La négligence des directeurs ou préposés responsables à donner avis de la déclaration des médecins aux personnes intéressées les rendrait passibles des peines édictées par l'art. 41. — Leur refus de laisser sortir la personne retenue dans l'établissement, après l'avis favorable des médecins, constituerait le délit plus grave prévu par l'art. 120, C. pén. — V. art. 30.

139. — La cessation de la séquestration ne fait point cesser l'interdiction si elle a été légalement prononcée contre l'aliéné. — Pour mettre fin à celle-ci, il faut suivre les formes prescrites par le Code civil.—Duvergier, p. 504, note 2; Durieu et Roche, nº 51.

140. — Le séjour des aliénés placés volontairement peut cesser avant même que les médecins aient déclaré la guérison, dès que leur sortie est requise par 1° le curateur nommé en exécution de l'art. 38; —2° l'époux ou l'épouse; — 3° à leur défaut, par les ascendans; — 4° à défaut d'ascendans, par les descendans; — 5° par la personne qui a signé la demande d'admission, à moins qu'un parent ne s'oppose à ce qu'elle use de cette faculté sans l'assentiment du conseil de famille; — 6° enfin par toute personne à ce autorisée par le conseil de famille. —S'il résulte d'une opposition notifiée au chef de l'établissement par un ayant-droit qu'il y a dissentiment soit entre les ascendans, soit entre les descendans, le conseil de famille doit prononcer. — Néanmoins, si le médecin de l'établissement est d'avis que l'état mental du malade pourrait compromettre l'ordre public ou la sûreté des personnes, il en doit être donné préalablement connaissance au maire, qui peut ordonner immédiatement un sursis provisoire à la sortie, à la charge d'en référer dans les vingt-quatre heures au préfet. — Ce sursis provisoire cesse de plein droit à l'expiration de la quinzaine, si le préfet n'a pas, dans ce délai, donné d'ordres contraires, conformément à l'art. 21 ci-après. — L'ordre du maire est transcrit sur le registre tenu en exécution de l'art. 12. — En cas de minorité ou d'interdiction, le tuteur peut seul requérir la sortie. — Art. 14.

141. — Le silence de l'article sur les frères et sœurs ne permet point de les admettre à requérir la sortie de l'aliéné sans l'autorisation du conseil de famille, à moins qu'ils n'aient eux-mêmes requis l'admission; d'ailleurs un vote formel de la chambre des députés ne laisse aucun doute à cet égard.— Duvergier, p. 504.

142.—La loi suppose toujours les mineurs pourvus de tuteur; mais si, à raison de leur misère ou par tout autre motif, ils n'en avaient point, qui ferait les actes que la loi lui attribue? — M. Duvergier (t. 38, p. 504, note 5e) pense que les parens devraient alors agir comme s'il s'agissait d'un majeur. — MM. Durieu et Roche (nº 53) disent que sa sortie pourrait être requise par les ascendans sous l'autorité desquels il se trouve placé.

143. — S'il s'agit d'un mineur émancipé, le curateur aurait qualité pour requérir la sortie. — Durieu et Roche, nº 53.

144. — Les mêmes auteurs pensent que le conseil judiciaire donné au majeur aurait également qualité suffisante à son égard (art. 54). — C'est peut-être aller trop loin, et nous serions plutôt disposés à ne lui accorder ce pouvoir qu'autant qu'il aurait obtenu l'autorisation du conseil de famille. Nous ferons remarquer que le *conseil judiciaire*, par la nature même de ses fonctions, n'est pas donné *à la personne*.

145.— Le sursis provisoire peut être également prononcé par le sous-préfet, sauf à lui à en référer pareillement au préfet dans les vingt-quatre heures.—Durieu et Roche, nº 56.

146.—Le sursis ne pouvant être ordonné qu'autant que la sortie compromettrait l'ordre public ou la sûreté des personnes, il en résulte qu'on ne ne pourrait le motiver, soit sur l'atteinte que des engagemens quelconques et des influences intéressées pourraient lui faire porter à sa fortune, soit encore moins peut-être sur le motif que le prix de sa pension n'a point été payé; car, dans ce cas, ainsi que le font parfaitement observer MM. Durieu et Roche (nº 58), la séquestration deviendrait une sorte de détention pour dettes.

147. — La personne qui demande la sortie doit, comme pour l'admission, présenter une demande indiquant notamment ses noms et domicile, et la justification de la qualité qui lui donne le droit de la former.—Durieu et Roche, nº 59.

148.— Dans les vingt-quatre heures de la sortie, les chefs, préposés ou directeurs doivent en donner avis aux fonctionnaires désignés dans le dernier paragraphe de l'art. 8, et leur faire connaître le nom et la résidence des personnes qui ont retiré le malade, son état mental au moment de sa sortie, et, autant que possible, l'indication du lieu où il a été conduit. — Art. 15.

149.— L'avis est donné à l'autorité administrative pour la mettre à même de surveiller le malade et de prendre des précautions si sa liberté peut faire craindre quelque danger. — La sortie n'est point notifiée au procureur du roi; le placement pouvant porter atteinte à la liberté d'un homme non aliéné, on comprend qu'il en doive être informé; mais la même raison n'existe plus lorsqu'il s'agit d'une mise en liberté. — Durieu et Roche, nº 60.

150. — Les infractions à cet article sont punies par l'art. 41. — V. *suprà* nº 269.

151.—Le préfet peut toujours ordonner la sortie immédiate des personnes placées volontairement dans les établissemens d'aliénés.—Art. 16.

152. — En aucun cas, l'interdit ne peut être remis qu'à son tuteur, et le mineur qu'à ceux sous l'autorité desquels il est placé par la loi.—Art. 17.

153.—Cet article prévoit le cas de sorties volontaires; mais s'il s'agissait de sorties dans lesquelles la justice serait intervenue, ses décisions seraient exécutées selon le mode qu'elle prescrirait.—C'est ce qui résulte des propres termes de M. Vivien, rapporteur à la chambre des députés.

154.—Le mineur non pourvu de tuteur pourrait être remis à ses ascendans, puisqu'ils peuvent requérir sa sortie. —V. *suprà* nº 142; — Durieu et Roche, nº 61.

155.—Mais qu'arriverait-il si les ascendans ne se présentaient point? — MM. Durieu et Roche pensent que si le prix payé d'avance pour la pension de l'enfant n'était pas entièrement absorbé, le préfet pourrait ordonner son placement dans une maison d'éducation; si, au contraire, ce prix était épuisé, le préfet pourrait, suivant les circonstances, ordonner le placement dans une maison d'éducation ou de santé, aux risques et périls de la famille, ou dans l'hospice des enfans trouvés de l'arrondissement. — V. ces auteurs, nº 61.

156.—Quant aux personnes placées ou retenues d'après l'ordre du préfet, lui seul peut ordonner leur sortie. — Il doit décider, ainsi que nous l'avons vu *suprà* nº 125, d'après les rapports qui lui sont envoyés sur chaque malade, le premier mois de chaque semestre. — Art. 20.

157. — Si dans l'intervalle qui s'écoule entre les rapports ordonnés par l'art. 20, les médecins déclarent sur le registre que la sortie peut être ordonnée, il doit en être référé immédiatemsnt, par les chefs, directeurs ou préposés responsables, sous peine d'être poursuivis conformément à l'art. 30, au préfet, qui statue sans délai. — Art. 23.

158. — Si le préfet conservait encore des doutes sur la parfaite guérison, il pourrait ordonner une contre-visite. — Durieu et Roche, nº 79.

159. — Mais les décisions du préfet ne sont pas sans appel; la loi du 30 juin 1838, pour entourer de toutes garanties la liberté individuelle de chacun, a accordé à tout individu placé ou retenu volontairement ou forcément dans un établissement d'aliénés le droit de se pourvoir devant l'autorité judiciaire.

160. — La demande peut être formée par la personne elle-même, par son tuteur, si elle est mineure, par son curateur, par ses parens, ses amis, la personne qui demande son placement, et, d'office, par le procureur du roi. — Dans le cas d'interdiction, cette demande ne peut être formée que par le tuteur de l'interdit. — Le tribunal compétent est celui de la situation de l'établissement; sa décision est rendue en chambre du conseil, sur simple requête et sans délai; elle n'est point motivée. — La requête, le jugement et les autres actes auxquels peut donner lieu cette procédure, d'ailleurs fort simple, sont visés pour timbre et enregistrés en débet. — Aucunes requêtes ou réclamations adressées à l'autorité, soit judiciaire, soit administrative, ne peuvent être supprimées ou retenues par les chefs d'établissemens, sous les peines portées en l'art. 41. — Art. 29.

161. — L'art. 29 semble en contradiction avec l'art. 14, mais ils se concilient très facilement: l'art. 14 ne s'applique qu'au cas de placement volontaire; l'art. 29, au contraire, est fait pour tous les cas, alors même que le malade est retenu par l'administration ou par son ordre. — Duvergier, p. 512, note 2.

162. — Comme la liberté est imprescriptible, aucune exception de tardiveté ne peut être opposée au recours formé devant le tribunal; ce recours est donc possible à quelque époque que ce soit. — Durieu et Roche, nº 120.

163. — Les père et mère, l'époux ou l'épouse de l'interdit ne pourraient exercer le recours qu'autant qu'ils seraient ses tuteurs. — MM. Durieu et Roche pensent (nº 121) que le législateur n'a pas entendu exclure le procureur du roi et lui enlever l'action qui lui appartient sur tous les détenus quels qu'ils soient: la restriction établie par l'article, quant aux interdits, ne concerne que les particuliers; les droits du procureur du roi restent intacts.

164. — On a reproché à cet article de rendre possibles de nombreux conflits entre l'autorité judiciaire, agissant en vertu de l'art. 29, et l'autorité administrative, exerçant les pouvoirs qui lui sont conférés par l'art. 18, conflits résultant de ce que, si le tribunal détruit ce qu'aura ordonné le préfet, rien n'empêche ce dernier de renouveler, après le jugement, les ordres qu'il aurait donnés avant; mais le ministre de l'intérieur a repoussé cette appréhension en ces termes: « Sans doute, si postérieurement à la décision de l'autorité judiciaire qui a prononcé la mise en liberté d'un individu détenu pour aliénation mentale, il intervient de nouveaux faits qui motivent cette mesure, l'administration aura le droit de faire arrêter de nouveau cet individu, d'agir de nouveau sur sa personne suivant les règles de la loi: mais s'il n'intervient pas de nouveaux faits, la liberté que les tribunaux ont proclamée restera à l'abri de toute atteinte, sans que le préfet ait le droit de défaire un jugement sous prétexte d'aliénation mentale: ce seraient là de véritables lettres de cachet. » — Cette réfutation ne paraît pas à M. Duvergier (p. 512, note 3e) complètement satisfaisante, puisqu'en droit la violation de la chose jugée reste toujours possible; cependant, eu égard à la difficulté de concilier autrement les exigences de la sûreté publique avec celles de la liberté individuelle, il pense qu'on a fait pour celle-ci tout ce qu'on pouvait, et qu'en présence des garanties dont on l'a entourée, il arrivera bien rarement que l'autorité administrative engage aussi sérieusement sa responsabilité.

165. — Le projet consacrait formellement le droit d'appel contre la décision du tribunal, appel qui devait être formé dans la quinzaine, et un amendement de la commission faisait courir la quinzaine du jour de la signification. — Mais de nombreuses observations ont été faites contre ces dispositions; on a demandé quelles seraient les parties qui pourraient avoir droit d'interjeter appel, s'il y aurait nécessité de faire des notifications, qui les ferait dans le cas où il n'y aurait point de contradicteurs; enfin, si le délai d'appel courrait du jour de la notification ou du jour de la décision. — La commission à laquelle les propositions avaient été renvoyées, reconnaissant la force des objections, s'arrêta à cette pensée qu'il était inutile d'introduire dans la loi des dispositions exceptionnelles au droit commun, qu'il fallait rester dans les termes de ce droit et laisser à la décision du tribunal son caractère et ses effets, comme à toutes les décisions de la même nature; en conséquence, et sur sa proposition, la chambre retrancha de de l'article les formes exceptionnelles qui avaient donné lieu à toutes les difficultés, et se borna à voter la disposition actuelle, laissant au droit commun tout son empire. — Ainsi, la décision du tribunal peut être attaquée. — Elle peut l'être par le requérant ou par les opposans, — par appel, et dans les formes et délais voulus par le Code de procédure civile — Mais dans aucun cas la procédure ne peut être publique. — Duvergier, t. 38, p. 513, note 1re.

166. — L'appel serait suspensif, à moins que le tribunal n'ait ordonné l'exécution provisoire. — Durieu et Roche, nº 123.

167. — Rien n'empêcherait un parent qui aurait échoué dans son recours aux tribunaux, de le reproduire, lui ou un autre, après un certain délai. En pareille matière, le tribunal ne juge que le présent et ne peut préjuger l'avenir. — Durieu et Roche, nº 124.

168. — Le visa pour timbre et l'enregistrement en débet des actes nécessités par la réclamation ont été introduits dans l'intérêt des aliénés pauvres, à qui il eût été injuste de faire supporter les frais nécessaires pour les faire sortir: si leur réclamation est juste, elle ne doit point tomber à leur charge; s'ils sont repoussés, ils doivent répondre des dépenses qu'ils ont occasionnées à tort. — Duvergier, p. 514, note 1re.

169. — Les infractions à la disposition finale de l'art. 29, L. 30 juin 1838, sont réprimées par l'art. 41, qui est applicable, quelque bizarres que puissent paraître les lettres ou réclamations du malade, et lors même quelles porteraient des traces évidentes d'aliénation mentale. — Durieu et Roche, nº 127.

170. — Les chefs, directeurs ou préposés responsables ne peuvent, sous les peines portées par l'art. 120, C. pén (6 mois à deux ans de prison et 16 à 200 fr. d'amende), retenir une personne placée dans un établissement d'aliénés, dès que sa sortie a été ordonnée par le préfet, aux termes des art. 16, 20 et 23, ou par le tribunal, aux termes de l'art. 29, ni lorsque cette personne se trouve dans les cas énoncés aux art. 13 et 14. — Art. 30.

171. — Le directeur d'un établissement privé encourrait en outre le retrait de son autorisation, et celui d'un établissement public la destitution. — Durieu et Roche, nº 128.

172. — MM. Durieu et Roche se demandent (nº 129) si, dans le cas où les peines de l'art. 120, C. pén., sont encourues, l'art. 463 du même Code sur les circonstances atténuantes pourrait être appliqué, et ils enseignent la négative par le motif que cet article n'est point applicable dans les matières spéciales. — Nous ne pouvons partager cette opinion: l'art. 30 de la loi spéciale sur les aliénés *ne crée* point une infraction et la peine qu'elle fait encourir; il se borne à rappeler que le fait qu'il prévoit est un délit réprimé par l'art. 120, C. pén., et que ceux qui s'en rendront coupables encourront les peines prononcées par cet article: ce n'est donc point la loi sur les aliénés qu'on applique aux chefs, directeurs ou préposés responsables qui ont retenu illégalement une personne placée dans leur établissement, mais le Code pénal lui-même; et dès-lors rien n'empêche, s'il existe des circonstances atténuantes, d'atténuer, en vertu de l'art. 463, les peines que prononce seul l'art. 120 de ce Code.

Sect. 5e. — *Dépenses du service des aliénés.*

173. — « Les aliénés dont le placement a été ordonné par le préfet et dont les familles n'ont pas demandé l'admission dans un établissement privé sont conduits dans l'établissement appartenant au département ou avec lequel il a traité. — Les aliénés dont l'état mental ne compromettrait pas l'ordre public ou la sûreté des personnes y sont également admis dans les formes, dans les circonstances et aux conditions réglées par le conseil général sur la proposition du préfet et approuvées par le ministre. » — Art. 25.

174. — Les mots « les aliénés... dont les familles n'ont pas demandé l'admission dans un établissement *privé* » pourraient faire penser que les placemens volontaires ne peuvent s'effectuer que dans les établissemens privés, tandis que les établissemens publics sont réservés aux placemens ordonnés d'office. — Ce serait une erreur, les établissemens publics reçoivent également, moyennant le prix de pension fixé par le tarif, les aliénés qui y seraient placés volontairement; ces placemens sont même favorisés par l'administration. — Durieu et Roche, nº 85.

175. — Le second paragraphe de l'art. 25 s'applique aux indigens, qui, pourtant n'y sont pas nommés. Les départemens sont appelés à pourvoir à l'entretien non-seulement des aliénés placés d'office par mesure administrative, mais aussi de ceux qui sont indigens et dont l'état mental ne peut inspirer aucune crainte pour la sûreté des personnes. — Circul. 5 août 1839; Circul. 14 août 1840; — Durieu et Roche, nº 86.

176. — Dans les réglemens et conditions d'admission dont la rédaction et la proposition appartiennent aux conseils généraux, ceux-ci doivent se garder de rendre, par la surabondance des formalités, l'admission difficile pour les aliénés et de retarder ainsi le moment où ils pourraient être efficacement traités. — Circul. 14 août 1840.

177. — Du reste, dans le but de faciliter le travail des conseils généraux et de le rendre aussi uniforme que possible, la circulaire du 14 août 1840 contient un projet de réglement que ces derniers peuvent prendre non comme règle obligée, mais consulter uniquement comme modèles auxquels il est loisible d'apporter toutes les modifications ou additions reconnues utiles.

178. — L'arrêté qui règle dans chaque département les formes, les circonstances et les conditions de placement, aux frais de la charité publique, des aliénés dont l'état mental ne compromet point l'ordre public ou la santé des personnes, n'est pris que pour un an, sauf au conseil général à demander chaque année, par une délibération spéciale, que l'exécution en soit continuée. — Même circulaire.

179. — Si le conseil général se refusait à consentir l'admission, soit dans l'asile départemental, soit dans l'établissement avec lequel le département aurait traité, des aliénés non dangereux, ou s'il s'abstenait de voter sur les circonstances, les formes et les conditions de l'admission, le préfet devrait arrêter d'office un réglement qu'il soumettrait à l'approbation du ministre. — *Ibid.*

180. — Ce n'est pas dans le réglement sur l'admission des aliénés non dangereux que le conseil général doit manifester son avis sur le concours que les communes peuvent être appelées à donner à la dépense des aliénés indigens: ce réglement n'est en effet soumis qu'à l'approbation du ministre, tandis qu'aux termes de l'art. 38 de la loi, les bases du concours à exiger des communes doivent être approuvées par le gouvernement, c'est-à-dire par ordonnance royale. — *Ibid.*

181. — « La dépense du transport des personnes dirigées par l'administration sur les établissemens d'aliénés est arrêtée par le préfet sur le mémoire des agens préposés à ce transport. — La dépense de l'entretien, du séjour et du traitement des personnes placées dans les hospices ou établissemens publics d'aliénés est réglée d'après un tarif arrêté par le préfet. — La dépense de l'entretien du séjour et du traitement des personnes placées par les départemens dans les établissemens privés est fixée par les traités passés par le département, conformément à l'art. 1er. » — Art. 26.

182. — Les préfets doivent, pour arrêter le tarif mentionné dans cet article, prendre les avis du directeur de la commission administrative de l'établissement et ceux du conseil général, sans cependant être tenus de s'y conformer. — Circul. 16 août 1840.

183. — Ce tarif, qui doit être conçu de manière à ne subir aucune modification dans le cours de l'année pour laquelle il a été dressé, doit être transmis au ministre de l'intérieur à titre de renseignement; mais il n'est pas soumis à l'approbation de ce ministre; ce n'est qu'autant que quelque réclamation contre les dispositions de cet arrêté serait portée devant le ministre qu'il pourrait en connaître. — Même circul. et circul. du 5 août 1839; — Durieu et Roche, nº 92.

184. — Les prix de pensions ne doivent pas être calculés seulement sur la dépense occasionnée à l'établissement par la nourriture, l'entretien et le traitement des aliénés: il faut y faire entrer en ligne de compte, avec toutes les dépenses générales du service courant, l'intérêt des sommes dépensées pour la construction même et l'entretien de l'établissement. — Durieu et Roche, nº 94.

185. — « Les dépenses énoncées en l'art. 26 restent à la charge de ceux auxquels il peut être demandé des alimens, aux termes des art. 205 et suiv. du code civ. — S'il y a contestation sur l'obligation

de fournir des alimens ou sur leur quotité, il doit être statué par le tribunal compétent, à la diligence de l'administration désignée en exécution des art. 31 et 32. — Le recouvrement des sommes dues est poursuivi et opéré à la diligence de l'administration de l'enregistrement et des domaines. » — Art. 27.

186. — Les formes à employer sont, par conséquent, celles usitées par l'administration de l'enregistrement; ce n'est que pour en arriver là, selon M. Vivien, que cette administration a été chargée d'opérer le recouvrement.

187. — Le projet portait seulement... il y sera statué par le tribunal...; on a ajouté le mot « compétent » pour empêcher qu'on ne crût que ce devait être nécessairement le tribunal de première instance, ce qui aurait contredit l'art. 6 de la loi du 25 mai 1838, alors encore en discussion, dont le § 4 attribue aux juges de paix la connaissance des demandes d'alimens n'excédant pas 150 fr. par an. — Durieu et Roche, no 103.

188. — Les personnes qui doivent des alimens sont : les ascendans à leurs enfans, gendres ou belles-filles, sauf le convol de ceux-ci ou le décès des enfans et de l'époux qui produisait l'affinité (C. civ., 203, 206, 207); les aïeuls à leurs petits enfans, en cas d'empêchement des père et mère; les descendans, gendres ou belles-filles, à leurs ascendans, beaux-pères ou belles-mères (C. civ., 205 et 206); les adoptans aux adoptés et réciproquement, et les descendans de l'adopté à l'adoptant (C. civ., 349); les tuteurs officieux et leur succession au pupille; les époux, même séparés, à leurs conjoints. — C. civ., art. 214, 1558. — V. au surplus ALIMENS.

189. — MM. Durieu et Roche (no 103) pensent que lorsque les parens sont inconnus et ne se déclarent pas, c'est à l'administration des domaines et non au préfet à les rechercher.

190. — A défaut ou en cas d'insuffisance des ressources énoncées en l'art. 27, il y doit être pourvu sur les centimes affectés par la loi de finances aux dépenses ordinaires du département auquel l'aliéné appartient, sans préjudice du concours de la commune du domicile de l'aliéné, d'après les bases proposées par le conseil général sur l'avis du préfet, et approuvées par le gouvernement. — Les hospices sont tenus à une indemnité proportionnée au nombre des aliénés dont le traitement ou l'entretien sont à leur charge aux termes des lois de finances des 18 juill. 1836 et 20 juill. 1837, et qui sont placés dans un établissement spécial d'aliénés. — En cas de contestation, il doit être statué par le conseil de préfecture. — Art. 28.

191. — Les mots *établissement spécial d'aliénés* ne veulent pas dire qu'il doit y avoir des établissemens différens selon les divers genres de folie, mais sont uniquement pris ici comme synonymes d'établissemens publics d'aliénés ou d'établissemens *privés* avec lesquels les départemens auraient pris des arrangemens. — V. Explicat. de M. le min. de l'int. à la ch. des pairs.

192. — Les dépenses de l'aliéné étant en principe à sa charge et à celle de ses parens, si depuis l'admission d'un aliéné indigent, il lui survenait ou le préfet lui découvrait des ressources suffisantes pour pourvoir aux frais de son traitement, même partiellement, ou si on venait à lui connaître des parens qui, obligés par la loi à lui fournir des alimens, fussent en état de le faire, le préfet devrait poursuivre soit sur lui, soit contre eux, le recouvrement des dépenses effectuées. — Circul. 14 août 1840.

193. — Quelques députés, se fondant sur ce que, à défaut de ressources personnelles, les dépenses des aliénés étaient, de leur nature, communales, voulaient que les communes fussent appelées d'abord à y subvenir seules, sauf à faire contribuer les départemens en cas d'insuffisance de leurs revenus libres. — Mais il a paru plus équitable de mettre cette dépense à la charge des communes et des départemens concurremment. « Cette dépense, a-t-on dit, est trop inégalement répartie et trop considérable pour pouvoir peser entièrement sur les communes; elle absorberait tout le revenu de quelques-unes, tandis que d'autres en seraient entièrement affranchies... La loi ne peut pas poser une règle générale applicable à tous les départemens, à toutes les communes, dont la position varie à l'infini : c'est aux conseils généraux qu'il doit être réservé de déterminer les bases applicables à chaque portion du territoire ; eux seuls peuvent apprécier convenablement les diverses situations qui devront influer sur le partage de la dépense ; le gouvernement, dont l'approbation doit intervenir ensuite, corrigera les erreurs qu'ils pourront commettre. » — V. le rapport de M. Vivien à la ch. des députés.

194. — La commune du domicile de l'aliéné dont il est question dans l'art. 28 est celle de son domi-

cile *de secours* : les mots *de secours* ... dans le projet, ils n'ont été retranchés ... qu'ils ont paru surabondans. — Circul. 5 août 18..; — Duvergier, p. 508, à la note; Durieu et Roche, no 113. — V. DOMICILE DE SECOURS.

195. — Une instruction du 5 août 1839 fixe à cet égard les bases suivantes : les communes ayant 100,000 fr. et plus de revenu ne doivent pas être appelées à supporter plus du tiers de la dépense de leurs aliénés indigens ; celles ayant 50,000 fr. et au-delà, pas plus du quart; les communes ayant de 20,000 à 50,000 fr. pas plus du cinquième, celles n'ayant que de 5,000 à 2,000 pas plus du sixième, enfin les communes ayant moins de 5,000 fr. de revenu ne doivent supporter que moins d'un sixième, et qu'autant que leurs autres services n'en seraient point compromis. — En conséquence, toutes propositions de concours qui dépasseraient les limites ci-dessus n'obtiendraient pas l'assentiment du gouvernement. — Durieu et Roche, no 108.

196. — Les préfets, en faisant aux conseils généraux les propositions relatives à la fixation de la part de dépenses qui doit être mise à la charge des communes doivent, d'après une circulaire du ministre de l'intérieur, observer que le concours de la commune du domicile doit s'entendre dans le sens d'une subvention déterminée d'après des bases équitables, et non pas, ainsi que plusieurs conseils généraux avaient tenté de le faire, de manière à laisser la dépense tout entière à la charge de la caisse municipale. — Circul. 23 juill. 1838.

197. — Quant aux hospices, lorsqu'ils se suffisent à eux-mêmes, ils constituent des établissemens indépendans sur lesquels le conseil général est dépourvu d'autorité; on ne pouvait donc lui donner à cet égard les mêmes pouvoirs qu'à l'égard des communes; lorsqu'au contraire ils sont subventionnés par les communes, comme elles devraient leur restituer leurs avances, il était plus simple de les demander directement à ces dernières. Le seul cas où ils puissent être l'objet d'un recours est celui où ils se trouveraient soulagés d'une dépense à leur charge par l'admission dans un établissement spécial d'un aliéné qu'ils étaient obligés d'entretenir ou de traiter; il est juste alors qu'ils paient une indemnité proportionnée aux bénéfices qu'ils obtiennent. — Rapport de M. Vivien.

198. — L'entretien des aliénés doit être considéré comme étant à la charge des hospices, non seulement lorsqu'il y a un titre de fondation établissant expressément la dette, mais encore lorsque, de tous temps, l'hospice a subvenu à cet entretien et contribué à sa dépense dans une proportion quelconque. — Explic. de M. Vivien.

199. — Il sera facile, disait M. le ministre de l'intérieur, à la chambre des députés, de déterminer l'indemnité que les hospices peuvent être appelés à payer, en relevant, d'après les comptes de ces établissemens, la portion de dépense qu'ils ont supportée jusqu'alors, soit en vertu du titre de leur fondation, soit par la volonté spéciale de donataires, soit par suite d'un usage constant et reconnu. — V. aussi circul. 23 juill. 1838.

200. — Ce n'est pas aux conseils généraux qu'il appartient de délibérer sur les sommes à fournir par les établissemens hospitaliers, d'en faire le montant ou dispenser ces établissemens de toute espèce de paiement : les hospices ne fournissent pas un concours sur lequel il y ait à délibérer; ils acquittent une dette dont le montant doit être établi d'après des titres ou un usage constant; c'est donc le préfet qui seul doit en fixer le montant. — Circul. 16 août 1840.

201. — Les divers recours établis par l'art. 28 doivent être exercés dans l'ordre suivant : On s'adresse d'abord à l'hôpital sur lequel pèse l'obligation de subvenir à l'entretien de l'aliéné. — Ce n'est que quand il s'agit d'un aliéné à l'entretien duquel il ne peut être fait face par ce moyen qu'on peut exercer un recours contre la commune.

202. — Si une fondation établie dans un hospice en faveur d'aliénés avait été constituée au profit d'une commune désignée, cette commune devrait profiter de l'indemnité résultant de la part mise à la charge de l'hospice et ne pourrait dès-lors être tenue de contribuer une seconde fois à la dépense de ces aliénés; elle satisferait à sa dette en disant au département : « Voici un aliéné qui a son domicile sur mon territoire, vous subviendrez à son entretien en recueillant le bénéfice de la fondation, c'est-à-dire les moyens suffisans pour y faire face. » — Explic. de M. Vivien.

203. — En principe, les frais de transport et de séjour provisoire doivent être joints aux frais ordinaires d'entretien de l'aliéné, et payés comme ces derniers par l'aliéné, par sa famille, ou, à défaut, par le département ou la commune de son domicile dans les proportions établies par l'ordonnance royale qui règle les bases du concours des

. — Toutefois la répartition entre la ...ne et le département d'une dépense géné...ement minime, et fractionnée elle-même en nombreux articles, compliquant sans utilité la comptabilité départementale, et souvent celle des établissemens d'aliénés, le ministre a exprimé l'avis que les dépenses de transport et de séjour provisoire des aliénés pouvaient, à défaut de ressources de l'aliéné et de sa famille, être mises à la charge exclusive soit des communes, soit du département. Dans ce cas, cette mesure devrait être l'objet d'un vote du conseil général et ensuite d'une disposition de l'ordonnance royale statuant sur le concours des communes. — Tels sont les termes mêmes de la circulaire du 16 août 1840.

204. — Le recours est sans doute, ainsi que le porte le dernier alinéa, toujours ouvert devant le conseil de préfecture, mais, comme il faut que le service soit assuré, l'arrêté du préfet est exécutoire par provision. — Circul. 5 août 1839; — Durieu et Roche, no 107.

Sect. 6e. — *Droits civils des aliénés.*

205. — La loi du 30 juin 1838 a tracé aussi des règles relatives aux droits civils des aliénés non interdits. Sous ce rapport, elle forme un complément utile et direct au titre *De l'interdiction.*

206. — Les commissions administratives ou de surveillance des hospices ou établissemens publics d'aliénés exercent, à l'égard des aliénés non interdits, les fonctions d'administrateurs provisoires. Elles désignent un de leurs membres pour les remplir. L'administrateur ainsi désigné est chargé de procéder au recouvrement des sommes dues à l'aliéné, et à l'acquittement de ses dettes, de passer des baux qui ne peuvent excéder trois ans; il peut même, en vertu d'une autorisation spéciale accordée par le président du tribunal civil, faire vendre le mobilier. Les sommes provenant soit de la vente, soit des autres recouvremens, sont versées directement dans la caisse de l'établissement, pour être employées, s'il y a lieu, au profit de l'aliéné. — Le cautionnement du receveur est affecté à la garantie de ces deniers, par privilége aux créances de toute autre nature. — Néanmoins, les parens, l'époux ou l'épouse des aliénés, les commissions administratives elles-mêmes et le procureur du roi peuvent toujours recourir aux dispositions des art. 32 et suiv. — Art. 31.

207. — L'administration à exercer dans ce cas par les commissions des hospices est analogue, disait M. le rapporteur à la chambre des pairs, à la tutelle qui est conférée à ces mêmes commissions par la loi du 15 pluv. an XIII, relativement aux enfans trouvés. — Cette tutelle est confiée aux membres de cette commission, mais ils ne sont pas soumis à l'hypothèque légale; le receveur de l'hospice est délégué pour recevoir les revenus; lui seul est responsable sur son cautionnement. — Duvergier, p. 514, note 3e.

208. — Les aliénés interdits ne sont pas soumis à l'administration provisoire, parce qu'ils ont un tuteur qui surveille leurs intérêts. — Il en serait de même des mineurs non émancipés pourvus d'un tuteur. — Quant au mineur émancipé ou au majeur pourvu d'un conseil judiciaire, ils doivent rester soumis à la surveillance des commissions. — Durieu et Roche, vo *Aliénés*, no 132.

209. — Si un enfant trouvé aliéné est placé dans un établissement public ou dans celui d'un hospice autre que celui où il se trouvait, sa tutelle passe à la commission de l'établissement où il est placé; si, au contraire, il est envoyé dans un établissement privé, comme il n'y existe point d'administrateur provisoire, la tutelle reste à la commission administrative. — Durieu et Roche, no 133.

210. — La commission de surveillance peut se décharger de l'administration provisoire en demandant au tribunal civil de nommer quelqu'un pour l'exercer : la famille a toujours le même droit. — Ainsi, il n'y aura jamais d'administration obligée pour les hospices, et jamais leur gestion ne pourra être imposée aux familles contre leur gré; cela résulte du dernier paragraphe de l'art. 31 et de l'art. suivant.

211. — L'art. 31, rendant obligatoire l'administration provisoire des aliénés placés dans les établissemens publics, ne paraît pas concorder parfaitement avec l'art. 32, qui la laisse facultative; un membre de la chambre des pairs en fit en effet l'observation, et M. le ministre de l'intérieur répondit que l'art. 31 était conçu d'une manière trop absolue, et que dans sa pensée il ne donnait qu'une faculté, comme l'art. 32. — Cependant, malgré cette explication, la rédaction de l'article

a été respectée, et suffit pour faire rep terprétation du ministre; cela a été recon chambre des pairs par M. le garde des sceaux, et sanctionné par le silence de la chambre des députés, malgré la provocation du ministre de l'intérieur. « Nous repoussons l'administration provisoire obligatoire dans les établissemens privés, disait le garde des sceaux sur l'art. 32; s'il y avait quelque chose à faire et à modifier, ce serait plutôt pour la rendre facultative dans l'art. 31. » Il résulte de ces explications que l'art. 31 a plus spécialement trait aux établissemens publics, et l'art. 32 aux établissemens privés; que dans les premiers l'administration provisoire des aliénés est obligatoire, et dans les seconds simplement facultative. — Duvergier, p. 514, note 3e.

212. — Le projet portait que l'administrateur provisoire *ferait* les recouvremens; un amendement a substitué à ce mot celui de *procédera*. « Je désire, a dit l'auteur de cet amendement, que l'administrateur ne soit pas mis en contact avec les deniers appartenant à l'aliéné; aussitôt que la main d'un homme touche des deniers, il faut qu'il en rende compte, c'est ce qui a fait que la célèbre ordonnance du 14 sept. 1822 a soigneusement distingué les fonctions des ordonnateurs de celles des comptables. » Sur sa proposition, le mot *directement* a également été ajouté aux mots *seront versés dans la caisse*. « De cette manière, a-t-il ajouté, il ne pourra pas être détourné de fonds. » —Duvergier, p. 515, note 1re.

213. — Les sommes provenant des ventes ou des recouvremens pourraient être remises à la famille de l'aliéné: il faut aussi penser à sa femme et à ses enfans; c'est l'administration provisoire qui doit juger de ce qu'on peut faire de ces deniers. — Tel est le sens qui a été donné, à la chambre des pairs, à la disposition finale du § 2, *et seront employés s'il y a lieu*, etc. — Duvergier, p. 515, note 2e.

214. — Le receveur de l'hospice n'est pas le débiteur du trésor public; par conséquent, le droit de préférence donné pour les deniers déposés sur le cautionnement du receveur, ne portant aucune atteinte au privilége du trésor, pouvait être concédé sans difficulté.

215. — Sur la demande des parens, du conjoint, sur celle de la commission administrative, ou sur la provocation d'office du procureur du roi, le tribunal civil du lieu du domicile peut, conformément à l'art. 497, C. civ., nommer en chambre du conseil un administrateur provisoire aux biens de toute personne non interdite placée dans un établissement d'aliénés. Cette nomination n'a lieu qu'après la délibération du conseil de famille, et sur les conclusions du procureur du roi; elle n'est pas sujette à l'appel. — Art. 32.

216. — Nous avons vu plus haut qu'un membre de la chambre des pairs avait proposé de rendre obligatoire la nomination d'un administrateur provisoire, dans le cas de l'art. 32, comme au cas de l'art. 31; il voulait même que cette nomination fût faite dans les trois mois de l'entrée de l'aliéné dans l'établissement; mais cet amendement, après de vifs débats, a été écarté, et la nomination dans les établissemens particuliers reste facultative. — Duvergier, p. 515, note 4e.

217. — Il a été reconnu, lors de la discussion, que les pouvoirs de l'administrateur provisoire ne seraient autres que ceux accordés par le Code civil et la jurisprudence à l'administrateur provisoire nommé dans le cours d'une procédure en interdiction. — V. INTERDICTION.

218. — Sur la demande comment et par qui seraient faits les actes d'administration des biens des aliénés, lorsqu'ils dépasseraient les pouvoirs de l'administration provisoire, la commission de la chambre des pairs a répondu que, dans ces circonstances, il faudrait provoquer l'interdiction. — Mais cette réponse est évidemment insuffisante; car il peut arriver que l'état de l'aliéné soit tel que les tribunaux refusent de prononcer l'interdiction, notamment s'il n'y a point état *habituel* de démence; dans ce cas, il faudrait recourir aux formes tracées par l'art. 33. — V. nos 221 et suiv.

219. — Si la famille de l'aliéné est inconnue, le juge de paix de son domicile, et, s'il n'en a pas, celui du lieu où il a été saisi, peut faire appeler des citoyens qui le connaîtraient, et, à leur défaut, six personnes notables, qui délibéreraient sur la convenance de la nomination et sur le choix de l'administrateur. — C. civ., art. 409; — Durieu et Roche, no 138.

220. — Le tribunal compétent pour nommer l'administrateur est celui du domicile de l'aliéné, et, s'il n'en a point, celui du lieu où l'aliéné a été saisi. — Durieu et Roche, no 139.

221. — Le tribunal, sur la demande de l'administrateur provisoire, ou à la diligence du procureur du roi, doit désigner un mandataire spécial, . de représenter en justice tout individu ..... interdit, et placé ou retenu dans un établissement d'aliénés, qui serait engagé dans une contestation judiciaire au moment du placement, ou contre lequel une action serait intentée postérieurement. — Le tribunal peut aussi, dans le cas d'urgence, désigner un mandataire spécial à l'effet d'intenter, au nom des mêmes individus, une action mobilière ou immobilière. L'administrateur peut, dans les deux cas, être désigné pour mandataire spécial. — Art. 33.

222. — Le mandat doit spécifier et déterminer les cas, les litiges pour lesquels il est accordé; on ne pourrait le donner généralement pour toutes les actions qui intéressent ou peuvent intéresser l'aliéné. — Durieu et Roche, no 144.

223. — Les mots *en justice*, dont se sert l'art. 33, désignent toutes espèces de tribunaux, depuis le juge de paix et le conseil de prud'hommes jusqu'à la cour de Cassation, de même que les arbitres, juridictions administratives, cour des comptes, etc. — Durieu et Roche, no 145.

224. — L'acceptation du mandat spécial n'est point obligatoire, comme l'est celle d'administrateur provisoire; rien dans la loi ni dans les discussions qui l'ont accompagnée n'annonce que le législateur ait entendu en faire une charge de la même nature que la tutelle; on reste donc, à cet égard, dans le droit commun; et ce mandat, comme tout autre, peut être refusé. — Durieu et Roche, no 149.

225. — MM. Durieu et Roche (no 150) pensent même que, selon les circonstances, et si l'intérêt de l'aliéné l'exigeait, un salaire pourrait être attaché à l'exercice du mandat spécial; la loi ne le défend point, et le Code civil se borne à dire que le mandat est gratuit *s'il n'y a convention contraire*. — Art. 1986.

226. — Les dispositions du Code civil sur les causes qui dispensent de la tutelle, sur les incapacités, les exclusions ou les destitutions des tuteurs, sont applicables aux administrateurs provisoires nommés par le tribunal. Sur la demande des parties intéressées, ou sur celle du procureur du roi, le jugement qui nomme l'administrateur provisoire peut en même temps constituer sur ses biens une hypothèque générale ou spéciale jusqu'à concurrence d'une somme déterminée par ledit jugement. Le procureur du roi doit, dans le délai de quinzaine, faire inscrire cette hypothèque au bureau de la conservation; elle ne date que du jour de l'inscription. — Art. 34.

227. — Le législateur ayant fait de l'administration provisoire une charge analogue à la tutelle, il en résulte qu'elle est gratuite comme celle-ci, et que la personne qui en est revêtue ne peut recevoir aucun salaire. — Durieu et Roche, no 152.

228. — Le projet portait que les dispositions du Code civil relatives à l'hypothèque légale des mineurs ou interdits sur les biens de leurs tuteurs seraient applicables aux administrateurs nommés par le tribunal. Mais on n'a point voulu créer une nouvelle classe d'hypothèques légales, et compromettre l'intérêt des tiers en la faisant résulter d'une nomination faite sans publicité. — Rapp. de M. Barthélemy à la chambre des pairs; — Duvergier, p. 516, note 2e.

229. — Toutefois, le soin de diriger les affaires de l'aliéné et de défendre ses intérêts étant remis à des mains étrangères, il fallait lui donner quelque sûreté contre les dilapidations, la négligence ou la fraude de son administrateur, et c'est dans ce but que les deux derniers alinéas de l'art. 34 ont été substitués à celui qui soumettait celui-ci à l'hypothèque légale. — Rapp. de M. Vivien à la chambre des députés.

230. — « Ces dispositions, disait M. Vivien, n'établissent d'hypothèque sur les biens de l'administrateur que quand le jugement l'a expressément constituée; l'hypothèque peut être générale ou spéciale, jusqu'à concurrence d'une certaine somme; elle doit être inscrite. Ainsi les juges seront toujours appelés à apprécier les circonstances: l'hypothèque ne sera autorisée que quand elle paraîtra nécessaire, et en aucun cas elle ne pourra valoir sans inscription. Ces dispositions contiennent une innovation assez notable dans notre droit; mais nous les croyons bonnes; elles répondent aux nécessités pour lesquelles elles sont introduites; elles pourront servir d'exemple et de précédent pour d'autres cas, et conduire ultérieurement à réduire le nombre des hypothèques légales, dont les inconvéniens sont généralement reconnus. »

231. — A défaut par le procureur du roi de prendre l'inscription, les parens et amis auraient, conformément à l'art. 2139, C. civ., qualité pour la requérir. La nécessité de l'hypothèque une fois reconnue et confirmée par le tribunal, l'aliéné ne parait pas devoir être traité plus défavorablement que le mineur ou l'interdit. — Durieu et Roche, no 154.

232. — Dans le cas où un administrateur provisoire a été nommé par jugement, les significations à faire à la personne placée dans un établissement d'aliénés doivent être faites à cet administrateur. — Les significations faites au domicile peuvent, suivant les circonstances, être annulées par les tribunaux. Il n'est point dérogé aux dispositions de l'art. 173, C. comm. — Art. 35.

233. — Le projet et la commission voulaient qu'il fût fait une triple signification: 1o au domicile de l'aliéné; — 2o à celui de l'administrateur provisoire, ou, à défaut, à la personne du chef de l'établissement; — 3o au procureur du roi; cette disposition a été rejetée par le motif que l'intérêt des tiers eût pu se trouver très souvent sacrifié à celui des aliénés. — En effet, cette triple signification étant prescrite à peine de nullité, les tiers ignorant, dans beaucoup de cas, la situation des personnes auxquelles ils ont à faire, eussent été exposés à se jeter dans des procédures nulles. — Duvergier, p. 517, note 1re.

234. — La disposition ne concerne que les aliénés pourvus d'un administrateur provisoire; quant à ceux auxquels il n'en a pas été nommé, les significations doivent être faites dans les formes ordinaires et suivant les règles du droit commun. — Rapport de M. Vivien.

235. — MM. Durieu et Roche (no 155) pensent même que l'art. 35 n'est applicable que quand l'administrateur a été nommé *par jugement*, et non s'il a été désigné d'office parmi les membres de la commission administrative ou de surveillance. — C'est peut-être s'attacher un peu trop à la lettre de la loi; seulement, comme les désignations d'office ne peuvent pas être aussi connues des tiers intéressés que celles faites par jugement, on pourra induire du texte que, dans le premier cas, la remise des significations à l'administrateur ne sera pas exigée aussi strictement que dans le second, et qu'il y aura lieu d'user plus facilement de la latitude laissée par le second paragraphe de l'article.

236. — Le second et le troisième paragraphes ont été ajoutés par la chambre des pairs. Il peut arriver que les tiers ne soient pas instruits de la nomination de l'administrateur provisoire; aussi l'art. 35 n'exige-t-il pas les significations à l'administrateur à peine de nullité; les exploits remis au domicile de l'aliéné peuvent donc être déclarés valables, à moins qu'ils ne soient entachés de mauvaise foi.

237. — Le dernier paragraphe de l'art. 35 concerne les protêts auxquels, dès-lors, ne s'appliquent point ses autres dispositions; ces actes devant être faits dans les vingt-quatre heures de l'échéance, on a pensé qu'il était juste d'admettre une exception en leur faveur. — « D'ailleurs, a dit M. le rapporteur à la chambre des pairs, le protêt n'est qu'un acte conservatoire dirigé moins contre l'aliéné que contre les endosseurs, et qui peut être fait après un simple acte de perquisition, s'il y a fausse indication de domicile. » — Toutefois cette exception n'a pas paru suffisamment justifiée à la commission de la chambre des députés, qui la trouvait même incomplète en ce qu'on aurait dû, à aussi juste titre, y comprendre les dénonciations de protêts; cependant, pour ne pas retarder encore l'adoption de la loi, cette commission n'a pas cru devoir proposer le rejet de la disposition. — Duvergier, p. 517, note 1re.

238. — A défaut d'administrateur provisoire, le président, à la requête de la partie la plus diligente, commet un notaire pour représenter les personnes non interdites placées dans les établissemens d'aliénés, dans les inventaires, comptes, partages et liquidations dans lesquels elles seraient intéressées. — Art. 36.

239. — M. Duvergier (p. 519, note 1re) fait observer que la disposition de cet article n'est pas en harmonie avec celle de l'art. 32, car il décide implicitement que lorsqu'il a été nommé un administrateur provisoire, celui-ci a capacité pour représenter l'aliéné dans les inventaires, partages, etc.; or, avant d'arriver audit inventaire ou partage, etc., il y a, s'il s'agit d'une succession, un acte préliminaire et indispensable, l'acceptation, qui dépasse évidemment les pouvoirs de l'administrateur. — On se demande aussi quelle serait l'étendue de ses pouvoirs dans le cas où l'aliéné étant propriétaire d'un immeuble ayant besoin de réparations urgentes et indispensables, l'administrateur ne trouverait dans le mobilier aucune ressource pour y faire face. — Aux deux questions, il a été répondu dans la discussion qu'il faudrait provoquer l'interdiction de l'aliéné et lui faire nommer un tuteur. — Or, il semble résulter des termes

de l'art. 36 une décision toute contraire, puisque son texte paraît admettre que la succession aura été acceptée sans que l'interdiction ait été prononcée.

240. — Cette contradiction a été signalée à la chambre : « Si la succession, a-t-on dit, ne peut pas être acceptée par l'administrateur provisoire, l'article est inutile, puisqu'il règle les conséquences d'une acceptation impossible ; si au contraire on donne à l'administrateur le droit d'accepter la succession, comment et dans quelle forme pourra-t-il exercer ce droit ? Sera-ce sans autorisation du conseil de famille? alors il aurait des droits plus étendus que le tuteur nommé définitivement à l'interdit. Pourra-t-il accepter purement et simplement ou ne le pourra-t-il que sous bénéfice d'inventaire?.... » Ces objections sont restées sans réponse.

241. — Selon M. Duvergier (*ibid.*), la disposition ne doit être appliquée qu'au cas où il ne s'agirait pas de succession, ou lorsque la succession aurait été acceptée déjà par l'aliéné avant sa maladie, car les fonctions d'administrateur sont déterminées par celles que le notaire, nommé à son défaut, aurait pouvoir de remplir, et ne peuvent s'étendre au-delà.

242. — Les attributions du notaire commis n'embrassent pas toutes celles départies à l'administrateur provisoire, elles sont restreintes aux opérations d'inventaire, de compte, de partage ou de liquidation pour lesquelles il a été commis, et ne peuvent s'étendre au-delà. Mais dans le cercle de ses opérations, il réunit les pouvoirs qui appartiennent à l'administrateur : il en a même de plus étendus, car il peut comparaître en justice et y soutenir, s'il y a lieu, les intérêts de l'aliéné. — Durieu et Roche, nº 161.

243. — Le notaire commis ne peut, pas plus que l'administrateur provisoire, compromettre, car ils n'ont ni l'un ni l'autre la libre disposition des droits de l'aliéné, mais ils peuvent transiger en accomplissant les formalités prescrites par l'art. 467, C. civ. — Durieu et Roche, nº 163.

244. — Les pouvoirs conférés en vertu des art. 31 et suiv. cessent de plein droit dès que l'aliéné n'est plus retenu dans l'établissement. — Les pouvoirs conférés par le tribunal en vertu de l'art. 32 cessent de plein droit à l'expiration d'un délai de trois ans ; ils peuvent être renouvelés. — Cette disposition n'est pas applicable aux administrateurs provisoires donnés aux personnes entretenues par l'administration dans des établissemens privés. — Art. 37.

245. — Le second paragraphe doit être expliqué par le premier et entendu en ce sens que si l'aliéné sort de l'établissement avant l'expiration des trois ans, les fonctions de l'administrateur cessent à la sortie sans pouvoir être renouvelées. — Duvergier, p. 520, note 1re.

246. — Si l'administrateur, le mandataire spécial ou le notaire ignoraient la sortie, les actes faits par eux dans cette ignorance seraient valables, conformément à l'art. 2008, C. civ. — Durieu et Roche, nº 165.

247. — L'acceptation des fonctions d'administrateur sont forcées, mais MM. Durieu et Roche pensent (nº 166) que l'administrateur dont les pouvoirs sont renouvelés après trois ans, en vertu de l'art. 37, n'est point tenu de les accepter de nouveau.

248. — Dans le cas où l'aliéné sortirait avant d'avoir pleinement recouvré la raison, les actes qu'il aurait souscrits depuis sa sortie pourraient être ultérieurement attaqués par lui ou par ses héritiers, à la charge de prouver l'aliénation mentale au moment du contrat.

249. — Sur la demande de l'intéressé, de l'un de ses parens, de l'époux ou de l'épouse, d'un ami, ou sur la provocation d'office du procureur du roi, le tribunal peut nommer en chambre du conseil, par jugement non susceptible d'appel, en outre de l'administrateur provisoire, un curateur à la personne de tout individu non interdit placé dans un établissement d'aliénés, lequel doit veiller 1º à ce que ses revenus soient employés à adoucir son sort et à accélérer sa guérison ; 2º à ce que ledit individu soit rendu au libre exercice de ses droits aussitôt que sa situation le permet. — Ce curateur ne peut pas être choisi parmi les héritiers présomptifs de l'aliéné. — Art. 38.

250. — L'aliéné peut donc avoir en même temps un administrateur provisoire, un mandataire spécial (art. 33) et un curateur : cependant les deux premières fonctions peuvent être et se trouvent même le plus souvent réunies dans la même personne. — Mais si deux personnes ayant été désignées, il devenait nécessaire de nommer un curateur, M. Duvergier (p. 520, note 2e) doute que l'une de ces deux personnes pût être nommée, bien que la loi ne s'explique point à cet égard. — Nous ne verrions, quant à nous, aucun inconvénient à ce que le mandataire, sinon l'administrateur, fût nommé curateur. — V. aussi Durieu et Roche, nº 170.

251. — En matière criminelle et tant que l'état d'aliénation subsiste, il y a pour l'aliéné accusé impossibilité de produire sa défense avec toute la latitude que la loi lui accorde, et d'exercer la faculté, soit de s'inscrire en faux contre les actes authentiques de la procédure, soit de se désister de son pourvoi.

252. — Aussi a-t-il été jugé par la cour de Cassation que, dans le silence de la loi sur les effets du recours en cassation formé par un aliéné dans un intervalle lucide, ou par un individu atteint postérieurement à son recours d'aliénation mentale, il appartient à la cour de prendre les mesures nécessaires à la conservation des droits de la défense et à l'intérêt général de la justice. — *Cass.*, 25 janv. 1839 (t. 1er 1839, p. 79), Gilbert.

253. — ...Et, notamment, de surseoir à statuer sur le pourvoi jusqu'à ce que, à la diligence du procureur général, il soit fait apport au greffe de nouveaux documens conformes aux dispositions de la loi du 30 juin 1838, et de nature à constater les changemens qui pourraient survenir dans l'état mental dudit aliéné. — Même arrêt.

254. — On a dit à la chambre des pairs que la nomination d'un curateur, faite par le tribunal, ne serait point susceptible d'appel. — Duvergier, *ibid.*

255. — L'exclusion des héritiers présomptifs de l'aliéné comprend tous les héritiers sans exception, ascendans, descendans ou collatéraux ; c'est ce qui résulte des explications échangées dans les deux chambres.

256. — L'art. 504, C. civ., porte qu'après la mort d'un individu, les actes par lui faits ne peuvent être attaqués, pour cause de démence, qu'autant que son interdiction aurait été prononcée ou provoquée avant son décès, à moins que la preuve de la démence ne résulte de l'acte même qui est attaqué. — V. INTERDICTION.

257. — Cet article se trouve modifié par la loi du 30 juin 1838, qui, par son art. 39, déclare que les actes faits par une personne placée dans un établissement d'aliénés pendant le temps qu'elle y a été retenue, sans que son interdiction ait été prononcée ni provoquée, peuvent être attaqués pour cause de démence, dans le délai fixé par l'art. 1304, C. civ. — Les dix ans de l'action en nullité courent, à l'égard de la personne retenue qui a souscrit les actes, à dater de la signification qui lui en a été faite ou de la connaissance qu'elle en a eue depuis sa sortie définitive de la maison d'aliénés ; et à l'égard de ses héritiers, à dater de la signification qui leur en a été faite ou de la connaissance qu'ils en ont eue depuis la mort de leur auteur. — Quand les dix ans ont commencé à courir contre celui-ci, ils continuent de courir contre ses héritiers. — Art. 39.

258. — Ainsi, il n'est plus nécessaire, comme sous le Code, que l'interdiction ait été ou provoquée ou prononcée contre une personne aliénée, pour que celle-ci ait le droit d'attaquer l'acte qu'elle a souscrit pendant sa séquestration.

259. — Quant aux actes faits avant ou après la séquestration, leur validité demeure subordonnée aux circonstances et aux règles du droit commun. — Durieu et Roche, nº 167.

260. — Selon M. Duranton, ce n'est pas avec exactitude que l'art. 39 dit que les actes faits par l'aliéné pourront être attaqués pour cause de démence *conformément à l'art. 504, C. civ.*; car, au contraire, suivant ce dernier article, après la mort d'un individu les actes par lui faits ne peuvent être attaqués pour cause de démence qu'autant que son interdiction aurait été prononcée ou provoquée avant son décès, à moins que la preuve de la démence ne résulte de l'acte même attaqué ; or, l'art. 39 statue précisément sur le cas où l'interdiction n'a été ni prononcée ni provoquée, et il permet d'attaquer les actes, soit qu'ils portent ou non avec eux la preuve de la démence, car il ne distingue pas. — Duranton, t. 3, p. 729 (4e édition), *in fine. Dispositions principales de la loi sur les aliénés*, nº 12, à la note.

261. — Le même auteur pense également (*ibid*) que ceux qui ont traité avec la personne placée dans une maison d'aliénés, quoique non interdite, ne pourraient demander la nullité pour cette cause : l'art. 1125 leur serait opposable par une raison *à fortiori*.

262. — C'est *après* sa sortie de l'établissement que la notification doit être faite à l'aliéné pour faire courir les dix ans. — Cette signification est inutile si on a une preuve *par écrit* que l'aliéné après sa sortie, ou ses héritiers après sa mort, ont eu connaissance de l'acte ; alors les dix ans courent à partir de cette connaissance établie. — Duvergier, p. 520, note 3e.

263. — On a demandé si la notification faite à l'aliéné qui aurait été retiré par ses parens avant parfaite guérison, aurait pour effet de faire courir les dix ans, et il a été répondu à la chambre que dans le cas où la notification aurait été faite frauduleusement, on ferait valoir l'exception de fraude et qu'alors les tribunaux décideraient. — Cette réponse laisse aux tribunaux un arbitraire presque indéfini qu'il eût été certainement préférable de tempérer par quelque règle assez large néanmoins pour ne point entraver leurs appréciations.

264. — Les termes généraux de cet article ne permettent pas de douter qu'il ne s'applique aussi aux testamens que l'aliéné aurait faits pendant qu'il était dans l'établissement. — Duranton, t. 12, nº 543 *bis*.

265. — Mais c'est une disposition spéciale qui ne déroge point au Code civil, quant au point de départ du délai de l'action en nullité qui compète aux interdits et à leurs héritiers. — Même auteur, *ibid.*

266. — Le ministère public doit être entendu dans toutes les affaires qui intéressent des personnes interdites ou non interdites, placées dans un établissement d'aliénés. — Art. 40.

267. — Cette prescription n'est qu'une application de l'art. 83, C. procéd. civ., qui veut que toutes les causes où l'une des parties sera défendue par un curateur soient communiquées au procureur du roi.

Sect. 7e. — *Dispositions pénales.*

268. — La loi du 30 juin 1838, qui contient un grand nombre de dispositions impératives, devait porter avec elle sa sanction. — Elle est contenue dans l'art. 41.

269. — Cet article est ainsi conçu : « Les contraventions aux dispositions des art. 5, 8, 11 et 12, du second paragraphe de l'art. 13, des art. 15, 17, 20 et 21, et du dernier paragraphe de l'art. 29 de la présente loi, et aux réglemens rendus en vertu de l'art. 6, qui sont commises par les chefs, directeurs ou préposés responsables des établissemens, seront punies d'un emprisonnement de cinq jours à un an, et d'une amende de cinquante francs à trois mille francs, ou de l'une ou l'autre de ces peines. — Il pourra être fait application de l'art. 463, C. pén. »

270. — Outre les peines prononcées par cet article, les directeurs et préposés des établissemens publics peuvent encourir, suivant la gravité des circonstances, la révocation, et les directeurs des établissemens privés, la déchéance de leur autorisation.

V. CONSEIL JUDICIAIRE, DÉMENCE, INTERDIT, LIBERTÉ INDIVIDUELLE, MINISTÈRE PUBLIC, TUTELLE.

ALIGNEMENT.

Table alphabétique.

ALIGNEMENT. — 1. — L'alignement est le tracé fait par l'autorité administrative pour fixer la limite qui sépare la voie publique de la propriété privée, et déterminer la ligne sur laquelle les riverains peuvent planter ou construire.

2. — L'alignement est déterminé par l'application des plans légalement arrêtés, et résulte de la direction de l'axe de la route combinée avec les dimensions données à ses deux côtés. — De Gerando, *Inst. de dr. admin.*, t. 2, p. 526.

3. — L'alignement est une simple indication administrative qui ne confère, en ce qui touche les tiers, aucun droit à celui qui l'obtient ; il a seulement pour but d'assurer l'élargissement des voies publiques ou le maintien de la largeur que déjà elles ont acquise en empêchant les anticipations des propriétaires qui construisent sur le bord, ou en les contraignant à délaisser les portions de terrains comprises dans les plans et sur lesquelles ils ne peuvent reconstruire. — De Gérando, *loc. cit.* ; Husson, *Traité de la législation des travaux publics et de la voirie*, t. 2, p. 21.

4. — Ainsi, si la route existe, l'obligation imposée aux riverains d'obtenir un alignement préalable a pour but d'éviter les anticipations sur le sol de la route, ou la consolidation d'une anticipation ancienne que l'administration aurait tolérée jusqu'à la ruine ou la démolition de l'édifice. — S'il s'agit d'une route autorisée, mais non exécutée encore, ou de l'élargissement d'une route existante, cette obligation est dictée par la nécessité d'empêcher les constructions dans l'espace de la route, ou la consolidation des bâtimens à supprimer. — Garnier, *Traité des chemins*, p. 131.

5. — Tout ce qui est relatif à l'alignement peut être compris sous les huit sections suivantes.

SECT. 1re. — *Cas dans lesquels l'alignement est nécessaire* (no 6).

SECT. 2e. — *Autorité compétente pour donner l'alignement* (no 87).

SECT. 3e. — *Formes de l'alignement* (no 133).

SECT. 4e. — *Opposition à l'alignement* (no 164).

SECT. 5e. — *Effets de l'alignement* (no 188).

SECT. 6e. — *Indemnités dues aux propriétaires ou par les propriétaires* (no 217).

SECT. 7e. — *Contraventions en matière d'alignement* (no 255).

SECT. 8e. — *Compétence, instruction et pénalité en matière de contraventions relatives à l'alignement* (no 269).

§ 1er. — *Par qui et contre qui est poursuivie la répression des contraventions* (no 269).

§ 2. — *Juridictions compétentes pour réprimer les contraventions* (no 283).

§ 3. — *Preuve des contraventions, instruction, questions préjudicielles, exceptions, jugemens* (no 291).

§ 4. — *Pénalité* (no 333).

—

Sect. 1re. — *Cas dans lesquels l'alignement est nécessaire.*

6. — Il est de principe de droit public, en France, qu'aucune construction joignant immédiatement la voie publique ne peut être légalement entreprise sans l'autorisation préalable de l'autorité compétente. — *Cass.*, 1er fév. 1833, Boudrel ; 9 fév. 1833, Pascal.

7. — Le droit de voirie a toujours compris, en France, le pouvoir notamment de régler l'alignement, la hauteur et la régularité des édifices, bâtimens et constructions élevés ou réparés, joignant la voie publique, et d'empêcher les entreprises de toute nature qui seraient contraires à la décoration des villes, bourgs et villages, ainsi qu'à la sûreté et à la commodité des citoyens. — *Cass.*, 8 août 1833, Langlois.

8. — Cependant l'exercice de ce droit était entravé, ainsi que le constate le préambule suivant d'un édit de Henri IV. « .... Il s'est glissé plusieurs désordres au fait de ladite voyrie, particulièrement en nostre ville de Paris, par les entreprises des juges, des seigneurs haut justiciers, lesquels, outre leurs fonctions ordinaires, disputent les droits attribuez à leurs charges ; aussi par la négligence de nos officiers en icelle pour n'avoir assez donné à connaistre à un chacun ce que portaient les réglemens cy-devant sur ce fait, et sur les droits qui sont attribués à la voyrie de ladite ville.... »

9. — Telles furent les causes occasionnelles de l'édit de déc. 1607 (enregistré au parlement de Paris le 14 mars 1608, et en la chambre des comptes le 19 mai suivant), et que précède un exposé ainsi conçu : « Ayant reconnu cy-devant combien il importait au public que les grands chemins, chaussées, ponts, passages, rivières, places publiques et rues des villes de cestuy nostre royaume, fussent rendus en tel estat que, pour le libre passage et commodité de nos sujets, ils n'y trouvassent aucuns des tourbiers ou empeschemens ; nous aurions à cette occasion fait expédier nostre édict du mois de may 1599, pour la création du titre d'office de l'estat de grand voyer de France, afin que celuy qui en sera par nous pourvu, y apportast un tel soin, vigilance et affection, que nous et le public en pust tirer l'utilité requise.... »

10. — Beaucoup de dispositions de cet édit sont restées en vigueur, et par exemple le conseil d'état, par ord. du 2 août 1826 (Bunouf), a réprimé une contravention à l'art. 4, qui défend de construire en pans de bois sur la rue.

11. — Nous allons, au surplus, rapporter textuellement les dispositions de cet édit, qui se réfèrent

plus spécialement à la matière de l'alignement.

12. — L'art. 4 de l'édit de déc. 1607, porte : « Deffendons à nostre dict grand voyer ou ses commis de permettre qu'il soit fait aucunes saillies, avances et pans de bois aux bâtimens neufs, et mesme à ceux où il y en a à présent, de contraindre les réédifier, ny faire ouvrages qui les puissent conforter, conserver et soutenir, ny faire aucun mur, pan de bois ou autres choses en saillie et porter à faux sur lesdites rues, ains faire le tout continuer à plomb, depuis le rez-de-chaussée tout contremont, et pourvoir à ce que les rues s'embellissent et élargissent au mieux que faire se pourra et en baillant par luy les alignemens, redressera les murs où il y aura ply ou coude, et de tout sera tenu de donner par écrit son procès-verbal de luy signé ou de son greffier, portant l'alignement desdits édifices de deux toises en deux toises, à ce qu'il n'y soit contrevenu : pour lesquels alignemens nous lui avons ordonné soixante sols parisis par maison, payables par les particuliers qui feront faire lesdites édifications sur ladite voyrie, encore qu'il y eût plusieurs alignemens en icelle, n'estant comptés que pour un seul. »

13. — L'art. 5 du même édit est ainsi conçu : « Comme aussi nous deffendons à tous nos susdits sujets de ladite ville, faubourgs, prévosté et vicomté de Paris, et autres villes de ce royaume, faire aucun édifice, pan de mur, jambes estriers, encoignieures, caves ny caval, forme ronde en saillie, sièges, barrières, contre-fenestre, huis de caves, bornes, pas, marches, sièges, montoirs à cheval, auvents, enseignes, establies, cages de menuiserie, châssis à verre et autres avances sur ladite voyrie, sans le congé et allignement de nostre dict grand voyer ou desdits commis. Pourquoy faire nous lui avons attribué et attribuons la somme de soixante sols tournois, et après la perfection d'iceux seront tenus lesdits particuliers d'en avertir le grand voyer ou son commis, afin qu'il récolle lesdits alignemens et reconnoisse si lesdits ouvriers auront travaillé suivant iceux, sans toutes fois payer aucune chose pour ledit recollement et confrontation, et où il se trouverait qu'ils auraient contrevenu auxdits alignemens, seront lesdits particuliers assignez par devant le prévôt de Paris ou son lieutenant, pour voir ordonner que la besogne mal plantée sera abattue, et condamnez à telle amende que de raison applicable comme dessus. »

14. — « L'art. 18 autorisait les lieutenans et commis du grand voyer à commettre en chacune ville, un maçon ou autre personne capable, pour donner les allignemens sur rues, » dont le nom sera registré en la justice ordinaire, le surplus des autres charges et fonctions, ledit commis devait les faire en personne, etc. »

15. — Pour achever de faire connaître les principales dispositions de l'ancienne législation qui ont encore force et vigueur aujourd'hui, nous devons mentionner l'arrêt du conseil du 27 fév. 1765, qu'il est utile de citer ici par extrait : « Le roi, étant en son conseil, a ordonné et ordonne que, conformément à ce qui se pratique au bureau des finances de la généralité de Paris, dont Sa Majesté a confirmé et confirme l'ord. du 29 mars 1754, art. 12 et 14, les alignemens pour constructions ou reconstructions de maisons, édifices ou bâtimens généralement quelconques, en tout ou en partie, *étant le long ou joignant les routes* construites par ses ordres, soit dans les traverses des villes, bourgs ou villages, soit en pleine campagne, ainsi que les permissions pour toute espèce d'ouvrages aux faces desdites maisons, édifices et bâtimens, et pour établissemens d'échoppes et choses saillantes, le long desdites routes, ne pourront être données, en aucun cas, par autres que par les trésoriers de France, etc. Fait Sa Majesté défense à tous particuliers de construire, reconstruire ou réparer aucuns édifices, poser échoppes ou choses saillantes le long desdites routes sans en avoir obtenu les alignemens ou permission, etc..., à peine de démolition desdits ouvrages, confiscation des matériaux et de 500 liv. d'amende, et contre les maçons, charpentiers et ouvriers, de pareille amende, et même de plus grande peine en cas de récidive. »

16. — Cet arrêt du conseil n'a pas cessé d'être obligatoire, et il a même été jugé qu'il doit être encore appliqué aujourd'hui, quand même il n'aurait pas été enregistré au parlement dans le ressort duquel se trouvait le département actuel où la contravention a été commise. — *Cons. d'état*, 23 fév. 1837, Ministre de l'intérieur c. Voitot.

17. — L'exécution des édits et déclarations du roi dans l'Artois, après sa réunion à la France, n'a jamais été subordonnée à un enregistrement par le conseil de cette province. — *Spécialement*, l'édit de déc. 1607, concernant la voirie est devenu obligatoire en Artois par le seul fait de la réunion de cette province à la France, et sans un enregistrement particulier. — *Cass.*, 6 juill. 1833, Bourdrel.

18. — Il doit être observé, même dans les communes où l'autorité municipale a négligé de rappeler les citoyens à son exécution par des réglemens locaux. — *Cass*, 6 et 18 sept. 1828, Joseph Julien c. Daroles; 10 nov. 1836 (t. 1er 1837, p. 236), Chaumeron; 23 janv. 1841 (t. 1er 1842, p. 273), Jeannin.

19. — Celui qui a fait construire un pont sur le bord d'un chemin public, sans avoir demandé l'autorisation de l'autorité compétente, ne peut pas être acquitté sous le prétexte qu'il n'existe aucun réglement de police qui défende cette construction. — *Cass.*, 1er fév. 1833, François Boudrel.

20. — Si les maires qui ont incontestablement le droit de renouveler les réglemens anciens sur la petite voirie, s'en abstiennent; en l'absence de ces dispositions particulières, les anciens réglemens qui n'ont point été abrogés subsistent par eux-mêmes, et doivent continuer de recevoir leur exécution. — *Cass.*, 15 mai 1835, Bot.

21. — La règle générale en matière d'alignement peut se formuler ainsi : Toute propriété confinant une voie publique, dépendant de la grande comme de la petite voirie, fleuve, rivière, canal, route ou chemin, est assujétie à la demande préalable d'un alignement, soit qu'il s'agisse de la clôre ou de réparer d'anciennes clôtures, d'y élever des constructions ou de réparer des bâtimens déjà existans, soit qu'il s'agisse d'y faire des plantations, toutes les fois que ces clôtures, constructions ou plantations sont faites sur la partie qui confine la voie publique. — Arrêt du conseil, 27 fév. 1765; LL. 29 flor. an X, art. 1er; 13 vent. an XIII, art. 5; 16 sept. 1807, art. 52; Décr. 27 juill. 1808; L. 21 mai 1836, art. 22.

22. — *Grandes routes.* — Les revers et accotemens d'une route font partie de la route, comme la chaussée même; en conséquence, nulle construction ne saurait y être élevée sans autorisation. — *Cons. d'état*, 25 fév. 1818, Huet; — Cormenin, vo *Voirie*, t. 2, p. 466.

23. — L'alignement, ayant pour objet de prévenir les empiétemens, est exigé même pour les parties de routes qui ne sont pas bâties. — Arrêt du conseil du 27 fév. 1765; — Isambert, *Tr. de la voirie*, no 410.

24. — Bien que le plan d'une grande route dans la traverse d'une commune n'ait pas encore été approuvé par ordonnance royale, on ne peut réparer les maisons situées dans l'étendue de cette traverse, sans avoir obtenu préalablement la permission du préfet. — *Cons. d'état*, 29 août 1834, Ministre des travaux publics c. Blaise; — Cormenin, t. 2, p. 457; Chevalier, t. 2, p. 466.

25. — L'attribution, donnée aux préfets, de fixer les alignemens sur les routes, dans la traversée des communes, est limitée par le sol même de la route.

26. — Ainsi les places aboutissant aux routes ne sont plus considérées comme faisant partie de la grande voirie, et c'est aux maires qu'il appartient de délivrer les alignemens à ceux qui veulent y construire. — *Cons. d'état*, 16 janv. 1828, ville d'Eu; — Husson, t. 2, p. 24.

27. — Du reste, l'obligation d'obtenir un alignement n'est imposée qu'à ceux qui construisent immédiatement sur les limites de la route, et non à ceux qui laissent une portion quelconque de leur terrain entre ces voies et les constructions. — *Cons. d'état*, 2 avr. 1828, Marteau d'Autry; — Garnier, p. 151; Marchand, *Encyclop. du dr.*, vo *Alignement*, nos 14 et suiv.

28. — Jugé qu'il n'y a pas lieu d'appliquer les réglemens de grande voirie lorsqu'un propriétaire a bâti en arrière de l'alignement déterminé par une ordonnance royale, alors, d'ailleurs, qu'il a obtenu l'autorisation d'enclore sa propriété le long de la grande route. — *Cons. d'état*, 4 fév. 1824, Legros; — Chevalier, vo *Voirie*, t. 2, p. 490; Bost, *Tr. de l'organ. et des attrib. municip.*, t. 2, p. 275.

29. — Le propriétaire riverain d'une grande route qui fait des constructions hors des limites du terrain soumis aux réglemens de grande voirie n'est pas tenu de demander un alignement ou une autorisation préalable à l'administration, et, par suite, il ne peut être condamné à l'amende et à la démolition. — *Cons. d'état*, 2 avr. 1828, Marteau d'Autry; — Cormenin, t. 2, p. 468; Isambert, t. 2, no 422; Chevalier, t. 2, p. 490; Cotelle, *Trav. publ.*, t. 3, p. 218.

30. — Dans les cas où le propriétaire a bâti sans autorisation en arrière de l'alignement, il n'y a pas dans ce fait contravention aux réglemens de voirie; seulement le propriétaire est tenu de se clore dans l'alignement, afin de faire disparaître les angles et renfoncemens dangereux pour la sécurité publique. — Cormenin, vo *Voirie*, t. 2, p. 468; Marchand, *Encyclop. du dr.*, vo *Alignement*, no 15; Isambert, t. 2, no 422; Proudhon, *Domaine public*, nos 246 et 262; — *Cons. d'état*, 17 juin 1818, Fumerey. — Jugé cependant par la cour de Cassation que, quand des constructions ont été élevées sur un terrain joignant la voie publique sans qu'il ait été obtenu d'autorisation à cet effet, le tribunal saisi de la contravention doit non seulement condamner le contrevenant à l'amende, mais doit de plus ordonner la destruction des travaux alors même que ces travaux se trouvent, non pas en deçà mais en retraite de l'alignement. — *Cass.*, 21 juin 1844 (t. 1er 1845, p. 76), Olivary.

31. — Pour pouvoir ordonner la démolition des constructions élevées en retraite par le propriétaire, il faut que l'administration lui ait fait connaître les plans d'élargissement d'une manière officielle. — Avis du cons. d'état du 25 prair. an XIII; — Foucart, t. 2, p. 418.

32. — D'après le même principe, la défense portée par l'arrêt du conseil du 27 fév. 1765 de faire, sans la permission de l'autorité, des travaux aux façades des maisons situées le long des routes n'est pas applicable aux maisons situées en retraite sur l'alignement desdites routes. — *Cons. d'état*, 29 juin 1842, Hardy.

33. — Un avis du conseil d'état du 21 août 1839 refuse même à l'administration le droit de prohiber les réparations confortatives des constructions qui se trouvent en retraite de l'alignement.

34. — C'est par des raisons analogues que le conseil d'état a décidé qu'il n'est nullement défendu aux propriétaires des maisons sujettes à reculement de faire des travaux dans l'intérieur de ces maisons, même sur la partie retranchable, lorsque ces travaux n'ont pas pour effet de reconforter le mur de face. — *Cons. d'état*, 1er sept. 1832, Lafitte.

35. — Dès-lors un propriétaire peut, à ses risques et périls, exécuter des travaux intérieurs sans autorisation préalable, sauf à l'administration le droit en tout temps de vérifier si ces travaux ont été confortatifs du mur de face et d'en poursuivre, s'il y a lieu, la démolition. — *Cons. d'état*, 1er sept. 1832, Lafitte.

36. — Lorsque le propriétaire d'une maison sujette à reculement, qui veut en reconstruire la voûte de cave, déclare qu'il tiendra la voûte à reconstruire éloignée du mur de face à une distance de six pouces, c'est à tort que l'administration s'oppose à cette reconstruction. — *Cons. d'état*, 1er sept. 1832, Lafitte.

37. — Le conseil d'état a également décidé qu'aucuns travaux de consolidation ou de construction ne devaient être faits dans l'espace destiné, par le plan d'alignement, à devenir partie de cette voie publique. — *Cons. d'état*, 16 mai 1827, Calame. — V. *infrà* nos 49 et suiv., sur les réparations à faire aux constructions de maisons dans les rues et autres voies.

38. — Quoi qu'il en soit, la prohibition de l'arrêt du conseil du 27 fév. 1765 s'applique même aux constructions élevées en arrière de l'alignement qui aurait dû être donné, si le propriétaire a l'intention de bâtir en façade, par exemple, de se conformer à un alignement projeté, et qu'en définitive le projet adopté attribue à la voie publique tout le terrain qui se trouve devant la maison. — *Cons. d'état*, 15 juill. 1841, de Turin c. le préfet de la Seine.

39. — Il résulte de la même décision que de pareilles constructions soumettent ceux qui les élèvent au paiement des droits de voirie.

40. — Suivant M. Marchand (*Encyclop. du dr.*, vo *Alignement*, nos 25 et suiv.), l'alignement est indispensable toutes les fois que les travaux qui sont faits, non pas seulement au mur de face qui joint la route, mais sur la partie de la maison qui est retranchable par suite de l'alignement projeté, sont confortatifs du mur de face ou constituent des constructions nouvelles; dans le cas contraire, l'autorisation n'est point nécessaire.

41. — L'alignement est nécessaire lors même que les constructions auxquelles on se propose de faire des travaux sont situées partie sur une rue dépendant de la grande voirie, partie sur une autre rue dépendant de la voirie urbaine. — *Cons. d'état*, 7 mars 1821, Pottier; — Garnier, p. 145.

42. — ... Ou partie sur une grande route et partie sur un chemin vicinal. — Garnier, p. 145.

43. — Il en serait encore de même dans le cas où le gouvernement, ayant ordonné l'élargissement d'une rue formant la continuation d'une route départementale, un particulier ferait des réparations, non à la façade de sa maison donnant sur la route, mais à l'un des côtés donnant sur l'emplacement de la maison voisine, nouvellement démolie, emplacement non encore acheté par l'état. — *Cons. d'état*, 8 mai 1822, Riou; — Garnier, p. 145.

44.—Quand les façades des maisons à construire sur une grande route ne sont point assujéties à un plan uniforme, il est libre à tous les propriétaires de bâtir comme il leur plaît, sous la seule condition de se conformer à l'alignement. — *Cons. d'état*, 17 juin 1818, Fumerey.

45. — Le droit de l'autorité administrative de donner alignement pour les plantations s'étend jusqu'à six mètres du bord des routes.—L. 9 vent. an XIII, art. 5.

46. — Le décret du 16 déc. 1811 oblige les riverains des routes royales à planter sur leurs terrains, à un mètre de distance du bord extérieur des fossés. Aussi M. Foucart (t. 2, nº 1165) pense que le propriétaire qui, dans les campagnes, voudrait bâtir en retraite sur son terrain ne pourrait le faire dans l'espace sur lequel pèse la servitude de plantation, sans demander l'autorisation. « S'il en était autrement, poursuit-il, il pourrait se soustraire à la fois aux obligations de l'alignement et de la plantation; d'après cette opinion, les servitudes de l'alignement pèseraient sur les maisons construites dans cette limite. »

47. — *Rivières navigables ou flottables.* — Les riverains des rivières navigables ou flottables ne peuvent faire sur les bords aucuns travaux, même défensifs, sans autorisation.

48. — Ces contraventions sont poursuivies devant le conseil de préfecture comme contraventions de grande voirie. — L. 29 flor. an X.

49. — *Rues et autres voies publiques.* — L'alignement est aussi nécessaire pour les constructions ou réparations d'édifices tenant aux voies urbaines que pour celles qu'on se propose de faire le long des grandes routes. — *Cass.*, 15 mai 1835, Bot; — Marchand, *Encycl. du dr.*, vº *Alignement*, nº 17.

50. — Ainsi, toute réparation ou construction sur ou joignant la voie publique sans autorisation de l'autorité municipale constitue une contravention punissable, lors même que l'ouvrage entrepris serait renfermé dans la ligne que le maire aurait dû tracer d'après le plan du lieu. — *Cass.*, 9 févr. 1833, Courtet.

51. — Jugé de même que celui dont la maison touche immédiatement à la voie publique, ne peut en reconstruire le mur de face sans en avoir préalablement obtenu l'autorisation, bien que cette façade ne soit pas sujette à reculement. — *Cass.*, 9 févr. 1833, Pascal.

52.— A plus forte raison le propriétaire d'une maison sujette à reculement, d'après un plan arrêté par l'autorité municipale, ne peut, sans l'autorisation du maire, y faire des travaux ayant pour effet d'en consolider le mur de face sur la voie publique. — *Cass.*, 8 août 1833, Chaline.

53. — De même, le réglement de police contenant prohibition de construire ou reconstruire sans avoir préalablement demandé et obtenu l'alignement s'applique à l'agrandissement d'une croisée pratiquée dans un mur sujet à reculement aussi bien qu'à la construction de nouvelles bâtisses ou à la reconstruction d'un bâtiment démoli. — *Cass.*, 21 août 1835, Pisoret et Desaubert.

54. — L'arrêté municipal qui défend la reconstruction, sans autorisation préalable, des escaliers existant sur la voie publique, s'applique aux réparations aussi bien qu'aux reconstructions; ainsi, le propriétaire qui, sans autorisation, remplacerait une marche en bois par une marche en pierre, commettrait une contravention à cet arrêté. — *Cass.*, 23 sept. 1836, Ventrillon,

55. — L'arrêté du maire, portant défense de faire sans autorisation un travail quelconque sur la partie des propriétés attenante à la voie publique, comprend dans sa disposition générale et absolue le remplacement d'une haie par une clôture en bois sur le bord d'un jardin joignant la voie publique. — *Cass.*, 23 juill. 1835, Royal.

56. — Mais l'alignement n'est point nécessaire pour la plantation ou la réparation d'une haie en bois mort le long des sentes ou chemins publics, lorsque l'arrêté de l'administration défend seulement de planter des arbres ou haies vives. —*Cass.*, 6 mai 1837 (t. 1er 1838, p. 136), Evrard.

57. — L'intervention de l'administration n'a pas seulement pour objet d'empêcher que les riverains n'empiètent sur la voie publique, mais encore, ainsi que nous avions déjà eu occasion de le faire remarquer, de faire qu'il ne se forme point dans les rues des villes et des bourgs des enfoncemens nuisibles à la salubrité ou la sûreté publique. — Foucart, *Elém. de droit adm.*, t. 2, nº 1165.

58. —L'autorisation est nécessaire, soit qu'il s'agisse de reculer un bâtiment, soit qu'il s'agisse de l'avancer sur la voie publique. — Garnier, *Traité des chemins*, p. 134.

59. — Ainsi, lorsque pour la régularité des constructions et la sécurité des voyageurs, les plans généraux forcent les riverains, soit à reculer, soit à avancer leurs constructions, le propriétaire séparé de la voie publique par l'espace du sol sur lequel il doit s'avancer, ne peut construire ou réparer sans autorisation.

60. — Dans le cas où le propriétaire, obligé d'avancer, se refuse à faire cette acquisition, l'administration, s'il peut résulter pour le public un préjudice de ce refus, a le droit d'exproprier le propriétaire pour cause d'utilité publique. — L. 16 sept. 1807, art. 53 et 72.

61. — La cour de Cassation avait d'abord décidé que celui dont le terrain est destiné, d'après les plans de la ville approuvés par une ordonnance royale, à faire partie de la voie publique, ne peut faire des constructions nouvelles ni des travaux confortatifs dans l'intérieur de sa propriété sans avoir pris l'alignement, lors même que les travaux effectués ne toucheraient pas immédiatement la voie publique actuelle et en seraient séparés par un espace plus ou moins prolongé. — *Cass.*, 2 août 1828, Chandesais.

62. — Mais un arrêt des chambres réunies, intervenu dans la même affaire le 25 juill. 1829 (Chandesais), a posé en principe, dans ses motifs, qu'on ne peut entendre par voie publique que l'emplacement devenu tel au moyen de l'acquisition consommée par l'autorité, soit aux conditions de l'art. 49, L. 16 sept. 1807, soit à celles de l'art. 50, et, par suite de ce dernier cas, de la démolition volontaire des édifices ou de leur destruction obligée pour cause de vétusté.

63. —En conséquence cet arrêt dispose que celui dont le terrain est destiné, d'après les plans de la ville, approuvés par ordonnance royale, à faire partie de la voie publique, peut faire des constructions nouvelles ou des réparations dans l'intérieur de sa propriété tant que l'acquisition n'en a pas été consommée par l'autorité, pourvu que les travaux ne touchent pas à la voie publique actuelle et n'aient pas pour objet de consolider le mur de face.

64. — Dans un nouvel arrêt la Cour a jugé que celui dont le terrain est compris dans un plan d'alignement et touche immédiatement à la voie publique, ne peut, en construisant à l'intérieur et ne démolissant le mur qu'après l'achèvement de ses constructions, se soustraire à l'obligation de demander l'alignement en émettant des motifs qui tendent à repousser le premier système. — *Cass.*, 4 mai 1833, Houlin.

65. — Un autre arrêt décida formellement que l'autorisation municipale était exigée, alors même qu'il s'agissait d'une construction à élever sur une rue projetée et dont le terrain n'avait pas encore été acquis. — *Cass.*, 19 janv. 1837 (t. 2 1837, p. 134), Maliez. — L'espèce qui avait donné lieu à ce dernier arrêt fut soumise aux chambres réunies de la cour de Cassation par suite d'un nouveau pourvoi, et, le 24 nov. 1837 (t. 2 1387, p. 538), intervint, sur les conclusions conformes de M. le procureur général Dupin, une décision qui, contrairement à celle du 27 janvier, admet que, dans la cause dont il s'agissait, l'autorisation n'était pas nécessaire.

66. — La contravention à un arrêté municipal portant défense de construire, soit dans les rues et places, soit dans leur voisinage, sans avoir demandé l'alignement, ne peut être excusée, sous prétexte que la construction aurait été faite en dedans et à une certaine distance des limites de la voie publique. — *Cass.*, 15 nov. 1833, Philippe.

67. — Jugé toutefois que la défense de construire sans demander préalablement l'autorisation à l'autorité administrative ne s'applique qu'au cas où les constructions doivent être élevées sur un terrain joignant la voie publique, et non à celui où le terrain est contigu à l'emplacement d'une rue projetée et dont le parcours n'a pas encore été acheté. — *Cass.*, 5 avr. 1839 (t. 2 1839, p. 628), Besombes-Delcros et Vidal; — Garnier, *Traité des chemins*, p. 138.

68. — La différence qui existe entre la jurisprudence de la cour de Cassation, d'après laquelle l'autorisation est nécessaire pour construire même en dehors de la voie publique actuelle, et la jurisprudence du conseil d'état, paraît tenir à la différence des termes employés par les réglemens que chacune de ces juridictions doit appliquer. — L'arrêt du conseil, du 27 fév. 1765, applicable en matière de grande voirie, concerne les alignemens pour constructions *étant le long et joignant les routes*, etc., tandis que l'édit de déc. 1607 ne s'exprime pas d'une manière aussi positive.— Husson, *Tr. de lég. des trav. publics et de la voirie en France*, t. 2, p. 482.

69. — Un propriétaire ne peut, sans autorisation préalable, remplacer, à l'angle du mur de face de sa maison sujette à reculement, trois pierres de taille qui avaient été brisées par le choc d'une voiture; il doit, s'il le fait, être condamné à démolir ces travaux s'ils ont eu pour effet de reconforter la façade de sa maison. — *Cons. d'état*, 23 juill. 1841, Delaissement.

70. — L'arrêté qui défend de faire aucune réparation aux murs de clôture attenant à la voie publique, sans y avoir été autorisé par l'autorité municipale, est applicable au cas où les réparations sont rendues nécessaires par la malveillance. — *Cass.*, 2 août 1839 (t. 1er 1841, p. 158), Léger Haus.

71. — Il en serait de même du cas où les réparations devraient être faites à la façade d'un bâtiment qui aurait souffert par l'effet de la démolition des constructions voisines.

72. — On ne peut, sans autorisation préalable, faire reconstruire un bâtiment situé sur le bord d'une grande route, encore bien qu'il existe depuis trente ans et qu'il tombe en ruine. — *Cons. d'état*, 8 mai 1822, Mortier; — Troplong, *Prescription*, nº 157.

73. — L'autorité ne saurait refuser la permission de reconstruire ou réparer les étages supérieurs, tant que les fondations et le rez-de-chaussée sont en bon état, la durée d'un bâtiment dépendant, en effet, de celle des fondations, du rez-de-chaussée et de la façade. — Garnier, p. 133.

74. — Mais elle défend de réparer les fondations et le rez-de-chaussée des bâtimens sujets à reculement, toutes les fois que ces réparations tendent à consolider la façade. Elle prohibe même les plâtrages ou recrépissages, quand ils doivent avoir la consolidation pour résultat. — *Cons. d'état*, 22 fév. 1821, Legrix-David; 4 juill. 1827, Hébert; 26 oct. 1828, Lyon-Moyse; 12 avr. 1832, Moreau et Vandevœlde; 1er sept. 1832, Laffitte.

75. — Lorsqu'une partie de maison menaçant ruine a été démolie par ordre de l'autorité administrative, elle ne peut pas être reconstruite sans autorisation, s'il existe un réglement sur l'alignement des rues qui défende de réparer et reconstruire. — *Cass.*, 30 déc. 1826, Ducro.

76. — Jugé encore que l'injonction faite à un propriétaire de démolir la façade de sa maison qui menaçait ruine n'emporte pas implicitement la permission de la reconstruire sur le même alignement; en conséquence, le propriétaire qui opère cette reconstruction, sans avoir obtenu l'autorisation et sans avoir reçu d'alignement, ainsi que le prescrivait un réglement de police, est passible d'amende. — *Cass.*, 8 oct. 1834, Trille.

77. — Le droit accordé au concessionnaire d'un pont d'établir à l'extrémité de ce pont une maison pour la perception du droit de péage ne le dispense pas de l'obligation de demander l'alignement avant de construire cette maison. — *Cass.*, 28 fév. 1834, Mesmin-Laloyaux.

78. — Celui qui a volontairement exécuté un arrêté municipal par lequel il était obligé de reculer la façade de sa maison ne peut, sans l'autorisation de l'autorité municipale, élever des constructions sur le terrain resté libre, ni, en cas de contravention, être renvoyé des poursuites sous le prétexte qu'il a continué d'être propriétaire de ce terrain jusqu'à ce que la mairie lui en ait payé la valeur. — *Cass.*, 4 oct. 1834, Bérard.

79. — D'après des lettres patentes du 22 oct. 1753, rapportées par Perrot, dans son *Dict. de voirie*, les permissions de construire étaient nulles de plein droit après l'année expirée, et ceux qui n'en avaient pas profité dans ce délai étaient tenus, pour exécuter leurs travaux, de se munir d'une nouvelle autorisation. — Ces lettres patentes qui avaient été inspirées par un intérêt fiscal, ne sont plus aujourd'hui en vigueur; mais les préfets, dans des vues d'ordre et de police, et en vertu des pouvoirs généraux qui leur sont conférés comme administrateurs, pourraient prescrire pour l'exécution des autorisations qu'ils délivrent, un délai passé lequel elles seraient de nul effet. — Husson, t. 1er, p. 23.

80. — Lorsqu'un particulier a obtenu de l'autorité municipale alignement pour construire une maison, il n'y a aucun délai de rigueur pour commencer les travaux d'après l'alignement donné par le maire, ni pour recourir devant le préfet contre ledit alignement. — *Cons. d'état*, 14 juin 1836, ville de Boussac c. Montmory.

81. — L'autorisation donnée à un individu, en violation d'une loi, de construire sur une partie de la voie publique, peut lui être retirée plus tard, pour assurer l'exécution de cette même loi. — *Cass.*, 25 nov. 1837 (t. 1er 1838, p. 452), Gaucher.

82. — *Chemins vicinaux.* — Avant la loi du 21 mai 1836, les édits et réglemens n'imposaient point aux riverains de chemins vicinaux l'obligation de demander un alignement. — Favard, *Rép.*, vº *Voirie*; Herman, *Encyclop. du dr.*, vº *Chemins vicinaux*, nº 122. — V. *contrà Cons. d'état*, 11 juin 1817, Lhoyer;

3 juin 1818, Coudral; *Cass.*, 1er fév. 1833, Boudrel.

83. — Mais il n'est pas douteux qu'elle pouvait leur être imposée par les maires comme mesure de police municipale. — Herman, *ibid.*, no 123.

84. — Jugé que les réglemens de petite voirie qui interdisent de faire des constructions sur la voie publique, sans avoir préalablement obtenu la permission et l'alignement, s'appliquent aux constructions à faire le long d'un chemin purement vicinal comme le long des routes. — *Cass.*, 31 mars 1835, Mesmin-Laloyaux.

85. — Aujourd'hui l'art. 22, L. 21 mai 1836, ne permet plus de douter que ce soit aux préfets à donner l'alignement sur les chemins vicinaux. — V. CHEMINS VICINAUX.

86. — Les préfets doivent aussi arrêter les plans généraux d'alignement des traverses des chemins vicinaux de grande communication pour les communes dont la population agglomérée est au-dessous de deux mille ames; les plans relatifs aux autres communes doivent être arrêtés par ordonnance royale.

Sect. 2e. — *Autorité compétente pour donner l'alignement.*

87. — Le droit de donner l'alignement est dans les attributions de l'administration générale. — De Gérando, *Elém. de dr. admin.*, t. 2, p. 526.

88. — Mais il est très important de savoir à quelle autorité administrative on doit s'adresser pour obtenir l'alignement, puisque, s'il était donné par une autorité incompétente, il serait comme non avenu. — Foucart, t. 2, no 1157; Garnier, *Traité des chemins*, p. 149. — Il y aurait contravention, et dès-lors le conseil de préfecture, s'il s'agissait de grande voirie, devrait ordonner la démolition des constructions, sauf, ayant égard à la bonne foi du contrevenant, à ne prononcer ni l'amende ni la confiscation des matériaux. — *Cons. d'état.*, 29 août 1821, Enjalbert.

89. — L'alignement doit être donné par des autorités administratives différentes selon qu'il s'agit de grande ou de petite voirie.

90. — *Grandes routes.* — Aux termes de l'arrêt du conseil, du 27 fév. 1765, les alignemens pour construction ou reconstruction de maisons, édifices ou bâtimens généralement quelconques en tout ou en partie étant le long et joignant les routes, soit dans les traverses des villes, bourgs et villages, soit en pleine campagne, ainsi que les permissions pour toute espèce d'ouvrages aux faces desdites maisons, édifices et bâtimens et pour établissemens d'échoppes ou choses saillantes le long desdites routes, ne pouvaient être donnés en aucun cas que par les trésoriers de France... le tout sans frais et en se conformant par eux aux plans levés et arrêtés par les ordres de Sa Majesté, déposés par la suite au greffe du bureau des finances de leur généralité.

91. — Le décret des 7-14 oct. 1790 a conféré aux corps administratifs (aujourd'hui les préfets) l'administration et l'alignement en matière de grande voirie, tandis que la loi du 28 pluv. an VIII et celle du 29 flor. an X, ont déterminé la compétence en matière de grande voirie. On sait que la grande voirie comprend les routes royales et départementales, et les rivières navigables ou flottables. — V au surplus VOIRIE.

92. — A Paris, où toutes les voies publiques sont assimilées à la grande voirie, il appartient aussi au préfet de la Seine de donner des alignemens provisoires à défaut de ceux résultant de plans régulièrement adoptés. — *Cons. d'ét.*, 21 déc. 1837, Legrand.

93. — Un maire est incompétent pour donner un alignement sur une route départementale. — *Cons. d'état*, 29 août 1821, Enjalbert; 7 août 1840, Ministre des travaux publics c. Icart.

94. — Les alignemens sont délivrés d'après des plans arrêtés par des ordonnances rendues en conseil d'état. — Instruct. minist. intér., 22 juin 1809; — Armand Husson, *Tr. de la législation des trav. publics et de la voirie en France*, t. 2, p. 21.

95. — Les maires n'ont en effet sur les objets de grande voirie qu'un droit de surveillance dont le but est de réprimer les contraventions.

96. — En l'absence d'un plan général d'alignement, c'est également aux préfets qu'il appartient de donner les alignemens et permissions de construction sur les rues des villes, bourgs ou villages qui servent de grandes routes. — *Cons. d'état*, 26 août 1829, Detroyat; 29 août 1834, Blaise; 2 août 1836, de Kergorlay; 23 août 1836, ville de Mortagne c. Girard; 31 déc. 1838, Lequenne. — V. aussi arrêté du gouvernement du 27 prair. an IX; — Cormenin, *Droit admin.*, vo *Voirie*, p. 457, no 2, note 2e; Chevallier, *Jurisp. admin.*, vo *Voirie*, t. 2, p. 466; Cotelle, *Travaux publics*, t. 3, p. 176 et 221; Husson, t. 2, p. 21.

97. — Quand la largeur de ces rues et places est plus grande que ne l'exige la viabilité, les préfets doivent avoir soin de déterminer les limites nécessaires à la route et renvoyer à l'autorité municipale pour fixer les alignemens au-delà de ces limites. — *Cons. d'état*, 23 août 1836, ville de Mortagne c. Girard.

98. — Il n'appartient également qu'au préfet de déterminer l'alignement sur les routes départementales. — *Cons. d'état*, 15 fév. 1833, Poisiau c. Vivant-Léger; — Cormenin, t. 2 p. 457. — Un maire est incompétent à cet égard. — *Cons. d'état*, 29 août 1821, Enjalbert; — Isambert, *Traité de la voirie*, no 420; Cotelle, t. 3 p. 222.

99. — Le préfet peut même prescrire à un particulier qui demande à construire, un alignement différent de ceux suivis antérieurement. — *Cons. d'état*, 15 fév. 1833, Poisiau c. Vivant-Léger; — Armand Husson, t. 2, p. 21 et 22.

100. — Le droit qu'a l'administration de fixer les alignemens est exercé dans l'intérêt général et conformément aux besoins de la circulation. En conséquence, l'alignement donné à une époque peut être changé par un nouveau plan. Le propriétaire qui a bâti suivant le précédent alignement n'a droit à aucune indemnité pour le préjudice qu'il prétendrait que ce changement lui a causé. — *Cons. d'état*, 24 avr. 1837, D'Osmond c. la ville de Paris; — Armand Husson, t. 2, p. 22.

101. — La compétence du préfet s'étend également au cas où l'alignement est demandé pour une maison sise au point d'intersection de deux voies publiques qui dépendent, l'une de la grande et l'autre de la petite voirie.

102. — Mais si, au lieu d'être tracé sur le bord d'une route royale, un alignement demandé pour construction doit suivre le prolongement d'une rue, il appartient à la petite voirie, et conséquemment c'est au maire et non au préfet à l'accorder. — *Cons. d'état*, 4 mai 1826, Landrin; — Cormenin, t. 2, p. 456; Bost, *De l'organis. et des attrib. munic.*, t. 1er, p. 401. — Toutefois l'excès de pouvoir d'un préfet, qui a donné un pareil alignement, ne peut donner ouverture à une action en indemnité contre l'administration. — *Cons. d'état*, 4 mai 1826, Landrin.

103. — Son arrêté doit même être maintenu s'il est conforme au plan d'alignement d'une route royale, homologué par un décret, et si le propriétaire qui l'a reçu a bâti la façade de sa maison en s'y conformant. — *Cons. d'état*, 16 janv. 1828, ville d'Eu.

104. — Mais quand un décret s'est borné, sous le rapport de la grande voirie, à déterminer l'alignement d'une grande route à travers la place d'une ville, et que s'il a réglé occasionnellement l'alignement proportionnel de cette place, il n'en a pas prononcé la réunion à la grande route ou au domaine public, le préfet ne peut donner un alignement comme en matière de grande voirie, en cédant à un particulier une portion de terrain de la place, en fixant le prix de cette cession, et en ordonnant de la verser dans la caisse du domaine. — *Cons. d'état*, 16 janv. 1828, ville d'Eu.

105. — Le conseil de préfecture n'est pas moins incompétent que le préfet pour autoriser la construction de bâtimens sur un terrain destiné à l'élargissement d'une rue, même en imposant au propriétaire l'engagement de céder au gouvernement, le cas échéant, le terrain compris dans l'alignement, sans égard pour la valeur des constructions élevées. — *Cons. d'état*, 23 déc. 1835, Delafuge; — Cormenin, vo *Voirie*, t. 2, p. 466.

106. — Le droit d'autoriser ou d'interdire les saillies, de quelque nature qu'elles soient, sur la partie des voies publiques qui dépend de la grande voirie, appartient aux préfets chargés de donner l'alignement, et non pas aux maires. — Avis du cons. d'état du 20 nov. 1839. — V. au surplus VOIRIE.

107. — *Rues et autres voies.* — La loi des 16-24 août 1790, art. 30, réunit aux municipalités la police de la voirie communale.

108. — Dans les villes, les alignemens pour l'ouverture des nouvelles rues, pour l'élargissement des anciennes qui ne font point partie d'une grande route, ou pour tout autre objet d'utilité publique, sont donnés par les maires, conformément au plan dont les projets auront été adressés aux préfets, transmis avec leur avis au ministère de l'intérieur, et arrêtés au conseil d'état. — L. 16 sept. 1807, art. 52. — *Cons. d'état*, 11 fév. 1820, Caron c. commune de Moyaux; 3 mars 1825, Chetté; — Cormenin, t. 2, p. 456 et 484.

109. — L'administration ne soumet à la sanction royale que les plans des rues des communes ayant deux mille ames au moins de population (Instruc. 7 août 1815 et 7 avr. 1818). — Ainsi, dans sa pensée, les communes d'une population moindre ne doivent pas être rangées au nombre des villes que la loi du 16 sept. 1807 a eues en vue. — Husson, t. 2, p. 475.

110. — La confection des plans d'alignement pour toutes les villes de France était une si vaste opération, qu'elle ne pouvait être achevée qu'après un long espace de temps. — Aussi le décr. du 27 juill. 1808 disposa en ces termes : « Les alignemens qui seront donnés par les maires dans les villes, après l'avis des ingénieurs et sous l'approbation du préfet, seront exécutés jusqu'à ce que les plans d'alignement aient été arrêtés en conseil d'état, et au plus tard pendant deux années à compter de ce jour (art. 1er). — En cas de réclamation, il est statué par le conseil d'état sur le rapport du ministre de l'intérieur (art. 2). »

111. — Le délai fixé par le décr. du 27 juill. 1808, fut encore prorogé par l'ord. du 29 fév. 1816, dont voici la disposition : « Les maires des villes susceptibles de l'application de l'art. 52, L. 16 sept. 1807, et dont les plans généraux d'alignement n'ont pas encore été arrêtés au conseil d'état, pourront, en cas d'urgence, et jusqu'au 1er mars 1818, donner des alignemens partiels pour les constructions à faire dans les rues qui ne dépendent point de la grande voirie des ponts et chaussées, après avoir pris l'avis des architectes voyers et sans (*sauf*, selon M. Duvergier) l'approbation des préfets. — En cas de réclamation contre ces alignemens particuliers, il sera statué au conseil d'état et sur le rapport du ministre de l'intérieur. »

112. — Enfin une ordonnance du 18 mars 1818 a porté le droit accordé temporairement aux maires jusqu'au 1er mai 1819.

113. — Les pouvoirs temporairement concédés aux maires étant depuis long-temps expirés, des auteurs ont soutenu qu'ils étaient aujourd'hui sans qualité pour donner les alignemens. — Henrion de Pansey, *Du pouv. munic.*, p. 256; Garnier, *Tr. des chemins*, p. 359; Foucart, t. 2, no 1196.

114. — Les comités de législation et de l'intérieur du conseil d'état, par un avis du 6 avr. 1824, ont décidé au contraire que l'autorité municipale était revêtue, antérieurement à la loi du 16 sept. 1807, du droit de dresser des plans d'alignement, et que ce droit ne lui a point été enlevé par cette loi. C'est aussi en ce sens que s'est prononcée la cour de Cassation.

115. — Jugé en effet que la loi du 16 sept. 1807 n'a point dépouillé les maires du droit de donner des alignemens dans les villes où les plans n'auraient pas été donnés en exécution de ses dispositions; elle a seulement obligé les maires à se conformer aux plans dressés suivant cette loi dans les alignemens qu'ils auraient à donner. — En conséquence, l'arrêté d'un maire, fixant l'alignement d'une rue, est obligatoire, tant qu'il n'a pas été réformé par l'autorité supérieure, encore bien qu'il n'y ait pas de plan dressé dans les formes prescrites par la loi du 16 sept. 1807. — *Cass.*, 6 sept. 1828, Julien; 18 sept. 1828, Daroles; 21 nov. 1828, Huvelin; 18 juin 1831, Falque; 6 oct. 1832, Besins; 20 juill. 1833, Lapeyre; 20 juill. 1833, Bouzingen; 8 août 1833, Langlois; 8 août 1833, Chaline; 31 août 1833, Derhelle; 10 mai 1834, Brunel-Langlois. — *Cons. d'état*, 4 nov. 1836, Gaucher; 6 mai 1836, Noury; — Cormenin, vo *Voirie*, t. 2, p. 456 et 461; Marchand, *Encycl. du dr.*, vo *Alignement*, no 11. — V. néanmoins Davenne, *Réglem. sur la voirie*, p. 58 et suiv.; Favard, *Rép.*, vo *Plans des villes*.

116. — Jugé également qu'en prescrivant des plans d'alignement pour toutes les villes du royaume, lesquels devront être donnés par les maires, et arrêtés en conseil d'état, l'art. 52, L. 16 sept. 1807, n'a pas suspendu pendant le temps intermédiaire jusqu'à l'exécution de ces plans, les droits que la législation existante attribuait aux autorités chargées de la grande et de la petite voirie. — *Paris*, 19 juill. 1834, Langlois; du même jour, arrêt identique, Chaline.

117. — Par suite du même principe, l'arrêté par lequel un maire détermine l'alignement qu'un individu devra suivre dans la reconstruction de sa maison est pris dans le cercle des attributions municipales et doit recevoir son exécution, encore bien que les plans généraux de la ville n'aient pas encore été approuvés par le gouvernement. — *Cass.*, 20 juin 1829, Bicheux.

118. — Bien plus, nul ne peut construire et réparer un édifice joignant la voie publique sans avoir préalablement demandé au maire, et obtenu de lui la fixation de l'alignement, soit qu'il existe, soit qu'il n'existe pas pour la commune un plan général d'alignement approuvé par l'autorité supérieure. — *Cass.*, 6 juill. 1837 (t. 2 1837, p. 292), Giraud; 26 juin 1835, même affaire; 3 oct. 1834, Fournaux; 8 janv. 1841 (t. 1er 1841, p. 197), Lieutard et Remcy.

119. — Décidé aussi que les maires des villes sont seuls compétens, et sans intervention du con-

seil municipal, pour statuer sur les cas de petite voirie, et pour donner des alignemens partiels et autoriser les constructions à faire dans les rues ou chemins qui ne dépendent pas de la grande voirie. — Spécialement, lorsqu'en vertu d'un arrêté du maire portant concession d'alignement, des constructions ont été élevées sur un terrain communal, la commune ne saurait être fondée à demander la destruction de ces travaux, sous prétexte que le plan de la ville n'aurait pas été arrêté par l'autorité supérieure. Elle ne peut que contester l'évaluation de ce terrain. — *Cass.*, 6 avr. 1837 (t. 2 1837, p. 347), commune de Décize c. Cartier; — Husson, t. 2, p. 481.

120. — L'alignement donné par un maire ne fait aucun obstacle, d'ailleurs, à ce que les plans d'alignement de la ville soient dressés dans la forme prescrite par la loi du 16 sept. 1807. — *Cons. d'état*, 10 fév. 1835, Besnard.

121. — Dans les villes dont les plans sont arrêtés, l'autorité des maires se borne à faire exécuter ces plans d'alignement. Ce serait donc à tort qu'au lieu de se contenter de surveiller l'état des constructions, les maires des villes se permettraient d'obliger les propriétaires à reculer. — Isambert, *Tr. de la voirie*, p. 435.

122. — Les maires doivent apporter la plus grande diligence à statuer sur les demandes d'alignement; mais si le maire refuse de donner un alignement, la partie intéressée peut s'adresser au préfet, qui peut, après avoir requis le maire, fixer lui-même l'alignement sollicité. — Husson, t. 2, p. 484.

123. — Mais ce n'est que dans ce cas, et encore sur le recours des parties contre un arrêté municipal, que les préfets ont pouvoir de statuer en matière de voirie urbaine; les alignemens qu'ils délivreraient en premier ressort sur les rues municipales, seraient nuls. — *Cons. d'état*, 4 mai 1826, Landrin.

124. — Est régulier, en matière de petite voirie, l'alignement donné, en cas d'empêchement du maire (intéressé, par exemple, à l'alignement), par l'adjoint, maintenu par le préfet et approuvé par le ministre de l'intérieur. — *Cons. d'état*, 7 mai 1823, Rougier c. Mercurol.

125. — Mais un membre du conseil municipal serait incompétent pour délivrer une permission de cette nature. La cour de Cassation a donc jugé avec raison que l'autorisation de construire, donnée verbalement par un membre du conseil municipal, est sans force, comme émanant d'un fonctionnaire qui n'a pas pouvoir de la donner, et ne peut, dans tous les cas, détruire un arrêté préexistant du maire. — *Cass.*, 6 juill. 1837 (t. 2 1837, p. 292), Giraud.

126. — Le voyer d'une ville n'est ni le représentant ni le délégué du maire; et agît-il par ses ordres, il ne lui appartient point de donner lui-même les autorisations de construire, et encore moins de les donner verbalement. — *Cass.*, 17 nov. 1831, Vintgrinier et Bonnet.

127. — En cas d'abandon d'une partie de la voie publique, c'est à l'autorité administrative qu'il appartient de déterminer comment se divisera le terrain abandonné entre les propriétaires limitrophes qui sont obligés d'avancer leur façade — L'autorité judiciaire est incompétente pour faire procéder à une pareille opération, alors surtout que, sur la proposition des propriétaires intéressés eux-mêmes, il est intervenu une décision administrative qui a réglé leurs droits. — *Nîmes*, 28 juin 1842, (t. 2 1842, p. 75), Tiers c. Gonde.

128. — Avant la loi du 21 mai 1836, on tenait pour certain que l'alignement que doit suivre un particulier pour la clôture d'un fonds bordant un chemin vicinal, ne pouvait être donné que par l'autorité administrative. — *Cons. d'état*, 8 mai 1822, Roulier c. commune du Pont de l'Arche.

129. — Mais, est-ce au maire ou au préfet à déterminer l'alignement? — On distingue. S'il s'agit d'un simple chemin vicinal, le maire est compétent. Si au contraire, la voie sur laquelle doivent être faites les constructions ou réparations est un chemin de grande communication, aux termes de l'art. 9 de la loi du 21 mai 1836, qui place ces chemins sous l'autorité du préfet, il n'appartient qu'à ce fonctionnaire d'accorder l'autorisation. — *Cass.*, 29 août 1840 (t. 2 1840, p. 526), Sauffret.

130. — Dans les places de guerre, aux termes de l'art. 75 Décret du 24 déc. 1811, l'autorité civile doit concerter avec l'autorité militaire les plans nouveaux d'alignement des rues et places servant de communication directe avec la place d'armes, les bâtimens militaires, les remparts ou autres lieux consacrés aux exercices et rassemblemens de troupes.

131. — Les propriétaires de bâtimens bordant la rue du rempart ou compris dans la zone des servitudes, ne peuvent les réparer qu'après en avoir fait la déclaration à l'autorité militaire et obtenu son autorisation. — Ord. du 11 août 1821, art. 30; Marchand, *Encyclopédie du droit*, vo *Alignement*, no 2.

132. — Ceux qui, sans droit, sous quelque prétexte et à quelque titre que ce soit, donneraient alignement et permission, pourraient, selon les circonstances, être déclarés coupables du délit d'usurpation de fonctions, et dans tous les cas une action civile pourrait leur faire encourir la garantie pécuniaire des condamnations prononcées par suite de leur faute contre les particuliers, propriétaires et ouvriers contrevenans.

Sect. 3e. — *Formes de l'alignement.*

133. — Lorsqu'une route nouvelle vient à être ouverte, l'alignement fait nécessairement partie du plan qui en est dressé.

134. — En matière de grande voirie, les alignemens sont délivrés d'après des plans arrêtés par des ordonnances rendues en conseil d'état. — Instruct. du direct. gén. des ponts et chaussées, 22 juin 1809.

135. — Les plans généraux des traverses des villes, bourgs et villages, d'après lesquels sont délivrés les alignemens, sont dressés par les ingénieurs des ponts et chaussées, en triple expédition, et à l'échelle de cinq millimètres pour mètre. Les plans des villes où il existe plusieurs traverses doivent être présentés ensemble et ils doivent être accompagnés d'un plan général sur une plus petite échelle. — Instr. du min. intér., 13 therm. an VI; Instr. dir. gén. des ponts et chaussées, 22 juin 1809.

136. — Ces plans dressés avec les indications prescrites, sont soumis, conformément à la loi du 3 mai 1841, à une enquête locale, dans laquelle les conseils municipaux doivent être spécialement consultés. — L. 18 juill. 1837, art. 21; Instr. dir. gén. des ponts et chaussées, 3 août et 16 déc. 1833.

137. — Nous avons dit *suprà* no 130, que les plans qui intéressent les places de guerre, doivent être concertés avec l'autorité militaire pour les traverses qui servent de communication directe avec la place d'armes, les bâtimens militaires, remparts ou autres lieux consacrés aux exercices et rassemblemens de troupe (Déc. 24 déc. 1811, art. 75). Après cette instruction, le préfet transmet toutes les pièces avec son avis à l'administration supérieure qui prépare le rapport ministériel d'après lequel il est statué par le roi.

138. — L'ordonnance qui approuve un plan d'alignement a pour effet de fixer le sort des propriétés riveraines des routes par une mesure d'ensemble, toujours plus favorable à l'intérêt général et plus rassurante pour la propriété. Mais il est à remarquer qu'aucune nouvelle disposition des lois ne prescrit, en ce qui concerne les traverses des grandes routes, la rédaction des plans généraux d'alignement et leur approbation par le roi : sous l'ancienne monarchie ces plans étaient ordinairement rendus exécutoires par arrêts du conseil. Mais, pendant une période de vingt ans, il ne paraît pas que les plans d'alignement des routes aient été arrêtés autrement que par des arrêtés préfectoraux et des décisions ministérielles; ce ne fut que par l'Instruction du 22 juin 1809 que le directeur général des ponts et chaussées, entendant sans doute se conformer à l'esprit de l'arrêt du 27 fév. 1765, annonça la résolution de soumettre les plans au roi, en conseil d'état, comme cela se pratiquait déjà pour les rues des villes ouvertes, avant la loi du 16 sept. 1807. — Armand Husson, t. 2, p. 27.

139. — Les préfets statuent, en matière d'alignement, sur les demandes des parties, et d'après les rapports des ingénieurs, auxquels est joint ordinairement un plan.

140. — Les plans généraux d'alignement des traverses des chemins vicinaux de grande communication sont dressés par les agens voyers, à l'échelle de 5 millimètres pour mètre, et ils sont soumis, dans la commmune intéressée, à une enquête dont le but est de provoquer les dires et les réclamations. — Instr. min. 10 déc. 1839.

141. — Nous avons dit *suprà* no 108, que les alignemens pour la voirie urbaine étaient donnés par les maires d'après des plans arrêtés au conseil d'état.

142. — L'administration ne soumet à la sanction royale que les plans des rues des communes ayant deux mille ames au moins de population. — Instr. 7 août 1815 et 7 avr. 1818.

143. — Les plans généraux doivent être levés dans les formes prescrites par les Circulaires ministérielles des 18 août 1808, 16 nov. 1811, 29 oct. 1812, 17 juill. et 17 août 1813, 23 fév. 1815, 7 avr. 1818. — Consulter surtout l'Instruction en 14 articles annexée à la Circulaire ministérielle du 2 oct. 1815, et rapportée par M. Armand Husson, t. 2, p. 475.

144. — Les plans ainsi dressés sont, durant huit jours consécutifs, exposés dans une salle de la mairie, et les citoyens, prévenus de ce dépôt par des affiches apposées dans les communes, sont admis à présenter leurs réclamations dont il est fait mention dans un procès-verbal dressé par le maire. S'il n'est fait aucune réclamation, le procès-verbal le constate également.

145. — Les pièces sont ensuite transmises, avec l'avis du conseil municipal, du maire et du sous-préfet, au préfet, qui transmet le tout, avec ses propositions, au ministre de l'intérieur. — Instr. 29 oct. 1812.

146. — Le plan d'alignement, après cette enquête, est soumis à l'examen du conseil des bâtimens civils, puis arrêté par le roi en conseil d'état.

147. — L'administration supérieure stimule le zèle des maires pour faire lever les plans d'alignement dont on ne s'est pas encore occupé. Des Instructions du ministre de l'intérieur invitent les préfets à les faire lever d'office partout où les maires négligent ces opérations. Dans ce cas, la dépense qui en résulte peut être portée d'office au budget de la commune intéressée, cette dépense étant obligatoire aux termes de la loi du 18 juill. 1837. — Instr. 18 août 1808, 16 nov. 1811, 30 mai 1831, 25 janv. 1836, 25 oct. 1837.

148. — Jusqu'à ce que l'alignement ait été approuvé par le conseil d'état, les parties intéressées peuvent intervenir soit par voie de pétition devant le maire, le sous-préfet, le préfet ou le ministre, soit par l'entremise d'un avocat au conseil.

149. — C'est par application de ces plans généraux qu'est accordée le plus habituellement la permission de construire ou de réparer les édifices situés sur la voie publique.

150. — Cependant il résulte aussi de ce que nous avons dit que, lorsque le plan n'a pas été arrêté dans la forme qui vient d'être indiquée, le maire, par suite des attributions à lui conférées, et d'après lesquelles il doit pourvoir à la sûreté et à la commodité du passage dans les rues, peut délivrer des alignemens partiels.

151. — Mais le maire n'a d'autre mission, en matière d'alignement, que de tracer la ligne qui doit être observée dans l'établissement des constructions bordant la voie publique; il commettrait un excès de pouvoir en ordonnant le dépôt du plan d'un édifice avant de statuer sur la demande d'alignement. — Lettre du ministre de l'intérieur au maire du Pont-l'Abbé, 27 nov. 1837.

152. — En matière de petite voirie, l'autorisation de construire sur la voie publique n'est valable qu'autant qu'elle a été donnée par un arrêté en forme. — *Cass.*, 12 août 1841 (t. 2 1843, p. 780), Audouard; — *Cons. d'état*, 23 fév. 1839, Lasnier-Lamaître; — Husson, t. 2, p. 480.

153. — L'autorisation exigée pour des constructions sur la voie publique ne peut être prouvée par témoins, elle doit être établie par écrit ayant date certaine avant les constructions. — *Cass.*, 19 juill. 1838 (t. 1er 1839, p. 141), Poulenc et Belière.

154. — L'autorisation par écrit ne saurait être suppléée même par un certificat ultérieur du maire constatant que l'alignement avait été donné. — *Cass.*, 13 mars 1841 (t. 1er 1842, p. 519), Couzange.

155. — A plus forte raison ne considérerait-on pas comme suffisante l'autorisation donnée par une simple lettre d'un conseillier municipal remplaçant le maire, écrite après la confection des travaux et après que des procès-verbaux auraient constaté la contravention. — *Cass.*, 26 juin 1835, Giraud. — V. aussi *Cass.*, 13 juin 1835, Schmaltzer.

156. — Il est cependant des cas assez ordinaires dans lesquels une décision administrative est prise sous la forme d'une simple lettre.

157. — L'alignement ne peut être non plus donné verbalement par l'autorité municipale. — *Cass.*, 20 oct. 1835, Viaud; 4 août 1837 (t. 2 1843, p. 781), Gayette; — *Cons. d'état.*, 23 fév. 1839, Lasnier-Lemaistre.

158. — Par application du même principe transport du voyer de la ville sur les lieux, après la demande d'alignement, le tracé matériel qu'il a fait et sa déclaration qu'on était autorisé à bâtir sur cet alignement, ne peuvent autoriser le tribunal de police à renvoyer les contrevenans des poursuites, sous le prétexte que ce voyer n'a pu agir que comme délégué du maire et en exécution de ses ordres. — *Cass.*, 17 nov. 1831, Vintgrinier et Bonnet.

159. — En effet, il n'appartient point à un voyer de donner lui-même les autorisations de construire et encore moins de les donner verbalement. — Même arrêt. — V. *suprà* no 126.

160. — Lorsqu'un réglement de police défend de faire des travaux aux maisons touchant immédiatement la voie publique, sans l'autorisation par écrit, le silence du maire ne peut équivaloir à une décision favorable. — *Cass.*, 6 déc. 1834, Gaillard.

161. — Le maire doit signifier l'arrêté d'alignement à la partie intéressée, faire tracer en sa présence sur le terrain les points principaux de cet alignement, et dresser un procès-verbal pour constater les faits de cette opération. — Avis du cons. d'état du 16 nov. 1825.

162. — Après l'exécution des travaux autorisés, un récolement doit être fait d'après l'édit de déc. 1607 pour constater si l'on s'est conformé exactement au tracé prescrit. « Ce mode de vérification, dit M. Husson (t. 2, p. 23), est aujourd'hui trop négligé. »

163. — Les alignemens sont donnés sans frais, sauf 1o ce qui concerne la ville de Paris pour laquelle le tarif de droits à payer est fixé par le décret du 27 oct. 1808; 2o l'application de l'art. 3, § 1er de la loi du budget des recettes de l'exercice 1833.

Sect. 4e. — *Opposition à l'alignement.*

164. — L'alignement, donné par l'autorité compétente, peut préjudicier aux intérêts de la voirie comme il peut porter atteinte aux droits des tiers. Dans le premier cas, les particuliers n'ont point qualité pour l'attaquer (Chevalier, vo *Voirie*, t. 2, p. 481; Cotelle, *Travaux publics*, t. 3, p. 175; *Cons. d'état*, 26 août 1829, Detroyat). Dans le second, ils peuvent en demander la réformation (*Cons. d'état*, 7 mars 1821, commune de Cauncilles); mais ce droit n'appartient qu'à la partie lésée.

165. — Le voisin qui n'élève aucune prétention de propriété sur le terrain compris dans l'alignement donné n'est pas fondé à réclamer, alors surtout que cet alignement est motivé par la nécessité de raccorder entre elles les anciennes façades d'un même côté de rue, et que, loin de rétrécir la voie publique, il l'élargit en face de la propriété du réclamant. — Si la commune a des droits à exercer sur le terrain compris dans l'alignement donné, il peut toujours être statué, sur ce chef, conformément à l'art. 53, L. 16 sept. 1807. — *Cons. d'état*, 7 mai 1823, Rougier.

166. — Les réclamations relatives aux alignemens donnés soit sur les grandes routes, soit même sur les chemins vicinaux légalement classés doivent être portées devant l'autorité administrative. Spécialement, la question de savoir si l'alignement donné par un maire le long d'un chemin vicinal, doit être maintenu, est du domaine de l'administration. — *Cons. d'état*, 28 juill. 1824, Delétang; — Cormenin, *Dr. admin.*, vo *Voirie*, t. 2, p. 456; Chevalier, vo *Chemins vicinaux*, t. 1er, p. 81; Cotelle, t. 3, p. 421.

167. — Pour faire réformer l'alignement, il faut considérer s'il existe ou s'il n'existe pas un plan général d'alignement. En l'absence d'un plan général, l'arrêté par lequel l'autorité compétente autorise un alignement partiel est un acte purement administratif et de pouvoir discrétionnaire, qui ne peut être attaqué que par la voie administrative.

168. — S'il est émané du maire, c'est au préfet qu'il faut le déférer; s'il a été délivré par le préfet ou seulement maintenu par ce fonctionnaire, c'est devant le ministre de l'intérieur que doit être porté le recours (*Cons. d'état*, 6 mai 1836, Noury). Ce cas doit être le plus rare puisque lors de la création d'une route nouvelle, l'alignement fait nécessairement partie du plan qui en est dressé, et qui se trouve contrôlé par les intéressés, admis à faire leurs observations dans l'enquête qui précède l'expropriation pour cause d'utilité publique. — Foucart, *Dr. public et admin.*, t. 2, no 1158.

169. — En supposant l'existence d'un plan, il faut encore distinguer s'il s'agit d'attaquer un arrêté du préfet que l'on reconnaît avoir été rendu en conformité avec le plan général, ou s'il s'agit de soutenir que le préfet a fait une mauvaise application de ce même plan.

170. — Dans le premier cas l'acte du préfet n'étant que la conséquence de l'ordonnance du roi, c'est la réformation de l'ordonnance elle-même qu'il faut poursuivre, ce qui ne peut avoir lieu par la forme contentieuse. — Foucart, t. 2, no 1159.

171. — Dans le second, la question rentre dans le contentieux, puisque les particuliers ont droit d'exiger l'exécution du plan. — *Cons. d'état*, 30 juin 1842, Génielle; — Foucart, t. 2, no 1160. — Lorsqu'une fois, en effet, ces plans, ordonnés pour l'embellissement et l'assainissement des villes, ont été arrêtés, après discussion contradictoire, ils deviennent en quelque sorte des contrats qui lient réciproquement l'administration et les particuliers, etc.; c'est dans leur exécution impartiale et rigoureuse que repose la garantie de tous les intérêts. — Davenne, *Lois de la voirie*, p. 33.

172. — Jugé, conformément à cette doctrine, qu'un arrêté d'alignement pris dans l'intérêt de l'utilité publique, n'est qu'un acte d'administration qui ne peut être déféré au roi en conseil d'état par la voie contentieuse. — *Cons. d'état*, 10 sept. 1835, ville de Bordeaux; 9 janv. 1832, commune de Montevraut; — Cormenin, t. 2, p. 462; Chevalier, vo *Voirie*, t. 2, p. 475; Cotelle, *Travaux publics*, t. 3, p. 214.

173. — Pareillement, lorsqu'un maire veut attaquer le décret qui a rectifié le tracé d'une route royale, et approuvé les alignemens d'une place traversée par cette route, il doit le faire, non par la voie contentieuse, mais seulement par l'intermédiaire du ministre de l'intérieur, conformément à l'art. 52, L. 16 sept. 1807. — *Cons. d'état*, 16 janv. 1828, ville d'Eu; 16 mars 1836, Picot; — Cormenin, vo *Rejet des requêtes*, t. 1er, p. 100.

174. — C'est à l'administration seule qu'il appartient d'apprécier les circonstances qui peuvent donner lieu à accorder ou à refuser l'autorisation de faire des réparations; d'où il suit que les décisions prises par elle sur cette matière ne peuvent être attaquées par la voie contentieuse. — *Cons. d'état*, 1er sept. 1841, Gauthier et Levayer c. Cosnard; — Foucart, t. 2, no 1164. — En règle générale, l'administration n'autorisera les réparations qu'autant qu'elles n'ajouteront rien à la solidité des constructions. — Foucart, no 1162.

175. — Lorsqu'il s'agit de fixer l'alignement d'une rue et de prononcer sur les difficultés qui se sont élevées entre deux propriétaires à l'occasion de cet alignement, la contestation doit être portée non devant le conseil d'état par la voie contentieuse, mais devant le ministre de l'intérieur pour, sur son rapport, être statué par le roi en son conseil d'état. — *Cons. d'état*, 9 juin 1824, Denys; 16 mars 1836, Picot d'Agar; — Cormenin, vo *Voirie*, t. 2, p. 456 et 461; Isambert, *Tr. de la voirie*, nos 434, 894 et 896.

176. — Quand il s'élève, entre particuliers, des difficultés sur un alignement dans une ville à l'occasion de la rectification d'une partie du plan, il doit y être statué par le roi, en son conseil d'état, sur le rapport du ministre de l'intérieur. — *Cons. d'état*, 4 mars 1830, Lainville; — Chevalier, t. 2, p. 475; Cormenin, t. 2, p. 461.

177. — Lorsque l'alignement donné par un maire au propriétaire d'une maison doit s'appliquer à d'autres maisons, et forcer même les voisins à des acquisitions de terrain, en ce que, par l'avancement de la maison pour laquelle l'alignement est donné, les maisons voisines se trouveraient dans un enfoncement ou impasse, l'homologation du plan ainsi que l'examen des oppositions et contestations ne peuvent avoir lieu que par devant le roi, en conseil d'état, sur le rapport du ministre de l'intérieur. — *Cons. d'état*, 25 juill. 1834, Gressent; — Cormenin, vo *Voirie*, t. 2, p. 462 et 464; Chevalier, vo *Voirie*, t. 2, p. 475.

178. — Un tribunal empiète sur les attributions de l'autorité administrative en ordonnant, sur la demande d'un particulier, la démolition de constructions faites par un propriétaire voisin dans les limites d'un alignement donné par l'administration, et en modifiant ainsi cet alignement. — Cormenin, t. 2, p. 486; Chevalier, t. 2, p. 476. — Dans ce cas, le particulier qui se prétend lésé par ces constructions peut attaquer l'alignement dans les formes prescrites par l'art. 52, L. 16 sept. 1807. — *Cons. d'état*, 22 oct. 1817, habitans de Sotteville; 24 fév. 1825, Brun; 12 déc. 1827, Allard.

179. — Les tribunaux doivent surseoir à statuer sur les dommages-intérêts réclamés contre le propriétaire qui a fait les constructions jusqu'à ce que l'administration ait prononcé sur le pourvoi relatif à l'alignement. — *Cons. d'état*, 24 fév. 1825, Brun; 30 juill. 1828, ville d'Amiens.

180. — Lorsque l'administration a autorisé un particulier à faire divers travaux à sa maison sujette à reculement, les tiers sont non-recevables à attaquer par la voie contentieuse l'acte administratif conférant l'autorisation. — *Cons. d'état*, 1er sept. 1841, Gauthier et Levayer c. Cosnard.

181. — Toutes les questions concernant les alignemens, ventes et cessions de terrains, et les droits des tiers relativement à ces alignemens, devant être résolues par le roi en conseil d'état, sur le rapport du ministre de l'intérieur, l'ordonnance qui a été rendue dans cette forme ne peut plus être attaquée. — *Cons. d'état*, 4 juill. 1827, de Bouchéporn; 16 mars 1836, Picot d'Agar.

182. — Bien que l'on puisse se pourvoir par la voie contentieuse contre les alignemens donnés, lorsqu'on prétend qu'ils ne sont pas conformes aux plans généraux arrêtés en conseil d'état, néanmoins, si l'état matériel du plan ne permet pas de reconnaître quel est relativement au point litigieux, le tracé définitivement approuvé par l'autorité royale, le conseil d'état doit statuer dans la forme administrative qui est prescrite pour l'examen et l'approbation des plans généraux eux-mêmes. — *Cons. d'état*, 30 juin 1842, Génielle.

183. — Lorsqu'un particulier a obtenu de l'autorité municipale alignement pour construire une maison, il n'y a aucun délai de rigueur ni pour commencer les travaux d'alignement donné par le maire, ni pour recourir devant le préfet contre cet alignement. — Dès-lors, on peut recourir devant le préfet, même après l'exécution d'une partie des travaux de construction autorisés, à l'effet d'obtenir que l'alignement soit modifié. — Si le préfet modifie l'alignement donné, il ne doit le faire que sous la réserve d'une indemnité pour la démolition des constructions faites de bonne foi par le propriétaire depuis l'arrêté de l'alignement pris par l'autorité municipale jusqu'à la notification de celui qui prescrit la suspension des travaux. — Le ministre n'a pas dû annuler l'arrêté du préfet, en le considérant comme portant atteinte à la propriété de l'individu à qui l'alignement a été donné, et décider que ce propriétaire ne sera astreint à suivre un nouvel alignement qu'après l'accomplissement des formalités prescrites par la loi du 7 juill. 1833 (aujourd'hui loi du 3 mai 1841), sur l'expropriation pour cause d'utilité publique. — En pareil cas, il y a lieu d'appliquer la loi du 16 sept. 1807, sur les recours et les indemnités en matière d'alignement. — *Cons. d'état*, 14 juin 1836, ville de Boussac; — Cormenin, vo *Voirie*, t. 2, p. 456.

184. — Le préfet est fondé à rapporter l'arrêté par lequel il a donné l'alignement si une question de propriété vient à s'élever, et le conseil de préfecture excède ses pouvoirs en maintenant un alignement donné et ensuite révoqué par le préfet. — *Cons. d'état*, 7 mars 1821, commune de Cauneille; — Cormenin, t. 2, p. 469; Chevalier, *Jurisp. admin.*, t. 2, p. 473.

185. — Jugé dans le même sens, qu'il n'appartient pas aux conseils de préfecture de connaître des oppositions formées contre les alignemens donnés par les maires et approuvés par les préfets, ni d'apprécier la convenance ou l'utilité desdits alignemens. — *Cons. d'état*, 22 fév. 1838, Chauchat-Tixier; 12 avr. 1832, ville de Nantes c. Juchault des Chamoxières.

186. — Quand, en matière de voirie urbaine, le conseil de préfecture n'a donné qu'un simple avis au préfet en déclarant d'ailleurs lui-même son incompétence au fond, on n'est pas recevable à se pourvoir contre une pareille délibération. — *Cons. d'état*, 1er nov. 1820, ville d'Elbeuf.

187. — Le maire qui fait exécuter des travaux de voirie en deçà d'un alignement précédemment arrêté, agit dans les bornes de ses fonctions. — Le particulier qui se croit lésé ne peut que se pourvoir auprès du préfet contre le nouvel alignement, ou porter devant les tribunaux la question de propriété contre la commune; il ne saurait être autorisé à poursuivre le maire personnellement. — *Cons. d'état*, 18 nov. 1818, Fouquet; — Chevalier, t. 2, p. 472.

Sect. 5e. — *Effets de l'alignement.*

188. — Les effets de l'alignement sont de deux sortes: ou les constructions qu'il s'agit de réédifier font saillie sur la ligne nouvelle, séparative du domaine public et de la propriété riveraine, et le propriétaire, en reconstruisant suivant la ligne nouvelle, est contraint à céder au domaine public une portion de propriété qui s'incorpore à la route; (L. 16 sept. 1807, art. 50): — ou bien, au contraire, l'alignement rejette en dehors de la voie publique un emplacement inutile appartenant à la route dans son état actuel, et le propriétaire qui veut se clore est tenu d'acquérir cet emplacement. — L. 16 sept. 1807, art. 53.

189. — Dans le cas où c'est la propriété privée qui subit le retranchement, dès que le riverain a démoli les constructions faisant saillie sur une voie publique, il se trouve par le fait dépossédé; dès ce moment, tout le sol compris dans le plan d'alignement reçoit une destination publique. Le propriétaire ne peut ni l'enclore ni l'utiliser d'une manière quelconque; il est grevé d'une sorte de servitude, mais jusqu'au paiement de l'indemnité, il conserve la propriété du fonds.

190. — Ainsi jugé que l'alignement donné sur une route royale par l'administration, seule compétente à cet égard (L. 16 sept. 1807), réunit de plein droit à la voie publique le terrain qui en fait partie, et résout les droits du propriétaire en un

droit à une indemnité.—*Cons. d'état*, 31 août 1828, Lasbeuès.

191. — Il en est de même de l'alignement donné en exécution d'un plan homologué par ordonnance royale après l'accomplissement de toutes les formalités prescrites par les lois.—*Cons. d'état*, 15 mars 1826, Watrin.

192. — Jugé de même qu'un plan d'alignement rendu exécutoire par ordonnance royale emporte de plein droit accroissement au domaine municipal des terrains compris dans l'alignement, en cas de démolition ou de vétusté de bâtimens, avant même que l'indemnité ait été réglée. — *Colmar*, 20 fév. 1840 (t. 1er 1841, p. 735), Blum c. maire de la ville de Thann.

193. — C'est une question de savoir si l'approbation d'un plan général d'alignement a pour effet d'interdire tous travaux, même intérieurs, dans les maisons sujettes à reculement.

194. — Le conseil d'état s'est prononcé pour la négative et a décidé qu'aucune loi ne défend aux propriétaires des maisons sujettes à reculement de faire des travaux dans l'intérieur de ces maisons, même sur la partie retranchable, pourvu que ces travaux n'aient pas pour effet de reconforter le mur de face, et sous la condition toutefois de souffrir la destruction des ouvrages compris dans cette partie, dans le cas où le mur de face viendrait à tomber ou à compromettre la sûreté de la voie publique.—*Cons. d'état*, 14 juin 1837, Forgeron et Hubert.

195 — La cour de Cassation fait une distinction, suivant que les constructions ont été élevées sur une rue projetée ou sur une voie antérieurement ouverte.

196. — S'il s'agit de l'élargissement ou du redressement d'une rue actuellement existante, elle décide qu'à dater de la signification de l'ordonnance fixant l'alignement d'un édifice, le propriétaire ne peut y faire de nouvelles constructions ni exécuter des ouvrages tendant à consolider, reconforter ou réparer les murs et bâtimens faisant face à la rue, sans avoir demandé et obtenu l'alignement du maire. — *Cass.*, 7 août 1829, Becq.

197. — S'il s'agit du percement d'une nouvelle rue, la cour de Cassation juge que celui dont le terrain est destiné, d'après les plans de la ville, approuvés par une ordonnance royale, à faire partie de la voie publique, peut faire des constructions nouvelles ou des réparations dans l'intérieur de la propriété, tant que l'acquisition n'en a pas été consommée par l'autorité, pourvu que les travaux ne touchent pas à la voie publique actuelle, et n'aient pas pour objet de consolider le mur de face. — *Cass.*, 25 juill. 1829, Chandesais.

198. — Cette jurisprudence semblait avoir reçu quelque atteinte de plusieurs décisions qui ont jugé que celui dont le terrain est compris dans un plan d'alignement, et touche immédiatement à la voie publique, ne peut, en construisant à l'intérieur, et ne démolissant le mur qu'après l'achèvement de ses constructions, se soustraire à l'obligation de demander l'alignement à l'autorité municipale. — *Cass.*, 4 mai 1833, Houtin; *Orléans*, 11 juill. 1833, Houtin; *Cass.*, 2 août 1839 (t. 1er 1841, p. 158), Léger Haas.

199. — Mais pour concilier les deux arrêts des 25 juill. 1829 et 4 mai 1833, on a fait une distinction. Il y a là, a-t-on dit, deux questions à examiner : l'une est une question de propriété, l'autre est une question de police. — Lorsqu'il s'agit d'un terrain qui peut être destiné plus tard à faire une rue, mais qui maintenant ne borde aucune partie de la voie publique, le propriétaire, qui a le droit d'user et d'abuser de la chose, doit pouvoir y établir les constructions que bon lui semble, sans autorisation préalable; il est chez lui : c'est la question de propriété. — Mais quand, au contraire, les constructions doivent être édifiées sur la voie publique, une autorisation préalable est nécessaire, car le constructeur n'est pas exclusivement chez lui ; il touche à la voie commune ; il peut lui nuire : c'est la question de police. — Or, l'arrêt de 1829 a simplement jugé la question de propriété, tandis que celui du 4 mai 1833 n'a jugé que la question de police; d'où il suit que ces deux décisions ne sont nullement contraires, quoique différentes dans leurs résultats.

200. — La cour de Cassation paraît avoir consacré une autre doctrine en décidant que l'ordonnance par laquelle des terrains sont compris dans un plan d'alignement comme devant faire un jour partie de la voie publique, produit l'effet immédiat d'empêcher le propriétaire d'y entreprendre des constructions quelconques sans avoir obtenu l'alignement de l'autorité municipale, quand même ces constructions ne toucheraient pas à la voie publique. — *Cass.*, 5 juill. 1833, fabrique de Saint-Pierre-de-Caen.

201. — .. Et que l'autorisation municipale est exigée, alors même qu'il s'agit d'une construction à élever sur une rue projetée, et dont le terrain n'a pas encore été acquis. — *Cass.*, 19 janv. 1837 (t. 2 1837, p. 134), Mallez.

202. — L'espèce qui avait donné lieu à ce dernier arrêt fut soumise aux chambres réunies de la cour de Cassation, par suite d'un nouveau pourvoi, et, le 24 nov. 1837 (t. 2 1837, p. 538) intervint, sur les conclusions conformes de M. le procureur général Dupin, une décision qui, contrairement à celle du 27 janv., admit que la désignation, par le plan d'alignement d'une ville, des terrains destinés à faire partie d'une rue projetée, ne les frappe pas dès-lors d'interdit, au point que le propriétaire ne puisse plus y élever de constructions sans autorisation préalable; et que le propriétaire ne peut être privé du droit de construire qu'autant que le projet de rue ayant reçu son exécution, il aura été préalablement exproprié et indemnisé.

203. — Cette dernière opinion nous paraît plus conforme au droit, à la justice et à la raison. On ne peut imposer au riverain, pendant un temps illimité, une servitude qui paralyse entre ses mains son droit de propriété; et, d'un autre côté, l'administration est armée, dans l'intérêt public, du droit constant et perpétuel d'expropriation; c'est à elle à l'exercer, si l'utilité publique l'exige; elle aura satisfait ainsi aux intérêts généraux dont la défense lui est confiée, et les droits sacrés de la propriété privée seront sauvegardés par le paiement d'une préalable indemnité.

204. — La même distinction nous servira à résoudre la question de savoir si les plans généraux sont obligatoires, encore qu'ils n'aient pas été approuvés. — Dans une espèce où il était établi que les constructions avaient été faites sur la voie actuelle, il a été décidé que quoique les plans généraux dressés conformément aux prescriptions de la loi du 16 sept. 1807 n'aient pas été approuvés, ils n'en sont pas moins obligatoires. En conséquence, le propriétaire d'un terrain sujet à retranchement, qui a demandé et obtenu l'alignement, et provoqué une expertise pour l'estimation du terrain qui devait être abandonné à la voie publique, contrevient aux réglemens de la petite voirie en élevant un mur de clôture derrière celui qui joignait l'ancienne voie publique, mais sur la partie du terrain soumise au retranchement. — *Cass.*, 22 mars 1838 (t. 1er 1840, p. 402), Sorel-Lobligeois; 8 janv. 1841 (t. 1er 1842, p. 197), Lieutard.

205. — Jugé, au contraire, que les propriétaires d'un terrain destiné à servir de rue, d'après le plan général d'une ville, approuvé par le conseil municipal, ont pu néanmoins construire sans demander d'alignement et sans se conformer à ce plan, alors qu'il n'a pas été sanctionné par l'autorité supérieure. — *Cass.*, 12 août 1841 (t. 2 1843, p. 779), Viard.

206. — Il peut arriver (c'est le second cas dont nous parlions au commencement de ce paragraphe n° 138) qu'au lieu de reculer ses constructions et de céder du terrain à la voie publique, le propriétaire riverain reçoive la faculté de s'avancer sur la voie publique. Il sera tenu alors, aux termes de l'art. 53, L. 16 sept. 1807, de payer la valeur du terrain à lui cédé.

207. —Selon M. Husson (*Traité de la législation des travaux publics et de la voirie*, t. 2, p. 484), les cessions de cette nature faites au riverain qui demande alignement d'une portion du terrain communal ne sont définitives qu'autant que le plan duquel elles résultent a été arrêté par le roi en conseil d'état après les formalités voulues.

208. — Jugé d'autre part que dans les villes dont les plans n'ont pas été arrêtés en conseil d'état, les alignemens provisoirement donnés par les maires, avec permission d'avancer sur la voie publique, ne peuvent avoir pour effet d'emporter de plein droit la cession aux riverains du terrain détaché de la voie publique. — En pareil cas, l'aliénation du terrain communal ne peut avoir lieu que suivant les formes voulues par les lois pour l'aliénation des propriétés communales. — La délibération d'un conseil municipal qui accorde la concession d'un terrain communal demandé par un particulier forme bien le premier degré de l'instruction nécessaire pour parvenir à l'aliénation, mais elle ne peut constituer un droit acquis au profit de ce particulier, ni l'autoriser à occuper ce terrain. — *Cons. d'état*, 10 fév. 1835, Besnard. — Cormenin, v° *Chemins vicinaux*, t. 1er, p. 456 ; Chevalier, v° *Voirie*, t. 2, p. 481.

209. — Décidé cependant que lorsqu'en vertu d'un arrêté du maire portant concession d'alignement, des constructions ont été élevées sur un terrain communal, la commune ne saurait être fondée à demander la destruction de ces travaux sous prétexte que le plan de la ville n'aurait pas été arrêté par l'autorité supérieure; elle ne peut que contester l'évaluation de ce terrain. — *Cass.*, 6 avril 1837 (t. 2 1837, p. 847), commune de Décize c. Cartier.

210. — Mais il peut se présenter des cas où il y a lieu d'ajourner les cessions à faire aux particuliers jusqu'à l'époque du reculement des façades opposées ; par exemple, lorsque l'avancement des propriétés aurait pour résultat de rétrécir la voie publique au point de gêner la circulation. L'ordonnance royale qui statue sur le plan général détermine ces cas. Les riverains sont alors tenus de reconstruire sur leurs anciennes fondations ou d'attendre que le plan ait été exécuté de l'autre côté de la rue. — Husson, t. 2, p. 484.

211. — Lorsqu'il s'agit de prononcer sur des difficultés qui se sont élevées entre deux propriétaires à l'occasion d'un terrain détaché de la voie publique par suite d'alignement, la contestation doit être portée non devant le conseil d'état par la voie contentieuse, mais devant le ministre de l'intérieur pour, sur son rapport, être statué par le roi en son conseil d'état. — *Cons. d'état*, 9 juin 1824, Denys c. Bonchepart; — Husson, t. 2, p. 484.

212. — Lorsqu'une construction a été faite en vertu d'un alignement donné par l'autorité municipale, mais sous la réserve de statuer définitivement lorsque le plan général d'alignement, alors soumis à l'approbation du gouvernement, aurait reçu l'approbation royale, cette construction doit être considérée comme provisoire et soumise dès-lors au nouvel alignement. — *Cons. d'état*, 8 janv. 1836, Chauvin; 4 nov. 1836, Gaucher; — Cormenin, vis *Voirie*, t. 2, p. 463, et *Rejet des requêtes*, t. 1er, p. 100.

213. — Le propriétaire obligé de reculer ses nouvelles constructions pour se conformer à l'alignement qui lui a été donné par la police n'est point responsable des dégâts que ce reculement cause aux bâtimens contigus, lorsqu'il a fait des ouvrages au moyen desquels il a pourvu autant qu'il dépendait de lui à la solidité des maisons voisines. — *Bordeaux*, 25 nov. 1831, Ladouès c. Ballut; — Toullier, *Dr. civ.*, t. 11, n° 145.

214. — Lorsque, pour le redressement d'une rue sinueuse, un alignement a été donné, ceux à qui ce nouvel alignement accorde la faculté d'avancer, ne doivent l'exercer qu'après que les propriétaires opposés ont reculé. — Avis du conseil d'état du 3 déc. 1825.

215. — La fixation de l'alignement ne fait pas obstacle à ce que la question de propriété soit portée devant les tribunaux. Dans ce cas les tribunaux doivent se borner à reconnaître et à déterminer l'étendue et la valeur du terrain abandonné à la voie publique par suite de l'alignement donné par l'administration. — *Cons. d'état*, 8 mai 1822, Routier ; 9 janv. 1832, commune de Montevrain.— Chevalier, t. 2, p. 476.

216. — Enfin l'alignement a pour effet soit de donner au riverain droit à une indemnité pour le terrain qui lui est retranché au profit de la voie publique, soit de l'obliger à payer la valeur du terrain qui, détaché de la voie publique, lui est abandonné. Ce qui concerne cette indemnité fera l'objet de la section suivante.

Sect. 6e. — *Indemnités dues aux propriétaires ou par les propriétaires.*

217. — L'indemnité qui par suite d'un alignement peut être due aux riverains, a ordinairement pour objet le terrain retranché.

218. — Le changement que l'administration fait subir à l'alignement primitivement assigné donne naissance à une indemnité, sous la réserve toutefois de la distinction suivante que fait M. Foucart (*Elémens du droit publ.*, t. 2, n° 1459) : Si l'alignement ayant été modifié, le changement qui y a été apporté a été notifié au propriétaire avant tout commencement de construction, celui-ci n'aura droit à aucune indemnité. L'indemnité lui sera due au contraire, dans le cas où la notification sera postérieure aux premiers travaux. — *Cass.*, 16 avr. 1836, Laurey.

219. — Jugé que le propriétaire qui, après avoir construit conformément à un alignement donné, est obligé de démolir par suite d'un nouvel alignement, doit être indemnisé par la voie d'expropriation pour cause d'utilité publique, de la construction et de la démolition exécutées en vertu des arrêtés primitifs. — *Cons. d'état*, 12 déc. 1818, Hazel; 14 juin 1836, ville de Boussac c. Montmory. — Cormenin, t. 2, p. 472 ; Garnier, *Chemins*, n° 197; Chevalier, t. 2, p. 481 ; Proudhon, *Dom. publ.*, n° 403; Cotelle, t. 1er, p. 425 ; Foucart, *loc. cit.*; Marchand, *Encyclop. du dr.*, v° *Alignement*, n° 66; Husson, *Legisl. des trav. publ. et de la voirie*, t. 2, p. 82.

220. — Décidé cependant que si l'alignement donné vient à être changé par un nouveau plan, le propriétaire qui a bâti suivant le précédent alignement n'a droit à aucune indemnité pour le préjudice qu'il prétendrait que ce changement lui a causé. — *Cons. d'état*, 24 avr. 1837, d'Osmond c. ville de Paris. — Husson, t. 2, p. 22.

221. — Il est à remarquer que dans cette dernière espèce il s'était écoulé entre le premier et le second alignement plusieurs années durant lesquelles la circulation de la population s'était assez accrue dans la rue où était située la propriété de la dame d'Osmond pour rendre indispensable un nouvel élargissement de cette partie de la voie publique.

222. — Un particulier qui a reçu un alignement n'est point fondé à se plaindre de ce que le préfet a donné depuis un alignement différent qui le forcera de reculer plus tard ses bâtimens, lorsque tous droits à une indemnité lui ont été réservés. — *Cons. d'état*, 15 fév. 1833, Poisiau. — Cormenin, vo *Rejet des requêtes*, t. 1er, p. 129; Chevalier, t. 2, p. 481.

223. — Le riverain d'une grande route qui ne prouve pas que la largeur primitive de cette route a été augmentée au devant de sa propriété, est non-recevable à demander une indemnité à raison de l'élargissement prétendu de la route. — *Cons. d'état*, 16 sept. 1808, propriétaires riverains de la route de Saluces à Turin; — Cormenin, t. 2, p. 458 et 492; Daviel, *Cours d'eau*, no 574.

224. — Pour l'indemnité qui peut être due en cas d'exhaussement ou d'abaissement du sol de la voie publique, V. TRAVAUX PUBLICS, VOIRIE.

225. — L'indemnité pour alignement est réclamée contre l'état quand il s'agit de grande voirie, mais elle peut l'être contre les communes lorsque l'alignement a été donné sur les places, rues et autres voies communales.

226. — Ainsi, lorsqu'à la suite d'une ordonnance royale qui met à la charge d'une ville les dépenses nécessaires pour l'exécution de travaux d'embellissement, sans avoir préalablement consulté le conseil municipal, des alignemens ont été donnés par le préfet, un récolement et une estimation contradictoires des terrains à exproprier ont eu lieu, la ville ne peut se refuser au paiement de l'estimation, sur ce motif que l'ordonnance est illégale. — *Paris*, 1er mars 1836, Compagnie des marchés aux fourrages c. préfet de la Seine.

227. — La décision par laquelle une Cour juge, sur le vu des actes et d'après l'exécution qui leur a été donnée, que la demande d'un propriétaire afin d'être autorisé au percement d'une rue sur les terrains qui lui appartiennent, demande accueillie par le conseil municipal, sans qu'il ait été rien stipulé en faveur du propriétaire à raison de la portion de son sol nécessaire au percement projeté, a constitué au profit de la ville un abandon, sans indemnité, de ladite portion, ne contient qu'une appréciation d'actes et de faits qui échappe à la censure de la cour de Cassation. — *Cass.*, 20 juin 1842 (t. 2 1842, p. 559), Blandin c. préfet de la Seine.

228. — La clause par laquelle l'adjudicataire d'une maison vendue nationalement s'oblige à abandonner sans indemnité le terrain nécessaire pour l'élargissement d'une rue, doit s'entendre du terrain à céder non d'après un plan d'alignement dressé à l'époque de l'adjudication, mais d'après celui qui sera définitivement adopté. — *Cons. d'état*, 15 mars 1826, Watrin; — Cormenin, t. 1er, p. 464. — V. BIENS NATIONAUX.

229. — Si le propriétaire riverain doit s'avancer et occuper une partie de la voie publique, le prix du terrain à lui céder peut être fixé à l'amiable entre l'autorité et lui. S'il n'y a pas accord, il faut recourir au jury.

230. — MM. Gillon et Stourm (*Code des municipalités*, p. 234) soutiennent que les lois du 8 mars 1810 et du 7 juillet 1833 n'ont pas dérogé pour ces sortes de réglemens d'indemnité à la loi du 16 septembre 1807, et que la fixation doit encore en être faite par le conseil de préfecture. La raison sur laquelle ils appuient cette opinion, est que dans cette circonstance il n'y a pas expropriation, et qu'il n'a été dérogé à la loi du 16 septembre 1807 que pour le cas d'expropriation.

231. — Mais nous croyons avec M. Husson (*Tr. de la législat. des travaux publics et de la voirie*, t. 2, p. 484), que le jury, constitué conformément à la loi du 3 mai 1841, serait seul compétent. En effet, d'abord on peut dire qu'il y a réellement expropriation de la commune qui ne saurait se refuser à une cession de cette nature; ensuite l'esprit des lois des 8 mars 1810, 7 juillet 1833 et 3 mai 1841 a été incontestablement d'enlever à l'autorité administrative la fixation des indemnités foncières; enfin, les ventes aux riverains des terrains provenant des voies publiques peuvent être assimilées aux rétrocessions prévues par l'art. 60, L. 7 juillet 1833, et dont le prix doit être fixé par le jury.

232. — Si le propriétaire refuse d'acheter le terrain sur lequel l'avancement doit avoir lieu, l'art. 53, L. 16 sept. 1807, autorise l'administration à le déposséder de l'ensemble de sa propriété. Cette dépossession est une véritable expropriation soumise aux formes prescrites par la loi du 3 mai 1841. — V. Daubenton, *Journal de la voirie*, p. 23.

233. — Mais cette disposition n'a jamais été exécutée, car il ne s'est pas présenté d'exemple de tels refus. Cependant, ajoute M. Husson (t. 2, p. 29), le cas échéant et si l'on jugeait, dans un intérêt public, qu'il y eût nécessité à clore un terrain retranché d'une route, l'administration pourrait éviter difficilement d'exécuter la loi dans sa rigueur, car ne pouvant supprimer les droits d'accès et de vue établis au profit du propriétaire récalcitrant sur le terrain même qu'il refuserait d'acquérir, elle serait dans l'impossibilité de l'aliéner. Au reste, cette difficulté est heureusement sans application; les riverains des routes ont intérêt à améliorer leurs propriétés par des agrandissemens peu onéreux d'ailleurs, et ils s'empressent toujours de se rendre acquéreurs des portions de terrain que de nouveaux alignemens retranchent des routes.

234. — L'indemnité à laquelle donne naissance l'alignement qui retranche au riverain une partie de sa propriété peut être réglée amiablement entre l'état ou la commune et le propriétaire.

235. — Les communes n'ont pas besoin de l'autorisation préalable de l'administration ou du gouvernement pour ces sortes d'acquisitions lorsqu'elles agissent en vertu de l'art. 52, L. 16 sept. 1807, et que les riverains reculent en reconstruisant leurs façades volontairement ou par suite de vétusté. — Husson, t. 2, p. 482.

236. — Mais il faut observer les règles des acquisitions ordinaires quand les acquisitions sont faites pour des percemens nouveaux ou pour des élargissemens qui ne seraient pas le résultat des deux hypothèses prévues dans l'art. 52, L. 16 sept. 1807. — Husson, t. 2, p. 482.

237. — Quand il s'agit d'ouvrir des voies de communication, on procède par voie d'expropriation. — Foucart, *Dr. admin.*, t. 2, no 386; Cotelle, *Cours de dr. admin.*, t. 3, p. 237. — V. EXPROPRIATION POUR UTILITÉ PUBLIQUE.

238. — Quand le plan général d'alignement met les propriétaires des constructions qui bordent une route actuellement existante dans la nécessité de reculer ou d'avancer, l'état peut : s'il veut exécuter immédiatement, employer les formes de l'expropriation ; s'il veut attendre que la vétusté contraigne les propriétaires à démolir leurs édifices, pour n'avoir à payer que la valeur du sol, se borner à agir par la voie de l'alignement ou expropriation tacite.

239. — Cette distinction est importante quant à l'indemnité, qui en cas d'expropriation est fixée immédiatement, tandis qu'en cas d'alignement elle peut n'être déterminée que plus tard. — *Cons. d'état*, 31 août 1828, Lashenès ; — Foucart, t. 2, no 1160; Cotelle, t. 3, p. 237.

240. — Ce n'est pas que le principe de l'indemnité préalable établi par l'art. 9 de la Charte ne soit applicable, en matière d'alignement, comme en matière d'expropriation, mais c'est que l'alignement n'est pas toujours suivi de la dépossession immédiate. — V. Delalleau, *De l'expropriation*, nos 887 et 892.

241. — Par application de ces principes, il a été jugé que d'après les art. 50 et 52, L. 16 sept. 1807, les propriétaires des maisons et bâtimens qui doivent, en tout ou en partie, être compris dans les alignemens arrêtés, et être rendus à la voie publique, ne sont pas à l'instant dépossédés de leur propriété, ni tenus de reculer ou de démolir de suite; qu'ils continuent au contraire de jouir de leurs maisons ou bâtimens dans l'état où ils se trouvent, jusqu'à ce que ces édifices soient sujets à être démolis pour cause de vétusté, ou que volontairement ils les démolissent eux-mêmes. — *Cass.*, 7 août 1829, Becq.

242. — Jusque là ils peuvent hypothéquer même la portion de leur terrain qui doit être réunie à la voie publique ; mais aussi ce n'est qu'à ce moment, c'est-à-dire au jour de la démolition, qu'ils ont droit à l'indemnité de la valeur du terrain à délaisser. — Même arrêt ; *Cass.*, 19 mars 1838 (t. 1er 1838, p. 431), Cuvillier c. Lagrenée.

243. — Encore que la fixation de l'indemnité ait été faite en justice, la dépossession de la propriété du terrain retranché, en matière d'alignement, ne s'opère néanmoins que du jour du paiement de la somme allouée ou de l'offre de l'effectuer. — *Cass.*, 19 mars 1838 (t. 1er 1838, p. 431), Cuvillier c. Lagrenée; 24 nov. 1837 (t. 2 1837, p. 538), Mallez.

244. — On a vu que l'état, par mesure d'économie, retarde cette dépossession, quand il existe des maisons ou des murs sur le bord de la route, jusqu'à ce que la vétusté contraigne les propriétaires à démolir ces constructions qu'il ne leur est plus permis de réparer dès que l'alignement a été dressé, parce qu'alors l'indemnité dont il est tenu ne représente plus que la valeur du sol devenu vacant. — L. 16 sept. 1807, art. 50.

245. — La nécessité de former sur les routes des alignemens qui en assurent la viabilité et la régularité a été considérée par la législation comme une servitude emportant l'idée du sacrifice de la propriété riveraine. Tel est le motif assigné à cette disposition de loi suivant laquelle l'indemnité due au propriétaire ne doit représenter que la valeur du terrain délaissé, c'est-à-dire que l'on ne doit point prendre en considération la diminution de valeur pouvant résulter, pour la propriété, d'un retranchement considérable qui ne laisserait plus au propriétaire qu'un emplacement irrégulier ou même insuffisant pour y édifier des constructions nouvelles.

246. — La cour royale de Paris a jugé cependant, par arrêt du 11 nov. 1835 (préfet de la Seine c. d'Osmond), que dans le cas où, par l'effet d'un alignement approuvé par ordonnance royale, une maison a subi un retranchement considérable, l'indemnité doit être fixée non seulement d'après la valeur vénale du sol abandonné, mais encore eu égard aux avantages qui étaient attachés à sa possession, au préjudice que le surplus de la propriété a éprouvé par la diminution de son étendue et aux travaux nécessaires pour en tirer parti. — V. conf. *Cass.*, 11 janv. 1836, préfet de la Côte-d'Or c. commune de Chazilly; *Riom*, 1er mars 1838 (t. 1er 1838, p. 277), Coulot c. préfet de l'Allier; — Bioche et Goujet, *Supplém.* t. 2, p. 277, vo *Vente sur expropriation*, no 281.

247. — Cet arrêt semble devoir se concilier difficilement avec l'art. 52, L. 16 sept. 1807, d'après lequel le propriétaire qui fait volontairement démolir sa maison, ou qui est forcé de la démolir pour cause de vétusté, n'a droit à indemnité que pour la valeur du terrain délaissé, si l'alignement qui lui est donné par les autorités compétentes le force à reculer sa construction.

248. — Au contraire, quand, par les alignemens arrêtés, un propriétaire reçoit la faculté de s'avancer sur la voie publique, il est tenu de payer la valeur du terrain qui lui est cédé. Dans la fixation de cette valeur, les experts doivent avoir égard à ce que le plus ou le moins de profondeur du terrain cédé, la nature de la propriété, le reculement du reste du terrain bâti ou non bâti loin de la nouvelle voie, peuvent ajouter ou diminuer de valeur relative pour le propriétaire.

249. — Les intérêts du prix des terrains expropriés ne sont dus qu'à partir du jour où a eu lieu la dépossession réelle. — *Paris*, 1er mars 1836, Compagnie des Marchés aux fourrages c. préfet de la Seine.

250. — Dans le cas où un bâtiment est démoli par mesure de police, sur l'ordre de l'autorité municipale, le propriétaire qui subit un reculement dans la reconstruction de ce bâtiment peut obtenir une indemnité supérieure à celle que lui accorde l'art. 50, L. 16 sept. 1807 (indemnité égale à la valeur du terrain délaissé), si la ville a pris à cet égard envers lui un engagement régulier. — Mais la promesse du maire seul, non autorisé ni approuvé, ne saurait, encore bien qu'elle aurait reçu un commencement d'exécution, constituer à cet égard un engagement régulier : et les tribunaux ne pourraient, sans empiéter sur les attributions de l'autorité administrative, faire résulter cet engagement d'actes administratifs dont ils interpréteraient l'intention. — *Cass.*, 3 mai 1841 (t. 2 1841, p. 167), Maire de Saint-Mihiel c. Barré.

251. — Si le prix de cette cession ne peut être réglé amiablement entre la commune ou l'état et le jury, il est fixé par le jury. — Husson, t. 2, p. 482.

252. — Le conseil de préfecture est incompétent pour fixer l'indemnité due à un propriétaire pour prix d'une parcelle de terrain occupée par le talus d'une route nouvellement établie. — *Cons. d'état*, 17 janv. 1838, Rodet ; 3 mai 1839, Blachier ; — Cormenin, vo *Travaux publics*, t. 2, p. 439.

253. — De même, le conseil de préfecture est incompétent pour prononcer sur une demande en paiement du prix d'un mètre de terrain qui aurait été enlevé au propriétaire. — Dans ce cas, et s'agissant véritablement d'expropriation, le propriétaire doit suivre sa demande, s'il s'y croit fondé, dans les formes prescrites par la loi sur l'expropriation pour cause d'utilité publique. — *Cons. d'état*, 26 déc. 1827, Laget Levieux ; — Cormenin, vo *Voirie*, t. 2, p. 475; Chevalier, t. 2, p. 478. — V. TRIBUNAUX.

254. — Pendant quelques années après la loi du 7 juill. 1833, les tribunaux civils ont continué à fixer les indemnités dues pour terrains retranchés. — M. Husson (*Tr. de la législ. des trav. publ. et de la voirie*, t. 2, p. 30) a très bien démontré que ces attributions rentraient dans la compétence du jury spécial d'expropriation pour utilité publique. — Au surplus, aux termes d'un avis du conseil d'état du 1er avr. 1841, toutes les fois qu'un alignement donné par l'autorité compétente sur une voie publique autre qu'un chemin vicinal force un propriétaire à reculer ses constructions ou à s'avancer sur la voie publique, l'indemnité qui lui est due dans le premier cas et celle dont il est débiteur dans le second, doivent être réglées par le jury. — V. EXPROPRIATION POUR UTILITÉ PUBLIQUE.

Sect. 7e. — *Contraventions en matière d'alignement.*

255. — L'arrêt du conseil du 27 févr. 1765 exige la permission, non seulement pour les *constructions et reconstructions le long et joignant les routes*, mais encore pour toute *espèce d'ouvrages* aux faces des maisons, etc.; d'où la conséquence que l'autorisation est toujours indispensable pour toucher à la façade du bâtiment, lors même que les travaux ne tendraient pas à la reconforter. — *Cons. d'état*, 21 déc. 1837, Legrand; — Garnier, p. 132.

256. — Il y a donc en matière d'alignement deux sortes de contraventions: les unes qui résultent du seul défaut d'autorisation, sans faire saillie sur l'alignement; les autres, de l'empiétement sur le sol de la route ou de l'inexécution des conditions auxquelles l'autorisation a été accordée. — Les premières ne sont punies que d'une amende, les autres, en outre de l'amende, motivent la démolition des constructions.

257. — Jugé en ce sens que la démolition des ouvrages ne doit pas être prononcée lorsque le bâtiment qui aurait été exécuté sans permission, n'est point en saillie sur l'alignement. — *Cons. d'état*, 6 sept. 1826, Friedhein.

258. — Pour déterminer nettement ce qu'il est permis et ce qu'il est défendu de faire aux façades des maisons, ce sont, dit M. Husson (t. 2, p. 38), les circonstances qui fixent le caractère des contraventions, et c'est pourquoi les agens des ponts et chaussées doivent s'appliquer à constater avec un soin scrupuleux tous les faits de nature à éclairer les juges administratifs.

259. — Ce n'est donc qu'à titre d'exemple, et non pour qu'on y cherche quelques principes généraux, que nous rapportons les espèces suivantes.

260. — Il y a contravention à l'alignement si le propriétaire d'un terrain clos et sujet à reculement a, sans autorisation, élevé des constructions derrière son mur de clôture, sur la partie du terrain qui doit être réunie à la route. — De telles constructions ne peuvent être assimilées aux réparations qu'un particulier peut faire sans autorisation dans l'intérieur de ses bâtimens, lorsqu'elles n'ont pas pour effet de les consolider. — *Cons. d'état*, 23 déc. 1835, Delafuye; — Cormenin, *Dr. administ.*, vo *Voirie*, t. 2, p. 468; Chevalier, vo *Voirie*, t. 2, p. 488.

261. — Il y a également contravention si le propriétaire d'une maison située sur une grande route et en dehors de l'alignement a construit un mur dans l'intérieur pour consolider sa maison. — *Cons. d'état*, 16 août 1833, Lienard; — Chevalier, t. 2, p. 485 et 490.

262. — ... Si le propriétaire construit sur un alignement autre que celui qui lui a été assigné par l'arrêté du préfet. — *Cons. d'état*, 27 mai 1831, Lague; — Chevalier, t. 2, p. 489.

263. — ... Si, sans attendre l'alignement à suivre sur une route départementale, un particulier a fait une construction, même d'après les indications d'un conducteur des ponts et chaussées, sur la direction *probable* qui sera donnée à la route, et que la construction dépasse l'alignement qui lui a été ultérieurement donné. — *Cons. d'état*, 18 janv. 1831, Lormier; 3 fév. 1835, Berthaud.

264. — ... Si, après avoir demandé au préfet l'autorisation de reconstruire la façade de sa maison située sur une route départementale, un particulier a fait cette construction avant la réception de l'arrêté du préfet réglant l'alignement de cette façade, de sorte qu'il n'y a pas coïncidence entre les travaux et les dispositions prescrites. — *Cons. d'état*, 18 janv. 1831, Lornier; — Cormenin, t. 2, p. 467; Chevalier, t. 2, p. 468.

265. — ... Si le propriétaire qui, ayant obtenu l'autorisation de reconstruire dans les limites prescrites le mur de sa maison, en cimente et en réconforte un autre. — *Cons. d'état*, 26 déc. 1827, Janvier; — Chevalier, t. 2, p. 488; Cotelle, t. 3, p. 246.

266. — ... Si le particulier démolit un mur autre que celui qu'il a été autorisé à démolir. — *Cons. d'état*, 8 avr. 18[illegible], Jarrousse.

267. — ... S'il excède l'autorisation qui lui a été accordée de bâtir. — *Cons. d'état*, 2 sept. 1829, Lamy.

268. — ... Si un particulier, sans égard pour l'alignement qui lui a été tracé, élève sans autorisation une cloison à l'aplomb du mur de face de la maison sujette à retranchement. — *Cons. d'état*, 23 déc. 1835, Pelmoine; 14 juill. 1837, Boullard; 21 déc. 1837, Legrand; — Cormenin, *Dr. adm.*, vo *Voirie*, t. 2, p. 467.

269. — De simples réparations peuvent constituer également des contraventions, qu'elles aient eu lieu avec ou sans autorisation, si elles doivent avoir pour résultat la consolidation des édifices situés sur la voie publique et retranchable.

270. — Il est donc d'une grande importance de bien déterminer ce qu'on entend par *travaux confortatifs*, puisque ces travaux seuls entraînent nécessairement la démolition et l'amende.

271. — Les travaux sont confortatifs ou non confortatifs, suivant qu'ils sont ou non de nature à prolonger la durée de l'édifice.

272. — Ainsi, les badigeons et peintures ne sont point compris dans la prohibition; un hangar sans toiture, dont la durée ne doit être que passagère, peut être maintenu sous certaines conditions. — *Cons. d'état*, 2 août 1826, Richard; — Garnier, p. 133.

273. — M. Husson (t. 2, p. 37) paraît être d'avis que l'autorisation est nécessaire pour un simple badigeonnage qui pourrait servir à masquer des ouvrages clandestins propres à prolonger la durée de la façade.

274. — En principe, dit M. Cotelle (*Travaux publics*, t. 3, p. 245), les crépis et ravalemens doivent être permis, en tant qu'ils n'ont pour objet que de conserver; mais on doit excepter le cas où le mode de crépi, en usage dans certaines localités, tendrait notoirement à consolider les bâtimens, et à retarder en conséquence l'exécution des alignemens auxquels ils sont soumis. — Ces principes ont reçu leur application dans les décisions suivantes.

275. — Le recrépissage est considéré comme travail confortatif lorsqu'il est fait sur un mur construit en moellons ou en pierres de dimensions inégales: en conséquence, la décision qui a jugé le contraire doit être annulée. — *Cons. d'état*, 11 déc. 1838, Michel.

276. — Le recrépissage fait sans autorisation préalable de l'autorité administrative au mur de face d'une maison située sur le bord d'une route royale, et sujette à reculement, rend le contrevenant passible de l'amende. — *Cons. d'état*, 26 oct. 1828, Lyon-Moyse, et 14 oct. 1836, Ramond; — Cormenin, vo *Voirie*, t. 2, p. 467; Foucart, t. 2, no 387.

277. — Mais si ce recrépissage n'a pas un effet confortatif, il n'y a pas lieu d'ordonner la démolition des travaux. — *Cons. d'état*, 26 oct. 1828, Lyon-Moyse, et 14 oct. 1836, Ramond.

278. — L'individu qui a obtenu l'autorisation de gratter, blanchir et badigeonner la façade de sa maison donnant sur la voie publique, ne peut la recrépir. Le recrépissage, étant confortatif, ne peut avoir lieu que lorsqu'il a été autorisé en termes explicites et formels. — *Cass.*, 19 nov. 1840 (t. 2 1841, p. 303), Flandral et Ferrand.

279. — L'emploi du plâtre et du mortier dans un badigeonnage peut être déclaré non confortatif. — *Cons. d'état*, 30 juin 1843, Ministre des travaux publics c. Boussaud.

280. — De simples travaux de ravalement, et même des rappointés ou clous enfoncés en partie dans les joints pour retenir le plâtre, ne constituent pas des travaux confortatifs. — *Cons. d'état*, 15 mars 1838, Guyot.

281. — Le poitrail de refend, se reliant au mur de face et y prenant son appui, peut être déclaré non confortatif. — *Cons. d'état*, 22 juin 1843, Campy.

282. — La substitution d'un poitrail neuf à un poitrail vieux, dans une maison sujette à reculement, ne peut être considérée comme non confortative. — *Cons. d'état*, 19 mai 1843, Dubois.

283. — Ne sont pas considérés comme confortatifs les travaux qui consistent à substituer à trois ouvertures à plein cintre deux autres ouvertures carrées et une troisième à cintre surbaissé. — *Cons. d'état*, 27 août 1840, Aubanel.

284. — ... Non plus que l'ouverture de croisées, lors même que pour pratiquer ces ouvertures, on serait obligé de refaire une partie du mur avec des matériaux neufs. — *Cons. d'état*, 25 janv. 1838, commune de Lesparre; — Husson, t. 2, p. 486.

285. — Toutefois, cette décision, ajoute ce dernier auteur, ne doit s'entendre que d'une ouverture pure et simple des baies, car ce travail pourrait avoir un caractère confortatif si l'on introduisait dans la maçonnerie des poteaux montans ou soutiens susceptibles d'arrêter l'affaissement des constructions.

286. — Des travaux sont considérés comme non confortatifs si l'avantage acquis sous le rapport de la solidité est compensé par l'exhaussement. — *Cons. d'état*, 18 juill. 1821, Gondard.

287. — Par la raison inverse on a considéré comme un travail de *consolidation*: — l'abaissement d'un mur, rien n'étant plus propre à prolonger la durée d'un mur au-delà du terme probable de son existence, que d'en diminuer la hauteur et le poids. — *Cass.*, 8 janv. 1830, Bourgeois.

288. — ... L'édification de plusieurs berceaux de caves qui consolident les fondations du mur de face soumis à l'alignement. — *Cons. d'état*, 2 sept. 1829, Lamy; — Chevalier, t. 2, p. 484; Cotelle, t. 3, p. 268.

289. — Toutefois, le conseil d'état a autorisé la reconstruction d'une voûte de cave dans la partie retranchable d'une maison, à la condition de tenir cette voûte éloignée du mur de face d'une distance de six pouces. — *Cons. d'état*, 1er sept. 1832, Lafitte.

290. — Les travaux faits aux autres étages peuvent être confortatifs comme ceux qui sont faits au rez-de-chaussée, s'ils doivent avoir pour effet de prolonger l'existence de la maison. — *Cons. d'état*, 21 janv. 1842, Baron.

291. — On doit également regarder comme travaux confortatifs: — la reconstruction de jambages en moellons, lorsque le propriétaire n'avait été autorisé à pratiquer une porte et des fenêtres qu'à la condition de faire en plâtre seulement toutes les réparations qui seraient nécessaires. — *Cass.*, 22 avr. 1837 (t. 1er 1838, p. 416), Poulier.

292. — .... Les travaux faits à une maison, consistant en une reconstruction entière de deux piliers en maçonnerie de briques, et en la pose de deux pierres de socles en pierre de taille, formant parpaing dans toute la largeur et l'épaisseur des murs. — *Cons. d'état*, 6 fév. 1839, Silberzahn.

293. — .... Les réparations exécutées en pierres de taille dans une hypothèse semblable. — *Cass.*, 18 août 1836, Poulier.

294. — .... Le remplacement de poteaux en bois par des colonnes en fonte. — *Cons. d'état*, 11 avr. 1837, Chaudeau; même jour, Basset.

295. — ... La pose, sans autorisation, dans le mur de face d'une maison soumise à reculement, d'une chaîne en fer et d'un tirant. — *Cons. d'état*, 22 août 1838, de Bligny.

296. — Toutefois, de simples travaux d'établissement de devantures de boutiques, qui exigeaient nécessairement un placement de poteaux, ne sont pas des travaux confortatifs de la maison, et ne peuvent rendre passible d'une peine de simple police celui qui les a faits sans l'autorisation du maire. — *Paris*, 19 juill. 1834, Langlois; même jour, Challine.

297. — Suivant les auteurs de l'*Encyclopédie du droit*, vo *Chemins vicinaux*, no 130, l'autorité administrative ne pourrait, dans l'état actuel de la législation, défendre aux propriétaires de faire des réparations confortatives aux constructions qui couvrent des parcelles du sol vicinal.

298. — En cas d'autorisation des travaux comme non confortatifs, le propriétaire doit veiller à ce qu'ils ne le deviennent pas par la manière dont on les exécute, à peine de contravention. — Foucart, t. 2, p. 412.

299. — Lorsqu'un particulier a été autorisé à reconstruire la façade de sa maison par un arrêté du préfet, et qu'il s'y est conformé en établissant ensuite les fondations de son mur suivant la ligne indiquée par cet arrêté, si plus tard une ordonnance royale change l'alignement et que cette ordonnance ne soit pas signifiée à ce particulier, la continuation de ces travaux ne peut être considérée comme une contravention. — *Cons. d'état*, 3 mai 1839, Maricot.

300. — Quand un individu s'est conformé à l'alignement qui lui a été donné par un arrêté du maire, l'autorité supérieure ne peut en réformant cet arrêté le rendre comme non avenu après qu'il a produit tout son effet, et obliger celui qui l'a obtenu à démolir les constructions par lui élevées. — *Cass.*, 16 avr. 1836, Laurey.

301. — Le propriétaire d'une maison qui a été condamné à démolir des travaux élevés en contravention aux réglemens de grande voirie, n'a pas le droit, même pour se clore, de rétablir les choses dans leur premier état, il est obligé de se conformer au nouvel alignement. — *Cons. d'état*, 4 mai 1826, Tardif; 3 juill. 1816, Delime.

302. — Aucune loi ne prohibe les constructions en pan de bois; la défense n'en est applicable qu'à la ville de Paris. — *Cons. d'état*, 22 juin 1811, Guibert c. Combeguilles.

303. — L'ancien statut ou règlement du 19 avr. 1657, touchant le mesurage de la ville de Bruxelles, a été maintenu en vigueur par l'art. 484, C. pén. L'art. 40 de ce statut prohibe non seulement de réparer les bâtimens construits en bois ou en argile sur la voie publique, mais aussi de les commencer. — *Bruxelles*, 12 avr. 1833, Deffaux.

304. — Il n'existe pas de lois ou réglemens généraux qui interdisent d'établir des moulins à vent qui, sans toucher immédiatement la limite du sol public, sont cependant à une distance trop rapprochée de la voie publique, et peuvent par le bruit et le mouvement de leurs ailes effrayer les chevaux et occasionner des accidens. — *Cons. d'état*, 7 avr. 1819, Duchemin.

305. — Mais, d'abord, il appartiendrait au pouvoir municipal par toute la France de prendre à ce sujet des arrêtés déterminant telle prohibition que pourrait commander la sûreté et la commodité de la circulation sur la voie publique.

306. — Ensuite d'après un réglement du conseil d'Artois du 13 juill. 1774, les moulins à vent devaient être placés à la distance de 200 pieds (64 mètres 96 centimètres) au moins des chemins royaux, et de 150 pieds (48 mètres 72 centimètres) des autres chemins, à peine de 200 livres d'amende. — Merlin (*Rép.*, vo *Moulin*) pense que cet ancien réglement a été maintenu avec les anciens réglemens de voirie et est encore obligatoire pour les localités qui formaient la ci-devant province d'Artois. « Les infractions à cet ancien réglement, ajoute M. Husson (t. 2, p. 37), sont de la compétence des tribunaux administratifs. »

Sect. 8e. — *Compétence, instruction et pénalités en matière de contraventions relatives à l'alignement.*

§ 1er. — *Par qui et contre qui est poursuivie la répression des contraventions.*

307. — En matière de grande voirie, c'est à l'administration seule qu'appartient le droit et qu'est imposé le devoir de poursuivre la répression des contraventions.

308. — En matière de contravention aux alignemens, les propriétaires voisins n'ont pas qualité pour intervenir dans les poursuites faites par l'administration pour obtenir la démolition des ouvrages. — *Cons. d'état*, 15 juill. 1841, de Turin c. le préfet de la Seine. — Le conseil de préfecture, saisi de la connaissance de l'affaire, ne pourrait statuer qu'en ce qui concerne l'intérêt public, et ne devrait pas s'occuper de la question d'intérêt privé.

309. — En cas d'anticipation faite sur la voie publique dans une commune, le maire seul a qualité pour en poursuivre la répression. Ce droit n'appartient point individuellement aux habitans, quand les constructions élevées ne nuisent point à l'usage public de la rue, et notamment à la desserte particulière des maisons voisines. — *Cons. d'état*, 11 mai 1807, Baudeau; — Proudhon, *Dom. publ.*, no 622.

310. — Mais les particuliers intéressés à l'exécution d'un arrêté du conseil de préfecture qui ordonne la destruction d'ouvrages élevés sans autorisation ont le droit de poursuivre cette exécution. — *Cons. d'état*, 20 juin 1821, Piéton.

311. — En matière de petite voirie, l'action publique est exercée par le fonctionnaire chargé de remplir les fonctions du ministère public auprès du tribunal de simple police.

312. — Nous pensons que, conformément aux principes généraux en matière d'instruction criminelle, la partie lésée par la contravention pourrait intervenir et se porter partie civile.

313. — Les mesures répressives par suite de constructions faites sans autorisation par le locataire doivent atteindre le propriétaire de l'édifice, sauf à ce dernier à faire valoir ses droits contre le locataire. — *Cons. d'état*, 4 mai 1826, Tardif; — Cormenin, t. 2, p. 467 et 468; Cotelle, *Trav. publ.*, t. 3, p. 322; Garnier, p. 140; Husson, t. 2, p. 41.

314. — Si le domaine appartient en usufruit à un particulier, et en nue-propriété à un autre, ils sont tous deux responsables des contraventions commises par celui qui administre en leur nom. — *Cons. d'état*, 16 mai 1837, Dunoguès; — Husson, t. 2, p. 41.

315. — Est passible de l'amende l'acquéreur qui conserve et continue les travaux faits par son vendeur sans autorisation. — *Cons. d'état*, 20 juin 1821, Piéton.

316. — L'entrepreneur ou maçon qui fait des reconstructions sur la voie publique sans que l'alignement ait été préalablement obtenu est personnellement passible de l'amende comme le propriétaire lui-même. — *Cass.*, 26 mars 1841 (t. 1er 1842, p. 532), Audusseau. — La raison en est que le constructeur est censé connaître mieux que le propriétaire lui-même, les règles auxquelles l'exercice de sa profession l'assujétit.

317. — Toutefois lorsque le locataire et l'architecte d'une maison réparée sans autorisation ont été seuls parties dans une instance à la suite de laquelle est intervenu un arrêté de condamnation, l'administration ne peut, devant le conseil d'état, déclarer contre le propriétaire l'annulation de cet arrêté. — Husson, t. 2, p. 41.

318. — Lorsque l'arrêté d'un maire a défendu à tout maçon ou entrepreneur de bâtimens de commencer des travaux de contruction le long des chemins, rues ou places, sans que le propriétaire leur ait représenté l'arrêté d'alignement ou la permission de bâtir, les tribunaux ne peuvent relaxer le maçon qui ne s'est pas conformé à cet arrêté, en se fondant sur ce que le propriétaire a pris fait et cause pour celui-ci et déclaré qu'il n'avait agi que sur sa demande et d'après ses ordres exprès. — *Cass.*, 6 août 1836 (t. 1er 1837, p. 502), de Joannis (intérêt de la loi).

319. — Un propriétaire condamné avec un entrepreneur, pour des travaux exécutés sans autorisation à une maison sujette à reculement, ne peut prendre devant le conseil d'état, et au nom de l'entrepreneur, des conclusions tendantes à la modération de l'amende. — *Cons. d'état*, 19 mai 1843, Dubois.

§ 2. — *Juridictions compétentes pour réprimer les contraventions.*

320. — Les contraventions aux alignemens, en matière de grande voirie, sont de la compétence des conseils de préfecture, sauf appel au conseil d'état. — L. 28 pluv. an VIII.

321. — Il en est de même pour les plantations faites sur la voie publique. — L. 9 vent. an XIII.

322. — Les conseils de préfecture sont compétens pour connaître des contraventions relatives à des réparations faites sans autorisation à une maison dépendant à la fois de la grande voirie et de la voirie urbaine. — *Cons. d'état*, 7 mars 1821, Pottier; — Garnier. *Chemins*, no 48; Chevalier, *Voirie*, t. 2, p. 469; Isambert, *Voirie*, no 423; Cotelle, *Trav. publ.*, t. 3, p. 221.

323. — . . . De même que pour déclarer si un arrêté du préfet qui fixe la largeur des chemins vicinaux a été exactement exécuté, et si les alignemens réglés par lui n'ont pas été dépassés. — *Cons. d'état*, 15 déc. 1824, Langlois; — Cormenin, vis *Chemins vicinaux*, t. 1er, p. 301, et *Voirie*, t. 2, p. 469.

324. — Pour les empiétemens et usurpations sur les chemins vicinaux, V. CHEMINS VICINAUX.

325. — En matière de petite voirie, les contraventions sont du ressort des tribunaux de simple police. — *Cons. d'état*, 3 mars 1825, Chetté; — Cormenin, vo *Voirie*, t. 2, p. 456 et 484.

326. — C'est aux tribunaux de simple police qu'il appartient de réprimer l'infraction aux ordres donnés par l'autorité municipale pour faire disparaître les travaux par lesquels les habitans ont anticipé sur la voie publique, dans les rues et places qui ne font point partie des routes royales et départementales. Dès-lors, un de ces tribunaux méconnaît ses pouvoirs en se déclarant incompétent pour connaître d'une pareille infraction. — *Cons. d'état*, 4 prair. an XIII, Fajon; 15 juin 1812, Vannier; 6 mai 1836, Pejo rchaud, et 11 mars 1843, Camus; — Cormenin, vo *Voirie*, t. 2, p. 471.

327. — C'est aux tribunaux, et non au conseil de préfecture, à prononcer sur les contestations relatives au réglement de frais de démolition, en matière de petite voirie. — *Cons. d'état*, 23 janv. 1820, Possel; — Cormenin, t. 2, p. 486; Chevalier, t. 1er, p. 91.

328. — Un maire peut soumettre au tribunal civil une action tendante à la démolition d'un mur construit en contravention au plan d'alignement, encore bien que, précédemment, ce même fait ait été l'objet d'une poursuite devant le tribunal de simple police, qui a rendu une sentence prononçant l'amende seulement. En d'autres termes, cette sentence du tribunal de police ne constitue pas l'autorité de la chose jugée contre l'action civile du maire aux fins de démolition, bien qu'elle ait été rendue sur la poursuite de l'adjoint agissant en remplacement du commissaire de police. Le juge civil est compétent pour statuer sur une pareille action, bien qu'elle soit basée sur un acte administratif. — *Colmar*, 20 fév. 1840 (t. 1er 1841, p. 735), Blum c. maire de Thann.

§ 3. — *Preuve des contraventions. — Instruction. — Exceptions. — Question préjudicielle. — Jugement.*

329. — Les contraventions en matière d'alignement sont constatées par les mêmes officiers que les contraventions à la voirie, en général. — L'art. 2 de la loi du 23 30 mars 1842 porte que les piqueurs des ponts et chaussées et les cantonniers chefs commissionnés et assermentés à cet effet peuvent constater tous les délits de grande voirie concurremment avec les fonctionnaires et agens dénommés dans les lois et décrets antérieurs sur la matière. — V. entre autres le décret du 29 flor. an X, dont l'art. 2 indiquait comme pouvant dresser procès-verbaux en matière de voirie les ingénieurs et les conducteurs des ponts et chaussées, les agens de la navigation, les commissaires de police et les gendarmes. — V. au surplus VOIRIE.

330. — Cependant l'agent voyer, que la loi du 21 mai 1836 charge de surveiller l'entretien et la réparation des chemins vicinaux, n'a pas qualité pour procéder à cette constatation. — *Cass.*, 8 janv. 1841 (t. 1er 1842, p. 273), Jeannin.

331. — Cette constatation peut résulter soit de procès-verbaux, soit d'une expertise.

332. — Lorsqu'il n'existe aucun procès-verbal régulier d'une contravention de voirie, mais seulement des procès-verbaux des gens de l'art appelés par l'autorité municipale, le tribunal peut ordonner une expertise pour constater les faits. — Argum. de l'arr. de *Cass.*, 10 mai 1834, Bourdrel; — Marchand, *Encyclop. du dr.*, vo *Alignement*, no 41.

333. — Lorsqu'il est suffisamment constaté qu'un particulier a, sans autorisation, fait des travaux à une maison sujette à retranchement, il n'y a pas lieu d'ordonner une nouvelle visite des lieux. — *Cons. d'état*, 8 janv. 1836, Martin.

334. — Le fait de construction, de reconstruction ou de réconfortation établi, si le délinquant prétend que les travaux ont été autorisés, c'est à lui à le prouver : la preuve n'incombe point à l'administration. — *Cons. d'état*, 6 avr. 1836, Jullien.

335. — Sur la foi due aux procès-verbaux, et sur la preuve à l'aide de laquelle ils peuvent être combattus, V. PROCÈS-VERBAL.

336. — Les délinquans peuvent échapper à une condamnation en rapportant l'autorisation qui leur avait été délivrée pour l'exécution des travaux que l'on prétend constituer des contraventions.

337. — Mais lorsqu'un individu, prévenu d'avoir construit un mur contre la voie publique sans en avoir obtenu l'autorisation de l'autorité municipale, excipe de l'alignement que lui aurait donné un conseiller municipal, en l'absence de l'adjoint, le tribunal de police doit, si le ministère public conteste la légalité de cet acte, surseoir à statuer et fixer au prévenu un délai dans lequel il sera tenu de rapporter la preuve de sa régularité. — *Cass.*, 3 janv. 1835, Jurié.

338. — Le prévenu peut, tout en avouant la matérialité du fait des travaux, contester devant le tribunal de simple police la qualification qui leur est attribuée, et soutenir qu'ils n'ont pas le caractère constitutif de la contravention, qu'ils ne sont pas confortatifs.

339. — La décision de la question de savoir si les travaux qui ont été exécutés sont destinés à *conforter, conserver ou soutenir* la maison, appartient exclusivement à l'autorité de laquelle doit émaner l'autorisation. — *Cass.*, 10 nov. 1836, Aubert; 2 déc. 1837 (t. 1er 1838, p. 633), Riquier; 17 fév. 1837 (t. 1er 1838, p. 74), Bossu; 4 janv. 1840 (t. 2 1841, p. 752), Thibault.

340. — Lorsque cette question préjudicielle est soulevée par le prévenu, le tribunal de simple police doit, jusqu'à ce qu'elle ait été résolue par l'autorité compétente, surseoir à statuer sur la prévention. — *Cass.*, 2 déc. 1837 (t. 1er 1838, p. 633), Riquier.

341. — Un tribunal de police ne peut, sans excéder les limites de la compétence, statuer sur cette question. — *Cass.*, 4 janv. 1840 (t. 2 1841, p. 752), Thibault.

342. — Les conseils de préfecture sont compétens pour décider si les travaux exécutés dans des maisons bordant une route sont ou non confortatifs. — *Cons. d'état*, 27 août 1840, Aubanel.

343. — Même après un arrêté du conseil de préfecture, la partie poursuivie pour avoir fait des travaux confortatifs peut encore administrer la preuve contraire devant le conseil d'état. — *Cons. d'état*, 23 mars 1836, Mouroult; — Marchand, *Encyclop. du dr.*, vo *Alignement*, no 42.

344. — Dans tous les autres cas, les tribunaux ne peuvent surseoir.

345. — Jugé d'une manière générale que les arrêtés par lesquels les maires donnent des alignemens pour les constructions sur les rues, places

ou autres parties de la voie publique, étant exécutoires par provision, le tribunal de simple police ne peut surseoir à statuer sur une contravention à un arrêté de cette nature, jusqu'à ce que l'autorité administrative supérieure ait statué sur l'opposition du contrevenant. — *Cass.*, 26 juill. 1827, Moulères.

346. — Le tribunal de simple police qui, en matière de voirie, condamne à l'amende un contrevenant, ne peut se dispenser d'ordonner la destruction des constructions indûment élevées, ni surseoir à statuer sur ce point, jusqu'à ce qu'il ait été fait droit sur un pourvoi formé par le prévenu contre l'arrêté d'alignement. — *Cass.*, 26 mars 1830, Baudin; 29 janv. 1836, Bezins; 30 janv. 1836, Vignaud.

347. — Jugé que lorsqu'un individu, dont la maison est sujette à reculement, a contrevenu à un arrêté qui lui défendait de recrépir la partie de cette maison donnant sur la rue, il ne peut être sursis à statuer sur la poursuite, jusqu'à ce que le préfet ait statué sur la réclamation formée contre cet arrêté. — *Cass.*, 21 fév. 1840 (t. 2 1840, p. 786), Dugar.

348. — De même, lorsqu'un individu poursuivi pour avoir, contrairement à un réglement de voirie, élevé des constructions sans alignement préalable, soutient que le terrain sur lequel il a construit fait partie de ceux qui lui ont été adjugés pour la perception d'un droit de péage, cette exception n'étant pas de nature à faire disparaître la contravention, le tribunal ne peut surseoir à statuer jusqu'à ce que l'administration ait procédé à l'interprétation de l'acte d'adjudication, et décidé si le terrain dont il s'agit a cessé de faire partie de la voie urbaine. — *Cass.*, 31 mars 1835, Mesmin-Laloyaux.

349. — La répression des entreprises illicites sur les routes n'est pas davantage subordonnée à l'examen de la question de propriété (Husson, t. 2, p. 40); car, en supposant que le contrevenant ait effectué sur son terrain les travaux qui lui sont reprochés, il ne s'en est pas moins rendu coupable de contravention en les entreprenant sur ou joignant la voie publique, avant d'y avoir été préalablement autorisé.

350. — Aussi jugé que si les constructions ont été faites sur ou joignant la voie publique sans avoir obtenu l'alignement, l'exception de propriété ne présente pas une question préjudicielle. — *Cass.*, 19 déc. 1828, Voisin; 19 mars 1835, Charan-Sansot.

351. — Jugé encore que lorsqu'il y a déclaration de vicinalité d'un chemin sur lequel une construction a été faite sans une autorisation préalable, l'exception de propriété, proposée par le prévenu, ne faisant pas disparaître la contravention, ne peut être un motif de surseoir jusqu'à ce qu'elle soit résolue. — *Cass.*, 24 août 1833, Viollet.

352. — Une construction établie sur le mur de soutènement d'une route par un riverain non autorisé à cet effet constitue une contravention même alors que le riverain prétendrait à la propriété de ce mur, et la contravention doit être réprimée, sauf au riverain à faire juger la question de propriété et à réclamer une indemnité, s'il y a lieu. — *Cons. d'état*, 13 avr. 1842, Guyard.

353. — Lorsqu'un préfet, procédant en vertu d'une ordonnance royale qui approuve le plan d'une ville, a ordonné la démolition des ouvrages confortatifs qui ont été, sans autorisation ni alignement préalables, exécutés à une maison sujette à reculement, le tribunal de simple police, saisi de la contravention résultant de l'inexécution de cette injonction, ne peut renvoyer le prévenu sous prétexte que, n'ayant pas été exproprié de la propriété, il n'était tenu de demander l'alignement ni l'autorisation d'effectuer les travaux. — *Cass.*, 23 août 1839 (t. 1er 1841, p. 128), Maury. — V. aussi *Cass.*, 6 sept. 1828, Baroche; 18 sept. 1828, Chesnel; 11 juin 1831, N...; 20 juill. 1838 (t. 1er 1839, p. 122), Canet; 21 juill. 1838 (t. 1er 1840, p. 302), Delacroix; 7 sept. 1838 (t. 1er 1839, p. 122), Milleville.

354. — La question préjudicielle de propriété ne fait pas non plus obstacle, en matière de grande voirie, à ce qu'il soit statué par les tribunaux administratifs sur les contraventions. — *Cons. d'état*, 16 mars 1836, Grouls; 13 avr. 1842, Guyard.

355. — Ainsi jugé qu'il n'y a pas lieu, de la part d'un conseil de préfecture, à renvoyer à faire statuer sur une question de propriété, alors qu'un décret autorise l'une des parties à faire, sauf indemnité sur le terrain en litige, l'acte dont l'autre partie se plaint. — *Cons. d'état*, 23 janv. 1838, Compagnie des canaux d'Orléans et de Loing c. sous-préfet de Montargis.

356. — De même, lorsqu'un préfet a ordonné le rétablissement d'un fossé commun dépendant d'une route royale, le conseil de préfecture ne peut pas surseoir à statuer sur la contravention du particulier qui a établi un barrage sur ce fossé, jusqu'à ce qu'il ait été statué sur la question de propriété élevée par ce contrevenant. — *Cons. d'état*, 13 fév. 1840, Gayrand d'Auxilhon.

357. — Toutefois la répression de la contravention ne fait pas obstacle à ce que les contrevenans fassent valoir devant les tribunaux leurs droits à la propriété sur laquelle la contravention a été commise. — *Cons. d'état*, 16 mars 1836, Grouls.

358. — En effet, l'action réelle qui est du ressort des tribunaux est indépendante de l'action répressive de l'autorité administrative. — Cormenin, *Dr. admin.*, vo *Voirie*, t. 2, p. 469.

359. — Quant aux effets de la prescription relativement à la contravention, il faut distinguer entre l'amende et la démolition.

360. — Si une année s'est écoulée depuis que la contravention a été commise, l'action publique est éteinte, l'amende ne peut plus être prononcée. — C. inst. crim., art. 640; — *Cass.*, 23 mai 1835, Fabre.

361. — Mais les réparations que l'action civile a pour but d'obtenir et qu'attend l'intérêt public sont soumises à d'autres règles, ainsi l'existence des constructions élevées sans autorisation le long d'une grande route constitue une infraction permanente, en sorte que la répression peut en être poursuivie quel que soit le temps écoulé depuis leur établissement. — *Cons. d'état*, 13 avr. 1842, Guyard; 30 juin 1842, de Beaucorps. — Marchand, *Encyclop. du droit*, vo *Alignement*, nos 47 et 48.

362. — Lorsqu'un individu, poursuivi pour avoir refait sans autorisation et sans alignement préalables un escalier usurpant sur la voie publique, soutient que cet escalier existait depuis plus de trente ans, et qu'il n'a pas nui à la commodité du chemin, son allégation n'étant pas de nature à faire disparaître la contravention, ne constitue pas une exception préjudicielle qui oblige le tribunal à prononcer le sursis. — *Cass.*, 19 mars 1835, Barron; 26 mars 1836, Morichon.

363. — Cependant, suivant M. Garnier (*Tr. des chemins*, p. 235), lorsque la contravention résulte de réparations tendant à consolider la façade d'un bâtiment situé sur une route dont l'élargissement a été ordonné, la prescription de trente ans est admise parce que la prohibition de bâtir sans autorisation est une véritable servitude.

364. — En supposant que la contravention commise par un propriétaire qui a fait des travaux confortatifs non mentionnés dans l'autorisation puisse être couverte par la prescription d'un an, cette prescription ne courrait qu'à partir du jour du procès-verbal qui a constaté la contravention. (Résolu par le conseil de préfecture seulement.) — *Cons. d'état*, 2 sept. 1829, Lamy.

365. — La prescription de la contravention résultant du refus de démolir les travaux confortatifs faits à un édifice situé sur la voie publique et sujet à reculement ne commence à courir que du jour de l'échéance du dernier délai accordé par l'autorité municipale pour effectuer cette démolition. — *Cass.*, 25 mars 1830, Gibert; — Mangin, *Tr. de l'act. publ.*, t. 2, p. 169, no 329; Carnot, *C. pén.*, art. 471, no 6. — Tant que le délai accordé au contrevenant n'est pas expiré, son refus d'obtempérer aux injonctions de l'autorité ne peut pas être constaté; et par conséquent, il est vrai de dire que la contravention n'existe pas encore. C'est donc seulement à partir de l'expiration de ce délai que l'action publique peut être exercée, et que commence le cours de la prescription.

366. — Le sursis illégalement accordé par le maire à un particulier, à l'effet de rebâtir sa maison suivant le plan d'alignement, ne peut avoir pour effet d'interrompre la prescription de la contravention commise par cet individu en faisant des constructions sans avoir pris l'alignement à la mairie. — *Cass.*, 18 oct. 1832, Paillard.

367. — Si le contrevenant poursuivi devant les tribunaux administratifs vient à décéder pendant l'instruction, comme les peines sont personnelles, il n'y a pas lieu à statuer. — Husson, t. 2, p. 41.

368. — Mais, il n'est pas douteux, dit cet auteur, que l'on ne puisse réclamer contre les héritiers du décédé la répression matérielle d'une contravention qui subsisterait après la mort de celui-ci.

369. — Nous adoptons complètement cette opinion. La démolition n'est pas une peine, mais une réparation en quelque sorte civile du préjudice éprouvé par la communauté des habitans dans l'étendue du domaine public; ce qui complète la démonstration c'est que c'est dans l'art. 161, C. inst. crim., qui leur impose le devoir de statuer sur les demandes en restitution et en dommages-intérêts, que les tribunaux de simple police puisent aujourd'hui le droit d'ordonner la démolition de l'ouvrage constitutif de la contravention, de la *besogne mal plantée*.

370. — La transcription, dans le jugement de condamnation, de l'arrêté administratif qui oblige les citoyens à prendre l'alignement, n'est pas nécessaire, lorsque le prévenu n'est pas condamné pour contravention à cet *arrêté*, mais pour ne s'être pas conformé à l'alignement qui lui avait été prescrit. — *Cass.*, 22 mars 1838 (t. 1er 1840, p. 402), Sorel-Lobligeois.

§ 4. — *Pénalités.*

371. — Les peines applicables aux infractions des alignemens sont celles édictées par les déclarations du roi des 27 fév. 1765, 1er sept. 1779, 10 avr. 1783 et 25 août 1784; par la loi du 16 sept. 1807, art. 50, et par l'art. 471, C. pén. Elles consistent dans l'amende, la démolition et la confiscation des matériaux. Nous devons dire, toutefois, que la confiscation des matériaux n'est plus appliquée depuis long-temps. — Tarbé, *Dict. des trav. publ.*, vo *Alignement*; Marchand, *Encyclop. du dr.*, vo *Alignement*, no 32; Husson, t. 2, p. 40.

372. — L'amende en matière de grande voirie est, pour ce qui concerne les routes dont s'occupe l'arrêt du conseil du 27 fév. 1765, de 500 fr. — L'élévation de ce chiffre déterminait souvent les conseils de préfecture à modérer l'amende lorsqu'ils devaient en faire l'application à des contraventions peu graves, mais jamais le conseil d'état n'a manqué d'annuler de semblables arrêtés et de décider qu'au roi seul, en son conseil d'état, il appartient de prononcer de semblables modérations. — Une loi du 23-30 mars 1842 porte (art. 1er), sans établir de distinction entre le conseil d'état et le conseil de préfecture, que les amendes fixes établies par les réglemens de grande voirie antérieurs à la loi des 19-22 juill. 1791 pourront, à l'avenir, être modérées, eu égard au degré d'importance ou aux circonstances des délits jusqu'au vingtième desdites amendes, sans toutefois que ce minimum puisse descendre au-dessous de 16 fr. — Quant aux amendes laissées à l'arbitrage des juges, elles pourront varier entre un minimum de 16 fr. et un maximum de 300 fr.

373. — L'amende en matière de petite voirie est fixée par l'art. 471, C. pén.

374. — L'amende, aux termes de la jurisprudence, est encourue par le seul fait de construction ou de reconstruction sans autorisation, n'y eût-il point d'ailleurs anticipation; seulement dans cette hypothèse, il n'y a point lieu de condamner à la démolition. — Garnier, *Chemins*, p. 132; Isambert, p. 477; Marchand, vo *Alignement*, no 33.

375. — Cette assertion semble combattue, il est vrai, par une décision du conseil d'état, en date du 22 fév. 1821 (Legrix-David), portant en substance que les conseils de préfecture doivent ordonner la suppression de toute œuvre nouvelle (par exemple d'un simple plâtrage) faite sans autorisation le long d'une rue: mais la jurisprudence constante de ce conseil permet de croire que s'il a jugé ainsi, c'est qu'il a considéré ce plâtrage comme confortatif. — Cotelle, t. 3, p. 245; Garnier, no 47.

376. — Il ne peut s'élever de difficulté que sur le montant de l'amende à appliquer.

377. — L'individu qui, contrairement à un arrêté du maire, a fait faire des constructions sur la voie publique sans en avoir obtenu l'autorisation, ne peut être relaxé des poursuites et dispensé de la peine portée par l'art. 471, § 5, C. pén. — *Cass.*, 18 sept. 1835, Jemin.

378. — Celui qui, en s'adressant au maire, pour faire fixer l'alignement qu'il devait observer dans des travaux à exécuter sur sa propriété, a lui-même reconnu la nécessité d'obtenir une autorisation du pouvoir municipal, et qui, néanmoins, a formellement violé l'arrêté pris par le maire sur sa demande, lequel arrêté ayant tous les caractères d'un réglement de petite voirie, n'a été ni réformé, ni même attaqué devant l'autorité administrative supérieure, est passible des peines portées par l'art. 471, no 5, C. pén. — *Cass.*, 5 nov. 1829, René Audineau.

379. — Le fait d'avoir, sans autorisation, fait recrépir un bâtiment donnant sur la voie publique, constitue une simple contravention punie par l'art. 471, C. pén., lequel a dérogé implicitement aux pénalités plus fortes édictées par les déclarations du roi des 27 fév. 1765, 1er sept. 1770, 10 avr. 1783 et 25 août 1784. — *Cass.*, 17 déc. 1840 (t. 2 1841, p. 304), Caublot.

380. — De même, quand il s'agit de simples réparations, l'amende est due par cela seul qu'elles ont été faites sans autorisation ou en dehors de la permission. — *Cons. d'état*, 30 juin 1843, Boussaud. — Mais que les travaux aient eu lieu avec ou sans autorisation s'il résulte de l'instruction qu'ils ne sont pas confortatifs, on ne doit pas condamner le propriétaire à démolir; et l'on peut même lui faire remise de l'amende à raison des circonstances. — *Cons. d'état*, 25 août 1835, Charlier; — Marchand, *Encyclopédie du droit*, vo *Alignement*, no 33.

381. — Si l'infraction consistait dans une anticipation, et qu'un règlement postérieur, venant à déterminer l'alignement à nouveau, laisse les constructions en deçà de l'alignement, il y a lieu également de maintenir ces constructions à la charge de satisfaire aux conditions du règlement. — Ce principe est notamment applicable aux constructions faites sans autorisation le long de l'avenue de Vincennes, avant le règlement du 10 mai 1823, approuvé par le ministre le 22 juill. 1826. — *Conseil d'état*, 6 sept. 1826, Friedhein; — Garnier, p. 152.

382. — Lorsque les travaux ont été faits sur et au long des rivières ou canaux navigables il y a lieu, en ordonnant la démolition, à appliquer l'art. 42, § 27, ord. d'août 1669, et l'arrêt du 24 juin 1777, qui fixe à 1,000 fr. l'amende arbitraire prononcée par l'ordonn. 1669. — Ordonn. 20 juill. 1836.

383. — Ceci n'a lieu toutefois que lorsqu'il n'existe aucun règlement postérieur spécial à la rivière sur laquelle les travaux ont été faits sans autorisation; car, dans ce cas, le règlement spécial doit être appliqué. Ainsi, par ord. du 11 fév. 1836, l'amende de 500 fr., fixée par l'arrêt du conseil d'état du 23 sept. 1783, a été infligée pour contravention commise en matière de grande voirie sur la Loire. — Marchand, vo *Alignement*, no 37.

384. — Pour les plantations ou constructions faites sur les chemins de halage, il y a lieu de prononcer l'amende de 500 fr. fixée par l'art. 7, tit. 28, ord. août 1669. — Marchand, *Encycl. du dr.*, vo *Alignement*, no 38.

385. — Il n'y a lieu, selon M. Marchand (*Encycl. du dr.* vo *Alignement*, no 39), de prononcer qu'une seule amende, à raison de travaux de diverses natures exécutés en même temps.

386. — Ceux qui ont construit ou qui ont réparé un mur sujet à reculement, sans se conformer à l'alignement, doivent non seulement être condamnés à l'amende portée par l'art. 471, § 5, C. pén., mais aussi à la démolition des constructions par eux indûment élevées. — *Cass.*, 10 nov. 1836 (t. 2 1837, p. 287), Aubert et Favel; 10 nov. 1836 (t. 1er 1837, p. 236), Chaumeron; *Colmar*, 16 fév. 1837 (t. 1er 1837, p. 477), Kœchlin-Dolfus.

387. — Lorsqu'un mur de clôture sujet à reculement est converti en mur de façade par l'adjonction des constructions nécessaires pour la création d'un bâtiment, il n'y a pas lieu à démolition (pourvu que le mur ainsi transformé n'ait pas été reconforté), par cela seul qu'il y a établissement d'une construction nouvelle sur une portion de terrain retranchable. — *Cons. d'état*, 30 déc. 1841, Gogois.

388. — Dans les circonstances autres que celles que nous venons d'énoncer, on doit prononcer à la fois la démolition et l'amende. La réparation est double parce que double a été la contravention; infraction à l'arrêté administratif exigeant l'autorisation, qui sera réprimée par le tribunal de simple police; anticipation sur le sol de la route, ou réparation confortative qui relève du conseil de préfecture. — Herman, *Encycl. du dr.*, vo *Chemins vicinaux*, no 129, et Marchand, *ibid*, vo *Alignement*, no 34.

389. — Lorsque le propriétaire d'une maison située sur une grande route et en dehors de l'alignement a construit un mur dans l'intérieur pour la consolider, il est passible de l'amende de 500 fr., prononcée par l'arrêt du conseil du 27 fév. 1765, en sus de la destruction les ouvrages exécutés sans autorisation. — *Cons. d'état*, 16 août 1833, Liénard.

390. — Lorsque le ministère public a requis la démolition ou l'enlèvement de travaux exécutés, sans autorisation, à la façade d'une maison, le tribunal de police ne peut se borner à ordonner la suppression d'une partie de ces travaux et s'abstenir de statuer quant au surplus. — *Cass.*, 29 déc. 1820, Sladhus; 22 mars 1822, Andrieu; 12 avr. 1822, Collinet; 27 juill. 1827, Delaine; 6 sept. 1828, Baroche; 18 sept. 1828, Jacquemiot; 17 janv. 1829, Fleurot; 7 août 1829, Sellier; 9 juill. 1830, Chandesais; 7 oct. 1831, Mauger-Beuzel; 17 fév. 1832, Saulé; 27 sept. 1832, Massu; 10 oct. 1832, Bonnand; 26 avr. 1834, Pichault; 30 mai 1834, Bellencontre; 20 juin 1834, Vautrin; 26 sept. 1834, Bezins; 27 mars 1835, Briot; 15 mai 1835, Loye; 23 juill. 1835, Blanchard; 29 janv. 1836, Bezins; 16 avr. 1836, Laurey; 25 juin 1836, Kœchlin-Dolfus; 6 août 1836, Beauchaine; 10 nov. 1836 (t. 1er 1837, p. 236), Chaumeron; 15 avr. 1837 (t. 1er 1838, p. 337), Chauffrieau; 2 déc. 1837 (t. 1er 1838, p. 633), Riquier; 4 janv. 1840 (t. 1er 1841, p. 752), Thibaud; 11 janv. 1840 (t. 1er 1841, p. 85), Baltut.

391. — En matière de grande voirie, quand il est constaté qu'un particulier a construit ou réparé sa maison bordant une grande route, sans l'autorisation de l'autorité compétente, le conseil de préfecture, par cela seul qu'il ordonne la démolition des constructions, ne peut pas se dispenser de condamner à l'amende la partie contrevenante. — *Cons. d'état*, 29 janv. 1839, Binder; 2 janv. 1838, Lerebours; 22 fév. 1838, Rousseau; 14 juill. 1838, Marie et Hardelay.

392. — Le conseil d'état ayant omis, dans un arrêt par lequel il a reconnu qu'un bâtiment avait été construit sans autorisation sur une grande route, d'en ordonner la démolition que le ministre avait demandée, y supplée par un nouvel arrêt. — *Cons. d'état*, 11 août 1841, Icart.

393. — Le conseil de préfecture dépasse les limites de la peine à appliquer en ordonnant la démolition du bâtiment et la reprise de l'alignement. — *Cons. d'état*, 12 avr. 1832, Moreau; 8 mai 1822, Riou.

394. — La démolition, quand elle est ordonnée, ne peut s'entendre que des travaux effectués sans permission et non de tout l'édifice. — *Cons. d'état*, 20 nov. 1816; — Husson, t. 2, p. 38.

395. — Ainsi un conseil de préfecture fait une fausse application de l'arrêt du conseil du 27 fév. 1765, en ordonnant la démolition du mur recrépi, au lieu de se borner à la destruction du recrépissage fait sans autorisation. — *Cons. d'état*, 26 oct. 1828, Lyon-Moyse; 4 juill. 1827, Hébert.

396. — De même, quand le propriétaire d'un jardin situé sur une grande route et dont le mur de face est sujet à reculement a, pour se soustraire au redressement de la route, construit, sans autorisation, sur l'emplacement du sol destiné à son élargissement, un mur neuf adossé à l'ancien, la peine de la démolition ne peut s'étendre jusqu'au vieux mur. — *Cons. d'état*, 16 mai 1827, Calame; — Cormenin, t. 2, p. 468; Chevalier, t. 2, p. 485.

397. — Lorsque le propriétaire d'une maison sujette à reculement a, sans autorisation, fait placer des poteaux et des pans de bois, les uns à la façade et les autres sur la partie non retranchable, il y a lieu d'ordonner la suppression de ceux qui reconfortent directement cette façade et de laisser subsister les autres, s'ils ne présentent pas eux-mêmes un caractère confortatif. — *Cons. d'état*, 2 août 1836, Cadol; 23 mars 1836, Mourault; — Gillon et Stourm, *Voirie*, no 47; Cormenin, *Dr. adm.*, vo *Voirie*, t. 2, p. 470.

398. — Quand le propriétaire d'une maison placée en dehors d'un nouvel alignement n'excède pas l'autorisation qui lui a été donnée de réparer la façade de cette maison, et que d'ailleurs cette autorisation n'est pas contraire aux instructions données sur cette matière, un voisin n'est pas fondé à demander, pour cause de contravention, la démolition de la façade ou à être autorisé d'avancer une terrasse sur la ligne de la maison réparée. — *Cons. d'état*, 15 juill. 1829, Guérin.

399. — Il y a lieu de surseoir à l'exécution d'un arrêté du conseil de préfecture qui ordonne la démolition d'une maison située sur une grande route, et réparée sans autorisation, s'il est nécessaire de connaître d'une manière précise la nature des réparations et que la démolition dût entraîner des dommages irréparables. — *Cons. d'état*, 22 mars 1827, Hébert.

400. — Hors les cas d'urgence et où la réparation de la contravention aux règles et aux alignemens donnés n'entraîne que des frais peu considérables, l'autorité chargée de la surveillance ne peut, en exécutant d'office, préjuger le délit sur lequel la loi appelle des juges spéciaux à prononcer, car ce serait violer les formes de la justice et compromettre la fortune des citoyens. L'administration devait être investie du droit de pourvoir à la viabilité des routes, en ordonnant la suppression des dépôts d'immondices ou autres empêchemens que les propriétaires peuvent apporter journellement à la liberté de la circulation, parce que ici le rétablissement des choses en leur premier état ne demande qu'une faible dépense, tandis qu'il intéresse essentiellement le bien public; mais quand il s'agit de constructions indûment exécutées, la répression de la contravention, moins urgente dans l'intérêt public, doit affecter plus sensiblement l'intérêt particulier; il faut donc qu'elle soit plus mûrement pesée. — Davenne, *Voirie*, p. 166.

401. — D'après la jurisprudence de la cour de Cassation, les tribunaux, liés par le fait matériel de la contravention, ne peuvent non plus se dispenser de la réprimer, en se fondant sur des considérations tirées, soit de l'utilité, soit de l'opportunité, soit même des conséquences des travaux faits en contravention. — *Cass.*, 2 déc. 1825, Lhuillier; 30 déc. 1826, Ducro; 26 juill. 1827, Moulère; 4 juill. 1828, Tallier; 20 juin 1829, Bicheux; 7 août 1829, Beq; 8 janv. 1830, Bourgeois; 26 mars 1830, Barden; 17 juin 1830, Dufresne; 10 sept. 1831, Garaud; 7 oct. 1831, Btin; 17 nov. 1831, Lacomme; 6 oct. 1832, Mazere; 16 nov. 1832, Laclaverie; 21 sept. 1833, Labouverie; 6 déc. 1833, Vincent-Dumeux; 24 janv. 1834, Dechelle; 10 mai 1834, Langlois; 25 juin 1835, Rocot; 30 janv. 1836, Chaline; 21 juill. 1838 (t. 1er 1840, p. 302), Delacroix; 28 sept. 1838 (t. 2 1838, p. 442), Ch...; 4 janv. et 9 oct. 1839 (t. 2 1840, p. 351), Bertin-Malivat.

402. — Le tribunal de police qui regarde comme constant le fait de la construction d'un mur sur la voie publique ne peut pas se dispenser, par des considérations particulières, de prononcer la peine portée par la loi. — *Cass.*, 22 pluv. an VII, Didier; 8 prair. an VII, Mathiot.

403. — En cas de contravention à l'alignement, la démolition peut être ordonnée par le conseil de préfecture, sans qu'on puisse prétendre que l'arrêté du préfet qui fixe l'alignement, n'ayant point été approuvé par ordonnance royale, n'était pas obligatoire. — *Cons. d'état*, 18 janv. 1831, Lormier.

404. — Bien plus, dans les lieux où, en l'absence d'un plan général d'alignement, le préfet doit donner l'alignement sur les voies de communication qui sont le prolongement des grandes routes, le conseil de préfecture ne peut, sous prétexte que le plan n'a pas encore été approuvé par ordonnance royale, renvoyer de la poursuite un propriétaire qui a fait sans autorisation des travaux confortatifs à sa maison, située sur une route départementale. — *Cons. d'état*, 2 août 1836, Kergorlay; 6 août 1840, Icart; — Cormenin, vo *Voirie*, p. 457 et 467; Foucart, *Elém. de dr. publ.*, t. 2, no 384.

405. — Est nul le jugement qui relaxe le prévenu de la poursuite en se fondant sur ce que, dans les communes qui n'ont pas le plan général prescrit par la loi du 16 sept. 1807, les maires ne peuvent régler les alignemens que lorsque les propriétés particulières n'ont pas à en souffrir. — *Cass.*, 8 janv. 1841 (t. 1er 1842, p. 197), Lieutard.

406. — Le propriétaire sur la demande duquel a été rendu un arrêté d'alignement ne peut être relaxé sous prétexte que cet arrêté ne lui a pas été notifié, les arrêtés municipaux en matière d'alignement n'ayant pas besoin d'être notifiés en pareille circonstance. — *Cass.*, 6 juill. 1837 (t. 2 1837, p. 292), Giraud. — Jugé même que celui qui élève des constructions sur un terrain joignant la voie publique *contrairement* à l'arrêté d'alignement du maire de la commune, ne peut être relaxé des poursuites par le motif que l'arrêté ne lui a pas été notifié. — *Cass.*, 8 juin 1844 (t. 1er 1845, p. 75), Blanchet et Chefnourri.

407. — Le tribunal saisi d'une contravention à des arrêtés d'alignement ne peut, en même temps, condamner le prévenu à l'amende et ordonner qu'il ne sera tenu de se conformer à l'arrêté, qu'autant qu'il lui aura été légalement notifié, et qu'il ne l'aura pas fait réformer par l'autorité supérieure. — *Cass.*, 15 mai 1835, Loye.

408. — Jugé dans le même sens, que le tribunal de police ne peut se refuser à réprimer cette contravention, sous le prétexte que le prévenu n'a pas été mis en demeure par le maire de se conformer à son arrêté. — *Cass.*, 8 août 1834, Richard.

409. — Un tribunal ne peut se dispenser de réprimer la contravention résultant de ce qu'un individu a élevé une construction sans avoir obtenu d'alignement, sous le prétexte que le maire à qui il l'a demandé a négligé de le lui faire connaître. — *Cass.*, 21 nov. 1828, Huvelin.

410. — Ne peut être dispensé de la démolition et de l'amende le propriétaire dont les constructions dépassent l'alignement qui lui a été ultérieurement donné, sous prétexte qu'il les avait élevées d'après les indications d'un conducteur des ponts et chaussées sur la direction probable qui devait être donnée à la route. — Seulement le conseil d'état peut, à raison des circonstances, modérer l'amende. — *Cons. d'ét.*, 3 fév. 1835, Berthaud; 9 nov. 1836, Balla.

411. — Toute construction faite sur la voie publique sans avoir obtenu l'alignement constitue une contravention que les tribunaux ne peuvent se dispenser de réprimer sous le prétexte que le prévenu n'a fait que rentrer un des angles de sa maison sur son propre terrain, qu'il a ainsi donné plus de largeur à la voie publique, et qu'il n'était pas dès-lors tenu de prendre d'alignement. — *Cass.*, 15 oct. 1834, Prêtavoine.

412. — La contravention résultant de ce qu'une partie d'un mur de clôture touchant à un chemin public a été reconstruite sans une permission préalable de l'autorité ne peut être excusée par le motif que la reconstruction n'a point diminué la largeur du chemin. — *Cass.*, 6 août 1836 (t. 1er 1837, p. 502), de Joannis.

413. — Jugé toutefois que lorsqu'il n'existe aucun procès-verbal régulier d'une contravention de voirie, mais seulement des procès-verbaux des gens de l'art appelés par l'autorité [illegible], le tribunal peut, en appréciant les faits constatés par une expertise qu'il a lui-même ordonnée sans violer aucune loi, acquitter le prévenu sur le motif que sa construction ne cause [illegible] et ne

ALIGNEMENT, sect. 8e, § 4.

ALIGNEMENT, sect. 8e, § 4.

peut causer dans l'avenir aucun dommage à la voie publique. — *Cass.*, 10 mai 1834, Bourdrel.

414. — Celui qui, contrairement à un réglement de police a, sans autorisation, fait des réparations à sa maison et déposé des matériaux sur la voie publique, ne peut pas être acquitté, sur le motif que l'autorisation dont il était tenu de se pourvoir préalablement lui aurait été accordée ensuite. — *Cass.*, 24 janv. 1835, Boet.

415. — Celui qui a contrevenu à un arrêté municipal portant défense de faire aux maisons toutes les réparations intérieures ou extérieures qui n'auraient pas été autorisées ne peut pas être acquitté sous le prétexte que les murs de sa maison, étant parfaitement solides, les travaux qu'il y a fait faire n'étaient point confortatifs, et qu'une permission devenait inutile. — *Cass.*, 9 oct. 1834, Malachaune.

416. — Celui qui a fait d'autres travaux que ceux qu'il avait reçu l'autorisation d'effectuer ne peut être déchargé des condamnations prononcées contre lui en première instance, sous prétexte qu'il ne s'est mis en contravention que pour ne pas nuire à l'aspect de la maison et par conséquent à la voie publique. — *Cons. d'ét.*, 22 mars 1827, Dehaune.

417. — Dans un pays où l'édit de décembre 1607 est encore en vigueur, celui qui a enduit d'une couche de gros mortier la façade d'une maison sujette à reculement ne peut être excusé sous le prétexte que des voisins auraient, sans aucune opposition, exécuté des travaux semblables. — *Cass.*, 17 déc. 1836 (t. 1er 1837, p. 518), Goujon de Cerisay.

418. — La démolition des constructions confortatives faites sans autorisation ne peut être évitée, sous prétexte que les travaux ont été exécutés par suite de constructions autorisées sur un terrain contigu, appartenant au même propriétaire. — *Cons. d'état*, 16 juill. 1841, Vauchel.

419. — Le tribunal de simple police ne peut refuser de réprimer une contravention résultant de ce qu'un propriétaire a fait faire, sans autorisation de l'autorité municipale, quelques réparations au mur de face de sa maison, sur le motif que le travail en question est très peu important et ne paraît pas susceptible de prolonger l'existence du mur dans lequel il a été effectué. — *Cass.*, 16 avr. 1836, Tournaire.

420. — Lorsqu'un arrêté du maire n'a autorisé un individu à reconstruire sa maison qu'à la charge de ne faire aucune réparation dans une partie désignée, le tribunal de police ne peut le renvoyer des poursuites, en cas de contravention, sur le motif que la grossièreté des travaux ne peut faire présumer qu'il les ait effectués dans des vues de longue durée ou de consolidation, et qu'on ne peut supposer que l'arrêté ait voulu autoriser une chose impossible. — *Cass.*, 16 avr. 1836, Delafosse.

421. — Le tribunal de police ne peut acquitter celui qui a fait des travaux à sa maison, en contravention à un arrêté municipal, sous le prétexte qu'au lieu de reconforter le mur donnant sur la rue, ces travaux tendraient à en diminuer la solidité. — *Cass.*, 7 août 1829, Sellier; 16 nov. 1832, Laclaverie.

422. — En matière de voirie, lorsqu'il est constaté par le jugement que le prévenu, au lieu de se renfermer dans l'autorisation qu'il avait obtenue du maire pour faire restaurer des croisées et blanchir la façade d'une maison sujette à reculement, a renouvelé toutes les croisées et *refait à neuf* le paillis, il y a lieu à cassation de la décision qui le condamne seulement à l'amende prononcée par la loi, sans ordonner la destruction de travaux indûment effectués, par le motif que ces travaux sont seulement d'embellissement. — *Cass.*, 2 déc. 1837 (t. 1er 1838, p. 633), Riquier.

423. — Quand il a été fait sans autorisation des travaux de confortation à un bâtiment situé sur une route départementale, il y a lieu d'en ordonner la démolition et de condamner le contrevenant à l'amende, bien que celui-ci objecte que ces travaux ont été faits en son absence par un ouvrier qui a agi de son chef et sans aucun ordre. — *Cons. d'état*, 12 avr. 1829, Varillat.

V. CHEMIN, PARIS (ville de), VOIRIE.

ALIMENS.

Table alphabétique.

1. — Dans le langage ordinaire on appelle *alimens* ce qui sert à la nourriture de l'homme. Dans le langage de la loi on comprend aussi sous ce mot tout ce qui est nécessaire pour satisfaire aux besoins de la vie.

2. — Suivant la loi civile, d'accord avec la loi naturelle, l'obligation réciproque d'alimens existe entre certaines personnes et donne à leur profit naissance à une action. L'existence, l'étendue, le mode de prestation, la durée, le caractère de la dette alimentaire, feront l'objet des paragraphes qui suivent.

—

§ 1er. — *De la dette alimentaire. — Entre quelles personnes elle existe.*

3. — L'art. 203, C. civ., impose aux père et mère l'obligation de nourrir leurs enfans : de là il résulte que ces enfans ont contre eux une action en alimens.

4. — Cette obligation des père et mère est personnelle à chacun des époux ; de telle sorte que l'enfant peut s'adresser directement à sa mère, même durant la communauté. — *Colmar*, 7 août 1813, N... c. N.. — Conf. Delvincourt, *Cours de dr. civ.*, t. 1er, p. 87, no 3.

5. — Mais Delvincourt ajoute que si les père et mère sont mariés sous le régime dotal, comme la dot est donnée au mari pour soutenir les charges du mariage, du nombre desquelles est la nourriture et l'éducation des enfans communs, c'est au mari seul que la charge est dévolue ; si le mari est hors d'état d'y subvenir, c'est à la femme à y pourvoir, même sur ses paraphernaux.

6. — De ce que l'obligation de fournir des alimens à la famille pèse avant tout sur le mari, il résulte que si l'immeuble dotal de la femme a été aliéné pour cause alimentaire, cette femme a le droit d'en répéter la valeur contre son mari, et cette répétition peut avoir lieu soit sur les biens possédés par le mari au jour de la vente, soit sur ceux qui lui seraient advenus postérieurement. — *Nimes*, 24 août 1842 (t. 2 1843, p. 161), Prival c. Arribert.

7. — Quant à l'époux qui, postérieurement au divorce, a volontairement et sans protestation nourri et entretenu l'enfant commun, il ne peut répéter contre son ancien conjoint tout ou partie des sommes qu'il a avancées. — *Nimes*, 20 août 1807, Nogarède c. Coulet; 17 janv. 1807, Teule c. Delon.

8. — Jugé que l'enfant devenu majeur a seul qualité pour former une demande en pension alimentaire contre sa mère. Cette action ne saurait être intentée en son nom par son père. — *Paris*, 9 mars 1844 (t. 1er 1844, p. 519), de Saint-Hubert. Cette décision est conforme au principe admis en cette matière que le droit à une pension alimentaire est personnel. — V. *infrà* § 5.

9. — De leur côté les enfans doivent des alimens à leurs père et mère et autres ascendans qui sont dans le besoin. — Art. 205.

10. — Cette obligation des enfans envers leurs parens n'est pas une obligation créée par le droit civil, mais une obligation de droit naturel. Aussi a-t-il été jugé avec raison que le père, quoique frappé de mort civile, peut, lorsqu'il est dans le besoin, exiger des alimens de son fils. — *Paris*, 18 août 1808, Dépinay Saint-Luc; — Vazeille, *Traité du mariage*, t. 2, no 487.

11. — Jugé toutefois que l'enfant qui, pendant la contumace de son père, condamné à une peine emportant mort civile, fournit à ce dernier des sommes pour son entretien et sa subsistance, a le droit, dans le cas où son père décède dans les cinq ans de grâce et par conséquent *integri statûs*, de répéter contre sa succession les sommes par lui fournies, sans qu'on puisse soutenir qu'en payant ces sommes, il n'a fait qu'acquitter volontairement une dette naturelle, pour laquelle la loi n'admet pas de répétition. — *Douai*, 14 fév. 1832, Lefebvre.

12. — Le père qui s'est remarié n'en conserve pas moins le droit de demander des alimens à ses enfans du premier lit. — *Poitiers*, 25 nov. 1824, Brulaclure c. Graban.

13. — De même le convol de la mère ne relève pas ses enfans de l'obligation de lui fournir des alimens, lorsque son second mari est hors d'état de la nourrir. On ne peut étendre à ce cas la disposition de l'art. 206, C. civ., relative, en ce qui concerne le gendre, au convol de la belle-mère. — *Colmar*, 5 janv. 1810, Noegel. — Duranton, t. 3, no 421.

14. — Les aïeuls et aïeules sont tenus de fournir des alimens à leurs petits enfans. C'est ce qui résulte incontestablement de la combinaison des art. 205 et 207, C. civ., dont l'un porte que les enfans doivent des alimens à leurs père et mère et *autres ascendans*, et le second déclare cette obligation réciproque. — *Cass.*, 28 oct. 1807, Dramazien c. Pepin; *Turin*, 28 nov. 1807, Maglurin c. Grisi Lapiez; *Paris*, 2 mai 1806, Levaillant c. Chénié. — Duranton, t. 3, no 387 ; Vazeille, t. 2, no 488 ; Delvincourt, p. 87, note 3e; Zachariæ, *Droit civil français*, t. 3, § 552.

15. — Toutefois plusieurs auteurs (Malleville sur l'art. 205; Toullier, t. 2, p. 3, d'après Locré, t. 3, p. 443), bien qu'ils admettent ce principe de réciprocité qui était admis avant le Code, et que la loi 5, § 2, ff., *De agnosc. et alend. lib.*, consacrait positivement, croient voir dans la loi une omission quant à la consécration positive de ce principe, et Toullier va même jusqu'à dire que les tribunaux pourraient, suivant les circonstances, rejeter l'action alimentaire dirigée par les petits-enfans contre leurs aïeuls ou aïeules, sans craindre la cassa-

ALIMENS, § 1er.
ALIMENS, § 1er.

tion du jugement, *car il n'y aurait pas de loi violée.* —Nous pensons, au contraire, qu'un pareil jugement violerait une loi positive, les art. 205 et 207; et M. Duranton, *loc. cit.*, soutient avec raison qu'un arrêt qui refuserait *en droit* au petit-fils l'action alimentaire contre son aïeul devrait être cassé et le serait très *probablement.* (Il eût pu dire très *certainement.*)

16. — L'obligation de se fournir réciproquement des alimens est aussi imposée au gendre, à la belle-fille, au beau-père, à la belle-mère. — C. civ., art. 206.

17. — Et cette obligation s'étend, bien que la loi ne le dise pas formellement, aux ascendans par alliance du degré supérieur. C'est ce qui paraît résulter de la discussion au conseil d'état.—Locré, *Législ. civile*, t. 4, p. 379, art. 2, p. 388, n° 20; Duranton, t. 2, n° 406; Vazeille, t. 2, n° 495; Delvincourt, t. 1er, p. 87, note 7e, qui en donne pour raison fort juste que les gendre et belle-fille devant des alimens parce qu'ils sont *loco filii et filiæ*, sont sujets à toutes les obligations d'un fils et d'une fille, et par conséquent à nourrir leurs ascendans par alliance. — V. *contrà* Proudhon, *Etat des personnes*, t. 1er, p. 254; Toullier, t. 2, n° 612 (qui se fondent uniquement sur le silence de la loi). Il est bien entendu d'ailleurs que le *droit* aux alimens, correspondant à l'*obligation*, existerait au profit des gendre et bru à l'égard des ascendans par alliance dont il vient d'être parlé.

18. — Le mot *gendre* employé par la loi démontre que par beau-père et belle-mère il faut entendre ce que les Latins expriment par *socer, socrus*, c'est-à-dire le père et la mère du mari ou de la femme, et non pas le second mari de la mère ou la seconde femme du père, *vitricus, noverca*. De même par *belle-fille* il faut comprendre la personne vulgairement appelée *bru*. — Merlin, *Rép.*, v° *Alimens*, § 2 *bis*, n° 4; Toullier, t. 2, n° 612; Zachariæ, t. 3, § 552; Delvincourt, t. 1er, p. 87, note 7e; Locré, t. 4, p. 388, n° 20.

19. — L'obligation d'alimens entre les personnes indiquées dans le numéro qui précède subsiste tant que subsistent eux-mêmes les liens qui produisent l'affinité.—*Cass.*, 30 frim. an XIV, Cohen; *Colmar*, 23 fév. 1813, N. c. N.; *Rennes*, 15 févr. 1821, Lebardelay c. Huguet.

20. — Mais lorsque celui des deux époux qui produisait l'affinité et les enfans issus de son union avec l'autre époux sont décédés, l'obligation alimentaire naissant de l'alliance s'éteint d'une manière absolue. — C. civ., art. 206.

21. — Ajoutons aussi que la belle-mère qui convole à de secondes noces perd par cela même le droit de demander des alimens à son gendre et à sa bru. — C. civ., art. 206.

22. — Bien que la loi ne pose pas expressément le même principe pour le cas de convol de la bru, on doit, par raison d'analogie et en vertu du principe de réciprocité écrit dans l'art. 207, dire que la bru qui se remarie ne peut plus réclamer d'alimens du père et de la mère de son premier mari. — Zachariæ, § 552; Duranton, t. 2, n° 421.

23. — Remarquons au surplus que le droit qui s'éteint par le convol dans la personne de la belle-mère ou de la belle-fille ne renaîtrait pas par la dissolution du deuxième mariage, même en supposant qu'il y eût encore des enfans du premier : l'effet de l'art. 206 est absolu et définitif. — C'est ce que fait remarquer avec justesse M. Duranton, n° 421.

24. — Jugé dès-lors avec raison que l'obligation pour une belle-fille de fournir des alimens à sa belle-mère cesse de plein droit par le convol de celle-ci, sans qu'elle puisse revivre par la dissolution de ce nouveau mariage sans enfans. — *Rennes*, 5 mai 1826, Chartier c. Regnault.

25. — Ce dernier arrêt déclare que le convol de la belle-mère produit son effet sans qu'il y ait lieu de distinguer entre le cas où il serait antérieur ou postérieur au mariage de la bru. — Même arrêt.

26. — La perte du droit aux alimens, que subissent, dans le cas de convol, la belle-mère à l'égard de son gendre ou de sa bru, ou la bru à l'égard de son beau-père ou de sa belle-mère, ne détruit pas du côté, soit de l'une, soit de l'autre, l'*obligation* d'alimens. — En vain s'appuie-t-on sur le principe de la réciprocité pour soutenir l'opinion contraire. — Zachariæ (*loc. cit.*) fait remarquer avec beaucoup de raison que la déchéance encourue par l'une des personnes au profit desquelles un droit réciproque est établi ne fait pas obstacle à ce que ce droit continue de subsister au profit de l'autre.—V. conf. Duranton, t. 2, n° 420.—*Contrà* Delvincourt, t. 1er, p. 87, note 10. —Toutefois, M. Duranton pense que l'arrêt qui jugerait que le convol de la belle-mère a détruit à son égard l'*obligation* d'alimens ne pourrait être cassé parce qu'il ne blesserait aucune loi *positive.*—La loi positive, suivant nous, c'est l'art. 206, qui pose le principe de la dette alimentaire, et cette loi serait blessée, 1° en ce qu'on n'aurait pas appliqué le principe général qu'elle contient, 2° en ce qu'on aurait étendu l'exception qui y est écrite, ainsi que la disposition de l'art. 207, à un cas qu'ils n'ont pas eu en vue.

27. — L'obligation de se fournir réciproquement des alimens n'existe pas entre les collatéraux ni entre les alliés autres que ceux qui ont été indiqués plus haut, pas même entre frères et sœurs. Il n'existe, dans ce cas, qu'une simple obligation morale.

28. — Il peut arriver, dans certains cas, qu'un époux auquel il n'est pas dû d'alimens ou qui n'en doit pas lui-même se trouve, de fait, appelé à participer à l'avantage ou à concourir à la charge des alimens qui sont dus à son conjoint ou par son conjoint. — Tel serait, par exemple, le cas où la mère convolerait en secondes noces : ses biens se trouvant *grevés* de la dette alimentaire au profit de ses enfans du premier lit ou de ses gendre et bru, le deuxième mari en souffrirait nécessairement, comme aussi il profiterait de la pension qu'elle pourrait réclamer de ses enfans. Mais comme il n'en serait ainsi à son égard que par la force des choses, on ne saurait y voir ni une *obligation* ni un *droit* alimentaire à lui personnel.

29. — C'est dans ce sens qu'il faut entendre l'arrêt qui a jugé que le second mari de la mère, alors qu'il jouit de la fortune de celle-ci, doit à l'enfant du premier mariage des alimens proportionnés à la fortune de la mère. — *Caen*, 17 fév. 1818, de Tallevast c. d'Anctoville.

30. — Bien que le Code se borne à désigner quelles sont les personnes soumises à l'obligation alimentaire, sans indiquer l'ordre dans lequel elles doivent satisfaire à cette obligation, on ne doit pas en conclure qu'elle pèse *simultanément* sur toutes. Au contraire, il faut reconnaître que l'obligation étant le corollaire de la qualité d'héritier présomptif, doit naturellement peser : 1° sur les descendans; 2° sur les ascendans; 3° sur les gendres, brus et autres alliés de la ligne descendante d'un degré inférieur; 4° sur les beaux-pères, belles-mères et autres alliés de la ligne ascendante d'un degré supérieur. — Ce n'est donc qu'à défaut les uns des autres dans l'ordre ci-dessus indiqué qu'ils peuvent être recherchés. — Zachariæ, *Dr. civ. franç.*, t. 3, § 552.

31. — MM. Duranton (t. 2, n° 395) et Proudhon (t. 1er, p. 256) pensent aussi que les ascendans ne sont tenus de la dette alimentaire qu'à défaut de descendans, puisque ce n'est qu'à leur défaut qu'ils sont appelés à succéder (C. civ., art. 746 et suiv.). — Vazeille, au contraire (*Traité du mariage*, t. 2, n° 492), partant de ce principe que la loi établit au même degré et avec la même force l'obligation réciproque des alimens entre le père et l'enfant, l'aïeul et le petit-fils, soutenait qu'ils sont également obligés, dans la proportion de leurs facultés, envers celui qui se trouve justement au milieu d'eux, fils de l'un et père de l'autre. — Mais la première opinion, qui respecte l'analogie fournie par l'ordre des successions, nous paraît préférable, et Vazeille (nos 490-491) paraissait l'avoir admise lui-même pour régler le rang d'après lequel les descendans et les ascendans sont tenus entre eux de la dette alimentaire.

32. — Ainsi encore, les ascendans supérieurs ne sont tenus de fournir les alimens à leurs petits-enfans qu'autant que les père et mère sont décédés ou dans l'impuissance de le faire eux-mêmes — L. 8, ff., *De agnosc. et alend. liberis*; Toullier, t. 2, n° 612; Duranton, t. 2, n° 389; Vazeille, *du Mariage*, nos 489 et 490; Delvincourt, t. 1er, p. 87, n° 3; — Arg. *Turin*, 28 nov. 1807, Maghino c. Gorsi Lapie. — En effet, indépendamment de ce que l'obligation entre père et mère est plus étroite que celle des aïeuls et aïeules, la loi n'a pas entendu méconnaître le principe : *Ubi emolumentum, ibi debet esse onus.* Or, c'est le père et non l'aïeul qui est l'héritier présomptif de l'enfant.

33. — Ce qui vient d'être dit entraîne, comme conséquence inverse, que les ascendans ne peuvent s'adresser à leurs petits-enfans, *omisso medio*. Ils doivent d'abord s'adresser à leurs enfans, sauf dans le cas où ceux-ci ne pourraient fournir les alimens à recourir *subsidiairement* contre leurs petits-enfans. — Pothier, *Tr. du mariage*, nos 387-393; Duranton, t. 2, n° 393; Toullier, t. 2, n° 613; Delvincourt, t. 1er, p. 87, note 5e.

34. — Toutefois, il ne faut pas conclure de là que les enfans d'un fils décédé ou hors d'état de subvenir à la dette alimentaire pourraient se soustraire à l'obligation résultant de l'art. 205, par le motif que l'ascendant aurait d'autres enfans en état de la payer. — Ces enfans succèdent aux obligations de leur père et doivent concourir avec ceux du premier degré au paiement de la dette alimentaire. — Cette doctrine a été surtout consacrée par arrêt de la cour d'*Amiens*, 11 déc. 1821, Caille c. Sueur et Colombel; — Duranton, t. 2, n° 394; Delvincourt, t. 1er, p. 87, note 5e; Vazeille, t. 2, n° 491; Pothier, n° 393. — *Contrà*, Toullier (t. 2, n° 613), qui soutient que, sous l'ancienne jurisprudence, la *représentation* n'avait pas lieu quant à l'obligation alimentaire. — Pothier (*loc. cit.*) enseigne le contraire.

35. — Seulement il est juste de dire, avec Delvincourt et M. Duranton (*loc. cit.*), que, dans le concours d'enfans au premier degré et de petits-fils nés d'un enfant prédécédé ou hors d'état de fournir la dette alimentaire, ceux-ci ne doivent compter que pour une tête dans la prestation définitive des alimens.

36. — L'obligation alimentaire, dérivant du lien naturel, existe avec réciprocité entre les père et mère naturels et leurs enfans légalement reconnus, aussi bien qu'entre les père et mère et enfans légitimes. — Mais la reconnaissance de paternité ne pouvant produire d'effet qu'autant qu'elle est faite par acte authentique, il s'ensuit que celle qui résulterait d'actes privés, tels que correspondance, ne donne point à l'enfant naturel le droit de réclamer des alimens. — *Montpellier*, 7 déc. 1843 (t. 2 1844, p. 291), Lchadois c. L.

37. — Ainsi jugé que l'enfant naturel reconnu a contre son père l'action en alimens, et qu'il a droit à ces alimens encore qu'il n'ait été reconnu que pendant le mariage de celui-ci, alors surtout qu'ils sont pris sur le revenu de ses biens personnels. — *Cass.*, 27 août 1811, Carayon c. Cabanon. — V., sur le principe, conf. *Toulouse*, 19 janv. 1813, Laffitte c. Darnaud.

38. — La mère de cet enfant naturel a qualité pour réclamer des alimens en faveur de cet enfant. — *Paris*, 1er fév. 1812, Chrétin c. Choppart; *Colmar*, 24 mars 1813, Gi mann c. Mussel. — Attendu d'ailleurs qu'elle est leur tutrice naturelle. — Sur ce dernier point, V. TUTELLE.

39. — Mais le droit de l'enfant naturel irait-il jusqu'à pouvoir exiger des alimens de ses ascendans autres que son père et sa mère?

40. — Sous l'ancien droit, la question était généralement résolue en faveur de l'enfant naturel. — V. Palou, *Comment sur la Cout. de Lille*, t. 1er, p. 200; Zypæus, *Not. jur. belg.*, lib. 5, tit. *De natural. liber.*, n° 13; Voët, *Ad Pandectas*, liv. 25, tit. 3, n° 7; Deghewiet, *Instit. au droit belge*, t. 1er, p. 73; les auteurs de l'*Encyclop. de jurisp.* (qui citent Chorier, Bacquet et Servin, v° *Bâtard*, p. 529), et le président Favre, qui s'exprime en ces termes : « *Sicut proprio filio alimenta præstare tenetur pater, ita et nepoti suscepto ex filio, quamvis per illegitimam conjunctionem.* » (défin. 5, lib. 4, p. 293). — Boniface rapporte deux arrêts des 17 fév. 1662 et 14 fév. 1665 (t. 1er, liv. 3, tit. 7, p. 207 et 208). — On en trouve d'autres dans Pollet (partie 2e, p. 270), rendus par le parlement de Flandre les 27 mars 1692 et 18 mars 1697 (V. le *Recueil d'arrêts du département de Flandre*, t. 1er, p. 450). Un dernier a été rendu par le parlement de Provence, le 16 mai 1702 (V. le *Recueil des arrêts du parlement de Provence*, p. 337). Le *Rép. de jurisp.* rapporte aussi deux arrêts d'Aix rendus en 1627 et 1632. — Mais d'autres parlemens avaient adopté une jurisprudence contraire, notamment ceux de Paris (V. arrêts de 1603, 27 avr. 1614 et 18 juill. 1622), Bordeaux et Toulouse.—V. Brodeau, sur Louet, lett. D, somm. 1er, n° 20, et Lapeyrère, v° *Bâtard*, n° 27.

41. — Mais depuis le Code, il a été jugé qu'un enfant naturel reconnu par son père n'a pas, après le décès de ce dernier, une action contre son aïeul naturel pour en obtenir des alimens.—*Cass.*, 7 juill. 1817, Langlart c. Demangeot. — Cette décision repose sur ce qu'il n'existe entre eux aucun lien ni obligation de famille.— Loiseau, *Trait. des enf. nat.*, p. 558. — *Contrà Douai*, 19 mars 1816 (cassé par celui de 1817 précité).

42. — Le principe consacré par l'arrêt de la cour de Cassation paraît rigoureusement vrai; mais on n'en doit pas moins considérer comme bien rendue la décision qui juge que des alimens sont dus à la mère d'un enfant naturel décédé par le conjoint de celui-ci, lorsqu'il existe des enfans issus du mariage. — *Paris*, 28 mars 1840 (t. 1er 1840, p. 698), Desilles c. Parent; — Merlin, *Rép.*, v° *Alimens*, § 1er, n° 6. — N'est-il pas vrai, en effet, de dire avec la cour de Paris que le mariage de l'enfant naturel a communiqué à son conjoint le lien de parenté qui l'unissait à sa mère? ce qui lui avait imprimé en réalité la qualité d'allié et de gendre.

43. — Jugé en tout cas, et avec raison, que les père et mère d'un individu qui a reconnu un enfant naturel ne peuvent être condamnés solidairement avec leur fils à payer des alimens à cet enfant, alors qu'il n'est pas justifié que leur fils soit hors d'état

d'y satisfaire. — *Colmar*, 27 juin 1824, Bourquard c. Collet.

44. — Les enfans adultérins ou incestueux ont aussi, dans certains cas, droit à des alimens. — V. ENFANT ADULTÉRIN, ENFANT INCESTUEUX.

45. — L'obligation alimentaire existe encore entre l'adoptant et l'adopté l'un envers l'autre. — C. civ., art. 349.

46. — En outre, elle existe et au premier chef entre époux. — V. MARIAGE.

47. — Jugé toutefois que le mari ne peut pas demander à sa femme, pendant le mariage, une pension alimentaire : il a seulement le droit, s'ils sont séparés de biens, de contraindre sa femme à contribuer aux dépenses du ménage, qui doit être réputé établi dans le lieu où réside le mari. — *Paris*, 9 mars 1844 (t. 1er 1844, p. 549), de Saint-Hubert c. de Saint-Hubert ; *Bordeaux*, 27 avr. 1831, Guyonnet.

48. — Le *Dict. du notariat* (vº *Alimens*, nº 19) rapporte un jugement du tribunal de la Seine, du 8 mai 1827, qui a jugé que la mort civile d'un époux le prive du droit de réclamer des alimens de l'autre époux. — Bien que la loi classe la mort civile dans les causes de dissolution du mariage, cette décision n'est pas hors de toute critique (V. nos 10 et 187).

49. — D'un autre côté, il est des cas où la dette alimentaire existe sans être réciproque. — Ainsi il est dû des alimens : — 1º Par le tuteur officieux à son pupille (C. civ., art. 364; — 2º Au donateur indigent par le donataire (C. civ., art. 955. — V. DONATION); — 3º Par le créancier qui détient son débiteur en prison (V. CONTRAINTE PAR CORPS) ; — Dans certains cas, par la masse des créanciers au failli et à sa famille (C. comm., art. 530. — V. FAILLITE); — 5º Enfin, la dette alimentaire peut résulter de contrats passés même entre personnes qui ne se doivent pas d'alimens dans l'ordre de la loi.

50. — Et il a été jugé que lorsque, par contrat de mariage, deux époux se sont engagés à nourrir et élever jusqu'à sa majorité la nièce de la future épouse, cette nièce peut, s'il arrive que la tante décède, exiger que l'oncle survivant lui fournisse des alimens dans le domicile de sa propre mère, et cela malgré les offres que fait celui-ci de la recevoir chez lui. — Dans ce cas, les juges peuvent arbitrer le montant de la pension alimentaire — *Bruxelles*, 22 avr. 1807, Duvivier c. Hiernaux. — Jugé aussi que, tout en ne voulant pas reconnaître son enfant naturel, le père peut s'engager valablement par lettres à lui fournir des alimens. Il y a, en pareil cas, obligation naturelle, servant de cause valable à une obligation civile. — Une semblable obligation cesse de plein droit au moment où l'enfant peut se suffire à lui même, par exemple à l'âge de dix-huit ans, si on a fixé cette époque. — *Montpellier*, 7 déc. 1843 (t. 2 1844, p. 291), Lehadois c. L.

§ 2. — *Quand les alimens sont-ils dus?*

51. — Les alimens sont dus dès que celui qui les réclame *est dans le besoin*. — C. civ., art. 203.

52. — Ainsi jugé que les père et mère doivent des alimens à leurs enfans quel que soit leur âge, s'ils sont dans le besoin. — *Rennes*, 12 juin 1810, D... c. D... ; — Duranton, t. 2, nº 382.

53. — Ils sont dus, quelle que soit la cause du dénûment de celui qui les réclame. Ainsi, même au cas où l'enfant qui aurait été doté aurait perdu sa dot par suite de son inconduite. — Voët, *Ad pandect.*, *tit. De agnosc. et alend. lib.* nº 5. — Toutefois, M. Duranton (nº 383) déclare n'admettre cette opinion qu'avec beaucoup de restrictions. — V. aussi Vazeille, *Tr. du mariage*, t. 2, nº 512.

54. — Les alimens sont-ils dus, quels que soient les torts des enfans qui les réclament envers leurs parens ? — L'affirmative résulte, et avec raison suivant nous, d'un arrêt de Colmar du 7 août 1813, N... c. N... — Remarquons toutefois que, dans l'espèce de cet arrêt, il s'agissait de torts que la cour considérait comme presque excusables à raison de la provocation.

55. — Suivant le droit romain et l'ancienne jurisprudence française, le père qui avait reçu de son fils une offense grave, comme s'il s'était marié sans son consentement et sans le requérir, n'était point obligé de lui fournir des alimens; mais il fallait que cette offense fût du nombre de celles pour lesquelles les lois prononçaient contre l'enfant la peine de l'exhérédation. (L. 5, § 11, ff., *De agnoscend. et alend. liber.* — V. dans ce sens, Lacombe (vº *Alimens*, sect. 1re), qui s'appuie sur un arrêt du 22 déc. 1628, rapporté au *Journal des audiences*. — Toutefois, on trouve dans Soefve (t. 1er, chap. 100) un arrêt du 10 déc. 1652 qui décide le contraire. — V. aussi plusieurs arrêts dans *le Nouveau Denizart*, vº *Alimens*, § 3, et dans le *Rép.* de Merlin, vº *Alimens*.

56. — Sous notre droit, le père ne peut refuser des alimens à son enfant dans le besoin, sous prétexte qu'il se serait marié sans son consentement. — *Cass.*, 7 déc. 1808, Lambert c. Gras; *Grenoble*, 19 fév. 1808, mêmes parties; *Bruxelles*, 19 janv. 1811, R... c. R...; *Caen*, 15 avr. 1828, G... c. P...; — Duranton, t. 2, nº 384; Vazeille, *du Mariage*, t. 2, nº 482; Toullier, nº 614, et Rolland de Villargues, *Rép. du not.*, vº *Alimens*, nº 7, édit. 2e.

57. — Nous partageons cet avis, et nous n'admettons pas l'opinion des auteurs (Zachariæ, t. 3, § 552, Duranton, t. 2, nº 385; Toullier, t. 2, nº 614), qui pensent, en se fondant sur la L. 5, § 11, ff., *De agnosc et alend. lib.*, que si l'enfant s'était rendu coupable envers son père d'un fait qui le ferait déclarer indigne de lui succéder dans les termes de l'art. 728, on devrait le déclarer sans droit pour réclamer des alimens. — Décider ainsi, c'est, suivant nous, méconnaître la nature de la dette alimentaire : c'est là une obligation naturelle dont l'accomplissement ne saurait être gêné par des raisons d'analogie tirées du droit civil, *necare videtur*, disait la loi romaine, *non tantum is qui partum perfecat, sed et is qui abjicit et qui alimenta denegat.* (L. 4, ff., *De agnosc. et alend. lib.*) — Au surplus, M. Duranton avoue lui même que l'arrêt qui accorderait des alimens au fils indigne de succéder ne saurait être cassé. — Nous allons plus loin, et nous disons que celui qui en se fondant sur le simple motif d'indignité refuserait des alimens *devrait* l'être.

58. — Mais nous avouons que l'inconduite ou les torts du demandeur en alimens devraient faire restreindre la pension au simple nécessaire. — *Grenoble*, 19 fév. 1808, Lambert c. Gras.

59. — Des alimens sont dus à l'ascendant dès qu'il est dans le besoin, et *alors même qu'il n'aurait pas d'infirmités*. — *Colmar*, 23 fév. 1813, N... c. N...

60. — Mais pour que les alimens soient dus, il faut que celui qui les réclame *soit dans le besoin*. — Art. 203.

61. — Ainsi, jugé qu'un père ne doit des alimens à ses enfans mineurs qu'autant que ceux-ci ne trouvent pas dans leurs revenus personnels de quoi suffire à leur subsistance. — Si le père a fourni les alimens, il peut les employer comme dépense dans le compte qu'il rend à ses enfans de l'administration de leurs biens, mais seulement pour ceux qu'il a fournis *depuis* que des biens personnels sont échus aux enfans. — *Cass.*, 13 mars 1813, Lebandy c. Lemaître. — Merlin, *Rép.*, vº *Alimens*, § 1er, art. 6, nº 6.

62. — L'état de besoin se manifeste *légalement* par l'absence de revenus suffisans pour vivre et impossibilité de la part de celui qui réclame de pourvoir à sa subsistance par son travail.

63. — Jugé (quant aux revenus) qu'il suffit que ceux de l'ascendant soient insuffisans pour qu'il soit réputé avoir besoin et droit à des alimens. Ses enfans ne peuvent l'obliger par préalable, ni à manger ses capitaux ni à leur en faire l'abandon. — *Bordeaux*, 16 fév. 1828, Pellet.

64. — Toullier (t. 2, nº 613) soutient, contrairement à l'arrêt précité, que le père qui réclame des alimens n'est recevable qu'autant qu'il abandonne à ses enfans tout ce qu'il possède, à l'exception des meubles de première nécessité. Il cite à l'appui de son opinion le *Nouveau Denizart*, vº *Alimens*, § 4, nº 5. — V. aussi en ce sens Pothier, *Tr. du mariage*, nº 390. — Mais cette thèse, loin de reposer sur aucun texte, est contraire aux vrais principes, suivant lesquels l'enfant doit *ajouter* aux ressources de l'ascendant ce qui est nécessaire pour les rendre suffisantes et non les confisquer pour réduire l'ascendant au rôle de simple pensionnaire. Aussi est-elle repoussée comme mal fondée et irrévérentieuse par M. Duranton (t. 2, p. 399) et Vazeille (t. 2, nº 513).

65. — Jugé encore que les enfans doivent des alimens à leurs père et mère dans le besoin, encore bien que ceux-ci, en abandonnant leurs biens à leurs enfans, se soient réservé quelques terrains, si d'ailleurs ces terrains ne leur procurent pas des ressources suffisantes. — *Douai*, 23 mai 1839 (t. 2 1839, p. 526), Broc.

66. — En droit romain, les enfans (LL. 16 à 23, ff., *De re judic.*, et *De jure dot.*) créanciers de leurs parens ne pouvaient exiger leur créance que jusqu'à concurrence de ce que les parens pouvaient donner, déduction faite de ce qui leur était nécessaire pour exister. Cette espèce de droit de rétention de la part des ascendans était appelé par les interprètes *beneficium competentiæ* (Inst., *De act.*, § 38). — Mais, la loi nouvelle étant muette à cet égard, on doit en conclure que le bénéfice de compétence n'existe plus. Le fils créancier de son père pourrait donc l'exproprier entièrement, sauf à offrir de lui laisser en *usufruit* une quantité de biens suffisante pour exister ou de lui payer une pension alimentaire. — Zachariæ, *Droit civ. franç.*, § 552; Delvincourt, t. 1er, p. 226; Toullier, t. 2, nº 618; Vazeille, t. 2, nº 513, Duranton, t. 2, nº 400; — *Contrà*, Proudhon *Etat des personnes*, t. 1er, p. 257, qui parle du *bénéfice de compétence* comme s'il était reconnu par notre droit.

67. — Quant à la question de savoir jusqu'à quel point et dans quelles limites la possibilité, pour celui qui réclame des alimens, de pourvoir à sa subsistance par son travail, peut motiver un refus de la part du débiteur, elle a donné lieu à plusieurs décisions.

68. — Ainsi, d'une part, il a été jugé qu'un père ne peut être contraint à fournir des alimens à son fils qu'autant que celui-ci est dans l'impuissance de s'en procurer par son travail. — *Trèves*, 12 août 1810, Pierre N..... c. Paul N.....

69. — Jugé encore que lorsque les père et mère ont rempli cette première obligation de nourrir, entretenir et élever leurs enfans, ils ne leur doivent de pension alimentaire que lorsque ceux-ci sont dans l'impuissance de pourvoir personnellement à leur subsistance, et que, *spécialement*, l'enfant qui peut trouver des ressources dans son éducation, dans la vigueur de son âge et dans sa position sociale, n'est pas fondé à exiger de ses père et mère une pension alimentaire — *Paris*, 3 avr. 1833, Deforestier. — V. aussi *Nîmes*, 20 août 1807, Nogarède c. Coulet.

70. — Et d'un autre côté, on a décidé que les père et mère doivent des alimens à leurs enfans, alors même que ceux-ci auraient reçu une éducation suffisante pour se mettre en état de pourvoir à leurs besoins par leur travail. — *Rennes*, 24 déc. 1810, B... c. B...

71. — Pour nous, nous pensons d'abord qu'il ne faut pas poser en principe absolu que l'enfant qui a un état ou un métier n'a pas droit à des alimens, car il ne suffit pas d'avoir un métier, une industrie, si on n'a pas la possibilité de l'exercer. Les juges examineront s'il y a ou non paresse ou mauvaise volonté de la part de celui qui réclame. Et pour cela ils prendront en considération son éducation et sa position sociale.

72. — Ainsi, il a été jugé, et avec raison, que le père ne peut exiger que son fils se livre, pour vivre, à des travaux auxquels son éducation et les convenances sociales le rendent étranger. — *Rennes*, 12 juin 1810, D... de la M...

73. — ...Que le père qui est dans l'aisance ne peut refuser des alimens à son fils dans le besoin, sous prétexte que celui-ci peut se livrer à des travaux pénibles ou mécaniques pour gagner sa vie. — *Bruxelles*, 19 janv. 1811, R.....

74. — ...Que les père et mère qui refusent de recevoir leur fille dans leur domicile ne peuvent, quels que soient ses torts, lui refuser une pension alimentaire, sous prétexte qu'elle peut subvenir à ses besoins, soit en travaillant comme ouvrière, soit en se plaçant comme domestique, lorsque cette condition est inconciliable avec l'éducation qui lui a été donnée et la position de sa famille. — *Colmar*, 7 août 1813, N.....

75. — D'autre part, la nature même de la dette ne nous permet pas d'admettre que les juges aient le droit de refuser d'une manière absolue des alimens à l'enfant qui, le *pouvant*, ne voudrait pas travailler (V. *contrà* Duranton, t. 2, nº 382; Vazeille, *Traité du mariage*, t. 2, nº 486). — Seulement il est évident que les juges, souverains appréciateurs en cette matière, prendront en considération, pour la fixation de la pension, la mauvaise volonté du réclamant. — Motifs de l'arrêt du 24 déc. 1810, précité nº 70.

76. — Il n'est pas, au reste, inutile de remarquer d'une manière générale que, sur la question de savoir quelle est l'étendue et la nature des besoins de celui qui réclame des alimens, et dans quelle proportion ils doivent être fournis par le débiteur, les juges ont un plein pouvoir d'appréciation.

77. — L'état de besoin peut n'être que momentané. Pour ce cas, il a été décidé que bien qu'un fils et un gendre ne soient pas positivement en situation de réclamer une pension alimentaire proprement dite, ils peuvent, *en cas de gêne momentanée*, contraindre leur père ou beau-père à leur fournir un secours *provisoire* dont celui-ci devra avoir reprise. — *Rennes*, 15 janv 1823, Goujeon c. Saint-Hérent.

78. — Ce n'est pas à l'ascendant qui demande des alimens à ses gendres et belles-filles, suivant l'art. 206, à prouver qu'il est dans le besoin; c'est à ceux-ci à établir qu'il a des moyens d'existence. — *Colmar*, 23 fév. 1813, N... c. N... — Duranton, t. 2, nº 410; Merlin, *Rép.*, vº *Alimens*, § 2 bis, nº 2; Zachariæ, t. 3, § 552.

§ 3. — *Prestation des alimens.*

79. — L'obligation alimentaire a pour objet la prestation de tout ce qui est nécessaire à la vie, tant en santé qu'en état de maladie. — Elle comprend donc, en thèse générale, non seulement la nourriture, mais encore l'habitation et les vêtemens. — Zachariæ, t. 3, § 552; Merlin, *Rép.*, vo *Alimens*; Duranton, t. 2, no 408; Vazeille, t. 2, no 506.

80. — Mais il a été jugé que l'obligation de fournir à un enfant des alimens hors de la maison paternelle ne comprend pas celle de fournir un mobilier et de pourvoir aux frais de premier établissement. — *Bordeaux*, 20 juin 1832, D.... c. M....

81. — L'obligation d'alimens n'emporte pas non plus celle de payer les dettes de la personne à laquelle les alimens sont dus. — L. 5, § 16, ff., *De agnosc. et alend. lib.*; — Pothier, *Tr. du mariage*, no 392; Duranton, t. 2, no 398; Vazeille, no 507.

82. — Jugé que l'enfant qui a reçu de ses parens une dot dont le revenu le met à l'abri du besoin ne peut encore réclamer d'eux, à titre de provision ou d'alimens, qu'ils paient ses dettes et celles de son conjoint, dettes dont le passif rend fort pénible la situation des époux. — *Bordeaux*, 10 janv. 1843 (t. 1er 1844, p. 243), Chiapella c. Labat.

83. — Jugé même que lorsqu'un enfant a quitté la maison paternelle contre la volonté de son père, celui-ci n'est pas tenu de payer les dettes qu'il a faites, même pour sa subsistance (*Bruxelles*, 19 janv. 1811, R....). — Toutefois, il faut remarquer que, dans l'espèce de cet arrêt, le père avait constamment offert à son fils de le nourrir chez lui : ce n'était donc pas par nécessité que le fils avait contracté des dettes en vue de sa subsistance.

84. — Mais que devrait-on décider si les emprunts destinés à la subsistance n'avaient été contractés que par suite de l'impossibilité où se serait trouvé celui qui a droit à des alimens d'actionner le débiteur? Devrait-on, en lui accordant une pension pour l'avenir, lui en accorder également les arrérages pour le passé en payant ses dettes?

85. — Cette question, qui ne manque pas de difficulté, se résout affirmativement, en principe, suivant nous, par cette considération que l'obligation alimentaire prend naissance en même temps que les besoins auxquels elle doit subvenir. — Aussi rien ne doit empêcher les juges, en disposant pour l'avenir, de couvrir le passé, s'il leur apparaît que les dettes ont été contractées à une époque où l'obligation alimentaire existait, et seulement par suite du non acquittement de cette obligation. — Mais on comprend qu'ils devront, dans ce cas, procéder avec beaucoup de mesure et de ménagement. C'est ce que paraît admettre Vazeille (t. 2, no 509), sur la question de savoir si les tiers qui ont fourni les alimens peuvent en réclamer le montant contre les débiteurs de ces alimens. — V. *infrà* no 179 et suiv.

86. — La fixation de la pension alimentaire, ainsi que le mode de prestation des alimens, sont abandonnés à la prudence des juges. — *Cass.*, 14 germin. an XIII, Coiffard; *Rennes*, 24 déc. 1810, B.... c. B....

87. — Quant à la fixation de la pension, elle se détermine par les besoins du créancier et les ressources du débiteur (C. civ., art. 208). — Les besoins du créancier doivent être appréciés non d'une manière absolue, mais d'une manière relative, et eu égard surtout à son âge, à son état de santé et à sa position sociale. — *Exposé des motifs*, par M. Portalis; Locré, *Législ.*, t. 4, p. 520, no 60.

88. — Ce principe est général en matière de pension alimentaire. Aussi a-t-il été jugé que la pension alimentaire dont les acquéreurs des biens situés dans les colonies ont été tenus envers leurs vendeurs, par le décret impérial du 24 juin 1808, a dû être déterminée d'après la position respective des créanciers et des débiteurs. — *Paris*, 29 déc. 1809, Lepinay c. de Nairac.

89. — Ce n'est pas par un conseil de famille, mais par les tribunaux que doit être déterminée la quotité des alimens demandés par un père à ses enfans, en vertu d'une convention : cette détermination doit être faite en proportion des besoins de celui à qui ils ont été promis. — *Bordeaux*, 3 fév. 1830, Delport.

90. — Quant au mode de prestation, il varie également suivant les circonstances; mais le principe est que ces alimens sont fournis en argent.

91. — Toutefois, si la personne qui doit fournir les alimens justifie *qu'elle ne peut* payer la pension alimentaire, le tribunal pourra, en connaissance de cause, ordonner qu'elle recevra dans sa demeure, qu'elle nourrira et entretiendra celui auquel elle devra des alimens. — C. civ., art. 210.

92. — La règle que les alimens sont fournis en argent (sauf le cas d'*impossibilité*) peut souffrir exception dans le cas où ils sont dus par les père et mère; car, dans ce cas, l'art. 211, C. civ., permet aux juges d'accepter l'offre qu'ils feront de recevoir, nourrir et entretenir dans leur demeure l'enfant auquel les alimens seront dus.

93. — Mais il faut bien remarquer que l'art. 211 ne crée qu'une simple *faculté* pour les juges, et non un *droit* pour les parens. Les juges examineront, en ayant égard à la position respective des parties, si la cohabitation offerte par le débiteur des alimens ne présente aucun inconvénient pour celui à qui ils sont dus. — Leur décision, à cet égard, échappe à la censure de la cour de Cassation. — Vazeille, t. 2, no 515; Duranton, t. 2, no 415; Zachariæ, t. 3, § 552.

94. — Ajoutons que l'offre des père et mère de recevoir leurs enfans peut être accueillie, bien qu'ils ne prouvent pas être dans l'impossibilité de payer une pension en argent. — L'art. 212 n'est pas applicable à ce cas, exclusivement régi par l'art. 211. — Vazeille, t. 2, no 517; Zachariæ, t. 3, § 552.

95. — Par application des principes ci-dessus, il a été jugé : 1o qu'un père peut être contraint à fournir à son fils dans le besoin une pension alimentaire hors du toit paternel, alors même qu'il offrirait de le recevoir et de le nourrir chez lui. — *Cass.*, 14 germin. an XIII, Coiffard.

96. — ... 2o Que les père et mère peuvent être obligés de fournir des alimens à leur enfant hors de leur domicile, alors surtout qu'il est constant que l'enfant n'a quitté ce domicile que pour se soustraire à leurs mauvais traitemens. — La preuve de ces mauvais traitemens ne saurait être repoussée comme irrévérentielle. — *Aix*, 3 août 1807, Roselly. — V. aussi (implicit.) *Bruxelles*, 21 niv. an XIII, A...; — Duranton, t. 2, nos 414 et 415; Vazeille, t. 2, no 515; Toullier, t. 2, no 613. — V. *contrà Nîmes*, 12 fructid. an XII, Dufour.

97. — ... 3o Que les juges sont libres de décider si les alimens seront ou non fournis dans la maison paternelle. — *Rennes*, 12 juin 1810, D... de la M...

98. — ... 4o Que les père et mère peuvent être condamnés à fournir des alimens à leurs enfans hors de leur domicile, alors qu'il est démontré que la vie commune présenterait des inconvéniens mutuels. — *Bordeaux*, 20 juin 1832, D... c. M...

99. — Il paraît toutefois résulter d'un arrêt de la cour d'appel de Nîmes que le père ne doit pas d'alimens à son fils hors de la maison paternelle (*Nîmes*, 20 août 1807, Nogarède c. Goulo). — Mais cette décision, qui ne se tire que des motifs, est environnée de circonstances de fait qui lui ôtent tout intérêt de principe.

100. — Le bénéfice de l'art. 211 peut-il être invoqué par *tous* les ascendans, à quelque degré qu'ils soient? Le doute vient de ce que cet article ne parle que des père et mère. — M. Zachariæ (§ 552) soutient la négative, attendu que *exceptio est strictissimæ interpretationis*. — Vazeille (no 516) soutient au contraire l'affirmative, en se fondant sur ce que la raison est la même pour tous les ascendans, et qu'il n'apparaît pas qu'on ait voulu, au conseil d'état, restreindre la règle aux ascendans du premier degré.

101. — Nous sommes assez disposés à nous tenir au *texte* de la loi, et par conséquent à adopter l'avis de Zachariæ. Toutefois, il faut reconnaître qu'il ne saurait y avoir à cet égard de règle absolue, et que les circonstances influeront nécessairement beaucoup sur la décision du juge.

102. — Jugé dans tous les cas et avec beaucoup de raison que l'aïeul, obligé de fournir des alimens à ses petits-enfans dont la mère est hors d'état de les nourrir, ne peut se soustraire à cette obligation en offrant de retirer l'enfant de chez sa mère et de le nourrir chez lui. — *Paris*, 2 août 1806, Levaillant c. Chémé; *Turin*, 28 nov. 1807, Maghino c. Grisi-Lapié.

103. — Les descendans sont-ils admis à se prévaloir contre les ascendans du bénéfice de l'art. 211? — Non, évidemment. — Zachariæ, t. 3, § 552; Vazeille, t. 2, no 517.

104. — Ainsi, jugé qu'un fils ne peut contraindre ses père et mère à recevoir chez lui les alimens qu'il leur doit aux termes de l'art. 205, sous prétexte qu'il est dans l'impossibilité de leur payer une pension. — *Besançon*, 24 janv. 1808, Belotte. — V. aussi (implicit.) *Bordeaux*, 3 fév. 1830, Delport; *Bourges*, 9 mai 1832, Gonot.

105. — Jugé aussi que les gendres peuvent être condamnés à payer la pension alimentaire, nonobstant l'offre qu'ils font de recevoir leur beau-père chez eux, alors qu'ils ne justifient pas être dans l'impossibilité de fournir les alimens en argent. — *Colmar*, 23 fév. 1813, N.... c. N....

106. — Jugé encore que le père remarié ne doit pas être forcé de quitter sa femme pour aller recevoir les alimens chez ses enfans. — *Poitiers*, 25 nov. 1824, Brulaclure c. Greleau.

107. — Il a même été décidé que, encore bien qu'un père ait consenti, pendant un certain temps, à aller, sans y être obligé, prendre chez son fils des alimens que ce dernier lui devait en vertu d'une convention, il peut revenir sur cette exécution, et exiger une pension alimentaire à la place d'alimens en nature. — *Bordeaux*, 3 fév. 1830, Delport.

108. — Et que la convention par laquelle un père à qui des alimens sont dus s'oblige à les recevoir dans un lieu dont le père et le fils conviendront doit être déclarée nulle, comme tendant à asservir le père à la volonté de ses enfans, alors même que, par jugement, il aurait été donné acte de cette convention. — *Bourges*, 9 mai 1832, Gonot.

109. — Toutefois, et quelle que soit la rigueur du principe, un arrêt de Poitiers admet, dans ses motifs, qu'il doit fléchir dans le cas où les enfans justifient qu'il leur est *absolument impossible* de payer une pension alimentaire. — Il semble, en effet, que dans ce cas la règle de l'art. 210 doit reprendre son empire. — *Poitiers*, 25 nov. 1824, Brulaclure c. Greleau.

110. — Jugé en ce sens que les juges peuvent déclarer suffisante l'offre qu'un fils, percepteur, fait à son père, qui lui demande des alimens, de loger ce dernier et de le nourrir à sa table, si le fils, père de famille lui-même, et privé de fortune particulière, n'a que des ressources proportionnellement équivalentes à celles de son père. — *Colmar*, 5 déc. 1827, Fontaine.

111. — Au surplus, il est juste de dire que c'est là un de ces points qu'il faut laisser entièrement au pouvoir discrétionnaire des juges, en exprimant toutefois avec Toullier (t. 2, no 613) et M. Duranton (t. 2, no 414) le vœu qu'ils en usent avec beaucoup de circonspection, et qu'il n'admettent d'exception au principe que dans les cas où il existe des causes très fortes. — Ainsi, dans l'espèce de l'arrêt de Poitiers, du 25 nov. 1824, le deuxième mariage du père et l'obligation où il eût été de quitter sa femme suffisaient pour faire rejeter l'offre des enfans.

112. — Quand les alimens sont fournis en argent, le service en a lieu au moyen du paiement d'une rente dont les juges fixent les échéances.

113. — Mais en vertu de leur pouvoir discrétionnaire en matière de prestations d'alimens, les juges peuvent adopter le mode qui leur paraîtra le plus utile pour les créanciers. Ainsi, spécialement, ils peuvent ordonner que le père comptera directement aux fournisseurs du fils le montant de la pension. — *Rennes*, 24 déc. 1810, B.... c. B....

114. — De même, l'obligation prise par un oncle, dans le contrat de mariage de son neveu, «*d'affilier les futurs dans sa maison, à sa table ordinaire, pour les loger et les nourrir eux et leur famille*», peut être remplacée par les tribunaux en une pension pécuniaire, lorsqu'il résulte des circonstances (dont les tribunaux sont souverains appréciateurs) que, par le fait de l'affiliant, la vie commune ne pourrait être continuée sans de graves inconvéniens. Ces inconvéniens peuvent, sans qu'il y ait ouverture à cassation, être réputés provenir de ce que l'affiliant aurait intenté à son neveu un procès dans lequel il aurait succombé. — *Cass*, 26 juill. 1843 (t. 2 1843, p. 594), Rousset.

115. — Lorsque, par suite d'une séparation de biens, le mari, agissant d'ailleurs en son nom personnel, a fait condamner sa femme à contribuer au paiement d'une pension alimentaire au profit de l'enfant commun, alors mineur, c'est à ce dernier, devenu majeur, que la femme doit payer sa part contributoire, sans être tenue de la verser dans les mains de son mari. — *Rouen*, 8 juin 1824, de Titaire.

116. — Jugé aussi que la règle qui veut que les jugemens, par cela même qu'ils sont déclaratifs d'un droit préexistant, aient un effet rétroactif au jour de la demande, souffre exception en matières d'alimens lorsqu'il n'est pas démontré que la pension alimentaire fût nécessaire lors de l'introduction de la demande. — *Bordeaux*, 14 déc. 1841 (t. 1er 1842, p. 340), Gournal.

117. — Les juges peuvent déterminer l'époque à partir de laquelle les alimens seront fournis. — Ainsi, lorsque, antérieurement à la demande, le père payait à son fils une pension alimentaire en vertu d'une convention, les juges peuvent faire courir la pension qu'ils accordent à partir du dernier paiement effectué, et non pas seulement à partir de la demande. — *Rennes*, 12 juin 1810, D... de la M...

118. — Mais un tribunal ne peut, en admettant une fille à prouver que le séjour de la maison paternelle est dangereux pour elle, lui adjuger, dès ce moment, une provision alimentaire; ce n'est

que lors du jugement définitif que cette provision doit être adjugée. — *Bruxelles,* 21 niv. an XIII, A....

119. — Le juge peut-il imposer au débiteur l'obligation soit de constituer un capital dont les revenus seront destinés au paiement des arrérages de la pension, soit à donner caution pour la sûreté du paiement de ces arrérages?

120. — Zachariæ (t. 3, § 552), soutient la négative, mais sans en donner de motifs; et il a été jugé en ce sens que celui qui a droit à des alimens ne peut exiger qu'il lui soit donné un capital en représentation de ces alimens. — *Montpellier,* 1er déc. 1806, Brunel. — Dans l'espèce, on demandait un *capital* de 20,000 fr. une fois payé, destiné à fournir une rente de 1,000 fr.

121. — Mais, d'un autre côté, il a été jugé que l'enfant condamné par jugement à servir une pension alimentaire à son père, qui est dans le besoin, peut ensuite être contraint, selon les circonstances, à fournir des sûretés pour le service de cette pension. Et, en effet, il est évident que si cette mesure de précaution ne doit être ordonnée qu'avec ménagement, elle pourra souvent être indispensable. — *Angers,* 25 fév. 1829, Dolage c. Tribert.

122. — Jugé aussi que les juges peuvent, en accordant une pension alimentaire à l'époux contre lequel la séparation de corps est prononcée, ordonner que l'autre époux débiteur de la pension assignera un capital pour sûreté du service de la rente, ou déléguera un revenu libre et suffisant. — *Cass.,* 30 janv. 1828, Levasseur.

123. — Le fils qui a obtenu contre son père une pension alimentaire dont le mode de paiement a été réglé (spécialement, si le tribunal a ordonné qu'elle serait payable à ses marchands et fournisseurs) n'a pas d'action directe pour faire opérer une saisie mobilière dans la maison paternelle. — *Rennes,* 8 août 1814, B... c. B...

124. — Mais la même cour a reconnu le droit de saisie-exécution au cessionnaire de la pension alimentaire du fils. — *Rennes,* 24 sept. 1814, B... c. Laplanche. — V., sur le droit de cession, *infrà* nos 165 et suiv.

§ 4. — *Des modifications que peut subir la dette alimentaire.*

125. — De ce que les alimens doivent être proportionnés aux besoins de celui à qui ils sont fournis et aux facultés du débiteur, il résulte que la dette alimentaire est essentiellement variable, et qu'elle peut, à raison de la position respective du créancier et du débiteur, subir des modifications. — C. civ., art. 209.

126. — L'obligation alimentaire s'éteindrait même complètement, si les causes qui l'ont produite venaient à cesser complètement. — Même art. — Ainsi, par exemple, si les besoins n'existaient plus du côté du créancier, ou si le débiteur n'était plus en état de fournir les alimens.

127. — Le droit ouvert par l'art. 209 existe indépendamment de toute convention, et même le jugement qui fixerait le temps pendant lequel une pension alimentaire serait servie ne mettrait pas obstacle à son exercice.

128. — Aussi est-ce avec raison qu'il a été jugé que la condamnation prononcée contre un père, au paiement d'une pension alimentaire déterminée *jusqu'au jour de l'ouverture de la succession,* ne met pas obstacle à ce que, la position des parties changeant, il puisse demander la décharge ou la réduction de la pension alimentaire. Dès-lors l'arrêt qui prononce une condamnation en ces termes ne viole pas l'art. 209, C. civ. — *Cass.,* 7 déc. 1808, Lambert c. Gras.

129. — Le jugement qui accorde une pension alimentaire et en fixe le chiffre ne peut acquérir l'autorité de la chose jugée, en ce sens que cette fixation soit invariable et ne puisse être modifiée suivant les circonstances. — *Paris,* 1er déc. 1832, de Monistrol.

130. — La convention qui fixe le chiffre d'une pension alimentaire due par des enfans à leur père n'a rien d'irrévocable quant à la quotité de cette pension, qui demeure toujours subordonnée au changement de l'état de fortune des uns ou des autres, et à l'étendue de leurs besoins. — Le père, qui, dans ce cas, obtient une augmentation de pension, n'y a droit que du jour où il en a formé la demande. — *Pau,* 8 janv. 1838 (t. 2 1839, p. 321), Boyer-Fonfrède.

131. — Et le même principe a été appliqué dans les rapports du codébiteur des alimens. — Ainsi jugé qu'il peut y avoir lieu à augmentation ou diminution de la portion pour laquelle chacun des enfans a été condamné à contribuer personnellement à la pension alimentaire de ses père et mère, selon les changemens survenus dans la fortune de chacun des enfans. — *Colmar,* 19 janv. 1824, Hoffman c. Beyer.

132. — Du principe écrit dans l'art. 209, il résulte qu'il n'est pas nécessaire que le jugement qui condamne un ascendant à fournir des alimens à son petit-fils fixe le temps pendant lequel ces alimens seront servis : ce défaut de fixation n'est pas une cause de nullité de jugement, car il n'en résulte pas une obligation *illimitée.* — *Bordeaux,* 11 mars 1831, Gillet c. Maisonneuve.

133. — La constitution d'une pension alimentaire consentie par un fils à son père ne devient pas nulle par la faillite du fils. Le père a, en ce cas, le droit de poursuivre le paiement des arrérages qui lui sont dus sur l'immeuble affecté au service de cette pension, qui fait partie de l'actif de la faillite. — *Paris,* 14 mai 1828, Marchais.

134. — La femme commune en biens qui a laissé écouler vingt-deux ans sans toucher la pension alimentaire qui lui avait été constituée ne peut en réclamer les arrérages accumulés, alors qu'elle ne justifie pas avoir contracté des emprunts pour vivre, et encore bien qu'elle aurait, à différentes époques, formé, pour le paiement de ces arrérages, des oppositions dont l'une aurait été validée. — *Paris,* 1er déc. 1832, de Monistrol.

135. — La contribution du père aux alimens de l'enfant naturel n'est fixée que sauf augmentation ou diminution, et avec réserve de la contribution de la mère à la nourriture de l'enfant, si elle devient plus tard en état d'y contribuer autrement que par ses soins. — *Rennes,* 30 juill. 1812, N. c. N.

136. — L'art. 209, C. civ., n'est pas applicable aux alimens dus en vertu d'une convention synallagmatique; ainsi, lorsque la pension alimentaire a été constituée à de futurs époux dans leur contrat de mariage, par les père et mère de l'un d'eux, elle ne peut être réduite ou anéantie que par le consentement respectif de toutes les parties; et la preuve offerte par les débiteurs pour démontrer qu'ils sont dans l'impossibilité de servir cette pension doit être repoussée. — *Bruxelles,* 14 août 1833, Masson c. M....

137. — La mort civile du créancier n'éteint pas l'obligation alimentaire (Merlin, *Rép.* vo *Alimens,* § 8, no 7, et *Légataire,* § 2, nos 9 et 11, Zachariæ, § 552.) C'est aussi ce qui résulte d'un arrêt du 27 nov. 1813 (Kadot de Sebville). — V. aussi *suprà,* no 48.

138. — Toutefois, ainsi que nous l'avons vu plus haut, un jugement du tribunal de la Seine, 8 mai 1827, a jugé que la mort civile d'un époux le prive du droit de réclamer des alimens de l'autre époux. — V. à cet égard no 48.

§ 5. — *Caractères de la dette alimentaire. — Solidarité. — Indivisibilité.*

139. — La dette alimentaire est-elle solidaire et indivisible? — La question n'avait rien de douteux sous l'ancienne jurisprudence. — « Lorsqu'il y a plusieurs enfans, dit Pothier (*du Mariage,* no 391), si chacun d'eux a le moyen de payer toute la pension, ils doivent être condamnés *solidairement* à la payer. Cette dette est *solidaire* lorsque chacun des enfans a le moyen de payer toute la pension ; car chaque enfant considéré seul, lorsqu'il en a le moyen, est obligé par le droit naturel de fournir à son père tout ce qui lui est nécessaire pour vivre, et non pas seulement une partie de ce qui lui est nécessaire. — Le concours des autres enfans qui ont le moyen comme lui lui donne bien un recours contre eux, mais ne le dispense pas, vis-à-vis de son père, de satisfaire pour le tout à cette obligation. Chaque enfant est donc, lorsqu'il en a le moyen, débiteur du total : « *Solidum à singulis debetur;* » ce qui fait le caractère de la dette solidaire. » — V. aussi Rousseaud de Lacombe et Denizart (vo *Alimens*), qui citaient deux arrêts, 3 août 1669 et 18 fév. 1776. — Toutefois il ne paraît pas qu'on étendît la solidarité aux père et mère débiteurs des alimens et autres ascendans. — De Lacombe, sect. 7e.

140. — Dans notre droit la question est fort controversée. — A cet égard plusieurs systèmes se sont produits. — D'une part on a décidé que la dette était *solidaire* entre ceux qui en étaient tenus ; en sorte que les parens n'étaient pas obligés de diviser leur action et qu'ils pouvaient s'adresser à un seul de leurs enfans, sauf le recours de celui-ci contre ses frères et sœurs pour une portion contributive. — *Paris,* 7 flor. an XII, Corvisart; *Aix,* 6 avr. 1807, Prédy; *Colmar,* 24 juin 1812, Hosmam ; 23 fév. 1813, N... ; *Amiens,* 11 déc. 1821, Caillet c. Colombel ; *Rennes,* 2 août 1823, Porchet; *Riom,* 15 mars 1830, Trabert; *Grenoble,* 19 avr. 1831, Mathieu (cet arrêt décide aussi qu'elle est *indivisible*); *Douai,* 23 mai 1839 (t. 2 1839, p, 526 et 386), Broc.

141. — On peut aussi considérer comme consacrant le principe de la solidarité de la dette alimentaire les arrêts qui jugent qu'en cas d'insolvabilité du mari, la femme, même séparée de biens, est tenue, comme obligée solidaire, d'acquitter pour la totalité l'obligation pour *alimens* et frais d'éducation des enfans. — *Grenoble,* 28 janv. 1836, Tourette c. Maillet; *Paris,* 13 juin 1836, Buisson c. Châtel. — V. aussi, pour le cas de communauté, *Colmar,* 7 août 1813 N... c. N..., *suprà,* § 1er.

142. — Cette doctrine est enseignée par Favard de Langlade (vo *Alimens,* § 4); Proudhon (*Etat des personnes,* t. 1er, p. 253) ; Toullier (t. 2 no 613). — « Entre plusieurs enfans, dit ce dernier auteur, l'obligation de fournir des alimens à leur père est solidaire; chaque enfant est tenu de les fournir en entier, sauf son recours contre ses frère et sœur, pour sa quote-part, s'ils en ont le moyen. Le plus riche n'est pas tenu de contribuer pour les autres à l'acquittement de la dette commune. »

143. — Un autre arrêt de la cour de Toulouse a admis également le principe de la solidarité de la dette alimentaire, mais en ajoutant que néanmoins, entre les enfans, les parts doivent être diversement fixées d'après la différence de leurs fortunes respectives. — *Toulouse,* 5 avr. 1834, Navères.

144. — D'autres arrêts ont décidé que la dette n'est pas *solidaire,* mais qu'elle est *indivisible.* — Mais, ainsi qu'on va le voir, il existe dans ces arrêts un peu de confusion.

145. — Ainsi jugé 1o que l'obligation des enfans de fournir des alimens à leurs parens n'est pas *solidaire.* Elle est seulement *indivisible,* en ce sens que, quand parmi les enfans quelques uns se trouvent dans l'impossibilité de contribuer à la pension alimentaire, ceux qui ont des ressources suffisantes doivent en rester seuls chargés. — *Nancy,* 20 avr. 1826, Richy.

146. — ... 2o Que l'obligation des enfans de fournir des alimens à leurs ascendans n'est pas solidaire, en ce sens qu'un seul puisse être condamné, même provisoirement, à payer la totalité; elle est seulement indivisible, en ce sens que tous ceux qui ont des facultés suffisantes doivent y contribuer; en conséquence les ascendans n'ont action contre aucun des enfans que pour sa part contributoire, sauf si quelques uns sont hors d'état de la fournir à se pourvoir, pour faire augmenter, s'il y a lieu, la part contributoire des autres. — L'indivisibilité n'existe pas dans la prestation d'alimens, puisque cette prestation est susceptible d'une exécution partielle. — La solidarité ne peut être appliquée aux enfans défendeurs, même à l'égard des dépens. — *Rouen,* 14 juill. 1827, Grenier-Lelennier c. Grenier.

147. — ... 3o Que l'obligation imposée aux enfans et gendres de fournir des alimens à leurs père et beau-pere n'est pas solidaire, mais que c'est une obligation indivisible quant au paiement, en ce sens que chacun des enfans peut être condamné à fournir les alimens pour le tout, sauf son recours contre ses co-obligés. — *Rennes,* 30 mars 1833, Bailleuil c. Lagrée.

148. — ... 4o Que l'obligation imposée aux enfans de fournir des alimens à leurs parens n'est pas solidaire. — Et qu'elle n'est indivisible qu'en ce sens que tous les enfans qui ont des facultés suffisantes doivent y contribuer; mais qu'elle ne peut s'étendre, relativement à chacun d'eux, qu'à la part que sa fortune lui permet de payer. — *Pau,* 30 mai 1837 (t. 2 1837 p. 538), Lacrampe.

149. — ... 5o Que l'obligation qui a pour cause une pension alimentaire est indivisible en ce sens qu'elle se réfère à la vie, et qu'étant destinée à en être le soutien, elle n'est pas susceptible d'interruption. — Mais qu'elle n'en est pas moins personnelle et particulière à chacun des enfans dans les proportions de leurs ressources pécuniaires, en sorte que l'un d'eux peut en être affranchi en raison de sa situation de fortune. — *Pau,* 8 janv. 1838 (t. 2 1839, p. 321), Boyer-Fonfrede.

150. — D'autres arrêts ont repoussé le principe de la solidarité et de l'indivisibilité dans le paiement. — *Paris,* 30 frim. an XIV, Cohen.

151. — Ainsi jugé 1o que, lorsqu'une transaction a fixé la part pour laquelle chacun des enfans est tenu de contribuer dans le paiement de la pension alimentaire qui doit être payée à leur mère, celle-ci ne peut pas exiger que la totalité de la pension lui soit payée par un seul de ses enfans, sous le prétexte qu'il est solidairement obligé avec ses frères, et sauf son recours contre ceux-ci, alors d'ailleurs que la fortune de cet enfant ne paraît pas s'être améliorée. — *Metz,* 5 juill. 1828, Muller.

152. — ... 2o Que l'obligation des enfans de fournir des alimens à leurs père et mère dans le besoin n'est ni indivisible ni solidaire, et que chacun des enfans ou gendres ne peut être tenu de payer que la portion des alimens mise à sa charge person-

mille, d'après l'état de sa fortune. — *Lyon*, 3 janv. 1832, Corley; *Bordeaux*, 14 déc. 1841 (t. 1er 1842, p. 340), Goursal.

153. — ... 3° Que l'obligation, pour les enfans, de fournir des alimens à leurs ascendans n'est pas solidaire. En conséquence, l'ascendant doit former sa demande en provision alimentaire simultanément contre tous ses enfans, ou tout au moins il ne peut réclamer de chacun d'eux qu'une part contributive en proportion de ses moyens pécuniaires. *Toulouse*, 14 déc. 1833, Delbosc c. Giscard.

154. — Enfin la cour de Cassation a jugé que les tribunaux sont investis du pouvoir de régler les quotités et les proportions des pensions alimentaires: en conséquence ils peuvent, suivant les circonstances, déclarer *indivisible* et *solidaire* l'obligation des enfans de fournir des alimens à leurs parens. — *Cass.*, 3 août 1837 (t. 2 1837, p. 161), Drouet.

155. — MM. Duranton (t. 2, n° 424), Vazeille (t. 2, n° 493), Zachariæ (t. 3, § 552), repoussent le principe de la solidarité, attendu que sous le droit nouveau il n'y a de solidarité que celle que la loi prononce, ou que la convention stipule expressément (C. civ., art. 1202). Zachariæ repousse même le principe d'indivisibilité. Il invoque à cet égard l'opinion de Dumoulin et la loi 3, ff., *De alim. leg.* « *Quamvis enim quis pro parte vivere non possit, tamen alimenta dividua sunt; id est, res quibus alimur pro parte, sive ab uno, sive à pluribus præstari possunt, ut natura et experientia docent.* » — Quant à M. Duranton, il reconnaît l'indivisibilité en ce sens que celui à qui les alimens sont dus peut former sa demande contre tel ou tel de ceux qui sont tenus de les lui fournir; que s'il ne s'adresse qu'à un seul, il s'expose à n'avoir qu'une pension moins forte que celle qu'il aurait eue s'il eût formé sa demande contre tous ou même contre plusieurs seulement; que, dans cette hypothèse, le défendeur sera condamné à payer la pension fixée par le tribunal, s'il ne met en cause ceux qui, comme lui, peuvent fournir les alimens, sauf son recours contre eux, pour les y faire contribuer suivant les moyens respectifs de chacun; mais que, s'il les met en cause, comme il en a incontestablement le droit, le tribunal ne peut prononcer de condamnation solidaire; qu'il doit au contraire déterminer le montant que chacun doit annuellement fournir d'après ses moyens comparés à ceux des autres. Il est aussi ce que paraît penser Vazeille, *loc. cit.*

156. — Dans ce conflit d'opinions, il est prudent de recourir au texte de la loi. — L'art. 208 dit que les alimens doivent être fixés dans la proportion des besoins de celui qui les réclame et de la fortune de celui qui les doit. Ce qui suppose évidemment que, lorsqu'il y a plusieurs obligés, le juge doit se livrer séparément à l'appréciation des facultés des divers débiteurs, et fixer, eu égard aux facultés de chacun, la somme pour laquelle il sera tenu. Or, ce mode de fixation est peu conciliable avec la rigueur du système de solidarité et d'indivisibilité, puisque dans ce système le juge ne devrait, en quelque sorte, tenir compte que de la position du créancier, et qu'en cas de refus ou d'insolvabilité des autres débiteurs un seul pourrait être tenu de la dette de ceux-ci, alors même que, contrairement à l'art. 208, elle excéderait ses moyens. Ce qui se passe dans la pratique est beaucoup plus simple: sur l'assignation du père, tous les enfans qui peuvent concourir à l'acquittement de la dette sont mis en cause, et le juge détermine la contribution de chacun, et chacun n'est tenu que pour cette contribution. — Seulement il est possible que la mauvaise position de l'un des débiteurs influe plus ou moins sur l'obligation des autres, en ce sens, que les besoins du père n'étant pas diminués par l'indigence de l'un de ses enfans, la combinaison de ces besoins et des facultés de ceux qui pourront concourir à la dette sera de nature à amener une proportion plus forte à la charge de ceux-ci. — On comprend du reste que les juges ayant, quant à la fixation et à la répartition, un pouvoir discrétionnaire, ils pourraient, s'ils le voulaient, mettre la pension totale à la charge de chacun, si elle n'était pas hors de rapport avec leurs facultés. Par le fait donc ils déclareraient l'obligation solidaire et indivisible, sans que personne pût s'en plaindre. — C'est en ce sens que nous paraît devoir être entendu l'arrêt précité de la cour Cassation du 3 août 1837. — V. n° 154.

157. — Un autre caractère de la pension alimentaire, c'est d'être insaisissable. — Cela résulte de l'art. 581, C. procéd., qui déclare insaisissables les sommes et pensions pour alimens, encore que l'acte de donation ou le testament ne les déclare pas telles.... ainsi que les provisions alimentaires adjugées par justice. — V. SAISIE-ARRÊT.

158. — De ce que la pension alimentaire est insaisissable, il résulte que le débiteur ne peut s'en libérer par voie de compensation, même pour causes survenues postérieurement, à moins que sa créance n'ait pour cause les alimens eux-mêmes. — En effet, l'art. 1293, C. civ., déclare que la compensation n'a pas lieu à l'égard d'une dette qui a pour cause des alimens *déclarés* insaisissables. — Peu importerait d'ailleurs que le jugement qui allouerait les alimens ou la convention n'exprimassent pas formellement l'insaisissabilité, puisque l'art. 581 la *déclare* lui-même. — Duranton, t. 2, n° 427.

159. — Jugé, en ce sens, que les alimens dus ne peuvent être compensés avec d'autres créances que celles provenant d'alimens, par exemple, avec le montant d'un prêt. — *Montpellier*, 5 août 1807, Joly c. Delmas.

160. — Mais, si une pension alimentaire donnée ou léguée avec condition d'insaisissabilité ne peut, aux termes de l'art. 1293, C. civ., être l'objet d'une compensation forcée, cependant le donataire ou légataire peut, même avant l'échéance des arrérages, en compenser amiablement le montant avec les avances qu'il a reçues pour satisfaire à ses besoins. — *Cass.*, 1er avr. 1844 (t. 1er 1844, p. 714), Trublet c. Normand.

161. — Le droit aux alimens est indisponible, en ce sens qu'on ne peut renoncer à l'exercer. — Ainsi jugé que toute renonciation de la part d'un enfant naturel à demander des alimens à ses père et mère est réputée non écrite. — *Bruxelles*, 17 juin 1807, Pastelle c. Caroline.

162. — De même, on ne peut renoncer par transaction au droit de demander des alimens. — *Aix*, 18 janv. 1841 (t. 1er 1842, p. 705), P...

163. — Mais il a été jugé, avec raison, qu'on peut valablement transiger sur une pension alimentaire due par l'un des époux à l'autre, en cas de séparation. On peut même y renoncer entièrement, et la seule chose qui soit défendue, c'est la renonciation *absolue* à demander des alimens, dans le cas où la loi en accorde le droit. — *Metz*, 13 déc. 1822, N... — V. *contrà Toulouse*, 9 janv. 1816, Valette.

164. — Jugé aussi que la défense de compromettre sur des alimens n'entraîne pas celle de transiger sur les mêmes objets, alors surtout que les alimens résultent non d'un testament, mais d'un contrat; et que, spécialement, une femme séparée de biens a pu renoncer, moyennant une somme déterminée, à la pension viagère et alimentaire que son mari lui faisait par le contrat de mariage, en cas de survie. — *Cass*, 22 fév. 1831, Bellet c. Couturier. — V. en outre TRANSACTION.

165. — Celui à qui une pension alimentaire est due peut-il la céder? — Les auteurs s'accordent généralement pour dire que les arrérages des pensions alimentaires ne peuvent être aliénés, à moins qu'il ne soit prouvé que le créancier a été obligé d'emprunter pour vivre, faute de recevoir la pension qui lui était due. — Carré, *Lois de la procéd.*, t. 3, n° 3264; Delaporte, *Pandect. franç.*, t. 2, p. 477; le *Pratic. français*, t. 5, p. 346, et Mongalvy, p. 162, n° 186.

166. — Ainsi jugé que le fils qui a obtenu une pension alimentaire contre son père peut transporter sa créance à celui qui a pourvu à ses besoins. — *Rennes*, 24 septembre 1814, B... c. Laplanche.

167. — La cour de Cassation a décidé en principe que les rentes et pensions alimentaires constituées ou léguées entre particuliers sont cessibles, sauf conventions contraires. — Ainsi jugé pour une pension alimentaire constituée par contrat de mariage et non déclarée inaliénable. — *Cass.*, 31 mai 1826, Rollin c. Belair.

168. — M. Duvergier (*Vente*, t. 1er, continuat. de Toullier, t. 16, n° 214) dit avec raison que, sur l'aliénation du droit aux alimens, on ne peut poser de règle absolue. — Tout en reconnaissant qu'en principe le droit aux alimens est inaliénable, il faut dire que la cession pourra être valable, si elle ne modifie pas les résultats que le législateur ou l'auteur de la libéralité a voulu obtenir; tout, à cet égard, se réduit à une question de fait.

169. — Ainsi, si les alimens doivent être fournis en nature, il est impossible de maintenir la cession qui en serait faite. — Jugé, en ce sens, qu'il ne peut être valablement renoncé, moyennant une somme déterminée, à un legs d'alimens, alors qu'il résulte de l'intention du testateur que ces alimens devaient être perçus en nature. — *Nîmes*, 18 déc. 1822; Barjeton c. Barjeton-Durfort; — Duvergier, *loc. cit.*

170. — Mais si l'acte constitutif de la dette est un acte à titre onéreux, ou du moins lorsque c'est par l'effet de la volonté de celui à qui sont dues les prestations qu'elles sont qualifiées alimentaires, les mêmes motifs ne combattent pas l'aliénation, et celui qui avait songé à s'assurer des moyens d'existence peut donner une autre destination à ce qu'il s'était réservé pour alimens. — Duvergier, *loc. cit.*

171. — L'art. 1004, C. procéd. civ., défend de compromettre sur les dons et legs d'alimens, logemens et vêtemens. — Cet article est-il applicable en matière de pension alimentaire constituée par contrat ou adjugée par justice?

172. — Cette question doit être résolue négativement par deux considérations: la première c'est que l'art. 1004 ne dispose qu'à l'égard des objets *légués ou donnés*; la deuxième, c'est que les motifs qui existent à l'égard de ces derniers objets n'existent pas lorsqu'il s'agit d'alimens convenus ou adjugés. — En effet, dans le premier cas, le compromis serait irrévocable; or, la loi n'a pas voulu que celui à qui un don ou un legs alimentaire était fait pût se priver volontairement de ce qui était destiné à le faire vivre: au contraire, le même inconvénient n'existe pas dans le second cas, puisque le compromis qui interviendrait alors entre le créancier et le débiteur n'empêcherait pas l'un ou l'autre de recourir à la justice dans le cas où les changemens survenus dans leur position respective seraient de nature à motiver une augmentation ou une réduction de la pension. — Duranton, t. 2, n° 428. — V. COMPROMIS, TRANSACTION.

173. — Le droit de réclamer des alimens est personnel. De là, il résulte qu'il ne passe pas aux héritiers de celui qui pouvait les réclamer, alors même qu'ils seraient indigens, si d'ailleurs ils ne sont pas en position de l'exercer eux-mêmes personnellement et en vertu de la vocation directe de la loi.

174. — De même, il ne peut être exercé que par celui à qui il profite, et non par ses créanciers, en vertu de l'art. 1166.

175. — Jugé dès-lors que l'article 1166, C. civ., n'étant pas applicable en matière d'alimens, la demande d'alimens ne peut être formée que par la personne à laquelle ils sont dus suivant la loi; elle ne serait pas recevable de la part d'une commune qui prétendrait recouvrer ainsi contre un fils les frais d'entretien de sa mère dans un dépôt de mendicité où elle aurait été accueillie après avoir quitté volontairement le domicile de son fils. — *Liége*, 12 mai 1832, commune de Wezin c. Ponsar. — Nous devons toutefois faire remarquer que l'application de l'art. 1166 n'était pas précisément ce dont il s'agissait dans l'espèce, et que la difficulté portait plutôt sur la question de savoir si celui qui a fourni des alimens peut en réclamer le montant de celui qui ne les a pas fournis. — V. les numéros qui suivent.

176. — L'exécution de l'obligation alimentaire peut-elle être réclamée par ceux qui auraient fourni des alimens à ceux qui en avaient besoin? — Sur ce point, divers auteurs ont pensé que les débiteurs d'alimens sont *directement* obligés envers les tiers qui les ont fournis à leur place, *sans intention de faire une libéralité*, ces derniers étant considérés dans ce cas comme *negotiorum gestores* du débiteur. — Proudhon, *Usuf.*, nos 189 et 191; Merlin, *Rép.*, v° *Puissance paternelle*, sect. 3e, § 8; Duranton, t. 2, nos 390 et 423, et Vazeille, *Traité du mariage*, n° 511.

177. — Ainsi, jugé que la nourrice qui a fourni des alimens à l'enfant peut, en cas d'insolvabilité des père et mère, demander son paiement à l'aïeul et à l'aïeule. — *Lyon*, 25 août 1831, Giroux c. Lamy.

178. — D'un autre côté, il a été jugé que la demande d'alimens entre parens et conjoints ne peut être formée que du vivant et de la part de celui à qui les alimens peuvent être dus, et que les enfans ne peuvent, malgré leur renonciation à la succession, être condamnés à payer à un tiers le montant d'une obligation souscrite par leur père pour alimens, si, avant son décès, celui-ci n'en avait pas formé la demande. — L'arrêt qui prononcerait une telle condamnation, alors surtout qu'il statuerait ainsi sans vérification préalable de la réalité des besoins éprouvés par le père, ni de la suffisance des facultés des enfans à l'époque de la signature de l'obligation, devrait être cassé. — *Cass.*, 12 mai 1812, Mondon c. Sebille; — Duranton, t. 2, n° 423; Favard, *Rép.*, v° *Alimens*, n° 2, et Vazeille, *Traité du mariage*, t. 2, n° 508.

179. — Jugé encore que, le droit de réclamer des alimens étant exclusivement attaché à la personne de celui à qui ils sont dus, les créanciers de celui-ci ne peuvent, après son décès, s'adresser à ceux qui auraient dû lui fournir des alimens, et à qui il n'en a pas demandé de son vivant, pour les faire condamner à leur rembourser une somme prêtée pour se procurer des alimens. — *Cass.*, 17 mars 1819, de Vourey c. de Sayve.

180. — Toutefois, il faut se garder de considérer ces arrêts comme posant en principe *absolu* qu'après

le décès du créancier l'obligation souscrite pour alimens ne pourrait être respectée comme dette alimentaire, alors même que l'indigence de celui-ci au moment où elle a été contractée et les facultés des enfans seraient vérifiées. — Les termes (surtout de l'arrêt de 1812, *in fine*) sont de nature à contrarier une interprétation aussi rigoureuse, car on peut en induire que la cour de Cassation s'est déterminée par la considération que les juges du fond avaient fait droit au recours des tiers sans vérification préalable des élémens justificatifs de dette alimentaire. — C'est ce qu'admet Vazeille, *loc. cit.*

181. — Peu importe, au surplus, suivant nous, que l'action du tiers qui a fourni les alimens soit intentée avant ou après le décès de celui qui les a reçus. Dans les deux cas, les juges auront à examiner si en effet les besoins existaient et si l'obligation est ou non excessive eu égard aux facultés du débiteur des alimens. — Et suivant que celui auquel ils seront réclamés aura ou non été déchargé d'une *dette* par le tiers porteur de l'obligation, il pourra être ou non poursuivi. — C'est ce qui est admis par Zachariæ, § 552.

182. — Si le *droit* aux alimens est personnel, en est-il de même de l'*obligation*? Ainsi, lorsque la personne qui devait des alimens est morte, cette dette devient-elle une charge de sa succession?

183. — Sur ce point il a été jugé que l'acquittement de la pension alimentaire due par un enfant à son père *en vertu d'un jugement qui la fixe* devient, en cas du décès de l'enfant avant son père, une charge de sa succession. — *Nancy*, 15 nov. 1824, Michel c. Martin.

184. — De même, le gendre et son fils d'un second lit qui sont devenus héritiers de l'enfant du premier lit sont tenus en cette qualité de continuer à la grand'mère de celui-ci la pension alimentaire à laquelle elle l'avait fait condamner. — *Orléans*, 4 janv. 1844 (t. 1er 1844, p. 216), Colas c. Pelluard.

185. — M. Duranton (t. 2, no 407) et Delvincourt (t. 1er, p. 100) émettent l'opinion que l'obligation de fournir des alimens au père qui est dans le besoin doit être regardée comme une charge de la succession de l'enfant, et qu'elle doit être acquittée par le légataire universel de celui-ci, *au moins pour le cas où le père est privé de tous droits sur la succession de son enfant.* Ils se fondent sur la loi 5, § 17, ff., *De agnosc. et alend. lib.*, qui porte : « *Item rescriptum est hæredes filii ad ea præstanda quæ vivus filius ex officio pietatis suæ dabit, invitos cogi non oportere, nisi in summam egestatem pater deductus est.* » — « Ainsi, suivant cette loi, dit M. Duranton, lorsque le père est réduit à une extrême indigence, les héritiers du fils peuvent être contraints de lui fournir des alimens. Ce n'est pas sans doute par l'effet des rapports qui existent entre ces héritiers et l'ascendant, mais parce que l'obligation de se fournir mutuellement des alimens est contractée entre le descendant au moment de la naissance de celui-ci, sous la double condition que l'un en aura besoin et que l'autre pourra les fournir; or, l'accomplissement de cette double condition a, comme le dit très bien Delvincourt, un effet rétroactif (art. 1179); par conséquent, elle est une charge de l'hérédité et elle passe avec les biens à tous les légataires ou successeurs à titre universel. Mornac (sur cette loi) le décide ainsi. C'est aussi ce qu'enseigne de Lacombe, vo *Alimens*, sect. 1re, no 2. »

186.—Ainsi qu'on le voit, MM. Duranton et Delvincourt ne font pas de distinction entre la dette alimentaire qui aurait été ou non fixée par jugement avant la mort de l'enfant. Ils n'exigent même pas que le droit aux alimens (résultant des besoins du père) soit né du vivant de l'enfant. Ce dont l'hérédité est chargée, ce n'est pas seulement de *continuer* le service d'une pension déjà payée par l'enfant, c'est même de venir au secours du père dont l'indigence ne se manifesterait que postérieurement. — Vazeille (t. 2, no 525) combat l'opinion de M. Duranton et de Delvincourt, et il s'attache à démontrer que la dette, étant basée sur le principe de la réciprocité, ne peut plus subsister dès que, par la mort de l'un des obligés, l'obligation ne pourrait plus être que d'un côté; et toutefois il admet, comme la cour de Nancy (*suprà* no 183), que si un traité ou un jugement a fixé la dette alimentaire, l'aïeul qui ne vient pas comme héritier à la succession de son fils peut faire usage du traité ou du jugement et revendiquer les droits qu'il consacre.

187. — Nous ne pensons pas qu'il y ait de milieu possible, et nous ne saurions admettre que l'hérédité soit ou non chargée de la dette alimentaire suivant qu'il existe ou non un jugement en faveur du père. — Le principe de la dette alimentaire réside, non dans le jugement, qui ne fait qu'en fixer l'étendue, mais dans les liens de nature : ces liens une fois brisés par la mort de l'enfant, la dette cesse-t-elle? voilà la question : si elle cesse, le jugement qui la consacre devra bien évidemment demeurer sans valeur, car ses effets ne pourront survivre à l'obligation qui en formait la base; si au contraire la dette ne cesse pas, peu importera encore qu'il y ait eu ou non traité ou jugement, l'obligation, quoique non consacrée ni déterminée, quant à son étendue, par une convention ou une décision judiciaire, pèsera sur la succession. — Il faut donc écarter la distinction de Vazeille, et alors se présente le système de Delvincourt et de M. Duranton. Mais ce système, tout moral qu'il puisse paraître et qu'il soit en effet, n'est guère admissible en présence du *principe de réciprocité*, qui, dans l'économie de la loi, semble inséparable de l'obligation alimentaire? Si l'obligation n'existe qu'à la condition d'être mutuelle et réciproque, comment subsisterait-elle encore lorsqu'elle ne pourrait plus être que d'un côté? Il y a peut-être un vice dans la loi, mais il nous semble difficile qu'elle puisse être entendue autrement. — V. sur ce point, en matière de divorce, DIVORCE.

188. — Jugé que l'obligation de se fournir des alimens, entre ascendans, est une obligation de droit naturel. — Dès-lors les tribunaux français sont compétens pour connaître des contestations qui peuvent s'élever à ce sujet entre étrangers domiciliés en France. — *Bastia*, 11 avr. 1843 (t. 1er 1844, p. 514), Palmieri — V. conf. *Paris*, 19 déc. 1833, Favre; *Colmar*, 9 janv. 1834, Antz (en ce qui concerne les alimens dus entre époux). — Toullier, t. 2, no 612; Proudhon, t. 1er, p. 297.

V. ADRESSÉE, ALIÉNÉS, COMPÉTENCE, ENREGISTREMENT, ÉTRANGER, PREUVE TESTIMONIALE.

ALLÈGES.

1. — Ce sont de petits bâtimens dans lesquels on charge une partie des marchandises contenues dans un navire, afin de diminuer son poids. — V. AVARIES, CONTRIBUTION, JET.

2. — Les maîtres d'allèges sont rangés par la loi du 25 avr. 1844, sur les patentes, dans la septième classe des patentables et imposés : 1o à un droit fixe basé sur le chiffre de la population de la ville ou commune où est situé l'établissement; — 2o à un droit proportionnel du quarantième de la valeur locative de la maison d'habitation et des locaux servant à l'exercice de la profession. — V. PATENTE.

ALLIANCE.

1. — On désigne ordinairement sous ce nom la quasi-parenté que forme le *mariage* entre l'un des époux et les parens de l'autre.

2. — L'adoption produit aussi l'alliance. — V. ADOPTION.

3. — Dans l'ancien droit on reconnaissait l'affinité dérivant du concubinage, et qui unissait les individus qui avaient vécu en mauvais commerce, et les enfans de l'un ou de l'autre. (Pothier, *Mariage*, no 162). — « Ces personnes, dit-il, par le commerce charnel, quoique illicite, qu'elles ont ensemble, deviennent *una caro*. Saint Paul le dit expressément dans sa première *Epître aux Corinthiens*, chap. 6, verset 16 : « *An nescitis quoniam qui adhæret et meretrici, unum corpus efficitur, erunt quoque duo in carne unâ?* » — V. MARIAGE.

4. — On connaissait aussi autrefois une alliance spirituelle qui était produite par le baptême : — 1o entre le prêtre qui l'administrait et l'enfant et ses père et mère; — 2o entre le parrain et la marraine; — 3o entre ceux-ci et leur filleul et ses père et mère. — Cette alliance, au point de vue légal, n'existe plus aujourd'hui.

5. — On distingue dans l'alliance comme dans la parenté la ligne directe, ascendante ou descendante, ainsi que la ligne collatérale. Les parens de l'un des époux à un degré sont alliés de l'autre époux au même degré. Les alliés du premier degré en ligne directe sont désignés sous le nom de beau-père, belle-mère, gendre, bru, beau-fils ou belle-fille : et ceux du deuxième degré dans la ligne collatérale, sous le nom de beau-frère et belle-sœur. — Les autres alliés n'ont pas de qualifications distinctes de celles que comporte la parenté.

6. — L'alliance n'engendre pas l'alliance. Ainsi la femme du beau-frère n'est pas l'alliée de la belle-sœur de celui-ci. — *Cass.*, 5 prair. an XIII, Pechon. — Il en est de même du mari d'une belle-sœur. — *Cass.*, 6 frim. an IX, Poulet.

7. — Les parens naturels de l'un des époux sont alliés de l'autre époux. — V. MARIAGE.

8. — L'alliance produit entre ceux qu'elle unit certaines prohibitions et certaines obligations. — V. ALIMENS, CONTRAINTE PAR CORPS, DONATION, MARIAGE.

9. — Elle engendre aussi certaines incapacités et elle crée certains droits. — V. ACTE NOTARIÉ, CONSEIL DE FAMILLE, CONSEIL MUNICIPAL, ÉLECTIONS, GARDE NATIONALE, HUISSIER, NOTAIRE, ORGANISATION JUDICIAIRE, RÉCUSATION, TÉMOINS, TESTAMENT.

10. — L'alliance ne cesse pas par le décès de l'époux qui la formait et des enfans issus du mariage. — *Cass.*, 10 sept. 1840 (t. 2 1843, p. 444), Mauguin. — Cette question est, au reste, assez débattue.

V. ALIMENS, CONSEIL DE FAMILLE, PARENTÉ, TÉMOINS.

ALLIÉS.

V. ALLIANCE.

ALLIVREMENT CADASTRAL.

On entend par ce mot le revenu imposable, c'est-à-dire le revenu *net* calculé sur un nombre d'années déterminé, soit qu'on l'applique à la quote-part des contributions qui doivent être payées par les communes, soit qu'on l'applique à celles des particuliers.

ALLODIAL.

V. FRANC-ALEU.

ALLONGE.

1. — On appelle ainsi le supplément de papier qu'on ajoute aux effets de commerce couverts de signatures, pour faciliter de nouveaux endossemens.

2. — L'usage des allonges était déjà suivi en 1739. — Fulemaux, *Tr. des lettres de change*, chap. 14, p. 255; Nouguier, *Lettres de change*, t. 1er, p. 276.

3. — L'allonge doit consister en une feuille de papier semblable à celle de l'effet, et doit y être adaptée de manière à ne faire qu'un tout avec le titre primitif.

4. — L'usage seul peut déterminer les précautions à prendre pour éviter les abus; ce serait d'après ce même usage, les circonstances et l'équité, que les juges devraient se décider, s'il s'élevait à ce sujet des contestations. — Pardessus, *Dr. comm.*, no 343.

ALLOTEMENT, ALLOTIR.

Allotir, c'est former les lots dans un partage; l'*allotement* est le résultat de cette opération. — V. PARTAGE.

ALLOUÉ (Ancien droit).

1. — Il y avait autrefois, en France, des juridictions royales connues sous le nom d'*alloués*.

2. — Elles avaient, sous un nom différent, la même compétence, les mêmes attributions que les prévôtés.

3. — Quelques coutumes renfermaient des règles particulières sur la juridiction des *alloués*. — Ancienne coutume de Bretagne, art. 687, 695, 698, 739 et suiv.

4. — Dans un esprit de sage réformation, le chancelier de l'Hospital voulut supprimer ces justices inférieures (Ord. d'Orléans de 1560, art. 50); mais il paraît que cette tentative échoua, car nous trouvons, quelques années après, un édit qui établit un lieutenant et deux sergens dans toutes les prévôtés, châtellenies, *alloués*, vicomtés et autres justices royales qui n'en avaient pas antérieurement. — Edit de déc. 1581; — Fontanon, *Edits et ord. des rois de France*, t. 1er, p. 207.

5. — Dans quelques villes de la Bretagne où il y avait eu anciennement un siége d'*alloué*, on donna ce titre au second officier du bailliage ou d'une sénéchaussée royale. — Nouv. Denisart, t. 1er, p. 461.

6. — En outre, on donnait le nom d'alloué, dans les communautés d'arts et métiers, aux jeunes gens qui apprenaient à travailler d'un métier sans brevet d'apprentissage. — L'alloué différait de l'apprenti en ce que celui-ci pouvait parvenir à la maîtrise, au lieu que l'autre ne le pouvait pas, parce que les statuts de communautés exigeaient un apprentissage avec brevet passé devant notaires, en présence et de l'agrément des syndics et jurés du corps. — Denizart, vo *Alloué*, no 1er. — V. APPRENTISSAGE.

ALLUMETTES ET AMADOU.

1. — Les fabricans et marchands d'allumettes et amadou sont rangés par la loi du 25 avr. 1844, sur les

patentes, dans la huitième classe des patentables et imposés: 1o à un droit fixe basé sur le chiffre de la population de la ville ou commune où est situé l'établissement; — 2o à un droit proportionnel du quarantième de la valeur locative de la maison d'habitation et des locaux servant à l'exercice de la profession.

2.—Les fabricans et marchands d'allumettes chimiques sont rangés dans la sixième classe, et imposés également à un droit fixe basé sur le chiffre de la population de la ville ou commune où est situé l'établissement, ainsi qu'à un droit proportionnel du vingtième de la valeur locative de la maison d'habitation et des locaux servant à l'exercice de la profession. — V. PATENTE.

ALLUVION.

Table alphabétique.

ALLUVION.— 1. —L'*alluvion* est, suivant le Code civil, l'atterrissement et accroissement qui se forme successivement et imperceptiblement aux fonds riverains d'un fleuve ou d'une rivière. — C. civ., art. 556.

2. — Le Code ne fait point de différence entre l'alluvion et l'atterrissement; mais dans la pratique on désigne spécialement sous le nom d'*alluvion* l'accroissement insensible, et sous le nom *d'atterrissement* celui qui se fait d'une manière rapide et appréciable.

3. — Autrefois encore, on appelait *avulsion* la partie reconnaissable de terrain enlevée violemment par le courant et reportée à un autre endroit de la rive.

§ 1er. — *Historique.*

4. — Dans l'antiquité on ne voit pas que la loi ait érigé comme règle l'acquisition de l'alluvion au profit du riverain sur le fonds duquel elle s'était formée. Strabon nous apprend qu'en Egypte les terrains appartenant aux particuliers étaient marqués avec une si exacte précision, qu'après les inondations du Nil chacun pouvait reprendre ce qui était à lui. — Strabon, *trad. Gronovius*, liv. 17, p. 787, édit. de Paris, p. 1136, édit. d'Amsterdam.

5. — Ce n'est que dans les premiers siècles de l'empire romain qu'il fut admis que les propriétaires des terrains aux dépens desquels s'étaient formés les atterrissemens ne pourraient pas les revendiquer, et que l'alluvion serait acquise à celui dont le fonds s'en serait trouvé accru. — ff., lib. 41, tit. 1er, LL. 7, 30 et 56; tit. 12, 19 et 14.

6. — Mais, dans les principes du droit romain, on ne considérait point l'alluvion comme un moyen particulier d'acquérir. C'était comme chose *extincta*, n'ayant plus de maître, que l'atterrissement était acquis au propriétaire du fonds sur lequel il était formé, et comme une suite de sa possession. — V. ACCESSION, no 4, et PROPRIÉTÉ.

7. — Ces principes furent long-temps ignorés en France. Ce ne fut qu'au douzième siècle, quand le le droit romain reprit faveur, qu'ils furent introduits dans les provinces de droit écrit. —Chardon, *Tr. de l'alluvion*, chap. 1er, no 4; Ph. Dupin, *Encyclop. du dr.*, vo *Alluvion*, no 4.

8. —Dans la plupart des pays de Coutumes, on suivait des règles plus équitables. Ainsi l'art. 212 de la cout. de Bar portait : « Celui qui perd son héritage, ou partie d'icelui, par le moyen du cours de la rivière, en peut reprendre autant de l'autre côté, moyennant que le voisin ou voisins dudit côté aient ce qui leur appartient. » — La coutume locale de Vic, en Auvergne, contenait une disposition analogue. Il en était de même en Franche-Comté : « *Le Doubs ne tolle ni ne baille*, » disait-on. — L'art. 47 de la coutume du baillage d'Hesdin ne reconnaissait pas davantage les usurpations alluvionnaires. — Dumoulin, *Sur la cout. de Vic*; Chardon, *ibid.*

9. — Les coutumes de Normandie (art. 195), d'Auxerre (art. 268), de Sens (art. 154), consacraient, au contraire, les dispositions du droit romain.

10. — L'influence du régime féodal, combiné avec les règles du droit romain sur l'alluvion, vint encore ajouter à leur rigueur. Le roi étant considéré comme maître de toutes les choses publiques, on en conclut que les îles, alluvions et atterrissemens formés dans les rivières navigables étaient également la propriété du monarque, et les particuliers qui en jouissaient avant l'année 1566 furent seuls admis à en conserver la possession.—Quant aux îles, alluvions et atterrissemens formés dans les rivières non navigables, ils furent, au contraire, attribués aux seigneurs. Quelques auteurs prêtèrent même l'autorité de leurs noms à ces usurpations. — Bacquet, *Des dr. de justice*, chap. 30, no 5; Loysel, *Inst. coutum.*, liv. 2, tit. 2, art. 5 et suiv.; Loyseau, *Tr. des Seigneuries*, chap. 12, no 120.

11. — Mais beaucoup d'autres refusèrent de les reconnaître et s'en tinrent aux principes romains. — Bouteiller, *Somme rurale*, liv. 1er, tit. 36; Charondas, sur ce passage; Cujas, liv. 1er, tit. 1er; Mornac, sur la loi *Si ego*, § *id ait*; Dumoulin, *Cout. de Paris*, § 1er, gl. 5; Tronçon, sur la même cout., art. 72; Legrand, sur la *Cout. de Troyes*, t. 2, p. 308.

12. — L'abolition du régime féodal par les lois révolutionnaires ramena l'application de ces principes dans tous les pays qui n'avaient pas de coutumes ou usages contraires, jusqu'à ce qu'enfin le Code civil vînt les imposer d'une manière uniforme à toute la France, sauf toutefois quelques légères modifications. Il n'emprunta au droit coutumier que la règle qui attribue à titre d'indemnité l'ancien lit aux propriétaires de fonds sur lesquels le fleuve a pris son nouveau cours. — Chardon, chap. 1er, no 8; Ph. Dupin, *ibid.*, no 6.

13. — Cette disposition nouvelle du Code civil, qui fait dans un cas spécial une application des règles de l'équité, est en contradiction avec le système général qu'il a suivi pour les autres cas d'alluvion. Il suffit, en effet, que l'ancien lit du fleuve n'ait pas été abandonné dans son entier, pour que l'art. 563 ne soit plus applicable; de telle sorte que le propriétaire sur le fonds duquel le nouveau lit aura pris son cours ne peut pas revendiquer l'ancien. — Chardon, no 17; Ph. Dupin, *ibid.*, no 8.

14. — Les motifs qui ont porté le législateur à attribuer la propriété de l'alluvion au propriétaire riverain se justifient en quelque sorte par la difficulté incontestable qu'il y aurait à reconnaître l'origine de chaque fraction de propriété enlevée, alors que l'alluvion n'est que le résultat d'un accroissement imperceptible. — Le seul cas dans lequel les règles de l'équité aient été suivies, celui où le fleuve abandonne en entier et subitement son ancien lit, est assez rare, aussi reste-t-on presque toujours sous l'empire de dispositions plus que rigoureuses, et un riverain peut-il se voir dépouillé sans compensation possible de sa propriété, alors qu'elle n'a été, ce qui arrive le plus fréquemment, rongée et enlevée qu'insensiblement.

15. — Sous l'empire, un projet nouveau emprunté aux principes du droit coutumier avait été élaboré et soumis aux diverses cours d'appel dans le but de remédier à ce que le Code civil peut présenter d'imparfait; mais il n'y a point été donné suite. — Aussi les critiques, en certains points fondées, il faut le reconnaître, qu'on adresse à cet égard aux dispositions de notre Code, n'ont-elles rien perdu de leur force et de leur actualité. — Chardon, no 9.

16. — La rigueur des règles du Code civil sur l'alluvion doit, bien loin d'en favoriser l'extension, les faire renfermer dans les bornes les plus étroites. — L'interprétation en doit donc être strictement littérale.

17. — Jugé au reste, et avec raison que les lois des 28 août 1792 et 10 juin 1793, relatives à la propriété des terres vaines et vagues, ne régissent ni les alluvions ni les terrains délaissés par les eaux, dans les cas prévus par le Code civil. — *Nancy*, 31 mai 1842 (t. 1er 1843, p. 267), commune de Gondrecourt c. Olry.

§ 2. — *Alluvions et atterrissemens susceptibles d'être acquis par accession.*

18.—L'alluvion profite au propriétaire riverain, soit qu'il s'agisse d'un fleuve, ou d'une rivière navigable, flottable ou non, à la charge, dans le premier cas, de laisser le marchepied ou chemin de halage, conformément aux règlemens. — C. civ., art. 556.

19. — Il en est de même (dit l'art. 557, C. civ.) des relais que forme l'eau courante qui se retire insensiblement de l'une de ses rives en se portant sur l'autre; le propriétaire de la rive découverte profite de l'alluvion, sans que le riverain du côté opposé y puisse venir réclamer le terrain qu'il a perdu.

20. — D'après la définition même donnée par l'art. 556, il ne peut y avoir d'alluvion qu'autant qu'il est impossible d'établir un droit de suite sur le terrain dont elle s'est formée. L'art. 559, C. civ, le dit positivement, puisqu'il porte que ce droit cesse d'être applicable lorsqu'un fleuve ou une rivière, navigable ou non, enlève par une force subite une partie considérable et reconnaissable d'un champ riverain et le porte vers un champ inférieur ou sur la rive opposée. — Ph. Dupin, *ibid.*, no 22; Proudhon, *Traité du domaine public*, t. 4, nos 1270 et 1277.

21. — Ainsi, l'alluvion ne consistant, aux termes de l'art. 556, C. civ., que dans les atterrissemens et accroissemens qui se forment *successivement* et *imperceptiblement* aux fonds riverains d'un fleuve ou d'une rivière, on ne peut considérer comme terrain d'alluvion celui que les eaux d'un fleuve navigable laissent à découvert en se portant alternativement d'une rive à l'autre, selon que l'amoncellement variable des vases ou des sables le force à changer la direction de son cours. Ce terrain ne peut être considéré que comme une plus grande extension du lit du fleuve, alors surtout qu'à raison du voisinage de la mer, il se trouve entièrement submergé à l'époque des grandes marées, et dès-lors les propriétaires riverains sont sans droit pour prétendre, par droit d'alluvion, à la propriété de la rive découverte.—*Caen*, 26 fév. 1840 (t. 1er 1841, p. 149), Busnel c. commune de Saint-Quentin.

22. — De même, lorsqu'un atterrissement formé dans le lit d'un fleuve n'a pas le caractère d'*accroissement insensible* qui constitue *l'alluvion*, et lorsque d'ailleurs cet atterrissement n'adhère point au fonds riverain, le propriétaire riverain ne peut en réclamer la propriété à titre d'alluvion.—*Cass.*, 2 mai 1826, d'Aramon c. Rozier.

23. — Pour l'exacte intelligence de cet arrêt, qui nous paraît conforme aux vrais principes de la matière, il importe bien de ne pas séparer les deux motifs sur lesquels il se fonde. — Le second motif, tiré du défaut d'adhérence de l'atterrissement au fonds riverain, ne serait pas toujours concluant. L'art. 556, C. civ., dit simplement : « Les atterrissemens et accroissemens qui se forment successivement et imperceptiblement aux fonds riverains d'un fleuve ou d'une rivière s'appellent *alluvion*. » Or, les effets naturels et immédiats de l'alluvion sont d'assimiler entièrement les terrains accrus aux terrains principaux auxquels ils s'unis-

ALLUVION, § 2.

ALLUVION, § 2.

sent. « *Omnino hujusmodi incrementum*, dit Ulpien (L. *Si ego* 11, § *quod tamen.*; ff., *de Public. in rem. act.*), *efficitur simile ei cui accedit.* » « D'où il suit, dit Dumoulin (*cout. de Paris*, tit. 1er, glose 5e, nº 115), qu'ils participent aux mêmes droits, à la même cause, à la même qualité, *et sic eodem jure eâdem causâ et qualitate acquiritur et possidetur, sicut ager cui adjectum est.* » S'il en est ainsi, qu'importe que le fleuve ou la rivière qui borde une propriété ait séparé d'un fonds principal une portion de terrain qui était acquise au propriétaire par droit d'alluvion? Il n'en sera pas autrement dans ce cas que si ce fleuve ou cette rivière avait traversé, en le divisant en deux parts, le fonds principal lui-même. Ces deux parts ne cesseront pas d'appartenir au propriétaire du fonds, et c'est ce que décident textuellement la loi 7, § 4, ff., *de Acquir. rer. dom.*, et l'art. 562, C. civ. La solution de continuité ne serait donc, dans l'espèce, qu'une circonstance indifférente par elle-même, si elle ne se trouvait d'ailleurs unie à une autre circonstance plus décisive, savoir, l'absence totale de l'*alluvion*. L'atterrissement dont il s'agit n'est dès-lors, dans le sens de l'arrêt de la cour de Cassation, qu'un de ces amas de sable ou de terre définis par l'art. 560, C. civ., et sur lesquels il faut justifier d'un droit de propriété.

24. — L'alluvion ne présentant pas un corps reconnaissable, ne peut être réclamée par le propriétaire du fonds dont elle est formée, et cela alors même qu'il serait évident que c'est son héritage qui est venu s'incorporer ainsi à l'héritage voisin. Dans ce cas la chose est *res extincta*.

25. — C'est à l'autorité administrative qui a la police des cours d'eau et la gestion des biens publics, de déterminer quand une rivière est ou non navigable, flottable ou non flottable; à quel point elle commence à être navigable ou flottable, etc. — V COURS D'EAU.

26. — Le *marche-pied* et le *chemin de halage* que le riverain, profitant de l'alluvion, doit laisser, aux termes de l'art. 556, sont des droits du domaine public réclamés dans l'intérêt de la navigation. Toutefois, les riverains sont propriétaires du chemin de halage et du marche-pied; car, s'il en était autrement, il faudrait dire que les alluvions et atterrissemens profitent à l'état, qui alors en serait propriétaire. — Duranton, t. 4, nº 402.

27. — La largeur du chemin de halage et du marche-pied est fixée à vingt-quatre pieds au moins pour chemins et traits de chevaux, sans qu'on puisse planter arbres, ni tenir clôture ou haie plus près que trente pieds du côté où les bateaux se tirent, et dix pieds de l'autre bord. — Tit. 28, art. 7, ord. 1669.

28. — L'alluvion ne s'applique qu'aux terrains de nouvelle formation. En conséquence, en cas d'inondation, et quelle qu'en ait été la durée, le terrain inondé demeure la propriété privée de son ancien maître, de telle sorte qu'à la retraite des eaux il ne peut être considéré comme une alluvion qui profite aux riverains. — *Cass.*, 20 janv. 1835, Lamurée c. d'Harcourt; *Rouen*, 6 fév. 1834, mêmes parties; — V. *Instit.*, liv. 2, tit. 1er, § 23.

29. — De même, lorsqu'une propriété a été totalement couverte, pendant un assez long-temps, par l'eau d'une rivière, qui l'a entièrement dépouillée de la terre végétale, le propriétaire d'un terrain contigu ne peut, après la retraite des eaux, réclamer la propriété du terrain que les eaux couvraient, en la réputant un atterrissement qui doit lui être acquis par droit d'alluvion. — *Cass.*, 26 juin 1833, Givois c. Rouganne; — Toullier, t. 3, nº 151.

30. — C'est aux juges du fait qu'il appartient de décider si le fonds a conservé sa nature primitive, et s'il y a eu simple inondation sans changement de lit de la rivière. — *Cass.*, 20 janv. 1835, Lamurée c. d'Harcourt.

31. — Aussi un arrêt peut-il, sans encourir la censure de la cour de Cassation, déclarer, par appréciation des faits et des titres, qu'un terrain désigné, dans un acte authentique ancien, sous le nom de *sables* d'une rivière, et séparant de cette rivière un héritage voisin, constituait, en qualité de terrain vain et vague, une propriété particulière, et en conclure, par suite, que les alluvions formées sur ce terrain ne peuvent profiter au propriétaire de l'héritage situé au-delà. — *Cass.*, 26 fév. 1840 (t. 2 1840, p. 788), Arbolat c. Despeuilles.

32. — Les atterrissemens formés dans le lit d'une rivière navigable, mais couverts par les eaux dans leur hauteur ordinaire, restent encore le lit propre du fleuve, et conséquemment ne peuvent être considérés comme *alluvion* devant profiter au propriétaire riverain. — *Bourges*, 27 mai 1839 (t. 2 1840, p. 466), Préfet du Cher et compagnie du Pont de Saint-Thibaut c. de Marguerye.

33. — Cet arrêt est la consécration de la règle la plus importante en matière d'alluvion : car reconnaître au riverain le droit de disposer de l'atterrissement avant qu'il soit à la hauteur de la rive, c'est encourager les travaux qui tendent à favoriser le retrait des eaux pour les porter sur le bord opposé. — Chardon, nºs 49 et suiv.

34. — Jugé qu'on ne doit pas attribuer le caractère légal d'alluvion seulement aux atterrissemens qui se forment d'une manière apparente à la surface des eaux, par leur retraite lente et successive; mais on doit considérer comme tels les atterrissemens formés successivement sous les eaux qui les couvrent, et qui sont ensuite laissés tout à coup à découvert par la retraite subite de ces eaux. — Un tel atterrissement forme une alluvion dont les propriétaires riverains doivent profiter exclusivement, et sans que ceux de la rive opposée, dont le fleuve a ruiné la propriété, puissent y venir réclamer le terrain qu'ils ont perdu par ses invasions. — En d'autres termes, lorsque ceux-ci ayant perdu la totalité, ou seulement une portion de leur propriété, le fleuve laisse tout à coup à découvert sur la rive opposée une étendue semblable de terrain, ils sont non-recevables à se l'approprier en indemnité de celui qu'ils ont perdu, si l'on ne peut y reconnaître la propriété ou la partie de la propriété qui leur aurait été enlevée par la force des eaux. — *Cass.*, 25 juin 1827, Choisity c. Lacroix et Sauvan; — Chardon, nº 101.

35. — Le droit d'alluvion n'a pas lieu à l'égard des relais de la mer. — C. civ., art. 557, alin. 2º. — En conséquence, les particuliers n'en profitent pas; c'est le domaine public qui, propriétaire des rivages de la mer, doit profiter des alluvions. Une législation particulière régit cette matière. — V. MER.

36. — Mais un terrain situé sur le bord et à l'embouchure d'un fleuve ne peut être réputé rivage maritime parce qu'il est baigné par les eaux de la mer qui refluent dans le lit du fleuve. Particulièrement, les atterrissemens formés sur les rives de la Seine par l'action des eaux depuis Quillebœuf jusqu'à Honfleur et le Hoc ne peuvent être considérés comme des lais et relais de la mer, et, dès-lors, ils appartiennent aux propriétaires riverains. — *Rouen*, 26 août 1840 (t. 1er 1841, p. 262), Manneville c. préfet de l'Eure; *Cass.*, 4 mai 1836, Mariocheau; *Rennes*, 21 mai 1839 (t. 2 1839, p. 513), Hervé; — Merlin, *Quest. de dr.*, vº *Rivages de la mer*.

37. — La loi ne s'occupant, dans les art. 556 et 557, que des fleuves et rivières dont le cours naturel longe des propriétés riveraines, on demande s'il faut appliquer ces articles alors qu'il s'agit d'un canal creusé de main d'homme. En d'autres termes, à qui profite l'alluvion quand elle se forme sur les bords d'un canal creusé de main d'homme?

38. — Cette première question se lie intimement à celle également fort importante et très contestée qui s'élève sur la propriété des francs-bords eux-mêmes du canal.

39. — La cour de Cassation semble n'admettre la présomption de propriété des francs-bords en faveur du propriétaire du canal qu'autant qu'ils ont été acquis par titre ou par prescription. — *Cass.*, 4 déc. 1838 (t. 1er 1839, p. 30), Baud c. Papillon; 25 mai 1840 (t. 1er 1841, p. 182), Deminuid c. fabrique de Saint-Pantaléon; 23 nov. 1840 (t. 1er 1841, p. 306), Gon c. Bernard.

40. — La jurisprudence des cours royales, au contraire, tend à considérer le propriétaire du canal comme propriétaire des francs-bords jusqu'à preuve contraire. — *Paris*, 24 juin 1834, Papillon c. Dulfoy; 22 mars 1841 (t. 1er 1841, p. 628), Garnot c. de Courcelles; *Toulouse*, 1er juin 1827, Boué et Ferrage c. commune de Saint-Girons.

41. — Quelle que soit, d'ailleurs, la solution qu'on adopte, devra-t-on, dès l'instant que la propriété des francs-bords sera reconnue en faveur du possesseur du canal, lui attribuer, dans tous les cas, le profit des alluvions?

42. — Lorsque le canal est toujours resté dans son lit primitif, le propriétaire du lit peut faire détruire les alluvions qui forment des obstructions, et, de leur côté, les riverains pourraient l'obliger à le faire si ces alluvions leur portaient préjudice. — Mais si, abandonnant ses premières limites, le canal s'est formé insensiblement un nouveau cours, le droit d'alluvion redevient pleinement applicable. — « Le nouveau lit, de M. Ph. Dupin (*loc. cit.*, nº 15), n'est plus celui que le maître du canal a été autorisé à creuser, il a pris tous les caractères d'un cours d'eau naturel. » — Chardon, *De l'alluvion*, nºs 27 et suiv.

43. — L'alluvion n'a pas lieu à l'égard des lacs et étangs, dont le propriétaire conserve toujours le terrain que l'eau couvre quand elle est à la hauteur de la décharge de l'étang, encore que le volume d'eau vienne à diminuer. — Réciproquement, le propriétaire de l'étang n'acquiert aucun droit sur les terres riveraines que son eau vient à couvrir dans des crues extraordinaires. — C. civ., art. 558.

44. — Un étang est un amas d'eau contenue dans un même lieu par des chaussées ou digues, et où on nourrit du poisson. Les lacs sont également des amas d'eau, mais beaucoup plus considérables et qui se forment généralement par la disposition des lieux, plutôt que par des ouvrages de main d'homme. — Duranton, t. 4, nº 407.

45. — La loi considère ici l'eau à l'état d'eau dormante, et comme objet de propriété privée. Elle est alors une partie intégrante du fonds. — Toullier, t. 3, p. 95 et suiv.; Delvincourt, t. 2, p. 10; Duranton, *loc. cit.*; Chardon, nºs 21 et suiv.

46. — Chacun peut faire sur sa propriété des étangs, pourvu qu'il n'entreprenne point sur le domaine public ou sur les propriétés voisines. On doit donc construire son étang de manière à ne pas nuire à ses voisins : en outre, on doit l'entretenir dans cet état, à peine de dommages-intérêts. — Boutaric, *Tr. des dr. seigneuriaux*, édit. 1781, p. 570; Duranton, t, 4, nº 408.

47. — Le terrain que l'eau d'un étang couvre quand elle est à la hauteur de la décharge ne peut être prescrit par les riverains. — *Cass.*, 11 mai 1835, Delahaye c. Gougeon.

48. — La disposition de l'art. 558 n'est qu'une présomption établie en faveur du propriétaire de l'étang, en l'absence de titre ou de preuves contraires, et alors qu'il n'est pas possible de déterminer autrement les limites de l'héritage. — V. ÉTANG.

49. — L'alluvion n'a pas lieu relativement aux parties de terrains occupées par un torrent qui se retire, non plus qu'à l'égard des biefs, des moulins et usines. Ce sont des cours d'eau non continus considérés de tout temps comme propriété privée. L. 1, ff., *De fluminibus*. — Proudhon, *Domaine public*, nº 1281; Chardon, *De l'alluvion*, nºs 23 et suiv., 40 et suiv.

50. — Mais a-t-elle lieu à l'égard des ruisseaux? — Nous le pensons, quoique l'art. 556, C. civ., ne parle que des fleuves ou rivières. Cet article parle, du reste, de rivières non navigables dont l'importance n'est pas plus considérable que celle des ruisseaux. Pourquoi ne comprendrait-on point les ruissaux dans l'expression de rivières non navigables? — A qui d'ailleurs attribuerait-on le profit des alluvions qui en proviendraient? — Chardon, ch. 3, nº 35.

51. — Si un fleuve ou une rivière, navigable ou non, enlève par une force subite une partie considérable et reconnaissable d'un champ riverain, et la porte vers un champ inférieur ou sur la rive opposée, le propriétaire de la partie enlevée peut réclamer sa propriété, mais il est tenu de former sa demande dans l'année; après ce délai, il n'y sera plus recevable, à moins que le propriétaire du champ auquel la partie enlevée a été unie n'eût pas encore pris possession de celle-ci. — C. civ., art. 559.

52. — Il ne faut pas conclure de ces termes de la loi : *le propriétaire de la partie enlevée peut réclamer sa propriété*, que ce propriétaire puisse revendiquer et se faire adjuger une partie du sol comme formant un second fonds qui soit à lui. Il peut seulement reprendre et enlever les terres et débris reconnaissables provenant de son fonds, et cette répétition doit être faite dans l'année. Après ce délai, il ne le pourrait qu'autant que le propriétaire du fonds inférieur n'aurait pas encore pris possession de cette partie de terrain reconnaissable. — Proudhon, *Domaine public*, nº 1283; Chardon, *De l'alluvion*, ch. 4, nº 87.

53. — Le propriétaire du fonds inférieur peut même requérir l'autre qu'il ait à s'expliquer sur la question de savoir s'il veut ou non enlever le dépôt et lui faire prescrire un délai. — V. Proudhon, *ibid.*

54. — Jugé que, si une rivière en se formant un bras nouveau, réunit à une île possédée par un particulier une partie d'un champ riverain, le propriétaire de ce champ doit, à peine de déchéance, réclamer sa propriété dans l'année, conformément à l'art. 559, C. civ. — Il invoquerait vainement l'art. 562, même Code, d'après lequel le propriétaire conserve la propriété de son champ dont un nouveau bras de rivière a fait une île. — *Cass.*, 13 déc. 1830, Delorme c. Berthaut.

55. — Pour que le propriétaire du champ inférieur profite de l'alluvion après l'année, il n'est pas nécessaire qu'elle ait eu lieu par superposition. Nous croyons qu'elle aurait lieu dans le cas de simple adjonction latérale. Cette solution résulte des expressions de la loi : *et la porte vers un champ inférieur*, qui signifient clairement une adjonction latérale. — V. Proudhon, *Domaine public*, nº 1283; Duranton, t. 4, nº 417.

56. — Quant aux parties de terrain qui, dans les pays montagneux, se détachent quelquefois et viennent couvrir le terrain inférieur, ce sont les règles de l'alluvion qui doivent être appliquées, autant du moins que cela est possible, et, par conséquent, le propriétaire de ces portions de terrain pourrait les revendiquer dans l'année. — V. au reste PROPRIÉTÉ.

57. — Doit-on appliquer l'art. 559 aux objets précieux tels que bijoux, argent, trésor, etc., trouvés sur ou dans le sol supérieur, et que les eaux ont poussés sur le champ inférieur? — Nous ne le pensons pas, ce serait forcer les termes de l'article que d'en faire l'application en ce cas, puisque, en effet, des objets non inhérens au fonds ne sont point une partie de ce fonds. Nous considérons ces objets comme choses *nullius*, dont la propriété sera au premier occupant, sauf les droits de celui qui justifierait sa propriété sur lesdits objets. — V. toutefois Chardon, *De l'alluvion*, nos 90 et suiv.

58. — Si une rivière ou un fleuve, en se formant un bras nouveau, coupe et embrasse le champ d'un propriétaire riverain et en fait une île, ce propriétaire conserve la propriété de son champ, encore que l'île se soit formée dans un fleuve ou dans une rivière navigable ou flottable. — C. civ, art. 562.

59. — Dans le cas prévu par cet art. 562, le droit du propriétaire reste intact. Il n'a pas besoin de former la revendication dans l'année. « Si le chemin de halage, dit Proudhon (*Dom. public*, no 1290), se trouve reporté sur une partie de son terrain où il n'était pas, le propriétaire pourra réclamer une indemnité. » — V. aussi Duranton, t. 4, no 424.

60. — Si un fleuve ou une rivière navigable, flottable ou non, se forme un nouveau cours en abandonnant son ancien lit, les propriétaires des fonds nouvellement occupés prennent à titre d'indemnité l'ancien lit abandonné, chacun dans la proportion du terrain qui lui a été enlevé. — C. civ., art. 563.

61. — Cet article est introductif d'un droit nouveau. D'après les principes romains, l'ancien lit accroissait aux propriétés riveraines. — En vain, pour écarter l'influence de ces principes, le propriétaire de l'héritage envahi dirait-il que l'ancien lit de la rivière n'a été totalement abandonné par les eaux que depuis l'émission du Code civil; il suffit, pour qu'ils reçoivent leur application, que le changement du cours et l'abandon du lit aient eu lieu antérieurement au Code. — *Cass.*, 26 fév. 1840 (t. 2 1840, p. 788), Arbelat c. Despeuilles.

62. — La déclaration d'un arrêt qu'un fleuve a abandonné son lit à telle époque échappe comme décision de fait à la censure de la cour de Cassation. — Même arrêt.

63. — Lorsqu'une rivière non navigable a changé de cours, les anciens riverains, qui ne sont pas riverains du cours actuel, n'ont pas conservé le droit de prendre de l'eau dans le cours actuel. — *Cass.*, 11 fév. 1813, Tricaud et Guillot c. Talanée et de la Bussière; — Garnier, *Régime des eaux*, no 89; Chardon, *De l'alluvion*, p. 318; Hennequin, *Tr. de législat. et jurisprud.*, t. 1er, p. 308.

64. — ... Ils ne peuvent, dès-lors, prétendre percer, en travers du lit abandonné, des rigoles pour aller prendre les eaux dans le nouveau lit. — Daviel, *Des eaux*, no 160.

65. — Lorsqu'une rivière abandonne son lit, le terrain qu'elle avait envahi sur les propriétés riveraines doit être restitué à l'ancien propriétaire, surtout s'il a conservé *motte ferme* (On nomme *motte ferme* une élévation de terrain voisin d'un fleuve ou d'une rivière, qui n'a pas été inondé en même temps que l'a été le terrain adjacent. — V. Denizart, vo *Motte ferme*, no 1er; Hennequin, *Tr. de législat.*, p. 309). — Les autres riverains ne sont pas recevables à lui opposer comme prescription que le terrain qu'il réclame a été, pendant dix ans, couvert par les eaux. — *Toulouse*, 30 juin 1818, Chambert c. Roucoule. — V. conf. *Cass.*, 20 janv. 1835, Lamurée c. d'Harcourt; — Garnier, *Régime des eaux*, t. 1er, no 22; Duranton, t. 4, no 427; Chardon, *Tr. de l'alluvion*, no 65; Grotius, lib. 2, cap. 10, no 4; Merlin, *Rép.*, vo *Motte ferme*.

66. — Le propriétaire du fonds inondé pourrait le revendiquer, alors même que la submersion aurait duré plus de trente ans. — Proudhon, *Dom. publ.*, no 2551; Garnier, *Des eaux*, no 238; Daviel, nos 49, 145 et 146.

67. — Néanmoins, si les propriétaires du terrain nouvellement envahi ont reçu l'ancien lit à titre d'indemnité, et qu'ils en aient joui à ce titre pendant trente ans, les propriétaires de l'ancien lit ne peuvent le revendiquer en prétendant que le premier envahissement n'a été qu'une inondation, que le second est de la même nature, et que la possession a été précaire. — Garnier, *Cours d'eau*, nos 279 et suiv.

§ 3. — *A qui profite l'alluvion.*

68. — D'après l'art. 556, c'est le propriétaire riverain qui profite des alluvions ou atterrissemens formés sur son fonds.

69. — Ainsi, jugé que les terrains d'alluvion découverts par la retraite des eaux d'un fleuve appartiennent aux propriétaires riverains, au droit de leurs propriétés respectives. — La possession de ces terrains mis à découvert n'en confère pas la propriété aux détenteurs, s'ils ne prouvent qu'ils sont propriétaires des portions de terrain situées entre le fleuve et l'héritage des réclamans. — *Rouen*, 26 avr. 1839 (t. 2 1839, p. 245), Boulard c. Lefort.

70. — Si le chemin de halage est établi sur le terrain d'un particulier à titre de servitude, c'est à ce particulier qu'appartient l'alluvion, mais c'est à l'état qu'elle profitera, si c'est l'état lui-même qui est propriétaire du fonds riverain où sont établis le chemin de halage et le marchepied. — *Montpellier*, 5 juill. 1833, Guittard et Gaillard c. commune de Roques; — Delvincourt, *Cours de droit civil*, t. 2, p. 221; Duranton, t. 4, nos 401 et 402.

71. — Ainsi, l'existence du chemin de halage, en dehors de la propriété riveraine vendue par l'état, et la séparation de la rivière, fait obstacle à ce que cette propriété ait droit à l'alluvion, alors que sa contenance a été spécialement indiquée dans l'acte de vente, et que l'alluvion réclamée se trouve être d'une étendue supérieure. — *Paris*, 2 juill. 1831, Labbé et Bontemps.

72. — Lorsqu'il y a entre la rivière et un héritage un chemin public, l'alluvion ne profite pas au propriétaire de cet héritage, puisqu'elle ne saurait accroître que le chemin public. C'est à l'état que revient, dans ce cas, l'alluvion. — *Bourges*, 3 avr. 1837 (t. 2 1837, p. 61), Delabarre. — Jugé, par application du même principe, que celui dont l'héritage est séparé d'un fleuve par des ouvrages publics, et notamment une digue, n'est pas riverain proprement dit dans le sens de l'art. 526, C. civ. — Dès-lors, il n'a pas droit aux alluvions formées contre ces ouvrages. — *Cass.*, 17 juill. 1844 (t. 2 1844, p. 562), Bon et Tardivy de Cailles c. commune de Claix. — V. aussi Proudhon, *Domaine privé*, t. 2, no 598; Garnier, *Des eaux*, t. 1er, nos 83 et 251; Daviel, *Législat. des cours d'eau*, t. 1er, nos 130 et suiv.; Ph. Dupin, *Encyclop. du dr.*, vo *Alluvion*, no 28.

73. — De même, les communes sont propriétaires des chemins vicinaux, et par suite des atterrissemens que les fleuves et rivières forment auxdits chemins. — *Cass.*, 12 déc. 1832, commune de Roques c. Guitard et Gaillard. — V. conf. Garnier, *Régime des eaux*, no 239; Proudhon, *Domaine public*, no 271.

74. — Et la règle posée dans l'art. 3, L. 26 fév.-4 mars 1790, d'après laquelle la limite de deux départemens séparés par une rivière, doit être prise au milieu du lit de la rivière, ne met pas obstacle à ce qu'un terrain d'alluvion situé sur l'une des rives du fleuve soit réputé dépendre de la commune bordant l'autre rive, si cet état de choses, existant lors de ladite loi, n'a été modifié par aucun acte législatif qui lui soit postérieur, indiquant le fleuve comme limite des deux départemens (spécialement le Rhône comme limite des départemens du Gard et des Bouches-du-Rhône), et s'il est constant que depuis, et même en vertu d'un décret spécial rendu par suite de contestations, l'ancien état de choses a continué de subsister. — *Cass.*, 11 fév. 1840 (t. 1er 1840, p. 406), commune d'Aramon c. commune de Boulbon. — Toutefois, un arrêt de *Cass.* du 7 mai 1834 (commune d'Orgon), semble admettre un principe contraire; mais dans l'espèce de cet arrêt, il existait un acte législatif (L. 25 juin 1793, art. 1er) qui avait formé et délimité le département dont il s'agissait (celui de Vaucluse).

75. — Jugé, au contraire, sous le Code, mais à tort, selon nous, que l'existence d'un chemin public entre le fonds d'un particulier et le lit d'une rivière ne fait pas obstacle à ce que ce particulier profite des alluvions qui se forment au-delà du chemin. — *Toulouse*, 26 nov. 1812, Marquet c. commune de Blagnac.

76. — Du reste, il suffit qu'un atterrissement formé insensiblement dans le lit d'un fleuve adhère sous les eaux aux propriétés riveraines, bien qu'à la surface il en soit séparé par un ruisseau ou canal, pour qu'il doive être considéré comme une alluvion profitant à ces propriétés. — *Cass.*, 1er mars 1832, Sauvan et Lacroix c. Choisity.

77. — Toutefois, un banc de sable, touchant la rivière, et couvert par ses eaux, pendant plusieurs mois de l'année, doit être considéré comme faisant partie de son lit, et appartenant de cette manière à l'état, plutôt que comme une alluvion dont le propriétaire riverain doive profiter, aux termes de l'art. 556, C. civ. — *Paris*, 2 juill. 1831, Labbé et Bontemps.

78. — De même, lorsque dans une rivière non navigable se forme un banc de sable qui borde une propriété particulière, le riverain ne peut réclamer ce banc de sable comme accessoire; et lorsqu'il gêne le cours de la rivière de manière à faire refluer les eaux dans une commune voisine, l'autorité administrative a le droit de le faire enlever. — *Cons. d'état*, 18 août 1807, commmune de Paray; — Daviel, *Cours d'eau*, no 725; Cormenin, *Droit administratif*, vo *Cours d'eau*, t. 1er, p. 514; Chardon, *De l'alluvion*, no 76; Garnier, *Des eaux*, no 507.

79. — Mais, dans ce dernier cas, le propriétaire riverain qui en aurait profité aurait, selon M. Ph. Dupin, droit à une indemnité. — *Encyclop. du dr.*, vo *Alluvion*, no 29.

80. — Sous l'ancien droit, au contraire, les alluvions formées le long d'un chemin public bordant une rivière profitaient au propriétaire de l'héritage situé au-delà de ce chemin, et non à l'état ou à la commune propriétaire de ce chemin. — *Toulouse*, 2 mai 1836, Laye c. commune de Cazères.

81. — Néanmoins, sauf cette modification, en matière d'atterrissement et d'alluvion, la distinction établie par les art. 556 et 560, C. civ., entre les atterrissemens qui se forment sur les bords des fleuves et rivières navigables ou flottables et les îlots qui naissent au milieu de leur lit était admise dans les mêmes termes par l'ancienne législation. — En conséquence, les îlots appartenaient à l'état et les alluvions aux riverains. — *Cass.*, 16 fév. 1836, préfet du Loiret c. Delabarre; *Toulouse*, 9 janv. 1829, Guilard.

82. — L'alluvion doit être attribuée au propriétaire qui n'est séparé de la rivière que par un chemin privé qui lui appartient. Cela ne saurait souffrir de difficulté. — Daviel, no 133.

83. — Et l'alluvion doit profiter au propriétaire riverain, encore bien que sa propriété soit close de murs du côté de la rivière. — *Nancy*, 31 mai 1842 (t. 1er 1843, p. 267), commune de Gondrecourt c. Olry.

84. — Il suffit que les atterrissemens joignent le plus habituellement et le plus constamment le fonds riverain pour que la propriété en soit acquise au propriétaire. Un filet d'eau qui ne serait pas permanent ne mettrait pas obstacle à la contiguïté. — *Cass.*, 31 janv. 1838 (t. 1er 1845), Courcenet.

85. — C'est à celui qui réclame un terrain à titre d'alluvion de prouver que ce terrain a bien les caractères qui seuls peuvent constituer un terrain de formation nouvelle, en établissant que l'atterrissement s'est formé insensiblement, et qu'il s'est attaché à son fonds. S'il ne fait cette preuve, il doit être déclaré non-recevable. — *Cass.*, 2 mai 1826, d'Aramon c. Rozier.

86. — Toutefois, pour que les juges puissent attribuer à un propriétaire riverain le bénéfice d'un atterrissement qu'ils déclarent s'être produit successivement dans le cours d'un fleuve, il n'est pas nécessaire qu'ils ajoutent que cet accroissement s'est formé *imperceptiblement*. Cette expression de la loi n'est pas sacramentelle, et peut être remplacée par un équivalent. — On doit en conséquence reconnaître tous les caractères de l'alluvion dans un atterrissement déclaré produit par le dépôt successif de graviers et de limons *formé au fur et à mesure que le fleuve corrodait davantage la rive opposée*. — *Cass.*, 8 mars 1843 (t. 2 1843, p. 115), Donzel et Cellard c. Merle.

87. — Quant aux *relais* que forme l'eau courante qui se retire insensiblement de l'une de ses rives en se portant sur l'autre, ils ont le caractère d'*alluvion*, et le propriétaire de la rive découverte en profite, sans que le riverain du côté opposé puisse venir réclamer le terrain qu'il a perdu. — C. civ., art. 557.

88. — Pour qu'il y ait lieu à ce genre d'alluvion, il faut qu'elle résulte d'un retrait insensible des eaux. S'il s'agissait d'un changement de lit qui se serait opéré en partie sur le champ d'un riverain, il aurait le droit de prendre du côté opposé une partie de l'ancien lit pour s'indemniser de la perte que lui cause le changement de lit. — C. civ., art. 563. — Proudhon, *Domaine privé*, t. 2, no 593, *Domaine public*, no 1277.

89. — L'alluvion n'étant que l'accessoire du fonds sur lequel elle s'est formée, il en résulte qu'elle ne forme pas un champ distinct, mais une partie non distincte du champ primitif. En conséquence, elle profite au propriétaire du champ pour la propriété, et pour la jouissance à ceux qui ont la jouissance de l'immeuble. — Toullier, *Droit civil*, t. 3,

nº 152; Chardon, nºs 81, 147 et suiv.; Ph. Dupin, *Encyclop. du droit*, vº *Alluvion*, nº 32.

90. — Ainsi, l'usufruitier et le fermier profitent de l'alluvion quant à leur jouissance. — C. civ., art. 596, et arg. de cet art. — Duranton, t. 4, nº 404; Proudhon, *Domaine public*, nº 1293; Ph. Dupin, *loc. cit.*; Chardon, *De l'alluvion*, ch. 5, nºs 157 et 206.

91. — Mais quant au fermier, comme l'art. 1722, C. civ., l'autorise à demander une diminution du prix de son bail ou sa résiliation si l'immeuble qui lui est loué est détruit en tout ou en partie, on doit décider que, si l'immeuble reçoit une augmentation alluvionnaire importante, le propriétaire a le droit de demander au fermier une augmentation de prix. — Chardon, *ibid.* — V. BAIL.

92. — L'alluvion n'étant pas une partie distincte du champ qu'elle a accru, elle appartient à l'époux sur le propre duquel elle s'est formée, et n'est point un acquêt de la communauté. — V. liv. 23, t. 3, ff., L. 4, *De jure dot.*; Proudhon, *Domaine public*, nº 1292; Ph. Dupin, *loc. cit.*; Chardon, chap. 5, nº 148. — Les fruits seuls en sont perçus au profit de la communauté. — D'Argentré, *Cout. bret.*, gl. 2, nº 22, p. 1656.

93. — Par la même raison, le cohéritier qui rapporte à une succession un immeuble augmenté d'une alluvion doit le rapporter comme il se trouve lors du rapport. — Proudhon, *ibid.*

94. — Dans le cas de vente à réméré, le vendeur qui exerce le retrait a-t-il droit de reprendre l'immeuble augmenté des alluvions qu'il a reçues depuis la vente? Oui, car ces alluvions ne forment pas un champ distinct. L'acheteur les retiendrait sans cause. — Troplong, *De la vente*, nº 766; Duranton, *Cours de dr. franç.*, t. 16, nº 425; Delvincourt, sur l'art. 1659, C. civ.; Duvergier, *De la vente*, t. 2, nº 35; Chardon, nºs 155 et 156; Ph. Dupin, *loc. cit.* — V. cependant Pothier, *Vente*, nº 402.

95. — L'alluvion, soit dans le cas de retrait des eaux, soit dans le cas d'augmentations imperceptibles ajoutées au fonds inférieur, n'est acquise au propriétaire, de manière qu'il en puisse disposer, qu'à mesure qu'elle prédomine les eaux dans les saisons ordinaires. En d'autres termes, le propriétaire riverain ne pourra s'attribuer définitivement l'alluvion qu'autant qu'elle restera à découvert dans les temps ordinaires. Nous ne pouvons adopter ici la théorie de M. Chardon, qui n'accorde définitivement l'alluvion au riverain que lorsqu'elle est parvenue au niveau de la sommité des rives, c'est-à-dire le point le plus élevé où les eaux coulent sans déborder, et qui n'accorde dans le cas par nous supposé au propriétaire riverain que la propriété des plantes qu'elle produit naturellement. — Chardon, *De l'alluvion*, nºs 50 et suiv. — V., dans notre sens, Proudhon, *Dom. public*, nº 1279.

96. — Du reste, il a été jugé en principe, et avec raison, que le propriétaire riverain, quelle que soit son expectative d'une accession alluvionnaire, n'a le droit de devancer par aucun travail, par aucune plantation, par aucune occupation, la consommation du résultat qui peut lui profiter : ce serait agir sur la chose d'autrui et porter atteinte à un droit de propriété dont l'état peut user dans toute son étendue. — *Bourges*, 27 mai 1839 (t. 2 1840, p. 466), Préfet du Cher et compagnie du pont de Saint-Thibaut c. de Marguerye.

97. — ... Et que celui qui a des propriétés sur les bords d'une rivière non navigable ni flottable ne peut faire des ouvrages dans le lit habituel de cette rivière pour la défense de sa propriété. Ces ouvrages sont offensifs pour les propriétaires de la rive opposée. — *Nîmes*, 27 juill. 1829, Domergue.

98. — De même, le propriétaire d'une île située dans une rivière navigable, qui construit sans autorisation des travaux *offensifs*, peut être condamné à leur démolition et à une amende, quoiqu'il ait été autorisé à faire des ouvrages *défensifs*. — *Cons. d'état*, 23 août 1820, Cholet.

99. — De même encore, le riverain d'une rivière navigable et flottable ne peut faire, sans autorisation, des travaux *défensifs* qui anticipent sur la rivière, rejettent l'eau sur le rivage opposé et changent le cours de la rivière. — *Cons. d'état*, 15 sept. 1831, Bertrand.

100. — Toutefois, le riverain peut défendre sa propriété, maintenir l'eau dans son lit habituel et l'empêcher de déborder, et les voisins ne peuvent s'en plaindre. C'est à eux à faire sur leur propre terrain des travaux *défensifs* pour protéger leurs héritages. — *Cass.*, 10 juin 1824, Legrand c. Catonnet; *Aix*, 19 mai 1813, Raoussel-Dalbon c. Clément de Graveson; — Delvincourt, t. 3, p. 535, note 8e; Duranton, t. 5, nº 162; Pardessus, *Des servitudes*, nº 92; Pailliet, *Comm. sur les servitudes*, p. 655; Vaudoré, *Droit rural*, t. 1er, p. 355; Garnier, *Rég. des eaux*, t. 3, nº 677, et Solon, *Traité des servit. réelles*, nº 23.

101. — Et, pour que les accroissemens et atterrissemens qui se forment aux fonds riverains d'un fleuve ou d'une rivière navigable soient réputés appartenir aux propriétaires de ces fonds, à l'exclusion de l'état, il suffit qu'ils se soient formés successivement et imperceptiblement, encore bien qu'ils aient pu provenir de travaux de main d'homme. — *Cass.*, 8 juill. 1829, préfet de la Drôme c. Archinard. — V. aussi *Paris*, 7 juin 1839 (t. 2 1839, p. 77), préfet de l'Yonne; *Agen*, 11 nov. 1840 (t. 1er 1841, p. 476), préfet de Lot-et-Garonne c. Ballias de Soubran; — Daviel, *Traité des cours d'eau*, nº 280; Chardon, *Traité de l'alluvion*, nºs 114 et suiv.; Garnier, *Régime des eaux*, t. 1er, nº 234.

102. — Quant aux rivières navigables ou flottables, l'ordonnance de 1669, l'arrêté du 19 vent. an VI et la loi du 29 flor. an X ne défendent que les travaux dans leur lit, et seulement ceux qui font obstacle au cours de l'eau et nuisent à la navigation. Par conséquent, la confection de travaux sans autorisation ne constitue pas par elle-même une contravention; elle n'est punissable qu'autant que les ouvrages sont jugés nuisibles. — *Cons. d'état*, 13 juin 1821, commune de Château-Renard; 16 janv. 1828, Berlin; 2 sept. 1829, Lemoine; — Cormenin, vº *Cours d'eau*, t. 2, p. 313.

§ 4. — *Iles, îlots, atterrissemens.*

103. — Les îles, îlots, atterrissemens qui se forment dans le lit des fleuves ou des rivières navigables ou flottables appartiennent à l'état, s'il n'y a titre ou prescription contraires. — C. civ., art. 560.

104. — Par application de cet article, jugé que l'île qui s'est formée insensiblement dans le lit d'un fleuve navigable doit appartenir à l'état, lors même qu'elle occuperait la place de terrains envahis par ce fleuve, parce que les art. 562 et 563, qui laissent au propriétaire riverain l'île que les eaux circonscrivent sur sa propriété, ne s'appliquent qu'au cas d'irruption subite, et non pas aux atterrissemens lents et successifs. — *Lyon*, 22 juin 1839 (t. 2 1840, p. 445), Blanc c. le Domaine; *Bourges*, 27 mai 1839 (t. 2 1840, p. 466), Préfet du Cher et compagnie du pont de Saint-Thibaud c. Marguerye.

105. — Les entreprises que les riverains feraient pour joindre leur héritage à ces îles devraient être détruites. — *Cons. d'état*, 18 août 1807; Moison.

106. — Toutefois, ces sortes de terrains sont susceptibles de prescription et aliénables, car ils sont étrangers à la navigabilité du fleuve. — Proudhon, *Dom. publ.*, nº 1284.

107. — Dans une contestation entre un particulier et le domaine où il s'agit de savoir si un terrain existant au milieu des eaux d'un fleuve constitue une alluvion appartenant au propriétaire riverain, ou un atterrissement formé dans le lit d'un fleuve et appartenant, par conséquent, à l'état, l'arrêt qui, d'après les documens contenus dans un rapport d'experts, déclare que ces terrains constituent un atterrissement, n'est pas sujet à cassation. — *Cass.*, 6 mars 1832, Domaine c. Lecoulteux.

108. — Sous l'empire du droit romain, les îles nées dans un fleuve appartenaient aux riverains, lesquels étaient regardés comme continuant la propriété de leur fonds jusqu'au milieu du fleuve, qui n'était qu'une servitude établie sur le fonds. Cette proposition a été suffisamment démontrée au mot ACCESSION (nº 5). — V. au surplus, *Inst.*, tit. *De rer. divis.*, § 22, et Domenget, *Inst. de Gaïus, trad. et annot.*, note sur le § 79, *Comm.* 2.

109. — Dans le cas où un terrain d'alluvion littorale viendrait à se former en même temps qu'une île viendrait à poindre dans l'intérieur du fleuve, et par suite des mêmes causes, on demande si le propriétaire riverain pourrait revendiquer à la fois l'alluvion littorale et l'île?

110. — Il est d'abord évident que si l'île s'était formée la première et que l'état en eût pris possession, il en resterait seul propriétaire. — Proudhon, *Dom. publ.*, nº 1284.

111. — Dans le cas contraire, et si l'île et l'alluvion étaient d'une formation simultanée, de telle sorte qu'il fût certain que l'île et l'alluvion littorale sont les extrémités du même atterrissement, le tout devrait être attribué au riverain. — Proudhon, *ibid.*

112. — La prescription dont il est question dans l'art. 560 est de trente ans alors que le possesseur n'invoque aucun titre appuyé de sa bonne foi. Elle est de dix ans alors qu'il y a titre et bonne foi, sans distinguer le lieu où se trouve située l'île. En d'autres termes, la possession de vingt ans n'est jamais nécessaire, parce que les préfets représentent le gouvernement dans tous les ressorts de cours royales, et que l'état ne saurait être réputé absent. — Daviel, *Cours d'eau*, nº 57; Garnier, *des eaux*, nºs 270 à 275, 3e édit.

113. — C'est donc à tort que M. Daviel (*Cours d'eau*, t. 1er, nº 57) attribue à M. Garnier une doctrine contraire et lui impute d'avoir dit que le possesseur de bonne foi d'une île née dans un fleuve prescrira par dix ans si l'île est dans le ressort de la cour de Paris, où est le siége du gouvernement, et par vingt ans si elle est dans tout autre ressort. M. Garnier dit, au contraire, formellement (*Régime des eaux*, 3e édit., nº 273), qu'on appliquera la prescription de dix ans, *parce que l'état est présent partout et a des agens dans les ressorts de toutes les cours royales.*

114. — Le propriétaire d'une île située dans une rivière navigable et dont une partie est emportée par les eaux qui n'en laisse aucun vestige, n'a pas droit à l'atterrissement qui se forme sur l'emplacement de la partie enlevée, et qui, bien que adhérant à la partie de l'île toujours existante, en est cependant séparée par une ligne apparente. Cet atterrissement de création nouvelle est la propriété de l'état, auquel appartient le lit des rivières navigables. — *Cass.*, 25 avr. 1842 (t. 2 1843, p. 570), Philippe et Thabar c. préfet de la Loire-Inférieure.

115. — Les îles et atterrissemens qui se forment dans les rivières *non navigables* et *non flottables* appartiennent aux propriétaires riverains du côté où l'île s'est formée; si l'île n'est pas formée d'un seul côté, elles appartient aux propriétaires riverains des deux côtés, à partir de la ligne qu'on suppose tracée au milieu de la rivière. — C. civ., art. 561.

116. — La ligne qui est supposée tracée au milieu de la rivière doit l'être au milieu du cours d'eau, et non au milieu du lit. On doit prendre le cours de la rivière dans l'état où il se trouve durant les eaux moyennes. Le système contraire amènerait ce résultat inique : que le propriétaire du côte de la plaine, sur laquelle la rivière s'élargit considérablement dans les grandes crues d'eau, ne devrait avoir aucune participation à l'île, qui se trouverait trop éloignée de son littoral, tandis qu'il supporte ordinairement la plus grande part des dommages causés par les eaux. — Proudhon, nº 1288.

117. — Doit-on considérer l'île attribuée aux riverains par l'art. 561 comme leur appartenant à titre d'accession et de dépendance de leurs fonds, ou faut-il la regarder comme un don qui leur est fait par la loi? — La solution de cette question dépend du parti que l'on prendra sur le point de savoir à qui, du Domaine ou des riverains, appartient le lit des rivières non navigables ni flottables : il y a à cet égard une dissidence très marquée parmi les auteurs et la jurisprudence. Ainsi, parmi les partisans de l'opinion qui attribue la propriété du lit au domaine public, on rencontre MM. Proudhon (*Domaine publ.*, nº 1285); Toullier (t. 3, nº 144); Fournel (*Tr. du voisinage*, t. 1er, p. 372); Rives (*De la propriété du cours et du lit des rivières*). — La doctrine contraire invoque l'autorité de MM. Duranton (t. 4, nº 421); Chardon (*De l'alluvion*, ch. 3, nº 15); Merlin (*Quest.*, vº *Pêche*; Marcadé (*Élem. dr. civ. franç.*, art. 563, t. 2). — V., au surplus, COURS D'EAU.

118. — Jugé que, quoique les atterrissemens qui se forment dans une rivière non navigable ni flottable appartiennent aux riverains, le lit de la rivière ne leur appartient pas. — *Toulouse*, 6 juin 1832, Ferrage c. Huguet.

119. — ... Et que, sans qu'il fût besoin d'examiner à qui appartient le lit des rivières non navigables, la décision d'un tribunal était à l'abri de toute censure, lorsque, sur l'action en complainte d'un riverain pour trouble à lui causé par des extractions de pierres et sables faites dans le lit d'une rivière non navigable, ce riverain avait été repoussé par le motif qu'il ne justifiait point de la possession annale du terrain où avaient été faites les entreprises. — *Cass.*, 11 fév. 1834, Pavin c. Montravel.

120. — D'après l'ancien droit coutumier, et même dans les coutumes allodiales, la propriété des rivières non navigables, ainsi que les îles et atterrissemens qui s'y formaient, ou bien leur lit abandonné, faisaient partie des droits du seigneur haut-justicier. — *Nancy*, 18 juin 1827, Michelin c. commune de Loupil-le-Petit. — V. conf. *Toulouse*, 2 mai 1834, Fournier c. Boscus.

121. — Mais le lit abandonné par les eaux, avant la suppression du régime féodal, dont le seigneur haut-justicier n'a pas pris possession, et qui s'est ainsi trouvé changé en terre vaine et vague, est devenu la propriété de la commune, en vertu de la loi du 28 août 1792, et de celle du 10 juin 1793;

en conséquence, les riverains n'y peuvent pas prétendre. — Même arrêt.

122. — Si l'île s'est formée d'un seul côté de la rivière et ne se trouve placée que vis-à-vis d'un seul héritage, elle appartiendra tout entière au propriétaire de cet héritage. Si, plus tard, des alluvions se forment sur cette île, elles appartiendront au propriétaire de l'île, en vertu de l'art. 556, car l'île est un fonds distinct auquel profitent tous les droits attribués par la loi aux riverains ordinaires. — V. LL. 56 et 65, ff. *De acq. rer. dom.*; — Proudhon, *Domaine public*, n° 1286; Duranton, t. 4, n° 422; Chardon, n° 104.

123. — De là il résulte que si une île nouvelle s'est formée entre l'île déjà attribuée au riverain du côté duquel elle s'était formée, et le propriétaire riverain du côté opposé, la ligne séparative devra être tracée sur le milieu de ce bras de la rivière, de manière à ce que la nouvelle île soit partagée entre le propriétaire de la rive opposée, si la nouvelle île occupe ce milieu, comme on aurait procédé au cas où une île se serait élevée entre deux terres fermes. — V. ff., liv. 41, L. 1er, § 3, *De acq. rer. dom.*; Proudhon, *ibid* n° 1286; Duranton, *loc. cit.*; Chardon, n° 106.

124. — On ne doit pas considérer l'île comme une propriété indivise entre les riverains, puisque, en effet, la loi assigne à chacun le lot qui lui appartient. — V. Proudhon, n° 1289.

125. — Quant à la question de savoir si l'usufruit, l'hypothèque dont sont grevés les fonds riverains s'étendent aux îles ou atterrissemens qui se forment dans le lit des rivières, elle doit recevoir une solution différente selon qu'on s'arrêtera à l'une ou à l'autre de ces idées que ces îles ou atterrissemens sont une dépendance, un accessoire de la propriété des riverains, ou une chose nouvelle dont la loi leur concède la propriété : dans le premier cas, il serait difficile de les affranchir de l'hypothèque ou de l'usufruit qui frappent le fonds principal; dans le second, au contraire, ils paraissent devoir rester libres. — V., au surplus, COURS D'EAU.

§ 5. — *Partage de l'alluvion.*

126. — Aucune règle n'est tracée par le Code civil pour le partage des îles et atterrissemens qui se forment dans les rivières non navigables ; il y a donc lieu d'observer à cet égard l'indication de la loi romaine, qui partageait les atterrissemens selon la largeur des héritages riverains à l'endroit où ils aboutissaient à la rivière, *pro modo latitudinis cujusque prædii*, disait la loi 7, § 3, ff, *De acq. rer. domin.*

127. — Mais comment ces mots eux-mêmes doivent-ils s'interpréter ? — Ici s'élèvent plusieurs systèmes qui attestent la difficulté de la matière, et font regretter que le législateur n'ait pas cru devoir trancher lui-même la question. — Nous nous bornerons à indiquer les principaux d'entre eux.

128. — Un des premiers auteurs qui se soient sérieusement occupés de cette matière est Barthole (*Traité de l'alluvion*). — Il voulait que, sans faire attention aux lignes qui séparent les héritages riverains, et ne considérant que leur étendue près de la rive, on tirât, de cette rive, et du point de contact des deux héritages contigus, une ligne droite jusqu'à l'extrémité de l'île ou de l'atterrissement. Cette ligne devait être non seulement droite, mais perpendiculaire avec celle de la rive et pour cela faire avec elle deux angles égaux.

129. — Mais de là il résultait que quand la perpendiculaire partait d'une rive non parallèle avec le courant, elle pouvait se croiser avec une autre ligne, notamment si la rive formait un angle rentrant; dans ce cas le propriétaire renfermé dans ces deux lignes ne pouvait aller au-delà et perdait les bénéfices de sa contiguïté au cours d'eau, tandis que les deux voisins de chaque côté se rapprochant, partageaient la partie de l'alluvion qui était plus loin, bien qu'elle fût toujours en face de l'héritage du premier. — Chardon, n° 162.

130. — Balde, disciple de Barthole, n'en adopta point, quant à ce, du moins, les idées; il proposa de partager l'alluvion proportionnellement à l'étendue de la rive, en donnant à chaque riverain son contingent le plus près possible de son héritage, mais sans qu'il fût indispensable de leur conserver la contiguïté au cours de l'eau lorsque cela n'était point praticable.

131. — Ce système a le très grave inconvénient de partager les alluvions sans avoir égard à la contiguïté de l'accroissement avec les héritages devant lesquels il se forme, contiguïté qui est la première condition à observer. — Chardon, nos 163 et 164.

132. — Aussi Buteo (*De fluviaticis insul. dividend.*) le combattit-il vivement, de même que celui de Barthole. Il imagina un nouveau système dont les principes ont été depuis repris avec quelques modifications et développés par Baptista Aymus (*De univ. alluvion. jure*; Bologne, 1580). — Selon cet auteur, la base de l'opération est dans une ligne droite, représentation de la direction du courant, placée au milieu, quelle que soit du reste l'irrégularité des bords : de chaque côté de l'héritage riverain, il tire des lignes parallèles qui aboutissent perpendiculairement sur la ligne médiane en formant avec elle des angles droits : puis il attribue au riverain tout ce qui se trouve compris entre les deux parallèles, la médiane et la rive.

133. — On objecte à ce procédé que les rives qui se trouvent obliques par rapport à la ligne milieu du cours d'eau reçoivent beaucoup moins que celles qui sont droites, ce qui semble contraire au précepte *pro modo latitudinis cujusque prædii*, le partage ne paraissant pas fait proportionnellement à l'étendue de rive de chaque héritage. — Chardon le trouve même inexécutable. — V. cet auteur, n° 167.

134. — Les auteurs du *Nouveau Denizart* (v° *Atterrissement*) renouvellent le mode déjà condamné de Balde, sauf cependant quelques modifications peu heureuses et qui font naître des complications qu'ils ne paraissent point pouvoir résoudre d'une manière satisfaisante. — Chardon, n° 169.

135. — Puis la cour de Grenoble, s'inspirant des idées d'Aymus et de Butéo, proposait, dans ses observations sur le projet de code rural de 1808, d'établir la ligne de séparation entre les atterrissemens formés le long de deux héritages voisins en partant du point de contiguïté des deux héritages, sur le bord du lit, et suivant de là une ligne perpendiculaire à la direction du courant. — C'est à cette méthode que paraissent s'être rangés MM. Proudhon (*Dom. publ.*, n° 1287) et Duranton (t. 4, n° 421).

136. — Sans doute elle serait bonne si la rive était toujours parallèle ou à peu près au cours de la rivière. — Mais ce cas est assez rare, et il arrive au contraire fréquemment que les sinuosités de la rive présentent, relativement au cours de l'eau, des arcs de cercle, angles, etc.; or, dans toutes ces hypothèses, l'application du mode de partage indiqué par la cour de Grenoble conduit à des inégalités véritablement choquantes, et dont M. Chardon démontre (n° 170) parfaitement l'iniquité et la bizarrerie.

137. — Selon MM. Toullier (t. 3, n° 152) et Chardon (n° 171), le partage de l'île ou de l'atterrissement doit s'opérer en prolongeant jusqu'à la ligne supposée tracée au milieu de la rivière les lignes qui séparent les propriétés riveraines.

138. — Ici encore peuvent se présenter de graves inconvéniens : en effet, si l'héritage est plus large à son origine qu'à l'extrémité contiguë à la rive, il peut arriver que les deux lignes prolongées se rencontrent avant d'avoir atteint le milieu de la rivière, et peut-être même l'île qu'il s'agit de partager; d'où la conséquence qu'un riverain serait privé de la portion qui lui reviendrait dans l'île, quoiqu'elle confronte à sa propriété, résultat déjà critiqué tant dans le système d'Aymus que dans celui de Barthole.

139. — Enfin, un nouveau et dernier système a été proposé et formulé par M. Ph. Dupin, dans l'*Encycloped. du dr.*, v° *Alluvion*, n° 38. — Il consiste à attribuer à tous les riverains des parts d'alluvion déterminées d'après la largeur de leur terrain au point qui aboutit sur l'ancienne rive comparée à l'étendue de l'île ou de la rive nouvelle. — Pour cela, il suffit de diviser cette dernière en autant de parties proportionnelles qu'il y a de propriétés aboutissantes à la première, et de joindre, par une ligne droite, les limites de chaque propriété aux divisions correspondantes marquées sur la nouvelle rive. Par ce procédé, continue cet auteur, on arrive à un partage satisfaisant pour tous les cas qui peuvent se présenter, quelle que soit la direction de la nouvelle rive, quelle qu'ait été celle de l'ancienne, quelque forme que présente le fonds riverain, il conduit à un résultat qui reste toujours le même, toujours également équitable. Dans tous les cas, en effet, il adjuge la totalité de l'alluvion aux propriétés qui lui font face, il leur en attribue une portion déterminée d'après leur largeur sur l'ancienne rive, et il conserve aux propriétaires leur qualité de riverains dans les mêmes proportions vis-à-vis l'un de l'autre.

140. — Ainsi ce dernier procédé a, comme l'annonce lui-même son auteur (n° 37), l'avantage, 1° de ne laisser sans maître aucune partie de l'alluvion; 2° d'attribuer à ceux qui y ont droit des parts proportionnelles; 3° de conserver à chaque propriétaire sa qualité de riverain; 4° enfin, de ne jamais varier dans ses résultats. — C'est donc en définitive celui qui, selon nous, doit être préféré.

§ 6. — *Compétence.*

141. — Les questions relatives à la propriété des îles et atterrissemens sont de la compétence des tribunaux ordinaires, toutes les fois qu'elles naissent entre particuliers et qu'elles n'intéressent ni l'État ni l'utilité commune des riverains, ou toutes les fois que, nées entre l'état ou une commune et un particulier, elles n'ont trait qu'à une question de propriété privée. — V. Proudhon, *Dom. publ.*, nos 1015 et suiv., n° 1284; Cormenin, *Droit adm.*, v° *Cours d'eau*, t. 1er, p. 533; Garnier, *Rég. des eaux*, n° 628 ; Daviel, *Cours d'eau*, n° 489; Ph. Dupin, n° 41 ; Chardon, n° 54.

142. — Ainsi, c'est aux tribunaux civils à décider à qui appartient un atterrissement qui se forme dans une rivière non navigable. — *Cons. d'état*, 20 mai 1809, Legoux ; 22 oct. 1808, Terras ; 24 déc. 1818; Turquin; 6 janv. 1813, Riole; 18 juin 1821, Courtillier c. Guiel; 16 fév. 1811, Champneuf c. commune de Migron.

143. — De même, lorsque les atterrissemens, objet du litige entre l'état et un acquéreur de terrains situés sur une rivière, ont été formés postérieurement à la vente, la question de propriété et de possession de ces atterrissemens est de la compétence des tribunaux. — *Cons. d'état*, 21 mars 1821, Biousse.

144. — De même encore, c'est aux tribunaux à statuer sur la question de propriété de l'atterrissement, bien que cette question ait été évoquée par l'ancien conseil. — *Cons. d'état*, 13 janv. 1816, Leguineau; 28 mars 1807, Dupuy ; 16 août 1808, Sieyès; 12 nov. 1809, Champneuf; — Chevalier, *Jurisp. adm.*, v° *Cours d'eau*, t. 1er, p. 309.

145. — De même enfin, les contestations élevées entre une compagnie de flottage et le propriétaire d'un moulin relativement au changement du lit de la rivière doivent être soumises aux tribunaux et non aux conseils de préfecture, si le changement a eu lieu par suite de conventions privées et sans le concours de l'autorité administrative. — *Cons. d'état*, 27 mai 1816; compagnie de Beuvron.

146. — Toutes les fois, au contraire, que l'utilité publique sera intéressée à la solution de la question, l'autorité administrative sera seule compétente. — *Conseil d'état*, 30 sept. 1814, Huard ; 22 janv. 1823, Giblaine; 26 déc. 1830, Chastenet; — Chardon, nos 144 et suiv.; Ph. Dupin, v° *Alluvion*, n° 40 ; Cormenin, *Dr. adm.*, v° *Voirie*, t. 2, p. 485. — V. au surplus COMPÉTENCE ADMINISTRATIVE.

147. — Ainsi c'est à l'autorité judiciaire et non à l'autorité administrative à décider si un atterrissement causé par des travaux publics exécutés sur une rivière navigable appartient au riverain ou à l'état. — *Cons. d'état*, 16 août 1808, Deplan de Sieyes.

V. RÉPÉTITION.

ALMANACH.

Les éditeurs propriétaires des almanachs ou annuaires sont rangés par la loi du 25 avr. 1844, sur les patentes, dans la cinquième classe des patentables et imposés : 1° à un droit fixe basé sur le chiffre de la ville où est situé l'établissement ; — 2° à un droit proportionnel du vingtième de la valeur locative de la maison d'habitation et des locaux servant à l'exercice de la profession. — V. PATENTE.

ALPHONSINE DE RIOM.

1. — Charte donnée en 1270 aux habitans de Riom par Alphonse, comte de Poitiers et de Toulouse, quatrième frère de Saint-Louis.

2. — Cette charte, qui ne contient que trente-huit articles, est écrite dans la langue du pays, mais il en existe une traduction en latin.

3. — L'original, conservé avec soin dans les archives de la ville de Riom, a été imprimé en 1690, ainsi que la traduction latine qui a été placée en regard, par Thomas de la Thaumassière. Cet intéressant monument se trouve à la suite des assises de Jérusalem et de la coutume de Beauvoisis par Beaumanoir, p. 457.

4. — L'Alphonsine a été imprimée également par le célèbre jurisconsulte Chabrol, dans le quatrième volume de la coutume d'Auvergne, p. 501. — Le texte de cette édition est beaucoup plus correct que celui que nous a donné la Thaumassière. — En effet, il a été pris sur l'original même, tandis que celui de l'édition de 1690 a été imprimé sur une copie que possédait M. d'Hérouval.

5. — L'Alphonsine, malgré sa brièveté, a une assez grande valeur historique, et il est à regretter qu'elle n'ait pas attiré davantage l'attention des savans.

6. — Parmi les dispositions les plus intéressantes, nous citerons celle de l'art. 5, qui interdit le combat judiciaire, comme l'avait déjà fait Saint-Louis dans ses domaines quelques années auparavant ; voici le texte : *« Item, quod nullus habitans in dictâ villâ, de quocumque crimine appellatus vel accusatus fuerit, teneatur se purgare vel defendere duello, nec cogatur ad duellum faciendum, et si refutaverit non habeatur propter hoc pro convicto, sed appellans si-velit probet crimen quod objecit, vel per testes, vel per probationes legitimas juxtà formam juris. »*

7. — Dans cette charte, qui embrasse toutes sortes de matières sans beaucoup d'ordre, il faut en convenir, la peine de l'amende au profit du seigneur est singulièrement prodiguée, mais il faut se reporter à l'époque. — Du reste, cette concession d'Alphonse à ses habitans de Riom était un véritable progrès ; elle a conservé d'une manière stable leurs anciens priviléges et leurs franchises.

ALTÉRATION.

V. ACTE AUTHENTIQUE, FAUSSE MONNAIE, FAUX, TIMBRE.

ALTERNATIVE.

1. — Terme qui signifie un choix, une option, la faculté qu'on a de faire une chose ou une autre.

2. — L'alternative a lieu principalement en matière de legs et d'obligation. — V. LEGS et OBLIGATION ALTERNATIVE. — V. aussi OPTION.

3. — Un jugement peut contenir une disposition alternative, par exemple, lorsqu'il déclare le demandeur non-recevable, soit parce que son titre est nul, soit parce que son action est prescrite.

4. — En pareil cas, dit Merlin (*Quest.*, v° *Complice*, § 4), le tribunal n'est pas censé dire qu'il est douteux si le titre du demandeur est nul, qu'il est douteux si son action est prescrite ; que seulement il est certain que si le titre du demandeur est valable, son action est prescrite, et que, si son action n'est pas prescrite, son titre est nul ; mais il est évidemment censé dire que le demandeur est non-recevable pour deux raisons : la première, parce que son titre est vicieux ; la seconde, parce que son action est éteinte par la prescription.

5. — Suivant le même auteur, ni la raison ni la loi ne s'opposent à ce que le jury résolve alternativement par l'affirmative, une question qui embrasse deux faits, quoiqu'il ne sache pas bien positivement lequel des deux est constant. — Merlin, *Quest.*, v° *Complice*, § 4. — V. COUR D'ASSISES.

ALTERNATIVE (Obligation).

V. OBLIGATION ALTERNATIVE.

ALUN.

V. ÉTABLISSEMENS INSALUBRES (Nomenclature).

ALVINER.

C'est mettre dans un étang de petits poissons qu'on appelle *alvins*. — V. coutume de Vitry, art. 37 ; de Troyes, art. 26 et 48.

AMANS.

Garde-notes. — A Metz, il y avait des notaires et des *amans*. C'était l'évêque Bertram qui les avait institués, en l'an 1197. — V. Laurière, *Glossaire du dr. français*, v° *Amans*.

AMARRAGE (Droit d').

1. — Droit payé pour arrêter un bâtiment dans un port au moyen d'une amarre.

2. — L'amarrage des navires dans le port se fait au moyen de câbles jugés hors de service pour la mer, et que l'on appelle *câbles d'amarrage*. — V. NAVIRE.

AMBASSADEUR.

V. AGENT DIPLOMATIQUE.

AMBULANS (Marchands).

Les marchands ambulans sont, aux termes de l'art. 13, L. 25 avr. 1844, exempts de la patente. — V. COLPORTEURS.

AMÉLIORATION.

1. — Ce mot désigne tout ce qu'on fait pour mettre une maison ou un héritage en meilleur état.

2. — On distingue en général trois sortes d'améliorations : — 1° celles qui sont indispensables pour ne pas laisser dépérir le bien ; — 2° celles qui sont utiles, c'est-à-dire qui augmentent la valeur du bien sans cependant être nécessaires à sa conservation ; — 3° celles qui sont simplement voluptuaires, c'est-à-dire de pur agrément.

3. — Toutes les fois qu'une personne, après avoir eu, pendant quelque temps, la possession d'un immeuble, perd cette possession par quelque cause que ce soit, par éviction, résolution, ou par l'expiration du terme assigné à sa jouissance, il y a lieu d'examiner quels sont ses droits vis-à-vis du propriétaire, à raison des améliorations qu'elle a pu faire à cet immeuble ; il y a lieu d'examiner notamment si elle a le droit de les détruire ou de les emporter dans les cas où elles peuvent l'être, si elle a le droit d'exiger du propriétaire une indemnité. Ces questions doivent recevoir une solution différente suivant le cas et suivant la nature des améliorations faites. — V. notamment ANTICHRÈSE, BAIL, COMMUNAUTÉ, DOT, HYPOTHÈQUES, PRIVILÉGES, PROPRIÉTÉ, RAPPORT, USAGE, USUFRUIT, VENTE.

AMÉNAGEMENT.

1. — C'est l'art de diviser une forêt en coupes successives, ou de régler l'étendue ou l'âge des coupes annuelles, de manière à assurer une succession constante de produits pour le plus grand intérêt de la conservation de la forêt, de la consommation en général, et des propriétaires. — Baudrillart, *Dict. des eaux et forêts*, v° *Aménagement* ; Roy, *Rapport à la chambre des pairs sur le Code forestier*.

2. — Ce mot paraît provenir du latin barbare *admainagium*, composé de *ad* (*vers, à*) et de *mainagium* qui a signifié *mansio*, demeure, l'action de conduire, d'apporter à son habitation, d'aménager, de mettre ses meubles en ordre. Aussi dans l'origine n'appliquait-on ce mot qu'à l'action de débiter les bois en pièces de charpente ou autrement, et il était synonyme d'exploiter, de transporter les bois pour les approvisionnemens. — Baudrillart, *ibid.*

3. — Dans une acception générale, aménagement se disait de la conservation et de l'amélioration des forêts. — V. ord. 1669, tit. 3, art. 16.

4. — L'aménagement des forêts est ce que les anciennes ordonnances appelaient le *réglement*, la mise en ordre des forêts.

5. — On procédait quelquefois à ce réglement par *réformation*, mais l'aménagement n'était qu'une partie de la réformation, qui avait deux objets : la réparation des dommages causés par les abus et malversations des officiers, marchands et usagers, et le rétablissement de l'ordre pour la conservation.

6. — Autrefois les maîtrises obtenaient, pour chaque forêt qui n'avait pas été aménagée, un arrêt de *réformation* ou d'*aménagement*, qui ordonnait la reconnaissance et la fixation de l'abonnement, le creusement des fossés nécessaires, l'arpentage et le levé du plan des parties dégradées et le repeuplement des clairières.

7. — Aujourd'hui le réglement des limites, l'abornement et l'ouverture des fossés s'opèrent par des mesures générales qu'on peut regarder actuellement comme indépendantes de l'aménagement.

8. — Ainsi l'aménagement d'une forêt ne comprend plus aujourd'hui que le mode d'exploitation auquel elle doit être soumise, l'âge auquel les coupes doivent être faites et les réserves à y établir.

9. — C'est sous le mot *forêts* et en parlant de l'exploitation de cette source de richesse pour le pays que nous traiterons tout ce qui concerne l'aménagement. — V. FORÊTS.

AMENDE (Matière civile).

Table alphabétique.

AMENDE. — 1. — Condamnation pécuniaire prononcée par la loi contre l'officier public, l'officier ministériel, le plaideur téméraire ou le témoin récalcitrant, à raison de certains faits qui n'ont point un caractère criminel proprement dit, ou à raison de contraventions purement civiles, disciplinaires ou fiscales.

§ 1er. — *Caractère de l'amende.*

2. — L'amende, en matière civile, n'a pas le caractère pénal des amendes prononcées par le Code criminel, et ne doit pas être confondue avec celles-ci. — V. AMENDE (matière criminelle).

3. — Signalons quelques différences : — 1° Ce n'est pas devant la juridiction criminelle, mais devant la juridiction civile que doivent être poursuivies les amendes prononcées en matière civile. — *Turin*, 6 avr. 1808, Barelli.

4. — 2° Quoiqu'en général ce soit le ministère public qui provoque la condamnation à l'amende, en matière civile comme en matière criminelle, cependant il est des cas où son concours n'est pas nécessaire.

5. — Ainsi, en matière d'enquête, lorsque le témoin ne comparaît pas, quoique régulièrement assigné, l'amende est prononcée d'office par le juge commissaire. — C. procéd., art. 263.

6. — Cela avait déjà lieu sous l'empire de l'ord. 1667. D'après la disposition de l'art. 8, tit. 22, le commissaire enquêteur, quoiqu'il n'eût aucune juridiction, pouvait condamner à 10 fr. d'amende le témoin qui ne comparaissait pas à l'enquête, bien que dûment assigné.

7. — Il y a même des amendes qui peuvent être recouvrées par *voie de contrainte* et sans jugement préalable. — Tel est, en général, le caractère des amendes prononcées pour contravention aux lois sur le timbre et l'enregistrement. — L. 23 brum. an X ; Instr. gén. 18 déc. 1824 ; sol. 3 mars 1832. — V. ENREGISTREMENT, TIMBRE.

8. — Toutefois, ajoutons bien vite que plusieurs de ces amendes ne peuvent être prononcées que par le tribunal et sur les poursuites du ministère public. — Par exemple, l'amende encourue par l'huissier qui a contrevenu aux dispositions du décret du 29 août 1813, sur les copies de pièces, est dans cette catégorie. — V. COPIE DE PIÈCES.

9. — 3° Une autre différence entre les amendes civiles et les amendes criminelles, c'est que les premières peuvent se cumuler nonobstant la disposition de l'art. 365, C. inst. crim. — Ainsi, lorsqu'une partie, par exemple, a appelé de deux ou plusieurs jugemens, ou a formé plusieurs pourvois en cassation dans la même affaire, il est dû autant d'amendes qu'il y a d'appels ou de pourvois.

10. — 4° Lorsqu'il s'agit d'amendes prononcées en matière civile, il n'y a pas lieu, comme en matière criminelle, en cas de récidive, à doubler ou à augmenter dans des proportions déterminées le taux de la peine. — Les règles tracées par le Code pénal sont ici sans application.

11. — 5° Il en est de même des principes relatifs à la complicité.

12. — 6° La prescription établie par les art. 636 et 639, C. inst. crim., ne s'applique pas aux amendes en matière civile.

§ 2. — *Cas principaux dans lesquels, en matière civile, il y a lieu à appliquer une amende.*

13. — Sans insister plus long-temps sur les différences qui existent entre les amendes civiles et les amendes criminelles, nous allons parcourir rapidement les principaux cas dans lesquels la loi prononce une amende ayant un caractère purement civil.

14. — Les officiers de l'état civil qui manquent aux devoirs que la loi leur a imposés ou qui se rendent coupables de certaines contraventions encourent des amendes dont le chiffre est déterminé par les art. 50, 53 et 192, C. civ. — V. ACTES DE L'ÉTAT CIVIL.

15. — Les parties contractantes elles-mêmes sont quelquefois atteintes aussi par la loi en même temps que l'officier de l'état civil. — L'art. 192, C. civ., nous en fournit un exemple; il punit d'amende les parties contractantes qui ont fait célébrer leur mariage, quoiqu'il n'eût point été précédé des publications requises. — V. MARIAGE.

16. — L'art. 68, C. comm., prononce une amende de 100 fr. (réduite à 20 fr. par la loi du 16 juin 1824) contre le notaire qui, ayant reçu le contrat de mariage d'un commerçant, a négligé de transmettre l'extrait de ce contrat au greffe du tribunal de commerce et aux chambres des avoués et des notaires, conformément aux art. 872, C. procéd., et 67, C. comm. — V. MARIAGE, NOTAIRE.

17. — Dans les causes portées devant la justice de paix, soit en conciliation, soit autrement, aucun huissier ne peut ni assister comme conseil les parties, ni les représenter comme fondé de pouvoirs, à peine d'une amende de 25 à 50 fr., qui est prononcée sans appel par le juge de paix. — L. 25 mai 1838, art. 18. — V. HUISSIER.

18. — La partie qui ne comparaît pas sur une citation en conciliation est condamnée à une amende de 10 fr., et toute audience lui est refusée jusqu'à ce qu'elle ait justifié de la quittance. — C. procéd., art. 56. — V. CONCILIATION.

19. — Celui qui a dénié son écriture ou sa signature et qui succombe est condamné à 150 fr. d'amende envers le domaine. — C. procéd., art. 213. — V. VÉRIFICATION D'ÉCRITURE.

20. — Celui qui, après avoir formé une inscription de faux incident, se désiste ou succombe, est condamné à une amende de 300 fr. — C. procéd., art. 246 et 247. — V. FAUX INCIDENT.

21. — Le témoin cité dans une enquête qui fait défaut encourt une amende qui ne peut être moindre de 10 fr., ni excéder 100 fr. pour la première fois, et qui, en cas de réassignation, est nécessairement de 100 fr. — C. procéd., art. 263 et 264. — V. ENQUÊTE.

22. — Celui qui succombe sur sa demande en renvoi devant un autre tribunal est condamné à une amende qui ne peut être moindre de 50 fr. — C. procéd., art. 374. — V. RENVOI.

23. — Il en est de même en cas de récusation; seulement l'amende ne peut être moindre de 100 fr. — C. procéd., art. 390. — V. RÉCUSATION.

24. — Mais il n'y a pas d'amende prononcée contre celui qui exerce une récusation en justice de paix. — V. JUGE DE PAIX, RÉCUSATION.

25. — En cas d'appel, les avoués ne peuvent obtenir jugement et arrêt, ni les greffiers en délivrer des expéditions avant la consignation de l'amende de fol appel, sans se rendre respectivement passibles d'une amende de 500 fr. (aujourd'hui réduite à 50 fr.) pour chaque contravention. — Arrêtés 27 niv. an X, 10 flor. an XI, art. 3 et 8. — V. APPEL.

26. — L'appelant qui succombe dans son appel est condamné à une amende de 5 fr., s'il s'agit d'un jugement du juge de paix, et de 10 fr. s'il s'agit d'un jugement du tribunal civil ou du tribunal de commerce. — C. procéd., art. 471. — V. APPEL.

27. — L'amende de fol appel doit-elle être consignée d'avance? doit-elle être restituée lorsqu'il y a désistement, ou lorsque l'appel est déclaré non-recevable? — V. APPEL.

28. — La partie qui succombe dans sa tierce opposition encourt une amende de 50 fr. au moins. — C. procéd., art. 479. — V. TIERCE OPPOSITION.

29. — L'amende est de 300 fr. contre celui qui succombe dans sa requête civile, à moins qu'il ne s'agisse d'un arrêt par défaut; dans ce cas l'amende n'est que de 150 fr. — C. procéd., art. 494. — V. REQUÊTE CIVILE.

30. — L'amende est fixée à 75 fr. si le jugement attaqué par la requête civile a été rendu par un tribunal de première instance. — Même article.

31. — Notez que l'amende, en matière de requête civile, doit être consignée d'avance. La quittance du receveur est signifiée en tête de la demande. — C. procéd., art. 495.

32. — Le demandeur en cassation est tenu de consigner la somme de 150 fr. pour l'amende lorsqu'il s'agit d'un arrêt ou jugement contradictoire, et celle de 75 fr., s'il ne s'agit que d'un arrêt ou jugement par défaut. — L. 14 brum. an V; Réglem. 1738, tit. 4, art. 5.

33. — La condamnation à l'amende est prononcée par la chambre des requêtes, si c'est elle qui rejette le pourvoi.

34. — Mais si, après l'admission de la requête, le pourvoi est rejeté devant la chambre civile, l'amende est alors de 300 fr.

35. — En matière électorale, aucune amende ne doit être consignée sur le pourvoi en cassation.

36. — Mais il en faut une en matière d'expropriation pour cause d'utilité publique. Toutefois cette amende n'est que de 75 fr. — V. EXPROPRIATION POUR CAUSE D'UTILITÉ PUBLIQUE.

37. — Il en faut une aussi en matière de petit criminel ou même en matière de garde nationale. L'amende est de 150 fr. pour les pourvois en cassation contre les décisions contradictoires des tribunaux de police correctionnelle ou de simple police, et de 75 fr. contre les jugemens par défaut. L'amende n'est que du quart (37 fr. 50 ou 18 fr. 75) lorsque le pourvoi est dirigé contre les sentences contradictoires ou par défaut des conseils de discipline.

38. — Quand il s'agit de la requête civile et du recours en cassation, l'amende doit-elle être restituée s'il y a désistement? — V. CASSATION, REQUÊTE CIVILE.

39. — Celui qui a dirigé contre un juge ou contre un tribunal une prise à partie est condamné, si la requête est rejetée ou s'il succombe, à une amende de 300 fr. — C. procéd., art. 513, 516. — V. PRISE A PARTIE.

40. — Lorsqu'un exploit ou acte de procédure n'a pas été fait conformément aux prescriptions de la loi, sans qu'il y ait nullité, l'officier ministériel peut être condamné à une amende de 5 fr. au moins et de 100 fr. au plus. — C. procéd., art. 1030. — V. AVOUÉ, HUISSIER, GARDE DU COMMERCE.

41. — Toute personne publique qui refuse de viser l'original d'une signification est passible d'une amende qui ne peut être moindre de 5 fr. — C. procéd., art. 1039. — V. VISA.

42. — Lorsqu'un débiteur, arrêté pour dettes, demande à être conduit en référé devant le président du tribunal, si l'agent chargé d'opérer l'arrestation n'obtempère pas à cette réquisition, il encourt une amende de 1,000 fr., sans préjudice des dommages-intérêts. — L. 17 avr. 1832, art. 22. — V. CONTRAINTE PAR CORPS.

43. — Depuis le 1er janvier 1840, toutes dénominations de poids et mesures autres que celles établies par la loi du 18 germin. an III sont interdites dans les actes publics, dans les affiches, dans les annonces, dans les actes sous seing-privé, les registres de commerce et autres écritures privées produites en justice, à peine d'une amende de 20 fr. contre les officiers publics et de 10 fr. contre tous les autres contrevenans. — L. 4 juill. 1837, art. 5. — V. POIDS ET MESURES.

44. — Aux termes de l'art. 29, L. 25 avr. 1844, nul ne peut former de demande, fournir aucune exception ou défense en justice, ni faire aucun acte ou signification extrajudiciaire pour tout ce qui sera relatif à son commerce, sa profession ou son industrie, sans qu'il soit fait mention en tête des actes de sa patente, avec désignation de la date, du numéro et de la commune où elle aura été délivrée, à peine d'une amende de 25 fr., tant contre les particuliers sujets à la patente que contre les officiers ministériels qui auraient fait et reçu lesdits actes sans mention de la patente. — V. PATENTE.

45. — D'après la loi du 10 vendém. an IV, tit. 4, art. 2 et 3, les communes qui ont été déclarées responsables des vols, destructions et pillages commis sur leur territoire, sont condamnées, au profit du trésor, à une amende égale au montant de la réparation principale; mais cette amende ne peut être prononcée contre elles que lorsqu'il est prouvé que des habitans de ces communes ont pris part au désordre. — *Toulouse*, 15 juill. 1830 (sous *Cass.*, 4 juill. 1834), comm. de Boussemac c. Lafont.

46. — Le ministère public a toujours qualité pour requérir cette condamnation, lors même qu'il ne poursuit pas d'office la réparation du préjudice causé, et qu'il n'est que partie jointe. — *Metz*, 12 mars 1833, ville de Metz c. Bourson; — Massabiau, *Manuel du proc. du roi.*, t. 1er, p. 248, no 574. — V. COMMUNE.

47. — En matière disciplinaire, il est nombre de cas dans lesquels une amende est prononcée contre l'officier ministériel contrevenant.

48. — Nous en citerons quelques exemples: — 1° Amende arbitraire contre l'avocat aux conseils qui forme un recours contre une décision contradictoire du conseil d'état (V. *infrà* no 65); — 2° Amende de 25 fr. contre l'huissier qui signifie des copies illisibles (Décr. 29 août 1813); — 3° Amende de 5 à 100 fr. contre l'officier ministériel qui a commis quelque irrégularité dans la rédaction de ses actes ou exploits, encore bien qu'il n'y ait pas nullité (C. procéd., art. 1030). — V. *suprà* no 40; — 4° Amende de 1,000 fr. contre l'officier ministériel chargé d'opérer une arrestation, qui refuse de conduire en référé le débiteur arrêté (V. *suprà* no 42); — 5° Amende de 25 fr. contre l'huissier qui assiste comme conseil ou qui représente une partie comme mandataire dans une instance en justice de paix (V. *suprà* no 17); — 6° Amende de 100 fr. contre le greffier ou ses commis qui exigent d'autres droits de greffe que ceux établis par la loi (L. 21 vent. an VII, art. 23). — V. GREFFIER.

49. — En matière fiscale, le nombre des contraventions qui donnent lieu à la perception d'une amende est trop considérable pour que nous entreprenions d'en donner ici la nomenclature; on peut consulter sur ce point les mots ENREGISTREMENT et TIMBRE.

V. aussi AVOUÉ, COMMISSAIRE-PRISEUR, COPIE DE PIÈCES, EXPLOIT, GREFFIER, HUISSIER, LETTRE DE CHANGE, PATENTE, PROTÊT, RÉPERTOIRE, REGISTRE DE PROTÊT, VENTE DE MEUBLES, etc., etc.

50. — Remarquons seulement que toutes les amendes fixes prononcées par les lois sur l'enregistrement, le timbre, les ventes publiques de meubles et le notariat ont été réduites par la loi du 16 juin 1824, art. 10, savoir: celles de 500 fr. à 50 fr.; celles de 100 fr. à 20 fr., et toutes celles au-dessous de 50 fr. à 5 fr.

51. — Quant aux contraventions à la loi du 25 vent. an XI et aux réglemens concernant le notariat, qui emportent une amende, il en est fait mention aux mots ACTE NOTARIÉ et NOTAIRE.

52. — En matière de douanes, il est un certain nombre de contraventions qui n'entraînent que des amendes ayant un caractère purement civil. L'amende, dans ce cas, est moins une peine qu'un dédommagement accordé à l'état.

53. — Il suit de là que lorsqu'un mineur est pris en fraude, son père ou sa mère sont responsables de l'amende prononcée contre lui. — V. AMENDE (matière criminelle), DOUANES, RESPONSABILITÉ CIVILE.

54. — ... Que ce sont les tribunaux civils qui, en général, sont compétens pour connaître des poursuites dirigées contre les contrevenans. — V. DOUANES.

55. — ... Que, malgré les dispositions de l'art 365, Code inst. crim., qui interdit le cumul des peines, il doit être prononcé autant d'amendes qu'il y a de faits distincts de fraude, surtout lorsque chacun de ces faits entraîne une amende spéciale. — Souquet, *Dict. des temps légaux*, vo *Douanes*, 113e tabl.

56. — Après cette longue énumération, il est bon que nous appelions l'attention sur une disposition du décret du 14 juin 1813, qui concerne les amendes encourues par les huissiers, disposition qui n'a jamais été sérieusement exécutée.

57. — Aux termes de l'art. 100 de ce décret, le quart des amendes prononcées contre les huissiers pour délits ou contraventions relatifs à l'exercice de leur ministère doit être versé à la bourse commune. Ce versement doit avoir lieu tous les trois mois par le receveur de l'enregistrement du chef-lieu de l'arrondissement.

58. — Quoique le décret du 14 juin 1813 soit explicite, l'administration en a toujours éludé l'application, et aujourd'hui l'article est presque tombé en désuétude; nous expliquons au mot HUISSIER quelle est l'étendue des droits des communautés sur ce point; il suffit ici de rappeler le principe.

§ 3. — *Règles et questions diverses.*

59. — Dans notre droit, les amendes ne sont pas arbitraires; le juge ne les prononce qu'en vertu d'un texte précis; il ne peut procéder en pareille matière par voie d'induction. — Décis. min. fin., 9 nov. 1814. — V. cependant *infrà* no 65.

60. — En règle générale, les tribunaux ne peuvent ni dispenser de l'amende prononcée par la loi ni la modérer, même dans les cas où on excipe de la bonne foi: ils ne peuvent non plus en suspendre le recouvrement. — Berriat, *Cours procéd.*,

p. 153, note 7e; Faure et Mallarmé, dans l'*Exposé des motifs du C. procéd.*, p. 225 et 418.

61. — Cependant la loi laisse quelquefois aux magistrats le soin de proportionner l'amende à la fortune de ceux qui l'ont encourue. — C. civ., art. 192 *in fine*.

62. — Quelquefois, aussi, la loi se borne à fixer le minimum de l'amende. — C. procéd., art. 244, 246, 374, 390, 479, 513, 516, et 1039.

63. — Ou le maximum. — V. C. civ., art. 50, 192.

64. — Dans d'autres dispositions, le législateur fixe le minimum et le maximum. — C. procéd., art. 263, 1030.

65. — Enfin, il lui est arrivé d'autoriser la prononciation d'une amende, sans fixer ni minimum ni maximum. C'est ce que nous voyons dans les art. 32 et 36 du décret du 22 juill. 1806.

66. — D'après ces dispositions combinées, lorsqu'un avocat au conseil a présenté une requête, et formé un recours contre une décision contradictoire du conseil d'état, il est passible d'une amende dont le chiffre n'a point été fixé par le législateur : l'amende est donc arbitraire.

67. — Nonobstant le vague de la loi, il est certain qu'elle a été plusieurs fois appliquée, mais toujours avec modération. — V. AVOCAT A LA COUR DE CASSATION ET AUX CONSEILS DU ROI.

68. — Il serait certainement préférable que la loi eût suivi un système uniforme. N'est-il pas à craindre, en effet, quand le maximum seul de l'amende est fixé, que le tribunal dont le pouvoir se trouve ainsi illimité ne prononce une peine trop forte? Comment éviter l'arbitraire surtout lorsque le Code, sans déterminer aucun chiffre, veut que l'amende soit *proportionnée à la fortune* des contrevenans (C. civ., art. 192)?... De semblables dispositions ne peuvent point obtenir les suffrages du jurisconsulte. Ajoutons, toutefois, que les sentimens d'équité et de haute convenance qui animent la magistrature française sont la plus rassurante garantie contre l'abus possible des dispositions que nous avons signalées.

69. — La contrainte par corps peut-elle être prononcée par les tribunaux comme moyen d'exécution des condamnations à l'amende qui interviennent en matière civile? — M. Bioche, dans sa troisième édition (vo *Amende*, no 8), se prononce nettement pour l'affirmative, et il invoque à l'appui de sa solution la loi du 30 mars 1793. Il ne fait d'exception que pour le cas où il s'agit d'amendes infligées aux officiers ministériels pour contravention à la loi du 22 frim. an VII. — Nous n'adoptons pas cette opinion. D'abord, la loi du 30 mars 1793, en admettant qu'elle disposât comme le suppose M. Bioche, serait d'un faible poids après tous les changemens que la législation, sur la contrainte par corps, a éprouvés depuis 1793 jusqu'à nos jours; mais il y a une autre raison pour la repousser, c'est qu'elle ne s'applique qu'aux comptables de deniers publics et aux fournisseurs. — D'ailleurs, il ne faut pas oublier que, par une loi du 9 mars 1793, la Convention avait aboli la contrainte par corps en matière civile, et ordonné la mise en liberté de tous les prisonniers détenus pour dettes. Certes, elle n'eût pas fait exception au principe pour rendre efficaces de simples condamnations à des amendes civiles; aussi n'y a-t-elle pas songé. — Nous croyons donc qu'à moins d'une disposition expresse de la loi, la contrainte par corps ne doit pas être employée pour forcer le paiement des amendes prononcées en matière civile. — V. CONTRAINTE PAR CORPS.

70. — Il en était autrement dans l'ancien droit, et la jurisprudence du conseil était, sur ce point, beaucoup plus sévère que celle des parlemens. Heureusement les principes de notre droit moderne ne permettent pas d'en faire de nouvelles applications.

71. — En matière d'appel, de cassation, de requête civile, où l'amende est consignée d'avance, la restitution, lorsqu'elle est ordonnée, doit elle porter non seulement sur le principal de l'amende, mais sur le sixième en sus? — L'affirmative n'est pas douteuse : ce qui doit être restitué, c'est ce qui a été payé, c'est-à-dire l'amende et le décime de guerre. Aussi, quel que soit l'esprit de fiscalité de l'administration, elle n'a pas osé élever une pareille prétention. Mais il en était autrement sous l'ancien régime. Pendant long-temps le fisc ne restitua que le principal des amendes et retint les sous pour livre. Cet abus fut réprimé par un arrêt du conseil du 30 avr. 1783, qui ordonna qu'à l'avenir les *huit sous* pour livres payés en sus du principal des amendes seraient restitués avec le principal.

72. — En matière fiscale, est-il dû autant d'amendes qu'il y a de contraventions de même nature commises dans le même acte? — V. COPIES DE PIÈCES, ENREGISTREMENT, TIMBRE.

73. — Le recouvrement des amendes appartient à l'administration de l'enregistrement en matière civile comme en matière criminelle. Elle procède par voie de contrainte. — L. 22 frim. an VII, art. 64.

74. — Elle a le droit de poursuivre ce recouvrement, quand c'est un officier ministériel qui est en contravention, sur son cautionnement, sans attendre la vacance de l'office; mais elle n'a pas de privilége. — V. OFFICIER MINISTÉRIEL.

75. — D'après un avis du conseil d'état du 9 fév. 1810, les amendes, en matière fiscale, peuvent être recouvrées contre les héritiers de celui qui les a encourues, quoiqu'il n'y ait pas eu de condamnation avant son décès.

76. — En général, les amendes prononcées par les tribunaux civils ne se prescrivent que par trente ans : c'est une conséquence du principe que ces amendes ont un caractère purement civil. — V. CONCILIATION et *suprà* no 2.

77. — Il y a cependant plusieurs exceptions à cette règle ; nous citerons notamment celle qui est établie par la loi dans le cas où il s'agit du recouvrement des amendes pour contravention à la loi de l'enregistrement. — Dans ce cas, la prescription est de deux ans.

78. — Avant la loi du 16 juin 1824, les amendes encourues par les notaires pour contravention à la loi sur le notariat ne se prescrivaient que par trente ans : aujourd'hui la prescription n'est plus que de deux ans, à partir du jour où la contravention a été commise. — V. NOTAIRE.

79. — Les amendes pour infraction à la loi sur le timbre se prescrivent par trois ans. — V. TIMBRE.

80. — Bien que les juges ne puissent, même par des motifs d'équité, réduire l'amende prononcée par la loi, les parties peuvent, par la voie administrative, en obtenir la remise ou la modération. Il faut procéder alors par voie de pétition.

81. — Dans le royaume des Pays-Bas, les pauvres sont exempts de toute amende judiciaire. — Merlin, *Rép.*, vo *Pauvre*, no 3. — En France, ce privilége n'existe pas ; la seule faveur accordée légalement à l'indigence, c'est la dispense de la consignation préalable de l'amende, pour les pourvois en cassation : encore l'amende est-elle prononcée si le pourvoi est rejeté. — V. CASSATION.

82. — La même dispense n'existe pas en matière de requête civile. — V. REQUÊTE CIVILE.

83. — D'après l'ancienne cout. d'Orléans, les femmes ne devaient que moitié des amendes. — « De toutes amendes estant en loi, porte l'art. 365, » les femmes n'en doivent que la moitié. » — L'art. 460 de la nouvelle coutume conserva ce principe, mais avec quelques restrictions.

84 — En Angleterre, il y a beaucoup d'amendes qui sont laissées à la discrétion du juge.

85. — Anciennement, dans la Pologne, une jurisprudence constante rendait toutes les amendes *arbitraires*. On rapporte que le prince Lubormiski, grand maréchal, et en cette qualité premier magistrat de police, fit citer son gendre devant lui, pour se voir condamner à payer 12,000 florins d'amende applicable aux pauvres, pour n'avoir pas fait ramoner une cheminée.

86. — Un fait plus extraordinaire encore est celui-ci : — En 1760, le grand Frédéric publia, en Saxe, une ordonnance par laquelle il enjoignit aux habitans de la Saxe de payer leurs contributions dans un très court délai, à peine d'une amende d'un ÉCU PAR CHAQUE HEURE DE RETARD. — Pour comprendre un pareil arrêté, il faut se rappeler que Frédéric imposait aux habitans de la Saxe la loi du vainqueur.

V. ABRÉVIATION, ACTES DE L'ÉTAT CIVIL, ENREGISTREMENT, TIMBRE.

AMENDE (Matière criminelle).

Table alphabétique.

AMENDE. — 1. — Peine pécuniaire infligée par le juge pour infraction à la loi.

—

§ 1er. — *Notions générales. — Historique.*

2. — La peine de l'amende (de *emendare*, corriger) a été usitée de tous temps et chez presque tous les peuples. — Mais en France elle paraît se rattacher plus spécialement aux anciennes compositions en usage chez les Germains, et au moyen desquelles les plus grands crimes étaient rachetables à prix d'argent, et devenaient ainsi *amendables* à volonté.

3. — Cet argent appartenait pour partie au roi ou au leude sur les terres duquel se rendait la justice ; le reste revenait à l'offensé. — Loiseau, *Tr. des offices*, liv. 1er, chap. 14, nos 86 et suiv. — Lorsque les compositions furent supprimées, la portion réservée jusqu'alors au roi ou au leude fut maintenue, toujours sous le nom d'amende, pour les indemniser des frais qu'ils étaient obligés de faire pour la poursuite des criminels. — Muyart de Vouglans, *Lois crim.*, p. 84; Chauveau et Hélie, *Th. C. pén.*, t. 1er, p. 193, 2e édit.

4. — Dans l'origine, l'amende se payait en nature, elle variait d'une brebis à trente, et même

cent bœufs; mais comme les condamnés ne payaient jamais qu'avec des bêtes de la plus mauvaise qualité, on finit par en exiger la valeur. — De là l'amende pécuniaire.

5. — L'amende réunit, en théorie, presque toutes les conditions d'une peine parfaite. — Elle est essentiellement *divisible*, car elle peut également atteindre les plus faibles et les plus graves infractions; — *appréciable*, — *réparable*, puisqu'il suffit d'en opérer la restitution; —*égale*, car elle peut se proportionner à toutes les fortunes; — *personnelle*, etc.

6. — Malheureusement des difficultés presque insurmontables d'application viennent quelque peu modifier ces avantages que fait espérer la théorie. — Et, par exemple, son *égalité* présente un problème que, jusqu'à ce jour, les diverses législations ont vainement tenté de résoudre d'une manière complétement satisfaisante. — V. *infrà* nos 18 et suiv.

7. — A Rome, les amendes excessives étaient nulles. — Le juge pouvait en diminuer le taux, et même en faire la remise. — *Th. C. pén.*, t. 1er, p. 194.

8. — Chez nous, les amendes étaient anciennement *fixes* ou *arbitraires*. Dans ce dernier cas, la quotité en était abandonnée à l'appréciation du juge, qui se décidait selon les circonstances, la nature du crime et la qualité de l'accusé. — Jousse, *Just. crim.*, t. 1er, p. 63; *Th. C. pén.*, t. 1er, p. 194.

9. — Certaines amendes prenaient quelquefois le nom d'*aumône* et d'*amende envers le roi* — L'aumône consistait dans une somme qu'on était condamné à payer aux prisonniers à titre de charité, elle ne dispensait point des réparations et n'entachait pas d'infamie le condamné. — L'amende envers le roi, au contraire, emportait par elle-même infamie dans quelques cas, et dans d'autres lorsque seulement l'arrêt de condamnation le prononçait ainsi. — Ferrière, *Dict. de dr.*, vo *Amende*; Merlin, *Rép.*, vo *Aumône*.

10. — Sous le Code pén. du 6 oct. 1791 l'aumône avait amené l'usage, chez les parties civiles, de faire ordonner la conversion en œuvres pies des dommages-intérêts qu'elles obtenaient. — Mais cette pratique a été formellement condamnée par l'art. 51, C. pén. de 1810.

11. — Aujourd'hui donc, une partie plaignante ne pourrait demander l'application de l'indemnité qu'elle réclame à une œuvre quelconque: rien ne s'oppose sans doute à ce qu'elle annonce l'usage qu'elle prétend en faire et à ce qu'elle réalise son intention; mais il serait inutile d'en faire l'objet d'un chef de conclusions distinct comme cela arrive quelquefois: le tribunal n'y statuerait point. — V. DOMMAGES-INTÉRÊTS.

12. — Les nations étrangères ont admis, quant aux amendes, des principes divers: — Les législations anglaise et autrichienne s'en remettent complétement au juge, qui prononce une amende proportionnée aux facultés et à la situation du coupable. — Alauzet, *Essai sur les peines*, p. 72.

13. — Le Code prussien en exempte les classes pauvres, qui sont alors soumises à des travaux correctionnels ou à la détention, à raison de huit jours par cinq écus. — Art. 85 et 88; *Th. C. pén.*, *ibid.*, p. 193.

14. — Le Code de la Louisiane déclare que l'amende ne pourra excéder la quatrième partie de la fortune du condamné. — Art. 90. — La loi du Brésil porte (art. 55) que la peine de l'amende obligera les coupables au paiement d'une somme pécuniaire qui sera toujours réglée selon ce que les condamnés peuvent retirer chaque jour de leurs biens, emplois ou industrie. — *Th. C. pén.*, t. 1er, p. 195; Alauzet, *ibid.*, p. 72.

15. — Filangieri (liv. 3, p. 2), Bentham (*Th. des peines*, p. 340), et M. Pastoret (*Des lois pénales*, 1re part., ch. 8 et 3e part., chap. 10, § 3), voudraient que le montant en fût fixé non par une somme déterminée, mais par une portion de la fortune du coupable qui pourrait ainsi être privé de la cinquième, dixième, vingtième, etc., partie de ses biens.

16. — Ces différens systèmes, plus ou moins fondés en raison, présentent, néanmoins, des inconvéniens également graves: quelques uns laissent au juge trop d'arbitraire, aucun ne lui donne les moyens de connaître, d'une manière exacte, la fortune ou les revenus que chaque condamné a le plus grand intérêt à dissimuler.

17. — Le Code rural du 28 sept.-6 oct. 1791, et celui des délits et des peines du 3 brum. an IV, avaient pris pour base de l'amende la valeur de la journée de travail. — Le taux moyen de cette journée était fixé par les préfets dans chaque localité; puis, selon la gravité des délits, on le doublait, triplait, etc., sans s'arrêter à la position de fortune du coupable.

18. — Le Code de 1810 ne s'est non plus attaché dans la mesure des amendes qu'à l'importance de l'infraction; mais pour ne point trop entraver le juge dans sa répartition, il a fixé un *minimum* et un *maximum* dans les limites desquels il trouve des moyens d'égalisation. — Ce système a le mérite d'être simple et clair, et par conséquent éminemment pratique. — Mais on ne peut se dissimuler que cette égalité de l'amende pour tous les prévenus conduit, dans son application, à une inégalité trop réelle. — N'est-il pas évident, en effet, que telle amende qui écrasera l'indigent, sera pour le riche presque absolument inaperçue, sans qu'il soit même possible le plus souvent d'atténuer cette choquante disparité par l'application de l'art. 463, sur les circonstances atténuantes, puisque cet article n'est applicable qu'aux amendes édictées par le Code pénal, et que les plus nombreuses et les plus lourdes sont prononcées par des lois spéciales.

19. — Pour échapper à ces conséquences, M. Ch. Lucas (*Système pén.*, p. 394) a proposé de n'établir qu'un *maximum* pour les amendes, avec faculté au juge de les abaisser indéfiniment, mais en se guidant, dans cette délicate appréciation, sur la double circonstance de la gravité du fait et de la fortune de son auteur: bien entendu que ce *maximum* devrait être assez élevé pour que son application frappât efficacement les plus riches.

20. — Les auteurs de la *Théorie du Code pénal* (t. 1er, p. 198) se montrent partisans de cette théorie, qui semble, en effet, le mieux répondre aux diverses exigences de la matière; mais ne peut-on lui adresser aussi le reproche, en cas d'élévation excessive du maximun, soit de laisser trop à l'arbitraire du juge, soit de rétablir une véritable confiscation partielle, toutes les fois que son exagération atteindra non plus seulement les revenus du prévenu, mais encore son capital. — Or, poser une limite entre l'amende et la confiscation, ne serait-ce pas ici un problème insoluble? — V. encore, sur ce sujet, Rossi, *Tr. du dr. pénal*, t. 3, p. 212.

21. — Au reste, MM. Chauveau et Hélie n'appliquent point leurs observations aux amendes encourues pour simples contraventions: « A l'égard de ces infractions, disent-ils (t. 1er, p. 199), l'amende est moins une peine qu'un avertissement; son but est d'éveiller l'attention des citoyens sur la nécessité de se conformer avec exactitude aux règles de police. — L'amende peut donc rester légère, même en atteignant les citoyens les plus riches: il suffit qu'elle les ait avertis de l'infraction qu'ils ont commise, sa mission est remplie. »

22. — Une autre difficulté inhérente à l'amende, c'est qu'elle peut être infligée à des personnes absolument insolvables; cependant, si c'est une peine, le pauvre qui la mérite doit-il trouver un privilége et l'impunité dans sa misère même, ou devra-t-on, à son égard, convertir l'amende en emprisonnement?

23. — Quant à l'impunité, on ne peut évidemment la tolérer. Aussi, la cour de Cassation a-t-elle jugé que le tribunal de simple police qui déclare un prévenu coupable ne peut, sans violer la loi, se dispenser de le condamner à l'amende, sous le prétexte de son insolvabilité. — *Cass.*, 3 nov. 1826 (intérêt de la loi), Bonté.

24. — En ce qui touche la conversion, elle semblerait, d'après la loi 3, ff., *De pœnis*, et la maxime *quod non habens in bonis luat in corpus*, avoir été usitée à Rome; cependant, Farinacius (*De del. et pœn.* quest. 48, no 57) le conteste; et quant à la maxime, Tiraqueau (p. 137) pense qu'elle était inapplicable aux amendes.

25. — Chez nous, une ord. de Henri II de mars 1549 autorisait les cours souveraines à commuer l'amende en peine corporelle si, dans les six mois, le condamné ne pouvait la payer. Ce droit, du reste, était universellement admis, sauf de la part des juges inférieurs et pour les amendes légères. — Chauveau et Hélie (*Th. C. pén.*, t. 1er, p. 200), qui citent Papon, L. 10, tit. 4, nos 2 et 8; Rebuffe, sur l'édit de Henri II; Jousse, *L. crim.*, t. 2, p. 653.

26. — Quelques codes étrangers ont adopté cette commutation: le Code prussien la mesure sur le pied de huit jours de détention pour cinq écus (*suprà* no 13); celui de la Louisiane, de un jour pour deux dollars.

27. — Notre législation nouvelle l'a, au contraire, rejetée. Et aujourd'hui, en France, aucune disposition n'exempte les insolvables de l'amende. — *Infrà* no 205.

28. — Mais comme l'exécution de cette peine peut être poursuivie par la voie de la contrainte par corps, la conversion, quoique indirecte, ne s'en trouve pas moins, par le fait, opérée. Et ce n'est qu'après un certain laps de temps de détention (laquelle pouvait anciennement, et sous la Convention, être dans certains cas perpétuelle), que le condamné se trouve entièrement libéré. — Ce temps est aujourd'hui déterminé par la loi du 17 avr. 1832 (*infrà* nos 186 et suiv.). — Alauzet, *Essai sur les peines*, p. 74. — V. CONTRAINTE PAR CORPS.

§ 2. — *Caractère pénal de l'amende. — Conséquences.*

29. — Bien que, en général, ce soient les communes qui profitent des amendes prononcées tant en matière de délits qu'en matière de contraventions, l'amende n'en est pas moins une véritable peine. C'est ce qui résulte formellement des art. 9, 11 et 464, C. pén. — Rauter, *Tr. du dr. crim.*, t. 1er, no 170.

30. — De là découlent plusieurs conséquences: ainsi 1o l'amende est *personnelle*, et, par suite, ne peut atteindre que ceux qui ont été reconnus coupables des infractions commises. — *Cass.*, 16 vendém. an IX, Dufresne; — Carnot, *C. inst. crim.*, art. 80, no 9; Chauveau et Hélie, *Th. C. pen.*, t. 1er, p. 201; Toullier, *Dr. civ.*, t. 11, no 290; Delvincourt, t. 3, p. 454; Merlin, dans une lettre adressée au procureur général d'une cour royale, le 26 fév. 1814, et *Rép.*, vo *Responsabilité des délits*; Favard de Langlade, *Rép.*, vo *Délit et quasi-délit*, no 5; Zachariæ, *C. de dr. civ. français*, t. 3. p. 202; Rolland de Villargues, *Rép. du notar.*, vo *Responsabilité*, no 15; Rauter, no 170; Morin, *Dict. dr. crim.*, vo *Amende*.

31. — Si l'auteur de l'infraction reste inconnu, la condamnation à l'amende ne peut être prononcée. — *Cass.*, 30 mai 1840 (t. 2 1843, p. 526), Allemand.

32. — Dès-lors, en matière criminelle, correctionnelle ou de police, la responsabilité civile établie par l'art. 1384, C. civ., ne peut, à moins d'une disposition expresse, être étendue aux amendes que la loi prononce contre les auteurs ou complices du délit. — *Cass.*, 9 juill. 1807, Ponin; 4 juill. 1814, Rolland; 11 sept. 1818, Laroyenne c. Vuillemain; 6 avr. 1820, Fabre; 21 sept. 1820, Moscou; 23 août 1822, Aubagnac; 18 nov. 1825, Jailloux; 26 juill. 1833 (intérêt de la loi), Béhal et Mayeux; 19 mars 1836, Isoard; 30 mai 1840 (t. 2 1843, p. 526), Allemand; — Rauter, no 171; Bourguignon, *Jur. des Codes crim.*, t. 3, p. 85.

33. — Spécialement, aucune loi n'a soumis les personnes civilement responsables d'un délit rural aux peines encourues par ceux qui s'en sont rendus coupables. — *Cass.*, 11 sept. 1818, Laroyenne c. Vuillemain; 25 fév. 1820, Vieux; 8 août 1823, Postel; 4 sept. 1823, Thiébault; 13 déc. 1827 (intérêt de la loi), Michault. — V. toutefois *Cass.*, 26 déc. 1807, Dulbecco.

34. — Le père n'est pas civilement responsable des amendes encourues par son fils mineur. — *Cass.*, 12 pluv. an X, Garrier; 14 janv. 1819 (intérêt de la loi), Gilles; 4 sept. 1823, Thiébault; 29 fév. 1828, Pagès; 28 sept. 1838 (t. 2 1843, p. 527), Fribourg.

35. — Les père et mère ne sont point civilement responsables de la contravention, commise par leurs enfans, aux dispositions de l'ord. de 1669, et ne sont point, dès-lors, passibles des amendes encourues par eux. — *Cass.*, 5 nov. 1829, Liste civile c. Jupinet.

36. — Le maître n'est pas civilement responsable de l'amende encourue pour contravention à un réglement de police municipale ou toute autre contravention ou délit par le fait personnel de son domestique. — *Cass.*, 14 frim. an XIV, Dollin c. Richy; 6 juin 1811, Rambaudon et Marty; 9 juin 1832, Desvignes; 8 août 1823, Postel; 21 avr. 1827, Hugot; 30 juill. 1825, Martin; 18 oct. 1827, Delépine. — V. aussi 6 oct. 1832, Roby.

37. — Un entrepreneur de messageries ne peut pas être condamné personnellement à l'amende et à l'emprisonnement pour des contraventions à la police du roulage, commises par ses préposés et auxquelles il est demeuré étranger. — *Cass.*, 18 nov. 1825, Jailloux; même date, Arnoux; même date, Monnier.

38. — La cour de Cassation avait précédemment, les 7 fév. 1822 (Jailloux) et 30 juill. 1825 (Jailloux), fait peser la responsabilité de l'amende, en cette matière, sur le propriétaire ou entrepreneur de la voiture publique, par le motif, notamment, que les contraventions commises par ses employés sur le chargement étaient censées ne l'avoir été que par ses ordres. — C'est avec raison qu'elle revient, par ses trois arrêts du 18 nov. 1825, sur ses premières décisions: elle met ainsi sa jurisprudence en harmonie avec les principes qu'elle a consacrés dans les autres matières. — Carnot, *C. inst. crim.*, art. 1er, no 60; Chauvau et Hélie, *Th. C. pén.*, t. 1er, p. 202.

39. — Un mari ne peut pas être condamné solidairement avec sa femme à l'amende, à raison des

injures qu'elle seule a proférées. — *Cass.*, 28 brum. an IX, Labrousse et Chevalier; 9 juill. 1807, Ponsin; 6 juin 1811, Rambaudon et Marty; 13 mai 1813, Bounard; 18 nov. 1824, Romagnac. — Au reste, le mari n'est pas responsable civilement des faits de sa femme, du moins, dans les termes du droit commun, même quant aux dommages-intérêts et frais : l'art. 1385 est muet à son égard, on ne peut donc le comprendre dans ses dispositions.

40. — La disposition d'un arrêté de police qui déclare les maîtres civilement responsables des amendes prononcées contre leurs ouvriers pour contravention à cet arrêté ne peut être considérée comme obligatoire. — *Cass.*, 19 mars 1836, Isoard.

41. — Il n'existe aucune loi générale ou spéciale qui déclare les fermiers de pêche responsables des amendes prononcées contre des porteurs de licences délivrées par ces fermiers. — *Cass.*, 14 juill. 1814, Rolland.

42. — 2° Une seconde conséquence du caractère pénal de l'amende, c'est qu'elle ne peut être poursuivie contre l'héritier du prévenu décédé avant que la condamnation ait été prononcée. — *Cass.*, 9 déc. 1813, Van Brabant; 28 mess. an VIII, Milchell.

43. — Le recouvrement n'en pourrait non plus être réclamé, quand bien même la condamnation en aurait été prononcée, si le jugement qui la prononce n'a pas acquis la force de la chose jugée; car l'art. 2, C. inst. crim., porte en termes exprès que l'action publique pour l'application de la peine s'éteint par la mort du prévenu. — Chauveau et Hélie, *Th. C. pén.*, t. 1er, p. 206; Bourguignon, *Man. just. crim.*, art. 2; Jousse, t. 1er, p. 72.

44. — Mais si la condamnation était devenue irrévocable avant le décès du condamné, le paiement pourrait en être exigé de ses héritiers. — En effet, il ne s'agirait plus ici d'une action publique pour l'application de la peine, mais d'un droit acquis, d'une dette dont l'état est créancier et dont les biens du condamné sont devenus le gage comme de toutes ses autres dettes (C. civ., art. 2093), à dater du jour où elle a été définitive. — Tel est aussi le sentiment de MM. Chauveau et Hélie (*Th. C. pén.*, t. 1er, p. 257), qui se fondent sur les explications catégoriques qu'ont données dans ce sens MM. Cambacérès, Treillard et Merlin devant le conseil d'état, dans les discusions relatives au Code d'instruction criminelle. — Locré, *Législ. civ., comm. et crim.*, t. 25, p. 118.

45. — 3° Il résulte encore du caractère pénal de l'amende que la juridiction criminelle est d'ordinaire, et à moins de disposition spéciale contraire, seule compétente pour prononcer une condamnation à l'amende.

46. — Ainsi jugé que l'action civile en réparation du dommage causé par un délit de contrefaçon peut être portée directement devant les tribunaux civils, mais alors ces tribunaux sont incompétens pour prononcer l'amende déterminée par la loi du 7 janv. 1791. — *Angers*, 4 juin 1842 (t. 1er 1843, p. 101), Brion c. Houssard.

47. — Les tribunaux civils sont incompétens pour statuer sur les amendes encourues et demandées pour contravention aux droits d'octroi. — Cette incompétence est matérielle et peut être proposée en tout état de cause, et même pour la première fois devant la cour de Cassation. — *Cass.*, 26 nov. 1810, Pont-Chapelle c. octroi d'Argentan.

48. — Du reste, lorsque les tribunaux sont également saisis, ils doivent faire l'application de la loi dans toutes ses dispositions, et notamment, prononcer d'office l'amende portée par la loi malgré le silence du ministère public et de la partie civile. — C'est ce qui a été jugé en matière de dégradations faites aux champs. — *Cass.*, 17 avr. 1827, Pinette c. Lault.

49. — Quand l'amende est indéterminée, comme dans le cas où elle doit être fixée selon l'importance du dommage, c'est le tribunal correctionnel et non celui de simple police qui en doit connaître, puisqu'elle peut s'élever à plus de 15 fr.

50. — 4° L'application de l'amende ne peut être, en règle générale, poursuivie ni requise que par le ministère public, et jamais par la partie civile.

51. — Par suite, une cour de justice criminelle ne peut sur le seul appel de la partie civile, prononcer une amende contre un prévenu acquitté par jugement de police correctionnelle. — V. notamment *Cass.*, 10 janv. 1806, Delmar et Deramond; 18 juill. 1806, Leroux; 13 fév. 1807, Badone; 18 avr. 1811, Gayant c. Jaucourt; 28 fév. 1811, Favarot. — V. aussi *Av. cons. d'état*, 12 nov. 1806; — Merlin, *Rép.* v° *Appel*, § 5.

52. — De même, l'administration de la loterie est sans qualité pour interjeter appel, sans le concours du ministère public, d'un jugement de police correctionnelle qui, en condamnant un individu à l'emprisonnement pour avoir tenu une loterie clandestine, a refusé de prononcer la peine de l'amende. — *Cass.*, 30 nov. 1821, Loterie c. Michel.

53. — M. Mangin (*Act. publ.*, t. 1er, n° 56, p. 101) fait remarquer, en rapportant cet arrêt, que le droit conféré aux administrations des contributions indirectes, des douanes, des eaux et forêts, d'exercer l'action publique ou de participer à son exercice, ne peut pas être étendu à d'autres administrations. — Du reste, la question ne pourrait plus se présenter en ce qui concerne l'administration de la loterie depuis la loi du 21 mai 1836, qui l'a supprimée en abolissant la loterie elle-même. — V. ACTION PUBLIQUE.

54. — 5° L'amende ne peut jamais être prononcée qu'en vertu d'une disposition expresse de la loi.

55. — Aussi a-t-il été jugé, et avec raison, que les condamnations à l'amende prononcées pour fol appel en matière civile ne peuvent être étendues soit en matière de simple police, soit en matière de police correctionnelle. — *Cass.*, 19 juin 1817, Botz. — En effet, les art. 172 et suiv., 200 et suiv., C. inst. crim., sont muets sur ce point.

56. — Les jugemens des tribunaux de simple police n'étant pas susceptibles d'être attaqués par la voie de la tierce opposition (C. inst. crim., art. 151), l'art. 479, C. procéd. civ., qui autorise les tribunaux civils à prononcer une amende contre les tiers opposans, n'est pas applicable aux matières de simple police. — *Cass.*, 25 août 1808, Deschampneuf.

57. — La même solution devrait être admise en matière de requête civile. — C. procéd., art. 494 et 500.

58. — L'amende encourue par les parties dont le pourvoi en cassation a été rejeté a de même un caractère purement fiscal et non pénal. — V. CASSATION.

59. — 6° En thèse générale, les amendes ne peuvent indéfiniment et indistinctement se cumuler entre elles, d'après le principe posé en l'art 365, C. inst. crim., sauf les exceptions et restrictions introduites par des lois spéciales ou consacrées par la jurisprudence. — V. CUMUL DE PEINES.

§ 3. — *L'amende est individuelle.*

60. — L'amende doit également être individuelle, c'est-à-dire que lorsqu'un fait coupable a été commis par plusieurs personnes, il doit être prononcé autant d'amendes qu'il y a d'auteurs de ce fait et non une amende collective pour tous. — Chauveau et Hélie, *Th. C. pén.*, t. 1er, p. 209.

61. — Ainsi, lorsque plusieurs habitans d'une ville ont contrevenu à un réglement de police qui les obligeait à nettoyer le devant de leur porte, il n'existe entre les diverses contraventions aucune liaison qui puisse rendre les contrevenans responsables les uns des autres. — Le tribunal de police doit prononcer pour chacun d'eux une amende individuelle et ne peut se borner à les condamner solidairement à une seule amende. — *Cass.*, 22 avr. 1813, Habitans de Saintes; 16 avr. 1825, Seurre; 10 avr. 1807, N.. — Carnot, *C. pén.*, art. 466, n° 4.

62. — Le mari et la femme convaincus l'un et l'autre d'injures verbales sont passibles chacun d'une condamnation particulière. — Le tribunal de simple police ne peut se borner à les condamner simultanément à une amende de 1 fr., formant pour un seul prévenu le minimum d'une peine de police. — *Cass.*, 25 mars 1823, Bourquin.

63. — Le tribunal de simple police qui reconnaît que deux individus, mari et femme, ont jeté des immondices contre la maison d'un tiers, doit les condamner chacun à une amende qui ne peut pas être inférieure au minimum, et il viole la loi en se bornant à les condamner conjointement en une seule amende de 1 fr. — *Cass.*, 15 fév. 1828 (intérêt de la loi), Mauduit.

64. — Le tribunal de simple police ne peut, sans violer la loi, se borner à prononcer une seule amende de 11 fr., minimum de la peine, contre six marchands qui ont de fausses mesures dans leurs boutiques; chacun d'eux est passible d'une amende qui ne peut être au-dessous de 11 fr. — *Cass.*, 22 avr. 1825, Bastide.

65. — Le tribunal de simple police ne peut, sans violer la loi, se contenter de prononcer une amende collective de 15 fr. contre huit individus convaincus de s'être rendus auteurs ou complices de bruits et tapages injurieux ou nocturnes; il doit prononcer contre chacun d'eux une amende qui ne peut être moindre de 11 fr. — *Cass.*, 7 déc. 1826, Cardillac; même date, Trouvé.

66. — « Cet arrêt, dit Carnot (*C. pén.*, art. 479, n° 9), doit être entendu en ce sens que l'amende encourue soit prononcée solidairement contre tous, et non pas que chacun des prévenus doive l'être à une amende personnelle et individuelle; c'est du moins ce qui semble résulter d'un arrêt du 24 avr. 1828. » Il est facile de voir, par le rapprochement des deux espèces, combien est erronée la conséquence que Carnot veut tirer de l'arrêt du 24 avr. 1828 (Houdin) : il s'agissait de l'enlèvement de genêts par deux personnes, dans une forêt, à l'aide d'une charrette attelée d'un mulet; la cour a décidé que l'amende était déterminée par l'art. 144, C. forest., non à raison du nombre des délinquans, mais à raison du mode d'enlèvement *par charretée ou tombereau et par chaque bête attelée ou par chaque charge de bête de somme, etc.* — Cette espèce n'a évidemment pas le moindre rapport avec la nôtre. Chaque individu qui se rend auteur ou complice d'un tapage injurieux ou nocturne commet une contravention qui lui est personnelle, et qui doit avoir sa répression particulière. S'il en était autrement, la peine diminuerait en proportion du nombre des délinquans parmi lesquels elle devrait être divisée, ce qui serait manifestement contraire au vœu du législateur et à une bonne police.

67. — En matière forestière, il doit être prononcé autant d'amendes individuelles qu'il y a de personnes surprises amassant des glands en délit. — *Cass.*, 18 oct. 1822, Thibaut.

68. — ... Ou coupant en délit de l'herbe dans une forêt, alors même que la quantité d'herbe coupée n'aurait formé au moment de la découverte du délit qu'un nombre de charges moindre que celui des coupables. — *Cass.*, 21 oct. 1824, Parnet; 7 janv. 1814, Lorieux; — Carnot, *C. inst. crim.*, art. 1er, n° 31.

69. — Les auteurs et complices du délit d'usure doivent être condamnés chacun à une peine distincte et proportionnée à leur degré de culpabilité, dans les limites du maximum et du minimum fixées par la loi, et les tribunaux ne sont point autorisés à ne prononcer qu'une seule amende solidaire pour tous. — *Cass.*, 14 déc. 1838 (t. 1er 1839, p. 329), Maissiat et Guignet.

70. — Il en est de même lorsque les prévenus sont en communauté d'intérêts, comme, par exemple, s'ils sont associés pour faire le commerce. — Même arrêt; 30 août 1838 (t. 2 1838, p. 308), Drouart.

71. — Il y a exception à cette règle quand le taux de l'amende a été mesuré par la loi sur l'étendue du préjudice causé par le délit.

72. — Il en est ainsi, notamment, dans le cas de l'art. 164, C. pén., qui prononce contre les faussaires une amende dont le maximum peut être porté jusqu'au quart du bénéfice illégitime que le faux a procuré ou était destiné à procurer.

73. — ... Ou dans le cas de l'art. 423, relatif aux tromperies sur la nature des marchandises et aux ventes à faux poids, et qui prononce une amende qui ne peut excéder le quart des restitutions et dommages-intérêts ni être au-dessous de 50 fr.

74. — ... Ou encore dans les cas prévus par les art. 455, 456, 457 du même code, qui portent, contre les destructeurs d'animaux, de plants, de clôtures, et contre les propriétaires de moulins ou usines qui ont inondé les propriétés voisines, une amende pouvant s'élever au quart des restitutions et dommages-intérêts.

75. — ... Enfin au cas de l'art. 144, C. forest., que la Cour de cassation a interprété en ce sens que l'amende qu'il prononce pour l'extraction ou enlèvement de pierres, sables, genêts, etc., existant sur le sol des forêts, ayant été déterminée suivant le mode d'enlèvement, et non à raison du nombre des personnes, il s'ensuit qu'une seule amende de 10 à 30 fr. doit être prononcée contre deux individus surpris au moment où ils chargeraient ensemble une voiture attelée d'un mulet. — *Cass.*, 24 avr. 1828, Houdin; — Chauveau et Hélie, *Théor. du C. pén.*, t. 1er, p. 210.

76. — Les auteurs de la *Théorie du C. pén.* (t. 1er, p. 261) font encore exception lorsque le délit a été commis par des individus associés réunis en compagnie, formant un être moral et en leur qualité d'associés.

77. — Il a même été jugé en ce sens, que si une contravention à la police des mines a été commise par les ouvriers et régisseurs d'une compagnie, il doit être prononcé une seule amende contre cette compagnie, et non une amende individuelle contre chacun des associés. — *Cass.*, 6 août 1829, Devillez-Bodson. — V. toutefois les arrêts de Cass., des 14 déc. et 30 août 1838, cités *suprà* nos 69 et 70.

78. — Jugé encore que bien qu'en général les auteurs et complices d'un même délit soient passibles chacun d'une amende distincte, cependant, comme en matière fiscale, les amendes ne sont considérées que comme une réparation civile du préjudice causé à l'état par la fraude, il résulte tant de ce principe que des termes mêmes de la

loi du 28 avr. 1816, que l'enlèvement ou le transport de boissons, sans déclaration préalable ou sans représentation d'un congé acquit-à-caution ou passavant pris au bureau de la régie, ne donne lieu, contre l'expéditeur, l'acheteur et le voiturier, qu'à une seule amende dont ils sont solidairement responsables. — C. pén., art. 59; L. 28 avr. 1816, art. 6, 17 et 19; — *Cass.*, 19 août 1836 (t. 1er 1841, p. 104), Contributions indirectes c. Baurin.

§ 4. — *Solidarité.*

79. — D'après l'art. 55, C. pén., « tous les individus condamnés pour un même crime ou pour un même délit sont tenus solidairement des amendes, restitutions, des dommages-intérêts et des frais. » — *Cass.*, 6 mars 1812, Desplanches; 11 sept. 1807, Deshayes; — Merlin, *Quest.*, vo *Solidarité*, § 10, no 3; Carnot, *C. pén.*, art. 55, no 6.

80. — Les termes de cet article indiquent que la solidarité ne peut être appliquée qu'autant que les diverses amendes ont été prononcées pour *le même fait* : il ne suffirait pas que les condamnés fussent tous compris dans la même plainte ou dans le même acte d'accusation. — Chauveau et Hélie, *Théor. C. pén.*, t. 1er, p. 211; Merlin, *Quest.*, vo *Solidarité*, § 10, no 2; de Cormeilles, *Encycl. du dr.*, vo *Amende*, no 41.

81. — Dès-lors, encore bien que plusieurs individus aient été soumis au mêmes débats, à raison d'une prétendue connexité, la cour d'assisses ne peut prononcer contre eux la solidarité des condamnations pécuniaires, si les crimes dont ils ont été déclarés coupables ont été commis en différens temps, en différens lieux et par des personnes différentes. — *Cass.*, 3 fév. 1814, Gishodes; 24 nov. 1820, Lopin.

82. — Comme aussi tous les individus condamnés pour un même délit sont tenus solidairement des amendes et des frais, malgré les différens degrés de culpabilité reconnus à leur égard et la différence des peines prononcées contre eux (*Cass.*, 8 oct. 1813, Pucci; 2 mars 1814, Pucci; 3 nov. 1827, Paillette; — Chauveau et Hélie, *Théor. C. pén.*, t. 1er, p. 211; Merlin, *Rép.*, vo *Solidarité*, § 10; Legraverend, *Lég. crim.*, t. 1er, chap. 19, p. 646, note 4e), par exemple, si des circonstances atténuantes avaient été admises en faveur des uns et rejetées pour les autres, ou si les uns avaient été condamnés à l'emprisonnement, et les autres à l'amende seulement, etc.

83. — Il en serait encore ainsi, et la solidarité devrait être prononcée, alors même qu'il n'y aurait point eu concert entre les différens accusés pour commettre le même crime. — *Cass.*, 8 oct. 1813, Pucci; 2 mars 1814, Pucci; — de Cormeilles, *Encycl. du dr.*, vo *Amende*, no 44.

84. — « Cependant, dans ce cas, objectent MM. Chauveau et Hélie, en rapportant cette décision (t. 1er, p. 211), la complicité n'existe pas, ce sont des actes isolés qui ont concouru accidentellement à un même fait, et, dès-lors, il est douteux que la loi ait voulu lier par une commune responsabilité des prévenus qui sont étrangers les uns aux autres. » — Cette critique ne nous paraît pas fondée. D'abord, il suffit, pour constituer la complicité que celui qui en est inculpé ait aidé ou assisté avec connaissance l'auteur du délit dans les faits qui ont consommé l'action. — En second lieu, l'art. 55, C. pén., n'admet aucune distinction et ne subordonne nullement la solidarité à la condition d'un concert préalable. — Il n'existe aucun motif qui puisse faire introduire dans cet article une pareille restriction. — Au contraire, le délinquant qui prête son concours à un autre assume sur lui par cela seul la responsabilité intégrale du délit : — Concevrait-on que le meurtre ne donnât pas lieu à la même solidarité que l'assassinat?

85. — Au contraire, encore bien que plusieurs individus aient été soumis aux mêmes débats à raison d'une prétendue connexité, la cour d'assises ne peut prononcer contre eux la solidarité des condamnations pécuniaires, si les crimes dont ils ont été déclarés coupables ont été commis en différens temps, en différens lieux et par des personnes différentes. — *Cass.*, 3 fév. 1814, Gishodes.

86. — Du reste, la solidarité a lieu de plein droit, et sans qu'elle ait été prononcée par le jugement de condamnation. — *Cass.*, 26 août 1813, Gerrenbeck; — Chauveau et Hélie, *Théor. C. pén.*, t. 1er, p. 212; de Cormeilles, *loc. cit.*, no 45.

87. — ... Et elle est applicable alors même que le résultat serait d'élever l'amende pour chacun des condamnés au-delà du maximum de celle qu'il avait encourue. — Par le recours que le condamné qui a payé le tout peut exercer contre chacun de ses co-accusés, il lui est toujours possible de réduire la condamnation à ses bornes légales. — Rauter, t. 1er, p. 174.

88. — L'art. 42, tit. 2, L. 19 juill. 1791, édictait la solidarité des amendes non seulement en matière correctionnelle, mais encore en matière de police municipale. — L'art. 55, C. pén. de 1810, n'est point aussi explicite et ne parle que des condamnés pour *crimes* ou pour *délits*. — Or, comme la solidarité est une disposition exorbitante qui ne doit être appliquée que dans les cas formellement prévus, il s'ensuit qu'on ne doit point la prononcer contre les personnes condamnées simplement pour contravention. — Chauveau et Hélie, *Théor. C. pén.*, t. 1er, p. 212; Rauter, *Dr. crim.*, t. 1er, no 173.

89. — La solidarité n'existerait pas non plus si les co-auteurs d'un crime avaient été condamnés par des jugemens différens. — « L'art. 55, C. pén., disent MM. Chauveau et Hélie (*Théor. C. pén.*, t. 1er, p. 212), suppose évidemment une poursuite simultanée, et il serait impossible d'admettre que la condition d'un condamné pût être aggravée après son jugement par la condamnation postérieure de ses complices. — Carnot, *C. pén.*, art. 55, no 10; Bourguignon, *Jurisprudence des Codes crim.*, *C. pén.*, art. 55.

90. — Un jugement ne blesse pas les principes de la solidarité, lorsqu'il déclare un individu libéré de sa dette, soit par le paiement qu'a fait l'un des débiteurs de partie des sommes qui la composent, soit par application des décrets d'amnistie des 13 prair. an XII et 25 mars 1810. Il n'est pas nécessaire, pour profiter de leur bienfait, c'est-à-dire pour cesser d'être tenu de l'amende et des frais auxquels on avait été condamné correctionnellement, d'être détenu au moment où on les invoque. La loi doit être entendue d'une manière plus large, et elle s'applique à celui-là même qui, se trouvant libre, n'a pas à demander la mise en liberté qu'elle prononce. — *Cass.*, 19 avr. 1815, Enregistrement c. Rougerie, dit Sarreste; — Teste-Lebeau, *Dict. anal. des arrêts d'enregistr.*, vo *Amende*, no 1er.

§ 5. — *Dans quels cas l'amende n'est point considérée comme peine.*

91. — L'amende n'est pas toujours considérée comme une peine; quelques exeptions ont été introduites à cet égard à la règle générale par des lois spéciales.

92. — Ainsi, en matière de douanes, l'art. 20, tit. 13, L. des 6-22 août 1791, rend les propriétaires des objets introduits en fraude responsables, non seulement des droits, dépens et confiscations, mais aussi des amendes dont sont atteints leurs préposés.

93. — La cour de Cassation induit de là, et consacre invariablement ce principe, qu'en matière de simple contravention aux lois sur les douanes, l'amende n'est point une peine proprement dite, mais une réparation du préjudice causé à l'état par les effets de la fraude. — *Cass.*, 6 juin 1811, Marchand; 26 avr, 1830, Felieu; 30 mai 1828, Buel; 5 sept. 1828, Érard; — Mangin, *Act. publ.*, t. 2, no 279.

94. — ... De même l'amende prononcée par les lois de 1791 et du 4 germin. an II contre ceux qui ont maltraité ou injurié des préposés des douanes dans l'exercice de leurs fonctions, doit être considérée comme une réparation civile qui peut être réclamée par l'administration des douanes concurremment à l'action publique intentée par le ministère public. — *Cass.*, 17 déc. 1831, Berthelet; 21 août 1837 (t. 2 1837, p. 393), Prévôt.

95. — D'où la conséquence, toujours selon la doctrine de la cour de Cassation, que le ministère public ne peut, à défaut de l'administration, exercer l'action relative à cette amende. — *Cass.*, 8 déc. 1837 (t. 2 1838, p. 525), Boulanger; 1er déc. 1838 (t. 1er 1839, p. 323), Mausard.

96. — ... Que l'amende encourue pour violences exercées contre les préposés des douanes peut être réclamée par l'administration des douanes concurremment à l'action publique intentée par le ministère public et cumulée avec la peine portée par l'art. 231, C. pén. — *Cass.*, 17 déc. 1831, Berthelet.

97. — ... Que lorsqu'un bâtiment a commis plusieurs sortes de contraventions aux lois de douanes, les tribunaux doivent appliquer à chacune d'elles et cumuler les amendes que la loi prononce. — *Cass.*, 26 avr. 1830, Felieu.

98. — ... Que l'amende pour contravention aux lois sur les douanes doit être cumulée avec la peine de la réclusion encourue par le contrebandier pour avoir exercé des violences graves envers les préposés dans l'exercice de leurs fonctions. — *Cass.*, 21 déc. 1821, Delsaux; — Mangin, *Act. publ.*, t. 2, no 461.

99. — Jugé aussi que l'administration agissant seule doit suivre la voie civile et porter son action devant le juge de paix. — *Cass.*, 10 janv. 1840 (t. 1er 1840, p. 750), Prévôt; 21 août 1837 (t. 2 1837, p. 393), Prévôt et Bar.

100. — ... Que le prévenu, bien qu'acquitté comme ayant agi sans discernement, doit être condamné à l'amende et aux frais. — *Cass.*, 18 mars 1842 (t. 1er 1842, p. 726), Thibault.

101. — ... Que les pères et mères sont responsables civilement des amendes encourues par leurs enfans mineurs, tant qu'ils ne prouvent pas qu'ils n'ont pu empêcher la contravention. — *Cass.*, 6 juin 1811, Marchand; 30 mai 1828, Buel; 5 sept. 1828, Erard.

102. — Cependant la même cour a reconnu que les héritiers d'un contrebandier décédé avant la poursuite ne peuvent être cités devant le tribunal correctionnel en condamnation à l'amende par lui encourue. — *Cass.*, 28 messid. an VIII, Mitchell. — Même décision en matière de contributions indirectes. — *Cass.*, 9 déc. 1813, Van Brabant.

103. — ... Et que la contrainte par corps ne peut être prononcée contre un mineur pour le recouvrement de l'amende à laquelle il a été condamné en matière de douanes quoique ayant agi sans discernement. — *Cass.*, 18 mars 1842 (t. 1er 1842, p. 726), Thibaut.

104. — MM. Chauveau et Hélie critiquent avec beaucoup de force la doctrine de la cour de Cassation, et n'admettent point que l'amende, dans les matières fiscales comme en toutes autres, cesse d'être une peine : — Opposant les arrêts des 28 messid. an VIII et 9 déc. 1813 (no 102) à ceux cités précédemment, ils signalent une contradiction dans la jurisprudence de cette cour qui tantôt imprime à l'amende le caractère d'une simple réparation civile, et tantôt lui attribue des effets qu'une peine comporte seule : « A nos yeux, disent-ils (t. 1er, p. 203), l'amende en matière fiscale ne cesse jamais d'être une peine; seulement, et par une dérogation formelle au principe des peines, elle n'est point strictement personnelle; elle atteint, outre le prévenu déclaré coupable, les personnes que la loi présume leur avoir donné l'ordre ou conseil d'agir, et être, par suite, leurs complices : tel est le double caractère de cette amende. L'état trouve la réparation du préjudice que la fraude lui a causé dans le paiement des droits et la confiscation des marchandises et des objets de transport; l'amende a une mission pénale, elle flétrit la désobéissance aux lois, elle punit la fraude. »

105. — M. Mangin n'a pas une opinion aussi tranchée : « Il faut cependant reconnaître, dit-il (*Act. publ.*, t. 2, no 279), que les amendes, dans les matières fiscales, n'ont pas un caractère purement pénal et qu'un caractère civil vient s'y mêler; elles sont, en effet, la réparation du dommage réel ou du dommage légalement présumé que la fraude ou une tentative de fraude fait éprouver au trésor, en gênant ou en appauvrissant l'industrie nationale, et en diminuant ainsi une des sources qui alimentent le trésor de l'état; et c'est pour cela surtout que les administrations exercent dans ces matières l'action publique ou participent à son exercice, mais on ne peut nier que le caractère principal et dominant de ces amendes ne soit pénal. Des amendes fixes, des amendés encourues sur la seule présomption légale d'un dommage essuyé par l'état sont essentiellement des peines. »

106. — Malgré l'imposante autorité de la cour de Cassation, dont paraît déjà s'éloigner quelque peu M. Mangin, nous ne pouvons nous empêcher de pencher vers l'opinion de MM. Chauveau et Hélie. La contradiction que signalent ces auteurs dans la jurisprudence de la cour de Cassation n'est, malgré tout ce qu'on a pu dire, que trop réelle : fâcheux résultat qui ne se présenterait pas si les principes n'avaient fléchi devant des considérations extrà-légales. — Néanmoins, cette jurisprudence est constante, et jusqu'à un changement que nous n'osons espérer, il est impossible de n'en point tenir compte, et il serait peu sage de ne la point suivre dans la pratique. — V. du reste, sur ce point, Chauveau et Hélie, *Th. C. pén.*, t. 1er, p. 203 et suiv.; Mangin, *Act. publ.*, t. 2, nos 279 et 461; d'Agar, *Contentieux des contr. ind.*, t. 2, p. 8; Carnot, *C. instr. cr.*, art. 2, no 7, et *C. pén.*, art. 2, no 22; Merlin, *Rép.*, vo *Délit*, § 9, nos 1, 2 et 3, et *Amende*, § 5, no 4; de Cormeilles, *Encycl. du dr.*, vo *Amende*, no 19.

107. — Une seconde exception a été consacrée par la loi du 1er germin. an XIII sur les contributions indirectes, dont l'art. 35 reproduit exactement les dispositions de l'art. 20, tit. 13 de la loi des douanes. Aussi, la cour de Cassation a-t-elle suivi la même doctrine et jugé qu'en matière de contributions indirectes, comme en matière de douanes, l'amende doit plutôt être considérée comme une réparation du préjudice causé à l'état par les effets

de la fraude, que comme une peine proprement dite. — *Cass.*, 11 oct. 1884, Klein.

108. — D'où la conséquence également que le père est civilement responsable de l'amende prononcée contre son fils mineur non émancipé demeurant avec lui. — Même arrêt.

109. — Néanmoins, la cour suprême a aussi jugé qu'en cette matière les amendes ont un caractère pénal qui ne permet pas qu'elles soient poursuivies contre l'héritier du prévenu de contravention décédé avant la condamnation prononcée. — *Cass.*, 9 déc. 1813, Van Brabant.

110. — ... Et que l'exécution des jugemens de police correctionnelle portant des condamnations à l'amende pour contravention aux lois sur les contributions indirectes peut être poursuivie par la voie de la contrainte par corps quoique les juges aient omis de la prononcer. — *Cass.*, 14 fév. 1832, Teutsch. — V. aussi *Cass.*, 18 mars 1842 (t. 1er 1842, p. 726), Thibault —V. en sens contraire, *Colmar*, 17 fév. 1828, Teutsch; et 14 février 1829 (arrêt cassé par l'arrêt du 14 fév. 1832 et rapporté avec lui).

111. — Ici encore on ne peut s'empêcher de reconnaître quelque incohérence dans la jurisprudence de la cour de Cassation, dont les distinctions ne nous paraissent pas assez explicitement justifiées par le texte de la loi (et il en faudrait un précis). Nous nous bornerons donc à renvoyer à ce que nous avons dit (no 106) à l'occasion des décisions analogues rendues en matière de douanes. — Chauveau et Hélie, *Th. C. pén.*, t. 1er, p. 205. —V. aussi Mangin, *Act. publ.*, t. 2, no 275; d'Agar, *Content. des contr. indir.*, t. 2, p. 8.

112. — L'art. 13, tit. 19, de l'ordonnance de 1669 déclarait les pères et maîtres civilement responsables des *condamnations* prononcées en matière forestière, et la jurisprudence comprenait les amendes mêmes dans ce mot *condamnations*, lorsque les délits avaient été commis dans les bois de l'état. — Mais le Code forestier a changé cette doctrine et déclaré, par son art. 206, que la responsabilité ne s'appliquerait qu'aux restitutions, dommages-intérêts et frais. — Chauveau, *C. forest. expl.*, art. 206; Chauveau et Hélie, *Th. du C. pén.*, t. 1er, p. 205.

113. — Il en est de même de l'art. 74 de la loi du 15 avr. 1829 sur la pêche fluviale, portant que les maris, pères, mères, tuteurs, fermiers et porteurs de licences, ainsi que propriétaires, maîtres et commettans, seront civilement responsables des délits en matière de pêche commis par leurs femmes, enfans mineurs, pupilles, bateliers et compagnons et tous autres subordonnés. — L'article ajoute que cette responsabilité sera réglée conformément à l'art. 1384, C. civ.

114. — Toutefois, la responsabilité établie par les art. 45 et 46, C. forest, étant d'une nature spéciale et fondée sur une présomption de culpabilité personnelle ou de complicité de la part des personnes y mentionnées, doit être étendue à l'amende. — Gagneraux, *C. forest.*, art. 45 et 46; Rogron, *C. forest. expl.*, *ibid.*

115.—L'art. 78, C. forest., prononce deux amendes, l'une contre le propriétaire, l'autre contre le pâtre des animaux trouvés en délit, alors même que les animaux n'auraient été conduits dans les lieux interdits que par le pâtre. — La solidarité qui a lieu entre eux, aux termes de l'art. 208, même Code, et de l'art. 55, C. pén., produit le même effet que la responsabilité civile.

116. — Enfin, l'art. 199, C. for., qui prévoit le délit de dépaissance dans les bois de dix ans et au-dessus, punit, par une disposition exceptionnelle, non le gardien de ces animaux, mais leur propriétaire, en sorte que c'est seulement contre ceux-ci personnellement que l'amende doit être prononcée. — C'est, du reste, ce qu'a plusieurs fois jugé la cour de Cassation. — *Cass.*, 6 avr. 1820, Fabre; 21 sept. 1820, Mascou; 23 août 1822, Aubagnac. — V. CONTRIBUTIONS INDIRECTES, DOUANES, FORÊTS, PÊCHE FLUVIALE.

117. — L'art. 2, L. 15 vent. an XIII, attribue à l'administration des relais de poste la moitié de l'amende qu'il prononce contre les personnes qui ont refusé de payer les droits de poste. — Il suit de là que moitié de cette amende a le caractère d'une peine, tandis que l'autre moitié ne constitue qu'une simple réparation civile.

118. — D'où la conséquence que le ministère public a le droit d'en poursuivre la condamnation, alors surtout que son action a été mise en mouvement par la partie civile. — *Cass.*, 13 avr. 1839 (t. 2 1839, p. 640), Desarié.

119. — ... Et que, par contre, le maître de poste peut, sans le concours du ministère public, appeler d'un jugement qui a refusé de prononcer l'amende encourue par un individu prévenu de n'avoir pas acquitté les droits de poste. — Bien que partie seulement de cette amende puisse revenir au maître de poste, néanmoins cette amende est indivisible, et il peut agir seul. — *Cass.*, 12 août 1837 (t. 2 1837, p. 281), Lemaire.

§ 6. — *Fixation du montant de l'amende.*

120. — Le taux de l'amende est quelquefois indiqué par la loi à une somme fixe : alors les tribunaux doivent prononcer cette somme, sans pouvoir la réduire ni l'augmenter.

121. — Le Code rural des 28 sept.-6 oct. 1791 prend pour base du calcul de l'amende la valeur d'une journée de travail (*suprà* no 17), et prononce, selon la gravité des cas, une amende de une ou plusieurs journées de travail (tit. 2, art. 4 et suiv.).—Le minimum de ces amendes a été fixé, par la loi du 23 thermid. an IV, à trois journées de travail. — Il est quelques contraventions encore qui, non prévues par le Code pénal, sont réprimées par le Code rural et le Code du 3 brum. an IV. — Dans ce cas, les tribunaux ne peuvent changer la nature de la peine, et doivent dès-lors prononcer, non les amendes prononcées par le Code pénal, mais celle de trois journées de travail au plus, selon la prescription des Codes de 1791 ou de l'an IV.

122. — L'art. 84, L. 22 mars 1831, sur la garde nationale, permet aux conseils de discipline, dans les communes où il n'existe ni prison ni local pouvant en tenir lieu, de commuer la peine de prison en une amende d'une journée à dix journées de travail. — Le calcul se fait, en pareil cas, de la même manière que lorsqu'il s'agit de l'application des dispositions du Code rural encore en vigueur.

123. — D'autres fois l'amende est calculée sur le dommage causé par le délit, notamment dans le cas de concussion (C. pén., art. 174), d'usure habituelle (L. 3 sept. 1807), d'inondation volontaire des propriétés d'autrui (C. pén., art. 457), etc. — C'est aux tribunaux, dans ces divers cas, qu'il appartient d'apprécier l'étendue du dommage pour ensuite fixer la quotité de l'amende encourue.

124. — Toutefois, quand il s'agit d'une accusation portée devant la cour d'assises, il n'est pas nécessaire, à peine de nullité, que ce soit le jury qui fixe avec précision le montant du dommage, notamment en matière de concussion, le taux des sommes indûment perçues par l'accusé; il suffit que le jury ait déclaré les perceptions illicites pour que la cour d'assises ait le droit de les arbitrer dans la fixation de l'amende.— *Cass.*, 26 août 1824, Villée. — « La fixation de l'amende, disent MM. Chauveau et Hélie (t. 4, p. 129), de même que la distribution de toutes les peines, rentre dans le domaine du juge, et le chiffre des dommages-intérêts ne saurait sortir de cette compétence par cela seul qu'elle est prise comme base de l'amende. »

125. — Dans quelques cas spéciaux, par exemple en matière d'octroi, l'amende est réglée sur la valeur des objets saisis (L. 27 frim. an VIII, art. 11); alors c'est d'après la valeur commerciale de l'objet saisi dans le lieu où l'introduction frauduleuse a été faite, et non d'après le prix d'achat, que doit être fixée la quotité de l'amende encourue.—*Cass.*, 22 germin. an XIII, Boitou c. Doynel.

126. — Le plus souvent l'amende est renfermée entre un *maximum* et un *minimum* qui ne laisse au juge que la possibilité de mesurer (sans pouvoir cependant dépasser les limites qui lui sont imposées) la gravité de la peine à la perversité de l'infraction.

127. — Enfin, mais cela est assez rare, la loi a seulement établi un *maximum*, sans fixer de *minimum*, ou même s'est bornée à prononcer l'amende, sans s'occuper du chiffre.

128. — Dans le premier cas, l'amende peut descendre jusqu'à la plus faible somme qu'il soit permis de prononcer en matière de simple police, c'est-à-dire à 1 fr.

129. — Dans le second cas, ce sont également les peines de simple police qui sont applicables, mais alors dans les limites du minimum au maximum, c'est-à-dire de 1 à 15 fr.

130. — Ainsi jugé que, lorsqu'une loi n'a pas déterminé la quotité de l'amende qu'elle prononce, on ne peut appliquer à ceux qui contreviennent à ses dispositions que la peine pécuniaire la plus faible, c'est-à-dire l'amende de simple police.— *Cass.*, 28 mai 1825, Goupil; 5 nov. 1831, Baillet; 7 juin 1833, Leguen-Kernaison.

131. — Ainsi l'art. 35, L. 19 vent. an XI, ne portant la fixation ni du maximum ni du minimum de l'amende encourue par ceux qui se livrent illégalement à l'exercice de la médecine ou de la chirurgie, mais sans usurper aucun titre, les coupables doivent être condamnés à une amende de simple police. — *Cass*, 28 mai 1825, Goupil; 18 mars 1825, Langlois; 5 nov. 1831, Baillet; 28 août 1832, Baillet; 20 juill. 1833, Willams; 7 juin 1833, Leguen-Kernaison; 24 janv. 1834, Véron; 28 (et non 24) mars 1838 (t. 1er 1840, p. 351), Lecouffe; *Orléans*, 9 janv. 1832, Barjon.

132. — Toutefois cette jurisprudence de la cour de Cassation, bien que constante, n'est pas incontestée. —On a dit que la loi ne prononçant aucune peine, c'était une lacune qu'il appartenait au législateur seul, et non aux tribunaux, de combler; qu'en admettant que ce fût une peine de simple police qui dût être prononcée, il y avait encore arbitraire dans le choix qu'on pouvait faire parmi les divers articles du liv. 4, C. pén.; qu'enfin l'art. 466, dans lequel, pour ne pas faire de choix, on s'est retranché, et qui, sans prononcer aucune peine, donne la définition de l'amende, en matière de simple police, et la fixe de 1 à 15 fr., ne résout point la difficulté d'une manière satisfaisante, puisqu'il ajoute immédiatement, *suivant les distinctions établies par les articles suivans.* — Or, est-il bien légal de mettre de côté ces expressions finales, et de ne point s'inquiéter des distinctions auxquelles se réfère cet article? — Ces raisons ne sont point sans gravité, et, bien qu'elles n'aient point fait impression sur la cour suprême, elles font assez bien ressortir les inconvéniens qui résultent, surtout en matière pénale, du vague et de l'obscurité de la loi.

133. — Il a également été jugé que, pour déterminer le chiffre de l'amende la plus faible, il fallait recourir à la législation en vigueur au moment de la promulgation de la loi en vertu de laquelle l'amende est prononcée. — Qu'ainsi, au cas d'exercice illicite, et sans prendre de titre, de la médecine, c'est l'amende la plus faible déterminée non par le Code pénal actuel, mais par le Code du 3 brum. an IV, c'est-à-dire celle prononcée par les art. 600 et 606 de ce Code, qui était le seul en vigueur au moment où fut rendue la loi du 19 vent. an XI, qu'il faut appliquer. — *Douai*, 21 juin 1838 (t. 1er 1845), Lecouffe. — Mais nous ne pouvons approuver une semblable doctrine, l'art. 484, C. pén., qui a abrogé évidemment le Code du 3 brum. an IV, ne permettant point de lui faire des emprunts dans une circonstance où il n'existe aucune lacune réelle. — V. en ce sens Morin, *Dict. dr. crim.*, vo *Amende*, p. 52.

134. — Mais en aucun cas, ainsi qu'on le voit, et à moins d'une disposition formelle, les juges ne peuvent, sous aucun prétexte, remettre, augmenter ou modérer l'amende. Dès qu'ils ont reconnu le prévenu coupable, ils doivent appliquer cette peine rigoureusement, telle que la loi la détermine. — De Cormeille, *Encyclop. du dr.*, vo *Amende*, no 50. — V. *infrà* nos 136 et suiv.

135. — Lorsque, dans notre ancien droit, les tribunaux étaient autorisés à prononcer des amendes arbitraires (V. *suprà* no 8), ils pouvaient en élever le chiffre aussi haut qu'ils le jugeaient convenable. — Il n'y a plus aujourd'hui d'amendes arbitraires, du moins en matière criminelle, et aucune disposition de nos lois ne permet d'excéder le maximum qu'elles ont fixé. — Si le taux en a été passé sous silence, nous venons de voir que c'était la plus faible qu'il fallait prononcer. — Merlin, *Rép.*, vo *Amende*, *princ.* et § 7, no 3.

136. — Quant à la modération de l'amende, elle n'est permise aux juges criminels que dans les cas prévus par le Code pén. (art. 463), et par certaines lois spéciales qui s'expliquent formellement sur ce point. — V. notamment L. 25 mars 1822, art. 14.

137. — Lorsque le juge use du pouvoir qui lui est conféré par l'art. 463, C. pén., de substituer l'amende à l'emprisonnement, s'il reconnaît l'existence de circonstances atténuantes, et se trouve dans un des cas où l'application de cet article est permise, l'amende qu'il substitue ne peut être que celle de simple police. La question en avait été faite à la chambre des députés lors de la révision du Code pénal, en 1832; mais les réponses fort peu satisfaisantes qui furent données à cette occasion laissent la difficulté sans solution législative. — Morin, vo *Amende*, p. 52. — V. CIRCONSTANCES ATTÉNUANTES.

138. — Le tribunal qui, en vertu de l'art. 463, C. pén., et à raison des circonstances atténuantes, se détermine à ne prononcer que la peine de l'amende pour un délit que la loi punissait tout à la fois de l'amende et de l'emprisonnement, ne peut pas excéder le maximum de l'amende portée par la loi. — *Cass.*, 3 nov. 1827, Faillette.

139.—En ce qui concerne la remise de l'amende, jamais les juges ne peuvent, sans excès de pouvoir, la prononcer en faveur des prévenus. — V. not. *Cass.*, 26 brum. an VII, Wagnener; 23 août 1838 (t. 2 1839, p. 347), Boujac.

140. — Aussi la cour de Cassation a-t-elle constamment et fréquemment annulé des jugemens qui, après avoir déclaré constante la culpabilité du prévenu, s'étaient dispensés de prononcer contre lui l'amende portée par la loi. — *Cass.*, 8 brum. an IX, Gruchefy ; 10 déc. 1807, Lambry et Trichon ; 24 oct. 1823 (intérêt de la loi), Piquot ; 1er oct. 1835, Jarret. — V. au surplus PEINE.

141. — Jugé encore, par application du même principe, que le tribunal de simple police qui reconnaît qu'un prévenu est coupable de tapage nocturne, ne peut, en le condamnant à l'emprisonnement, se dispenser de prononcer une amende. La peine de l'emprisonnement est seule facultative, celle de l'amende est obligée. — *Cass.*, 29 déc. 1815 (intérêt de la loi), Remy ; 22 nov. 1811, Chirault.

142. — Celui qui a fait circuler une voiture publique sans laissez-passer ou avec un laissez-passer qui ne lui était point applicable, ne peut pas être acquitté par des considérations de bonne foi, tirées notamment de ce que, par une erreur involontaire, il a pris un laissez-passer pour un autre. Il n'appartient qu'à l'administration d'apprécier la moralité du fait, et d'accorder des remises sur les confiscations et amendes. — *Cass.*, 10 déc. 1825, Contrib. indir. c. Gerest.

143. — L'art. 1er, L. 28 mars 1842, porte que les amendes fixes, établies par les règlemens de grande voirie antérieurs à la loi des 19-22 juill. 1791, peuvent être modérées, eu égard au degré d'importance ou aux circonstances atténuantes des délits, jusqu'au vingtième desdites amendes, sans toutefois que ce minimum puisse descendre au-dessous de 16 fr. — Elles sont prononcées par les conseils de préfecture ; ces tribunaux sont les seuls et, en appel, le conseil d'état, qui puissent jamais modérer les amendes sans appliquer l'art. 463, C. pén. — V. VOIRIE.

144. — Lorsque, en cas de récidive, la loi porte que l'amende peut être doublée, cette double amende doit être calculée, non sur celle appliquée par le premier jugement, mais sur le maximum de l'amende simple, c'est ce qui résulte expressément d'un arrêt de la cour de Cassation du 30 déc. 1813, Meyer. — Legraverend, *Lég. crim.*, t. 2, chap. 6, p. 364.

145. — Si, par suite de ce doublement, la peine encourue excédait les limites de la compétence des tribunaux de police, la poursuite devrait être portée devant les tribunaux correctionnels, bien que, par le résultat des débats, il pût n'être et ne fût en effet prononcé qu'une amende de moins de 16 fr. ; c'est par la peine encourue, et non par celle prononcée, que se règle la compétence.

146. — La loi du 6 prair. an VII avait établi un décime de guerre sur les amendes ; la perception n'en devait être faite que pendant une année ; mais ce décime a été maintenu sur les amendes comme sur toutes les autres perceptions. — Tout condamné a donc à payer, non seulement le capital de son amende, mais encore le dixième établi par la loi de prairial.

§ 7. — *Attribution de l'amende.*

147. — Nous avons vu (*suprà* nos 2 et suiv.) que le montant des amendes appartenait, chez nous, dans l'origine, partie au roi ou au leude sur les terres duquel se rendait la justice, et le reste à l'offensé. Depuis elles avaient été abandonnées en totalité au fisc.

148. — L'art. 3 (sect. 7e, tit. 1er, L. 28 sept.-6 oct. 1791) attribuait aux communes le produit des amendes de police ; mais sans doute ses prescriptions n'avaient pas tardé à être enfreintes, car un arrêté des consuls, du 26 brum. an X, crut devoir *rétablir* les communes dans la jouissance de ces amendes. — L'art. 466, C. pén., fidèle à la même pensée, dispose de nouveau que les amendes pour contravention seront applicables au profit de la commune où la contravention a été commise.

149. — Mais ces dispositions étaient, comme on le voit, spéciales aux amendes de simple police ; elles étaient muettes sur celles prononcées par les tribunaux correctionnels ; il n'y avait guères à cet égard que l'art. 13, tit. 1er, décr. 17 mai 1809, qui ordonnât le versement dans la caisse municipale de moitié du produit des amendes et confiscations prononcées pour cause de contravention aux réglemens de l'octroi.

150. — Les incertitudes qui existaient sur ce sujet déterminèrent le ministre de l'intérieur à consulter le conseil d'état, qui, le 9 nov. 1814, émit l'avis : 1° que le produit des amendes en police correctionnelle devait être appliqué au profit des communes, conformément au décr. du 17 mai 1809, auquel il n'avait été formellement dérogé par aucun article du Code pénal ; — 2° que le produit de ces amendes, ainsi que celui des amendes pour contraventions, devait être appliqué au profit de la commune dans laquelle le délit ou la contravention avait été commis, ainsi qu'il était statué relativement aux amendes pour contraventions par l'art. 466, C. pén.

151. — Une ordonnance du roi du 19 fév. 1820 constate que, malgré toutes ces dispositions, les amendes prononcées par les tribunaux de police correctionnelle et de simple police avaient été perçues par les receveurs des domaines et versées dans la caisse des receveurs généraux, sans distinction des communes où les délits et contraventions avaient eu lieu ; en conséquence, elle prescrit les mesures à prendre pour la perception et l'emploi des amendes prononcées avant le 1er janv. 1820, et ordonne, pour celles prononcées postérieurement, l'exécution de l'art. 466, C. pén., exécution dont les moyens, dit l'ordonnance, doivent être soumis à l'approbation royale.

152. — En conséquence de cette dernière disposition, une ordonnance royale des 30 déc. 1823-10 fév. 1824 a réglé définitivement le mode de recouvrement des amendes de police correctionnelle et de simple police ainsi que la répartition de leur produit. L'art. 4 attribue exclusivement les amendes de police rurale et municipale aux communes, conformément aux prescriptions de l'art. 466, C. pén. — Le produit, perçu par les receveurs de l'enregistrement (art. 1er), en doit être versé dans les caisses des communes, distraction faite préalablement des remises et taxations des receveurs, sur les mandats délivrés au nom des receveurs municipaux par les préfets, immédiatement après la remise et la vérification des états de recouvrement.

153. — D'après l'art. 5, les amendes de police correctionnelle doivent être versées par les receveurs des domaines, distraction également faite de leurs remises ou taxations, et sur les mandats des préfets délivrés aussi au vu des états de recouvrement, au nom des receveurs des finances, à la caisse de ces derniers comptables, qui en doivent faire recette distincte au profit des communes, comme des produits communaux centralisés à la recette générale de chaque département, pour être employés sous la direction des préfets.

154. — Enfin l'art. 6 porte que le produit des amendes versées à la caisse des receveurs des finances formera un fonds commun qui sera tenu à la disposition des préfets et qui sera applicable 1° au remboursement des frais de poursuite tombés en non valeurs, soit en matière de police correctionnelle, soit en matière de simple police ; — 2° au paiement des droits dus aux greffiers des tribunaux pour les relevés des jugemens qu'ils sont tenus d'envoyer au préfet conformément à l'art. 2 ; — 3° au service des enfans trouvés et abandonnés, jusqu'à concurrence du tiers du produit excédant lesdits frais ; — 4° et pour les deux autres tiers, aux dépenses des communes qui éprouveront le plus de besoins, d'après la répartition qui en sera faite par les préfets, sous l'approbation du ministre de l'intérieur.

155. — L'emploi des sommes provenant des condamnations pécuniaires étant ainsi positivement déterminé par des textes formels, les tribunaux ne peuvent insérer dans leurs jugemens aucune disposition incompatible avec cet emploi.

156. — C'est donc avec raison qu'il a été jugé que les amendes prononcées, par suite de contraventions, devant être appliquées au profit des communes où ces contraventions se sont commises, les tribunaux de police ne peuvent, sans excès de pouvoir, appliquer spécialement au profit des pauvres d'une commune les amendes qu'ils prononcent pour contraventions. — *Cass.*, 30 mai 1840 (t. 1er 1841, p. 104), Turpin.

157. — Dans certains cas spéciaux, le législateur a cru devoir attribuer une partie des amendes aux personnes lésées par les délits ou intéressées à sa découverte, ou les affecter à certaines destinations particulières, mais ces cas, tous formellement prévus, ne peuvent être étendus : dans le silence de la loi spéciale, il faut revenir à l'attribution générale que la loi a établie.

158. — Ainsi, par exemple, la loi du 9 fructid. an V divise le produit net des amendes et confiscations, prononcées en matière de douanes, en six parts dont une est réservée à la nation (art. 2), trois sont réparties entre les saisissans (art. 3), et les deux dernières partagées entre les directeur, inspecteur, receveur, contrôleur de brigade et lieutenant d'ordre (art. 7).

159. — La loi du 9 germin. an VI, qui prohibait les loteries particulières, appliquait au profit des hôpitaux les amendes et saisies prononcées en cette matière, à l'exception du quart, dont les administrateurs de la loterie nationale étaient autorisés à disposer au profit des révélateurs et de ceux qui avaient coopéré à la découverte des contraventions. — Cette faculté réservée aux administrateurs leur fut confirmée par le décret du 25 sept. 1813.

160. — Le décret du 27 prair. an IX attribue (art. 8) le produit des amendes prononcées contre les auteurs de transports illicites de lettres ou paquets, un tiers à l'administration des postes, un tiers aux hospices des lieux du délit et le dernier tiers par égales portions à ceux qui ont découvert et dénoncé la fraude et à ceux qui ont coopéré à la saisie faite en conséquence.

161. — La loi des 16-26 pluv. an XII prononce contre ceux qui tiennent sans autorisation des maisons de prêt sur nantissement une amende au profit des pauvres de 500 à 3,000 fr. — Art. 3.

162. — Les amendes prononcées en matière d'octroi doivent être versées pour moitié dans la caisse municipale. — Décr. 17 mai 1809, art. 13, tit. 1er.

163. — L'art. 115, décr. 16 déc. 1811, attribue un tiers des amendes de grande voirie à l'agent qui a constaté le délit, le deuxième tiers à la commune du lieu du délit ; le troisième tiers doit être versé comme fonds spécial au trésor et est affecté au service des ponts et chaussées. — Décr. 29 août 1813.

164. — D'après l'art. 240, L. 28 avr. 1816, les employés n'ont aucun droit au partage du produit net des amendes et confiscations, prononcées en matière de contributions indirectes ; un tiers de ce produit doit appartenir à la caisse des retraites, les deux autres tiers font partie des recettes ordinaires de la régie. — Néanmoins, les employés saisissans ont droit au partage du produit net des amendes et confiscations, prononcées par suite des fraudes et contraventions relatives aux octrois, aux tabacs et cartes.

§ 8. — *Recouvrement.*

165. — Le recouvrement des amendes est confié à l'administration de l'enregistrement (L. 19 déc. 1790, art. 19 ; ord. 10 fév. 1824, art. 1er). Il s'opère, quand il n'est pas volontaire, par toutes les voies données par la loi aux créanciers ordinaires pour assurer leur remboursement, notamment par la saisie-arrêt, la saisie réelle et même l'expropriation forcée. — Arg. de l'art. 2092, C. civ.

166. — Les poursuites pour le recouvrement des amendes doivent être faites, au nom du procureur du roi, par le directeur de l'administration de l'enregistrement et des domaines. — C. inst. crim., art. 197.

167. — Jugé en conséquence qu'une contrainte décernée par la direction de l'enregistrement, en son nom seul et non en celui du procureur du roi, n'est pas un acte régulier. — *Cass.*, 8 janv. 1822, Enregistrement c. Audicq.

168. — Les poursuites dirigées contre un individu, condamné correctionnellement, pour le recouvrement de l'amende prononcée et des frais, doivent être faites à la requête de la direction générale de l'enregistrement, agissant au nom du procureur du roi et non à la requête du procureur du roi, poursuite et diligence de la direction générale. — *Cass.*, 30 janv. 1826, Enregistrement c. Gauchot.

169. — Mais l'art. 197, C. inst. crim., qui prescrit à la régie de l'enregistrement de poursuivre au nom du procureur du roi le paiement des amendes prononcées par les tribunaux correctionnels, n'est pas applicable lorsqu'il s'agit pour la régie de se pourvoir en cassation contre une décision judiciaire portant contre elle des condamnations de frais et dépens à raison de ses poursuites en paiement d'une amende prescrite. — La régie peut, en ce cas, se pourvoir devant la cour suprême en son nom personnel. — *Cass.*, 17 juin 1835, Enregistrement c. Pascault Dubuissonnet.

170. — Toutefois, la cour de Cassation avait rendu, sous l'empire du Code du 3 brum. an IV, dont l'art. 191 était conçu dans les mêmes termes que l'art. 197, C. inst. crim., un arrêt d'après lequel une contrainte décernée par le directeur de la régie, en son nom seul, aurait été régulière. — *Cass.*, 6 juin 1809, Enregistrement c. Chaix. — Mais cette solution, contraire au texte formel de la loi, paraît avoir été abandonnée lors des arrêts ci-dessus rapportés de 1822 et 1835, et ne saurait en tous cas faire jurisprudence.

171. — Les condamnations à l'amende confèrent-elles au trésor quelque privilége ou hypothèque sur les biens des condamnés ? — Il y a, à cet égard, dissentiment entre les auteurs.

172. — Les lois romaines ne donnaient au fisc aucune préférence. — LL. 17 et 37, ff., *De jure fisci* ; L. 1, C., *De pœn. fiscal.*

173. — Chez nous cette disposition n'avait point été admise. — Les auteurs accordaient au fisc une hypothèque pour le recouvrement des amendes, mais on n'était point d'accord sur le jour où elle devait

être fixée; l'art. 53 de l'ord. de Moulins la faisait remonter au jour du jugement; — quelques auteurs néanmoins au jour du délit. — Merlin, *Rép.*, v° *Amende*.

174. — Une déclaration de Louis XIV du 21 mai 1671, et deux arrêts du conseil, des 11 août 1684 et 13 sept. 1695, conformes à la jurisprudence du parlement de Paris auquel l'administration des amendes avait été confiée en 1646, donnaient au trésor un droit de préférence pour les amendes sur tous les autres créanciers.

175. — Mais ces dispositions n'étaient observées que dans le parlement de Paris; dans les autres parlemens, l'ordonnance de Moulins était seule suivie. — Merlin, *loc. cit.*

176. — Enfin, une délibération du 12 juill. 1700 fixa la date de l'hypothèque au jour du jugement de condamnation; puis un arrêt du conseil, du 4 août 1705, déclara que le privilége du fisc s'exercerait après celui des propriétaires des maisons pour les loyers, celui des vendeurs de meubles et des fournisseurs du condamné. — Merlin, *ibid.*

177. — Aujourd'hui, les seules dispositions légales qui puissent être invoquées en cette matière sont la loi du 5 sept. 1807 et l'art. 121, C. inst. crim.

178. — La *loi* du 5 sept. 1807 accorde un privilége au trésor public pour les frais de justice en matière criminelle et correctionnelle. — Mais cette faveur, spéciale aux frais, ne doit pas être étendue aux amendes, c'est du moins ce qui résulte explicitement d'une lettre du ministre de la justice, des 19 et 29 mars 1808.

179. — D'après l'art. 121, C. inst. crim., les espèces déposées et les immeubles servant de cautionnement sont affectés, par privilége : 1° au paiement des réparations civiles et des frais avancés par la partie civile; — 2° aux amendes, — le tout sans préjudice du privilége du trésor, à raison des frais faits par la partie publique. — Le procureur du roi et la partie civile peuvent prendre inscription sans attendre le jugement définitif; l'inscription prise par l'un et l'autre profite à tous les deux. — Mais cet article spécial, au cas où une caution a été fournie par le prévenu pour obtenir sa mise en liberté sous caution, ne peut être généralisé et étendu à toutes les hypothèses où des amendes sont prononcées. — Cependant Carnot (*C. inst. crim.*, art. 121) semble croire, à tort suivant nous, que l'art. 121 doit être généralisé.

180. — Dans les autres cas non prévus par l'art. 121, le trésor se trouve, quant aux amendes, dans la même position qu'un créancier ordinaire qui aurait un jugement pour titre. — Il ne jouirait d'aucun privilége, mais acquerrait par le jugement de condamnation un droit hypothécaire, en vertu duquel il pourrait prendre inscription sur les biens des condamnés. — De Cormeille, *Encycl. du droit*, v° *Amende*, n° 67; Merlin, *Rép.*, v° *Amende*.

181. — Favard de Langlade (*Rép.*, v° *Privilége*) prétend que le trésor public n'est, pour les amendes en général, qu'un créancier ordinaire obligé de venir par contribution. — Cette opinion, vraie quant aux meubles, est trop absolue en ce qui touche les immeubles, puisque nous venons de voir que le trésor avait un droit hypothécaire.

182. — Les art. 54 et 468, C. pén., portent qu'en cas de concurrence de l'amende avec les restitutions et les dommages-intérêts sur les biens insuffisans du condamné, ces dernières condamnations obtiendront la préférence.

183. — Mais la position misérable de la plupart de ceux qui encourent des condamnations rendrait ces mesures inefficaces, si un moyen plus énergique, la contrainte par corps, ne venait en aide à l'administration contre ceux que leur mauvais vouloir, joint à la dissimulation de leurs ressources apparentes, garantirait de tous autres moyens coërcitifs.

184. — La contrainte par corps, admise déjà en pareil cas par l'art. 29, tit. 13 de l'ord. de 1670, conservée par les art. 26, tit. 1er, 41, tit. 2, L. 19-22 juill. 1791, et 5, tit. 2, L. 28 sept.-6 oct. 1791, s'est trouvée définitivement consacrée en principe par l'art. 52, C. pén.

185. — Mais le mode d'exécution n'a pas toujours été le même.

186. — Dans l'ancien droit, la contrainte était définitive, elle pouvait durer jusqu'au paiement.

187. — Il en était de même d'après les lois des 19-22 juill., et des 28 sept.-6 oct. 1791; seulement à l'égard des insolvables, la contrainte par corps ne pouvait entraîner qu'un mois de détention si la condamnation avait été prononcée pour simple délit.

188. — L'art. 53, C. pénal de 1810, distingue les condamnations prononcées pour crime et celles prononcées pour délit. — Dans le premier cas la contrainte ne peut durer plus d'une année, dans le second plus de six mois, si le condamné justifie de son insolvabilité, — sauf à reprendre cette contrainte s'il survient quelque moyen de solvabilité. — Dans tous les cas, la contrainte peut durer toujours contre ceux qui sont solvables.

189. — Enfin, la loi du 17 avr. 1832 a apporté quelques adoucissemens à cet état de choses. — La durée de la contrainte par corps doit être fixée par le jugement dans les limites de l'art. 7 (art. 40), c'est-à-dire de un à dix ans, si la condamnation prononcée s'élève à 300 fr., et dans les limites de six mois à cinq ans si la condamnation est inférieure à 300 fr. (art. 39). — Toutefois, le condamné peut échapper à la contrainte, soit en fournissant une caution garantissant le paiement de la condamnation (art. 34), soit, si la dette est inférieure à 300 fr., en justifiant de son insolvabilité; mais dans ce dernier cas il doit subir la contrainte pendant un temps dont la durée est calculée sur le montant de cette condamnation. — Art. 35.

190. — L'art. 52, C. pén., dit que la contrainte par corps peut être *poursuivie*, il n'est donc pas nécessaire de la *prononcer*, elle a lieu de plein droit et alors même que l'arrêt ou jugement de condamnation n'en dit rien. — *Bordeaux*, 15 nov. 1828, Lacquièse c. Delbos; — Chauveau et Hélie, t. 1er, p. 297.

191. — Jugé en conséquence que le tribunal d'appel de police correctionnelle peut ajouter, aux dispositions du jugement de première instance, la contrainte par corps pour le recouvrement des condamnations prononcées, quoique le ministère public n'ait pas appelé de ce jugement. — *Cass.*, 14 juill. 1827, Jacques de Saint-Nicolas.

192. — Mais dans les cas où la durée de la contrainte par corps doit être fixée, le jugement de condamnation doit contenir cette fixation à peine de nullité de la disposition relative à ces frais. — V. notamment *Cass.*, 16 avr. 1835, Charton; 12 janv. 1837 (t. 1er 1837, p. 350), Pouyagut; 19 août, 8 fév. et 27 sept. 1838 (t. 2 1843, p. 252), Parquignol, Taupin; 2 déc. 1842 (t. 1er 1844, p. 803), C... et d'A...; — Chauveau et Hélie, p. 297.

193. — D'après les lois des 19-22 juill. et 28 sept. 6 oct. 1791, la détention remplaçait l'amende à l'égard des insolvables. — Cette mesure donnait à la contrainte par corps un caractère pénal qui ne permettait point à l'insolvable de s'affranchir de la détention, en prouvant son insolvabilité.

194. — Le Code pénal de 1810 n'a point reproduit cette disposition, et, dès-lors, la contrainte par corps n'a plus dû être considérée que comme une voie d'exécution, un mode de recouvrement. — Chauveau et Hélie, *Th. C. pén.*, t. 1er, p. 299.

195. — C'est ce qu'a fort bien expliqué un avis du cons. d'état du 15 nov. 1832, dans lequel on lit « qu'aucune disposition n'indique que le législateur ait eu en vue, pour les insolvables, de commuer la peine pécuniaire en celle de l'emprisonnement; qu'une semblable intention devrait être formellement exprimée, comme elle l'était en l'art. 5, tit. 2, L. 28 sept. 1791, et que, dans ce cas, la commutation serait prononcée par le jugement : que, loin de prononcer cette commutation, la loi du 17 avr. 1832, sur la contrainte par corps, ne considère l'emprisonnement que comme un moyen de contrainte, expression qu'elle emploie dans toutes ses dispositions; qu'après l'exercice de la contrainte, le condamné ne se trouve point libéré des condamnations, d'où il résulte qu'elles n'ont point été remplacées par l'emprisonnement; que si la contrainte ne peut être reprise et si elle est proportionnée à l'importance de la dette, on ne saurait en tirer aucune conséquence, les mêmes règles étant établies pour les créances privées qui donnent lieu à la contrainte; que la contrainte exercée malgré la justification de l'insolvabilité s'explique par la possibilité de forcer le débiteur à user de ressources qu'il aurait dissimulées, et qu'il peut encore posséder malgré une insolvabilité apparente; que l'intérêt public exige sans doute une peine autre que des condamnations pécuniaires pour ceux que leur insolvabilité met à l'abri de ces condamnations, mais que cette mesure doit être légalement établie; que la substitution d'une peine à une autre doit être exprimée, et que dans le silence de la loi, on ne peut suppléer à ses dispositions. »

196. — De ce que la contrainte par corps est simplement une voie d'exécution et ne participe nullement au caractère pénal de l'amende, il faut conclure qu'elle ne pourrait être exercée contre les héritiers du condamné; c'est ce que décidait déjà Prost de Royer (*Dict. de Jurisp.*, v° *Amende*, n° 48), et ce qui résulte aujourd'hui de l'ensemble de notre législation sur la contrainte par corps. Il est en effet de principe que cette mesure, toute d'exception, est de sa nature personnelle et ne peut être appliquée qu'autant qu'elle a été expressément autorisée par la loi; or, ces principes sont

virtuellement consacrés, tant par les art. 2060, 2063 et 2067, C. civ., combinés, que par les art. 467 et 469, C. pén., qui tous sont muets sur les héritiers. — De Cormeille, *Encyclop.*, v° *Amende*, n° 69.

197. — Il résulte encore du même principe qu'en cas d'insolvabilité prouvée de la part du condamné, celui-ci pourrait, du consentement de l'administration de l'enregistrement, être mis en liberté même avant l'expiration des délais fixés par la loi du 17 avr. 1832. — Chauveau et Hélie, p. 301.

198. — Il est donc sage à l'administration, avant de recourir à l'exercice de la contrainte par corps, de s'assurer des ressources réelles des condamnés pour ne point grever l'état des frais nouveaux qui, eu égard à l'impossibilité où l'on se trouve de les recouvrer, sont véritablement frustratoires.

199. — Puisque les débiteurs ne sont en pareil cas que de simples détenus pour dettes, ils ne doivent point être confondus, moins encore peut-être que les prévenus, avec les condamnés pour crimes ou délits; ce n'est donc point dans les maisons centrales qu'ils doivent jamais être incarcérés, mais dans les maisons spéciales à cette classe de détenus; dans le cas seulement où il n'en existe point, on peut les enfermer dans la maison d'arrêt la plus voisine de leur domicile. — Chauveau et Hélie, *Théor. du C. pén.*, t. 1er, p. 303.

200. — Voyez au reste pour le mode d'exécution de la contrainte par corps, et les autres questions qui peuvent s'élever en pareil cas, le mot CONTRAINTE PAR CORPS.

§ 9. — *Prescription.*

201. — Le temps nécessaire pour prescrire les amendes seulement *encourues* est le même que celui exigé pour la prescription de la poursuite du fait même, crime, délit ou contravention qui en motiverait l'application.

202. — Ainsi, pour les délits communs, ce temps est de dix ans écoulés sans poursuite s'il s'agit d'un crime (C. inst. crim., art. 637), trois ans si c'est un délit (C. inst. crim., art. 638), un an seulement si c'est une contravention de police (C. inst. crim., art. 640), le tout à compter du jour de la perpétration du fait, ou des dernières poursuites. — Mêmes articles.

203. — Pour les délits ou contraventions prévus et réprimés par des lois spéciales, ce temps varie : — ainsi, par exemple, il est de un mois pour les délits ruraux autres que ceux prévus par le Code pénal (L. 28 sept.-6 oct. 1791, tit. 1er, sect. 7e, art. 8), — un à trois mois pour les délits de pêche, selon que le prévenu est désigné ou non dans le procès-verbal de contravention (L. 15 avr. 1829, art. 62), — trois mois pour les délits de chasse (L. 3 mai 1844, art. 29), — trois ou six mois pour les délits forestiers, selon que le prévenu est désigné ou non dans le procès-verbal de contravention (C. forest., art. 185), — six mois pour les délits de presse, diffamation, injures, etc. (L. 26 mai 1819, art. 29), — six mois (L. 6-22 août 1791, tit. 3, art. 14), ou un an (même loi, tit. 13, art. 25), pour les contraventions aux lois de douanes, etc.

204. — Quant aux amendes prononcées, l'action en recouvrement s'en prescrit par vingt ans révolus pour celles prononcées en matière criminelle (C. inst. crim., art. 635); — par cinq années pour celles prononcées en matière correctionnelle (C. inst. crim., art. 636); — enfin, par deux années, pour celles prononcées en matière de contravention (C. inst. crim., art. 639). — Le tout à compter du jour où les jugemens de condamnation ne peuvent plus être attaqués par la voie de l'appel. — Mêmes articles.

205. — Suivant Carnot (*C. inst. crim.*, art. 636, n° 3), le délai d'appel étant de deux mois pour le ministère public près le tribunal ou la cour d'appel (C. inst. crim., art. 205), ce n'est qu'à l'expiration de ce délai que commence à courir la prescription. — Mais nous préférons l'opinion de Legraverend (*Lég. crim.*, t. 2, p. 773), qui prend pour point de départ le moment où l'exécution du jugement ne peut plus être entravée, c'est-à-dire l'expiration du délai de dix jours accordé au ministère public près le tribunal qui a rendu le jugement, au condamné ou à la partie civile (C. inst. crim., art. 202 et 203). — De Cormeille, *Encyclop. du dr.*, v° *Amende*, n° 74.

206. — La prescription ne pourrait être interrompue par une contrainte décernée par l'administration de l'enregistrement en son nom seul, un tel acte n'étant régulier qu'autant qu'il est fait au nom du procureur du roi. — *Cass.*, 8 janv. 1822, Enregistrement c. Audicq.

207. — La prescription des peines correctionnelles fixée à cinq ans par l'art. 636, C. inst. crim., ne peut être interrompue, pour les amendes infligées à ce titre, par un commandement de la

régie de l'enregistrement; mais seulement par l'exécution commencée dans les cinq ans.—*Cass.*, 17 juin 1835, Enregistrement c. Pascault-Dubuissonnet.

208.—L'arrêt qui annulle un jugement de condamnation au paiement d'une amende réclamée par la régie, et des frais de l'instance, doit être cassé par défaut de motifs, lorsque, se bornant à déclarer que l'amende est prescrite, il ne s'explique pas sur les frais. — Même arrêt.

V. ABUS DES BESOINS ET FAIBLESSES DE MINEURS, ANIMAUX, PEINE.

AMENDE ARBITRAIRE.

Amende dont le taux n'était limité ni par un maximum ni par un minimum, et que les juges étaient autrefois autorisés à prononcer dans certains cas. — Aujourd'hui il n'y a plus d'amendes arbitraires. — V. AMENDE (matière civile), nos 5, 63, 66, 68, 84 et 85, et AMENDE (matière criminelle), no 135.

AMENDE HONORABLE.

1. — Aveu public, fait par un coupable, du crime pour lequel il est condamné. — Merlin, *Rép.*, vo *Amende honorable.*

2. — Selon Loyseau (vo *Abus*, no 14), l'amende honorable était une peine particulière à la France. — Prost de Royer, au contraire, estime (*Dict. de jurispr.*, vo *Amende honorable*, no 3), de même que Leuglé (lib. 10, *otii semestris*, cap. 1), qu'elle tire son origine des usages Romains.

3. — Chez les anciens Francs, ceux qui s'étaient rendus coupables du crime de lèze-majesté étaient condamnés à faire avant l'exécution du dernier supplice amende honorable en portant sur leurs épaules, s'ils étaient nobles, un chien (attribut de la chasse et, comme tel, symbole caractéristique des nobles), et, s'ils étaient roturiers, une roue de charrue (symbole des vilains). — Martin Crusius, *Hist. Suev.*, lib. 10, part. 2, cap. 14.

4. — Moins anciennement, le condamné à faire amende honorable ou celui qui voulait éviter la peine de son crime en l'avouant, baissait le corps et s'enveloppait la tête de son manteau en disant : « Je le vous amende. » — Ragueau et Delaurière, *Glossaire*, t. 2, p. 224.

5. — Depuis, cette peine consista dans la déclaration faite par le coupable, nu-tête, en chemise, à genoux, une torche allumée à la main, la corde au cou, et conduit par l'exécuteur de la haute justice, qu'il se repentait de son crime et en demandait pardon à Dieu, au roi et à la justice. — Prost de Royer, *Dict. de jurispr.*, vo *Amende honorable*, no 1er.

6. — L'amende honorable a été placée dans le nombre des peines par l'ord. du 20 nov. 1542; l'art. 25, tit. 13, de l'ord. de 1670, en fait une peine afflictive qu'il fait passer immédiatement avant le bannissement à temps, et considère, dès-lors, comme plus rigoureuse. C'est ce qui résulte encore des art. 16, tit. 17; et 21, 14 de la même ordonnance.

7. — Étaient en général punis d'amende honorable, selon Prost de Royer (vo *Amende honorable*, no 8), les auteurs des crimes contre la religion, la nature et la patrie. — Cet auteur cite notamment le sacrilége, le blasphème, l'apostasie, la sodomie, l'inceste spirituel, l'adultère dans certains cas, la polygamie, les crimes de lèze-majesté, les empoisonnemens, incendies, parricide, la fausse monnaie, le faux, le faux témoignage, le vol qualifié dans les églises, maisons royales, édifices publics, le *plége* ou vol des hommes, les prévarications, concussions, exactions des officiers de justice, la supposition de part, la banqueroute frauduleuse, enfin, l'usure criante. — V. aussi Muyart de Vouglans, *Lois crim.*, part. 8e, chap. 2.

8. — L'amende honorable s'appliquait aux femmes aussi bien qu'aux hommes.

9. — Quelques auteurs distinguaient deux espèces d'amendes honorables, l'amende honorable *in figuris*, qui seule était afflictive et infamante et s'exécutait avec toutes les formes indiquées *suprà*, no 5, et l'amende honorable simple ou sèche qui avait lieu à l'audience ou à la chambre du conseil, seulement nu-tête et à genoux, et sans la présence de l'exécuteur; cette dernière n'aurait aucunement intéressé l'honneur et la réputation. — Merlin, *Rép.*, vo *Amende honorable.* — Mais Prost de Royer (*loc. cit.*, no 5) rejette cette distinction, qui ne lui paraît justifiée par aucune disposition légale; il n'admet qu'une seule amende honorable, toujours, selon lui, afflictive et infamante.

10. — L'amende honorable se faisait sur la place publique ou sur le lieu désigné par l'arrêt de condamnation, par les soins de l'exécuteur des hautes œuvres. — Mais, lorsqu'elle devait être faite dans l'auditoire des tribunaux, elle avait lieu au parlement dans la grande chambre, ou au Châtelet dans le parc civil. — Les amendes honorables prononcées dans les procès prévôtaux étaient faites en présence du prévôt, mais ce n'était point cet officier qui en dressait procès-verbal. — Prost de Royer, *loc. cit.*, no 10.

11. — Le refus de faire amende honorable était puni parfois avec la dernière rigueur; Papon (*Rec. d'arrêts*, liv. 19, tit. 8, no 1er) cite un arrêt du parlement de Paris du 14 avr. 1442 qui condamna un récalcitrant à être « pilorié par quatre samedis. » — D'autres arrêts condamnèrent les coupables à être brûlés vifs, ou pendus, ou battus de verges.

12. — Mais on finit par s'éloigner de l'ancienne rigueur, et on se bornait à punir les coupables selon les circonstances, en observant toutefois que la peine nouvelle fût plus sévère que celle qu'on refusait de subir, c'est au reste ce que prescrivit l'art. 22, tit. 25, ord. de 1670, portant : « Si les condamnés à l'amende honorable refusent d'obéir à justice, les juges seront tenus leur en faire tenir différentes injonctions, après lesquelles pourront les condamner à plus grande peine. » — V. aussi Rousseaud de Lacombe, p. 578; Jousse, t. 1er, p. 63.

13. — L'art. 23 des libertés de l'église gallicane s'opposait à ce que le pape remît en France, soit par lui-même, soit par ses légats, la peine de l'amende honorable, et rétablît l'honneur de ceux qui avaient été flétris par ce genre de condamnation : « Ne peut (le pape), porte cet article, remettre en ce royaume l'amende honorable adjugée à un lay, encore que la condamnation fût de siége ecclésiastique, et contre un clerc, comme faisant, telle condamnation honorable, partie de la réparation civile... »

14. — L'amende honorable avait été abolie par l'art. 35, tit. 1er, part. 2e, C. pén. des 25 sept.-6 oct. 1791; mais l'art. 6, tit. 1er, L. 20 avr. 1825, sur le sacrilége, la rétablit en ces termes : « La profanation des hosties consacrées, commise publiquement, sera punie de mort. — L'exécution sera précédée de l'amende honorable faite par le condamné devant la principale église du lieu où le crime aura été commis, ou du lieu où aura siégé la cour d'assises. » — Enfin, l'abrogation de la loi de 1825, par la loi du 11 oct. 1830, a fait disparaître de nouveau et définitivement cette peine de notre législation.

15. — Il ne faut pas confondre la peine afflictive et infamante de l'amende honorable, telle que nous venons de voir qu'elle existait autrefois, et sous l'empire de la loi de 1825, avec la réparation d'honneur, simple peine correctionnelle, à laquelle peuvent être condamnés, aux termes des art. 226 et 227, C. pén., les auteurs d'outrages commis, soit dans les cas prévus par les art. 222, 223 et 225, envers les magistrats de l'ordre administratif ou judiciaire, ou envers les commandans de la force publique, soit dans ceux indiqués par l'art. 224, envers les officiers ministériels ou agens dépositaires de la force publique. — V., à cet égard, RÉPARATION D'HONNEUR.

AMENDEMENT.

1. — Est en général synonyme de correction, d'amélioration.

2. — Dans la cout. de Paris, art. 109, 110 et 184, il signifie impenses, réparations, révisions. — Dans d'anciennes chartes, citées par le continuateur de Ducange, vo *Amendamentum*, il signifie *engrais*; on dit encore aujourd'hui *amender une terre*, pour exprimer qu'on y met de l'engrais.

3. — On appelait aussi amendement, dans l'ancien droit français, certaine voie pour parvenir à la réformation. — Montesquieu, *Esprit des lois*, liv. 28, chap. 29.

4. — On nomme enfin amendement une modification apportée à un projet de loi. C'est aujourd'hui la signification la plus usitée. C'est celle dont il va être question ici.

5. — Les amendemens prennent le nom d'*articles additionnels* quand ils consistent dans une addition; on propose un sous-amendement quand on demande l'adoption d'un amendement avec un certain changement.

6. — Les membres des premières assemblées représentatives qui furent établies en France après la révolution de 1789 avaient tous le droit d'amendement, puisqu'ils avaient le droit de faire des motions dont le but était de provoquer le vote des lois qui pouvaient être nécessaires. — Ainsi, l'assemblée nationale législative avait le pouvoir de *proposer* et décréter les lois; le roi pouvait seulement inviter le corps législatif à prendre un objet en considération. — Const. 3 sept. 1791, tit. 3, chap. 3, sect. 1re, art. 1er.

7. — Sous la constitution du 5 fructid. an III, la proposition des lois appartenait exclusivement au conseil des cinq-cents (art. 76). La proposition de la loi faite par le conseil des cinq-cents s'entendait de tous les articles d'un même projet; le conseil des anciens devait les rejeter tous ou les approuver dans leur ensemble. — Art. 95.

8. — D'après la constitution du 22 frim. an VIII, les projets de lois étaient proposés par le gouvernement (art. 25), le tribunat exprimait son vœu sur les lois faites et à faire (art. 29); le corps législatif faisait la loi en statuant par scrutin secret et sans aucune discussion de la part de ses membres sur les projets de loi débattus devant lui par les orateurs du tribunat et du gouvernement (art. 34). — Ainsi, sous cette constitution, c'était au gouvernement seul qu'appartenait le droit de modifier, en vertu de son droit d'initiative, les projets de loi présentés par lui (art. 26). — Le droit d'amendement était en quelque sorte réfugié dans le conseil d'état, que l'art. 52 chargeait, sous la direction des consuls, de rédiger les projets de lois.

9. — « Aucun amendement, portait l'art. 46 de la charte constitutionnelle de 1814, ne peut être fait à une loi, s'il n'a été proposé ou consenti par le roi, et s'il n'a été renvoyé et discuté dans les bureaux. »

10. — Dès la première session législative, qui suivit la promulgation de la charte, il s'éleva des difficultés sur l'application de cet article et sur le sens qu'il renfermait.

11. — Quel était d'abord dans cet article le sens du mot *loi*? — M. Isambert (*Rec. des lois et ordonn.*, 1814, p. 155) soutient que le mot *loi*, employé dans l'art. 46, ne devait pas s'entendre des projets de loi, mais des *lois proprement dites* votées par les trois pouvoirs et promulguées par le roi, auxquelles seules aucun amendement n'aurait pu être fait que dans les formes usitées pour les lois elles-mêmes.

12. — Mais cette interprétation ne paraît pas admissible; il était inutile de spécifier qu'une loi était nécessaire pour en abroger une autre, et il est peu vraisemblable d'autre part que les rédacteurs de la Charte de 1814 aient voulu donner une portion d'initiative à la chambre des députés, comme cela résulterait de ces mots : « S'il n'a été consenti par le roi. » — Berriat Saint-Prix, *Comment. de la Charte*, p. 139.

13. — Dès les débuts de cette ère parlementaire, le roi approuvait les amendemens présentés par les chambres ou par leurs commissions; nous citerons, comme exemple, la séance du 3 sept. 1814 (*Moniteur* du 4), où M. l'abbé de Montesquiou, ministre de l'intérieur, déposa sur le bureau de la chambre une déclaration royale conçue en cette forme : Nous voulons en outre que l'art. 46 soit ainsi conçu (suit la nouvelle rédaction).

14. — Mais, plus tard, l'adhésion du gouvernement aux amendemens proposés dans les chambres ne se manifesta plus dans une forme aussi solennelle, et les ministres se bornèrent souvent à déclarer verbalement que le gouvernement du roi acceptait l'amendement.

15. — Dans la séance de la chambre des députés du 23 août 1814, présidée par M. Lainé, il s'éleva un incident relatif au renvoi dans les bureaux : « M. Dumolard, dit le *Moniteur*, pense que pour se conformer à l'art. 46 de la Charte constitutionnelle, les amendemens proposés par la commission doivent, avant tout, être renvoyés dans les bureaux pour y être discutés. — M. Laborde fait observer que la disposition constitutionnelle qu'on vient de citer s'applique seulement aux amendemens proposés ou consentis par le roi. — M. Dumolard déclare que son intention a été de maintenir les formalités voulues par la Charte. Cette difficulté n'a pas de suite. » — *Moniteur* du 24 août 1814, p. 949.

16. — M. Dumolard, dans la séance de la chambre des députés du 3 septembre (*Moniteur* du 4), renouvela la demande de faire renvoyer à la commission de la chambre des députés des amendemens proposés par la commission de la chambre et consentis par le roi. — Le renvoi dans les bureaux ne fut pas ordonné par la chambre qui, ainsi que le constata le président, M. Lainé, avait deux précédens contraires à ce renvoi.

17. — Dans la séance du 6 septembre, un membre, dont le *Moniteur* ne fait pas connaître le nom, rappela, à propos de la rédaction du procès-verbal, que les amendemens consentis par le roi avaient été tous proposés par la commission, et que c'était par cela même qu'ils n'avaient pas besoin d'être renvoyés dans les bureaux, comme l'avait décidé la chambre; que la proposition du roi, adressée à la chambre, portant sur l'art. 26, n'avait pas été

considérée comme un amendement, parce qu'elle ne modifiait pas cet article, et n'y apportait qu'un changement dans une expression pour la rendre plus conforme à l'essence même de l'article. — M. Devaux, secrétaire, donna à la chambre une explication en ce sens, que le procès-verbal n'offrait rien de contraire à la demande de l'orateur; en conséquence, la rédaction du procès-verbal fut adoptée. — *Moniteur* du 7 sept. 1814.

18. — Lors de la révision de la Charte de 1830, l'art. 46, que l'art. 28 des ordonn. du 25 juill. 1830, luttant contre les précédens parlementaires, tentait de remettre en vigueur, fut supprimé, et le droit d'initiative pour la proposition des lois conféré à chacune des deux chambres dissipa toute ambiguïté.

19. — Les amendemens doivent être présentés par écrit, ils sont déposés sur le bureau du président.

20. — La chambre ne délibère sur aucun amendement si, après avoir été développé, il n'est appuyé. Le règlement ne déterminant pas le nombre de membres nécessaire pour appuyer un amendement, il suffit que quelques voix le soutiennent pour qu'il soit mis en débat.

21. — En Belgique, la chambre ne délibère sur aucun amendement si, après avoir été développé, il n'est appuyé au moins par cinq membres.

22. — Lorsqu'un projet de loi, présenté par le gouvernement, a été adopté par l'une des chambres, mais avec des amendemens, ces amendemens sont incorporés au projet, ils en font partie intégrante et ne peuvent plus en être séparés.

23. — Ce point de droit constitutionnel a été résolu dans la séance de la chambre des pairs du 13 juin 1838 (*Moniteur* du 14 juin). — Le projet de loi relatif à l'état-major de l'armée avait été présenté à la chambre des pairs par une ordonnance ainsi libellée : « Louis-Philippe, etc., nous avons ordonné et ordonnons que le projet de loi *voté par la chambre des députés*, dans sa séance du 12 avril dernier, sera présenté en notre nom à la chambre des pairs par notre ministre secrétaire d'état de la guerre, que nous chargeons d'en exposer les motifs et d'en soutenir la discussion. »

24. — Mais le projet primitif du gouvernement avait été imprimé en regard du texte du projet amendé par la chambre des députés. Ce mode de procéder, que critiqua vivement M. Villemain, qui y vit une atteinte aux droits et aux prérogatives des chambres, fut défendu par M. le chancelier Pasquier, qui cita plusieurs procédures conformes.

25. — M. Molé, alors président du conseil, répondit à M. Villemain en ces termes : « En interdisant à la couronne de reproduire devant vous le projet qu'elle a présenté à l'autre chambre, avec les amendemens que cette chambre a votés, vous l'obligez ou à approuver les amendemens dont elle ne veut pas, ou à ne pas vous apporter le projet de loi. Or ce ne serait pas seulement la sphère constitutionnelle de son action que vous auriez ainsi restreinte, ce serait la vôtre, celle qui vous est propre; car vous perdriez ainsi l'avantage de discuter un projet de loi amendé par la chambre des députés, et de vous réunir, dans certains cas, soit à l'avis de cette chambre, ce qui pourrait achever de convaincre la couronne; soit à l'avis de la couronne, ce qui pourrait achever de convaincre la chambre des députés. »

26. — M. Villemain répondit : « En apportant ce projet, vous n'avez pas perdu le droit de ne point appuyer ce que vous avez inutilement combattu, mais vous avez perdu le droit de faire figurer en première ligne, comme projet présenté par le gouvernement, ce qui a été transformé en résolution de la chambre élective. »

27. — Enfin, après M. Girod de l'Ain et M. Dejean, M. le duc de Broglie présenta des observations qu'il résuma ainsi : « Quand un article présenté a été amendé, l'amendement est entré dans la loi même, et est devenu le texte réel sur lequel la délibération est appelée. Si le gouvernement ne croit pas pouvoir se prononcer, il est assez naturel qu'il indique quel était le sens primitif du projet de loi et qu'il le mette sous les yeux de la chambre; mais je ne crois pas régulier qu'une fois amendé il puisse devenir l'objet d'un vote de la chambre des pairs, il faut donc mettre aux voix d'abord les articles du projet de loi de la chambre des députés, et, s'ils ne sont pas adoptés, les anciens articles pourraient être repris, mais cela ne peut pas se faire par la prérogative royale. »

28. — On peut, au surplus, pour les détails de cette discussion, voir Valette et Benat Saint-Marsy, *Traité de la confect. des lois*, p. 68, nº 3, et le *Moniteur* du 14 juin 1838, p. 1660 et 1661. — V. CHAMBRE DES DÉPUTÉS, CHAMBRE DES PAIRS, LOIS.

AMENÉ SANS SCANDALE.

1. — On appelait ainsi autrefois une ordonnance en vertu de laquelle un accusé, contre lequel il n'y avait pas de grandes charges et dont le crime n'était pas énorme, était envoyé quérir sans scandale par un huissier pour, après avoir été interrogé par le juge, être renvoyé chez lui. — Ferrière, vº *Amené sans scandale*.

2. — Lors d'un arrêt du 10 avril 1636, rapporté par Bardet, M. Talon dit que « la cour, par ses arrêts, avait perpétuellement réprouvé les *amenés sans scandale*, qui sont toujours un scandale et un mal public. »

3. — Cette réprobation a motivé l'art. 17, tit. 10, ord 1670, qui a « défendu à tous juges, même des officialités, d'ordonner qu'aucune partie soit amenée sans scandale. » — Merlin, *Rép.*, *hoc verbo*.

AMEUBLISSEMENT.

1. — L'ameublissement est une convention par laquelle les époux ou l'un d'eux font entrer en communauté tout ou partie de leurs immeubles présens ou futurs. — V. C. civ., art. 1505.

2. — Les immeubles qui entrent ainsi dans la communauté sont appelés *propres ameublis*.

V. pour les détails relatifs à cette matière, le mot COMMUNAUTÉ.

AMI OU COMMAND.

V. DÉCLARATION DE COMMAND.

AMIABLE COMPOSITEUR.

On appelle ainsi les arbitres et tiers arbitres auxquels le compromis a donné pouvoir de statuer sans se conformer aux règles du droit. — V. ARBITRAGE, COMPROMIS.

AMIDON.

1. — Les fabricans d'amidon sont rangés par la loi du 25 avr. 1844, sur les patentes, dans la classe des patentables et imposés : 1º à un droit fixe de 25 fr. pour dix ouvriers et au-dessous, et de 3 fr. par chaque ouvrier en sus jusqu'au maximum de 200 fr.; — 2º à un droit proportionnel du vingtième de la valeur locative de la maison d'habitation, et du vingt-cinquième de celle de l'établissement industriel.

2. — Quant aux amidonneries, elles sont rangées parmi les établissemens insalubres. — V. ce mot à la nomenclature.

AMIRAL.

V. ARMÉE, CHAMBRE DES PAIRS.

AMIRAUTÉ.

1. — On désignait ainsi avant 1789 la juridiction ou la justice qui se rendait au nom de l'amiral.

2. — L'amiral de France était, dans le principe, un des grands officiers de la couronne, investi des pouvoirs les plus étendus pour tout ce qui concernait la marine militaire et marchande. Il avait le commandement de toutes les forces navales, la nomination de tous les officiers, le règlement de tout le matériel. Des tribunaux qu'il nommait jugeaient, en son nom, tout ce qui se rapportait à la marine militaire et marchande, et à la perception des droits de navigation et des amendes, dont il profitait. — De Beaussant, *Code maritime*, t. 1er, p. 3.

3. — La charge d'amiral, supprimée en 1627 par Richelieu, fut rétablie par Louis XIV, mais avec des modifications qui lui ôtèrent beaucoup de son ancienne importance. L'édit de 1669 et l'ord. de 1681 réservèrent au roi la nomination de tous les officiers de marine, et l'amiral n'eut plus, sous le rapport militaire, que le droit de commander la principale des armées navales. — Art. 6, tit. 1er, liv. 1er, ord. 1681. — De Beaussant, t. 1er, p. 8.

4. — La juridiction de l'amiral fut maintenue, et la justice, dans toutes les affaires maritimes, continua à être rendue en son nom.

5. — Le territoire maritime était divisé, pour l'exercice de cette juridiction, en fractions appelées *amirautés*, dans lesquelles se trouvaient institués des siéges généraux et particuliers. A chaque siége étaient attachés des lieutenans, conseillers, avocats et procureurs de l'amiral. — De Beaussant, t. 1er, p. 10.

6. — Les tribunaux d'amirauté connaissaient exclusivement entre toutes personnes de tout ce qui concernait la construction, les agrès et apparaux, avitaillement et équipement, vente et adjudication des vaisseaux, chartes-parties, affrétemens, connaissemens, fret ou nolis, engagement, nourriture des matelots, police d'assurances à la grosse, et de tous autres contrats concernant le commerce de mer, des prises, bris, naufrages, échouemens, jets, contributions et avaries. — De Beaussant, t. 1er, p. 10.

7. — L'ord. de 1673 avait enlevé aux amirautés la décision des *différends à cause des assuremens, grosses aventures, promesses, obligations et contrats concernant le commerce de mer, le fret et le naulage des vaisseaux*, et l'avait attribué aux juges consuls. Mais un arrêt du 13 avr. 1679 abrogea complétement cette disposition, et l'ord. de 1681 confirma cette abrogation (tit. 2, liv. 1er, art. 2). — Nouguier, *Des trib. de comm.*, t. 2, p. 40.

8. — Les amirautés connaissaient encore des dommages faits aux quais, digues, jetées, palissades, et de tout ce qui concernait la police de la navigation, des ports, côtes et rades. Elles connaissaient également de la levée des corps noyés et cadavres trouvés sur les grèves et dans les ports. — De Beaussant, t. 1er, p. 11.

9. — Les officiers de l'amirauté dirigeaient les sauvetages, faisaient l'inventaire et la délivrance des effets laissés dans les vaisseaux par ceux qui étaient morts en mer. La pêche maritime était soumise à leur police et à leur juridiction. — De Beaussant, t. 1er, p. 10 et 80.

10. — Enfin, les tribunaux d'amirauté statuaient au grand et au petit criminel sur toutes pirateries, pillages, désertion des équipages, et tous crimes et délits commis sur la mer, les ports, havres et rivages, excepté toutefois les délits commis sur les vaisseaux du roi ou dans les ports par les officiers et soldats de marine, justiciables des conseils de guerre. — De Beaussant, t. 1er, p. 11.

11. — En matière civile, les appels des amirautés étaient portés aux tables de marbre, quand il s'agissait d'un siége particulier, et au parlement quand il s'agissait d'un siége général. Les sentences des tables de marbre pouvaient à leur tour être réformées par le parlement. — De Beaussant, t. 1er, p. 11.

12. — En matière criminelle, les sentences des amirautés générales étaient déférées au parlement; celles des amirautés particulières n'y étaient directement portées qu'autant qu'il s'agissait d'une peine afflictive; sans cela elles étaient soumises aux tables de marbre. — Art. 26, ord. 1670 et 1681. — De Beaussant, t. 1er, p. 12.

13. — Les tribunaux d'amirauté furent supprimés par le décret du 9-13 août 1791; un décret du 6-7-11 sept. 1790 leur avait déjà enlevé le contentieux relatif aux transactions commerciales pour l'attribuer aux tribunaux de commerce. — Leurs diverses attributions ont été réparties par le tit. 1er de la première de ces lois entre les tribunaux de commerce, les juges de paix et les tribunaux ordinaires. — De Beaussant, t. 1er, p. 14; Merlin, *Rép.*, vº *Amirauté*.

14. — La charge d'amiral de France fut en même temps abolie (Décret du 28 avr. 1791). — Aujourd'hui le titre d'amiral est le grade le plus élevé des armées de mer; il est assimilé en tous points à celui de maréchal de France. — Ord. 13-25 août 1830; L. 3 brum. an IV; décret 28 flor. an XII; — De Beaussant, t. 1er, p. 15 et 16.

15. — Une ordonnance des 4-11 août 1824 a créé un conseil d'amirauté auprès du ministre de la marine et des colonies. Ce conseil est composé de trois officiers généraux de la marine, et de deux officiers supérieurs de l'administration de la marine, ou anciens administrateurs des colonies. Les membres de ce conseil sont nommés par le roi.

16. — Le conseil d'amirauté donne son avis sur toutes les mesures qui ont rapport à la législation maritime et coloniale et à l'administration des colonies, à l'organisation des armées navales, au mode d'approvisionnement, aux travaux et constructions maritimes, à la direction et à l'emploi des forces navales en temps de paix et de guerre, etc. — Même ord., art. 4.

AMMONIAQUE.

V. ÉTABLISSEMENS INSALUBRES (nomenclature).

AMNISTIE.

Table alphabétique.

AMNISTIE. — 1. — Le nouveau Denizart définit l'amnistie: l'acte par lequel le prince défend de faire ou de continuer aucunes poursuites, ou bien d'exécuter des condamnations contre plusieurs personnes désignées seulement par le genre de délit qu'elles ont commis. — M. Mangin, *Traité de l'act. publ.*, t. 2, n° 442, adopte cette définition.

2. — Selon Legraverend (*Traité de la législation criminelle*, t. 2, p. 762), l'amnistie est un acte du souverain qui couvre du voile éternel de l'oubli certains crimes, certains délits, certains attentats spécialement désignés, et qui ne permet plus aux tribunaux d'exercer aucunes pousuites contre ceux qui s'en sont rendus coupables.

3. — Selon M. Dupin aîné (*Encyclop. du dr.*, v° *Amnistie*), l'amnistie est un acte du pouvoir souverain dont l'effet est d'effacer et de faire oublier un crime ou un délit. — M. Morin (*Dict. dr. crim.*, v° *Amnistie*) adopte cette définition comme ne préjugeant aucune question.

4. — Pour nous, nous définirons l'amnistie un acte par lequel le roi ou le pouvoir législatif efface et met en oubli certains crimes ou délits, défend de faire ou continuer aucunes poursuites contre leurs auteurs désignés seulement par le genre de ces crimes ou délits, et abolit les condamnations qui peuvent avoir été déjà prononcées contre eux à raison de ces faits.

§ 1er. — *Historique et Législation.*

5. — Amnistie, *Amnistia,* ou *amniscia,* selon Ducange, vient d'α privatif et de μνηστια, mémoire, souvenir; ainsi, l'amnistie *est l'oubli du passé.*

6. — Cette dénomination, *amnestia,* fut appliquée au pardon que Thrasybule, en rentrant dans Athènes, obtint du peuple en faveur des trente tyrans. —Valère-Maxime, liv. 4, ch. 1er. — Et, de l'histoire, ce mot a passé dans le droit et la législation. — Denizart, édit. 1771, v° *Amnistie*; Rauter, *Droit civ.*, t. 2, n° 866, note 1re.

7. — Le trop grand nombre de coupables à punir, l'avantage que peut avoir l'état à user d'indulgence envers des citoyens trompés ou égarés, à éteindre des haines que prolongerait une trop grande sévérité, à rappeler dans le sein de la patrie des sujets qui s'en sont éloignés (Legraverend, t. 2, p. 763), le motif de conserver son efficacité à la loi pénale, lorsque d'après des circonstances particulières, l'application stricte de la loi dégénérerait en cruauté et ôterait par conséquent à la peine son caractère moral et utile, en jetant dans la société une masse de maux plus grande que celle produite par l'impunité même (Rauter, *Droit crim.*, t. 2, n° 860, note): tels sont les principaux motifs qui ont fait admettre et qui justifient le droit d'amnistie.

8. — Chez les Romains, les amnisties étaient accordées par le sénat ou par le prince, mais dans des limites et avec des effets plus restreints qu'en France. Ainsi, divers crimes tels que ceux de lèse-majesté, de haute trahison, de péculat, de désertion, ne pouvaient être amnistiés. — De plus, l'amnistie faisait remise de la peine, mais n'abolissait pas le délit et laissait subsister l'infamie. Sous ce rapport, elle avait les mêmes effets que la grace chez nous. — L. 3, Cod., *De generali abolitione*; — Legraverend, t. 2, p. 762.

9. — Paul définit ainsi l'amnistie: *Abolitio est debtio, oblivio vel extinctio accusationis.* —*Pauli sententiæ*, lib. 5, tit. 17. — V. aussi L. 1, C., *De generali abolitione*; L. 3, C. *De abolitionibus.*

10. — En Angleterre, le droit d'amnistie, aussi bien que le droit de grace, appartient au roi, qui l'exerce dans toute son étendue; il peut amnistier avant comme après jugement. Il n'existe qu'une exception à l'exercice de cette prérogative, c'est le cas où l'inculpé est poursuivi par la chambre des communes devant la chambre des lords; ici la prérogative s'arrête, le roi ne peut par une grace anticipée paralyser la poursuite. L'accusation doit suivre son cours; ce n'est qu'après le jugement qu'il est permis au roi de pardonner.

11. — Ce fut à l'occasion de l'accusation dirigée par le comte Demby que cette exception fut introduite dans la législation anglaise. Charles II voulut sauver son ministre par une grace anticipée, mais les communes la regardèrent comme une atteinte portée à leur autorité, elles firent observer qu'il n'y avait pas d'exemple que le pardon eût été accordé à une personne accusée en parlement. *L'accusation était pendante,* et il fut résolu par la chambre que le pardon octroyé était nul et illégal et qu'il ne devait pas être admis comme *barrant* l'accusation des communes d'Angleterre. — Aussitôt après la révolution, les communes renouvelèrent cette réclamation et il fut décidé, par l'acte de réglement pour les successions au trône, « qu'un acte de pardon délivré sous le grand sceau d'Angleterre ne pourrait désormais être opposé comme empêchement à une accusation par les communes en parlement. »

12. — En France, les rois exercèrent le droit d'amnistie, comme celui de grace, d'une manière absolue et dans toute sa plénitude. Si des lois tentèrent d'y apporter des restrictions, elles furent considérées comme purement comminatoires. Quant aux effets de l'amnistie, ils étaient également plus étendus que dans le droit romain: ils effaçaient l'infamie aussi bien que la peine.

13. — Depuis le commencement du quinzième siècle, sous Charles VI, jusques vers la fin du dix-huitième, on compte plus de trente amnisties, parmi lesquelles il y en a pour crime de lèse-majesté, pour rébellion, émeutes populaires, etc. — Depuis 1693 jusqu'en 1708 on en compte presque autant en faveur des déserteurs. La plupart établissaient des distinctions entre les diverses classes de déserteurs, et imposaient des conditions, telles que celles de s'engager dans quelque corps au service du roi; de prendre parti dans les troupes d'une puissance alliée, et d'y servir jusques à la signature de la paix, et à la délivrance des congés de revenir dans le royaume dans un terme donné, etc.

14. — Ces amnisties se produisaient sous forme soit de lettres d'*abolition générale,* en faveur d'un certain genre de délits, soit de lettres d'*abolition spéciale* avant jugement, en faveur de tel individu prévenu de crimes. — Jousse, *De la justice crim.*, t. 2, p. 405 et suiv.; Roussaud de Lacombe, *Mat. crim.*, p. 506 et suiv.; Bornier, sur le tit. 16 de l'ord. de 1670; Muyart de Vouglans, p. 600; Rauter, *Droit crim.*, t. 2, n° 866, en note; Mittermaier, *Nouv. arch. crim.*, t. 13, p. 355. — V. le paragraphe qui suit.

15. — Les formalités à employer et la procédure à suivre pour parvenir aux lettres d'abolition étaient réglées par le tit. 16, ordonn. de 1670. — V. Dupin aîné, *Encyclop. du droit*, v° *Amnistie*, n° 15.

16. — Mais les lettres d'abolition, qui participaient des actes de grace en ce qu'elles étaient accordées en faveur d'une personne désignée, et des actes d'amnistie en ce qu'elles intervenaient avant jugement, entravaient le cours de la justice et l'action des tribunaux. Aussi furent-elles considérées comme un abus énorme, et devinrent-elles l'un des griefs les plus graves que l'on éleva contre les droits de grace et d'amnistie et qui motivèrent leur abolition.

17. — Le droit d'amnistie et le droit de grace furent abolis par le Code pén. de 1791, art. 13, tit. 7, première partie, portant: « L'usage de tous actes tendant à empêcher ou suspendre l'exercice de la justice criminelle, l'usage des lettres de grace, de rémission, d'abolition, de pardon et de commutation de peines, sont abolis pour tous crimes poursuivis par voie de jurés. »

18. — Mais cette loi opéra moins l'abolition du droit d'amnistie que son déplacement, car jamais ce droit, si nécessaire d'ailleurs dans les temps de discordes civiles, ne fut exercé plus fréquemment qu'après cette abrogation. Seulement depuis cette époque jusqu'à l'an VIII, les amnisties furent accordées par des actes du pouvoir législatif.

19. — Le *Sénatus-consulte* du 10 thermid. an X, en faisant revivre le droit de grace, semble rétablir implicitement le droit d'amnistie, car depuis et quoiqu'aucun texte de loi, autre que l'acte du 22 avr. 1815, ne fît une mention expresse de ce droit, les amnisties furent accordées sous le consulat et l'empire, par des décrets consulaires ou impériaux, et sous la restauration et depuis la révolution de 1830, par des ordonnances royales.

20. — Cependant l'acte additionnel du 22 avr. 1815 semble faire une distinction entre le droit de grace et celui d'amnistie, en rétablissant nommément ce dernier. Son art. 57 portait: Le droit d'amnistie appartient à l'empereur.

21. — Après la restauration, Louis XVIII accorda longtemps des amnisties et des lettres d'abolition même spéciale, dont l'effet, quant à l'application matérielle des peines, n'a donné lieu à aucune difficulté; mais dont l'effet, quant aux intérêts civils, a été avec raison révoqué en doute. — V. *Monit.* du 16 mars 1829; *Gazette des Trib.*, 5 fév. 1833; Rauter, *Droit crim.*, (t. 2, n° 867, note 3e.) Les dernières lettres d'abolition spéciale ont été données les 23 et 28 avr. et 10 août 1814.

22. — C'est en se fondant sur le pouvoir constituant qu'il prétendait exercer après les deux restaurations que Louis XVIII annula plusieurs jugemens criminels; c'est conformément à la même prétention que le comte d'Artois rendit l'ordonn. du 23 avr. 1814. — Rauter, *Droit crim.*, t. 2, n° 752 bis, note 1re. — Ces prétentions élevées à une époque de transition, où les limites des pouvoirs publics n'étaient pas clairement établies, ne pourraient être renouvelées aujourd'hui; le droit d'amnistie en la personne du roi doit donc être établi sur d'autres fondemens, et d'ailleurs, Louis XVIII reconnut lui-même que « les lettres d'abolition avant le jugement, contre lesquelles les magistrats les plus distingués n'avaient cessé de réclamer autrefois, étaient contraires aux règles, entravaient le cours de la justice, et nuisaient à l'action des tribunaux. »

23. — Aujourd'hui les lettres d'abolition particulière avant jugement sont abrogées par l'art. 13 de la Charte de 1830. Ainsi, l'acte de janv. 1837, en faveur du prince Louis-Napoléon, ne peut être considéré que comme un acte de gouvernement consommé par un ministre sous sa propre responsabilité.

§ 2. — *Dates et objets des amnisties de 1413 à 1844.*

24. — Il n'est pas sans intérêt de donner une nomenclature des principales amnisties ou lettres d'abolition qui furent accordées tant sous l'ancienne monarchie que pendant la révolution et sous les divers régimes politiques qui se sont succédé depuis.

25. — M. Dupin (*Encyclop. du droit,* v° *Amnistie*, n° 10) cite: 1° les lettres octroyées en 1413 par Charles VI, après les troubles excités dans Paris par la rivalité des Bourguignons et des Armagnacs; — 2° Celles données en 1553 à l'occasion d'une rébellion à Bordeaux; — 3° Celles données en 1556, 1560 et 1612 en faveur des hérétiques.

seize ans avant et quarante ans après la Saint-Barthélemy; — 4° Enfin, celles accordées en 1754, 1756 et 1771, à l'occasion des disputes religieuses des jansénistes et des molinistes.

26. — Denizart (v° *Amnistie*) cite plusieurs amnisties accordées par le roi à des déserteurs par ordonnances des 7 fév. 1730; — 16 et 30 nov. 1734; — 19 déc. 1734; — 1er mai 1735; — 2 juill. 1756; — 20 avr. 1757; — 29 déc. 1757; — 17 janv. 1758; — 1er juill. 1761. — Il cite également un édit du mois de juill. 1665, rendu par Louis XIV, et accordant amnistie aux comptables et autres justiciables de la chambre de justice établie sous sa minorité.

27. — Une des amnisties les plus remarquables est celle accordée en 1749 à l'occasion des troubles dont la ville de Lyon avait été le théâtre. — Prost de Royer s'exprime ainsi qu'il suit à cet égard : « Les ouvriers en soie se plaignaient d'un réglement du conseil pour leur jurande de 1744; on leur avait refusé de se syndiquer, de s'assembler dans la ville, et ils avaient cru pouvoir le faire sans armes dans le faubourg. On avait eu l'imprudence, à leur entrée par le pont de la Guillotière, de faire tirer quelques coups de fusils à poudre pour les dissiper. Les femmes, effrayées, prirent des pierres, et dès ce moment on n'y fut plus. Ces ouvriers, irrités, se répandirent pendant quelques jours dans la ville, forcèrent les maisons de trois marchands, qu'ils conduisirent en prison pour être jugés comme de faux frères. Ce qu'il y eut de plus extraordinaire, c'est qu'ils obligèrent deux magistrats à rendre, signer, faire imprimer, publier et afficher une ordonnance du 6 août 1744, qui déclarait le dernier réglement du conseil non avenu et supprimé, le tout sans appel; mais personne ne fut tué ni même blessé. » — « Des lettres d'abolition, dit M. Dupin (*Encyclop. du droit, loc. cit.*), furent publiées à raison de ces faits; elles furent adressées à la cour des monnaies de Lyon, saisie de l'affaire; elles accordaient *pleine et entière amnistie* aux habitans de la ville de Lyon, n'exceptant que huit individus, sans doute plus compromis que les autres. »

28. — *Assemblée constituante.* — Amnistie du 14-15 sept. 1791, pour tous les faits relatifs à la révolution; pour tous hommes de guerre : révocation du décret du 1er août 1791 sur les émigrans.

29. — 15-23 sept. 1791, amnistie aux soldats suisses condamnés pour faits de la révolution.

30. — *Assemblée législative.* — ... 28 sept. 1791, pour délits tendant à la révolution; régiment de Château-Vieux.

31. — ... 23 sept. et 2 oct. 1791; et 26 et 28 mars 1792, pour tous les crimes et délits relatifs à la révolution commis dans les états d'Avignon et du comtat Venaissin.

32. — ... 30 sept. 1791; 18 janv. 1792, pour tous individus enfermés, bannis ou condamnés aux fers pour faits d'émeute ou révolte depuis le 1er mai 1788.

33. — ... 18 oct. 1791, décret relatif à l'exécution de la loi du 30 sept. 1791.

34. — ... 13 nov. 1791, exécution de la loi du 30 sept. 1791 dans les départemens de la Dordogne et de la Charente.

35. — ... 31 déc. 1791; 12 fév. 1792. application de la loi du 30 sept. 1791 à quarante soldats du régiment de Château-Vieux.

36 ... — 28 mars 1792, pour tous crimes et délits relatifs à la révolution commis dans les états d'Avignon et du comtat Venaissin.

37. — ... 8 sept. 1792, pour toute violation, depuis le 14 juill. 1789, des lois relatives à la libre circulation et à la vente des grains.

38. — ... 17 sept. 1792, pour provocation au duel.

39. — *Convention nationale* ... — 11-12 fév. 1793, pour délits commis à la suite d'insurrections ayant pour cause les ci-devant droits féodaux.

40. — ... 12-13 fév. 1793, pour délits commis à la suite d'insurrections dans les places fortes et dans les armées.

41. — ... 16 juin 1793, aux individus élargis les 2 et 3 sept. 1792.

42. — ... 22 août et 2 sept. 1793, interprétation portant que les actions civiles sont comprises dans l'amnistie des 14-15 sept. 1791.

43. — ... 8-9 frim. an II, pour insurrections populaires occasionnées par l'accaparement et le surhaussement du prix des denrées.

44. — ... 29 niv. an III, comités de législation et de sûreté générale autorisés à statuer sur la mise en liberté des personnes condamnées à la déportation en vertu des lois des 10 et 28 mars 1793.

45. — ... 12 frim. an III, pour les rebelles de la Vendée et les chouans qui déposeront les armes dans le délai d'un mois.

46. — ... 29 niv. an III, extension aux personnes condamnées pour avoir pris part à la révolte dans l'arrondissement des armées de l'Ouest, des côtes de Brest et de Cherbourg.

47. — ... 8 flor. an III, amnistie pour brigandage et délits dits de chouannerie.

48. — ... 4 brum. an IV, pour tous les faits purement relatifs à la révolution.

49. — *Directoire.* — ... 7 frim. an IV, application de l'amnistie du 4 brum. an IV aux citoyens détenus dans les départemens insurgés, excepté les chouans et les rebelles.

50. — ... 8 fruct. an IV, en faveur des militaires et autres citoyens armés pour la défense de la patrie dans les départemens de l'Ouest.

51. — ... 14 frim. an V, interprétation et extension de la loi d'amnistie des 3 et 4 brum. an IV à tous les délits purement relatifs à la révolution.

52. — ... 1er complément. an V, amnistie pour les individus arrêtés ou poursuivis à l'occasion des troubles dans les assemblées primaires de l'an V.

53. — ... 25 pluv. an VI, application à la Corse, après l'expulsion des Anglais, de l'amnistie prononcée par la loi du 4 brum. an IV.

54. — ... 14 messid. an VII, amnistie aux déserteurs.

55. — *Consulat.* — ... 7 niv. an VIII, décret d'application de l'amnistie du 4 brum. an IV aux habitans des départemens de l'Ouest. Exceptions pour les communes qui resteraient en rébellion.

56. — ... 14 vent. an VIII, amnistie aux insurgés des départemens de l'Ouest.

57. — ... 25 thermid. an VIII, aux habitans des départemens mis hors la constitution par la loi du 23 niv. an VIII.

58. — ... 24 flor. an X, loi relative à ceux qui ont déserté à l'intérieur.

59. — ... 15 flor. an XII, amnistie aux marins déserteurs.

60. — *Empire.* — ... 13 prair. an XII, amnistie à l'occasion de l'avénement de l'empereur accordée aux sous-officiers et soldats des troupes de terre et de mer, déserteurs à l'intérieur, qui rejoindront au jour fixé, et remise de l'amende encourue par eux ou leurs pères et mères.

61. — ... 25 mars 1810, à l'occasion du mariage de l'empereur, amnistie aux déserteurs et réfractaires.

62. — ... 25 avr. 1810, amnistie aux Français qui ont porté les armes contre la France au service des puissances continentales.

63. — ... 9 déc. 1810, prorogation du délai qui est accordé aux amnistiés par le décret du 25 avr. 1810.

64. — ... 15 juill. 1811, nouvelle prorogation.

65. — *Restauration.* — ... 23 avr. 1814, amnistie accordée par le comte d'Artois pour faits relatifs à la conscription.

66. — ... 26 avr. 1814, par le même aux individus condamnés par les tribunaux de douanes et les cours prévôtales.

67. — ... 13 janv. 1815, aux individus qui ont pris part, en 1814, aux troubles relatifs à l'abolition des droits réunis.

68. — ... 12 janv. 1816, amnistie accordée par *une loi* à ceux qui ont pris part directement ou indirectement à la rébellion et à l'usurpation de Napoléon Bonaparte, sauf toutefois diverses exceptions.

69. — ... 3 mai 1816, aux fauteurs ou complices de la désertion antérieure au 1er oct. 1815.

70. — ... 19 juin 1816, à l'occasion du mariage du duc de Berry, remise des confiscations générales prononcées pour quelque cause que ce soit, et des amendes et des frais de procédure encourus dans des affaires relatives à des faits purement politiques, dont le but était de servir la cause royale.

71. — ... 13 nov. 1816, aux déserteurs pendant les trois mois de l'usurpation.

72. — ... 23 fév. 1817, application de l'amnistie du 12 janvier 1816 au général Decaen.

73. — ... 13 août 1817, amnistie pour délits correctionnels auxquels la rareté des subsistances a pu donner lieu.

74. — ... 24 nov. 1819, application de l'amnistie du 12 janvier 1816 au général Grouchy.

75. — ... 11 fév. 1820, même application au baron Gilly.

76. — ... 7 oct. 1820, à l'occasion du baptême du duc de Bordeaux, amnistie aux militaires qui se trouvent en état de désertion et qui n'ont pas été condamnés pour ce délit.

77. — ... 11 oct. 1820, réalisation et explication de ladite amnistie.

78. — ... 20 oct. 1820, amnistie pour délits forestiers.

79. — ... 25 juin 1821, extension de l'amnistie du 12 janvier 1816 aux barons Brayer et Ameil.

80. — ... 21 oct. 1821, au général comte Bertrand.

81. — ... 3 déc. 1823, à l'occasion de l'issue de la guerre d'Espagne, amnistie aux déserteurs.

82. — ... 28 mai 1825, amnistie pour délits et contraventions aux lois sur les forêts ou sur la pêche; remise des amendes en matière correctionnelle de 100 fr. et au dessous.

83. — ... 28 mai 1825, pour délits correctionnels politiques, et spécialement pour délits de presse.

84. — ... 28 mai 1825, à divers individus condamnés pour délits politiques (sauf la surveillance de la haute police pendant cinq années).

85. — ... 29 mai 1825, aux déserteurs du département de la marine.

86. — ... 3 nov. 1827, pour délits forestiers.

87. — *Gouvernement de juillet* 1830. — ... 2-5 août 1830, abolition des condamnations politiques pour délits de presse.

88. — ... 26 août et 7 sept. 1830, amnistie pour contraventions aux lois et réglemens sur le timbre et la publication des journaux et écrits périodiques.

89. — ... 26 août et 10 sept. 1830, abolition des condamnations et décisions du gouvernement prononcées pour faits politiques depuis le 7 juillet 1815, soit en France, soit dans les colonies.

90. — ... 28 août et 10 sept. 1830, amnistie aux soldats et sous-officiers en état de désertion et aux retardataires.

91. — ... 5-17 sept. 1830, aux déserteurs de l'armée navale et des différens corps au service de la marine.

92. — ... 11-12 sept. 1830, loi portant que les Français bannis en exécution des art. 3 et 7 de la loi du 12 janvier 1816 sont réintégrés dans leurs droits civils et politiques.

93. — ... 26 sept. et 1er oct. 1830, amnistie pour les contraventions de police.

94. — ... 21-23 oct. 1830, aux sous-officiers et soldats condamnés pour insubordination et voies de fait envers leurs supérieurs.

95 ... — 8-19 nov. 1830, pour délits forestiers et de pêche, pour contraventions à la police du roulage et de la grande voirie, et remise des doubles droits et amendes en matières de timbre, d'enregistrement et de mutation.

96. — ... 7-23 déc. 1830, pour délits forestiers et de chasse commis dans les bois et domaines de l'ancienne dotation de la couronne.

97. — ... 30 déc. 1830, extension de l'amnistie du 21 oct. 1830 aux sous-officiers et soldats prévenus d'insubordination et de voies de fait envers leurs supérieurs.

98. — ... 13 avr. 1831, amnistie pour crimes et délits forestiers.

99. — ... 8 avr. 1833, pour délits forestiers et de pêche; pour contraventions en matière de roulage, de grande voirie, de timbre et d'enregistrement.

100. — ... 28 déc. 1834, commutation de peines en faveur de plusieurs individus condamnés par arrêt du 30 juin 1834, comme ayant pris part à l'insurrection de la Grande-Anse (Martinique).

101. — ... 8-11 mai 1837, amnistie à tous les individus détenus par suite de condamnations prononcées pour crimes ou délits politiques.

102. — ... 30 mai et 3 juin 1837, pour les délits et contraventions relatifs aux lois sur les forêts et la pêche, pour les délits de chasse dans les forêts, et remise des amendes de 100 fr. et au dessous prononcées en matière correctionnelle, de police de roulage et de grande voirie.

103. — ... 27-30 avr. 1840, extension de l'amnistie du 8 mai 1837 à tous les individus condamnés avant ladite ordonnance pour crimes ou délits politiques, qu'ils soient détenus ou non.

104. — ... Amnisties à des gardes nationales : — 13 juill. 1831; — 22 juill. 1835; — 19 sept. 1835; 1er mai 1837; — 16 mai 1837; — 12 déc. 1838; — 20 mai 1839; — 14 juin 1839; — 31 juill. 1839; — 25 août 1839; — 2 sept. 1839; — 5-18-29 oct. 1839; — 16 août et 8 sept. 1840.

§ 3. — *Nature et caractères de l'amnistie.*

105. — L'amnistie se distingue de la grace par des différences essentielles que M. de Peyronnet (*Pensées d'un prisonnier*, liv. 4) fait ressortir ainsi qu'il suit : « Amnistie, c'est *abolition* et *oubli*; grace, ce n'est que *pitié* et *pardon*. L'amnistie ne remet point, elle efface. La grace n'efface rien, elle abandonne et remet. L'amnistie retourne vers le passé et y détruit jusqu'à la première trace du mal. La grace ne va que dans l'avenir, et conserve dans le passé tout ce qu'il a souffert ou produit. La grace suppose le crime et la condamnation, une certaine régularité dans la condamnation et une certaine justice. L'amnistie ne suppose rien, si ce n'est pourtant l'accusation. — On reçoit plus et on est moins redevable dans une

amnistie. Dans une grace, on reçoit moins et on est plus redevable. La grace s'accorde à celui qui a été certainement coupable; l'amnistie à ceux qui ont pu l'être. »

106.—Dans quelques articles dont M. Duvergier donne l'analyse, un magistrat, M. de Saint-Vincent, a ainsi répondu à ces observations : « De pareilles antithèses sont peut-être plus spirituelles et piquantes que fondées en raison... L'amnistie accorde en réalité moins que la grace : la grace remet la peine, et l'amnistie avant le jugement ne remet que la poursuite; ce qui est beaucoup moins. L'amnistie prévient ou abolit le fait du ministère public; elle lui impose silence et l'empêche de commencer ou continuer les poursuites; la grace abolit le fait du juge, elle fait taire la loi pénale.... La grace est bien plus exorbitante du droit commun, et se met beaucoup plus au dessus de la loi; elle défait ce qui a été fait; elle révoque un jugement irrévocable et lui donne une sorte de démenti. Par l'amnistie, le prince ne contredit personne, et ne fait que renoncer à son droit de poursuite avant que le jugement ait prononcé. Le chancelier d'Aguesseau, dont le coup d'œil est ordinairement si net et si sûr, a fort bien saisi que la grace, après la condamnation, déborde en puissance la remise de l'offense avant le jugement et s'étend au-delà. » — Duvergier, *Coll. des lois*, t. 37, p. 117 et suiv.

107.—L'essence de l'amnistie est d'être accordée dans un intérêt général, de considérer plus les délits que les personnes, d'être irrévocable, et de produire, quant à l'action pénale et à la peine prononcée, un effet rétroactif et absolu.

108.—La nature de l'amnistie est, en outre, de s'appliquer aux délits qu'elle spécifie, en tout état de cause, soit avant, soit après jugement, aux délits poursuivis ou non, à ceux jugés par contumace; d'être générale et absolue, c'est-à-dire, sans condition; de comprendre les délits accessoires aux délits amnistiés, tels que les faits de complicité.

109.—De plus, et à raison du but qu'elle se propose, on pourrait être porté à considérer l'amnistie comme éteignant de droit les actions civiles des tiers lésés par les délits amnistiés. Mais, comme de tels effets ne sauraient avoir lieu sans violer la loi constitutionnelle (art. 9 de la Charte) ou sans grever le trésor, comme d'ailleurs le droit d'amnistie n'est pas exercé seulement dans de très graves circonstances politiques, mais encore à l'égard de simples contraventions de police; enfin, comme l'amnistie ne détruit que la criminalité du fait sans empêcher que le fait lui-même ait existé, l'utilité générale a fait admettre en principe que l'amnistie, sauf une stipulation expresse et qui ne pourrait être portée que par une loi, ne préjudicie pas à l'action civile. — V. *infrà* n° 228.

110.—Les actes d'amnistie ne pouvant déroger qu'à ce qui tient à la nature de l'amnistie et non à son essence, les stipulations accidentelles qu'ils renferment ont généralement pour but : d'excepter de leur bénéfice soit les délits non encore poursuivis, soit les délits poursuivis mais non jugés, ou au contraire les délits condamnés, ou enfin ceux jugés par contumace; de refuser leur bienfait à certains individus; d'imposer certaines conditions, pourvu que ces dernières ne soient pas prises dans l'ordre des peines.

111.—L'amnistie est générale ou particulière, absolue ou conditionnelle : elle est générale, lorsqu'elle est accordée pour un certain genre de crimes ou de délits et qu'elle ne renferme aucune exception de personnes; particulière, lorsqu'elle contient au contraire quelque exclusion de personne; absolue, quand elle est sans condition; conditionnelle, lorsqu'elle soumet à quelque condition ceux qui veulent en profiter. — Legraverend, *Tr. de législ. crim.*, t. 2, p. 762.

112.—On a élevé des doutes sur le point de savoir si l'amnistie pouvait, sans perdre un de ses caractères essentiels, imposer des conditions. M. de Peyronnet (*Pensées d'un prisonnier*, liv. 4) s'exprime ainsi sur ce point : « On parle quelquefois, pour n'y avoir pas réfléchi, d'amnisties conditionnelles. Méprise grossière! Ces deux mots ne s'allient point. La condition, quelle qu'elle soit, conserve les traces de l'accusation et du jugement. L'amnistie eût fait oublier; la condition fait qu'on se souvient. — Où prendre la condition, son excuse, son motif, son droit? Dans la sentence sans doute. Otez la sentence, quel droit auriez-vous d'imposer des conditions? La condition maintiendra donc et confirmera la sentence. Il n'est donc pas vrai qu'il soit question d'amnistie; car l'amnistie abolit, et de toutes les choses qu'elle abolit, il n'en est aucune qu'elle ait plus spéciale mission d'abolir que la sentence. L'amnistie exclut la condition; la condition exclut l'amnistie. Et que serait-ce si la condition était prise dans l'ordre des peines? si légère que soit la peine, c'est néanmoins une peine mise à la place d'une autre. Ne me parlez plus alors d'amnistie; ne me parlez même pas de grace : il n'est question que du plus misérable de ces actes, savoir : les lettres de commutation. — L'amnistie conditionnelle n'est qu'une commutation grossièrement déguisée sous un titre dérisoire et faux.— Où la grace ne serait pas admissible, à plus forte raison la commutation de peines, à plus forte raison les amnisties conditionnelles. »

113.—Cette opinion ne saurait être admise ni en théorie ni en pratique : en théorie, car aucun des caractères essentiels de l'amnistie ne s'oppose à ce qu'elle soit accordée sous certaines conditions, pourvu que celles-ci ne soient point pénales : en pratique, car cette maxime serait contre les intérêts de l'humanité qu'elle entend défendre, en ajournant et peut-être en rendant impossibles un assez grand nombre d'amnisties, auxquelles la raison et la nécessité politique veulent trop souvent qu'il soit apporté certaines conditions. — *Cass.*, 1er sept. 1837 (t. 2 1837, p. 475), Hugon;— Mangin, *Traité de l'act. publ.*, n° 475.

114.—Toutefois, nous pensons avec M. de Peyronnet que la condition ne saurait être prise, ainsi que nous venons de le dire, dans l'ordre des peines, que ou qu'alors un tel acte devait être considéré, non comme une amnistie, mais comme une commutation.—Rauter, *Dr. crim.*, t. 2, n° 868.

115.—Cependant il a été jugé que le droit d'amnistie aussi bien que le droit de grace emporte le droit d'abaisser la peine à un degré inférieur comme celui de l'abolir entièrement; qu'ainsi l'ordonnance du 8 mai 1837 a pu, en remettant la peine de la déportation, laisser subsister celle de la surveillance. — *Cass.*, 1er sept. 1837 (t. 2 1837, p. 475), Hugon; *Paris*, 17 déc. 1841 (t. 2 1841, p. 697), Kersausie.

116.—... Et, spécialement, que l'amnistie du 8 mai 1837, en déclarant maintenir la mise en surveillance à l'égard des individus condamnés à des peines afflictives et infamantes, a entendu soumettre à cette surveillance les condamnés à des peines perpétuelles aussi bien que les condamnés à des peines temporaires. — *Paris*, 17 déc. 1841 (t. 2 1841, p. 697), Kersausie.

117.—Ainsi qu'il a été dit plus haut, les ordonnances d'amnistie sont rendues dans un intérêt général, à la différence des actes de grace, qui sont accordés en considération des individus. — *Cass.*, 19 juill. 1839 (t. 2 1839, p. 552), Charasson;— Mangin, *Traité de l'action civile*, n° 442 et suiv.

118.—En outre et à la différence également de la grace, l'amnistie s'accorde soit avant, soit après jugement; ainsi, *à moins de réserve expresse*, elle couvre les délits non poursuivis ou non jugés.— Mangin, *Traité de l'act. publ.*, n° 442 et suiv.;— Dupin, *Encycl. du dr.*, v° *Amnistie*, p. 411.

119.—Spécialement, l'ordonnance d'amnistie du 30 mai 1837, relative aux délits en matière de police de roulage, s'est appliquée aux contraventions non encore jugées avant sa publication. — *Cons. d'ét.*, 25 janv. 1839, Hamon, et 14 fév. 1839, Cousin.

120.—On s'est demandé si l'amnistie profite aux individus *condamnés* à raison du délit amnistié, lorsque l'acte d'amnistie ne le dit pas expressément.—Cette question, dit M. Mangin (n° 454), doit être résolue par la teneur de l'acte d'amnistie et l'appréciation des motifs qui y ont donné lieu; mais les doutes devraient se résoudre en faveur de ceux qui invoqueraient l'amnistie, et il y aurait lieu de rechercher non s'ils sont compris dans cette amnistie, mais s'ils en sont exclus.

121.—Dans tous les cas il est évident que l'amnistie profiterait, 1° au condamné par contumace, puisque en se représentant il anéantit la condamnation et devient simple accusé (*Cass.*, 16 flor. an XI, Saulnier.); — 2° au condamné par défaut en matière correctionnelle, si au moment de l'amnistie la condamnation n'était pas devenue définitive. — Mangin, n° 454.—V. toutefois Massabiau (*Manuel du proc. du roi*, n° 1317), qui cite une circul. minist. du 8 mai 1837 et une ord. du 27 avr. 1840, desquelles il résulterait soit explicitement, soit implicitement, que les condamnés par contumace ne sont pas compris *de plein droit* dans une ordonnance d'amnistie. Le but de l'ordonnance de 1840 est, en effet, d'*étendre* l'amnistie accordée par l'ord. du 8 mai 1837 à tous les individus condamnés avant ladite ordonnance pour crimes et délits politiques, *qu'ils soient ou non détenus dans les prisons de l'état*.

122.—L'amnistie pourrait également être invoquée par le condamné qui se serait pourvu régulièrement en cassation. — Ainsi jugé que la loi d'amnistie du 16 juin 1793 ne distinguant pas entre les condamnés et les prévenus, l'individu qui, à l'époque de cette loi, avait formé un pourvoi en cassation n'était pas irrévocablement condamné, et qu'un tribunal n'a pas pu rejeter sa demande en élargissement. — *Cass.*, 19 thermid. an IX, Chedeville.

123.—Jugé encore que l'ord. du 2 août 1830 ayant amnistié les délits politiques de la presse, il n'y a pas eu lieu à statuer sur un pourvoi formé en pareille matière, soit par le prévenu, soit par le ministère public. — *Cass.*, 14 août 1830, Dupin.

125.—Plus tard, la cour de Cassation a posé en principe qu'on ne peut renoncer au bénéfice d'une ordonnance d'amnistie, et qu'en conséquence il n'y a lieu de statuer sur le pourvoi en cassation formé notamment contre un jugement de condamnation rendu par un conseil de discipline de la garde nationale, et qu'une ordonnance d'amnistie a mis au néant.—*Cass.*, 10 juin 1831, Corail;—Rauter, *Dr. crim.*, t. 2, n° 868.

126.—L'amnistie, une fois accordée, est irrévocable.—*Cass.*, 27 fév. 1818, Senger;— Carnot, *C. inst. crim.*, t. 3, p. 283, 613 et suiv.; Rauter, *Dr. crim.*, t. 2, p. 868; Morin, *Dr. crim.*, v° *Amnistie*; Mangin, *Traité de l'act. publ.*, n° 448.

127.—Le principe contraire semblerait résulter d'un arrêt de cassation du 8 mai 1811 (Forets c. Labatrel), qui a décidé que l'application de l'amnistie du 25 mars 1810 *avait pu être restreinte* suivant la volonté du souverain qui l'avait rendue. Mais il faut remarquer que ce considérant est tout-à-fait accidentel dans l'arrêt qui se fonde principalement sur ce que le délit n'est ni prévu ni remis par l'amnistie de 1810; que, d'ailleurs, il est probable que l'arrêt a voulu seulement consacrer le principe que l'amnistie peut être restreinte et rendue applicable seulement à certains points.—Morin, v° *Amnistie*.

128.—Jugé que, lorsque conformément à l'art. 34, chap. 9, tit. 34 des constitutions piémontaises, il avait été accordé un sauf-conduit, ou des promesses d'impunité à des individus prévenus de brigandage, un tribunal ne pouvait pas les condamner à mort lorsqu'ils n'avaient pas enfreint les conditions à eux imposées et perdu le bénéfice de la promesse d'impunité — *Cass.*, 27 vendém. an XII, Cesano.

§ 4.—*A quel pouvoir appartient le droit d'amnistie?*

129.—En fait, c'est le roi qui exerce le droit d'amnistie, comme dérivant du droit de grace que lui confère la Charte. Mais, dans la rigueur de la loi constitutionnelle, ce droit lui appartient-il, et ne doit-on pas, au contraire, considérer l'amnistie comme ne pouvant être accordée que par une loi? Cette question a été très vivement controversée. — *Moniteur* des 2, 25, 30 et 31 déc. 1834; 1er et 2 janv. 1835; 19 mars 1835; 19 janv. 1837. — V. Dupin, *Réquisitoires*, t. 3, p. 421 et suiv.

130.—Pour refuser au roi le droit d'amnistie, on dit : Nul texte de loi n'attribue à la royauté le droit d'amnistie, et les termes mêmes de l'art. 58 de la Charte constitutionnelle prouvent que le droit de grace suppose l'existence d'une condamnation. L'amnistie est plus que la grace, puisqu'au lieu de faire cesser, pour l'avenir, les effets de la condamnation, elle rend le délit même comme non avenu. Et comme la Charte ne met dans la prérogative que la grace; que l'art. 13, Charte const., refuse expressément au roi la faculté de suspendre les lois ou de dispenser de leur exécution, il est évident que le droit d'amnistie n'est pas dans la prérogative royale.—Il est vrai que depuis longtemps le roi exerce en fait le droit d'amnistie. Mais en pareille matière, les précédens ont peu d'autorité, puisqu'il s'agit de fonder un droit constitutionnel sous un ordre de choses nouveau. D'ailleurs si on les interroge, on verra que sous les anciens rois, les lettres d'amnistie étaient scellées du grand sceau comme les actes législatifs (ord. 1670, tit. 16, art. 5), tandis que les lettres de rémission, d'abolition particulière, etc..., étaient expédiées dans les chancelleries des cours de parlemens. — Déclaration du 22 nov. 1683; — Jousse, *Just. crim.*, t. 2, tit. 20; Morin, *Dict. dr. crim.*, v° *Amnistie*. — Plus tard, nous voyons le législateur établir une distinction formelle entre ces deux droits dans l'acte additionnel du 22 avr. 1815, dont l'art. 57 accordait le droit d'amnistie à l'empereur par une disposition distincte de celle qui lui conférait le droit de grace. Depuis 1791 jusqu'au consulat, et même depuis, le droit d'amnistie, a été exercé par des assemblées législatives, et cela sans nul inconvénient. Enfin, sous une forme de gouvernement où le peuple délibère et vote les lois, comment accorder à un autre pouvoir la faculté de les suspendre? Comment refuser à une nation libre de se pardonner en quelque sorte à elle même? Comment remettre à la couronne seule le droit qui pourrait être la source de mille abus? — M. Dupin (*Encycl. du dr.*, v° *Am-*

nistie, nº 20) pense qu'une amnistie ne peut être accordée que *par une loi.* — V. en ce sens Rauter, t. 2, nº 866; Carnot (Introd. au C. pén., nº 14), sauf le cas d'*urgence,* et comme mesure provisoire, et à la charge de faire confirmer par une loi.

131. — Dans l'opinion contraire, on répond : Le droit d'amnistie est, comme le droit de grace, un des attributs de la puissance souveraine. Cette doctrine a été proclamée à la chambre des pairs, lors de la discussion de la loi de 1816. — *Monit.* du 18 janv. 1816, p. 670 et suiv. — On y a reconnu qu'en invitant les chambres à discuter cette loi, le roi avait usé d'une bonté toute gratuite, etc. — Le droit de grace a toujours été regardé comme comprenant le droit d'amnistie avant jugement; aussi a-t-il été exercé par le pouvoir exécutif sous le consulat, sous la restauration, et depuis la révolution de juillet, sans réclamation, jusqu'en 1835; c'est aussi par le même pouvoir qu'il est appliqué dans toute l'Europe, et même dans les pays de régime constitutionnel, tels que l'Angleterre, la Belgique, l'Espagne. Le droit de grace, après condamnation, loin d'être moins étendu que le droit d'amnistie avant jugement, le déborde en puissance; il peut donc le contenir et en être la source. D'ailleurs, l'amnistie doit rencontrer avant tout l'opportunité et l'à-propos. Enfin, par-dessus tout, un pareil bienfait doit être un acte instantané et de propre mouvement. Il est donc impossible de soumettre l'exercice de ce droit aux chances et aux lenteurs d'une discussion législative dont l'aigreur et l'âpreté récriminative ne feraient souvent que rallumer les passions au lieu de les calmer.

132. — De ces deux opinions il peut sembler plus logique et plus conforme à la Charte d'adopter la première; car il est certain que la Charte n'accorde au roi que le droit de grace et non celui d'amnistie; et il semble difficile qu'il puisse appartenir à tout autre pouvoir qu'au pouvoir législatif de se placer entre le coupable et la justice, et de disposer de l'exécution de la loi. Toutefois, la jurisprudence et l'usage ont reconnu que le droit d'amnistie appartient au roi, comme dérivant de l'art. 58 de la Charte. — *Cass.,* 19 juill. 1839 (t. 2 1839, p. 552), Charasson; — Mangin, *Tr. act. publ.,* nº 444.

133. — Dans tous les cas, il est certain que le roi pourrait déléguer au pouvoir législatif l'exercice du droit d'amnistie. — C'est ce que fit Louis XVIII lorsqu'il soumit aux chambres le projet d'amnistie qui devint la loi de 1816. — Il n'en serait pas de même du droit de grace; ce droit ne peut être délégué. — V. COMMUTATION DE PEINE, GRACE.

134. — L'amnistie étant un acte de la puissance souveraine, il résulte de là 1º que l'amnistie accordée par un prince étranger sur une portion de territoire qu'il aurait momentanément envahie ne lie pas les tribunaux français. — Et spécialement que l'amnistie accordée par le roi Ferdinand en 1800, dans les états romains, qu'il avait repris sur la France, n'a plus eu aucun effet par la retraite de ses armées, et n'a pas pu être appliquée par les tribunaux français établis ensuite dans le pays. — *Cass.,* 30 avr. 1812, Pisani; — Merlin, *Rép.,* vº *Souveraineté,* § 8; Mangin, *Tr. de l'act. publ.,* nº 447.

135. — M. Mangin (*loc. cit.*) ajoute même, mais cette opinion ne devrait être admise qu'avec beaucoup de réserve et serait rarement suivie dans la pratique, que les amnisties publiées par un usurpateur cesseraient, de plein droit, après le retour du souverain légitime.

136. — ... 2º Qu'une décision ministérielle serait évidemment insuffisante pour paralyser la loi pénale et accorder une amnistie même sous condition de temps. — *Cass.,* 28 juill. 1814, Girard; 14 avr. 1815, Tournier; — Merlin, *Rép.* et *Quest. de dr.,* vº *Amnistie;* Mangin, *Tr. de l'act. publ.,* t. 2, nº 447; Toullier, t. 1er, p. 52, nº 56; Carnot, *C. inst. crim.,* t. 3, p. 142. — Selon Merlin, l'avis du ministre n'a, dans ce cas, d'autre effet que de guider les agens du fisc dans leurs poursuites.

137. — De même, l'amnistie promise par un commandant de la force publique, chargé seulement d'apaiser la sédition, à des individus faisant partie de bandes armées, et qui ont déposé les armes sur la foi de cette promesse, ne peut avoir pour effet d'arrêter le cours de la justice. — *Cass.,* 27 nov. 1834, Révoltés de la Grande-Anse (Martinique).

138. — Dans le cas de mise en état de siége, le droit d'amnistie rentre dans les pouvoirs extraordinaires dont le commandant militaire est revêtu. — L. 8 juill. 1791, art. 10; décr. 24 déc. 1811, art. 101. — En conséquence, la proclamation d'un chef militaire ou lieutenant-général, dans une contrée en état de siége, promettant grace et oubli aux insurgés qui feront leur soumission et remettront leurs armes, constitue une véritable amnistie ayant pour effet de soustraire à toute poursuite judiciaire ceux qui en ont rempli les conditions. — *Cass.,* 27 vendém. an XII, Cesano; 5 juill. 1833, Papin.

139. — L'amnistie stipulée dans un traité de paix est obligatoire pour les tribunaux français. Ainsi, spécialement, l'amnistie stipulée dans les traités de Campo-Formio et de Lunéville avait force de loi en France. — *Cass.,* 18 fév. 1807, Magistrats de Worms c. Clausius.

140. — Selon M. Rauter (*Dr. cr.,* t. 2, nº 867), une telle stipulation n'aurait d'effet qu'autant qu'elle aurait été sanctionnée par une loi formelle. En décidant ainsi, M. Rauter est conséquent avec lui-même puisqu'il refuse en principe, au roi seul, le droit d'amnistie. Mais dans l'état actuel de la jurisprudence (V. nº 132), il serait plus juste d'adopter l'opinion contraire, car l'amnistie est valable, du moment où le traité a été signé par les parties contractantes, et l'amnistie qui en est une des conditions ne peut être rétractée.

§ 5. — *Quel pouvoir doit appliquer l'amnistie?*

141. — C'est aux tribunaux qu'il appartient de décider si l'amnistie est ou non applicable à ceux qui en invoquent le bénéfice. — Et, si l'on trouve un avis du conseil d'état du 23 juin 1810, destiné à *expliquer* le décret d'amnistie du 25 mars précédent et à restreindre ses effets, c'est là un précédent qui pouvait être légal sous l'empire de la constitution de l'an VIII et de la loi de 1807, mais qu'un gouvernement constitutionnel ne doit pas suivre et que l'autorité judiciaire ne saurait reconnaître. — V. conf., sur le principe de compétence, *Cass.,* 26 oct. 1821, Forêts c. Ernst-le-Milieu.

142. — Sans-doute, les ministres concourent à l'exécution des actes d'amnistie, en ce sens qu'ils peuvent inviter les officiers du ministère public à ne pas poursuivre les individus auxquels ces actes s'appliquent et à faire relâcher les condamnés qui y sont compris. — Mais, dit Legraverend (t. 2, p. 763), si des poursuites sont commencées au moment de la publication de l'amnistie, ou si le ministre en a laissé intenter depuis, les tribunaux sont seuls compétens pour décider si l'action est ou non éteinte à l'égard des individus qui sont l'objet de ces poursuites. Également, si un condamné soutenait, contre la décision du ministre, que l'amnistie lui est applicable, il aurait le droit de présenter requête au tribunal qui a rendu le jugement, et de lui demander sa mise en liberté : et ce tribunal aurait toute compétence pour statuer sur cette réclamaion, sauf les recours de droit contre sa décision. — V. en ce sens, Mangin, nº 449.

143. — Dès-lors si une circulaire ministérielle du 9 mai 1837 a disposé qu'il y aurait lieu d'en référer au garde des sceaux pour l'application de l'ord. du 8 mai 1837, portant « amnistie pour tous les individus détenus par suite de condamnations prononcées pour crimes ou délits politiques, » notamment dans le cas où la peine prononcée l'aurait été à la fois pour faits politiques et pour délits d'une autre nature, cela ne doit être entendu qu'en ce sens qu'après la décision de ce ministre le condamné pourra encore réclamer, devant les tribunaux, l'application de l'amnistie, l'ordonnance valant loi en sa faveur.

144. — Des circulaires ministérielles des 4 août 1814, 16 et 26 janv. 1816, 8 mai 1837, dit M. Massabiau (*Manuel du procureur du roi,* nº 1318), contiennent des instructions sur l'exécution de la loi d'amnistie du 12 janv. 1816, et des ord. des 11 juill. 1814 et 8 mai 1837; on peut les consulter dans des circonstances analogues, ainsi que les circulaires des 25 frim. an IV et 19 thermid. an VII.

§ 6. — *A quels faits s'applique l'amnistie?*

145. — L'amnistie, par cela même qu'elle est un acte de grace et d'indulgence, doit être considérée comme éminemment favorable. De là certains principes consacrés par la jurisprudence.

146. — Ainsi, en premier lieu, l'amnistie s'étend à tous les faits antérieurs à sa date et qui sont du genre de ceux dont elle s'occupe. — V. Massabiau (*Manuel du proc. du roi,* nº 1316), qui cite une décision ministérielle du 30 mars 1833.

147. — Jugé en ce sens 1º que l'amnistie du 26 août 1830, accordée pour les faits politiques, a dû être déclarée applicable à des discours séditieux prononcés dans les derniers jours de juillet et dans les premiers jours d'août 1830. — *Cass.,* 18 mars 1831, Poncet.

148. — ... 2º Que l'amnistie du 8 mai 1837, en faveur des individus *détenus* par suite de condamnations prononcées pour crimes ou délits politiques, a dû être réputée applicable à un condamné par contumace qui, le jour même où l'amnistie a été publiée à Paris, s'était constitué prisonnier dans un lieu où l'amnistie n'était pas connue. — *Cour d'assises de la Seine,* 5 juin 1837 (t. 1er 1845); Lerunigot.

149. — Jugé encore que l'ordonnance d'amnistie du 16 mai 1837 en faveur des gardes nationales a couvert les faits qui rentraient dans la compétence des tribunaux correctionnels aussi bien que ceux attribués à la juridiction des conseils de discipline. — *Cass.,* 19 juill. 1839 (t. 2 1839, p. 552), Charasson.

150. — Et, comme il a été dit plus haut, pour arriver à déterminer à quels faits elles s'appliquent et les conditions de leur application, les ordonnances ou lois d'amnisties doivent être interprétées dans un sens large et libéral; en cas de doute l'interprétation a lieu *in favorem.* — Morin, *Dr. cr.,* vº *Amnistie,* p. 54.

151. — Ainsi, il a été jugé 1º que l'amnistie du 4 brumaire an IV était applicable aux faits de provocation au rétablissement de la royauté, et de mutilation d'arbre de la liberté antérieurs à sa date. — *Cass.,* 28 flor. an VIII, Claude Trollet.

152. — ... 2º Que le fait d'avoir, antérieurement à l'arrêté des consuls du 25 thermidor an VIII, excité différens particuliers à former un rassemblement armé, à l'effet de mettre les gens riches à contribution, était compris dans l'amnistie accordée par les lois et arrêtés précédens. — *Cass.,* 29 vent. an IX, Davoine Dubois.

153. — ... 3º Que l'amnistie résultant de l'arrêté du 10 messid. an X et de l'art. 13 du traité de Marengo ne distinguant pas entre les délits politiques contre les personnes et ceux contre les personnes et les propriétés, s'appliquait à une incursion suivie de pillage *dans un mouvement populaire.* — *Cass.,* 7 thermid. an XII, Bruno et Botta.

154. — ... 4º Qu'une amnistie accordée pour délits causés par la rareté des subsistances s'applique au vol de pain commis chez un boulanger par un malheureux, et que le bénéfice ne peut lui en être refusé sous prétexte qu'il est dans l'habitude d'en commettre, quand cette allégation n'est justifiée par aucun jugement rendu contre lui. — *Cass.,* 27 fév. 1818, Singès.

155. — ... 5º Que l'amnistie du 25 mars 1810 s'étendait au fait de résistance violente, qu'avait opposée un conscrit à la gendarmerie agissant dans l'ordre de ses fonctions, pour ne pas rejoindre son drapeau. — *Cass.,* 26 juill. 1810, Combet.

156. — ... 6º Que le fait de s'être porté en troupe armée dans une ville, pour y faire arborer le drapeau tricolore, d'avoir, dans l'action, tiré plusieurs coups de fusil, de l'un ou de plusieurs desquels une personne avait été tuée et une autre blessée, se trouvait compris dans l'amnistie du 12 janvier 1816, comme présentant le caractère d'une entreprise tendant à aider et favoriser la rébellion et l'usurpation de Napoléon Bonaparte. — *Cass.,* 21 mars 1817, Mathieu Moulin.

157. — ... 7º Que la provocation au meurtre, de la part d'un fonctionnaire, par une consigne dont il prescrivait l'exécution sous peine de mort, l'ordre de saisir mort ou vif un prisonnier évadé mis hors la loi, et les ordres en vertu desquels avaient eu lieu des arrestations arbitraires, étaient des faits révolutionnaires qui furent couverts par l'amnistie du 4 brum. an IV. — *Cass.,* 12 niv. an V, Lanteyrès.

158. — Mais les ordonnances d'amnistie ne sont applicables qu'aux faits accomplis au moment où elles sont rendues. On ne peut les étendre à des faits postérieurs en vertu des règles sur la promulgation des lois et ordonnances; et cela alors même que dans le texte de l'ordonnance (par exemple celle du 30 mai 1837) il serait dit que l'amnistie est accordée pour les délits commis *antérieurement à la publication* de ladite ordonnance. — *Cass.,* 20 avr. 1833, Chauchot; 2 déc. 1837 (t. 1er 1838, p. 622), Capeller; 17 août 1838 (t. 2 1844, p. 395), C.; 7 mars 1839 (t. 2 1844, p. 394), Cerssen; 12 avr. 1839 (t. 2 1844, p. 394), Grosfilex; même jour, Burdairon; 2 déc. 1837 et 11 juill. 1839 (t. 2 1839, p. 47), Morand; — Mangin, *Tr. act. publ.,* nº 452, note; Massabiau, *Man. du proc. du roi,* nº 1316. — V. *contrà Besançon,* 27 mars 1838 (sous *Cass.,* 17 juill. 1839, t. 2 1839, p. 47), Forêts c. Beusson et Morand.

159. — Ainsi jugé spécialement par interprétation de la loi du 8 flor. an III. — *Cass.,* 28 germin. an VII, Menguy.

160. — Jugé aussi 1º que, aux termes de la loi du 23 flor. an IV, l'amnistie prononcée par la loi du 8 flor. an III n'était applicable qu'aux délits commis antérieurement à cette dernière loi, et ne l'était conséquemment pas à un délit commis deux jours après. — *Cass.,* 7 frim. an VII, Noël Henri.

161. — ... 2º Que l'ordonnance d'amnistie du 13 janv. 1815 était inapplicable aux faits postérieurs à

AMNISTIE, § 6.
AMNISTIE, § 6.

sa publication. — *Cass.*, 24 nov. 1848, Contributions indirectes c. Dabancourt-Muller; 16 mars 1819, Contributions indirectes c. Rhillard.

162. — ... 3° Que l'ordonnance d'amnistie du 26 août 1830 s'applique seulement aux délits politiques antérieurs à sa date, non à ceux commis postérieurement. — *Cass.*, 9 déc. 1830, Roquelaure.

165. — Mais l'amnistie comprend les faits commis le jour même de la signature de l'ordonnance. — *Cass.*, 12 avr. 1839 (t. 2 1844, p. 394), Burdairon.

164. — Comme conséquence du principe posé plus haut, un délit *successif* ou permanent qui se continuerait depuis l'amnistie serait punissable. Ainsi jugé pour un délit de défrichement. — *Cass.*, 20 oct. 1832, Forêts c. Bessière.

165. — Il n'en serait pas de même d'un délit collectif. Si les faits commis après la date de l'amnistie ne suffisaient pas seuls et sans leur réunion avec les faits commis antérieurement pour constituer un délit de cette nature, ils se trouveraient couverts par l'amnistie.

166. — Ainsi l'amnistie du 16 mai 1837, en faveur des gardes nationales, ayant couvert tous les manquemens au service antérieurs, et la peine de l'emprisonnement n'étant applicable qu'à un double refus de service, un conseil de discipline n'a pu se fonder sur un premier manquement antérieur à cette ordonnance, suivi d'un autre manquement postérieur, pour prononcer la peine d'emprisonnement. — *Cass.*, 21 sept. 1838 (t. 2 1844, p. 393), Methey-Doré.

167. — L'amnistie profite de plein droit aux complices des faits amnistiés, « attendu que, par l'effet de l'amnistie, ne restant plus de crime aux yeux de la loi, il ne peut plus y avoir de complices de ce crime à poursuivre et à punir. » — *Cass.*, 6 janv. 1809, Buanton. — V. en ce sens, en matière d'amnistie pour faits de désertion, *Cass.*, 9 germ. an VIII, Maspatier; 21 pluv. an VIII, Gaillard.

168. — Il est certain, d'un autre côté, et ce principe reçoit de fréquentes applications lorsqu'il s'agit d'apprécier les caractères de la complicité, que le délit accessoire est nécessairement compris dans l'amnistie du délit principal.

169. — Toutefois, et pour l'application de l'un ou de l'autre de ces principes, la cour de Cassation a posé de sages limites. — Ainsi, s'agit-il d'une complicité directe résultant de faits qui ne peuvent avoir le caractère de délit qu'autant que le fait principal auxquels il se rattache est lui-même punissable, dans ce cas les complices profitent nécessairement de l'amnistie; mais, lorsque la complicité résulte de faits qui, pris isolément et abstraction faite du délit amnistié, constituent par eux-mêmes des délits et des crimes, ces faits ne sont pas couverts par l'amnistie. — Mangin, *Tr. act. publ.*, n° 451; Merlin, *Rép.*, v° *Complice*, n° 5; Chauveau et Hélie, *Th. du C. pén.*, t. 2, p. 117.

170. — La même distinction se représente en ce qui concerne les faits accessoires; ces faits sont ou non couverts par l'amnistie, selon qu'ils reçoivent leur caractère de délit des faits amnistiés, ou qu'ils constituent un délit indépendant de ces faits. — Mangin, *loc. cit.*

171. — C'est en ce sens, et d'après les distinctions établies dans les deux numéros qui précèdent, qu'il a été jugé, 1° que l'amnistie accordée par la loi du 24 flor. an X aux conscrits qui avaient déserté à l'intérieur, s'appliquait aussi aux individus qui étaient prévenus d'avoir commis des faux *pour favoriser la désertion*. — *Cass.*, 6 janv. 1809, Buanton; — Merlin, *Quest. de dr.*, v° *Amnistie*, § 4.

172. — ... 2° Que l'amnistie accordée en faveur des conscrits réfractaires, par le décr. du 25 mars 1810, a eu pour effet d'anéantir le faux commis, par supposition de personne, par un particulier pour rendre un citoyen particulier apte à remplacer un conscrit. — *Cass.*, 4 mai 1810, Joly.

173. — ... 3° Que l'emploi d'une pièce fausse, pour se soustraire personnellement à la conscription militaire, cesse d'être criminel par l'amnistie accordée aux conscrits déserteurs ou réfractaires, et rentre dans l'application de cette amnistie. — *Cass.*, 4 mai 1810, Pelon et Chevron; 19 juill. 1810, Villemar Pinsac; 10 oct. 1822, Dupont.

174. — ... 4° Que le décr. du 23 avr. 1814, portant amnistie pour tous les faits et délits relatifs à la conscription, s'appliquait à la complicité d'un homicide volontaire commis sur un individu faisant partie d'une force armée agissant pour l'exécution des lois de la conscription. — *Cass.*, 10 août 1815, Gervais; — Mangin, *Trait. de l'act. publ.*, t. 2, p. 477.

175. — ... 5° Que l'assassinat commis dans un choc de partis, ayant pour objet de maintenir l'usurpation de Bonaparte avant que le roi eût repris les rênes du gouvernement, rentrait, comme constituant une participation directe à l'usurpation, dans l'amnistie prononcée par la loi du 12 janv. 1816, et ne pouvait donner lieu qu'à des réparations civiles. — *Cass.*, 8 fév. 1817, Sabatier

176. — Mais aussi il a été jugé, d'après les mêmes distinctions (et la rigueur de ces décisions semble ne pouvoir s'expliquer que par la nature spéciale des délits amnistiés et par l'époque à laquelle les amnisties ont été interprétées), 1° que l'amnistie du 14 messid. an VII ne s'appliquait qu'aux sous-officiers et soldats déserteurs, et non aux recéleurs desdits soldats ou réquisitionnaires. — *Cass.*, 25 fructid. an VII, Dupont et Levert.

177. — ... 2° Que l'amnistie accordée par le décr. du 25 mars 1810 aux déserteurs et réfractaires, n'était pas applicable à des gendarmes prévenus d'avoir favorisé la désertion. Ce dernier fait n'étant pas un simple délit de complicité du délit de désertion, mais bien un délit principal et indépendant de tout fait soumis aux lois de la conscription. — *Cass.*, 10 mai 1811, Juret et Leblanc; — Merlin, *Rép.*, v° *Complice*, n° 5; Chauveau et Hélie, t. 2, p. 117.

178. — ... 3° Que l'amnistie du 25 mars 1810 ne s'appliquait pas au maire qui s'était rendu complice d'une escroquerie, commise par un officier de recrutement, en servant d'intermédiaire entre un officier et un conscrit pour la remise d'une somme d'argent, encore bien qu'il n'eût employé aucune manœuvre et n'en eût tiré aucun profit. — Décret 30 juin 1810; — *Cass.*, 6 mars 1812, Chiolot.

179. — ... 4° Que l'amnistie du 25 mars 1810 n'était pas applicable à un adjoint au maire, dont la mise en accusation avait été ordonnée par un décret spécial postérieur à ceux des 25 mars 1810 et 5 avr. 1811, pour avoir, dans ses fonctions, coopéré à la substitution frauduleuse d'un individu à un conscrit. — *Cass.*, 28 fév. 1812, Barucchi. — V. *contrà* Mangin, *Trait. de l'act. publ.*, t. 2, p. 470, n° 448.

180. — ... 5° Que celui qui, en sa qualité d'officier de l'état civil (1er arrêt), ou de secrétaire (2e arrêt), fabrique un faux acte de mariage ou de naissance pour soustraire un individu à la conscription, commet un délit *principal*, indépendant de son objet de favoriser la désobéissance d'un conscrit, de nature d'ailleurs à porter préjudice à des tiers, et qui ne peut rentrer dans l'application d'une amnistie accordée aux déserteurs. — *Cass.*, 4 mai 1810, Pelin; 19 juill. 1810, Villemar Pinsac. — V. Toutefois Mangin (*Tr. act. publ.*, n° 452), qui critique surtout le dernier de ces arrêts, en ce qu'il a accordé force absolue au décret d'interprétation du 30 juin 1810. — V. à cet égard, n° 141 et suiv.

181. — L'amnistie accordée pour un genre spécial de délits ne s'étend pas à des délits d'un autre ordre. Ce principe, consacré sous l'ancienne législation par un arrêt du parlement de Paris du 1er fév. 1653, est également admis par la jurisprudence actuelle. — Denizart, v° *Amnistie*; Legraverend, *Législ. crim.*, t. 2, p. 765; Mangin, *Tr. de l'act. publ.*, t. 2, n° 452.

182. — Ainsi, il a été jugé 1° que l'amnistie du premier complémentaire an V s'appliquait seulement aux troubles faits dans les assemblées primaires, électorales et communales de l'an 5, et non à des délits commis hors ces assemblées et à d'autres époques. — *Cass.*, 16 vend. an VIII, N...

183. — ... 2° Que l'amnistie du 4 brum. an IV, relative aux faits de la révolution, n'était pas applicable aux crimes et délits ordinaires, alors même qu'il se rattachait à ces délits quelques circonstances relatives à la révolution. Ainsi, elle ne s'appliquait pas aux assassinats commis par un individu sur des prisonniers qu'il était chargé de conduire. — *Cass.*, 6 flor. an VII, Blatuet. — V. aussi *Cass.*, 2 germ. an VIII, Gombert et Tassy.

184. — ... 3° Qu'une amnistie pour délits politiques ne s'applique pas au crime de rébellion par plus de vingt personnes armées contre la garde nationale et la gendarmerie, ce fait n'étant pas compris parmi les délits politiques spécifiés dans la loi du 8 oct. 1830. — *Cass.*, 9 déc. 1830, Roquelaure.

185. — ... 4° Que les amnisties publiées à l'occasion de troubles politiques ou de divisions intestines ne couvrent pas les délits commis envers les particuliers par haine et par vengeance personnelle. — Denizart, v° *Amnistie*; Legraverend, t. 2, p. 765; Mangin, *Tr. de l'act. publ.*, t. 2, n° 452.

186. — ... 5° Que l'amnistie du 2 août 1830, pour délits politiques de presse, ne couvre pas un délit privé de diffamation, quoique commis par la voie d'un journal, et qui n'a été poursuivi que sur la plainte des individus diffamés. — *Cass.*, 10 sept. 1830, Constitutionnel c. les gendarmes de Rodez.

187. — Et une circulaire ministérielle a posé en principe que l'amnistie du 8 mai 1837, pour crimes et délits politiques, n'a pas été applicable aux crimes et aux délits commis par la voie de la presse contre des particuliers. — Circul. min. 9 mai 1837.

188. — ... 6° Que l'ord. du 30 mai 1837, qui accorde amnistie pour toutes les peines prononcées ou encourues en matière de délit de chasse dans les bois de l'état, est inapplicable aux délits commis dans un bois particulier. — *Paris*, 8 juill. 1837 (t. 2 1837, p. 350), Toupillier.

189. — L'amnistie ne s'étend pas au-delà des termes de la loi ou de l'ordonnance qui l'accorde. C'est en ce sens que les jurisconsultes romains disaient que les amnisties ne présentaient que des questions de fait.

190. — Spécialement, en présence de la loi du 12 janv. 1816, portant amnistie à ceux qui ont pris part à la rébellion de Napoléon, et qui excepte de son bénéfice (art. 5) ceux contre lesquels des *poursuites* ont été commencées, il a été jugé que dans ce mot *poursuites* on devait comprendre un simple mandat de dépôt, et qu'ainsi un individu contre lequel il avait été décerné, pour le fait de rébellion, un mandat de dépôt, était excepté de l'amnistie. — *Cass.*, 14 juin 1816, Hernoux, Veaux.

191. — Ainsi, l'amnistie du 3 déc. 1823, accordée aux déserteurs dont l'entrée au service était antérieure à la loi du 10 mai 1818, n'était pas applicable à un déserteur de la classe de 1817, mais appelé seulement en 1819. — *Cass.*, 2 juill. 1825 (intérêt de la loi), Cambus.

192. — Ainsi encore, l'amnistie du 8 mai 1837, accordée à tous les individus *détenus* par suite de condamnations prononcées pour crimes ou délits politiques, n'a pas été applicable aux condamnés par contumace. — Circ. minist. du 9 mai 1837.

193. — L'amnistie doit résulter de l'esprit et des termes de l'ordonnance ou de la loi que l'inculpé invoque. — Ainsi jugé que la proclamation de Cambrai du 28 juin 1815 ni l'ord. du 24 juill. 1815 ne renfermaient amnistie. — *Cass.*, 14 juin 1816, Hernoux, Veaux.

194. — En général, les amnisties en matière forestière exceptent du bénéfice de leurs dispositions les délits résultant de la violation des contrats et de l'inexécution des clauses et conditions stipulées par l'administration forestière. — Mais à défaut de telles exceptions ou réserves expresses, ces amnisties couvriraient ces sortes de délits aussi bien que les délits simples, et l'action civile seule pourrait être exercée. — Mangin, *Tr. de l'action pub.*, t. 2, n° 453.

195. — Spécialement, l'ord. du 30 mai 1837 ne s'applique qu'aux délits simples et non à ceux résultant de la violation d'un contrat. — Ainsi les entrepreneurs de coupes usagères, qui contractent avec l'administration forestière les mêmes engagemens que les adjudicataires, ont été, comme ceux-ci, exceptés du bénéfice de l'amnistie. — Art. 1er, § 2. — *Cass.*, 24 mars 1838 (t. 1er 1840, p. 374), forêts c. Grappey; 11 oct. 1839 (t. 2 1844, p. 393), Raymond.

196. — Jugé de même que dans les amnisties forestières les exceptions portées contre les adjudicataires s'appliquent également aux entrepreneurs de coupes forestières. — *Cass.*, 27 fév. et 21 mars 1840 (t. 1er 1841, p. 16), Jund et Heimlich.

197. — L'amnistie prononcée par le décret du 25 mars 1810 ne s'appliquait qu'aux délits forestiers ordinaires, et ne comprenait pas les malversations commises par des adjudicataires dans leurs coupes. — Avis cons. d'état 26 juin 1810. — *Cass.*, 23 nov. 1810, Vernet et Cappezi.

198. — De même, l'ord. 30 mai 1837 n'a pas compris les délits forestiers commis par un adjudicataire de coupes. — *Cass.*, 29 août 1839 (t. 2 1844, p. 393), Wenger. — V. aussi l'ord. royale 28 mai 1825.

199. — ... Ni les délits commis dans les ventes de bois et à l'ouïe de la cognée par les préposés des adjudicataires. Ces faits rentraient dans les cas de malversation et d'abus, exceptés par l'ordonnance même du bénéfice de ses dispositions. — *Cass.*, 27 janv. 1838 (t. 2 1839, p. 336), Martin.

200. — Cette ordonnance n'a pas non plus couvert les délits commis par les entrepreneurs de travaux des ponts et chaussées dans la limite des obligations auxquelles l'art. 139, C. forest., les soumet, ainsi que les adjudicataires. — *Cass.*, 29 août 1839 (t. 2 1844, p. 393), Wenger.

201. — De même encore, le décr. 14 juin 1810 ne s'appliquait pas aux fermiers du domaine national qui avaient opéré une coupe de bois taillis par anticipation d'une année et sans observer les formalités et les conditions stipulées par le contrat. — *Cass.*, 13 déc. 1810, forêts c. Borghi.

202. — L'ordonnance d'amnistie forestière du 8 nov. 1830 n'était pas applicable à un adjudicataire qui avait opéré la vidange de sa coupe contrairement aux clauses du cahier des charges; à celui, par exemple, qui avait employé des voitures, lorsque cela lui était défendu, une telle contravention se trouvant comprise dans les exceptions de l'ordonnance. — *Cass.*, 31 mars 1832, Bopp.

203. — L'adjudicataire qui n'a pas fait constater les délits commis dans sa coupe est légalement présumé les avoir commis lui-même, et ne peut invoquer le bénéfice d'une amnistie qui excepte de ses dispositions les adjudicataires poursuivis pour

cause de malversation et d'abus. — *Cass.*, 7 avr. 1827 (6 arrêts), Courrent et autres.

204. — Jugé que l'amnistie accordée par le décret du 25 mars 1810 n'était pas applicable aux délits imputés à un bûcheron préposé à la garde d'une coupe de bois, et qui dérivaient des obligations à lui imposées tant par la loi que par le cahier des charges. — *Cass.*, 14 déc. 1810 (7 arrêts), forêts c. Bonnot et autres.

205. — Lorsqu'une ordonnance d'amnistie ne fait pas de distinction entre les amendes *encourues* et celles *prononcées* par jugement, elle s'applique aux unes et aux autres.

206. — Ainsi jugé pour l'ordonnance d'amnistie forestière du 30 mai 1837. — *Cons. d'état*, 28 mai 1840, Séché et Etienne.

207. — De même, l'ordonnance d'amnistie du 30 mai 1837 portant remise d'amendes de 100 francs, et au-dessous pour contraventions en matière de roulage, s'appliquait même aux amendes encourues, mais non encore prononcées. — *Cons. d'état*, 9 mai 1838, Messageries royales.

208. — C'est donc à tort qu'il a été jugé que l'art. 2 de cette ordonnance, qui fait remise de toutes amendes de 100 fr. et au-dessous, est applicable seulement aux amendes prononcées ; qu'elle ne s'applique pas aux amendes seulement encourues antérieurement à la date de ladite ordonnance. — *Paris*, 8 juill. 1837 (t. 2 1837, p. 350), Toupillier.

209. — Malgré l'effet rétroactif de l'amnistie, relativement à la pénalité, et par dérogation à ce principe, l'amende payée pour une contravention amnistiée ne se restitue pas. — Le fisc n'a reçu que ce qui lui était dû. — *Cons. d'état*, 28 mai 1840, Séché et Etienne.

210. — Mais si l'amende a été seulement consignée avant jugement, mais non acquittée, l'amnistie s'y applique, et l'amende doit être restituée. — Ainsi, l'ordonnance d'amnistie qui ordonne la remise de toutes les amendes non acquittées avant sa date, comprend les sommes qui n'ont été consignées qu'en vertu de condamnation par défaut non encore passées en force de chose jugée. — *Cons. d'état*, 4 juill. 1837, Messageries royales.

211. — En effet, d'après les lois et réglemens sur la police du roulage, les amendes encourues doivent être préalablement consignées, et ne demeurent acquises définitivement à l'état qu'après jugement ayant force de chose jugée. — *Cons. d'état*, 20 juill. 1832, Gallien.

212. — Une ordonnance d'amnistie en matière de roulage, accordée sans la réserve des droits des employés, s'oppose à ce que ceux-ci puissent réclamer le quart des amendes qui leur est attribué par le décret du 23 juin 1806. — *Cons. d'état*, 7 avr. 1835, Auban ; 17 mai 1833, Galline.

§ 7. — *Effets de l'amnistie.*

213. — L'amnistie a un effet rétroactif. Non seulement elle fait tomber l'action pénale, mais encore elle rend le délit comme non avenu; elle relève le coupable de l'infamie et abroge les condamnations même pécuniaires qui peuvent avoir été prononcées, le tout sauf les droits des tiers. — Legraverend, *Traité de législ. crim.*, t. 2, p. 765 et suiv.; Rauter, *Dr. cr.*, t. 2, nº 868.

214. — Ainsi, le ministère public n'est plus recevable à poursuivre d'office, et de son chef, la condamnation à des dommages-intérêts d'individus amnistiés, et qui étaient poursuivis pour avoir coupé du bois dans une forêt communale. Cette action appartient uniquement à la partie lésée. — *Cass.*, 18 janv. 1828, Triplot.

215. — Et si, par inadvertance ou par oubli de l'amnistie, dit M. Massabiau (*Manuel du proc. du roi*, nº 1312), il est rendu jugement prononçant une peine pour un fait amnistié, ce jugement ne peut recevoir aucune exécution et demeure comme non avenu quant à la peine prononcée, tout en conservant son effet pour les condamnations accessoires, dépens, restitutions ou dommages-intérêts. — L'auteur cite une circul. administr. des forêts du 20 juin 1837, nº 393.

216. — En outre, l'amnistie rétablit le condamné dans l'exercice des droits civils dont il avait été privé par sa condamnation. — *Cass.*, 20 juin 1829, Dalsace ; — Massabiau, *Manuel du proc. du roi*, nº 1313. — Cette décision, quoique rendue dans le cas d'une condamnation par contumace, est assurément applicable au cas où il s'agit d'une condamnation contradictoire.

217. — Tandis que la grace, en faisant remise de la peine, laisse subsister la culpabilité des graciés, l'amnistie pleine et entière abolit les délits qui en sont l'objet, et les condamnations prononcées, lesquelles ne peuvent plus servir de base à l'application des lois sur la récidive, en cas de nouveau crime ou délit. — *Cass.*, 13 messid. an IV, Royer; 11 juin 1825, Clémencey; 19 juill. 1839 (t. 2 1839, p. 552), Charasson ; 7 mars 1844 (t. 1er 1844, p. 793), Considère; — Legraverend, *Lég. cr.*, t. 2, p. 607; Carnot, *C. pén.*, art. 56, nº 17 ; Chauveau et Hélie, *Th. du C. pén.*, t. 1er, p. 417 ; Rauter, *Dr. cr.*, t. 2, nº 868, note 2 ; Favard, *Rép.*, vº *Récidive*, nº 12 ; Dupin, *Encyclop. du droit*, vº *Amnistie*, p. 419 ; Massabiau, *Manuel du proc. du roi*, nº 1313. — V. *contrà* Bourguignon, *C. pén.*, t. 3, p. 46.

218. — Jugé donc, d'après ce principe, qu'un amnistié déclaré coupable du délit de contrebande ne peut être condamné au maximum de la peine par application de l'art. 58, C. pén. — *Cass.*, 7 mars 1844 (t. 1er 1844, p. 793), Considère.

219. — Toutefois, suivant M. Rauter (*loc. cit.*), il en serait autrement si l'amnistie n'avait fait que commuer la peine ; et encore, dans ce cas, il faudrait avoir égard à la peine substituée à l'ancienne pour déterminer plus particulièrement la peine de la récidive.

220. — Jugé que l'amnistie d'un émigré a rétabli de plein droit la communauté de biens qui existait entre lui et sa femme ; il a recouvré le droit d'exercer les actions mobilières de celle-ci et il est devenu maître des deniers dotaux. — *Besançon*, 16 fév. 1808, Masson-d'Ivrey. — V. ÉMIGRÉ.

221. — Quelques difficultés se sont élevées au sujet des effets de l'amnistie sur les condamnations prononcées par contumace. Elles ont été résolues ainsi qu'il suit. Il a été jugé :

222. — ... 1º Que l'amnistie rétablit un condamné à mort par contumace dans l'exercice des droits dont il avait été privé par l'art. 28, C. pén., et lui rend la capacité de témoigner en justice. — *Cass.*, 20 juin 1829, Dalsace ; — Merlin, *Quest.*, vº *Témoin judiciaire*, § 11 ; Carnot, *C. inst. crim.*, art. 322, nº 5.

223. — ... 2º Que l'amnistie accordée au condamné par contumace, même *six ans* après l'exécution de sa condamnation, anéantit complètement les effets de cette condamnation. En conséquence, il est censé n'avoir jamais été privé de la vie civile, et, par suite, son mariage n'a reçu aucune atteinte de sa condamnation. — *Angers*, 21 août 1840 (t. 1er 1841, p. 267), de Girardin c. le maire de Saint-Léger.

224. — Mais il a été reconnu aussi que l'amnistie ne peut, par ses effets rétroactifs, préjudicier aux droits des tiers, acquis avant sa promulgation. — V. l'arrêt qui précède. — Legraverend, t. 2, p. 765 et suiv. ; Rauter, *Dr. crim.*, t. 2, nº 868 ; Morin, *Dict. de dr. crim.*, vº *Amnistie* ; Mangin, *Traité de l'act. publ.*, t. 2, p. 442 et 459.

225. — Et dès-lors, on a jugé que l'amnistie ne relève pas le contumace des effets de la mort civile par lui définitivement encourue, en ce sens qu'elle ne détruit pas pour l'avenir la dévolution de biens opérée au profit de ses héritiers. En conséquence, ceux-ci ne sont pas obligés à restitution. — *Cass.*, 1er fév. 1842 (t. 1er 1842, p. 417), Lechauff ; — Mangin, *Traité de l'act. publ.*, t. 2, p. 442 et 450.

226. — Il en serait évidemment autrement si l'amnistie survenait pendant le délai de cinq années accordé au contumax pour se présenter à la justice; dans ce cas, elle remettrait le condamné en possession de ses biens et obligerait les détenteurs à restitution. Car, pendant ce délai, ses héritiers ne sont qu'administrateurs, envoyés en possession provisoire (C. civ., art. 28), et l'amnistie a pour le moins autant d'effets qu'en aurait la représentation du contumax.

227. — Aux termes de l'art. 16 du senatus-consulte du 6 flor. an X, les individus amnistiés ou leurs ayant-cause ne pouvaient, en aucun cas et sous aucun prétexte, attaquer les actes et arrangemens faits entre l'état et les particuliers relativement à leurs biens séquestrés. Ainsi, un prêtre amnistié ne pouvait demander la nullité de l'arrêté d'une administration centrale d'un département qui, pendant sa déportation, avait envoyé son frère en possession de ses biens séquestrés conformément à l'art. 3, L. 22 fructid. an III. — *Cons. d'état*, 29 déc. 1812, Bizot.

228. — Suivant Legraverend (t. 2, p. 761), *l'amnistie du prince* éteint en général, non seulement l'action publique, mais encore les actions civiles résultant des actes qu'elle a couverts. — C'est ce qu'a jugé, dit-il, un arrêt du parlement de Paris du 8 mars 1659 ; la loi du 12 août 1793 abolissait textuellement toutes actions civiles et privées et les jugemens qui en avaient été la suite ; et l'auteur ajoute : « C'est d'après ce principe de l'extinction de l'action civile qu'ont été exécutées les diverses amnisties proclamées à l'occasion des événemens de de la révolution, et si cette règle forme une exception qui paraît blesser les droits particuliers, on ne peut se dissimuler que les inconvéniens qui naîtraient quelquefois des actions privées pour des faits couverts du voile de l'amnistie, seraient aussi graves que nombreux ; que ces actions perpétueraient des souvenirs, entretiendraient des haines et renouvelleraient peut-être des troubles que le souverain a voulu éteindre, et qu'enfin l'avantage de la société tout entière se trouverait alors en opposition avec celui de quelques individus ; le premier doit l'emporter, lorsque le législateur ou le prince n'a pas cru devoir réserver aux particuliers l'exercice de leurs actions personnelles. » — Legraverend, *Lég. crim.*, t. 2, p. 766.

229. — Ainsi, l'amnistie stipulée dans les traités de Campo-Formio et de Lunéville, pour faits relatifs à la révolution dans les départemens réunis, a aboli l'action civile pour réparation des dommages individuels. — *Cass.*, 18 févr. 1807, Magistrats de Worms c. Clausius.

230. — Mais nous pensons, avec M. Mangin (*Tr. de l'act. publ.*, nº 446), que Legraverend va trop loin. S'il est vrai qu'une loi d'amnistie peut prononcer l'extinction à la fois de l'action publique et des actions civiles, parce que le domaine de la loi n'a pas de bornes (et toutefois cela pourrait encore être contesté en présence de l'art. 2, C. civ.), le droit du prince n'est pas aussi étendu ; il ne peut pas, par des actes de clémence, nuire à des tiers. « En vain, ajoute M. Mangin, dit-on que des actions privées pourraient perpétuer le souvenir des troubles que le souverain a voulu éteindre ; il n'y a que les poursuites dans l'intérêt de la vindicte publique qui soient de nature à faire naître un pareil danger, et si, en définitive, le gouvernement a des motifs de croire que le danger est attaché à l'exercice des actions simplement civiles, il doit soumettre aux chambres une proposition de loi pour faire interdire l'exercice de ces actions ». — V. en ce sens Rauter, nº 868.

231. — En général, les actes d'amnisties émanés du prince renferment des dispositions qui réservent expressément les actions civiles. — V. notamment ceux des 23 avr. 1814, art. 2 ; 26 avr. 1814, art. 6 ; 11 juill. 1814, art. 2 ; 13 janv. 1815, art. 4 ; 20 oct. 1820, art. 3 ; 28 mai 1825, art. 4.

232. — En tout cas, il faut admettre en principe que l'amnistie, à moins d'une clause expresse, ne forme pas obstacle à l'action civile résultant des faits auxquels elle s'applique. — *Cass.*, 25 mars 1811, Sahler ; 8 fév. 1817, Sabatbier ; 11 juin 1825, Clémencey ; — Mangin, *Tr. de l'act. publ.*, t. 2, nº 466 ; Rauter, *Dr. cr.*, t. 2, p. 868 ; Morin, *Dr. cr.*, vº *Amnistie*, p. 55 ; Dupin, *Encycl. du dr.*, vº *Amnistie*, p. 419 ; Massabiau, *Manuel de proc. du Roi*, nº 1314.

233. — Ainsi jugé que l'amnistie du 26 sept. 1830, en faveur des contraventions de police, n'embrasse que les peines, mais ne peut préjudicier aux particuliers, communes et établissemens publics relativement aux dommages-intérêts et dépens qui pourraient leur être alloués. — *Cass.*, 21 oct. 1830, Gibert ; 29 avr. 1831, Vasseur.

234. — En conséquence, la cour de Cassation doit, en cas de cassation, renvoyer devant un autre tribunal pour y être statué à fins civiles. — *Cass*, 29 avr. 1831, Vasseur.

235. — La cour de Cassation doit s'occuper d'un pourvoi formé contre un jugement de police rendu sur une contravention amnistiée, lorsqu'il y a en cause une commune qui a droit à des réparations, par suite de cette contravention. — *Cass.*, 21 oct. 1830, Gibert.

236. — Mais une amnistie, et surtout une amnistie forestière, peut s'appliquer aux dommages et restitutions auxquels l'état pourrait avoir droit par suite de délits forestiers. — Spécialement, il résulte de la combinaison des art. 1er, 3 et 4 de l'ordonnance du 30 mai 1837, portant amnistie de délits forestiers, que l'amnistie s'applique non-seulement aux amendes encourues, mais aussi, en ce qui concerne les intérêts de l'état, aux dommages et restitutions non encore alloués par jugement. — *Cass.*, 2 sept. 1837 (t. 1er 1840, p. 132), Forêts c. Binder.

237. — Quel est le tribunal compétent pour connaître de l'action civile après l'amnistie promulguée ? — Il faut répondre, selon nous, que c'est le tribunal civil, si l'action n'était pas encore intentée avant la promulgation de l'amnistie, et le tribunal correctionnel, s'il était déjà saisi à cette époque.

238. — Ainsi, jugé que l'ordonnance qui fait remise de l'action publique, à raison d'un délit forestier, ne met aucun obstacle à ce que la partie civile poursuive devant le tribunal correctionnel les réparations à elle dues, *lorsque ce tribunal a été saisi avant l'amnistie.* — *Cass.*, 30 janv. 1830, Carrère c. Larroque ; — Massabiau, *Manuel du proc. du roi*, nº 1313.

239. — Il a été jugé également que les actions en restitution des frais avancés par le domaine et en dommages-intérêts résultant de délits forestiers, réservées par l'art. 3 de l'ord. du 20 oct. 1820, portant amnistie des délits forestiers antérieurs à celle

époque, doivent être déférées aux tribunaux correctionnels, seuls chargés de juger si l'amnistie est applicable aux délits. — *Cass.*, 26 oct. 1821, Forêts c. Ernst-le-Milieu.

240. — L'amnistie forme une exception péremptoire de droit public, laquelle enlève aux tribunaux toute juridiction criminelle.

241. — Ainsi, les conseils de discipline de la garde nationale, qui peuvent être appelés à prononcer sur des faits antérieurs à une amnistie, doivent déclarer purement et simplement qu'il n'y a lieu à statuer. — Déc. minist., 30 mars 1833.

242. — L'exception tirée de l'amnistie est assimilée, sous certains rapports, à celle résultant de l'excuse légale inscrite dans la loi pénale. Ainsi l'accusé a le droit de demander que le tribunal statue sur la question de savoir si le fait qui lui est reproché ne rentre pas dans l'amnistie. C'est aussi un devoir pour les tribunaux d'appliquer l'amnistie d'office, lorsqu'il résulte des débats que les délits à juger rentrent dans les termes de ces actes.

243. — Ainsi l'omission par un tribunal de statuer sur la réquisition d'un accusé tendant à l'application de l'amnistie donne ouverture à cassation. — C. 3 brum. an IV, art. 458; C. inst. crim., art. 408; *Cass.*, 27 vend. an IX, Barrère; 7 pluv. an X, Luzzarini.

244. — Jugé que lorsque les réponses faites par un prévenu dans son interrogatoire et les expressions du jugement de condamnation présentent un délit qui pourrait rentrer dans une amnistie, ce jugement doit être cassé, dans le cas où les juges n'auraient pas agité la question de savoir si le fait était de nature à en recevoir l'application. — *Cass.*, 16 mess. an XII, Perra.

245. — Mais s'il ressortait de l'interrogatoire seulement et non des expressions du jugement que le fait imputable au condamné rentrait dans une amnistie, la cour de Cassation ne pourrait, sans excès de pouvoir, entrer dans l'examen de l'interrogatoire, à moins toutefois que l'accusé n'eût pris des conclusions formelles devant les juges du fait, auquel cas l'art. 488, C. inst. crim., pourrait être invoqué.

246. — Lorsque le fait qui a motivé la condamnation d'un accusé est couvert par une amnistie, et qu'il n'y a point de partie civile en cause, la cour de cassation ne prononce aucun renvoi en annulant l'arrêt de condamnation. — *Cass.*, 8 fév. 1817, Sabatier; — Legraverend, *Lég. cr.*, t. 2, p. 765 et suiv.; Massabiau, *Manuel du proc. du roi*, nº 1313; — V. *Contrà* Carnot, *C. inst. crim.*, *l. cit.*; Rauter, *Dr. cr.*, t. 2, nº 803.

V. ACTE D'ACCUSATION, ÉMIGRÉ, FORÊTS, GRACE.

AMODIATION.

On appelle ainsi le bail d'un héritage moyennant une portion de fruits déterminée. Le preneur se nomme *colon partiaire*. — V. BAIL A COLONAGE PARTIAIRE, BAIL A FERME.

AMORCES FULMINANTES.

V. ÉTABLISSEMENS INSALUBRES (nomenclature).

AMORTISSEMENT.

1. — On désignait sous ce nom, dans le droit ancien, la concession du roi faite aux gens de main-morte, par laquelle il leur était permis de posséder des biens, sans pouvoir être contraints de vider leurs mains. — V. MAIN-MORTE.

2. — On appelait *droit d'amortissement* la finance payée pour la validité et en retour de cette concession. Ce droit a été aboli par la loi sur l'enregistrement du 3 déc. 1790, art. 1er.

3. — Aujourd'hui, le mot *amortissement* ne s'applique qu'aux fonds consacrés à l'extinction progressive de la dette publique. — V. CAISSE D'AMORTISSEMENT.

AMPARANCE.

Ce mot, qui se rendait en latin par ceux-ci : *amparantia, amparatio*, exprimait dans les anciennes chartes, tantôt le droit de protection et de sauvegarde, tantôt les taxes ou la redevance qu'on payait à raison de cette protection. — Lafaille, *Annales de Toulouse*, t. 1er, p. 19, 26 et 34; *Gallia Christian.*, t. 6, *in probat.*, column. 169; Ducange, *Gloss.*, vº *Amparatio*.

AMPARLIER.

1. — Dans les anciennes chartes et pratiques françaises, ce mot est synonyme d'*avocat*.

2. — Suivant Ducange, les avocats ont été appelés *amparliers*, parce qu'ils défendent les autres par leurs *paroles*. — V. aussi Laurière, *Ordonn. du Louvre*, t. 1er, p. 261.

3. — Dans les établissemens de Saint-Louis, on se sert le plus souvent du mot *avocat*, mais on y parle aussi des *avant-parliers*. En voici un exemple : — « Quand aucuns a bonne deffense et loyaux, » li avocas et li *avant-parliers* doit metre avant et » proposer en jugement ses deffenses et les barres » (Exceptions) etc... » — V. aussi *Assises de Jérusalem*, chap. 7, p. 17, édit. de 1690.

4. — Pierre de Fontaine, dans son conseil, parle plusieurs fois des amparliers; il a un chapitre spécial sur leurs *paroles* et leurs *mesdits*. C'est dans ce chapitre qu'il recommande au juge de les ouïr *débonnairement* : « Les querelés esclairent » souvent, dit-il, par le force de leurs paroles. — Du reste, il loue l'amparlier « ki euist des plus brés » paroles et des plus clères ki porra. »

5. — Dom Carpentier cite un texte assez curieux dans lequel il lui semble que le mot *amparlerie* est employé comme désignant les fonctions d'avocat. — « Il fu ordoné... que Renax de le Vakerie, » li chavatiers, ne doit estre dore-en-avant rechus, » ne oïs *en amparlerie* par devant le maïeur et les » eskevins, pour che qu'il dist vilaines paroles du » maïeur et des eskevins. » — *Glossar. med. et infim. latinitat.*, vº *Amparlarii*.

6. — On pourrait peut-être donner un autre sens au passage qui vient d'être rapporté, et, en effet, Carpentier lui-même reconnaît que le mot *amparlerie* a fort bien pu recevoir ici une autre signification... *nisi* FORUM JUDICIALE *intelligas*, *quod haud improbabile est*; — mais c'est une question que nous abandonnons aux savans.

7. — Dans l'indice de Ragueau et dans le glossaire de Laurière, on donne comme synonymes les mots *parlier*, *emparlier*, *ampurlier*, *avant-parlier*, *prélocuteur*, et cependant on les applique tantôt aux avocats, tantôt aux procureurs des parties litigantes. — Ce qui est certain, c'est que le mot *amparlier* désignait les avocats. — *Sunt advocati, causidici, causarum patroni, qui causantur, et causam dicunt vel defendunt.* — *Gloss. du dr. franç.*, vº *Emparliers*, t. 1er, p. 386. — V. au surplus AVANT-PARLIER, AVOCAT.

AMPLIATION.

1. — Se dit, en termes de jurisprudence ou d'administration, du double d'un acte, d'une espèce de *duplicata*, signé des parties et tel qu'il forme un second original (V. pour exemple l'art. 11 de la loi des 18-22 juill. 1837 sur l'administration municipale). — Dans le notariat, on donne le nom d'*ampliation* aux secondes grosses qu'un notaire délivre sur une grosse originale qui lui a été déposée. — Le mot *amplier, ampliation*, dérivé du latin *ampliare*, signifie, en général, augmenter une chose, la rendre plus ample. On disait, dans le vieux style du palais, *amplier un criminel*, quand on différait son jugement en ordonnant un plus ample informé; *amplier un prisonnier* signifiait le tenir moins réservé qu'il ne l'était, en lui donnant, par exemple, la liberté du préau : *amplier*, au lieu de prolonger le terme d'un paiement.

2. — On nomme *acte d'ampliation* ou *ampliatif* celui qui ajoute à ce qui a été dit dans un acte précédent.

3. — Dans l'ancien droit, on appelait *lettres d'ampliation* celles qui s'obtenaient en chancellerie à l'effet de pouvoir articuler les moyens omis dans une requête civile. — Dans la coutume de Lorraine, on nommait *information d'ampliation* ce qu'on appelait ailleurs *information* par addition, ce qui n'était autre chose que ce qu'on appelle aujourd'hui *supplément d'information*. — L'*ampliation de criées*, dont parle l'art. 17 de la coutume de la Rochelle, était l'addition de quelques biens à des criées commencées, sous la condition de procéder à de nouvelles criées, tant pour les premiers biens que pour ceux nouvellement ajoutés.

4. — Le mot *ampliation* n'a aujourd'hui d'autre importance qu'en tant qu'exprimant les secondes grosses qu'un notaire délivre sur la grosse originale déposée entre ses mains.

5. — Il y a lieu de recourir à la voie de l'*ampliation* dans plusieurs circonstances, notamment, dit Toullier, t. 8, nºs 845 et 846 :

6. — ... 1º Lorsque, dans une succession ou dans un partage, il se trouve des rentes ou créances que les héritiers divisent entre eux par portions, l'existence d'une seule grosse rendrait les poursuites des divers cohéritiers difficiles. Pour parer à cet inconvénient, et afin que chacun d'eux puisse se faire payer et exercer des contraintes, on annexe la grosse au partage, afin que le notaire puisse en délivrer autant de copies qu'il y a de copartageans. — Rolland de Villargues, vº *Ampliation*, nº 1er; Toullier, t. 8, nº 455.

7. — 2º Dans le cas inverse, lorsqu'il s'agit d'une dette poursuivie contre les héritiers d'un débiteur qui ne sont personnellement tenus que pour leur part virile, le créancier n'ayant plus, après le partage, le droit de les assigner tous devant le tribunal du lieu de l'ouverture de la succession, peut se trouver forcé de plaider dans plusieurs tribunaux peut-être éloignés les uns des autres. Nul doute que, dans ce cas encore, il puisse demander qu'il lui soit délivré plusieurs grosses, soit sur la minute, soit par la forme d'*ampliation* sur la première grosse déposée; au bas desquelles grosses mention sera faite de la portion de la dette pour laquelle chaque héritier peut être exécuté. — Loret, *Elém. de la science notar.*, t. 3, p. 765; Toullier, t. 8, nº 456; Pigeau, t. 2, p. 330 et suiv.; Carré, *Cours élém. d'organis. publ.*, nº 615; Rolland de Villargues, *ibid.*, nº 2. — Toutefois, cette opinion de Toullier ne nous semble pas à l'abri de la critique. — V. GROSSE.

8. — 3º Il en est de même lorsque la créance résultant d'une obligation ou de tout autre contrat se trouve appartenir à plusieurs par l'effet d'une cession. — Carré, *ibid.*; Augan, *Cours de notar.*, p. 122; Rolland, *ibid.*; Toullier, *ibid.*

9. — Un notaire ne peut, de lui-même, délivrer des ampliations. Voici ce que porte à cet égard l'art. 844, C. procéd. : « La partie qui voudra se » faire délivrer une seconde grosse, soit de la minute d'un acte, soit par forme d'*ampliation* sur » une grosse déposée, présentera, à cet effet, requête au président du tribunal de première instance; en vertu de l'ordonnance qui interviendra, elle fera sommation au notaire pour faire » la délivrance à jour et heure indiqués, et aux » parties intéressées pour y être présentes; mention sera faite de cette ordonnance au bas de » la seconde grosse, ainsi que de la somme pour » laquelle on pourra exécuter si la créance est acquittée ou cédée en partie. — En cas de contestation, les parties se pourvoiront en référé. » — Art. 845.

10. — D'un autre côté, l'art. 26, L. 25 vent. an XI, défend aux notaires, à peine de destitution, de délivrer, même aux parties intéressées, des grosses autres que la première sans une ordonnance du président, laquelle (est-il ajouté) demeurera jointe à la minute. — V. aussi art. 33, même loi, et art. 10, L. 16 juin 1824.

11. — Ces dispositions ne font, comme on le voit, aucune distinction entre les ampliations et les secondes grosses, les mêmes formalités sont communes aux unes et aux autres.

12. — Celui qui désire une seconde grosse doit s'adresser au président du tribunal civil dans l'arrondissement duquel demeure le notaire gardien de la minute (Carré, *Quest.* 2639). S'il s'agissait de la délivrance par forme d'*ampliation*, d'une grosse *déposée*, on pourrait s'adresser au président du tribunal dans l'arrondissement duquel le dépôt a été fait, pourvu qu'il ne l'ait pas été frauduleusement dans un lieu éloigné du domicile des parties. — Toullier, t. 8, nº 455, et la note; Rolland, *ibid.*, nº 7.

V. ACTE NOTARIÉ, COPIE, ENREGISTREMENT, GROSSE, TIMBRE.

ANATOCISME.

Table alphabétique.

ANATOCISME. — 1. — Contrat par lequel on stipule les intérêts des intérêts d'un capital. A proprement parler, l'anatocisme est l'intérêt des intérêts lui-même.

2. — Ce mot est composé de deux mots grecs : ανα, *de rechef*, et τοκος, *production*. Ainsi l'anato-

cisme est une double production, une reproduction d'intérêt par le même capital.

3. — A Rome l'anatocisme était expressément défendu et puni sévèrement.— LL. 26, § 1er, ff., *De condict. indeb.*; 20, Cod, *Ex quibus caus. infam. irrog.*; 8, Cod., *De usuris*.

4. — Dans l'ancien droit français, il avait été également prohibé comme contrat usuraire par l'ordonnance de Philippe-le-Bel de 1311.

5. — Cette prohibition a été répétée, même en matière commerciale, par l'ordonnance de 1673 (tit 6, art. 1er et 2) qui défendait en effet aux négocians, marchands et à tous autres de prendre l'intérêt de l'intérêt, sous quelque prétexte que ce fût.

6. — L'anatocisme était en outre sévèrement interdit par un arrêt rendu en forme de règlement au parlement de Besançon, le 8 janv. 1707. — Denizart, vº *Anatocisme*, nº 3.

7. — La prohibition de l'anatocisme avait été maintenue par la législation postérieure à 1789 et notamment par les lois des 5 therm. an IV et 15 fructid. an V. — *Cass.*, 8 frim. an XII, Metais c. Hommet.

8. — Mais il était permis en Flandre et en Artois de constituer des rentes pour un principal qui n'était composé que d'arrerages. Dans ces pays, il n'y avait anatocisme qu'autant que, les intérêts se joignant au principal, on faisait du tout un nouveau contrat et non pas quand le principal d'une nouvelle constitution n'était composé que d'arrérages. — Parlem. Paris, 31 janv. 1739. — Denizart, vº *Anatocisme*, nºs 4 et 5.

9. — Domat (*Lois civiles*, liv. 3, tit. 5, sect. 1re, nº 10 à la note) semble poser une règle contraire à l'égard des rentes *constituées à prix d'argent*. « Ces rentes, dit-il, ne sont pas des fruits d'un fonds et n'ont pour le principal qu'une somme de deniers qui a fait le prix de l'acquisition de la rente; ainsi les arrérages de ces rentes ne peuvent jamais produire d'intérêts, ni s'accumuler avec le principal pour faire un capital dont le débiteur puisse devoir de nouveaux intérêts. »

10. — Mais jugé que les lois qui proscrivaient l'intérêt des intérêts étaient inapplicables aux arrérages des *rentes foncières*, lesquels représentant les fruits de l'objet arrenté, devaient être considérés comme formant un capital susceptible de produire intérêts au taux légal, quand ils étaient échus et demandés en justice. — *Cass.*, 30 avr. 1806, Craipain c. Chaboneau.

11. — Le Code civil, ayant permis de stipuler des intérêts dans toute obligation, même pour simple prêt, soit de denrées, soit d'autres choses mobilières (art. 1905 et 1907), devait autoriser l'anatocisme. Toutefois, voulant protéger le débiteur malheureux contre la cupidité du créancier, il en a limité les effets. Ainsi, pour que l'anatocisme puisse avoir lieu, il faut 1º qu'il s'agisse d'intérêts échus et dus au moins pour *une année entière*, et 2º qu'il y ait demande judiciaire ou convention spéciale. — Art. 1154.

12. — « Aujourd'hui on considère les intérêts d'un an comme un capital, et cela est conforme aux vrais principes. Il ne faut pas qu'il soit au pouvoir du débiteur de reculer, par des échéances multipliées, le paiement premier du capital et de nuire au créancier en le privant du droit de se faire un nouveau capital des intérêts civils de ses fonds. Ce principe forcera encore les hommes a l'exécution de leurs obligations en les punissant du retard qu'ils voudront y apporter. » — Favard de Langlade, *Rapport au tribunat*.

13. — Comme l'art. 1154 précité exige que les intérêts, pour en produire eux-mêmes, soient dus pour une année entière, on s'est demandé si le débiteur et le créancier pouvaient convenir *d'avance dans l'acte d'obligation* qu'à défaut de paiement des intérêts à chaque échéance, d'année en année, ces intérêts se capitaliseraient pour porter intérêt à leur tour. La négative se fonde sur ce que l'art. 1154 veut non seulement que les intérêts soient dus pour une année, mais encore qu'ils soient *échus*. — *Nîmes*, 9 fév. 1827, Maurin c. Robert; *Riom*, 21 juill. 1840 (t. 1er 1842, p. 350), Réal c. Dumoulin-Dufraisse.

14. — Mais qu'a voulu le législateur par cette disposition? C'est que les intérêts ne pussent en produire à leur tour qu'autant qu'ils seraient dus pour une année entière de jouissance du capital. Or, la convention dont il s'agit n'a rien de contraire au but que le législateur s'est proposé. Les intérêts seront échus et dus pour une année entière quand elle recevra son exécution. Cette convention doit donc être valable. — V. en ce sens, Toullier, t. 6, nº 271; Duranton, t. 10, nº 499; Paillet, *Encycl. du droit*, vº *Anatocisme*, nº 6; Souquet, *Dictionn. des temps légaux*, vº *Intérêts*, 277e tabl., 5e col., nºs 130 et 131. — Jugé de même qu'est valable la convention par laquelle il est dit qu'à mesure qu'il sera dû une année d'intérêts, le débiteur pourra les retenir en en payant les intérêts et à la charge de payer le tout au terme fixé. — Une pareille convention, qui suppose que les intérêts seront dus au moins pour une année, comme l'exige l'art. 1154, C. civ., ne viole ni cet article, ni l'art. 2220, qui défend de renoncer à l'avance à la prescription, ni l'art. 2227, qui déclare les intérêts des capitaux prescriptibles par cinq ans. — *Cass.*, 11 déc. 1844 (t. 1er 1845, p. 116), Genouilhac et Gras-Préville c. Saint-Albin.

15. — Il nous semble qu'il pourrait aussi être convenu que des intérêts *déjà échus et exigibles* d'un prêt fait pour moins d'une année, et par exemple pour six mois, formeront entre les mains du débiteur un capital productif d'intérêts. L'art. 1154 n'a eu en effet pour but que de proscrire la convention par laquelle les parties stipuleraient, lors du prêt, que les intérêts formeront tous les six mois, par exemple, un capital productif d'intérêts. Mais quand les intérêts sont dus et exigibles au moment de la convention, le débiteur peut les garder par devers lui comme une nouvelle somme qui lui est prêtée à intérêt par le créancier. — Duranton, t. 10, nº 500; Paillet, *ibid.*, nº 7.

16. — On ne peut stipuler pour le passé une capitalisation d'intérêts, et, par suite, leur faire produire à eux-mêmes des intérêts à partir d'une époque antérieure à la convention.—*Cass.*, 24 mars 1841 (t. 2 1843, p. 217), Robles c. Jaulin.

17. — En effet, la demande et la convention sont, quant à la production d'intérêts, placées par l'art. 1154 dans une parfaite assimilation, et il serait impossible d'assigner à l'une des effets que l'autre ne produirait pas. Or, si la convention eût pu engendrer des intérêts à partir d'époques antérieures au jour où elle a été formée, la demande judiciaire eût dû produire le même effet, et c'est une conséquence que la loi a formellement refusé d'y attacher. En effet, si la demande en justice eût pu, suivant les énonciations de son libellé, donner cours aux intérêts à compter d'une époque antérieure au jour de la signification qui en est faite au défendeur, il eût été parfaitement inutile que l'art. 57, C. procéd., disposât que la citation en conciliation ferait courir les intérêts, *pourvu que la demande fût formée* dans le mois; il eût suffi d'insérer dans la demande un chef de conclusion tendant à faire condamner le défendeur au paiement des intérêts *à compter de telle époque* antérieure à l'exploit introductif d'instance.

18. — La loi veut, en outre, pour que les intérêts d'un capital soient productifs, qu'il y ait une convention expresse à cet égard, ou qu'il soit intervenu une demande judiciaire. Sans cette convention ou sans cette demande, les intérêts des intérêts ne peuvent être exigés.— *Rennes*, 7 mai 1816, Bisson c. Mancel; *Cass.*, 24 déc. 1838 (t. 1er 1839, p. 371), Boulay c. Dutrésor.

19. — Un simple commandement ne peut être considéré comme la *demande judiciaire* exigée par la loi pour faire courir l'intérêt des intérêts échus. — *Cass.*, 16 nov. 1826, Vignon c. héritiers Dumas.

20. — Dans la demande, il faut nécessairement conclure aux intérêts des intérêts. Il ne suffirait pas de conclure aux intérêts du capital primitif. L'art. 1154, qui ne parle que des intérêts des intérêts, rapporte évidemment à cette nature d'intérêts la demande judiciaire qu'il exige. — Toullier, t. 6, nº 272; Duranton, t. 10, nº 503; Paillet, *loc. cit.*, nº 9.

21. — Ce ne sont que les intérêts dus *pour une année* que la demande, comme la convention, fait courir. Elle ne pourrait avoir pour effet d'ouvrir le cours des intérêts de ceux qui seraient dus depuis *plus d'une année*, mais pour *moins d'une année*. — Duranton, t. 10, nº 502; Paillet, nº 10; Souquet, *ibid.*, nº 129. — V. au reste *suprà* nºs 11 et suiv., 15 et suiv.

22. — Les intérêts des intérêts échus postérieurement à la demande ne peuvent également être accordés qu'autant qu'il y a une année accomplie, et qu'il en a été formé une demande expresse en justice.— *Cass.*, 14 juin 1837 (t. 1er 1837, p. 548), Monestier c. Molinier; *Riom*, 21 juill. 1840 (t. 1er 1842, p. 350), Béal c. Dumoulin-Dufraisse; — Souquet, 277e tableau, 1re col.

23. — Décidé au contraire que la disposition de l'art. 1154, C. civ., doit être entendue en ce sens que lorsqu'au jour de la demande il y a plus d'une année d'intérêts échus, tous ces intérêts peuvent être capitalisés, encore bien que la seconde année, pendant laquelle la demande est formée, ne soit pas révolue.— *Bordeaux*, 17 déc. 1841, (t. 1er 1842, p. 348), Braud c. Chevalier d'Arbec.

24.—Une demande en capitalisation d'intérêts dus en vertu d'une condamnation de première instance, peut être valablement formée durant le cours de l'instance d'appel, bien que par le fait de cet appel l'existence de la dette principale fût encore remise en question, et qu'ainsi les intérêts eux-mêmes ne fussent ni certains ni liquidés.— *Cass.*, 10 déc. 1838 (t. 2 1838, p. 571), Boucher c. Hennet.

25.—La condamnation qui intervient sur une demande dans laquelle on a conclu aux intérêts des intérêts échus pour une année ne saurait faire courir les intérêts de ceux à échoir, faute de paiement à leur échéance. Cette condamnation n'est rendue qu'en exécution de l'art. 1154, qui, comme nous l'avons dit, concerne seulement les intérêts des intérêts échus au moment de la demande et de la condamnation. — Toullier, t. 6, nº 272; Souquet, 278e tableau, 5e col., nº 132; Gouget et Merger, *Dict. de dr. comm.*, vº *Anatocisme*, nº 5.

26.—L'art. 1154 a donné lieu encore à la question de savoir si une condamnation au paiement des intérêts pour restitution de fruits ou intérêts échus peut être prononcée contre l'héritier bénéficiaire, aussi bien que contre l'héritier pur et simple à dater du jour de la demande.—La cour de Paris a jugé la négative par arrêt du 14 mai 1819 (d'Orléans c. Delagrange), en se fondant sur ce qu'une pareille condamnation n'est autorisée qu'à titre de dommages-intérêts, pour cause d'un retard apporté dans l'exécution d'une obligation, et sur ce que l'héritier bénéficiaire n'était point, dans l'espèce, en retard de rendre compte, seule obligation qui lui fût imposée, et ne s'était en outre rendu coupable d'aucune faute grave dans son administration.— Mais, dans le système contraire, et c'est celui auquel nous nous rangeons, on dit que l'art. 1154 ne fait aucune distinction entre les intérêts des capitaux dus par des héritiers purs et simples, et ceux des capitaux dus par des héritiers bénéficiaires, et que, d'ailleurs, ce ne sont pas les héritiers bénéficiaires qui doivent les intérêts moratoires, mais la succession, intérêts au paiement desquels les héritiers bénéficiaires ne contribuent que jusqu'à concurrence du bénéfice que leur procure cette succession. Ce système a été généralement admis. —*Cass.*, 5 août 1824, Remigny c. Durand;—Vazeille, *Des successions*, sur l'art. 804, nº 4; Paillet, nº 5; Souquet, 278e tableau, 5e col., nº 137.

27.—Spécialement, les intérêts des fruits ou intérêts auxquels donne lieu une légitime sont dus au légitimaire, à partir de la demande par l'héritier bénéficiaire aussi bien que par l'héritier pur et simple.—*Cass.*, 16 août 1825, de Saint-Priest-Saint-Mur c. de Saint-Priest-Saint-Agne.

28.—Le tuteur qui a reçu les intérêts de sommes appartenant au pupille et n'en a pas fait emploi dans les six mois doit, de plein droit, les intérêts de ces intérêts à l'expiration de chaque année.— *Nancy*, 19 mars 1830, Joliot c. Lombard;—Merlin, *Rép.*, vº *Intérêts*, § 2, nº 4; Magnin, *Des minorités*, nº 688.

29. — Mais c'est là une peine, des dommages-intérêts, plutôt que des intérêts proprement dits. Les sommes touchées par le tuteur comme intérêts des capitaux perdent leur nature, leur qualification d'intérêts, et, dès qu'ils ont été encaissés, deviennent pour le mineur des capitaux. Aussi nous ne croyons pas qu'on puisse voir dans l'art. 456 une exception à l'art. 1154, C. civ.

30.—Celui qui, par une saisie-arrêt mal fondée, a empêché le paiement des intérêts échus d'un capital, est responsable des intérêts de ces intérêts, et doit être condamné à les payer, mais seulement à partir du jour de la demande.— *Metz*, 10 juin 1812, Tornaco c. Vandernoot.

31.—Mais, à partir de la majorité du pupille et pour tout le temps écoulé jusqu'à la reddition du compte de tutelle, les intérêts du capital dont il se trouve débiteur ne peuvent produire des intérêts que par une demande judiciaire conformément à l'art. 1154. — *Nancy*, 19 mars 1830, Joliot c. Lombard.

32.—Les intérêts dus par le tuteur pour le reliquat du compte de tutelle peuvent eux-mêmes produire aussi des intérêts à l'expiration de l'année, mais seulement à partir de la demande.— Souquet, vº *Intérêts*, 275e tableau, 5e col., nº 72.

33.—Ce que nous venons de dire de l'obligation du tuteur, de faire compte de l'intérêt des intérêts des deniers du mineur non employés dans les six mois, doit également s'appliquer aux tuteurs des interdits.—Merlin, *Rép.*, vº *Intérêts*, § 2, nº 8.

34.—La restriction de l'art. 1154, suivant lequel les intérêts échus des capitaux ne peuvent produire à leur tour d'intérêts qu'autant qu'ils sont dus au moins pour une année, ne s'applique qu'aux intérêts d'un capital non aliéné. On peut capitaliser toute autre espèce de revenus échus, tels que fermages, loyers, arrérages de rentes perpétuelles ou viagères; il en est de même des restitutions des fruits et d'intérêts payés par un tiers en l'acquit du débiteur. Ces objets produisent intérêts du jour de la demande ou de la convention (art. 1155), encore bien qu'ils ne soient pas dus pour une année entière. — Toullier, t. 6, nº 274; Duranton, t. 10, nº 494; Cotelle, *Des intérêts*, nº 102; Souquet, 278e tableau, 5e col., nº 139.

35.—Ces sortes de revenus, disait Domat (*Lois civ.*, liv. 3, tit. 5, sect. 1re, nº 10), sont différens des intérêts, en ce que les intérêts ne sont pas un revenu naturel (L. 62, ff., *De rei vindic.*) et ne sont de la part du débiteur qu'une peine que la loi lui impose pour son retardement, et de la part du créancier qu'un dédommagement de la perte qu'il souffre pour n'être pas payé; au lieu que le prix des fruits et des loyers est un revenu naturel qui de la part du débiteur est la valeur d'une jouissance dont il a profité, et de la part du créancier un bien effectif qui, en ses mains, fait un capital comme tout autre bien. Ainsi, le débiteur du prix d'un bail à ferme ou des loyers d'une maison en doit justement les intérêts depuis la demande.

36.—Jugé que les arrérages d'une rente viagère, constituée en paiement du prix d'une vente d'immeubles, sont soumis à la règle générale établie par l'art. 1155, et ne produisent intérêts que du jour de la demande ou de la convention. — *Paris*, 11 août 1823, Drouin de Saint-Leu et Cormier c. Desvallières.

37.—L'art. 1155 ne faisant aucune distinction entre les revenus liquidés et ceux qui ne le sont pas, il s'ensuit que les intérêts pour loyers échus, quoique non encore liquidés, peuvent être alloués à partir du jour de la demande. — *Cass.*, 21 nov. 1820, Giuliani c. Castelli.

38.—Ainsi, spécialement, lorsque le propriétaire qui a donné sa maison à un créancier, à titre d'antichrèse, pour se payer sur les loyers, réclame les loyers perçus par le créancier en sus de sa créance, les loyers restituables portent intérêts du jour de la demande; peu importe qu'il y eût contestation sur les comptes des parties, et qu'en conséquence les loyers ne fussent pas liquidés.—Même arrêt.

39.—Décidé de même que le compte de loyers ordonné après condamnation, pour en fixer la quotité, ne fait pas obstacle au paiement des intérêts de ces loyers, en ce que, la créance ayant été reconnue n'être pas liquide, il ne pourrait y avoir lieu à des offres réelles, et par cela même au paiement des intérêts.—*Paris*, 26 mars 1831, Bouchesèche c. Driois.

40.—Mais une condamnation judiciaire de loyers échus et à échoir, avec les intérêts tels que de droit, n'a pas pour effet de faire courir les intérêts des loyers non échus du jour de la demande et avant l'échéance de chaque terme. Les mots *intérêts de droit* ne doivent s'appliquer qu'aux loyers échus lors du jugement.—Même arrêt;—Souquet, 278e tableau, 5e col., nº 135.

41.—Nous avons vu que l'art. 1155 attribue à la demande ou à la convention l'effet de faire produire des intérêts aux *restitutions de fruits*. Mais il a été jugé par la cour de Cassation, suivant arrêt du 15 janv. 1839 (t. 1er 1839, p. 169, Constant c. Rudel et Dumiral), que l'anatocisme n'était point permis quant aux intérêts des intérêts de jouissance de fruits.—Cette décision nous paraît contestable en présence des termes de l'art. 1155 précité.

42.—La disposition de l'art. 1154, qui ne permet d'exiger les intérêts des intérêts qu'autant qu'il s'agit des intérêts d'au moins une année entière, reçoit encore une autre exception que celle résultant de l'art. 1155. Cette exception a lieu en matière de banque et de commerce. Ainsi, les intérêts compris dans chaque compte courant entre négocians peuvent être capitalisés pour produire eux-mêmes intérêts du jour où chaque compte est dressé, quoiqu'il s'agisse d'intérêts de moins d'une année.—*Cass.*, 12 nov. 1834, Bouault c. syndics Gérard;—Paillet, nº 8.

43.—M. Chardon (*Tr. de l'usure*, nº 487) émet l'avis contraire, qui ne nous paraît pas devoir être suivi, car les intérêts échus deviennent un capital exigible susceptible de produire des intérêts par convention spéciale, et MM. Goujet et Merger (*Dict. de dr. comm.*, vº *Anatocisme*, nº 4) remarquent, avec raison, que l'usage admis dans le commerce est fondé sur la nécessité d'une exécution ponctuelle.

44.—Jugé même qu'il n'est pas nécessaire, dans ce cas, qu'il soit intervenu une stipulation formelle entre les parties; il suffit que chacun des comptes courans ait été envoyé au débiteur. — *Cass.*, 19 déc. 1827, Cogez c. Thery.

45.—Mais on ne peut invoquer, pour faire produire des intérêts aux intérêts d'un prêt accompagné d'antichrèse, l'usage de capitaliser les intérêts annuels dans les comptes courans entre négocians, sous le prétexte que le prêteur a un compte ouvert avec l'emprunteur, dû chef des fruits perçus de l'immeuble donné en antichrèse.— *Liège*, 6 déc. 1824, Demet et Delloye c. Paquo.

V. CONTRAT PIGNORATIF, INTÉRÊTS, PRÊT A INTÉRÊT et USURE.

ANATOMIE.

1.—Les personnes tenant un cabinet d'anatomie sont rangées par la loi du 25 avr. 1844, sur les patentes, dans la sixième classe des patentables, et imposées : 1º à un droit fixe basé sur le chiffre de la population de la ville où est situé l'établissement;—2º à un droit proportionnel du vingtième de la valeur locative de la maison d'habitation et des locaux servant à l'exercice de la profession.

2.—Les fabricans de pièces d'anatomie sont rangés par la même loi dans la sixième classe, et imposés à un droit fixe basé sur le chiffre de la population de la ville ou commune où est situé l'établissement, et à un droit proportionnel du vingtième de la valeur locative de la maison d'habitation et des locaux servant à l'exercice de la profession.

ANCIEN AVOCAT.

1. — Ce nom se donne à l'avocat qui, depuis dix ans au moins, est inscrit au tableau et qui a le droit de signer une requête civile. — C. procéd., art. 495.

2. — Autrefois, les anciens avocats avaient le privilége de porter la robe rouge et de siéger avec le parlement. — V. AVOCAT.

ANCIENNETÉ.

1. — Priorité de réception dans un corps, une compagnie (Académie).

2. — L'ancienneté se détermine par l'époque de la prestation de serment ou par l'installation.

3. — En France, il y a certains avantages attachés à l'ancienneté.

4. — A l'armée, par exemple, jusqu'au grade de chef de bataillon ou de chef d'escadron, les deux tiers des grades appartiennent à l'ancienneté. — V. ARMÉE.

5. — Dans la magistrature, c'est l'ancienneté qui règle les rangs, la préséance. — V. PRÉSÉANCE.

6.—Il en est de même au barreau.—V. AVOCAT.

7. — Dans l'ordre judiciaire, la qualification de *doyen* est donnée au plus ancien du corps ou de la compagnie à laquelle il appartient.

8. — Anciennement, le doyen de la grand' chambre au parlement avait le pas sur les présidens, autres que les présidens à mortier; mais cette prérogative lui était vivement disputée. L'histoire rapporte qu'à l'oraison funèbre du maréchal de Guébriant, prononcée dans l'église de Notre-Dame, les présidens des enquêtes prirent par le bras le vieux doyen Savare, et qu'ils l'arrachèrent de sa place. Le premier président appela les gardes du roi, qui assistaient à la cérémonie, pour soutenir le doyen.

9. — A Paris, le doyen de l'ordre des avocats ne fait partie du conseil de discipline que s'il y entre par la voie de l'élection.

10. — Il en est autrement dans la compagnie des avoués et dans celle des notaires; le doyen est de droit membre de la chambre. Cet usage est plus conforme aux traditions.

11. — En cas d'égalité de suffrages entre deux avocats, soit pour l'entrée au conseil, soit même pour le bâtonnat, l'élection profite à l'avocat le plus ancien dans l'ordre du tableau.—V. AVOCAT.

12. — Dans quelques procédures, la loi attribue certains avantages, certaines prérogatives à l'avoué le plus ancien. — V. AVOUÉ, REDDITION DE COMPTE, DISTRIBUTION PAR CONTRIBUTION, SCELLÉS.

13. — A Paris, le rang d'ancienneté parmi les notaires se règle par l'époque de présentation à la chambre, et non par celle de la nomination ou de la prestation de serment. — Délib. de la ch. des notaires, 11 fructid. an XIII. — V. NOTAIRE.

V. ACTE ANCIEN, FORETS.

ANCRAGE (Droit d').

1. — Rétribution que perçoit le souverain d'une côte sur tous les navires qui y abordent, en quelque sorte pour la permission qu'il donne d'y jeter l'ancre.

2. — L'équité de cette rétribution paraît fondée sur ce que la sûreté du rivage, des personnes et des choses, donne lieu à des dépenses qui appellent une indemnité. — Pardessus, *Dr. com.*, nº 712.

ANCRE.

V. AGRÈS ET APPARAUX, ANCRAGE (droit d'), PRÊT A LA GROSSE.

AN DE DEUIL.

V. DEUIL.

ANDORRE.

1.—Petite vallée, de douze lieues de circonférence, située en Catalogne, dans le comté de Cerdagne, sur le versant méridional des Pyrénées, entre la France et l'Espagne, ayant une population d'environ 6,000 habitans, suivant de Roussilhon (*de l'Andorre*), et de 15,000, suivant de Balbi (*Géographie*).—V. aussi Baudrand, édit. 1705, et Lamartinière, t. 1er, p. 263.

2. — Un conseil général, composé de vingt-quatre membres, y exerce le pouvoir souverain. —Roussilhon, *ibid.*

3. — Les vingt-quatre membres du conseil sont : douze consuls qui administrent les paroisses, et douze consuls qui étaient en fonctions l'année précédente. Ces derniers s'appellent *conseillers*, et composent trois chambres. La première chambre est formée de six conseillers, la deuxième de douze, et la troisième de tout le conseil. — Roussilhon, *ibid.*

4. — Ce conseil exerce la souveraineté sans contrôle. — Roussilhon, *ibid.*

5. — A sa tête, et en qualité de président, est un *procureur général, syndic de la Vallée*, nommé à vie, à moins d'exclusion ou de destitution. — Balbi, *Géographie*, p. 449.

6. — L'indépendance et la souveraineté de la vallée d'Andorre remonte à Charlemagne. En 790, cet empereur après avoir défait les Maures, et reçu l'hospitalité des Andorrans, voulut les en récompenser en les déclarant indépendans, et leur donna la permission de se gouverner par leurs propres lois. Les seuls droits retenus par Charlemagne consistaient dans un tribut que la vallée devait lui payer annuellement et dans la retenue du pouvoir judiciaire qu'il faisait exercer en son nom par un *viguier* de son choix. — Roussilhon, *de l'Andorre.*

7. — Louis-le-Débonnaire céda en 811 à l'évêque d'Urgel une partie des droits que Charlemagne s'était réservés. La moitié du tribut stipulé en 790 fut cédée à l'évêque d'Urgel, et l'autre moitié (la ville d'Andorre exceptée) au chapitre de l'église cathédrale, démolie par les maures et rebâtie par Louis-le-Débonnaire. La moitié de la dîme de la ville d'Andorre fut donnée à l'un des principaux habitans, en récompense des services qu'il avait rendus. On désigna et on désigne encore cette portion sous le nom de *droits carlovingiens.* — Roussilhon, *ibid.*

8. — Les comtes de Foix usurpèrent par la suite les droits que les rois de France s'étaient réservés sur l'Andorre. En 1194, intervint un traité entre Raymond Roger, comte de Foix, et Castelle, évêque d'Urgel. Ce traité portait que l'évêque et le comte exerceraient leurs droits par indivis.—*Ibid.*

9. — D'autres arrangemens intervinrent successivement entre l'évêque d'Urgel et le comte de Foix. Ces arrangemens, qui sont encore la base de tous les droits respectifs, sont appelés *Paréages.*

10. — Le plus important de tous ces traités est celui qui eut lieu en 1258. Six arbitres, nommés par Roger Bernard, comte de Foix, et par l'évêque d'Urgel, rendirent, en présence de Pierre, roi d'Aragon, qui en garantit l'exécution, une sentence portant que le comte et l'évêque pourraient percevoir annuellement le produit d'une taille payée par les habitans d'Andorre; que la contribution attribuée à l'évêque ne pourrait s'élever au dessus de 4,000 sols, tandis que celle que le comte pourrait lever restait illimitée. La sentence disposait, en outre, que le quart des émolumens de la justice appartiendrait à l'évêque, les trois autres quarts étant réservés au comte. — Roussilhon, *ibid.*

11. — La sentence arbitrale portait aussi que la justice continuerait à être rendue par deux *viguiers* ou leurs *bailes*; qu'en matière civile, le jugement de ces magistrats pourrait être porté devant un juge d'appel, lequel serait nommé alternativement par le comte et par l'évêque et choisi parmi les Français ou parmi les Espagnols. A la mort de celui nommé par l'évêque d'Urgel, le comte, remplacé plus tard par le roi de France, devait faire la nomination, *et vice versâ*.—Le juge d'appel était nommé à vie, ainsi que le viguier; il fallait être avocat pour remplir cette charge.

12. — Le juge d'appel ne recevait pas un traitement fixe; il avait droit à 15 pour cent sur la valeur du litige, somme qu'il prélevait avant que la partie ayant obtenu gain de cause fût mise en possession de l'objet. — *Ibid.*

13. — Le juge d'appel pouvait prononcer sa sentence selon sa conscience, mais ordinairement il le faisait suivant les lois du pays qui l'avait nommé. — Roussilhon, *ibid.*

14. — On pouvait se pourvoir de la sentence rendue par le juge d'appel, soit au roi de France, soit à l'évêque d'Urgel, suivant que la nomination de ce juge avait été faite par l'un ou par l'autre. Dans le cas de pourvoi formé devant le roi de France, celui-ci renvoyait l'affaire au parlement de Toulouse. L'évêque renvoyait à son conseil ec-

clésiastique ou même à son viguier. —Roussilhon, *ibid.*

15. — Tel était l'état des choses quand, le comté de Foix ayant été réuni à la couronne de France par l'avénement d'Henri IV, tous les droits des comtes furent exercés par le roi de France. — *Ibid.*

16. — Sous les successeurs d'Henri IV, la situation demeura la même, sauf diminution du tribut, laquelle fut consentie par eux. Ils n'exigèrent plus qu'une prime annuelle de 1,870 livres, qui plus tard encore fut réduite à 960.

17. — Lorsque la révolution française eut amené la chute de notre monarchie, les Andorrans offrirent de payer à la république le tribut annuel. Mais, par une lettre du 22 août 1793, les administrateurs du département de l'Ariége déclarèrent qu'ils ne pouvaient accepter cette redevance, alors qualifiée *droit féodal*. — *Ibid.*

18. — En 1801, deux commissaires, membres du conseil souverain, furent députés au préfet de l'Ariége et lui remirent une requête tendant à obtenir la nomination d'un viguier français et le renouvellement des rapports antérieurs à la révolution. — De Roussilhon, *ibid.*

19. — Le 27 mars 1806, l'Empereur rendit un décret portant qu'il serait nommé un *viguier* pris dans le département de l'Ariége, lequel userait en Andorre de tous les priviléges que les conventions ou l'usage lui attribuaient. L'art. 2 du décret ordonnait que le receveur-général du département de l'Ariége recevrait à l'avenir les 960 francs que le val d'Andorre payait à la France avant la révolution. L'art. 4 autorisait le préfet de l'Ariége à recevoir le serment que trois députés andorrans devaient prêter à l'empereur. — Depuis cette époque, les relations amicales n'ont pas cessé d'exister entre l'Andorre et la France.

20. — De cet ensemble de faits il suit que la vallée de l'Andorre forme un état souverain, mais d'une souveraineté dont certains attributs sont réservés à la France.

21. — Cette réserve, ce démembrement de la souveraineté au profit d'une nation étrangère, donne-t-elle à cette dernière le droit de pénétrer sur le territoire de l'Andorre et d'y enlever un coupable, sans se conformer aux règles du droit international en cette matière?

22. — Pour arriver à une solution satisfaisante de cette question, il est bon de rappeler les principes qui régissent la matière.—Or, il est de principe de droit international qu'un gouvernement étranger ne peut demander l'extradition d'un individu qui a commis un crime sur son territoire et s'est enfui sur un territoire étranger, qu'autant qu'il existe un traité d'extradition entre les deux pays, et dans les formes de ce traité. — Au souverain seul appartient le droit de faire arrêter un étranger réfugié sur son territoire.

23. — Par application de ces principes, on pourrait conclure que le conseil général de l'Andorre, qui est le souverain de la vallée, a seul le droit d'ordonner l'arrestation d'un étranger sur le territoire andorran. Le démembrement de souveraineté que la France s'est réservé sur l'Andorre ne semble pas inconciliable avec cette solution, car l'effet qui est attaché à cette retenue est d'attribuer au *viguier* la juridiction, l'exercice de la police, et de faire arrêter tous ceux, citoyens ou étrangers, qui commettraient des crimes ou délits sur le territoire andorran, sans que pour cela ces droits comprennent le droit d'arrestation au nom de la puissance française sur un individu qui n'a pas commis sur le territoire andorran un fait punissable. La souveraineté du pays reste en effet intacte pour tout ce qui n'a pas été réservé à un pays étranger.

ANES.

1. — Les marchands d'ânes sont rangés par la loi du 25 avr. 1844, sur les patentes, dans la sixième classe des patentables, et imposés: 1° à un droit fixe basé sur le chiffre de la population de la ville ou commune où est situé l'établissement;—2° à un droit proportionnel du vingtième de la valeur locative de la maison d'habitation et des locaux servant à l'exercice de la profession.

2. — Les loueurs d'ânes sont rangés dans la septième classe et imposés 1° à un droit fixe basé sur le chiffre de la population de la ville ou commune où est situé l'établissement; 2° à un droit proportionnel du quarantième de la valeur locative de la maison d'habitation et des locaux servant à l'exercice de la profession.

ANGLAISES (Marchandises).

Des lois sévères furent portées sous la république et l'empire contre toute introduction en France des marchandises anglaises; mais depuis la restauration il n'existe plus de prohibition spéciale contre le commerce anglais. Il n'y a lieu de rechercher que la nature, la qualité des denrées ou marchandises importées, et le bureau par lequel se fait l'importation. — V. DOUANES.

ANIMAUX.

Table alphabétique.

ANIMAUX. — 1. — Nom donné, dans le langage du droit, à tous les êtres animés autres que l'homme.

§ 1er. — *Notions préliminaires.*

2. — Les lois romaines reconnaissaient trois classes d'animaux: les animaux sauvages (*feræ*), les animaux apprivoisés (*mansuefacta*) et les animaux domestiques (*domestica*). — Chez nous on distingue surtout les animaux sauvages et les animaux domestiques.

3. — Les animaux sauvages sont ceux qui vivent dans leur état de liberté native, *in laxitate naturali*, tels que le gibier, les animaux féroces, les oiseaux, poissons, etc., ou qui, étant tombés au pouvoir de l'homme, n'y sont retenus que par la contrainte.

4. — Les animaux domestiques sont ceux qui, domptés ou apprivoisés par l'homme, lui restent volontairement et partout soumis, et sont élevés par lui pour son usage. — Sous ce nom générique sont compris les *bestiaux*, c'est-à-dire les grands quadrupèdes, tels que les bœufs, vaches, etc.; — les *troupeaux*, dont le nom s'applique plus particulièrement aux moutons, chèvres, etc.; — les *volailles*, tels que les poules, oies, canards, etc.; — les quadrupèdes élevés dans les basses-cours, tels que les porcs, lapins, etc.; enfin, les chevaux, les mulets, les ânes et les chiens qui ne rentrent dans aucune de ces catégories, ainsi que l'a jugé la cour de Cassation à l'égard des chevaux et des mulets. — *Cass.*, 17 juin 1806, Etchegaray.

5. — Cependant, la même cour a jugé que l'arrêté municipal, qui défend de faire paître aucuns *bestiaux*, de quelque nature qu'ils soient, dans une avenue, et de les attacher aux arbres des promenades, comprend même les *chevaux* dans ses prohibitions. — *Cass.*, 8 oct. 1836, Chaplut et Philippot.

6. — La différence de cette double interprétation du même mot tient à ce que dans l'arrêt de 1806 il s'agissait de l'application d'une loi fiscale dans laquelle le mot *bestiaux* est pris dans un sens restreint, tandis que dans l'arrêté municipal qui sert de base à l'arrêt de 1836, il était employé démonstrativement.

7. — Quant aux animaux apprivoisés, ils formaient, à Rome, une classe intermédiaire entre les animaux sauvages et les animaux domestiques, et comprenaient ceux qui, libres en naissant comme les premiers ne sont asservis que postérieurement; ce sont notamment les abeilles, les pigeons, etc. — V. ABEILLES, PIGEONS.

8. — Les animaux sont rangés parmi les choses. A ce point de vue le Code civ. s'en occupe pour déterminer leur nature de meubles ou immeubles, comment la propriété peut s'en perdre ou en être acquise, dans quels cas ils peuvent être l'objet du louage, de l'usufruit, d'une hypothèque, etc. — V. BAIL, BAIL A CHEPTEL, HYPOTHÈQUE, PROPRIÉTÉ, USUFRUIT, etc.

9. — La loi s'occupe encore des animaux sous le rapport de la sûreté, de la salubrité publique, et des dommages qu'ils peuvent causer aux propriétés particulières.

10. — Elle fixe les époques auxquelles il est permis de faire la chasse des animaux sauvages, et les conditions auxquelles cet exercice est soumis. — V. CHASSE, PÊCHE.

11. — Elle règle tout ce qui est relatif au pâturage. — V. PARCOURS, PATURAGE et VAINE PATURE.

12. — Enfin, elle protége les animaux domestiques contre les actes de violence ou d'imprudence dont ils pourraient être l'objet.

13. — En ce qui touche les dangers dont les animaux peuvent être pour la sûreté publique, V. DIVAGATION.

§ 2. — *Salubrité publique.*

14. — Certains animaux, soit par eux-mêmes, soit par leur fumier, répandent des exhalaisons malsaines, et un grand nombre d'anciens réglemens ont été rendus pour les éloigner des grands centres de population.

15. — Les coutumes de Nivernais (chap. 10, art. 18), et d'Etampes (art. 185 et 192) contiennent les prohibitions les plus formelles d'élever, dans les villes de leur ressort, des porcs, truies, boucs, chèvres, pigeons, moutons et canards. — Des défenses semblables, spéciales à la ville de Paris, se retrouvent, notamment à l'égard des porcs, dans une ordonnance de Saint-Louis de 1291, et dans les ordonnances du prévôt de Paris des 3 fév. 1348 et 30 janv. 1350. — Celle de 1348 défend de nourrir des pourceaux dans la ville de Paris, à peine de 60 sols d'amende, et elle ajoute.. « et seront les » pourceaux tués par les sergens ou autres.... » Pour le tuant aura la tête, et sera le corps porté » aux hôtels-Dieu de Paris. »

16. — Ces ordonnances ont été fréquemment renouvelées depuis, et se sont étendues aux oies, canards, poules, pigeons, lapins, etc.

17. — Il appartient aux maires, en vertu de l'art. 3, tit. 11, L. 24 août 1790, de prendre, à cet égard, les mesures qui paraissent commandées par la salubrité publique, en conciliant, autant que possible, dans les petites communes surtout, ce grand intérêt avec les besoins de l'économie rurale et domestique.

18. — A Paris une ordonnance du préfet de police du 3 déc. 1829 défend d'élever et de nourrir, sous quelque prétexte que ce soit, dans la ville et les faubourgs, des porcs, des pigeons, lapins, poules et autres volailles quelconques. — Cette ordonnance, comme tout arrêté municipal rendu sur le même objet, est obligatoire pour les tribunaux. — *Cass.*, 6 fév. 1807, Cornet.

19. — Il en est de même des arrêtés qui défendraient de laisser circuler, dans les rues, sur les promenades, et dans les marchés publics de la ville, les cochons, oies, canards, poules, et autres animaux nuisibles à la salubrité et à la sûreté des habitans. — *Cass.*, 20 juin 1812 (intérêt de la loi), Fabregens, et 2 juin 1821, Baillet.

20. — ... Ou de l'arrêté qui, dans les pays de parcours et de vaine pâture, défendrait de mener les oies paître dans les champs soumis à cet usage. — *Cass.*, 11 oct. 1821 (intérêt de la loi), Charton.

21. — ... Ou de l'arrêté qui prescrit aux personnes, conduisant des cochons à l'abreuvoir, d'être munies d'une pelle, d'un panier et d'un balai pour enlever, à l'instant, les ordures que ces animaux laisseraient sur la voie publique. — *Cass.*, 18 juin 1830, Lazare.

22. — L'intention de se conformer aux réglemens de police sur cette matière n'efface pas la contravention, qui est toujours punissable, quand bien même elle serait involontaire. — *Cass.*, 5 mars 1826 (intérêt de la loi), Sulpicy.

ANIMAUX, § 3.
ANIMAUX, § 3.

23. — Les bestiaux morts doivent être enfouis dans la journée, à quatre pieds de profondeur, par le propriétaire, et dans son terrain, ou voiturés à l'endroit désigné par la municipalité, pour y être également enfouis, sous peine, par le délinquant, de payer une amende de la valeur de trois journées de travail et les frais de transport et d'enfouissement. — LL. 6 oct. 1791, art. 13, tit. 2, et 23 thermid. an IV.

24. — Si l'animal est mort à la suite d'une maladie contagieuse, l'enfouissement doit être fait dans une fosse de huit pieds de profondeur, et à cinquante toises au moins des habitations. — Arrêté du gouvernement du 27 messid. an V.

25. — Quant aux animaux infectés de maladies contagieuses, les art. 459 et 460, C. pén., punissent les propriétaires qui n'en ont pas averti sur-le-champ le maire de la commune ou les ont laissé communiquer avec d'autres.

26. — Jugé que ces dispositions sont applicables à la vente faite sciemment d'un cheval infecté ou soupçonné d'être infecté d'une maladie contagieuse, aussi bien qu'au défaut de déclaration à l'autorité municipale. — *Bordeaux,* 19 août 1835, Fonteyreau.

27. — L'art. 471, no 8, C. pén., punit de 1 à 5 fr. d'amende ceux qui ont négligé d'écheniller dans les campagnes ou jardins où ce soin est prescrit par la loi ou les réglemens.

§ 3. — *Dommages causés aux propriétés par les animaux.*

28. — Les animaux peuvent causer des dommages aux propriétés, soit par leur passage, soit par leur introduction, soit par leur abandon sur le terrain d'autrui.

29. — Sous le droit romain, la loi des douze tables donnait l'action *de pastu* à celui dont le champ avait été endommagé par le troupeau d'autrui; et, si le dommage avait été causé à l'insu du maître, celui-ci pouvait se libérer de l'action en abandonnant les animaux auteurs du dommage. — Arg. de la loi 1, ff., *Si quadrupes.*

30. — Mais, dans aucun cas, le maître qui trouvait dans son champ le troupeau d'autrui ne pouvait ni lui faire du mal, ni même le saisir. — « *Quamvis alienum pecus in agro suo deprehendisset, » sic illud expellere debet, quomodo si suum de» prehendisset..... Itaque qui pecus alienum in agro » suo deprehendiret, non jure id includit...* » — L. 39, § 1, *Ad legem Aquiliam.*

31. — La loi salique, dont les dispositions sur le dommage causé par les animaux aux propriétés d'autrui sont, d'ailleurs, aussi détaillées que celles de la loi du 6 octobre 1791, défendait, dans tous les cas, de blesser l'animal qu'on trouvait dans son champ, et la peine était plus ou moins grave suivant que le prévenu avouait ou déniait le fait qui lui était imputé. — L. sal., tit. 10, art. 1, 2 et 3.

32. — Le droit coutumier consacrait la même prohibition. — Cependant, quelques coutumes, telles que celles de Saint-Sever (art. 11, tit. 3), Aix (tit. 11, art. 14), Bourbonnais (art. 537), permettaient de tuer les porcs qui ne pouvaient être saisis. — Quant aux oies et autres volatiles, les coutumes d'Orléans (art. 162), d'Auvergne (chap. 28, art. 7), de Blois (chap. 19, art. 122), de Tours (tit. 18, art. 207), de Loudun (chap. 19, art. 4), permettaient d'en tuer un ou deux; mais il n'était pas permis d'en faire son profit, et l'on suivait la coutume d'Orléans, qui ordonnait formellement qu'on les laissât sur le lieu, ou qu'on les jetât devant l'héritage.

33. — L'art. 12, tit. 2, L. 6 oct. 1791, permet au propriétaire du champ dévasté de saisir les bestiaux qui y seraient laissés à l'abandon; quant aux volailles, il peut les tuer, mais seulement sur le lieu et au moment du dégât.

34. — Carnot (*C. pén.*, art. 454, no 5) pense que, dans ce dernier cas, le propriétaire du fonds dévasté peut s'approprier les volailles qu'il a tuées; elles tiennent lieu, suivant lui, de la réparation du dommage; si pourtant elles étaient réclamées en temps utile, il devrait en faire la restitution.

35. — Nous ne saurions admettre cette doctrine: le droit de tuer les volailles trouvées en délit est un moyen extrême de défense donné au propriétaire du champ; rien dans la loi n'annonce l'intention de déroger aux anciens principes que nous venons de rappeler, et si elle avait voulu attribuer les volailles tuées à titre de dédommagement, elle n'aurait pas manqué de prévoir le cas très fréquent où leur valeur dépasserait celle du dommage causé; enfin, si le maître du champ *a le droit* de s'approprier les volailles qu'il a tuées, comment le propriétaire de ces mêmes volailles aurait-il *le droit* contraire de le forcer à les lui rendre par une réclamation en temps utile, et dans quelle loi trouve-t-on la limite de ce temps utile? — *Encycl. du droit,* vo *Animaux,* no 20.

36. — Tuer des pigeons appartenant à autrui et se les approprier dans tout autre temps que celui pendant lequel ces oiseaux sont réputés gibier par la loi, c'est commettre une soustraction frauduleuse. — *Cass.,* 20 sept. 1823, Lamboi et Depierre c. Chemin et Imbert.

37. — Aux termes de l'art. 27, tit. 2, L. 6 oct. 1791, celui qui était entré à cheval dans les champs ensemencés, excepté le propriétaire et ses agens, devait être condamné à payer le dommage et à une amende de la valeur d'une journée de travail. — L'amende était doublée si le délinquant y était entré en voiture. — Si les blés étaient en tuyau et que quelqu'un y fût entré, même à pied, ainsi que dans tout autre récolte pendante, l'amende devait être au moins de la valeur d'une journée de travail, et pouvait être égale à la somme due pour dédommagement au propriétaire.

38. — La loi du 23 thermid. an IV ayant porté à la valeur de trois journées de travail le minimum des amendes en matière rurale et forestière, et fixé, par conséquent, à ce chiffre l'amende encourue par celui qui était entré à cheval dans le champ ensemencé d'autrui, il en est résulté que, pour l'entrée en voiture dans le même champ, qui entraînait une peine double, l'amende devait être de la valeur de six journées de travail. — *Cass.,* 8 oct. 1808, Parat.

39. — ... Et que le tribunal de police dont la compétence était limitée par les art. 150 et 153, Code 3 brum. an IV, aux contraventions dont la peine n'excédait ni trois journées de travail ni trois jours d'emprisonnement, était incompétent pour en connaître. — Même arrêt.

40. — La promulgation des Codes d'inst. crim. et pén. a restitué cette compétence au tribunal de police. — *Cass.,* 29 fév. 1828 (intérêt de la loi), Mouton c. Petit dit l'Etang.

41. — L'art. 471, no 14, C. pén., punit d'amende depuis 1 fr. jusqu'à 5 fr. inclusivement ceux qui auront laissé passer leurs bestiaux ou leurs bêtes de trait, de charge ou de monture sur le terrain d'autrui avant l'enlèvement de la récolte.

42. — Bien que l'art. 471, no 14, ne parle pas de voiture, il est évident qu'il s'applique au passage d'une voiture attelée. — « Il faut reconnaître, dit » M. Rogron (*Code rur. expl.,* no 125, p. 223), que, « bien que le législateur moderne ne parle pas de « voiture, il a considéré que les animaux *de trait* « seraient attachés à une voiture, car sans cette « circonstance il eût été inutile de les distinguer « des animaux de charge. »

43. — M. Rauter (*Tr. du dr. cr.*, t. 2, p. 234, no 602) pense que cet article pourrait être considéré comme punissant le pâturage illicite, si le C. rur., tit. 2, art. 24, et, actuellement, le C. pén., art. 479, no 10, ne l'incriminaient pas spécialement.

44. — Cependant, il n'y a point d'analogie entre le fait de *laisser passer* les bestiaux sur le terrain d'autrui et celui de les y *faire paître.* — *Cass.,* 9 mars 1821, Laporte c. Vergès; 3 juin 1826, Michau. — V. aussi Carnot, *C. pén.*, art. 471, nos 43 et 45.

45. — L'art. 471 a pour objet unique d'empêcher le passage des bestiaux sur un terrain dont les fruits ont été récoltés, mais ne sont pas encore enlevés. — *Cass.,* 12 sept. 1822, Cunin; 21 mai 1829, Guvion.

46. — Le passage des mêmes animaux dans les bois taillis appartenant à autrui, ou sur un terrain d'autrui ensemencé ou chargé d'une récolte, donne lieu, contre ceux qui les y ont fait ou laissé passer, à une amende de 6 à 10 fr. inclusivement, en vertu de l'art. 475, no 10, C. pén.

47. — C'est, à l'égard des terrains ensemencés ou chargés d'une récolte, la reproduction plus complète et plus explicite des prohibitions portées en l'art. 27, tit. 2, L. 6 oct. 1791, et abrogées aujourd'hui. — *Cass.*, 25 juin 1825, Martin Courtin.

48. — La cour de Cassation a pensé que cet article avait abrogé l'art. 12, tit. 2, L. 6 oct. 1791, relatif aux dégâts commis sur les champs d'autrui par les bestiaux de toute espèce laissés à l'abandon. — *Cass.,* 23 mars 1821, Corrony.

49. — Cependant, l'art. 475 s'applique à celui qui a *fait* ou *laissé passer* des bestiaux, ce qui suppose d'une part que le maître ou le gardien des bestiaux était présent, et, d'autre part, qu'il s'agit d'un simple passage, tandis que dans le cas de l'art. 12, L. 6 oct. 1791, il s'agit de bestiaux abandonnés par leur gardien et séjournant au gré de leur caprice dans le champ d'autrui.

50. — C'est le pâtre sous la garde duquel des bestiaux ont commis du dégât dans un champ, et non le propriétaire des animaux, qui est passible de l'amende. — *Cass.,* 14 frim. an XIV, Dollin c. Richy.

51. — Il suffit que des marques placées par le propriétaire indiquent que le champ est ensemencé. — *Cass.,* 6 oct. 1832, Rouyer et Sonneau.

52. — On doit entendre par le mot *récoltes* les fruits naturels de la terre préparés par le travail de l'homme et par lui recueillis pour ses besoins actuels ou futurs; on ne peut pas appeler de ce nom les produits spontanés de la terre, qui ne peuvent servir qu'au pâturage des animaux et sont consommés sur place, par exemple, l'herbe des *pâturaux.* — *Cass.,* 9 mai 1840 (t. 2 1840, p. 282), Mourdon; *Cass.,* 9 mai 1840, et *Limoges,* 12 avril 1840 (t. 1er 1841, p. 74), Boncorps c. Laurent Guillume.

53. — Jugé que les prairies sont dans toutes les saisons en état de production permanente et doivent être ainsi considérées en tout temps comme chargées de récoltes. — *Cass.,* 23 mars 1821, Corrony, 26 mai 1836, Gontier; 6 oct. 1837 (t. 1er 1840, p. 567), Gromard.

54. — Cette proposition est trop absolue; la production s'arrête, dans les prés comme partout, pendant l'hiver; l'herbe courte qui les couvre dans cette saison peut fournir un maigre aliment aux bestiaux, mais le retour de la végétation seul lui rendra le caractère de récolte.

55. — Il nous semble, au surplus, que c'est là une question qu'il faut abandonner au juge du fait et qui dépend de la fertilité du sol, des variations des saisons et des usages du pays, ainsi que la même cour l'a décidé à l'égard des prairies artificielles en matière de délit de chasse. — *Cass.,* 4 fév. 1830, Durand; 31 janv. 1840 (t. 2 1840, p. 475), Delatre.

56. L'article 475, no 10, C. pén., continue d'être applicable au passage des animaux dans les bois soumis au régime forestier. — L'ordonnance de 1669 d'abord, et le Code forest. depuis, ne s'appliquent qu'aux animaux trouvés *en délit* dans les bois, c'est-à-dire en état de divagation ou de dépaissance. — *Cass.,* 31 déc. 1824, Forêts c. Mougel; 7 mars 1825, Mougel.

57. — Il faut excepter de cette règle le pâtre des usagers, qui devrait être puni des peines portées en l'art. 76, C. forest., par cela seul qu'il aurait fait passer son troupeau par d'autres chemins que ceux indiqués par l'administration pour se rendre au lieu où le droit d'usage doit s'exercer.

58. — Le fait seul du passage des animaux dans les bois ou sur le champ d'autrui constitue la contravention, quand bien même il n'aurait occasionné aucun dommage. — *Cass.,* 31 déc. 1824, forêts c. Mougel; 16 fév. 1833, Razat; 16 oct. 1835, Minost.

59. — Les conducteurs de bestiaux, revenant des foires ou les menant d'un lieu à un autre, ne peuvent les laisser pacager sur les terres des particuliers ni sur les communaux, même dans les pays de parcours ou de vaine pâture, à peine d'une amende de la valeur de deux journées de travail, en outre du dédommagement. — L'amende est égale au dommage, et la détention de police municipale peut être prononcée contre les conducteurs, suivant les circonstances, si le délit a été commis sur un terrain ensemencé ou non dépouillé de sa récolte, ou dans un enclos rural. — A défaut de paiement, les bestiaux peuvent être saisis et vendus jusqu'à concurrence de ce qui est dû pour l'indemnité, l'amende et autres frais relatifs. — L. du 6 oct. 1791, art. 25, tit. 2.

60. — Cet article n'a été abrogé par aucune loi. — Ainsi jugé que le conducteur de bestiaux allant à une foire, qui fait pacager son troupeau sur le terrain d'autrui, est en contravention, encore bien que ce soit dans un pays de parcours ou de vaine pâture. — *Cass.* 1er déc. 1826, Cueillet.

61. — Dans le premier cas, prévu par ledit art. 25, l'amende ne peut être inférieure à la valeur de trois journées de travail, conformément à la loi du 23 thermid. an IV; elle est prononcée par le tribunal de simple police. — Dans les autres cas, l'amende étant proportionnée au dommage, et par conséquent indéterminée, ne peut être prononcée que par les tribunaux correctionnels. — *Cass.,* 6 oct. 1837 (t. 1er 1840, p. 563), Dumont. — V. POLICE RURALE.

62. — L'introduction volontaire des bestiaux, de quelque nature qu'ils soient, sur le terrain d'autrui et notamment dans les prairies artificielles, dans les vignes, oseraies, dans les plants de câpriers, dans ceux d'oliviers, de mûriers, de grenadiers, d'orangers et d'arbres du même genre, dans tous les plants ou pépinières d'arbres fruitiers ou autres faits de main d'homme, est punie par l'art. 479, no 10, C. pén., d'une amende de onze à quinze fr.

63. — Cette disposition, introduite dans le Code

ANIMAUX, § 3.
ANIMAUX, § 3.

pénal. par la loi du 28 avr. 1832, n'est que la reproduction littérale de l'art. 24, L. 6 oct. 1791, qui punissait la même contravention d'une amende double si le dommage avait été fait dans un enclos rural; la peine de la détention municipale pouvait être prononcée en outre, suivant les circonstances. — *Cass.*, 21 août 1823, Jacquet.

64. — Le tribunal de police était incompétent pour en connaître, à raison du caractère indéterminé de la peine. — *Cass.*, 9 mars 1821, Laporte c. Vergès Traps; 27 août 1825, Berné. — V. POLICE RURALE.

65. — Tout en approuvant la substitution d'une amende fixe à une amende indéterminée, nous regrettons que le législateur de 1832 n'ait pas, comme celui de 1791, autorisé le juge à prononcer, suivant les circonstances, la peine facultative de l'emprisonnement, alors surtout qu'il passait sous silence le cas où la contravention aurait été commise dans un enclos rural.

66. — Jusqu'à la loi du 28 avr. 1832, l'art. 24, tit. 2 de la loi du 6 oct. 1791, n'avait pas cessé d'être en vigueur; il n'avait pas été abrogé notamment par l'art. 475, n° 10, Code pén. — *Cass.*, 1er août 1818, Brousse c. Thybery-Castel; 31 déc. 1818, Saulnier de la Pinclais, c. Plateau.

67. — Dans les communes où le terroir a été divisé en tout ou en partie, l'individu qui conduit ses bestiaux sur le cantonnement attribué à un autre se rend passible des peines portées par la loi contre ceux qui mènent des bestiaux sur le terrain d'autrui. — Avant la loi du 28 avr. 1832, cette infraction était prévue par l'art. 24, tit. 2, L. 28 sept.-6 oct. 1791 et la connaissance en appartenait au tribunal de police correctionnelle. — *Cass.*, 20 août 1824, Ahage.

68. — L'introduction volontaire des bestiaux dans l'un des terrains désignés par le n° 10 de l'art. 479, C. pén., constitue seule la contravention prévue par cet article; celle-ci n'est point aggravée par la durée du séjour qu'ils y font, quand même ils y auraient été attachés par l'auteur de l'introduction, pourvu qu'il ne soit pas resté pour les garder à vue. — *Cass.*, 7 sept. 1842 (t. 2 1842, p. 701), Tomei.

69. — Lorsqu'il est constaté par un procès-verbal qu'un âne a été trouvé à l'abandon sur la propriété d'autrui, le tribunal ne peut se dispenser d'appliquer au propriétaire les peines de l'art. 2, L. 23 thermid. an IV, sous prétexte que l'animal aurait eu les pieds retenus par des entraves, et qu'en fait il n'aurait causé aucun dommage. — *Cass.*, 10 nov. 1837 (t. 1er 1840, p. 256), Sabbo.

70. — Le seul fait d'avoir introduit ou laissé passer des bestiaux sur le terrain d'autrui chargé d'une récolte constitue la contravention prévue et réprimée par l'art. 475, § 10 C. pén., lors même qu'il n'y aurait été causé aucun dommage. — *Cass.*, 16 oct. 1835, Minost. — V. *suprà* nos 73 et suiv., 82 et suiv., 88 et 96.

71. — Le délit de garde à vue des bestiaux dans les récoltes d'autrui est plus grave en ce qu'il brave le droit du propriétaire, et peut amener des conflits violens; aussi est-il puni par l'art. 26, tit. 2 de la loi du 6 oct. 1791, d'une amende égale à la valeur du dommage, et, suivant les circonstances, d'une détention qui peut s'élever jusqu'à une année. — Le tribunal de simple police est incompétent pour en connaître. — *Cass.*, 19 vent. an XI, Gautrin; 7 fruct. an XII, Nys c. Dantier; 26 vend. an XIII, Tonnerre; 7 oct. 1808, Castez; 13 août 1812, Guillemin; 30 juill. 1825, Martin; 3 juill. 1835, Gardien-Bertrand; 18 avr. 1835, Chabot c. Gauthier; 6 janv. 1842 (t. 1er 1842, p. 689), N.

72. — Cet article n'a point été abrogé par la loi du 28 avr. 1832. — *Cass.*, 6 oct. 1837 (t. 2 1837, p. 444), Bauret; 7 sept. 1842 (t. 2 1842, p. 701), Tomei.

73. — Le délit qu'il prévoit est indépendant du dommage causé. — *Cass.*, 20 prair. an XI, Croze; 14 juin 1822, Brucy; 16 fév. 1833, Razat. — V. *suprà* n° 70, *infrà* nos 82 et suiv., 88 et 96.

74. — ... Et un tribunal de police ne peut renvoyer de la demande un individu prévenu d'avoir mené ses bestiaux dans les champs avant les deux jours de l'enlèvement de la récolte, sous prétexte qu'ils n'y ont causé *aucun dommage* et que toute la commune y a envoyé les siens le lendemain. — *Cass.*, 17 brum. an VII, Colin Martin.

75. — Le délit existe même de la part du copropriétaire qui a gardé à vue son troupeau sur le champ commun, s'il ne justifie pas de l'autorisation de ses co-intéressés. — *Cass.*, 1er déc. 1827, Tollain.

76. — Le tribunal saisi d'un procès-verbal régulier constatant un délit de pâturage à garde faite ne peut, sous aucun prétexte, se dispenser de faire l'application des peines déterminées par la loi. — *Cass.*, 28 août 1807 (intérêt de la loi), Barjolay.

77. — Il ne faut pas confondre le délit de pâturage à garde faite dans les récoltes d'autrui avec la violation d'un arrêté municipal défendant de faire paître les moutons sur les promenades d'une ville. — Ce dernier fait ainsi caractérisé ne constitue qu'une contravention à un arrêté municipal de la compétence du tribunal de simple police. — *Cass.*, 27 août 1825, Laporte.

78. — A l'égard des dégâts causés par les bestiaux de toute espèce laissés à l'abandon, ils sont payés par les personnes qui ont la jouissance desdits bestiaux, et à leur défaut par celles qui en ont la propriété. — Les bestiaux peuvent être saisis par le propriétaire qui éprouve le dommage, à la charge de les faire conduire, dans les vingt-quatre heures, au lieu du dépôt désigné à cet effet par la mairie. — Il est satisfait aux dégâts par la vente des bestiaux, s'ils ne sont pas réclamés, ou si le dommage n'a point été payé dans la huitaine du jour du délit. — Si ce sont des volailles, de quelque espèce que ce soit, qui causent le dommage, le propriétaire, le détenteur ou le fermier qui l'éprouvera pourra les tuer, mais seulement sur le lieu, au moment du dégât. — L. 28 sept-6 oct. 1791, tit. 2, art. 12.

79. — Cet article ne s'occupe que des réparations civiles; mais il qualifie de délit, dans son second paragraphe, le dommage causé par des bestiaux à l'abandon sur des terrains d'autrui; il en résulte que ce fait rentre dans l'application générale de l'art. 3, tit. 2 de la même loi, aux termes duquel tous les délits ruraux qui y sont mentionnés sont punissables d'amende ou de détention, ou de ces deux peines réunies, suivant les circonstances; et comme, en l'absence d'une indication précise de la peine, c'est la peine la plus faible qui doit être prononcée, le propriétaire des bestiaux abandonnés est passible d'une amende qui devait être au moins de la valeur d'une journée de travail, d'après l'art. 4 de la même loi et l'art. 606, C. 3 brum. an IV, et qui, depuis la loi du 23 thermid. an IV, ne peut être inférieure à la valeur de trois journées de travail. — *Cass.*, 23 déc. 1814, Lebelle; 31 déc. 1818, Saulnier de la Pinclais c. Plateau; 27 août 1819, Neudebourg; 16 juill. 1824, Petit; 11 août 1827, Grimaud; 18 sept. 1829 (intérêt de la loi), Conard.

80. — Le Code pénal n'a point abrogé ces dispositions. — *Cass.*, 8 sept. 1837 (t. 1er 1840, p. 102), Quentin c. Mouton.

81. — Peu importerait que le maître de l'héritage dévasté eût négligé de tenir en état de clôture la haie qui le séparait de la propriété du maître de l'animal laissé à l'abandon, quand bien même l'entretien de cette haie eût été à sa charge. — *Cass.*, 16 juill. 1824, Petit.

82. — La cour de Cassation a jugé que la présence d'un animal laissé à l'abandon dans le champ d'autrui suffit pour constituer un délit punissable, même en l'absence de tout dommage. — *Cass.*, 15 (et non 25) fév. 1811 (intérêt de la loi), Pinard. — V. *suprà* nos 70, 73 s., et *infrà* nos 88 et 96.

83. — Cette doctrine rigoureuse ne nous paraît justifiée par aucun des termes de la loi, qui ne s'occupe des bestiaux laissés à l'abandon qu'à raison des dommages qu'ils ont causés. — Dans le réquisitoire qui a précédé cet arrêt et qui est rapporté au *Rép.* (v° *Pâturage*, § 2, n° 2), Merlin distingue entre le délit, qui donne lieu à l'action publique, et le dommage, qui motive l'action privée; il fait remarquer que le fait défendu constitue seul le délit, et il cite l'exemple de l'exposition sur une fenêtre d'une chose qui peut nuire par sa chute; quoique la chose ne soit pas tombée, celui qui l'a exposée n'en est pas moins passible des peines déterminées par la loi; de même l'abandon des bestiaux, dit-il, est défendu dans l'intérêt public, et l'absence du dommage, qui peut s'opposer à une action civile, ne peut paralyser celle du ministère public. — Le principe est incontestable, mais l'application nous en paraît fausse. — La loi a qualifié de contravention le fait d'avoir exposé sur sa fenêtre un objet *qui peut* nuire par sa chute, et indépendamment de la chute et du dommage qui en résultera. — Mais à l'égard des bestiaux, elle ne sépare pas dans sa rédaction l'abandon du dommage; c'est la réunion des deux faits qu'elle a en vue, et en matière pénale, où la loi doit être interprétée à la lettre, il n'est pas permis au juge d'admettre une distinction qu'elle n'a pas formellement établie. — L'abandon des animaux, indépendamment de tout dommage, n'est une contravention qu'à l'égard des animaux malfaisans ou féroces. — C. pén., art. 475, n° 7.

84. — La loi accorde à celui qui souffre du dommage causé par les animaux le droit de les saisir, sous l'obligation de les faire conduire dans les vingt-quatre heures au lieu du dépôt désigné par la municipalité. — C'est ce qu'on appelle mettre les bestiaux en fourrière.

85. — La saisie des animaux trouvés à l'abandon sur le terrain d'autrui n'est soumise par la loi à aucune formalité; il suffit qu'ils soient conduits dans les vingt-quatre heures au lieu du dépôt désigné à cet effet par la municipalité. — *Cass.*, 30 sept 1841 (t. 2 1841, p. 572), Durat et Boiler; 4 juin 1842 (t. 2 1842, p. 599), mêmes parties.

86. — Si le propriétaire des animaux ainsi mis en fourrière les détournait, il deviendrait passible des peines portées en l'art. 400 Cod. pén. — Mêmes arrêts. — V. FOURRIÈRE, VOL.

87. — Les mêmes principes régissent les dégâts commis par les volailles laissées à l'abandon. — *Cass.*, 10 nov. 1836 (t. 1er 1837, p. 236), Humblot.

88. — Lorsqu'il est régulièrement constaté que des poules ont été vues sur les treilles d'un propriétaire voisin, mangeant et détériorant les raisins, il y a lieu, par les tribunaux, d'appliquer au propriétaire de ces poules les peines portées en l'art. 2 de la loi du 23 thermid. an IV. — Il appartient au ministère public de poursuivre la répression du délit lors même que la divagation des volailles n'aurait été nullement préjudiciable à la propriété d'autrui : l'action publique n'étant subordonnée dans ce cas ni au préjudice causé ni à la provocation de la partie lésée. — *Cass.*, 17 oct. 1837 (t. 2 1837, p. 622), Gilles et Duclaux. — V. *suprà* nos 70, 73, 82 s., et *infrà* n° 96.

89. — Les pigeons, à l'exception de ceux dits *de pied*, ne sont pas compris sous cette dénomination, qui ne s'applique qu'aux oiseaux qu'on tient en état de domesticité, c'est-à-dire à ceux qu'on élève et qu'on nourrit dans les basses cours. — *Cass.*, 30 oct. 1813 (intérêt de la loi), Desguès.

90. — Jugé néanmoins que le propriétaire d'une forêt où il existe beaucoup de lapins est responsable du dommage que ces animaux causent sur les terres voisines, faute par lui de les détruire ou d'autoriser les propriétaires voisins à les faire détruire chez lui (C. civ., art. 1383). — *Cass.*, 14 nov. 1816, de Coupigny c. Ducatel; 3 janv. 1810, de Montmorency c. Massy.

91. — Remarquons, au reste, qu'on ne peut saisir que les animaux abandonnés, et non ceux qui sont sous la garde de quelqu'un. — Toullier, *Droit civ. franç.*, t. 11, n° 299; *Encyclop. du dr.*, v° *Animaux*, n° 15.

92. — Le pâturage des chèvres a été l'objet de dispositions spéciales. — Dans les lieux de parcours ou de vaine pâture, où elles ne sont pas conduites en troupeaux communs, elles ne peuvent être menées aux champs qu'attachées, à peine d'une amende de la valeur d'une journée de travail par tête d'animal. — Dans les autres lieux, pareille amende est encourue pour toute chèvre trouvée sur l'héritage d'autrui, contre le gré du propriétaire. — Lorsqu'elles ont fait du dommage aux arbres fruitiers ou autres, haies, vignes, jardins, l'amende est double, sans préjudice du dédommagement dû au propriétaire. — L. 6. oct. 1791, tit. 2, art. 18.

93. — Les dégâts commis dans les bois taillis des particuliers ou des communautés par des bestiaux ou troupeaux donnaient lieu, en vertu de l'art. 38, tit. 2, L. 6 oct. 1791, à une amende — de 1 liv. pour une bête à laine et pour un cochon, — de 2 liv. pour une chèvre, un cheval ou autre bête de somme, — de 3 liv. pour un bœuf, une vache ou un veau. — L'amende était double si les bois taillis étaient dans les six premières années de leur croissance, et triple si à cette circonstance se joignait la présence du pâtre. — Enfin, s'il y avait récidive dans l'année, l'amende était double; elle était quadruple s'il y avait réunion des deux circonstances précédentes, ou récidive avec une des deux circonstances.

94. — Ces dispositions n'étaient applicables qu'aux dégâts commis dans les bois taillis; ceux commis dans les autres bois étaient régis par l'ord. de 1669. — *Cass.*, 29 fructid. an XI, Terrassier; 22 fév. 1811, Forêts c. Cadet et Desponins; 20 fév. 1812, Blancheri.

95. — On devait considérer comme bois taillis même les parties des bois dépeuplées, enclavées dans la masse générale. — *Cass.*, 26 avr. 1810, Forêts c. commune de Soissons.

96. — Le seul fait de l'introduction de chèvres, de brebis ou de moutons dans un bois taillis, constitue par lui-même un délit indépendant du dégât plus ou moins grand que ces animaux y auraient fait. — *Cass.*, 21 vendém. an XII, Gêneau; 20 juill. 1810, Forêts c. Aubert. — V. *suprà* nos 70, 73 et suiv., 82 et suiv., 88 s.

97. — L'art. 38, tit. 2, L. 6 oct. 1791, a été abrogé par l'art. 199, C. forest. — Cet article fixe l'amende pour les animaux trouvés de jour en délit dans les bois de dix ans et au dessus, — à 1 fr. pour un cochon, — 2 fr. pour une bête à laine, — 3 fr. pour un cheval ou autre bête de somme, — 4 fr. pour une chèvre, — 5 fr. pour un bœuf, une vache ou un veau. — L'amende est double si les bois ont moins de dix ans, — ou si le délit a été com-

mis la nuit. — C. forest., art. 201. — V. FORÊTS, USAGE (droit d').

§ 4. — *Blessures faites ou mort donnée aux animaux d'autrui.*

98.—Sauf le cas prévu par l'art. 12, tit. 2, L. 6 oct. 1791, il est défendu de tuer ou blesser les animaux domestiques appartenant à autrui. — V. *suprà* nº 78.

99.—La même loi, tit. 2, art. 30, en a fait une disposition formelle : — « Toute personne convaincue d'avoir de dessein prémédité, méchamment, sur le territoire d'autrui, blessé ou tué des bestiaux ou chiens de garde, sera condamnée à une amende double de la somme du dédommagement. Le délinquant pourra être détenu un mois, si l'animal n'a été que blessé, et six mois, si l'animal est mort de ses blessures ou est resté estropié : la détention pourra être double si le délit a été commis la nuit, ou dans une étable, ou dans un clos rural. »

100. — L'art. 42 prévoit le cas où la mort ou la blessure des animaux aurait été involontaire et occasionnée par la rapidité de la voiture ou de la monture d'un voyageur.

101. — Ces dispositions ont été remplacées presque en totalité par les art 452, 453, 454 et 479, nᵒˢ 2, 3 et 4, C. pén.

102. — L'art. 452 punit d'un emprisonnement d'un an à cinq ans, d'une amende de 16 fr. à 200 fr., et facultativement de la mise en surveillance pendant deux ans au moins et cinq ans au plus, quiconque aura empoisonné des chevaux ou autres bêtes de voiture, de monture, de charge, des bestiaux à cornes, des moutons, chèvres ou porcs, ou des poissons dans des étangs, viviers ou réservoirs.

103. — Deux élémens constituent le délit prévu par cet article : le fait matériel de l'empoisonnement et l'espèce de l'animal empoisonné.

104. — Pour qu'il y ait empoisonnement, il faut qu'à la volonté d'attenter à la vie soit joint l'attentat consommé au moyen d'une substance capable de donner la mort.

105. — La volonté résulte de la connaissance que l'auteur du délit a eue des effets de la substance vénéneuse, et du fait qu'il l'a administrée avec l'intention de les lui faire produire. — Chauveau et Hélie, t. 8, p. 160.

106. — L'art. 452 serait applicable lors même que la substance capable de donner la mort ne l'aurait pas occasionnée. — Chauveau et Hélie, *Th. du C. pén.*, t. 8, p. 160.

107. — Cependant, le fait de déposer une substance à portée des animaux qu'il a l'intention d'empoisonner ne rendrait son auteur passible d'aucune peine.—Chauveau et Hélie, t. 5, p. 318 et suiv. ; t. 8, p. 161.

108. — Les substances ayant la puissance de donner la mort ne se trouvant point énumérées dans la loi, c'est au juge qu'en appartient l'appréciation.

109. — L'art. 452 est limitatif dans sa nomenclature, et ne peut être étendu à d'autres espèces d'animaux ; il ne s'applique pas notamment aux volailles, à l'égard desquelles il faut recourir à l'art. 454, spécial aux animaux domestiques autres que ceux que nous venons d'énumérer. — *Cass.*, 17 août 1822, Brosse c. Noiset ; — Carnot, *C. pén.*, art. 452, nº 6.

110. — Les poissons ne rentrent dans les termes de la loi qu'autant qu'ils peuvent constituer une véritable propriété.

111. — Quant aux poissons des fleuves et rivières navigables ou flottables, des canaux, ruisseaux ou cours d'eau quelconques, il est défendu par l'art. 25, L. 15 avr. 1829, de les enivrer ou de les détruire en jetant à cet effet des drogues et appâts dans les eaux, à peine d'une amende de 30 fr. à 300 fr., et d'un emprisonnement d'un mois à trois mois.

112.—« Ceux qui, sans nécessité, auront tué l'un des animaux mentionnés au précédent article (l'art. 452) seront punis ainsi qu'il suit : — Si le délit a été commis dans les bâtimens, enclos et dépendances, ou sur les terres dont le maître de l'animal tué était propriétaire, locataire, colon ou fermier, l'emprisonnement sera de six jours à un mois ; — S'il a été commis dans tout autre lieu, l'emprisonnement sera de quinze jours à six semaines. — Le maximum de la peine sera toujours prononcé en cas de violation de clôture. » — C. pén., art. 453.

113. — Pour que le délit réprimé par l'art. 453 existe, il faut que l'auteur de la destruction d'animaux ait tué *sans nécessité*.

114. — Il ne serait pas indispensable, pour constituer cette nécessité, que les animaux missent la

vie de l'homme en danger ; leur destruction serait licite s'ils menaçaient d'une manière quelconque la sûreté des personnes.

115. — La nécessité de tuer un animal furieux pourrait même résulter de ce qu'il aurait compromis l'existence d'autres animaux. — Chauveau et Hélie, t. 8, p. 167.

116. — Au reste, la loi n'ayant posé aucune limite à l'existence de cette nécessité, son appréciation ne peut résulter que des circonstances, dont les tribunaux sont souverains juges.

117. — Une autre condition substantielle du délit consiste dans la *volonté*, qui suppose une action intentionnelle. Il est donc indispensable que le jugement ou arrêt constate cette circonstance.

118. — La gravité du délit varie suivant le lieu où l'animal a été détruit. — Ainsi, tout propriétaire tient de la loi du 4 août 1789 le droit de détruire sur son terrain toute espèce de gibier (art. 3), même les pigeons pendant le temps de la fermeture des colombiers (art. 2).

119. — De même, l'art. 12, tit. 2, L. 28 sept. et 6 oct. 1791, permet aux propriétaires, détenteurs ou fermiers de tuer, mais seulement sur les lieux et au moment du dégât, les volailles, de quelque espèce que ce soit, qui causent du dommage sur leur terrain, soit dans l'enceinte des habitations, soit dans un enclos rural, soit même dans les champs ouverts.

120. — Cet article comprend même les pigeons dont il est question dans la loi du 4 août 1789 (art. 2), en ce sens que celui qui les tue dans son enclos, dans un moment où ils mangeaient la graine qu'il y avait nouvellement ensemencée, n'est passible d'aucune peine, encore bien que l'administration municipale n'ait pris aucun arrêté pour fixer l'époque où les pigeons doivent être renfermés. — *Cass.*, 1ᵉʳ août 1829, Jamain.

121. — Le juge de paix ne peut, sans excès de pouvoir, tout en condamnant un propriétaire de pigeons à des dommages-intérêts, lui faire en même temps défense de les laisser divaguer à l'avenir dans le temps où les récoltes sont pendantes par racines et dans leur maturité. — *Cass.*, 28 janv. 1824, Chouzi c. Menant.

122. — Le droit de tuer les volailles sur le lieu et au moment du dégât, accordé au détenteur, n'affranchit point le propriétaire de ces volailles des peines de simple police qu'il peut avoir encourues pour les avoir laissées à l'abandon : ce n'est qu'une mesure de défense donnée au propriétaire, et qui remplace le droit de saisir dont il peut user à l'égard des bestiaux, et qui serait le plus souvent impraticable à l'égard des volailles. — *Cass.*, 11 août 1808, Vaguier ; 22 août 1816, Delaunay ; 18 nov. 1824, Leclerc ; 23 déc. 1814, Lebelle ; 10 nov. 1836 (t. 1ᵉʳ 1837, p. 236), Humblot ; 4 mars 1842 (t. 2 1842, p. 641), Rousseau.

123. — Cette faculté, au surplus, cesserait si le propriétaire des volailles était présent, attendu que dès ce moment elles ne seraient plus à l'état d'abandon. — Toullier, qui approuve cette restriction (*Droit civil*, t. 11, p. 404, nᵒˢ 300 et 301), en donne une autre raison également grave, c'est que la loi a dû vouloir éviter les rixes qui auraient pu s'élever entre le propriétaire des volailles et celui du champ dévasté. — *Encyclopédie du droit*, vᵒ *Animaux*, nº 18.

124. — L'article, ne parlant point de la peine applicable, peut laisser à ce sujet quelques doutes dans les esprits. — Si sa disposition était isolée, il serait difficile, en effet, de tirer du mot DÉLIT, qui s'y trouve employé, un argument suffisant pour servir de base à l'application d'une peine ; mais l'art. 3, même titre, ayant déjà dit : « tout délit rural ci-après mentionné *sera punissable, etc.*, » cette disposition explique comment le législateur a pu se dispenser de régler dans l'art. 12 la peine qui, par l'effet de son silence, s'est trouvée déterminée par les art. 3 et 4 du même titre, et postérieurement par la loi du 23 thermid. an IV. — V. notamment, sur ce dernier point, *Cass.*, 10 nov. 1836 (t. 1ᵉʳ 1837, p. 236), Humblot.

125. — Il ne suffirait point, pour que la peine prononcée par l'art. 453 fût aggravée en vertu de son dernier alinéa, que l'animal eût été détruit dans un enclos ou autre lieu fermé, il faut de plus qu'il y ait eu violation de clôture. — Chauveau et Hélie, t. 8, p. 169.

126. — « Quiconque aura, sans nécessité, tué un animal domestique dans un lieu dont celui à qui cet animal appartient est propriétaire, locataire, colon ou fermier, sera puni d'un emprisonnement de six jours au moins et de six mois au plus. — S'il y a eu violation de clôture, le maximum de la peine sera prononcé. » — C. pén., art. 454.

127. — La destruction des chiens de garde avait seule été prévue par la loi des 28 sept.-6 oct. 1791, tit. 2, art. 30. L'art. 454, C. pén., a, ainsi qu'on le

voit, étendu ses dispositions à tous les animaux domestiques.

128. — Par animaux domestiques on doit entendre ceux qui se familiarisent avec l'homme, et vivent autour de lui dans son habitation, tels que les chiens, les chats, les pigeons *de volière* ; car ces pigeons seuls sont domestiques (*Cass.*, 30 nov. 1813, Desguez), les oiseaux de basse-cour, les animaux apprivoisés. — Chauveau et Hélie, t. 8. p. 170 ; — *Cass.*, 17 août 1822, Brosse c. Noizet ; — M. Rauter (*Traité du droit crim.*, t. 2, nº 588) pense cependant que les volailles de basse-cour ne doivent pas être comprises dans la catégorie des animaux domestiques.

129. — Pour que l'art. 454 soit applicable, il faut que l'animal domestique ait été tué dans un lieu dont celui à qui cet animal appartient est propriétaire, locataire, colon ou fermier ; en l'absence de cette circonstance, le fait ne peut plus se rattacher qu'à l'art. 479, nº 1ᵉʳ, C. pén., relatif au dommage causé volontairement aux propriétés mobilières d'autrui, hors les cas prévus depuis l'art. 434 jusqu'à l'art. 462 du même Code. — *Cass.*, 17 août 1822, Brosse c. Noizet. — V. aussi *Procès-verbal du cons. d'état*, séance du 12 sept. 1809.

130. — L'art. 454, C. pén., n'est applicable qu'au cas où un animal domestique a été tué sans nécessité, sur la propriété de celui à qui il appartient ; le Code ne contient aucune disposition pour le cas où des animaux domestiques ont été tués ou blessés sur le terrain. — *Orléans*, 10 mars 1829, Deslions ; — Bourguignon, *Jurisp. C. crim.* sur l'art. 454, C. pén.

131. — Dans le cas des art. 453 et 454, l'art. 455 prononce, en outre, une amende qui ne peut excéder le quart des restitutions et dommages-intérêts, ni être au-dessous de seize fr. ; et, dans tous les cas, si le délit a été commis par un garde champêtre ou forestier, ou par un officier de police à quelque titre que ce soit, la peine d'emprisonnement doit être d'un mois au moins, et d'un tiers au plus en sus de la peine la plus forte qui serait appliquée à un autre coupable du même délit. — C. pén., art. 462.

132. — Il est à remarquer que le Code pénal ne prévoit point les blessures volontairement faites aux animaux domestiques, et cependant nous verrons plus bas qu'il a prévu les blessures involontaires (nº 135). — Il en résulte, non point que les blessures volontaires échappent à toute répression, mais qu'il y a lieu de leur appliquer la partie de l'art. 30, tit. 2, de la loi du 6 oct. 1791, relative à ce genre de délit. — Carnot, *C. pén.*, art. 453, nº 4.

133. — L'art. 30, tit. 2, L. 28 sept.-6 oct. 1791, qui punit les blessures faites avec volonté et méchamment aux animaux sur le terrain d'autrui, n'a point été abrogé par le Code pénal — *Cass.*, 5 fév. 1818, Andrieu ; *Orléans*, 10 mars 1829, Deslions. — V. cependant, sur le principe de l'abrogation des lois antérieures par le Code pénal, *Cass.*, 9 janv. 1818, Delpeyron.

134. — MM. Chauveau et Hélie (*Th. C. pén.*, t. 8, p. 165) pensent, au contraire, mais à tort, suivant nous, que cette matière étant complétement réglée par le Code, il ne saurait y avoir lieu à appliquer la loi de 1791, qui se trouve abrogée. — Il faut s'affliger, sans doute, de voir quelques lambeaux de cette loi survivre ainsi à la plupart de ses dispositions abrogées ; mais jusqu'à abrogation complète, cette loi continue à être le code rural, c'est-à-dire la collection des règles spéciales à la police rurale ; les emprunts qui lui sont faits ne portent que sur des cas particuliers qui laissent subsister tout ce qui n'est pas formellement compris dans les dispositions nouvelles.

135. — La mort ou les blessures des animaux ou bestiaux appartenant à autrui occasionnées : 1º par l'effet de la divagation des fous ou furieux ou d'animaux malfaisans ou féroces, ou par la rapidité ou la mauvaise direction ou le chargement excessif des chevaux, voitures, bêtes de trait, de charge ou de monture ; — 2º ou par l'emploi ou l'usage d'armes sans précaution ou avec maladresse, ou par jet de pierres ou d'autres corps durs ; — 3º ou par la vétusté, la dégradation, le défaut de réparation ou d'entretien des maisons ou édifices, ou par l'encombrement ou par l'excavation ou telles autres œuvres, dans ou près les rues, chemins, places ou voies publiques, sans les précautions ou signaux ordonnés ou d'usage, donne lieu contre les contrevenans à une amende de 11 à 15 fr. inclusivement, en vertu de l'art. 479, nᵒˢ 2, 3 et 4, C. pén. — La peine de l'emprisonnement pendant cinq jours au plus peut même être prononcée, suivant les circonstances, dans le cas d'emploi d'armes ou jet de pierres. — C. pén., art. 480. — V. DIVAGATION.

136. — Lorsque, contrairement à un réglement de police, un taureau qui a blessé un autre animal

était à l'abandon et seulement suivi d'un enfant en bas âge, le pâtre doit être condamné aux peines portées par la loi, encore bien que le propriétaire de l'animal blessé ne se soit pas plaint. — C. 3 brum. an IV, art. 605; — *Cass.*, 1er fructid. an XI, Dubief.

137. — Le propriétaire d'un taureau est responsable du dommage causé par la férocité de cet animal, surtout quand il a négligé de prendre les précautions nécessaires pour prévenir le danger. — C. civ., art. 1385. — *Paris*, 24 mai 1810, Geoffroy c. Huard. — V. RESPONSABILITÉ.

138. — On doit considérer un bâton comme une arme. — Par suite, celui qui, voulant s'opposer avec un bâton au passage d'un troupeau, mais sans avoir l'intention de tuer, de blesser ou d'estropier les animaux dont ce troupeau était composé, a cependant été la cause que l'un d'eux a eu la jambe fracturée, est passible des peines portées par l'art. 479, no 3. — *Cass.*, 29 juin 1821, Aillot; — Carnot, *C. pén.*, art. 479. no 6.

V. ASSURANCES MARITIMES, RESPONSABILITÉ.

ANNÉE.

Espace de temps que le soleil met à parcourir les douze signes du zodiaque, et qui est de douze mois. — V. CALENDRIER, LEGS.

ANNÉE DE VIDUITÉ.

1. — C'est le droit qu'a la femme, mariée sous le régime dotal, de renoncer aux intérêts de sa dot pour se faire fournir des alimens pendant l'an de deuil, aux dépens de la succession du mari. — C. civ., art. 1570.

2. — Sous le régime de la communauté, la femme pouvant répéter sa dot après les délais pour faire inventaire et délibérer, on ne lui accorde les alimens que pendant ces délais et en les imputant sur la masse. — C. civ., art. 1465. — V. DOT.

ANNEXE.

1. — On indique par ce mot une chose unie à une principale, et quelquefois l'acte même de jonction.

2. — On appelait également autrefois *annexes* les droits dépendant d'un bénéfice, les fonds attachés à un canonicat, à une prébende, à une dignité.

3. — Le nom d'*annexe* se donne aussi à une chapelle qui est érigée dans une commune éloignée du chef-lieu de la paroisse. — V. le mot qui suit.

4. — Par annexes on entend encore les portions d'immeubles jointes à un immeuble plus considérable. De là, les questions de savoir si les annexes sont des propres, ou si elles doivent faire partie des legs. — V. LEGS, PROPRES.

5. — Quand on dit qu'un immeuble est vendu ou crié avec toutes ses annexes, on entend par là qu'il est vendu ou loué avec toutes ses dépendances.

6. — Dans le langage judiciaire, le mot *annexe* s'emploie plus particulièrement pour indiquer les *annexes de pièces*. — V. ce mot.

ANNEXE (Chapelle).

1. — C'est une chapelle située dans la circonscription d'une cure ou d'une succursale, et où le culte est célébré aux frais de souscripteurs particuliers qui en ont fait la demande.

2. — Les annexes ou chapelles sont ordinairement établies dans les paroisses ou succursales trop étendues, et lorsque la difficulté des communications l'exige. — Décr. 30 sept. 1807, art. 8.

3. — L'établissement d'une annexe doit être préalablement provoqué par une délibération du conseil municipal, dûment autorisé à s'assembler à cet effet et qui contiendra l'engagement de subvenir aux dépenses. — Même décr., art. 9; circ. minist. 21 août 1833.

4. — Il peut encore être érigé une annexe sur la demande des principaux contribuables d'une commune, et sur l'obligation personnelle qu'ils contractent de payer le vicaire. — Décr. 30 sept. 1807, art. 11.

5. — En général, aucune annexe ne peut être établie, sans qu'au préalable il ait été justifié : 1o de l'utilité et de la nécessité; — 2o des moyens de l'entretenir. — Circul. minist. 11 oct. 1811; avis du cons. d'état, 25 nov. 1840.

6. — Les pièces à produire sont : 1o une demande adressée à l'évêque par les principaux contribuables, et indiquant les motifs de l'établissement; — 2o le rôle des souscriptions volontaires, en triple expédition, indiquant la durée de la souscription qui ne peut être moindre de trois ans; — 3o l'état des cotes des contributions des souscripteurs; — 4o l'inventaire des meubles et ornemens de l'église; — 5o une enquête de *commodo et incommodo*; — 6o le certificat de la population; — 7o l'indication de l'étendue du territoire de la cure ou succursale, et de la portion de territoire où l'annexe doit s'étendre. Ces pièces doivent être transmises au préfet et à l'évêque diocésain, qui après s'être concertés les adressent, avec leur avis, au ministre des cultes. — Décr. 30 sept. 1807, art. 12; circul. minist. 11 oct. 1811 et 21 août 1813; — Vuillefroy, *De l'administrat. du culte catholique*, vo *Annexe*, p. 62 et suiv.

7. — L'autorisation est accordée par une ordonnance royale délibérée en conseil d'état sur le rapport du ministre des cultes. — Décr. 30 sept. 1807, art. 12.

8. — Les dépenses de l'annexe sont supportées exclusivement par les sections de communes, ou par les habitans qui en ont demandé l'établissement. — Les souscriptions sont rendues exécutoires par l'homologation, et à la diligence du préfet. — Décr. 30 sept. 1807, art. 10. — Elles sont recouvrées par le percepteur des contributions de la commune. — Vuillefroy, *ibid.*

9. — Mais les habitans de l'annexe sont-ils assujétis aux frais du culte de l'église paroissiale? — Le conseil d'état a décidé, le 7 déc. 1810, par un avis approuvé le 14 du même mois, que : 1o « les » communes dans lesquelles une chapelle est » établie, en exécution du décret impérial du » 30 sept. 1807, où il est pourvu au logement et » au traitement du chapelain et à tous les autres » frais du culte, en vertu d'une délibération du » conseil général de la commune, par des revenus » communaux, ou par l'imposition des centimes » additionnels, ne doivent contribuer en rien aux » frais du culte paroissial; — 2o que les commu» nes qui n'ont qu'une annexe où un prêtre va » dire la messe, une fois la semaine seulement, » pour la commodité de quelques habitans qui ont » pourvu, par une souscription, à son paiement, » doivent concourir tant aux frais de l'entretien » de l'église et presbytère qu'aux autres dépenses » du culte dans le chef-lieu de la cure ou de la suc» cursale. » — Merlin, *Rép.*, vo *Annexe*. — Nonobstant cet avis, M. Vuillefroy (*ibid.*) pense que, dans tous les cas, les habitans de l'annexe restent soumis aux charges du culte paroissial.

10. — Les annexes dépendent des cures ou succursales dans l'arrondissement desquelles elles sont placées. Elles sont sous la surveillance des curés ou desservans; et le prêtre qui y est attaché n'exerce qu'en qualité de vicaire ou de chapelain. — Décr. 30 sept. 1807, art. 13.

11. — Une annexe n'est pas apte à posséder par elle-même; toutefois elle a droit à l'usage gratuit, ou à la jouissance de l'église et du presbytère qui peuvent exister dans la commune ou section de commune, et dont la fabrique du chef-lieu ne conserve plus que la nue-propriété tant que dure l'annexe. — Lettre minist. 12 août 1812; avis du cons. d'état, 28 déc. 1819. — Vuillefroy, p. 66, note *b*.

12. — Elle peut aussi recevoir des dons et legs dont elle a la jouissance exclusive. Les donations sont acceptées par le desservant ou trésorier de la fabrique de l'église paroissiale, dans les formes voulues par l'ord. du 2 avr. 1817. — Ord. 19 janv. 1820, art. 3.

13. — C'est la fabrique qui administre les revenus de l'annexe. — Avis cons. d'état, 28 déc. 1819.

ANNEXE (Droit d').

C'est le droit de vérifier, d'admettre ou de rejeter les bulles, brefs, constitutions, et toutes expéditions venant de la cour de Rome. — Autrefois ce terme était principalement usité au parlement de Provence. — V. BULLE, CULTE. — Dans quelques autres parlemens, le droit d'annexe était connu sous le nom d'*attache* ou lettres d'*attache*. — V. ce mot.

ANNEXE DE PIÈCE.

Table alphabétique.

ANNEXE DE PIÈCE. — 1. — C'est la jonction qui est faite à un acte, qui le constate, d'une pièce relative à cet acte, par exemple, d'une procuration. — On donne également le nom d'*annexe* à la pièce elle-même.

2. — L'*annexe* ne doit pas être confondue avec le *dépôt de pièces*. — Il y a annexe quand la pièce jointe est relative à l'acte passé, et doit en quelque sorte ne faire avec lui qu'un seul tout. Tels sont les cas où l'on joint un acte de décès à un acte de notoriété attestant la qualité d'héritiers, un acte ratifié à la ratification, etc. — Il y a dépôt de pièces, quand la pièce jointe est étrangère à l'acte qu'on passe, par exemple, si à un acte de vente l'acquéreur joint le brevet d'une procuration qu'il donne à un tiers pour administrer les biens acquis. — Rolland de Villargues, *Rép. du notar.*, vo *Annexe de pièce*, no 2.

3. — Le dépôt d'actes et de pièces est assujéti à un droit fixe d'enregistrement, tandis que l'annexe est exempte de tout droit. — *Dict. de l'Enreg.*, vo *Annexe*.

4. — Toutefois, pour qu'il y ait annexe, il ne suffit pas qu'une pièce ait plus ou moins de rapport à l'acte auquel elle est matériellement jointe; il faut que l'intention des parties concoure avec ce fait, et que l'annexe soit constatée. Autrement elle ne doit être considérée que comme un dépôt dont l'officier ministériel aurait dû dresser acte. — V. DÉPOT DE PIÈCES.

—

§ 1er. — *Des pièces qui doivent ou peuvent être annexées.*

5. — L'annexe est obligée pour certaines pièces et facultative pour d'autres.

6. — Parmi les pièces qui doivent nécessairement se trouver annexées à l'acte principal, il faut d'abord comprendre les procurations.

7. — En prescrivant l'annexe des procurations, la loi a eu pour but moins d'assurer la perception des droits du fisc que de forcer les notaires à mettre les parties intéressées en position de s'éclairer sur la nature et l'étendue des procurations. — *Rennes*, 2 fév. 1833, Barazer.

8. — L'art. 13, L. 25 vent. an XI, impose aux notaires l'obligation d'annexer à la minute du contrat les procurations en minute, aussi bien que les procurations en brevet. — Même arrêt.

9. — Lorsqu'un acte notarié est rédigé en vertu d'une procuration, il faut, de toute nécessité, annexer à l'acte ou la procuration en brevet ou l'expédition de cette procuration. — *Rennes*, 27 nov. 1832, Macé.

10. — Il ne suffirait pas d'énoncer que la procuration a été présentée et rendue. — Même arrêt.

11. — Lorsque la procuration a été passée en minute par le notaire qui reçoit l'acte passé par le mandataire, il est évident qu'il n'y a pas lieu d'annexer une expédition de cette procuration et qu'il suffit de s'y référer. — Rolland de Villargues, vo *Annexe de pièce*, no 20.

12. — Lorsque la procuration se trouve déjà annexée à un acte précédemment passé dans la même étude, il suffit également de s'y référer. — Déc. min. just. 28 mars 1807 et 4 juill. 1810; déc. min. fin., 17 nov. 1809.

13. — Lors d'un inventaire à la suite d'une levée de scellés, la procuration et les autres pièces représentées par les parties pour justifier de leurs qualités doivent être annexées à l'intitulé de cet inventaire et non au procès-verbal du juge de paix. — Circ. not. Paris 29 déc. 1813; déc. et circ. min. just. 3 avr. 1827 et 28 avr. 1832.

14. — Le brevet ou l'expédition d'une procuration n'a pas besoin d'être annexé à la minute d'un acte contenant *substitution de procuration*. Car, en exigeant l'annexe des procurations, l'art. 13, L. 25 vent. an XI, suppose qu'il s'agit d'un contrat passé entre le mandataire et un tiers auquel il doit justifier de sa qualité. D'ailleurs le mandataire substitué ne pourra traiter ultérieurement au nom du mandant qu'en produisant, outre l'acte de sub-

stitution, la procuration originaire, laquelle devra rester annexée à l'acte, de même que la substitution. — Rolland de Villargues, *ibid.*, n° 17.

15. — On doit encore annexer : 1° les *autorisations* que rapportent les femmes mariées. Car une pareille autorisation équivaut toujours à une procuration, lors même que la femme ne doit pas agir dans l'intérêt du mari. — Loret, t. 1er, p. 266; Augan, p. 63; arrêt 8 mars 1661, rapp. au *Journ. des audiences.* — L'usage est conforme à cette opinion. — Rolland de Villargues, *Rép. du notar.*, v° *Annexe de pièce*, n° 15.

16. — 2° Les *consentemens* en vertu desquels les actes sont passés. — *Stat. des not. de Paris*; Délib. 9 vent. an XIII; — Roland de Villargues, *ibid.*, n° 16.

17. — L'annexe doit être faite aux actes passés en brevet, comme à ceux dont il est gardé minute. La pièce annexée est remise à la partie avec l'acte en brevet, dont elle est inséparable. — Rolland de Villargues, v° *Annexe de pièce*, n° 14. — V. BREVET.

18. — Outre les cas que nous venons d'indiquer, il en est d'autres où l'annexe est utile, c'est lorsqu'il s'agit de certaines pièces qui doivent compléter un acte, qui s'y interposent en quelque sorte. Mais sauf ces cas, on doit s'abstenir de faire des annexes, comme chose inutile et frustratoire. — Rolland de Villargues, *ibid.*, nos 24 et 25.

19. — On doit annexer aux procès-verbaux de comparution et de compulsoire dressés pour la délivrance des secondes grosses, les assignations qui les ont précédées, afin de donner valablement défaut. — Rolland de Villargues, v° *Annexe*, n° 30.

20. — La grosse du jugement, ou l'ordonnance du juge commissaire, doit être annexée aux procès-verbaux d'adjudication, de partage ou de compte par lesquels le notaire aurait été commis judiciairement; il en est de même des pièces justificatives, des annexes et publications. — Rolland de Villargues, n° 31.

21. — Les ordonnances qui commettent un notaire pour représenter une partie absente, sont jointes aux inventaires ou aux partages. — Rolland de Villargues, n° 32.

22. — On annexe aux partages et autres actes déclaratifs de propriété les demandes d'origine et les pièces justificatives des droits et qualités des cohéritiers pour la délivrance des certificats de propriété. — Rolland de Villargues, n° 33.

23. — Il est souvent nécessaire d'annexer à des actes de partage ou de transport les titres des rentes ou créances qui en sont l'objet, afin de pouvoir en délivrer des ampliations à toutes les parties intéressées. — Rolland de Villargues, n° 34.

24. — Les approbations des préfets doivent être annexées aux baux des biens des communes, des hospices et autres établissemens publics. — Rolland de Villargues, n° 29.

25. — Les notaires ont l'usage de ne point retenir par voie d'annexe ou de dépôt les expéditions, extraits ou brevets d'actes reçus par d'autres notaires ressortissant de la même chambre. — *Stat. des not. de Paris, de* 1681, art. 27, et du 9 vent. an XIII, art. 12; — Rolland de Villargues, n° 36.

26. — Il faut excepter de cette règle, 1° l'annexe des procurations, autorisations ou consentemens aux actes qui sont faits en conséquence. — *Stat. des not. de Paris,* 9 vent. an XIII, art. 1er. — Dans ce cas, l'annexe est prescrite à peine d'amende. — Rolland de Villargues, *ibid.*, n° 37.

27. — Mais si la pièce à annexer était l'expédition d'un acte passé en minute devant un notaire de la même résidence, contenant des opérations et détails complexes, et n'ayant d'autre rapport à l'acte à passer que le pouvoir ou consentement qui s'y applique, le notaire instrumentaire de ce dernier acte ne peut conserver, par annexe ou dépôt, que l'extrait et cette partie de la pièce présupposée, et cet extrait doit être délivré par le notaire qui en a la minute. — Délib. de la ch. des not. de Paris du 9 vent. an XIII, art. 2; — Rolland de Villargues, n° 38.

28. — 2° L'annexe aux partages et autres actes, des grosses ou expéditions des actes constitutifs de rentes et créances divisées ou laissées en commun, à l'effet d'en délivrer des ampliations, après autorisation du juge. — Même délib., art. 4. — Dans ce cas, les pièces doivent être annexées et non déposées par un acte subséquent. — Délib. des not. de Paris du 1er oct. 1812; — Rolland de Villargues, n° 39.

29. — Les notaires peuvent encore annexer les titres de créances revêtus d'inscriptions hypothécaires, ou des transports revêtus de significations, quand les créances appartiennent à plus d'une personne; mais ils ne peuvent, quand ces titres de créance ou transports ont été reçus par des notaires de la même résidence, délivrer des copies ou extraits desdits actes; ils ne peuvent que délivrer des copies des inscriptions hypothécaires ou significations de transports. — Délib. des not. de Paris du 9 vent. an XIII, art. 4; — Rolland de Villargues, n° 40.

30. — 3° Enfin, l'annexe de pièces à fin de délivrance de certificats de propriété; il convient alors d'exprimer, dans l'acte qui contient l'annexe, que l'objet en est de parvenir à la délivrance d'un certificat de propriété de telle ou telle inscription, qui doit être désignée d'une manière précise. — Délib. des not. de Paris du 9 vent. an XIII, art. 9. — Rolland de Villargues, n° 41.

§ 2. — *Mention de l'annexe. — Expédition des pièces annexées.*

31. — La mention de l'annexe est utile pour constater l'accomplissement d'une formalité importante pour les parties et pour les tiers. — Rolland, *Rép.*, v° *Annexe de pièce*, n° 42.

32. — La mention de l'annexe est utile pour constater l'accomplissement d'une formalité importante pour les parties et les tiers. — Cette mention se fait sur la pièce même qui est annexée et elle n'est signée que du notaire qui reçoit l'acte et du notaire en second ou des témoins instrumentaires. — Rolland de Villargues, n° 43.

33. — Lorsque la pièce annexée est sous seing-privé ou qu'elle émane soit d'un notaire d'une autre résidence, soit de magistrats d'une juridiction différente, il est en outre d'usage de la faire certifier véritable par la partie qui en fait le dépôt. — Rolland de Villargues, n° 44.

34. — Le défaut d'annexe ne suffit pas pour invalider l'acte; mais si la partie intéressée était dans l'impossibilité de justifier de la procuration ou autre pièce dont l'annexe était prescrite, l'acte pourrait alors rester sans effet. L'art. 13, L. 25 vent. an XI, ne frappe que d'une amende le défaut d'annexe dans les cas où elle est requise. — Rolland de Villargues, nos 46, 47 et 48.

35. — Les notaires peuvent délivrer copie ou expédition de la pièce annexée, à la suite de l'expédition ou de la grosse de l'acte qu'ils ont reçu; ils doivent même le faire toutes les fois qu'il est nécessaire ou seulement utile de donner aux parties connaissance de l'acte annexé. — Loret, t. 1er, p. 346; — Rolland de Villargues, nos 50 et 51.

36. — La chambre des notaires de Paris s'est élevée avec raison contre l'usage abusif où sont quelques notaires d'extraire une procuration en se bornant à dire qu'elle est spéciale à l'effet de l'acte, au lieu de rapporter les termes sur lesquels peut être fondée cette spécialité. — Délib., 25 sept. 1817.

37. — Les notaires doivent s'abstenir, hors les cas de nécessité, de délivrer des copies isolées des pièces qui sont annexées à leurs actes, lorsque ces pièces sont en minute ou chez des confrères, ou au greffe. Ils ne peuvent délivrer que des actes qu'ils ont reçus et dans lesquels ils ont instrumenté, ceux qui sont annexés ne peuvent être délivrés en copie par eux que comme accessoires de celui qu'ils expédient, et à la suite de celui-ci comme renseignement ou justification. — Quant aux actes judiciaires, surtout, qui seraient joints ou annexés, il ne peut en être demandé de copie qu'aux greffiers. — Lettre du procureur du roi du tribunal de la Seine du 6 mai 1826. — Délib. de la ch. des not. du 17 vent. an XIII. art. 3.; — Rolland de Villargues, *ibid.*, n° 54.

38. — Les notaires ont le droit de délivrer la grosse en forme exécutoire d'une ordonnance de référé, rendue par le tribunal de première instance et consignée sur le procès-verbal dressé par ces notaires. — *Stat. des not. de Paris,* 29 sept. 1814; — Rolland de Villargues, n° 56.

39. — Quant au timbre et à l'enregistrement des pièces annexées, V. ENREGISTREMENT, TIMBRE.

ANNONCES.

Les entrepreneurs d'insertions, d'annonces et avis divers sont rangés par la loi du 25 avr. 1844 sur les patentes, dans la sixième classe des patentables, et imposés : 1° à un droit fixe, basé sur le chiffre de la population de la ville ou commune où est situé l'établissement; — 2° à un droit proportionné du vingtième de la valeur locative de la maison d'habitation et des locaux servant à l'exercice de la profession.

ANNOTATION.

V. ACTE NOTARIÉ, ÉCRIT, ENREGISTREMENT, VENTE PUBLIQUE DE MEUBLES.

ANNUAIRE.

V. CALENDRIER.

ANNUITÉ.

1. — C'est un contrat par lequel l'emprunteur s'oblige de rendre annuellement une portion du capital emprunté, avec l'intérêt du capital restant à payer chaque année, jusqu'à parfait paiement du capital; de sorte qu'après le dernier terme, le prêteur est entièrement remboursé. — V. PRÊT A INTÉRÊT.

2. — On appelle aussi *annuité* le papier mis en circulation pour la négociation de l'emprunt, lorsqu'il s'agit d'un emprunt public ou régulièrement autorisé.

3. — C'est au moyen d'annuités qu'opère la caisse hypothécaire de Paris pour le crédit qu'elle ouvre aux personnes qui peuvent fournir des hypothèques suffisantes. Le crédit est réalisé en obligations au porteur que la caisse est autorisée à émettre. Le remboursement se fait en vingt *annuités*, dont chacune est de 9 p. 0/0 du montant des obligations. Par le paiement des vingt annuités, l'emprunteur est entièrement libéré, en principal et accessoires.

4. — C'est également par annuités 1° que les titulaires de majorats devaient verser une année des revenus de ces majorats dans les caisses de la Légion-d'Honneur et du sceau des titres (Décr. 3 mars 1818, art. 20); 2° que le gouvernement a opéré le remboursement du premier cinquième des reconnaissances de liquidation. — L. 8 mars 1821, art. 2.

5. — Ainsi, dans ces espèces, on peut dire que l'annuité est une rente à terme, comme la rente viagère est une rente à vie. Cependant il est des cas où l'annuité participe du contrat aléatoire, comme la rente viagère elle-même.

6. — C'est ce qui arrive quand on stipule des *annuités à vie*, contrat d'un usage commun en Angleterre. « On peut, dit Toullier (t. 6, n° 182), créer des annuités pour la vie, et qui ne s'éteindront qu'avec la vie de l'emprunteur. C'est une rente qui s'éteint à la mort de celui qui la doit, tandis que nos rentes viagères s'éteignent à la mort de celui à qui elles sont dues. »

7. — L'usage d'acquérir des annuités *pour la vie*, moyennant un certain prix, au lieu de donner son argent en prêt ordinaire, vient de l'impuissance où se trouve l'emprunteur de donner une sûreté permanente de rendre à une époque quelconque, quoiqu'il puisse payer chaque année une partie de la dette pendant qu'il vivra. Le prêteur court donc le risque de perdre si l'emprunteur ne vit pas assez long-temps pour s'acquitter; et d'un autre côté, l'emprunteur, en s'obligeant à payer une somme déterminée pendant qu'il vivra, s'expose à payer plus qu'il n'a reçu, plus les intérêts. — Toullier, *ibid.*

8. — Ainsi, il y a risque de part et d'autre. Le prix réel de ce risque dépend de l'âge, de la constitution, de la situation de l'emprunteur; on ne peut donc, dit Blakstone (*Comment.*, liv. 2, ch. 3, p. 459), réduire le prix de ces annuités à des règles générales; en sorte que si de bonne foi, réellement et non fictivement, le capital du prêteur court des risques, l'inégalité du prix de ces annuités n'est point usuraire, quoique des causes, des circonstances d'imposture ou de tromperie puissent le faire réduire en équité. — V. USURE.

9. — « Ce contrat, ajoute Toullier (*ibid.*), est moins immoral que notre contrat de rente viagère. Ce dernier est le fruit d'un égoïsme parfait, qui se soucie peu de ce qui arrivera après lui. L'emprunteur à titre d'annuité viagère, au contraire, ne craint point de se gêner pendant sa vie, pourvu que ses héritiers ne le soient pas après sa mort. — D'un autre côté, le contrat de rente viagère donne à l'emprunteur l'occasion de désirer et d'attendre la mort du prêteur; et, dans l'annuité à vie, le prêteur est intéressé à ce que l'emprunteur vive long-temps, et il est peu à craindre que celui-ci attente à ses propres jours, uniquement afin de laisser de plus à ses héritiers la somme qu'il paie chaque année pour ses annuités. — Nous pensons donc que ce contrat serait valide en France, parce qu'il n'est défendu par aucune loi, parce qu'il a une cause honnête, parce que toutes les conventions doivent être observées de bonne foi; enfin parce que l'art. 1964 du Code indique positivement qu'il peut y avoir des contrats aléatoires autres que ceux dont le Code s'est occupé. » — V. CONTRAT ALÉATOIRE.

10. — Quelquefois même le mot *annuité* est employé comme synonyme de rente viagère même. C'est ainsi que dans les assurances sur la vie on appelle *annuités* les sommes payées chaque année à celui qui s'est fait assurer tant qu'il vivra; et an-

nuités différées, celles dont la jouissance ne commence pour l'assuré qu'après un certain nombre d'années. — V. ASSURANCES SUR LA VIE.

11. — Enfin, on donne encore le nom d'*annuités* aux cotisations annuelles que les membres d'une assurance mutuelle sont tenus de payer. — V. ASSURANCES TERRESTRES.

ANOBLISSEMENT.

V. NOBLESSE.

ANONYME.

V. PROPRIÉTÉ LITTÉRAIRE.

ANONYME (Société).

V. SOCIÉTÉ COMMERCIALE.

ANTÉRIORITÉ.

V. DATE, HYPOTHÈQUE, TRANSPORT DE DROITS.

ANTICHRÈSE.

Table alphabétique.

ANTICHRÈSE. — 1. — Contrat synallagmatique par lequel un débiteur remet à son créancier la possession d'un immeuble pour en percevoir les fruits, à la charge de les imputer annuellement sur les intérêts et sur le capital, ou sur le capital seulement s'il n'est pas dû d'intérêts. — C. civ., art. 2085. — Plus simplement l'antichrèse est, aux termes de l'art. 2072, C. civ., le nantissement d'une chose immobilière.

2. — Ce mot vient du grec ἀντι, contre, au lieu de, en échange, et de χρῆσις, usage, jouissance.

§ 1er. — *Historique.*

3. — Les auteurs, dit Prost de Royer (vo *Anatocisme*, no 4), ne nous ont pas conservé les textes des lois grecques relatives à l'usage de l'antichrèse; mais, comme l'a fort bien remarqué Loisel (*Opuscules*, no 111), « ce qu'Aristote récite au sixième livre des ses Politiques, chap. 4, que Oxilus défendit, en certaine contrée de la Grèce, *de prêter argent sur la terre du particulier*, démontre qu'ordinairement on faisait et promettait le contraire, et la police que Lucullus mit en Asie contre la dureté des créanciers, qui jouissaient des terres de leurs débiteurs, se rapporte à ce contrat. » — « Lucullus, dit Plutarque, dans la vie de ce grand capitaine, trouva les villes de l'Asie en proie aux manœuvres les plus criantes de la part des usuriers; mais il sut bien y remédier par ses sages réglemens. Celui que Loisel avait en vue défendait au créancier d'*antichréser* au delà de la quatrième partie des propriétés de son débiteur. »

4. — L'antichrèse fut aussi admise à Rome, mais l'abus qu'en firent les usuriers obligea le législateur à y apporter des restrictions. C'est ainsi que la novelle 32 a défendu aux créanciers de prendre à titre d'antichrèse les héritages des cultivateurs.

5. — L'antichrèse avait pour effet d'établir une compensation entre les fruits de l'immeuble et les intérêts de la créance. Cujas (*Observ.*, liv. 3, tit. 35) combat l'opinion de quelques interprètes qui pensaient que lorsque les revenus de l'immeuble engagé excédaient notoirement les intérêts de la créance, cet excédant devait être imputé sur le capital.

6. — La loi romaine admettait d'autres espèces de nantissement, qui différaient de l'antichrèse, soit en ce que le débiteur conservait les fruits, et qu'ainsi la garantie du créancier ne résidait que dans la nue-propriété, soit en ce que le créancier qui percevait ces fruits devait en rendre compte au débiteur.

7. — L'antichrèse pouvait avoir pour objet non seulement la propriété, mais encore l'usufruit. Les servitudes prédiales pouvaient seules faire l'objet du gage, le créancier pouvait s'en servir, ou même, à défaut de paiement, les vendre à un voisin. — LL. 11, ff., *De pign. et hyp.*; 16, ff., *De pign. act.*

8. — Le gage d'immeubles était judiciaire ou conventionnel. Le premier, résultant de la sentence du magistrat, ne s'établissait que par la tradition; le second, résultant de la volonté des parties, se formait par la seule convention. — LL. 1 et 26, ff., *De pign. act.*

9. — Le créancier pouvait jouir par lui-même ou par un tiers de la chose donnée en gage qu'il pouvait louer au propriétaire lui-même (LL. 23, ff., *De pign. et hyp.*; 37 ff., *De pign. act.*). A défaut de remboursement, il avait le droit de vendre l'immeuble et de se payer sur le prix (LL. 4 et 5, ff., *De pign. act.*). Le débiteur pouvait aussi, pendant la durée du nantissement, aliéner la chose et rembourser le créancier avec les deniers provenant de la vente (L. 6, *ibid.*). Le créancier avait une action réelle pour recouvrer la possession contre les tiers. — L. 16, ff., *De pign. act.*

10. — Dans l'ancien droit français, l'antichrèse était condamnée par les lois ecclésiastiques qui prohibaient l'usure. — Pothier, *Traité du nantissement*, no 20.

11. — Dans les pays de coutume, on trouve, sous le nom de *mort-gage* et de *vif-gage* ou *engage*, une convention qui avait beaucoup d'analogie avec l'antichrèse. Les pays de droit écrit, bien que le prêt y fût autorisé, n'admettaient pas l'antichrèse, mais seulement la jouissance des biens du débiteur jusqu'à concurrence des intérêts de la créance. Cette jouissance était souvent accordée pour éviter les frais d'une saisie réelle. — Boniface, t. 4, liv. 8, t. 12, ch. 1er; Bouet, *Rec. d'arrêts*, liv. 4, t. 13, ch. 2.

12. — Denizart (vo *Antichrèse*) constate qu'un usage semblable existait dans l'Auvergne, le Lyonnais et quelques autres provinces.

13. — L'antichrèse proprement dite ne paraît avoir été admise que dans le ressort du parlement de Toulouse, où elle subit diverses modifications.

14. — Le Code civil, dans les art. 2085 et suiv., a rétabli l'antichrèse et prescrit les règles qui régissent ce contrat, qu'il considère comme le nantissement d'une chose immobilière. — C. civ., art. 2072.

§ 2. — *Nature et constitution de l'antichrèse.*

15. — L'antichrèse ne consistant que dans l'abandon de la jouissance d'un immeuble fait par le débiteur à son créancier, aux charges et conditions que nous ferons connaître ci-après, la propriété de l'immeuble antichrésé continue de résider sur la tête du débiteur. — C. civ., art. 2085 et 2088.

16. — Il suit de ce principe : 1o que les immeubles dont le défunt jouissait à titre d'antichrèse, et que l'un de ses héritiers a acquis aux enchères, ne doivent pas figurer dans une composition de masse; on ne doit y comprendre que la créance qui a fait le sujet de l'antichrèse. — *Grenoble*, 15 janv. 1819, Berger-Saint-Didier c. Bizet.

17. — 2o Que l'abandon fait par un mari à sa femme de la jouissance de plusieurs immeubles, pour lui tenir lieu, en attendant un placement convenable, des intérêts de sa dot mobilière, laquelle devait, aux termes de son contrat de mariage, être employée en acquisition d'immeubles dont la femme seule restait autorisée à recevoir les revenus, ne constitue qu'une simple antichrèse au profit de celle-ci. — *Cass.*, 21 juin 1809, Moreau-Gozenflot c. Foucault.

18. — Il a été jugé que l'acte par lequel un créancier recevait en gage un immeuble de son débiteur, sous la forme d'un contrat de vente à réméré, présentait les caractères de l'antichrèse, et devait recevoir l'application des règles relatives à ce dernier contrat. — *Bastia*, 9 mai 1838 (t. 2 1838, p. 297), C... c. Guiseppi. — V. VENTE A RÉMÉRÉ.

19. — Mais on doit considérer comme vente et non pas comme antichrèse le contrat par lequel une personne, pour sûreté d'une somme dont on lui a fait l'avance, cède à une autre divers immeubles, moyennant : 1o la stipulation d'un prix dont partie payée comptant; — 2o la stipulation de la faculté de rachat pendant un temps déterminé; — 3o la stipulation du droit de jouir, durant un certain temps, des loyers de ces immeubles. — *Cass.*, 22 avr. 1834, Pory dit Papy c. Joques et Dufou.

20. — Jugé aussi que, bien qu'une contre-lettre énonce qu'un acte de vente, sous faculté de rachat, dont le prix est indiqué comme payé comptant, n'a été réellement accompagnée d'aucun paiement, et que cette vente n'a eu pour but que de garantir l'acquéreur d'un prêt par lui fait au vendeur, cependant les juges peuvent décider, d'après les circonstances de la cause et l'interprétation des actes, qu'un pareil contrat ne constitue pas seulement un gage immobilier ou une antichrèse, mais bien une véritable vente. — *Cass.*, 19 août 1840 (t. 1er 1845), Palisse c. Dussel. — V. VENTE.

21. — Jugé, en outre, que la disposition par laquelle le duc de Lorraine a donné à sa fille, pour sûreté de la dot mobilière à elle constituée, l'usufruit de certaines terres dépendantes du Barrois mouvant, pour qu'elles lui demeurassent à elle et aux siens, constitue non une antichrèse, mais une dation en paiement, un assignat d'immeubles pour tenir lieu de la dot, et une donation irrévocable de la propriété. — *Cass.*, 15 mars 1837 (t. 2 1837, p. 186), de Soubise c. l'état.

22. — La nature du contrat d'antichrèse ne se trouve point altérée par la clause qu'à défaut de paiement à l'époque convenue le créancier pourra disposer de l'immeuble antichrésé en toute propriété. Le contrat principal continue de subsister nonobstant la nullité de cette clause. — *Cass.*, 17 janv. 1816, Cordier.

23. — Il ne suffit pas, pour former le contrat d'antichrèse, d'une simple convention; il faut que la chose antichrésée soit *livrée* au créancier. L'antichrèse, en effet, est un nantissement; or, pour que le créancier puisse dire qu'il est nanti, il faut bien que la chose lui ait été livrée. Le contrat d'antichrèse est donc un contrat *réel*. — V. Proudhon, *De l'usufruit*, t. 1er, no 71; Duranton, t. 18, no 559; Charlemagne, *Encycl. du dr.*, vo *Antichrèse*, no 20.

24. — La tradition au créancier de la chose antichrésée peut être faite de deux manières. Il peut arriver que le débiteur, en possession de la chose, s'en dessaisisse pour la remettre matériellement au créancier, ou bien que le créancier possède déjà l'immeuble à un autre titre.

25. — Le contrat d'antichrèse ne donne naissance qu'à une seule obligation principale, celle du créancier, de rendre la chose quand la convention aura produit son effet. Le débiteur n'est obligé qu'incidemment à garantir au créancier la possession de la chose, et à lui tenir compte des dépenses qu'il a faites pour sa conservation. Ce contrat est donc, selon l'expression employée par quelques auteurs, mais critiquée par d'autres, un contrat synallagmatique imparfait. Nous verrons (no 35) quelle conséquence il faut tirer de ce caractère.

26. — L'antichrèse ne consistant que dans une *jouissance*, un usufruit peut être l'objet de ce contrat. — *Cass.*, 22 nov. 1841 (t. 1er 1842, p. 189), Cherel c. Duluc; — Proudhon, t. 1er, nos 85 et suiv., et t. 2, no 891; Charlemagne, *Encycl. du dr.*, vo *Antichrèse*, no 21; Zachariæ, *Cours de dr. civ. franç.*, t. 3, p. 174, note 1re.

27. — Il n'est pas nécessaire, pour la validité de l'antichrèse, que le débiteur soit propriétaire de l'immeuble engagé. Ainsi, l'antichrèse peut, com-

me le gage, être fournie par un tiers (C. civ. art. 2077 et 2090). Le débiteur peut lui-même livrer à antichrèse un immeuble dont il n'est pas propriétaire, sauf les droits du véritable propriétaire, s'il se présente.

28. — Mais, au moins, il est indispensable que celui qui donne à antichrèse ait la capacité nécessaire pour aliéner, car l'antichrèse est une véritable aliénation immobilière. — Zachariæ, t. 1er, p. 174.

29. — Par conséquent, le tuteur autorisé par le conseil de famille ne peut, sans excéder les bornes de son administration, livrer à antichrèse les immeubles du mineur. (C. civ. art. 457 et 2087.) — *Pau*, 9 août 1837 (t. 2 1838, p. 303), Castepon c. Cornu. — V. TUTELLE.

30. — La femme mariée, même séparée de corps et de biens, ne peut pas davantage, sans l'autorisation de son mari ou celle de la justice, donner l'usufruit d'un immeuble à antichrèse à un créancier pour un temps limité, celui qui est nécessaire au paiement de sa créance. (Art. 1449 et 2087.) — *Cass.*, 22 nov. 1841 (t. 1er 1842, p. 189), Cherel c. Duluc. — V. AUTORISATION DE FEMME MARIÉE.

31. — La cour royale de Rouen (28 août 1837, t. 1er 1838, p. 43, Ribard c. Lefebvre) a décidé que l'antichrèse du bien dotal n'était point une aliénation prohibée par la loi. Mais il est à remarquer que, dans l'espèce sur laquelle est intervenu cet arrêt, le contrat d'antichrèse avait été formé dans le but de subvenir à la femme qui se trouvait dans un état de gêne. Les revenus de la dot peuvent, en effet, être aliénés jusqu'à concurrence des besoins de la famille. — V. DOT.

32. — Le mineur émancipé, qu'il soit commerçant ou non, n'a pas le droit d'aliéner ses immeubles sans l'avis du conseil de famille, homologué par le tribunal (C. civ., art. 457.). — Toutefois, l'art. 481 du même Code lui accordait la faculté de louer ses biens pour une durée de neuf années. Par analogie à cette dernière disposition, M. Magnin, *Traité des minorités*, t. 2, nos 1262 et 1263, en conclut qu'il peut donner à antichrèse pour une période de neuf ans.

33. — L'antichrèse fait naître non un droit de suite et une action pour attaquer, comme l'hypothèque, mais un droit de rétention qui produit une exception pour défendre, et ne cesse qu'avec la dépossession de l'antichrésiste. — Proudhon, t. 1er, no 94; Charlemagne, no 22.

34. — L'art. 2085, C. civ., veut que l'antichrèse ne puisse s'établir, c'est-à-dire se prouver, que par écrit, car il n'est pas nécessaire qu'il soit intervenu un acte entre les parties pour l'existence du contrat. A l'égard des tiers, l'antichrèse ne peut donc se prouver que par écrit, encore bien qu'il s'agisse d'un immeuble valant moins de 150 fr. — Charlemagne, no 19. — Un commencement de preuve par écrit ne suffirait pas, en l'absence d'un acte formel, pour faire admettre la preuve testimoniale.

35. — L'acte qui constate l'antichrèse doit être rédigé en double, conformément à l'art. 1325, C. civ., car l'antichrèse, ainsi que nous l'avons établi, est un contrat sygnallagmatique, imparfait, il est vrai, selon certains auteurs. Mais l'art. 1325 ne fait aucune distinction, et on doit, dès lors, l'observer strictement. — V. *contrà* Duranton, t. 18, no 559.

36. — Cet acte n'est point soumis, comme celui qui doit servir à constater l'existence du gage (V. ce mot), à la formalité de l'enregistrement. Toutefois, il faut qu'il ait acquis date certaine (art. 1328, C. civ.), pour pouvoir être valablement opposé aux tiers. — Duranton, t. 18, no 560; Zachariæ, t. 3, p. 175, note 3e. — Delvincourt (t. 3, p. 214, note 5e) enseigne qu'il n'est pas nécessaire que l'acte ait date certaine. « L'antichrèse, dit-il, n'a aucun effet à l'égard des tiers; d'ailleurs il faut que le créancier soit en possession de l'immeuble. »

37. — Cependant il a été jugé que, encore bien que le contrat d'antichrèse ne pût s'établir que par écrit, il était permis aux juges, dans le cas de dol et de fraude au préjudice d'un tiers, de décider, à l'aide de présomptions, qu'un acte de vente n'était qu'un contrat de nantissement, et de restituer ainsi à l'acte son véritable caractère. — *Cass.*, 1er juin 1826, Bernard c. Collar.

38. — Dans ce cas, le possesseur en vertu du titre simulé est tenu à la restitution des fruits, comme le possesseur de mauvaise foi. — Même arrêt.

39. — Relativement aux parties, M. Charlemagne (no 19) enseigne d'une manière absolue qu'entre elles la preuve par témoins de l'antichrèse doit être rejetée. Mais nous pensons, avec MM. Duranton (t. 18, no 558), et Zachariæ (t. 3, p. 175, note 2e), qu'il y a lieu d'appliquer ici les art. 1347 et 1348, no 4, C. civ., desquels il résulte que la preuve tes- [illegible] commencement de preuve par écrit, et que le titre primitif a été perdu par un cas de force majeure.

40. — On peut aussi, dans tous les cas, à défaut d'écrit, recourir à l'aveu et au serment pour établir l'antichrèse entre le débiteur et le créancier, ou à l'égard de leurs héritiers. — Duranton et Charlemagne, *loc. cit.*

41. — Mais, hors les cas prévus par les art. 1347 et 1348, no 4, C. civ., la preuve du contrat ne pourrait être faite par témoins entre les parties, alors même que la nature des fruits que doit percevoir le créancier ou celle de l'immeuble même ne dépasserait pas 150 fr. — Zachariæ, t. 3, p. 175.

§ 3. — *Droits et obligations du créancier.*

42. — Le créancier n'acquiert par le contrat d'antichrèse que la faculté de percevoir les fruits de l'immeuble, à la charge de les imputer annuellement sur les intérêts, s'il lui en est dû, et ensuite sur le capital de sa créance. — C. civ., art. 2085.

43. — En acceptant un immeuble en antichrèse, le créancier consent donc par cela même à recevoir des paiemens partiels. Toutefois, cette division de la dette n'affecte en rien l'antichrèse, qui reste toujours indivisible. — C. civ., art. 2083, 2087 et 2090; — Charlemagne, no 29.

44. — A l'époque de la promulgation du Code civ., il était permis aux parties de stipuler que les frais se compenseraient avec les intérêts, ou totalement, ou jusqu'à une certaine concurrence, et cette convention s'exécutait comme toute autre qui n'était point prohibée par la loi. — C. civ., art. 2089. — Aucune loi n'avait, en effet, fixé le taux de l'intérêt conventionnel. — Art. 1907.

45. — Jugé, au surplus, que, dans le cas où l'on admettrait, contrairement à l'opinion généralement reçue, que la disposition de l'art. 2089, qui permet aux parties de stipuler que les fruits se compenseront totalement avec les intérêts, aurait conservé toute sa force, nonobstant la loi du 3 sept. 1807, la dérogation que l'on voudrait induire des termes de l'acte au droit commun établi par l'art. 2085, devrait au moins être expresse. — *Toulouse*, 28 mai 1819, Monereau c. Penent.

46. — Mais la loi du 3 sept. 1807, en réglant le taux de l'intérêt de l'argent, a nécessairement modifié la disposition de l'art. 2089, C. civ. Par conséquent, depuis cette loi, le créancier doit tenir compte au débiteur de l'excédant des revenus qu'il a perçus sur les intérêts qu'il a pu légalement stipuler, soit en le lui restituant, soit en l'imputant sur le capital. — *Toulouse*, 28 mai 1819, Monereau c. Penent; *Montpellier*, 21 nov. 1829, Coulougnon c. Rouvier; — Proudhon, t. 1er, no 82; Duranton, t. 18, no 556; Charlemagne, no 32; Zachariæ, t. 3, p. 176.

47. — La convention de compenser les fruits de l'immeuble donné en antichrèse avec les intérêts de la créance a un caractère aléatoire, si le revenu de l'immeuble n'est pas de nature à offrir un avantage assuré au-dessus du montant des intérêts du capital prêté. Dans le cas contraire, il y a lieu d'appliquer à cette convention les dispositions de la loi du 3 sept. 1807, qui ont modifié l'art. 2089, C. civ. — *Bastia*, 9 janv. 1839 (t. 1er 1845), Colonna c. Casanova.

48. — L'application de la règle écrite dans l'art. 2085 ne peut donner lieu à aucune difficulté, lorsque les revenus sont fixés par un bail. S'ils sont indéterminés et susceptibles de variation dans la quotité de leur valeur, comme la récolte d'un pré ou d'une vigne, ou si le créancier emploie la chose à son usage personnel, par exemple, s'il occupe lui-même la maison qui lui a été livrée à titre d'antichrèse, il est nécessaire alors de recourir à une estimation, et la réduction ne doit être faite qu'autant que cette estimation excède *notablement* l'intérêt légal, *propter incertum fructuum eventum*. Ce sera à la conscience du juge à prononcer. — *Montpellier*, 21 nov. 1829, Coulougnon c. Rouvier; — Duranton, t. 18, no 556; Charlemagne, *Encyclop. du dr.*, vo *Antichrèse*, no 32; Zachariæ, t. 3, p. 176; Proudhon, no 83; Chardon, *Tr. du dol et de la fraude*, t. 3, no 482; Delvincourt, t. 3, p. 212, note 4e.

49. — Lorsque les parties sont divisées sur la quotité des revenus d'un immeuble donné à antichrèse, les juges, au lieu de fixer arbitrairement le montant de ces revenus, doivent nécessairement ordonner qu'il sera procédé à une reddition de compte, conformément aux art. 526 et suiv., C. procéd. civ. — *Cass.*, 6 août 1822, Cardon c. Lévrier-Delille.

50. — Ils ne peuvent s'écarter de cette règle, sous le prétexte (dans le cas où il s'agit d'une papeterie) que le créancier qui s'était engagé à entretenir un certain nombre de cuves, n'a pas rempli cette condition du contrat. — Même arrêt. [illegible] que les juges qui ordonnent une restitution de fruits, peuvent, si la liquidation n'est pas demandée par les parties, liquider eux-mêmes les fruits en bloc. — *Cass.*, 1er juin 1826, Bernard c. Collar.

52. — Dans le cas d'une antichrèse consentie pour sûreté d'un prêt d'argent dont l'intérêt est stipulé annuellement, l'emprunteur n'est pas fondé à soutenir que les intérêts ne sont exigibles qu'à l'époque fixée pour le remboursement du capital et après un compte général des fruits perçus par le prêteur. Ces intérêts sont dus annuellement, mais après un compte fait chaque année des fruits perçus, alors que ce compte est exigé par une clause du contrat d'antichrèse. — *Liége*, 6 déc. 1824, Demet et Deloye c. Paquo.

53. — On ne peut invoquer, relativement aux intérêts d'un prêt accompagné d'antichrèse, l'usage de capitaliser les intérêts annuels dans les comptes courans entre négocians, sous le prétexte que le prêteur a un compte ouvert avec l'emprunteur, du chef des fruits perçus de l'immeuble donné en antichrèse. — *Bruxelles*, 6 déc. 1824, Demet et Deloye c. Paquo.

54. — Lorsque le propriétaire qui a donné sa maison à un créancier, à titre d'antichrèse, pour se payer sur les loyers, réclame les loyers perçus par le créancier en sus de sa créance, les loyers restituables portent intérêts du jour de la demande, peu importe qu'il y eût contestation sur les comptes des parties, et qu'en conséquence les loyers ne fussent pas liquidés. — *Cass.*, 21 nov. 1820, Giuliani c. Castelli.

55. — On avait même agité devant la cour de Cassation la question de savoir si l'antichrésiste ne devait pas être tenu des intérêts des jouissances qui excèdent le montant de sa créance et qu'il a appliquées à son usage, à partir même de la perception ou de l'emploi qui en a été fait. Mais cette question n'a pas été résolue, attendu que, dans l'espèce, l'époque de la perception illicite des fruits n'était pas établie en fait. La cour de Cassation s'est donc bornée à confirmer la disposition qui allouait ces intérêts du jour de la demande. — *Cass.*, 15 janv. 1839 (t. 1er 1839, p. 169), Constant c. Rudel.

56. — La loi 14 (Cod., *De usuris*) décide que si une maison a été donnée à antichrèse, avec la clause que le créancier pourra l'habiter gratuitement et que ce droit d'habitation lui tiendra lieu d'intérêt, cette clause ne peut être contestée sous le prétexte que, si la maison était louée, le prix du loyer excéderait l'intérêt de la somme prêtée. Delvincourt (t. 3, p. 212, note 4e) pense qu'aujourd'hui on devrait examiner quel serait le loyer que le créancier devrait probablement payer d'après sa fortune, son rang, son état; et que, s'il y avait une différence considérable entre le montant de ce loyer ainsi calculé et l'intérêt de la somme prêtée, le créancier pourrait être obligé de tenir compte de l'excédant.

57. — Si la créance produit des intérêts, l'imputation des fruits ou des revenus doit se faire d'abord sur ces intérêts. Si la créance n'en porte aucun, l'imputation doit se faire entièrement sur le capital (C. civ., art. 2085). — Proudhon, t. 1er, no 76.

58. — La constitution de l'antichrèse n'a pas pour effet de rendre productive d'intérêts une créance qui n'en portait point dès son principe, encore bien qu'elle soit échue lors de cette constitution. — Charlemagne, no 26; Zachariæ, t. 3, p. 174, note 1re. — V. *contrà* Proudhon, t. 1er, no 77.

59. — L'antichrèse, ne reposant que sur le droit de percevoir les fruits, n'opère aucun démembrement dans la propriété et n'attribue pas à l'antichrésiste de droit réel sur le fonds; d'où il suit que le créancier ne peut hypothéquer son droit d'antichrèse, tandis que l'usufruitier peut hypothéquer son droit d'usufruit. — Proudhon, t. 1er, no 85.

60. — Mais il peut, comme l'usufruitier, céder son droit, à moins que le débiteur ne lui ait interdit cette faculté.

61. — Il a le droit d'intervenir dans l'instance en nullité de la vente de l'immeuble qui lui a été donné à titre d'antichrèse. — *Cass.*, 7 mars 1820, Desmares c. Delamotte.

62. — Sa possession lui permet aussi, comme à tout possesseur, d'intenter l'action en réintégrande. — *Cass.*, 16 mai 1820, Girard c. Dupuy. — V. ACTION POSSESSOIRE.

63. — Là, toutefois, doivent se borner les effets de cette possession. Ainsi, le créancier ne peut, pendant la durée de l'antichrèse, prescrire la propriété de l'immeuble dont il est nanti. Sa possession, en effet, en tant qu'elle s'applique à l'immeuble, est toute précaire. Il ne possède que pour le compte d'un autre. — Merlin, *Rép.*, vo *Antichrèse*; [illegible]

n° 137; Troplong, *De la prescription*, t. 2, n°s 479 et suiv.; Charlemagne, n° 25; Bousquet, *Nouv. diction. de dr.*, v° *Antichrèse*. — V. aussi *Cass.*, 24 août 1842 (t. 2 1842, p. 493), Escalle c. Achard.

64. — Et le droit de retrait de l'immeuble est imprescriptible. — Même arrêt.

65. — Comme suite de ce principe, il a été jugé que, l'action en indemnité pour non représentation de l'immeuble donné en gage n'étant qu'une conséquence du droit de retrait et ne pouvant être intentée avant l'exercice de ce droit, on ne saurait, sans que les propriétaires eussent exercé le retrait, faire remonter la prescription de l'action en indemnité à l'époque où les engagistes se seraient placés, de fait, dans l'impossibilité de restituer le gage en nature. — Même arrêt.

66. — Mais aussi, comme en matière de gage, si après avoir payé, le débiteur néglige de retirer la chose donnée en antichrèse, la cause de la possession ayant changé dans les mains de l'ancien créancier, l'action en restitution de cette chose doit, comme toute action personnelle, se prescrire par trente ans. — Troplong, t. 2, n° 480. — V. GAGE.

67. — Il en est de même, ajoute M. Troplong, si par une clause du contrat l'antichrèse cesse au bout d'un certain temps, et que, dès cette époque, commence une possession *animo domini*. — Ainsi jugé dans une espèce où il avait été convenu qu'à l'expiration d'un an, le créancier deviendrait propriétaire de l'immeuble si le prix n'était pas payé. — La cour, tout en considérant que cette clause, prohibée par les lois, n'avait pu donner de plein droit la propriété au créancier, a pensé que, du moins, elle avait pu faire courir une possession *animo domini* suffisante pour prescrire. — *Bruxelles*, 26 juin 1806, Nuterman c. Batens; — Troplong, *loc. cit.* — *Contrà* Vazeille, *loc. cit.*

68. — M. Duranton (t. 18, n° 551) enseigne que l'action *personnelle* du débiteur contre le créancier à raison du contrat de gage, et pour le retirement de sa chose, se prescrit par un délai de trente ans, lequel court du jour où il a pu retirer le gage par le paiement de la dette; en sorte que, passé ce délai, encore bien que ce serait par la faute du créancier ou de ses héritiers que la chose serait venue à périr, ils seraient libérés par la prescription trentenaire. — Quant à l'action *réelle* en revendication, elle subsiste tant que la chose existe entre les mains du créancier gagiste, et que la possession de ce dernier a conservé son caractère précaire.

69. — Les principes applicables au créancier le sont également à ses héritiers. — Cependant il a été jugé que ces derniers pouvaient prescrire si le titre de leur possession des biens engagés se trouvait interverti par une cause venant d'un tiers, et que l'interversion, dans ce cas, n'avait pas besoin, pour produire effet, qu'il y eût eu contradiction au droit du propriétaire. — *Cass.*, 24 août 1842 (t. 2 1842, p. 493), Escalle c. Achard; — Troplong, *Prescript.*, t. 2, n°s 505 et suiv. — V. cependant Vazeille, t. 1er, n° 148.

70. — Le titre de possession peut être réputé interverti par une cause venant d'un tiers, lorsque la chose engagée, sortie des mains de l'engagiste pour entrer dans celle d'un tiers qui en a eu la possession publique, a été retrouvée par les héritiers de l'antichrésiste dans la succession de celui qui, de bonne foi, et à titre onéreux, l'avait acquise de ce tiers. — Même arrêt.

71. — La réunion, dans la personne de ces héritiers, de leur ancienne qualité de représentans des engagistes, avec leur qualité plus nouvelle de représentans de l'acquéreur, ne saurait mettre obstacle à la prescription, non plus que la circonstance qu'antérieurement à la vente dont ils profitent il serait intervenu, relativement à d'autres portions de ces biens, et avec le même acquéreur, une transaction dont l'annulation aurait été prononcée (cette annulation devant être restreinte dans ses effets aux biens qui en avaient fait l'objet). — Même arrêt.

72. — Par une juste réciprocité, la prescription ne court pas contre le créancier pendant qu'il détient les biens de son débiteur à titre d'antichrèse. — *Cass.*, 27 mai 1812, Chivron Devillette c. de Challant; *Riom*, 31 mai 1828, Blancheton c. Chevalier et Alsac; — Vazeille, *Des prescrip.*, t. 1er, n° 138; Charlemagne, n° 25.

73. — Il en est ainsi, alors même qu'un autre créancier a interrompu la possession du premier en se faisant adjuger (sous l'ancienne législation) la préférence pour jouir aussi à titre d'antichrèse, jusqu'à ce qu'il soit payé de sa créance. — *Riom*, 31 mai 1828, Blancheton c. Chevalier.

74. — Dans ce cas, la détention de ce second créancier, bien qu'elle ait duré pendant plus de trente ans, n'a que suspendu et non pas éteint le droit du premier, qui peut être exercé par la rentrée en jouissance de l'immeuble, après que le second aura été payé, sans que les débiteurs soient fondés à lui opposer aucune prescription. — Même arrêt.

75. — Décidé, au contraire, que la possession de l'immeuble donné en antichrèse, et la perception des fruits de cet immeuble, n'avaient pas pour effet, sous l'empire des lois romaines, d'interrompre la prescription de l'action en paiement de la créance principale. — *Turin*, 9 juin 1810, Chivron-Devillette c. de Challant (cassé le 27 mai 1812, V. *suprà* n° 72).

76. — L'antichrésiste doit jouir en bon père de famille (Duranton, t. 18, n° 553; Zachariæ, t. 1er, p. 177); de là l'obligation qui lui est imposée, sous peine de tous dommages-intérêts, de pourvoir à l'entretien de l'immeuble et aux réparations utiles et nécessaires. Il doit aussi payer les contributions et les charges annuelles qui pèsent sur cet immeuble, sauf à prélever sur les fruits toutes les dépenses relatives à ces divers objets (art. 2086).

77. — Il ne peut changer le mode de jouissance établi par le débiteur (Duranton, t. 18, n° 555), à moins de convention contraire; et, dans ce dernier cas, les imputations sur la créance doivent se faire sur le pied du revenu que procure la jouissance ainsi modifiée. — V. dans cette dernière hypothèse, *Cass.*, 25 mars 1835, Thobois c. Douay et Ve Langlet.

78. — Il a moins encore le droit de dénaturer entièrement la propriété. Toutefois, celui qui, après avoir reçu une usine à antichrèse, y a fait de bonne foi des constructions nouvelles et introduit de nouvelles machines en remplacement des anciennes, a le droit, non de les enlever, mais d'exiger du propriétaire (à défaut de remboursement de la valeur de ces constructions et machines) le paiement de la plus-value qu'en a reçue l'immeuble. — *Paris*, 9 déc. 1836, Capon et Chatillon c. Fould.

79. — Si le créancier abusait de la possession de l'immeuble qui lui a été livré en antichrèse, le débiteur pourrait en réclamer la restitution, même avant d'avoir payé la dette. — Delvincourt, t. 3, p. 212, note 5e (art. 618 et 2082); Charlemagne, n° 28; Delvincourt, t. 3, p. 446. — Et, par contre aussi, le deuxième alinéa de l'art. 2082, qui consacre au profit du créancier le droit de rétention pour le paiement d'une dette contractée postérieurement à la constitution du nantissement, serait applicable à l'antichrèse. — Duranton, t. 18, n° 563.

80. — Lorsque les frais d'entretien et autres charges qui, comme nous l'avons vu, pèsent sur le créancier antichrésiste, excèdent les revenus de l'immeuble, le créancier peut toujours, pour se décharger de l'obligation d'y subvenir, contraindre le débiteur à reprendre la jouissance de son immeuble, à moins qu'il ne soit intervenu une stipulation contraire (art. 2087, § 2).

81. — Le créancier peut aussi répéter l'excédant des dépenses sur la valeur des fruits, à moins que le contraire n'ait été stipulé. — Delvincourt, t. 3, p. 212, note 6e.

82. — Dans le cas où le débiteur offre à l'antichrésiste de lui rembourser le capital et les intérêts de la créance pour laquelle le contrat a été formé, si l'antichrésiste n'a pu auparavant prélever sur les fruits la totalité des impenses qu'il a faites, peut-il retenir l'immeuble jusqu'à son remboursement intégral, ou n'a-t-il contre le débiteur qu'une action en répétition? Un arrêt de la cour de Turin a décidé qu'il n'avait qu'une action en répétition. — *Turin*, 31 déc. 1810, Bertholino c. Alberto.

83. — Nous croyons, au contraire, avec M. Charlemagne (n° 27), que les impenses pour la *conservation* de l'immeuble lui donnent le droit de rétention. Mais ce droit ne pourrait être étendu aux dépenses de simple *amélioration*, parce que ce serait donner au créancier la faculté de prolonger indéfiniment l'antichrèse, et même de forcer un débiteur pauvre à lui céder la propriété de l'immeuble engagé.

84. — L'insuffisance des revenus pour acquitter les charges annuelles n'est pas le seul cas dans lequel celui qui possède un immeuble à titre d'antichrèse puisse en abandonner la possession. Il a le droit, à moins d'une renonciation expresse ou tacite de sa part, de rendre cette possession au débiteur quand bon lui semble et pour quelque cause que ce soit. Aucune disposition de loi, en effet, ne l'oblige à la garder. — Duranton, t. 18, n° 564.

85. — Spécialement, le créancier qui s'est obligé à différer ses poursuites, en recevant un immeuble en antichrèse, peut, en le restituant au débiteur, et lui rendant compte de l'administration, reprendre les poursuites qu'il avait commencées contre lui. — *Rennes*, 18 juin 1821, de la Vieuville c. Amisse de la Saudre.

§ 4. — *Pacte, commission.*

86. — Le débiteur qui remet un immeuble, à titre d'antichrèse, ne se dépouille que de la possession; la propriété continue de résider sur sa tête. Le seul défaut de paiement au terme convenu ne suffit pas pour rendre le créancier propriétaire de cet immeuble. La loi a même frappé d'une nullité radicale la clause qui aurait pour objet de lui en attribuer de plein droit la propriété, faute de paiement dans les délais convenus (art. 2088). Il en est ainsi également en ce qui concerne le gage mobilier (art. 2078).

87. — Cette clause, connue sous le nom de *pacte commissoire*, est en effet contraire à la nature du contrat d'antichrèse, qui ne consiste que dans une jouissance et une perception de fruits temporaires. Elle eût d'ailleurs souvent servi de prétexte à une spéculation usuraire, en donnant au créancier la facilité d'abuser de la position du débiteur pressé par le besoin d'argent. L'empereur Constantin l'avait proscrite à cause de sa dureté. — V. L. 3, Cod, liv. 8. tit. 33, *De pactis pignorat. et de lege commiss.*

88. — La convention par laquelle l'emprunteur consent à ce que le prêteur devienne propriétaire de l'immeuble affecté à sa créance pour la valeur de celle-ci comme prix, à défaut de remboursement au terme convenu, est nulle comme contraire à l'essence des contrats de prêt et de vente. — *Agen*, 28 déc. 1842 (t. 2 1843, p. 259), Soulié c. N...

89. — L'existence de cette clause dans un contrat d'antichrèse ne vicie pas ce contrat en son entier. La nullité dont elle est entachée ne rejaillit en aucune façon sur la partie relative à la constitution de l'antichrèse. On doit uniquement considérer cette clause comme non écrite.

90. — C'est ce qui paraît résulter de deux arrêts de Bruxelles. Ces arrêts ont jugé en effet que, lorsque dans un contrat de prêt formé sous l'ancienne législation du Brabant, où le droit romain avait force de loi dans le silence des lois du pays, l'emprunteur a déclaré donner un immeuble en *engagère* à son créancier, pour celui-ci en jouir pendant un temps déterminé, en ajoutant que, faute de remboursement dans ledit délai de la somme prêtée, ladite *engagère* devrait être tenue pour acte de vente effectuée et censée faite pour la somme prêtée, les juges, au lieu de voir dans cet acte une vente à réméré, doivent *valider seulement la clause relative à l'*ENGAGÈRE *et annuler le pacte commissoire* comme contraire à la loi *ult.*, Cod., *De pactis pignor.* — Ainsi, dans ce cas, l'emprunteur peut encore, après l'époque fixée, retirer l'immeuble donné en *engagère*, en offrant le paiement de la somme prêtée. — *Bruxelles*, 14 juill. 1821, Bellemain; 18 oct. 1821, Claes et Limbourg.

91. — Il suit de là que l'action en nullité de cette clause n'est pas soumise à la prescription de dix ans. — *Toulouse*, 5 mars 1831, Teyssèdre c. Romain. — Elle n'est pas non plus assujétie à la prescription de trente ans, par la raison que le créancier antichrésiste ne peut jamais prescrire. Il n'y a par conséquent aucun délai dans lequel elle doive être exercée.

92. — Si, au lieu du pacte commissoire tel que nous venons de le définir, il était intervenu entre les parties une convention portant que, à défaut de paiement à l'échéance, le créancier antichrésiste demeurerait propriétaire de l'immeuble, *suivant estimation*, cette convention, n'ayant rien d'injuste et d'illicite, devrait recevoir son exécution. C'est là une vente conditionnelle, indépendante de l'antichrèse, que la loi ne réprouve pas. — Charlemagne, n° 24; Zachariæ, t. 3, p. 176; Troplong, *De la vente*, t. 1er, n° 77.

93. — La disposition pénale de l'art. 2088 n'est applicable qu'à la clause commissoire proprement dite qui accompagne le bail à antichrèse; elle ne pourrait pas davantage être étendue au cas où le débiteur, en hypothéquant un immeuble, consent à ce que son créancier en devienne propriétaire pour le remploi de sa créance, et se mette, en cas de non paiement, en possession au terme fixé. Il n'y a encore qu'une vente conditionnelle. — V. VENTE, chap. 1er, § 5.

94. — Hors le cas exceptionnel indiqué ci-dessus (n° 92), l'antichrésiste, à défaut de paiement au terme fixé, n'a, comme tout autre créancier, que le droit de poursuivre l'expropriation du débiteur par les voies légales. — Art. 2088.

95. — Il ne pourrait même pas, comme lorsqu'il s'agit de gage mobilier (art. 2078), faire ordonner en justice que l'immeuble lui demeurera en paie-

ment de sa créance ou jusqu'à due concurrence, à dire d'experts. — Duranton, t. 18, nº 566. — Les tribunaux excéderaient leurs pouvoirs en suppléant ici à l'absence de convention entre les parties.

96. — L'art. 2088 a prescrit les formalités de l'expropriation forcée en termes tellement généraux et formels, que la convention par laquelle le créancier antichrésiste serait autorisé, en cas de non paiement à l'échéance, à faire vendre, sans observer les formalités de justice, les immeubles qui lui auraient été remis à titre d'antichrèse, devrait être déclarée nulle. — V. en ce sens, *Turin*, 21 juill. 1812, Galliano, c. Bessone; — Duranton, nº 567; Charlemagne, nº 36.

97. — M. Duranton (*loc. cit.*), enseigne même que la convention par laquelle il aurait été dit que, à défaut de paiement, le créancier pourrait faire vendre l'immeuble aux enchères devant notaire, le débiteur dûment appelé, ne serait pas valable, si le débiteur présent à la vente n'y donnait son consentement.

98. — Il a été jugé au contraire que la convention autorisant le créancier, en cas de non paiement, à faire vendre publiquement chez un notaire, mais sans les formalités, la chose donnée en gage ou hypothéquée, devait recevoir son effet, ce mode de vente excluant toute possibilité, toute idée même de dol et de fraude de la part du créancier, et le débiteur étant par là mis à même de veiller à ses intérêts. — *Trèves*, 15 avr. 1813, Leib c. Martini. — V. aussi Zachariæ, t. 3, p. 176. — Mais, ainsi que l'observent MM. Duranton et Charlemagne (*ubi suprà*), l'art. 2078 repousse formellement cette décision. L'art. 2078 veut en effet que le créancier ne puisse disposer du gage, en cas de non paiement, qu'avec l'autorisation de justice. Ne doit-il pas en être ainsi, à plus forte raison, en matière d'antichrèse, où il s'agit d'immeubles?

99. — Toutefois, la loi doit être appliquée avec d'autant plus de restriction qu'elle est plus rigoureuse. Aussi a-t-il été décidé que l'art. 2088 ne concernait que le cas où l'autorisation d'aliéner était donnée dans l'acte même qui constitue l'antichrèse, et qu'en conséquence le créancier antichrésiste était valablement autorisé à aliéner par le débiteur dans une convention postérieure de plusieurs années au contrat d'antichrèse... alors surtout que le débiteur signait avec le créancier les quittances du prix. — *Cass.*, 25 mars 1835, Thobois c. Douay et Langlet.

100. — M. Duranton (nº 568) va plus loin encore, il enseigne qu'on doit également considérer comme parfaitement bonne la vente faite par le débiteur au créancier, quoiqu'en exécution d'une clause portée dans cet acte, pour le cas de non paiement au terme convenu. Car, cette clause étant nulle, le débiteur savait ou devait savoir qu'il n'était pas lié par elle, et alors il était libre au moment où il a vendu.

101. — On sait, au surplus, que la loi du 2 juin 1841, art. 742, défend expressément toute convention (connue sous le nom de *clause de voie parée*), et ayant pour objet de donner au créancier le droit de faire vendre l'immeuble sans remplir les formalités de la saisie immobilière. — V. CLAUSE DE VOIE PARÉE.

§ 5. — *Obligations et droits du débiteur.*

102. — Le contrat d'antichrèse étant un contrat de nantissement, le débiteur qui le souscrit s'oblige implicitement à garantir au créancier la possession de l'immeuble. De là, la disposition de l'art. 2087, § 1er : « Le débiteur ne peut, avant l'entier acquittement de sa dette, réclamer la jouissance de l'immeuble qu'il a remis en antichrèse », à moins qu'il n'y ait abus dans cette jouissance de la part du créancier. — V. *suprà* nos 23 et 33.

103. — Les mots *entier acquittement de la dette* embrassent non seulement le capital, mais encore les intérêts et les frais, s'il en était dû, comme dans le cas de gage mobilier. — Duranton, t. 18, nº 562.

104. — Lorsque l'antichrèse a été contractée pour un temps déterminé, mais à l'occasion d'une créance exigible, le débiteur peut, sans attendre que ce temps soit expiré, payer sa dette et rentrer dans la possession de son immeuble, car le terme est toujours présumé stipulé en faveur du débiteur (art. 1187). Mais il en serait autrement si la créance n'était point exigible, ou si le terme opposé à la durée de l'antichrèse avait été fixé dans l'intérêt du créancier. — V. Charlemagne, nº 34.

105. — Le droit que l'art. 2087 accorde au débiteur de reprendre l'immeuble qu'il a donné en nantissement, ne peut être prescrit par le créancier antichrésiste. — V. *Bruxelles*, 18 oct. 1824, Claes et Limbourg c. chapitre de Nivelles; *Cass.*, 24 août 1842 (t. 2 1842, p. 493), Escalle c. Achard. — C'est une conséquence forcée de l'imprescriptibilité de l'immeuble même remis à titre d'antichrèse. — V. *suprà* § 2. — Le débiteur peut donc, en tout temps, en reprendre la possession en payant. — Troplong, *De la Prescription*, t. 2, nº 479.

106. — Lorsque l'antichrésiste ne peut rendre l'immeuble dans l'état où il l'a reçu, le débiteur a contre lui une action en indemnité qui ne se prescrit que par trente ans à partir de l'acquittement de la dette. — V. l'arrêt ci-dessus de Cassation du 24 août 1842.

107. — Si, depuis la constitution de l'antichrèse, le débiteur avait contracté envers le créancier une nouvelle dette devenue exigible avant ou en même temps que la première, il semble qu'il ne pourrait réclamer la jouissance de l'immeuble engagé qu'en acquittant l'une et l'autre, encore bien que cet immeuble n'eût point été formellement affecté au paiement de la seconde. Cette solution ne ressort point, il est vrai, du texte même de l'art. 2087. Mais l'art. 2082 le décide ainsi dans le cas de gage; n'y a-t-il pas même raison d'appliquer les dispositions de ce dernier article en matière d'antichrèse? — En ce sens V. Duranton, t. 18, nº 563; Charlemagne, nº 35.

108. — Lorsqu'un créancier a reçu un immeuble à titre d'antichrèse, le débiteur ne peut plus ni l'aliéner ni l'hypothéquer qu'à la charge du droit d'antichrèse qu'il a constitué. Cela nous conduit à examiner quels sont les effets de l'antichrèse relativement aux créanciers du débiteur, soit antérieurs, soit postérieurs.

109. — Mais auparavant il importe de rappeler ici une dernière obligation qui naît pour le débiteur du contrat d'antichrèse : c'est celle qui consiste à indemniser le créancier des dépenses qu'il a faites pour la conservation ou l'amélioration de l'immeuble, pendant qu'il en était détenteur. — V. *suprà* § 2.

§ 6. — *Effets de l'antichrèse à l'égard des tiers.*

110. — L'antichrèse ne préjudicie point aux droits que des tiers pourraient avoir sur le fonds de l'immeuble engagé. — V. art. 2091, § 1er.

111. — Ainsi, l'antichrésiste peut être évincé par un créancier dont l'hypothèque a été établie antérieurement à la constitution de l'antichrèse, et, dans le cas de vente de l'immeuble engagé, ce créancier doit être colloqué sur le prix par préférence à l'antichrésiste. — Proudhon, t. 1er, nos 88 et 89; Duranton, t. 18, nº 560; Troplong, *Des privilèges et hypothèques*, t. 3, nº 778; Charlemagne, nº 37; Zachariæ, t. 3, p. 177, et ses annotateurs, *ibid.*, note 9e. — V. aussi *Bourges*, 24 juill. 1828, Neveu c. Poitreneau.

112. — Jugé aussi que lorsqu'il y avait eu expropriation de l'immeuble donné en antichrèse à la requête d'un créancier hypothécaire antérieur, le créancier antichrésiste ne peut s'opposer à la mise en possession de l'adjudicataire, sous prétexte que ce dernier se trouverait obligé, comme le débiteur, à payer le montant de la créance avant de réclamer la jouissance de l'immeuble. — *Liége*, 14 juill. 1821, Brundseau c. Neu.

113 — Si l'antichrésiste a d'ailleurs sur le fonds des priviléges ou hypothèques légalement établis et conservés, il les exerce à son ordre et comme tout autre créancier. — Art. 2091, § 2.

114. — Il a été jugé que le détenteur à titre d'antichrèse n'est pas dans la classe de ceux à qui doit être faite la sommation prescrite par l'art. 2169, C. civ., et que, dès-lors, le créancier hypothécaire, qui poursuit sur le mari la saisie de certains immeubles donnés en antichrèse à sa femme, n'était pas tenu de faire à celle-ci ladite sommation. — *Cass.*, 21 juin 1809, Moreau Gozenflot c. Foucault.

115. — Si la constitution de l'antichrèse a précédé celle de l'hypothèque, l'antichrèse peut alors être valablement opposée au créancier en faveur duquel l'hypothèque a été consentie. L'abandon de la jouissance faite au créancier, conformément à l'art. 2085, constitue en sa faveur un droit acquis auquel le débiteur ne peut plus porter atteinte (art. 2087). Le créancier hypothécaire postérieur n'a donc pas le droit de poursuivre l'expropriation de l'immeuble, à moins qu'il ne rembourse à l'antichrésiste le montant intégral de sa créance. La cour de Toulouse, devant laquelle cette question s'est présentée, l'a résolue dans le même sens (22 juill. 1835, Castran c. Roux); mais en se déterminant par des considérations particulières. — V. aussi Proudhon, t. 1er, nº 90; Duranton, Charlemagne, Zachariæ et ses annotateurs, *ubi suprà*.

116. — Jugé au contraire que le contrat d'antichrèse ne peut préjudicier aux droits du créancier hypothécaire même postérieur en date. — *Rennes*, 24 août 1827, Revel c. duc de Choiseul-Praslin. — V. aussi en ce sens, Delvincourt, t. 3, p. 444.

117. — ... Et que, par conséquent, l'antichrésiste ne peut prétendre à être payé sur le prix de l'immeuble par préférence à ce créancier. — *Bastia*, 9 mai 1838 (t. 2 1838, p. 297), Giuseppi.

118. — ... Alors surtout que l'antichrésiste n'a pas fait transcrire son contrat. — Même arrêt.

119. — Quant aux créanciers chirographaires, quelles que soient la nature et la date de leur créance, qu'elle soit authentique et antérieure à la constitution de l'antichrèse, ils ne peuvent jamais déposséder l'antichrésiste; car ce dernier a pour lui la possession et la maxime : *In pari causâ possessor potior haberi debet.* — Proudhon, t. 1er, nº 87; Duranton, Charlemagne et Zachariæ, *loc. cit.*

120. — M. Delvincourt (t. 3, p. 444) enseigne, au contraire, que les simples créanciers chirographaires ont le droit de saisir et faire vendre les fruits produits par l'immeuble antichrésé, au fur et à mesure de leur échéance, tant qu'ils sont pendans, et que l'antichrésiste est réduit à venir les partager contradictoirement avec eux. Mais cette opinion, qui aurait pour résultat d'anéantir le contrat d'antichrèse, est, avec raison, vivement combattue par tous les auteurs précédemment cités et par M. Troplong, *Des hypothèques*, t. 3, nº 778. L'art. 2091, qui réserve les droits des tiers, n'a en effet entendu parler, comme le fait remarquer ce dernier auteur, que des droits sur *le fonds de l'immeuble*, et ne concerne nullement les simples créanciers chirographaires. — V. en ce dernier sens, Rolland de Villargues, vº *Antichrèse*, nº 38 (2e édition).

121. — Dans le cas où l'immeuble donné en antichrèse a été vendu depuis le contrat, soit volontairement par le débiteur lui même, soit sur expropriation à la requête d'un créancier hypothécaire postérieur, l'acquéreur ou l'adjudicataire ne peuvent pas plus que le débiteur, dont ils ne sont que les ayant-cause, contraindre l'antichrésiste à délaisser, si le remboursement de sa créance ne lui est offert, ou s'il ne lui est accordé un prélèvement sur le prix de l'immeuble. — Proudhon, t. 1er, nº 93.

122. — .... Encore bien que l'antichrésiste n'ait pris aucune inscription dans la quinzaine de la transcription dont parle l'art. 834, C. procéd. civ., c'est ce qui a été jugé à l'égard d'un individu qui avait acquis du débiteur, depuis la promulgation du Code civil et du Code de procédure, un immeuble donné en engagère sous l'empire de la coutume du Luxembourg. — *Liége*, 15 nov. 1822, Quoilin c. Gaspard.

123. — Si, nonobstant l'existence de l'antichrèse, l'acquéreur s'est mis en possession de l'immeuble, le créancier antichrésiste est fondé à se faire restituer la jouissance de cet immeuble, jouissance dans laquelle il a le droit d'être maintenu jusqu'au paiement intégral de sa créance. Vainement l'acquéreur invoquerait-il les dispositions de l'art. 1653, C. civ., qui autorise l'acquéreur, dans le cas de danger d'éviction, à suspendre le paiement de son prix. Cet article n'est point applicable en matière d'antichrèse. — *Cass.*, 28 mars 1837 (t. 2 1837, p. 37), Perrot c. Penchaud-Boismandé.

124. — Mais, s'il a été jugé irrévocablement que l'acquéreur des biens donnés à gage jouira des biens achetés par lui, le créancier antichrésiste n'est pas recevable à prétendre qu'il a le droit de toucher le prix du contrat; il est repoussé par l'exception de chose jugée. — *Rennes*, 24 août 1827, Rével c. duc de Choiseul-Praslin.

125. — La vente volontaire ou forcée de l'immeuble engagé, alors que le débiteur a des créanciers hypothécaires antérieurs à la constitution de l'antichrèse, n'a pas davantage pour effet d'empêcher que cette antichrèse ne continue à recevoir son exécution à l'égard de l'acquéreur ou de l'adjudicataire, sauf les droits desdits créanciers. — *Bourges*, 24 juill. 1828, Neveu c. Poitreneau.

126. — Ainsi, au cas d'expropriation, les fruits n'étant immobilisés au profit des créanciers qu'à partir de la dénonciation de la saisie au saisi, l'antichrésiste a droit aux fruits antérieurs. — Même arrêt.

127. — Ainsi également, au cas d'aliénation volontaire, les fruits n'étant dus aux créanciers qu'à partir de la notification du contrat par l'acquéreur, ou de la sommation qui lui est faite de notifier, l'antichrèse ne cesse de subsister que du moment de cette notification ou de la sommation. — Même arrêt.

128. — M. Troplong refuse même aux créanciers hypothécaires le droit de saisir les fruits entre les mains de l'antichrésiste, *tant que leur hypothèque ne se met pas en action*, mais, dès qu'elle se met en action (par exemple en cas de saisie), il admet le

système d'immobilisation des faits, lesquels, dit-il, viennent *augmenter le gage hypothécaire*. Et en cela il ne paraît pas distinguer entre les créanciers dont l'hypothèque serait postérieure ou antérieure au contrat d'antichrèse (*Hyp.*, t. 3, n° 778).

129. — Lorsque l'antichrésiste poursuit lui-même l'expropriation de l'immeuble engagé, il doit alors être considéré, par le fait seul de sa demande, comme ayant renoncé à son droit de rétention, nul ne pouvant vendre et retenir tout à la fois la même chose, et il rentre dans la classe des simples créanciers chirographaires. — Proudhon, t. 1er, n° 95; Charlemagne, n° 37; Zachariæ, t. 1er, p. 177.

130. — Il a été jugé que les outils et ustensiles mobiles, attachés à une usine par l'antichrésiste, en remplacement de ceux qui y existaient, étaient compris dans l'adjudication de l'immeuble, sans que l'antichrésiste pût opposer que les outils et ustensiles qu'ils remplaçaient lui avaient été vendus par le propriétaire. — *Paris*, 9 déc. 1836, Capon et Châtillon c. Fould.

131. — Enfin, le débiteur ne peut pas plus par un bail que par une vente paralyser les effets d'un contrat d'antichrèse précédemment formé.

132. — Ainsi, celui qui a reçu à titre de bail un immeuble déjà donné en antichrèse et qui s'est mis en possession avant le créancier antichrésiste, ne peut prétendre, en vertu de l'art. 1141, C. civ., à être préféré, en vertu de sa possession et de sa bonne foi. — *Rennes*, 14 fév. 1828, Talhouarn c. Revel et Lescoat.

ANTICIPATION.

1. — Sous l'ancien droit, on appelait anticipation l'assignation que l'intimé faisait donner à l'appelant pour accélérer le jugement sur appel. — V. EXPLOIT.

2. — Aujourd'hui, ce mot exprime le plus ordinairement l'usurpation, l'empiétement commis par le possesseur d'un immeuble sur les propriétés voisines. — V. BAIL, USUFRUIT.

ANTICIPATION D'APPEL.

1. — Anticiper sur un appel, c'était, dans l'ancien droit, assigner l'appelant, lorsque celui-ci, après avoir déclaré appel, ne le relevait pas, devant le juge supérieur. Par ce moyen, on accélérait le jugement du procès et on déjouait les lenteurs calculées de l'appelant.

2. — Une fois l'appel relevé, il n'y avait plus lieu d'anticiper. Si l'appelant ne faisait pas les diligences nécessaires, l'intimé prenait congé.

3. — Au Châtelet, l'anticipation se formait par un simple exploit, sans aucune autorisation préalable.

4. — Au parlement, il fallait prendre des lettres à la chancellerie du palais, ou obtenir une autorisation spéciale par un arrêt rendu sur requête. — Edit de 1312, art. 56; édit de 1528, art. 7; ancienne coutume de *Mehung sur Evre*, tit. 1er et 2.

5. — A Toulouse, aux termes d'un arrêt de règlement du 4 sept. 1722, l'anticipation d'appel n'avait pas lieu en matière civile, parce que la simple déclaration d'appel était sans effet après un certain délai.

ANTIDATE.

1. — On appelle ainsi l'apposition d'une date antérieure à l'époque où un acte est passé.

2. — L'antidate est le plus souvent employée pour favoriser des simulations surtout à l'égard des tiers. — V. PREUVE LITTÉRALE.

3. — Quand l'antidate a lieu dans un acte public, ou même dans des effets négociables sous seings-privés, elle peut constituer un faux. — V. FAUX, LETTRE DE CHANGE.

ANTILLES.

V. GUADELOUPE, MARTINIQUE.

ANTRUSTION.

1. — Nom donné, sous la première race, à ceux qui, suivant l'expression de la loi salique, *sunt in truste regis*, sont sous la foi du roi. On les appelait *leudes* ou *fidèles*. — V. Ducange, *Glossaire*, v° *Antrussio* ou *Antrustio*; Mably, *Observ. sur l'hist. de France*, ch. 3; Marcufe, form. 8e, liv. 1er.

2. — Montesquieu prétend qu'on trouve dans les lois saliques et ripuaires un nombre infini de dispositions pour les Francs et quelques unes seulement pour les antrustions. « Les dispositions » sur les antrustions, ajoute-t-il, sont différentes » partout les biens des Francs, et on ne dit rien de » ceux des antrustions; ce qui vient de ce que les » biens de ceux-ci se réglaient plutôt par la loi » politique que par la loi civile. » — *Esprit des lois*, liv. 30, ch. 16.

3. — Les auteurs ne sont pas d'accord sur la nature des obligations imposées aux leudes ou antrustions. Montesquieu croit que leur principale obligation était de suivre leur chef à la guerre. — *Esprit des lois*, liv. 30, ch. 3.

4. — L'abbé de Mably prétend qu'ils n'étaient tenus à d'autres services que ceux auxquels les hommes libres étaient assujétis. — *Observ. sur l'hist. de France*, t. 1er. p. 357.

5. — Dans ce système, il resterait à appliquer le motif pour lequel le roi se serait dépouillé de ses domaines et les aurait distribués à ses *fidèles*: s'il ne se fût assuré ainsi un droit particulier à des services qu'il ne pouvait exiger auparavant. — Robertson, *Introd. à l'hist. de Charles-Quint*, note 8e; Bernardi, *Essai sur les révolut. du dr. fr.*, p. 34 et 35.

6. — La loi salique punissait d'une peine particulière le meurtre d'un antrustion. — *Si quis eum occiderit qui in truste dominicâ est, sol. 600 culpabilis judicetur.* — L. sal., tit. 43.

APANAGE.

Table Alphabétique.

APANAGE. — 1. — Ce mot exprime spécialement le domaine donné aux fils puînés des rois de France pour qu'ils puissent vivre d'une manière digne de leur rang. — Merlin (*Rép*, v° *Apanage*) et les auteurs du Nouveau Denizart (v° *Apanage*, § 1er, n° 4) disent que, dans l'usage, on se sert du mot *apanage* pour désigner ce que nos rois donnent à leurs frères, ou à leurs fils, ou à leurs petits-fils, à défaut de fils, pour *leur subsistance*.

2. — L'étymologie du mot *apanage* est ainsi donnée par Loysel (*Opuscules*, n° 68): « *Apennage, à pennis*, c'est donner des plumes et des moyens aux jeunes seigneurs sortant du nid et de la maison de leurs pères pour commencer à voler, et faire quelque fortune par quelques exploits. » Mais les meilleurs auteurs la donnent autrement: « *Apanare, id* [illegible] Ragueau, *Gloss. du dr. français*; Laurière, notes sur Ragueau. — V. aussi Dupin aîné, *Encyclop. du droit.*, v° *Apanage*, n° 6 et suiv.

Sect. 1re. — *Des apanages en général. — Historique. — Législation.*

3. — Au commencement de la monarchie la couronne se divisait entre les enfans mâles du roi décédé; mais dès que l'usage d'accorder le royaume au plus proche héritier mâle fut regardé comme ayant force de loi, il a été juste de donner aux cadets une position convenable; de là l'origine des apanages. — Macarel et Boulatignier, *De la fortune publique en France*, t. 2, n° 399; Merlin, *Rép.*, v° *Apanage*.

4. — « Ainsi, dit Ragueau (*Gloss. du dr. français*), en la maison de France, n'y a partage, mais apanage à la *volonté* et *arbitrage du roi* père, ou du roi frère régnant, et ce depuis le commencement de la troisième lignée des rois de France, car auparavant l'empire s'est partagé. »

5. — Suivant les historiens et les jurisconsultes, la législation sur les apanages peut se diviser en trois âges, auxquels il faut en ajouter trois autres qui comprennent la législation de 1790 et 1791, celle de l'empire et celle de la restauration.

6. — Le premier âge commence à Hugues Capet, en 987, et se prolonge jusqu'à Philippe-Auguste, en 1180. — Pendant cet âge on voit les apanages constitués par des attributions de domaines en propriété absolue et passer aux filles ainsi qu'aux collatéraux. — Merlin, *Rép.*, v° *Domaine public*, § 2, n° 1er; Macarel et Boulatignier, *De la fortune pub.*, t. 2, *loc. cit.*; Dupin, *loc. cit.*, n° 10.

7. — Par son testament de juin 1225, Louis VIII apposa à la constitution des apanages la condition de retour à défaut d'*hoirs*. C'est ce que l'on regarde comme le second âge des apanages: les collatéraux étaient exclus; l'apanage devint ainsi une espèce de majorat ou de substitution. — Merlin, *Rép.*, v^is *Domaine public*, § 2, n° 1er, et *Apanage*, n° 1er.

8. — Dans les termes de ce testament, et d'après l'interprétation qui leur fut donnée (Dupin, *loc. cit.*), le mot *hoirs* était général, et s'il excluait les collatéraux, toujours est-il que le retour ne se faisait qu'après le décès des descendans *de l'un et de l'autre sexe*. Mais Philippe le Bel, par son codicille de 1314, ordonna que le comté de Poitou, qu'il avait donné à Philippe (depuis Philippe le Long), son fils puîné, retournerait à la couronne *défaillans ses hoirs mâles*. Cet état de choses, sous lequel les collatéraux et les filles étaient exclus de la succession aux apanages, a été considéré comme le troisième âge. — Dutillet, *Rois de France*, p. 296; le président Hénault, année 1314; Merlin, *Rép.*, v^is *Domaine public*, § 2, et *Apanage*; Dupin, *loc. cit.*

9. — Ce codicille de Philippe le Bel est qualifié d'ordonnance par Dutillet et le président Hénault. Des auteurs plus modernes ont publié, comme émané du même roi, un autre acte en forme de lettres patentes signées et scellées, dont le texte est on ne peut plus explicite. On y lit: « Nous... Regardant qu'il pouvait advenir que ledit Philippe ou aucun de ses hoirs ou successeurs, comtes de Poitiers, pourraient mourir *sans hoirs mâles de leurs corps*; laquelle chose nous ne voudrions pas, ni que le comté fût en mains de femelle, sur ce avons ordonné ainsi qu'il en suit, c'est à savoir qu'au cas où ledit Philippe ou aucuns de ses hoirs, comtes de Poitiers, mourraient sans laisser *hoirs mâles de son* [illegible]

Poitiers retourne à notre successeur roi de France, et soit rejoint au domaine du royaume, et, en ce cas, voulons ledit notre successeur être tenu et obligé à donner deniers suffisans pour marier les filles, si aucunes y en avait, etc., etc.» — Dupin, *loc. cit.*

10. — Cette ordonnance, qui assurait le retour à la couronne, à défaut de descendans mâles, des biens apanagés, reçut son exécution et fut confirmée par les actes de concession d'apanages, et par d'autres actes qui émanèrent successivement de nos rois. M. Dupin qui, dans son article *Apanage (Encyclopédie du droit)*, a réuni sur la partie historique des documens pleins d'intérêt, cite notamment, 1° l'édit de Charles V (dit le Sage) d'oct. 1374 ; 2° les lettres de nov. 1461, par lesquelles Louis XI a donné en apanage à Charles de France, son frère, *à ses enfans mâles et les descendans de ces enfans mâles*, en droite ligne et loyal mariage, perpétuellement et à toujours, le duché de Berri..... « Voulant que s'il advenait que ledit Charles n'eût aucuns enfans mâles, et qu'au temps à venir sa lignée chéût en *ligne femelle*, en ce cas ledit duché et seigneurie de Berri reviendraient à nous et nos successeurs rois, et au domaine de la couronne de France, *tout par la forme et manière que sont et doivent faire en semblable cas les autres terres et seigneuries baillées en apanage de France* ; » 3° les déclarations faites aux états généraux tenus à Tours en 1467 ; 4° le traité de Crespy du 18 sept. 1544 entre François Ier et Charles-Quint ; 5° l'ordonnance de Charles IX, de fév. 1566, sur le domaine ; 6° l'art. 332, ordonn. de Blois, rendue en 1579 ; 6° plusieurs édits de juill. 1626, mars 1661, juin 1710, avr. 1771, oct. 1773, et enfin le préambule des lettres patentes du 7 déc. 1766, dans lesquelles l'historique de l'institution des apanages est tracé en ces termes : « L'apanage des enfans puînés de la maison de France a toujours été considéré comme représentant le partage de la monarchie qui a subsisté pendant les deux premières races. Si les inconvéniens de ce partage, destructif de la souveraineté par les jalousies et la rivalité des princes, par l'affaiblissement des forces de l'autorité, ont persuadé, au commencement de la troisième race, que la couronne, le plus éminent de toutes fiefs, devait être indivisible, ainsi que les fiefs, que les maximes du gouvernement féodal, alors en vigueur, déféraient en entier à l'aîné des mâles, la nature, qui ne parle pas moins au cœur des rois qu'à leurs sujets, leur a inspiré de doter leurs enfans puînés, et de leur procurer une subsistance proportionnée à la splendeur de leur origine, et propre à les dédommager de la perte de la souveraineté dont ils étaient privés. Enfans de l'état, ils ont pris dans les fonds de l'état même, par les mains des rois nos prédécesseurs, les parts et portions qui leur ont été assignées. Le vœu de la nature a été rempli, et la royauté a acquitté ses obligations. Cette institution, par son principe et par sa longue observance, qui n'y a souffert aucune interruption, a mérité d'être placée au rang des lois fondamentales de notre monarchie. »

11. — Sous la troisième race, les princes apanagés jouissaient dans leurs apanages de la majeure partie des droits régaliens, sans cependant avoir la souveraineté. Ainsi ils avaient le droit de guerre et de paix, le droit de grace, le droit de conférer et révoquer des privilèges ; jusqu'à saint Louis, ils ont eu le droit d'imposer des tailles à leurs vassaux, tandis que le roi ne pouvait lever de subsides dans leur apanage. — Macarel et Boulatignier, *Tr. de la fortune publ. en France*, t. 2, p. 152 ; Merlin, v° *Apanage* ; Dupin, v° *Apanage*, n° 26.

12. — Même depuis saint Louis, les princes apanagés ont conservé certains droits régaliens ; ainsi, par exemple, et notamment, le droit de juridiction, sauf les cas royaux, celui d'établir les tribunaux appelés *Grands jours* (Décl. du 27 avr. 1627), le droit de lever des tailles et des taxes sur les sujets et notamment sur les juifs de leurs apanages ; celui d'accorder des lettres de grace, de sauvegarde et de privilége ; le droit de plaider par procureur dans toutes les cours du roi, de battre monnaie même d'or, de présenter et nommer aux abbayes et tous autres bénéfices, excepté aux évêchés. Ce dernier droit, avec l'exception, se trouve dans l'édit de 1771, constitutif de l'apanage de Monsieur (depuis Louis XVIII). — Macarel et Boulatignier, *Tr. de la fortune publ.*, n° 405.

13. — Les princes apanagés tenaient leurs apanages à titre de pairie, avec prééminence et préséance sur les autres pairs, suivant leur degré de consanguinité. Enfin ils étaient vrais seigneurs et propriétaires utiles, ne connaissant de bornes à leur jouissance que celle qu'aurait le roi lui-même. — Loiseau, liv. 5, chap. 9, n° 7 ; Macarel et Boulatignier, n° 405. — V. aussi Dupin, v° *Apanage*, n° 26.

14. — Lors de la révolution française il existait en France trois apanages : 1° celui constitué en avr. 1771 au profit de Monsieur (depuis Louis XVIII) ; — 2° celui constitué au comte d'Artois (depuis Charles X) en octobre 1773 ; enfin celui de la maison d'Orléans, dont l'origine remontait à 1661. En elle-même l'institution des apanages n'était pas féodale, puisqu'elle avait uniquement pour objet de procurer aux princes des biens qui pussent en quelque sorte leur tenir lieu de ceux qu'ils auraient recueillis dans les biens du père commun, dont la succession passait exclusivement à l'aîné, pour se confondre avec les biens du domaine de l'état ; on pouvait seulement, à raison des droits féodaux qui se trouvaient attachés aux grandes terres, aux seigneuries et aux fiefs constitués en apanage, la considérer comme *imprégnée de féodalité*. — Dupin, *Tr. des apanages*, § 5, p. 22 ; *Encycl. du dr.*, v° *Apanage*, n° 27). — Toutefois elle n'échappa pas aux mesures qui frappèrent les droits féodaux, et la loi des 13 août-21 sept. 1790 (art. 1er) décida qu'il « ne serait accordé à l'avenir aucun apanage réel ; que les fils puînés de France seraient élevés et entretenus aux dépens de la liste civile jusqu'à ce qu'ils se mariassent ou qu'ils eussent atteint l'âge de vingt-cinq ans accomplis ; et qu'alors il leur serait assigné sur le trésor national des rentes apanagères dont la quotité serait déterminée à chaque époque par la législature en activité. » C'est ce qu'on peut appeler le quatrième âge des apanages.

15. — La loi des 13 août 21 sept. 1790 rencontra une vive opposition. On ne pouvait, disait-on supprimer les apanages sans indemnité pécuniaire ; la loi du 1er déc. 1790, et surtout celle des 21 déc. 1790-6 avr. 1791, intitulée « loi portant suppression des apanages, » ont donné satisfaction à ces réclamations. Cette dernière loi a affecté cinq cent mille francs par an à l'extinction des dettes de Monsieur et du comte d'Artois, et un million par an pendant vingt ans au paiement des dettes du duc d'Orléans. Mais elle a excepté de la révocation le palais du Luxembourg et le Palais-Royal (art. 16). — L. 6 avr. 1791. — Macarel et Boulatignier, *De la fortune publ.*, t. 2, n° 408.

16. — De ce que le Luxembourg et le Palais-Royal ont été exceptés de la révocation d'apanages prononcée par la loi de 1791, M. Dupin (*Encycl. du dr.*, v° *Apanage*, n° 31), conclut que ces biens sont restés ce qu'ils étaient, c'est-à-dire *apanages* ; ce qui le prouve, dit-il, c'est que l'art. 18 de cette loi dit positivement que « les deux apanagistes et leurs successeurs continueront de jouir aux *mêmes titres* et aux mêmes conditions que jusqu'à ce jour. »

17. — Les frères du roi ayant quitté la France, le traitement qui leur avait été accordé pour l'entretien de leur maison fut supprimé, et leurs rentes apanagères déclarées saisissables par la loi des 19-23 mai 1792, art. 1er et 6.

18. — Enfin les rentes apanagères furent supprimées par le motif que la *Convention ne reconnaissait plus de princes français*. — Décr. 24 sept. 1792.

19. — Le cinquième âge des apanages remonte aux premiers temps de l'empire. « A cette époque, dit M. Dupin (*loc. cit.*), Napoléon ayant successivement envahi l'autorité souveraine, voulut que son trône impérial fût entouré de tout l'éclat dont avait brillé le trône des rois qu'il appelait complaisamment *ses prédécesseurs*. Il s'était fait *empereur* ; on lui donnait le titre de Majesté ; il avait épousé la fille des Césars ; il prétendait même qu'avant peu *sa dynastie* fût la plus ancienne de l'Europe..... Et cependant il n'imagina rien de mieux que de se replacer autant qu'il était en lui sur les erremens de l'ancienne monarchie. »

20. — Par le sénatus-consulte du 28 flor. an XII, il fut déclaré que les princes français Joseph et Louis Bonaparte, et à l'avenir les fils puînés naturels et légitimes de l'empereur seraient traités conformément aux art. 1er, 10, 11, 12, 13, Décr. 21 déc. 1790 ; puis intervint plus tard le sénatus-consulte du 30 janv. 1810, qui, rappelant les anciennes dénominations, traite, dans son tit. 4, du *douaire des impératrices et des apanages des princes français*. — Ce titre se divise ainsi qu'il suit : — 1° dispositions générales ; — 2° de la transmission *des apanages* ; — 3° de leur concession ; — 4° de leur fixation ; — 5° des charges que *les apanages* supportent : — 6° de la conservation des biens *apanagés* ; — 7° de l'extinction des *apanages*. — On y lit, art. 55 : « Les apanages sont dus : 1° aux princes fils puînés de l'empereur régnant ou de l'empereur et du prince impérial décédé ; — 2° aux descendans mâles de ces princes, lorsqu'il n'a pas été accordé d'apanages à leur père ou aïeul. » — Art. 70. « La fixation des apanages n'est pas uniforme : elle est déterminée par l'empereur, sans que néanmoins elle puisse s'élever à un revenu de plus de trois millions. — Le palais du petit Luxembourg et le Palais-Royal sont destinés à être concédés à des princes apanagés, pour leur habitation, au même titre que leur apanage, et sans aucune diminution. »

21. — L'apanage du roi Louis, en qualité de prince français, fut déterminé et fixé à un revenu annuel de deux millions, par le sénatus-consulte du 13 sept. 1810, inséré au *Bulletin des Lois*, à la différence des autres dispositions faites en faveur des membres de la famille impériale.

22. — Les apanages accordés aux membres de la famille impériale ont pris fin par l'effet du traité de Fontainebleau, du 11 avr. 1814. — V. comme document historique la discussion qui a précédé l'ord. du cons. d'ét. du 5 déc. 1838, rendue sur les réclamations de la famille Napoléon, relativement aux arrérages de dotations apanagères qui leur restaient dus en 1814.

23. — Le sixième âge des apanages commence à la restauration. En ce qui concerne les princes et princesses de la famille royale, la loi du 8 nov. 1814 disposa qu'il serait payé annuellement par le trésor royal une somme de huit millions, pour les princes et princesses royales *pour leur tenir lieu d'apanage*. — Art. 23.

24. — La loi du 15 janv. 1825, qui fixa la liste civile de Charles X, persista dans ces intentions ; on y trouve : « Il sera payé par le trésor la somme de sept millions, *pour tenir lieu d'apanages* aux princes et princesses de la famille royale. » — Macarel et Boulatignier, *De la fortune publ.*, t. 2, n° 417.

25. — Quant à la branche d'Orléans, il fut statué, par ord. roy. du 18 mai 1814, que les biens de l'apanage créé en 1661 en faveur de Philippe de France, frère unique de Louis XIV, seraient rendus à la famille d'Orléans ; cette ordonnance porte : « Le Palais-Royal et le parc de Mousseaux seront rendus avec leurs dépendances à notre très cher et très aimé cousin, le duc d'Orléans. » — Une ord. postérieure, du 20 mai 1814, prescrivait la restitution à son profit de tous les biens à lui appartenant qui n'avaient pas été vendus, sans distinction de ceux qui étaient régis par le domaine ou employés au service d'établissemens publics.

26. — Enfin, une nouvelle ord. du 7 oct. 1814 fit rentrer M. le duc et Mademoiselle d'Orléans dans tous les biens dont leur père avait joui, *à quelque titre et sous quelque dénomination que ce fût* ; ce qui, dit M. Dupin (*Encycl. du dr.*, n° 34), contenait évidemment les biens de l'apanage ; et, en effet, M. le duc d'Orléans a été remis en possession de tous ceux des biens de l'ancien apanage de sa branche qui étaient encore dans les mains du domaine.

27. — Les ordonnances de 1814 sur l'apanage d'Orléans furent l'objet de vives critiques. On soutenait, et non sans raison, qu'il ne dépendait pas du roi de prendre les biens de l'apanage irrévocablement acquis au domaine de l'état, et de les rendre au prince ancien apanagiste ; attribuer cette faculté au roi, c'eût été reconnaître qu'il aurait pu faire la loi du 5 déc. 1814, ordonnant la remise aux émigrés de leurs biens invendus. Au surplus, et pour faire taire toute récrimination, l'art. 4, L. du 15 janv. 1825 sur la liste civile de Charles X, disposa « que les biens restitués à la branche d'Orléans, en exécution des ord. royales des 18 et 20 mai, 17 sept. et 7 oct. 1814, et provenant de l'apanage constitué par les édits des années 1661, 1672, 1692, à Monsieur, frère du roi Louis XIV, pour lui et sa descendance masculine, continueraient à être possédés aux mêmes titres et conditions par le chef de la branche d'Orléans, jusqu'à l'extinction de la descendance mâle, auquel cas ils feraient retour au domaine de l'état. »

28. — Après l'avénement du duc d'Orléans au trône, en août 1830, son apanage a fait retour au domaine de la couronne ; et la loi du 2 mars 1832, sur la liste civile, en consacrant ce retour, ajoute « que, dans le cas où il y aurait lieu à indemnité, à raison des accroissemens faits à cet apanage depuis qu'il a été rendu à la maison d'Orléans, jusqu'au moment où il a fait retour au domaine de l'état, cette indemnité ne sera exigible qu'à la fin du règne actuel. » — Art. 4.

29. — La disposition de cet art. 4 a donné lieu à de vives discussions : M. Mauguin a prétendu que ce serait bien plutôt à l'état qu'appartiendrait le droit de réclamer une indemnité contre l'apanagiste, qu'à l'apanagiste contre l'état ; que, d'après les titres constitutifs, l'apanage devait produire deux cent mille livres tournois ; qu'au lieu de cette somme il produisait réellement trois millions ; que l'on avait évidemment pris dans le domaine de l'état des biens excédant la valeur fixée par les titres ; que, d'après les titres constitutifs et d'après la règle générale écrite dans l'art. 8 de l'ord. de 1566, les apanagistes ne pouvaient faire dans les biens apanagés aucune coupe de futaies, et que cependant des coupes nombreuses avaient été faites. — On a répondu que le revenu de deux cent mille livres tournois indiqué dans le titre constitutif n'était pas une condition essentielle, qu'il était une simple désignation de biens compris dans l'apa-

nage ; que la nation avait vu avec plaisir la restitution faite en 1814 à M. le duc d'Orléans.... » — Au surplus, il est bien entendu que cet article ne résout pas la question de savoir si une indemnité est due ; c'est ce qui résulte des débats à la chambre des députés. — M. Laurence avait proposé de substituer à ces mots « depuis qu'il a été rendu à la maison d'Orléans, » ceux-ci : « depuis la loi du 15 janvier 1825. » Il a retiré son amendement sur l'observation de M. le garde des sceaux et de M. Mauguin, que la pensée de la chambre étant de ne rien préjuger soit sur *le droit*, soit sur *l'étendue* de l'indemnité, il fallait rejeter tous les amendemens qui avaient pour but d'augmenter ou de restreindre la portée de cette indemnité. — Telle est aussi la pensée qui a dominé à la chambre des pairs. — Duvergier, *Coll. des lois*, t. 32, p. 72.

30. — En 1837, un projet de loi ayant pour objet de constituer plusieurs forêts en apanage au duc de Nemours fut présenté aux chambres ; mais les critiques dont il fut l'objet dès son apparition en motivèrent le retrait, même avant toute discussion devant les chambres.

31. — Dans un appendice publié comme supplément au mot *Apanage*, M. Dupin (*Encycl. du dr.*) s'est attaché à discuter les objections développées à cet égard par la presse, et puisées dans cette double considération 1° que les apanages, par leur nom et par leur nature, appartenaient au régime féodal ; — 2° que, dans tous les cas, ils seraient un acheminement au rétablissement des majorats et de l'hérédité de la pairie. » — La constitution d'un apanage n'est, suivant lui, qu'un mode de dotation perpétuelle ; et rien ne s'oppose à ce que l'état, qui, suivant la loi du 2 mars 1832, est tenu de doter les fils puînés du roi et les princesses ses filles, en cas d'insuffisance du domaine privé (art. 21), adopte ce mode de dotation plutôt que celui qui consisterait dans l'attribution d'un revenu viager. — Il peut en effet régler la forme de la dotation aussi bien que sa quotité.

Sect. 2e. — *De la constitution des apanages et de ses formes.*

§ 1er. — *Constitution.*

32. — On ne pourrait plus aujourd'hui, comme jadis, donner en apanage une province entière, un département, une ville, si petite qu'elle fût : *le territoire français étant indivisible comme la souveraineté*. — Dupin, *Encycl.*, v° *Apanage*, n° 40.

33. — Les apanages ne peuvent consister qu'en domaines fonciers pour en jouir à la manière des autres propriétés du royaume, ou en rentes sur l'état, pour en tenir lieu, ainsi qu'il a été réglé par les lois du 8 nov. 1814, art. 23, et 15 janv. 1825, art. 8.

34. — Toutefois M. Dupin (*loc. cit.*) pense que la dotation en domaines territoriaux mérite la préférence, « 1° parce que les apanages représentent la légitime des princes ; — 2° parce que, les apanages étant transmissibles de mâle en mâle indéfiniment, et les valeurs mobilières éprouvant avec le temps une dépréciation sensible, il est plus opportun de les fixer une fois pour toutes en valeurs immuables, qui, dans tous les temps, représentent un produit dont le chiffre peut changer sans que sa valeur intrinsèque soit altérée ; — 3° parce que les princes, propriétaires de grands domaines, peuvent y faire des essais, des améliorations qui tournent au profit de l'agriculture et de l'industrie, et qui leur donnent une foule de droits, de devoirs et de sentimens sympathiques avec ceux des autres citoyens. »

35. — Quant aux princesses, tant qu'elles ne sont pas mariées, une pension en argent leur suffit ; et, en cas de mariage, il y a encore une raison meilleure de les doter en deniers, afin de ne pas transporter à des princes étrangers la propriété ou même la manutention d'une partie des domaines de l'état. — Dupin, *loc. cit.*

§ 2. — *Formes de la constitution.*

36. — Un apanage, qui est un démembrement du domaine public opéré en faveur d'un prince du sang, ne peut être constitué que par l'autorité souveraine ; c'est ce qui, de tous temps, a été reconnu. Ainsi, dans l'ancienne législation, la constitution de l'apanage n'était complète et valable que par l'enregistrement au parlement de Paris des lettres patentes qui l'établissaient. — Sous l'empire, et d'après l'art. 69 du sénat.-cons., 30 janv. 1810, il fallait un décret impérial enregistré au sénat ou un sénatus-consulte. — Sous la charte de 1814, un apanage n'a pu être établi que par le concours du roi et des chambres législatives, seule voie légale et constitutionnelle, alors comme aujourd'hui, pour disposer d'une partie quelconque du domaine de l'état.

37. — Ces principes sont extraits des considérans d'un arrêt de la cour de Cassation qui a décidé que, bien que le roi Charles X ait accepté à titre d'apanage le domaine de Chambord, offert au duc de Bordeaux par un comité de souscripteurs particuliers, la donation de ce domaine, dénuée des formes constitutionnelles, n'en est pas moins une donation pure et simple, qui a investi le donataire de la pleine propriété de la chose donnée, sans réversibilité au domaine de l'Etat. — *Cass.*, 3 févr. 1841, (t. 2, 1841, p. 440), marquis de Pastoret, tuteur du duc de Bordeaux.

38. — Les mêmes principes seraient incontestablement applicables aujourd'hui.

39. — M. Dupin (*loc. cit.*, n° 43) prétend que, si, en 1814, une ordonnance du roi a suffi pour remettre le duc d'Orléans en possession de son apanage, c'est parce qu'il reposait sur des actes anciens qui l'avaient constitué. — Nous avons vu au surplus (n° 27) que la légalité de cette ordonnance avait été contestée, et qu'on avait jugé prudent d'en faire purger le vice par la loi du 15 janv. 1825.

40. — Nul doute que, si, une fois l'apanage constitué, on voulait y apporter des changemens, les mêmes formalités seraient nécessaires que pour la constitution ; mais il faudrait de plus le consentement de l'apanagiste. — Dupin, *loc. cit.*. — V. *infrà*, n° 71.

Sect. 3e. — *Droits et charges de l'apanagiste.*

§ 1er. — *Droits.*

41. — On a beaucoup agité la question de savoir si l'apanagiste était une propriété ou un usufruit. — Chopin (*Tr. du domaine*, liv. 2, tit. 3), tout en reconnaissant à l'apanage le caractère d'une véritable propriété, n'en appelait pas moins la concession de l'apanage *fructuaria prædii concessio* ; et plusieurs auteurs (Dupuy, *Tr. du duché de Bourgogne*, 2e règle ; Talon, *Rég.* 1641 (*Journ. des aud.*, t. 1er, liv. 3, ch. 70), ont pensé qu'on ne pouvait y voir qu'un usufruit.

42. — D'autres, au contraire, sans méconnaître ni le droit des appelés à la substitution, ni le droit de retour à l'état à défaut d'héritiers, ont reconnu que l'apanagiste est réellement propriétaire. — d'Aguesseau, *Œuvres*, t. 7, p. 281 ; Merlin, *Rép.*, v° *Apanage* ; Pothier, *des Fiefs*, part. 1, ch. 1er. — V. Aussi, en ce qui concerne l'apanage d'Orléans, les termes des lettres patentes de mars 1661, fév. 1692, 16 sept. 1766 ; Réq. de l'av. gén. Séguier 1769, cités par M. Dupin, *loc. cit.*

43. — M. Dupin (*Encycl. du droit*, v° *Apanage*, n° 49) pense que la contrariété d'opinions est plus apparente que réelle. — Sans doute l'apanagiste n'est pas propriétaire *absolu*, mais il a des droits tout-à-fait incompatibles avec les restrictions que comporte le droit d'usufruit ou celui d'usage. — C'est ce que reconnaissent Prost de Royer (v° *Apanage*, n° 31, éd. 1786) et de Vaucelles (*Essai sur les apanages*, § 67). On résout la difficulté en distinguant le domaine éminent du domaine utile. Il reste entre les mains de l'état un droit abstrait, une expectative, mais l'apanagiste a toute l'utilité actuelle de sa terre : sous ce rapport, il est vrai propriétaire... »

44. — Autrefois l'apanage emportait avec lui certains droits personnels qui n'y sont plus attachés aujourd'hui. Si les princes apanagistes sont pairs de France, c'est par droit de naissance (charte const., art. 26) et non à raison de leur apanage. De même, les princes apanagistes n'auraient aucunement le droit de faire des lois ou réglemens dans les terres de leur apanage. C'est au reste ce qui avait déjà été reconnu par arrêt du parlement de Paris, 20 mars 1706, et M. Dupin (*loc. cit.*) rapporte qu'il fallut des lettres patentes du roi (1774) pour ordonner et rendre possible l'exécution d'un réglement fait par Monsieur pour les chasses de son apanage.

45. — De même encore, un apanagiste ne peut avoir ni sujets, ni places fortes, ni droits féodaux ou régaliens.

46. — Les officiers du prince apanagiste n'ont plus, comme autrefois les chanceliers, de caractère public.

47. — Le conseil du prince apanagiste n'est plus institué avec les mêmes solennités qu'autrefois. Il n'a aucun caractère public, aucune juridiction extérieure. « Mais, dit Dupin (n° 98), d'après une note manuscrite du président Henrion de Pansey, il a charge spéciale de veiller à la conservation de l'apanage, et à cet égard le prince ne peut rien faire sans l'avis de son conseil. »

48. — Quant aux droits utiles de l'apanagiste, ils consistent 1° dans la jouissance de toute espèce de fruits, soit naturels, soit industriels, soit civils ; — 2° dans le droit de faire des baux, à la condition toutefois qu'ils n'excéderont pas la durée ordinaire ; 3° dans la libre disposition des coupes de bois taillis et même de celles de haute futaie. — Dupin, *loc. cit.*

49. — Toutefois ce dernier droit n'existe qu'à la charge d'observer l'ordre et l'âge des aménagemens, et en se conformant pour les réserves aux règles forestières. L'art. 89, C. forest. porte en effet que les bois et forêts possédés par les princes à titre d'apanage seront soumis au régime forestier, quant à la propriété du sol et à l'aménagement des bois ; et qu'en conséquence les agens de l'administration forestière seront chargés de toutes les opérations relatives à la délimitation, au bornage et à l'aménagement, conformément aux dispositions des sections 1re et 2e du tit. 3, L. 21 mai 1827 ; le même article ajoute, que les art. 60 et 62 seront également applicables à ces bois et forêts.

50. ... Et l'administration forestière y fait faire les visites et opérations qu'elles juge nécessaires pour s'assurer que l'opération est conforme à l'aménagement, et que les autres dispositions de la loi du 21 mai 1827 sont exécutées. — Même loi, art. 89.

51. — Les art. 125, 126 et suiv., ord. réglem. C. forest. 1er août 1827, sont relatifs aux biens et forêts qui sont possédés par les princes à titre d'apanage. — V. FORÊTS.

52. — Les délits commis dans les forêts dépendantes de l'apanage sont poursuivis dans les mêmes formes que ceux commis dans les forêts de l'état. — Dupin, n° 57. — V. aussi circul. du garde des sceaux, mai 1817.

53. — L'apanagiste peut modifier à son gré les constructions existantes sur les biens de l'apanage, ou en élever d'autres.

54. — En outre, et à la différence de l'usufruitier simple qui ne peut intenter que les actions relatives à sa jouissance (art. 614, C. civ.), il peut exercer toutes actions, même immobilières, tant en demandant qu'en défendant, relatives à sa personne (Pothier, *Tr. des substit.*, sect. 5e, art. 1er). — Et, à cet égard, M. Dupin, *loc. cit.*, indique plusieurs procès célèbres dans lesquels les princes apanagistes ont figuré seuls et en leur nom sur des questions intéressant la propriété des biens apanagés. — V. aussi lettres patentes 1766, dans lesquelles on lit : « Un de ces principaux droits est la faculté de racheter les domaines engagés, usurpés ou aliénés, dépendant de ceux qui entrent dans la composition de l'apanage. Cette faculté, exprimée dans les lettres patentes, mars 1661 et 28 janv. 1751, *est de l'essence* de l'apanage... » — On se rappelle enfin qu'en 1817 le duc d'Orléans intenta, en sa qualité d'apanagiste, et sans adjonction du préfet pour le domaine, une action en revendication du Théâtre-Français, vendu par les créanciers de son père sous la dénomination de bien patrimonial, quoiqu'il dépendit de l'apanage.

55. — Et il a été jugé que, bien que l'apanagiste ne pût aliéner les biens composant l'apanage, il n'en avait pas moins qualité pour représenter l'état devant les tribunaux sur toutes les actions relatives à cet apanage. — *Cass.*, 7 avril 1836, Préfet du Loiret c. Jumeau ; même date, Préfet du Loiret c. Erat-Oudot.

56. — Les commissaires départis pour la confection du terrier d'un ancien duché, s'ils ont reçu, dans les lettres patentes de leur institution, la mission spéciale de juger les questions de propriété qui pourraient s'élever à l'occasion de la confection de ce terrier, ont pu valablement statuer sur la question de propriété relative à un atterrissement agitée entre le prince apanagiste de ce duché et des particuliers. — Mêmes arrêts.

§ 2. — *Charges de l'apanage. — Inaliénabilité. — Imprescriptibilité. — Échange.*

57. — L'apanagiste est, à raison même de sa qualité, soumis à toutes les charges civiles de la propriété, ainsi qu'aux contributions publiques. — En outre, il n'est pas douteux que l'acte constitutif de l'apanage ne puisse lui imposer des charges particulières auxquelles il serait tenu de faire honneur comme condition essentielle de sa jouissance apanagère. — Enfin, si, au moment de la concession, les biens étaient grevés de quelque charge foncière, il serait tenu de la supporter. La déclaration du roi, du 24 avr. 1672 (portant supplément d'apanage de Philippe d'Orléans), l'oblige, au surplus, à entretenir en bon état de réparation les biens dépendant de l'apanage.

58. — Quant à l'entretènement des puînés de l'apanagiste et la dotation des filles, M. Dupin (n° 63) ne les considère que comme une obligation naturelle, mais non comme une charge obligatoire attachée à l'apanage.

59. — L'apanagiste ne peut, pour ses dettes per-

sonnelles, grever l'apanage au-delà de la valeur des fruits. — Mais il peut le grever jusqu'à cette valeur, et il invoquerait en vain, à cet égard, le principe d'insaisissabilité absolue, *même pour les revenus*, établi, quant aux majorats, par les décrets de l'empire.

60. — Quant au droit d'hypothéquer les biens apanagés à la dot de sa femme et au douaire de sa veuve, il n'existe, pour l'apanagiste, que sous la condition qui résulte de la nature résoluble de l'apanage. — V. Lefèvre de la Planche, *Du domaine*, liv. 12, chap. 13, qui cite Charondas, *Pandectes*, liv. 1er, tit. 22. — V. aussi C. civ., art. 2125.

61. — Toutefois, le droit d'hypothèque absolue pourrait être concédé par l'acte même de constitution (Lettres patentes données par Louis XI, le 7 mars 1481). — V. aussi, en exemple d'une pareille concession, les lettres-patentes de juill. 1773, relatives au mariage de Monsieur (depuis Louis XVIII) avec Marie-Joséphe-Louise de Savoie. — Dupin, n° 65.

62. — On peut aussi considérer comme une charge de l'apanage l'obligation où se trouve l'apanagiste de respecter le fonds et de ne pouvoir aliéner les biens qui le composent.

63. — Suivant M. Dupin (n° 66), les biens des apanages ont *toujours* été inaliénables. Ils l'étaient anciennement, ne fût-ce qu'en vertu du principe, alors fondamental, *que le domaine de l'état était inaliénable*.

64. — Toutefois, il est certain, aujourd'hui, que la loi de l'inaliénabilité du domaine ne remonte pas à l'antiquité que lui a prêtée le président Hénault. — V. DOMAINE DE L'ÉTAT. — Les apanages n'ont pas non plus été toujours inaliénables. Ainsi Louis VIII, par son testament, déclara son fils aîné roi de France, et donna l'Artois à son second fils, le Poitou au troisième, l'Anjou et le Maine au quatrième. Ce testament fut exécuté sans aucune contradiction, et les princes eurent la propriété de ces portions démembrées du domaine. Les domanistes les plus éclairés reconnaissent que Philippe-le-Bel est le premier qui ait mis, dans l'acte d'apanage du comté de Poitou et autres terres, la condition de retour à défaut d'hoirs mâles, et que depuis elle a toujours été observée. Or, ce qui était donné sans condition de retour à défaut d'hoirs passait certainement en pleine propriété au donataire, avec faculté d'en disposer par toutes les voies de droit. On peut donc dire que ce n'est que depuis Philippe-le-Bel que les apanages ont été rendus inaliénables.

65. — La question, au surplus, est étrangère à l'apanage d'Orléans; l'inaliénabilité des biens qui le composaient a été déclarée par les édits qui l'ont institué.

66. — On avait, anciennement, introduit une exception au principe d'inaliénabilité pour le cas où l'apanagiste était fait prisonnier de guerre; l'apanage, dans ce cas, était vendu pour la rançon de l'apanagiste. — V. Chopin (*De dom.*, liv. 3, tit. 12), qui cite plusieurs arrêts, et notamment celui du 12 février 1543, relatif à la rançon de Charles d'Orléans, prisonnier des Anglais. — Dupin, n° 67. — Cette exception n'aurait plus lieu aujourd'hui.

67. — On peut, au reste, poser aujourd'hui en principe que l'apanage est inaliénable parce que l'aliénation en détruirait l'essence, qui est de fournir à perpétuité le recours nécessaire à l'entretènement de la branche apanagée, à la décharge du trésor public. — Dupin, *loc. cit.*

68. — Jugé qu'un apanagiste n'avait pas qualité pour reconnaître et valablement ratifier l'aliénation des domaines composant l'apanage qui aurait été illégalement faite avant la constitution de cet apanage. — *Cass.*, 2 avr. 1839, Riou.

69. — Le principe d'inaliénabilité emporte avec lui celui d'imprescriptibilité des apanages. — Sénatus-cons. 30 janv. 1810, art. 10 et 74; L. 8 nov. 1814, art. 1, combinée avec la loi du 15 janv. 1825. — M. Dupin (n° 68) développe avec détail les argumens tirés de ces textes en faveur de l'imprescriptibilité, et il termine en disant: « J'ai insisté sur ce point, parce que je l'ai vu révoquer en doute; et je le défends comme éminemment utile pour la conservation intacte de l'apanage, dans le triple intérêt de l'apanagiste, de ses successeurs et de l'état, à leur défaut. »

70. — Si les biens dépendant de l'apanage ne peuvent être aliénés, ils pourraient cependant être échangés par l'apanagiste contre d'autres biens immobiliers. — Mais M. Dupin (n° 77) fait observer avec raison qu'un pareil échange ne pourrait, aujourd'hui, avoir lieu qu'en vertu d'une loi, à peine de nullité radicale, laquelle pourrait être invoquée par tout successeur à l'apanage, ou même par le domaine et le co-échangiste. — V. au surplus L. 22 nov. — 1er déc. 1790, § 3; L. 11 juin 1812, sur la forme et les conditions des actes d'échanges avec le domaine de la couronne. — M. Dupin cite trois décrets qui ont révoqué des échanges irréguliers.

Sect. 4e. — *Modifications qui peuvent survenir dans les biens de l'apanage.*

71. — Nous avons déjà dit plut haut (n° 40) qu'une fois l'apanage constitué, on ne pouvait le modifier ni le diminuer sans le consentement de l'apanagiste; *à fortiori* ne pourrait-on le supprimer. — V. Dupin (n° 69), qui cite l'opinion du député Bengy-Puy-Vallée, émise lors de la loi du 6 avr. 1791.

72. — Mais la force majeure ou des accidens peuvent amener une diminution de l'apanage; dans ce cas, il y a juste cause pour l'apanagiste de demander une indemnité. — Arrêt du parlement de Paris, du 15 mai 1732, qui « réserve à M. le duc d'Orléans de se retirer devant le roi pour obtenir de sa justice l'indemnité due à son apanage pour raison de l'incendie de la salle du spectacle du Palais-Royal. »

73. — Si, au lieu de diminuer, l'apanage augmente par accroissement naturel, dans ce cas la réunion s'opère de plein droit (art. 556, C. civ.) et sans avoir besoin d'être sanctionnée par une loi.

74. — A l'égard des acquisitions que l'apanagiste ferait de ses deniers « même dans le circuit de son apanage, » elles ne se confondraient pas avec l'apanage, car ces acquisitions font partie des autres biens de l'apanagiste, lesquels ne se confondent pas avec l'apanage. — V. Chopin, *Tr. du domaine*, liv. 1er, tit. 14; Bacquet, qui rapporte un arrêt du 27 janv. 1548; Lefèvre de la Planche, *Du domaine*, liv. 12, chap. 3, nos 41 et 42; Dupin (vo *Apanage*, n° 73), qui cite plusieurs exemples historiques pour prouver que, pour opérer la réunion à l'apanage des terres et domaines acquis par l'apanagiste de ses deniers, il a toujours fallu *son consentement* et des lettres patentes, enregistrées en la même forme que l'apanage lui-même.

Sect. 5e. — *Transmission et extinction de l'apanage.*

§ 1er. — *Transmission.*

75. — A l'exemple de la couronne, dit M. Dupin (n° 79), 1° les apanages se transmettent de mâle en mâle; 2° les filles et leurs descendans, fussent-ils mâles, en sont perpétuellement exclus; 3° dans la ligne directe, l'apanage passe au fils aîné de l'apanagiste, à l'exclusion des puînés; 4° en cas de défaillance de mâles dans la ligne de l'aîné, l'apanage passe à la branche cadette qui le suit immédiatement dans l'ordre de primogéniture; 5° les collatéraux ne peuvent succéder qu'autant qu'ils descendent en ligne directe du premier apanagiste.

76. — Les enfans naturels ne succèdent pas à l'apanage, mais il en serait autrement des enfans légitimés *par mariage subséquent*, puisque ces enfans ont les mêmes droits que ceux nés en légitime mariage.

77. — Toutefois, et à ce dernier égard, M. Dupin fait remarquer que si, dans l'intervalle de la naissance de l'enfant naturel et de sa légitimation, il était né un enfant légitime d'un mariage contracté *intermédiairement*, cet enfant, qui, à l'instant même et par le seul fait de sa naissance, aurait acquis tous les droits de la légitimité avec les expectatives y attachées, ne pourrait être dépouillé après coup par la légitimation subséquente du bâtard. Autrement il y aurait atteinte à des droits acquis.

78. — Les enfans adoptifs, bien que la loi civile leur accorde les mêmes droits qu'aux enfans nés en mariage, ne paraissent pas devoir succéder à l'apanage. — On voit, en effet, que les lettres constitutives de l'apanage, et notamment celles constitutives de l'apanage d'Orléans, ne parlent que des descendans en *loyal mariage*. — Au surplus, et pour le cas où il interviendrait dans l'avenir de nouvelles lois constitutives d'apanage, M. Dupin pense qu'on ne devrait jamais permettre la transmissibilité à la descendance adoptée « par cette raison fondamentale que la succession aux apanages étant constamment assimilée à la succession à la couronne, on doit, pour les apanages comme pour la couronne elle-même, s'en tenir au seul droit reconnu et invariablement pratiqué jusqu'ici, qui n'admet à de telles successions que les aînés mâles et nés en loyal mariage de chaque branche. »

79. — A la mort de l'apanagiste, la dévolution s'opère en faveur des successeurs par la force de la maxime « *le mort saisit le vif*, » et sans qu'il y ait besoin de lettres particulières d'investiture. — Les biens passent aux successeurs francs et libres des dettes et engagemens des apanagistes précédens, à l'exception, toutefois, des baux, qui doivent être respectés s'ils ont été faits sans fraude et dans les limites des pouvoirs de l'apanagiste. — V. *suprà*, n° 48.

80. — Le successeur à l'apanage peut demander qu'il soit procédé à un récolement des biens et à une visite de l'état des bâtimens sur les procès-verbaux originairement dressés pour la constatation de l'apanage, à l'effet de s'assurer si aucun n'a été distrait, détruit ou usurpé. Mais M. Dupin, qui mentionne ce droit du successeur, ajoute qu'il ne peut être transformé contre lui en une obligation. — Et il fait remarquer (n° 88) que l'ordonn. royale du 21 déc. 1825, qui a prescrit de dresser des états de la consistance actuelle de l'apanage d'Orléans, a été désirée par M. le duc d'Orléans lui-même.

81. — La transmission au profit du successeur peut, indépendamment du cas de mort du titulaire, s'opérer par la renonciation anticipée que ferait celui-ci de tout ou partie des biens compris dans l'apanage.

82. — Toutefois, M. Dupin (n° 89) pense que la renonciation ne pourrait avoir lieu au préjudice des créanciers du titulaire.

83. — Il semble incontestable que la renonciation faite par le titulaire, de son vivant, ne pourrait nuire au droit de retour à l'état pour le cas où ce titulaire viendrait à être appelé à la couronne.

§ 2. — *Extinction.*

84. — Autrefois, l'apanage s'éteignait 1° par la mort du prince sans descendant mâle; 2° par l'avénement de l'apanagiste à la couronne; 3° par la confiscation en cas de forfaiture. — Macarel et Boulatignier, *Tr. de la fort. publ.*, n° 406.

85. — La confiscation est aujourd'hui abolie; *et elle ne peut être rétablie*; cette cause de l'extinction de l'apanage (cause injuste, d'ailleurs, puisqu'elle englobait le successeur innocent dans la peine due au titulaire coupable), cette cause, disons-nous, a cessé d'exister.

86. — Quant à l'avènement à la couronne, il est demeuré une cause d'extinction de l'apanage par la force du principe que tous les biens que le roi possède au jour de son avènement sont réunis au domaine de la couronne et de plein droit. C'est ainsi qu'en 1830, lors de l'avènement du roi Louis-Philippe, les biens composant l'apanage d'Orléans ont fait retour à la couronne. — V. n° 28.

87. — Mais à l'instant même, ajoute M. Dupin (n° 94), commence aussi pour l'apanagiste devenu roi l'obligation de pourvoir ses puînés ou ses frères d'un apanage convenable.

88. — Nous avons exposé plus haut comment, depuis 1830, la question des apanages en faveur des fils puînés du roi était, en présence de la loi de 1832 sur la liste civile, devenue une question fort délicate à résoudre. — V. nos 28 et suiv.

89. — L'apanage s'éteint encore par la force même de la stipulation de retour au domaine de l'état, lorsque telle a été, pour un cas déterminé, la loi de la concession.

90. — Les biens dépendant de l'apanage retournent au domaine « en pareil état et condition qu'ils étaient lors de la concession de l'apanage » et libres de toutes charges et dettes contractées par l'apanagiste (édit de Charles IX, de fév. 1566), sauf ce qui a été dit plus haut, soit pour les baux régulièrement consentis, soit pour les hypothèques valablement autorisées.

91. — De ce que les filles et leurs héritiers n'ont aucun droit à l'apanage, faut il en conclure que si l'apanagiste avait employé une partie de son patrimoine à faire des acquisitions dont il aurait ensuite demandé et obtenu la réunion à son apanage, ou s'il avait fait sur les biens de l'apanage des constructions qui eussent absorbé de grands capitaux, qu'ensuite il vînt à mourir, ne laissant que des filles ou des descendans de filles, ces héritiers dont le patrimoine aurait ainsi contribué à l'accroissement de l'apanage, seraient cependant privés de tout droit à une indemnité? M. Dupin (n° 97) qui pose cette question, la résout négativement, pour le cas où la portion légitimaire se trouverait entamée par les impenses. — Sinon, il estime que dans le droit rigoureux il n'y aurait pas lieu à indemnité.

APOSTILLE.

1. — Addition, annotation faite à la marge d'un acte, d'un écrit.

2. — Ce mot, qui était d'un usage fréquent dans l'ancienne pratique, ne s'emploie plus aujourd'hui avec les différentes acceptions qu'on lui donnait alors.

3. — Ainsi, en matière de compte, les apostilles indiquaient les articles qui étaient contestés et sur lesquels le débat devait porter.

4. — En matière de taxe, lorsqu'on produisait un mémoire de frais ou une déclaration de dépens

le procureur mettait ses apostilles à la marge des articles qu'il refusait de passer.

5. — Les apostilles faites aux contrats devaient être paraphées par les parties et par les notaires, autrement on n'y avait aucun égard. Il en est encore de même aujourd'hui, il n'y a que le mot de changé. — V. ACTE NOTARIÉ, RENVOI.

6. — Apostille s'employait encore, en termes de finance, pour exprimer les notes que l'auditeur des comptes mettait à la marge des comptes soumis à son examen et à son contrôle.

APOTHICAIRE.

V. PHARMACIE, PHARMACIEN.

APOTRES.

1. — Lettres par lesquelles le juge dont la sentence était attaquée attestait au juge supérieur qu'il avait jugé telle cause, entre telles parties, et qu'elles se rendraient devant lui pour suivre leur appel. — *Hæc autem erat consuetudo*, dit Ducange (*Glossar. med. et infim. latinitatis*, édit. de Didot, t. 1er, p. 322), *ut judex superior, ad quem fuerat appellatum de causâ ad se delatâ non dijudicaret, nisi prius sibi constaret ab appellatoribus postulatos fuisse et impetratos apostolos.*

2. — L'usage de ces lettres était connu dans la procédure romaine. Il y a dans le Digeste un titre sur ce sujet, dont voici la rubrique : *De libellis dimissoriis qui* APOSTOLI *dicuntur.*

3. — Le Code fait également mention de ces lettres au titre *De appellationibus et consultationibus.*

4. — Les officiers des cours d'église, qui étaient de grands formalistes, ne manquèrent pas d'y introduire la forme des lettres dites *apôtres*. Ils en distinguèrent même six espèces différentes, dont il est inutile de parler ici. — Durand de Maillane, vo *Apôtres;* Inst. de Lancelot, liv. 3, tit. 17, t. 8, p. 51.

5. — On trouve un curieux exemple de la manière dont on procédait en pareil cas dans le fameux procès de Bélial, dont M. Dupin dit un mot dans ses lettres sur la profession d'avocat. — Bélial, ce procureur d'enfer, ayant été condamné en première instance par Salomon, appela de la sentence et « demanda les apostres et lettres dimissoires et le procès, et instamment, une aultre foys, et encores une aultre foys instantissimement.... Et la dicte appellation par Salomon receue et admise.... il ordonna le terme de droit à recepvoir les apostres et les procès..,. — Dit Bélial, Mgr. Salomon, moult est prolongnée la cause, si bon vous semble, donnez-moi le terme de deux jours pour recepvoir les apostres et les procès.... — Dit Salomon qu'il le soit fait comme tu as demandé; et tantost commanda Salomon à Daniel qu'on expédiast Bélial comme luy avait esté octroyé : — Et pour ce Bélial donna payement à Daniel, et le pria que tantost expediast, car il sçavait bien que l'usage des plédoyants cecy requiert et observe que les apostres et procès soient donnés aux despens de l'appelant. » — *Procès de Bélial*, édit. de 1490, trad. de Forget.

6. — Si l'appelant laissait écouler plus de trente jours avant d'avoir levé les apôtres, et plus de six mois avant de les avoir présentés au juge supérieur, il y avait déchéance de l'appel.

7. — Les apôtres étaient en usage dans les pays de droit écrit. On trouve, en effet, une ordonnance pour le Dauphiné, qui fixe le coût des lettres d'apôtres. — Ordonnance du Louvre, t. 11, p. 42.

8. — Il en était autrement dans les pays de droit coutumier, suivant les auteurs du *Nouveau Denizart*. Ce qu'il y a de sûr, c'est qu'il n'en est fait nulle mention dans la *Somme rurale* ni dans le *Grand coutumier*. Il y a mieux. Imbert, l'un des plus célèbres jurisconsultes du seizième siècle, qui, ainsi qu'il nous l'apprend lui-même, n'a traité que du style du pays coutumier, dit expressément dans sa pratique que, parmi les différences qui existent sur la matière de l'appel entre les pays de droit écrit et les pays de droit coutumier il y a celle-ci, c'est que dans les premiers on prend des apôtres, et qu'il n'en faut pas dans les seconds. — V. *Prat. judic.*, liv. 2, ch. 6, p. 489, édit. de 1612.

9. — Au surplus, l'usage des apôtres fut aboli par l'art. 117 de l'ordonnance de Villers-Cotterets (1539). — « Déclarons et ordonnons, porte cet article, qu'il ne sera besoin ci-après aux *appelans de droit écrit* de demander des apôtres, ainsi qu'il a été fait ci-devant. »

10. — Malgré l'ordonnance de 1539, l'usage des apôtres se conserva assez longtemps encore dans les officialités. Il ne fut complétement aboli que lorsque les tribunaux ecclésiastiques suivirent les mêmes formes de procéder que les autres tribunaux.

11. — L'auteur des *Mémoires du clergé* fait remarquer qu'il est encore un cas dans lequel on a recours à la solennité des lettres d'apôtres, c'est lorsqu'on interjette appel du pape au concile général. — *Mém. du clergé*, t. 7, p. 1451.

12. — Seulement, comme les apôtres ne seraient pas accordés par le pape, si l'on s'adressait à lui, on y supplée, ajoute-t-il, en s'adressant aux juges d'église du royaume ou à quelque autre personne constituée en dignité. — Il existe, en effet, de nombreux exemples, même dans le dix-huitième siècle, de cette forme de procéder. — Durand de Maillane, t. 4, p. 538 ; Bayard et Camus, *Nouv. Denizart*, vo *Apôtres*, t. 2, p. 177.

13. — Citons seulement la formule employée par l'Université de Paris, lorsqu'elle appela du pape Benoît XIII au concile: *Et petit (universitas Parisiensis) primo, secundo, tertio, ac instanter, instantius, instantissime, apostolos saltem testimoniales super hoc sibi dari, protestans de aliis apostolis petendis ab illis à quibus de jure fuerint petendi.*

14. — Nous ne croyons pas que, depuis un siècle, personne ait eu recours à la formalité des apôtres, même pour appeler du pape au futur concile. La dernière tentative de ce genre, si nous ne nous trompons, a eu lieu en 1717, lors des malheureuses querelles sur la bulle *Unigenitus*.

APPARAUX.

1. — On désigne sous cette dénomination tous les objets nécessaires à l'ameublement d'un navire, tels que les cabestans, les poulies, le gouvernail, etc. Ce mot s'emploie d'ordinaire conjointement avec celui d'*agrès*, dont il est presque synonyme. — E. Vincens, *Législ. comm.*, t. 3, p. 131. — V. AGRÈS, NAVIRE.

2. — Les maîtres d'apparaux sont rangés, par la loi du 25 avr. 1844 sur les patentes, dans la quatrième classe des patentables, et imposés : 1o à un droit basé sur le chiffre de la population de la ville ou commune où est situé l'établissement; — 2o à un droit proportionnel du vingtième de la valeur locative de la maison d'habitation et des locaux servant à l'exercice de la profession.

APPARITEUR.

1. — On désignait ainsi, chez les Romains, un officier préposé pour exécuter les ordres des magistrats.

2. — Les appariteurs étaient dans un tel mépris à Rome, que, pour punir une ville dont les habitans s'étaient révoltés, le sénat la condamna à fournir annuellement un certain nombre d'*appariteurs*. — *Encyclop. méthod. (Jurisp.)*, vo *Appariteur*.

3. — Le mot *appariteur* fut affecté dans la suite aux officiers qui remplissaient les fonctions d'huissiers dans les tribunaux ecclésiastiques. Ils pouvaient exploiter dans toute l'étendue de l'officialité à laquelle ils étaient attachés.

4. — Lorsqu'il s'agissait de faire une exécution en vertu d'une sentence rendue par un juge ecclésiastique, on ne devait pas recourir à un appariteur, c'était un huissier ou un sergent de la justice ordinaire qui devait instrumenter.

5. — Aujourd'hui le nom d'appariteur n'est plus employé que pour désigner, dans certaines localités, des sergens de ville ou des agens de police. — V. AGENT DE POLICE.

APPARTENANCES ET DÉPENDANCES.

1. — On appelle ainsi ce qui appartient à une chose ou à un droit quelconque, ce qui en dépend. On donne principalement ce nom à tout ce qui, appartenant à la chose vendue ou louée et en dépendant, fait nécessairement partie de cette chose et doit être compris dans la délivrance que le vendeur ou le bailleur fait à l'acheteur ou au preneur.

2. — Le plus souvent la destination de ce qu'on doit entendre par les mots *appartenances et dépendances* dans leur application à une vente déterminée, dépend des termes mêmes du contrat ou de la nature de la chose vendue, comme aussi de l'intention des parties. Les juges ont, à cet égard, pouvoir d'appréciation.

3. — Il y a toutefois des appartenances et dépendances à l'égard desquelles l'équivoque est impossible: ainsi, celles qui sont destinées à une chose par une adhérence perpétuelle, la suivent nécessairement. — Merlin, *Rép.*, vo *Appartenances et dépendances* ; Troplong, *Vente*, no 323 ; Duvergier, *Vente*, t. 1er, cont. Toullier, t. 16, nos 274 et 275. — V. au surplus LOUAGE, VENTE.

APPEAUX (Droit ancien).

1. — Vieux terme de pratique qui s'employait autrefois comme synonyme d'appel. — Bouteiller, *Somme rurale*, liv. 2, tit. 14.

2. — On se servait aussi du mot *apiaux*. — Le chap. 6 de la coutume de Beauvoisis, par Beaumanoir, est intitulé *Des apiaux* ; le même terme est également employé dans une ordonnance de juill. 1283. — V. Ord. du Louvre, t. 1er, p. 311.

3. — A Castres, avant la création des parlemens, il y avait une juridiction qu'on appelait la justice des appeaux. — Il y en avait une autre à peu près semblable à Ségur, pour la province du Périgord.

4. — Ces juridictions se conservèrent même après l'érection des parlemens de Toulouse et de Bordeaux ; elles ne furent complètement supprimées qu'en 1730 et 1751.

APPEAUX (Patentes).

Les fabricans d'appeaux pour la chasse sont rangés par la loi du 25 avr. 1844 dans la huitième classe des patentables, et imposés : 1o à un droit fixe basé sur le chiffre de la population de la ville ou commune où est situé l'établissement ; — 2o à un droit proportionnel du quarantième de la valeur locative de la maison d'habitation et des locaux servant à l'exercice de la profession.

APPEL.

Table alphabétique.

APPEL. — 1. — Recours à un juge supérieur pour faire réformer une sentence qui fait grief et qui n'a été rendue qu'en premier ressort.

2. — Dans l'ancien droit, le mot *appel* était aussi employé quelquefois comme synonyme de *citation en justice* ou d'*accusation*. Il est employé avec cette dernière signification dans les Etablissemens de Saint-Louis, liv. 1er, chap. 3; liv. 2, chap. 20 et 28.

3. — Ce mot avait encore une autre acception, on s'en servait pour exprimer un cartel, un défi, une provocation à un duel, à un combat judiciaire. — V. ce mot.

4. — Nous ne l'emploierons dans cet article que dans le premier sens, *recours à un juge supérieur contre une sentence en premier ressort*. — *Appellatio quidem, iniquitatis sententiæ querela.* — Ulpien, ff., L. 17, *De minorib.*

5. — On distingue deux espèces d'appels : l'appel *principal* et l'appel *incident*.

6. — L'appel principal est celui qui est interjeté le premier par l'une des parties en cause.

7. — L'appel incident est celui qui est formé par l'intimé, c'est-à-dire par la partie contre laquelle l'appel principal est dirigé, accessoirement à cet appel.

8. — Plusieurs parties peuvent former appel principal, même par des actes successifs et séparés : dans ce cas, le second appel principal se dis-

APPEL, tit. 1er, ch. 1er.
APPEL, tit. 1er, ch. 1er.

lingue de l'appel incident en ce qu'il n'a rien d'accessoire, en ce qu'il ne dépend d'aucun autre appel antérieur, et en ce qu'il émane d'une partie ayant un intérêt en opposition avec celui de l'intimé.

9. — L'appel est, avec l'opposition, l'une des voies ordinaires pour attaquer les jugemens. — Les voies extraordinaires sont : la TIERCE OPPOSITION, la REQUÊTE CIVILE, la CASSATION et la PRISE A PARTIE. — V. ces mots.

—

TITRE 1er. — *De l'appel principal.*

CHAPITRE Ier. — *Historique.*

10. — Quoique l'appel ne soit pas, comme l'arbitrage, une institution primitive, quoiqu'il suppose une organisation sociale assez avancée, il est certain cependant qu'il existait déjà dans des temps fort reculés.

11. — M. Bérenger semble contester le fait, dans un mémoire remarquable sur la statistique civile, inséré dans le t. 1er des *Mémoires de l'Académie des sciences morales et politiques* (2e série). — Suivant lui, si l'on consulte l'histoire, on trouve que, partout, il n'existait qu'une seule juridiction qui était souveraine, et que la théorie des appels était inconnue.

12. — Cette assertion avait été démentie d'avance dans l'Exposé des motifs lors de la présentation au Corps législatif du liv. 3, tit. unique, *De l'appel*, du Code de procédure. — « On trouve dans tous les temps et chez toutes les nations policées, disait M. Albisson, dans la séance du 17 avril 1806, des tribunaux établis pour écouter les plaideurs qui ont ou croient avoir à se plaindre d'un jugement, et pour prononcer sur la justice ou la témérité de leur recours. » — Locré, t. 22, p. 142, n° 4.

13. — A la vérité, l'opinion de M. Albisson n'est appuyée d'aucune preuve, mais ces preuves abondent; il est singulier qu'elles aient échappé à M. Bérenger. Rappelons quelques faits empruntés à l'histoire des plus anciens peuples.

14. — Les institutions judiciaires des Égyptiens ne nous sont pas parfaitement connues, mais il est difficile de supposer que l'appel n'ait pas été établi parmi eux. On voit, en effet, dans les anciens historiens qu'il existait en Egypte des tribunaux de différens ordres : au sommet de la hiérarchie judiciaire était une cour suprême composée de trente juges. — Nicolaï, *De syn. ægypt.*, p. 4 et 5; Diodore, 1, §§ 48 et 75.

15. — Chez les Hébreux, il existait plusieurs degrés de juridiction : chaque tribu avait des tribuns, des centeniers, des chefs de cinquante et de dix hommes. — *Exode, XVIII, ad fin.*

16. — L'appel n'était pas toujours autorisé, mais il existait dans beaucoup de cas.

17. — Suivant M. de Pastoret, les actions relatives à la propriété ou les crimes commis contre elle, les dettes, le dommage, le vol étaient de ces causes dont on portait toujours l'appel au tribunal supérieur. — V. *Hist. de la législat.*, t. 3, ch. 9, p. 252 et 253.

18. — Du chef de dix hommes on appelait au chef de cinquante, du chef de cinquante aux centeniers, et des centeniers aux tribuns. — *A minoribus ad majores, si minus rectè judicatum videretur, erat provocatio.* — Menochius, *De republ. Hebræor.*, lib. 1, cap. 6, n° 4.

19. — Au-dessus de tous ces tribunaux, était placé le conseil des septante, ou le sanhédrin, qui jugeait en premier et dernier ressort les affaires les plus importantes, et par appel presque toutes les autres. — *Eorum erat graviores causas cognoscere : ad illos à cæteris Judeæ subselliis* PROVOCARE, *et illos tanquam supremum senatum* APPELLARE LICEBAT. — Menochius, *De republ. Hebr.*, lib. 1, cap. 6, n° 4.

20. — Au commencement de l'ère chrétienne, le sanhédrin existait encore, mais il ne pouvait faire exécuter ses jugemens, lorsqu'ils prononçaient la peine capitale, qu'après qu'ils avaient été confirmés par l'empereur ou par le président. — Prost de Royer, *Appel*, n° 6.

21. — Chez les Gentoux, la théorie des appels était fort simple. On pouvait se faire juger en dernier ressort en s'adressant directement au magistrat. On pouvait aussi choisir un arbitre dont la sentence était susceptible d'appel, mais en l'attaquant on s'exposait à payer le double de la chose contestée, si l'on ne démontrait pas le mal jugé. — *Code des Gentoux*, p. 114 et 142.

22. — A Athènes, l'appel était une voie ouverte contre les jugemens. Solon avait permis d'appeler au peuple même des décisions de l'aréopage. — Pastoret, *Hist. de la législation*, t. 6, p. 347. — V. ARÉOPAGE.

23. — « Les pauvres, dit Plutarque, eurent voix aux élections, et aux assemblées de ville, et *aux jugemens esquels le peuple jugeoit* SOUVERAINEMENT. Ce qui du commencement sembla n'être rien : mais depuis on connut fort bien que c'était très grande chose, parce que la plupart des procès et des différends qui naissaient entre les particuliers, venaient à la fin devant le peuple; car Solon *permit d'*APPELER *devant le peuple de toutes les choses dont connaissaient les officiers, à ceux qui penseraient être grevés par leurs sentences.* — *Vie de Solon*, traduct. d'Amiot.

24. — A Sparte, les procès étaient fort rares, et il n'existait qu'un très petit nombre de tribunaux. Cependant l'appel y était connu. On pouvait appeler au peuple des décisions rendues par les éphores, notamment dans les affaires criminelles.

25. — Chez les Romains, sous les rois et pendant la période républicaine, l'appel était peu usité, on y avait rarement recours, mais il existait. On pouvait appeler au peuple, même des jugemens rendus par les rois. — Seneca, *Epist.* 108; Cicéro, *Tuscul.*, IV, 1

26. — Tite-Live nous apprend qu'Horace, ayant été condamné par les *décemvirs*, fut absous par le peuple.

27. — Ce droit d'appel fut confirmé, sous le consulat de Valérius Publicola, par une loi expresse. Aux termes de cette loi, tout citoyen romain qui avait été condamné à perdre la vie, à être battu de verges ou à payer quelque amende, pouvait en appeler au jugement du peuple. — Tite-Live, liv. 2, chap. 8; Denys d'Halycarnasse, liv. 5; Plutarque, *Vie de Publicola*; Rollin, *Hist. rom.*, t. 1er, p. 285.

28. — Cependant, il y avait un magistrat dont les décisions étaient sans appel, c'était le dictateur; mais ses fonctions n'étaient qu'accidentelles. — Hoocke, *Discours critiq. sur l'hist. et le gouv. de l'anc. Rome*, t. 1er, p. 263.

29. — Les décemvirs jouirent également d'une autorité sans bornes; on ne pouvait appeler de leurs jugemens. « *Placuit creari decemviros sine* » *provocatione.* » — Tite-Live, liv. 3, chap 32.

30. — La tyrannie de ces magistrats et les abus

de pouvoir qu'ils se permirent amenèrent une révolution. Le peuple revendiqua le droit d'appel. — *Potestatem enim tribunitiam,* PROVOCATIONEMQUE *repetebant, quœ antè decemviros creatos auxilia plebis fuerant.* — Tite-Live, liv. 30, chap. 53.

31. — Ce droit lui fut rendu par la seconde loi valérienne (an de Rome 306), et confirmé de nouveau par une loi nouvelle, un siècle et demi plus tard (an de Rome 452).

32. — Sous les empereurs, le droit d'appel reçut une grande extension. Loyseau le conteste, il est vrai; il prétend que *les appellations ne furent connues que tard à Rome*, et qu'elles ne furent *de droit commun que sous l'empereur Constantin*, mais il se trompe manifestement.

33. — Suétone, dans la vie de Néron, nous apprend que cet empereur attribua au sénat la connaissance des appels de tous les autres magistrats. — *Cautum... ut omnes* APPELLATIONES *à judicibus ad senatum fierent.*

34. — Il y a même ceci de très remarquable que Néron voulut que l'appelant qui portait sa cause au sénat consignât la même amende que celle qu'on exigeait pour un appel à l'empereur. C'est ce qui résulte du passage suivant de Tacite : « *Auxitque Nero patrum honorem, statuendo ut qui à privatis judicibus ad senatum* PROVOCAVISSENT, *ejusdem pecuniœ periculum facerent, cujus ii qui imperatorem* APPELLAVERE *: nam anteà vacuum id, solutumque pœnâ fuerat.* » — Tacite, *Annal.*, lib. XIV, 28.

35. — La matière des appels eut beaucoup de peine à se régulariser, au milieu de toutes les vicissitudes d'une jurisprudence long-temps indécise.

36. — Il était de principe qu'on ne pouvait appeler régulièrement du sénat à l'empereur, et si cette règle avait été quelquefois violée, elle avait été jugée si sage, si utile, qu'Adrien en fit une loi expresse : « *Sciendum est* APPELLARI *à senatu non posse ad principem : idque oratione divi Adriani effectum...* » — ff., L. 1, § 2, *A quib. appell.*

37. — Malgré cette constitution renouvelée par Probus, l'appel à l'empereur devint de plus en plus fréquent. Mais comme l'étendue de l'empire et la multiplicité des affaires rendaient à peu près impossible le jugement de tous ces recours, on établit différens degrés de juridiction, et l'on investit le préfet de la ville et le préfet du prétoire du droit de statuer en dernier ressort sur les appels des autres magistrats.

38. — Les empereurs s'étaient réservé uniquement la connaissance des appels quand la cause avait une grande importance ou quand le jugement émanait de leur délégué. — ff. L. 10, § 1er, *De appellat. et relat.*, L. 32, § 1er et 2, Cod., *De appellat.*

39. — Du reste on peut juger de l'importance que les Romains attachaient à l'appel par le nombre des titres qui y sont affectés nominativement dans le digeste, le code ou les novelles; on en compte jusqu'à *vingt-huit*, indépendamment d'une foule de décisions fugitives, éparses dans cette immense collection. — *Appellandi usus,* dit la loi 1, ff., *De appellat, quam sit frequens, quamque necessarius, nemo est qui nesciat.*

40. — Nous croyons avoir établi, contre l'opinion de M. Béranger, que les appels ne sont pas une institution moderne ; ajoutons que l'origine donnée à l'appel par ce magistrat prouve en faveur de la thèse que nous soutenons.

41. — En effet, suivant M. Béranger, « ce fut seulement lorsqu'il y eut des rois qu'on recourut à eux dans quelques cas rares où l'on avait à se plaindre de la prévarication des juges et quelquefois de l'insuffisance des lois : le prince prononçait seul. — Plus tard, le nombre de ces recours croissant, il fut obligé d'instituer auprès de lui un conseil pour les examiner : plus tard encore, le même motif fit multiplier des conseils semblables dans les provinces, et c'est ainsi qu'avec le temps l'usage des appels et celui des divers degrés de juridiction s'établit. »

42. — Or, qui ne voit que cette explication nous reporte à l'origine même des institutions civiles? L'appel surgit dès que l'organisation sociale commence à se développer, dès que le besoin de garanties se fait sentir : il se consolide, il se régularise à mesure que les institutions sont en progrès.

43. — Le droit canon emprunta au droit romain l'institution de l'appel, et conserva presque toutes ses formalités ; il maintint notamment l'usage des *lettres dimissoires* ou *apôtres* — V. ce mot.

44. — En France, l'origine de l'appel n'est pas parfaitement connue. L'opinion des publicistes sur cette question délicate est fort divergente ; Loyseau, Montesquieu, Hénault, Boulainvilliers, Mably, l'abbé Dubos, Bernardi, etc....., sont loin d'être d'accord sur ce point.... « Ce sont, dit Loyseau, » les plus difficiles secrets de l'antiquité de notre » droit français » — *Tr. des offices*, chap. 14, n° 33.

45. — Bernardi prétend que l'appel n'était pas en usage chez nous *sous les deux premières races.* Il reconnaît que l'on portait au roi, à cette époque, des plaintes contre les jugemens des comtes et gouverneurs de province; « mais, dit-il, ce n'était « point là un appel. Les juridictions, quoique su- » bordonnées, étaient indépendantes les unes des » autres. » — *Essai sur les révolutions du dr. franç.*, p. 192 et 193.

46. — Suivant Gautier de Sibert (*Hist. des variations de la monarchie française*, t. 2, p. 59 et 60), sous la première race, tous les officiers de justice *jugeaient en dernier ressort*; on ignorait *ce que c'était que d'appeler d'une juridiction à une autre.* — Il pense que c'est sous Pépin et Charlemagne que l'usage de l'appel s'introduisit.

47. — Le président Hénault est d'avis que les jugemens des centeniers pouvaient être déférés par voie d'appel aux comtes et aux gouverneurs des provinces, investis de tous les droits royaux.

48. — Montesquieu n'admet pas cette opinion; il croit que la juridiction des centeniers était indépendante des ducs et des comtes. — *Esprit des lois*, liv. 28, chap. 28.

49. — Quant à l'appel tel qu'il était établi par les lois romaines et par les lois canoniques, c'est-à-dire ayant pour objet de faire réformer par un tribunal supérieur le jugement d'un autre, Montesquieu croit qu'il était inconnu en France ; il lui semble que cette procédure était incompatible avec l'institution du combat judiciaire. — *Esprit des lois*, liv. 28, chap. 27.

50. — Il admet cependant l'existence de l'appel pour *faux jugement*, mais non pour *déni de justice* ou *défaut de droit.* « L'appel, dit-il, était un défi à un combat par armes, qui devait se terminer par le sang, et non par cette invitation à une querelle de plume qu'on ne connut qu'après. » — *Loc. cit.*

51. — Mably partage le sentiment de Montesquieu; il affirme n'avoir pas trouvé de trace de l'appel de *déni de justice* ou de *défaut de droit* avant le règne de Philippe-Auguste. — *Observ. sur l'histoire de France*, t. 2, p. 269.

52. — Loyseau soutient que les jugemens des ducs et des comtes pouvaient être frappés d'appel, et que cet appel ressortissait à la cour du roi.

53. — « Il y avait, dit-il, en France, anciennement, appel des ducs et comtes des provinces, et cet appel ressortissait devant le roi ou devant le maire du palais, qui estoit appelé le duc des ducs ou le grand-duc de France. »

54. — « Mais eux, à succession de temps, ajoute le même auteur, ne pouvant prendre la peine de vider tant d'appellations, les faisaient vider par des commissaires (*missi dominici*), qu'ils envoyaient, pour cet effet, de temps en temps, dans les provinces, *afin que la justice souveraine fût rendue sur le lieu, au soulagement du peuple*... Ces commissaires donc, représentant le roi, jugeaient, *vice regiâ*, les causes dévolues PAR APPEL à la majesté, et par conséquent *en dernier ressort.* » — Loyseau, *Offices*, chap. 14, nos 42 et 47.

55. — « Et cette ancienne façon de France, ajoute-t-il encore, d'envoyer ainsi les juges par les provinces, pour juger les causes d'appel et principalement les procez criminels, est encore gardée aujourd'hui par les Anglois, plus soigneux que nous-mêmes de retenir les formes anciennes qu'ils ont apprises de nous, lorsque les François les ayant conquis, les ont civilisez. » — Loyseau, *Tr. des offices*, chap. 14, n° 50.

56. — Montesquieu soutient, au contraire, qu'il n'y avait pas d'appel du comte à l'envoyé du roi. — « Le comte, dit-il, et le *missus* avaient une juridiction égale et indépendante l'une de l'autre. Toute la différence était que le *missus* tenait ses placites quatre mois de l'année, et le comte les tenait les huit autres. » — *Esprit des lois*, liv. 28, chap. 28.

57. — Au milieu de cette contrariété d'opinions, Prost de Royer, remontant aux sources, cherche à établir que l'usage de l'appel a été connu sous les deux premières races, mais qu'il était alors ce qu'il a toujours été dans l'enfance des sociétés, un simple recours au prince, une plainte, une accusation contre le premier juge, ou parce qu'il avait mal jugé, ou parce qu'il avait refusé de juger. — Cet appel n'exigeait pas beaucoup de formalités : il entraînait la punition de l'appelant, si la plainte était mal fondée, ou le chatiment du juge s'il avait prévariqué.

58. — Nous ne suivrons pas cet auteur dans les preuves historiques qu'il fournit à l'appui de son opinion; nous dirons seulement quelles sont les conclusions que lui fournissent les textes qu'il a produits.

59. — Il est d'avis 1° que nos rois de la première et de la seconde race ont toujours joui de la souveraineté, celle du *dernier ressort*; 2° que les appels ont été véritablement pratiqués dans les premiers temps de la monarchie.

60. — Et ce n'est pas seulement de l'appel pour *faux jugement* qu'il entend parler, mais de l'appel de *déni de justice.*

61. — A l'appui de cette opinion, il cite un texte fort curieux, c'est une loi d'Edgard, rapportée par Houard, *Lois anglo-normand.*, *Dissert. prélim.*, t. 1er, p. 134, et dont voici les termes : *Nemo ad regem* APPELLET *pro aliquâ lite, nisi domi jure suo dignus esse vel* JUS CONSEQUI NON POSSIT.

62. — Henrion de Pansey se prononce aussi en faveur de l'opinion soutenue par Prost de Royer. — « Lorsque le seigneur, dit-il, ou le comte avait jugé, la partie qui voulait se pourvoir devait s'adresser au roi lui-même, *qui recevait son appel et réformait le jugement s'il était contraire aux lois.* — *De l'autorité judiciaire*, chap. 2.

63. — Du reste, il semble difficile de contester cette thèse, en présence d'un texte tel que celui-ci : — « .... *Si aliquis episcopus, abbas aut abbatissa, vel comes, aut vassus noster, suo homini contrà reclam justiciam facit, et si indè ad nos* RECLAMAVERIT, *sciat quia ratio et lex atque justitia est, hoc emendare faciemus.* » — *Capitul.*, *ann.* 869.

64. — Sous les lois de la troisième race, et pendant la déplorable anarchie qui suivit l'établissement des fiefs, tous les ressorts de l'administration se relâchèrent. Les grands feudataires trop puissans s'affranchirent de la puissance royale, et devinrent dans leurs domaines de véritables souverains.

65. — Ce fut à cette époque que les seigneurs haut-justiciers refusèrent de recevoir les envoyés du roi (*missi dominici*), et qu'ils ne permirent plus que leurs jugemens fussent portés par appel à la cour du roi. — Mably, *Observat. sur l'hist. de France*, t. 1er, p. 210; Henrion de Pansey, *Autorit. jud.*, chap. 479.

66. — L'abolition du droit d'appel, l'établissement, au profit des seigneurs, de justices souveraines, opérèrent une véritable révolution.

67. — Parmi les causes qui contribuèrent le plus à la disparition de l'appel, il faut placer l'usage, devenu si général à cette époque, du combat judiciaire.

68. — Le combat judiciaire était regardé par nos pères comme le jugement de Dieu. Cette opinion s'opposait à ce que l'on soumît de nouveau l'affaire à la décision d'un tribunal supérieur : c'eût été, dit Henrion de Pansey, se révolter contre les décrets de la Providence. — V. aussi Montesquieu, *Esprit des lois*, liv. 28, chap. 27 *in prin.* — V. COMBAT JUDICIAIRE.

69. — Le duel terminait péremptoirement les procès, mais il ne faut pas oublier que toutes les contestations n'étaient pas réglées par la voie des armes. Il y avait, même à cette époque, des causes qui se jugeaient *par droit.*

70. — Dans ces affaires, la partie condamnée n'était pas sans ressource, elle pouvait *fausser le jugement*, c'est-à-dire soutenir que le juge avait statué déloyalement, méchamment. C'était un défi, un appel.

71. — Pour le vider, il fallait aller à la cour du seigneur suzerain; c'était lui qui recevait les gages de bataille, et qui présidait au combat.

72. — Ce genre d'appel, dirigé contre le juge et non contre la partie adverse, n'était pas sans danger. — En effet, celui qui faussait le jugement était obligé de combattre tous les juges, un à un, s'il avait attendu que le jugement fût fait et prononcé (Beaumanoir, *Cout. du Beauvoisis*, ch. 61) ; s'il succombait, il était puni de mort. — Desfontaines, *Conseil*, ch. 21 ; Henrion de Pansey, *Autorité judiciaire*, ch. 3 ; Montesquieu, liv. 28, ch. 27 ; Mably, *Observations*, t. 2, p. 250 et 253.

73. — Voici ce que l'on trouve sur ce point dans les assises de Jérusalem, ch. 111, édit. de 1690 : — « Se celui qui a dit aucune des avant dites choses contre la court, pour la court fausser, et si li tent son gage contre tous ceux de la court et le recort, et quand ils sont au champ por la bataille faire, il doit estre d'une part, et tous les homes d'une autre, et l'un des homes lequel que il esliront, se doit premier combattre vers lui seul à seul ; et se celui qui est party est vaincu, maintenant se doit mouvoir un des autres... et se il vainc maintenant cel autre, un autre doit maintenant se mouvoir ; et enci se combate à tous un à un, et que il les vainque tous en un jour, et se il les vainque tous un à un ; et se *il ne les vainque tous en un jour,* IL DOIT ESTRE PENDU. »

74. — Les inconvéniens d'un recours aussi hasardeux firent établir un mode d'appel moins compromettant. On distingua l'appel *simple* de l'appel avec *vilain cas.*

75. — L'appel simple n'attaquait que le jugement; le grief était le *mal jugé*.

76. — L'appel avec vilain cas attaquait et le jugement et les juges qui l'avaient rendu. On reprochait à ceux-ci leur déloyauté : « *Vous avez fet jugement faux et mauvès, comme mauvès que vous esté.* »

77. — L'appel simple n'entraînait pas gage de bataille, il en était autrement de l'appel avec vilain cas

78. — « Ils sont, dit Beaumanoir (*Cout. du Beauvoisis*, ch. 67. p. 337), deux manières de fausser » jugement, desqueles li un des apiaux se doit démener par gages, si est quant l'en ajoute avec » l'apel vilain cas : l'autre se doit demener par errremens seur quoi li jugement fus fes. »

79. — Il résulte de ce texte que, toutes les fois que le fausseur appelait de la sentence *sans vilain cas*, c'est-à-dire sans accuser le seigneur ou les juges d'être faux et menteurs, la question sur l'appel était décidée par les moyens qu'il avait employés devant le premier tribunal; et c'est précisément l'appel tel que nous le pratiquons aujourd'hui. — Henrion de Pansey, *Autorité judiciaire*, ch. 6.

80. — Comme il était libre à chacun de fausser sans *vilain cas*, on sent combien ce nouvel usage dut multiplier les appels.

81. — Lorsqu'il fut établi qu'à la cour du roi on pouvait fausser sans combattre, les appels furent plus fréquemment dirigés contre les seigneurs. En effet, la partie condamnée y trouvait le double avantage de sortir d'un tribunal dont elle avait à se plaindre, et d'éviter les hasards d'un combat. — Henrion de Pansey, *Autorité judiciaire*, Introd., chap. 6.

82. — Dans les justices seigneuriales, la dévolution de l'appel avait lieu suivant la loi des fiefs, c'est-à-dire du seigneur inférieur au seigneur supérieur, tous étaient définitivement portés devant le roi, non comme roi, mais comme chef de la hiérarchie féodale, et comme le *grand fieffeux* du royaume, ainsi que l'on s'exprimait alors.

83. — Dans les justices royales, le régime était différent : comme on tenait alors que l'appel contenait *félonie et iniquité*, le respect pour le roi, dont ces cours étaient les organes, avait fait rejeter la voie de l'appel; et celle de la supplication était la seule ouverte contre les jugemens émanés d'elles.

84. — Se aucunes des parties se sent du jugement grevée, et l'en leur ait fet tort, et grief qui » soit appert, il en doit tantôt appeller, sans de» morer, au chief seigneur, ou à la cort de celuy » de qui il tiendra, de degré en degré, etc... — sou» plication doit estre faite en cort de roy, et non » appel; car appel contient félonie et iniquité. » — *Etablissemens de Saint-Louis*, liv. 2, ch. 15.

85. — Loyseau fait une semblable remarque dans le passage suivant : « nos baillifs jugeaient anciennement en dernier ressort : ce qui est aisé à colliger de ce qu'auparavant que le parlement eust été estabii sédentaire, il ne s'assemblait qu'une ou deux fois l'an et tenait fort peu de jours. Et lors il ne connaissait pas proprement des causes d'appel, mais seulement des grandes causes en première instance, comme des duchez et comtez, des crimes des pairs de France, et encore des causes du domaine de la couronne qui est sa juridiction primitive et originaire... Je n'ai jamais veu d'arrests de ce temps-là sur les appellations des baillifs et sénéchaux. » — Loyseau, *Traité des offices*, ch. 14, no 40.

86. — Ainsi, dans le principe, ce n'était pas par voie d'appel qu'on devait se pourvoir contre les décisions émanées des juridictions royales, mais par voie de *supplication*.

87. — Ces supplications étaient de deux sortes : les unes adressées au roi, les autres au tribunal qui avait rendu le jugement. — Celles qui étaient présentées au roi avaient pour grief une *erreur de droit*; celles qui étaient portées devant le tribunal qui avait rendu le jugement avaient pour objet la réparation d'une erreur de fait, d'un mal jugé. — V. CASSATION, PROPOSITION D'ERREUR, REQUÊTE CIVILE.

88. — On ne sait pas bien dans quels délais les supplications devaient être présentées au roi; mais celles qui s'adressaient au tribunal devaient être faites le jour même de la prononciation du jugement. — Si le juge royal l'accueillait, il rassemblait les mêmes juges, leur en adjoignait quelques autres, et l'affaire était soumise à un nouvel examen.

89. — On voit combien toute cette pratique était confuse, incertaine, mal assise; mais les choses changèrent sous le règne de Saint-Louis : ce prince introduisit dans notre jurisprudence des réformes capitales, dont on ne tarda pas à reconnaître le bienfait, malgré les préjugés de l'époque.

90. — Saint-Louis commença par abolir les duels dans ses domaines, et cet exemple fut imité par plusieurs seigneurs, notamment par son frère, Alphonse, comte de Poitiers et de Toulouse. — V. ALPHONSINE.

91. — D'un autre côté, ce prince régla la matière des appels. Il proscrivit l'usage de fausser les jugemens dans les juridictions royales, mais il le conserva dans les justices de ses barons. Seulement, il voulut que l'on pût *fausser sans combattre*; c'est-à-dire, comme l'observe très bien Montesquieu, qu'il ôta la chose et laissa subsister le terme. — *Esprit des lois*, liv. 28, ch. 29.

92. — L'appel des faux jugemens dut se faire désormais sans aucune expression injurieuse, sans ajouter *vilain cas*; et on dut le porter à la cour du roi pour y être démené *par actes ou par témoins*. — *Etablissem.*, liv. 1er, ch. 6, ordonn. 1260, art. 8.

93. — Par la même ordonnance (art. 9), les gages de bataille furent également proscrits dans les appels *de défaute de droit*.

94. — Grâce à ces sages dispositions, les appels ne furent plus des défis, des provocations à un combat qui devait se terminer par le sang; mais Saint-Louis ne s'en tint pas là, d'autres réformes vinrent compléter son œuvre.

95. — C'est ainsi, par exemple, que, tout en défendant de fausser les jugemens de ses baillis, il permit d'en demander l'*amendement* lorsqu'ils faisaient *quelque préjudice*.

96. — L'amendement était, comme la supplication, une voie respectueuse par laquelle on s'adressait au juge lui-même qui avait rendu la sentence, pour en faire réformer les erreurs.

97. — Si le bailli ne voulait pas faire l'amendement du jugement, on pouvait appeler devant le roi, « qui se li jugement ne fut bien faict, le faisait ré» former, par son conseil, et faisait rendre au » bailli ses coûts et ses dommages. » — *Etabliss. de Saint-Louis*, liv. 1er, ch. 78.

98. — Par cette voie de l'amendement, Saint-Louis fit disparaître, en quelque sorte, aux yeux des juges, tout ce que les appels avaient eu d'odieux jusqu'alors. Cette pratique contribua puissamment à l'introduction des appels proprement dits, tels qu'on les pratiquait d'après les principes du droit romain et du droit canonique.

99. — Les nouvelles formes de procédure obligèrent les seigneurs, à cause de leur ignorance, à confier l'administration de leurs justices à des lieutenans, dont on appelait à un bailli, créé pour tenir les assises, à l'imitation des baillis royaux. — De ces baillis on appelait aux cours du roi. — Hénault, *Remarq. sur la troisième race*; Loyseau, *Offices*, liv. 1er, ch. 14, no 54; Mably, *Observ.*, t. 2, p. 142.

100. — Ce droit d'appel à la justice du roi consolida sa puissance et rétablit l'unité dans l'administration et le gouvernement. « C'est, dit Loy» seau, le plus fort lien qui soit pour maintenir la » souveraineté. »

101. — Pierre Desfontaines nous fait connaître les deux premiers exemples qu'il ait vus de causes jugées *par droit* et portées *par appel* à la cour du roi. — V. conseil, ch. 22, p. 303, édit. de M. Marnier.

102. — Cette manière de procéder fut bientôt d'un grand usage. Dès le règne de Philippe le Bel, les justices des plus grands vassaux ressortissaient à la cour du roi.

103. — Hénault établit, par des lettres patentes de 1283 et de 1296, qu'on appelait des sénéchaux du roi d'Angleterre, comme duc de Guyenne, du duc de Bretagne et de celui de Bourgogne à un bailliage royal, et de là à la cour du roi.

104. — Il est vrai que plusieurs seigneurs essayèrent de résister à l'entraînement général, et voulurent défendre leur prérogative.

105. — Ainsi, un roi d'Angleterre, en sa qualité de duc d'Aquitaine, faisait *pendre* les notaires qui avaient dressé ou reçu les *actes d'appel*. Il faisait en même temps emprisonner les parties qui interjetaient appel à la cour du roi.

106. — Les ecclésiastiques n'étaient pas les moins ardens à résister aux innovations. — Un évêque de Laon confisquait les biens de ses vassaux qui appelaient au parlement. — Un abbé de Tulles, ayant appris qu'un malheureux, condamné à perdre la main gauche, avait appelé de la sentence, lui fit couper la main droite.

107. — La fermeté et la persévérance du parlement triomphèrent de toutes ces résistances. Citons quelques exemples.

108. — Le sénéchal du duc de Berry avait fait emprisonner un bourgeois, sans qu'il y eût ni plainte, ni information. Plus tard, il le fit mettre à la torture, sans vouloir écouter ses défenses et au mépris de son appel au parlement. Cette cour annula tout ce qu'avait fait le sénéchal; elle le condamna à rendre tous les biens de l'accusé, qu'elle plaça sous la sauvegarde du roi, ainsi que sa femme et ses enfans, en les exemptant tous de la juridiction du duc jusqu'à la quatrième génération; enfin, elle condamna les officiers du duc à faire amende honorable, à payer une amende de cinquante mille francs et tous les dépens et dommages-intérêts. — Bernardi, *Essai sur les révolut. du droit français*, p. 179 et suiv.

109. — Jean Lecoq rapporte un autre arrêt par lequel le duc de Bretagne fut condamné, pour un fait à peu près semblable, à la restitution de plusieurs terres, au paiement d'une somme de soixante mille fr., et à tous les dépens. L'appelante (la dame de Rayz) fut exemptée, pendant sa vie et celle du duc, de la juridiction de ce dernier. — *Ultrà hoc, dictum fuit quod remaneret exempta à duce, durante ejus vità et ducis, et quod esset regis subdita in justitià et ressorto.* — J. Galli, *Quæst.* 340, *part* 5; Dubreuil, *Styl. du parlem.*, p. 343, édit. de Dumoulin.

110. — Ce moyen extrême d'enlever les justiciables au justicier pour les soustraire à sa vengeance cessa d'être employé lorsque le roi eut irrévocablement conquis ou recouvré la plénitude de la souveraineté. C'est ce qu'explique Dumoulin dans la note suivante : *Tunc enim domini locorum formidabiliores erant : hodiè tota tyrannis ad unum redigitur; nec est justum, esse exemptum in aliis ex solà appellatione; et sic est stylus mutatus.*

111. — Une fois le droit d'appel reconnu, une fois la révolution consommée, les gens de loi empruntèrent au droit romain et surtout au droit canon la plupart de leurs formalités, et plus tard les ordonnances de nos rois vinrent réglementer la matière.

112. — Pendant long-temps il y eut une pratique différente entre les pays de droit écrit et les pays coutumiers. C'est ainsi, par exemple, que, dans les premiers, il fallait interjeter appel à l'instant (*illicò*), et prendre auprès du juge dont était appel des lettres dimissoires. — V. APÔTRES.

113. — C'est ainsi encore qu'il existait des règles différentes dans la plupart des provinces sur les délais de l'appel, etc. etc.,

114. — Mais les ordonnances de 1539 et de 1667 établirent une certaine uniformité dans toute la France; le style fut à peu près le même dans tous les tribunaux, et la pratique des différens siéges ne différa plus que sur quelques points peu importans.

115. — Les principaux reproches que l'on adressait alors à la législation consistaient d'abord dans la longueur du délai accordé pour interjeter appel, et surtout dans le trop grand nombre de degrés de juridiction.

116. — En 1788, Louis XVI essaya, par un édit de 1788, de porter remède au mal dont on se plaignait depuis si long-temps, mais cette réforme, comme tant d'autres, avorta, à cause de l'impopularité du ministère et de la résistance passionnée des parlemens; d'ailleurs on était à la veille d'une révolution.

117. — En 1789 et 1790, l'assemblée constituante eut à s'occuper de la grande question de l'organisation judiciaire : ce fut une de celles qui l'occupa le plus long-temps.

118. — Un premier travail avait été préparé par son comité de constitution; Bergasse le présenta à l'assemblée, mais il obtint à peine les honneurs de la discussion. — Boncenne, *Théorie de la procéd.*, Introduct., p. 86.

119. — On lui reprochait de conserver, dans le nouvel ordre judiciaire, les fondemens de l'ancien; on était effrayé surtout à l'idée, accueillie par le comité, de maintenir une hiérarchie dans les tribunaux, et de conserver des cours supérieures. Ce projet fut repoussé. — V. *Hist. parlement. de la révol.*, t. 3, p. 452 et suiv., et t. 5, p. 66, 81, 107 et suiv.

120. — Des réformes plus radicales furent proposées : il fut question notamment d'établir en France le jury en matière civile comme en matière criminelle. Sièyes, Duport, Barnave, Duport surtout, soutinrent avec chaleur le mérite de cette proposition : le débat fut long et animé; mais l'assemblée, entraînée par Tronchet, rejeta le projet, après une discussion des plus remarquables. — V. JURY, ORGANISATION JUDICIAIRE.

121. — Ce point décidé, la question de l'appel fut agitée. Y aura-t-il plusieurs degrés de juridiction, ou bien l'usage de l'appel sera-t-il aboli? Tel fut le thème offert à la discussion.

122. — Si le jury eût été admis, comme le proposait Duport, la question aurait été tranchée, l'appel aurait disparu de nos codes; mais ce système n'ayant pas prévalu, l'assemblée, mue par des considérations puissantes, décida qu'il y aurait deux degrés de juridiction. — V. DEGRÉS DE JURIDICTION.

123. — Restait un point embarrassant : comment

l'appel sera-t-il organisé? — Ce qui compliquait la solution du problème, c'est qu'on voulait qu'une égalité parfaite existât parmi les tribunaux ; on voulait plusieurs degrés de juridiction, mais point de hiérarchie.— Voici le plan qui fut préféré.

124. — L'assemblée décréta que les juges de district seraient juges les uns à l'égard des autres, d'après le mode suivant : Un tableau de sept tribunaux les plus voisins, dont un au moins hors du département, devait être formé dans chaque district. L'appelant avait la faculté d'exclure trois de ces tribunaux ; l'intimé avait le même droit. Restait un tribunal non exclu, c'était à lui que l'appel était dévolu.

125. — Lorsqu'il y avait trois parties plaidant pour des intérêts opposés, chacune d'elles ne pouvait exclure que deux tribunaux, sur les sept portés au tableau. Si le nombre des parties était depuis trois jusqu'à six, l'exclusion pour chacune se bornait à un seul tribunal. Si elles étaient plus de six, on faisait au tableau un supplément d'autant de nouveaux tribunaux qu'il y avait de parties excédant le nombre six.

126. — Au surplus, les plaideurs avaient la faculté, si bon leur semblait, de convenir d'un tribunal entre tous ceux des districts du royaume, pour lui déférer la connaissance de l'appel ; mais cet accord n'existait presque jamais.

127. Les exclusions se faisaient, pour l'appelant, dans l'acte d'appel, et, pour l'intimé, par une déclaration au greffe.

128. — C'était une combinaison assez étrange, dit M. Boncenne (*Théorie de la procéd.*, t. 1er, Introd., p. 443), que ces appels circulant entre les tribunaux placés sur la même ligne, dont l'un réformait un jour celui qui devait le réformer le lendemain. La souveraineté judiciaire, incertaine et vague, ne résidait nulle part et pouvait s'asseoir partout ; elle ne donnait pas plus de garanties pour le dernier que pour le premier ressort. Tel plaideur avait eu tous les suffrages des cinq juges de première instance, qui, sur l'appel, en trouvait trois contre lui. Réunissez les opinions de ces juges, égaux en nombre sur leurs siéges, égaux en autorité et probablement en lumières, et vous verrez que le malheureux perdait son procès avec une majorité favorable de sept voix sur dix.

129. — L'expérience ne tarda pas à révéler tous les inconvéniens de ce système universellement critiqué (V. Fournel, *Hist. du barreau de Paris*, p. 38 et 39 ; Boncenne, *ubi suprà*, p. 387, 440 et 444 ; Bonnet, *Souvenirs sur le barreau de Paris*, t. 2, p. 246 et 247) ; néanmoins il resta en vigueur jusqu'à l'an VIII ; il survécut à la suppression des tribunaux de district. — V. ORGANISATION JUDICIAIRE.

130. — La loi du 27 ventôse an VIII réorganisa l'ordre judiciaire sur des bases plus larges ; vingt-neuf tribunaux d'appel furent institués et se sont transformés depuis en cours royales. Toutefois, au lieu de vingt-neuf, nombre de la création, la France n'en compte plus que vingt-sept, Bruxelles et Liége ayant cessé, en 1814, de faire partie du royaume.

131. — Lors de la discussion du Code de procédure, il ne s'éleva aucune objection contre l'institution de l'appel. Loin de là, Bigot de Préameneu, dans l'Exposé des motifs, et le député Albisson, dans son Rapport au corps législatif, s'attachèrent à en prouver l'utilité.

132. — Cependant M. Bérenger, dans son rapport sur la statistique civile dont il a déjà été question plus haut (no 11), attaque le principe de l'appel, non sans reconnaître que son opinion est de nature à rencontrer de nombreuses oppositions et à susciter de vives susceptibilités.

133. — Il est, suivant lui, un point hors de toute contradiction, c'est que la certitude du *bien jugé* ne se reconnaît à aucun signe : cette certitude n'est accordée aux arrêts d'aucun tribunal.... De là il conclut que l'appel est une garantie illusoire, puisque la décision du second ressort ne mérite pas plus de confiance que la décision des juges de première instance.

134. — Cette objection ne nous touche nullement : d'abord, parce que l'appel n'est pas seulement une garantie contre l'erreur ou l'ignorance du juge, mais contre sa partialité. Or, on ne contestera pas, sans doute, qu'une cour composée de magistrats éclairés, nombreux, et longtemps éprouvés, ne soit moins accessible aux influences de localités, de famille, de fortune, et à celles du pouvoir qu'un petit tribunal de trois juges, moins bien placé assurément pour se défendre contre de certaines séductions.

135. — Nous ajoutons ensuite que la composition des cours royales offre, en général, plus de garanties de lumières et d'instruction que toute autre juridiction. — D'ailleurs, l'affaire arrive en appel après une première épreuve qui l'a simplifiée ; le débat qui a déjà eu lieu a éclairci les faits ; les prétentions respectives des parties se formulent plus nettement ; le jugement dont est appel précise bien le point en litige ; et une instruction nouvelle fournit de nouveaux élémens à la discussion ; dans ces circonstances, qui ne voit que, par la force des choses, l'erreur est moins facile, moins probable à la cour qu'en première instance?

136. — Cependant, objecte M. Bérenger, il y a certains jugemens qui valent mieux que certains arrêts. C'est ce qu'avait déjà fait remarquer Ulpien : *Nonnunquam appellandi usus bene latas sententias in pejus reformat ; neque enim utique melior pronuntiat qui novissimus sententiam laturus est* (L. 1re, ff., *De appellat. et rel.*). — Ceci est incontestable ; mais ce qui fait que l'objection ne porte pas, c'est que, dans le plus grand nombre de cas, il en est autrement.

137. — Mais, dit encore M. Bérenger, s'il est vrai que les tribunaux d'appel, par le nombre, les lumières et l'expérience de leurs membres, offrent plus de garanties que les tribunaux de première instance, pourquoi ne pas transporter ces garanties du second degré au premier? — La raison en est simple ; c'est que c'est impraticable. — D'ailleurs, pourquoi s'arrêter à ce premier pas? Pourquoi ne pas transformer tout de suite les justices de paix en cours royales? Elles offrent incontestablement moins de garanties. — On voit jusqu'où on pourrait aller avec une semblable objection.

138. — Un autre argument consiste à dire que l'appel est un privilége ; qu'il n'est admis que par exception, et que l'on ne voit pas pourquoi toutes les affaires ne jouiraient pas du bénéfice des deux degrés de juridiction. La réponse est facile ; le législateur a très sagement défendu l'appel dans les procès où l'importance du litige ne se trouve pas en rapport avec les frais de l'instance devant la cour. Ne serait-il pas absurde de dépenser 1,000 fr. pour en gagner 50?

139. — Du reste, M. Bérenger, dans son mémoire, nous paraît avoir trop oublié que l'appel existe souvent dans les petites causes comme dans les grandes ; ainsi, il n'a tenu aucun compte, dans ses calculs, des appels interjetés contre les décisions des juges de paix ; s'il l'eût fait, il serait arrivé à de tout autres résultats.

140. — Une dernière objection, c'est que l'appel nuit à la considération de la justice, parce qu'il ébranle l'autorité de la chose jugée. — A notre avis, ce qui nuit le plus à la considération de la justice, c'est l'iniquité des décisions : aussi est-ce pour se précautionner contre la fragilité humaine que tous les législateurs se sont ingéniés à trouver des garanties contre l'ignorance, l'erreur, la faiblesse, la partialité ou la prévarication des magistrats. De là l'origine de toutes les voies de recours, ordinaires ou extraordinaires. Loin d'altérer le respect dû à la chose jugée, l'appel le fortifie, car il calme les défiances du plaideur, et lui donne une pleine sécurité.

141. — Nous ne pouvons partager le sentiment de M. Bérenger ; nous n'admettons pas, comme lui, qu'il faille « revenir aux temps primitifs où » chaque tribunal prononçait souverainement, et » terminait en dernier ressort toutes les contesta- » tions portées devant lui », nous avons prouvé, au contraire, l'histoire à la main, que partout l'appel avait existé, et qu'il avait toujours été considéré comme une garantie précieuse ; l'assemblée constituante et les rédacteurs du Code civil ont donc eu raison de le maintenir.

142. — L'appel compose le livre 3 du Code de procédure, formé d'un titre unique, intitulé : *De l'appel et de l'instruction sur appel.* — La rubrique *Des cours royales* que porte aussi ce livre, présente une inexactitude assez frappante. En effet, ce n'est pas toujours devant les cours royales que sont portés les appels des affaires même purement civiles. Ainsi, l'appel des jugemens rendus par les juges de paix est porté devant les tribunaux d'arrondissement. Cependant, les dispositions du livre 3 s'appliquent, non seulement aux cours royales, mais à tous les tribunaux jugeant à titre d'appel. La rédaction primitive était celle-ci : *Des tribunaux d'appel.* Un défaut d'attention fit substituer, en 1816, à ce titre général et exact le titre actuel. — Boitard, *Leçons de procéd.*, t. 2, no 471, p. 198.

CHAPITRE II. — *Jugemens et ordonnances dont on peut interjeter appel.*

143. — L'appel est une voie de recours ouverte par la loi contre les décisions qui émanent des juges de première instance ; mais ce recours n'existe pas dans tous les cas indistinctement ; il faut donc tout d'abord examiner quels sont les jugemens qui sont susceptibles d'appel, et s'il y a, indépendamment de ces jugemens, d'autres décisions, d'autres actes qu'on puisse également déférer aux tribunaux, formant le second degré de juridiction.

Sect. 1re. — *Jugemens.*

144. — L'appel est une voie ordinaire, l'appel est de droit commun, tous les jurisconsultes reconnaissent ce principe.

145. — De là il suit que pour que l'appel existe il n'est pas nécessaire que la loi le dise expressément, il suffit qu'elle ne l'ait pas interdit par une disposition formelle.

146. — Ainsi, sauf les exceptions établies par la loi, et que nous ferons connaître, l'appel existe en principe contre tout jugement, quelle que soit sa nature, contre toute décision réunissant les caractères d'un jugement.

147. — Il a même été décidé que l'on pouvait appeler d'un jugement dont le greffier n'avait pas voulu délivrer expédition, déclarant qu'il n'en avait pas été tenu minute, à la condition, bien entendu, que son existence serait constatée. — *Grenoble*, 7 juill. 1827, F....

148. — Dans l'ancien droit, on pouvait appeler d'autres espèces d'actes, tels que des nominations de tuteurs, exécutions de jugemens, dénis de justice, contraintes par corps, saisies, etc. — Rebuffe, *De appellat.*, Præf., nos 53 et suiv. ; Rodier, *Quest. sur l'ordonn.*, tit. 25, art. 4, quest. 2e ; Merlin, *Rép.*, vo *Appel*, § 1er, no 2.

149. — Aujourd'hui, la règle est contraire ; on ne peut appeler que d'un jugement. — Berriat, t. 2, p. 456, au texte, et note 9e.

150 — ... Ou de certaines ordonnances, ainsi qu'il sera dit *infrà*, nos 420 et suiv. — Mais on peut considérer ces ordonnances comme des espèces de jugemens (C. procéd., art. 809, 517, 263, 273, 403). — V. aussi Berriat, t. 2, p. 456.

151. — Ainsi, on ne peut appeler des *actes judiciaires* : ils ne peuvent nuire aux parties ; ni des *contrats judiciaires* : les conventions font loi. — V. Merlin, *Quest.*, vo *Appel*, § 1er ; *Le Prat. franç.*, t. 3, p. 62 ; Poncet, *Des jugem.*, t. 1er, p. 471. — V. *infrà* nos 335 et suiv.

152. — ... Ni d'un acte de partage fait en exécution du jugement dont on appelle. — *Rennes*, 13 fév. 1811, Lefeuvre c. Pagrimaud.

153. — Mais la décision rendue par un juge qui a procédé à l'instruction d'une affaire, encore bien qu'elle ne prononce aucune condamnation, est un véritable jugement, au moyen duquel le premier degré de juridiction s'est trouvé rempli et épuisé, et contre lequel on peut recourir au juge supérieur par la voie de l'appel. — Ainsi, on peut interjeter appel d'un jugement par lequel, après avoir fait une enquête et avoir reçu les conclusions des parties sur le fond, un juge de paix renvoie pour faire statuer sur le litige les parties devant le tribunal de première instance. — *Cass.*, 27 août 1806, Clément c. Aubery.

154. — Un arrêtiste prétend que les décisions rendues sur requête non communiquée, ne sont pas des jugemens véritables, et, partant, ne sont pas susceptibles d'appel. C'est une erreur : ces décisions ont bien le caractère de jugemens, et la preuve, c'est qu'on peut les attaquer par la voie de l'*opposition*.

155. — Jugé, en effet, que c'est par la voie de l'opposition, et non par la voie de l'appel, qu'il faut attaquer un jugement rendu sur requête non communiquée. — *Colmar*, 15 avr. 1807, Herrenberger c. Miot.

156. — Comme on le voit, si, dans cette hypothèse, l'appel n'est pas permis, c'est tout simplement parce qu'il existe une autre voie de recours.

157. — Quant aux ordonnances sur requête et autres ordonnances du juge, nous verrons *infrà* nos 420 et suiv., dans quels cas elles sont susceptibles d'appel.

158. — Il est des jugemens qui, bien qu'on leur donne cette dénomination, n'ont cependant pas le caractère de jugement, et qui, par conséquent, ne peuvent être frappés d'appel. — Poncet, t. 1er, p. 9.

159. — Ainsi, par exemple, lorsqu'un tribunal, usant d'un droit qui lui appartient, ordonne le changement de résidence d'un huissier, cette décision n'est soumise ni à l'appel, ni à aucune autre voie de recours. — V. HUISSIER.

160. — La jurisprudence a considéré que, dans dans ce cas, il s'agissait moins d'un jugement proprement dit que d'un acte d'administration qui échappe à tout contrôle.

161. — Il en est de même de la délibération par laquelle un tribunal désigne, chaque année, ses huissiers audienciers. — V. HUISSIER AUDIENCIER.

162. — En droit romain, il n'était pas toujours nécessaire d'appeler du jugement à l'exécution duquel on voulait échapper, il suffisait d'en démontrer la nullité au juge devant lequel il était produit, et ce juge, quoique inférieur au juge *à quo*, pouvait la prononcer, ou bien connaître de la cause comme si ce jugement n'existait pas. — L. 23, § 1er, ff., *De appellat.*; Pothier, *Pand. just.*, *De re judicatâ*, nos 2 et suiv.; Merlin, *Rép.*, vo *Appel*, sect. 1re, § 5.

163. — Dans notre jurisprudence, on a adopté depuis long-temps un système contraire, parce que les *voies de nullité n'ont pas lieu en* France. — Imbert, *Pratique*, liv. 1er, chap. 3, no 3; Despeisses, *Ordre judic.*, tit. 12, sect. 1re, art. 1er; Prost de Royer, vo *Appel*, no 69; Merlin, *Rép.*, vo *Appel*, sect. 1re, § 5.

164. — Toutefois, M. Berriat pense qu'il faut distinguer. Si, dit-il, l'acte produit a la forme extérieure d'un jugement en premier ressort, si, surtout, il a été prononcé comme tel, il ne peut plus être réformé que par la voie de l'appel. — Merlin, *Rép.*, vo *Jugement*, § 1er; Pothier, *Pandect.*, *De re judicatâ*, sect. 2e, art. 1er.

165. — Mais, ajoute M. Berriat, si cet acte pèche par la forme extérieure; s'il a été rendu par un individu sans *pouvoir* (tel qu'un arbitre après le délai du compromis), il faut appliquer les principes du droit romain. — Berriat, *Cours de procéd.*, t. 1er, p. 457, note 11e, no 2.

166. — Nous croyons que c'est aller beaucoup trop loin, et que, tout au plus, pourrait-on, non pas attaquer, mais *nier l'existence* d'un acte tellement informe, tellement irrégulier, qu'il lui manquerait manifestement presque tous les caractères d'un jugement. Dans ce cas, on comprend qu'il n'est pas nécessaire de se pourvoir par appel, il suffit de ne pas reconnaître l'acte qui est opposé. Mais cette exception sera toujours infiniment rare.

167. — Hors ce cas, qui même, à proprement parler, n'est pas une exception, il faut reconnaître que c'est par appel qu'on doit se pourvoir pour faire infirmer le jugement *nul* aussi bien que celui auquel on reproche un mal jugé.

168. — Aussi, a-t-il été décidé qu'on ne peut, après le délai d'appel, attaquer un jugement par voie d'action principale en nullité. — *Cass.*, 3 flor. an XIII, Villeroye c. Lafaudraye.

169. — ... Ni l'attaquer pour cause d'incompétence matérielle. — *Cass.*, 25 fév. 1812, Capdeville. — V. aussi Talandier, p. 9 et 10, no 3; Merlin, *Rép.*, vo *Appel*, sect. 1re, § 5; Favard, t. 1er, vo *Appel*, no 7; Berriat, p. 406, note 11e.

170. — Jugé, de même, que c'est par la voie d'appel du jugement qui l'a prononcée, et non par action principale devant le tribunal de première instance, que peut être demandée la nullité d'une adjudication sur licitation volontaire, sur le fondement qu'elle a été faite à l'avoué des colicitans pour son propre compte. — *Toulouse*, 16 mars 1833, Dulon c. Me M....

171. — Dans les *Lois de la procédure civile*, 3e édit., t. 3, no 1562, dernier alin., Carré émet une opinion qui lui est particulière. — Après avoir établi qu'on peut, pour incompétence, se pourvoir par appel contre un jugement en dernier ressort, ce qui est vrai (V. *infrà* nos 215 et suiv.), il semble dire qu'il en est de même lorsque le jugement est nul pour vice de forme.

172. — Nous n'admettons pas cette doctrine. Un jugement en dernier ressort ne peut être frappé d'appel ni pour vice de forme, ni pour mal jugé. S'il renferme une violation de la loi, c'est par la voie de la cassation et non de l'appel, qu'il faut l'attaquer. — Favard de Langlade, t. 1er, vo *Appel*, p. 171, no 7; Chauveau sur Carré, t. 3, p. 603, no 1562.

173. — C'est contre le jugement même, c'est-à-dire contre son dispositif, que l'appel doit être dirigé.

174. — Ainsi, on ne peut appeler uniquement des motifs d'un jugement. — *Rennes*, 8 mai 1833, F... c. Martin. — On décide de même relativement à la voie de la cassation. — V. CASSATION.

175. — Jugé, en conséquence, que, quoiqu'un jugement d'un tribunal de commerce, en renvoyant par son dispositif, purement et simplement, devant des arbitres forcés, juge le fond dans ses considérans, on ne peut appeler de ce jugement pour faire réformer ses motifs. — *Rennes*, 23 janv. 1823, Pothier et Loriaux c. Radier.

176. — Jugé, de même, que, quoique les motifs du jugement de première instance décident une contestation dans tous ses points, si dans le dispositif il n'est question que d'un seul des chefs contestés, la question reste entière sur les autres; en conséquence, ces derniers chefs, non compris dans le dispositif, ne peuvent faire la matière d'un appel. — *Grenoble*, 16 mars 1819, Meunier-Rivière c. Bouffier.

177. — Jugé cependant (mais c'est un arrêt d'espèce) que l'appel dirigé contre un seul chef du jugement ne peut être déclaré non-recevable, sous le prétexte qu'il n'y serait statué que dans les motifs de ce jugement, et non dans le dispositif. — *Cass.*, 24 janv. 1835, Douanes c. Osterman.

ART. 1er. — *Jugemens en premier ressort.*

178. — La première condition requise pour qu'un jugement soit sujet à l'appel, c'est que, par la nature de la demande, par l'objet du litige, le premier juge n'ait pas pu statuer en dernier ressort.

179. — Mais quand un jugement est-il en dernier ressort? — Sans entrer à cet égard dans des explications étendues qui feraient double emploi (car cette matière est spécialement traitée au mot DEGRÉS DE JURIDICTION), nous dirons seulement ici que, d'après les lois des 11 avr. 1838 et 4 mars 1840, le taux du dernier ressort est fixé à 1,500 fr. de principal, lorsqu'il s'agit d'une action personnelle et mobilière, et à 60 fr. de revenu déterminé, soit en rentes, soit par prix de bail, lorsqu'il s'agit d'une action immobilière.

180. — Relativement au taux du dernier ressort des jugemens rendus par les juges de paix et les prud'hommes (L. 25 mai 1838, art. 1er à 7; décr. 3 août 1810, art. 2), V. JUSTICE DE PAIX, PRUD'HOMMES.

181. — Du reste, peu importe la qualification donnée par les premiers juges à leur décision, ce que la loi considère c'est le fait en lui-même, et non les expressions plus ou moins exactes employées par les magistrats.

182. — Ainsi, sont sujets à appel les jugemens qualifiés en dernier ressort, lorsqu'ils ont été rendus par des juges qui ne pouvaient prononcer qu'en première instance. — C. procéd., art. 453; C. comm., art. 646.

183. — Sont non recevables, au contraire, les appels des jugemens rendus sur des matières dont la connaissance en dernier ressort appartient aux premiers juges, encore bien que ces jugemens aient été mal à propos qualifiés en premier ressort. — C. procéd., art. 453; C. comm., art. 646; L. 25 mai 1838, art. 14.

184. — Remarquons qu'il n'en était point ainsi avant le Code de procédure, ou du moins la question était controversée. — Merlin, *Répert.*, vo *Dernier ressort*, § 12; *Quest. de dr.*, vo *Jugement*, § 13.

185. — Suivant la Cour suprême, lorsqu'un jugement avait été mal à propos qualifié en dernier ressort, il ne pouvait être attaqué que par la voie de la cassation. — *Cass.*, 23 brum. an XII, Laumain; 26 janv. 1825, Ramel c. Pocachard.

186. — Jugé de même qu'on ne peut attaquer par la voie de l'appel un jugement rendu sous l'empire de la loi du 24 août 1790 et énonçant dans son dispositif qu'il est rendu en dernier ressort; un tel jugement ne peut être que l'objet d'un pourvoi en cassation. — *Toulouse*, 24 déc. 1842 (t. 2 1843, p. 246), Saint-Léonard et Campels c. Bal.

187. — Suivant la cour de Paris, au contraire, malgré la fausse qualification donnée à leur jugement par les premiers juges, l'appel pouvait être reçu. — *Paris*, 30 flor. an X, Casaurau c. Chalourou; 29 pluv. an XI, Plommageat c. Lapatonnière.

188. — C'est cette dernière jurisprudence que le législateur a préférée; l'art. 453, C. procéd., consacre le principe adopté par la cour de Paris.

189. — Jugé, en conséquence, que l'exécution d'un jugement, mal à propos qualifié en dernier ressort, ne rend point non-recevable à en interjeter appel. — *Cass.*, 13 avr. 1830, Georges c. Royer.

190. — ... Qu'on peut attaquer par la voie de l'appel le jugement qui a décidé qu'un tribunal était compétent pour connaître de l'exécution d'un arrêt d'une cour royale, et qui a ordonné qu'une partie rendrait un compte, quoiqu'il soit dit dans le jugement qu'il a été rendu en dernier ressort. — *Toulouse*, 16 mars 1824, M.... c. syndics Carol.

191. — ... Que la partie qui paie les frais et une portion des condamnations prononcées contre elle par un jugement mal à propos qualifié en dernier ressort, mais dont l'exécution n'a pas été suspendue par des défenses, est encore recevable à faire appel de ce jugement, si le paiement qu'elle a fait, quoique sans réserves, a été provoqué par des poursuites et un commandement. — Qu'en conséquence, on doit casser le jugement ou l'arrêt qui, dans ce cas, s'est fondé sur l'exécution pour déclarer l'appel non-recevable. — *Cass.*, 19 avr. 1830, Georges c. Royer. — V. ACQUIESCEMENT.

192. — La règle posée dans l'art. 453, C. procéd., s'applique-t-elle aux jugemens rendus par les juges de paix? — La question avait déjà été jugée affirmativement, avant la loi du 25 mai 1838, par deux arrêts de la cour de Cassation. — *Cass.*, 31 déc. 1821, Duplessis et Frison c. Gaillaud; 5 fév. 1810, Lamboleg; — V. aussi Henrion de Pansey, *Compét. des juges de paix*, p. 59.

193. — Aujourd'hui, le doute n'est plus permis; l'art. 14 de la loi du 25 mai 1838, sur les justices de paix, contient une disposition semblable à celle de l'art. 453.

194. — Quoique la qualification donnée au jugement n'influe pas sur la recevabilité ou la non-recevabilité de l'appel, elle n'est pas cependant sans utilité. — Elle sert à déterminer l'effet de l'appel sur le jugement, effet suspensif s'il est qualifié en premier ressort, non suspensif s'il l'est en dernier ressort (C. procéd., art. 457). — Boitard, t. 2, no 207; Thomine-Desmazures, t. 1er, p. 693; Chauveau sur Carré, t. 4, no 1631 *bis*.

195. — Lorsque le jugement est en dernier ressort, la fin de non-recevoir contre l'appel est elle d'ordre public? — L'affirmative est enseignée par Merlin, *Quest de dr.*, vis *Appel* et *Dernier ressort*; Carré, *Compét.*, 2e part., liv. 2, tit. 4, *Quest.* 313e; Chauveau sur Carré, t. 4, no 1633 *bis*, 3e édit., et t. 2, p. 213, no 739 *bis*.

196. — ... Et elle a été jugée par la cour de Bruxelles, le 17 mars 1820 (*Journal de la cour de Bruxelles*, t. 1er 1820, p. 200); par la cour de Liége, le 6 avr. 1824 (même journ., t. 2 1824, p. 321), et par la cour de Lyon, le 13 mai 1828 (Tardy c. Montarel).

197. — Conformément à ce principe, il a été jugé que la fin de non-recevoir contre l'appel, résultant de ce que le jugement est *en dernier ressort*, est proposable en tout état de cause, même après un arrêt par défaut, confirmatif du jugement attaqué. — *Toulouse*, 21 nov. 1828, Corbière c. Bole.

198. — ... Qu'une cour royale ne peut, même du consentement de toutes les parties, être saisie de l'appel d'un jugement rendu en dernier ressort. — *Toulouse*, 19 août 1837 (t. 1er 1838, p. 202), Perès c. Estève.

199. — ... Que la fin de non-recevoir contre un appel, prise de ce que le jugement est en dernier ressort, doit être prononcée d'office si les parties ne la proposent pas. — *Bourges*, 2 janv. 1830, Cottin c. Thierrat.

200. — Cependant la cour de Cassation a décidé que, lorsque le jugement est en dernier ressort, et que la fin de non-recevoir n'a pas été proposée devant la cour, la nullité est couverte, et que l'arrêt intervenu échappe à la cassation. — *Cass.*, 27 juill. 1825, Reiss c. Bommer; 7 mai 1829, Didion c. Cholez.

201. — C'est ce qu'elle avait également jugé, avant le Code de procédure, par son arrêt du 11 vendém. an XIII, Bonnefoi c. Veyssi.

202. — Elle reconnaissait toutefois, dans cette espèce, que si la fin de non-recevoir n'était pas absolue, elle pouvait du moins être accueillie *d'office* par les juges d'appel.

203. — Avec ce tempérament, la jurisprudence de la cour suprême présente peut-être moins d'inconvéniens dans la pratique que la théorie plus absolue de la cour de Toulouse que nous avons rappelée plus haut. En effet, la question de savoir si une contestation est susceptible des deux degrés de juridiction est souvent si délicate qu'on s'exposerait à multiplier outre mesure les pourvois, s'il était permis de présenter pour la première fois en cassation l'exception du dernier ressort.

204. — Du reste, il n'y a aucune anomalie à soutenir que l'exception peut être couverte et que cependant les juges peuvent l'accueillir d'office. C'est ce qui a lieu, en procédure, dans plusieurs cas analogues.

205. — C'est ainsi, par exemple, qu'un appel peut, d'office, être déclaré non-recevable, lorsqu'il a été interjeté hors des délais fixés par la loi.

206. — C'est ainsi encore que, d'office, un tribunal peut se déclarer incompétent, lorsque les parties s'accordent pour procéder devant lui à la vente sur conversion d'un immeuble situé dans un autre ressort que le sien. — V. SAISIE IMMOBILIÈRE, VENTE JUDICIAIRE.

207. — C'est ainsi que les tribunaux français peuvent refuser de connaître d'une instance pendante entre deux étrangers, quoique aucune des parties n'ait proposé de déclinatoire. — V. ÉTRANGER.

208. — Dans toutes ces espèces, et autres analogues, la compétence est *facultative*: pourquoi n'en serait-il pas ainsi dans le cas où un jugement non susceptible des deux degrés de juridiction a été déféré à la cour, sans qu'aucune des parties ait proposé de fins de non-recevoir? — V. COMPÉTENCE, JURIDICTION.

ART. II. — *Jugemens en dernier ressort.*

209. — On a vu *suprà* (nos 178 s.) que le jugement qui est rendu en dernier ressort n'est pas susceptible d'appel; cette règle n'est pas tellement absolue qu'elle ne comporte quelques exceptions; il importe de les signaler.

210. — 1° Lorsqu'un juge de paix ayant ordonné un interlocutoire, la cause n'a pas été jugée définitivement dans le délai de quatre mois du jour du jugement interlocutoire, l'instance est périmée de droit, et le jugement rendu sur le fond est sujet à l'appel, même dans les matières en dernier ressort. — C. procéd., art. 15.

211. — « Si donc, dit Pigeau (*Procéd. civ.*, t. 1er, p. 582), un juge de paix avait ordonné, le 1er février, une enquête sur une demande n'excédant pas 50 fr. (aujourd'hui 100 fr.), et qu'il rendît son jugement définitif après le 1er juin, son jugement, quoique rendu en dernier ressort et dans les termes de sa compétence, serait sujet à l'appel. »

212. — 2° Lorsqu'un jugement a prononcé la contrainte par corps, on peut interjeter appel de ce chef, alors même qu'au fond la décision a été rendue en dernier ressort.

213. — Pendant long-temps cette solution avait été contestée; mais, en 1832, le législateur a mis fin à la controverse et fixé la jurisprudence par une disposition précise. — L. 17 avr. 1832, art. 20. — V. CONTRAINTE PAR CORPS.

214. — 3° Tout jugement sur récusation, même dans les matières où le tribunal juge en dernier ressort, est susceptible d'appel. — C. procéd., art. 391. — V. RÉCUSATION.

215. — 4° Lorsque la compétence du tribunal est contestée, l'appel sur le déclinatoire est recevable, encore que l'objet du litige ne soit pas susceptible des deux degrés de juridiction (C. procéd., art. 454). — Carré, *Compét.*, liv. 3, tit. 3, sect. 1re; *Lois de la procéd.*, t. 4, au texte, sur l'art. 454; Boitard, t. 2, no 208; Pigeau, *Comment.*, t. 2, p. 28; Thomine-Desmazures, t. 1er, p. 160; Chauveau sur Carré, t. 4, no 1635.

216. — On retrouve le même principe dans le Code de procédure du royaume des Pays-Bas, liv. 1er, tit. 6, art. 2 : « Lorsqu'il s'agira d'incompétence, l'appel sera recevable, encore que le juge dont la compétence sera contestée puisse connaître en dernier ressort de la demande principale. »

217. — Il en était autrement avant le Code de procéd. — *Cass.*, 3 vendémiaire an X, Lanteyre Layelle c. Chateignier; 9 vendém. an XIII, Ligné et Darjel c. Bombart; 18 mars 1806, Née de Vaux c. Dupoigny.

218. — M. Pigeau avait d'abord, dans la première édition de son *Traité de la procéd.*, adopté cette doctrine; mais il est revenu sur cette opinion, maintenant proscrite par tous les commentateurs du Code de procéd. et par la jurisprudence.

219. — Jugé, en effet, qu'on peut appeler pour incompétence d'un jugement rendu sur une demande inférieure au taux du dernier ressort. — *Rennes*, 9 janv. 1813, N... — Conf. *Trèves*, 14 mars 1808, N......; *Rennes*, 19 noût 1819, Dily c. Loyer; *Metz*, 8 mai 1824, Peroche c. Talon-Helon.

220. — Jugé de même que, lorsqu'un tribunal a, par une nouvelle décision, corrigé les dispositions d'un premier jugement, l'appel en est recevable, quelle que soit la valeur du litige, parce qu'il s'agit alors d'incompétence. — *Colmar*, 8 déc. 1813, Mahler c. N...; *Montpellier*, 8 janv. 1824, David c. Gaspard et Olety. — V. toutefois *Grenoble*, 13 déc. 1823, Bizet c. Seignoret.

221. — L'appel serait également recevable lorsqu'il s'agirait de statuer sur un déclinatoire proposé, soit pour litispendance, soit pour connexité, encore que l'objet du litige n'excédât pas le taux du dernier ressort. — Chauveau sur Carré, t. 2, nos 728 et 732; t. 4, no 1635 *quater*.

222. — Il n'y a pas à distinguer entre l'incompétence *ratione personæ* et l'incompétence *ratione materiæ*. Dans l'une et l'autre hypothèse, l'appel est recevable. — Pigeau, *Comment.*, t. 2, p. 28; Favard de Langlade, t. 1er, p. 160, no 3; Thomine-Desmazures, t. 1er, p. 693; Chauveau sur Carré, t. 4, no 1635 *bis*; Locré, t. 22, p. 78, no 6; Poncet, *Tr. des jugem.*, t. 1er, p. 472 et 473.

223. — Cependant l'appel en matière d'incompétence *ratione personæ* n'est pas recevable si l'exception n'a pas été proposée devant les premiers juges. — *Grenoble*, 8 avr. 1826, David c. Gueydan; — Chauveau, *ibid.*, t. 4, no 1635 *bis*.

224. — Et même, on ne peut plus, après avoir conclu à la fois sur l'incompétence *ratione personæ* et sur le fond, appeler pour incompétence. — *Bruxelles*, 23 mai 1807, Vanbuchen c. Vandennien-Wenhylen.

225. — Par la même raison, lorsqu'un tribunal

s'est déclaré incompétent et a renvoyé devant une autre juridiction, la partie qui a porté sa demande devant le juge indiqué en exécution du jugement qui a déclaré l'incompétence, ne peut plus appeler de ce jugement. — *Rouen*, 3 fév. 1818, Quenouille c. Duval et Farey.

226. — Il en est autrement lorsqu'il s'agit de l'incompétence *ratione materiæ*, car alors l'exception est d'ordre public.

227. — Ainsi, on peut, devant la cour d'appel, opposer l'incompétence absolue des premiers juges, encore que l'exception n'ait pas été proposée en première instance, et que l'objet de la contestation n'excède pas le taux du dernier ressort. — *Turin*, 18 juin 1810, N...

228. — On peut appeler également pour incompétence matérielle d'un jugement qui a écarté une fin de non-recevoir tirée de l'incompétence du tribunal à raison de la personne et auquel on a acquiescé. — *Agen*, 4 janv. 1814, Calmejane c. Leblanc.

229. — A plus forte raison, lorsque, sur une question de compétence, et spécialement sur la question de savoir qui était compétent pour rendre une ordonnance d'*exequatur*, du président du tribunal civil ou de celui du tribunal de commerce, une partie a déclaré s'en rapporter à la prudence du tribunal, elle n'en est pas moins recevable à faire valoir sur l'appel le moyen tiré de l'incompétence. — *Riom*, 26 janv. 1810, Guillemin c. Tréluchet. — En effet, s'en rapporter à la prudence du tribunal, ce n'est pas renoncer à l'appel, ce n'est pas acquiescer. — V. ACQUIESCEMENT.

230. — Bien que l'art. 454 n'ait pas été répété dans le Code de commerce, il est général : il s'applique aux jugemens des tribunaux de commerce aussi bien qu'aux jugemens des tribunaux civils. — *Liége*, 22 avr. 1809, N...

231. — Le principe est si général qu'il doit être appliqué même aux jugemens des justices de paix. C'est ce qui résulte en effet de l'art. 14, L. 25 mai 1838.

232. — Néanmoins, lorsque le juge s'est déclaré compétent, l'appel ne peut être interjeté qu'après le jugement définitif. — Même article.

ART. III. — *Jugemens par défaut.*

233. — La loi romaine refusait l'appel aux défaillans (L. 1, Cod., *Quorum appel.*). — La règle *contumax non appellat* s'observa en France jusqu'à l'ordonn. de 1667.

234. — Cette ordonnance introduisit un droit nouveau : elle permit l'appel contre les jugemens par défaut (*Cass.*, 11 pluv. an X, Dutertre c. Malœuvre), et prohiba l'opposition, si ce n'est dans le cas où la voie de l'appel manquait, parce que le jugement était en dernier ressort. — Berriat, t. 2, p. 463, note 30; Bigot de Préameneu, *Exp. des motifs* (Locré, t. 22, p. 118); Merlin, *Quest. de dr.*, vo *Appel*, § 1er, no 9.

235. — La jurisprudence modifia la règle dans son application; on put recourir indifféremment, dans la pratique, à l'opposition ou à l'appel. — Bigot de Préameneu, *Exposé des motifs* (*loco citato*).

236. — On avait justement pensé qu'il était plus utile aux deux parties d'instruire leur affaire devant les premiers juges, sauf à prendre ensuite la voie de l'appel; mais le plus souvent, et avant même que le délai de l'opposition fût expiré, on interjetait appel, afin de sortir plus promptement d'affaire, ou de se soustraire à des préventions.

237. — « On peut appeler, disait M. Pigeau (*Procéd. du Châtelet*, t. 1er, p. 502), quoiqu'on ait la voie de l'opposition, parce que cette dernière voie n'est qu'une faculté à laquelle les parties peuvent renoncer : aussi voit-on fréquemment au palais des appels de sentences par défaut : une partie, voulant sortir promptement d'affaire, ou craignant le crédit de son adversaire dans le siége où la contestation est portée, se laisse juger par défaut, et appelle de la sentence pour amener l'affaire au tribunal suprême. »

238. — Quelquefois cependant les juges d'appel, pour déjouer les calculs de l'appelant, renvoyaient l'affaire aux premiers juges, et convertissaient l'appel en opposition; mais cela se pratiquait fort rarement.

239. — L'usage, du reste, n'était pas le même dans tous les parlemens. Il y avait des ressorts dans lesquels on n'admettait, contre les jugemens par défaut, que la voie de l'opposition. Il en était ainsi, notamment dans une partie de la Flandre et dans la Normandie.

240. — Mais la cour de cassation, instituée pour maintenir l'unité dans la jurisprudence, adopta une règle uniforme, tant que les dispositions de l'ordonn. de 1667 furent en vigueur.

241. — Ainsi elle jugea, d'une manière générale, qu'on pouvait appeler des jugemens par défaut, même dans le ressort des anciens parlemens, qui n'admettaient que l'opposition contre ces décisions. — *Cass.*, 11 niv. an X, Dutertre c. Malœuvre; — Merlin, *Quest. de dr.*, vis *Appel*, § 1er, no 10, et *Opposition aux jugemens par défaut*, § 2.

242. — Spécialement, elle jugea que les tribunaux qui avaient remplacé le parlement de Normandie devaient, nonobstant la jurisprudence contraire de cette province, déclarer recevable l'appel des jugemens par défaut. — *Cass.*, 24 vend. an IX, Semillard.

243. — Elle jugea, à plus forte raison, que l'appel des jugemens par défaut devait être déclaré recevable dans les parties du territoire de l'ancienne Flandre où l'ordonn. de 1667 avait été reçue. — *Cass.*, 1er thermid. an XI, Roslaert c. Demulder.

244. — Elle décida même qu'on pouvait appeler d'un jugement par défaut qui déboutait de l'opposition à un premier jugement par défaut. — Même arrêt.

245. — La loi du 18-26 oct. 1790, tit. 3, art. 4, revint pour les justices de paix à la règle romaine. Elle défendit aux tribunaux de district de recevoir, dans aucun cas, l'appel des jugemens par défaut. — Boitard, t. 2, p. 266.

246. — L'appel des jugemens par défaut était, sous l'empire de cette loi, non-recevable, même quand il y avait eu avant le jugement définitif un jugement préparatoire rendu contradictoirement. — *Cass.*, 13 thermid. an XI, Guyonnet.

247. — Le tribunal saisi de l'appel ne pouvait déclarer qu'il avait été bien jugé, ni condamner l'appelant à l'amende; il ne pouvait que déclarer l'appel non-recevable. — *Cass.*, 8 fructid. an II, Brouart.

248. — Lors de la rédaction du Code de procédure, plusieurs tribunaux d'appel et même le tribunal de cassation demandèrent l'extension et la conservation de l'ancienne règle; on demandait que l'appel ne fût admis dans aucun cas au profit du défaillant qui aurait laissé passer sans s'opposer les délais fixés pour l'opposition.

249. — Le système contraire a prévalu. — L'art. 455, C. procéd., permet au défaillant qui a négligé la voie ordinaire, qui n'a pas, dans les délais prescrits, demandé au tribunal la rétractation du jugement par défaut, de venir, par la voie de l'appel, demander à la cour la réparation de l'erreur des premiers juges.

250. — Toutefois, les rédacteurs du Code, partant de cette idée que l'opposition est la voie la plus simple, ne permettent pas d'interjeter appel tant que l'opposition est encore recevable. — C. procéd., art. 455. — V. *infrà* nos 1012 et suiv.

251. — Telle est la règle, en ce qui concerne les jugemens des juges de paix et des tribunaux civils; mais elle reçoit une exception lorsqu'il s'agit des décisions rendues par les tribunaux de commerce.

252. — Aux termes de l'art. 645, C. comm., l'appel contre les jugemens consulaires, même par défaut, peut être interjeté le jour même où le jugement a été rendu. Ainsi, dans cette hypothèse, on peut appeler quoiqu'on soit encore dans les délais de l'opposition. — *Cass.*, 22 mai 1820, Chenanton c. Bossel; *Colmar*, 4 août 1840 (t. 1er 1841, p. 50), Horter c. Baruch-Meyer; *Paris*, 6 fév. 1841 (t. 1er 1841, p. 276), Tavernier c. Gaillard. — Il existe sur ce point un très grand nombre d'arrêts, et la jurisprudence est parfaitement fixée. — V. JUGEMENT PAR DÉFAUT. — V. aussi Pardessus, t. 5, no 86; Berriat, t. 1er, p. 411; Boitard, t. 2, p. 267; Bioche, vo *Appel*, no 41; Coffinières, *Encyclop. du dr.*, vo *Appel*, no 51. — V. *contrà* Carré, *Analyse*, t. 2, *Quest.* 1497e.

253. — Quant au point de savoir après quel délai l'opposition n'est plus possible et l'appel est recevable, V. *infrà* chap. 6, sect. 3e. — V. aussi JUGEMENT PAR DÉFAUT.

254. — Indiquons seulement quelques espèces. — Il a été jugé que le commandement fait en vertu d'un jugement par défaut, auquel le défaillant a répondu qu'il se pourvoirait par opposition, constitue un commencement d'exécution, et la partie peut se pourvoir, soit par opposition, soit par appel. — *Orléans*, 21 janv. 1808, N...

255. — ... Que le commandement fait en vertu d'un jugement par défaut ne constitue point un acte d'exécution qui rende l'opposition non-recevable. En conséquence, cet acte n'ouvre point la voie de l'appel contre ce jugement. — *Agen*, 23 janv. 1822, Lufage c. Lacaze.

256. — ... Qu'un jugement par défaut, n'étant pas réputé *exécuté* par cela seul que les meubles de la partie condamnée ont été saisis, s'ils n'ont été encore vendus, doit être attaqué par la voie de l'op-

position, et non par la voie de l'appel. — *Trèves*, 13 fév. 1811, Ziph c. Doerler.

257. — ... Que, lorsque des saisies-arrêts pratiquées en vertu d'un jugement par défaut ont été notifiées à la partie condamnée, elle est censée connaître l'exécution de ce jugement ; par suite, elle ne peut plus y former opposition, et elle a droit d'en interjeter appel. — *Nîmes*, 16 août 1809, Vernet. — V. conf. Lepage, *Quest.*, p. 298 ; Demiau, p. 32.

258. — Du principe que l'appel n'est pas recevable tant que le défaillant est encore dans les délais de l'opposition, il suit que la partie qui a pris la voie de l'opposition contre un jugement par défaut, ne peut interjeter appel de ce jugement, tant que l'opposition n'est pas jugée ou qu'il ne s'en est pas désisté. — *Lyon*, 14 déc. 1810, Tissot ; — Coffinières, *Encyclop. du dr.*, v° *Appel*, n° 53.

259. — ... Et, *à contrario*, que l'opposition à un jugement par défaut formée après la huitaine, étant nulle, ne rend pas non-recevable à attaquer le jugement par la voie de l'appel. — *Bruxelles*, 29 messid. an XIII, Venthinen c. Vancazeele.

260. — On a jugé que le jugement qui déboute d'une opposition pratiquée contre un jugement par défaut statuant sur des récusations d'experts, doit être réputé contradictoire si l'opposant a fait valoir les moyens de son opposition, et que l'appel ne peut en être déclaré non-recevable sous prétexte que la voie de l'opposition n'a pas été épuisée. — *Cass.*, 1er germin. an X, Dufayel c. Lahaye

261. — On a jugé aussi qu'on peut considérer comme contradictoire le jugement qui nomme un administrateur provisoire à l'individu dont l'interdiction est provoquée, par cela seul qu'il a été rendu après l'*interrogatoire* du défendeur. Ainsi, ce jugement peut être attaqué par la voie de l'appel. — En supposant que le jugement fût par défaut, le procès-verbal de prise de possession par l'administrateur provisoire, et les protestations de l'individu dont l'interdiction est provoquée, contenues dans le même procès-verbal, suffiraient pour établir tout à la fois et que le jugement a été exécuté, et que cette exécution a été connue de l'individu poursuivi en interdiction ; et, sous ce rapport, l'appel serait également recevable après l'expiration de la huitaine, à compter du jour de la prise de possession. — *Cass.*, 10 août 1825, Vigouroux c. Pons.

262. — Le jugement rendu contradictoirement contre une partie et par défaut contre une autre peut être attaqué en appel par la partie qui a comparu, quoique l'opposition du défaillant soit pendante devant les premiers juges. — *Agen*, 6 juill. 1812, Delcussot.

263. — Une partie ne peut être renvoyée à se pourvoir par opposition contre un jugement rendu par défaut à son égard, lorsque ce jugement se trouve déjà attaqué par la voie de l'appel par la partie à l'égard de laquelle il a été rendu contradictoirement. — *Limoges*, 1er fév. 1812, N...

264. — Quand l'instance sur l'opposition est terminée, suivant M. Coffinières (*Encyclop. du dr.*, v° *Appel*, n° 53), il faut encore, pour être admis à appeler du jugement par défaut, interjeter en même temps appel du jugement qui, par un moyen tiré du fond, a débouté de l'opposition ; « car c'est en réalité, dit-il, ce dernier jugement qui vide la contestation, après examen de l'affaire. »

265. — Mais, si l'opposition avait été repoussée par une fin de non-recevoir tirée de la forme, et sans ordonner l'exécution du jugement par défaut, il ne serait plus nécessaire, pour appeler de ce dernier, d'attaquer aussi le jugement intervenu sur l'opposition.

266. — MM. Bioche et Goujet (v° *Appel*, n° 36) font la même distinction. — « Si le dernier jugement déclare l'opposition non-recevable, disent-ils, comme n'ayant pas été formée en temps utile, ou nulle à raison d'un vice de forme, l'appel du second jugement, qui ne décide rien au fond et ne fait qu'ordonner l'exécution du premier, n'est pas nécessaire. — Mais si l'opposition est déclarée recevable et mal fondée, il faut attaquer les deux jugemens : tous deux portent condamnation au fond ; et si le premier seulement était infirmé, l'autre n'en subsisterait pas moins, ce qui produirait une contrariété de jugemens. — Néanmoins, ajoutent ces auteurs, pour éviter une difficulté, la prudence suggère d'interjeter appel, dans tous les cas, de l'un et de l'autre jugement. »

267. — D'autres auteurs professent également la même doctrine. — Merlin, *Quest. de dr.*, v° *Appel*, § 1er, n° 12 ; Carré, *Lois de la procéd.*, n° 1645 ; Favard, t. 1er, v° *Appel*, p. 172.

268. — Mais M. Chauveau, sur Carré (t. 4, n° 1645), soutient, en thèse générale, qu'il ne suffit pas de se pourvoir par appel contre le jugement de défaut, sans attaquer en même temps le jugement contradictoire de débouté d'opposition.

269. — Toutefois, il propose aussi une distinction en sens inverse de celle que nous avons indiquée ci-dessus. Il est d'avis, en principe, que, si le défaillant a été débouté au fond de son opposition, il lui suffit d'appeler et de se pourvoir contre le jugement de débouté, attendu que les deux jugemens n'en font qu'un, et que le premier n'a plus de force que celle qu'il emprunte au second.

270. — Quel que soit le mérite de ce système, nous répétons qu'il est plus prudent de se pourvoir contre le jugement par défaut en même temps que contre le jugement de débouté ; d'autant mieux que la jurisprudence sur cette question est fort incertaine.

271. — Jugé qu'on peut appeler d'un jugement par défaut sans appeler du jugement déboutant de l'opposition qu'on y a formée. — *Bourges*, 3 août 1811, Thiériat c. Charlot ; *Rennes*, 19 nov. 1813, Nogues c. Coessavel ; *Poitiers*, 4 mai 1824, Lauradour c. Rateau

272. — ... Que la partie qui a formé, dans le délai de la loi, opposition à un jugement par défaut n'est pas tenue d'appeler de ce jugement, en même temps que du jugement définitif, pour que l'appel de celui-ci soit admissible. — *Rennes*, 31 août 1810, Castagny c. d'Orvigny.

273. — ... Que l'opposant à un jugement par défaut, déclaré non-recevable dans son opposition par un moyen de forme, peut appeler du jugement par défaut, sans attaquer celui rendu sur l'opposition. — *Cass.*, 25 juin 1811, Putzoni c. Rota.

274. — Jugé, au contraire, que l'appel d'un jugement par défaut est non-recevable lorsqu'il n'a pas été relevé également appel du jugement de débouté d'opposition, lequel a acquis l'autorité de la chose jugée. — *Paris*, 14 juill. 1843 (t. 2 1843, p. 342), de Ruolz c. Brissaud et de Brehan. — V. aussi *Cass.*, 21 avr. 1807, Moulard c. Lombard ; 24 nov. 1823, Lebreton c. de Bezons ; *Metz*, 6 mai 1822, Machelé c. N... ; *Bruxelles*, 22 avr. 1824. — V. au surplus JUGEMENT PAR DÉFAUT.

275. — Si le jugement par défaut, d'un côté, contient un débouté d'opposition à un premier jugement, et, de l'autre, des dispositions nouvelles, il peut être attaqué pour le tout par la voie de l'appel. — *Riom*, 12 juill. 1815, Ramin c. Collin ; — Bioche et Goujet, *Dict. de procéd.* (2e édit.), v° *Appel*, n° 33.

276. — Le demandeur contre lequel il aurait été obtenu un jugement de défaut-congé pourrait-il en interjeter appel ? — Plusieurs systèmes ont été présentés sur cette question.

277. — *Premier système.* — On prétend que l'appel n'est pas soutenable contre un jugement de défaut-congé. A l'appui de cette opinion on dit que, le jugement attaqué n'ayant pas vérifié la demande et ne contenant, à tout prendre, qu'une déclaration de l'abandon de l'instance, rien n'empêche le demandeur de renouveler sa demande. Il ne doit donc pas user de la voie de l'appel, puisqu'il n'éprouve aucun grief. — Favard, *Répert.*, v° *Jugement*, sect. 1re, § 3, n° 9 ; Boncenne, *Théorie de la procéd.*, t. 3, p. 16 et suiv.

278. — Jugé, conformément à ce système, que le demandeur défaillant en première instance ne peut appeler du jugement de défaut-congé prononcé contre lui. — *Turin*, 23 août 1809, Fransoj c. Florio ; *Bruxelles*, 26 avr. 1810, Jardinot ; *Besançon*, 4 déc. 1816, N... ; *Dijon*, 8 juill. 1830 (sous *Cass.*, 25 janv. 1832), Blanchard c. Seguin. — Pour être conséquent dans ce système, il faut aller jusqu'à soutenir, non seulement que l'appel n'est pas recevable contre le jugement de défaut-congé, mais encore qu'il en est de même de l'opposition. Et, en effet, quelques auteurs l'ont soutenu. — V. JUGEMENT PAR DÉFAUT.

279. — *Deuxième système.* — Thomine Desmazures (t. 1er, p. 292, n° 183) admet un tempérament à l'opinion que nous venons d'exposer ; il permet l'appel dans le cas où l'action aurait été prescrite dans l'intervalle de la demande au jugement.

280. — *Troisième système.* — M. Bioche (v° *Appel*, n° 43) adopte une opinion mixte. — « Lorsqu'une demande est formée en justice, dit-il, et que le défendeur se présente en personne pour la repousser, il y a un contrat judiciaire qui ne peut être rompu par la volonté de l'une des parties ; ainsi, il ne dépend pas du demandeur, en se désistant de sa demande formellement, ou tacitement par son absence, d'anéantir la contestation qu'il a soulevée pour la renouveler et perpétuer à loisir les inquiétudes du défendeur. Ce dernier pourra donc, suivant nous, malgré le désistement formel ou tacite du demandeur, suivre l'audience et conclure à ce que la demande soit déclarée *mal fondée*. Dans ce cas, le tribunal devra *nécessairement* statuer au fond. Alors le premier degré de juridiction aura été épuisé, et le demandeur aura le droit d'interjeter appel. Si, au contraire, le défendeur demande seulement que le défaut-congé soit prononcé, et ne prend pas de conclusions sur le fond, il est présumé avoir accepté le désistement, et, par conséquent, la rupture du contrat judiciaire. Il en résulte que l'instance doit être anéantie complètement, et que le tribunal doit se borner à donner acte du désistement, en prononçant le défaut sans statuer sur le mérite de la demande. Dans ce cas, le premier degré de juridiction n'a pas été épuisé, il n'existe pas même de jugement ; la demande peut donc être renouvelée, et il n'y a lieu ni à opposition ni à appel. »

281. — Cette opinion a le grave inconvénient d'anéantir le droit du demandeur, lorsque la prescription s'est accomplie dans l'intervalle de la demande au jugement. D'ailleurs elle repose sur deux propositions qui ne sont pas exactes, à savoir : que le demandeur qui fait défaut se *désiste* de l'instance, et que la décision qui intervient n'est pas un *jugement*. — Quoi qu'il en soit, M. Berriat Saint-Prix (t. 1er, p. 288, 6e édit., note 11, *Observ.*) paraît pencher en faveur de ce système. Ce qui est certain, du moins, c'est qu'il admet l'appel lorsque le jugement par défaut est motivé « sur ce que la réclamation du demandeur » n'est pas fondée. »

282. — *Quatrième système.* — Il consiste à soutenir que, pour le jugement de défaut-congé, comme pour les autres jugemens par défaut, l'appel est permis quand la voie de l'opposition n'existe plus. On fait remarquer, dans cette opinion, qui est la nôtre, que la décision qui prononce défaut contre le demandeur, est un véritable jugement, qui ne peut tomber, comme tous les jugemens, que s'il est attaqué par les voies légales ; que si le Code (art. 154) n'exige pas que la demande soit vérifiée, comme elle le fait dans le cas où le défendeur fait défaut (art. 150), ce n'est pas parce que le demandeur est réputé se désister de l'instance, mais parce qu'il ne justifie pas de sa prétention. *Actore non probante, reus absolvitur.* A ces raisons décisives nous ajoutons cette considération, c'est que le défendeur, en insistant pour que le tribunal juge le fond, ne prête aucune force au jugement ; car l'examen des magistrats, quelle que soit leur conviction au fond, doit toujours et nécessairement aboutir au rejet de la demande. Il en résulte que le jugement de défaut-congé ne change pas de caractère, suivant le caprice du défendeur ; ses effets subsistent, quelles que soient les conclusions prises contre le demandeur.

283. — Les partisans de ce dernier système sont : MM. Souquet, *Dict. des temps légaux*, Introd., t. 1er, p. 35, n° 207 ; Chauveau sur Carré, n° 617 ; Pigeau, *Comment.*, t. 1er, p. 350 ; Demiau, sur l'art. 154 ; Merlin, *Quest.*, v° *Appel*, § 1er, n° 11. — Cette opinion a, du reste, été consacrée par les arrêts suivans : — *Orléans*, 30 août 1809, Vincent c. Saugues ; *Nîmes*, 14 nov. 1825, N... ; *Poitiers*, 14 fév. 1837 (t. 2 1837, p. 417), Labrillantais c. Lamogne.

ART. IV. — *Jugemens préparatoires, interlocutoires et définitifs.*

284. — Pour ne pas entraver le cours de la justice, le droit romain permettait difficilement l'appel immédiat d'un jugement non définitif, d'un jugement même interlocutoire dans le sens que le Code de procéd. donne à ce mot. — L. 2, ff., *De appellat. recipiend.*

285. — Dans l'ancienne jurisprudence, le sens des mots *préparatoire*, *interlocutoire*, n'était pas bien déterminé. *Jugemens préparatoires*, *jugemens interlocutoires*, paraissent avoir été des expressions très souvent synonymes, confondues dans l'expression générale de *jugemens d'avant faire droit* par les anciens jurisconsultes, qui n'attachaient pas ainsi à chacun de ces mots le sens distinct et spécial que leur a depuis attribué l'art. 452 C. procéd. On examinait seulement ici si le jugement d'avant faire droit portait ou non grief à la partie, et dans ce cas l'appel était autorisé. — Boitard, t. 2, n° 200 ; Merlin, *Quest.*, v° *Interlocutoire*, § 2.

286. — Comme cette jurisprudence un peu vague donnait naissance à de nombreuses contestations, la loi du 4 brum. an II, pour y mettre un terme, défendit expressément, par son art. 6, d'interjeter appel des jugemens *préparatoires*.

287. — Cette loi ne parlait nullement des jugemens *interlocutoires*. Mais sa pensée était de comprendre sous le mot *préparatoire* tous les jugemens d'avant faire droit, soit provisoires, soit d'instruction, soit interlocutoires. Elle voulait enlever tout à fait aux plaideurs le droit d'interjeter appel avant la sentence définitive, avant le juge

ment du fond. Cette innovation excita beaucoup de plaintes.

288. — Du reste, la jurisprudence hésitait sur l'interprétation qu'il fallait donner à l'art. 6 de la loi du 3 brum.; la cour de Cassation elle-même parut quelquefois incertaine sur le sens qu'on devait attacher au mot *préparatoire*. — V. JUGEMENT.

289. — Pour mettre fin à toute controverse, les rédacteurs du projet de Code de procéd. proposèrent la rédaction suivante : « L'appel d'un jugement préparatoire ne pourra être interjeté qu'après le jugement définitif; le délai ne courra que du jour de la signification du jugement définitif, et il sera recevable, encore que le jugement préparatoire ait été exécuté sans aucune réserve. » Quoique cette disposition n'expliquât pas ce qu'il fallait entendre par *préparatoire*, il était bien entendu qu'elle s'appliquait aux jugemens interlocutoires comme aux jugemens de simple instruction.

290. — Cambacérès, lors de la discussion, désapprouva cet article, parce que les jugemens interlocutoires entraînent souvent des frais énormes, et que cependant ils peuvent être inutiles au jugement du fond. — MM. Galli, Siméon, Muraire appuyèrent cette observation, et demandèrent, comme l'avaient déjà fait quelques tribunaux d'appel, que l'on distinguât les jugemens interlocutoires des jugemens préparatoires. — Locré, t. 22, p. 34 et 35, n° 8. — Treilhard seul, dans le conseil d'état, résista à cette demande et soutint que les jugemens qui ordonnent une expertise, une visite, une enquête, sont tous des *jugemens d'instruction*. — *Ibid.*

291. — Le tribunat, lors de la communication du projet, reproduisit les observations de l'archichancelier. « Un des premiers vœux de la justice, disait l'organe de la section, est l'abréviation des procès : voilà pourquoi le principe général doit être que l'appel ne soit reçu que des jugemens définitifs. — Cependant, si, au lieu de juger le fond, les premiers juges ont ordonné quelques préalables qui regardent ce même jugement du fond, il faut bien que la partie intéressée puisse recourir à la cour d'appel, lorsque le jugement partiel peut lui nuire sous les rapports du jugement définitif. — Il faut en convenir, rien n'est plus difficile que de fixer une ligne de démarcation entre les jugemens qui font un grief véritable à la partie et ceux qu'elle ne peut avoir aucun intérêt à quereller, au moins avant le jugement définitif. — Cependant, il faut que le Code fasse tout ce qui peut dépendre du législateur, c'est-à-dire, qu'il *signale les caractères généraux auxquels on devra reconnaître si l'appelant est recevable ou ne l'est pas*. — Locré, t. 22, p. 77, n° 5.

292. — Conformément à ces observations qui tendaient à faire distinguer les jugemens préparatoires des jugemens *qui préjugent le fond*, une nouvelle rédaction fut adoptée, c'est celle que l'on retrouve dans les art. 451 et 452, C. procéd. — Du reste, il faut bien remarquer que cette division des jugemens en préparatoires et en interlocutoires ne comprend pas tous les avant-faire droit. Il suffira pour le démontrer de citer les jugemens de provision, les cas des art. 166, 168 et suiv., 173, etc. Ces jugemens restent dans le droit commun. — Boitard, t. 2, n° 201; Berriat, t. 2, p. 439, note 20e, n° 2.

293. — Malheureusement cette disposition, qui avait pour but d'empêcher les appels inutiles, a été la source de nombreuses contradictions en jurisprudence sur la question de savoir quand il y a *préjugé du fond*.

294. — Aussi, les législateurs de Genève, lors de la révision du Code de procéd., ont-ils rejeté notre distinction entre les jugemens préparatoires et les jugemens interlocutoires. Ils sont revenus à la disposition de la loi du 3 brum. an II, avec cette exception toutefois que l'appel est recevable quand la voie d'instruction ordonnée l'a été en contravention expresse avec la loi. Ce parti est plus simple et atteint mieux le but que la distinction équivoque et le terme moyen adoptés par les art. 451 et 452, C. procéd. — Boitard, t. 2, n° 205.

295. — Quoi qu'il en soit, essayons de fixer la distinction entre les jugemens préparatoires et les jugemens interlocutoires. Elle est, sous le rapport de l'appel, de la plus haute importance.

296. — Les caractères communs de ces deux sortes de jugemens sont assez faciles à saisir. Ainsi, 1° ils ne terminent pas le procès; ils n'épuisent pas la juridiction du tribunal; — 2° ils ordonnent des actes d'instruction qui, sans renfermer la solution définitive, tendent à la préparer, à la faciliter.

297. — Quant aux caractères de différence ils sont plus difficiles à préciser. — V. *suprà*, n° 291. — Voici cependant quelques principes sur lesquels on est assez généralement d'accord. — Le jugement préparatoire est celui qui n'ordonne qu'une simple mesure destinée à mettre la cause en état, par exemple, un délibéré, une communication de pièces. Ce jugement ne porte aux parties aucun préjudice direct ni indirect, et ne saurait compromettre en aucune manière la décision du fond. — C. procéd., art. 452, alinéa 1er.

298. — Le jugement interlocutoire, au contraire, est celui qui, sans juger positivement la question, laisse *préjuger* le fond de la cause d'une manière conditionnelle, à raison de la preuve, de l'instruction, de la vérification qu'il ordonne. Tel est, par exemple, le jugement qui ordonne la preuve testimoniale au dessus de 150 fr. — Art. 452, § 2; — Carré, t. 4, n° 1616; Chauveau sur Carré, même numéro : *Exposé des motifs* par Bigot de Préameneu; Berriat-Saint-Prix, p. 410; Pigeau, t. 1er, p. 567; Boitard, t. 2, n° 201; Favard, v° *Appel*, p. 165; Thomine, n° 503; Lepage, p. 297; Demiau, p. 325; Hautefeuille, p. 25.

299. — On entend par *préjugé*, dit M. Chauveau, *loc. cit.*, tout ce qui, soit dans le dispositif, soit dans les motifs d'un jugement, laisse pressentir l'opinion du juge sur un point qu'il n'a pas néanmoins décidé, et à l'égard duquel il conserve par conséquent son indépendance, quoique jusqu'à un certain point compromise par la manifestation de son opinion actuelle.

§ 1er. — *Jugemens préparatoires.*

300. — Pour distinguer les jugemens interlocutoires des jugemens préparatoires, il faut, avons-nous dit, examiner l'influence du jugement sur la décision définitive de la contestation; et ce qui fait difficulté, c'est que les jugemens préparatoires semblent quelquefois préjuger le fond et que les interlocutoires ne le préjugent pas toujours. — Berriat, t. 2, p. 439, note 20e.

301. — Recherchons les applications faites par la jurisprudence de la règle posée dans les art. 451 et 452.

302. — Est préparatoire, et comme tel non susceptible d'appel avant la décision du fond, le jugement qui prononce seulement la remise d'une cause. — *Metz*, 28 fév. 1831, Bernard c. Blondin.

303. — ... Le jugement rendu en vacation qui renvoie la cause après la rentrée. — *Grenoble*, 10 mai 1809, N....

304. — ... Le jugement qui ordonne la signification des titres au moyen desquels l'une des parties prétend justifier sa libération vis-à-vis de l'autre. — *Agen*, 24 fév. 1814, Desclaux Lalanée c. Massias.

305. — ... Le jugement qui, avant faire droit, ordonne que les parties produiront leurs moyens et droits respectifs à un partage de famille et qui nomme un séquestre pour administrer une succession à partager. — *Orléans*, 20 avr. 1814, N....

306 — ... Le jugement par lequel des arbitres ordonnent à une partie de servir ses réponses dans un certain délai, et qui joint au fond une demande incidente. — *Rennes*, 23 sept. 1816, Murat c. N....

307. — ... Le jugement qui ordonne le partage d'une succession et nomme des experts pour vérifier si l'immeuble à partager est partageable en nature. — *Bordeaux*, 30 août 1831, Boulerme c. Raymond Elie.

308. — Un jugement qui rejette une demande en jonction de causes est-il préparatoire dans le sens de l'art. 452, C. procéd.? — La cour de *Nîmes* a jugé la négative le 8 janv. 1819, Soulier.

309. — Les auteurs sont en désaccord sur cette question : les uns regardent les jugemens qui ordonnent ou rejettent la jonction comme des décisions *préparatoires*; d'autres leur prêtent un caractère et des effets définitifs, au moins sous certains rapports : — « Ainsi, dit Demiau (p. 325), un jugement qui ordonnerait la jonction des deux instances, et une instruction par écrit sur le tout, quant au fond, serait *plus que préparatoire* quant à la jonction ordonnée, parce que la réunion des deux instances peut faire que l'une nuise à l'autre par le retard qui pourrait résulter de l'instruction par écrit.... Ces circonstances sont des causes qui rendent l'appel légitime, souvent même nécessaire. » On aurait pu ajouter que l'inconvénient n'est pas moins grave quand deux instances connexes sont disjointes et soumises à deux instructions et à deux jugemens différens et souvent contradictoires entre eux. — Mais Carré répond : « Nous ne croyons pas que cette opinion doive être suivie : car, la distinction que la loi fait entre les jugemens préparatoires et interlocutoires étant fondée sur le préjugé du fond, on ne peut dire, dans les circonstances que Demiau suppose, que le tribunal ait préjugé le fond en aucune manière. Si la jonction et l'instruction par écrit peuvent retarder la décision définitive, ce retard n'est pas une raison pour faire sortir le jugement qui les ordonne de la classe des préparatoires : d'ailleurs, il arriverait souvent que l'appel que l'on interjetterait de ce jugement éloignât cette décision beaucoup plus que la jonction ou l'instruction par écrit ne l'auraient fait. » — V. *Lois de procéd.*, t. 2, p. 169.

310. — Les nuances sont difficiles à saisir en pareille matière. Il faut, selon nous, chercher à se pénétrer de l'intention du législateur. Pourquoi l'art. 451 a-t-il interdit l'appel des jugemens préparatoires? Ça été, comme l'observe l'orateur du gouvernement, dans l'Exposé des motifs, parce que autrement on eût vu autant d'appels que de jugemens d'instruction, et qu'il en naîtrait un désordre qu'il serait impossible d'arrêter. A ce motif s'en joint un autre, qu'on eût également pu faire valoir : c'est que les juges ne sont pas liés par leurs jugemens préparatoires; qu'ils peuvent toujours revenir sur leurs pas, et qu'ainsi ces jugemens ne peuvent jamais causer de préjudice irréparable. — Mais ces considérations, qui ont déterminé la prohibition de l'art. 451, peuvent-elles s'appliquer au cas dont il s'agit? Non, car le jugement qui décide que les causes ne seront pas jointes est irrévocable : il faut procéder d'après les erremens qu'il détermine; il faut enfin voir juger séparément deux instances qui devaient peut-être, par leur nature, être décidées par un seul et même jugement : si la partie intéressée n'avait pas le moyen d'attaquer la décision qui a rejeté sa demande en jonction, ou si elle ne pouvait en appeler qu'après le jugement définitif, il pourrait souvent résulter de là des inconvéniens graves et un préjudice irréparable, tandis que la faculté d'appeler n'en présente aucun, pas même celui que paraît redouter l'orateur du gouvernement, les jugemens de cette espèce n'étant pas assez communs pour qu'on puisse, à leur égard, redouter l'abus de l'appel.

311. — On peut interjeter appel d'un jugement qui joint au fond la demande incidente d'une provision alimentaire. — *Montpellier*, 5 thermid. an XII, Duston c. Adrien. — V. JUGEMENT.

§ 2. — *Jugemens interlocutoires.*

312. — Quant aux jugemens interlocutoires, voici quelques espèces dans lesquelles il a été jugé qu'on pouvait interjeter appel. — Du reste, c'est au mot *jugement* qu'on trouvera le tableau de la jurisprudence sur la matière.

313. — Un jugement qui ordonne une vérification d'écriture d'un testament doit être réputé interlocutoire, et peut, par conséquent, être frappé d'appel avant le jugement définitif. — *Paris*, 30 juil. 1838 (t. 2 1838, p. 136), de Verton c. Thouret.

314. — Lorsque le débiteur d'un billet refuse de payer par le motif qu'une saisie-arrêt a été faite entre ses mains, le jugement qui ordonne la mise en cause du saisissant est susceptible d'appel comme préjugeant le fond. — *Bruxelles*, 10 mai 1810, Huwaert c. Poorter.

315. — La disposition d'un jugement qui ordonne que la régie des douanes contribuera pour moitié dans l'avance des frais d'une expertise, quoiqu'elle prétende ne pouvoir être tenue de cette obligation, est une disposition véritablement définitive, et par suite essentiellement soumise à l'appel. — Ce jugement, qui aurait tout au moins le caractère d'un jugement interlocutoire, ne peut pas être considéré comme simplement préparatoire, ou de pure instruction, et peut conséquemment être attaqué par la voie de l'appel avant le jugement du fond. — *Cass.*, 1er fév. 1811, Douanes c. Jean Stéphani.

316. — Le défendeur qui conclut principalement au rejet de la demande, comme non justifiée, et offre subsidiairement la preuve testimoniale pour prouver qu'elle n'est pas fondée, peut interjeter appel du jugement qui l'admet à la preuve, pour se faire adjuger les conclusions principales. — *Nancy*, 13 nov. 1826, Noel c. commune de Bourg-Brughe.

317. — Le jugement qui annule une vente comme renfermant une donation déguisée, et qui renvoie à une autre audience pour statuer si on doit tenir compte à l'acquéreur des prix que l'acte déclare par lui payés, est susceptible d'appel sur le premier chef avant que le tribunal ait statué définitivement sur le second. — *Cass.*, 23 frim. an X, Dumont c. Bodin.

318. — On peut appeler avant la décision au fond du jugement qui déclare qu'il n'y a lieu à prononcer dans l'état. — Conf. *Grenoble*, 10 mai 1809, Barral c. Poyant-Lagarde; *Rouen*, 25 août 1828, Husard c. Desbarres.

319. — On peut appeler du jugement qui ordonne qu'une partie sera entendue à la barre du tribunal. — *Orléans*, 27 mai 1808, N.... — Hautefeuille, p. 255.

320. — Le jugement qui déclare, en matière d'interrogatoire sur faits et articles, les faits signifiés pertinens, est sujet à l'appel avant le jugement définitif. — *Bruxelles,* 24 juin 1806, Dubois c. Delafaille.

321. Un jugement qui ordonne une communication de pièces est en général préparatoire. — Carré, t. 4, n° 1623; — *Rouen,* 5 mars 1841 (t. 1er 1843, p. 660), Lucas et Goujout c. Lemercier.

322. — Jugé cependant que le jugement qui statue sur la demande, formée par des légataires à titre universel, en communication de toutes les pièces de la succession, décide définitivement une question du procès, et est, par conséquent, susceptible d'appel avant le jugement définitif. — *Rouen,* 16 fév. 1843 (t. 1er 1843, p. 660), Levacher c. Lemelle.

323. — En général, le jugement qui ordonne la mise en cause d'un tiers est interlocutoire. Toutefois les faits peuvent modifier cette règle. — V. Merlin, *Quest.*, v° *Interlocutoire,* § 3; Favard, v° *Appel,* t. 1er, p. 165; Chauveau sur Carré, t. 4, n° 1618.

324. — Jugé cependant que la mise en cause d'une tierce personne demeurant en Amérique, ne peut donner lieu à l'appel du jugement qui l'ordonne. — *Rennes,* 25 mars 1820, Duplessix de Grénédan c. Toché.

§ 3. — *Jugemens définitifs.*

325. — Aux jugemens préparatoires et interlocutoires on oppose les jugemens définitifs, ceux dont l'appel peut être interjeté huit jours après leur prononciation, soit qu'ils jugent le fond, soit qu'ils statuent sur un simple incident. La question de savoir si un jugement est définitif n'est pas toujours facile à résoudre. — V. JUGEMENT. — Distinguer ce jugement du jugement interlocutoire l'est encore moins. Sur ce point, nous adoptons la doctrine de M. Chauveau.

326. — La difficulté, dit-il, se résume à distinguer le jugement qui juge de celui qui ne fait que préjuger. Or, ce qui constitue la chose jugée dans une décision, c'est le dispositif du jugement, tandis que le préjugé ne peut résulter que des suites probables et non nécessaires du dispositif ou bien des considérations contenues dans les motifs. On soumet aux tribunaux ou des questions de procédure, ou des questions de droit, ou des questions de fait; les premières se résolvent par une mesure à permettre ou à défendre; les secondes par une solution de doctrine; les troisièmes par une déclaration affirmative ou négative. Quels que soient les motifs donnés par le juge dans ces trois cas isolés, ils ne forment jamais une solution; rapprochés du dispositif, ils peuvent, au contraire, pour les questions de procédure et de droit, compléter la pensée du juge, aider à décider si la décision est définitive ou simplement interlocutoire. — Chauveau sur Carré, t. 4, n° 1616, § 3, p. 71 et suiv., 3e édit.

327. — Ainsi, un jugement qui, se fondant sur le droit de certains usagers à demander le cantonnement et des dommages-intérêts pour privation de droit d'usage, ordonne que le cantonnement et les dommages-intérêts seront réglés par experts, est définitif et non interlocutoire, quant au fond du droit des parties, encore que ce droit, discuté et apprécié dans les motifs du jugement, n'ait pas été proclamé dans le dispositif; et on doit, sous peine de déchéance, appeler de ce jugement dans les trois mois de sa signification. — Du moins, l'arrêt qui le juge ainsi est à l'abri de la cassation. — *Cass.,* 16 avr. 1833, préfet de Saône-et-Loire c. Perrin, Pajot.

328. — Est définitif et non interlocutoire, quoiqu'il réserve les dépens, le jugement qui rejette une demande pour défaut de tentative de conciliation; les premiers juges sont dessaisis, car l'instance se trouvera éteinte, si la cour, sur l'appel, confirme la sentence; et si elle l'infirme, la cause sera renvoyée devant un autre tribunal pour épuiser le premier degré de juridiction. — *Orléans,* 2 juin 1819, Séguier c. Procureur général.

329. — Est définitif le jugement qui déclare que les actes produits contre le demandeur en rescision d'une vente pour lésion ne prouvent pas la réalité de cette lésion et qui ordonne une expertise des biens vendus; en conséquence, on peut en appeler avant le jugement du fond. — *Turin,* 19 avr. 1806, Ferrando c. Rinando.

330 — Le jugement par lequel un tribunal de commerce se déclare compétent est définitif, et par suite susceptible d'appel avant le jugement du fond. — La décision par laquelle un tribunal d'appel annule ce jugement doit être cassée s'il est passé en force de chose jugée par suite de l'exécution qu'ont donnée toutes les parties. — *Cass.,* 10 fructid. an XII, Abric c. Frenclet.

331. — Le jugement par lequel des arbitres se déclarent compétens est susceptible d'appel. — *Cass.*, 19 vendém. an V, Grizard c. Martin.

332. — Dans une instance en liquidation d'une succession, le jugement qui ordonne au notaire liquidateur d'admettre comme constans les faits rapportés dans un mémoire fourni par l'une des parties, et d'en consigner, dans la liquidation, les comptes et les résultats, est un jugement définitif dont l'appel n'est pas recevable avec l'appel du jugement sur la contestation principale, quand il s'est écoulé plus de trois mois depuis le jour de sa signification. — *Cass.*, 14 août 1833, de Lamarthonie c. Delalande d'Urturie.

333. — Le jugement qui statue sur les reproches élevés contre des témoins de l'enquête est un jugement définitif, dont l'appel n'est recevable que dans les trois mois de la signification, et auquel on acquiesce tacitement en concluant et plaidant au fond, alors même que les conclusions contiendraient des réserves générales. — *Douai,* 14 mars 1840 (t. 2 1840, p. 559), Léger c. Jammart.

334. — Le jugement interlocutoire qui ordonne une preuve, et qui a été rendu après contestation sur l'admissibilité de la preuve, est définitif sur l'exception proposée. — En conséquence, l'appel n'en est plus recevable, soit après le délai de trois mois à partir de la signification, soit après acquiescement formel ou tacite de la partie intéressée à se pourvoir par appel. — *Limoges,* 1er août 1838 (t. 1er 1839, p. 216), Brandy c. Rolle Duvillard.

335. — Les jugemens qui prononcent sur un incident, soit en rejetant une exception, soit en annulant un acte de procédure ou dans tout autre circonstance, sont des jugemens définitifs dont on peut interjeter appel avant le jugement sur le fond. — V. Chauveau, *loc. cit.*

ART. V. — *Jugemens d'expédient.*

336. — Les jugemens d'expédient, étant rendus d'accord entre les parties, ne sont point susceptibles d'appel. Le moyen, en effet, de permettre à un plaideur d'attaquer, comme lui faisant grief, une décision que lui-même a sollicitée et qui a obtenu, chose rare, l'assentiment de tous les intéressés et la sanction du tribunal.

337. — Dans l'ancien droit, on n'était point d'accord sur la nature et la forme des jugemens d'expédient. — Suivant les uns, ils n'étaient que l'ouvrage des parties et non celui des juges, qui, en les recevant, constataient un fait, sans conférer aucun autre droit que celui d'en poursuivre l'exécution: ce n'était, en un mot, qu'un contrat judiciaire qui ne pouvait être attaqué par les voies ouvertes contre les jugemens proprement dits. — Suivant les autres, au contraire, un jugement d'expédient avait tous les caractères d'un véritable jugement dès qu'il était adopté par les juges, et il devait être soumis à toutes les règles concernant les jugemens ordinaires. — Rivoire, *Appel*, § 4, p. 103, n° 73.

338. — Ce dissentiment n'a pas entièrement disparu de nos jours. — En effet, M. Poncet (*Traité des jugemens,* t. 1er, nos 18 et suiv.), soutient que le jugement d'expédient est un pur *contrat judiciaire*, une *transaction* dans le sens précis que les lois donnent à ce mot. — Il en conclut que ce jugement doit être restreint à son objet précis, et qu'il ne peut être attaqué que par la voie de rescision pour cause d'erreur de fait, ou de dol, ou de violence, etc.

339. — D'un autre côté, M. Rivoire (*Traité de l'appel*, p. 104) déclare qu'il lui est difficile de se faire à cette idée que l'acte d'un tribunal qui a toutes les formes constitutives d'un jugement ne puisse être qu'une transaction. — « On conçoit, dit-il, que, lorsque les parties se bornent à demander acte des déclarations et conventions qu'elles ont faites entre elles, le jugement qui les constate ne soit qu'un contrat; il n'y a pas eu litige, contestation; le juge n'a rien décidé; son jugement n'est qu'un véritable procès-verbal, il n'a pas même les apparences d'une décision judiciaire.

340. — « Mais, quand les parties sont censées avoir conclu, plaidé; quand les juges semblent avoir délibéré, prononcé; quand le jugement l'énonce positivement, est-il possible de dénaturer le caractère d'un acte aussi authentique? — Dans ce cas, le tribunal, quoiqu'il ait adopté des résolutions qui n'émanaient pas de lui directement, n'a pas moins fait acte de juridiction, substitué sa propre volonté à celle des parties, et rendu un jugement dans toutes les formes. » — V. JUGEMENT D'EXPÉDIENT.

341. — C'est, du reste, ce qui a été jugé par la cour de Lyon, le 8 août 1833 (Boyer c. Rousselle).

342. — Quelle que soit l'opinion qu'on embrasse sur cette question, il n'en faut pas moins reconnaître, avec la jurisprudence, que le jugement prononcé du consentement des parties n'est point susceptible d'appel. — *Cass.*, 14 juill. 1813, Trèves c. Ferrero Orméa; — Merlin, *Quest. de dr.*, v° *Appel*, § 1er, n° 5.

343. — C'est ce qui a été jugé également par la cour de Paris, le 15 mars 1811 (Brenier c. Olivier et Outrequin).

344. — Jugé, de même, que les jugemens volontaires ne sont pas susceptibles d'appel. — Spécialement, n'est pas recevable l'appel du jugement passé d'accord, qui renvoie les parties devant des arbitres, en mentionnant qu'elles ont renoncé à interjeter appel de la sentence arbitrale; surtout si celle des parties qui s'en plaint a donné une procuration à un tiers, à l'effet de procéder volontairement pour elle devant les arbitres. — *Paris,* 16 juin 1813, Boileau c. Ferté.

345. — Contrairement à ce principe, la cour de Turin avait décidé qu'on peut appeler d'un jugement volontaire comme de tout autre. — *Turin,* 13 fév. 1810, Ferrero-Orméa c. Trèves. — Mais son arrêt a été cassé, le 14 juill. 1813. — V. *suprà,* n° 342.

346. — Il faut encore ranger dans la classe des jugemens dont on ne peut appeler, et assimiler aux jugemens d'expédient, ceux qui ont statué en dernier ressort du consentement de toutes les parties. — L. 16-24 août 1790, tit. 4, art. 6; Pigeau, *Procéd.*, t. 1er, p. 522, sect. 5e; Merlin, *Quest. de dr.*, v° *Appel*, § 7; Chauveau et Carré, t. 4, n° 1634; Poncet, *Traité des jugemens*, t. 1er, p. 460; Boitard, t. 2, nos 207 et 208; Carré, *Compétence*, 2e part., liv. 1er, tit. 1er; Favard de Langlade, t. 1er, p. 160, n° 2.

347. — Cette décision a été consacrée par les arrêts suivans: — *Cass.*, 5 nov. 1811, Lugan c. Fontanier; 8 oct. 1806, Dassin c. Hervier; *Bruxelles*, 16 juill. 1811, Lyon c. Deglarges; *Rennes*, 24 juin 1812, Gourhaud c. Vincent; *Paris*, 20 juin 1817, Poullain c. Dumont et Gilot.

348. — Dans le même sens on a décidé que le jugement rendu sur une demande que les parties sont convenues de réduire à une somme inférieure au taux du dernier ressort n'est pas susceptible d'appel. — *Orléans*, 22 août 1814. N... c. N...

349. — La question est beaucoup plus délicate lorsque, après la renonciation des parties à l'appel, le tribunal, au lieu de juger le fond, s'est déclaré *incompétent*. Dans ce cas, la convention est-elle obligatoire? — Nous ne le pensons pas: nous croyons, avec M. Chauveau, sur Carré (t. 4, n° 1654 *bis*), que le consentement des parties n'avait trait qu'à la fixation du ressort; que c'était pour juger le procès existant entre elles qu'elles avaient prorogé la juridiction, et qu'un jugement d'incompétence laisse tout en question. On ne peut donc pas présumer que les parties aient entendu renoncer, pour ce cas, à la voie de l'appel.

350. — Cependant la cour de Bruxelles (16 juill. 1811, Lyon c. Deglarges) a jugé que les parties qui ont autorisé un tribunal à prononcer en dernier ressort sur tous leurs différends, ne peuvent appeler du jugement par lequel ce tribunal se déclare incompétent sur l'un des chefs de leur contestation.

351. — Aux raisons données par M. Chauveau contre cet arrêt (V. *Lois de la procéd.*, t. 4, n° 1634 *bis*) on peut ajouter celle-ci: c'est que le consentement des parties à être jugées en dernier ressort, dans le cas où l'objet serait soumis à deux degrés de juridiction, produit le même effet que la disposition de la loi d'après laquelle les tribunaux de première instance doivent statuer comme juges souverains lorsqu'il s'agit d'une somme ou valeur moindre de 1,000 fr. (actuellement 1,500 fr.), et qu'ainsi, dans l'un et l'autre cas, le jugement est susceptible d'appel, au chef qui statue sur la compétence.

352. — M. Chauveau (*ubi suprà*) fait remarquer que, si la question d'incompétence avait été soulevée avant la convention par laquelle les parties ont renoncé au deuxième degré de juridiction, dans ce cas l'appel serait non-recevable, même sur la question de compétence. — Quant à nous, nous n'admettons cette opinion qu'autant qu'il s'agit d'incompétence *ratione personæ;* mais si l'incompétence est *absolue*, nous pensons que la convention ne fait pas obstacle à l'appel.

353. — Ce que nous avons décidé: 1° pour les jugemens d'expédient; — 2° pour les jugemens qui, du consentement des parties, sont rendus en dernier ressort, il faut le décider aussi pour les jugemens *acquiescés*; c'est, en effet, un principe certain que l'acquiescement à un jugement élève une fin de non-recevoir insurmontable contre l'appel. — V. ACQUIESCEMENT, et *infrà* nos 1381 et suiv.

354. — Quant aux jugemens rendus sur des conclusions par lesquelles les parties déclarent *s'en rapporter à justice*, ils peuvent être, sans nul doute,

attaqués par la voie de l'appel. — V. ACQUIESCEMENT.

ART. VI. — *Jugemens en matière de saisie immobilière, de saisie de rentes et de ventes judiciaires de biens immeubles.*

355. — En matière de ventes judiciaires de biens immeubles, la loi nouvelle n'a pas laissé aux parties la faculté illimitée de l'appel. Voulant remédier aux abus auxquels donnait lieu une trop grande latitude, elle a, par une heureuse innovation, indiqué les jugemens qui seraient soumis aux deux degrés de juridiction et déterminé ceux qui ne pourraient être frappés d'appel.

356. — Dans la procédure en saisie immobilière, le jugement qui prononce la remise de l'adjudication ne peut être déféré à la cour. — La loi dit même qu'il n'est *susceptible d'aucun recours* (Code procéd., art. 703, § 3).

357. — Mais, si le jugement statuait en même temps sur un incident, la disposition de l'art. 703 ne recevrait pas application. — Rivoire, *de l'Appel*, p. 54.

358. — On ne peut appeler des jugemens qui statuent sur la demande en subrogation contre le poursuivant, à moins qu'elle n'ait été intentée par collusion ou fraude. — Code procéd., art. 730, 1°.

359. — Dans ce dernier cas, la contestation touche au fond du droit et a une gravité qu'on ne retrouve pas lorsqu'il s'agit de simples demandes en subrogation fondées sur la négligence du poursuivant. Cette différence explique pourquoi l'appel est autorisé dans une hypothèse et interdit dans l'autre.

360. — Ne sont pas non plus sujets à appel les jugemens qui, sans statuer sur des incidens, donnent acte de la publication du cahier des charges ou prononcent l'adjudication. — Code procéd., art. 730 2°. — Ces jugemens ne sont, en quelque sorte, que des procès-verbaux ; ils ne tranchent aucune question, ne préjugent rien ; ils ne servent que pour l'instruction et la procédure.

361. — Quoique ayant un peu plus d'importance, les jugemens qui statuent sur des nullités postérieures à la publication du cahier des charges sont placés par la loi dans la même catégorie que ceux qui précèdent. — Code procéd., art. 730 3°. — Il s'agit ici de formalités dont l'appréciation, si l'appel était autorisé, entraînerait les parties dans des frais et des lenteurs tout-à-fait préjudiciables. C'est pour cela que la connaissance de ces contestations a été laissée exclusivement au tribunal.

362. — En matière de saisie immobilière, le jugement de conversion n'est pas susceptible d'appel. — Cod. procéd., art. 746, § 3 — En effet, ce jugement étant rendu sur la demande et du consentement de tous les intéressés (art. 743 et 745), il impliquerait que l'un d'eux fût admissible à le faire rétracter.

363. — Quand il y a folle enchère, on ne peut interjeter appel que des jugemens qui statuent sur les nullités. — Cod. procéd., art. 739, § 3. — C'est l'application du principe posé dans l'art. 730.

364. — En matière de surenchère sur aliénation volontaire, les seuls jugemens susceptibles d'appel sont : 1° le jugement qui prononce sur les nullités antérieures à la réception de la caution — Cod. procéd., art. 838, § 6 (L. 2 juin 1841).

365. — 2° Celui qui admet ou rejette la caution. (*Ibid*).

366. — 3° Celui qui statue sur une demande en subrogation, intentée pour collusion ou fraude. (*Ibid*).

367. — Dans les actions en partage et licitation, l'ordonnance qui pourvoit au remplacement du notaire ou du juge commis n'est pas susceptible d'appel (C. procéd., art. 969, § 2) : c'est là un simple acte d'instruction.

368. — Il en est de même de tous les jugemens sur les difficultés relatives aux formalités *postérieures* à la sommation de prendre communication du cahier des charges. — C. procéd., art. 973, § 4.

369. — Quant au jugement sur les contredits du cahier des charges, il peut être attaqué par la voie de l'appel. — C. procéd., art. 973, § 3.

370. — Il faut décider de même relativement au jugement qui ordonne le partage. A la vérité, la loi du 2 juin 1841 est muette sur ce point ; mais il suffit, pour que l'appel existe, qu'on ne trouve dans le Code aucune prohibition; on reste alors dans les termes du droit commun.

371. — En matière de saisie de rentes, comme en matière de ventes d'immeubles, le droit d'appel est extrêmement circonscrit. Il ne peut être exercé : 1° contre les jugemens qui, sans statuer sur des incidens, donnent acte de la publication

du cahier des charges ou qui prononcent l'adjudication. — C. procéd., art. 642, L. 24 mai 1842.

372. — ... 2° Ni contre ceux qui statuent sur des nullités postérieures à la publication du cahier des charges. — Même art.

373. — Mais il peut l'être contre les jugemens relatifs à la procédure *antérieure* à cette publication ; peu importe qu'ils aient statué sur des moyens de nullité, tant en la forme qu'au fond ou sur tout autre incident; la loi ne distingue pas. — Rivoire, *Tr. de l'appel*, p. 57.

ART. VII. — *Jugemens et ordonnances en matière de faillite.*

374. — En matière de faillite, la loi du 28 mai 1838 a interdit l'appel dans plusieurs cas où les décisions du tribunal sont considérées plutôt comme des actes d'administration que comme des jugement proprement dits.

375. — D'après cette loi, art. 583, les jugemens dont on ne peut interjeter appel sont : 1° ceux relatifs à la nomination ou au remplacement du juge commissaire. — Code comm., art. 451 et 454.

376. — 2° Ceux relatifs à la nomination ou à la révocation des syndics. — Art. 462, 467 et 529.

377. — 3° Ceux qui statuent sur les demandes du sauf-conduit. — Art. 472.

378. — 4°... Et sur les demandes de secours pour le failli et sa famille. — Art. 474 et 530.

379. — 5° Les jugemens qui autorisent à vendre les effets ou marchandises appartenant à la faillite (art. 486); à moins, toutefois, qu'il ne s'agisse d'une décision intervenue sur une demande en revendication de ces marchandises. — Rivoire, *Tr. de l'appel*, p. 53.

380. — 6° Les jugemens qui prononcent sursis au concordat. — Art. 499 et 512.

381. — 7°... Ou admission provisionnelle de créanciers contestés. — Art. 499 et 500.

382. — Les jugemens par lesquels le tribunal statue sur les recours formés contre les ordonnances rendues par le juge commissaire dans les limites de ses attributions. — Art. 453.

383. — Quoique l'interdiction prononcée par le nouvel art. 583, Code comm., soit absolue, par exception les jugemens qu'il énumère seraient susceptibles d'appel, s'ils étaient attaqués pour incompétence. L'article 454. Code procéd. contient un principe général et d'ordre public, qui doit recevoir application, en matière de faillite, comme en tout autre.

384. — Ainsi, dit M. Rivoire (*Tr. de l'appel*, p. 54), on serait incontestablement recevable à interjeter appel d'un jugement confirmatif de l'ordonnance du juge commissaire de la faillite qui aurait statué sur une chose hors de ses attributions, ou qui l'aurait confondue parmi celles qui lui sont véritablement attribuées. Le tribunal se serait rendu propre cet excès de pouvoirs, son jugement serait donc vicié d'incompétence, et comme tel pourrait être frappé d'appel. — V. au surplus FAILLITE.

ART. VIII. — *Jugemens en matière disciplinaire.*

385. — En matière disciplinaire, les règles ne sont pas uniformes relativement au droit d'appel.

386. — D'après la loi du 20 avr. 1810, les décisions des tribunaux de première instance qui frappent un magistrat (juge de première instance, juge de paix ou juge de police) de peines disciplinaires sont soumises à l'appel. — Art. 50 et 51.

387. — Il y a mieux, ces décisions sont nécessairement portées à la cour, qu'il y ait recours ou non de la part du magistrat inculpé. — Loi 20 avr. 1810, art. 51. — V. DISCIPLINE.

388. — Le droit de la cour, en pareille matière, est si étendu que, si le tribunal néglige d'exercer son pouvoir disciplinaire, la cour doit l'exercer à sa place (L. 20 avr. 1810, art. 54), même d'office et sans y être provoquée par le ministère public. — *Cass.*, 23 mars 1826 (intérêt de la loi), Duch...

389. — Lorsque la poursuite disciplinaire est dirigée contre un magistrat appartenant à une cour royale, c'est cette cour qui doit en connaître. — L. 20 avr. 1810, art. 52.

390. — Mais ici, et par la force des choses, il n'y a plus de second degré de juridiction.

391. — A la vérité, la décision de la cour ne peut être exécutée qu'après l'approbation du garde des sceaux (L. 20 avr. 1810, art. 56) : mais ce n'est pas un recours proprement dit, ce n'est pas un appel; et la preuve, c'est que cette formalité est nécessaire, même dans le cas où la poursuite disciplinaire a déjà subi les deux degrés de juridiction. — V. DISCIPLINE.

392. — Relativement aux officiers ministériels,

il y a également des distinctions à faire ; les principes diffèrent suivant qu'il s'agit de telle ou telle classe d'officiers ou de fonctionnaires, auxiliaires de la justice.

393. — Les avocats ont le droit d'appel contre les décisions disciplinaires qui les ont atteints. — Ord. 20 nov. 1822, art. 24.

394. — Ce droit appartient également au procureur général. — Même ord., art. 25.

395. — Lorsque le conseil de discipline, sans prononcer la peine de la radiation, *omet* sur le tableau le nom d'un avocat qui y était porté, parce qu'il a accepté des fonctions jugées incompatibles avec l'exercice de la profession du barreau, l'avocat *omis* a le droit de se pourvoir par appel contre cette décision. En effet, il serait exorbitant de reconnaître à un conseil de discipline le droit de statuer en dernier ressort, par la voie (consacrée par l'usage, sinon par l'ordonnance) de l'*omission*. Il s'agit, en effet, en pareil cas, de droits acquis par l'inscription au tableau, et sur lesquels le conseil de discipline ne saurait avoir une juridiction souveraine.

396. — Aussi a-t-il été jugé que l'appel est recevable lorsqu'il est interjeté contre une décision du conseil de discipline de l'ordre des avocats qui déclare que certaines fonctions, notamment celles de conseiller de préfecture, sont incompatibles avec la profession d'avocat. — *Toulouse*, 21 déc. 1840 (t. 1er 1841, p. 435), Mes Tajan et Fourtanier.

397. — La question s'est également présentée, en 1844, devant la cour de Paris, dans l'affaire Teste Lebeau, de Pistoye, Delorme et Vivien, et le droit d'appel n'a même pas été contredit. — V. AVOCAT.

398. — Les notaires ont, comme les avocats, le droit d'appel en matière disciplinaire. — L. 25 vent. an XI, art. 53.

399. — Jugé, en conséquence, que le jugement qui statue sur la demande du ministère public, tendant à faire prononcer contre un notaire une amende même inférieure à 1000 fr., est susceptible d'appel. — *Bruxelles*, 31 janv. 1826, N.... c. Ministère public. — V. DISCIPLINE, NOTAIRE.

400. — Cette règle est appliquée, même dans le cas où la contravention donnant lieu à l'amende a été constatée par un employé de l'administration de l'enregistrement.

401. — Ainsi, sont sujets à l'appel les jugemens des tribunaux civils prononçant des condamnations à l'amende contre des notaires, par exemple, pour défaut d'affiche du contrat de mariage d'un négociant. — Dans ce cas, il n'y a pas lieu d'appliquer la loi du 22 frim. an VII, qui déclare non susceptibles d'appel les jugemens rendus en matière d'enregistrement, sous prétexte que la poursuite du ministère public a eu pour base un procès-verbal dressé par un vérificateur de la régie de l'enregistrement. — *Cass.*, 29 oct. 1830, Ministère public c. Drojat. — V. NOTAIRE

402. — D'après l'art. 103 du décret du 30 mars 1808, les autres officiers ministériels, avoués, huissiers, gardes du commerce, commissaires priseurs, n'ont ni le droit d'appel ni le recours en cassation contre les décisions disciplinaires dont ils sont frappés. — V. AVOUÉ, COMMISSAIRE PRISEUR, GARDE DU COMMERCE, HUISSIER.

403. — Ils peuvent seulement réclamer auprès du garde des sceaux, auquel il doit être rendu compte, par le procureur général, de la décision intervenue (art. 103, dern. alin.). — Mais ce n'est pas là un second degré de juridiction.

404. — Nous citerons deux cas cependant dans lesquels l'appel est admis par exception en faveur des officiers ministériels dont il vient d'être parlé.

405. — Le premier est indiqué dans l'art. 103 du décret du 30 mars 1808. Aux termes de cette disposition, lorsque la peine de la suspension a été prononcée *en jugement*, pour une faute disciplinaire découverte ou commise à l'audience, il y a lieu à appel. — V. DISCIPLINE.

406. — La seconde exception a lieu lorsque la décision disciplinaire est attaquée pour *incompétence*.

407. — On a contesté, il est vrai, ce principe; on a prétendu que, sur la question de compétence, comme sur la question du fond, le recours au garde des sceaux était le seul possible; mais ce système a été énergiquement combattu dans un très bon mémoire de MM. Delangle, Dupin, Teste, Paillet et de Vatisménil, produit dans l'affaire Porquet. — Il l'avait déjà été par M. le procureur général Dupin, dans un réquisitoire prononcé en 1834, dans l'affaire Parquin. Enfin, cette doctrine a été consacrée par la cour de Paris, le 21 avr. 1836 (Porquet), et par la cour de Rennes, le 24 juill. 1833 N... — V. au surplus DISCIPLINE.

ART. IX. — *Jugemens en matière d'enregistrement, de timbre, et de contributions directes.*

408. — En matière de timbre, par dérogation au principe des deux degrés de juridiction, les jugemens qui interviennent sont sans appel. — L. 13 brum. an VII, art. 31. — V. TIMBRE.

409. — Il en est de même en matière d'enregistrement. — L. 22 frim. an VII, art. 65. — V. ENREGISTREMENT.

410. — On a souvent blâmé, et avec raison, ces dispositions exceptionnelles; on a même soutenu qu'elles avaient été abrogées par l'art. 1041, C. procéd.; mais cette opinion a été repoussée par un avis du conseil d'état du 12 mai 1807, approuvé le 1er juin suivant.

411. — Remarquez que si, nonobstant la prohibition de la loi, une contestation relative au timbre ou à l'enregistrement a été portée en appel, sans que la fin de non-recevoir ait été proposée, l'arrêt n'est pas nul, et ne peut être, sous ce rapport, déféré à la cour de Cassation. — *Cass.* 18 prair. an X (intérêt de la loi), Chicoteau. — V. ENREGISTREMENT.

412 — L'exception contenue dans les lois des 13 brum. et 22 frim. an VII, doit être restreinte aux cas pour lesquels elle a été faite; dans toute autre hypothèse, le principe reprend sa force et reçoit application. — Pigeau, *Procéd.*, t. 1er, p. 523, nº 3.

413. — Ainsi, sont susceptibles d'appel : 1º les jugemens qui statuent sur les contestations auxquelles donne lieu le recouvrement des amendes criminelles dont est chargée la régie de l'enregistrement. Ici n'est pas applicable l'art. 65, L. 22 frim. an VII, qui porte que les contestations sur la perception des droits d'enregistrement sont jugées en dernier ressort par les tribunaux de première instance. — *Angers*, 25 mai 1832, *Gazette d'Anjou* c. Enregistrement.

414. — 2º Ceux qui statuent sur une action de la régie en paiement d'un déficit trouvé dans la caisse du receveur. — *Cass.*, 4 pluv. an X, Lebrie c. Enregistrement.

415. — 3º Ceux qui renvoient la régie à se pourvoir par la voie de droit sur la demande en paiement d'un billet souscrit par un tiers pour acquitter le débet d'un receveur. — *Cass.*, 10 août 1813, Enregistrement c. Bernard.

416. — 4º Ceux qui prononcent sur une demande en subrogation de poursuites formée par la régie contre un propriétaire saisissant sur son fermier, débiteur de l'un ou de l'autre. — *Cass.*, 25 janv. 1815, Enregistrement c. Bour.

417. — 5º Celui qui statue sur la demande en garantie formée par un redevable, contre un receveur de l'enregistrement, dans une instance engagée avec la régie. — *Orléans*, 30 déc. 1832, Texier c. Bidault.

418. — Toutefois il a été jugé que, lorsqu'un individu prend le fait et cause des défendeurs contre lesquels la régie poursuit le recouvrement d'un droit, il se constitue par ce seul fait débiteur direct de l'administration, et ne peut attaquer, par la voie d'appel, le jugement qui le condamne. — *Cass.*, 27 juin 1826, Cardon c. Enregistrement.

419. — L'administration du timbre et de l'enregistrement n'est pas la seule qui ait le privilége de faire juger ses procès en dernier ressort par les tribunaux de première instance; la même faveur a été concédée aussi à l'administration des contributions directes. — L. 7 sept. 1790, art. 2. — V. CONTRIBUTIONS DIRECTES.

Sect. 2e. — *Des ordonnances.*

420. — Il y a en procédure différentes espèces d'ordonnances : les unes sont des décisions rendues par un seul juge; les autres émanent du tribunal entier. — C. procéd., art. 191 et 192.

421. — Parmi les ordonnances rendues par un seul juge, il y en a qui sont de simples actes judiciaires, des actes d'instruction; elles ont pour objet l'avancement de la cause. elles ne préjudicient à personne; on n'a aucun intérêt à les attaquer; quoique rendues sur requête non communiquée, elles produisent le même effet que si elles avaient été rendues contradictoirement. — Talandier, *Tr. de l'appel*, p. 27.

422. — Il y a des ordonnances, au contraire, qui préjudicient à des tiers, et c'est le plus grand nombre; ce sont des décisions provisoires qui, en général, peuvent être attaquées, ou par la voie de l'opposition, ou par la voie de l'appel, car elles ont le caractère de jugemens.

423. — Mais quand l'appel est-il recevable? — Cette matière présente des difficultés assez graves, qui proviennent surtout du silence du législateur.

— Plusieurs auteurs ont essayé de poser une règle générale, de déterminer avec précision dans quels cas on pouvait se pourvoir par opposition, dans quels cas on devait recourir à l'appel; cependant la jurisprudence est loin d'être fixée sur cette matière.

424. — Tantôt les tribunaux accordent, tantôt ils repoussent l'opposition; tantôt ils décident que l'opposition ne doit être portée que devant le juge qui a rendu l'ordonnance, tantôt c'est au tribunal même qu'ils attribuent compétence pour en connaître; tantôt ils veulent que l'opposition soit directement portée devant le tribunal, tantôt, au contraire, ils l'admettent, quoiqu'elle ne soit présentée que par voie d'exception, etc... etc...

425. — Celui de tous les auteurs qui nous paraît avoir exposé la théorie la plus claire et la plus raisonnable est, sans contredit, M. Chauveau (Adolphe). — *Lois de la procéd.*, t. 1er, p. 464, nº 378.

426. — M. Chauveau distingue, parmi les ordonnances du président, celles qui appartiennent à la juridiction *gracieuse* de celles qui appartiennent à la juridiction *contentieuse*, et il établit que, pour celles de la première catégorie, la loi n'autorise aucun recours. Il fait ensuite quelques distinctions fort spécieuses.

427. — Ce n'est pas ici le lieu d'examiner si cette doctrine, incontestable en théorie, est toujours exacte dans ses applications, c'est une question qui est traitée au mot ORDONNANCE DU JUGE; cependant, nous devons, dès à présent, passer rapidement en revue les différens cas dans lesquels l'appel est généralement admis.

428. — *Ordonnances de référé.* — Ces ordonnances ont le caractère de jugement (C. procéd., art. 809). — Elles peuvent être attaquées par voie d'appel. — V. Berriat, p. 343, nº 11; Carré, *Quest.* 2263e et 2264e; Poncet, *Jug.*, t. 1er, nº 40. — V. RÉFÉRÉ.

429. — L'appel doit être porté devant le tribunal supérieur, et non devant le tribunal dont fait partie le juge qui a rendu l'ordonnance. — Talandier, nº 37.

430. — Il est non-recevable si la demande sur laquelle l'ordonnance a statué est de nature à être jugée en dernier ressort par le tribunal de première instance.

431. — Il est recevable, quoique l'appelant s'en soit rapporté à justice. — Debelleyme, *Ordonn. de référé*, t. 2, p. 49.

432. — Si le magistrat qui a rendu l'ordonnance a excédé ses attributions, on peut se pourvoir par appel pour incompétence, même quand la somme est inférieure à 1,500 fr.

433. — Du reste, comme l'ordonnance de référé ne préjudicie pas au principal, la partie qui a succombé peut, au lieu de se pourvoir par appel, porter la cause au fond devant le tribunal.

434. — Les règles relatives à l'appel des ordonnances s'appliquent aux jugemens rendus sur référés renvoyés à l'audience, parce qu'ils remplacent les ordonnances. — Debelleyme, *Ordonn. de référé*, t. 2, p. 57).

435. — C'est ce qui a été jugé par plusieurs arrêts de la cour de Paris. — V. RÉFÉRÉ.

436. — Peut-on se pourvoir contre les ordonnances qui déclarent qu'il n'y a lieu à référé? — Oui, car ces ordonnances privent la partie du bénéfice du provisoire. — Debelleyme, *Ordonn. de référé*, t. 2, p. 48. — V. RÉFÉRÉ.

437. — *Ordonnance qui condamne un témoin à l'amende.* — Aux termes de l'art. 263, C. procéd., les témoins régulièrement assignés qui ne comparaissent pas à l'enquête peuvent être condamnés à une amende qui ne peut excéder 100 fr., et à des dommages-intérêts; la condamnation est exécutoire nonobstant *opposition ou appel*.

438. — Suivant M. Talandier (p. 31, nº 39), cette ordonnance ne peut être attaquée par appel qu'en ce qui concerne les dommages-intérêts de la partie, et encore faut-il qu'ils excèdent le taux du dernier ressort.

439. — Quant à l'amende, comme elle ne peut excéder 100 fr., l'appel, sur ce chef, d'après les principes ordinaires du droit, n'est pas recevable.

440. — *Ordonnance qui fixe les jour et heure d'une descente sur les lieux.* — M. Talandier (p. 33, nº 40) est d'avis que cette ordonnance doit être attaquée par voie d'opposition, et s'il n'est pas fait droit à cette opposition, par voie d'appel. — Art. 297, C. procéd.

441. — Il faut convenir que, si cette opinion était admise, les conséquences en seraient déplorables. — En effet, M. Talandier a-t-il bien songé aux lenteurs et aux frais qu'entraînerait un recours en appel, ayant pour objet uniquement la fixation du *jour et de l'heure* où le juge visitera les lieux contentieux?

442. — Mais non seulement M. Talandier admet

le recours en appel sur une semblable ordonnance, mais il permet encore, et avant tout, de l'attaquer par la voie de l'opposition. — Nous refusons de nous associer à une pareille doctrine.

443. — *Ordonnance qui fixe le jour d'un interrogatoire.* — Le même auteur, conséquent avec lui-même, soutient encore que, pour cette ordonnance comme pour celle qui précède, on a la voie de l'opposition et la voie de l'appel. — Talandier, nº 41.

444. — « Un juge, dit-il, n'épuise pas sa juridiction lorsque, devant prononcer sur un point qui intéresse deux parties, il statue en l'absence de l'une d'elles; celle des parties qui n'a pas été entendue a naturellement le droit de ressaisir la juridiction du juge qui a déjà rendu sa décision, et de solliciter le rapport de cette décision. »

445. — A l'appui de cette opinion, M. Talandier invoque un arrêt de la cour de Rouen du 9 fév. 1829, qui a jugé que l'appel est ouvert contre l'ordonnance qui statue sur l'opposition faite à une ordonnance fixant le jour d'un interrogatoire.

446. — Nous n'en persistons pas moins à croire qu'en pareil cas, et dans toutes les circonstances semblables, l'appel ne peut jamais être reçu. — Pour le prouver, nous citerons l'art. 327, C. procéd., qui dit positivement que le juge indiquera, *au bas de l'ordonnance qui l'aura nommé*, les jour et heure de l'interrogatoire; le tout sans qu'*il soit dressé de procès-verbal contenant réquisition ou délivrance de son ordonnance.* — Certes, personne n'admettra que l'opposition et l'appel soient permis, quand la loi n'autorise ni procès-verbal, ni même une simple requête.

447. — *Ordonnances d'envoi en possession.* — M. Chauveau Adolphe (*Lois de la procéd.*, t. 1er, nº 378, p. 466) met les ordonnances d'envoi en possession (C. civ., art. 1008) dans la classe de celles qui appartiennent à la juridiction purement gracieuse du président; en conséquence, il pense que ces ordonnances ne peuvent être attaquées par la voie de l'appel.

448. — Mais la question est très controversée. — La cour de Limoges, par un arrêt du 12 fév. 1817, a jugé que l'opposition, dans ce cas, n'était pas nécessaire, mais qu'on pouvait se pourvoir par *appel*.

449. — M. Talandier (nº 42) admet tout à la fois et l'opposition et l'appel.

450. — Quant à nous, nous ferons remarquer que l'ordonnance d'envoi en possession, quoiqu'elle n'empêche pas les héritiers du sang d'attaquer le testament, a cependant contre eux une conséquence des plus graves, c'est qu'elle laisse provisoirement au testament sa force et son effet, c'est qu'elle constitue les héritiers demandeurs. C'est du moins ce que décide la jurisprudence et ce qu'admet M. Chauveau.

451. — Or, il nous paraît difficile de regarder comme définitive une ordonnance qui a de tels résultats, qui touche à de si graves intérêts, qui tranche une question si importante. Nous sommes donc disposé à croire que l'appel et même l'opposition sont recevables contre une pareille ordonnance. — V. ENVOI EN POSSESSION, LEGS, ORDONNANCES DU JUGE.

452. — *Ordonnances qui prescrivent de remettre des pièces communiquées dans une instance.* — Il ne peut y avoir de doute sur le droit d'appel contre de semblables ordonnances, quelle que soit l'opinion qu'on embrasse sur la question de savoir si c'est le tribunal même ou seulement le président qui doit rendre l'ordonnance.

453. — En effet, les condamnations que les art. 191 et 192 permettent de prononcer contre l'avoué qui refuse de restituer les pièces communiquées, sont tellement graves qu'il n'est pas possible d'admettre que ces condamnations puissent être définitivement prononcées, sans recours et sans contradiction.

454. — La loi, à la vérité, ne dit pas que l'appel existe dans ce cas, bien qu'elle parle de l'opposition (art. 192), mais nous avons déjà dit que l'appel est de droit commun, et qu'il n'est pas nécessaire que la loi l'autorise, il suffit qu'elle ne le défende pas.

455. — Suivant MM. Boncenne (t. 3, p. 444) et Chauveau sur Carré (t. 2, *Quest.* 744 *bis*), la contrainte par corps peut être prononcée contre l'avoué retardataire, même dans le cas où l'intérêt de la partie n'excéderait pas la valeur de 300 fr. — V. aussi Thomine-Desmazures, t. 1er, p. 348.

456. — Cette opinion admise, il est clair que la voie d'appel serait ouverte à l'avoué, quel que fût le chiffre de la condamnation prononcée contre lui. — V. CONTRAINTE PAR CORPS.

457. — *Ordonnances portant permission d'arrêter un étranger.* — De semblables décisions sont trop graves pour qu'un recours ne soit pas permis.

Aussi reconnaît-on que ces ordonnances peuvent être attaquées par opposition ou par appel. — Talandier, p. 35, n° 44. — V. CONTRAINTE PAR CORPS, ÉTRANGER.

458. — Sous l'empire de la loi du 10 sept. 1807, un arrêt de la cour de Cassation du 22 avr. 1818 (Mendiri c. Guidoly) a décidé qu'une ordonnance ayant pour objet l'arrestation provisoire d'un étranger ne devait pas être assimilée à une ordonnance de référé, et qu'en conséquence l'appel était valable, quoiqu'il eût été interjeté après le délai de quinzaine.

459. — M. Rivoire (*Traité de l'appel*, p. 406 et 407) trouve que les bases de cet arrêt sont peu solides, car le référé a lieu dans tous les *cas d'urgence*; or, dit-il, il y a bien urgence à se saisir d'un débiteur qui peut en un instant disparaître et passer à l'étranger.

460. — Au surplus M. Rivoire (*ibid.*, p. 407) argumente en faveur de son opinion de l'art. 15, L. 17 avr. 1832, sur la contrainte par corps. Suivant lui, cet article prouve qu'en cette matière le président statue en état de référé. Cela est dit expressément lorsqu'il s'agit de la demande de mise en liberté, et cela doit s'entendre aussi, par voie d'interprétation, lorsqu'il s'agit d'obtenir l'autorisation nécessaire pour procéder à l'arrestation.

461. — *Ordonnances portant permission d'assigner à bref délai.* — Nous avons déjà dit, au mot ABRÉVIATION DE DÉLAI, que la jurisprudence n'était pas bien fixée sur le point de savoir si l'on peut attaquer ces sortes d'ordonnances par opposition ou par appel.

462. — M. Chauveau Adolphe (*Lois de la procéd.*, t. 1er, n° 378) soutient que ces décisions sont souveraines, et ne permet contre elles aucune espèce de recours.

463. — Plusieurs cours, et notamment celles de Rome (2 mai 1811, Recce c. Pazzaglini), de Toulouse (11 janv. 1823, Manau c. Bessan), et de Bourges (30 déc. 1831, Chaulon c. Seilliers), ont décidé qu'on pouvait se pourvoir d'abord par opposition et ensuite par appel.

464. — C'est ce qu'enseignent aussi Boncenne (t. 2, p. 161), Thomine-Desmazures (t. 1er, p. 176), Boitard (t. 1er, p. 314, 1re édit.), Favard de Langlade, v° *Appel*, et Delaporte (t. 1er, p. 88).

465. — D'un autre côté, la cour de Bordeaux (12 janv. 1833, Feniou c. Hastier) a jugé que l'opposition seule était admise. — La cour de Poitiers (5 août 1830, Corde c. Laurence), au contraire, a décidé que ce n'était que par la voie d'appel qu'il fallait agir. — V. ABRÉVIATION DE DÉLAI.

466. — Enfin, un autre avis a été émis, et l'on a soutenu que le tribunal pouvait, au lieu de réformer l'ordonnance et d'annuler la citation, accorder au défendeur une prolongation de délai, si ce délai avait été illégalement abrégé.

467. — Pour savoir quel est le dernier état de la jurisprudence sur cette question, et quelle est l'opinion qu'il faut préférer, V. CONCILIATION.

468. — *Ordonnances portant permission de former une saisie-arrêt.* — On sait dans quelles circonstances le Code de procéd. (art. 558) autorise le président à former saisie-arrêt; on sait aussi qu'à Paris le président du tribunal ne permet jamais de pratiquer une opposition sans réserver à la partie saisie le droit de lui en référer, en cas de difficulté. — Debelleyme, *Ordonn. de référé*, t. 1er, p. 233.

469. — Dans cette hypothèse, le président n'hésite pas à juger du mérite même de l'opposition. — *Ibid.*

470. — Ces ordonnances peuvent-elles être attaquées en appel? — Non, dit M. Chauveau Adolphe (*Lois de la procéd.*, t. 1er, n° 378), car il ne s'agit là que d'un acte de la juridiction gracieuse. — V. dans ce sens *Paris*, 28 août 1843 (t. 2 1843, p. 787), Thomas c. Desgranges; 25 mars 1844 (t. 1er, 1844, p. 673), Stella c. Antomarchi.

471. — Merlin (*Quest. de dr.*, t. 7, p. 149) est du même avis, mais par une autre raison. « L'appel n'est recevable, dit-il, qu'autant que la partie condamnée n'a pas d'autre moyen de faire réformer l'ordonnance. Mais, dans l'espèce, il existe un recours, c'est de demander au principal la main-levée de la saisie-arrêt; c'en est assez pour que l'appel ne soit pas accueilli... »

472. — M. Talandier (*Tr. de l'appel*, n° 45) fait une distinction. — Si la saisie a eu lieu, dit-il, en vertu d'une ordonnance, si elle n'a pas été dénoncée au débiteur saisi, il peut faire opposition à l'ordonnance devant le président qui l'a rendue et recourir à l'appel, si c'est nécessaire; car, avant la dénonciation de la saisie et l'assignation en validité donnée au débiteur saisi, le tribunal n'est pas nanti de la connaissance de la validité de la saisie.

473. — Si, au contraire, ajoute-t-il, la saisie a été dénoncée au débiteur saisi, et s'il a été assigné en validité, comme il peut demander au tribunal la main levée de la saisie, l'opposition (et par conséquent l'appel) contre l'ordonnance qui permet de saisir, est inutile.

474. — M. Debelleyme (*Ordonn. du présid. du tribun. de la Seine*, 1re édit., t. 1er, p. 191) fait aussi cette distinction. « Si les parties, dit ce magistrat, sont en instance sur le mérite de l'opposition, on ne doit pas, en général, statuer en référé, parce que les parties ont le moyen d'obtenir justice; cependant si l'instance est à peine engagée ou n'a point été suivie, et s'il y a urgence, on peut statuer, la règle n'est pas absolue. »

475. — Au milieu de ce conflit d'opinions, quel est l'état de la jurisprudence? — V., sur ce point, ORDONNANCE DU JUGE, SAISIE-ARRÊT.

476. — *Ordonnances à fin d'autoriser la femme à poursuivre sa séparation.* — Lorsque le président n'a pu parvenir à réconcilier les époux prêts à plaider en séparation, il peut, suivant M. Massol (*Traité de la séparat. de corps*, p. 110), exiger plusieurs comparutions et ordonner un sursis. Dans ce cas, la décision est-elle souveraine?

477. — La question s'est déjà présentée plusieurs fois devant la cour royale de Paris, et elle y a été jugée en sens inverse par la première et la deuxième chambre. — *Paris*, 2 août 1841 (t. 2 1841, p. 243), Carpentier; 15 juill. 1844 (t. 2 1844, p. 147), Reblet. — V. sur cette question SÉPARATION DE CORPS.

478. — *Ordonnances d'exequatur.* — On a soutenu que ces ordonnances sont de véritables décisions judiciaires et que l'appel était permis; mais l'opinion contraire a trouvé des partisans, et plusieurs cours ont jugé que le seul moyen d'attaquer ces ordonnances était de former opposition. — V. ARBITRAGE.

479. — M. Talandier (p. 38, n° 46) fait à cet égard la distinction suivante : « Si, dit-il, on se plaint que l'ordonnance ait accordé l'exéquatur, parce que le jugement arbitral était nul, ou qu'elle l'ait refusé parce qu'il n'était pas nul, l'opposition est portée devant le tribunal, ainsi que le prescrit l'art. 1028, C. procéd. — Mais si on se plaint qu'elle ait accordé l'exéquatur parce que le jugement arbitral n'avait pas jugé selon la loi, ou qu'elle l'ait refusé, bien qu'il ait été jugé selon la loi, on interjette appel de l'ordonnance, et cet appel est porté devant le tribunal supérieur, aux termes de l'art. 1023, C. procéd. »

480. — *Ordonnances en matière de distribution par contribution et d'ordre.* — Il est des ordonnances du juge commissaire qui ne sont que de pure forme et qui ne décident rien; telles sont celles, par exemple, qui renvoient les contestans à l'audience (C. procéd., art. 758); celles-là ne peuvent être l'objet d'un appel.

481. — Mais en est-il de même de celles par lesquelles le juge commissaire, conformément aux art. 759 et 767, C. procéd., prononce la clôture définitive de l'ordre? C'est encore une question très controversée.

482. — On reconnaît, en général, que s'il ne s'élève aucune contestation à la suite du règlement provisoire, l'ordonnance de clôture n'est susceptible d'être attaquée ni par la voie de l'opposition, ni par la voie de l'appel. — Talandier, p. 48 *in fine*, n° 50.

483. — Jugé dans ce sens qu'on ne peut appeler d'une collocation qui n'a donné lieu à aucun débat judiciaire. — *Limoges*, 14 août 1818, Dudognon c. Lavalade.

484. — Cependant l'ordonnance de clôture définitive serait susceptible d'appel, quoiqu'on n'ait pas contredit, si, dans la clôture définitive, le juge commissaire s'était écarté du règlement provisoire. — *Limoges*, 14 mai 1824, Fallet d'Aumoneville.

485. — A plus forte raison, pourrait-elle être frappée d'appel, s'il y avait eu des contestations entre les créanciers produisans. En effet, la portée de cette ordonnance est assez grande, puisqu'elle prononce la déchéance des créanciers en retard, la radiation des inscriptions, et qu'elle ordonne la délivrance des bordereaux. — V. au surplus DISTRIBUTION PAR CONTRIBUTION, ORDRE.

486. — M. Rivoire (*Tr. de l'appel*, p. 407 *in fine* à 109) admet aussi l'appel; mais il veut qu'on emploie préalablement la voie de l'opposition. N'est-il pas plus naturel, dit-il, qu'il en soit référé au tribunal plutôt qu'à la cour royale?

487. — *Ordonnances du président du tribunal de commerce.* — La loi donne au président du tribunal de commerce le droit d'autoriser la saisie d'effets mobiliers, avec ou sans caution, suivant l'exigence des cas. — La cour de Bruxelles a jugé (17 mars 1812), Goormachtig et Bevers c. Nèves), que ces ordonnances n'étaient pas susceptibles d'appel.

488. — M. Collinières (*Encyclop. du dr.*, v° *Appel*, n° 87) fait remarquer avec raison que cet arrêt est en contradiction avec l'art. 417, C. procéd., qui porte que l'ordonnance du président, est exécutoire, *nonobstant opposition ou appel*. Cette disposition est péremptoire.

489. — La nullité d'une ordonnance rendue sur requête par le président du tribunal de commerce, et portant une nomination d'expert pour procéder à une vérification, devait être demandée, non par voie d'action devant le tribunal de commerce, mais par voie d'appel. — *Poitiers*, 5 août 1830, Corde c. Laurence.

490. — Relativement aux ordonnances portant *règlement de qualités*, et à celles rendues en matière de *taxe*, V. FRAIS ET DÉPENS, JUGEMENT, QUALITÉS DE JUGEMENS, TAXE.

CHAPITRE III. — *Personnes qui peuvent appeler.*

491. — Les principes du droit français diffèrent sensiblement de ceux du droit romain, en ce qui concerne la faculté d'interjeter appel.

492. — En droit romain, il suffisait d'avoir été lésé par le jugement pour avoir droit d'appel. — V. LL. 1, ff., *De appell. recip.*; 4 et 5, *De appell. et relat.* — C'est ainsi que le légataire particulier pouvait appeler du jugement rendu entre l'héritier institué et le légataire universel; les proches parens d'un condamné, du jugement rendu contre lui. — V. LL. 5, §§ 1er et 2, *De appell. et relat.*; 1, § 1er, *eod. tit.*; 35, *De proc.*, et 12, Cod., *eod.* — C'est ainsi encore que le vendeur pouvait appeler du jugement évinçant l'acheteur, *et vice versâ*; le créancier hypothécaire, du jugement évinçant le débiteur de la propriété hypothéquée. — V. LL. 2, ff., *De evict.*; 3, ff., *De pign.*

493. — En droit français, il ne suffit pas que l'on soit lésé par le jugement, il faut encore qu'on y ait été partie.

494. — Ainsi celui qui n'a pas été partie dans un jugement est, dans tous les cas, non-recevable à l'attaquer par la voie de l'appel. — *Nîmes*, 26 niv. an XIII, Boudon c. Gervais; *Agen*, 17 août 1818, Calmon c. Senergues.

495. — D'après les principes du Code de procéd. (art. 464 et 466), et la règle des deux degrés de juridiction, on ne peut admettre les tiers intéressés que lorsqu'ils suppléent une partie, et que cette partie avait le droit d'appeler. — Merlin, *Rép.*, v° *Appel*, § 2.

496. — Ce principe est tellement certain, que si un consort avait négligé d'appeler, l'appel des autres ne pourrait lui profiter, à moins qu'il ne s'agisse d'un objet indivisible. — Merlin, *Rép.*, v° *Domaine public*, § 5, n° 6.

497. — En effet, il a été jugé que, si l'une des parties condamnées en première instance n'a pas appelé du jugement, elle est non-recevable à venir soutenir devant la cour l'appel introduit par les autres, alors même que ces dernières l'ont assignée en déclaration d'arrêt commun. — *Paris*, 7 mars 1821, Millet, Desforges et Carré c. Bonneau.

498. — Si un tiers se trouve lésé par une sentence lors de laquelle ni lui ni ses représentans n'ont été appelés, ce n'est pas par voie d'appel qu'il peut l'attaquer, mais par voie de tierce-opposition. — Cod. procéd., art. 474; — Berriat, t. 2, p. 464, au texte.

499. — Ainsi, deux conditions sont nécessaires pour pouvoir interjeter appel : il faut avoir intérêt (Despeisses, *Ordre judic.*, n° 16; Merlin, *Rép.*, v° *Appel*, § 2); il faut de plus avoir été partie au procès.

500. — Cette règle est fondamentale, elle s'applique même en matière administrative. — *Cons. d'état*, 1er sept. 1841.

501. — Elle s'applique aussi en matière criminelle.

502. — Ainsi, il a été jugé que l'administration forestière est non-recevable à interjeter appel d'un jugement de police correctionnelle rendu sur la poursuite du ministère public, et dans lequel elle n'a pas été partie. — *Cass.*, 7 fév. 1806, Denelle c. Laglaire. — V. APPEL (matière criminelle).

Sect. 1re. — *Parties en cause.*

503. — Toute personne qui a été partie dans un jugement peut en appeler s'il lui fait grief. — *Grenoble*, 29 janv. 1825, James c. Giraud.

504. — Ce ne sont pas seulement les personnes *en qualité* dans le jugement qui sont recevables à appeler; on peut supposer avec raison une omission à cet égard, et de là même un grief pour elles; le droit d'appel appartient à tous ceux qui ont paru dans l'instance, y sont intervenus ou y ont été appelés. Cela est incontestable en présence des

termes de l'art 474, qui n'admet la tierce-opposition qu'au profit de celui *qui n'a pas été appelé*. — Rivoire, *Tr. de l'appel*, p. 110.

505. — Jugé que celui qui est intervenu en première instance, peut appeler, même lorsque la partie principale a acquiescé au jugement. — *Bourges*, 2 avr. 1828, Boulay c. syndics Bouton.

506. — Jugé de même que l'autorité de la chose jugée acquise contre les parties principales ne l'est pas pour cela à l'égard des parties intervenantes ayant un intérêt distinct. Dès-lors, celles-ci sont toujours recevables à interjeter appel du jugement qui n'a point acquis cette autorité à leur égard. — *Cass.*, 13 nov. 1833, Bardol c. Moreau.

507. — L'appel peut être interjeté par une personne qui en première instance était représentée par un mandataire légal, à raison de son incapacité : par exemple, par un mineur devenu majeur, une femme devenue veuve, etc. — Ils ont été en cause dans la personne de leurs tuteurs, curateurs ou maris. — *Cass.*, 8 mars 1814, Leroy ; — Rivoire, p. 111.

508. — L'absent peut aussi, lorsqu'il est de retour, appeler d'un jugement rendu contre l'envoyé en possession qui le représentait.

509. — Celui dont les juges de première instance ont prononcé l'interdiction peut interjeter appel du jugement qui le prive de l'exercice de ses droits. — En effet, il n'est pas encore incapable, le jugement n'a pas acquis l'autorité de la chose jugée. D'ailleurs, les faits qui ont motivé l'interdiction peuvent n'avoir pas été bien appréciés en première instance ; l'appel est donc permis.

510. — L'individu auquel il a été nommé un conseil judiciaire ne peut, sans l'assistance de ce conseil, et à plus forte raison malgré sa résistance, se pourvoir, soit par appel, soit par demande en cassation, contre un jugement qui l'a condamné ; sauf, en cas d'abus d'autorité de la part de ce conseil, à demander sa révocation. — *Cass.*, 13 fév. 1844 (t. 1er 1844, p. 724), Barberaud c. Gouvignon et Perrève.

511. — Si le prodigue peut, comme acte conservatoire, interjeter, sans l'assistance de son conseil judiciaire, appel d'un jugement rendu contre lui, ce concours devient indispensable lorsqu'il s'agit de plaider, et le défaut, par le conseil judiciaire, de se présenter manifeste son refus d'autorisation et rend l'appel non-recevable. — *Paris*, 27 mars 1844 (t. 1er, 1844, p. 554), de la Villeurnoy c. Hutteau d'Origny. — V. sur ce point : *Montpellier*, 1er juill. 1840 (t. 2 1842, p. 290), Médal c. Bros ; *Bourges*, 28 janv. 1842 (t. 2 1842, p. 290), Barberaud c. Gouvignon, Perrève et Barberaud. — V. CONSEIL JUDICIAIRE.

512. — Une femme peut appeler d'un jugement auquel son mari a acquiescé en l'exécutant sans en avoir reçu d'elle un pouvoir spécial. — *Turin*, 20 mai 1809, Marsaglia c. Torre.

513. — La femme mariée ne peut interjeter appel qu'autant qu'elle y a été autorisée ; et il ne suffirait pas qu'elle l'eût été en première instance, il lui faut devant la cour une nouvelle autorisation. — *Cass.*, 5 août 1840 (t. 2 1840, p. 205), de Sainneville c. de Narbonne-Pelet, Gibert, Baignères et autres. — V. AUTORISATION DE FEMME MARIÉE.

514. — Même principe quand il s'agit d'une commune. — L. 18 juill. 1837, art. 49. — V. AUTORISATION DE COMMUNE.

515. — ..... Ou d'un établissement public soumis à la formalité de l'autorisation. — C. proc., art. 1032.

516. — Le failli, quoique dessaisi de l'administration de ses biens, peut interjeter appel d'un jugement qui aurait statué sur les droits et actions qui lui seraient personnels. La déclaration de faillite ne va pas jusqu'à le rendre incapable d'ester en justice, elle n'affecte que les biens, jamais la personne. — Rivoire, p. 112, no 83.

517. — Sous l'empire du Code de commerce, on admettait le failli à interjeter appel dans tous les cas, même d'un jugement rendu pendant et à l'occasion de la faillite, et avec les syndics seulement. La jurisprudence était positive à cet égard.

518. — La loi du 28 mai 1838 a un peu modifié cet état de choses. D'après le nouvel art. 443, le tribunal a le droit, lorsqu'il le juge convenable, de *recevoir le failli partie intervenante*. Or, comme aucune disposition n'interdit au failli la voie de l'appel, il faut reconnaître qu'il a droit d'appeler de tous les jugemens qui lui sont préjudiciables, pourvu qu'il ait figuré dans l'instance et qu'il y ait été reçu comme intervenant. — V. FAILLITE.

519. — Mais pourrait-il interjeter appel du jugement qui aurait repoussé son intervention ? — M. Rivoire n'en doute pas, car la loi n'a pas interdit cet appel. Ce qu'elle a voulu, c'est que le failli ne pût figurer dans un procès qu'autant que le tribunal de commerce aurait reçu son intervention. Mais elle n'a pas dit que ce jugement serait en dernier ressort ; elle est donc restée dans les termes ordinaires du droit.

520. — Les co-débiteurs solidaires peuvent interjeter appel des jugemens rendus contre leur codébiteur ou associé. Par l'effet de la solidarité, il y aurait chose jugée contre eux ; il faut bien qu'ils aient le droit de faire réformer la condamnation qui pourrait les atteindre (Argum. art. 1199, 1206, 1207, C. civ.). — *Cass.*, 30 mars 1825, Mollin c. Peyrachon fils et Merle ; — Rivoire, p. 111, no 81.

521. — Ce qui vient d'être dit des débiteurs solidaires s'applique aussi aux associés en nom collectif. — C. comm., art. 22.

522. — ... Et à la caution qui s'est obligée solidairement avec le débiteur principal, ou qui a renoncé au bénéfice de discussion. — C. civ., art. 2021.

523. — Il en serait de même s'il y avait indivisibilité. — V. *infrà*, no 1559 et suiv.

524. — Ainsi, lorsqu'un propriétaire par indivis a été condamné à souffrir l'exercice d'une servitude qui grève le fonds commun, l'autre co-propriétaire peut interjeter appel du jugement, quoiqu'il n'y ait pas figuré personnellement. — S'il en était autrement, voici le résultat déplorable auquel on pourrait arriver. Le co-propriétaire resté étranger à la première instance aurait le droit de former tierce opposition au jugement intervenu, et pourrait en obtenir l'anéantissement relativement à lui. Dans ce cas, on se trouverait en présence de deux jugemens contradictoires, impossibles à exécuter simultanément. Une servitude ne peut pas exister et ne pas exister tout à la fois ; il faudra donc que l'un des jugemens cesse d'être exécuté, mais lequel ?.... On le voit, avec ce système on se créerait des difficultés qu'on évite facilement en admettant l'opinion contraire. — V. Chauveau sur Carré, t. 3, no 1565, p. 614.

525. — Le consort d'un appelant, qui est assigné par l'intimé en déclaration d'arrêt commun, peut, après l'expiration du délai d'appel, se présenter comme appelant en adhérant à l'appel déjà existant, devant la cour qui en est saisie. — *Cass.*, 11 mai 1811, Disses c. Comarrieu ; — Merlin, *Rép.*, vo *Testament*, sect. 2e, § 3, art, 3, no 12.

526. — L'huissier suspendu de ses fonctions par un jugement de première instance pour avoir procédé à une saisie vexatoire, n'est pas recevable à interjeter appel de ce jugement contre le saisi qui n'a pris contre lui aucunes conclusions. — *Bruxelles*, 10 nov. 1819, Lienart c. Daneau.

527. — Pour interjeter appel il ne suffit pas d'avoir qualité ; il faut avoir intérêt, éprouver un préjudice, signaler un grief.

528. — Un jugement fait grief aux parties lorsqu'il leur impose un juge d'office, sans leur laisser la faculté d'en désigner un de leur choix. — *Douai*, 19 janv. 1841 (t. 1er 1842, p. 39), Meyer c. comp. Européenne.

529. — Si le tribunal jugeant par défaut congé en cas de non comparution du demandeur, n'a renvoyé le défendeur qu'après appréciation de la demande au fond, au lieu de se borner à le faire purement et simplement en donnant défaut contre le demandeur, ce dernier est recevable à interjeter appel. — *Dijon*, 12 mars 1829, Ravier c. Joly.

530. — Le fait de la part d'une partie de prendre en première instance des conclusions principales et des conclusions subsidiaires, ne la rend pas non recevable à se faire un grief, en appel, de ce que les premiers juges se seraient bornés à admettre ses conclusions subsidiaires en rejetant ses conclusions principales. — *Cass.*, 5 nov. 1839 (t. 2 1839, p. 628), Sicard c. Sirey fils ; — *conf. Metz*, 15 juill. 1818, Vidil c. commune d'Hersdling et d'Ippling ; *Poitiers*, 18 août 1826, Bourrée c. Dardillac.

531. — La partie qui a obtenu l'adjudication de ses conclusions subsidiaires est recevable à interjeter appel du chef du jugement qui a rejeté ses conclusions principales ; et le maire d'une commune qui a d'abord soutenu qu'il était suffisamment autorisé à plaider, et qui a conclu subsidiairement à ce qu'il lui fût accordé un délai pour se pourvoir d'une autre autorisation, est recevable à interjeter appel du jugement qui lui a accordé ce délai. — *Orléans*, 10 avr. 1835, Maire de la commune de Cinais c. Bruneau.

532. — Le fermier qui conclut au maintien de son bail, et subsidiairement, en cas de résiliation, au délaissement des récoltes pendantes, peut attaquer la décision qui lui adjuge seulement ces dernières conclusions. — *Cass.*, 9 niv. an III, Lemeilleur c. Huet.

533. — Une partie peut aussi appeler du jugement qui rejette ses conclusions principales tendant à la nullité d'un rapport d'experts, quoiqu'il lui ait adjugé ses conclusions subsidiaires tendant à la confection d'un nouveau rapport. — *Grenoble*, 1er germ. an IX, Martinet c. Parent.

534. — On doit considérer seulement comme conclusions subsidiaires celles d'une partie qui maintient que les faits articulés sont admissibles, et qui demande en même temps à prouver des faits contraires. En conséquence, elle peut appeler du jugement qui ordonne la preuve des faits articulés par son adversaire. — *Rennes*, 12 janv. 1810, N. c. N.

535. — Le saisi qui, après avoir contesté la qualité du saisissant a conclu subsidiairement à la nullité de la saisie, est recevable à interjeter appel du jugement qui a annulé la saisie, mais qui a rejeté le moyen tiré du défaut de qualité. — *Limoges*, 19 juin 1835, Pauty et Chastenet c. Barrot.

536. — Observons toutefois, avec M. Chauveau Adolphe (*Journal des avoués*, t. 8, p. 301), que tout dépend des circonstances, « car, dit-il, si les conclusions subsidiaires ne sont autre chose que la réduction de la demande, celui à qui on les adjuge n'a pas le droit de se plaindre ; il a gagné son procès ; mais si, au contraire, il n'a pris ces nouvelles conclusions que dans le cas, par exemple, où contre son attente, la demande de ses adversaires, serait recevable, il a toujours le droit d'interjeter appel du jugement qui a accueilli cette demande. La question est, au reste, fort délicate, ajoute-t-il ; et si les conclusions subsidiaires présentent de grands avantages lorsque l'affaire doit être jugée en dernier ressort par le tribunal, c'est avec la plus grande circonspection que les avoués doivent les prendre, quand au contraire la cause est sujette à l'appel, parce qu'ils pourraient s'exposer à un désaveu. »

537. — Une partie peut interjeter appel des dispositions d'un jugement qui lui font grief, après avoir exécuté les dispositions qui lui sont favorables, si, en exécutant ces dernières, elle a fait réserve expresse d'attaquer les premières par appel. — *Poitiers*, 3 juin 1828, Préfet de la Vendée c. Martineau. — V. ACQUIESCEMENT.

538. — En thèse générale, lorsque la partie intimée eût pu interjeter appel, si elle avait succombé dans la demande, sa partie adverse a droit au même avantage. — *Liége*, 20 fév. 1812, Montigny c. Ferrard.

539. — Le demandeur qui succombe en première instance sur deux chefs de demande dirigés contre deux parties différentes, peut appeler contre l'un des défendeurs au chef qui le concerne, sans être tenu d'intimer l'autre. — *Rennes*, 24 juill. 1810, Soulfez c. L......

540. — Pour qu'une corporation puisse agir ou appeler, il faut qu'elle ait une existence légale, ou bien il faut que ses membres agissent *ut singuli*.

541. — Aussi a-t-on jugé qu'après la suppression des corporations et maîtrises, les tribunaux n'ont pu accueillir un appel interjeté par l'une d'elles. — *Cass.*, 11 germin. an XI, Collége des chirurgiens de Lille c. Devignes.

Sect. 2e. — *Représentans.*

542. — Les représentans légaux, les mandataires conventionnels peuvent appeler, bien qu'ils n'aient pas figuré dans l'instance dirigée contre ceux au nom desquels ils agissent, et qu'ils n'y aient pas un intérêt personnel.

§ 1er. — *Représentans légaux.*

543. — Le tuteur représente le pupille : il peut appeler d'un jugement rendu contre ce dernier.

544. — L'appel ouvre une instance nouvelle (V. édits 12 avr. 1683 ; 11 août 1674 ; avis du conseil d'état, 24 fév. 1807 ; Talandier, no 26). — Le tuteur, demandeur dans une instance principale et immobilière, doit être autorisé du conseil de famille (C. civ., art. 450, 464). — *Cass.*, 17 nov. 1813, Combalde.

545. — En pratique, il faut remarquer qu'on n'exige pas rigoureusement l'autorisation : si le tuteur succombe, il supporte les dépens personnellement. — *Riom*, 3 avr. 1806, Bonnet c. Tuntillon ; *Paris*, 31 août 1810, Gounon ; *Nîmes*, 2 juill. 1829, Chayard c. Millet ; — Talandier, p. 17, no 26.

546. — Le subrogé tuteur ne peut interjeter appel du jugement qui lui est signifié aux termes de l'art. 444, C. civ. — *Limoges*, 30 avr. 1810, Clavi c. Jourde. — Magnin, *Tr. des min.*, t. 2, no 1453.

547. — La cour de Montpellier a jugé le contraire le 19 janv. 1832, Azéma c. Antoine. Son arrêt suppose même que le subrogé tuteur *doit*, sous sa responsabilité, interjeter appel. — C'est l'avis de M. Talandier (no 27). — Seulement le subrogé tuteur ne pourra suivre l'effet de l'appel. — V. aussi Locré, t. 22, p. 114 ; Berriat, p. 414 ; Poncet, *Des jugemens*, t. 1er, p. 495. — V. aussi TUTELLE, SUBROGÉ TUTEUR.

APPEL, tit. 1er, chap. 3, sect. 2e, § 2.

548. — Un fils n'est pas recevable à appeler en son nom d'un jugement rendu contre son père ou contre sa mère. — *Turin*, 21 août 1807, Ferrero c. Giusiana; *Dijon*, 21 janv. 1808, Taillard c. Cordier et Cuénot.

549. — .. Ni un frère dans l'intérêt de son frère.

550. — L'appel dans lequel l'un des requérans se déclare appelant tant en son nom qu'en celui de son frère est nul vis-à-vis de ce dernier. — *Rennes*, 17 juill. 1816, Briand et Houssays c. N....

551. — Un mari est le mandataire légal de sa femme. Il peut interjeter appel du jugement rendu avec sa femme, avant le mariage, à l'égard des biens dont il a l'administration.

552. — Pendant le mariage, il peut appeler, sans son concours, des jugemens rendus contre elle, s'il s'agit d'une action mobilière ou possessoire à elle appartenant. — *Agen*, 5 janv. 1832, Labro.

553. — Il ne peut appeler du jugement rendu contre elle personnellement sous prétexte qu'elle n'avait pas son autorisation. Il a dû l'autoriser et la faire agir. — *Paris*, 5 avr. 1827 (*Gazette des Tribunaux*, numéro du 6 avr. suiv.); — Chauveau sur Carré, t. 3, nº 151 *bis*, p. 647. — V. du reste aux mots COMMUNAUTÉ, MARIAGE, RÉGIME DOTAL, SÉPARATION DE BIENS.

554. — Les syndics d'une faillite peuvent interjeter appel au nom des créanciers. — *Paris*, 23 avr. 1812, Julien.

555. — ... Et cela sans l'autorisation du juge-commissaire. — Même arrêt.

556. — Ils ont, en effet, l'exercice de toutes les actions mobilières et immobilières du failli. — V. FAILLITE.

557. — Le maire d'une commune a le droit d'appeler pour cette commune; seulement il faut qu'il y soit autorisé. — V. COMMUNE, MAIRE.

558 — Un acquiescement donné sans autorisation à un jugement rendu en matière de droits immobiliers contre sa commune, ne le priverait pas de ce droit. — *Besançon*, 1er fév. 1828, commune de Leschaux c. communes de Villars et Rixouse.

559. — Le préfet a le droit d'appeler, comme représentant l'état, dans les causes intéressant le domaine.

560. — Dans une pareille instance, il ne peut, même par un acquiescement formel, être déchu du droit d'appel. — *Agen*, 2 déc. 1830, préfet de Lot-et-Garonne c. Jarrousse.

561. — Le ministère public représente la société aux intérêts de laquelle il doit veiller. — En général, il a en matière civile le droit d'appel dans tous les jugemens intéressant l'ordre public. En un mot, toutes les fois qu'il faut agir par voie d'action, et non de réquisition, le droit d'appel ne peut lui être dénié. — V. MINISTÈRE PUBLIC.

562. — Ainsi, par exemple, il est recevable dans l'appel d'un jugement qui a rejeté sa demande en nullité d'un mariage.

563. — Mais le ministère public pourrait-il interjeter appel à l'effet de faire maintenir un mariage indûment annulé par le jugement? Cette question est controversée. — V. MARIAGE, MINISTÈRE PUBLIC.

564. — Ainsi, il peut interjeter appel au nom du préfet, dans les questions d'état concernant les jeunes gens appelés au recrutement de l'armée. — *Lyon*, 2 août 1827, Pacout.

565. — Mais il ne peut se rendre appelant d'une décision intervenue en faveur d'un particulier contre l'agent du trésor. — *Rennes*, 17 avr. 1826, Talhouarn.

566. — Il ne peut non plus appeler, même pour incompétence, d'un jugement rendu en matière civile, qui n'est point attaqué par les parties entre lesquelles il est intervenu. — *Poitiers*, 5 août 1819, Martin c. Giraudeau.

567. — ... Même quand il s'agirait d'une incompétence *ratione materiæ*. — *Metz*, 21 janv. 1812, Beaudeux c. Vincent.

568. — Quant à son droit d'appel en matière correctionnelle, V. APPEL (mat. crim.).

569. — Les envoyés en possession provisoire des biens d'un absent représentent cet absent. Ils peuvent appeler dans son intérêt.

570. — Le droit d'appeler d'un jugement rendu contre l'ancienne liste civile a été enlevé au liquidateur et transporté au ministre des finances par la loi du 8 avr. 1834. — *Cass.*, 7 août 1834, Schonen c. de Cotte.

§ 2. — *Mandataires conventionnels.*

571. — Nul ne plaide en France par procureur, si ce n'est le roi; c'est là une vieille maxime de notre droit national, dont la jurisprudence fait tous les jours encore l'application. — Merlin, *Quest. de dr.*, vº *Appel*, t. 1er, p. 86.

572. — Mais quel est le sens de cette maxime? Doit-elle être entendue, comme on le faisait dans le principe? Signifie-t-elle encore aujourd'hui qu'on ne peut être représenté dans un procès par un mandataire? Evidemment non; tel n'est plus depuis long-temps le sens de la maxime.

573. — Entendue comme elle doit l'être, elle signifie qu'un tiers ne peut figurer pour un autre dans un procès, sans un mandat, ou un pouvoir exprès.

574. — Elle signifie encore, suivant quelques formalistes, que dans une instance où l'une des parties est représentée par un mandataire, cette partie doit être en nom dans tous les actes de la procédure.

575. — Les partisans de cette dernière opinion veulent que l'on désigne toujours la partie intéressée qui signifie, qui assigne, qui conclut, qui requiert, et que l'on ajoute que c'est sur les *poursuites et diligences du mandataire* qui est également désigné.

576. — Voici ce qu'écrivait Pothier, sur ce sujet, *Tr. des Obligations*, part. 4e, § 2, nº 34 : « Lorsque j'ai donné une procuration spéciale à quelqu'un pour donner pour moi une demande, la demande doit être donnée en mon nom. Ce serait une mauvaise procédure, si elle était au nom de ce procureur et en la qualité du fondé de ma procuration : de là cette maxime qu'il *n'y a que le roi qui plaide par procureur.* »

577. — Quoique l'opinion de Pothier soit encore suivie dans beaucoup de tribunaux, la force de cette maxime s'est beaucoup affaiblie dans la procédure moderne. — V. PLAIDER PAR PROCUREUR.

578. — Ainsi l'on décide que le mandataire peut soutenir l'action en son nom, comme fondé de pouvoir du mandant, dont il indique le nom et la profession. — Merlin, *Répert.*, vº *Plaider par procureur*; vº *Prescription*, § 15; Berriat, t. 1er, p. 196; Boncenne, *Théorie de la procéd.*, t. 2, tit. *Des ajournemens.*

579. — Conformément à cette doctrine, la cour de Cassation a jugé, le 22 brum. an XII, que le sieur Piron avait valablement interjeté appel en sa qualité de représentant du comte de Glimes.

580. — Toutefois, M. Talandier (*Tr. de l'appel*, p. 23 et suiv., nº 34) se montre encore le partisan de la doctrine de Pothier. « Ce que vous qualifiez d'argutie, dit-il, conserve dans toute sa force une noble et antique maxime, un précepte de convenance et d'ordre public, qu'on a plus besoin de protéger de nos jours que jamais, et qui, d'ailleurs, ne nuit en rien aux intérêts particuliers. »

581. — Quoi qu'on en puisse dire, nous ne comprenons pas que l'ordre public soit intéressé à ce qu'un exploit soit notifié à la requête du commettant, *poursuites et diligences du mandataire*, plutôt qu'à la requête du mandataire, *agissant pour le mandant.* Annuler un exploit parce qu'on aura adopté une formule au lieu d'une autre qui a exactement le même sens, ce serait déraisonnable; ce serait se mettre en contradiction avec les règles de notre procédure.

582. — Revenons au principe. En droit français, on ne plaide pas pour autrui sans mandat.

583. — Ainsi, on ne peut interjeter appel pour un tiers qui n'a pas donné un mandat spécial d'appeler dans son intérêt. — *Limoges*, 30 déc. 1823, Chauvin c. Billardon.

584. — On ne peut, non plus, appeler pour un tiers, en se portant fort pour lui. — *Limoges*, 13 janv. 1819 (cité par Talandier, p. 26, nº 34, dernier alinéa).

585. — Toutefois, la partie condamnée pourrait se prévaloir d'un pareil appel, si elle le ratifiait avant l'expiration des délais. — *Cass.*, 24 brum. an IX, Lafare. — V. *contrà* Talandier, nº 34, p. 26.

586. — La cour d'Angers a été plus loin. Elle a jugé que la partie intéressée peut ratifier cet appel même après l'expiration des délais — *Angers*, 22 mai 1817, Leroux c. Martineau. — V. *contrà Cass.*, 24 brum. an IX, Lafarre c. Martin; — Merlin, *Quest.*, vº *Appel*, § 3; Talandier, *loc. cit.*

587. — Les codébiteurs solidaires étant présumés s'être donné un mandat réciproque de se représenter, nul doute que chacun d'eux n'ait le droit d'appeler du jugement rendu contre son codébiteur. — C'est ce que nous avons déjà établi *suprà* nº 520.

588. — Le même principe s'applique également aux associés solidaires, comme il a été dit *suprà*, nº 521.

589. — Mais il ne s'applique pas aux associés civils ou commanditaires. Entre eux nulle solidarité, nul mandat tacite; l'un d'eux ne peut appeler du jugement rendu contre les autres.

590. — Ainsi un coassocié peut consentir à être jugé en dernier ressort, et le jugement n'est pas susceptible d'appel de la part du coassocié.

591. — S'il avait même excédé ses pouvoirs en prorogeant la juridiction du tribunal, le co-associé ne pourrait attaquer le jugement que par la voie de la tierce-opposition. — *Turin*, 5 déc. 1812, Caldain.

592. — Lorsqu'il y a mandat, faut-il que le mandataire qui interjette appel pour son mandant fasse mention de la procuration qui lui a été donnée dans l'acte d'appel? — Suivant M. Bioche (t. 1er nº 282), il suffit que l'on puisse justifier du mandat dans le cours de l'instance. — C'est aussi notre avis. — M. Bioche ajoute que la cour de Cassation a jugé le contraire, le 24 brum. an IX, mais c'est une erreur, la question n'a même pas été examinée dans cette espèce.

593. — *Mandat ad lites.* — A Rome, le *procurator ad lites* pouvait appeler, il le devait même. — V. L. 1, Cod., *De sentent. et interl.*; L. 17, ff., *De proc.* — Il était le *dominus litis.*

594. — Selon MM. Merlin et Berriat-Saint-Prix, l'avoué peut, comme le *procurator ad lites*, interjeter appel. Il est aussi *dominus litis.* — V. Merlin, *Quest.*, vº *Appel*, § 3; Berriat-Saint-Prix, p. 373, nº 33.

595. — Cette doctrine nous semble peu compatible avec l'institution de avoués. L'avoué postule au nom de son client; mais son mandat finit avec le jugement qui termine le procès. — V. Poncet, *Des jug.*, L. 1, p. 496; Talandier, nº 33.

596. — Il n'y a d'exception à cette règle que pour les cas où la loi abrège le délai de l'appel et le fait courir à dater de la signification à avoué. — Talandier, p. 23, nº 33. — V. AVOUÉ, PROCUREUR *ad lites.*

§ 3. — *Héritiers.*

597. — Il n'est pas indispensable d'avoir figuré au jugement en personne pour pouvoir appeler de ce jugement. Celui qui y a été représenté soit par ses auteurs, soit par ses ayant-cause jouit de ce droit.

598. — Les héritiers représentent le défunt. Ils ont, pour appeler, le même droit, le même délai que lui.

599. — Les héritiers ne se représentent pas entre eux : il en résulte que le jugement rendu pour ou contre l'un d'eux n'a aucun effet pour ou contre l'autre, et que le cohéritier ne peut appeler du jugement rendu contre son cohéritier. Il n'a que la voie de la tierce opposition. — Talandier, nº 9, p. 6.

600 — Des cohéritiers qui sont dans le délai pour appeler d'un jugement ne peuvent faire recevoir l'appel des cohéritiers qui ont laissé passer le délai. — *Cass.*, 21 brum. an VII, Briot c. Bosmann.

601. — L'appel interjeté, en temps utile, contre quelques héritiers, et après les délais contre d'autres, ne profite que contre ceux à l'égard desquels il a été appelé en temps utile. — *Rennes*, 14 mai 1812, Plantard c. Macé.

602. — Cependant, il a été jugé que l'appel interjeté par un héritier, tant pour lui que pour ses cohéritiers, profite à ces derniers, s'ils ne l'ont pas désavoué et qu'ils soient au contraire intervenus dans la cause. — *Angers*, 22 mai 1817, Leroux c. Martineau. — Il ne faut regarder cet arrêt que comme un arrêt d'espèce : il est contraire aux principes. — V. PLAIDER PAR PROCUREUR.

603. — En matière indivisible, l'appel interjeté par un des cohéritiers ou contre lui profite à ses cohéritiers ou a effet contre eux. — V. *infrà* nºs 1559 et suiv.

604. — L'héritier qui a fait reconnaître son droit et sa qualité peut interjeter appel des jugemens rendus contre celui qui s'était indûment emparé de la succession. — De même que les tiers pourraient lui opposer les décisions obtenues par eux contre l'héritier apparent, si elles avaient acquis l'autorité de la chose jugée; de même le véritable héritier peut attaquer ces décisions, tant qu'il reste une voie de recours. — C. civ., art. 1340.

605. — Les légataires n'ont pas la voie de l'appel contre le jugement qui annulerait l'institution d'héritier. Mais ils pourraient intervenir si l'héritier appelait. — Merlin, *Quest.*, t. 7, p. 177; Talandier, nº 11.

§ 4. — *Ayant-cause.*

606. — L'ayant-cause est censé avoir reçu un mandat tacite pour agir, dans son intérêt personnel, en exerçant les droits de celui qu'il représente. Il peut toujours appeler, à moins qu'il ne s'agisse de droits exclusivement personnels. — Art. 1166, C. civ.

607. — Sont ayant-cause : l'acquéreur, le vendeur, le cessionnaire, le cédant, le donataire, le donateur, le créancier gagiste, le garant simple, le garant formel, le créancier chirographaire ou hypothécaire, la caution. — V. AYANT-CAUSE.

608. — L'acquéreur peut appeler du jugement rendu, avant la vente, contre son vendeur. — L. 28, ff., *De except. rei judic.*

609. — Jugé ainsi que l'acquéreur assigné en déclaration d'hypothèque a pu, en qualité d'ayant-cause de son vendeur, interjeter appel du jugement rendu contre ce dernier. — *Colmar*, 9 juill. 1806, Maglin c. Cerf-Jacob; Poitiers, 6 juill. 1824, Ranger.

610. — Le cessionnaire d'une créance peut appeler du jugement rendu contre son cédant. — Le débiteur cédé peut, sur cet appel, demander la mise en cause du cessionnaire. — *Bruxelles*, 25 fév. 1817, Demoor c. Vandewauwer; — Bioche et Goujet, *Dictionnaire de procédure*, v° *Appel*, n° 79, (art. de M. Bertin, édit. 2e); Merlin, *Quest.*, v° *Appel*, § 2, art. 3.

611. — Lorsqu'un jugement de condamnation a été rendu au profit et sur la poursuite du tiers-porteur d'une lettre de change, le cessionnaire peut être admis à conclure sur l'appel à la confirmation du jugement. — *Cass.*, 24 fév. 1808, Mouton c. Bruneau et Duvadan.

612. — Mais le vendeur ou le cédant ne peut appeler du jugement rendu contre l'acquéreur ou le cessionnaire. Il est dessaisi. — Talandier, nos 13, 15; Chauveau sur Carré, t. 3, no 1581 *bis*.

613. — Toutefois, celui qui a cédé une créance a néanmoins qualité pour interjeter appel du jugement relatif à cette créance et rendu contre lui au profit d'un tiers, alors que la cession n'a point été signifiée par le cessionnaire au tiers désintéressé. — *Bordeaux*, 29 avr. 1829, Laville c. Caussorouge. — V. aussi Carré, no 1581 *bis*.

614. — Lorsque, pendant une instance sur l'appel, relativement à une demande en paiement d'un billet à ordre, l'appelant créancier a cédé ses droits à un tiers, il n'est plus recevable à discuter lui-même le mérite de son appel; lors même que, dans son transport fait au tiers, il s'est engagé à plaider en son nom et à ses risques et périls. — L'appelant a, par le fait de la cession, perdu tout droit à soutenir son appel; et la stipulation qu'il serait tenu de continuer à suivre cet appel en son nom, doit être considérée comme non écrite. — *Metz*, 1er mars 1823, N...

615. — Un appel n'est point nul, par cela seul que la partie qui l'a interjeté l'a fait seulement comme cessionnaire des droits d'un coïntéressé, sans l'interjeter expressément en son nom personnel, lorsque, d'ailleurs, il résulte de l'ensemble et de la contexture de l'acte d'appel qu'il a eu lieu dans ce double intérêt; surtout si la partie adverse, dans des actes de poursuites postérieurs à cet appel, a elle-même reconnu les qualités diverses d'où provient ce double intérêt. — *Riom*, 16 mai 1821, Mergoil c. Costel.

616. — Comme garans, le vendeur et le cédant peuvent appeler en prenant le fait et cause de l'acquéreur et du cessionnaire. — V. GARANTIE, VENTE.

617. — Le donataire a, comme comme l'acquéreur et le cessionnaire, le droit d'appel. — Quant au donateur, il ne l'a pas. Il ne peut pas même prendre en appel le fait et cause du donataire. Il ne lui doit pas garantie. — V. DONATION.

618. — L'usufruitier ne peut appeler du jugement qui attribue à un tiers la propriété de la chose dont l'usufruit lui a été légué, lorsqu'en première instance l'héritier seul a été en cause, ce jugement ne peut être opposé à l'usufruitier. — V. USUFRUIT.

619. — Les créanciers peuvent appeler du jugement rendu contre leur débiteur. La faculté d'appeler n'est pas un droit exclusif à sa personne. — *Poitiers*, 6 juill. 1824, Doré c. Bauger et Imbert; *Bordeaux*, 7 déc. 1829, Pujos et Lauga c. Vignes; *Lyon*, 21 déc. 1831, Targe c. Poissat; *Limoges*, 28 avr. 1841 (t. 1er 1843, p. 432), d'Auby c. Trousset.

620. — Ainsi, les créanciers du donataire sont recevables à interjeter appel du jugement qui prononce la révocation de la donation faite à leur débiteur, si ce dernier ne le fait pas lui-même. — *Bordeaux*, 7 déc. 1829, Pujos et Lauga c. Vignes.

621. — Le créancier hypothécaire d'un failli est recevable à interjeter appel d'un jugement sur le motif qu'il a été représenté par les syndics, et que le droit d'appeler n'appartient qu'à celui qui a été partie et qui a figuré en cause principale. — *Lyon*, 21 déc. 1831, Targe c. Poisat.

622. — L'acquéreur des biens du mari, poursuivi par la femme de ce dernier, séparée de biens d'avec lui, en paiement de ses reprises, a *qualité* pour interjeter appel du jugement qui fixe le montant de ces reprises. — *Poitiers*, 6 juill. 1824, Doré c. Banger et Imbert.

623. — Le créancier qui est intervenu dans une instance engagée par son débiteur, en vertu de l'art. 1166, C. civ., peut, alors que la cause a été instruite et jugée avec lui, appeler, seul et en son nom, du jugement qui rejette la demande du débiteur: son appel est recevable, encore que, à défaut d'appel du débiteur, le jugement soit passé en force de chose jugée à l'égard de celui-ci. — *Bourges*, 7 fév. 1825, Dubois et Vigneron c. Jault.

624. — Lorsque, sur la demande en restitution d'un dépôt formé par un individu, et l'intervention du créancier de celui-ci en vertu de l'article 1166, C. civ., un jugement rejette la demande, si le créancier appelle seul du jugement, le prétendu déposant ne peut, après avoir laissé passer le délai, intervenir en instance d'appel. — *Bourges*, 7 fév. 1825, Dubois et Vigneron c. Jault.

625. — La caution est l'ayant-cause du débiteur principal. — Elle peut appeler du jugement rendu contre lui; mais seulement en excipant des moyens inhérens à la cause, que le débiteur a employés ou pouvait employer. — *Grenoble*, 18 janv. 1832, Barril; — V. cependant *Cass.*, 10 nov. 1841 (t. 1er 1844, p. 633), compagnie d'assurance la Sécurité c. Administration de la guerre.

626. — Si elle emploie des moyens purement personnels et étrangers au débiteur, elle doit agir par voie de tierce opposition. — Même arrêt.

627. — Dans le premier cas, la déchéance des délais d'appel ne doit point être acquise contre le débiteur principal. — Même arrêt.

628. — Et ces délais ne courent, suivant M. Toullier, que du jour où le créancier a fait notifier le jugement à la caution (t. 10, p. 303). — V. aussi Talandier, no 24.

629. — Le jugement qui décharge la caution ne profite pas au débiteur principal. Celui qui la condamne ne le lie pas. — C. civ., art. 2250.

630. — La qualité de garant confère le droit d'appel. — *Toulouse*, 16 nov. 1825, Imbert. — V. GARANTIE.

631. — Lorsqu'un mandataire s'est, en cette qualité, porté garant de la vente qu'il a faite des biens de son mandant, et que les acquéreurs ont été poursuivis en délaissement, sans que ce mandataire ait figuré au procès devant le tribunal de première instance, autrement que comme appelé en garantie par l'un d'eux seulement, et non comme ayant pris fait et cause pour les autres, il ne peut appeler, en qualité de garant, du jugement qui a condamné ces derniers au délaissement. — *Cass.*, 19 août 1840 (t. 1er 1843, p. 646), Ledieu c. Vasseur.

632. — Il en serait autrement si l'instance avait été liée avec le garant. — *Cass.* 31 août 1818, Crouzet c. Roussac; *Metz*, 27 fév. 1822, Ournot c. Robert; *Toulouse*, 16 nov. 1825, Imbert c. Gil; *Bordeaux*, 22 janv. 1827, Moreau c. Anciau-Sauvignon; *Cass.*, 19 août 1840 (t. 1er 1843, p. 646), Ledieu c. Vasseur. — Il faut remarquer que l'arrêt de la cour de Toulouse a accordé le droit d'interjeter appel au garant qui, il est vrai, avait été mis en cause, mais qui n'avait pas pris expressément fait et cause pour le garanti. — V. aussi Bioche et Goujet, *Dict. de procéd.*, v° *Appel*, n° 151, 2e édit.

633. — L'appel interjeté par le garant du jugement rendu à la fois contre lui et les garantis, profite, tant aux parties qui ont exercé un recours en garantie qu'à celles qui s'en sont abstenues, lorsque le garant a été implicitement déclaré responsable par ce jugement, et condamné aux dépens envers toutes les parties. — En conséquence, lorsque sur l'appel interjeté par le notaire rédacteur d'un testament dont la nullité a été prononcée en première instance avec recours contre lui, la cour royale a reconnu la validité du testament, cet appel profite à tous les légataires, et l'exécution du testament doit être ordonnée en faveur même de ceux d'entre eux qui n'ont point exercé de recours contre le notaire. — *Cass.*, 16 janv. 1843 (t. 1er 1843, p. 648), Terrien c. Préau et Terrien.

634. — L'intimé peut, devant la cour royale, reprendre par voie d'exception, contre l'un des appelans qui a interjeté un appel général, les conclusions en garantie qu'il avait présentées déjà contre lui en première instance, et sur lesquelles les premiers juges n'avaient pas eu à statuer. — *Douai*, 27 avr. 1844 (t. 1er 1844, p. 762), Gillon et Delair c. Carniez. — V. GARANTIE.

635. — Lorsque le débiteur d'une rente constituée a acquiescé à un jugement qui le condamne à rembourser le capital, le tiers qui est condamné par le même jugement à garantir le débiteur peut, quoique non obligé vis-à-vis du créancier, interjeter appel du jugement. — Si l'acquiescement du débiteur n'est fondé que sur la garantie qui était prononcée en sa faveur, le jugement peut être infirmé dans son intérêt comme dans celui du garant, malgré son acquiescement. — *Cass*, 31 août 1818, Crouzet c. Boussac.

636. — Un défendeur en garantie peut appeler des jugemens rendus contre lui tant qu'ils ne lui ont pas été notifiés, lors même qu'ils l'auraient été au défendeur principal et que celui-ci y aurait acquiescé. — *Cass.*, 2 déc. 1833, Ricard c. Delamarre.

637. — Le demandeur originaire peut interjeter appel contre l'assigné en garantie, encore que devant les premiers juges il n'ait pris aucunes conclusions contre lui, et qu'il n'ait pas subi de condamnation à son profit. — *Rennes*, 30 janv. 1834, Dauphin c. Piron et Champion.

638. — L'appel interjeté par le garant profite au garanti. — *Grenoble*, 22 mars 1811, Collet c. Costaz.

639. — L'appel du garant ou du sous-garant remet le fond en question à l'égard de toutes les parties, encore que le garant, ayant obtenu le recours qu'il demande, n'interjette pas appel. — *Cass.*, 11 mai 1830, Cheuzeville c. Ballandras. — V. du reste GARANTIE.

CHAPITRE IV. — *Contre quelles personnes on peut interjeter appel.*

640. — Au moyen-âge, l'appel, du moins dans les pays coutumiers, était dirigé contre le juge; c'était lui qu'on ajournait; on se bornait à intimer la partie, c'est-à-dire qu'on lui dénonçait l'appel, afin qu'elle avisât à ce qu'il lui convenait de faire dans son intérêt.

641. — Dans les pays de droit écrit, on dirigeait l'appel contre la partie, et l'on intimait le juge.

642. — Loyseau explique très bien historiquement comment cette double procédure s'était introduite dans notre droit. Puis il ajoute: « Nous » faisons encore à présent au pays coutumier » ajourner le juge en cas d'appel, ainsi que s'il » était la vraie partie, et nous nous contentons de » faire intimer la partie par manière d'acquit, et » comme pour la forme, et à telle fin que de raison, c'est-à-dire lui dénoncer qu'il compare s'il » veut. — Ce que ceux du pays écrit ayant trouvé » tout contraire à leurs lois et à la raison, ont renversé à bon droit, et font tout au contraire de » nous appeler la partie et intimer le juge. » — *Tr. des offices*, liv. 1er, ch. 14.

643. — Enfin, il explique que, quoiqu'on continuât de son temps à ajourner le juge en appel, cependant on ne pouvait, s'il ne comparaissait pas, prendre défaut contre lui. — « Au contraire, dit-il, » si l'intimé ne compare, c'est contre lui qu'on » prend défaut. »

644. — Comme on le voit, cette procédure contre le juge n'était qu'une pure formalité, un vestige de l'ancienne coutume, qui finit par tomber complètement en désuétude.

645. — Toutefois, longtemps encore après, il était d'usage que les baillis, sénéchaux et leurs lieutenans, se rendissent, chaque année, à l'ouverture du parlement, lors de l'appel des causes de leur bailliage, afin qu'ils pussent répondre aux plaintes qui seraient dirigées contre eux. Mais cet usage même finit aussi par disparaître tout-à-fait.

646. — Aujourd'hui, c'est contre la partie et contre la partie seule que l'appel est dirigé; les premiers juges restent complètement étrangers à cette procédure.

647. — On remarquera seulement que, bien que la partie soit directement ajournée, et nécessairement en cause devant la cour, par la force de l'habitude, on lui donne encore le nom d'*intimé*, bien que cette qualification ne rende pas exactement compte du rôle qu'elle est appelée à jouer dans le procès.

648. — Quand nous parlons ainsi de la partie qu'il faut intimer, il est clair que nous voulons désigner celle qui était, lors du jugement, l'adversaire de l'appelant.

649. — En effet, bien que l'appel soit une nouvelle instance, c'est toujours la même contestation qu'il s'agit de vider; ce sont toujours les mêmes parties qui figurent au procès.

650. — Ainsi, il est de jurisprudence qu'on ne peut intimer ni faire intimer en appel une personne étrangère au jugement de première instance dans laquelle elle n'a point été partie. — *Rennes*, 27 juill. 1818, Lejan c. Vivier.

651. — Jugé en conséquence qu'une partie qui n'est pas appelante d'un jugement ni intéressée dans la cause ne peut être intimée devant la cour. — *Rennes*, 3 fév. 1815, Legris c. Pillat et Hardouin.

652. — .... Que les créanciers qui n'ont pas été parties au premier jugement, ne peuvent pas être intimés sur l'appel. — *Rennes*, 18 mai 1811, Jourand c. Fleuriot de Langle.

653. — ... Qu'un juge du tribunal de commerce nommé commissaire d'une faillite ne peut être intimé sur l'appel du jugement qui a déclaré la faillite. — *Rennes*, 27 fév. 1811, A.... c. Syndics de sa faillite.

654. — .... Que le cessionnaire n'a pas qualité pour défendre à l'appel du jugement qui, ayant la

cession, avait prononcé la condamnation de la somme cédée. — En conséquence, cet appel ne peut être interjeté que contre celui qui avait obtenu la condamnation. — *Orléans*, 26 juin 1840 (t. 1er 1843, p. 683), Bobée c. Lerèche de Chevigné.

655. — L'appel peut être dirigé non seulement contre la partie, mais contre son représentant légal.

656. — Si donc une partie a cessé d'être *integri status*, si, par exemple, elle a été interdite, l'appel sera dirigé non contre elle, mais contre son tuteur.

657. — Si, au contraire, c'est l'hypothèse inverse qui se présente, c'est-à-dire si la partie représentée en première instance par un tuteur est devenue capable, c'est contre elle et non contre son représentant que l'appel doit être dirigé.

658. — C'est donc avec raison qu'on a jugé que la veuve, assignée en première instance comme tutrice de sa fille mineure, ne doit pas être intimée sur l'appel, si la fille s'est mariée dans l'intervalle, et que l'exploit qui lui est signifié est nul à l'égard de celle-ci. — *Rennes*, 25 mai 1819, Lemercier c. Querro.

CHAPITRE V. — *Qui peut intervenir sur l'appel.*

659. — En appel, aucune intervention n'est reçue, si ce n'est de la part de ceux qui auraient le droit de former tierce opposition. — C. procéd., art. 466.

660. — Pour former tierce opposition, il faut que le jugement préjudicie et que la personne qui veut l'attaquer n'ait été ni appelée, ni représentée dans l'instance. — C. procéd., art. 474.

661. — La disposition de l'art. 466 ne se trouvait textuellement dans aucune loi antérieure au Code; elle a été jugée nécessaire pour prévenir l'abus que la chicane avait introduit en faisant, pour retarder le jugement ou accroître les émolumens, intervenir dans l'instance d'appel de nouvelles parties, ou en empruntant leur nom former d'officieuses interventions; ce qui entraînait des incidens et faisait gagner du temps. — Demiau Crouzilhac, *Procéd.*, p. 331.

662. — Suivant M. Chauveau, l'art. 466, C. procéd., reçoit exception lorsque l'intervention est provoquée par une *demande nouvelle* formée devant la cour. Ce n'est pas là, dit-il, une *intervention sur appel*; car sur cette demande nouvelle il n'y a pas d'appel. Il semble donc, ajoute-t-il, que ce cas soit en dehors du texte comme de l'esprit de l'art. 466. — *Lois de la procéd.*, t. 4, no 1679 *ter*.

663. — Pour qu'une partie soit admise à intervenir en cause d'appel, il suffit qu'elle ait le droit de former tierce opposition à l'arrêt qui doit être rendu; il n'est pas nécessaire que le jugement de première instance lui préjudicie. — Merlin, *Rép.*, t. 16, p. 531, 4e édit.; Chauveau et Carré, t. 4, no 1680.

664. — Jugé cependant qu'on ne peut intervenir sur l'appel, sous le simple motif qu'il est possible que l'arrêt à rendre puisse nuire à l'intervenant; il faut avoir un intérêt instant et un droit acquis, auxquels le jugement aurait préjudicié. — *Limoges*, 23 avr. 1822, d'Aigueperse et Villolelle c. Laboisseille. — V. aussi *Bourges*, 7 déc. 1825, Chabourceau c. Milhiet et autres. — Talandier, p. 299.

665. — Celui qui a été partie dans un jugement, et qui n'a pas été mis en cause sur l'appel, peut se porter intervenant pour demander la confirmation du jugement. — *Paris*, 14 nov. 1838 (t. 1er 1839, p. 65), Royer et Aubert c. syndics Voisine.

666. — Mais celui qui a été partie à un jugement qu'il n'est plus en temps utile d'attaquer par appel, ne peut intervenir sur l'appel qu'une autre partie, dont les droits étaient semblables aux siens, en a interjeté dans les délais. — *Poitiers*, 4 juin 1828, de Gualou c. commune de Saint-Hilaire-la-Pallu.

667. — Le créancier peut-il, en cette qualité, intervenir dans l'instance d'appel où son débiteur est partie? Evidemment non, car il n'a pas le droit de former tierce opposition. En effet, il était, en première instance, représenté par son débiteur, et la chose jugée avec l'un était opposable à l'autre. On ne doit donc pas, sauf le cas de fraude, admettre ici l'intervention. — Chauveau sur Carré, t. 4, no 1680 *ter*.

668. — Jugé en conséquence qu'un créancier n'est pas recevable à intervenir en cour d'appel pour faire valoir les droits de son débiteur qui se défend lui-même. — *Cass.*, 8 déc. 1825, Lebarrois-d'Orgeval c. Laffite et compagnie.

669. — Lorsque le créancier n'est pas représenté par son débiteur, par exemple, en matière de faillite, l'intervention du créancier en appel est permise. — V. FAILLITE.

670. — Il en est de même dans une instance en radiation d'hypothèque à l'égard du créancier hypothécaire, qui veut conserver ses droits particuliers contre un autre créancier ayant inscription. — Talandier, p. 309, no 298.

671. — Jugé, conformément à ce principe, qu'un créancier hypothécaire peut intervenir en instance d'appel dans un procès où il s'agit de la propriété des biens hypothéqués — *Grenoble*, 22 déc. 1815, Ford c. Didier et Bonnet.

672. — Au reste, la prohibition faite au créancier d'intervenir sur l'appel que relève son débiteur, ne lui ôte pas le droit d'interjeter lui-même cet appel, quand son débiteur le néglige. — Art. 1166, C. civ. — V. *suprà*, no 623.

673. — Que faudrait-il décider si le créancier intervenant en appel était déjà intervenu en première instance? — Son intervention devrait être repoussée; car ayant été partie au jugement, il n'a pour l'attaquer que la voie de l'appel. — Chauveau sur Carré, t. 4, no 1680 *ter in fine*. — V. au surplus INTERVENTION.

674. — Cependant il a été jugé que le créancier de l'appelant peut, après être intervenu en première instance, et après avoir reçu la signification de la sentence des premiers juges, intervenir sur l'appel relevé par son débiteur, mais à la charge de payer lui-même les frais de son intervention. — *Grenoble*, 18 avr. 1828, Michoud et Guérin c. Roujat. — V. aussi *Lyon*, 18 juin 1826, Deschaux c. Ducros et Bouniols.

675. — Un associé n'est pas recevable à se rendre intervenant sur l'appel interjeté par son co-associé, seul gérant de la société, d'un jugement rendu contre ce dernier au sujet de la société. — *Bordeaux*, 9 janv. 1826, Flourel c. Lacotte.

676. — Le failli, bien que dessaisi de l'administration, peut-il être admis à intervenir dans les débats judiciaires qui ont lieu à raison de sa faillite? — V. FAILLITE.

677. — Le cédant peut-il intervenir en cause d'appel, sur la contestation soutenue par le cessionnaire à l'occasion de la créance cédée? — En d'autre termes, le garant peut-il intervenir dans le procès à raison duquel il doit la garantie? — M. Talandier (p. 308, 4o) se prononce pour l'affirmative, attendu le préjudice que la condamnation du cessionnaire causerait au cédant.

678. — Jugé en ce sens, que le vendeur d'une créance consistant dans le montant d'un reliquat de compte à rendre, peut intervenir dans une instance d'appel entre son cessionnaire et celui qui doit le compte, instance sous laquelle pour la première fois ce dernier fournit le compte. — *Rennes*, 27 avr. 1818, Leclerc c. Gallois; — V. aussi *Colmar*, 14 mars 1836, Rieffel c. Pleingessen; 12 mars 1838 (t. 1er 1839, p. 154), Martha et Schwend c. Eichinet Schwend.

679. — Mais M. Chauveau (*L. de la procéd.*, t. 4, no 1681 *bis*) se prononce pour l'opinion contraire. Il fait observer, avec Pigeau (*Procéd. civ.*, liv. 2, part. 4, tit. 1er, chap. 1er, art. XI, no 8, et *Comment.* t. 2, p. 45), que le jugement ne préjudicie pas au cédant, car, lorsque celui-ci sera attaqué en garantie par le cessionnaire, il prouvera à celui-ci qu'il s'est mal défendu et sera à l'abri du recours. — C. civ., art. 1640.

680. — Il fait valoir encore une autre considération; il s'appuie sur ce qu'un article du projet du Code de procédure, qui permettait au garant d'intervenir en cause d'appel et de prendre le fait et cause du garanti, a été changé: il en conclut que le législateur a repoussé le principe. La conséquence ne nous paraît pas rigoureuse. — V. au surplus INTERVENTION, GARANTIE.

681. — Relativement au cessionnaire, on a jugé qu'il devait être admis à intervenir sur l'appel. — *Bordeaux*, 21 mai 1831, Gaulhieur c. Wirtz; *Cass.*, 16 juill. 1834, Baloffet c. Daviot; — Talandier, p. 308, 5o.

682. — Cependant le contraire a été jugé par la cour de Poitiers, le 5 juill. 1826 (Stocquet c. Laffitte), et M. Chauveau déclare qu'il préfère cette décision à celle des cours de Bruxelles et de Bordeaux. — Son motif pour le décider ainsi, c'est que le cédant représente le cessionnaire, ce qui, dans beaucoup de cas, peut être contesté.

683. — A notre avis, la question n'est pas sérieuse; si le cessionnaire ne remplit pas les conditions de l'art. 466, son intervention est non recevable. Elle doit être reçue, au contraire, toutes les fois que le droit de former tierce opposition lui appartient.

684. — Ainsi, le cessionnaire d'une créance peut, sur l'appel, exercer une demande en garantie contre son cédant, dans le cas où le montant de cette créance aurait été réduit; parce que celui-ci aurait droit de former tierce opposition à l'arrêt qui serait intervenu. — *Besançon*, 10 janv. 1820, N...

685. — Un intérêt d'honneur, un préjudice moral, peuvent-ils motiver une intervention, en cause d'appel? — La jurisprudence a plusieurs fois admis l'intervention d'un notaire dont l'acte était argué de faux. — V. NOTAIRE. — V. aussi Talandier, p. 301, no 288.

686. — Mais, M. Chauveau fait une distinction qui paraît rationnelle. Il rejette l'intervention lorsque l'acte a été argué de faux en première instance, sans que le notaire ait jugé à propos d'intervenir. Il l'admet, au contraire, si c'est seulement devant la cour que l'inscription de faux a été proposée. Dans le premier cas, le notaire a bien un intérêt, mais il n'a pas le droit de former tierce opposition. Dans la dernière hypothèse, il n'a pas ce droit non plus; mais son intervention doit être considérée comme si elle avait été faite en première instance; il suffit qu'il ait intérêt. — *Lois de la procéd.*, t. 4, no 1681 *ter*.

687. — M. Chauveau fait la même distinction, à l'égard du tiers qui se prétend injurié par des mémoires signifiés, dans une cause où il n'est pas partie.

688. — Si les injures dont il se plaint ont été produites en première instance, il ne peut pas en demander, pour la première fois, la réparation en cause d'appel; car il n'éprouve aucun préjudice, même dans son honneur, d'un jugement ou d'un arrêt qui statue uniquement sur l'objet de la contestation à laquelle il est étranger. Quel moyen aurait-il dès-lors d'y former tierce-opposition? L'intervention en cause d'appel ne lui est donc pas permise. — *Orléans*, 5 août 1815, Bruley c. Puillet.

689. — Mais si les injures n'ont été produites qu'en appel, l'intérêt ne commençant qu'alors pour celui qui en est la victime, la cause doit être considérée, en sa faveur, comme étant encore à sa première phase: son intervention est une intervention de première instance. — *Rouen*, 25 mars 1807, Rivière et Froudière c. Bellant; — Chauveau sur Carré, *Lois de la procédure*, t. 4, no 1681 *ter*, *in fine*. — V. DIFFAMATION, INJURES, MÉMOIRE.

690. — Jugé qu'un avocat de la cour de Cassation, dont une consultation produite devant les premiers juges avait été par eux censurée et supprimée, était recevable à intervenir sur l'appel pour faire réformer cette décision. — *Rouen*, 11 juill. 1827.

691. — Il faut remarquer, toutefois, que le principal motif de la cour de Rouen n'est pas tiré de l'art. 466, C. procéd., mais qu'il s'appuie sur ce principe qu'en matière disciplinaire l'appel est de droit, quand la loi ne l'a pas expressément interdit.

692. — Le véritable intéressé peut-il intervenir en cause d'appel dans l'instance d'abord soutenue par son prête-nom, pour la continuer lorsque celui-ci l'abandonne ou est déclaré sans intérêt? — Les poursuites faites sans fraude par un prête-nom sont valables et profitent au véritable ayant-droit. Cette espèce de simulation n'étant point illicite ne doit point être inefficace. L'ayant-droit peut demander en tout état de cause à paraître en nom dans l'instance et à être substitué au poursuivant, sans être obligé de former une intervention par requête. — Talandier, p. 314, no 17. — V. INTERVENTION.

693. — Lorsqu'une instance a été engagée par un prête-nom, s'il arrive que le véritable ayant-droit intervienne dans l'instance, la partie adverse peut, nonobstant cette intervention, s'opposer à ce que le prête-nom soit mis hors de cause, comme étant responsable des faits auxquels l'instance a donné lieu. — *Limoges*, 17 août 1811, Darlot c. Vuageux. — V. cependant Chauveau sur Carré, no 1681 *quater*.

694. — La cour de Pau, le 20 janv. 1837 (t. 1er, 1837, p. 514, Touron c. Clerc et Perrin) a jugé que lorsqu'il s'agit de questions d'état, l'intervention des intéressés qui n'ont pas été parties au jugement est permise en cause d'appel. Elle se fonde sur ce qu'il y a en pareille matière indivisibilité.

695. — On peut admettre le principe et nier la conséquence. S'il y a indivisibilité, dit M. Chauveau, le jugement rendu contre un seul est censé rendu contre tous les autres; ce n'est donc pas la voie de tierce opposition, ni, par suite, celle de l'intervention qui leur est ouverte, c'est la voie directe de l'appel. — *Lois de la procéd.*, t. 4, no 1681 *quinquies*.

696. — Lorsqu'on a déjà formé tierce opposition à un arrêt, on ne peut intervenir sur une instance relative à l'exécution de cet arrêt. C'est du moins ce qui résulte d'un arrêt de la cour royale de Paris du 10 fructid. an XII. — Ses motifs sont que la tierce opposition est une voie extraordinaire dont on ne peut se prévaloir pour suspendre l'exécution, et qu'on ne peut intervenir dans l'exécution d'un arrêt qu'autant qu'on y a été partie. — Chauveau sur Carré, t. 4, no 1684 *bis*. — V. au surplus INTERVENTION.

CHAPITRE VI. — *Délai d'appel.*

Sect. 1re. — *Notions historiques. — Questions transitoires.*

ART. 1er. — *Notions historiques.*

697. — Le premier devoir de tout débiteur est d'acquitter ses engagemens; celui contre lequel un jugement a été rendu est donc tenu ou de remplir sans délai l'obligation que ce jugement lui impose, ou de présenter, par le moyen de l'appel, et aussitôt que cela lui est possible, les motifs sur lesquels il croit que les premiers juges l'ont injustement condamné. — Bigot de Préameneu, *Exposé des motifs* (Locré, t. 22, p. 109, n° 3 *in fine*).

698. — Malheureusement, il en est de cette obligation comme de tant d'autres, on ne l'exécute que lorsqu'on est contraint; il a donc fallu que la loi fixât un délai passé lequel l'appel ne serait plus permis et le jugement aurait acquis force de chose jugée.

699. — Le délai pour appeler a varié de la manière la plus sensible suivant les époques, et suivant les différens systèmes de législation admis relativement à l'appel.

700. — En droit romain, le délai était fort court: il était de dix jours au plus à dater de la prononciation de la sentence. — Nov. 23, chap. 1er.

701. — Cette règle fut adoptée par le droit canonique, et plus tard dans quelques pays de droit écrit. — Masuer, *Pratique*, tit. 35, *Des appellations*; *Nouveau Denizart*, v° *Appel*, § 7.

702. — Elle a été conservée avec quelques modifications par le Code prussien et par les constitutions sardes.

703. — En droit français, dans l'origine, alors que l'appel n'était qu'un défi, qu'une provocation à un combat judiciaire, l'appel devait être interjeté à la face du juge qui venait de prononcer sentence. — Montesquieu, *Esprit des lois*, liv. 28, ch. 30.

704. — « S'il se part de court sans appeler, dit » Beaumanoir, il perd son appel. » — *Cout. de Beauvoisis*, chap. 61 et 63.

705. — « Cela subsista, dit Montesquieu, même après qu'on eut restreint l'usage du combat judiciaire » — *Esprit des Lois*, liv. 28, chap. 30.

706. — En effet, cet usage est adopté par les plus anciens et les plus curieux monumens de notre vieille jurisprudence; nous n'en citerons que quelques uns.

707. — « Anciennement, dit Laurière, dans les justices royales, ceux qui avaient été condamnés par des sentences ne pouvaient se pourvoir que par *amendement de jugement*, le jour même. » — Laurière, *Note sur les instit. coutum.*, liv. 6, tit. 4.

708. — Loisel, qui a réuni, sous la forme de maximes et d'axiomes, les principes de notre vieux droit, n'a eu garde d'omettre cette règle: — « Par la coutume du royaume, dit-il, on devait appeler *illicò*, autrement on n'y était pas reçu. » — Loisel *Instit. cout.*, t. 2, p. 395. — V. aussi Imbert, *Pratique civ. et crim.*, liv. 2, chap. 1er n° 4; Masuer, *Pratique*, tit. 35; Bouteiller, *Somme rurale*, liv. 2, tit. 14.

709. — C'est ce que constatait Dubreuil, dans l'*ancien style du parlement*, part. 1re, § 2, en ces termes: « *Si appellatio emittatur in patriâ con-* » *suetudinariâ à sententiâ latâ à judice,* STATIM AP- » PELLANDUM EST, *antequàm judex surgat à sede* » *pro recedendo vel recedat; aliàs reputabitur non* » *appellans.* »

710. — C'est ce qu'écrivait aussi, à la fin du quatorzième siècle, l'auteur inconnu du *Grand coutumier*: — « En pays coutumiers, qui veut appeler, » si est nécessaire, qu'il appelle en jugement, ou au » moins *avant que le juge se lève et déporte de son* » *siége.* » — *Grand coutumier de France*, dit de *Charles VI*.

711. — L'appelant pouvait être relevé de cette déchéance par des lettres de chancellerie, qu'on appelait *reliefs d'illicò*; mais il devait les frais faits depuis la sentence jusqu'à l'obtention des lettres de relief. — Imbert, *Pratiq. civ. et crim.*, liv. 2, chap. 2, n° 5.

712. — Cette faculté de se faire relever d'une déchéance rigoureuse avait été autorisée par l'ordonnance de Charles VII d'avr. 1453. L'art. 181 portait: « qu'en pays coutumier, suivant l'ancien usage, nul ne serait reçu à appeler s'il n'appelait incontinent après la sentence donnée, sinon que par fraude, dol ou collusion du procureur ayant occupé dans la cause, icelui procureur n'eût appelé, ou qu'il n'y *eût grande et évidente cause de relever l'appelant de ce qu'il n'aurait appelé incontinent.* » — Néron, *Ord.*, t. 1er, p. 31.

713. — Dans la suite, chacun prétendit, conformément à l'ordonnance ci-dessus, qu'il y avait grande et évidente cause de le relever de n'avoir pas appelé incontinent, et comme la clause de *relief d'illicò* devint bientôt de style, la règle s'a-

bolit insensiblement, et cessa enfin d'être appliquée. — Bayard et Camus, v° *Appel*, § 7, p. 187.

714. — Quand les choses en furent à ce point, par une réaction assez ordinaire, on se jeta dans un excès opposé; le principe qui prévalut alors fut celui-ci: l'appel est recevable pendant trente ans.

715. — Ainsi, le délai, qui avait été d'abord trop court, fut tellement prolongé, qu'il donna lieu, par son exagération même, aux plus graves abus.

716. — L'ordonnance de 1667 voulut y porter remède, mais elle ne le fit que timidement.

717. — Elle décida que « toutes sentences passeraient en force de chose jugée *après dix ans* à compter du jour de la signification, et après *vingt ans* à l'égard des domaines des églises, hôpitaux, colléges, universités et maladreries, lesquels dix et vingt ans courraient tant entre présens qu'entre absens. » — V. tit. 27, art. 27. — *Paris*, 27 fév. 1834, Coutural c. Deligny.

718. — Les rédacteurs de l'ordonnance craignirent, en réduisant davantage l'ancien délai, de faire une loi qui ne fût pas exécutée.

719. — Cette crainte n'était point chimérique: en effet, l'ordonnance ne fut point observée dans une partie de la France malgré tous ses ménagemens. On sait que, notamment dans le ressort du parlement de Provence, l'appel durait trente ans. — *Aix*, 15 juill. 1834, ville d'Aix c. Négrel.

720. — Il en était de même dans le ressort du parlement de Bordeaux, et en Belgique.

721. — Du reste, il est assez difficile d'expliquer, autrement que par la force de l'habitude, comment les anciennes idées, favorables au délai de trente ans, prévalurent dans plusieurs ressorts sur l'autorité de la loi.

722. — Les rédacteurs de l'ordonnance, qui n'avaient qu'avec regret établi, pour l'appel, un délai de dix ans, firent une exception pour le cas où celui qui avait obtenu le jugement aurait fait à son adversaire une sommation d'appeler.

723. — Cette sommation ne pouvait être faite que trois ans après la signification du jugement; et encore la partie condamnée avait-elle un nouveau délai pour appeler. Ce délai était de six mois après la sommation.

724. — Malgré toutes ces précautions, tous ces retards, l'ordonn. de 1667 fut un progrès; elle fit faire un grand pas vers un meilleur ordre.

725. — L'assemblée constituante, dans la loi du 24 août 1790 s'écarta complètement de ces principes, et sut se garder de toute exagération. — Boitard, t. 2, p. 222. — Elle accorda, pour l'appel des jugemens, un délai de trois mois à compter de leur signification. — V. tit. 5, art. 14.

726. — Toutefois, cette loi n'appliquait sa disposition qu'aux jugemens contradictoires, sans statuer à l'égard de ceux qui étaient rendus par défaut. — L'ordonnance et les anciens réglemens sur le délai de l'appel des jugemens de cette espèce continuèrent d'être suivis. — V. Merlin, *Quest.*, v° *Appel*; Carré sur l'art. 443, t. 3, p. 591. — V. aussi *infrà*, n° 1005 et suiv.

727. — Le Code de procédure a fait cesser cette diversité de législation, en fixant le délai d'appel à trois mois pour tout jugement contradictoire ou par défaut. — Art. 443.

728. — On ne peut qu'approuver cette sage disposition, qui laisse à la partie condamnée, comme le veut la raison, un laps de temps suffisant pour qu'elle puisse examiner de sang-froid s'il est de son intérêt d'acquiescer au jugement ou de l'attaquer, et qui cependant n'est pas assez long pour tenir les parties en suspens et produire une fâcheuse incertitude.

ART. 2. — *Questions transitoires.*

729. — Le droit d'appeler et les délais d'appel se règlent par la loi existante à l'époque de la prononciation du jugement attaqué. — Vainement opposerait-on à ce principe l'art. 1041, C. procéd., qui veut que tous procès intentés depuis sa promulgation soient instruits conformément à ses dispositions. On répond avec raison qu'il faut distinguer, dans l'appel comme en toute autre matière de procédure, ce qui appartient au droit d'avec ce qui appartient à son exercice ou à sa forme. Ce qui appartient au droit (et le délai d'appel en fait partie), est réglé par la loi sous laquelle il est né et ne peut être changé que par la loi postérieure. Ce qui appartient à l'exercice du droit, à sa forme, peut être changé. — Souquet, *Dictionn. des temps légaux*, Introd., p. 52, n° 299; Chauveau sur Carré, t. 3, n° 1552 *bis*; Pigeau, *Comment.*, t. 2, p. 8.

730. — Ainsi, le délai dans lequel on peut appeler d'un jugement est réglé par la loi de l'époque où le jugement est rendu, et non par la loi de l'époque où l'appel est interjeté.

731. — C'est un principe certain, et qui a été consacré par la cour de Bourges, le 18 mai 1842 (t. 1er 1843, p. 242), Guillier c. Gautrelet.

732. — Jugé en conséquence que lorsqu'un jugement rendu sous l'empire de l'ord. de 1667 a été signifié sous le Code de procéd., on est recevable à interjeter appel de ce jugement, quoique plus de trois mois se soient écoulés depuis sa signification; l'ordonnance précitée accordant un délai de dix ans, à partir de la signification du jugement. — *Toulouse*, 1er mai 1827, Couston-Longagne c. Delfau-Bouillac.

733. — ... Que l'appel d'un jugement par défaut, rendu sous l'empire de la loi du 16-24 août 1790 (qui n'avait fixé aucun délai pour l'appel de ces jugemens), était recevable pendant dix ans, à compter de la signification, conformément à l'ord. de 1667. — V. sect. 4e, nos 1005, 1007 et suiv.

734. — ... Qu'il devait en être ainsi, même lorsque la signification avait été faite et l'appel interjeté depuis le Code de procédure. — V. Souquet, *loc. cit.*, Introd., p 53, 1re col., et *infrà* nos 1017 et suiv.

735. — Dans le ressort du parlement de Provence, le délai de l'appel était fixé à trente ans, contrairement à l'ord. de 1667, mais d'après un usage qui a fait loi jusqu'à la promulgation du Code de procéd. — Spécialement, l'appel des sentences rendues avant la promulgation du Code de procéd. est, dans ce ressort, recevable pendant trente ans à compter de leur signification. — *Aix*, 15 juill. 1834, ville d'Aix c. Négrel-Bruni.

736. — Le parlement de Provence et le parlement de Bordeaux, en admettant l'appel pendant 30 ans, violaient le texte de l'ordonnance et méconnaissaient la jurisprudence des autres cours souveraines. — V. Merlin, *Répert.*, v° *Appel*, sect. 1re, § 5. — Le parlement de Paris n'observait pas plus strictement les prescriptions de cette ordonnance.

737. — Mais, depuis la suppression des parlemens, il a été jugé que l'appel d'une sentence signifiée a dû être déclaré non-recevable après l'expiration de dix années, dans le ressort de ceux qui avaient étendu ce délai jusqu'à trente ans, contrairement à l'ord. de 1667. — *Aix*, 15 mai 1812, hospices de Toulon c. N...

738. — Jugé également que les cours qui ont remplacé le parlement de Paris peuvent juger contrairement à la jurisprudence de ce parlement et en conformité de l'ord. de 1667, qu'un appel n'est plus recevable dix ans après la signification du jugement à personne ou domicile. — *Cass*, 3 flor. an XIII, Villeroy c. Lafaudraye.

739. — Le délai d'un mois accordé par l'art. 3, tit. 14, ord. 1669, pour l'appel des sentences des maîtrises des eaux et forêts, ne courait du jour de la prononciation que contre celles rendues en audience publique. — Il ne courait contre celles rendues en chambre du conseil que du jour de la signification à la partie. — *Cass.*, 19 nov. 1833, commune de Chevery c. hameau de Naz.

740. — Avant le Code de procédure, on pouvait appeler d'un jugement quoiqu'il ne fût pas signifié, ou que la nullité de la signification n'en fût pas réparée. En pareil cas, le tribunal d'appel ne pouvait, au lieu de statuer au fond, renvoyer, quant à présent, la partie anticipante, avec dépens. — *Cass.*, 1er août 1808, Liédel c. Remmen.

741. — Depuis la loi des 16-24 août 1790, le délai pour appeler d'un jugement n'a couru que depuis sa signification, lors même qu'il aurait été rendu sous l'empire d'un édit local, fixant le délai des appels à un an à partir de la prononciation des jugemens. — *Cass.*, 13 vent. an IX, Gilles Verreckeim et Vanmughem c. Félix.

742. — L'édit du 9 nov. 1522, qui déclarait un appel recevable pendant un an depuis la prononciation du jugement, a été implicitement abrogé par la loi des 16-24 août 1790, en ce sens que, depuis cette loi, le délai pour appeler est de trois mois, et qu'il court non de la prononciation, mais de la signification du jugement. — *Cass.*, 13 vent. an VI, Gilles Verrekeim c. Zelin.

743. — La loi des 16-24 août 1790 a aboli le relief et la désertion d'appel. — *Cass.*, 12 flor. an XI, Declipelle c. Elet.

744. — Avant le Code de procédure, l'appel non relevé dans les trois mois devait être déclaré désert. — Ord. avr. 1453, art. 15; ord. juill. 1493, art. 59. — *Cass.*, 13 thermid. an VII, Depau c. Richard.

745. — La jurisprudence de la cour de Cassation a un peu varié sur cette question, ainsi qu'on peut en juger par les notices qui suivent.

746. — Sous la loi des 16-24 août 1790, les appels interjetés dans le délai fixé par cette loi, mais non relevés dans les délais fixés par les anciennes ordonnances, ne pouvaient plus être déclarés déserts. — *Cass.*, 3 niv. an X, Lelièvre-Lagrange c. Lesecq.

747. — Depuis la loi des 16-24 août 1790, les appels signifiés en temps utile n'ont plus dû être re-

levés dans les trois mois. — *Cass.*, 4 fructid. an XI, Hébert c. Delu.

748. — Depuis la loi des 16-24 avril 1790, un appel n'a pu être déclaré désert parce qu'il n'avait pas été relevé dans les trois mois. — *Cass.*, 15 niv. an XI, Bourdon-Neuville c. Hapey.

749. — L'appel d'un jugement n'a pas besoin d'être relevé dans un délai déterminé. — *Paris*, 4 flor. an XIII, Canivet c. Trousset.

750. — Avant le Code de procédure, l'appel seul d'un jugement, mais non la citation sur l'appel, devait être signifié dans les trois mois. — *Cass.*, 26 thermid. an IV, Pavée.

751. — Jugé de même. — *Cass.*, 22 niv. an IV, Gérard c. Valzines.

752. — Décision semblable. — *Cass.*, 12 prair. an VIII, N...

753. — Sous la loi des 16-24 août 1790, lorsqu'une déclaration d'appel contenait assignation, et que cette assignation était jugée nulle, la déclaration était valable et empêchait la déchéance du délai d'appel. — *Cass.*, 4 frim. an III, Pujols.

754. — Sous la loi du 4 germin. an II, l'appel d'un jugement de justice de paix rendu par défaut pouvait être interjeté après le délai des art. 14 et 15, tit. 6 de ladite loi, s'il était justifié que la partie défaillante avait fait tout ce qui pouvait dépendre d'elle pour y former opposition dans les trois jours. — *Cass.*, 1er fructid. an VIII, Juillerat c. Douanes.

755. — La déchéance du droit d'appel après dix ans était encourue sans distinction entre les sentences attaquées pour vices de formes et celles attaquées par des moyens du fond. — *Cass.*, 3 flor. an XIII, Villeroy c. Lafaudraye.

756. — Conf. *Cass*, 4 mars 1812, Bormans c. Loscoswaren.

757. — Une partie n'a pu appeler d'un jugement rendu par un tribunal de district saisi de l'appel d'une sentence d'un ancien tribunal supprimé (L. 12-19 oct. 1790, art. 5). — *Cass.*, 12 frim. an II, Cazaux.

758. — L'appel d'un jugement rendu par un ancien tribunal a pu être porté devant un tribunal de district sans tentative préalable de conciliation (L. 16-24 août 1790, tit. 10, art. 17; 6-27 mars 1791, art. 7). — *Cass.*, 25 vendém. an II, Hé:issé c. Dupin.

759. — L'appel interjeté en vertu de l'art. 2, L. 28 brum. an VII, des jugemens arbitraux rendus contre la république au profit des communes, ne doit pas être réglé, quant au délai, par l'art. 14, tit. 5, L. 16-24 août 1790; il ne peut, en conséquence, être déclaré nul, sous le prétexte qu'il a été interjeté plus de trois mois après l'arrêté de l'administration centrale du département qui l'a autorisé (L. 28 brum. an VII, art. 2). — *Cass.*, 21 messid. an IX, préfet des Vosges c. communes de Damblain et de Romain-aux-Bois; — Merlin, *Quest. de droit*, v° *Appel*, § 8.

760. — Décisions semblables: — *Cass.*, 4 messid. an IX, préfet des Vosges c. commune de Coussey; 23 messid. an IX, le même c. communes de Tilleux, et Domèvre-sur-Asière c. commune de Certilleux; 11 fructid. an IX, le même c. commune de Nessoncourt; 25 germin. an X, préfet du Jura c. communes de Voiteur, Domblans et Blandard.

761. — Jugé en sens contraire que l'appel interjeté en vertu de l'art. 2, L. 28 brum. an VII, par le commissaire du gouvernement près les administrations centrales, des jugemens rendus contre l'état au profit des communes, doit être, quant au délai, réglé par le droit commun, c'est-à-dire par l'art. 14, tit. 5, L. 16-24 août 1790. — Cet appel doit être déclaré nul, s'il a été relevé plus de trois mois après la délibération de l'administration centrale du département qui a reconnu qu'il y avait lieu d'interjeter appel. — *Cass.*, 15 juill. 1819, Brunet-Nenilly c. commune de Sauville.

762. — La loi du 16 juin 1816, qui, en Belgique, a conféré aux cours de justice la connaissance des appels des décisions des conseils de préfecture, n'a point apporté de changement au délai pendant lequel, d'après le décret des 22-26 juill. 1806, ces appels devaient être interjetés. — *Bruxelles*, 5 juin 1828, Delieu c. hospices de Louvain.

763. — Quant aux formes, il faut suivre la loi de l'époque où l'appel est interjeté — C. de procéd., art. 1041; avis du *Cons. d'état*, 16 fév. 1807; — Souquet, *Dict. des temps légaux*, introduct., p. 52, n° 299.

764. — Ainsi, l'appel interjeté sous l'ord. de 1667, mais relevé seulement depuis le Code de procédure, doit être instruit et jugé d'après les dispositions du Code. — Et l'opposition à un arrêt par défaut de la part d'un intimé qui n'a point constitué avoué sur un appel relevé depuis le Code de procéd., est recevable jusqu'à l'exécution de l'arrêt, quoique l'ordonnance voulût qu'elle fût formée dans la huitaine de la signification. — *Bordeaux*, 16 janv. 1815, Cremoux c. Delcamp.

Sect. 2e. — *Délai ordinaire de l'appel.*

765. — Le délai pour interjeter appel est de trois mois: il court, pour les jugemens contradictoires, du jour de la signification à personne ou à domicile. — Art. 443, art. 1er.

766. — Jugé en conséquence que l'appel d'un jugement, qui rejette un déclinatoire pour incompétence à raison de la matière, n'est pas recevable après les trois mois qui ont suivi sa signification et jusqu'au jugement définitif sur le fond. — *Cass.*, 25 fév. 1812, Capdeville; — Carré, *Lois de la procéd.*, t. 2, n° 1594; Merlin, *Quest.*, v° *Union de créanciers*, § 2; Favard; t. 1er, p. 171; Berriat, p. 406.

767. — ...Qu'on doit appeler d'un jugement prononçant la contrainte par corps dans les trois mois de sa signification. — *Bordeaux*, 9 fév. 1832, Ychanneau c. Durant.

768. — ....Que l'appel d'un jugement est non recevable, même au chef de la contrainte par corps, s'il a été interjeté plus de trois mois après le paiement des frais. — *Paris*, 22 juill. 1840 (t. 2 1840, p. 138), De Ruolz c. Johnson; 16 mars 1840 (t. 2 1840, p. 122), Desmarbœuf c. Trouard-Riolle.

769. — .... Qu'un appel n'est pas valablement interjeté par la déclaration qu'on veut appeler, si cette déclaration n'est suivie d'un acte d'appel régulier qu'après trois mois. — *Turin*, 6 juill. 1808, Rolfi c. hospices de Mondovi · *Montpellier*, 8 mai 1810, Fabre c. Melin.

770. — La règle posée dans l'art. 443, quelque générale qu'elle soit, reçoit plusieurs exceptions.

771. — 1° Le délai n'est que de *trente jours*, quand il s'agit de l'appel des sentences des juges de paix. (L. 25 mai 1838, art. 13). — V. JUSTICE DE PAIX.

772. — 2° Il est d'*un mois* pour les jugemens d'adoption. (C. civ., art. 357). — V. ADOPTION.

773. — 3°.... De *quinze jours* pour les ordonnances de référé. (C. procéd., art. 809). — V. RÉFÉRÉ.

774. — 4°.... De *quinze jours* en matière de faillite. (C. comm., art 582). — V. FAILLITE.

775. — 5°.... De *dix jours* pour l'appel, en matière de saisie immobilière, de tous autres jugemens que ceux dont il est question dans l'art. 730. (C procéd., art. 731). — V. SAISIE IMMOBILIÈRE.

776. — Toutefois ce délai de dix jours n'est point applicable à l'appel du jugement qui sert de base à la saisie; c'est ce qui résulte de l'art. 2215, C. civ., et du rejet de l'ancien art. 726, C. procéd. — Chauveau, *Code de la saisie immobilière*, n° 2424.

777. — 6° Le délai est de *dix jours* en matière de surenchère. — Argum., art. 731, C. procéd.; — Bioche, v° *Surenchère*, n° 311.

778. — 7°.... De *dix jours* en matière de ventes judiciaires de biens immeubles. — L. 2 juin 1841, art. 838, 964, 973, 988 et 997; — Rivoire, p. 357, n° 254. — V. VENTE JUDICIAIRE.

779. — 8°.... De *dix jours* pour les jugemens d'ordre. (C. procéd., art. 723). — V. ORDRE.

780. — 9°.... Et pour ceux qui interviennent en matière de distribution par contribution. (C. procéd., art. 669). — V. DISTRIBUTION PAR CONTRIBUTION.

781. — 10°.... Il est de *dix jours* encore en matière d'instruction primaire. (L. 28 juin 1833, art. 7 et 24). — V. INSTRUCTION PRIMAIRE.

782. — 11° .... De *huit jours* en matière de contributions indirectes et d'octroi. (Décr. 1er germin. an XIII, art. 32). — V. CONTRIBUTIONS INDIRECTES, OCTROI.

783. — 12°.... De *huit jours* en matière de douanes. (L. 14 fructid. an III, art. 6). — V. DOUANES.

784. — 13°.... De *cinq jours*, à dater du jugement, sur les demandes en renvoi pour cause de parenté. (C. procéd., art. 377). — V. RENVOI.

785. — 14°.... De *cinq jours* également, toujours à partir du jugement, sur les demandes en récusation. (C. procéd., art. 392). — V RÉCUSATION.

786. — Du reste, quelle que soit l'analogie, les exceptions ne peuvent être étendues aux cas non prévus. — Pigeau, *Comment.*, t. 2, p. 8; Carré, t. 3, p. 591, note 1re.

ART. 1er. — *Manière de compter le délai. — Augmentation à raison des distances.*

787. — Comment faut-il compter le délai accordé par l'art. 443, C. procéd.? Ce délai est-il franc? En était-il de même sous l'empire de la loi du 16-24 août 1790? — Ces questions d'un grand intérêt ont long-temps divisé les auteurs et la jurisprudence.

788. — Rappelons d'abord que déjà des difficultés sérieuses s'étaient présentées pendant la révolution sur le point de savoir si l'on devait compter dans le délai les jours complémentaires.

789. — La cour de Cassation avait jugé la négative. — *Cass.*, an V, Peluche c. Calenge; 24 frim. an IX, Navrier c. N...; 26 germin. an XII, Vallaert et consorts c. Verstriest; 26 prair. an XII, Vallaert c. Diérich.

790. — Le Code civil avait, dans sa première rédaction, confirmé cette jurisprudence. — C. civ., art. 2261. — Mais cette disposition fut modifiée lorsque la France reprit le calendrier grégorien. — Merlin, *Quest. de dr.*, v° *Délai*, § 4.

791. — Aujourd'hui la question se représente sous une autre forme. On s'est demandé si le délai était de *quatre-vingt-dix-jours* fixes, ou si l'on devait compter du quantième d'un mois au quantième correspondant du mois suivant? Sur ce point, grande controverse.

792. — Les uns ont soutenu que les délais fixés par mois devaient se compter par le nombre fixe de trente jours; ils disaient que la loi doit être égale et uniforme pour tous; que le délai qu'elle accorde à celui-ci, elle le doit également à celui-là, et qu'il serait injuste que, pour remplir la même formalité, l'un n'eût que le délai de vingt-huit jours tandis qu'un autre en aurait trente-un. — Les autres ont répliqué que, dans le silence de la loi sur la fixation du nombre de jours dont le délai d'un mois doit être composé, la seule règle à suivre est celle tracée par le calendrier grégorien; que, ce calendrier adoptant des mois plus ou moins longs, il était naturel d'entendre par *mois* l'espace variable de temps qui s'écoule entre le quantième d'un mois et le quantième correspondant du mois suivant, sans avoir égard au nombre de jours dont chaque mois se compose; que ce calcul tout simple était tracé par le bon sens et la raison; qu'au surplus, s'il pouvait rester le moindre doute sur ce point, il serait levé à la simple lecture de l'art. 132, C. comm., qui, pour supputer le délai à l'égard des lettres de changes tirées à plusieurs mois, déclare que les mois *sont tels qu'ils sont fixés* par le calendrier grégorien. Et quant à l'inconvénient résultant du défaut d'uniformité dans le délai pour faire le même acte ou remplir la même formalité, on l'écarte en observant que cette différence, dans tous les cas, est peu considérable, et que, d'ailleurs, la loi laissant un délai toujours plus long que celui qui est rigoureusement nécessaire, c'est à la partie à calculer et à mettre le temps à profit. Au milieu de ces débats, la jurisprudence semble avoir fixé les opinions d'une manière irrévocable et fait cesser toutes les incertitudes.

793. — Jugé en effet que les délais déterminés par mois doivent se compter non par le nombre fixe de trente jours, mais bien par l'espace de temps du quantième d'un mois au quantième correspondant du mois suivant; et que les trois mois dont se compose le délai de l'appel, en matière civile, doivent être supputés suivant le calendrier grégorien, c'est-à-dire de quantième à quantième, et sans égard au nombre de jours dont chaque mois est composé. — *Cass.*, 12 mars 1816, Dandigué c. Libault.

794. — ... Qu'ainsi l'appel d'un jugement notifié le 24 d'un mois est valablement formé le 25 du troisième mois suivant. — *Lyon*, 25 juin 1831, Dumange c. Duchamp.

795. — ... — Que le délai de trois mois donné pour interjeter appel n'est pas de quatre-vingt-dix jours fixes, mais doit être réglé par le calendrier grégorien, date pour date. — *Turin*, 13 fév. 1812, Ponte de Lombriasco c. Audiffredi: — Berriat, p. 150; Favard, t. 1er, p. 169; Carré, *Lois de la procéd.*, t. 2, n° 1553; Pigeau, t. 1er, p. 664; Bioche et Goujet, *Dict. de procéd.*, v° *Appel*, n° 95, 2e édit.; Thomine-Desmazures, t. 1er, p. 672.

796. — On s'est demandé ensuite si l'art. 1033, C. procéd., qui veut qu'on ne compte dans les délais ni le jour de la signification ni le jour de l'échéance, s'applique au délai fixé par l'art. 443. Sur cette question, voici l'état de la jurisprudence.

797. — Jugé que dans le délai de trois mois, pour appeler d'un jugement, il faut compter le jour de la signification de ce jugement. — *Gênes*, 25 juill. 1809, Schiavi c Porri. — Conf. *Turin*, 29 déc. 1810, Motto c. Campana.

798. — Jugé également qu'on doit compter dans le délai de trois mois pour interjeter appel *le jour de la signification du jugement*. — *Turin*, 19 mai 1806, Beardi et Saint-Martin c. Corneliano. — Mais, dans cette espèce, il y avait des raisons prépondérantes pour déclarer non recevable l'appel interjeté le 4 brum. an XIV, 1° à l'égard de la dame Saint-Martin, à qui le jugement avait été signifié en parlant à sa personne, le 30 messid., quatre mois auparavant; — 2° à l'égard de la dame Béardi, à qui le jugement avait été signifié à domicile, le 1er thermid. et trois jours avant l'expiration des trois mois; — 3° à l'égard de l'une et de l'autre, attendu que l'exploit d'appel n'avait été signifié ni à la personne, ni au domicile de la demoiselle Corneliano,

mais seulement au domicile élu chez l'avoué de première instance. Ce n'est que surabondamment que la cour d'appel de Turin s'est occupée, par rapport à la signification du 3 thermid., de la question de savoir si le jour du terme est compris dans le terme.

799. — Jugé aussi qu'on doit compter comme utile dans le délai fixé pour interjeter appel *le jour de l'échéance*. — *Turin*, 2 oct. 1811, Berra c. Barberis.

800. — Jugé enfin que l'on doit compter *le jour de la signification du jugement* et *celui de l'échéance*. — *Bruxelles*, 3 juin 1807, Corthaels c. Brandts.

801. — Dans l'opinion contraire, on a jugé qu'on ne devait pas compter dans le délai d'appel *le jour de la signification* du jugement. — *Bruxelles*, 9 fév. 1808, N...

802. — ... Ni le jour de l'échéance. — *Turin*, 10 déc. 1811, Columbo c. Danzero.

803. — ... Que la maxime *dies termini non computatur in termino*, s'applique aux délais d'appel. — *Poitiers*, 7 janv. 1829, Lobunger c. Lacourade. — Conf. *Nîmes*, 30 juill. 1806, N.... c. M....

804. — On a jugé enfin que ce délai devait être franc; qu'il ne devait comprendre ni le jour de la signification, ni celui de l'échéance. — *Colmar*, 16 et non 10 fév. 1810, Hirtz c. Erhard; *Pau*, 20 mars 1810, Dubroc et compagnie c. Lalanne; *Metz*, 17 nov. 1826, Schweitzer c. Ourié; *Bordeaux*, 7 août 1829, Vizerie c. Sartral et Monteil; 21 août 1829, Préfet de la Gironde c. Ribaud et Simon; *Riom*, 9 janv. 1830, Bideau c Vincent Le Mouly; *Bordeaux*, 4 fév. 1830, Garrebœuf c. Marchey.

805. — C'est cette dernière opinion que la cour de Cassation a consacrée dans les arrêts suivans qui ont fixé la jurisprudence. — *Cass.*, 9 nov. 1808, Poirson c. Bourges; 22 juin 1813, Campana c. Motto; 15 juin 1814, Duplatel c. Bachmann; 20 nov. 1816, Delouche; 9 juill. 1817, Guillet c. Millieret; 4 déc. 1822, Boursier.

806. — En faveur de ce système, nous citerons Merlin, *Rép.*, vo *Appel*, sect. 1re, § 1er et 5, no 14; Poncet, *Tr. de jugemens*, t. 1er, p. 520, no 317; Berriat, p. 150, § 3, au texte; p. 151, note 16e, et p. 413, note 40e, no 3; Carré et Chauveau, t. 2, no 1554 et 1555; Thomine Desmazures, t. 2, p. 191, sous l'art. 443; Favard de Langlade, vo *Appel*, sect. 1re, § 2, no 1er; Souquet, *Dict. des temps légaux*, *introduct.*, t. 1er, p. 42; Bioche, *Dict. procéd.*, vo *Appel*, no 9 (2e édit.); *Praticien français*, t. 3, p. 27; Hautefeuille, p. 249.

807. — Ainsi, l'on peut poser comme principe découlant de la doctrine qui précède, que le *dernier jour utile* du délai de trois mois accordé par l'art. 443 pour interjeter appel, est *le lendemain du jour* qui de *quantième à quantième*, et à trois mois de date, correspond à celui de la signification.

808. — Et comme des exemples peuvent servir à rendre plus claire cette proposition, nous dirons, avec M. Souquet, *ubi suprà*, qu'on peut appeler le 1er juin d'un jugement signifié le 28 fév. (dernier jour du mois); — le 19 mai d'un jugement signifié le 18 fév.; — le 1er déc., d'un jugement signifié le 31 août précédent; — le 14 août d'un jugement signifié le 13 mai précédent, etc...

809. — Lorsque le dernier jour du délai d'appel est un dimanche, l'appel interjeté le lendemain n'est pas recevable. — *Toulouse*, 14 mars 1832, Mérié c. Delbois.

810. — C'est ce qui a été décidé aussi par la cour de *Grenoble*, 16 août 1826, Guillon c. Michalon; — Souquet, *ubi suprà*, p. 43, no 253.

811. — Le délai de trois mois accordé pour l'appel, doit-il être augmenté à raison des distances? — Il faut distinguer si la signification s'adresse à une partie résidant en France ou demeurant hors de son territoire continental.

812. — Dans le premier cas, il n'y a pas lieu à augmentation, à raison des distances, conformément à l'art. 1033, C. procéd. — *Cass.*, 19 mars 1806; *Bordeaux*, 16 fév. 1808, Delafargue; *Besançon*, 17 déc. 1808, N...; *Cass.*, 8 août 1809, Barbès c. Dubois; *Bourges*, 20 mars 1810, Rémigny c. de Feuillans; *Nancy*, 20 nov. 1812, Colin. — V. aussi Chauveau et Carré, t. 3, no 1554 et 3410; Poncet, t. 1er, p. 521; Thomine Desmazures, sur l'art. 443; Rauter, *Cours de procéd.*, no 251; Berriat-Saint-Prix, p. 377, no 51.

813. — Dans le second cas, la loi augmente le délai d'appel, savoir : 1o pour ceux qui demeurent hors de la France continentale, d'après les règles établies au titre des ajournemens (art. 73); — C. procéd., art. 445; — 2o pour ceux qui sont absens du territoire européen pour un service de l'état, en ajoutant *une année* au délai ordinaire. — C. procéd., art. 446 et 485.

814. — Par ces mots *France continentale*, il faut entendre le territoire divisé en départemens contigus les uns aux autres et dont Paris est la capitale. Ainsi, l'île de Corse et les colonies ne sont point de son territoire continental. — V. EXPLOIT.

815. — Dans le cas prévu par l'art. 446, C. procéd., si l'intimé est employé à des négociations extérieures, et que sa mission soit contestée, Pigeau estime que le délai supplémentaire d'une année ne doit être accordé que sur l'attestation du ministre français compétent. — *Traité de Procéd.*, t. 1er, p. 665.

816. — Pour profiter de ce bénéfice des art. 445 et 446, il suffit que la partie ne soit point en France au moment de la signification prise à son domicile. Si elle rentrait sur le territoire français, quelques jours seulement après cette signification, elle n'en jouirait donc pas moins de la prorogation du délai. — Carré, t. 4, no 1601.

817. — Toutefois, l'adversaire, averti du retour, pourrait, par une nouvelle signification, restreindre à trois mois le délai d'un an. — V. Chauveau sur Carré, t. 4, no 1601; Thomine Desmazures, t. 1er, p. 681.

818. — Les dispositions des art. 445 et 446, C. procéd., s'appliquent non seulement aux Français habitant les îles et les colonies et momentanément les pays soumis à un gouvernement autre que celui de la France, mais encore à tous les étrangers qui auraient des contestations devant les tribunaux français. — V. Carré, t. 4, no 1600.

819. — Mais l'étranger qui a un domicile en France ne peut jouir du bénéfice de ces dispositions. A son égard, le délai ordinaire de trois mois est suffisant. — *Pau*, 18 fév. 1836, d'Esqueville et Montrédon c. d'Esqueville.

820. — Les dispositions fort justes des art. 445 et 446 sont nouvelles. L'ordonnance de 1667 voulait que les délais pour être établis fussent observés *tant entre présens qu'entre absens*. — Cependant lorsque l'absence de la partie était motivée par un service public, les délais n'étaient point observés à son égard, de manière qu'ils ne commençaient à courir contre eux que quand la cause de leur absence avait cessé. — Bigot de Préameneu, *Exposé des motifs* (Locré, t. 22, p. 115).

ART. 2. — *Point de départ du délai d'appel. — Signification du jugement.*

821. — Lorsqu'on veut faire courir le délai d'appel contre la partie condamnée en première instance, il faut la mettre en demeure; pour la mettre en demeure il faut signifier le jugement.

822. — La signification au fond n'est qu'un acte d'exécution étranger à l'appel (*Cass.*, 1er août 1808, Liedel c. Bemmen); mais comme elle a pour but de faire connaître officiellement le jugement qui a été rendu, préalable nécessaire à son exécution, le législateur l'a prise avec raison pour point de départ du délai d'appel.

823. — Peu importe donc que la partie ait assisté à l'audience, qu'elle ait entendu la lecture du jugement et qu'elle en ait une parfaite connaissance; pour la mettre en demeure, il faut le lui signifier, car c'est une règle de procédure que : *paria sunt non esse aut non significari*.

824. — C'est donc avec raison qu'il a été jugé que la connaissace que peut avoir une partie du jugement rendu contre elle, par toute autre voie que par une signification régulière, est insuffisante. Ainsi, la partie dont l'appel a été déclaré nul a le droit d'appeler de nouveau, encore bien qu'il se soit écoulé trois mois depuis le premier acte d'appel, s'il n'y a pas eu de signification du jugement. — *Cass.*, 10 janv. 1826, Borelly c. Lefebvre.

825. — M. Chauveau fait une distinction; suivant lui, la partie qui a relevé appel sans attendre la signification et qui succombe avant que les délais soient expirés, peut former un nouvel appel si elle succombe par un motif indépendant du fond, tel qu'une fin de non-recevoir, une nullité de forme, etc. Mais elle ne le peut, si la cour a déclaré l'appel mal fondé au fond. — V. Chauveau sur Carré, t. 4, no 1562 *ter*.

826. — Autrefois, on décidait déjà que l'appelant dont l'appel avait été déclaré désert, pouvait en interjeter un nouveau et le relever. — Pothier, *Tr. de procéd. civ.*, t. 7, 3e part., § 4, p. 134, édit. in-4o.

827. — Jugé que des tentatives d'exécution ne suffisent point pour faire courir les délais d'appel, si d'ailleurs il n'est pas justifié que le jugement ait été signifié. — *Paris*, 5 déc, 1840 (t. 1er 1841, p. 285), Didier c. Robert.

828. — Mais, de ce qu'il faut une signification pour faire courir le délai d'appel, il ne s'ensuit pas que la partie doive attendre pour appeler que le jugement lui ait été signifié; il est certain, au contraire, qu'elle peut attaquer le jugement quand bon lui semble, pourvu que ce ne soit dans la huitaine de la prononciation. — C. procéd., art. 449; — Carré et Chauveau, t. 3, p. 593, no 1553; Merlin, *Rép.*, vo *Appel*, sect. 1re, § 5, no 2; Favard, vo *Appel*; Berriat, p. 467, note 41e, no 2; *Pratic. français*, t. 3, p. 58.

829. — Ainsi jugé par la cour de Cassation, le 25 vendém. an V, Duchambon c. Rivu; le 1er août 1808, Liédel c. Remmen; 17 mars 1806, douanes c. Massiglia.

830. — Le principe que c'est de la signification du jugement que court le délai d'appel est si absolu, qu'il a été appliqué même dans des espèces où il était démontré d'une manière irrécusable que la partie avait eu une connaissance personnelle de la décision.

831. — C'est ainsi qu'il a été jugé que lorsqu'un tribunal adjuge les conclusions d'une partie qui réclame le paiement d'une somme qu'elle prétend lui être due, à la charge cependant d'affirmer qu'elle est véritablement créancière, le délai pour appeler de ce jugement court du jour où il a été signifié et non du jour où l'affirmation a été faite. — *Bruxelles*, 8 juill. 1808, Campel c. Delcourt.

832. — Jugé pareillement que le délai d'appel d'un jugement qui condamne le défenseur à payer une somme d'argent, à la charge par le demandeur d'affirmer qu'elle lui est réellement due, court à partir de la signification de ce jugement, et non à partir du serment prêté, ou de la signification du jugement qui donne acte de sa prestation. — *Pau*, 17 avr. 1837 (t. 2 1837, p. 570), Sabatier c. Runeau; — Carré, t. 4, no 1561.

833. — La signification fait-elle courir les délais d'appel contre celui qui l'a requise? — Boitard, (*Leçons de procéd.*, t. 2, p. 223, no 184) examine cette question et soutient que la signification sans réserves ni protestations est un acquiescement.

834. — Cette solution est celle qu'adoptent aussi les auteurs et que consacre la jurisprudence. — V. Chauveau et Carré, t. 3, *Quest.* 1564c. — V. aussi ACQUIESCEMENT, nos 34 et suiv.

835. — Cependant il a été jugé que le délai pour appeler d'un jugement ne court point contre une partie du jour où elle a notifié cette décision, mais seulement du jour où on la lui a signifiée. — *Cass.*, 2 flor. an VII, Delcourt; 4 prair. an XI, Poya c. Dubœuf; *Turin*, 24 mars 1806, Belli c. Moratsi.

836. — ... Que le délai de l'appel ne court contre une partie que par la signification qui lui est faite du jugement de première instance, et non par celle qu'elle fait faire elle-même à sa partie adverse. — *Paris*, 18 fév. 1811, Enregistrement c. Rabourdin; *Metz*, 8 mai 1811, Debourcq c. Braun.

837. — ... Que la signification du jugement faite par la partie condamnée à la partie qui a obtenu gain de cause, ne fait pas courir contre la première le délai de l'appel; — Qu'il ne résulte pas de cette signification un acquiescement au jugement, qui rende la partie condamnée non-recevable dans son appel. — *Bruxelles*, 6 avr. 1824, N...

838. — Que faut-il décider quand la signification d'un jugement a été faite *sous toutes protestations et réserves?* — Dans ce cas, la signification ne fait point courir le délai de l'appel contre les parties qui l'ont signifié. — *Rennes*, 27 juin 1818, Pouencé.

839. — Jugé de même que la signification que fait une partie du jugement qu'elle a obtenu, en réservant son appel sur un chef, ne fait pas courir contre elle les délais de l'appel. — *Metz*, 7 déc. 1816, N...; *Colmar*, 23 fév. 1828, Paravicini c. Petry.

840. — C'est ce qu'enseignent aussi Merlin, *Quest. de dr.*, vis *Acquiescement*, § 5, et *Délai*; Poncet, *Tr. des jugemens*, t. 1er, p. 532; Carré et Chauveau, *loc. cit.*, *Quest.* 1564e; Favard, t. 1er, p. 173, no 12; Pigeau, *Comment.*, t. 2, p. 12. — V. *contrà* Boitard, t. 2, no 124. — V. ACQUIESCEMENT, nos 368 et suiv.

841. — Il n'est pas nécessaire que le mot signifié se trouve dans l'exploit par lequel on notifie le jugement à la partie adverse. Dans notre droit, il n'y a point d'expressions sacramentelles.

§ 1er. — *A la requête de qui doit être faite la signification? A qui doit-elle être adressée?*

842. — Il ne suffit pas que le jugement ait été signifié pour faire courir les délais de l'appel; il faut au moins que la signification soit régulière.

843. — On comprend, en effet, que si la signification est faite à la requête d'une personne qui n'a pas qualité pour la faire, que si elle manque des formalités requises, que si elle n'a pas été faite là où la loi prescrit de la faire, c'est un acte insignifiant et nul, qui ne produit aucun effet.

844. — Pour que la signification soit valable, il faut : 1o que celui à la requête duquel le jugement est signifié, ait la libre administration de ses biens; — 2o qu'il soit partie au jugement.

845. — Il est évident que le mineur, l'interdit, ne peuvent faire des significations valables : l'exercice de leurs actions appartient au tuteur. — V. INTERDICTION, TUTELLE.

846. — Le mineur émancipé, le prodigue, devant

être assistés de leur curateur pour ester en justice, ne peuvent signifier le jugement sans cette assistance.

847. — Un appel ne peut être interjeté au nom d'un fondé de pouvoir, il faut qu'il le soit au nom de la partie elle-même. — *Rennes*, 23 avr. 1811, Moro c. Yves Marie.

848. — La signification d'un jugement faite à la requête de l'avoué de la partie elle-même ne fait pas courir le délai de l'appel. — *Bruxelles*, 12 (et non 14) janv. 1812, Lamberts c. Straetman.

849. — La signification d'un jugement faite au nom d'une partie décédée est nulle, et ne fait pas courir les délais d'appel. — *Limoges*, 9 janv. 1827, Prévost c. Laroche.

850. — Jugé de même que l'appel signifié à la requête d'une personne décédée est nul, et que celui qui aurait procédé au nom du défunt est garant des suites de l'instance qu'il a suivie. — *Rennes*, 20 mai 1813, Héritiers Gabory c. Beauvais.

851. — Est nulle également la signification faite à la requête d'un individu se disant héritier de la personne qui a obtenu le jugement, mais sans justifier de cette qualité. — *Bruxelles*, 8 juill. 1808, Campel c. Delcourt.

852. — Décision semblable. — *Turin*, 30 janv. 1812, N...

853. — Lorsqu'un jugement a été signifié par un enfant naturel, qui, au lieu de spécifier cette qualité, a pris celle de *fils et unique successeur de sa mère*, le délai de l'appel court, non du jour de la signification, mais seulement de celui où il a fait connaître sa qualité d'enfant naturel et d'héritier, en notifiant son acte de naissance ou de reconnaissance et la répudiation que les héritiers légitimes ont faite de la succession de sa mère. — *Nîmes*, 29 janv. 1811, C... c. R... ; — Carré, *Lois de la procéd.*, t. 2, p. 115, no 1557.

854. — De même que la signification doit être faite, pour être valable, à la requête d'une personne capable d'agir et ayant été partie au jugement, de même aussi elle doit être faite à une personne capable de la recevoir et ayant figuré au procès, soit en son nom, soit comme représentant de la partie en cause.

855. — Jugé que la signification du jugement faite par l'une des parties, ne fait pas courir le délai de l'appel, à l'égard des autres en faveur desquelles le jugement a été rendu, et qui ne l'ont pas signifié. — *Cass.*, 17 prair. an XII, Ségur c. frères Chaloupin.

856. — ..... Que la signification d'un jugement faite au mandataire de la partie, et non à personne ou domicile, faisait dans les colonies courir les délais de l'appel. — *Cass.*, 21 mars 1821, Faujas c. Ambert et Nau.

857. — .... Que la signification d'un jugement, faite après le décès de la partie condamnée au domicile de son fondé de pouvoirs, ne peut faire courir le délai de l'appel contre ses héritiers. — *Colmar*, 25 janv. 1818, Helmuth c. N...

858. — .... Que la signification au mari seul d'un jugement portant condamnation contre lui et contre sa femme séparée de biens, ne fait pas courir les délais d'appel contre cette dernière, surtout lorsque le mari n'a pas comparu en première instance, pour défendre un intérêt à lui personnel, mais seulement pour autoriser et assister sa femme. — *Cass.*, 10 janv. 1826, Borelly c. Lefebvre.

859. — .... Que l'acquiescement aux jugemens donné par le mari seul, les significations de ces jugemens à lui faites, et les actes d'exécution dirigés contre sa personne et ses biens, même à la connaissance de la femme, ne font point courir contre elle les délais d'appel. — *Paris*, 25 juill. 1843 (t. 2 1843, p. 312), Grimblot c. Vivien.

860. — .... Que la signification d'un jugement obtenu contre une femme séparée de corps, non autorisée à ester en justice, est insuffisante pour faire courir le délai de l'appel, si elle est faite à la femme seule, sans notification au mari. — *Cass.*, 6 mars 1827, Delalleau c. Soyez-Hecquet; — Carré, t. 4, no 1591 ; Pigeau, t. 1er, p. 564.

861. — Sous l'ord. de 1667, la signification d'un jugement portant condamnation contre le mari et la femme, faite au mari seul, ne suffisait pas non plus pour constituer en demeure la femme alors séparée de biens, et faire courir contre elle les délais de l'appel. — *Paris*, 13 juin 1807, Floral c. Huart-Leterire.

862. — La signification faite au gérant seul d'une compagnie, d'un jugement rendu contre elle, fait-elle courir les délais d'appel contre chacun des associés ? — Il faut distinguer si la compagnie est une société civile ou une société commerciale. Dans le premier cas, la signification, pour faire courir les délais contre tous les membres de la société, devra être faite à chacun d'eux. Dans le second cas, il suffira de la faire au gérant. — V. Chauveau sur Carré, t. 1er, p. 327, no 287 *bis*, et t. 4, no 1560.

863. — Jugé que le délai pour appeler d'un jugement rendu contre une société, et qui lui a été signifié sous la raison sociale court contre chacun des associés individuellement. — *Paris*, 15 mai 1809, Dewitt c. Lenormand.

864. — S'il s'agit d'une société en participation, la signification devra, selon nous, être faite à chaque associé. — V. Chauveau, *ubi suprà*.

§ 2. — *Formes de la signification*.

865. — En règle générale, les significations doivent présenter les formes communes aux exploits. — V. EXPLOIT, SIGNIFICATION.

866. — Sous l'ordonnance de 1667, la simple signification au domicile faisait courir les délais de l'appel ; les formalités de l'ajournement n'étaient exigées que pour les sommations d'interjeter appel dans les six mois. — *Aix*, 15 mai 1812, Hospices de Toulon c. N...

867. — Sous le Code de procédure, une signification nulle ne peut faire courir le délai. Elle doit être considérée comme n'ayant jamais été faite. — *Cass.*, 5 août 1807, Nanchouart c. d'Hégreville ; — V. Pigeau, *Comment.*, t. 2, p. 11 ; Favard, t. 1er, p. 170, no 5 ; Thomine Desmazures, t. 1er, p. 672; Talandier, no 144 ; Carré, t. 4, no 1557.

868. — Toutefois observons que la partie s'apercevant de la nullité de la signification, peut la renouveler d'une manière régulière et que le délai ne commence à courir que du jour de cette seconde signification. — V. Chauveau sur Carré, no 1557.

869. — Jugé cependant que lorsqu'il a été interjeté appel d'un jugement irrégulièrement signifié, la rectification de cette signification faite pendant l'instance ne fait pas courir le délai d'un nouvel appel, tant qu'il n'a pas été statué sur le premier. — *Trèves*, 6 mai 1812, Bruch c. N....

870. — On peut dire contre cet arrêt : — 1o que la nullité de la signification du jugement était couverte par l'appel pur et simple interjeté par la veuve Bruch et par sa défense sur cet appel. En second lieu, pourquoi la seconde signification régulière n'aurait-elle pas fait courir le délai de l'appel? La veuve Bruch n'était point obligée de suivre deux procédures à la fois ; elle pouvait et devait se désister de son premier appel, et interjeter le nouveau dans les délais. Aussi voit-on que la cour s'est déterminée par des motifs de fraude et de mauvaise foi ; qu'elle a vu du dol dans la conduite des intimés, qui, en faisant faire une nouvelle signification du jugement, ne s'étaient pas désistés de la première ; en sorte qu'elle a pensé que c'était un piége tendu à l'appelante pour lui faire perdre son avantage.

871. — Est nulle et ne fait pas courir le délai d'appel la signification d'un jugement à domicile, dans laquelle il a été omis d'énoncer à la requête de qui elle a été faite. — *Colmar*, 7 janvier 1820, Boelt c. Defossel.

872. — Quoique la signification d'un jugement n'indique pas le numéro ni la rue du domicile de la partie à laquelle on l'a faite, elle n'en fait pas moins courir le délai de l'appel contre cette partie. — *Rennes*, 25 mai 1808, N....

873. — La signification d'un jugement ne fait pas courir les délais de l'appel, si elle ne contient pas copie entière de ce jugement, surtout de la formule exécutoire qui le termine. — *Besançon*, 12 fév. 1810, Boutechoux c. Perrin.

874. — Jugé, au contraire, qu'une simple signification de la décision en premier ressort non revêtue d'un mandat d'exécution, peut suffire pour faire courir le délai d'appel. — *Bruxelles*, 5 juin 1828, Delicm c. Hospices de Louvain.

875. — Mais le délai d'appel n'a pas couru contre un jugement qui n'a été signifié qu'en partie, alors surtout que la disposition contre laquelle on interjette appel a été omise. — *Metz*, 27 juin 1826, Hanus.

876. — Par la même raison, le défaut d'insertion des qualités dans l'exploit de signification d'un jugement a pour effet d'empêcher le délai de l'appel de courir. — *Turin*, 30 janv. 1811, Bronzino.

877. — De même aussi, la signification d'un extrait de la feuille d'audience ne renfermant rien autre chose que les motifs et le dispositif du jugement, sans exposition des points de fait et de droit, et sans énonciation des conclusions des parties, ne suffit pas pour faire courir le délai d'appel. — *Bruxelles*, 13 fév. 1822, Cordier c. Domaine.

878. — Jugé, au contraire, que la signification du dispositif d'un jugement, sans le point de fait ni les motifs, est suffisante pour faire courir les délais de l'appel. — *Turin*, 16 prair. an XI, Ponte Lombriasco c. Lovera.

879. — Décision semblable. — *Turin*, 18 thermid. an XII, Pailletti c. N.....

880. — On peut appeler d'un jugement, après l'avoir exécuté sur une expédition dont la signification ne contenait point une disposition essentielle. — *Agen*, 29 août 1821, Ducru c. ses Enfans.

881. — La signification de la copie d'une copie du jugement fait-elle courir les délais d'appel? — Pourquoi pas, si cette copie est exacte. — Cependant le contraire a été décidé par la cour de *Toulouse*, 12 déc. 1808, Crusol d'Uzès c. Maire du Guguron.

882. — Et par la cour de Besançon, qui a jugé, le 17 janv. 1829 (Rebattu c. Julien), que la signification d'un jugement, à la requête d'une partie, sur la copie qui lui en a été signifiée à elle-même par une autre partie, ne fait pas courir les délais de l'appel, de même que si la seconde copie avait été prise directement sur la grosse. — V. cet arrêt sous celui de *Cass.*, 7 fév. 1832.

883. — Quoi qu'en dise la cour de Besançon, la simple signification d'un jugement n'est point du tout un acte d'exécution. Sans doute elle fait courir les délais d'appel, mais c'est en vertu de la loi, et non en vertu du jugement lui-même, qui n'ordonne et ne peut ordonner rien de semblable. En d'autres termes, elle porte le contenu du jugement à la connaissance de la partie qui a succombé, et la loi fait le reste. Dès qu'il ne s'agit point d'obéir au jugement, qu'il s'agit seulement de réfléchir sur son contenu, la forme est indifférente ; il suffit que la copie soit sincère. Son exactitude est garantie par la signature des officiers ministériels, dans ce cas comme dans toutes les significations ordinaires.

884. — Aussi a-t-il été décidé qu'il n'est pas nécessaire, pour que la signification d'un jugement fasse courir les délais d'appel, qu'elle ait lieu en suite d'une expédition délivrée à la partie même qui signifie, et qu'elle peut valablement avoir lieu sur la copie signifiée par une autre partie en cause qui a obtenu l'expédition. — *Caen*, 26 juin 1837 (t. 1er 1838, p. 174), Beaumont c. Lainey.

885. — Jugé aussi que celui qui figure en deux qualités dans une instance, peut se servir de la copie du jugement qui lui a été signifiée en l'une de ces qualités pour la dénoncer à une autre partie, et faire courir le délai de l'appel en la seconde qualité en laquelle il procède. — *Montpellier*, 27 mai 1829, Section du Vilar c. Armet.

886. — Pour faire courir le délai d'appel, la signification du jugement à partie ou domicile doit-elle être précédée de la signification à avoué? — Cette question partage les auteurs et la jurisprudence.

887. — Pour l'affirmative, on argumente des termes de l'art. 147, C. procéd. ; on dit que cet article exige expressément que la signification à personne ou domicile soit précédée de la signification à avoué ; que l'avoué étant le *dominus litis* doit connaître tous les actes qui concernent le procès, même ceux qui sont signifiés à son client, afin de l'aider de ses conseils sur le parti qu'il a à prendre.

888. — C'est ce que soutiennent Boncenne, t. 2, p. 458 ; Pigeau, *Procéd.*, t. 1er, p. 252, 562 et 588; Pigeau, *Comment.*, t. 1er, p. 339, et t. 2, p. 11 ; Chauveau, sur Carré, nos 608 *bis* et 1558.

889. — Et c'est ce qui a été jugé par plusieurs arrêts. — *Nîmes*, 13 janv. 1813, Grégoire c. Créanciers Grégoire ; *Trèves*, 19 mai 1813, Durcks c. Mullen ; *Dijon*, 12 mai 1827, N... ; *Montpellier*, 27 mai 1829, section du Vilar c. Armet ; *Metz*, 27 juill. 1824, N.... c. Brasseur.

890. — Dans l'opinion contraire, on dit que si l'art. 147 exige la signification préalable à avoué, et qu'il en soit fait mention dans la signification à partie, c'est pour que l'avoué soit à portée de faire, sur l'exécution du jugement, tous les actes que la loi exige ; qu'il y a une grande différence entre la signification considérée comme préliminaire de l'exécution, et la signification considérée comme faisant courir le délai d'appel ; que si l'art. 147 exige, à peine de nullité, la signification préalable à l'avoué, c'est seulement lorsqu'il s'agit de ramener le jugement à exécution, et qu'une simple signification à la partie n'est point une exécution.

891. — Jugé, en ce sens, que la signification d'un jugement à personne ou domicile fait courir les délais de l'appel, quoiqu'elle n'ait pas été précédée de la signification à avoué. — *Liége*, 22 déc. 1808, Prieur c. Ahn ; *Agen*, 10 août 1809, Lapergue c. Basta ; *Bruxelles*, 29 juill. 1809, Lorent c. Tucot.

892. — Les partisans de ce dernier système sont : Merlin, *Quest. de dr.*, vo *Appel.*, § 8, art. 11, no 10; Carré, *Lois de la procéd.*, no 1558 ; Favard de Langlade, *Répert.*, t. 1er, p. 171, no 6, et t. 3, p. 182, no 9 ; Berriat, p. 416, no 42 ; Boitard, t. 1er, p. 456 ;

Souquet, *Dict.*, *Introduct.*, p. 46, n° 269 ; Talandier, *Traité de l'appel*, n° 145.

893. — Au surplus, et quelle que soit l'opinion qu'on embrasse, il est prudent, pour éviter toute difficulté, de se conformer à la prescription de l'art. 147. C'est ce qu'on fait dans la pratique.

894. — Lorsque, dans la signification d'un jugement à domicile, l'huissier a omis de faire mention de la signification précédemment faite à avoué, cette omission ne constitue pas une nullité qui rende l'appel recevable après les délais ordinaires. — *Riom* (et non *Bourges*), 27 déc. 1808, Fagon c. Pastre ; — Souquet, *loc. cit.*, p. 47, n° 270 ; Bioche, v° *Appel*, n° 112.

895. — *A fortiori*, le délai court-il lorsque c'est la signification à avoué qui est irrégulière. Si donc on avait omis dans cette signification le dispositif d'un des chefs des jugemens, le délai d'appel n'en courrait pas moins si la signification à partie était régulière. — *Cass.*, 25 avr. 1831, Guide Roger c. Gavet.

896. — Inutile de faire remarquer que la simple signification à avoué ne fait point courir les délais de l'appel d'un jugement interlocutoire. — *Besançon*, 10 fév. 1809, Bailly.

§ 3. — *A quel domicile doit être faite la signification.*

897. — D'après l'art. 443, C. procéd., la signification, pour faire courir le délai d'appel, doit être faite à personne ou domicile. — V. aussi C. procéd., art. 454.

898. — De là il suit que la signification d'un jugement faite à un individu détenu dans une maison de santé et poursuivi en interdiction, *en parlant au directeur de cette maison*, ne fait pas courir le délai d'appel ; il faut que la signification lui soit faite à personne ou à domicile. — *Paris*, 9 juill. 1825, D....

899. — ... Que le délai d'appel d'un jugement rendu contre le garanti et son garant, ne court contre celui-ci qu'à compter de la signification à lui faite personnellement. — *Cass.*, 10 mars 1829, commune de Villers c. commune de Saint-Germer.

900. — En disant que la signification doit être faite à personne ou domicile, la loi a entendu parler du domicile *réel*.

901. — ... Et aussi bien en matière civile qu'en matière commerciale. — *Poitiers*, 13 fév. 1833, Massé de Vaudoré c. Guitter.

902. — Mais n'y a-t-il pas des cas où elle peut avoir lieu au domicile *élu?* — Plusieurs exceptions au principe général sont admises par les auteurs et la jurisprudence : quelques unes sont contestées.

903. — M. Souquet est d'avis que le principe souffre exception toutes les fois que les parties ont exprimé, dans un acte, le consentement à ce que la signification en soit faite à un domicile élu à cet effet (C. civ., art. 111). — *Dict. des temps légaux*, t. 1er, Introd., p. 47.

904. — Sur ce point, les opinions sont partagées. MM. Favard de Langlade, Thomine-Desmazures, Delpech, ont soutenu la négative. La loi, disent-ils, a voulu faciliter l'*exécution* des conventions, en permettant une élection de domicile ; mais elle n'a pas voulu étendre cette facilité *à l'exécution des jugemens rendus* à l'occasion *de ces conventions*. — V. la consultation de M. Delpech, citée par M. Chauveau sur Carré, t. 4, n° 1556.

905. — Jugé, en ce sens, que la signification d'un jugement à un domicile élu ne fait pas courir le délai de l'appel. — *Colmar*, 27 août 1832, Barret c. Bigron.

906. — Il en est de même de la signification faite au domicile élu chez l'avoué ; conformément à l'art. 61, elle ne fait pas courir le délai de l'appel. — Carré, t. 4, n° 1556.

907. — M. Souquet, *ubi suprà*, trouve encore une exception au principe que l'appel doit être signifié au domicile réel, dans les art. 2148 1° et 2156, C. civ., en matière d'inscriptions hypothécaires. — V. aussi Carré, t. 4, n° 1556.

908. — Jugé que sous la loi du 11 brum. an VII, le jugement qui déboutait un créancier de la revendication de partie des biens saisis pouvait être signifié, pour faire courir les délais de l'appel, au domicile qu'il avait élu dans une inscription prise sur l'autre partie des biens. — *Nimes*, 22 août 1807, Dusages c. Pèyronnel.

909. — ... Qu'en matière hypothécaire, la signification de la sentence faite au domicile élu dans l'opposition au sceau des lettres de ratification suffisait pour faire courir le délai de l'appel. — *Paris*, 27 fév. 1821, Coutural c. Deligny.

910. — Une troisième exception est admise par M. Souquet, dans le cas où le créancier a élu domicile dans un commandement tendant à exécution du jugement (C. procéd., art. 584). — Mais cette solution est controversée.

911. — La cour de Bruxelles a embrassé l'opinion contraire à celle de M. Souquet, en se fondant sur ce que l'appel est une *nouvelle instance*, et sur ce que tout ajournement qui introduit une nouvelle instance doit être signifié à personne ou domicile. — *Bruxelles*, 14 août 1807, Domy c. Cateau ; 26 déc. 1807, mêmes parties, et 20 janv. 1808, Marchand c. Steffens.

912. — Les cours de Paris et de Besançon ont jugé aussi, contre le sentiment de M. Souquet, que la faculté accordée par l'art. 584, de faire la signification des actes d'appel au domicile élu, doit être restreinte à l'appel des jugemens rendus sur les incidens occasionnés par les poursuites qui ont suivi le commandement. — *Paris*, 30 juin 1808, Baty c. Juliot de Fromont ; *Besançon*, 21 août 1809, Henry c. Pescheur.

913. — Lorsque l'élection de domicile a été faite dans l'acte de signification, sans sommation ni commandement, l'acte d'appel ne peut être notifié à ce domicile élu ; il doit l'être à personne ou domicile ; c'est un point sur lequel tout le monde est d'accord.

914. — Jurisprudence conforme : *Cass.*, 22 brum. an XII, Tauffkirch c. Glimes ; *Poitiers*, 13 niv. an XIII, Noel c. Joguet ; *Turin*, 19 mai 1806, Beardi c. Corneliano ; *Paris*, 2 fév. 1808, Martin c. Taillandier ; *Pau*, 27 janv. 1810, Coustau c. Bidégorry ; *Rennes*, 7 juin 1810, Couchard, c. Pépin ; *Montpellier*, 23 juill. 1810, Bel Saint-Martin c. Rollande ; *Agen*, 30 nov. 1810, Fontanet c. Fagedet ; *Trèves*, 6 mars 1811, N... ; *Limoges*, 28 août 1811, Annet Johannel c. Roguard ; *Cass.*, 28 oct. 1811, Hart c. Herrenschmitt ; *Grenoble*, 6 mars 1812, Pascal c. Bret ; *Metz*, 21 janv. 1813, Harth c. Lambert ; *Agen*, 10 fév. 1815, Curienne c. N... ; *Bourges*, 19 déc. 1815, Girard c. Béthune-Charost ; *Grenoble*, 30 déc. 1815, Enregistrement c. Desade ; *Metz*, 26 mai 1820, Hamen c. Greisch ; *Poitiers*, 14 nov. 1822, Ferret-Lagrange c. Lapomarède ; *Grenoble*, 2 juill. 1824, Borel c. Galice ; *Poitiers*, 28 août 1829, Lanye c. Georges ; *Bordeaux*, 6 juin 1823, Quenot c. Tirail ; *Colmar*, 27 août 1832, Barret c. Bigron.

915. — Si la signification a été faite *avec injonction d'obéir*, ou *avec commandement d'y satisfaire, sous les peines de droit*, ou *sous peine d'y être contraint par corps*, et autres expressions analogues, l'acte d'appel peut-il être notifié au domicile élu dans cette signification ? — La question est plus délicate ; cependant, après quelques dissidences dans les tribunaux, on s'est généralement arrêté à cette opinion que la loi ne faisait d'exception qu'en faveur de l'élection de domicile contenue dans le commandement qui précède immédiatement la saisie exécution. — Art. 584, C. procéd. ; Souquet, t. 1er, *Introd.*, p. 47, n° 273.

916. — Lorsque, conformément à l'art. 422, C. procéd., il a été fait élection de domicile dans le lieu où siège le tribunal de commerce saisi de la contestation, et que le jugement y a été signifié, cette signification fait-elle courir les délais d'appel ? *Quid* de la signification faite au greffe du tribunal, à défaut de l'élection prescrite par l'art. 422 ? — Ici encore grande controverse.

917. — Pour la négative, on dit que la règle de l'art. 443 est générale ; qu'il n'est permis aux juges d'admettre aucune exception, si elle n'est établie par une loi expresse ; que l'art. 422 ne parle pas du délai d'appel et qu'il n'a entendu donner la faculté d'élire domicile que pour les significations d'actes concernant la première instance, et sans dérogation à la disposition de l'art. 443. — Carré et Chauveau, t. 3, n° 1517 ; Berriat, p. 381, n° 10 ; Pardessus, t. 5, p. 55, 3e édit. ; Talandier, p. 206, n° 213 ; Merlin, *Quest. de dr.*, v° *Appel*, § 8, art. 1er, n° 11.

918. — Pour l'affirmative on répond que l'élection de domicile, prescrite par l'art. 422, n'est point facultative, mais forcée, dans l'intérêt de la prompte expédition des affaires commerciales ; que si l'art. 422 n'était pas ainsi entendu, il serait sans objet ; qu'enfin, l'art. 645, C. comm., est conforme à cette interprétation, car il ne dit pas, comme l'art. 443, que le délai pour appeler est de trois mois, à compter de la signification à *personne* ou *domicile*, mais à compter *de la signification du jugement*, ce qui doit être entendu de la signification faite conformément à l'art. 422, C. procéd. — Favard, t. 1er, p. 170, v° *Appel* ; Souquet, t. 1er, p. 49, n° 279 ; Chauveau sur Carré, t. 4, n° 1556.

919. — Jugé dans le sens de la première opinion que la signification d'un jugement du tribunal de commerce, faite au domicile élu en exécution de l'art. 422, C. procéd., ne fait pas courir le délai d'appel ; qu'il faut une signification à personne ou domicile réel — *Cass.*, 2 mars 1814, Wegmann c. Fiers.

920. — Même décision. — *Bruxelles*, 25 avr. 1821,

Espanet c. Degroof ; *Colmar*, 5 août 1826, Hauman c. Spach ; *Rennes*, 20 déc. 1827, Daslais c. Baba ; *Lyon*, 28 janv. 1828, Bertrand c. Bon.

921. — Jugé, dans le sens opposé, que le délai pour appeler d'un jugement d'un tribunal de commerce court de la signification du jugement faite au domicile élu dans l'arrondissement de ce tribunal. — *Paris*, 12 juin 1815, Mirchowich c. N...

922. — ... Que la signification du jugement rendu par un tribunal de commerce, faite au greffe de ce tribunal, à défaut d'élection de domicile de la part des parties comparantes non domiciliées, fait courir les délais de l'appel, sans qu'il soit nécessaire d'une signification à personne ou au domicile réel. — ... Que l'art. 422, C. procéd., qui déclare valable la signification faite au greffe, à défaut de domicile élu, contient, en cela, à l'égard des jugemens des tribunaux de commerce, une exception dérogatoire à la règle générale établie par l'art. 443, même Code, qui ne fait courir les délais de l'appel que du jour de la signification à personne ou domicile. — *Dijon*, 25 mars 1828, Jomier et Boissier c. Bontemps.

923. — Décisions conformes. — *Riom*, 3 fév. 1809, Bouvatier et Mouru-Lacolle c. Mentaud ; *Colmar*, 4 août 1813, Meyer c. Ehrmann ; *Metz*, 27 juill. 1814, Bloch c. N... ; *Paris*, 14 fév. 1837 (t. 1er 1837, p. 294), Charpillon c. Dufresne-Pinel.

ART. 3. — *Du délai d'appel relativement au mineur et à l'interdit.*

924. — Aux termes de l'art. 444, Cod. procéd., le délai fixé par l'art. 443 est rigoureux ; il emporte déchéance contre toute partie, même contre les mineurs.

925. — Il n'en était pas ainsi sous l'ordonnance de 1667 ; elle suspendait le délai indistinctement à l'égard des mineurs, jusqu'à *leur majorité accomplie*. — Tit. 27, art. 16.

926. — La loi du 24 août 1790 ne s'expliqua pas sur ce point : son silence équivalait-il à une abrogation ? Plusieurs arrêts le décidèrent ainsi, et jugèrent que le délai d'appel courait contre les mineurs.

927. — Jugé en effet que, sous la loi du 24 août 1790, le délai de l'appel courait contre les mineurs, quoiqu'en première instance ils n'eussent pas été assistés de leur tuteur ou curateur. — *Cass.*, 27 mai 1807, Belon c. Devaux ; — Conf. *Cass.*, 30 juin 1806, Jumelle c. Allire ; *Bourges*, 9 juill. 1817, Grétry c. Beauvilliers.

928. — Jugé également que le délai de dix ans pendant lequel, suivant l'ancienne jurisprudence, l'appel des sentences était recevable, n'a pas couru contre une succession dont les biens étaient sous le séquestre, et pendant la minorité des héritiers. — *Paris*, 9 juin 1841, Bonnier des Terrières c. de Luynes et d'Albert.

929. — Cependant voici un arrêt qui fait application du principe porté dans l'ordonnance : il juge qu'avant le Code de procéd., le délai de dix ans, pour appeler d'un jugement obtenu contre des mineurs et signifié pendant leur minorité, courait contre eux du jour de leur majorité, quoique depuis lors on ne le leur eût pas signifié. — *Cass.*, 8 fructid. an VI, Cousi c. Monfray.

930. — Le Code de procéd. a tranché toute difficulté ; il a établi un principe nouveau ; il a dérogé à la règle posée dans l'ordonnance de 1667, et n'a mérité que des éloges pour ce retour au droit commun.

931. — Du reste, le législateur n'a pas oublié la protection qu'il devait au mineur. Par une sage précaution il veut que les délais ne courent contre le mineur non émancipé que du jour où le jugement a été signifié, tant au tuteur qu'au subrogé-tuteur, encore que ce dernier n'ait pas été en cause. — Cod. proc., art. 444.

932. — Les délais d'appel ne courent contre l'interdit, de même que contre le mineur émancipé, que du jour où le jugement a été signifié tant au subrogé tuteur qu'au tuteur. — *Limoges*, 20 av. 1842 (t. 1er 1843, p. 161), de la Pomélie c. Dufaye. — Boitard, t. 2, p. 237, n° 192 ; Chauveau sur Carré, t. 4, n° 1589 *bis* ; Souquet, p. 39, n° 227 ; Pigeau, t. 1er, p. 589, n° 2 ; Berriat, t. 2, p. 416, n° 15.

933. — Tant que le jugement n'a pas été notifié au subrogé-tuteur, le mineur est censé l'ignorer, et nulle exécution tacite de sa part ne peut le rendre non-recevable dans son appel. — *Nîmes*, 31 déc. 1829, Richard ; *Paris*, 23 juillet 1840 (t. 2 1840, p. 680), Racine c. Bourgeois. — Souquet, *loc. cit.*, p. 39, n° 222.

934. — Jugé de même qu'il suffit que celui auquel on a signifié un jugement ait été mal désigné dans cette signification, et que ce jugement n'ait pas été notifié au subrogé-tuteur d'un mineur qui y était intéressé, pour que le délai de l'appel n'ait point couru contre eux. — *Angers*, 22 mai 1817, Leroux c. Martineau.

935. — En matière administrative, lorsqu'il y a un mineur en cause, il suffit que les décisions soient signifiées au tuteur pour faire courir les délais d'appel. — *Cons. d'état*, 14 mai 1817, Sallier c. Duhamel.

936. — Il est bon d'observer qu'en exigeant la signification au subrogé-tuteur, le Code n'a pas entendu donner à ce dernier le droit d'interjeter appel, dans l'intérêt du mineur concurremment avec ce tuteur. Le subrogé-tuteur n'est pas plus dans ce cas que dans tout autre le représentant du mineur. Il est seulement chargé d'une mission de surveillance. — Boitard, t. 2, p. 238, nº 192; Favard de Langlade, t. 1er, p. 175, nº 15; Thomine-Desmazures, t. 1er, p. 680; Chauveau sur Carré, t. 4, nº 1592.

937. — Toutefois plusieurs jurisconsultes enseignent que l'appel relevé par le subrogé-tuteur dans un cas d'évidente négligence ou d'impossibilité d'agir du tuteur ne devrait pas être déclaré nul. — Locré, t. 22, p. 114; Poncet, t. 1er, p. 494, nº 302; Chauveau sur Carré, t. 4, nº 1592.

938. — Cette opinion peut s'appuyer sur les propres paroles de M. Bigot de Préameneu, dans son exposé des motifs : « Pour que la négligence qui souvent a des effets irréparables, ne soit plus à craindre, on exige que tout jugement sujet à l'appel soit signifié tant au tuteur qu'au subrogé-tuteur, lors même que ce dernier n'aurait pas été en cause. Le subrogé-tuteur n'est pas alors chargé de la défense du mineur pendant l'appel; mais il sera comme le tuteur lui-même responsable, s'il laisse passer le délai de trois mois depuis la signification qui leur aura été faite sans avoir pris les mesures prescrites par la loi, pour savoir si l'appel doit être interjeté, et sans l'avoir interjeté. » — Locré, t. 22, p. 114.

939. — La signification du jugement faite tant au tuteur qu'au subrogé-tuteur fait courir le délai, quoique le jugement soit nul pour défaut d'assistance du tuteur dans la cause. — *Cass.*, 30 juin 1806, Jumelle c. Allire. — Tout jugement doit en effet subsister jusqu'à ce qu'il soit attaqué par les voies légales. — Chauveau sur Carré, t. 4, nº 1588.

940. — Si les deux significations n'ont pas été faites en même temps au tuteur et au subrogé-tuteur, le délai part évidemment de la dernière. — Chauveau sur Carré, t. 4, nº 1589 *ter;* Thomine-Desmazures, t. 1er, p. 680.

941. — Si le mineur succède à un majeur, la signification du jugement au tuteur seul suffit pour que le délai de l'appel reprenne son cours contre lui, conformément à l'art. 444. — *Bordeaux*, 23 mars 1834, Lalune et Viserie c. Maury.

942. — Si le mineur ou l'interdit n'a ni tuteur ni subrogé-tuteur, la partie qui a obtenu le jugement doit, pour faire courir le délai, faire pourvoir ce mineur ou cet interdit. — Pigeau, *Comm.*, t. 2, p. 18; Carré, *Op. cit.*, nº 1590.

943. — Il en est de même en cas de décès du tuteur ou du subrogé-tuteur : la signification du jugement ne serait pas valablement faite à l'avoué qu'ils auraient constitué dans la cause. — *Rennes*, 27 janv. 1817, Raithiers c. Pitard. — Poncet, *Des jugem.*, t. 1er, nº 590; Favard, t. 1er, p. 174, nº 14; Thomine-Desmazures, t. 1er, p. 68; Carré, t. 4, nº 1590.

944. — Cependant, lorsqu'il existe un tuteur, et point de subrogé tuteur, Pigeau (*Comm.*, t. 2, p. 20), pense que la signification du jugement au tuteur suffit. Le tuteur, dit-il, est chargé de faire nommer au mineur un subrogé tuteur. D'ailleurs le mineur a son recours contre lui. — M. Chauveau repousse, avec raison, cette doctrine. L'intention évidente de la loi, dit-il, est de ménager, dans tous les cas, au mineur et à l'interdit une double garantie, une double vigilance.

945. — On peut néanmoins soutenir qu'en cas du décès du tuteur, si les héritiers sont majeurs, la signification à eux faite doit suffire. Aux termes de l'art. 419, C. civ., ils sont tenus de continuer la gestion jusqu'à la nomination d'un nouveau tuteur. — Pigeau, *loc. cit.*

946. — Les délais d'appel d'un jugement qui n'a point été signifié au subrogé tuteur courent à partir du moment où le mineur a atteint sa majorité. — Carré, *Lois de la proc.*, t. 4, nº 1589; Chauveau, *Op. cit.*; Favard, t. 1er, p. 175, nº 15.

947. — Mais si le mineur avait acquiescé depuis sa majorité à un pareil jugement, il ne serait plus recevable à l'attaquer par appel. — *Montpellier*, 3 janv. 1811, Marty c. Blanquet.

948. — La faculté d'appeler, réservée au mineur, lorsque le jugement n'a été signifié ni à son tuteur, ni à son subrogé tuteur, relève même les majeurs de la déchéance qu'ils auraient encourue, si l'objet de la contestation est indivisible. — *Rennes*, 25 juin

1818, Laguenille et Lebrigant c. Dermitte. — Carré, t. 4, nº 1597.

949. — M. Chauveau (t. 4, nos 1565 et 1597) combat cet arrêt, et pense que la déchéance encourue par les majeurs retombe sur les mineurs eux-mêmes, quoique ceux-ci n'aient pas reçu une signification valable, car, dit-il, la signification adressée à l'un des consorts, en matière indivisible, produit ses effets à l'égard de tous. — Nous croyons, au contraire, que la cour de Rennes a posé le véritable principe. — V. *infrà*, nos 1574 et suiv.

950. — L'individu qui se trouvait encore mineur au moment où il a été appelé en justice, mais qui était majeur lors du jugement, et par conséquent lors de sa signification, ne peut invoquer le bénéfice de sa minorité, pour justifier la tardiveté de son appel. — *Nîmes*, 11 juin 1819, Chabert c. Pigeyre.

951. — Si le mineur est sous la puissance de ses père et mère, la signification du jugement obtenu contre lui doit être faite au père seul (Arg. de l'art. 389, C. civ.). — Chauveau sur Carré, t. 4, nº 1590 *bis.* — V. *contrà* Pigeau, *Comm.*, t. 2, p. 18.

952. — Jugé cependant que la notification d'un jugement faite seulement à un père, comme tuteur légal de ses enfans, est nulle lorsqu'il n'a pas été nommé de subrogé tuteur. — *Rennes*, 27 janv. 1817, Raithiers c. Pitard.

953. — L'art. 444, C. procéd., qui ne fait courir le délai de l'appel que du jour de la signification du jugement, faite tant au tuteur qu'au subrogé tuteur, ne dispose que pour le cas où le mineur, représenté par son tuteur, est en cause en première instance. — *Bordeaux*, 23 mars 1834 Lalune et Viserie c. Maury. — Chauveau sur Carré, t. 4, p. 33, nº 1590 *ter.*

954. — Cet article n'est applicable qu'au cas d'un jugement rendu contre le mineur ou son tuteur, et non au cas où le jugement ayant été rendu contre l'auteur du mineur et suivi de signification, il s'agit seulement de faire reprendre aux délais de l'appel leur cours interrompu par le décès de la partie, aux termes de l'art. 447, C. procéd. civ. — *Bordeaux*, 5 mars 1834, Lalune c. Maury.

955. — Le défaut de signification du jugement au subrogé tuteur ne conserve pour le tuteur et le mineur le droit d'appel que tant que ce droit n'a pas été exercé. — Mais l'appel interjeté par le tuteur du jugement rendu contre le mineur ne peut, s'il vient à tomber en péremption, être réitéré soit par le tuteur, soit par le mineur, par le motif qu'il n'y aurait pas eu de signification du jugement faite au subrogé tuteur. — *Nîmes*, 23 août 1837 (t. 2 1837, p. 524), Bourguet.

956. — En un tel cas, la péremption ayant pour effet de donner au jugement la force de chose jugée, ce jugement n'est plus susceptible d'être attaqué par appel. — *Lyon*, 23 nov. 1829, Lapoire c. Dubost. — Reynaud, *Péremption*, nº 91; Bioche et Goujet, *Dict. de proc.*, vº *Péremption d'instance*, nº 24; Chauveau sur Carré, t. 4, nº 1586 *bis.*

957. — Jugé cependant que si le tuteur auquel seul a été signifié ce jugement a interjeté appel, et qu'en outre le mineur devenu émancipé par mariage ait soutenu la validité de ce appel, l'arrêt qui déclare cet acte nul n'empêche pas que le mineur puisse appeler lui-même du jugement, si depuis son mariage il ne lui a pas été personnellement signifié. — *Agen*, 25 juill. 1812, Dangeros c. Nouillian.

958. — La cour de Cassation a jugé que lorsqu'un mineur a, dans un procès, des intérêts distincts de ceux de son tuteur, le jugement, pour faire courir les délais d'appel vis-à-vis du mineur, doit être signifié au tuteur, tant en son nom personnel qu'en sa qualité de tuteur. — *Cass.*, 30 mars 1825, Mollin c. Peyrachon fils et Merle. — Mais cette précaution ne suffit pas; les intérêts du mineur ne sont pas suffisamment garantis par une aussi insignifiante formalité.

959. — Aussi, depuis l'arrêt du 30 mars 1825, cette cour a-t-elle appliqué un autre principe : elle a décidé que, lorsque le tuteur plaide contre le pupille, il est nécessaire de nommer un tuteur *ad hoc* ou un second subrogé tuteur qui puisse recevoir la double signification. — *Cass.*, 1er avr. 1833, Monvallat c. Roquelaure.

960. — Jurisprudence conforme. — *Angers*, 2 août 1822, Gueffier c. Lusseau; *Toulouse*, 4 fév. 1825, Laforgue c. Marie Rozès; *Rennes*, 19 juill. 1826, Grellier et Jagu c. Grellier; 9 avr. 1827, mêmes parties; *Colmar*, 13 janv. 1831, Peter; *Orléans*, 27 nov. 1833, Roquelaure c. Prévinquières.

961. — Jugé de même que le subrogé tuteur qui a obtenu un jugement contre son pupille doit, s'il veut faire courir le délai de l'appel, provoquer la nomination d'un subrogé tuteur *ad hoc* et lui faire signifier, ainsi qu'au tuteur, le jugement qu'il

a obtenu. — Le délai de l'appel ne court que du jour de cette double signification. — *Grenoble*, 15 mars 1822, Anthouard. — M. Chauveau (t. 4, nº 1590 *ter*) cite un arrêt contraire de la cour de *Paris*, 23 juill. 1830.

962. — Cette jurisprudence vient à l'appui de la doctrine. — Pigeau, *Comm.*, t. 2, p. 18; Chauveau, *loc. cit.*, nº 1590 *ter;* Souquet, p. 39, nº 225; Magnin, *Trait. des tutelles*, nº 1463.

963. — Le jugement rendu contre un prodigue ou contre un mineur émancipé doit être signifié au conseil judiciaire ou au curateur lorsqu'il s'agit dans la cause d'un objet dont le mineur émancipé et le prodigue ne peuvent disposer sans assistance. — Dans le cas contraire, la signification à leur personne ou à leur domicile suffit. — Pigeau, t. 1er, p. 68; Souquet, p. 39, nº 228. — V. CONSEIL JUDICIAIRE.

964. — Mais de ce qu'un individu auquel un jugement a été signifié a depuis été pourvu d'un conseil judiciaire, il n'en résulte pas que le délai d'appel que la signification avait fait courir soit suspendu, et qu'il soit nécessaire, pour le faire courir de nouveau, d'adresser une autre signification à ce conseil. L'art. 444, C. procéd., ne reçoit pas ici son application. — *Cass.*, 2 janv. 1836, Watelier et Cailteaux c. Guillemin.

965. — Quant au condamné à une peine infamante, le jugement doit être signifié à son tuteur. — C. pén., art. 29; Thomine Desmazures, t. 1er, p. 680; Chauveau sur Carré, t. 4, nº 1591.

966. — Toutefois si l'incapacité n'est survenue que depuis la signification et avant l'expiration du délai d'appel, cet événement ne suspendra pas le cours de la déchéance, et il ne sera pas nécessaire de signifier au nouvel administrateur. — Chauveau sur Carré, t. 4, nº 1591.

967. — Lorsque par négligence, impéritie ou fraude le tuteur n'a pas appelé, le mineur auquel on oppose la déchéance du droit d'appel a son recours contre qui de droit (art. 444). — C'est aux tribunaux saisis du recours à examiner si l'appel qui n'a pas été interjeté aurait dû l'être et si celui qui s'en est abstenu a manqué à ses devoirs. — C'est ce qu'enseignent Carré, t. 3, nº 1586; Chauveau, *loc. cit.*; Pigeau, *Procéd. civil.*, liv 2, part. 4e, tit. 1er, chap. 1er, sect. 3e, art 4, nº 2, et *Comm.*, t. 2, p. 17; Favard de Langlade, t. 1er, p. 175, nº 15; Thomine Desmazures, t. 1er, p. 679; Boitard, t. 2, p. 238, nº 192.

ART. 4. — *Suspension et prorogation du délai d'appel.*

§ 1er. — *Suspension du délai en cas de décès de la partie.*

968. — Les délais de l'appel sont suspendus par la mort de la partie condamnée. Ils ne reprennent leur cours qu'après la signification du jugement faite au domicile du défunt, avec les formalités prescrites par l'art. 61, C. proc., et à compter de l'expiration des délais pour faire inventaire et délibérer, si le jugement a été signifié avant que ces derniers délais fussent expirés. — C. procéd., art. 447.

969. — L'ordonnance de 1667 avait aussi exigé la signification du jugement aux héritiers, et elle leur accordait un délai de six mois après la sommation d'appeler.

970. — Le motif de l'exception renfermée dans l'art. 447 a été parfaitement expliqué par M. Bigot de Préameneu, dans l'*Exposé des motifs* : — « Quoique les héritiers, a-t-il dit, représentent le défunt, il n'en est pas moins nécessaire de leur signifier de nouveau un jugement dont ils peuvent n'avoir eu aucune connaissance personnelle, ou dont les papiers, trouvés dans le domicile de ce défunt, ne leur auraient découvert aucune trace; ils ne doivent point être privés du délai que le Code civil leur donne, pour délibérer s'ils accepteront ou s'ils répudieront la succession; pendant ce délai, celui de l'appel sera suspendu. » — Locré, t. 22, p. 115.

971. — Cette disposition rappelle l'art. 877, C. civ., et doit se combiner avec elle; en sorte que, si le délai qui reste à courir est de moins de huitaine, la déchéance n'est encourue qu'après ce terme. — Thomine Desmazures, t. 1er, p. 682; Chauveau sur Carré, t. 4, p. 42, nº 874.

972. — En admettant qu'un jugement définitif soit valablement signifié au domicile de la partie condamnée décédée pendant l'instance, et dont le décès n'a pas été notifié à son adversaire ni connu de lui, toujours est-il que le délai d'appel n'en reste pas moins suspendu par ce décès, conformément à l'art. 447, C. procéd. civ., et que les héritiers sont toujours recevables, tant que le jugement de condamnation ne leur a pas été signifié, à interjeter appel. — *Bastia*, 9 janv. 1843 (t. 2 1843, p. 56), Giudici c. Leca. — Carré et Chau-

veau, *Lois de la procéd.*, t. 4, p. 42, sous l'art. 447, nº 371.

973. — La signification peut être faite aux héritiers *collectivement*, et sans désignation des noms et qualités. — C. procéd., art. 447, § 2; C. civ., art. 2149.

974. — C'est une exception aux règles générales, fondée sur ce qu'il est possible que les héritiers ne soient pas connus. — Elle exprime que la signification peut être faite *aux héritiers d'un tel demeurant, lors de son décès, à....., en son domicile.*

975. — La signification à *la veuve commune* et aux héritiers collectivement, en ne laissant qu'une seule copie pour ceux-ci et pour la veuve, est valable, tant que dure l'indivision. — *Cass.*, 6 sept. 1813, les Domaines c. Tendon.

976. — La signification faite à une personne non héritière, mais qui s'est mise en possession publique de la succession, fait courir les délais d'appel contre le véritable héritier. — Arg. de l'art. 1340, C. civ. — V. du reste, Pigeau, t. 1er, p. 564; Bioche, vº *Appel*, nº 388.

977. — Lorsqu'un jugement par défaut a été régulièrement signifié et que l'opposition a été rejetée comme tardive, il suffit, pour remplir le vœu de l'art. 448, C. procéd., de signifier aux héritiers de la partie condamnée le jugement de débouté. — *Bordeaux*, 28 janv. 1836, Changeur c. Laclaverie.

978. — La signification faite à l'héritier fait courir le délai contre un successeur particulier à l'objet sur lequel porte le jugement, par exemple, contre un légataire. — Carré, t. 4, nº 1604; Pigeau, t. 1er, p. 669.

979. — L'art. 447 dit que la signification aux héritiers doit être faite avec les formalités de l'art. 61. Plusieurs auteurs sont d'avis que c'est une erreur; que le Code a voulu renvoyer, non à l'art. 61, mais à l'art. 68. A l'appui de cette opinion, ils font remarquer qu'il est de principe que les significations doivent contenir toutes les formalités des exploits, à l'exception de celles qui sont particulières à l'exploit d'ajournement; ils ajoutent que cette indication d'article n'était pas dans le projet, et qu'elle n'a été ajoutée que sur les observations de la cour de Rennes, qui avaient pour objet un renvoi à l'art. 68. — Carré, t. 4, p. 42, nº 1602; Berriat, p. 418, note 53; Boitard, t. 2, p. 240.

980 — Quoi qu'il en soit, l'erreur, si erreur il y a, est assez peu importante, car l'art. 61, § 2, voulant que l'exploit contienne la mention de la personne à laquelle la copie sera laissée, renvoie par cela même à l'art. 68, le seul qui nous fasse connaître à qui l'huissier doit remettre la copie. — Chauveau sur Carré, t. 4, p. 43; Favard, t. 1er, p. 177, nº 18; Thomine Desmazures, t. 1er, p. 683.

§ 2. — *Suspension de délai en matière de faux. — Rétention de pièces décisives.*

981. — Le code a établi une nouvelle suspension du délai d'appel (art 448); elle existe dans deux cas: 1º lorsque le jugement a été rendu sur pièces fausses; 2º lorsque l'adversaire a retenu une pièce décisive, dont la non représentation a entraîné la condamnation.

982. — La sagesse de cette disposition n'a pas besoin d'être démontrée; on comprend de reste que la partie qui a profité du faux ou retenu la pièce, s'est elle-même rendue non-recevable à opposer que le délai est expiré.

983. — Ces deux circonstances indiquées dans l'art. 448, constituent aussi des moyens de requête civile (art. 480, §§ 9 et 10); seulement, on doit avoir recours à l'appel quand le jugement est en premier ressort, et à la requête civile quand le jugement est en dernier ressort. — Boitard, t. 2, nº 195.

984. — Lorsque le jugement a été rendu sur pièces fausses, le délai ne court que du jour où le faux a été reconnu, c'est à dire avoué par l'adversaire, ou juridiquement constaté, c'est à dire déclaré par jugement. — *Limoges*, 30 juin 1836, Gamory c. Barrière; — Thomine Desmazures, t. 1er, p. 685; Favard, t. 1er, p. 177, nº 9; Boitard, t. 2, nº 195; Chauveau et Carré, t. 4, nº 1607.

985. — Suivant Pigeau (*Procéd.* liv. 2, part. 4, t. 1er, chap. 1er, sect. 3, art. 4, nº 11), le délai ne court même pas à partir du jour qui a déclaré le faux, si la partie qui veut appeler n'y a pas figuré et si le jugement ne lui est pas connu. — V. aussi Chauveau sur Carré, t. 4, nº 1607 *in fine*.

986. — Jugé que la partie relevée de la déchéance du délai d'appel par la découverte des pièces prétendues fausses sur lesquelles le jugement aurait été rendu, a le droit d'interjeter appel avant même que le faux n'ait été reconnu ou juridiquement constaté, et que les juges saisis de l'appel sont compétens pour connaître du faux allégué. — *Limoges*, 30 juin 1836 (t. 1er 1837, p. 391), Gamory c. Barrière.

987. — Décision semblable. — *Cass.*, 10 avr. 1838 (t. 2 1838, p. 149), Barrière c. Gamory,

988. — Lorsqu'une pièce décisive a été retenue par l'adversaire, le délai ne court que du jour où la pièce a été retrouvée, pourvu qu'il y ait preuve par écrit du jour où la pièce a été recouvrée et non autrement. — Cod. procéd., art. 448.

989. — Cette preuve peut résulter, par exemple, d'un inventaire.

990. — L'art. 448, C. procéd., n'est pas introductif d'un droit nouveau. Sous l'ancienne jurisprudence, comme sous ce Code, les délais de l'appel contre un jugement rendu sur pièces fausses ne courait que du jour de la découverte du faux. — *Limoges*, 30 juin 1836 (t. 1er 1837, p. 391), Gamory c. Barrière.

991. — Sous la loi du 24 août 1790, le délai de trois mois devait être prorogé si l'appelant découvrait que la décision des premiers juges était fondée sur des pièces fausses. Quoique l'appel motivé par cette découverte ait été interjeté sous l'empire de l'ancienne législation, le Code de procédure doit régir l'inscription de faux formée depuis sa promulgation. — *Angers*, 21 janv. 1809, Goussault c. Lafosse; — Carré, t. 4, nº 1609.

992. — La fin de non-recevoir résultant de l'expiration du délai de trois mois de l'art. 448, ne peut être opposée au ministère public poursuivant l'appel d'un mariage déclaré nul sur pièces fausses. — *Pau*, 28 janv. 1809, Fabiau c. Noguiès. — M. Chauveau attaque cet arrêt et prétend que, si une voie était ouverte au ministère public, ce ne pourrait être que la tierce opposition.

993. — La faculté d'appeler plus de trois mois après la signification, dans le cas où les pièces ont été retenues par l'adversaire de l'appelant, peut être exercée alors même que ces pièces appartenaient à l'intimé.

994. — Bien entendu qu'il n'en est ainsi que dans le cas où, par exception au principe que personne ne peut être tenu de produire contre soi (*nemo tenetur edere contrà se*), les pièces retenues étaient pièces du procès et appartenaient à l'une comme à l'autre partie. — Chauveau sur Carré, t. 4, nº 1611 *bis*.

995. — Conformément à cette doctrine, il a été jugé que l'art. 448, C. procéd., est applicable quelle que soit celle des parties à laquelle appartiennent les pièces découvertes. — *Paris*, 29 mai 1832, Thorel c. Bastide.

996. — En cas de dol et de fraude d'une autre espèce que celle indiquée et prévue par l'art. 448, la disposition de cet article est applicable; c'est du moins ce qu'enseignent Pigeau, *Procéd. civ.*, liv. 2, 4e part., tit. 1er, chap. 1er, sect. 3, art. 4, nº 11 5º; Thomine-Desmazures, t. 1er, p. 684. — Il ne leur paraît pas que la disposition de l'art. 448 soit limitative.

997. — M. Chauveau approuve cette doctrine qu'il trouve conforme à la maxime d'après laquelle le dol fait exception à toutes les règles; au surplus il fait observer que pour constater l'époque à laquelle commencent les trois mois, il faudra rapporter la preuve par écrit du dol et de la fraude. — V. *Lois de la procéd.*, t. 4, nº 1611 *ter*.

998. Lorsque sur une demande en déclaration affirmative, le tiers saisi a déclaré ne rien devoir au saisi, et que jugement est intervenu en conséquence, le saisissant peut appeler de ce jugement dans les trois mois qui suivent la preuve par lui acquise que le tiers saisi était bien réellement débiteur du saisi au moment où l'opposition a été faite à sa requête. — Bioche, vº *Appel*, nº 400; Berriat, p. 417, note 49; Pigeau, § 1er, p. 672; Thomine Desmazures, t. 1er, p. 684.

§ 3. — *Cas divers dans lesquels il y a suspension ou prorogation du délai d'appel.*

999. — Dans quelques cas, autres que ceux prévus dans les art. 447 et 448, l'appel est encore recevable après les délais ordinaires.

1000. — Le délai d'appel ne court pas pendant l'instance en réglement des juges. — *Cass.*, 7 déc. 1841 (t. 1er 1842, p. 101) Delaunay c. Seillère. — V. RÉGLEMENT DE JUGES.

1001. — Un compromis intervenu après la signification du jugement, peut suspendre le délai d'appel. — V. Chauveau sur Carré, t. 4, nº 1598. — V. aussi PÉREMPTION D'INSTANCE.

1002. — En conséquence, si ce compromis se trouve anéanti par une cause quelconque, l'appel du jugement de première instance est recevable, à compter du jour où ce compromis a pris fin et pendant un espace de temps égal à celui qui restait à courir jusqu'à l'expiration du délai, au moment où le compromis a eu lieu. — *Riom*, 4 août 1818, Abonnat c. Monier; — Bioche, vº *Appel*, nº 391.

1003. — En matière de garantie formelle, le garanti peut se rendre appelant après les délais, lorsque le garant s'est pourvu en temps utile. — *Toulouse*, 16 nov. 1825, Imbert c. Gil. — V. GARANTIE.

1004. — Il en est de même aussi lorsqu'il y a solidarité ou indivisibilité. — Dans ce cas, l'appel de l'un profite aux autres, et la déchéance qu'ils ont encourue ne les empêche pas de se joindre devant la cour à ceux qui sont appelés en temps utile. — V. *infrà* nºs 1574 et suiv.

Sect. 3e. — *Délai d'appel des jugemens par défaut.*

1005. — La loi de 1790, en fixant à trois mois le délai d'appel, n'avait pas dit quel serait ce délai pour les jugemens par défaut.

1006. — La loi du 3 brum. an II ne répara pas cette omission, quoiqu'il entrât dans son esprit d'accélérer la procédure et de simplifier les formalités.

1007. — De ce silence on dut conclure qu'il fallait, relativement au délai d'appel des jugemens par défaut, recourir aux lois anciennes, c'est-à-dire à l'ordonnance de 1667. — Arrêté 9 messid. an IV.

1008. — Et c'est ce qui fut jugé par les arrêts suivans: *Cass.*, 14 niv. an VI, Hugresse c. Delangle; 25 pluv. an XI, Orbarchoury c. Bertouelachae; 26 germ. an XII, Vallaert c. Vestriest; 26 prair. an XII, Valaest c. Dierich; *Besançon*, 25 janv. 1810, Castillon c. Prigueler; *Cass.*, 17 nov. 1813, Filloi et Cambolise c. Labadie; *Agen*, 9 mars 1815, Boudet Montplaisir c. Brossard; *Cass.*, 1er mars 1820, Charrondière c. Gonthier. — V. *contrà Colmar*, 18 nov. 1815, Steflar c. N.

1009. — D'après l'ordonnance, ce délai, comme on l'a déjà dit, était de dix ans.

1010. — ....Et même de trente dans quelques provinces, par exemple en Belgique, où l'ordonnance de 1667 n'avait pas été reçue. — *Bruxelles*, 15 juill. 1819, Matthys c. Ratzinski.

1011. — Le Code de procédure a étendu aux jugemens par défaut la disposition de l'art. 443; il décide que le délai de trois mois s'applique à ces jugemens comme aux jugemens contradictoires; seulement le délai ne court que du jour où l'opposition n'est plus recevable. — C. procéd., art. 443, § 2.

1012. — L'art. 455 ajoute (et sa disposition complète l'autre) que les appels des jugemens susceptibles d'opposition, ne sont pas recevables pendant la durée du délai de l'opposition.

1013. — De la combinaison de ces deux articles résultent les deux règles que voici: 1º tant que l'opposition est recevable, l'appel n'est pas possible; — 2º le délai d'appel ne peut pas courir tant que l'opposition est recevable.

1014. — Ces deux règles dérogent d'une manière indirecte, mais claire, à la maxime longtemps admise dans la jurisprudence française: *Contumax non appellat*, maxime que la cour de Cassation et plusieurs cours d'appel auraient voulu voir maintenir dans le Code de procédure, et dont plusieurs jurisconsultes regrettent l'abrogation.

1015. — On voit que le principe nouveau diffère essentiellement de l'idée ancienne. D'après l'ordonnance, on décidait que, même après les délais de l'opposition, le jugement par défaut ne pouvait être attaqué par l'appel; on décide maintenant que l'appel est recevable après l'expiration des délais de l'opposition.

1016. — Examinons maintenant quelle application ont reçue, dans les tribunaux, les deux règles que nous avons formulées (*suprà* nº 1013). — Afin d'éclairer mieux la matière, nous distinguerons les jugemens par défaut en matière civile des jugemens par défaut émanés des tribunaux de commerce, et les jugemens *contre partie* des jugemens *contre avoué*

1017. — L'appel formé depuis le 1er janv. 1807, d'un jugement par défaut rendu sous l'empire de l'ord. de 1667, est soumis, quant au délai dans lequel il doit avoir lieu, à l'ordonnance, et, quant à l'instruction, au Code de procédure civile. — *Paris*, 5 janv. 1809, Demontfort c. Do.

1018. — Depuis la mise en vigueur du Code de procédure, l'appel des jugemens par défaut pendant le délai de l'opposition est défendu, même à l'égard des jugemens rendus avant sa promulgation. — *Cass.*, 11 oct. 1809, Baival c. Lomer. — V. toutefois *Bruxelles*, 20 janv. 1809; *Bourges*, 4 juill. 1809; *Cass.*, 4 mars 1812, Bormans c. Lor-Corswaren; et 1er mars 1820, Charrondière c. Gonthier-Jobert.

1019. — Le délai pour appeler d'un jugement par défaut, depuis le Code de procédure, est réglé par ce Code, quoique l'instance sur laquelle ce jugement a été rendu ait été engagée sous une législation qui donnait un plus long délai pour interjeter appel. Il en serait autrement des jugemens rendus avant le Code de procédure. — *Cass.*, 4 mars 1812, Bormans c. Loz-Corswaren ; — Merlin, *Rép.*, v° *Prescription*, sect. 1re, § 3, n° 13. — V. *suprà* nos 728 et suiv.

ART. 1er. — *Des jugemens par défaut en matière civile.*

§ 1er. — *Jugemens par défaut contre partie.*

1020. — Nous avons dit : 1° que l'on ne pouvait appeler pendant les délais de l'opposition (art. 455) ; — 2° que les délais de l'appel ne couraient que du jour où l'opposition n'est plus recevable (art. 443, § 2). — Voyons comment la jurisprudence a entendu ces deux dispositions.

1021. — Elle décide d'abord, et c'est un point incontestable, que ces dispositions ne s'appliquent qu'aux véritables jugemens par défaut, et non à ceux qui auraient reçu à tort cette qualification.

1022. — Ainsi, lorsqu'un jugement a été mal à propos qualifié par défaut, quoiqu'il fût contradictoire, c'est le délai relatif à ce dernier jugement qui doit être observé pour l'appel. — *Cass.*, 22 mars 1825, Babeau c. Gougenot.

1023. — De même le jugement qui, après avoir prononcé contradictoirement sur des exceptions préjudicielles, prononce sur le fond par défaut, faute de plaider, est réputé contradictoire sur tous les points, et par conséquent non susceptible d'opposition. — *Nancy*, 10 janv. 1812, Petit c. Voisin.

1024. — Lorsqu'un jugement énonce que l'avoué du défendeur a refusé de plaider et déclaré faire défaut, mais qu'il mentionne néanmoins dans son dispositif qu'il a été rendu contradictoirement, l'appel en est recevable pendant les délais de l'opposition. — *Colmar*, 15 juin 1831, Schauenbourg c. Bloch.

1025. — Jugé aussi qu'on peut, après avoir formé opposition à un jugement par défaut, s'en désister à raison de sa nullité et se pourvoir en appel sans attendre l'expiration du délai d'opposition. — *Bordeaux*, 2 août 1831, Grozart c. Joret.

1026. — ... Que l'opposition à un jugement par défaut qui n'a point été renouvelée dans la huitaine par requête et constitution d'avoué, est nulle ; qu'en conséquence le délai d'appel commence à courir depuis l'expiration de la huitaine. — *Besançon*, 21 mai 1810, Sibille c. Ruty.

1027. — La jurisprudence décide aussi que les art. 453 et 455 ne s'appliquent ni au jugement par défaut qui intervient sur une réassignation, après un jugement de défaut profit joint, ni à celui qui aurait rejeté l'opposition formée contre un précédent jugement par défaut. — Ces jugemens équivalent en effet à des jugemens contradictoires, puisqu'ils sont définitifs et ne peuvent être frappés d'opposition.

1028. — Ainsi, lorsque, après un premier jugement par défaut profit-joint contre une partie qui n'a pas constitué avoué, cette partie fait encore défaut sur la réassignation, ce second jugement n'étant pas susceptible d'opposition, aux termes de l'art. 153, C. procéd., ce n'est pas, comme dans le cas de l'art. 158, même Code, du jour de l'exécution du jugement, jour auquel l'opposition n'est plus recevable, que court le délai d'appel, mais bien du jour de la signification à domicile de ce second jugement, comme à l'égard des jugemens contradictoires. — *Cass.*, 8 nov. 1828, Porel-Buisson c. Clerc et Chevallier.

1029. — Ainsi, l'appel d'un jugement par défaut, rendu sur défaut-joint, par un individu qui a abandonné l'opposition qu'il avait formée, ne peut être déclaré non-recevable, sous prétexte que l'instance en opposition n'a pas été jugée. — *Angers*, 5 mai 1830, Gastineau c. Escot et Duveau ; *Poitiers*, 31 déc. 1830, Juigné c. Philibert.

1030. — Jugé de même que le deuxième jugement rendu par défaut, après réassignation sur défaut profit joint, n'étant pas susceptible d'opposition, le délai de l'appel commence à courir du jour de la signification à domicile, et non pas seulement du jour de l'exécution, comme en matière de jugement par défaut ordinaire. — *Cass.*, 8 nov. 1826, Porel-Buisson c. Clerc et Chevallier.

1031. — Remarquons que la règle posée dans l'art. 443 s'applique aussi bien au demandeur qu'au défendeur, quoique ce point ne soit pas sans difficulté.

1032. — Ainsi, le demandeur qui a laissé rendre contre lui un jugement par défaut est, aussi bien que le défendeur qui s'est laissé condamner par défaut, recevable à interjeter appel de ce jugement, lorsqu'il le fait après le délai de l'opposition. — *Nîmes*, 14 nov. 1825, Vincent c. Saugues.

1033. — Jugé de même que le demandeur peut, lorsque les délais de l'opposition sont expirés, se pourvoir par appel contre le jugement qui a prononcé contre lui défaut-congé, surtout si ce jugement le renvoie avec dépens de la demande. — *Poitiers*, 14 fév. 1837 (t. 2, 1837, p. 417), Labrillantais, c. Lamogne.

1034. — Jugé, au contraire, que le demandeur qui, faute de se présenter, laisse prendre un défaut contre lui, n'est pas recevable à en interjeter appel, après les délais de l'opposition. — *Bruxelles*, 26 avr. 1810, Jardinot.

1035. — On peut dire contre la décision de Bruxelles que le renvoi de la demande est une décision contre le demandeur, et que cette décision s'oppose à ce qu'il puisse renouveler son action tant que le jugement subsiste. Si, après des audiences contradictoires, le juge renvoie de la demande, il est incontestable que la question est jugée et que le défendeur gagne sa cause. Quelle différence y a-t-il entre ce prononcé contradictoire et celui par défaut ? Nulle autre que la possibilité d'attaquer celui-ci par la voie de l'opposition. Dans l'un et l'autre cas, le jugement fait titre, car il statue sur le mérite de la demande ; donc l'appel doit être ouvert si l'opposition est interdite. — V. au surplus, *suprà*, nos 276 et suiv.

1036. — Remarquons encore que la partie qui a formé opposition ne peut, en général, en abandonner la poursuite pour prendre la voie de l'appel. La procédure d'opposition encore subsistante rend tout appel nul et irrecevable. — V. *Exposé des motifs du titre de l'appel*, édit. de Firmin Didot, p. 137. — Cependant l'opposition dont on s'est désisté ne fait aucun obstacle à l'appel qu'on veut lui substituer, pourvu toutefois que la partie ne soit plus dans les délais de l'opposition. (Art. 455). — V. Chauveau, *loc. cit.*, n° 1571.

1037. — Cette distinction semble consacrée par les arrêts suivans : — *Lyon*, 14 déc. 1810, Tissot ; *Metz*, 30 avr. 1813, Lar c. Roswinch ; *Grenoble*, 19 mars 1825, Regnier c. Berne et Bourbousson ; *Rouen*, 30 nov. 1826 (rendus dans des espèces où il n'y avait pas désistement) ; *Angers*, 5 mai 1830, Gastineau c. Escot et Duveau ; *Poitiers*, 31 déc. 1830, Juigné c. Philibert (rendus dans des espèces où il y avait désistement).

1038. — Le désistement ne serait pas même nécessaire si l'opposition avait été formée hors des délais, ou que formée par acte extra-judiciaire, elle n'eût pas été réitérée dans la huitaine, ou qu'enfin elle fût entachée de toute autre nullité.

1039. — En effet, d'après l'art. 168, C. procéd., l'opposition signifiée par acte extra-judiciaire est réputée non avenue, si on ne la renouvelle dans la huitaine par requête d'avoué. Dans le cas prévu par cet article, c'est de l'expiration de cette huitaine que commence à courir le délai d'appel.

1040. — Jugé en conséquence qu'une partie peut appeler d'un jugement contre lequel elle a formé une opposition par acte extra-judiciaire qu'elle n'a pas réitérée par requête dans la huitaine. — *Paris*, 11 nov. 1813, Lachevallerie c. Dumoustier.

1041. — Si, de plusieurs parties ayant le même intérêt, l'une s'est pourvue par la voie de l'opposition dans le délai utile, et les autres par la voie de l'appel, les délais de l'opposition étant expirés à leur égard, il faut distinguer si la matière est divisible ou indivisible, solidaire ou non solidaire, pour savoir s'il y a lieu de renvoyer les appelans devant le tribunal saisi de l'opposition.

1042. — Si la matière est divisible, et les co-intéressés non solidaires, chacun doit suivre son opposition ou son appel.

1043. — Ainsi, le jugement rendu contradictoirement contre une partie, et par défaut contre une autre, peut être attaqué en appel par la première, quoique l'opposition du défaillant soit pendante devant les premiers juges. — *Agen*, 6 juill. 1812, Delenssol c. Bonyssi.

1044. — Jugé cependant que la partie condamnée par défaut qui est obligée de suivre devant la cour royale celui dont elle est garante et qui a interjeté appel, peut elle-même interjeter appel avant l'expiration du délai de l'opposition. — *Limoges*, 12 juin 1819, Josselin c. Pageaud.

1045. — M. Chauveau critique cet arrêt et soutient la négative. Deux contestations, dit-il, l'une entre le demandeur et le garanti, l'autre entre le garanti et le garant, ne doivent pas, pour marcher de front, franchir, ni l'une ni l'autre, un degré de juridiction, ni violer une formalité ou un principe essentiel de procédure. — *Lois de la procéd.*, t. 4, n° 1640 *bis*.

1046. — Si la matière est indivisible ou solidaire, la déchéance de l'une des parties à former opposition doit s'étendre à l'autre, et l'appel devient pour toutes la seule voie admissible. — Chauveau, *loc. cit.*, n° 1570 ; Talandier, *De l'appel*, p. 68, n° 80.

1047. — Du principe qu'on ne peut appeler d'un jugement par défaut pendant les délais de l'opposition, il suit que l'appel est non-recevable, tant que le jugement n'a pas été signifié, puisqu'alors le délai de l'opposition n'a pas encore commencé à courir. — *Rennes*, 9 mars 1820, Ducouédic c. Kentrel.

1048. — ... Qu'on ne peut appeler d'un jugement par défaut rendu contre une partie n'ayant pas d'avoué, tant que la faculté d'y former opposition existe, c'est-à-dire jusqu'à son exécution. — *Orléans*, 25 mars 1814, Signolet c. Boucaire.

1049. — .... Que le délai d'appel court à l'égard d'un jugement rendu contre partie ayant constitué avoué, du jour où l'opposition a cessé, faute de réitération dans le délai légal, d'être recevable ; alors même qu'au lieu de suivre l'exécution de ce jugement, celui qui l'a obtenu a assigné le défaillant en débouté d'opposition, et obtenu un jugement qui rejette l'opposition, et ordonne l'exécution du premier jugement. — *Paris*, 15 fév. 1825, Galté.

1050. — .... Qu'on ne peut interjeter appel d'un jugement par défaut auquel on peut encore former opposition. — *Paris*, 16 nov. 1810, Deullin-Vallery c. Delaval.

1051. — .... Que, lorsqu'on a formé opposition à un jugement par défaut, on ne peut en appeler avant qu'il ait été statué sur cette opposition. — *Metz*, 30 avr. 1813, Lahr c. Rosvinch.

1052. — ...Qu'ainsi, lorsque, après un commandement, la partie défaillante a déclaré à l'huissier former opposition, elle ne peut plus interjeter appel avant d'avoir fait statuer sur cette opposition, quoiqu'elle n'ait pas été réitérée dans le délai de la loi. — *Rennes*, 24 nov. 1829, Brunel c. Dezaunay.

1053. — .... Que pareillement, l'appel interjeté par un individu qui a formé opposition à un jugement qui le condamne par défaut sur le fond, avant la fin de l'instance sur cette opposition, est non-recevable, quoique après l'avoir interjeté il se soit désisté de son opposition. — *Grenoble*, 19 mars 1825, Reynier c. Berne et Bourbousson.

1054. — Lorsqu'il y a eu acquiescement au jugement par défaut, il est clair que ni l'appel ni l'opposition ne sont plus recevables ; mais on demande si, en supposant que l'acquiescement soit intervenu en matière de contrainte par corps, auquel cas il ne peut donner au jugement la force de chose jugée, il aura au moins cet effet de faire courir les délais de l'appel.

1055. — Posons bien les principes : pour que le délai d'appel commence à courir, il faut que l'opposition ne soit plus recevable ; or, l'acquiescement n'ayant pas pour effet de priver la partie qui l'a donné du bénéfice de cette voie de recours, il s'en suit que le délai d'appel ne court pas encore, puisqu'on est toujours dans les délais de l'opposition.

1056. — C'est ce qu'a jugé, en effet, la cour de Paris, le 28 mai 1839 (t. 1er 1839, p. 583), Siryes de Marynhac ; le 10 oct. 1839 (t. 2 1839, p. 408), Dumoulin ; et le 2 janv. 1840 (t. 1er 1840, p. 161) Sainte-Aldegonde c. Assire-Deschamps.

1057. — Cependant nous n'approuvons pas les motifs donnés, dans ces espèces, à l'appui de cette solution. — V. ACQUIESCEMENT, nos 152 et suivans.

1058. — De ces prémisses découle cette conséquence que l'acquiescement, dans les matières où il ne peut intervenir légalement, laisse les choses dans le même état que s'il n'existait pas : on ne doit donc pas s'y arrêter ; on doit, au contraire, s'en tenir aux règles ordinaires et décider que l'acquiescement, dans les circonstances que nous avons indiquées, ne fait pas courir le délai d'appel.

1059. — La même cour a jugé postérieurement que l'acquiescement à un jugement par défaut fait courir le délai de l'appel, même au chef de la contrainte par corps, lorsqu'il y est énoncé que le débiteur a eu connaissance des actes d'exécution faits en vertu dudit jugement, et s'engage à payer les frais auxquels a donné lieu cette exécution. — *Paris*, 10 mars 1840 (t. 2 1840, p. 122), Desmarbœuf c. Trouard-Riolle.

1060. — Cette décision n'est pas si contraire qu'elle le paraît avec les principes. En effet, que veut l'art. 159, pour que l'opposition ne soit plus recevable ? Il veut que l'*exécution* du jugement par défaut *ait été connue* de la partie défaillante : or, dans l'affaire Desmarbœuf, la cour s'est précisément attachée à établir que le vœu de l'art. 159 avait été rempli, et qu'il résultait des termes mêmes de l'acquiescement que le défaillant avait eu *connais-*

sance de l'exécution. Ce point de fait admis, la conséquence est forcée ; le délai de l'appel a couru, puisque l'opposition a cessé d'être recevable.

1061. — Doit-on admettre une exception à la double règle posée dans les art. 443 et 455, C. procéd., dans le cas où le jugement par défaut a été déclaré *exécutoire nonobstant opposition?* Nous ne le pensons pas, car la loi ne fait aucune distinction.

1062.—Vainement veut-on tirer argument, dans l'opinion contraire, de la disposition de l'art. 449 qui autorise l'appel dans les huit jours du jugement, lorsque ce jugement est exécutoire par provision ; nous répondrons qu'il n'existe aucune analogie entre les deux hypothèses. Dans le cas prévu par l'art. 449, il s'agit d'un jugement *contradictoire* contre lequel il n'existe qu'une seule voie de recours, l'appel ; il fallait donc bien laisser cette voie ouverte de suite, puisque le jugement était immédiatement exécutoire. — Dans le cas de l'art. 455, au contraire, il s'agit d'un jugement *par défaut*, qu'on peut attaquer, et par l'opposition et par la voie de l'appel : or, par l'opposition, on peut obtenir tout ce qu'on obtiendrait par l'appel ; pourquoi serait-on dispensé d'y recourir ? Nous n'en voyons pas la raison.

1063. — A l'appui de notre opinion, nous citerons un arrêt de la cour de Metz, du 30 janv. 1811, N... c. N..., et un arrêt de la cour de Cassation, du 11 juin 1817, Huvier c. Pinondel. — V. aussi Merlin, *Quest.*, vº *Appel*, §8, art. 3, nº 4, 2º; Boitard, t. 2, nº 185; Pigeau, *Comment.*, t. 2, p. 29; Favard, t. 1er, p. 178; Thomine Desmazures, t. 1er, p. 696; Bioche, *Dict. procéd.*, vº *Appel*, nº 52; Chauveau sur Carré, t. 4, nº 1641.

1064. — En faveur de l'opinion contraire il existe un arrêt de la cour de Paris, du 27 juin 1810 (Foubert); et deux arrêts de la cour de Turin, des 20 mars 1812 (Delfino c. Saluces), et 14 sept. 1813 (Giacomasso c. Palacchia).—Carré, *L. de la procéd.*, nº 1641, et Crivelli, dans les notes sur Pigeau, p. 671, approuvent cette jurisprudence, qui est généralement repoussée.

1065. — Toutefois, la cour de Lyon s'y est encore rangée dans une espèce où le jugement par défaut, exécutoire nobnostant opposition et appel, avait été signifié et suivi d'un commandement. — *Lyon*, 28 août 1820, Dupuy c. Verrière. — Nous ne croyons pas, quant à nous, que cette circonstance doive rien changer à la solution de la question.

1066. — Dans le cas où le jugement par défaut a été déclaré exécutoire, *nonobstant appel*, il en est de même, et à plus forte raison, que dans le cas où le jugement a été déclaré exécutoire *nonobstant opposition*, c'est-à-dire qu'on ne peut appeler avant l'expiration des délais de l'opposition. — C'est ce qui a été jugé par les arrêts suivans : — *Orléans*, 25 mars 1814, Signolet c. Boucaire; *Rennes* (*Nîmes* selon M. Chauveau), 18 juin 1819, N... c. N...; *Bourges*, 1er août 1829, Micalef c. Roblet.

1067. — Peut-on interjeter appel dans le délai de l'opposition d'un jugement par défaut que l'on prétend incompétemment rendu ?—Non, la disposition de l'art. 455 est générale, et ne permet pas, dans ce cas plus que dans tout autre, de déroger à la règle qu'elle a posée. La circonstance de l'incompétence peut bien faire que la question subisse les deux degrés de juridiction, même dans une matière du dernier ressort (C. procéd. art. 454); mais elle ne modifie en rien les délais pendant lesquels on peut appeler. — Chauveau et Carré, t. 4, nº 1639; Merlin, *Quest.*, vº *Appel*, § 8, art. 3, nº 4 3º; Favard, t. 1er, p. 178.

1068. — Lorsque après un jugement contradictoire sur la compétence, le tribunal a rendu, au fond, un jugement par défaut, la partie condamnée, qui a interjeté appel du premier jugement, peut-elle aussi interjeter appel du second, quoiqu'elle soit encore dans les délais de l'opposition ? Carré (*Lois de la procéd.*, t. 4, nº 1640) se prononce pour l'affirmative, sans se dissimuler la gravité des objections qu'on peut faire contre son opinion. Le motif qui le détermine, c'est que si le défaillant formait opposition au jugement qui a statué sur le fond, il se rendrait non-recevable dans son appel sur la compétence, il y aurait acquiescement. — *Paris*, 6 janv. 1812, N...; 27 mars 1813, N... et 29 sept. 1813, N....

1069. — Il ajoute que, forcer la partie à former opposition à un jugement qui sera nécessairement anéanti, si l'arrêt de la cour accueille le déclinatoire, ce serait multiplier inutilement la procédure et les frais.

1070. — Ces raisons ont paru déterminantes à M. Chauveau (t. 4, nº 1640, addit.), et il déclare embrasser l'avis de M. Carré, qui est aussi le nôtre. — V. en ce sens *Rouen*, 14 juill. 1808, Jordin c. Jouen; *Nancy*, 10 janv. 1812, Petit c. Voisin ; *Metz*, 30 août 1821, Bougleux c. Dumont; *Bordeaux*, 21 déc. 1832, Francès c. Pierre-Jean; *Nîmes*, 27 déc. 1836, Labry c. commune de Pompignan ; *Rennes*, 7 janv. 1839 ; — Pigeau, *Comment.*, t. 2, p. 29; Thomine-Desmazures, t. 1er, p. 695; Dalloz, t. 1er, p. 501.

1071. — L'art. 455 est-il applicable aux jugemens rendus en matière de droits réunis? La cour criminelle du Tarn avait décidé l'affirmative, en l'appuyant sur un avis du conseil d'état du 18 fév. 1806; mais la cour suprême a cassé cet arrêt et a décidé que l'art. 455 n'était pas applicable aux jugemens rendus en matière de droits réunis, et qu'il fallait consulter exclusivement le décret du 1er germin. an XIII. — *Cass.*, 12 avr. 1811, Droits réunis c. Castaldi ; — Merlin, *Quest.*, vº *Appel*, § 8, art. 4; Favard, t. 1er, p. 178; Carré, nº 1643. — V. CONTRIBUTIONS INDIRECTES.

1072. — Les jugemens des juges de paix rendus par défaut peuvent être frappés d'appel après l'expiration des délais de l'opposition. On ne doit pas distinguer, comme sous la loi des 18-26 oct. 1790, tit. 3, art. 4, entre ces jugemens et ceux émanés des tribunaux d'arrondissement.—*Cass.*, 3 mai 1793, Varin c. Cagnot ; 8 fruct. an II, Brouart c. Paille; 13 thermid. an XI, Gayonet c. Guyonet; 16 prair. an XIII, Milguet c. Ponsolat; *Rennes*, 22 sept. 1810, Fortin c. Quadillac; *Cass.*, 8 août 1815, Chegaray c. Salinare ;— Merlin, *Quest.*, vº *Appel*, nº 11; Bioche et Goujet, *Dict. de procéd.*, vº *Appel*, 2e éd., nº 58; Boitard, t. 2, nº 185; Carré, sur l'art. 450.

1073. — Nous ferons remarquer que, pour que le délai d'appel d'un jugement par défaut courre contre le défaillant, il est indispensable que la signification du jugement ait été faite à personne ou domicile.

1074. — En effet, l'opposition est recevable jusqu'à l'exécution du jugement, et le sens du mot *Exécution*, dans cet article, est déterminé par les exemples donnés dans l'art. 159. Or, ces actes d'exécution supposent, comme préliminaire, une double signification, celle à l'avoué, celle à la personne : donc, dans le cas de jugement par défaut contre partie, une signification à personne ou à domicile est de toute nécessité pour faire courir les délais de l'appel. Seulement ces délais ne courront pas du jour de la signification, mais bien du jour où l'opposition ne sera plus recevable, du moment où l'exécution sera consommée ou au moins fort avancée.—Boitard, t. 2, nº 185.—V. JUGEMENT PAR DÉFAUT.

1075. — Jugé que le délai pour appeler d'un jugement par défaut, rendu contre un individu tombé depuis en faillite, court du jour où l'opposition du failli n'était plus recevable et non de celui de la signification du même jugement au syndic. — *Amiens*, 18 déc. 1813, Roy c. Hubert.

§ 2. — *Jugemens par défaut contre avoué.*

1076. — Une vive controverse s'est élevée sur le sens du § 2 de l'art. 443, C. procéd., relativement au jugement par défaut contre avoué, ou faute de plaider. Ce jugement doit-il, pour faire courir le délai d'appel, être signifié non seulement à l'avoué, mais encore à personne ou à domicile? La doctrine et la jurisprudence sont en désaccord.

1077. — Boitard (t. 2, nº 185) et Merlin (*Quest.*, vº *Appel*, § 8, art. 1er, nº 10) enseignent que la signification à domicile ou à personne est inutile. Le délai de l'opposition, disent-ils, est déterminé par l'art. 157. Ce délai est de huitaine à partir de la signification du jugement à avoué, après quoi, d'après l'art. 443, § 2, le délai d'appel commence à courir utilement. Donc la simple signification à avoué faisant courir le délai de l'opposition et celui de l'appel courant à son tour du jour où l'opposition n'est plus recevable, il s'ensuit que la signification à personne ou à domicile est inutile.

1078. — Telle est aussi l'opinion de Pigeau (t. 1er, p. 591 et 557) et de Carré (*Lois de la procéd.*, t. 3, nº 1569); mais il faut remarquer que ce dernier auteur n'a pas toujours professé cette doctrine. Nous trouvons en effet, dans son *Analyse*, nº 1437, une discussion assez étendue sur la question qui nous occupe, discussion qu'il termine ainsi : « De là nous concluons que le délai pour l'appel des jugemens rendus faute de plaider ou contre avoué, ce qui est la même chose, commence son cours le lendemain de l'expiration de la huitaine de la signification à avoué, *si le jugement a été également signifié à la partie*, ou *le lendemain seulement de cette signification à partie, si elle n'est faite qu'après cette expiration de huitaine.* » — Ce passage est positif. Si, depuis, M. Carré a changé d'opinion, il ne l'a fait qu'en cédant à l'autorité des deux arrêts de cassation cités au numéro suivant.

1079. — Jugé en ce sens que le délai de l'appel d'un jugement rendu par défaut contre une partie ayant un avoué court du jour où l'opposition n'est plus recevable, c'est-à-dire après la huitaine de la signification du jugement à avoué, encore que cette signification n'ait pas été renouvelée à personne ou à domicile. — *Cass.*, 5 août 1813, Laplanche c. Beaussenat; 14 déc. 1814, Lamouroux c. Moureau.

1080. — Remarquons en passant que ces deux arrêts émanent de la chambre des requêtes, et que la chambre civile a consacré l'opinion opposée. — V. *infrà*, nº 1084.

1081. — Jurisprudence conforme à celle de la chambre des requêtes : — *Bruxelles*, 11 mai 1812, Vandenameele c. Erreaux Callewaert; *Riom*, 25 août 1812, Issoles c. Denevay; *Rennes*, 30 avr. 1813, Kerdreux c. N...; *Rennes*, 22 juin 1813, Le Gace c. N...; *Bordeaux*, 7 août 1813, Faure c. Jaugeard; *Riom*, 18 mai 1814, Queyron c. Boudou; *Rennes*, 22 juin 1814, N...; *Agen*, 3 août 1814, Maison c. Barthérote; *Metz*, 23 août 1814, Marin c. Valette; *Grenoble*, 3 janv. 1815, Darce c. Jarre; *Toulouse*, 30 mai 1815, Mourgues c. Bonnet-Vacquié; *Bruxelles*, 3 janv. 1818, N...; *Paris*, 5 janv. 1825, Calvimont c. de la Grave; *Montpellier*, 13 juin 1825, Enregistrement c. Sicard; *Nîmes*, 7 fév. 1832, Gaulseu c. Alforlit; *Nancy*, 18 janv. 1833, Gérardin c. Collignon de Widelange; *Nîmes*, 23 avr. 1833, Bansaudier c. Savy; *Nancy*, 29 juill. 1837 (t. 1er 1839, p. 435), Cholley c. Claudel; *Colmar*, 19 juill. 1838 (t. 1er 1839, p. 92), Lehmann c. Humbert.

1082. — Pour soutenir que la seule expiration du délai de l'opposition ne donne pas ouverture à celui de l'appel, si la signification à partie n'a pas eu lieu, on dit que l'art. 443, § 2, présuppose le principe de la signification à personne ou à domicile, principe admis de tous les temps. N'est-il pas essentiel, en effet, de faire connaître le jugement à la partie intéressée pour la mettre à même de l'attaquer? N'y a-t-il pas une évidente contradiction à décider que les jugemens contradictoires, *toujours censés connus des parties*, devront être signifiés à personne ou à domicile, tandis que les jugemens par défaut, *toujours au contraire réputés ignorés de la partie qui a fait défaut*, pourront se passer de cette signification ? On ajoute que l'art. 443 n'est destiné qu'à régler le point de départ du délai; que la loi n'a pas voulu que les deux délais, celui de l'opposition et celui de l'appel, concourussent : qu'elle a eu l'intention de les ménager tous deux à la partie condamnée.— C'est ce qu'enseignent Pigeau, *Comment.*, t. 1er, p. 13 et 14; Favard de Langlade, t. 1er, p. 172, nº 9; Thomine-Desmazures, t. 1er, p. 674 ; Talandier, *De l'appel*, nº 155 ; Poncet, *Des jugemens*, nº 316; Bioche et Goujet, vº *Appel*, nº 126; *Praticien français*, t. 3, p. 32; Rauter, *Cours de procéd.* nº 251; Berriat-Saint-Prix, *Cours de procéd.*, t. 2, p. 416; Chauveau sur Carré, t. 3, p. 620 et suiv., nº 1569; Souquet, *Dict. des temps légaux*, introduct., p. 33, nº 206; Demiau-Crouzilhac, p. 320. — Nous nous rangeons à cette opinion.

1083. — C'est dans ce sens qu'après beaucoup de fluctuation, paraît s'être enfin fixée la jurisprudence.

1084. — Jugé, en effet (et cet arrêt est fort important, car c'est un arrêt, non de rejet, mais de cassation) que le délai pour appeler d'un jugement par défaut faute de plaider court, non à partir de l'expiration de la huitaine de la signification de ce jugement à l'avoué du défaillant, mais de la signification à personne ou domicile de celui-ci.—*Cass.*, 29 nov. 1836 (t. 1er 1837, p. 131), Ramandié c. héritiers Dufour-Lachaise.

1085. — Jurisprudence conforme : — *Nancy*, 9 juill. 1811, Ganier; *Riom*, 21 déc. 1814, Bravi c. Laroche; *Colmar*, 18 nov. 1815, Steffan c. N...; *Cass.*, 18 déc. 1815, Lange-Comnène c. Ille; 12 mars 1816, Dandigné c. Libault; 24 avril 1816, Faure c. sa femme; *Poitiers*, 20 fév. 1827, Ducernier c. Dumoulin; *Bordeaux*, 26 mai 1827, Chaumont c. Lachaise; *Bourges*, 29 mai 1830, Leclerc c. Pinard; *Bastia*, 25 juill. 1831, Murati c. Compocasso; *Toulouse*, 17 déc. 1832, Ducassé c. Roquelaure; *Nancy*, 16 juill. 1833, Collin c. Monsieur.

1086. — Citons encore en ce sens : *Paris*, 10 août 1811 (et non 1810), Declavisson c. Coustard; 28 juin 1814, Guerry c. N...; *Metz*, 31 déc. 1818, Macklot c. Marin; *Bourges*, 23 fév. 1819, Bonnet c. Bayard; *Montpellier*, 26 juill. 1825, Battle c. Jacomel; *Bastia*, 25 fév. 1834, Taomasi c. Biadelli.

1087. — Selon M. Souquet (*loc. cit.*), parmi tous ces arrêts ceux qui sont le plus fortement motivés sont ceux de *Nancy*, 9 juill. 1811, Ganier, et 16 juill. 1833, Collin c. Monsieur; de *Metz*, 31 déc. 1818, Macklot c. Marin, et de *Bourges*, 29 mai 1830, Leclerc c. Pinard ; voilà ceux surtout qu'il faut consulter.

1088. — Pour les jugemens par défaut contre avoué, comme pour les jugemens par défaut contre partie, le principe est le même ; l'appel n'est pas recevable tant qu'on est encore dans les délais de l'opposition. Cependant il a été jugé que l'appel d'un jugement par défaut contre un avoué n'est pas nul pour avoir été interjeté pendant l'existence d'une opposition formée elle-même hors du délai légal, et qu'il peut être reçu et jugé, bien qu'il n'ait pas été statué sur cette opposition, si l'appelant qui l'avait formée déclare s'en désister et se soumet à payer les frais qu'elle pourrait avoir occasionnés. — *Bourges* 16 nov. 1839 (t. 2 1840, p. 312), Limosin c. Mariola. — V. *suprà* nos 1023, 1036 et suiv.

ART. 2. — *Jugemens par défaut des tribunaux de Commerce.*

1089. — Quelque généraux que soient les termes de l'art. 455, il s'est élevé une sérieuse discussion sur le point de savoir s'il devait recevoir application lorsque le jugement par défaut a été rendu par le tribunal de commerce.

1090. — Cette question paraît tranchée par la disposition de l'art. 645 du Code de commerce, qui porte que l'*appel pourra être reçu le jour même du jugement*, et qui, d'ailleurs, ne fait aucune distinction entre les jugemens contradictoires et les jugemens par défaut.

1091. — Cette opinion est celle de Merlin, *Quest.*, vo *Appel*, § 8, art. 3 no 4; Favard, t. 1er, vo *Appel*, no 22; Thomine, t. 1, p. 694; Carré et Chauveau, t. 4, no 1637; Boitard, t. 2, p. 209; Tabandier, p. 72, no 83; et Souquet, Introd., p. 35, no 210.

1092. — Et elle a été consacrée par les arrêts suivans : — *Liége*, 20 juill. 1809, N...; *Besançon*, 14 déc. 1809, N...; *Riom*, 29 août 1814, Bataillon c. Garnier; *Caen*, 12 janv. 1830, Lagrange c. Letouzey.

1093. — Décisions semblables : — *Riom*, 8 mai 1809, Nozière c. Danty; *Paris*, 27 juin 1810, Foubert c. sa femme; *Cass.*, 24 juin 1816, Saguhes c. Boissier; *Bordeaux*, 14 fév. 1817, Denois c. Lascigne; *Agen*, 4 janv. 1817, Chassaignol c. Desmurs; *Limoges*, 23 juill. 1818, N...; *Metz*, 8 déc. 1819, N...; *Rennes*, 22 mai 1820, Charaulau c. Bossel; *Metz*, 8 juill. 1826, N...; *Bordeaux*, 5 juin 1829, Lalin c. St.-Blanchard; *Bourges*, 19 mars 1831, Galas c. Barbot; *Montpellier*, 13 nov. 1834, Mirusau. c. Belzmeyer; *Pau*, 10 fév. 1836, Labry c. Commune de Pompignan; *Paris*, 23 janv. 1840 (t. 1 1840, p. 267), Lecourt c. Berthoud.

1094. — La même décision a été appliquée avec raison à l'appel d'un jugement par défaut émané d'un conseil de prud'hommes. — *Colmar*, 30 nov. 1836, Khugel c. Urner.

1095. — Dans l'opinion contraire on dit que l'art. 645 du Code de commerce ne doit pas s'appliquer aux jugemens par défaut et qu'il ne déroge pas, par conséquent, à la disposition de l'art. 455, C. procéd.

1096. — Tel est l'avis de MM. Pardessus, *Droit comm.*, t. 5, no 1384; Cotinières, *Journ. des av.*, t. 3, p. 208; Poncel, *Trait. des jugemens*, t. 1er, p. 339, no 204, et Hautefeuille, p. 251.

1097. — Et c'est ce qui a été jugé par les arrêts suivans : — *Colmar*, 31 déc. 1808, Weissholtz c. Laurent Robert; *Paris*, 18 mai 1809, Bassel c. Doisneau; *Limoges*, 15 nov. 1810, L... c. Henri; *Turin*, 25 sept. 1811, Berrino c. N...; *Toulouse*, 2 juin 1813, Joulet c. Carol, *Limoges*, 23 juill. 1814, Brivezac c. d'Auderille.

1098. — Jugé encore qu'en cas d'appel d'un jugement de commerce qui a statué par deux dispositions, dont l'une contradictoire sur la compétence, l'autre par défaut sur le fond, cette seconde disposition peut être attaquée également par appel, sans qu'il soit besoin de recourir préalablement à la voie d'opposition, en supposant que l'on soit encore dans le délai de l'opposition. — *Metz*, 30 août 1821, Bougleux c. Dumont.

1099. — Jugé que la décision par laquelle un tribunal de commerce interdit sa barre à un avocat, sans l'avoir préalablement appelé ni entendu, doit être considérée comme une décision rendue par défaut contre lui, et susceptible d'opposition. — En conséquence, tant que les délais d'opposition ne sont pas expirés, cet avocat n'est pas recevable à se pourvoir par appel; cette règle, si nécessaire dans les cas ordinaires, l'étant encore bien davantage dans les cas disciplinaires. — *Lyon*, 18 août 1841 (t. 2 1841, p. 585), P...

1100. — Faut-il, pour les jugemens par défaut émanés des tribunaux de commerce, distinguer ceux qui ont été rendus après la comparution à une première audience d'un agréé ou d'un fondé de pouvoir, des jugemens par défaut ordinaires? En d'autres termes, y a-t-il devant les tribunaux de commerce, comme devant les tribunaux civils, des défauts faute de comparaître et des défauts faute de plaider? — Pour la solution de cette ques-

tion très controversée, V. JUGEMENT PAR DÉFAUT.

1101. — La disposition de l'art. 455, C. procéd., s'applique-t-elle aux jugemens rendus en matière de faillite?

1102. — L'affirmative avait été adoptée avant la loi du 28 mai 1838 par la cour de Rennes. Cette cour avait décidé que l'art. 455 s'appliquait aux jugemens qui déclarent l'ouverture de la faillite, lorsque ces jugemens n'avaient pas été affichés. — *Rennes*, 27 fév. 1811, A. c. syndics de sa faillite; — Carré, *Lois de la procéd.*, no 1642.

1103. — Mais cette solution n'était pas exacte; car nous venons de voir que les jugemens par défaut des tribunaux de commerce pouvaient être attaqués pendant les délais de l'opposition, or, les jugemens en matière de faillite sont nécessairement dans cette catégorie.

1104. — Aussi avait-on décidé que l'appel pouvait être interjeté contre les ordonnances et jugemens rendus en matière de faillite, encore que ces ordonnances et jugemens pussent être attaqués par la voie d'opposition. — *Bruxelles*, 13 mars 1810, Vandick c. syndics de sa faillite.

1105. — Du reste, d'après l'art. 453 de la nouvelle loi sur les faillites, la voie de l'appel n'est pas ouverte, en faveur du failli, contre les ordonnances du commissaire de la faillite et contre les jugemens rendus sur son rapport. — V. FAILLITE.

1106. — Cette disposition vient singulièrement modifier, pour les cas du moins où elle s'applique, la solution à donner à la question ci-dessus. Il ne peut plus, en effet, être question d'interjeter appel, puisque la loi déclare que le recours sera porté devant le tribunal de commerce.

Sect. 4e. — *Délai d'appel des jugemens préparatoires, interlocutoires et de provision.*

§ 1er. — *Jugemens préparatoires.*

1107. — La distinction des jugemens en préparatoires, interlocutoires et définitifs n'a guère d'importance que relativement à l'époque où l'appel peut en être relevé. — Cette époque diffère, en effet, selon la nature de ces jugemens. — Chauveau, t. 4, p. 67, no 1616, addit.

1108. — Nous avons vu, *suprà*, sect. 2 et 3, quel était le point de départ du délai d'appel, relativement aux jugemens définitifs, soit contradictoires, soit par défaut; il nous reste à examiner quel est ce point de départ en ce qui concerne les jugemens préparatoires et interlocutoires.

1109. — Aux termes de l'art. 451, C. procéd., l'appel d'un jugement préparatoire ne peut être interjeté après le jugement définitif et conjointement avec l'appel de ce jugement.

1110. — Le Code ajoute que le délai de l'appel ne court que du jour de la signification du jugement définitif. — Art. 451.

1111. — Et que l'appel est recevable, bien que le jugement préparatoire ait été exécuté sans réserves. — Même article.

1112. — Ces dispositions sont fort simples et fort claires; elles ne présentent dans leur application aucune difficulté. Aussi n'avons-nous que fort peu d'arrêts à enregistrer.

1113. — La difficulté la plus grave qui se soit présentée sur cette matière consiste à savoir si la prohibition de l'art. 451, C. procéd., est d'ordre public. — La jurisprudence s'est prononcée pour l'affirmative.

1114. — Ainsi, il a été jugé que la fin de non-recevoir résultant de ce qu'on avait appelé d'un jugement préparatoire avant le jugement définitif pouvait être opposée par les parties en tout état de cause. — *Bruxelles*, 25 mars 1829, N.; 14 avr. 1829, N...

1115. — Jugé, d'après le même principe, que le ministère public, doit d'office, requérir le rejet de l'appel dirigé contre un jugement préparatoire, avant le jugement définitif. — *Agen*, 24 fév. 1814, Deselaux c. Latance; — Pigeau, *Comment.*, t. 2, p. 23.

1116. — L'appel d'un jugement préparatoire peut-il avoir lieu dans certains cas avant que le jugement sur le fonds soit rendu? — M. Chauveau, malgré les termes de l'art. 451, adopte l'affirmative, voici son hypothèse : — S'il survient, dit-il, entre le jugement préparatoire et le jugement sur le fond, un jugement interlocutoire, et que l'une des parties en interjette appel, on ne voit pas de motifs pour qu'elle ne puisse appeler en même temps du jugement préparatoire. Dans ce cas la procédure n'en est pas retardée, puisque les deux appels marcheront en même temps; et d'ailleurs, ajoute-t-il, la cour saisie de l'appel d'un jugement quelconque, l'est par là même de toute l'instruction qui l'a précédé. Elle peut donc réformer le

préparatoire. — Chauveau sur Carré, no 1627 *quater*. — V. dans le même sens *Bruxelles*, 2 mars 1822, N...

§ 2. — *Jugemens interlocutoires.*

1117. — Il n'en est pas de l'appel d'un jugement interlocutoire comme d'un jugement préparatoire, il *peut* être interjeté avant le jugement définitif. — C. procéd. civ., art. 451, § 2.

1118. — Les mots dont se sert la loi dans cet article prouvent qu'il s'agit là d'une *faculté* dont il est loisible aux parties d'user ou de ne pas user, tout le monde est d'accord sur ce point, mais voici où la difficulté commence.

1119. — On demande si cette faculté disparaît alors qu'il y a eu *acquiescement*. C'est une question que nous avons examinée (V. *suprà*, au mot ACQUIESCEMENT, nos 437 et suiv.), et nous y avons établi, malgré quelques dissidences : 1o que l'on ne pouvait appeler d'un jugement interlocutoire auquel on avait acquiescé;

1120. — 2o ... Qu'en général l'acquiescement pouvait être fait avec protestations et réserves, et que dans ce cas il n'élevait aucune fin de non recevoir contre l'appel (V. ACQUIESCEMENT, nos 459 et suiv.);

1121. — 3o ... Qu'il en était de même lorsque le jugement interlocutoire était exécutoire par provision (V. ACQUIESCEMENT, no 457).

1122. — En un mot, c'est toujours le même principe qu'on applique, soit qu'il s'agisse d'un jugement ordinaire, soit qu'il s'agisse d'un jugement interlocutoire (V. ACQUIESCEMENT, no 458).

1123. — Voici, du reste, quelques arrêts en sens divers à ajouter à ceux que nous avons déjà indiqués au mot ACQUIESCEMENT.

1124. — Jugé que l'appel d'un jugement interlocutoire qui a été exécuté sans réserves est non recevable. — *Metz*, 23 nov. 1815, N...; 5 janv. 1820, Frey c. N...; *Limoges*, 13 mai 1823, Camus c. Villard; *Cass.*, 1er fév. 1830, Volleraux c. Laplante.

1125. — ...Que le fait par une partie de procéder à une enquête ordonnée par un jugement interlocutoire et de plaider ensuite au fond constitue un acquiescement à ce jugement et en rend, dès-lors, l'appel non recevable. — *Angers*, 27 mars 1829, Fortin c. Lebreton.

1126. — ...Que celui qui exécute volontairement un jugement interlocutoire, d'après lequel une action en revendication est subordonnée au résultat de l'application des titres des parties au terrain litigieux, n'est plus recevable à invoquer la prescription sur l'appel de cette sentence. — *Orléans*, 18 fév. 1818, Moreau c. Vastier.

1127. — ...Qu'un jugement interlocutoire, exécuté volontairement et sans réserves, ne peut être attaqué par la voie de l'appel tant que dure le délai pour appeler du jugement définitif. — *Cass.*, 17 nov. 1829, Communes du Koeur et Bislée c. Henry.

1128. — Jugé, en sens contraire, qu'on peut, lors du jugement définitif, appeler du jugement interlocutoire, encore bien qu'on l'ait spontanément exécuté. — *Colmar*, 6 avr. 1811, Schwartz c. Marcel.

1129. — ...Que, par cela qu'on a exécuté, sans réserve ni protestation, un jugement interlocutoire, on n'est pas non-recevable à en interjeter appel en même temps que du jugement définitif. — *Bordeaux*, 29 nov. 1828, Queyroi c. Mazurier.

1130. — ...Que la disposition de l'art. 451, C. procéd., portant que l'appel du jugement préparatoire est recevable bien que ce jugement ait été exécuté sans réserves, est applicable au jugement interlocutoire. — *Nancy*, 28 juill. 1817, Bœck c. Kœller; *Bourges*, 2 fév. 1824, Detrée c. Chocas.

1131. — ... Que celui qui a exécuté un jugement interlocutoire peut, sur l'appel du jugement définitif, soutenir que les juges qui l'ont rendu étaient incompétens. — *Douai* (et non *Metz*), 3 juin 1812, Lhoste Renet c. Grosjean.

1132. — Jugé cependant que, lorsqu'un jugement interlocutoire, après avoir reçu complète exécution, n'est pas attaqué, même lors de l'appel du jugement définitif, la cour saisie de cet appel n'a pas à s'occuper du bien ou mal jugé de l'interlocutoire. — *Cass.*, 8 janv. 1829, Boyron c. Terrasse.

1133. — Du reste, on peut interjeter appel d'un jugement définitif rendu après un jugement interlocutoire, sans appeler de ce dernier jugement, encore que le succès de la demande ou de l'exception parût être lié au succès de la preuve ordonnée par le jugement interlocutoire. — *Nancy*, 25 mars 1829, Gougenheim c. Weldel.

1134. — Lorsque l'appel d'un jugement interlocutoire a été déclaré non-recevable pour cause d'acquiescement donné à son exécution, cette décision n'empêche pas qu'on ne puisse en interjeter un nouvel appel après le jugement définitif. — *Trèves*, 21 juill. 1813, prince de la Leyen c. Overich.

1135. — Décisions conformes : — *Bruxelles*, 10 fév.

1818, Mylas c. Coché; 4 nov. 1819, Jaymart c. Deltange; *Bourges*, 23 juill. 1823, Thizai c. Louaut; 23 nov. 1825, Champeaux; 7 fév. 1827, Fournier d'Armes c. Préfet du Cher; *Poitiers*, 10 déc. 1833, Baudin c. Lys.

1136. — Jugé aussi que la partie qui signifie un jugement interlocutoire n'est pas non-recevable à en interjeter appel, si par l'exploit même de signification elle s'est réservé ce droit. — *Colmar*, 28 août 1823, Freck c. Stiehler.

1137. — Qu'on peut interjeter appel d'un jugement interlocutoire, conjointement avec le jugement définitif, encore bien qu'on ait assisté à l'enquête ordonnée par le tribunal, lorsqu'on a eu soin de faire des réserves. — *Pau*, 5 mai 1836, Langla c. Dumergue.

1138. — Du reste, une partie ne peut interjeter appel d'un jugement interlocutoire rendu sur ses conclusions. — *Poitiers*, 16 nov. 1826, commune de Chef-Boutonne c. commune de Lussay.

1139. — Après avoir recherché quel est l'effet de l'acquiescement sur les jugemens interlocutoires, il faut aborder une autre difficulté très sérieuse; il s'agit de savoir si la faculté d'interjeter appel d'un jugement interlocutoire est tellement absolue qu'elle subsiste, même après les trois mois qui suivent la signification de ce jugement.

1140. — L'opinion qui paraît prévaloir, et que nous n'adoptons pas, ne tient aucun compte de la signification; elle décide, d'une manière absolue, que la partie est libre d'appeler du jugement interlocutoire avant le jugement définitif, et que, si elle n'use pas de cette faculté, elle peut toujours appeler utilement, tant que le délai pour interjeter appel du jugement définitif n'est pas expiré.

1141. — Les raisons de cette opinion sont que l'art. 451, en employant le mot *pourra*, a établi une exception à la règle générale de l'art. 443; que, par la force des choses, les jugemens interlocutoires sont réunis au jugement définitif, ne font qu'un avec lui et que partant la déchéance ne peut atteindre les premiers avant d'avoir atteint les seconds; que la partie doit être juge des craintes plus ou moins sérieuses du préjugé qu'établit contre elle le jugement qui prononce un avant faire droit; que d'ailleurs l'interlocutoire ne lie pas le juge, et que même après l'enquête faite, l'expertise consommée, le jugement définitif peut faire bon droit sans tenir aucun compte de l'interlocutoire; qu'il est dans l'esprit de la loi que les appels ne soient pas trop multipliés; qu'elle veille non seulement à ce que les appels ne soient pas irréfléchis, mais encore à ce qu'il n'y en ait pas de prématurés et d'inutiles.

1142. — C'est ce système qu'ont embrassé Carré, t. 4, n° 1629; Chauveau sur Carré, n° 1616, p. 77 et suiv.; Poncet, t. 1er, p. 153 et suiv.; Talandier, p. 133, n° 148; Thomine Desmazures, t. 1er, p. 689; Bioche et Goujet, v° *Appel*, n° 374, 3e édit.; Souquet, *Introduct.*, t. 1er, p. 36, n° 213.

1143. — De nombreux arrêts ont consacré la même doctrine.

1144. — Jugé que l'appel d'un jugement interlocutoire est recevable, même après les trois mois de sa signification, tant qu'il n'y a pas eu de jugement définitif, ou tant que dure le délai pour interjeter appel de ce dernier jugement. — *Pau*, 22 flor. an XI, Lamaison c. Camahort; *Cass.*, 24 oct. 1808, Maulor c. Bloche; *Trèves*, 1er août 1810 Hertz c. Heinrich; *Colmar*, 6 avr. 1811, Schwartz c. Marcel frères; *Douai*, 3 juin 1812, Lhoste Benet c. Grosjean; *Rennes*, 28 avr. 1813, N....; *Grenoble*, 22 août 1817, François c. Bareger; *Rennes*, 22 janv. 1821, Duguay c. de la Blanchelais; *Cass.*, 22 mai 1822, Berruyer c. Françon; *Bourges*, 23 juill. 1823, Thizai c. Louaut; *Poitiers*, 5 déc. 1823, Réau c. Réau; *Bourges*, 8 fév. 1824, Destrée c. Chocas; *Bourges*, 23 nov. 1825, Champeaux c. Champeaux; *Caen*, 2 août 1826, Corblin c. Roger; *Toulouse*, 10 juill. 1827, Crespon c. Blavy; *Cass.*, 17 nov. 1829, communes de Kœur et Bislée c. Henry; *Pau*, 5 mai 1836, Langla c. Dumergue.

1145. — Jugé de même que le délai pour appeler d'un jugement interlocutoire ne court pas avant le jugement définitif. — *Douai*, 15 déc. 1819, Wasservas c. Tison.

1146. — ...Qu'on peut, lors de l'appel du jugement définitif, interjeter appel du jugement interlocutoire, quoiqu'il ait été régulièrement signifié depuis plus de trois mois. — *Cass.*, 26 avr. 1826, Bastide c. Roussel et Louis Bolze.

1147. — ... Que l'art. 451, C. procéd., qui dit qu'il pourra être appelé du jugement interlocutoire avant le jugement définitif, est facultatif, en telle sorte qu'on peut appeler d'un jugement de cette espèce, conjointement avec le jugement définitif. — *Colmar*, 5 mai 1809, Strub c. Wolff.

1148. — ... Qu'on peut appeler d'un jugement interlocutoire, après le jugement définitif rendu par

défaut, si ce dernier jugement n'a été ni signifié ni exécuté. — *Agen*, 6 mars 1812, Gary c. Martine.

1149. — Jugé aussi que l'appel d'un jugement interlocutoire qui a statué sur une demande à faire preuve peut être formé après le délai de trois mois depuis la signification, et même pendant les délais de l'appel du jugement définitif, surtout si les trois mois de la signification ne sont pas expirés vis-à-vis de tous les appelans. — *Aix*, 15 fév. 1832, Maurel c. Luce Jourdan.

1150. — Les partisans du système contraire, MM. Boitard (t. 2, n° 204), Merlin, *Rep.*, v° *Interlocutoire*, n° 2, Berriat Saint-Prix, p. 774, n° 42, Pigeau, t. 1er, p. 594, Hautefeuille, p. 255 et 256, Demiau, p. 325, enseignent au contraire que le délai d'appel doit commencer à courir après la signification du jugement interlocutoire. Ils s'appuient sur l'historique de l'art. 451, sur la distinction formelle qu'établit l'art. 452 entre les jugemens préparatoires et interlocutoires, sur le silence de la loi qui doit nécessairement faire retomber ces jugemens dans la règle générale de l'art. 443. — V., dans ce sens, une dissertation de M. Carré qui d'abord avait professé cette opinion, au t. 4 des *Lois de la proc.*, n° 1629, 3e édit.

1151. — C'est cette opinion que nous embrassons, et voici les motifs qui nous déterminent.

1152. — La loi du 3 brum. an II avait complètement assimilé les jugemens préparatoires et les interlocutoires; on ne pouvait appeler ni des uns ni des autres avant le jugement définitif. — V. *suprà* n° 289, et la note du *J. Pal.* (t. 7, p. 456). — Le projet du Code de procédure avait proposé de maintenir cet état de choses, mais, sur les observations de la cour d'Aix, des conseillers d'état Galli et Siméon, de l'archichancelier Cambacérès, et du tribunat, on jugea convenable de distinguer entre les jugemens préparatoires et de simple instruction et les jugemens interlocutoires préjugeant le fond, et il fut bien entendu que CONTRAIREMENT à la règle posée pour les premiers (art 451, § 1er), on *pourrait* appeler des seconds avant le jugement définitif (art. 451, § 2) : ce point est hors de toute controverse.

1153. — Ainsi, voilà bien l'économie de la loi : — Elle *défend* d'appeler des jugemens préparatoires avant le jugement définitif; elle *permet* d'appeler des jugemens interlocutoires. — 1re différence.

1154. — La prohibition de l'art. 451, § 1er, est si absolue que, si l'appel d'un jugement préparatoire a lieu avant le jugement définitif, on décide que l'exception contre cet appel peut être proposée par le ministère public et même prononcée d'office. — 2e différence. — V. *suprà*, n° 1115.

1155. — La loi décide qu'on ne peut opposer aucun acquiescement contre l'appel d'un jugement préparatoire; la jurisprudence reconnaît, au contraire, que l'acquiescement est une fin de non-recevoir contre un jugement interlocutoire. — 3e différence.

1156. — Ces prémisses posées, nous soutenons que la doctrine qui veut assimiler les jugemens préparatoires et les interlocutoires est fausse; qu'elle méconnaît la pensée du législateur; qu'elle viole la loi. — Soit qu'on consulte le texte, soit qu'on interroge les procès-verbaux et qu'on remonte à l'histoire du Code, on voit de la manière la plus évidente que la volonté des rédacteurs des art. 451 et 452 n'a pas été d'assimiler les jugemens préparatoires et interlocutoires, mais de les distinguer l'un de l'autre, de les opposer l'un à l'autre.

1157. — S'il en est ainsi, où ira-t-on chercher, où trouvera-t-on le germe de l'exception qu'on veut établir en faveur des jugemens interlocutoires? La règle se trouve dans l'art. 443, qui décide que le délai court à partir de la signification; l'exception est écrite dans l'art. 451, § 1er, qui s'applique uniquement aux jugemens préparatoires; il faut donc appliquer la règle générale toutes les fois que l'on ne se trouve pas dans l'exception; or, les jugemens interlocutoires, nous venons de le démontrer, ne sont pas dans l'exception.

1158. — Ajoutons que notre système a l'avantage, non seulement d'être conforme au texte et à l'esprit de la loi, mais encore d'établir entre les deux parties en cause une égalité qui n'existerait pas dans le système opposé.

1159. — En effet, dans ce système, si la partie contre laquelle l'interlocutoire a été ordonné ne juge pas convenable d'interjeter appel, avant le jugement définitif, l'autre partie n'a aucun moyen de l'y contraindre; elle est obligée de procéder à grands frais à une enquête, à une expertise, par exemple, quand peut-être la cour jugera qu'il ne fallait ni expertise ni enquête. Ce résultat n'est certainement pas équitable.

1160. — Dans le système contraire, point d'injustice. — Si la partie qui croit avoir à se plaindre d'un jugement interlocutoire, juge qu'il est de son intérêt de ne pas le laisser exécuter, elle use de la faculté qui lui est accordée par l'art. 451, § 2; elle interjette appel. — Si, au contraire, par un motif quelconque, elle pense qu'il lui convient mieux d'attendre le jugement définitif, libre à elle de ne pas agir; mais comme, dans ce cas, elle nuit aux intérêts de la partie adverse, il faut bien que celle-ci ait un moyen de déjouer ce calcul; et ce moyen qui lui est donné, c'est de faire signifier le jugement, afin de faire courir le délai d'appel. On voit qu'il n'y a rien de plus raisonnable et de plus juste que cette opinion.

1161. — Au surplus, elle a été consacrée aussi par plusieurs arrêts.

1162. — Jugé que l'appel d'un jugement interlocutoire doit, à peine de nullité, être relevé dans les trois mois de sa signification. — *Liége*, 16 janv. 1811, Braunetz, c. Greven; *Colmar*, 10 nov. 1813, Hirtz c. Gilg; *Montpellier*, 5 déc. 1821, Coffluières c. Ferrand; *Orléans*, 13 déc. 1822, N...

1163. — Jurisprudence conforme : *Besançon*, 10 fév. 1809, Bailly; *Metz*, 3 janv. 1812, Piliard c. Jaumote, *Rennes*, 19 mai 1813 (et non 1812), Lucas Poulsaert; *Toulouse*, 22 mars 1817, Comet c. Trescazes; 2 fév. 1819, Cautard c. Rouanet; *Angers*, 21 août 1821, Poitevin c. hospices d'Angers; *Grenoble*, 6 déc. 1823, Romieux c. Landre; *Rennes*, 30 mars 1824, Nicolle c. Redrouno; *Limoges*, 18 mars 1835, Chevalier c. Mercouy et Sementery.

1164. — M. Chauveau fait remarquer que les seuls arrêts de la cour de Cassation rendus sur la question l'ont été en faveur de l'opinion qu'il a embrassée; cette assertion n'est pas rigoureusement exacte, car il existe un arrêt de cette cour, du 25 nov. 1817 (Cathala c. Sayssel), qui juge qu'un pourvoi en cassation contre un jugement interlocutoire n'est pas recevable lorsqu'il a été interjeté plus de trois mois après la signification de ce jugement. On voit que c'est notre principe qui est consacré dans cet arrêt. Il est vrai que la cour de Cassation a rendu des arrêts contraires.

1165. — Du reste, nul doute que le jugement interlocutoire ne doive être signifié à personne ou domicile; la signification à avoué seulement ne ferait pas courir les délais de l'appel.

1166. — Jugé aussi que le délai pour appeler d'un jugement interlocutoire ne court qu'autant qu'il a été signifié à partie. — *Rennes*, 19 mai 1813 (et non 1812), Lucas Pouhaert.

1167. — *Questions transitoires.* — Celui qui a exécuté sans réserve, antérieurement au Code de procéd., un jugement interlocutoire rendu sous l'empire de la loi du 3 brum. an II, est néanmoins recevable à interjeter appel. — *Pau*, 15 fév. 1826, Saint-Germain c. Drouilhet.

1168. — N'est pas recevable l'appel d'une sentence interlocutoire rendue sous la loi du 3 brum. an II, quoiqu'on l'ait interjeté depuis le Code de procéd. — *Cass.* 24 brum. an XII, Cuisinier; *Bruxelles*, 6 flor an XIII, Vanderschirck; 3 août 1807, Devries c. d'Hoogen; *Cass.*, 1er mai 1811, Sergeur; 4 déc. 1811, Faucher.

§ 3. — *Des jugemens de provision.*

1169. — Quoique les jugemens qui accordent une provision ne soient pas des jugemens interlocutoires, préjugeant le fond, la loi permet de les frapper d'appel avant le jugement définitif. — C. procéd., art. 451, § 2 *in fine*.

1170. — Cette disposition s'explique facilement. En effet, si les jugemens ordonnant une provision ne sont pas des *interlocutoires*, ce ne sont pas non plus des *préparatoires*; ils ne sont pas relatifs à l'instruction; dans la réalité, ce sont de véritables jugemens définitifs, comme les jugemens qui statuent sur des incidens; ils peuvent causer un préjudice irréparable. Il est donc juste qu'on puisse en interjeter appel avant le jugement sur le fond. — Chauveau sur Carré, t. 4, p. 81, n° 1617 *bis*.

1171. — La cour de Bruxelles, par arrêt du 28 décembre 1826 (Journ. de cette cour, t. 1er, 1827, p. 253) a décidé que le jugement qui, sur une demande en interdiction, nommait, avant de statuer, un administrateur provisoire, était un jugement de provision auquel devait s'appliquer l'article 451, § 2.

1172. — Jugé de même dans le cas où la possession provisoire d'un immeuble litigieux a été donnée à l'une des parties. — *Cass.*, 4 août 1819, Gilles c. Benaut de Lubières.

1173. — Mais que faut-il décider lorsque le jugement nomme un séquestre pour administrer les biens pendant l'instance en partage? — La cour d'Orléans a jugé que ce n'était là qu'un simple préparatoire. — *Orléans*, 20 avr. 1814, N...; *Cass.*,

18 mars 1828, Lemerle c. Cordelet.—Mais M. Chauveau résiste à cette jurisprudence, et décide que, dans cette espèce, le jugement est provisoire. — T. t. 4, p. 87, nº 1617 *bis*.

1174. — Il combat également la doctrine de la cour de Trèves qui range dans la classe des simples préparatoires le jugement autorisant la femme défenderesse en séparation à quitter provisoirement le domicile de son mari. — *Trèves*, 11 juin 1806, P... c. P... — V. au surplus, *Lois de la procédure*, t. 4, nº 1617 *bis*.

Sect. 5e. — *Délai avant lequel on ne peut appeler.*

1175. — La loi du 24 août 1790 avait sagement établi que l'appel d'un jugement non exécutoire par provision ne pourrait être interjeté dans la *huitaine*, à dater du jour du jugement, et qu'en conséquence l'exécution en serait suspendue pendant cette huitaine (tit. 5, art. 14).

1176. — Le Code de procédure (art. 449 et 450) a adopté ces deux dispositions qui donnent aux parties, pendant cette trêve légale, le temps de se concerter, de se rapprocher elles-mêmes ou par la médiation de leurs parens et amis, et de terminer leurs contestations sans engager une nouvelle lutte, qui pourrait les exposer à de nouvelles chances. — Locré, *Exposé des motifs*, t. 22, p. 152, nº 20.

1177. — La loi de 1790 attachait une telle importance à la prohibition d'interjeter appel pendant la huitaine du jugement qu'elle frappait d'une déchéance absolue et irrévocable tout appel formé dans ce délai.

1178. — Le Code est moins rigoureux. Il annule l'appel prématuré, mais il permet de le réitérer si l'on est encore dans les délais. — Art. 449.

1179. — Déjà la loi du 21 frim. an VI avait dérogé en ce point à la loi du 24 août 1790, en décidant que la déchéance prononcée dans le cas d'un appel signifié avant l'expiration du délai de huitaine, ne s'appliquait pas à un second appel relevé dans les trois mois du jour de la signification du jugement.

1180. — La loi de procédure du canton de Genève, si sagement révisée depuis que cette ville a cessé d'être française, a conservé la disposition de l'art. 449.

1181. — Elle a voulu prévenir ainsi bien des appels que des plaideurs condamnés auraient interjetés dans un premier moment d'humeur, et qu'une fois engagés dans la lutte, ils auraient suivis par amour-propre. — Bellot, *Exposé des motifs*, édit. de M. Talandier.

1182. — L'art. 449 et l'art. 450 sont corrélatifs : si l'un défend d'appeler du jugement dans la huitaine de sa prononciation, l'autre en défend l'exécution dans le même délai. Il ne serait pas juste que l'exécution fût permise à la partie qui a obtenu gain de cause, tant que l'autre est privée du seul moyen qui puisse l'arrêter, l'appel.

1183. — Ce n'est pas que l'appel suspende l'exécution; non, puisque le jugement est exécutoire provisoirement; mais il fournit un moyen plus prompt d'échapper aux suites de cette exécution, et même d'en arrêter les effets en obtenant des défenses. — Boitard, t. 2, p. 243, nº 196.

1184. — L'art. 449, C. procéd., s'applique-t-il aux jugemens rendus par les juges de paix?—Avant la loi du 25 mai 1838, la question était controversée; mais aujourd'hui il existe une disposition spéciale qui tranche toute difficulté. D'après l'art. 13 de la loi du 25 mai, l'appel des jugemens des juges de paix n'est pas recevable *avant les trois jours* qui suivent sa prononciation.

1185. — Peut-on appeler dans la huitaine des jugemens des tribunaux de commerce? — Oui, incontestablement, puisque l'art. 645, C. comm., permet l'appel *le jour même du jugement*.

1186. — Il en était autrement sous la loi des 16-24 août 1790; d'après l'art. 14, tit. 5 de cette loi, on ne pouvait appeler d'une sentence de juges consuls dans la huitaine de sa prononciation. — *Cass.*, 15 mars 1793, Richard c. Delorme.

1187. — Depuis le Code, on a voulu faire une distinction : on a soutenu que, si l'appel était permis le jour du jugement, il n'en était pas de même des autres jours composant la huitaine; que l'art. 645, C. comm., était une exception à l'art. 449, et que cette exception devait être restreinte au cas prévu par la loi.

1188. — Cette opinion n'a pas fait fortune. En effet, si la loi permet l'appel le jour même du jugement, à plus forte raison doit-elle le permettre pour les jours suivans. — Chauveau et Carré, t. 4, p. 52, note 1re.

1189. — Aussi a-t-il été jugé qu'on peut appeler

APPEL, tit. 1er, ch. 6, sect. 5e.

d'un jugement de tribunal de commerce dans la huitaine de sa prononciation.—*Paris*, 7 janv. 1812, Ragoulleau c. Lagorce; *Cass.*, 24 juin 1816, Sagulies c. Boissier; *Bordeaux*, 14 fév. 1817, Denois c. Lasseigne, et la note sous l'arrêt de *Limoges*, 15 nov. 1810, L. c. Henri.

1190. —... Que la disposition de l'art. 645 C. comm., s'applique aussi bien aux jugemens par défaut qu'aux jugemens contradictoires. — *Paris*, 8 mars 1842 (t. 1er 1842, p. 734), Cerfbeer c. Dufaud.

1191. — ... Qu'elle s'applique même aux jugemens consulaires qui prononcent sur un déclinatoire.—*Nîmes*, 9 août 1819, Mavat c. Lassaigne.

1192. —... Que lorsqu'il est intervenu devant le tribunal de commerce un jugement qui, après avoir repoussé une incompétence proposée, statue par défaut sur le fond, l'appel peut être interjeté par le défendeur le même jour de la sentence, attendu que cet appel porte sur la disposition du jugement qui statue sur la compétence, lequel, en cette partie, est contradictoire. — *Paris*, 11 mars 1836, Nadler c. Boucher.

1193. — Jugé également que les jugemens rendus sur la compétence sont susceptibles d'appel dans la huitaine de leur prononciation, nonobstant l'art. 449, C. procéd. — *Bordeaux*, 21 déc. 1832, Francès c. Pierre-Jean.

1194. — La même cour a jugé, le 1er déc. 1831 (Martini c. Peyraguey), que l'appel d'un jugement qui statue sur une incarcération peut être interjeté dans la huitaine, bien que le jugement ne soit pas exécutoire par provision si le débiteur est déjà sous les verroux. — Cette décision est combattue avec raison par M. Chauveau, t. 4, p. 53, not. 1re. — « Lorsque, dit-il, le résultat d'un jugement est de laisser les choses en l'état, on ne peut dire que leur maintien constitue ce genre d'exécution instantanée dont l'existence peut seule donner naissance au droit d'appeler. »

1195. — Peut-on appeler d'un jugement rendu par un tribunal arbitral dans la huitaine qui suit sa signification?

1196. — On a jugé que l'appel d'un jugement arbitral peut être interjeté dans la huitaine de la signification, quoi qu'il ait été rendu par défaut.— *Nîmes*, 10 fév. 1809, Lefèvre c. Revol.

1197. — Cependant Pigeau, *Comment.*, t. 2, p. 22, veut appliquer l'art. 449 à ce cas, et comme les parties, lorsqu'il s'agit d'arbitrage, n'entendent pas la prononciation de la sentence, il en conclut que le délai de huitaine ne doit courir que du jour de la signification de l'ordonnance d'*exequatur*. Il est impossible d'entendre et d'appliquer ainsi la disposition de l'art. 449, C. procéd. — V. Chauveau sur Carré, t. 4, nº 1612 *quinquies*.

1198. — Avant le Code, on jugeait qu'on peut interjeter appel d'un jugement d'un tribunal de famille dans la huitaine de l'ordonnance qui le rend exécutoire. L. 24 août 1790, tit. 5, art. 14. — *Cass.*, 14 vent. (et non 13 vend.) an VI, Victor Rey c. Benoit Rey.

1199. — Il serait jugé de même sous l'empire du C. de procéd. civ., en matière d'arbitrage ordinaire. — V. Carré, *Lois de la procéd.*, nº 3382; Goubeau, *Tr. de l'arbitrage*, t. 1er, p. 529; Mongalvy, *Tr. de l'arbitrage*, t. 1er, p. 233-234; *Le praticien français*, t. 3, p. 230.

1200. — L'art. 449 s'applique-t-il aux jugemens par défaut? — Il ne s'applique pas évidemment aux jugemens par défaut susceptibles d'opposition, puisque, d'après l'art. 455, l'appel n'en est pas recevable pendant la durée du délai de l'opposition. — Thomine Desmazures, t 1er, p. 686.

1201. — Il en est autrement des jugemens par défaut qui ne sont plus susceptibles d'opposition; ils sont placés par la loi sur la même ligne que les jugemens contradictoires; ainsi, l'art. 449 s'applique à ces jugemens.

1202. — Pigeau, *Comment.*, t. 2, p. 22, admet cette solution; mais il ne fait courir le délai de huitaine qu'à partir du jour de la signification. — Rien dans la loi n'autorise une pareille interprétation.

1203. — Peut-on interjeter appel dans la huitaine de la prononciation d'un jugement interlocutoire? — La Cour de Bourges a jugé que l'art. 449 n'était point applicable aux jugemens qui ordonnent une enquête.

1204. — En effet, dit l'arrêt, ces jugemens pouvant être exécutés dans la huitaine de leur prononciation, on peut valablement en appeler avant l'expiration de ce délai. — *Bourges*, 5 mai (et non 5 mars ou 21 mai) 1831, Feuillet-Lumet c. Grazon.

1205. — M. Chauveau trouve cette décision trop absolue. Il reconnait en principe que le droit d'appel est suspendu pendant la huitaine pour les jugemens interlocutoires comme pour les jugemens non exécutoires par provision; mais il admet,

APPEL, tit. 1er, ch. 6, sect. 5e.

comme exception, qu'on peut appeler lorsque, soit par le commandement du juge, soit par le fait de la partie, l'exécution a lieu pendant la huitaine. — *Lois de la procéd* t. 4, p. 56, nº 1614.

1206. — Thomine Desmazures (t. 1er, p. 686) est d'un avis contraire : il proclame en principe que l'art. 449 est complétement inapplicable aux jugemens interlocutoires, qui, suivant lui, ne sont régis que par les art. 451 et 452, C. procéd. — *Cass.*, 8 mars 1816, Heymann c. Studer. — V. aussi Favard de Langlade, t. 1er, p. 177, nº 20.

1207. — Suivant Carré, t. 4, nº 1614, le jugement qui a prononcé la déchéance d'une preuve et ordonné de plaider au fond avant l'expiration du délai de huitaine, n'était pas susceptible d'appel avant l'expiration de ce délai, quoiqu'il fût rendu en contravention à l'art. 450.

1208. — Jugé en ce sens que l'art. 449, C. procéd., qui déclare non recevable l'appel interjeté avant la huitaine d'un jugement non exécutoire par provision est applicable, même au cas où il s'agit d'un jugement qui, prononçant la déchéance d'une preuve, ordonne qu'il sera plaidé au fond avant l'expiration de cette huitaine. — *Trèves*, 8 janv. 1808, Bories.

1209. — Jugé qu'il suffit que le jugement qui rejette le déclinatoire proposé par l'une des parties ait ordonné qu'il serait plaidé sur le champ, pour qu'il n'y ait pas lieu de se conformer aux dispositions de l'art. 450, C procéd. — *Bordeaux*, 26 nov. 1834, Vieille c. Schonibeck.

1210. — Au surplus, il est des cas où l'art. 449 ne reçoit pas application, quoique le jugement n'ordonne pas expressément l'exécution provisoire. Ainsi, lorsque le jugement produit son effet au moment même où il est rendu, le droit d'appel doit être ouvert immédiatement. — Poncet, t. 1er, p. 458; Chauveau sur Carré, t. 4, nº 1612.

1211. — Jugé en ce sens que si, par la nature des condamnations qu'il prononce, un jugement produit son effet au moment même où il est rendu, l'appel en est recevable avant l'expiration de la huitaine, quoique l'exécution provisoire n'ait pas été formellement ordonnée. — *Turin*, 30 avr. 1808, Cavaglia c. Grana et Bugarello.

1212. — Il en est de même dans tous les cas où le délai de l'appel se trouve réduit à cinq, huit, dix, quinze jours, comme en matière de récusation, de distribution par contribution, d'ordre, de saisie immobilière, etc... — En effet, le délai d'appel serait illusoire ou trop court, si l'on en retranchait les huit jours dont il est question dans l'art. 449.

1213. — Il en est de même encore, suivant Talandier (p. 139, nº 160), lorsque l'intimé exécute dans la huitaine, quoique sans droit; dans ce cas, l'appel interjeté prématurément doit être déclaré recevable, car il est la conséquence de l'exécution donnée au jugement. — *Cass.*, 19 avr. 1826, Choffin-Besançon c. Levert; — Bioche, t. 1er, vº *Appel*, nº 312.

1214. — D'après l'art. 809, on peut aussi appeler des ordonnances de référé avant l'expiration du délai de huitaine.

1215. — Il a été jugé que l'appel est valable et régulier, quoiqu'il ait été interjeté dans les huit jours du jugement intervenu, lorsque cet appel a été formé en vertu d'une ordonnance du président motivée sur l'urgence. — *Paris*, 14 oct. 1841 (t. 2 1841, p. 663), Dumartin.

1216. — Il est difficile d'admettre cette solution. L'art. 449, C. procéd, civ., est formel. Il décide d'une manière expresse *qu'aucun appel d'un jugement non exécutoire par provision ne pourra être interjeté dans la huitaine à dater du jour du jugement*; les art. 72 et 470, qui servent de fondement à la décision ci-dessus, sont complètement étrangers à la question, puisqu'ils se bornent à permettre au président d'autoriser le demandeur à assigner à bref délai dans les cas qui requièrent célérité. Or, il y a une différence essentielle entre l'abréviation du délai imparti au défendeur pour comparaître et la permission donnée à une partie de former un appel avant l'expiration du temps prescrit par la loi. Ces deux délais sont bien distincts, et il n'existe pas la moindre analogie entre les motifs qui les ont fait établir dans des articles du reste également distincts... La loi a pu penser avec raison que le défendeur n'avait pas rigoureusement besoin d'un délai de huit jours pour paraître en justice, et permettre qu'une portion de ce délai fût retranchée dans le cas d'urgence. Mais la dignité de la justice et l'intérêt des parties exigent que nul ne puisse attaquer un jugement au moment même où il vient d'être rendu. Le délai de huitaine prescrit par l'art. 449 est d'ordre public; et, hors les cas expressément déterminés par la loi, il ne saurait y être dérogé.

1217. — Suivant Hautefeuille (p. 251), on ne peut appeler pendant la huitaine, même des jugemens exécutoires par provision, si la signification n'en

APPEL, tit. 1er, ch. 7.

APPEL, tit. 1er, ch. 7.

a été faite; mais c'est une erreur : l'appel est recevable encore bien que le jugement n'ait été ni levé ni signifié. — Pigeau, t. 2, p. 269; Chauveau et Carré, t. 4, nº 1612; Bioche, vº *Appel*, nº 306.

1218. — Comment se compte le délai de huit jours dont parle l'art. 449? le jour de la prononciation est-il compris dans ce délai? — Non, puisque la loi se sert de ces mots : *dans la huitaine*, A DATER DU JOUR DU JUGEMENT. — V. Chauveau sur Carré, t. 4, nº 1613; Berriat, p. 419, note 59e, et p. 418, note 51e; Merlin, *Rép.*, vº *Loi*, § 5, nº 9; Favard, t. 1er, p. 177; Hautefeuille, p. 260; Carré, *Analyse*, t. 2, p. 56.

1219.—Jurisprudence conforme : — *Cass.*, 9 nov. 1808, Poirson c. Bourges; *Grenoble*, 11 fév. 1813, Poncet c. Barbier; *Caen*, 6 mai 1823, Bertaud.

1220.—Jugé aussi que le délai de huitaine, avant l'expiration duquel on ne peut appeler, se compte par heures, à partir du moment de la prononciation du jugement. — *Dijon*, 12 flor. an XIII (sous *Cass.*, 2 nov. 1808), Poirson c. Bourges.

1221. — Dans cette affaire, en comptant par heures, la cour de Dijon a validé l'appel; mais, si en procédant ainsi elle fût arrivée à cette conclusion que l'appel n'était pas recevable, nul doute que son arrêt n'eût été cassé. A moins d'une disposition formelle de la loi, les délais, prescriptions et déchéances se comptent par *jours* et non par *heures*. — V. en ce sens Talandier, *De l'appel*, nº 159.

1222.—La nullité d'un appel prématuré est-elle d'ordre public? — M. Chauveau sur Carré (t. 4, nº 1612 *ter*) enseigne la négative. Il soutient que c'est une exception ordinaire, qui doit être proposée avant toute défense au fond, et qui peut être couverte.—*Bordeaux*, 21 déc. 1832, Francès c. Pierre-Jean.

1223. — Jugé, au contraire, que l'intimé peut proposer en tout état de cause l'exception résultant de ce que l'appel de son adversaire a été émis dans la huitaine du jugement de première instance.—*Grenoble*, 11 fév. 1813, Barbier c. Poncet.

1224. — Boitard (*Leçons de procéd.*, t. 2, nº 196) est du même avis; il estime que l'appel interjeté dans la huitaine doit être déclaré non-recevable d'office, c'est-à-dire, quand même l'intimé n'invoquerait pas l'art. 449.—Nous partageons cette opinion, et nous nous fondons sur les considérations d'ordre public qui ont déterminé le législateur à établir la disposition de l'art. 449.—V. EXCEPTION.

CHAPITRE VII. — *Forme de l'appel. — Acte d'appel.*

1225. — Le Code de procédure a beaucoup simplifié les formes de l'appel.

1226. — Dans l'ancien droit, la partie pouvait se borner à une simple déclaration d'appel.

1227. — Cette déclaration, qualifiée souvent *d'appel volant*, se faisait au greffe, et quoiqu'elle ne saisît pas immédiatement le tribunal d'appel, elle arrêtait cependant les poursuites d'exécution pratiquées en vertu du jugement.

1228. — Celui qui avait fait la déclaration d'appel était tenu de citer son adversaire dans les trois mois pour procéder sur cet appel; c'est ce qu'on appelait *relever* appel.

1229.—Si l'appelant n'agissait pas dans ce délai, l'intimé pouvait *anticiper*, c'est-à-dire faire citer l'appelant devant le juge qui devait en connaître.

1230. — Il pouvait aussi, après une sommation, faire déclarer l'appel *désert*, c'est-à-dire abandonné; mais l'appelant avait encore le droit de réitérer l'appel en refondant les dépens de la désertion.

1231. — Ainsi, la désertion de l'appel n'emportait pas déchéance du droit de l'appelant; elle autorisait simplement la continuation des poursuites interrompues par la déclaration d'appel.

1232. — Toutes ces formalités, sans parler de celles usitées plus anciennement encore dans les pays de droit écrit (V. APÔTRES et *suprà* nos 112 et 113), étaient longues, dispendieuses, inutiles, et avaient l'inconvénient de laisser planer sur le jugement une incertitude fâcheuse; les rédacteurs du Code ont abrogé cette procédure, déjà simplifiée sous le droit intermédiaire.

1233. — L'art. 456, C. procéd., veut que l'appel contienne assignation et soit signifié à personne ou domicile.

1234.—Ainsi, plus de déclaration au greffe, plus de sommation, d'anticipation, de désertion; l'appel doit être relevé par *exploit*.

1235. — Nous disons *par exploit*, car l'acte d'appel est le début d'une instance nouvelle et doit contenir assignation; c'est donc dans la forme des ajournemens qu'il doit se produire, et non dans celle des significations d'avoué à avoué; l'art. 456 ne laisse aucun doute à cet égard. — V. Poncet, t. 1er, p. 504 et 505; Pigeau, *Comment.*, t. 2, p. 31; Favard de Langlade, t. 1er, p. 181, nº 1er; Thomine Desmazures, t. 1er, p. 696; Boitard, t. 3, p. 103; Chauveau sur Carré, t. 4, nº 1646; Talandier, p. 158.

1236. — Jugé, en conséquence, que l'appel d'un jugement ne peut être interjeté par acte signifié d'avoué à avoué.—*Paris*, 4 pluv. an X, de La Porte c. Chavigny; 4 fructid. an XI, Pieffer c. Bruger; *Colmar*, 27 janv. 1832, Meyer c. Ott.

1237.—On ne peut pas non plus par de simples conclusions relever appel d'un jugement interlocutoire, même quand on serait appelant du jugement définitif. — *Bordeaux*, 2 mai 1834, Blandeau c. Kentzel.

1238.—Encore moins le pourrait-on par une déclaration faite sur l'exploit de signification du jugement. — *Montpellier*, 28 fév. 1811, Chavardès c. Moustelon.

1239.—... Ou par une déclaration extrajudiciaire, si elle n'est suivie, dans le délai utile, d'un acte régulier. — *Turin*, 6 juill. 1808, Gervasio et Rolfi c. Hospice de Mondovi.

1240. — ... Alors même que cette déclaration contiendrait assignation dans les délais de la loi et constitution d'avoué. — *Bordeaux*, 12 fév. 1813, Queyssard c. Champarnaud; *Cass.*, 5 avr. 1813, Beuquez c. Fontan. — V. aussi Talandier, p. 158; Pigeau, *Comment.*, t. 2, p. 31; Favard, t. 1er, p. 181, nº 1, et Chauveau sur Carré, t. 4, nº 1646.

1241. — Jugé cependant qu'un appel est valablement interjeté par une déclaration devant notaire, portant qu'on entend appeler, si elle est signifiée par huissier avec assignation à comparaître pour voir infirmer le jugement de première instance. — *Pau*, 16 août 1806, Hiribarren c. sa fille.

1242. — Dans cette espèce, suivant M. Chauveau, le vœu de la loi est complètement rempli; son but est atteint, en deux actes, il est vrai, mais deux actes qui n'en font plus qu'un seul, du moment qu'ils sont signifiés en même temps par le même exploit. — V. Merlin, *Quest.*, vº *Appel*, § 10, nº 11.

1243. — Quant à la déclaration d'appel faite sur l'exploit de signification elle n'est pas nulle, mais elle n'équivaut pas à l'acte d'appel; il faut qu'elle soit réitérée par exploit à personne ou domicile à peine de nullité.

1244. — En effet, l'art. 162, C. procéd. qui autorise une partie condamnée par défaut en première instance et n'ayant pas d'avoué, à former opposition, soit par acte extrajudiciaire, soit par déclaration sur les commandemens, ou tout autre acte d'exécution, mais à la charge de la réitérer par requête dans la huitaine, sous peine d'être déclarée non-recevable, peut être étendu sans difficulté aux déclarations d'appel, mais avec la condition que l'appel sera réitéré dans le délai de la loi et notifié en observant les formalités prescrites à cet égard. Ainsi, une déclaration d'appel consignée dans un exploit de saisie ou commandement arrêtera l'exécution commencée, et sous ce rapport elle sera utile et même nécessaire; mais elle sera insuffisante pour saisir le juge *ad quem*, si elle n'est renouvelée par un exploit et ajournement particulier contenant les formalités voulues par les art. 61, 68 et 456, C. procéd. Inutilement on dirait que l'assigné a eu connaissance de l'appel interjeté et de l'ajournement, puisque l'un et l'autre sont énoncés dans l'original même de l'acte signifié à sa requête, contenant indication de son domicile. Car cette connaissance, encore bien qu'elle existe par le fait, n'est point légale; pour qu'elle soit telle, il faut qu'elle soit donnée non à l'huissier, mais à la partie et signifiée à sa personne ou à son domicile, à peine de nullité. Si une simple déclaration sur l'exploit fait à la requête d'un poursuivant, bien qu'elle contînt les conditions fondamentales d'un acte d'appel, telles que l'assignation à un délai convenable et la constitution d'avoué, etc., était suffisante, la loi s'en serait indubitablement expliquée; si elle ne l'a pas fait, c'est qu'elle ne l'a point voulu.

1245. — Nonobstant l'art. 456, l'appel peut quelquefois être interjeté par *requête*. C'est ce qui a lieu notamment lorsqu'une partie qui n'a pas d'adversaire, a demandé sans l'obtenir la rectification d'un acte de l'état civil; si elle veut se pourvoir par appel contre le jugement, elle doit présenter requête au premier président. — C. procéd., art. 858.

1246. — Il en doit être de même, suivant M. Chauveau, (t. 4, nº 1645 *ter*), dans le cas où un créancier a présenté requête au tribunal de commerce pour faire déclarer son débiteur en faillite. Si ce créancier, n'ayant pas de contradicteur, veut attaquer le jugement, c'est par requête qu'il doit agir. Ainsi jugé par la cour de Bruxelles le 28 nov. 1823 (*Journal de Bruxelles*, t. 1er 1824, p. 315).

1247. — Lorsqu'une partie a, par le même exploit, formé tout à la fois opposition ou appel, l'acte ne peut valoir comme acte d'appel, si celui qui l'a signifié en a fixé le caractère en l'inscrivant devant les premiers juges comme acte d'opposition. — *Bourges*, 15 thermid. an VIII, N...

1248. — L'acte d'appel étant un exploit et devant être signifié à personne ou domicile, rentre, à n'en pas douter, dans les attributions exclusives des huissiers.

1249. — C'est donc avec raison qu'il a été jugé qu'un acte d'appel est nul s'il est notifié par un notaire qui l'a reçu, et que l'intimé peut en demander la nullité après avoir assigné son adversaire à comparaître à l'audience. — *Pau*, 19 mai 1806, Besin c. Suzanne Dupouy.

1250. — ... Que l'acte d'appel d'un jugement de justice de paix doit être déclaré nul, s'il a été signifié par un notaire, et s'il ne contient point assignation. — *Cass.*, 9 déc. 1822, Roche c. Labory.

1251. — L'acte d'appel, comme tout autre exploit, doit contenir les noms, demeure et immatricule de l'huissier.—Cod. procéd., art. 61, 456.

1252. — Jugé cependant qu'un acte d'appel est valable, quoique dans la copie les noms, demeure et immatricule de l'huissier ne soient pas mentionnés, si cette omission n'a causé aucun préjudice à l'intimé et s'il a comparu sur l'assignation. En tout cas, cette nullité est couverte si l'intimé ne l'a invoquée qu'après l'expiration du délai sur l'appel et qu'après avoir signifié avenir pour plaider, sans déclarer si c'est sur la nullité ou sur le fond; peu importe que cet avenir contienne une réserve générale sur les fins de non-recevoir. — *Colmar*, 23 janv. 1818, Barxel.

1253. — L'acte d'appel doit être libellé.

1254. — Il pouvait ne l'être pas sous la loi du 3 brum. an II. — *Cass.*, 4 frim. an III, Pujols; 24 frim. an III, N...; 27 niv. an III, N...

1255. — Pour que l'acte d'appel soit valable, il n'est pas nécessaire qu'il contienne le mot *appeler*; cette expression n'est pas sacramentelle; elle peut être remplacée par des équivalens. — Chauveau sur Carré, t. 4, nº 1646, p. 135; Merlin, *Quest. de dr.*, vº *Appel*, § 11; Berriat-Saint-Prix, p. 422 (6e édit.)

1256. — Jugé en conséquence que l'acte d'appel d'un jugement ne doit pas nécessairement contenir le mot *appeler*, dont l'emploi n'est point sacramentel. Ainsi est valable l'appel incident de l'intimé qui se porte demandeur sur le barreau et conclut à la réformation des chefs qui lui font grief. — *Cass.*, 2 vent. an IX, Vitel c. Garrichon.

1257. — Jugé de même que le mot *appelé* peut être remplacé par des termes équipollens dans un acte d'appel. — *Pau*, 16 août 1806, et suivant quelques arrêtistes, 16 août 1809, Hiribarren.

1258. — Du reste, rien dans la loi ne s'oppose à ce qu'on appelle, par le même exploit, de deux jugemens rendus sur des objets différens entre les mêmes parties.

1259. — Ainsi, jugé qu'on peut valablement interjeter appel par un seul exploit de deux jugemens distincts, s'ils sont rendus entre les mêmes parties, à l'occasion du même litige, et s'ils tendent au même but; notamment du jugement qui démet de l'opposition au commandement à fin de saisie immobilière, et de celui qui fixe le jour de l'adjudication définitive. — *Colmar*, 17 août 1838 (t. 1er 1840, p. 558), Beltz c. Lewy.

1260. — Jugé de même qu'une partie peut interjeter appel, par un même exploit, de deux jugemens rendus entre elle et une autre personne dans deux instances différentes; mais la réunion des deux appels dans un même acte n'empêche point qu'il puisse être statué séparément sur chaque appel. — *Bordeaux*, 14 juin 1833, Marchais-Dussablon c. Marchais-Delaberge. — V. en sens contraire, *Colmar*, 10 juill. 1843 (t. 2 1844, p. 476), Kientz c. Wendling; 19 juin 1844 (t. 2 1844, p. 511), Vischer c. Vonbanck.

1261. — L'acte d'appel, nous l'avons déjà dit, doit contenir *assignation* (Cod. procéd., art. 456); cette formalité est substantielle, elle emporte nullité (même art.).— Pigeau, *Comment.*, t. 2, p. 31.

1262. — Arrêts conformes : — *Amiens*, 11 mars 1807, N...; *Toulouse*, 24 juin 1807, Dabernard c. Gayral; *Paris*, 23 août 1807, Duval c. Jean.— Pigeau, *Comment.*, t. 2, p. 31.

1263. — L'acte d'appel doit, en outre, contenir les formalités communes à l'exploit d'ajournement; par conséquent, les art. 61 et 73, C. procéd., doivent être combinés avec l'art. 456.

1264. — Nous ne croyons pas nécessaire de relater ici en détail les formalités nécessaires à la validité de l'acte d'appel; c'est au mot EXPLOIT, siége de la matière, qu'on trouvera l'état de la jurisprudence sur ce point; nous allons seulement indiquer ici quelques espèces.

1265. — *Date.* — L'acte d'appel doit contenir la date des jour, mois et an, à peine de nullité. — C. procéd., art. 61.

1266. — ... Et il faut que cette mention se trouve

APPEL, tit. 1er, ch. 7.

APPEL, tit. 1er, ch. 7.

exactement sur la copie laissée à l'intimé, car elle lui sert d'original.

1267. — Jugé en conséquence que l'acte d'appel dont la copie ne porte aucune date du *jour* où il a été notifié, est nul, encore qu'en considérant tout le mois durant lequel la notification a eu lieu, l'appel se trouvât interjeté dans le délai de trois mois. — *Bastia*, 31 mars 1835, Tomasi c. Vincenti et Mosca.

1268. — ... Qu'un acte d'appel est nul si la copie ne porte pas la date du *jour* de sa signification, alors même que l'omission n'existerait pas sur l'original. La signification d'un nouvel acte d'appel, après l'expiration des délais, ne couvre pas cette nullité. — *Metz*, 18 juin 1819, Thierry et Rogelet c. Pages.

1269. — ... Que l'acte d'appel est nul lorsque la copie n'indique pas la date du *jour* de la signification, s'il n'existe, d'ailleurs, dans cette copie aucune énonciation de nature à suppléer à cette omission. — *Rouen*, 9 mars 1842 (t. 2 1842, p. 15), Huguès c. Frossard ; — Coffinières, *Encyclop. du dr.*, vº *Appel en matière civile*, nº 116.

1270. — ... Qu'un acte d'appel doit, à peine de nullité, indiquer le *mois* dans lequel il est interjeté. — *Limoges*, 12 déc. 1821, Corrivaud c. Marandat.

1271. — ... Mais que l'omission de la désignation du mois en tête d'un acte d'appel est réparée, lorsqu'il résulte de quelques expressions employées dans le corps de l'acte que l'intimé n'a pas pu ignorer sa véritable date. — *Cass.*, 3 août 1819, Delarue et Fromont c. Hervé et Delaunay.

1272. — ... Que l'erreur de date dans l'indication de l'année n'est point une cause de nullité d'un acte d'appel, lorsque d'ailleurs les énonciations qu'il contient ne peuvent laisser aucun doute sur l'année où il a été fait. — *Amiens*, 2 juill. 1822, Chrétien c. Villeret.

1273. — ... Qu'une erreur de date, par rapport à l'année, contenue dans un acte d'appel, devient indifférente et n'annule point l'appel, lorsqu'elle est rectifiée par le contexte de l'acte. — *Riom*, 29 juill. 1819, Chaussy et Bardin c. Larmeroux et Chauchard.

1274. — ... Qu'un appel est valable quoique l'original porte la date erronée de 1719 au lieu de 1819, si cette erreur est réparée d'abord par l'acte lui-même, et ensuite par le visa du maire qui l'a daté de 1819. — *Besançon*, 28 déc. 1819, N...

1275. — *Nom et profession de l'appelant.* — L'acte d'appel doit contenir, à peine de nullité, les nom et profession de l'appelant, qui est le demandeur dans l'instance d'appel. — C. procéd., art. 61.

1276. — Jugé que l'erreur dans les noms et qualités de l'appelant ne vicie pas un acte d'appel, si celui-ci a agi en première instance sous les mêmes noms et qualités. — *Grenoble*, 21 déc. 1820, Mugel c. Saint-Germain ; — Bioche et Goujet, *Dict. de procéd.*, vº *Appel*, nº 170, édit. 2e.

1277. — ... Que lorsque plusieurs parties ayant le même intérêt, des héritiers, par exemple, sont appelans d'un jugement du tribunal civil, l'acte d'appel est valable, lorsqu'au lieu d'indiquer littéralement les noms, professions et domiciles de toutes les parties, il est signifié seulement à la requête d'un tel... *et de ses consorts dénommés au jugement dont est appel.* — *Cass.*, 7 nov. 1821, Wamant c. Demolon. — V. CASSATION.

1278. — ... Que l'appel interjeté par une personne qui a été partie au jugement, en nom qualifié, est recevable, encore bien que l'exploit n'énonce pas la qualité dans laquelle procède l'appelant. — *Cass.*, 1er juin 1830, Marty c. commune de Saint-Paul.

1279. — ... Que l'acte d'appel dont la copie porte par erreur un autre nom que celui de l'appelant est nul, encore que le contexte de l'acte, les noms et les qualités énoncés, puissent bien désigner le véritable requérant. — *Rennes*, 15 déc. 1824, Morin c. Perrussel.

1280. — Jugé, au contraire, que l'omission dans la copie d'un acte d'appel du nom de l'appelant n'est pas une cause de nullité de l'appel, si, malgré cette omission, on n'a pu se méprendre sur la personne de l'appelant. — *Cass.*, 6 avr. 1824, Scaillette c. Barré.

1281. — *Profession.* — Jugé qu'un acte d'appel est nul, si la copie ne contient pas l'indication de la profession et du domicile de l'appelant. Cette nullité ne peut être considérée comme couverte, parce qu'on aurait négligé de la proposer *in limine litis*, lorsque l'intimé a demandé expressément que l'appelant fût déclaré *non-recevable par nullité d'exploit.* — *Besançon*, 30 janv. 1819, N...

1282. — ... Que le défaut d'énonciation de la profession de l'appelant n'est pas une cause de nullité d'un acte d'appel, si cette profession n'est pas reconnue et s'il n'en a pas été fait mention devant les premiers juges. — *Besançon*, 8 déc. 1808, Pageoz c. Hugonneau.

1283. — ... Que l'omission de la profession du demandeur, dans un acte d'appel ne peut réellement vicier cet acte, que dans le cas où il existerait quelque incertitude sur la personne, à la requête de laquelle la signification en est faite. — *Besançon*, 8 fév. 1820, N...; — Bioche et Goujet, *Dict. de procéd.*, vº *Exploit*, nº 54 (2e édit.).

1284. — ... Que la qualification de propriétaire-cultivateur, prise par une partie en première instance, ne constitue pas une profession dont l'omission dans l'acte d'appel doive entraîner la nullité de cet acte. — *Cass.*, 4 déc. 1834, Ducluzeau c. Vergne.

1285. — ... Qu'un acte d'appel n'est pas nul par cela seul que l'appelant s'est qualifié de propriétaire au lieu de cultivateur, surtout s'il cultive ses terres. — *Besançon*, 21 mai 1812, Baverel c. Lacroix.

1286. — *Domicile de l'appelant.* — L'art. 61 veut encore que l'exploit contienne l'indication du domicile de l'appelant.

1287. — Le défaut d'énonciation de ce domicile dans l'acte d'appel emporte nullité. — *Limoges*, 1er déc. 1819, Bazenerie c. Labouret ; *Amiens*, 30 nov. 1821, Boileau c. Houy ; *Cass. belge*, 1er avr. 1833, Demelin c. Nicaise

1288. — C'est le domicile réel de l'appelant qui doit être indiqué ; jugé cependant qu'un appel est valable quoiqu'il indique la résidence et non le domicile de l'appelant. — *Besançon*, 28 déc. 1819, N....

1289. — Jugé au contraire que l'acte d'appel dans lequel l'appelant s'attribue un faux domicile est nul. — *Rennes*, 24 août 1819, Rigal c. Recolin et Fesquet.

1290. — ... Que l'acte d'appel signifié à la requête de *tels pour lesquels domicile est élu au chef-lieu de la commune de...... maison de l'un d'eux*, a pu être annulé comme ne contenant pas l'indication expresse ou équipollente du domicile des appelans. — *Cass.*, 14 nov. 1838 (t. 2 1839, p. 128), B... c. L....

1291. — ... Qu'il n'est pas nécessaire qu'un acte d'appel exprime littéralement l'indication du domicile de l'appelant, s'il résulte de quelque acte antérieurement signifié par l'intimé que le domicile dont il s'agit lui était bien connu. — Même arrêt.

1292. — ... Que la formalité de la mention du domicile de l'appelant se trouve suffisamment remplie, si cet acte, sans énoncer expressément le domicile, se réfère explicitement, quant à ce point, à un autre acte qui se trouve au pouvoir de l'intimé. — *Bruxelles*, 11 avr. 1831, N.... c. N....

1293. — ... Que cette énonciation peut être suppléée par le contexte même de l'acte d'appel. — *Cass.*, 18 fév. 1828, Bazennerye c. Labouret.

1294. — ... Que le défaut de mention, dans un acte d'appel, du domicile de l'appelant, emporte nullité de cet acte, alors même que le jugement de première instance où ce domicile est indiqué s'y trouve énoncé, si ce jugement (par exemple en matière d'ordre) n'a été signifié qu'à l'avoué, et non à la partie. — *Cass.*, 1er mars 1841 (t. 1er 1841, p. 408), Gourgueil c. Belland-des-Communes.

1295. ... — Que le défaut d'énonciation, dans un acte d'appel, du domicile de l'appelant ne peut être suppléé ni par l'indication qui se trouverait de ce domicile dans l'original de l'exploit, mais non dans la copie, ni par une réassignation donnée hors des délais de l'appel. — *Paris*, 7 mars 1842 (t. 1er 1842, p. 410), Belland-des-Communes c. Gourgueil.

1296. — ... Que la qualification de marchand patenté par acte délivré à.... n'équivaut pas à l'indication du domicile de l'appelant, encore que ce soit le lieu de son domicile. — *Bruxelles*, 7 déc. 1818, Courtois c. Hannequelle.

1297. — *Noms et demeure de l'intimé.* — Il ne suffit pas que l'exploit mentionne les noms, profession et domicile de l'appelant, il doit relater en outre les noms et demeure de l'intimé. — C. procéd., art. 61.

1298. — Jugé que l'acte d'appel signifié à la personne de l'intimé ne doit pas, à peine de nullité, énoncer la demeure de l'intimé, surtout si celui-ci y est clairement désigné. — *Bruxelles*, 24 janv. 1821, van Tougerloo c. Dejonghe.

1299. ... — Qu'un exploit d'appel n'est pas nul quoiqu'il ne mentionne pas le domicile de l'intimé, si cette omission est réparée par d'autres énonciations de l'acte. — *Limoges*, 2 juill. 1821, Serrager c. Bélonie.

1300. — ... Que la signification d'un acte d'appel est valable, quoique la demeure de la partie assignée soit indiquée par un autre numéro que le véritable, et quoique la personne à laquelle l'exploit est remis soit qualifiée d'épouse de l'assigné qui n'est pas marié, si réellement l'exploit a été remis à son domicile et à l'un de ses parens y demeurant. — *Cass. de Belgique*, 22 juin 1816, Caron c. Thores.

1301. — ... Que l'acte d'appel ne peut pas être signifié par le débiteur aux héritiers du créancier collectivement, sans désignation des noms et qualités de chacun d'eux, lorsque ce n'est qu'après le décès de leur auteur que l'instance a été introduite et jugée. — *Cass.*, 7 mai 1818, Dobanne c. Mazerat.

1302. — ... Qu'un appel signifié au mari et à la femme parlant à *sa personne* est nul pour défaut de désignation suffisante de la personne à laquelle la copie a été remise. — *Bruxelles*, 8 déc. 1814, Kervyn c. Debbaut.

1303. — *Constitution d'avoué.* — Un acte d'appel doit, à peine de nullité, contenir constitution d'avoué. — *Liége*, 15 juin 1807, Soliveau c. Leclercq ; *Lyon*, 29 mai 1816, Favre c. Raymond ; *Limoges*, 3 janv. 1822, Montaudon c. Pichon.

1304. — Il en est de même de l'acte d'appel contenant constitution d'un avoué dont le nom est laissé en blanc. — *Turin*, 14 juin 1807, Masselli c. Bérolfo ; *Grenoble*, 14 déc. 1832, Oriol c. Terrot et Eynard.

1305. — Dans le doute, on doit opter pour la nullité d'un acte d'appel qui donne à une décision judiciaire force de chose jugée et la rend inattaquable. — *Grenoble*, 14 déc. 1832, Oriol c. Terrot et Eynard.

1306. — Est nul l'acte d'appel portant constitution d'un avoué qui n'existe pas près la cour d'appel. — *Agen*, 18 mai 1807, P. Agroles.

1307. — Est nul l'acte d'appel contenant constitution d'un avoué décédé depuis plusieurs années. — *Metz*, 12 juin 1816, Grosjean c. Brion ; *Rennes*, 21 oct. 1816, N... c. Santel.

1308. — Jugé que l'exploit d'appel est valable quoiqu'il contienne la constitution d'un avoué qui a cessé ses fonctions. — *Bourges*, 29 juin 1808, Guyon Percoute c. Georges.

1309. — Dans ce cas, un acte d'appel peut être déclaré valable, à raison de diverses circonstances que les magistrats ont appréciées, encore bien que l'avoué qui y a été constitué ait à cette époque cessé d'exercer ses fonctions. — *Bordeaux*, 20 mars 1824, Taffard c. Robert.

1310. — Jugé, au contraire, que l'acte d'appel contenant constitution d'un avoué suspendu de l'exercice de ses fonctions est nul. — *Limoges*, 7 janv. 1820, N... — V. *contrà* Talandier, *de l'Appel*, p. 171.

1311. — Est valable l'acte d'appel par lequel on constitue le président de la chambre des avoués de la cour où l'appel est porté. — *Poitiers*, 9 juin 1843 (t. 1er 1844, p. 803), Jollivet c. Staud et Monnereau. — MM. Chauveau sur Carré (*Quest.* 302e), Favard de Langlade (t. 1er, p. 136, nº 2), et Boitard (t. 1er, p. 247) enseignent que l'on doit considérer comme valable la constitution de l'avoué le plus ancien.

1312. — Est nul l'acte d'appel qui contient une élection de domicile chez un avoué, mais non une constitution expresse de cet avoué. — *Amiens*, 10 nov. 1821, de Rouzaud c. Espert.

1313. — L'appel interjeté par la régie de l'enregistrement est valable, encore bien que l'exploit ne contienne pas constitution d'avoué (L. 27 vent. an IX, art. 17). — *Rennes*, 16 déc. 1819, Audicq c. Enregistrement.

1314. — La constitution d'avoué est-elle nécessaire dans les affaires où l'état est intéressé et représenté par le préfet ? — V. EXPLOIT.

1315. — *Indication du jugement dont est appel.* — L'objet de l'appel étant d'obtenir la réformation du jugement qui fait grief, il est hors de doute que l'acte d'appel doit indiquer d'une manière suffisante quel est le jugement qu'on défère à la censure des juges d'appel. — Pigeau, *Comment.*, t. 2, p. 30 ; Talandier, p. 185, nº 195 ; Chauveau sur Carré, t. 4, nº 1648 *bis*.

1316. — La manière la plus simple de le faire est d'indiquer la date même du jugement.

1317. — Cependant l'indication de la date n'est pas une formalité indispensable ; il suffit que le jugement soit désigné de telle sorte qu'il n'y ait aucun doute sur son identité et que l'intimé n'ait pu être induit en erreur.

1318. — Tel est l'esprit de la jurisprudence. Les magistrats regardent avec raison la mention du jugement dont est appel comme essentielle, comme indispensable ; mais peu leur importe la manière dont cette indication est faite, pourvu qu'elle ne soit pas équivoque.

1319. — Ils se montrent d'autant plus faciles à cet égard qu'aucun texte ne prescrit cette formalité.

1320. — Ainsi, nulle formule sacramentelle n'est

exigée : dans certains cas, la date peut suffire ; par exemple, lorsqu'il n'y a qu'un seul jugement, encore n'est-ce pas indispensable ; dans d'autres cas, la date ne suffit pas, car elle pourrait induire en erreur, par exemple, lorsqu'il y a eu plusieurs jugemens rendus le même jour entre les mêmes parties ; c'est par les circonstances qu'il faut se décider.

1321. — Le principe posé, arrivons aux applications.

1322. — Il a été jugé qu'il n'est pas nécessaire, à peine de nullité d'un acte d'appel, que le tribunal qui a rendu le jugement attaqué y soit désigné nominativement. — *Rennes*, 27 nov. 1826, Macaire c. Perchais.

1323. —... Que lorsqu'un exploit d'appel indique à tort le jugement attaqué comme émané d'un tribunal, tandis qu'il a été rendu par un autre, cette erreur n'est point une cause de nullité, s'il résulte des autres énonciations de l'exploit que l'intimé n'a pu se méprendre sur l'identité du jugement déféré à la Cour royale. — *Rouen*, 30 déc. 1840 (t. 1er 1841, p. 598), Lenud c. Legrand.

1324. —... Qu'ainsi peu importerait que le jugement attaqué fût désigné comme émané d'un tribunal de commerce, lorsqu'il aurait été rendu par un tribunal civil, pourvu que d'autres circonstances levassent toute incertitude. — *Rennes*, 3 janv. 1811, Legris c. Chaudière.

1325. —... Qu'il ne suffit pas qu'un acte d'appel énonce vaguement qu'on est appelant d'un jugement et de tout ce qui l'aurait suivi ou pu suivre ; qu'il faut qu'il énonce nominativement les actes que l'on se propose d'attaquer par la voie de l'appel. — *Rennes*, 23 janv. 1817, Sidaner c. N...

1326. — ... Ainsi, de cela seul qu'un second jugement serait la suite d'un premier, et aurait été signifié en même temps, il ne s'ensuivrait pas que l'appel de celui-ci dût être censé compris dans l'appel de l'autre qui n'aurait pas été mentionné.

1327. — Dans une autre espèce, la cour de Paris a décidé, mais à tort, selon nous, que lorsqu'on interjette appel de tel jugement, *ensemble de ceux y énoncés*, cet appel ne contient pas un appel des jugemens *énoncés*. — *Paris*, 11 mars 1813, Beugnon c. Vilain. — Cette décision est contraire à la maxime : *Idem est esse certum per se vel per relationem ad aliquid certum.*

1328. — Un appel n'est pas nul parce qu'il contient une erreur sur la date du jugement attaqué. — *Turin*, 19 mars 1808, Muschelti c. Camosso ; *Limoges*, 19 août 1818, Vaslet ; *Bruxelles*, 7 juill. 1830, Gay-Ravel c. Bouquet.

1329. — Décisions contraires : — *Besançon*, 25 janv. 1810, N... ; *Rennes*, 12 fév. 1813, Monistrol ; *Rennes*, 8 fév. 1821, Lebihan c. Lejauron et Lequellec ; *Bruxelles*, 24 déc. 1829, S...

1330. — Jugé qu'un acte d'appel n'est pas nul quoique le jugement de première instance y soit indiqué sous une fausse date, si aucun autre n'a été rendu entre les parties. — *Grenoble*, 13 frim. an XI, N... ; *Metz*, 17 août 1821, Bauquel c. Lauvray.

1331. — .. Que lorsqu'il n'y a qu'un seul jugement rendu entre les parties, l'erreur commise dans l'exploit d'appel sur la véritable date de ce jugement n'entraîne pas la nullité de l'appel. — *Metz*, 22 juill. 1823, Commune de Singley c. Ligneroux.

1332. —... Que l'acte d'appel dans lequel le jugement attaqué est indiqué sous une fausse date, est néanmoins valable, si ce jugement est le seul rendu entre les parties, et s'il est d'ailleurs désigné dans l'exploit par la date de son enregistrement et de sa signification de telle manière qu'on ne puisse douter que l'appel est dirigé contre lui. — *Amiens*, 9 nov. 1821, Demailly c. Acloque d'Hocquincourt.

1333. —.. Qu'un acte d'appel est valable quoique donnant une date erronée au jugement dont est appel, si un seul jugement a été rendu entre les parties, et si l'intimé n'a pas été induit en erreur. — *Besançon*, 20 janv. 1820, Monroz c. N...

1334. — ... Qu'un acte d'appel est valable, quoiqu'il indique faussement la date du jugement contre lequel il est interjeté, si l'intimé n'a pu se méprendre sur l'identité de ce jugement. — *Bordeaux*, 20 juin 1838, Charbonaud c. Gibaut.

1335. —... Que l'erreur commise dans un acte d'appel sur la date du jugement attaqué ne rend pas cet acte nul, si, par les circonstances, l'intimé ne pouvait ignorer de quel jugement l'appel était interjeté. — *Bourges*, 3 janv. 1817, Frébault c. Pigorug.

1336. — Mais lorsqu'un individu a été condamné par deux jugemens du même jour envers la même personne et dans la même cause, il doit, à peine de nullité de son appel, indiquer celui qu'il attaque avant l'expiration du délai pour appeler. — *Bordeaux*, 11 mars 1831, Girot c. Chatard Bondy.

1337. — Jugé de même que lorsque le même jour il a été rendu deux jugemens entre les mêmes parties, l'acte d'appel portant qu'il est interjeté appel d'un jugement en date de ce jour, n'est pas valable, comme ne désignant pas lequel des deux est attaqué. — *Bruxelles*, 4 mars 1830, Vancatsem c. Fermont.

1338. — Jugé encore que l'acte d'appel n'est pas valable quand plusieurs jugemens ayant été rendus entre les parties, on ne peut appliquer à aucun de ces jugemens l'exploit d'appel dans lequel on déclare appeler d'un jugement qui ne porte la date d'aucun d'entre eux. — *Metz*, 5 juin 1811, Jacob c. Didier.

1339. — *Indication de la cour qui doit connaître.* — Lorsqu'une partie est assignée, il faut bien qu'elle sache devant quel tribunal elle doit comparaître ; c'est une indication essentielle que doit lui donner l'acte d'appel. L'art 61, C. procéd., prescrit cette formalité, à peine de nullité.

1340. — Mais dans ce cas encore, la jurisprudence ne pousse pas la sévérité jusqu'à proscrire les équipollences.

1341. — Ainsi, l'on juge que l'acte d'appel est valable, encore bien que par erreur l'assignation ait été donnée à comparaître devant une cour autre que celle compétente pour en connaître, lorsque d'ailleurs il se rencontre dans l'exploit des énonciations propres à lever les doutes. — *Metz*, 15 juin 1824, Syndics Megret de Sérilly c. d'Humbepaire. — V. EXPLOIT.

1342. — *Enonciation des griefs.* — Le projet du Code de procédure voulait non seulement que l'acte d'appel contînt assignation, mais qu'il énonçât sommairement les griefs de l'appelant. Cette dernière partie de la disposition a été supprimée, elle ne se retrouve plus dans l'art. 456, C. procéd., et l'on en conclut que l'énonciation des griefs dans l'acte d'appel n'est pas rigoureusement nécessaire, bien que l'art. 61 exige que l'exploit contienne l'objet de la demande et l'exposé sommaire des moyens.

1343. — On tire encore argument en faveur de cette opinion, de l'art. 462, qui veut que dans la huitaine de la constitution d'avoué, *l'appelant signifie ses griefs*, tandis que devant les premiers juges, c'est le défendeur qui doit commencer à signifier ses moyens (art. 77, C. procéd.).

1344. — Où serait, pour l'appelant, l'utilité de cette signification exigée par l'art. 462, si l'acte d'appel contenait déjà l'énonciation des griefs ?

1345. — Au surplus, la doctrine et la jurisprudence sont d'accord pour reconnaître que l'acte d'appel est valable, quoique les griefs de l'appelant n'y aient pas été relatés.

1346. — Parmi les auteurs, Demiau Crouzilhac (p. 327), est le seul qui soutienne une opinion contraire à celle qui vient d'être exprimée. — Voici les autorités qu'on peut lui opposer : — Merlin, *Quest. de dr.*, vº *Appel*, § 10, art. 1er, nº 3 ; Chauveau et Carré, t. 4, nº 1648 ; Boitard, t. 2, nº 210 ; Pigeau, *Comment.*, t. 2, p. 30 ; Poncet, t. 1er, p. 506 ; Talandier, p. 198, nº 207 ; Thomine Desmazures, t. 1er, p. 696 ; Pigeau, *Procéd.*, t. 1er, p. 597, § 8 ; Favard, vº *Ajournement*, nº 2 ; Berriat, p. 421 ; Hautefeuille, p. 265.

1347. — Quant à la jurisprudence, elle n'est pas moins explicite.

1348. — Déjà, avant le Code de procédure, on jugeait qu'un appel ne devait pas être rejeté pour défaut d'énonciation de griefs dans l'exploit qui le contenait, si l'appelant avait déclaré, par une requête ultérieure, se référer aux moyens développés en sa requête de première instance, et avait conclu en conséquence à la barre. — *Agen*, 30 mai 1806, Coulon c. Liauzis.

1349. — Depuis la promulgation du Code, on juge invariablement qu'un acte d'appel est valable quoique n'étant pas signé par l'appelant, et n'énonçant aucuns griefs. — *Cass.*, 19 frim. an VIII, Douanes c. Marin Adrianey ; *Besançon*, 26 fév. 1808, Mouthon c. Lambert ; *Cass.*, 4 déc. 1809, Casale c. N... ; 1er mars 1810, Dannoot fils c. Patmaert ; 11 mars 1831, Armand c. préfet des Bouches-du-Rhône ; *Bordeaux*, 3 août 1832, Trigont c. Labouisse.

1350. — Que l'acte d'appel portant que l'on appelle du jugement pour les torts et griefs que l'on en ressent, et que l'on déduira en temps et lieu, est suffisamment libellé. — *Besançon*, 10 fév. 1816, N.... c. C.... de. .

1351. — ... Que l'acte d'appel, motivé sur les torts ou griefs qui seront déduits en temps et lieu, satisfait suffisamment aux prescriptions de la loi. — *Rennes*, 4 déc. 1834, Ruello c. Leverger.

1352. — ... Qu'un appel est suffisamment motivé en demandant l'adjudication de conclusions prises en première instance — *Bourges*, 7 mars 1810, Moreau de Saint-Gratien c. Durand.

1353. — ... Que l'acte d'appel qui ne contient pas les griefs de l'appelant n'est pas nul, surtout lorsqu'on s'y réfère aux conclusions prises en première instance. — *Metz*, 10 nov. 1819, commune de Saint-Morel c. Maltimaire.

1354. — ... Qu'un exploit d'appel contient suffisamment le sommaire *des moyens*, lorsqu'il y est dit que l'appelant *s'en réfère aux conclusions prises en première instance.* — *Bourges*, 8 mai 1830, Berger c. Gestat.

1355. — ... Que l'appel relatif à la contrainte par corps est recevable alors que l'exploit ne renferme aucune disposition spéciale à cet égard, mais seulement le libellé suivant : *par les motifs développés en première instance et tous moyens et griefs.* — *Paris*, 14 août 1829, Hierthès c. Perrint.

1356. — Un acte d'appel est valable, *même en matière sommaire*, quoique n'indiquant pas pour quels griefs il est interjeté. — *Trèves*, 14 août 1809, N....

1357. — L'acte d'appel portant des conclusions tendant à ce que *l'appellation et ce dont est appel soient mis au néant*, énonce suffisamment l'objet de la demande. — *Bruxelles*, 4 mai 1822, Meulemans c. Longis.

1358. — ... Que l'appel par lequel il est déclaré, en termes généraux, qu'on l'interjette *pour les torts et griefs* que cause la sentence attaquée, est général et porte sur tous les points du litige, encore bien que l'acte d'appel contienne des énonciations restrictives, spécialement relatives à la fixation de l'ouverture d'une faillite. En pareil cas, la cause tout entière, et non ce dernier point seul, doit être soumise à la cour. — *Douai*, 15 avr. 1840 (t. 2 1840, p. 250), Legentil c. Cartier.

1359. — ... Que l'appel d'un jugement relevé pour les torts et griefs qu'y souffre l'appelant, ne lui interdit pas la faculté de proposer des moyens de nullité dans la forme. — *Rennes*, 13 mai 1820, Thomas c. Rouxel.

1360. — Mais on a jugé que l'appel sur lequel on ne propose que des griefs relatifs aux suites ou à l'exécution du jugement, et aucuns contre le jugement lui-même, est non-recevable. — *Rennes*, 14 mars 1818, Berthon c. N...

1361. — *Assignation.* — L'acte d'appel doit contenir assignation dans les délais, à peine de nullité (C. procéd., art. 456). — *Toulouse*, 24 juin 1807, Dabunard c. Gayral. — Plusieurs difficultés existent sur cette disposition ; pour la solution, V. EXPLOIT.

1362. — *Signification.* — D'après l'art. 456, l'acte d'appel doit être signifié à personne ou à domicile. Cette disposition donne également lieu à de nombreuses difficultés et à de vives controverses. — A cet égard, V. encore DOMICILE, EXPLOIT, ORDRE, SIGNIFICATION.

1363. — C'est également au mot EXPLOIT qu'on trouvera tout ce qui est relatif à la *remise de la copie*, au *parlant à*, au *visa*, etc., etc.

1364. — *Procuration.* — Lorsque l'appel est interjeté par un mandataire, la procuration doit-elle être mentionnée, à peine de nullité, dans l'acte d'appel ? — La cour de Cassation s'est prononcée pour l'affirmative, le 16 prair. an XII, Flamant c. Wolf. — Mais V. *suprà* nº 592.

1365. — L'acte d'appel nul ou irrégulier, peut toujours être rectifié par un second acte régulier, pourvu que les délais d'appel ne soient pas expirés. — Thomine Desmazures, t. 1er, p. 656 ; Chauveau sur Carré, t. 4, nº 1646, p. 135.

1366. — Jurisprudence conforme : — *Rennes*, 21 déc. 1808, Béné c. Pouchet Maugendre ; *Cass.*, 11 oct. 1809, Baivel c. Laumer.

1367. — Il en est ainsi, même lorsque l'appelant a succombé devant la cour, à cause de la nullité de son acte d'appel. — *Paris*, 12 juin 1815, Mirchovich c. N...

1368. — Peu importe que, devant les juges d'appel, la discussion se soit engagée au fond, l'appel peut être réitéré, si les magistrats n'ont statué que sur le moyen de nullité. — Chauveau sur Carré, *loc. cit.*

1369. — La nullité de l'acte d'appel peut-elle être opposée en tout état de cause ? — Non. — Talandier, p. 160 ; Chauveau, t. 4, nº 1646 *bis*. — V. aussi EXCEPTION.

1370. — En matière disciplinaire, faut-il pour interjeter appel, observer les formes du Code de procédure ou celles du Code d'instruction criminelle ? — Jugé que l'appel d'un jugement du tribunal civil, statuant en matière disciplinaire contre un notaire, doit être interjeté suivant les formes de la procédure civile, et non par déclaration au greffe, comme dans une instance correctionnelle. — *Douai*, 15 juin 1835, Becq. — Le pourvoi contre cet arrêt a été rejeté le 16 juin 1836. — V. DISCIPLINE.

CHAPITRE VIII. — *Fins de non recevoir contre l'appel.*

1371. — Appeler, c'est former une demande; c'est introduire une instance nouvelle; c'est saisir le tribunal du second degré de la connaissance de la cause et provoquer l'examen des griefs que soulève le jugement dont est appel.

1372. — Mais pour que le tribunal d'appel puisse connaître des procès et statuer au fond, soit par infirmation, soit par confirmation, il faut, même dans le cas où les griefs sont parfaitement justifiés, qu'il n'y ait aucun obstacle à l'exercice du recours de l'appelant; il faut, en un mot, qu'il n'y ait contre son action aucune fin de non-recevoir.

1373. — Or il existe en appel, indépendamment des exceptions ordinaires qui peuvent être invoquées devant les juges du deuxième comme devant ceux du premier degré de juridiction (V. EXCEPTION), il existe, disons-nous, certaines fins de non-recevoir qui font repousser péremptoirement l'action de l'appelant, sans qu'il soit nécessaire de se jeter dans l'examen du fond.

1374. — Ces fins de non-recevoir viennent ou de la loi ou du fait de la partie; elles exigent un examen à part.

§ 1er. — *Premier et dernier ressort.*

1375. — La plus grave de ces fins de non-recevoir est certainement l'exception du dernier ressort.

1376. — En effet, à quoi bon l'appel quand le jugement attaqué n'est pas susceptible des deux degrés de juridiction?

1377. — Jugé que l'appel du jugement qui déclare une instance périmée, n'est pas recevable, lorsque le tribunal aurait eu le droit de prononcer en dernier ressort sur la matière qui faisait l'objet de cette instance. — *Cass.*, 26 fév. 1823, Raymond et Bourrisson c. Meytadier.

1378. — Cette fin de non-recevoir est d'ordre public; elle peut être opposée en tout état de cause, et prononcée d'office par le tribunal saisi de l'appel.

1379. — Il y a également fin de non-recevoir lorsqu'on porte directement en appel une contestation qui n'a pas subi le premier degré de juridiction.

1380. — Cette fin de non-recevoir est-elle absolue? Est-ce un principe qui reçoive quelques exceptions? Dans quel cas? — Sur tous ces points, V. DEGRÉS DE JURIDICTION.

§ 2. — *Acquiescement.*

1381. — L'acquiescement est encore une fin de non-recevoir péremptoire contre l'appel. Mais dans quels cas peut-il être opposé?

1382. — Nous avons vu au mot *Acquiescement* (*suprà*, nos 125 et suiv., 175 et suiv.), qu'on peut acquiescer au jugement de deux manières, ou *expressément* ou *tacitement*; que l'acquiescement exprès n'a d'effet que lorsqu'il intervient dans une matière qui n'intéresse pas l'ordre public; que l'acquiescement *tacite* n'est qu'une présomption, qu'une induction tirée de certains faits, de certaines circonstances; que, par conséquent, cette présomption disparaît dès que la volonté n'a pas été libre, dès que l'exécution a été forcée, ou même lorsque la partie condamnée, en faisant un acte qui pourrait faire croire à un acquiescement, proteste contre cette intention et réserve tous ses droits.

1383. — Ces principes sont encore confirmés par les arrêts suivans:

1384. — La partie qui par écrit a déclaré qu'elle tenait pour signifié le jugement obtenu contre elle, et a promis de s'y conformer, est censée y avoir formellement acquiescé. — Elle ne pourrait plus en appeler, même en se fondant sur ce que le montant des condamnations a été compris dans une obligation qu'elle a souscrite postérieurement au profit de son créancier, qu'ainsi il y a eu novation, et que dès-lors on ne peut plus la poursuivre en vertu de ce jugement qui est anéanti. — *Cass.*, 6 fév. 1846, Lehman c. Schott. — V. ACQUIESCEMENT, nos 176 et suiv.

1385. — Lorsqu'il résulte d'actes représentés la preuve que la partie condamnée par défaut, faute de constitution d'avoué, a *connu l'existence du jugement et y a acquiescé*, il y a tout à la fois obstacle et à la péremption et à l'appel de ce jugement. — *Rennes*, 14 août 1813, Depincé c. Guillot. — V. ACQUIESCEMENT, no 177.

1386. — L'acquiescement conventionnel à un jugement prononçant la contrainte par corps hors des cas déterminés par la loi est sans effet légal, et ne rend pas la partie condamnée non-recevable à en interjeter appel quant au chef de la contrainte par corps. — *Orléans*, 16 août 1843 (t. 2, 1843, p. 603), Verdier c. Duchalais. — V. ACQUIESCEMENT, nos 139 et suiv., et CONTRAINTE PAR CORPS.

APPEL, tit. 1er, ch. 8, § 2.

1387. — Le débiteur dont les meubles ont été saisis, et qui n'a obtenu un sursis à la vente qu'en acquiesçant purement et simplement au jugement par défaut qui l'a condamné, et en promettant de payer dans un court délai, a suffisamment connu l'exécution de ce jugement, et il est non-recevable à en interjeter appel, même quant au chef de la contrainte par corps, s'il a laissé écouler plus de trois mois à partir de son acquiescement. — Même arrêt — V. ACQUIESCEMENT, nos 152 et suiv.

1388. — L'exécution forcée d'un jugement exécutoire par provision ne rend pas l'appel non-recevable. — *Montpellier*, 3 fév. 1816, Frano c. Beson de Celles; *Rennes*, 15 juin 1816, N...; *Paris*, 12 juill. 1837 (t. 2 1837, p. 77), Schreiber et Talmazier c. Gaillotet. — V. ACQUIESCEMENT, nos 214 et suiv.

1389. — On peut appeler d'un jugement dont on a payé les dépens comme contraint et sous la réserve d'en interjeter appel. — *Bourges*, 7 mai 1832, Dubreuil c. Lasarre. — V. ACQUIESCEMENT, no 215.

1390. — Lorsque sous le cours d'une instance d'appel, la partie qui a obtenu le jugement contre lequel l'appel est interjeté, a fait des saisies en vertu de ce jugement, l'appelant qui a consenti au versement des sommes saisies, n'a point pour cela renoncé à son appel, lorsque, dans l'acte de consentement notifié au saisissant et aux tiers saisis, il a déclaré n'*agir que comme contraint, qu'il n'entendait pas approuver les saisies, que le versement ne serait que provisoire, et seulement pour éviter les frais.* — *Riom*, 16 mai 1821, Mergoil c. Costet.

1391. — La partie qui déclare s'en rapporter à justice ne fait en cela que se confier aux lumières des juges, mais sans abdiquer le droit de recourir contre leur décision, et de la faire réformer par la voie de l'appel. Ainsi la partie qui déclare s'en rapporter à justice sur l'homologation d'un rapport d'experts ne se rend pas non-recevable à interjeter appel du jugement qui prononce cette homologation, alors même que subsidiairement, et pour le cas où cette homologation serait prononcée, elle aurait conclu à l'exécution du rapport et que cette exécution aurait été ordonnée. On ne peut dire qu'il y ait eu, par le fait de ces conclusions subsidiaires, *acquiescement* anticipé à la décision des juges. — *Cass.*, 19 déc. 1842 (t. 2 1844, p. 97), commune de Dogneville c. Lebègue de Bayecourt. — V. ACQUIESCEMENT, nos 38 et suiv.

1392. — Une partie ne peut interjeter appel d'un jugement dont l'exécution a été ordonnée par un second jugement rendu sur sa demande. — *Metz*, 9 mai 1820, Quentin c. Desroches.

1393. — On ne peut appeler d'un jugement après en avoir poursuivi l'exécution — *Limoges*, 15 mai 1814, Gaulier c. Bertraud. — V. ACQUIESCEMENT, nos 228 et suiv.

1394. — On n'est plus recevable à interjeter appel d'un jugement que l'on a exécuté sans réserves. — *Douai*, 31 mars 1840 (t. 1er 1841, p. 15), commune de Dhoyer c. Hornoy-Macon. — V. ACQUIESCEMENT, nos 260 et suiv.

1395. — On ne peut appeler d'un jugement après avoir payé, sans y avoir été contraint, le montant des condamnations qu'il renferme. — *Rennes*, 18 juin 1814, Guilon c. Burgot.

1396. — .... Ou même la plus forte partie des sommes qu'il était condamné à payer à son adversaire. — V. ACQUIESCEMENT, no 212.

1397. — Lorsque la partie condamnée a satisfait au jugement avant toute poursuite, elle n'est plus recevable à en interjeter appel, même dans le cas où le jugement est exécutoire par provision. — *Bordeaux*, 8 mai 1829, Bourbon c. Julliard.

1398. — Celui qui, ayant été condamné à payer ou à fournir caution, a satisfait au jugement en faisant faire à la personne désignée sa soumission au greffe, n'est plus recevable à interjeter appel de ce même jugement. — *Paris*, 10 juill. 1810, Crémieux c. Gazzanne.

1399. — On peut appeler d'un jugement après l'avoir exécuté, quoiqu'il ne fût pas exécutoire par provision, si en l'exécutant on s'est réservé le droit d'en interjeter appel. — *Turin*, 15 juill. 1809, Fassi c. Avile et Brachi. — Sur les réserves, V. ACQUIESCEMENT, nos 215 et suiv., 414 et suiv. — V. aussi RÉSERVES, SIGNIFICATION.

1400. — Celui qui, en consentant à l'exécution d'un jugement renvoyant à compter devant un avoué, s'est réservé de se pourvoir contre ce jugement, en ce qu'il lui a refusé d'imputer diverses créances, ne cesse point d'être recevable à interjeter appel de ce dernier chef. — *Cass.*, 2 juill. 1817, Plouzeau c. Colineau.

1401. — Celui qui paie sous réserve d'appel le principal, les intérêts et les dépens auxquels il

est condamné par provision, nonobstant appel, peut appeler du jugement. — *Rennes*, 13 mai 1820, Thomas c. Rouxel.

1402. — Entre l'intimé qui prétend qu'une somme a été comptée à son avoué par l'appelant pour le paiement des frais, et par conséquent en exécution du jugement, et l'appelant qui prétend qu'il n'a compté cette somme que comme une précaution éventuelle contre les poursuites qui auraient pu être dirigées contre lui avant appel, c'est la déclaration de l'appelant qui doit faire foi. — *Limoges*, 19 août 1823, Deschamps c. Hymorn.

1403. — Le demandeur qui, sur le déclinatoire proposé par le défendeur, a été renvoyé devant les juges naturels de celui-ci, ne peut plus appeler du jugement prononçant ce renvoi, s'il a porté la même action devant eux, lors même qu'il se désisterait de sa nouvelle demande. — *Bruxelles*, 7 déc. 1807, Dewaele c. Vanastein.

1404. — La partie qui, après avoir décliné la compétence du tribunal devant lequel elle est assignée, conclut ensuite au fond sans réserves, est non-recevable à interjeter appel du jugement qui a rejeté le déclinatoire. — *Metz*, 13 mars 1840 (t. 1er 1840, p. 734), Brion c. Percebois et Demaison.

1405. — La partie qui, sur la saisie pratiquée en vertu d'un jugement, s'est rendue dépositaire des objets saisis sans faire aucune protestation ni réserve, peut néanmoins interjeter appel de ce jugement. — *Agen*, 19 déc. 1815, Decamp c. Vilard. — V. ACQUIESCEMENT, no 576.

1406. — On ne peut faire résulter une fin de non-recevoir contre l'appel d'un jugement, de ce que sans être passé en force de chose jugée, il a été exécuté par la radiation d'une inscription hypothécaire, dont il ordonnait la main-levée. — *Paris*, 12 mai 1814, Gentil c. Enregistrement.

1407. — La partie qui a poursuivi l'exécution de quelques uns des chefs d'un jugement, peut interjeter appel des autres chefs, si elle s'en est réservé le droit. — *Cass.*, 4 prair. an X, Mabru; *Rennes*, 9 déc. 1817, Desbrouck c. Vigniaud; *Agen*, 12 prair. an XII, Marzelles c. Montarras. — V. ACQUIESCEMENT, nos 276, 494, 500.

1408. — La partie qui, sur l'appel interjeté par son adversaire, de quelques-uns des chefs du jugement de première instance, conclut à la confirmation pure et simple de ce jugement, sans aucunes réserves, n'est pas recevable à en appeler elle-même quant à d'autres chefs. — *Cass.*, 6 frim. an XIII, Chaillo c. Duvuel.

1409. — La partie qui demande à un tribunal un sursis à l'exécution du jugement qu'il va rendre ne peut appeler de cette décision. — *Grenoble*, 1er pluv. an IX, Chevalier c. N... — V. ACQUIESCEMENT, nos 314 et suiv.

1410. — La partie qui, après la prononciation du jugement qui la condamne à payer une somme, demande et obtient du tribunal un délai pour le paiement, ne peut plus tard interjeter appel de ce jugement. — *Riom*, 26 mars 1814, Riberolles c. Guyot; — Merlin, *Quest.*, t. 7, p. 33; Talandier, no 116, et *suprà* vo ACQUIESCEMENT, nos 314 et suiv.

1411. — Lorsqu'une partie, après avoir succombé sur le déclinatoire, se présente à l'audience fixée pour la plaidoirie au fond, à l'effet de demander la remise de la cause jusqu'après la décision sur l'appel du jugement de compétence, sa comparution ne peut lui être opposée comme une fin de non-recevoir contre cet appel. — *Metz*, 22 déc. 1818, René Lhote c. Pagès.

1412. — Une partie ne peut appeler d'un jugement qui l'a condamnée au paiement d'une somme, conformément aux offres qu'elle a faites, quoique ces offres n'aient pas été acceptées en première instance, surtout si l'autre partie a fait signifier le jugement avec commandement de s'y conformer. — *Nîmes*, 11 flor. an XIII, N. c. N.

1413. — L'appel est recevable même de la part de celui qui a signifié le jugement avec sommation de s'y conformer, s'il y a eu réserve d'appeler. — *Nancy*, 11 avr. 1826, Liegey. — V. ACQUIESCEMENT, no 269.

1414. — La partie qui a signifié un jugement, avec réserve d'en interjeter appel si la partie condamnée ne l'exécute pas, conserve le droit d'appeler, si celle-ci interjette un appel, alors même que cet appel serait nul par défaut de forme. — La partie qui a reçu la signification du jugement peut seule se prévaloir de l'acquiescement qui en résulte. — *Grenoble*, 15 janv. 1813, Chataignier c. Charvet.

1415. — La partie qui, après avoir appelé d'un jugement, le signifie à ce que du contenu en icelui on n'ignore et afin qu'on ait à s'y conformer, ne cesse pas d'être recevable en son appel. — *Riom*, 16 mai 1820, Morel c. Guyot.

1416. — La partie qui fait signifier un jugement *avec sommation de s'y conformer,* se rend non-recevable à en interjeter ensuite appel, nonobstant les *réserves et protestations de fait et de droit* qui accompagnent l'interpellation. — *Cass.*, 27 juin 1820, Crespin c. Etienne.

1417. — La partie qui a prêté serment en vertu d'un jugement dont elle n'a pas reçu la signification, est recevable à interjeter appel de ce jugement. — *Grenoble*, 2 fév. 1818, Poncin. — Sur les questions d'acquiescement résultant de la prestation de serment, V. ACQUIESCEMENT, nos 521 et suiv.

1418. — On ne peut appeler d'un jugement ordonnant de payer des sommes à une partie à la charge par elle de jurer qu'elles lui sont dues, si on a consenti à la prestation de ce serment. — *Grenoble*, 26 août 1808, Michallot c. Truffet.

1419. — Une prétendue délation de serment qui, d'ailleurs, n'a pas été acceptée avant le jugement, ne peut pas fonder une fin de non-recevoir contre l'appel. — *Colmar*, 30 juin 1820, Thomas c. Jordy.

1420. — Lorsqu'un serment décisoire n'a pas été prêté dans les termes dans lesquels il a été déféré, la partie qui avait déféré le serment peut, bien qu'elle en ait poursuivi la prestation, valablement interjeter appel du jugement rendu à la suite de cette prestation. — *Caen*, 23 janv. 1824, Belhaitre c. Lebouchér.

1421. — L'affirmation prêtée par défaut n'est point un obstacle à l'appel, alors surtout qu'elle porte sur une dénégation d'avoir reçu une somme qu'on offre de restituer devant la cour. — *Colmar*, 12 déc. 1821, Kléber c. Hoffbauer.

1422. — Celui qui, après y avoir été appelé, a laissé faire une affirmation ordonnée par un jugement, ne peut appeler de ce jugement, quoique l'affirmation ait été reçue par défaut contre lui. — *Riom*, 12 juill. 1814, Boger c. Nicolas.

1423. — Une partie qui a subsidiairement conclu à ce que le serment supplétif fût déféré à son adversaire peut néanmoins interjeter appel du jugement qui a ordonné que le serment serait prêté, si ses conclusions principales ont été rejetées. — *Colmar*, 7 mars 1855, Pflumer c. Oppenheim.

1424. — Lorsque le serment supplétif a été prêté à l'audience même à laquelle le jugement a été rendu, et en l'absence de la partie adverse, celle-ci néanmoins est toujours recevable à interjeter appel de la disposition du jugement qui y est relative. — *Montpellier*, 21 déc. 1825, Michel c. Martin.

1425. — Si le chef du jugement sur lequel le serment supplétif a été prêté est distinct de tous les autres, la partie qui l'a prêté conserve le droit d'appeler des autres dispositions. — *Montpellier*, 21 déc. 1825, Michel c. Martin.

1426. — Une partie qui, après avoir insisté sur l'admission d'une preuve, a subsidiairement déféré l'affirmation à son adversaire, est recevable dans son appel de la sentence qui, rejetant la preuve, a déféré le serment. — *Riom*, 1er mars 1826, Dauphan c. Budrille.

1427. — Le serment déféré d'office par le juge n'élève pas de fin de non-recevoir contre l'appel du jugement, surtout lorsque ce serment a été prêté en l'absence et sur le défaut de l'appelant et de son avoué. — *Rennes*, 21 mars 1811, N.

§ 3. — *Renonciation à l'appel.*

1428. — Il ne faut pas confondre la renonciation à l'appel avec l'acquiescement.

1429. — L'acquiescement est l'adhésion donnée soit expressément, soit tacitement au jugement rendu. — La renonciation à l'appel est l'abandon d'un droit qui n'est pas encore ouvert.

1430. — Par la renonciation à l'appel, on ne se prive pas du pourvoi en cassation; par l'acquiescement, on renonce à toute voie de recours.

1431. — L'acquiescement peut être *tacite*; la renonciation doit toujours être *expresse*, car elle a pour objet de proroger la juridiction.

1432. — En droit romain, la renonciation à l'appel avant le jugement était valable. — *Si quis*, dit Ulpien, *antè sententiam professus fuerit se à judice non provocaturum, indubitate provocandi auxilium perdidit.* — L. 1, § 3, ff., *A quibus appellare non licet*; Pothier, *Pandect. Justinian.*, lib. 49, tit. 3.

1433. — Sous l'ancienne jurisprudence, au contraire, c'était un usage presque universellement observé, que la renonciation à l'appel avant le jugement ne formait pas fin de non-recevoir contre l'appel de ce jugement. — Poncet, *Trait. des jugemens*, t. 1er, p. 461; Boitard, t. 2, p. 218, 2e édit.

1434. — La loi du 16-24 août 1790 abolit expressément cet usage par la disposition suivante : « En toutes matières personnelles, réelles ou mix- » tes, à quelque somme ou valeur que l'objet de » la contestation puisse monter, les parties seront » tenues de déclarer, au commencement de la pro- » cédure, *si elles consentent à être jugées sans ap-* » *pel*, et auront encore, pendant le cours de l'ins- » truction, la faculté d'en convenir, auquel cas » les juges de district prononceront en premier et » dernier ressort. » — Tit. 14, art. 6.

1435. — Le Code de procédure n'a pas conservé cet article, au moins dans les matières civiles dont la connaissance est attribuée aux tribunaux d'arrondissement; que conclure de ce silence? Est-ce un retour aux anciens principes? Est-ce une abrogation de l'art. 6, tit. 4, L. 24 août 1790? — On a beaucoup discuté cette question.

1436. — Ceux qui soutiennent que l'on ne peut renoncer d'avance à l'appel, argumentent d'abord de l'art. 1041, C. procéd., qui a abrogé toutes lois, coutumes, usages et réglemens relatifs à la procédure civile, et par conséquent la loi du 24 août; mais ils insistent particulièrement sur ce que les art. 7, C. procéd., et 639, C. comm., ont permis de proroger la juridiction devant les juges de paix et devant les tribunaux de commerce, tandis que pour les matières civiles il n'y a, dans la loi, aucune disposition semblable. Ils concluent de ce rapprochement que le même principe n'est pas applicable dans les deux cas. *Qui dicit de uno, de altero negat.* — Enfin, ils prétendent que c'est une règle de droit public, que les plaideurs ne peuvent pas changer l'ordre général des juridictions, ce qui arriverait nécessairement, si l'on permettait de renoncer à l'avance à l'appel.

1437. — Malgré ces considérations, l'opinion contraire a prévalu. Dans ce système, on dit que si, comme on le pensait autrefois, la faculté d'appeler est d'ordre public, il faudrait, pour être conséquent, aller jusqu'à décider qu'on ne peut s'en dépouiller même après coup; or, c'est ce que personne n'a jamais fait; on a toujours reconnu qu'immédiatement après la condamnation, la renonciation à l'appel était parfaitement valable. Le droit d'appeler n'est donc au fond que d'intérêt purement privé.

1438. — On fait remarquer, d'un autre côté, que l'art. 1041 doit être complètement écarté de la discussion, parce qu'il fournit un argument aux deux systèmes. En effet, s'il abolit la loi du 24 août 1790, il abolit aussi les *coutumes, usages et réglemens* antérieurs. Il n'y a donc rien à conclure de cette disposition, surtout si l'on considère que la loi de 1790, qui était à la fois une loi de compétence et une loi de procédure, n'a pas été abrogée intégralement, par la loi nouvelle; plusieurs de ses dispositions ont continué de nous régir, même depuis la promulgation du Code de procédure.

1439. — Quant aux art. 7, C. procéd., et 639, C. comm., ils ne fournissent qu'un argument *à contrario*, sorte d'argument en général assez peu concluant. D'ailleurs il ne faut pas perdre de vue que la faculté de renoncer à l'appel n'est pas l'objet direct et principal de l'art. 7; cette faculté n'est mentionnée qu'incidemment, que transitoirement. — De même, si dans l'art. 639, C. comm., on trouve cette faculté formellement mentionnée, c'est parce que dans le Code de commerce il existe un titre spécial sur la compétence des tribunaux de commerce, tandis que, pour les tribunaux civils, le Code de procédure s'en est référé à la loi du 16-24 août 1790, qui est restée en vigueur, sur cette matière, jusqu'à la loi du 12 avr. 1838.

1440. — Enfin, on ajoute que l'art. 1010, C. procéd., permettant aux parties qui soumettent leur différend à des arbitres, de renoncer d'avance au droit d'appeler, ce droit doit également leur appartenir devant la justice ordinaire. En effet, n'y aurait-il pas une contradiction évidente à laisser investir des particuliers, des arbitres du choix des parties du droit de les juger en premier et dernier ressort, quelle que soit la valeur de l'objet du litige, et à ne pas permettre qu'il en soit de même des tribunaux ordinaires? Comme si la loi pouvait avoir plus de confiance dans des arbitres désignés par les parties que dans des juges revêtus d'un caractère public, que dans des tribunaux institués par elle. Cette supposition est inadmissible

1441. — Aussi, l'opinion dont on vient d'exposer les motifs est-elle enseignée par Poncet, *Tr. des jugemens*, t. 1er, p. 460, no 282; Merlin, *Quest.*, vo *Appel*, § 7; Boitard, t. 2, no 180.

§ 4. — *Appel prématuré.*

1442. — La loi déclare non-recevable tout appel interjeté dans la première huitaine de la reddition du jugement. — C. procéd., art. 449.

1443. — Cette fin de non-recevoir n'est qu'une précaution de sagesse par laquelle la loi veut forcer la partie condamnée à prendre au moins le temps de réfléchir, et la préserver de ces mouvemens d'humeur, de ces premiers emportemens qu'éprouve presque toujours le plaideur qui perd son procès; la loi peut prévenir par ce moyen un appel inconsidéré et une nouvelle contestation. — Poncet, *Tr. des jugemens*, t. 1er, p. 458.

1444. — La règle posée dans l'art. 449 ne s'applique pas en matière criminelle ni en matière administrative.

1445. — Elle ne s'applique pas non plus aux matières commerciales. — V. *suprà* nos 1185 et suiv.

1446. — Ni aux décisions rendues par les agens consulaires français à Smyrne; la loi du 24 août 1790 n'ayant point été publiée dans cette ville, et les sentences des consuls étant exécutoires par provision nonobstant appel. — *Cass.*, 24 juill. 1811, Dauphin c. Eyden.

1447. — Du reste, nous avons vu *suprà*, no 1182, que, même en matière civile, l'art. 449 ne reçoit pas d'application lorsque le jugement est exécutoire par provision.

1448. — ... Ni même lorsque le jugement, sans être exécutoire, a reçu un commencement d'exécution dans la huitaine de sa prononciation. — V. *suprà* no 1213.

1449. — Ainsi, celui qui a exécuté un jugement avant l'expiration du délai de huitaine, se rend non-recevable à arguer de nullité l'appel prématuré de la partie adverse qui a dû être induite en erreur par son exécution précipitée. — *Cass.*, 19 avr. 1826, Choffin-Besançon c. Levert.

1450. — L'art. 449 s'applique en matière de séparation de corps. — *Caen*, 6 mai 1825, Bertaud.

1451. — La fin de non-recevoir tirée de l'art. 449 est absolue (V. *suprà* no 1223); mais elle n'empêche pas de réitérer l'appel, si l'on est encore dans les délais. — V. *suprà* no 1182.

§ 5. — *Appel tardif.* — *Déchéance.*

1452. — La loi a fixé le délai dans lequel l'appel doit être interjeté (art. 443 et 444, C. procéd.); si les limites qu'elle a tracées ne sont pas exactement observées, l'appel est tardif, il y a déchéance.

1453. — Cette déchéance s'applique à toutes parties, même aux mineurs, quand la signification a eu lieu de la manière prescrite par l'art. 444. — *Cass.*, 13 janv. 1817, Freiss-Lewy c. Abrecht.

1454. — Elle s'applique incontestablement aux militaires en activité de service. — *Besançon*, 5 août 1808, Galmiche c. frères Valdenaire.

1455. — Cependant en matière solidaire et indivisible, l'appel formé par l'un des co-débiteurs profite à ceux qui n'ont appelé qu'après le délai; il n'y a pas de déchéance. — V. *infrà* nos 1574 et suiv.

1456. — Jugé en matière d'ordre, que la non-expiration du délai d'appel résultant de la distance du domicile de l'une des parties, relève les autres demeurant à des distances plus rapprochées de la déchéance qu'elles auraient encourue, parce que la première aurait pu réclamer un seul délai pour toutes les parties, et que ce délai eût été réglé sur le domicile le plus éloigné. — *Rennes*, 29 janv. 1817, Hervé c. Delarue et Fromont. — V. ORDRE.

1457. — Lorsque les parties compromettent sur un jugement en premier ressort, le délai de l'appel ne court point tant que dure le compromis. — *Riom*, 4 août 1818, Abonnat c. Monier; — Biochee et Goujet, *Dict. de procéd.*, vo *Appel*, no 158.

1458. — Le délai à l'expiration duquel la déchéance est acquise, court, en général, à partir de la signification du jugement.

1459. — Lorsque trois mois se sont écoulés après la signification d'un jugement, on ne peut pas être relevé de la déchéance qu'on a encourue, en formant opposition au *dispositif* de ce jugement et en soutenant que le délai d'appel ne doit courir que du jour du débouté de l'opposition. — *Cass.*, 11 fructid. an XI, Husson c. Guérin.

1460. — Lorsqu'une cour d'appel se trouve saisie et que l'appel est soutenu non-recevable pour n'avoir pas été interjeté dans le délai fixé par la loi, la cour, qui doit juger du mérite de cet appel, ne peut s'appuyer des moyens tirés du fond, pour déclarer recevable un appel qui n'a pas été interjeté dans le délai utile. — *Cass.*, 13 janv. 1817, Feiss-Lewi c. Abrecht.

1461. — L'appelant qui a interjeté son appel plus de trois mois après la signification du jugement, ne peut pas être relevé de la déchéance qu'il a encourue, par le motif qu'il lui aurait été impossible de découvrir le domicile que l'intimé avait indiqué dans les actes de la procédure. Il pouvait signifier son appel à l'hôtel du procureur général. — *Aix*, 9 juin 1825, Vacher c. Gastinel.

1462. — En serait-il de même si un événement de force majeure avait rendu impossible la signification de l'appel? — Pour qu'il en fût ainsi, il faudrait que l'impossibilité d'agir eût continué pendant tout le cours du délai, ce qui sera toujours infiniment rare; mais, enfin, si le cas se présentait, il faudrait décider que la déchéance n'est pas encourue : *Impossibilium nulla obligatio.*

1463. — Jugé en ce sens que, sous l'empire du Code de procéd., le délai accordé pour l'appel d'un jugement n'a pas pu courir contre des individus habitant hors du continent à une époque où toute communication était interdite avec le lieu de leur résidence, mais qu'il a repris son cours de plein droit, du moment où les communications ont été rétablies. — *Caen*, 6 janv. 1824, Pownoll-Phipps c. de Kergorlay.

1464. — Lorsqu'on excipe de la déchéance, il ne suffit pas de l'alléguer, il faut la constater, et pour cela il faut produire la copie de l'acte d'appel.

1465. — Jugé en conséquence, que l'intimé qui prétend que l'appelant a laissé écouler le délai de l'appel, doit représenter l'exploit de la signification du jugement de première instance. — *Rennes*, 13 déc. 1809, N...

1466. — Jugé encore que lorsqu'un intimé soutient que l'appel dont l'original n'est pas en la possession de l'appelant lui a été signifié après le délai légal, et qu'il ne veut pas en montrer la copie, les juges peuvent, d'après les circonstances et notamment d'après les registres de l'enregistrement, juger qu'il a été notifié dans ce délai. — *Nancy*, 2 fév. 1832, Lataye c. Thierry.

1467. — La déchéance prononcée par l'art. 444, C. procéd. civ., est-elle d'ordre public? — Pour la négative, on invoque, par analogie, les art. 2223, C. civ., et l'art. 399, C. procéd. civ. — En effet, dit-on, il est défendu aux juges d'appliquer d'office le moyen de défense tiré de la prescription (article 2223, C. civ.) : de même, la péremption d'instance n'a jamais lieu de plein droit, elle doit être demandée par la partie intéressée (art. 399, C. procéd. civ.). Or la déchéance de l'appel est une véritable péremption. — Talandier, p. 153, nos 177 et 178; Favard de Langlade, vo *Appel*, t. 1er, p. 175; Berriat-Saint-Prix, t. 2, p. 472, note 62e, et surtout t. 1er, p. 249, note 21e; Chauveau sur Carré, t. 4, no 1593, et t. 2, no 729 *bis*.

1468. — Pour l'affirmative, on fait remarquer qu'il n'y a aucune parité entre la prescription proprement dite et la déchéance du droit d'appel prononcée par les art. 443 et 444, C. procéd. civ. Si les juges ne peuvent pas appliquer d'office, dans le silence de l'intéressé, le moyen tiré de la prescription, c'est que souvent il y a dans un tel moyen de défense une question de conscience et de délicatesse; il est clair que cette question doit être réservée à l'intéressé et que les juges ne peuvent pas et ne doivent pas la trancher d'office.

1469. — Quant à l'argument tiré de la péremption, d'abord la déchéance du droit d'appel encourue après les trois mois n'est nulle part qualifiée par la loi de péremption; ensuite les principes des deux matières sont fort différens.

1470. — On ajoute que l'expiration du délai emportant déchéance fait acquérir au jugement l'autorité de la chose jugée, et qu'il n'est pas au pouvoir des parties de faire revivre un droit éteint.

1471. — Il faut donc reconnaître que le terme de trois mois est absolument de rigueur; que la déchéance est une déchéance d'ordre public, et qu'elle doit, à ce titre, être appliquée d'office par le tribunal ou par la cour d'appel. — Boitard, *Leçons de procéd.*, t. 2, p. 234, no 191; Merlin, *Quest.*, vo *Appel*, § 9; Poncet, t. 1er, nos 281 et 314; Souquet, *Dict. des temps légaux*, t. 1er, *Introd.*, p. 52, no 295; Carré, t. 2, p. 209, § 4, 3o; Hautefeuille, p. 360, et surtout Troplong, *Prescript.*, t. 1er, p. 60, no 51.

1472. — Du reste, la question est fort délicate, et ce qui le prouve, c'est que Merlin qui, dans ses *Questions*, avait embrassé l'affirmative, est revenu sur cette opinion dans son *Répertoire* (V. t. 16, p. 86). Voici comment il s'exprime : « L'abréviation des procès est sans doute le but de la loi » qui fixe les délais de l'appel; mais ce but, la loi » ne se le propose qu'en faveur des parties; elles » peuvent donc y renoncer, comme elles peuvent » renoncer à la prescription et à l'exception de la » chose jugée. — *Fatalia appellationis introducta » sunt ut lites abrevientur in favorem partium, cui » partes renuntiare possunt.* — Bruneman, *Cod.*, *De » pactis.* »

1473. — Ce qui le prouve encore, c'est qu'en l'an IX, la question s'étant présentée à la cour de Cassation, il y eut partage. Pour le vider, on appela cinq nouveaux juges, ce qui portait à dix-sept le nombre des magistrats appelés à trancher la difficulté. — Ce fut Merlin qui porta la parole, il pensa que la déchéance était absolue, et huit opinans se rangèrent à son avis; mais il y en eut neuf qui adoptèrent l'opinion contraire. — *Cass.*, 21 thermid. (et non 1er messid.) an IX, Leberger c. Hanck.

1474. — Merlin prétend que depuis ce jugement la question s'est représentée sous une autre face. « Il paraît, dit-il, que, par le jugement qui l'a dé- » cidée le 3 brum. an X, la section civile de la » cour de Cassation a confirmé les principes sur » lesquels j'avais basé mes conclusions du 21 ther- » mid. an IX. » — V. cependant Favard de Langlade, *Répert.*, vo *Appel*, sect. 1re, § 2, no 16.

1475. — Quoi qu'il en soit, la jurisprudence paraît, depuis le Code de procédure, plutôt favorable que contraire à la première opinion de Merlin.

1476. — Ainsi, on juge qu'on peut proposer en tout état de cause contre un appel la fin de non-recevoir résultant de ce qu'il a été tardivement interjeté. — *Bourges*, 26 juill. 1810, X...; *Bruxelles*, 20 fév. 1830, N...

1477. — ... Que la tardiveté d'un appel peut être invoquée par l'intimé qui a demandé communication des pièces de l'appelant. — *Rennes*, 7 fév. 1815, N.; 3 août 1815, N..... c. Guibout.

1478. — ... Que la tardiveté d'un appel peut être invoquée par l'intimé, lors même qu'après l'avoir relevée, il aurait fait déclarer cet appel *mal fondé*, par un arrêt par défaut. — *Nîmes*, 12 déc. 1820, de Lattier c. Gaudibert.

1479. — Jugé, cependant, que l'intimé n'est pas fondé à opposer la tardiveté d'un appel, lorsqu'elle provient de son fait, par exemple, s'il a indiqué son domicile dans un lieu qui n'existe pas. — *Bordeaux*, 13 mars 1833, Pélissier c. Ladugine.

1480. — Jugé encore que la fin de non-recevoir, résultant de ce que l'appel a été interjeté après les délais, est d'ordre public, et doit être prononcée d'office. — *Turin*, 6 juill. 1808, Rolfi c. Hospices de Mondori : *Poitiers*, 12 août 1823, Martin c. Grosset; *Bruxelles*, 28 juill. 1829, N...; *Rennes*, 25 mai 1838 (t. 1er 1839, p. 233), Chaperon c. le Marchand.

1481. — ... Que, lorsqu'un appel est non-recevable par expiration du délai dans lequel il devait tre interjeté, l'appelant arguerait en vain de nullité le jugement qu'il attaque, en ce que l'une des parties requérantes qui ont provoqué la sentence y aurait concouru en qualité de juge suppléant. C'est le cas, par la cour d'appel, d'écarter tout examen des nullités que pourrait renfermer cette sentence tardivement attaquée. — *Cass.*, 15 déc. 1830, Durand c. Olivier.

1482. — Décisions contraires : — *Colmar*, 22 fév. 1812, Zipt c. de Westerbolds; 18 nov. 1815, Steffan c. N...; *Cass.*, 30 nov. 1830, commune de Saint-Albin c. commune de Gorrevoo.

1483. — Du reste, il ne faudrait pas, comme on l'a fait, argumenter, en faveur de la première opinion de Merlin, de ce qui se pratique à la chambre des requêtes de la cour de Cassation. — En effet, si, à cette chambre, les pourvois formés tardivement sont rejetés *d'office*, c'est par la raison péremptoire que le débat n'y est pas contradictoire; une seule partie est à la barre; l'autre partie n'est assignée que s'il y a *admission*. Il y a dès-lors nécessité, pour les magistrats, dans cette circonstance, de prononcer la déchéance d'office. — V. au surplus CASSATION.

§ 6. — *Prescription du droit d'appel.*

1484. — L'appel peut être repoussé non seulement par la déchéance prononcée par l'art. 444, mais encore par la prescription.

1485. — En effet, il en est du droit d'appel comme de tous les autres droits et actions, il se prescrit par trente ans. — Art. 2262, C. civ.

1486. — Remarquez que, pour qu'il en soit ainsi, il n'est pas nécessaire que le jugement ait été signifié; la signification n'est un préalable nécessaire que lorsqu'il s'agit de faire courir le délai fixé par l'art. 443.

1487. — On avait d'abord contesté ce point : on prétendait que sans la signification la partie était censée ne pas avoir connaissance du jugement, et que, par conséquent, la prescription ne pouvait courir contre elle.

1488. — Mais pour faire tomber cet argument, il suffit de faire remarquer que rien n'empêche la partie condamnée par un jugement d'user de la voie d'appel avant la signification; or, si elle peut agir valablement, sans que la signification ait eu lieu, pourquoi la prescription ne courrait-elle pas ?

1489. — Il en est ici du droit d'appel comme de tous les droits possibles : la prescription les éteint, encore bien qu'on en ait ignoré l'existence.

1490. — Ces principes ne sont pas nouveaux. Avant l'ordonnance de 1667, la faculté d'appeler durait trente ans, parce que l'action qui dérivait de la sentence ne se prescrivait que par ce laps de temps. On pensait, par la raison des contraires, que l'action donnée pour attaquer la sentence par la voie d'appel ne devait pas durer moins que l'action née de la sentence elle-même (*actio judicati*).

1491. — Depuis l'ordonnance, le délai d'appel, quoiqu'il eût été restreint, durait encore trente ans, s'il n'y avait pas eu de signification; mais ce terme de trente ans était *fatal*. — C'est ce qu'atteste Jousse, sur l'art. 17, tit. 27 de l'ordonnance civile.

1492. — La jurisprudence nouvelle a pleinement confirmé cette doctrine.

1493. — Jugé qu'on ne peut interjeter appel d'un jugement rendu depuis plus de trente ans, encore bien que ce jugement n'ait pas été notifié. — *Toulouse*, 24 déc. 1842 (t. 2 1843, p. 246), Saint-Léonard et Campels c. Bal.

1494. — .... Qu'on ne peut appeler d'un jugement qui a reçu son exécution depuis plus de trente ans, lors même qu'il n'a pas été signifié. — *Cass.*, 14 nov. 1809, Epoux Rossinat c. Barthoneuf; *Riom*, 22 déc. 1814, Boutel c. Croizat; *Cass.*, 29 nov. 1830, Guyard de Chaugey c. commune de Fussey.

1495. — ... Que le droit d'interjeter appel d'un jugement contradictoirement rendu, mais qui n'a pas été signifié, se prescrit par trente ans, surtout lorsque le jugement a été suivi d'exécution. — *Cass.*, 15 nov. 1832, Préfet de la Meurthe c. Salzmann.

1496. — .... Que la faculté d'appeler d'un jugement constitue un droit distinct de l'action sur laquelle il a été rendu; que ce droit se prescrit par trente ans, bien que l'action principale ne soit soumise qu'à la prescription de quarante ans. — *Cass.*, 12 nov. 1832, Préfet de la Meurthe c. Praneuf.

1497. — Jugé cependant qu'un jugement qui n'a été ni signifié, ni exécuté, peut être attaqué par la voie de l'appel ou du recours en cassation, quoique plus de trente ans se soient écoulés depuis qu'il a été rendu. — *Cass.*, 8 avr. 1829, Devault c. commune de Bay.

1498. — A l'appui de la jurisprudence, on peut citer Merlin, *Quest.*, vo *Appel*, sect. 1re, § 5; Souquet, *Introd.*, p. 42, no 254; Chauveau et Carré, t. 3, no 1563; Bioche, vo *Appel*, no 331; Talandier, p. 141, no 162.

CHAPITRE IX. — *Effets de l'appel.*

1499. — L'appel a deux effets principaux, il est *dévolutif* et *suspensif*.

1500. — « Toutes appellations, dit Loisel, ont effet suspensif et dévolutif, sinon que par l'ordonnance, les jugemens soient exécutoires nonobstant opposition, ou appellations quelconques. » — *Instit. coutum.*, t. 2, p. 404, IX, édit de 1783.

1501. — L'appel est *dévolutif* parce qu'il transporte au juge supérieur la contestation décidée par le jugement dont est appel.

1502. — L'appel est *suspensif* parce qu'il arrête l'exécution de ce jugement.

1503. — L'appel produit d'ailleurs d'autres effets qui tiennent plus particulièrement à ses suites et à ses conséquences.

§ 1er. — *Effet dévolutif.*

1504. — La dévolution au tribunal du second degré résulte du fait seul de la déclaration d'appel.

1505. — Elle remet en question toute la cause, toutes les questions qui ont été débattues devant les premiers juges; toutes celles du moins sur lesquelles l'appel est interjeté. — En un mot, l'appel, quand il porte sur tous les points qu'embrassait la demande originaire, investit le tribunal ou la cour devant qui il est porté de la même étendue, de la même plénitude de juridiction que l'avait fait, pour les juges inférieurs, l'acte primitif d'ajournement. — Boitard, t. 2, p. 270, no 212; Carré, t. 4, p. 148, no 380; Chauveau sur Carré, t. 4, no 16, § *ter*; Thomine Desmazures, t. 1er, p. 700; Talandier, no 336.

1506. — C'est ce qu'on exprimait par cet adage : *Tantùm devolutum quantùm appellatum.* — V. Rebuffe, art. ult., no 15, tit. *De l'assig.*, p. 227, no 4; Albisson, *Rapp.* (Locré, t. 22, p. 155); Berriat, t. 2, p. 478, no 11, note 82e.

1507. — Sous ce rapport, l'appel, voie ordinaire contre les jugemens, diffère essentiellement du pourvoi en cassation; le pourvoi en cassation n'est pas dévolutif, en ce sens qu'il n'investit pas la cour devant laquelle il est formé de la plénitude de juridiction qui appartenait aux juges dont on vient attaquer le jugement ou l'arrêt. — V. CASSATION.

1508. — L'acte d'appel par lequel on déclare, sans autre énonciation, *se rendre appelant du jugement rendu* est général, et s'applique à tous les chefs de la décision attaquée, bien que dans le même acte, l'appelant ait ensuite relevé certains griefs contre quelques unes des dispositions, sans s'expliquer sur les autres; cette circonstance n'aurait pas pour effet de restreindre l'appel aux griefs énoncés. — *Besançon*, 13 juill. 1808, Morel c. Martelet.

1509. — La dévolution peut être partielle et ne comprendre que quelques chefs du jugement ; mais pour cela il faut que l'acte d'appel soit positif. — Si, au lieu d'être restrictif, l'acte d'appel est conçu en termes généraux, la cause entière est soumise au tribunal d'appel, et l'appelant conserve le droit d'attaquer le jugement dans toutes ses dispositions jusqu'à ce que des conclusions de sa part en aient formellement indiqué la limite. — Rivoire, p. 378, nº 272.

1510. — Jugé, en conséquence, que l'état d'une cause est absolument fixé par les termes de l'acte d'appel, et qu'on ne peut suppléer à l'insuffisance des termes de cet acte par l'intention présumée de la partie. — *Orléans*, 7 nov. 1816, N...

1511.—...Que la partie qui appelle d'un jugement qui contient deux dispositions, dont l'une lui est favorable et l'autre lui préjudicie, sans désigner le chef sur lequel porte son appel, doit être considérée comme appelante à l'égard seulement de la disposition qui lui fait grief. — *Rennes*, 1er août 1810, Dacosta c. Gouyon.

1512.—... Que l'appel d'un jugement qui statue sur la compétence et sur le fond, se réfère à la signification qui en a été faite en entier, et par conséquent frappe tout le jugement, lors même que les termes de cet appel ne s'appliquent qu'au chef relatif à la compétence. — *Nancy*, 16 janv. 1836, Mame c. Lipmann et Soumis.

1513. — Lorsqu'il y a dans l'exploit appel de plusieurs jugemens, la cour n'est pas tenue de statuer sur tous, si l'appelant n'a en définitive conclu qu'à la réformation d'un seul.—*Rennes*, 30 juill. 1817, Salauin c. Sebert.

1514. — Jugé que l'appel d'un jugement définitif emporte de plein droit appel des jugemens préparatoires qui l'ont précédé. — *Bourges*, 12 mai 1806, Papet c. Lainet ; 30 avr. 1806, de Tamnay c. de Forestier.

1515. — Que faut-il décider dans le cas où après un jugement par défaut il intervient sur l'opposition un jugement de débouté? Faut-il appeler des deux jugemens?

1516. — On fait généralement une distinction dans ce cas. Si l'opposant est débouté par un moyen de forme, on décide qu'il n'est pas nécessaire d'appeler du deuxième jugement. Si le débouté est prononcé par un moyen du fond, on tient qu'il faut appeler en même temps du premier et du deuxième jugement.

1517. — Ainsi l'on décide que l'appel d'un jugement par défaut auquel il a été formé opposition n'est pas recevable, si en même temps on n'appelle pas du jugement qui déboute de l'opposition. — Merlin, *Quest.*, vº *Appel*, § 1er, nº 12, et vº *Cassation*, § 8 ; Berriat Saint-Prix, p. 483, note 40e, nº 1er ; Chauveau sur Carré, nº 1645 ; Favard, vº *Appel*, t. 1er, p. 172, nº 8.

1518. — Jugé aussi que lorsqu'en première instance, une partie s'est laissé condamner par défaut, et que son opposition à ce jugement a été déclarée non-recevable par jugement contradictoire, elle ne peut interjeter appel du jugement par défaut, sans attaquer le jugement contradictoire. — *Bordeaux*, 30 nov. 1827, Mourcau c. Rambeaud.

1519.—...Que lorsque, sur l'opposition à un jugement par défaut il est intervenu un jugement de débouté, l'appel interjeté par l'opposant est non-recevable, s'il ne porte que sur le premier de ces jugemens. — *Metz*, 6 mai 1822, Macheté c. N...

1520. — Jugé, dans un autre sens, que lorsqu'en première instance une partie s'est laissé condamner par défaut, et que, sur son opposition il est intervenu un jugement contradictoire qui la condamne, l'appel qu'elle interjette seulement du premier jugement rendu par défaut est recevable et remet en question toute la contestation. — *Poitiers*, 4 mai 1824, Lauradour c. Rateau.

1521.—Jugé aussi que celui qui a été condamné par défaut, et qui, par jugement contradictoire, a été démis de son opposition, est recevable à interjeter appel du jugement par défaut ; et s'il interjette appel en même temps du jugement de débouté d'opposition, il remet en question toute la contestation, et son appel doit être reçu. — *Bourges*, 6 août 1824, Berthaud c. Enregistrement.

1522. — ...Qu'une partie ne peut être déclarée non-recevable dans son appel d'un jugement, parce qu'elle n'attaquerait pas un second jugement rendu par défaut et non encore signifié. — *Rennes*, 19 nov. 1813, Noguès c. Coassavel.

1523. — Par suite de la dévolution résultant de l'appel, le tribunal qui a prononcé le jugement est complétement dessaisi de la connaissance des chefs qui font l'objet de l'appel ; elle passe au tribunal supérieur.

1524. — Il l'est tellement, qu'il n'a pas même le droit d'examiner si l'appel est recevable. — Berrial, t. 2, p. 478, note 82, nº 3.

1525. — L'appel d'un jugement rendu sur un simple incident n'a pas dessaisi le tribunal de première instance de la connaissance ultérieure du fond du procès, jusqu'à ce qu'il ait été statué sur cet appel. — *Cass.*, 1er déc. 1813, Ponte de Lombriasio c. Rosano.

§ 2. — *Effet suspensif.*

1526. — Le Code statue que l'appel des jugemens définitifs ou interlocutoires est *suspensif*. — Art. 457.

1527. — Il fallait qu'il en fût ainsi, puisque l'appel a pour but de faire rectifier l'erreur des premiers juges ; autrement cette erreur serait souvent irréparable.

1528. — Mais il faut bien remarquer que, pour produire la suspension, il faut qu'il y ait appel. Tant que la décision des premiers juges n'est pas attaquée, elle a toute la force d'un jugement souverain. En un mot, l'appel est suspensif, mais le délai de l'appel ne l'est pas. — Pigeau, *Comment.*, t. 2, p. 33 ; Boitard, t. 1er, p. 551, 1re édit. ; Chauveau sur Carré, t. 4, nº 1652 *bis*.

1529. — L'effet suspensif ne s'applique qu'aux jugemens définitifs ou interlocutoires, par la raison qu'ils sont seuls susceptibles d'appel.

1530. — Il ne s'applique pas aux jugemens qui prononcent l'exécution provisoire, dans le cas où elle est autorisée. — Art. 457.

1531.—...Ni à ceux qui sont exécutoires par provision de plein droit à la charge de donner caution. — Rivoire, p. 380, nº 276.

1532. — ...Ni aux jugemens des tribunaux civils ou de commerce prononçant la contrainte par corps, lorsque ces jugemens statuent en dernier ressort. — L. 17 avr. 1832, art. 20.—V. CONTRAINTE PAR CORPS.

1533. — ...Ni aux jugemens qualifiés en dernier ressort, alors même qu'ils auraient été mal qualifiés, à moins qu'on n'obtienne des défenses (art. 457, § 2). — *Cass.*, 2 août 1828, Douyau c. Lalanne ; — Rivoire, p. 384, nº 277. — V. DÉFENSES, EXÉCUTION PROVISOIRE.

1534. — L'art. 457, C. procéd. civ., sur les effets suspensifs de l'appel s'applique aux jugemens des juges de paix non exécutoires par provision comme aux autres jugemens. Il met dès-lors obstacle à ce que le juge de paix, postérieurement à la signification de l'appel d'un jugement qui ordonne une expertise et une enquête, procède à cette enquête et rende son jugement définitif. — La nullité du jugement définitif ainsi rendu doit être prononcée, alors même que l'appel serait nul comme interjeté dans les délais de l'opposition. L'appel étant dévolutif, la connaissance de la validité de l'acte qui le contient appartient exclusivement aux juges supérieurs. — *Cass.*, 18 mars 1839 (t. 1er 1839, p. 294), maire de Saint-Gervais c. Grand.

1535. — L'appel des jugemens des tribunaux de commerce est-il suspensif? Les juges d'appel peuvent-ils en arrêter l'exécution? — V. DÉFENSES, EXÉCUTION PROVISOIRE.

1536. — Jugé que l'appel d'un jugement arbitral, en matière commerciale, est suspensif, lorsque l'exécution provisoire n'en a pas été ordonnée par le jugement même. En tous cas, l'exécution provisoire, si elle pouvait avoir lieu de plein droit, ne devrait être ordonnée qu'à la charge de donner préalablement caution.—*Bordeaux*, 28 août 1827, Valade c. Agard.—V. EXÉCUTION PROVISOIRE.

1537. — Lorsque deux jugemens sont rendus dans une même cause, que l'un déboute une partie d'une exception proposée, et que l'autre juge le fond par défaut, l'appel interjeté du premier jugement emporte nécessairement celui du second et suspend l'exécution de celui-ci. — *Rouen*, 7 fruct. an XI, Maille c. Vinet.

1538. — L'appel est toujours suspensif quant au paiement des frais, accordés par un jugement, même exécutoire. Cette règle fondée sur l'usage, dit M. Berriat-Saint-Prix (t. 2, p. 479, note 87e, nº 4), a été confirmée indirectement par le Code (art. 137), puisqu'il défend d'autoriser l'exécution provisoire pour les dépens.

1539. — Ainsi, l'avoué qui a obtenu distraction à son profit des dépens de première instance ne peut en poursuivre le paiement postérieurement à l'appel, sans s'exposer à des dommages-intérêts envers l'appelant. — *Bourges*, 20 avr. 1818.

1540. — L'effet de l'appel est suspensif ; de là deux conséquences : La première, c'est qu'une fois l'appel notifié par l'appelant à l'intimé, ce dernier doit surseoir immédiatement aux poursuites d'exécution qu'il avait déjà pu commencer, et jusqu'à la sentence des juges d'appel, s'abstenir de toutes nouvelles poursuites, de tous nouveaux actes d'exécution. — Boitard, t. 2, p. 271, nº 213.

1541. — La seconde, c'est que le juge *à quo* ne peut plus rien faire, il est dessaisi ; tout ce qu'il prescrirait postérieurement à l'acte d'appel, serait nul et devrait être annulé comme une atteinte portée au pouvoir du juge supérieur. — Rivoire, p. 388, nº 279.

1542. — Il importerait peu que l'appel fût nul ou tardif, l'examen de cette question étant tout à fait dans le domaine de la cour. — V. Berriat, t. 2, p. 479, note 84 ; Carré, t. 4, nº 1655 ; Perrin, *Traité des nullités*, p. 225 et 226 ; Pigeau, *Comment.*, t. 2, p. 34 ; Favard, t. 1er, p. 179 ; Talandier, nº 344 ; Thomine Desmazures ; t. 1er, p. 697 ; Bioche, vº *Appel*, nº 473.

1543. — Ces principes ont été formellement consacrés par plusieurs arrêts.

1544. — Jugé que l'appel d'un jugement non exécutoire par provision est suspensif, quoique interjeté après l'expiration du délai légal.—*Rennes*, 20 fév. 1828, Philippe c. Créchiron ; *Limoges*, 20 juill. 1832, Castro c. Déclareuil.

1545. — Décisions semblables : — *Cass.*, 19 janv. 1829, Puyssegur c. Gradis ; *Cass.*, 10 nov. 1834, Saint-Marc c. Descoubès ; *Cass.*, 18 mars 1839, maire de Saint-Gervais c. Grand. — V. *suprà* nº 1334.

1546. — Boitard n'approuve pas cette jurisprudence, il n'admet l'effet suspensif que pour un véritable appel. Or, dit-il, si l'acte d'appel n'est pas valable en la forme, ou s'il n'est pas interjeté dans les délais légaux, alors on n'est plus dans les termes de l'art. 457 ; et si, au mépris de cet appel tardif ou irrégulier, l'intimé, avant même que l'appelant eût été jugé non-recevable, a continué les poursuites commencées par lui, ces poursuites resteront valables, en supposant que la non-recevabilité de l'appel ait été plus tard reconnue et consacrée par arrêt. — *Leçons de procéd.*, t. 2, p. 273, nº 213. — V. aussi Chauveau sur Carré, t. 4, p. 152.

1547. — En matière de saisie immobilière, sous l'empire de la loi nouvelle, l'appel a-t-il un effet suspensif lorsqu'il a été interjeté après les délais, ou lorsqu'il est irrégulier en la forme? — V. SAISIE IMMOBILIÈRE.

1548. — Le délai d'enquête est-il suspendu par l'appel? — V. ENQUÊTE.

1549. — La suspension produite par l'appel s'étend à l'exécution des jugemens qui sont la suite du jugement attaqué ; car ces jugemens accessoires étant eux-mêmes une sorte d'exécution du premier, ce serait exécuter celui-ci que d'exécuter ceux-là. — Thomine Desmazures, t. 1er, p. 698.

1550. — Il faut conclure de là, dit M. Chauveau, que l'appel d'un jugement qui a débouté d'une exception d'incompétence suspend l'exécution du jugement rendu postérieurement sur le fond. —*Lois de la procéd.*, t. 4, nº 1632 *ter*.

1551. — Du principe que l'appel est suspensif il résulte que le délai accordé par un jugement ne court, en cas d'appel, que du jour de l'arrêt confirmatif. — *Montpellier*, 6 mars 1840, Girou c. Dijols et Mareilhacq, et 17 août même année (t. 1er 1841, p. 111), Burguière c. Castainer.

1552. — Une fois le jugement confirmé, dit Rivoire, nº 285, les délais reprennent leur cours, l'appel est mis à néant, il n'y a plus d'obstacle à l'exécution de ce qui a été prononcé. Cependant, comme la partie appelante a usé d'un droit légitime, ces délais ne commencent à courir qu'après la décision de l'appel, c'est-à-dire à partir du jugement confirmatif si les premiers juges ont ordonné qu'ils courraient du jour de leur jugement ; ou de la signification seulement, s'il n'a rien été prescrit à cet égard. Les choses étant replacées au même état où elles étaient avant l'appel, il est juste que les parties retrouvent leur position respective, telle que l'avait faite la décision maintenue.

1553. — On a soutenu que lorsque l'appel n'intervient qu'après l'expiration du délai imparti par le jugement, la déchéance est acquise de plein droit, par le seul fait du rejet de cet appel. Ce système est inadmissible. En effet, si le jugement attaqué a accordé à la partie condamnée un délai, pourquoi veut-on lui en faire perdre le bénéfice? En confirmant ce jugement, la cour maintient nécessairement la disposition relative au délai, et sa décision ne doit pas être scindée. Décider autrement, ce serait mettre les parties dans une position intolérable, ce serait méconnaître le pouvoir du juge supérieur.— Rivoire, nº 285 ; Thomine Desmazures, t. 1er, p. 698 ; Talandier, p. 347 ; Carré et Chauveau, nº 1653 ; Favard de Langlade, t. 1er, p. 178, nº 1er.

1554.—C'est donc avec raison qu'on a jugé qu'un délai accordé par un jugement attaqué par la voie de l'appel et confirmé ne commence à courir que du jour de la signification de l'arrêt confirmatif.—

Cass., 12 juin 1810, Glonteau et Poret c. Cartouzières; *Paris*, 24 août 1830 (sous *Cass.* 10 juill. 1832), Leblanc de Sérigny c. Loyson.

1555. — Jugé aussi que lorsque le vendeur a interjeté appel de l'un des chefs du jugement qui condamne l'acquéreur à opter entre le délaissement ou le paiement d'un supplément du prix du bien vendu dans la huitaine, ce délai est suspendu jusqu'à ce que l'appel soit vidé.—*Bordeaux*, 30 nov. 1831, Chantecaille c. Castagna.

1556. — De même, lorsqu'un jugement rendu en premier ressort ordonne à l'une des parties de délaisser à l'autre un immeuble en litige, et, faute de le faire, la condamne à telle somme pour chaque jour de retard, à titre de dommages-intérêts, l'appel interjeté par la partie condamnée suspend les effets d'un pareil jugement, de manière qu'après l'arrêt confirmatif l'appelant ne peut être tenu de payer la somme déterminée par le jugement de première instance, durant tout le temps qu'a duré la cause d'appel.—*Bruxelles*, 27 nov. 1815, Buyssens.

1557. — Jugé cependant que lorsqu'un jugement non déclaré exécutoire par provision a fixé à une partie un délai pour procéder à une vérification, sous peine de forclusion, ce délai n'est point suspendu par l'appel que cette partie en a mal à propos interjeté. — En pareil cas le délai court à partir du jugement et non à partir de l'arrêt confirmatif. — *Grenoble*, 24 juin 1825, Mallet c. Astier.

1558. — Jugé aussi qu'une expertise ordonnée par un jugement dont il y a eu appel, commencée avant que l'appel eût été émis, et continuée ensuite sans opposition de la part des appelans, a pu être déclarée valable par la cour royale sans violer l'art. 457, C. procéd., qui veut que l'appel soit suspensif de l'exécution. —*Cass.*, 25 août 1835, Rochas et autres habitans des communes de Crolles et Bernin c. Primard et autres.

§ 3. — *Effets de l'appel quand il y a indivisibilité ou solidarité.*

1559. — Il est de principe qu'on ne peut se rendre appelant que pour soi-même, en son propre nom et dans son intérêt personnel; en sorte que ni l'appel interjeté par une partie ne peut servir aux autres parties condamnées par le même jugement, ni la déchéance encourue par l'une d'elles n'est opposable à ses consorts. — Poncet, t. 1er, p. 498, n° 305.

1560. — C'est ce qui fait dire à Loysel que « les appellations sont personnelles.» — *Instit. coutum.*, liv. 6, tit. 4, t. 2, p. 394, II.

1561. — Ce principe recevait en droit romain une exception très étendue. Ainsi, lorsque dans une même cause, l'un appelait et l'autre n'appelait pas, le bénéfice de l'appel de l'un profitait à l'autre qui n'avait pas appelé, si les deux parties avaient employé les mêmes moyens de défense. — *Si in und eademque causâ unus appellaverit, ejusque appellatio pronunciata est, ei quoque prodest qui non appellaverit.* —L. 3, Cod., *Si unus ex plurib. appell.*

1562. — C'est ce que décidait aussi Ulpien, dans la loi 10, § 4, ff. *De appellat. et relat.* — *In communi causâ quoties alter appellat, alter non, alterius victoriam ei proficere debet qui non provocavit; hoc ita demùm probandum est si una eademque causa fuit defensionis.*

1563. — Ces principes du droit romain ont été appliqués par la cour de Turin avant et depuis la publication du Code de procéd.

1564.—Elle a jugé que l'appel interjeté par l'une des parties profite aux autres, qui ne prennent cette voie qu'après le délai fixé pour appeler, si elles ont le même intérêt et les mêmes moyens de défense.— *Turin*, 5 prair. an XII, Mangolio c. Oddone et Grada; 28 fév. 1810, Tapparelli c. Saffa.

1565. — Mais cette doctrine, contraire à l'ancienne jurisprudence, contraire aussi au texte des art. 443 et 444, C. procéd., a été universellement repoussée. — Merlin, *Répert.*, v° *Domaine public*, § 5; *Quest. de dr.*, v° *Nation*, § 2; Carré, t. 4, n° 1565; Talandier, p. 267, n° 259.

1566. — Aujourd'hui, pour savoir si l'appel de l'une des parties profite aux autres, on distingue si la matière est divisible ou indivisible, s'il y a ou non solidarité.

1567. — *Divisibilité.*—Lorsque la matière est divisible, point de difficulté: — Si l'un des intéressés interjette appel, cet appel n'empêche pas que le jugement n'acquière à l'égard des autres l'autorité de la chose jugée. — Par la même raison, l'appel relevé contre l'un d'eux ne remet pas le procès en question vis-à-vis des autres. — Chauveau sur Carré, t. 4, n° 1565, p. 612.

1568. — Jugé conformément à ce principe que l'appel interjeté par une partie, dans une affaire commune à plusieurs, mais divisible de sa nature, ne profite pas aux autres obligés. — *Metz*, 15 févr. 1812, Poullain c. Pâté; 12 janv. 1821, Ducroix c. Foulon et Legoin; *Toulouse*, 27 avr. 1827, Duston c. Constans.

1569.—... Que l'appel interjeté par un des défendeurs originaires ne peut profiter à ses litisconsorts; et que celui d'entre eux qui ne s'est pas pourvu par exploit, conformément à l'art. 456, C. procéd., n'est pas recevable à intervenir sur l'appel et à proposer ses griefs contre le jugement dont ses consorts ont régulièrement appelé. — *Turin*, 6 juill. 1808, Rolfi c. hospices de Mondovi.

1570.— ... Que lorsqu'une partie, condamnée en tout ou en partie aux dépens en première instance, ne relève pas appel du jugement, cette condamnation doit subsister, quoique le jugement soit réformé sur l'appel d'une autre partie.—*Rennes*, 26 mai 1820, Babuno du Liscoet c. Rouault.

1571.—... Que lorsque la matière n'est pas indivisible, les appelans, qui ont interjeté appel après les délais, ne sont pas relevés de la déchéance prononcée par la loi par l'appel émis en temps utile par leurs colitigans. — *Colmar*, 25 juill. 1835, Cappaun c. Schreiner.

1572. — ... Qu'une commune qui a été reçue, en première instance, partie intervenante dans un procès existant entre une autre commune et un particulier au sujet de la propriété d'un chemin vicinal, est recevable à interjeter appel du jugement qui rejette ses conclusions, bien que l'autre commune ait acquiescé à ce jugement. — *Cass.*, 2 juin 1830, Montillet c. commune de Bressey.

1573.—Jugé cependant que l'appel interjeté par un individu, tant en son nom personnel que comme agissant pour un autre individu (son coïntéressé), profite à celui-ci, si ce dernier, loin de désavouer la part qu'on lui a fait prendre à l'appel, figure au contraire ultérieurement en nom dans l'instance. — *Nancy*, 28 juin 1829, Demassey c. Schmidt.

1574.—*Indivisibilité.* En matière indivisible, on admet une exception au principe posé plus haut, et on décide que l'appel interjeté par l'une des parties intéressées profite aux autres, quoique celles-ci n'aient pas agi utilement dans les délais.

1575.—Le motif de cette exception, c'est que la cause étant une et l'objet indivisible, du moment que le droit est conservé, il est conservé *tout entier*; dès-lors, peu importe le nombre des parties intéressées : la nécessité veut que leur position soit identique.

1576.—C'est par application de cette règle souvent invoquée qu'il a été jugé que, dans les matières indivisibles, c'est-à-dire quand il y a impossibilité absolue d'exécuter divisément le jugement rendu contre plusieurs parties, l'appel interjeté par l'une d'elles profite aux autres. — *Cass.*, 30 mars 1825, Mollin c. Peyrachon et Merle.

1577.—...Qu'en matière indivisible, lorsqu'il s'agit de faire décider si un contrat est ou non pignoratif, l'appel utile de l'un des colitigans relève l'appel tardif des autres.—*Colmar*, 28 déc. 1839 (t. 1er 1840, p. 431), Schneider et Baumler c. Emmanuel et Benjamin Lewy.

1578.— ... Que l'appel interjeté par l'un des copropriétaires d'un immeuble profite à l'autre; en conséquence, celui-ci peut, sans se rendre appelant de son chef, comparaître sur l'appel, et déclarer prendre les mêmes conclusions que son copropriétaire.—*Metz*, 29 mai 1812, Morin c. Delahaut.

1579.—... Qu'en matière indivisible, la partie qui n'a pas interjeté appel en temps utile, est recevable, même après l'expiration des délais, à adhérer à l'appel formé par son consort.—*Toulouse*, 2 fév. 1828, Page c. Dasque.

1580. — ... Que l'appel d'une des parties profite aux autres quand l'objet du procès est une chose indivisible, notamment dans une demande en péremption d'instance où les parties, n'ayant pas appelé, ont déclaré adhérer à l'appel.—*Cass.*, 13 juill. 1830, Dasque c. Page.

1581.— ... Que dans le cas où un jugement qui a ordonné un mesurage et un bornage entre plusieurs propriétaires voisins a été exécuté, et qu'un jugement a entériné le rapport des experts, ordonné la plantation des bornes, et condamné les parties usurpatrices à payer une somme déterminée, à titre de restitution des fruits du terrain usurpé, l'appel interjeté contre ce dernier jugement, par l'une des parties seulement, profite à celles qui n'ont pas interjeté appel; on ne peut leur opposer que le jugement a acquis contre elles l'autorité de la chose jugée. — *Amiens*, 25 nov. 1824, Polle c. Grignon et Poullain.

1582. — ... Que l'appel qu'un héritier a interjeté d'un jugement sur une demande en reddition de compte intentée contre ses cohéritiers profite à tous ses cohéritiers.—*Grenoble*, 8 déc. 1810, Roux.

1583.—Jugé cependant qu'en matière indivisible, le droit qu'a le mineur de se porter appelant d'un jugement qui n'a été signifié ni à son tuteur, ni à son subrogé tuteur, profite à ses coïntéressés majeurs; son appel les relève de la déchéance qu'ils ont encourue en n'appelant pas dans les trois mois de la signification à eux faite. — V. *suprà* n° 948.

1584.—Il est évident, du reste, et cela résulte des principes que nous avons posés, que l'appel interjeté par l'une des parties ne peut profiter à l'autre, qui ne prend cette voie qu'après l'expiration des trois mois, lorsque leurs intérêts ne sont pas absolument indivisibles. — *Toulouse*, 27 avr. 1827, Duston c. Constans.

1585. — En matière d'ordre, le créancier qui, n'ayant point intérêt à appeler, laisse écouler le délai d'appel, rentre dans l'intégralité de son droit lorsque l'appel d'un autre créancier vient remettre en question toutes les collocations et le menacer dans le rang que le jugement lui avait donné. L'appel principal, qui remet alors tout en question, est réputé fait en matière indivisible.—*Lyon*, 1er avr. 1841 (t. 2 1841, p. 671), Contributions indirectes c. Chatard et syndics, Rothan, Stein et Lipps.—V. ORDRE.

1586.—En présence d'une jurisprudence si bien établie, on a voulu, pour l'éluder, distinguer le cas où il s'agit de faire *profiter* l'un des coïntéressés de l'appel interjeté par une autre, du cas où il s'agit de rendre efficace *contre* tous les intéressés un appel qui n'a été régulièrement signifié qu'à l'un d'entre eux.

1587. — Cette distinction est chimérique. En effet, qu'importe que ce soit *pour* ou *contre* les parties intéressées que l'acte soit invoqué : le principe est le même dans les deux cas et doit produire les mêmes effets.

1588.—Or, voici quel est le principe : toutes les fois qu'en matière indivisible un acte conservatoire est signifié, que ce soit *par* un seul des consorts ou *à* un seul d'entre eux, LE DROIT ENTIER EST CONSERVÉ.

1589. — Au surplus, sur ce second point comme sur le premier, la jurisprudence est également très bien établie, ainsi qu'on en peut juger par les notices suivantes :

1590. — Dans les matières indivisibles l'appel interjeté en temps utile vis-à-vis de quelques unes des parties conserve le droit d'appel vis-à-vis des autres, même après l'expiration des délais d'appel. — *Caen*, 26 juin 1838 (t. 1er 1837, p. 174), Beaumont c. Lainey.

1591. — Dans les matières indivisibles, notamment dans une instance en partage, la régularité de l'appel interjeté vis-à-vis de quelques unes des parties couvre les nullités de l'acte d'appel signifié aux autres. — *Cass.*, 20 juill. 1835, Simon Fournier; *Bordeaux*, 14 janv. 1842 (t. 1er 1842, p. 389), Marraud c Descombes.

1592.—L'appel du jugement qui statue sur une matière indivisible est recevable, quoiqu'il n'ait point été dirigé contre toutes les parties intéressées.— *Cass.*, 1er juin 1830, Marty c. commune de Saint-Paul.

1593. — Lorsque plusieurs individus obtiennent contre un autre un jugement de condamnation commun et indivisible, l'appel interjeté vis-à-vis de l'un d'eux, et seulement dénoncé aux autres, est valable contre tous, sans que ceux qui n'ont pas été directement intimés puissent opposer de fin de non-recevoir. — *Metz*, 17 juill. 1823, Ronsin c. Bausseron.

1594. — L'appel notifié en temps utile à un seul de plusieurs cohéritiers est recevable contre tous les autres, s'il a pour objet l'exercice d'un droit dans une propriété indivise entre eux. — *Bourges*, 23 prair. an XIII, habitans de Belleville c. Rabelleau.

1595.—L'appel interjeté contre l'un des coobligés doit profiter à l'appelant contre tous les autres coobligés, lorsqu'il s'agit d'une obligation indivisible.—*Bordeaux*, 4 avr. 1829, Sentex c. Mieussens.

1596.—Lorsqu'un jugement a été rendu au profit de deux propriétaires indivis du même immeuble, l'appel régulièrement interjeté vis-à-vis de l'un de ces propriétaires doit recevoir son effet vis-à-vis de l'autre, et couvrir à son égard la nullité de l'acte d'appel qui lui aurait été signifié. — *Bourges*, 16 août 1809, Thomas c. Tenaille; *Montpellier*, 27 juill. 1825, Sélariés c. Boussac — V. cependant *Bourges*, 30 nov. 1830, Bourdesol c. Habert. — V. aussi Chauveau sur Carré, *Quest.* 1565 et 1597, et *suprà* n° 949.

1597. — Jugé toutefois que, lorsqu'un acte d'appel formé contre trois parties a été régulièrement signifié au domicile seulement de l'un des intimés, les deux autres intimés, à l'égard desquels il a été signifié au domicile de leur avoué de première instance, peuvent en demander la nullité et leur mise hors de cause, encore bien que l'objet du litige soit par sa nature indivisible. — *Bourges*, 6 août 1839 (t. 1er 1841, p. 153), Bourgeret c. Chabannes.

1598. — ... Qu'on ne peut soutenir qu'en matière indivisible l'appel régulier à l'égard de l'une des parties couvre les irrégularités de forme qui existent vis-à-vis des autres, parce qu'une décision judiciaire ne lie que celui qui a été régulièrement mis à même d'y défendre. — *Toulouse*, 23 juin 1840 (t. 2 1840, p. 426), Baric c. Gasc.

1599. — *Solidarité.* — En matière solidaire comme en matière indivisible, on fait profiter les cointéressés de l'appel interjeté par l'un d'eux, et l'on se fonde pour appuyer cette solution sur ce principe que les coobligés solidaires sont mandataires les uns des autres. La jurisprudence penche encore visiblement en faveur de ce système.

1600. — Voici plusieurs arrêts sur la question. — En matière solidaire, l'appel interjeté par l'un des intéressés profite à tous les autres, encore que ces derniers se soient pourvus tardivement. — *Colmar*, 11 mars 1807, Hertzog c. N.; *Grenoble*, 4 janv. 1815, Devron c. Raymond; *Paris*, 6 fév. 1841 (t. 1er 1841, p. 276), Tavernier c. Gaillard.

1601. — L'appel régulier d'un codébiteur solidaire profite à ceux de ses codébiteurs qui ne l'ont pas interjeté dans un délai utile, lorsqu'ils ont le même intérêt et font valoir les mêmes moyens. — *Bourges*, 23 déc. 1825, Bodard c. Brazier.

1602. — L'appel interjeté par une partie, dans le délai utile, relève de la déchéance encourue après l'expiration de ce délai, la partie condamnée solidairement avec elle, sans qu'il soit nécessaire d'examiner si leur intérêt au fond est le même. — *Nancy*, 16 janv. 1836, Mame c. Lipmann et Soumis.

1603. — Lorsqu'un condamné solidaire a interjeté appel du jugement, l'autre condamné, qui n'a pas appelé, ne peut opposer la péremption de ce jugement rendu par défaut, faute d'exécution dans les six mois. — *Toulouse*, 25 janv. 1822, Forgues c. Mathieu.

1604. — Lorsqu'une mère et ses enfans ont déclaré agir conjointement et solidairement, l'appel du jugement rendu à leur profit est valablement signifié à la mère seule, tant pour elle que pour ses enfans. — *Caen*, 8 janv. 1827, Lebon c. Grard.

1605. — Jugé cependant que dans le cas d'une condamnation solidaire, l'appel interjeté par quelques unes des parties qui sont encore dans le délai, ne profite pas aux autres parties à l'égard desquelles le délai est expiré. — *Bruxelles*, 19 janv. 1830, Decasper c. Declercq.

1606. — Quant aux auteurs, en général, ils sont d'accord sur le principe et se rangent au système consacré par la jurisprudence; toutefois, il y a entre eux des nuances d'opinions qu'il faut rapidement indiquer.

1607. — Les deux jurisconsultes qui ont le mieux discuté et le plus approfondi la matière, sont MM. Talandier, *Tr. de l'appel*, p. 265 à 290, nos 258 à 273; Chauveau sur Carré, t. 3, p. 612, no 1565.

1608. — Ils diffèrent entre eux en ce que l'un, M. Chauveau, ne distingue pas la solidarité de l'indivisibilité, et applique dans les deux cas les mêmes règles, tandis que l'autre, M. Talandier, distingue soigneusement les effets de la solidarité des effets de l'indivisibilité. — V. *Tr. de l'appel*, nos 258 et suiv., 260 et suiv.; *Lois de la procéd.*, t. 4, p. 613 *in fine*. — V. aussi Souquet, *Dict. des temps légaux*, t. 1er, *introduct.*, p. 50, no 293.

1609. — Poncet reconnaît que la diligence d'une partie peut profiter aux autres dans un certain cas, c'est-à-dire quand il y a indivisibilité. Seulement il ajoute que tous les objets divisibles du jugement, tels que les adjudications de dépens et de dommages-intérêts, subsisteront, quoi qu'il arrive, contre ceux qui ne se sont pas pourvus. — *Tr. des jugemens*, t. 1er, p. 498, no 305.

1610. — Thomine Desmazures (t. 1er, p. 673), enseigne que la signification ou l'appel d'un jugement faits *par* ou *contre* l'un des consorts, même solidaires, ne peut ni profiter ni nuire aux autres; mais il admet une solution contraire lorsque la matière est indivisible.

1611. — Favard de Langlade (t. 1er, p. 171, no 7) est du même avis dans cette dernière hypothèse; mais il ne dit rien de la solidarité.

1612. — M. Souquet résume les opinions et analyse la jurisprudence, mais sans prendre parti sur aucun des points controversés. — V. *ubi suprà.*

1613. — M. Bioche (vo *Appel*, nos 279 et 280) et Pigeau (*Comment.*, t. 2, p. 10) ne font aucune différence entre les effets de l'indivisibilité et de la solidarité; du reste, ils ne donnent aucun développement à leur opinion. On peut en dire autant de Demiau Crouzilhac (p. 345) et de M. Berriat (t. 2, p. 464).

§ 4. — *Effets divers de l'appel.*

1614. — Il y avait anciennement dans l'Anjou et dans le Maine un usage singulier sur l'effet de l'appel en ce qui concernait les nobles; c'est, dit Laurière, « que quand aucun noble homme du » comté d'Anjou et du Maine succombait dans son » appel, il perdait, durant sa vie, tout ce qu'il » tenait du comté, et l'usufruit en était acquis au » comte, comme par une espèce de félonie. » — Laurière sur Loisel, *Inst. coutum.*, notes, édit. de 1783, t. 2, p. 400.

1615. — L'appel n'a plus aujourd'hui aucun effet semblable, mais il en produit quelques autres beaucoup mieux en rapport avec nos institutions et la nature des choses.

1616. — Nous ne parlerons pas ici de l'effet de l'appel en matière de *garantie*, d'*ordre* et de *distribution par contribution*; c'est à ces divers mots que la matière est traitée. Mais nous dirons que l'appel a pour effet d'ouvrir, au profit de l'intimé, la voie de l'appel incident, qui peut être interjeté en tout état de cause. — C. procéd., art. 443, § 3. — V. *infrà* tit. 2, nos 1731 et suiv.

1617. — La condition essentielle pour être admis à appeler incidemment est d'être *intimé*; et cette qualité, toute relative, n'appartient à l'adversaire de l'appelant qu'à raison du jugement dont la réformation est demandée par l'acte d'appel même, et non à raison des jugemens qui peuvent servir à en justifier le fondement. — *Cass.*, 26 mai 1814, Constant c. Martial Constant.

1618. — L'appel incident est-il limité nécessairement aux chefs dont il y a appel principal? V. *infrà* nos 1760 et suiv.

1619. — Un autre effet de l'appel consiste à donner à l'appelant la faculté de demander des défenses. — C. procéd., art. 457, § 2, et 459. — V. DÉFENSES.

1620. — L'appel a encore pour effet de donner à l'intimé le droit d'obtenir l'exécution provisoire dans le cas où elle est autorisée, lorsque les premiers juges ont omis de la prononcer, ou lorsque le jugement a été mal à propos qualifié en premier ressort. — Art. 457, § 2, et 458. — V. EXÉCUTION PROVISOIRE.

1621. — L'appel ouvre, tant à l'intimé qu'à l'appelant lui-même la voie des demandes nouvelles.

1622. — En effet, on peut, pour la première fois en appel, former une demande nouvelle lorsqu'il s'agit d'une compensation à opposer.

1623. — ... Ou d'une défense à l'action principale.

1624. — ... Ou du paiement de sommes échues depuis le jugement.

1625. — ... Ou de dommages-intérêts pour le préjudice souffert depuis le jugement (Art. 464, C. procéd.). — V. DEMANDES NOUVELLES.

1626. — L'appel ouvre aussi la voie de l'intervention aux parties qui n'ont pas été intimées et qui auraient le droit de former tierce-opposition, conformément à l'art. 474. — C. procéd., art. 466. — V. INTERVENTION et *suprà* nos 659 et suiv.

1627. — Enfin l'appel a pour effet d'ouvrir toutes les autres voies ordinaires et extraordinaires permises en première instance, telles que l'inscription de faux, le désaveu, la tierce-opposition, etc.

1628. — L'effet de l'appel cesse par le *désistement* et la *péremption d'instance*. — V. ces mots. — V. aussi tit. 2, no 1788.

CHAPITRE X. — *Amende de fol appel.*

1629. — Anciennement, les baillis et sénéchaux étaient condamnés à l'amende, quand leurs sentences étaient mises au néant; mais c'était le seigneur qui était responsable de l'iniquité ou de l'erreur de leurs jugemens; car c'était lui qui payait l'amende. — V. Montesquieu, *Esprit des lois*, liv. 28, chap. 32. — V. aussi Loyseau, *Offices*, liv. 14, nos 33 et suiv.; *Nouv. Denizart*, vo *Appel*, § 9.

1630. — Cet usage fut aboli par la jurisprudence du parlement de Paris. — V. Arr. 28 avr. 1562; 2 juillet 1576, etc... — V. aussi Bocquet, *Droits de justice*, chap. 17, no 20, t. 1er, p. 163; Prost de Royer, vo *Amende*, t. 4, p. 470.

1631. — Quant aux parties, il en était de l'amende comme des dépens, c'était la peine du plaideur téméraire; elle était prononcée contre l'appelant qui succombait dans son appel.

1632. — « Et quant à ce qu'on a établi et introduit amendes contre les mauvais appeaux, dit Damhoudère, la cause est, afin que la légèreté et outrecuidance, et aussi la malice de ceux qui frétillent de grand désir qu'ils ont d'appeler soit refrénée, qui, par leurs appellations, apportent bien souvent grand dommage à leur partie adverse, et leur donnent beaucoup de fâcherie. » — Damhoudère, *Pratique civile*, chap. 241, p. 304.

1633. — D'après le droit canon, l'appelant qui succombait dans son appel payait les dépens, mais n'encourait aucune amende. — V. Damhoudère, *Pratique civile*, chap. 241, p. 304, no 8.

1634. — Il en était de même anciennement dans les pays de droit écrit; mais par l'ordonnance de Villers-Cotterets (1539) il fut établi que l'amende de fol appel serait prononcée en pays de droit écrit comme en pays de droit coutumier. — Art. 116 de l'ord.

1635. — Au parlement de Paris, l'appelant était quelquefois condamné à une double amende; quelquefois aussi on n'en prononçait aucune. — Damhoudère, *Prat. civ.*, p. 304, chap. 241, no 2.

1636. — L'art. 118, ordonn. de 1539, permettait aux cours souveraines de réduire ou de modérer l'amende de fol appel, pour très grande et très urgente cause. Cette disposition avait été plusieurs fois appliquée dans le cas où la question du procès présentait en droit de très grandes difficultés, ou bien lorsque l'appelant était dans la pauvreté; mais cette faculté leur fut enlevée par les lois nouvelles.

1637. — Jugé qu'avant le Code de procéd. les juges ne pouvaient faire remise de l'amende établie par la loi contre l'appelant dont ils avaient reconnu l'appel mal fondé. — *Cass.*, 9 messid. an V, Isnard et Perdigon.

1638. — Du reste, le taux de l'amende variait suivant la nature des juridictions.

1639. — Dans les présidiaux, l'amende était de six livres, soit que le jugement fût en dernier ressort ou à la charge de l'appel. L'amende n'était que de trois livres dans les autres juridictions royales qui avaient un ressort.

1640. — Dans les cours souveraines et aux requêtes de l'hôtel, l'amende était de douze livres dans les cas ordinaires, et de soixante-quinze livres en toute matière lorsque les appelans étaient déclarés non-recevables ou forclos. — Elle était toujours de soixante-quinze livres sur les appels comme d'abus.

1641. — Dans les cours souveraines, quoique l'amende fût souvent de soixante-quinze livres, la consignation préalable n'était que de douze livres. — Art. 82, réglem. de 1673.

1642. — Au parlement de Nancy, l'amende ordinaire de fol appel était fixée à trente francs Barois (neuf livres dix-neuf sols tournois). — Art. 2, tit. 17, ordonn. de 1707.

1643. — Au conseil d'état, l'amende était fixée à douze livres si le jugement était contradictoire, et à soixante-quinze livres s'il était par défaut ou par forclusion. — Arr. du cons., 3 sept. 1698 et 24 mars 1766.

1644. — Indépendamment du principal de l'amende, il était dû huit sols pour livre, aux termes des édits. Ces huit sols pour livre n'étaient pas d'abord restitués avec le principal de l'amende par le fisc; mais, sous Louis XVI, un édit du 30 avr. 1783 prescrivit de restituer le tout lorsqu'il y aurait infirmation. — V. AMENDE (mat. crim.), no 71.

1645. — La loi des 16-24 août 1790 fixait l'amende de fol appel à neuf francs, lorsque la sentence attaquée émanait du juge de paix, et à soixante francs lorsque le jugement avait été rendu par un jugement du tribunal de première instance. Cette amende parut trop forte au législateur moderne.

1646. — Aussi depuis le Code de procédure l'amende a-t-elle été réduite nonobstant la résistance de M. Defermon. — L'amende est de cinq ou dix francs (non compris le décime), suivant qu'il s'agit d'un jugement du juge de paix ou d'un jugement du tribunal de première instance. — C. procéd., art. 471.

1647. — Et quand nous disons un jugement du tribunal de première instance, cela doit s'entendre aussi d'un jugement du tribunal de commerce. — *Cass.*, 13 vendém. an IX, Lebret c. Mony.

1648. — La loi du 24 août 1790 gardait le silence sur ce point, et, sous son empire, on était dans la nécessité de recourir à l'art. 16 de l'ordonn. de 1629; mais aujourd'hui il n'y a plus de difficulté possible, l'art. 471 s'applique aux jugemens des tribunaux de commerce comme à ceux des tribunaux d'arrondissement.

1649. — Il s'applique même aux sentences arbitrales. — C. procéd., art. 1025.

1650. — Il importe peu que l'affaire soit ordinaire ou sommaire, la loi n'établit aucune distinction. — *Cass.*, 10 janv. 1838 (t. 1er 1838, p. 206), Enregistrement c. Delalande.

1651. — Peu importe aussi la nature du jugement attaqué, qu'il soit préparatoire, interlocutoire, provisoire ou définitif; l'art. 471 ne distingue pas davantage.

1652. — En matière disciplinaire, il n'est pas nécessaire de consigner l'amende de fol appel; si elle a été mal à propos consignée, elle doit être restituée. — *Douai*, 15 juin 1835, Becq; — Chauveau, sur Carré, t. 4, no 1692. — V. DISCIPLINE.

1653. — L'amende à prononcer contre un appelant qui succombe doit être fixée d'après la loi sous laquelle l'appel a été interjeté, et non par le Code de procéd. promulgué ultérieurement. — *Cass.*, 11 avr. 1809, Beaufort de Canilla c. Croze.

1654. — Jugé cependant que l'amende due sur un appel interjeté avant la mise à exécution du Code de procéd., mais jugé postérieurement à cette époque, a dû être de 10 fr., et non de 60 fr. — *Rouen*, 5 janv. 1807, Mande c. Jeoffosc.

1655.—Suivant M. Chauveau (*Lois de la procéd.*, t. 4, nº 1694 *ter*), on doit préférer la solution de la cour de Rouen à celle de la cour de Cassation. « En effet, dit-il, jusqu'à l'arrêt confirmatif le mérite de l'appel est incertain ; ce n'est qu'au moment de l'arrêt que la peine est encourue. » — V. aussi *le Prat. franç.*, t. 3, p. 209.

1656. — Sous l'ancienne législation, l'amende devait être consignée avant le jugement. — La déclaration du 21 mars 1671 voulait même que la cause ne pût être mise au rôle avant la consignation. C'est l'art. 4 de l'arrêté du 10 flor. an XI qui a modifié cette obligation.

1657. — Sous le droit intermédiaire, la consignation devait avoir lieu lors de l'enregistrement de l'acte d'appel. — Arrêté 7 niv. an X, art. 1er.

1658. — Le Code de procéd. est muet sur ce point. Mais il résulte d'une décision du ministre de la justice du 31 juill. 1808, confirmée par une lettre du ministre des finances du 12 sept. 1809, que le Code de procéd. n'a point dérogé à l'ancienne législation, et que l'on doit, conformément aux arrêtés de l'an X et de l'an XI, toujours consigner l'amende d'avance.

1659. — D'ailleurs, la nécessité de cette consignation préalable s'induit des termes de l'art. 90 du Tarif, qui alloue une vacation pour consigner l'amende, et une autre pour la retirer, en cas d'infirmation du jugement.

1660. — L'obligation de consigner d'avance l'amende de fol appel ne pèse pas seulement sur l'appelant, mais sur son avoué. — Rivoire, p. 640, nº 415.

1661. — Si la consignation n'a pas eu lieu avant l'arrêt ou le jugement d'appel, l'avoué est condamné à une amende de 500 liv., réduite par l'art. 10, L. 16 juin 1824, à 50 fr. seulement. — *Cass.*, 8 mai 1809, Enregistrement c. avoués de Confolens.

1662.—Et remarquez que ce n'est pas seulement l'avoué de l'appelant, mais même celui de l'intimé qui encourt l'amende prononcée par l'arrêté de flor. an XI, s'il met la cause au rôle ou poursuit l'audience, sans que l'amende de fol appel ait été consignée.— S'il ne fait aucunes diligences, il n'est pas responsable.

1663. — Cette amende s'applique, même quand il s'agit de l'appel des jugemens de juge de paix ; l'avoué qui, sur l'appel d'un jugement de cette nature, n'a pas fait consigner l'amende avant de poursuivre l'audience, est lui-même passible d'une amende de 500 fr., réduite à 50 fr. par la loi du 16 juin 1824. — *Cass.*, 10 janv. 1838 (t. 1er 1838, p. 206), Enregistrement c. Me Delalande.

1664. — M. Berriat (p. 493, note 121º, nº 3) argumentant des termes de l'art. 90 du Tarif, prétend que l'amende prononcée par l'arrêté du 10 flor. an XI ne s'applique pas *en matière sommaire*. Mais nous croyons que la seule induction qu'on puisse légitimement tirer de l'art. 90 du Tarif, c'est que l'avoué, *en matière sommaire*, n'a aucun émolument pour la consignation d'amende.

1665. — La même amende de 550 fr. (aujourd'hui 50) est encourue par le greffier qui délivre des expéditions ou des extraits des jugemens rendus sur l'appel, avant qu'il lui ait été justifié de la quittance de l'amende de fol appel. — Décl. 21 mars 1671, art. 6 et 9; arr. 10 flor. an XI, art. 3 et 8; — *Cass.*, 8 mai 1809, avoués de Confolens c. Enregistrement ; —Rolland et Trouillet, *Dict. de l'enregist.*, vº *Amendes de contravention*, nº 5 ; Merlin, *Rép.*, vº *Amende*, § 4, nº 1er.

1666. — Le 2 fév. 1827, l'administration de l'enregistrement a décidé que l'avoué de l'appelant qui a consigné l'amende dans le délai n'encourt pas la peine prononcée par l'arrêté du 10 flor. an XI, lorsqu'il s'est élevé un appel incident et qu'il n'a point été consigné d'amende pour cet appel.

1667. — Bien que l'amende doive être consignée d'avance, il n'en faut pas conclure que l'appel soit non-recevable, si cette consignation préalable n'a pas eu lieu. Autre chose est décider plus ou moins explicitement que l'amende sera préalablement consignée, autre chose est décider, comme on le fait en matière de requête civile, qu'à défaut de cette consignation, la cour n'entrera pas dans l'examen de la cause. — Boitard, t. 2, p. 299; Pigeau, t. 1er, p. 686 ; Bioche, vº *Appel*, nº 501 ; Chauveau, sur Carré, t. 4, nº 1692, p. 218. — V. *contrà* Talandier, *Tr. de l'appel*, p. 479.

1668. — Dans l'ancien droit, la quittance de l'amende devait être signifiée à la partie adverse ; mais cette signification n'est pas nécessaire aujourd'hui : la loi ne l'exige pas. — Pigeau, t. 1er, p. 686 ; Bioche, vº *Appel*, nº 503 ; Chauveau et Carré, t. 4, nº 1692.

1669.—Pour que l'amende soit encourue, il faut que l'appel ait été rejeté sur tous les points, que le jugement ait été pleinement confirmé. En effet, si le jugement est modifié sur quelque chef, il est évident que la partie a eu raison de l'attaquer ; elle n'a donc pas été téméraire dans son recours. — Berriat, t. 2, p. 493, note 121º, nº 2 ; Rivoire, p. 636, nº 409 ; Boitard, t. 2, nº 235 ; Bioche, vº *Appel*, nº 505 ; Pigeau, t. 1er, p. 697; Demiau Crouzilhac, p. 333 ; Pigeau, t. 1er, p. 590; Talandier, p. 480 ; Thomine Desmazures, t. 1er, p. 212 ; Favard, t. 1er, p. 187, nº 3.

1670. — Lorsqu'il y a lieu pour une cour de confirmer un jugement, mais en donnant des explications, elle doit ordonner la restitution de l'amende consignée par l'appelant. — *Limoges*, 23 juin 1819, Izorche c. Dufaure ; —Talandier, *De l'appel*, p. 482, nº 399.

1671. — Jugé cependant que lorsque, sur l'appel d'un jugement qui nomme un conseil judiciaire, la cour se bornant à changer la personne nommée, confirme le jugement dans toutes ses autres dispositions, l'appelant n'a pas droit à la restitution de l'amende. — *Cass.*, 9 mai 1829, de Baudre c. Senot.

1672. — Lorsque le tribunal d'appel se déclare incompétent, ou lorsque l'appel est déclaré nul ou non-recevable, l'appelant doit-il être condamné à l'amende ?

1673.—Anciennement, l'appel, lorsqu'il était déclaré nul faute d'objet, n'entraînait pas de condamnation à l'amende contre l'appelant. — Arr. *parlem. Paris*, 26 juill. 1780.

1674. — Sous l'empire de la loi du 24 août 1790, on décidait de même lorsque le tribunal était incompétent, ou l'acte d'appel nul, ou l'appelant non recevable. On fondait cette solution sur les termes mêmes de la loi ; en effet, l'art. 10, tit. 10, portait condamnation à l'amende contre *l'appelant dont l'appel sera jugé* MAL FONDÉ. —*Cass.*, 16 germin., an VII, Larbalestier c. d'Ormesson.

1675. — L'art. 471, C. procéd., est beaucoup plus général; il veut que l'amende soit prononcée contre l'appelant qui SUCCOMBE DANS SON APPEL ; or, l'appelant succombe quand son appel est déclaré nul ou non-recevable.

1676.— Cependant Pigeau (*Comment.*, t. 2, p. 50), maintient, sous l'empire du Code, la distinction qu'on faisait sous l'empire de la loi de 1790 ; mais cette opinion, contraire à celle que le même auteur avait d'abord enseignée dans son *Tr. de procéd.*, liv. 2, part. 4º, tit. 1er, ch. 1er, sect. 3e, art. 12, nº 6 2º, est repoussée par Chauveau sur Carré, t. 4, nº 1694 bis ; Bioche, vº *Appel*, nº 504 ; Talandier, nº 398 ; Rivoire, p. 637, nº 410.

1677. — La jurisprudence est bien fixée sur ce point : tous les jours il est rendu des arrêts qui appliquent l'art. 471 au cas où l'appel est jugé non-recevable, comme au cas où il est mal fondé.

1678. — Jusqu'en 1838, la cour de Limoges avait consacré la dernière opinion de Pigeau ; mais elle est revenue depuis à l'opinion contraire.

1679. — Jugé que l'expression dont se sert l'art. 471, C. procéd., est générale et s'applique à tous les cas ; en conséquence, l'appelant est passible de l'amende lorsque l'appel est déclaré nul et non-recevable, aussi bien que lorsqu'il est déclaré mal fondé.—*Limoges*, 14 mai 1838 (t. 2 1838, p. 422), Peyrot c. Dambert. — La même cour (3e chambre) a rendu le 19 du même mois deux arrêts semblables.

1680. —Jugé cependant que l'appelant dont l'appel est déclaré *non-recevable* ne doit pas être condamné à l'amende de fol appel prononcée par l'art. 471, C. procéd. — *Poitiers*, 11 janv. 1843 (t. 2 1843, p. 241), Billochon c. Estoumeau.

1681. —L'amende doit être restituée quand l'appel a été déclaré bien fondé. — (Arrêté 10 flor. an XI, art. 7). — Mais il faut que cette restitution soit ordonnée par la cour, sur les conclusions de l'appelant.

1682. — L'amende doit-elle être restituée quand il y a désistement ? Boitard se prononce pour l'affirmative, en se fondant sur les termes mêmes de l'art. 471, qui ne soumet à l'amende que *l'appelant qui succombe.*—*Leçons de procéd.*, t. 2, p. 298, nº 235; Berriat, p. 493, note 121º, nº 2 *a* ; Chauveau sur Carré, t. 4, nº 1693 ; Pigeau, *Comment.*, t. 1er, p. 694, et t. 2, p. 51 ; Thomine Desmazures, t. 1er, p. 712 ; Collinières, *Encyclop. du dr.*, t. 1er, vº *Appel*, nº 162 ; Favard, t. 1er, p. 187, nº 3.

1683.— Plusieurs arrêts ont jugé également que l'amende consignée sur l'appel doit être restituée à l'appelant qui se désiste. — *Toulouse*, 22 messid. an XIII, Espert ; *Bruxelles*, 28 janv. 1808, Ruttens c. Bocage ; *Rennes*, 14 déc. 1809, N... ; 8 janv. 1810, N...

1684. — M. Rivoire, au contraire (p. 638, nº 413) soutient que l'art. 471, C. procéd., ne parle que de la *condamnation* à l'amende et non de la *restitution* ; que lorsque la restitution n'est pas prononcée par jugement ou arrêt, elle ne peut avoir lieu que si la loi l'a expressément déclaré, comme dans le cas d'une transaction (art. 2, arrêté 27 niv. an X) ; mais que dans tous les autres cas l'amende est acquise au fisc par le seul fait de la consignation. Il invoque aussi l'usage pratiqué à la cour de Cassation. — V. dans le même sens Bioche, vº *Appel*, nº 507 ; Talandier, p. 480. — V. aussi *Bruxelles*, 9 déc. 1806, Tavernier c. Vadenhen. — V. CASSATION.

1685. — Carré (*Lois de la procéd.*, nº 1693) soutient un autre système. Il est d'avis qu'on doit distinguer si le désistement a eu lieu avant les plaidoiries ou lorsque déjà les plaidoiries étaient commencées ; dans le premier cas, on ne peut appliquer l'art. 471 puisque l'appelant ne peut pas être considéré comme ayant succombé, et l'amende doit être restituée ; dans le deuxième cas, au contraire, en plaidant il a soutenu que son appel était fondé et il ne peut pas être considéré comme n'ayant pas succombé ; malgré son désistement il doit donc supporter l'amende.

1686. — L'amende de fol appel doit-elle être restituée lorsque les parties terminent le procès par une transaction ?—M. Bioche (vº *Appel*, nº 508), reconnaît que ce cas est très favorable, parce qu'il y a alors abandon réciproque et reconnaissance implicite d'une partie des droits de chacun. Cependant, il pense que dans ce cas comme dans celui du désistement la restitution de l'amende ne doit pas avoir lieu.

1687. — Nous ne saurions partager cette opinion, qui est contraire à un texte formel. En effet, l'art. 2 de l'arrêté du 27 niv. an X dit expressément que, lorsque les parties transigent sur l'appel avant le jugement, le receveur doit restituer le montant de l'amende à qui de droit, *sur le vu de la transaction.* — *Liége*, 18 déc. 1835, Mélan c. Herlanvaux.

1688. — La condamnation de l'appelant à l'amende de fol appel, hors des cas prévus par la loi, peut-elle fournir aux autres parties en cause un moyen de cassation ?—*Quid*, lorsque la cour a omis de prononcer l'amende ? — V. CASSATION.

1689. — L'intimé doit-il être condamné à l'amende, lorsqu'il n'y a pas eu d'appel incident ? — La négative est certaine. — Dans l'ancien droit, quelques tribunaux avaient cru pouvoir condamner l'intimé à l'amende lorsqu'il succombait ; mais cet abus de pouvoir fut réprimé par un arrêt du parlement de Paris, du 4 mai 1763, rendu sur les conclusions de M. Séguier.

CHAPITRE XI. — *Procédure d'appel.*

1690. — La procédure d'appel, sauf quelques légères modifications, ne diffère pas de celle de première instance ; aussi après avoir fixé les règles spéciales d'instruction applicables aux cours royales, le Code ajoute-t-il qu'on observera devant elles les autres règles établies pour les tribunaux inférieurs. (C. procéd., art. 470.) — V. AUDIENCE, AUDIENCE SOLENNELLE, CONCLUSIONS, DÉLIBÉRÉ, INSTRUCTION, INCIDENT, JUGEMENT, REQUÊTES, etc....

1691. — Sous l'ordonnance de 1667, la manière de procéder sur l'appel variait suivant la nature de l'appel qui était *verbal* ou *par écrit.* — Il était d'usage, dans les anciens parlemens, d'informer par écrit tous les appels des jugemens rendus sur appointement.

1692. — L'art. 461, C. procéd., a fait cesser cet abus en disposant que tout appel, même de jugement rendu sur instruction par écrit, sera porté à l'audience. — V. INSTRUCTION PAR ÉCRIT.

1693. — De là il suit que les juges d'appel ne pourraient pas, de prime abord et sur de simples conclusions motivées, ordonner qu'une affaire instruite par écrit en première instance le sera de la même manière en cause d'appel. — En effet, puisqu'une affaire quoique instruite par écrit en première instance, ne doit être ainsi jugée en appel que dans le cas où elle ne serait pas susceptible de l'être après de simples plaidoiries, il est indispensable que les parties exposent d'abord leurs faits et leurs moyens. Il ne suffit donc pas de conclusions motivées, il faut plaider afin de mettre le juge à même de savoir s'il y a nécessité qu'il y ait instruction par écrit. — Chauveau sur Carré, t. 4, nº 1669 ; Pigeau, *Comment.*, t. 2, p. 39 ; Boitard, t. 2, nº 221.

1694. — Lorsque l'appelant ne se présente pas pour soutenir son appel, il n'est pas nécessaire de vérifier les moyens de l'intimé qui demande la confirmation du jugement. L'appelant est demandeur devant la cour; il faut lui appliquer l'art. 154, avec d'autant plus de raison que le jugement attaqué établit une forte présomption contre lui. — V. JUGEMENT PAR DÉFAUT.

1695. — Si c'est l'intimé qui fait défaut, la règle est différente : la cour ne doit adjuger à l'appelant ses conclusions que si elles se trouvent justes et bien vérifiées. — *Cass.*, 4 déc. 1816, Albisson c. Oudoul. — V. JUGEMENT PAR DÉFAUT.

1696. — Lorsque le jugement attaqué a ordonné l'exécution provisoire hors des cas prévus par la loi, l'appelant peut obtenir des défenses sur assignation à bref délai (C. procéd., art. 459). — Il en est de même lorsque le jugement a été mal à propos qualifié en dernier ressort (Art. 457.) — V. DÉFENSES, EXÉCUTION PROVISOIRE.

1697. — Si, au contraire, l'exécution provisoire n'a pas été prononcée dans les cas où elle est autorisée, l'intimé peut, sur un simple acte, la faire ordonner à l'audience, avant le jugement de l'appel. — Art. 458, art. 457, § 3. — V. EXÉCUTION PROVISOIRE.

1698.—La disposition de l'art. 461 est générale : ainsi l'appel d'un jugement qui a statué sur une demande à fin d'autorisation formée par une femme contre son mari, doit, comme tout autre, être porté à l'audience, quoiqu'en première instance elle soit jugée en la chambre du conseil. — V. AUTORISATION DE FEMME MARIÉE.

1699. — Pour exercer une action, il faut un intérêt; pour interjeter appel, il faut un grief.—Les griefs de l'appelant doivent être signifiés dans la huitaine de la constitution d'avoué de l'intimé.

1700. — Jugé que la partie qui n'a pas soutenu en première instance qu'une affaire est ordinaire ne peut se faire grief en cause d'appel de ce qu'elle a été jugée comme matière sommaire. — *Rennes*, 24 janv. 1812, Oudard de Lucy c. Deschiens.

1701.—...Que l'appelant ne peut borner ses conclusions à demander à être renvoyé devant de nouveaux arbitres, mais qu'il doit conclure à l'infirmation du jugement. — *Rennes*, 16 mars 1813, Leroy c. Perret.

1702.—...Que l'appelant qui a fait défaut en première instance ne peut, sur l'appel, demander le renvoi d'un compte en masse devant les premiers juges, quand il ne présente de griefs contre aucun des articles de ce compte. — *Paris*, 25 mars 1825, Palmeriny c. Trésor royal.

1703.—...Que lorsqu'une partie n'a pas declaré, en première instance, vouloir prendre droit par les livres de son adversaire, elle ne peut pas se faire un grief, en appel, de ce que l'apport n'en a pas été ordonné. — *Rennes*, 7 mai 1816, Bisson c Mancel.

1704.—...Que la rectification de l'erreur de calcul commise dans un compte arrêté en justice n'est pas une cause d'appel; les parties doivent se pourvoir en révision de ce compte devant les juges qui l'ont arrêté. — *Bordeaux*, 30 mai 1840 (t. 1er 1844, p. 359), Boyer.

1705.—...Que la partie qui ne se présente point en première instance pour justifier l'opposition par elle pratiquée contre un jugement par défaut, ne peut se plaindre sur l'appel qu'on n'ait pas fait droit préalablement sur la nullité de l'ajournement par elle opposé dans ses écritures, surtout si elle n'en a excipé que d'une manière vague et sans en préciser aucun moyen. — *Paris*, 5 thermid., an XII, Marchais c. Hutin.

1706.—...Que l'appel est non-recevable s'il frappe un jugement qui, ne jugeant rien à l'égard de l'appelant, ne lui fait par conséquent aucun grief. — *Grénoble*, 29 janv. 1825, James c. Giraud.

1707. — Jugé que, lorsqu'en première instance la partie qui contestait une obligation s'était opposée à ce qu'elle fût prouvée par témoins, et s'y était aussi opposée sur l'appel, en soutenant que les juges avaient mal à propos reconnu l'existence de l'obligation qui ne pouvait être prouvée de cette manière, on ne peut dire que la cour royale a prononcé sur des griefs non articulés, en déclarant l'enquête nulle, comme faite dans un cas où la preuve testimoniale n'était pas admissible. — *Cass.*, 29 juin 1824, Lapoula c. Morvan.

1708. — L'appelant n'est pas tenu, à peine de forclusion, de faire signifier ses griefs dans la huitaine : cette signification est facultative. — *Turin*, 13 août 1811, Gentile c. N... — Pigeau, *Comment.*, t. 2, p. 39; Boitard, t. 2, nº 222; Favard de Langlade, t. 1er, p. 183, nº 5; Thomine Desmazures, t. 1er, p. 703; Chauveau et Carré, t. 4, nº 1670.

1709. — En tout cas, l'intimé ne pourrait s'en plaindre, après avoir conclu à la confirmation du jugement dont est appel. — Même arrêt.

1710. — La loi donne huitaine à l'intimé pour répondre à la requête contenant les griefs de l'appelant. — Art. 462.

1711. — C'est une différence à signaler entre la procédure d'appel et celle de première instance. En effet, devant les premiers juges, l'assignation doit contenir les moyens de la demande, puis le défendeur constitue avoué, et dans la quinzaine de cette constitution signifie une requête dans laquelle il développe sa défense.

1712. — Au contraire, en cause d'appel, ce n'est pas l'intimé, défendeur, qui fait la première signification, c'est l'appelant qui entre le premier en lice. Comme l'acte d'appel peut ne pas contenir les griefs, l'appelant développe ses moyens d'appel dans une requête signifiée dans la huitaine de la constitution d'avoué. L'intimé a huit jours pour répondre à cette requête; puis on suit l'audience sur un simple avenir. — Art. 462.

1713. — Sauf cette interversion dans l'ordre des significations, la marche de l'instruction est la même qu'en première instance. Du reste, ces significations de requête ne sont pas obligatoires. L'appelant peut suivre l'audience, sans développer ses griefs; de même, quand la requête de l'appelant a été signifiée, ou que le délai est expiré, l'intimé peut donner avenir, sans autre retard et sans plus ample instruction.—Chauveau sur Carré, t. 4, nº 1670, *in fine*.

1714. — Ainsi, le Code procéd. a aboli le défaut, faute de plaider qui, aux termes de l'ord. de 1667, devait être prononcé contre celui qui ne faisait pas signifier de défenses. — Pigeau, t. 1er, p. 689; Thomine Desmazures, t. 1er, p. 703.

1715.—Pourrait-on signifier les écrits de griefs ou les réponses après les délais indiqués par l'art 462? — Nul doute, puisque la loi ne prononce aucune forclusion; seulement ces écrits tardivement signifiés pourraient être rejetés de la taxe.—Berriat, p. 423, note 73e; Favard, t. 1er, p. 183, nº 5; Thomine-Desmazures, t. 1er, p. 703; Chauveau et Carré, t. 4, nº 1671.

1716. — Toute pièce d'écriture qui n'est que la répétition des moyens ou exceptions déjà employés par écrit, soit en première instance, soit en appel, ne passe point en taxe. — Art. 465.

1717. — Si la même pièce contient à la fois de nouveaux moyens ou exceptions, et la répétition des anciens, on n'alloue que la partie relative aux nouveaux moyens ou exceptions. — Même article, § 3.

1718. — En cause d'appel, il ne peut être formé aucune nouvelle demande, à moins qu'il ne s'agisse de compensation ou que la demande nouvelle ne soit la défense à l'action principale. — Art. 464. — V. DEMANDE NOUVELLE.

1719. — Cependant les parties peuvent aussi demander les intérêts, arrérages, loyers et autres accessoires échus depuis le jugement de première instance, et les dommages-intérêts pour le préjudice souffert depuis le jugement. — Art. 464, 2e alinéa.

1720. — Les demandes en dommages-intérêts ne peuvent être formées pour la première fois en appel qu'autant que la cause en est postérieure au jugement de première instance; « mais, dit M. Chauveau sur Carré (*Lois de la procédure*, t. 4, *Quest.* 1677*e novies*), si l'art. 464 permet, dans certains cas déterminés, de saisir la cour de demandes nouvelles, c'est à cause de la connexité qu'elles ont avec la demande principale, et uniquement parce qu'il est avantageux de les terminer par un seul arrêt. Mais quand la connaissance de la demande principale n'est pas régulièrement dévolue à la cour, que l'appel ne peut se soutenir, il n'y a aucune raison de violer à l'égard des demandes accessoires la règle des deux degrés. »

1721. — Jugé en conséquence que la cour qui déclare une partie non-recevable dans son appel est incompétente pour statuer sur la demande en dommages-intérêts incidemment formée contre l'appelant par l'intimé, cette demande se trouvant, par suite de ladite déclaration de non-recevabilité, former une action principale. — *Aix*, 3 mars 1843 (t. 2 1844, p. 156), Société des Sirius c. Guin. — V. au surplus DEMANDE NOUVELLE.

1722. — Les tribunaux d'appel peuvent ordonner la comparution des parties en personne quand même elle aurait eu lieu en première instance. Ce moyen d'instruction, autorisé par le Code (art. 119), n'est pas limité au premier degré de juridiction, il peut avoir lieu en tout état de cause. — V. COMPARUTION DE PARTIES.

1723. — En appel, le DÉSISTEMENT et la PÉREMPTION D'INSTANCE donnent lieu à quelques difficultés particulières. — V. ces mots.

1724. — En cas de partage, les règles à suivre pour arriver au jugement sont fixées par les art. 467 et 468, C. procéd., qu'il faut rapprocher des art. 117 et 118. — V. au surplus JUGEMENT, PARTAGE D'OPINIONS.

1725. — Quant aux règles qui s'appliquent au jugement de l'appel, V. JUGEMENT.

1726. — Si le jugement est confirmé, l'exécution appartient au tribunal dont est appel. Si le jugement est infirmé, l'exécution, entre les mêmes parties, appartient à la cour ou à un autre tribunal par elle désigné, à moins qu'il n'y ait une attribution spéciale faite par la loi, comme en matière d'emprisonnement, d'expropriation forcée (art. 472), de partage de succession (art. 822, C. civ.), de reddition de compte (art. 528, C. procéd.), de faillite (C. comm., art. 635), etc.—V. COMPÉTENCE, EXÉCUTION.

1727. — Lorsqu'il y a appel d'un jugement interlocutoire, si le jugement est infirmé et que la matière soit disposée à recevoir une décision définitive, les cours et tribunaux d'appel peuvent statuer en même temps sur le fond définitivement par un seul et même jugement. Il en est de même lorsque c'est un jugement *définitif* qui est infirmé pour vice de forme ou pour toute autre cause. — Art. 473. — V. ÉVOCATION.

1728. —En appel, comme en première instance, on distingue les matières sommaires des matières ordinaires. — Les matières sommaires sont jugées sur un simple acte et sans autre procédure. — C. procéd., art. 463. — Les matières ordinaires sont instruites sur requêtes ou mémoires, ou sur conclusions respectivement signifiées.

1729. — Les appels des justices de paix sont toujours des affaires sommaires. — C. procéd., art. 404.

1730. — Il en est de même des matières commerciales. — C. comm., art. 648. — V. MATIÈRE SOMMAIRE.

TITRE 2. — *Appel incident.*

1731. — Il n'était mention ni dans l'ordonnance de 1667, ni dans les lois postérieures, de la manière dont l'intimé doit se pourvoir par appel, s'il croit que ses intérêts soient lésés par le jugement; le Code de procédure a comblé cette lacune, quoiqu'il ne contienne sur cette matière qu'une seule disposition.

1732. — L'art. 443 permet à l'intimé d'interjeter incidemment appel en tout état de cause.

1733. — Cette disposition constitue une exception à la règle du § 1er, auquel elle se rattache directement. — Dans le § 1er, la loi fixe un délai, passé lequel il y a déchéance (art. 444); dans le § 3, point de délai, point de déchéance; l'appel est permis, même après signification du jugement sans réserves; il suffit que l'autre partie ait interjeté un appel principal.

1734. — Pourquoi cette différence? Pourquoi cette exception? La raison en est simple. Une partie peut, par amour pour la paix et pour éviter les lenteurs et les dépenses d'une instance nouvelle, consentir à l'exécution d'un jugement qui lui fait grief, pourvu que, de son côté, son adversaire consente à accepter la décision des premiers juges; mais si, au lieu de l'exécuter, celui-ci l'attaque, s'il en demande l'infirmation, l'intimé, qui est présumé n'avoir donné qu'une adhésion conditionnelle, doit être relevé de la déchéance qu'il a encourue; la justice veut que la sentence qui est remise en question sur les chefs qui lui sont favorables ne soit pas définitive sur les chefs qui lui sont contraires. Tel est le sens, tels sont les motifs du § 3 de l'art. 443.

1735. — Les délais de l'appel, dit M. Bigot de Préameneu, ont été limités pour que le sort de celui contre lequel on peut l'interjeter, ne reste pas trop long-temps incertain. Ces délais, fixés contre l'appelant, ne sont plus à considérer en sa faveur, lorsque, par l'appel, il a remis en question ce qui avait été jugé. Dès-lors, le droit réciproque d'appel n'est pour l'intimé, pendant ce combat judiciaire, que celui d'une légitime défense. — *Nihil licere debet actori quod non liceat reo.* — L. 45, ff., *De regul. juris.*

1736. — Cette défense ne saurait lui être interdite, lors même qu'il aurait signifié le jugement sans protestation. C'est l'appelant qui, par son propre fait, change la position et l'intérêt de son adversaire. Le plus souvent, les droits effectifs des parties ont été justement balancés par des condamnations réciproques. L'intimé qui a signifié le jugement sans protester, pouvait être disposé à respecter cette intention des premiers juges; mais lorsque par l'appel on veut rompre cet équilibre, la justice demande que, pour le maintenir, l'intimé puisse employer le même moyen. — *Exposé des motifs* (Locré, t. 22, p. 112, nº 4).

1737. — La faveur accordée par la loi à l'appel

incident fait qu'il importe de le bien distinguer de l'appel principal. — Nous avons dit *suprà* nos 7 et 8, quels étaient les caractères distinctifs des deux appels ; nous répétons ici que ce n'est pas l'importance, le nombre et la valeur des dispositions attaquées qui constituent l'appel principal, mais la *priorité*. — Chauveau sur Carré, t. 4, no 1571 *bis*; Poncet, t. 1er, p. 449, no 274 ; Boitard, t. 2, no 186 ; Pigeau, *Procéd.*, liv. 2, part. 1re, tit. 5, ch. 1er, sect. 3e, no 2; Talandier, p. 485, no 401 ; Souquet, *Dict. des temps légaux*, introd., p. 44, no 256.

1738. — Ainsi, on doit réputer appelant *principal* celui qui a interjeté le premier appel, alors surtout que c'est sur lui qu'a porté la condamnation principale prononcée par le jugement. — *Cass.*, 19 fév. 1838 (t. 1er 1838, p. 323), Letondoux c. Norembourg.

1739. — Jugé pareillement que quand sur l'appel d'une partie, l'autre interjette aussi appel et que chacune revendique le même bien, le deuxième appel est incident et a pu être interjeté en tout état de cause. — *Rennes*, 3 juill. 1813, Poirier c. commune de Soudan.

1740. — Jugé de même que celui qui, le premier, interjette appel d'une disposition quelconque d'un jugement, est réputé par la loi appelant principal, et que, par le fait de cet appel, toutes les autres dispositions du même jugement peuvent, quelle que soit d'ailleurs leur importance, être attaquées par la voie de l'appel incident. — *Colmar*, 20 fév. 1820, Schnée c. Gayl et Bothmer.

CHAPITRE Ier. — *Cas dans lesquels peut être formé un appel incident.*

1741. — L'appel incident est nécessaire toutes les fois que l'intimé veut faire réformer le jugement attaqué par son adversaire sur un ou plusieurs chefs qui lui font grief. Il ne suffirait pas, en effet, d'obtenir gain de cause contre l'appelant pour que l'infirmation fût prononcée au profit de l'intimé ; ce n'est que par un appel exprès que la cour peut être saisie et que ce résultat peut être obtenu.

1742. — Cependant il est certains cas dans lesquels l'intimé peut demander des modifications au jugement sans se porter appelant.

1743. — Cela arrive, par exemple, lorsque sur l'appel on forme une demande nouvelle dans les cas prévus par l'art. 464 ; ceci est sans difficulté. — V. DEMANDE NOUVELLE.

1744. — Cela a lieu encore dans le cas où sur plusieurs moyens proposés en première instance, le tribunal n'en a accueilli qu'un, sans statuer sur les autres.

1745. — Jugé en conséquence que la partie dont la demande a été accueillie en première instance par l'un des moyens qu'elle avait présentés n'est pas tenue, pour reproduire les autres moyens devant la cour royale, de former un appel incident. — *Cass.*, 15 mars 1836, Durat-Lasalle c. Dufaure.

1746. — Jugé de même que celui qui a obtenu gain de cause en première instance par les moyens du fond, sans que le tribunal ait examiné les moyens de forme qu'il opposait, peut, sur l'appel principal proposé par son adversaire, proposer ses moyens de forme sans avoir besoin d'appeler incidemment. — *Bourges*, 23 avr. 1825, Preugnat c. Burat-Dubois.

1747. — ... Qu'on peut, sans appeler incidemment, proposer une nullité sur laquelle le premier juge n'a pas statué. — *Agen*, 27 juin 1811, Bruyère c. Manhoury et Fillol.

1748. — ... Que si le tribunal de première instance, sans faire droit sur la fin de non-recevoir opposée à une intervention, en a débouté au fond, on peut, sans relever incidemment appel, la reproduire devant la cour, lorsque, d'ailleurs, elle repose sur un défaut absolu de qualité. — *Rennes*, 7 mars 1820, Chiron de Kerlaly c. Guillet de la Brosse.

1749. — ... Que l'intimé qui, en première instance, avait invoqué une fin de non-recevoir sur laquelle les premiers juges n'ont pas cru devoir se prononcer, parce qu'ils se sont décidés par d'autres considérations, n'est pas obligé pour la reproduire en appel de se rendre incidemment appelant du jugement. — *Orléans*, 19 juin 1829, Guyard c. Frappier.

1750. — Jugé cependant que l'intimé qui n'a pas interjeté incidemment appel du jugement de première instance qui a omis de statuer sur sa demande en nullité d'un acte de procédure est non-recevable à invoquer de nouveau cette nullité en cause d'appel. — *Cass.*, 24 (et non 22) juin 1834, Sabot c. Meyrel.

1751. — Que faudrait-il décider si le tribunal, en accueillant certains moyens, en avait expressément rejeté d'autres? L'intimé, pour reproduire ces moyens devant la Cour, serait-il obligé de former un appel incident ?

1752. — Il a été jugé que si, en accueillant un premier moyen, le tribunal en avait rejeté un second, l'intimé devrait, pour obtenir gain de cause, interjeter appel incident sur le chef de ses conclusions auquel il n'a pas été fait droit. — *Cass.*, 18 juin 1816, Bailly c. Clément.

1753. — ... Que de même, si une fin de non-recevoir avait été rejetée en première instance, elle ne pourrait être reproduite sur l'appel par l'intimé que s'il se rendait incidemment appelant. — *Agen*, 1er juill. 1824, Lacaze et Balette c. Duffort.

1754. — M. Chauveau combat avec raison cette jurisprudence. — « Pour reproduire en appel les moyens du fond ou les fins de non-recevoir écartés par le jugement, l'intimé, dit-il, n'a pas besoin de se porter incidemment appelant. De quoi appellerait-il, puisque ses conclusions ont été accueillies, puisque, par un moyen ou par un autre, il a réussi dans ses prétentions? Pour appeler, il faut avoir été lésé dans ses prétentions : et ce cas n'existe pas pour lui. » — *Lois de la Procéd.*, t. 3, no 1571 *bis*, *in fine*.

1755. — Conformément à cette doctrine, la cour de Cassation a jugé que la partie qui, en première instance, a gagné son procès sur le fond, mais dont on a rejeté les fins de non-recevoir, peut les reproduire sur l'appel de sa partie adverse, sans se rendre elle-même incidemment appelante de la disposition du jugement qui les a rejetées. — *Cass.*, 16 juill. 1816, Foulonge c. hospice de Rouen.

1756. — La première condition nécessaire pour qu'on puisse interjeter appel incident, c'est qu'il y ait un appel principal.

1757. — « Le droit d'appeler incidemment, dit Rivoire (p. 440, no 299), n'appartient qu'à celui contre lequel on a déjà appelé, qu'à l'intimé proprement dit; le § 3 de l'art. 443 ne le confère qu'à lui seul, et exclut par conséquent tous les autres.

1758. — Aussi a-t-il été jugé que l'appel incident qui ne se rattache à aucun appel principal est nul. — *Aix*, 24 mai 1808, Petit c. Guizol ; *Cass.*, 13 août 1827, Armaignac c. Monceaux et Partarreu.

1759. — L'appel incident ne peut pas plus que l'appel principal porter sur les motifs du jugement attaqué. — *Bordeaux*, 3 fév. 1843 (t. 1er 1843, p. 152), Fureau c. Maulde. — D'ailleurs l'intimé n'est pas tenu de se rendre appelant pour faire changer les motifs, il peut, par de simples conclusions, obtenir que la cour donne des motifs nouveaux. — V. *suprà* no 1744.

1760. — L'intimé peut-il appeler incidemment des chefs autres que ceux qui font l'objet de l'appel principal ? — Pour la solution de cette question qui a été controversée pendant plusieurs années, on distingue si les différens chefs du jugement sont distincts ou connexes.

1761. — Si les chefs sont connexes, point de difficulté, l'appel incident peut porter sur ceux qui ne font pas l'objet de l'appel principal : ceci a toujours été reconnu.

1762. — Jurisprudence conforme : — *Amiens*, 29 mars 1812, d'Hervilly c. N.... ; *Amiens*, 9 mai 1812, N..... ; *Rennes*, 11 mars 1817, N.... ; *Amiens*, 29 mars 1822, Lematte c. d'Hervilly ; 10 mai 1822, Marcion c. Guillet ; *Agen*, 10 juin 1824, Cluzan c. Vergnes ; *Paris*, 11 mars 1836, Rouyer c. Chemery.

1763. — Si, au contraire, le jugement attaqué contient plusieurs chefs de demande sans rapport, sans liaison l'un avec l'autre, on a prétendu et l'on a jugé que l'appel incident devait être restreint aux chefs faisant l'objet de l'appel principal.

1764. — Carré (*Lois de la procédure*, t. 3, no 1574, 3e édit.), est celui de tous les partisans de cette opinion, qui l'a soutenue avec le plus d'insistance et d'autorité. Il a développé son système à différentes époques, et y a toujours persisté depuis. Il s'appuie particulièrement sur le principe de la divisibilité des jugemens, *tot capita, tot sententiæ*; et il en conclut que l'appel incident est non-recevable toutes les fois qu'il porte sur des chefs étrangers à l'appel principal. — *Sic*, Sirey, *Consultation*, t. 20, 2e part., p. 328, 2e édit.

1765. — Jugé en ce sens que, lorsqu'un jugement contient plusieurs chefs distincts et que l'une des parties interjette appel principal de l'un de ces chefs avec déclaration d'acquiescement aux autres, l'intimé ne peut, après le délai de trois mois, à compter de la signification qui lui a été faite du jugement, interjeter incidemment appel des chefs auxquels l'appelant principal a acquiescé. — *Nîmes*, 18 mai 1806, Tournaire c. Sautel.

1766. — Jugé encore que, lorsqu'un jugement contient plusieurs chefs, l'appel principal de l'un de ses chefs par une partie n'autorise pas l'intimé à appeler incidemment par acte d'avoué, et en tout état de cause, non seulement de ce chef, mais encore de tous ceux dont il n'y a point appel principal. — *Rennes*, 1er août 1810, Dacosta c. Gouyon.

1767. — Cette doctrine, qui n'est pas encore tout-à-fait abandonnée, est manifestement contraire à la loi et à la raison. — *A la loi*, car l'art. 443 autorisant l'appel incident en tout état de cause, entend évidemment replacer l'intimé dans la situation où il eût été s'il eût interjeté appel dans les délais; par conséquent l'appel peut embrasser le jugement tout entier. — *A la raison*, car tous les motifs qui ont fait écrire dans le Code la disposition de l'art. 443, § 3, s'appliquent au cas qui nous occupe. Qu'importe, en effet, qu'il y ait ou non plusieurs chefs de demande avec ou sans connexité entre eux, lorsque le jugement fait grief aux deux parties : la raison veut que si l'une d'elles l'attaque, l'autre puisse l'attaquer aussi, quoiqu'elle ait paru disposée à l'exécuter dans le cas où son adversaire consentirait à l'exécuter aussi; mais nous l'avons déjà dit, cette adhésion est purement *conditionnelle*, elle n'emporte aucune déchéance.

1768. — Vainement dit-on que l'appelant est libre de scinder les offres d'arrangement que l'intimé est présumé lui avoir faites en lui signifiant le jugement; qu'il peut les accepter pour les chefs qui lui sont avantageux et les repousser pour les autres : une pareille théorie est inadmissible. L'équité veut que l'intimé, qui a vu ses propositions pacifiques rejetées, recouvre entièrement sa liberté d'action; l'appelant ne peut lui opposer aucune fin de non-recevoir.

1769. — Dans le sens de cette dernière opinion, on peut invoquer Chauveau sur Carré, t. 3, no 1374, p. 636, *addit.*; Poncet, t. 1er, p. 524, nos 321 et suiv.; Boitard, t. 2, no 188 ; Bioche, vo *Appel*, no 678 ; Rivoire, p. 452, no 302; Merlin, *Quest. de dr.*, t. 7, p. 369 ; Berriat, p. 419, note 57; Thomine Desmazures, t. 1er, p. 676.

1770. — La jurisprudence est aujourd'hui conforme à la doctrine et paraît bien fixée par les arrêts suivans, qui, presque tous, émanent de la cour de Cassation.

1771. — L'intimé peut interjeter incidemment appel, non seulement des chefs du jugement qui dépendent de l'appel principal ou qui y sont connexes, mais encore de toutes autres dispositions du jugement. — *Cass.*, 13 janv. 1824, Thomasset c. Saquin ; 16 juin 1824, Chollier-Decibeins c. de Souvigny ; 8 juill. 1824, Andéc. Prade ; 22 mars 1826, Malon c. Belloc-Dumaine.

1772. — Lorsque, sur une demande en annulation de deux actes, l'un des deux a été annulé et l'autre maintenu, l'intimé peut, sur l'appel principal relevé au sujet de l'acte annulé, prendre la voie de l'appel incident contre la disposition du jugement par laquelle l'un des actes attaqués a été maintenu. — *Montpellier*, 21 nov. 1822, Deprade c. André.

1773. — D'un arrêt de la cour de Bruxelles il résulte que l'intimé qui a interjeté un appel incident sur un chef peut encore en interjeter un second sur un autre chef du même jugement. — *Bruxelles*, 5 nov. 1823, Devroede.

1774. — Toutefois, il a été jugé par la cour de Bourges qu'un appel incident interjeté sur quelque chef d'un jugement ne peut être étendu à d'autres chefs de ce même jugement. — *Bourges*, 20 août 1820, Boiron c. Poisle de Courcy.

1775. — L'appel incident ne peut porter sur les chefs d'un jugement relatif à une partie qui n'a pas appelé. — *Agen*, 10 mars 1836, Gary c. Dolique. — En effet, l'appel incident est, à proprement parler, une défense à l'appel principal ; mais cette défense, l'intimé ne doit pouvoir s'en servir que contre son agresseur, c'est-à-dire contre l'appelant principal seul. — Aussi, quand l'intimé a couvert par un acquiescement certains chefs du jugement qui concernent des parties autres que l'appelant principal, et qui, au lieu d'appeler, sont disposées à exécuter le jugement, l'intimé demeure avec elles dans les liens du contrat tacite qu'ils ont formé ensemble, et il ne peut, par un appel incident, porter atteinte aux chefs des jugemens qui les concernent. — C'est un point constant en doctrine et en jurisprudence.

1776. — L'appel incident, de la part de l'intimé, ne peut porter que contre le jugement déjà attaqué par l'appelant principal. — En effet, la condition essentielle pour être admis à appeler incidemment est d'être *intimé*; or, cette qualité, toute relative, n'appartient à l'adversaire de l'appelant qu'à raison du jugement dont la réformation est demandée par l'acte d'appel, ce n'est donc que ce jugement qui peut être attaqué par l'intimé. — *Cass.*, 26 mai 1814, Martial Constant c. Constant ; — Bioche, vo *Appel*, no 676.

1777. — Jugé cependant qu'on peut, quand on

est en instance devant une cour souveraine, interjeter incidemment appel d'un jugement opposé par l'une des parties, lorsqu'il émane d'un tribunal ressortissant à la même cour, et que le délai n'est point expiré. — *Nîmes*, 7 janv. 1812, Guillard c. Pascal.

1778. — Jugé aussi que quand, sur l'appel d'un jugement accueillant une action en pétition d'hérédité intentée par un individu, on oppose à celui-ci deux décisions auxquelles il n'a pas été partie et qui avaient adjugé la même succession à des tiers, l'appel incident qu'il interjette de ces décisions peut être accueilli seulement comme un moyen de faire confirmer le jugement qu'il a obtenu. — *Cass.*, 2 germin. an X, La Faye c. Delon. — V. les conclusions conf. de Merlin, *Quest.*, v° *Chose jugée*, § 11.

1779. — Lorsqu'une contestation est engagée sur un compte de tutelle, et qu'un jugement fixe le reliquat à payer de ce compte, s'il y a appel de cette décision, non motivée sur l'application des titres authentiques, mais sur les intérêts cumulés, on peut néanmoins former un appel incident tendant à l'exécution provisoire du jugement. — *Orléans*, 30 mars 1821, N...

1780. — L'appel incident peut être conditionnel; par exemple, l'intimé peut déclarer qu'il renonce à son appel si l'appel principal est déclaré irrégulier : dans ce cas, si la condition se réalise, il n'y a pas lieu de statuer sur l'appel incident. — *Poitiers*, 13 août 1824, de Marconnay.

1781. — Doit-il être fait droit sur l'appel incident lorsque l'appel principal est nul ou non recevable? — Pour l'affirmative, on dit que l'appel incident n'étant qu'un accessoire de l'appel principal, doit tomber avec lui lorsque celui-ci est réputé non avenu. — En d'autres termes, on prétend que la fin de non-recevoir contre l'appel principal entraîne l'anéantissement de l'appel incident. — Carré, *Lois de procéd.*, t. 3, n° 1580; Rivoire, p. 473, n° 305; Hautefeuille, p. 262; Talandier, p. 492.

1782. — Jugé en ce sens que l'appel incident qui n'a pas été signifié à partie devient un simple accessoire de l'appel principal, et que si l'appel principal est repoussé par l'exception de la chose jugée l'appel incident doit suivre le même sort. — *Rennes*, 25 janv. 1826, de Tanouarn c. Boudet.

1783. — ... Que l'appel incident n'est recevable qu'autant que l'appel principal est lui-même recevable. — *Orléans*, 24 déc. 1840 (t. 1er 1841, p. 356), Daudin c. de Courval.

1784. — ... Qu'on ne peut former un appel incident lorsque l'on demande la nullité de l'appel principal pour vices de formes. — *Amiens*, 12 janv. 1826, Lefranc c. Bullot.

1785. — Dans l'opinion contraire, on soutient que puisque le fait seul de l'appel principal rend à l'intimé le droit qu'il avait perdu d'attaquer les chefs du jugement qui lui font grief, rien ne doit plus le priver de ce droit, une fois qu'il s'est mis en devoir de l'exercer. — C'était, dit M. Chauveau sur Carré (t. 3, n° 1580, p. 644), par amour pour la paix et dans l'espoir que son adversaire ne la troublerait point qu'il s'était résigné à garder lui-même le silence; mais cette paix a été rompue par le fait de l'appelant principal; l'intimé rentre dès-lors dans tous ses droits, non seulement pour se défendre, mais encore pour attaquer. — V. aussi Bioche, v° *Appel*, n° 431; Souquet, t. 1er, p. 44, n° 261.

1786. — Jugé, conformément à ces principes, que la nullité de l'appel principal ne l'empêche pas de subsister, et n'enlève pas à l'appel interjeté postérieurement son caractère d'appel incident. — *Cass.*, 19 fév. 1838 (t. 1er 1838, p. 323), Letondoux c. Nercmbourg.

1787. — Quant à nous, c'est à l'opinion de M. Chauveau que nous nous rangeons. Vainement objecte-t-on que, pour que l'appel incident soit recevable, il faut qu'il existe un appel principal qui lui serve de base : nous répondons que l'existence de ce dernier appel est indépendante de sa recevabilité. En un mot, tout ce que veut la loi pour permettre à l'intimé d'appeler incidemment, c'est qu'il y ait un appel antérieur; quand cette condition existe, peu importe que cet appel soit nul ou valable, recevable ou mal fondé, le Code ne fait aucune distinction.

1788. — Une question qui doit se décider par les principes que nous venons d'exposer, est celle de savoir quel est l'effet du désistement de l'appelant principal sur le sort de l'appel incident.

1789. — On reconnaît généralement et avec raison que le désistement de l'appel principal après l'appel incident, n'anéantit pas celui-ci. L'intimé a un droit acquis qu'il n'est pas au pouvoir de son adversaire de lui enlever à son gré. — *Metz*, 15 juin 1814, N...; *Amiens*, 15 déc. 1821, Lachèvre c. Lefebvre; *Lyon*, 8 fév. 1830, Ducreux; *Cass.*, 23 nov. 1836, Jamet c. Chollet.

1790. — Mais ne faut-il pas distinguer si le désistement est intervenu avant ou après l'appel incident? — Dans le premier cas, ne peut-on pas dire que l'appel incident n'a plus de base, puisque l'appel principal était anéanti au moment où l'appel incident a été interjeté?

1791. — Suivant M. Rivoire, (p. 476, n° 306), il faut distinguer si le désistement a été accepté ou s'il ne l'a pas été. — Dans la première hypothèse, il repousse l'appel et l'admet dans la seconde.

1792. — Si l'intimé, dit-il, avait accepté le désistement, il aurait par là même tacitement renoncé à son appel incident et formé un contrat judiciaire avec l'appelant principal sur l'exécution du jugement. — *Poitiers*, 16 janv. 1824, Lapeyrière c. Geoffroy; *Bourges*, 3 mars 1830, Limousin c. Pichon; — Rivoire, p. 476, n° 306; Carré, *Analyse*, *Quest.* 1448.

1793. — Si, au contraire, l'acceptation n'a pas eu lieu, M. Rivoire est d'avis que le désistement n'est pas un obstacle à l'appel incident, encore bien qu'il ait été signifié antérieurement. — D'après l'art. 403, C. procéd., dit-il, le désistement ne produit son effet que lorsqu'il a été accepté; jusque-là l'appel subsiste et l'intimé conserve la faculté d'appeler incidemment. — Rivoire, p. 476, n° 306; *sic* Bioche, v° *Appel*, n° 697; Chauveau sur Carré, n° 1580.

1794. — La jurisprudence n'est pas encore fixée sur cette question.

1795. — D'une part, on a jugé que l'intimé ne peut plus appeler incidemment après la signification à lui faite du désistement de l'appel principal, lors même qu'il n'aurait point accepté ce désistement. — *Liége*, 26 juill. 1821, Arnold.

1796. — ... Que l'appel incident, signifié par l'intimé après la signification du désistement de l'appel principal, n'est pas recevable. — *Montpellier*, 23 mai 1828, Saint-Geniez c. Geniez.

1797. — ... Que l'intimé ne peut plus appeler incidemment après que son adversaire s'est désisté de l'appel principal. — *Douai*, 5 juill., 1819, Grivel c. Violette.

1798. — Mais, d'autre part, il a été jugé qu'un appel incident peut être interjeté, même postérieurement à la signification du désistement de l'appel principal, pourvu que ce désistement n'ait pas encore été accepté. — *Bourges*, 9 mars 1830, Limousin-Pigelet c. Pichon.

1799. — ... Qu'un appel incident est recevable, même après le désistement de l'appel principal. — Mais dans ce cas l'appelant principal est relevé de son désistement. — *Amiens*, 15 déc. 1821, Lachèvre c. Lefebvre.

1800. — ... Que le désistement de l'appel principal, signifié seulement à la partie, mais non à son avoué, n'empêche pas celle-ci d'interjeter appel incident. — *Paris*, 3 juin 1825, Mure c. Rubod.

1801. — Jugé aussi que lorsqu'un désistement d'appel et un appel incident sont signifiés le même jour sans que rien établisse la priorité de ces actes, l'appel incident est recevable. — *Montpellier*, 31 juill. 1821, Tournié c. N...

CHAPITRE II. — *Qui peut interjeter appel incident.*

1802. — Pour appeler, il faut être lésé, il faut éprouver un grief; ce principe s'applique aussi bien à l'appel incident qu'à l'appel principal.

1803. — Quel que soit le chef du jugement qui cause un préjudice, on peut en demander incidemment l'infirmation. — Ainsi jugé que le défaut de condamnation aux dépens contre la partie qui a succombé en première instance, forme un grief suffisant d'appel incident. — *Paris*, 27 fév. 1808, Robit c. Dunefour; — Chauveau, *Comment. du tarif*, t. 1er, p. 195, n° 41.

1804. — Jugé même qu'une partie est recevable à interjeter appel incident du jugement qui l'a condamnée à une partie des dépens, bien qu'une autre disposition du même jugement ait condamné un tiers à la garantie du montant de ces dépens. — *Paris*, 13 fév. 1826, Bouloud c. Legrip et Lemercier.

1805. — La faculté d'appeler incidemment, accordée par l'art. 443, C. procéd., appartient exclusivement à l'intimé. — *Turin*, 6 (et non 7) juill. 1808, Rolfi c. commission des hospices de Mondovi.

1806. — Par conséquent, une partie qui n'est pas intimée n'est pas reçue à interjeter un appel incident. — *Orléans*, 24 déc. 1840 (t. 1er 1841, p. 356), Daudin c. de Courval.

1807. — Lorsque, plusieurs parties étant en cause par suite de demandes en garantie, il y a eu appel principal de la part de la partie condamnée, l'un des intimés peut se rendre incidemment appelant et conclure à la condamnation d'un de ses cointimés. — *Cass.*, 13 mars 1837 (t. 2 1837, p. 38), Derué c. de Beffroy.

1808. — La partie qui a signifié un jugement, même sans réserves, peut-elle en appeler incidemment? — V. *infrà* nos 1845 et suiv.

1809. — La partie qui n'a pas été intimée sur l'appel du jugement dans lequel elle a figuré, peut-elle, en intervenant, appeler incidemment de ce jugement? Suivant M. Bioche (v° *Appel*, n° 84), l'appel ne produisant effet qu'entre l'appelant et l'intimé, la partie intervenante n'a que la voie de l'appel principal pour attaquer le jugement, si elle est encore dans les délais pour le faire.

1810. — Ainsi jugé : — *Agen*, 31 août 1811, Garros c. Dumousseaux; *Nîmes*, 29 janv. 1822, Bouschet et T... c. Pujolas; *Cass.*, 10 juill. 1827, Randon et Seur c. Hang et Gourjon; 15 janv. 1833, Dufraigne c. Bonneau.

1811. — Jugé cependant que celui qui, ayant échoué en première instance, a laissé néanmoins expirer le délai de l'appel peut, après avoir été assigné en déclaration de jugement commun par l'appelant principal, son cointéressé, et en reprise d'instance par l'intimé, interjeter incidemment appel contre ce dernier. — *Bourges*, 26 janv. 1822, Delagrange et Matté c. Cotton.

1812. — Jugé aussi que la partie non intimée sur l'appel d'un jugement dans lequel elle a figuré, peut intervenir en cause d'appel et appeler incidemment par une simple requête, même des chefs non critiqués par l'appelant principal, et plus de trois mois après la signification du jugement faite à l'intimé (C. procéd., art. 443 et 444). — *Cass.*, 26 oct. 1808, Richard c. Muller et Aubé.

1813. — Il en serait de même si l'intervenant avait été condamné solidairement avec l'intimé; dans ce cas, il pourrait interjeter appel incident; mais cela tient à d'autres principes. — V. *suprà* n° 1599. — V. aussi SOLIDARITÉ.

1814. — Au contraire, si l'intervenant avait été condamné solidairement avec l'appelant en première instance, il ne pourrait interjeter appel incident. — *Montpellier*, 30 avr. 1811, Teissier c. Amans. — Dans cette hypothèse, l'intervenant profite de l'appel principal, mais il ne peut appeler incidemment parce qu'il n'est pas intimé.

1815. — Du principe que pour interjeter appel incident il faut être intimé on tire cette conséquence que l'appelant principal ne peut interjeter appel incident. Ici, dit M. Rivoire (p. 442, n° 299), s'applique la maxime *incident sur incident ne vaut.*

1816. — M. Chauveau (*Lois de la procéd.*, t. 3, n° 1573 *bis*) n'admet ni cet adage, qui, en effet, n'est écrit dans aucune loi, ni les conséquences qu'on en tire. Suivant lui, l'appel incident interjeté par l'intimé étant antérieur à l'appel incidemment interjeté par l'appelant principal, ce dernier appel est, par rapport au premier, un véritable appel incident. — Toutefois, M. Chauveau n'est pas absolu; il pose une restriction relativement au délai. Ainsi, il ne permet pas à l'appelant d'éluder la loi par un appel incident et de se relever ainsi de la déchéance qu'il peut avoir encourue pour n'avoir pas interjeté appel dans les trois mois de la signification; mais, sauf ce tempérament bien nécessaire, il autorise l'appel incident avec toutes les autres conséquences. La jurisprudence repousse ce système.

1817. — Jugé que l'appelant ne peut interjeter appel incidemment à l'appel incident de l'intimé. — *Cass.*, 19 fév. 1838 (t. 1er 1838, p. 323), Letondoux c. Nérembourg.

1818. — ... Que l'appelant principal de quelques chefs du jugement n'est pas recevable, en cas d'appel incident, à interjeter ultérieurement appel des chefs contre lesquels il ne s'était pas pourvu. — *Turin*, 1er avr. 1812, Galleani c. Solaro et Villafaletti.

1819. — Que l'appelant ne peut interjeter incidemment appel par requête d'avoué à avoué d'un autre jugement que celui dont il a interjeté appel principal. — *Cass.*, 26 mai 1814, Constant.

1820. — ... Qu'il ne le peut pas non plus par de simples conclusions. — *Rennes*, 9 mars 1820, Conedic c. Kentrel.

1821. — Jugé même que l'appelant principal ne peut, pour le cas où son appel serait rejeté, se réserver de prendre ses conclusions principales au moyen d'un appel qu'il forme incidemment à un autre appel de l'intimé. — *Cass.*, 27 avr. 1835, Landragin-Taine c. commune d'Aspold; — Rivoire, p. 446, n° 299; Bioche, v° *Appel*, n° 700.

1822. — L'intervenant ne peut appeler incidemment par acte d'avoué du jugement qui l'a admis à intervenir à ses frais. — *Rennes*, 2 juill. 1810, Erhel c. Marjo.

1823. — Mais un créancier peut appeler incidemment du jugement condamnant son débiteur à payer une certaine somme à un de ses autres créanciers. — *Besançon*, 3 août 1808, Berthod c. Breton.

1824. — Jugé de même que le créancier intimé sur appel dans une instance où il a procédé conjointement avec son débiteur, est recevable à se porter incidemment appelant du chef de ce dernier, contre lequel il n'y avait pas d'appel principal. — *Cass.*, 7 fév. 1832, Rebattu. c. Julien.

1825. — Celui qui, condamné en garantie sur un des points de la cause principale, n'a point fait appel du jugement, peut interjeter un appel incident sur la barre, lorsque, par l'effet des appels respectifs du demandeur et du défendeur principaux, il se trouve exposé sur l'appel à de plus amples condamnations. — *Limoges*, 20 janv. 1823, syndics de la faillite Roulhac c. Cramaille.

1826. — Le garant condamné par le jugement de première instance peut, en cas d'appel du garanti vis-à-vis du demandeur principal, se rendre *incidemment* appelant...., alors que le garanti, sans lui signifier précisément d'appel, l'a mis en cause devant la cour par une assignation et *intimation* qu'il lui a donnée. — *Cass.*, 11 janv. 1832, Lemaire c. Paillet.

1827. — L'appel interjeté par le garant du jugement rendu contre lui ne relève pas le demandeur originaire de l'acquiescement tacite qu'il a donné à la partie du jugement relative au garanti resté en cause, en lui signifiant ce jugement, avec déclaration que l'*exécution en sera poursuivie*; ce demandeur ne peut interjeter appel incident contre le garanti, même en alléguant que les intérêts du garant et du garanti seraient indivisibles. — *Cass.*, 17 mai 1825, Bodin c. Vincent. — V. au surplus GARANTIE.

CHAPITRE III. — *Personnes contre lesquelles peut être interjeté l'appel incident.*

1828. — L'appel incident ne peut être interjeté que contre l'appelant, il ne saurait l'être d'intimé à intimé. — Rivoire, p. 456, nº 303; Bioche, vº *Appel*, nº 688; Pigeau, t 1er, p. 657; Carré et Chauveau, t. 3, nº 1573; Talandier, nº 418.

1829. — Jurisprudence conforme : — *Besançon*, 29 juin 1810, Crestin c. David Saint-Georges; *Rennes*, 9 juin 1815, Bounelin c. Ficher; *Cass.*, 27 juin 1820, Crespin c. Etienne; *Bourges*, 12 fév. 1823, Legendre c. Leclerc; *Toulouse*, 31 mars 1828, Terrada c. Recoules et Zeigler; *Poitiers*, 11 mars 1830, N...; *Bordeaux*, 8 août 1838 (t. 2 1838, p. 670), Lacroix...; *Rouen*, 18 fév. 1842 (t. 2 1842, p. 44), Chédeville c. Delamotte, Hervieu et Renard.

1830. — Ainsi, l'intimé ne peut appeler incidemment qu'envers l'appelant principal : il ne peut qu'appeler principalement et dans les délais légaux envers les autres parties qui ne se plaignent pas du jugement de première instance. — *Cass.*, 18 juill. 1815, Beaufranchet.

1831. — Même dans le cas où ces autres parties auraient elles-mêmes interjeté appel incident. — *Agen*, 31 mai 1811, Descamps c. Lavaux.

1832. — Mais l'appel incident peut être formé par l'intimé contre un autre intimé, lorsque l'instance engagée entre toutes les parties par l'appel principal est relative à un partage de succession, lequel est de sa nature un objet indivisible entre les cohéritiers. — *Bastia*, 27 nov. 1838 (t. 1er 1843, p. 591), Franceschini c. Pilogtri.

1833. — Bien qu'en thèse générale on ne puisse appeler incidemment contre une partie qui est elle-même intimée sur l'appel principal, cependant rien ne s'oppose à ce qu'un intimé demande, en cause d'appel et contre toutes les parties, la rectification d'un compte dans lequel il signale des erreurs et des omissions. — *Rennes*, 12 juin 1835, Rabot-Desportes c. Levêque, Marquer et Baudin.

1834. — L'appel incident ne peut être interjeté contre l'appelant que dans la qualité qu'il a prise dans son acte d'appel. Ainsi, lorsqu'un individu a agi en première instance, tant en son nom personnel que comme tuteur, et qu'il s'est borné à interjeter appel en cette dernière qualité, il n'y a pas lieu pour l'intimé à se porter incidemment appelant des dispositions du jugement qui statuent sur les demandes personnelles à l'appelant, et qui n'ont pas été attaquées par lui. — *Limoges*, 4 déc. 1813, Bourcelon c. Souliot; — Bioche, vº *Appel*, nº 690.

1835. — L'appel incident peut être dirigé, non seulement contre l'appelant principal, mais, en outre, contre tous ses consorts solidaires. L'appel principal, profitant à tous les consorts solidaires, autorise contre eux l'appel incident. — *Amiens*, 11 déc. 1821, Caillet c. Sueur et Colombel.

1836. — L'appel incident dirigé contre le tuteur, principal appelant, est valablement poursuivi contre lui, nonobstant le mariage survenu de la mineure, tant que le changement d'état n'a pas été notifié à l'appelant. — *Toulouse*, 19 août 1818, Dubois c. Legrand.

1837. — Lorsque après un jugement rendu entre le demandeur, le défendeur et une troisième partie appelée en garantie, cette dernière interjette appel vis-à-vis du défendeur, on ne doit pas considérer comme appel incident, par conséquent recevable en tout état de cause, celui que le défendeur interjette à son tour contre le demandeur, aux risques, périls et fortune du garant appelant principal. — *Rennes*, 10 nov. 1810, Huard c. Allys.

CHAPITRE IV. — *Délai de l'appel incident.*

1838. — La loi ne fixe aucun délai pour interjeter appel incident. — Art. 443, § 3.

1839. — L'appel incident est recevable en tout état de cause, même après les trois mois de la signification du jugement. — Art. 443, § 3.

1840. — Ainsi, l'intimé peut interjeter appel incident, même plus de trois mois après la signification du jugement de première instance que l'appelant principal lui a faite. — *Turin*, 19 mars 1808, C. Valperga c. J. Valperga; 9 fév. 1809, Charles Lavera c. Joseph Lavera. — Merlin, *Répert.*, vº *Appel*, p. 247; Carré et Chauveau, t. 3, nº 1575; Poncet, t. 1er, p. 530, nº 324; Berriat, p. 418, note 57; Pigeau, *Comment.*, t. 2, p. 16; Thomine-Desmazures, t. 1er, p. 677; Boitard, t. 2, nº 186. — *Contrà Praticien français*, t. 3, p. 31.

1841. — Il le peut en tout état de cause, et sans être tenu d'observer le délai fixé pour l'appel principal. — *Paris*, 21 nov. 1809, Lefranc c. Dupré et Delamarre; *Rennes*, 3 août 1819, N...

1842. — Il le peut même, suivant la cour de Bourges, après la mise en délibéré, tant qu'il n'a pas été statué par les juges, encore bien que le ministère public ait été entendu. — *Bourges*, 19 fév. 1838 (t. 2 1838, p. 285), Masson c. Charpentier.

1843. — Jugé que l'appel formé incidemment contre une partie qui n'a pas appelé est non recevable s'il n'a eu lieu qu'après le délai dans lequel l'appel principal aurait pu être interjeté. — *Cass.*, 15 janv. 1833, Dufraigne c. Bonneau.

CHAPITRE V. — *Fins de non recevoir contre l'appel incident.*

1844. — L'art. 443, § 3, contient une disposition qui déroge au principe ordinaire; il établit en faveur de l'intimé un droit exceptionnel, qui, après tout, n'est qu'un acte de justice; mais quelle est, en définitive, la portée de cette disposition, quelle est son étendue, quelles sont ses limites, c'est ce qu'il faut rechercher.

1845. — Un premier point hors de controverse, c'est que l'intimé, même après avoir signifié le jugement à son adversaire, est recevable à interjeter appel. Ce principe admis avant la promulgation du Code de procédure, consacré depuis par l'art. 443, ne trouve plus de contradicteur.

1846. — Jurisprudence conforme : — *Cass.*, 3 thermid. an VIII, Poisson c Caucheteur; 12 prair. an IX, Mahieu c. Pourbaix; 26 prair. an XI, Winter c. Meister; 23 fructid. an XII, Lemathis c. Nicolas; 12 fév. 1806, Pelletier; *Nîmes*, 29 juill. 1807, Maza c. Lasseigne-Monteil; *Bordeaux*, 10 mars 1809, Lambert c. Mangin; *Rennes*, 12 mars 1811, Le Bouteillier c. Herpin; *Agen*, 31 mai 1811, Descamps c. Lavaux; *Rennes*, 8 mars 1814, N... *Cass.*, 10 mai 1820, de Joviac c. Roman; 12 août 1817, Cineste c. Delayrolles; 24 nov. 1841 (t. 1er 1842, p. 372), Roussel c. Dormier.

1847. — On admet encore généralement que l'intimé peut appeler incidemment, même après avoir acquiescé tacitement ou expressément au jugement, pourvu que cet acquiescement soit antérieur à l'appel principal. En effet, on suppose, dans ce cas, que l'acquiescement est *conditionnel*. — Boitard, t. 2, nº 187; Chauveau sur Carré, t. 3, nº 1576.

1848. — Jugé en conséquence qu'on ne peut tirer contre la partie qui a interjeté appel incident aucune fin de non-recevoir de l'exécution qu'elle a donnée au jugement avant l'appel principal. — *Cass.*, 18 déc. 1824, Levalois c. Bernard; *Bordeaux*, 13 fév. 1828, Hyble c. Labat; *Paris*, 11 mars 1836, Rouyer c. Chemery.

1849. — ...Que l'étranger condamné à fournir la caution *judicatum solvi*, et qui a consigné la somme fixée, peut, dans le cas où son adversaire interjette appel pour obtenir une caution plus forte, appeler lui-même incidemment pour se faire décharger de l'obligation de fournir caution. — *Metz* (et non *Riom*), 26 mars 1821, Guyaux c. Pros.

1850. — ...Que l'intimé est recevable à interjeter appel incident d'une disposition interlocutoire qui a été exécutée par les deux parties lorsque l'appel principal, formé par son adversaire, des dispositions définitives du jugement, est postérieur à l'exécution de la disposition interlocutoire. — *Paris*, 19 déc. 1840 (t. 1er 1841, p. 271), Junot c. Siraudin.

1851. — A plus forte raison, l'exécution ne serait pas une fin de non-recevoir contre l'appel incident si elle n'avait eu lieu avec réserves. — Jugé que l'intimé ne perd pas le droit d'interjeter appel incident, pour avoir reçu, sans protestation ni réserves, des sommes dont le jugement portait condamnation à son profit, surtout si ces réserves avait été faites dans les premiers actes de poursuites à fin de paiement. — *Bordeaux*, 19 juill. 1831, Chaigneau c. Delmestre.

1852. — Ce qui vient d'être dit de l'acquiescement tacite résultant de l'exécution du jugement, il faut le dire aussi de l'acquiescement exprès, c'est le même principe; tous les auteurs sont d'accord sur ce point. — Chauveau sur Carré, t. 3, nº 1576; Merlin, *Quest.*, vº *Appel incident*, § 1er; Thomine Desmazures, t. 1er, p. 677; Bioche, vº *Appel*, nº 692; Talandier, nº 409; Carré, t. 3, nº 1577.

1853. — Jurisprudence conforme : — *Cass.*, 21 août 1811, Pouet; 9 avr. 1835, commune d'Abriès c. commune d'Aiguilles.

1854. — Jugé contrairement à l'opinion générale que la partie qui a positivement acquiescé au jugement de première instance n'est pas relevée de cet acquiescement par l'appel principal interjeté postérieurement par son adversaire, et que l'appel incident lui est interdit. — *Turin*, 19 mai 1813, Alessio c. Ponzo. — V. aussi *Cass.*, 11 fructid. an IX, Montereau c. Cobousie.

1855. — La question est plus controversée lorsqu'il s'agit d'un acquiescement donné par l'intimé *postérieurement* à l'appel principal, par exemple, par des conclusions tendant à la confirmation du jugement. En effet, dans ce cas, on ne peut pas dire que l'acquiescement soit *conditionnel*.

1856. — Toutefois, même dans ce cas, il y a une distinction à faire entre les conclusions prises *contradictoirement* et les conclusions posées par l'intimé contre l'appelant qui fait défaut.

1857. — Dans cette dernière hypothèse, comme l'intimé ne peut, en l'absence de son adversaire, changer leur position respective par ses conclusions, il faut bien reconnaître qu'il n'acquiesce pas, même quand il demande sans protestation la confirmation pure et simple du jugement. — « D'ailleurs, ajoute M. Chauveau (t. 3, p. 610, nº 1576), tant que l'appelant principal ne se présente pas pour soutenir son appel, on peut croire que, par un retour à des idées de transaction, il accepte enfin celle que l'intimé lui avait proposée, et dès-lors l'acquiescement reprend son caractère conditionnel. »

1858. — Ainsi l'ont jugé les cours de *Rennes*, 26 juin 1810, Potier et Menard c. Degennes de la Vieuville; *Grenoble*, 22 fév. 1812, N...; *Bourges*, 30 janv. 1827, Duprilot c. Gasté; *Cass.*, 15 juill. 1828, commune de Vougeoy c. Montinort; *Toulouse*, 29 fév. 1832, Lecour c. Mather; 7 avr. 1832, Ceserac c. Latapie; *Bordeaux*, 12 juill. 1832, Despagnac c. Meynier.

1859. — Jugé, au contraire, que l'intimé qui a obtenu par défaut un arrêt confirmant le jugement de première instance ne peut plus appeler incidemment. — *Bourges*, 8 mars 1812, Rollin c. Villeneuve; 16 juin 1813, N... ; *Grenoble*, 21 juill. 1811, Cherlery c. N...; *Bordeaux*, 19 mars 1833, Mathé Dumaine c. Callandreau (sous *Cass.*, 13 mai 1834).

1860. — Ces derniers arrêts prouvent qu'il est toujours prudent de faire des réserves, même quand on conclut en l'absence de l'appelant à la confirmation du jugement.

1861. — En pareille matière, les réserves sont si efficaces qu'elles permettent à l'intimé d'interjeter appel incident, encore bien qu'il eût posé qualités et conclu contradictoirement à la confirmation du jugement. — C'est ce qui résulte des arrêts suivans.

1862. La partie qui a signifié un jugement sans faire aucune réserve et qui, sur l'appel principal, a conclu à la confirmation du jugement attaqué, en se réservant toutefois d'interjeter appel incidemment en tout état de cause, est recevable à former appel incident. — *Besançon*, 26 nov. 1810, Jouffroy c. Mathéy; *Cass.*, 11 nov. 1812, Damy c. Waenen et Lambert; *Grenoble*, 21 mai 1829, Bourgeat c. Clément; *Cass.*, 15 déc. 1830, Menuet c. Enfert.

1863. — L'intimé qui a conclu à la confirmation du jugement de première instance, sous toutes réserves de fait et de droit, conserve le droit d'appeler incidemment. — *Cass.*, 26 août 1823, Duchemin c. Domuesque.

1864. — L'intimé conserve le droit d'appeler incidemment, quoique, depuis l'appel principal, il

APPEL (mat. crim.)

ait conclu à la confirmation du jugement, mais avec la réserve de modifier, changer et étendre ses conclusions à son gré. — *Cass.*, 30 déc. 1824, Ducasse c. Chavaille et Giraud.

1865. — L'intimé qui, depuis la signification de l'appel principal, a conclu à la confirmation du jugement, sous toutes réserves, mais sans se réserver spécialement la faculté d'interjeter un appel incident, peut interjeter ultérieurement cet appel, si les choses sont encore entières, et qu'il ne soit point intervenu de contrat judiciaire entre les parties. — *Cass.*, 17 avr. 1833, Delacroix c. Rousseau.

1866. — L'intimé peut se rendre incidemment appelant même après avoir posé des qualités sur l'appel principal, sans protestations ni réserves, si antérieurement il en a fait dans des conclusions motivées ou dans une requête. — *Cass.*, 20 déc. 1813, Lecaron c. Néc.

1867. — Bien qu'il soit affirmé par l'une des parties que l'adversaire a, dans les conclusions orales par lui prises avant la plaidoirie, demandé la confirmation pure et simple du jugement, si la cour n'a pas conservé le souvenir de la teneur positive de ces conclusions, elle ne peut s'en rapporter qu'à celles qui sont écrites et déposées. Et si les conclusions déposées contiennent réserve expresse de faire appel incident, elle doit déclarer l'appel incident recevable. — *Bordeaux*, 9 mai 1833, Doche c. Saulnier.

1868. — Lorsque l'intimé, dans ses premières conclusions, a, tout en demandant la confirmation du jugement, fait des réserves expresses d'en appeler incidemment, il conserve le droit de le faire, bien qu'il ait pris de nouvelles conclusions sans renouveler cette réserve, si ces nouvelles conclusions sont *aux mêmes fins* que les précédentes. — *Cass.*, 13 juill. 1841 (t. 2 1843, p. 425), Laurey c. Lavareille.

1869. — Jugé cependant que l'intimé qui, dans ses réponses aux griefs de l'appelant, a conclu au bien jugé en faisant toutes réserves, mais sans réserve spéciale d'interjeter incidemment appel, s'est par là rendu non-recevable à interjeter plus tard appel incident. — *Angers*, 25 fév. 1829, Delage c. Tribert.

1870. — Reste une dernière question : l'intimé peut-il encore interjeter appel incident, après qu'il a pris contradictoirement, et sans faire aucunes réserves, des conclusions tendant à la confirmation du jugement?

1871. — Boitard (t. 2, p. 231, nº 186, § 3) soutient la négative. — « N'est-il pas vrai, dit-il, qu'en venant, même après votre appel principal, conclure au maintien du jugement dans son ensemble, j'ai renoncé, non plus conditionnellement, mais d'une manière positive, absolue, au droit d'en interjeter un appel même incident. »

1872. — M. Chauveau sur Carré (t. 3, nº 1576, p. 639 *in fine*) enseigne la même doctrine, qui a aussi pour partisans Thomine Desmazures, t. 1er, p. 677 ; Talandier, p. 491 ; Merlin, *Quest. de dr.*, vº *Appel incident*, § 1er ; Favard de Langlade, t. 1er, p. 174, nº 13.

1873. — Quant à la jurisprudence, elle n'est pas encore tout-à-fait fixée; cependant l'opinion adoptée par les auteurs est celle qui compte le plus d'arrêts en sa faveur.

1874. — Jurisprudence conforme : — *Cass.*, 31 oct. 1809, Dehons c. Dubruel; 23 janv. 1810, Proyaut c. Quatremère; *Bruxelles*, 3 fév. 1813, Hurert Bataille c. Philippine Campion; *Agen*, 16 fév. 1813, Serignac c. Barres; 19 janv. 1814, Donjau c. Pelanne; *Rennes*, 3 août 1819, N...; *Bruxelles*, 1er août 1820, N...; *Amiens*, 30 juin 1824, Duneuf-Germain; *Poitiers*, 27 juill. 1824, Bariéra c. Blaizeau; *Agen*, 5 août 1824, Lalorgue c. Montaulieu; *Aix*, 13 janv. 1826, Guignes c. Mazeron; *Bordeaux*, 28 juill. 1827, Laclote c. Lamy; *Paris*, 22 mars 1833, N...; *Cass.*, 26 nov. 1833, Poulard c. Rivals-Dumas; *Bourges*, 19 fév. 1834, Prudhomme c. Bompierre.

1875. — Jurisprudence contraire : — *Agen*, 27 juin 1811, Bruguière c. Mannoury et Filiol; *Metz*, 24 août 1813, Astigny c. Marandal; *Rennes*, 14 mars 1822, des Champs-Neufs c. commune de Nantes; *Toulouse*, 23 nov. 1824, Rudelle c. Rofflat; *Cass.*, 4 mars 1834, Cruel c. Dubuisson ; *Bourges*, 1er fév. 1841 (t. 2 1841, p. 594), Chauvat c. Pascaut.

1876. — Un intimé peut appeler incidemment, même après avoir conclu à la confirmation de la décision des premiers juges, si l'appelant principal ne donne que plus tard ses griefs d'appel. — *Agen*, 25 avr. 1809, Cardonne c. Lassarre.

1877. — Bien qu'une partie ait fait signifier un jugement sans protestation ni réserve, et qu'elle ait ensuite conclu à la confirmation sur l'appel, elle est néanmoins recevable à interjeter appel incident de ce jugement, alors que l'autre partie a plus tard interjeté appel d'un premier jugement antérieur dont l'autre n'était que la confirmation. — *Cass.*, 9 avr. 1835, commune d'Abriès c. commune d'Aiguilles.

1878. — L'intimé est recevable à appeler incidemment de l'un des chefs du jugement, lors même que dans un acte d'avoué à avoué, par lequel il a interjeté appel incident d'un autre chef, il a conclu, sans exprimer de réserves, *à la confirmation du jugement quant au surplus de ses dispositions*, s'il n'est pas établi d'ailleurs qu'il ait eu la volonté de renoncer au droit d'appeler de ses autres dispositions. — *Cass.*, 30 déc. 1824, Ducasse c. Chavaille et Giraud.

1879. — Jugé que celui qui a plaidé pendant trois ans sur l'appel, sans se plaindre de ce que le jugement de première instance a omis de statuer sur un chef de demande relatif aux intérêts, est non-recevable à appeler incidemment sur ce point. — *Liége*, 16 mars 1812, Scheibler c. Garcia.

CHAPITRE VI. — *Formes de l'appel incident.*

1880. — L'appel incident est affranchi des formes prescrites par l'appel principal. — *Agen*, 11 juin 1809, Lavignan c. Mascasas.

1881. — Il n'est donc pas nécessaire que l'appel incident soit formé par exploit signifié à personne ou domicile.

1882. — Et s'il l'est dans cette forme, l'exploit peut, sans être nul, ne pas contenir assignation; l'art. 456 n'est applicable qu'à l'appel principal.

1883. — Il peut être interjeté par acte d'avoué à avoué. — *Cass.*, 12 fév. 1806, Pelletier ; *Bordeaux*, 10 mars 1809, Lambert c. Mangin ; *Besançon*, 29 juin 1810, Erestin c. David Saint-Georges.

1884. — Jugé en conséquence que l'appel du garanti, provoqué par celui du gérant, peut être considéré comme un appel incident et valablement formé par acte d'avoué à avoué. — *Colmar*, 19 mai 1826, Ramutz c. Kropffling.

1885. — Qu'un appel incident, relevé sur le bureau et signifié par acte d'avoué, est recevable. — *Rennes*, 29 mai 1821, Laporte c. Barthélemy dit Lebrun.

1886. — L'appel interjeté par une partie postérieurement à l'appel principal interjeté par sa partie adverse ne peut être réputé avoir perdu son caractère d'*incident* par cela seul qu'il aurait été signifié par voie d'exploit et non par acte d'avoué à avoué, alors que l'appelant principal avait omis d'en constituer un. — *Cass.*, 19 fév. 1838 (t. 1er 1838, p. 225), Letondoux c. Nerembourg.

1887. — L'appel incident peut être formé par requête, mais cette forme n'a rien d'obligatoire. — *Cass.*, 26 oct. 1808, Richard c. Muller et Aubé.

1888. — Aussi a-t-il été jugé avec raison que l'appel incident interjeté par le préfet, plaidant pour l'état, est régulièrement formé par de simples conclusions, signées du procureur général et déposées au greffe, sans requête signifiée à avoué. — *Bourges*, 7 fév. 1827, Fournier d'Armes c. préfet du Cher.

1889. — ... Et même par simples conclusions prises à la barre de la cour. — *Limoges*, 9 août 1811, N... ; *Colmar*, 31 juill. 1812, Bilh c. Faffa.

1890. — Il n'est pas nécessaire que ces conclusions contiennent le mot *appeler*, dont l'emploi n'est pas sacramentel. — *Cass.*, 2 vent. an XI, Vitet c. Garrichon.

1891. — Jugé que l'appel d'un jugement interlocutoire interjeté dans la forme d'un appel incident, c'est-à-dire par de simples conclusions, par celui qui est appelant du jugement définitif, est non-recevable — *Bordeaux*, 2 mai 1834, Blandeau c. Kintzel.

1892. — L'adhésion d'une partie à l'appel d'une autre n'équivaut pas à l'acte exigé pour interjeter un appel incident. — *Rennes*, 4 oct. 1811, syndics T... c. N...

1893. — Lorsque la partie qui a interjeté appel incident a surabondamment interjeté appel à domicile, il n'y pas a lieu d'examiner si son premier appel est nul. — *Rennes*, 8 fév. 1819, Lebastard c. Biet.

V. ABSENCE, ALGÉRIE, ALIÉNÉS, AUTORISATION DE PLAIDER, AVEU, CAUTIONNEMENT, CONTRE-LETTRES, ENREGISTREMENT, GREFFE (DROITS DE), PREUVE, PREUVE TESTIMONIALE, SERMENT JUDICIAIRE ET EXTRA-JUDICIAIRE, TIMBRE.

APPEL (Matière criminelle).

Table alphabétique.

APPEL (matière criminelle). — 1. — Ce mot comprend 1º l'appel des jugemens de simple police; — 2º l'appel des jugemens correctionnels. — Quant à l'appel des ordonnances de la chambre du conseil, il n'en sera pas question ici ; on sait que le Code d'inst. crim. lui a conservé le nom impropre d'*opposition*. — V. CHAMBRE D'ACCUSATION, CHAMBRE DU CONSEIL.

2. — Il ne sera pas question non plus, dans cet article, de l'appel qu'on peut interjeter contre les ordonnances rendues par les juges d'instruction; cette matière est spécialement traitée au mot INSTRUCTION CRIMINELLE.

CHAPITRE Ier. — *Historique.*

3. — A Rome, sous la république, il n'existait, entre les différentes juridictions, aucune hiérarchie; chacun des préteurs était souverain dans le cercle de ses attributions ; les jugemens n'étaient soumis à aucun recours. — Le seul appel qui fût pratiqué à cette époque était l'appel au peuple, réservé, comme un privilége, aux citoyens romains poursuivis ou frappés par une condamnation capitale. — Faustin Hélie, *Traité de l'instruction criminelle*, t. 1er, p. 154, § 32.

4. — L'avénement de l'empire modifia nécessairement cet état de choses ; l'empereur exerça les pouvoirs que le peuple exerçait auparavant ; ce fut alors que s'établit peu à peu l'usage de porter devant le tribunal du prince l'examen des décisions des magistrats ; toutefois, le droit d'appel ne fut complètement organisé que sous Dioclétien. — *Ibid.*, p. 155.

5. — Les solennités de l'appel étaient simples : il suffisait pour le former d'une déclaration verbale ou d'une requête par écrit. — Cod. Theod., L. 7, *De appellat.*; Cod. Justin., LL. 27 et 28, *De appellat.*

6. — L'acte d'appel devait contenir les noms des parties, l'exposé de l'affaire, l'énonciation de la sentence attaquée. — Ulpien, ff., L. 1, § 4, *De appell. et rel.*

7. — Les parties fournissaient ensuite des pièces et des mémoires, *Refutatorias preces*. — Cod. Theod., L. 14, *De appellat.*

8. — Ces pièces étaient transmises au juge qui devait connaître de l'appel. — Cod. Theod., LL. 18, 61 et 67, *De appellat.*

9. — Les délais de l'appel varièrent suivant les temps; ils furent d'abord de deux ou trois jours (Ulpien, ff., L. 1, § 5, *Quando appellandum sit*); ils furent plus tard de dix jours, à compter de la prononciation du jugement. — Justinien, Nov. 23, ch. 1er.

10. — Pendant l'instance d'appel, l'accusé demeurait en état de détention. — Cod. Theod., L. 2, *De appellat.*

11. — Dans l'ancien droit, sous l'empire de l'ordonnance de 1670, l'appel, en général, était facultatif; il n'était forcé que dans le cas où la sentence rendue par le juge des lieux portait condamnation de peine corporelle, de galères, de bannissement à perpétuité, ou d'amende honorable. — Ord. 1670, tit. 26, art. 6.

12. — On pouvait interjeter appel non seulement des sentences définitives qui n'étaient pas rendues en dernier ressort, mais encore de tout autre jugement ou ordonnance, soit interlocutoire, soit d'instruction.

CHAPITRE II. — *Appel des jugemens de simple police.*

Sect. 1re. — *Jugemens dont on peut appeler.*

13. — Sous le Code de brum. an IV, l'appel des jugemens de police n'était autorisé dans aucun cas (art. 153). — V. aussi Constitution de l'an III, art. 233. — Il n'y avait d'autre voie, pour les attaquer, que le recours en cassation. — Mais il en résultait de trop grands abus ; et c'est pour les réprimer que l'art. 172, C. inst. crim., a permis d'attaquer ces jugemens par la voie de l'appel.

14. — Aux termes de cet article, l'appel est recevable 1o lorsque le tribunal de simple police a prononcé la peine de l'emprisonnement; 2o lorsque les amendes, restitutions et autres réparations excèdent la somme de 5 fr., non compris les dépens. — C. inst. crim., art. 172.

15. — Le principe que l'appel est recevable lorsque la peine de l'emprisonnement a été prononcée reçoit application, même dans le cas où le jugement a fait une fausse application de la loi pénale. — *Cass.*, 11 fév. 1819, Colin.

16. — En effet, il n'en est pas en matière criminelle comme en matière civile, c'est la condamnation portée au jugement, et non celle requise par les conclusions, qui détermine si le jugement est en premier ou dernier ressort. — Carnot, sur l'art. 172, t. 1er, p. 717.

17. — Il s'est cependant élevé une assez vive discussion sur ce point, et voici à quelle occasion. L'art. 172, C. inst. crim., porte que « les jugemens de simple police pourront être attaqués par la voie de l'appel lorsqu'ils *prononceront* un emprisonnement, ou lorsque les amendes, restitutions et autres réparations civiles excéderont la somme de 5 fr., outre les dépens. » Le mot *prononceront* ne se trouvant pas répété dans le second membre de la phrase, quelques personnes en ont tiré la conséquence que, hors le cas d'une peine d'emprisonnement, ce n'était plus par la quotité de la condamnation, mais par celle des conclusions que l'on déterminait si le jugement était sujet à l'appel; mais Carnot (sur l'art. précité, t. 1er, p. 715, no 1er) a répondu avec raison que c'était là une vaine subtilité; et il a rappelé les paroles de l'orateur du gouvernement, qui s'est exprimé ainsi : « Lorsque les restitutions et autres réparations civiles n'excéderont pas ensemble la somme de 5 fr., outre les dépens, le droit d'appel serait un présent funeste aux parties, et l'appel ne sera pas reçu. » Telle est aussi l'opinion de Legraverend (t. 2, ch. 3, sect. 5e, p. 350) et de Bourguignon (*Jurisp. des Codes crim.*, sur l'article précité, t. 1er, p. 398, no 2). Dans son *Manuel d'instruction criminelle* (t. 1er, p. 266), ce dernier auteur avait pensé, par induction de la loi, sur les matières civiles, que l'appel serait recevable si la partie civile avait conclu positivement à des dommages-intérêts excédant 50 fr.; mais, dans sa *Jurisprudence des Codes criminels* (*loco citato*), il revient sur cette opinion, et reconnaît que cette distinction est inadmissible. La question ne nous paraît susceptible d'aucune difficulté.

18. — Par interprétation de l'art. 172, il a été jugé que l'appel était recevable, lorsque le jugement en condamnant le prévenu à 5 fr. d'amende, avait ordonné, en outre, la démolition des travaux par lui confectionnés en contravention aux réglemens de voirie. — *Cass.*, 8 janv. 1830, Bourgeois; 25 juin 1830, Fromage.

19. — Il en est de même lorsque outre la condamnation à 5 fr. d'amende, le jugement fait injonction au prévenu d'enlever les matériaux par lui déposés sur la voie publique, et ordonne qu'à défaut de ce, ils seront enlevés à ses frais. — *Cass.*, 9 août 1828, Gauthier.

20. — Est également en premier ressort le jugement qui ordonne des travaux d'une valeur indéterminée, alors qu'il ne prononce qu'une amende de 1 fr. — *Cass.*, 3 mai 1833, Cabrillon.

21. — Par la même raison, le jugement qui condamne le contrevenant à une amende de 5 fr., et qui ordonne de plus l'enlèvement d'arbres indûment plantés, dont la valeur est indéterminée, est en premier ressort, et c'est par la voie de l'appel et non par celle de cassation qu'il doit être attaqué. — *Cass.*, 7 juill. 1838 (t. 2 1838, p. 500), Carbonnier.

22. — Mais en serait-il de même dans le cas où le jugement aurait condamné le prévenu à l'amende de 5 fr. et aux dépens *à titre de réparations civiles?* — En thèse générale, les dépens ne sont qu'un accessoire de la condamnation principale, et l'art. 172, C. inst. crim., ne veut pas qu'on en tienne compte pour la fixation du premier et du dernier ressort ; mais lorsque ces dépens sont prononcés *à titre de réparations civiles*, ils perdent leur caractère primitif et sont, dans la pensée du juge, une véritable *indemnité*; par conséquent, le chiffre de ces dépens doit être ajouté au chiffre de l'amende lorsqu'il s'agit de déterminer si l'appel est recevable. C'est ce qui a été jugé par la cour de *Cassation*, le 11 sept. 1818, Laroyenne c. Vuillemin.

23. — Plusieurs arrêts ont décidé que les jugemens de simple police sont en *dernier ressort* et non susceptibles d'appel, lorsqu'ils ne prononcent pas l'emprisonnement, ou bien lorsque le montant des amendes, restitutions et autres réparations civiles, outre les dépens, n'excèdent pas la somme de 5 fr. — *Cass.*, 17 janv. 1823, Lafaille c. Marc Péré; 26 mars 1813, Lambay; 20 fév. 1829, Halliez; 24 juill. 1829, Fouquet-Ducoudray c. Massé; 2 déc. 1826, Ancillon c. Avial; 5 sept. 1811, Duhamel. — D'après la disposition de l'art. 172, C. inst. crim., ce point est sans difficulté.

24. — Que faudrait-il décider dans le cas où l'appel d'un jugement en dernier ressort, suivant l'art. 172, serait fondé sur *l'incompétence?* — La cour de Cassation juge qu'il est non-recevable et que la disposition de la loi est absolue. La seule voie ouverte, dans cette hypothèse, c'est le recours en cassation. — *Cass.*, 10 avr. 1812, Monatery; 17 juill. 1817, Naveau; — Carnot, *loc. cit.*, t. 1er, p. 717, nos 5 et 6 des *Observations*; Merlin, *Rép.*, vo *Colombier*, no 12, et *Quest. de dr.*, vo *Appel*, § 1er, art. 15.

25. — L'appel n'est pas recevable davantage contre le jugement qui prononce un sursis. — Ce jugement ne prononçant aucune condamnation, ne peut être attaqué ni par appel ni en cassation. — *Cass.*, 25 juin 1824, Jambon; 18 juill. 1817, Naveau; 29 fév. 1823, Bouvry; — Merlin, *Quest. de dr.*, vo *Appel*, § 1er, no 16.

26. — Peu importe que le jugement ait *été qualifié en premier ressort* : s'il ne prononce ni emprisonnement, ni aucunes condamnations pécuniaires excédant 5 fr., il ne peut être attaqué par la voie de l'appel. — *Cass.*, 19 juill. 1821, Marquis c. Douanes.

Sect. 2e. — *Personnes qui peuvent appeler.*

27. — Le droit d'appeler des jugemens de simple police n'appartient qu'à la partie condamnée et ne peut être exercé en aucun cas par le ministère public, sauf à lui à se pourvoir en cassation, s'il y a lieu. — C. instr., art 172. — *Cass.*, 29 mars 1812, Miller et Malthar; 28 août 1823, Barrez.

28. — Lorsque le mari a seul relevé appel du jugement qui le condamne solidairement avec sa femme prévenue, aux dommages-intérêts de la partie civile, le tribunal correctionnel saisi de ce seul appel ne peut se permettre d'évoquer le fond à l'égard de la femme qui a acquiescé au jugement, ni recevoir partie intervenante le ministère public dont les droits sont épuisés. — *Cass.*, 24 juill. 1818, Marseille.

29. — Le propriétaire qui, devant le tribunal de simple police, a, du consentement de la partie adverse, pris fait et cause pour son fermier inculpé d'infraction à un réglement de cours d'eau, peut appeler du jugement qui condamne le fermier, bien qu'il n'ait été prononcé contre lui-même aucune peine, si le tribunal a réservé au fermier toutes actions récursoires contre lui, à raison des condamnations prononcées. — *Cass.*, 11 juin 1831, N...

30. — L'individu condamné qui n'a point interjeté appel du jugement dans le délai prescrit par l'art. 174, C. Inst. crim., ne peut plus tard en obtenir la réformation, bien que sur l'appel interjeté par un autre condamné, le tribunal d'appel ait ordonné sa mise en cause et ait admis son intervention. — *Cass.*, 9 fév. 1837, Bouvier.

31. — Le ministère public ne peut en aucun cas appeler des jugemens de simple police. La voie de l'appel n'a été introduite qu'en faveur de la partie condamnée, C. instr. crim., art 172. La voie du recours en cassation est la seule qui lui soit ouverte. — *Cass.*, 19 mars 1812, Millet; 29 mai 1812, N...; 29 janv. 1813, Lejeune; 26 mars 1813, Lambay; 28 août 1822, Barrez; 28 août 1823, Barrez 9 sept. 1825, Barbot; 2 déc. 1825, Etienne Bunel; 24 fév. 1827, habitans d'Ensisheim; 10 juill. 1829, Pouguet.

32. — Quoique la jurisprudence de la cour suprême soit bien fixée sur cette question, cependant il s'est élevé quelque contradiction à cet égard. Legraverend soutient (t. 2, ch. 3, sect. 7e, p. 351) que le ministère public et la partie civile ont, comme le prévenu, la faculté d'appeler. L'art. 172, C. inst. crim., semble même justifier cette opinion, car il est conçu dans des termes généraux qui sont loin de se prêter à une distinction quelconque. Mais, pour saisir l'esprit de la disposition, il suffit de remarquer que, dans le système de Legraverend, le ministère public ne pourrait appeler que dans le cas où le jugement aurait prononcé une condamnation excédant la somme de 5 fr. outre les dépens; or, si le législateur eût entendu ouvrir au ministère public la voie d'appel, comment supposer qu'il la lui eût interdite en cas d'acquittement du prévenu? Pourquoi aurait-il permis l'appel *à minimâ*, et aurait-il défendu l'appel sur le fond même

de la prévention? C'est donc avec raison que, dans l'impossibilité d'en donner une explication satisfaisante, on cherche l'interprétation de l'article dans la législation antérieure, et que l'on conclut du rapprochement des deux dispositions que la nouvelle n'a dérogé à l'ancienne qu'en faveur des prévenus. — V. Merlin, *Quest.*, vº *Appel*, § 2, nº 10, et Bourguignon, *Jurispr. des Cod. crim.*, sur l'art. 172, t. 1er, p. 396, nº 1er.

33.—Non seulement le ministère public n'a pas le droit d'appeler en matière de simple police, mais il ne peut intervenir sur l'appel du contrevenant pour faire valoir des moyens d'incompétence dont le but serait d'aggraver la position de l'appelant en le faisant renvoyer devant la police correctionnelle. — *Cass.*, 29 sept. 1831, Hervieu-Duclos.

34. — Si le ministère public près le tribunal de police n'a pas le droit d'interjeter appel des jugemens émanés de ce tribunal, *à fortiori* ce droit n'appartient-il ni au procureur du roi, ni au procureur général. — Argum. *Cass.*, 7 nov. 1812, N...

Sect. 3e. — *Délai et forme de l'appel de simple police.*

35. — L'appel, pour être recevable, doit être interjeté dans les dix jours, c'est-à-dire au plus tard le *onzième*, en comptant celui de la signification du jugement, lors même que le dernier jour serait un jour férié. Ainsi, le délai de l'appel court du jour de la signification du jugement à personne ou domicile, et non du jour de sa prononciation. Art 174 et 203, C. inst. crim. — *Cass.*, 2 déc. 1825, Etienne Bunel. —L'art. 174 ne fait aucune distinction entre les jugemens contradictoires et ceux rendus par défaut.

36. — La loi des 19-22 juill. 1791 n'accordait que huit jours francs pour appeler des jugemens de police municipale; ni le jour de la signification ni celui de l'échéance n'étaient compris dans le délai. — *Cass.*, 4 frim. an IV, Valogne.

37. — Lorsque, sur une contestation dont l'objet était de la compétence du tribunal de simple police, est intervenu un jugement du juge de paix prononçant comme juge civil, le délai d'appel est de trois mois (C. procéd., art. 16). — *Cass.*, 26 déc. 1826, Cugnot c. Petey et Henin. — Aujourd'hui le délai n'est plus que de trente jours. — V. L. 25 mai 1838, art. 13.

38. — C'est au tribunal de première instance du ressort, chambre de police correctionnelle, que doit être porté l'appel des jugemens rendus par le tribunal de police (C. inst. crim., art. 174). — Décret du 18 août 1810, art. 9.

39. — L'art. 174, C. inst. crim., n'a point déterminé de forme spéciale pour interjeter l'appel des jugemens des tribunaux de simple police; par conséquent, il peut être régulièrement formé par un exploit. — *Cass.*, 27 août 1825, Bicheux; 1er juill. 1826, Brault. — V. conf. Merlin, *Quest.*, vº *Appel*, § 10, art. 3, nº 18; Mangin, *Traité de l'act. pub.* t. 1er, p. 206, nº 102.

40. — L'appel peut aussi être interjeté par déclaration faite au greffe. La notification par exploit n'est pas indispensable. — *Cass.*, 3 août 1833, Dépaux; 7 déc. 1833, Bellour.

41. — La déclaration peut même être faite valablement au greffe de la justice de paix. — *Cass.*, 6 août 1829, Jouy.

42. — Lorsque l'appel est interjeté par exploit, il doit contenir citation et être signifié soit au procureur du roi près le tribunal qui en est saisi, soit au commissaire de police ou au maire remplissant les fonctions du ministère public près le tribunal qui a rendu le jugement; le ministère public est indivisible. — *Cass.*, 19 sept. 1834, Lecamp.

43. — Il n'est pas nécessaire que l'acte d'appel d'un jugement de simple police contienne constitution d'avoué. Le ministère des avoués n'étant pas exigé, même lorsque l'on prend des conclusions à fins civiles. — *Cass.*, 7 avr. 1837 (t. 1er 1837, p. 398), Roque; 31 janv. 1833, Contrib. indir. c. Drieu; 11 oct. 1834, Hugonet (intérêt de la loi).

44. — Carnot (sur l'art. 174, C. inst. crim., t. 1er, p. 725, nº 13) pense qu'en matière de simple police l'appel doit contenir constitution d'avoué. Cela résulte, dit-il, de ce que ces appels doivent être *suivis et jugés* dans la forme des appels des justices de paix, et que sur l'appel des jugemens des justices de paix le ministère des avoués est nécessaire. Mais cette opinion est victorieusement réfutée par le réquisitoire de M. le procureur général Dupin, rapporté sous l'arr. de *Cass.* du 11 oct. 1834 (intérêt de la loi). — Il n'est d'ailleurs permis d'emprunter au Code de procéd. que les formes qui peuvent se concilier avec les principes généraux de la procédure en matière criminelle.

45. — L'appel doit aussi être signifié à la partie civile, quand il y en a une au procès. La signification doit être faite, en thèse générale, au domicile de cette partie.

46. — Elle peut être faite aussi au domicile élu. — *Cass.*, 2 déc. 1826, Ancillon c. Avics.

47. — L'appelant n'est pas tenu, même pour la signification de l'acte d'appel à la partie civile, d'observer, à peine de nullité, les formalités prescrites par le Code de procédure. Ainsi, l'exploit n'est pas nul quoiqu'il ne mentionne ni la profession ni le domicile des appelans, ni même lorsqu'il a été donné à un bref délai. — *Cass.*, même arrêt.

48. — En matière de simple police, on est si peu rigoureux sur les formes, qu'il a été jugé que la signification faite à l'une des parties qui ont déclaré agir solidairement dans leurs poursuites, est valable, lorsqu'elle a été faite avec charge d'en donner connaissance aux autres. — *Cass.*, 11 juin 1831, N..

Sect. 4e. — *Effets de l'appel.* — *Procédure.*

49. — En matière de police simple, comme en matière de police correctionnelle, l'exécution des jugemens ne peut avoir lieu que lorsqu'ils sont devenus définitifs, et conséquemment elle est suspendue pendant les délais d'appel (C. inst. crim., art. 173 et 203). — *Toulouse*, 29 août 1834, Malé c. Casaux.

50. — Il existe cependant une différence de rédaction entre l'art. 173 et l'art. 203, C. inst. crim. — L'art. 203 ne se borne pas, comme l'art. 173, à déclarer l'appel suspensif, il dispose en termes formels qu'il *sera sursis à l'exécution* du jugement *pendant le délai et l'instance d'appel*. Faut-il conclure de là qu'en matière de simple police, l'exécution n'est suspendue que *par l'appel?* Non; il y a même raison de décider dans le cas prévu par l'art. 173 que dans le cas prévu par l'art. 203. D'ailleurs, ce qui prouve que le législateur n'a pas eu l'intention de faire une différence entre les matières de police correctionnelle et celles de simple police, c'est que, sous le Code de brumaire an IV, le recours en cassation, qui était alors la seule voie d'attaque permise contre les sentences des tribunaux de police, emportait sursis à l'exécution, à compter du jour où le jugement était rendu jusqu'à ce que le délai du pourvoi fût expiré ou que la cour suprême eût statué définitivement. En substituant la voie de l'appel au recours en cassation, les rédacteurs du Code n'ont évidemment pas eu l'intention de changer le principe relativement à l'exécution, qui, si elle était autorisée pendant les délais de l'appel, aurait souvent des résultats irréparables — Carnot, *C. inst. crim.*, art. 173; Desclozeaux, *Encycl. du dr.*, vº *Appel criminel*, nº 119.

51. — Le principe posé dans l'art. 173 souffre exception dans le cas de l'art. 10, C. procéd., lorsque le juge condamne le prévenu à l'amende pour avoir manqué au respect qui lui est dû; cette exception résulte de l'art. 12 même Code. — *Cass.*, 25 mars 1813, Gaillard.

52. — Le Code veut que l'appel des jugemens de simple police soit suivi et jugé dans la même forme que les appels des sentences des juges de paix. — C. inst. crim., art. 174.

53. — Mais cette disposition ne doit pas être prise à la lettre. En effet, l'art. 176 applique aux jugemens rendus sur l'appel des sentences de simple police les dispositions du Code relatives à la solennité de l'instruction, à la nature des preuves, à la forme du jugement et à la condamnation aux frais. — Ainsi, dit Legraverend (t. 2, p. 335, édit. de 1830), les appels en matière de simple police ne peuvent et ne doivent être suivis sommairement, comme le veut l'art. 174, qu'autant que cette instruction sommaire peut se concilier avec les autres règles tracées par le Code.

54. — Jugé en conséquence qu'en matière d'appel de jugement de simple police, il ne faut pas appliquer les art. 471 et 479, C. procéd., relatifs à l'amende de fol appel. — *Cass.*, 19 juin 1817, Bolz; 12 juin 1823, Mullot.

55. — Jugé aussi que l'instruction devant les tribunaux correctionnels, sur l'appel des jugemens de simple police, n'est assujétie qu'aux formalités que le Code inst. crim. a tracées, et non à celles prescrites en matière civile pour les enquêtes qui ont lieu devant les juges de paix et devant les juges de simple police (C. inst. crim., art. 154, 174 et 175). — *Cass.*, 11 juin 1831, N...

56. — Il est facultatif aux tribunaux de police correctionnelle, saisis d'un appel d'un jugement de simple police, d'entendre ou de ne pas entendre les témoins, lorsque les parties ou le ministère public requièrent leur audition; mais ils ne pourraient ordonner d'office cette enquête. — C. inst. crim., art. 175.

57. — Cependant comme la disposition de l'art. 175 n'est pas prescrite à peine de nullité, son défaut d'exécution ne saurait constituer une ouverture à cassation. — Carnot, sur l'art. 175.

58. — Lorsque aucune instruction testimoniale n'a été faite en première instance, si, en cause d'appel, on demande à faire entendre des témoins sur les faits rapportés dans un procès-verbal irrégulier et nul, le tribunal d'appel ne peut refuser de procéder à cette audition. — Argum. C. inst. crim., art. 174; — *Cass.*, 3 févr. 1820, Blanc; — Desclozeaux, *loc. cit.*, nº 122.

59. — En matière de simple police, est-il permis d'interjeter appel incident? — Le doute vient de ce que l'art. 174, C. inst. crim., porte que l'appel sera suivi et jugé dans la même forme que les sentences des justices de paix. Malgré les termes trop généraux de cet article, il faut tenir pour constant avec Merlin (*Quest. de droit*, vº *Appel incident*, § 12) que la dernière disposition de l'art. 443, C. procéd., sur l'appel incident est inapplicable en matière de simple police. La faculté d'appeler incidemment en matière civile repose sur la présomption que l'intimé s'est abstenu d'appeler, sous la condition tacite que son adversaire s'en abstiendrait aussi. Or, en matière de simple police, où la voie de l'appel n'appartient qu'au condamné, il est impossible de prêter le même raisonnement à la partie civile et au ministère public. Le condamné, en usant d'une faculté qui lui est particulière, ne leur a évidemment point conféré un droit qu'ils n'avaient pas. Comment pourraient-ils prétendre, en effet, que, s'ils n'ont pas appelé, c'est parce qu'ils ont pensé que, de son côté, le condamné se soumettrait au jugement? — *Cass.*, 24 juill. 1818, Marseille. — V. *contrà* Carnot, sur l'art. 174, nº 11.

60. — Le tribunal saisi de l'appel d'un jugement de simple police qui prononce une peine excédant cinq francs d'amende, ne peut se déclarer incompétent, sous le prétexte de l'incompétence du juge qui l'a rendu, il doit recevoir l'appel et annuler le jugement (C. inst. crim., art. 174). — *Cass.*, 15 juill. 1820, Dugarry.

61. — Avant le Code de procédure, le tribunal qui annulait pour incompétence un jugement de police, ne pouvait retenir et juger le fond. — Ord. 1667, tit. 6, art. 1er. — *Cass.*, 23 frim. an II, Marie Chevalègre.

62. — En infirmant pour vice de forme un jugement de simple police, le tribunal d'appel ne peut retenir le fond qu'à la charge d'y statuer en même temps et par le même jugement (C. procéd., art. 473; C. inst. crim., art. 174). — *Cass.*, 22 mars 1821, Amable Boulland. — V. conf. Merlin, *Quest.*, vº *Appel*, § 14, art 2, nº 4; Legraverend, t. 2, chap. 3, p. 355, et chap. 4, p. 411; Descloseaux, *Encyclopédie du droit*, vº *Appel, crim.*, nº 125. — Il est bien entendu, comme le fait observer Carnot (sur l'art. 174, C. inst. crim., t. 1er, p. 725, nº 2), que si l'infirmation du jugement était prononcée pour mal jugé au fond, rien ne mettrait obstacle à ce que, avant de faire droit définitivement, le tribunal ordonnât un interlocutoire.

63. — Le tribunal d'appel peut annuler un jugement de simple police, non seulement par des moyens tirés du fond, mais encore par tous moyens d'incompétence ou autres moyens de droit sur lesquels la cour de Cassation seule aurait pu statuer si le jugement eût été en dernier ressort (C. inst. crim., art. 172). — *Cass.*, 24 déc. 1824, Aubrée c. Simon. — En effet, la cassation est une voie extraordinaire à laquelle il n'est permis de recourir qu'après avoir épuisé tous les moyens ordinaires d'obtenir le redressement des griefs qu'on croit avoir contre un jugement.

64. — Le tribunal de police correctionnelle ne peut, sur l'appel d'un jugement de simple police, interjeté par le condamné, aggraver le sort de ce dernier, en annulant le jugement pour renvoyer l'affaire devant la juridiction criminelle dont les peines sont plus sévères. — *Cass.*, 19 fév. 1813, Poule; 27 mars 1812, Monfraix; 3 janv. 1822, Dubreuil c. Guérineau; 3 mars 1820, Sautereau.

CHAPITRE III. — *Appel des jugemens de police correctionnelle.*

Sect. 1re. — *Jugemens dont on peut interjeter appel.*

65. — Aux termes de l'art. 199, Code d'inst. crim., les jugemens rendus en matière correction-

nelle peuvent être attaqués par la voie de l'appel.

66. — Quelque généraux que soient les termes de la loi, ils comportent plusieurs exceptions.

67. — D'abord, on n'applique pas l'art. 199 aux jugemens *préparatoires* et de pure *instruction*. L'appel de ces jugemens n'est recevable qu'après le jugement définitif, et conjointement avec l'appel de ce dernier. — *Cass.*, 5 brum. an VIII, Lancel Carré; *Grenoble*, 18 août 1824, Marrel; *Cass.*, 22 janv. 1825, Pépin c. Dumarton; 11 août 1826, Irma Leblanc c. Marchadier; 5 déc. 1822, Mazaud; — Carnot, t. 2, p. 88, no 1er; Merlin; *Répert.*, vo *Appel*, art. 2, sect. 2e, § 3; Bourguignon, *Jurisprudence des codes crim.*, t. 1er, p. 442; Desclozeaux, *Encyclopédie du droit*, vo *Appel criminel*, no 19. — V. *contrà* Legraverend, t. 2, ch. 4, sect. 5e, p. 388.

68. — L'exception relative aux jugemens préparatoires ne s'applique pas aux jugemens interlocutoires; quant à ceux-ci, on peut, en matière correctionnelle comme en matière civile, en interjeter appel avant le jugement définitif. — *Cass.*, 2 août 1810, Forêts c. Boëhmer. — (Le même jour ont été rendus cinq arrêts identiques). — Ortolan, *Minist. public*, t. 2, p. 143.

69. — Elle ne s'applique pas non plus aux jugemens de compétence, dont l'appel peut être interjeté avant le jugement du fond, bien que ce jugement n'ait prononcé que des peines de simple police. — *Bruxelles*, 7 mai 1831, B... et V...; *Cass.*, 8 thermid an XIII, Saux; 5 brum. an VIII, Lancel-Carré; 11 mars 1826, Leblanc. — V. sur cette question Merlin, *Répert.*, vo *Appel*, sect. 2e, art. 2, § 3, no 3; Desclozeaux, *loc. cit.*, no 22.

70. — Une seconde exception résulte de l'art. 192, ainsi conçu : « Dans le cas où le fait dont est saisi un tribunal de police correctionnelle n'est qu'une contravention, et si la partie publique ou la partie civile n'a pas demandé le renvoi, le tribunal appliquera la peine... Dans ce cas, son jugement sera en dernier ressort. — *Cass.*, 14 mars 1824, Lecourt.

71. — Mais si le fait a été mal qualifié, l'appel est recevable contre le jugement, bien qu'il n'ait prononcé que des peines de simple police, par exemple, s'il a considéré le fait de la prévention comme constituant une simple contravention, lorsqu'il constitue un délit. C'est par la voie de l'appel et non par celle de la cassation que doit être attaqué un pareil jugement. — *Cass.*, 24 avr. 1829, Palaire; 16 mai 1829, Louis Pradal; 2 oct. 1828, Dulong; 6 mars 1818, Guérive; 31 août 1815, Vausselle; 4 août 1826; Gallard Duvert; 4 août 1832, Pagès; — Carnot, t. 2, p. 66, no 3, addit.

72. — Jugé de même qu'en matière correctionnelle, comme en matière civile, les jugemens qualifiés mal *à propos en dernier ressort* sont soumis à l'appel, et ne peuvent pas être attaqués par la voie de la cassation. — C. procéd., art. 453. — *Cass.*, 1er fév. 1821, Lasnon; 26 nov. 1812, Van Omeren; 16 août 1811, Colas; 23 messid. an XII, Beniquet c. Saumade.

73. — Lorsqu'un tribunal correctionnel, statuant sur un fait de coups et blessures volontaires, ayant occasionné une incapacité de travail de plus de vingt jours mais rendus excusables par une provocation violente, ne prononce que des peines de simple police, son jugement n'est pas en dernier ressort. — *Cass.*, 1er fév. 1821, Lasnon; 6 mars 1818, Guérive.

74. — Le tribunal correctionnel n'étant pas lié par la qualification donnée aux faits dont il est saisi, peut les apprécier autrement; ainsi, sur une poursuite en calomnie, il peut n'appliquer qu'une peine de simple police pour fait d'injures simples, surtout si aucun renvoi n'a été demandé; le jugement est alors en dernier ressort, quoique le débat n'ait porté que sur un délit correctionnel. — *Cass. belge*, 29 nov. 1833, V... c. K...

75. — Le jugement qui renvoie de la plainte un individu cité en police correctionnelle à raison d'un délit et d'une contravention, est en dernier ressort sur la contravention, et ne peut ne conséquemment, de ce chef, être frappé d'appel. — *Cass.*, 14 oct. 1841 (t. 2 1841, p. 552), Martel.

76. — Lorsque le tribunal correctionnel a modifié la peine par application de l'art. 463, C. pén., et n'a prononcé qu'une peine de simple police, quoique le prévenu ait été déclaré coupable d'un délit, le jugement est susceptible d'appel. — Rauter, *Traité du droit criminel*, t. 2, p. 422, à la note.

77. — Une troisième exception résulte des art. 479 et 483, C. inst. crim., et de l'art. 10, L. 20 avr. 1810, qui disposent que certains fonctionnaires, lorsqu'ils se rendent coupables de délits, sont jugés directement par les cours royales : dans ce cas, la décision est sans appel.

78. — Hors ces cas, tous les jugemens définitifs

qui interviennent en matière correctionnelle peuvent être attaqués par appel dans les dix jours qui suivent celui de leur prononciation à l'audience, lorsqu'ils sont contradictoires, et celui de leur signification à personne ou domicile lorsqu'ils sont par défaut. — *Cass.*, 14 mai 1824, Lecourt; 1er fév. 1821, Lasnon; 12 mars 1829, Charpin c. Balmain.

79. — Il est des jugemens qui prononcent séparément sur un incident, une exception, une nullité, une fin de non-recevoir; quoiqu'ils ne terminent pas le procès, ils sont définitifs quant à leur objet, et l'on peut en appeler en matière correctionnelle comme en matière civile. — Desclozeaux, *loc. cit.*, no 21. — V. APPEL (mat. civ.), no

80. — Ainsi, l'on peut appeler d'un jugement du tribunal de police correctionnelle qui a statué sur la question de savoir si ce doit être la régie des douanes ou le prévenu qui fera l'avance des frais d'une expertise. — *Cass.*, 1er fév. 1811, Stephani.

81. — Doit être considéré comme définitif et susceptible d'appel le jugement qui admet ou rejette des moyens de reproches proposés contre des témoins, mais dans les dix jours seulement, à compter de sa prononciation. — *Cass.*, 20 mars 1817, Toulain et Loisel Précourt c. Chevalier.

82. — L'appel est également recevable, dans le même délai, contre un jugement qui condamne à l'amende un témoin défaillant, nonobstant la disposition de l'art. 80, C. inst. crim., auquel l'art. 157, même Code, ne renvoie que pour fixation de l'amende. — *Metz*, 20 août 1821, Morhain.

83. — Jugé, au contraire, que le jugement d'un tribunal correctionnel qui condamne un témoin à l'amende pour non comparution n'est pas susceptible d'appel. — *Nancy*, 16 nov. 1842 (t. 1er 1843 p. 270), Billon.

84. — Est encore définitif le jugement qui renvoie à fins civiles, pour statuer sur une question préjudicielle, et dès-lors l'appel doit être interjeté dans le délai de l'art. 203, C. inst. crim., et non pas seulement avec celui du jugement du fond. — *Cass.*, 25 nov. 1826, Feydeau de Brou c. Forêts.

85. — Est également susceptible d'être attaqué immédiatement par la voie de l'appel, le jugement qui déclare un partage et renvoie la cause à un autre jour; ce jugement est définitif. — *Cass.*, 24 août 1832, Legall.

86. — La déclaration par laquelle un tribunal nomme un second juge d'instruction a le caractère d'un jugement et peut être attaqué par l'appel devant la cour royale. — *Poitiers*, 10 juill. 1832, N...

87. — Est susceptible d'appel le jugement d'un tribunal correctionnel qui accorde à un prévenu la liberté sous caution. — *Caen*, 28 mars 1838 (t. 2 1838, p. 155), Lemeneur; *Cass.*, 13 juill. 1837 (t. 2 1837, p. 287), Véron.

88. — On peut appeler des jugemens par défaut comme des jugemens contradictoires. — V. *infrà* nos 159, 187 et suiv.

89. — On peut appeler d'un jugement après s'en être rapporté à la sagesse des premiers juges. — *Paris*, 7 mars 1811, N...

Sect. 2e. — *Personnes qui peuvent appeler.*

90. — La faculté d'appeler appartient : 1o au prévenu; — 2o aux personnes civilement responsables; — 3o à la partie civile; — 4o à l'administration forestière; — 5o au procureur du roi près le tribunal de première instance; — 6o au ministère public près le tribunal ou la cour qui doit prononcer sur l'appel. — V. C. inst. crim., art. 202.

91. — Le Code du 3 brum. an IV ne parlait que du *condamné*; l'art. 292 a employé une autre expression afin de bien faire entendre que le prévenu, même acquitté, peut interjeter appel; par exemple, lorsqu'il se plaint de ce que le tribunal a refusé de lui adjuger des réparations civiles. — Carnot, t. 2, p. 96, no 1er; Boitard, *Leçons sur le C. d'inst. crim.*, p. 492, no 226, 2e édit.

92. — .... Ou lorsqu'il a été condamné aux dépens. — Desclozeaux, *loc. cit.*, no 26.

93. — La partie condamnée peut interjeter appel du jugement, soit elle-même, soit par un fondé de pouvoir spécial; mais, dans ce cas un pouvoir verbal ne suffit pas. — *Cass.*, 19 fév. 1836, Papin; 15 mai 1812, Savy; 3 fév. 1830, Fournier; 12 sept. 1812, Zok c. Damas; 28 janv. 1813, Jourdan; *Poitiers*, 6 janv. 1838 (t. 1er 1838, p. 192), Carpentier.

94. — La déclaration d'appel au nom du condamné, dit M. Morin (*Dict. de dr. comm.*, vo *Appel*, p. 58), ne peut être formée sans un mandat spécial. — V. aussi Legraverend, t. 2, p. 400.

95 — La nullité résultant de ce que l'appel a été formé au nom de la partie sans une procuration spéciale de sa part, ne peut être couverte par

des défenses au fond. — *Cass.*, 28 janv. 1813, Jourdan c. Verrion d'Esclans; 20 mars 1812, Sanly. — Merlin, *Rép.*, vo *Procuration*, § 2.

96. — Jugé que la procuration est suffisante lorsqu'elle porte généralement le pouvoir d'appeler de tout jugement. — C. inst. crim., art. 204. — *Cass.*, 28 janv. 1814, Jourdan c. Verrion d'Esclans; 5 sept. 1806, Ibert.

97. — Jugé de même que le pouvoir donné par une administration de faire devant un tribunal tout ce qui convient à ses intérêts contient implicitement l'autorisation d'interjeter appel d'un jugement de police correctionnelle rendu par ce tribunal, et de déposer au greffe la requête d'appel. — *Cass.*, 15 fruct. an XI, Douanes c. Mignot.

98. — Sous le Code de brumaire an IV, on jugeait que le pouvoir de présenter la requête d'appel emportait nécessairement celui d'appeler. — C. 3 brum. an IV, art. 194; C. inst. crim., art. 204. — *Cass.*, 29 prair. an IX, Douanes c. Cadelagro.

99. — Sous le même Code, lorsque la requête d'appel avait été signée par une personne que le mandataire spécial de la partie s'était substituée, l'appel était non-recevable, si l'acte de substitution avait seul été joint à la requête, et si la procuration primitive de l'appelant autorisant cette transmission de pouvoirs n'y était pas annexée. — *Cass.*, 13 fructid. an XIII, Gosselin.

100. — La nécessité d'une procuration est si impérieuse qu'un prévenu ne peut sans cela faire une déclaration d'appel au nom de son co-prévenu. — *Cass.*, 8 oct. 1829, Gazagne; 16 mars 1816, Vastine; 6 mai 1822, Pioche c. Bacuvier; *Metz*, 27 août 1821, Antoine Boivin; *Cass.*, 16 mars 1815, Vincent.

101. — Il en est autrement d'un avoué. Cet officier, tant qu'il n'est pas révoqué, peut, sans pouvoir spécial, interjeter appel au nom de la partie pour laquelle il a occupé. — *Cass.*, 17 août 1831, Flottard de Montagu c. commune de Saint-Maurice; *Metz*, 2 janv. 1826, Goutant c. Gilbert; *Bourges*, 3 mars 1826, d'Aremberg; *Cass.*, 18 mai 1821, Peignault; *Bourges*, 14 avr. 1825, Pierre L'Hote c. Thomas; *Metz*, 6 mai 1822, Pioche c. Bacuvier; *Bordeaux*, 24 mars 1831, Gaillard et Pénicaud c. Dufour. — Morin, *Dict.*, vo *Appel*, no 58.

102. — Le même droit appartient-il à un avoué n'ayant pas occupé lors du jugement? — Carnot (t. 2, p. 118, no 8) est d'avis de l'affirmative; mais il veut, dans ce cas, que cet avoué se *constitue*. C'est une formalité complètement inutile; en matière criminelle, l'avoué se constitue par cela seul qu'il fait un acte de son ministère, au nom de la partie. Aussi Merlin (*Quest.*, vo *Appel*, § 10, art. 3, no 5), et Legraverend (t. 2, chap. 4, p. 400), bien qu'ils adoptent la même solution que Carnot, n'exigent pas la formalité inusitée de la constitution.

103. — Jugé qu'un avoué de la cour peut aussi bien qu'un avoué de première instance interjeter appel sans pouvoir spécial à cet égard. — *Paris*, 22 mars 1839 (t. 1er 1839, p. 388), Jarrin c. Troubat; *Cass.*, 23 janv. 1813, Peters Hazen; *Paris*, 17 déc. 1842 (t. 1er 1843, p. 377), Emile de Girardin c. Raulet et Paya.

104. — Quant à l'avocat, il n'a pas comme l'avoué qualité pour appeler au nom de son client, sans un pouvoir spécial. — *Bourges*, 3 mars 1826, d'Aremberg c. Auchère; *Riom*, 3 fév. 1830, Fournier; *Cass.*, 8 oct. 1829, Gazagne; 15 mai 1812, Save; *Poitiers*, 6 janv. 1838 (t. 1er 1838, p. 192), Carpentier c. Cognac.

105. — La procuration donnée à son avocat par le plaignant, à l'effet de le *défendre en justice jusqu'à sentence définitive*, est insuffisante pour l'autoriser à interjeter appel d'un jugement de police correctionnelle, si elle ne contient pas le pouvoir d'appeler des jugemens qui interviendront. — *Cass.*, 12 sept. 1812, Zock c. Damas.

106. — L'art. 202 ouvre la voie de l'appel à la personne civilement responsable; toutefois Carnot est d'avis que si cette personne a été condamnée sans avoir été préalablement citée et poursuivie, ce n'est pas par la voie de l'appel, mais par la voie de la tierce opposition qu'elle doit se pourvoir contre le jugement. — V. *Comment. du C. d'inst. crim.*, t. 2, p. 98, no 5.

107. — C'est une erreur; on ne peut pas attaquer par la tierce opposition le jugement qui condamne, mais bien le jugement qui préjudicie et lors duquel on aurait dû être appelé. En outre, les jugemens rendus en matière criminelle ne peuvent être attaqués par la voie de la tierce opposition, parce que les condamnations sont personnelles comme les délits, et que les jugemens ne peuvent être opposés qu'à ceux contre qui ils ont été rendus. — *Cass.*, 3 juin 1808, Charles et Roux; 26 août 1808, Champneuf. — Favard de Langlade, vo *Tierce opposition*; Merlin, *Rép.*, vo *Tierce opposi-*

tion, § 1, nº 4; Morin, *Dict.*, vº *Appel*, p. 58.

108. — Ainsi, c'est par la voie de l'appel que doit se pourvoir la personne civilement responsable condamnée sans avoir été entendue.

109. — Le père n'a pas qualité pour interjeter appel d'un jugement de police correctionnelle au nom de son fils (majeur), sans être muni d'une procuration spéciale. — *Cass.*, 28 janv. 1813, Alessandro Volpicelli. — Morin, *Dict.*, vº *Appel*, p. 58.

110. — Il en est autrement si les enfans sont mineurs; le père est de droit leur fondé de pouvoir spécial, et a qualité pour appeler, en leur nom, des jugemens rendus contre eux. — *Cass.*, 2 juin 1821, Anne Monhoven.

111. — D'après les notes de M. le président Barris, cet arrêt a été rendu à l'unanimité, et la cour a pensé que l'appel émis par un *tuteur* serait également valable. — V. conf. Bourguignon, *Jurisp. des Cod. crim.*, t. 1er, sur l'art. 202, C. inst. crim., p. 451, nº 5; Carnot, sur l'art. 199, même Code, t. 2, p. 90, nº 4; Legraverend, t. 2, chap. 4, p. 480; Parant, *Lois de la presse*, p. 218; Merlin, *Quest.*, vº *Appel*, § 10, art. 3.

112. — Un intérêt commun suffit pour donner au père le droit d'interjeter appel tant en son nom que pour sa fille, dans une cause où ils ont le même intérêt. — *Metz*, 3 juill. 1819, N...

113. — Une mère peut valablement interjeter appel au nom de ses enfans, lorsque ceux-ci, en état de détention, ont été empêchés, par une force majeure, de faire leur déclaration dans le délai de la loi. — *Metz*, 31 janv. 1820, Auer frères.

114. — Mais la fille ne peut, sans un pouvoir spécial, faire la déclaration d'appel tant en son nom que pour sa mère, condamnée avec elle; une pareille déclaration est nulle. — *Metz*, 6 mai 1822, Pioche c. Bacuvier.

115. — L'appel interjeté par le mari sous le nom de sa femme est régulier. — *Cass.*, 3 sept. 1808, N...; — Carnot, t. 1er, p. 583; Morin, *Dict.*, vº *Appel*, nº 58.

116. — La partie civile peut interjeter appel, mais seulement sur les chefs qui sont relatifs à ses intérêts privés. — Art. 202.

117. — Du reste, ce droit n'appartient pas au plaignant qui ne s'est constitué partie civile qu'après le jugement. — *Cass.*, 8 prair. an XI, Perret c. Pillet; *Paris*, 22 nov. 1834, Espinaud c. Legros; *Cass.*, 13 mars 1806, Bransiaux; 24 mai 1833, Beyraud; *Metz*, 3 oct. 1826, Georgin; *Bruxelles*, 17 juin 1826, Vincent.

118. — Le droit d'appel accordé à la partie civile est indépendant de l'action publique; il peut en conséquence être exercé alors qu'aucun recours n'a été formé par le ministère public, ou ne l'a pas été en temps utile. — *Paris*, 8 juin 1837, (t. 2 1837, p. 139), L... c. G...; *Cass.*, 2 août 1810, Forêts c. Marx Boehmer; 17 mars 1814, général Humbert c. de Brillac.

119. — La partie civile peut exercer son droit d'appel, même en cas d'acquittement du prévenu, et réclamer des dommages-intérêts, bien que de son côté le ministère public n'appelle pas. — *Bruxelles*, 20 fév. 1835, N...; *Metz*, 2 janv. 1826, Goutant c. Gilbert; *Cass.*, 17 mars 1814, Humbert; 19 mai 1816, Simonnet; 4 oct. 1816, Figuet.

120. — Elle le peut, quoique la somme demandée devant le premier juge soit inférieure à 1,000 fr. — *Bordeaux*, 29 juill. 1830, Lavaud c. Beaudron. — En effet, c'est la nature du fait et non la somme demandée qui règle la compétence en cette matière.

121. — L'appel de l'une des parties civiles n'autorise pas celles qui n'ont pas interjeté appel en temps utile, à attaquer devant la cour le jugement rendu par le tribunal correctionnel. — *Poitiers*, 6 janv. 1838 (t. 1er 1838, p. 192), Carpentier c. Cognac.

122. — L'art. 202 réserve spécialement à l'administration forestière la faculté d'appeler; cette faculté est indépendante de celle qui appartient au ministère public. — C. forest., art. 183 et 184. — Carnot, t. 2, p. 99, nº 7. — V. FORÊTS.

123. — Le ministère public a également le droit d'appeler des jugemens de police correctionnelle rendus sur la poursuite de l'administration forestière, même en cas de silence de la part de l'agent forestier. — *Cass.*, 4 avr. 1806, Raoult.

124. — L'administration forestière est non-recevable à interjeter appel d'un jugement de police correctionnelle, rendu sur la poursuite du ministère public, et dans lequel elle n'a pas été partie — *Cass.*, 7 fév. 1806, Dencelle c. Laglaire; — Boitard, *Inst. crim.*, nº 228.

125. — Ceux de ses agens auxquels le Code forestier et l'Ordonnance réglementaire attribuent l'exercice du droit d'appel sont les conservateurs, les inspecteurs, sous-inspecteurs et gardes généraux. — *Cass.*, 20 mars 1812, Forêts c. Venant; — Morin, *Dictionn.*, p. 58. — V. FORÊTS.

126. — L'appel ne peut être interjeté par les gardes à cheval. — *Cass*, 11 juin 1829 (intérêt de la loi); 2 sept. 1830, Forêts c. Pierre.

127. — Un agent forestier, porteur de la requête d'appel, signée par l'inspecteur, peut, au nom de celui-ci, et sans mandat spécial, appeler d'un jugement correctionnel. — *Metz*, 28 mai 1818, Scoverer.

128. — En Belgique, les avocats de l'administration des droits d'entrée et de sortie, et des accises, ont qualité pour interjeter appel des jugemens rendus par les tribunaux correctionnels, au désavantage de cette administration. — *Bruxelles*, 7 nov. 1825, N...

129. — L'appel de l'administration forestière, comme celui du ministère public, profite au condamné et l'autorise à conclure à son acquittement, quoiqu'il ne soit plus dans le délai de l'appel. — *Grenoble*, 25 nov. 1836, Forêts c. Mollard; 4 mars 1825, Autard.

130. — Malgré le silence de l'art 202, les administrations des douanes, des contributions indirectes, des postes, de l'enregistrement et des domaines, peuvent aussi appeler des jugemens correctionnels, lorsqu'elles ont figuré en première instance comme partie civile. — *Cass.*, 25 juill. 1806, Beenkon et Chaumont c. Douanes; — Dujardin-Sailly, *Code des Douanes*, p. 552.

131. — Mais elles n'ont pas cette faculté lorsque la contestation n'intéresse que leurs employés, agens ou préposés *personnellement*. C'est ce qui a été jugé par la cour de Cassation, les 23 juill. 1807, Douanes c. N...; 3 nov. 1808, Delfosse; 8 fév. 1811, Bruno. — V. aussi Dujardin-Sailly, *Code des Douanes*, p. 552.

132. — Le ministère public a qualité pour appeler d'un jugement rendu par le tribunal correctionnel sur la poursuite directe de la partie civile. — *Nancy*, 14 juin 1833, Serrière c. Deville; *Cass.*, 21 nov. 1828, Crucq.

133. — Le ministère public peut appeler, quoique la partie civile n'ait point elle-même interjeté appel. — *Cass.*, 31 juill. 1830, Delorme; — Morin, *Dict.*, vº *Appel*, p. 58, 2e col.

134. — Le droit accordé par les art. 202 et 205, C. inst. crim., au ministère public près le tribunal ou la cour d'appel de se porter appelant, ne peut dans aucun cas être subordonné à l'appel du prévenu; peu importe que le prévenu se soit désisté de son appel avant qu'il en ait été fait usage. — *Cass.*, 13 fév. 1840 (t. 2 1840, p. 537), Trimaille.

135. — De même, l'arrêt qui a déclaré la partie civile déchue du droit d'exercer son action contre le prévenu, ne peut être un obstacle à l'exercice de l'action du ministère public. Ainsi, lorsqu'un arrêté de l'administration locale (de Pondichéry) a disposé que l'action en répression de la fraude en matière de contributions indirectes pourrait être exercée dans un délai déterminé par le domaine ou par le ministère public, l'appel interjeté par le procureur général dans le délai de l'art. 205, C. inst. crim., mais après que l'appel interjeté par le fermier du domaine a été déclaré nul, n'a pu être déclaré non-recevable, par le motif soit que l'arrêté local n'aurait pas autorisé *l'action successive* de la partie civile et du ministère public, soit que, vu la maxime *non bis in idem*, l'action du domaine aurait épuisé le droit d'appel. — *Cass.*, 3 fév. 1844 (t. 1er 1844, p. 564), intérêt de la loi, Vindegakichenin.

136. — Néanmoins, le ministère public ne peut appeler de la disposition d'un jugement qui refuse à la partie lésée les réparations civiles auxquelles elle avait conclu. — *Cass.*, 13 déc. 1821, Lubin Grenet; — Mangin, *Tr. de l'act. publ.*, t. 1er, p. 73, nº 38.

137. — De même, le ministère public est non-recevable à se pourvoir par appel contre la disposition d'un jugement qui, sur la demande du plaignant, ordonne l'impression et l'affiche de la condamnation prononcée contre un prévenu d'injures. — *Cass.*, 22 oct. 1812, Gerber.

138. — L'exercice du droit d'appel appartient non seulement au procureur du roi près le tribunal de qui émane le jugement, ou à celui qui est attaché au tribunal qui doit connaître de l'appel, mais même au procureur général dans toute l'étendue de son ressort. La jurisprudence de la cour de Cassation est constante sur ce point. — V. ACTION PUBLIQUE, MINISTÈRE PUBLIC.

139. — « Aucun texte précis, dit M. Morin (*Dict.*, vº *Appel*, p. 59), ne confère cette faculté au procureur général lorsque l'appel est porté à un autre lieu qu'au chef-lieu de la cour royale. Ce n'est que par induction et par une conséquence des principes qui régissent le ministère public que cette attribution a été établie. La cour de Cassation a pensé que le procureur général avait droit d'appeler, par cela seul que la loi accorde ce droit à l'un de ses substituts; elle s'est fondée également sur l'art. 45 de la loi du 20 avril 1810, qui confère au chef du parquet, d'une manière générale et absolue, l'action de la justice criminelle dans toute l'étendue de son ressort. »

140. — Jugé, en effet, que les procureurs généraux ont la faculté d'appeler, de leur propre chef, des jugemens de police correctionnelle rendus dans l'étendue de leur ressort, lors même que l'appel devrait être porté au tribunal d'un chef-lieu de département, et non à la cour royale. La loi du 25 déc. 1815, qui a supprimé les places de procureurs royaux criminels, n'a rien changé au droit des procureurs généraux. — *Cass.*, 14 mars 1817, Poitevin.

141. — Carnot demande dans quel délai le procureur général doit interjeter appel. — La question n'est pas embarrassante, dit M. Desclozeaux (*ubi suprà* nº 34). Si le procureur général veut exercer le droit qui appartient au procureur du roi près le tribunal qui a rendu le jugement, il interjettera appel dans les dix jours; s'il veut exercer le droit du magistrat près le tribunal qui doit connaître de l'appel, il aura deux mois pour le former.

142. — Ce droit d'appel du ministère public est indépendant de celui qui appartient au procureur du roi près le tribunal de première instance, et peut être exercé, soit que ce procureur du roi n'ait point usé du sien, soit qu'il y ait renoncé, soit qu'il ait acquiescé au jugement. — *Cass.*, 2 août 1815, Desportes; 15 déc. 1814, Gilles.

143. — Jugé en ce sens que le procureur général a qualité pour appeler d'un jugement rendu sur les conclusions conformes du ministère public en première instance. — *Bruxelles*, 1er août 1808, N...; *Cass.*, 18 vent. an XII, Gouzi et Pendariès; 18 avr. 1806, Flachat et Charpentier; 21 flor. an XII, Cristole et Madaule. — V. aussi Merlin, *Répert. de Jurisp.*, vis *Appel*, sect. 2e, § 8, et *Compétence*, § 2, nº 9; Carnot, sur l'art. 202, C. inst. crim., t. 2, p. 103, nº 15; Legraverend, t. 2, p. 409.

144. — Jugé de même que l'exécution, provoquée par le procureur du roi, d'un jugement de condamnation du tribunal de police correctionnelle, ne fait pas obstacle à l'appel que le ministère public près le tribunal supérieur a le droit d'interjeter dans les deux mois de la prononciation du jugement. — *Cass.*, 7 fév. 1835, Durand; 2 fév. 1827, Lebozec; *Bourges*, 7 oct. 1839 (t. 1er 1840, p. 335), Denis frères; *Nîmes*, 22 juill. 1841 (t. 2 1841, p. 462), Laurent; *Cass.*, 15 déc. 1814, Gilles; 17 juin 1819, Berthe; 16 janv. 1824, Ferry; 2 août 1815, Desportes; — Legraverend, *Législ. crim.*, t. 2, p. 405; Carnot, sur l'art. 202, C. inst. crim., t. 2, p. 103, nº 14; Bourguignon, *Jurisp. des Codes crim.*, sur le même article, t. 2, p. 453, nº 6.

145. — Du reste, en principe, le ministère public n'a pas le droit d'acquiescer au jugement. Ainsi, quoique le ministère public ait exécuté le jugement en ordonnant l'élargissement du prévenu acquitté, il peut néanmoins interjeter appel de ce jugement. Le consentement le plus formel ne pourrait pas opérer un acquiescement. — *Cass.*, 16 juin 1809, Salza; 2 fév. 1827, Lebozec; 13 déc. 1824, Bazille; *Bruxelles*, 25 nov. 1836, Vanderborne. — V. ACQUIESCEMENT (mat. crim.), MINISTÈRE PUBLIC.

146. — Jugé cependant que le ministère public ne serait plus recevable à interjeter appel d'un jugement correctionnel, s'il l'avait fait signifier avec interpellation d'y satisfaire. — *Cass.*, 7 oct. 1809, N...

147. — Les substituts du procureur du roi ont-ils, comme les procureurs du roi, la faculté d'interjeter appel? La jurisprudence a varié, mais aujourd'hui le droit des substituts n'est plus contesté. — Desclozeaux, *loc. cit.*, nº 35; Morin, p. 59; Merlin, *Quest.*, vº *Appel*, § 2, nº 8; Carnot, sur l'art. 202. t. 2, p. 112, nº 1er.

148. — Jugé, en conséquence, que l'appel interjeté par un substitut d'un jugement émané du tribunal auquel il est attaché, est valable. — *Cass.*, 19 fév. 1829, Bouissié; 3 sept. 1820, Desmurs; 29 mars 1822, Lehmann; 14 mai 1825, Lefebvre; — Mangin, *Tr. de l'action publique*, nos 91 et 93.

149. — Dans ce cas, le substitut exerce un droit inhérent aux fonctions qu'il exerce; il n'a pas besoin du mandat du procureur du roi. Le ministère public est indivisible.

150. — Jugé, en conséquence, que l'appel d'un substitut ne peut pas être déclaré non-recevable, sous le prétexte qu'il aurait agi sans un mandat spécial du procureur du roi, lors même que ce ne serait pas lui qui aurait porté la parole à l'audience. — *Cass.*, 19 fév. 1829, Bouissié; 3 sept. 1820, Antoine Desmurs. — V. conf. Mangin., *Tr. de l'action publique*, t. 1er, p. 187, nº 94.

151. — Carnot pense que le procureur du roi pourrait désavouer son substitut, et que dans ce cas l'appel devrait être déclaré non-recevable. Nous ne pouvons souscrire à cette opinion ; on ne désavoue qu'un mandataire ; un substitut n'a pas cette qualité ; il exerce un droit qui lui est propre. Ses actes ont toute l'autorité et tout l'effet des actes émanés du procureur du roi qu'il remplace. — Argum., art. 43, L. 20 avr. 1810.

152. — Jugé que l'appel interjeté au nom du procureur général, par le substitut du procureur du roi, est régulier et recevable. — *Cass.*, 7 déc. 1833, Holleaux c. Lambert.

153. — Sous la loi du 7 pluv. an IX, les fonctions des substituts des commissaires du gouvernement, près les tribunaux criminels, étaient uniquement relatives à la police judiciaire, et ne leur donnaient nullement le droit d'interjeter appel des jugemens du tribunal de police correctionnelle. L. 3 brum. an IV, art. 193. — *Cass.*, 27 niv. an X (intérêt de la loi), 27 fruct. an IX, Tixier.

154. — Le ministère public peut-il attaquer par appel le jugement qui a condamné le prévenu, conformément à ses réquisitions, lorsque son appel tend à l'acquittement de ce dernier ? Oui, sans doute : les termes de l'art. 202 sont généraux. D'ailleurs, il est de principe que le parquet ne peut être lié par aucune des erreurs de ses membres. Ce n'est pas tel magistrat qui a siégé qui interjette appel ; c'est la partie publique qui examine avec une consciencieuse attention le bien et mal fondé des jugemens, et qui poursuit la réformation de ceux qui lui paraissent consacrer une injustice. — V. MINISTÈRE PUBLIC.

155. — Jugé que le ministère public est non-recevable à se rendre appelant *à minimâ* de la disposition d'un jugement qui, sur une demande en séparation de corps, a condamné la femme à la détention dans une maison de correction pour adultère, s'il n'y a point d'appel de la part du mari. — *Douai*, 27 mars 1828, femme Guyon. — V. ADULTÈRE.

156. — Lorsque le procureur du roi près du tribunal qui a jugé ne trouve pas à propos d'interjeter appel, la loi veut qu'il adresse, dans la quinzaine, un extrait du jugement au ministère public du tribunal compétent pour l'appel. — Art. 202 4°.

157. — Cette obligation n'a d'autre but que de mettre le ministère public du tribunal supérieur en état de décider s'il entend ou non user du droit que lui confère l'art. 202 § 5 ; elle est indépendante de celle qu'impose également l'art. 198, qui veut que dans tous les cas un extrait du jugement soit adressé dans la quinzaine au procureur général.

Sect. 3e. — *Délai de d'appel.*

158. — Le délai pour interjeter appel est fixé à dix jours par l'art. 203, C. inst. crim ; il est le même pour le prévenu, la partie civile ou le ministère public près le tribunal qui a rendu le jugement.

159. — Ce délai court à partir du jour de la prononciation du jugement, si le jugement est contradictoire, et à partir du jour de la signification, si le jugement est par défaut. — Même article.

160. — Dans ce dernier cas, le délai doit être augmenté à raison d'un jour par trois myriamètres de distance. — Art. 205, § 1er, *in fine.*

161. — Il y a une exception à la disposition de l'art. 203, C. inst. crim., relativement au délai de l'appel que peut interjeter le ministère public près le tribunal ou la cour qui doit connaître de l'appel. Dans ce cas, le délai est fixé à *deux mois*, à compter du jour de la prononciation du jugement, ou à *un mois*, à compter du jour de la notification, si le jugement a été légalement signifié par l'une des parties en cause. — Art. 205.

162. — Quant au procureur général, nous avons déjà dit *suprà* qu'il avait pour interjeter appel tout à la fois le délai accordé par l'art. 203 et celui de l'art. 205.

163. — Le Code du 3 brum. an IV, art. 194, n'avait établi aucune distinction entre les jugemens contradictoires et les jugemens par défaut. C'était une lacune que la jurisprudence avait comblée, en décidant, comme le fait l'art. 203, que le délai d'appel, pour les jugemens par défaut, court à partir de la signification. — *Cass.*, 7 niv. an IX, Bernard et Brody ; 7 fructid. an VIII, Bouzon ; 18 fructid. an VII, Compadre ; 29 vendém. an IX, veuve Louis Grant ; 9 mai 1806, Valaury.

164. — L'art. 194, C. de brum., laissait quelque incertitude par sa rédaction sur la longueur du délai. Mais, après une assez longue controverse, on avait fini par entendre l'art. 194, en ce sens que le *douzième jour* était encore un jour utile pendant lequel on pouvait interjeter appel.

165. — L'on jugeait donc que l'appel d'un jugement de police correctionnelle, rendu le 7, pouvait être utilement interjeté le 18 du même mois. — *Cass.*, 26 vendém. an IX, Rose Montanier ; 11 brum. an V, Marie Guibert ; 17 vent. an XII, Jean Formerie ; 9 frim. an XIV, Verpy ; 19 vent. an XI, Etienne Craster. — Carnot, t. 2, p. 104, n° 2.

166. — L'art. 203, C. inst. crim., est plus précis que l'art. 194, C. de brum. ; il veut que l'appel soit interjeté *dix jours au plus tard après celui* de la prononciation ou de la signification. En d'autres termes, le délai n'est pas franc, mais l'appel peut avoir lieu le *onzième jour*, si l'on compte le jour de la prononciation ou de la signification. — Carnot, *loc. cit.*

167. — M. Desclozeaux, (*Encyclopéd.*, v° *Appel en matière criminelle*, n° 39, p. 525, colonne 2e) semble dire le contraire, mais il suffit, pour reconnaître que son opinion est la même que la nôtre, de remarquer que dans son calcul il ne tient pas compte du jour de la prononciation ou de la signification du jugement. Au fond, le résultat est le même : Ainsi, l'on peut interjeter appel le 10 avril d'un jugement prononcé ou signifié le 31 mars.

168. — Le délai de l'art. 203 est rigoureux ; il emporte déchéance. — La déchéance est encourue de plein droit lorsque l'appel est formé le onzième jour, lors même que le dixième serait un jour férié. — *Cass.*, 28 août 1812, Combes c. Langlois ; 18 juill. 1817, Nicolas Gonthier ; 5 oct. 1833, Haoud ; 20 oct. 1832, Maslatrié ; 23 juill. 1834, Darcel ; 27 juin 1817, Fessoiral ; *Douai*, 27 fév. 1835, Collette ; *Bruxelles*, 7 oct. 1826, N...

169. — La déchéance résultant de la tardiveté de l'appel a lieu de plein droit et n'est point couverte pour n'avoir point été opposée dans la première audience où l'affaire a été portée. — *Cass.*, 20 mars 1812, Grégoire Santy.

170. — Elle peut être proposée en tout état de cause, et même pour la première fois devant la cour de renvoi, quoiqu'elle n'ait été invoquée, ni devant la première cour saisie, ni devant la cour de Cassation. — *Cass.*, 27 sept. 1828, Moreau c. Miquelard.

171. — Elle peut être prononcée d'office par le tribunal d'appel, lors même que l'intimé ne l'aurait pas proposée. — *Cass.*, 12 avr. 1817, Trognon ; — Merlin, *Quest.*, v° *Appel*, § 9, n° 4.

172. — La déchéance encourue par le prévenu n'est pas couverte par la citation qui lui est donnée à la requête de la partie civile pour comparaître devant la cour ; le ministère public peut opposer toutes fins de non-recevoir à l'appel du prévenu. — *Metz*, 24 août 1821, Antoine Boivin.

173. — Jugé que le délai d'appel ne court pas à compter de l'ordonnance de renvoi de la chambre du conseil, mais du jour de la prononciation du jugement, s'il est contradictoire, ou de sa signification, s'il est par défaut. — *Cass.*, 4 sept. 1818, Lohr et Oehm.

174. — Le certificat du greffier qui atteste que la déclaration d'appel a été faite dans les dix jours, ne peut pas couvrir la déchéance, si le certificat est d'une date postérieure à l'expiration du délai fixé par l'art. 203, C. inst. crim. Le greffier n'avait plus caractère pour constater la régularité de cette déclaration — *Cass.*, 22 janv. 1813, Peters Hazen. — V. conf. Legraverend, t. 2, chap. 4, p. 403, et Merlin, *Quest.*, v° *Appel*, § 10, art. 3, n° 12.

175. — Le même jugement qui annule un procès-verbal et admet la preuve testimoniale du délit, est à la fois définitif sur le premier chef et préparatoire sur le second ; en conséquence, l'appel de la disposition relative à la nullité n'est recevable que dans les dix jours de la prononciation, tandis que l'appel de la disposition qui admet la preuve testimoniale peut être interjeté avec celui du jugement du fond. — *Metz*, 26 fév. 1821, Delval et Danvilliers.

176. — Lorsque deux faits ne constituant qu'une seule et même contravention ont donné lieu successivement à deux jugemens interlocutoires, dont le second prononce en même temps quelques condamnations définitives, l'indivisibilité de la matière a pour effet de réserver le droit d'appel du premier jugement jusqu'au moment où ce droit se trouve ouvert pour le second. — *Cass.*, 25 sept. 1835, Moreau.

177. — L'art. 205, C. inst. crim., accorde au ministère public deux mois pour notifier son recours, soit à la personne civilement responsable du délit, à compter du jour de la prononciation du jugement, ou, si le jugement lui a été notifié par l'une des parties, dans le mois du jour de cette signification ; l'inobservation de cette formalité emporte déchéance. — *Cass.*, 12 avr. 1817, Trognon.

178. — Le motif de cette prolongation de délai est facile à comprendre ; c'est que le procureur du roi du tribunal compétent pour connaître de l'appel, n'étant averti de l'existence du jugement qu'à une époque assez éloignée de celle où il est rendu, ne pouvait être renfermé, quant à son appel, dans un simple délai de dix jours. — Boitard, *Inst. crim.* (édit. 2e), p. 508.

179. — M. Dupin n'approuve pas qu'il soit accordé à la partie publique un plus long délai qu'au prévenu pour appeler ; il pense que, s'il y avait faveur à accorder, ce devait être plutôt au prévenu qu'à son accusateur.

180. — Carnot (*Comment. du Code d'inst. crim.*, t. 2, p. 131, *Observ. addit.*) paraît partager ce sentiment. — Aussi ajoute-t-il que ce n'est que dans le cas où l'intérêt public le commande pour le maintien de l'ordre et de la tranquillité publique que les procureurs généraux doivent user de la faculté exorbitante qui leur est accordée par l'art. 205, C. inst. crim.

181. — Le jour de la prononciation du jugement n'est point compris dans ce délai. — *Bordeaux*, 24 mai 1831, Gaillard et Pénicaud c. Massé et Dufour.

182. — Les deux mois doivent être comptés selon le calendrier grégorien, et non par intervalle de trente jours. — *Cass.*, 12 avr. 1817, Trognon.

183. — Carnot (sur l'art. 205, *C. inst. crim.*, t. 2, p. 125 n° 2) dit que la question lui semble mériter une explication de la part de l'autorité législative, et qu'en attendant il faut s'en tenir à l'application de l'art. 40, C. pén., qui fixe à trente jours la durée d'un mois pour l'expiration d'une peine d'emprisonnement. — Legraverend (t. 1er, p. 68) adopte cette interprétation ; mais Mangin (*Tr. de l'act. publ.*, t. 2, p. 255, n° 318) répond avec raison que, le calendrier grégorien ayant force de loi en France, aux termes du sénatus-consulte du 23 fructid. an XIII, ces mois doivent être pris tels qu'ils sont fixés par le calendrier, pour la supputation des délais que la loi fixe par mois, à moins d'une disposition contraire ; que cela ne fait même pas question en matière civile (C. comm., art. 132) ; qu'enfin, l'art. 40, C. pén., n'est qu'une dérogation à la règle générale. — Petit (*Tr. du dr. de chasse*, t. 2, p. 227) est du même avis. — V. aussi *Cass.*, 27 déc. 1811, Conti.

184. — La déchéance, à défaut de notification de l'appel du ministère public, est encourue encore bien que, s'agissant d'une affaire d'adultère, il y ait eu appel en temps utile de la part du plaignant. — *Paris*, 8 juin 1837 (t. 2 1837, p. 189), L.... c. P... — V. conf. Legraverend, t. 2, p. 404.

185. — L'appel régulièrement interjeté par le procureur du roi près le tribunal de première instance, dans les dix jours de la prononciation du jugement, ne peut pas être déclaré non-recevable, sous le prétexte qu'il n'a pas été notifié au prévenu dans les deux mois : la disposition qui exige cette notification ne s'applique qu'à l'appel du procureur du roi près le tribunal ou du procureur général près la cour qui doit en connaître. — *Cass.*, 13 mars 1806, Moulin ; 21 janv. 1814, Schweitzen ; 29 juin 1815, Revéchat ; 10 mai 1816, Claye ; 11 nov. 1824, Luzzarini.

186. — Jugé de même que la notification n'est pas applicable au cas où l'appel est déclaré par le procureur du roi près le tribunal qui a rendu le jugement ; dans ce cas, il suffit de citer le prévenu, à l'effet de procéder sur l'appel. — *Cass.*, 1er juin 1838 (t. 1er 1839, p. 16), Veils.

187. — Relativement aux jugemens par défaut, on a vu que le délai d'appel avait pour point de départ la signification du jugement ; maintenant il s'agit de savoir si ce délai court en même temps que le délai de l'opposition. — Il faut tenir pour l'affirmative. En effet, les termes de l'art. 203 sont formels ; ils dérogent à la règle générale posée dans l'art. 443, C. procéd. — *Cass.*, 22 janv. 1825, Pépin c. Dumarton et Devins ; *Paris*, 27 mai 1829, May c. Contributions indirectes.

188. — Mais pourrait-on interjeter appel d'un jugement par défaut pendant les délais de l'opposition ? — En matière civile, on ne le peut pas, cela est certain. — V. APPEL (mat. civ.), nos 1012 et suiv. — En est-il de même en matière correctionnelle ? — La question a fait difficulté, et sous le Code du 3 brum. an IV, et sous le Code d'inst. crim.

189. — On sait que le Code de brum. gardait le silence sur le droit d'opposition aux jugemens par défaut ; cependant, la jurisprudence ayant admis cette voie de recours, un avis du conseil d'état du 11 fév. 1806 décida que l'appel n'était ouvert qu'après le délai de l'opposition.

190. — Nonobstant cet avis, la cour de Cassation a rendu, sous l'empire de la loi de brum., deux arrêts jugeant *in terminis* que l'appel est permis, même pendant le délai de l'opposition. — *Cass.*, 9 mai 1809, Valaury ; 17 mars 1808, Robbe et Camus.

191. — Depuis le Code d'inst. crim., qui a expressément reconnu le droit de former opposition aux jugemens par défaut, la même difficulté s'est représentée : on s'est demandé si l'avis du conseil d'état du 11 fév. 1806 serait encore en vigueur, et

APPEL (mat. crim.), chap. 3, sect. 4e.

si l'on pouvait invoquer la règle posée dans l'art. 443, C. procéd.

192. — La Cour de Cassation s'est prononcée pour la négative; elle a décidé que l'avis du conseil d'état du 18 fév. 1806, qui ne faisait courir le délai de l'appel d'un jugement par défaut que du jour de l'expiration du délai de l'opposition, a été abrogé par l'art. 203, C. inst. crim., qui déclare expressément la déchéance des appels qui n'ont pas été faits dans les dix jours après la notification des jugemens par défaut. — *Cass.*, 19 vent. an XI, Crasles; 22 janv. 1825, Pepin c. Dumarton et Devins, 31 mai 1833, Distel; — Carnot, t. 1er, p. 613, nº 4; Desclozeaux, *loc. cit.*, nº 39.

193. — Ainsi, l'appel des jugemens par défaut en matière correctionnelle peut être interjeté pendant les délais de l'opposition, et même avant la signification du jugement. — *Cass.*, 19 avr. 1833, Sorel; 20 août 1841 (t. 1er 1842, p. 503), Marty; 23 sept. 1841 (t. 2 1841, p. 568), Girot; *Metz*, 20 août 1821, Morhain; *Bourges*, 25 juill. 1822, Garillaud c. Lacour; *Paris*, 27 mai 1829, Mary.

194. — La cour de Cassation belge a adopté une jurisprudence contraire; elle a décidé qu'en matière correctionnelle comme en matière civile, l'appel d'un jugement par défaut ne peut être formé qu'après l'expiration du délai d'opposition. — *Cass. belge*, 17 mars 1836, Ockier; *Bruxelles*, 29 mai 1834, C...

195. — Jugé de même qu'en matière correctionnelle, la partie qui a obtenu un jugement par défaut ne peut interjeter appel avant d'avoir signifié le jugement à son adversaire et laissé écouler les délais de l'opposition. — *Colmar*, 24 oct. 1823, Samuel Brunschweig; *Besançon*, 26 nov. 1843 (t. 1er 1844, p. 640), Piquet c. Courbet; — Legraverend, chap. 3, sect. 5e, t. 2, p. 354; Bourguignon, sur l'art. 150, t. 1er, p. 353.

196. — L'appel d'un jugement par défaut doit être interjeté par la partie qui y a comparu, et à l'égard de laquelle il est dès-lors contradictoire, dans les dix jours de la prononciation de ce jugement. Cette partie ne saurait être tenue d'attendre l'expiration des délais d'opposition accordés au défaillant, ni de signifier préalablement à son appel le jugement intervenu. — Mais si les délais d'opposition ne sont pas expirés lorsque le tribunal d'appel est saisi, il doit surseoir à statuer jusqu'à l'expiration de ces délais. — *Cass.*, 10 oct. 1834, Forêts c. Gayon; 25 juill. 1839 (t. 2 1839, p. 462), Forêts c. Deffiné; — Merlin, *Quest. de dr.*, vº *Appel*.

197. — Jugé de même que lorsque le ministère public a interjeté appel *à minimâ* d'un jugement par défaut contre le prévenu, la cour ne peut y statuer qu'après que la juridiction des premiers juges a été épuisée, soit par un nouveau jugement rendu sur l'opposition du prévenu, soit en laissant par lui écouler le délai de l'opposition sans se rendre opposant. — *Colmar*, 24 août 1823, Samuel Brunschweig.

198. — Lorsque la partie civile a interjeté appel du jugement qu'elle a obtenu par défaut contre le prévenu, celui-ci peut, de son côté, empêcher l'effet de l'appel en attaquant lui-même le jugement par la voie de l'opposition. Ainsi, tant qu'il n'est pas justifié que le jugement ait été signifié, et que le délai de l'opposition soit expiré, le prévenu a le droit de faire déclarer l'appel non-recevable. — *Cass.*, 30 avr. 1821, Motret c. Bonneau-Lélang.

199. — Jugé que le prévenu peut être relevé de la déchéance encourue après la signification du jugement par défaut, à raison de ce qu'il n'a point élu de domicile fixe, et qu'il ne peut pas être légalement présumé en avoir eu connaissance. — Du moins, le jugement qui décide en fait que le prévenu n'ayant pas de domicile fixe n'est pas présumé avoir eu connaissance du jugement, échappe à la censure de la cour de Cassation. — *Cass.*, 11 juin 1825, Bruno; 30 janv. 1834, Chévrier; *Toulouse*, 22 janv. 1824, Jolly; *Bordeaux*, 23 fév. 1832, Raffard.

200. — Le délai de l'appel, lorsque le jugement est par défaut, devant être augmenté à raison d'un jour par trois myriamètres de distance, on demande si l'on doit tenir compte, dans la computation du délai, des fractions de moins de trois myriamètres. — Pour l'affirmative, on dit que l'art. 203, C. inst. crim., qui a accordé, outre le délai de dix jours pour interjeter appel, un jour par trois myriamètres pour le délai de distance, a voulu que, dans le cas où les trois seraient accompagnés d'une fraction, cette fraction profitât au condamné et augmentât d'un jour son délai; que l'art 203 semble pouvoir s'interpréter en ce sens, que trois myriamètres sont une distance qui exige ni plus ni moins un jour pour la parcourir et pour la signification de l'exploit; que, si les trois myriamètres sont parcourus dans un jour, le vœu de la loi est accompli, et qu'aussitôt le troisième myriamètre parcouru, commence une autre distance et avec elle un jour de plus; qu'il est juste d'interpréter l'art. 203 en faveur de la partie condamnée, et de la faire profiter d'un délai que cette loi ne lui a pas positivement refusé.

201. — Cependant, il a été jugé que l'art. 203, C. inst. crim., qui augmente le délai d'appel en proportion de la distance, ne comptant ce délai qu'à raison de trois myriamètres par jour, n'a pas voulu l'augmenter d'un jour lorsqu'il y aurait une fraction en excédant. — *Paris*, 17 déc. 1842 (t. 1er 1843, p. 377), Emile de Girardin c. Raulet et Paya.

Sect. 4e. — *Formes de l'appel.*

202. — L'appel doit être formé par une déclaration au greffe du tribunal qui a rendu le jugement, déclaration qui n'est soumise à aucune forme spéciale. — V. art. 203, C. instr. crim.

203. — Indépendamment de cette déclaration, l'appelant peut déposer une requête contenant l'exposé de ses griefs, soit au même greffe, soit au greffe du tribunal d'appel. — Art. 204.

204. — La requête doit être signée de l'appelant, d'un avoué, ou de tout autre fondé de pouvoir spécial. — Même article.

205. — Dans ce dernier cas, le pouvoir est annexé à la requête.

206. — Sous le Code de brumaire, les formes de l'appel étaient à peu près semblables (V. art. 193, 194, 195). Seulement l'inobservation de ces dispositions emportait déchéance.

207. — Jugé cependant que sous la loi du 3 brumaire, lorsque la déclaration d'appel contenait les griefs et moyens de l'appelant, il était inutile de remettre au greffe une requête contenant de nouveau ces moyens. — *Cass.*, 14 prair. an VII, André; 7 flor. an IX, Masurie; 26 fructid. an IX, Chapel; 28 niv. an XII, Gavaudan; 28 nov. 1806, Forets c. Commune Saint-Thomas-Saint-Nazaire; 27 déc. 1806, Costalla et Rosso. — Aujourd'hui le dépôt d'une requête est purement facultatif. — V. *infrà* nº 303.

208. — ... Que l'appelant qui avait déposé sa requête au greffe du tribunal dans les dix jours de la prononciation du jugement, ne pouvait pas être déclaré déchu de son appel sous le prétexte que cette requête n'avait pas été enregistrée dans les délais. — *Cass.*, 8 thermid. an VIII, Douanes c. Bernal.

209. ... — Que le dépôt de la requête contenant les moyens d'appel pouvait suppléer la déclaration d'appel, et rendait l'instance contradictoire avec l'appelant, qui, par suite, était non recevable à former opposition à l'arrêt rendu par défaut contre lui. — *Cass.*, 15 thermid. an VII, Nicolas Thill; 13 vent. an VIII, Fialin; 21 pluv. an XI, Leprevost; 19 vent. an XI, Étienne Crastel; 13 fructid. an XIII, Rasse c. Lemounier; 19 juin 1806, Bernardin-de-Saint-Pierre.

210. — ... Que le commissaire du gouvernement, près le tribunal correctionnel, qui avait fait une déclaration d'appel non motivée, devait, à peine de déchéance, remettre au greffe, dans les dix jours, une requête contenant ses moyens d'appel. — *Cass.*, 22 germin. an XII, Barreau.

211. — ... Mais que le dépôt de la requête était inutile lorsque la déclaration d'appel contenait les griefs. — *Cass.*, 15 déc. 1808, Carlier.

212. — La procuration n'était pas nécessaire pour la déclaration d'appel, mais uniquement pour le dépôt de la requête d'appel au greffe, et, dans ce cas, la loi n'exigeait pas qu'il fût dressé un acte de dépôt particulier de la procuration donnée à l'effet de signer une requête d'appel. — *Cass.*, 19 brum. an VIII, Douanes c. Martin; 29 vent. an X, Bosquier dit Gavaudan.

213. — L'appelant n'était pas tenu de signifier dans les dix jours son appel et ses moyens de défense à la partie adverse. — *Cass.*, 13 vent. an V, Eymeric-Rey; 11 brum. an V, Guibert.

214. — Ni le plaignant, ni le commissaire du gouvernement ou l'accusateur public ne pouvaient interjeter appel à la barre. — *Cass.*, 2 germin. an VIII, Colin c. Laplanche.

215. — La requête signée du président et du greffier ne pouvait suppléer à la déclaration d'appel exigée à peine de déchéance; comme aussi, la requête qui ne contenait aucun grief rendait l'appel non-recevable. — *Cass.*, 13 vent. an VII, Douanes c. Coudray; 14 germin. an XIII, Forêts c. Drivet; 3 janv. 1806, Anselmetti.

216. — Sous le Code d'instruction criminelle, la déclaration d'appel au greffe est exigée aussi bien du ministère public près le tribunal qui a rendu le jugement que du prévenu ou de la partie civile. Cette déclaration, faite régulièrement, est la seule formalité essentielle; ainsi lorsque l'appel a été interjeté de cette manière, dans le délai voulu, il ne peut être écarté pour vice de forme. — Desclozeaux, *loc. cit.*, nº 47.

217. — On a jugé, sous le Code de brumaire an IV, que l'adhésion donnée dans un délai utile par le ministère public de première instance à l'appel interjeté par la partie civile d'un jugement de police correctionnelle, devait être considérée comme une véritable appellation et continuait de subsister, encore bien que l'appel de la partie fût déclaré nul. — *Cass.*, 23 niv. an XI, Forêts c. Fermann.

218. — Cette décision est trop absolue. Si l'adhésion a été donnée par déclaration au greffe, elle n'est pas viciée par la nullité de l'appel de la partie, parce qu'elle ne lui est nullement subordonnée, et qu'elle équivaut elle-même à un appel principal; mais si l'adhésion n'a pas été passée au greffe, elle est nulle comme le serait une déclaration principale, parce que la déchéance prononcée par l'art. 203, C. inst. crim., s'applique autant à l'inobservation de cette condition qu'à l'expiration du délai.

219. — L'obligation de faire la déclaration d'appel par acte passé au greffe du tribunal qui a rendu le jugement, n'est pas applicable au ministère public près la cour ou le tribunal qui doit en connaître. Il suffit que ce magistrat en fasse faire la notification à la partie dans les deux mois de la prononciation du jugement, ou dans le mois de la signification, si le jugement lui a été signifié. — *Cass.*, 13 août 1813, Noël Sarda. — V. *suprà* nºs 177 et suiv.

220. — Si le procureur près le tribunal qui a rendu le jugement n'a pas fait de déclaration d'appel, il doit adresser dans la quinzaine suivante un extrait du jugement au ministère public près le tribunal d'appel du ressort pour qu'il puisse en appeler dans le délai utile, s'il le juge convenable. — Art. 202, C. instr. crim.

221. — La déclaration d'appel doit être justifiée par un certificat du greffier, portant qu'elle a été inscrite sur les registres en temps opportun. — *Cass.*, 22 janv. 1813, Peters Hazen; — Carnot, t. 2, p. 121, nº 3.

222. — Cependant l'appelant ne pourrait être déclaré déchu du bénéfice de son appel sur le motif qu'il ne représenterait pas un pareil certificat, s'il en avait réellement fait la déclaration en temps utile, et que cela résultât des pièces qu'aurait transmises le procureur du roi au greffe de la cour ou du tribunal d'appel. — *Cass.*, 11 janv. 1817, Forêts c. Pierre Fontenois; — Carnot, t. 2, p. 122, *in pr.*

223. — Jugé qu'il suffit pour la régularité de l'appel que la déclaration en ait été faite sur une feuille volante, quoiqu'elle n'ait pas été transcrite sur un registre. — En effet, la loi ne dit pas que la déclaration d'appel sera inscrite sur un registre. La nullité ne peut pas être suppléée. — *Metz*, 26 fructid. an IX, Chapel; 27 juillet 1818, Courtois.

224. — Une simple notification d'appel par exploit ne peut pas remplacer la déclaration qui doit être faite au greffe du tribunal, dix jours au plus tard après celui du jugement, l'appel ainsi formé est non recevable. — *Cass.*, 27 sept. 1828, Moreau c. Miquelard.

225. — Jugé de même qu'en matière correctionnelle l'appel du prévenu est nul si, au lieu d'avoir été fait par déclaration au greffe, il l'a été par exploit signifié au procureur du roi. — *Cass.*, 22 mai 1835, Pluchon.

226. — Jugé, en sens contraire, que l'appel du prévenu n'est pas frappé de nullité ou de déchéance bien que, au lieu d'avoir été fait par déclaration au greffe, il l'ait été par exploit signifié au procureur du roi qui a visé l'original. — *Colmar*, 20 avr. 1842 (t. 1er 1842, p. 758), Conreaux.

227. — L'art. 204, C. inst. crim., ne dit pas que la déclaration d'appel doit être signée de l'appelant ou de son fondé de pouvoir spécial; mais, dit Carnot (t. 2, p. 123), cela est suffisamment sous-entendu, puisque l'art. 204 l'exige ainsi pour la requête qui ne demande pas la même solennité.

228. — Du reste, la mention faite par le greffier que le comparant a déclaré ne savoir signer tient lieu de signature.

229. — A défaut de déclaration d'appel, le dépôt au greffe du tribunal, qui a rendu le jugement, d'une requête de griefs, avant l'expiration du délai, suffit pour que l'appel soit régulièrement interjeté. — *Cass.*, 12 mars 1812, N...; — Carnot, t. 2, p. 121, nº 2.

230. — Jugé, cependant, que l'annexe d'une requête d'appel aux pièces du procès, sans qu'il soit dressé un acte de dépôt de cette requête, ou sans qu'elle soit transcrite sur le registre du greffe, ne suffit pas pour tenir lieu de la déclaration d'appel prescrite par l'art. 203, C. inst. crim. — *Metz*, 4 juill. 1818, Forêts c. Molsch; 27 juill. 1818, Courtois.

231. — Mais cet arrêt n'a rien de contraire à la jurisprudence de la cour de Cassation. Le dépôt au greffe d'une requête d'appel, peut, sans contredit, remplacer la déclaration dont elle est l'équivalent ; mais il faut qu'un acte en soit dressé pour établir la preuve de ce dépôt et de sa date. La simple annexe d'une requête d'appel est donc insuffisante.

232. — Le dépôt fait au greffe par le mari, tant en son nom qu'en celui de sa femme, d'une requête d'appel signée par cette dernière, peut tenir lieu, dans l'intérêt de l'un et de l'autre, de la déclaration prescrite par l'art. 203, C. inst. crim. — *Metz*, 27 juill. 1818, Courtois. — C'est pour la signature de la requête et non pour son dépôt que l'art. 204, C. inst. crim., exige un pouvoir spécial.

233. — Sous le Code d'inst. crim., la production d'une requête d'appel est purement facultative. Ainsi, un appel régulièrement déclaré, ne peut pas être non-recevable sous le prétexte que les moyens à l'appui n'ont pas été notifiés dans les délais de la loi. —*Cass.*, 29 juin 1815, Forêts c. Revechat ; — Carnot, t. 2, p. 124, *Obs. add.*

234. — La déclaration d'appel, qui mentionne qu'elle a pour cause une fausse application de la loi, contient une énonciation précise des moyens d'appel. —*Cass.*, 15 déc. 1808, Carlier ; 3 janvier 1806, Anselmetti.

235. — La disposition portant que les moyens d'appel en matière correctionnelle seront présentés dans la requête d'appel, n'exclut nullement l'addition et la présentation de nouveaux moyens postérieurement à cette requête, avant ou pendant les débats. — *Cass.*, 18 mai 1810, Jacques Bogliolo ; — Merlin, *Quest. de droit*, v° *Appel*, § 13, art. 2, n° 5.

236. — L'appelant n'est pas déchu de son appel faute d'avoir produit une expédition de sa déclaration devant le tribunal ou la cour qui doit y statuer. C'est au ministère public que la loi impose l'obligation de transmettre les pièces à la cour. — C. inst. crim., art. 203 et 207 ; — *Cass.*, 11 janv. 1817, Forêts c. Pierre Fontenois. — A la même audience, douze autres arrêts ont été cassés pour les mêmes motifs.

237. — L'appel du procureur général n'est soumis à aucune forme particulière ; il n'est point tenu de faire une déclaration d'appel au greffe du tribunal de première instance, il suffit qu'il fasse notifier au prévenu son recours dans le délai fixé par l'art. 205, C. inst. crim. — *Liége*, 9 nov. 1833, Seniener.

238. — Une notification d'appel ne peut pas être annulée sur le fondement qu'elle n'exprime pas le domicile de l'intimé. Il suffit qu'il en ait reçu copie, à son domicile, qu'il ait été parfaitement instruit de cet appel, et qu'il ait comparu en personne à l'audience. — *Cass.*, 8 juin 1809, René Pléas ; 23 mars 1809, Goupil ; 5 mai 1809, Bergano. — Le Code d'inst. crim. a gardé le même silence que le Code de brum. an IV, sur la forme de la notification de l'appel.

239. — L'appel du procureur général notifié par un huissier incompétent, est validé par une assignation donnée régulièrement au prévenu avant l'expiration du délai, et exprimant formellement son appel. — *Cass.*, 20 fév. 1812, Laporte et Gagnon.

240. — Ainsi, encore bien que l'exploit de notification n'ait pas été enregistré, il suffit pour la régularité de l'appel que le prévenu ait été assigné dans le délai de la loi, par exploit en bonne forme pour être présent au rapport de l'affaire devant le tribunal d'appel, et voir prononcer le jugement. — *Cass.*, 15 mai 1812, Lemierre.

241. — L'art. 205 ne déterminant aucune forme pour la notification, l'appel du ministère public près la cour ou le tribunal qui doit en connaître, est régulièrement notifié par une déclaration faite sur la barre de la cour en présence du prévenu, sauf à ce dernier à réclamer un délai pour préparer sa défense. — *Cass.*, 14 juill. 1815, Delrieu ; 2 fév. 1827, Lebozec ; 6 juin 1822, Mauvieux ; 21 juill. 1838, Bourbon c. Renès ; 20 fév. 1812, Laporte et Gagnon ; 11 juin 1813, Paul Fabbri ; 22 juill. 1820, N... ; 21 avr. 1820, Goreau ; 7 déc. 1833, Holleaux c. Lambert ; 8 juill. 1841 (t. 1er 1842, p. 659), Guillard ; 15 oct. 1842 (t. 1er 1843, p. 165), Hermann.

242. — Mais pour que cette notification d'appel faite sur la barre par le procureur général soit valable, il faut que le prévenu soit présent. — *Paris*, 2 août 1833, de Soussy.

243. — Jugé, dans le même sens, que lorsque, avant l'expiration du délai, et pour en couvrir l'échéance, le procureur général a demandé acte à l'audience, en présence du prévenu, de la réserve d'appeler à l'audience où seraient entendus les témoins, et qu'il lui a été donné acte de cette demande, sans opposition, il y a notification suffisante de son appel, en temps utile, et que la cour peut régulièrement statuer sur ses conclusions ultérieures au fond. — *Cass.*, 2 août 1821, Jacques Cazes.

244. — Carnot (sur l'art. 205, C. inst. crim., t. 2, p. 132, n° 5) dit qu'il n'est point de cet avis ; et il se fonde sur ce qu'il ne peut y avoir contrat judiciaire formé que dans ce qui en a fait la matière, et que ce qui en faisait la matière, dans l'espèce, c'était la simple *réserve* d'appeler. Sans nous arrêter à ce moyen, un peu trop subtil, nous dirons avec Bourguignon (*Jurisprud. des Codes crim.*, sur le même article, t. 1er, p. 468), que la loi ne se contente pas d'une réserve d'appeler ; qu'elle exige, sous peine de déchéance, qu'une déclaration d'appel expresse ait été faite avant l'expiration du délai ; qu'il ne doit pas être permis à l'une des parties d'étendre, au moyen d'une pareille réserve, les délais de la loi, qui sont de rigueur, surtout en matière criminelle, et lorsqu'il s'agit d'aggraver le sort du condamné.

245. — Les conclusions prises à l'audience par le ministère public, et tendant à ce que la cour se déclare incompétente, ne peuvent pas suppléer une déclaration d'appel, quoique le délai qui lui est accordé à cet effet ne soit pas expiré. — *Cass.*, 22 juill. 1830, Leberquier.

246. — Sous le Code du 3 brum. an IV, art. 197, l'appel interjeté à la barre du tribunal criminel, par le commissaire du gouvernement, hors la présence du prévenu et sans notification préalable, était non-recevable. — *Cass.*, 2 germin. an VIII, Colin ; 17 flor. an IX (intérêt de la loi). — V. aussi 29 brum. an X, Blat.

247. — L'appel en matière de droits réunis (contributions indirectes) n'est pas soumis au délai ni aux formes prescrites en matière correctionnelle ordinaire. — *Cass.*, 3 mai 1806, N...

248. — Le décret du 1er germin an XIII, art. 32, porte que l'appel doit être notifié dans la huitaine de la signification du jugement ; après ce délai, il ne sera plus recevable, et le jugement sera exécuté purement et simplement. La déclaration d'appel contiendra assignation à trois jours devant le tribunal criminel du ressort de celui qui aura rendu le jugement.

Sect 5e — *Effets de l'appel.*

249. — Le premier effet de l'appel est de suspendre l'exécution du jugement attaqué. — Art. 203, § 2.

250. — L'appel d'un jugement contenant une disposition définitive est suspensif, même en matière de presse, alors surtout qu'il s'agit d'incompétence. — Les dispositions contraires de l'art. 26 de la loi du 9 sept. 1835 ne concernent que les recours en cassation contre les arrêts rendus par les cours d'assises. — *Paris*, 31 mars 1843 (t. 1er 1843, p. 601), Briet. — V. PRESSE.

251. — L'appel est suspensif quand il est dirigé contre un jugement qui n'est pas de simple instruction, et qui engage quelque intérêt des parties. — Dès-lors, l'appel interjeté contre un jugement qui a refusé de surseoir sur la prévention jusqu'à ce qu'il ait été statué par la cour d'assises sur un crime dont le prévenu est accusé, doit faire suspendre le jugement de la prévention au fond, que la demande en sursis soit fondée ou non. — *Cass.*, 23 oct. 1840 (t. 2 1842, p. 621), Marie Capelle.

252. — Mais, lorsque le tribunal correctionnel a refusé d'ordonner un sursis, nonobstant la disposition de l'art. 203, C. inst. crim., portant que l'appel est suspensif, il suffit qu'aucune décision ne soit intervenue au fond, pour que l'appelant ne puisse se faire de ce refus un grief d'appel. — *Cass.* 12 mars 1829, Charpin c. Balmain.

253. — L'exécution est-elle suspendue pendant le délai accordé aux officiers du ministère public près le tribunal d'appel pour se pourvoir contre les jugemens correctionnels ? — L'art. 205 est muet à cet égard ; mais la pratique constante des parquets est de ne faire exécuter les jugemens correctionnels qu'après les deux mois accordés à l'officier du ministère public près le tribunal supérieur pour interjeter appel. — D'ailleurs, la raison dit qu'on ne peut exécuter qu'un jugement irrévocable. — Morin, *Dict.*, v° *Appel*, p. 62 ; Boitard, *Inst. crim.*, p. 509 et 510.

254. — Jugé, en ce sens que l'exécution des jugemens est suspendue jusqu'à l'expiration du délai accordé au ministère public près le tribunal d'appel ou près la cour pour appeler. — *Cass.*, 15 déc. 1814, Giles.

255. — Si l'appel est suspensif lorsqu'il s'agit d'exécuter un jugement de *condamnation*, il n'en est pas de même d'un jugement qui acquitte le prévenu. Dans ce cas, la loi veut que la mise en liberté ne puisse être suspendue lorsqu'aucun appel n'a été déclaré ou notifié *dans les trois jours* de la prononciation du jugement. — C. inst. crim., art. 206. — C'est une exception au droit commun introduite en faveur de la liberté.

256. — La chambre des députés était même allée plus loin. En 1832, lors de la révision de nos Codes criminels, elle avait substitué à l'art. 206 une disposition portant que le prévenu acquitté en police correctionnelle serait mis aussitôt en liberté ; sauf, bien entendu, au ministère public son droit d'interjeter appel dans les délais ordinaires. — Cette proposition fut rejetée par la chambre des pairs, qui pensa que ce serait enlever au droit d'appel son efficacité que de permettre au prévenu de se soustraire, aussitôt après l'acquittement, par la fuite, à la condamnation qu'il pourrait encourir sur l'appel.

257. — Bien entendu que cette faveur appartient au prévenu, même lorsque la partie civile a interjeté appel dans le délai fixé par l'art. 206. En effet, l'appel de cette partie n'a pour objet que ses intérêts civils, ils ne peuvent mettre obstacle à la mise en liberté.

258. — Quoique le principe que l'appel est suspensif soit bien général, il reçoit exception dans le cas prévu par l'art. 188, alin. 2e, C. d'inst. crim. — D'après cet article, le tribunal peut, s'il y a lieu, accorder une provision ; cette provision est exécutoire nonobstant appel.

259. — Un autre effet de l'appel est de saisir le tribunal du second degré de juridiction de la connaissance du procès jugé en première instance.

260. — Seulement, il est bon de remarquer que l'étendue des pouvoirs du tribunal d'appel en ce qui concerne le jugement attaqué varie et que les effets de l'appel sont différens, suivant que l'appel a été interjeté par le prévenu, par la partie civile ou par le ministère public.

§ 1er. — *Effets de l'appel du prévenu.*

261. — Lorsque le prévenu seul s'est rendu appelant, le juge supérieur ne peut aggraver la peine prononcée en première instance. En effet, cet appel ne porte que sur les dispositions du jugement qui proclament la culpabilité du prévenu et qui lui font grief ; il ne peut avoir pour résultat que d'atténuer la condamnation, et tout au plus de laisser subsister la sentence telle qu'elle a été prononcée. — C'est un principe constant reconnu par la jurisprudence. — Boitard, *loc. cit.*, p. 496, n° 260.

262. — Ce principe a d'ailleurs été proclamé et expliqué dans un avis du conseil d'état du 12 nov. 1806, dont l'autorité domine encore aujourd'hui.

263. — Le conseil d'état a appuyé son avis sur deux considérations principales ; la première c'est qu'un tribunal d'appel ne peut réformer un jugement de première instance qu'autant qu'il y a eu appel, d'où la conséquence que s'il n'y a appel que d'une seule disposition, le tribunal ne peut ni réformer les autres, ni les discuter, puisqu'il n'en est pas saisi : — La seconde, c'est qu'un tribunal soit d'appel, soit de première instance ne peut adjuger que ce qu'on lui demande ; son jugement est nul s'il statue *ultrà petita*.

264. — Jugé en ce sens que le tribunal supérieur ne peut, sur appel du prévenu seul, infirmer le jugement dans les dispositions qui lui étaient favorables et qui n'avaient été l'objet d'aucun appel de la part soit du ministère public, soit de la partie plaignante. — *Cass.*, 16 juin 1809, Philippe Chiazzari ; 13 avr. 1811, Gayant ; 27 août 1812, Louis Brion ; 13 août 1813, Gousneur ; 15 janv. 1815, Henri Decormeille ; 18 avr. 1811, Gavant ; 11 mars 1826, Goillon.

265. — Jugé de même que, quand l'appel est interjeté par le prévenu seul, le tribunal d'appel ne peut examiner le mérite du jugement dans l'intérêt de la vindicte publique. A défaut par le ministère public d'en avoir interjeté appel, ce jugement a désormais acquis, relativement à lui, l'autorité de la chose jugée, ce serait lui porter atteinte et juger *ultrà petita* que de le réformer sous ce rapport. C'est donc uniquement dans l'intérêt du prévenu, qui seul a attaqué la décision des premiers juges, que ce tribunal doit vérifier s'il a été bien ou mal jugé à son égard ; et comme celui-ci ne défère à sa censure que les dispositions qui lui sont défavorables, il en résulte qu'on ne peut aggraver sa position en lui infligeant un peine plus forte. — *Cass.*, 7 juill. 1827, Chatel c. Moinot ; 30 juin 1827, Menghi ; 4 mai 1827, Charles Legrand ; 3 janv. 1822, Dubreuil ; 12 mars 1829, Nollero ; 14 juill. 1827, Jacques ; *Douai*, 27 mars 1818, Guyon ; *Cass.*, 18 juill. 1806, J. B. Leroux ; 10 janv. 1806, Delmas ; 22 frim. an VI, Offroy, Durieu et Maurel ; 23 frim. an VIII, Boldorino ; 18 janv. 1822, Geoffroy c. André ; 21 déc. 1816, Bourdon de la Marne.

266. — Quoique sur l'appel du prévenu, les juges supérieurs ne puissent pas aggraver la peine, ils peuvent cependant changer la qualification du

délits et décider, par exemple, qu'il y a vol là où les premiers juges n'avaient vu qu'une escroquerie.— Avis Cons. d'état, 12 nov. 1806; —*Cass.*, 23 juin 1837 (t. 2 1839, p. 496), Gand.

267. — Mais auraient-ils le droit de se déclarer *incompétens*, en se fondant sur ce que le fait reproché serait un *crime?* — Non, car ce serait aggraver la position du prévenu. C'est ce qui résulte et de l'avis du conseil d'état précité et d'un grand nombre d'arrêts.

268.—Jugé en effet que, lorsque aucun appel n'a été interjeté par le ministère public, les juges saisis par l'appel *unique* du prévenu ne peuvent aggraver la position de celui-ci, en se déclarant incompétens par le motif que l'affaire était du ressort de la cour d'assises, ni le renvoyer devant le juge d'instruction pour être procédé contre lui par la voie criminelle.—*Cass.*, 1er mai 1812, Pierre Van Gyrel; 27 mars 1812, Monfraix; 19 août 1813, Clermont Courtel; 17 nov. 1814, Claude Favre; 19 janv. 1816, Jean Boulot; 27 mars 1825, Labro; 30 juin 1827, Aug. Monghi; 30 mars 1837 (t. 1er 1837, p. 413), Maret.

269. — Ainsi le ministère public ne peut, à l'audience et sur l'appel unique du condamné, conclure à ce que la cour se déclare incompétente; le fait imputé constituant un crime et non un délit qu'autant qu'il y aurait eu recours ou appel par lui notifié à ce condamné, du moins sur le bureau et dans le délai utile. — *Cass.*, 19 août 1831, Belleverge.

270.— Mais que doit faire la cour lorsque le fait constituant un crime et non un délit, il n'y a d'appel que de la part du prévenu? Doit-elle, puisqu'elle ne peut se déclarer incompétente, renvoyer celui-ci des poursuites?— Non, elle doit alors procéder au jugement du fait dépouillé des circonstances qui lui donnaient le caractère d'un crime. Telle est la jurisprudence. — *Cass.*, 3 mars 1820, Pierre Sauleran; 18 juill. 1828, Pierre Martin; 29 fév. 1828, Emile Moussard; 1er mars 1829, Nollere; 22 juill. 1830, Leberquier; *Bordeaux*, 30 mars 1831, Jolain; *Cass.*, 18 fév. 1831, Benoist; 19 août 1831, Belleverge; 21 avr. 1832, Maître-Jean; 7 oct. 1836, Marguiol.

271. — Jugé également qu'un fait qui n'a été puni que comme délit par le tribunal correctionnel statuant sur renvoi prononcé par ordonnance de la chambre du conseil passé en force de chose jugée ne peut pas, sur l'appel du prévenu, être considéré comme crime par la cour royale, et motiver de sa part une déclaration d'incompétence, lors même que le ministère public y aurait conclu, mais seulement à l'audience, et sans avoir lui-même interjeté, dans les formes légales, appel du jugement. — *Cass.*, 31 mai 1838 (t. 2 1843, p. 438), Grignon.

272. — La jurisprudence n'a astreint le tribunal d'appel à juger le fond, malgré son incompétence, que dans la crainte d'aggraver la position du condamné; mais cette crainte n'est plus un obstacle dès que la qualification du fait reste la même, c'est-à-dire un délit de presse, et qu'il ne s'agit plus que d'un renvoi devant le jury, qui est considéré comme une juridiction plus favorable. — *Cass.*, 31 mars 1832, Roy de Lachaise.

273. — Dans ce cas, suivant M. Desclozeaux (*loc. citat.*, no 94), la cour d'assises ne peut, si le jury rend un verdict de culpabilité, aggraver la peine prononcée par le tribunal de première instance contre le prévenu; c'est toujours le même principe.

274.— Si la cour ne peut, en général, sur l'appel du prévenu, se déclarer incompétente, parce que la position de celui-ci serait aggravée, il en est autrement lorsque c'est le prévenu lui-même qui demande son renvoi. Dans ce cas, il n'y a pas d'aggravation, puisque c'est le prévenu lui-même qui a revendiqué ses juges naturels. — *Cass.*, 27 déc. 1839 (t. 1er 1841, p. 147, 1re espèce), Laforgue.

275. — Jugé que le prévenu qui seul a interjeté appel ne peut être condamné pour deux délits lorsque le premier juge n'en a trouvé qu'un constant, car pour le deuxième il y a chose jugée. — *Cass.*, 18 janv. 1822, Geoffroy c. André.

276.— Quoique la peine prononcée en première instance contre le prévenu ait été diminuée sur l'appel, il ne doit pas moins supporter ces frais, (car il est de principe que tout prévenu condamné doit supporter les frais (Art. 194 et 211 combinés). — Desclozeaux, no 94.

§ 2. — *Effets de l'appel de la partie civile.*

277.— Le droit que l'art. 202, C. inst. crim., confère à la partie civile d'interjeter appel du jugement rendu entre elle et le prévenu, peut être exercé par elle lors même que le ministère public garde le silence; mais, comme son appel ne peut jamais concerner que ses intérêts civils, c'est vis-à-vis du prévenu seul qu'elle doit le diriger; et, quand il y a lieu à cet appel, il faut faire une distinction : ou le prévenu a été déclaré coupable et condamné à la peine qu'il avait encourue, ou il a été renvoyé de la plainte.

278. — Dans la première hypothèse, le tribunal d'appel ne peut examiner ni la question de compétence ni la question de culpabilité, parce que tout est jugé à cet égard. C'est vainement, par conséquent, qu'il reconnaîtrait que les premiers juges étaient incompétens, ou que le fait reproché ne constituait ni délit ni contravention. Il lui est interdit, dès que le condamné ne se plaint pas, de réformer leur décision sur ces deux chefs. — Il ne pourrait pas non plus, sous peine de commettre un déni de justice, refuser de prononcer sur l'appel de la partie civile, par le motif que, ne s'agissant plus au procès que d'intérêts purement civils, l'affaire sort de sa compétence. La cause ayant été jugée en première instance par un tribunal correctionnel, il n'y a qu'un tribunal du même ordre qui puisse connaître du jugement qui a été rendu, quel que soit l'objet de cet appel. —V. avis du Cons. d'état, 12 nov. 1806.

279. — Dans la seconde hypothèse, c'est-à-dire lorsque le prévenu a été acquitté, le tribunal qui n'est pas lié par l'autorité de la chose jugée peut et doit, non seulement dans l'intérêt de la partie civile, mais encore dans celui du prévenu, se livrer à l'examen, 1o de la question de compétence, 2o de la question de culpabilité, 3o enfin de la question de dommages-intérêts. En un mot, il doit se mettre à la place du premier juge et faire ce qu'eux-mêmes auraient dû faire. En conséquence, s'il reconnaît que ceux-ci ont été légalement saisis de la plainte et que le prévenu est réellement l'auteur du fait qui lui est reproché, il doit l'en déclarer coupable et statuer ensuite sur les dommages-intérêts réclamés par la partie civile. Mais il lui est formellement interdit de prononcer aucune peine contre lui par la raison que le ministère public, qui n'a pas relevé par l'appel de la partie civile, ne peut plus, même en se couvrant de l'intérêt de la vindicte publique, qui est censée satisfaite dès qu'il ne s'est pas plaint dans les délais, faire réformer un jugement qui, à son égard, a acquis l'autorité de la chose jugée.—*Cass*, 23 sept. 1837 (t. 2 1839, p. 498), Brochet c. Borgat; 20 août 1840 (t. 2 1840, p. 405), Goulard c. les actionnaires des mines de Mége-Coste; 30 janv. 1841 (t. 2 1841, p. 274), Noel et Schmid c. Grasset.

280. —Ainsi, lorsque aucun appel n'a été interjeté par le ministère public d'un jugement qui renvoie les parties à fins civiles, la cour royale ne peut, sur le seul appel de la partie lésée, prononcer des peines contre le prévenu; elle n'est compétente que pour connaître des réparations civiles. —*Cass.*, 1er mai 1818, Mathieu Camet c. Guichard; 21 mars 1817, Gérard Bezac; 15 janv. 1814, Decormeille; 8 sept. 1809, Collignon; 18 germ. an IX, Mercier et Thorel c. Coquille; 19 fructid. an IX, Lechevalier; 10 janv. 1806, Delmas; 18 flor. an X, Bression; 6 frim. an X, Ferrière-Sauvebœuf c. Coucy de Longprey; 9 pluv. an X, Moïse Mars; 23 flor. an X, Tardif c. Langeac; 25 flor. an X, Lenoir; 23 niv. an XI, Raymond Ledoux; 16 frim. an XII, Pancrace Olh; 28 déc. 1827, Bodard; 29 juill. 1819, Leydier; 26 fév. 1825, Joseph Obert.

281. — La mission des juges du second degré se borne donc à vérifier s'il est dû des dommages-intérêts dans le cas où les premiers juges auraient refusé d'en accorder, ou si ceux qui ont été alloués sont en rapport avec le préjudice souffert.— Avis du Cons. d'état, 12 nov. 1806.—*Cass.*, 27 fév. 1835, Chauvin; 29 juill. 1829, Leydier; 13 avr. 1820, Nivière; 8 juin 1820, Leguen; 26 fév. 1825, Joseph Obert; 28 déc. 1827, Bodard.

282. — Jugé en ce sens que les juges saisis de l'appel interjeté par la partie civile d'un jugement qui acquitte un individu prévenu d'un délit peuvent examiner les faits qui lui sont imputés, les déclarer constans nonobstant le jugement de première instance, et le condamner à des dommages-intérêts envers l'appelant. — *Cass.*, 23 sept. 1837 (t. 2 1837, p. 318), Brochet c. Borgat.

283. — L'appel de la partie civile, donnant, malgré le silence du ministère public, au tribunal saisi de l'appel le droit de statuer sur les dommages-intérêts, lui impose nécessairement l'obligation de reconnaître la vérité ou la fausseté des faits sur lequel se fonderait le dommage allégué. — *Cass.*, 27 sept. 1837 (t. 1er 1843, p. 436), Perrachon c. Ministère public.

284.—Conséquemment un tribunal d'appel doit, quoiqu'il ne soit saisi que de l'appel de la partie civile, et que l'action du ministère public se trouve éteinte, déterminer le caractère du fait à raison duquel il prononce une condamnation de dommages-intérêts. La disposition par laquelle il attribue au fait de la poursuite le caractère d'un délit, ne peut pas être assimilée à une condamnation pénale.— *Cass.*, 4 oct. 1816, Fiquet c. Adél. Romy; 10 mai 1815, Simonet; *Bordeaux*, 3 avr. 1829, Lalesque c. Dedouret; *Cass.*, 20 août 1840 (t. 2 1840, p. 405), Goulard c. les Actionnaires des mines de Mège-Coste.

285. — Cette jurisprudence, quoique bien établie aujourd'hui, a soulevé plusieurs objections graves. On a pensé que c'était laisser porter atteinte à la chose jugée et à l'honneur du prévenu que de permettre au juge supérieur, *sur l'appel seul de la partie civile*, de qualifier le fait incriminé, de proclamer la culpabilité du prévenu acquitté par les premiers juges.—Sans se dissimuler la force de ce raisonnement, M. Morin reconnaît cependant la nécessité pour le juge d'appel de qualifier le fait afin de justifier sa compétence; mais il veut que cette qualification ne se trouve que dans les *motifs* de l'arrêt. C'est ainsi qu'il concilie le respect dû à la chose jugée avec le droit d'appel qui appartient à la partie civile.

286. — Ainsi, dans cette opinion, il faut faire une distinction. — Si les juges d'appel ont qualifié le fait dans les *motifs* de leur jugement, la jurisprudence de la cour de Cassation doit être suivie. Si, au contraire, c'est dans le *dispositif* même que se trouve la qualification, il y a excès de pouvoir, violation de l'autorité de la chose jugée, et cette jurisprudence doit être repoussée. —*Diction. de dr. crimin.*, vo *Appel*, p. 63 *in fine*, et 64.

287. — Suivant Boitard (p. 501, no 230), on ne peut pas dire que la jurisprudence que nous avons exposée viole la *chose jugée*. Il n'y a pas de chose jugée, dit-il, puisque la partie civile a interjeté *appel*. Elle est devant la cour dans la position où elle serait si, après un acquittement, elle agissait devant le tribunal civil afin d'obtenir des dommages-intérêts : dans cette hypothèse, on ne pourrait lui opposer le jugement rendu sur les conclusions du ministère public : il en est de même ici.

288. — Quoique le tribunal correctionnel, saisi de la connaissance de deux délits, n'ait déclaré le prévenu coupable que d'un seul, il suffit que, dans la déclaration d'appel, le plaignant ait demandé la réformation de tous les torts et griefs que le jugement a pu lui faire, pour que le tribunal se soit trouvé investi de la connaissance des deux délits imputés au prévenu. — *Cass.*, 22 janv. 1829, Liste civile c. Jullemier.

§ 3. — *Effets de l'appel du ministère public.*

289. — L'appel du ministère public est indéfini dans son objet, ou il est *à minimâ*.

290. — Lorsque l'appel est indéfini, il profite également au prévenu et au ministère public : la cour se trouve alors saisie de tous les chefs d'inculpation compris dans le jugement, et elle peut prononcer l'acquittement du prévenu, quoiqu'il ne se soit pas rendu appelant du jugement. Art. 202, C. inst. crim.—*Cass.*, 1er déc. 1809, Paulin Dalmesso; 6 sept. 1811, Tropigny; 15 oct. 1812, N...; 27 fév. 1813, Hofstède; *Metz*, 9 fév. 1824, Trémery; *Cass.*, 12 nov. 1835, Issenmann; 22 janv. 1813, N... *Cass.*, 9 nov. 1820, Etienne Mouton; *Riom*, 14 avr. 1836, Grangier; *Colmar*, 17 mars 1829, Marcillat.— V. *Encyclop du dr.*; vo *Appel en mat. crim.*, no 96; Boitard, *Leçons de dr. crim.*, p. 498, no 230, 2e édit.; Legraverend, t. 2, p. 402, 3e édit.; Bourguignon, sur l'art. 203.

291. — L'appel indéfini profite même à celui des prévenus qui avait acquiescé par son désistement à la condamnation prononcée contre lui. — *Bordeaux*, 25 nov. 1841 (t. 1er 1842, p. 434), Grégoire c. Artaud.

292. — Lorsque l'appel est *à minimâ*, la question est beaucoup plus douteuse.

293. — Dans le principe, on décida d'abord que lorsque le prévenu ne s'était pas porté appelant du jugement de condamnation contre lui rendu, le tribunal supérieur ne pouvait prononcer son acquittement sur le simple appel *à minimâ* du ministère public. — *Cass.*, 9 prair. an VIII, Jean Lucas; *Metz*, 22 janv. 1821, Pierre Théobald; 7 janv. 1822, Pierret.

294. — C'était aussi l'opinion de MM. Merlin, *Quest. de dr.*, vo *Appel*, § 5, Legraverend, t. 2, p. 398, Bourguignon, *Jurisp. des Cod. crim.*, t. 1er, p. 456, no 8.

295. — Mais, plus tard, il y eut un retour de jurisprudence; la cour de Metz, la cour de Cassation, consacrèrent l'opinion contraire, qui, aujourd'hui, est unanimement reconnue. — Morin, *Dict. de dr. crim.*, vo *Appel*, p. 63; Faustin Hélie, *Revue de législation*, t. 10, p. 204; Desclozeaux, *loc. cit.*, no 95.

296. — En effet, avant de savoir s'il y a lieu, ou non, d'augmenter la peine, il faut examiner

quelle est la nature du fait imputé au prévenu, et vérifier s'il en est réellement coupable. Or, ne serait-il pas souverainement contraire à l'ordre public et à une bonne distribution de la justice qu'il pût arriver, par suite d'un prétendu acquiescement à un jugement rendu en matière criminelle, qu'un citoyen subit une peine grave, lorsqu'il résulterait peut-être d'un second jugement, rendu sur l'appel du ministère public, que les faits imputés ne constitueraient ni crime ni délit, ou ne constitueraient qu'une contravention punissable d'une peine inférieure à celle qui lui avait été infligée.

297. — Jugé en ce sens que l'appel du ministère public saisit la cour royale de l'examen de tous les chefs de prévention admis par les premiers juges. — *Cass.*, 6 sept. 1833, Arigonde; 4 mars 1825, Artaud (intérêt de la loi), 8 janv. 1822, Dubreuil; 26 fév. 1825, Ghert; 18 janv. 1822, Geoffroy; *Metz*, 8 juin 1821, A...; 18 déc., 1826, N...

298. — Jugé également qu'en matière correctionnelle, l'appel interjeté par le ministère public profite au prévenu, et autorise les juges soit à diminuer la peine, soit même à acquitter le prévenu, alors même qu'il ne s'agirait pas d'un appel *à minimâ* proprement dit, mais d'un appel tendant à faire ajouter une peine accessoire (la surveillance) à celle déjà prononcée. — Mais il y aurait excès de pouvoir de la part du tribunal supérieur si, dans une cause *comprenant plusieurs chefs de prévention*, il faisait porter son examen et sa décision sur des chefs formellement en dehors de l'appel. — *Cass.*, 10 mai 1843 (t. 2 1843, p. 488). Roy.

299. — Quoique cette jurisprudence soit facile à justifier par la faveur qui s'attache naturellement au prévenu, cependant Boitard (no 230, p. 497) trouve cette faveur peu logique. « Si l'on reconnaît, dit-il, que l'appel du prévenu tout seul, concluant à la réduction de sa peine ou à l'acquittement, ne saisit pas les juges de la réalité de l'affaire, si on reconnaît que l'appel du prévenu tout seul ne peut que lui profiter et ne peut jamais lui nuire, on ne comprend pas comment l'appel interjeté formellement *à minimâ* par le ministère public tout seul afin d'obtenir une aggravation de peine, pourrait avoir pour résultat, soit l'acquittement, soit la mitigation de la peine en faveur du prévenu, qui a acquiescé en n'appelant pas. » — Cette opinion n'est pas suivie dans la pratique.

300. — Lorsque le tribunal supérieur est saisi de l'intégralité de la cause par l'appel, tant du ministère public que du prévenu, il ne peut se dispenser de faire l'application des peines de la récidive, encore bien que le jugement qui l'établit soit produit pour la première fois devant lui. — *Cass.*, 8 fév. 1821, Ambroise Rodo. — V. conf. Chauveau et Hélie, *Th. du C. pén.*, t. 1er, p. 418.

Sect. 6e. — *Procédure et instruction sur l'appel.*

301. — Lorsque l'appel a été déclaré et que la requête a été remise au greffe du tribunal qui a rendu le jugement, lors même que ce serait avant l'expiration des dix jours, le procureur du roi doit transmettre la requête dans les vingt-quatre heures, avec toutes les pièces du procès, au greffe du tribunal ou de la cour qui doit connaître de l'appel, afin que l'affaire puisse recevoir jugement sans éprouver de retard. — C. inst. crim., art. 207.

302. — La requête d'appel peut être adressée directement au tribunal qui doit être saisi de l'appel; mais lorsqu'elle n'a pas été remise au greffe du tribunal qui a rendu le jugement, l'envoi des pièces ne doit être fait par le procureur du roi au tribunal d'appel qu'après les dix jours expirés. — Carnot, t. 2, p. 135, no 1er.

303. — Le dépôt de la requête n'est pas de rigueur. — V. *suprà* nos 207 et 233.

304. — Les prévenus qui ont interjeté appel doivent être cités, à la requête du ministère public, à comparaître à l'audience de la cour, lorsqu'ils ne sont pas détenus. — *Cass.*, 23 août 1811, K... — Cette obligation ne peut résulter, pour le ministère public, que de la nécessité où il est de prendre l'initiative pour faire statuer sur un appel qui entrave son action pour la vindicte publique. Ainsi, il lui serait loisible de laisser impoursuivi un appel qui n'aurait trait qu'à des intérêts civils.

305. — Si celui contre lequel le jugement a été rendu est en état d'arrestation, il est transféré dans la maison d'arrêt du lieu où siége la cour ou le tribunal qui doit juger l'appel, vingt quatre heures après la déclaration. — Art. 207, 2e alin.

306. — L'appel doit être jugé dans le mois. — C. inst. crim., art. 209.

307. — Le Code de brum. ajoutait que ces formalités devaient être observées *à peine de nullité* (art. 199); mais la cour de Cassation ne prononçait jamais l'annulation des arrêts rendus en matière correctionnelle, sur l'unique motif qu'ils n'auraient pas été rendus dans le mois. — *Cass.*, 8 sept. 1809, Douanes c. Marsac; — Carnot, t. 2, p. 139.

308. — Le Code d'instruction criminelle n'ayant pas reproduit la disposition du Code de brum., il s'ensuit que la cour de Cassation ne pourrait annuler un jugement d'appel, soit parce que le rapport n'aurait pas été fait, soit parce que la cause n'aurait pas été jugée dans le mois, si ce n'est dans le cas où l'accomplissement de ces formalités aurait été requis par le prévenu ou par le ministère public; et alors ce ne serait pas en vertu de l'art. 209, mais par application de l'art. 408, C. inst. crim., que la nullité serait prononcée.

309. — Jugé que la disposition de l'art. 209 qui fixe un délai d'un mois pour le jugement des appels de police correctionnelle, n'est que comminatoire. L'inobservation de cet article n'entraîne pas nullité. — *Cass.*, 12 fév. 1819, Sombret père c. Richomme; *Metz*, 15 avr. 1820, Forêts c. Guering.

310. — L'appel doit être jugé sur un rapport fait par l'un des juges. — Art. 209.

311. — Comme la loi en exigeant un rapport n'en a pas déterminé le mode, il s'ensuit que l'arrêt n'est pas nul par le motif que le juge rapporteur n'a pas rendu compte de l'affaire dans toutes ses ramifications, lorsqu'il est constant qu'il en a réellement fait le rapport. — *Cass.*, 22 oct. 1808, N...

312. — Sous le Code du 3 brum., lorsque, sur l'appel interjeté par le ministère public d'un jugement de police correctionnelle, le rapport de l'affaire avait été fait à une première audience, il devait être, à peine de nullité, présenté un nouveau rapport, si le prévenu interjetait aussi appel du jugement. — *Cass.*, 17 juill. 1806, Barrier et Viellefond; 22 oct. 1807, Bovisage.

313. — L'appel doit être jugé à l'audience (art. 209); sinon il y aurait nullité, soit en vertu des art. 190 et 210, C. inst. crim. combinés, soit en vertu de l'art. 7, L. 20 avr. 1810.

314. — Si le prévenu ne comparaît pas, il est jugé par défaut, mais il peut former opposition dans la même forme et dans les mêmes délais qu'en première instance. — C. inst. crim., art. 208. — V. JUGEMENT PAR DÉFAUT (mat. crim.).

315. — La non comparution du prévenu appelant n'autorise pas le juge d'appel à tenir, sans examen, sa condamnation pour juste, et à la confirmer par une sorte de congé-défaut inadmissible en matière correctionnelle. — *Cass.*, 4 nov. 1843 (t. 1er 1844, p. 601), Lemeur c. Moulin et Baron.

316. — Sous le Code du 3 brum. an IV, un jugement d'appel était nul si le tribunal criminel avait refusé d'ordonner, malgré les réquisitions du prévenu, la comparution de la partie plaignante, et l'apport des notes que le greffier du tribunal correctionnel devait avoir tenues. — *Cass.*, 22 frim. an VI, Offroy, Durieu et Mauret.

317. — Après le rapport qui sert à l'exposition du fait, on procède à l'audition des témoins. La preuve testimoniale est admissible en cause d'appel comme en première instance. — *Cass.*, 21 nov. 1823, Lamour; 3 fév. 1820, Blanc.

318. — Mais les tribunaux d'appel ne sont pas obligés d'entendre de nouveau les témoins entendus en première instance; la loi ne fait que leur en accorder la faculté. — *Cass.*, 18 avr. 1806, Flachet et Charpentier c. Delaunay; 4 août 1820, Redaud; 2 août 1821, Jacques Cazes.

319. — ... Même lorsqu'ils sont saisis par un renvoi après cassation. Ils peuvent se borner à consulter les notes d'audience tenues par le greffier du tribunal qui a rendu le jugement. — *Cass.*, 14 mars 1825, Isaac Meyer.

320. — Les juges d'appel ont à cet égard un pouvoir discrétionnaire qui leur permet d'ordonner d'office la réaudition des témoins produits en première instance, ou même l'audition de nouveaux témoins, toutes les fois qu'ils le jugent nécessaire. — *Cass.*, 30 nov. 1832, Laurent et Tissus.

321. — Quoique l'audition des témoins soit en général facultative en cause d'appel, la preuve testimoniale doit être admise lorsqu'elle est offerte par la partie plaignante pour suppléer à un procès-verbal nul ou insuffisant. — *Cass.*, 14 oct. 1826, Moreau; 1er déc. 1826, Louis Guillaumet.

322. — Ou lorsque à défaut de procès-verbal il n'a pas été entendu de témoins en première instance.

323. — Ou lorsque la partie civile demande à établir par témoins que postérieurement à la citation les prévenus ont fait disparaître la contravention, qui leur était reprochée. — *Cass.*, 14 août 1823, Lombard.

324. — La cour doit également admettre les preuves découvertes depuis le jugement frappé d'appel comme celles précédemment acquises. — *Cass.*, 21 juill. 1820, Moneret. — V. conf. Merlin, *Quest.*, vo *Appel*, § 13, art. 2.

325. — Jugé que le tribunal d'appel ne peut refuser d'admettre la preuve testimoniale offerte et même administrée devant lui, sous le prétexte qu'elle n'a pas été offerte aux premiers juges. — — *Cass.*, 14 oct 1826, Moreau. — V. conf. Mangin, *Traité des procès-verbaux*, p. 309, no 178.

326. — Dans tous les autres cas, les juges d'appel sont libres d'entendre ou de refuser les témoins qui sont indiqués, soit par les parties, soit par le ministère public. — *Cass.*, 30 déc. 1811, Martel; 21 juin 1821, Moleux; 17 avr. 1823, Toussaint; 27 déc. 1823, Leclerc; 16 déc. 1825, Charles Tollay.

327. — Ainsi, la cour royale peut refuser d'entendre les témoins cités en appel par le ministère public, si elle juge que leur audition n'est pas nécessaire au jugement de la cause. Cette appréciation rentre dans le cercle de ses attributions. — *Cass.*, 3 sept. 1831, Boudetty.

328. — Elle peut aussi ordonner qu'il ne sera point donné lecture des notes retenues sur les dépositions faites en première instance par *les enfans du prévenu*. — *Cass.*, 31 juill. 1830, Latrompette.

329. — Pour être recevable à produire des témoins en appel, et même pour faire réassigner ceux qui ont été entendus en première instance, il faut en avoir obtenu l'autorisation.

330. — L'usage, interprétant le silence de l'art. 175, permet de présenter une requête au président qui peut la répondre, mais son ordonnance mise au bas de la requête pourrait être attaquée par la voie de l'opposition, et alors le tribunal saisi serait autorisé à prononcer. — V. Carnot, *Inst. crim.*, t. 2, p. 142, no 3.

331. — Après le rapport et l'audition des témoins, il est procédé à l'interrogatoire du prévenu qui peut proposer ses moyens de défense. — C. inst. crim., art. 190 et 210.

Sect. 7e. — *De l'appel incident en matière de police correctionnelle.*

332. — L'interrogatoire du prévenu, obligé de comparaître en personne, est une formalité purement facultative, dont l'omission, surtout en appel, n'entraîne aucune nullité, alors que son accomplissement n'est réclamé ni par le ministère public ni par la partie lésée. — *Cass.*, 23 juin 1842 (t. 2 1842, p. 330), Delaporte c. Deschamps; 27 janv. 1842 (t. 1er 1842, p. 760), Laplanche; 7 janv. 1837 (t. 1er 1837, p. 135), Baraloux.

333. — Il en était autrement sous le Code de brum. an IV. — *Cass.*, 11 messid. an VII, Robbe; 24 messid. an VII, Lugan; 6 niv. an VII, Bouisse et Ruelle. — La nullité était fondée sur la nécessité de l'interrogatoire du prévenu et sur l'interdiction qui existait pour lui de se faire représenter par un fondé de pouvoir.

334. — Sous le Code du 3 brum. an IV, il y avait nullité si, devant un tribunal criminel jugeant en appel de police correctionnelle, les témoins n'avaient point été entendus, et si le prévenu n'avait pas été interrogé, malgré les réquisitions de l'accusateur public. — *Cass.*, 6 brum. an VII, Digonneau.

335. — Après le rapport, l'audition des témoins et l'interrogatoire, le prévenu, soit qu'il ait été acquitté ou condamné, les parties civilement responsables, la partie civile et le procureur du roi doivent être entendus dans la forme et dans l'ordre prescrits par l'art. 190. — C. inst. crim., art. 210.

336. — Les prévenus peuvent proposer leurs moyens de défense dans l'ordre qui leur convient; la loi n'exige pas, sous peine de déchéance, que les nullités provenant de l'omission de formalités substantielles soient proposées avant toute exception ou défense. — *Cass.*, 30 janv. 1834, Forêts c. Lassoubre.

337. — Toutefois, la nullité de la citation ne peut être opposée en appel, lorsque le prévenu a comparu en première instance sans invoquer cette exception. — *Bruxelles*, 28 nov. 1832, B...

338. — La même décision a lieu à l'égard du prévenu qui, en cause d'appel, oppose pour la première fois une nullité résultant de ce que l'exploit introductif d'instance n'aurait pas été signé par l'huissier. — *Cass.*, 20 juill. 1832, Balat; 24 mai 1811, Lade.

339. — Il en serait autrement s'il s'agissait d'une nullité d'ordre public. — *Bruxelles*, 4 avr. 1828, F...

340. — Mais il ne faudrait pas considérer comme constituant une nullité de ce genre l'absence de citation, lorsque le prévenu a comparu volontai-

rement et procédé devant les premiers juges. C'est pourtant ce qu'a fait la cour de Bruxelles dans l'arrêt précité.

341. — Le prévenu acquitté par des moyens du fond peut, sur l'appel du plaignant, et sans avoir besoin de se rendre lui-même appelant, faire valoir les nullités déjà proposées en première instance. — *Bourges*, 20 août 1825, Contributions indirectes c. Souty.

342. — Lorsque l'appelant, assigné pour entendre prononcer la confirmation de la sentence rendue contre lui, confirmation expressément requise par le ministère public, se borne à plaider un point de forme, après que le tribunal correctionnel lui a enjoint de plaider à *toutes fins*, le tribunal statue régulièrement en passant outre et en le démettant de son appel. — *Cass.*, 10 juin 1843 (t. 2 1843, p. 622), Evin c. Ministère public.

343. — Bien qu'il n'y ait eu appel que de la part de la partie civile, la cour, qui n'a à statuer que sur la question des dommages-intérêts, doit juger correctionnellement et procéder suivant la forme et l'instruction prescrites pour les tribunaux correctionnels. — *Cass.*, 23 juill. 1813, Gaspard Chaboud c. Vincendon.

344. — On suit au surplus les dispositions des art. 153 et suiv., 175, 189 et suiv., 194 et suiv., relatives à la solennité de l'instruction, à la nature des preuves, à la forme du jugement, aux peines à prononcer et à la condamnation aux frais.

345. — Le pouvoir discrétionnaire dont l'art. 269, C. inst. crim., investit les présidens des cours d'assises est commun aux présidens des tribunaux d'appel. — *Cass.*, 30 oct. 1812, Sani; — Merlin, *Quest de dr.*, vº *Pouvoir discrétionnaire*, § 2. — V. *contrà Cass.*, 24 mai 1833, Beaufort.

346. — Les juges d'appel remplissent les fonctions de jurés. Néanmoins ils ne peuvent pas, par des considérations particulières, s'empêcher d'appliquer la loi à des faits reconnus constans. — *Cass.*, 9 vend. an VII, Valet.

347. — Le tribunal criminel commet un excès de pouvoir en ordonnant la transcription de son jugement sur les registres du tribunal correctionnel dont il infirme le jugement. — *Cass.*, 15 frim. an X, Douanes c. Aerisens; 22 vendém. an VII, Douanes c. Coppens; 14 nov. 1810, Frappier.

348. — Nous avons établi (*suprà* nº 59) que l'appel incident n'est pas recevable en matière de simple police, que faut-il décider en matière correctionnelle? Selon nous, la solution doit être la même, quoiqu'on ne puisse pas invoquer la même raison de décider.

349. — Il est à remarquer d'abord que le Code d'instruction criminelle ne s'est nullement occupé du droit d'appeler incidemment, quoique le Code de procédure civile contienne une disposition expresse sur ce point. N'est-on pas fondé à conclure de cette différence entre nos deux Codes judiciaires que l'appel incident n'est qu'une institution purement civile?

350. — D'un autre côté, le législateur en fixant le délai pendant lequel on peut appeler, et en prononçant la déchéance de toute déclaration faite tardivement, ne semble-t-il pas exclure par cela même la faculté d'un appel incident? — Quant à nous, nous pensons que pour que cette faculté existât, il faudrait que le Code en eût fait mention; or, on n'en trouve de trace dans aucune de ses dispositions. — Merlin, *Quest.*, vº *Appel incident*, § 11; Rauter, *Dr. crim.*, t. 2, p. 422; Desclozeaux, *loc. cit.*, nº 126.

351. — Cependant la cour royale de Nancy a décidé que l'appel incident était recevable après les délais ordinaires aussi bien en matière correctionnelle qu'en matière civile. — *Nancy*, 14 juin 1833, Serrière c. Deville.

352. — A cet arrêt isolé on peut opposer la jurisprudence invariable de la cour de Paris, qui n'admet jamais d'appel incident en matière correctionnelle. Plusieurs autres cours se sont aussi prononcées en ce sens.

353. — Jugé que l'appel incident du ministère public est non-recevable après l'expiration des délais qui lui sont accordés pour l'appel principal; dès-lors, l'appel principal qu'il a formé tardivement est nul, et ne peut être soutenu comme incident. — *Bourges*, 7 mai 1831, Desfosses c. Broglie; *Bordeaux*, 21 juill. 1830, Bourdon c. Remer; *Cass.*, 27 déc. 1811, Ruelens; 13 fév. 1840 (t. 2 1840, p. 537), Trimaille.

354. — Jugé de même que l'appel principal interjeté par le ministère public n'autorise pas un appel incident de la part du prévenu qui a laissé passer le délai sans en faire la déclaration. — *Rennes*, 13 sept. 1833, Leguen c. Kernelson; *Cass.*, 18 mars 1809, Leboutellier; 27 déc. 1811, Ruelens; *Metz*, 30 avr. 1821, Brunet.

355. — L'appel incident n'est pas recevable de la part d'une partie contre laquelle il n'a été prononcé aucune condamnation, et qui n'est même plus dans le délai de la loi. — *Cass.*, 24 juill. 1818, Marseille.

356. — L'appel incident est également non-recevable lorsque, dans un acte judiciaire postérieur à l'appel principal, la partie civile a conclu formellement à la confirmation du jugement de première instance. — *Bourges*, 7 mai 1831, Desfosses c. de Broglie.

357. — Lorsque le tribunal, ayant admis des circonstances atténuantes dans une matière où il ne lui était pas permis d'en reconnaître, le procureur du roi se rend appelant du jugement uniquement pour fausse application, en droit, de l'art. 463, C. pén., si l'appel est ainsi limité, et que, de son côté, le condamné n'ait pas attaqué le jugement dans le délai utile, il ne peut pas, par un appel incident, se relever de la déchéance qu'il a encourue, et soumettre à l'examen du tribunal d'appel les dispositions du jugement qui ne sont pas critiquées par le ministère public. — *Riom*, 14 avr. 1836, Grangier.

APPEL (matière administrative).

1. — Recours porté devant l'autorité supérieure contre une décision rendue par les juges du premier degré en matière de contentieux administratif.

2. — Mais dans quels cas la matière est-elle contentieuse? Devant quels tribunaux l'appel peut-il être porté? Dans quel délai? Quelles sont les formes à suivre pour se pourvoir? — Sur tous ces points, V. COMPÉTENCE ADMINISTRATIVE, CONSEIL DE PRÉFECTURE, CONSEIL D'ÉTAT, CONTENTIEUX ADMINISTRATIF. — V. aussi APPEL (matière civile), nºs 500 et 935.

APPEL AD MITIOREM.

1. — Appel indéfini du ministère public.

2. — Cet appel saisit la cour de tous les chefs d'inculpation compris dans le jugement.

3. — Il profite au prévenu même dans le cas où celui-ci n'a pas interjeté appel et encore bien qu'il ait acquiescé à la condamnation. — V. APPEL (matière criminelle), nºs 154, 289 et suiv.

APPEL A L'OREILLE DU GREFFIER.

1. — Forme particulière employée autrefois pour appeler de suite de la sentence, sans manquer de respect au juge.

2. — L'appel se faisait à voix basse, à l'oreille du greffier, par la partie ou son procureur.

3. — Cela avait de l'importance, d'abord parce que, dans les pays coutumiers, il fallait, avant François 1er, que l'appel fût déclaré sur-le-champ (*illicò*); et ensuite parce qu'il était utile, dans certains cas, d'empêcher l'exécution immédiate de la sentence, par exemple, lorsqu'il s'agissait de recevoir un serment, une affirmation.

4. — Voici comment les choses se passaient dans cette procédure. — Après l'appel déclaré au greffier, à voix basse, cet officier se levait et rapportait au juge ce qui venait de lui être dit.

5. — Sur cette déclaration, le juge renvoyait les parties à se pourvoir.

6. — On remarquera que l'appel à l'oreille du greffier ne fut jamais d'un usage bien général.

APPEL A MINIMA.

1. — Appel interjeté par le ministère public lorsque la condamnation prononcée par les premiers juges lui paraît trop modérée. — V. APPEL (matière criminelle), nºs 155, 197, 289, 292 et suiv.

2. — Dans l'ancien droit, pour que les officiers du ministère public pussent appeler *à minimâ*, il fallait qu'ils eussent conclu à une condamnation plus sévère que celle qui avait été prononcée. C'est ce qui avait été décidé par deux arrêts de règlement du parlement de Paris.

3. — Le procureur général pouvait aussi et peut encore aujourd'hui appeler *à minimâ*. — V. APPEL (matière criminelle), nºs 138 et suiv.

4. — Mais il ne le pouvait autrefois dans les affaires légères. — Jousse, *Ordonn. crim.*, tit. 26, art. 11. — Arrêt du parlement de Paris, 18 déc. 1679.

APPEL ANTICIPÉ.

V. ANTICIPATION D'APPEL.

APPEL COMME D'ABUS.

Table alphabétique.

APPEL COMME D'ABUS. — 1. — Abuser d'une chose, c'est en user autrement que l'on ne doit, ou l'employer à un autre usage que celui auquel elle est destinée. En droit, le mot *abus*, dans son acception la plus générale, signifie tout ce qui est contraire à l'ordre établi ou à l'usage; mais on l'emploie plus spécialement pour désigner, soit les entreprises d'un ministre des cultes contre le pouvoir établi, contre les droits religieux des citoyens, ou contre ses inférieurs ecclésiastiques; soit les entreprises ou procédés de l'administration contre les droits et les prérogatives d'un culte légalement reconnu. — Le recours ouvert par la loi contre de pareils empiètemens se nomme *appel comme d'abus*.

—

CHAPITRE Ier. — *Droit ancien. — Origine des appels comme d'abus. — Principes généraux. — Formes et effets.*

2. — L'origine de la procédure suivie aujourd'hui sous le nom d'*appel comme d'abus* n'est pas fort ancienne ; mais le droit de recours à l'autorité des princes souverains, lorsque les juges ecclésiastiques abusaient de leur pouvoir, soit en prenant connaissance des affaires qui n'étaient pas de leur compétence, soit en violant les canons, remonte aux premiers temps de la monarchie. On donnait à ce recours le titre d'*appel au bras séculier*.

3. — On peut lire dans Merlin (*Rép.*, vº *Abus*) et dans Fevret (*Tr. de l'Abus*) des détails historiques sur les anciens appels au bras séculier. Nous nous bornerons, à cet égard, à de courtes indications.

4. — S'il arrivait que dans les rapports de Rome avec la France les franchises et immunités ecclésiastiques souffrissent un préjudice, ou que les droits du roi ou de sa couronne fussent lésés, les prélats et les grands du royaume s'assemblaient sous l'autorité et la permission du roi, pour rétablir les choses en leur premier et ancien état. Des personnes honorables et de grand mérite étaient députées vers le Saint-Siége pour le supplier de prendre en bonne part les remontrances qui lui étaient faites; et s'il n'accordait une entière satisfaction, les prélats et seigneurs *s'adressaient au roi*, lui conseillant de garantir ses sujets de toute oppression.

5. — Les seigneurs, en cas d'empiètement du clergé sur leur juridiction, les prélats eux-mêmes et les bénéficiers, vexés et tourmentés par les collecteurs des revenus de la chambre apostolique, recouraient également au pape, *et du pape au roi* en son conseil.

6. — Fevret, dans son *Traité de l'Abus* (liv. 1er, chap. 1er, nº 15), parle aussi, en cas d'entreprise notable sur les droits de l'église de France, de l'appel *a sancto sede ad sanctam sedem apostolicam;* — puis *a sede ad sanctam sedem et ad futurum generale concilium proximè congregandum.* — Cette forme d'appel au *futur concile*, dit-il, n'avait guère lieu qu'aux choses qui concernaient le bien général de l'église, ou de l'état des princes, comme en l'appel émis par Philippe le Bel pour la conservation des droits temporels de son royaume, sur lesquels le pape Boniface avait notablement entrepris.

7. — Du reste, les entreprises ne restaient pas sans répression jusqu'à ce que le pape ou le concile eussent statué. Pour maintenir le roi et son église dans leurs droits et immunités, on introduisit les protestations de nullité et des commissions *in forma infractionis canonum aut pragmaticæ;* de sorte que, en appelant au futur concile ou au pape mieux informé, l'on protestait dans le même acte de nullité, et l'on recourait au roi comme protecteur et conservateur de ces saints décrets. — Fevret, liv. 1er, chap. 1er, nº 16.

8. — Des défenses aux juges d'église de connaître des matières temporelles, à peine de nullité, de l'amende, des dommages-intérêts des parties, de saisie de leur temporel, et autres peines semblables, étaient aussi fréquemment prononcées par le parlement, soit à l'occasion d'une affaire particulière, soit d'une manière générale pour telle espèce d'actions. — Fevret, t. 2, p. 53.

9. — Mais, ajoute Fevret (t. 1er, chap. 1er, *in fine*), si ces inhibitions et prohibitions étaient un excellent préservatif contre les maux à venir, il fallait un remède pour les maux accomplis : on le trouva dans l'appel comme d'abus. « L'abus ayant cela d'excellent, dessus les autres moyens antérieurement employés, que son effet est présent et qu'il agit pour le soulagement commun, aussi bien des ecclésiastiques que des séculiers qui s'en servent.

10. — L'*appel comme d'abus* proprement dit ne remonte pas au-delà du quatorzième siècle. L'arrêt le plus ancien rapporté par les canonistes est du 13 mars 1376 ; on voit par cet arrêt que le procureur du roi prit des conclusions contre l'évêque de Beauvais, pour attentat et abus au préjudice de la juridiction temporelle. — Merlin, *Rép.*, vº *Abus*; Favard de Langlade, *eod. verb.*; Fevret, *Tr. de l'Abus*, nº 10, qui cite également des arrêts de l'an 1404 et du 16 juin 1449.

11. — Les appels comme d'abus, d'abord peu nombreux, devinrent très communs après la publication de la pragmatique en 1439 ; ces appels, qui, dans le principe, n'étaient reçus que pour des faits graves et notoires, le furent alors pour des faits peu importans et relatifs au for intérieur seulement. Ils se multiplièrent encore davantage depuis l'édit de 1549, qui mit au nombre des délits privilégiés les *scandales et autres actes emportant offense publique*, imputés aux ministres de la religion, et en attribua la connaissance aux juges laïcs. — Favard de Langlade, *Rép.*, vº *Abus*.

12. — L'appel comme d'abus fut accepté par tous comme légitime, parce qu'il avait pour fondement ces deux axiomes de notre ancien droit : 1º que le roi est exécuteur et protecteur des saints canons ; — 2º qu'il a puissance de faire des lois et ordonnances concernant la police extérieure de l'église. — Fevret, t. 2, p. 745. — Merlin (*Rép.*, vº *Abus*) ajoute que le clergé de France lui-même reconnut, en 1585, l'équité de la voie de l'appel comme d'abus, lorsqu'il demanda que le roi réglât et déterminât les cas où cet appel devait avoir lieu. — On voit, d'ailleurs, par les procès-verbaux des séances des assemblées de 1625, 1655, 1657 et 1660, qu'il a demandé plusieurs fois au roi, tant pour lui que pour les membres du corps, la permission de se pourvoir par appel comme d'abus.

13. — Sous l'ancienne jurisprudence les cas d'appel comme d'abus n'ont jamais été déterminés par voie d'énumération. Le clergé ayant, à plusieurs reprises, manifesté le désir de les voir préciser avec certitude, le roi Henri IV (en 1605) répondit : « que ces cas étaient déjà réglés, que les appellations comme d'abus avaient toujours été reçues quand il y avait dérogation ou contravention aux saints décrets, conciles et constitutions canoniques, autorité du roi et droits de sa juridiction, lois du royaume, immunités, franchises et libertés de l'église gallicane, ordonnances et arrêts des parlemens donnés en conséquence d'icelles, et qu'il était impossible de régler et définir plus particulièrement ce qui provenait de causes si générales. »

14. — Les ordonnances postérieures se contentèrent également d'indiquer les sources principales et générales de l'abus.

15. — On tenait donc pour certain que toutes les espèces particulières d'appellations comme d'abus dérivaient de ces trois chefs principaux : 1º contravention aux saints canons et aux saints conciles; 2º entreprise sur les droits du roi et de sa couronne, et sur la temporalité de son royaume, liberté, paix et tranquillité de l'église gallicane, bien public dudit royaume, et sujets d'icelui; 3º dérogation aux concordats, édits et ordonnances de nos rois et arrêts des cours souveraines, ou empiétement de la juridiction ecclésiastique sur la séculière, *vel vice versâ*. — V. art. 79 des libertés de l'église gallicane; — Henrion de Pansey, *de l'Autor. jud.*, ch. 28, t. 2, p. 83, et Fevret, *Traité de l'abus*, t. 1er, p. 151.

16. — *Infraction aux canons.* — Les canons dont l'infraction constituait un abus sont l'ensemble des règles tirées de l'Écriture sainte ou des conciles, règles que l'église déclare en matière de foi, et qu'elle établit en matière de discipline. L'église gallicane n'a point reçu indifféremment tous canons et épîtres décrétales; elle s'en est tenue principalement à ce qui est contenu en l'ancienne collection appelée *corpus canonum*, même pour le regard des décrétales, jusqu'au pape Grégoire II. Les conciles généraux n'étaient et ne sont reçus et publiés en France que par la permission et autorité du roi. — V. déclar. de 1682, art. 2; art. 41 des libertés de l'église gallicane. — Dupuy, *Manuel du dr. ecclés.*, Introduction, p. 31.

17. — *Infraction aux libertés gallicanes.* — Le caractère de ces libertés est de tenir à la fois aux relations extérieures de l'état avec le saint-siége, considéré comme souverain étranger; à notre droit public intérieur, en ce qui touche la discipline ecclésiastique et la police des cultes ; au droit privé pour toutes les questions et conflits qui peuvent intéresser les particuliers.

18. — Les libertés gallicanes, en tant qu'elles concernent les rapports extérieurs de l'état avec le saint-siége, peuvent être résumées dans les deux maximes suivantes : 1º nos rois sont indépendans du pape pour le temporel; 2º la puissance du pape est bornée par les saints-canons. — D'où l'on fait découler, comme corollaires, ces deux autres propositions : 1º le pape ne peut rien changer aux canons reçus en France; 2º quoiqu'il ait la principale part dans les questions de foi et que ses décrets regardent toutes les églises et chaque église en particulier, son jugement n'est pas irréformable si le consentement de l'église n'intervient. — V. Pithou et la déclaration de 1682. — Telles sont les maximes que devait respecter le saint-siége sous peine d'abus.

19. — On tenait pour constant : 1º que nul dans le royaume ne pouvait soit publier, soit faire exécuter une bulle, un bref, un rescrit du pape, avant la vérification de ces actes, et sans la permission du roi. — Arrêt du 15 mai 1647. — V. nºs 25; — 2º que les décrets des différentes congrégations de cardinaux n'avaient point non plus d'autorité ni d'exécution dans le royaume de France, quand même ils auraient été délibérés en présence du pape. — Henrion, *de l'Autor. judic.*, t. 2, p. 96; — 3º qu'un légat ou nonce ne pouvait, sans la permission du roi, faire imprimer et distribuer dans le royaume aucun décret, aucun mandement, en un mot, aucun acte de juridiction, même purement spirituelle. — Henrion, t. 2, p. 102; — V. aussi *Parlem. de Paris*, 15 mai 1582, 1647, etc.

20. — Lorsque le pape croyait avoir à se plaindre d'un acte préjudiciable à l'honneur et à la déférence dus au saint-siége, ou contraire aux libertés ecclésiastiques, la voie de l'appel lui était réciproquement ouverte. La plainte communiquée au roi par le nonce ou légat, S. M. ordonnait que les mémoires et articles ayant pour objet de constater les entreprises des officiers royaux sur les libertés ecclésiastiques, fussent transmis à son procureur général, lequel répondait ce qu'il jugeait devoir être fait pour la conservation des droits royaux sans offenser ceux de l'église ou des prélats.

21. — Les libertés gallicanes, avons-nous dit (*suprà* nº 17), tiennent aussi à notre droit public intérieur, en ce qui touche la discipline ecclésiastique et la police des cultes. Elles reconnaissent en effet que si l'évêque est obligé de rendre des réglemens et ordonnances relativement au maintien de la discipline, à la correction des mœurs, à la décence dans les édifices publics destinés au culte, etc., le pouvoir séculier a le droit néanmoins de connaître de ces matières; et l'appel comme d'abus devant les tribunaux séculiers était reçu, parce que la discipline a toujours quelque chose d'extérieur, quelques points de contact avec l'ordre public, et qu'elle ne peut, sous ce rapport, agir que de concert avec la puissance séculière. — Henrion, *de l'Aut. jud.*, t. 2, p. 117.

22. — Ainsi, il résulte de l'ordonnance d'avril 1695, art. 36, que l'on pouvait appeler comme d'abus des ordonnances et jugemens rendus par les archevêques, évêques et juges d'église, pour la célébration du service divin, réparation des églises, achats d'ornemens, subsistances des curés, rétablissement ou conservation de la clôture des religieuses, correction des mœurs des personnes ecclésiastiques et toutes autres choses concernant la discipline ecclésiastique, etc.

23. — Indépendamment de la dérogation aux concordats, édits et ordonnances de nos rois et arrêts des cours souveraines, ou de l'empiétement de la juridiction ecclésiastique sur la juridiction séculière, *vel vice versâ*, la violation des règles de l'équité pouvait être également un cas d'appel comme d'abus; et l'on tenait pour certain que l'équité étant la première de toutes les lois, lorsque le jugement d'un supérieur ecclésiastique était tellement contraire à l'équité, et blessait si évidemment le bon droit, que c'était plutôt un abus qu'un usage légitime du pouvoir, que c'était moins un jugement raisonnable qu'une vexation odieuse, alors les sujets opprimés pouvaient avoir recours à l'autorité du prince pour arrêter les vexations dont ils étaient les victimes. (Réquisit. de l'av. gén. de Saint-Fargeau, 12 janv. 1761.) — Henrion, *de l'Aut. jud.*, t. 2, p. 85; *id.*, t. 2, p. 117.

24. — Pourtant de légères erreurs dans les décisions des cours ecclésiastiques n'auraient pas suffi pour légitimer ce recours extraordinaire; il fallait que l'ordre public, l'autorité du roi et la discipline de l'église y fussent intéressés. — Henrion de Pansey, *de l'Aut. jud.*, t. 2, p. 85.

25. — L'appel comme d'abus n'était valablement interjeté des décisions ecclésiastiques qu'autant que l'appelant avait au préalable épuisé les différens degrés de juridiction cléricale : il fallait donc avant d'user de cette voie recourir de l'évêque au métropolitain, et du métropolitain au primat. Mais il était facultatif aux parties d'appeler en outre du primat au pape. Dans ce cas le pape déléguait, pour juger l'affaire, des commissaires pris sur les lieux ou dans les diocèses voisins. La partie lésée pouvait se pourvoir contre leur décision et obtenir de nouveaux juges jusqu'à ce qu'il y eût trois jugemens conformes. — Après ces trois jugemens conformes, l'appel comme d'abus n'en était pas moins recevable s'il était fondé sur quelque notoire usurpation; par exemple si les jugemens avaient statué sur les dîmes inféodées, le possessoire bénéficial, le droit de patronage laïc, etc.,

matières dont la connaissance était interdite à l'église. — Fevret, t. 1er, p. 123; Favard, *Rép.*, vº *Abus*.

26. — L'appel comme d'abus était, à Paris, vidé par la grand'chambre du parlement, qui en connaissait, non par droit de ressort et de dévolution naturelle, *de inferiori ad superiorem*, mais par un droit de protection royale que doit le prince à ses sujets, tant ecclésiastiques que séculiers. Chaque parlement connaissait des appels comme d'abus relevés dans son ressort. Le parlement statuait indéfiniment et sans réserve (à l'exclusion des chambres de l'Edit), lors même que les appellations avaient été interjetées par des sectateurs de la religion réformée. — *Parlement de Bordeaux*, 9 juill. 1616.

27. — L'appel comme d'abus une fois formé, il ne pouvait plus être couvert ni par prescription ni par fin de non-recevoir. Tellement que ni l'autorité des jugemens, ni le consentement privé des parties, ni la longueur du temps ne lui pouvaient faire préjudice. — Fevret, t. 1er, p. 15.

28. — On n'admettait point de péremption en semblable procédure. — *Ibid.*, p. 16.

29. — En matière de discipline ou correction ecclésiastique, et autres purement personnelles, l'appel comme d'abus n'était point suspensif, mais simplement dévolutif. — Ord. de 1695, art. 36.

30. — La procédure en matière d'abus était très simple : — Les appels comme d'abus, dit Camus, relèvent ou par arrêt, ou par lettres qui s'obtiennent en chancellerie. Au premier cas, il faut présenter à cet effet une requête et y joindre la sentence ou l'acte contre lequel on entend se pourvoir. — Au deuxième cas, c'est-à-dire lorsqu'on se pourvoit en chancellerie, il faut, pour obtenir des lettres de relief d'appel comme d'abus, représenter une consultation de deux avocats dans laquelle les moyens d'abus doivent être détaillés; cela est d'un usage immémorial et autorisé par l'ord. de Charles VIII, du mois de juillet 1493. — Nouveau Denizart, vº *Abus*, § 8.

31. — Ainsi les lettres de chancellerie et la consultation de deux avocats étaient inutiles, quand l'appel comme d'abus s'interjetait par une requête, et il n'y avait alors d'autre formalité à remplir que de joindre à la requête d'appel le jugement ou l'acte qui en était l'objet. — Merlin, *Quest. de Dr.*, vº *Abus*.

32. — Les parlemens, en jugeant les appellations comme d'abus prononçaient qu'il n'y avait abus, et condamnaient en ce cas les appelans en 75 liv. d'amende, ou disaient qu'il y avait été mal, nullement et abusivement procédé, statué et ordonné; et, en ce cas, si la cause était de la juridiction ecclésiastique, ils renvoyaient à l'archevêque ou à l'évêque dont l'official avait rendu le jugement ou l'ordonnance déclarée abusive, afin d'en nommer un autre, ou au supérieur ecclésiastique, si lesdits ordonnance ou jugement étaient émanés de l'archevêque ou évêque, ou s'il y avait des raisons d'une suspicion légitime contre lui, ce que les membres de la cour devaient examiner avec tout le soin et l'exactitude nécessaires. — Edit. de 1695, art. 37.

33. — Les arrêts rendus sur les appels comme d'abus avaient ceci de particulier, que de quelque parlement qu'ils émanassent ils servaient de règle générale partout et à l'égard de tous. La raison en était que les abus qui les motivaient étaient les mêmes partout; que, dans ces causes, où le bien public, les intérêts de l'église et de la royauté se trouvaient en jeu, les moyens d'agir et de défendre étaient partout semblables et uniformes; et que ces différends ne se pouvaient décider que par des maximes constantes et par des principes puisés dans les sources du droit général du royaume. — Fevret, *Traité de l'abus*, Introd.

34. — Jugé au reste que sous l'ancienne législation l'arrêt rendu par un parlement, en matière d'abus, pouvait être attaqué par la voie de la tierce opposition. — *Cass.*, 14 mars 1809, Danecette c. Massadier.

CHAPITRE II. — *Droit nouveau.— Principes généraux sur les appels comme d'abus.*

35. — Les cas d'abus sont déterminés ainsi qu'il suit par la loi du 18 germ. an X, art. 6 : — 1º l'usurpation ou l'excès de pouvoir; — 2º la contravention aux lois et réglemens de l'état; — 3º l'infraction des règles consacrées par les canons reçus en France; — 4º l'attentat aux libertés, franchises et coutumes de l'église gallicane; — 5º tout procédé qui, dans l'exercice du culte, peut compromettre l'honneur des citoyens, troubler arbitrairement leur conscience, dégénérer contre eux en oppression, en injure ou en scandale public.

36. — L'art. 7 ajoute : « Il y aura également recours au conseil d'état, s'il est porté atteinte à l'exercice public du culte et à la liberté que les lois et réglemens garantissent à ses ministres. »

37. — Ainsi il peut y avoir abus : — 1º des ministres du culte contre les droits du gouvernement ou de son chef; — 2º de la part d'un ministre du culte envers son inférieur, cas auquel le plaignant doit, avant d'user de cette voie extraordinaire, appeler de l'évêque au métropolitain, du métropolitain au primat; et, s'il le juge à propos, du primat au pape, du moins en matière d'interdit et de discipline; — 3º de la part d'un ministre du culte envers un citoyen; — 4º de la part des autorités civiles ou administratives, au préjudice des prérogatives d'un culte légalement reconnu, ce qui s'applique (V. *infrà* nº 40), aux ministres du culte protestant ou du culte israélite, aussi bien qu'aux prêtres catholiques.

38. — Il suffit de jeter un simple coup d'œil sur ces dispositions pour s'apercevoir que le nouveau législateur a reculé comme l'ancien devant l'idée de définir et de régler tous les cas d'abus, parce que cette idée aurait pu compromettre tout à la fois les droits de la puissance publique, qui n'a ni le pouvoir, ni la volonté de se nuire, la sûreté des citoyens et les libertés mêmes de la nation. « En se bornant, en l'an X, à indiquer les sources principales et générales de l'abus, dit M. Favard (*Répertoire*, vº *Abus*), on se conforma, comme on voit, aux anciennes maximes du royaume. Rien ne fut innové sur le fond des choses. On ne fit que changer la forme de procéder et attribuer au conseil d'état ce qui était autrefois dans les attributions des parlemens. » — Merlin, *Quest. de Dr.*, vº *Abus*; Foucart, *Elém. de Dr. administ.*, t. 1er, p. 427.

39. — Cette remarque est importante, en ce qu'elle nous montre que dans le silence de la loi nouvelle, c'est d'après les principes de l'ancienne jurisprudence qu'il faut l'interpréter. Observons toutefois, que dans cette réorganisation des rapports de l'état avec l'église, on ne tint pas toujours compte de la différence des temps. Aujourd'hui les lois de la religion ne sont plus considérées comme lois de l'état; une ligne de démarcation profonde sépare le pouvoir temporel du pouvoir spirituel : le roi n'est plus l'exécuteur et le protecteur en titre des saints canons : les dispositions de l'art. 6, L. 18 germ. an X, quoique extraites littéralement, ou à peu près, de l'ancien droit, ne devront donc point avoir toute la portée qu'on leur attribuait autrefois; dans leur application elles seront restreintes par les principes de notre droit public actuel. — Foucart, t. 1er, p. 427.

40. — Bien que la loi du 18 germ. ait eu pour objet principal l'exécution du concordat de l'an IX, relatif uniquement à la religion catholique, cependant le recours établi par cette loi, dans tous les cas d'abus de la part des personnes ecclésiastiques, ne s'applique pas seulement aux prêtres catholiques, mais il est général et sans exception, et peut être étendu tout aussi bien aux ministres protestans et à ceux du culte judaïque.

41. — Ainsi jugé sur le conflit élevé par le préfet du département du Haut-Rhin contre un jugement du tribunal de police qui avait condamné à la prison le servant d'une synagogue, pour avoir diffamé un israélite, en le déclarant publiquement exclu des cérémonies religieuses. Un décret du conseil d'état confirma l'arrêté de conflit. — *Cons. d'état*, 9 frim. an XIII, Lévi c. Block.

42. — Jugé de même que les ministres du culte israélite étant fondés à réclamer le bénéfice de la loi du 18 germ. an X, lorsqu'un rabbin refuse de recevoir le serment *more judaico*, déféré judiciairement à un juif, il ne peut pas être actionné devant les tribunaux ordinaires relativement à ce refus; c'est au conseil d'état seul qu'il appartient d'en connaître. — *Metz*, 5 janv. 1827, Wittersheim c. Couturier. — Cormenin, vº *Appel comme d'Abus*, § 2.

43. — Au surplus, la loi du 8 fév. 1831, en mettant à la charge de l'état le traitement des ministres du culte israélite, a donné une nouvelle force à l'assimilation.

44. — M. Cormenin (*loc. cit.*, § 2) fait remarquer qu'il n'y a pas eu un seul exemple d'appel comme d'abus formé contre des ministres de communions protestantes. — Il cite seulement un projet de décret du 24 janv. 1812, relatif à un refus de sépulture : l'affaire ne reçut pas de solution définitive.

45. — Il n'y a pas davantage à distinguer entre les actes des ministres des cultes reconnus et ceux des cultes non autorisés; les cultes nouveaux ne méritent pas plus de faveur, et n'offrent pas moins de dangers que les cultes autorisés. Les mêmes paroles, disent MM. Chauveau et Hélie (*Th. C. pén.*, t. 4, p 277), qui seront poursuivies lorsqu'elles s'élanceront d'une chaire autorisée par le gouvernement, seront-elles à l'abri des mêmes poursuites, parce que la chaire qui les laisse tomber appartient à un culte nouveau? — V. aussi Solon, *Rép. des Juridict.*, t. 1er, p. 276.

46. — Toutefois, et si on admettait que le recours préalable au conseil d'état soit de rigueur, dans le cas où les faits imputés à un ministre du culte constituent un crime ou un délit en même temps qu'un abus (V. *infrà* § 7), il ne semble pas que le ministre d'un culte non autorisé puisse invoquer la même faveur.

§ 1er. — *Usurpation ou excès de pouvoir.*

47. — Il faut d'abord, dit M. Dufour (*Dr. adm. appliqué*, vº *Culte*, nº 1310), comprendre sous cette qualification tout acte émané d'un ministre du culte qui, dans l'accomplissement de ses fonctions ecclésiastiques, excéderait la limite du domaine spirituel.

48. — On a en conséquence reconnu le caractère d'abus dans un mandement qui censurait la conduite du gouvernement « par le motif que s'il appartient aux évêques du royaume de demander au roi les améliorations et les changemens qu'ils croient utiles à la religion, ce n'est pas par la voie de lettres pastorales qu'ils peuvent exercer ce droit, ces lettres n'étant adressées aux fidèles et ne devant avoir pour objet que de les instruire des devoirs religieux qui leur sont prescrits. » — *Cons. d'état*, 10 janv. 1824, arch. de Toulouse. — Ce dernier motif se trouve également dans une autre ordonnance du 24 mars 1837 (archevêque de Paris). — V. aussi *Cons. d'état*, 9 mars 1845, archevêque de Lyon.

49. — Jugé encore, dans une espèce où M. l'archevêque de Paris avait cru devoir protester dans un écrit publié sous le titre *de déclaration* contre un projet de loi portant cession à la ville de Paris de l'emplacement et du terrain de l'ancien archevêché, qu'une pareille protestation faite en qualité de supérieur ecclésiastique, constituait un excès et une usurpation de pouvoir et une contravention aux lois du royaume. — *Cons. d'état*, 24 mars 1837, archevêque de Paris.

50. — Il faut en outre considérer comme renfermant usurpation ou excès de pouvoir les actes auxquels il a été procédé contrairement aux dispositions qui règlent la discipline extérieure. — Dufour, *loc. cit.*

51. — C'est sous ce point de vue qu'a été annulée la délibération prise par le chapitre métropolitain de Paris et portant adhésion à la déclaration de l'archevêque, dans l'espèce ci-dessus citée, ainsi que la transcription sur les registres, de cette délibération, par le motif que le chapitre métropolitain qui forme le conseil de son évêque, l'assiste de son avis, l'éclaire de ses lumières pour l'administration du diocèse, mais n'a pas d'action indépendante et spontanée; que dès-lors la délibération qu'il avait prise pour adhérer à la déclaration de M. l'archevêque de Paris, constituait un excès de pouvoir et était répréhensible à ce seul titre, indépendamment des griefs qui lui étaient communs avec cette déclaration. — *Cons. d'état*, 24 mars 1837, archevêque de Paris.

52. — M. Dufour cite également comme constituant, au même titre, un excès de pouvoirs : 1º la connaissance prise par un archevêque de la réclamation dirigée contre un évêque qui ne serait pas son suffragant (L. de l'an X, art. 15); — 2º le fait par un évêque de manifester la nomination d'un curé et de lui donner l'institution canonique avant que le gouvernement ait agréé la nomination (art. 19); — 3º le fait de procéder à une ordination sans l'agrément du gouvernement (art. 26). — Dufour, t. 2, nº 1311.

53. — M. Foucart fait remarquer que l'usurpation ou l'excès de pouvoir doit être rare à notre époque où la juridiction du clergé est toute spirituelle et n'agit directement que sur la conscience. — Foucart, *El. dr. admin.*, t. 1er, p. 428.

54. — On s'est demandé si l'excès de pouvoir constitutif de l'abus résulterait de l'usurpation commise dans le cercle des choses spirituelles? En d'autres termes, si la violation de la règle purement religieuse donnerait lieu au recours devant le conseil d'état? En général, dit M. Dufour (nº 1313), une sentence rendue dans le cercle des choses purement spirituelles, n'a trait qu'à la règle intérieure de la religion, elle n'affecte en rien le citoyen et ne s'adresse qu'à l'homme religieux, dans ses moyens de contrainte, aussi bien que dans son objet : dès-lors le conseil d'état ne saurait en connaître que comme régulateur de l'autorité spirituelle de conservation de la règle religieuse....... Or, il est de principe autant que de fait que ce conseil ne réprime l'autorité spirituelle que dans ses atteintes aux droits et aux intérêts garantis aux citoyens par la loi civile. — V. toutefois, sur la prononciation de l'interdit, *infrà* nos 76 et suiv.

§ 2. — *Contravention aux lois et règlemens de l'état.*

55. — L'excès de pouvoir, dit M. Dufour (*Dr. adm. appliqué*, nº 1314), emporte toujours une contravention aux lois du royaume; mais, ce second cas d'abus peut exister sans concourir avec le premier. — Telle serait, par exemple, l'infraction à l'art. 1er, tit. 1er, L. 18 germin. an X qui, rectifiée par le décret du 28 fév. 1810, dispose « qu'aucune bulle, bref, rescrit, décret, mandat, provision, signature servant de provision, ni autres expéditions de la cour de Rome, même ne concernant que les particuliers, ne pourront être reçus, publiés, imprimés, ni autrement mis à exécution sans l'autorisation du gouvernement, à l'exception des brefs de la pénitencerie pour le for intérieur seulement, et des dispenses de mariage. — V. *Cons. d'état*, 23 déc. 1820, év. de Poitiers; 9 mars 1845, arch. de Lyon.

56. — Le principe que les brefs de pénitencerie sont dispensés de l'enregistrement et de la vérification en conseil d'état a été appliquée par l'ordonnance du *Cons. d'état*, 4 fév. 1836, Weiss.

57. — On devrait également considérer comme abus l'infraction aux art. 3 et 4 de la même loi de l'an X, qui disposent (art. 3) : « Les décrets de synodes étrangers, même ceux des conciles généraux, ne pourront être publiés en France avant que le gouvernement en ait examiné la forme, leur conformité avec les lois, droits et franchises de l'état, et tout ce qui dans leur publication, pourrait altérer ou intéresser la tranquillité publique. » (Art. 4.) « Aucun concile national ou métropolitain, aucun synode diocésain, aucune assemblée délibérante, n'aura lieu sans la permission expresse du gouvernement. »

58. — Mais les délits communs qui, au lieu d'être des actes abusifs de la juridiction ecclésiastique, constituent des infractions à la loi pénale, ne rentrent point dans la nomenclature des cas d'abus prévus par notre disposition, lors même qu'ils ont été commis par un ecclésiastique dans l'exercice de ses fonctions. — *Montpellier*, 12 juill. 1841, (t. 1er 1842, p. 239), M...

59. — Les évêques ne peuvent, sans l'autorisation du gouvernement, entretenir des correspondances avec une cour ou une puissance étrangère sur des questions ou matières religieuses (art. 207 et 208 C. pén.). — Ni faire publier dans les églises paroissiales de leurs diocèses les brefs du pape, même lorsque lesdits brefs ne feraient qu'approuver des actes rentrant dans leur droit et leur légitime juridiction. — Cormenin, *Droit adm.*, vº *Appel comme d'abus*, § 7.

60. — Ce dernier principe a été appliqué dans une espèce où un évêque avait fait publier dans les églises de son diocèse, mais sans autorisation, un bref approbatif de l'interdiction par lui prononcée (dans l'exercice de ses fonctions) contre des prêtres dissidens. — Le mandement qui ordonnait la lecture du bref a été supprimé avec déclaration d'abus, bien que l'évêque qui en était l'auteur eût écrit qu'il n'avait agi ainsi que par inadvertance et sans intention de contrevenir aux lois du royaume. — *Cons. d'état*, 23 déc. 1820, évêque de Poitiers.

61. — C'est également, de la part d'un évêque, violer les lois de l'état et encourir une déclaration d'abus que d'exécuter un rescrit du pape qui n'a été ni vu, ni vérifié devant le conseil d'état. — *Cons. d'état*, 22 juin 1810, évêque de Savone. — Cormenin, vº *Appel comme d'abus*, § 7.

62. — L'immixtion d'un évêque dans une procédure, ordonnée par le pape à l'effet d'instruire sur une demande en dissolution de mariage et la permission d'en contracter un second, est contraire aux lois de l'empire, libertés, franchises et coutumes de l'église gallicane, notamment en ce que le pape y connaît, en première instance, d'une demande qui, dans aucune supposition n'aurait pu être portée directement devant lui, et en ce qu'il connaît de la validité d'un contrat sur lequel l'autorité civile doit seule prononcer. — *Cons. d'état*, 14 juin 1810, évêque de Savone.

63. — Un évêque ne peut, sans encourir une déclaration d'abus, prendre dans un indult ou mandement la qualification de membre d'un ordre religieux supprimé, ni accorder des dispenses aux fidèles, non en vertu des droits épiscopaux, mais en vertu des pouvoirs à lui communiqués par le pape. — *Cons. d'état*, 26 mars 1812, évêque de Parme.

64. — Jugé que s'il est permis aux évêques, comme aux autres citoyens de recourir au roi contre les actes des ministres, ils ne peuvent, sans abus, le faire en cherchant à donner à leurs déclarations ou à leurs actes un caractère qui les rendrait communs à l'épiscopat; qu'ils ne peuvent de même provoquer les autres évêques à la désobéissance aux lois et réglemens en vigueur sur la comptabilité des établissemens ecclésiastiques (notamment du décret du 6 nov. 1813, relatif aux séminaires); qu'ils ne peuvent surtout se permettre de faire des imputations injustes et injurieuses pour l'administration publique et pour les évêques du royaume, en supposant des concessions clandestinement arrachées à l'épiscopat par tous les moyens de séduction et de violence; il y a dans de pareils faits matière à déclaration d'abus. — *Cons. d'état*, 4 mars 1835, évêque de Moulins.

65. — Il pourrait encore y avoir abus, dit M. Cormenin (§ 9), de la part des évêques et des prêtres, s'ils ordonnaient arbitrairement des prières publiques extraordinaires, s'ils faisaient des cérémonies extérieures hors les cas légalement permis; s'ils instituaient des fêtes nouvelles autres que celles légalement conservées avec obligation de chômage.

66. — Aux termes de l'art. 53 de la loi organique du 18 germ. an X, les prêtres ne doivent faire au prône aucune publication étrangère à l'exercice du culte, *excepté celles ordonnées par le gouvernement*; toute infraction à cette loi constitue un cas d'abus. — *Cons. d'état*, 19 mars 1829, Blanc.

67. — Sur cette restriction de la loi de l'an X : « *Excepté celles ordonnées par le gouvernement*, » M. de Cormenin (vº *Appel comme d'abus*, § 11) fait les réflexions suivantes : « Cette disposition, qui est de la façon du décret du 27 prair. an XII, blesse l'indépendance du prêtre et confond la séparation des pouvoirs : si vous voulez que le prêtre ne se mêle que de choses spirituelles, n'en faites pas le porte-voix de vos circulaires ministérielles. Appelez l'huissier de la mairie, et, qu'au roulement du tambour, il lise vos pancartes au peuple assemblé sur la place publique. »

68. — La célébration des cérémonies religieuses du mariage, sans qu'il ait été préalablement justifié du mariage contracté devant l'officier de l'état civil, délit prévu par l'art. 199, C. pén., constitue de la part du prêtre un abus de fonctions qui rentre dans les dispositions de l'art. 6 du décret du 18 germ. an X. — *Cass.*, 29 déc. 1842 (t. 1er 1843, p. 696), Sarda.

69. — Le prêtre qui donne la bénédiction nuptiale à l'homme et à la femme qui lui représentent à cet effet une *simple invitation* du maire et non *un certificat* constatant la célébration du mariage civil, se rend coupable d'abus. — *Cons. d'état*, 3 déc. 1828, Mathieu; 25 sept. 1830, desservant la commune de Frêche.

70. — Jugé, par suite de ce principe, que lorsqu'un prêtre donne la bénédiction nuptiale avant la célébration du mariage civil, il y a lieu, par le conseil d'état, de le renvoyer devant l'autorité judiciaire pour y être poursuivi conformément à l'art. 199 C. pén. — *Cons. d'état*, 2 sept. 1830, desservant de la commune de Frêche.

71. — Le fait d'inhumation sans l'autorisation préalable de l'officier public, fait prévu par l'art. 358, C. pén., est un cas d'abus. — *Cass.*, 29 déc. 1842 (t. 1er 1842, p. 698), Sarda.

72. — Conformément à l'art. 8 du concordat, 18 germ. an X, le conseil d'état autorise le renvoi devant les tribunaux criminels compétens, des ecclésiastiques prévenus d'avoir tenu une conduite attentatoire aux mœurs dans l'exercice de leurs fonctions sacerdotales. — *Cons. d'état*, 8 avr. 1831, Maret.

§ 3. — *Infraction aux règles consacrées par les canons reçus en France.*

73. — Les canons dont l'infraction est un cas d'abus sont ceux relatifs à la discipline extérieure, par opposition à ceux qui ne règlent que le for intérieur. — Dufour, t. 2, nº 1315.

74. — A l'égard de ceux qui ne règlent que le for intérieur, dit le même auteur, il résulte clairement du décret du 28 fév. 1810 que pour leur observation les ministres relèvent exclusivement de l'autorité ecclésiastique, puisqu'il permet de les exécuter sans aucune autorisation ni examen préalable.

75. — Au dire de M. Foucart (*Droit administratif*, t. 1er, nos 428 et 447), le pouvoir temporel n'a le droit de faire exécuter que celles des règles ecclésiastiques qui, intéressant l'ordre public ou l'administration du royaume, ont été érigées en lois : telles sont les dispositions des articles organiques du concordat, qui veulent que les évêques soient tenus de résider dans leurs diocèses, qu'ils soient chargés de l'organisation des séminaires, que les curés soient tenus de résider dans leurs paroisses, qu'ils soient soumis aux évêques dans l'exercice de leurs fonctions; qu'un prêtre ne puisse quitter son diocèse pour aller desservir dans un autre sans la permission de son évêque, etc. L'exécution des autres canons est du ressort de l'autorité spirituelle.

76. — « C'est d'après les mêmes principes qu'il faut décider, dit le même auteur (nº 445), que les abus d'autorité de la part d'un supérieur ecclésiastique contre son inférieur sont de la compétence du conseil d'état, quand il s'agit de la portion d'autorité qui dérive en tout ou en partie des lois de l'état; mais il n'en est pas ainsi lorsqu'il s'agit d'un acte de l'autorité purement spirituelle. Ainsi, la *révocation* d'un curé par un évêque pourrait donner lieu à un recours comme d'abus, parce que d'après les règles canoniques reçues en France, les curés nommés par les évêques et agréés par le roi ne sont pas révocables comme les simples desservans; mais il n'en serait pas de même de *l'interdit* absolu des fonctions ecclésiastiques régulièrement prononcé contre lui, parce que cet interdit est un acte de l'autorité purement spirituelle dont le temporel ne peut apprécier l'usage. »

77. — Cette opinion est-elle conforme aux vrais principes, et n'est-il pas plus juste de dire que l'interdit pourrait faire l'objet d'un recours par voie d'appel comme d'abus, s'il heurtait les règles tracées par les canons reçus en France? N'en serait-il pas de même si l'interdit avait pour cause un fait ou une opinion politique? N'est-il donc pas plus juste de dire que l'autorité compétente en pareille matière examinera si les allégations de l'ecclésiastique rentrent dans les cas d'abus prévus par la loi; qu'en cas d'affirmative l'abus sera proclamé; dans l'hypothèse contraire, les droits de l'autorité épiscopale seraient respectés, sauf toutefois recours au métropolitain? — *Encyclop. du dr.*, vº *Appel comme d'abus*, nº 41.

78. — Et cette dernière opinion peut paraître confirmée par l'ordonnance qui juge que l'interdit est une peine canonique dont l'application fait partie des attributions de l'autorité épiscopale, et qu'il ne peut être critiqué *qu'autant qu'il présente un cas d'abus*. — *Cons. d'état*, 19 févr. 1840, Fournier.

79. — Jugé toutefois que l'interdit prononcé contre *un simple prêtre* n'est qu'une peine canonique dont l'application rentre dans les attributions de la juridiction épiscopale, et qui ne peut donner lieu qu'à un recours au métropolitain et non à un appel comme d'abus. — *Cons. d'état*, 4 févr. 1836, Weiss; 15 juill. 1832, Licahart; 12 août 1829, Leblanc.

80. — De même, les évêques ayant le droit de révoquer les desservans, leur décision, à cet égard, n'est susceptible que du recours au métropolitain. — *Cons. d'état*, 28 mai 1835, Camus; 3 août 1828, Bessanger; 28 oct. 1829, Bon.

81. — Jugé encore que les évêques ont le droit de révoquer les vicaires et de leur retirer le droit de prêcher et de confesser sans être tenus d'en expliquer les motifs. — *Cons. d'état*, 4 nov. 1835, Martin.

82. — Pour que l'inférieur ecclésiastique puisse se pourvoir par appel comme d'abus, il faut que l'acte d'abus émane exclusivement de l'autorité ecclésiastique. Si, en effet, cet acte se rattachait à un acte de l'autorité civile, il ne donnerait pas matière à appel,

83. — Ainsi, jugé que lorsqu'une succursale est érigée en cure, que le succursaliste d'abord désigné par l'évêque n'obtient pas l'agrément du roi, et qu'un autre curé est nommé, l'ancien succursaliste, tacitement destitué, ne peut se pourvoir par voie de recours comme d'abus contre la seconde nomination qui est faite et le refus de la part du roi d'agréer la première. — Ce ne sont pas là des actes émanant des supérieurs et autres personnes ecclésiastiques contre lesquelles l'appel comme d'abus est permis; ce ne sont que des actes qui appartiennent à l'exercice des droits de la couronne et qui ne peuvent être attaqués par aucune voie contentieuse. — *Cons. d'état*, 16 févr. 1826, Simil.

84. — S'il est hors de doute qu'un curé ne peut être privé de ses fonctions et de son titre que par une sentence de déposition rendue selon les formes canoniques et confirmée par le gouvernement, l'inamovibilité du titulaire n'emporte point la perpétuité de l'office, et il est également hors de doute qu'une cure peut être supprimée par son union à une autre cure ou à tout autre établissement ecclésiastique, dans les formes prescrites par les lois, lorsque l'utilité des fidèles et les nécessités du service le commandent. — *Cons. d'état*, 14 juill. 1824, évêque de Chartres.

85. — En conséquence, le conseil d'état a jugé par la même ordonnance que la décision de l'évêque qui, *par suite de cette réunion*, destitue l'ancien titulaire de la cure supprimée, et lui interdit la prédication et l'administration des sacremens, ne peut motiver de sa part l'appel comme d'abus.

86. — Lorsqu'un clerc a été ordonné prêtre par l'évêque d'un diocèse adoptif en vertu de lettres d'excorporation accordées par l'évêque de son dio

cèse natal, et que l'évêque de son diocèse adoptif a délivré, puis révoqué un *exeat* révocable à volonté donné pour passer dans le diocèse natal, le prêtre est par là réincorporé à son diocèse adoptif; et dès-lors l'évêque du diocèse natal peut, sans qu'il y ait abus interdire au prêtre les fonctions de son ministère dans ce diocèse. — *Cons. d'état*, 29 août 1821, Hamel c. l'évêque de Contances.

87. — Un prêtre chargé de fonctions révocables dans un diocèse dont il n'est pas originaire, n'est pas incorporé à ce diocèse, et tant qu'il y réside l'exercice des fonctions ecclésiastiques peut valablement lui être interdit. — *Cons. d'état*, 28 oct. 1829, Bon c. l'archev. de Rouen.

§ 4. — *Attentat aux libertés de l'église gallicane.*

88. — On comprend sous ces différens noms des règles qui ont pour but de protéger la souveraineté nationale de la France contre les entreprises de la cour de Rome, et de simples règles de discipline spéciales à l'Eglise de France. — Foucart, *Droit admin.*, t. 1er, nº 448.

89. — Nous avons dit, en nous occupant de l'ancien droit (*suprà* nos 17 et suiv.), que les deux principales maximes de l'Eglise gallicane étaient : que la la puissance temporelle est indépendante de la spirituelle, et que l'autorité du saint-siége n'est point absolue. — Le maintien de ces règles fondamentales a ses garanties dans les progrès de la raison publique; cependant elles ont été enfreintes quelquefois.

90. — C'est ainsi que l'acte reproché à l'évêque de Savone (V. *Cons. d'état*, 14 juin 1810, § 2, *suprà* nº 62), a été déclaré abusif comme contraire aux libertés, franchises et coutumes de l'Eglise gallicane. — V. aussi la declaration d'abus prononcée contre le cardinal archevêque de Lyon (*Cons. d'état*, 9 mars 1845), pour avoir, dans un mandement du 21 nov. 1844, portant condamnation du *Manuel de droit ecclésiastique* de M. Dupin, attaqué l'autorité de l'édit de mars 1682, de l'art. 24, L. du 18 germin. an X, et du décret du 25 fév. 1810.

91. — Comme réponse à des attaques directes, des cardinaux, archevêques et évêques de l'Eglise de France crurent devoir, par une déclaration du 3 août 1826, protester au nombre de 69, « de leur inviolable attachement à la doctrine de leurs prédécesseurs dans l'épiscopat telle qu'ils l'ont transmise sur les droits des souverains et sur leur indépendance pleine et absolue, dans l'ordre temporel, de l'autorité soit directe, soit indirecte, de toute puissance ecclésiastique. » — V. Dufour, t. 2, nº 1317.

§ 5. — *Entreprises ou procédés qualifiés abus.*

92. — Les quatre premiers cas d'abus embrassent les actions contraires à l'ordre public; ils sont destinés à protéger les intérêts généraux de la société; le cinquième prévoit les actes incompatibles avec les droits privés des citoyens, et les intérêts garantis par la société civile à chacun de ses membres : « Toute entreprise ou tout procédé qui dans l'exercice du culte peut compromettre l'honneur des citoyens, troubler arbitrairement leur conscience, dégénère contre eux en oppression ou en injures, ou en scandale public » constitue un abus. Le vague dans lequel est conçue cette définition montre qu'on a voulu laisser au conseil d'état la plus grande liberté, et lui permettre d'intervenir toutes les fois qu'il le jugerait nécessaire. — Dufour, t. 2, nº 1318; *Encyclop. du dr.*, vº *Appel comme d'abus*, nº 27.

93. — Toutefois, dit M. Dufour (t. 2, nº 1318), la règle générale en cette matière, c'est qu'il faut distinguer entre les atteintes qui ne s'adressent qu'à la conscience religieuse et les dommages éprouvés dans les biens et les droits civils; les premières ne doivent être déférées qu'au supérieur ecclésiastique, les seconds peuvent être portés devant le conseil d'état. Une seule fois, par exception à ce principe, le législateur de l'an X (en prohibant le trouble arbitraire des consciences), a entendu réserver une protection contre les abus commis dans le sein même de la société religieuse.

94. — Ceci posé il importe de parcourir les espèces dans lesquelles ces principes ont pu être appliqués.

95. — Jugé qu'il y a abus de la part d'un évêque qui, en cette qualité, publie dans un journal un écrit dans lequel il se livre à des allégations injurieuses pour l'université de France et les membres du corps enseignant, *ou menace de refus éventuels de sacrement* les enfans élevés dans les établissemens universitaires, ce double fait constituant envers l'Université et les membres du corps enseignant une injure et une atteinte à l'honneur, et tendant, d'autre part, *à troubler arbitrairement la conscience des enfans* élevés dans les établissemens universitaires et celle de leurs familles. — *Cons. d'état*, 8 nov. 1843, évêque de Châlons.

96. — Il y a abus pour procédé dégénérant en oppression, si un ecclésiastique profite de l'administration des sacremens à un malade, pour s'emparer de ses titres et créances, sous prétexte de les employer à faire des restitutions à des tiers. — *Cons. d'état*, 25 nov. 1829, Fourcade.

97. —... Ou de ses livres, sous prétexte qu'ils sont mauvais. — *Cons. d'état*, 20 août 1829, Adeline.

98. — Mais s'il résulte de l'instruction que les objets ont été remis volontairement après que le malade a été administré, la requête doit être rejetée. — Même ordonnance.

99. — Autrement il y a lieu par le conseil d'état de déclarer qu'il y a abus et de renvoyer à fin civile seulement devant l'autorité judiciaire. — *Cons. d'état*, 25 nov. 1829, Fourcade.

100. — Il y a également un procédé dégénérant en oppression dans le fait d'un évêque qui réduit le nombre des messes auxquelles un particulier a droit, en vertu d'un ancien contrat de constitution de rente. — *Cons. d'état*, 31 juill. 1822, Roquelaure.

101. — ... Ou qui rapporte l'ordonnance par laquelle il avait autorisé un particulier, moyennant certaines conditions, à établir un banc et un autel dans une église. — *Cons. d'état*, 31 juill. 1822, de Laubracre.

102. — La diffamation commise en chaire par un ministre du culte rentre dans les cas d'abus. — *Cass.*, 25 août 1827, Guillemain; 28 mars 1828, Baillard c. Thierry; 18 fév. 1836, Lorris c. Gauguel; *Agen*, 27 fév. 1840 (t. 2 1840, p. 102, Mauran; *Cass.*, 26 juill. 1838 (t. 2 1838, p. 179), Guillaume c. Guien.

103. — Il en est de même pour le fait, de la part d'un ecclésiastique, d'avoir, après la procession, dans le chœur, et revêtu de ses habits sacerdotaux, adressé aux fidèles réunis une allocution pouvant compromettre l'honneur d'un individu. — *Rouen*, 17 oct. 1828, Feutry c. Partie.

104. — Lorsqu'en entretenant ses paroissiens de griefs qui lui sont personnels, un prêtre se rend coupable d'outrages et de diffamations envers des citoyens, il commet un abus, et, après l'avoir déclaré, le conseil d'état autorise les poursuites commencées au correctionnel devant l'autorité judiciaire. — *Cons. d'état*, 19 mars 1829, Ardouzel.

105. — Bien que chaque curé soit maître des confréries établies sous ses ordres dans son église, jamais un prêtre ne doit se permettre d'expulser publiquement une jeune fille d'une confrérie, après avoir entretenu ses paroissiens de désordres arrivés dans la paroisse; ce sont là des insinuations injurieuses qui rentrent dans les cas d'abus prévus par les art. 6 et 52, L. an X. — *Cons. d'état*, 8 juill. 1829, Thiery. — Cormenin, vº *Appel comme d'abus*, § 15.

106. — L'outrage commis par un ministre du culte, officiant à un enterrement, envers un fonctionnaire public dans l'exercice de ses fonctions, est également un abus. — *Cass.*, 7 mars 1840 (t. 1er 1840, p. 759), Guille et Vée.

107. — Les actes que nous venons d'énumérer comme cas d'abus portent en eux-mêmes, comme la diffamation ou l'injure, les caractères auxquels la loi reconnaît le délit; mais il en est d'autres qui sont de la part du prêtre des actes de conscience et de devoir religieux, et dans lesquels pourtant des particuliers croient quelquefois trouver une injure ou une atteinte à leur honneur. Tels sont les refus de sacremens. Comme c'est surtout par les sacremens que s'établissent et se renouvellent les rapports du prêtre avec les citoyens, il est bon d'examiner quels sont les principes en cette matière, où est le droit, où est l'abus.

108. — Les ministres de la religion sont seuls dispensateurs des sacremens, en vertu du caractère et des pouvoirs qu'ils ont reçus d'une puissance qui n'est pas la puissance temporelle. Eux seuls, par conséquent, doivent être juges de l'accomplissement des conditions exigées des fidèles pour y participer; et dans l'exercice de ce devoir, ils ne relèvent que de leur conscience. Cette vérité ne peut plus être méconnue depuis que M. de Cormenin (*loc. cit.*) l'a rendue sensible pour tous les esprits non prévenus. « Selon nous, dit-il, l'office du prêtre renfermé dans son église est tout spirituel. S'il n'y a que le refus de sacrement, sans accompagnement d'injure articulée et personnelle, il n'y a pas abus extérieur dans le sens légal de l'abus. Il n'y a donc lieu qu'à l'appel simple devant le métropolitain, dans l'ordre de la conscience et selon les règles et l'application des canons. Car, ou vous ne croyez pas ou vous croyez. Si vous ne croyez pas, ne demandez pas à l'Église ce qu'elle n'accorde qu'aux croyans; si vous croyez, si vous avez la foi, soumettez-vous à ceux qui gouvernent la foi. Est-ce comme citoyen que vous entrez dans l'église? Non, c'est comme chrétien. Est-ce à un fonctionnaire que vous vous adressez? Non, c'est à un prêtre. Est-ce un acte matériel, authentique, probatif, légal que vous demandez? Non, c'est une grâce, une prière. Or, qui est juge unique de savoir si vous avez droit à cette grâce, à cette prière, si ce n'est le prêtre ou son supérieur dans l'ordre hiérarchique? Que si vous prétendez contraindre le prêtre dans une chose toute volontaire, vous n'aurez pas une véritable prière, mais des murmures de lèvres; vous n'aurez pas les grâces d'un sacrement, mais le mensonge d'une profanation.... » — V. aussi Dufour, nº 1318; *Encyclop. du dr.*, nº 33.

109. — Cependant dans l'administration on tient pour certain que les refus publics de sacremens ne peuvent être faits qu'à l'égard des personnes qui sont dans le cas de séparation de l'Eglise, régulièrement prononcée. On en donne une double raison. La première, c'est que, si l'administration des sacremens est du ressort de l'autorité ecclésiastique, la participation aux sacremens est un droit qui appartient à tous les membres de la communion catholique, et qui ne peut être soumis dans son exercice à des conditions ou à des exigences arbitraires. La seconde, c'est que les refus de sacremens ont toujours été regardés en France comme des délits, parce qu'ils dégénèrent en injure et en scandale public. — Décis. min., 29 brum. an XII, 19 mai et 8 nov. 1806-1808, avr. 1812; — V. aussi Vuillefroy, vº *Sacrement.*

110. — Il est facile de répondre, avec M. Foucart (t. 1er, nº 450), « que l'honneur d'un citoyen, dans le sens *légal* de ce mot, ne dépend nullement de la participation aux sacremens; que le citoyen qui y attache son honneur doit remplir les conditions imposées par la loi dont il invoque le bénéfice; qu'à moins d'anéantir la religion catholique, le prêtre doit rester seul juge des questions de conscience, qu'il ne se rend coupable ni d'oppression ni d'injure quand il refuse ce que son devoir lui défend d'accorder, et qu'enfin le scandale résulte de l'insoumission des justiciables et non de la décision du juge. »

111. — Quant aux objections tirées, 1º de ce qu'autrefois les parlemens examinaient si le refus avait eu lieu dans les circonstances voulues par les règles de l'Eglise; — 2º de ce que les ministres du culte recevant un traitement de l'état doivent aux citoyens l'exercice de leur pieux ministère, elles ne sont guère sérieuses. — On répond à la première qu'à l'époque des parlemens la religion était dominante et exclusive, le roi gardien des saints décrets, tandis que rien de pareil n'existe aujourd'hui; et à la seconde, que le salaire payé aux prêtres par l'état n'a point pour objet de mettre leurs services à la disposition des individus, mais uniquement d'assurer à tous le bienfait d'une religion. — *Encyclop. du dr.*, vº *Appel comme d'abus*, nos 33 et suiv.

112. — Ainsi, dans notre opinion, le pouvoir temporel ne devient compétent qu'autant que des injures, des outrages, le scandale, se joignant à ce refus, lui donnent un caractère qu'il n'a pas par lui-même. — Cormenin, vº *Appel comme d'abus*, § 14; Foucart, t. 1er, nº 451.

113. — C'est par application de ces principes que le conseil d'état a décidé : 1º que le refus de sacrement ou de communion ne peut constituer un abus si le desservant n'y a joint aucunes réflexions ni injures; qu'il peut seulement être déféré à l'autorité ecclésiastique supérieure. — *Cons. d'état*, 16 déc. 1830, Laurent c. Peseux.

114. — ... 2º Qu'il en est de même du refus de confession, lorsqu'il n'a dégénéré ni en injure ni en scandale public. — *Cons. d'état*, 28 mars 1831, Rouzeaud c. Arragez.

115. — ... 3º Que le refus d'admettre un parrain et une marraine, lorsque ce refus n'est accompagné d'aucune injure, ne peut être considéré comme un procédé diffamatoire et injurieux, et ne constitue pas dès lors un des cas d'abus prévus par la loi de l'an X. — *Cons. d'état*, 28 mars 1831, Casaulong; — Solon, *Des juridictions*, p. 160.

116. — .. 4º Que le refus d'admettre une sage-femme qui présente des enfans sur les fonts baptismaux ne constitue pas un abus, s'il n'est accompagné d'injure. — *Cons. d'état*, 11 janv. 1829, Bogard c. Gilbert.

117. — Mais le conseil d'état s'est montré plus sévère à l'égard du refus d'autres sacremens. — Ainsi il résulte, au moins implicitement, d'une de ses décisions qu'il y aurait lieu au recours comme d'abus si le ministre du culte refusait le baptême. — 17 août 1825, Menudé Lias; — Solon, p. 163.

118. — ... Ou s'il refusait de baptiser uniquement pour ce motif que la sage-femme qui présente l'enfant n'est pas agréée par l'autorité ecclésiastique. — *Cons. d'état*, 11 janv. 1829, Bogard.

119. — En tout cas, le desservant qui a refusé

d'administrer le baptême à un enfant avec l'assistance du parrain et de la marraine présentés par le père, mais qui a déclaré être prêt à donner le baptême avec d'autres parrain et marraine, ne peut être considéré comme ayant refusé d'administrer ce sacrement, et ce fait ne constitue pas, pour le père de l'enfant, un cas d'abus. — *Cons. d'état*, 17 août 1825, Ménudé Lias.

120. — Il y aurait abus s'il refusait de recevoir la confession *in extremis* d'un prêtre assermenté, rentré en communion avec son évêque depuis le concordat de l'an X, à moins que ce prêtre ne signât une rétractation destinée à la publicité et effectivement publiée au prône, l'imputation d'une semblable rétractation étant de nature à troubler arbitrairement la conscience. — *Cons. d'état*, 19 mars 1829, Ardouzel c. Calmels.

121. — Enfin, il en serait de même s'il refusait de consacrer un mariage, à moins que les contractans ne fissent difficulté d'accepter les conditions que l'Eglise prescrit pour l'obtention de ce sacrement. — Solon, *Rép. des juridict.*, p. 161. — Mais, dit M. Cormenin (vº *Appel comme d'abus*, § 14, en note), il n'y a pas de refus de mariage religieux dans la jurisprudence. Cela vient probablement de ce que le scandale du refus serait plus grand que celui de l'admission.

122. — Quant au refus de sépulture, donnerait-il lieu à un recours au conseil d'état? — M. de Cormenin (*loc. cit.*, § 14) rapporte qu'un projet de décret du mois de févr. 1812, rédigé au sujet de quelques prêtres du diocèse d'Amiens, qui avaient refusé de dire des messes mortuaires, portait que toute personne morte dans l'état *extérieur* de l'Eglise catholique a droit aux secours spirituels de cette Eglise, et qu'ainsi c'est, de la part des ecclésiastiques, manquer à un des premiers devoirs de leur ministère que de refuser, dans ce cas, les offices qui leur sont demandés. Puis, déclarant l'abus, le décret renfermait (art. 2) une décision ainsi conçue : « A compter de la publication du présent décret, tout ecclésiastique qui, sous quelque prétexte que ce soit, fera de semblables refus, sera réputé démissionnaire et éloigné de dix myriamètres au moins du diocèse où il exerçait des fonctions pastorales. » — Ce projet n'eut pas de suite. Un autre décret, du 23 mars 1812 (dit le même auteur) déclare, par son art. 4 : « qu'il peut y avoir lieu de se pourvoir devant le conseil d'état contre le refus d'un acte du ministère ecclésiastique, lorsque le prêtre n'a pas déclaré la cause de son refus. » — A quoi M. de Cormenin répond que c'est précisément parce qu'il n'y a pas articulation de motifs qu'il n'y a pas injure, et c'est parce qu'il n'y a pas d'injure qu'il n'y a pas d'abus.

123. — Quoi qu'il en soit, le conseil d'état a décidé que lorsqu'un malade ou sa famille ont déclaré *n'être pas croyans* et repoussé injurieusement le prêtre, celui-ci peut, à son tour, sans être coupabl d'abus, lorsqu'on l'appelle *in extremis*, refuser de se rendre près du mourant pour le confesser; il est en droit de lui refuser les honneurs de la sépulture ecclésiastique. — *Cons. d'état*, 13 juin 1827, Gallais.

124. — Et lorsque le 21 déc. 1838, le conseiller d'état déclarait y avoir abus dans le refus de l'évêque de Clermont d'autoriser la sépulture de M. de Montlosier, il a eu soin de dire « que le refus de sépulture catholique fait par l'autorité ecclésiastique au comte de Montlosier, *dans les circonstances qui l'ont accompagné, et qui sont constatées par l'instruction*, constitue un procédé qui a dégénéré en oppression et en scandale public. » — Dufour, t. 2, nº 1318.

125. — Pour nous, nous pensons que le droit de refuser les prières et la sépulture ecclésiastique existe pour le prêtre d'une manière absolue, et qu'il n'est justiciable à cet égard que de sa conscience et de ses supérieurs ecclésiastiques. — « L'inhumation du corps avec plus ou moins de pompe, disait Turgot (*Œuvres*, t. 2, p. 421), voilà ce qui regarde le magistrat; les prières, les cérémonies, le lieu saint où doivent reposer les os des morts, voilà le patrimoine de l'Eglise; il faut donc la laisser maîtresse d'en disposer. Elle ne peut accorder la sépulture qu'à ceux qu'elle regarde comme ses enfans; vouloir la forcer à le faire, c'est l'obliger à traiter comme un des siens celui qu'elle a toujours proscrit, c'est envier au véritable fidèle un droit que lui seul peut avoir sur les prières des ministres de la religion. » — V. aussi Cormenin (*Journ. des Débats* du 19 fév. 1830.)

126. — Mais le décret du 23 prair. an XII, art. 19, dont les termes se ressentent du régime sous lequel il a été porté, offre à l'autorité civile un moyen propre à mettre un terme aux troubles que peut exciter le refus de sépulture fait par un desservant, puisque ce décret autorise l'autorité civile à commettre un ministre du même culte pour remplir ces fonctions. Un ministre du culte plus tolérant ou entendant autrement ses devoirs peut consentir à prêter ainsi le ministère refusé par un autre; mais nous ne saurions considérer comme un ordre absolu la commission faite par l'autorité, et nous croyons que chacun des ministres du culte interpellés aurait le droit de refuser ses prières. — Quant à la question de savoir quel est le droit de l'autorité municipale, en cas de refus du prêtre d'ouvrir les portes de l'église pour une inhumation, V. CULTE.

§ 6. — *De la réciprocité en matière d'appel comme d'abus.*

127. — En même temps qu'elle réprime les empiétemens de la puissance spirituelle, la loi, dit M. Dufour (nº 1320), par une juste réciprocité, a cru devoir protéger la liberté de l'indépendance des ministres dans le domaine purement religieux.

128. — Aussi l'art. 7 de la loi du 18 germ. an X, dit-il « qu'il y aura également recours, s'il est porté atteinte à l'exercice public du culte et à la liberté que les lois et réglemens garantissent à ses ministres. »

129. — M. Dufour cite une note de M. Portalis, premier président de la cour de Cassation, et de laquelle il résulte que la disposition de l'art. 7 n'est applicable que si « un officier civil abusait de son autorité pour vexer les ministres du culte dans l'exercice de leurs fonctions, ou pour s'arroger des droits qu'il n'a pas sur les matières spirituelles. »

130. — Mais, ajoute la même note : « quant aux indécences dans les temples, aux coups, aux menaces et autres voies de faits que les particuliers peuvent se permettre, ou contre les ministres ou contre les objets du culte, ce sont des délits qui doivent être punis conformément aux dispositions des lois pénales, correctionnelles ou criminelles. » — Dufour, *loc. cit.*; Solon, *Rép. des jurid.*, t. 1er, p. 126; Cormenin, vº *Appel comme d'abus*, § 23.

131. — M. Carteret (*Encycl. du Droit*, vº *Appel comme d'abus*, nº 42) dit qu'autrefois la réciprocité fut contestée, et que le censeur qui examina le livre de Fevret fut sur le point de refuser son approbation, parce qu'il y trouva cette doctrine.

132. — Le droit de réciprocité a été rarement exercé, soit, dit M. de Cormenin (*loc. cit.*), que les autorités civiles soient toujours demeurées dans les règles de leur compétence, soit que les difficultés de ce genre qui se seraient élevées se soient dénouées par des transactions ministérielles. Les seuls exemples que l'on puisse citer sont celui du préfet de la Loire qui vit annuler, en 1803, pour excès de pouvoir, un arrêté dans lequel il s'était permis de défendre à plusieurs ecclésiastiques l'exercice de la prédication, et celui du cardinal Caprara, légat du saint-siége, qui se pourvut contre une lettre d'un magistrat de sûreté, contenant des réponses dogmatiques à des questions sur les obsèques religieuses. Le ministre des cultes invita ce magistrat, par ordre de l'empereur, à se renfermer à l'avenir dans le cercle de ses attributions, et à ne pas dogmatiser sur des points de doctrine dont la décision ne lui appartenait pas. — Jauffret, *Des recours au cons. d'état*, p. 19; *Encycl. du droit*, vº *Appel comme d'abus*, nº 42.

133. — Tout maire, dit M. de Cormenin (*loc. cit.*), qui se permet d'entrer par violence ou bris de porte dans une église pour y introduire de vive force un mort, et de troubler la police intérieure des temples, réservés aux prêtres qui les desservent, en parodiant des prières, chants et cérémonies du culte, peut être poursuivi devant le conseil d'état, en vertu de la loi du 18 germin. an X. Mais ce point se rattache à celui de savoir quel est le droit de l'autorité municipale en cas de refus de sépulture. — V. *suprà* nºs 122 et suiv. — V. aussi CULTE.

134. — Une ordonnance royale qui ne fait que rendre exécutoire, quant à ses effets civils, une sentence de suspension prononcée antérieurement par l'évêque contre un curé ne contient pas un excès de pouvoir. Elle n'a eu ni pu avoir pour effet, par la qualification donnée à ladite sentence, de modifier ses dispositions, et elle ne fait point obstacle au pourvoi que le prêtre, frappé de suspension, peut former devant l'autorité métropolitaine. — Cette ordonnance ne peut dès-lors être déférée au conseil d'état par la voie contentieuse. — *Cons. d'état*, 22 fév. 1837, Isnard.

§ 7. — *Forme et effets des recours comme d'abus. — Compétence.*

135. — Il nous reste à dire quelles sont les personnes chargées de la poursuite des abus, l'autorité qui doit en connaître, à quel fonctionnaire les plaintes doivent être adressées, les formes de l'instruction : c'est l'objet de l'art. 8 de la loi de germin. an X, ainsi conçu

136. — « Le recours compétera *à toute personne intéressée*. A défaut de plainte particulière, il sera exercé d'office par les préfets. Le fonctionnaire public, l'ecclésiastique ou la personne qui voudra exercer ce recours adressera un mémoire détaillé et signé, *au conseiller d'état* chargé de toutes les affaires concernant les cultes, lequel sera tenu de prendre, dans le plus court délai, tous les renseignemens convenables ; et sur son rapport, l'affaire sera suivie et définitivement terminée dans la forme administrative, ou renvoyée selon l'exigence des cas aux autorités compétentes. »

137. — L'appel comme d'abus ne peut, ainsi que le dit la loi, lorsqu'il émane de particuliers, être formé que par les personnes intéressées elles-mêmes. — Ainsi, il a été décidé qu'en cas de refus de la part d'un prêtre d'admettre pour parrain et marraine les personnes présentées par le père de l'enfant, le père ne pouvait *en son propre nom* dénoncer l'abus au conseil d'état. — *Cons. d'état*, 17 août 1825, Menudé Liaas.

138. — Jugé, par application du même principe, qu'un simple particulier n'a pas qualité pour se plaindre de ce qu'un curé aurait indûment reçu l'abandon à lui fait par une fabrique de la part revenant à la fabrique dans les oblations relatives aux inhumations. — *Cons. d'état*, 4 mars 1830, Gancel c. Partie.

139. — C'est donc à tort que le conseil d'état a reçu l'appel comme d'abus dirigé par une sage-femme et son mari contre le refus fait par un prêtre de baptiser un enfant que celle-ci lui présentait; les parens de l'enfant non baptisé avaient seuls droit de réclamer. — *Cons. d'état*, 11 janv. 1829, Bogard c. Gilbert.

140. — Sous l'ancienne jurisprudence, on avait prétendu que les étrangers et les non catholiques ne pouvaient recourir à la voie d'appel comme d'abus. « Mais c'est, dit Merlin (*Rep.*, vº *Abus*), une erreur manifeste. Par le droit des gens, tout homme qui plaide dans un pays à le droit d'en réclamer la loi. Un chrétien ne pourrait-il pas opposer l'Alcoran à un Turc, et s'en prévaloir dans des cas qui ne seraient pas contraires à l'Evangile. A plus forte raison un étranger qui possède des biens en France et se trouve obligé d'y plaider peut-il employer pour sa défense les lois de discipline qu'il y trouve établies. » — C'est ce qui a été jugé, du moins implicitement, par arrêt du parlement de Dijon du 18 mars 1633; et explicitement, par arrêt du parlement de Paris, du 13 fév. 1777.

141. — Quant à l'autorité qui doit connaître des appels comme d'abus, la loi du 18 germin. an X désigne le *Conseil d'état*. — Il est vrai qu'à la suite d'un autre concordat, signé le 25 janv. 1813 à Fontainebleau, publié le 13 fév., et contre lequel le pape Pie VII a protesté, l'empereur Napoléon rendit, le 25 mars 1813, un décret qui porte, art. 5 : « *Nos cours impériales* connaîtront de toutes affaires connues sous le nom d'appels comme d'abus, ainsi que de toutes celles qui résulteraient de la non-exécution des lois des concordats. » — Art. 6 : « Notre grand juge présentera un projet de loi pour être discuté en notre conseil, qui déterminera les peines et les procédures applicables dans ces matières. » Et bien que cette dernière loi n'ait jamais été faite, quelques jurisconsultes, et notamment Merlin (*Quest. dr.*, vº *Abus*), ont soutenu la compétence des cours royales.

142. — Voici les motifs sur lesquels ce puissant jurisconsulte appuie son opinion : — 1º Jusqu'à la loi de germin. an X, l'appel comme d'abus avait été universellement considéré comme une voie purement judiciaire : le décret de 1813, en rapportant l'art. 6 de la loi de germin., qui attribuait les appels comme d'abus au conseil d'état, n'avait donc fait que rétablir l'ancienne jurisprudence, et l'édit de 1695 qui les attribuait aux parlemens ; 2º le décret du 25 mars 1813, qu'il ait été ou non de la part du chef du gouvernement d'alors un véritable empiétement sur le pouvoir législatif, n'en a pas moins acquis toute la force d'une loi dérogatoire aux lois qui l'avaient précédé, par cela seul que, dans les dix jours de la promulgation, il n'a pas été annulé, comme inconstitutionnel, par le sénat; — 3º si par une ordonnance du 29 juin 1814, relative à l'organisation du conseil d'état, art. 18, il a été dit, par forme d'énonciation, que ce conseil connaîtrait des appels comme d'abus, cette énonciation, purement accidentelle, n'a pu dessaisir les cours royales d'une attribution dont elles étaient, par un acte devenu législatif, définitivement investies. D'ailleurs l'ord. du 29 juin 1814 a été entièrement rapportée par celle du 23 août 1815, qui a réorganisé le conseil d'état sur de nouvelles bases, et qui ne parle plus des appels comme

APPEL COMME D'ABUS, chap. 2, § 7.

APPEL COMME D'ABUS, chap. 2, § 7.

d'abus; le gouvernement lui-même a reconnu qu'il était dessaisi de ce droit, puisque dans l'ord. royale du 22 nov. 1817, proposée en forme de projet de loi aux chambres, il est dit, art. 8, que les cas d'abus seront portés directement aux cours royales, première chambre civile, à la diligence des procureurs généraux, ou sur la poursuite des parties intéressées; — 4° enfin si le conseil d'état est resté en possession de la connaissance de ces sortes d'affaires, il ne l'est pas de droit, puisque le décret du 25 mars 1813 n'a jamais été législativement rapporté.

143. — A ces raisons on pourrait encore ajouter les argumens suivans : — 1° Nul ne peut être distrait de ses juges naturels (Charte constit. 1830, art. 53); or, en matière d'appel comme d'abus, ces juges naturels sont les cours royales, parce que le premier degré de juridiction est épuisé par la sentence abusive; — 2° les juges d'églises ne peuvent prononcer que sur les appels simples et sont étrangers à l'appel comme d'abus, dévolu par les lois à l'autorité; — 3° le conseil d'état n'est juge que des actes de l'administration; — 4° en forçant les habitans des départemens éloignés à venir dans la capitale solliciter la justice du conseil d'état, on attache à la dispensation de cette justice de grandes lenteurs et de grands frais.

144. — Mais cette opinion est presque universellement repoussée par les auteurs; à l'argumentation de Merlin on répond que le texte de la loi de germinal an X est formel, et que le décret de 1813 n'a pas eu la puissance de le révoquer; si les décrets acquéraient dans certains cas la force législative, ce n'était pas lorsque la matière sur laquelle ils disposaient avait été réglée par une loi encore vivante et en cours d'exécution. D'ailleurs, s'il est vrai que l'art. 5, décr. 25 mars 1813, en attribuant aux cours impériales la connaissance des appels comme d'abus, abrogeait virtuellement l'art. 8 des dispositions organiques du concordat de l'an IX, l'exécution de cet art. 5 était nécessairement subordonnée à la promulgation de la loi promise par l'art. 6; jusque-là, l'art. 8 du concordat devait conserver tout son empire, à moins de prétendre qu'il n'existe, depuis la promulgation de ce décret, aucune voie ouverte pour parvenir à la réformation des actes du clergé qui seraient contraires aux lois du royaume. L'effet abrogatif que n'a pas eu le décret par des dispositions explicites, l'ord. de 1813 ne saurait le produire par son silence. Quant au principe tiré de la Charte, que « nul ne peut être distrait de ses juges naturels », il a laissé intact le conseil d'état et ses attributions; par juges naturels il a entendu les juges légaux, et à ce titre le conseil d'état est le juge naturel des appels comme d'abus. — Cormenin, v° *Appel comme d'abus*, § 2; Foucart, n° 454; Dufour, *Tr. gén. de dr. admin.*, t. 1er, n° 194; Solon, *Rép. des juridict.*, t, 1er, p. 123; Magnitot et Delamarre, v° *Abus*, § 1er; Crémieux, *Conflit*, p. 417, note a; de Gérando, *Inst. du dr. admin.*, p. 286; Lemarquière, *Dr., procéd. et jurisp. admin.*, p. 57; Mangin, *De l'act. publ.*, t. 2, p. 31.

145. — Quant à la jurisprudence judiciaire et administrative, elle n'est pas moins expresse. — V. en ce sens : *Paris*, 20 janv. 1824, Chasle c. évêque de Chartres; *Cass.*, 25 août 1827, Guillemin; 28 mars 1828, Baillard c. Thiery; 18 fév. 1836, Lebris c. Gauget; 26 juill. 1838 (t. 2 1838, p. 179), Guillaume; 7 mars 1840 (t. 1er 1840, p. 759), Guillaume et Wec.

146. — Jugé encore que c'est au conseil d'état seul qu'appartient le droit de qualifier le fait commis par un prêtre dans l'exercice de ses fonctions, et de décider s'il constitue un abus de pouvoir en matière ecclésiastique dont la répression doit avoir lieu par la voie administrative, ou un délit du droit commun dont la connaissance doit être déférée aux tribunaux ordinaires. — *Orléans*, 11 juin 1840 (t. 2 1840, p. 307), Guille.

147. — Et le conseil d'état, après avoir nettement posé sa compétence en principe dans l'ord. du 24 mars 1819 (Dideron), a depuis persisté dans cette jurisprudence: — 23 oct. 1820, évêque de Poitiers; 29 août 1821, Hamel; 31 juill. 1822, Laubrière et Roquelaure; 10 janv. 1824, arch. de Toulouse; 14 juill. 1824, Chasles; 17 août 1825, Liaas; 16 fév. 1826, Simil; 13 juin 1827, Gallais; 16 mars, Camps; 3 août, Bellanger; 3 déc. 1828, Mathieu; 11 janv. 1829, Bogard; 10 mars 1829, Blanc et Ardouzel; 6 mai 1829, Sadorge; 28 mai 1829, Partie; 8 juill. 1829, Benoin et Baillard; 12 août 1829, Leblanc; 19 août 1829, Murgol; 26 août 1829, Garcel et Lemoine; 28 oct. 1829, Poujoly et Fourcade; 25 nov. 1829, Partie; 4 mars 1830, Frèche; 25 sept. 1830, Pezeulx; 16 déc. 1830, Lapierre et Casaubon; 28 mars 1831, Mazel; 8 avr. 1831, Lienhart; 15 juill. 1832, Ledieu; 7 mars 1834, Droz; 7 nov. 1834, 4 mars, év. de Moulins; 28 mai 1835, Canius; 2 mai 1835, Isnard; 16 nov. 1835, Martin; 4 fév. 1836, Weiss; 24 mars 1837, arch. de Paris; 17 mai 1837, Fournier.

148. — Que le recours soit formé d'office par les préfets ou par les ecclésiastiques, soit contre leurs supérieurs, soit contre les agens du gouvernement, ou enfin par des particuliers, le conseil d'état n'est jamais saisi directement. Un mémoire détaillé, c'est-à-dire explicatif des faits et des circonstances propres à justifier la demande, est nécessairement adressé au ministre des cultes — *Cons. d'état*, 24 mars 1819, Dideron; 31 juill. 1822, de Roquelaure; même jour, de Laubrière. — Le motif en est, selon M. Cormenin, que l'on a voulu faire tenter par le ministre, avant tout procès, un préliminaire de conciliation. — Dufour, t. 2, n° 1321; *Encycl. du dr.*, n° 43.

149. — La forme de procéder est *purement administrative*, parce qu'il importe au gouvernement d'avoir dans ses mains tout ce qui peut influer sur l'esprit public. Il ne saurait abandonner aux autorités locales des objets sur lesquels il importe qu'il y ait unité de conduite et de principes. Il est d'ailleurs, dans les causes ecclésiastiques, des convenances à consulter et des nuances à saisir pour juger raisonnablement les causes; il faut souvent peser les temps et les lieux; il faut pouvoir user d'indulgence ou de sévérité, selon les circonstances. Rien n'est si délicat que la direction des choses qui tiennent à la conscience ou à l'opinion.

150. — M. Jauffret (*Des recours au Cons. d'état, en mat. eccl.*, p. 37) a même soutenu que le gouvernement reste toujours maître d'arrêter les poursuites, si les présomptions de culpabilité ne lui paraissent pas suffisantes pour arracher l'ecclésiastique inculpé à ses fonctions. Trouverait-on mauvais, ajoute-t-il, qu'un ministre de la religion de l'état jouît, dans l'exercice de son ministère, d'un privilége accordé aux divers agens du gouvernement? — C'est par ce principe que semblent s'expliquer les décisions suivantes :

151. — L'abus contenu en une ordonnance épiscopale, qui consiste à avoir pris pour base les prescriptions d'une bulle du pape, non reçue dans le royaume, est couvert par la révocation de l'ordonnance primitive, lorsque la nouvelle ne fait plus aucune mention de la bulle non reçue. — *Cons. d'état*, 14 juill. 1824, évêque de Chartres.

152. — Lorsqu'un prêtre a rétracté devant son évêque le propos répréhensible qu'il s'est permis, propos tendant à exciter à la haine et au mépris du gouvernement, et s'est engagé à renouveler sa rétractation en chaire, il n'y a pas lieu d'exercer contre lui des poursuites devant les tribunaux. — *Cons. d'état*, 16 déc. 1830, Lapierre et Cers.

153. — S'il appert que l'ecclésiastique poursuivi pour injures publiques envers un particulier ait écrit une lettre d'excuse, cela peut paraître une réparation suffisante, et le conseil d'état n'autorise pas la poursuite. — *Cons. d'état*, 23 avr. 1818, Dubreuil.

154. — Si le prêtre à qui on reproche des insinuations injurieuses pour une jeune fille, proférées dans l'exercice de ses fonctions, s'est rétracté publiquement, c'est le cas de terminer le litige administrativement par une déclaration d'abus. — *Cons. d'état*, 8 juill. 1829, Thiéry.

155. — Lorsqu'un prêtre, avant la célébration du mariage civil, a passé à la célébration du mariage ecclésiastique sur une simple *invitation* du maire, au lieu d'un *certificat*, son erreur, produite par la lettre du maire, suffit pour empêcher son renvoi devant l'autorité judiciaire aux fins de l'art. 199 Code pén. — *Cons. d'état*, 3 déc. 1828, Mathieu.

156. — Même décision pour le cas où, après un appel comme d'abus dirigé contre un prêtre pour prétendu enlèvement de livres dans lesquels il se serait trouvé des titres et valeurs, le plaignant se rétracte et dit qu'il n'a eu qu'à se louer de la charité du prêtre qui l'a administré pendant sa maladie. — *Cons. d'état*, 26 août 1829, Garcel; 20 août 1829, Adeline.

157. — Il résulte d'un décret rendu en 1809, que l'empereur en son conseil d'état pouvait, au lieu de décider si un mandement contenait un cas d'abus, en renvoyer l'examen à la commission de haute police administrative, créée par le décret du 11 juin 1806, pour être procédé par cette commission conformément aux dispositions de ce décret — *Cons. d'état*, 20 fév. 1809, évêque de Bayonne. — Mais sous le régime de la charte, ces voies extralégales sont fermées. — Cormenin (*loc. cit.*), § 3.

158. — Autrefois l'appel comme d'abus était, du moins en général, suspensif, parce que le roi n'accorde pas de provision contre lui-même ou contre l'ordre public. — Jousse, *Jur. des off.*, p. 416. — Ce principe doit s'appliquer encore aujourd'hui.

159. — L'avis du conseil d'état sur le recours comme d'abus reçoit la forme des ordonnances royales. — Foucart, n° 453.

160. — Le conseil d'état emploie, dans cette matière, selon les cas, diverses formules de solution : 1° il déclare qu'il y a simplement abus; — 2° il déclare l'abus avec suppression de l'écrit abusif; — 3° il déclare l'abus et autorise les poursuites à fins criminelles; — 4° il déclare l'abus et autorise les poursuites à fins civiles seulement; — 5° il déclare l'abus, et, admettant l'excuse, n'autorise pas la poursuite; — 6° il déclare qu'il n'y a pas abus; — 7° il déclare à la fois qu'il n'y a lieu ni à renvoi devant les tribunaux ni à prononciation d'abus; — 8° il écarte le recours, sauf à se pourvoir devant l'autorité supérieure dans la hiérarchie ecclésiastique; — 9° il déclare l'appel incompétent ou non recevable; — 10° il déclare l'abus sur un point et pour une personne, et sur un autre point et pour une autre personne, ou qu'il n'y a pas abus, ou qu'il y a lieu à renvoi devant les tribunaux ou devant le supérieur hiérarchique. — Cormenin, *ibid.*, § 1er.

161. — Ainsi, la seule pénalité en cas d'abus consiste dans la censure, et la suppression s'il s'agit d'une publication. Le projet de loi ayant pour objet la procédure à suivre et les peines à appliquer au cas d'abus, que promettait le décret du 25 mars 1813, n'a jamais été présenté. — V. *suprà* n° 141.

162. — Certains des faits prévus et atteints comme d'abus par la loi de l'an X se trouvent également prévus et atteints par des dispositions des lois pénales, soit comme crimes, soit comme délits : or, de pareils faits peuvent-ils être poursuivis directement devant les tribunaux, ou les poursuites ne peuvent-elles être intentées qu'avec l'autorisation préalable du gouvernement donnée en conseil d'état?

163. — On avait d'abord pensé à appliquer aux ministres du culte la protection de l'art. 75 de l'acte constitutif de l'an VIII. Mais divers arrêts, et entre autres un arrêt rendu sur les conclusions de M. le procureur général Dupin, repoussèrent cette doctrine en décidant qu'ils n'étaient pas agens du gouvernement. — *Cass.*, 23 juin 1831, Royer. — V. au surplus CULTE.

164. — Sur le terrain de la loi de germ. an X, trois opinions se sont formées : la première qui déclare dans tous les cas, et soit qu'il s'agisse de *l'action publique ou privée*, l'autorisation nécessaire pour poursuivre les ministres du culte. — Mangin, *Tr. act. publ.*, t. 2, p. 27 et suiv.; Dufour, n° 1325.

165. — M. Mangin (*Traité de l'action publique*, t. 2, p. 41) est d'accord avec tout le monde sur ce point que le ministre du culte ne tient aucune mission de l'état, n'est revêtu d'aucun caractère public, n'exerce aucune portion de l'autorité publique; et par conséquent, il ne prétend point le couvrir de l'égide qu'a placée sur la tête des fonctionnaires publics l'art. 75 de la constitution du 22 frim. an VIII. Mais, suivant lui, la législation spéciale aux ecclésiastiques, la loi du 18 germin. an X, leur accorde une protection, un droit analogue au droit et à la protection que tiennent de cette constitution les agens du gouvernement. Les argumens sur lesquels il s'appuie pour faire prévaloir cette opinion sont tirés : 1° de la discussion au conseil d'état, de la section 3e, chap. 3, tit. 1er, liv. 3, C. pén., d'où il résulte que, dans l'esprit des rédacteurs, qui tous ou à peu près, avaient pris part à la rédaction du concordat, les délits prévus par cette section du Code pénal ne peuvent être déférés aux tribunaux qu'après que le conseil d'état a autorisé la mise en jugement. — Évidemment Cambacérès faisait allusion aux art. 6, 7 et 8 du concordat, lorsqu'il répondait au comte de Margniola, demandant que la loi autorisât à faire juger le prévenu par une commission du conseil d'état : « L'affaire vient nécessairement au conseil d'état, puisque c'est ce conseil qui autorise la mise en jugement, mais il faut s'arrêter là, et maintenir l'action des autorités locales, surtout celle de la justice. Il est très important de saisir les tribunaux de la connaissance des délits que les ecclésiastiques commettent par abus de leur ministère»; — 2° de l'art. 6 de la loi de germinal, qui, énonçant que « les cas d'abus sont l'usurpation ou l'excès de pouvoir, la contravention aux lois et aux réglemens de la république, ne distingue point entre l'excès de pouvoir et la contravention qui constituent des délits et ceux qui n'en constituent pas; — 3° de l'art. 8 de la même loi, qui prévoit clairement le cas où l'abus constituerait un délit lorsqu'il dit : « L'affaire sera terminée dans la forme administrative ou renvoyée, selon l'exigence des cas, aux autorités compétentes; » — 4° de l'esprit dont était animé le chef de l'état qui, ne voyant dans la religion par lui restaurée qu'un moyen de gouvernement, et dans ses ministres que des instrumens propres à lui concilier la population, n'aurait point permis aux tribunaux de s'immiscer, sans son intervention préalable, dans la connaissance des actes du clergé; — 5° d'un décret du

23 janv. 1811, par lequel l'empereur, pensant qu'un bref du pape était de nature à provoquer la guerre civile, ordonne la poursuite des ecclésiastiques auxquels ce bref avait été adressé; ce qui prouve que la pratique était conforme à la doctrine; — 6° enfin, M. Mangin fait remarquer que, si l'art. 6 de l'acte organique du concordat de l'an X ne parle pas nommément des délits, c'est parce que les cas d'abus n'ont jamais été spécifiés que d'une manière générale. — En définitive, conclut-il, les délits commis par les ecclésiastiques, dans l'exercice de leur ministère, ne sont que des abus; car l'abus n'est lui-même que l'usage vicieux que les ecclésiastiques font de leur puissance et de leurs droits. Ainsi, toutes les fois qu'un délit se confond nécessairement avec l'exercice du sacerdoce, que le délit n'existe que parce que l'ecclésiastique a abusé de son caractère, la poursuite ne peut avoir lieu qu'en se conformant à l'art. 8 de l'acte organique du concordat, c'est-à-dire qu'après un renvoi du conseil d'état.—Cette opinion est également professée par M. de Grattier, *Commentaire sur les lois de la presse*, t. 1er, p. 326, note; Favard, *Rép.*, v° *Abus*.—V. aussi Foucart, *loc. cit.*; Dufour, *Traité de droit administratif*, t. 2, *loc. cit.*

166. — L'opinion contraire est soutenue par les auteurs de la *Théorie du Code pénal*; suivant eux, lorsqu'il s'agit de faits qualifiés crimes ou délits, le recours au *Cons. d'état* n'est pas nécessaire. Ils reconnaissent bien que les art. 6 et 8, L. 18 germ. an X, ont établi la nécessité d'un recours au conseil d'état, et de l'autorisation de ce conseil dans tous les cas d'abus de la part des ecclésiastiques : mais, suivant eux, cette formalité, restreinte aux cas d'abus, ne peut être étendue aux délits. Peu importe que le fait dénoncé aux tribunaux soit ou non compris dans l'énumération générique des cas d'abus, faite par l'art. 6, L. 18 germ. an X : dès qu'il prend le caractère d'un délit, il cesse d'être soumis aux règles qui ne concernent que les abus, il est saisi par le droit commun. — « Le prêtre, ajoutent-ils, est soumis aux mêmes lois et aux mêmes peines que les autres citoyens; la loi ne lui a point conféré de privilèges, il suffit que le cas d'abus ait été qualifié délit pour que son premier caractère soit absorbé par cette qualification. Mais si l'acte compris parmi les cas d'abus ne constitue ni délit ni contravention, les règles de la discipline ecclésiastique continuent leur cours, et les formes prescrites pour l'action des parties lésées sont maintenues. Cette distinction suffit pour séparer les abus et les délits, et pour empêcher qu'aucune entrave n'arrête l'application de la loi pénale. » — Serrigny, *Traité de l'organisation et de la compét. admin.*, t. 1er, n° 132; Vuillefroy, *Police des cultes*, v° *Abus*; Solon, *Répert. des juridictions*, v° *Abus*, p. 132.

167. — Ni l'un ni l'autre de ces systèmes absolus n'a été admis par la cour de Cassation. Suivant elle, si les poursuites sont intentées ou provoquées par les parties lésées pour des faits qualifiés d'abus, l'autorisation préalable du conseil d'état, qui est chargé par la loi de terminer l'affaire administrativement ou de la renvoyer devant l'autorité compétente, est indispensable.

168. — Jugé en ce sens : 1° que les paroles *diffamatoires* qu'un ministre du culte aurait proférées en chaire dans un sermon constituant un abus ne pouvaient être poursuivies judiciairement sans avoir été préalablement déférées au conseil d'état. —*Cass.*, 25 août 1827, Guillemain; 28 mars 1828, Baillard c. Thiéry; 18 fév. 1836, Lebrès c. Gauguet; 26 juill. 1838 (t. 2 1838, p. 179), Guillaume c. Guien; *Limoges*, 28 janv. 1840 (t. 2 1840, p. 58), Manaranche c. Mercier.

169. — ... 2° Qu'il en est de même à l'égard de l'outrage commis par un ministre du culte, officiant à un enterrement, envers un fonctionnaire public dans l'exercice de ses fonctions; ce fait constituant un abus. — *Cass.*, 12 mars 1840 (t. 1er 1840, p. 759), Guille et Wée; *Orléans*, 11 juin 1840 (t. 2 1840, p. 307), Guille. — V. *contrà Bourges*, 29 juin 1839, sous *Cass.*, 12 mars 1840 (t. 1er 1840, p. 760), Guille et Wée.

170. — ... 3° Que le fait de la part d'un ecclésiastique d'avoir, après la procession, dans le chœur, et revêtu de ses habits sacerdotaux, adressé aux fidèles réunis une allocution pouvant compromettre l'honneur d'un individu, rentrait dans les cas d'abus; la poursuite ne pouvait avoir lieu, par la partie lésée, devant les tribunaux sans recours préalable au conseil d'état et sans autorisation.—*Rouen*, 17 oct. 1828, Feutrie c. Partie.

171. — Jugé même que l'exception tirée du recours nécessaire au conseil d'état est péremptoire, peut être proposée en tout état de cause, et même en appel, et que les juges doivent la suppléer d'office. — *Cass.*, 18 fév. 1836, Lebris c. Gauguet.

172. — Et que dès-lors le tribunal d'appel à qui le fond est déféré peut déclarer l'action non-recevable, bien que le jugement par lequel le tribunal de première instance s'était déclaré incompétent n'ait point été frappé d'appel en temps utile. — Même arrêt.

173. — Lorsque des faits imputés à un prêtre et rentrant dans les cas d'abus d'autres faits sont unis par le lien de la connexité, le tribunal correctionnel doit surseoir à prononcer sur ces derniers faits jusqu'à ce que le conseil d'état ait statué sur les faits constitutifs d'abus.—*Cass.*, 26 juill. 1838 (t. 2 1838, p. 179), Guillaume c. Guien.

174. — Mais, suivant la jurisprudence de la cour suprême, les délits d'attaque contre le gouvernement ou d'offense contre la personne du roi des Français, de même que ceux dont le ministère public peut poursuivre la répression sans y avoir été provoqué par une plainte, peuvent être déférés aux tribunaux sans autorisation préalable.

175. — Il a donc été jugé que la nécessité de s'adresser au conseil d'état, imposée aux particuliers qui se plaignent d'actes ou entreprises offrant, dans l'exercice du culte, le caractère d'abus, ne fait pas obstacle à ce que l'action publique soit directement et immédiatement exercée contre les ecclésiastiques pour des faits qui présentent le caractère plus grave de délits prévus et définis par les lois.—*Cass.*, 25 nov. 1831, Rougoue; 3 nov. 1831, Gobard; 9 sept. 1831, Arragon; 23 déc. 1831, Chaillou.

176. — Jugé encore que les ministres du culte peuvent être poursuivis sans autorisation préalable du conseil d'état, à raison des délits politiques commis dans l'exercice de leurs fonctions, et notamment des attaques dirigées contre la successibilité au trône et les droits que le roi tient du vœu de la nation. — *Cass.*, 23 juin 1831, Royer

177. — Jugé de même que l'*abus* ne peut s'entendre que d'un excès de pouvoirs, d'un acte abusif de la juridiction ecclésiastique et non des délits communs pour la poursuite desquels le ministère public n'est soumis à aucune autorisation préalable.—*Montpellier*, 12 juill. 1841 (t. 1er 1842, p. 239), M... — Il s'agissait, dans l'espèce, d'un fait d'inhumation non autorisée par l'autorité civile. — C. pén., art. 358.

178. — Toutefois, la cour de Cassation semble s'être éloignée de cette jurisprudence lorsqu'elle a décidé : 1° que le fait de célébration du mariage religieux, sans justification préalable du mariage civil (C. pén., art. 199), et le fait d'inhumation sans autorisation préalable de l'officier public (C. pén., art. 358), ne pouvait être poursuivi devant les tribunaux correctionnels qu'après recours au conseil d'état, et sur le renvoi par lui fait aux autorités compétentes. — *Cass.*, 29 déc. 1842 (t. 1er 1843, p. 699), Sarda.

179. — ... 2° Que le curé qui a conduit une procession dans certaines rues dont un arrêté du maire lui interdisait l'accès ne peut, à raison de la contravention qui en résulterait à sa charge, être poursuivi sans qu'il ait été préalablement décidé par le conseil d'état s'il a été porté atteinte par l'arrêté du maire à l'exercice public du culte. — *Cass.*, 23 sept. 1835, Fuiret.

180. — Le conseil d'état s'est rangé à la jurisprudence de la cour de Cassation, en refusant l'autorisation de poursuivre dans divers cas où il s'agissait de délits dénoncés par des particuliers.

181. — Cette distinction entre l'action privée et l'action publique n'est pas, comme on l'a vu (*suprà* n° 165), admise par les auteurs. « La raison de cette distinction, dit en effet M. Dufour (n° 1325), qui soutient la nécessité du recours préalable échappe complètement : je ne soupçonne pas comment, par quelle voie on a pu être conduit à laisser à la discrétion des membres du parquet une poursuite qu'on reconnaissait devoir échapper au droit commun comme matière de haute police; soit qu'on s'attache à la lettre de la loi, soit qu'on s'anime de son esprit, ses dispositions paraissent également applicables à l'action publique et à l'action privée; les débats provoqués par le ministère public n'offrent pas moins de dangers que ceux suscités par les particuliers; pourquoi donc le gouvernement n'aurait-il pas à user pour les uns de la précaution jugée indispensable pour les autres? »

182. — Pour nous, sans admettre plus que ne l'ont fait les auteurs, cette distinction, que nous considérons comme peu justifiable sous le rapport légal, nous serions disposés à nous rallier à l'opinion MM. Chauveau et Hélie (*suprà*, n° 166), quels que puissent être d'ailleurs ses inconvéniens, sauf aux tribunaux à se montrer très sévères envers les plaignans ou dénonciateurs, dans le cas où ces plaintes ou dénonciations auraient pour mobile un esprit de dénigrement, d'hostilité ou de vengeance.

183. — Quoi qu'il en soit, les dispositions de l'art. 6, L. 18 germ. an X, relative aux cas d'abus qui nécessitent un recours préalable au conseil d'état, ne sont applicables qu'aux ministres des cultes poursuivis pour des faits qui ont eu lieu dans l'exercice de leurs fonctions ecclésiastiques et dans le ressort de leur juridiction spirituelle déterminée conformément aux art. 26, 27 et 28 de ladite loi; dès-lors on ne saurait reconnaître le caractère d'abus au fait imputé à un simple ministre protestant qui n'est point pasteur, et qui n'a été ni délégué ni autorisé par aucun consistoire, d'avoir contrevenu aux lois ordinaires en réunissant des personnes au nombre de plus de vingt pour se livrer à l'exercice du culte. — *Cass.*, 22 avr. 1843 (t. 2 1843, p. 613), Roussel.

184. — En outre, M. Dufour fait remarquer (n° 1326) que, pour que la question de l'autorisation préalable puisse s'élever, il est nécessaire qu'il s'agisse de faits rentrant dans les cas d'abus prévus par la loi de l'an X : car, dit-il, du moment que le fait échappe à l'application de cette loi, tout est dit; il y a parité complète entre les membres d'un corps sacerdotal et les autres citoyens; la poursuite et ses conséquences ne sont régis que par les dispositions du droit commun, civil ou criminel.— V. *contrà* Vuillefroy, v° *Abus*.

185. — De même, dans l'espèce jugée par son arrêt du 12 mars 1840 (t. 1 1840, p. 759, Guille et Wée), la cour de Cassation a repoussé la nécessité du recours préalable au conseil d'état à l'égard d'un des deux ecclésiastiques impliqués, par le motif que cet ecclésiastique, « n'assistant pas comme prêtre officiant à la cérémonie des funérailles de sa mère, l'acte (l'injure contre un fonctionnaire public) qui lui était imputé ne pouvait rentrer dans un cas d'abus inhérent à l'exercice du culte. »

V. CONSEIL D'ÉTAT, CULTE.

APPEL DÉSERT.

Appel qui n'avait pas été relevé dans le délai fixé par les ordonnances ou la coutume. — V. LL. 6, C., *Quomodo et quando judex*; 18, C., *De appellat.*; Laurière, *Glossaire*, t. 1er, p. 53; Imbert, *Pratique*, p. 450, liv. 1er, ch. 72. — V. DÉSERTION D'APPEL.

APPEL DE CAUSES.

1. — Ce sont les huissiers audienciers qui sont chargés de faire dans les tribunaux l'appel des causes qui doivent y être plaidées.

2. — Il leur est alloué, pour cette fonction, un émolument qui varie suivant le rang du tribunal et l'importance de la ville où il siége.

3. — Le droit d'appel de causes n'est dû que pour les jugemens interlocutoires ou définitifs que rend le tribunal, sans distinguer si c'est contradictoirement ou par défaut.

4. — Ce droit n'est pas dû pour les jugemens de remise, ou même pour les préparatoires. — Décr. 16 fév. 1817, art. 152.

5. — Mais est-il dû pour les jugemens rendus sur requête? — M. Sudraud Desisles le nie, sans en donner aucune raison (*Manuel du juge taxateur*, p. 65, n° 193). — Nous pensons, au contraire, que le droit est dû. Les jugemens sur requêtes ne sont pas dans une catégorie à part, l'art. 152 du tarif n'établit pas pour eux, comme pour les jugemens *préparatoires* ou *de simple remise*, une dérogation formelle; ils sont inscrits au rôle et donnent lieu à un appel comme les jugemens.

6. — Dans les conseils de prud'hommes, il n'est pas dû de droit d'appel de causes. — *Comment. du tarif*, Introduct., t. 1er, p. 51, n° 31.

7. — A la cour de Cassation, ce n'est pas l'huissier audiencier, mais bien le président, qui fait l'appel des causes, et qui indique le conseiller chargé de faire le rapport.

8. — Dans l'ancien droit, l'appel des causes était fait, comme aujourd'hui, par les huissiers audienciers. — Si le tribunal n'avait pas d'audienciers, l'appel était fait par le greffier.

9. — Aux Requêtes du Palais, c'était le président qui était dans l'usage d'appeler lui-même, sur le placet, l'avocat ou le procureur de chaque partie.

10. — Dans les tribunaux où il existait un premier huissier, c'était cet officier qui avait le droit de faire, exclusivement à tout autre, l'appel de toutes les causes d'audience du tribunal auquel il était attaché.

11. — Un arrêt du conseil, du 10 juill. 1691, défendait même aux avocats et aux procureurs de plaider aucune cause qui n'eût été appelée par le premier huissier audiencier.

12. — A la Grand'Chambre, lorsqu'il y avait lieu à prendre défaut dans une cause portée au rôle, le président la faisait *appeler et rapporter*, c'est-à-dire que l'huissier allait faire l'appel à la barre de la cour, sur un mémoire qui lui était remis par le

procureur de la partie adverse; puis il venait faire son rapport à la cour, qui prononçait alors défaut ou congé.

13. — Dans nos anciens tribunaux, il dépendait du président de donner la préférence à une cause plutôt qu'à une autre, à moins qu'il n'y eût un rôle arrêté; mais lorsqu'une fois la cause avait été appelée, il ne dépendait plus du président d'en différer la plaidoirie, c'était un droit qui appartenait à la compagnie entière. — Ord. de 1707, tit. *Des lieutenans généraux*, art. 7; d'Aguesseau, t. 5, p. 593 et suiv.

APPEL DES HUISSIERS.

1. — On donnait ce nom autrefois à une audience du Châtelet, fixée au mardi après la Trinité, à laquelle tous les huissiers et sergens du tribunal étaient tenus de comparaître pour répondre aux plaintes qui pouvaient être formées contre eux.

2. — Cette audience se nommait *appel*, parce que tous les officiers tenus d'y comparaître y étaient appelés par leur nom, suivant l'ordre de leur réception.

3. — A Abbeville, il existait aussi un usage semblable à celui du Châtelet.

4. — Il en était de même dans l'Artois, sauf que l'appel s'appelait *synode*, et que les notaires étaient tenus de comparaître comme les huissiers.

APPEL EN ADHÉRANT.

1. — C'est celui qui est interjeté par l'appelant principal, incidemment à son premier appel, contre un autre jugement que celui qui est déjà déféré au juge supérieur.

2. — Il y a ce rapport entre cet appel et l'appel incident que l'un et l'autre sont accessoires à l'appel principal; mais il y a cette différence que l'appel incident est interjeté par l'intimé et porte sur le jugement même que l'appelant attaque, tandis que l'appel en adhérant porte sur d'autres jugemens que celui dont l'infirmation est demandée, et est d'ailleurs interjeté par l'appelant principal.

3. — Autrefois, l'appel en adhérant pouvait être interjeté par requête, et il était joint à l'appel principal. — Aujourd'hui cet appel n'est reçu qu'autant qu'il a été formé dans le délai ordinaire et par exploit.

4. — Jugé, en effet, que depuis le Code de procéd. l'appel en adhérant doit, comme l'appel principal, être signifié à personne ou domicile. — *Rennes*, 3 fév. 1808, Vallot c. Santo-Domingo et Esnoula-Saudre.

5. — M. Talandier (*Tr. de l'appel*, p. 158), suppose que l'appel en adhérant est l'adhésion donnée par une partie à un appel précédemment interjeté par une autre partie; mais tel n'est pas le sens de ces expressions. Pour s'en assurer, il suffit de relire l'arrêt du 3 fév. 1808 que cite M. Talandier. Dans cette espèce, c'était l'appelant lui-même qui avait de nouveau appelé *en adhérant*. — V. au surplus, *Dict. de dr. et de pratique*, v° *Appel en adhérant*; *Encycl. méthodique* (Jurisprudence), v° *Appel*, t. 1er, p. 377.

APPEL ET MENÉE.

D'après la coutume de Tours, ces mots étaient synonymes de ceux-ci : *citation en jugement*. — Art. 169.

APPEL QUALIFIÉ.

1. — Dénomination employée par quelques auteurs pour désigner l'appel qui a pour motif l'incompétence ou l'excès de pouvoir.

2. — Suivant les mêmes auteurs, lorsque l'appel a pour motif le mal jugé, il prend le nom d'*appel simple*. — Poncet, *Tr. des jugemens*, t. 1er, p. 484.

3. — Du reste, cette distinction entre l'appel simple et l'appel qualifié est purement nominale, elle ne produit aucun effet particulier dans la pratique.

APPEL VERBAL.

1. — Ce mot désignait, dans l'ancien droit, l'appel qui devait être porté à l'audience. — Edit de 1539, art. 81.

2. — Lorsque, sur un appel verbal, la cour saisie voulait une instruction plus ample, elle appointait les parties au conseil. — V. APPOINTEMENT.

APPEL VOLAGE.

1. — C'était celui par lequel on déclarait autrefois à un juge qu'on appelait de lui et de sa juridiction avant même que l'affaire fût commencée.

2. — On l'appelait *volage*, parce qu'il était formé sans motifs, et n'avait d'autre objet que de dépouiller le juge inférieur de la connaissance du procès.

3. — L'admission de l'appel volage a été l'un des moyens dont les baillis royaux se sont servis avec le plus de fruit pour affaiblir l'autorité des justices seigneuriales.

4. — L'appel volage était surtout usité dans le Vermandois. Voici en quels termes en parle Bouteiller, dans sa *Somme rurale*, liv. 2, tit. 14, p. 773, édit. 1621 : — « Sitôt, dit-il, qu'aucun est ajourné » devant juge, à certain jour, il peut venir au juge » au jour ou devant, soit que la cause soit encommencée ou non, et dire : Sire juge, vous m'avez » fait ajourner pardevant vous à la requête de tel, » si qu'on me dit, si ai cause d'appeler de vous et » de votre juridiction; et pour ce en appelé-je » d'appel volage, et pour soutenir dès maintenant » mon appel volage, je vous ajourne pardevant » monseigneur le bailli de Vermandois ou son lieutenant au premier siége à Laon, au jour de la » prochaine assise...; et si vous cuidez que bon soit, » soyez-y. Dès maintenant intisme ma partie adverse, qu'elle y soit si bon lui semble, pour voir » par moi soutenir mondit appel volage. »

5. — Bouteiller ajoute qu'il ne faut point d'ajournement dans cette sorte d'appel, et que le juge ainsi appelé n'oserait connaître de la cause *sur peine de attempter*.

6. — Il est fait mention de l'appel volage dans le procès-verbal de la coutume de Laon, rédigée en 1556. — Il en est fait mention également dans un arrêt du 9 avr. 1353, rapporté par Ragueau, dans son *Indice*, et dans le *Glossaire du droit français*, v° *Appel volage*.

7. — En 1332, Philippe VI abrogea l'usage de l'appel volage, dans la ville de Château-Porcien : le roi Jean imita cet exemple pour d'autres lieux, à cause des abus qui en étaient la suite. — *Ordonnances du Louvre*, t. 2, p. 81 et 444.

8. — Dans le Vermandois, malgré ces abus, l'appel volage subsista, notamment en matière de complainte, jusqu'à la réformation de la coutume.

9. — Il était même assez fréquent, car il y avait un greffe particulier pour les appels volages.

10. — Charondas le Caron nous apprend que, de son temps, la procédure de l'appel volage avait cessé d'être pratiquée.

APPEL VOLANT.

Nom donné autrefois à la déclaration d'appel faite au greffe, déclaration qui, sans saisir le tribunal de la cause, avait pour objet d'arrêter les poursuites d'exécution pratiquées en vertu du jugement dont on déclarait se porter appelant.

APPELLATION.

Synonyme du mot *appel*. — Dans le style des cours souveraines, on se sert plus souvent du mot appellation que du mot appel pour la formule des arrêts. Ainsi, l'on dit : *a mis et met l'appellation au néant; a mis et met l'appellation et ce dont est appel au néant*, etc... — V. APPEL.

APPLÉGE, APPLÉGER.

1. — Ce mot *appléger* signifiait *cautionner*; mais dans l'usage on l'employait pour désigner le fait de former l'espèce de complainte ou demande en réintégrande, nommée *applégement* parce qu'il fallait y donner caution. Si le défendeur s'y opposait, il pouvait donner caution de son côté; c'était ce qu'on appelait *contre applégement*; alors la chose était sequestrée en main de justice. — V. *Gloss. du dr. franç.*, par Laurière. — V. aussi Merlin, *Rép.*, v° *Applége*.

2. — On distinguait l'applégement privilégié, l'applégement simple et l'applégement de refus de plége. — V. sur tous ces points, aujourd'hui sans intérêt, Merlin, *loc. cit.* — V. pour la procédure en complainte et en réintégrande, ACTION POSSESSOIRE.

APPLÉGEMENT.

Dans plusieurs anciennes coutumes, notamment dans celle d'Anjou, ce mot était synonyme de *complainte possessoire*. — Laurière (*Glossaire*, t. 1er, p. 55), donne des explications intéressantes sur l'applégement et le contre-applégement.

APPOINT.

On appelle ainsi la monnaie employée pour achever le paiement d'une somme qu'on ne saurait faire avec les principales espèces. — V. MONNAIE.

APPOINTEMENS.

V. SAISIE-ARRÊT.

APPOINTEMENT.

1. — Dans l'ancienne pratique, ce mot désignait certains jugemens préparatoires ou interlocutoires, par lesquels les juges ordonnaient une instruction par écrit et de nouvelles productions lorsque la cause n'avait pas été suffisamment éclaircie à l'audience.

2. — On distinguait plusieurs espèces d'appointement : il y en avait qui ne pouvaient être prononcés qu'en première instance, et d'autres qui ne pouvaient l'être que sur l'appel.

3. — Ceux qui ne pouvaient se prononcer qu'en première instance, c'est-à-dire sur une cause n'ayant pas encore été jugée, quelle que fût la juridiction saisie, étaient l'appointement *à mettre*, l'appointement *en droit*, l'appointement *à fournir débats*.

4. — Ceux qui n'étaient prononcés qu'en appel étaient : l'appointement *au conseil*, l'appointement *de conclusion* et l'appointement *sommaire*.

5. — Il y avait une dernière formule qui était employée en première instance et en appel, c'était l'appointement à *ouïr droit comme devant*.

6. — Une fois ces appointemens prononcés, l'instruction ne se faisait plus que par écrit. — V. INSTRUCTION PAR ÉCRIT.

7. — L'appointement *à mettre*, établi par un arrêt de réglement du 23 mars 1660, et par l'art. 10, tit. 11 de l'ordonnance de 1667, avait lieu dans les affaires qui, sans être sommaires, ne pouvaient être jugées que sur l'examen des pièces et enquêtes, et où il n'était pas nécessaire d'établir les moyens de droit. — Dans cette procédure, les pièces devaient être remises dans les *trois jours*, et il ne pouvait être fourni régulièrement de part et d'autre qu'un *inventaire de production*; mais ces règles étaient fort mal observées dans la pratique.

8. — Au parlement de Toulouse, l'appointement à mettre s'appelait *soit montré*.

9. — L'appointement *en droit* ou appointement *à écrire, produire et contredire*, dont l'usage était fort ancien, était un jugement qui ordonnait que les parties exposeraient leurs moyens sur les questions de droit qui les divisaient, et produiraient respectivement leurs titres et pièces. — Ord. 1667, tit. 11, art. 12. — Au parlement de Toulouse, l'appointement en droit s'appelait *arrêt de clausion*.

10. — L'appointement *à fournir débats* avait lieu en matière de compte : il n'était pas d'usage au Châtelet.

11. — L'appointement *au conseil* était usité lorsque le juge, saisi d'un appel verbal, croyait nécessaire que les parties exposassent leurs moyens par écrit et produisissent leurs pièces.

12. — L'appointement *de conclusion* était prononcé par le tribunal d'appel dans les causes qui avaient été appointées en droit, en première instance. — Au Châtelet, cet appointement recevait le nom d'appointement *à confirmer ou infirmer*.

13. — L'appointement *sommaire* était un nouveau genre d'instruction établi par les lettres-patentes du 11 déc. 1780, pour simplifier la procédure dans certaines affaires. — Il ne pouvait avoir lieu qu'à la grand'chambre du parlement de Paris.

14. — L'appointement *à ouïr droit comme devant* avait lieu lorsqu'une affaire pendante en un siége était évoquée par un autre tribunal. Dans ce cas, afin d'obtenir que la procédure continuât selon les mêmes erremens, on sollicitait du tribunal qui avait évoqué l'affaire un appointement à ouïr droit comme devant.

15. — Aux termes de l'art. 9, tit. 11 de l'ordonn. de 1667, tout appointement à mettre, en droit et au conseil, devait être prononcé à l'audience, à la pluralité des voix, *à peine de nullité*. Cette disposition ne fut jamais très exactement observée; elle reçut d'ailleurs, dans la suite, beaucoup d'exceptions inutiles à rappeler ici.

16. — Lorsque les parties étaient contraires en faits, on les appointait à faire preuve : c'est ce qu'on appelait *appointement de contrariété*.

17. — Dans les causes sommaires qui ne pouvaient être jugées à l'audience, on ordonnait un appointement ou délibéré *sur le bureau*. — Ordonn. 1667, tit. 17, art. 10. — Ces délibérés se jugeaient sans frais, même dans des causes ordinaires, mais de peu d'importance. — Jousse, *Adm. de la just.*, t. 2, p. 13, n° 28. — V. DÉLIBÉRÉ.

18. — On appelait aussi appointement l'arrêt ou le jugement convenu entre les parties ou rédigé sur l'avis d'un tiers. Le dispositif était reçu par la cour sur la demande commune des parties : c'est ce qu'on appelait aussi *expédient*. — V. ce mot.

19. — Le président de Lamoignon voulait que les expédiens pussent être reçus au greffe, mais son avis ne fut pas suivi par l'ordonnance. — Serpillon, *C. civ.*, p. 157, tit. 29, art. 32, et p. 72, tit. 6, art. 8.

APPORT.

1. — On donne ce nom à la part de biens qu'un époux met en communauté. — V. COMMUNAUTÉ.

2. — En matière de société, l'*apport* est la mise de fonds de chaque associé. — V. SOCIÉTÉ.

3. — On se sert aussi de ce mot pour exprimer l'action de déposer des pièces au greffe. On dit : tel arrêt a ordonné un *apport* de pièces. — Denizart, t. 2, v° *Apport*, n° 2.

4. — Dans l'ancien droit et sous certaines coutumes, on nommait *apports*, des arrérages de cens et de rentes. — V. Coutume d'Auvergne, tit. 31, art. 32 et 33; —Denizart, *eod. loc.*

APPOSITION DE SCELLÈS.

V. SCELLÉS.

APPRÉCIATEURS.

Les appréciateurs d'objets d'art sont rangés par la loi du 25 avr. 1844, sur les patentes, dans la sixième classe des patentables, et imposés : 1° à un droit fixe basé sur le chiffre de la population de la ville où est situé l'établissement ; — 2° à un droit proportionnel du vingtième de la valeur locative de la maison d'habitation et des locaux servant à l'exercice de la profession.

APPRENTISSAGE.

1. — L'apprentissage est l'état du particulier qui apprend un art ou un métier. — Merlin, *Rép.*, v° *Apprenti*. — Par exception, le mot *apprentissage* désigne le temps fixé pour le travail de l'apprenti chez le maître.— On désigne enfin par ce mot, ou plutôt par celui de brevet d'apprentissage, le contrat qui règle les conventions réciproques du maître et de l'apprenti.

2. — Avant la suppression des jurandes, l'apprentissage était soumis, dans chaque communauté ou corps de métier, à des règles spéciales. — V. à cet égard MÉTIERS. — Ces règles ont été virtuellement abolies par les lois qui ont supprimé les maîtrises et jurandes et proclamé la liberté de l'industrie.

3. — On appelle aussi brevet d'apprentissage l'acte par lequel un particulier, pour apprendre un métier, art ou négoce, s'oblige à demeurer chez un maître pendant quelque temps, aux conditions qui sont convenues entre eux. — Merlin, *Rép.*, v° *Brevet d'apprentissage*.

4. — Le contrat d'apprentissage est synallagmatique et commutatif; il participe du louage d'ouvrage et d'industrie, et est soumis, outre les principes du droit commun, aux règles spéciales tracées par la loi du 22 germin. an XI.

5. — Il n'est soumis par cette loi à aucune forme spéciale; dès-lors il peut être prouvé par acte notarié ou sous-seing privé, rédigé en double original. Il peut résulter de simples conventions verbales qui, lorsqu'elles sont avouées par les parties, ont la même force que les conventions constatées par écrit.

6. — Si l'apprenti est mineur, le contrat d'apprentissage doit être consenti par lui avec l'autorisation de son père ou de son tuteur, et en cas d'émancipation avec l'assistance de son curateur (L. 22 germin. an XI, art. 9).

7. — Si le mineur est un orphelin élevé dans un établissement public, l'autorisation doit lui être donnée par l'administrateur spécialement désigné, conformément à l'art. 1er, L. 15 pluv. an XIII.

8. — Si les parties avaient omis de fixer le prix et le temps de l'apprentissage, ou si l'engagement était indéfini ; par exemple, si le maître s'obligeait à instruire l'apprenti, ou si celui-ci s'engageait à rester chez le maître jusqu'à ce qu'il fût suffisamment instruit, les tribunaux se décideraient d'après les circonstances, la position des parties ou l'usage. Ce pouvoir d'appréciation serait le même relativement aux conditions accessoires du contrat, et, par exemple, au cautionnement que le maître demanderait à l'apprenti auquel il aurait à confier de l'argent ou des choses de prix. — Pardessus, n° 518 ; Goujet et Merger, *Dict. de dr. comm.*, v° *Apprenti*, n°s 5 et 6.

9. — Le contrat d'apprentissage peut, comme tous les autres contrats, être résilié volontairement par le consentement réciproque des parties contractantes. Mais l'une des parties ne peut contraindre l'autre à la résolution que dans les cas qui vont être déterminés.

10.—Aux termes de l'art. 9 (L. 22 germin. an XI), les contrats d'apprentissage consentis entre majeurs ou par des mineurs avec le concours de ceux sous l'autorité desquels ils sont placés, ne peuvent être résolus, sauf l'indemnité en faveur de l'une ou de l'autre partie, que dans les cas suivans : 1° d'inexécution des engagemens de part ou d'autre ; — 2° de mauvais traitemens de la part du maître;— 3° d'inconduite de la part de l'apprenti ; — 4° si l'apprenti est obligé à donner, pour tenir lieu de rétribution pécuniaire, un temps de travail dont la valeur serait jugée excéder le prix ordinaire des apprentissages.

11. — Les dispositions suivantes de la loi du 22 germin. an XI déterminent les obligations respectives des apprentis et des maîtres.

12. — Ainsi, d'après l'art. 10, le maître ne peut, sous peine de dommages-intérêts, retenir l'apprenti au delà de son temps, ni lui refuser un congé d'acquit, quand il a rempli ses engagemens. Les dommages-intérêts doivent être, en ce cas, au moins du triple du prix des journées depuis la fin de l'apprentissage.

13.—L'art. 11 porte que nul individu employant des ouvriers ne pourra recevoir un apprenti sans congé d'acquit, sous peine de dommages-intérêts envers son maître. — L'action purement civile qui résulte de l'infraction à cette prohibition n'appartient qu'à la partie lésée. Dès-lors le commissaire de police est sans caractère et sans qualité tant pour en poursuivre la répression que pour attaquer les décisions rendues sur sa plainte par l'autorité administrative. — *Cass.*, 9 janv. 1835, Bournens.

14. — Les obligations personnelles du maître et de l'apprenti étant personnelles, s'éteignent par le décès de l'un ou de l'autre, mais la dette contractée par l'apprenti pour l'instruction qu'il a reçue passe à ses héritiers. Si le prix d'apprentissage a été payé d'avance, le maître doit en restituer une partie, et il paraît naturel, dans ce cas, de distinguer ce qui était la représentation de la nourriture de l'apprenti de ce qui représentait les soins et l'instruction du maître. — Pardessus, n° 521 ; Goujet et Merger, v° *Apprenti*, n° 11.

15. — Enfin la même loi, du 22 germin. an XI, contient, sur la compétence, deux dispositions ainsi conçues : « Art. 19. Toutes les affaires de simple police entre les ouvriers et apprentis, les manufacturiers, fabricans et artisans, seront portées, à Paris, devant le préfet de police; devant les commissaires généraux de police dans les villes où il y en a d'établis, et, dans les autres lieux, devant le maire ou des adjoints. —Ils prononceront, sans appel, les peines applicables aux divers cas, selon le Code de police municipale.—Si l'affaire est du ressort des tribunaux de police correctionnelle ou criminelle, ils pourront ordonner l'arrestation provisoire des prévenus, et les faire traduire devant le magistrat de sûreté (aujourd'hui procureur du roi). »

16. — « Art. 20. Les autres contestations seront portées devant les tribunaux auxquels la connaissance en est attribuée par les lois. »

17. — L'attribution de juridiction faite par l'art. 19 précité n'ayant été confirmée par aucune loi postérieure, ni par aucun acte du gouvernement propre à en assurer l'exécution, quoique la proposition en ait été faite dans le temps au conseil d'état, qui n'a pas jugé à propos d'y donner suite, il nous semble qu'elle doit être considérée comme implicitement abrogée par le Code d'instruction criminelle, et que dès-lors les apprentis ne peuvent être soumis, pour fait de police, qu'à la juridiction donnée aux autres citoyens.— Favard de Langlade, v° *Apprenti*.

18. — Les apprentis qui n'ont pas rempli leurs engagemens envers leurs maîtres ne peuvent, pour cette cause, être poursuivis devant les tribunaux de justice répressive, car ce n'est là qu'une infraction à des conventions purement civiles que la loi n'a point érigée en contravention ou en délit, et qui, par conséquent, ne peut donner lieu qu'à une action en dommages-intérêts devant les tribunaux civils. — Favard, *loc. cit.*

19. — Dans les lieux où les prud'hommes sont établis, ils ont juridiction sur les apprentis en matière de police. — Et en matière civile, ils connaissent, soit comme conciliateurs, soit comme juges, de presque toutes leurs contestations. — V. à cet égard PRUD'HOMMES.

20. — Quelle que soit la juridiction qui statue sur les contestations entre les maîtres et les apprentis, la contrainte par corps doit être prononcée contre le maître, en cas de condamnation, parce que le contrat d'apprentissage qui sert de base à la condamnation est de sa part un acte de commerce; mais l'apprenti ne contracte aucun engagement commercial, et dès-lors n'est pas passible, en cas de condamnation, de la contrainte par corps. — Goujet et Merger, v° *Apprenti*, n°s 20 et 21.

21. — La demande formée par un maître contre le père de son apprenti mineur à raison de l'inexécution de la part de l'apprenti du contrat d'apprentissage intervenu avec le père, est de la compétence des tribunaux ordinaires et non de celle du conseil des prud'hommes. Il s'agit là d'une demande personnelle et mobilière qui doit être soumise au juge de paix, si elle n'excède pas le taux de sa compétence. — *Cass.*, 11 mai 1841 (t 2 1841, p. 205), Leleu c. Coroze.

22. — C'est devant le juge du domicile du tuteur de l'apprenti et non devant celui du domicile du maître que doit être portée l'action intentée par le maître pour inexécution du traité d'apprentissage consenti par ce tuteur tant en son nom personnel qu'au nom du tuteur. — *Cass.*, 22 déc. 1835, Ducourneau c. Tessier.

23. — Il avait été jugé que la loi du 16-24 août 1790, tit. 3, art. 10, qui attribue au juge de paix le jugement de toutes les contestations entre les maîtres et les ouvriers, quelle que soit d'ailleurs la valeur du litige, ne s'appliquait pas aux apprentis. — *Cass.*, 22 déc. 1835, Ducourneau c. Tessier. — Mais aujourd'hui l'art. 5 de la loi du 25 mai 1838 attribue aux juges de paix, sans appel jusqu'à 100 fr. et avec appel à quelque valeur qu'elles puissent monter, la connaissance des contestations entre maîtres, ouvriers et apprentis, sans néanmoins qu'il soit dérogé aux lois et réglemens relatifs à la juridiction des prud'hommes.

24. — Le vol commis par un apprenti dans la maison, l'atelier ou le magasin de son maître, entraîne la peine de la réclusion. — C. pén., art. 386-3°. — V. au mot VOL.

25. — De même l'abus de confiance commis par l'apprenti au préjudice de son maître entraîne la peine de la réclusion. — C. pén., art. 408. — V. au mot ABUS DE CONFIANCE.

26. — Le maître est civilement responsable du dommage causé par son apprenti, à moins qu'il ne prouve qu'il n'a pu empêcher le fait qui donne lieu à cette responsabilité. — C. civ., art. 1384.—V. RESPONSABILITÉ CIVILE.

27. — L'action du maître pour le prix de l'apprentissage se prescrit par le délai d'un an (C. civ., art. 2272. — V. PRESCRIPTION), lors même que l'apprenti continue à travailler chez son maître (C. civ., art. 2274). — Mais le serment peut être déféré à l'apprenti sur la question de savoir si le prix a été payé, ou à ses héritiers, ou à son tuteur, pour qu'ils aient à déclarer s'ils ne savent pas que le prix soit dû (C. civ., art. 2275).

28. — L'apprenti venant à la succession de celui qui a payé les frais d'apprentissage, n'est pas tenu d'en faire le rapport. — C. civ., art. 852. — V. au mot RAPPORT A SUCCESSION.

29. — Pour l'excitation à la débauche des apprentis ou apprenties par le maître, V. EXCITATION A LA DÉBAUCHE.

APPRÊTEUR.

1. — Les apprêteurs d'étoffes pour les fabriques sont imposés par la loi du 25 avr. 1844, sur les patentes, à : 1° un droit fixe de 25 fr. lorsque le nombre d'ouvriers ne dépasse pas cinq, et de 3 fr. par ouvrier en sus jusqu'au maximum de 150 fr.; — 2° un droit proportionnel du vingtième de la valeur locative de la maison d'habitation et de celle des magasins de vente complétement séparés de l'établissement, et du cinquantième de la valeur locative de l'établissement industriel.

2. — Les apprêteurs d'étoffes pour les particuliers sont rangés par la même loi dans la cinquième classe des patentables et imposés à 1° un droit fixe basé sur le chiffre de la population de la ville ou commune où est situé l'établissement; — 2° un droit proportionnel du vingtième de la valeur locative de la maison d'habitation et des locaux servant à l'exercice de la profession.

3. — Les apprêteurs de bas et autres objets de bonneterie sont rangés dans la septième classe et imposés à : 1° un droit fixe basé sur le chiffre de la population de la ville ou commune où est situé l'établissement; — 2° un droit proportionnel du quarantième de la maison d'habitation et des locaux servant à l'exercice de la profession.

4. — Les apprêteurs de plumes, laines, duvets et autres objets de literie, sont compris dans la sixième classe, et assujétis : 1° à un droit fixe également basé sur le chiffre de la population ; — 2° à un droit proportionnel du vingtième de la valeur locative de la maison d'habitation et des locaux servant à l'exercice de la profession.

5. — Les apprêteurs de chapeaux de feutre sont rangés dans la huitième classe, et imposés: 1° à un droit fixe établi sur la même base ; — 2° à un droit proportionnel du quarantième de la valeur locative de la maison d'habitation et des locaux servant à l'exercice de la profession.

6. — Les apprêteurs de chapeaux de paille sont

placés dans la cinquième classe, et imposés : 1° à un droit fixe établi comme les précédens ; — 2° à un droit proportionnel du vingtième de la valeur locative de la maison d'habitation et des locaux servant à l'exercice de la profession.

7. — Les apprêteurs de peaux sont rangés dans la sixième classe des patentables, et imposés : 1° à un droit fixe basé sur le chiffre de la population ; — 2° à un droit proportionnel du vingtième de la valeur locative de la maison d'habitation et des locaux servant à l'exercice de la profession.

8. — Enfin les apprêteurs de barbes ou fanons de baleine sont placés dans la septième classe, et imposés : 1° à un droit fixe basé sur le chiffre de la population ; — 2° à un droit proportionnel du quarantième de la valeur locative de la maison d'habitation et des locaux servant à l'exercice de la profession.

APPROBATION.

1. — L'approbation est, en général, le consentement, l'agrément que l'on donne à une chose. — V. OBLIGATION.

2. — Appliquée à un acte, l'approbation s'appelle *acquiescement*, *confirmation*, *ratification*. — V. ces mots.

3. — Le mot *approbation* s'emploie aussi en cas de ratures et de renvois, dans tous les actes de procédure ou autres. Ainsi, on trouve fréquemment cette phrase, par exemple, *approuve* tant de *mots nuls*. — V. ACTE NOTARIÉ, EXPLOIT.

4. — Il est des cas où les actes sous seing-privé doivent contenir une approbation expresse des sommes qui font l'objet de la convention. — C. civ. art. 1326. — V. APPROBATION DE SOMME.

APPROBATION DE SOMME.

Table alphabétique.

APPROBATION DE SOMME. — 1. — On désigne par là le *bon* ou *approuvé* qui doit être mis, dans certains cas, au bas des billets ou promesses sous seing-privé.

2. — En général, il n'est pas nécessaire que les actes sous seing-privé contiennent une approbation de l'écriture de la part des parties signataires auxquelles cette écriture est étrangère. Cette règle, établie par le droit romain d'une manière absolue, fut pendant long-temps suivie en France ; il n'y avait pas même d'exception pour les billets et promesses. — Inst., *De empt. et vend.*, *pr.* ; L. 26, § 2, ff., *De verb. obligat.* ; — Toullier, *Droit civ.*, t. 8, nos 273-274.

3. — Ce fut pour prévenir les abus que des escrocs avaient fait des blancs-seings au commencement du siècle dernier que l'on fit à cette règle une dérogation notable. On crut prévenir ces faux et les arrêter dans leur source en déclarant nuls les billets qui ne seraient pas écrits ou du moins approuvés de la main de celui qui paraîtrait les avoir signés. En conséquence, il fut ordonné, par la déclaration du 22 sept. 1733 : « que tous billets sous signature privée, *au porteur, à ordre ou autrement*, causés *pour valeur en argent*, autres néanmoins que ceux qui » seront faits par des banquiers, négocians, marchands, manufacturiers, artisans, fermiers, laboureurs, manouvriers, et autres de pareille qualité, » seront de *nul effet et valeur*, si le corps du billet » *n'est écrit de la main* de celui qui l'aura signé, ou » du moins si la somme portée audit billet n'est » reconnue par une approbation écrite en *toutes lettres*, aussi de sa main. — Voulons néanmoins » que celui qui refusera de payer le contenu auxdits billets et promesses, soit tenu d'affirmer qu'il » n'en a point reçu la valeur ; et, à l'égard de ses » héritiers ou représentans, ils seront seulement » tenus d'affirmer qu'ils n'ont aucune connaissance » que lesdits billets soient dus. »

4. — De vives critiques s'étaient élevées, même sous l'ancienne jurisprudence, contre cette disposition de la déclaration de 1733. On lui reprochait, 1° de ne point remplir son but, et de n'être pas assez efficace pour prévenir l'abus des blancs-seings ou des signatures surprises, rien n'empêchant un faussaire de remplir un blanc-seing d'un tout autre acte que d'un billet ou promesse, pour lequel la formalité de l'approbation n'est pas exigée et qui ne sera pas pour cela moins dangereuse, par exemple, d'une procuration d'emprunter ; — 2° de ne point protéger la classe la plus nombreuse de la société, celle qui a le plus besoin d'être protégée, parce qu'elle est plus facile à surprendre ; — 3° de favoriser la mauvaise foi, en donnant à certains débiteurs un moyen facile de se dispenser d'acquitter les dettes les plus légitimes, et de devenir un piége pour les hommes simples ; — 4° enfin, de multiplier excessivement les procès ; ce qui est démontré par le grand nombre de procès qu'a fait naître, avant et depuis le Code, la formalité de l'approbation. — Toullier, t. 8, nos 277, et suiv. ; Duranton, *Cours de droit français*, t. 13, no 168 ; Rolland de Villargues, *Rép. du notariat*, vo *Approbation d'écrit*, no 4.

5. — Ces observations n'ont pas empêché les rédacteurs du Code civil de reproduire en grande partie la disposition de la déclaration de 1733 (C. civ., art. 1326). — Toutefois, avertis par l'expérience, ils ont introduit dans la loi nouvelle certaines modifications de nature à bannir les vices et les inconvéniens principaux de l'ancienne. — V. *infrà*, nos 135 et suiv.

§ 1er. — *Actes qui sont soumis à l'approbation* (no 6).

§ 2. — *Personnes de qui on exige l'approbation* (no 71).

§ 3. — *Formes de l'approbation* (no 135).

§ 4. — *Effets du défaut d'approbation. — Comment se couvre la nullité* (no 151).

—

§ 1er. — *Actes qui sont soumis à l'approbation.*

6. — Il résulte du texte de l'art. 1326, C. civ., que ce ne sont que les *billets* ou *promesses sous seing-privé*, par lesquels une *seule partie* s'engage envers l'autre à lui payer une *somme d'argent* ou une *chose appréciable*, qui sont soumis à la nécessité de l'approbation. — Presque toutes ces expressions de la loi ont donné lieu à des difficultés.

7. — Remarquez d'abord que la loi n'entend parler que de *billets* ou *promesses* de payer, c'est-à-dire, d'actes contenant *obligation*. D'où la conséquence qu'une quittance sous seing-privé ferait foi contre le souscripteur, encore que, non écrite en entier de sa main, elle ne contînt pas un *bon* ou un *approuvé* portant en toutes lettres la somme ou la quantité de la chose reçue. — Rolland de Villargues, vo *Approbation d'écriture*, nos 7 et 8 ; Duranton, *Dr. franç.*, t. 13, no 169.

8. — La solution eût été différente, d'après une déclaration de 1730, qui avait appliqué la nécessité de l'approbation à toute espèce de billets ou de promesses sous seing-privé, même aux *quittances*, et qui ne contiennent aucune exception à raison de la qualité des signataires ; mais cette déclaration ne fut enregistrée qu'aux parlemens de Dijon et de Besançon. — Duranton, t. 13, no 169.

9. — Sous l'empire de la déclaration de 1733, une quittance n'était pas nulle faute d'approbation de la somme en toutes lettres. — *Cass.*, 25 mars 1806, Saint-Pol c. Huguet.

10. — La déclaration du 22 sept. 1733, relative à l'approbation de la somme sur les billets non écrits de la main du signataire, n'est pas applicable aux billets causés *valeur en quittance*. — *Toulouse*, 13 février 1830, Lasserre c. Bordères.

11. — Quelle que soit d'ailleurs la cause du billet ou de la promesse, *somme d'argent* ou *chose appréciable*, l'approbation est aujourd'hui nécessaire. L'on conçoit en effet que dans les deux cas, les mêmes abus de blancs-seings que le législateur a voulu prévenir, auraient pu se reproduire. — Toullier, t. 8, no 328 *in fine* ; Rolland de Villargues, vo *Approbation d'écriture*, nos 9 et 10. — Duranton, t. 13, no 170.

12. — Il n'en était pas de même sous l'empire de la déclaration de 1733, qui n'exigeait la formalité de l'approbation que pour les billets sous seing-privé causés *pour valeur en argent*.

13. — Ainsi, le *bon* ou *approuvé* prescrit par la déclaration du 22 sept. 1733 n'était point applicable aux arrêtés de compte pour fournitures de marchandises. — *Riom*, 19 janv. 1809, Andrieu c. Ruines.

14. — ... Ni à un arrêté de compte entre un maître et son domestique. — *Cass.*, 23 août 1809, Laborde c. N.

15. — ... Ni à la reconnaissance par laquelle un maître s'obligeait de payer à son domestique le montant de ses gages. — Même arrêt

16. — L'approbation de la somme n'était exigée par la déclaration du 22 sept. 1833 que lorsque les billets étaient souscrits pour argent reçu. — *Riom*, 19 janv. 1809, Andrieu c. Ruines ; *Cass.*, 7 nov. 1820, duchesse Stainville c. Bertin ; 20 avr 1823, Fourner d'Armes et d'Arthel c. Fournier de Quincy.

17. — La loi veut, nous venons de le voir, que l'obligation soit d'une *somme d'argent*, ou d'une chose *appréciable*, comme des denrées, des marchandises, etc. — D'où l'on a conclu que la chose doit être appréciable au moment même de l'obligation ; autrement, la nécessité de l'approbation cesse. Ainsi jugé par rapport à un billet qui contenait obligation de la part d'un individu, présumé *père naturel*, de payer ce que pourrait coûter l'entrée et l'entretien d'un enfant dans un hospice. — *Agen*, 9 nov. 1823, dame S. M. c. Rolis. — Rolland de Villargues, vo *Approbation d'écriture*, no 11. — Cette décision peut être contestée, et a pu être déterminée par la faveur qui s'attachait au créancier du billet. L'obligation contractée par le débiteur de payer ce que pourrait coûter l'entrée et l'entretien de l'enfant dans un hospice, nous paraît essentiellement appréciable.

18. — Mais, est nulle, à défaut d'approbation de somme, la promesse sous seing-privé, par laquelle une seule partie s'engage envers l'autre à lui payer une somme d'argent, encore bien que le souscripteur se soit obligé de payer annuellement l'intérêt de la somme et de donner un immeuble en hypothèque pour la sûreté de son obligation — *Bruxelles*, 22 oct. 1829, J. c. D.

19. — Quoique la loi parle de billets ou promesses souscrits par une *seule partie*, il ne faut pas croire que l'approbation ne soit exigée que lorsque le billet est souscrit par une seule personne. Elle doit avoir lieu, au contraire, même lorsque plusieurs personnes s'engagent, pourvu qu'il n'y ait d'obligation que d'un côté, qu'il s'agisse d'une promesse *unilatérale*, c'est-à-dire, que deux ou plusieurs personnes s'obligent envers une autre, sans que celle-ci contracte à son tour aucune obligation. — Toullier, t. 8, no 301 ; Duranton, t. 13, no 179 ; Rolland de Villargues, vo *Approbation d'écriture*, no 14.

20. — Nous verrons *infrà* (nos 71 et suiv.) le développement de cette proposition en examinant la question de savoir si un billet par lequel plusieurs personnes, non exceptées de l'art. 1326, s'obligent conjointement ou solidairement, doit contenir, outre leur signature, l'approbation de la somme en toutes lettres.

21. — Du principe que la nécessité du *bon* ou *approuvé* prescrit par l'art. 1326, C. civ., n'existe qu'à l'égard d'un acte *unilatéral*, par lequel une seule partie s'engage envers l'autre à lui payer une somme d'argent, il suit qu'un acte sous seing-privé

renfermant une convention synallagmatique, par exemple le réglement d'un supplément de légitime), n'a pas besoin d'être revêtu de l'approbation prescrite par l'art. 1326; il suffit qu'il ait été fait double. — *Nîmes*, 24 août 1812, Arboussel c. Camonge; *Rennes*, 28 avr. 1818, Chardole c. Bernard Delisle.

22. — De même, n'est point soumis à la disposition de l'art. 1326 l'acte par lequel une partie s'engage à livrer à l'autre une somme et des biens meubles et immeubles, à la charge par celle-ci de servir une rente à la première. — *Bordeaux*, 21 août 1833, Marcilhac et Guérard c. Destrilhes.

23. — Lorsqu'une convention était synallagmatique parfaite dans son principe et dans sa nature, et qu'elle s'est réduite, au moyen de l'exécution qu'elle a reçue, à un simple billet ou promesse, l'approbation d'écriture devient nécessaire. — Par exemple, je reconnais devoir à Paul la somme de mille francs, pour prix de tel cheval qu'il m'a vendu et livré. Il y a bien eu vente dans le principe, mais l'acte n'énonce que la reconnaissance d'une somme; il n'est pas destiné à prouver autre chose, et quelle que soit la cause d'une promesse, l'approbation est nécessaire, car la loi ne distingue pas. — Toullier, t. 8, nº 328; Rolland de Villargues, vº *Approbation d'écriture*, nº 28

24. — Supposons au contraire que l'acte ait été rédigé en double, au lieu d'être conçu dans la forme d'un simple billet, qu'il y soit dit par exemple: « Entre nous soussignés a été passé le présent, » par lequel moi Paul ai vendu à Pierre mon cheval *Bayard*, moyennant 1,000 fr. que moi, Pierre, » m'oblige de payer à Paul dans six mois de ce » jour; fait double, etc... » — L'approbation de la somme, selon Toullier, cesse dans ce cas d'être nécessaire. On peut dire, il est vrai, que, dans cette formule comme dans la précédente, il n'y a réellement plus d'engagement synallagmatique; que l'acte se réduit à la reconnaissance faite par l'acheteur que le vendeur a rempli son engagement en livrant la chose vendue, et à l'engagement qu'il prend d'en payer le prix. Il faut observer néanmoins que l'acte est en ce cas un véritable contrat de vente, et que la circonstance qu'il est dit que l'une des parties a satisfait à son obligation directe ne saurait changer la nature de l'acte qui a été fait double, comme la loi l'exige. — Toullier, t. 8, nº 330; Rolland de Villargues, *ibid.*, nº 29.

25. — *Vice versâ*, il ne suffit pas que l'on ait donné à une convention synallagmatique de sa nature la forme d'un billet, pour qu'il soit assujéti à la formalité du *bon pour*. — Toullier, t. 8, nº 308; Rolland de Villargues, vº *Approbation d'écriture*, nº 30.

26. — De même, la circonstance que la promesse ou billet contient la mention qu'il a été fait en double ne dispense pas du *bon* ou *approuvé* prescrit par l'art. 1326, C. civ. — *Bruxelles*, 22 oct. 1829; J... c. D... — Toullier, t. 8, nºs 307, 308 et 328.

27. — La reconnaissance du dépôt d'une somme d'argent doit être considérée comme un acte unilatéral, et soumise en conséquence à la formalité de l'approbation. — Toullier, t. 8, nº 304; Duranton, t. 13, nº 171; Rolland de Villargues, *ibid.*, nº 15.

28. — C'est ce qui a été jugé tant sous l'ancienne législation que sous la nouvelle. — *Cass.*, 11 brum. an XI, Duchalard c. Girard; 12 janv. 1814, Changarnier c. Cormier.

29. — Mais on a demandé si la nécessité de l'approbation doit s'appliquer aux contrats de *constitution de rente*, soit perpétuelle, soit viagère. La question nous paraît devoir être résolue par la négative; car, sans examiner si le contrat de rente perpétuelle ou viagère est un contrat synallagmatique, comme il est assez raisonnable de le croire (C. civ., art. 1909, 1968 et suiv.), il est clair que jamais, dans le langage ordinaire, ni dans celui des jurisconsultes, on n'a confondu les contrats de *constitution* avec les *billets promesses*, dont parlent la déclaration de 1733 et l'art. 1326 du Code. — Toullier, t. 8, nº 305; Rolland de Villargues, *ibid.*, nº 16. — V. toutefois, Duranton, t. 13, nº 173.

30. — La jurisprudence a du reste varié sur la question. — V. dans le sens de l'opinion ci-dessus, *Cass.*, 13 fructid. an XI, Libert c. Istn; *Poitiers*, 28 fév. 1823, Vallée c. Bourey; et, *contrà*, *Cass.*, 17 therm. an IX, Arrighi c. Talouet; et *Toulouse*, 25 nov. 1833, Fourgaux c. Aussagol. — L'on peut voir dans Toullier, *loc. cit.*, la critique de ce second arrêt de la cour de Cassation, qui paraît avoir été déterminée par les circonstances de la cause, et dont la doctrine a d'ailleurs été rétractée par l'arrêt précité du 13 fructid. an XI.

31. — Un arrêté de compte écrit de main étrangère est-il soumis à la formalité du *bon* ou de l'approbation de la somme en toutes lettres? — Merlin, *Rép.*, vº *Billet*, et Duranton, t. 13, nº 172, disent, d'une manière générale, qu'un arrêté de compte est soumis au bon ou approuvé. — Toullier, t. 8, nº 306, et Rolland de Villargues, vº *Approbation d'écriture*, nº 17, établissent une distinction: Si l'arrêté du compte est établi au pied même du compte, comme cela arrive souvent, l'approbation n'est pas nécessaire, parce que, outre qu'il ne s'agit plus alors d'un simple billet, les causes de l'obligation se trouvent naturellement justifiées; et c'est en effet ce qui a été reconnu par les arrêts d'Angers, 9 août 1820, et de Grenoble, 26 janv. 1826, cités *infrà*. — Mais si l'obligation de payer le montant de l'arrêté de compte est consignée dans un billet distinct et séparée du compte, ou bien encore si l'arrêté de compte ne forme qu'une simple énonciation, soit qu'elle précède la promesse, soit qu'elle la suive, dans ce cas, le billet est assujéti à la formalité de l'approbation ou du bon pour; et à l'appui de cette décision, ces auteurs citent un arrêt de la cour de Cassation, du 7 juin 1793.

32. — Jugé que, sous l'empire de la déclaration du 22 sept. 1733, un arrêté de compte par lequel une des parties s'oblige de payer une somme à l'autre est nul, quoique fait double, faute d'un *bon* ou *approuvé* en toutes lettres de la somme reconnue. — *Cass.*, 7 juin 1793, Crosnier c. Vitalis.

33. — La disposition de l'art. 1326, C. civ., relative au *bon* ou *approuvé*, dont doivent être revêtus les billets ou promesses sous seing-privé, est applicable *à l'arrêté de compte* par lequel l'une des parties s'oblige à en payer à l'autre le reliquat, même lorsque l'acte porte la signature des deux parties, et qu'il y est énoncé qu'il a été fait double. — *Bordeaux*, 3 janv. 1832, Paricaud c. Lanouhe.

34. — Jugé, au contraire, qu'un arrêté de compte fait double, peut ne pas contenir le *bon* ou *approuvé* en toutes lettres des sommes dont il porte reconnaissance. — *Metz*, 20 février 1811, Couturier c. Bordé; *Grenoble*, 26 janv. 1826, Navière.

35. — Un arrêté de compte n'est pas nul, par cela que celui qui s'y est reconnu débiteur et qui ne l'a pas écrit, n'y a point mis de sa main *un bon ou approuvé* de la somme due en toutes lettres. — *Angers*, 9 août 1820, Bofu, c. Germain.

36. — Lorsqu'un arrêté de compte porte en même temps l'énonciation que le montant en a été immédiatement soldé, il n'est pas nécessaire que ce montant soit écrit en toutes lettres. — *Orléans*, 21 août 1840 (t. 2 1840, p. 543), Treshwillt c. Bouchet-Chevallier.

37. — Sous la déclaration du 22 sept. 1733, l'approbation en toutes lettres exigée pour le billet ou la promesse sous seing-privé n'était point applicable aux cautionnemens. — *Paris*, 8 pluv. an X, Gervais c. Forgeonnet; *Besançon*, 12 fév. 1810, Boutechoux c. Perrin.

38. — Jugé de même, sous le Code civil, que l'art. 1326 ne s'applique pas aux cautionnemens. — *Liége*, 16 déc. 1812, de Ceulener c. Lefèvre; *Lyon*, 12 avr. 1832, Rousselle c. Boyer.

39. — ...Que l'approbation de la somme en toutes lettres prescrite par l'art. 1326, C. civ., n'est pas exigée pour un acte de cautionnement souscrit solidairement par deux personnes et d'une manière indéterminée. — *Paris*, 13 mars 1816 (et non 1815), Seurat c. Laurent et Guichardet.

40. — ...Que cette approbation n'est pas nécessaire pour l'acte de cautionnement sous seing-privé, limité à une certaine somme et donné pour sûreté d'une dette future, par exemple, d'un crédit ouvert à un négociant. — *Bruxelles*, 2 juil. 1817, Closse c. Tricot.

41. — Il en serait de même encore de l'acte de cautionnement souscrit dans des circonstances telles que cet acte pût être considéré comme ayant cessé d'être unilatéral.

42. — Ainsi, le cautionnement fourni par une femme mariée, à l'effet de procurer à son mari la suspension des poursuites du créancier de ce dernier, constitue un contrat *synallagmatique* entre elle et le créancier, et, en conséquence, ce cautionnement est valable, bien que la femme n'ait pas énoncé, dans l'*approuvé* par elle souscrit, la somme en toutes lettres. — *Paris*, 17 fév. 1829, Normand c. Clairin.

43. — Jugé même qu'un acte de cautionnement fait double entre la caution et le garanti, et revêtu, d'ailleurs, de toutes les formes propres aux actes synallagmatiques, ne doit pas, à peine de nullité, contenir le bon ou approuvé dont parle l'art. 1326, C. civ. — *Cass.*, 4 fév. 1829, Vitrou c. d'Ogny. — Favard, *Rép.*, vº *Acte sous-seing privé*, nº 6; et Duranton, t. 13, nº 175.

44. — Cependant une pareille décision nous semble n'être pas à l'abri de la critique. En effet, il ne peut dépendre des parties, en revêtant un acte unilatéral soumis à la disposition de l'art. 1326 des formes propres aux actes synallagmatiques, de soustraire cet acte aux prescriptions formelles de la loi. Peu importerait donc que l'acte eût été fait double, c'est la substance de l'engagement et non sa suscription qui détermine la nature de cet acte.

45. — D'autres auteurs pensent, au contraire, et leur opinion a été consacrée par plusieurs arrêts, que les actes de cautionnement sont des actes unilatéraux soumis à la formalité de l'approbation. — Rolland de Villargues, vº *Approbation d'écriture*, nºs 18 et 20. — En effet, l'on ne voit pas pourquoi le législateur se serait montré moins prévoyant quant à la caution qui s'engage pour autrui, qu'il ne l'a été pour l'obligé principal, qui, s'engageant pour lui-même, a plus de raison pour se tenir en garde contre les surprises.

46. — Ainsi, jugé que l'approbation de la somme exigée par la déclaration du 22 sept. 1733 était applicable à l'obligation par laquelle une personne s'engageait comme caution, et pour le cas seulement de défaut de paiement de la somme promise, de la part du principal obligé. — *Bruxelles*, 21 nov. 1829, Deposser c. Walkiers.

47. — ... Que le cautionnement, étant un contrat unilatéral, doit, s'il n'est écrit en entier par la partie qui s'engage, contenir une approbation en toutes lettres de la somme ou de la quotité de la chose. — *Grenoble*, 14 déc. 1833, Vuaillet c. Vessilier.

48. — ...Que l'art. 1326, C. civ., s'applique aux actes par lesquels les signataires s'obligent comme cautions d'un débiteur principal. — *Cass.*, 21 août 1827, Lequesne c. Douanes.

49. — Un acte sous seing-privé par lequel la femme s'est portée caution de son mari doit, quand il n'est pas écrit par elle, contenir un *approuvé* de sa main, portant en toutes lettres la somme qu'elle a entendu cautionner. — *Paris*, 15 déc. 1815, Hubert c. Tobler.

50. — De même, un cautionnement sous seing-privé, souscrit par une femme non commerçante, est nul s'il ne contient pas l'approbation en toutes lettres de la somme pour laquelle elle s'engage. — *Orléans*, 14 janv. 1828, Douanes c. Lequesne.

51. — Le cautionnement solidaire donné par une femme non commerçante, sur un billet à ordre qui n'est pas écrit de sa main, doit être revêtu d'un bon ou approuvé en toutes lettres de la somme pour laquelle le cautionnement est fourni. — *Nancy*, 9 mars 1818, Tricheur c. Laboissière.

52. — L'approbation en toutes lettres de la somme ou de la chose appréciable, portée en un billet à ordre souscrit par un mari non commerçant, est nécessaire de la part de la femme également non commerçante, qui a *cautionné* le paiement de ce billet, encore qu'il soit écrit en entier de la main du mari. — *Cass.*, 18 fév. 1822, Parmentier c. Laubepin.

53. — L'aval par acte séparé, souscrit par une femme non commerçante, pour garantie de lettres de change créées par son mari, doit, à peine de nullité, être revêtu d'un *bon ou approuvé en toutes lettres* de la somme à payer. — *Paris*, 20 mars 1830, Nicolet c. Goure.

54. — Jugé toutefois que l'aval souscrit par une femme n'a pas besoin d'être précédé de l'approbation de la somme en toutes lettres; les mots *bon pour aval*, suivis de la signature de la femme, suffisent pour former valablement de sa part un cautionnement solidaire. — *Riom*, 23 janv. 1829, Giat c. Debord.

55. — L'approbation prescrite par l'art. 1326, C. civ., ne s'applique pas à l'aval mis par un individu non négociant sur un billet à ordre souscrit entre négocians. — *Cass.*, 25 janv. 1814, Chabaud c. Lascoux.

56. — Cette décision ne contredit point les arrêts précités relatifs au cas d'avals donnés par une femme non commerçante, pour garantie de billets à ordre ou de lettres de change créés par le mari, la loi ayant réputé dans ce cas *simples promesses* les engagemens de la femme. — Duranton, t. 13, nº 176 *in fine*.

57. — Lors même qu'*en droit* on devrait distinguer la caution de ceux qui se sont obligés principalement, et décider que l'art. 1326 n'est pas applicable à la caution, la stipulation de solidarité, énoncée dans le corps du billet, ne permettrait pas de considérer la femme comme *caution*, pour dispenser son obligation de la nécessité *du bon* ou approuvé. — *Grenoble*, 9 mai 1820, Dufresne c. Bernard.

58. — La formalité de l'approbation prescrite par l'art. 1326, C. civ., doit-elle être observée dans les lettres de change, même souscrites par des non négocians? — La question paraît avoir été constamment décidée pour la négative, tant sous l'empire de la déclaration de 1733 que de l'art. 1326 du Code civil, par le motif que les lois particulières qui ont réglé ces sortes d'effets n'ont nullement exigé cette formalité. — Merlin, *Répert.*, vº *Billet à ordre*, § 1er, art. 5; Pardessus, *Contr. de change*, nº 74; Vincens, *Législat., commerc.*, chap. 1er, nº 171; Delvincourt, t. 2, p. 614, note 10e; Duranton, t. 13, nº 176; Rolland de Villargues, vº *Approbat. d'écrit.*, nº 22.

59. — Les lettres de change sont affranchies des

formalités prescrites par la déclaration de 1733 et par l'art. 1326, C. civ. — V. LETTRE DE CHANGE. — *Cass.*, 10 messid. an XI, Conte c. Noguès; *Toulouse*, 4 janv. 1813, Molis c. Bauduer; 30 déc. 1829, Rocole c. Borgeon; *Montpellier*, 20 janv. 1835, Guittard c. Gozion.

60. — Encore bien que le souscripteur ne soit pas commerçant. — *Cass.*, 10 missid. an XI, Conte c. Noguès; *Toulouse*, 30 déc. 1829, Rocole c. Borgeon.

61. — ... Ou que le signataire fût une femme non commerçante, à l'égard de laquelle la loi répute *simples promesses* les lettres de change qu'elle souscrit. — *Montpellier*, 20 janv. 1835, Guittard c. Gozion. — Nous ne saurions adopter cette décision. Les lettres de change souscrites par des femmes non commerçantes sont réputées à leur égard *simples promesses* (C. comm., 113), et doivent par conséquent être soumises aux règles ordinaires du droit civil.

62. — Aussi jugé en ce dernier sens que par cela que tous les effets de commerce souscrits par une femme non commerçante ne peuvent être considérés à son égard que comme simples promesses, ils ne sont valables, lorsqu'ils ne sont pas écrits de sa main, qu'autant qu'ils sont revêtus par elle d'un *bon ou approuvé* de la somme en toutes lettres. — *Cass.*, 26 mai 1823, Griffon de Baune c. Magnier; — Nouguier, *Lettres de change*, t. 1er, p. 316.

63. — Lors même qu'une lettre de change serait réputée simple billet, l'acceptation mise en bas avec le seul mot *accepté* et la signature suffit pour donner lieu à une obligation civile, et elle n'a pas besoin de contenir un bon ou approuvé conformément à l'art. 1326. — *Bruxelles*, 11 janv. 1808, Lefebvre c. Gradner.

64. — Les billets à ordre souscrits par un non commerçant, sont-ils dispensés de la formalité de l'approbation? — Non, car on ne peut dire à leur égard ce qui a lieu pour les lettres de change, qu'ils constituent par eux-mêmes des engagemens commerciaux. Il faut pour cela, lorsqu'ils émanent d'un non-commerçant, qu'ils aient pour cause une opération commerciale. — C. comm., art. 632, 636, 367; — Pardessus, *Droit comm.*, n° 245; Duranton, *Droit franç.*, t. 13, n° 176.

65. — Ainsi jugé que l'art. 1326 est applicable aux billets à ordre. — *Cass.*, 27 janv. 1812, Martin c. Jobey.

66. — ... Que la femme d'un marchand qui souscrit *un billet à ordre*, solidairement avec lui, peut en demander la nullité, à défaut par elle d'en avoir approuvé la somme en toutes lettres, encore bien que ce billet ait été écrit par le mari. — *Cass.*, 6 mai 1816, Le febvre c. Pindl.

67. — ... Que les billets souscrits pour *quelques actes isolés de négoce* doivent, s'ils ne sont pas écrits en entier de la main du signataire, contenir un *bon* ou un *approuvé* portant en toutes lettres la somme pour laquelle le souscripteur s'oblige. — *Cass.*, 9 mai 1833, Noirlin c. Simon. — Duranton, t. 13, n° 178.

68. — Jugé, au contraire que l'individu non commerçant, qui souscrit un billet à ordre conjointement avec un commerçant ne peut invoquer la disposition de l'art. 1326, C. civ. — La formalité prescrite par cet article ne concerne pas les effets de commerce. — *Liége*, 14 avr. 1813, Fabricius c. Adolphy.

69. — Sous l'ordonnance 1673, les *endossemens* des billets à ordre n'avaient pas besoin d'être revêtus du *bon* ou *approuvé* prescrit par la déclaration de 1733. — *Cass.*, 7 thermid. an XI, Rayé c. Paugaert.

70. — Jugé de même, sous le Code civil, que l'approbation de la somme exigée, par l'art. 1326 pour les billets ou promesses sous seing-privé, ne s'applique pas aux endossemens des billets à ordre. — *Liége*, 16 déc. 1812, De Ceulener c. Lefèvre.

§ 2. — *Personnes de qui on exige l'approbation.*

71. — L'art. 1326, qui exige l'approbation, contient une règle générale applicable à toutes les personnes qui n'en sont point exceptées. — Toullier, t. 8, n° 299; Rolland de Villargues, v° *Approbation d'écriture*, n° 31.

72. — La déclaration de 1733 exceptait, dans son préambule, « les actes nécessaires pour le commerce » ou faits par des gens occupés aux arts et métiers » ou à la culture des terres, qu'il serait difficile et » même souvent impossible d'assujétir à l'observa- » tion de cette formalité. » Et, dans le dispositif, l'exception portait sur « les banquiers, négocians, » marchands, manufacturiers, artisans, fermiers, » laboureurs, vignerons, manouvriers, et autres de » pareilles qualités. »

73. — L'art. 1326 contient à peu près les mêmes exceptions, exprimées d'une manière plus concise. Il porte : « Excepté dans le cas où l'acte émane de » marchands, artisans, laboureurs, vignerons, gens » de journée et de service. »

74. — Il n'est pas douteux que les *banquiers, négocians, manufacturiers*, nommément exceptés par la déclaration de 1733, restent compris dans l'art. 1326, sous la dénomination générique de *marchands*. — Toullier, t. 8, n° 299; Rolland de Villargues, *ibid.*

75. — Les aubergistes, hôteliers et cabaretiers sont réputés dans la classe des *marchands* compris dans l'exception énoncée en l'art. 1326, C. civ. En conséquence, un billet souscrit par un aubergiste est valable, s'il porte seulement sa signature sans un bon ou approuvé de la somme en toutes lettres. *Metz*, 21 juin 1815, Legendre c. Meuriot; — Delvincourt, t. 2, p. 614.

76. — Mais *quid juris*, à l'égard des *fermiers nommément* exceptés par la déclaration de 1733, et qui n'ont point été exceptés de la même manière par le Code? — Il faut distinguer : il y a une certaine classe de fermiers (ceux qui prennent à ferme des terres et s'occupent eux-mêmes de leur culture) qui devront être rangés sous la dénomination générique de *laboureurs*, et par conséquent seront exceptés de la règle portée en l'art. 1326. Le Code civil, comme la loi ancienne, a voulu soustraire à la nécessité de l'approbation « les actes faits par *des gens* » *occupés à la culture des terres*, qu'il serait *difficile* » et même souvent *impossible* d'assujétir à l'obser- » vation de cette formalité. » (*Préambule de la déclaration de* 1733); motifs qui s'appliquent parfaitement à la classe de fermiers dont nous parlons. — Il y a au contraire des fermiers qui ne sont pas laboureurs; tels étaient autrefois les fermiers généraux; tels sont encore les fermiers d'octroi. On peut aussi ranger dans cette dernière classe les industriels ou les personnes aisées qui, par spéculation, afferment des biens qu'ils font exploiter par leurs manœuvres. Sous l'ancienne loi même, on distinguait ces espèces de fermiers des fermiers et laboureurs de profession. Dans le silence du Code, nous pensons, d'après ce que nous venons de dire, que les magistrats peuvent, suivant les circonstances, appliquer ou ne point appliquer *aux fermiers* l'exception de l'art. 1326. — Toullier, t. 8, n° 299; Rolland de Villargues, *ibid*, n° 34.

77. — Avant le Code civil, un tribunal a pu décider que l'exception prononcée à l'égard des fermiers ne s'étendait pas aux propriétaires-cultivateurs. — *Cass.*, 11 brum. an XII, Duchalard c. Girard.

78. — Doit être considéré comme laboureur, dans le sens de l'art. 1326, C. civ., non seulement celui qui laboure les terres pour le compte d'autrui, mais encore celui qui, à la campagne, fait valoir ses terres, et fait de l'agriculture sa profession habituelle. — *Cass.*, 25 fév. 1818, Blochet c. Renard; *Grenoble*, 31 mai 1819, Gachet c. Coindet; *Bordeaux*, 22 juill. 1829, Blanc c. Moreau; *Nîmes*, 4 janv. 1830, Peyrié c. Boucarut; *Gand*, 20 juin 1836, Vancanneyt c. Devilder.

79. — De même, la disposition finale de l'art. 1326, C. civ., qui dispense de la formalité du *bon* ou *approuvé* le billet souscrit par un vigneron, s'applique au cas où le souscripteur cultive ses propres vignes. — *Cass.*, 23 fév. 1824, Bression c. Laurent et Michel.

80. — On doit même considérer comme laboureur, et dès-lors comme dispensé d'approuver en toutes lettres la somme contenue en la promesse qu'il a souscrite, celui qui fait valoir ses immeubles par lui-même, *à l'aide de domestiques*. — *Grenoble*, 27 août 1818, Ageron c. Perier; 22 août 1829, Garnier c. Praz.

81. — Toutefois, jugé que celui qui cultive ses propres terres ne doit pas, par cela seul, être réputé laboureur dans le sens de l'art. 1326, C. civ., si sa position dans le monde, son éducation et d'autres circonstances excluent une telle qualité. — *Cass.*, 1er fév. 1836, Durand c. Brun.

82. — De même la qualité de laboureur dans le sens de l'art. 1326, C. civ., n'appartient qu'à ceux qui font de la culture des terres leur profession habituelle et tirent de ce travail leur moyen d'existence. — Ainsi, celui qui, ayant des propriétés affermées, en cultive lui-même quelques autres pour son agrément et son utilité, ne doit pas être considéré comme laboureur, et par suite n'est pas dispensé de l'approbation en toutes lettres au bas d'un billet écrit de main étrangère. — *Cass.*, 17 fév. 1836, Hurlaux c. Depierre.

83. — Est valable, quoique non revêtu du bon ou approuvé de la somme en toutes lettres, un billet souscrit par un cultivateur, quoique maire d'une commune, lorsque d'ailleurs il a pour cause les intérêts personnels du souscripteur. — *Bruxelles*, 14 fév. 1820, Lois c. bureau de bienfaisance de Bruges.

84. — Lorsqu'un créancier prétend qu'un billet qui ne porte pas le *bon* ou *approuvé* de la somme en toutes lettres émane d'un laboureur, il doit être admis à faire la preuve de cette qualité. — *Grenoble*, 14 mai 1828, Garnier c. Pra.

85. — Un ouvrier mécanicien est un simple *artisan* dans le sens de l'art. 1326, C. civ. — *Liége*, 19 fév. 1824, Forir c. Coulon.

86. — Un sacristain, alors surtout qu'il a fait des opérations considérables durant sa vie, ne peut être rangé parmi les *gens de journée et de service* dont parle l'art. 1326, C. civ. — *Lyon*, 14 mai 1833, Souppa c. Blachon.

87. — C'est à l'époque de la souscription du billet que l'on doit s'arrêter pour examiner la qualité du souscripteur, et pour décider s'il est ou non dans l'exception portée dans la disposition finale de l'art. 1326, C. civ. — Toullier, t. 8, n° 299; Duranton, t. 13, n° 184; Rolland de Villargues, v° *Approbation d'écriture*, nos 37 et 38.

88. — Ainsi, pour être dispensé d'apposer un *bon* ou *approuvé* au bas d'un acte privé portant obligation d'une somme d'argent, il ne suffit pas que l'acte ait été souscrit par un habitant de la campagne fils d'un laboureur et qui ait été lui-même laboureur. Il faut de plus qu'il ait été laboureur *à l'instant même où il a souscrit l'obligation*. — *Bruxelles*, 28 fév. 1810, Démasure c. Saby.

89. — De même la dispense de l'approbation de la somme en toutes lettres par un artisan souscripteur d'un billet non écrit de sa main n'est applicable qu'au cas où ce souscripteur était artisan, au moment même où il s'engageait, *ou à une époque peu éloignée*. — *Caen*, 15 déc. 1824, Belliard c. Douessay.

90. — Un billet à ordre simplement signé par un tisserand, et sans approbation par lui de la somme en toutes lettres, est valable, encore bien que cet invidu ait cessé *depuis quelques mois* d'exercer son état. — *Rennes*, 24 janv. 1818, Vaupré c. Morice.

91. — Jugé cependant que l'artisan ou manouvrier qui a quitté son état, pour vivre du produit de ses économies sans travailler, est encore dans l'exception prévue par la loi. — *Paris*, 18 fév. 1808, Raslel c. Fouilleul.

92. — ... Que le marchand qui a cessé de faire le commerce est toujours compris dans l'exception portée par l'art. 1326, C. civ. — *Riom*, 24 nov. 1813, Reyt c. Rodde.

93. — La mention faite dans le billet que le signataire est commerçant ne suffit pas pour le placer dans l'exception portée par l'alinéa 2e, art. 1326, lorsque ce billet n'est pas de son écriture. — *Cass.*, 9 mai 1833, Noirlin c. Simons.

94. — Si une ou plusieurs personnes non exceptées s'obligent par le même billet, faut-il qu'outre leur signature chacune d'elles approuve la somme en toutes lettres? — Nul doute sur l'affirmative, si elles ne s'obligent pas solidairement; car, alors l'obligation se divise de plein droit entre elles, de la même manière que si chacune avait donné son billet séparé. Vainement dirait-on que la fraude est moins à craindre quand l'écrit est signé par plusieurs; chacun des signataires n'avait aucun intérêt à veiller à ce que la signature des autres ne fût pas surprise : il n'était pas leur agent. — *Nouv. Denisart*, v° *Billet*, § 2, n° 3; Pardessus, n° 245; Toullier, t. 8, n° 300; Duranton, t. 13, nos 179 et 180; Rolland de Villargues, *ibid.*, n° 41.

95. — Ainsi jugé que l'art. 1326, C. civ., est applicable même au cas où plusieurs parties s'engagent par le même acte. — *Cass.*, 6 fév. 1839 (t. 1er 1839, p. 274), Druyer c. Loiselet.

96. — Le billet souscrit par une femme et par son mari et écrit de la main du premier est nul à l'égard de la femme, s'il ne contient pas de sa main le *bon* ou *approuvé*, en toutes lettres, de la somme. — *Paris*, 14 mars 1826, Galli c. Jupen.

97. — Par conséquent le billet souscrit conjointement par le mari et la femme, mais qui ne contient de *bon et approuvé* énonçant la somme due que de la part du mari, n'est valable qu'à l'égard de ce dernier. — *Bordeaux*, 21 déc. 1840 (t. 1er 1841, p. 351), Mende c. Larroque.

98. — Le billet à ordre souscrit conjointement par un marchand et par sa femme non marchande doit être revêtu par celle-ci d'un bon ou approuvé de la somme en toutes lettres. — *Grenoble*, 9 mai 1820, Dufresne c. Bernard; *Paris*, 16 mai 1812, Bertrand c. Brizion; 29 mars 1822, Dufresne c. Doyon.

99. — ... Et cela, encore bien que la femme doive n'être considérée que comme caution du mari. — *Grenoble*, 29 mars 1822, Dufresne c. Doyon.

100. — Il ne suffit pas que la femme mette *approuvé l'écriture ci-dessus*. — *Paris*, 16 mai 1812, Bertrand c. Brizion.

101. — La femme qui a signé au bas d'un billet à ordre souscrit par son mari, commerçant, un re-

nouvellement que celui-ci a écrit de sa main, peut exciper du défaut du *bon* ou *approuvé* prescrit par l'art. 1326, C. civ., surtout si son nom ne figure ni dans le corps du billet ni dans le renouvellement. — *Bourges*, 10 janv. 1823, Frossard c. Tixier.

102. — Jugé cependant, sous l'empire de la décl. de 1733, qu'un billet souscrit conjointement par un mari et une femme n'était pas nul par cela seul qu'il ne contenait pas le *bon* et *approuvé* de la femme, si d'ailleurs aucune fraude ni abus de blanc-seing n'était articulé. — *Besançon*, 27 janv. 1807, N... c. Lagut.

103. — Jugé de même, sous le Code civil, que la disposition de l'art. 1326, C. civ., ne s'applique pas au cas où il y a plusieurs signataires coobligés, dont l'un a écrit en entier de sa main le corps du billet; spécialement, des effets de commerce, écrits de la main du mari, ne sont pas nuls, à l'égard de la femme, faute par celle-ci d'avoir approuvé la somme. — *Bruxelles*, 27 juin 1809, Adam c. Lefebvre.

104. — ... Que l'approbation de la somme en toutes lettres exigée par l'art. 1326, C. civ., n'est pas applicable au cas où le billet est souscrit par deux personnes, alors surtout qu'il résulte de l'interrogatoire de celui qui a omis le *bon* ou *approuvé*, qu'il a affecté d'employer des mots qu'il jugeait ne pouvoir l'obliger valablement. — *Angers*, 30 mai 1816, Bignon, c. Delelée-Perrière. — Toullier, t. 8, nº 301.

105. — Si le billet souscrit conjointement par plusieurs doit être déclaré nul à l'égard de ceux qui n'ont point donné régulièrement leur approbation, il ne peut, à l'égard de ceux qui ont approuvé régulièrement, valoir que pour leurs parts et portions. Ainsi, supposez un billet de 9,000 fr. souscrit par *Primus*, *Secundus* et *Tertius*, et approuvé par *Primus* seul ou écrit par lui : le billet, nul à l'égard de *Secundus* et de *Tertius*, vaudra à l'égard de *Primus*, jusqu'à concurrence de 3,000 fr. — Toullier, t. 8, nº 299; Rolland de Villargues, vº *Approbation d'écriture*, nº 42 et 43; Duranton, t. 13, nº 179, 180 et 181.

106. — *Quid*, si *Secundus* avait aussi approuvé le billet, mais jusqu'à concurrence seulement de 2,000 fr., que *Tertius* seul n'eût rien approuvé, *Primus* serait-il tenu de la totalité du surplus de la dette? Oui. (Toullier, t. 8, nº 299.) — Nous ne le pensons pas. Ce surplus devrait se diviser entre *Primus* et *Tertius*, suivant le droit commun, auquel il ne paraît pas qu'ils aient entendu déroger. Comment pourrait-il se faire que *Tertius* fût écarté de l'obligation, quoique dans le fait il y ait figuré et ait entendu sans doute s'obliger comme les autres? — Rolland de Villargues, *Rép.*, vº *Approbation d'écriture*, nº 42 et 43.

107. — Lorsque les souscripteurs d'un billet ont déclaré souscrire chacun pour une somme déterminée, cette division doit être suivie, à moins qu'elle ne fût le résultat d'une erreur, qu'il faudrait établir. — Arg. art. 1327, C. civ.; Toullier, *ibid.*; Rolland de Villargues, *ibid*, nº 44.

108. — *Quid*, si l'un des souscripteurs avait approuvé la *somme entière du billet*, tandis que les autres n'auraient pas mis d'approbation? Il faut décider que le souscripteur dont il s'agit sera tenu de la totalité de la dette; les termes même de l'obligation prouvent suffisamment qu'il a entendu s'obliger pour la totalité. La question qui pourrait s'élever serait de savoir s'il aura son recours contre les autres signataires en prouvant qu'ils ont partagé la somme empruntée; leur signature formerait un commencement de preuve par écrit qui, d'après les principes qui seront établis plus bas, autoriserait l'admission de la preuve testimoniale et même de présomptions. — Rolland de Villargues, *ibid.*, nº 45. — V. *contrà*, Toullier, *ibid.*

109. — Lorsque plusieurs souscripteurs d'un billet s'obligent *solidairement*, chacun d'eux doit approuver la somme en toutes lettres; car que l'obligation soit pure et simple, qu'elle soit solidaire, il faut que l'acte en contienne la preuve contre *tous* les signataires. Vainement dirait-on que la solidarité rend commun à l'un ce qui a été fait utilement avec l'autre; c'est là une pétition de principes, puisque précisément la question est de savoir si l'obligation solidaire existe. D'ailleurs, comme le fait observer Toullier (t. 8, nº 301), le soupçon de surprise peut exister, même dans ce cas; car le créancier peut très bien s'entendre avec celui qui a écrit le billet, ou qui en a approuvé les sommes, pour surprendre la signature de ceux qui ne les ont point approuvées. — Nouv. Denizart, vº *Billet*, § 2, nº 3; Toullier, *loc. cit.*; Duranton, t. 13, nº 180; Rolland de Villargues, vº *Approbation d'écriture*, nº 46 et suiv; Delvincourt, t. 2, p. 613.

110. — Lorsqu'un billet fait au nom de deux codébiteurs solidaires est écrit de la main de l'un d'eux et que l'autre l'a seulement signé, mais sans approuver de sa main le montant de la somme, le billet est nul à l'égard de celui-ci. — *Bruxelles*, 23 juill. 1811, Lefebvre c. de Z.; *Lyon*, 31 août 1818, Fabvre c. Delhorme; *Caen*, 3 janv. 1827, Moisseron c. Marchand.

111. — L'approbation en toutes lettres de la somme portée en un billet souscrit solidairement par deux époux est nécessaire de la part de la femme, lors même que le billet est écrit de la main du mari. — *Paris*, 21 fév. 1815, Thonissen c. Vinet; *Cass*, 8 août 1815, Bardon-Boisquetin c. Guedon-Dubourg; *Paris*, 5 déc. 1816, Lenferna c. Gaudry; *Cass.*, 22 avr. 1818, Gaudry c. Lenferna.

112. — Il ne suffirait pas que la femme eût approuvé l'écriture. — *Cass.*, 8 août 1815, Bardon-Boisquetin c. Guesdon-Dubourg.

113. — De même, un billet à ordre souscrit solidairement par un commerçant et par sa femme est nul à l'égard de celle-ci, s'il n'est pas revêtu par elle du *bon* ou *approuvé* de la somme. — *Angers*, 11 déc. 1823, Fouchard c. Moreau.

114. — La signature d'une femme non marchande, pour solidarité d'un billet non écrit par elle, ne prouve pas affirmativement son obligation, s'il n'y a pas un *bon* ou *approuvé* de la somme en toutes lettres. — *Bruxelles*, 3 mars 1832, Devondt c. S...

115. — La femme d'un marchand qui a souscrit un billet à ordre solidairement avec lui, peut en demander la nullité, à défaut par elle d'en avoir approuvé la somme en toutes lettres, encore bien que ce billet ait été écrit par le mari. — *Cass.*, 6 mai 1816, Lefebvre c. Pindt.

116. — Peu importe même qu'il soit constant que la femme a connu l'engagement qu'elle prenait et qu'il n'y ait pas eu de fraude. — Rolland de Villargues, *ibid.*, nº 48; — *Cass.*, 21 août 1827, Lequesne c. douanes.

117. — Jugé toutefois que, lorsque le mari et a femme souscrivent solidairement un billet qui est écrit en entier de la main du mari, l'approbation de la somme en toutes lettres par la femme n'est pas indispensable pour que celle-ci soit valablement engagée. — *Paris*, 29 mai 1813, Bertheau c. Chulliot.

118. — ... Que le billet souscrit solidairement par un marchand et sa femme n'est point nul à l'égard de celle ci, pour n'y avoir pas mis un *bon* ou *approuvé* de la somme en toutes lettres. — *Liége*, 29 juin 1824 N. c. N.

119. — Lorsqu'un billet sous seing-privé est souscrit solidairement par deux personnes, il n'est pas nul à l'égard de celui des deux souscripteurs qui n'a pas approuvé la somme en toutes lettres, *lors d'ailleurs qu'il ne conteste pas la realité de son engagement.* — *Riom*, 24 novembre 1813, Reyt c. Rodde.

120. — Lorsqu'un billet a été souscrit solidairement par plusieurs, mais approuvé par un seul d'entre eux seulement, ce dernier est-il tenu pour la totalité vis-à-vis du porteur du billet? — M. Duranton (t. 13, nº 181) pense que la question ne peut faire difficulté. Si l'engagement a été souscrit solidairement, il n'est pas douteux, dit-il, que celui ou ceux qui sont valablement tenus par l'acte, ne puissent être poursuivis et condamnés à payer le total de la dette, puisqu'il en serait ainsi dans le cas où tous les signataires de l'écrit seraient régulièrement obligés. — C. civ., art 1200.

121. — Cette décision ne nous paraît pas à l'abri de tout reproche. Sans doute si tous les signataires étaient régulièrement obligés, celui d'entre eux que, dans l'espèce, le porteur du billet veut poursuivre, serait tenu pour la totalité : mais, dans ce cas du moins, la dette se serait divisée entre les débiteurs. — C. civ., art. 1213. Il aurait pu, le cas échéant, profiter du bénéfice de la subrogation aux droits et actions du créancier contre chacun de ses codébiteurs. (C. civ., art. 1251.) — Il est naturel de penser que le débiteur solidaire qui a signé le billet le premier n'a voulu contracter que tout autant que ses codébiteurs seraient obligés avec lui. Le déclarer tenu pour la totalité, alors que ses codébiteurs ne seraient point obligés, ce serait violer la foi du contrat et sanctionner la plus criante injustice. — Delvincourt, t. 2, p. 613; Rolland de Villargues, *ibid.*, nº 49, et *Acte notarié*, nº 458.

122. — Toutefois, nous pensons que l'obligation pourrait être exécutée contre le débiteur solidaire qui aurait seul souscrit le billet, si l'affaire pour laquelle le billet a été souscrit ne concernait que lui seul (Arg. de l'art. 1216, C. civ.); — Rolland de Villargues, *ibid.*, nº 459.

123. — Dans tous les cas, il faut reconnaître que le souscripteur solidaire du billet aurait le droit, de notifier la rétractation de son consentement tant que le créancier n'aurait pas manifesté sa volonté d'exécuter l'obligation. C'est une précaution que le débiteur signataire fera bien de prendre. — Toullier, t. 8, nº 135; Rolland de Villargues, *ibid.*, nº 460. — V. ACTE SOUS SEING-PRIVÉ.

124. — Si parmi les souscripteurs d'un billet, l'un d'eux était excepté de la nécessité de l'approbation, les autres souscripteurs qui ne sont point dans l'une des classes exceptées, seraient-ils affranchis de cette formalité? Non; car les exceptions attachées à la profession ne passent point d'une personne à l'autre. — Toullier, t. 8, nº 300; Duranton, t. 13, nº 180; Rolland de Villargues, vº *Approbation d'écriture*, nºs 50 et 51.

125. — Et la décision précédente doit même s'appliquer à la *femme* de celui qui est compris dans l'exception : car, si la femme suit en général la condition de son mari, il ne résulte pas de ce principe que la profession du mari lui soit commune. Au contraire, suivant les art. 4 et 5, C. comm, la femme n'est réputée marchande publique que dans le cas où elle exerce, du consentement de son mari, un commerce séparé du sien. Il peut même arriver que la femme soit marchande publique, et que le mari ne le soit pas. — Toullier, Duranton, *ibid.*

126. — Ainsi jugé que la profession du mari n'étant pas nécessairement commune à sa femme, et celle-ci n'étant point réputée marchande publique si elle n'exerce un commerce séparé et si elle ne fait que prendre part au commerce de son mari, il s'ensuit qu'elle n'est point placée dans l'exception de l'art. 1326, C. civ., relativement à l'approbation de la somme portée dans un billet qu'elle a souscrit conjointement avec son mari. — *Cass.*, 1er mai 1820, Bataille c. Geoffroy; 6 mai 1816, Lefebvre c. Pindt; — *Bruxelles*, 3 mars 1832, Devondt c. S...

127. — Jugé de même, relativement à la femme d'un marchand qui ne fait pas un commerce séparé ou qui n'est pas dans l'usage de tenir les écritures ou de signer pour son mari. — *Cass*, 12 janv. 1814, Changarnier c. Cormier.

128. — ...Et alors, d'ailleurs, que rien n'établit qu'elle soit marchande *de fait*. — *Grenoble*, 9 mai 1820, Dufresne c. Bernard; 29 mars 1822, Dufresne c. Doyon.

129. — Jugé également que la femme d'un cultivateur n'est pas, à raison de la profession de son mari, comprise dans l'exception du § 2 de l'art. 1326, C. civ., si d'ailleurs elle n'a pas la même profession. En conséquence, le billet souscrit par elle sans *bon* ou *approuvé* est nul. — *Caen*, 3 janv. 1827, Moisseron c. Marchand; *Cass.*, 22 juill. 1828, mêmes parties; *Nancy*, 21 mars 1842 (t. 2 1842, p. 542), Levy c. Michaut et Louis. — Jugé même que la disposition de l'art. 1326, C. civ., qui dispense du *bon* ou *approuvé* les billets souscrits par les laboureurs, ne peut être invoquée contre la femme d'un laboureur, bien que celle-ci participe aux travaux de culture de son mari. — Il en est surtout ainsi quand il s'agit d'une somme considérable, et que rien ne prouve que cette femme ait connu l'importance de l'obligation qu'elle signait. — *Caen*, 28 nov. 1843 (t. 2 1844, p. 267), Monnoyer c. Roze.

130. — Jugé au contraire que la dispense de l'approbation de la somme en toutes lettres, pour le cas où la promesse sous seing-privé émane de marchands, s'applique nécessairement à leurs femmes. — *Douai*, 16 août 1818, Lefebvre c. Pindt.

131. — ... Que la femme est, quant à l'application de l'art. 1326. C. civ., censée être de la même classe que son mari; dès-lors, le billet qu'elle souscrit, soit solidairement avec son mari, laboureur, soit seule, n'a pas besoin de porter le *bon* ou *approuvé* de la somme en toutes lettres. — *Lyon*, 12 déc. 1829, Duperray c. Thénon; *Riom*, 12 juill. 1821, Tartière c. Amigon; *Rouen*, 14 nov. 1828, Cavelier c. Lucas.

132. — ... Qu'après le décès de son mari, la femme d'un cultivateur ne cesse pas d'*appartenir à la classe des cultivateurs*; par conséquent, les billets par elle souscrits ne sont pas soumis à la nécessité du *bon* ou *approuvé*. — *Grenoble*, 22 août 1829, Garnier c. Praz.

133. — ... Que la femme d'un cultivateur qui s'immisce dans le commerce agricole de son mari n'est pas tenue, sur des billets qu'elle souscrit, de faire précéder sa signature d'un *bon* ou *approuvé* en toutes lettres de la somme qui y est portée. — *Cass.*, 9 déc. 1839 (t. 1er 1840, p. 177), Druyer c. Debu.

134. — En tout cas, un billet à ordre souscrit par un marchand et par sa femme n'est pas nul à l'égard de celle-ci, faute par elle d'avoir écrit de sa main le *bon* ou *approuvé* prescrit par l'art. 1326, C. civ., alors qu'elle reconnaît l'avoir signé *en pleine connaissance de cause*, et *n'allègue aucune circonstance de surprise ou d'erreur.* — *Cass.*, 23 avr. 1829, Couvé c. Godard.

§ 3. — *Formes de l'approbation.*

135. — La déclaration du 22 sept. 1733 déclare tous billets « de nul effet et valeur, si le corps du billet n'est écrit de la main de celui qui l'aura signé, ou du moins si la somme portée audit billet n'est reconnue par une approbation écrite en toutes lettres aussi de sa main.»

136. — Jugé en conséquence que, sous la déclaration du 22 sept. 1733, une reconnaissance d'argent prêté intercalée dans un bail sous seing-privé était nulle faute par le prétendu débiteur d'avoir approuvé de sa main la somme en toutes lettres. — *Paris*, 15 vent. an XIII, Drouin c. Viogné.

137. — ... Qu'un acte sous seing-privé par lequel on reconnaissait avoir reçu une somme avec promesse d'en payer une rente, devait, pour être valable, porter l'approbation de la somme en toutes lettres · l'approbation de l'écriture ne suffisait pas. — *Cass.* 17 thermid. an X, Arrighi c. Talouet.

138. — ... Que l'approbation de l'écriture ne saurait remplacer l'approbation de la somme dont un billet doit être revêtu; surtout si, d'après les circonstances de la cause, il y a lieu de suspecter la sincérité du titre. — *Paris*, 17 flor. an X, Montgaillard c. de Crussol ; — Denisart, v° *Billet*.

139. — ... Que le billet écrit d'une main étrangère et revêtu par la femme signataire, non de l'approbation de la somme en toutes lettres, mais d'une simple approbation d'écriture n'était pas obligatoire, quand même la signature eût été vérifiée. — *Cass.*, 17 août 1808, Mirande c. Rousset.

140. — Suivant l'art. 1326, C. civ., lorsque le billet n'est pas écrit de la main de celui qui l'a souscrit, il doit contenir un *bon* ou *approuvé*, écrit de sa main et portant en toutes lettres la somme ou la quantité de la chose.

141. — Il ne suffirait pas que le signataire eût écrit : *Approuvé l'écriture ci-dessus.* — *Cass.*, 27 janv. 1812, Martin c. Jobey ; *Paris*, 10 mai 1812, Bertrand c. Brizion ; *Cass.*, 3 nov. 1812, Fradiel c. Simonnin ; 8 août 1815, Bardon-Boisquetin c. Guesdon-Dubourg ; *Paris*, 19 avr. 1830, Reitter-Hoffer c. Drouin ; — Duranton, t. 13, n° 152 ; Delvincourt, t. 2, p. 613, note 8 ; Rolland de Villargues, *Rép. du not.*, v° *Approbation d'écrit*, n°s 54 et 55.

142. — ... Et même ces mots : *J'approuve l'écriture ci-dessus, vue et lue.* — *Metz*, 28 mars 1833, D... c. N. — Ces mots : *Approuvé le billet ci-dessus*, ne remplissent pas le vœu de la loi. — *Caen*, 28 nov. 1843 (t. 2 1844, p. 267), Monnoyer c. Roze.

143. — Cependant l'approbation prescrite par la loi ne serait pas nécessaire si, dans le corps du billet, la somme eût été remplie en toutes lettres par le souscripteur, dont l'écriture serait reconnue ; car tout ce que la loi veut, c'est que le souscripteur ait au moins écrit de sa main l'énonciation de la somme ou de la chose ; et peu importe que cette condition soit réalisée dans le corps même de l'acte ou au pied ; dans les deux cas son but est également rempli. — Toullier, t. 8, n° 298 ; Rolland de Villargues, *ibid.*, n° 57.

144. — Le bon ou approuvé devant porter *en toutes lettres* la somme ou la quantité de la chose (C. civ. 1326), il ne peut être écrit en chiffres.

145. — Ainsi jugé qu'un bon ou approuvé en chiffres ne suffit pas. — *Cass.*, 26 mai 1823, Griffon de Baune c. Magnier.

146. — Lorsque la somme exprimée au corps de l'acte est différente de celle exprimée au *bon*, l'obligation est présumée n'être que de la somme moindre, lors même que l'acte, ainsi que le bon, sont écrits en entier de la main de celui qui s'est obligé, à moins qu'il ne soit prouvé de quel côté est l'erreur. — C. civ., art. 1327. — C'est une application de la maxime : *In obscuris, quod minimum est sequimur.* — L. 9, ff., *De reg. jur.*

147. — On doit appliquer aux actes synallagmatiques l'art. 1327, C. civ., qui veut que dans le cas de deux sommes différentes exprimées dans le même acte, l'obligation soit présumée n'être que de la somme moindre. — *Besançon*, 18 nov. 1811, Petitgnief c. Janneret.

148. — La loi permet de prouver, dans le cas dont s'agit, de quel côté est l'erreur. Et cette preuve peut être faite ou par les présomptions résultant des énonciations mêmes que renferme le billet, ou même par tout autre genre de présomptions, et par la preuve testimoniale elle-même. Il nous paraît évident, en effet, que dans ce cas, le billet forme au moins un commencement de preuve par écrit. — Pothier, *Oblig.*, n° 746 ; Toullier, t. 8, n° 297 ; Delvincourt, t. 2, p. 613, note 9e ; Duranton, t. 13, n° 193 ; Rolland de Villargues, *ibid.*, n°s 59 et 60.

149. — Lorsque quelqu'un se reconnaît débiteur ou dépositaire d'une certaine somme, suivant le bordereau des espèces joint à l'acte, c'est la somme que composent les espèces exprimées au bordereau qui est la somme due, quoique celle exprimée par l'acte soit différente ; c'est, en ce cas, une erreur de calcul. — Pothier, *Oblig.*, n° 748 ; Toullier, t. 8, n° 297 ; Duranton, t. 13, n° 192 ; Rolland de Villargues, *ibid.*, n° 61.

150. — L'art. 1327 est-il applicable aux quittances ? La faveur de la libération doit faire décider le contraire ; l'acte fera preuve pour la plus forte somme. — Delvincourt, *ibid.*

APPROBATION DE SOMME, § 4.

§ 4. — *Effets du défaut d'approbation. — Comment se couvre la nullité.*

151. — La déclaration du 22 sept. 1733 déclarait les billets non approuvés « de *nul effet et valeur...* ; » faute de quoi (c'est-à-dire de l'approbation) le » paiement n'en pourra être ordonné en justice... ; » défendons à tous nos juges d'en ordonner le paie» ment. »

152. — Jugé en conséquence que la déclaration du 22 sept. 1733 a toujours été considérée comme annulant tout billet sous seing privé par lequel une partie s'obligeait envers une autre à lui payer une somme d'argent, et qui n'était pas revêtu de l'approbation de la somme en toutes lettres. — *Cass.*, 29 avr. 1823, Fournier d'Armes et d'Arthel c. Fournier de Quincy.

153. — Néanmoins on avait senti la nécessité d'adoucir la rigueur de cette législation (*Nouv. Denisart*, v° *Billet*, p. 531) ; et, pour réprimer les écarts de la fraude, qui s'était emparée de ses dispositions comme d'un moyen commode pour se débarrasser des dettes les plus légitimes, on avait généralement admis que s'il apparaissait des circonstances de la cause que la signature n'eût pas été surprise, et que la somme portée par les billets fût réellement due, les juges devaient en ordonner le paiement.

154. — Ainsi jugé que la déclaration du 22 sept. 1733 qui prononce la nullité d'un billet dont le corps n'est pas entièrement écrit par ceux qui l'ont signé, à moins qu'il n'y ait approbation en toutes lettres de la somme, n'est pas tellement rigoureuse que des circonstances établissant la légitimité de la créance ne valident le billet. — *Bourges*, 15 thermid. an VIII, Rideau c. Gaillard.

155. — ... Qu'un billet souscrit conjointement par un mari et une femme n'était pas nul par cela seul qu'il ne contenait pas le *bon* et *approuvé* de la femme, si d'ailleurs aucune fraude ni abus de blanc-seing n'était articulé. — *Besançon*, 27 janv. 1807, N... c. Lagut.

156. — ... Que bien qu'un billet ne fût pas écrit en entier de la main du débiteur, ou ne contînt pas l'approbation de la somme en toutes lettres, les tribunaux ont pu, d'après les circonstances de la cause, le déclarer valable. — *Toulouse*, 15 juill. 1807, Flottard c. Moulégut.

157. — Jugé également que sous l'empire de la déclaration du 22 sept. 1733, on ne devait pas considérer comme absolue la nullité des billets non écrits par le signataire, qui ne contenaient pas de sa main le *bon* et *approuvé* en toutes lettres. — D'après le dernier état de la jurisprudence, le paiement du billet devait être ordonné toutes les fois qu'il résultait des circonstances de la cause que la somme y mentionnée était réellement due. — *Bordeaux*, 11 mars 1831, Lazare c. Chantecaille.

158. — L'art. 1326, C. civ., moins rigoureux dans ses termes que la déclaration de 1733, ne prononce pas la peine de nullité, à défaut d'approbation. Or, il est de principe que les nullités ne peuvent être suppléées ; d'ailleurs ce ne peut être qu'avec réflexion que les auteurs du Code ont agi ainsi. Ils ont sans doute compris avec l'ancienne jurisprudence qu'une pareille rigueur était dangereuse, et qu'il valait mieux, tout en prescrivant la nécessité de *l'approbation*, laisser aux juges le soin d'apprécier les conséquences du défaut d'accomplissement de cette formalité.

159. — Ainsi jugé que la déclaration de 1733 et l'art. 1326, C. civ., ne doivent pas être appliqués dans un sens rigoureux, lorsqu'il ne peut s'élever de doute sérieux sur la sincérité de la créance. — *Paris*, 18 fév. 1808, Rastel c. Fouilleul.

160. — Celui qui a signé un billet, sans toutefois y avoir apposé un *bon* ou *approuvé* de la somme, est tenu au paiement, si l'on peut d'ailleurs prouver qu'il en est le débiteur. — *Turin*, 20 avr. 1808, Carrosse c. Greggio.

161. — Jugé cependant qu'un billet sous seing-privé, non écrit de la main du signataire, est nul, lorsqu'il n'est point revêtu du *bon* ou *approuvé* de la somme qui y est énoncée. — *Cass.*, 3 nov. 1812, Fradiel c. Simonnin ; 27 janv. 1812, Martin c. Jobey.

162. — En tout cas une obligation sous seing-privé est nulle, à défaut d'approbation de la somme en toutes lettres, lors surtout qu'il résulte des circonstances de la cause de fortes présomptions contre la sincérité du titre. — *Paris*, 12 déc. 1809, Delaval c. Bergeret.

163. — Un billet ou une promesse sous seing-privé n'est dispensé de l'approbation en toutes lettres prescrite par l'art. 1326, C. civ., qu'autant que la réalité de l'acte se trouve d'ailleurs établie, soit par des preuves positives, soit au moins par de fortes présomptions. — *Rennes*, 30 mars 1816, Goude c. Riou.

164. — La connaissance que le signataire aurait pu avoir de l'étendue de ses engagemens devrait-elle faire écarter la nullité résultant du défaut d'approbation du billet ? — Oui, car l'art. 1326 n'a été fait que pour prévenir la surprise dont un débiteur pourrait être victime ; or, la présomption légale de fraude cesse quand il est établi que le souscripteur a agi avec connaissance de cause.

APPROBATION DE SOMME, § 4.

165. — Ainsi jugé que la règle posée par l'art. 1326, Code civil, reçoit exception, quand il est établi que celui qui a souscrit le billet sans approbation de la somme a connu l'engagement qu'il contractait. — *Paris*, 21 fév. 1815, Thonissen c. Vitot.

166. — ... Que le billet qui ne contient pas un bon ou *approuvé* de la somme en toutes lettres n'est pas nul, qu'il y a seulement contre cet acte une présomption de fraude qui peut être écartée par des preuves extrinsèques, telles que celle résultant de ce que le signataire a connu l'obligation qu'il contractait. — *Paris*, 14 mars 1827, Dupont c. N... ; 19 avr. 1830, Reitter-Hoffer c. Drouin.

167. — De même, la nullité résultant du défaut de *bon* ou *approuvé* n'est pas absolue, et les juges peuvent, selon les circonstances, considérer cet acte comme formant un commencement de preuve par écrit, et lui donner effet, s'il est prouvé par présomption ou par témoins que l'engagement était sérieux et que celui qui l'a souscrit en a *connu la nature et l'étendue.* — *Orléans*, 14 janv. 1828, Douanes c. Lequesne.

168. — La preuve complète de la vérité de l'obligation, contenue dans un billet qui ne porte qu'une énonciation en chiffres, et non en toutes lettres, de la somme qui en forme le montant, peut résulter de la déclaration faite dans un interrogatoire sur faits et articles, combinée avec le texte du billet et le *bon pour.* — *Cass.*, 18 nov. 1834, Bachelier d'Agès c. Goix.

169. — Jugé cependant que la circonstance que les signataires ont pu connaître, lors de la signature des billets ou promesses, l'étendue de leurs engagemens, n'est point de nature à modifier la règle posée dans l'art. 1326. Le législateur n'ayant pas établi de semblables exceptions, il n'est pas au pouvoir des tribunaux de les créer. — *Cass.*, 21 août 1827, Lequesne c. Douanes.

170. — La signature mise au bas d'un billet, irrégulier pour défaut d'approbation, peut-elle servir de commencement de preuve par écrit de l'obligation énoncée en ce billet ?

171. — L'affirmative ne nous paraît pas douteuse. Suivant l'art. 1347, C. civ., on doit considérer comme un commencement de preuve par écrit tout acte émané de celui contre lequel la demande est formée, *et qui rend vraisemblable le fait allégué.* Or, qui oserait soutenir qu'un billet de 600 fr. par exemple, non écrit, mais souscrit par le signataire, ou dont la somme est approuvée, mais en chiffres seulement, ne rend pas vraisemblable qu'il a reçu réellement la somme de 600 fr. et qu'il a promis de la rendre ? — On doit donc en ce cas admettre supplétivement les présomptions résultant de certaines circonstances et la preuve testimoniale, pour établir la légitimité et la réalité de la dette. — Toullier, t. 8, n°s 289, 293 ; Duranton, t. 13, n°s 189, 190 ; Rolland de Villargues, v° *Approbation d'écriture*, n°s 63, 64.

172. — C'est ce qui a été décidé par les arrêts suivans : — *Turin*, 20 avr. 1808, Garrone c. Greggio ; *Riom*, 28 févr. 1819, Lafarge c. Tissandier ; *Poitiers*, 28 fév. 1823, Vallée c. Bourey ; *Cass.*, 2 juin 1823, Féau c. Dejean ; *Angers*, 11 déc. 1823, Fouchard c. Moreau ; *Caen*, 8 avr. 1825, Bayeux c. Dupont ; *Orléans*, 14 janv. 1828, Douanes c. Lequesne ; *Grenoble*, 14 mai 1828, Garnier c. Pra ; *Cass.*, 1er juill. 1828, Porcher ; *Lyon*, 18 déc. 1828, Bost c. Chambost ; *Cass.*, 4 fév. 1829, Vitrou c. d'Ogny ; *Bordeaux*, 31 mars 1830, Theulon c. Préantoine ; *Bordeaux*, 10 déc. 1830, Peters c. Danet et autres ; *Montpellier*, 13 janv. 1831, Pouque c. Nattes et Montvallat ; *Cass.*, 4 mai 1831, Heberlé c. Kœnig ; *Bruxelles*, 3 mars 1832, Devondt c. S... ; *Cass.*, 21 mars 1832, Bacon c. Moisson et Genteville ; *Metz*, 28 mars 1833, D... c. R... ; *Lyon*, 14 mai 1833, Souppa c. Blachon ; *Grenoble*, 14 déc. 1833, Vuaillet c. Vessilier ; *Paris*, 19 janv. 1837 (t. 1er 1837, p. 277), Fleury et Lionard c. Lefebvre ; *Bastia*, 2 mai 1837, (t. 1er 1840, p. 502), Bislani c. Susini ; *Cass.*, 6 fév. 1839 (t. 1er 1839, p. 274), Druyer c. Loiselet ; *Paris*, 13 févr. 1840 (t. 1er 1840, p. 219), Boullongne c. Orfila ; *Bordeaux*, 21 déc. 1840 (t. 1er 1841, p. 351), Mendes c. Larroque ; *Nancy*, 21 mars 1842 (t. 1er 1842, p. 542), Levy c. Michaut et Louis ; *Nîmes*, 16 janv. 1843 (t. 1er 1844, p. 305), Larroque c. d'Albignac ; *Caen*, 28 nov. 1843 (t. 2 1844, p. 267), Monnoyer c. Roze.

173. — On a opposé au système adopté par ces nombreux arrêts, un arrêt de *Bruxelles*, 13 août 1811, Desfuciaux c. Depuloul.

174. — Mais Toullier (t. 8, n° 170) fait remarquer que cet arrêt n'a pas jugé dans le sens qu'on lui

prête.—MM. Duranton (t. 13, nº 189, p. 200, note 1re et nº 190), et Rolland de Villargues (*ibid*, nº 65) confirment les observations de Toullier.

175. — On oppose encore un arrêt de la cour de Cassation du 3 nov. 1812 (Fradiel c. Simonnin); mais cet arrêt est encore plus étranger à la question que le premier, et présente même des inductions favorables au système des arrêts précités. — Toullier, t. 8, nºs 285 et suiv.

176. — Il résulte implicitement du précédent arrêt que les tribunaux et les cours royales étant seuls investis du droit d'apprécier la force des présomptions, et des pièces capables de former un commencement de preuve, les jugemens ou arrêts qui prononcent sur ces questions, en déclarant suffisans ou insuffisans les présomptions et commencemens de preuve qui se réunissent au billet dont la signature est isolée, mais reconnue, ne sont pas soumis à la censure de la cour de Cassation.—Toullier, *ibid.*—V. aussi dans ce sens *Cass.*, 22 avr. 1818, Gaudry c. Lenferna.

177. — On peut avec plus de fondement se prévaloir d'un arrêt de Paris, 5 déc. 1816 (Lenferna c. Gaudry), diamétralement opposé aux principes consacrés par les arrêts précités. Toullier (t. 8, nºs 291 et suiv.) combat vivement cet arrêt, et nous ne pouvons que nous joindre à ses observations.

178. — Jugé aussi, sous l'empire de la déclaration de 1733, qu'un billet non revêtu du *bon* ou *approuvé* est nul, et ne peut servir de commencement de preuve par écrit.—*Bruxelles*, 28 juill. 1819, Deberlaere c. Fusco.

179. —... Et, dans le même sens, sous le Code civil, — *Amiens*, 17 janv. 1823, Morin c. Saint-Aubin; *Metz*, 7 fév. 1823, Baumann c. Rousselot; *Bourges*, 11 janv. 1825, Frimbault c. Fougerat; *Lyon*, 26 janv. 1828, Bastie c. Peaune.

180. — Notez toutefois que ces deux derniers ont été rendus dans des circonstances particulières. Dans celui de Bourges, certaines circonstances faisaient présumer que la créance résultant du billet s'était éteinte par compensation : dans celui de Lyon, il ne paraît pas que la présomption résultant de la signature apposée au billet fût fortifiée par d'autres.

181. — Jugé qu'encore, bien que des billets non écrits de la main du signataire, et qui ne sont pas revêtus du bon ou approuvé prescrit par l'art. 1326, C. civ., ne doivent pas, en général, servir de commencement de preuve par écrit, il peut néanmoins en être autrement lorsqu'ils sont écrits par un codébiteur solidaire. — *Bruxelles*, 25 juin 1822, Huart c. Misson.

182. — En admettant que le billet dont la signature, d'ailleurs, reconnue ou contestée, n'est point accompagnée de l'approbation, puisse former un commencement de preuve qui autorise l'admission de la preuve testimoniale, on peut se demander s'il doit en être de même lorsque la signature n'est pas reconnue. — Il existe alors plus de difficulté; car deux présomptions semblent alors s'élever contre le billet : 1º le défaut d'approbation;—2º le défaut de reconnaissance. Néanmoins, le demandeur peut requérir la vérification de la signature, si elle est déniée. — Toullier, t. 8, nº 295; Rolland de Villargues, *ibid.*, nº 66.

183. — Le porteur d'un billet non approuvé conformément à l'art. 1326, pourrait-il déférer au signataire le serment sur le point de savoir s'il n'est pas vrai qu'il en a reçu la valeur? — La déclaration de 1733 qui prononçait la nullité absolue du billet non revêtu de l'approbation, obligeait formellement le signataire du billet à faire cette affirmation. Les rédacteurs du Code civil qui se sont montrés moins rigoureux à l'égard du porteur du billet, ont dû vouloir nécessairement laisser subsister à son profit cette disposition, qu'il était d'ailleurs inutile de reproduire en présence de la règle générale établie par l'art. 1358. Cette opinion peut d'autant moins être douteuse aujourd'hui que la jurisprudence considère un semblable billet comme un commencement de preuve. — Toullier, t. 8, nºs 292 et 296; Rolland de Villargues, *ibid.*, nº 67; Duranton, t. 13 nºs 186 et 187.

184. — Jugé sous l'empire de la déclaration de 1733, que le juge n'était pas obligé de déférer le serment d'office, s'il n'était requis par des conclusions formelles. — *Cass.*, 29 avr. 1823, Fournier d'Armes et d'Arthel c. Fournier de Quincy.

185. — Et la même décision devrait sans contredit être suivie sous le Code. — C. civ., art. 1366 et suiv.; — Rolland de Villargues, *ibid.*, nº 68.

186. — Toutefois, le juge *pourrait* déférer le serment *d'office*; car une pareille demande est loin d'être dénuée de preuve. — Duranton, t. 13, nº 191.

187. — Il *pourrait* même le déférer au demandeur, si les circonstances de la cause présentaient sur l'existence et la légitimité de l'obligation, des présomptions graves, précises et concordantes. — C. civ., art. 1353; — Toullier, t. 8, nº 296.

188. — Nul doute encore que l'interrogatoire sur faits et articles ne puisse être demandé contre les débiteurs de mauvaise foi qui, pour se débarrasser d'une dette légitime, veulent se prévaloir de l'inaccomplissement des formalités prescrites par l'art. 1326. — C. civ., art. 1316 et 1356; C. procéd., a. t 324; — Toullier, t. 8, nº 301, *in fine*, à la note; Duranton, t. 13, nº 188; Rolland de Villargues, *ibid.*, nº 69; — *Angers*, 30 mai 1816, Bignon c. Deleléc-Perrière.

189. — Lorsque dans une obligation souscrite par deux personnes, l'un des signataires a omis le *bon* ou *approuvé* prescrit par l'art. 1326, et qu'il est constant en fait que cette omission a été par lui faite volontairement et pour se soustraire à l'effet de son obligation, il doit être déclaré non-recevable à exciper contre le créancier du défaut d'approbation. — Même arrêt; — Toullier, *ibid.*; Rolland de Villargues, *ibid.*, nº 70.

190. — S'il était constant que l'obligation contenue dans le billet dont la somme n'est point approuvée a été exécutée en partie par le débiteur, celui-ci, ni ses héritiers ne pourraient plus opposer le défaut d'approbation. Cela est conforme aux principes (C. civ., art. 1338); et l'on peut d'ailleurs appliquer ici par analogie l'art. 1325, C. civ., relatif aux doubles. — Toullier, t. 8, nº 302; Rolland de Villargues, *ibid.*, nºs 71 et 72.

191. — Ainsi, la nullité résultant de ce qu'une obligation sous seing-privé n'est pas revêtue du *bon* ou *approuvé* de la somme en toutes lettres est couverte par le paiement volontaire de quelques termes des intérêts qui y sont stipulés. — *Agen*, 7 août 1813, de Saint-Pé c. de Clairfontaine.

192. — En supposant que l'acceptation d'une lettre de change par une personne non commerçante doive contenir l'approbation prescrite pour les billets ou simples promesses, l'exception résultant du défaut de cette formalité peut aussi être couverte par la reconnaissance postérieure de la dette. — *Cass.*, 28 avr. 1819, Pries c. Prévost.

193. — De même, le défaut d'approbation, exigée par la déclaration de 1733, de la femme portée dans une reconnaissance ou billet sous seing-privé, peut être couvert par une reconnaissance postérieure de la dette. — *Limoges*, 16 juin 1813, Sabataud c. Lablanchardie.

194. — Mais le billet sous seing-privé souscrit par le mari sans approbation de la somme est nul à l'égard de la femme divorcée ayant accepté la communauté, *malgré la reconnaissance* qu'en avait faite le mari depuis la prononciation du divorce. — *Paris*, 23 frim. an XIII, Pelz c. Lapatonnière.

195. — La ratification par le débiteur principal d'une obligation irrégulière pour défaut d'approbation, prive-t-elle la caution du bénéfice de la nullité qui lui était acquise au moment de la signature de l'acte? — La négative résulte de la combinaison des art. 2036 et 1338, § *ult.* — La ratification ne peut nuire au droit des tiers, et il ne peut dépendre du débiteur principal de faire naître au préjudice de la caution, et sans son consentement, une obligation qui était nulle.

196. — C'est aussi ce qui a été jugé par la cour supérieure de Bruxelles, le 21 nov. 1829 (de Gesser c. Walkiers), et par la cour de Cassation belge, qui a rejeté le pourvoi dirigé contre ce dernier arrêt, 18 nov. 1833, mêmes parties.

197. — Une procuration sous seing-privé, *signée seulement du mandant*, et donnée à l'effet de reconnaître devant notaire un billet qui ne contient point l'approbation de la somme qu'il énonce, ne couvre pas la nullité de ce billet. — *Rouen*, 11 mai 1824, Petit c. Lecomte.

198. — L'individu qualifié *cultivateur* dans le jugement de première instance, aux qualités duquel il n'a point formé opposition, n'est pas recevable en appel à demander la nullité d'un billet, pour le défaut de bon ou approuvé en toutes lettres de la somme à payer. — *Bruxelles*, 23 avr. 1822, Vanreeth c. Janssens.

199. — L'acte nul pour contravention à l'art. 1326 ne devient pas valable par le silence du souscripteur pendant dix ans depuis le jour où il a été souscrit, et même depuis l'échéance : la preuve qui en résulte n'a pas plus de force après ce laps de temps qu'au temps où l'acte a été souscrit. L'art 1304 est donc ici inapplicable. S'il en était autrement, celui qui aurait commis une surprise ou abusé d'un blanc-seing, attendrait que dix ans se fussent écoulés pour agir, et la disposition protectrice de l'art. 1326 se trouverait ainsi faussée dans son but. — Duranton, t. 13, nº 185; Rolland de Villargues, vº *Approbation d'écriture*, nº 74.

V ACTE AUTHENTIQUE, ACTE SOUS SEING-PRIVÉ, AVAL, CAUTIONNEMENT, COMMENCEMENT DE PREUVE PAR ÉCRIT, COMPÉTENCE COMMERCIALE, CONTRE-LETTRE, DOUBLE-ÉCRIT, SERMENT JUDICIAIRE ET EXTRA-JUDICIAIRE.

APPROPRIANCE.

1. — C'était un moyen d'acquérir irrévocablement la propriété des choses immobilières. Ce mot n'était guère usité que dans la Bretagne. On appelait *appropriement* les formalités employées pour s'assurer cette propriété. — V. Cout. de Bretagne, tit. 15, et Nouv. Denizart, vº *Appropriance*.

2 — L'appropriance avait l'avantage, lorsqu'elle avait eu lieu régulièrement, d'assurer à l'acquéreur une propriété incommutable, à l'abri de toute éviction.

APPROPRIEURS DE CHAPEAUX.

Les approprieurs de chapeaux sont rangés, par la loi du 25 avr. 1844 sur les patentes, dans la huitième classe des patentables, et imposés : 1º à un droit fixe basé sur le chiffre de la population de la ville ou commune où est situé l'établissement; — 2º à un droit proportionnel du quarantième de la valeur locative de la maison d'habitation et des locaux servant à l'exercice de la profession.

APPROUVÉ.

V. APPROBATION DE SOMME.

APPROVISIONNEMENT.

1. — Ce qui regarde l'approvisionnement des grands centres de population a toujours été l'objet de la sollicitude de l'administration : c'est une matière qui a donné lieu de tout temps à un grand nombre de réglemens particuliers, mais il n'entre pas dans notre plan de les analyser ici.

2. — A Paris, dans l'ancien régime, l'approvisionnement de la ville par eau dépendait de la juridiction de l'Hôtel de Ville (V. BUREAU DE LA VILLE.) — C'était le lieutenant de police qui était chargé de l'approvisionnement par terre. — Le parlement avait un droit de surveillance et d'inspection sur toutes les opérations de ce genre dans toute l'étendue de son ressort.

3. — Aujourd'hui, c'est le préfet de police qui est chargé de toutes les mesures à prendre pour les approvisionnemens de Paris.

4. — Ce magistrat doit rendre compte au ministre de l'intérieur de l'état de ces approvisionnemens. — Arrêté des consuls, 12 messid. an VIII, art. 33.

5. — Il peut prendre d'urgence, et sans l'autorité du ministre de l'intérieur, les mesures nécessaires pour assurer l'approvisionnement par eau des comestibles destinés à la ville de Paris. — Arrêté des consuls, 1er messidor an XI, art. 6. — V. GRAINS, GRENIERS D'ABONDANCE, HALLES ET MARCHÉS.

6. — Il existe des réglemens nombreux sur l'approvisionnement de la ville de Paris en bois et charbons. — V. BOIS ET CHARBONS.

APRISE.

C'était une enquête que le juge faisait *d'office* pour apprendre la vérité de quelque fait. — V. Beaumanoir, *Cout. de Beauvoisis*, ch. 40, p. 221; Laurière, *Gloss. du dr. fr.*, t. 1er, p. 61.

AQUEDUC.

1. — Conduit artificiel destiné à mener les eaux d'un lieu à un autre.

2. — L'aqueduc, établi sous l'héritage du voisin, constitue au profit de celui à qui il appartient, un droit de propriété véritable contre lequel ne peut être invoquée la présomption établie par l'art. 552, C. civ., que le propriétaire du sol a la propriété du dessus et du dessous.—Pardessus, *Servitudes*, t. 1er, nº 7. — V. également *Cass.*, 9 déc. 1833, Leclerc c. Lessieux.

3. — Quant à celui sur ou dans le terrain duquel passe l'aqueduc, c'est une véritable servitude continue et apparente, dont est grevée sa propriété.— Aussi l'établissement peut-il en avoir lieu, soit par titres, soit par la destination du père de famille, soit enfin par la prescription trentenaire.— Perrin, *Code des constructions et de la contiguïté*, nº 731; Duranton, t. 5, nº 495; Pardessus, *Servitudes*, nº 279; Solon, *Servitudes*, nºs 9 et 454.

4. — Si le lieu où doit être établi l'aqueduc n'est point fixé par le titre, ce lieu est au choix de celui à qui est due la servitude, sauf à lui à n'en point abuser en faisant passer l'aqueduc à travers des édifices, jardins, propriétés, etc., où il pourrait être non seulement gênant, mais nuisible pour le propriétaire du fonds assujéti. — Pailliet, *Cod. annot.*, sur l'art. 640, C. civ., nº 21; Perrin, *Code des constructions et de la contiguïté*, nº 736.

5. — Jugé qu'un aqueduc souterrain, mais dont l'ouverture et l'issue sont extérieures, constitue une servitude apparente qui peut être établie par destination du père de famille. — *Cass.*, 20 déc. 1825, de Verdonnet c. Croizier.

6. — Pour que la prescription puisse être acquise, il faut que les ouvrages soient apparens. — C. civ. art. 642. — Si ce sont des tuyaux ou conduits souterrains, l'existence de ces travaux doit, si elle n'est pas connue d'une manière non équivoque par le propriétaire du terrain dans lequel ils sont établis, être rendue patente par des regards en pierre. — Magnitot et Delamarre, *Dict. de dr. admin.*, vº *Eau*, chap. 7, § 1er.

7. — Il ne suffirait pas, selon Pardessus (nº 279) de prouver que les ouvrages apparens existent depuis trente ans, il faudrait aussi justifier que les eaux passant par l'aqueduc se sont écoulées sur le fonds du voisin. — Nous ne saurions complétement admettre cette opinion ; il nous semble, ainsi qu'à M. Perrin (*loc. cit.*, nº 731), qu'il faut faire une distinction : si les ouvrages apparens se trouvent entièrement sur le fonds dominant, M. Pardessus a parfaitement raison. Si, au contraire, ces ouvrages existent depuis trente ans sur le fonds servant, la preuve que les eaux s'y sont écoulées doit être inutile, la servitude existe visiblement.

8. — Le propriétaire d'un aqueduc et de tuyaux conduisant les eaux d'une fontaine sur son fonds, lesquels se trouvent établis sous les terrains de propriétaires voisins, est recevable, si ces derniers le troublent dans sa possession des eaux au moyen de travaux exécutés sur leurs propres fonds, à intenter contre eux une action possessoire pour le maintien de son droit. — *Cass.*, 9 déc. 1838, Leclerc c. Lessieux ; — Vaudoré, *Droit civ. des juges de paix*, vº *Aqueduc*, nº 2 ; Daviel, *Cours d'eau*, t. 2, nº 827.

9. — Le juge appelé à statuer sur la possession ne peut réduire le volume de la prise d'eau. — *Cass.*, 21 mars 1831, maire de Marseille c. Dollières.

10. — C'est au propriétaire de l'aqueduc qu'il appartient de faire tous les ouvrages de réparation et d'entretien. — Quant au propriétaire du fonds, il doit souffrir les travaux, l'entretien ne saurait lui être imposé qu'en vertu de dispositions spéciales. — Vaudoré, *Droit civ. des juges de paix*, vº *Aqueduc*, nº 3.

11. — Si l'aqueduc est commun, l'entretien et le curage sont à la charge de tous les copropriétaires, chacun en raison de son intérêt. — Toullier, t. 3, nº 225.

12. — Lorsque les ouvrages nécessaires pour l'exercice d'une servitude profitent aux deux héritages voisins, les frais doivent en être supportés en commun sans qu'il soit besoin de stipulation à cet égard. — *Cass.*, 2 fév. 1825, Deforesta c. Gordes.

13. — Le droit d'aqueduc cesse par toutes les causes d'extinction admises pour les servitudes en général.

14. — Mais il ne prend pas fin par cela seul que la source qui l'alimente est tarie ; le propriétaire du fonds au profit duquel il existe a le droit de faire passer par l'aqueduc une autre source ; pourvu que le niveau et la force des nouvelles eaux ne soient point modifiés, et qu'aucun dommage n'en résulte pour le fonds servant. — *Riom*, 23 janv. 1829, Vissagent c. Vedrine.

15. — Certains aqueducs dans les campagnes, connus sous le nom de *ravins* ou *roulards*, sont destinés à recevoir les eaux pluviales et vicinales ; ils sont considérés comme mitoyens entre les riverains s'il n'y a titre ou présomption contraire. — Vaudoré, *loc. cit.*, nºs 6 et 7.

16. — On nomme aussi *porte-eau*, dans quelques endroits, de petits conduits naturels ou artificiels, en forme de fossé ou d'une large rigole. — Même auteur, nº 5.

17. — Le curage des *porte-eau* et *ravins* doit être fait à frais communs par les riverains aussitôt que l'un d'eux a de justes motifs pour le réclamer. — Même auteur, nº 10.

18. — Lorsque l'on pratique un aqueduc le long d'un mur, mitoyen ou non, on doit faire un contre-mur d'épaisseur suffisante pour que les eaux ne puissent atteindre le mur. — C. civ., art. 674 ; Desgodets, nº 14, sur l'art. 188, cout. Paris.

19. — Les dimensions de ce mur, variables suivant les localités, l'importance et le but de l'aqueduc, la nature des eaux, leur abondance, leur rapidité, etc., doivent être fixées par experts. — Lepage, *Des bâtimens*, t. 1er, p. 162.

20. — L'établissement d'un aqueduc sur ou à travers la voie publique ne peut avoir lieu sans l'autorisation expresse de l'autorité administrative, dont le devoir est d'intervenir et de surveiller même les travaux particuliers lorsqu'ils se trouvent en contact avec l'intérêt public.

21. — Le préfet est compétent, sauf l'approbation du ministre de l'intérieur, pour autoriser un particulier à établir un aqueduc sous un chemin vicinal. — *Cons. d'état*, 26 oct. 1825, Ribeud c. Hélie.

22. — Mais si par suite de semblables autorisations des difficultés s'élèvent, soit sur le réglement des eaux, soit sur des questions de propriété, c'est aux tribunaux civils seuls qu'il appartient d'en connaître.

23. — On ne peut évidemment acquérir par la prescription le droit d'aqueduc sur la voie publique. — Dès-lors, si on en établissait sur ou sous le sol d'une rue, place, etc., l'autorité municipale pourrait toujours en ordonner la destruction sans indemnité pour le propriétaire, qui pourrait même, selon les circonstances, être lui-même poursuivi pour anticipation ou usurpation de la voie publique. — Troplong, *Prescript*, nº 162 ; Fremy Ligneville, *C. des architectes*, p. 231, nº 1145 ; Pardessus, *Servitudes*, nº 34 ; Solon, *Servitudes*, nº 410 ; Duranton, t. 5, nº 294.

24. — Jugé spécialement que celui qui depuis long-temps est en possession de faire écouler les eaux de son usine par un égoût qui traverse une rue et les conduit dans un fossé qui faisait autrefois partie des fortifications de la ville, ne peut se plaindre du comblement du fossé, ordonné pour cause de salubrité publique, sous prétexte que, par sa longue possession, il aurait acquis une servitude et sur la rue et sur le fossé. — *Cass.*, 13 fév. 1828, Hecht c. ville de Strasbourg.

25. — Quant aux aqueducs établis dans l'intérêt général, ils font partie du domaine public et sont, par suite, inaliénables et imprescriptibles. — Vaudoré, *Droit civ. des juges de paix*, vº *Aqueduc*, nº 1er.

26. — Les aqueducs construits dans l'intérêt d'une contrée ou d'une commune peuvent être établis dans la forme d'expropriation pour cause d'utilité publique. — Aucune loi ne le dit spécialement, mais on suit, quant à ce, les règles applicables aux canaux d'irrigation. — Magnitot et Delamarre, *loc. cit.*

27. — L'entretien des aqueducs publics est à la charge de la contrée ou communauté au profit de laquelle ils ont été établis. — La loi du 11 frim. an VII met (art 4) au nombre des dépenses communales l'entretien des aqueducs à l'usage particulier des communes.

28. — Les voisins des aqueducs publics n'y peuvent faire, sans permission de l'autorité administrative, des saignées pour introduire des eaux dans leurs fonds, à peine d'être punis comme en matière de grande voirie. — Fournel, *Du voisinage*, vº *Aqueduc*.

29. — Ils doivent même veiller à ce que l'usage qu'ils font de leur propre chose ne puisse endommager ces aqueducs, sinon ils s'exposeraient à être poursuivis, soit pour la réparation du préjudice, soit même pour les contraventions que leur fait pourrait constituer. — Perrin, *loc. cit.*, nº 743.

30. — Les contraventions aux réglemens de grande voirie, sur les aqueducs, sont jugées par les conseils de préfecture. — Celles commises aux réglemens municipaux relatifs à la même matière doivent être soumises aux tribunaux de police. — Perrin, nº 745.

31. — Les questions d'intérêt privé et celles qui touchent à la propriété sont, comme au cas d'aqueducs privés, du ressort des tribunaux ordinaires.

32. — Aucune fouille ne peut être faite à moins de dix mètres de la clé de voûte des aqueducs construits en maçonnerie pour la conduite des eaux communes. — Quant aux conduits en plomb, fer, grès, etc., les fouilles ne peuvent être faites qu'à quatre mètres, laissant, en outre, dans l'un et l'autre cas, une retraite ou talus dans la masse d'un mètre par mètre, sans préjudice de plus forte distance si cela était jugé nécessaire par les inspecteurs des carrières. — Décr. 4 juill. 1813, art. 8.

A QUO (Dies).

V. DÉLAI.

ARBITRAGE.

Table alphabétique.

ARBITRAGE. — 1. — C'est, dit Bouteiller (*Somme rurale*, liv. 2, tit. 3), dont la vieille définition est encore une des meilleures, *une volonté ou une puissance donnée à aucun, qui entreprendre le veut, à d terminer ou prononcer sur le débat des parties ce que raison ordonne.*

—

CHAPITRE 1er. — *Historique.*

2. — En principe, et abstraction faite de toute loi, l'arbitrage n'est que la conséquence du droit que toute personne a de disposer comme bon lui semble de ce qui lui appartient, et de faire des conventions qui ne soient contraires ni à l'ordre public ni aux bonnes mœurs.

3. — Les commencemens de l'arbitrage, comme ceux de la plupart des institutions humaines, se perdent pour nous dans les siècles de barbarie; cependant presque tous les écrivains s'accordent à reconnaître que l'arbitrage a dû précéder les premiers essais d'organisation judiciaire. — De Vatisménil, *Encycl. du dr.*, vo *Arbitrage*, no 1er; Mongalvy, *Traité de l'arbitrage en matière civile et commerciale*, t. 1er, no 3.

4. — L'arbitrage a pu, suivant les temps, jouir de plus ou de moins de faveur, mais il n'a jamais été prohibé. Dans la législation romaine, comme dans la nôtre, les parties pouvaient substituer des juges de leur choix à ceux qui étaient légalement institués pour terminer les contestations. Justinien a consacré à l'arbitrage deux titres, l'un du Digeste, l'autre du Code. — ff., liv. 4, tit. 8, *De receptis et qui arbitrium receperunt ut sententiam dicant*; Cod., liv. 2, tit. 56, *De receptis arbitris*. — V. ACTION (droit romain), nos 21 s., 32.

5. — Le compromis dans la législation romaine, qui n'admettait pas la validité des pactes, avait besoin pour être obligatoire d'être revêtu des formes solennelles de la stipulation, et garanti par une clause pénale. Il est probable, d'ailleurs, qu'afin de faire naître une action réciproque au profit de chacune des parties, elles avaient soin de faire l'une et l'autre à la fois une stipulation et une promesse, et que de là est venu le nom de compromis, *compromissum*, qui est passé dans notre langue et dans notre droit. — V. COMPROMIS.

ARBITRAGE, chap. 1er.
ARBITRAGE, chap. 1er.

6. — Justinien, ff., *De receptis arbitris*, modifia les anciennes règles. Il voulut que le défaut de stipulation d'une peine n'empêchât pas la sentence d'acquérir l'autorité de la chose jugée si les parties gardaient le silence dans les dix jours qui suivraient la prononciation, mais que si elles réclamaient dans cet intervalle, la sentence fût considérée comme non avenue. — V. COMPROMIS.

7. — Dans notre ancien droit, la sentence des arbitres n'avait point de caractère légal, et, comme à Rome, pour y suppléer, on ne manquait pas d'y insérer une clause pénale. Mais celui qui croyait avoir à se plaindre pouvait néanmoins recourir aux tribunaux sans payer préalablement la peine compromissoire.

8. — L'art. 34, ord. de 1510; et l'art. 30, ch. 16 de l'ord. de 1535, exigèrent que si l'avis des juges ordinaires était semblable à celui des arbitres, la voie de l'appel contre ce nouveau jugement ne fût ouverte à la partie qu'après qu'elle aurait préalablement satisfait à la clause pénale.

9. — François II, dans l'édit de 1560 confirmé par l'ordonnance de Moulins, alla plus loin et voulut qu'on ne fût reçu appelant des sentences arbitrales qu'après les avoir préalablement exécutées.

10. — Nonobstant la disposition formelle de l'édit de 1560, les parlemens n'étaient point d'accord sur l'effet de la clause pénale. Quelques uns décidaient qu'elle était due en cas d'appel, d'autres qu'elle n'était que comminatoire. Aujourd'hui personne ne conserve de doute que les parties qui peuvent renoncer à l'appel peuvent stipuler que celui qui appellera devra préalablement payer une somme d'argent, et cette convention doit être exécutée. — Mongalvy, t. 1er, no 4.

11. — A côté de l'arbitrage volontaire, l'ordonnance de 1560 créa l'arbitrage forcé. L'art. 3 de cette ordonnance, confirmé par l'art. 83 de celle de Moulins et par l'art. 152 de celle de 1629, imposait aux parties l'obligation de nommer des arbitres, lorsqu'il s'agissait de diviser et de partager une succession entre des parens, de procéder à l'audition d'un compte de tutelle, et autre administration, ou lorsqu'il était question d'une restitution de dot ou d'une délivrance de douaire.

12. — Henrys observe, disent les auteurs du *Répertoire* de Guyot (vo *Arbitrage*, t. 1er, p. 557), que quoique ces ordonnances aient été sagement établies, elles n'en sont pas mieux exécutées, et que les juges n'ordonnent que difficilement que les parens conviendront d'arbitres, même dans le cas où les avocats requièrent que cela soit ordonné.

13. — Enfin l'ordonnance de 1673 (tit. 4, art. 9) ordonna que toutes les contestations entre associés seraient soumises à des arbitres. Cette loi, empruntée en partie à l'ordonnance de 1560, est constamment restée en vigueur jusqu'à la publication du Code de commerce, dans lequel elle a passé avec certaines modifications.

14. — Dans la ci-devant Belgique, il n'existait aucune loi qui annulât les compromis, soit à défaut d'y avoir stipulé une peine exigible, soit à défaut d'avoir déterminé un délai fixe dans lequel les arbitres seraient tenus de prononcer, ni qui permît aux signataires d'un compromis de se rétracter à volonté, soit en payant la peine valablement convenue, soit à défaut de stipulation valable d'une peine. — *Cass.*, 22 ventôse an XII, Romberg et Schwarts.

15. — Le statut de Corse ne permettait pas qu'il fût interjeté appel des sentences arbitrales. — Edit de mars 1772; — *Cass.*, 28 fructid. an X, Colonna Ceccaldi c. Gérolami.

16. — Si l'arbitrage avait joui d'assez peu de faveur sous l'ancienne législation, les lois révolutionnaires semblèrent prendre à tâche d'agrandir son importance et son application.

17. — La loi des 16-24 août 1790, sur l'organisation judiciaire, ouvrit la première et inaugura en quelque sorte la série nombreuse des lois relatives à l'arbitrage. « L'arbitrage, y est-il dit, art. 1er, étant le moyen *le plus raisonnable* de terminer les contestations entre citoyens, les législatures ne pourront faire aucune disposition qui tendrait à diminuer soit la faveur, soit l'efficacité des compromis. » Suivent immédiatement quelques règles sur la capacité de compromettre, le délai du compromis, l'appel des sentences arbitrales et le moyen de les rendre exécutoires.

18. — Sous cette loi, les compromis qui ne fixaient pas de délai ou ceux dont le délai était expiré devaient être exécutés jusqu'à ce qu'une des parties eût fait signifier aux arbitres qu'elle ne voulait plus tenir à l'arbitrage. — Tit. 1er, art. 3.

19. — Et le pouvoir extraordinaire de révocation appartenait aux parties tant que le jugement arbitral n'avait point été rendu. Ainsi les arbitres pouvaient être révoqués même après qu'ils avaient indiqué jour pour prononcer jugement. — *Cass.*, 17 mars 1805, Boucault c. Baintrot.

20. — ... Ou quoique déjà ils eussent rendu un jugement d'instruction. — *Turin*, 3 germ. an XII, Scala et Roggero c. Ferrero et Bonafoux.

21. — Jugé encore que la date d'une sentence arbitrale, rendue sous la loi des 16-24 août 1790, n'est pas celle du procès-verbal par lequel les arbitres avaient déclaré que leur mission était remplie, mais celle du jour où elle a été rédigée et signée par les arbitres; que dès-lors les arbitres pouvaient être révoqués même après la clôture du procès-verbal, mais avant la signature du jugement. — *Cass.*, 7 (et non 3) juin 1808, Cupif et Bertin c. du Rouce.

22. — Ils pouvaient être révoqués, même après avoir rendu un jugement de partage, et nommé un tiers arbitre pour les départager, mais avant le jugement de ce dernier. — *Cass.*, 3 juin 1811, Galda c. Gros.

23. — Toutefois, cela n'était vrai qu'à l'égard des arbitres volontaires, et on avait jugé que les arbitres forcés n'étaient pas révocables. — *Cass.*, 13 fructid. an VIII, Emelin c. Cante.

24. — On jugeait aussi que le consentement donné par deux parties à ce que des arbitres forcés prononçassent en dernier ressort, ne pouvait être révoqué par l'une d'elles sans le consentement de l'autre. — *Cass.*, 14 oct. 1806, Schoening c. Meyer. — V. *contrà Colmar*, 22 vent. an XIII, mêmes parties; *Paris*, 29 nov. 1809, Peyrol c. Herbeling.

25. — L'instance arbitrale ne tombait pas en péremption tant qu'il n'y avait pas révocation des arbitres, lorsque aucun délai ne leur avait été fixé par les parties. — *Nîmes*, 16 juin 1807, Canonge c. Pouzols.

26. — Au surplus, le pouvoir de révoquer le compromis n'existait pas dans les départemens réunis à la France, où la loi des 16-24 août 1790 n'avait point été publiée. — *Bruxelles*, 26 fév. 1807, Dercu c. Deryck.

27. — L'art. 4 de la L. des 16-24 août 1790 posait un principe nouveau et qui n'a pas été conservé dans le Code de procédure. Cet article interdisait la faculté d'appeler, à moins que les parties dans le compromis ne se la fussent expressément réservée. Et l'art. 5 exigeait, sous peine de voir déclarer l'appel non-recevable, qu'on déterminât dans le compromis le tribunal du district auquel l'appel serait déféré.

28. — On ne pouvait donc pas, sous cette loi, hésiter à déclarer l'appel non-recevable quand le compromis ne contenait pas de réserve d'appeler. — *Cass.*, 11 prair. an XI, Morin c. Guilgot; 17 avr. 1810, Lalaune c. Hugue.

29. — ..... Ou lorsqu'il ne contenait pas la désignation du tribunal qui devait connaître de l'appel. — *Cass.*, 9 fructid. an XI, Lafarge c. Collard-Dufilleul.

30. — Il en était de même sous la constitution de l'an III, qui gardait le silence à cet égard: l'art. 5, L. 24 août 1790, continuait à être en vigueur. — Const. de l'an III (22 août 1795), art. 210 et 211. — *Cass.*, 1er messid. an IX, Carlier c. Aubarède; 1er niv. an X, Guérin c. Julien Léon; 22 avr. 1807, Cocquebert c. Le Scellier.

31. — Sous la loi des 16-24 août 1790, lorsque dans un compromis une partie avait stipulé pour elle le droit d'appeler de la sentence des arbitres, toutes les autres avaient le même droit quoiqu'elles ne se le fussent pas réservé. — Spécialement, lorsque des parties avaient souscrit un compromis, que l'une d'elles mourait et que le curateur à sa succession adhérait à ce compromis avec autorisation de justice, mais sous la réserve d'appeler du jugement arbitral, et que cette adhésion était acceptée par le signataires de l'acte, ceux-ci pouvaient appeler du jugement quoiqu'ils ne s'en fussent réservé le droit ni en signant le compromis ni en acceptant l'adhésion du curateur. — *Bordeaux*, 1er vent. an IX, Marchand c. Bounn.

32. — On jugeait aussi sous l'empire de cette loi que le recours en cassation était interdit aux parties, quand elles ne s'étaient pas réservé le droit d'appeler de la sentence. — *Cass.*, 29 messid. an V, le Domaine c. Busseuil; 21 messid. an IX, Verger c. Lintrmann.

33. — ... Et cela, quand même elles se seraient expressément réservé le recours en cassation, ce recours n'étant jamais admis que contre les jugemens des tribunaux ordinaires. — *Cass.*, 23 niv. an X, Toulaville c. Dubeaudier; 16 prair. an XIII, Benoit c. Cavalier.

34. — Ces décisions, aujourd'hui même, ne seraient point sans importance. Les principes qu'elles consacrent sont passés dans notre droit. Le recours en cassation, aujourd'hui, est admis contre les sentences d'arbitres forcés qui sont de véritables jugemens, et ne l'est pas contre les sentences d'arbitres volontaires. Nous ajouterons que, comme sous l'empire de la loi de 1790, les parties en renonçant à l'appel se réserveraient vainement le recours en cassation, parce que ce tribunal suprême n'est chargé que de réprimer les atteintes qui pourraient être portées à la loi par les tribunaux qu'elle a institués.

35. — Ces différentes dispositions ne s'appliquaient point à l'arbitrage forcé entre associés de commerce, lequel continuait à être réglé par l'ordonnance de 1667. Aussi, a-t-on jugé que nonobstant la loi du 16-24 août 1790 et l'art. 210 de la constitution de l'an III, l'appel des jugemens rendus par des arbitres forcés en matière de société était recevable. — *Cass.*, 21 niv. an IX, Staadt c. Goekler.

36. — La loi des 16-24 août 1790 contenait dans son titre X, art. 12 et suiv., l'organisation d'un tribunal arbitral, auquel elle voulait que l'on portât toutes les contestations entre mari et femme, père et fils, grand-père et petit-fils, frères et sœurs, neveux et oncles ou autres alliés au même degré; comme aussi entre pupilles et leurs tuteurs pour choses relatives à la tutelle.

37. — L'art. 13 réglait ce qui concernait la formation de ce tribunal arbitral; chaque partie nommait deux arbitres, le juge les choisissait pour la partie refusante sur la demande de l'autre, et les arbitres divisés étaient autorisés à choisir un surarbitre pour lever le partage.

38. — Cette dernière disposition qui autorisait les arbitres en cas de partage à nommer un surarbitre, était spéciale au tribunal de famille et ne s'appliquait pas aux arbitres volontaires institués par le tit. 1er de la même loi. — *Cass.*, 14 vent. an III, Angé c. Figeot

39. — Les arbitres nommés par l'une des parties ne pouvaient statuer en l'absence de ceux nommés par l'autre partie. — *Cass.*, 3 niv. an IV, Pillard c. Basset.

40. — La constitution de 1791 reproduisit (tit. 3, art. 5) le principe posé dans l'art 1er, tit. 1er, L. des 16-24 août 1790, en déclarant que le droit des citoyens de terminer leurs contestations par la voie de l'arbitrage ne pouvait recevoir aucune atteinte par les actes du pouvoir législatif. Cette consécration solennelle de l'arbitrage, reproduite d'ailleurs par l'art. 210 de la constitution de l'an III, aurait été sans danger si le législateur, étendant l'arbitrage outre mesure, n'avait pris soin lui-même de contraindre les parties à s'y soumettre dans un grand nombre de cas.

41. — L'application la plus importante de l'arbitrage fut celle faite par la loi du 10 juin 1793. Aux termes de l'art. 3, sect. 5e de cette loi, tous les procès alors pendans, ou qui pourraient s'élever entre les communes et les propriétaires, à raison des biens communaux ou patrimoniaux, soit pour droits, usages, prétentions, demandes en rétablissement dans les propriétés dont elles avaient été dépouillées par l'effet de la puissance féodale, ou autres réclamations généralement quelconques, devaient être vidées par la voie de l'arbitrage. Il en était de même, aux termes de l'art. 4, des procès qui avaient eu ou qui devaient avoir lieu entre deux ou plusieurs communes, à raison de leurs biens communaux ou patrimoniaux, soit qu'ils eussent pour objet la propriété ou la jouissance de ces biens; et enfin, d'après l'art. 5, des actions à exercer par les communes contre des citoyens, et qui avaient pour objet les biens communaux ou patrimoniaux.

42. — Il a été jugé sous cette loi: 1o que les demandes en restitution de tailles ne devaient point être portées devant des arbitres forcés. — *Cass.*, 11 prair. an V, Forgasse-Labathe c. commune de Cabane.

43. — ... 2o Que des arbitres forcés n'avaient pu valablement prononcer sur une contestation entre des particuliers et l'état représentant un émigré. — *Cass.*, 20 juin 1820, Reinach c. Schelcher.

44. — Les art. 6 et suiv., sect. 5e, L. 10 juin 1793, déterminaient le mode de composition du tribunal arbitral. Les parties devaient, aux termes de l'art. 6, comparaître devant le juge de paix du canton où la majeure partie des biens serait située, et nommer chacun un ou plusieurs arbitres, *à nombre égal*.

45. — Un tribunal arbitral n'eût pas été composé conformément à la loi du 10 juin 1793, si deux personnes, ayant le même intérêt, avaient *chacune* fait choix d'un nombre d'arbitres égal à celui qu'il appartenait à leur partie adverse de nommer. — *Cass.*, 10 nov. 1818, de Milry c. commune de Vigneulle.

46. — Les arbitres n'étaient pas censés valablement nommés lorsqu'ils ne justifiaient pas de la procuration en vertu de laquelle le mandataire d'une des parties aurait concouru à les nommer;

ARBITRAGE, chap. 1er.

l'énoncé de leur nomination, avec simple mention de la procuration, était insuffisant pour la constater. — *Cass.*, 8 frim. an XII, Rochambeau c. commune de Vilaine.

47. — Toute action relative aux domaines nationaux devant, d'après la loi des 15-27 mars 1791, être intentée ou soutenue au nom du procureur général syndic (remplacé par le président du département), une sentence arbitrale rendue entre la nation et une commune était nulle, si l'action de la commune avait été intentée contre l'agent national, et si cet agent avait participé en son nom et de son chef à la nomination des arbitres. — *Cass.*, 7 août 1811, Saint-Maurice c. commune de Genevrey; 6 déc. 1813, Saulx-Tavanne c. commune de Beaumont; 3 juill. 1821, Lecarlier c. Commune de Vesle; 1er juill. 1823, Drée et Mandelot c. commune de Lompnieux.

48. — Jugé de même que s'il ne résultait, ni du jugement arbitral qui avait réintégré une commune, ni des pièces produites, que cette commune eût présenté un mémoire, soit au directeur du district pour avoir son avis, soit au directoire du département pour être autorisée à agir, et s'il en résultait que l'agent national seul avait nommé, soit les commissaires, à l'effet de visiter les lieux, soit les arbitres, et cela sans qu'il apparût qu'il avait été autorisé à agir ainsi par le directoire du district, il y avait lieu d'annuler un tel jugement, lequel se trouvait atteint d'une nullité radicale. — *Cass.*, 26 déc. 1820, de Fléchin c. commune d'Avesy.

49. — On a jugé encore que la signification de la sentence arbitrale faite à l'état dans la personne de l'agent national du district était irrégulière, et n'avait pas fait courir le délai du pourvoi en cassation. — *Cass.*, 20 mai 1820, Reinach c. Schelcher.

50. — Il fallait, pour qu'un agent national fût censé avoir été autorisé par le district à représenter l'état dans un arbitrage, que cette autorisation fût produite au procès; la simple mention de cette autorisation dans le jugement arbitral était insuffisante. — *Cass.*, 30 juin 1818, Rollet c. Commune de Loyette.

51. — Si l'une des parties ne voulait pas comparaître volontairement, elle devait être sommée de le faire par une simple cédule délivrée par le juge de paix. — L. 10 juin 1793, sect. 5e, art. 9. — La délivrance de cette cédule par le juge de paix était exigée à peine de nullité. — *Riom*, 3 juill. 1810, N. c. N.

52. — Les délais expirés, si la partie ne comparaissait pas, le juge de paix nommait pour elle un ou plusieurs arbitres (même loi, art. 10). Mais la nomination faite avant l'heure pour laquelle cette partie était citée, eût été nulle, et, par conséquent, la sentence rendue par les arbitres ainsi nommés eût été nulle également. — *Cass.*, 13 pluv. an VII, Louvois c. commune de Nicey.

53. — A plus forte raison des arbitres ne pouvaient être nommés d'office par le juge de paix à une partie qui n'avait pas été appelée. — *Cass.*, 17 germin. an V, Desmolins.

54. — Il n'y avait lieu à nommer des arbitres d'office pour une partie, qu'autant que ceux par elle choisis volontairement s'abstenaient de participer au jugement de la cause, bien qu'ils eussent été régulièrement mis en demeure. — *Cass.*, 5 fév. 1806, de Grammont c. commune du Grand.

55. — Une sentence arbitrale, rendue en exécution de la loi du 10 juin 1793, était nulle si, dans le nombre des arbitres qui l'avaient rendue, il y en avait de nommés d'office pour une partie décédée à l'époque où elle avait été assignée pour concourir à leur nomination. — *Cass.*, 1er juill. 1823, Drée et Mandelot c. commune de Lompnieux.

56. — La sentence arbitrale était également nulle si les arbitres avaient été nommés par le juge de paix pour le procureur général syndic, sans qu'il fût constaté que cette nomination d'office avait été précédée d'une citation au procureur général syndic, et qu'elle n'avait eu lieu que sur le refus de ce dernier de nommer des arbitres. — *Cass*, 19 mai 1818, de Bauffremont c. commune de Vauchoux; 27 juill. 1819, de Bauffremont c. commune de Chargey-lès-Port.

57. — L'arbitre nommé d'office pour une partie ne pouvait être le même que celui déjà nommé par l'autre partie. — *Cass.*, 18 frim. an VII, Favière c. commune de Geziers.

58. — Les parties étaient tenues de remettre leurs titres et mémoires dans le délai d'un mois (art. 12); les arbitres ne pouvaient fixer un délai plus court, celui de trois jours, par exemple, et la sentence, dans ce cas, devait être cassée pour violation de l'art. 12, sect. 5e, L. 10 juin 1793. — *Cass.*, 5 germin an V, de Montmorency c. commune de Grainville.

59. — Etait nulle la sentence arbitrale rendue par des arbitres nommés d'office, conformément à la loi du 10 juin 1793, si leur nomination n'avait pas été notifiée à la partie pour laquelle elle avait été faite, et s'il ne lui avait pas été fait sommation de produire ses titres devant eux. — *Cass.*, 7 brum. an XIII, Portalis c. commune d'Ansouis.

60. — Si quelque vérification était nécessaire, les arbitres devaient nommer des gens de l'art pour y procéder en présence des parties, ou elles dûment appelées.

61. — ..... Sans pouvoir y procéder eux-mêmes. — *Cass.*, 3 nov. 1818, Montalivet c. commune de Saint-Maurice.

62. — Ainsi jugé qu'ils ne pouvaient sans excès de pouvoir procéder eux-mêmes à la reconnaissance des bornes, et à l'estimation des clôtures et cultures des terrains revendiqués par une commune. — *Cass.*, 21 fév. 1809, de Virieu.

63. — ... Ni à une vérification de terrains contentieux. — *Cass.*, 2 vent. an VII, Chazeron c. commune d'Offoy.

64. — C'est faire une vérification que de constater l'état actuel d'une pièce de terre revendiquée par une commune comparé avec celui désigné dans un acte antérieur. En conséquence, les arbitres devaient nommer des experts pour procéder à cette opération. — La présence des parties et leurs déclarations lors de la visite des arbitres ne pouvaient couvrir la nullité résultant du défaut de nomination d'experts. — *Cass.*, 1er messidor an X, Beauffremont-Listenois c. commune de Césy.

65. — Jugé encore que les arbitres chargés de statuer sur la demande d'une commune en revendication d'immeubles contre son ancien seigneur, devaient confier à des gens de l'art les vérifications nécessaires pour éclairer leur religion. Ils commettaient un excès de pouvoir s'ils les faisaient eux-mêmes. — *Cass.*, 23 vent. an VIII, Berbis c. commune de Corielles-lès-Arts.

66. — L'enquête ordonnée par les arbitres, et faite sous l'empire des lois des 3 brum. an II et 7 fructid. an III, devait, à peine de nullité, être faite devant tous les arbitres et publiquement. — *Riom*, 3 juill. 1810, N... c. N...

67. — Le tiers arbitre, dans le cas où il était nécessaire d'en nommer un, devait être nommé aux termes des art. 15 et 16, sect. 5e de la même loi, par le bureau de paix. La nomination faite par le juge de paix seul eût été nulle. — *Cass.*, 2 niv. an VII, Philibert Louis c. commune d'Auby; 24 janv. 1816, commune de Miguerette c. commune de Mignères.

68. — Le tiers arbitre ne pouvait être nommé par le juge de paix sans que les parties fussent appelées et en leur absence. — *Cass.*, 28 niv. an VIII, Potot c. commune de Chailly-lès-Ennery; 24 janv. 1816, commune de Miguerette c. commune de Mignères.

69. — Le juge de paix ne pouvait nommer d'office d'autres arbitres en remplacement de ceux qui ne s'étaient pas présentés au jour indiqué pour le jugement de la cause, lorsque ces derniers n'avaient pas été mis en demeure de remplir leurs fonctions. — *Cass.*, 1er brum. an IX, de Grammont c. commune de Magny.

70. — Sous l'empire de la loi du 10 juin 1793, l'opposition formée devant des arbitres forcés à la décision par eux rendue par défaut, était recevable. — *Cass.*, 17 thermid. an V, Lamberty c. commune de Romont.

71. — Le tribunal qui recevait l'opposition à un jugement rendu par des arbitres en vertu de la loi du 10 juin 1793, dans une cause susceptible de deux degrés de juridiction, ne pouvait, après avoir mis les parties au même état que celui où elles étaient auparavant, statuer au fond qu'à charge d'appel. — *Cass.*, 8 vent. an VII, commune de Vellejon c. Barberot.

72. — N'était pas susceptible du recours en cassation un jugement d'arbitres forcés (rendu au sujet de bois nationaux) contre lequel il n'y avait pas eu d'appel dans le délai fixé par la loi du 11 frim. an IX; le pourvoi était non-recevable, encore qu'il fût fondé sur ce que l'état avait été représenté dans l'instance par un fonctionnaire sans caractère à cet effet. — *Cass.*, 24 avr. 1822, Guyard c. de Changey.

73. — L'arbitrage forcé établi par la loi du 10 juin 1793, pour statuer sur les demandes des communes en réintégration dans leurs biens communaux, était une juridiction souveraine. — En conséquence, l'opposition à une sentence arbitrale rendue en exécution de ce décret devait être portée devant les cours royales, et non devant les tribunaux de première instance. — *Cass.*, 9 nov. 1825, commune d'Arbent c. de Fleurieu. — Mongalvy, *Tr. de l'arbitrage*, no 4.

74. — Une loi du 2 oct. 1793 interpréta ou compléta quelques unes des dispositions de celles du 10 juin, sur l'arbitrage entre les communes.

75. — Sous cette loi, le procès-verbal contenant nomination des arbitres nommés d'office à une partie devait lui être signifié, afin qu'elle fût légalement mise en demeure de récuser ses arbitres. — *Cass.*, 19 juill. 1813, Barbarat c. commune de Bazoille.

76. — Cette loi déterminait aussi les causes de récusation des arbitres et les délais de la récusation. Les causes de récusation pour les arbitres des communes étaient réduites à deux: 1o si l'arbitre était en procès actuel avec les adversaires de la commune; — 2o s'il était habitant de celle qui réclamait ou de toute autre qui aurait un différend semblable. — On jugeait que pour le tiers arbitre, les causes de récusation n'étant pas prévues par cette loi, il fallait recourir au droit commun, et qu'ainsi, conformément aux art. 6 et 17, tit. 24, ord. de 1667, on pouvait récuser le tiers arbitre qui avait été conseil de l'une des parties. — *Cass.*, 16 brum. an VI, Schwawenburg c. commune de Niderhershheim.

77. — Bientôt la loi du 17 niv. an II, sur les donations et les testamens, vint étendre les limites de l'arbitrage en déférant exclusivement à des arbitres les nombreuses contestations qui pourraient s'élever sur son exécution. — L. 17 niv. an II, art. 54. — Cet arbitrage était forcé, la loi défendant, à peine de nullité, aux tribunaux de connaître de ces contestations, ou de donner suite à celles déjà portées devant eux.

78. — L'art. 55 voulait que chaque partie fût tenue de nommer deux arbitres; que, faute de le faire et après sommation, la nomination fût faite par le juge de paix, et qu'en cas de partage, la nomination du tiers fût faite par le même juge.

79. — Ainsi, la nomination du tiers arbitre sous l'empire de cette loi n'appartenait point aux arbitres divisés, mais bien, et dans tous les cas, au juge de paix. — *Cass.*, 11 prair. an IV, Volermuller c. Oberle et Walter; 28 mess. an IV, Chenil c. Compagnot.

80. — Les arbitres nommés en vertu de cette loi ne pouvaient connaître que des contestations nées de son exécution. — *Cass.*, 6 pluv. an IV, Spitz c. Kaufmann; 23 brum. an VI, Hofmann c. Marie.

81. — Ainsi, les arbitres ne pouvaient pas connaître de faits de violence et de défaut de liberté. — *Cass.*, 13 vent. an III, Gusman.

82. — Ils ne pouvaient, sans excéder leurs pouvoirs, anéantir des conventions matrimoniales, dont ils avaient seulement à régler les effets. — *Cass.*, 11 pluv. an III, Darcy.

83. — Il ne pouvait y avoir lieu, d'après la loi du 17 niv. an II, à l'arbitrage forcé, que pour les contestations relatives aux successions échues le 14 juill. 1789 et depuis, mais non à l'occasion de successions antérieurement ouvertes. — *Cass.*, 4 pluv. an III, Rancelant c. Niclos.

84. — L'attribution faite à des arbitres des contestations relatives aux successions n'avait pas lieu lorsqu'il s'agissait du partage d'une communauté. — *Cass.*, 4 frimaire an V, Bourdage c. Creste.

85. — Les abus qui résultèrent de ces lois par lesquelles l'arbitrage avait été étendu outre mesure, frappèrent enfin le législateur, et le 3 vend. an IV, un décret relatif à la rétroactivité des lois des 5 et 12 brum. et 17 niv. an II, abrogea les art. 54, 55 et 56 de cette dernière loi, c'est-à-dire qu'il rendit aux tribunaux la connaissance des contestations que la loi du 17 niv. an II avait attribuées à des arbitres forcés.

86. — Une fois entrée dans cette voie, la Convention ne s'arrêta pas là. Le 4 brum. an IV, un décret autorisa l'appel contre tous les jugemens arbitraux rendus même en dernier ressort par suite d'arrêtés de représentans du peuple portant établissemens d'arbitrages forcés. Ce fut un de derniers actes de cette assemblée.

87. — Le directoire suivit la même voie réactionnaire. Une loi du 4-9 vent. an IV déclara supprimer les tribunaux de famille établis par la loi des 16-24 août 1790, et sur l'existence desquels le silence de la constitution avait déjà élevé des doutes.

88. — Et une autre loi du même jour, considérant que l'arbitrage forcé était contraire à la constitution et implicitement supprimé par elle, déclara, art. 1er, que toutes les affaires qui, par les lois antérieures à la constitution, étaient attribuées à des arbitres forcés, seraient portées devant les juges ordinaires. — L'art. 2 permettait l'appel devant les tribunaux civils du département des

jugemens rendus par des arbitres forcés depuis le 1er vend. précédent.

89. — Jugé que lorsque le tribunal de Cassation, conformément à la loi du 2 oct. 1793, qui déférait à des arbitres forcés la connaissance des contestations relatives aux biens communaux, avait renvoyé devant des arbitres un procès déjà pendant devant lui, mais qu'avant la décision arbitrale était intervenue la loi du 9 vent. an IV, qui ordonnait que les procès attribués aux arbitres forcés seraient portés devant les juges ordinaires pour y être jugés d'après les principes établis par les lois des 28 août 1792 et 10 juin 1793, les parties n'étaient pas fondées à revenir devant le tribunal de Cassation, auquel était interdite la connaissance du fond des affaires, mais qu'elles devaient se pourvoir devant les juges ordinaires. — *Cass.*, 15 niv. an VI, commune de Fay c. Boys; 3 fév. 1812, mêmes parties.

90. — Malgré la généralité de ses termes, la loi du 9 vent. an IV ne s'appliquait point aux arbitres forcés en matière de société, qui continuaient à subsister conformément à l'ordonnance de 1673. — *Cass.*, 13 fructid. an VIII, Émelin c. Cante.

91. — On jugeait d'ailleurs avec raison que la suppression de l'arbitrage forcé ne pouvait pas empêcher les tribunaux de renvoyer les parties devant un arbitre chargé de donner son avis sur la contestation. — *Cass.*, 23 flor. an IX, Rigoult c. Lancel.

92. — Une autre loi, du 12 prair. an IV, vint ouvrir le recours en cassation contre les jugemens d'arbitres forcés rendus avant le 1er vend. an IV, même au profit des parties qui avaient laissé expirer les délais pour se pourvoir. Ce pourvoi devait être formé dans les trois mois à compter du jour de la publication de la loi. On semblait jaloux d'effacer autant qu'il était possible les traces de cette juridiction arbitrale, que les lois révolutionnaires avaient tant favorisée.

93. — Jugé qu'un pourvoi dirigé contre une sentence arbitrale en matière de biens communaux et déclaré non-recevable en l'absence d'une loi qui l'autorisât, a pu néanmoins être intenté de nouveau contre la même sentence, en vertu de la loi du 12 prair. an IV. — *Cass.*, 6 germ. an VIII, Lemose c. commune d'Oistreham.

94. — On a jugé aussi avec raison que le délai de trois mois fixé par la loi du 12 prair an IV, n'avait commencé à courir que du jour de la signification de la sentence arbitrale, si cette signification n'avait pas été faite antérieurement à la publication de la loi. — *Cass.*, 8 avr. 1829, Devault c. commune de Bay.

95. — Il a été jugé sous l'empire de cette même loi que lorsque, antérieurement à sa publication, des biens prétendus communaux avaient été partagés aux termes de la loi du 10 juin 1793, et en vertu des jugemens d'arbitrages forcés, le délai pour se pourvoir en cassation contre ces jugemens n'avait pas couru pendant tout le temps qui s'était écoulé depuis la publication de la loi de prairial jusquà celle de la loi du 9 vent. an XII, et qu'un nouveau pourvoi avait été régulièrement formé par la même partie, si le délai du sursis n'était pas encore expiré. — *Cass.*, 24 mars 1807, de Valence et de Bellissens c. commune de Saint-Jory.

96. — Jugé de même qu'on a pu se pourvoir en cassation contre un jugement d'arbitres commis en exécution de la loi du 2 oct. 1793, même après y avoir acquiescé dans la confiance de l'erreur commune de droit où l'on était que le pourvoi en cassation n'était pas admissible contre de pareils jugemens. — Même arrêt.

97. — Une loi du 28 brum. an VII, conçue dans le même esprit de défiance contre les arbitres, autorisa l'appel de toutes les sentences arbitrales qui avaient adjugé à des communes en contestation avec la république la propriété de certaines forêts qu'elles prétendaient nationales.

98. — Il a été jugé que l'appel interjeté en vertu de l'art. 2 de cette loi des jugemens arbitraux rendus contre la république au profit des communes, ne devait pas être, quant au délai, réglé par l'art. 14, tit. 5, L. 16-24 août 1790; il ne pouvait en conséquence être déclaré nul, sous prétexte qu'il avait été relevé plus de trois mois après l'arrêté de l'administration centrale du département qui l'avait autorisé. — *Cass.*, 14 fructid. an IX, préfet des Vosges c. commune de Nessoncourt; 4 mess. an IX, préfet des Vosges c. commune de Coursey.

99. — Ceux qui étaient propriétaires par indivis avec l'état avaient le droit de profiter du bénéfice ouvert à l'état par la loi du 28 brum. an VII, d'interjeter appel des sentences arbitrales qui avaient, au détriment de la république, attribué des biens aux communes. — *Cass.*, 12 et (non 19) prair. an XI, commune de Pressigny c. préf. de la Haute-Marne.

100. — L'art. 2, L. 28 brum. an VII, a dû être entendue en ce sens, que les commissaires près les administrations centrales ont été obligés d'interjeter appel des jugemens arbitraux, rendus au profit des communes en matière forestière, dans les trois mois à partir de l'arrêté qui autorise cet appel. — *Cass.*, 10 fév. 1830, Michel c. commune de Noncourt.

101. — La loi du 17 vent. an VIII, sur l'organisation des tribunaux, rappela (art. 3) le droit qu'avaient tous les citoyens de faire juger leurs contestations par des arbitres de leur choix, et consacra de nouveau le principe posé dans la loi du 16-24 août 1790, de l'impossibilité d'appeler de la sentence arbitrale, à moins de réserve expresse dans le compromis.

102. — Mais sous l'empire de cette loi et avec l'organisation judiciaire nouvelle, les parties n'avaient plus, comme sous la loi des 16-24 août 1790, le choix des juges d'appel. On en conclut avec raison que la réserve d'appeler contenue dans le compromis était valable, quoique le tribunal qui devait connaître de l'appel, n'eût point été désigné. — *Cass.*, 19 vendém. an XII, Yvonnet; — Mongalvy, t. 1er, p. 18, no 4.

103. — Enfin le 9 mai 1806, le titre de l'arbitrage, inséré dans le Code de procédure, fut promulgué, et cette loi régit encore aujourd'hui l'arbitrage volontaire.

104. — Ainsi que nous l'avons dit, l'arbitrage forcé en matière de commerce n'avait point été abrogé, et l'ordonnance de 1673 avait continué d'être en vigueur. Le Code de commerce, publié le 20 sept. 1807, régla définitivement cet arbitrage, en le restreignant aux contestations entre associés et pour raison de la société. Les dispositions de ce Code et celles du Code de procédure sur l'arbitrage volontaire constituent l'ensemble du droit qui nous régit.

105. — Il n'est pas inutile de faire observer que l'arbitrage est dans nos lois un moyen exceptionnel, qu'à raison de sa nature la jurisprudence devra restreindre plutôt qu'étendre. — En principe, en effet, les juges naturels des contestations sont ceux que la société et la loi constituent. Ce sont eux seuls qui impriment à leurs jugemens la force exécutoire; toute autre juridiction résultant de la volonté des parties est donc exceptionnelle.

CHAPITRE II. — *Des différentes espèces d'arbitrage.*

106. — Il existe dans notre droit deux sortes d'arbitrage : l'arbitrage volontaire et l'arbitrage forcé. — Le premier, comme son nom l'indique, est le résultat de la volonté des parties. Le contrat par lequel elles s'engagent à soumettre leurs contestations à des arbitres prend le nom de *compromis*.

107. — Le compromis est assujéti pour sa validité et pour sa preuve aux règles ordinaires des conventions; de plus, la loi a tracé, dans le titre *De l'arbitrage*, au Code de procédure, les règles qui lui sont exclusivement propres. — V. COMPROMIS.

108. — L'arbitrage forcé résulte de la loi. Les contestations qui s'élèvent entre certaines personnes n'ont pas paru au législateur, à raison même des rapports intimes qui existent ou ont existé entre ces personnes, devoir être livrées à l'appréciation des tribunaux ordinaires. « Toute contestation entre associés de commerce et pour raison de la société, dit l'art. 51, C. comm., sera jugée par des arbitres. »

109. — Du texte de l'art. 51, C. comm., il résulte que la juridiction arbitrale est obligatoire pour les parties qu'elle concerne. Si ces parties voulaient, renonçant à la juridiction spéciale que la loi leur indique, porter les difficultés relatives à la société devant les tribunaux de commerce, ceux-ci devraient d'office et sans attendre la réclamation des parties se déclarer incompétens. Le consentement exprès des parties ne suffirait pas pour les autoriser à tenir la connaissance de l'affaire. — *Paris*, 5 juill. 1810, Aubary c. Charbaut; *Cass.*, 7 janv. 1818, Meynadier c. Gourgas et Bastien; *Toulouse*, 5 janv. 1824, Milhet c. Camparan; *Bordeaux*, 21 mars 1832, Clerc c. Arnaud; — De Vatisménil, *Encyclopédie du droit*, vo *Arbitrage*, no 20; Malepeyre et Jourdain, *Traité des sociétés commerciales*, p. 366.

110. — Le tribunal de commerce devrait renvoyer d'office devant arbitres, alors même que la partie assignée ferait défaut. — *Rennes*, 26 déc. 1812, Trappe c. Boucard et Métois.

111. — Jugé que l'incompétence des tribunaux de commerce en matière de société est absolue, et que, dès-lors, le renvoi devant arbitres doit être prononcé, alors même qu'il s'agit de la demande en paiement d'un compte qui renferme à la fois des articles relatifs à l'association qui a existé entre les parties et d'autres articles étrangers à cette association. — *Bruxelles*, 9 mars 1822, Quinard c. Vanmattengem.

112. — L'art. 51, C. comm., est tellement impératif que les tribunaux de commerce ne peuvent renvoyer les parties, même de leur consentement, devant de simples commissaires. — *Toulouse*, 18 déc. 1811, Fontanié c. Maubiau.

113. — En vertu du même principe que l'incompétence des tribunaux de commerce, pour statuer sur les contestations entre associés, est une incompétence *ratione materiæ*, on a jugé aussi, et avec raison, qu'elle pouvait être opposée en tout état de cause et même en appel. — *Toulouse*, 18 déc. 1811, Fontanié c. Maubiau; 5 janv. 1824, Milhet c. Camparan; *Bordeaux*, 21 mars 1832, Clerc c. Arnaud; — Malepeyre et Jourdain, *Des soc. comm.*, p. 366. — V. *contrà* (sous l'ord. de 1673, où cette incompétence devait être proposée *in limine litis*) *Paris*, 1er germ. an XI, Garnot c. Dobelin; *Cass.*, 14 juin 1815, Amel et Romus c. Dubrocq.

114. — ... Encore que le jugement du tribunal de commerce eût été rendu en dernier ressort, parce que l'appel pour incompétence est toujours recevable, quel que soit le montant de la condamnation. — *Toulouse*, 5 janv. 1824, Milhet c. Camparan. — V., sur le principe, APPEL.

115. — Mais il a été jugé aussi que lorsque après un renvoi devant arbitres pour statuer sur les débats d'une société dissoute, une partie a formé devant le tribunal de commerce une demande qu'elle a soutenu n'être pas essentiellement relative à la société, elle est plus tard non-recevable à opposer devant la cour de Cassation que les arbitres étaient seuls compétens sur cette demande particulière. — *Cass.*, 20 fév. 1833, Mariette c. Lebourgeois.

116. — Jugé également que lorsqu'un tribunal de commerce a rendu un jugement contradictoire qui admettait la demande d'une expertise, et dont on n'a pas appelé, si cette expertise a eu lieu en exécution de deux autres jugemens, ce tribunal n'a pu se dessaisir de l'affaire instruite devant lui, et renvoyer les parties devant arbitres pour prononcer dans la même affaire. — *Rennes*, 8 fév. 1827, Nathan Halle c. Legué.

117. — Lorsqu'un tribunal de commerce a renvoyé les parties devant arbitres, on ne peut, après la décision arbitrale, se pourvoir devant ce tribunal à fin de paiement des intérêts sur lesquels les arbitres n'ont pas prononcé. — *Rennes*, 13 mars 1816, N... c. N...; 21 déc. 1816, N... c. N...

118. — La mission donnée par un jugement à des arbitres, en matière de société commerciale, d'entendre les parties et de faire un rapport circonstancié au tribunal, n'a point pour effet de restreindre leurs fonctions à celles de simples arbitres rapporteurs. — *Paris*, 5 juill. 1810, Aubary c. Charbaut.

119. — Les arrêts précédens établissent l'incompétence absolue des tribunaux de commerce pour connaître des contestations en matière de société. — L'incompétence des tribunaux civils est-elle également absolue? Deux arrêts fondés sur ce que les tribunaux civils sont les juges naturels des parties ont répondu négativement et avec raison. — De Vatisménil, *Encyclopédie du droit*, vo *Arbitrage*, no 20.

120. — Le premier a jugé que les tribunaux civils sont compétens pour connaître des contestations entre associés de commerce, pour raison de la société, lorsqu'aucune des parties ne demande le renvoi de la cause devant des arbitres. — *Cass.*, 9 avr. 1827, Pannetrat c. Merle et Foin.

121. — ... Et l'autre, que lorsque, entre des associés qui ont des procès connexes, tant en matière civile qu'en matière commerciale, il a été convenu par transaction que ces procès seraient jugés par les tribunaux civils, le jugement ou l'arrêt qui maintient cette juridiction ne peut être annulé pour contravention à l'art. 51, C. comm. — *Cass.*, 20 avr. 1825, Durand c. Adam.

122. — V. au surplus, sur le principe qu'en matière de commerce l'incompétence des tribunaux civils n'est que relative et non absolue, COMPÉTENCE, COMPÉTENCE COMMERCIALE.

123. — Les arbitres forcés, jugeant en matière de société, agissent dans un caractère public, et dès-lors les délits de diffamation commis envers eux sont de la compétence de la cour d'assises et non de la police correctionnelle. — *Cass.*, 15 juill. 1836, Salmon, Blesbois et Richomme c. Parquin et Ducros; 29 août 1837 (t. 1er 1837, p. 404), mêmes parties; 15 mai 1838 (t. 1er 1838, p. 587), mêmes parties. — V. *infrà* no 137.

124. — Il existe un trop grand nombre de règles

communes à l'arbitrage volontaire et à l'arbitrage forcé pour qu'il n'y eût pas d'inconvénient à traiter séparément ces deux matières. Cependant elles ont l'une et l'autre des règles spéciales qui ne permettent pas de confondre l'arbitrage volontaire et l'arbitrage forcé. C'est ainsi par exemple que le dépôt des sentences doit être fait à des tribunaux différens (*infrà* nos 877 et suiv.), et que l'ordonnance d'exéquatur n'est pas rendue par les mêmes juges (*infrà* no 907). Une séparation plus profonde encore résulte aujourd'hui d'une jurisprudence constante d'après laquelle l'opposition à l'ordonnance d'exéquatur, établie par l'art. 1028, C. procéd., contre les jugemens d'arbitres volontaires, ne peut être employée contre les sentences d'arbitres forcés. — V. *infrà* nos 943 et suiv.

125. — Cependant, et quelque nécessaire que soit la distinction entre les deux espèces d'arbitrage, la jurisprudence n'est point encore parvenue à trancher nettement la question de savoir dans quels cas l'arbitrage est forcé.

126. — Le doute ne naîtrait pas si l'on s'attachait uniquement à la nature de la contestation. La disposition de l'art. 51, C. comm., est positive. « Toute contestation *entre associés et pour raison de la société* sera jugée par des arbitres. » Il ne s'agirait plus que de savoir si la contestation existe entre associés et si elle est la conséquence de la société, questions de fait qui seraient tranchées par les tribunaux de commerce devant lesquels se porteraient toutes contestations relatives à la formation du tribunal arbitral en matière d'arbitrage forcé.

127. — Mais la jurisprudence et quelques auteurs ont admis que les contestations entre associés pouvaient aussi bien que toutes autres contestations faire l'objet d'un compromis et être soumises à des arbitres volontaires. — Ainsi la cour de Cassation a posé en principe que si, en matière commerciale, la seule juridiction est celle des arbitres, il est cependant certain qu'aucune disposition du Code de commerce n'autorise à penser qu'il ait été dans la volonté du législateur de priver les associés du droit essentiel et primitif qui appartient à tous de se faire juger par des arbitres volontaires. — *Cass.*, 29 avr. 1837 (t. 1er 1837, p. 404), Parquin et Ducros c. Salmon.

128. — D'autre part, il est certain qu'une dérogation, quelque faible qu'elle fût, aux règles de l'arbitrage forcé ne devait pas suffire pour modifier sa nature et le faire dégénérer en arbitrage volontaire. Il a donc fallu déterminer le point exact et précis où, à raison des modifications apportées par les parties, l'arbitrage cessait d'être forcé pour devenir volontaire, et on comprend aisément combien dans cette voie la jurisprudence a trouvé d'incertitude et de désaccord.

129. — La simple renonciation à l'appel fera-t-elle devenir volontaire l'arbitrage forcé? — La négative paraît certaine. On pourrait en effet renoncer à l'avance à interjeter appel d'un jugement du tribunal de commerce, sans que pour cela la nature du jugement et la juridiction fussent changées. — *Cass.*, 26 mai 1813, Saint-James; *Paris*, 12 avr. 1833, Gorchler c. Duparc; *Cass.*, 10 fév. 1835, Cayrol c. Sabatié; 27 avr. 1842 (t. 1er 1842, p. 586), Gillot et Lerouxeau c. Roy-Pille.

130. — La question, quoiqu'un peu plus difficile doit être jugée dans le même sens et par les mêmes raisons, lorsque les parties ont renoncé à la fois à l'appel et au recours en cassation. — *Paris*, 4 déc. 1828, Boizard c. Brious; *Cass.*, 6 mars 1829, Marin et Gazelle c. Ollivier; 28 avr. 1829, Frossard et Margeridon c. Vertpré. — V. aussi 7 mars 1832, mêmes parties. — V. *infrà* nos 1122 et suivans.

131. — Jugé encore dans ce dernier sens qu'un arbitrage forcé ne devient pas un arbitrage volontaire parce que les parties ont dispensé les arbitres de l'obligation de suivre les formes judiciaires, et ont renoncé à se pourvoir contre leur sentence. — *Orléans*, 27 mars 1844 (t. 1er 1844, p. 655), Courty c. Darvoy.

132. — Mais l'arbitrage ne devient-il pas volontaire lorsque les parties renoncent à toute espèce de recours? Ne peut-on pas soutenir dans ce cas que les arbitres deviennent en fait par cette renonciation, et peut-être en droit, amiables compositeurs, et cessent d'être juges dans le sens de la loi? C'est ce qu'a décidé la cour de Paris, les 15 déc. 1807, Desjardins c. Robquin; 28 mai 1810, Bourdon c. Thorel; 21 sept. 1825, Henry c. Monier de Gorgeat. — Dans l'espèce de ce dernier arrêt, les parties avaient dispensé les arbitres d'observer les formes et délais de la procédure. — V. *Toulouse*, 27 mai 1820, Benazet c. Raspaud. — V. *contrà Lyon*, 14 juill. 1828, Frédéric et Gagnoux c. Bourrier et Bouchard; *Montpellier*, 12 janv. 1830, Vellars c. David et Ferrié; *Cass.*, 21 nov. 1832, Puy c. Duc; 24 mai 1842 (t. 2 1842, p. 164), Lanty c. Billiard.

133. — Lorsque les arbitres forcés sont constitués par les parties amiables compositeurs, l'arbitrage est-il encore forcé, la sentence doit-elle être déposée au greffe du tribunal de commerce et l'ordonnance rendue par le président de ce tribunal? La divergence ici entre les arrêts augmente. Jugé que l'arbitrage cesse d'être forcé et que le dépôt doit être fait au greffe du tribunal civil, ou que l'opposition à l'ordonnance d'exéquatur est recevable. — *Cass.*, 16 juill. 1817, Leclerc c. Fort et Chevalier; *Poitiers*, 13 mai 1818, même affaire; *Cass.*, 6 avr. 1818, Saint-Denis c. Lambert; 1er mai 1822, Bedout c. Duronéa; 4 mai 1830, Ardouin c. Sauzeau; *Montpellier*, 25 avr. 1831, Sigas c. Laforge; *Toulouse*, 13 juill. 1833, Olmade c. Chaffre et Verge; *Paris*, 21 déc. 1836, Bellée c. Gallois; *Lyon*, 21 mars 1838 (t. 2 1838, p. 444), Marleix c. Sollier et Vallin; *Paris*, 20 nov. 1838 (t. 2 1838, p. 453), Actionnaires du *Droit* c. Dutacq; 15 fév. 1840 (t. 1er 1840, p. 369), Alexis c. Ligois; *Toulouse*, 7 avril 1840 (t. 2 1840, p. 252), Noguès c. Vidal. — V. *infrà* nos 877 et suiv., 952.

134. — Jugé encore que l'arbitrage cessant d'être forcé et devenant purement volontaire, lorsque les associés substituent, ainsi qu'ils ont le droit de le faire, au jugement arbitral et déterminé par le Code de commerce, l'arbitrage volontaire soumis à d'autres règles, dont les conséquences sont différentes, et qui dépouille les arbitres du caractère public exclusivement attaché à la qualité d'arbitres forcés, le fait d'avoir diffamé par la voie de la presse des personnes à raison d'une décision qu'elles avaient rendue comme arbitres sur une contestation entre associés, est du ressort du tribunal de police correctionnelle, alors qu'il est établi qu'elles avaient été autorisées à juger comme amiables compositeurs. — *Cass.*, 29 avr. 1837 (t. 1er 1837, p. 404), Parquin et Ducros c. Richomme, Salmon et Blesbois.

135. — Jugé, contrairement, que le dépôt, nonobstant la clause d'amiable composition, doit être fait au greffe du tribunal de commerce, et l'ordonnance rendue par le président de ce tribunal. — *Cass.*, 16 janv. 1823, Constantin c. Mercier; 9 mars 1826, Fonteuilhat; *Poitiers*, 18 août 1826, Ardouin c. Sauzeau; *Cass.*, 22 août 1832, Cazalès c. Lafosse; *Bourges*, 28 déc. 1839 (t. 2 1840, p. 628), Didier de la Chassaigne c. Fay; *Cass.*, 16 fév. 1841 (t. 1er 1841, p. 550), Gouet c. Equache; *Paris*, 26 juill. 1841 (t. 2 1841, p. 338), Holstein c. Feydeau; 27 mars, 18 et 29 déc. 1841 (t. 1er 1842, p. 26), Lanty c. Billiard, — Jay c. Giraudeau, — Société plâtrière Vallery c. Bourdin; *Nîmes*, 7 juill. 1842 (t. 2 1842, p. 237), Madier c. Boule.

136. — Nous pensons que, quelles que soient les modifications que les parties aient apportées aux règles de l'arbitrage, il reste toujours forcé dès qu'il a lieu entre associés et pour raison de la société. Les contestations entre associés doivent être jugées par des arbitres : or, quelque pouvoir qu'on leur confère, ils ne cessent pas d'avoir ce titre, et c'est assez pour qu'on les déclare arbitres forcés, puisque tout autre tribunal est incompétent pour connaître de la contestation. La qualité d'amiable compositeur qu'on peut leur déférer ne fait point obstacle à cette décision; seulement elle constitue une modification spéciale du tribunal arbitral inadmissible pour les tribunaux ordinaires. — C'est au surplus en ce sens que la jurisprudence paraît définitivement s'établir.

137. — En effet, il a été jugé par arrêt rendu en audience solennelle que la faculté donnée aux arbitres forcés de prononcer comme amiables compositeurs, surtout lorsqu'elle est contenue dans un traité antérieur à toute contestation préalable, dans l'acte de société, ne fait que proroger, mais sans la dénaturer, la juridiction ou la mission de ces arbitres ultérieurement nommés par le tribunal de commerce; et que, dès-lors, ces arbitres ne cessant pas d'avoir un caractère public (V. *suprà* no 123), la diffamation dont ils peuvent être l'objet dans l'exercice de leurs fonctions d'amiables compositeurs est, pour son appréciation et les peines qu'elle comporte, de la compétence de la cour d'assises et non de celle du tribunal correctionnel, et qu'en conséquence la preuve des faits diffamatoires doit être admise. — *Cass.*, 15 mai 1838 (t. 1er 1838, p. 587), Parquin et Ducros c. Richomme.

138. — Et d'un autre côté, la cour de Paris juge maintenant constamment que l'opposition à l'ordonnance d'exéquatur formée contre les sentences des arbitres constitués amiables compositeurs en matière de société n'est pas recevable. — V. *infrà* no 952.

139. — Il faut au surplus pour rester arbitres forcés que les arbitres conservent le caractère de juges et ne l'échangent pas contre celui de mandataires. Par conséquent, des arbitres nommés pour régler les comptes d'une société de commerce, perdent ce caractère en acceptant des parties des pouvoirs à l'effet de régler leurs comptes respectifs, traiter et transiger irrévocablement sur les différends qu'ils étaient primitivement chargés de juger comme arbitres. — *Rennes*, 27 mars 1821, Riou Kerallet c. Bazin.

140. — On ne peut regarder comme arbitrage forcé, dans le sens que la loi donne à ce mot, celui auquel se soumet un membre d'une compagnie, après que la compagnie elle-même s'est soumise à la juridiction arbitrale, si d'ailleurs il ne s'agit pas de matières dans lesquelles l'arbitrage est obligatoire. — *Rennes*, 26 nov. 1835, Fauvel c. Administration de la marine.

141. — Les contestations relatives à la liquidation d'une société commerciale, contractée avant la promulgation du Code de commerce, sont soumises à l'arbitrage forcé. — *Aix*, 28 juill. 1826, Rebecqui c. Tourre; *Turin*, 8 juill. 1809, Coché c. Cavalli.

CHAPITRE III. — *Des contestations soumises aux arbitres. — Compétence et pouvoir des arbitres.*

142. — Les arbitres sont des juges d'exception investis par les parties du pouvoir de juger une certaine contestation, ou chargés par la loi de terminer des différends d'une nature déterminée; par conséquent, ils ne doivent jamais sortir des limites qui leur sont tracées. *Le pouvoir des arbitres*, dit Brillon, *est borné à l'objet du compromis, et tout ce qu'ils feraient au delà serait sans effets. — Arbiter nihil extrà compromissum facere potest* (L. 32, §§ 15 et 21; L. 43, ff., *De receptis*).

143. — Dans le doute, leur compétence doit être restreinte plutôt qu'étendue; et il faut ne maintenir l'arbitrage, soit volontaire, soit forcé, qu'autant que la volonté des parties ou de la loi est certaine et à l'abri de toute contestation.

144. — Il y a, en cette matière, deux points différens à examiner : d'abord quelles contestations devront être soumises aux arbitres, et, en second lieu, comment et par qui sera déterminée l'étendue de leur pouvoir.

Sect. 1re. — *Compétence des arbitres volontaires.*

145. — L'étendue des pouvoirs des arbitres volontaires est fixée par le compromis. Cet acte, aux termes de l'art. 1006, C. procéd., doit désigner les objets en litige : on ne peut donc, à cet égard, que renvoyer aux règles générales sur l'exécution des conventions. — C. civ., art. 1156 et suiv. — V. au surplus COMPROMIS.

146. — Jugé que des arbitres investis du droit de juger les contestations relatives à l'exécution d'un traité ne sont pas compétens pour connaître de la demande en nullité de ce traité. — *Cass.*, 2 mai 1832, Lecomte c. Roucamps.

147. — ... Ni pour juger la prétention de quelques unes des parties de n'être pas liées par le traité. — *Metz*, 29 déc. 1815, Dupont et Samuel.

148. — Mais lorsque les difficultés, non seulement sur l'explication, l'exécution ou l'inexécution d'un traité, mais encore sur tout ce qui pourra s'y rapporter, ont été soumises à des arbitres amiables compositeurs, une des parties ne peut, par une demande en nullité de la convention pour cause de dol, dessaisir les arbitres. Les questions de validité ou d'invalidité du traité sont, dans ce cas, de la compétence des arbitres. — *Paris*, 18 mai 1833, Wallier c. Chaulin.

149. — De même, on a jugé que les parties qui, dans un acte portant projet de société, sont convenues de soumettre *tous leurs différends sur cet acte* à des arbitres, doivent être renvoyées devant ceux-ci par les tribunaux, s'il s'élève entre elles des contestations sur la validité même du contrat. — *Paris*, 4 oct. 1827, Loisel c. Locatelli.

150. — La clause par laquelle les membres d'une société sont convenus de soumettre à des arbitres amiables compositeurs toutes les contestations qui pourraient s'élever entre eux pendant la durée de la société ou après sa dissolution, n'est point applicable à l'action dirigée par les associés contre l'un d'eux, à raison du refus par lui fait de proroger la société, malgré l'engagement qu'il en avait pris. — *Angers*, 20 juill. 1842 (t. 2 1842, p. 148), Giraud c. N...

151. — En cas de dissolution d'une société ci-

ville, par suite du décès de l'un des associés, la juridiction arbitrale, créée par l'acte de société, est sans pouvoir pour statuer sur les difficultés nées depuis la dissolution. — *Cass.*, 14 avr. 1834, Mallez c. Castellane.

152. — Lorsqu'il ne s'agit point d'apprécier l'étendue du compromis, mais d'en faire l'application, les arbitres sont compétens. Ce sont eux, par conséquent, qui doivent statuer sur les demandes en résolution d'une société civile, fondées non sur une nullité intrinsèque inhérente au contrat, mais sur l'infraction portée par un associé à l'une des clauses essentielles du contrat, dans lequel d'ailleurs on a stipulé, nous le supposons, que toutes les contestations seraient jugées par des arbitres. — *Paris*, 13 fév. 1839 (t. 1er 1839, p. 296), Assurance mutuelle d'Eure-et-Loir c. compagnie française du Phénix.

153. — Ainsi, lorsque dans un contrat d'assurance contre l'incendie il est dit que l'assuré ne pourra, à peine de nullité de l'assurance, faire assurer les mêmes biens par une autre compagnie, et ensuite que toutes les contestations seront jugées par des arbitres, c'est aux arbitres, et non aux tribunaux ordinaires, qu'il appartient de décider, en cas d'infraction, si l'assurance est nulle.

154. — La cour de Cassation pourrait paraître avoir jugé le contraire le 3 août 1836 (Assurance mutuelle du Haut-Rhin c. Lachner); mais l'arrêt est en réalité sans importance. La cour de Colmar, en effet, appréciant les termes du compromis comme elle en avait le droit, avait jugé que l'intention des parties dans le contrat d'assurance n'avait point été de se soumettre à l'arbitrage pour le cas qui ferait l'objet de la contestation; que l'arbitrage n'avait été stipulé que pour régler l'étendue des sinistres; et cette interprétation souveraine de la volonté des parties échappait à la censure de la cour suprême.

155. — Lorsqu'un acte renferme la clause que toute discussion sur son exécution sera soumise à des arbitres pour la régler amiablement, l'assignation portée devant le tribunal de commerce par l'une des parties contractantes suppose dérogation volontaire à la clause stipulée. — *Rennes*, 8 fév. 1827, Nathan Halle c. Legué.

156. — Le négociant qui a consenti à soumettre une contestation à un arbitrage volontaire est non-recevable à opposer le déclinatoire devant le tribunal civil, lorsqu'il y a introduit son action, et que ses adversaires y ont fourni leur défense. — *Cass.*, 24 avr. 1834, Armand et Lecomte c. Roucamps.

157. — Les parties qui sont convenues de soumettre à des arbitres juges les contestations qui les divisent ne peuvent attaquer pour incompétence le jugement du tribunal de commerce intervenu après le rapport d'arbitres rapporteurs, dont les parties ont consenti la nomination, et devant lesquels elles ont procédé volontairement. — *Cass.*, 7 mai 1833, Goullard c. Jurie.

Sect. 2e. — *Compétence des arbitres forcés.*

158. — Le pouvoir des arbitres en matière de société est établi et limité par l'art. 51, C. comm. « Toute contestation entre associés et pour raison de la société, y est-il dit, sera jugée par des arbitres. »

159. — Deux conditions sont donc nécessaires pour qu'il y ait arbitrage forcé: 1o que la contestation ait lieu entre associés; 2o qu'elle soit née pour raison de la société. — De Valisménil, *Encyclopédie du droit*, vo *Arbitrage*, no 23.

160. — De la première condition on peut conclure que, quand l'existence de la société est mise en question, les arbitres forcés ne sont pas compétens pour connaître de la contestation. Ils ne connaissent que des contestations entre associés, et précisément il s'agit de savoir s'il y a des associés. En d'autres termes, les tribunaux de commerce sont seuls compétens pour statuer sur la validité ou la nullité de l'acte social. — *Trèves*, 5 fév. 1810, Gorgen c. Witter et Dagoreau; *Aix*, 28 juill. 1826, Rebecqui c. Tourre; *Paris*, 20 janv. 1830, Levin c. Billard; *Poitiers*, 24 nov. 1830, Laplaine c. Gaherneau; *Bordeaux*, 16 nov. 1833, Bonger c. Vandais; *Cass.*, 26 nov. 1835, Fauchon c. Parmentier; *Bourges*, 30 juill. 1841 (t. 1er 1842, p. 233), Grenouillet c. Constantin de Grenil; *Cass.*, 31 déc. 1844 (t. 1er 1845), même affaire; — Malepeyre et Jourdain, *Des soc. commerc.*, p. 367; Pardessus, *Dr. commerc.*, t. 4, p. 70.

161. — Jugé en ce sens que la contestation entre associés commerçans, non à raison de la société, mais sur la nature et l'existence de la société, est de la compétence du tribunal de commerce et non de celle des arbitres. — *Cass.*, 30 nov. 1825, Bompart c. Bidon.

162. — On a dû juger en conséquence que le tribunal de commerce est exclusivement compétent pour décider si une partie a ou n'a pas la qualité d'associé. — *Cass.*, 17 avr. 1834, Mallez c. du Rieu du Cœur; *Paris*, 18 déc. 1835, Adam c. Gallon.

163. — ... Et si le contrat de société est entaché de fraude ou de dol. — *Paris*, 15 juill. 1839 (t. 2 1839, p. 100), Doublicz c. Despréaux.

164. — ... Ou pour juger le caractère et la légalité d'une société commerciale dont la liquidation est demandée. — *Aix*, 14 déc. 1827, Dufort c. Olive.

165. — ... Et pour statuer sur la question relative à la durée d'une société de commerce. — *Aix*, 28 juill. 1826, Rebecqui c. Tourre.

166. — Lorsque le liquidateur d'une société commerciale a formé contre un tiers, qui décline la la qualité d'associé, une demande en nomination d'arbitres, le tribunal de commerce est seul compétent pour décider si ce tiers a réellement la qualité d'associé. — *Paris*, 18 déc. 1835, Adam c. Gallon.

167. — Il suffit à une partie de nier l'existence de la société, pour que le tribunal de commerce soit obligé de statuer sur cette exception, avant de prononcer le renvoi devant arbitres. — *Rennes*, 11 mars 1812, Gault et Acher c. Gassac.

168. — Cependant un tribunal de commerce ne peut prononcer d'office la nullité d'une société, lorsqu'elle n'est demandée par aucune des parties, qui consentent au contraire à leur renvoi devant des arbitres. — Dans ce cas, le tribunal doit renvoyer les parties devant les arbitres forcés, comme s'il s'agissait d'une société régulière, et s'abstenir de connaître d'aucun des points de la contestation, même d'une demande en nomination d'un liquidateur provisoire. — *Bordeaux*, 16 déc. 1829, Lopès-Dias.

169. — Quand un aveu d'association commerciale ne porte que sur une certaine quantité d'opérations, et que sur une autre partie de ces opérations de la même nature la société est contestée, les arbitres juges ne sont pas compétens pour statuer sur cette contestation. — *Lyon*, 30 juill. 1832, Bonnebouche c. Sirié.

170. — Jugé encore que l'art. 51, C. comm., en conférant aux arbitres le droit de prononcer sur toutes les difficultés qui s'élèvent entre associés à raison seulement de la société, leur refuse par cela même le droit de statuer sur les questions qui ont pour objet de déterminer l'existence, l'étendue et la durée de la société. — En conséquence, ces dernières restent soumises à la juridiction des tribunaux de commerce. — *Lyon*, 8 juill. 1840 (t. 1er 1843, p. 469), Lavenir c. Ducroux-Reyssier.

171. — En remettant aux tribunaux de commerce les questions en quelque sorte préalables, sur l'existence, la validité et même la durée du contrat de société, la jurisprudence paraît avoir ajouté à cette règle un sage tempérament. Quoique la société soit déclarée nulle, il peut y avoir eu des opérations communes, constituant au moins une société de fait, et les contestations relatives à cette société devront être portées devant arbitres. — De Valisménil, *Encyclopédie du dr.*, vo *Arbitrage*, no 21; Delangle, *Des soc. comm.*, t. 2, no 539.

172. — Par application de ces principes, on a jugé que lorsque l'acte de société était déclaré nul pour n'avoir pas été publié conformément à l'art. 42, C. comm., il n'en conservait pas moins son caractère d'acte de société pour les faits accomplis avant la demande, et que la connaissance des contestations relatives à ces faits appartenait exclusivement à la juridiction arbitrale. — *Paris*, 14 déc. 1825, Delagrange c. Langlet; 19 avr. 1826, Milcent c. Bourdon et Lelièvre; *Cass.*, 13 juin 1832, Dubouilloy c. Gontié; 17 juin 1840 (t. 2 1840, p. 502), Lefebvre c. Gauthier et Lourdel-Ledieu; *Montpellier*, 16 janv. 1841 (t. 2 1841, p. 705), Rigal c. Astruc; *Cass.*, 29 juin 1841 (t. 2 1841, p. 394), de Labrosse c. Foucault; 31 déc. 1844 (t. 1er 1845), Grenouillet c. de Grenil. — V. *contrà Metz*, 24 nov. 1819, Armand c. Guérin; *Douai*, 29 janv. 1840 (sous *Montpellier*, 16 janv. 1841 précité).

173. — Lorsqu'il est justifié par les circonstances qu'une entreprise a eu lieu en société, les actes nuisibles à l'entreprise, faits par l'un des associés, sans le concours et le consentement des autres, et pouvant donner lieu à des dommages-intérêts, doivent être soumis à des arbitres, et appréciés par eux, suivant l'art. 51, C. comm. — *Rennes*, 1er fév. 1827, Ganilh c. Thirot et Batier.

174. — Sont également de la compétence des arbitres les contestations nées à l'occasion d'une société anonyme commerciale qui n'a pas eu d'existence légale pour défaut d'autorisation. — *Rouen*, 10 janv. 1840 (t. 1er 1840, p. 494), Boquié c. de la Prévôtière; *Lyon*, 2 avr. 1841 (t. 1er 1844, p. 786), Actionnaires de Saint-Etienne.

175. — Et si en prononçant la nullité du pacte social les tribunaux de commerce peuvent nommer des liquidateurs provisoires, ils doivent, en cas de contestations, renvoyer les parties devant arbitres pour la nomination des liquidateurs définitifs. — *Lyon*, 22 août 1825, Barbaroux c. Mottard et Bodin.

176. — Mais il ne faut pas oublier que si les arbitres sont compétens, c'est parce qu'il a existé une société de fait, et qu'ils ne tirent pas leur droit de l'acte social. Par conséquent, la décision des arbitres sera sujette à l'appel nonobstant la clause de l'acte social qui les autorise à juger en dernier ressort. — *Cass.*, 17 juin 1840 (t. 2 1840, p. 502), Lefebvre c. Gauthier et Lourdel-Ledieu; 29 juin 1841 (t. 2 1841, p. 394), de Labrosse c. Foucault; *Lyon*, 2 avr. 1841 (t. 1er 1844, p. 786), Actionnaires de Saint-Etienne. — V. *contrà Paris*, 19 avr. 1826, Milcent c. Bourdon et Lelièvre.

177. — Si, lors même que les tribunaux de commerce déclarent la société nulle, ils doivent renvoyer les parties devant arbitres à raison de la société de fait, à plus forte raison sont ils obligés à faire ce renvoi lorsqu'ils reconnaissent la validité du contrat de société. Ce point n'est pas contesté.

178. — Mais si la cause de nullité d'une société résultait de son caractère illicite, la juridiction arbitrale ne pourrait être saisie; ainsi, la société formée pour l'exploitation d'une charge d'agent de change étant radicalement nulle, il n'y a pas lieu à renvoi devant des arbitres juges, afin de statuer sur les contestations qui s'élèvent entre les divers intéressés qui se sont associés pour l'exploitation de cet office dont l'un d'eux est titulaire (Arrêté du 27 prair. an X, art. 10; C. comm., art. 85 et 87). — *Paris*, 2 janv. 1838 (t. 1er 1838, p. 153), de Bouffenois et Denoue c. Chastenet-Beaulieu. — V. AGENT DE CHANGE et SOCIÉTÉ.

179. — La partie qui a reconnu l'existence d'une association commerciale, bien qu'elle ne soit pas constatée dans les formes régulières, ne peut, pour la première fois en cassation, contester la compétence de la juridiction arbitrale. — *Cass.*, 27 nov. 1838 (t. 1er 1839, p. 266), Barrault c. Guyon.

180. — Le jugement des contestations entre *associés en participation* appartient à la juridiction arbitrale. — *Bruxelles*, 24 déc. 1818, Chaeps c. Fabry; 27 déc. 1810, Duboys c. Bormæns; *Turin*, 26 fév. 1814, Farinelli c. Maffeyal; *Gênes*, 29 déc. 1808, Bueno c. Chiozza; *Cass.*, 14 juin 1813 (sous l'ord. 1673), Amet et Ronues c. Dubrocq. — V. au surplus SOCIÉTÉ.

181. — Jugé encore que la convention qui intervient entre un auteur et un imprimeur par laquelle le premier cède au second la propriété de son œuvre jusqu'à concurrence d'un nombre d'exemplaires déterminé, à la condition de supporter les dépenses et de profiter des bénéfices par moitié, après quoi l'auteur reprendra sa propriété, constitue une véritable société en participation, dont les difficultés doivent être soumises à des arbitres forcés. — *Paris*, 16 fév. 1844 (t. 1er 1844, p. 379), Kleffer c. Deguernel.

182. — Il importe beaucoup de ne pas confondre la nullité d'une société avec sa dissolution. — Les tribunaux de commerce sont exclusivement compétens dans tous les cas pour connaître des demandes en nullité. Il en est autrement de celles en dissolution. La jurisprudence sur ce dernier point paraît portée à admettre une distinction, assez nettement établie par MM. Malepeyre et Jourdain, *Traité des sociétés commerciales*, p. 367. — De Valisménil, *Encyclopédie du droit*, vo *Arbitrage*, no 27.

183. — Ainsi, si la demande en dissolution est fondée sur l'inexécution des conventions sociales, sur l'infraction d'un associé à une clause essentielle du contrat, sur son infirmité habituelle, il s'agira vraiment dans ce cas d'une contestation entre associés, et les arbitres forcés seront compétens pour en connaître. — C. civ., art. 1871; — *Lyon*, 21 avr. 1823, May c. Carron et Déroziers; *Cass.*, 6 juill. 1829, Bordais c. Trochu et Faivre.

184. — Ce sont également les arbitres qui doivent connaître de la demande en dissolution de société, formée par l'un des associés contre l'autre, à raison du non versement, par celui-ci, de la mise qu'il s'était obligé de fournir. — *Cass.*, 21 août 1828, Platarest c. Raynal; 1er août 1839 (t. 2 1839, p. 426), Perès c. Daries.

185. — ... Et des demandes en dommages-intérêts auxquelles la dissolution peut donner lieu. — *Paris*, 28 fév. 1829, Raboteau c. Coo; *Caen*, 19 mars 1839 (t. 2 1840, p. 501), Dajon c. Eudes.

186. — Jugé encore que la question de savoir si une société en participation a été dissoute par la volonté des coassociés est de la compétence des

arbitres forcés. — *Cass.*, 10 janv. 1831, Balauer c. de Chalabre.

187. — Dans toutes les hypothèses que nous avons parcourues, il s'agissait réellement de prononcer la dissolution. — Mais lorsque la dissolution est la conséquence soit d'une disposition de l'acte social, soit d'un texte de loi, et qu'il s'agit, non de la prononcer, mais de la constater, les tribunaux de commerce sont compétens, sauf à renvoyer les parties devant arbitres pour régler les suites de la dissolution. — *Lyon*, 18 mai 1823, Bail c. Montouey et Brisson; 22 août 1825, Barbaroux c. Mollard et Bodin; *Corse*, 15 fév. 1827, Mariani c. Campana.

188. — Ainsi, comme, aux termes des art. 1865 et 1869, les sociétés dont la durée est illimitée peuvent être dissoutes par la volonté d'un seul des associés, les tribunaux de commerce seront compétens dans ce cas pour constater la dissolution. — *Colmar*, 14 juill. 1840 (t. 2 1840, p. 464), Baumann.

189. — Une fois la société dissoute, toutes les difficultés relatives à la liquidation sont de la compétence des arbitres. Ce sont en effet des contestations entre associés et à raison de la société.

190. — Une cour royale peut donc, en reconnaissant une société dans une convention qualifiée louage d'industrie, et résiliée par les premiers juges, prononcer le maintien de cette société et renvoyer les parties devant arbitres, seulement pour se régler sur des comptes respectifs. — *Cass.*, 21 fév. 1831, Pitié c. Dubois.

191. — Il arrive fréquemment que les parties au moment de la dissolution de la société en règlent le partage par un acte. S'il s'élève plus tard des contestations, seront-elles encore de la compétence exclusive des arbitres?

192. — Il faudra distinguer si la contestation porte réellement sur la société, ou si elle porte au contraire sur l'acte de liquidation. Dans le premier cas seulement, les arbitres devront en connaître. — Pardessus, *Droit commercial*, t. 6, nº 1409.

193. — Ainsi, lorsque les associés ont réglé par un acte la liquidation de leurs droits respectifs, les contestations élevées postérieurement sur cette liquidation ne sont plus des contestations entre associés et ne doivent pas donner lieu au renvoi devant arbitres. — *Rennes*, 22 oct. 1816, N... c. N...; 26 mai 1820, N... c. N...; *Lyon*, 26 fév. 1828, Perrier c. Baner; *Bordeaux*, 14 janv. 1841 (t. 1ᵉʳ 1841, p. 520), Barthès c. Séjourné; — de Vatisménil, *Encyclopédie du dr.*, vº *Arbitrage*, nº 25.

194. — Jugé encore que, lorsque, après la dissolution d'une société en participation, les associés sont convenus de faire une liquidation amiable, et, à cet effet, ont donné procuration aux anciens administrateurs de ladite société d'opérer la liquidation, de faire toutes répartitions, etc., les difficultés qui s'élèvent à raison de ce règlement ne sont point des difficultés sociales qui doivent être jugées par des arbitres forcés; ces contestations sont relatives à un mandat ordinaire, et doivent être portées devant la juridiction ordinaire. — *Bordeaux*, 23 juill. 1840 (t. 2 1840, p. 714), Tauzin c. Duc.

195. — Il en est de même des contestations élevées sur un acte portant dissolution d'une société de commerce et cession à forfait de droits sociaux par un associé. — *Aix*, 9 fév. 1827, Mery c. Hardy.

196. — La disposition de l'art. 51, C. comm., n'est pas non plus applicable au cas où il s'agit d'un paiement de reliquat de compte social, réglé à l'amiable, bien que le défendeur soutienne qu'il existe des erreurs, omissions et doubles emplois. — *Colmar*, 31 déc. 1839 (t. 1ᵉʳ 1840, p. 434), Schuler c. Buscher.

197. — Cependant, la cour de Paris a jugé que les tribunaux de commerce sont incompétens pour statuer sur une révision de compte entre associés, et doivent renvoyer les parties devant des arbitres juges, et non simplement devant un arbitre rapporteur. — *Paris*, 25 fév. 1829, Loiseau c. Gouré.

198. — Lorsqu'à la suite d'une transaction qui a réglé deux associés sur leurs droits respectifs, l'un d'eux a dirigé contre l'autre une action en répétition de sommes sociales à lui remises par un tiers, cette action portée devant les tribunaux a pu être déclarée éteinte par la transaction, sans qu'il y ait eu lieu de la renvoyer à des arbitres. — *Cass.*, 27 janv. 1829, Andriot c. Collon

199. — A plus forte raison, les questions de prescription de demandes en rectification d'erreurs de l'acte de liquidation, peuvent être jugées par le tribunal de commerce, sans qu'il soit nécessaire de renvoyer devant arbitres. — *Douai*, 5 juin 1820, d'Hubert c. Denecker.

200. — Mais lorsqu'il y a réellement et nonobstant le compte, contestation sur la société; si par exemple, à raison de biens survenus à la société depuis la liquidation, il y avait lieu à un supplément de partage, les contestations élevées sur ce supplément devraient être portées devant arbitres.

201. — Il en serait de même des demandes en redressement des erreurs de calcul ou omissions qui se seraient glissées dans une sentence rendue par un arbitre prononçant soit en vertu de la loi, soit aux termes d'un compromis et avec le titre d'amiable compositeur. C'est devant l'arbitre ou les arbitres qui ont rendu la sentence, et non devant le tribunal de commerce, que l'action en redressement devrait être portée. — *Cass.*, 28 mars 1815, Barillon c. Grammont; — Pardessus, *Dr. comm.*, t. 6, nº 1409; Merlin, *Quest.*, vº *Compte courant*, § 2, et *Rép.*, vº *Société*, sect. 2ᵉ, § 3.

202. — Et lorsque, sur l'exécution d'une sentence arbitrale, une cour renvoie les parties devant l'arbitre qui l'a rendue, pour qu'il statue sur les omissions et erreurs de calcul, la nouvelle décision que rend cet arbitre, quoique les délais du compromis soient expirés, n'est pas un simple rapport d'expert, mais bien une sentence qui a la même force que la première. — *Bordeaux*, 13 juill. 1826, Cafali c. Maggi.

203. — Jugé que les difficultés élevées sur la liquidation d'une société commerciale en participation sont de la compétence des arbitres. — Il n'y a pas exception à cette règle dans le cas où l'un des associés est tombé en faillite. — *Bordeaux*, 4 juill. 1831, Sarny c. Daguzan.

204. — La contestation élevée entre associés, mais après dissolution arrêtée de la société et après *règlement*, *provisoire* seulement, de leurs droits, est néanmoins soumise à l'arbitrage forcé. — *Douai*, 27 juill. 1837 (t. 1ᵉʳ 1838, p. 106), Lagache c. Dupire; *Cass.*, 26 janv. 1841 (t. 1ᵉʳ 1842, p. 644), mêmes parties.

205. — La vente faite par le gérant d'une société, conformément au pacte social, des actions d'un sociétaire qui, après une mise en demeure, n'a pas versé le montant de ses actions, n'ôte à celui-ci sa qualité que *pour l'avenir*: dès-lors, l'instance introduite contre lui pour obtenir le paiement de la différence entre le prix d'émission et celui d'aliénation prenant naissance dans les obligations mêmes qu'il a souscrites comme associé, la juridiction arbitrale est seule compétente pour en connaître. — *Douai*, 10 nov. 1840 (t. 1ᵉʳ 1841, p. 170), Degrange c. Petit.

206. — Quoique les contestations entre associés seulement soient de la compétence des arbitres forcés, on a dû juger que lorsque la contestation existe entre la société d'une part et un associé de l'autre, à raison de la société, les arbitres devaient en connaître; et cela lors même que la société serait représentée par des syndics ou des liquidateurs.

207. — Ainsi, l'action intentée par le gérant d'une société en commandite, et, en cas de faillite, par le syndic, contre les commanditaires en retard de verser le montant de leur commandite, doit être soumise à la juridiction arbitrale. — *Paris*, 3 août 1844 (t. 2 1844, p. 338), Baudin c. Poussin.

208. — Il y a également lieu à la juridiction des arbitres forcés, lorsqu'un liquidateur, même non associé, investi du pouvoir de poursuivre au nom de la société le remboursement de toutes sommes à elle dues, et qui s'est chargé d'éteindre la dette sociale, poursuit un associé en paiement soit des appels de fonds auxquels il n'a pas satisfait, soit de sa part contributive dans les sommes que le liquidateur a dû avancer pour opérer la liquidation. — *Cass.*, 13 avr. 1844 (t. 2 1844, p. 350), Coste c. Sillac-Lapierre.

209. — Lorsqu'il s'élève une contestation entre les gérans d'une société de commerce et l'un des associés, à raison de la liquidation de la dette de ce sociétaire, le fait de la faillite de ce dernier ne peut enlever la connaissance du différend à la juridiction exceptionnelle des arbitres saisis en vertu de la loi comme en vertu de la convention. — *Paris*, 7 août 1833, Etienne c. Lenormand.

210. — Mais l'action intentée par les créanciers d'une société en commandite tombée en faillite contre les commanditaires à fin de paiement des dettes, jusqu'à concurrence des commandites, n'est point une action entre associés, et elle doit être portée devant le tribunal de commerce. — *Paris*, 23 fév. 1833, Hallette c. Gauthier de Claubry.

211. — De même, une demande en dommages-intérêts formée par des porteurs d'actions d'une société anonyme contre les anciens administrateurs de la société, à raison d'actes que ceux-ci auraient faits en cette qualité dans leur intérêt personnel, au préjudice de la société, ne constitue point une action entre associés qui doive être jugée par des arbitres. — *Paris*, 31 janv. 1833, Rousseau c. Wilson.

212. — Lorsqu'un membre d'une société commerciale a cédé à un tiers la portion de son intérêt dans cette société, cette cession constitue elle-même une société particulière entre le cédant et le cessionnaire; en sorte que les difficultés qui s'élèvent entre eux, à raison de la cession, doivent être soumises à des arbitres. — *Bordeaux*, 8 fév. 1838, Goudal c. Coupat.

213. — La demande formée par le capitaine d'un navire, qui est en même temps associé en participation avec les armateurs, en paiement des salaires qui lui sont dus comme capitaine, doit être considérée, quand le demandeur s'est réservé le commandement du navire par une clause expresse de l'acte social, comme une contestation entre associés, de la compétence exclusive des arbitres. — *Bordeaux*, 7 déc. 1831, Conseil c. Bouchalles.

214. — La convention par laquelle deux agens d'assurances sont convenus de partager entre eux leurs droits de courtage, a pu ne point être considérée comme une association entraînant la compétence des arbitres forcés. — *Cass.*, 29 nov. 1831, Gaygiani c. Varlet.

215. — La seconde condition exigée par l'art. 51, C. comm., c'est que la contestation soit pour raison de la société. Si par conséquent il s'agit d'une contestation entre la société elle-même et l'un des associés qu'elle prétend son débiteur indépendamment de toute convention sociale, ou qui se prétend, lui, créancier de la société à raison d'opérations qu'il a faites avec elle comme tiers, les tribunaux de commerce sont seuls compétens pour connaître de la contestation.

216. — Lorsque, pour décider entre deux parties à laquelle appartient la qualité de représentant d'une société commerciale, il est nécessaire de statuer sur la validité ou l'invalidité d'une délibération de la société qui enlève cette qualité à l'un pour l'attribuer à l'autre, il y a là contestation pour raison de la société, et, conséquemment, le litige rentre dans la compétence exclusive de l'arbitrage forcé. — *Bordeaux*, 11 avr. 1839 (t. 2 1839, p. 135), Lafitte c. Lestapis.

217. — Jugé que la disposition de l'art. 51, C. comm., n'est pas applicable au cas où il s'agit d'obligations contractées personnellement par l'un des associés envers la société. — *Metz*, 29 avr. 1817, C.... c. N.....

218. — ... Ni à la contestation née entre l'un des membres d'une société commerciale et ses coassociés, à l'occasion des fournitures que le premier a faites de son commerce *particulier* à la société. — *Bordeaux*, 31 août 1831, Malineau c. Compagnie des bateaux à vapeur; 22 juin 1833, de Pompigne c. de Royère.

219. — Le négociant-commissionnaire qui a été chargé, en cette qualité, du dépôt et de la vente des produits d'une société dont il fait partie, n'est point justiciable des arbitres forcés, mais du tribunal de commerce, à raison de contestations élevées par suite des opérations qui lui ont été confiées pour le compte de la société. — *Cass.*, 3 avr. 1838 (t. 2 1838, p. 86), Guyonie c. Beille.

220. — Le traité postérieur à un acte de société, et par lequel un associé s'engage avec la société pour la fourniture de certains objets nécessaires à l'exploitation que celle-ci a pour but, doit être considéré comme distinct de l'acte social. En conséquence la contestation qui peut s'élever sur son application doit être soumise aux tribunaux, et non à l'arbitrage forcé, et cela quand bien même ce traité porterait qu'il était une des conditions de l'adhésion de son auteur à l'acte de société. — *Cass.*, 4 août 1840 (t. 2 1844, p. 512), Messageries du Midi c. Salvayré; *Bordeaux*, 3 juin 1844 (t. 2 1844, p. 314), Costin c. Pollis et Lorner.

221. — Mais les arbitres sont seuls compétens pour statuer sur une contestation relative à des avances faites, à titre de prêt et d'escompte, par l'un des associés à la société, lorsque la quotité de ces avances n'est pas spécifiquement déterminée, et que, pour la fixer, il faut interpréter les conventions des parties et procéder à des comptes. — *Paris*, 1ᵉʳ sept. 1828, Rignoux c. Cornedecerf.

222. — ... Et sur les contestations entre associés relatives au paiement de lettres de change, reconnues souscrites pour mise sociale, bien que causées valeur reçue comptant. — *Paris*, 18 mars 1833, Massé et Bartier c. Leconte.

223. — Le commis intéressé dans une société n'est pas un associé qui ait le droit de réclamer la juridiction arbitrale. — *Rouen*, 6 avr. 1811, N... c. Alexandre; 28 fév. 1818, Churet c. Smar; *Cass.*, 31 mai 1831, Gronet c. Roches. — V. aussi *Paris*, 7 mars 1835, Poussielgue Rusand c. Meyer; — de Vatisménil, *Encycl. du dr.*, vº *Arbitrage*, nº 23.

224. — Lorsqu'un associé dont la créance contre

quelques uns de ses cosociétaires est certaine et liquide, demande à l'un d'eux sa part contributive dans cette créance garantie par celui-ci, ils doivent être renvoyés purement et simplement devant des arbitres. — *Rennes*, 10 avr. 1821, Delahaye Barruel c. Jourdan de Keririol.

225. — Il peut arriver que ce ne soit pas un associé, mais des personnes qui le représentent, qui agissent contre la société. Il n'est pas toujours facile de déterminer, dans ce cas, si la contestation doit être portée devant arbitres.

226.—L'affirmative a été jugée avec raison pour le cas où les créanciers personnels d'un associé, en cas de décès de leur débiteur, demandent, comme exerçant ses droits, la liquidation de la société. — *Paris*, 3 juin 1824, Witorf c. Deschevailles; — Mongalvy, no 18; de Valisménil, *Encycl. du droit*, vo *Arbitrage*, no 24.

227. — Mais on a jugé que celui auquel le gérant d'une société avait cédé une créance litigieuse de la masse contre un associé, ne pouvait réclamer le droit d'être jugé par des arbitres par le motif que le cessionnaire est un tiers, agissant en vertu de son droit propre, et qu'on ne peut pas dire de lui, comme des créanciers de l'associé défunt, qu'il se confond avec le débiteur dont il exerce les droits. — *Rouen*, 27 juin 1828, Johannot c. Martin. —V. *contrà* de Valisménil, *Encycl. du dr.*, vo *Arbitrage*, no 24.

228. — La cour de Paris (17 déc. 1833, Hérail c. Terson) a refusé à des associés le pouvoir de demander que les contestations élevées par les créanciers de l'un d'eux sur un projet de liquidation de leur société, soient jugées par des arbitres forcés.

229. — Les arbitres forcés ayant une attribution spéciale, toute personne, quelle que soit sa qualité, qui se trouve engagée directement ou indirectement dans une société commerciale, qu'elle soit capable ou non de contracter, maîtresse ou non de ses droits, est soumise à leur juridiction. Ainsi, le mineur émancipé ou non émancipé, l'interdit, la femme mariée, sont soumis aussi bien que les majeurs à la juridiction arbitrale. — Malepeyre et Jourdain, *Des soc. comm.*, p. 370.

230. — Bien que la demande principale formée par un associé contre son ci-devant associé, pour raison de la société, doive être renvoyée à des arbitres conformément au Code de comm., il n'en saurait être de même d'une demande incidente formée par le défendeur, et qui aurait pour objet des comptes et réglemens antérieurs à la société, nonobstant le principe que les juges compétens pour connaître du principal le sont aussi pour connaître des demandes incidentes. — *Metz*, 15 fév. 1822, N.....

Sect. 3e. — *Comment et par qui doivent être jugées les questions relatives à la compétence des arbitres.*

231. — Comment et par qui seront résolues les questions de savoir si les arbitres peuvent ou non statuer; si la contestation qu'on leur soumet est ou n'est pas comprise dans les termes du compromis; si elle est entre associés et pour raison de la société? Il faut voir comment la difficulté se présentera.

232. — Lorsque l'arbitrage est volontaire, il ne s'agit, pour déterminer la compétence des arbitres, que d'interpréter une convention, et les tribunaux ordinaires sont compétens pour terminer cette contestation.

233. — Nulle difficulté donc ne se présentera si, sur la demande formée contre une personne devant les tribunaux ordinaires, celle-ci oppose un traité portant que la contestation doit être jugée par des arbitres. Les tribunaux devront prononcer et sur la validité et sur l'étendue du compromis. — *Metz*, 29 déc. 1815, Dupont c. Samuel.

234. — Il en serait encore de même si les arbitres n'ayant point été désignés par le compromis, mais devant l'être par les parties, l'une d'elles refusait de nommer son arbitre. Sur l'assignation qui serait donnée à cette partie à comparaître devant le tribunal à l'effet de voir nommer un arbitre à son refus, la question de validité ou celle de l'étendue du compromis se présenterait naturellement et devrait être résolue.

235 — Mais il peut arriver que les parties se trouvant déjà devant les arbitres, l'une d'elles leur soumette une contestation non comprise au compromis. Que devront faire les arbitres sur la réclamation de l'autre partie qui soutiendra leur incompétence?

236. — Devront-ils surseoir, renvoyer les parties devant les juges ordinaires, et attendre leur décision pour reprendre les opérations de l'arbitrage? Cette voie offrirait l'inconvénient de permettre presque toujours à l'une des parties de faire tomber à son gré le compromis en contestant la

compétence des arbitres, car cette contestation ne suspendrait pas les délais de l'arbitrage, et il est difficile de croire qu'on eût toujours le temps de la juger avant leur expiration.

237. — Les arbitres emploieront donc un moyen plus simple en procédant au jugement de la contestation s'ils se croient compétens nonobstant les réserves des parties, et après les avoir mentionnées. Le jugement sur le point de savoir s'ils étaient ou non compétens viendra naturellement sur l'opposition à l'ordonnance d'*exéquatur*, et avec d'autant moins de danger qu'une jurisprudence constante regarde comme de nul effet la renonciation anticipée à se pourvoir par cette voie. — V. *infrà* nos 104 et suiv.

238. — C'est en ce sens que la cour de Cassation a jugé que les arbitres, même volontaires, quoique juges d'exception, et comme tous les juges d'exception, sont juges de leur compétence. — *Aix*, 13 déc. 1814, Roselly c. Abbat; *Cass.*, 28 juill. 1818, même affaire.—V. *contrà Rennes*, 16 fév. 1810, C... c. N. .

239. — La question a été jugée dans le même sens pour des arbitres forcés. On eût même dû conserver moins de doutes, puisqu'on ne pouvait pas leur contester le caractère de juges. — *Paris*, 28 janv. 1826, Henry c. Vassal; *Cass.*, 8 mai 1833, Furnival c. Beuvain.—V. *contrà Paris*, 13 déc. 1808, Roustan c. Pradelle; *Turin*, 25 janv. 1813, Piazza c. Garda.

240. — Et on a jugé également que des arbitres devant lesquels une partie soutient que les contestations qui leur sont déférées ne constituent point une société de commerce, ne sont pas obligés de surseoir, sous le prétexte que leurs pouvoirs se trouveraient ainsi mis en question.—*Cass.*, 8 mai 1833, Furnival c. Beuvain.

241. — Jugé encore que des arbitres nommés par le tribunal de commerce, sur la présentation des parties, en exécution d'un acte de société portant qu'en cas de difficultés élevées entre les associés il y sera statué en dernier ressort par des arbitres, ont pu, préalablement à l'examen de ces difficultés, et sur la demande de l'une des parties, décider que le jugement qu'ils auront à rendre sur le fond sera en dernier ressort. — Mais nonobstant cette décision, les parties conserveront le droit de se pourvoir contre le jugement arbitral, si les arbitres ont excédé leurs pouvoirs. — *Paris*, 28 janv. 1826, Henry c. Vassal; — Merson, *De l'arbitrage forcé*, no 52.

242. — Il y a cette différence seulement entre l'arbitrage forcé et l'arbitrage volontaire, que, dans l'un, les parties n'ont qu'une voie pour faire réformer la sentence des arbitres sur la compétence, la voie de l'appel, qui sera toujours recevable, quel que soit le montant de la demande, conformément à l'art. 454, C. procéd., et nonobstant toute renonciation contraire.

243.—Au contraire, si l'arbitrage est volontaire, outre la voie d'appel, les parties auront, si elles le préfèrent, celle d'opposition à l'ordonnance d'exéquatur qui leur laissera encore, sur la question de compétence et malgré la décision déjà rendue par les arbitres, un double degré de juridiction.

244.—On ne doit pas considérer comme ayant interdit aux arbitres le pouvoir de juger sur leur compétence les arrêts qui ont décidé qu'en cas de partage sur leur compétence, les arbitres ne devaient pas nommer un tiers pour les départager, mais qu'ils devaient, au contraire, surseoir à statuer jusqu'à ce que ce point eût été jugé par le tribunal de commerce. La faculté d'appeler un tiers pour les départager ne leur a point été accordée pour ce cas, et il est juste que, dans l'impossibilité d'obtenir un jugement des arbitres, les parties fassent déterminer par le tribunal de commerce les points qui seront soumis à la juridiction arbitrale. — *Paris*, 25 mars 1808, Cafin c. Daguet et Dinglemarre; *Lyon*, 30 juill. 1832, Bonne-Bouche et Champereux c. Sirié et Roybet.

245. — La question de compétence des arbitres peut donc, selon les cas, être jugée soit avant qu'ils aient rendu leur décision, soit après; et il est clair que si elle est jugée avant, elle ne pourra plus être soulevée ni devant eux ni après qu'ils auront statué, soit par appel, soit par opposition à l'ordonnance d'exéquatur.

246. — Lors donc que des arbitres ont été institués comme arbitres forcés par des jugemens non attaqués, l'une des parties renvoyées devant eux n'est point recevable à décliner leur compétence, sous le prétexte que la contestation ne rentrerait pas dans le domaine de l'arbitrage forcé. *Paris*, 8 avr. 1824, Daugny c. Rollac.

247. — La question de savoir si des arbitres ont été réellement et légalement institués juges n'est point une simple question de compétence dont la décision puisse leur appartenir.

248. — Par suite, si le compromis est attaqué comme surpris par dol et par fraude, le tribunal arbitral est sans pouvoir pour prononcer lui-même sur l'existence de ce dol et de cette fraude. — *Cass.*, 2 août 1842 (t. 2 1842, p. 515), Nattier c. Chaulin et Thierriet.

249. — Il n'appartient point aux arbitres de décider si l'appel formé contre une sentence par laquelle ils sont déclarés compétens est ou non recevable au fond. — Même arrêt. — V. *infrà* nos 427 et suiv. — V. aussi no 376.

Sect. 4e. — *Pouvoir des arbitres. — Contrainte par corps.*

250. — Les arbitres, en arbitrage forcé, tenant leurs pouvoirs de la loi, il n'appartient ni aux parties, par une convention particulière, ni aux tribunaux, par un jugement, de restreindre leur juridiction. — Pardessus, *Droit comm.*, no 1469; Goujet et Merger, *Dict. de dr. comm.*, vo *Arbitrage forcé*, no 103.

251. — Ne peut être regardé comme juge arbitre celui à qui est imposée l'obligation de consulter un tiers avant de rendre sa décision. — *Bordeaux*, 9 janv. 1832, Porge.

252. — En matière d'arbitrage sur compromis, le compromis est la seule chose essentielle à consulter pour décider si les arbitres ont jugé sans pouvoir ou compétemment. — Ainsi jugé que lorsque le compromis donne aux arbitres le pouvoir exprès de décider s'il convient que la société existant entre les parties soit dissoute, et, en cas de dissolution prononcée, d'en apprécier les conséquences, il les investit nécessairement du droit d'examiner s'il y a lieu ou non d'accorder à l'une des parties le dédit stipulé dans l'acte social contre celle qui demanderait ou occasionnerait la dissolution de la société; dès-lors il suffit que les arbitres aient jugé utile, dans l'intérêt commun, de dissoudre la société, pour qu'ils doivent être réputés avoir apprécié la cause du dédit. — *Cass.*, 18 janv. 1842 (t. 1er 1843, p. 72), Mauny c. Lemeunier.

253. — Des arbitres forcés, autorisés à juger en dernier ressort, ne statuent pas hors des termes du compromis lorsque, venant à découvrir certaines opérations illicites auxquelles se seraient livrés les associés, ils considèrent comme faits accomplis celles qui ont été réglées et soldées, ayant soin toutefois de faire disparaître du crédit et du débit celles qui sont encore à liquider... et par suite leur sentence n'est pas susceptible d'appel. — *Paris*, 17 janv. 1844 (t. 1er 1844, p. 445), Graverand c. Leblond.

254. — De ce que dans les conclusions soumises aux arbitres par l'une des parties cette dernière a laissé en blanc deux sommes sur lesquelles portent ses prétentions, on ne saurait induire que les arbitres ont statué hors des termes du compromis en suppléant ces sommes. —Il en est de même dans le cas où les arbitres ont fait dresser par un tiers, expert en comptabilité commerciale, un compte courant qu'ils ont pris pour base de leur décision, et qu'ils ont annexé à leur sentence. — *Rennes*, 6 janv. 1844 (t. 1er 1844, p. 523), Dugast c. Tourgouillet.

255. — La clause d'un compromis donnant aux arbitres pouvoir de statuer amiablement et sur tous les chefs de contestation par un seul et même jugement, ne fait pas obstacle à ce que les arbitres, en décidant définitivement certains chefs, renvoient à des experts pour le surplus. — *Cass.*, 11 fév. 1806, Daudebard c. Fialdès; — Merlin, *Rép.*, vo *Arbitrage*, no 5.

256. — Les pouvoirs conférés aux arbitres à l'effet de procéder, entre associés, au partage des biens provenant d'opérations commerciales, s'appliquent aux immeubles comme aux meubles de la société. — En conséquence, les arbitres qui reconnaissent que le partage en nature des immeubles est impossible peuvent, sans excéder les bornes de leur compétence, renvoyer devant les tribunaux civils pour la licitation de ces biens. — Il n'y a pas violation des art. 966 et suiv., C. procéd., lorsque les arbitres se sont bornés à ordonner la licitation devant le tribunal civil. — *Cass.*, 31 juill. 1832, Bonneau-Lestang c. Petit; — Bioche et Goujet, vo *Arbitrage*, no 316.

257. — Jugé, avant le Code de procéd., que si, dans un acte de dissolution de société, il avait été stipulé que, sur toutes les difficultés qui pourraient avoir lieu lors de l'inventaire et de la liquidation, les parties s'en rapporteraient définitivement et sans appel à des arbitres désignés, la condamnation prononcée par ces arbitres contre l'un des associés doit être maintenue par suite de la liquidation. — *Cass.*, 7 thermid. an X, Muller c. Poignand.

258. — C'est la demande qui détermine l'étendue

du pouvoir des arbitres, et non la défense. Peu importe, une fois les premières conclusions prises, qu'il en soit posé de nouvelles sur le provisoire seulement, et que celles-là seules soient développées: les arbitres peuvent, s'ils se trouvent suffisamment éclairés, juger même le fond. Leur sentence est inattaquable, alors même que le procès-verbal dressé par eux déclare les débats clos sur la question provisoire sans parler de celle du fond. *Paris*, 20 nov. 1838 (t. 2 1838, p. 453), actionnaires du *Droit* c. Dutarq.

259. — Lorsque dans la période de temps que des parties soumettent par un compromis à l'examen souverain des arbitres se placent des sentences ou des compromis qui ont réglé sur certains points les intérêts des mêmes parties, les arbitres peuvent, sur la foi d'une renonciation présumée au bénéfice de ces décisions, et sans que leur sentence puisse être annulée pour violation de la chose jugée, apprécier les mêmes faits d'une manière différente. — *Cass.*, 10 fév. 1835, Carol c. Sabatié.

260. — Lorsque, dans le cours d'une instance soumise à des arbitres volontaires il s'élève entre les parties une contestation incidente, par exemple celle de savoir si l'une des parties n'a pas contrevenu à une clause pénale stipulée contre celle qui, par sa faute, mettrait obstacle à l'exécution du compromis, c'est aux arbitres qu'il appartient de statuer sur cet incident et non au tribunal. — *Cass.*, 12 (et non 22) juill. 1809, Capelin c. Perrot; 8 nov. 1809, même affaire.

261. — Des arbitres forcés n'excèdent pas leur compétence lorsque, saisis de la question de savoir si un associé commanditaire a versé à la société le montant de sa commandite, et considérant que le transport au moyen duquel cet associé s'est libéré a été compensé par le débiteur avec une créance qu'il avait sur l'associé responsable personnellement, ils décident que cette délégation n'équivaut pas, vis-à-vis des tiers, au versement effectif exigé par l'acte social. — Vainement dirait-on que les arbitres, n'ayant de juridiction que sur les associés, n'ont pu rechercher la manière dont s'était effectuée la libération du débiteur de la créance transportée. — *Cass.*, 3 fév. 1838 (t. 2 1838, p. 498), Raquillet c. Martin.

262. — Les arbitres peuvent ordonner que l'un des associés rendra compte, sous peine de paiement d'une somme provisoire inférieure à celle qui devra être le résultat définitif de ce compte. L'art. 334, C. procéd. civ., est applicable en matière d'arbitrage, pour toutes les formalités qui se trouvent praticables devant des arbitres. — *Cass.*, 21 janvier 1840 (t. 1er 1840, p. 551), Rolland c. Pédron.

263. — Lorsque, dans un arbitrage entre associés, portant sur des chefs distincts, il y a eu deux nominations successives d'arbitres, par suite du décès de l'un d'eux, les arbitres derniers nommés ne peuvent remettre en question les points décidés par les premiers, lesquels n'avaient pas été astreints à prononcer par un seul et même jugement. — Dans ce cas, ce n'est pas au tribunal de commerce, c'est aux arbitres remplaçans qu'il appartient de déterminer quels sont les points qui ont été fixés par les premiers arbitres. — *Bruxelles*, 30 mai 1810, Marcellis c. Hullebuy.

264. — Des arbitres autorisés à juger toutes les contestations nées et à naître, à raison d'une société, ne consomment point leurs pouvoirs en rendant une première décision définitive, et ils ont qualité pour juger les autres contestations résultant de la même société, qui leur sont soumises avant l'expiration du délai de l'arbitrage. — *Cass.*, 21 nov. 1832, Puy c. Duc.

265. — Lorsqu'une sentence arbitrale, rendue sur la liquidation d'une société commerciale entre deux associés, a déclaré l'un d'eux créancier d'une somme déterminée, mais sans en prononcer la condamnation, de nouveaux arbitres, nommés par suite de cette omission, ne peuvent critiquer la liquidation qui a été consommée par la première sentence; il y aurait violation de l'autorité de la chose jugée. — *Cass.*, 27 juill. 1829, Maggi c. Cazati.

266. — Une sentence arbitrale, rendue entre deux communes, ne peut être cassée pour contravention à la chose jugée par un arrêt de parlement, lorsque les arbitres n'ont fait qu'interpréter cet arrêt et les titres qui leur étaient soumis par les parties. — *Cass.*, 2 juill. 1827, commune de Montlhier c. commune de Lods.

267. — Les arbitres prononcent sur la condamnation aux dépens. — Et, à défaut de stipulations particulières des parties, ils doivent suivre sur ce point les règles établies pour les jugemens ordinaires.

268. — La liquidation des dépens se fait par la sentence même qui les adjuge. — C. procéd., art. 543. — Toutefois l'omission de cette formalité n'entraîne pas nullité de la sentence, et, dans ce cas, la taxe est faite, suivant M. Chauveau sur Carré (*Quest* 1332), et MM. Goujet et Merger (no 120), soit par les arbitres, si les délais de l'arbitrage ne sont pas expirés; soit, dans le cas contraire, par le président du tribunal qui a rendu l'ordonnance d'exéquatur.

269. — Aucune opposition n'est recevable contre la taxe faite par les arbitres; la seule voie de recours ouverte est celle de l'appel. — Bellot des Minières, *Comm. sur l'arbitr. volont. et forcé*, t. 2, nos 264 et 265; Goujet et Merger, *Dict. de droit comm.*, no 121.

270. — Doivent être taxés comme en matière sommaire, et non comme en matière ordinaire, les frais faits sur l'appel d'une sentence rendue par des arbitres volontaires, entre commerçans et en matière commerciale. — *Cass.*, 15 nov. 1843 (t. 1er 1844, p. 319), Govard c. assurances maritimes d'Anvers. — V. FRAIS ET DÉPENS.

271. — Les frais d'un arbitrage peuvent être laissés à la charge d'une société, et ceux du tiers arbitrage annulé à la charge particulière de l'un des associés. — *Cass.*, 20 mai 1824, Bertrand c. Rigoneau.

272. — Les arbitres sont-ils exposés à la peine prononcée par l'art. 177, C. pén., relatif à la corruption des fonctionnaires publics? Jouissent-ils du privilége de l'art. 479, C. instr. crim.? Sont-ils passibles de l'action en forfaiture? M. le procureur général Dupin soutenait la négative devant la cour de Cassation, dans l'affaire Parquin (t. 1er 1838, p. 595), par le motif que les arbitres n'ont pas de caractère public. — On sait que par son arrêt la cour de Cassation a posé en principe, au moins quant à l'application de l'art. 20, L. 26 mai 1819, que les arbitres forcés, dans l'exercice de leurs fonctions, agissent dans un caractère public. — *Cass.*, 15 mai 1838 (t. 1er 1838, p. 587), Parquin. — V. FONCTIONNAIRE PUBLIC ET CORRUPTION DE FONCTIONNAIRES.

273. — Les arbitres, soit volontaires, soit forcés, remplaçant les juges ordinaires, ont, à moins de disposition contraire de la loi, les mêmes pouvoirs que les juges; ils peuvent par conséquent prononcer la contrainte par corps, pourvu qu'ils se conforment aux lois. Le doute aurait pu naître, au moins en matière d'arbitrage volontaire, de l'art. 2067, C. civ., car en matière d'arbitrage forcé la sentence des arbitres est incontestablement un jugement. Mais la décision des arbitres volontaires a également le caractère de jugement, et la loi lui en donne le nom dans un grand nombre d'articles du titre *Des arbit.*, C. procéd., art. 1020 et suiv. — Carré, *Quest.* 3334; Berriat, *Cours de procéd.*, p. 45, note 26e. — V. *Le prat. franç.*, t. 5, p. 393; — Boucher, *Man. des arb.*, p. 176; de Valisménil, *Encyclop. du dr.*, vo *Arbitrage*, no 274; Goujet et Merger, *Dict. de dr. comm.*, vo *Arbitr. forcé*, no 118, et *Arbitr. volontaire*, no 85; Souquet, *Dict. des temps lég.*, 26e tabl., 5e col., no 59.

274. — Mais il est bien entendu que les arbitres ne peuvent prononcer la contrainte par corps que dans les cas où les tribunaux eux-mêmes la prononceraient. — Ainsi ils la prononceront valablement entre négocians, même associés. — *Cass.*, 5 nov. 1811, Lugan c. Fontanier; 1er juill. 1823, Rey c. Vertue; *Toulouse*, 17 mai 1825, Cayrol c. Sabatié; *Paris*, 20 mars 1812, Morel c. Lorch; *Colmar*, 31 mars 1813, Guimjal c. Nerkin (impl.). — V. *contrà Toulouse*, 9 janv. 1809, Lugan c. Fontanier.

275. — La cour de Cassation a jugé qu'en matière commerciale les arbitres étaient compétens pour prononcer la contrainte par corps, même en dernier ressort, quand les parties avaient consenti à être jugées par eux souverainement et sans appel. — *Cass.*, 5 nov. 1811, Lugan c. Fontanier.

276. Mais cette décision ne pourrait plus recevoir d'application aujourd'hui, en présence de l'art. 20, L. 17 avr. 1832; et nonobstant toute renonciation contraire, l'appel de la sentence serait recevable quant au chef relatif à la contrainte par corps. — V. CONTRAINTE PAR CORPS.

277. — Les arbitres volontaires peuvent prononcer la contrainte par corps pour le paiement du reliquat d'un compte de tutelle. — *Pau*, 4 juill. 1821, Dispériés c. Vielle.

278. — Il en serait ainsi lors même que les arbitres seraient amiables compositeurs. Cette qualité ne les empêcherait pas de prononcer la contrainte dans les cas prévus par la loi. — Même arrêt; *Paris*, 11 nov. 1844 (t. 2 1844, p. 516), Duquesne c. Montmaur.

279. — Il n'est pas même nécessaire que les arbitres y aient été autorisés dans le compromis; la contrainte par corps est un accessoire attaché par la loi à certaines créances, et les arbitres doivent la prononcer pourvu que les parties aient posé des conclusions à cet effet. — *Rennes*, 24 août 1816, Magon de Ville Suchet c. N...

280. — Lorsque dans une instance pendante devant la juridiction commerciale, les parties, après avoir conclu au fond, ont demandé, d'un commun accord, et ont obtenu leur renvoi devant des arbitres volontaires, ces arbitres peuvent prononcer la contrainte par corps, encore bien qu'elle n'ait été demandée que dans les conclusions prises devant le tribunal de commerce. — *Colmar*, 18 juin 1841 (t. 2 1841, p. 510), Hallenberger c. Meyer.

281. — Dans le cas où un tribunal de commerce a renvoyé les parties devant des arbitres, l'une d'elles ne peut, après que les arbitres ont statué, se pourvoir devant ce tribunal à l'effet d'obtenir l'exécution par corps de la décision arbitrale. — *Rennes*, 21 déc. 1816, Chesnel c. N...

282. — Lorsque la contrainte par corps a été mal à propos prononcée par les arbitres, la jurisprudence a distingué avec raison entre les griefs opposés au jugement arbitral pour décider par quelle voie la partie condamnée doit se pourvoir. — Ce sera par appel si la contrainte a été prononcée dans un cas non prévu par la loi. — *Toulouse*, 17 mai 1825, Cayrol c. Sabatié.

283. — Ce sera au contraire par la voie d'opposition à l'ordonnance d'exéquatur si la contrainte a été prononcée sans être demandée. — *Rennes*, 21 mars 1831, Révél c. Mancel; *Paris*, 30 mai 1837, Boudon c. Wilks.

284. — Lorsqu'il n'a été conclu, devant les arbitres, à la contrainte par corps que sur une partie des sommes demandées, si la sentence prononce cette contrainte relativement aux autres sommes, les parties peuvent se pourvoir par opposition devant le tribunal qui a rendu la sentence, et demander la nullité de l'acte qualifié jugement arbitral. — *Rennes*, 21 mars 1831, Révél c. Mancel.

CHAPITRE IV. — *Des arbitres.*

Sect. 1re. — *Qui peut être arbitre.*

285. — Toute personne peut être nommée arbitre, à la réserve, dit Domat (*Lois civiles*, liv. 1er, tit. 14, sect. 2e, § 7), de celles qui se trouvent dans quelque incapacité ou infirmité qui ne leur permet pas cette fonction.

286. — Il en est ainsi même en matière de commerce et lorsqu'il s'agit de contestations entre associés. Quoiqu'il soit sage de soumettre à des commerçans la décision de ces contestations, l'art. 51 du Code de commerce n'en impose la nécessité ni aux parties ni aux juges.

287. — Ainsi jugé qu'un avocat peut être nommé arbitre en matière de commerce. — *Douai*, 29 avr. 1819, Delcassan c. Grivel.

288 — Cependant la cour de Toulouse a décidé que les tribunaux de commerce avaient le droit de refuser leur sanction à la nomination d'un avocat pour arbitre, faite par l'une des parties dans des contestations qui se réduisaient à une opération matérielle, circonscrite à l'examen d'écritures et à l'appréciation de faits dont les bases ne pouvaient être à la portée que des seuls négocians. Dans l'espèce, d'ailleurs, la nomination paraissait au tribunal n'avoir été faite que dans l'intention de retarder le jugement. — *Toulouse*, 19 fév. 1813, Fabre c. Casseyrol.

289. — Jugé encore que la faculté que l'art. 53, C. comm., accorde aux associés de nommer leurs arbitres, peut être limitée par le juge, de telle sorte que les associés ne puissent choisir les arbitres que parmi les négocians de la ville où siége le tribunal. — *Bruxelles*, 25 janv. 1823, Blockx c. Vanderberghe. — Mais il faut bien remarquer que cette décision, comme la précédente, crée une incapacité non établie par la loi et qu'elle ne peut se justifier que par une nécessité évidente.

290. — Un étranger peut-il être choisi pour arbitre? Il faut distinguer. — Et d'abord il semble que rien ne s'oppose à ce qu'il soit, de commun accord, choisi pour arbitre volontaire. Le compromis, en effet, dans les rapports des parties avec l'arbitre, se rapproche du mandat, et l'on ne peut, sans un texte de loi, interdire aux Français d'avoir confiance en un étranger qu'ils connaissent. — *Paris*, 3 mars 1828 (dans ses motifs), Furnival c. Beuvin; — Mongalvy, t. 1er, no 118; Boitard, *Leçons de procéd.*, t. 3, p. 431, 64e leçon; Pardessus, *Droit comm.*, no 1389; de Valisménil, *Encyclop. du dr.*, vo *Arbitrage*, no 103; Carré, *L. de la procéd.*, *Quest* 3259; Guichard, *Tr. du dr. civ.*, p. 56; Goubeau, *Tr. de l'arbitrage*, t. 1er, p. 91; Duprez, *Réquisit.* (t. 1er 1838, p. 592), aff. Parquin. — V. *contrà* Bellot des Minières, *Comm. sur l'arbitrage*, t. 1er, no 112.

291. — Mais lorsque au lieu de nommer leur arbitre, les parties en ont remis le choix aux tribunaux, ceux-ci ne peuvent nommer qu'un Fran-

ARBITRAGE, chap. 4, sect. 1re.

ARBITRAGE, chap. 4, sect. 1re.

çais. — *Cass.*, 7 flor. an V, Queffmenn c. de Niderenizheim.

292. — En outre la jurisprudence a reconnu qu'en matière d'arbitrage forcé, un étranger ne peut être choisi pour arbitre par l'une des parties. — *Paris*, 3 mars 1828, Furnival c. Beuvin; — Pardessus, n° 1411.

293. — A plus forte raison, un étranger ne peut-il être nommé arbitre par le tribunal en matière de société. Les arbitres forcés sont de véritables juges, et on ne comprendrait pas qu'en vertu de la loi française un étranger fût imposé pour juge, en France, à un Français.

294. — Toutefois M. de Vatisménil (*Encyclop. du dr.*, v° *Arbitrage*, n° 168) soutient que l'étranger peut être arbitre *en toutes matières*, en ce que les fonctions d'arbitre sont privées et non publiques, et que leurs décisions n'ont pas le caractère de véritables jugemens; et il cite à l'appui de son opinion un arrêt de la cour royale de Paris, lequel, dit-il, a implicitement décidé ainsi en jugeant qu'une sentence arbitrale rendue contre un étranger en pays étranger par des arbitres volontaires étrangers, peut être exécutée en France pourvu qu'elle soit rendue exécutoire par un juge français, sans que l'étranger soit fondé à demander qu'on remette en question, en France, ce qui a été décidé par les arbitres étrangers. — Il invoque aussi l'opinion de M. le procureur général Mourre sur cet arrêt, et celle émise par M. le procureur général Merlin (V. sous un arrêt *Cass.*, 31 juill. 1815, Cheriot), qui dit formellement qu'une décision arbitrale rendue en France par des arbitres étrangers serait valable. — Malepeyre et Jourdain, p. 386.

295. — Quant à MM. Goujet et Merger (*Dict. comm.*, v° *Arbitrage forcé*, n° 64), ils paraissent considérer les étrangers comme absolument incapables d'êtres arbitres, et cela « parce que l'arbitre exerce une espèce de magistrature et qu'il agit dans un caractère public, d'où il résulte qu'il doit avoir la jouissance des droits civils. En vain ajoute-t-on que l'arbitrage est du droit des gens plutôt que du droit civil; car si cela est vrai de l'arbitrage volontaire, il en est tout autrement de l'arbitrage forcé. »

296. — En général, la connaissance de la langue des parties semble être une condition indispensable de la validité du choix. On ne peut en effet méconnaître l'intérêt des plaideurs à expliquer eux-mêmes leur affaire et les inconvéniens qui résultent pour le dépôt de la sentence de ce qu'elle a été rendue dans une langue étrangère. — Mongalvy, *Tr. de l'arbitrage*, t. 1er, n° 117.

297. — Aussi lit-on dans les motifs d'un jugement de *Cass.* du 7 flor. an V (*suprà* n° 291) : « Attendu que les juges doivent énoncer eux-mêmes leur opinion, et non par interprète ni truchement ou autre personne intermédiaire, laquelle pourrait, sans cela, substituer facilement sa propre décision à celle du juge, d'où il suit qu'il n'y a pas de jugement, l'acte émanant immédiatement de l'interprète, qui est sans caractère de juge. » — Merlin, *Quest.*, v° *Arbitrage*, n° 3, § 14.

298. — Toutefois, si l'arbitre ignorant la langue des parties avait été nommé d'un commun accord, et si celles-ci avaient consenti à ce qu'il fût prononcé sur pièces traduites, il n'y aurait ni irrégularité, ni nullité. — Goujet et Merger, *Dict. comm.*, v° *Arbitrage forcé*, n° 59.

299. — Jugé que le Français qui, dans un compromis fait en Suisse, a consenti à être jugé en Suisse par des arbitres suisses, est par là même, aux termes du traité du 27 sept. 1803, entre la France et la Suisse, soumis aux lois et usages établis en Suisse, en matière d'arbitrage. — *Paris*, 19 mars 1830, Broye c. Richardet; — Mongalvy, t. 1er, n° 120.

300. — Un furieux, un interdit, un individu en état d'imbécillité ou de démence ne peut être choisi pour arbitre. — L. 9, § 1er, ff., *De receptis qui arbitrium* : — Merlin (*Rép.*, v° *Arbitrage*), Carré (*Quest.* 3260), Pardessus (*Dr. comm.*, n° 1389), de Vatisménil, (*Encycl. du dr.*, v° *Arbitrage*, n° 155). — MM. Goujet et Merger (*Dict. comm.*, v° *Arbitrage forcé*, n° 57), étendent même cette incapacité à l'individu pourvu d'un conseil judiciaire : « Attendu que celui qui n'a pas la capacité nécessaire pour ester en justice et conduire ses propres affaires ne peut, à plus forte raison, remplir les fonctions de juge. »

301. — Quant aux sourds et aux muets, ils étaient déclarés par la loi romaine incapables d'être arbitres. Il est certain que le choix qu'on aurait fait d'eux ne serait pas valable aujourd'hui, si les parties avaient ignoré leur infirmité; mais Merlin (*Quest. de droit*, v° *Arbitrage*) fait remarquer avec raison que si les parties l'avaient connue, et s'étaient obligées réciproquement à n'exposer leurs moyens que par écrit, il n'y aurait pas de motif de douter qu'ils ne fussent habiles à prononcer comme arbitres. — Mongalvy, t. 1er, n° 114; Goujet et Merger, *Dict. comm.*, v° *Arbitrage forcé*, n° 60. — V. *contrà* L. 9, ff., *De receptis*; — de Vatisménil, *Encyclop. du dr.*, v° *Arbitrage*, n° 155; Bellot, t. 1er, n° 113; Malepeyre et Jourdain, *Des soc. comm.*, p. 384.

302. — Le choix d'un aveugle pour arbitre, fait d'accord par toutes les parties, avec la connaissance de son infirmité, pourrait également paraître valable comme celui du sourd-muet. Il faudrait cependant que la contestation fût de telle nature qu'un aveugle pût la juger. La nomination d'un aveugle pour juger du mérite d'un tableau serait dérisoire et entraînerait la nullité du compromis. — Bellot, t. 1er, n° 113.

303. — Un mineur peut-il être arbitre? — La négation est soutenue par MM. Pardessus (*Dr. comm.*, n° 1389), Goubeau de la Bilennerie (t. 1er, p. 82) et Bellot (t. 1er, n° 105), par le motif « *Absurdum est ut alios regat qui se ipsum gerere nequit.* » — Merlin (*Répertoire*, v° *Arbitrage*, p. 332) pense au contraire que, si un mineur d'une capacité reconnue avait été choisi pour arbitre, la sentence ne devrait point être exécutée. M. de Vatisménil (*Encyclop. du droit*, v° *Arbitrage*, n° 159) fait remarquer qu'on ne doit adopter cette opinion qu'autant que les parties ont connu la minorité, et qu'autrement elles seraient recevables à refuser d'accepter le mineur pour arbitre. — V. *contrà* Berriat, *Cours de procéd. civ.*, p. 39, Malepeyre et Jourdain, p. 384.

304. — On doit toujours, à notre avis, distinguer comment le choix a été fait. Si les parties nomment d'accord leurs arbitres dans le compromis, le choix qu'elles auront fait d'un mineur, connaissant sa minorité, nous semble valable. Mais nous n'admettrions pas qu'un mineur pût être nommé arbitre par le tribunal, ou investi de cette qualité par l'une des parties, en arbitrage, soit volontaire, soit forcé, sans le consentement exprès de l'autre. Il est bien entendu d'ailleurs que le mineur doit être capable de comprendre la mission qu'on lui confie, et qu'un enfant ne pourrait être arbitre. — Boitard, *Leçons de procéd.*, t. 3, p. 432.

305. — Ainsi, un mineur même émancipé ne pourrait être nommé arbitre par un tribunal. — Mongalvy, n° 121.

306. — Il en serait de même du mineur commerçant. — Malepeyre et Jourdain, p. 385.

307. — Il n'y a pas à distinguer au surplus entre les mineurs revêtus ou non de titres qui supposent une certaine capacité, comme les mineurs licenciés en droit : admettre que ce titre, quelque honorable qu'il soit, pourrait permettre à un mineur d'être arbitre, si le droit commun s'y opposait, ce serait ajouter à la loi. — V. *contrà* Berriat-Saint-Prix, *Cours de procéd.*, t. 1, p. 39, note 18e.

308. — Un auteur (M. Merson, *De l'arbitrage forcé*, nos 74 et 75) va jusqu'à soutenir qu'il ne suffit pas d'être majeur pour être arbitre, et qu'il faut avoir vingt-cinq ans si l'arbitrage est volontaire, et trente ans s'il est forcé, attendu que l'art. 620, C. comm., exige trente ans pour les juges consulaires. « Mais ce serait, dit avec raison M. de Vatisménil (*Encyclop. du dr.*, n° 157), créer une incapacité qui n'est pas dans la loi. Quoique les arbitres soient des juges, ce sont des juges privés, sans caractère permanent, n'ayant pas directement, par eux-mêmes, dans leurs mains, la puissance publique, pour l'exercice de laquelle on a cru devoir exiger les conditions d'un âge plus avancé. Tout ce qui est nécessaire, c'est donc qu'ils soient capables de s'obliger, c'est-à-dire qu'ils ne soient pas mineurs de vingt-un ans. » Et le même auteur invoque l'opinion de Carré (*L. procéd.*, *quest.* 3260, p. 589) qui dit : « Nous exclurions... tous ceux qui auraient non pas une *incapacité relative* dépendant de *l'âge*, de l'exercice des droits politiques ou de certaines conditions d'études, mais une *incapacité absolue* d'exercer les fonctions judiciaires. »

309. — Nous serions, par les motifs indiqués à l'égard des mineurs, disposés à décider que si une femme ne peut être nommée arbitre par un tribunal (Mongalvy, t. 1er, n° 123), elle peut néanmoins être *choisie* pour arbitre par les parties, aussi bien qu'elle peut être constituée mandataire. — Merlin, *Rép.*, v° *Arbitrage*; Boitard, *Leç. de Proc.*, t. 3, p. 432; Prost de Royer, *Dict. de jurisp.*, v° *Arbitre*; Dupin aîné, Réquisit. dans l'aff. Parquin et Ducros c. Richomme (t. 1er 1838, p. 592). — La loi romaine disait, il est vrai : « *Sancimus mulieres suæ pudicitiæ minores..... ab omni judiciali agmine separari* (L. ult. C. *De recept.* » — Mais Cujas faisait remarquer sur cette loi qu'il n'y avait rien dans les fonctions d'arbitre qui choquât la pudeur. — Loysel ajoutait : « *Les femmes ont voix et repond en court et si reçoivent mises en arbitrage.* » Enfin on voit dans le chap. 4, tit. 10, des *Décrétales*, que le pape Innocent III ordonna l'exécution d'une sentence rendue par une reine de France; et Merlin (*Répertoire*, v° *Arbitrage*) rapporte plusieurs exemples où des reines ont participé à des jugemens.

310. — Cependant d'autres auteurs refusent aux femmes toute capacité pour être arbitres. — Bellot, t. 1er, n° 105; Goubeau, t. 1er, p. 83; Pardessus, *Dr. comm.*, n° 1389; Goujet et Merger, *Dict. de dr. comm.*, v° *Arbitrage forcé*, n° 55; Boucher, *Man. des arbit.*; Berriat-Saint-Prix, p. 42, note 18e; Malepeyre et Jourdain, p. 385. — « Les femmes (dit M. de Vatisménil, n° 158) ne peuvent être arbitres parce qu'elles ont, comme le dit M. Carré, une *incapacité absolue* d'exercer les fonctions judiciaires, on ne pourrait donc forcer à accepter l'arbitrage d'une femme; on devrait également proscrire la sentence arbitrale rendue par une femme, quand même les parties se seraient réciproquement soumises à l'avance à cette sorte de jugement : leur convention serait contraire aux principes qui nous régissent. »

311. — Que doit-on décider à l'égard des personnes *illettrées?* « *L'homme tout-à-fait illettré* (dit M. de Vatisménil, n° 160), celui, par exemple, qui ne sait ni lire, ni même signer son nom, est matériellement incapable d'exercer les fonctions d'arbitre; car il ne pourrait vérifier les pièces par lui-même, ni satisfaire à l'art. 1016, qui exige que le jugement soit signé par tous les arbitres. » — C'est aussi en ce sens que se prononcent plusieurs auteurs qui considèrent comme nul le choix d'une personne ne sachant pas écrire, à moins que les parties ne lui eussent adjoint une autre personne, en l'autorisant à écrire et à signer la décision. — Merlin, *Quest.*, v° *Arbitre*, § 14, art. 3, n° 3; Mongalvy, t. 1er, n° 116; Carré, *L. de la procéd.*, *Quest.* 3328; Goubeau, t. 1er, p. 84; Goujet et Merger, *Dict. comm.*, v° *Arbitrage forcé*, n° 58.

312. — Cependant la cour de Grenoble a jugé, le 21 mai 1832 (Garambaud c. Ollier), que la sentence était valable lorsqu'elle avait été signée par la majorité, quoique l'un des arbitres ne sût pas signer. Et M. de Vatisménil fait remarquer (*Encycl. du dr.*, v° *Arbitrage*, n° 248), à propos de cette décision, que tout en admettant qu'une personne qui ne sait pas signer ne peut être arbitre, cependant, lorsqu'elle a rempli ses fonctions, son incapacité n'annulle pas la sentence, pourvu que, aux termes de l'art. 1016, il soit constaté par la majorité que tous les arbitres ont concouru au jugement. — Carré, *Anal.*, *Quest.* 3034, 4361.

313. — Et il a été jugé par la même cour qu'on peut, bien qu'on ne sache pas signer, remplir la mission d'arbitre, et spécialement celle d'arbitre départiteur. — La signature des autres arbitres, avec mention que le départiteur ne sait pas signer, validerait en tous cas la sentence arbitrale, la loi se contentant de la signature de la majorité, sans rechercher si l'absence de celle de la minorité provient du refus ou de toute autre cause. — *Grenoble*, 18 mai 1842 (t. 1er 1844, p. 213), Roux c. Reynaud.

314. — Ne doit-on pas poser en principe que, dans tous les cas, la sentence rendue par une personne qui ne sait pas signer sera valable, pourvu que les parties qui l'ont nommée aient connu son ignorance? Quant à constater sa décision, nous n'y verrions pas une difficulté sérieuse. Quel obstacle y aurait-il à ce qu'elle fût reçue par un notaire chargé, dans tous les cas, de donner de l'authenticité aux actes? On ne voit pas davantage pourquoi on ne permettrait pas à un arbitre unique, qui se trouverait par accident dans l'impossibilité de signer, de faire recevoir sa sentence par un notaire afin de ne pas laisser expirer le délai du compromis. — V. *contrà* Bellot, t. 1er, n° 114.

315. — Un domestique peut-il être choisi pour arbitre? Peut-il être nommé arbitre par les tribunaux? Nous n'hésiterions pas à répondre affirmativement à l'une et à l'autre question. Cependant le contraire est soutenu par M. Bellot (t. 1er, n° 111), parce qu'aux termes de l'art. 9 de la loi du 25 vent. an XI, les serviteurs à gages ne peuvent être pris pour témoins dans les actes publics. Dès qu'on sort de la loi il n'y a plus de raison pour s'arrêter. On ne parviendra jamais, en cette matière, à éviter des difficultés sans nombre et sans cesse renaissantes, qu'en s'attachant à considérer les arbitres comme ayant dans certaines limites le caractère de mandataires, et en reconnaissant que toute personne qui peut être investie d'un mandat, aux termes de l'art. 1990, C. civ., peut aussi être choisie pour arbitre. — Boitard, *Leçons de proc.*, t. 3, p. 432 et suiv.

316. — Un mort civilement, et généralement toute personne privée des droits civils, est incapable d'être arbitre. — Pardessus, *Dr. comm.*, n° 1389. — Tels sont aussi les individus condamnés à des peines afflictives ou infamantes. Boitard (t. 3, sur l'art. 1011), soutient que l'infamie des arbitres ne met point obstacle à l'exécution de la sentence, parce que c'est plutôt la volonté des parties que celle des arbitres qui est revêtue par le président de l'ordonnance d'exécution. Il est vrai, sans doute, que la sentence n'est valable qu'en vertu du compromis dont elle est en quelque sorte la conséquence. Cependant elle n'est signée que par les arbitres; on convient qu'elle fait foi contre les parties jusqu'à inscription de faux, et il serait déraisonnable d'investir d'un pareil pouvoir des personnes déclarées infâmes. — Jousse, *Admin. de la just.*, p. 392; Boucher, p. 58; Carré, *Quest.* 3260; Bellot, t. 1er, nos 106 et 107; Mongalvy, no 131; Goujet et Merger, *Dict. comm.*, vo *Arbitrage forcé*, nos 61 et 62; Malepeyre et Jourdain, p. 354; Pardessus, *loc. cit.*; Merlin, *Rép.*, vo *Arbitrage*, p. 322; de Vatisménil, no 159.

317. — Il faut assimiler au mort civilement les personnes privées du droit d'être jurés, experts ou témoins, conformément à l'art. 42 du Code pén. — Malepeyre et Jourdain, p. 384.

318. — Autrefois, lorsque les religieux étaient frappés de mort civile, on a pu agiter la question de savoir s'ils pouvaient être arbitres. Aujourd'hui leur capacité n'est pas douteuse. — Chauveau sur Carré, *Lois de la procéd.*, *Quest.* 1360; Goujet et Merger, *Dict. comm.*, vo *Arbitrage forcé*, no 67.

319. — Un failli, quoique non réhabilité, n'est ni infâme comme un condamné, ni privé de l'exercice des droits civils, et peut par conséquent être arbitre. — Mongalvy, *Tr. de l'arbitrage*, no 128; Carré, *Quest.* 3260; Boucher, p. 128, no 224; de Vatisménil, *Encycl. du dr.*, vo *Arbitrage*, no 161; Goujet et Merger, *Dict. comm.*, vo *Arbitrage forcé*, no 66. — V. *contrà* Bellot, t. 1er, no 108.

320. — Cette décision, incontestable lorsqu'il s'agit d'arbitres nommés d'un commun accord par le compromis, a même été appliquée au cas où il s'agissait d'un arbitre nommé d'office par le tribunal. — *Rennes*, 25 juin 1810, N... c. N... — En accordant que les tribunaux, dans ce cas, n'ont pas violé la loi, il est au moins difficile de croire qu'ils aient fait un bon usage du pouvoir qui leur était confié.

321. — Les juges peuvent-ils être arbitres? Cette question divisait autrefois les parlemens. D'un côté, l'art. 15 de la cout. de Bretagne, l'ord. de 1535 pour le parlement de Provence, et celle d'Abbeville de 1539 pour le Dauphiné, paraissaient refuser aux juges du tribunal de la juridiction duquel dépendaient les parties le droit d'être arbitres. (V. aussi L. 9, § 2, ff. *De receptis*). Au contraire, l'opinion du parlement de Paris était en faveur du juge: et les auteurs attestent que telle était aussi l'opinion la plus générale. — Jousse, *Tr. admin. de la justice*, t. 2, p. 966; Duparc Poullain, t. 8, p. 348; Merlin, *Rép.*, vo *Arbitrage*, § 1er.

322. — Aujourd'hui la question semble tranchée, du moins implicitement, par les décrets des 20 prair. et 15 messid. an XIII, art. 5, concernant l'administration de la justice dans des états réunis à la France, et qui portent que ni le juge de paix ni aucun magistrat ne pourront *demander ni recevoir aucun salaire*, lorsqu'ils seront choisis par les parties pour leurs arbitres. Ce qui suppose qu'à part la question de salaire les juges peuvent être arbitres. — En outre, l'art. 7, C. procéd., et l'art. 378, § 8, du même Code, qui permet de récuser le juge qui a connu de la contestation *comme arbitre*, confirment cette opinion. — Carré, *L. de la procéd.*, *Quest.* 3260; Goubeau, t. 1er, p. 85; Berriat, p. 42, note 18, no 3; Thomine, t. 2, p. 645, 647; de Vatisménil, *Encyclop. du dr.*, vo *Arbitrage*, no 164; Mongalvy, t. 1er, no 124; Goujet et Merger, *Dict. procéd.*, vo *Arbitrage forcé*, no 69. — V. *contrà* Pigeau, t. 1er, p. 20; Merson, *Arbitrage forcé*, p. 66.

323. — Il a été jugé en ce sens que les parties peuvent choisir le juge de paix devant lequel elles comparaissent pour arbitre de leur contestation. — *Colmar*, 21 déc. 1813, Gallath c. Veyl.

324. — Jugé également qu'un juge peut être choisi pour arbitre, même dans les causes soumises à la juridiction du tribunal dont il est membre. — *Trèves*, 24 juin 1812, Schneider c. Fuseler; *Agen*, 5 janv. 1825, Nassans c. Cassaigne.

325. — Mais le président du tribunal, en rendant l'ordonnance d'*exequatur*, peut examiner si c'est bien volontairement que les parties ont constitué le juge pour arbitre, si elles n'ont pas été induites en erreur, et refuser l'ordonnance s'il lui paraît, par exemple, que le juge de paix a été arbitre salarié. — *Paris*, 14 mai 1829, Malhé c. Pichot.

326. — Si un juge, et même chaque membre d'un tribunal, peut être pris individuellement comme arbitre, un tribunal tout entier ne pourrait être investi par les parties du droit de statuer par voie d'arbitrage; une pareille convention, si elle était exécutée, aurait pour effet de dénaturer l'ordre des juridictions, ce qui ne saurait être permis. — Mongalvy, t. 1er, no 125; de Vatisménil, *Encyclop. du dr.*, vo *Arbitrage*, no 165.

327. — Aussi la cour de Colmar a-t-elle constaté, dans l'arrêt du 21 déc. 1813 précité (no 323), que les parties n'avaient pas prorogé la juridiction du juge de paix, mais l'avaient nommé arbitre.

328. — A plus forte raison les parties ne peuvent elles valablement conférer à un tribunal, quoique déjà saisi de la contestation, la faculté de prononcer comme amiable compositeur. Les tribunaux n'ont jamais le droit de se mettre au-dessus des lois et de les violer même du consentement des parties. — *Paris*, 2 janv. et *Cass.*, 30 août 1813, Bidermann c. Michaux et Larosière; — Bellot, t. 1er, no 116.

329. — Et le jugement dans ce cas, quoique rendu en dernier ressort, pourrait être attaqué par la voie de l'appel. — Même arrêt.

330. — On a également déclaré nulle la clause d'un compromis par laquelle les parties sont convenues de déférer l'appel de la sentence arbitrale à intervenir à un tribunal d'arrondissement, lorsque l'objet du compromis excède les bornes de la compétence de ce tribunal. — *Turin*, 9 juill. 1808, Musso c. Porino.

331. — Et on a jugé, d'après les mêmes principes, que la stipulation par laquelle les parties déclarent soumettre à la décision d'une chambre de discipline les difficultés qui peuvent s'élever à l'occasion de la cession d'un office ministériel ne renferme pas une clause compromissoire valable, en ce qu'il n'y aurait plus, dans ce cas, arbitrage, mais prorogation de juridiction. — *Paris*, 9 janv. 1838 (t. 2 1838, p. 78), Faiola c. Beauvais.

332. — Si l'on ne peut prendre un tribunal pour arbitre, et cependant si les fonctions d'arbitre peuvent être conférées à un ou plusieurs des membres du tribunal, il sera quelquefois difficile de décider en fait si le tribunal a été pris pour arbitre. Cette question ne pourra être résolue que d'après l'examen des circonstances. — Bellot, no 118.

333. — En tous cas, la jurisprudence a reconnu qu'un tribunal de commerce ne pourrait, en matière de société, nommer d'office un de ses membres arbitre-juge; ce serait en quelque sorte se réserver le jugement de la contestation contrairement au vœu de la loi. — *Grenoble*, 24 juill. 1812, Rey c. Périer.

334. — Jugé aussi qu'un tribunal saisi d'une demande en nomination d'arbitres forcés ne peut en choisir un d'office parmi ses membres prenant part au jugement, ni même donner acte de sa nomination faite par le choix de l'une des parties. — *Angers*, 5 fév. 1842 (t. 1er 1844, p. 789), N... c. Hubert.

335. — On ne peut être arbitre dans sa propre cause; la raison comme les principes s'y opposent. — Mongalvy, t. 1er, no 130; Bellot, no 122. — « Cependant (dit M. de Vatisménil, *Encyclop. du dr.*, vo *Arbitrage*, no 162) Voet enseigne qu'une partie peut s'en rapporter à son adversaire pour la décision du différend, et cette doctrine est à l'abri de toute critique. — Sans doute il n'y aura pas arbitrage dans une pareille convention, mais ce sera une sorte de renonciation à des droits litigieux pour s'en rapporter à la loyauté de son adversaire, et cette renonciation ne paraît présenter aucune violation des principes du droit naturel ni du droit civil. »

336. — On a donc dû réputer nulle et non obligatoire la clause d'un acte d'assurance portant qu'en cas de contestation il serait formé une commission composée d'un certain nombre d'entre les associés, à laquelle il était donné pouvoir de transiger et de juger en dernier ressort. — *Trib. de Marseille*, 12 août 1829 (*Journ. comm.*, t. 11, p. 6); — Bellot, no 122.

337. — On a soutenu qu'une société avait pu valablement déclarer dans son acte constitutif qu'elle choisissait pour arbitres quelques-uns de ses membres à l'effet de statuer sur les contestations qui naîtraient durant le cours de la société. — Mongalvy, t. 1er, no 130. — Nous comprenons aisément que les parties, dans un acte de société, donnent pouvoir à quelques-uns des associés de terminer les contestations entre la société et un ou plusieurs associés, mais la clause qui autoriserait quelques-uns des associés à juger seuls et sans recours les contestations qui s'élèveraient entre eux et leurs coassociés donnerait évidemment à la société le caractère de société léonine et devrait être annulée. — Bellot, t. 1er, no 122.

338. — Un fils peut-il être arbitre dans la cause de son père? L'affirmative est généralement enseignée. — Guyot, *Rép.*, vo *Arbitrage*; Goubeau, t. 1er, p. 84. — Il en est de même du parent ou allié dans la cause de son parent ou allié, de l'avocat dans la cause de son client; sauf, bien entendu, l'exercice du droit de récusation. — Goujet et Merger, *Dict. comm.*, vo *Arbitrage forcé*, no 65.

339. — De même, les officiers ministériels peuvent être arbitres; cependant on a annulé (et cette décision paraît juste), comme étant le fruit de la surprise et de la fraude, le jugement rendu par deux arbitres, dont l'un était l'avoué et l'autre l'huissier de l'une des parties. — *Colmar*, 31 juill. 1811, G..... c. J..... J.....

340. — De même encore, une chambre de discipline d'officiers ministériels, par exemple, la chambre des avoués, peut être constituée arbitre (*Cass.*, 17 mai 1836 (t. 1er 1837, p. 28), Pillaut Debit c. Legendre, à la charge, toutefois, de statuer conformément aux règles de l'arbitrage et non comme chambre de discipline. — Goujet et Merger, *Dict. comm.*, vo *Arbitrage forcé*, no 70.

341. — La circonstance que les nouveaux arbitres nommés par un associé sont les mêmes que ceux qu'il avait déjà nommés, et dont les pouvoirs avaient pris fin par expiration du délai, sans rendre de jugement, n'est pas un motif pour les exclure de l'arbitrage. — *Lyon*, 29 août 1825, Fond c. Commarmont et Mille.

Sect. 2e. — *Nomination des arbitres. — Nombre des arbitres.*

342. — En matière d'arbitrage volontaire, les arbitres doivent être désignés par le compromis. — C. procéd., art. 1006. — V. COMPROMIS.

343. — En matière d'arbitrage forcé, la nomination des arbitres se fait par acte sous signature privée, par un acte notarié, par acte extra-judiciaire, par un consentement donné en justice. — C. comm., art. 53. — Cet acte est un véritable compromis assujéti à la nécessité des doubles, et auquel il faut appliquer, quant à la forme, tout ce qui est dit du compromis. — Pardessus, *Dr. comm.*, no 1390.

344. — Mais toutes les contestations entre associés devant être jugées par arbitres, le refus de l'un des associés de choisir son arbitre ne peut paralyser la volonté du législateur et changer l'ordre des juridictions. « En cas de refus de l'un ou de plusieurs des associés de nommer des arbitres, porte l'art. 55, C. comm., les arbitres seront nommés d'office par le tribunal de commerce. »

345. — Il importe, dit avec raison M. de Vatisménil (*Encycl. du droit*, vo *Arbitrage*, no 167), de distinguer le droit de nommer des arbitres du droit de compromettre: la nomination des arbitres n'est souvent que l'exécution d'un compromis antérieur, et par conséquent tel qui était incapable de compromettre peut néanmoins se trouver dans le cas de nommer des arbitres. » Il faut donc examiner, lorsqu'une des parties au compromis vient à mourir ou à changer d'état, si le compromis subsiste encore, et l'affirmative une fois résolue, le droit de nommer des arbitres appartient aux successeurs quels qu'ils soient ou même aux simples administrateurs de leurs biens. Compromettre n'est pas un acte d'administration; mais une fois que le compromis existe, le choix des arbitres ne dépasse pas les actes de pure administration, et l'intérêt de l'incapable n'exige pas que la nomination des arbitres soit faite nécessairement par le tribunal plutôt que par le représentant légal de l'incapable.

346. — « Ainsi, continue encore M. de Vatisménil (*ibid.*), en appliquant ces principes, les syndics dans le cas d'un compromis souscrit avant la faillite, le tuteur dans l'arbitrage forcé, le mari quand il s'agit d'un compromis fait avant le mariage à l'occasion d'immeubles dotaux, le curateur des biens d'un absent qui a laissé un compromis, peuvent nommer des arbitres. »

347. — La question s'est présentée devant la cour de Cassation pour les syndics d'une faillite. Il s'agissait dans l'espèce d'arbitres nommés par les syndics pour liquider une société commerciale. La cour de Cass., tout en reconnaissant que les syndics auraient eu pouvoir de nommer des arbitres forcés, déclara nulle la nomination qu'ils avaient faite, parce qu'aux termes de l'acte de nomination les arbitres étaient constitués amiables compositeurs, et que par conséquent l'arbitrage était volontaire et non forcé. Il est clair en effet que les syndics encore bien qu'ils eussent pu à notre avis nommer des amiables compositeurs en vertu d'un compromis antérieur à la faillite ne pouvaient de leur autorité privée donner aux arbitres, qui ne l'avaient pas aux termes du compromis originaire, le pouvoir de juger comme amiables compositeurs et que la cour de Cass., dans ces circonstances, a eu raison d'annuler la sentence des arbitres. — *Cass.*, 6 avr. 1818, Saint-Denis c. Lambert.

348. — Le mandat donné aux syndics d'une réunion de créanciers dans un traité portant compromis et nomination d'arbitres, sans fixation de délai pour la décision, ne confère pas aux syndics le

pouvoir de nommer de nouveaux arbitres en remplacement de deux des trois premiers dont l'un est décédé et l'autre s'est déporté, surtout lorsque le délai légal du compromis est expiré au moment de cette nomination. — *Riom*, 16 janv. 1815, Lambénas c. de Bonneville.

349. — De ce que la nomination des arbitres n'est que l'exécution d'un acte antérieur, l'acte social, il s'ensuit que le droit de faire cette nomination passe au cessionnaire ou à l'ayant-cause de l'associé quand même il n'aurait pas capacité pour compromettre par lui-même. — *Paris*, 4 avr. 1835, Debuire c. Mille; 11 avr. 1835, Delamarre c. Bénazet; 3 juin 1834, Wistorf c. Deschevailles. — *Contrà* de Vatisménil, *Encycl. du dr.*, vº *Arbitrage*, nº 21; Goujet et Merger, *Dict. comm.*, vº *Arbitrage forcé*, nº 76; *Rouen*, 27 juin 1825, Johannot c. Martin. — Ce dernier arrêt considère le droit de nommer des arbitres juges comme attaché à *la personne des associés*.

350. — Les arbitres, soit en arbitrage volontaire, soit en arbitrage forcé, doivent être nommés par les parties; cependant celles-ci peuvent, pourvu que ce soit en connaissance de cause, admettre un tiers non intéressé dans la contestation à concourir avec elles à la nomination sans qu'on en puisse faire résulter une cause de nullité de la sentence arbitrale.

351. — Mais en matière d'arbitrage forcé on ne peut, à moins de déclaration expresse, supposer que les parties aient volontairement consenti à laisser un tiers prendre part à la composition du tribunal arbitral. — Lors donc qu'un tiers étranger à une société a, de concert avec les associés, nommé des arbitres, le jugement rendu par ces arbitres est entaché de nullité, même dans les dispositions relatives aux associés entre eux. — *Cass.*, 6 avr. 1818, Saint-Denis c. Lambert.

352. — Le nombre des arbitres volontaires est fixé par le compromis. — Celui des arbitres forcés peut également avoir été déterminé dans l'acte de société ou par un compromis postérieur. S'il ne l'a pas été et qu'il n'y ait que deux intérêts engagés dans la contestation (V. *infrà* nº 355), les arbitres doivent être nommés au nombre de deux, et non de trois comme le porte l'art. 429, C. procéd., relatif uniquement aux arbitres-experts et non aux arbitres-juges. — *Bordeaux*, 15 nov. 1827, Bourdet c. Lorfeuil; — de Vatisménil, *Encycl. du dr.*, vº *Arbitrage*, nº 169, Mongalvy, t. 1er, nº 143 — V. *contrà Nîmes*, 10 févr. 1809, Lefèvre c. Revol (arrêt qui se fonde à tort sur l'art. 429).

353. — Jugé que les tribunaux de commerce ne sont point tenus de nommer les arbitres en nombre impair afin de prévenir le cas de partage. — *Turin*, 26 fév. 1814, Farinelli c. Maffey.

354. — En tous cas, dans les arbitrages forcés, la sentence rendue par trois arbitres n'est pas nulle, bien que la nomination du troisième arbitre n'ait pas été occasionnée par le partage des deux autres, lorsque les parties, en concluant au fond, sans élever aucune réclamation, ont acquiescé au jugement du tribunal de commerce qui d'office nomme les trois arbitres. — *Cass.*, 23 juill. 1833, Salomon c. Hébert; — de Vatisménil, *Encycl. du dr.*, vº *Arbitrage*, nº 170.

355. — La règle qu'il ne doit être nommé que deux arbitres n'est applicable qu'autant qu'il n'y a pas plus de deux intérêts distincts engagés dans la contestation; autrement, ainsi que le dit M. de Vatisménil (*loc. cit.*), la raison indique qu'il doit être nommé autant d'arbitres qu'il y a d'intérêts distincts; non pas, ajoute le même auteur, que le tribunal arbitral une fois constitué chaque arbitre soit le défenseur et le représentant de l'intérêt qui l'a nommé, car tous les arbitres appartiennent à chaque partie; mais il faut au moins que chaque intérêt puisse concourir à la constitution du tribunal arbitral.

356. — Mais c'est sur le nombre d'*intérêts distincts* et non sur celui des personnes ayant intérêt que doit être réglé le nombre des arbitres à nommer; d'où résulte que s'il existe trois parties dont deux aient le même intérêt, le tribunal arbitral ne sera composé que de deux arbitres dont l'un sera nommé par les parties ayant le même intérêt. — *Cass.*, 10 avr. 1816, Chavary; 21 avr. 1840 (t. 1er 1840, p. 587), Stoll et Hergott c. Durwel; — de Vatisménil, *Encycl. du dr.*, vº *Arbitrage*, nº 171.

357. — Ainsi l'associé et le cessionnaire d'une partie du droit de cet associé ne doivent nommer qu'un seul arbitre pour le jugement des contestations sociales. — *Paris*, 11 avr. 1835, Delamarre c. Bénazet et Davcloins.

358. — Ainsi encore, deux associés qui demandent au troisième le compte de sa gestion n'ont pas le droit de nommer chacun un arbitre. — *Metz*, 10 déc. 1819, Labrée c. Breton et Poncelet.

359. — L'appréciation de la question de savoir

si plusieurs associés ont un intérêt identique appartient souverainement aux juges saisis de la demande à fin de renvoi devant arbitres. — *Cass.*, 21 avr. 1840, (t. 1er 1840, p. 587), Stoll et Hergott c. Durwell; 10 avr. 1816, Chavary c. Balestrée.

360. — Relativement aux difficultés que soulève la gestion commune, le gérant et le co-gérant n'ayant qu'un seul et même intérêt, il n'y a lieu, pour eux, à la nomination que d'un seul arbitre. — Dans ce cas, il n'y a pas lieu à condamner *solidairement* aux dépens les gérant et co-gérant qui succombent sur leur demande à fin de nomination de deux arbitres. — *Douai*, 7 juill. 1840, (t. 2 1840, p. 571), Arthur et Regold c. Marbaisse.

361. — Si les parties ayant le même intérêt ne pouvaient s'accorder sur le choix d'un arbitre (et le discord résulterait de ce que l'un aurait fait une nomination et l'autre s'y serait refusé), c'est le tribunal de commerce qui devrait procéder à la désignation. — *Cass.*, 10 avr. 1816, Chavary c. Balestrée.

362. — Chaque arbitre a individuellement voix délibérative, même sur les questions où les intérêts de deux parties se trouvent réunis contre ceux de la troisième, sauf convention contraire. — *Lyon*, 21 mars 1838 (t. 2 1838, p. 444), Marleix c. Sollier et Vallin.

363. — Si une partie laissait nommer soit directement, soit d'office plusieurs arbitres par quelques-uns de ses adversaires, ayant un intérêt commun, et négligeait de faire déclarer que ces arbitres n'auraient qu'une seule voix, elle ne pourrait ultérieurement critiquer les décisions rendues à la majorité par le tribunal ainsi constitué. — *Cass.*, 23 nov. 1824, Delours c. d'Huc; *Toulouse*, 1er mars 1834, Dubourg c. Maylin; — Mongalvy, nº 337, Pardessus, nº 1412; Goujet et Merger, nº 99.

364. — Lorsque, dans une instance à fin de nomination d'arbitres chargés de procéder à la liquidation d'une société commerciale, deux des associés nomment chacun un arbitre, le fait de la part d'un troisième coassocié de ne pas s'opposer à cette double nomination, mais en demandant de son côté, que, vu l'intérêt identique de ses coassociés, il soit adjoint un nouvel arbitre à celui qu'il a lui-même désigné, ne constitue pas de sa part un acquiescement absolu et définitif au droit pour ses coassociés d'avoir deux arbitres. — Dès-lors, si ceux-ci appellent du jugement qui lui nomme un second arbitre, il peut, par voie d'appel incident, conclure à ce qu'au cas où la désignation de cet arbitre serait annulée, celle des deux arbitres désignés par ses coassociés le soit également, et à ce qu'il ne leur en soit nommé qu'un, attendu leur intérêt identique. — *Cass.*, 21 avr. 1840 (t. 1er 1840, p. 587), Stoll et Hergott c. Durwell.

365. — Si parmi les parties deux avaient des intérêts distincts sur certains points et communs sur d'autres, chacune, selon M. de Vatisménil (*Encycl. du dr.*, vº *Arbitrage*, nº 172), devrait avoir un arbitre. mais, lorsqu'il s'agirait de statuer entre ces deux parties et les autres contendans sur les points où l'intérêt des premières serait identique, les voix des deux arbitres de ces parties ne compteraient que pour une.

366. — Toutefois, cette décision, qui ne nous semble appuyée sur aucun arrêt, offre en fait les plus grandes difficultés. Comment compter les fractions de voix? une demi-voix, ou un quart de voix suffira-t-il pour former la majorité dans le tribunal arbitral, les fractions de voix contraires s'annuleront-elles réciproquement? Le moyen le plus simple en pareil cas consisterait à scinder les différentes contestations et à faire juger chaque partie par les arbitres nommés par elle et son adversaire seulement. On aurait, il est vrai, l'inconvénient de la diversité des jugemens, mais on éviterait celui beaucoup plus grand de la fraude, en même temps qu'on simplifierait singulièrement les difficultés de la procédure arbitrale.

367. — Lorsque les parties sont convenues dans le compromis que l'arbitre ou les arbitres seraient choisis dans une certaine classe de personnes, elles ne peuvent en nommer qui n'y appartiennent point, et le tribunal qui fait la nomination à leur place ne le peut pas davantage. — V. *infrà* nº 406.

368. — Ainsi, dans le cas où les parties ont choisi pour arbitre le bâtonnier des avocats, qui a refusé cette mission, il n'a pu, en l'absence d'une nouvelle convention, être valablement remplacé par un avoué, ni même par un autre avocat non investi de la qualité de bâtonnier. — *Rennes*, 13 mars 1823, N..... c. N.....

369. — La même décision s'applique aux arbitrages entre associés lorsque, dans un compromis, les associés sont convenus de choisir des banquiers pour arbitres; un des associés ne peut alors choisir son arbitre dans une autre classe. — Dans ce cas, si l'associé refuse de nommer un arbitre, le

tribunal doit en nommer un d'office pour lui; il ne peut se saisir de la contestation. — *Paris*, 6 août 1810, Ducoster c. Haller.

370. — Lorsque des commerçans sont convenus de soumettre leurs différends à des arbitres *domiciliés en telle ville*, cette convention est, pour la nomination des arbitres et les difficultés qui peuvent s'élever, attributive de juridiction au profit du tribunal de commerce de cette ville. — *Cass.*, 6 fév. 1833, Champy c. Perrey.

371. — Si le compromis, prévoyant le cas où les arbitres désignés n'accepteraient pas leur mission, charge le juge de paix d'en nommer d'autres, cette nomination ne peut avoir lieu sur la poursuite de l'une des parties qu'en présence de l'autre partie, ou elle dûment appelée. — *Cass.*, 10 nov. 1829, Puech c. Lafon.

372. — Lorsque, dans une contestation entre associés, l'une des parties choisit son arbitre, et que l'autre partie refuse d'en nommer un, le tribunal ne doit nommer un arbitre que pour la partie qui refuse. L'art. 9, tit. 4, ord. 1673, portait qu'il serait nommé des arbitres seulement pour les associés *qui y feront refus*. Et l'art. 55, C. comm., ne contredit pas cette disposition qui est encore aujourd'hui appliquée par une jurisprudence constante. — *Cass.*, 5 juin 1815, Roy c. Savary; 9 avr. 1816, même affaire; 10 avr. 1816, Chavary c. Balestrée; *Metz*, 5 janv. 1819, Poulain c. Deliard; *Lyon*, 21 avr. 1823, May c. Caron et Derozière; 28 août 1824, Gay c. Lucy; 4 juill. 1825, Jacquemont; 29 août 1825, Fond c. Commarmont et Mille; *Bordeaux*, 15 nov. 1827, Bourdet c. Larfeuil; *Metz*, 11 janv. 1833, Tonnelier c. Nyonlist; — Mongalvy, t. 1er, nº 139; de Vatisménil, *Encyclop. du droit*, vº *Arbitrage*, nº 168; Carré, nº 3279; Berriat, p. 47, note 21e; Pardessus, nº 1412; Delvincourt, *Inst. comm.*, t. 2, p. 64; Goujet et Merger, vº *Arbitrage forcé*, nº 78. — V. *contrà Montpellier*, 8 juill. 1813, Chavary et Cayre c. Balestrier (cet arrêt a été cassé le 10 avr. 1816); *Rouen*, 24 août et 10 sept. 1813, Morris c. N...

373. — Le jugement par défaut qui nomme d'office un arbitre est susceptible d'opposition, et la simple notification du jugement avec sommation de produire des pièces à l'arbitre, ne suffit pas pour fermer la voie de l'opposition au défaillant. — *Paris*, 7 juin 1814, Hamoir c. Lecouteux. — V. aussi sur le principe *Paris*, 25 mars 1813, Fauvel c. Riobé.

374. — Un pareil jugement est également susceptible d'appel; et l'appel est recevable bien que l'acte de société porte que les contestations qui s'élèveront entre les associés seront jugées en dernier ressort; il s'agit, en effet, d'une question complétement indépendante du fond, et qui n'altère en rien la disposition de l'acte social. — *Cass.*, 15 juill. 1818, Badout c. Duronéa.

375. — Les arbitres forcés ne peuvent, lorsque le jugement qui les nomme est frappé d'opposition, procéder régulièrement, sous le prétexte que les jugemens des tribunaux de commerce sont exécutoires par provision. — *Paris*, 25 mars 1813, Fauvel c. Riobé. — V. *suprà* nos 231 et suiv.

376. — Mais, disent MM. Goujet et Merger (nº 89), si les arbitres ont été nommés par un jugement contradictoire, l'appel interjeté n'en suspend pas l'exécution; tous les jugemens du tribunal de commerce sont, en effet, exécutoires nonobstant appel en donnant caution; et du moment qu'il n'y a aucune condamnation prononcée, il est même superflu de fournir caution; ce n'est donc qu'après la prononciation de la sentence arbitrale, et si l'on voulait exécuter les conditions portées par elle, que cette formalité deviendrait nécessaire. — *Trib. comm. de la Seine*, 29 janv. 1836 (*Gazette des Tribunaux* du 18 fév. 1836). — V. aussi *Paris*, 14 avr. 1840 (sous *Cass.*, 27 déc. 1843, t. 1er 1844, p. 57), Laurey c. Caulet.

377. — Le demandeur qui a volontairement comparu devant des arbitres est non-recevable à attaquer l'acte de leur nomination. — *Cass.*, 25 mars 1829, Cluzel.

378. — La partie qui comparaît volontairement devant les arbitres et qui participe à la convention par laquelle les compromettans nomment un tiers arbitre pour le cas de partage, et déclarent renoncer à toutes les formalités de procédure, acquiesce, par cela même, au jugement qui ordonne l'arbitrage, et se rend, par suite, non-recevable à se pourvoir en cassation contre ce jugement. — *Cass.*, 29 nov. 1837 (t. 1er 1838, p. 264), Maillard c. Payn.

379. — Ce qui est vrai pour la nomination des arbitres, l'est également pour leur remplacement, et les mêmes règles doivent être suivies au moins en matière d'arbitrage forcé. Le remplacement d'un arbitre décédé ou empêché doit être fait par la partie qui l'a nommé, ou, à son défaut, par le tribunal.

380. — Quand des arbitres ne peuvent vaquer à leurs fonctions, le tribunal ne peut pas se dispenser de les remplacer sur la demande d'une des parties. — *Rennes*, 27 janv. 1812, Courtois c. Gristel et Nouvel.

381. — Jugé qu'en matière de société commerciale, lorsque, par suite du déport de l'un des arbitres, la partie qui avait choisi cet arbitre a déclaré aussitôt, par acte extra-judiciaire, en nommer un autre qu'elle a désigné, le tribunal de commerce ne peut, sur la demande formée par l'adversaire postérieurement à cette nouvelle désignation, nommer d'office deux arbitres, sous prétexte que ladite partie a épuisé son droit d'élection, et qu'elle ne veut que prolonger l'instance par des exceptions dilatoires. — *Cass.*, 27 déc. 1843 (t. 1er 1844, p. 57), Laurey c. Cautel.

382. — Mais il faut se garder d'étendre ces règles à l'arbitrage volontaire, quand les arbitres ont été nommés par le compromis. Ils appartiennent alors aux deux parties également, et, quand même on aurait dit par quelle partie chacun d'eux était nommé, l'un d'eux ne peut, en cas de décès ou d'empêchement, être remplacé par la partie qui l'a nommé, sans le consentement de l'autre. Le décès d'un arbitre ou son empêchement met fin au compromis, et la volonté de toutes les parties peut seule le faire revivre. — *Metz*, 18 juin 1812, Brech c. Munier.

383. — La nomination faite par le tribunal n'a pour but que de vaincre la résistance de la partie. Aussi, lorsqu'un arbitre a été nommé d'office par le tribunal, pour une des parties sur la demande de l'autre, cette nomination cesse d'avoir effet, si, avant que cet arbitre soit entré en fonctions, la partie désigne elle-même celui qu'elle entend choisir. — *Paris*, 14 fév. 1809, De Soussaye c. Valois ; *Bordeaux*, 18 juin 1827, Lesueur c. Dortézac ; — Mongalvy, t. 1er, no 140 ; Carré, *Lois de la procéd.*, no 3280.

384. — Jugé encore que, sur l'opposition formée au jugement par défaut, qui a nommé un arbitre pour elle, la partie par laquelle cette nomination a été faite conserve toujours le pouvoir de nommer un arbitre de son choix. — *Paris*, 25 mars 1813, Fauvel c. Niobé.

385. — Plusieurs auteurs, tout en approuvant cette dernière décision pour le cas où la nomination a eu lieu par défaut, soutiennent que l'arbitre appartiendrait aux deux parties et ne pourrait plus être révoqué par l'une d'elles seulement s'il avait été nommé par le tribunal contradictoirement. — Mongalvy, *ibid.*; de Valisménil, vo *Arbitrage*, no 179 ; Goujet et Merger, no 91. — « Celui qui a négligé de faire une option dans le délai de la mise en demeure, disent ces derniers auteurs, doit être réputé avoir renoncé au bénéfice que la loi lui accordait ; lui permettre de revenir sur la désignation faite par le tribunal, ce serait d'ailleurs lui offrir un moyen de reculer l'instant du jugement en indiquant un arbitre incapable et en forçant ainsi son adversaire à revenir une seconde fois à l'audience pour faire rejeter l'arbitre proposé ; on ne saurait tolérer un pareil abus. » — V. *contrà* Pardessus, no 1412, qui accorde aux parties le droit de procéder à une désignation personnelle jusqu'au moment de l'entrée en fonctions. — V. *infrà* nos 391 et suiv.

386. — Si un jugement du tribunal déclarant qu'il n'y a lieu à nomination d'arbitres est infirmé sur l'appel, c'est à la cour royale et non au tribunal à désigner les arbitres à défaut des parties ; cette désignation constitue, en effet, une exécution de l'arrêt infirmé.

387. — C'est à la cour qui, après avoir infirmé un jugement commercial, a renvoyé les parties devant des arbitres forcés, à nommer, à défaut des parties, un tiers arbitre pour vider le partage. — *Lyon*, 5 déc. 1826, Thomas c. Dumoulin.

388. — Mais si, l'arbitrage existant indépendamment de l'arrêt de la cour, une sentence arbitrale a été annulée sur le motif que les pouvoirs des arbitres étaient expirés, les nouveaux arbitres ne peuvent être nommés que par les parties ou par le tribunal de commerce. — Goujet et Merger, *loc. cit.*

389. — Dans le cas où la nomination des arbitres appartient à la cour, les parties n'en doivent pas moins être sommées par acte signifié à personne ou domicile de faire connaître leur choix ; l'avoué de l'une d'elles est sans qualité pour sommer par un simple acte les avoués en cause de convenir des arbitres. — *Toulouse*, 11 janv. 1840 (t. 1er 1840, p. 611), Dardignac c. Lebatut.

390. — Sous l'ordonnance de 1673, encore en vigueur à la Martinique, il suffisait, en cas de contestation sociale, que l'un des associés eût nommé un arbitre pour qu'en cas de refus de l'autre associé les tribunaux fussent obligés de lui nommer un autre arbitre. — Ils ne pouvait, en ce cas, évoquer et statuer au fond, alors surtout que les parties s'étaient réservé la juridiction arbitrale par une clause formelle de l'acte de société. — *Cass.*, 22 juill. 1839 (t. 2 1839, p. 140), Sully Lavaud c. Gerne.

Sect. 3e. — *Révocation des arbitres.*

391. — La loi du 24 août 1790, tit. 1er, art. 3, permettait à chacune des parties de faire cesser l'arbitrage par sa seule volonté, quoique l'instruction fût déjà commencée.

392. — Il n'en est plus de même aujourd'hui. Ainsi, il est bien vrai que l'arbitre nommé par une seule partie, et par acte extra-judiciaire, comme il arrive souvent, peut être révoqué par la partie qui l'a nommé, tant qu'il n'a pas encore été accepté par l'autre; jusqu'à cette acceptation, en effet, il n'existe qu'une offre que la partie qui l'a faite est toujours libre de retirer.

393. — Mais, une fois les arbitres mutuellement acceptés ou les opérations commencées, il n'y a plus, en arbitrage volontaire ou forcé, de révocation valable que celle qui émanerait de toutes les parties. — Peu importe que les arbitres aient été nommés par les parties ou par le tribunal.

394. — Il a donc été jugé que les arbitres nommés par un compromis ne peuvent être révoqués par l'une des parties sans le consentement de l'autre. — *Paris*, 13 avr. 1810, Baudouin c. Marion et Huot. — Mongalvy, t. 1er, no 177.

395. — L'art. 1008, C. procéd., porte que : pendant le délai de l'arbitrage les arbitres ne pourront être révoqués que du consentement unanime des parties ; — après l'expiration du délai de l'arbitrage, la révocation n'est plus nécessaire comme sous la loi du 24 août 1790, puisque le compromis finit (art. 1012) par l'expiration du délai stipulé ou de celui de trois mois, s'il n'en a pas été réglé. — Mongalvy, t. 1er, no 178.

396. — S'il n'existe plus en réalité maintenant de révocation par une seule des parties, à plus forte raison doit-on déclarer valable le jugement arbitral rendu même après la révocation, lorsque les causes de cette révocation existaient et étaient connues lors du compromis. — *Riom*, 18 mars 1822, Mazeron-Lamothe c. Laussedat.

397. — Mais les arbitres peuvent être révoqués, à quelque moment que ce soit, par le consentement unanime des parties. C. procéd., art. 1008. — Cette révocation est expresse ou tacite. — De Valisménil, vo *Arbitrage*, no 180; Mongalvy, t. 1er, no 180.

398. — Elle est tacite dans le cas où les parties ont transigé sur ce qui faisait l'objet du compromis, ou lorsqu'elles ont institué de nouveaux arbitres à la place des premiers. Toute décision rendue postérieurement à cette révocation serait sans effet. — Mongalvy, t. 1er, no 180 ; Goujet et Merger, no 211.

399. — Jugé qu'il y a révocation tacite des arbitres lorsque les parties comparaissent devant le bureau de paix pour se concilier relativement au procès qui faisait l'objet de l'arbitrage. — *Bruxelles*, 4 fruct. an XII, Deheyder c. Prévost.

400. — La révocation expresse n'a été assujétie à aucune forme, et peut avoir lieu soit sur le procès-verbal d'arbitrage, soit par acte extra-judiciaire. — De Valisménil, vo *Arbitrage*, no 180.

401. — Elle peut même avoir lieu par lettres missives. — *Cass.*, 23 pluv. an XII, Costedat c. Soanin.

402. — Quel serait l'effet de la révocation faite par les parties, postérieurement au jugement arbitral, mais dans l'ignorance qu'il ait été rendu? — On convient généralement que la question est tranchée par l'art. 2056, C. civ. En d'autres termes, la révocation sera sans effet si le jugement arbitral était en dernier ressort, parce que la transaction n'avait plus d'objet ; mais elle vaudra s'il était susceptible d'appel. — Boitard, *Leçons de procéd.*, sur l'art. 1008 ; de Valisménil, vo *Arbitrage*, no 181 ; Mongalvy, no 180; Merson, no 36 ; Carré, no 3286. — *Contrà* Goubeau, t. 1er, p. 226. — Suivant cet auteur, si la révocation a eu pour objet d'anéantir le compromis, elle n'a pu produire son effet après la sentence définitive rendue. Si les parties ont voulu maintenir le compromis, mais simplement révoquer les arbitres pour leur en substituer d'autres, la révocation n'a pu produire effet, puisque les pouvoirs auraient cessé après la signature de la sentence ; elles n'ont d'autre parti à prendre que de renouveler le compromis et de nommer d'autres arbitres : de là il faut conclure que la partie qui a consenti à la révocation, ignorant l'existence du jugement, peut se faire restituer contre son consentement. — MM. Goujet et Merger (*loc. cit.*, no 214) combattent cette doctrine, en faisant remarquer qu'en révoquant leurs arbitres, en transigeant sur la contestation, les parties manifestent la volonté de renoncer à la juridiction des arbitres qu'elles avaient choisis ; leur infliger une sentence qu'elles ignorent et qu'elles voudraient éviter, ce serait leur enlever le droit et les résultats de la révocation.

Sect. 4e. — *Récusation des arbitres.*

403. — Il est certain, en tous cas, qu'une sentence rédigée, prononcée, datée et signée postérieurement à la révocation, ne saurait produire aucun effet. — *Cass.*, 17 mars 1806, Boucault c. Saintrot ; 3 juin 1811, Gaida c. Gros ; — Chauveau sur Carré, no 3286 *bis* ; Boitard, t. 3, p. 424 ; Bellot, t. 2, p. 151 ; Goujet et Merger, *Dict. comm.*, vo *Arbitre forcé*, no 214.

404. — Les arbitres peuvent être *récusés* ; c'est ce qui résulte implicitement de l'art. 1014, C. procéd. civ. — Mais la loi ne dit pas quelles seront les causes de récusation. Dans ce silence des textes, on est tombé d'accord que ces causes sont les mêmes pour les arbitres que pour les juges ; ainsi tout ce qui concerne les causes de récusation des uns concerne également les causes de récusation des autres. Ces causes sont énumérées dans l'art. 378, C. de procéd. — *Metz*, 8 déc. 1818, N... c. N... — Pardessus, *Dr. comm.*, no 1394 ; Carré, no 3316 ; de Valisménil, vo *Arbitrage*, no 183 ; Pigeau, t. 1er, p. 25 ; Mongalvy, t. 1er, no 184 ; Berriat, p. 45, note 20e ; Thomine, no 1234 ; Merlin, *Rép.*, vo *Récusation* ; Goujet et Merger, vo *Arbitrage forcé*, no 215. — V. RÉCUSATION.

405. — Il faut même ajouter quelques causes de récusation qui ne peuvent pas se présenter pour des juges ; ainsi, si l'une des parties avait choisi pour arbitre un interdit, un mineur, un mort civilement, en supposant, ce que nous avons examiné *suprà* nos 300 et suiv., que ces diverses personnes ne puissent remplir les fonctions d'arbitres, elles seraient valablement récusées par l'autre partie.

406. — Il y aurait encore une cause de récusation dans la nomination d'un arbitre qui n'appartiendrait pas à la classe de personnes désignées par le compromis. — V. *suprà* no 367.

407. — Cependant, lorsque après la dissolution d'une société commerciale chacune des parties intéressées a fait choix d'un arbitre à l'audience du tribunal de commerce, et qu'il en a été donné acte par un jugement contradictoire, les arbitres ainsi nommés ne peuvent être récusés sous le prétexte que l'acte de société indiquait que les arbitres devraient être choisis dans une certaine profession, et qu'il n'aurait point été rigoureusement exécuté. — *Lyon*, 15 déc. 1840 (t. 1er 1841, p. 556), Dubouchet.

408. — Jugé encore que, lorsque de deux arbitres nommés pour décider un différend l'un n'a remis qu'après l'expiration du délai fixé son rapport qui se trouve en opposition avec celui de l'autre arbitre, ce qui nécessite la nomination de nouveaux arbitres, la négligence de l'arbitre en retard donne contre lui matière à récusation. — *Bruxelles*, 1er mai 1830, N... c. N...

409. — Mais hors ces cas on reconnaît que les arbitres ne peuvent, comme les juges, être récusés hors des cas prévus par l'art. 378. — *Bourges*, 18 déc. 1829, Bonneau c. Enfert (sous *Cass.*, 8 fév. 1832).

410. — Et il a été jugé que la circonstance que les arbitres ont bu et mangé avec l'une et l'autre des parties ne donne pas lieu à la récusation prononcée par l'art. 378, C. procéd. — Il en est autrement quand les arbitres ont bu et mangé isolément avec l'une d'elles. — *Cass.*, 16 nov. 1825, Tivolier c. Martin. — V. RÉCUSATION.

411. — Ainsi il n'y a pas de cause de récusation contre un arbitre forcé dans ce fait qu'il aurait reçu avant sa nomination des honoraires de l'une des parties dans une affaire antérieure où il avait été également nommé arbitre. — *Cass.*, 8 fév. 1832, Bonneau c. Enfert.

412. — Jugé aussi qu'un arbitre nommé d'office n'est pas récusable par le motif qu'en qualité de consignataire il a été et peut-être est encore en procès avec l'une des parties. — *Rennes*, 4 fév. 1818, Rion-Kerhallet c. Cornu.

413. — De même, l'art. 378, C. procéd., étant limitatif et devant être restreint aux causes de récusation qu'il énumère, il en résulte qu'il n'y a pas lieu d'admettre la récusation fondée sur ce que des arbitres auraient manifesté leur opinion avant d'être saisis du litige. — *Montpellier*, 1er juin 1829, Davel c. Therou et Calmettes.

414. — L'inimitié capitale est une cause de récusation contre un arbitre. — Mais il ne suffit pas, pour qu'une telle cause de récusation soit admise, qu'elle soit articulée. — *Bourges*, 3 déc. 1813, Jouenne c. N...

ARBITRAGE, chap. 4, sect. 4e.
ARBITRAGE, chap. 4, sect. 4e.

415. — En matière d'arbitrage volontaire, les arbitres ne peuvent être récusés, si ce n'est pour cause survenue depuis le compromis. C. procéd., art. 1014. — Il est naturel, en effet, que les parties ne puissent revenir sur leur propre consentement, et que le compromis soit considéré comme une renonciation tacite à faire valoir les moyens de récusation qui lui sont antérieurs.

416. — Et ce principe a été reconnu applicable en matière d'arbitrage forcé comme en matière d'arbitrage volontaire, *lorsque les arbitres sont nommés par les parties elles-mêmes*. — *Toulouse*, 18 août 1838 (t. 2 1838, p. 602), Pelleport-Jaunac c. Debax.

417. — Toutefois, la disposition de l'art. 1014 ne peut s'entendre que des causes de récusation qui étaient connues de la partie avant le compromis, et nous admettrons même qu'elles sont toutes censées connues d'elle. Mais, si elle établissait, par exemple, que l'un des arbitres était à son insu débiteur ou créancier de son adversaire, la récusation devrait être admise. — Boitard, t. 3, sur l'art. 1014; Goubeau, t. 1er, p. 235; Bellot, t. 2, no 40; Thomine, no 1235; Goujet et Merger, vo *Arbitrage forcé*, no 218.

418. — On ne devrait pas considérer comme née depuis le compromis, en ce sens qu'elle pourrait motiver la récusation, la cause nouvelle qui serait de même nature que celle existante au moment de la signature de cet acte. — Ainsi, lorsqu'un arbitre a été agréé par les parties, quoiqu'il fût le créancier de l'une d'elles, cette partie ne peut plus le récuser, sous le prétexte que dans le courant de l'arbitrage elle est encore devenue sa débitrice pour d'autres causes. — *Metz*, 12 mai 1818, Lacombe c. Faure et Legré; — de Vatisménil, *Encyclop. du dr.*, vo *Arbitrage*, no 185.

419. — La règle que les causes de récusation doivent être antérieures au compromis, ne s'applique pas aux arbitres, soit volontaires soit forcés, nommés d'office par le juge. La récusation n'est en effet défendue pour les causes antérieures au compromis que sur le fondement d'une renonciation supposée des parties à les opposer. Or, en cas de nomination d'office, il n'existe aucune *renonciation* des parties à faire valoir les causes de récusation, même antérieures à la nomination. — Merson, no 40.

420. — Quant aux formes de la récusation, V. *infrà* nos 438 et suiv.

421. — De ce que l'art. 430 exige que la récusation des arbitres experts en matière de commerce ait lieu dans les trois jours de leur nomination, quelques auteurs ont conclu qu'il doit en être de même pour la récusation des arbitres juges. La question a été jugée en ce sens pour des arbitres nommés d'office. — *Rennes*, 4 fév. 1818 (et non 1813), Riou Kerhallet c. Cornu; — Pardessus, *Dr. comm.*, no 1413; Delvincourt, *Inst. de dr. comm.* — V. *contrà Orléans*, 28 déc. 1820, Blot c. N...

422. — D'autres veulent que dans le silence de la loi on recoure aux dispositions du décret du 2 oct. 1793, art. 6, qui portait que les moyens de récusation seraient respectivement proposés dans la quinzaine. — Merson, *de l'Arbitrage forcé*, p. 47, no 44; Carré, no 3317; Malepeyre et Jourdain, p. 395.

423. — Nous pensons qu'il vaut mieux dire avec M. de Vatisménil, que le décret du 2 oct. 1793 est abrogé; que l'art. 430, C. procéd., est spécial aux arbitres experts; et que, quant aux arbitres juges, on doit plutôt appliquer par analogie l'art. 382, C. procéd., relatif à la récusation des juges. Or, aux termes de cet article, celui qui voudra récuser devra le faire si l'affaire est en rapport, avant que l'instruction soit achevée, ou que les délais soient expirés, à moins que les causes de récusation ne soient survenues postérieurement. — De Vatisménil, vo *Arbitrage*, no 186; Goujet et Merger, no 236. — V. cependant *Toulouse*, 18 août 1838 (t. 2 1838, p. 602), Pelleport-Jaunac c. Debax.

424. — En tout cas, le délai pour récuser les arbitres ne doit commencer à courir que du jour de la signification du jugement contenant leur nomination. — On l'a ainsi jugé pour des arbitres nommés par procès-verbal du juge de paix, sous l'empire de la loi du 2 oct. 1793. — *Cass.*, 19 juill. 1813, Barbarel c. commune de Bazoilles; — de Vatisménil, *Encyclop. du dr.*, vo *Arbitrage*, no 186.

425. — Les pouvoirs des arbitres forcés ne cessent pas du moment où ils ont declaré qu'ils étaient divisés d'opinion et qu'ils ont nommé un tiers arbitre. Par suite, la demande en récusation dirigée contre les arbitres ne peut être déclarée non-recevable, sous prétexte que les griefs articulés sont postérieurs à la sentence qui a déclaré le partage d'opinion. — *Cass.*, 16 déc. 1828, Vère c. Grattan.

426. — Celui qui avant d'exercer une récusation contre un arbitre juge a remis préalablement les pièces aux arbitres, reconnaît implicitement la composition du tribunal et ne peut plus récuser l'arbitre. — *Orléans*, 28 déc. 1820, Blot c. N...

427. — De ce que le pouvoir des arbitres est spécial, et de ce qu'il leur est interdit de s'occuper de questions autres que celles qui leur ont été soumises par le compromis, il résulte que les arbitres ne peuvent statuer eux-mêmes sur la récusation dirigée contre eux. — *Cass.*, 1er juin 1812, Frémont c. Busby; *Paris*, 17 mai 1813, Frémont c. Busby; *Toulouse*, 23 mai 1832, Tailhades c. Lacroux; *Cass.*, 1er fév. 1837 (t. 2 1837, p. 279), Guibert c. Toussan et Sibille; — Malepeyre et Jourdain, p. 396; de Vatisménil, vo *Arbitrage*, no 189; *Dict. de procéd.*, no 133; Goujet et Merger, no 239.

428. — Et lorsqu'ils statuent sur cette récusation, leur sentence peut être attaquée par la voie d'action en nullité, comme rendue hors des termes du compromis. — *Cass.*, 1er (et non 15), juin 1812, et *Paris*, 17 mai 1813, Frémont c. Busby; *Toulouse*, 23 mai 1832, Tailhades c. Lacroux.

429. — Mais de ce qu'en principe les arbitres ne peuvent statuer sur la validité ou l'invalidité des récusations exercées contre eux, il n'en résulte pas qu'il leur soit interdit, lorsque l'instruction est complète, ou lorsque les délais du compromis sont près d'expirer, ou lorsqu'il y a urgente nécessité de terminer l'arbitrage, de passer outre au jugement du fond, surtout lorsque les motifs allégués de récusation ne portent pas sur des faits survenus postérieurement au compromis. — *Cass.*, 1er fév. 1837 (t. 2 1837, p. 279), Guibert c. Toussan et Sibille.

430. — Passer outre ou refuser de surseoir jusqu'au jugement de la récusation ce n'est pas juger la récusation, et ce passé-outre ne fait nul obstacle à ce que le jugement de la récusation soit déféré aux juges qui doivent en connaître, et, au cas d'admission, à ce que la sentence arbitrale soit considérée comme non avenue. — Même arrêt.

431. — Jugé de même que les arbitres ne sont pas tenus de s'arrêter à une récusation non signée de la partie. — *Montpellier*, 26 juin 1834, Mouly. — Et cet arrêt, dit M. de Vatisménil (no 189), n'est pas contraire à la doctrine qui défend aux arbitres de juger la récusation; en effet, les arbitres ne jugeaient pas le mérite de la récusation; ils passaient outre devant un acte de récusation dénué de l'un des caractères extérieurs et substantiels sans lesquels la loi ne reconnaît pas de pareils actes.

432. — On avait jugé, avant le Code de procédure, que des arbitres récusés devaient surseoir à statuer, encore bien que la récusation fût postérieure à la clôture du procès-verbal, si la sentence n'avait pas encore été définitivement rédigée et signée. — *Cass.*, 7 juin 1808, Cupif et Berquin c. du Roure. — Mais cette décision peut sembler manquer aujourd'hui d'application. En effet, sous l'empire de la loi du 24 août 1790, les arbitres pouvaient juger même après l'expiration des délais, et dans l'espèce les parties s'étaient interdit le droit de les révoquer; on n'avait donc pas à craindre comme aujourd'hui, en ordonnant aux arbitres de surseoir, de permettre à l'une des parties de mettre fin au compromis par une récusation mal fondée et de mauvaise foi. — Toutefois, M. de Vatisménil (*Encycl. du dr.*, vo *Arbitrage*, no 188) soutient que le principe de l'arrêt de 1808 serait encore applicable en présence de l'art. 387, C. procéd., et de la nature même du pouvoir des arbitres, qui ne peuvent prononcer lorsque leur mission est légalement contestée.

433. — De ce que les arbitres sont incompétens pour connaître de leur récusation, MM. Goujet et Merger (no 235) concluent qu'il n'y a pas lieu de leur déclarer applicable l'art. 380, C. procéd. civ., suivant lequel tout juge qui sait cause de récusation en sa personne est tenu de le déclarer à sa chambre, qui décide s'il doit s'abstenir. — « Tout ce que doit faire l'arbitre, disent-ils, c'est de faire connaître sa position aux parties, et si celles-ci persistent à le maintenir comme arbitre, il doit accomplir sa mission.

434. — Au surplus, le concours d'un arbitre récusable mais non récusé ne rend pas la sentence nulle. — Carré, no 1392; Favard de Langlade, t. 4, p. 762; Berriat, p. 368; Goujet et Merger, *loc. cit.* — Il en est du cas d'arbitrage comme en matière de jugement ordinaire. — V. RÉCUSATION.

435. — La demande en récusation, toutes les fois que l'arbitrage est volontaire, quand même il serait entre commerçans et pour objet de commerce, doit être portée devant le tribunal civil. La compétence du tribunal de commerce est exceptionnelle et ne s'applique qu'aux arbitrages forcés. — *Metz*, 12 mai 1818, Lacombe c. Faure et Legré; *Cass.*, 26 mars 1838 (t. 1er 1838, p. 401), Huart c. Blum; — de Vatisménil, vo *Arbitrage*, no 190.

436. — Mais c'est aux tribunaux de commerce qu'il appartient de statuer sur les récusations proposées contre des arbitres forcés. — *Metz*, 8 déc. 1818, N.. c. N...; — de Vatisménil, *loc. cit.*

437. — Et il a été jugé qu'un tribunal de commerce qui avait renvoyé des associés devant des arbitres nommés par eux était compétent pour statuer sur la récusation proposée contre ces arbitres. — *Paris*, 30 déc. 1813, Carly c. Gobert; — de Vatisménil, *loc. cit.*

438. — Mais dans quelle forme devra-t-on procéder à cette récusation? sera-t-elle jugée en l'absence et sans la mise en cause de la partie étrangère à la récusation? faudra-t-il former la récusation par acte au greffe et en suivant les formes prescrites par les art. 378 et suiv., C. procéd.? — La cour de Cassation a posé en principe, que le Code ne contenant aucune disposition formelle relativement au mode et aux formes de récusation en matière d'arbitrage, les juges pouvaient et devaient suppléer au silence de la loi en appliquant les règles tracées quant à la récusation des juges. — *Cass.*, 28 fév. 1838 (t. 2 1838, p. 355), Rupilly c. Lamiot.

439. — Selon M. Pardessus (*Dr. comm.*, no 1390), l'acte signé de la partie qui récuse doit être signifié aux arbitres, et les moyens de récusation doivent être portés devant le tribunal du lieu où sa cause l'eût été s'il n'eût pas existé d'arbitrage. MM. Merson et Carré veulent de plus que l'original de la notification faite à l'arbitre soit visé par lui, ou à son refus par le procureur du roi. — Arg. de l'art. 1039, C. procéd. — V. Boitard, *Leçons de procéd. civ.*, t. 3, sur l'art. 1014; Mongalvy, t. 1er, no 201.

440. — Jugé en ce sens qu'en matière d'arbitrage forcé les arbitres peuvent être récusés par exploit d'huissier signé du récusant ou de son fondé de pouvoirs. A défaut de cette signature, la récusation doit être regardée comme non avenue, et les arbitres peuvent passer outre au jugement. — *Bastia*, 11 avr. 1843 (t. 1er 1844, p. 512), Calisti c. Campi.

441. — M. de Vatisménil (*Encycl. du dr.*, vo *Arbitrage*, no 183) pense que la récusation devrait être déposée au greffe du tribunal qui connaît de l'exécution de la sentence arbitrale, que le tribunal en donnerait ensuite connaissance à l'arbitre récusé, qui ferait sa déclaration, le tout conformément aux art. 384 et suiv., C. procéd. — Merger et Goujet, vo *Arb. forcé*, no 239.

442. — Il a été jugé en ce sens que la récusation d'un arbitre peut être faite par acte déposé au greffe du tribunal qui l'a nommé; qu'ainsi, le tribunal de commerce est compétent pour connaître de la récusation proposée contre un des arbitres qu'il a nommé. — *Bourges*, 3 déc. 1813, Jouence c. N...; *Paris*, 30 déc. 1813, Carly c. Gobert.

443. — Nous pensons qu'il est nécessaire de distinguer et que la même marche ne doit point être employée dans tous les cas. — 1o Lorsque en matière d'arbitrage forcé une partie notifie à l'autre la nomination de son arbitre par acte extrajudiciaire, il n'est pas nécessaire pour la faire tomber, si l'arbitre se trouve dans un cas de récusation, de suivre les formes exigées par les art. 378 et suiv., C. procéd., il suffira d'assigner l'associé qui l'a nommé devant les tribunaux de commerce pour voir déclarer nulle la nomination qu'il a faite. — L'arbitre nommé n'est point encore juge, la nomination n'est que l'œuvre de celui qui l'a faite, et c'est contre lui que la nullité en doit être prononcée.

444. — La Cour d'appel de Bruxelles a adopté ces principes dans une espèce où l'arbitre récusé comme parent de l'une des parties à un degré prohibé par l'art 378, C. procéd., n'avait pas encore été accepté par la partie qui le récusait. L'arbitrage était forcé, et la cour a jugé que l'arbitre indiqué par l'une des parties n'était investi que par l'acceptation de l'autre; qu'en conséquence, si la nomination est annulée, l'appel interjeté contre le jugement n'est pas recevable dans la forme prescrite par l'art. 392, C. procéd. — *Bruxelles*, 15 mars 1833, Thiers c. Abrossard.

445. — 2o Lorsque la nomination a été faite d'office par le tribunal, la partie qui veut repousser l'arbitre nommé doit se pourvoir soit par opposition, soit par appel, si l'une ou l'autre de ces voies lui est ouverte, et si elle y renonce, c'est qu'elle accepte l'arbitre qu'on lui a donné, et elle ne pourrait plus le récuser que pour des causes postérieures à sa nomination. Nous l'assimilerions complètement à la partie qui a volontairement nommé un arbitre par compromis.

446. — 3o Dans le cas enfin où l'arbitre a été accepté par les parties, ou nommé par elles conjointement, s'il survient des causes de récusation, le moyen le plus convenable de procéder est celui indiqué par M. de Vatisménil, c'est-à-dire qu'on devra autant qu'il est possible se conformer aux dispositions du Code de procédure relatives à la récusation des juges. — V. RÉCUSATION

447. — Le jugement qui statue sur la récusation est toujours susceptible d'appel (C. procéd., art. 391). Cet appel est régi par les principes ordinaires en matière de récusation. — V. RÉCUSATION.

448. — Quand pour motiver la récusation d'arbitres on allègue des faits sans produire à l'appui un commencement de preuve par écrit, et que ces faits sont déniés par les arbitres, le jugement ou l'arrêt qui refuse d'admettre la preuve de ces faits n'est pas sujet à la censure de la cour suprême. — *Cass.*, 16 nov. 1825, Tivolier c. Martin.

449. — La cour d'Orléans a jugé, en matière d'arbitrage forcé, qu'il n'était pas nécessaire de mettre en cause l'adversaire du récusant dans le procès en récusation. — *Orléans*, 28 déc. 1820, Blot c. N... — Il résulte de là qu'il ne peut attaquer le jugement auquel il est resté étranger.

450. — Mais s'il a été partie dans l'instance, il peut appeler du jugement qui admet la récusation. — *Cass.*, 28 fév. 1838 (t. 2 1838, p. 355), Rapilly c. Hamyol; — Goujet et Merger, no 250; Pigeau, t. 1er, p. 438; Thomine, t. 1er, p. 438; Lepage, t. 1er, p. 357. — V. *contrà* Carré, no 1407; Berriat, p. 296.

451. — De ce qu'on doit suivre pour la récusation des arbitres la forme tracée pour la récusation des juges, on a conclu qu'il n'est pas nécessaire d'intimer le récusant sur l'appel du jugement qui a admis la récusation; et le récusant est non-recevable à former tierce-opposition à l'arrêt qui rejette la récusation sans qu'il ait été appelé. — Même arrêt.

452. — La sentence rendue par des arbitres récusés après le jugement qui a rejeté la récusation en prononçant l'exécution provisoire, mais avant l'arrêt rendu sur l'appel de ce jugement, ne peut être attaquée pour incapacité des arbitres si cet arrêt a confirmé le jugement et si d'ailleurs il n'a pas été demandé de défenses à l'exécution provisoire. — *Cass.*, 12 juill. 1831, Bonneau Lestang c. Enfert.

453. — En cas de rejet de la récusation, le récusant doit être condamné à une amende de cent francs au moins (C. procéd., 390); et cela, soit que la récusation ait été rejetée parce que les faits allégués reposaient sur une cause fausse, soit que le motif de la récusation ait été l'inadmissibilité de la preuve des faits. — *Cass.*, 16 nov. 1825, Tivolier c. Martin.

454. — Ce n'est pas au surplus aux arbitres, mais au trésor, que cette amende est applicable. — Même arrêt. — Mais les arbitres peuvent demander des dommages-intérêts, à la charge toutefois de ne plus pouvoir siéger comme arbitres, alors même que les dommages-intérêts ne leur seraient pas adjugés. — Goujet et Merger, no 244.

Sect. 5e. — *Refus, déport, empêchement, décès des arbitres.*

455. — Les fonctions d'arbitres sont essentiellement volontaires et facultatives : les personnes désignées pour les remplir peuvent donc les refuser, et cela sans avoir besoin de donner aucun motif à l'appui de leur refus. Il en est ainsi soit que l'arbitrage soit volontaire ou forcé. « *Hæc res*, dit Ulpien en parlant des fonctions d'arbitres, *libera et soluta est, et extrà necessitatem jurisdictionis posita.* »

456. — M. Carré (no 3313) pense, il est vrai, que les *arbitres forcés* ne peuvent refuser leur ministère, parce qu'autrement la disposition de la loi qui établit l'arbitrage forcé risquerait de devenir illusoire, — et la cour de Bruxelles a adopté, au moins en partie, ce système lorsqu'elle a décidé que des arbitres *choisis parmi les négocians* ne peuvent refuser l'arbitrage sans motifs suffisans. — *Bruxelles*, 22 août 1810, Huttebuys c. Marcellis.

457. — Mais M. de Vatisménil combat avec raison l'opinion de Carré et la décision de la cour de Bruxelles en faisant remarquer qu'un texte de loi formel peut seul imposer aux citoyens l'obligation de remplir certaines fonctions : c'est ce qui a été fait, dit-il, pour le jury ; et la loi sur le jury est une restriction apportée à la liberté naturelle dans l'intérêt social ; mais cette restriction ne saurait résulter que d'un texte précis. L'expérience, ajoute-t-il, n'a pas prouvé d'ailleurs qu'il fût difficile de trouver des arbitres : ainsi, non-seulement il n'existe pas à leur égard de loi coercitive; mais on peut même ajouter qu'il n'y aurait pas de motifs suffisans d'en faire une. — De Vatisménil, vo *Arbitrage*, no 194 ; Pardessus, no 1392 ; Goujet et Merger, *Dictionn. comm.*, vo *Arb. forcé*, no 193.

458. — Le refus, disent MM. Goujet et Merger (*loc. cit.*, no 194), est exprès ou tacite. Il est exprès si l'arbitre déclare qu'il ne veut ou ne peut accepter la mission d'arbitre ; il est tacite s'il refuse de répondre à la nomination qui lui est notifiée, ou s'il fait quelque acte duquel il résulte clairement son intention de refuser : par exemple, s'il accepte de la part de l'une des parties une procuration à l'effet de citer l'autre partie devant le tribunal de commerce.

459. — Le refus de l'un des arbitres d'accepter sa mission a pour effet d'anéantir le compromis, même à l'insu des parties intéressées. — *Cass.*, 24 déc. 1817, Lefortier c. Marie.

460. — A côté du droit de refuser l'arbitrage se place, pour les arbitres, celui de se *déporter*, c'est-à-dire *de se démettre*; mais ce droit ne peut être exercé, sans motifs légitimes, qu'autant que les opérations ne sont pas commencées. — Arg. art. 1014, C. procéd.

461. — Le droit de se déporter, tant que les opérations ne sont pas commencées, existe aussi bien pour les arbitres forcés que pour les arbitres volontaires ; on comprend toutefois que Carré, qui dénie aux arbitres forcés le droit de refus, leur dénie également celui de déport. Sur ce dernier point, comme sur le premier, son opinion doit être repoussée.

462. — Une fois les opérations commencées, les arbitres qui ont accepté ne peuvent se déporter (C. procéd., art. 1014). — Toutefois cette règle ne doit s'entendre que du déport non fondé sur des motifs légitimes, ou fondé sur des causes qui existaient déjà avant le compromis. Il a donc été jugé que les arbitres peuvent se déporter, même après que leurs opérations sont commencées, pour causes survenues depuis le compromis. — *Rouen*, 4 janv. 1820, Lefebvre et Barthélemy c. Fremery.

463. — Les causes légitimes du déport sont, suivant Carré (*Quest.* 3312e), les causes de récusation (V. *suprà* nos 404 et suiv.), et le même auteur ajoute que *l'empêchement* en général devrait être considéré comme une cause de déport. D'autres auteurs (Berriat Saint-Prix, Pardessus, t. 5, p. 97) précisent les cas dans lesquels l'empêchement pourrait être réputé légitime, et ils énumèrent les suivans : — 1o Si le compromis était vicieux et nul, et s'il contenait des clauses contraires à l'ordre public; — 2o Si l'arbitre avait été injurié et diffamé par les parties, ou s'il était intervenu entre lui et elles une inimitié capitale; — 3o S'il était survenu à l'arbitre une maladie ou une incommodité qui le mît hors d'état de s'occuper de l'arbitrage ; — 4o Si ses propres affaires demandaient impérieusement tous ses soins; — 5o S'il avait accepté depuis le compromis un emploi public qui réclamât tous ses momens. — De Vatisménil, *Encycl. du dr.*, vo *Arbitrage*, no 193; Goujet et Merger, vo *Arbitrage forcé*, no 198.

464. — Il a été jugé en ce sens qu'un arbitre peut se déporter lorsque les fonctions publiques qu'il remplit ont reçu depuis son acceptation une extension telle, qu'il lui est impossible de continuer sa mission. — *Rennes*, 26 juill. 1841 (t. 2 1841, p. 488), Dardel c. Corbe.

465. — Mais les arbitres nommés par un compromis dans lequel on dit qu'*en cas de retraite ou de refus de l'un d'eux, pour une cause quelconque, il sera procédé à son remplacement*, ne peuvent, à la faveur de cette clause, se déporter quand leurs opérations sont commencées. — *Paris*, 8 mai 1824, Goisson c. Duveyrier.

466. — Le déport, comme le refus, peut être tacite; il résulterait, par exemple, de ce que l'arbitre aurait accepté de l'une des parties des pouvoirs aux fins de citer l'autre partie en conciliation devant le juge de paix, sur les difficultés qui faisaient l'objet du compromis. — *Bruxelles*, 4 fruct. an XII, Deheyder c. Prévost.

467. — Le déport d'un arbitre amène ou son remplacement ou la cessation du compromis (C. procéd., art. 1012); mais dans aucun cas son refus de juger n'autorise les autres arbitres à juger en son absence, si les parties n'y ont formellement consenti ; leur sentence, à défaut de ce consentement exprimé, doit être annulée. — *Agen*, 5 janv. 1812, Courrèges.

468. — De ce que l'art. 1014, C. de procéd., défend aux arbitres de se déporter lorsque leurs opérations sont commencées il ne résulte pas, comme le fait remarquer M. de Vatisménil (no 192), qu'ils puissent être contraints à juger malgré eux. S'ils refusent de juger, leur obligation se résoudra en dommages-intérêts comme celle du mandataire qui, en désertant son mandat, porte préjudice au mandant.

469. — Et la demande en dommages-intérêts est, dans ce cas, de la compétence du tribunal civil et non de celle du tribunal de commerce qui a nommé les arbitres. — Goujet et Merger, *Dictionn. comm.*, vo *Arbitrage forcé*, no 202.

470. — Jugé que, le déport de l'un des arbitres mettant fin au compromis, et, en arbitrage forcé, donnant lieu au remplacement de l'arbitre déporté, le jugement qui, en cet état, serait rendu par les deux autres arbitres devrait être réputé nul. — *Cass.*, 2 sept. 1811, d'Ormesson c. Graux.

471. — Il ne faut pas, au surplus, confondre avec le déport qui met fin au compromis le refus de l'arbitre de participer à certaines opérations ou d'accomplir certaines formalités lorsque ce refus n'empêche pas la continuation de l'arbitrage. — Goujet et Merger, *Dict. comm.*, vo *Arbitrage forcé*, no 204.

472. — Lorsque l'arbitrage est volontaire, le décès d'un des arbitres met fin au compromis. — C. procéd., art. 1012.

473. — Si l'arbitrage est forcé, le décès de l'un des arbitres donne lieu à son remplacement, à moins que les parties n'aient autorisé les arbitres restans à statuer seuls.

474. — Dans ce cas, si les arbitres ont été nommés par toutes les parties d'accord entre elles, il y a lieu à la recomposition entière du tribunal arbitral : car le choix des parties avait pu être déterminé par la réunion des qualités personnelles des divers individus qui avaient été simultanément choisis. — *Bruxelles*, 30 mai 1810, Marcellis c. Huttebuy.

475. — Mais lorsque les arbitres ont été nommés chacun par une des parties, le décès de l'un d'eux ne doit pas rendre nécessaire le remplacement des autres, et la partie qui avait nommé cet arbitre devra seule en nommer un nouveau. Il n'y a doute que lorsque, les deux arbitres ayant été nommés par acte extrajudiciaire, la nomination de l'arbitre décédé a précédé celle de l'arbitre survivant, car l'associé qui a nommé ce dernier arbitre pourrait soutenir qu'il n'a fait son choix qu'en considération de l'arbitre déjà nommé.

476. — La mort civile doit être assimilée à la mort naturelle. — Goujet et Merger, no 206.

477. — On doit encore considérer comme équivalant au décès un empêchement majeur et fortuit mettant l'arbitre dans l'impossibilité de continuer ses fonctions. « Il en est ainsi, disent MM. Goujet et Merger (*loc. cit.*) toutes les fois que l'arbitre se trouve placé dans une position telle que la loi ne le considère pas comme capable de remplir la mission qui lui est confiée.

Sect. 6e. — *Honoraires des arbitres.*

478. — Les arbitres, soit volontaires soit forcés, ont-ils droit à des honoraires ? Cette question divise la jurisprudence.

479. — D'une part, on peut dire que les arbitres sont les mandataires des parties et qu'il est juste de les récompenser de leurs soins. A cette raison, qui s'applique surtout aux arbitres volontaires, on peut ajouter, pour les arbitres forcés, qu'habituellement ces fonctions sont confiées par les tribunaux de commerce à une certaine classe de personnes qui en font leur occupation exclusive et qui doivent nécessairement y trouver un moyen d'existence ; qu'autrement, peu de personnes consentiraient à remplir les fonctions d'arbitres.

480. — Aussi le droit à des honoraires a-t-il été consacré 1o pour les arbitres volontaires par les arrêts des cours de *Bourges*, 2 mars 1814, Grasset c. Poulard; *Bordeaux*, 6 août 1825, Dupont et Harroque c. Ducasse et Soulens; 14 janv. 1826, Dupouy-Laroze et Andrieu c. Marchais de la Berge ; — Duranton, t. 11, no 203.

481. — ... Et 2o pour les arbitres forcés, par arrêts de *Rennes*, 20 juill. 1812, Moulin c. Vannecunen; *Bourges*, 30 juin 1820, Fronitier c. Bonnet; *Grenoble*, 8 mars 1824, Royanez c. N... ; *Lyon*, 30 août 1828, Lenoir et Monachon c. Hery; *Grenoble*, 15 déc. 1835, Laréal c. Cholard; *Bordeaux*, 22 déc. 1836, Soulié c. Grenouilleau et Moriac; *Caen*, 9 juin 1837 (t. 2 1837, p. 464), Delamarre; *Paris*, 8 nov. 1839 (t. 2 1839, p. 429), Rougel-Delisle c. Colliau-Carment; *Aix*, 29 déc. 1840 (t. 1er 1842, p. 245), Orsini c. Gaudran et Possel; *Paris*, 3 janv. 1842 (t. 1er 1842, p. 133), Moreau c. Marceron.

482. — Toutefois, il faut reconnaître que l'opinion contraire prévaut devant la cour de Cassation, au moins pour l'arbitrage forcé, par le motif que les arbitres forcés sont de véritables juges, et qu'à ce titre leurs fonctions doivent être gratuites en ce qu'il n'y a pas de motif pour que la règle qui veut que la justice en France s'administre gratuitement ne s'applique pas aux contestations entre associés. — *Cass.*, 17 nov. 1830, Constant et Estret c. Barbot (et sous cet arrêt la décision attaquée de la cour de *Montpellier*); *Lyon*, 2 août 1831, Hély c. Loir; *Cass.*, 27 avr. 1842 (t. 1er 1842, p. 586), Gillot et Lerouxeau c. Roy, Pille et autres ; — de Vatisménil, *Encyclop. du dr.*, vo *Arbitrage*, no 275.

483. — Si ce dernier système était admis, nous ne voyons pas pourquoi il en serait autrement de l'arbitrage volontaire. Le mandat est gratuit de sa nature (C. civ., art. 1986), et, à moins de conven-

tion expresse, il n'y aurait pas de raison pour que les arbitres même volontaires eussent droit de réclamer des honoraires.—De Vatisménil, nº 275.

484.—Au surplus, il est certain que, dans l'usage, les arbitres forcés reçoivent des honoraires, et on ne saurait également nier que les honoraires qu'ils ont reçus ne soient pas sujets à répétition. Il en résulte au moins cette différence assez importante entre eux et les juges ordinaires, qui ne pourraient recevoir les honoraires même offerts volontairement par les parties.

485.—Dans tous les cas, les parties doivent être condamnées solidairement à couvrir les arbitres des déboursés qu'ils ont faits pour elles.—*Cass.*, 17 nov. 1830, Constant et Estret c. Barbot.

486.—Si le principe qu'il est dû des honoraires aux arbitres est une fois admis, il faut en déterminer l'exercice. Or, par qui les honoraires seront-ils dus, et comment le paiement devra-t-il en être réclamé?

487.—Il est certain, sur le premier point, que les arbitres ont reçu pouvoir de toutes les parties, et non pas seulement de celle qui les a nommés; or, aux termes de l'art. 2002 du Code civ., lorsque le mandataire a été constitué par plusieurs personnes pour une affaire commune, chacune d'elles est tenue solidairement envers lui de tous les effets du mandat. On a dû juger, en appliquant ces principes à l'arbitrage, que les parties étaient tenues solidairement du paiement des honoraires des arbitres.—*Bourges*, 2 mars 1814, Grassel c. Poulard; *Grenoble*, 8 mars 1824, Royanez c. N...; *Bordeaux*, 6 août 1825, Dupont et Harroque c. Ducasse et Soulens; 14 janv. 1826, Dupouy-Laroze et Andrieu c. Marchais de la Berge; 22 déc. 1836, Soulié c. Grenouilleau et Moriac; — De Vatisménil, *Encyclop. du dr.*, vº *Arbitrage*, nº 276.

488.—Mais comment les honoraires seront-ils fixés et comment le paiement en sera-t-il exigé? — Il serait sans doute à désirer, dans l'intérêt de la dignité des arbitres, que les honoraires leur fussent payés par la partie qui triomphe dans l'instance, sauf à celle-ci à exercer son recours contre les autres parties pour la portion des honoraires qui doit rester à leur charge.—*Grenoble*, 8 mars 1824, Royanez c. N...

489.—Cependant, la négligence ou la mauvaise volonté de toutes les parties ne doit pas paralyser le droit des arbitres. Quelques arbitres ont donc cru pouvoir taxer eux-mêmes leurs honoraires dans la sentence arbitrale et à l'aide de ce titre en poursuivre immédiatement le paiement contre les parties. Mais agir ainsi serait, comme la cour de Caen l'a dit avec beaucoup de raison, se porter juge dans sa propre cause.—*Caen*, 9 juin 1837 (t. 2 1837, p. 464), Delamarre.

490.—Cette taxation ne peut donc lier la partie condamnée, qui conserve le droit de faire fixer le montant des honoraires par le juge compétent.—*Grenoble*, 15 déc. 1835, Laréal c. Chotard.

491.—On devrait juger, à plus forte raison, qu'il suffirait à la partie qui croit avoir à se plaindre de la fixation d'honoraires, faite par des arbitres, de former opposition à la taxe, et qu'elle n'aurait pas besoin d'en interjeter appel. — *Bourges*, 30 juin 1820, Frontier c. Bonnet.

492.—Lorsque le compromis a autorisé les arbitres à statuer sur les frais, cette clause doit s'entendre des frais de procédure, sans que les arbitres puissent taxer eux-mêmes leurs vacations. — *Caen*, 9 juin 1837 (t. 2 1837, p. 464), Delamarre.

493.—Et il a été jugé que les arbitres statuent hors des termes du compromis en fixant eux-mêmes leurs honoraires et en condamnant les parties à les payer, quoique ces parties eussent conclu respectivement devant eux à la condamnation aux dépens.—*Rennes*, 6 janv. 1844 (t. 1er 1844, p. 523), Dugast c. Tourgouillet.

494.—Au surplus, la fixation des honoraires par les arbitres dans la sentence doit être considérée comme non avenue, mais sans vicier pour cela les autres parties de la sentence. — *Grenoble*, 15 déc. 1835, Laréal c. Cholard; *Rennes*, 6 janv. 1844 (t. 1er 1844. p. 523), Dugast c. Tourgouillet.

495.—S'il est bien certain que les arbitres ne peuvent taxer eux-mêmes leurs honoraires dans la sentence, ni la jurisprudence ni les auteurs ne s'expliquent nettement d'autre part sur la voie qu'ils devront prendre. Leur action étant fondée sur l'art. 1990, C. civ., le moyen le plus simple consiste à agir directement contre les débiteurs devant le tribunal de leur domicile. Et comme le mandat donné aux arbitres est purement civil, même lorsque la contestation est commerciale ou entre associés, nous déciderions que la demande des arbitres doit être portée dans tous les cas devant le tribunal civil — Mongalvy, t. 2, nº 455; *Encyclop. du dr.*, vº *Arbitrage*, nº 278.

496.—Lors même que les arbitres chargés de régler les comptes d'une société commerciale ont été nommés par un arrêt, ils ne peuvent réclamer directement leurs honoraires devant la cour royale, sans préalablement s'être pourvus devant le tribunal de première instance.—*Lyon*, 30 août 1828, Lenoir et Monachon c. Hery; — *Encyclop. du dr.*, vº *Arbitrage*, nº 278.

497.—Il est certain, dans tous les cas, qu'ils ne pouvaient agir contre les parties par voie de commandement en vertu de leur sentence. — *Bordeaux*, 14 janv. 1826, Dupouy c. Marchais; — de Vatisménil, nº 277.

498.—S'il y a dissidence entre l'arbitre et le plaideur, les tribunaux, pour déterminer la quotité des honoraires, ont à prendre en considération, non seulement les peines et les soins matériels, mais encore l'importance des travaux auxquels l'arbitre s'est livré. — *Bordeaux*, 22 déc. 1836, Soulié c. Grenouilleau et Moriac.

499.—Les arbitres auraient un moyen plus simple et plus sûr, s'il était admis, de se faire payer leurs honoraires, dans la rétention des pièces qui leur ont été confiées. Ce pouvoir leur a été reconnu par un arrêt de la cour de Bordeaux du 22 déc. 1836 (Soulié c. Grenouilleau et Moriac).

500.—Mais la cour royale de Paris nous paraît avoir fait une application plus juste et plus convenable des principes en jugeant implicitement que l'arbitre qui est resté détenteur des pièces de l'arbitrage ne peut en refuser la restitution à la partie dont elles sont la propriété, sous le prétexte qu'il lui serait dû par cette partie des déboursés et honoraires à raison de l'arbitrage, et en reconnaissant même que l'indue détention de ces pièces soumet l'arbitre qui se l'est permise aux dommages-intérêts de la partie.—*Paris*, 8 nov. 1839 (t. 2 1839, p. 429), Rouget-Delisle c. Colliau-Carment; — de Vatisménil, *Encyclop. du dr.*, vº *Arbitrage*, nº 277.

501.—La question ne s'est pas encore présentée formellement de savoir par qui seront supportés, en définitive, les honoraires des arbitres et si, quoique dus solidairement par chacune des parties, ils ne devront pas être exclusivement supportés par la partie qui succombe comme tous les autres dépens de l'instance. — L'affirmative paraît résulter cependant d'un arrêt de la cour de Grenoble du 15 déc. 1835 (Laréal c. Chotard), et devrait être adoptée. Dès que les honoraires sont dus par les parties et peuvent être réclamés par les arbitres, ils font partie des frais nécessités par l'instance et qui sont la peine des plaideurs téméraires.

502.—Il n'y aurait de difficulté que lorsque les honoraires ont été payés volontairement par la partie qui triomphe dans l'instance et qui les réclame. Mais le paiement volontaire, fait par la caution, ne la prive pas de son recours contre le débiteur principal, et la partie qui succombe aura seulement le droit de critiquer la fixation faite par son adversaire ou par les arbitres, si elle est exagérée, et de la faire réduire.

CHAPITRE V. — *Délai de l'arbitrage.*

Sect. 1re. — *Délais de l'arbitrage volontaire.*

503. — Les anciens parlemens ne jugeaient pas d'une manière uniforme le point de savoir si le compromis devait fixer les délais de l'arbitrage, et quelques uns annulaient les compromis dans lesquels aucun délai n'avait été exprimé, tandis que d'autres les validaient. Les auteurs étaient partagés comme la jurisprudence, et ceux même qui admettaient la validité du compromis, quoiqu'il n'exprimât pas de délai, n'étaient pas d'accord sur sa durée. — Mongalvy, t. 1er, nº 250.

504. — La loi du 16-24 août 1790 décida que les compromis qui ne fixeraient aucun délai dans lequel les arbitres devraient prononcer et ceux dont le délai serait expiré seraient néanmoins valables et auraient leur exécution jusqu'à ce qu'une des parties eût fait signifier qu'elle ne voulait plus tenir à l'arbitrage. Cette disposition offrait de graves inconvéniens. Elle permettait à l'une des parties qui, après une longue instruction arrivée peut-être presque à son terme, s'apercevait que ses prétentions ne seraient point admises par les arbitres, d'annuler tout ce qui avait été fait par sa seule volonté, et de causer ainsi un préjudice considérable à son adversaire.

505. — Le Code de procéd. a plus sagement tranché la question, en décidant que si le délai de l'arbitrage n'a pas été fixé dans le compromis, la mission des arbitres ne dure que trois mois du jour du compromis. — C. procéd., art. 1007. — Et l'art. 1028 porte qu'il n'est pas besoin de se pourvoir par appel ni requête civile lorsque le jugement arbitral a été rendu sur compromis expiré. Le compromis a pris fin, aux termes de l'art. 1012, par l'expiration du délai stipulé ou par celui de trois mois, s'il n'en a pas été réglé, et la sentence arbitrale, par conséquent, ne doit pas avoir plus d'effet que si elle avait été rendue sans qu'aucun compromis eût été fait.

506. — La durée des pouvoirs des arbitres doit être déterminée par la loi sous laquelle l'arbitrage a commencé.—Ainsi, lorsque des arbitres nommés sous l'empire de l'ordonnance de 1673 sont décédés, les arbitres nommés pour les remplacer sous l'empire du Code de comm. doivent être soumis aux dispositions de l'ordonnance. — *Cass.*, 3 août 1825, Héry c. Potin; — Mongalvy, t. 1er, nº 263.

507. — Le concordat qui nomme des arbitres pour juger les difficultés qui pourraient naître à son occasion, vérifier les créances, etc., est un compromis, en ce sens que, si cet acte n'a pas déterminé le délai dans lequel les arbitres étaient autorisés à prononcer, ce délai ne peut avoir que la durée de trois mois. — *Cass.*, 21 fév. 1825, Renaud c. Deculon et Plassal; 25 juill. 1827. — V. *contrà Bourges*, 1er fév. 1821, Plassat-Caillard c. Renaud.

508. — La fixation de la durée de l'arbitrage dans le compromis peut être expresse ou tacite. Les parties ont tout pouvoir à cet égard, et la loi n'a pas déterminé de forme qu'elles doivent nécessairement employer.

509. — Cependant de ce que le compromis a dispensé les arbitres de suivre les formalités de justice et les règles du droit, il ne s'ensuit pas qu'ils aient été autorisés à prononcer après les délais fixés par la loi. — *Nîmes*, 30 janv. 1812, N. c. N.; *Rennes*, 21 juin 1816, N. c. N.; *Toulouse*, 13 déc. 1833, Vignes c. Bonnac; — Mongalvy, t. 1er, nº 255.

510. — Ils n'y sont pas davantage autorisés lorsque, dans le compromis qui les dispensait de l'observation des formalités judiciaires, on n'a fixé aucun délai; c'est l'art. 1007 (délai de trois mois) qui doit être appliqué. — *Toulouse*, 13 déc. 1833, Vignes c. Bonnac.—V. *contrà* de Vatisménil (vº *Arbitrage*, nº 54), qui repousse pour ce cas l'application de l'art. 1007, attendu que, si les parties n'ont pas, par là, positivement fixé de délai, cependant elles ont repoussé celui de trois mois et exprimé vouloir s'en rapporter aux arbitres.

511. — Aux termes de l'art. 1007, C. procéd., le délai de l'arbitrage court du jour du compromis. — C'est une interprétation faite par la loi de la volonté des parties, car il leur est toujours permis de déroger à cette règle et de le faire partir d'un autre moment. Il y a même des cas où il faut admettre que cette dérogation a lieu tacitement.

512. — Ainsi, par exemple, il a été jugé que le compromis par lequel on s'en rapporte à la décision d'un arbitre sur les différends à naître sur l'exécution d'un acte tel qu'un ordre amiable, ne peut être déclaré caduc par la seule expiration de trois mois à compter de sa date, s'il ne s'est élevé aucune contestation entre les parties; le délai, dans ce cas, ne court qu'à partir de l'époque où sont nées ces difficultés. — *Lyon*, 26 avr. 1826, Boyard-Genella c. Chaponay et Lacua; — Mongalvy, t. 1er, nº 253.

513. — Le jour où le compromis a été passé ne doit pas être compté dans le délai qui a été accordé à des arbitres pour prononcer.—*Agen*, 8 nov. 1830, Ducros c. Favre et Jouannaut; — de Vatisménil, nº 74.

514. — Jugé que le délai de trois mois court du jour du compromis et non du jour de l'acceptation des arbitres, qu'il y ait lieu ou non à une nouvelle nomination d'arbitres, par le refus ou le déport des premiers, et la décision rendue hors ce nouveau délai par les arbitres est nulle. — *Cass.*, 10 nov. 1829, Puech c. Lafon.

515. —Jugé encore que quand les parties accordent, pour rendre la sentence arbitrale, un délai qui ne doit courir que du jour de l'acceptation des arbitres, laquelle devait être constatée par écrit, le jugement arbitral intervenu est nul pour avoir été rendu plus de trois mois après la date du compromis, lorsque d'ailleurs la date de l'acceptation réelle n'est aucunement constatée. — *Pau*, 3 juill. 1833, Planté c. Paloque.

516. —Toutefois, l'usage du tribunal de commerce de la Seine et de la cour royale de Paris est de décider que le délai de l'arbitrage ne court qu'à partir du jour où les arbitres auront accepté la mission qui leur est déférée et se seront constitués en tribunal arbitral. — De Vatisménil, nº 74.

517. — Quelque absolue que soit la règle qui impose aux arbitres le devoir de statuer dans les délais du compromis, elle doit se concilier avec la bonne foi qui règne toujours dans notre droit, et

une des parties ne pourrait se plaindre que les arbitres aient statué après le délai, si elle les avait empêchés, par des manœuvres frauduleuses, de rendre leur jugement auparavant.

518. — De même, la sentence arbitrale, lue et prononcée dans les délais du compromis, n'est point nulle parce qu'elle n'aurait été transcrite sur le procès-verbal et signée qu'après ces délais, lorsqu'il est constant que le retard apporté à la transcription a été causé par des changemens faits sur la minute, à la demande des parties, et que, d'ailleurs, il n'en est résulté pour elles aucun préjudice. — *Paris*, 3 avr. 1838 (t. 1er 1838, p. 559), Blum c. Catalan. — V. *suprà* no 556.

519. — L'arrêt qui déclare valable la sentence arbitrale, bien qu'elle n'ait été signée qu'après l'expiration du délai du compromis, en reconnaissant qu'elle a été lue et prononcée aux parties avant l'expiration de ce délai, échappe, comme reposant sur la constatation d'un fait, à la censure de la cour de Cassation. — *Cass.*, 6 juill. 1841 (t. 2 1841, p. 546), Blum c. Catalan.

Sect. 2e. — *Délais de l'arbitrage forcé.*

520. — Le Code de comm. n'a pas fixé les délais de l'arbitrage en matière de société. La première question qui se présente est donc celle de savoir si l'art. 1007, C. procéd., qui fixe le délai de trois mois en matière d'arbitrage volontaire, est applicable à l'arbitrage forcé. L'affirmative semble résulter d'abord du silence même du Code de comm. à ce sujet et de la nécessité de recourir au droit commun pour combler la lacune de la législation spéciale. Mais lorsqu'on considère la question de plus près, on reconnaît qu'il existe dans les deux sens de sérieuses raisons de douter. — S'il est vrai, d'une part, que les pouvoirs des arbitres ne doivent pas durer indéfiniment, il est certain aussi que les délais de trois mois sont presque toujours insuffisans pour le jugement des contestations entre associés. Quel serait d'ailleurs le résultat de cette fixation de délai? Que de nouveaux arbitres devraient être nommés, une nouvelle instruction commencée, et qu'on arriverait à prolonger les affaires par les moyens destinés à en hâter le cours. En matière ordinaire, l'arbitrage est exceptionnel; les parties ne s'y sont soumises que pour un temps, et si les délais expirent sans qu'un jugement ait été rendu, elles rentrent dans le droit commun et ne sont plus justiciables que des tribunaux ordinaires. En matière de société, au contraire, la juridiction des arbitres est obligatoire pour les parties; elle dure autant que les contestations; n'est-il pas juste de dire, en conséquence, que le pouvoir des arbitres forcés n'expire que par l'accomplissement de la mission qui leur a été confiée? — L'art. 54, C. comm., complète la démonstration de ce système. — *Bruxelles*, 1er mars 1810, Huttebuy c. Marcellis; 30 mai 1810, Marcellis c. Huttebuy; *Limoges*, 21 mai 1817, Michel c. Bourdeau; *Paris*, 24 août 1824 (sous *Cass.*, 12 mai 1828), Leclaire c. Maron; *Aix*, 4 fév. 1826, Samson c. Valérino; *Grenoble*, 12 août 1826, Boulu c. Drevet; 16 déc. 1841 (t. 2 1842, p. 502), Long c. Faure et Gros. — V. aussi *Orléans*, 17 mai 1842 (t. 2 1842, p. 37), Mothu c. Barrault; — Malepeyre et Jourdain, p. 408.

521. — Cependant le contraire a été jugé par les cours de *Bourges*, 23 janv. 1824, Péra c. Augu et Guibert; 19 fév. 1825, Vincent; *Toulouse*, 13 déc. 1833, Vignes c. Bonnac; — Mongalvy, t. 1er, no 254; de Vatisménil, no 62.

522. — Dans tous les cas, si, après l'expiration des trois mois, les parties se sont présentées devant les arbitres et ont pris de nouvelles conclusions, l'arbitrage est tacitement prorogé, et la sentence qui intervient est compétemment rendue. — *Cass.*, 12 mai 1828, Leclaire c. Maron.

523. — Avant le Code de comm., et sous le Code de procéd., la mission des arbitres n'a pu durer que trois mois, lorsque leurs pouvoirs ont été fixés à ce délai par l'acte qui les a prorogés. — *Turin*, 7 fév. 1810, Montabone c. N.

524. — Il faudrait, toutefois, se garder de donner aux décisions qui refusent d'appliquer à l'arbitrage forcé les art. 1007 et 1012, C. procéd., une portée qu'elles n'ont pas. Si le pouvoir des arbitres forcés n'expire pas par le laps de trois mois lorsqu'aucun délai n'a été fixé ni par les parties ni par le juge, au contraire, quand on a déterminé à l'avance le temps dans lequel le jugement devrait être rendu, cette fixation est valable, et le pouvoir des arbitres expire par l'accomplissement du délai. L'art. 1028, C. procéd., devient applicable. — *Paris*, 29 nov. 1809, Peyrol c. Herbeling; *Bruxelles*, 21 juin 1821, Crabeels c. Peemans; *Cass.*, 22 avr. 1823, Thomas c. Rouxel; *Angers*, 23 juin 1823, Thomas c. Rouxel; *Toulouse*, 1er août 1823, Claverie c. Dufau; *Cass.*, 3 mai 1827, Gunet c. Charcot et Clerc. — V. *contrà Rennes*, 13 mai 1820, Thomas c. Rouxel. — Dans l'espèce de cet arrêt, cassé au surplus par l'arrêt précité du 22 avril, il s'agissait d'un délai fixé par le jugement qui avait nommé les arbitres.

525. — On a jugé, mais à tort à notre avis, qu'en matière d'arbitrage forcé, lorsque le délai pour prononcer sur le litige n'a pas été fixé par le juge *à peine de nullité*, les arbitres peuvent proroger leur mission si, lors de l'expiration du terme, ils ne sont pas suffisamment éclairés, et que le jugement qu'ils prononcent dans ce nouveau délai est valable. — *Riom*, 25 août 1820, Maillès c. Marfoix.

526. — Les arbitres, en effet, en matière d'arbitrage forcé, ne peuvent faire durer indéfiniment les contestations. Le législateur l'a prévu en exigeant (C. comm., art. 54) que le délai pour le jugement soit fixé par les parties lors de la nomination des arbitres, et que, si elles ne sont pas d'accord sur le délai, il soit réglé par les juges.

527. — C'est ce dernier moyen que les parties emploieront lorsque le délai n'ayant pas été fixé lors de la nomination des arbitres, elles craindront que ceux-ci ne le prolongent indéfiniment. Elles recourront au tribunal de commerce, qui en limitera la durée. — *Bruxelles*, 1er mars, 30 mai 1810, Marcellis c. Huttebuy; *Limoges*, 21 mai 1817, Michel c. Bourdeau; *Grenoble*, 16 déc. 1841 (t. 2 1842, p. 502), Long c. Faure et Gros. — V. *contrà* Malepeyre et Jourdain, p. 410.

528. — Lorsqu'en matière d'arbitrage forcé les arbitres sont nommés amiablement par les parties, il est naturel d'appliquer la disposition de l'art. 1007, et de décider que le délai que les parties ont fixé pour le jugement commence à courir du jour de la nomination des arbitres. Il y a d'ailleurs dans ce cas un compromis au moins pour le délai, et il est juste d'appliquer les règles tracées par le Code de procéd. pour les compromis.

529. — Lorsque les arbitres n'ont point été nommés à l'amiable, mais par acte extrajudiciaire, le délai, dans le cas où il en aurait été fixé un par un compromis antérieur qui n'aurait pas déterminé son point de départ, ne commence à courir que du jour de la constitution du tribunal arbitral. Jusque-là en effet la nomination n'est pas complète en ce sens que chaque partie peut révoquer son arbitre, et que ceux-ci ont également le droit de refuser; or les délais ne doivent courir que lorsque le tribunal arbitral existe réellement. — V. Malepeyre et Jourdain, p. 407.

530. — Il a été jugé que, lorsque le délai a été fixé par un jugement lequel n'a pas déterminé le moment où il commencerait à courir, le délai doit partir du jour de la nomination des arbitres et non de celui, soit de la signification du jugement aux parties, soit de la signification aux arbitres. Le jugement remplace le compromis et doit lui être assimilé. — *Bruxelles*, 21 juin 1821, Crabeels c. Peemans.

531. — Cette opinion est plus juste que celle de MM. Carré (*L. de la procéd.*, *quest.* 3303) et Merson (*De l'arb. forcé*, p. 71 et 72), qui veulent que le délai ne commence à courir que du jour de la remise des pièces et mémoires.

532. — C'est donc à tort qu'il a été jugé que le délai fixé aux arbitres pour rendre leur jugement ne court que du jour où les pièces leur sont remises. — *Turin*, [illegible] 1811, Bocca c. Bilotto; — de Vatisménil, n[illegible]

533. — Nous r[illegible]également l'opinion de MM. Malepeyre et Jourdain (*Des soc. comm.*, p. 407), qui soutiennent que le délai doit courir seulement du jour de l'ouverture du procès-verbal d'arbitrage.

534. — Le tribunal, au surplus, peut, comme les parties elles-mêmes, fixer un autre point de départ au délai. Lorsqu'un jugement porte, par exemple, que le délai courra du jour de la signification, cette disposition opère exception à la règle générale; mais on rentre dans le droit commun s'il y a prorogation de délai par un second jugement dans lequel l'exception n'est point répétée. — *Toulouse*, 1er août 1823, Claverie c. Dufau.

535. — Lorsque le juge, en réglant le délai pour l'arbitrage forcé, a dit qu'il commencerait à courir du jour de la signification de son jugement aux arbitres, *commettant à cet effet tel huissier*, la signification faite par un autre huissier non commis n'a point fait courir ce délai. — *Bruxelles*, 31 oct. 1823, Berré c. Moraud.

536. — Et à supposer qu'il eût été exprimé que le délai ne courrait que du jour de la remise des pièces, dans ce cas la déclaration des arbitres, consignée dans le jugement arbitral, ferait pleine foi de la date de cette remise. — *Turin*, 8 mars 1811, Bocca c. Bilotto.

Sect. 3e. — *Prorogation du délai.*

§ 1er. — *En arbitrage volontaire.*

537. — Le compromis prenant fin par l'expiration du délai (C. procéd., art. 1012), proroger le délai c'est faire un véritable compromis qui doit être assujéti, soit au fond, soit en la forme, aux règles habituelles des compromis. — V. COMPROMIS.

538. — Il faut donc appliquer à la prorogation de compromis tout ce que nous avons dit relativement à sa formation.

539. — L'exécution volontaire produit le même effet pour la prorogation que pour le compromis; et la nullité d'un acte de prorogation d'un compromis résultant de ce que l'acte n'a pas été fait en doubles originaux est couverte lorsque les parties ont comparu volontairement devant les arbitres postérieurement à la prorogation. — *Cass.*, 7 fév. 1826, Billout c. Jouard.

540. — La cour de Cassation a même décidé qu'un compromis était réputé prorogé par la comparution des parties avec les arbitres sur les lieux contentieux. — *Cass.*, 17 janv. 1826, Levêque c. Tranquart. — V., en matière d'arbitrage forcé, *infrà* nos 559 et suiv.

541. — Aucune forme sacramentelle n'est exigée pour la prorogation non plus que pour le compromis même, et elle peut résulter implicitement de certaines expressions employées par les parties.

542. — Ainsi, l'acte par lequel les parties conviennent, après l'expiration du délai fixé pour l'arbitrage, de se trouver à un jour déterminé chez leur arbitre, qui *à l'avenir n'aura qu'à leur écrire*, renferme une prorogation indéfinie de délai. — *Colmar*, 4 avr. 1841 (t. 2 1841, p. 408), Laubacher c. Mischi. — Cette décision rendue en matière d'arbitrage forcé s'appliquerait évidemment à l'arbitrage volontaire.

543. — De même, des blancs-seings remis à des arbitres par les parties, après l'expiration du compromis, équivalent à une prorogation de pouvoirs. — *Riom*, 28 déc. 1816, Boivin c. Boitelet.

544. — Un mandataire ne peut proroger le délai de l'arbitrage sans un pouvoir spécial. Un auteur va même jusqu'à soutenir que le pouvoir de compromettre n'emporterait pas celui de proroger le délai du compromis. — Mongalvy, t. 1er, no 257.

545. — Les parties ont pu aussi autoriser les arbitres dans le compromis à proroger eux-mêmes le délai. Il faut cependant remarquer que ce pouvoir ne permet aux arbitres de proroger le délai qu'une seule fois et pour trois mois seulement. — Mongalvy, t. 1er, no 256.

546. — Lorsque les parties, dans un compromis, donnent pouvoir aux arbitres de juger *sans surannation*, ils les autorisent par là à proroger le délai légal. — *Poitiers*, 22 juill. 1819, Latus.

547. — La prorogation, dans le cas où les arbitres sont autorisés à l'accorder, doit être faite par eux avant l'expiration du premier délai. Le compromis s'éteint par l'expiration du délai stipulé, et proroger un compromis éteint n'est possible qu'aux parties qui avaient le droit de le former. Or, en donnant pouvoir aux arbitres de proroger le compromis, on ne leur a pas donné pouvoir d'en faire un nouveau si celui-ci prend fin. — *Cass.*, 6 nov. 1809, Capelin c. Perret; — Mongalvy, t. 1er, no 256; Pigeau, t. 1er, p. 43.

548. — Lorsque, de trois arbitres volontaires, deux se sont déportés, et qu'avant leur remplacement le délai fixé par le compromis est expiré, l'arbitrage cesse de plein droit, nonobstant la prorogation de délai qui aurait été faite par l'arbitre restant en vertu de la faculté conférée aux arbitres de proroger la durée du compromis. — *Cass.*, 6 nov. 1809, Capelin c. Perret.

549. — Le compromis pouvant être fait par procès-verbal devant les arbitres (C. procéd., art. 1005), on doit en tirer la conséquence qu'il peut également être prorogé dans la même forme, même après l'expiration du premier délai. Ce sera, si l'on veut, un compromis nouveau plutôt qu'une prorogation, mais ce compromis est fait dans une forme autorisée par la loi.

550. — La cour de Toulouse a donc jugé à tort et contrairement aux principes qu'une décision arbitrale rendue après l'expiration du délai fixé par le compromis ou après les trois mois, lorsque le compromis ne fixe pas de délai, est nulle quoique les arbitres déclarent qu'ils jugent en présence des parties et que celles-ci prorogent leurs pouvoirs, si le fait de la prorogation est dénié depuis par l'une des parties. — Il ne suffit point d'une simple dénégation d'une des parties pour repousser un compromis constaté par le procès-verbal des arbitres. — *Toulouse*, 7 juin 1810, Estrabaut c. N...

551. — Il est certain, au surplus, qu'en matière d'arbitrage volontaire le pouvoir des arbitres ne peut être prorogé que par les parties, et que les tribunaux n'ont pas le droit de modifier leurs conventions et de changer le compromis en augmentant les délais de l'arbitrage. — Mongalvy, t. 1er, no 261.

552. — Cependant, le tribunal qui a été investi de la charge de nommer des arbitres en cas de difficultés entre des parties est fondé à proroger le délai à eux imparti, encore que tous les intéressés n'y aient pas donné leur consentement. — *Cass.*, 14 juin 1830, Furnival c. Beuvain ; — Mongalvy, t. 1er, no 262.

553. — Le délai du compromis, même en arbitrage volontaire, peut être aussi suspendu de droit par certaines circonstances indépendantes de la volonté des parties C'est ce qui arrive lorsque les arbitres ont été nommés par un jugement non exécutoire par provision, et dont l'une des parties a interjeté appel.

554. — Lorsque, dans le cours d'une instance d'appel d'un jugement portant nomination d'arbitres, la cour ordonne la remise de la cause, du consentement des parties, et toutes choses demeurant en état, le délai de l'arbitrage se trouve prorogé de plein droit par l'effet de cette remise ; et les renvois ultérieurs ordonnés successivement en cet état de surséance sont présumés accompagnés de la même réserve et produisent le même effet. — *Cass.*, 1er juill. 1823, Rey c. Vertue et Jones.

555. — Les incidens même qui s'élèvent devant les arbitres peuvent avoir pour effet de proroger le délai du compromis. Il faut distinguer, dit M. Mongalvy (t. 1er, no 264), si ces incidens sont de telle nature que les arbitres puissent, ou ne puissent pas en connaître. Dans le premier cas, ils ne prorogent point le délai du compromis parce qu'ils ne nécessitent point une instance séparée. Mais dans le second ils suspendent le délai parce que, les arbitres étant obligés d'en renvoyer l'appréciation aux tribunaux ordinaires, il y a de leur part impossibilité physique d'obtempérer à la convention qui fixe le délai du compromis. — De Vatisménil, no 240.

556. — Il a été jugé que la partie qui, par une récusation mal fondée, a empêché les arbitres de prononcer dans les délais du compromis, n'est pas recevable à exciper contre le jugement de l'expiration des pouvoirs des arbitres. — *Metz*, 12 mai 1818, Lacombe c. Faure et Legré.

557. — Toutefois, dit M. de Vatisménil (no 241), il faut prendre garde de donner trop d'extension au principe émis par la cour de Metz : sans doute, quand il s'agit d'un incident qui nécessite le recours à l'autorité judiciaire, comme dans l'espèce d'une récusation, le délai se trouve suspendu; mais quand ce sont des incidens soumis aux arbitres, s'il est vrai, en théorie, qu'une partie ne puisse épuiser le délai en élevant des contestations d'une mauvaise foi évidente, parce que ce serait révoquer indirectement le compromis, il faudrait, dans l'application, que la mauvaise foi fût bien patente et bien incontestable pour que le pouvoir des arbitres se trouvât prorogé.

558. — Un jugement arbitral n'est pas nul faute de mentionner l'acte de prorogation du compromis, lorsqu'il est certain que la prorogation a été connue des arbitres. — *Florence*, 3 juin 1811, Palamidessi c. Lavagna.

§ 2. — *En arbitrage forcé.*

559. — Les délais de l'arbitrage forcé peuvent comme ceux de l'arbitrage volontaire être prorogés. Si la prorogation est faite par les parties, cet acte est un véritable compromis et doit, pour être valable, être constaté comme le compromis par procès-verbal devant les arbitres, par acte notarié ou sous signature privée, ou par un consentement donné en justice. Toutefois le consentement des parties pourrait également résulter des faits, si ces faits étaient assez précis pour ne laisser aucun doute sur l'intention de celui de qui ils émanent.

560. — Un arrêt de la cour de Cassation a même décidé qu'on ne devait réputer comme tels que des faits constatés par écrit et de nature à opérer un lien réciproque de droit entre les parties; qu'ainsi on ne pouvait attribuer le caractère de prorogation au fait d'avoir laissé les pièces entre les mains des arbitres après l'expiration des délais. — *Cass*, 2 mai 1827, Gunet c. Charcot.

561. — Jugé également en ce sens que la prorogation des pouvoirs des arbitres ne peut résulter non plus du seul fait de la comparution des parties devant eux après l'expiration du délai; il faut de leur part une déclaration expresse et formelle. — *Bourges*, 19 fév. 1825, Vincent.

562. — On a même été plus loin en décidant que quand le jugement n'a pas été prononcé dans les délais fixés, la cessation des pouvoirs des arbitres est tellement absolue qu'aucune prorogation ne peut s'induire ni s'établir par la comparution des parties, par des conclusions prises et par des défenses produites devant les arbitres. — Cette prorogation ne peut être établie que par procès-verbal devant les arbitres ou par acte dans la forme ordinaire. — *Aix*, 28 mai 1823, Guien c. Lagorio. — V. *contrà Bordeaux*, 9 fév. 1827, Lajugie c. Giry.

563. — Toutefois la jurisprudence s'est plus généralement prononcée en sens contraire. — Et elle a considéré comme emportant prorogation le fait d'avoir comparu et plaidé devant les arbitres depuis l'expiration du compromis. — *Paris*, 1er mai 1828, Bohée c. Delacroix ; 10 nov. 1835, Dagron c. Baudot ; *Cass.*, 8 mai 1837 (t. 1er 1837, p. 419), Dubuc c. Bernault ; *Paris*, 29 avr. 1840 (t. 1er 1840, p. 686), Serré c. Favrel; *Cass.*, 12 mai 1828, Leclaire c. Maron ; — Pardessus, no 1414 ; Chauveau sur Carré, no 3284 *bis*. — V. COMPROMIS.

564. — Lorsque le compromis a été prorogé seulement par quelques unes des parties défenderesses, le jugement arbitral qui a statué à l'égard de toutes ne peut être annulé qu'à l'égard de celles qui n'ont pas participé à la prorogation; il ne peut être déclaré nul relativement à celles qui ont comparu. — *Cass.*, 18 août 1819, Roger-Préban c. Perrier.

565. — Si le délai n'est pas prorogé par les parties, il peut l'être par le tribunal de commerce sur la demande d'une des parties formée avant l'expiration du premier délai; nul doute à cet égard lorsque le premier délai avait été fixé par le tribunal, le pouvoir de le proroger étant la conséquence du pouvoir qu'il a eu de le déterminer; ce pouvoir appartient au tribunal nonobstant l'opposition de quelques-unes des parties. — *Lyon*, 30 déc. 1822, Polin c. Héry ; *Toulouse*, 8 août 1823, Teston c. Milan ; *Lyon*, 20 août 1823, Polin c. Héry ; 11 mars 1826, Strasset c. Charton ; *Cass.*, 28 mars 1827, Milan c. Teston. — V. *contrà Bordeaux*, 28 juin 1818, Dolezac c. Poulet. — Le *Journal du Palais* contient en note, à cette date, deux consultations en sens contraire : l'une contre la prorogation du délai, de M. Pardessus ; l'autre de M. Locré.

566. — Et il a été jugé en outre que la mauvaise foi ne devant jamais être protégée, lorsque le délai accordé à des arbitres forcés pour prononcer sur le litige est expiré, leurs pouvoirs peuvent être prorogés malgré la résistance de celle des parties qui aurait retardé la décision définitive par des demandes incidentes. — *Paris*, 1er juill. 1824, Daugny c. Rollac.

567. — Mais lorsque le délai avait été fixé par les parties elles-mêmes le tribunal ne peut, modifiant leurs conventions, accorder une prorogation sur la demande de l'une d'elles et contre le consentement de l'autre. La fixation du délai était un compromis; il s'est éteint par l'expiration du délai, et le tribunal n'a pas le pouvoir de le faire revivre ; on peut ajouter que raisonnablement les parties qui ont consenti à se soumettre à certains arbitres pendant un délai déterminé ont suffisamment exprimé leur volonté de ne pas être jugées par ces arbitres après l'expiration du délai. — *Toulouse*, 12 avr. 1823, Vigués c. Granié. — V. *contrà Paris*, 8 avr. 1809, Auger c. Pontrève.

568. — Cependant il a été jugé qu'on ne peut se faire un moyen de cassation contre une sentence arbitrale, de ce que les pouvoirs des arbitres auraient été prorogés par jugement du tribunal de commerce, même après l'expiration des délais fixés par les parties, lorsqu'elles ont acquiescé à l'exécution de ce jugement, en comparaissant devant les arbitres et en fournissant leurs moyens de défense. — *Cass.*, 23 juill. 1833, Salomon c. Hébert.

569. — Dans ce qui a été dit plus haut (no 565) nous avons supposé que la demande de prorogation serait formée avant l'expiration du délai. Si, en effet, elle était formée après cette époque, le pouvoir des arbitres aurait cessé et il ne s'agirait plus de le proroger, mais de le faire revivre. Or, les tribunaux de commerce ne peuvent, d'après la jurisprudence constante, nommer des arbitres que pour les parties qui s'y refusent, et par conséquent ils n'ont pas le droit, en prorogeant le délai, d'empêcher celles des parties qui le veulent de remplacer l'arbitre qu'elles avaient précédemment nommé. — *Colmar*, 17 juill. 1832, Mosman c. Stocklin et Thuringer.

570. — Il y a lieu, dans ce cas, d'ordonner un nouvel arbitrage. — Même arrêt.

571. — Lorsqu'après l'expiration du délai fixé pour un arbitrage les parties ne s'entendent pas pour choisir de nouveaux arbitres, les arbitres qui, par l'expiration du délai, ont consommé leur pouvoir, peuvent être renommés par les tribunaux. — Cette nouvelle nomination ne peut être considérée comme une prorogation de délai. — *Cass.*, 14 juin 1831, Burdot c. Dauvé.

572. — Lorsqu'il y a lieu de nommer un tiers arbitre, les pouvoirs des arbitres se trouvent nécessairement prorogés. — V. *infrà* nos 768 et suiv.

573. — Lorsqu'un arrêt a confirmé un jugement par lequel les pouvoirs des arbitres sont prorogés, les arbitres ne peuvent pas statuer avant la signification de l'arrêt, surtout dans le cas où, avant cet arrêt contradictoire, il a été rendu un premier arrêt par défaut infirmatif du jugement. — *Paris*, 25 avr. 1839 (t. 1er 1839, p. 580), Horliac c. Quesné.

574. — En cas d'expiration du délai d'arbitrage forcé sans sentence définitive, le dépôt des actes d'instruction et des procès-verbaux dressés par les premiers arbitres doit être effectué au greffe du tribunal de commerce, à la disposition des parties, toutefois sans rien préjuger sur l'autorité qui peut appartenir à ces actes. — *Paris*, 20 mars 1839 (t. 1er 1839, p. 433), Guichard c. Legendre.

Sect. 4e. — *De la preuve de l'observation des délais.*

575. — Comment établira-t-on que la sentence soit en arbitrage volontaire, soit en arbitrage forcé, a été rendue dans les délais, puisque cette condition est indispensable à sa validité? — Il ne peut y avoir aucune difficulté lorsque le dépôt de la sentence a été fait avant l'expiration des délais. L'enregistrement, et mieux encore l'ordonnance d'exéquatur apposée au bas de la sentence, lui donnent une date certaine que personne ne sera admis à contester.

576. — Mais si au contraire la sentence n'a été déposée qu'après l'expiration des délais et si elle porte une date antérieure à cette expiration, sera-t-elle encore valable? — L'affirmative, jugée par un grand nombre d'arrêts, n'est pas douteuse aujourd'hui. La loi n'a nulle part imposé aux arbitres la nécessité de déposer la sentence dans les délais de l'arbitrage, et nous supposons que les parties n'ont rien ajouté aux prescriptions de la loi. Ne faut-il pas d'ailleurs reconnaître que les parties ont donné aux arbitres un caractère public, que le législateur lui-même le prouve en déclarant valable le compromis constaté dans un procès-verbal d'arbitres? Il est donc certain que le jugement arbitral fait foi de sa date à l'égard des parties jusqu'à inscription de faux.

577. — Il a été ainsi jugé pour les sentences arbitrales rendues sous l'empire de la loi du 24 août 1790. — *Cass.*, 1er niv. an IX, Sellier c. l'Enregistrement ; 15 thermid. an XI, Duhaut c. Dérluse; *Paris*, 12 juin 1806, de Belloy et Magon c. Thomesse; *Cass.*, 31 mai 1809, Vanlerberghe et Ouvrard c. Séguin.

578. — ... Et pour celles rendues depuis le Code. — *Paris*, 11 juill. 1809, Forestier c. Darthel; 28 mai 1810, Bourdon c. Thorel ; *Turin*, 8 mars 1811, Rocca c. Bilotto ; *Cass.*, 15 janv. 1812, Baggio ; *Toulouse*, 29 août 1812, Corbière c. Mas ; 9 déc. 1814, Vital ; *Besançon*, 30 déc. 1814, Gandenet et Ringuelet c. Bergel ; *Toulouse*, 17 avr. 1815, Labroue c. Oustalon ; *Metz*, 15 déc. 1815, Hirtz c. N... ; *Riom*, 4 mars 1816, Rochette c. Tournaire; *Rennes*, 28 avr. 1817, N.... c. N.... ; *Bourges*, 15 juill. 1817, Bonnichon c. Quichon; *Grenoble*, 31 août 1818; Bigot c. Trognon ; *Bourges*, 8 déc. 1819, Labrousse c. Michel ; *Douai*, 12 janv. 1820, N.... c. N.... ; *Lyon*, 5 juill. 1820, Etienne Canier c. Joseph Canier; 29 juill. 1824, Jacquet c. Bonnevay et Plasse; *Grenoble*, 7 déc. 1824, Thermoz; *Lyon*, 20 août 1828, Revel c. Michoud; *Bordeaux*, 13 juill. 1830, Marchives c. Camus ; *Cass.*, 6 juill. 1840 (t. 2 1840, p. 512), Desfourneaux c. Glandaz. — V. *contrà Montpellier*, 20 mai 1811, Cabrolier c. Cambolas.

579. — Une sentence arbitrale fait foi de la date qui y est énoncée, encore que la date de l'enregistrement du compromis, lequel a été fait depuis l'expiration du délai, ait été laissée en blanc dans la sentence et ait été remplie postérieurement. — *Lyon*, 20 août 1823, Revel c. Michoud.

580. — La date apposée à la sentence fait foi pour les arbitres eux-mêmes qui, dessaisis par le jugement, sont dès-lors sans pouvoir à l'égard des parties. Aussi a-t-on jugé, avec beaucoup de raison, que les arbitres ne pouvaient, par un acte postérieur qualifié de sentence, déclarer que la date par eux apposée à leur jugement n'était pas véritable. — *Cass.*, 1er niv. an IX, Sellier c. Enregistrement.

581. — De ce que les arbitres ont accordé à une des parties quinze jours à partir de leur sentence

 ARBITRAGE, chap. 6. ARBITRAGE, chap. 6.

pour notifier à son adversaire le compte courant y annexé, et que le délai imparti aux arbitres pour statuer se trouvait écoulé à l'expiration de cette quinzaine, on ne peut conclure que la sentence n'aurait été rendue qu'après l'expiration du délai imparti aux arbitres pour statuer. — *Rennes*, 6 janv. 1844 (t. 1er 1844, p. 523), Dugast c. Tourgouillet.

CHAPITRE VI. — *Instruction devant les arbitres.*

582. — L'art. 1009, C. procéd., dispose que les parties et les arbitres suivront, dans la procédure, les délais et les formes établis pour les tribunaux, si les parties n'en sont autrement convenues. Le compromis est donc la première loi des arbitres pour les règles auxquelles sera assujétie l'instruction devant eux. — A défaut de disposition du compromis à cet égard on recourra au droit commun, sauf à y introduire les modifications nécessitées par la forme particulière du tribunal arbitral.

583. — Faut-il entendre par là que selon que la nature de la contestation sera civile ou commerciale les arbitres devront suivre les règles de la procédure des tribunaux civils ou des tribunaux de commerce? — L'affirmative enseignée par MM. Carré et Mongalvy (t. 2, nº 361) est combattue par M. de Valisménil (*Encycl. du Dr.*, vº *Arbitrage*, nº 221). Elle ne serait juste, selon cet auteur, qu'en matière d'arbitrage forcé, les arbitres volontaires, même en matière commerciale, ne constituant pas un tribunal de commerce, et faisant partie de la juridiction civile à laquelle appartiennent le dépôt et l'exécution de leur sentence.

584. — Toutefois nous aurions quelque peine à adopter cette dernière décision qui pourrait amener des résultats contraires à la bonne administration de la justice, et que ne justifie pas suffisamment le texte de l'art. 1009. Sans doute les arbitres, même en matière commerciale, doivent, si l'arbitrage n'est pas forcé, faire le dépôt de leur sentence au greffe du tribunal civil : mais jusque là aucune loi ne dit qu'ils devront nécessairement suivre les règles des tribunaux civils, et l'art. 1009 porte seulement qu'ils suivront, dans la procédure, les règles et délais établis pour les tribunaux. Il est certain, néanmoins, que pour les délais de la production des pièces et défenses, les arbitres volontaires, même en matière commerciale, devront suivre les règles établies par les art 1016 et suiv., C. procéd., et non celles établies pour l'arbitrage forcé exclusivement par les art. 56 et suiv., C. comm. (V. *infrà* pour la procédure à suivre en matière d'enquête.)

585. — Lorsque dans le compromis les parties sont convenues de ne s'écarter d'aucune des obligations auxquelles les assujétit le Code de commerce, et, en cas de contestation, de nommer des arbitres pour juger leurs différends, ceux-ci peuvent valablement juger sur la simple remise des pièces sans aucune formalité de justice, conformément à l'art. 56, C. comm. — *Rennes*, 12 juin 1817, Leroy c. N..

586. — Les dérogations aux règles de la procédure ordinaire que la nécessité impose aux arbitres, sont aussi nombreuses qu'importantes. — V. ABUS DE CONFIANCE PAR SOUSTRACTION DE PIÈCES, etc. — La première et la plus grave de toutes consiste dans l'absence du ministère des avoués. La raison s'oppose à ce que les parties soient obligées, lorsqu'elles constituent des arbitres, dans le but probablement de diminuer les frais d'un procès, de recourir à leur intervention. D'ailleurs, les avoués n'ont pouvoir de postuler que devant les tribunaux près desquels ils sont établis, c'est-à-dire devant les tribunaux civils et non devant des juges d'exception, comme les arbitres. — Mongalvy, t. 2, nº 364; de Valisménil, vº *Arbitrage*, nº 222.

587. — La clause d'un compromis où il est dit que les arbitres suivront les délais et les formes prescrits pour les tribunaux ordinaires, doit être entendue pour le cas où il y aurait lieu à une instruction par écrit, à une enquête ou à d'autres procédures semblables. Il n'en résulte pas que les parties doivent commencer par un exploit d'ajournement, des constitutions d'avoué, des significations de défenses, etc. D'ailleurs, il y a renonciation à invoquer de pareils moyens, par cela que les parties ont comparu devant les arbitres et leur ont remis leurs pièces. — *Gênes*, 15 fév. 1811, Morone; *Cass.*, 12 fév. 1812, même affaire.

588. — Des arbitres créés dans un compromis fait sous l'empire de la loi du 16 août 1790, ont dû se conformer, en rendant leur sentence, aux règles et délais tracés en cette matière par cette loi, et non à ceux du Code de procédure, alors surtout que, dans un procès-verbal dressé et signé par les arbitres, les parties, qui sont dites n'avoir signé pour ne le savoir, ont exprimé vouloir que l'arbitrage se traitât d'après le compromis. — *Agen*, 12 déc. 1811, Ayroles c. Labrunie.

589. — Bien que le ministère des conseils ou de certains conseils ne soit pas obligatoire devant les arbitres, cependant les parties peuvent y avoir recours ; d'ordinaire et lorsqu'il s'agit de contestations importantes, elles se font représenter par un avocat. Elles peuvent comparaître devant les arbitres, soit en personne, soit par mandataire porteur d'une procuration spéciale.

590. — Les parties peuvent assurément comparaître devant les arbitres sans sommation préalable ; mais, dans l'usage, une sommation est toujours signifiée par l'une des parties à l'autre afin de mettre le tribunal arbitral à même de donner défaut en cas de non comparution. La réunion des arbitres a lieu ordinairement chez le plus âgé d'entre eux, ou chez le plus ancien dans sa profession s'ils exercent la même profession. — Goujet et Merger, nos 259 et 260.

591. — Au jour indiqué, les arbitres ouvrent un procès-verbal destiné à retracer toutes les phases de l'instruction et à mentionner les incidens qui pourraient s'élever, ainsi que les jugemens préparatoires qui seraient rendus ; lorsque les arbitres consignent sur ce procès-verbal des dires ou moyens des parties, ils doivent exiger la signature de celles-ci. Les titres et pièces produits par les parties sont paraphés par les arbitres et annexés au procès-verbal. Ce procès-verbal se termine ordinairement par la sentence définitive. — Gouget et Merger, nos 263 et suiv.

592. — Bien qu'en général le procès-verbal doive être rédigé par les arbitres, rien n'empêche qu'il le soit par un tiers étranger à l'arbitrage, si d'ailleurs il est signé des arbitres. — Goujet et Merger, nº 263.

593. — Quoiqu'il renvoie, pour l'instruction, aux règles ordinaires de la procédure, le législateur a tracé les délais dans lesquels les parties devront produire leurs défenses devant les arbitres, soit volontaires, soit forcés, et les règles sont différentes dans les deux cas. — V. nos 595 et suivans.

594. — La cour de Cassation a jugé que le pouvoir donné à des arbitres de prononcer en dernier ressort et comme amiables compositeurs ; n'ôtait pas à l'arbitrage, jusqu'au jugement définitif, le caractère d'arbitrage forcé, et que par conséquent les parties avaient dû produire leurs pièces et défenses dans les délais fixés par les art. 56 et suiv., C. comm. — *Cass.*, 22 août 1832, Cazalis c. Lafosse.

595. — Devant les arbitres volontaires chacune des parties est tenue de produire ses défenses quinzaine au moins avant l'expiration du délai de compromis, et les arbitres doivent juger sur ce qui a été produit — C. procéd., art. 1016.

596. — En matière d'arbitrage forcé les parties remettent leurs pièces et mémoires aux arbitres sans aucune formalité de justice ; l'associé en retard de les remettre est sommé de le faire dans les dix jours. Les arbitres peuvent proroger ce délai suivant l'exigence des cas, et à l'expiration, soit du délai primitif, soit du nouveau délai s'il y a prorogation, ils jugent sur les seules pièces et mémoires remis. — C. comm., art. 56 à 59.

597. — La déclaration des arbitres dans leur sentence, qu'ils ont vu les mémoires, pièces et notes des parties, fait foi jusqu'à inscription de faux. — *Besançon*, 18 déc. 1811, Poignant c. Bricon.

598. — Et plus généralement, le procès-verbal dressé par les arbitres fait foi des énonciations qu'il renferme jusqu'à inscription de faux. — *Paris*, 17 juin 1836, Desfourneaux c. Glandaz ; *Cass.*, 6 juill. 1840 (t. 2 1840, p. 512), même affaire.

599. — Aussi a-t-on jugé que le procès-verbal constatant la présence d'un arbitre aux conférences ne peut être contredit par un acte extrajudiciaire donné par cet arbitre long-temps après le dépôt du jugement, attendu que c'était à cet arbitre à contredire, dans une forme légale, en rédigeant et en déposant à l'époque même du jugement, un procès-verbal contraire. — *Rennes*, 13 déc. 1809, N... c. N...

600. — Le Code de commerce n'exigeant aucune ordonnance pour la comparution des parties, il est indifférent que celle des arbitres, sur ce point, ne soit signée que par l'un d'eux. — *Besançon*, 31 août 1820, N... c. N...

601. — La sommation qui, aux termes de l'art. 57, C. comm., doit être faite à l'associé en retard de produire ses pièces et mémoires aux arbitres, peut être suppléée par une requête présentée au tribunal arbitral et signifiée à l'associé, à l'effet de faire ordonner que, faute par ce dernier d'effectuer ladite production, il sera statué conformément à l'art. 59. — *Cass.*, 21 janv. 1840 (t. 1er 1840, p. 551), Rolland c. Pédron.

602. — Lorsque des arbitres forcés ont rendu un jugement par lequel ils ont accordé un délai de dix jours pour produire des pièces, si de nouveaux arbitres sont nommés en remplacement des premiers, ils peuvent refuser un nouveau délai de dix jours, et accorder seulement vingt-quatre heures pour produire. — *Cass.*, 22 août 1832, Cazalès c. Lafosse.

603. — D'ailleurs, le tribunal de commerce est sans juridiction pour condamner un associé à déposer ses registres, etc., entre les mains des arbitres, à peine de dommages-intérêts par chaque jour de retard. — *Metz*, 11 janv. 1833, Tonnelier c. Nyenlist.

604. — Le pouvoir de proroger le délai de la production n'autorise pas les arbitres forcés à proroger le délai de l'arbitrage, et leurs pouvoirs expireraient malgré la prorogation qu'ils auraient accordée. — Mongalvy, nº 368 ; de Valisménil, vº *Arbitrage*, nº 227 ; Malepeyre et Jourdain, p. 400.

605. — Les arbitres peuvent-ils accorder plusieurs prorogations successives? — M. Pardessus (nº 1415) conclut de la disposition de l'art. 59, C. comm., qu'ils ne le peuvent pas. — V. *contrà* Malepeyre et Jourdain, p. 400.

606. — Les arbitres volontaires ne peuvent accorder une prorogation de délai. La loi, en disant que les parties devront produire quinzaine au moins avant l'expiration du délai du compromis, ne laisse aux arbitres que le temps nécessaire pour rendre leur décision, et il ne leur est pas permis de l'abréger.

607. — Il résulte de là, entre les arbitres volontaires et les arbitres forcés, cette différence, que les premiers ne peuvent, à moins qu'il ne plaise aux parties de se hâter de produire leurs défenses et pièces, juger sinon dans la dernière quinzaine du délai ; tandis que les arbitres forcés ont le droit de juger quoique le délai soit encore loin de sa fin, et que les parties n'aient pas produit, pourvu qu'il se soit écoulé dix jours depuis la sommation de produire Cette différence se justifie par la célérité plus grande exigée pour les affaires de commerce. — De Valisménil. *Encycl. du dr.*, nº 227.

608. — Il a été jugé qu'une sentence d'arbitres forcés n'est pas nulle en ce que les arbitres, ayant à statuer définitivement sur les contestations d'associés en participation dans le délai de deux mois, auraient prononcé sur les comptes de gestion de l'un d'eux et renvoyé à quatre mois à prononcer sur la gestion de l'autre, faute de documens suffisans. — *Aix*, 13 mai 1833, Raybaud Lange c. Besuchet.

609. — Au premier abord, disent MM. Goujet et Merger, nº 276, cet arrêt peut paraître contraire au principe que les arbitres ne peuvent, lorsqu'ils n'en ont pas reçu le pouvoir, proroger l'arbitrage. Mais, ajoutent ces auteurs, la décision, en ce qui touche la production d'une pièce jugée nécessaire, doit être considérée comme un jugement interlocutoire, et rien ne s'oppose à ce que les arbitres prononcent définitivement sur un point et interloquent sur l'autre (V. *infrà* nos 614 et suiv.). — Seulement, le délai légal ou conventionnel expiré, ce qui reste à juger sera soumis à de nouveaux arbitres.

610. — Une fois remises aux arbitres, les pièces deviennent communes aux parties et ne peuvent plus être retirées, sans le consentement des autres, par celle qui les a produites; et si cette partie se rendait coupable d'une pareille soustraction, il y aurait lieu contre elle à l'application de l'art. 409, C. pén. — V. ABUS DE CONFIANCE PAR SOUSTRACTION DE PIÈCES, etc.

611. — Dans un arbitrage entre associés, il est de convenance et d'usage que les livres et écritures dont l'une des parties demande la communication hors du siége social, soient déposés chez l'arbitre le plus âgé, plutôt qu'au greffe du tribunal de commerce ou chez un officier public. — *Bordeaux*, 17 juin 1826, Maury et Calsada c. Vidal.

612. — Dans une contestation entre associés, l'un des associés peut demander le dépôt au greffe de la cour, des papiers relatifs à la société, et dont l'un d'eux se trouvait détenteur. — *Bordeaux*, 8 avr. 1826, Casati c. Maggi.

613. — Les arbitres, soit volontaires soit forcés, peuvent avoir besoin, avant faire droit, d'ordonner une enquête, une expertise, un interrogatoire, une prestation de serment ; la loi le leur permet ; seulement, comme la force exécutoire manque à leur décision, il sera nécessaire de déposer le jugement préparatoire afin de le faire rendre exécutoire par le président du tribunal. — De Valisménil, vº *Arbitrage*, nº 229.

614. — Les arbitres peuvent même prononcer des

jugemens définitifs sur quelques points de la contestation en état de recevoir décision et des jugemens interlocutoires sur d'autres points à l'égard desquels l'instruction ne serait pas complète. — *Paris*, 26 mai 1814, Julien Leroy c. Fabre.

615. — ... C'est ce qui résulte encore de l'arrêt cité *suprà* n° 608.

616. — La clause d'un compromis donnant aux arbitres pouvoir de statuer amiablement et sur tous les chefs de contestation par un seul et même jugement ne met pas obstacle à ce que les arbitres, en décidant définitivement certains chefs, renvoient à des experts pour le surplus. — *Cass.*, 11 févr. 1806, Daudebard c. Fialdès.

617. — Si les arbitres ne s'accordaient pas sur le choix des experts, ce choix serait fait par le tribunal. — Goujet et Merger, n° 135.

618. — Les arbitres peuvent-ils procéder eux-mêmes à l'instruction qu'ils ont ordonnée? — La négative sous l'ancien droit était soutenue par Rodier (*Des sentences arbitrales*, à la fin du tit. 26 de l'ordonn., n° 14), et combattue par Jousse (*Traité de l'administration de la justice*, p. 698, n° 32), dont l'opinion est aujourd'hui généralement suivie. — Ainsi il faut dire qu'après avoir ordonné une enquête ou une expertise les arbitres peuvent entendre les témoins et recevoir le serment des experts, sans recourir aux tribunaux, à moins que les témoins ou les experts ne se refusent à comparaître devant eux parce qu'ils sont sans juridiction à l'égard des tiers. — Mongalvy, n° 369; de Vatisménil, *Encycl. du dr.*, v° *Arbitrage*, n° 230. — V. *infrà* nos 620 et suiv.

619. — L'expertise a lieu suivant le mode ordinaire, et le rapport doit être déposé au greffe du tribunal compétent lorsque les formes de la procédure sont obligatoires. Si les arbitres sont amiables compositeurs, le rapport peut n'être déposé qu'avec la sentence qui l'homologue ou le modifie. — Goujet et Merger, n° 135.

620. — En cas de négligence ou de refus d'opérer, de la part des experts qui ont accepté leur mission, les arbitres dressent un procès-verbal qui est déposé au greffe et nomment de nouveaux experts. Si les experts, après avoir opéré, refusent de dresser leur rapport, les arbitres dressent un procès-verbal constatant leur impuissance de juger et déposent ce procès-verbal au greffe, sauf aux parties à se pourvoir contre les experts pour les obliger à effectuer le dépôt. — Bellot, t. 2, nos 110 et suiv.; Goujet et Merger, n° 139.

621. — En matière d'enquête, et s'il y a résistance des témoins, on agit ainsi qu'il suit : si les témoins font défaut, ils doivent être réassignés sur la demande de la partie, et cette réassignation est ordonnée par une sentence soumise à la formalité de l'ordonnance d'exéquatur. Quant aux arbitres, ils ne peuvent ni prononcer de peine contre les témoins ni ordonner qu'ils seront réassignés à leurs frais — Goujet et Merger, *Dict. comm.*, v° *Arbitrage forcé*, n° 137.

622. — Si le témoin réassigné refuse de comparaître, c'est le tribunal civil, et non le tribunal de commerce, qui seul peut décerner un mandat d'amener et prononcer contre lui la pénalité écrite dans l'art. 263, C. procéd. — C'est également à ce tribunal que le témoin doit s'adresser pour se faire décharger des condamnations prononcées contre lui. — Goujet et Merger, *loc. cit.*

623. — « C'est encore, ajoutent les mêmes auteurs, au président du tribunal civil qu'il faut s'adresser lorsque le témoin assigné est sous le coup d'une contrainte par corps; les arbitres ne peuvent prononcer de sauf-conduit. — *Eod. verbo*, n° 138.

624. — Quant aux visites de lieux, comparutions de parties, interrogatoires sur faits et articles, dans tous les cas enfin où il n'est pas nécessaire de recourir à des tiers, on ne saurait contester aux arbitres le pouvoir d'y procéder eux-mêmes sans l'intervention de la justice. — De Vatisménil, *Encyclop. du dr.*, v° *Arbitrage*, n° 230.

625. — Sous la loi du 10 juin 1793, les arbitres forcés ne pouvaient procéder par eux-mêmes à la visite des lieux, vérification et reconnaissance des limites. — *Cass.*, 21 mai 1814, de Ganay c. commune de Lavigny. — Cette disposition est aujourd'hui abrogée.

626. — L'art. 1011, C. procéd., porte que les actes de l'instruction et les procès-verbaux du ministère des arbitres seront faits par *tous* les arbitres, si le compromis ne les autorise à commettre l'un d'eux. Cette disposition est-elle absolue, ou se combine-t-elle avec la règle qui ordonne aux arbitres de suivre les formes ordinaires de la procédure?

627 — Peuvent-ils, par exemple, déléguer l'un d'eux pour procéder à une visite de lieux, de même qu'un tribunal déléguerait un de ses membres? — L'affirmative a été jugée en matière d'arbitrage forcé. — *Paris*, 21 août 1824, Leclair c. Maron. — V. cependant de Vatisménil (n° 231) et Goujet et Merger (n° 144), qui considèrent cet arrêt comme en opposition flagrante avec l'art. 1011, qui doit régir l'arbitrage forcé comme l'arbitrage volontaire.

628. — La cour de Cassation, saisie du pourvoi dirigé contre cet arrêt, n'a pas jugé la question; elle s'est bornée à décider que, dans tous les cas, la partie qui a assisté à la visite des lieux est non-recevable à se plaindre de la délégation qu'elle a ainsi acceptée implicitement. — *Cass.*, 12 mai 1828, Leclair c. Maron. — Bioche et Goujet, *Dict. de procéd.*, v° *Arbitrage*, n° 272.

629. — Mais il a été jugé que le serment déféré par une sentence arbitrale ne peut être reçu par le tiers arbitre seul, en l'absence des autres arbitres, et sans qu'ils y aient été appelés. — *Nancy*, 13 déc. 1832, Aubry c. Claude (sous *Cass.*, 3 juill. 1834).

630. — Suivant M. Thomine (n° 1224) l'obligation de procéder conjointement est restreinte aux actes d'instruction et aux procès-verbaux du ministère des arbitres; ceux-ci ne sont pas tenus d'assister à l'expertise et à la rédaction des rapports des experts. — Goujet et Merger, n° 145.

631. — Les arbitres peuvent-ils, conformément à l'art. 403, C. procéd., décerner commission rogatoire à un juge? — M. Locré soutient la négative, « parce que, dit-il, les arbitres n'ont pas de plein droit, comme les juges, le pouvoir d'instruire par commission. » — *Contrà* Pardessus (n° 96), Carré (n° 3298), de Vatisménil (n° 232), qui font remarquer qu'on ne doit pas confondre la commission rogatoire avec la délégation de juridiction, laquelle n'est pas même permise au juge en titre. La commission rogatoire ne constitue pas plus une délégation de juridiction que la nomination d'experts. Elle n'est donc pas repoussée par l'art. 1009. — V. en ce sens Thomine, n° 1221; Goujet et Merger, n° 146.

632. — Jugé que les arbitres ne contreviennent pas à l'art. 1011, C. procéd., et n'excèdent pas leurs pouvoirs lorsque, après avoir formé leur décision, ils renvoient devant un notaire pour faire établir des calculs. — *Cass.*, 26 juin 1833, Perrod c. Piot.

633. — .. Ni lorsqu'ils chargent un expert de visiter les lieux et de constater les réparations à faire par l'une des parties à la charge de laquelle ils les ont mises, pourvu qu'ils n'imposent point à celle-ci l'obligation d'adhérer au rapport, ce qui ferait de l'expert un véritable juge. — *Turin*, 4 avr. 1808, Sclopis c. Alloati et Gaydot; — de Vatisménil, *Encyclop. du dr.*, v° *Arbitrage*, n° 232.

634. — Mais lorsque, dans un arbitrage remis à la décision d'un seul arbitre, celui-ci s'est adjoint un tiers, non seulement pour le seconder dans les opérations nécessaires, mais même pour prendre part à la décision définitive, cette décision doit être annulée. — *Liége*, 22 juill. 1831, N... c. N..

635. — Les arbitres, s'ils font une enquête, doivent suivre les formalités prescrites par les art. 252 et suiv., C. procéd. Ce point est incontesté pour les arbitres volontaires en matière civile. — Quant aux arbitres volontaires constitués pour juger une contestation qui serait de sa nature soumise aux tribunaux de commerce, nous pensons qu'ils devraient suivre plutôt les formalités exigées par l'art. 432, C. procéd. L'intérêt des parties le demande, et nous avons déjà dit que l'art. 1009 ne nous paraît pas s'y opposer. — V. *suprà* n° 584.

636. — A l'égard des arbitres forcés, et bien qu'un arrêt de la cour de Besançon ait posé en principe absolu et général qu'ils ne sont astreints à aucune formalité (arr. 18 déc. 1811, Poignant c. Bricon), M. de Vatisménil (n° 224) n'en fait pas moins remarquer avec raison qu'il n'en peut être ainsi lorsque les arbitres sont obligés de recourir à une voie d'instruction non prévue par les art. 56 à 59, C. comm. — Pardessus, n° 1415. — Il ajoute que, dans ce cas, il faut recourir aux art. 429, 430 et 431, s'il s'agit d'expertiser, et à l'art. 432, s'il s'agit d'enquête.

637. — .. Le tout, bien entendu, à moins que les parties n'aient dispensé les arbitres des formalités indiquées par ces articles ou de quelques unes de ces formalités. — En général, en effet, la dispense de formalités judiciaires ne permet pas d'examiner la forme dans laquelle les arbitres ont procédé. — *Agen*, 20 janv. 1832, Meulet c. Cassan.

638. — La cour de Riom a confirmé la nécessité d'accomplir les formalités, en décidant que leur défaut était couvert par le consentement des parties. Cette cour a jugé qu'il n'y avait pas lieu d'annuler une sentence arbitrale rendue en matière de société, parce que les témoins amenés par les parties avaient été entendus sans qu'il y eût eu au préalable jugement interlocutoire et assignation, si cette assignation avait eu lieu en présence des parties, et sans réclamation. — *Riom*, 23 janv. 1829, Arlaut c. Bouche.

639. — On a jugé également que, si les arbitres ordonnent une enquête, leur sentence doit contenir les dépositions sommaires des témoins, à peine de nullité. — *Orléans*, 2 août 1817, Bruneau c. Château.

640. — Les art. 410, 411 et 412, C. procéd., desquels il résulte que, dans les causes susceptibles d'appel, il doit être dressé procès-verbal de l'enquête qui a servi de base au jugement, sont applicables aux sentences arbitrales en matière de société. — Cette formalité est substantielle, et son omission doit entraîner la nullité de la sentence qui a suivi. — *Rouen*, 23 nov. 1842 (t. 1er 1843, p. 643), Mayer.

641. — Toutefois n'est pas nul le jugement arbitral qui, en admettant une partie à prouver l'existence d'une société en participation, ne contient pas le détail des faits dont la preuve est admise, mais à la minute duquel la requête qui mentionne ces faits est annexée. — En tous cas, cette nullité ne peut être proposée en cassation, lorsqu'elle ne l'a pas été en appel. — *Cass.*, 30 avr. 1828, Thérouenne c. Servatius.

642. — S'il est formé inscription de faux, même purement civile, ou s'il s'élève quelque incident criminel, les arbitres doivent délaisser les parties à se pourvoir, et les délais de l'arbitrage continuent à courir du jour du jugement de l'incident. — C. procéd., art. 1015.

643. — Mais il a été jugé qu'il ne suffit pas qu'il y ait réserve de s'inscrire en faux, pour que les arbitres doivent délaisser les parties à se pourvoir; il faut que l'inscription ait été formée conformément aux art. 215, 216 et 218. — Un jugement arbitral n'est donc pas nul parce qu'il a déclaré valable un acte contre lequel une des parties s'était réservé la faculté de s'inscrire en faux, si la nullité n'en était pas prononcée. — *Cass.*, 18 juin 1816, de Sennecourt c. de Polard; — Bouché, n° 382; Carré, n° 3383.

644. — Toutefois M. Mongalvy pense que dans le cas où il s'agit de contestations commerciales, et aux termes de l'art. 427, le tribunal arbitral, comme le tribunal de commerce, doit surseoir sur une simple allégation de faux. — Mais cette doctrine est repoussée comme doublement inexacte par M. de Vatisménil, qui soutient : 1° qu'il n'y a aucune distinction à établir entre l'arbitrage volontaire et l'arbitrage forcé; — 2° que l'art. 427 veut que la pièce soit *arguée de faux*, ce qui signifie qu'il faut qu'il y ait inscription de faux. — De Vatisménil, v° *Arbitrage*, n° 237.

645. — Les arbitres peuvent-ils procéder à une vérification d'écriture? — L'affirmative, soutenue par M. Carré (*quest.* 3324e), est repoussée par MM. Berriat Saint-Prix, Bioche et Goujet, et de Vatisménil (*Encyclop. du dr.*, v° *Arbitrage*, n° 234). — Ce dernier se fonde sur la compétence exclusive des tribunaux civils pour connaître des demandes en vérification d'écritures, et sur la nécessité d'entendre le ministère public en cette matière, qui touche à l'ordre public.

646. — Des arbitres peuvent ordonner et recevoir le serment de l'une des parties. C'est là un acte d'instruction, et comme des tiers n'y sont point intéressés, on a jugé avec raison que des arbitres pouvaient recevoir le serment supplétoire, avant même que leur sentence eût été revêtue de l'ordonnance *d'exequatur*. Il est bien entendu seulement qu'il faudrait que leurs pouvoirs ne fussent pas éteints par l'expiration du délai du compromis. — *Paris*, 14 mai 1825, Hugot c. Meunier; *Cass.*, 3 juill. 1834, Aubry c. Claude.

647. — Lorsqu'une sentence arbitrale impose à une partie l'obligation de prêter serment devant les arbitres, si ce serment ne peut être prêté devant eux, à cause de l'expiration du compromis, sans qu'il y ait dol ni fraude de la part de cette partie, elle peut être admise à le prêter devant les tribunaux ordinaires. — *Pau*, 24 avr. 1823, Casse c. Courade; *Colmar*, 4 avr. 1841 (t. 2 1841, p. 468), Laubacher c. Mischi.

648. — Si l'obligation de prêter serment a été, dans ce cas, imposée par des arbitres forcés, c'est devant le tribunal de commerce, et non devant le tribunal civil, que ce serment doit être prêté. — *Colmar*, même arrêt.

649. — L'irrégularité du serment prêté devant les arbitres n'entraîne pas la nullité de la sentence arbitrale, et il peut être prêté de nouveau devant les tribunaux ordinaires. — *Cass.*, 3 juill. 1834, Aubry c. Claude.

650. — Des arbitres commis par des cohéritiers pour terminer en dernier ressort une instance en partage, peuvent, sans que le compromis le porte formellement, constater les aveux qui ont été faits

par les parties dans le cours de l'instruction, comme ils ont le droit d'en apprécier les résultats sur la décision de la cause qui leur est soumise. — *Nîmes*, 13 janv. 1834, Vincent c. Debanne.

651. — Les arbitres peuvent, comme les juges, modifier le jugement préparatoire qu'ils ont rendu ; spécialement, ils peuvent dispenser de l'interrogatoire sur faits et articles, qu'ils avaient précédemment ordonné, une personne qu'ils reconnaissent être sans intérêt dans la contestation. — *Paris*, 23 juill. 1810, Saisseval c. de la Reynière.

652. — Les arbitres sont compétens pour connaître des divers incidens qui se présentent dans le cours de l'instance soumise à leur décision, et sans lesquels la cause ne saurait être jugée ; ils peuvent aussi connaître des exceptions péremptoires, par exemple de la prescription. — Mais pourraient-ils également connaître des demandes reconventionnelles, des demandes en garantie, en un mot de toute demande susceptible d'être détachée de la contestation qui fait l'objet principal du litige, et de recevoir un jugement séparé ? — Tout en admettant la négative avec Jousse et Carré, M. de Vatisménil ajoute néamoins qu'à cet égard les règles peuvent se modifier à l'infini suivant les espèces. Il faut toujours, dit-il, en revenir à ces deux points : — S'il s'agit d'un arbitrage volontaire, la demande reconventionnelle ou la demande en garantie rentre-t-elle dans les termes du compromis comme dépendance nécessaire du litige sur lequel porte ce compromis ? — S'il s'agit d'un arbitrage forcé, l'exception, la demande reconventionnelle ou la demande en garantie se rattache-t-elle d'une manière indivisible aux contestations entre associés qui forment l'objet de cet arbitrage ? — Il est bien entendu, ajoute-t-il, que lorsque des tiers se trouvent impliqués dans ces contestations accessoires, ils ne peuvent jamais être soumis à la juridiction des arbitres. » — De Vatisménil, v° *Arbitrage* n° 239.

653. — L'art. 342, C. procéd., s'applique à la procédure devant arbitres. — En conséquence, lorsque l'affaire est en état, le jugement ne peut être différé par le changement d'état résultant de ce que l'une des parties serait mise en faillite. — *Paris*, 31 mai 1842 (t. 1er 1842, p. 761), Duponchel c. Schiltz.

654. — Les arbitres peuvent ordonner que l'un des associés rendra compte, sous peine de paiement d'une somme provisoire inférieure à celle qui devra être le résultat définitif de ce compte. — L'art. 534, C. procéd., est applicable en matière d'arbitrage, pour toutes les formalités qui se trouvent praticables devant les arbitres. — *Cass.*, 21 janv. 1840 (t. 1er 1840, p. 551), Rolland c. Pedron.

CHAPITRE VII. — *Jugement arbitral.*

Sect. 1re. — *Délibération du jugement.*

655. — Le jugement arbitral se forme, comme toute décision judiciaire, par la majorité de ceux qui y concourent. — De Vatisménil, *Encyclop. du dr.*, v° *Arbitrage*, n° 242.

656. — Cette règle, quelque simple qu'elle soit, a donné naissance à une difficulté grave. Il arrive fréquemment qu'il y a plus de deux parties en cause et plus de deux arbitres. Il n'en résulte pas d'inconvénient lorsque les arbitres sont nommés d'accord et simultanément par toutes les parties. — Mais si, comme il arrive plus ordinairement, chaque partie nomme son arbitre, et si plusieurs de ces parties ont des intérêts identiques, les arbitres nommés par les parties ayant le même intérêt devront-ils avoir chacun une voix dans le tribunal arbitral ? — L'affirmative a été décidée par plusieurs arrêts. En présence des embarras sans nombre que feraient naître les fractions de voix, les tribunaux se sont attachés à cette vérité : que les arbitres ne sont point les mandataires, mais les juges des parties, et qu'une fois acceptés par toutes les parties, on ne doit pas s'enquérir de celles qui les ont nommés. — *Cass.*, 23 nov. 1824, Delours c. Delours et d'Huc ; *Toulouse*, 9 août 1833, Azaïs, Milhau et Bousquet c. Fabre ; 1er mars 1834, Dubourg c. Mayin ; *Lyon*, 21 mars 1838 (t. 2 1838, p. 444), Marleix c. Bollier et Vallin. — Mongalvy, n° 337 ; Pardessus, n° 1412.

657. — Par conséquent, lorsque les arbitres des parties qui ont le même intérêt diffèrent d'opinion avec celui de la partie ayant un intérêt contraire, il n'y a pas lieu de nommer un tiers-arbitre pour les départager. — *Cass.*, 23 nov. 1824, Delours c. Delours et d'Huc ; *Toulouse*, 9 août 1833, Azaïs, Milhau et Bousquet c. Fabre.

658. — Quelque vrais que soient ces principes, et quelque sage qu'il soit de rappeler ainsi aux arbitres qu'ils manqueraient à leur devoir s'ils pouvaient se croire les représentans dans le tribunal arbitral de la partie qui les nomme, l'expérience démontre par malheur qu'il est toujours dangereux de laisser à des adversaires le pouvoir de former à leur gré la majorité du tribunal. Mais le correctif de cet inconvénient se trouve dans le droit de chaque partie d'exiger, lors de la formation du tribunal arbitral, que les parties ayant le même intérêt s'entendent pour nommer un seul arbitre, ou qu'à défaut il leur en soit nommé par le tribunal. — V *suprà* nos 353 et suiv.

659. — Le jugement doit être délibéré en commun par les arbitres. Cette condition est exigée à peine de nullité. — *Cass.*, 18 frim. an VII, Favière c. commune de Geziers ; 4 mai 1809, Berge c. Bossan ; 2 sept. 1811, d'Ormesson et Claudin c. Graux ; *Grenoble*, 14 août 1834, Chosson c. Doin.

660. — Rien ne prouve qu'un jugement ait été délibéré en commun par les arbitres, lorsqu'il a été signé par eux à des dates différentes. — *Grenoble*, 14 août 1834, Chosson c. Doin.

661. — Des décisions séparées, émanées de chacun des arbitres, ne peuvent former un jugement arbitral. — *Cass.*, 18 germ. an IV, Vilarbams c. Carrière.

662. — Il faut se garder de confondre la signature du jugement et la délibération. La majorité peut signer seule, mais ne peut pas délibérer le jugement sans le concours de la minorité. Ainsi, quand trois arbitres ont été nommés volontairement, et que l'un ne se présente pas ou refuse de se présenter, le jugement rendu par les deux autres, sans que l'arbitre absent ait été remplacé, est nul. — *Cass.*, 2 sept. 1811, d'Ormesson et Claudin c. Graux.

663. — On avait déjà jugé, avant le Code de procédure, qu'un tribunal arbitral ne peut statuer et n'existe plus lorsqu'une partie de ses membres a donné sa démission et s'est retirée. — *Cass.*, 3 mess. an IX, habitans de Salilhes-Bas c. habitans de Salilhes-Haut.

664. — ... Et que le jugement rendu par les arbitres d'une seule partie, en l'absence des autres arbitres, est nul, ainsi que tout ce qui l'a suivi. — *Cass.*, 17 germ. an V, Desmolins c. habitans de Wagnonville.

665. — Jugé qu'un jugement arbitral, rendu et signé par la majorité des arbitres en l'absence de l'un d'eux, n'est point valable lorsqu'il n'est pas constant que l'arbitre absent ait participé à toutes les délibérations. — *Cass.*, 4 mai 1809, Berge c. Bossan.

666. — Mais la sentence arbitrale est valable lorsqu'elle n'est signée que par l'un des arbitres et par le tiers-arbitre, si elle énonce que ce dernier a entendu les deux arbitres, et que celui dont il n'a pas adopté l'avis s'est retiré au moment de la signature. — *Montpellier*, 30 avr. 1811, N....., c .... N. — V. *infrà* nos 799 et suiv.

667. — La sentence arbitrale signée par la majorité des arbitres est valable, bien que l'arbitre dissident qui a participé à la délibération en commun où la décision a été arrêtée ait refusé d'assister à la séance indiquée pour la rédaction et de signer cette sentence. — *Paris*, 17 juin 1836, Desfourneaux c. Glandaz ; *Cass.*, 6 juill. 1840 (t. 2 1840, p. 512), même affaire.

668. — Jugé que lorsque l'arbitre de l'une des parties remet aux deux autres arbitres un mémoire en faveur de cette partie, et en sa présence, en déclarant qu'il ne se mêlera plus de l'affaire, et que ses coarbitres pourront décider sans lui, ceux-ci sont autorisés à juger en son absence, et que leur sentence, ainsi rendue, est valable. — *Metz*, 20 déc. 1821, N..... c. N.....

669. — Il résulte des motifs d'un arrêt de la cour de Paris que tous les arbitres, soit volontaires, soit forcés, doivent être présens non seulement à la délibération, mais encore à la prononciation du jugement. — *Paris*, 9 mai 1833, Menin c. Bernier. — Mais, en fait, les jugemens arbitraux ne se prononcent pas, et, en droit, aucune disposition légale ne prescrit de les prononcer. — V. *infrà* n° 712.

Sect. 2e. — *Rédaction du jugement.*

670. — En principe les sentences arbitrales sont assujéties, en général, aux mêmes formalités que les jugemens ordinaires. C'est ainsi qu'elles doivent nécessairement contenir les noms et qualités des parties, leurs conclusions, l'exposition sommaire des points de fait et de droit, les motifs, et enfin le dispositif du jugement. (C. procéd., art. 141.) — Cependant cette règle doit subir nécessairement, à raison de la nature du tribunal arbitral quelques modifications. Ici tout doit s'interpréter de bonne foi, et exiger avec trop de rigueur l'accomplissement des formalités serait souvent enlever sans raison aux parties le bienfait de cette juridiction simple.

671. — C'est ainsi que les tribunaux se sont montrés faciles sur l'application de la règle qui veut que la sentence contienne les conclusions des parties. La loi est exécutée, et la sentence doit être validée lorsque, de quelque façon que ce soit, on peut constater que les arbitres n'ont pas jugé sur choses non demandées.

672. — Jugé dès-lors qu'il suffit que la sentence arbitrale, sans contenir les conclusions des parties, mentionne qu'elles ont été annexées à la minute. — *Cass.*, 29 mars 1832, compagnie du Phénix c. Charvet.

673. — On a jugé également qu'il suffit, pour la régularité d'une sentence d'arbitrage forcé, qu'elle soit motivée, sans que l'absence de conclusions puisse être considérée comme une cause de nullité, alors surtout que les faits y sont suffisamment exposés. — *Colmar*, 4 avr. 1841 (t. 2 1841, p. 408), Laubacher c. Mischi.

674. — On a jugé encore que la condition de relater les conclusions dans le jugement avait été remplie, lorsque les arbitres y avaient exposé les prétentions respectives des parties. — *Colmar*, 8 janv. 1820, Giovanolly c. Hickel.

675. — M. de Vatisménil (*Encyclop. du dr.*, v° *Arbitrage*, n° 253) est d'avis que lorsqu'un procès-verbal, régulièrement tenu, constate les qualités des parties et leurs conclusions, il remplit sous ce rapport les règles prescrites par l'art. 141, C. procéd., et que la sentence avec laquelle ce procès-verbal est déposé, et qui ne contient pas les noms et qualités des parties, ni leurs conclusions, serait néanmoins valable.

676. — Lorsque les conclusions des parties sont énoncées dans la sentence arbitrale, il n'est pas nécessaire d'en faire le dépôt au greffe. — *Cass.*, 17 mai 1836 (t. 1er 1837, p. 28), Pillaut-Debit c. Legendre.

677. — Il n'est pas nécessaire que la sentence arbitrale contienne, à peine de nullité, les conclusions des parties, quand le compromis dispense les arbitres de suivre les formes de la procédure. — *Bordeaux*, 22 mai 1832, Chabrelie.

678. — Les sentences arbitrales doivent être *motivées* : c'est ce qui résulte implicitement de l'arrêt qui décide que le tiers-arbitre qui adopte l'avis des autres arbitres n'a pas besoin de motiver son avis, si d'ailleurs celui qu'il adopte est motivé. — *Rouen*, 26 nov. 1828, Delamarre c. Grimoult.

679. — Toutefois, cette condition ne sera pas non plus trop rigoureusement imposée. Ainsi, une sentence arbitrale rendue sur des comptes pourra paraître suffisamment motivée, si elle contient le détail des articles de recette et de dépense dont les arbitres ont formé un résultat. — *Colmar*, 8 janv. 1820, Giovanolly c. Hickel ; — de Vatisménil, n° 254.

680. — De même, une sentence arbitrale qui rejette une demande basée sur un compulsoire, est suffisamment motivée lorsque, sans désigner le compulsoire, elle en réfute tous les prétendus résultats. Il en est de même de l'arrêt confirmatif de cette sentence. — *Cass.*, 13 janv. 1836, Lafaix-Travailly c. Corsange.

681. — Les parties pourraient dispenser les arbitres de l'obligation de motiver leur sentence. C'est ce qui a été jugé, en matière de divorce, sous la loi du 20 sept. 1792. — *Paris*, 18 avr. 1809, Angélique c. Delaporte.

682. — Les arbitres nommés pour statuer sur un compte peuvent, au lieu d'établir ce compte eux-mêmes, s'en référer à celui qui a été fixé par un jugement rendu antérieurement entre les mêmes parties, et se borner à en ordonner l'exécution, surtout si la partie contre laquelle ce jugement est rendu ne fait aucune production. — *Bourges*, 4 août 1831, Tixier c. Th. Varenne.

683. — La cour de Colmar a jugé que l'acte par lequel des arbitres arrêtent le reliquat du compte social à une certaine somme, et qu'ils terminent par ces mots : *Fait, jugé et terminé en présence des parties*, ne cesse pas d'avoir le caractère de jugement, par cela seul qu'il ne porterait pas expressément de condamnation. — *Colmar*, 24 juill. 1810, Munsch c. Helffer. — V. cependant de Vatisménil, n° 254.

684. — Lorsque le tiers arbitre a déclaré adopter l'opinion contraire au défendeur, et adjuger les conclusions du demandeur, la sentence ainsi rendue ne peut être attaquée de nullité, comme dépourvue de dispositif portant condamnation. — *Bordeaux*, 30 déc. 1841 (t. 1er 1842, p. 385), Framinel c. Morel et Courtarie.

685. — Quant à ce que doit contenir la sentence

en cas d'enquête ordonnée V. *suprà* nos 639 et suiv.

686. — Aucune loi n'oblige les arbitres, à peine de nullité, de viser toutes les pièces. — *Colmar*, 14 prair. an XI, Corty c. Monnet.

687. — Une sentence arbitrale rendue en France peut être rédigée dans une langue étrangère, sans être, par cela seul, frappée de nullité. — *Cass.*, 1er mars 1830, Rivarès; — Pardessus, no 1398; Goujet et Merger, no 298.

688. — Dans ce cas, lorsque la sentence a été déposée au greffe avec la traduction française, faite à la suite par un interprète juré, et dont l'exactitude n'est pas contestée, l'ordonnance d'exécution, apposée au bas de cette traduction, satisfait au vœu de l'art. 1021, C. procéd., qui exige que l'ordonnance soit donnée sur la minute de la sentence arbitrale. — Même arrêt.

689. — Un acte rédigé en forme de transaction, et signé par toutes les parties, sous la médiation et en présence de leurs arbitres, est valable, non pas comme jugement arbitral, mais comme transaction sous seing-privé. — *Riom*, 28 déc. 1816, Boivin c. Boitelet.

Sect. 3e. — *Signature et date du jugement.*

690. — La sentence arbitrale doit être datée, c'est-à-dire qu'elle doit contenir la mention du jour et du lieu où elle a été rendue, en d'autres termes de celui où la signature des arbitres y a été apposée. — De Vatisménil, no 251.

691. — Toutefois, et en ce qui concerne la mention de la date, on peut dire qu'il suffit, pour la validité de la sentence, que le compromis ait date certaine et que, d'ailleurs, il soit constaté que les arbitres n'ont pas jugé après l'expiration du délai qui leur était fixé. — Cette constatation peut résulter de l'enregistrement, ou du dépôt au greffe de la sentence, ou bien encore du décès de l'un des arbitres signataires. — Boucher, no 771; Carré, no 3339; Goujet et Merger no 299.

692. — Il a, toutefois, été jugé que les avis des arbitres partagés d'opinion doivent, à peine de nullité de la sentence du tiers arbitre, être datés; que la date de ces avis ne peut résulter de présomptions et de témoignages, et qu'enfin, à défaut de cette date, ces avis doivent être considérés comme postérieurs à l'expiration du compromis. — *Paris*, 16 août 1832, Raincourt c. Delos.

693. — Mais s'il y avait, non pas seulement de simples présomptions, mais preuve matérielle et légale que les avis sont antérieurs à l'expiration du compromis, le jugement serait valable. — Chauveau sur Carré, no 3339; Souquet, vo *Arbitrage*, tabl. 24e, col. 5e, no 22; Goujet et Merger, *loc. cit.*; de Vatisménil, no 251.

694. — ... Ainsi, par exemple, si le tiers arbitre avait lui-même prononcé sa sentence dans le délai assigné aux premiers arbitres. — *Cass.*, 21 janv. 1840 (t. 1er 1840, p. 551), Rolland c. Pédron.

695. — Les arbitres ne peuvent, par un acte postérieur, déclarer que la date par eux apposée à leur jugement n'est pas véritable. — *Cass.*, 1er niv. an IX, Sallier.

696. — On a vu plus haut que les sentences arbitrales font foi de leur date jusqu'à inscription de faux. — V. *suprà* nos 576 et suiv.

697. — Jugé qu'un jugement arbitral n'est pas nul parce qu'il ne fait pas mention du lieu où il a été rendu, lorsque cette omission est suppléée par les circonstances. — *Douai*, 12 janv. 1820, N... c. N...

698. — Lorsque le jugement ne forme qu'un seul contexte avec le compromis, et que ce compromis contient l'indication de la demeure de l'arbitre devant lequel les parties ont comparu, le jugement portant qu'il a été prononcé à l'instant même aux parties, indique suffisamment que la décision a suivi immédiatement le compromis et qu'elle a été rendue dans la demeure de l'arbitre. — *Nancy*, 28 mai 1833, Montluisant c. Martin Prey.

699. — La sentence arbitrale rendue par un tiers arbitre est valable, bien qu'elle soit datée d'un lieu autre que celui où le tribunal arbitral a été constitué. — *Paris*, 2 janv. 1834, Paignon c. Saint-Sauveur; — de Vatisménil, no 257. — La raison en est, suivant l'arrêt, que la juridiction des arbitres n'est pas territoriale et attachée à telle ou telle localité, mais qu'elle suit la personne.

700. — Les arbitres forcés ne sont pas tenus de rendre leur sentence dans l'arrondissement du domicile des parties. — *Besançon*, 31 août 1820, N... c. N... — V., quant au dépôt, *infrà* chap. 10.

701. — Il nous semble, dans tous les cas, que les arbitres ne devraient pas, à leur gré, et au risque de porter quelque préjudice aux parties, changer le lieu de l'arbitrage.

702. — Un jugement d'arbitres forcés peut être valablement rendu un jour de fête légale. — *Cass.*, 22 nov. 1827, Pellet c. Garde et Guichard; — de Vatisménil, no 252.

703. — Comme tout autre acte, le jugement arbitral n'existe que par la signature des arbitres, et si un événement quelconque mettait fin à la mission des arbitres ou de l'un d'eux après la délibération et la rédaction du jugement, mais avant la signature, la sentence serait nulle. — On l'a ainsi jugé avant le Code pour un arbitre dont les pouvoirs avaient pris fin par la révocation signifiée de l'une des parties. — *Cass.*, 17 mars 1806, Boucault c. Saintrot.

704. — La question s'était présentée avant le Code de procéd., de savoir si le refus d'un des arbitres de signer la sentence en entraînait la nullité, et les tribunaux étaient partagés sur ce point. Quelques uns décidèrent que la signature des arbitres formant la majorité suffisait. — *Cass.*, 8 vendém. an VIII, Taffineau c. commune de Brillau Doucix; 2 thermid. an IX, Leberger c. Hanck; *Turin*, 11 janv. 1806, Argenta c. Ferro.

705. — Mais le contraire avait également été jugé. — *Cass.*, 11 vendém. an X, commune de Hartz-Willer c. commune des Trois-Fontaines; 10 vendém. an XIV, Petret c. Serziat et Prieur.

706. — Les rédacteurs du Code de procéd. ont pensé avec raison que la minorité ne doit pas, par le refus de signer un jugement délibéré en commun, paralyser la volonté de la majorité et rendre nulle la décision. Les arbitres, dans ce cas, devront faire mention du refus de la minorité, et le jugement aura le même effet que s'il avait été signé par chacun des arbitres (C. procéd., art. 1016). — De Vatisménil, no 243.

707. — Cette disposition est applicable aux arbitrages forcés comme aux arbitrages volontaires. — *Toulouse*, 22 janv. 1835, Saint-Clair c. Claverie.

708. — L'art. 1016 suppose le refus de quelques arbitres de signer. La décision devrait être appliquée *à fortiori* si l'un des arbitres était empêché de signer, et surtout si l'absence de cette signature se trouvait justifiée par la déclaration des autres arbitres, constatant l'infirmité qui a empêché le troisième arbitre de signer. — L'autorité de cette mention des arbitres ne pourrait être combattue par un procès-verbal dressé par deux notaires, dans lequel il serait déclaré que l'arbitre non signataire n'aurait point pris part à l'arbitrage. — *Cass.*, 5 juill. 1832, Bisson c. Bigot et Godefroi.

709. — La déclaration des deux arbitres formant la majorité remplace également la signature du troisième, lorsque celui-ci ne sait pas signer. — *Grenoble*, 21 mai 1832, Garambaud c. Ollier.

710. — Ces règles, au surplus, ne peuvent s'appliquer au tiers arbitre, qui doit nécessairement signer l'avis par lequel il adopte l'opinion d'un des deux arbitres partagés. On conçoit que la majorité doive être crue malgré le silence de la minorité, puisqu'en définitive c'est elle qui fait la loi, mais on ne comprendrait pas que l'opinion du tiers arbitre pût être constatée par la signature des arbitres entre lesquels il prononce. — *Paris*, 17 fév. 1808, Aufrye c. Molvaux.

711. — Si cependant, dit M. de Vatisménil (no 244), après une délibération entre le tiers et les deux arbitres, un *nouveau jugement* était prononcé et adopté *par les deux arbitres formant majorité*, en présence du tiers, et que celui-ci refusât de signer, la signature de la majorité suffirait pour la validité de la *nouvelle sentence*.

712. — Mais à la différence des jugemens rendus par les tribunaux ordinaires, la signature complète absolument la sentence arbitrale, et il n'est pas nécessaire d'en donner lecture aux parties. — *Paris*, 12 juin 1806, de Belloy et Wagon c. Thomesse; — De Vatisménil, no 245; Thomine, no 1240, Carré, no 3338; Bellot, t. 3, p. 123. — V. cependant Mongalvy, no 295; Goubeau, t. 1er, p. 334. — V. aussi *suprà* no 669.

Sect. 4e. — *Inobservation des formalités. — Ses conséquences.*

713. — L'inobservation, dans une sentence arbitrale, des formes voulues pour la validité des jugemens ne donne point ouverture à l'action en nullité de la sentence, lorsque les parties ne se sont point expliquées sur ce point dans le compromis. Cette décision est la conséquence du principe général que les nullités de l'art. 1028 ne doivent point être étendues (V. *infrà* nos 963 et suiv.); — *Toulouse*, 26 juill. 1809, Bille c. Ranfaste-Navarrel; 24 déc. 1814, Marrot dit Bousom c. Barbazan; *Pau*, 19 juin 1828 (sous *Cass.*, 1er mars 1830, Rivarès); *Nimes*, 22 juill. 1833, Henri c. Gensoul; — de Vatisménil, no 253.

714. — Mais il ne faut pas dire, avec la cour de Nîmes dans l'arrêt du 22 juill. 1833 (Henri c. Gensoul), que la requête civile ne sera même pas ouverte aux parties pour inobservation des formes. L'art. 1027 est sans doute obscurément rédigé, mais son sens est facile à saisir, et nous ne pensons pas que la jurisprudence consente à lui donner une aussi fâcheuse interprétation. — V. *infrà* nos 1121 et suiv.

CHAPITRE VIII. — *Amiables compositeurs.*

715. — L'art. 1019, C. procéd., porte que les arbitres et tiers arbitres décideront, d'après les règles du droit, *à moins que le compromis ne leur donne pouvoir de prononcer comme amiables compositeurs.* Cette disposition est la seule qui règle les droits et les devoirs des arbitres amiables compositeurs.

716. — Une dérogation aussi importante aux règles de l'arbitrage ne doit pas se supposer légèrement. Il faut qu'elle résulte expressément du compromis, et on ne pourrait l'induire de renonciations moins importantes. — On a donc jugé avec beaucoup de raison que les arbitres n'étaient pas amiables compositeurs parce qu'ils auraient été dispensés de toutes les formes et délais de droit. — *Cass.*, 7 mai 1828, Bonnet et Pagès c. Delcros.

717. — Lorsque des arbitres ont été nommés amiables compositeurs, avec clause qu'ils ne prendront pour base de leur décision que les écritures non suspectes de chacune des parties, sans aucune désignation spéciale, leur décision, sur ce choix, est à l'abri de la cassation. — *Paris*, 3 juin 1808, Leleu c. Levit.

718. — En matière de liquidation de société, la dispense donnée aux arbitres, chargés de procéder à la liquidation définitive des créances entre les associés et avec les tiers, de suivre les formalités de procédure, et la convention que leur jugement fera foi entre les parties, les constituent amiables compositeurs. Ils peuvent, dès-lors, suivre pour cette liquidation tel mode qu'ils estiment juste et équitable, et spécialement attribuer à l'un des associés exclusivement toutes les créances douteuses de la société moyennant une certaine somme, et décharger les autres coassociés de toute garantie, sans que, à moins d'une réserve formelle dans le compromis, leur décision puisse être attaquée par la voie de cassation. — *Cass.*, 29 nov. 1837 (t. 1er 1838, p. 264), Maillard c. Payn.

719. — Lorsque les arbitres ont été constitués amiables compositeurs, ce qui est certain, c'est que l'intention des parties a été que les arbitres, pour juger, consultassent plutôt les règles de l'équité que celles du droit. — Mais, du reste, quelles seront les règles de cet arbitrage, c'est ce que la loi n'a pas dit. — Il faut en conclure que toutes les dispositions du Code de procédure relatives aux arbitres s'appliqueront aux amiables compositeurs, à moins qu'elles ne se trouvent en opposition directe avec le devoir qui leur est imposé de juger plutôt selon l'équité que selon le droit.

720. — Tout ce qui concerne donc la nomination des arbitres, leur refus, déport, empêchement, récusation, est applicable aux amiables compositeurs. Il en est de même, et à plus forte raison, des règles relatives aux personnes qui ont le droit de compromettre et aux choses qui peuvent faire l'objet du compromis.

721. — Quant à l'application des principes de l'amiable composition aux contestations entre associés de commerce, il y a quelques principes dont on ne doit jamais s'écarter. Les arbitres forcés, quoique dispensés des formes (C. comm., art. 56), ne sont pas, comme les amiables compositeurs, investis du pouvoir de prononcer sans suivre les règles du droit (Bellot des Minières, t. 2, no 92). — Mais les parties peuvent leur confier ce pouvoir, ou, en d'autres termes, convenir soit par l'acte de société, soit par un compromis postérieur, que les arbitres commis pour les juger statueront comme amiables compositeurs.

722. — Cette convention n'est valable qu'autant que ceux qui la font ont le pouvoir de compromettre, et elle doit avoir le sort de toute espèce de compromis. Ainsi, quoique les héritiers de l'associé, fussent-ils mineurs, restent soumis à la juridiction arbitrale, les compromis par lesquels leur auteur avait dérogé aux règles ordinaires de l'arbitrage forcé s'éteignent par sa mort aux termes de l'art. 1013, et les arbitres nommés par le tuteur des mineurs héritiers, doivent statuer conformément aux dispositions du Code de commerce, et comme si l'acte de société ne contenait aucune clause relative à l'arbitrage. — V. *infrà* nos 725 et 1079.

723. — Ce que nous disons des amiables compositeurs s'applique également à la renonciation à l'appel et au pourvoi en cassation. Nous irions

même plus loin, et nous décidèrions que la fixation d'un délai pour l'arbitrage contenue dans l'acte de société, que la nomination de certaines personnes pour arbitres, ou leur choix confié à quelques autres, restent sans effet à l'égard des héritiers mineurs, et que de même qu'ils peuvent appeler de la sentence, malgré la renonciation de leur auteur à tout recours, ils peuvent aussi refuser les personnes qu'il a d'avance instituées pour arbitres. L'arbitrage, encore une fois, n'est établi pour eux que par les dispositions de la loi, et toute convention qui les complète, y déroge ou y ajoute est un compromis éteint, et qui ne peut être invoqué.

724. — Il faut ajouter aussi que, dès que le compromis est éteint, il n'est permis à personne de s'en prévaloir ; que, par conséquent, ce ne sont pas les mineurs seulement, mais encore leurs associés majeurs, qui ont le droit de s'opposer à ce que les arbitres statuent comme amiables compositeurs, d'interjeter appel de leur décision, et de repousser, en un mot, toutes les conventions relatives à l'arbitrage, devenues désormais sans effet.

725. — Toutefois, cette doctrine est loin d'être admise par la jurisprudence. Ainsi, la plupart des arrêts jusqu'à ce jour ont déclaré valable, à l'égard des héritiers mineurs de l'associé, la renonciation à l'appel contenue dans l'acte de société (V. *infrà* nos 920 et suiv. — Mais nous pensons que la jurisprudence, en s'engageant dans cette voie, crée des difficultés sans nombre, et qu'elle ne peut pas manquer de l'abandonner tôt ou tard. C'est, au surplus, aussi l'avis de M. Pardessus, dans une consultation recueillie sous l'arrêt de *Cass.*, 8 mai 1837 (t. 1er 1837, p. 410), Dubuc c. Bernault.

726. — La clause d'un acte de société par laquelle les associés ont consenti à ce que les contestations qui pourraient s'élever entre eux fussent jugées sans appel, *par des arbitres amiables compositeurs*, doit s'étendre au cas même où, les parties n'ayant pu s'entendre sur le choix des arbitres, ils ont été nommés d'office par le tribunal. — Cette nomination d'office n'a point enlevé aux arbitres le caractère d'amiables compositeurs qui leur était attribué par le pacte social. — *Cass.*, 15 juill. 1818, Bedont c. Duronea.

727. — Lorsque deux parties se sont engagées à soumettre leurs contestations à des arbitres amiables compositeurs par un acte de société dont l'existence fait l'objet du procès ; qu'avant la condition indiquée par le contrat pour qu'il devienne exécutoire des avances ont été faites par l'une d'elles, et que la contestation a pour but de savoir si ces avances seront considérées comme exécution anticipée du contrat, si le tribunal de commerce, considérant qu'il y a eu société en participation entre les parties, les renvoie devant des arbitres en vertu de l'art. 51, C. comm., la décision arbitrale intervenue par suite de ce renvoi n'est point rendue par d'amiables compositeurs, et peut être frappée d'appel. — *Rennes*, 6 mars 1841 (t. 2 1841, p. 477), Lotz c. Mollière.

728. — On s'est demandé si, en même temps que les amiables compositeurs sont dispensés au fond de suivre les règles du droit, ils sont aussi dispensés des formalités judiciaires. L'affirmative résulte de la discussion du Code de procédure et de la combinaison des art. 1009 et 1019 de ce Code. Les parties et les arbitres, dit l'art. 1009, suivront dans la procédure les délais et les formes établis pour les tribunaux, *si les parties n'en sont autrement convenues*. L'art. 1019, à propos de l'obligation qu'il impose aux arbitres de se décider d'après les règles du droit, ajoute : *à moins qu'ils n'aient reçu pouvoir de prononcer comme amiables compositeurs* ; ce qui permet de croire que les mots *amiables compositeurs* équivalaient dans la pensée du législateur à la convention contraire autorisée par l'art. 1009. Ne serait-il pas bizarre, ajoute avec raison M. Carré (*Lois de la procéd.*, quest. 3351e), que des arbitres dispensés d'appliquer la rigueur du droit à la décision restassent assujétis aux formes de la procédure ? — *Besançon*, 18 déc. 1811, Poignant c. Bricon ; *Colmar*, 29 mai 1813, Zoepffel c. Bocklin ; *Orléans*, 14 mars 1822, N... ; *Agen*, 20 janv. 1832, Meulhet c. Cassan ; *Cass.*, 18 fév. 1835, Larosière c. Pradier ; *Bordeaux*, 28 nov. 1835, Allien ; *Lyon*, 21 mars 1838 (t. 2 1838, p. 444), Marleix c. Sollier et Valin ; *Toulouse*, 22 fév. 1839 (t. 1er 1839, p. 534), Fournol c. Refus ; *Paris*, 18 nov. 1840 (t. 2 1840, p. 747), Ménant c. Forestier ; — Bellot, t. 2, no 91 ; Carré, no 3037. — V. *contrà Limoges*, 17 fév. 1823, Pollier c. Deplagne ; — Boucher, *Manuel des arbitres*.

729. — Ainsi, on a jugé qu'ils avaient pu entendre des témoins sans suivre les règles de la procédure, et spécialement sans avoir préalablement ordonné leur audition. — *Bordeaux*, 28 nov. 1835, Allien ; *Paris*, 18 nov. 1840 (t. 2 1840, p. 747), Ménant c. de Forestier.

730. ... — Que leur sentence n'était pas nulle pour n'être pas motivée. — *Bordeaux*, 28 nov. 1835, Allien.

731. ... — Que les parties ne pouvaient se plaindre de ce que le tiers arbitre n'avait prononcé que sur l'un des points litigieux, lorsque ce point était le seul sur lequel les premiers arbitres ne se trouvaient pas d'accord. — *Colmar*, 29 mai 1813, Zoepffel c. Bocklin.

732. — ... Qu'elles ne pouvaient non plus se plaindre de ce que les amiables compositeurs n'avaient pas rédigé de procès-verbal de partage et de ce que le tiers arbitre n'avait pas dit à quel avis il se réunissait, lorsque d'ailleurs il était certain qu'il avait conféré avec les arbitres divisés. — *Agen*, 20 janv. 1832, Meulhet c. Cassan. — V. *infrà* no 779.

733. — A plus forte raison, leur sentence ne peut être annulée pour défaut de mention de conférence du tiers avec les arbitres divisés, lorsque d'ailleurs il paraît constant en fait que cette conférence a eu lieu. — *Toulouse*, 22 fév. 1839 (t. 1er 1839, p. 534), Fournol c. Refus.

734. — Lorsqu'une expertise ayant pour objet une estimation de biens indivis a été confiée à des arbitres amiables compositeurs dispensés des formalités judiciaires, la sentence du tiers arbitre ne peut être annulée pour défaut de mention de la conférence du tiers arbitre avec les arbitres divisés. — *Cass.*, 18 fév. 1835, Larosière c. Pradier.

735. — Jugé encore que des arbitres institués pour statuer comme amiables compositeurs sur un compte contesté sont dispensés de se conformer ponctuellement, dans le règlement du compte, à la prescription de l'art. 540, C. procéd. civ., quant à la fixation distincte de la recette et de la dépense. — *Rennes*, 6 janv. 1844 (t. 1er 1844, p. 523), Dugars c. Tourgouillet.

736. — Cependant la cour royale de Pau a jugé que les amiables compositeurs ne peuvent se dispenser de l'accomplissement des formalités indispensables pour arriver au jugement, et qu'ainsi, quoique deux arbitres aient été investis du caractère de *bons et amiables compositeurs*, avec dispense de se conformer à toutes les formalités prescrites par la loi, et avec le pouvoir, s'il est nécessaire, de nommer un tiers arbitre départiteur, ils sont tenus de dresser un procès-verbal de partage dans ce cas, conformément aux art. 1017 et 1018, C. procéd., afin que les motifs de leur divergence soient indiqués, et qu'il puisse être justifié que le tiers arbitre s'est conformé à l'opinion de l'un d'eux. — *Pau*, 24 avr. 1823, Casse c. Courade.

737. — Lorsqu'il résulte d'un procès verbal dressé par deux arbitres amiables compositeurs, avant l'expiration du compromis, qu'ils ont conféré et délibéré ensemble, et qu'ils ont été en dissidence sur divers points, le fait, par l'un de ces arbitres, de n'avoir rédigé son avis distinct et motivé que postérieurement et après l'expiration du compromis, n'est point une cause de nullité. — *Cass.*, 30 mars 1841 (t. 2 1841, p. 20), Theureau c. Chobin.

738. — Les formalités prescrites par l'art. 1033 C. procéd. civ., sur l'augmentation du délai des ajournemens à raison des distances, ne peuvent s'appliquer à un arbitrage dans lequel les parties ont attribué aux arbitres le caractère d'amiables compositeurs, dispensés dès-lors des règles ordinaires. — En conséquence, c'est à partir de l'ordonnance de nomination que doit se calculer la durée du compromis pour déterminer notamment le point de départ de la dernière quinzaine dans laquelle les arbitres peuvent statuer malgré la non production par les parties de leurs défenses. — *Cass.*, 3 janv. 1844 (t. 1er 1844, p. 421), Philippon c. Chabert.

739. — Des arbitres nommés amiables compositeurs par des acquéreurs de terrains communaux, qui les avaient chargés de prononcer sur les contestations que faisait naître la délimitation de leurs lots respectifs, en leur laissant toute liberté dans le choix des documens qui devaient servir à motiver leur décision, mais en leur indiquant néanmoins comme le principal à consulter le plan cadastral de la commune, ont pu, sans sortir des termes du compromis et sans porter atteinte aux droits du pouvoir administratif, décider que la limite de la commune tracée au plan cadastral n'était pas la véritable, et en indiquer une autre pour la solution de l'affaire qui leur était soumise. — *Cass.*, 19 août 1842 (t. 1er 1843, p. 113), Ribeyrolles c. André.

740. — Les arbitres amiables compositeurs ont le droit de juger comment les voix doivent être comptées dans le tribunal arbitral pour former le jugement, s'il y a plusieurs parties qui aient le même intérêt. — *Lyon*, 21 mars 1838 (t. 2 1838, p. 444), Marleix c. Sollier et Valin.

741. — La sentence arbitrale rendue par des arbitres amiables compositeurs, et signée par la majorité des arbitres, est valable, bien que l'arbitre dissident qui a participé à la délibération en commun où la décision a été arrêtée ait refusé d'assister à la séance indiquée pour la rédaction, et de signer cette sentence. — *Cass.*, 6 juill. 1840 (t. 2 1840, p. 512), Desfourneaux c. Glandaz.

742. — Les arbitres amiables compositeurs sont autorisés à s'écarter des règles du droit. Les tribunaux, au contraire, n'ont jamais ce pouvoir. Il en résulte que, si l'on interjetait appel d'une sentence rendue par des arbitres amiables compositeurs, on s'écarterait de la volonté des parties. « Comment, d'ailleurs, des tribunaux qui ne peuvent statuer que d'après les règles du droit, pourraient-ils connaître de l'appel d'une sentence rendue par d'amiables compositeurs d'après les simples règles de l'équité ? » — De Vatisménil, *Encyclopédie du droit*, vo *Arbitrage*, no 290. — La jurisprudence s'est aussi généralement prononcée en ce sens. — *Nîmes*, 9 janv. 1813, Serres c. Laurent ; *Rennes*, 10 fév. 1813, Goussé c. Besnard ; *Agen*, 8 déc. 1815, Pialapra c. Arnal ; *Nancy*, 26 déc. 1825, Marschal c. Discourt ; *Limoges*, 3 avr. 1835, Fouix ; *Bourges*, 24 mai 1837 (t. 2 1841, p. 448), Nay... ; 28 déc. 1839 (t. 2 1840, p. 628), Didier de la Chassaigne c. Fay ; *Paris*, 3 déc. 1840 (t. 1er 1841, p. 271 ; *Bastia*, 10 mars 1841 (t. 2 1841, p. 147), Cayol et Franceschini c. Feydel ; *Nîmes*, 27 avr. 1841 (t. 2 1841, p. 447), Caries ; *Orléans*, 9 mai 1843 (t. 1er 1843, p. 654), Boyer Allemand c. Prévost ; — Carré, *Lois de la procédure civile*, quest. 3296e ; Mongalvy, *Tr. de l'arbitrage*, t. 2, no 333 ; Favard de Langlade, t. 1er, p. 204 ; Bioche et Goujet, *Dictionnaire de procéd.*, vo *Arbitrage*, no 151 ; Thomines, nos 1223 et 1245 ; de Vatisménil, vo *Arbitrage*, art. 11, § 2, no 290 ; Goubeau, *De l'arbitrage*, t. 2, p. 257. — V. *contrà Metz*, 22 juin 1818, Champion c. Moissant ; *Toulouse*, 5 mars 1825, Dufaur ; *Bordeaux*, 13 janv. 1827, Vondhoren c. Capelle ; *Rouen*, 22 avr. 1834, Dumourier c. Néel ; — Roger et Garnier, *Annales de législation*.

743. — Jugé encore que les parties qui sont convenues que leurs différends seraient réglés amiablement par des arbitres ne sont plus recevables à se pourvoir par voie d'appel contre la sentence arbitrale. — *Grenoble*, 12 fév. 1842 (t. 1er 1844, p. 349), Lavalette c. Péronnet.

744. — Mais, quelque contradiction qu'il paraisse y avoir dans les intentions des parties, l'appel doit être admis lorsqu'elles se le sont expressément réservé. On peut croire d'ailleurs qu'en chargeant des amiables compositeurs de faire entre elles une espèce de transaction, elles ont voulu conserver le moyen de la faire tomber si le droit était trop ouvertement violé, ou leurs intérêts trop fortement lésés. — *Grenoble*, 23 juin 1820, Empereur ; *Aix*, 12 août 1836, Deprat. — V. *contrà Grenoble*, 19 janv. 1835, Bonichon.

745. — Lorsqu'un jugement a été rendu souverainement et en dernier ressort par des arbitres revêtus à cet effet de la qualité d'amiables compositeurs, les tribunaux sont compétens pour connaître des difficultés *sur le mode d'exécution* de la sentence arbitrale et *sur l'interprétation* de cette sentence. — *Orléans*, 25 fév. 1814, N... c. N...

746. — Quoique les arbitres aient été institués amiables compositeurs, et qu'on ne puisse se pourvoir contre leur sentence par appel ni recours en cassation, il est nécessaire que, dans certains cas, une voie soit ouverte aux parties pour la faire réformer. La dispense de se décider d'après les règles de droit ne leur permet pas de juger sans compromis ou hors des termes du compromis, ou sur compromis nul ou expiré, ou sur choses non demandées. Tous ces cas ont été prévus par l'art. 1028, d'après lequel la loi autorise les parties à se pourvoir par opposition à l'ordonnance d'exécution devant le tribunal qui l'a rendue, et à demander la nullité de l'acte qualifié jugement arbitral. La voie d'opposition est également ouverte par le même article contre la sentence rendue par quelques arbitres non autorisés à juger en l'absence des autres, et contre celle rendue par un tiers sans avoir conféré avec les arbitres partagés.

747. — Il n'y a pas de raison pour ne pas appliquer l'art. 1028 à la sentence rendue par des arbitres amiables compositeurs. Le législateur prend soin de dire lui-même, dans l'art. 1028, que ce n'est pas contre une véritable sentence arbitrale, mais contre un acte qualifié à tort jugement arbitral que la voie d'opposition est ouverte, car, dans aucun cas, la renonciation des parties à se pourvoir par les moyens ordinaires contre une sentence arbitrale ne leur interdit le droit de faire tomber l'acte qui en prend indûment le titre.

748. — Jugé que c'est par voie d'opposition à l'ordonnance d'*exequatur* et non par celle de requête civile que doit se pourvoir la partie qui prétend que les amiables compositeurs ont statué sur compromis nul, parce que le mandataire auquel elle avait donné pouvoir de compromettre et de nommer des arbitres a outrepassé son mandat en nommant des amiables compositeurs. — *Besançon*, 18 déc. 1811, Poignant c. Bricon.

749. — Il en est de même lorsque les arbitres ont statué sur compromis expiré, encore que les parties eussent renoncé dans le compromis à tout recours contre la sentence. — *Rennes*, 7 juill. 1818, Sigoigne c. N....

750. — La question a été comprise et jugée en ce sens par les cours auxquelles elle a été soumise. Ainsi la cour de Cassation a déclaré recevable l'opposition à l'ordonnance d'exequatur d'une sentence arbitrale rendue par des amiables compositeurs qui avaient statué hors des termes du compromis. — *Cass.*, 23 juin 1819, Pianet c. Girardet et Camet.

751. — L'action en nullité fondée sur ce que les arbitres ont prononcé sur choses non demandées est également admissible contre une sentence arbitrale rendue par des arbitres amiables compositeurs, lors même que le compromis contient, de la part des parties, renonciation à tout appel, requête civile, opposition et recours en cassation. — Dans ce cas, la sentence doit être déclarée nulle pour le tout, et non pas seulement dans les dispositions attaquées. — *Paris*, 2 juill. 1835, Bazières c. Brosson.

CHAPITRE IX. — *Du tiers arbitre.*

Sect. 1re. — *Nomination du tiers arbitre.*

752. — Lorsque les arbitres sont partagés d'opinion sur le différend qui leur est soumis, il est impossible qu'une sentence soit rendue sans l'intervention de nouvelles personnes. Mais ici le législateur a dû suivre une marche différente selon que l'arbitrage est volontaire ou forcé.

753. — Quand l'arbitrage est volontaire, on ne doit point aller au delà de la volonté des parties, et par conséquent le compromis doit prendre fin, si elles n'ont pas donné aux arbitres le pouvoir de nommer un tiers arbitre. C'est la disposition du § 3, art. 1012, C. procéd. Les parties peuvent aussi elles-mêmes, en connaissance du partage, nommer un tiers arbitre. C'est alors moins une prorogation de l'ancien compromis qu'un compromis nouveau, dont les effets doivent être réglés par le contrat. — De Vatisménil, no 199. — En arbitrage forcé au contraire, les arbitres étant les juges naturels des parties, et les tribunaux ordinaires étant incompétens pour statuer sur la contestation, il fallait nécessairement trouver le moyen de vider le partage. C'est ce qu'a fait l'art. 60, C. comm. En cas de partage, y est-il dit, les arbitres nomment un sur-arbitre, s'il n'est nommé par le compromis. Si les arbitres sont discordans sur le choix, il est nommé par le tribunal de commerce. — Il importe donc d'examiner séparément comment se fera la nomination du tiers arbitre, en arbitrage volontaire et en arbitrage forcé.

754. — La qualification de *tiers arbitre* est générique et s'emploie indifféremment en matière d'arbitrage volontaire et d'arbitrage forcé; celle de *sur-arbitre* désigne exclusivement l'arbitre choisi pour vider un partage entre arbitres forcés.

§ 1er. — *En arbitrage volontaire.*

755. — Les arbitres autorisés à nommer un tiers sont tenus de le faire par la décision qui prononce le partage (C. procéd., art. 1017). Le partage en effet mettant fin au compromis, les pouvoirs des arbitres expirent s'ils ne nomment immédiatement le tiers, et ce serait vainement que plus tard ils voudraient réparer cette omission. — C'est ce qui a été jugé par la cour de Paris le 26 juill. 1844, t. 1er 1845, Lestiboudois c. Duval.

756. — Cependant la cour de Cassation a jugé que, quoique le tiers arbitre eût été nommé après l'expiration des délais du compromis, l'irrégularité de sa nomination était couverte par la comparution volontaire des parties avec les arbitres sur les lieux contentieux. — *Cass.*, 17 janv. 1826, Lévêque c. Tranquard.

757. — Si les arbitres partagés ne peuvent convenir de la nomination du tiers, ils le déclareront sur le procès-verbal, et le tiers sera nommé par le président du tribunal qui doit ordonner l'exécution de la décision arbitrale. Il sera à cet effet présenté requête par la partie la plus diligente. — C. procéd., art. 1017.

758. — Dans aucun cas, les arbitres, lorsqu'ils ne s'accordent pas sur le choix d'un tiers arbitre, ne peuvent s'en rapporter au sort pour sa nomination. — *Aix*, 2 août 1826, Breton c. Journès; — Mongalvy, t. 2, no 332; de Vatisménil, no 199.

759. — Quoique les parties n'aient pas donné pouvoir aux arbitres de nommer un tiers arbitre, le compromis ne prendra pas fin, si au moment du partage elles s'entendent pour en choisir un elles-mêmes. Cette nomination peut être constatée par les premiers arbitres eux-mêmes. Ainsi, lorsque des arbitres divisés d'opinion ont constaté dans leur jugement qu'ayant fait part de leur dissentiment aux parties, celles-ci ont nommé un tiers arbitre, il résulte de là une constatation valable de la nomination du tiers arbitre. — *Grenoble*, 13 juill. 1825, Paillet c. Biessy.

760. — Une sentence arbitrale ne peut être annulée sur le motif que les arbitres ont nommé le tiers qui devait les départager sans dresser préalablement procès-verbal de partage. — Dans tous les cas, la partie qui a comparu volontairement devant les arbitres, et qui a fourni ses moyens de défense, n'est pas recevable à opposer cette prétendue nullité. — *Bordeaux*, 9 mars 1830, Legrand c. Triolaire.

§ 2. — *En arbitrage forcé.*

761. — En cas de partage, les arbitres nomment un sur-arbitre, s'il n'est nommé par le compromis; si les arbitres sont discordans sur le choix, le sur-arbitre est nommé par le tribunal de commerce. Comme pour l'arbitrage volontaire, la nomination du tiers par les parties peut être constatée dans le procès-verbal de partage, et les arbitres doivent choisir eux-mêmes le sur-arbitre sans pouvoir s'en rapporter au sort pour sa nomination. — C. comm., art. 60; — de Vatisménil, no 200.

762. — Le concours de tous les arbitres est de rigueur pour la nomination d'un tiers arbitre. — *Toulouse*, 11 janv. 1833, Arbola c. Pont.

763. — Le tiers arbitre peut être nommé par le tribunal, sans que les arbitres aient dressé un procès-verbal séparé de leurs opinions; il suffit qu'ils aient constaté qu'ils étaient divisés d'opinions et dans l'impossibilité de s'accorder sur le choix d'un tiers arbitre. — *Orléans*, 2 août 1817, Bruneau c. Château.

764. — De ce que dans l'arbitrage volontaire le tiers arbitre est nommé par le président du tribunal civil, un auteur (Goubeau de la Bilennerie, t. 2, p. 101) a conclu qu'en arbitrage forcé c'était aussi par le président du tribunal de commerce, contrairement au texte de l'art. 60, et non par le tribunal tout entier, que le tiers arbitre devait être nommé. Mais on lui a répondu avec raison que le texte de l'art. 60 est formel, que le Code de commerce en ceci est une loi spéciale, qui déroge à la loi générale, et qu'il paraît d'ailleurs dans l'intention des législateurs que la nomination des arbitres forcés soit confiée au tribunal tout entier. — C. comm., art. 55; — Mongalvy, t. 2, no 330.

765. — Cependant la disposition de l'art. 60, C. comm., n'est pas d'ordre public; il peut y être dérogé, et le sur-arbitre peut être nommé par le président du tribunal civil, indiqué à cet effet par les parties. — *Paris*, 6 août 1829, Frossart c. Lecoq; — de Vatisménil, no 200.

766. — Lorsque des associés, renvoyés par un arrêt devant un tribunal de commerce chargé de nommer des arbitres pour les refusans, ont constitué volontairement un arbitrage dans le ressort d'un autre tribunal, c'est le président de ce dernier tribunal qui doit nommer le tiers arbitre, au cas de partage. — *Cass.*, 14 fév. 1826, Roy c. Savary.

767. — Jugé que la citation en conciliation sur une demande en nomination d'arbitres emporte une reconnaissance formelle de la compétence des tribunaux civils pour nommer le tiers arbitre, même sur un arbitrage subséquent. — *Paris*, 14 juill. 1809, Chauffrey c. Wailly.

§ 3. — *Prorogation des pouvoirs des premiers arbitres par la nomination du tiers arbitre.*

768. — Par la nomination du tiers arbitre, les pouvoirs des premiers arbitres se trouvent prorogés. Le procès-verbal de partage, quoique nécessaire pour constater le besoin de recourir à un tiers, ne met pas fin à leur mission. Il était dans l'intérêt des parties que le tiers arbitre jugeât, autant que possible, en connaissance de cause, et pour cela le meilleur moyen est de conférer avec les arbitres divisés et d'entendre les raisons qu'ils ont eues d'adopter des avis contraires.

769. — Dès-lors on doit reconnaître que si, avant l'expiration du délai accordé aux arbitres pour rendre leur jugement, ils ont nommé, en vertu de pouvoirs qui leur étaient conférés, un tiers arbitre auquel ils ont fixé un délai, leurs pouvoirs se trouvent par là nécessairement prorogés pour tout le temps accordé au tiers arbitre. — *Cass.*, 17 mars 1824, Belle c. Malabon; *Lyon*, 14 juill. 1828, Gagnoux c. Bourcier; *Toulouse*, 22 fév. 1839 (t. 1er 1839, p. 534), Fournol c. Refus.

770. — La cour de Paris avait pensé que les pouvoirs des arbitres cessent du moment qu'ils ont nommé le tiers arbitre, et que dès-lors la demande en récusation d'arbitres peut être déclarée non-recevable, lorsque les griefs articulés sont postérieurs à la sentence qui a déclaré le partage d'opinions. — *Paris*, 22 mai 1826. — Mais cette décision a été cassée par un arrêt qui a adopté la thèse diamétralement contraire. — *Cass.*, 16 déc. 1828, Vère c. Grattan.

771. — Pour qu'il y ait lieu à nomination d'un tiers arbitre, dit M. de Vatisménil, no 204, il ne suffit pas qu'il y ait deux avis distincts, il faut encore que les deux arbitres qui les ont émis existent, et, s'il n'est pas indispensable qu'ils soutiennent leur avis devant le tiers arbitre (V. *infrà* nos 804 et suiv.), il l'est au moins qu'ils puissent le faire.

772. — Il a donc été jugé que si, après le partage d'opinions et la nomination du sur-arbitre, un des premiers arbitres s'est déporté et a été remplacé, la nomination du tiers se trouve prématurée et sans effet. — *Paris*, 14 janv. 1808, Pecoul c. Collot; — Mongalvy, t. 2, no 338.

773. — Il n'y a pas lieu non plus à appeler un tiers arbitre lorsque après le partage d'opinions un des deux premiers arbitres a déclaré ne pouvoir plus connaître de l'affaire. — *Poitiers*, 13 mai 1818, Leclec c. Fort et Chevalier.

774. — Cependant, M. Mongalvy pense que si le tiers arbitre avait déjà conféré avec les arbitres divisés lors du décès ou déport de l'un d'eux, il ne serait plus nécessaire de le remplacer. Nous croyons au contraire que le remplacement devrait avoir lieu tant que le compromis n'a pas pris fin par la sentence arbitrale. Jusqu'à ce qu'elle ait été rendue, le tiers arbitre peut changer d'opinion, et quoiqu'il ait déjà conféré avec les arbitres divisés, son avis peut encore être modifié par de nouvelles conférences. — Mongalvy, t. 2, no 339.

775. — Ces principes s'appliquent aussi bien à l'arbitrage volontaire qu'à l'arbitrage forcé. L'art. 1018, qui autorise le tiers arbitre à prononcer seul si les arbitres partagés ne se réunissent pas, n'a rien de contraire à cette opinion; car cet article ne s'occupe que du cas exceptionnel de refus et n'a pas trait à celui où il y aurait impossibilité de conférer par le décès ou le déport d'un des arbitres. — De Vatisménil, *Encyclopédie du droit*, vo *Arbitrage*, no 205.

Sect. 2e. — *Déclaration de partage.*

776. — Dans tous les cas où il y a partage, les arbitres divisés sont tenus de rédiger leur avis distinct et motivé, soit dans le même procès-verbal, soit dans des procès-verbaux séparés. — C. procéd., art. 1017.

777. — Lorsqu'un des deux arbitres a rédigé son avis, et que l'autre a déclaré n'avoir rédigé qu'une simple note, et n'avoir pas encore fixé son opinion, il n'existe pas encore partage, et en pareil cas la décision rendue par le tiers arbitre est nulle. — *Bourges*, 21 nov. 1837 (t. 2 1840, p. 315), Bondoux c. Pernin.

778. — Le partage n'est pas non plus légalement établi lorsque l'un des arbitres a constaté son avis de la manière prescrite par la loi, et que l'autre s'est borné à déclarer, devant le tiers arbitre, qu'il était d'avis que les parties prorogeassent l'arbitrage pour en venir à un arrangement. Par suite, la sentence que le tiers arbitre rend en cet état de choses est nulle, encore que les arbitres et le tiers arbitre aient été autorisés à statuer comme amiables compositeurs, sans observer les formalités prescrites par le Code de procéd. — *Toulouse*, 5 mars 1829, Peyssies c. Dambielle.

779. — Une sentence arbitrale est nulle, s'il n'est pas prouvé que les arbitres divisés, même amiables compositeurs, qui ont appelé un tiers, ont rédigé séparément leur avis, en sorte qu'il soit impossible de reconnaître auquel des deux avis le tiers arbitre s'est conformé, ni même s'il en a suivi aucun. — *Rennes*, 11 déc. 1810, N... c. N...; *Orléans*, 13 juin 1817, Asselin c. Chevalier; *Agen*, 20 janv. 1832, Meulhet c. Cassan. — V. *suprà* no 732.

780. — Il faut de plus que le partage et la déclaration de partage soient antérieurs à l'expiration des délais. Il est incontestable que la date apposée sur cette déclaration par les arbitres fait foi à l'égard des parties jusqu'à inscription de faux. — V. *suprà* nos 576 et suiv.

781. — Mais la preuve qu'elle a été rendue antérieurement à l'expiration des délais ne peut-elle résulter des faits, lorsqu'elle n'est pas datée, ou

lorsque les arbitres ont dressé des procès-verbaux séparés? Il est certain que la date ne pourrait pas être établie à l'aide de présomptions, mais elle pourrait résulter de faits légalement prouvés ou des actes de la procédure.—V. *suprà* nos 693 et suiv.

782. — De ce que, dans le cas de dissidence entre des arbitres, l'un d'eux aurait rédigé son procès-verbal postérieurement à l'expiration des pouvoirs, il n'en résulte pas qu'il y ait nullité, si, d'ailleurs, ce procès-verbal est en corrélation avec celui de l'autre arbitre, rédigé dans le délai, et constatant que l'opération (c'est-à-dire la délibération commune, et la déclaration de partage qui en a été la suite) est antérieure à l'expiration des pouvoirs. —*Bourges*, 13 août 1838 (t. 2 1838, p. 530), Thoureau.

783.—La cour supérieure de Bruxelles a décidé au contraire que, lorsque de deux arbitres nommés pour décider un différend l'un n'a remis qu'après l'expiration du délai fixé son rapport qui se trouve en opposition avec celui de l'autre arbitre, il n'y a plus lieu de procéder à la nomination d'un tiers arbitre, mais qu'il doit être fait une nouvelle nomination, et que la négligence de cet arbitre est un motif suffisant de récusation.—*Bruxelles*, 1er mai 1830, N... c. N...

784. — On jugerait probablement aujourd'hui, comme on l'a fait avant le Code de procédure, que le partage des arbitres est suffisamment constaté par la remise qu'ils ont faite au tiers arbitre de conclusions signées d'eux.—*Turin*, 11 janv. 1806, Argenta c. Ferro.

785.—Lorsque les arbitres ne sont pas d'accord sur l'estimation d'un immeuble, il n'est pas indispensable, pour constater le partage et légitimer l'intervention du tiers arbitre, que les deux premiers rédigent et signent leur avis motivé, soit dans un même procès-verbal, soit dans des procès-verbaux séparés. Au contraire, le partage peut légalement s'induire des circonstances et même des faits énoncés au procès-verbal dressé par l'un des arbitres.—*Cass.*, 18 mai 1814, Muguet c. Despinay.

786. — Jugé en sens contraire que le discord des arbitres ne résulterait pas suffisamment du procès-verbal isolé de l'un d'eux.—*Toulouse*, 11 janv. 1833, Arbola c. Pont; — de Vatisménil, no 196.

787.—La loi accorde foi aux arbitres volontaires sur les faits par eux constatés dans leur jugement; ainsi, quoique aucun acte antérieur n'énonce qu'il y ait eu partage et nomination d'un tiers arbitre, le jugement qui le déclare doit faire foi, bien qu'il ne soit signé que d'un arbitre et du tiers arbitre.—*Cass.*, 3 janv. 1826, Gardilane c. Nougard;— Mongalvy, no 342.

788.—Il y a cette différence entre l'arbitrage volontaire et l'arbitrage forcé que, pour le premier, la loi dans l'art. 1017 exige la rédaction d'un avis distinct et motivé, tandis que l'art. 60, C. comm., en parlant du partage, est muet sur la forme à employer pour le constater. Si surtout l'on rapproche cette disposition de l'art. 56, même Code, qui dispense les parties des formalités judiciaires, on reconnait qu'il existe sur ce point entre les deux espèces d'arbitrages une division profonde, et qu'il ne faudrait pas appliquer à l'arbitrage forcé les décisions rendues sur ce point en matière d'arbitrage volontaire. La jurisprudence, au surplus, est entrée dans cette voie par un assez grand nombre d'arrêts.

789.—On a jugé plusieurs fois que, dans l'arbitrage forcé, les arbitres ne sont pas tenus, comme dans l'arbitrage volontaire, de rédiger par écrit, au cas de partage, un avis distinct et motivé.—*Paris*, 8 avr. 1809, Auger c. Pontrève; *Cass.*, 5 déc. 1810, Beslay c. Brison; *Paris*, 22 mai 1813, Henri c. Valette; 1er fév. 1827, Donat c. Curat; *Agen*, 10 juill. 1833, Ayrolles c. Nigou; *Cass.*, 10 fév. 1835, syndics Carol c. Sabatié.

790. — Il suffit que leur opinion soit constatée d'une manière authentique, qu'il ne soit pas douteux qu'elle a été connue du tiers arbitre, et qu'il soit prouvé que l'une des opinions émises a été adoptée par lui dans son jugement.—*Agen*, 10 juill. 1833, Ayrolles c. Nigou.

791.—Le refus d'un des deux arbitres de rédiger et déposer son avis motivé, ainsi que l'a fait son collègue, ne peut empêcher le sur-arbitre de prononcer, quand il résulte d'ailleurs des pièces et circonstances de la cause qu'il existait entre les deux premiers un discord véritable sur la question du procès d'où découlaient toutes les autres.—*Cass.*, 10 fév. 1835, Carol c. Sabatié.

792.—Lorsque la déclaration de partage n'est pas datée et ne contient pas l'avis distinct et motivé de chacun des arbitres; si, d'ailleurs, il résulte du jugement arbitral la preuve que le tiers arbitre a été nommé dans les délais, et qu'il y a eu réunion et délibération entre les trois arbitres, il n'y a pas lieu de se plaindre de la violation des art. 1017 et 1018, C. procéd. — *Cass.*, 21 janv. 1840 (t. 1er 1840, p. 531), Rolland c. Pedron.

793.—Dans le cas où le tiers arbitre a été, comme les arbitres, nommé par les parties et dans l'acte de compromission, on ne peut arguer de nullité, sous prétexte du défaut de rédaction d'un avis distinct et motivé, un procès-verbal souscrit par les arbitres et par le tiers, constatant que celui des arbitres qui a refusé de signer le jugement avait été présent aux conférences, notamment à celle dans laquelle ce jugement avait été arrêté et lui avait été lu.—*Rennes*, 18 déc. 1809, N. c. N.

794.—La nullité tirée du défaut de constatation du partage des arbitres et de la nomination du tiers arbitre est couverte par la comparution des parties devant eux.—*Toulouse*, 16 août 1822, Barat c. Irle.

795. — Les parties qui, elles-mêmes, ont fait choix d'un tiers arbitre et prorogé le compromis sur la connaissance qui leur a été donnée par les deux arbitres de leur dissentiment, renoncent, par là, à se prévaloir du défaut d'un procès-verbal de partage.—*Pau*, 24 avr. 1823, Casse c. Courade.

796.—Le procès-verbal qui constate que les deux premiers arbitres n'ont pu s'accorder n'est point un jugement soumis à l'ordonnance d'*exequatur*. — *Orléans*, 2 août 1817, Bruneau c. Château.

797.—Et par suite, un sur-arbitre peut se réunir aux arbitres qu'il est appelé à départager sans que l'acte constatant que ceux-ci sont divisés d'opinion ait été déposé au greffe, rendu exécutoire et signifié.—*Cass.*, 23 mai 1837 (t. 1er 1837, p. 422), Dubuc c. Bernault.

798.—Lorsqu'il y a plus de deux arbitres, doivent-ils, avant de déclarer partage, se réduire à deux opinions comme les juges ordinaires? L'affirmative est enseignée par M. de Vatisménil (*Encyclop. du dr.*, vo *Arbitrage*, no 207). Les arbitres forcés étant de véritables juges, nous ne croyons pas qu'il soit possible de contester la nécessité pour eux de ne former que deux opinions, et l'art. 1009 renvoyant pour les arbitres volontaires aux règles suivies par les tribunaux, on doit aussi pour eux admettre la même décision. — Berriat Saint-Prix, *Procéd. civ.*, p. 44; Boucher, no 1062; Carré, *Lois de la procéd.*, *Quest.* 3345e. — V *contrà Le Praticien franç.*, t. 5, p. 391; Malepeyre et Jourdain, *Des soc. comm.*, p. 416.

Sect. 3e. — *Conférence avec les coarbitres.*

799. — Aux termes de l'art. 1018, C. proc., le tiers arbitre ne pourra prononcer qu'après avoir conféré avec les arbitres divisés qui seront sommés de se réunir à cet effet. Si tous les arbitres ne se réunissent pas, le tiers arbitre prononcera seul, et néanmoins il sera tenu de se conformer à l'un des avis des autres arbitres. — Ces dispositions sont applicables aux arbitres forcés pour lesquels, en cas de partage, le Code de commerce, qui garde le silence, renvoie virtuellement aux règles tracées par le Code de procédure.

800. — Il a donc été jugé qu'en matière d'arbitrage forcé, la décision d'un tiers arbitre est nulle pour avoir été rendue en l'absence de l'un des premiers arbitres et sans que le tiers arbitre ait conféré avec les arbitres divisés. — *Montpellier*, 31 mai 1824, Bresson c. Garonne.

801. — Il y a cependant cette différence que le défaut de conférence en matière d'arbitrage volontaire entraîne la nullité de la sentence aux termes de l'art. 1028, C. procéd., tandis que le fait, de la part du tiers arbitre en matière d'arbitrage forcé, de n'avoir ni conféré avec les arbitres partagés, ni adopté l'avis de l'un ou de l'autre, ne constitue qu'une irrégularité ou un vice de forme, et non un moyen d'incompétence; dès-lors il est couvert par la renonciation à tout recours, contenue dans le compromis. — *Cass.*, 17 juin 1840 (t. 2 1840, p. 502), Lefèvre et autres c. Gauthier et Lourdel-Ledieu.

802. — La cour de Cassation a jugé de plus dans cet arrêt que le moyen résultant du défaut de conférence entre le tiers et les arbitres partagés en matière d'arbitrage forcé, est couvert par la renonciation à tout recours contenue dans le compromis. Les auteurs du *Dict. de procéd.* (vo *Arbitrage*, no 526) pensent que dans ce cas il y aurait lieu à prise à partie. Ce moyen extrême serait-il admis par les tribunaux? Il est permis d'en douter. Quelque grave que soit le défaut de conférence du tiers avec les arbitres divisés, la jurisprudence ne considère pas cette formalité comme une de celles auxquelles il est interdit de renoncer; il y a plus, on juge que la renonciation est de droit quand les arbitres sont constitués amiables compositeurs (V. *infrà*, no 812). On peut donc aussi assez raisonnablement croire qu'en s'interdisant tout recours les parties ont entendu dispenser les arbitres de l'observation des formes.

803. — Et dans ce cas, la clause d'un compromis portant que le tiers arbitre ne pourra communiquer avec les parties, qu'il prononcera sur l'une des opinions écrites des deux arbitres et sur les pièces produites par les parties, qui entendent à cet égard déroger à toutes lois à ce contraires, ne présente rien d'illicite; en conséquence, et dans ce cas, le jugement rendu par le tiers arbitre est valable, quoiqu'il n'ait pas conféré avec les arbitres divisés. — *Paris*, 10 août 1809, Michel c. Hainguerlot.

804. — Il faut, aux termes de l'art. 1018, que le tiers arbitre confère avec les arbitres divisés ou au moins les somme de se réunir à cet effet. Si l'une ou l'autre des conditions a été remplie, l'arbitrage sera valable, sinon il sera nul.

805. — Ainsi est nulle la sentence rendue par le tiers arbitre qui a jugé sans s'être réuni aux deux premiers, et sans qu'il soit justifié par des actes réguliers que ceux-ci auraient été sommés de se réunir à lui. — *Besançon*, 3 déc. 1807, N..... c. N....; *Paris*, 1er juill. 1812, Florion c. Bonnay; *Cass.*, 4 avr. 1838 (t. 1er 1840, p. 321), Delandine c. Dupuys.

806. — Avant le Code de procédure, la question de validité des jugemens rendus par le tiers arbitre sans avoir conféré avec les arbitres partagés s'était présentée et avait été résolue par un très grand nombre d'arrêts dans le sens adopté par l'art. 1018. — *Cass.*, 13 vendém. an III, Gusman; 1er brum. an IV, Ferrès c. Farel; 13 frim. an IV, Bach c. Calveirach; 16 flor. an IV, Vuilley; 1er mess. an IV, Rieff c. Ackermann; 15 mess. an IV, Nancey; 28 mess. an IV, Chenil c. veuve Compagnot; 4 therm. an IV, Pipon; 6 vendém. an V, Allassen c. commune de Mornay; 3 brum. an V, Létang c. Fenouillas; 19 frim. an V, Lecoq c. commune de Beuville; 26 frim. an V, Gallemant c. commune de Béloat; 4 pluv. an V, Blasque c. commune de Charmey; 11 pluv. an V, habitans des Perrets c. habitans de Serres; 26 pluv. an V, commune de Gois c. Hardot; 27 vent. an V, commune de Long-Gâtelet c. commune de Langry; 4 germ. an V, commune de Bosseron c. commune d'Oberbrouck; 7 flor. an V, Gueffmenn c. commune de Niderent-Zheim; 8 flor. an V, Gaillard c. Lacuisade; 7 flor. an VI, commune de Quesnay c. Dorfeuil; 29 prair. an VI, Thélot c. commune de Moutiers; 5 therm. an VI, commune de Cunay c. commune de Cuvin; 19 pluv. an VIII, Lecourt c. commune de Poilly; 6 germ. an VIII, Lemose et Leportier c. commune d'Oistreham; 14 fruct. an IX, Chambard c. commune de Château-des-Prés; 14 brum. an X, Beauffremont-Listenois c. commune de Saint-Aubin-sur-Yonne; 11 pluv. an X, Chopin c. Thoury; 21 flor. an XI, Robert c. commune de Condé; *Colmar*, 14 prair. an XI, Corty c. Monnet.

807. — Mais on jugeait aussi que la nullité du jugement rendu par un tiers arbitre hors la présence de trois autres arbitres n'avait pas lieu de plein droit. En conséquence, ce jugement conservait l'autorité de la chose jugée vis-à-vis des parties contre lesquelles il avait été rendu, tant qu'elles ne l'avaient point fait réformer, en l'attaquant dans le délai voulu par la loi. (L.L. 24 août 1790 et 10 juin 1793). — *Colmar*, 23 janv. 1817, commune de Zellwiller c. commune de Barr.

808. — La loi veut que la conférence ait lieu entre tous les arbitres et le tiers arbitre; il ne suffit donc pas que le tiers arbitre ait conféré *successivement* et *séparément* avec chacun des arbitres partagés. — *Cass.*, 4 avr. 1838 (t. 1er 1840, p. 321), Delandine c. Dupuys; — *Contrà* Pardessus, *Dr. comm.*, no 1401.

809. — Mais est valable la sentence rendue par un tiers arbitre en l'absence de l'un des arbitres, pourvu que ce dernier ait été sommé régulièrement à son domicile de se rendre à la réunion arbitrale. — *Paris*, 2 janv. 1834, Paignon c. Saint-Sauveur; *Bourges*, 15 juill. 1817, Bonnichon c. Quichon.

810. — Lorsque l'un des arbitres refuse de se réunir au tiers arbitre pour conférer de l'affaire, ce dernier n'est pas tenu de juger seul et hors de la présence de l'autre arbitre. — *Cass.*, 29 mars 1827, Lacué c. Charue.

811. — Le tiers arbitre qui a déjà conféré avec les arbitres divisés n'est pas obligé de conférer de nouveau avec eux après avoir entendu les parties. — *Cass.*, 11 fév. 1824, Georget c. Rattier; — Pardessus, *Dr. comm.*, no 1401.

812. — Lorsque par le compromis les arbitres et le tiers arbitre ont été nommés amiables compositeurs et dispensés de toute espèce de formes, il faut entendre cette dispense en ce sens que le tiers arbitre n'est point obligé, à peine de nullité

de conférer avec les arbitres divisés. — *Cass.*, 31 déc. 1816, Widler c. Wirtz. — V. *suprà*, no 802.

813. — Lorsque dans le compromis les parties ont autorisé les arbitres à ne suivre aucune formalité de procédure, il suffit au tiers arbitre de déclarer dans son jugement qu'il a inutilement invité les arbitres divisés d'opinion à se réunir à lui sans qu'il justifie de la sommation qu'il a dû leur faire à cet effet. — *Florence*, 13 janv. 1810, Lampronti c. Frediani.

814. — En l'absence d'aucune disposition de loi qui détermine les caractères légaux de *la conférence* que le tiers arbitre doit, aux termes de l'art. 1018 C. procéd. civ., avoir avec les arbitres partagés, on doit considérer le vœu de la loi comme suffisamment rempli lorsque, les arbitres s'étant rendus à la réunion, le tiers arbitre a constaté 1o qu'ils ont déclaré se référer à leurs avis distincts et motivés, dont ils ont donné lecture ; 2o qu'il a ainsi conféré avec eux. — Et l'arrêt qui juge que, dans les circonstances ci-dessus, la conférence constatée ne devait pas être réputée *conférence* dans la qualification légale du mot, doit être cassé. — *Cass.*, 4 déc. 1839 (t. 2 1839, p. 538), Gouin et Foucaut c. Dobrée.

815. — La déclaration contenue dans la sentence que le tiers arbitre a conféré avec les arbitres divisés fait foi jusqu'à inscription de faux. — *Rennes*, 28 avr. 1817, N.... c. N.....

816. — Il n'est nécessaire de sommer les arbitres de se réunir au tiers arbitre que lorsqu'ils ne le font pas spontanément. Mais dans le cas où la conférence a eu lieu spontanément, comment l'établira-t-on? — La cour de Cassation a jugé que le procès-verbal du tiers arbitre prouvait qu'il avait conféré avec les arbitres, quoique ceux-ci ne l'eussent pas signé. — *Cass.*, 23 mai 1837 (t. 1er 1837, p. 422), Dubuc c. Bernault ; *Montpellier*, 27 nov 1811, Suquet.

817. — La cour d'Agen a également posé en principe que le tiers arbitre nommé en vertu des pouvoirs conférés aux arbitres a, dès ce moment, qualité pour constater les faits relatifs à l'exercice de sa mission, et pour leur imprimer un caractère légal de confiance. — *Agen*, 10 juill. 1833, Ayrolles c. Nigou.

818. — La mention que fait le tiers arbitre *qu'il a entendu* les arbitres divisés est une énonciation suffisante qu'il a conféré avec eux, *simultanément*. — *Paris*, 15 nov. 1814, Hereau c. Bonamour.

819. — La comparution volontaire des parties devant le tiers arbitre, sans protestation, les rend non-recevables à attaquer ses opérations comme irrégulières. — *Montpellier*, 27 nov. 1811, Suquet.

Sect. 4e. — *Délai du tiers arbitrage.*

820. — Le tiers arbitre est tenu, aux termes de l'art. 1018 C. proc., de juger dans le mois du jour de son acceptation, à moins que ce délai n'ait été prolongé par l'acte de la nomination. — Cette obligation lui est imposée à peine de nullité. — *Nîmes*, 30 janv. 1812, N..... c. N.....

821. — Il en doit être ainsi lors même que le délai d'un mois accordé au tiers arbitre expirerait avant celui de trois mois accordé aux premiers arbitres. Il ne peut se prévaloir d'un délai qui n'a pas été établi pour lui. — *Contrà Rouen*, 21 déc. 1808, Delavigne c. Vavasseur ; — de Vatisménil, no 219.

822. — Lorsque, après l'expiration du délai, les parties en accordent un nouveau au tiers arbitre, il doit, à peine de nullité, prononcer dans le délai fixé. — *Rennes*, 21 juin 1816, N..... c. N.....

823. — L'art. 1018 s'applique-t-il à l'arbitrage forcé ? En d'autres termes, le tiers arbitre, en matière d'arbitrage forcé, est-il tenu de juger dans le mois du jour de son acceptation? — Malgré l'opinion de M. de Vatisménil (*Encycl. du dr.*, vo *Arbitrage*, no 220), qui s'appuie de celle de MM. Carré, Locré, Merson et Pardessus, nous serions portés à répondre négativement. Il n'y a pas plus de raison pour appliquer aux arbitres forcés l'art. 1018, que pour leur appliquer l'art. 1007 (V. *suprà*, no 520). — V. en ce sens *Paris*, 19 janv. 1825, Laurent et Bronchon c. Auffrant. — *Contrà* 30 nov. 1811, Valette c. Henry.

824. — Lorsque l'acte de nomination même du tiers arbitre ne contient pas la preuve de son acceptation, on peut la faire résulter du premier acte qu'il fait par suite de sa nomination. — *Nîmes*, 30 janv. 1812, N..... c. N...

825. — La prorogation du délai dans lequel le tiers arbitre doit rendre son jugement peut être faite par un acte postérieur à celui de sa nomination. — *Florence*, 13 janv. 1810, Lampronti c. Frediani.

826. — La règle que le tiers arbitre doit juger dans le mois de son acceptation n'a effet qu'autant que la nomination du tiers arbitre a lieu au moment du partage, ou après le partage déclaré. Mais quand le tiers arbitre est nommé antérieurement au partage, vouloir qu'il n'ait qu'un mois à partir de son acceptation, ce serait presque toujours rendre impossible la mission qu'on lui confie.

827. — Il a donc été jugé avec raison que le tiers arbitre n'est pas tenu, alors même qu'il est nommé par le compromis, de statuer dans le délai imparti aux arbitres. — *Toulouse*, 22 févr. 1839 (t. 1er 1839, p. 534), Fournel c. Refus ; *Riom*, 8 juin 1809, Laverie c. Dodan.

828. — Dans ce cas, s'il ne lui a pas été fixé de délai lors de sa désignation, il suffit qu'il statue dans le mois de son acceptation, postérieure au discord déclaré. — Même arrêt de 1839.

829. — Il n'est pas même nécessaire que cette acceptation ait lieu avant l'accomplissement du délai fixé aux premiers arbitres. — Même arrêt.

830. — La cour d'Orléans a décidé aussi avec beaucoup de raison que le tiers arbitre, quoique nommé en même temps que les premiers arbitres par le compromis, n'est astreint à donner sa décision que dans le mois à compter du jour que les deux premiers arbitres lui ont remis le procès-verbal, ou les procès-verbaux qui constatent qu'ils ont été partagés d'opinions. — *Orléans*, 14 avr. 1810, N.... c. N.....

831. — La nullité de la décision du tiers arbitre qui n'a prononcé qu'après l'expiration du mois à dater de son acceptation, entraîne celle de la décision des deux arbitres divisés, qui ont eux-mêmes prononcé en temps utile. — V. à cet égard *infrà*, no 860.

Sect. 5e. — *Jugement du tiers arbitre.*

832. — Jusqu'à la déclaration de partage, le tiers arbitre est sans pouvoir : son intervention, par conséquent, dans les opérations de l'arbitrage, aurait le même effet que celle de tout autre tiers et les vicierait. — On l'a jugé ainsi en matière d'arbitrage forcé (*Rennes*, 7 avr. 1810, Chevalier c. Berthelot), et il est certain que la même décision s'appliquerait à l'arbitrage volontaire, car pour l'un comme pour l'autre, l'adjonction d'un tiers sans qualité pour remplir les fonctions de juge altère la composition du tribunal arbitral.

833. — Cependant, une sentence arbitrale n'est pas nulle, quoique le tiers arbitre appelé à vider le partage des deux premiers arbitres sur un point qui les divisait ait concouru à toutes les opérations de l'arbitrage, s'il est constaté que cette coopération a eu lieu sur l'invitation des parties et des autres arbitres. — *Grenoble*, 15 déc. 1835, Laréal c. Cholard.

834. — La déclaration de partage ne fait pas cesser les pouvoirs et la mission des premiers arbitres, mais elle les modifie. Jusque là ils pouvaient juger seuls ; une fois le partage déclaré, ce droit ne leur appartient plus, et la sentence ne peut être rendue qu'avec l'intervention du tiers arbitre. — *Paris*, 11 avr. 1825, Colley c. Verre.

835. — Lorsque les arbitres divisés confèrent avec le tiers arbitre, trois hypothèses différentes peuvent se présenter. — Il est possible que les arbitres divisés changent l'un et l'autre d'opinion et soient unanimement d'accord avec le tiers arbitre pour adopter une opinion nouvelle. On convient généralement que dans ce cas, où la sentence est rendue à l'unanimité, les art. 1017 et 1018 ne sont pas applicables, et qu'elle est valable quoique le tiers n'ait pas adopté l'un des avis déclarés dans le partage. — *Rennes*, 11 juill. 1812, N... c. N... ; *Grenoble*, 1er juin 1831, Reynaud c. Vieux ; — de Vatisménil, *Encycl. du dr.*, vo *Arbitrage*, no 209.

836. — Les mêmes arrêts ont jugé que dans ce cas, où la sentence était rendue à l'unanimité, il n'était pas nécessaire que les arbitres divisés eussent rédigé leur avis séparément. — Toutefois, cette seconde décision ne doit point être adoptée sans restriction. Elle suppose qu'au moins les arbitres divisés, sans rédiger séparément leur opinion, ont fait connaître le partage dans un acte antérieur à l'expiration des délais, car autrement ils n'auraient eu le pouvoir ni d'appeler un tiers, ni de conférer avec lui. Mais ce point une fois admis, on a eu raison de décider que le défaut de rédaction d'un avis distinct et motivé n'entraînait pas la nullité de la sentence, puisque ces avis, en les supposant rédigés, auraient pu être abandonnés par les trois arbitres réunis à l'unanimité.

837. — Il se peut qu'un seul des premiers arbitres modifie son opinion après avoir conféré avec le tiers arbitre, et que le premier arbitre persiste dans la sienne. — Dans ce cas, la sentence dans laquelle le tiers arbitre adopte l'avis modifié d'un des premiers arbitres, d'accord avec cet arbitre, est valable. La sentence est rendue par la majorité, et la loi, qui exige la conférence du tiers avec les arbitres divisés, qui veut que l'impossibilité survenue de conférer mette fin à l'arbitrage, ne peut interdire aux premiers arbitres le droit de modifier leur opinion, et au tiers arbitre celui de les éclairer. — *Lyon*, 14 juill. 1828, Frédéric et Gagnoux c. Bourcier et Bouchard ; *Grenoble*, 31 juill. 1830, Fulchaire c. Pélissier ; — de Vatisménil, no 209. — *Contrà Grenoble*, 12 août 1826, Bolu c. Drevet ; *Paris*, 2 déc. 1829, Brunet c. Terrat ; 16 août 1832, Raincourt c. Delas.

838. — La troisième hypothèse est celle où les deux premiers arbitres persistent dans leur opinion. Le tiers arbitre alors est tenu d'adopter l'une des deux sans aucune modification ; toutefois, la jurisprudence a interprété raisonnablement cette règle en décidant, dans un grand nombre de cas, que, si les premiers arbitres ont émis une opinion contraire sur plusieurs points différens, le tiers arbitre n'est pas tenu d'adopter l'opinion du même arbitre sur tous les points, mais peut adopter tantôt l'opinion d'un arbitre, tantôt celle de l'autre, et rédiger sa sentence en conséquence. — *Toulouse*, 6 août 1827, de Lascazes c. Viguier ; *Cass.*, 17 nov. 1830, Viguier dit Paulinat c. de Lascazes ; *Paris*, 5 déc. 1831, Bourlet d'Amboise c. Guérin ; — Carré, *Quest.* 3317 ; Merson, no 106 ; de Vatisménil, no 216.

839. — On a jugé, par application de ce principe, que lorsqu'il s'agit de la liquidation d'un compte, le tiers arbitre peut diviser les avis des arbitres sur un même chef de demande se composant de plusieurs articles distincts, et adopter alternativement pour chaque article l'avis de l'un ou de l'autre arbitre. — *Cass.*, 8 juill. 1834, Aubry c. Claude, et, sous cet arrêt, celui de *Nancy*, 13 déc. 1832 (même affaire).

840. — Jugé encore que, l'art. 1018, C. procéd., en prescrivant au tiers arbitre de se réunir à l'avis d'un des premiers arbitres, ne lui impose pas l'obligation d'adopter cet avis dans son ensemble lorsque l'objet du litige est divisible en plusieurs parties. Ainsi le tiers arbitre chargé d'établir les trois élémens d'une créance, capital, intérêts, et termes de paiement, a pu valablement fixer le premier et le troisième élément d'après l'opinion de l'un des arbitres, et le second d'après celle de l'autre arbitre. — *Limoges*, 15 juill. 1840 (t. 1er 1843, p. 468), Moreigne c. Masbrenier.

841. — Jugé enfin que lorsque les deux arbitres avaient été d'avis, l'un de condamner une des parties à une portion des dépens seulement, et l'autre de les lui faire supporter en entier et de la condamner en outre à des dommages-intérêts, cette partie n'est point recevable à critiquer la décision du tiers arbitre qui, modifiant l'avis d'un arbitre, s'est borné à la condamner à tous les dépens pour tous dommages-intérêts. — *Cass.*, 11 fév. 1824, Georget c. Rattier.

842. — Lorsque dans un réglement de compte un tiers arbitre est appelé, et que sur chaque article il se range de l'avis, tantôt de l'un des arbitres, tantôt de l'autre, il doit fixer le reliquat d'après les décisions qu'il a portées sur chacun des objets, mais non adopter en définitive le reliquat fixé par celui qui s'était le plus rapproché de son sentiment. — *Cass.*, 1er août 1825, Paillhès c. Aubry.

843. — A plus forte raison un tiers arbitre peut, au lieu d'adopter en entier l'avis de l'un des arbitres qu'il est appelé à départager, juger les difficultés à lui soumises en modifiant l'avis de l'un par l'avis de l'autre, s'ils se sont réunis à lui. — *Bordeaux*, 25 janv. 1831, Menne c. Courbin.

844. — Lorsque l'un des arbitres partagés était d'avis qu'un supplément d'instruction était nécessaire, et que l'autre arbitre avait été d'avis de prononcer immédiatement sur le fond et avait donné son opinion à cet égard, le tiers arbitre peut, adoptant cette opinion, juger immédiatement le fond. — *Metz*, 12 mai 1819, Georges c. Hubert ; *Cass.*, 23 mai 1837 (t. 1er 1837, p. 422), Dubuc c. Bernault.

845. — Mais le tiers arbitre ne peut, quand les premiers arbitres persistent dans leur opinion, la modifier en quoi que ce soit, ni y ajouter.

846. — Ainsi, lorsque deux arbitres ont été divisés sur une question de passage, si l'un a décidé que le passage était dû avec charrues et charrettes, et l'autre qu'il n'était dû qu'à pied, le tiers arbitre, obligé de se réunir à l'un des avis déjà exprimés, ne peut décider que le passage aura lieu à pied et à cheval. — *Caen*, 9 juin 1837 (t. 2 1837, p. 464), Delamarre.

847. — Le surarbitre appelé à régler le discord élevé entre deux précédens arbitres est tenu d'adopter l'avis de l'un d'eux et ne doit pas statuer sur les conclusions nouvelles prises devant lui. — *Cass.*, 17 nov. 1836 (t. 1er 1837, p. 19), Chalard c. Blondeau.

848. — Il peut néanmoins rectifier des erreurs de calcul dans l'avis par lui adopté. — *Cass.*, 28 janv. 1835, Courtejaire c. Mossel.

849.—Pourrait-il rectifier des erreurs de faits?— La négative peut être induite des motifs d'un arrêt de la Cour de cassation, 17 nov. 1830, Viguier, dit Paulinat, c. de Lascazes.

850. — Il a même été jugé que le tiers chargé de départager deux arbitres divisés sur le réglement d'une créance en capital, intérêts et termes de paiement, et qui adopte tantôt l'avis d'un arbitre, tantôt celui de l'autre, peut modifier, dans l'intérêt du créancier, l'un des élémens qu'il adopte, par exemple en fixant un terme de paiement plus rapproché. — *Limoges*, 15 juill. 1840 (t. 1er 1843, p. 468), Moreigne c. Masbrenier.

851. — Dans tous les cas, comme les nullités sans grief ne sont pas proposables, lorsque le tiers arbitre qui, d'après l'art. 1018, C. procéd., est tenu de se conformer à l'un des avis des arbitres, a modifié l'avis qu'il a adopté, la partie qui succombe n'est pas recevable à demander, sur ce motif, la nullité du jugement arbitral, si c'est dans son intérêt que la modification a été faite. — *Cass.*, 29 mars 1827, Lacué c. Charue; *Paris*, 5 déc. 1831, Bourlet d'Amboise c. Guérin.

852. — On a jugé aussi, en matière d'arbitrage forcé, que l'infraction, de la part du tiers arbitre, à l'obligation de se conformer à l'un des avis des premiers arbitres, ne constitue pas une incompétence proprement dite. — Cette infraction, si les parties ont renoncé à l'appel, ne peut être invoquée que par la voie du pourvoi en cassation. — *Limoges*, 14 fév. 1835, Bouillon c. Laporte.

853. — Au surplus, ce qui constitue l'opinion des arbitres, c'est le dispositif, et une légère différence entre les motifs énoncés dans l'avis du tiers arbitre et ceux adoptés par celui des arbitres à l'opinion duquel le tiers déclare au surplus se référer sur tous les points, ne suffit pas pour vicier la sentence arbitrale et entraîner sa nullité. — *Paris*, 19 nov. 1817, Fauvel c. Riobé.

854. — Le tiers arbitre, après avoir conféré avec les arbitres partagés, peut, pourvu qu'il adopte l'avis de l'un ou de l'autre, rendre seul sa sentence. La loi n'a point exigé, soit pour l'arbitrage volontaire, soit pour l'arbitrage forcé, que les co-arbitres garantissent son opinion par leur signature. — *Montpellier*, 27 nov. 1811, Suquet; *Metz*, 12 mai 1819, Georges c. Hubert; *Cass.*, 26 mai 1829, Lecomte c. Mainot. — A plus forte raison une sentence arbitrale signée par la majorité des arbitres est valable, bien que l'arbitre dissident ait refusé de signer; il suffit qu'il soit constant que la délibération a eu lieu entre tous et que la décision ait été prise en commun. — *Lyon*, 2 mai 1844 (t. 1er 1845, p. 73), Perret c. Masson.

855. — Cette décision s'applique aux arbitrages commencés avant la publication du Code de procédure, si le jugement est rendu depuis. — *Montpellier*, 27 nov. 1811, Suquet.

856. — La connaissance qui lui est donnée de l'opinion de chacun des arbitres divisés suffit, sur le refus de ceux-ci de se réunir à lui, pour autoriser le tiers arbitre à prononcer seul, lors même que l'un des avis entre lesquels il doit opter n'aurait pas été rédigé par écrit. — *Cass.*, 30 déc. 1834, Serres.

857. — Il suffit qu'en fait le tiers arbitre adopte l'opinion d'un des arbitres divisés, et la sentence n'est pas nulle parce que, dans le jugement, il n'aurait pas énoncé qu'il se réunissait à l'un des avis des autres arbitres. — *Agen*, 20 janv. 1832, Meulhet c. Cassan.

858. — A plus forte raison il n'est pas nécessaire que la sentence du tiers arbitre contienne en entier l'opinion des deux arbitres. — *Bourges*, 15 juill. 1817, Bonnichon c. Quichon.

859. — La sentence du tiers arbitre, comme celle des arbitres eux-mêmes, fait foi de sa date jusqu'à inscription de faux, bien qu'elle n'ait été enregistrée et déposée que postérieurement à l'expiration des pouvoirs. — *Bourges*, 13 août 1838 (t. 2 1838, p. 530), Theureau.

860. — Lorsque la décision d'un tiers arbitre est annulée, cette annulation doit s'étendre à la décision des premiers arbitres divisés d'opinions, de telle sorte qu'il faut procéder à un nouvel arbitrage. — *Nîmes*, 30 janv. 1812, N...; *Montpellier*, 31 mai 1824, Bresson c. Garonne; — Bioche et Goujet, v° *Arbitrage*, n° 394.

861. — Toutefois, si la décision du tiers arbitre n'était attaquée que parce qu'il aurait été nommé par les arbitres après l'expiration de leurs pouvoirs, la cour se bornerait à annuler la nomination du tiers arbitre ainsi que sa sentence, et à renvoyer les parties à se pourvoir sur la déclaration de partage, laquelle serait maintenue. — *Paris*, 26 janv. 1844 (t. 1er 1845), Lestiboudois c. Duval.

862. — En sommant un tiers arbitre d'avoir à compléter et déposer sa décision, on n'acquiesce pas d'avance à cette décision de manière à se rendre non-recevable à en appeler. — *Aix*, 22 mai 1828, Capeau c. Plan-d'Aren.

863. — La transaction rédigée par deux arbitres, non comme arbitres, mais en vertu de procurations spéciales, est nulle si le tiers arbitre nommé par les mêmes juges y a concouru sans avoir reçu aucun pouvoir à l'effet de transiger. — *Rennes*, 27 mars 1821, Riou Kerallet c. Bazin.

CHAPITRE X. — *Dépôt de la sentence.*

Sect. 1re. — *Des sentences qui doivent être déposées.*

864. — La sentence serait sans utilité pour les parties si elle restait entre les mains des arbitres. On n'a pu permettre d'ailleurs à de simples particuliers de donner la force exécutoire aux actes émanés d'eux. C'est pour prévenir ces inconvéniens que la loi a ordonné le dépôt de la sentence.

865. — C'est le dépôt qui prouve l'existence de la sentence; et il a été jugé que l'existence d'une sentence arbitrale n'est pas suffisamment justifiée par la représentation de l'extrait de l'enregistrement et par la déclaration que font les arbitres de l'avoir déposée. — *Besançon*, 1er août 1809, Melleroud c. Joly.

866. — Les arbitres ne sont point tenus de déposer au greffe une sentence rendue sur des incidens qui ne peuvent donner lieu à aucune exécution. — *Cass.*, 8 mai 1833, Furnival c. Beuvain.

867. — Dans ce cas, la partie qui a demandé le dépôt de la sentence statuant sur des incidens ne peut, après avoir formé contre cette sentence un appel qui a été rejeté, se faire un moyen de cassation du défaut de dépôt. — Même arrêt.

868. — Dans tous les cas, la sentence n'a pas besoin de statuer sur tous les chefs du compromis pour être déposée, et lorsque les arbitres ne sont partagés que sur quelques points, leur sentence sur le surplus peut être déposée et revêtue de l'ordonnance d'*exequatur*, quand même le tiers arbitre n'aurait pas statué sur les chefs qui lui ont été soumis. — *Paris*, 27 janv. 1836, Réveilhac c. Debonnaire de Forges.

869. — Lorsque par le compromis les parties ont dispensé les arbitres de déposer leur sentence, chacune d'elles promettant de l'exécuter, celle qui veut contraindre l'autre à remplir sa promesse doit, après sommation suivie de refus, déposer la sentence arbitrale. — *Bourges*, 11 mars 1840 (t. 2 1840, p. 625), Collas et Desrois c. Bailly.

870. — La sentence qui statue seulement sur la compétence du tribunal arbitral, et qui est portée sur le procès-verbal d'arbitrage, peut n'être déposée au greffe qu'avec la décision rendue sur le fond. — *Paris*, 18 mai 1833, Wattier c. Chaulin.

871. — La loi n'impose point au tiers arbitre l'obligation de déposer au greffe, avec la minute de son jugement, les procès-verbaux contenant les avis séparés des premiers arbitres. — *Cass.*, 30 mars 1841 (t. 2 1841, p. 20), Theureau c. Chobin, et sous cet arrêt celui de *Bourges*, 13 août 1838, mêmes parties.

872. — Une sentence d'arbitres n'est pas nulle en ce qu'ils n'auraient point déposé au greffe, en même temps que leur sentence, le compte courant qu'ils auraient fait dresser par un expert en comptabilité et pris pour base de cette sentence. — *Rennes*, 6 janvier 1844 (t. 1er 1844, p. 523), Dugast c. Tourgouillet.

Sect. 2e. — *Par qui le dépôt doit être fait.*

873. — L'art. 1020, en ordonnant que la sentence soit déposée *par les arbitres*, ne l'a point ordonné à peine de nullité, et on en a conclu avec raison que la sentence pouvait être déposée par un tiers. Cela est vrai, surtout en matière de société, car l'art. 60, C. comm., n'a pas même répété la disposition de l'art. 1020. — *Paris*, 28 mai 1810, Bourdon c. Thorel; *Turin*, 1er mai 1812, Chiera; *Grenoble*, 7 déc. 1824, Thermoz; *Nancy*, 28 mai 1833, Montluisant c. Martinprey; *Colmar*, 18 juin 1841 (t. 2 1841, p. 510), Hattenberger c. Meyer; — Carré, *L. de la procéd.*, *Quest.* 3362.

874. — ...Sauf au greffier à refuser de la recevoir et au président de la revêtir de l'ordonnance d'exécution, s'il conçoit des doutes sur la vérité des signatures et la sincérité du jugement. — *Nancy*, 28 mai 1833, Montluisant c. Martinprey.

Sect. 3e. — *Dans quel délai le dépôt doit être fait.*

875. — Aux termes de l'art. 1020, la minute de la sentence arbitrale doit être déposée au greffe du tribunal ou de la cour dans les trois premiers jours de sa date. Une jurisprudence constante décide que ce délai n'est pas prescrit par la loi à peine de nullité. — *Paris*, 11 juill. 1809, Forestier c. Darthel; *Turin*, 1er mai 1812, Chiera; *Toulouse*, 20 août 1812, Corbière c. Mas; *Paris*, 22 mai 1813, Henry c. Valette; *Metz*, 15 déc. 1815, Hirtz c. N...; *Bourges*, 15 juill. 1817, Bonnichon c. Quichon; *Bourges*, 8 déc. 1819, Labrousse c. Michel; *Lyon*, 5 juill. 1820, Canier; *Metz*, 20 nov. 1821, N...; *Lyon*, 29 juillet 1824, Jacquet c. Bonnevay et Plasse; *Grenoble*, 7 déc. 1824, Thermoz; 1er juin 1831, Regnaud c. Vieux; *Cass.*, 29 mars 1832, Compagnie du Phénix c. Charvet; *Paris*, 18 mai 1833, Wattier c. Chaulin; *Nancy*, 28 mai 1833, Montluisant c. Martinprey; *Cass.*, 3 juill. 1834, Aubry c. Claude; *Colmar*, 18 juin 1841 (t. 2 1841, p. 510), Hattenberger c. Meyer; — Carré, *L. de la procéd.*, t. 3, *Quest.* 3364e; de Vatisménil, *Encyclop. du dr.*, v° *Arbitrage*, n° 259. — V. *contrà Montpellier*, 20 mai 1811, Cambrolier c. Cambolas. — Le doute, à supposer qu'il pût exister en matière d'arbitrage volontaire, n'existerait pas pour ce qui concerne l'arbitrage forcé, car la disposition de l'art. 1020, C. procéd., n'a pas été reproduite par le Code de commerce.

876. — De ce que ni le Code de procédure ni le Code de commerce n'exigent que la sentence soit déposée dans les délais de l'arbitrage, de ce qu'en outre une jurisprudence très-constante s'accorde à reconnaître qu'elle fait foi de sa date (V. *infrà* nos 578 et s.), et qu'il n'y a d'autre moyen de la contester que l'inscription de faux, il en résulte qu'à quelque époque qu'elle soit déposée, pourvu que sa date soit antérieure à l'expiration des délais de l'arbitrage, encore que cette date fût fort ancienne au moment du dépôt, la nullité de la sentence ne peut être demandée. Quelque bien fondées que soient ces conséquences, il est peut-être à regretter que le législateur n'ait pas pris quelques précautions contre la fraude et le danger des antidates; mais il est certain que, dans l'état actuel de la législation et de la jurisprudence, on ne peut guère espérer de faire modifier cet état de choses.

Sect. 4e. — *Au greffe de quel tribunal doit avoir lieu le dépôt.*

877. — Le dépôt de la sentence rendue en matière **d'arbitrage volontaire est fait au greffe** du tribunal civil **dans le ressort** duquel **elle a été rendue; il est fait d'ordinaire par un des arbitres**; et lorsqu'on a compromis **sur l'appel** d'un jugement, la décision arbitrale **doit être déposée au greffe** de la cour royale, et l'ordonnance d'*exequatur* rendue par le président **de cette cour. Les poursuites** pour les frais du dépôt et les droits **d'enregistrement** ne peuvent être faites que **contre** les parties. — **C. proc., art. 1020.**

878. — La loi du 16-24 août 1790 se bornait à exiger le dépôt de la sentence au greffe d'un tribunal de district. Il n'y avait donc pas nullité lorsqu'elle était déposée, sous l'empire de cette loi, au greffe d'un tribunal autre que celui dans le ressort duquel elle était rendue. — *Metz*, 3 déc. 1819, Petit.

879. — Et comme le Code de procédure ne prononce pas expressément la nullité dans l'art. 1020, on a pensé qu'il en devait être de même aujourd'hui. — *Douai*, 12 janvier 1820, N... c. N...

880. — Ce qui ne veut pas dire qu'il peut être loisible de déposer la sentence au greffe de tout autre tribunal, et, par exemple, au greffe de celui du défendeur; tout au contraire, l'obligation de la déposer au greffe du tribunal dans l'arrondissement duquel elle a été rendue constitue une attribution de juridiction d'ordre public, et le défendeur assigné à raison du dépôt devant un autre tribunal peut faire déclarer le demandeur non-recevable. — *Bourges*, 11 mars 1840 (t. 2 1840, p. 625), Collas et Desrois c. Bailly.

881. — Il a même été jugé que l'ordonnance d'*exequatur* doit être délivrée par le président du tribunal de première instance dans le ressort duquel la sentence arbitrale a été rendue, et non par le président du tribunal que les arbitres ont remplacé. — *Cass.*, 26 janv. 1824, Robin c. Fanget.

882. — Lorsqu'il résulte des mentions portées dans un jugement arbitral, lequel ne forme qu'un seul contexte avec le compromis, que ce compromis contient l'indication de la demeure de l'arbitre devant lequel les parties ont comparu, et que le jugement a été prononcé à l'instant même aux parties, ces circonstances établissent suffisamment que le président du tribunal de l'arrondissement où demeurait l'arbitre est compétent pour donner à la sentence arbitrale la forme exécutoire. — *Nancy*, 28 mai 1833, Montluisant c. Martinprey.

883. — Il a été décidé que, bien que la sentence arbitrale ait été rédigée et signée dans un ressort autre que celui où l'arbitrage avait été constitué,

ce n'en est pas moins au greffe du tribunal dans le ressort duquel l'arbitrage s'est formé que la sentence doit être déposée.... alors surtout qu'il y a eu partage et que les arbitres divisés ont opéré dans ce dernier lieu et qu'ils se sont réunis avec le tiers arbitre. — *Paris*, 2 janv. 1834, Peignon c. Saint-Sauveur.

884.—M. de Vatisménil (vº *Arbitrage*, nº 258) fait remarquer sur cet arrêt que les dernières circonstances mentionnées ont sans doute exercé une grande influence sur la décision qui, probablement, aurait été différente dans une autre occurrence de faits; car, ajoute-t-il, l'art. 1020 porte d'une manière générale que l'ordonnance d'*exequatur* sera délivrée par le président du tribunal de première instance dans le ressort duquel le jugement arbitral aura été rendu ; et le même auteur cite, comme venant à l'appui de cette observation, l'arrêt mentionné plus haut nº 881.

885. — Lorsque la sentence arbitrale est rendue sur un appel, elle remplace l'arrêt de la cour qui aurait statué, et il était naturel d'ordonner que le dépôt de la sentence fût fait dans ce cas au greffe de la cour et l'ordonnance rendue par le président de cette cour. — Il y aurait eu d'ailleurs quelque chose d'étrange à ce que l'on demandât au président d'un tribunal de première instance d'autoriser l'exécution d'une sentence qui infirme peut-être le jugement rendu par ce tribunal.

886. — Il a donc été jugé que lorsque, sur l'appel d'un jugement, les parties ont transigé sur quelques points du litige et compromis sur d'autres, c'est le président de la cour royale, et non celui du tribunal civil, qui doit apposer l'ordonnance d'*exequatur* à la sentence arbitrale. — *Cass.*, 2 déc. 1828, Granger c. Descours; — Mongalvy, t 2, nº 437.

887. — Mais lorsque les parties, après un jugement de première instance, déclarent renoncer à son bénéfice et font un compromis, il n'y a pas en réalité compromis sur appel; et c'est au président du tribunal civil, et non à celui de la cour royale, qu'appartient le droit de rendre l'ordonnance d'*exequatur* de la décision arbitrale. — *Cass.*, 17 juill. 1817, Champagnac. — Mongalvy, t. 2, nº 459.

888. — Les parties qui à l'occasion d'un appel font un compromis dont les objets ne sont pas identiquement les mêmes que ceux du jugement dont est appel, ne compromettent point sur appel dans le sens de l'art. 1020, § 2, C. procéd. — *Metz*, 22 déc. 1818, René Lhote c. Pagès.

889. — Il peut arriver que les parties aient compromis à la fois sur des contestations non encore jugées et sur un appel ; faudra-t-il, dans ce cas, scinder la sentence et la déposer en même temps au greffe du tribunal de première instance et à celui de la cour, ou ne faudra-t-il la déposer qu'au greffe d'un des deux tribunaux, et auquel?

890. — Suivant Carré (*Quest.* 3357), il doit être fait deux originaux de la sentence, et il y a lieu de déposer l'un au greffe de première instance, l'autre au greffe d'appel, afin que chaque président y appose l'ordonnance pour la partie qui le concerne.

891 — Toutefois, la cour royale de Toulouse a décidé que lorsque des parties ont compromis tout à la fois sur une instance pendante devant le tribunal de premier ressort et sur une instance introduite devant une cour d'appel, la sentence arbitrale peut être rédigée en *une seule et même minute*, sauf à la déposer successivement aux deux greffes. Dans ce cas, l'ordonnance d'*exequatur* apposée sur la minute par le président du tribunal civil de première instance seulement, et portant que le jugement sera *exécuté selon sa forme et teneur*, n'est frappée d'aucune incompétence, soit radicale, soit absolue, même par rapport aux dispositions du jugement arbitral qui regardent les contestations de premier ressort, surtout si le premier président de la cour royale a, depuis, apposé son ordonnance d'exécution pour les dispositions qui concernent les contestations portées en appel. — *Toulouse*, 3 juin 1828, Nègre.

892. — Et la cour de Cassation, s'éloignant encore plus de l'opinion de Carré, a décidé que lorsque l'arbitrage porte sur des objets qui ont déjà fait la matière de jugemens et d'arrêts, notamment sur les effets d'une sentence dont il y a appel émis devant la cour royale, la sentence arbitrale doit être déposée au greffe de la cour royale et rendue exécutoire par le premier président. — *Cass.*, 26 juin 1833, Perrod c. Piot.

893. — Jugé aussi que lorsqu'en matière de commerce, sur l'appel d'un jugement arbitral, la cour a renvoyé les parties devant les mêmes arbitres à l'effet de réparer une erreur qui a pu se glisser dans le compte dressé par l'une d'elles, et qu'un des arbitres étant décédé, un second arrêt a nommé un nouvel arbitre avec mission de se réunir aux autres pour procéder à la révision du compte, la sentence qui intervient ensuite doit être déposée au greffe de la cour, et l'ordonnance d'*exequatur* est dans les attributions du premier président. — *Orléans*, 10 déc. 1817, Corsage c. Lafaye.

894 — Depuis, la cour de Grenoble, se fondant au contraire sur la nécessité de ne pas priver les parties des deux degrés de juridiction sur les difficultés d'exécution, a pensé que, lorsque le compromis porte sur des contestations pendantes les unes devant la cour royale, les autres devant le tribunal civil, la sentence arbitrale doit être rendue exécutoire par le président du tribunal civil, et non par le président de la cour. — *Grenoble*, 4 août 1834, Carraz-Billiat.

895. — Enfin, un autre arrêt de la cour de Cassation a décidé que la sentence arbitrale rendue sur un compromis intervenu après divers jugemens dont l'un était frappé d'appel, pouvait être déposée au greffe du tribunal de première instance, et l'ordonnance d'*exequatur* rendue par le président de ce tribunal, lorsque, par leur compromis, les parties avaient implicitement renoncé à l'appel porté devant la cour royale, et recommandé aux arbitres de prendre pour base de leurs décisions ces mêmes jugemens, et lorsque l'arbitrage portait moins sur les objets qui avaient fait la matière des jugemens que sur d'autres points plus nombreux et plus importans non encore jugés. — *Cass.*, 28 janv. 1835, Courtejaire c. Mossel.

896.—M. de Vatisménil (nº 266) pense qu'il n'est guère possible de déduire une règle certaine des arrêts de la cour de Cassation, parce que cette cour s'est déterminée par des circonstances de fait, tels que l'objet du compromis et l'intention présumée des parties; mais il ajoute que, si cette intention ne se manifestait pas, si, au contraire, il y avait évidemment compromis en appel et compromis en première instance, il faudrait suivre la doctrine de M. Carré. Ce qui vaudrait mieux encore, dit-il, si le litige pouvait se diviser, ce serait de rendre deux sentences : l'une sur les points qui auraient été l'objet de décisions en première instance et frappés d'appel, l'autre sur les points non encore jugés en première instance.

897. — Il ne faut pas donner au dépôt une importance qu'il n'a pas. Il attribue sans doute juridiction au tribunal au greffe duquel il est fait pour les difficultés d'exécution de la sentence arbitrale, mais les contestations non soumises aux arbitres continuent d'appartenir à leurs juges naturels. — Et ainsi lorsque des arbitres choisis dans le ressort d'une cour royale autre que celle dans le ressort de laquelle la contestation était pendante ont déposé la sentence au greffe de la cour royale de leur ressort, dont le président a rendu l'ordonnance d'exécution, il n'en résulte pas que les contestations élevées entre les parties sur des points laissés indécis par la sentence arbitrale doivent être portées nécessairement devant cette dernière cour; elles le sont valablement devant le tribunal originairement saisi. — *Bordeaux*, 30 nov. 1825, Pilti-Grenet c. Renaud; *Cass.*, 3 mars 1830, même affaire.

898. — L'exception d'incompétence proposée par l'une des parties, traduite devant le tribunal originairement saisi, n'est pas au surplus d'ordre public, et serait tardivement proposée pour la première fois devant la cour saisie de l'appel du jugement. — *Cass.*, 3 mars 1830, Pilti-Grenet c. Renaud.

899. — Quand l'arbitrage est forcé, le dépôt est fait au greffe du tribunal de commerce (C. comm., art. 60). — Nous avons vu plus haut (nºs 125 et suiv.) dans quels cas l'arbitrage est réputé forcé. — Ce qu'il importe seulement de rappeler ici, c'est que l'art. 60, C. com., n'attribue juridiction aux tribunaux de commerce pour rendre exécutoires les sentences arbitrales qu'en matière d'arbitrage forcé.

900. — En conséquence, lors même que le compromis a été fait entre commerçans et pour objets de commerce, dès qu'il ne s'agit pas de contestations entre associés, l'art. 1020, C. proc., est applicable, la sentence doit être déposée au greffe du tribunal civil et non au greffe du tribunal de commerce, et l'ordonnance d'*exequatur* doit être rendue par le président du tribunal civil. — *Riom*, 26 janv. 1810, Guillemin c. Trébuchet; *Rennes*, 9 mars 1810, Leneuroth c. Auger; 19 nov. 1810, Despechers c. Biaros; *Paris*, 6 mars 1811, Martin c. Hervieu Duclos; *Rennes*, 4 juill. 1811, Duchêne c. Duteil; *Bordeaux*, 4 mars 1828, Cazeau c. Gauthier; *Colmar*, 26 janv. 1829, Kohler c. Kœklin et Zimmermann; *Cass.*, 14 juin 1831, Grimoult c. Delamarre.

901. — Ainsi, le président du tribunal de commerce, bien que les arbitres aient été nommés par ce tribunal, est radicalement incompétent pour rendre exécutoire la sentence rendue par ces arbitres, lorsque l'arbitrage n'était pas forcé. Dans ce cas, c'est au président du tribunal civil que ce droit appartient exclusivement. — *Colmar*, 3 déc. 1840 (t. 1er 1841, p. 562), Dattenberger c. Meyer, Lipp et Strauss.

902. — Le pouvoi donné aux arbitres forcés de statuer en dernier ressort et comme amiables compositeurs ne fait que proroger leur juridiction, et n'en change ni la matière ni l'origine. — En conséquence, c'est au greffe du tribunal de commerce que leur sentence doit être déposée, et au président du tribunal qu'il appartient de rendre l'ordonnance d'exécution. — *Lyon*, 2 mai 1844 (t. 1er 1845, p. 73), Perret c. Masson.

903. — De ce que le dépôt de la sentence arbitrale aurait été effectué au greffe d'un tribunal autre que celui dans le ressort duquel elle a été rendue, il n'en résulte pas que la sentence arbitrale soit nulle. — La cour de Douai l'a décidé dans une espèce où la sentence arbitrale ne portait pas l'indication du lieu où elle avait été rendue (12 janv. 1820, N... c. N...). — On devrait le décider dans tous les cas. — La difficulté n'eût pu naître que du point de savoir si elle avait été rendue dans les délais de l'arbitrage; mais comme il est de jurisprudence qu'elle fait foi de sa date, quoique déposée après l'expiration des délais (V. *suprà* nºs 576 et 875), il résultera seulement du dépôt mal à propos fait à un tribunal autre que celui prévu par l'art. 1020, que la sentence devra être transportée au greffe de ce tribunal, à la requête de qui de droit. — Mongalvy, t. 2, nº 462.

904. — Quant à la sanction de l'art. 1020, elle se trouvera dans la nullité de l'ordonnance d'*exequatur* rendue par le président du tribunal au greffe duquel la sentence a été déposée. Cette nullité sera provoquée par voie d'opposition et devra nécessairement être prononcée. — *Cass.*, 14 juin 1831, Grimoult c. Delamarre; — Mongalvy, t. 2, nº 461.

905. — Il a même été jugé que la nullité d'une ordonnance d'*exequatur* résultant de l'incompétence du président qui l'a rendue est couverte lorsqu'elle n'a été proposée qu'après la demande en nullité de la sentence arbitrale, l'incompétence du président étant seulement une incompétence *ratione personæ*, et non *ratione materiæ*. Dans ce cas, l'exception d'incompétence ne peut être considérée comme proposée *in limine litis*, si, dans l'assignation et dans sa première requête, le demandeur a conclu à la nullité de la sentence, et n'a invoqué le moyen d'incompétence que dans une requête postérieure. Les art. 168 et 169, C. procéd., sont applicables à ce demandeur, bien qu'ils ne disposent qu'à l'égard du défendeur appelé devant un tribunal incompétent. — *Toulouse*, 6 août 1827, Lascazes c. Viguier; *Cass.*, 17 nov. 1830, Vignier, dit Paulinat, c. Lascazes.

906. — Jugé encore qu'on ne peut proposer pour la première fois en cassation l'exception d'incompétence tirée de ce que l'ordonnance d'exécution d'une sentence rendue par des arbitres volontaires a été donnée par le tribunal de commerce au lieu de l'être par le tribunal civil. — *Cass.*, 18 mai 1824, Pouilly c. Guillon.

CHAPITRE XI. — *Ordonnance d'exequatur.*

907. — Dans notre ancienne législation la sentence arbitrale était rendue exécutoire, soit par un acquiescement formel passé devant notaires, soit à l'aide d'une homologation donnée par les juges ordinaires. — Pothier, *Procéd. civ.*, part. 2e, chap. 4, art. 2.

908. — Sous l'empire de l'ord. de 1673, on ne pouvait prendre une inscription hypothécaire en vertu d'une sentence arbitrale rendue entre associés, pour fait de commerce, enregistrée et déposée au greffe du tribunal, mais non encore homologuée. — *Cass.*, 25 prair. an XI, Merlin c. créanciers d'Ange Soria.

909. — L'acquiescement devant notaires qui avait pour effet de donner à la sentence la force d'une convention authentiquement constatée serait encore possible aujourd'hui ; mais il ne produirait pas le même effet que l'ordonnance d'*exequatur*, car il ne ferait pas naître une hypothèque judiciaire.

910. — A défaut d'acquiescement devant un notaire, la partie qui avait obtenu la sentence assignait l'autre en homologation pardevant son juge, et celui-ci devait homologuer la sentence sans entrer dans l'examen du fond de la contestation, pourvu que les arbitres n'eussent point excédé leur pouvoir, et n'eussent jugé que la contestation comprise au compromis, et dans le temps fixé par le compromis. — Pothier, *ibid.*

911. — Cette procédure, faite en présence des deux parties, évitait quelques-uns des inconvéniens que présente aujourd'hui l'ordonnance d'*exequatur* rendue sur la demande d'une seule

partie et sans que l'autre ait été entendue ni appelée.

912. — A Paris, où les notaires étaient greffiers des arbitres, le dépôt d'une sentence chez eux équivalait à l'homologation, et les expéditions de la sentence délivrée par le notaire étaient exécutoires. — Pothier, *ibid.*

913. — Il a été jugé, depuis la loi nouvelle, que l'ordonnance d'*exequatur* apposée à une sentence arbitrale rendue sous l'ancienne législation doit, à peine de nullité, être délivrée par le premier président de la cour royale dans le ressort de laquelle la sentence a été rendue, et non par le président du tribunal de l'arrondissement, si cette sentence était rendue en instance d'appel.—*Nîmes*, 25 juill. 1842 (t. 2 1842, p. 241), commune de Caudiès c. Préfet des Pyrén.-Or.

914. — Ce moyen de nullité contre l'ordonnance d'*exequatur*, tenant à l'ordre des juridictions, peut être opposé en tout état de cause, même pour la première fois en appel. — Même arrêt.

915. — Aujourd'hui, le moyen ordinaire et indiqué par la loi (C. procéd., art. 1021) d'imprimer la force exécutoire à une sentence arbitrale, consiste à la faire revêtir d'une ordonnance d'exécution.

916. — L'ordonnance d'exécution est apposée par le président du tribunal ou de la cour au greffe duquel la sentence est déposée, au bas ou en marge de la minute du jugement, sans qu'il soit besoin d'en communiquer au ministère public. Cette ordonnance est expédiée en suite de l'expédition de la décision. — C. procéd., art. 1021. —V. *suprà*, nos 881, 885 et suiv.

917. — Le droit de rendre l'ordonnance d'exécution est spécialement confié par la loi au président du tribunal compétent. De sorte qu'en cas d'absence ou d'empêchement le juge qui le remplace doit faire mention de cette circonstance, et que, s'il ne le faisait pas, il en résulterait une nullité d'ordre public qui pourrait être proposée en tout état de cause. — Mongalvy, nº 459 ; de Valisménil, nº 262.

918. — A plus forte raison en est-il ainsi lorsque l'ordonnance est délivrée par un juge suppléant qui omet de mentionner l'empêchement des magistrats qui le précèdent dans l'ordre du tableau. —*Poitiers*, 9 mars 1830, Laminière c. de Boismorand.

919. — L'art. 1040, C. procéd., porte que tous les actes et procès verbaux du ministère du juge seront faits au lieu où siége le tribunal, et que le juge y sera toujours assisté du greffier, qui gardera les minutes et délivrera les expéditions.— Il est incontestable que la dernière partie de cette disposition s'applique aux ordonnances d'*exequatur*. — Quelques arrêts ont aussi jugé qu'il en était de même de la première, et que le défaut de signature du greffier opérait une nullité d'ordre public. — *Poitiers*, 9 mars 1830, Laminière c. Boismorand; 20 janv. 1832, Guérin c. Bertrand.

920. — Jugé cependant que la demande en nullité fondée sur cette cause doit, aux termes de l'art. 464, C. procéd., être rejetée comme nouvelle, si on la présente pour la première fois en appel. — *Poitiers*, 20 janv. 1832, Guérin c. Bertrand.

921. — Mais un beaucoup plus grand nombre de décisions, appuyées sur le motif que l'art. 1040 ne prononce pas la nullité, ou sur le silence de l'art. 1020, qui n'exige pas la signature du greffier, ont résolu la question en sens contraire. — *Toulouse*, 30 avr. 1824, Durrieux c. Savès et Lomagne; *Poitiers*, 21 mars 1827, Pascault c. Juleau; *Rennes*, 21 mars 1831, Révol c. Marcel; *Bourges*, 4 août 1831, Tixier c. Thomas Varenne et Achet; *Limoges*, 14 juin 1832, N.... c. N....; *Bastia*, 2 août 1832, Campana; *Paris*, 18 mai 1833, Wallier c. Chaulin; — de Valisménil, nº 264.— Il résulte même d'un jugement du tribunal de la Seine, rapporté dans l'exposé des faits de l'arrêt confirmatif de la cour royale de Paris du 18 mai 1833, que l'usage constant dans ce tribunal est de ne pas faire contresigner par le greffier les ordonnances d'exécution.

922.— Au surplus, en déclarant qu'une sentence arbitrale déposée au greffe du tribunal civil a été rendue exécutoire par le président, un arrêt établit implicitement que l'ordonnance d'*exequatur* a été rendue avec l'assistance du greffier. — *Cass.*, 26 juill. 1842 (t. 2 1842, p. 270), Hédin c. Godart.

923. — Le plus généralement l'ordonnance d'*exequatur* est une sanction que le président du tribunal ne peut se dispenser de donner. Il est certain, en effet, qu'il n'a point à examiner le bien ou le mal jugé de la sentence. Cependant s'il reconnaissait qu'elle renferme quelque disposition contraire à l'ordre public, aux bonnes mœurs ou à l'intérêt des personnes spécialement mises sous la protection de la justice, il devrait refuser l'ordonnance d'exécution —Mongalvy, t. 2 nº 460 ; de Valisménil, nos 262 et 267 ; Pigeau, t. 1er, p. 29. — V. *contrà* Pardessus, nº 1403 ; Merson, nº 110.

924. — Nous ajouterons qu'il le devrait également si la sentence avait pour objet une de ces matières sur lesquelles, par des raisons d'ordre public, la loi a défendu de compromettre. C'est ainsi que la sentence qui prononcerait une séparation de corps ne pourrait sans abus de pouvoir être rendue exécutoire par le président. La cour de Cassation l'a ainsi jugé (6 pluv. an XI, Audibert), sous l'empire de la loi du 24 août 1790, pour une question de validité de mariage.—Les mêmes principes sont applicables aujourd'hui. — Mongalvy, t. 2, nº 460.

925. — La cour royale de Paris a décidé aussi que l'ordonnance d'exéquatur avait pu être refusée à une sentence rendue par un juge de paix qui s'était constitué lui-même arbitre salarié, en ce qu'elle était contraire à l'ordre public. — *Paris*, 14 mai 1829, Mathé c. Pichot. — Les circonstances de l'affaire étaient telles qu'il est impossible de ne pas approuver cette décision.

926. — On déciderait aussi aujourd'hui, comme on l'a fait sous la loi du 24 août 1790, que la sentence arbitrale présentée au président du tribunal, pour être rendue exécutoire, doit recevoir l'homologation pure et simple, sans qu'il soit permis au président ni au tribunal de prendre connaissance des dispositions qu'elle renferme, encore que cette sentence ait été rendue sur compromis passé par des individus n'ayant pas le libre exercice de leurs droits. — *Turin*, 22 germin. an XII, Athénée c. imprimerie de Turin ; — de Valisménil, nº 262.

927. — Si le juge accorde l'ordonnance d'*exequatur*, la partie condamnée aura le droit, si elle le juge convenable, de se pourvoir par opposition à l'ordonnance d'*exequatur*, soit pour faire annuler cette ordonnance, soit pour faire prononcer la nullité de la sentence même. (V. nos 943 et suiv.) —Mais si le juge refuse l'ordonnance d'exécution, quelle voie devra-t-on employer pour faire réformer sa décision?

928. — Le moyen le plus naturel, et celui qui semble adopté par la jurisprudence, consiste à se pourvoir par appel, comme dans le cas d'une ordonnance de référé.—*Rennes*, 13 et 31 mai 1813, N... c. N...; *Paris*, 14 mai 1829, Mathé c. Pichot; — Mongalvy, t. 2, nº 461.

929. — Si l'ordonnance est réformée, la cour doit renvoyer au président d'une autre chambre, ou au premier juge dans l'ordre du tableau, afin qu'il appose une nouvelle ordonnance. — *Rennes*, 31 mai 1813, N.... c. N....; — Mongalvy, t. 2, nº 461.

930. — L'art. 1021, C. proc., dit que la connaissance de l'exécution du jugement arbitral appartient au tribunal qui a rendu l'ordonnance. — Ce principe est vrai, sans exception, pour les sentences d'arbitres volontaires. Mais en matière d'arbitrage forcé, quoique l'ordonnance d'exécution soit rendue par le tribunal de commerce, les difficultés d'exécution sont portées devant le tribunal civil. C'est la conséquence du principe que les tribunaux de commerce ne connaissent jamais de l'exécution de leurs jugemens.

931. — Le tribunal civil est donc seul compétent pour connaître de la nullité d'une saisie faite en vertu d'un jugement arbitral rendu exécutoire par le président du tribunal de commerce. — *Rennes*, 13 déc. 1809, N... c. N...

932. — Jusqu'à ce que l'ordonnance d'exécution y ait été apposée, la sentence arbitrale est un acte privé, et par conséquent elle ne peut autoriser aucun acte d'exécution. Les inscriptions prises, les saisies faites, la contrainte par corps exercée en vertu d'une sentence arbitrale non revêtue de l'ordonnance d'*exequatur*, seraient nulles et sans effet. — *Bordeaux*, 15 déc. 1826, N... c. N...

933.— Jugé cependant que, lorsque des arbitres dispensés par compromis de suivre les formes de la procédure ont rendu un jugement interlocutoire qui a été exécuté sans réclamation par toutes les parties, celles-ci deviennent non-recevables à demander la nullité de tous les actes qui ont été faits en vertu de ce jugement, sous le prétexte qu'il n'a pas été revêtu de l'ordonnance d'exéquatur avant d'être mis à exécution. — *Aix*, 15 juin 1808, Delmas c. Reynoard.

934. — On ne peut procéder à une saisie immobilière en vertu d'une sentence arbitrale qui n'est pas revêtue de l'intitulé des lois et du mandement d'exécution, bien qu'elle ait été suivie d'une ordonnance d'*exequatur*. — *Colmar*, 11 mars 1835, Gilg c. Meyerel Oriot.

935. — Mais pourrait-on se pourvoir par appel contre une sentence non revêtue de l'ordonnance d'exécution?— L'affirmative a été jugée sous l'empire de la loi du 24 août 1790.—*Colmar*, 23 messid. an VIII, Suy c. communes de Magny et de Villers-Laville.

936. — La cour d'Aix a adopté la même décision, sous le Code de procéd., par arrêt du 22 mai 1828 (Cappeau c. Société du plan d'Aren).—On tirait argument en faveur de cette opinion, sous la loi du 24 août 1790, de ce qu'aux termes de l'art. 6, tit. 1er de cette loi, les sentences dont il n'y avait pas d'appel étaient seules soumises à l'ordonnance d'*exequatur*. — La cour d'Aix s'est également fondée sur cet article. — Nous croyons, malgré l'opinion de M. Merlin (*Quest. de dr.*, vº *Hypothèque*, § 2), que cette jurisprudence devrait être repoussée; nous n'examinerons point si l'appel est ou n'est pas un acte d'exécution; ce qui nous paraît certain, c'est qu'on ne peut interjeter appel que d'un jugement, et que la sentence non revêtue de l'ordonnance d'exécution n'a pas ce caractère. La disposition contraire aux principes de l'art. 6, tit. 1er, L. 24 août 1790, ne doit point survivre à l'abrogation de cette loi.

937. — La demande en nullité d'un jugement arbitral, rendu en dernier ressort et revêtu d'une ordonnance d'*exequatur*, n'en suspend pas l'exécution. — *Paris*, 14 sept. 1808, Barbazan c. Hupais.

938. — Le jugement arbitral rendu en pays étranger par des arbitres volontaires étrangers peut-il obtenir force exécutoire en France sans être soumis à la révision des juges français?— Cette question a été résolue affirmativement par plusieurs arrêts (dans des espèces où il s'agissait de jugemens rendus contre des étrangers. —V. *Paris*, 16 déc. 1809, Lasne c. Vochez; 7 janv. 1833, Aaron Mamby c. Hœnisson), alors d'ailleurs qu'il ne contient rien de contraire à ce qui est d'ordre public en France. — De Valisménil, *Encyclop. du dr.*, vº *Arbitrage*, nº 463. — V. aussi les conclusions de Merlin rapportées avec un arrêt de *Cass.*, 31 juill. 1815, Cheviot c. Lecouteulx.

939. — M. Troplong est également de cet avis, même relativement à un jugement arbitral rendu à l'étranger entre un Français et un aubain. « Il n'y a pas lieu, dit-il (*Tr. des hypoth.*, nº 453), à révision; il faudrait seulement demander au tribunal français le *pareatis*. On en sent facilement la raison. Le juge arbitre est du choix des parties; ce n'est pas comme homme revêtu d'une autorité publique qu'il se prononce, mais comme homme sage : il n'a fait que remplir le mandat des parties. A proprement parler, l'arbitre n'est pas un juge : *Horum propriè judicium non est*, dit Cujas sur la loi 1re, ff., *De recept.* Ainsi sa décision doit être tirée de la classe des jugemens proprement dits, et il ne reste qu'un arbitrage qui n'a besoin pour être exécuté que du *pareatis*. » — V. aussi Zachariæ, t. 1er, § 32, p. 59.

940. — Mais il a été décidé que le jugement arbitral rendu en pays étranger contre un Français par un tiers-arbitre étranger ne peut être exécuté en France avant d'avoir été révisé par les juges français, alors que ce tiers-arbitre a été nommé par un tribunal étranger, et autorisé par lui à prononcer sur des points litigieux à l'égard desquels les arbitres partagés n'avaient pas déclaré leur discord. Dans ce cas, le tiers-arbitre est réputé avoir agi comme délégué de la puissance publique étrangère. — Et s'il a prononcé, par un seul et même jugement, sur tous les chefs de contestations, aussi bien sur ceux à l'égard desquels les arbitres étaient d'accord que sur ceux à l'égard desquels ils étaient en désaccord, le jugement est soumis en entier à la révision. — *Cass.*, 16 juin 1840 (t. 2 1840, p. 622), Dupré c. Durand.

941. — Il est facile de voir que cet arrêt ne méconnaît pas le principe posé plus haut; il ne dit pas qu'il soit inapplicable au cas où c'est un tiers-arbitre qui prononce; il n'attache pas non plus une importance absolue à ce fait que le tiers-arbitre aurait été nommé par un tribunal étranger. Le fait qu'il prend principalement en considération, c'est la mission donnée par le tribunal au tiers-arbitre de juger des points non examinés par les arbitres; de là il résulte, suivant lui, que le tiers-arbitre est véritablement le délégué de l'autorité publique étrangère, et que conséquemment sa sentence est soumise à la révision, comme le seraient celles émanant directement de son autorité.— V. EXÉCUTION DES JUGEMENS.

942. — Jugé en tous cas qu'un arbitrage constitué en pays étranger, entre un Français et un étranger, sans le consentement formel du Français, n'a pas le caractère d'arbitrage volontaire. — En conséquence, le jugement intervenu doit être assimilé au jugement rendu par une juridiction étrangère, et est sujet, à ce titre, à révision en France, encore bien qu'il ne soit opposé par l'étranger que comme exception à la demande formée contre lui devant les tribunaux français. — *Paris*, 22 juin 1843 (t. 2, 1843, p. 143), Prince de Capoue c. Lenormand.

ARBITRAGE, chap. 12, sect. 1re.
ARBITRAGE, chap. 12, sect. 1re.

CHAPITRE XII. — *Opposition à l'ordonnance d'exequatur.*

Sect. 1re. — *Contre quelles sentences peut-on se pourvoir par opposition à l'ordonnance d'exéquatur?*

943. — La sentence arbitrale, revêtue de l'ordonnance d'exécution, devient un jugement auquel on doit reconnaître la même force qu'aux actes émanés de l'autorité publique. Il était donc nécessaire d'admettre contre elle les voies employées ordinairement pour arriver à la réformation des jugemens.

944. — Mais, avant tout, il ne faut pas oublier que l'ordonnance d'exécution est rendue par le président, sans examen, et sur la demande d'une seule partie, ou sur l'apport fait au greffe par les arbitres de la sentence arbitrale. Or, il est possible qu'à raison de certaines irrégularités cette sentence n'ait de jugement que le nom. L'art. 1028 ouvre donc, dans certains cas (V. *infrà* nos 963 et suiv.), un moyen spécial et préalable de se pourvoir, lequel consistera à former opposition à l'ordonnance d'*exequatur* et à demander la nullité de l'acte *qualifié jugement arbitral*.

945. — Il ne s'agit ici ni d'une opposition proprement dite, ni d'une tierce-opposition, mais d'une nullité proposée soit par voie de demande, soit par voie d'exception, et qui seulement doit être portée devant le tribunal qui a donné la force exécutoire à l'acte dont la nullité est demandée.

946. — Cette voie spéciale est ouverte aux parties par l'art. 1028, C. procéd., en matière d'arbitrage volontaire; mais dans le silence du Code de commerce naît la question de savoir si l'on peut former opposition à l'ordonnance d'exécution des sentences rendues par des arbitres forcés. La négative, après de nombreuses incertitudes de la jurisprudence, paraît aujourd'hui devoir triompher; et nous nous rangeons sans peine à cet avis, adopté par les meilleurs auteurs.

947. — Il est vrai sans doute qu'en général les dispositions du Code de procédure s'appliquent, dans le silence du Code de commerce, aux arbitrages forcés, et qu'on peut ajouter, non sans apparence de raison, que les sentences des arbitres forcés, même revêtues de l'ordonnance d'*exequatur*, n'ont point en leur faveur la présomption qui s'attache habituellement aux actes émanés des tribunaux ordinaires; que les dangers enfin de voir présenter comme jugement un acte à tort qualifié de ce nom ne sont pas moins grands, parce que les arbitres prétendus dont il émane se sont dits arbitres forcés et ont déclaré qu'ils statuaient à raison de contestations sociales.

948. — Mais ces argumens, quelle que soit leur gravité, tombent devant des considérations plus puissantes. La première se tire de l'ancienne législation, sous l'empire de laquelle l'opposition à l'ordonnance d'exécution n'était pas admise contre les sentences rendues en matière d'arbitrage forcé. Cet argument puise une nouvelle force dans la comparaison des art. 1028, C. procéd., et 52, C. comm. Dans le premier de ces articles, la loi admet contre la sentence des arbitres volontaires la voie de l'opposition à l'ordonnance d'exécution et celle de l'appel, et refuse le pourvoi en cassation. L'art. 52, C. comm., statuant sur les voies de recours contre les sentences en matière d'arbitrage forcé, porte au contraire qu'il y aura lieu à l'appel du jugement arbitral ou au pourvoi en cassation si la renonciation n'a pas été stipulée. Ainsi, en même temps que le législateur mentionne l'appel déjà permis par l'art. 1028, et ajoute le recours en cassation défendu par ce même article, il garde le silence à l'égard de l'opposition à l'ordonnance d'exécution, qui devait nécessairement cependant être présente à sa pensée.

949. — A ces considérations de texte s'en joignent de non moins puissantes, tirées de l'ordre même des juridictions. On conçoit aisément que les parties contestent la validité d'un prétendu jugement arbitral rendu sur compromis, et que les tribunaux civils en prononcent la nullité. Mais, s'agit-il d'une sentence d'arbitres forcés, le tribunal dont elle émane est institué par la loi, les juges de commerce aussi bien que les juges civils sont incompétens pour connaître de la contestation qu'il a tranchée, et contre la décision de ce tribunal, égal au tribunal de commerce, il n'y a d'autres voies à employer que celles à l'aide desquelles on fait tomber les jugemens du tribunal de commerce lui-même. Cette égalité entre le tribunal arbitral et le tribunal de commerce résulte, non seulement des principes, mais de la loi; en effet, tandis qu'en matière d'arbitrage volontaire la sentence est déposée au greffe du tribunal civil et revêtue de l'ordonnance d'exécution seulement, la sentence des arbitres forcés doit être transcrite sur les registres du tribunal de commerce, sans aucune modification, et en vertu d'une ordonnance du président, lequel est tenu de la rendre pure et simple et dans le délai de trois jours du dépôt au greffe (C. comm., art. 61). — Telles sont en résumé les raisons principales qui font décider que l'opposition à l'ordonnance d'exécution n'est pas admise en matière d'arbitrage forcé.

950. — Ainsi jugé par les arrêts suivans: — *Rennes*, 7 avr. 1810, Chevalier c. Berthelot; 25 juill. 1810, Jamet c. Gautreau et Lucas; *Toulouse*, 29 août 1811, Estrampe c. Lafont; *Turin*, 8 mars 1811, Bocca c. Belotto; *Cass.*, 30 déc. 1812, Tavannes c. commune de Beaumont; 26 mai 1813, Saint-James c. N.; *Metz*, 30 déc. 1817, Desmarres c. Vanrobais; *Bourges*, 23 janv. 1824, Péra c. Auger; *Grenoble*, 8 mars 1824, Royanez c. N...; *Paris*, 6 août 1824, Lefèvre c. Humbert-Demolard; *Montpellier*, 27 août 1824, Delcros c. Pagès; *Bourges*, 19 fév. 1825, Vincent; *Lyon*, 25 mai 1825, Thomas c. Dumoulin; *Orléans*, 17 mai 1842 (t. 2 1842, p. 37), Mothu c. Barrault; — Mongalvy, t. 2, no 400; de Vatisménil, no 308; Pardessus, no 1417; Carré, *Lois de la proc.*, *Quest.* 3375; Merlin, *Quest.*, vo *Appel*, § 1er, no 24. — V. *contrà Toulouse*, 19 fév. 1818, Sudrié-Caglou c. Latasle; *Aix*, 4 fév. 1826, Samson c. Valérino, 31 mai 1833, Raybaud Lange c. Bésuchet; — Locré, *Esprit du C. de comm.*, t. 1er, p. 222 et 266.

951. — La question présente plus de difficulté, quoiqu'elle doive être résolue dans le même sens, lorsque les parties ont renoncé à l'appel et au pourvoi en cassation, ou même à tous moyens de recours contre la sentence arbitrale. L'arbitrage, dans ce cas, ne devient-il pas volontaire de forcé qu'il était, et les parties ne doivent-elles pas par conséquent être admises à se pourvoir par opposition à l'ordonnance d'exécution? — La raison, au premier abord, semble exiger en effet qu'elles ne soient pas privées de tout moyen de faire tomber une sentence infectée des vices énormes prévus par l'art. 1028. Cependant, dès qu'on assimile complètement la sentence rendue par les arbitres forcés au jugement d'un tribunal de commerce, l'opposition doit être refusée nonobstant la renonciation à l'appel et au pourvoi. En effet, on eût pu aussi renoncer à interjeter appel d'une décision des juges consulaires, ou à se pourvoir contre elle en cassation, sans que sa nature fût altérée et sans que la nullité en pût être demandée par voie principale. Il en sera de même de la sentence des arbitres forcés, et les parties auront à rechercher d'autres voies pour la faire réformer, ou à s'imputer à elles-mêmes l'excès de leur confiance. — V. dans le sens de la non-recevabilité de l'opposition, *Colmar*, 9 août 1815, Witz c. Wilder; *Grenoble*, 13 juill. 1824, Aubert; *Cass.*, 7 mai 1828, Bonnet et Pagès c. Delcros; *Paris*, 4 déc. 1828, Boizard c. Brioux; *Cass.*, 6 mars 1829, Marin et Cazelle c. Ollivier; 28 avr. 1829, Frossard et Margeridon c. Vertpré; *Bordeaux*, 20 janv. 1832, Carrère c. Delarue; *Cass.*, 7 mars 1832, Vertpré c. Frossard et Margeridon; *Toulouse*, 30 mai 1833, Sabatié c. Carol; *Cass.*, 10 fév. 1835, Carol c. Sabatié; *Limoges*, 14 fév. 1833, Bouillon c. Laporte; *Pau*, 22 juin 1838 (t. 2 1839, p. 426), Peres c. Davies; *Caen*, 19 mars 1839 (t. 2 1840, p. 501), Dajon c. Eudes; *Paris*, 27 mars 1841 (t. 1er 1842, p. 26), Lanty c. Billiard; *Cass.*, 16 fév. 1841 (t. 1er 1841, p. 550), Gouet c. Fouaches; 24 mai 1842 (t. 2 1842, p. 164), Lanty c. Billiard; *Paris*, 11 mai 1843 (t. 2 1843, p. 105), Lelewel c. Gosselin; — Mongalvy, t. 2, no 491; de Vatisménil, no 309. — V. *contrà Cass.*, 5 nov. 1811, Lugan c. Fontanier; *Paris*, 11 avr. 1825, Colley c. Verre; *Cass.*, 8 août 1825, Constantin c. Fournier; *Paris*, 21 sept. 1825, Henry c. Monin de Gorgeat; *Lyon*, 14 juill. 1828, Frédéric et Gagnoux c. Bourcier et Bouchard; *Paris*, 16 août 1832, Raincourt c. Delas; 9 mai 1833, Menin c. Bernier; *Cass.*, 12 août 1834, Maire c. Bignon; *Paris*, 12 oct. 1838 (t. 2 1838, p. 296), de Tully c. Marin.

952. — Ne faut-il pas aller plus loin encore, et décider de même quand les arbitres forcés sont constitués amiables compositeurs? — L'analogie à tirer des jugemens ordinaires disparaît, il est vrai, puisqu'un tribunal ne pourrait, même du consentement des parties, juger comme amiable compositeur. Mais, d'autre part, le pouvoir extraordinaire dont les parties ont investi les arbitres n'est point un motif suffisant pour ouvrir une voie nouvelle contre leur décision. Il faut toujours bien reconnaître qu'ils étaient les juges naturels des parties, que la contestation ne pouvait être portée devant aucun autre tribunal, et que celui, quel qu'il soit, que les parties eussent saisi aurait dû se déclarer incompétent. — V., dans le sens de la non-recevabilité d'une pareille opposition, *Paris*, 26 juill. 1841 (t. 2 1841, p. 338), Holstein c. Feydeau; 18 déc. 1841 (t. 1er 1842, p. 26), Jay c. Giraudeau. — V. *contrà Cass.*, 16 juill. 1817, Leclerc c. Fort; 1er mai 1822, Bédout c. Duronéa; *Paris*, 20 nov. 1838 (t. 2 1838, p. 453), actionnaires du *Droit* c. Dutacq; *Cass.*, 24 mars 1840 (t. 1er 1840, p. 682), même affaire; — Mongalvy, t. 2, no 491; de Vatisménil, no 309. — V. *suprà* nos 134 et suiv.

953. — On ne peut s'empêcher de remarquer que la jurisprudence s'est lentement formée sur cette importante question, et que les cours royales et la cour de Cassation ont eu d'autant plus de peine à fermer aux parties la voie de l'opposition à l'ordonnance d'exécution qu'elles s'étaient elles-mêmes interdit avec plus de soin les moyens de recours contre la sentence arbitrale à intervenir. — Serait-il donc vrai, en effet, qu'à défaut de l'opposition à l'ordonnance d'exécution tout moyen manque, lorsque les parties ont renoncé à l'appel, à la cassation et même à la requête civile, pour repousser la sentence des arbitres forcés qui auraient statué sans compromis, ou hors des termes du compromis, ou sur des choses non demandées; en un mot pour repousser la sentence infectée d'un des vices prévus par l'art. 1028?

954. — A cet égard nous pensons qu'il faut distinguer entre les nullités résultant de l'art. 1028 et en faire deux catégories distinctes. Dans la première nous comprendrions les causes de nullité prévues par les §§ 1er, 2, 3 et 5 de l'art. 1028; dans la seconde celles qui résultent de l'inobservation des formalités. Dans ce second cas les parties devront se pourvoir contre la sentence des arbitres forcés par requête civile, conformément aux art. 1026 et 1027, à moins qu'elles n'aient formellement renoncé à ce moyen de recours. Il ne leur resterait alors que la prise à partie. — Bioche et Goujet, vo *Arbitrage*, no 526.

955. — Mais lorsque la sentence a été rendue sans compromis, ou sur compromis nul ou expiré, ou sur choses non demandées, nous admettrions que les parties peuvent interjeter appel pour incompétence, quel que soit le montant de la condamnation, et nonobstant toute renonciation contraire. L'ordre public s'oppose à ce qu'on laisse subsister une sentence entachée de tels vices, et la renonciation anticipée des parties à se pourvoir par un moyen quelconque contre une sentence arbitrale ne peut être un motif suffisant pour les contraindre à accepter un acte qui n'en a que le nom. Ce que nous disons ici des arbitres forcés, nous le dirions des juges eux-mêmes; la renonciation à l'appel d'un jugement rendu par des juges incompétens *ratione materiæ* est valable sans doute après le jugement, mais si elle était faite, comme celle dont nous nous occupons, avant même que l'instance fût introduite ou que le procès fût né, elle n'empêcherait pas l'appel d'être recevable. — V. APPEL.

956. — Mais que doit-on décider si l'ordonnance a été rendue par un juge incompétent, par exemple par le président du tribunal de première instance, au lieu d'avoir été délivrée par le président du tribunal de commerce? Dans ce cas, est-ce la voie de l'opposition ou de l'appel qu'il faut prendre pour la faire annuler? — La cour d'Orléans s'est prononcée en faveur de l'opposition, par les motifs que les seuls jugemens peuvent être attaqués par appel, et qu'on ne rencontre pas ce caractère dans une ordonnance d'*exequatur*, qui n'est qu'un acte de pure forme. Cette doctrine est implicitement confirmée par les art. 1025 et 1028, C. procéd., dont l'un n'autorise que l'appel quand il existe réellement une sentence arbitrale, et dont l'autre permet une simple opposition quand l'acte qualifié *sentence arbitrale* ne mérite réellement pas ce nom. — *Orléans*, 27 mars 1844 (t. 1er 1844, p. 635), Courty c. Darvoy.

957. — Il avait déjà été jugé que c'est par opposition et non par appel qu'on peut se pourvoir *contre l'ordonnance d'exécution* apposée à une sentence arbitrale.. — *Bourges*, 20 mars 1830, Leblond c. Signoret; *Poitiers*, 9 mars 1830, Lamipière c. de Boismorand; 7 mai 1833, Pinaud c. Sevarian; *Douai*, 15 mai 1833, Hallette c. Georget.

958. — .... Et la cour de Cassation avait repoussé la voie de l'appel employée contre une pareille ordonnance. — *Cass.*, 1er frim. an XII, Germain c. Catherinot.

959. — Jugé que la partie qui, dans son exploit introductif d'instance, s'est bornée à conclure à la nullité d'une sentence arbitrale, comme ayant été rendue hors des termes du compromis, est recevable à demander, par des conclusions prises à l'audience, la nullité, pour cause d'incompétence, de l'ordonnance d'*exequatur* mise à la suite de cette sentence. — *Orléans*, 27 mars 1844 (t. 1er 1844, p. 655), Courty c. Darvoy.

960. — Si l'on admet l'opposition à l'ordonnance d'exécution rendue en matière d'arbitrage forcé, il est certain qu'elle doit être portée devant le tri-

ARBITRAGE, chap. 12, sect. 2e.
ARBITRAGE, chap. 12, sect. 2e.

bunal de commerce et non devant le tribunal civil. — *Gênes*, 24 oct. 1809, Boggiano; *Paris*, 23 oct. 1812, Lancel Carrez c. Dholel.

961. — Il faut aussi, si on la déclare recevable, attribuer à l'opposition à l'ordonnance d'exécution en matière d'arbitrage forcé un effet suspensif, et dire que, si une opposition à l'ordonnance d'*exequatur* a été formée, le président, tenant l'audience des référés, est compétent pour ordonner la discontinuation des poursuites qui ont eu lieu en vertu de la sentence. — On l'a ainsi jugé dans une espèce où les parties avaient renoncé à l'appel, au pourvoi en Cassation et autres voies légales de recours. — *Paris*, 12 oct. 1838 (t. 2 1838, p. 296), de Tully c. Marin.

962. — Au surplus, la Cour de cassation n'a pas à examiner le moyen tiré de la violation de l'art. 1028, C. procéd., contre l'arrêt qui a déclaré cette opposition irrecevable, lorsque cet arrêt a d'ailleurs jugé que les arbitres n'avaient aucun excès de pouvoir à se reprocher, et qu'ils étaient restés dans les limites de leur mandat. — *Cass.*, 1er août 1839 (t. 2 1839, p. 426), Perès c. Daries.

Sect. 2e. — *Causes de l'opposition.*

963. — L'art. 1028 prévoit cinq causes de nullité des sentences arbitrales : la première, si le jugement a été rendu sans compromis ou hors des termes du compromis.

964. — Lorsqu'un jugement arbitral prononce sur des conclusions nouvelles des parties, qu'il relate mais qui n'ont point été signées par elles, il doit être annulé comme ayant été rendu hors des termes du compromis. — *Grenoble*, 26 juin 1817, N....

965. — Une sentence est rendue hors des termes du compromis lorsque les arbitres, chargés seulement de fixer les différentes époques d'un paiement, condamnent le débiteur à payer. — *Colmar*, 31 juill. 1811, G... c. J... J...

966. — Une sentence arbitrale rendue sur des difficultés non spécifiées dans le compromis n'est cependant pas rendue au-delà des termes du compromis, s'il autorisait les arbitres à statuer sur toutes les difficultés nées et à naître entre les parties. — *Bourges*, 8 déc. 1819, Labrousse c. Michel.

967. — Avant le Code de procédure on avait déjà jugé que c'était par action principale en nullité portée devant le tribunal de première instance, et non par la voie d'appel, qu'il fallait se pourvoir contre une sentence arbitrale pour cause d'excès de pouvoir. — *Cass.*, 12 prair. an X, Beni c. Lecaisne; 30 avr. 1806, de Grandmaison c. Beauvollier.

968. — On a jugé de même depuis le Code. — *Rennes*, 16 déc. 1808, N... c. N...

969. — Les arbitres eux-mêmes ne sont pas compétens pour statuer sur le vice d'excès de pouvoir reproché à leur décision. — *Bruxelles*, 8 fructid. an X, Vleugels c. Muytincks.

970. — Les arbitres peuvent, sans excéder leurs pouvoirs, statuer sur des questions qui ne sont pas spécifiées dans le compromis, mais qui se rattachent nécessairement à celles qui y sont prévues et qui naissent des débats respectivement élevés devant eux par les parties. — *Aix*, 3 janv. 1817, André c. Moutte.

971. — La sentence rendue par des arbitres nommés pour statuer sur un compte n'est pas nulle comme censée faite hors des termes du compromis, lorsque ces arbitres, au lieu d'établir eux-même ce compte, s'en rapportent à celui fixé par un jugement antérieurement rendu entre les mêmes parties, et dont ils ont ordonné l'exécution. — *Bourges*, 4 août 1831, Tixier c. Thomas Varenne et Achet.

972. — Un règlement de compte entre associés embrasse nécessairement tous les articles proposés et débattus, lors même qu'ils seraient étrangers au fait de la société. Conséquemment, les arbitres ne commettent point un excès de pouvoir en prononçant sur ces articles. — *Rennes*, 20 juill. 1812, Moulin c. Vanneunen.

973. — Lorsqu'une sentence arbitrale renferme des dispositions distinctes, dont les unes sont dans les termes du compromis, les autres au contraire hors du compromis, rien n'empêche que, sur l'opposition à l'ordonnance d'*exequatur*, la sentence, tout en étant annulée quant aux chefs contenant un excès de pouvoir, reçoive son exécution à l'égard des autres. Il en doit être au moins ainsi lorsque la disposition annulée est sans connexité avec les autres chefs de la sentence. — *Cass.*, 31 mai 1809, Vanlerberghe et Ouvrard c. Séguin; *Metz*, 16 déc. 1814, Fricoteau c. Verpel; *Paris*, 30 mai 1837 (t. 1er 1837, p. 579), Boudon c. Wilks; 17 juill. 1838 (t. 2 1838, p. 59), Vergnon c. Saint-Salvi; 26 janv. 1893 (t. 1er 1839, p. 302), Bourbonne c. Demarson. — *Contrà Gênes*, 2 juill. 1810, Persico c. Serafini; *Rennes*, 14 avr. 1812, N... c. N... — Carré, *Lois de la procéd., quest.* 3383; Mongalvy, t. 2, no 504.

974. — Spécialement, une sentence arbitrale qui prononce *ultra petita*, la contrainte par corps, peut être annulée sur ce chef et validée sur les autres chefs. — *Paris*, 30 mai 1837 (t. 1er 1837, p. 579), Boudon c. Wilks; *Bastia*, 27 nov. 1843 (t. 1er 1845, p. 260), Feydel c. Cayol et Franceschini.

975. — La nullité d'une seconde décision d'arbitres forcés n'entraîne pas la nullité de la première, lorsque ces deux décisions constituent deux objets distincts et séparés, et que la première peut subsister malgré l'annulation de la deuxième. — *Paris*, 11 avr. 1825, Colley c. Verre.

976. — Lorsqu'une des parties prétend que le mandataire qui a signé le compromis en son nom n'avait pas des pouvoirs suffisans, elle attaque l'existence du compromis. — C'est donc par la voie d'opposition à l'ordonnance d'exéquatur, et non par celle de requête civile, que doit se pourvoir contre une sentence arbitrale la partie qui prétend que le mandataire auquel elle a donné pouvoir de compromettre et de nommer des arbitres a outrepassé son mandat en nommant des amiables compositeurs. — *Besançon*, 18 déc. 1811, Poignant c. Bricon.

977. — Lorsque les arbitres ont été autorisés par les parties à juger une contestation en dernier ressort, leur sentence ne peut, sur le motif qu'elle aurait statué hors des termes du compromis, être attaquée par voie d'appel, mais seulement par voie d'opposition à l'ordonnance d'exécution. — *Caen*, 10 août 1842 (t. 1er 1843, p. 188), Chenevière c. Rousseau.

978. — La deuxième cause de nullité de la sentence arbitrale est : « Si elle a été rendue sur compromis nul ou expiré. » — C. procéd., art. 1028.

979. — Les parties ne peuvent, dans ce cas, se pourvoir que par opposition, et l'appel fondé sur ce que le jugement arbitral aurait été rendu après les délais impartis par le compromis ou fixés par la loi, devrait être déclaré non-recevable, même en matière de société, si ces parties y ont renoncé. — *Agen*, 15 août 1809, Jauret c. Abbadie.

980. — Lorsque le compromis a pris fin par le décès d'une des parties, la sentence arbitrale postérieure qui indique cependant comme présente aux opérations la partie décédée doit être annulée, quoique, après le renvoi fait à la chambre du conseil, cette chambre ait déclaré n'y avoir lieu de poursuivre le faux faute d'intention. — *Montpellier*, 15 janv. 1816, Robert Audoux c. Vagnier.

981. — Les causes de nullité du compromis sont nombreuses et diverses. Il serait impossible de les prévoir et de les énumérer toutes ici. — V. COMPROMIS. — Ce qu'il importe de remarquer c'est que, pour former opposition en se fondant sur la nullité du compromis, il faut que la cause en soit inhérente à cet acte et antérieure par conséquent aux opérations des arbitres. Tout ce qui concernera leur capacité, celle des parties relativement au pouvoir de compromettre, les formalités intrinsèques ou extrinsèques du compromis, pourra être invoqué pour faire tomber la sentence comme rendue sur compromis nul.

982. — Une sentence arbitrale peut être attaquée par voie d'opposition à l'ordonnance d'*exequatur* pour cause d'incapacité légale de l'un des arbitres. — *Agen*, 5 janv. 1825, Nassans c. Cassaigne.

983. — Un jugement rendu en dernier ressort par des arbitres volontaires, sur un compromis argué de nullité comme souscrit par un tuteur incapable de compromettre, doit être attaqué non par la voie de cassation, mais par celle de l'action en nullité ouverte par l'art. 1028, C. procéd. — *Cass.*, 18 déc. 1810, Parizot c. Beau.

984. — C'est par la voie de l'opposition à l'ordonnance d'*exequatur*, et non par la voie de l'appel, qu'il faut se pourvoir contre un jugement arbitral rendu après les délais impartis par le compromis ou fixés par la loi. — *Orléans*, 20 juin 1817, Julienne c. Paraclet Minier.

985. — La sentence arbitrale rendue sur un compromis passé entre deux individus étrangers à la contestation sur laquelle ce compromis intervient, mais qui se portent forts pour les parties intéressées, ne peut être annulée par cela seul que l'une des parties n'aurait ratifié le compromis que postérieurement à la sentence. Cette ratification a un effet rétroactif au jour du compromis, et corrobore suffisamment les pouvoirs déjà conférés aux arbitres. — *Cass.*, 18 mars 1829, Pourquery Boisserin c. Fayard.

986. — Il y a encore lieu à demander la nullité du jugement arbitral s'il n'a été rendu que par quelques arbitres non autorisés à juger en l'absence des autres. — Cod. procéd., art. 1028.

987. — Ou s'il a été rendu par un tiers sans avoir conféré avec les arbitres partagés, à moins que ces derniers n'aient été infructueusement sommés de se réunir à cet effet. — C. procéd., art. 1028.

988. — Mais lorsque le tiers arbitre a conféré avec les arbitres divisés, le jugement arbitral n'est pas nul parce que les arbitres divisés n'ont pas rédigé leur avis distinct et séparé, surtout quand les arbitres ont été constitués amiables compositeurs. — *Agen*, 20 janv. 1832, Meulhet c. Cassan. — V. *suprà* no 801.

989. — Enfin la nullité du jugement peut être poursuivie s'il a été prononcé sur choses non demandées.

990. — Des arbitres ont prononcé sur choses non demandées lorsque, sans se borner à décider sur une renonciation à une succession, ainsi qu'ils en étaient requis, ils ont réglé le sort d'une somme que l'on prétendait avoir été payée pour cette renonciation. — *Rennes*, 26 mai 1824, Lebihan c. Moysan.

991. — Des arbitres ne peuvent pas, sans statuer sur une chose non demandée, substituer un mode d'exécution de leur sentence à celui demandé par les parties. — Il ne leur appartient pas, par exemple, de prescrire la publication du jugement par affiches et insertions dans les journaux, lorsqu'il a été seulement conclu à une condamnation pécuniaire à titre de dommages-intérêts. — *Paris*, 26 janv. 1839 (t. 1er 1839, p. 302), Bourbonne c. Demarson.

992. — La nullité du compromis peut-elle être demandée par opposition à l'ordonnance d'*exequatur* dans un cas non prévu par l'art. 1028, dans celui par exemple où les arbitres n'auraient pas prononcé sur tous les chefs du compromis, ou auraient négligé quelque formalité essentielle autre que celles expressément prévues par cet article ? — La négative a été jugée en principe un grand nombre de fois. L'art. 1028 ouvre aux parties une voie spéciale et exceptionnelle qui ne doit pas être étendue. — *Rouen*, 24 mai 1810, Frémont c. Busby; *Agen*, 10 août 1811, de Luppé c. Ducom; *Paris*, 5 oct. 1815, Gérardot c. Druet Vial; *Toulouse*, 16 août 1822, Barat c. Irle; *Paris*, 20 nov. 1838 (t. 2 1838, p. 453), le *Droit* c. Dulacq.

993. — On a jugé, en appliquant ces principes, que la sentence arbitrale n'est pas nulle, encore que les arbitres n'aient pas statué sur tous les points de la contestation qui leur était soumise. — *Agen*, 5 janv. 1825, Nassans c. Cassaigne; *Toulouse*, 3 juin 1828, Nègre.

994. — ... Ni parce que les arbitres, en statuant définitivement sur quelques chefs de la contestation, se seraient bornés à rendre sur d'autres chefs un jugement interlocutoire. — *Paris*, 26 mai 1814, Leroy c. Fabre; *Cass.*, 6 nov. 1815, Pinthon.

995. — Une sentence d'arbitres forcés n'est pas nulle parce que les arbitres, ayant à statuer définitivement sur les contestations d'associés en participation, auraient prononcé sur les comptes de gestion de l'un des deux et renvoyé à prononcer sur la gestion de l'autre faute de documens suffisans. — *Aix*, 31 mai 1833, Raybaud-Lange c. Béschet.

996. — Jugé encore et en principe que la nullité ne peut être demandée pour violation des formes par les arbitres, si ce n'est dans le cas prévu par le § 4, art. 1028. — *Toulouse*, 16 août 1822, Barat c. Irle.

997. — Le tribunal devant lequel est portée l'opposition à l'ordonnance d'*exequatur* ne peut annuler la sentence arbitrale sous prétexte d'inexactitude dans les énonciations du point de fait. L'art. 1028 est limitatif. — *Paris*, 20 nov. 1838 (t. 2 1838, p. 453), le *Droit* c. Dulacq.

998. — La partie qui a été condamnée par une sentence arbitrale à payer le reliquat d'un compte, sans qu'il lui en ait été donné communication et sans qu'elle ait été sommée de le discuter, n'est pas recevable, si le compromis a donné aux arbitres pouvoir de juger en dernier ressort, à attaquer cette sentence par la voie de l'action en nullité ouverte par l'art. 1028, C. procéd. — *Cass.*, 17 oct. 1810, Maas c. Feuser.

999. — On ne peut demander la nullité d'un jugement arbitral comme ne statuant pas sur tous les chefs du compromis, si les arbitres ont déclaré s'abstenir de statuer sur un chef de conclusions parce qu'ils manquaient, par le fait des parties, des pièces nécessaires pour juger ce chef, et parce que, le délai d'arbitrage étant sur le point d'expirer, ces pièces ne pouvaient plus être produites en temps utile. — *Cass.*, 30 déc. 1824, Farran c. Royer.

1000. — La nullité ne peut être opposée, conformément à l'art. 1028, sur le motif que le discord des arbitres en cas de partage n'a pas été constaté sur deux procès-verbaux séparés. — *Agen*, 10 août 1811, de Luppé c. Ducom.

1001. — Un jugement arbitral n'est point nul parce qu'il a déclaré valable un acte contre lequel une des parties s'était réservé la faculté de s'inscrire en faux si la nullité n'en était pas prononcée. — *Cass.*, 18 juin 1816, de Sennecourt c. de Polard.

1002. —...Ni parce qu'il a été rendu sur une prorogation de compromis non enregistrée. — *Florence*, 3 juin 1811, Palamidessi c. Lavagna.

1003. — Une partie ne peut, sans le consentement de l'autre, annuler une décision arbitrale en déclarant qu'elle en reconnait la nullité, et qu'elle ne veut pas s'en prévaloir. — *Aix*, 22 mai 1828, Cappeau c. Société du Plan d'Aren.

Sect. 3e. — *Renonciation à l'opposition.*

1004. — Les nullités de l'art. 1028 sont d'ordre public, et toute renonciation à les opposer contenue dans le compromis est nulle. Il est permis aux parties de renoncer aux moyens de faire réformer une sentence arbitrale, mais elles ne peuvent d'avance accepter un acte qui n'en aurait que le nom. —*Cass.*, 8 août 1825, Constantin c. Fournier; 21 juin 1831, Lafile c. Salva; *Pau*, 3 juill. 1833, Planté c. Paloque; *Grenoble*, 14 août 1834, Chosson c. Doin; *Pau*, 26 mars 1836, Laforgue c. Faure; — De Vatisménil, no 303; Carré, *Quest.* 3374e. —V. *contrà Colmar*, 9 août 1815, Wirtz c. Wilder; *Cass.*, 31 déc. 1816, Wilder c. Wirtz; *Besançon*, 18 mars 1828, Laresch c. Gindre et Loye; *Montpellier*, 8 juill. 1828, Lafite c. Salva.

1005. — La clause d'un compromis par laquelle les parties s'interdisent de récuser l'arbitrage, soit avant, soit après le jugement, renfermant la renonciation à attaquer le jugement arbitral par la voie de l'opposition à l'ordonnance d'*exequatur*, dans les cas prévus par l'art. 1028, C. procéd. (*Montpellier*, 8 juill. 1828, Lafite c. Salva, sous *Cass.*, 21 juin 1831), le jugement arbitral doit, nonobstant une telle clause, être annulé lorsque le tiers arbitre n'a pas conféré avec les autres arbitres. — *Cass.*, 21 juin 1831, Lafite c. Salva.

1006. — Au moins est-il certain que la renonciation ne serait point valable si la sentence statuait sur une question d'état. — *Bastia*, 22 mars 1831, Bernardi c. Massoni.

1007. — L'existence d'une pareille renonciation peut s'induire de ce qu'après avoir promis d'exécuter la *sentence*, quelle qu'elle soit, les parties ont déclaré renoncer à toutes voies d'appel ou de recours en cassation, *et même de simple opposition*. — *Besançon*, 18 mars 1828, Lareschc c. Gindre et Loye.

1008. — En tout cas la renonciation à se pourvoir par opposition à l'ordonnance d'*exequatur* doit s'entendre dans le sens d'une renonciation à invoquer les moyens de nullité établis par l'art. 1028, et non comme une renonciation au droit de repousser l'ordonnance d'exécution rendue par un juge incompétent. — *Toulouse*, 13 juill. 1833, Olmade c. Chaffre et Verge.

Sect. 4e. — *Dans quels délais l'opposition peut et doit être formée.*

1009. — L'opposition à l'ordonnance d'exécution n'est autre chose qu'une demande en nullité de la sentence arbitrale. Il résulte de là que, comme toute autre demande principale, elle peut être formée à quelque époque que ce soit, pourvu que la prescription ne soit pas acquise, et qu'elle n'est pas restreinte dans des délais spéciaux, comme l'opposition aux jugemens de défaut.

1010. — Il n'est donc pas nécessaire qu'elle soit formée dans la huitaine de la signification de l'ordonnance. — *Paris*, 17 mai 1813, Frémont c. Busby.

1011. — Jugé également qu'une partie qui a été représentée au jugement arbitral par un mandataire, n'est pas tenue de former opposition dans la huitaine à l'ordonnance d'*exequatur*, car le mandataire ne peut être, dans ce cas, assimilé à un avoué, dont le ministère n'est point nécessaire devant des arbitres. — *Turin*, 7 fév. 1810, Montabone c. N.

1012. — Le délai légal pour former opposition est donc de trente ans, comme celui de toute action. L'opposition est recevable, par conséquent, tant qu'elle n'a point été exécutée et qu'il n'y a point été donné acquiescement. — *Rennes*, 11 janv. 1809, N...; *Metz*, 18 juin 1812, Brech c. Munier.

1013. — Mais la partie qui a laissé exécuter une sentence arbitrale ne peut plus être admise à l'attaquer par voie d'opposition à l'ordonnance d'*exequatur*. — *Bordeaux*, 10 mai 1826, Lussac c. Piffon.

1014. — Ainsi, lorsqu'un jugement arbitral ordonne une prestation de serment, et que la partie contre laquelle il a été rendu, au lieu de se pourvoir par opposition à l'ordonnance d'*exequatur*, assiste au serment et signe le procès-verbal de prestation, cette partie n'est plus recevable à attaquer la sentence arbitrale, quoiqu'elle ait fait précéder sa signature de protestations et de réserves. — *Bordeaux*, 10 mai 1826, Lussac c. Piffon.

1015. — Ces décisions n'ont trait qu'à l'exécution volontaire. Mais l'autorité de la chose jugée ne peut résulter de l'exécution *forcée* d'une sentence arbitrale contre laquelle la partie condamnée a toujours protesté; par suite, celle-ci peut intenter l'action en nullité qui lui était ouverte contre cette sentence, si elle est encore dans le délai légal. — *Cass.*, 20 oct. 1807, Saint-James c. Poisson.

1016. — La renonciation à l'opposition ne résulte pas seulement de l'exécution volontaire. La partie condamnée par une sentence arbitrale peut aussi se rendre non-recevable à former opposition, en attaquant la sentence par une voie qui suppose la renonciation aux moyens de nullité. Il en serait ainsi, par exemple, si elle interjetait appel. Tandis que l'opposition a pour objet de prouver que l'acte qualifié jugement arbitral ne mérite pas ce titre, l'appel reconnaît, au contraire, l'existence d'un jugement, puisqu'il est destiné à en amener la réformation. — De Vatisménil, *Encyclop. du dr.*, vo *Arbitrage*, no 315.

1017. — Mais lorsque, nonobstant le compromis portant renonciation à la voie de l'appel, l'une des parties a appelé de la sentence arbitrale, et que son appel a été déclaré périmé, cette partie peut encore attaquer la sentence par voie de nullité. Cette péremption doit faire considérer l'appel comme non avenu. — *Cass.*, 27 mai 1818, Huvier c. Mussot; — Mongalvy, t. 2, no 502.

1018 — De cette double voie ouverte aux parties contre les sentences arbitrales, l'appel d'une part et l'opposition à l'ordonnance d'*exequatur* de l'autre, il pourra souvent résulter pour elles un sérieux embarras. L'emploi de l'appel est une renonciation à l'opposition; mais l'appel est restreint dans des délais assez étroits, et tandis qu'on aura trente ans pour former opposition à l'ordonnance d'*exequatur*, on devra interjeter appel dans les trois mois à partir de la signification de la sentence arbitrale. Or la partie qui entend demander la nullité de la sentence peut souhaiter avec raison de la faire réformer dans le cas où la nullité n'en serait pas prononcée.

1019. — Il faudra donc qu'elle se garde d'interjeter un appel qui rendrait son opposition non-recevable. Mais une fois l'opposition formée, et sans attendre qu'elle soit jugée, car les délais d'appel qu'elle ne suspend pas pourraient être écoulés, elle se pourvoira par appel contre la sentence, et en faisant toutes réserves de suivre d'abord sur l'action en nullité. — Jugé en ce sens par la cour de *Rennes*, 24 août 1816, Magon de Villesuchet c. N...

1020. — Cette voie est la seule propre à employer pour éviter la perte d'une des deux actions, dont cependant l'exercice successif est nécessaire à la partie qui a succombé.

1021. —La cour de Rennes a jugé, dans un arrêt rapporté et approuvé par M. Carré (*L. de la pr., Quest.* 3382), que, les parties ayant la faculté de proposer, soit par appel, soit par voie d'opposition, les moyens de nullité contre un jugement arbitral, il s'ensuit que celles qui ont joint dans un acte d'appel les moyens du fond et ceux de nullité, se sont rendues non-recevables à demander qu'il soit sursis à l'appel jusqu'à ce que le jugement soit rendu sur les moyens de nullité par le juge compétent, suivant l'art. 1028, C. procéd — *Rennes*, 27 fév. 1817, N... c. N..

1022. — La prescription de l'action en nullité contre une sentence arbitrale ne courait, sous l'ancienne législation, que du jour où cette sentence avait été rendue exécutoire par l'homologation; il en est de même aujourd'hui: cette prescription ne court que de la date de l'ordonnance d'*exequatur*. — *Nimes*, 15 juill. 1842 (t. 2 1842, p. 241), commune de Caudiès c. préfet des Pyrénées-Orientales.

1023. — La partie qui veut attaquer en nullité une sentence arbitrale n'est tenue de le faire qu'après l'ordonnance d'*exequatur*; mais aucune disposition de loi ne défend de le faire auparavant. — Même arrêt.

1024. — On peut former opposition à l'ordonnance d'*exequatur* à une sentence par laquelle un arbitre se déclare compétent, sans être obligé d'attendre qu'il ait statué au fond. — *Bruxelles*, 3 avr. 1830, Devos c. Deham.

Sect. 5e — *Formes de l'opposition.*

1025. — Aucune forme spéciale n'a été tracée pour l'opposition à l'ordonnance d'exécution. Mais comme l'opposition n'est en réalité qu'une demande principale en nullité de sentence arbitrale, il faut dire qu'elle devra être formée comme toute demande principale. Elle ne pourra l'être, par conséquent, par un acte signifié à l'avoué constitué dans l'exploit de notification de la sentence arbitrale. La demande en nullité doit être formée par un acte signifié à personne. — *Rennes*, 13 mai 1812, Sorbé c. Biarotte.

1026. — L'opposition pourra être formée, avant l'exécution du jugement arbitral, pour en prévenir les effets, ou seulement lors de l'exécution par déclaration sur les commandemens, procès-verbaux de saisie ou d'emprisonnement, ou par tout autre acte d'exécution. Enfin, on peut la former après l'exécution commencée: mais M. Mongalvy (t. 2, no 489) dit, d'après Pigeau, qu'après l'exécution consommée sans réserves, l'opposition est non-recevable, parce qu'en souffrant cette exécution sans avoir élevé aucune réclamation, on est censé y avoir acquiescé; il en serait autrement si l'on avait fait des réserves.

1027. — M. Mongalvy (no 487) paraît croire que l'opposition à l'ordonnance d'exécution doit être formée conformément à l'art. 162, C. procéd., c'est-à-dire qu'elle doit être libellée à peine de nullité, et réitérée avec constitution d'avoué, par requête, dans la huitaine, passé lequel temps elle ne sera plus recevable, et l'exécution de la sentence arbitrale sera continuée sans qu'il soit besoin de le faire ordonner. — Que l'opposition n'arrête l'exécution qu'autant, en effet, qu'elle aura été réitérée avec constitution d'avoué par requête, dans la sentence, si elle est formée par déclaration sur les commandemens ou procès-verbaux de saisie ou d'emprisonnement, nous l'admettons aisément; mais dès qu'il ne s'agit point d'une opposition proprement dite à un jugement de défaut, il ne faut point aller jusqu'à la déclarer non-recevable, s'il n'y a eu d'ailleurs de la part de la partie condamnée exécution volontaire. V. *Cass.*, 20 oct. 1807, Saint James c. Poisson.

1028. — Un exploit d'opposition contre une sentence arbitrale est suffisamment motivé, lorsqu'il y est dit que l'opposant, entre autres moyens qu'il se propose de développer, se plaint de ce qu'il ait été prononcé sur choses non demandées. — *Rennes*, 20 mai 1824, Lbiban c. Moyson.

1029. — Lorqu'une décision arbitrale a été revêtue de l'ordonnance d'*exequatur*, on ne peut se pourvoir devant un tribunal de première instance contre cette décision qu'en attaquant l'ordonnance elle-même. — *Colmar*, 29 mai 1813, Zœpffel c. Becklin.

1030. —Toutefois, il a été également jugé 1o qu'un acte d'opposition fait en vertu de l'art. 1028, C. procéd., peut être régulier, quoiqu'il soit dirigé non précisément contre l'ordonnance d'*exequatur*, mais contre le jugement arbitral. — *Rome*, 5 oct. 1810, Accoramboni c. Precilli Maccarani.

1031. — 2o Qu'il n'y a pas nullité de l'acte d'opposition, en ce que la femme à la requête de laquelle il aurait été signifié ne se serait pas dite autorisée par son mari, si le mari a comparu en justice en même temps que sa femme pour l'autoriser à ratifier l'acte d'opposition. — Même arrêt. — V. *Autorisation de femme mariée.*

Sect. 6e. — *Du tribunal compétent pour statuer sur l'opposition.*

1032. — L'opposition à l'ordonnance d'exécution peut être dirigée contre la sentence arbitrale, comme infectée d'un des vices prévus par l'art. 1028, ou contre l'ordonnance d'exécution elle-même, dans le cas, par exemple, où elle serait rendue par un juge incompétent ou sans les formalités exigées par la loi. Dans l'un et l'autre cas, la demande doit être portée devant le tribunal qui a rendu l'ordonnance d'*exequatur* et au greffe duquel la sentence est déposée.

1033. — L'ordonnance d'*exequatur* apposée sur un jugement arbitral ne peut être attaquée directement par la voie de l'appel. — *Cass.*, 1er frim. an XII, Germain c. Catherinot.

1034. — Il n'y a pas de difficulté pour l'application du principe posé au no 1032 dans le cas où l'opposition est en réalité une demande en nullité contre une sentence d'arbitres volontaires, l'art. 1028, C. procéd. étant formel.

1035. — Si l'on admettait que les jugemens rendus par des arbitres forcés peuvent être attaqués par voie d'opposition à l'ordonnance d'exécution, dans les cas prévus par l'art. 1028, il faudrait aussi dire que l'opposition doit être portée devant le tribunal de commerce. C'est ce que décident ceux qui admettent l'opposition. — *Grenoble*, 8 mars 1824, Royanez c. N...

1036. — Et il a été aussi jugé que dans le cas où

les artistes, en matière de société, ont été constitués amiables compositeurs, l'opposition à l'ordonnance d'*exequatur* portée devant le tribunal de commerce dont le président a rendu l'ordonnance est recevable. — *Poitiers,* 13 mai 1818, Leclerc c. Fort. — V. sur le point de savoir si dans ce cas l'opposition, en principe, est recevable, *suprà* nos 952 et suiv.

1037. — Le principe que l'opposition fondée sur les irrégularités de l'ordonnance d'exécution doit aussi être portée devant le tribunal au greffe duquel elle est déposée, et qu'elle ne pourrait être portée directement par appel devant la cour, a été appliqué pour les ordonnances d'*exequatur* rendues par les présidens des tribunaux civils de première instance. — *Poitiers,* 9 mars 1830, Laminière c. de Boismorand ; 7 mai 1833, Pinaud c. Levraud ; *Douai,* 15 mai 1833, Hallette c. Georget ; — Mongalvy, t. 2, no 480.

1038. — Il en est de même lorsque l'ordonnance a été rendue par le président d'un tribunal de commerce, c'est ce tribunal qui connaît de l'opposition. Il ne s'agit point, dans ce cas, de l'exécution de ses jugemens, mais de la validité d'un acte destiné à donner la force exécutoire à une sentence arbitrale. — *Rennes,* 8 août 1826, Biron ; *Bourges,* 20 mars 1830, Leblond c. Signoret et Sainthorand.

1039. — Avant le Code de procéd. on jugeait déjà, en vertu de l'art. 2, tit. 35, ord. 1667, que la voie de l'opposition était ouverte contre l'ordonnance d'homologation d'une sentence arbitrale. — *Nîmes,* 28 brum. an XI, Gonet et Lautier c. Bressi.

1040. — Lorsqu'un président a rendu une première ordonnance portant homologation d'une sentence arbitrale, il ne peut, sans excéder ses pouvoirs, rendre une seconde ordonnance par laquelle il ordonne l'exécution de la première ; c'est au tribunal entier à délibérer sur ce point. — Même arrêt.

1041 — Mais que décider lorsque la sentence rendue par des arbitres volontaires a été déposée à tort au greffe du tribunal de commerce, et qu'outre ce premier grief, la partie condamnée soutient encore que la sentence elle-même est nulle ? — Une simple distinction résout la difficulté. Le tribunal de commerce doit connaître des nullités de l'ordonnance, et, par conséquent, annuler cette ordonnance comme incompétemment rendue. Si alors celui au profit duquel la sentence a été rendue la dépose de nouveau au greffe du tribunal civil, et fait rendre par le président de ce tribunal l'ordonnance d'*exequatur,* la partie condamnée se pourvoira de nouveau par opposition, en vertu cette fois de l'art. 1028, et pourra ensuite faire annuler, non plus l'ordonnance, mais la sentence arbitrale elle-même. — *Rennes,* 4 juillet 1811, Duchène c. Duteil.

1042. — La cour de Metz paraît avoir méconnu ces principes en jugeant que l'ordonnance d'exécution, n'étant point un acte de juridiction, n'avait point besoin d'être réformée directement, et qu'il suffisait que la nullité, lorsqu'elle existe, fût proposée comme exception à l'exécution qu'on voudrait donner à cet acte, et ce, devant les juges saisis de l'opposition formée à cette exécution. — *Metz,* 1er août 1834, Bona c. Robert.

1043. — Le jugement qui statue sur l'opposition, soit qu'on l'ait dirigée contre la sentence arbitrale, soit qu'on l'ait dirigée contre l'ordonnance d'*exequatur,* est susceptible d'appel. Peu importe le montant de la condamnation, car il ne s'agit point d'une condamnation pour une somme déterminée ; on peut même dire que, l'opposition à l'ordonnance d'*exequatur* étant fondée sur l'incompétence des arbitres ou du président qui l'a rendue, le jugement doit, dans tous les cas, être susceptible d'appel. — Mongalvy, t. 2, no 513.

1044. — Ainsi jugé que le jugement rendu sur l'opposition à l'ordonnance d'exécution d'une sentence arbitrale intervenue, par suite d'un compromis, sur une instance possessoire soumise au juge de paix, est susceptible d'appel, quoique, d'après la nature de la cause, le tribunal qui a prononcé sur l'opposition eût été juge, en dernier ressort, de la contestation sur laquelle les arbitres ont prononcé, si elle lui eût été soumise. — *Grenoble,* 13 juill. 1825, Paillet c. Biessy.

1045. — Cependant on a jugé, mais à tort à notre avis, que la relation obligée de l'ordonnance et de la sentence fait que ces deux parties ne constituent qu'un tout, et qu'étant reconnu que ce tout n'était pas susceptible d'appel, le jugement rendu sur l'opposition participait lui-même à cette nature ; qu'en conséquence l'appel du jugement validant l'ordonnance d'*exequatur* n'était pas recevable lorsque la sentence ne condamnait pas au paiement d'une somme supérieure au taux du dernier ressort. — *Pau,* 22 juill. 1837 (t. 1er 1838, p. 144), Carbonnel c. Thomein.

1046. — Lorsque la nullité ou la validité d'une sentence arbitrale dépend de l'interprétation d'un compromis consenti par l'autorité administrative et d'actes ministériels qui s'y rattachent, les tribunaux doivent surseoir jusqu'à ce que l'interprétation de ces actes ait été donnée par l'autorité compétente. — *Nîmes,* 25 juill. 1842 (t. 2 1842, p. 241), commune de Caudiès c. préfet des Pyrénées-Orientales.

Sect. 7e. — *Effets de l'opposition.*

1047. — La demande en nullité attaque le jugement dans sa substance, elle est donc de sa nature suspensive de l'exécution d'après les principes du droit commun, auxquels il faut s'attacher dans le silence de la loi (C. procéd., art. 159) — *Bruxelles,* 4 mai 1809, Vanaetbroeh c. Rens ; *Rome,* 5 oct. 1810, Accoramboni c. Precilli Maccarani ; *Paris,* 9 nov. 1812, Lainé c. Bidermann ; *Toulouse,* 16 août 1822, Barat c. Irle ; *Paris,* 1er juin 1831, Blondin c. Bernard ; *Grenoble,* 14 août 1834, Chosson c. Doin.

1048. — Il en est ainsi lors même que les parties ont renoncé dans le compromis à se pourvoir par appel ou même par voie d'opposition à la sentence arbitrale. — *Rome,* 5 oct. 1810, Accoramboni c. Precilli Maccarani ; *Grenoble,* 14 août 1834, Chosson c. Doin.

1049. — Et il a été jugé, en matière d'arbitrage volontaire, que le président du tribunal doit ordonner en référé la discontinuation des poursuites commencées en vertu de cette sentence. — *Paris,* 1er juin 1831, Blondin c. Bernard.

1050. — Quoique le principe reconnu par ces arrêts soit vrai, dans tous les cas, lorsqu'il s'agit d'un arbitrage volontaire, il est impossible de l'admettre sans distinction en matière d'arbitrage forcé. — L'opposition à l'ordonnance d'*exequatur,* d'une sentence d'arbitres forcés, lorsqu'elle est dirigée contre l'ordonnance d'*exequatur,* et non contre la sentence arbitrale, doit sans doute produire un effet suspensif, car l'ordonnance a été rendue en l'absence de la partie condamnée, et il est juste de l'assimiler à un jugement de défaut. — Mais lorsque l'opposition à l'ordonnance d'*exequatur* n'est dirigée que contre la sentence arbitrale elle-même, elle ne doit point arrêter l'exécution. Dès qu'on décide, en principe, que la demande en nullité n'est pas recevable contre une sentence d'arbitres forcés, il est impossible d'accorder à l'opposition plus d'effet qu'on n'en accorderait à la demande en nullité formée contre un jugement du tribunal de commerce. — *Paris,* 14 nov. 1825, Delagrange c. Langlet.

1051. — Les tribunaux ne peuvent, en tout cas, ordonner l'exécution provisoire de leur jugement, lorsqu'ils rejettent la demande en nullité formée contre une décision arbitrale. — *Paris,* 24 mai 1814, Leroy c. Fabre et Pinet.

1052. — Lorsqu'une cour d'appel annule une sentence d'arbitres forcés pour incompétence, elle peut ordonner que les parties conviendront d'arbitres nouveaux ou les renvoyer à se pourvoir pour en faire nommer d'office. — *Rennes,* 7 avr. 1810, Chevalier c. Berthelot.

CHAPITRE XIII. — *Voies de recours contre le jugement arbitral.*

1053. — Les voies ordinaires et extraordinaires pour attaquer les jugemens sont, comme on le sait, l'opposition, l'appel, la tierce opposition, la requête civile, la prise à partie et le recours en cassation. — Ces diverses voies de recours sont-elles également ouvertes contre les sentences arbitrales ? — C'est ce qui fera l'objet des sections suivantes.

1054. — Il est bien entendu, au surplus, que ces voies de recours ne seraient ouvertes qu'autant qu'il n'aurait pas été acquiescé à la sentence contre laquelle on se pourvoirait. — Et il a été jugé que ce n'est pas acquiescer à une sentence arbitrale que d'en requérir le dépôt au greffe. — *Cass.,* 27 août 1835, Mic c. Bailly et Davesne.

Sect. 1re. — *Opposition.*

1055. — L'ordonnance de 1667, tit. 35, art. 2, permettait de se pourvoir par opposition contre les jugemens en dernier ressort rendus par défaut. En partant de cette disposition, la jurisprudence avait admis, sous l'empire des lois des 24 août 1790 et 10 juin 1793, qu'on pouvait se pourvoir par opposition contre les sentences d'arbitres forcés rendues par défaut. Cette opposition devait être portée devant les tribunaux ordinaires. — V. déc. 8 niv. an III, dans la *Coll. des lois* de Duvergier ; *Cass.,* 21 fruct. an IX, Loewenhaupt c. comm. d'Uhrwiller ; 23 messid. an X, comm. de Picsle c. comm. de Thieffraus.

1056. — Un arrêt de cassation avait même décidé que l'opposition devait être portée devant les arbitres eux-mêmes. — *Cass.,* 17 thermid. an V, Lamberty c. comm. de Bomont.

1057. — Et un autre arrêt avait admis l'opposition contre les sentences d'arbitres volontaires rendues par défaut. — *Cass.,* 5 frim. an VIII, Beller c. Mahon.

1058. — L'art. 1016, C. procéd., a tranché la question en matière d'arbitrage volontaire. Un jugement arbitral ne sera, dans aucun cas, sujet à l'opposition. Le motif de la loi est qu'un jugement de cette nature ne peut jamais avoir le caractère d'un jugement par défaut, puisque l'instruction se fait par écrit, et que les arbitres doivent juger sur les pièces et mémoires réunis. — Mongalvy, t. 2, no 479.

1059. — On ne peut douter qu'il en soit de même en matière d'arbitrage forcé. La combinaison des art. 52 à 59, C. comm., le silence de ce Code rapproché de la disposition de l'art. 1016, qui forme le droit commun en matière d'arbitrage, prouvent que les jugemens arbitraux ne sont pas sujets à l'opposition. — *Angers,* 22 mai 1829, Lautaigne c. Moreau ; — de Vatisménil, no 285 ; Gouget et Merger, no 365.

1060. — Toutefois une solution contraire semblerait résulter implicitement de deux arrêts qui ont décidé que les sentences rendues par défaut en matière d'arbitrage forcé sont, comme tous autres jugemens par défaut, susceptibles de tomber en péremption pour inexécution dans les six mois de leur obtention. — *Bordeaux,* 21 févr. 1839 (t. 1er 1840, p. 240), Perquer c. Barthès ; *Orléans,* 21 févr. 1827, Paignon et Barbier c. Durnager et Duming. — V. *contrà* Bioche et Gouget, vo *Arbitrage,* no 415.

Sect. 2e. — *Appel.*

Art. 1er. — *Règles générales.*

1061. — En matière d'arbitrage volontaire comme en matière d'arbitrage forcé, l'appel a lieu si les parties n'y ont pas formellement renoncé, soit par le compromis, soit depuis. Les art. 1010, C. procéd., et 52, C. comm., en contiennent une disposition expresse.

1062. — A moins de renonciation expresse, on peut toujours interjeter appel des jugemens rendus par des arbitres volontaires. — V. *infrà* nos 1074 et suiv. — Cependant la renonciation devra être supposée et l'appel déclaré non-recevable, lorsqu'il aura été compromis sur appel ou sur requête civile. — C. procéd., art. 1010.

1063. — Il ne dépend pas des arbitres de juger en dernier ressort, et les parties peuvent appeler de leur sentence, quoique qualifiée en dernier ressort, s'il n'est pas prouvé qu'elles aient renoncé à l'appel. — *Rennes,* 11 avr. 1815, N...

1064. — L'appel a pour objet de faire réformer la sentence arbitrale ; lors donc que les parties soutiennent, non pas que la sentence est erronée, mais qu'il n'y a pas de sentence et que l'acte indûment qualifié de ce nom est entaché d'un des vices prévus par l'art. 1028, elles doivent se pourvoir au moins quand l'arbitrage est volontaire, par voie d'opposition à l'ordonnance d'*exequatur* et non par celle d'appel de la sentence arbitrale. (V. *suprà* nos 963 et suiv.) — *Cass.,* 30 avr. 1806, de Grandmaison c. Beauvollier.

1065. — Toutes les fois au contraire que le reproche adressé à la sentence n'est pas un de ceux prévus par l'art. 1028, on doit se pourvoir par appel s'il est recevable.

1066. — Ainsi, c'est par un appel, et non par la voie extraordinaire de l'opposition, qu'il faut se pourvoir contre une décision ou jugement arbitral qui ne contient pas de dispositif, lorsque d'ailleurs ce jugement, quelque informe qu'il soit, ne rentre dans aucun des cas prévus à l'art. 1028, C. procéd. — *Bruxelles,* 6 juin 1832, Fayaux c. Delestré.

1067. — Il est certain aussi que les parties peuvent avoir intérêt à agir successivement par voie d'opposition et d'appel, et qu'elles le peuvent faire pourvu qu'elles agissent d'abord par voie d'opposition, et qu'elles interjettent cependant leur appel dans les délais. — V. *suprà* nos 1018 et suiv.

1068. — Ainsi, lorsque indépendamment du reproche adressé aux arbitres d'avoir prononcé sur choses non demandées, leur sentence est, en outre, arguée d'*erreur* sur les points soumis à l'arbitrage, la voie d'appel est ouverte à la partie condamnée. — *Toulouse,* 5 mars 1823, Dufaur.

1069. — Mais la vraie difficulté en cette matière est de savoir si les parties peuvent, renonçant à l'opposition à l'ordonnance d'*exequatur*, proposer par la voie d'appel les moyens de nullité prévus par l'art. 1028. — L'affirmative doit être adoptée en matière d'arbitrage forcé, si l'on décide surtout, comme la jurisprudence le fait aujourd'hui, que l'opposition à l'ordonnance d'*exequatur* contre les sentences d'arbitres forcés n'est pas recevable. — V. nº 930. — Il faut alors considérer l'appel fondé sur le défaut de compromis, sur la nullité ou l'expiration du compromis, ou sur le motif qu'il a été prononcé sur choses non demandées, comme un appel d'incompétence, et le déclarer recevable nonobstant la renonciation des parties à l'appel dans le compromis.

1070. — Il a été jugé que la renonciation à l'appel, en matière d'arbitrage forcé, devait être appliquée même au cas où la sentence arbitrale était entachée d'une des nullités déterminées par l'art. 1028, sauf aux parties à se pourvoir en nullité conformément à cet article. — *Cass.*, 5 janv. 1833, Driver Cooper c. Bodin; 12 août 1834, Maire c. Bignon; *Colmar*, 9 août 1815, Witz c. Wilder.

1071. — Mais ces décisions, évidemment motivées sur l'admissibilité de l'opposition à l'ordonnance d'exécution en matière d'arbitrage forcé, ne doivent pas subsister devant la jurisprudence qui les repousse. Il faut trouver un moyen de faire réformer la sentence des arbitres forcés entachée d'excès de pouvoir, quelques renonciations que contienne d'ailleurs le compromis, et l'appel est le seul qui puisse être employé.

1072. — La cour royale de Limoges a pensé que les parties devaient se pourvoir en cassation pour faire réformer la sentence d'arbitres forcés rendue par un tiers arbitre sans avoir conféré avec les arbitres partagés, si d'ailleurs les parties avaient renoncé à l'appel. — *Limoges*, 14 fév. 1835, Bouillon c. Laporte.

1073. — Le tribunal arbitral constitué en exécution de l'art 51, C. comm., occupe la place d'un tribunal de première instance et remplit le premier degré de juridiction. — Dès-lors, une cour d'appel peut évoquer le fond et le juger, encore que la cause n'ait subi le premier degré de juridiction que devant les arbitres, et que le jugement arbitral soit annulé pour incompétence, en ce qu'il a statué non seulement sur des contestations entre associés, mais sur l'existence même de la société. — *Cass.*, 6 déc. 1821, Lefeuve c. Dumolard. — V. APPEL, INCOMPÉTENCE

ART. 2. — *Renonciation à l'appel.*

1074. — Sous l'empire de la loi du 24 août 1790 et des constitutions de l'an III et de l'an VIII, la renonciation à l'appel était de droit et n'avait pas besoin d'être stipulée. — Mongalvy, t. 2, nº 511. — Cela était vrai au moins en matière d'arbitrage volontaire.

1075. — L'arbitrage forcé entre associés continuant à être régi par l'ord. de 1673, il est permis de croire que l'art. 4 de la loi du 16-24 août 1790 ne lui était pas applicable.

1076. — Mais sous l'empire de l'ord. de 1673, la clause d'un pacte social par laquelle les associés stipulaient que leurs contestations seraient jugées par des arbitres en dernier ressort et sans appel était valable; et cette clause, insérée dans un acte passé en 1805, doit produire son effet, alors surtout qu'il y est dit qu'elle ne pourra être réputée comminatoire. — *Cass.*, 13 avr. 1841 (t. 2 1841, p. 350), Coste c. Sillac-Lapierre.

1077. — Sous l'empire de la législation actuelle, on peut renoncer à l'appel aussi bien en matière d'arbitrage forcé qu'en matière d'arbitrage volontaire. Dans le premier cas comme dans le second, les règles relatives à cette renonciation sont les mêmes. Il ne faut jamais perdre de vue que si la loi soumet aux arbitres forcés les contestations entre associés, toute clause qui étend les règles de cette juridiction ou la dénature n'en conserve pas moins le caractère de compromis. Il y aura donc toujours lieu d'examiner, pour juger de la validité de la renonciation à l'appel, si les parties qui l'ont faite avaient la libre disposition des choses sur lesquelles elles compromettaient.

1078. — Il est donc bien certain que quoique le tuteur de l'héritier mineur d'un associé, ou les syndics de la faillite d'un associé, puissent nommer des arbitres, ils ne peuvent renoncer à interjeter appel. — C. comm., art. 63.

1079. — Si la clause de renonciation se trouvait dans l'acte de société, elle s'éteindra dans les cas qui, aux termes des art. 1012 et 1013, mettent fin au compromis, et par conséquent elle ne sera point obligatoire pour les héritiers mineurs des associés. L'objection tirée de ce que la clause se trouvant dans l'acte de société a été une condition de cet acte, est sans force, puisqu'elle s'appliquerait également à toutes les clauses compromissoires insérées dans des actes quelconques pour les difficultés d'exécution qu'ils soulèveront plus tard, et que cependant on ne saurait soutenir que ces clauses soient, dans tous les cas, obligatoires pour les héritiers mineurs. — Mongalvy, t. 2, nº 518; Pardessus, *Dr. comm.*, nº 1414, et consultation rapportée avec l'arrêt de Cassation du 8 mai 1837 (t. 1er 1839, p 419), Dubuc c. Bernault. — C'est aussi ce qui a été jugé par arrêt de la cour de *Lyon*, 21 avr. 1823, May c. Caron et Derozière — V. *contrà Cass.*, 8 mai 1837, précité; *Paris*, 1er mai 1828, Boblée c. Delacroix; 10 nov. 1835, Dagron c. Baudot.

1080. — La cour de Paris a décidé qu'en supposant que l'état de minorité des héritiers de l'un des associés pût anéantir l'effet de la renonciation à l'appel, le droit de s'en prévaloir n'appartiendrait qu'à eux seuls et nullement aux associés majeurs. — *Paris*, 1er mai 1828, Bobée c. Delacroix.

1081. — Mais comme la faillite ne nous paraît pas mettre fin au compromis, la cour royale de Paris a jugé, avec raison, que la clause d'un acte de société qui soumet à des arbitres souverains les contestations entre les associés est obligatoire pour les syndics de l'un des associés tombé en faillite, comme elle l'eût été pour l'associé lui-même. L'appel du jugement arbitral par les syndics est non-recevable, bien que le compromis qui nomme les arbitres ne contienne aucune renonciation à l'appel, et que le jugement intervenu ne soit point qualifié en dernier ressort. — *Paris*, 20 juin 1817, Dumont et Gillot c. Poullain.

1082. — La clause d'un acte de société par laquelle les associés sont convenus, en cas de contestation, de s'en rapporter à des arbitres convenus, avec renonciation à l'appel, a pour effet d'attribuer la qualité de juges en dernier ressort, même aux arbitres nommés par le tribunal en remplacement de ceux que les parties avaient d'abord désignés et dont les pouvoirs avaient cessé. — *Grenoble*, 13 juill. 1824, Aubert.

1083. —..... Ou aux arbitres nommés d'office par le tribunal faute par les parties de s'être entendues sur le choix. — *Cass.*, 15 juill. 1818, Bedout c. Duronéa; *Grenoble*, 4 mai 1825, Astier c. Ovel; *Cass.*, 22 août 1843 (t. 2 1843, p. 739), Gaulon c. de Lentillac.

1084. — Jugé toutefois que, lorsque, les parties qui, par traité, sont convenues de faire juger sans appel leurs contestations par deux amis communs qui seront nommés par elles ne s'étant pas accordées, il y a lieu de recourir à la justice qui les a nommés, la décision rendue par ces arbitres n'est rendue qu'à la charge d'appel. — *Bordeaux*, 20 fév. 1827, Lafargue c. Varade.

1085. — En tous cas, jugé que la renonciation que font les associés en nommant les arbitres, et non dans l'acte de société, au droit d'appeler *de la sentence rendue par les arbitres par eux nommés*, ne peut s'étendre au cas où, l'un d'eux et l'un des arbitres étant décédés, de nouveaux arbitres ont dû être nommés par le tribunal. — *Bourges*, 17 août 1816, Jouesme c. Pernot.

1086. — On a jugé dans le même sens, et toujours en se fondant sur la volonté des parties, que si dans le cas d'une contestation élevée entre associés, mais après dissolution arrêtée de la société et réglement provisoire des divers droits, les parties sont convenues de nommer deux arbitres pour vider le différend, et de leur donner pouvoir de juger en dernier ressort, cette convention tombe, en cas de partage, devant la nécessité de faire nommer un tiers arbitre par le tribunal, et la sentence arbitrale, dès lors, est susceptible d'appel. — Cette convention, d'ailleurs, doit être interprétée, dans le doute, comme ne renfermant renonciation au droit d'appel que pour le cas où le différend eût été vidé par les deux arbitres seuls. — *Douai*, 27 juill. 1837 (t. 1er 1838, p. 106), Laguche c. Dupire.

1087. — En tout cas, l'arrêt qui interprète ainsi les conventions des parties échappe à la censure de la cour de Cassation. — *Cass.*, 26 janv. 1841 (t. 1er 1842, p. 644), Dupire c. Lagache.

1088. — La clause par laquelle deux parties, à la suite d'accords intervenus entre elles, seraient convenues de faire juger leurs différends par des arbitres prononçant en dernier ressort, est une clause tout exceptionnelle et dérogatoire aux principes du droit commun, qui par conséquent ne peut être admise sans une preuve positive du consentement des parties. — *Aix*, 24 nov. 1841 (t. 2 1843, p. 685), Abram c. Sénès.

1089. — La renonciation à l'appel des sentences arbitrales, alors qu'elle est stipulée non seulement pour les contestations qui s'élèveraient dans le cours de la société, mais encore pour celles qui surgiraient pendant sa liquidation, doit être appliquée aux contestations qui s'élèvent entre le liquidateur et les associés. — *Cass.*, 13 avr. 1841 (t. 2 1841, p. 350), Coste c. Sillac-Lapierre.

1090. — Lorsqu'il a été dit, dans un acte de société, que les contestations entre les associés seraient jugées par des arbitres en dernier ressort et sans appel, cette clause n'est pas applicable au cas d'un arbitrage convenu, après la dissolution de la société par le décès de l'un des associés, entre le survivant et les héritiers du défunt. — Dès-lors, et à défaut de stipulations nouvelles, la sentence est susceptible d'appel. — *Cass.*, 16 mars 1836, Raybaud-Lange c. Besuchet.

1091. — Le compromis par lequel les parties renoncent au droit d'attaquer l'acte qualifié de sentence arbitrale *par la voie de l'appel ou autres voies judiciaires* ne prive point la partie condamnée de la faculté de faire déclarer que la décision intervenue n'a pas le caractère de décision arbitrale, comme infectée de vices radicaux prévus par l'art. 1028, C. procéd. — *Toulouse*, 23 mai 1832, Tailhades c. Lacroux.

1092. — Lorsqu'il est constant que par leurs conclusions prises devant le tribunal de commerce les parties ont demandé à être renvoyées devant arbitres pour être jugées en dernier ressort, l'énonciation contenue dans le dispositif du jugement qui leur a donné acte de leur consentement qu'elles ont investi les arbitres du droit de statuer *en définitive*, ne rend point l'appel recevable. — *Cass.*, 22 août 1831, Laborde c. Adam.

1093. — Lorsque dans un acte de société de commerce les associés sont convenus qu'en cas de difficultés les contestations seraient soumises à des arbitres dont la décision ne pourrait être attaquée par la voie d'appel, celle des parties qui, au lieu de suivre ce mode de procédure, a assigné son associé devant le tribunal de commerce, en liquidation de la société, peut encore invoquer la renonciation à l'appel stipulée par l'acte d'association, comme fin de non-recevoir contre l'appel interjeté par son adversaire de la décision des arbitres auxquels le tribunal de commerce a renvoyé leur différend en vertu de l'art. 51, C. comm. — *Bruxelles*, 4 mars 1817, Vanhamme c. Hélin.

1094. — La faculté donnée à un arbitre de juger *comme amiable compositeur*, *selon l'équité et sans s'astreindre aux règles du droit*, emporte virtuellement de la part des parties renonciation au droit d'interjeter appel de la sentence. — V. nº 742.

ART. 3. — *Du tribunal qui connaît de l'appel.*

1095. — L'appel des jugemens arbitraux doit être porté, savoir : devant les tribunaux de première instance pour les matières qui, s'il n'y eût point eu d'arbitrage, eussent été, soit en premier, soit en dernier ressort, de la compétence des juges de paix, et devant les cours royales pour les matières qui eussent été, soit en premier, soit en second ressort, de la compétence des tribunaux de première instance. — C. procéd., art 1023.

1096. — Il résulte de là que l'appel d'une sentence arbitrale (au moins en matière d'arbitrage volontaire) est toujours recevable même quand la connaissance des matières qui en font l'objet eût été, à défaut de compromis, jugée en premier et dernier ressort par les tribunaux de première instance ou de paix. Il n'y a rien d'extraordinaire, en effet, à ce que la loi admette plus aisément l'appel d'une sentence arbitrale que celui d'un jugement d'un tribunal ordinaire. Cependant cette interprétation, adoptée par MM. Merson (p. 109), Goubeau de la Bilennerie (t. 1er, p. 509) et Bellot des Minières (t. 3, nº 260), est repoussée sans même être combattue par Mongalvy (t. 2, nº 512). — V. aussi les considérans de l'arrêt de *Lyon*, 21 mars 1823, Fournier c. Pirord et Sourd.

1097. — Il a donc été décidé que le jugement qui annule une sentence arbitrale, comme rendue sans compromis, est susceptible d'appel par application de l'art. 454, C. procéd., encore qu'il s'agisse d'une somme inférieure à 1,000 fr. — *Paris*, 10 juin 1812, Billard c. Deladreuse.

1098. — Pour l'arbitrage forcé nous déciderions autrement. L'art. 52, C. comm., ne reproduit pas les dispositions de l'art. 1023, C. procéd., et, d'ailleurs, il s'agit ici d'un véritable tribunal. On doit donc reconnaître que les sentences d'arbitres forcés sont susceptibles d'appel dans les mêmes cas que les jugemens rendus par les juges consulaires, et qu'ils prononcent en dernier ressort sur toutes contestations dont la valeur n'excède pas 1,500 fr. — C'est aussi ce qui a été jugé par la cour de *Lyon* le 21 mars 1823, Fournier c. Pirord et Sourd. — Bellot des Minières, sur les art. 52,

C. comm., et 1023, C. procéd ; Goujet et Merger, v° *Arbitre forcé*, n° 378.

1099. — En matière d'arbitrage volontaire l'appel doit être porté soit au tribunal de première instance au greffe duquel la sentence a été déposée, soit à la cour dans le ressort de laquelle se trouve ce tribunal. — C. procéd., art. 1020 et 1023.

1100. — Mais en matière d'arbitrage forcé la nomination des arbitres attribue au tribunal de commerce qui l'a faite une compétence que les arbitres ne peuvent altérer par le dépôt de leur sentence au greffe d'un autre tribunal. L'appel doit donc être porté à la cour dont ressortit le tribunal de commerce qui a nommé les arbitres, quoique la sentence ait été déposée au greffe d'un tribunal ressortissant d'une autre cour, et que ce soit le président de ce dernier tribunal qui ait rendu l'ordonnance d'*exequatur*. — *Caen*, 21 mai 1827, Gérard.

1101. — Néanmoins, les parties peuvent, par un compromis, déférer à une cour autre que celle qui serait compétente, d'après la loi, la connaissance de l'appel d'une sentence arbitrale à intervenir. — *Lyon*, 17 mai 1833, David.

1102. — Les règles sur l'exécution provisoire des jugemens des tribunaux sont applicables aux jugemens arbitraux. — C. procéd., art. 1024.

1103. — Les sentences des arbitres forcés qui statuent sur des contestations élevées entre associés pour raison d'une société de commerce sont exécutoires de plein droit, nonobstant l'appel. — *Cass.*, 2 avr. 1817, Lapadu c. Hedembaig ; — de Valisménil, n° 271.

1104. — Jugé en ce sens que les sentences arbitrales, en matière d'assurances maritimes, sont susceptibles d'exécution provisoire, nonobstant appel, bien que cette exécution provisoire n'ait pas été ordonnée par la sentence : conséquemment, il n'y a pas lieu de se pourvoir pour faire ordonner cette exécution. — *Rouen*, 3 nov. 1807, Barrois c. Assureurs du Havre.

1105. — Si l'appel est rejeté, l'appelant sera condamné à la même amende que s'il s'agissait d'un jugement des tribunaux ordinaires. — C. procéd., art. 1025.

Sect. 3e. — *Tierce opposition.*

1106. — L'art. 1022, C. procéd., porte que les jugemens arbitraux ne peuvent dans aucun cas être opposés aux tiers, et la cour de Cassation a posé en principe que ces jugemens n'ont pas plus de force à leur égard qu'une simple convention souscrite à la même date par les parties qui ont compromis. — *Cass.*, 23 janv. 1843 (t. 1er 1843, p. 200), Eichinger c. Martha.

1107. — Les tiers à qui on opposerait une sentence arbitrale rendue contre leur débiteur ne devraient donc pas, comme lorsqu'il s'agit de jugement, se pourvoir par tierce opposition contre cette sentence ; ils pourraient l'attaquer directement comme s'il s'agissait d'une simple convention passée entre leur débiteur et le créancier de mauvaise foi.

1108. — Dès-lors également, s'il est vrai que les jugemens arbitraux puissent être opposés aux tiers, en ce qu'il en résulte une hypothèque (Mongalvy, t. 2, n° 485), il faut ajouter que dans ce cas les tiers qui prétendront que la sentence est le résultat du dol ou de la fraude, pourront l'attaquer par voie de nullité principale, comme ils attaqueraient tout acte fait en fraude de leurs droits. — Chauveau sur Carré, *Quest.* 3368 ; Goujet et Merger, n° 334.

1109. — Il en serait de même dans le cas où un tiers aurait obtenu contre un autre une sentence arbitrale ordonnant restitution à son profit d'un objet dont il ne serait pas propriétaire ; le véritable propriétaire pourrait, sans se pourvoir par tierce opposition, agir directement contre l'un et l'autre pour voir déclarer nul le jugement arbitral.

1110. — Jugé dans tous les cas que le propriétaire d'un fonds n'a pas besoin de se pourvoir contre la sentence arbitrale qui, rendue *entre des tiers*, accorde à l'un d'eux une servitude de passage sur ce fonds ; la maxime *res inter alios acta*... lui suffit pour repousser l'effet de la sentence. — *Aix*, 3 janv. 1817, André c. Moutte ; — Mongalvy, t. 2, n° 483.

1111. — Si la sentence arbitrale a été rendue conjointement contre des mineurs et contre leur mère tutrice, celle-ci peut intervenir dans l'instance sur la demande en nullité formée par le subrogé tuteur des mineurs, lorsqu'elle a un intérêt et des moyens personnels à faire valoir contre la sentence arbitrale. — *Cass.*, 27 mai 1818, Huvier c. Mussot.

1112. — Lorsqu'un appel a été interjeté d'une sentence arbitrale et qu'un arrêt a été rendu, il n'y a plus qu'une convention, il y a un jugement, et alors l'art. 1022 cesse d'être applicable. On pourrait par conséquent, et on devrait même se pourvoir par tierce opposition contre un arrêt confirmatif ou infirmatif d'une sentence arbitrale.

1113. — La cour royale de Paris a méconnu ces principes dans un arrêt du 9 janv. 1836 (Damrémont c. Colas et Chanvier), en soutenant qu'on ne peut jamais intervenir sur l'appel d'une sentence arbitrale, parce qu'on ne peut jamais y former tierce opposition. — Cela aurait été vrai s'il s'était agi d'un tribunal arbitral qui devrait en effet refuser toute intervention, mais cela était faux quand la cour était saisie par un appel.

1114. — Tout ce qui a été dit plus haut s'applique incontestablement aux arbitrages volontaires ; mais la cour de Grenoble a décidé que, l'arbitrage forcé constituant une véritable juridiction, la tierce opposition, dans les cas où elle serait nécessaire contre un jugement ordinaire, sera aussi admissible contre une sentence d'arbitres forcés. — *Grenoble*, 31 janv. 1822, Blanchet c. commune de Saint-Gervais. — V. *contrà* Mongalvy, t. 2, n° 483 ; Goujet et Merger, n° 332.

1115. — Si l'opinion de la cour de Grenoble était admise, naîtrait alors la difficulté de savoir quel tribunal serait compétent pour connaître de la tierce opposition ; car il est évident qu'elle ne pourrait, comme l'ordonne l'art. 475, C. procéd., être portée devant les mêmes juges, c'est-à dire devant les arbitres forcés, et cela par deux motifs, lesquels sont : 1° qu'il n'est pas possible de forcer des tiers à se faire juger par des arbitres qu'ils n'ont pas nommés ; — 2° que les arbitres, après avoir prononcé leur jugement définitif, ont terminé leur mission et n'ont plus de pouvoirs. Cette disposition de l'art. 475 devrait alors être combinée avec les articles du Code de procéd. relatifs à l'arbitrage ; et, comme l'art. 1026 veut que la requête civile soit portée devant le tribunal qui eût été compétent pour connaître de l'appel, de même la tierce opposition serait portée devant le tribunal qui eût connu de la contestation s'il n'y avait pas eu d'arbitrage.

1116. — Quoique le jugement arbitral ne puisse être opposé au codébiteur, ni à la caution du débiteur condamné, cependant le codébiteur et la caution sont libérés par la sentence arbitrale qui donne gain de cause au débiteur. — Mongalvy, t. 2, n° 481.

1117. — Il a été jugé que les syndics d'une faillite ne peuvent attaquer par la tierce opposition un jugement arbitral rendu avec leur débiteur à une époque où il avait encore le libre exercice de ses droits, lorsqu'ils ne prouvent pas qu'il y a eu dol commis à leur préjudice. — *Angers*, 22 mai 1829, syndics Lantaigne c. Moreau.

Sect. 4e. — *Requête civile.*

1118. — On décidait, avant le Code de procéd., que la voie de la requête civile était admise contre les jugemens rendus par les arbitres. — *Cass.*, 11 fructid. an VIII, Pinel c. Saulnier ; 11 vent. an XI, Guibert c. de Vantenel ; *Nîmes*, 30 germin. an XIII, Gaussard c. Froment.

1119. — Suivant l'art. 1026, C procéd., la requête civile peut être prise contre les jugemens arbitraux dans les délais, formes et cas désignés par l'art. 480, C. procéd., pour les jugemens des tribunaux ordinaires.

1120. — Puis l'art. 1027 ajoute qu'on ne pourra propose pour ouverture de requête civile : 1° l'inobservation des formes ordinaires, si les parties n'en étaient autrement convenues, ainsi qu'il est dit en l'art. 1009 ; — 2° le moyen résultant de ce qu'il a été prononcé sur choses non demandées, sauf à se pourvoir en nullité, suivant l'art. 1028.

1121. — Le n° 1er de l'art. 1027 est inexactement rédigé. Il faut évidemment l'interpréter en ce sens que l'inobservation des formes ne donne pas ouverture à requête civile, lorsque les parties, conformément à l'art. 1009, ont dispensé les arbitres de suivre les délais et formes établis pour les tribunaux. — Boitard, *Procéd. civ.*, sur l'art. 1027. — V. cependant *suprà* n° 714.

1122. — La requête civile est-elle ouverte en matière d'arbitrage forcé comme en matière d'arbitrage volontaire ? — V., pour l'affirmative, Carré, *Quest.* 3373 ; de Valisménil, n° 301 ; Bellot, t. 3, n° 311 ; Goujet et Merger, n° 397 ; — *Colmar*, 26 mai 1833, Maire et Garcin c. Golzard (par le double motif qu'il existe une analogie complète entre les jugemens arbitraux et ceux des tribunaux de commerce, et que l'art. 1026, C. procéd., dispose pour tous les cas d'arbitrage) ; *Lyon*, 31 août 1825, Thomas c. Dumoulin. — V., pour la négative, Mongalvy, n° 544 ; Merson, n° 106 ; — *Rennes*, 25 juill. 1810, Jamet c. Gautreau ; *Paris*, 6 août 1824, Lefèvre c. Humbert, — qui posent en principe que l'art. 52, C. comm., est limitatif, et que les jugemens arbitraux rendus par arbitres forcés ne peuvent être attaqués que par appel ou recours en cassation. La première de ces opinions est suivant nous préférable.

1123. — La voie de la requête civile est également ouverte (dans les cas précisés par la loi) contre les jugemens rendus par les amiables compositeurs. — De Valisménil, n° 301.

1124. — Mais voyez l'arrêt cité n° 748.

1125. — L'omission de prononcer sur un des chefs portés en un compromis n'est pas une cause de nullité contre la sentence arbitrale qui contient cette omission, mais donne ouverture seulement à la requête civile. — *Agen*, 10 août 1811, de Luppé c. Ducom.

1126. — On peut valablement renoncer, dans un compromis, à la voie de la requête civile. — *Cass.*, 18 juin 1816, de Sennocourt c. de Polard ; — Merlin, *Quest de dr.*, v° *Arbitres*, § 3 ; Carré, *Quest.* 3292 ; Thomine, n° 1223 ; Chauveau, sur Carré, *Quest.* 3371 *bis* ; Pigeau, t. 2. p. 722 ; de Valisménil, n° 297. — V. *contrà* Goubeau, t. 1er, p. 372 ; Bellot, t. 2, p. 271.

1127. — Toutefois, suivant M. de Valisménil, n° 297, si le dol ou la fraude étaient les seuls moyens de requête civile qui pussent être proposés contre une sentence arbitrale, la renonciation à ce recours serait contraire aux lois, en ce que les lois comme les bonnes mœurs défendent de compromettre d'avance sur le dol comme sur toute autre espèce de délit. — V. en ce sens *Colmar*, 26 mai 1833, Maire et Garcin c. Golzard ; — Thomine, n° 1251 ; Goujet et Merger, n° 398.

1128. — La renonciation à la requête civile n'a pas besoin d'être expresse.

1129. — Ainsi la clause du compromis qui autorise les arbitres à juger *en dernier ressort et sans recours à aucun tribunal*, emporte renonciation à la voie extraordinaire de la requête civile. — *Paris*, 3 vent. an XIII, Bourgeois c. Chaillot.

1130. — Jugé aussi qu'une sentence arbitrale ne peut être attaquée par requête civile, lorsque, dans le compromis, les parties ont déclaré que le jugement à intervenir aurait force de *transaction sur procès*. — *Cass.*, 15 therm. an XI, Duhaut c. Décluse ; — de Valisménil, n° 298 ; Carré, n° 3297. — V. *contrà* Bellot, t. 2, n° 154.

1131. — Mais en renonçant à *tous moyens judiciaires d'appel*, etc., les parties ne s'interdisent pas la faculté d'attaquer la sentence arbitrale par la voie de la requête civile. — *Colmar*, 26 mai 1833, Maire et Garcin c. Golzard.

1132. — La requête civile, dit l'art. 1026, doit être portée devant le tribunal qui eût été compétent pour connaître de l'appel. — Il en est de même en cas d'arbitrage forcé. — *Colmar*, 26 mai 1833, Maire et Garcin c. Golzard.

1133. — Il n'y a pas lieu à l'appel lorsque l'arbitrage est sur appel ou sur requête civile. — C. procéd., art. 1010.

1134. — La convention que le jugement à intervenir sur appel ou requête civile sera sujet à l'appel, ne serait pas valable, car elle établirait un troisième degré de juridiction. — Mongalvy, n° 517.

1135. — Il a été jugé que la requête civile formée contre les jugemens rendus entre une commune et l'état par des arbitres forcés, conformément aux lois des 10 juin et 2 oct. 1793, et non attaqués par la voie de l'appel, ne peut être portée devant la cour royale qui aurait dû connaître de l'appel. — On ne peut appliquer à ces jugemens arbitraux la règle de l'art. 1026, C. procéd. — *Troyes*, 18 juill. 1835, préfet. de l'Aube, c. commune d'Aix-en-Othe.

Sect. 5e. — *Prise à partie.*

1136. — Les arbitres forcés, dit un arrêt de la cour de Cassation, sont de véritables juges et forment un tribunal de commerce, puisqu'ils tiennent leurs pouvoirs de la loi, et qu'ils sont seuls compétens, à l'exclusion de tous autres tribunaux de première instance, pour prononcer sur les contestations relatives à des sociétés de commerce. — De là il faut conclure qu'ils peuvent, comme les autres juges et les membres des tribunaux de commerce, être pris à partie dans les cas de droit. — *Cass.*, 7 mai 1817, Bertrand c. Rigonaud ; — Mongalvy, t. 1er, n° 208 ; Merson, n° 52 ; Goujet et Merger, v° *Arbitre forcé*, n° 413. — V. *contrà* *Limoges*, 1er août 1814, Bertrand c. Rigonaud ; *Orléans*, 21 mai 1818, Cosme c. Maitre.

1137. — Toutefois, M. le procureur général Dupin soutenait le contraire dans son réquisitoire (aff. Parquin, t. 1er 1838, p. 593) : « D'abord, a-t-il dit, la prise à partie n'est ordinairement qu'une action civile, une action en dommages-intérêts contre le juge qui a refusé de juger ou qui a jugé par dol, ou agi en contravention formelle à certaines dispositions spéciales de la loi; car nul doute qu'il n'y ait lieu en certains cas aussi à une action contre les arbitres s'ils ont malversé dans l'exercice de leur mandat. Nul doute qu'ils ne puissent être passibles de dommages-intérêts pour le tort qu'ils auraient causé, ou être poursuivis extraordinairement s'il y avait crime ou délit caractérisé; mais ce ne peut être par la procédure exceptionnelle instituée lorsqu'il s'agit d'un juge ou d'un tribunal..... Cette procédure serait impraticable à leur égard; en effet, la base de cette procédure est la sommation de juger prescrite par l'art. 507, C. procéd. civ. Or cette sommation, impossible en la forme, puisque les arbitres n'ont pas de greffier, l'est encore au fond en ce que, tant qu'ils sont dans le délai qui leur est accordé et qui doit être fixé par le compromis, les parties n'ont aucun reproche à leur faire; et quand ce délai est expiré, il serait dérisoire de leur faire sommation de juger, puisqu'ils ne le peuvent plus; tandis que le juge, dont le titre est permanent, est toujours à temps de satisfaire à la sommation et de purger la mise en demeure en jugeant. — L'arrêt de 1817, arrêt solitaire, et rendu contrairement aux conclusions de M. Jourde, ne peut donc être invoqué que comme un arrêt qui aurait seulement consacré contre des arbitres une action civile en dommages-intérêts. »

1138. — L'application du principe posé au no 1136 offre plus de difficulté quand il s'agit d'arbitres volontaires, ou d'arbitres forcés amiables compositeurs. Cependant, dès qu'ils ont accepté les fonctions de juge, ils doivent en remplir les devoirs, et comme il importe à eux-mêmes que l'action qu'on voudrait diriger contre eux soit entourée de quelques garanties, il est raisonnable d'admettre, dans tous les cas, que les arbitres peuvent être pris à partie. — Mongalvy, t. 1er, nos 208 et 211; Poncet, *Tr. des jugem.*, t. 2, no 593; *le Prat. franç.*, t. 5, no 402. — V. surtout *Lyon*, 23 fév. 1842 (t. 2 1842, p. 200), Scurre c. Favre.

1139. — Les causes et les formes de la prise à partie des arbitres sont les mêmes que pour les juges de commerce et pour les juges en général. — Mongalvy, t. 1er, nos 209 et suiv. — V. PRISE A PARTIE.

1140. — Mais la prise à partie, étant une voie rigoureuse, ne peut être exercée que dans les cas prévus par la loi. — Ainsi, elle n'est pas ouverte par le motif que les arbitres auraient, malgré la révocation à eux signifiée, prononcé leur sentence. — *Trib. de la Seine*, 15 fév. 1843 (*Gaz. des trib.* du 16 fév.).

1141. — La prise à partie contre les arbitres doit être portée devant la cour royale qui serait compétente pour connaître de l'appel de la sentence. — C. procéd., art. 509.

1142. — MM. Goujet et Merger (vo ARBITRE FORCÉ, no 419) disent que, comme elle a pour but d'obtenir des dommages-intérêts, et qu'elle s'adresse spécialement aux biens de celui qui y est exposé, elle est valablement exercée contre les héritiers de l'arbitre prévaricateur.

Sect. 6e. — *Recours en cassation.*

1143. — Il ne pourra, dit l'art. 1028, y avoir recours en cassation que contre les jugemens des tribunaux rendus soit sur requête civile, soit sur appel d'un jugement arbitral.

1144. — En effet, la cour de Cassation est instituée pour réformer les jugemens ou arrêts des tribunaux. D'où il résulte qu'on ne peut pas lui déférer directement la sentence émanée d'arbitres volontaires qui ne sont pas de véritables juges. — *Cass.*, 18 déc. 1810, Parisot c. Beau; 20 mars 1817, Lasneret c. Vandelle; — de Valisménil, no 320.

1145. — Jugé en ce sens que les décisions rendues en dernier ressort par des arbitres volontaires ne peuvent être attaquées par le pourvoi en cassation. — *Cass.*, 15 juill. 1829, Assurances mutuelles du Pas-de-Calais c. le Phénix.

1146. — Nous dirons même aujourd'hui, comme on l'a fait avant le Code de procéd., que les sentences arbitrales contre lesquelles les parties ne se sont pas réservé la voie de l'appel, ne sont point sujettes au recours en cassation, alors même que le compromis en contient la réserve expresse. — *Cass.*, 16 prair. an XIII, Benoît c. Cavalier; 23 niv. an X, Toulaville c. Dubaudier.

1147. — Mais les arbitres forcés sont des juges dans le sens véritable du mot; ils forment un tribunal institué par la loi elle-même, et on peut se pourvoir directement en cassation contre leur décision lorsqu'elle a été rendue en dernier ressort. — *Cass.*, 30 déc. 1812, Tavannes c. commune de Beaumont; — Mongalvy, t. 2, no 563; Merlin, *Rép.*, vo *Cassation*, § 3; Boucher, *Man. des nég.*, t. 1er, p. 175.

1148. — Le fait, de la part des arbitres, d'avoir excédé leurs pouvoirs en jugeant en dehors du compromis, constitue un moyen d'incompétence qui rend recevables l'appel et le recours en cassation, alors même que dans ce compromis les parties y auraient renoncé. Ici s'applique l'art. 454, C. procéd. civ. — *Caen*, 19 mars 1839 (t. 2 1840, p. 501), Dajon c. Eudes.

1149. — La renonciation à la voie de l'appel ou de la cassation n'empêche pas la partie qui prétend avoir à se plaindre du dol des arbitres d'agir par voie de demande en nullité. — *Turin*, 4 août 1806, Broglia et Porta c. Flandin.

1150. — La décision qui annule une sentence arbitrale comme rendue hors des termes du compromis ne contient qu'une appréciation de faits qui ne peut donner ouverture à cassation — *Cass.*, 23 juin 1819, Planet c. Girardet et Camet.

1151. — Est à l'abri de la cassation l'arrêt qui, par une appréciation de faits, décide que des arbitres n'ont pas excédé les termes du compromis. — *Cass.*, 31 déc. 1834, Bret c. Evrard.

1152. — Lorsqu'une sentence arbitrale a été attaquée comme ayant jugé *ultrà petita*, la cour de Cassation peut rechercher, d'après l'état des conclusions des parties produites devant elle, si la cour royale qui a rejeté l'action en nullité a pu valablement considérer ces conclusions comme ayant conféré aux arbitres le droit de rendre la sentence critiquée. — *Cass.*, 24 mars 1840 (t. 1er 1840, p. 682), le *Droit* c. Dulacq.

1153. — Lorsqu'un arrêt a déclaré, en fait, que les affaires sur lesquelles un arbitre a statué étaient exclusivement personnelles aux parties, on n'est pas recevable à prétendre, devant la cour de Cassation, que l'arbitre a jugé hors des termes du compromis (art. 1028, C. procéd.), en ce qu'il aurait statué sur un point dans lequel il était lui-même intéressé. — *Cass.*, 1er mars 1830, Rivarès.

1154. — La cassation de l'arrêt qui a reconnu aux arbitres le pouvoir de juger en dernier ressort, entraîne l'annulation du jugement arbitral rendu en exécution de cet arrêt, et contre lequel il y a aussi pourvoi en cassation. — *Cass.*, 29 juin 1841 (t. 2 1841, p. 394), de Labrosse c. Foucault.

1155. — La signification d'une sentence arbitrale qui n'a pas été revêtue de l'ordonnance d'*exequatur*, est nulle et n'a pu faire courir le délai pour se pourvoir en cassation. — *Cass.*, 23 fructid. an VIII, Suy c. Magny.

1156. — Avant le Code de procéd., les sentences arbitrales, même indûment qualifiées en dernier ressort, pouvaient être attaquées par voie de cassation, mais non par voie d'appel. — *Cass.*, 21 messid. an XII, Société Saint-James; 22 fructid. an XIII, Richard et Texier c. Leuba.

V. ACTE, ACTE AUTHENTIQUE, ASSURANCES MARITIMES, ASSURANCES TERRESTRES, AUTORISATION DE PLAIDER, AVEU, ENREGISTREMENT, GREFFE (DROITS DE), SERMENT JUDICIAIRE ET EXTRAJUDICIAIRE.

ARBITRAGE FORCÉ.

V. ARBITRAGE.

ARBITRAGE (En banque).

1. — En matière de banque, on appelle arbitrage une opération par laquelle on détermine le prix respectif du change entre diverses places, l'une à l'égard de l'autre.

2. — Il y a lieu à arbitrage quand une personne qui veut se procurer des effets de commerce ou du papier sur une place, ne peut le faire directement et se trouve forcée de négocier par l'entremise d'une troisième. — Pardessus, no 26; Goujet et Merger, vo *Arbitrage en banque.*

3. — Dans ce cas, disent les mêmes auteurs, on combine les divers élémens du change de ces places, les unes à l'égard des autres, par une opération arithmétique appelée *règle composée*, et dans laquelle on prend pour terme chacun des cours des places entre lesquelles il s'agit d'établir une comparaison. — Pardessus, Goujet et Merger, *loc. cit.* — V. au surplus CHANGE.

ARBITRAGE VOLONTAIRE.

V. ARBITRAGE.

ARBITRAIRE (Peine).

V. PEINE.

ARBITRE.

V. ARBITRAGE.

ARBITRE (Tiers).

V. ARBITRAGE.

ARBRE.

1. — Plante ligneuse, couronnée de branches et de feuilles et qui croît en grosseur et en hauteur plus que toutes les autres plantes.

2. — Les arbres se divisent 1o en *arbres* proprement dits, lorsqu'ils sont parvenus à une hauteur de douze à quinze pieds; — 2o en arbrisseaux; — 3o en arbustes.

3. — Les arbres sont, en matière forestière, rangés selon leur croissance en trois classes: 1o ceux de quinze à cinquante pieds; — 2o ceux de cinquante à cent pieds; — 3o ceux de cent pieds et au-dessus.

4. — Le Code forestier, art. 192, divise les arbres en deux classes, à raison des amendes applicables aux délits dont ces arbres peuvent être la matière. La première comprend les chênes, hêtres, charmes, ormes, frênes, érables, platanes, pins, sapins, mélèzes, châtaigniers, noyers, alisiers, sorbiers, cormiers, mérisiers et autres arbres fruitiers. — La deuxième se compose des aulnes, tilleuls, bouleaux, trembles, peupliers, saules et de toutes espèces non comprises dans la première classe.

5. — Il n'est pas inutile d'expliquer ici les expressions qui servent à déterminer l'état, la nature et l'emploi des arbres.

6. — *Arbres abattus.* Ceux jetés à terre par la cognée.

7. — *Arsins.* Arbres qui ont été charmés ou auxquels on a mis le feu pour les faire périr.

8. — *Arbres d'assiette.* Ceux qui indiquent l'endroit où les agens forestiers ont fait assiette d'une vente, c'est-à-dire qu'ils ont désignés comme destinés à subir une coupe.

9. — *Arbres de brin ou de beau brin.* Arbres de belle venue, dont la tige est haute et droite, et qui sont propres à faire les poutres, les mâts, etc.

10. — *Arbres de chablis* ou simplement *chablis, chables* ou *caables.* Arbres de haute futaie abattus ou brisés par le vent ou pourris sur place.

11. — *Arbre charmé.* Celui au pied duquel on a fait quelque chose propre à le faire périr ou tomber à la longue.

12. — *Arbres couronnés.* Arbres dont les branches de la cime sont mortes naturellement.

13. — *Arbres déshonorés.* Ceux dont on a coupé la cime ou les branches.

14. — *Arbre défensable.* Celui qui est parvenu à un degré de croissance suffisant pour se défendre de la dent des bestiaux, et pour ne pas pouvoir être facilement arraché par la main de l'homme.

15. — *Arbre de délit.* Celui qui a été charmé, éhoupé, ébranché, déshonoré ou emporté en contravention.

16. — *Arbres empruntés.* Ceux que l'arpenteur emploie comme pieds corniers lorsqu'il n'y a pas d'arbres assez gros pour en servir, quoiqu'ils ne soient pas directement dans les angles des ventes à couper.

17. — *Arbre d'entrée.* Celui qui donne des signes de dépérissement, qui commence à se couronner..

18. — *Arbre encroué.* Celui qui, après avoir été coupé, tombe sur un autre arbre et s'engage tellement dans les branches de celui-ci, que l'un ne peut plus être abattu sans l'autre.

19. — *Arbre en étant ou en état.* Celui qui est encore sur pied.

20. — *Arbres faits.* Ceux de quatre à cinq ans, pris dans les pépinières et qui sont propres à être plantés à demeure.

21. — *Arbres faux ventés.* Ceux qu'à l'aide de cordage ou de machine on a fait tomber, en sorte qu'il semble que c'est le vent qui les a fait tomber, ou bien ceux que l'on a déchaussés pour que le vent pût les abattre plus facilement.

22. — *Arbres de haute futaie ou de haut vent.* Ceux qu'on laisse s'élever jusqu'à ce qu'ils ne croissent plus, comme le chêne, l'orme, le pin, etc.

23. — *Arbres à laye ou de repeuplée.* Jeunes plants qu'on laisse pour repeupler les taillis, lorsqu'on en fait la coupe.

24. — *Arbres de lisière* ou de bordure, autrement appelés *parois.* Ce sont ceux qu'on veut réserver dans toute la longueur des lignes d'une coupe, entre les pieds corniers, et que l'on marque du côté qui regarde la vente, tant du marteau de l'arpenteur que du marteau de l'état.

25. — *Arbres de ligne.* Ceux destinés à border des routes.

26. — *Arbres de lumière.* Ceux qui se trouvent directement au milieu des brisées, et que les arpenteurs laissent pour faciliter leurs opérations. Ils sont marqués sur les deux faces qui regardent chaque pied cornier; quelquefois on les perçait, d'où leur serait venu le non d'arbres de *lumière.*

27. — *Arbres de plein vent,* ou *en plein air* ou *de haute tige.* Ceux qu'on laisse parvenir à toute leur hauteur.

28. — *Arbres de demi-vent ou de demi-tige.* Ceux

dont on borne la tige à un mètre ou à un mètre et demi.

29. — *Arbres nains.* Ceux qui se tiennent naturellement fort bas, ou à l'élévation desquels on s'est opposé par divers procédés.

30. — *Arbres de marine.* Ceux qui sont affectés au service de la marine. — V. AFFECTATION, MARINE.

31. — *Arbres marmentaux ou arbres de touche.* Arbres de haute futaie qu'on ne taille pas, et qui forment des avenues de décorations.

32. — *Arbres martelés.* Ceux qui ont reçu l'empreinte du marteau royal de la marine, et deviennent ainsi affectés aux constructions navales.

33. — *Arbres mitoyens.* Ceux qui, se trouvant sur la ligne séparative de deux héritages, appartiennent à chacun des deux voisins.

34. — *Arbres de parois.* Ceux qui séparent les coupes vendues des coupes contiguës.

35. — *Arbres pieds-corniers.* Ceux qui servent à désigner dans les coupes un angle sortant; *tournans*, ceux qui se trouvent dans un angle rentrant, et *parois* ceux que l'on marque dans la longueur d'une ligne, soit entre deux pierds-corniers, soit entre deux tournans, soit entre un pied-cornier et un tournant.

36. — *Arbres de réserve.* Baliveaux laissés dans chaque coupe pour repeupler la forêt. On donne aussi ce nom aux pieds-corniers.

37. — *Arbres retenus.* Arbres baliveaux marqués du marteau du gouvernement ou du propriétaire, pour être, au moment de l'exploitation, conservés dans une vente pour les besoins de la marine, des communes ou des établissemens publics.

38. — *Arbres pour signaux.* Ceux destinés à la construction des signaux propres à l'établissement d'une nouvelle carte de France.

39. — *Arbres témoins.* Ceux qu'on emprunte dans les ventes voisines lorsqu'on n'en trouve pas de propres sur les limites de celle qui est mesurée pour être adjugée.

40. — *Arbres volis ou voleis.* Ce sont des arbres abattus en partie par les vents, ou dont seulement toutes les maîtresses branches sont abattues. Ils sont réputés *chablis* dans les forêts

41. — Les arbres sont épars ou réunis en massif et ils forment alors, selon leur nombre, un bois ou une forêt. — V. FORÊTS.

42. — En principe général, le droit de propriété confère a chacun le droit de planter sur son terrain tels arbres qu'il lui plaît, sauf les restrictions établies au titre des servitudes. — C. civ., art. 552. — V. PROPRIÉTÉ et SERVITUDE.

43. — Les plantations faites sur un terrain sont présumées appartenir au propriétaire, si le contraire n'est prouvé. — C. civ., art. 553.

44. — Le propriétaire conserve même sur son sol les plantations qu'il a faites avec des matériaux, semis ou plants ne lui appartenant pas, sauf à en payer la valeur. — C. civ., art. 554. — V. PROPRIÉTÉ.

45. — Quant aux plantations qu'un tiers, avec ses propres matériaux, a faites dans le fonds d'autrui, V. PROPRIÉTÉ.

46. — Pour les droits que l'usufruitier peut exercer sur les arbres et leurs fruits, V. USUFRUIT.

47. — Les fruits des arbres appartiennent incontestablement au propriétaire de l'arbre, qui, lorsque ces fruits sont, par suite de l'extension des branches, tombés sur un terrain voisin, a incontestablement le droit de forcer le voisin à lui livrer passage pour ramasser les fruits ainsi tombés, en payant, s'il y a lieu, une indemnité. — L. 1, ff., *De glande legenda.*

48. — Mais le voisin a le droit d'exiger que les arbres de haute tige ou autres ne soient plantés qu'à une distance déterminée soit par l'usage, soit par des réglemens, soit par le Code civil, art. 671 et 672. — V. SERVITUDE.

49. — Le voisin peut exiger que les arbres plantés à une moindre distance soient arrachés, et il peut contraindre à couper les branches qui avancent sur sa propriété. — V. PROPRIÉTÉ et SERVITUDE.

50. — Quiconque aura abattu un ou plusieurs arbres qu'il *savait* appartenir à autrui sera puni d'un emprisonnement qui ne sera pas au dessous de six jours ni au-dessus de six mois à raison de chaque arbre, sans que la totalité puisse excéder cinq ans, et d'une amende qui ne peut excéder le quart des restitutions et dommages intérêts, ni être au-dessus de 16 fr. — C. pén., art. 445 et 455.

51. — L'écorchure d'un arbre faite avec l'intention de nuire par l'essieu d'une voiture, n'est passible d'une peine qu'autant qu'elle serait de nature à faire périr l'arbre, et dans ce cas elle constitue un délit qui excède la compétence des tribunaux de simple police. — *Cass.*, 29 fév. 1828, Jacques Mouton et Petit.

52. — Ceux qui détruisent les greffes des arbres fruitiers ou autres, sont passibles d'amendes doubles du dédommagement, et de détention de police correctionnelle, qui ne peut excéder six mois. — L. 28 sept.-6 oct. 1791, art. 14.

53. — Pour ce qui concerne les arbres plantés ou à planter le long des routes royales ou départementales, des chemins vicinaux, des chemins communaux ou ruraux, ou sur les places des villes et autres communes, V. BIENS COMMUNAUX, CHEMINS VICINAUX, ROUTES.

ARCANSONS.

V. ÉTABLISSEMENS INSALUBRES (Nomenclature).

ARCHES D'AMANS.

Archives des gardenotes (*amans*) de la ville de Metz. — Suivant l'art. 1er, tit. 4, des coutumes générales du pays messin, l'obligation *passée devant notaire* n'emportait hypothèque que du jour qu'elle avait été mise en *arche d'amant.* — V. AMANT.

ARCHETS.

Les fabricans d'archets sont rangés, par la loi du 25 avr. 1844, sur les patentes, dans la septième classe des patentables, et imposés à : 1° un droit fixe basé sur le chiffre de la population de la ville ou commune où est situé l'établissement; — 2° un droit proportionnel du quarantième de la valeur locative de la maison d'habitation et des locaux servant à l'exercice de la profession. — V. PATENTES.

ARCHEVÊQUE.

Prélat métropolitain qui a plusieurs évêques pour suffragans. — L. 18 germin. an X. — V. CULTE.

ARCHITECTE.

Table alphabétique.

1. — L'architecte est celui qui fait profession de tracer des plans et devis pour les constructions, et d'en diriger les travaux.

2. — Chez les Grecs la profession d'architecte était en honneur, car elle supposait et nécessitait chez ceux qui s'y livraient une grande variété de connaissances. — Vitruve, liv. 1er, chap. 1er. — Les architectes avaient le privilége de donner leur nom aux bâtimens publics qu'ils avaient construits; mais, d'un autre côté, ils étaient dans l'obligation de déclarer, avant d'entreprendre un ouvrage public, ce qu'il devait coûter, et ils étaient personnellement responsables du prix qu'ils avaient indiqué. — Vitruve, *Præfat.*, liv. 10.

3. — Chez les Romains l'architecture ne fut d'abord exercée que par les esclaves et les affranchis; mais après la république, cette profession fut entourée de plus de considération et jouit de quelques priviléges. Le premier architecte faisait partie des officiers du palais, et dans les jours de cérémonie il marchait immédiatement devant l'empereur, portant une règle d'or, en signe de sa dignité. — Cassiodore, *formul.* 7, 5; *Encyclop. du dr.*, v° *Architecte*, n° 3.

4. — Les contestations relatives aux bâtimens et aux servitudes étaient jugées le plus souvent par les architectes, qui avaient les mêmes honoraires que les juges délégués. — Godefroy, *Ad legem* 12, § 1er, Cod., *De proximis sacrorum scrin.*

5. — En France il y a eu long-temps un office de premier architecte du roi. Cet office fut supprimé par la déclaration du 1er sept. 1776 et remplacé par une nouvelle commission, sous le nom d'architecte ordinaire, dont les fonctions étaient subordonnées à l'autorité du directeur général. — *Encyclop. du dr.*, *ibid.*, n° 4.

6. — Les villes importantes ont presque toujours eu des architectes spéciaux qu'elles rétribuaient elles-mêmes, et qui avaient la mission de veiller à l'entretien et à la conservation des bâtimens, de dresser des plans pour les constructions et les alignemens, qui s'exécutaient sous leur direction.

7. — Cinquante offices d'experts jurés (architectes et entrepreneurs) furent créés pour la ville de Paris par un édit du mois de mai 1690, avec mission spéciale de faire tous les rapports d'ouvrages, visites de lieux, estimation d'ouvrages, etc. — *Encyclop. du dr.*, *ibid.*, n° 5.

8. — Louis XIV avait fondé une académie d'architecture dont les statuts furent réglés par lettres patentes de fév. 1717 et de nov. 1775. Cette académie a été respectée par le décret du 3 brum. an IV; elle rentre dans une des classes de l'académie des beaux-arts. — V. INSTITUT.

9. — Le rôle des architectes se borne quelquefois à tracer des plans ou devis, ou à faire exécuter ceux dressés par d'autres; quelquefois aussi les architectes sont chargés en même temps d'établir les plans et de faire les constructions. Dans ce dernier cas ils sont *architectes entrepreneurs.* — *Encyclop. du dr.*, v° *Architecte*, n° 1er; Perrin, *Code des constructions*, n° 97.

10. — Ceux qui exécutent des travaux de construction pour leur propre compte sont réputés entrepreneurs.

11. — Il entre encore dans les attributions des architectes d'être appelés pour régler les mémoires des entrepreneurs et des ouvriers, et pour vérifier si les travaux ont été exécutés conformément aux règles de l'art, aux plans et devis et aux conventions faites avec le propriétaire. — Cette mission leur appartient naturellement lorsqu'il s'agit de mémoires présentés par les entrepreneurs et ouvriers qui ont travaillé sous leurs ordres. — Rolland de Villargues, *Dict. not.*, v° *Architecte*, nos 2 et suiv.

12. — L'architecte chargé de pareilles vérifications compromettrait sa responsabilité et deviendrait passible de dommages-intérêts, s'il se rendait coupable, soit de connivence avec les entrepreneurs et ouvriers, soit d'impéritie au point de ne pas apercevoir des vices évidens de construction. Il y a lieu, dans ce dernier cas, dit Rolland de Villargues (n° 7), d'appliquer la règle : *Imperitia culpæ adnumeratur.* — L. 132. ff., *De reg. jur.*; Lepage, t. 2, p. 37; Fremy Ligneville, *C. des archit.*, n° 1311. — V. aussi RESPONSABILITÉ.

13. — Les décisions des architectes, en matière de réglement de mémoires, comme en tout autre matière, n'empêchent pas les parties de recourir à l'expertise. — Perrin, nos 107 et 185; Lepage, t. 2, p. 64.

14. — L'exercice de la profession d'architecte était autrefois assujéti à la condition de réception par la corporation des architectes. Cette réception n'avait lieu qu'après examen. Aujourd'hui l'architecture est considérée comme *un art* libéral, que tout le monde peut exercer sans aucune formalité ni entrave. — Les auteurs de l'*Encyclop. du dr.* (v° *Architecte*, n° 8) font remarquer avec raison que cet état de choses présente des inconvéniens réels : En vain, disent-ils, assimile-t-on l'architecture à la peinture et à la musique; « on oublie qu'il existe une grande différence entre elles; la peinture et la musique sont des arts purement d'agrément; dans l'architecture, au contraire, la vie et la fortune des citoyens se trouvent directement intéressées. Un vice de construction peut, en occasionnant la chute d'un bâtiment, compromettre gravement les intérêts du propriétaire et menacer la vie des locataires et des passans; sous ce point de vue l'architecture a des rapports intimes avec les professions d'avocat, de médecin, etc.; or, ces professions sont soumises à des épreuves de capacité destinées à présenter des garanties au public. Pourquoi n'en serait-il pas de même de l'architecture? » — Aussi, lors de la discussion de la loi sur les patentes, publiée le 25 avr. 1844, un député (M. Vatout) exprimait-il le vœu de voir le gouvernement donner aux architectes une organisation régulière et les assujétir à la délivrance d'un diplôme. — Duvergier, *Coll. des lois*, t. 44, p. 243.

15. — La loi du 7 brum. an VI, relative aux patentes, contenait un art. 11 ainsi conçu : « Les architectes ne seront assujétis à la patente que quand ils feront *des réglemens de mémoires d'ouvriers, des expertises ou entreprises de bâtimens pour leur compte.* » L'art. 13, loi du 25 av. 1844, déclare dispensés de la patente « les architectes considérés comme artistes, ne se livrant pas, même accidentellement, à des entreprises de construction. »

16. — « Ainsi, dit M. Duvergier (*Coll. des lois*, t. 44, p. 243), sous la loi de l'an VI l'exemption n'était accordée qu'à l'architecte *simple artiste*, simple dessinateur de projets d'édifices. Il suffisait qu'il réglât un mémoire d'ouvriers, ou qu'il fît une ex-

pertise pour être assujéti à la patente. Au contraire, d'après la loi nouvelle, l'architecte ne peut être soumis à la patente que comme entrepreneur se livrant à des entreprises pour son propre compte, et c'est la patente d'entrepreneur qui lui est alors imposée; que si l'architecte fait une expertise, une réception de travaux, s'il règle des mémoires d'ouvrages (ce que tous les architectes font) il ne sera pas, pour ce fait, soumis à la patente, car il ne sera ni entrepreneur ni spéculateur. »

17. — On a agité la double question de savoir : 1º si les architectes peuvent être astreints à se munir, pour l'exercice de leur profession, de certaines mesures sujettes à vérification ; — 2º si par cela seul qu'un arrêté municipal les aurait soumis (même à tort) à cette obligation, les architectes seraient tenus d'y obtempérer jusqu'à ce qu'il eût été réformé par l'autorité supérieure.

18. — La difficulté sur ces questions vient : 1º de ce que la loi du 16-24 août 1790 confie à la vigilance et à l'autorité des corps municipaux l'inspection sur la fidélité *du débit des denrées qui se vendent au poids, à l'aune et à la mesure*, — 2º de ce que la loi du 19-22 juill. 1791 attribue à l'autorité municipale le droit de faire et publier des arrêtés réglementaires sur les objets confiés à la vigilance et à l'autorité des corps municipaux. — D'où paraît résulter, pour l'administration municipale, et d'une manière générale, le droit de déterminer la classe d'individus qui, par leur profession, leur industrie ou leur commerce, doivent être pourvus de poids et de mesures et soumis à la vérification périodique. — *Cass.*, 7 nov. 1833, Fageot ; — V. au surplus POIDS ET MESURES et POUVOIR MUNICIPAL.

19. — Mais, sur le premier point, la cour de Cassation nous semble avoir décidé avec raison que « les architectes proprement dits, *tant qu'ils se renferment dans l'exercice de leur profession*, ne font pas le trafic prévu par la loi de 1790, et que dès lors ils ne peuvent être compris dans un arrêté pris en vertu de cette loi et de celle du 19-22 juill. 1791. » — *Cass.*, 18 janvier 1834, Dubreuil.

20. — Cette solution ne devrait évidemment pas être applicable aux architectes qui seraient en même temps toiseurs-vérificateurs ; car, en cette dernière qualité, ils ne pourraient répudier l'application des arrêtés municipaux relatifs aux poids et mesures. — *Encycl. du dr.*, vº *Architecte*, nº 10.

21. — A l'égard de la deuxième question elle a été jugée diversement. Par un premier arrêt déjà cité, la cour de Cassation avait décidé que l'arrêté par lequel un maire ou le préfet de police à Paris enjoint aux architectes de se munir de certaines mesures, et les soumet aux vérifications prescrites pour d'autres professions, excède les pouvoirs de l'autorité municipale ou administrative, et n'est pas obligatoire. — *Cass.*, 18 janvier 1834, Dubreuil.

22. — Au contraire, par un arrêt subséquent, la même Cour a posé en principe que le règlement de police par lequel les architectes sont compris au nombre des individus qui doivent être munis de certaines mesures, et en souffrir la vérification périodique, est pris dans le cercle des attributions municipales, et, par suite, obligatoire tant qu'il n'a pas été réformé ou modifié par l'autorité administrative supérieure. — *Cass.*, 3 avr. 1835, Philippon.

23. — De ces deux décisions nous avons approuvé la première sous l'arrêt du 3 avr. 1835. — V. au surplus POUVOIR MUNICIPAL.

24. — Les honoraires des architectes ne sont réglés par aucune loi. A défaut de convention on les fixe d'après l'usage des lieux, et, en cas de contestation, on les fait régler par les tribunaux. Un usage généralement suivi alloue 5 p. % du montant des mémoires en règlement à l'architecte qui a tout à la fois fait les plans et devis, conduit les travaux, vérifié et réglé les mémoires. D'après un arrêté du conseil des bâtimens civils près le ministère de l'intérieur, du 8 pluv. an VIII, ces 5 p. % sont répartis ainsi qu'il suit sur les différentes portions du travail dont est chargé l'architecte : pour composition de projets et plans, 1 et demi p. %; pour direction et conduite des travaux, 1 et demi p. %; pour vérifications de mémoires 2 p. %, et dans le cas où il aurait été dressé un devis par l'architecte pour des travaux qu'il n'aurait pas fait exécuter, 1 p. %. — Cet arrêté est généralement adopté comme base du règlement d'honoraires entre les architectes et les particuliers.

25. — Il a été jugé, par application de l'arrêté précité, que les architectes qui ont fait les plans et devis, surveillé les travaux et reçu les ouvrages exécutés pour le compte des communes et établissemens publics, ont, à moins de conventions contraires, droit pour leurs émolumens à 5 p. % sur la valeur des constructions adjugées. — L'architecte a également droit à un soixantième du prix des devis par lui dressés mais non suivis d'exécution. — *Dijon*, 21 mai 1844 (t. 2 1844, p. 322), Chaussier c. ville de Chaumont.

26. — Le plan dressé par l'architecte ne lui est pas payé lorsqu'il a l'entreprise des travaux, et qu'il est rétribué comme entrepreneur; on présume qu'il est indemnisé suffisamment par le bénéfice qu'il doit retirer de la fourniture des matériaux et de la confection des travaux. — *Encyclopédie du dr.*, vº *Architecte*, nº 14.

27. — Quand les travaux d'expertise confiés à un architecte ont lieu par suite d'une mission judiciaire, la fixation des honoraires qui lui sont dus est faite ainsi qu'il suit : en matière civile, conformément à l'art. 159 du tarif du 16 fév. 1807, par chaque vacation de trois heures, s'il opère au lieu de son domicile ou dans la distance de 2 myriamètres, dans le département de la Seine, 8 fr., et dans les autres départemens 6 fr.; — en matière criminelle, conformément à l'art. 22 du tarif du 18 juin 1811, savoir : à Paris, 5 fr.; dans des villes de 40,000 habitans et au-dessus, 4 fr.; dans les autres villes et communes, 3 fr.

28. — Le procès-verbal des architectes dans les affaires où l'expert est nommé d'office par le tribunal, est taxé par le président qui a le droit de réduire le nombre des vacations lorsqu'il lui paraît exagéré. — *Encyclopédie du dr.*, *ibid.*, nº 14.

29. — Les architectes ne peuvent être soumis à la prescription de six mois pour le paiement de leurs salaires, comme les ouvriers et gens de travail (Arg. C. civ., art. 1799). — Troplong, *Prescript.*, nº 954 ; Vazeille-Ligneville, nº 1378. — *Cass.*, 12 mars 1834, Villa c. Mazars.

30. — Les architectes ont, pour le paiement du prix de leurs travaux, un privilége sur les constructions qu'ils ont dirigées. — C. civ., art. 2103.

31. — Les conditions auxquelles sont attachés l'existence et l'exercice de ce privilége sont expliquées au mot PRIVILÉGE.

32. — Les architectes peuvent, dans certains cas déterminés par la loi, être, de la part de ceux qui les ont employés, l'objet d'une action en responsabilité — V. à cet égard LOUAGE D'INDUSTRIE.

33. — Quant à la question de savoir s'ils peuvent être réputés garans des dépenses de constructions excédant celles qu'ils avaient prévues, V. également LOUAGE D'INDUSTRIE.

34. — En ce qui concerne l'organisation spéciale, les attributions, les devoirs et les droits des architectes chargés de la direction ou de la surveillance des travaux publics, V. BATIMENS CIVILS, COMMUNE, DÉPARTEMENT, TRAVAUX PUBLICS, VOIRIE.

ARCHIVES.

Table alphabétique.

1. — Le mot *archives* sert à désigner le lieu où les titres, chartes, traités et autres actes publics sont déposés pour être conservés. — Il se dit aussi des actes eux-mêmes ainsi déposés. — On nomme *archiviste* celui qui est préposé à la conservation de ces actes, et qui d'ordinaire a le droit d'en délivrer des copies ou expéditions.

2. — Ce mot est dérivé, suivant quelques auteurs, du mot grec ἀρχεῖον, qui signifiait le palais du prince où étaient renfermés tous les actes publics et particuliers (Godefroy, *ad leg.* 9, § 6, ff., *De pœnis*), selon d'autres, du latin *arca*, coffre, lequel viendrait lui-même du verbe latin *arceo*. — *Arca dicta quod arceat visum atque prohibeat; hinc et archivum, hinc et arcanum, unde cœteri arcentur.* Isidore, *Orig.*, lib. 20, cap. 9.

3. — Tous les anciens peuples ont eu leurs archives. Les grecs en établirent jusque dans les lieux sacrés; le temple de Délos surtout servit à toute la Grèce pour cet usage. — A Rome, les actes sous seing-privé étaient déposés dans les archives publiques pour qu'on pût y avoir recours. La loi 30, C. *De episcopali audientiâ*, mentionne les archives de l'église d'Alexandrie, et dans la Nov. 49, ch. 2, il est question d'archives publiques.

4. — En Angleterre, la *tour de Londres* renfermait un recueil immense de documens du plus haut prix, relatifs à l'histoire de l'Angleterre et des autres nations en rapport avec elle. Mais on sait qu'un incendie a détruit en grande partie, le 30 octobre 1841, les divers objets précieux qu'elle contenait.

5. — L'on retrouve en France le même usage dès les temps les plus anciens. Les ordonnances de nos rois se conservaient dans leur palais, *in archivo palatii.* — Malheureusement, pendant long-temps, nos rois portèrent à la guerre avec eux les titres les plus précieux de leur couronne — Il résulta souvent de là des pertes considérables.

6. — Pour remédier à cet inconvénient, on établit le trésor des chartes qui fut placé d'abord dans la tour du Louvre et du Temple, et, depuis Saint-Louis, à la sainte chapelle de Paris où sont encore aujourd'hui les *archives judiciaires*. Tous les originaux y furent consacrés pour n'en pas sortir, et quand on en délivrait des copies, on avait soin de les inscrire dans des registres qui furent les premiers modèles des cartulaires de toutes les abbayes, dont aucun n'est guère plus ancien que ces registres. Ainsi, le trésor des chartes est composé des titres originaux et des registres où ils sont transcrits; mais, malgré la loi que l'on s'était faite de ne jamais laisser sortir de titres de ce trésor, on comprend qu'il fallait bien les confier à ceux qui furent chargés d'en faire les extraits; c'est ce qui fit qu'il y en eut plusieurs d'égarés et que l'on recouvre tous les jours dans les bibliothèques où ils étaient restés.

7. — Les provinces, les villes, les églises, les monastères, les universités, les grandes maisons comme celle des princes, des ducs, etc., possédaient aussi de précieuses archives qui furent en grande partie dispersées à l'époque de la révolution.

8. — Sous l'empire, les archives du royaume s'étaient accrues de celles qui appartenaient à de grandes villes conquises. On remarquait entr'autres les archives de Vienne, celles du Vatican, etc. — Mais avant qu'on eût le temps d'explorer ces documens dans l'intérêt de la science historique, les événemens de 1814 forcèrent de les restituer en presque totalité.

9. — Aujourd'hui que l'on comprend mieux l'intérêt qui s'attache à ces documens pour l'étude de l'histoire, le gouvernement a songé aux moyens qu'il fallait employer pour sauver de la destruction et de l'oubli ceux qui ont survécu à ce naufrage. — Circul. du minist. de l'inst. publ., aux correspondans du *comité historique*, établi auprès de ce ministère, nov. 1834.

10. — Malheureusement, ces efforts ne pourront jamais nous dédommager de nos pertes, car ce qui avait survécu aux dilapidations révolutionnaires, a failli périr en pleine paix, et presque de nos jours. De 1816 à 1830, nos archives publiques (les archives du royaume) furent livrées au vandalisme et à la destruction. Trois cent quatre vingt-sept registres sur grandes feuilles en parchemins disparurent sans retour. — La valeur vénale du parchemin seul est évaluée à 10,000 fr.; mais ce qui est inappréciable, c'est la perte de tant de monumens historiques, la soustraction de plusieurs volumes du trésor des chartes, la mutilation de documens précieux et la soustraction de pièces autographes. — Rapp. de M. Amilhau sur le budget du ministère de l'intérieur pour 1837.

11. — Les archives sont de deux sortes : 1º les archives *publiques* proprement dites, c'est-à-dire celles qui sont formées de l'autorité du souverain et gardées sous cette autorité, *in quo non nisi scripturæ publicæ solent reponi.* — Dumoulin, t. 1er, p. 161, nº 30; — 2º Les archives *particulières* qui sont formées par des particuliers tels que des princes, etc., ou par des provinces, des villes, ou encore par des corps et des communautés.

12. — Parmi les archives publiques, on distingue les archives de l'*état* (*nationales* ou *royales*), les archives *domaniales*, les archives *judiciaires* et les archives de la *couronne*. — L'organisation et la police de ces diverses archives ont été réglées par les lois des 4 et 7 sept. 1790, 27 déc. 1791, 10 oct. 1792, 20 fév. 1793, 8 pluv. et 7 mess. an II, 3 et 6 brum., 14 et 17 frim., 13 pluv., 3 et 21 vent. an III, 5 brum. an V, et les arrêtés du gouvernement des 8 prair. an VIII et 1er pluv. an IX. — V. aussi les numéros suivans.

13. — Les archives de l'*état* sont le dépôt de tous les actes qui établissent la constitution du royaume, son droit public, ses lois et sa distribution en départemens. — L. des 7 et 12 sept. 1790, art. 1er.

14. — Les archives *domaniales* renferment tous les titres concernant le domaine public. — Loi précitée du 7 messid. an II, art. 7.

15. — Les archives *judiciaires* comprennent tous les actes émanés de nos anciens tribunaux et intéressant la propriété des citoyens. — *Ibid.*, art. 10 et suiv. — Cette partie des archives publiques se trouve aujourd'hui dans les attributions et sous la

surveillance du ministre de l'intérieur. — Ordon. 21 nov. 1836. — Elle contient 63,000 liasses ou registres comprenant les délibérations du parlement de Paris, de la grande chancellerie et des conseils, les arrêtés des juridictions spéciales et du tribunal révolutionnaire.

16. — Enfin, les archives de la *couronne* sont le dépôt des titres, actes et pièces qui concernent les propriétés du domaine de la couronne. — Ordon. 3 août 1824.

17. — Ces diverses archives sont réunies ou déposées, savoir : les archives de l'*état* et les archives *domaniales* dans le local de l'hôtel Soubise, rue du Chaume ; les archives *judiciaires* dans les dépendances du Palais-de-Justice. Ces diverses archives forment ensemble ce qu'on appelle les *archives du royaume* ; elles sont divisées, depuis 1811, en cinq sections : législative, administrative, historique domaniale et judiciaire. Les archives de la *couronne* sont au Louvre.

18. — Indépendamment des archives dont il vient d'être parlé, il en existe auprès des ministres et des administrations publiques. On cite parmi ces archives spéciales, comme les plus importantes, celles des ministères des affaires étrangères, de la guerre et de la marine, et de la préfecture de police. — Il y a aussi les archives communales, dans lesquelles doivent être déposés, à la fin de chaque année, les registres de l'état civil. — V. ACTES DE L'ÉTAT CIVIL, nos 81 et 90.

19. — Pour assurer la conservation des titres et pièces déposés dans les archives, il est interdit aux archivistes d'en laisser emporter aucun hors des archives. — L. 12 sept. 1790, art. 14 ; ordon. 3 août 1824, art. 7. — Le législateur a sanctionné par des dispositions pénales cette défense. — C. pén., art. 254 et 255.

20. — Toutefois, la prohibition dont nous venons de parler n'est pas tellement absolue, qu'il ne soit permis, en certains cas, aux archivistes de remettre les titres qui leur sont demandés. Mais ces cas sont fort rares. — L. 12 sept. 1790, art. 14 ; L. 5 brum. an V ; ordon. 3 août 1824, art. 7.

21. — L'autorisation nécessaire pour obtenir la remise des titres déposés aux archives n'est pas exigée quand les parties intéressées veulent s'en faire délivrer de simples expéditions. — L. 12 sept. 1790, art. 7. — Les droits à payer pour ces expéditions sont réglés par une décision ministérielle.

22. Les intendans et administrateurs de la liste civile sont autorisés à se faire délivrer des copies collationnées ou des extraits des titres déposés aux archives de la couronne. — Ordon. 3 août 1824, art. 7.

23. — Quand une partie fait lever quelque extrait de pièces conservées aux archives, on n'est point tenu d'appeler les parties adverses pour en faire la collation avec elles, parce que cet extrait n'est pas la collation d'un titre présenté par un particulier sans caractère ; c'est au contraire une expédition qui, étant signée de l'officier préposé, doit produire le même effet que l'expédition délivrée par un notaire, lorsqu'il a reçu la minute de l'acte. Dans ce cas, la signature du dépositaire de l'acte suffit pour en assurer la foi. — Merlin, *Rép.*, vo *Archives*. — V. au surplus le numéro suivant.

24. — Quelle est l'autorité des actes et expéditions tirés des archives publiques ? L'art. 7 de la loi de 1790 porte : « Les expéditions qui seront » délivrées des actes déposés aux archives nationales, seront signées par l'archiviste et scellées » d'un sceau qui y sera appliqué. Les expéditions » délivrées en cette forme sont authentiques, et » feront pleine foi en jugement et ailleurs. » Mais si ces expéditions sont authentiques, ce n'est qu'en ce sens qu'elles font pleine foi de leur conformité exacte avec les originaux. Quant aux actes originaux eux-mêmes, s'ils ont été reçus *par des officiers publics chargés par la loi de donner l'authenticité aux actes*, il est certain qu'ils feront pleine foi de leur contenu. — C. civ., art. 1317 ; — Taillandier, *Encyclop. du dr.*, vo *Archives*, no 15 ; Rolland de Villargues, *Rép. du notariat*, vo *Archives*, nos 12 et 13.

25. — Les actes sous seing-privé tirés des anciennes archives publiques doivent-ils être considérés comme authentiques, quoique non reconnus par les parties ? L'affirmative était autrefois soutenue par plusieurs docteurs, qui se fondaient sur l'auth. *ad hæc*, L. 20, Cod., *De fide instrum.*, dans laquelle on lit : *Charta quæ profertur ex archivo publico, testimonium publicum habet.* — C'est aussi l'opinion de Pothier (*Oblig.*, no 751), qui enseigne que les actes sous signature privée tirés des archives publiques, avec la seule attestation du trésorier des archives qu'ils en ont été tirés, font foi, quoiqu'ils n'aient point été reconnus. — Mais nous pensons que cette opinion ne saurait être suivie. Si à Rome, dit M. Taillandier (*ibid.*, no 16), les actes tirés des archives faisaient foi pleine et entière, c'est que l'archiviste était, comme sont aujourd'hui les notaires, un officier public autorisé par la loi à recevoir la déclaration des parties que l'écrit qu'elles présentent contient leur volonté. Mais, sous notre législation, les archivistes n'ayant plus le même caractère, on ne peut leur appliquer la disposition de la loi romaine. « Le certificat de l'archiviste, en le supposant officier public, dit à ce sujet Toullier (t. 8, no 203), peut bien prouver que la pièce a été trouvée dans les archives, qu'elle y était avec d'autres pièces qui sont ou qui lui ont paru être authentiques ; mais comment la pièce est-elle entrée dans les archives ? Par qui et pourquoi y a-t-elle été déposée ? Voilà ce que ne prouve ni ne peut prouver le certificat de l'archiviste. Si la pièce n'est pas revêtue des caractères d'un acte public, son existence dans les archives ne peut les lui donner, à moins qu'on ne sache quand, par qui, pourquoi et comment elle y a été déposée ; en un mot, à moins qu'il n'existe un acte de dépôt rédigé par un officier public compétent, qui atteste que la partie elle-même a déposé la pièce en déclarant qu'elle contient ses volontés, qu'elle forme un titre qu'elle désire faire conserver. Sans cet acte auquel doit demeurer annexée la pièce déposée, son existence dans les archives, dont la cause et l'origine sont inconnues, ne saurait lui conférer l'authenticité qu'elle n'a point par elle-même. Enfin, comme il s'agit là d'une exception qui n'est point reconnue par le Code, elle ne peut être admise. » — Rolland de Villargues, vis *Acte authentique*, no 39, et *Archives*, no 14.

V. DÉPOTS PUBLICS.

ARCHONTE.

1. — Nom donné aux principaux magistrats d'Athènes, chargés, après la mort du roi Codrus, du gouvernement de la cité.

2. — Il y eut d'abord des archontes perpétuels ou à vie, dont les fonctions furent remplies jusqu'au huitième siècle avant l'ère chrétienne par les descendans de Médon, fils aîné de Codrus, qui avait le premier occupé cette haute dignité.

3. — Les archontes furent ensuite nommés pour dix ans ; et enfin leurs fonctions devinrent annuelles : elles l'étaient déjà au temps de Solon.

4. — Il y eut neuf archontes lorsqu'ils ne furent plus nommés que pour un an.

5. — Le premier archonte donnait son nom à l'année ; on plaçait ce nom à la tête de tous les actes publics. — La plupart des actions civiles, et tout ce qui concerne les familles, étaient de la juridiction du premier archonte. — Postel, *Magistr. ath.*, ch. 23 ; Pastoret, *Hist. de la législ.*, t. 6, p. 148 ; Sigonius, *Républ. ath.*, t. 4, ch. 7.

6. — Le second était désigné sous le nom d'*archonte-roi* et présidait l'aréopage. — Il avait l'intendance du culte, veillait aux fêtes en général, aux solennités d'Eleusis et à ses mystères.

7. — Le troisième archonte (*polémarque*) avait d'abord commandé l'armée ; il présidait aux jeux funèbres pour les citoyens morts à la guerre, veillait à ce que les enfans des défenseurs de la patrie reçussent du trésor public la nourriture qui leur était assurée. — Il avait aussi l'exercice de l'action publique pour plusieurs délits militaires.

8. — Les six autres archontes (*thesmotètes*) avaient notamment la surveillance des registres publics concernant l'*état-civil*. Ils connaissaient aussi des contestations commerciales et maritimes, du délit d'adultère, etc., etc. — Sigonius, *De republ. ath.*, t. 3, ch. 3.

9. — Les archontes portaient une couronne de myrte comme symbole de leur dignité ; il était défendu expressément de traduire ces magistrats sur la scène. — Mursius, *Themis attica*, t. 1, ch. 8.

10. — L'ivresse était un crime pour les archontes ; Solon établit contre elle, dans ce cas, la peine de mort. — Diogène Laërce, *Vie de Solon*, § 9.

11. — Lorsque la magistrature des archontes expirait, ils étaient tenus de rendre compte de leur administration à l'aréopage. — Si leur conduite était approuvée, il devenait de droit membre de ce tribunal. — V. ARÉOPAGE.

ARÇONNEURS.

Les arçonneurs sont rangés, par la loi du 25 avr. 1844, sur les patentes, dans la huitième classe des patentables, et imposés à : 1o un droit fixe basé sur le chiffre de la population de la ville ou commune où est situé l'établissement ; — 2o un droit proportionnel du quarantième de la valeur locative de la maison d'habitation et des locaux servant à l'exercice de la profession. — V. PATENTE.

ARCIUT.

C'était une redevance payée aux évêques par les abbés laïques du Béarn, qui avaient acquis des dîmes, soit à titre gratuit, soit à titre onéreux. — *Fors du Béarn*, tit. 1er, art. 30.

ARDOISES, ARDOISIÈRES.

1. — Les marchands en gros d'ardoises, ainsi que ceux qui en expédient par bateaux et voitures, sont rangés, par la loi du 25 avr. 1844, sur les patentes, dans la troisième classe des patentables, et imposés à 1o un droit fixe basé sur le chiffre de la population de la ville ou commune où est situé l'établissement ; — 2o un droit proportionnel du vingtième de la valeur locative de la maison d'habitation et des locaux servant à l'exercice de la profession.

2. — Les marchands d'ardoises, qui vendent par millier aux maçons et aux entrepreneurs de bâtimens, sont rangés dans la sixième classe et imposés au même droit fixe, sauf la différence de classe, et au même droit proportionnel du vingtième.

3. — Quant aux exploitans d'ardoisières, ils sont imposés 1o à un droit fixe de 25 f., lorsque le nombre de leurs ouvriers ne dépasse pas dix, et de 3 fr. par chaque ouvrier en sus, jusqu'au maximum de 400 fr. ; — 2o à un droit proportionnel du vingtième de la valeur locative de la maison d'habitation, et du vingt-cinquième de celle des locaux servant à l'exercice de la profession.

4. — Les fabriques d'ardoises artificielles sont comprises au nombre des établissemens insalubres. — V. ce mot à la nomenclature.

ARÉOPAGE.

1. — Tribunal d'Athènes, remontant à la plus haute antiquité, et qui connaissait des matières criminelles, notamment des meurtres, des blessures faites avec le dessein de tuer, de l'incendie et du poison.

2. — L'aréopage avait aussi des attributions qui tenaient à la religion, aux mœurs publiques et à l'administration de la cité.

3. — On n'admettait à l'aréopage que les hommes les plus distingués par leur naissance, leur fortune, leur influence, et surtout leurs vertus. — Depuis Solon, l'aréopage ne se composa que des archontes sortis de la magistrature.

4. — Le nombre des membres de l'aréopage ne nous est plus connu : on prétend qu'il était de cinq cents personnes ; mais rien n'est moins prouvé. — M. Faustin Hélie croit que ce nombre n'a pas dépassé cinquante-un (*Histoire et théor. du Code d'instr. crim.*, t. 1er, p. 17) : cette conjecture ne s'appuie sur aucun document historique bien positif. On remarquera d'ailleurs que, comme l'aréopage recevait chaque année dans son sein les archontes dont les fonctions étaient expirées, le nombre des membres de ce tribunal était nécessairement variable et illimité.

5. — L'aréopage était présidé par l'archonte-roi, qui, lorsqu'il s'asseyait pour juger, ôtait la couronne de myrte, marque ordinaire de sa dignité.

6. — L'aréopage siégeait en plein air, et dans une enceinte ouverte de toute part, séparé de la foule par une faible barrière ou par une simple corde. — Démosthène, *in Aristog.*

7. — Il paraît qu'on tirait au sort, chaque fois, les causes qu'on allait examiner. — Comme la moindre préférence, dit Pastoret, eût semblé une criante injustice, on faisait des causes une espèce de loterie.

8. — L'accusateur et l'accusé pouvaient eux-mêmes plaider leur cause, ou choisir des défenseurs qui plaidassent pour eux.

9. — Long-temps, devant le tribunal de l'aréopage, il n'avait pas été permis de se faire défendre par des avocats, chacun devait y plaider sa propre cause. — Sextus Empiricus, *contrà Rhetores*, *II*, p. 394.

10. — Plus tard, des défenseurs furent admis, mais le nombre n'en fut d'abord porté qu'à dix. — Dans la suite, ce nombre fut illimité. — *Mém. de l'academ. des belles-lettres*, t. 7, p. 192.

11. — Le salaire de ces défenseurs était fort modique ; Lucien nous apprend que le tarif ne le portait qu'à *trois oboles*. — Pastoret, *Hist. de la législ.*, t. 6, p. 373.

12. — Tous les genres de séduction avaient été éloignés de l'aréopage : les séances n'avaient lieu que la nuit, et l'éloquence était proscrite de ce tribunal. Pas d'exordes ni de péroraisons, pas de digressions inutiles ! Si l'orateur s'égarait, un hérault le rappelait à la cause et lui imposait silence. — Pastoret, *Hist. de la législ.*, t. 6, p. 367 et 368 ; Eschine, *adv. Timarch.*

13. — Le temps était fixé pour chaque plaidoirie ; une clepsydre le marquait. La lecture de la loi, des dépositions, des pièces était faite par le greffier.

14. — Il n'était pas permis de rire devant l'aréopage. — Mursius, *Areop.*, ch. 4 ; Barthélemy, ch. 17.

15. — Un serment était prêté par l'accusateur et par l'accusé au début de l'affaire. Ils appelaient sur le parjure et sur sa famille, par d'éclatantes imprécations, la vengeance des Euménides, dont le temple était à côté du lieu où siégeait l'aréopage.

16. — L'accusé qui avouait son crime était condamné sur son aveu. — S'il le niait, on employait tous les moyens de le convaincre.

17. — Afin d'éviter sa condamnation, l'accusé pouvait s'exiler avant le jugement, mais alors ses biens étaient confisqués et vendus.

18. — Les juges délibéraient seuls et sans témoins : la majorité des voix suffisait.

19. — L'opinion des juges était exprimée par une petite pierre jetée dans l'une des deux urnes préparées à cet effet. La première était l'urne de la *mort* ; la seconde l'urne de la *miséricorde* : celle-ci était de bois, l'autre d'airain.

20. — L'usage du scrutin secret subsista jusqu'aux trente tyrans, qui y substituèrent un autre mode pour recueillir les suffrages. Sous leur gouvernement, tous ceux qui furent amenés devant l'aréopage, tous, un seul excepté, furent condamnés à la mort. — Lysias, *contrà Agorat.*

21. — On pouvait appeler du jugement de l'aréopage à l'assemblée du peuple. Solon l'avait investie de ce droit. — Plutarque, *Vie de Solon*, § 30.

22. — L'aréopage était un tribunal révéré, dont la juridiction avait été respectée par les divers gouvernemens qui s'étaient succédé à Athènes : Démosthène disait qu'on n'avait jamais pu le convaincre d'injustice. — *Disc. contre Aristog.*

23. — Les temps modernes, moins indulgens, lui adressent plus d'un reproche : on ne lui pardonnera jamais la mort de Socrate.

ARGENT.

1. — Le mot *argent*, pris seul, embrasse non seulement l'argent en pièces de monnaie et en lingots, mais encore, par extension, toutes les monnaies de quelques métaux qu'elles se composent, et même les billets de banque, qui sont assimilés aux valeurs en numéraire, mais non les billets au porteur. — L'*argent-comptant* embrasse toutes les valeurs en numéraire, mais ne comprend pas les lingots. — Quant à l'*argenterie*, elle comprend les divers ouvrages d'orfévrerie fabriqués, soit en or, soit en argent, soit en vermeil, et particulièrement ceux destinés au service de la table, mais non les objets simplement dorés ou argentés.

2. — L'argent étant au nombre des choses qui se consomment par l'usage, l'emprunteur et l'usufruitier n'ont droit de s'en servir qu'à la charge de rendre à l'époque fixée pour le remboursement du prêt, ou pour la cessation de l'usufruit, savoir : s'il s'agit de numéraire, une somme numérique égale, dans les espèces ayant cours au moment du paiement ; et s'il s'agit de lingots, les mêmes quantité et qualité, sans aucun égard à l'augmentation ou à la diminution des espèces et à la différence de valeur des lingots. — C. civ., art. 587, 1893 et 1897. — V. PRÊT, USUFRUIT.

3. — Le rapport de l'argent donné se fait en moins prenant dans le numéraire de la succession. — C. civ., art. 869. — V. RAPPORT A SUCCESSION.

4. — L'argent comptant n'est pas compris dans le mot *meuble*, employé seul, sans autre addition ni désignation ; et il ne rentre pas non plus dans la vente ou le don d'une maison avec tout ce qui s'y trouve. — C. civ., art. 533 et 536. — V. DONATION, VENTE.

5. — L'argenterie doit être désignée par qualité, poids et titre dans les inventaires, spécifiée par pièces et poinçons, et pesée dans les saisies-exécutions. — C. civ., art. 589 et 943,4°. — V. INVENTAIRE, SAISIE-EXÉCUTION.

6. — La fabrication et la vente des ouvrages d'argent sont soumis à des formalités particulières, qui ont but de garantir leur titre et qualité. — V. MATIÈRES D'OR ET D'ARGENT. — Quant à l'argent monnayé, V. MONNAIE.

ARGOUSIN.

1. — Bas officiers des bagnes, chargés de la garde des galériens ou forçats.

2. — Ils se recrutent par voie d'enrôlement volontaire. — V. BAGNES.

3. — Autrefois ils étaient choisis par les capitaines de galères.

4. — L'argousin devait fournir une caution de 1,508 liv., tant pour lui que pour le sous-argousin et le mousse de la galère sur laquelle il servait. — Réglem. 14 avr. 1700, art. 1er.

5. — Il était passible d'une amende de 600 liv. pour chaque forçat ou *Turc* qu'il laissait évader. — Même réglem., art. 20.

6. — Un arrêt du conseil du 13 juill. 1717 réduisit cette amende à 400 liv ; elle fut même réduite à 200 liv. pour les ports autres que Marseille, par un autre arrêt du conseil du 2 avr. 1749. — Bourguignon, *Dict. des lois pén.*, v° *Chiourmes*, p. 209.

7. — D'après l'ord. du 16 déc. 1786, l'argousin ou sous-argousin sur la galère duquel un forçat se sera battu avec un autre et l'aura blessé avec un couteau sera privé de son emploi. — Art. 5.

8. — Le 13 juin 1689, une ordonnance interdit aux argousins et autres bas officiers des galères de se servir du bâton pour punir les forçats, *lesquels se trouvent estropiés et hors d'état de rendre aucun service.* Ceux qui auront enfreint cette défense seront chassés des galères et contraints au paiement de 400 liv. pour l'achat d'un Turc en place du forçat ainsi frappé ; le cas de révolte est seul excepté.

9. — Les argousins et bas officiers convaincus d'avoir eu connaissance du recel par des forçats d'objets volés dans le bagne ou hors du bagne, seront condamnés à la peine du fouet le long du port, et ensuite chassés du service sans y pouvoir jamais rentrer. — Ord. 21 oct. 1695.

10. — Dans son *Répertoire de jurisprudence*, v° *Forçat*, Merlin soutient la légalité de cette peine.

11. — Tout forçat auquel il arrivera de frapper ou blesser les argousins ou autres bas officiers des galères, sera mis au conseil de guerre et condamné à mort. — Ord. 14 déc. 1691 ; 4 oct. 1702 ; 20 déc. 1713.

12. — Les bas officiers convaincus d'avoir eu des liaisons d'intérêt avec leurs officiers supérieurs et de leur avoir donné de l'argent seront chassés sans y pouvoir jamais rentrer. — Ord. 8 mai 1697.

ARGUE.

1. — On nomme ainsi une machine propre à tirer et à dégrossir les lingots d'or et d'argent. Par suite, et par extension, on désigne sous le nom d'*argues royales* les bureaux dépendant des hôtels des monnaies, où les lingots d'or et d'argent sont tirés, dégrossis et marqués.

2. — Le droit exclusif de faire tirer et dégrossir les métaux, a été, de tout temps, en France, réservé au gouvernement. En conséquence, les tireurs d'or et d'argent ont été obligés de porter leurs lingots aux argues royales. — Ordonn. juill. 1681 ; arrêt du conseil du roi, 7 janv. 1687 ; lettres-patentes, 7 mai 1725.

3. — La loi du 19 brum. an VI, a confirmé cet état de choses, en déclarant qu'il serait établi partout où les besoins de la fabrication l'exigeraient, des argues nationales, où les tireurs d'or et d'argent seraient tenus de porter leurs lingots.

4. — Si ce droit devenu plus onéreux que productif pour le trésor, a été abandonné dans certaines localités, comme à Paris, il n'en continue pas moins à subsister partout où l'administration croit devoir en faire usage, en conservant une argue nationale. — V. MATIÈRE D'OR ET D'ARGENT.

ARMATEUR.

1. — On appelle ainsi celui qui arme un navire pour une expédition déterminée, c'est-à-dire qui le munit de tous les objets nécessaires, et le donne à diriger à un capitaine et à un équipage de son choix.

2. — Le propriétaire d'un navire en est souvent l'armateur ; mais il arrive fréquemment que ces deux qualités appartiennent à deux personnes différentes ; l'armateur n'est alors que le locataire ou fréteur du navire.

3. — L'armateur-fréteur est, à l'égard du capitaine qu'il nomme, et à l'égard du sous-fréteur auquel il loue tout ou partie du navire, au lieu et place du propriétaire ; ce dernier ne répond, dans ce cas, ni des obligations de l'armateur, ni de celles du capitaine, mais son navire y est affecté, sauf son recours contre l'armateur.

4. — Les armateurs pour le long cours sont rangés, par la loi du 25 avr. 1844, sur les patentes, dans la classe des patentables et imposés à : 1° un droit fixe de 40 cent. par chaque tonneau, jusqu'au maximum de 400 fr. ; — 2° un droit proportionnel du quinzième de la valeur locative de la maison d'habitation et des locaux servant à l'exercice de la profession.

5. — Les armateurs, pour le grand et le petit cabotage, la pêche de la baleine et de la morue, sont imposés à : 1° un droit fixe de 25 cent. par chaque tonneau, jusqu'au maximum de 400 fr. ; — 2° un droit proportionnel du quinzième de la valeur locative de la maison d'habitation et des locaux servant à l'exercice de la profession.

6. — Pour les droits et obligations de l'armateur, V. ARMEMENT EN COURSE, ARMEMENT D'UN NAVIRE, CAPITAINE, NAVIRE.

V. aussi ASSURANCES MARITIMES, BARATERIE DE PATRONS.

ARMÉE.

Table alphabétique.

ARMÉE. — 1. — L'armée est l'ensemble des forces de terre et de mer, organisées pour maintenir l'ordre public à l'intérieur, et faire respecter à l'extérieur la dignité et l'indépendance de la France.

——

CHAPITRE Ier. — *De l'armée en général.*

Sect. 1re. — *Composition de l'armée.*

2. — L'armée se divise en armée de terre et en armée de mer. — Quant à l'armée de terre, elle se compose de *troupes de ligne*, infanterie et cavalerie, de *troupes* ou *armes spéciales*, telles que le *génie*, l'*artillerie* et la *gendarmerie* (ord. 29 oct. 1820, art. 2); de *corps détachés*, pris dans l'armée de terre et dans l'armée navale pour le service des colonies; de plusieurs bataillons d'étrangers formant la *légion étrangère*; de divers corps d'administration et d'individus dits *à la suite*.

3. — L'armée navale est régie par des lois et des ordonnances spéciales. Les dispositions relatives à l'armée de terre ne lui sont applicables que dans les cas expressément déterminés par le législateur. Ainsi, l'avancement est réglé, pour l'armée de terre, par la loi du 14 avr. 1832, et, pour l'armée de mer, par celle du 20 avr. et par les ordonnances des 24 avr. et 8 mai 1832, ainsi que par une autre loi du 14 mai 1837. — V. *infrà* nos 104 et suiv.

4. — Tout Français est soldat et se doit à la défense de la patrie (L. 19 fructid. an VI, art. 1er). — Cette loi substitua le système de la conscription (art. 15) aux divers modes de recrutement usités jusque là. Elle a été en vigueur jusqu'en 1814. La Charte de 1814 (art. 12) a aboli la conscription. Cette disposition a été conservée par l'art. 11 de la Charte de 1830. La loi du 25 mars 1818 (art. 1er) a rétabli le recrutement de l'armée par voie d'*enrôlemens volontaires* et par des appels dont l'importance est déterminée et votée par les chambres. — L. 11 oct. 1830, art. 1er.

5. — Aujourd'hui le recrutement de l'armée est réglé par la loi du 21 mars 1832, qui abroge toutes les lois antérieures (art. 50). — V. RECRUTEMENT.

6. — Les Français seuls peuvent faire partie de l'armée (L. 21 mars 1832, art. 2). En sont exclus : 1o les individus qui ont été condamnés à une peine afflictive ou infamante : — 2o ceux qui ont été condamnés à une peine correctionnelle de deux ans et au dessus, et qui, en outre, ont été placés, par le jugement, sous la surveillance de la haute police et interdits des droits civiques, civils et de famille. — Même article.

7. — Les troupes étrangères ne sont admises au service de l'état qu'en vertu d'une loi. — Charte, art. 13, § 2. — V. *infrà* LÉGION ÉTRANGÈRE.

8. — La durée du service est de sept ans, soit que le militaire serve comme *appelé* (L. 21 mars 1832, art. 30), soit qu'il serve comme *engagé volontaire* (art. 33). — Ce service date du 1er janv. de l'année où les soldats ont été inscrits sur le registre matricule du corps (art. 30).

9. — Le congé délivré, le 31 déc., à l'expiration des sept ans, est définitif en temps de paix. En temps de guerre, ce congé n'est délivré qu'après l'arrivée au corps du contingent qui doit remplacer les soldats libérés (art. 30). — Le congé, accordé pendant la durée du service, est *limité* ou *illimité* (art. 30). — Les engagés volontaires ne peuvent être envoyés en congé sans leur consentement (art. 33).

10. — Nul n'est admis, avant l'âge de trente ans accomplis, à un emploi civil ou militaire, s'il ne justifie qu'il a satisfait à la loi du recrutement. — Art. 48.

Sect. 2e. — *Troupes de ligne.*

11. — Les troupes de ligne comprennent les régimens d'infanterie et de cavalerie pour l'armée de terre, et les équipages de ligne pour l'armée navale.

12. — L'infanterie se compose de cent régimens à trois bataillons de sept compagnies chacun; douze de ces régimens ont été formés lors des bruits de guerre de 1840 (ordonn. du 29 sept.); de dix bataillons de chasseurs à pied, créés par ordonn. du 28 sept. 1834; ces bataillons ont chacun huit compagnies, dont deux de dépôt pour ceux qui sont employés en Algérie; d'un régiment de zouaves (V. ALGÉRIE) employé en Afrique, formé de trois bataillons de neuf compagnies chacun; de trois bataillons d'infanterie légère d'Afrique, chacun de dix compagnies; de douze compagnies de discipline; d'une légion étrangère, composée de deux régimens à trois bataillons, chacun de huit compagnies. — V. ordonn. 8 sept. 1841.

13. — Tout ce qui concerne le recrutement, l'organisation, la discipline, l'avancement, etc., des équipages de la ligne dans la marine, est réglé par l'ordonn. du 1er mars 1832, dont l'art. 248 abroge les dispositions qui seraient contraires dans l'ordonn. du 28 mai 1829 sur le même objet.

14. — Il a été procédé, après 1830, à la réorganisation de la cavalerie. — V. à cet égard, ordonn. 19 fév. 1831. — Cette ordonnance pose les bases du système de remonte qui a été organisé et étendu par l'ordonn. du 11 avr. suivant.

15. — Une ordonn. du 29 sept. 1840 a créé six nouveaux régimens de cavalerie. — Cette arme se compose aujourd'hui (ord. du 8 sept. 1841, art. 1er) de deux régimens de carabiniers, dix régimens de cuirassiers, douze régimens de dragons, huit régimens de lanciers, treize régimens de chasseurs, neuf régimens de hussards, de cinq escadrons chacun. Il y a, en outre, quatre régimens de chasseurs d'Afrique et vingt escadrons de spahis indigènes. — V. ALGÉRIE.

16. — Depuis l'ordonn. du 3 nov. 1837, les lieutenans et les sous-lieutenans de cavalerie reçoivent aux frais de l'état un cheval d'escadron. L'état le remplace quand la perte n'en peut être imputée à l'officier (art. 5). Au bout de huit ans d'inscription, ce cheval devient la propriété de l'officier (art. 7).

17. — Le pied de guerre des bataillons des régimens d'infanterie pourra être de neuf compagnies; il pourra également être formé un quatrième bataillon. — Ordonn. 8 sept. 1841, art. 3. — Les régimens de cavalerie pourront être portés à six escadrons au lieu de cinq (art. 4). — En cas de guerre, il pourra être formé, pour le service des états-majors des armées, deux régimens de chasseurs à cheval-guides, chacun de six escadrons (art. 5).

18. — Il y a dans chaque régiment une école régimentaire. Beaucoup de régimens ont une bibliothèque qui suit le corps dans les déplacemens. — L'art. 47, L. 21 mars 1832, prescrit de donner aux soldats, autant que le service militaire le permettra, l'instruction prescrite pour les écoles primaires. — V. pour les enfans de troupe *infrà* no 253.

19. — Il y avait autrefois un aumônier dans chaque régiment; ils ont été supprimés par une ordonn. du 10 nov. 1830, qui leur substitue un aumônier sédentaire dans chaque ville de garnison et d'établissemens militaires, ou lieux de rassemblemens de troupes, quand le clergé du lieu est insuffisant. — Pour les comités consultatifs d'infanterie et de cavalerie, V. *infrà* no 29.

Sect. 3e. — *Troupes aux armes spéciales.*

20. — Les principaux corps spéciaux qui se rattachent à l'armée sont : les régimens du génie et de l'artillerie, le corps des équipages militaires, le corps de remonte, les bataillons d'ouvriers d'administration, le corps des infirmiers, les vétérans (V. ce mot), les Invalides (V. ce mot), les zouaves, les chasseurs d'Afrique, les chasseurs d'Orléans (V. ALGÉRIE), la gendarmerie, les chasseurs corses, la garde municipale et les sapeurs-pompiers de la ville de Paris.

21. — Les principales attributions du corps du génie sont la surveillance, l'entretien et les fortifications des places de guerre et des villes de casernement. Ce corps se compose de trois régimens, d'une compagnie d'ouvriers et d'une compagnie de vétérans du génie. — V. VÉTÉRANS.

22. — L'organisation de ce corps résulte de l'ordon. du 13 déc. 1829. L'état-major a été augmenté par une autre ordonn. du 14 nov. 1830, qui a ajouté aussi deux compagnies à chacun des trois régimens de cette arme. — Aujourd'hui, ce corps se compose de trois régimens à deux bataillons de huit compagnies, dont une de mineurs et sept de sapeurs (ordonn. 8 sept. 1841, art. 1er). — Chaque régiment a, en outre, une compagnie de sapeurs-conducteurs (*Infrà* no 33), deux compagnies d'ouvriers.

23. — L'organisation de l'artillerie résulte de l'ordonn. du 5 août 1829. L'état-major a été augmenté par une ordonn. du 9 juin 1832; cette augmentation étant devenue nécessaire depuis la création d'une nouvelle direction d'artillerie en Afrique. Ordonn. 21 août 1831. — V. ALGÉRIE. — V. aussi ordonn. 6 oct. 1832 sur l'organisation des batteries à cheval. — L'artillerie a été augmentée en 1840 de trente-deux batteries à pied et de douze compagnies de train. — Ordonn. 15 nov. 1840.

24. — L'artillerie comprend, indépendamment de son état-major particulier et des employés attachés aux écoles, manufactures et arsenaux, quatorze régimens, dont dix à quinze batteries et quatre à quatorze batteries (il y a un cadre de dépôt par régiment), un régiment de pontonniers de douze compagnies, organisé par ordonn. du 19 nov. 1840 sous le nom de bataillon des pontonniers; ce corps a pris depuis l'ordonn. du 31 déc. suivant la dénomination de régiment, et se nomme 15e régiment *d'artillerie (pontonniers)*; douze compagnies d'ouvriers, une demi-compagnie d'armuriers, affectée à l'armée d'Afrique (ordonn. 5 mai 1841); et six escadrons du train des parcs, de huit compagnies chacun. — Il y a, en outre, treize compagnies de canonniers vétérans — V. VÉTÉRANS.

25. — Une ordonnance du 4 janv. 1842, spéciale à l'artillerie de marine, règle dans son titre 1er la composition de ce corps, institué par ordonn.

des 7 août et 13 nov. 1822. Il comprend : 1° une inspection générale du matériel ;—2° des officiers sans troupe, pour le service des forges, fonderies et directions d'artillerie;—3° un régiment d'artillerie et six compagnies d'ouvriers. — Le titre 2 est consacré au service de ce corps en France, et le titre suivant au service qu'il doit faire dans les colonies. — V. CONSEIL D'ADMINISTRATION DE RÉGIMENT.

26. — Une ordonnance du 21 avr. 1832 a créé une compagnie de discipline de la marine.

27. — Une ordonnance du 20 sept. 1832 a établi à Paris un comité permanent d'infanterie et de cavalerie, composé de douze membres, dont huit lieutenans généraux. Les attributions de ce comité sont : la centralisation, l'examen et le résumé des rapports des inspecteurs généraux sur le service, la discipline, l'habillement, le mode d'administration intérieure des corps ; l'examen des projets de loi, ordonnances et réglemens qui intéressent cette partie de l'armée. Pour les questions d'intérêt général, ce comité peut être réuni à celui de l'artillerie et du génie par le ministre de la guerre.

28. — Les comités spéciaux et consultatifs, pour l'infanterie et la cavalerie, ont été organisés par ordonnance du 3 janv. 1830. Une ordonnance du 27 août suivant a créé aussi un comité de fortifications et en a réglé les attributions. Enfin une ordonnance du 28 oct. 1834 a coordonné l'organisation de ces comités avec le comité d'artillerie.

29. — Le 17 déc. 1840 une dernière ordonnance a établi des comités distincts pour l'infanterie et pour la cavalerie. Les membres sont à la nomination du roi (art. 4). — Les princes, parvenus au grade d'officiers généraux, peuvent y assister avec voix délibérative (art. 7).

30. — Le corps de remonte générale, qui était chargé d'acheter et de dresser les chevaux français propres au service de l'armée, a été licencié par ordonnance du 12 nov. 1835.

31. — Le corps du *train des équipages militaires* est placé sous la direction immédiate de l'intendance militaire. Il a pour mission de pourvoir à deux services, savoir : à la *construction* et à la *conduite* des équipages (ord. 11-29 janv. 1842). Il se compose de quatre escadrons, qui s'administrent séparément. — V. CONSEIL D'ADMINISTRATION DE RÉGIMENT.

32. — Tout ce qui concerne l'organisation du corps des équipages militaires est régi tant par l'ord. du 16 mars 1838 que par celle du 11 janv. 1842, qui la modifie. — Duvergier, t. 42, p. 12.

33. — Le 4 déc. 1830 une autre ordonnance a créé deux compagnies du *train du génie*, avec faculté d'en augmenter le nombre, si le besoin du service l'exigeait. — Par ordonnance du 28 juin 1832, ces compagnies ont été incorporées dans les régimens de leur arme. Elles ont pris, depuis l'ord. du 19 déc. 1835, le nom de *sapeurs-conducteurs*. Le nombre des officiers de ces compagnies a été augmenté par ord. du 1er fév. 1841. — V. ALGÉRIE.

34. — Pour le corps des officiers d'administration et le personnel du service des hôpitaux militaires, des subsistances, du campement et de l'habillement, V. *infrà* nos 238 et suiv.

35. — Pour les ouvriers d'administration, les infirmiers entretenus, V. *infrà* nos 246 et suiv. — Pour les vétérans et les invalides, V. ces mots.

36.—Les *canonniers garde-côtes* d'Afrique n'existent plus (V. ALGÉRIE). — Pour les *chasseurs d'Afrique* et pour les *chasseurs d'Orléans*, V. également ALGÉRIE. — Pour les *gendarmes*, les *voltigeurs corses* et la *garde municipale de Paris*, V. CORSE, GARDE MUNICIPALE, GENDARMERIE.

37. — *Sapeurs-pompiers*.—Les sapeurs-pompiers de la ville de Paris ont été organisés par un décret du 18 sept. 1811.—Ce corps forme un bataillon de cinq compagnies; bien que soldé par la ville de Paris, il fait partie de l'armée. Ord. 7 nov. 1821, art. 1er.

38. — Son état-major se compose d'un commandant, ayant grade de chef de bataillon ou de lieutenant-colonel, d'un capitaine adjudant-major, d'un capitaine ingénieur, de deux adjudans sous-officiers et deux maîtres ouvriers (art. 2).—Parmi les employés civils on remarque un trésorier; une ordonnance du 26 déc. l'oblige à fournir un cautionnement.

39. — La loi du 14 avr. 1832, sur l'avancement dans l'armée de terre, est applicable aux sapeurs-pompiers. Le recrutement de ce corps est régi par l'ord. du 17 fév. 1836. — En ce qui touche l'avancement, cependant, il est survenu des modifications importantes, qui résultent de l'ord. du 16 mars 1838, art. 204 et suiv.

40. — Pour les emplois de caporal ou de sous-officier, les candidats doivent subir un examen d'aptitude devant une commission d'examen (art. 206).— Les emplois de sous-lieutenans sont exclusivement attribués à des sous-officiers du corps (art. 208).

41. — Tous les emplois de lieutenant et de capitaine sont donnés par avancement à des sous-lieutenans et à des lieutenans du corps, deux tiers à l'ancienneté et un tiers au choix. Le capitaine ingénieur est choisi dans le corps de l'artillerie ou dans celui du génie; il prend rang parmi les autres capitaines, d'après son ancienneté de grade. — Art. 209.

42.—Le chef de bataillon, comme chef de corps, est toujours nommé au choix. Cet emploi est conféré à un chef de bataillon de l'armée, ou, par avancement, à l'un des capitaines du bataillon. — Art. 210.

43. — Les sapeurs-pompiers, faisant partie de l'armée, sont justiciables, comme les autres militaires, des conseils de guerre. — V. GARDE NATIONALE.

Sect. 4e. — *Corps détachés.*

44. — L'armée ne fait pas seulement le service de la métropole. On en distrait successivement et à tour de rôle diverses parties, qui concourent avec des corps spéciaux au service des dépendances de la France, soit dans l'Inde, soit dans les colonies.

45. — Le service du régiment d'artillerie de marine, pour les détachemens à envoyer aux colonies, se fait par compagnies et par escouades.—Ordonn. 19 janv. 1832, art. 1er. — Le service des compagnies d'ouvriers se fait par compagnies, escouades et demi-escouades. — Même ordonn., art. 19. — Les art. 35 et suiv. règlent le service à faire par les officiers d'état-major d'artillerie. — L'ordonn. du 4 janv. 1842 règle le mode de répartition du corps d'artillerie de marine en France et dans les colonies.

46. — Il faut considérer comme corps détachés les compagnies de discipline dans lesquelles sont envoyés les soldats qui, sans avoir commis de délits qui les rendent justiciables des conseils de guerre, persévèrent à porter le troub e et le mauvais exemple dans les corps dont ils font partie. — Ordonn. 1er avr. 1818, art. 1er.

47. — Ces compagnies sont organisées successivement et selon les besoins du service. Elles comprennent : 1° les compagnies de fusiliers destinées à recevoir ceux des militaires qui, par la nature moins grave de leurs fautes, ou par leur bonne conduite dans la compagnie des pionniers, seraient susceptibles d'être renvoyés prochainement dans les corps de la ligne ;—2° les compagnies de pionniers destinées à recevoir les militaires qui devront être soumis à un régime plus sévère. — Art. 2.

48.—Cette ordonnance a été complétée par celle du 7 fév. 1834 qui porte, entre autres dispositions, l'interdiction des moustaches pour les fusiliers et les pionniers et leur enjoint de ne porter que des boutons unis à leur uniforme.

49. — Les pionniers n'ont qu'une demi-fourniture de coucher. — L'ordonnance de 1834 règle ensuite le mode et la durée de leur travail, et l'emploi du produit qui en résulte. — L'ordonn. du 1er avr. 1818 fixe à dix le nombre des compagnies de discipline, parmi lesquelles cinq compagnies de fusiliers.—La cinquième de fusiliers et la cinquième de pionniers sont formées en Algérie. Ordonn. du 31 oct. 1831.

Sect. 5e. — *Troupes étrangères. — Légion étrangère.*

50. — En principe, aucune troupe étrangère ne peut être introduite sur le territoire français sans le consentement préalable du corps législatif (Const. 5 fructid. an III, art. 295).—Elle ne peut être admise au service de l'état qu'en vertu d'une loi (Charte 1830, art. 13, § 2). — La Restauration, qui ne s'était pas trouvée en face d'une semblable prohibition, avait organisé des régimens composés d'étrangers. Ils ont été licenciés à la révolution de juillet 1830.

51. — L'ordonn. du 5 janv. 1831, qui a prononcé la dissolution du régiment de Hohenloe, a créé le 21e régiment d'infanterie légère, avec la faculté d'y incorporer les étrangers qui seraient en instance pour se faire naturaliser.

52. — Puis est venue la loi du 9 mars 1831, qui a permis de former *dans l'intérieur* du royaume une légion d'étrangers, mais qui n'a permis de l'employer que hors du territoire continental de la France. — C'est en exécution de cette loi que l'ordonnance du lendemain 10 mars a organisé la *légion étrangère*.

53. — Les individus faisant partie de la légion étrangère sont réputés militaires, et, comme tels, justiciables des conseils de guerre pour les crimes et délits par eux commis en France sous le drapeau, bien que, d'après la loi du 9 mars 1831, le gouvernement ne puisse employer cette légion que hors du territoire continental. — *Cass.*, 20 nov. 1840 (t. 1er 1842, p. 209), Lors.

54. — La légion étrangère a cessé de faire partie de l'armée Française, en vertu de l'ordonn. du 29 juin 1835.

55. — Dès-lors, on a dû juger que le vol commis postérieurement, même en marche, par un soldat ayant fait partie de cette légion, était de la compétence des tribunaux ordinaires. — *Cass.*, 5 nov. 1835, André.

56. — Mais, le 16 déc. 1835, une ordonnance a prescrit la formation d'une nouvelle légion étrangère, en réorganisant le premier bataillon; d'autres bataillons ont été successivement créés par d'autres ordonnances. Enfin, le 30 déc. 1840, la légion étrangère a été divisée en deux régimens de trois bataillons chacun. Cette ordonnance impose aux étrangers qui veulent y prendre du service l'obligation de contracter un engagement de cinq ans.

57. — Les officiers étrangers ne peuvent entrer dans la légion étrangère qu'avec un grade égal ou inférieur à celui dont ils justifient avoir été en possession au service d'une autre puissance. Ils ne peuvent obtenir de l'avancement que dans la légion. — Ordonn. 16 mars 1838, art. 195.

58. — Les services dans la légion étrangère déterminent seuls l'avancement dans ce corps pour les militaires étrangers qui en font partie (art. 196).— Les dispositions de ces deux articles sont applicables à tout Français sorti du service étranger et admis dans la légion avec un grade (art. 197).

59. — L'avancement au grade de chef de bataillon a lieu, pour les emplois dévolus à l'ancienneté, exclusivement entre les capitaines de la légion; pour les emplois dévolus au choix, entre tous les capitaines de l'infanterie. — Art. 200.

60. — Les capitaines et les officiers supérieurs français ou naturalisés français, passés des troupes françaises dans la légion, concourent pour l'avancement aux emplois du grade immédiatement supérieur qui viennent à vaquer, soit dans les régimens français de leur arme, soit dans la ligne. — Art. 201.

CHAPITRE II. — *Des officiers.*

Sect. 1re. — *Du corps royal d'état-major.*

§ 1er. — *Armée de terre.*

61. — L'organisation du corps royal d'état-major résultait des ord. des 6 mai 1818, 10 déc. 1826 et 22 fév. 1831.—Elle a été refondue par l'ordonnance du 23 février 1833. Cette ordonnance est *constitutive*. Dans l'intention du ministre qui a présenté le rapport à la suite duquel cette ordonnance a été rendue, elle contient un système nouveau, complet, et elle abroge tout ce qui est antérieur (Rapport au roi, *Moniteur* du 3 mars 1833).

62. — Voici les principales dispositions de cette ordonnance. — L'art. 1er fixe à cinq cent soixante, tant pour le pied de paix que pour le pied de guerre, le nombre des officiers d'état-major. — Les lieutenans d'état-major sont pris parmi les sous-lieutenans élèves de l'école d'application du corps royal d'état-major (art 2).

63. — Les sous-lieutenans, au nombre de cinquante, sont pris, dans certaines proportions déterminées par l'ordonnance (art. 23), parmi les sous-lieutenans de toute arme en activité, parmi les sous-lieutenans sortant de l'Ecole polytechnique et de l'école de Saint-Cyr. — Art. 2.

64. — Les officiers de toutes armes, du grade de capitaine et au-dessous, sont, s'ils remplissent les conditions de l'examen de sortie de l'école d'application, admissibles à permuter avec les officiers d'état-major du même grade, et réciproquement. — Art. 3 et 4.

65. — Dans le premier cas, ils ne prennent leur rang d'ancienneté qu'autant qu'il ne serait pas supérieur à celui de l'officier remplacé; dans le second cas, ils cessent de faire partie du corps royal d'état-major. — Mêmes articles.

66. — Les officiers d'état-major peuvent être employés, savoir : les colonels, lieutenans-colonels, chefs d'escadron et capitaines, comme chefs d'état-major, officiers d'état-major et aides de camp (art. 5); — les officiers, en général, au dépôt de la guerre pour la confection de la carte de France et tous autres travaux de cet établissement (art. 6), aux ambassades et missions diplomatiques (art. 8); — les lieutenans, à la suite des régimens d'infanterie, puis de cavalerie, puis, après quatre ans de service, des régimens d'artillerie ou du génie.

67. — Cette ordonnance contient ensuite des dispositions sur l'uniforme, sur l'école d'application, le mode de concours et la composition de la commission d'examen.

68. — La loi du 4 août 1839 a complété l'organisation de l'état-major, notamment en ce qui concerne les officiers généraux.

69. — D'après l'art 1er, le nombre des maréchaux de France est fixé à six en temps de paix, et peut être élevé à douze en temps de guerre.—Lorsqu'en temps de paix, ajoute cet article, le nombre des maréchaux de France excédera la limite fixée, la réduction s'opérera par voie d'extinction; toutefois, il pourra être fait une promotion sur trois vacances.

70. — Les lieutenans généraux et les maréchaux de camp forment un cadre qui se divise en deux sections : la première section comprend l'activité et la disponibilité ; la deuxième la réserve. — La première section, en temps de paix, se compose au plus de quatre-vingts lieutenans-généraux et de cent soixante maréchaux de camp; la seconde section comprend tous les officiers généraux qui cessent de faire partie de la première par application de l'art. 5 (dans ce nombre non compris les membres de la famille royale). — Duvergier, *Collect. des lois*, t. 39, p. 201, art. 2.

71. — En temps de paix, les emplois d'activité dévolus aux officiers généraux sont exclusivement conférés aux officiers généraux faisant partie de la première section. En temps de guerre, les officiers généraux de la seconde section peuvent être employés. — Art. 3.

72.—Il a été bien entendu, dit M. Duvergier (*loc. cit.*), que les officiers généraux ainsi employés en temps de guerre auront droit à l'avancement, même quand il n'y aurait pas de vacances dans la première section. — En effet, sur l'observation de M. le général Labourdonnaye, M. le ministre de la guerre a dit : « l'art. 3 se rapporte à l'état normal; la loi est faite pour le temps de paix. » C'est dire implicitement que la règle n'est pas applicable au temps de guerre.

73. — En temps de paix, il ne peut être fait de promotion dans le cadre de l'état-major général qu'en raison des vacances qui surviennent dans la première section. — Ces mots *temps de paix*, ajoutés sur la proposition de M. Garraube, font ressortir clairement l'intention de laisser au gouvernement la faculté de faire des promotions en temps de guerre lorsque cela lui paraîtra nécessaire, et sans être tenu d'attendre les vacances.

74. — L'art. 5 fixe à soixante-cinq ans pour les lieutenans généraux, et à soixante-deux ans pour les maréchaux de camp, l'âge auquel ils cessent d'appartenir à la première section pour passer dans la seconde. Toutefois, les lieutenans généraux peuvent, et cela s'applique journellement, être maintenus dans la première section jusqu'à soixante-huit ans, quand ils sont l'objet d'une ordonnance spéciale délibérée en conseil et insérée au Bulletin des lois. — Sont maintenus de droit, sans limite d'âge, dans la première section, les officiers généraux ayant satisfait à l'une des conditions suivantes : 1° s'ils ont commandé en chef devant l'ennemi une armée ou un corps d'armée composé de plusieurs divisions de différentes armes; — 2° s'ils ont commandé de même les armes de l'artillerie et du génie dans une armée composée de plusieurs corps d'armée.

75. — Les dispositions de la loi du 19 mai 1834 sur l'état des officiers (V. *infrà* sect. 4e) sont applicables aux officiers généraux de la première et de la seconde section. — Art. 5.

76. — Lorsque le cadre d'activité de l'état-major général de l'armée excédera les limites fixées par l'art. 2, il ne pourra être fait qu'une promotion sur trois vacances (art. 6). — Cet article se réfère nécessairement à l'art. 4, d'où il résulte qu'en temps de guerre les promotions ne sont pas ainsi limitées.

77. — A l'avenir, porte l'art. 7, les officiers généraux autres que ceux auxquels seraient appliquées les dispositions de la loi du 19 mai 1834, sur l'état des officiers, conformément au dernier paragraphe de l'art. 5, ne seront plus admis à la retraite que sur leur demande.

78.—Les officiers généraux de la seconde section reçoivent les trois cinquièmes de la solde de leur grade, sans les accessoires. — Art. 8.

79. — Par d'autres dispositions purement transitoires, les art. 9 et 10 ont déclaré : 1° que les officiers généraux mis en non-activité par l'ordonnance du 28 août 1836, et ceux qui faisaient, lors de la promulgation de la loi, partie du cadre de réserve institué par l'ordonnance royale du 15 nov. 1830, seraient placés dans la seconde section créée par l'art. 2, et que néanmoins ceux qui n'auraient pas atteint la limite d'âge déterminée à l'art. 5 seraient susceptibles de passer dans la section d'activité; — 2° que les dispositions de la loi de 1839 ne seraient pas applicables aux officiers généraux en réserve lors de sa promulgation, leurs positions restant fixées par l'art. 22, L. 19 mai 1834.

80.—On peut consulter encore : 1° l'ordonnance du 27 juillet-13 août 1835, relative au cadre de l'état-major général de l'armée ;—2° celle du 28 août-9 sept. 1836, qui supprime le cadre de vétérance de l'état-major général ; — 3° celle du 16-29 nov. 1837, aussi relative à l'état-major général ;—4° l'ordonnance du 13-29 août 1839 concernant la solde des officiers généraux de la seconde section du cadre de l'état-major général ; — 5° la loi relative à la composition et à l'organisation du personnel des états-majors des places de guerre, du 31 mai 1829.

81. — Chaque maréchal de France sans commandement peut avoir deux aides-de-camp pris parmi les officiers supérieurs et capitaines du corps royal d'état-major. Il ne peut avoir deux officiers du grade de colonel ou de celui de lieutenant-colonel. — Ord. 5 fév. 1841.

82. — Les officiers de l'*intendance militaire* font partie du corps royal d'état-major (Ord. 10 juin 1835). —V., pour la composition de ce corps, *infrà* nos 235 et suiv.—Le corps du génie a un état-major particulier. Le cadre en a été augmenté par ordonnance du 16 sept. 1840.

83. — Une ordonnance du 18 juin 1841 a établi un comité consultatif pour le corps royal d'état-major, à l'instar de ceux qui existent pour l'infanterie, la cavalerie, l'artillerie et le génie.

§ 2. — *Armée navale.*

84. — L'état-major général de l'armée navale est réglé par les dispositions suivantes de la loi du 17-19 juin 1841.

85. — Le nombre des amiraux est de deux en temps de paix, et peut être porté à trois en temps de guerre. — Lorsqu'en temps de paix le nombre des amiraux excède la limite fixée, la réduction s'opère par voie d'extinction. — Art 1er.

86. — La dignité d'amiral ne peut être conférée qu'au vice-amiral qui a commandé en chef une armée navale en temps de guerre ; — ou au vice-amiral qui a commandé en chef une force navale, et qui, dans son grade et dans une expédition maritime, s'est signalé par un éminent service de guerre. — Art 2.

87. — On avait proposé d'ajouter : « ou au vice-amiral qui aura commandé en chef devant l'ennemi, comme contre-amiral, une force navale composée de cinq vaisseaux au moins; » — mais cet amendement n'a pas été appuyé.—Duvergier, t. 41, p. 335.

88.—Les vice-amiraux et les contre-amiraux forment un cadre qui se divise en deux sections : la première section comprend l'activité et la disponibilité ; la seconde la réserve. — La première section, en temps de paix, se compose au plus de dix vice-amiraux et de vingt contre-amiraux. — La seconde section comprend tous les officiers généraux de la marine qui cessent de faire partie de la première, par application de l'art. 6 ci après. — Art. 3.

89. — En temps de paix, les emplois d'activité dévolus aux officiers généraux de la marine sont exclusivement conférés aux officiers généraux faisant partie de la première section. — Les officiers généraux appelés à siéger au conseil d'amirauté sont choisis parmi ceux faisant partie de la première section. — En temps de guerre les officiers généraux de la deuxième section peuvent être appelés à des emplois d'activité et au conseil d'amirauté.—Art. 4.

90. — En temps de paix, il ne peut être fait de promotion que parmi les officiers généraux compris dans la première section et en raison des vacances survenues. — Art. 5.

91. —Les vice-amiraux à l'âge de soixante-huit ans accomplis, et les contre-amiraux à l'âge de soixante-cinq ans accomplis cessent d'appartenir à la première section pour passer dans la deuxième, —Sont également admis, sans limite d'âge, dans la seconde section, et sur un rapport du ministre de la marine, les vice-amiraux et les contre-amiraux qui, à raison d'infirmités contractées ou de blessures reçues dans un service commandé, sont reconnus non susceptibles d'être maintenus dans la première section. — Sont maintenus de droit dans la première section, et sans limite d'âge, les vice-amiraux ayant satisfait à l'une des deux conditions spécifiées dans le premier ou le deuxième paragraphe de l'art. 2. — Sont aussi maintenus dans la première section, jusqu'à leur retour et débarquement en France, les officiers généraux de la marine qui, dans l'exercice d'un commandement à la mer, atteindraient l'âge fixé par le premier paragraphe du présent article. Ceux qui dans l'exercice d'un gouvernement de colonie, atteindraient l'âge fixé par le même paragraphe, peuvent être maintenus dans leur emploi, mais ils passent à la deuxième section. — Les dispositions de la loi du 19 mai 1834, sur l'état des officiers, restent applicables aux officiers généraux de la marine de la première et de la deuxième section. — Art. 6.

92.— Lorsque le cadre d'activité de l'état-major général de la marine excède les limites fixées par l'art. 3, il ne peut être fait qu'une promotion sur deux vacances (art. 7). — Il a été expliqué sur cet article que le cadre d'activité ne pourrait jamais excéder les limites légales qu'en temps de guerre, et que, conséquemment, en temps de paix on ne pourrait arguer de la généralité des termes de l'article pour se permettre de dépasser les cadres d'activité.— Duvergier, t. 41, p. 340.

93. — L'art. 8 porte qu'à l'avenir les officiers généraux de la marine, autres que ceux auxquels seraient appliquées les dispositions de la loi du 19 mai 1834, conformément au dernier paragraphe de l'art. 6, ne seront admis à la retraite que sur leur demande.

94.—Les officiers généraux de la marine de la deuxième section reçoivent les trois cinquièmes de la solde, à terre, de leur grade, sans les accessoires. — Art. 9.

Sect. 2e. — *Grades. — Nomenclature.*

95. — Le roi est le chef suprême de l'armée (Charte const., art. 13). —Les dignités et grades de terre sont : 1° les *maréchaux de France*; cette dignité a été créée en 1185 ; leur nombre est limité à douze; un lieutenant-général ne peut être nommé maréchal de France s'il n'a commandé en chef une armée ; — 2° les *officiers généraux*, comprenant les lieutenans-généraux et les maréchaux de camp ; — 3° les *officiers supérieurs*, comprenant les colonels, lieutenans-colonels, majors, chefs de bataillon ; — 4° les *officiers* proprement dits ou capitaines, adjudans-majors, lieutenans, sous-lieutenans ;—et 5° les *sous-officiers* ou sergens-majors, fourriers et sergens. — Les caporaux tiennent un rang intermédiaire entre les sous-officiers et les soldats.

96. — L'omission du mot *major*, dans le projet de loi sur l'avancement (14 avr. 1832), avait fait penser que ce grade était supprimé. Il a été rétabli dans l'art. 7 de cette loi. — L'art. 1er de l'ordonnance du 16 mars 1838 mentionne également ce grade dans la nomenclature qu'il donne de la hiérarchie militaire.

97. — L'emploi d'*adjudant-major* avait été créé en 1790 (les adjudans-majors sont capitaines). — Ils étaient chargés de tous les détails du service et de l'instruction théorique et pratique des sous-officiers et caporaux de leur bataillon ; mais ils restaient étrangers à la police intérieure et à l'administration des compagnies.

98. — Ce grade ne se trouve mentionné ni dans la loi du 14 avr. 1832, sur l'avancement, ni dans l'art. 1er de l'ordonnance du 16 mars 1838, rendue pour l'exécution de cette loi, qui contient la nomenclature de la hiérarchie militaire. D'où l'on pourrait induire qu'il a été supprimé. On le retrouve cependant mentionné dans l'ordonnance du 7 déc. 1841, sur l'organisation de l'infanterie indigène d'Afrique, et dans une autre ordonnance spéciale au corps des spahis, du 19 juin 1842, qui crée divers emplois pour le service de ce corps, notamment des adjudans-majors. Et, en fait, il existe dans les divers corps. —La cavalerie, l'artillerie, le génie et la marine ont des grades correspondans.

99. — Pour l'armée navale, les dignités et grades sont : 1° la dignité d'*amiral*. — Cette dignité a été mise par l'ordonnance du 13 août 1830 sur la même ligne que celle de maréchal pour l'armée de terre. — « Les amiraux, dit l'art. 2, jouiront des honneurs et traitemens attribués aux maréchaux de France, et ils concourront avec eux d'après la date de leurs brevets. »

100. — 2° Les grades de vice-amiral, contre-amiral, capitaine de vaisseau, capitaine de corvette, lieutenant de vaisseau, enseigne de vaisseau et élèves.

101. — Le grade de capitaine de frégate a été supprimé par ordonn. du 29 déc. 1836. — La même ordonnance a substitué le grade d'enseigne de vaisseau au grade de lieutenant de frégate (art. 1er et 4). — Les lieutenans de vaisseau sont divisés en deux classes (art. 3). — Il en est de même des élèves (art. 5).

102. — Pour les *officiers de santé*, V. ce mot.

103. — Les officiers de l'armée sont soumis à un serment (L. 31 août 1830). Ils n'étaient pas compris dans la nomenclature des fonctionnaires publics soumis à ce serment, dans l'art. 1er du projet de loi ; ils y ont été placés dans la discussion. — Avant cette loi ils devaient jurer d'obéir *en tout* à ce que

commandaient les chefs nommés par le roi. Aujourd'hui ils prêtent serment de fidélité *à la Charte constitutionnelle et aux lois du royaume.*

Sect. 3e. — *De l'avancement.*

104.—La loi du 10 mars 1818, sur le recrutement de l'armée, réglait l'avancement dans son tit. 6. Cette loi a été formellement abrogée par l'art. 50 de la loi du 21 mars 1832; mais il peut être utile de la consulter. — Une ordonnance du 2 août suivant, rendue pour l'exécution de cette loi, contient d'ailleurs un assez grand nombre de dispositions applicables encore aujourd'hui, depuis même la loi du 14 avril 1832, sur l'avancement, notamment en ce qui concerne la nomination et la destitution des caporaux et des sous officiers.

105. — L'avancement est régi aujourd'hui par la loi du 14 avril 1832, pour l'armée de terre, et par celle du 20 du même mois, pour l'armée navale.

§ 1er.—*Armée de terre.*

106. — D'après la loi du 14 avr. 1832, nul ne peut être caporal ou brigadier s'il n'a six mois de service actif comme soldat (art. 1er); — sous-officier, s'il n'a six mois de service comme caporal ou brigadier (art. 2); — sous-lieutenant, s'il n'est âgé d'au moins dix-huit ans, s'il n'a servi deux ans comme sous-officier ou s'il n'a été deux ans élève des écoles spéciales militaires ou de l'École polytechnique et s'il n'a satisfait aux examens (art. 3); lieutenant ou capitaine, s'il n'a deux ans de service effectif dans le grade inférieur (art. 5 et 6); chef de bataillon, chef d'escadron ou major, s'il n'a servi quatre ans comme capitaine (art. 7.); — lieutenant-colonel, avant trois ans de service effectif dans l'un des grades précédens (art. 8); — colonel, avant deux ans de service comme lieutenant colonel (art 9); — enfin, nul ne pourra être promu à l'un des grades supérieurs à celui de colonel, s'il n'a servi au moins trois ans dans le grade immédiatement inférieur (art. 10).

107. — Quant à la dignité de maréchal, elle ne peut être conférée qu'aux lieutenans généraux qui ont commandé en chef devant l'ennemi : 1o une armée ou un corps d'armée composé de divisions de différentes armes;—2o les armes de l'artillerie et du génie dans une armée composée de plusieurs corps d'armée.—L. 4 août 1839, art. 10.

108.—Un tiers des grades de sous lieutenant vacans dans le corps des troupes de l'armée doit être donné aux sous-officiers des corps où a lieu la vacance (art. 11). — Quant à la nomination des caporaux, brigadiers et des sous-officiers, on s'en est référé, malgré les observations de M. le général Lamarque, aux règles tracées dans les art. 12 et suiv., ord. 2 août 1818.

109.—Les deux tiers des grades de lieutenant et de capitaine seront donnés à l'ancienneté de grade, savoir : dans l'infanterie et la cavalerie parmi les officiers de chaque régiment ; dans le corps d'état-major sur la totalité des officiers du corps; et dans l'artillerie et le génie parmi les officiers susceptibles de concourir entre eux. —Art. 12.

110.—Sur ces mots : *susceptibles de concourir entre eux*, M. de Broglie a dit, au nom de la commission, qu'elle avait voulu établir une distinction entre les armes de l'artillerie et du génie, entre les officiers qui appartiennent à l'arme proprement dite et ceux qui sont attachés au train de cette arme, et laisser au gouvernement la faculté d'établir, par ordonnance, cette distinction. — C'est au gouvernement, a t il dit, à établir par ordonnance quels sont les officiers d'artillerie et du génie susceptibles de concourir entre eux. — Duvergier, *sur la loi du 14 avr.* 1832, t. 32, p. 129.

111.—A l'égard des officiers du train des équipages de l'administration, ils ne sont pas compris dans la disposition de l'art. 12. (Observ. de M. le min. de la guerre et de M. le comte de Sparre.)—Duvergier, *loc. cit.*

112.—Il a été jugé qu'un officier peut être désigné pour commander une compagnie de vétérans sans qu'il l'ait demandé et alors même que cette désignation lui ôterait son droit à l'avancement par droit d ancienneté.—*Cons. d'état*, 30 juill. 1840, Feriès. — Cette décision est rigoureuse, et le principe qu'elle consacre peut donner matière à beaucoup d'abus.

113.—La moitié des grades de chef de bataillon et de chef d'escadron sera donnée à l'ancienneté de grade, savoir : dans l'infanterie, la cavalerie et le corps d'état-major, aux capitaines sur la totalité de chaque arme ; dans l'artillerie et le génie, aux capitaines susceptibles de concourir entre eux ; les emplois de major seront au choix du roi. — Ar. 13. —Il en est de même de tous les grades supérieurs à ceux de chef de bataillon, chef d'escadron ou major.—Art. 14.

114.—L'ancienneté pour l'avancement sera déterminée par la date du brevet du grade, ou, à date semblable, par celle du brevet du grade inférieur.—Art. 15.

115.—Lorsqu'un officier cessera de faire partie des cadres de l'armée dans tous les cas autres que ceux de mission pour service, de licenciement ou de suppression d'emploi, le temps qu'il aura passé hors des cadres sera déduit de l'ancienneté. — Sera aussi déduit de l'ancienneté le temps passé dans un service étranger au département de la guerre. — Est excepté de cette disposition le temps passé pour le service détaché de la garde nationale, dans la marine ou dans une mission diplomatique. — Art. 16.

116. — Cette disposition ne s'applique qu'aux officiers qui sont détachés dans les corps de la garde nationale pour l'instruction comme adjudans-majors, et non pas aux officiers qui sont dans les compagnies. (Observ. du min. de la guerre.) — Duvergier, *loc. cit.*

117.—Sera déduit, dans tous les cas, le temps passé au service d'une puissance étrangère. — Art. 16.

118.... — Encore que ce service ait eu lieu avec l'autorisation du gouvernement, et même par suite d'une *mission* expresse..—Duvergier , p. 120, *Discussion sur l'art.* 16.

119.—Les officiers qui cesseront de faire partie des cadres de l'armée par suite de suppression d'emploi ou de licenciement seront repartis, pour l'avancement, entre les différens corps de l'arme à laquelle ils appartiennent, et qui seront conservés ou créés.—Art. 16.

120. — Les officiers prisonniers de guerre conserveront leurs droits d'ancienneté pour l'avancement ; cependant ils ne pourront obtenir que le grade immédiatement supérieur à celui qu'ils avaient au moment où ils ont été faits prisonniers. —Art. 17.

121. — Le temps de service exigé pour passer d'un grade à un autre pourra être réduit de moitié à la guerre ou dans les colonies.—Art. 18.

122.—Il ne pourra être dérogé aux conditions de temps imposé par l'article précédent pour passer d'un grade à un autre, si ce n'est : 1o pour action d'éclat dument justifiée, et mise à l'ordre du jour de l'armée;— 2o lorsqu'il ne sera pas possible de pourvoir autrement au remplacement des vacances dans les corps en présence de l'ennemi — Art. 19

123. — Cet article doit être entendu ainsi qu'il suit : l'art. 18 réduit à moitié, pour le cas de guerre, le temps de service exigé, durant la paix, pour passer d'un grade à un autre; l'art. 19 dispense, pour les cas qu'il prévoit, non seulement du temps exigé en temps de paix, mais même du temps exigé à la guerre. — Ainsi, aux termes de l'art. 7, pour être chef de bataillon il faut avoir été quatre ans capitaine ; voilà la règle en temps de paix. En temps de guerre, il suffira de deux ans; et dans les cas prévus par l'art. 19, le lendemain du jour où un officier aura été fait capitaine, il pourra être nommé chef de bataillon.—Duvergier, t. 32, p. 144.

124.—En temps de guerre, et dans les corps qui seront en présence de l'ennemi, seront donnés, savoir : à l'ancienneté, la moitié des grades de lieutenant et de capitaine; au choix du roi , la totalité des grades de chef de bataillon et de chef d'escadron.—Art. 20.

125.—Il ne pourra, dans aucun cas, être nommé à un grade sans emploi ou hors des cadres des états-majors, ni être accordé des grades honoraires. —Il ne pourra également, dans aucun cas, être donné un rang supérieur à celui de l'emploi. — Art. 21.

126. — Toutes les promotions d'officiers seront immédiatement rendues publiques par insertion au journal officiel militaire, avec l'indication du tour de l'avancement, du nom de l'officier qui était pourvu de l'emploi devenu vacant, et de la cause de la vacance.—Art. 22.

127. — Nul officier admis à la retraite ne pourra être replacé dans les cadres de l'armée.—Art. 23.

128. — On avait proposé d'étendre cette disposition aux officiers démissionnaires qui n'auraient pas été réintégrés dans leur grade un an après leur démission donnée. — Mais, sur l'observation de M. Excelmans qu'il ne fallait pas priver le gouvernement du droit de rendre leur état à de jeunes officiers qui auraient donné leur démission dans un moment d'humeur, la proposition a été rejetée.—Duvergier, *loc. cit.*

129.—L'avancement dans la cavalerie avait lieu, pour les grades supérieurs, par le concours des officiers de chaque arme entre eux. — Ord. 12 mars 1831. — La loi du 14 avr. 1832 n'avait pas abrogé cet état de choses. — Une ordonnance du 22 nov. 1836 a déclaré que le concours aurait lieu sur la totalité de l'arme.

130.—Les princes de la famille royale peuvent être

nommés colonels à l'âge de dix-huit ans révolus. Leur avancement aux grades supérieurs à celui de colonel est soumis aux conditions d'ancienneté énoncées en l'art. 10, L. 14 avr. 1832. — Toutefois, après une campagne de guerre, ils peuvent, sans l'accomplissement de ces conditions, être promus au grade immédiatement supérieur à celui dont ils sont en possession.—Ord. 16 mars 1838, art. 73.

131. — Cette dernière ordonnance porte règlement, d'après la hiérarchie militaire des grades et des fonctions, sur la progression de l'avancement et la nomination aux emplois dans l'armée, en exécution de la loi du 14 avr. 1832; elle se compose de 437 articles et forme un code complet de l'avancement. On y trouve une foule de dispositions spéciales à divers corps.—V. notamment GARDE MUNICIPALE, GENDARMERIE, et *suprà* pour la LÉGION ÉTRANGÈRE, nos 157 et suiv., pour les SAPEURS POMPIERS, nos 39 et suiv., pour le CORPS DES ÉQUIPAGES MILITAIRES, nos 32.—Duvergier, *Coll. des lois*, t. 38, p. 213.

132.—Les officiers de tous grades, les sous-officiers, caporaux, brigadiers et soldats de l'armée d'Afrique concourent seuls entre eux.—V. ALGÉRIE.

133.—L'avancement dans le corps de la gendarmerie est régi par des dispositions spéciales. — V. GENDARMERIE, ord. 16 mars 1838, tit. 11.

134.—Il en est de même des intendans militaires.—V. *infrà* nos 23 et suiv. — L'art. 9, ord 10 juin 1835, a formellement dérogé à la loi du 14 avr. 1832, en faisant au choix une plus large part.

135. — Toutes les dispositions de la loi de 1832 sont applicables aux troupes d'artillerie et d'infanterie de la marine.—L. 14 avr. 1832, art. 25.

§ 2. — *Armée navale.*

136. — L'avancement dans la marine proprement dite est régi par des règles spéciales, qui sont contenues dans la loi du 20 avr. 1832. Cette loi a elle-même été modifiée par une autre loi du 14 mai 1837, qui en a abrogé les art. 9, 11, 12, 13 et 20.

137.—Nul, dit l'art. 1er, L. 20 avr. 1832, ne pourra être quartier-maître, s'il n'a servi au moins six mois à bord des bâtimens de l'état comme matelot de première classe.

138.—Nul ne pourra être second-maître, s'il n'a servi au moins six mois à bord des bâtimens de l'état dans des classes du grade immédiatement inférieur.—Art. 2

139.—Nul ne pourra être maître et premier maître s'il n'a servi au moins six mois dans la première classe du grade immédiatement inférieur, à bord d'un vaisseau ou d'une frégate, ou sur une corvette de vingt-quatre canons au moins, y faisant les fonctions de maître.— Art. 3.

140. — Nul ne pourra être élève de deuxième classe, s'il n'a été admis à l'école navale après un concours public, s'il n'a suivi pendant toute l'année scolaire les cours et exercices de ladite école, et s'il n'a satisfait aux examens de sortie de cette école.—Art. 5.

141.—Nul ne pourra être élève de première classe, s'il n'a deux ans de service à bord des bâtimens de l'état en qualité d'élève de deuxième classe, ou s'il n'a fait deux années d'études à l'École polytechnique. — L'École polytechnique aura droit, chaque année, à quatre places d'élèves de la marine de première classe. — Pour que l'élève de deuxième classe puisse passer à la première, il devra satisfaire à un examen, tant sur la théorie de la navigation que sur le gréement, les apparaux, la manœuvre et le canonnage.—Art. 6.

142. — Nul ne pourra être lieutenant de frégate (aujourd'hui enseigne de vaisseau) s'il n'a servi sur les bâtimens de l'état pendant deux ans au moins, soit en qualité de lieutenant de frégate auxiliaire, pourvu du brevet de capitaine au long cours, ou s'il n'a servi sur les bâtimens de l'état pendant un an au moins comme premier maître, s'il n'a fait en cette qualité une campagne sur un vaisseau ou sur une frégate, et s'il n'a de plus satisfait à un examen tant sur la théorie de la navigation que sur les connaissances pratiques de la marine. — L'élève de première classe provenant de l'école polytechnique ne pourra être promu au grade de lieutenant de frégate qu'après avoir satisfait à un examen sur les connaissances théoriques et pratiques applicables à la marine.— Art. 7.

143.— Nul ne pourra être lieutenant de vaisseau s'il n'a servi, deux ans au moins à bord des vaisseaux de l'état, dans le grade de lieutenant de frégate ou d'enseigne de vaisseau.—L. 14 mai 1837, art. 1er.

144.— Nul ne pourra être capitaine de corvette s'il n'a servi dans le grade de lieutenant de vaisseau au moins quatre ans, dont deux à bord des bâtimens de l'état.—L. 14 avr. 1832, art. 10.

145. — Nul ne pourra être promu au grade de capitaine de vaisseau s'il n'a servi sur les bâtimens de l'état dans le grade de capitaine de cor-

velle pendant trois ans, dont une année au moins en qualité de commandant, ou s'il ne compte quatre années de grade de capitaine de corvette, dont deux sur les bâtimens de l'état, et deux ans de commandement à partir du grade de lieutenant de vaisseau. — Le temps passé dans le grade de capitaine de frégate comptera dans les quatre années de service exigées par le paragraphe ci-dessus pour être nommé capitaine de vaisseau. — L. 14 mai 1837, art. 3.

146. — Nul ne pourra être promu au grade de contre-amiral s'il ne réunit, au moins, trois années de commandement à la mer dans le grade de capitaine de vaisseau, ou s'il ne compte quatre années de ce grade, dont deux, au moins, de service à la mer en qualité de commandant commissionné d'une division navale de trois bâtimens de guerre. — Même loi, art. 4.

147. — Nul ne pourra être promu au grade de vice-amiral, s'il n'a commandé dans le grade de contre-amiral pendant trois ans une escadre de cinq bâtimens de guerre au moins. — L. 20 avr. 1832, art. 14.

148. — Les fonctions de chef d'état-major d'une armée navale ou d'une escadre sont assimilés au commandement pour l'avancement au grade de contre-amiral ou de vice-amiral. — Même loi, art. 15.

149. — M. le contre-amiral Jacob demandait qu'on exprimât que les fonctions de chef d'état-major ne donneraient les mêmes droits que les fonctions de commandant qu'autant qu'elles auraient la même durée; mais M. le ministre de la marine a fait observer que cette idée était suffisamment exprimée par le mot *assimilé* renfermé dans l'art 15.

150. — Dans aucun cas, nul ne pourra obtenir deux grades consécutifs en servant comme officier ou comme chef d'état-major général à bord des bâtimens de l'état. — Même loi, art. 16.

151. — Sur cette disposition, M. Roger avait proposé un amendement portant que les promotions au choix jusqu'au grade de capitaine de frégate (grade aujourd'hui supprimé) inclusivement, ne pourraient avoir lieu que sur des listes de présentation dressées par les officiers généraux et autres commandans à la mer, par les préfets maritimes et les gouverneurs des colonies, dans les formes déterminées par ordonnance royale. — Mais cet amendement a été rejeté par le motif que la plupart des vaisseaux naviguant isolément, il serait impossible de faire converger tous les rapports de manière à dresser une liste de présentation. — Duvergier, t. 32, p. 253.

152. — Les élèves de deuxième classe passeront à la première classe par rang d'ancienneté, pourvu qu'ils aient satisfait aux conditions indiquées en l'art. 6. — L. 20 avr. 1832, art. 16.

153. — Les deux tiers des lieutenans de frégate (aujourd'hui enseignes de vaisseau) seront pris parmi les élèves de première classe, et l'autre tiers parmi les lieutenans de frégate auxiliaires en activité de service en cette qualité, et les premiers maîtres en activité de service qui auront satisfait aux conditions indiquées dans le deuxième paragraphe de l'art. 7, L. 20 avr. 1832. — Toutefois, à défaut de lieutenant de frégate auxiliaire et de premiers-maîtres remplissant les conditions déterminées, ce dernier tiers pourra être complété avec des élèves de première classe. — Art. 18.

154. — Dans les grades de lieutenant de frégate (enseigne de vaisseau) et de lieutenant de vaisseau, les deux tiers des places vacantes seront données à l'ancienneté. — Art. 19.

155. — Dans le grade de capitaine de corvette, la moitié des places vacantes sera donnée à l'ancienneté. — L. 1837, art. 2.

156. — Tous les grades supérieurs à celui de capitaine de corvette, seront donnés au choix du roi. — Même article.

157. — L'ancienneté pour l'avancement est déterminée par l'art. 21. L. 20 avr. 1832, d'une manière analogue à celle résultant des art. 15 et 16, L. 14 avr. 1832 sur l'armée de terre (V. *suprà* nos 114 et suiv.).

158. — Le temps de service exigé pour passer d'un grade à un autre, au choix du roi, pourra être réduit à moitié dans les campagnes de guerre comme en temps de paix. — Il ne pourra être dérogé aux règles mentionnées en cet article que pour action d'éclat dûment justifiée et spécifiée dans l'ordonnance d'avancement qui sera publiée sans délai au *Bulletin des lois* et insérée au *Moniteur*. — Art. 22.

159. — Le sens de cet article, dit M. Duvergier, manque de clarté. Le ministre de la marine a fait remarquer, dans la discussion, que ce qui rend cet article obscur, c'est la difficulté de comprendre la relation du premier paragraphe avec les autres. « Quel a été, a-t-il dit, le but de l'article? C'est de donner au gouvernement, en temps de guerre, la faculté de diminuer le temps exigé pour passer d'un grade à un autre. Mais qu'a voulu dire le paragraphe 2? C'est que cette faculté, donnée au gouvernement, d'avancer avec une diminution de temps ne devait pas prendre sur les droits d'ancienneté, ni détruire les proportions de l'ancienneté pour les autres officiers. » Supposons, par exemple, qu'il y ait quatre capitaines de corvette à nommer; les officiers désignés par l'ancienneté seront donc promus sans que le § 1er de l'art. 22 fasse obstacle à leur avancement. Le roi, quoique libre de choisir les deux autres, ne pourrait cependant les prendre que parmi les lieutenans de vaisseau ayant au moins quatre ans de grade, dont deux à bord des bâtimens de l'état (art. 10 de la loi); usant de la faculté écrite dans le premier paragraphe de l'art. 22, il pourra nommer capitaines de corvette des lieutenans qui, au lieu de quatre ans de service, auront seulement deux ans dans des campagnes de guerre. — Duvergier, t. 32, p. 234.

160. — Les art. 23, 24, 25, 26 et 27 de la loi du 20 avr. 1832 correspondent aux art. 17, 23, 22, 24, 21, de la loi du 14 avr., relative à l'armée de terre. V. *suprà* nos 120 et suiv.

161. — Le temps de service dans les fonctions à terre qui, en vertu d'ordonnances, était assimilé au temps d'embarquement, a cessé de donner des titres à l'avancement à compter de la promulgation de la loi du 20 avr.; mais jusqu'audit jour il a dû être compté à cet effet suivant la teneur desdites ordonnances. — Art. 28.

162. — L'art. 8, L. 20 avr. 1832, portait que le mode et les conditions des examens prescrits par les art. 5 et 6 seraient déterminés par ordonnance royale; cette ordonnance a été rendue les 24 avr. et 8 mai 1832. — Elle règle (tit. 1er) l'admission à l'école navale, (tit. 2) l'examen de sortie de l'école, (tit. 3) l'examen des élèves de la marine pour passer de la 2e classe à la première, (tit. 4) l'examen des élèves provenant de l'école polytechnique, (tit. 5) l'examen des premiers maîtres. — Duvergier, t. 32, p. 210.

Sect. 4e. — *De l'état proprement dit des officiers.*

163. — L'art. 69 de la Charte, § 6, promettait une loi spéciale pour assurer l'état des officiers de tout grade, de terre et de mer. Il a d'abord été pourvu aux règles qui doivent régir l'avancement, par la loi du 14 avr. 1832 (V. nos 105 s.) pour l'armée de terre, et par celle du 20 du même mois pour l'armée de mer (V. *suprà* no 136). L'art. 24, L. 14 avr., porte : « L'emploi est distinct du grade; aucun officier ne » pourra être privé de son grade que dans les cas et » suivant les formes déterminés par les lois. »

164. — La loi du 19 mai 1834 est l'exécution de l'article de la Charte précité, et le développement de l'art. 24, L. 14 avr. 1832. — Cette loi détermine, dans son art. 1er, les cas dans lesquels un officier perd son grade; ces cas sont : 1o la démission *acceptée* par le roi. — On avait proposé à la chambre des pairs de ne pas subordonner l'effet de la démission à l'acceptation, attendu que dans certains cas la démission ne pouvait être refusée. Mais on a pensé qu'on devait suivre l'usage adopté jusqu'alors, sauf à placer quelques dispositions nouvelles dans le code disciplinaire de l'armée. — Duvergier, t. 34, p. 105.

165... — 2o La perte de la qualité de Français prononcée par jugement. — Cette disposition est de nature à soulever des difficultés. En effet, la loi ne dit pas à qui appartiendra le droit de provoquer le jugement qui doit prononcer sur la perte de la qualité de Français; et, dans le silence du texte, M. Duvergier (*Coll. des lois*, t. 34, p. 106) pense que l'action appartient, non au ministère public, mais au préfet, par analogie de ce qui se passe en matière de recrutement, et, dans tous les cas, au ministre de la guerre. — Toutefois, une ordonnance du 30 août 1837, contresignée par le ministre de la justice et de la guerre, a attribué expressément cette initiative au ministère public; mais M. Duvergier (t. 37, p. 371) repousse cette ordonnance comme n'ayant pu compléter la loi de 1834, ni reconnaître au ministère public, dans une matière civile, un droit d'action en dehors des cas déterminés par la loi; il persiste donc dans sa première opinion.

166... — 3o La condamnation à une peine afflictive ou infamante; — 4o la condamnation à une peine correctionnelle pour délits prévus par la section première et les art. 402, 403, 405, 406 et 407, C. pén; — 5o la condamnation à une peine correctionnelle s'il y a, en outre, surveillance de la haute police et interdiction des droits civiques, civils et de famille.

167. — Il a été bien entendu, quant à l'application du no 5 précité, que, pour emporter la perte du grade, il faut la réunion des trois peines : emprisonnement, mise sous la surveillance de la police, et privation des droits civiques, civils et de famille. — Duvergier, t. 34, p. 106. — Il suit, en outre, de la généralité des termes de l'article que cette disposition est applicable à tous les officiers en activité, en disponibilité, en non-activité, en réforme et en retraite. — Ce qui, ainsi que l'a fait remarquer M. le comte de Ham, déroge à l'art. 26, L. 11 avr. 1831, qui ne fait perdre à un officier sa pension de retraite et conséquemment son grade que lorsqu'il a été condamné à une peine afflictive ou infamante. — Duvergier, *loc. cit.*

168. — Mais il résulte également de la discussion que la loi de 1834 ne concerne que la privation du grade, et qu'elle ne touche en rien aux droits à la pension, lesquels restent toujours réglés par la loi du 11 avr. 1831.

169. — 6o La destitution prononcée par jugement d'un conseil de guerre.

170. — Jugé, avant la loi de 1834, 1o que la destitution d'un officier de l'armée par un décret de 1811 était légale, comme prononcée sous l'empire de l'acte constitutionnel du 22 frim. an VIII, qui accordait au chef de l'état le droit de nommer et de révoquer à volonté les officiers (*Cons. d'état*, 11 avr. 1834, Terrère); — 2o qu'un officier remis en activité après une destitution est non-recevable à demander un rappel de solde pour le temps écoulé entre sa destitution et sa réintégration, et à exiger que ce temps lui soit compté pour sa retraite comme service effectif. — *Ibid.* — Cette dernière solution serait admise encore aujourd'hui.

171. — Indépendamment des causes qui, aux termes des autres lois en vigueur, entraînent la destitution, cette mesure peut encore, suivant l'art. 1er, L. 19 mai 1834, être prononcée : 1o à l'égard de l'officier en activité, pour absence illégale de son corps, après trois mois; 2o à l'égard de l'officier en activité, en disponibilité ou en non-activité, pour résidence hors du royaume sans l'autorisation du roi, après quinze jours d'absence.

172. — Il résulte de la discussion qui a eu lieu aux chambres que ce n'est pas *administrativement* que la destitution peut être prononcée dans les cas qui précèdent, mais par jugement d'un conseil de guerre. — Duvergier, p. 108. — « L'absence du royaume sans autorisation, disait le rapporteur de la commission de la chambre des pairs, peut s'appliquer à l'officier en activité et à l'officier en non-activité : l'amendement veut que la destitution soit prononcée par un jugement régulier du conseil de guerre. — Nous éviterons ainsi les *destitutions administratives, auxquelles il n'est plus permis de songer.* Quant à l'absence illégale du corps, il est évident que ce délit ne peut être commis que par des militaires en activité de service : nous demandons que ce fait soit également soumis au conseil de guerre, et que la destitution ne puisse être prononcée que par jugement. » — Duvergier, *loc. cit.*

173. — Quant aux mots *résidence hors du royaume*, M. le ministre de la guerre a déclaré qu'ils devaient avoir le même sens que dans la loi sur les pensions. — Art. 26, L. 11 avr. 1831. — V. PENSIONS.

174. — Les positions de l'officier sont : l'activité et la disponibilité, la non activité, la réforme, la retraite. — L. 19 mai 1834, art. 2.

175. — L'*activité* est la position de l'officier appartenant à l'un des cadres constitutifs de l'armée, pourvu d'emploi, et de l'officier hors cadre employé temporairement à un service spécial ou à une mission. — Art. 3.

176. — On avait proposé de supprimer les mots *et de l'officier hors cadre*; on soutenait que l'on pourrait, sans inconvéniens, prendre dans les cadres des régimens des officiers pour leur confier des missions spéciales. — La chambre n'a pas adopté cette opinion. — Duvergier, t. 34, p. 108.

177. — La *disponibilité* est la position spéciale de l'officier général ou d'état-major appartenant au cadre constitutif, qui se trouve momentanément sans emploi (Même article). — Le service de l'armée exige que, parmi les officiers généraux ou d'état-major, il y ait des officiers disponibles; il n'y a pas les mêmes raisons pour étendre cette position de disponibilité aux autres corps de l'armée. — Observations à la chambre des députés (Duvergier, *loc. cit*).

178. — La loi du 2 mai 1827 déclare que les officiers en retraite ne font pas partie du jury. Toutefois, l'officier en disponibilité, porté comme censitaire sur la première liste, alors surtout qu'il n'allègue aucune nécessité de service qui l'empêche de remplir les fonctions de juré, doit être maintenu sur la liste. — *Cour d'assises de la Seine*, 16 janv. 1843, comte de Girardin (*Gaz. des trib.*, 17 janv. 1843).

179. — La *non-activité* est la position de l'officier hors cadre et sans emploi. — Art. 4.

180. — L'officier en activité ne peut être mis en non-activité que pour l'une des causes ci-après :

1o licenciement de corps; — 2o suppression d'emploi (même art.). — Sur ce dernier point la commission de la chambre des pairs avait proposé d'ajouter : « ou de cadre dans le même corps; » mais on a fait remarquer que la suppression d'un cadre ou d'une partie d'un cadre emporte suppression d'emploi pour tous ceux qui se trouvent dans ce cadre. Aussi l'amendement, bien qu'adopté primitivement, a-t-il été supprimé lors de la rédaction définitive. — Duvergier, t. 34, p. 108.

181. — 3o Rentrée de captivité à l'ennemi lorsque l'officier prisonnier de guerre a été remplacé dans son emploi; — 4o infirmités temporaires; — 5o retrait ou suspension d'emploi. — Il y a cette différence entre le retrait et la suspension d'emploi, que la suspension d'emploi est un adoucissement, une gradation de la mise en non activité; elle assure à l'officier sa rentrée au service après l'expiration de sa peine; c'est en même temps une économie pour l'état en ce que l'officier n'est pas remplacé dans son emploi lorsqu'il est suspendu pour moins d'une année. — Observations du général Schneider (Duvergier, *loc. cit.*)

182. — La mise en non-activité par retrait ou suspension d'emploi a lieu par décision royale sur le rapport du ministre de la guerre. — L. 19 mai 1834, art. 6.

183. — On avait demandé que la mise en activité par retrait ou suspension d'emploi ne pût être prononcée que d'après l'avis d'un conseil d'enquête. — Mais M. le ministre de la guerre a fait observer que ce serait porter atteinte à la prérogative royale; que, si le grade était assuré à l'officier, l'emploi pouvait toujours être retiré par le roi; que c'était à ce prix seulement qu'on pouvait maintenir la discipline dans l'armée. — En rejetant l'amendement, la chambre a ainsi consacré le principe que l'*emploi* est à la disposition du roi. — Duvergier, *loc. cit.*

184. — Toutefois, il ne faut pas entendre que le roi ou plutôt le ministre de la guerre ait un pouvoir discrétionnaire pour retirer à un officier son emploi et tous les avantages qui lui sont attachés, en lui laissant seulement son grade, c'est-à-dire un simple titre honorifique. — Le retrait de l'emploi peut placer l'officier dans trois positions différentes : en non-activité, en réforme ou en retraite. La solde de non-activité est plus élevée que la solde de réforme; en conséquence, celui qui passe de l'activité à la non-activité éprouve un dommage moins grave que celui qui est mis en réforme; par conséquent la garantie du conseil d'enquête n'est pas accordée lorsqu'il s'agit de la perte d'emploi avec mise en non-activité; elle est réservée au cas où la perte d'emploi est suivie de la mise en réforme. — Duvergier, *loc. cit.*

185. — Les officiers en non activité par licenciement de corps, suppression d'emploi ou rentrée de captivité à l'ennemi, sont appelés à remplir la moitié des emplois de leur grade vacans dans l'arme à laquelle ils appartiennent. — Même loi, art. 7. — Le temps par eux passé en non-activité leur est compté comme service effectif pour les droits à l'avancement, au commandement, à la réforme ou à la retraite. — *Ibid.*

186. — Il a été entendu, malgré les observations de M. le marquis de Laplace et celles de M. Schneider, que l'appel des officiers en non-activité à remplir les emplois vacans, ainsi qu'il est dit en l'art. 7, n'aurait pas lieu nécessairement *par droit d'ancienneté* et qu'il n'y avait pas lieu d'appliquer à ce cas ce qui existe, suivant l'art. 16 L. 14 avr. 1832, en matière d'avancement. — Duvergier, *loc. cit.*

187. — Les officiers en non-activité pour infirmités temporaires et par retrait ou suspension d'emploi sont susceptibles d'être remis en activité. — Le temps passé par eux en non-activité leur est compté comme service effectif pour la réforme et pour la retraite seulement. — L. 19 mai 1834, art. 8. — On avait demandé que le temps passé en non activité pour cause d'infirmités temporaires constatées provenir des circonstances du service comptât pour l'*avancement et le commandement*. Mais, sur l'observation faite par un député : « *qu'on n'avance pas dans son lit*, » la proposition a été rejetée. Toutefois, il résulte de la discussion qu'il ne s'agit pas dans l'art. 8 des officiers atteints d'infirmités par suite de blessures ou de fatigues de service; qu'il ne s'agit même pas d'officiers atteints, de quelque manière que ce soit, d'infirmités dument constatées : « Le gouvernement, a dit M. le général Schneider, dont les observations ont été confirmées par M. le général Strotlz et M. Charles Dupin, a pour ces officiers les congés temporaires, la saison des eaux minérales, les congés de semestre, les congés de convalescence, et il en use libéralement à leur égard. — Le gouvernement n'a entendu parler que des officiers qui, sous prétexte de maladie ou bien d'infirmités que le témoignage des officiers de santé ne vient pas confirmer, cherchent à s'exempter du service : ce sont des officiers qui, par mauvaise volonté ou par mollesse, ne font pas leur service, abusant ainsi de la longanimité de leurs chefs et de la patience de leurs camarades qui les remplacent. » — Duvergier, *loc. cit.*

188. — La *réforme* est la position de l'officier sans emploi qui, n'étant plus susceptible d'être rappelé à l'activité, n'a pas de droit acquis à la pension de retraite. — L. 19 mai 1834, art. 9.

189. — La réforme peut être prononcée : 1o pour infirmités incurables; — 2o par mesure de discipline (même loi, art. 10).

190. — La réforme pour infirmités incurables doit être prononcée dans la forme voulue par la loi du 11 avr. 1831 sur les pensions de l'armée de terre (même loi, art. 11) : et la loi de 1831 renvoie elle-même, pour la justification des causes des blessures ou infirmités, à un réglement d'administration publique qui a pris la date du 2 juillet 1831.

191. — Un officier ne peut être mis en réforme, pour cause de discipline, que pour l'un des motifs ci-après : 1o inconduite habituelle, 2o fautes graves dans le service ou contre la discipline (même loi, art. 12). — M. Delaborde demandait qu'on mît *fautes répétées*; mais on lui a répondu qu'une seule faute pouvait suffire à raison de sa gravité, par exemple si un officier (quoique sans passer à l'ennemi) quittait sa troupe au moment du combat.

192. — Le projet primitif énonçait l'*incapacité* comme une des causes de mise en réforme; mais la chambre des pairs a supprimé cette disposition par le motif que l'incapacité, poussée au point de rendre impropre au service, se manifesterait ou par l'inconduite ou par les fautes dans le service, et pourrait ainsi être atteinte indirectement. — Duvergier, *loc. cit.*

193. — 3o Fautes contre l'honneur (même loi, art. 12). — M. le général Demarçay pensait que la signification du mot *honneur* n'était pas assez précise pour qu'on pût l'employer dans une loi. « A mon avis, a-t-il dit, toutes les fois qu'on manque à ses devoirs, on manque à l'honneur; je ne conçois pas l'honneur militaire autrement que l'honneur des autres professions; il consiste dans l'accomplissement de ses devoirs. » — « Ces paroles, ajoute M. Duvergier (*loc. cit.*), devraient être méditées par tous les membres des conseils d'enquête qui seront appelés à donner leur avis sur les fautes imputées aux officiers; il est à craindre, à raison des préjugés qui règnent encore dans la société et surtout parmi les militaires, que les conseils d'enquête ne se déterminent souvent par des règles moins sages, moins libérales, moins avancées que celles que l'esprit éclairé de M. Demarçay a posées. — N'appelle-t-on pas encore le duel une affaire d'*honneur*, et cependant il n'y a pas d'acte plus anti-social, plus absurde, plus contraire aux devoirs d'homme et de citoyen que le duel.... »

194. — 4o Prolongation au-delà de trois ans de la position de non activité. — Même loi, art. 12. — V. *infrà* nos 196 et suiv.

195. — La réforme par mesure de discipline des officiers en activité et des officiers en non activité sera prononcée par décision royale sur le rapport du ministre de la guerre, *d'après* l'avis d'un conseil d'enquête. — Même loi, art. 13. — Ces conseils d'enquête ont été réglés par l'ordonn. des 21 mai-1er juin 1836.

196. — La réforme à raison de la prolongation de la non activité pendant trois ans ne pourra être prononcée qu'à l'égard de l'officier qui, *d'après* l'avis du même conseil, aura été reconnu non susceptible d'être rappelé à l'activité. — Même article.

197. — Les avis du conseil d'enquête ne pourront être modifiés qu'en faveur de l'officier. — Même article.

198. — Il résulte de cette dernière disposition que dans les cas prévus par les deux premiers paragraphes de l'art. 13 l'avis du conseil d'enquête doit être suivi, à moins qu'il ne s'agisse d'adoucir la sentence. — Duvergier, *loc. cit.*

199. — L'application, dans les limites légales, des peines disciplinaires prononcées par la loi du 19 mai 1834, ne donne pas ouverture à un recours au conseil d'état par la voie contentieuse. Ainsi, un officier ne peut déférer au conseil d'état la décision royale qui, d'après l'avis du conseil d'enquête, l'a mis à la réforme. — *Cons. d'état*, 2 janv. 1838, Chaumer.

200. — La *retraite* est la position définitive de l'officier rendu à la vie civile et admis à la jouissance d'une pension, conformément aux lois en vigueur. — Même loi, art. 14.

201. — L'ord. du 5 avr. 1832 porte : « Seront admis à faire valoir leurs droits à la retraite : 1o les lieutenans généraux ayant soixante-cinq ans accomplis; — 2o les maréchaux de camp à soixante-deux ans; — 3o les mêmes officiers généraux, quoique n'ayant pas l'âge ci-dessus fixé, s'ils ont des blessures qui leur rendent impossible un service actif. »

202. — Les maréchaux de France ne peuvent être mis à la retraite, le maréchalat de France étant une *dignité* et non un *grade*. — Duvergier, sur la loi du 4 août 1839, t. 39, p. 198, note 3e.

203. — Nul officier admis à la retraite ne pourra être replacé dans les cadres de l'armée. — L. 14 avr. 1832, art. 23. — On avait proposé d'appliquer cette disposition aux officiers démissionnaires qui n'auraient pas été réintégrés dans leur grade un an après leur démission. Sur les observations du général Excelmans cette extension a été rejetée. — Duvergier, *Collect. des lois*, t. 32, p. 121, note 1re. — Le gouvernement a cependant le droit d'appeler les officiers en retraite au service de la garde nationale mobile. — L. 22 mars 1831, art. 158. — V. GARDE NATIONALE.

204. — La mise à la retraite entraîne le droit à une pension. Les pensions de retraite sont régies par la loi du 11 avr. 1831, qui, sauf les exceptions qui se rapportent à des droits acquis, abroge toutes les dispositions antérieures sur la matière. — Art. 37.

205. — Cette loi reconnaît comme donnant droit à une pension : 1o la retraite pour *ancienneté* (tit. 1er); la retraite pour cause de *blessures* ou *d'infirmités* (tit. 2); elle ouvre aussi un droit à cette retraite aux *veuves* et aux *orphelins* des militaires, dans certaines proportions (tit. 3); elle pose ensuite quelques principes généraux sur d'autres cas où le droit à une pension est ouvert, comme en cas de services éminens et extraordinaires; elle énumère les cas où le droit à la pension est suspendu, et proclame l'incessibilité et l'insaisissabilité de ces pensions, si ce n'est pour débet envers l'état, ou pour les causes prévues par les art. 203 et 205, C. civ.; elle fixe alors les proportions dans lesquelles les retenues sont possibles, un cinquième pour cause de débet, un tiers pour le second motif (tit. 4). Le tit. 5 est consacré à des dispositions transitoires. — V. PENSION.

206. — La solde d'activité et celle de disponibilité sont réglées suivant les tarifs approuvés par le roi. — L. 19 mai 1834, art. 15. — V. aussi ord. 25 déc. 1837 sur le service de la solde et sur les recours. — Duvergier, t. 38, p. 34.

207. — La solde de non-activité est fixée : 1o pour l'officier sorti de l'activité par suite du licenciement de corps, de suppression d'emploi, de rentrée de captivité à l'ennemi, ou d'infirmités temporaires, à moitié de la solde d'activité, dégagée de tous accessoires et de toute indemnité représentative; — 2o pour l'officier sorti de l'activité par retrait ou suppression d'emploi, aux deux cinquièmes de la même solde. — Même loi, art. 16.

208. — Toutefois, par exception au § 1er de l'article précédent, les lieutenans et sous-lieutenans en non-activité doivent toucher les trois cinquièmes de la solde d'activité dépouillée de tous accessoires. — Art. 17.

209. — Cette exception en faveur du sous-lieutenant et lieutenant a été admise à raison de la modicité extrême de la solde qu'ils auraient reçue si on les eût réduits, d'après le principe posé dans le § 1er, art. 16, à la demi-solde; mais, ainsi que le fait remarquer M. Duvergier (*loc. cit.*), cette faveur n'est accordée qu'aux lieutenans et sous-lieutenans sortis d'activité par les motifs énumérés en ce paragraphe, et non à ceux mis en non-activité dans les cas prévus par le § 2.

210. — Nul officier réformé n'a droit à un traitement, s'il n'a accompli le temps de service imposé par la loi de recrutement. — Art. 18. — V. RECRUTEMENT.

211. — Tout officier réformé ayant moins de vingt ans de service recevra, pendant un temps égal à la moitié de la durée de ses services effectifs, une solde de réforme égale aux deux tiers du minimum de la pension de retraite de son grade, conformément à ce qui est déterminé par la loi du 11 avr. 1831. — Art. 18.

212. — Un député (M. le général Bugeaud) avait demandé que les campagnes fussent comptées pour l'accroissement de la pension de réforme, comme elles le sont, d'après la loi du 11 avr. 1831, pour les pensions de retraite. Le rapporteur de la commission a déclaré que, personnellement, il l'entendait ainsi, et qu'il croyait que la commission elle-même était de cet avis. Mais M. Martin (du Nord), membre de la commission, a expliqué que, dans la session précédente, on avait proposé dans la loi d'ajouter à une pension donnée après vingt ans de service une année par campagne; que, par cela même que le gouvernement n'avait pas proposé la disposition et que cette disposition ne se trouvait pas dans le projet de la commission, il avait été bien entendu qu'on resterait dans les termes de la loi d'avril 1831, qui n'admet le doublement des campagnes que pour la pension donnée après trente ans de service : Voilà, a-t-il dit,

quelle a été la pensée du gouvernement et de la commission. — Duvergier, *loc. cit.*

213. — L'officier ayant, au moment de sa réforme, plus de vingt ans de service effectif, recevra une pension de réforme dont la quotité sera déterminée d'après le minimum de la retraite de son grade, à raison d'un trentième pour chaque année de service effectif. — Même article.

214. — Les pensions et traitemens de réforme ci-dessus déterminés peuvent se cumuler avec un traitement civil. — Art. 19.

215. — Les pensions de réforme accordées après vingt ans de service seront inscrites au livre des pensions du trésor public. — Elles seront, comme les pensions de retraite, incessibles et insaisissables, excepté dans les cas de débet envers l'état, ou dans les circonstances prévues par les art. 203, 205 et 214, C. civ. — Dans ces deux cas, les pensions de réforme sont passibles de retenues qui ne peuvent excéder le cinquième pour cause de débet, et le tiers pour alimens. — Art. 20.

216. — Les retenues autorisées sur les traitemens de réforme, dit M. Duvergier (*loc. cit.*), sont : — 1° celle qui est déterminée par la loi du 28 fruct. an VII ; — 2° celle pour trop perçu dans les paiemens antérieurs ; — 3° celle pour contributions dues au trésor public ; — 4° celle au profit des corps dont les militaires faisaient précédemment partie ; — 5° celle ordonnée par le Code civ. au profit de la famille, d'après l'avis du cons. d'état des 22 déc. 1807-11 janv. 1808.

217. — Dans aucun cas il ne peut y avoir lieu à réversibilité de tout ou partie de la pension de réforme sur les veuves et les orphelins. — Art. 21.

218. — La loi du 19 mai 1834 a réglé par des dispositions transitoires le sort des officiers alors en jouissance de solde de congé illimité et de non activité ou traitement de réforme.

219. — Ces officiers, porte l'art. 22, restent dans les positions où ils ont été placés par les ordonnances royales. — M. le comte Dejean ayant fait observer que les officiers compris dans cette disposition appartenaient, pour la plupart, à des corps licenciés, tels que la garde royale et les corps de la maison de Charles X, et ayant demandé en outre si l'intention du projet était qu'ils n'eussent aucun droit aux places vacantes, quoiqu'ils fussent sortis de l'activité par suite de licenciement de corps, M. le général Schneider, commissaire du roi, a répondu : « Les officiers qui sont dans la deuxième catégorie des officiers en non activité sont susceptibles de rentrer au service, mais sans droits acquis. » — Duvergier, t. 34, p. 114.

220. — Le même art. 22 ajoute que les dispositions des art. 13 et 18, présente loi (19 mai 1834), seront toutefois applicables à ceux de ces officiers qui seraient reconnus devoir passer de la position de congé illimité ou de non-activité à celle de réforme.

221. — Les officiers mis en réforme avec ou sans traitement, depuis le 1er avr. 1814 jusqu'au 1er août 1830, et qui étaient, au moment de la loi du 19 mai 1834, en activité de service ou en possession d'une solde de non-activité ou de congé illimité, ont reçu de l'art. 23 le droit de faire valoir pour la retraite ou la réforme, comme service effectif, le temps qu'ils avaient passé antérieurement en réforme, mais seulement jusqu'à concurrence du nombre d'années qui ouvre le droit au minimum de la pension de retraite.

222. — On avait proposé d'accorder le bénéfice de l'art. 23 à ceux des officiers mentionnés audit article qui *seraient mis en activité de service* postérieurement à la loi de 1834 ; mais cette proposition a été rejetée. M. le général Subervie a dit, il est vrai, qu'à son avis l'article ne les excluait pas. Mais M. Duvergier (*loc. cit.*) fait remarquer avec raison que, bien que cela ne paraisse pas juste, le texte n'en est pas moins formel.

223. — Un député (M. Mangin d'Oins) avait demandé ce que l'on ferait pour les sous-officiers qui, étant sous-officiers en 1814, ont été promus au grade d'officier en 1815, et ont perdu ce grade à la deuxième restauration ; ce qu'on ferait aussi pour les adjoints aux commissaires des guerres promus à ce grade en 1815, et qui ont perdu ce titre depuis. — Le commissaire du roi a répondu qu'ils étaient compris dans les dispositions de l'art. 23 ; et il a été bien entendu, en outre, sur l'observation de M. le général Subervie, que cette disposition s'étendrait aussi aux officiers qui n'étaient que sous-officiers à l'époque de la mise en réforme. — Duvergier, *loc. cit.*

224. — Le droit reconnu par l'art. 23 est accordé aux officiers réintégrés dans l'armée depuis le 1er août 1830, et qui, par suite d'infirmités ou pour tout autre motif de faute dûment constaté, auront été mis à la position de réforme. — Même article.

225. — L'art. 24, L. 1834, sous le titre : *De l'application à l'armée de mer*, déclare ladite loi commune aux deux services de terre et de mer : en conséquence, dit-il, elle est applicable aux officiers des troupes de la marine et autres officiers entretenus des autres corps de ce département. Néanmoins la mise en non activité d'un officier de vaisseau *ou d'autres officiers* entretenus des corps de la marine, ne pourra ouvrir aucune vacance dans le cadre de l'état-major maritime (art. 24). — Par ces mots *autres officiers*, M. le ministre de la marine a déclaré qu'il fallait entendre même les officiers qui sont des résidus d'anciens corps qui s'éteignent tous les jours, les officiers d'artillerie de marine, de génie maritime, etc. — Duvergier, p. 115.

226. — La pension d'inactivité pour les officiers de marine est une innovation introduite par la loi de 1834. — Aussi, pour éviter les abus, a-t-on décidé qu'elle ne créerait pas de vacances. Il ne peut y avoir vacance que si l'officier a été mis en retraite ou en réforme. — Observations de M. le ministre de la marine (Duvergier, *loc. cit*).

227. — Les pensions de réforme qui, en exécution de l'art. 18, L. 19 mai 1834, devront être accordées aux officiers entretenus des corps de la marine, après vingt ans de service effectif, seront liquidées proportionnellement et payées suivant la teneur des art. 1er et 26, L. 18 avr. 1831. — Art. 25.

228. — L'art. 25 déclare également la loi applicable au corps de l'intendance militaire et aux officiers de santé des armées de terre et de mer, à ceux de l'administration des hôpitaux et aux agens du service de l'habillement et du campement.

229. — M. Dejean demandait que la disposition de l'art. 25 fût limitée aux officiers de santé *brevetés*, ce qui excluait les officiers employés temporairement, et que le gouvernement a le droit de licencier lorsqu'ils ont été employés plus de deux ans. Mais son amendement a été rejeté. — Duvergier.

230. — Un pair (M. le marquis de Laplace) a fait observer que l'article pourrait s'appliquer aussi aux agens du service de l'habillement et de campement, qui sont très nombreux dans certaines circonstances, et qui le sont très peu dans d'autres. « Il y en a, a-t-il ajouté, qui doivent participer aux bénéfices de l'article, et d'autres qui, en rentrant dans la vie civile, n'y ont plus aucun droit. » — « Ces agens, a répondu M. le comte de Sparre, n'ont que des *commissions*, ils n'ont pas de *brevets*. » — Duvergier, *loc. cit.*

231. — Tout officier condamné par jugement à un emprisonnement de plus de six mois sera suspendu de son emploi ou mis en réforme, en se conformant aux art. 6 et 13 de la loi. — La durée de l'emprisonnement ne comptera jamais comme service effectif, même pour la retraite. — Art. 27.

232. — L'art. 28, L. 1834, en déclarant abrogées *toutes dispositions antérieures*, n'a pas porté sur la disposition de l'art. 17, L. 14 avr. 1832, qui accorde aux prisonniers de guerre la possibilité de parvenir à un grade supérieur. C'est ce qui a été reconnu et compris sur les explications formelles de M. le ministre de la guerre.

CHAPITRE III — *Administration.* — *Individus à la suite.* — *Administration.*

Sect. 1re. — *Administration.*

233. — L'administration de l'armée est l'une des plus importantes de l'état. Elle comprend tout ce qui se réfère aux soldes et traitemens, à l'entretien des troupes, tant pour les subsistances, l'habillement et le campement, que pour la tenue des hôpitaux militaires. Elle est confiée au corps de l'intendance militaire. — Une ordonnance du 28 fév. 1838 (Duvergier, t. 38, p. 18), contient l'organisation du corps d'officiers d'administration (pour les hôpitaux, les subsistances militaires, l'habillement et le campement). — Ce corps est placé sous les ordres des officiers de l'intendance militaire.

234. — Le corps des intendans militaires fait partie de l'état-major général. — Ord. 29 juill. 1817, 18 sept. 1822, 26 déc. 1827, 10 juin 1829, 11 déc. 1830, et surtout 10 juin 1835.

235. — Cette dernière ordonnance établit (art. 1er et 2) les grades suivans : *adjoint de deuxième classe*, correspondant au grade de capitaine ; *adjoint de première classe*, qui correspond à celui de chef d'escadron ; *sous-intendant de deuxième classe*, qui correspond à celui de lieutenant-colonel ; *sous-intendant de première classe* correspondant à celui de colonel, et *intendant*, qui correspond à celui de maréchal de camp.

236. — Les titres d'*intendant en chef* et d'*intendant général*, donnés à l'intendant qui est chargé de l'administration d'une ou plusieurs armées, sont temporaires. — Art. 3.

237. — L'effectif des officiers du corps de l'intendance militaire a été fixé par une ord. du 10 juin 1835, puis augmenté par une autre ord. du 27 août 1840.

238. — Les divers services de l'administration militaire avaient été organisés par des ordonnances spéciales ; celle du 18 sept. 1824, pour le personnel administratif des hôpitaux militaires ; celle du 8 juin 1825, pour le service des subsistances ; celles des 10 nov. 1830 et 22 juin 1831, pour le personnel du service du campement et de l'habillement.

239. — Le 28 fév. 1838, une ordonnance a organisé ces divers services sur une base uniforme, en ce qui concerne les dénominations, le recrutement, la hiérarchie, l'avancement, la discipline, la solde et la retraite. — Le recrutement doit se faire dans les divers corps de l'armée.

240. — Cette ordonnance crée, pour le service des bureaux de l'intendance militaire, un cadre de commis entretenus, dont la hiérarchie est ainsi fixée par l'art. 1er : commis de troisième classe, commis de deuxième classe et commis de première classe.

241. — Le service des bureaux de l'intendance comprend en outre, suivant le même article, des commis auxiliaires dont le nombre varie selon les besoins du service (art. 2). — Tous ces commis se recrutent dans l'armée ; les premiers parmi les sous-officiers en activité depuis deux ans, et âgés de moins de trente-cinq ans ; les seconds, parmi les soldats, caporaux ou brigadiers, ou parmi les jeunes gens de moins de trente ans ayant satisfait à la loi du recrutement (art. 3 et 4). — Cette ordonnance règle l'avancement d'une classe à l'autre, le costume et le droit à une pension de retraite.

242. — Le cadre des officiers d'administration a été augmenté par une ord. du 25 août 1840. Celui des commis entretenus a également augmenté.

243. — Depuis le 1er oct. 1831, le service des fourrages se fait par des marchés à prix ferme et par adjudication publique. — Ord. 4 mars 1831, art. 1er. — Les contestations qui pourraient s'élever doivent être jugées administrativement, sauf l'appel au conseil d'état contre les décisions ministérielles. — Même ord., art. 2 ; L. 11 sept. 1790, art. 3, et 28 pluv. an VIII, art. 4. — Même principe pour les adjudications de fournitures de pain et pour le jugement des contestations. — Ord. 5 fév. 1831.

244. — L'ord. du 13 déc. 1830 (art. 1er) a créé, sous le titre de *Direction des subsistances de la marine*, une direction spéciale au ministère de la marine. — Art. 2.

245. — Les commissaires, sous-commissaires, contrôleurs et gardes-magasin sont nommés par le roi. Les autres employés sont nommés par le ministre (Art. 4). — Les gardes-magasin sont assimilés, pour le grade, aux sous-commissaires de la marine (Art. 6). — Ils ne peuvent faire pour leur compte aucun commerce des marchandises de la nature de celles qui sont en magasin, ni en délivrer, même en en payant la valeur (Art. 12).

246. — Indépendamment des officiers composant le corps chargé du service et de l'administration des hôpitaux militaires, il y a des sous-employés ou infirmiers entretenus. Le nombre des infirmiers militaires est fixé à cinq cent cinquante, dont cent cinquante infirmiers majors et quatre cents infirmiers ordinaires. — V. HOPITAUX.

247. — Il existe aussi un corps des ouvriers d'administration qui est exclusivement affecté à l'exploitation des services administratifs, à la garde et à la police des établissemens de l'administration, et à l'escorte des convois de malades, de vivres ou d'effets d'habillement. Les sous-officiers et soldats du bataillon doivent tous être des hommes de métiers, maçons, serruriers, bouchers, boulangers, infirmiers, etc. L'ordonnance qui organise ce corps est du 24 fév. 1820 ; elle établit un seul bataillon, auquel une ordonnance postérieure (10 nov. même année) a ajouté trois nouvelles compagnies ; après l'augmentation de l'armée à la suite de la crise militaire de 1840, cinq nouvelles compagnies ont encore été ajoutées aux précédentes, une par l'ordonnance du 25 sept. 1841, les quatre autres par une ordonnance du 30 du même mois.

248. — Il a été jugé qu'un agent des subsistances militaires attaché à une division militaire de l'Algérie doit être considéré comme appartenant à l'armée, et par conséquent il est non-recevable à se pourvoir contre le jugement d'un conseil de guerre. — *Cass.*, 4 juin 1842 (t. 2 1843, p. 528), Fabus. — Cette solution n'est pas sujette à controverse, car à l'art. 10, L. 13 brum. an V, qui range parmi les individus attachés à l'armée et à sa suite, et, comme tels, déclare justiciables des conseils de guerre les gardes-magasin des vivres et fourrages, on peut ajouter un avis du conseil du 23 déc.

1806, approuvé par l'empereur le 15 janv. 1807, cité par M. Legraverend (*Législat. crim.*, 3e édit., t. 2, p. 653), qui décide que les gardes-magasin des vivres, même dans les places ouvertes de l'intérieur et les divisions militaires, doivent pour tous les faits relatifs à l'exercice de leurs fonctions être traduits devant les tribunaux militaires.—V. CONSEIL D'ADMINISTRATION DE RÉGIMENT.

Sect. 2e. — *Officiers et individus à la suite.*

249.—Nous avons vu ci-dessus nos 7 et suiv., que certains officiers d'état-major peuvent être détachés de ce corps, et placés pendant un certain temps *à la suite*, soit des régimens d'infanterie ou de cavalerie, soit des régimens d'artillerie.

250.—D'après la loi du 13 brum. an V, art. 10, sont réputés attachés à l'armée et à sa suite : 1o les voituriers, charretiers, muletiers et conducteurs de charrois, employés au transport de l'artillerie, bagages, vivres et fourrages de l'armée, dans les marches, camps, cantonnemens, et pour l'approvisionnement des places en état de siége; — 2o les ouvriers suivant l'armée; — 3o les gardes-magasin d'artillerie, ceux des vivres et fourrages pour les distributions soit au camp, soit dans les cantonnemens, soit dans les places en état de siége;—4o tous les préposés aux administrations pour le service des troupes;—5o les secrétaires, commis et écrivains des administrateurs et ceux des états-majors; — 6o les agens de la trésorerie près les armées;—7o les commissaires des guerres; — 8o les individus chargés de l'établissement et de la levée des réquisitions pour le service ou approvisionnement des armées, et ceux préposés à la répartition et perception des contributions militaires;—9o les médecins, chirurgiens et infirmiers des hôpitaux militaires et ambulances; les aides ou élèves des chirurgiens desdits hôpitaux et ambulances; — 10o les vivandiers, les munitionnaires et boulangers de l'armée; — 11o les domestiques au service des officiers et des employés à la suite de l'armée. — Ces derniers ne sont pas considérés comme individus à la suite, s'ils sont au service à l'intérieur (*Cass.*, 5 mars 1818, Ch. Cora).

251.—Tous les individus attachés à la suite sont justiciables des conseils de guerre. — L. 13 brum. an V, art. 10.—V. TRIBUNAUX MILITAIRES.

252.—Une ordonnance du 14 avr. 1832 fixe le nombre des enfans de troupe et de femmes blanchisseuses-vivandières qui peuvent être attachés, soit en temps de paix, soit en temps de guerre, aux divers corps ou aux fractions des divers corps de l'armée. — En temps de paix, les enfans seront attachés aux compagnies, escadrons ou batteries; en temps de guerre, ils seront placés au dépôt (Art. 1er).

253.—Sont seuls susceptibles d'être reçus enfans de troupe 1o les fils légitimes de soldats, caporaux, etc., décédés ou en activité, ou retirés du service; les fils des gagistes sont exclus de cette faveur (Art. 2). — Les maîtres ouvriers et maîtres de musique, liés au service par la loi, ne pourront obtenir l'admission que d'un de leurs enfans (*Ibid.*). — Il en sera de même des officiers (*Ibid.*).

254.—Cette ordonnance n'admet à la suite des corps d'autres femmes que les blanchisseuses vivandières; pour être admise en cette qualité, il faut être légitimement mariée à un militaire en activité dans le corps.—Art. 6.

255. — Une autre ordonnance du 10 juill. 1837 divise les enfans de troupe en deux classes, dont l'une comprend les enfans au-dessous de huit ans, et l'autre ceux qui ont dépassé cet âge (Art. 1er). — Ceux de la deuxième classe sont réunis et placés sous la surveillance de l'officier chargé de l'école régimentaire (Art. 3). — Les enfans de troupe ont un costume d'uniforme (Art. 4).

256.—A l'âge de quatorze ans et en remplissant certaines conditions que l'ordonnance détermine, ils peuvent être employés dans les tambours et dans les clairons (Art. 5). — Au-dessous de quatorze ans et sons les conditions exigées, ils sont admis à prendre des leçons de musique, sans toutefois être classés comme musiciens (Art. 6).

257.—Les 100,000 fr. donnés par le général baron de Feuchères à l'armée française, ont été placés en rentes 5 0/0 sur l'état, et le revenu est divisé en seize lots, formant autant de prix, et répartis de la manière suivante : dix pour l'infanterie, quatre pour la cavalerie et deux pour l'artillerie et le génie.—Chacun de ces lots sera donné à titre d'encouragement à celui des enfans de troupe reconnu le plus digne par le conseil d'administration du régiment dont le numéro sera désigné par un tirage au sort.—Le 37e régiment de ligne est compris tous les ans dans cette répartition, sans tirage au sort.—Ord. 27 déc. 1842.

CHAPITRE IV. — *De la réserve.*

258.—Les corps de réserve sont destinés, ainsi que le mot l'indique, à fournir des ressources à l'état, par le rappel des militaires qui seraient antérieurement sortis des cadres de service.—Ord. 5 juill. 1833.

259.—L'art. 2, L. 4 août 1839, a créé pour les lieutenans-généraux et les maréchaux de camp, parvenus à l'âge de soixante-cinq ans pour les premiers, de soixante-deux ans pour les seconds, une position anormale, en les faisant passer de l'*activité* à la *réserve*.—V. *suprà* no 70.— On voulait qu'ils fussent mis à la *retraite*. Mais le mot *réserve* a été maintenu, parce qu'on a dit que, la mise à la retraite étant un obstacle à tout retour à l'*activité*, l'état se trouverait privé du secours des officiers généraux atteints par cette mesure.

260.—Mais ce n'est là qu'un sens restreint, un cas particulier du mot *réserve*. Dans un sens plus large ce mot s'entend des hommes envoyés ou laissés en congé, en vertu de l'art. 30, L. 21 mars 1832; ils forment la réserve de l'armée et sont soumis à des revues trimestrielles dont les époques et la durée sont fixées par le ministre de la guerre. — Ord. 8 sept. 1841, art. 9.

261.—Les hommes faisant partie de la réserve seront rappelés sous les drapeaux en cas de guerre, et, en temps de paix, lorsque des besoins extraordinaires de service l'exigeront, ils seront dirigés sur les corps de leurs armes respectives (Art. 10.)

262.—L'ordonnance du 13 mai 1841 crée dans chaque département un dépôt de recrutement et de réserve dont elle fixe le personnel (Art. 1er). — L'art. 2 règle les attributions des commandans de ces dépôts qui sont placés sous l'autorité immédiate des commandans des divisions ou des subdivisions militaires dans lesquels sont les dépôts (Art. 3).

263.—Aucun officier ne peut être employé comme commandant d'un de ces dépôts dans le département où il est né, où il est propriétaire, où il exerce ses droits politiques (Art. 7). — Les officiers employés dans ces dépôts conservent le costume du corps auquel ils appartiennent (Art. 11). — Ils ont un supplément de solde de un cinquième et une indemnité de logement (Art. 12). — Les sous-officiers ont un supplément de 40 c. par chaque jour de présence.

264.—Les officiers supérieurs et les capitaines des dépôts de recrutement et de réserve, qui ne pouvaient d'après cette ordonnance être choisis que dans l'infanterie, peuvent depuis l'ordonnance du 15 déc. 1841 être choisis dans l'arme de la cavalerie. — Ils cessent, dans tous les cas, de faire partie des cadres de leur arme, où ils comptent comme officiers en mission (Même ordonnance). — Le temps passé dans ces fonctions est déduit pour l'ancienneté (Arg. de la loi du 14 av. 1832). —V. *suprà* no 115.

V. ACTE AUTHENTIQUE, ACTES DE L'ÉTAT CIVIL, ALGÉRIE, COMPLICITÉ, CONSEILS DE GUERRE, CONSEIL D'ADMINISTRATION DE RÉGIMENT.

ARMEMENT EN COURSE.

Table alphabétique.

ARMEMENT EN COURSE. — **1.** — On désigne ainsi l'expédition de bâtimens armés, faite par de simples particuliers, avec l'autorisation du gouvernement, dans le but d'opérer la capture, en mer, des bâtimens de commerce et des marchandises appartenant aux membres d'une nation ennemie. — La *course* est donc, tout à la fois, une expédition militaire et une spéculation de commerce.— Bravard, *Manuel de dr. comm.*, p. 465.

2. — L'autorisation d'armer en course s'appelle *lettre de marque*. — V. *infrà* nos 37 et suiv.

—

§ 1er. — *Notions générales.*

3. — L'origine légale de la course est dans la formule ancienne des déclarations de guerre, par lesquelles une puissance ordonnait à ses sujets de *courre sus* à l'ennemi. — Vincens, *Législat. comm.*, t. 3, p. 310.

4. — Le gouvernement français a invité plusieurs fois les puissances maritimes à abolir le droit de course, réprouvé par les publicistes modernes, comme contraire aux progrès de la civilisation. Il prit même, à cet égard, une généreuse initiative, le 7 janv. 1793 ; mais toutes les tentatives restèrent sans succès. — Bravard, *loc. cit.*; Vincens, t. 3, p. 312; Merlin, *Rép.*, vo *Prise maritime*, § 1er.

5. — Le droit de prise n'appartenant qu'au souverain, de simples particuliers ne peuvent l'exercer qu'en vertu d'une délégation expresse. Aussi est-ce une règle universelle du droit des gens, que nul ne puisse armer en course sans être pourvu d'une autorisation de son gouvernement. — Quiconque ferait la course sans cette autorisation serait considéré comme pirate. — Arrêté 2 prair. an XI, art. 34.

6. — Les bâtimens ainsi armés avec la permission du gouvernement, prennent le nom de *corsaires*. — Dans l'usage, la dénomination de *corsaire* est aussi appliquée au commandant de ces navires. — Bravard, p. 468.

7. — L'armement d'un navire peut avoir pour objet l'*attaque* ou la *défense* ; dans le premier cas, on dit que le navire est armé *en course* ; dans le second, qu'il est armé *en guerre et marchandises*. — Vincens, t. 3, p. 314.

8. — Il ne suffit pas qu'un navire porte des armes pour qu'il soit réputé *armé en guerre*. — L'armement en guerre est une disposition purement offensive ; il se vérifie lorsqu'on n'a d'autre but que celui d'attaquer, ou du moins lorsque tout annonce que tel est le but principal de l'entreprise ; alors on est réputé ennemi, pirate, si l'on n'est porteur d'une mission ou d'un titre capable d'écarter tous les soupçons. — *Conseil des prises*, 9 prair. an VIII, navire le *Pérou*.

§ 2. — *Des sociétés pour la course.*

9. — Les armemens en course se font ordinairement en société.

10. — Les sociétés, s'il n'y a pas de convention,

contraires, sont réputées en commandite, soit que les intéressés se soient associés par des quotités fixes ou par actions. — Arrêté 2 prair. an XI, art. 1er.

11. — L'armateur peut, par l'acte de société ou par les actions, fixer le capital de l'entreprise à une somme déterminée, pour régler la répartition des profits ou la contribution aux pertes; et si, d'après les comptes qui sont fournis, la construction et la mise hors ne montent pas à la somme déterminée, le surplus est employé aux dépenses des relâches, ou, en cas de prise du corsaire, est rendu aux actionnaires proportionnellement à leurs mises. — Si, au contraire, les dépenses de la construction et mise hors excèdent la somme fixée, l'armateur prélève ses avances sur le produit des premières prises, et, en cas d'insuffisance, il en est également remboursé par les actionnaires, proportionnellement à leurs mises; ce qui a lieu pareillement pour les dépenses des relâches, lorsque le produit des prises n'est pas suffisant.— *Ibid.*, art. 2.

12. — Les armateurs sont tenus, dans les actions qu'ils délivrent aux intéressés, de faire une mention sommaire des dimensions du bâtiment qu'ils se proposent d'armer en course, du nombre et de la force de son équipage et de ses canons, ainsi que du montant présumé de la construction et mise hors. — *Ibid.*, art. 3.

13. — Le compte de la construction et mise hors, qui forme toujours le capital de l'entreprise, hors le cas prévu par l'art. 2 ci-dessus, est clos, arrêté et déposé avec les pièces justificatives, au greffe du tribunal de commerce, dans la quinzaine qui suit le jour où le corsaire a fait voile pour commencer la course; sauf à n'employer que par évaluation les articles de dépense qui, à cette époque, ne peuvent pas être liquidés, lesquels sont ensuite alloués, dans le compte de construction et mise hors, pour leur vraie valeur, sur les pièces justificatives qui sont apportées. — *Ibid.*, art. 4.

14. — Il peut, néanmoins, être accordé à l'armateur, sur sa demande, un second délai de dix jours, pour déposer le compte mentionné en l'article; mais, passé ce terme, si l'armateur n'y a pas satisfait, il est privé de tous droits de commission, pour le seul fait de n'avoir pas déposé son compte.— Cette disposition est applicable aux bâtimens armés en guerre et marchandises, comme à ceux armés en course. — *Ibid.*, art. 5.

15. — Lorsque la construction d'un corsaire et sa mise hors ne peuvent être achevées, soit par conclusion de la paix, ou par quelque autre événement, la perte est supportée proportionnellement par les intéressés et par les actionnaires; et, s'il n'y a pas eu de fixation pour le capital de l'entreprise, il est évalué, par arbitres, à la somme que ladite entreprise aurait dû coûter si elle avait été achevée. — *Ibid.*, art. 6.

16. — Le droit de commission ordinaire est de 2 % sur le montant des dépenses de la construction, armement, relâche et désarmement: il est, en outre, alloué aux armateurs une semblable commission de 2 %, sur les prises rentrées dans le port de l'armement, dont ils ont eu l'administration particulière; et, à l'égard des prises qui ont été conduites dans d'autres ports, et qui ont été administrées par leurs commissionnaires, il est alloué à ces commissionnaires 2 %, à l'armateur 1 %, et au même un demi % pour négociation des traites qui lui ont été remises pour la valeur des prises vendues dans un port autre que celui de l'armement. — *Ibid.*, art. 7.

17. — Lorsque la course a produit des sommes suffisantes pour réarmer, la société est continuée de droit, s'il n'y a pas de convention contraire; et il est loisible à l'armateur de s'occuper sur-le-champ d'un réarmement pour le compte des mêmes intéressés, qui ne peuvent, dans ce cas, être remboursés du principal de leur mise ni en demander le remboursement que de gré à gré. — *Ibid.*, art. 8.

18. — Les armateurs qui ont émis des actions sur un bâtiment armé en course doivent en rembourser le prix aux actionnaires lorsque, changeant l'armement du bâtiment, ils l'expédient en *lettre de marque*. — *Bordeaux*, 12 flor. an IX, Villeneuve c. Lafonla.

19. — Les armateurs sont dispensés de faire la vente du corps du bâtiment corsaire, pour la fixation des dépenses relatives à la liquidation des droits des invalides de la marine; mais, si l'armateur juge à propos de requérir ladite vente, il est tenu de se conformer aux formes prescrites pour la vente des navires, et d'en faire afficher le prospectus imprimé à la Bourse de Paris, et dans les principales villes maritimes où il y a des bourses de commerce; et dans le cas où il reste adjudicataire du bâtiment corsaire, à l'effet de le réarmer en course, les actionnaires sont libres d'y conserver leur intérêt, en le déclarant, néanmoins, dans un mois du jour de l'adjudication. — Arrêté 2 prair. an XI, art. 8.

20. — Il est défendu, sous peine de destitution, et de plus grande peine, s'il y échet, à tous officiers, administrateurs, agens diplomatiques et commerciaux, et autres fonctionnaires appelés à surveiller l'exécution des lois sur la course et les prises, ou à concourir au jugement de la validité des prises faites par les croiseurs français, d'avoir des intérêts directs ou indirects dans les armemens en course, ou en guerre et marchandises. — *Ibid.*, art. 122.

21. — Les armateurs en course ne sont pas responsables de l'insolvabilité des consignataires, lorsqu'à l'époque où ils les ont choisis ceux-ci jouissaient d'un plein crédit. — *Cass.*, 18 oct. 1808, Administration de la marine c. Bertrand et Feydeau.

22. — Lorsqu'un jugement, en déclarant illégale une prise maritime, condamne en même temps à la restitution l'armateur et tous dépositaires, il en résulte pour le capturé le droit de faire restituer par les actionnaires les dividendes par eux touchés. — *Cass.*, 18 mars 1810, Tecker-Guyen c. Acquart.

§ 3.—*Formation des équipages pour la course.*

23.—Les lettres de marque étant accordées en temps de guerre, on a dû prendre des précautions pour que l'armement des corsaires ne privât pas la marine militaire des marins dont elle a besoin.

24.—En conséquence, il ne peut être embarqué sur les bâtimens armés en course qu'un huitième de matelots inscrits et en état de servir sur les bâtimens du gouvernement. D'où il suit que les commissaires préposés à l'inscription maritime ne peuvent recevoir d'enrôlement ni délivrer de permissions d'embarquer pour la course, qu'autant que le nombre des matelots employés à ce service n'excède pas le huitième de ceux inscrits.—Le ministre de la marine peut néanmoins autoriser l'embarquement d'un plus grand nombre de marins inscrits, lorsque les besoins du service le permettent.—Arr. 2 prair. an XI, art. 9,

25.—Encore que des armateurs aient embarqué un nombre de marins inscrits supérieur à celui qui est fixé par l'article ci-dessus, il n'y a pas de contravention à leur reprocher, si ces marins ont été portés sur les rôles supplémentaires d'équipages arrêtés par les commissaires de la marine. — *Cons. d'état*, 17 nov. 1819, Basterrèche c. Caisse des invalides de la marine; — Favard, *Rép.*, v° *Prises*, p. 519.

26.—Au reste, les armateurs de corsaires ont la faculté d'employer des marins étrangers, jusqu'aux deux cinquièmes de la totalité de l'équipage.—Ces marins, pendant le temps qu'ils sont employés sur les bâtimens armés en course, sont traités comme les marins français; ils participent aux mêmes avantages et sont soumis à la même police et discipline. — Arr. 2 prair. an XI, art. 10.

27.—Les capitaines des bâtimens armés pour la course doivent présenter au bureau de l'inscription maritime les marins qu'ils ont engagés; et, sous peine de 300 francs d'amende par chaque homme, ils ne peuvent embarquer que les gens de mer qui ont été portés sur le rôle d'équipage. Ils doivent présenter également au bureau, pour y être inscrits sur le rôle des classes, les Français non classés et les étrangers qui en font partie.— Arr. 2 prair. an XI, art. 11.

28.—Tout armateur ou capitaine de corsaire qui est convaincu d'avoir favorisé la désertion d'un marin levé pour le service ou employé sur un bâtiment de l'état, doit être condamné à payer la somme de 3,000 francs d'amende pour chaque déserteur qui est trouvé à son bord, et sa lettre de marque est immédiatement révoquée, sans préjudice des poursuites de droit contre le délit d'embauchage s'il y a lieu.—Arr. 2 prair. an XI, art. 11; décr. 12 avr. 1811, art. 1er.

29.—Tout capitaine de bâtiment armé en course, ou en guerre et marchandises, à bord duquel sont embarqués des marins nsérits qui ne lui ont pas été destinés par le bureau de l'inscription maritime, ou qui engage les hommes sans les avoir présentés au commissaire dudit bureau et fait inscrire sur le rôle d'équipage, est condamné à une amende de 1,000 fr. par chaque homme ainsi embarqué ou engagé. —Décr. 12 avr. 1811, art. 2.

30.—Les armateurs sont responsables, solidairement avec les capitaines, du paiement des amendes, et le séquestre est mis sur le bâtiment jusqu'à parfait paiement.—Même décret, art. 3.

31. — Ce séquestre ne peut excéder la durée de trois mois. Au bout de ce temps, le bâtiment est vendu, à la diligence de l'administration de la marine, et le montant des amendes et des frais est prélevé sur le prix de la vente. — *Ibid*, art. 4.

32. — Le produit des amendes est versé dans la caisse des invalides de la marine. — *Ibid.*, art. 5.

33.—Les délinquans sont jugés par le tribunal maritime de l'arrondissement où se trouvent les bâtimens.—Décr. 12 mars 1811.—V. TRIBUNAL MARITIME.

34.—La désertion des équipages est punie de peines plus ou moins graves, suivant qu'elle a lieu avant ou pendant la course. — Arr. 2 prair. an XI, art. 13.

35.—Cet article dispose ainsi qu'il suit: « Les gens de mer, engagés sur des bâtimens armés en course, qui auront déserté dans le port de l'armement et qui seront arrêtés avant le départ, seront remis aux capitaines pour faire le voyage auquel ils s'étaient engagés, et pendant lequel ils n'auront que la moitié des salaires ou parts qu'ils auraient dû gagner.—Si lesdits déserteurs ne sont arrêtés qu'après le départ du bâtiment, ils seront condamnés à huit jours de prison, à la restitution des avances envers le capitaine et les armateurs, et ils feront une campagne extraordinaire de six mois sur les bâtimens de l'état, à deux tiers de solde.—Ceux qui déserteront pendant le voyage ou dans les relâches perdront les salaires, parts et toutes les sommes qui pourront leur être dues, lesquelles seront confisquées au profit de la caisse des invalides.—Lesdits déserteurs seront remis aux capitaines pour achever le voyage à demi-salaire, et feront, après leur retour, une campagne extraordinaire de six mois sur les bâtimens de l'état, à deux tiers de solde. — S'ils n'ont été arrêtés qu'après le départ du bâtiment auquel ils appartenaient, ils seront condamnés à huit jours de prison, à la restitution des avances qui pourraient leur avoir été faites et à une campagne extraordinaire d'un an, à deux tiers de solde sur les bâtimens de l'état.

36.—Chacun des marins composant l'équipage d'un bâtiment armé en course sera tenu de se rendre à bord vingt-quatre heures après l'avertissement qui aura été donné au son du tambour ou par le coup de canon de départ, à peine d'être puni comme déserteur. Les marins qui prendraient un faux nom ou un faux domicile encourront la même peine.—Arr. 2 prair. an XI, art. 13.

§ 4. — *Obtention des lettres de marque.*

37.—Les permissions d'armer en course s'appellent *lettres de marque*. On appelle *lettres de contre-marque* celles qui sont délivrées contre ceux qui ont donné des lettres de marque. On les appelle aussi quelquefois *lettres de contre-prise*.

38.—Chaque lettre de marque est accompagnée d'un nombre suffisant de commissions de conducteurs de prises. — Arr. 2 prair. an XI, art. 15. — Ces lettres de marque et ces commissions sont conformes aux modèles annexés à l'arrêté du 2 prair. an XI.

39. —Les lettres de marque, soit pour les armemens en course, soit pour les armemens en guerre et marchandises, ne peuvent être délivrées en Europe que par le ministre de la marine et des colonies.—L. 31 janv. 1793 et arr. 2 prair. an XI, art. 15.

40.—Dans les colonies et établissemens français situés au-delà des mers, les gouverneurs, ou ceux qui en remplissent les fonctions, peuvent seuls délivrer des lettres de cette nature, ou proroger la durée de celles qui auraient été délivrées en Europe, à la charge par eux de se conformer aux règles ci-après tracées.—Arr. 2 prair. an XI, art. 112.

41.—Nul ne peut obtenir des lettres de marque s'il n'est citoyen français, ou s'il n'est, en pays étranger, immatriculé comme citoyen français sur les registres des consulats.—Arr. 2 prair. an XI, art. 16.

42.—Lorsqu'une lettre de marque a été délivrée sous un nom autre que celui du véritable armateur, elle est déclarée nulle et retirée. — L'armateur et l'individu qui lui a prêté son nom sont passibles d'une amende de 6,000 fr., qui est versée dans la caisse des invalides de la marine. — *Ibid.*, art. 17.

43. — Les demandes de lettres de marque sont faites aux administrateurs de la marine ou aux consuls qui les transmettent au ministre.—Les capitaines désignés pour commander des corsaires sont tenus de produire des certificats de leur conduite et leurs talens de la part des officiers sous lesquels ils ont servi ou des armateurs qui les ont déjà employés.—Aucune lettre de marque n'est délivrée qu'après qu'il a été vérifié si le bâtiment est solidement construit, gréé, armé et équipé, s'il est d'une marche supérieure et si son artillerie est en bon état.—*Ibid.*, art. 18.

44.—Tout armateur qui a obtenu des lettres de marque est obligé de fournir un cautionnement pour garantie de la bonne conduite du capitaine et de l'équipage. — Arr. 2 prair. an XI, art. 20.— Ordonnance d'août 1681, art. 2.—« Le motif de cette obligation, dit Valin, est de donner une sûreté au public pour la réparation des abus, malversations et déprédations qui ne sont que trop ordinaires de la part des armateurs en course ou de leurs gens. »

45. — Ce cautionnement est de 37,000 fr. pour ceux dont l'équipage est au-dessous de cent cinquante hommes et de 74,000 fr, pour ceux dont l'équipage est au-dessus de ce nombre.—Même arrêté, art. 20.

46.—Dans ce dernier cas, le cautionnement est fourni solidairement par l'armateur, deux cautions non intéressées dans l'armement et par le capitaine.—Même article.

47. — Les lettres de marque ne sont délivrées qu'autant que l'armateur et ses cautions sont reconnus solvables.—Arr. 2 prair. an XI, art. 18.

48. — La solvabilité de l'armateur et celle des cautions sont certifiées par les tribunaux de commerce et, à l'étranger, par les consuls, et autant que possible par l'assemblée des négocians français immatriculés dans le lieu. — *Ibid.*, art. 18.

49. — Lorsque les cautions ne seront pas domiciliées dans le port de l'armement, l'armateur sera tenu de produire un certificat du tribunal connaissant des affaires de commerce dans le lieu où seront domiciliées les cautions présentées, lequel certificat constatera leur solvabilité, et une copie légalisée du pouvoir donné par la caution absente à celui qui la représentera, restera annexée à l'acte de cautionnement. — Arr. 2 prair. an XI, art. 21.

50. — La même personne ne peut servir de caution pour plus de trois armateurs non liquidés, et à chaque acte de cautionnement la personne qui le souscrit est tenue de déclarer ceux qu'elle a pu souscrire précédemment pour la même cause. — Les noms, professions et demeures des cautions sont affichés au bureau de l'inscription maritime du port d'armement, et les actes de cautionnement y sont déposés et enregistrés au bureau de l'inscription de la marine du chef-lieu de la préfecture maritime. — *Ibid.*, art. 21.

51. — La responsabilité de la caution fournie par un armateur en course est restreinte aux dommages-intérêts résultant du fait des prises déclarées illégales, et ne s'étend pas à la restitution des objets capturés. — *Cass.*, 18 niv. an XIII, Booysen c. caution de l'armateur du corsaire *la Revanche*.

52. — Le cautionnement imposé à l'armateur en course par le règlement du 1er fév. 1650, *dans le but d'obvier aux pilleries et déprédations qui se commettaient journellement sur la mer, et de ne méfaire aux nationaux, amis ou alliés*, n'a été changé ni étendu dans son objet par l'ordonnance de 1681 et la loi du 23 thermid. an III. — En conséquence, la caution d'un armateur en course n'est pas de plein droit, et sans stipulation expresse, responsable envers la caisse des invalides de la marine de ce qui lui revient du produit des prises faites par le corsaire. — *Cass.*, 26 août 1807, Préfet maritime c. Amiot.

53. — D'après la nature des croisières et sur les propositions transmises au ministre par les administrateurs de la marine ou les consuls, la durée des lettres de marque peut être de six, douze, dix-huit et vingt-quatre mois. — Arr. 22 prair. an XI, art. 19.

54. — La durée des lettres de marque commence à compter du jour où elles sont enregistrées au bureau de l'inscription maritime du port d'armement. — Même art.

55. — Il est expressément défendu aux préfets, officiers supérieurs et agens civils, militaires et commerciaux, de prolonger la durée d'une lettre de marque sans y être spécialement autorisés par le ministre, et cette autorisation, lorsqu'elle est accordée, doit être, ainsi que la date, mentionnée sur la lettre de marque. — *Ibid.*, art. 22.

56. — Les administrateurs de la marine et les consuls sont personnellement responsables de l'emploi des lettres de marque qui leur sont envoyées par le ministre de la marine, et qui ne doivent être par eux remises aux armateurs et capitaines qu'après que les vérifications prescrites ont été remplies, l'acte de cautionnement souscrit et le rôle d'équipage arrêté. — *Ibid.*, art. 23.

57. — Tout individu convaincu d'avoir falsifié ou altéré une lettre de marque, est jugé comme coupable de faux en écriture publique; il est de plus responsable de tous dommages résultant de la falsification ou altération qu'il a commise. — *Ibid.*, art. 24.

58. — Tant qu'un bâtiment continue d'être employé à la course, il est défendu de lui donner un autre nom que celui sous lequel il a été armé la première fois, et si un même corsaire est réarmé plusieurs fois, chaque nouvel armement doit être indiqué numériquement sur la lettre de marque et sur le rôle d'équipage. — *Ibid.*, art. 25.

§ 5. — *Encouragemens.*

59. — L'état accorde aux équipages des corsaires, à titre d'encouragement, des récompenses dont le taux et les conditions sont déterminés par l'art. 26 de l'arrêté du 2 prair. an XI.

60. — Ces gratifications sont acquittées sur les fonds de la caisse des invalides de la marine, et elles sont réparties entre les capitaines, officiers et équipages, proportionnellement à la quotité des parts revenant à chacun dans le produit des prises. — Arr. 2 prair. an XI, art. 27 et 28.

61. — Les officiers et matelots des équipages qui se trouvent hors d'état de continuer leurs services par les blessures qu'ils ont reçues dans les combats, participent aux demi-soldes accordées aux gens de mer; les veuves de ceux qui ont été tués ou qui sont morts de leurs blessures reçoivent des pensions. — *Ibid.*, art. 30.

62. — Les bâtimens de commerce qui sont attaqués et qui, dans un combat pour leur légitime défense, reprennent des bâtimens capturés par l'ennemi jouissent des mêmes droits de *recousse* que les bâtimens armés en course. — *Cons. d'état*, 31 mai 1807, bâtiment *Vierge du Rosaire.*

§ 6. — *Police de la course. — De la semonce.*

63. — Les lois et réglemens sur la police et la discipline militaires sont observés à bord des bâtimens armés pour la course ou en guerre et marchandises. — Les délits commis par les marins employés sur ces bâtimens sont jugés par les tribunaux institués pour l'armée navale. — Arr. 2 prair. an XI, art. 31. —V. TRIBUNAUX MARITIMES.

64. — Les armateurs sont civilement et solidairement responsables, avec leurs capitaines, des infractions que ceux-ci commettent contre les ordres du gouvernement, soit sur la navigation des bâtimens neutres, soit sur les pêcheurs ennemis. — Les lettres de marque peuvent même être révoquées, selon la nature des délits dont les capitaines se sont rendus coupables. — Arr. 2 prair. an XI, art. 32.

65. — Toutefois, les armateurs de corsaires ne sont responsables des délits et déprédations commis en mer par les gens de guerre qui sont sur leurs navires ou par les équipages que jusqu'à concurrence de la somme pour laquelle ils ont donné caution, à moins qu'ils n'en soient participans ou complices. — C. comm., art. 217.

66. — L'armateur est réputé complice à l'égard de ceux qui forment contre l'équipage une demande en dommages-intérêts, lorsqu'il a pris sa part dans le profit qu'il savait provenir des déprédations. — Dageville, *Code de commerce expliqué*, t. 2, p. 143.

67. — Mais la complicité *criminelle* de l'armateur n'existe qu'autant qu'il est convaincu d'avoir coopéré aux déprédations, ou de les avoir ordonnées ou conseillées — Dageville, *Code de comm. expliqué*, t. 2, p. 143.

68. — Lorsque, relativement à une prise, le capitaine du corsaire a violé les devoirs de sa charge, les armateurs peuvent être déchus du bénéfice de la prise, laquelle est alors confisquée au profit du gouvernement. —*Cons. des prises*, 30 prair. an XIII, Dutertre.

69. — Comme les navires qui craignent d'être pris changent souvent de pavillon, le corsaire qui aperçoit, en mer, un bâtiment, sous quelque pavillon que ce soit, a le droit de lui tirer un coup de canon à poudre, pour l'avertir de se faire reconnaître. Ce coup s'appelle *semonce.*

70. — Avant d'user du droit de semonce, les capitaines des corsaires sont tenus d'arborer le pavillon français, sous peine d'être privés, eux et les armateurs, de tout le produit de la prise, qui est confisquée au profit de l'état, si le bâtiment capturé est ennemi; et si le bâtiment est jugé neutre, les capitaines et armateurs sont condamnés aux dépens, dommages et intérêts envers les propriétaires. — Mais les équipages ne sont point privés de la part qu'ils ont à la prise, suivant leurs conventions avec les armateurs, et ils sont traités de même que si la prise était adjugée auxdits armateurs. — Arr. 2 prair. an XI, art. 33.

71. — Lorsqu'il s'agit de savoir si un corsaire français a tiré le coup de semonce, les juges doivent interroger l'équipage du navire capturé, ainsi que celui du bâtiment capteur. Ils ne pourraient se borner à interroger l'équipage du navire capturé. —*Cass.*, 19 germin. an VII, Lafoirez c. Deboer.

72. — Dès que la semonce est faite, le navire à qui elle est adressée, qu'il soit ami, allié ou neutre, est obligé d'amener ses voiles, de mettre sa chaloupe en mer et de l'envoyer au corsaire, avec tous les papiers propres à justifier de quelle nation il est, et à qui appartient la cargaison. — Bravard, *Manuel de droit commercial*, p. 470.

73. — De son côté, le commandant du corsaire peut se rendre à bord du corsaire semoncé, ou envoyer une chaloupe avec quelques hommes, pour faire la visite des papiers et s'assurer qu'il n'y a pas de contrebande. — Bravard, *loc. cit.*

74. — Si le navire semoncé refuse d'amener ses voiles, le corsaire est en droit de l'y contraindre par la force, et, s'il fait résistance, de s'en emparer. — Bravard, *loc. cit.*

75. — Dans le cas où une prise est faite par un bâtiment non muni de lettres de marque, et sans que l'armateur ait fourni le cautionnement exigé, elle est confisquée au profit de l'état, et peut même donner lieu à une punition corporelle contre le capitaine capteur; le tout sauf le cas où la prise est faite dans la vue d'une légitime défense, par un bâtiment de commerce, d'ailleurs muni d'un passeport ou congé de mer. — Arr. 2 prair. an XI, art. 34.

76. — Toutefois, le fait que le cautionnement fourni par l'armateur d'un corsaire n'a été enregistré et déposé au bureau de l'inscription maritime que postérieurement à la délivrance de la de la lettre de marque ne suffit pas pour entraîner la confiscation prononcée par l'art. 34 de cet arrêté. — *Cons. d'état*, 17 nov. 1819, Basterrèche c. Caisse des invalides de la marine; — Favard, vº *Prises maritimes*, § 1er.

77. — Tout capitaine convaincu d'avoir fait la course sous plusieurs pavillons est, ainsi que ses fauteurs et complices, poursuivi et jugé comme pirate. — Arr. 2 prair. an XI, art. 34.

78. — Tout capitaine de navire armé en guerre qui a fait des prisonniers à la mer, est tenu de les garder jusqu'au lieu de sa première relâche dans un port de France, sous peine de payer, pour chaque prisonnier qu'il a relâché, cent francs d'amende au profit de la caisse des invalides de la marine; cette amende est retenue sur la part de prises ou salaires, et prononcée par le conseil d'état. — Arr. 2 prair. an XI, art. 35.

79. — Lorsque le nombre des prisonniers de guerre excède celui du tiers de l'équipage, il est permis au capitaine capteur d'embarquer le surplus de ce tiers, et, dans le cas où il manquerait de vivres, un plus grand nombre, sur les navires des puissances neutres qu'il rencontre à la mer, en prenant, au bas d'une liste des prisonniers ainsi débarqués, une soumission signée du capitaine du bâtiment pris et des autres principaux prisonniers, portant qu'ils s'engagent à faire échanger et renvoyer un pareil nombre de prisonniers français du même grade; cette liste originale est remise à la première relâche, dans les ports de France, à l'administrateur de la marine, et dans les ports étrangers au consul.—Arr. 2 prair. an XI, art. 36.

80. — Il est permis aux capitaines qui relâchent dans les ports des puissances neutres d'y débarquer les prisonniers de guerre qu'ils ont faits, pourvu qu'ils en justifient la nécessité au consul, dont ils sont obligés de rapporter une permission par écrit; ce dernier remet les prisonniers au commissaire de la nation ennemie et en tire un reçu, avec obligation de faire tenir compte de l'échange desdits prisonniers par un pareil nombre de prisonniers français du même grade. — Arr. 2 prair. an XI, art. 37.

81. — Dans l'un et l'autre cas, les capteurs sont obligés, sans pouvoir s'en dispenser sous quelque prétexte que ce puisse être, de garder à leur bord le capitaine avec un des principaux officiers de l'équipage du bâtiment pris pour les ramener dans les ports de France, où ils sont retenus pour servir d'ôtages jusqu'à ce que l'échange promis ait été effectué. — Arr. 2 prair. an XI, art. 38.

§ 7. — *Rançons.*

82. — Il est expressément défendu à tous capitaines de bâtimens armés en course ou en guerre et marchandises de rançonner à la mer aucun bâtiment muni d'un passeport émané d'une puissance neutre, lors même que ce passeport serait suspecté de simulation, ou pourrait être considéré comme illégal ou expiré. — Arr. 2 prair. an XI, art. 39.

83. — Ils ne peuvent même rançonner un bâtiment évidemment ennemi, sans l'autorisation de leurs armateurs et autres formalités préalables ci-après indiquées. — A cet égard, on ne considère comme évidemment ennemi que le bâtiment naviguant avec un passeport émané d'une puissance ennemie. — Même article.

84. — Les armateurs qui veulent autoriser les

capitaines de leurs corsaires à rançonner les bâtimens ennemis qu'ils ont arrêtés, doivent en faire la déclaration par écrit à l'administrateur de la marine préposé à l'inscription maritime dans le port de l'armement, et demander à cet administrateur le nombre de traités de rançon qu'ils veulent remettre à ces capitaines. — Arr. 2 prair. an XI, art. 40.

85. — Les traités de rançon sont conformes au modèle annexé à l'arrêté du 2 prairial an XI. — Les administrateurs de la marine tiennent un registre de la délivrance de ces traités, ainsi que des déclarations qu'ils ont reçues des armateurs, et, tous les mois, lesdits administrateurs adressent un extrait de ce registre à l'inspecteur de la marine de l'arrondissement dans lequel ils sont employés. — *Ibid.*, art. 41.

86. — Lorsque les armateurs sont représentés par un fondé de pouvoir, ce dernier doit déposer au bureau de l'inscription maritime une copie légalisée de la procuration qu'il a reçue. — Arr. 2 prair. an XI, art. 42.

87. — Les capitaines de corsaires qui, après l'accomplissement des formalités ci-dessus, rançonnent à la mer un bâtiment ennemi, sont tenus de prendre pour ôtages de la rançon et d'amener dans un port du royaume au moins un des principaux officiers du bâtiment rançonné, et, outre cet officier, cinq hommes en sus, lorsque l'équipage du navire rançonné sera composé de trente hommes au plus; trois lorsqu'il ne sera que de vingt hommes jusqu'à vingt-neuf inclusivement, et deux pour les autres cas; lesquels hommes sont choisis, autant qu'il se peut, parmi les marins de la plus haute paie. — Arr. 2 prair. an XI, art. 43.

88. — Les capitaines se font donner par les commandans des bâtimens rançonnés, des vivres en quantité suffisante pour la nourriture des ôtages jusqu'au port où ils doivent être conduits, et se font délivrer par ces commandans copie de leurs passeports; ils remettent à ces derniers un double traité de rançon. — Même article.

89. — Tous capitaines et armateurs doivent marquer dans le traité de rançon le port duquel le bâtiment doit se rendre, et le temps dans lequel il doit y arriver. Ce terme ne peut être de plus de quinze jours pour les vaisseaux pêcheurs, et de plus de six semaines pour les autres bâtimens. — Réglem. 27 janv. 1706, art 4. — Lebeau, *Nouveau code des prises*, t. 1er, p. 364.

90. — Ils ne peuvent permettre aux vaisseaux qu'ils ont rançonnés d'aller dans un autre port que celui dans lequel ils ont pris leur chargement, à moins qu'ils ne soient plus rapprochés de leur lieu de destination. — Mais ils peuvent permettre à un vaisseau venant d'Amérique ou des côtes d'Italie, arrêté en deçà du tropique et du détroit, ou à un vaisseau parti du nord pour l'Amérique ou le Levant, remonté au-delà du tropique et du détroit, de continuer son voyage. — Réglem. 27 janv. 1706, art. 5.

91. — Le bâtiment rançonné peut être arrêté s'il est rencontré hors la route qu'on lui avait permis de suivre. — Réglem. 27 janv. 1706, art. 8.

92. — Il est défendu à tous capitaines de corsaires, ou bâtimens armés en guerre et marchandises, de rançonner de nouveau un bâtiment ennemi qui a déjà subi une rançon, sous peine de nullité de la seconde rançon, et d'une amende de 500 fr., applicable à la caisse des invalides, et dont les armateurs sont civilement responsables. — Arr. 2 prair. an XI, art. 44.

93. — Mais le bâtiment rançonné et rencontré par un second corsaire peut être pris et conduit soit dans les ports du royaume, soit dans des ports alliés ou neutres. — Dans ce dernier cas, les obligations souscrites lors de la rançon cesseront d'être exigibles vis-à-vis de ceux qui devaient les remplir; mais l'armateur du corsaire capteur en devient personnellement débiteur envers l'armateur du premier corsaire, si mieux il n'aime ensuite lui abandonner la prise; — les ôtages sont rédimés des charges attachées au titre d'ôtages, et ne sont plus considérés que comme simples prisonniers de guerre. — Même article.

94. — Au retour de leurs croisières, les capitaines déclarent, par écrit, à l'administration de la marine, s'ils ont fait ou non usage des traités de rançon à eux délivrés avant leur départ : ils remettent les traités qui n'ont pas été employés, et qui sont immédiatement annulés. — Arr. 2 prair. an XI, art. 45.

95. — S'ils ont fait des rançons à la mer, ils remettent les ôtages aux administrateurs de la marine, qui en adressent la liste au ministre de la marine. — Ils présentent aussi les traites souscrites par les commandans des navires rançonnés, et il en est pris note par les administrateurs, qui les visent et les remettent aux capitaines. — Même article.

96. — Dans ce dernier cas, les administrateurs procèdent immédiatement à l'interrogatoire des ôtages, ainsi qu'à celui des officiers, maîtres et équipage du corsaire, pour s'assurer si la rançon a été légalement exercée, et si, outre les sommes et effets portés au traité de rançon, le capitaine n'a pas exigé d'autres sommes ou effets particuliers, comme encore s'il n'a rien été pris ou détourné, de quoi il est dressé procès-verbal. — Les autres billets et obligations que les capitaines de corsaires auraient fait souscrire en contravention aux dispositions ci-dessus sont paraphés par les administrateurs de la marine, et par eux remis aux trésoriers des invalides, qui en restent dépositaires jusqu'au paiement définitif. — *Ibid.*, art. 46.

97. — Les capitaines qui, sans y être autorisés par les armateurs, et sans avoir reçu, avant leur départ, des traités de rançon, se permettent de rançonner à la mer des bâtimens même évidemment ennemis, et les capitaines qui, munis de ces autorisations et traités, en ont abusé en rançonnant des bâtimens naviguant avec des passeports de puissances neutres, sont destitués de leur commandement, et obligés de faire une campagne d'un an sur les bâtimens de l'état, à la basse paie de matelot; ils sont privés de leurs salaires et parts de prises, et déclarés incapables de jamais commander aucun navire armé en course ou en guerre et marchandises. — Arr. 2 prair. an XI, art. 47.

98. — A l'égard des rançons illégalement exigées, elles sont rendues aux rançonnés, s'ils justifient de leur neutralité, même avec dommages-intérêts, auxquels l'armateur peut être condamné solidairement; et, dans le cas contraire, elles sont confisquées au profit de la caisse de la marine. — Même article.

99. — Le capitaine du corsaire qui a frauduleusement reçu des effets ou obligations autres que ceux exprimés au traité de rançon, peut être poursuivi en restitution, à la requête des intéressés à l'armement, et, outre la restitution, condamné à 500 fr. d'amende au profit de la caisse des invalides de la marine, et, en outre, déclaré incapable de commander aucun corsaire pendant la guerre durant laquelle cette infidélité a eu lieu. — Arr. 2 prair. an XI, art. 48.

100. — Dans les cas prévus par les art. 47 et 48 ci-dessus (V. nos 97-99), les pièces de la procédure commencée par les administrateurs de la marine contre les capitaines délinquans sont adressées au ministre de la marine, qui les transmet au conseil d'état pour être, par ce conseil, procédé au jugement desdits capitaines. — Arr. 2 prair. an XI, art. 49.

101. — Le jugement qui intervient est, aux frais des délinquans, affiché dans telles villes maritimes et en tel nombre d'exemplaires que le jugement désigne, et il en est inséré un extrait sur le registre du quartier de l'inscription maritime auquel le capitaine appartient. — Même article.

102. — Au surplus, les règles établies pour l'instruction, le jugement, la liquidation et la répartition des prises, sont communes aux rançons. — Arr 2 prair. an XI, art. 50. — V. PRISES MARITIMES.

ARMEMENT D'UN NAVIRE.

1. — Dans un sens général, c'est l'action de fournir tout ce qui est nécessaire au navire pour prendre la mer, et de l'expédier pour une destination quelconque. — Dans un sens plus restreint, ce mot désigne les approvisionnemens de guerre nécessaires à un bâtiment.

2. — Quelquefois même on indique par ce mot les personnes qui ont armé le navire. — V. CAPITAINE, NAVIRE.

ARMES.

Table alphabétique.

ARMES. — 1. — Instrumens d'attaque et de défense.

2. — La loi pénale s'est occupée des armes aux divers points de vue : de l'emploi qui en a ou en peut avoir lieu pour la perprétation de certains crimes ou de certains délits; du port d'armes pris en lui-même; de leur nature d'armes de guerre; enfin de leur fabrication, de leur vente, exportation, et de ceux qui les fabriquent.

Sect. 1re. — *Des armes comme instrumens de délits.*

3. — Le mot armes, *arma*, vient, selon Festus et Isidore, de *armus* qui signifie le bras et l'épaule pris ensemble, parce que le bras est la première arme à laquelle l'homme ait pu recourir. — En langue celtique, et dans la langue anglaise, le mot *arm* exprime également armes ou bras.— Prost de Royer, *Dict. de jurisprud.*, vº *Armes.*

4. — Toutes les législations ont considéré l'usage et même le simple port d'une arme comme aggravant certains délits.— Il est donc nécessaire d'énumérer aussi exactement que possible les divers objets qui, au point de vue pénal, constituent des *armes.*

5. — Le droit romain donnait à cet égard l'énumération suivante : *Arma sunt omnia tela, hoc est et fustes et lapides; non solum gladii, hastæ, frameæ, id est rompheæ.* — L. 3, ff., § 2, *De vi et de vi arm.*

6. — Notre ancienne législation était muette sur les armes dont l'usage ou la possession devait aggraver les crimes commis. Aussi le juge avait-il sur ce point un pouvoir à peu près arbitraire; et s'il voulait rechercher dans la loi elle-même quelques indices, il devait se reporter aux nombreux édits et ordonnances rendus sur le port d'armes en lui-même. — V. *infrà* nos 43 et suiv.

7. — Le Code pénal des 25 sept.-6 oct. 1791 n'était pas plus explicite; ce furent les lois du 13 flor. an XI (art. 3), relative au jugement des contrebandiers, et du 19 pluv. an XII, sur la répression de la rébellion envers la force publique, qui les premières donnèrent sinon la nomenclature exacte, du moins, une indication des objets qu'en pareil cas on doit mettre au nombre des armes.

8. — Les armes sont, aux termes de ces lois : « les fusils, pistolets et autres armes à feu, les sabres, épées, poignards, massues, et généralement tous instrumens tranchans, perçans ou contondans; » mais les cannes ordinaires, sans dard ni ferrement, les couteaux fermant et servant habituellement aux usages de la vie, ne constituent pas des armes.

9. — Le Code pénal de 1810 dispose d'une manière plus générale. Il porte (art. 101) : « sont compris dans le mot *armes*, toutes machines, tous instrumens ou ustensiles tranchans, perçans ou contondans. Les couteaux et ciseaux de poche, les cannes simples ne seront réputés armes qu'autant qu'il en aura été fait usage pour tuer, blesser ou frapper. »

10. — Ainsi la loi actuelle distingue deux espèces d'armes : les unes qui, n'étant pas d'un usage ordinaire dans les habitudes de la vie, supposent de la part de celui qui en est trouvé possesseur, l'intention de s'en servir pour un usage criminel (§ 1er, art. 101). — Les autres, au contraire, qui étant d'un usage journalier, ne trahissent que par l'emploi qui en est fait, l'intention répréhensible du possesseur (§ 2, art. 101).— Chauveau et Hélie, *Théor. du C. pén.*, t. 3, p. 59.

11.—Quelque absolue que puisse paraître la disposition du § 1er de l'art. 101, et bien que les objets qu'elle énumère doivent être considérés comme armes indépendamment de l'usage qui en est fait, cependant il faut reconnaître avec MM. Chauveau et Hélie (t. 3, p. 58) et Carnot (t. 1er, p. 281), que le port d'un pareil objet ne peut être considéré comme aggravant qu'autant qu'il vient s'y joindre l'intention criminelle de s'en servir. Si, au contraire, ce n'est pas en vue du délit ou du crime que la possession existe, elle cesse d'être une circonstance aggravante. — Ainsi, il serait absurde de prétendre qu'un cordonnier serait nécessairement réputé armé, parce qu'il se trouverait porteur de son tranchet, qu'un tonnelier le serait parce qu'il aurait sa doloire sur l'épaule, et un coupeur de bois parce qu'il aurait sa cognée à la main, etc. — Tallandier, *Encyclopéd. du droit*, vº *Armes*, nº 15.

12.—Mais on doit reconnaître également que la simple possession des objets énumérés au § 1er de l'art. 101, crée contre le possesseur une présomption contre laquelle c'est à lui de prouver. Et la preuve qu'il ferait de la cause primitivement légitime de sa possession deviendrait même inutile s'il y avait eu usage de l'arme.

13.— L'art. 101 n'est pas limitatif dans l'énumération qu'il fait des objets réputés armes. — Ainsi, les fusils, pistolets et autres armes à feu ou à vent, sont, aux yeux de la loi, comme par leur nature même, de véritables armes, quoique l'art. 101 n'en parle pas d'une manière spéciale. Cela était en effet inutile; il a suffi que l'article fût rédigé de manière à ne pas les exclure. — Séance du conseil d'état du 9 janv. 1810 (Locré, t. 29, p. 411).

14. — Il en est de même des canifs, poinçons, stylets, compas, bien qu'ils ne soient pas énumérés spécialement dans l'art. 101. — *Cass.*, 20 août 1812, Noguès. — Toutefois, cet arrêt peut être critiqué en ce qu'il ne fait rentrer les stylets que dans la catégorie des objets qui, suivant le § 2 de l'art. 101, ne sont réputés armes qu'à raison de l'usage qui en est fait. Les stylets ne servant pas aux usages ordinaires de la vie (et ils sont au contraire rangés, par l'art. 314, dans la catégorie des armes prohibées) semblent plutôt rentrer dans le § 1er de cet article. — Tallandier, *loc. cit.*, nº 19.

15. — A Rome, les bâtons et les pierres étaient rangés parmi les armes : *armorum appellatio, non utique scuta et gladios et galeas significat sed et* FUSTES *et* LAPIDES. — L. 41, ff., *De verb. significatione.* — Les mêmes objets doivent-ils aujourd'hui être compris dans la dénomination *armes* dont se sert l'art. 101? Cette question a donné lieu à divers arrêts. — Sous les lois précitées de l'an XI et de l'an XIII, qui refusaient de considérer comme armes les cannes ordinaires *sans dard ni ferremens*, il a été jugé :

16.— *Bâtons.* —... Qu'un bâton à massue n'est pas une canne ordinaire, et, dès-lors, doit être réputé *arme.* — *Cass.*, 15 flor. an XII, Douanes c. Schals.

17.—...Que la dénomination *armes* embrasse non seulement les fusils, pistolets, sabres, épées ou poignards, mais encore toute espèce d'instrumens propres à faire des blessures ou à donner la mort, et particulièrement *les bâtons.*—*Cass.*, 13 août 1807, Léon Davoust.

18.—... Qu'on ne peut assimiler à des cannes ordinaires, des bâtons dont des contrebandiers attroupés sont prévenus de s'être servis pour commettre des voies de fait envers les préposés des douanes. On doit les considérer comme des armes, en raison de l'usage auquel ils ont servi.—*Cass.*, 9 juin 1808 (intérêt de la loi), Probst.

19.—... Qu'il en est surtout ainsi *d'un énorme bâton.*—*Cass.*, 7 oct. 1808, Ginhoux.

20. — Et depuis le Code pénal de 1810, plusieurs arrêts ont également posé en principe qu'un bâton est un instrument contondant, et doit être considéré comme une arme, dans le sens de l'art. 101, C. pén.—*Cass.*, 18 mai 1828, Willaume; 29 juin 1821, Aillot.

21.—... Surtout un gros bâton.—*Cass.*, 3 oct. 1817, Girard Sardon.

22.—... Ou un bâton noueux.—*Cass.*, 19 juin 1828, Hesse.

23.—... Et que l'on doit même considérer comme arme une branche d'arbre dont on se servirait comme d'une massue pour tuer, blesser ou frapper.—*Cass.*, 20 août 1812, Noguès.

24.—Il a donc été jugé que les bâtons étant des armes dans le sens de l'art. 101, C. pén., on doit considérer comme rassemblement armé une réunion d'hommes porteurs de bâtons et en état de rébellion.—*Cass.*, 16 fév. 1832 (réglement de juges), Willay.

25. — ... Et que celui qui se sert d'un petit bâton pour frapper un agent de la force publique est également coupable de rébellion, un petit bâton étant une canne, et constituant, dès-lors, une arme par l'usage qui en a été fait. — *Cass.*, 31 juill., 1823, Cognet.

26. — Mais maintenant les bâtons, considérés comme armes, rentrent-ils dans le premier ou dans le deuxième paragraphe de l'art. 101 ? Voici comment à cet égard s'expriment les auteurs de la *Th. du Code pén.* (t. 3, p. 60) : « Il faut, en premier lieu, reconnaître que les bâtons qui ne sont ni ferrés ni noueux rentrent évidemment dans la classe *des cannes simples.* Le bâton est, pour l'habitant des campagnes, ce que la canne est pour celui des villes, c'est une arme ordinaire, une arme de sûreté, et dont la possession ne peut entraîner aucune présomption défavorable; l'usage seul qu'on en fait peut devenir une circonstance aggravante du délit. La difficulté ne peut donc naître qu'en ce qui concerne les bâtons à massue ou ferrement, et la cour de Cassation n'a pas posé assez nettement cette distinction. Or, dans ce cas même, on ne doit pas perdre de vue que ces bâtons sont très fréquemment des ustensiles ordinaires, soit pour la sûreté, soit pour l'appui des voyageurs; leur seule possession ne doit pas toujours entraîner une présomption défavorable; cependant, on ne peut nier que lorsque les bâtons sont ainsi armés, de manière à les rendre impropres à un service journalier, il serait difficile de les soustraire à l'application des termes généraux du § 1er, art. 101. »

27. — *Pierres.* — Quant aux pierres, la jurisprudence de la cour de Cassation les a considérées comme des instrumens contondans, rentrant, par conséquent, dans la catégorie des objets que l'art. 101 considère comme armes. — *Cass.*, 30 nov. 1810, Bordesoulle; 9 avr. et 20 août 1812, Noguès; 30 avr. 1824, Bassant; 20 oct. 1831, Rose;—Merlin, réquisit. prononcé lors de l'arrêt du 20 août 1812; Bourguignon, *Jur. des Codes crim.*, sous l'art. 101, C. pén.; Legraveend, *Législ. crim.*, t. 2, chap. 7, p. 509. — V. *contrà* Carnot, *Code pén.*, sur l'art. 101.

28.—Il a, dès-lors, été jugé: 1º que l'attaque ou la résistance opposée par un attroupement de plus de vingt personnes, *jetant des pierres sur des gendarmes* agissant dans l'ordre de leurs fonctions, pour l'arrestation d'un conscrit réfractaire, constitue le crime de rébellion avec armes, prévu par l'art. 212, C. pén.—Arrêt précité du 20 août 1812.

29.—2º Que c'est la peine des travaux forcés à temps et non celle de la réclusion qui doit être appliquée à l'accusé, déclaré coupable d'avoir fait partie d'une réunion de plus de vingt personnes, *lançant des pierres contre la force armée* dans l'exercice de ses fonctions, bien que la question de port d'armes n'ait pas été soumise en termes formels au jury.—Arrêt précité, 20 oct. 1831.

30.—Toutefois, il est à remarquer que ces deux derniers arrêts semblent faire résulter la qualification d'armes appliquée aux pierres, non seulement de leur nature d'instrumens *contondans*, mais encore de la circonstance qu'il en aurait été fait usage pour frapper, blesser ou tuer. « Attendu, dit l'arrêt du 20 août 1812, que les lois ont toujours réputé armes les pierres, lorsqu'il en est *fait usage pour tuer, blesser ou frapper.* » Tandis qu'au contraire l'arrêt du 30 avr. 1824 ne tient nullement compte de l'usage qui aurait été fait des pierres, et les range purement et simplement dans la catégorie des objets mentionnés dans le § 1er de l'art. 101. — Cette dernière solution n'est pas approuvée par MM. Chauveau et Hélie (t. 3, p. 63). Suivant eux, les pierres ne doivent rentrer dans l'art. 101 qu'autant qu'il en a été fait usage; à leur égard ce n'est pas le paragraphe premier dudit article, mais le paragraphe deuxième (lequel n'est pas limitatif mais purement démonstratif) qui est seul applicable.— Tallandier, *ibid.*, nos 18 et 19.

31. — Quant à l'*usage*, il n'est pas nécessaire, pour le constituer, que des coups aient été portés, que des blessures aient été faites; il suffit qu'en se saisissant des pierres le prévenu ait manifesté assez clairement l'intention de s'en servir pour tuer, blesser ou frapper.

32. — Ainsi, celui qui s'oppose aux opérations légales d'un huissier se rend coupable de rébellion armée, par cela seul qu'il s'est saisi de grosses pierres pour appuyer d'autant plus ses menaces et pour effrayer l'huissier. — *Cass.*, 30 avr. 1824, Pierre Bassant.

33. — Mais il en serait autrement s'il avait été fait usage de l'arme (par exemple d'un couteau de poche, § 2, art. 101) uniquement pour menacer et effrayer, *mais sans intention de frapper.* — *Cass.*, 8 juill. 1813, Ferrino; — Bourguignon, *Jurisp. C. crim.*, sur l'art. 101; Chauveau et Hélie, t. 3, p. 64.

34. — Et il ne suffirait pas, dit Carnot (sur l'art. 102), que le prévenu fût déclaré coupable de s'en être servi *contre* la force publique, ce qui pourrait n'avoir eu lieu que pour les menaces, la loi voulant que ce soit pour frapper.

35. — Jugé que la peine portée par la loi contre l'auteur d'un vol commis avec usage des armes dont le coupable était porteur, est applicable à celui qui, s'étant introduit dans une maison, a *mis le couteau sur la gorge* à l'habitant de cette maison pour le forcer à indiquer le lieu où était déposé son argent. — *Cass.*, 18 mai 1810, Peverini.

36. — Et que le fait d'avoir demandé à un individu couché dans son lit la bourse ou la vie en tenant sur sa tête un bâton, constitue, sous le Code pénal, la violence avec menace de faire usage d'une arme dont un des voleurs est porteur.—*Cass.*, 19 juin 1828, Hesse.

37. — Il est évident que les cuirasses, casques et boucliers ne sont pas des armes. (Farinacius, *Quest.* 108, nos 68, 69 et 73) et qu'ils ne peuvent être considérés comme tels, qu'autant qu'on s'en est servi pour frapper.

38. — Les crimes et délits principaux dans lesquels le port d'armes apparentes ou l'emploi des armes constitue une circonstance aggravante, sont les mouvemens insurrectionnels (L. 24 mai 1834, art. 5); les vols (C. pén. art. 381, 382, 385 et 386); la contrebande (L. 13 flor, an XI, art. 3); la rébellion (L. 19 pluv. an XIII; C. pén., art. 210 et suiv.), les bandes organisées pour la dévastation ou le pillage (C. pén., art. 96 et suiv.); l'évasion de prison avec bris et violence (C. pén., art. 243); les associations de malfaiteurs (C. pén., art. 268); la mendicité et le vagabondage (C. pén., art. 277). — V. au surplus ASSOCIATION DE MALFAITEURS, BANDES ARMÉES, DOUANES, ÉVASION DE PRISON, MENDICITÉ, MOUVEMENT INSURRECTIONNEL, RÉBELLION, VAGABONDAGE, VOL.

ARMES, sect. 2e, § 1er.

ARMES, sect. 2e, § 1er.

Sect. 2e. — *Port d'armes. — Armes prohibées.*

§ 1er. — *Port d'armes.*

39. — Bien que le droit de porter des armes pour sa défense soit de droit naturel, cependant les divers accidens auquel l'usage des armes peut donner lieu ont, de tout temps, motivé, de la part du législateur, des dispositions, sinon entièrement prohibitives, au moins restrictives

40. — Ainsi, le port d'armes était défendu dans les rues d'Athènes; chez les Thuriens on ne pouvait, à peine de mort, entrer en armes dans les assemblées publiques. — *Lois attiques*, p. 561; Valère Maxime, VI, cap. 5, no 11.

41. — A Rome, la défense de porter des armes dans la ville, faite, dès les premiers temps de sa fondation, par Servius Tullius, fut, depuis, renouvelée et sanctionnée même par la peine capitale. — Pline, L. 34, ch. 14; L. 1 et 2, ff. *Ad leg. Jul. de vi publ.*; Nov. 85, *De armis*, cap. 1 et 4; L. un., Cod., *Ut armorum usus inscio principe.*

42. — Les Francs, comme les Germains, ne sortaient jamais sans leurs armes; ils ne les quittaient pas même dans la maison; les juges rendaient la justice armés. — La privation du port d'armes était une peine infligée: à temps, par exemple, à celui qui avait tué sa femme sans motifs, et à perpétuité à celui qui avait tué un ecclésiastique. — Baluze, *Capit.*, t. 1er, liv. 6, p. 937.

43. — Charlemagne fut le premier qui apporta des restrictions au port d'armes; par le 1er capitulaire, de l'année 803, et le 3e, de l'année 806, il défendit d'abord de porter des armes offensives et défensives, puis de se présenter en armes aux assemblées. — Une ordonnance de Philippe-le-Bel, de 1288, prohiba le port, à Paris, du couteau à pointe, du bouclier, de l'épée et d'armes, à peine d'amende. — Une autre ordonnance de Charles VIII, du 25 nov. 1487, défendit *à tous* de porter « arcs, arbalètes, hallebardes, piques, vougues, épées, dagues et autres bâtons invasifs. » — Toutefois, l'ordonnance exceptait « les officiers, gens nobles et ceux qui sont aux lisières de la mer et portent des armes pour la défense du pays. » — Prost de Royer, *Dict. de jurisprudence*, vo *Armes*, no 22.

44. — L'édit de Charles IX, de juill. 1561, et les lettres patentes du même prince, du 20 oct. suivant; l'ordonn. de Henri IV, du 3 fév. 1600; l'édit de Louis XIV, de déc. 1666, renouvelé et confirmé par les art. 12 et 13 de la déclaration du 25 août 1737, la déclaration du 4 déc. 1679 et l'ord. du 9 sept. 1700, firent successivement défenses, soit à toutes personnes autres que les archers des gardes, gentilshommes, seigneurs, gens de guerre ou autres préposés pour l'exécution des ordres de justice, etc., soit à tous écoliers, clercs, pages, laquais, artisans et gens de métiers, de porter dans les villes et bourgades, ou dans la ville et les faux-bourgs de Paris, même la nuit, des épées, dagues, grands couteaux, poignards et autres armes et bâtons, le tout à peine de confiscation des armes, de 200 livres d'amende, et, en cas d'insolvabilité, d'être procédé contre eux comme gens sans aveu. — L'ordonnance de 1600 enjoint même aux seigneurs et gentilshommes de porter eux-mêmes leurs épées sans les faire porter à leurs pages et laquais, sous peine d'en répondre en leur propre et privé nom. » — Prost de Royer, *loc. cit.*

45. — Plusieurs arrêts de parlements, notamment de ceux de Paris, des 13 oct. 1691 et 25 avr. 1766, de Dijon du 28 juill. 1751, de Grenoble du 26 mars 1768, de Flandre du 12 juill. 1783, ont renouvelé ces diverses prohibitions. — Quelques coutumes, telles que celles du Hainault (ch. 32, art 18), de Bayonne (tit. 26, art. 4, 5 et 6), de Renaix (tit. 10), de Cassel (art. 173 et 175) contenaient aussi à cet égard des dispositions spéciales. — Enfin certaines ordonnances de police, par exemple celle de la ville de Paris, du 21 mai 1784 (art. 2), et celles de la ville de Lyon des 23 janvier, 1er et 21 août 1772, 15 oct. 1773, 21 juin 1777 et 14 oct. 1785, prescrivaient des mesures et des prohibitions toutes locales. — Prost de Royer, *ibid.*; — Merlin, *Rép.*, vo *Armes*, § 2.

46. — L'apparition des armes à feu avait amené un redoublement de sévérité dans les prohibitions.

47. — Ainsi une ordonnance de François Ier, du 16 juill. 1546, renouvelée et confirmée par un édit de Henri II, du 7 déc. 1558, des déclarations de François II des 23 juill. et 17 déc. 1559, et du 5 août 1560, une ordonnance de Charles IX, rendue aux états d'Orléans en 1560 (art. 120), un édit de juill. 1561 et des lettres patentes du 20 oct. suivant, une déclaration du 30 avr. 1565, et une autre du 10 sept. 1567; une ordonnance de Henri IV, du 4 août 1598, une déclaration du 14 août 1603, et un édit du 12 sept. 1609; enfin, les ordonnances de Louis XIII des 24 juill. 1617, 29 janv. 1623 et 15 mars 1627, firent défense expresse à toutes personnes, même aux gentilshommes, de porter des arquebuses, pistoles, pistolets ou autres armes à feu à peine, tantôt de confiscation et 500 écus d'or d'amende, tantôt de confiscation de corps et de biens, tantôt des galères perpétuelles, tantôt même de la vie. — Merlin, *Rép.*, vo *Armes*, § 2, no 1er.

48. — Mais ces peines finirent par s'adoucir, et les déclarations de Louis XIV, des 18 déc. 1660 (art. 3 et 14), 15 mars 1661 et 4 déc. 1679, ainsi que l'édit de déc. 1666, confirmé par la déclaration du 25 août 1737, ne prononcèrent plus contre les coupables qu'une amende de 300, puis de 200 livres d'amende, et la confiscation des armes.

49. — Les parlemens de Grenoble par arrêts des 21 juin 1613, 7 avr. 1661 et 28 juill. 1684, de Rennes, par arrêt du 15 janv. 1683, de Toulouse, par arrêt du 5 sept. 1766, de Dijon, par arrêt du 28 janv. 1769, d'Aix, par arrêt du 21 nov. 1775, ordonnèrent spécialement l'exécution des édits et ordonnances royaux. — Prost de Royer, *loc. cit.*, no 23.

50. — Dans la province du Languedoc la matière était réglée par une ordonnance du commandant en chef du 1er juill. 1766, qui ne prononçait que 10 livres d'amende et la confiscation. — En Lorraine, on suivait les dispositions de l'ordonnance du roi Stanislas, du 16 nov. 1739, d'après laquelle l'amende était de 100 livres.

51. — Le dernier état de la législation ancienne se trouvait: 1o dans la déclaration du 14 juill. 1716, portant défense à tous les sujets du roi, particulièrement à ceux qui habitaient les frontières et qui n'étaient pas enrôlés pour les milices entretenues, de porter les armes de quelque espèce qu'elles fussent, à peine de 10 livres d'amende pour la première fois, et 50 pour la seconde, outre un mois de prison et la confiscation des armes; 2o et la déclaration du 23 mars 1728 qui défendait de porter sur soi aucun couteau pointu, baïonnette, pistolet ou autre arme offensive cachée et secrète, comme une épée en bâton, etc., à peine de 500 livres d'amende et de 6 mois de prison. — Cette dernière déclaration a été publiée de nouveau pour en assurer l'exécution par un décret du 12 mars 1806.

52. — La déclaration du 14 juill. 1716 exceptait de ses dispositions les gentilshommes, les gens *vivant noblement* (ce qui comprenait, selon Toullier, les propriétaires, les professions libérales et les bourgeois des villes), les officiers de justice royale, les gens de guerre, et enfin les compagnies d'arquebusiers autorisées par lettres patentes.

53. — Outre ces personnes, les ordonnances exceptaient encore des prohibitions de port d'armes les personnes ayant droit de chasse, celles qui voyageaient, à la charge, une fois arrivées, de quitter leurs armes (ord. 7 déc. 1558, art. 2; 9 sept. 1700); les officiers et gardes des eaux et forêts (ord. 1669, tit. 10, art. 13 et tit. 30, art. 6); les fermiers, régisseurs et employés des finances (ord. 1681, tit. commun, art. 11 et ord. 1687, tit. 14, art. 14).

54. — Il paraît que malgré toutes ces ordonnances, déclarations, édits, malgré les coutumes, les arrêts de parlemens et les réglemens de police, rien n'était encore plus commun que de voir un grand nombre de personnes portant sans droit ni qualité des armes, surtout une épée. « Cet abus, dit Prost de Royer (vo *Armes*, no 22), n'existe sans doute que par tolérance ou par la négligence des officiers chargés de veiller à la tranquillité publique; mais les lois sont toujours subsistantes, et il ne faut que quelque circonstance particulière pour provoquer leur exécution. »

55. — De toutes les prohibitions que nous venons d'énumérer, les unes concernaient indistinctement toutes personnes; les autres ne s'appliquaient qu'à certaines classes ou à certains individus.

56. — Les premières ont été maintenues et même renouvelées depuis la révolution. — V. *infrà* ARMES PROHIBÉES.

57. — Quant à celles qui n'étaient point générales et qui formaient au profit de ceux qu'elles ne comprenaient point un véritable privilége, elles ont été annulées tant par la loi du 4 août 1789, qui a aboli toute espèce de priviléges, que par celle du 19 juin 1790 qui a supprimé la noblesse.

58. — D'où il résulte qu'à partir de ce moment, et malgré un arrêté de la municipalité de Paris du 17 mars 1791 qui maintenait les prohibitions des anciennes ordonnances relatives au port d'armes, le port d'armes est devenu à Paris, comme dans le reste de la France, libre à tous les français. — Carnot, *C. pén.*, art. 42; Merlin, *Rép.*, vo *Armes*; Favard de Langlade, *Rép.*, vo *Chasse*, nos 6 et suiv.; Toullier, *Droit civ.*, t. 4, no 22; Morin, *Dict. de droit crim.*, vo *Armes.*

59. — Cette conséquence a été cependant contestée: on a dit que les lois de 1789 et de 1790 avaient eu pour but, non de rendre les priviléges abolis communs à tous, ni d'anoblir tous les français, mais de ranger les nobles sous l'empire des lois communes; dès-lors, ce n'est pas le droit de port d'armes qui a été donné à tous, mais ce sont les nobles et privilégiés qui ont été soumis aux prohibitions applicables à la masse.

60. — Mais on répond avec raison que les anciennes prohibitions ne créaient point dans l'acception du mot un privilége en faveur des nobles; elles ne faisaient que respecter en eux un droit naturel qu'elles comprimaient chez les autres citoyens; or, les décrets qui ont aboli la noblesse et ses priviléges, n'ont pu avoir pour effet d'étendre aux nobles une défense qui blessait les droits naturels, mais bien plutôt d'assimiler les non nobles aux nobles quant aux droits naturels qui n'avaient point été enlevés à ces derniers. — V. dans ce sens, Toullier, t. 4, no 22; Merlin, *Rép.*, vo *Armes*, § 2.

61. — En outre, la loi du 30 avr. 1790, en laissant aux propriétaires la liberté de chasser sur leurs terrains, et même aux fermiers le droit de détruire les animaux nuisibles et de les repousser *avec des armes à feu* suppose nécessairement le droit de port d'armes. — Tallandier, *Encyclop. du droit*, vo *Armes*, no 43. — V. CHASSE ET PORT D'ARMES.

62. — Ce qui prouve que le droit de port d'armes est la règle, et la prohibition seulement l'exception, c'est que la loi prend soin de prononcer cette prohibition toutes les fois que le port d'armes pourrait offrir des dangers.

63. — Ainsi, le décret du 20 août 1789, ordonne le désarmement, dans chaque commune, des hommes *sans aveu, sans métier ni profession et sans domicile constant.* — Les art. 34 et 42, C. pén., mettent la privation du droit de port d'armes au nombre des peines.

64. — Cependant des arrêtés administratifs pourraient dans chaque localité, et en vertu de l'art. 46, L. 19-22 juill. 1791, prescrire certaines mesures propres à réprimer l'abus qui pourrait résulter du port d'armes trop généralisé. — C'est ainsi qu'après les nouvelles publications faites en l'an IX, de la déclaration du 14 juill. 1716, et le 12 mars 1806, de celle du 23 mars 1728, les préfets prirent, sur l'invitation du gouvernement des arrêtés par lesquels le port d'armes était interdit à tous ceux qui n'en auraient pas reçu la permission. — Une instruction du ministre de la police fut même adressée à ces fonctionnaires, le 7 vend. an XIII, pour ramener tous les arrêtés à un mode uniforme.

65. — Depuis, une nouvelle instruction a encore été adressée aux préfets, par le même ministre, le 6 mai 1806, sur la même matière, instruction qui a été régularisée par un décret du 11 juill. 1810. — Enfin, le décret du 4 mai 1812 a réglementé le port des armes de chasse. Toutes ces dispositions ont été confirmées par l'art. 77, L. 28 avr. 1816. — Merlin, *Rép.*, vo *Armes*, § 2. — V. CHASSE ET PORT D'ARMES

66. — Jugé que les arrêtés pris par les préfets en exécution des ordres du gouvernement pour interdire le port d'armes à quiconque n'en aurait pas obtenu la permission expresse, avaient ramené à exécution la déclaration du 14 juill. 1716 et les autres lois rendues sur le port d'armes sans permission. — *Cass.*, 23 fév. 1811 (intérêt de la loi), Gaillard; 15 mars 1810, Lesaire-Legris.

67. — Qu'en conséquence, depuis la nouvelle publication faite en l'an IX de la déclaration du 14 juill. 1716, tout individu trouvé porteur d'un fusil, sans permission, encourait les peines portées par ladite déclaration et, entre autres, l'amende de dix francs. — Mêmes arrêts.

68. — Sous le Code du 3 brum. an IV, le maximum des amendes de simple police était fixé à trois journées de travail: on jugeait donc que cette amende de dix francs excédait la compétence des tribunaux de police, et que les tribunaux correctionnels pouvaient seuls la prononcer. — Les premiers ne sont devenus compétens que postérieurement au Code pénal de 1810, qui leur permettait de prononcer jusqu'à quinze francs d'amende. — V. les mêmes arrêts.

69. — Du reste, un tribunal ne peut modérer l'amende de dix francs prononcée par la déclaration du 14 juill. 1716 pour port d'armes sans permission, ni se dispenser d'ordonner la confiscation du fusil sous le prétexte qu'il n'a pas été saisi par le garde. — *Cass.*, 23 fév. 1811, intérêt de la loi, Gaillard.

70. — Avant le décret du 4 mai 1812, le port d'armes sans permission ne pouvait être considéré ni comme un délit de chasse prévu par la loi du 30 avr. 1790, ni comme un délit rural réprimé par

le Code rural des 28 sept.-6 oct. 1791 ; mais il constituait une infraction à des lois de haute police et un délit de police. — En conséquence, la prescription d'un mois établie pour délits ruraux et de chasse ne lui était pas applicable. — *Cass.*, 1er août 1811 (intérêt de la loi), Robillard.

71. — Toutefois ces prohibitions n'étaient point applicables aux personnes qui portaient des armes en voyage ou pour leur sûreté personnelle; à leur égard il n'était et il n'est encore nullement besoin de permis de port d'armes ; c'est ce qui résulte soit de l'art. 1er du décret du 4 mai 1812, qui restreignait l'obligation du permis au port d'armes de chasse; soit de l'art. 8 de l'instruction ministérielle du 6 mai 1806 (*suprà* no 65), portant qu'aucune poursuite ne peut être faite contre celui qui a un fusil pour sa défense et celle de ses propriétés, pourvu qu'il n'en fasse pas d'autre usage; soit enfin de l'avis du conseil d'état du 10 mai 1811 approuvé le 17, qui, sur un rapport du ministre de la police tendant à établir qu'il est nécessaire de se pourvoir de permis pour porter en voyage des armes destinées à la défense personnelle, estime qu'il n'y a lieu de statuer sur la proposition du ministre, et que les gens non domiciliés, vagabonds et sans aveu, doivent seuls être examinés et poursuivis par la gendarmerie et tous officiers de police, lorsqu'ils sont porteurs d'armes, à l'effet d'être désarmés et traduits devant les tribunaux pour être condamnés, suivant les cas, aux peines portées par les lois et réglemens.

72. — Jugé que le décret du 4 mai 1812 n'ayant voulu punir le port d'armes sans permis qu'autant qu'il serait joint au fait de chasse, il en résultait une abrogation implicite des lois antérieures relatives au port d'armes. — *Cass.*, 15 oct. 1813, Labbe.

73. — Spécialement, que la déclaration de 1716, sur le port d'armes est implicitement abrogée par ledit décret de 1812. — *Cass.*, 15 oct. 1813, Labbe.

74. — Le port d'armes est soumis aux colonies à un régime spécial. — L'arrêté du gouvernement du 29 germin. an IX (art. 1er), pour la Guadeloupe, et celui du 6 prair. an X (art. 2) pour la Martinique, veulent notamment que tout ce qui est relatif au port d'armes soit réglé par le gouverneur.

75. — En Corse l'arrêté du 22 messid. an XI (art. 1er) donne au général commandant le pouvoir d'ordonner et faire exécuter le désarmement des communes ou familles qui sont prévenues d'assassinat ou autres délits contre l'ordre public.

§ 2. — *Armes prohibées.*

76. — Nous avons dit (*suprà* nos 55 et suiv.) que, parmi les prohibitions relatives au port d'armes, il y en avait qui frappaient indistinctement toutes les classes de la société, gens de guerre, nobles ou autres; ce sont celles qui concernaient le port des armes secrètes.

77. — La facilité plus grande que présentent de pareilles armes pour la perpétration de crimes ou de délits, a dû en effet attirer l'attention toute spéciale du législateur et les rendre l'objet de restrictions plus rigoureuses. — Aussi, non seulement le port, mais aussi le débit et la fabrication en ont-ils de tout temps été sévèrement prohibés.

78. — Cette défense existait dans l'ancien droit français, ainsi qu'il résulte des ordonnances de 1487, 9 mai 1539 et 5 août 1560, de l'édit du 20 oct. 1561, et de la déclaration du 16 août 1563. — — Louis XIV, par un édit de décembre 1666, renouvela les mêmes prohibitions sous les peines les plus sévères : les baïonnettes à ressort qui se mettent au bout des armes à feu pour l'usage de la guerre n'étaient point comprises dans la défense; mais elles ne pouvaient être fabriquées que par des ouvriers commis par le roi à cet effet, ni livrées à d'autres qu'aux officiers par lui préposés. — Ces dispositions ont été reproduites par la déclaration du 23 mars 1728, qui prohibait toute fabrique, commerce, vente, débit, achat, port et usage de certains objets réputés armes cachées et secrètes, par l'art. 3 de celle du 7 mars 1733 et par l'art. 12 de celle du 25 août 1737, sur le port d'armes, enfin par une ordonnance du lieutenant-général de police de la ville de Paris du 21 mai 1784. — L'ordonnance de 1669, sur les eaux et forêts, qui contenait aussi, dans l'art. 3 du tit. 30, des dispositions analogues.

79. — Cette prohibition a été successivement reproduite par plusieurs monumens législatifs (V. décr. 2 niv. an IV et 12 mai 1806), et plus récemment par l'art. 314, C. pén., et par l'art. 1er, L. 24 mai 1834, qui sont maintenant en vigueur : il est toutefois à remarquer que la dernière loi, plus rigoureuse que le Code pénal, a ajouté à la prohibition du port, de la fabrication et du débit, celle de la *distribution*.

ARMES, sect. 2e, § 2.

80. — La loi de 1834, comme il sera dit plus bas, a modifié notablement le Code pénal sous le rapport de la pénalité, mais elle n'a rien changé à son principe. Ainsi, l'art. 314 du Code pénal punissait le fait seul de fabrication, débit, ou port de certaines armes réputées prohibées, comme infraction matérielle et indépendamment de toute circonstance aggravante, de toute complicité d'un délit ou d'un crime. — C'est également à la simple infraction matérielle que s'adresse la loi nouvelle du 24 mai 1834 ; aussi l'art. 10 de cette loi, reproduisant en cela le paragraphe final de l'art. 314, ajoute-t-il que les peines seront prononcées sans préjudice de celles que les coupables auraient pu encourir comme auteurs ou complices de tous autres crimes : sauf, dans le concours de deux peines, à n'appliquer que la plus grave.

81. — De ce qui vient d'être dit il résulte que le fait matériel de la fabrication, de la vente ou du port d'une arme prohibée, suffit pour constituer le délit; la bonne foi de l'agent, l'innocence de ses intentions, peuvent être une circonstance atténuante de la peine, elles ne détruisent point l'infraction. — Chauveau et Hélie, *Th. du C. pén.*, t. 5, p 458.

82. — En se bornant à punir la fabrication, le débit et la distribution, la loi n'a pas compris dans son incrimination le simple fait de l'*exposition* ; ce pourra être, il est vrai, une grave présomption du délit de vente (Chauveau et Hélie, *loc. cit.*) : mais à elle seule elle ne constituerait pas le délit; de même, en ne prohibant que le *port* de certaines armes, elle a exclu de la prohibition la *simple possession*.

83. — Dans l'ancien droit, on réputait *armes prohibées* : les armes à feu, les dagues, les épées, les poignards, les bâtons ferrés et les balles de plomb au bout d'une courroie. Mais les simples bâtons, les cannes et les pierres n'étaient pas et ne pouvaient pas être compris sous ce mot. — Chauveau et Hélie, *Th. du C. pén.*, t. 3, p. 56. — La déclaration de 1728 mentionnait expressément les poignards, couteaux en forme de poignards, soit de poche, soit de fusil, les baïonnettes, pistolets de poche, épées en bâtons, bâtons à ferremens, autres que ceux qui sont ferrés par le bout, et autres armes offensives, cachées et secrètes.

84. — La déclaration du 20 août 1771, rendue pour l'île de Corse, voulait que ceux des sujets Corses qui seraient trouvés portant un stylet ou un couteau pointu, ou chez qui on en trouverait, fussent punis d'une amende de 50 livres pour la première fois, et en outre, en cas de récidive, du blâme, du carcan ou des galères à temps, suivant la qualité des personnes et l'exigence des cas.

85. — La même déclaration prohibait la fabrication de ces objets, à peine de 100 livres d'amende pour la première fois, et de trois ans de galères en cas de récidive. — Prost de Royer (vo *Armes*, no 16) cite un arrêt du conseil supérieur de la Corse, du 23 janv. 1773, décidant que ladite déclaration serait lue tous les trois mois, à l'issue de la messe paroissiale, en chaque endroit de l'île, par le surrogat ou autre.

86. — Le décr. du 2 niv. an XIV, prohiba les *fusils et pistolets à vent*. — Le décret du 12 mars 1806, allant plus loin, remit expressément en vigueur la déclaration de 1728 ; enfin l'art. 314, C. pén., comprit sous la dénomination d'armes prohibées les « *stylets, tromblons,* ou quelque espèce que ce soit d'armes prohibées par la loi ou par des réglemens d'administration publique. » Quant à la loi de 1834, elle ne donne aucune définition et elle se borne à parler des armes « *prohibées par la loi ou par des réglemens d'administration publique.* »

87. — Quelques doutes se sont élevés sur la force réglementaire de la déclaration du 23 mars 1728; mais ces doutes ont été levés par la cour de Cassation. Cette cour a décidé que cette déclaration, qui défend le port ou l'usage des armes *secrètes ou cachées*, remise en vigueur par les décr. des 2 niv. an XIV et 12 mai 1806, n'a été modifiée ni par le décr. du 4 mai 1812, qui ne s'applique qu'au port d'armes de chasse non prohibées, ni par l'avis du conseil d'état du 10-17 mai 1811, relatif à la faculté de porter en voyage des armes apparentes. — *Cass.*, 6 août 1824, Balmont ; — Chauveau et Hélie, t. 5, p. 461. — V. aussi *Bordeaux*, 1er fév. 1837 (t. 1er 1840, p. 249), L....

88. — De là il résulte que les objets compris dans cette déclaration comme armes prohibées, doivent aujourd'hui être réputés tels. — Ainsi, jugé que le port d'un poignard est un délit. — *Bordeaux*, 1er fév. 1837 (t. 1er 1840, p. 249), L....

89. — Jugé de même que les prohibitions de la loi du 24 mai 1834 et de la déclaration du 23 mars 1728 sont applicables aux *couteaux-poignards* comme aux poignards. — *Cass.*, 15 oct. 1841 (t. 2 1841, p. 640), Dugne.

ARMES, sect. 2e, § 2.

90. — Jugé encore que les cannes garnies de figures en plomb par le gros bout d'en haut peuvent être rangées parmi les armes offensives et contondantes, dans le sens des art. 314 et 315, C. pén., et non parmi les bâtons seulement ferrés par le bout, dont il est question dans la déclaration du 23 mars 1728. — *Cass.*, 17 janv. 1835, Buchoz-Hillon.

91. — Et le port d'un poignard a été considéré comme un délit, alors même que l'autorité locale aurait donné à celui qui en a été trouvé porteur la permission de s'en munir; cette permission ne pouvant pas être considérée comme une excuse, mais seulement comme un moyen d'atténuation. — *Bordeaux*, 1er fév. 1837 (t. 1er 1840, p. 249), L....

92. — La déclaration de 1728 avait fait décider que les *pistolets de poche étaient des armes prohibées.* — *Cass.*, 6 août 1824, Balmont; *Grenoble*, 11 nov. 1824, Balmont.

93. — Mais cette jurisprudence éprouva une modification notable; et, en présence du décr. du 14 déc. 1810, *contenant réglement pour les armes à feu fabriquées en France et destinées pour le commerce*, et qui détermine les conditions d'épreuve des pistolets de poche, la cour de Cassation décida qu'il avait été, en ce qui concerne la fabrication, la vente et le port de ces pistolets, dérogé virtuellement, par ledit décret, à la déclaration de 1728. — *Cass.*, 7 oct. 1836, armuriers d'Orléans; 3 nov. 1836, Prévost; *Orléans*, 29 août 1836, sous l'arrêt *Cass.*, 7 oct. 1836.

94. — A la suite de ces arrêts est intervenue l'ordonnance royale du 23 fév. 1837, rendue dans la forme des réglemens d'administration publique, qui a déclaré expressément que les pistolets de poche sont des *armes prohibées*. — MM. Chauveau et Hélie (*Th. C. pén.*, t. 5, p 463) font remarquer que cette ordonnance n'a point défini les élémens caractérisques de l'arme qu'elle proscrivait, et qu'on ne sait à quels signes reconnaître les pistolets de poche. « Quelle longueur doivent-ils avoir pour être réputés tels ? Faut-il s'arrêter à huit, à dix ou à douze pouces? Cette question importante reste tout entière dans le domaine des tribunaux correctionnels; et comme elle est de nature à se résoudre en fait, il résultera, du silence et de l'abandon du législateur, des solutions contradictoires qu'il fallait éviter. » — V. une ord. du préfet de police du 1er août 1820, pour le département de la Seine; — Elvin et Trebuchet, vo *Armes*, t. 1er, p. 50.

95. — La déclaration de 1728 contient dans ses prohibitions les armes *offensives, cachées et secrètes*; cette disposition doit-elle être entendue en ce sens qu'il suffit qu'une arme soit *de sa nature* offensive et secrète, pour qu'elle rentre dans la généralité de la prohibition; est-il au contraire nécessaire qu'elle soit nominativement désignée par les réglemens ?

96. — « Peut-être, disent MM. Chauveau et Hélie (t. 5, p. 464), eût-il fallu, pour obéir au véritable esprit de l'art. 314, que chaque arme prohibée fût nominativement désignée par un réglement ; mais cet article, et, depuis l'art. 1er de la loi de 1834 se contentent de proscrire les armes prohibées par la loi ou les réglemens ; dès-lors donc qu'un réglement reconnu régulier et valide déclare prohibées toutes armes offensives cachées et secrètes, cette définition générale équivaut à une désignation nominative, et c'est aux juges à rechercher dans chaque arme les caractères qui constituent l'arme prohibée ; il est inutile d'ajouter que ces caractères doivent être nécessairement constatés dans le jugement.

97. — Il a donc été jugé que les cannes qui, démontées et ajustées, offrent à la fois un fusil et un pistolet, tellement cachés et dissimulés qu'il eût été impossible à la simple inspection de s'en apercevoir, constituent des armes *offensives secrètes et cachées* qui sont prohibées par la disposition générale du réglement de 1728, et dont la fabrication rentre dans l'application de la loi pénale *sans qu'il soit besoin d'une désignation nominative.* — *Cass.*, 19 juin 1835, Bourgaud. — Chauveau et Hélie, *Théorie du Code pénal* (t. 5, p. 464); Morin, *Dict. dr. crim.*, vo *Armes secrètes*.

98. — L'art. 314, C. pén., prononçait contre les individus déclarés coupables de fabrication ou débit d'armes prohibées un emprisonnement de six jours à six mois ; — quant au port de ces mêmes armes il était puni d'une amende de 16 fr. à 200 fr. — La loi du 24 mai 1834 se montrant plus sévère a prononcé dans le premier cas (et aussi pour le fait de distribution) un emprisonnement d'un mois à un an, et une amende de 16 fr. à 500 fr., et dans le deuxième cas, un emprisonnement de six jours à six mois, et une amende de 16 fr. à 200 fr. — Dans l'un et l'autre cas les armes sont confisquées : cette peine accessoire subsiste toujours, la loi de 1834 n'ayant pas, à cet égard, dérogé à la disposition textuelle de l'article 314.

99. — L'aggravation de peine prononcée par la loi de 1834 était ainsi motivée par la commission de la chambre des députés : « Les peines de l'art. 314 avaient été calculées pour ôter un instrument à des vengeances privées, et elles pouvaient suffire : mais lorsque la férocité que les vengeances des partis introduisent dans nos mœurs menace de faire de ces armes dangereuses des instrumens d'assassinats politiques, la commission a pensé qu'il fallait redoubler de rigueur pour en interdire l'usage. » — Rapport de la commission de la chambre des députés.

100. — Les peines prononcées pour délit d'armes prohibées peuvent être modérées par application de l'art. 463, C. pén., s'il existe des circonstances atténuantes. — L. 24 mai 1834, art. 11.

101. — Mais les condamnés peuvent toujours, indépendamment des peines principales prononcées contre eux, être renvoyés sous la surveillance de la haute police. — Quant à la durée de cette surveillance, l'art. 315, C. pén., la fixait de deux à cinq ans. — Au contraire, la loi de 1834 (art. 11) porte qu'elle ne pourra excéder le maximum de l'emprisonnement prononcé *par la loi*. — Ainsi elle n'aurait plus de minimum. — MM. Chauveau et Hélie (*loc. cit.*) pensent que l'art. 11 de la loi de 1834 a remplacé l'art. 315, C. pén., et qu'il est maintenant seul applicable; cela nous paraît de toute évidence.

102. — La connaissance des délits d'armes prohibées appartient aux tribunaux de police correctionnelle. — L. 24 mai 1834, art. 4.

103. — Les armes de guerre ne sont pas au nombre des armes *dites prohibées*; la fabrication, le débit et la détention en sont soumis à des dispositions spéciales. — V. ci-après.

Sect. 3e. — *Armes de guerre.*

104. — Le port des armes ordinaires ou de commerce est, ainsi que nous venons de le voir, autorisé en France, sauf quelques restrictions que nous avons fait connaître. — Il n'en est point ainsi des armes de guerre; le port, la vente ou la fabrication en sont rigoureusement interdits à tous, à très peu d'exceptions près.

105. — Les armes de guerre, dans le sens ordinaire de ce mot, sont celles qui, pour l'usage des troupes françaises, sont faites sur des modèles uniformes fournis et établis par le gouvernement. — On y comprend les armes blanches, telles que sabres, baïonnettes, lances, poignards, etc, aussi bien que les fusils, carabines, pistolets et autres armes à feu.

106. — Ces sortes d'armes ont toujours attiré l'attention du législateur, surtout dans les momens de troubles. Ainsi, tandis qu'aux termes des décisions du conseil des 1er nov. 1736 et 5 fév. 1753, les armes à usage des particuliers pouvaient sortir du royaume, en payant les droits ordinaires, les armes et munitions de guerre étaient déclarées marchandises de contrebande à la sortie du royaume. — Merlin, *Rép.*, vo *Armes*, § 1er, no 1er; V. aussi décrets 21 juin 1791, 12 juin 1792. — Un décret du 3 juill. 1792 portait (art. 4) qu'en cas de danger de la patrie les citoyens devaient déclarer le nombre et la nature des armes dont ils étaient pourvus; puis, comme, sans doute, ces déclarations ne se faisaient pas régulièrement, les décrets des 10-12 et 28-29 août 1792, ordonnèrent des visites domiciliaires pour la recherche des armes et munitions de guerre, et un autre décret du 2 sept. même année, déclara infâmes, traîtres à la patrie et dignes de la peine de mort, ceux qui refusaient leurs armes.

107. — Aux termes d'un décret du 28 mars 1815, tous négocians, armateurs, fabricans d'armes et arquebusiers ayant un magasin ou un dépôt d'armes de guerre, devaient en faire la déclaration, et tout citoyen détenteur d'armes de guerre et ne faisant point partie de la garde nationale en devait faire le dépôt à la mairie, le tout à peine de 300 fr. d'amende et de la confiscation. Chaque arme remise devait être payée d'après un tarif annexé à la loi.

108. — Enfin une ordonnance du 24 juill. 1816, après avoir enjoint aux détenteurs d'armes de guerre de les déposer à la mairie de leur domicile (art. 1er), et défendu à tous particuliers, même aux armuriers et arquebusiers de vendre ou acheter des armes des modèles de guerre français ou étrangers (art. 3), prononçait contre les contrevenans, outre la confiscation, une amende de 300 fr. et un emprisonnement de trois mois : en cas de récidive la peine pouvait être doublée. — Une exception analogue à celle du décret de 1815 était maintenue en faveur des gardes nationaux, des gardes champêtres et forestiers (art. 4) et des douaniers.

109. — Mais l'inconstitutionnalité, du moins partielle, de cette ordonnance a été proclamée tant sous l'empire de la charte de 1814, que sous celle de 1830. — Il a été jugé, en effet, que si la confiscation avait pu être prononcée par ordonnance, la loi seule pouvait infliger l'amende et l'emprisonnement. — *Metz*, 25 fév. (et non déc.) 1829, Lion-Cerf; *Paris*, 4 déc. 1827 (et non 1817), Vacheron; 30 avr. 1830, Cagnate; *Cass.*, 11 fév. 1836, Vacheron; et cinq autres arrêts du même jour.

110. — La loi du 24 mai 1834, dont le but, ainsi que l'exposé des motifs le dit formellement, a été d'enlever les armes à ceux qui voudraient en faire usage contre l'autorité, est venue ajouter une nouvelle force aux prohibitions déjà existantes, et leur rendre une sanction que la jurisprudence sur l'inconstitutionnalité de l'ordonnance de 1836 leur avait enlevée.

111. — L'art. 3 de cette loi est ainsi conçu : « Tout individu qui, sans y être légalement autorisé aura fabriqué ou confectionné, débité ou distribué des armes de guerre,... ou sera détenteur d'armes de guerre .... ou d'un dépôt d'armes quelconques, sera puni d'un emprisonnement d'un mois à deux ans et d'une amende de 16 fr. à 1000 fr. »

112. — La détention d'un dépôt d'armes ordinaires serait, selon M. Duvergier (*Coll. des lois*, t. 34, p. 126), introductive d'un droit nouveau. — C'est une erreur; l'art. 11 de l'ordonn. de 1629 prévoyait déjà ce cas; l'art. 172 défendait formellement à tous les sujets du roi de quelque qualité et condition qu'ils fussent, de faire, avoir ou retenir aucun *amas d'armes* pour gens de pied ou de cheval, plus qu'il ne leur était nécessaire pour leurs maisons et sans permission de Sa Majesté. — Nous voyons qu'aujourd'hui l'art. 3 de la loi de 1834, assimile ce fait à la détention d'armes de guerre et le punit des mêmes peines.

113. — Au reste, l'art. 3 ne s'applique point aux armuriers et aux fabricans d'armes de commerce, qui restent soumis aux dispositions spéciales qui les concernent. — Art. 3, § 2.

114. — L'art. 4 établit pour ces infractions la compétence des tribunaux correctionnels. Il prononce la confiscation des armes et munitions saisies, se conformant en cela à l'art. 314, C. pén., et laisse aux juges la faculté de placer les condamnés sous la surveillance de la haute police pendant un temps qui ne peut excéder deux années. — En cas de récidive, cet article permet d'élever les peines jusqu'au double.

115. — Un député, M. Charamaule, avait proposé un amendement portant notamment que la valeur des armes serait remboursée, à dire d'experts, à ceux qui justifieraient de leur légitime possession desdites armes.

116. — Cet amendement a été rejeté : on a considéré que l'ord. de 1816 n'avait point abrogé le décret de 1815, qui voulait que les armes fussent rachetées, et qui, au lieu d'une expertise pour chaque pistolet et mousqueton, ce qui eût été plus coûteux que les armes mêmes, contient un tarif qui n'a pas cessé d'être loi et qui fixe le prix de rachat pour toute espèce d'armes. — C'est du moins ce qui a été formellement expliqué par le président de la chambre des députés et par le rapporteur, M. Dumont. « Je demande, disait ce dernier, que nous restions dans les termes où nous sommes, c'est-à-dire que nous laissions la prohibition dans la loi, et le mode de rachat, qui est d'administration, dans l'ordonnance... L'art. 3 ne met aucun obstacle à ce que les armes de guerre étrangères, légitimement et quelquefois glorieusement acquises, soient, je ne dis pas laissées, parce que la sécurité publique ne le permet pas, mais soient achetées à ceux qui en sont détenteurs. Le gouvernement va faire le rappel de toutes les armes de guerre. Quand ces armes lui seront présentées, qu'elles soient françaises ou étrangères, qu'elles aient été achetées ou volées à l'état, on en regardera le calibre, et si le fusil n'est point déjà la propriété de l'état, l'état le paiera; le tarif est pour cela suffisant. » — V. toutefois M. Duvergier (*Coll. des lois*, t. 34, p. 126, note), qui semble conserver encore des doutes sur l'existence légale du décret de 1815.

117. — La commission de la chambre des députés avait pensé à donner une définition exacte des armes de guerre, mais elle a craint ou de laisser en dehors de ses termes de véritables armes de guerre, ou de descendre à des détails et des spécifications qui seraient une source de difficultés : le rapporteur a déclaré que, dans l'impossibilité où l'on était de donner une définition exacte de l'arme de guerre, on s'en rapportait, pour la solution de la question de savoir si une arme était ou non de guerre, à la lumière et à la conscience des magistrats : « C'est une question de fait et d'intention, disait-il, les tribunaux prononceront. »

118. — Mais résulte-t-il de là que les juges puissent, quelle que soit l'arme, déclarer qu'elle est de guerre, à raison seulement de l'usage qu'en voulait faire celui entre les mains duquel elle a été saisie?

119. — Nous ne pouvons le penser : la loi, en se servant de cette expression, *armes de guerre*, a eu uniquement en vue les armes *destinées par leur nature même* à la guerre. — Sans doute les magistrats ont toute latitude pour l'appréciation des faits; mais ils ne doivent pas puiser leurs motifs de solution dans les seules intentions. — La question de savoir si une arme est *de guerre* doit donc être résolue par la nature de l'arme et non par l'intention de celui qui la porte, alors surtout qu'il s'agit non d'une arme nouvelle, mais d'une arme connue depuis long-temps et qui jamais n'a été considérée comme *arme de guerre*.

120. — C'est donc à tort, selon nous, que la cour de Bastia, reconnaissant en principe que la question de savoir si une arme est ou non arme de guerre est laissée à l'appréciation des magistrats, a ajouté : qu'ils doivent considérer non son calibre et sa dimension, mais bien l'*usage* auquel elle est destinée, et décider, par suite, qu'un fusil de chasse doit être réputé arme de guerre, lorsque celui sur lequel on l'a saisi le portait pour sa défense personnelle. — *Bastia*, 27 avr. 1837 (t. 1er 1837, p. 454), Torre; 30 janv. 1839 (t. 2 1844, p. 21), N...; 10 août 1843 (t. 1er 1844, p. 348), Pascalini.

121. — ... Ou dans une intention de guerre. — Même arrêt de 1843, et *Bastia*, 30 janv. 1839 (t. 2 1844, p. 21), N...

122. — D'après le décret du 28 mars 1815, les armes à feu, telles que fusils, mousquetons, carabines et pistolets de calibre, sont seules considérées comme armes de guerre : l'art. 1er de l'ord. du 24 juill. 1816, y comprend en outre les armes blanches à l'usage des troupes françaises, notamment les sabres ou baïonnettes : l'art. 16 appliquait même les prohibitions de l'ordonnance aux simples pièces d'armes de guerre; aussi avait-on vu des tribunaux condamner le porteur d'un canon de fusil de guerre sans chien, et même un autre qui avait un chien sans canon. — Duvergier, *Coll. des lois*, 1834, p. 127, note 1re. — C'est pour prévenir de semblables résultats, suites inévitables de termes trop précis, que la commission de la chambre des députés a cru devoir s'abstenir de formuler une définition des armes de guerre, et laisser aux magistrats le soin de décider, d'après les circonstances, si une arme est ou non de guerre.

123. — Les armes, autres que les armes de guerre, peuvent être conservées par leurs propriétaires. — Mais, si on en avait une telle quantité qu'on pût les considérer comme formant un dépôt, alors on serait punissable. — On ne saurait admettre que les particuliers aient besoin d'un petit arsenal pour leur défense personnelle. — Duvergier, *loc. cit.*, note 4e.

124. — Un député, M. Isambert, avait proposé un amendement tendant à dispenser les gardes nationaux de déclarer et déposer les armes de guerre dont ils étaient porteurs pour leur service. — Mais cet amendement a été repoussé comme inutile, le décret du 28 mars 1815 qui prononce cette dispense étant encore en vigueur.

125. — Il est entendu d'ailleurs, en présence des prescriptions de l'art. 2 de la loi de 1834, que si la garde nationale d'une localité était dissoute et son désarmement ordonné, les gardes nationaux ne pourraient conserver leurs armes. — Duvergier, *loc. cit.* p. 127, note 5e, *in fine.*

126. — Le § 2 de l'art. 3 a été ajouté du consentement du gouvernement et de la commission, afin qu'on ne conclût point du § 1er qu'il rendait nécessaire une autorisation préalable pour exercer la profession d'armurier. — La profession d'armurier est réglementée par l'ord. de 1816 (art. 12); l'intention de la commission de la chambre des députés a été de laisser cette profession dans le droit commun.

127. — Toutefois les armuriers ne pourraient avoir d'armes de guerre sans autorisation, à peine d'encourir les peines prononcées contre tous autres détenteurs. — C'est ce qui résulte formellement des explications données à la chambre des députés par le rapporteur, lors de la discussion de la loi de 1834, et ce qu'a établi depuis la jurisprudence. — Duvergier, *loc. cit.*, p. 127, note 5e.

128. — Ainsi, jugé que l'exception introduite en faveur des armuriers par le § 2 de l'art. 3, n'est applicable qu'aux armes de commerce; les armes de guerre ne peuvent être l'objet d'un commerce, même de la part des armuriers, à moins qu'ils n'aient obtenu une autorisation spéciale à cet effet. — En conséquence, la fabrication, détention ou vente d'armes de guerre constituent des délits de

la part des armuriers non autorisés aussi bien que de celle de tous autres particuliers. — *Paris*, 16 avr. 1836, Matrod et Rolland.

129. — Et que les armuriers ne peuvent, sans une autorisation spéciale du ministre de la guerre, fabriquer des armes de guerre. — Les tribunaux ne sauraient déclarer qu'il y a autorisation suffisante en se fondant sur la nature de la patente du prévenu, sur ses nombreuses et précédentes fabrications d'armes, sur l'autorisation qu'il aurait obtenue de les exporter, sur sa bonne foi et la publicité de la fabrication. — *Cass.*, 23 juin 1840 (t. 2 1840, p. 178), Bauer.

130. — Jugé que le délit de fabrication, distribution ou détention d'armes ou de munitions de guerre ne peut être excusé sous prétexte de bonne foi. — *Cass.*, 26 mars 1835, Cazala.

131. — Le seul fait de détention d'armes de guerre constitue le délit puni par la loi de 1834, et le détenteur ne peut échapper à la peine qu'en établissant qu'il ignorait que ces armes fussent en sa possession. — *Cass.*, 10 mars 1836, Ardon-Pujade.

132. — La circonstance que l'arme de guerre détenue illicitement n'appartient pas au détenteur n'en empêcherait point la confiscation, alors même que le véritable propriétaire en ferait la revendication. — *Cass.*, 26 mars 1835, Cazala.

133. — Les mêmes prohibitions s'appliquent, et même on pourrait dire *à fortiori*, aux armes d'artillerie : à cet égard, le décret du 16 juin 1813 subsiste toujours. — Ce décret prescrit notamment aux négocians et armateurs dans un port de guerre ou de commerce, qui sont propriétaires ou dépositaires de bouches à feu, comme canons, obusiers, mortiers, caronades, pierriers, etc., d'affûts et de projectiles pour le service de ces bouches à feu, et aussi d'armes portatives autres que celles qu'il leur est permis de conserver d'après les lois pour leur usage personnel, de les mettre en dépôt dans les arsenaux de terre et de mer du gouvernement. — Ils ne peuvent disposer de ces objets qu'en justifiant de leur emploi au commandant de la marine dans le port où ils ont été déposés.

Sect. 4e. — *Fabrication, vente, exportation, armuriers.*

134. — A Rome la fabrication des armes était interdite aux simples particuliers. — L. 16, § 11, ff., *De publ. et vectig.* — Les armes destinées aux combats ne pouvaient être fabriquées que dans des ateliers et par des ouvriers publics. — V. L. 1, Cod., Theod., *De fabricensibus.*

135. — Après leur fabrication, les armes devaient être déposées dans les arsenaux ; les fabricans convaincus d'en avoir vendu à des particuliers étaient condamnés à mort, et les armes étaient confisquées entre les mains des acheteurs sans restitution du prix. — Prost de Royer, vo *Armes*, no 9.

136. — Le commerce des armes de même que leur fabrication était défendu aux particuliers. — Les seuls objets qu'ils pussent fabriquer ou vendre étaient les couteaux et autres instrumens dont on n'usait pas dans les combats. — Mais ces prohibitions paraissent ne remonter qu'à l'empereur Justinien. — Prost de Royer, *loc. cit.* — En effet, les lois 1 et 2, ff., *Ad leg. Jul. de vi publ.*, qui défendaient d'avoir des amas d'armes chez soi, exceptaient formellement ceux qui les avaient pour faire commerce.

137. — En France, les armes pouvaient être fabriquées par tous armuriers, ou dans des manufactures spéciales placées sous la protection royale et dont quelques unes, telle que celle d'armes blanches établie en Alsace par lettres patentes du 15 juillet 1730, ne travaillaient que pour l'état. Les armes de guerre étaient fabriquées dans les manufactures de Saint-Étienne en Forez, de Charleville, de Tulle et de Maubeuge; les entrepreneurs de ces manufactures étaient chargés de la fabrication sous l'inspection des officiers nommés par le roi.

138. — Aujourd'hui, aucune arme ou pièce d'arme de guerre ne peut, aux termes du décret du 8 vend. an XIV (art. 1er), être fabriquée, quelles que soient sa nature et sa destination, hors des manufactures royales, à moins d'autorisation préalable du ministre de la guerre. — Ces manufactures sont établies à Maubeuge, Charleville, Saint-Étienne, Tulle, Moulins, Chatellerault et Kingenthal.

139. — Le service relatif aux travaux dans ces manufactures est fixé par un réglement du 20 nov. 1822. — Un grand nombre de réglemens et d'ordonnances avaient déjà été rendus autrefois dans le but d'entretenir le bon ordre dans les manufactures d'armes. — V. notamment le préambule d'une ordonnance du 25 oct. 1716, les art. 1er à 7 de l'ord. du 10 juill. 1722, l'art. 17 de l'ord. du 5 nov. 1758, et un arrêt du conseil du 15 déc. 1767. — Les décrets des 19 août 1792 et 2 avr. 1793, s'occupèrent également de l'administration et de la discipline intérieure des ateliers ou manufactures d'armes blanches ou à feu pour le service de l'état.

140. — Le mode de fabrication et d'épreuve des armes à feu destinées pour le commerce est réglé par un décret du 14 nov. 1810, maintenu, sauf quelques modifications par l'ordonnance du 24 juill. 1816.

141. — La fabrication illicite d'armes ou pièces d'armes de guerre était réprimée par l'art. 4 du décret du 8 vend. an XIV et l'art. 314, C. pén. — La vente ou l'achat en sont, ainsi que nous l'avons vu *suprà* no 111, punis par l'art. 3 de la loi du 24 mai 1834.

142. — Défenses étaient faites sous des peines rigoureuses aux marchands et à toute autre personne d'acheter directement ou indirectement des ouvriers des manufactures royales aucune matière propre à la fabrication des armes, comme fer, houille, acier, fil de fer, limes, tôles, bois, borax, platine, canons et en général tout ce qui sert à la construction d'une arme. — Tallandier, *Encycl. du dr.*, vo *Armes*, no 28.

143. — Tout individu qui achète ou prend en gage les armes d'un soldat est poursuivi correctionnellement et puni d'une amende de 600 fr., au plus et d'un emprisonnement de six mois au plus. — Quant aux soldats qui vendent leurs armes, ils sont punis suivant les lois militaires. — Magnitot et Delamarre, *Dict. de dr. adm*, vo *armes*, § 1er, *in fine.*

144. — L'exportation des armes a presque constamment été prohibée ; plusieurs capitulaires contenaient déjà à ce sujet des dispositions expresses, (Capitul., lib. 3, cap. 6 et 75, édit. de Pistes, art. 25; Baluze, t. 2, p. 186). — De semblables prohibitions ont été successivement rendues par une ordonnance de Philippe-le-Bel du 28 août 1312, par deux ordonnances de Henri II, de sept. 1549 (art. 9), et de nov. 1551 (art. 10), par deux déclarations de Louis XIII des 2 mai 1618 et 25 janv. 1620, et par une ordonnance du même roi de janv. 1629.

145. — Toutefois, la défense d'exporter des armes ne s'étendait point aux épées, pistolets et autres armes dont l'usage était permis aux particuliers ; la sortie en était libre moyennant le paiement des droits. — Arrêt du conseil des 1er nov. 1736, 5 fév. 1753, 13 mai et 20 août 1784. — Quant aux armes propres au service des troupes de quelque espèce que ce fût, elles ne pouvaient être exportées chez l'étranger à moins qu'elles ne fussent accompagnées de passeports. — Ord. fév. 1687, tit. 8, art. 3.

146. — L'art. 13 de l'ord. du 24 juill. 1816 interdit aujourd'hui l'exportation des armes des modèles et des calibres de guerre aux particuliers. — Le roi seulement peut en autoriser la fourniture par les manufactures royales aux puissances étrangères qui en feraient la demande.

147. — Le désir de favoriser les manufactures nationales avait fait défendre également l'importation des ouvrages d'acier poli fabriqués à l'étranger — Arrêt du cons. du 17 juill. 1785. — Ces ouvrages comprenaient, d'après une décision du conseil du 21 oct. même année, les armes blanches et les armes à feu comme pistolets, arquebuses, mousquets, etc. — D'après l'art. 14 de l'ord. de 1816 susdatée, l'importation des armes de guerre étrangères ou de modèles français est expressément défendue, à moins qu'elle ne soit ordonnée par le ministre de la guerre.

148. — Autrefois, les armuriers, arquebusiers et fourbisseurs étaient établis en corps de jurande dans les différentes villes du royaume, aujourd'hui l'exercice de la profession d'armurier est libre comme toutes les autres industries, sauf toutefois certaines restrictions résultant de la nature des marchandises qui en font l'objet.

149. — Ainsi toutes les armes à feu qu'ils fabriquent et destinent au commerce doivent être soumises, quels que soient leur calibre et leur dimension à des épreuves proportionnées à leur calibre. — Décr. 14 déc. 1810, art. 1er.

150. — Ils ne peuvent jamais donner (même ord. art. 2), aux armes de commerce le calibre de guerre, sinon ces armes peuvent être regardées comme appartenant au gouvernement et être saisissables par lui si leur calibre n'est pas au moins à 2 millimètres au-dessus et au-dessous de ce calibre, qui est 0,177 millimètres (7 lignes, 9 points).

151. — Le même article exceptait de ces prescriptions les armes de traite, lesquelles ne devaient jamais circuler en France, dont les dépôts devaient être faits dans les ports de mer, mais l'art. 18 de l'ord. du 24 juill. 1816 a abrogé cette exception et décidé qu'à l'avenir les armes de traité seraient considérées comme arme de commerce.

152. — L'art. 12 de l'ord. du 24 juill. 1816 impose à tout armurier ou fabricant d'armes l'obligation de se munir d'un registre paraphé par le maire, sur lequel doivent être inscrites l'espèce et la quantité d'armes qu'il fabrique ou achète, ainsi que l'espèce et la quantité de celles qu'il vend avec les noms et domiciles des vendeurs et acquéreurs. — Les maires, par eux ou par les commissaires de police, doivent arrêter tous les mois ces registres. — Des prescriptions analogues avaient déjà été établies autrefois par l'art. 4 de la décl. du 7 mars 1733.

153. — Les armuriers ne peuvent donc ni fabriquer ni acheter ni vendre les armes de guerre. — Ord. 24 juill. 1816, art. 4 et 7; L. 24 mai 1834. — Non plus que les armes secrètes. — Décl. de mars 1728; Décr. 2 niv. an XIV; Ord. de police du 5 fév. 1806 et 1er août 1820; Décr. 16 mars 1806; C. pén., art. 315; Ord. 24 fév. 1837.

154. — Néanmoins, il est permis à ceux qui sont désignés par les maires de faire les réparations exigées par les armes des gardes nationales, sauf aux maires à veiller à ce que ces permissions ne puissent dégénérer en abus. — Même ordonnance, art. 17.

155. — Les fabricans d'armes de guerre sont rangés par la loi du 25 avr. 1844, sur les patentes, dans la classe des patentables et imposés à : 1o un droit fixe de 400 fr. ; 2o un droit proportionnel du vingtième de la valeur locative de la maison d'habitation et du quarantième de celle des locaux servant à l'exercice de la profession.

156. — Les fabricans d'armes blanches sont imposés à un droit fixe de 100 fr., et aux mêmes droits proportionnels que les précédens. — Art. 2.

157. — Les armuriers sont rangés par la loi du 25 avr. 1844, sur les patentes, dans la cinquième classe des patentables, et imposés à : 1o un droit fixe basé sur le chiffre de la population de la ville ou commune où est situé l'établissement ; — 2o un droit proportionnel du vingtième de la valeur locative de la maison d'habitation et des locaux servant à l'exercice de la profession.

158. — Les armuriers à façon et les armuriers rhabilleurs sont placés dans la septième classe et imposés : 1o au même droit fixe sauf la différence de classe ; 2o à un droit proportionnel du quarantième de la valeur locative de la maison d'habitation et des locaux servant à l'exercice de la profession.

V. HOMICIDE, MEURTRE.

ARMES D'HONNEUR.

1. — Récompense accordée à un militaire à la suite d'une action d'éclat.

2. — L'art. 87 de la constitution du 22 frim. an VIII renfermait une disposition ainsi conçue : « il sera décerné des récompenses nationales aux » guerriers qui auront rendu des services éclatans » en combattant pour la république. » — V. Constit. de l'art. VIII, art 87.

3. — Quelques jours après la promulgation de cet article (4 niv. an VIII), il parut un arrêté des consuls qui, sur le rapport du ministre de la guerre, régla le mode et la nature des récompenses qui seraient accordées aux militaires jugés dignes de cette distinction.

4. — Il devait être accordé : 1o aux grenadiers et soldats, des fusils d'honneur garnis en argent ; — 2o aux tambours, des baguettes garnies en argent ; — 3o aux militaires des troupes à cheval, des mousquetons ou carabines d'honneur également garnis en argent ; — 4o aux trompettes, des trompettes d'honneur en argent.

5. — Les fusils, baguettes, mousquetons, carabines et trompettes d'honneur, devaient porter une inscription portant les noms des militaires auxquels ils seraient accordés, et celui de l'action pour laquelle ils les auraient obtenus.

6. — Les canonniers-pointeurs les plus adroits, ayant rendu le plus de services dans une bataille, devaient aussi recevoir à titre de récompense, des grenades d'or placées sur le parement de leur habit.

7. — Tout militaire qui avait obtenu une de ces récompenses, jouissait d'une haute paie de cinq centimes par jour.

8. — Les récompenses ci-dessus appartenaient de droit à tout militaire qui prenait un drapeau à l'ennemi, qui faisait prisonnier un officier supérieur, ou qui arrivait le premier pour s'emparer d'une pièce de canon. — Art. 4.

9. — Indépendamment de ces récompenses, l'arrêté du 4 niv. permettait d'accorder des sabres d'honneur aux officiers et aux soldats qui se seraient distingués par des actions d'une valeur extraordinaire, ou qui auraient rendu des services extrêmement importans : ce sont les termes de l'arrêté.

10. — Une double paie était accordée à tout militaire ayant obtenu un sabre d'honneur.

11. — Les procès-verbaux des chefs de corps ou généraux en chef, constatant les actions d'éclat dignes d'être récompensées par des armes d'honneur, devaient être imprimés, publiés et envoyés aux armées par ordre du ministre de la guerre.

12. — Le maréchal Ney avait reçu du premier consul un sabre d'honneur, qui fut la cause de son arrestation en 1815. — V. les mémoires de M. Berryer père, t. 2.

13. — Les armes d'honneur sont-elles saisissables? — La question s'est présentée en 1838 à l'occasion d'une épée d'honneur accordée en 1814 au général D.... par la ville de Newbrisac, et vendue après saisie en 1836, par l'huissier L.... Le tribunal de la Seine, sur les conclusions conformes de M. de Chancey, annula la vente et condamna l'huissier à 150 fr. de dommages-intérêts. Sur l'appel, il y eut confirmation. — V. *Paris*, 22 avr. 1838 (t. 1er 1838, p. 512), L... c. D...

ARMOIRIES.

Table alphabétique.

ARMOIRIES. — 1. — On appelle ainsi certaines marques d'honneur et de dignité, composées d'émaux, de couleurs et de figures déterminées, accordées ou autorisées par les souverains, pour la distinction des personnes et des familles. — Merlin, *Rép.*, vo *Armoiries.*

2. — L'origine de l'institution des armoiries remonte à une époque assez douteuse. Les uns la placent à l'établissement des tournois, d'autres lors de la première croisade. Prost de Royer (vo *Armoiries*, no 4) donne, en faveur de la première de ces opinions, la raison historique suivante : « Mabillon a vu un sceau de Robert Ier, dixième comte de Flandre, attaché à une charte de l'an 1072 (antérieure dès-lors à la première croisade qui ne fut publiée qu'en 1095), et qui représente ce prince à cheval, tenant une épée d'une main, et de l'autre un écu sur lequel est un lion; ce symbole a fait dire au savant bénédictin : *Hic primus est comitum flandrensium qui symbolum gentilitium præferat.* — Mabillon, *Diplomat.*, p. 146. »

3. — Quoi qu'il en soit, il paraît certain qu'avant la première croisade, les armoiries n'étaient ni fixées, ni héréditaires, ni permises à tous les gentilshommes, ni composées comme elles l'ont été par la suite : les croisades en rendirent l'usage plus général et la pratique plus invariable. « Dans une armée de six cent mille hommes, dit Prost de Royer (*loc. cit.*), composée d'un grand nombre de princes et de seigneurs qui parlaient différentes langues, où tous ces illustres guerriers étaient entièrement couverts de fer, comment eût-il été possible de les reconnaître sans une marque extérieure? »

4. — Les armoiries ne furent d'abord que des marques personnelles que chaque baron, seigneur ou chevalier inventait et changeait à son gré. Elles ne devinrent fixes qu'en devenant héréditaires, c'est-à-dire après les croisades; alors, dit Pasquier (*Recherches*, liv. 2, ch. 13), les fils de ceux qui s'étaient approprié des symboles pour ces pieuses expéditions, se firent un point de religion et d'honneur de transmettre à leurs descendans l'écu de leurs pères, comme un monument de leur valeur et de leur piété. — Alors chaque grande famille, après avoir eu quelque personnage de nom, qui, par sa prouesse et vertu, donna anoblissement à sa race, s'arrêta à la commune devise de lui. » — V. aussi Prost de Royer, *loc. cit.*

5. — Anciennement, les nobles seuls pouvaient avoir des armoiries. « Même il se voit, par une charte de Charles V (1371), dit Loyseau (*Des ordres*, ch. 5, nos 15 et suiv.), que, quand il anoblit les Parisiens, il leur donna droit de porter armoiries; comme aussi le formulaire des lettres d'anoblissement contient par exprès ce même droit. »

6. — Quoique les armoiries n'eussent été inventées que pour distinguer la noblesse, et qu'elles fussent devenues successivement le signe distinctif des différentes maisons et familles nobles, tous les ordres de citoyens usurpèrent bientôt le droit d'en avoir, et ce fut le privilége accordé aux bourgeois de Paris qui donna lieu à ces usurpations. — Prost de Royer, *loc. cit.*; Charondas, liv. 9; Repon, 326, p. 436.

7. — Le besoin de remédier aux usurpations donna naissance à plusieurs ordonnances; on peut citer notamment l'édit de juin 1615, par lequel le roi Louis XIII, sur les remontrances des nobles, établit un juge d'armes de la noblesse de France pour connaître, à la charge d'appel, devant les maréchaux de France, du fait des armoiries et des contestations qui pourraient naître à ce sujet, et pour dresser des registres universels des noms et armes des personnes nobles auxquelles il enjoignit à cet effet, de fournir aux baillifs et sénéchaux les blasons et les armes de leurs maisons pour être envoyés aux juges d'armes. »

8. — On peut citer encore l'art. 2 d'un édit de janv. 1634, « faisant défense à toutes personnes d'usurper le titre de noblesse, prendre la qualité d'écuyer et porter armoiries timbrées, à peine de 2,000 liv. d'amende, si elles ne sont de maison et extraction noble. »

9. — Prost de Royer (vo *Armoiries*, no 15) fait remarquer que l'attribution accordée au juge d'armes par l'édit de 1615, n'empêcha pas le parlement de continuer à connaître des contestations portées devant lui pour fait d'armoiries. — V. arrêt de réglement du parlement de Paris, du 13 août 1663.

10. — Plus tard, un édit de nov. 1696, rendu par Louis XIV, établit des maîtrises particulières qui, chacune dans son district, devaient connaître de tout ce qui aurait rapport aux armoiries, à la charge d'appel pardevant une grande maîtrise générale et souveraine à Paris. — Cet édit portait aussi l'établissement d'un armorial général ou dépôt public des armes et blasons de toutes les personnes, maisons, familles, provinces, villes, gouvernemens, archevêchés, évêchés, abbayes, compagnies, corps et communautés du royaume. — Il contenait, en outre, un détail de ceux qui pouvaient avoir des armoiries, et comprenait (outre les princes, les grands, les nobles et les provinces, etc. etc.), les officiers de la maison du roi et de celles des princes et princesses du sang; les officiers de robe, d'épée, de finance et des villes; les ecclésiastiques, les gens du clergé, les bourgeois des villes franches et autres qui jouissaient, à cause de leurs charges, états ou emplois, de quelques exemptions, priviléges et droits publics. — Enfin, cet édit autorisa ceux qui possédaient des fiefs et terres nobles, les gens de lettres et plusieurs autres qui n'avaient pas d'armoiries, à en demander, à la charge de les faire enregistrer au dépôt. — Denizart, vo *Armoiries*, nos 6 et 7.

11. — Le même édit portait des peines contre ceux qui porteraient des armoiries non enregistrées à l'armorial général, usurperaient les armoiries d'autrui, ou changeraient les leurs après l'enregistrement. — Prost de Royer, vo *Armoiries*, no 16.

12. — La grande maîtrise, les maîtrises particulières de l'armorial général, et les offices en dépendant furent éteints et supprimés par un édit d'août 1700, qui portait que ceux qui avaient présenté leurs armoiries et payé les droits d'enregistrement d'icelles, « étaient et demeuraient confirmés, ensemble leurs descendans, dans le droit et faculté de les porter, sans que les descendans fussent tenus de les faire enregistrer de nouveau. »

13. — Un autre édit, du mois d'avr. 1701, rétablit l'office de juge d'armes de France supprimé par l'édit de novembre 1696.

14. — Enfin, Denizart (*loc. cit.*) mentionne une ordonnance du 29 juill. 1760, dont l'objet était de rétablir le dépôt général et l'enregistrement des armes et blasons de ceux qui ont droit d'en avoir; mais il ajoute que cette ordonnance n'eut pas d'exécution, le parlement ayant par arrêt du 22 août même année, fait, sous le bon plaisir du roi, défense d'exécuter aucune ordonnance, édit ou lettres patentes concernant les armoiries, qui n'aient été préalablement vérifiés en la cour. — V. aussi Prost de Royer, vo *Armoiries*, no 17.

15. — On distinguait autrefois plusieurs sortes d'armoiries : les *armoiries de concession*, accordées par le souverain à raison de quelque action glorieuse ou de services signalés rendus à l'état; les *armoiries de famille*, celles transmises héréditairement; enfin, les *armoiries substituées*, celles que l'on substituait aux siennes pour satisfaire à la condition d'un testament, d'une donation, d'un contrat de mariage, etc., etc... — Prost de Royer, vo *Armoiries*, nos 20, 21, 22.

16. — Quand les armoiries furent devenues héréditaires, l'usage s'introduisit d'assujétir les puînés ou cadets à porter leurs armoiries *brisées* c'est-à dire avec quelque différence, tandis que les aînés avaient le droit de les porter *pures et pleines*, c'est-à-dire telles que leurs ancêtres les avaient toujours portées. — Arrêt du parlement de Grenoble du 9 mai 1494.

17. — Quant aux bâtards des gentilshommes, lesquels jouissaient anciennement des prérogatives de la noblesse et du droit de porter les *armoiries* de leur père, sans d'autre distinction qu'une barre de gauche à droite (Arr. parlem. de Rouen, du 23 juill. 1557), ils perdirent, depuis les ordonnances de 1600, 1604 et 1629, le droit de porter les les armoiries de leurs pères. — L'art. 197 de celle de 1629 portait, « que les bâtards ne seraient tenus pour nobles, et qu'en cas qu'ils auraient été ennoblis seraient tenus, eux et leurs descendans, de porter en leurs armes une barre qui les distinguât d'avec le légitime; qu'ils ne pourraient prendre les noms de famille dont ils seraient issus sinon du consentement de ceux qui y avaient intérêt. » — Arr. parlem. de Paris du 14 fév. 1639; Prost de Royer, vo *Armoiries*, no 20.

18. — Quant aux femmes, bien qu'en se mariant elles prissent le nom, le rang et les armoiries de famille de leurs maris, elles ne perdaient pas pour cela le nom ni les armoiries de leur propre famille. — Mais Prost de Royer (vo *Armoiries*, no 21) fait observer que les enfans issus d'un père roturier et d'une mère noble ne pouvaient régulièrement porter les armoiries de cette dernière, parce qu'en France les enfans ne suivent que la condition de leur père.

19. — On connaissait encore autrefois ce qu'on appelait les *armoiries de dignité*. Ainsi, dit Prost de Royer (*loc. cit.*, no 24), certaines charges, certaines dignités donnent droit à ceux qui les possèdent de mettre dans leurs armoiries des marques particulières destinées à caractériser leur état; mais on perd le privilége de porter ces ornemens extérieurs avec l'office ou la dignité dont ils sont les symboles. Sa Majesté peut cependant conserver à un officier pendant sa vie, les honneurs de la dignité qu'il ne possède plus. En pareil cas, la grâce personnelle ne passe pas aux enfans. »

20. — Il n'appartenait qu'au souverain ou à ceux qu'il avait rendus dépositaires de son autorité, ou aux seigneurs dans l'étendue de leurs justices, d'apposer leurs armoiries dans certains lieux et sur les édifices publics, en signe de supériorité. — Prost de Royer, *loc. cit.*, no 25.

21. — Toutefois, le même auteur ajoute que les particuliers qui avaient volontairement contribué de leurs deniers à la construction d'un édifice public, jouissaient également du privilége d'y faire apposer leurs *armoiries*.

22. — Les seigneurs, les patrons et les bienfaiteurs particuliers avaient le droit d'exposer leurs armoiries dans les églises. — Mais, dit Prost de Royer (*loc. cit.*, no 29), quoique ce droit ait été fondé dans le principe sur des motifs de piété et de reconnaissance, il paraît toujours extraordinaire de voir le symbole des grandeurs humaines placé dans le lieu saint où ces grandeurs sont si souvent anathématisées. — V. le même auteur, nos 30, 31 et 32.

23. — C'était autrefois un crime de lèse-majesté que d'usurper, d'abattre, de mutiler, de déshonorer les armoiries du roi. — Prost de Royer, no 26.

24. — D'un autre côté, la *dégradation* ou la *diffamation* des armoiries était une peine applicable à certains faits dont les nobles se rendaient coupables. — Edit de 1679 sur les duels; Jousse, *Just. crim.*, t. 3. p. 687. — La *diffamation* consistait dans le retranchement de quelque pièce ou partie de son écu Prost de Royer (*loc. cit.*, no 28) rapporte que Jean d'Avesnes, ayant injurié sa mère Margue-

rite, comtesse de Flandre, en présence de saint Louis, fut condamné à porter le lion de ses armes *morné*, c'est-à-dire sans ongles et sans langue, pour marque, dit Mézeray, qu'il ne devait avoir ni paroles ni armes contre sa mère.

25. — Le décr. des 19-23 juin 1790, qui abolit la noblesse héréditaire et les titres de prince, de duc, de comte, de marquis, etc., fit aussi défense aux citoyens de prendre un autre nom que celui de leur famille, et de porter ou faire porter des livrées et armoiries. Il n'y eut d'exception que pour les étrangers résidant en France.

26. — Plus tard, un décr. des 27 sept.-16 oct. 1791 édicta la peine d'une amende égale à six fois la valeur de leur contribution mobilière contre ceux qui porteraient des marques distinctives qui étaient abolies, ou qui feraient porter des livrées à leurs domestiques et placeraient des armoiries sur leurs maisons ou sur leurs voitures. — Art. 1er et 3. — Le fait ci-dessus prévu était également puni, par le même décret, de la radiation du tableau civique et de l'incapacité d'occuper aucun emploi civil ou militaire. — Art. 1er.

27. — Le décr. du 1er août 1793 alla plus loin encore, en ordonnant la confiscation, au profit de la nation, dans la huitaine, des maisons, édifices, parcs, jardins, enclos, qui porteraient des armoiries.

28. — Vint ensuite le décr. du 14 sept. 1793 qui, en exécution d'un précédent décr. du 4 juill. même année, enjoignit aux officiers municipaux des communes, sous peine de destitution, de faire supprimer les armoiries et autres signes de la royauté, dans les églises et tous autres monumens publics.

29. — Avec l'empire reparurent les titres de noblesse et les armoiries, sans néanmoins que les anciens nobles fussent autorisés à reprendre leurs titres. Loin de là, tout, à cet égard, dut être de création nouvelle, et les décr. du 1er mars 1808 *sur les titres* (art. 14), et *sur les majorats* (art. 20), disposèrent que les personnes titrées ne pourraient avoir que les armoiries énoncées dans les lettres patentes de création.

30. — Suivant un décr. de 1810, les princes du sang et les princes grands dignitaires avaient le droit de placer sur leurs maisons d'habitation, dans la ville de Paris : « *Palais du prince de .....* »; les princes de l'empire, l'inscription : « *Hôtel du prince de ...., du duc de ....* » Quant aux comtes et barons, ils pouvaient être autorisés par le gouvernement lorsque le revenu de leur majorat s'élevait à cent mille francs, à placer sur leurs maisons l'inscription suivante : « *Hôtel du comte de ...., Hôtel du baron de ....* » — Les ducs seuls pouvaient placer leurs armoiries sur les faces extérieures des édifices et bâtimens composant leurs hôtels. — Art. 5, 6, 8 et 9.

31. — Le même décr. (art. 11) disposait que le nom et les armoiries passeraient du père à tous les enfans; mais que ceux-ci ne pourraient porter les signes caractéristiques du titre auquel le majorat de leur père était attaché que lorsqu'ils deviendraient titulaires de ce majorat.

32. — La charte de 1814 (art. 71) a déclaré rétablir la noblesse ancienne et maintenir la noblesse nouvelle. — De là est né pour les anciens nobles et a été conservé pour les nouveaux le droit de se parer de leurs armoiries; la charte de 1830 (art. 62) n'a en rien innové sur ce point à la charte de 1814.

33. — Mais les armoiries, chiffres et emblèmes du gouvernement de Bonaparte ont été supprimés par un arrêté des 4-9 avr. 1814, rendu par le gouvernement provisoire.

34. — Une commission du sceau des titres avait été créée par l'art. 11, décr. 1er mars 1808. Ses attributions étaient réglées par décr. du 14 oct. 1811. Cette commission a été organisée de nouveau par ord. du 15 juill. 1814, qui est encore en vigueur. — V. SCEAU. — L'art. 7 de cette ordonnance portait que les personnes auxquelles il avait été accordé des armoiries pourraient, sur le rapport de leurs lettres patentes, obtenir une nouvelle concession d'armoiries, et que dans celles qui seraient accordées les écussons seraient timbrés des anciennes couronnes de duc, comte ou baron, et que l'écusson des chevaliers aurait pour timbre le casque d'argent taré de profil.

35. — Quant aux droits que paient les lettres patentes portant concession d'armoiries, ou bien autorisation d'y introduire un changement ou d'y faire une addition, V. LETTRES PATENTES.

36. — L'enlèvement ou la dégradation des armes de France est puni d'un emprisonnement de cinq ans au plus et de trois mois au moins, ou d'une amende de 50 fr. à 20 mille fr. — L. 9-11 nov. 1815, art. 7 et 10.

37. — Les armoiries sont, comme les noms, une véritable propriété de famille, que les personnes à qui elles appartiennent peuvent seules porter. Et il a été décidé que celui qui ne présente ni titres, originaux, ni expéditions de titres, mais de simples copies de titres, ne justifie pas de son droit à un nom et à des armoiries qu'il réclame. — *Cass.*, 25 fév. 1823, comte de Croy Chanel c. duc de Croy d'Havré.

38. — A la vérité, l'art. 259, C. pén. de 1810 qui, entre autres dispositions, punissait d'un emprisonnement de six mois à deux ans celui qui prenait un titre royal ne lui appartenant pas, a été en cela abrogé par la loi du 28 avr. 1832. Et il résulte de cette abrogation que tout individu peut impunément se donner des armoiries aussi bien que le titre de duc ou de marquis, etc., etc.

39. — Mais cette loi, rendue dans un but d'égalité, n'a pu porter atteinte aux droits de propriété des familles. — Si donc on peut prendre à volonté des titres et des armoiries, ce n'est qu'à la charge de respecter ceux qui ont été légitimement acquis à d'autres et qui sont devenus, dès-lors, leur propriété; car alors nul doute que l'usurpation ne donnât lieu à une action civile et ne fût réprimée par les tribunaux. — *Encycl. du dr.*, *ibid.* — V. NOBLESSE, NOM.

40. — Les communes, du moins celles qui avaient quelque importance, possédaient autrefois des armoiries, à l'imitation des seigneurs féodaux et comme preuve de leur indépendance. — Bost, *Organisat. des corps municip.*, t. 1er, p. 7 et 31.

41. — Ces armoiries furent supprimées à la révolution de 1789; l'ordonnance du 26 sept.-22 oct. 1814 les rétablit. Cette ordonnance disposait que toutes les villes et communes du royaume *reprendraient* les armoiries qui leur avaient été attribuées par les rois, et en appliqueraient le sceau sur les actes de leur administration, à la charge par elles de se pourvoir par devant la commission du sceau pour les faire vérifier et obtenir le titre à ce nécessaire. — Elle réservait aussi au roi d'en accorder à celles des villes, communes ou corporations qui n'en auraient pas encore obtenues.

42. — Cette ordonnance est encore en vigueur; elle a, il est vrai, été annulée par un décret du 15-18 avr. 1815, rendu pendant les cent-jours, et qui dispose simplement que les villes, communes et corporations qui *désireront* obtenir des lettres patentes, portant concession d'armoiries, se pourvoiront devant le chancelier dans les formes voulues. — Mais ce décret est resté sans exécution par suite de la seconde restauration.

43. — Lorsqu'une commune désire renouveler ses armoiries ou obtenir l'autorisation d'en porter, comme un souvenir d'un fait glorieux, le conseil municipal émet le vœu que la demande soit faite au nom de la commune. Cette demande est adressée par le maire au sous-préfet pour être transmise, par l'intermédiaire et avec l'avis du préfet et du ministre de l'intérieur, au garde des sceaux. Les armoiries sont accordées, sur le rapport de ce dernier ministre, s'il y a lieu. — Bost, p. 51.

44. — On trouve, dans la collection des lois de M. Duvergier, plusieurs ordonnances, portant concessions d'armoiries à certaines villes en raison de services rendus. — V. comme exemple, ordonn. 20 mars 1816, 8 avr. 1816.

45. — Les droits de sceau à payer pour l'expédition des lettres patentes délivrées aux villes et communes, sont réglés par une ordonnance des 26-29 déc. 1814, et varient selon la classe des communes qui les obtiennent. — V. COMMUNES.

V. BLASON, LETTRES PATENTES, NOBLESSE, TITRES DE NOBLESSE

ARMURIER.

V. ARMES.

ARPENTAGE, ARPENTEUR.

1. — L'arpentage est l'art, ou, dans une acception plus restreinte, l'action de mesurer la superficie des terrains et d'en dresser le plan.

2. — On nomme *arpenteurs* les personnes qui exercent l'art de l'arpentage. — Aujourd'hui, cependant, on les désigne plus généralement sous le titre d'*experts-géomètres*.

3. — Les arpenteurs sont rangés par la loi du 25 avr. 1844, sur les patentes, dans la septième classe des patentables, et imposés à : 1° un droit fixe basé sur le chiffre de la population de la ville ou commune où est situé l'établissement; — 2° un droit proportionnel du quarantième de la valeur locative de la maison d'habitation et des locaux servant à l'exercice de la profession.

4. — Les arpenteurs ne peuvent se servir, dans leurs opérations, que des nouvelles mesures établies pour toute la France, et non des mesures anciennes usitées dans chaque localité. — Merlin, *Rép.*, v° *Arpentage*.

5. — L'arpenteur répond de ses fautes et de son ignorance. — En cas de dol il est passible de dommages-intérêts. — Perrin, *C. des construct. et de la contiguïté*, n° 827.

6. — L'arpentage peut être provoqué par tous ceux qui ont un droit réel sur le fonds, tels que, usufruitiers, emphytéotes; mais l'arpentage fait par eux ou contre eux ne lie pas le propriétaire. — Perrin, *ibid.*, n° 822.

7. — Les demandes en arpentage entre particuliers sont purement civiles, la loi du 25 mai 1838 ne s'en occupe point, cependant nous pensons que, de même que celles en bornage, elles doivent être portées devant le juge de paix. — Perrin, *loc. cit.*, n° 828.

8. — L'arpentage ne peut être opposé au voisin qui n'y a point assisté. — Chaque partie remet ses titres à l'arpenteur qui les applique au terrain. — Fournel, *Tr. du voisinage*, v° *Arpentage*, p. 322. — V. BORNAGE, CADASTRE, EXPERTS, FORÊTS.

ARRENTEMENT.

V. BAIL A CENS, BAIL A RENTE, RENTES FONCIÈRES.

ARRÉRAGES.

1. — Le mot arrérages, autrefois *arriérages*, sert à désigner les revenus arriérés, c'est-à-dire échus, d'une rente, d'une pension, ou de toute autre redevance, payables par année ou à des termes périodiques plus courts; il s'applique aussi, par extension, à de semblables revenus encore à échoir. — C. civ., art. 1409 et 1983.

2. — A la différence des intérêts, qui supposent toujours l'existence d'un capital, les arrérages sont, ordinairement, des revenus sans fonds, comme les pensions alimentaires, de retraite; ou des revenus dont le capital se trouve aliéné, comme les rentes viagères constituées à prix d'argent. — Il n'y a exception à cette règle que pour les arrérages des rentes perpétuelles. — Quant aux revenus des maisons et des terres, c'est improprement qu'on les qualifie quelquefois d'arrérages; leur véritable dénomination est celle de loyers et fermages.

3. — Les arrérages sont considérés comme des fruits civils, et sont réputés s'acquérir jour par jour par celui qui en jouit. — C. civ., art. 584 et 586.

4. — Chaque terme d'arrérages échu forme une dette distincte (Pothier, *Obligations*, n° 539.) — En conséquence, le débiteur de plusieurs années d'arrérages, peut obliger le créancier à recevoir le paiement d'une de ces années seulement; ce n'est point là diviser le paiement dans le sens indiqué par l'art. 1244, § 1er, C. civ. — Mais le débiteur ne peut intervertir l'ordre des paiemens, en forçant, par exemple, le créancier à recevoir les dernières années d'arrérages avant les premières. — Dumoulin, *De div. et indiv.*, partie 2e, n° 44; C. civ., art. 1256, § 2.

5. — En vertu du même principe, chaque terme d'arrérages échu peut produire des intérêts ou par une demande judiciaire, ou par une convention spéciale; quoique, soit dans la demande, soit dans la convention, il s'agisse d'arrérages dus pour moins d'une année. — C. civ., art. 1154 et 1155.

6. — Les arrérages des redevances payables en grains, vin, foin, huile et autres denrées, peuvent être exigés en nature pour la dernière année, et pour les années précédentes, en argent, suivant les mercuriales du marché le plus voisin, eu égard aux saisons et aux prix communs de l'année; sinon, à dire d'experts, à défaut de mercuriales. Si le paiement en nature pour la dernière année est impossible, il se fait comme pour les années précédentes. — C. procéd., art. 129.

7. — Le créancier inscrit pour un capital produisant des arrérages, a droit d'être colloqué pour deux années seulement, et pour l'année courante, au même rang que pour son capital; sans préjudice des inscriptions particulières à prendre, portant hypothèque à compter de leur date, pour les arrérages autres que ceux conservés par la première inscription. — C. civ., art. 2151.

8. — La saisie d'une rente emporte toujours celle des arrérages échus et à échoir jusqu'à la distribution. — C. procéd., art. 640.

9. — La quittance du capital d'une rente perpétuelle, donnée sans réserve, fait présumer le paiement des arrérages. — De même, la quittance d'un terme d'arrérages fait présumer le paiement des termes antérieurs. — Mais ce sont là de simples présomptions que les juges sont toujours libres d'admettre ou de rejeter, en se décidant suivant les circonstances, lors même que, dans ce dernier cas, le débiteur représenterait les quittances d'arrérages des trois dernières années consécutives. — L. 3, Cod., *De apoch. public.*; C. civ., art. 1353; Pothier, *Obligations*, n° 812; *Louage*, nos 179 et suiv.; Toullier, t. 7, n° 339.

10. — Autrefois les arrérages des rentes foncières et viagères n'étaient soumis qu'à la prescription trentenaire. — V. RENTES, PRESCRIPTION.

11. — Aujourd'hui, les arrérages des rentes perpétuelles et viagères, des pensions alimentaires, et tous autres, de quelque nature qu'ils soient, se prescrivent par cinq ans.— C. civ., art. 2277. — V. RENTES.

V. au surplus, COMPTE, PAIEMENT, PENSION, DISTRIBUTION PAR CONTRIBUTION, ORDRE, OFFRES RÉELLES, PRESCRIPTION, RENTES, INTÉRÊTS.

ARRESTATION.

Table alphabétique.

ARRESTATION. — 1. — Saisie d'une personne pour la constituer en état de détention.

2. — Dans un sens plus spécial et plus exact, le mot *arrestation* s'applique à la main-mise opérée en vertu d'ordres légaux sur une personne que l'on veut conserver prisonnière. — La simple saisie d'un individu que l'on ne peut détenir et que l'on doit conduire devant le magistrat, seul compétent pour ordonner son arrestation, prend le nom de *capture*.

3. — Ainsi, la *capture* de tout individu surpris en flagrant délit, ou poursuivi par la clameur publique peut être opérée, aux termes de l'art. 106, C. inst. crim., par les dépositaires de la force publique et même par les simples particuliers, qui doivent le conduire devant le procureur du roi sans qu'il soit besoin de mandat d'amener. — D'où la conséquence que, hors le cas de flagrant délit ou de clameur publique, c'est à l'arrestation seule qu'on peut recourir.

4. — Autrefois *arrestation* avait le même sens qu'*arrêt* et désignait un jugement contre lequel aucun recours n'était plus possible ; puis on l'a employé comme synonyme de saisies mobilière et immobilière. — Rarement on l'employait pour *capture*.— Ce ne fut que dans nos lois et notre langage moderne qu'on s'en servit dans le sens que nous avons indiqué ci-dessus. — *Encycl. du droit*, v° *Arrestation*, n° 1er, à la note.

5. — Aux termes de l'art. 4 de la charte constitutionnelle de 1830, qui résume sur ce point les dispositions de toutes nos constitutions antérieures, depuis 1789, nul en France ne peut être arrêté que dans les cas prévus par la loi et dans la forme qu'elle prescrit.

6. — Les actes en vertu desquels une arrestation peut être opérée régulièrement sont les jugemens ou arrêts, ordonnances de prise de corps et les mandats d'exécution.—Constit. de l'an VIII, art. 78; C. inst. crim., art. 615.

7. — L'arrestation est faite en vertu d'un jugement, soit quand un tribunal civil ou de commerce a prononcé la contrainte par corps, soit lorsqu'un tribunal de répression a ordonné la détention du condamné, ou prononcé une condamnation en vertu de laquelle elle peut être effectuée. — V. AMENDE, CONTRAINTE PAR CORPS, EMPRISONNEMENT, PEINE.

8.—Les art. 2059 et suiv., C. civ. ; la loi du 17 avr. 1832, sur la contrainte par corps; les art. 780 et suiv., C. procéd. civ., règlent les formes suivant lesquelles peut être opérée l'arrestation prononcée par les tribunaux civils et de commerce ; quant à celle faite en vertu des jugemens émanés des tribunaux de répression, elle est soumise aux formes prescrites par la même loi de 1832, par le Code d'instruction criminelle, l'art. 12, C. pén., et le décret du 18 juin 1811.

9. — Les ordonnances de prise de corps ne peuvent émaner que de la chambre du conseil et de celle des mises en accusation.

10. — Elles sont décernées par la première lorsque, sur le rapport du juge d'instruction, le fait qui forme l'objet d'une poursuite criminelle étant de nature à entraîner une peine afflictive et infamante, la prévention lui paraît suffisamment établie; et par la seconde quand elle annule l'ordonnance de la chambre du conseil pour fausse qualification du délit, ou quand elle infirme une ordonnance de mise en liberté et prononce l'accusation du prévenu. — V. CHAMBRE D'ACCUSATION, CHAMBRE DU CONSEIL.

11. — Quant aux mandats d'exécution, ils ne sont réguliers et, par suite, exécutoires qu'autant qu'ils émanent de fonctionnaires ayant le droit de les décerner ; qu'ils portent sa signature et son cachet (C. inst. crim., art. 95); qu'ils énoncent, du moins en général, le motif de l'arrestation et l'article de loi en exécution duquel elle est ordonnée (C. inst. crim., art. 91 et suiv.).—Ils doivent de plus être notifiés au prévenu, auquel copie en est délivrée. — C. inst. crim., art. 97. — V. MANDATS D'EXÉCUTION.

12.—Les fonctionnaires auxquels la loi a délégué le pouvoir d'arrestation sont les juges d'instruction, les procureurs du roi et les officiers de police judiciaire. — Elle l'a donné dans certains cas seulement aux présidens des cours d'assises et autres tribunaux, juges, présidens des conseils de guerre, préfets maritimes, etc., etc.

13. — Les juges d'instruction sont autorisés à décerner des *mandats*, soit pour faire comparaître et interroger un inculpé, soit pour s'assurer de sa personne. Le juge d'instruction a un pouvoir discrétionnaire pour le choix du mandat à décerner. C'est à lui qu'est réservé en général le droit d'arrestation, le procureur du roi et ses auxiliaires n'ont ce droit que dans des cas exceptionnels. — C. inst. crim., art. 91 et suiv. ; Rossi, *Dr. pénal*, t. 1er, p. 77 ; Chauveau et Hélie, *Th. du C. pén.*, t. 3, p. 92 ; Merlin, v° *Arrestation*.

14. — Les personnes contre lesquelles le juge d'instruction use de son pouvoir d'arrestation n'ont de recours à exercer qu'auprès du procureur général sous la surveillance duquel est placé ce magistrat, et qui ne peut lui-même agir que par voie de remontrance, mais est impuissant pour réparer les erreurs ou abus d'autorité du juge. — Ce n'est qu'au cas d'incompétence que la voie plus efficace de l'opposition ou de l'appel est ouverte à la partie intéressée. — Chauveau et Hélie, *Th. C. pén.*, t. 3, p. 94 ; Rossi, *Droit pén.*, t. 1er, p. 77 ; Berenger, *Inst. crim.*, p. 367.

15. — Si, cependant, le juge se rendait coupable d'une prévarication évidente ; si, par exemple, la détention était prolongée outre mesure, si les mandats attaquaient arbitrairement des personnes honorables sans cause légale, il est certain qu'il y aurait lieu contre lui, non seulement à la prise à partie, mais encore à l'accusation d'attentat à la liberté individuelle. — Chauveau et Hélie, *Th. du C. pén.*, t. 3, p. 94. — V. ATTENTAT A LA LIBERTÉ INDIVIDUELLE.

16. — Quelques modifications paraîtraient peut-être utiles dans les pouvoirs confiés au juge d'instruction. — Plusieurs propositions ont été faites à cet égard sans succès par M. Roger (du Loiret), à la chambre des députés. — En 1843 (*Moniteur* du 10 fév.), un projet a même été présenté à la chambre des pairs par le gouvernement, et contenait quelques dispositions plus libérales, notamment quant à la mise en liberté provisoire et quant au droit concédé au juge d'instruction de revenir dans certains cas sur les mandats de dépôt par lui décernés ; mais cette tentative n'a pas été plus heureuse que celles faites dans l'autre chambre ; le projet a été rejeté. —V. INSTRUCTION CRIMINELLE, JUGES D'INSTRUCTION, MANDATS D'EXÉCUTION.

17. — Le procureur du roi n'a le droit, soit de faire saisir un prévenu, soit de décerner contre lui un mandat d'amener qu'au cas de flagrant délit (C. inst. crim., art. 40), ou lorsque, s'agissant d'un crime ou délit même flagrant, commis dans l'intérieur d'une maison, le chef de cette maison le requiert (*ibid* art. 46). — Hors ces cas, ce magistrat ne peut que requérir le juge d'instruction d'ordonner qu'il soit informé. — *Ibid* art. 47.

18. — En l'absence du procureur du roi, son substitut en exerce toutes les attributions.

19. — Les juges de paix, auxiliaires du procureur du roi, ont les mêmes pouvoirs que lui et dans les mêmes limites. — C. inst. crim., art. 49.

20. — Lorsqu'ils ont décerné un mandat d'amener, ils doivent procéder à l'interrogatoire du prévenu, conformément à ce qui est prescrit aux procureurs du roi par l'art. 40. — Ils ne sont point tenus de renvoyer pour l'interrogatoire devant le juge d'instruction. — Morin, *Dict. de dr. crim.*, v° *Arrestation*.

21. — Les officiers de gendarmerie et les commissaires généraux de police sont mis, par l'art. 18, C. inst. crim., sur la même ligne que les juges de paix.—V. aussi ord. 29 oct. 1820, art. 148 et suiv.; Coffinières, *Liberté indiv.*, t. 2, p. 449 et 451 ; Chauveau et Hélie, t. 3, p. 96.

22. — Les maires et leurs adjoints, les commissaires de police, ont le même droit (C. inst. crim., art. 50), mais, ainsi du reste que les autres fonctionnaires qui viennent d'être indiqués, en l'absence seulement du procureur du roi.—L'opinion de M. Coffinières, qui leur dénie le droit d'arrestation (t. 2, p. 477), est formellement contredite par les termes de l'art. 50, et repoussée par presque tous les auteurs. — Carnot, *C. inst. crim.*, art. 49 ; Legraverend, *Lég. crim.*, t. 1er, p. 302 ; Morin, *Dict.*, v° *Arrestation* ; Rauter, *Droit crim.*, t. 2. p. 310 et suiv.

23. — En principe, la charte et l'art. 609, C. inst. crim., interdisent au pouvoir administratif d'ordonner des arrestations : ce droit n'appartient qu'au pouvoir judiciaire. Il est néanmoins des cas où la police administrative prête son secours à la police judiciaire.—V. Chauveau et Hélie, t. 3, p. 98 et suiv.

24.—Ainsi l'art. 10, C. inst. crim., décide que les préfets des départemens et le préfet de police à Paris pourront faire personnellement, ou requérir les officiers de police judiciaire, chacun en ce qui le concerne, de faire tous actes nécessaires à l'effet de constater les crimes, délits et contraventions, et d'en livrer les auteurs aux tribunaux, etc.

25.—Il résulte de cet article ainsi que des explications échangées au conseil d'état, entre Napoléon et M. Treilhard, dans la séance du 26 août 1808, que les préfets ont le droit d'instruction et d'arrestation, mais comme les officiers de police auxiliaires seulement et dans les mêmes limites. — Ils ne pourraient donc décerner de mandat d'amener ou faire saisir le prévenu qu'aux cas de flagrant délit et de réquisition d'un chef de maison. — Bourguignon, *Jur. des C. crim.* (sous l'art. 10, C. inst.), t. 1er, p. 83 ; Legraverend, t. 1er, p. 166 et 167 ; Chauveau et Hélie, t. 3, p. 98 ; Morin, *loc. cit.*

26. — Le droit d'arrêter les évadés des prisons et des bagnes appartient à l'autorité administrative. C'est ici un cas de flagrant délit. Il en est de même à l'égard des déserteurs reconnus à leurs vêtemens militaires, à l'égard des militaires sans feuille de route, des jeunes soldats retardataires et des déserteurs qui avouent le fait de désertion. —Chauveau et Hélie, *Théor. du C. pén.*, t. 3, p. 102.

27. — Les lois des 28 mars 1792 et 10 vendém. an IV veulent que le voyageur qui ne présente pas de passeport soit conduit devant le maire de la commune la plus voisine pour y être interrogé, et mis s'il y a lieu en arrestation. A défaut de justification dans les vingt jours, on doit le traduire devant les tribunaux comme vagabond. — Art. 9 de la première loi, et art. 6 et 7 de la seconde.

28. — Faut-il conclure de ces dispositions que l'autorité administrative ait le droit de retenir pendant vingt jours le voyageur sans passeport qui ne justifie pas d'un domicile, ou au contraire faut-il décider qu'on doit le renvoyer devant l'autorité judiciaire avant l'expiration de ce délai ? — Un avis du cons. d'ét. du 14 août 1823 décide qu'il y a lieu au renvoi ; mais un autre avis du 5 fév. 1834 se prononce dans le sens contraire. — On se fonde, dans ce dernier cas, sur ce que ce serait rendre le plus souvent inapplicables les réglemens sur les passeports, si l'on ne pouvait retenir les individus sans passeports qu'autant qu'ils sont coupables du délit de vagabondage. — Toutefois, cette opinion nous paraît prêter beaucoup à l'arbitraire et nous serions plus disposés à adopter la première.—Il faut reconnaître, néanmoins, qu'une réforme serait à désirer sur ce point. — Chauveau et Hélie, t. 3, p. 107.

29.—L'autorité administrative a le droit de faire

sortir de France l'étranger non admis à y résider, et l'arrestation de cet étranger peut être autorisée comme moyen coërcitif pour le contraindre à s'éloigner du territoire. Mais une détention prolongée et dont le but serait autre constituerait une détention arbitraire.— LL. 28 vendém. an VI, art 7; 1er mai 1834, art. 2.

30. — Les présidens des cours d'assises peuvent faire arrêter à l'audience, les témoins suspectés de faux témoignage. — C. inst. crim., art. 330. — V. FAUX TÉMOIGNAGE.

31. — Tout président ou juge peut faire arrêter ceux qui l'outragent dans ses fonctions, ou commettent des crimes ou délits dans le lieu où il exerce ses fonctions et dont la police lui appartient.— C. procéd., art. 1189 et suiv ; C. inst. crim., art. 504 et suiv.

32. — Les préfets, sous-préfets, maires et adjoints, officiers de police administrative ou judiciaire, lorsqu'ils remplissent publiquement quelques actes de leur ministère, exercent les mêmes pouvoirs, et, après avoir fait saisir les perturbateurs, ils doivent dresser procès-verbal du délit, et envoyer ce procès-verbal, s'il y a lieu, ainsi que les prévenus, devant les juges compétens. — C. inst. crim., art. 509.

33. — Dans les matières qui sont de la compétence des conseils de guerre, le droit d'arrestation appartient à l'officier supérieur qui les préside. — L. du 13 brum. an V, art. 11 et suiv.

34. — Les préfets maritimes, les commandans en chef des forces navales, les capitaines de vaisseau qui naviguent isolément, les commandans supérieurs des ports, ont le même droit. — Décr. 22 juill. 1806, art. 35 et suiv. — Les commissaires rapporteurs l'ont également dans les matières de la compétence des tribunaux maritimes. — Décr. 29 nov. 1806, art. 14.

35. — L'arrestation préventive ne doit jamais être ni ordonnée ni effectuée contre un citoyen prévenu d'un fait qui ne constitue qu'une simple contravention de police, ou même d'un fait qui constitue un délit, si ce délit n'est pas passible de la peine de l'emprisonnement. — C. inst. crim., art. 91 et 94.

36. — Ce principe ne met point opposition au droit qu'a le juge d'instruction de décerner, dans tous les cas, un mandat d'amener contre un inculpé appelé d'abord devant lui sous simple mandat de comparution, et qui a fait défaut, ou contre un témoin qui refuse de comparaître sur la citation qu'il lui a fait donner. Il ne s'agit plus alors d'une arrestation préventive, mais d'un moyen de contraindre un citoyen récalcitrant à obéir à la justice.

37. — L'art. 1er, sect. 3e, tit. 1er, L. du 28 sept. 1791, défend d'arrêter, si ce n'est pour crime, aucun agent de l'agriculture employé avec des bestiaux au labourage ou à quelque travail que ce soit, ou occupé à la garde des troupeaux, avant qu'il ait été pourvu à la sécurité desdits animaux; et, en cas de poursuites criminelles, il doit également y être pourvu immédiatement après l'arrestation, et sous la responsabilité de ceux qui l'ont exercée.

38.—Les huissiers et agens de la force publique, sont chargés du soin d'exécuter les mandats de justice.— C. inst. crim., art. 97; Rauter, t. 2, p. 311; Chauveau et Hélie, *Th. du C. pén.*, t. 3, p. 109; Morin, p. 70; Merlin, *Rép.*, vº *Arrestation*, § 2.

39. — Les gendarmes sont les agens de la force publique que l'on charge le plus fréquemment de l'exécution des mandats d'arrestation; ils peuvent même, de leur plein chef, saisir toute personne surprise en flagrant délit, et en outre les déserteurs, contrebandiers, vagabonds et mendians, même hors le cas de flagrant délit. — Ord. 29 oct. 1820, art. 79.

40. — Peuvent encore, en qualité d'agens de la force publique, être chargés d'effectuer les arrestations, les gardes champêtres et forestiers. — De plus, comme spécialement préposés à la garde des propriétés rurales, l'art. 16, C. inst. crim., leur donne formellement le droit de saisir et conduire devant le juge de paix ou devant le maire, les individus qu'ils ont surpris en flagrant délit, ou qui leur ont été dénoncés par la clameur publique, lorsque ce délit emporte la peine de l'emprisonnement ou une peine plus grave.

41. — La cour de Paris a reconnu aux *officiers de paix*, créés à Paris par la loi du 29 sept. 1791, le droit de *saisir sur la voie publique* les délinquans, pour les conduire immédiatement devant l'officier de police judiciaire, conformément à l'art. 3, L. du 23 flor. an IV. — *Paris*, 27 mars 1827, Isambert. — V. *contrà* Coffinières, *Traité de la liberté individuelle*, t. 2, p. 469; Chauveau et Hélie, *Th. du C. pén.*, t. 3, p. 100.— V. aussi Morin, *Dict.*, p. 71.—V. AGENT DE POLICE et OFFICIER DE PAIX.

42. — Quant aux agens subalternes de la police, ils n'ont dans aucune circonstance un droit d'arrestation autre que celui accordé aux simples particuliers en cas de flagrant délit; seulement, ils peuvent assister les officiers ministériels ou les agens de la force publique chargés d'exécuter un mandat légal d'arrestation, et même, en certains cas, aux termes de l'art. 77, décr. du 18 juin 1811, l'exécuter eux-mêmes. — Coffinières, t. 2, p. 471. — V. AGENT DE POLICE.

43. — Toute arrestation faite sur l'ordre ou par l'intervention de magistrats, fonctionnaires publics ou agens de l'autorité publique autres que ceux auxquels la loi en a expressément attribué le droit, hors des cas formellement indiqués par elle, ou sans observation des formalités qu'elle prescrit, de même que celle qui serait opérée par de simples citoyens, hors du cas de flagrant délit, est une arrestation arbitraire ou un attentat à la liberté que la loi range au nombre des crimes, et qu'elle punit de peines afflictives ou infamantes, ou tout au moins de peines simplement infamantes.—C. pén, art. 341 et 114. — V. à cet égard ARRESTATION ILLÉGALE et SÉQUESTRATION DE PERSONNES, ATTENTAT A LA LIBERTÉ INDIVIDUELLE.

44. — Quant à la question de savoir jusqu'à quel point la résistance est permise en pareil cas, V. les mêmes mots et RÉBELLION.

ARRESTATION ARBITRAIRE.

V. ARRESTATION, ARRESTATION ILLÉGALE ET SÉQUESTRATION DE PERSONNES, ATTENTAT A LA LIBERTÉ, LIBERTÉ INDIVIDUELLE.

ARRESTATION ILLÉGALE ET SÉQUESTRATION DE PERSONNES.

Table alphabétique.

1. — On appelle arrestation illégale celle qui est faite sans ordre des autorités compétentes, et hors des cas où elle est autorisée et ordonnée par la loi. — Art. 341, C. pén.

2. — Quant à la séquestration de personnes, c'est le fait d'avoir sans droit ni qualité, et sans même qu'il y ait eu préalablement arrestation proprement dite, retenu un individu en l'isolant de toute communication.

3.—L'arrestation illégale constitue, dans une acception générale et au point de vue de la victime, un attentat à la liberté; mais, dans un sens plus restreint, et en considérant, soit le fait en lui-même, soit son auteur, elle en diffère en ce qu'elle ne peut émaner que d'une personne, fonctionnaire ou simple particulier, à qui la loi n'a confié en aucun cas le droit d'arrestation ni même celui de capture, tandis que l'attentat à la liberté est le fait d'un fonctionnaire ou agent investi de l'un ou de l'autre de ces droits. — V. ARRESTATION, ATTENTAT A LA LIBERTÉ.

§ 1er. — *Historique, et conditions constitutives du délit.*

4. — La loi romaine considérait comme crime de lèse-majesté le fait d'arrestation illégale ou de séquestration de personne, parce qu'il renfermait une usurpation de pouvoir. La peine de mort était prononcée contre celui qui s'en était rendu coupable. — L. 9, ff., *Ex quibus causis maj.*

5.—Justinien amoindrit la pénalité, en y substituant une détention égale à celle que le coupable avait lui-même fait subir à sa victime.—L. 1, Cod., *De privatis carceribus.*

6. — Mais cette législation appliquait indistinctement aux fonctionnaires comme aux simples particuliers les dispositions qui avaient pour objet de punir les attentats à la liberté individuelle. — L. 1, Cod., *De privatis carceribus.*

7. — En France, il a été long-temps défendu, *à peine de la vie*, de retenir les personnes dans les maisons particulières. — C'est ce crime qui était désigné sous le nom de *chartre privée.*— Muyart de Vouglans, *Lois crim.*, p. 155, cite un arrêt du conseil, du 15 nov. 1608.

8. — Mais l'ordonnance de 1670 sur l'instruction criminelle, substitua à la peine de mort, celle de la privation de la charge, de mille livres d'amende, et des dommages-intérêts envers les parties. — Art. 10, tit. 2; art. 16, tit. 10 de l'ord. de 1670.

9. — Cette peine prononcée contre les coupables prouve que les attentats à la liberté individuelle commis par les officiers de justice étaient seuls prévus par la législation, d'où il fallait conclure, suivant Muyart de Vouglans (*Lois crim.*, p. 155), que les attentats commis par les particuliers, étaient réprimés suivant l'appréciation qui en était faite par le juge. Telle était aussi, disent MM. Chauveau et Hélie (*Théor. du C. pén.*, t. 6, p. 302), la jurisprudence des cours.

10. — D'après Jousse (*Tr. inst. crim*, t. 3, p. 283), on se rendait coupable du crime de chartre privée, toutes les fois que, par violence, on retenait quelqu'un enfermé dans une chambre ou autre endroit privé, ou lorsqu'on le gardait à vue pour l'empêcher de sortir sans avoir aucune autorité pour le faire, ou enfin lorsqu'on tenait une personne liée ou enchaînée dans une chambre.

11. — Le Code pénal du 25 sept. 1791, part. 2e, tit. 1er, sect. 3e, art. 19 et 22, punit de six à douze années de gêne, le crime d'arrestation ou de détention illégales.

12. — Les art. 575, 581, 634, 635 et 636 du C., 3 brum. an IV, ont reproduit ou à peu près les dispositions du Code de 1791.

13. — Mais ces derniers articles eux-mêmes ont été remplacés tant par les art. 77 à 82 de la Constitution du 22 frim. an VIII maintenus virtuellement par la Charte (art. 4) et rappelés en termes exprès par les art. 615 à 618 du C. d'inst. crim. qui les complètent, que par les art. 114 et suiv., 341 et suiv. du Code pénal de 1810.

14. — Les art. 114 et suiv. concernent les actes arbitraires et illégaux commis par les fonctionnaires ou agens du gouvernement, ce sont les *attentats à la liberté* (V. ce mot.)—Quant aux attentats émanés des simples particuliers et même des fonctionnaires, mais sans caractère ou hors de leur caractère légal, ils sont réprimés par les art. 341 et suiv. — Ce sont ceux seulement qui font l'objet de notre examen. — Rauter, *Tr. du dr. crim.*, nº 479.

15. — L'art. 341 est ainsi conçu : « Seront punis » de la peine des travaux forcés à temps, ceux qui, » sans ordre des autorités constituées et hors les » cas où la loi ordonne de saisir des prévenus, auront arrêté, détenu ou séquestré des personnes » quelconques.—Quiconque aura prêté un lieu pour » exécuter la détention ou séquestration, subira » la même peine. »

16. — L'art. 341 est, ainsi que nous l'avions dit déjà, inapplicable aux fonctionnaires, agens ou préposés du gouvernement qui par abus de l'autorité dont ils sont investis, ont commis un attentat à la liberté des personnes; à leur égard, c'est dans le tit. 1er, liv. 3 (art. 114 et suiv.), qu'il faut puiser les règles de répression. — Chauveau et Hélie, t. 6, p. 310.

17. — Mais si un fonctionnaire agissait en dehors de ses fonctions, on ne pourrait plus dire qu'il commet un abus de pouvoir et qu'il est passible de l'art. 114, C. pén. Il ne devrait plus être considéré que comme un simple particulier qui ne serait revêtu d'aucune autorité, et dès-lors il n'aurait plus à invoquer en sa faveur un excès de zèle qui excuse son erreur; il y aurait donc lieu de le traiter avec la même rigueur que toute personne non fonctionnaire. C'est ce qui nous fait dire que tous les fonctionnaires n'ayant aucun droit d'arrestation tombent sous le coup de l'art. 341, C. pén., alors qu'ils

ordonnent ou font subir des arrestations ou séquestrations illégales. — Chauveau et Hélie, *ibid.*

18. — L'interprétation que nous donnons de l'art. 341 est conforme à son texte. Cet article punit, en effet, *tous ceux qui...* Ce qui prouve clairement qu'il n'est point exclusif des fonctionnaires, alors qu'une autre disposition pénale ne réprime pas le même fait commis par eux.

19. — C'est ainsi qu'il a pu être jugé que l'arrestation et la séquestration arbitraires commises par des agens de la force publique (un gendarme et un capitaine de la garde nationale) constituent le crime prévu par les art. 341 et suiv., C. pén., et non celui réprimé par l'art. 114. — *Cass.*, 25 mai 1832, Gissy.

20. — D'un autre côté, l'arrestation et la séquestration de personnes constituent le crime prévu par l'art. 341, C. pén., quoiqu'elles aient été opérées par un simple particulier, et non par un fonctionnaire. — *Cass.*, 5 nov. 1812, Popon. — Carnot, sur l'art. 341, C. pén., t. 2, p. 138, n° 1er.

21. — Le crime ou délit d'arrestation illégale, détention ou séquestration de personnes, est un crime ou délit successif dont la prescription, par conséquent, ne commence à courir que du jour où il a pris fin. — Morin, *Dict. de dr. crim.*, v° *Arrestation illégale.*

22. — Deux élémens distincts contribuent à constituer le délit prévu par l'art 341, C. pén. : il faut : 1° le fait; — 2° l'illégalité de ce fait. — L'intention criminelle doit également concourir avec l'illégalité du fait. — V. *Théor. du Cod. pén.*, t. 6, p. 309.

§ 2. — *Fait d'arrestation, de séquestration ou de détention.*

23. — L'arrestation, la détention et la séquestration peuvent, quoique non concomitantes, constituer chacune séparément le crime prévu par l'art. 341. Il est indifférent pour l'application de cet article que ces actes se présentent isolés ou réunis. — *Théor. du C. pén.*, t. 6, p. 304.

24. — Ainsi, la seule *détention* d'un enfant par ses père et mère, pendant un certain temps, dans une partie de leur habitation, rend ces derniers passibles des peines portées par l'art. 341, C. pén., bien qu'à son égard il n'y ait pas eu d'arrestation à opérer. — *Cass.*, 27 sept. 1838 (t. 2 1838, p. 278), Epoux Guyot.

25. — De même, sont coupables de séquestration de personne les individus faisant partie d'un rassemblement séditieux et armé qui, après avoir provoqué à l'arrestation d'un commandant de la force publique, se sont mis en faction à sa porte et l'ont empêché pendant plusieurs heures de sortir de son hôtel et d'y recevoir. — *Grenoble*, 17 avr. 1832, Bastide.

26. — L'arrestation et la séquestration d'une personne majeure constituent, comme celles d'une personne mineure, le crime prévu par l'art. 341, C. pén. — *Cass.*, 5 nov. 1812, Joseph Popon.

27. — Jugé que le fait, par un particulier, d'avoir fait arrêter un huissier au moment où il se présentait pour faire un acte de son ministère et de l'avoir fait enfermer dans une chambre jusqu'à ce que la force armée, immédiatement requise, l'ait conduit devant un commissaire de police, constitue, non le délit de séquestration de personne, mais celui de rébellion avec violences, envers un officier ministériel dans l'exercice de ses fonctions, prévu et puni par les art. 209 et 212, C. pén. — *Paris*, 15 mars 1843 (t. 1er 1843, p. 601), Dargenlieu.

28. — Du reste, l'individu qui, après avoir été interrogé sur un mandat d'amener, a expressément consenti à rester provisoirement en prison jusqu'au lendemain pour éviter un mandat de dépôt, est non-recevable à se plaindre d'une détention arbitraire. — *Paris*, 23 mars 1832, Blondeau c. N...

§ 3. — *Illégalité du fait de la détention.*

29. — La seconde condition essentielle à l'existence du crime prévu par l'art. 341, C. pén., consiste dans l'illégalité du fait d'arrestation, de la détention ou de la séquestration. La loi ne reconnaît le crime que dans le cas où ce fait a été commis *sans ordre des autorités constituées, et hors le cas où la loi ordonne de saisir les prévenus.*

30. — Le mari qui détiendrait sa femme dans son habitation pendant un temps plus ou moins prolongé, se rendrait coupable du crime prévu par l'art. 341, parce qu'il n'a sur sa femme aucun droit de correction ni de détention. — V. *Théor. du C. pén.*, t. 6, p. 308; — V. *contrà* Jousse, *Just. crim*, t. 3, p. 283; — Farinacius, *Quest.* 27, n° 26; — Damhouderius, ch. 64, n° 3.

31. — Mais n'est pas considérée comme détention arbitraire l'arrestation opérée par une patrouille et sur l'ordre du maire de deux individus dans un lieu où ils se cachaient, et où quelques jours auparavant avaient été commis des vols. — *Cons. d'état*, 28 juill. 1819, Graule.

32. — Le capitaine d'un navire marchand qui fait subir une détention, à son bord, par mesure de police et de sûreté, d'après l'avis de son état-major, au passager qui se révolte, n'est pas passible des peines portées par l'art. 341, C. pén.; ce pouvoir appartenant aux capitaines, même de navire marchand, sur les passagers comme sur les gens de l'équipage, en vertu de l'art. 22, liv. 2, ord. 1681, et de l'art. 1er, tit. 2, L. 22 août 1790. — *Aix*, 17 sept. 1827, Carnac et Cartini c. Violla; — Pardessus, *Droit comm.*, t. 3, n° 755.

33. — En matière de séquestration de personne, il n'est point nécessaire que le jury soit interrogé sur le point de savoir si la détention a eu lieu sans ordre des autorités constituées et hors les cas spécifiés par la loi, alors que l'accusé n'a point prétendu le contraire. Il suffit que les jurés déclarent l'illégalité de la détention. — *Cass.*, 15 déc. 1831, Durill. — V. aussi *Cass.*, 19 juin 1828, Villemay.

34. — Jugé que lorsque sur la question de savoir si l'accusé s'est rendu coupable de séquestration de personne, le jury répond affirmativement et n'exclut que la circonstance de la durée de cette séquestration, il est censé avoir reconnu l'existence des autres circonstances énumérées dans la question, et constitutives du crime prévu et puni par l'art. 341, C. pén. — *Cass.*, 12 sept. 1833, Mallebranck.

35. — Sans doute aucune disposition de loi ne prescrit de termes sacramentels pour exprimer l'illégalité de la détention, et il suffit rigoureusement, ainsi que le juge la cour de Cassation, de demander au jury *si la détention était illégale*; mais peut-être court-on le risque de laisser dans l'esprit des jurés quelque incertitude; aussi pensons-nous qu'il serait plus sage et plus sûr de rappeler dans la question les termes mêmes dont se sert l'art. 341. — V. Chauveau et Hélie, t. 6, p. 307.

36. — Les peines portées par l'art. 341, C. pén., sont applicables aux complices suivant les règles et dans les conditions énumérées en l'art. 60 du Code pénal.

37. — Mais le second paragraphe de l'art. 341, établit un nouveau mode de complicité, résultant du prêt d'un local propre à exécuter la détention ou la séquestration, et déclare passible des mêmes peines que l'auteur principal celui qui a ainsi fourni l'instrument nécessaire à la consommation du délit.

38. — Toutefois, il est nécessaire que celui qui a fourni le local ait agi avec connaissance de cause; cette condition, imposée à toute espèce de complicité par l'art 60, est également ici applicable. — Carnot, *C. pén.*, t. 2, p. 139, n° 2; — Chauveau et Hélie, t. 6, p. 312.

39. — Celui qui aurait seulement *fait prêter* le local pourrait être réputé complice, aux termes de l'art 60, C. pén., comme ayant aidé ou assisté le coupable. — V. Carnot, *C. pén.*, t. 2, p. 140, n° 4.

§ 4. — *Circonstances aggravantes.*

40. — Le fait puni par l'art. 341 peut s'aggraver selon que la détention ou séquestration a été plus prolongée, ou les moyens employés plus violens ou plus cruels. — Ce sont ces circonstances qui font l'objet des art. 342 et 344.

41. — L'art. 342 est ainsi conçu : « Si la détention ou séquestration a duré plus d'un mois, la peine sera celle des travaux forcés à perpétuité. »

42. — M. Morin (*Dict. de droit crim.*, v° *Arrestation illégale*), se fondant sur ce que l'art. 342 n'a pas dit textuellement que la peine devrait être augmentée à l'égard du complice qui a prêté le lieu de la détention, enseigne que l'aggravation ne saurait l'atteindre.

43. — Nous croyons cette opinion erronée pour deux motifs : 1° parce que l'art. 342 dit, d'une manière générale, sans distinguer entre l'auteur et le complice, que la peine est celle des travaux forcés à perpétuité, d'où on doit absolument conclure, puisque l'art. 341 applique la même peine au complice qu'à l'auteur principal, que c'est la peine des travaux forcés à perpétuité qui doit être infligée au complice d'une détention de plus d'un mois; 2° parce que les règles de la complicité ont été établies à un autre titre du Code pénal, et sont toujours, hors les cas d'exception formellement exprimés, les mêmes que celles qu'on applique à l'auteur principal; et parce que l'art. 341 n'avait pas pour but de donner les règles sur la pénalité en matière de complicité, mais d'ajouter un cas de complicité à ceux qu'elle avait énumérés précédemment. On ne voit d'ailleurs aucune raison qui porte à cette indulgence en faveur du complice de séquestration. Bien mieux, il résulterait de l'opinion que nous combattons que, dans le cas où la détention aurait été moindre de dix jours, l'auteur principal ne serait puni que d'un emprisonnement de deux ans, aux termes de l'art. 343, tandis que le complice serait puni de la peine invariable des travaux forcés. — D'ailleurs, celui qui a prêté le lieu de la détention connaît toujours ou est censé connaître la durée de cette détention; il n'y a donc aucune raison plausible de se montrer plus indulgent en sa faveur qu'en celle de l'auteur même du délit. — V. Chauveau et Hélie, t. 6, p. 316.

44. — La difficulté est plus grande à l'égard du complice qui a prêté le lieu de détention, si l'aggravation de peine prend sa source dans les tortures, menaces, faux ordres ou faux costumes qui ont été employés. — Dans ce cas, MM. Chauveau et Hélie pensent que le complice ne devra subir que la peine du fait simple. — Les raisons invoquées par ces auteurs sont graves; cependant nous ne partageons point leur opinion : l'art. 341, ainsi que nous l'avons dit précédemment, n'a eu pour but que d'ajouter un nouveau cas de complicité à ceux établis d'une manière générale par les art. 60 et suiv., mais il n'a point voulu réglementer les peines; à cet égard, dans le silence du Code il faut recourir aux règles générales, et ces règles sont que le complice encourt les mêmes peines que l'auteur principal, qu'il ait connu ou non les circonstances aggravantes. — V. COMPLICITÉ, secl. 2e, § 5.

45. — L'art. 344 prévoit trois autres cas qu'il considère comme aggravans. Cet art. est ainsi conçu : « Dans chacun des deux cas suivans : 1° si » l'arrestation a été exécutée avec le faux costume, » sous un faux nom, ou sur un faux ordre de l'autorité publique; — 2° si l'individu arrêté, détenu » ou séquestré, a été menacé de la mort; — les » coupables seront punis des travaux forcés à » perpétuité. — Mais la peine sera celle de la mort, » si les personnes arrêtées, détenues ou séquestrées ont été soumises à des tortures corporelles. »

46. — Le Code pén. de 1810 portait la peine de mort dans les trois cas prévus par l'art. 344. C'est la loi du 28 avr. 1832, qui a adouci la rigueur d'une semblable disposition et a réservé la peine la plus élevée au cas le plus grave des tortures corporelles.

47. — Du reste, cet article, pas plus que l'art. 303, ne définit les tortures qui doivent donner lieu à l'aggravation de peine; il en résulte que dans l'un et l'autre cas, l'appréciation en est laissée aux jurés ou aux juges. Il est certain, néanmoins, ainsi que le font avec raison observer MM. Chauveau et Hélie (t. 6, p. 316), que l'art. 344 parle de tortures corporelles, et qu'elles doivent avoir eu un grand caractère de gravité, puisque la loi les assimile à l'assassinat.

48. — Si les coupables n'avaient employé que des voies de fait, ce ne serait plus évidemment le cas de l'art. 344, mais celui de l'art. 341; — et on devrait leur appliquer les travaux à temps seulement, et non, ainsi que l'enseigne à tort M. Morin (*loc. cit.*), celle des travaux forcés à perpétuité: sauf à mesurer, au moyen de la latitude laissée entre le minimum et le maximum, la peine à la gravité plus grande que le fait pourrait avoir reçu de l'emploi des violences.

49. — Le *faux costume* dont il est question dans le 1° de l'art. 344 est celui de l'autorité publique dont on usurpe le titre pour faciliter l'exécution du crime. L'usurpation d'un costume autre que celui d'un officier public, ne donnerait donc pas lieu à l'aggravation de la peine. On doit décider de la même manière quant à l'usurpation de nom. — V. discussion à la chambre des pairs de cet article de la loi du 28 avr. 1832. — *Théor. C. pén.*, t. 6, p. 314; — Carnot, t. 2, p. 144.

50. — Il est indifférent que les menaces de mort aient eu lieu au moment de l'arrestation, ou pendant le cours de la détention; la loi n'exige pas non plus, comme dans l'art. 305, qu'elles aient été faites sous condition : dans tous les cas, elles donnent au fait la gravité qu'a eue en vue l'art. 344. — Chauveau et Hélie, t. 6, p. 315.

51. — Mais la menace de mort produit seule cet effet; toute autre n'entraînerait par elle-même aucune aggravation si elle n'était point accompagnée des tortures mentionnées dans le dernier alinéa de l'art. 344; et dans ce cas même ce serait dans les tortures que le fait puiserait sa plus grande gravité, et non dans les menaces.

§ 5. — *Circonstances atténuantes.*

52. — La loi ne prévoit pas seulement les divers cas qui peuvent donner au fait plus de gravité; elle s'occupe également des circonstances qui en

atténuent l'importance et le réduisent même aux proportions d'un simple délit. — Ces circonstances sont la brièveté de la détention ou séquestration.

53. — « La peine, dit l'art. 343, sera réduite à » l'emprisonnement de deux à cinq ans, si les coupables des délits mentionnés en l'art. 341, non » encore poursuivis de fait, ont rendu la liberté à » la personne arrêtée, séquestrée ou détenue, avant » le dixième jour accompli, depuis celui de l'arrestation, détention ou séquestration. Ils pourront » néanmoins être renvoyés sous la surveillance de » la haute police, depuis cinq ans jusqu'à dix » ans. »

54. — Trois conditions sont essentielles pour qu'il y ait lieu à l'application de l'art. 343. Il faut : 1° que la détention ait duré moins de dix jours ; — 2° que la mise en liberté ait eu lieu volontairement de la part du coupable ; — 3° qu'elle ait eu lieu avant toute *poursuite de fait*, c'est-à-dire avant des poursuites exercées réellement et nominativement contre les coupables ou quelques uns d'eux. — Chauveau et Hélie, t. 6, p. 313.

55. — Jugé qu'en matière d'arrestation illégale ou de séquestration de personnes, les circonstances atténuantes prévues par l'art. 343 ne peuvent, de même que les circonstances aggravantes énoncées dans les art. 342 et 344, faire l'objet d'une question au jury qu'autant qu'elles résultent de l'acte d'accusation, ou qu'aux termes des art. 338 et 339 l'accusé les a fait valoir à titre d'excuse ou d'exception, comme résultant des débats. — *Cass.*, 19 juin 1828, Villemay.

56. — Les circonstances atténuantes de l'art. 343 n'ont d'application que relativement aux délits mentionnés en l'art. 341, comme le dit l'art. 343 en termes exprès. Il en résulte que l'accusé ne pourrait s'en prévaloir s'il avait commis le crime avec les circonstances prévues par l'art. 344 ; quelle qu'ait été, dans ce cas, le peu de durée de la détention, il ne peut s'en prévaloir pour obtenir un adoucissement à la peine qu'il a encourue. — *Théor. C. pén.*, t. 6, p. 313.

57. — En résumé, si la détention ou séquestration a duré moins de dix jours, c'est un simple délit réprimé par l'art. 343 ; — si elle a duré plus de dix jours et moins d'un mois, c'est un crime puni des travaux forcés à temps ; — si elle a duré plus d'un mois, ou a été accompagnée de menaces de mort, ou si, abstraction faite de la durée de la détention, l'arrestation a été exécutée à l'aide d'un faux ordre, d'un faux nom ou d'un faux costume de l'autorité publique, la peine est celle des travaux forcés à perpétuité. — Enfin, c'est la peine de mort si la détention ou la séquestration, quelle qu'ait été du reste sa durée, a été accompagnée de tortures corporelles.

58. — Lorsqu'à la question de savoir si l'accusé a mis en liberté la personne détenue avant le dixième jour, ou si la séquestration a duré plus d'un mois, le jury a répondu : « *Non moins de dix jours, mais avant l'expiration d'un mois*, » on doit entendre que la séquestration a duré plus de dix jours, mais a cessé avant l'expiration d'un mois. — *Cass.*, 15 déc. 1831, Duréli.

ARRESTATION PROVISOIRE.

V. CONTRAINTE PAR CORPS, ÉTRANGER.

ARRÊT.

1. — Jugement rendu par une cour souveraine contre lequel on ne peut se pourvoir par appel.

2. — On donne aux décisions des cours ce nom d'*arrêts*, dit M. Dupin, parce qu'elles mettent ordinairement fin aux procès et *arrêtent* toutes contestations ultérieures entre les parties.

3. — Boutillier confirme cette étymologie : « Si sachez que d'arrest de parlement ne peut être appelé ; et pour ce, l'appelle-t-on *arrêt*, que tellement est arresté que nulz appeaux n'y chéent. » — *Somme rurale*, tit. 21, p. 93. — V. aussi Laurière, *Glossaire du dr. franç.*, v° *Arrêt*.

4. — Il ne faut pourtant pas conclure de ces définitions que toute décision qui termine un procès soit pour cela ce qu'on appelle un *arrêt*. Les plus petites juridictions rendent des décisions en dernier ressort ; mais on leur donne le nom de sentence ou de jugement, et non celui d'arrêt, qui est spécialement affecté aux décisions des cours souveraines.

5. — En effet, le sénatus-consulte du 28 flor. an XII, tit. 14, *De l'ordre judiciaire*, porte que « les jugemens des cours de justice seront intitulés *arrêts*. » — V. art. 134.

6. — Autrefois, les arrêts des parlemens étaient rendus en latin ; mais par l'édit de 1539, François Ier ordonna qu'à l'avenir tous arrêts seraient prononcés, enregistrés et délivrés aux parties en langage maternel et français et non autrement (art. 111). — Merlin, *Rép.*, v° *Arrêt*, n° 1er.

7. — Le mot *arrêt* est fort ancien. — Papon parle des *arrêts* de l'aréopage, qui « estait, dit-il, » l'un des *parlemens de Grèce*, establi à Athènes » pour le criminel. »

8. — M. Dupin dit que c'est dans le dispositif d'un arrêt rendu en 1278 contre le roi, en faveur du duc d'Alençon, qu'on lit pour la première fois : *Dictum fuit per* ARRESTUM, etc. — Peu de temps après cette formule devint de style. — V. *Jurisprudence des arrêts*, p. 480.

9. — Parmi les arrêts des parlemens on distinguait ceux qui tenaient à l'ordre public et ceux qui ne concernaient que les intérêts des particuliers.

10. — Parmi les premiers, les plus remarquables étaient les *arrêts d'enregistrement* et les *arrêts de réglement*.

11. — Les arrêts d'enregistrement des édits, déclarations, lettres patentes, etc., étaient les plus solennels de tous. Ils associaient en quelque sorte le parlement à l'exercice du pouvoir législatif. — V. PARLEMENT.

12. — Les arrêts de réglement étaient aussi des actes législatifs. Ils portaient ordinairement sur des points de droit coutumier, de haute police, de discipline, de procédure, de voirie, etc... Ils étaient lus et publiés dans le ressort du parlement qui les avait rendus, et ils avaient force de loi jusqu'à ce que le monarque eût lui-même expliqué sa volonté royale par un édit, une ordonnance, une déclaration. — V. ARRÊT DE RÉGLEMENT.

13. — Les arrêts de la seconde espèce, c'est-à-dire ceux rendus entre de simples particuliers sur des matières purement privées, n'en jouissaient pas moins d'une grande autorité, aussi a-t-on commencé de les recueillir dès le treizième et peut-être même dans le douzième siècle.

14. — La plus importante de ces compilations est certainement celle qu'on désigne sous le nom d'*olim*, et qui, s'il faut en croire une longue tradition, fut commencée par Montluc et continuée, sauf quelques lacunes, jusqu'à la révolution. — V. ARRÊTISTE, OLIM.

15. — On a souvent discuté sur le point de savoir quelle doit être l'autorité des arrêts. Le premier président de Thou avait coutume de dire que les arrêts sont bons pour ceux qui les obtiennent, et qu'ils ne doivent point tirer à conséquence ; mais, malgré l'opinion de ce magistrat, on a toujours attaché en France beaucoup d'importance à la jurisprudence des cours souveraines.

16. — En 1763, dans une conférence de l'ordre des avocats du parlement de Metz, la question fut agitée solennellement. Trois avis y furent ouverts.

17. — On soutint d'abord qu'il n'y avait pas d'autorité plus forte que celle des arrêts, et qu'un point de droit jugé par un arrêt ne devait plus être remis en question.

18. — Un second avocat soutint la thèse contraire et chercha à établir que les arrêtistes sont des guides peu sûrs, et que le jurisconsulte doit se déterminer par les principes et par les lois beaucoup plus que par les préjugés et par les exemples : *Non exemplis sed legibus judicandum*.

19. — Enfin, un troisième avocat, après avoir balancé les raisons des deux antagonistes, ouvrit un avis de conciliation qui fut adopté à l'unanimité. — V. le compte rendu de cette discussion, dans le *Journal de Bouillon*, sept. 1763, p. 141.

20. — Aujourd'hui, les arrêts offrent beaucoup plus d'intérêt que sous l'ancienne jurisprudence ; en effet, ils doivent donner les motifs de leurs décisions.

21. — Déjà, au seizième siècle, un avocat au parlement de Paris, qui nous a laissé un livre curieux et bizarre (*la Dicéarchie*), Raoul Spifame, avait demandé que tous les arrêts fussent motivés. Mais cette importante amélioration ne fut obtenue que deux siècles plus tard. — V. JUGEMENT.

22. — On trouvera également à ce mot toutes les règles dont l'observation est requise pour qu'un arrêt soit valable, et nous y renvoyons.

23. — La cour de Cassation rend des arrêts dont la dénomination varie suivant les cas.

24. — Ainsi, en matière civile, la chambre des requêtes qui renvoie un pourvoi à la chambre civile, afin qu'il y soit statué définitivement, rend un *arrêt d'admission*.

25. — On donne encore le nom d'arrêt de *rejet*, d'arrêt de *cassation* aux décisions par lesquelles la cour statue définitivement sur le sort d'un pourvoi. — V. CASSATION.

26. — On appelle arrêt *solennel* la décision par laquelle une cour statue en audience solennelle. — C'est ce qu'on appelait autrefois les *arrêts en robe rouge*.

ARRÊT DE CLAUSION.

V. APPOINTEMENT.

ARRÊT DE RÉGLEMENT.

1. — On appelait ainsi, sous le droit ancien, l'arrêt rendu par un parlement sur une matière quelconque, lequel, sous le bon plaisir du roi, tenait lieu de loi et était envoyé à tous les tribunaux ecclésiastiques ou séculiers, pour être exécuté jusqu'à ce qu'il eût été autrement ordonné.

2. — Ces arrêts devaient être rendus chambres réunies ; celui qui n'avait été rendu que par une seule chambre n'était pas obligatoire. — V. Leprêtre, *Arrêt de la 5e chambre des enquêtes*, p. 49 ; Merlin, *Rép.*, v° *Arrêt*, n° 8.

3. — Bien que ces arrêts eussent force de loi, il n'était pas rare de voir juger le contraire de ce qu'ils avaient décidé. Merlin (*Rép.*, *ibid.*), rapporte deux arrêts du parlement de Paris, de 1729 et 1730, qui avaient décidé la même question en sens opposés, quoique le premier de ces arrêts eût été rendu en audience solennelle et en forme de réglement.

4. — La jurisprudence nouvelle sur les effets obligatoires des anciens réglemens, décide qu'il n'est pas exact de dire que tous les réglemens des anciennes cours ont été regardés comme ne faisant pas loi ; que cela n'était vrai que pour les arrêts de réglement faits du propre mouvement des cours et en l'absence d'une loi ; mais qu'à l'égard de ceux qui avaient reçu l'approbation du souverain, ou qui avaient pour objet le maintien des lois promulguées, ils ont conservé leur autorité jusqu'au moment où l'action des lois nouvelles a pris leur place et les a révoqués. — *Cass.*, 29 janv. 1817, Debrosse c. Desjobert.

5. — Jugé, d'après ce principe, que l'arrêt de réglement rendu par le parlement de Rouen, le 6 avr. 1666, et connu sous le nom de *placités*, avait force de loi, et qu'il a conservé son autorité jusqu'à la promulgation du Code civil. — *Cass.*, 16 brum. an VI, Le Gablier c. Moisson ; 14 niv. an X, Lecomte c. Duval Bonneval.

6. — Il en était de même de l'arrêt de réglement du conseil souverain d'Alsace, du 20 mars 1769, relatif aux obligations souscrites en faveur des juifs. — *Cass.*, 24 vent. an X, Moyse c. Scheitel.

7. — Mais les arrêts de réglement émanés des anciens parlemens, n'ont plus eu force de loi depuis la suppression du ressort de ces tribunaux. — *Cass.*, 10 déc. 1806, Deloime c. Chaillet.

8. — Toutefois, il a été jugé que les arrêts de réglement rendus sur des objets de police par les anciens parlemens, en assemblée des chambres, continuent d'être obligatoires, s'ils n'ont pas été modifiés par les lois nouvelles. — *Besançon*, 17 janv. 1829, Rebattu c. Julien.

9. — Aujourd'hui et dans l'état actuel de notre législation où le pouvoir législatif est essentiellement distinct du pouvoir judiciaire, les juges ne doivent plus juger par voie de disposition générale et réglementaire. — C. civ., art. 5 ; L. 24 août 1790, tit. 2, art. 15. — V. pour le développement de cette proposition : POUVOIR JUDICIAIRE.

ARRÊT DU CONSEIL.

1. — On donnait autrefois ce nom aux décisions rendues par le conseil du roi sur toutes les matières ou contestations qui rentraient dans ses attributions.

2. — Ces attributions étaient nombreuses ; elles embrassaient la préparation et l'interprétation de tous les actes législatifs ; les conflits et les réglemens de juges en toutes matières ; les appels des affaires jugées par la cour des aides, par les intendans, par la chambre des comptes ; les évocations en matières fiscales, bénéficiales et féodales — Dufour, *Dr. administ.*, t. 1er, n° 165 ; de Cormenin, *Dr. administ.*, t. 1er, p. 3.

3. — Le conseil du roi se divisait en cinq sections. Il y avait le conseil des affaires étrangères, le conseil des finances, le conseil des dépêches, le conseil du commerce et le conseil privé ou des parties ; chacune de ces sections, dont la réunion constituait le conseil d'état, délibérait sur les objets de sa compétence et rendait des arrêts.

4. — Les arrêts du conseil se divisaient en arrêts de propre mouvement du roi et en arrêts entre parties.

5. — Les premiers prenaient la forme de réglemens et étaient obligatoires comme tels.

6. — Les seconds n'avaient cette autorité que lorsqu'à la disposition qui jugeait la contestation on en joignait une autre portant que la décision rendue serait obligatoire dans le royaume, ou seulement dans une province.

7. — Les arrêts en commandement ou de propre mouvement étaient signés par un secrétaire d'état.

8. — Les autres n'étaient signés que par le greffier; mais la minute l'était par le chancelier et le rapporteur. — Merlin, *Rép.*, v° *Arrêt du conseil*.

9. — Les arrêts de propre mouvement n'étaient obligatoires qu'autant qu'ils étaient accompagnés de lettres patentes enregistrées dans les cours de justice. — Merlin, *Rép.* et *Quest.*, v° *Arrêt du conseil*.

10. — Ainsi, il a été jugé que l'arrêt du conseil du 31 oct. 1744, qui contenait des dispositions réglementaires sur la pêche au chalut et de nouvelles dispositions pénales, n'ayant pas été enregistré au parlement de Normandie, n'avait aucune force dans cette province. — *Cass.*, 24 juill. 1834, Petit.

11. — Toutefois les arrêts du conseil qui ne contenaient qu'un simple réglement de police étaient obligatoires sans enregistrement aux cours de justice. — *Cass.*, 24 juin 1826, Teste. — V. aussi Magnitot et Delamarre, *Dict. de dr. adm.*, v° *Arrêt du conseil*.

12. — Jugé en ce sens que les anciennes lois, ordonnances et réglemens, et notamment l'arrêt du conseil du 20 sept. 1776, sur les loteries non autorisées, ne sont que de simples réglemens de police, lesquels n'étaient pas assujétis à l'enregistrement des cours de justice pour être obligatoires contre les citoyens. — *Cass.*, 5 déc. 1835, Gouge; 24 sept. 1836, le *National*, le *Courrier* et autres.

13. — Il en était de même des arrêts de réglement du conseil en matières forestières. — Brillon, *Dict. des arrêts*, v° *Arrêt*, n° 28; Merlin, *Quest.*, v° *Arrêt du conseil*; Chailland, *Dict. des eaux et forêts*, t. 1er, p. 7.

14. — Les arrêts du conseil ne pouvaient être réformés que par l'autorité même qui les avait rendus. — Merlin, *loc. cit.*

15. — Plusieurs de ces réglemens de l'ancienne législation existent encore et continuent à régir diverses branches des services publics, soit en vertu de lois qui les ont maintenus, soit à défaut de textes qui les aient abrogés : tels sont les réglemens relatifs à l'établissement ou à l'interdiction dans les villes, d'usines et ateliers insalubres, à l'achat des matières d'or et d'argent, à la salubrité des comestibles et des médicamens, à la voirie, au régime des eaux navigables et flottables, etc. — Dufour, *Dr adm.*, t. 1er, n° 14.

V. COMPÉTENCE ADMINISTRATIVE, CONSEIL D'ÉTAT.

ARRÊT DE DENIERS.

V. SAISIE-ARRÊT.

ARRÊT DE PRINCE OU DE PUISSANCE.

1. — C'est l'acte par lequel un gouvernement défend de laisser partir les navires ou quelques uns des navires qui sont dans ses ports.

2. — Cette mesure a lieu, de la part d'un gouvernement, non pour s'approprier des navires ou les marchandises, mais par mesure de nécessité; par exemple : soit pour empêcher les communications avec les ennemis, soit pour se servir lui-même des bâtimens ou des marchandises, à la charge de les rendre ou d'en payer la valeur.

3. — Il y a deux sortes d'arrêts de prince ou de puissance, savoir : 1° l'*arrêt de prince* proprement dit, qui s'applique directement et spécialement à un ou plusieurs navires que l'on arrête, soit dans les ports, soit en pleine mer ; — 2° l'*embargo*, qui s'applique généralement à tous les navires d'une ou de plusieurs nations étrangères, et les arrête dans tous les ports du gouvernement qui fait l'arrêt. — Goujet et Merger, *Dict. de dr commerc.*, v° *Arrêt de prince*, n° 6.

4. — L'arrêt de prince diffère de la prise maritime sous plusieurs rapports : 1° la prise a lieu en temps de guerre et contre les vaisseaux ennemis; l'arrêt a lieu en temps de paix et contre les navires des puissances amies; — 2° par la prise on s'approprie le navire et sa cargaison : l'objet de l'arrêt est de se servir de l'un ou de l'autre pour l'utilité du gouvernement, et de le rendre ensuite ou d'en payer la valeur; — 3° lors de la prise, le capitaine perd le commandement du navire; il le conserve en cas d'arrêt. — Goujet et Merger, v° *Arrêt de prince*, n° 1er.

5. — L'arrêt de prince peut avoir lieu, soit dans un port, soit dans une rade, ou même en pleine mer. Dans ce dernier cas, il est plus difficile de le distinguer de la prise. Le fait se juge alors d'après l'intention. — Goujet et Merger, *ibid* nos 2 et 4.

V. ASSURANCES MARITIMES, AVARIES, EMBARGO, PRISES MARITIMES.

ARRÊTÉ.

1. — L'arrêté, dans son acception la plus étendue, est une résolution prise, soit par l'autorité administrative, soit par l'autorité judiciaire, dans un but d'utilité publique.

2. — Autrefois les parlemens, qui avaient usurpé une partie de la puissance législative, prenaient fréquemment des arrêtés sur des points de droit, de pratique, de discipline.

3. — Ainsi on voit dans l'ancien *Journal du Palais* (t. 2, p. 810) un arrêté du parlement de Paris, sous la date du 28 mars 1792, qui fixe un terme passé lequel les instances étaient périmées. Cet arrêté, plein de sagesse d'ailleurs, rendu pour mettre un terme aux procès que la diversité des décisions sur cette matière avait fait naître, a été exécuté dans toute l'étendue du ressort du parlement de Paris, jusqu'à la promulgation du Code de procédure, qui en a adopté les principales dispositions. — V. PÉREMPTION D'INSTANCE.

4. — On trouve encore au même recueil un autre arrêté du même jour qui détermine un délai après l'expiration duquel les frais, salaires et vacations des procureurs étaient prescrits. — V. PRESCRIPTION.

5. — Ces arrêtés, véritables actes législatifs, étaient rendus de la pleine autorité du parlement et mis à exécution sans l'approbation du roi. C'était là ce qui les distinguait d'autres arrêtés ou arrêts de réglement (V. ce mot), prohibés plus tard par l'art. 5, C. civ., lesquels n'étaient pris que *sous le bon plaisir du roi* et étaient ordinairement terminés par ces mots : *et en attendant que ledit seigneur roi en ait autrement ordonné, la compagnie suivra cette jurisprudence dans toutes les occasions qui s'en présenteront.* — V. comme exemple de ces derniers actes, les arrêtés du parlement de Paris du 6 juill. 1690 sur les subrogations; du 31 août suivant sur la forme des oppositions aux décrets; du 22 août 1691, sur le jugement des oppositions en sous ordre, et du 12 mai 1696, concernant les saisies réelles.

6. — Aujourd'hui, les cours royales qui ont succédé à quelques unes des attributions des parlemens, ne sont compétentes pour prendre des *arrêtés* ou faire des réglemens, qu'à l'égard de la fixation du nombre des audiences, de l'ordre des services, et toujours sous l'approbation du gouvernement. — Décrets 30 mars 1808, art. 9, et 6 juill. 1810, art. 21.

7. — Hors ces cas puisés dans l'ordre judiciaire, on a réservé la qualification d'*arrêtés* aux actes administratifs, et quelquefois aux actes du gouvernement. — V. ARRÊTÉ ADMINISTRATIF.

8. — Ainsi, on a vu dans ce dernier sens, l'assemblée constituante donner cette qualification aux décisions qu'elle prenait, relatives à son organisation intérieure et à ses attributions. — V. arrêtés 25 juin, 4-20 juill. et 24 oct. 1789.

9. — L'assemblée nationale a nommé ainsi les actes par lesquels les comités faisaient exécuter les lois et statuaient sur les affaires de leur compétence. — Merlin, *Rép.*, v° *Arrêté*.

10. — C'était aussi par des *arrêtés* que les députés de la convention en mission dans les départemens statuaient sur les intérêts des localités, dans leurs rapports avec le gouvernement et la politique de l'époque. — Merlin, *eod. loc.*; Boulatignier, *Encycl. du dr.*, v° *Arrêté*. — V. aussi LOI.

11. — Sous le directoire et le gouvernement consulaire, on appelait *arrêtés* les actes de ces deux pouvoirs; et même d'après l'art. 59, S.-C. organique du 16 thermid. an X, la nomination d'un membre du corps législatif, du tribunat et du tribunal de Cassation devait recevoir cet intitulé.

12. — Ce fut encore par des arrêtés que le gouvernement provisoire qui précéda la restauration statua sur les besoins du moment.

13. — Enfin, à la révolution de juillet 1830, la commission municipale de Paris qualifia ainsi les actes qu'elle décréta pendant sa courte existence.

14. — Depuis cette dernière époque, aucun acte du gouvernement n'a porté le titre d'arrêté.

15. — Ce mot est pris encore quelquefois, mais improprement, pour désigner les délibérations de quelques chambres de discipline ou de quelques corporations. — Dupin, *Manuel des étud.*, p. 778.

ARRÊTÉ ADMINISTRATIF.

1. — Le mot *arrêté administratif* comprend les décisions des conseils de préfecture, et les réglemens que font les préfets, sous-préfets et maires pour l'exécution des lois. — V. ACTE ADMINISTRATIF, COMPÉTENCE ADMINISTRATIVE, CONSEIL DE PRÉFECTURE, MAIRE, ORGANISATION ADMINISTRATIVE, POUVOIR MUNICIPAL, PRÉFET, SOUS-PRÉFET.

2. — Les fonctionnaires administratifs auxquels appartient le droit de prendre des arrêtés, ne peuvent en user que dans les limites de leurs pouvoirs légaux, et en vertu des lois et réglemens.

3. — La loi ne détermine point la forme des arrêtés administratifs; leur rédaction est abandonnée à l'arbitraire de celui qui les prend; quand au fond, l'arrêté doit avoir pour but l'ordre et l'intérêt public; il ne doit emprunter ses motifs qu'aux considérations qui s'y rattachent. — Dufour, *Traité général du droit administ.*, t. 1er, nos 54 et 59.

4. — Au reste, les arrêtés administratifs sont généralement pris dans le but de régler les choses de détail qui ne peuvent être prévues par les lois, à cause de la diversité des circonstances de lieu et de temps auxquelles elles s'appliquent. — V. Dufour, *Dr. administ.*, n° 10.

5. — Cette variété de circonstances auxquelles il faut pourvoir, a fait établir la règle que les arrêtés administratifs peuvent être à tout instant modifiés et révoqués; qu'un préfet par exemple, a le pouvoir de rapporter ses arrêtés et ceux de ses prédécesseurs, à moins qu'il ne soit lié par le respect dû aux droits acquis. — Dufour, *Dr. administ.*, n° 60; Boulatignier, *Encycl. du dr.*, v° *Autorité administrative*.

6. — Par suite de ce principe, il a été jugé qu'un arrêté spécial est considéré comme abrogé par un arrêté postérieur ou général sur les mêmes matières. — *Cass.*, 26 août 1844 (t. 1er 1845).

7. — Les arrêtés administratifs qui sont d'un intérêt général sont adressés aux fonctionnaires du département, puis affichés par placards imprimés et insérés dans le recueil des *actes administratifs*, prescrit par la circulaire du 21 sept. 1815.

8. — Lorsqu'un arrêté administratif a été inséré dans le recueil des actes de la préfecture et qu'il porte injonction au maire de le publier dans les formes qu'il détermine, il doit être présumé jusqu'à preuve contraire, avoir reçu la publication ordonnée, et dès-lors, celui qui y a contrevenu ne peut être relaxé sur le motif que l'administration ne prouve pas qu'il en ait eu connaissance. — *Cass.*, 5 mars 1836, Frey.

9. — L'impression en placard d'un arrêté préfectoral approuvé par ordonnance royale, son envoi au sous-préfet pour être transmis aux maires et son insertion au *Memorial du département*, constituent une publicité suffisante pour le rendre obligatoire, encore bien qu'il n'ait pas été affiché. — *Amiens*, 7 avr. 1838 (t. 2 1843, p. 590), Cardenier.

10. — Un arrêté municipal est obligatoire, quoiqu'il n'ait pas été publié dans les formes ordinaires, si le maire en a transmis copie authentique à chacun des individus qu'il concerne. — *Cass.*, 31 août 1821, Delaunoy.

11. — Jugé que les arrêtés administratifs sont obligatoires pour les tribunaux, encore qu'ils paraissent contraires à la loi, et qu'ils ne peuvent être réformés que par l'autorité administrative supérieure. — *Cass.*, 22 vend. an VII, Périgault; 25 niv. an VII, Coucel; — Dufour, *Dr. administ.*, t. 1er, n° 15.

12. — ... Qu'en conséquence, lorsqu'une pièce arguée de faux est l'expédition d'un arrêté administratif qui, quoique non signé, a été transcrit sur les registres de l'administration, par des fonctionnaires ayant caractère à cet effet, les tribunaux ne pouvant prononcer sur la plainte sans prononcer par cela même sur l'existence légale de cet arrêté dont la connaissance appartient à l'autorité administrative, sont fondés à se déclarer incompétens. — *Cass.*, 6 juill. 1810, Basquiat Toulourette.

13. — Jugé cependant, depuis, que les tribunaux peuvent refuser d'appliquer tout arrêté ou réglement qui leur parait illégal ou contraire à la loi. — *Cass.*, 6 mars 1825 (intérêt de la loi), Merronnet; 23 juin 1835, Avoués d'Apt. — V. aussi Dufour, *Dr. administ.*, n° 15. — V. ACTE ADMINISTRATIF.

14. — La règle qui décide que l'interprétation des actes administratifs n'appartient pas à l'autorité judiciaire, ne s'applique pas aux arrêtés ou réglemens qui, par leur objet et leurs effets, se distinguent des actes de l'administration qui ont trait aux intérêts privés. Les tribunaux ont pour les arrêtés administratifs portant des dispositions réglementaires, le même droit d'interprétation que pour les lois. — Dufour, t. 1er, nos 16 et 93. — V. ACTE ADMINISTRATIF.

15. — Nulle excuse, autre que celles prévues par la loi, n'est admissible en matière de contravention aux arrêtés administratifs. — *Cass.*, 7 déc. 1826, Michel; 4 oct. 1827, Aufrère; 13 juin 1828, Descatte; — Dufour, *Dr. adm.*, t. 1er, n° 15.

16. — Ceux qui ont contrevenu aux arrêtés de l'autorité administrative sur les matières qui sont de sa compétence sont passibles d'une amende; c'est l'art. 471 (Cod. pén.), qui en punit la violation, et il n'appartient pas à l'autorité administrative de déterminer d'autres peines que celles portées par cet article. — *Cass.*, 12 nov. 1813, Godin.

17. — Toutefois, cette autorité est seule compétente pour apprécier les excuses des contrevenans. *Cass.*, 22 juill. 1819, Grené.

18. — Les tribunaux de simple police ne peuvent pas refuser de punir les contraventions à des arrêtés légalement publiés, sous le prétexte que l'autorité administrative ne les leur a pas adressés; ils peuvent seulement ordonner, avant faire droit, qu'il leur en sera représenté une expédition authentique. — *Cass.*, 31 août 1821, Brasquier.

19. — La loi ouvre contre les arrêtés administratifs une voie de recours hiérarchique : d'abord l'arrêté non contentieux peut être attaqué devant celui-là même qui l'a pris; s'il persiste, le recours est porté : pour les arrêtés des maires et des sous-préfets, devant le préfet avec lequel ils correspondent; pour les arrêtés des préfets devant le ministre que la matière concerne; et pour les décisions du ministre devant le roi en conseil d'état, mais toujours par la voie purement administrative.

20. — Le préfet peut annuler ou suspendre l'arrêté pris par un maire, mais il ne peut pas le modifier. — Circul. 1er juill. 1840.

21. — Le recours hiérarchique contre les arrêtés administratifs est de rigueur; le conseil d'état ne statue jamais sur le recours porté devant lui contre un acte administratif avant que le ministre que cet acte concerne ne se soit expliqué. — *Cons. d'état*, 10 janv. 1821, Dupin et Boursault; 20 nov. 1815, Pinard; — Cormenin, *Dr. adm.*, vo *Rejet des requêtes*; Solon, *Rép. des juridictions*, t. 1er, no 21.

22. — Cette règle reçoit cependant une exception à l'égard des arrêtés viciés d'excès de pouvoir ou d'incompétence; le recours dans ce cas peut être porté *de plano* devant le conseil d'état. — Solon, *eod. loc.*

23. — Il en est de même lorsque la loi elle-même prescrit le recours direct : tel est par exemple le recours formé contre l'arrêté d'un maire ou d'un préfet qui fixe un alignement. — L. 16 sept. 1807, art. 52; décret 9 brum. an XIII, art. 5; L. 20 mars 1813, art. 2; 28 avr. 1816, art. 78; — Solon, *Rép. des juridictions*, t. 1er, no 22.

24. — Le recours par la voie administrative a lieu sur simple mémoire, sans avocat, sans publicité, sans délai de rigueur. — Solon, *Rép. des jurid.*, no 23.

25. — La loi ne prescrit aucune forme spéciale pour les décisions émanées de l'autorité administrative, et de même que les demandes ou réclamations peuvent se faire par forme de lettres, de même aussi les décisions qui interviennent sur ces demandes peuvent être rendues dans la même forme. — *Colmar*, 25 mars 1841 (t. 2 1841, p. 171), Voinot et préfet du Haut-Rhin c. Verne; — Solon, *Rép. des juridictions*, t. 1er, no 25.

26. — Lorsque l'autorité administrative compétente a annulé des actes de l'autorité inférieure, comme faits hors du cercle de ses attributions, cette annulation opère *non prout ex nunc*, mais *prout ex tunc, ab initio*; les actes ainsi que ce qui s'en est suivi sont regardés comme nuls et non avenus, et cela sans vice de rétroactivité; en effet, il ne peut y avoir de rétroactivité là où il n'y a pas de droits acquis par la force d'actes qui n'en ont pu avoir et n'en ont eu réellement aucune. — *Cass.*, 17 mai 1836, ville de Bordeaux c. Laurent.

27. — Jugé aussi que l'annulation d'un arrêté entraîne la nullité de ceux pris pour en assurer l'exécution. — *Cons. d'état*, 27 fév. 1825, Holterman.

28. — Les arrêtés des conseils de préfecture, au contraire, sont attaqués devant le conseil d'état par la voie contentieuse. — V. CONSEIL DE PRÉFECTURE.

29. — Il n'est pas nécessaire, au moins dans la plupart des cas, que les arrêtés administratifs, pour leur exécution, soient revêtus de la formule exécutoire. — V. au surplus FORMULE EXÉCUTOIRE.

ARRÊTÉ DE COMPTE.

Acte par lequel une partie approuve un compte qui lui est rendu par une autre. — V. APPROBATION DE SOMME, COMMENCEMENT DE PREUVE PAR ÉCRIT, COMPTE, COMPTE DE TUTELLE, DOUBLE ÉCRIT, ENREGISTREMENT.

ARRÊTISTES.

1. — Auteurs qui ont compilé ou commenté les arrêts ou décisions des cours souveraines.

2. — Les enseignemens qu'on peut retirer des décisions judiciaires, pour l'instruction de l'avenir, ont été appréciés dans tous les temps. Dans tous les temps on a reconnu que la sagesse et l'expérience des hommes chargés de distribuer la justice devaient, après avoir profité à leurs contemporains, servir plus tard de leçons et de guide à ceux qui seraient appelés à leur succéder dans cette difficile mission de juger les hommes.

3. — Ainsi, on rapporte que Cratère, favori d'Alexandre-le-Grand, était auteur d'un ouvrage qui n'a pu malheureusement traverser la série des siècles pour arriver jusqu'à nous; c'était un recueil des décrets d'Athènes, dans lequel se trouvaient les décisions de l'aréopage et du conseil des amphyctions.

4. — M. Dupin (*Manuel des jeunes avocats*, p. 508) fait remarquer que les jurisconsultes romains citent souvent dans leurs ouvrages les jugemens des préteurs et les ordonnances des autres magistrats.

5. — Notre ancien droit français n'avait pas son origine dans un texte législatif et certain; c'était, dans la généralité de l'ancienne France, la coutume qui traçait la règle qui devait être observée, et cette coutume même c'était surtout par les décisions judiciaires qu'elle était constatée. On comprend, dès-lors, par suite de quelle nécessité les premiers ouvrages de droit publiés chez nous ont été, soit des styles de pratique, soit des recueils d'arrêts.

6. — Le droit écrit, dans les pays où il avait conservé une prédominance qu'il tint d'abord de la conquête et qu'il consolida plus tard par l'influence de la sagesse de ses dispositions, reçut des usages et des mœurs des peuples soumis certaines modifications qui, consacrées par les décisions judiciaires, virent leur influence prolongée par les utiles compilations qui les recueillirent et les conservèrent.

7. — La forme dans laquelle se produisaient les décisions des corps de justice, l'absence des motifs sur lesquels reposaient leurs dispositions impératives, imposaient à l'arrêtiste la nécessité de rechercher dans des documens étrangers à la décision elle-même tous les élémens propres à en fixer le véritable sens, et imprimaient une grande importance à l'analyse des discussions, mémoires ou consultations qui avaient servi à préparer la résolution adoptée par les juges.

8. — Aussi les arrêts étaient le plus souvent et le plus utilement publiés, soit par un magistrat qui avait concouru à la délibération qui les avait précédés, soit par un avocat qui, ayant assisté aux débats des audiences, avait recueilli ce dont il avait été le témoin.

9. — Ajoutons que la diversité des coutumes, le fractionnement du territoire en ressorts si multipliés et quelquefois si exigus, l'organisation et la pratique parfois si différentes des diverses juridictions, furent aussi les causes qui multiplièrent les recueils des décisions judiciaires.

10. — Chacun ne donnait ordinairement que les arrêts du parlement au siége duquel il était attaché; il était donc plus à portée d'en rendre un compte exact, soit qu'il parlât d'après ce qu'il avait ouï en personne, soit qu'il écrivît sur le rapport de ses confrères. — Dupin, *Manuel des jeunes avocats, Jurisp. des arrêts*, p. 512.

11. — Aussi chaque parlement, ou chaque juridiction supérieure en tenant lieu, ont-ils eu leurs arrêtistes (1).

12. — La loi du 10 déc. 1790, en instituant la cour de Cassation pour imprimer dans toute la France une interprétation uniforme à la législation, a prescrit l'impression des décisions de cette haute juridiction qui prononceraient, pour violation ou fausse application de la loi, l'annulation des décisions des tribunaux inférieurs.

---

(1) Sans prétendre donner la liste complète des anciens arrêtistes, nous pouvons mentionner ici, en divisant par parlemens, les principaux d'entre eux, ainsi que le titre de leurs compilations.

PARLEMENT DE PARIS. — Ce fut, selon certains auteurs, Jean de Montluc qui, sous Philippe-le-Bel, en 1312, s'avisa le premier de faire des recueils de plusieurs arrêts qu'il fit relier ensemble. On les appelait *regestum, quasi iterum gestum*, parce que c'étaient des copies. Ces recueils, ajouta Denizart (vo *Arrest*, no 4), sont encore dans le dépôt du parlement. On les nomme *olim*. — V. au reste OLIM.

Jean Du Coq, avocat du roi au parlement de Paris. Le recueil d'arrêts de cet auteur se trouve dans les œuvres de Dumoulin avec les notes de ce célèbre jurisconsulte.

1553. — Duluc : *Placitorum summæ apud Gallos curiæ lib. XII, multis à secundâ editione placitis insignibus adaucti.*

1574. — Papon, lieutenant du bailliage à Montbrison et maître des requêtes de la reine Catherine de Médicis : *Recueils d'arrêts notables des cours souveraines de France.*

1599. — Anne Robert, avocat au parlement de Paris: *Rerum judicatarum lib. IV.*

1602. — Louet, avocat, puis conseiller au parlement de Paris, commenté et augmenté en 1643 par Julien Brodeau.

1602. — Chenu, avocat à Bourges : *Recueils des réglemens notables.*

1612. — Barnabé Levest, avocat au parlement : *Arrêts célèbres et mémorables du parlement de Paris.*

1614. — Ayrault, avocat au parlement : *Plaidoyers.*

1621. — Jacques de Montholon, avocat au parlement : *Arrêts de la cour prononcés en robes rouges depuis 1580 jusqu'en 1621.*

1623. — Servin, avocat général (*Actions notables et plaidoyers de*), à la fin desquels sont les arrêts intervenus en iceux.

1630. — Laurent Bouchet et Jacques Joli, avocats au parlement.

1631. — Fillau, avocat du roi à Poitiers : *Arrêts notables du parlement de Paris. — Décisions catholiques ou recueil d'arrêts concernant la religion prétendue réformée.*

1631. — Peleus : *Questions illustres.*

1631. — Tournet, avocat au parlement de Paris, a mis en français l'ouvrage d'Anne Robert, et a publié : *Arrêts notables sur toutes sortes de questions en matière bénéficiale et causes ecclésiastiques.*

1645. — Leprestre : *Questions notables de droit décidées par arrêts de la cour du parlement de Paris.*

1647. — Bouguier, conseiller au parlement de Paris : *Arrêts de la cour prononcés en robes rouges.*

1657. — Mongeot : *Arrêts notables du parlement de Paris et autres parlemens de France et du conseil d'état et privé du roi, sur la restitution des vœux de religion et demande de partage.*

1667. — Desmaisons : *Recueil d'arrêts et réglemens du parlement de Paris sur les plus belles questions de droit et de coutumes.*

1672. — *Journal du palais*, par Blondeau, Guéret et autres. « Ce recueil, dit M. Dupin (*Profession d'avocat*, t. 2, p. 295), est sans contredit le meilleur de ceux des arrêts du parlement de Paris. »

1680. — *Journal des audiences du parlement de Paris avec les arrêts qui ont été rendus depuis 1622 jusqu'en 1722*, par Dufresne, Jamet de la Guessière, Nupied et Duchemin.

1682. — Soëfve : *Recueil de plusieurs questions notables de droit et de coutumes jugées par arrêts du parlement de Paris depuis 1540.*

1690. — Bardet, avocat au parlement de Paris : *Recueil d'arrêts du parlement de Paris.*

1727. — Brillon, avocat puis substitut du procureur général au grand conseil : *Dictionnaire des arrêts.*

1736. — Mathieu Augeard, avocat au parlement : *Arrêts notables des différens tribunaux du royaume.*

1736. — Du Rousseaud de Lacombe, avocat au parlement : *Recueil de Jurisprudence civile. — Arrêts et réglemens notables du parlement de Paris rendus en 1737 jusqu'en 1744.*

1738. — Gayot de Pittaval, avocat au parlement : *Causes célèbres et intéressantes.*

1750. — Lepine-Grainville, conseiller au parlement : *Recueil d'arrêts de la quatrième chambre des requêtes.*

1752. — De Jouy, avocat au parlement : *Arrêts et réglemens.*

1771. — Denizart, procureur au Châtelet : *Collection de décisions nouvelles et de notions relatives à la jurisprudence.*

1783. — *Nouveau Denizart*, par Camus et Bayard.

1784. — Guyot : *Répertoire de jurisprudence.*

Prost de Royer (vo *Arrêtiste*) range parmi les arrêtistes du parlement de Paris : Auzanet, avocat au parlement, Berroyer, Dupineau, Jouet, Mornac.

PARLEMENT DE BORDEAUX. — 1603. — Boyer (Boerius), président au parlement de Bordeaux : *Decisiones burdigalenses.*

1617. — André de Nesmond, premier président au parlement : *Remontrances, ouvertures de palais et arrêts prononcés en robes rouges.* — Ces arrêts ne sont qu'au nombre de quatre.

1666. — Boé : *Arrêts notables du parlement de Bordeaux.*

1673. — La Peyrère : *Décisions sommaires du palais et arrêts de la cour du parlement de Bordeaux.* — Tillier, avocat au parlement de Bordeaux; Constantin, conseiller au parlement de Bordeaux; Saint-Martin, professeur de droit à Bordeaux, ont successivement fait des additions à l'ouvrage de La Peyrère.

1787. — De Salviat : *La jurisprudence du parlement de Bordeaux.*

PARLEMENT DE BRETAGNE. — 1588. — De Lesrat, président au parlement de Rennes : *Arrêts notables donnés en la cour du parlement de Bretagne et prononcés en robes rouges.*

1622. — Belordeau, avocat au parlement de Bretagne : *Controverses agitées en la cour du parlement de Bretagne.*

1684. — Frain et Hévin : *Arrêts du parlement de Bretagne.*

1722. — De Volant : *Recueil d'arrêts rendus au parlement de Bretagne.*

1634. — Dufailb : *Arrêts et réglemens du parlement de Bretagne.*

13. — L'impression des jugemens du tribunal de cassation était d'abord effectuée sur des feuillets séparés pour chaque décision; mais, en l'an II, on les disposa de manière qu'on pût en former des cahiers, puis des volumes. Enfin en l'an VII commence la publication de ce qui forme aujourd'hui le bulletin officiel de la cour de Cassation, dont une partie comprend les arrêts rendus en matière civile et l'autre les arrêts rendus en matière criminelle. Ce bulletin contient pour chaque affaire une courte notice du fait, et le texte même de l'arrêt. Chaque article de ce bulletin est rédigé par le conseiller qui a rapporté l'affaire.

14. — Quelques esprits auraient pu croire que la rédaction et la promulgation du nouveau Code rendraient désormais inutiles les compilations des décisions des cours et tribunaux, mais les rédacteurs du Code civil n'ont pas laissé le moindre doute à cet égard, et l'illustre Portalis, dans le discours préliminaire placé en tête du projet de Code civil, a proclamé la nécessité d'une jurisprudence.

15. — « Il y a une science pour les législateurs, a dit ce grand jurisconsulte, comme il y en a une pour les magistrats, et l'une ne ressemble pas à l'autre. La science du législateur consiste à trouver dans chaque matière les principes les plus favorables au bien commun ; la science du magistrat est de mettre ces principes en action, de les ramifier, de les étendre, par une application sage et raisonnée, aux hypothèses privées ; d'étudier l'esprit de la loi quand la lettre tue, et de ne pas s'exposer aux risques d'être tour à tour esclave et rebelle et de désobéir par esprit de servitude. Il faut que le législateur veille sur la jurisprudence; il peut être éclairé par elle, et il peut, de son côté, la corriger; mais *il faut qu'il y en ait une*. Dans cette immensité d'objets divers qui composent les matières civiles, et dont le jugement, dans le plus grand nombre des cas, est moins l'application d'un texte précis que la combinaison de plusieurs textes qui conduisent à la décision bien plus qu'ils ne la renferment, on ne peut pas plus se passer de jurisprudence que de lois. — ....Chez toutes les nations policées, on voit toujours se former, à côté du sanctuaire des lois et sous la surveillance du législateur, un dépôt de maximes, de décisions et de doctrines, qui s'épure journellement par la pratique et par le choc des débats judiciaires, qui s'accroît sans cesse de toutes les connaissances acquises, et qui a constamment été regardé comme *le vrai supplément de la législation*. Il serait sans doute bien désirable que toutes les matières pussent être réglées par les lois. Mais à défaut de texte précis sur chaque matière, un usage ancien, constant et bien établi, *une suite non interrompue de décisions semblables*, une opinion ou une maxime reçue, tiennent lieu de loi.

16. — Aussi les recueils n'ont pas manqué à la jurisprudence des Codes. Après le plus ancien de tous, le *Journal du palais*, sont venus M. Sirey, qui a aujourd'hui pour continuateurs MM. de Villeneuve et Carette ; M. Denevers, dont la collection chronologique a été remaniée par M. Dalloz.

17. — Des publications spéciales à certaines branches de la science du droit ont recueilli les décisions qui s'y référaient particulièrement.

18. — D'autre part, il n'est presque pas de cour royale qui n'ait aussi son arrêtiste.

19. — Il serait superflu d'entrer ici dans l'énumération des conditions que doit réunir une semblable compilation. Ces conditions, telles que nous les avons comprises, chaque jour nous essayons de les réaliser.

20. — La forme dans laquelle sont rendues aujourd'hui les décisions judiciaires, les motifs dont elles sont nécessairement accompagnées, ont apporté quelques changemens dans le mode autrefois employé pour recueillir les arrêts.

21. — C'est peut-être le lieu de dire qu'à la collaboration du *Journal du palais* ont successivement coopéré notamment Cambacérès, MM. Dupin aîné, Bavoux, Rolland de Villargues, Crivelli, etc. M. Sirey a eu pour collaborateurs : d'abord MM. Odilon Barrot et Mérilhou, lorsque jeunes avocats ils travaillaient dans son cabinet comme secrétaires, et ensuite M. Duvergier, aujourd'hui bâtonnier de l'ordre des avocats de Paris; enfin on cite M. Nicod parmi les rédacteurs du recueil de M. Denevers.

1712. — Sauvageau, annotateur de Dufailh.

1737. — Poullain du Parc, avocat au parlement de Bretagne : *Journal des audiences et arrêts du parlement de Bretagne*.

PARLEMENT DE DIJON. — 1628. — Bouvot, avocat à Paris, puis à Dijon: *Arrêts notables de la cour du parlement de Bourgogne*.

1735. — Perrier : *Arrest notables du parlement de Dijon, avec des observations sur chaque question*, par Raviot.

Prost de Royer (vº *Arrêtiste*) indique aussi Durand.

PARLEMENT DE FLANDRE. — 1702. — Pinault : *Recueil des arrêts rendus par le parlement de Tournay*.

1716. — Pollet : *Les arrêts du parlement de Flandres*, auquel il faut ajouter de Baralle, de Blye, de Flines, d'Hermaville, Vernimen.

PARLEMENT DE FRANCHE-COMTÉ. — 1731. — Grivel : *Decisiones celeberrimæ senatûs Dolani*.

Prost de Royer (vº *Arrêtiste*) indique aussi Jobelot et Droz.

PARLEMENT DE GRENOBLE. — 1472. — Guy Pape, avocat consistorial et conseiller au conseil delphinal, qui est devenu parlement de Grenoble : *Décisions*.

1579. — François Marc : *Decisiones aureæ in sacro Delphinatûs senatu discussæ ac promulgatæ*.

1636. — Expilly, avocat, puis avocat général et président au parlement de Grenoble (œuvres d'), contenant les plaidoyers et les arrêts.

1668. — Guy Basset : *Plaidoyers et arrêts de la cour du parlement de Dauphiné*.

1692 — Chorier, avocat au parlement de Grenoble, traducteur et annotateur des *Décisions* de Guy Pape.

PARLEMENT DE METZ. — Fremin, avocat général : *Décisions de plusieurs notables questions traitées en l'audience du parlement de Metz*.

1693. — De Corberon, avocat général: *Plaidoyers*.

Gabriel (indiqué par Prost de Royer, *loc. cit.*).

PARLEMENT DE NANCY. — De Rogéville : *Jurisprudence des tribunaux de Lorraine, précédée de l'histoire du parlement de Nancy*.

PARLEMENT DE PAU. — De Gassion (indiqué par Prost de Royer, *loc. cit.*).

PARLEMENT DE PROVENCE. — 1606. — Guillaume du Vair, premier président du parlement d'Aix et depuis garde des sceaux: *Arrêts sur quelques questions notables prononcés en robes rouges en parlement de Provence*. — Ces arrêts sont au nombre de cinq.

1670 — Boniface, avocat au parlement d'Aix, recteur de l'université de cette ville et procureur des trois états de Provence : *Recueil des arrêts notables du parlement de Provence*.

1745. — De Grimaldi de Regusse, président à mortier au parlement d'Aix : *Arrêts de réglement, et Arrêts notables rendus par le parlement de Provence*.

1750. — Debezieux : *Arrêts notables de la cour du parlement de Provence, pour servir de suite aux compilations de Boniface*.

1759. — Duperier, avocat au parlement de Provence.

1772. — De Latouloubre : *Actes de notoriété donnés par les avocats et procureurs généraux au parlement de Provence*.

1782. — Janety, *Journal du palais de Provence*, auquel Prost de Royer ajoute l'énumération de Bonnet, Eiriès, Thoron, et du président de Saint-Jean.

PARLEMENT DE ROUEN. — 1740. — Froland, avocat au parlement de Normandie : *Recueil d'arrêts de réglement et autres arrêts notables donnés au parlement de Normandie*, auquel il faut ajouter Lenoble, Bertheaume, La Quesnerie.

PARLEMENT DE TOULOUSE. — 1612. — De Lestang, président au parlement : *Onze arrêts notables du parlement de Toulouse prononcés en robes rouges depuis l'année 1545 jusqu'au 29 mars 1611*.

1617. — Bernard de Larocheflavin : *Arrêts notables de la cour du parlement de Toulouse*.

1618. — Maynard: *Arrêts*.

1646. — D'Olive (œuvres de), conseiller au parlement de Toulouse, contenant les *Questions notables de droit décidées par divers arrêts de la cour du parlement de Toulouse et les actions forenses*.

1664. — Catelan, conseiller au parlement de Toulouse: *Arrêts notables du parlement de Toulouse*.

1681. — Cambolas, conseiller au parlement : *Décisions notables du parlement de Toulouse*.

1686. — Albert : *Arrêts*.

1733. — De Vedel : *Observations sur les arrêts de Catelan*.

1750. — Rodier, avocat au parlement de Toulouse : *Arrêts du parlement de Toulouse*.

1759. — *Journal du palais, ou Recueil de plusieurs arrêts remarquables du parlement de Toulouse, depuis 1690 jusques et y compris 1759*, commencé par de Juin, conseiller au parlement de Toulouse, continué par M. Aguier et par M. Laviguerie, dont le travail a été publié par M. Victor Fons, juge au tribunal de Muret ; auxquels Prost de Royer (vº *Arrêtiste*) ajoute Aufrery, Boni, Coras, Corserius, Segla.

CONSEIL SOUVERAIN D'ALSACE. — 1740. — De Corberon : *Essai de recueils d'arrêts notables du conseil souverain d'Alsace*.

1775 — De Boug : *Recueil des édits et déclarations de la province d'Alsace*.

COUR DES AIDES DE PARIS. — Lebret.

COUR DES AIDES D'AIX. — Clapiers.

COUR DES AIDES DE MONTPELLIER. — Philippi.

GRAND CONSEIL DU ROI. — 1764. — Moussier, substitut du procureur général au grand conseil : *Journal du grand conseil*.

1775. — Guzman, *Jurisprudence du grand conseil examinée dans les maximes du royaume*.

ARRHES.

1. — On désigne sous le nom *d'arrhes* ce que l'on donne pour assurer la conclusion ou l'exécution d'un marché.

2. — Il y a donc deux espèces d'arrhes : les unes qui se donnent lors du marché projeté, les autres lors du marché conclu et arrêté.

3. — Dans le premier cas, si celui qui a donné les arrhes se désiste, il les perd.—Si le désistement vient de la part de celui qui les a reçues, il doit les rendre au double.

4. — Cet effet est inhérent au contrat d'arrhes, indépendamment de toute stipulation. — C. civ., art. 1590.

5 — Les arrhes données après le marché arrêté ont pour but de prouver sa conclusion. Cujas les définit : *Quod ante pretium datur et fidem facit contractûs facti, totiusque pecuniæ solvendæ* — Elles consistent généralement en une somme d'argent, à compte sur le prix, et dans ce cas elles sont vulgairement nommées *denier d'adieu*.

6. — C'est une question que de savoir si, lorsque le marché a été conclu et arrêté avec arrhes données, l'acheteur ou le vendeur peuvent se désister en perdant les arrhes ou en les restituant au double. — V. VENTE.

7. — Au surplus, les principes exposés au mot VENTE relativement aux arrhes, s'appliquent à celles qui interviennent dans les autres contrats. — V. VENTE.

8. — Mais c'est principalement dans les contrats de vente ou de louage que la stipulation en est faite.

9. — Chez les Romains le fiancé donnait des arrhes à la fiancée ou au père de la fiancée si elle était sous la puissance paternelle. Ces arrhes étaient perdues pour lui s'il rompait son engagement; elles devaient lui être rendues au double si c'était par la faute de la personne qui avait reçu les arrhes, que le mariage ne se faisait pas.

10. — Si la rupture du mariage n'était imputable à la faute d'aucune des parties, les arrhes étaient rendues purement et simplement.

11.—Chez nous la promesse de mariage est quelquefois accompagnée d'arrhes, et Merlin pense qu'elles doivent être perdues pour celui qui se désiste, à moins qu'elles ne soient trop considérables, cas auquel elles doivent être réduites à la valeur des dommages-intérêts que le juge a l'habitude d'accorder en pareil cas. Il cite en ce sens un arrêt du 20 août 1680, Despinoy. — V. PROMESSE DE MARIAGE.

ARRIMAGE, ARRIMEUR.

1. — On nomme ainsi l'arrangement de la cargaison sur un navire.

2. — C'est le capitaine qui est tenu de surveiller l'arrimage. Les affréteurs ou chargeurs ne sont tenus que de mettre à sa disposition les marchandises sur le quai. Le capitaine est tenu, par conséquent, des frais d'arrimage, s'il n'y a convention contraire.

3. — Dans quelques ports il existe des *arrimeurs jurés*, et il est d'usage que les capitaines qui ont éprouvé des avaries pouvant résulter d'un arrimage vicieux, sont tenus d'établir qu'ils ont eu recours à un juré pour cette opération. — V. ASSURANCES MARITIMES, CAPITAINE, FRÊT.

4. — Les arrimeurs sont rangés par la loi du 25 avr. 1844, sur les patentes, dans la sixième classe des patentables, et imposés à : 1º un droit fixe, basé sur le chiffre de la population de la ville ou commune où est situé l'établissement ; — 2º un droit proportionnel du vingtième de la valeur locative de la maison d'habitation, et des locaux servant à l'exercice de la profession. — V. PATENTE.

V. ASSURANCES MARITIMES, AVARIES.

ARRONDISSEMENT.

V. AUTORISATION DE PLAIDER, ORGANISATION ADMINISTRATIVE.

ARROSAGE.

1. — Les entrepreneurs particuliers d'arrosage sont rangés, par la loi du 25 avr. 1844 sur les patentes, dans la sixième classe des patentables, et imposés : 1º à un droit fixe basé sur le chiffre de

la population de la ville ou commune où est situé l'établissement ; — 2° à un droit proportionnel du vingtième de la valeur locative de la maison d'habitation et des locaux servant à l'exercice de la profession.

2. — Les entrepreneurs généraux sont placés dans la deuxième classe et imposés au même droit fixe, sauf la différence de classe, et au même droit proportionnel. — V. PATENTE.

ARSENAUX.

V. CRIMES CONTRE LA SURETÉ DE L'ÉTAT, PORTS ET ARSENAUX, TRIBUNAUX MARITIMES, TRIBUNAUX MILITAIRES.

ART DE GUERIR.

1. — Cette expression n'a pas besoin d'être définie ; elle est elle-même la définition de la médecine.

2. — L'art de guérir se divise en trois grandes branches : la médecine proprement dite, la chirurgie et la pharmacie. Chacune de ces branches se subdivise en plusieurs autres, suivant les études ou la pratique spéciale auxquelles se livrent ceux qui exercent l'art de guérir. Mais ces subdivisions sont purement scientifiques.

3. — La médecine proprement dite et la chirurgie sont exercées par des docteurs, des officiers de santé et des sages femmes. — V. MÉDECINE ET CHIRURGIE, SAGE-FEMME. — La pharmacie n'est pas de leur domaine. Son exercice est subordonné à d'autres conditions, appartient à d'autres personnes. — V. PHARMACIE, REMÈDES SECRETS.

4. — Enfin, l'art de guérir s'applique aussi à une branche spéciale et est soumise à des règles particulières. — V. VÉTÉRINAIRE.

ARTICULATION.

1. — Enonciation, article par article, de faits dont on offre de fournir la preuve.

2. — La loi veut que les faits dont une partie demande à faire preuve soient articulés succinctement par un simple acte de conclusion, sans écriture ni requête. — C. procéd., art. 252. — V. ENQUÊTE.

ARTIFICE, ARTIFICIERS.

1. — La profession d'artificier n'était point organisée en corporation ni soumise aux statuts d'une jurande, l'exercice en était permis moyennant un brevet dont le prix était de 240 livres. — *Encyclop. du dr.*, v° *Artifice*, n° 1er.

2. — Toutefois l'exercice de la profession d'artificier, présentant des dangers pour les propriétés voisines, a été constamment l'objet de mesures de précaution toutes spéciales : ainsi, leurs ateliers, éloignés d'abord, notamment à Paris, des quartiers les plus populeux (arr. de 1621 et 1638), puis des maisons royales, églises, tribunaux, hôpitaux (arr. 15 mai 1706), ensuite des murs de la ville et des faubourgs (arr. 30 avr. 1729 et 14 août 1721), ont dû être rangés parmi les *établissemens dangereux*. — V. ce mot, à la nomenclature.

3. — Les artificiers, bien que non compris nominativement dans le tableau des patentables annexé à la loi du 1er brum. an VII, étaient néanmoins soumis à la patente, en vertu de l'art. 35. — La nouvelle loi du 25 avr. 1844, sur les patentes, a été plus explicite, et range les artificiers dans la sixième classe des patentables. En conséquence, ils sont assujétis à un droit proportionnel du vingtième de la valeur locative de la maison d'habitation et des locaux servant à l'exercice de la profession, et à un droit fixe basé sur le chiffre de la population de la ville ou commune où est situé l'établissement.

4. — Outre les conditions imposées à l'établissement d'un atelier d'artifice, il faut encore, pour le fonder, obtenir l'autorisation préalable que l'art. 24, L. 13 fructid. an V, exige de tous débitans de poudre, à peine de 500 fr. d'amende (art. 28). — Ord. de police 3 fév. 1831, art. 1er et 4 ; ord. royale, 25 mars 1818, art. 13. — V. aussi L. 24 mai 1834, art. 2.

5. — A Paris, il est défendu aux artificiers, par l'ordonnance de police du 12 juin 1811 (art. 2, 4 et 5), de se servir dans la composition des fusées volantes de baguettes de bois ou d'autres corps durs qui, par leur chute, pourraient occasionner des incendies, blesser des personnes et mettre leur vie en danger.

6. — L'art. 4 d'une autre ordonnance du 3 fév. 1821 interdit à tous marchands autres que les artificiers patentés et autorisés, et notamment aux épiciers, merciers, débitans de poudre, etc., la vente de pièces d'artifice, même de la plus petite dimension.

7. — Depuis l'art. 5, les artificiers doivent tenir un registre coté et paraphé par le commissaire de police de leur quartier, sur lequel ils insèrent les noms, prénoms, qualités et demeures *dûment justifiés*, de toute personne à laquelle ils vendent des pièces d'artifice.

8. — Une ordonnance de police du 26 juill. 1813 défend de tirer des pièces d'artifice dans les maisons particulières, cours, jardins et dépendances, sans une permission du préfet de police. — Cette permission doit, aux termes de l'art. 7, ord. 3 fév. 1821, être demandée au commissaire de police du quartier, qui s'assure, avant de l'accorder, qu'il ne peut résulter aucun dommage ou danger de l'exécution du feu d'artifice.

9. — La même ordonnance de 1813 et celle du 21 déc. 1819 défendent en outre de tirer sur la voie publique des pétards, boîtes, bombes et autres artifices ; cette dernière ajoute même (art. 14) la prohibition de garnir d'artifice aucun ballon destiné à être enlevé et de faire enlever des montgolfières. — Ces dispositions ont été, au reste, depuis longtemps mises, en partie du moins, en vigueur, soit par l'ordonnance de police du 15 nov. 1781 (art. 15), soit même par celles plus anciennes du 10 fév. 1738 (art. 16). — On en retrouve déjà des traces dans les ordonnances du 20 juin 1594 et du 20 mai 1667. — *Encyclop. du dr.*, v° *Artifice*, nos 8 et 9.

10. — Ceux qui ont violé la défense de tirer en certains lieux des pièces d'artifice sont punis par le § 2 de l'art. 471, C. pén., d'une amende de 1 à 5 fr. — L'art. 472 prononce en outre la confiscation des pièces d'artifice saisies, et l'art. 473 autorise le juge à prononcer contre les coupables la peine d'emprisonnement pendant trois jours au plus. En cas de récidive, la peine d'emprisonnement doit toujours être prononcée. — Art. 474.

11. — Si, par suite de l'inobservation des réglemens ou d'imprudence, l'emploi de pièces d'artifices occasionne un homicide ou des blessures, il y a lieu de recourir aux dispositions des art. 319 et 320, C. pén., qui deviennent pleinement applicables. — V. BLESSURES ET COUPS, HOMICIDE.

ARTILLERIE.

V. ALGÉRIE.

ARTISAN.

1. — C'est celui qui, seul ou avec l'aide d'ouvriers ou d'apprentis, confectionne un ouvrage avec la matière qu'il fournit et le livre aussitôt à celui qui lui en a fait la commande. — V. ARTS ET MÉTIERS.

2. — Celui qui ne fournit pas la matière et travaille sans le concours d'autrui n'est qu'un simple ouvrier.

3. — Sur les caractères qui distinguent l'artisan du manufacturier, V. ACTE DE COMMERCE, nos 241 et 248.

4. — Sur les actes de commerce auxquels se livrent les artisans, V. ACTE DE COMMERCE, nos 109 et 147.

5. — Sur la distinction qui peut exister entre l'artisan et le commerçant, V. COMMERÇANT.

V. aussi COMPÉTENCE COMMERCIALE.

ARTISTES.

Les artistes dramatiques sont exempts de la patente. — L. 25 avr. 1844, art. 13. — V. PATENTE, THÉATRE.

ARTS ET MÉTIERS.

1. — Il semble qu'il n'est pas de profession à laquelle on ne puisse appliquer chacun de ces deux mots pris isolément ; cependant le mot *métier* désigne plus spécialement l'exercice des arts mécaniques, dans lesquels on travaille plus des mains que de l'esprit ; ceux qui s'y livrent portent assez généralement le nom d'*artisans*. — V. ACTE DE COMMERCE, n° 236. — Le mot *art* indique plus ordinairement les arts libéraux, c'est-à-dire ceux qui ont pour objet unique ou du moins principal des travaux d'esprit ; ceux qui s'y livrent se nomment *artistes*.

2. — Les industriels qui exerçaient des métiers formaient autrefois des corporations dont la législation de 1790 a prononcé la suppression. — V. CORPS D'ARTS ET MÉTIERS, JURANDE, MAITRISE.

3. — Il a été institué pour le perfectionnement des arts mécaniques des écoles des arts et métiers, qui sont sous la direction et la surveillance du gouvernement. — V. ÉCOLE DES ARTS ET MÉTIERS.

ASCENDANT.

V. ABUS DE CONFIANCE, ACTES RESPECTUEUX, AIEUL, CONTRAINTE PAR CORPS, ENREGISTREMENT, MARIAGE, MINEUR, PARENTÉ, SUCCESSION, VOL.

ASCENDANTS (Partage d').

V. PARTAGE D'ASCENDANS.

ASILE.

1. — On donnait autrefois ce nom (de α privatif, et συλάω, je prends, j'arrache, je dépouille) à certains lieux privilégiés où les débiteurs et les criminels se retiraient pour échapper aux poursuites de leurs créanciers et de la justice. — « Sanctuaire, lieu de refuge, dit Bergier (*Encyclop. méthod.*, partie théologique, v° *Asile*), qui met un criminel à l'abri des poursuites de la justice. »

2. — « La sûreté des asiles ne devait être, dans leur véritable institution, que pour les *infortunés* et pour ceux que le hasard ou la nécessité exposaient à la rigueur de la loi ; alors la justice elle-même semble demander qu'on lui arrache les armes de la main ; c'est pour cela que Dieu avait ordonné aux Israélites qu'ils eussent six villes pour servir d'asile *aux malheureux* ; trois devaient être dans la terre de Chanaan, et trois au-delà du Jourdain. » — *Deutér.*, ch. 19, n° 33. — V. Denizart, v° *Asile*, n° 1er.

3. — « Comme la Divinité, dit Montesquieu (*Esp. des lois*, liv. 25, chap. 3), est le refuge des malheureux, et qu'il n'y a pas de plus malheureux que les criminels, on a été naturellement porté à penser que les temples étaient des asiles pour eux. » — Aussi, dans les temps les plus reculés, et alors qu'il n'existait pas de justice criminelle, il fut reconnu et admis par tous que celui qui parvenait à se réfugier dans certains lieux déterminés et notamment dans les temples, ne pouvait en être arraché, quel que fût le fait qui lui était imputé.

4. — Tacite (*Ann.*, lib. 3, cap. 60) nous apprend que ce droit d'asile se multiplia en Grèce et que les temples s'y remplirent de tout ce qu'il y avait de scélérats parmi les esclaves ; les débiteurs s'y dérobaient à leurs créanciers, les coupables à la justice...

5. — Au moyen âge également, les églises furent des lieux d'asile pour les criminels comme pour les débiteurs insolvables. — Bingham pense même (*Origin. ecclésiast.*, liv. 8, chap. 11, § 3) que le droit d'asile dans les églises chrétiennes a commencé sous Constantin. Mais l'action de la justice s'étant régularisée, les lois criminelles ayant été rendues moins cruelles, et leur application surtout devenant plus légitime, Charlemagne, par la défense qu'il fit, en 779, de porter à manger aux criminels réfugiés dans les églises, porta aux asiles une première atteinte que ses successeurs ne tardèrent point à compléter. — *Hist. de l'Acad. des inscrip.*, t. 2, in-12, p. 52 ; Bouchel, *Hist. de la just. crim.*, tit. 4, chap. 1er ; Jousse, t. 2 p. 195 ; Choppin, *De sacrâ politiâ*, liv. 5, tit. 1er, n° 22.

6. — Louis XII abolit entièrement le droit d'asile dont jouissaient les églises et couvens de Saint-Jacques-la-Boucherie, de Saint-Merry, de Notre-Dame, de l'Hôtel-Dieu, de l'abbaye Saint-Antoine, des Carmes, de la place Maubert et des Grands-Augustins, de Paris. — Merlin, v° *Asile*.

7. — Et plus tard l'ordonnance de Villers-Cotterets rendue par François 1er en août 1539, art. 166, disposa qu'il n'y aurait aucun lieu d'asile et d'immunité, en cas de décret de prise de corps décerné. — Denizart, v° *Asile*, n° 5. — V. aussi d'Héricourt, *Lois ecclésiast.*, 3e part., chap. 6, n° 18 ; Fontanon, sur l'art. 166 de ladite ord. de 1539, et les édits de Néron, sur le même article.

8. — Au surplus, dit Denizart (*loc. cit.*), ces règles n'étaient pas tellement générales qu'il n'y eût encore quelques traces du privilége d'asile dans quelques endroits des Pays-Bas. » — Ainsi, Pinault des Jaunaux, dans son commentaire de la coutume de Cambrai (tit. 25, art. 35), dit que de temps immémorial il était défendu de constituer prisonniers pour dettes civiles les paysans qui apportaient leurs denrées au marché de Cambrai.

9. — Et l'art. 22 d'un édit de janv. 1718 porte que les condamnations par corps émanées de la juridiction consulaire de Valenciennes ne peuvent être exécutées dans l'étendue de la franchise de la ville et banlieue de cette ville. — Denizart, *loc. cit.*

10. — Le droit d'asile qui, dans les derniers temps, et grace aux réformes successives de la législation pénale, n'était plus qu'un abus, fut complétement aboli en 1789.

11. — Aujourd'hui il n'existe pas d'asile inviolable pour ceux que la société poursuit et qu'une peine méritée doit frapper. — Carré, *L. procéd. civ.*, art. 781 ; Merlin, *Rép.*, v° *Ministère public*, sect. 5e, § 6.

12. — En Italie, les églises étaient demeurées des lieux d'asile, pourvu qu'il ne s'agît pas de crimes

atroces. — Guyot, cité par Merlin, *Rép.*, v° *Asile.*

13. — Le décr. du 20 prair. an XIII, relatif à l'administration de la justice et à l'organisation des tribunaux criminels, dans les ci-devant états de Parme et de Plaisance, porte, art. 37 : « Tout droit de refuge ou asile, soit dans l'intérieur des églises, soit dans leur enceinte extérieure, soit dans tout autre lieu privilégié, à quelque titre ou sous quelque dénomination que ce soit, est aboli. »

14. — La même disposition a été reproduite dans l'art. 107, décr. 15 messid. suiv., sur l'administration de la justice dans les départemens de Gênes, de Montenotte, des Apennins et de Marengo.

15. — En matière d'emprisonnement pour dette, on rencontre, dans le Code procéd. civ., certaines dispositions qui peuvent, au premier abord, sembler une émanation indirecte du droit d'asile ; ainsi l'art. 781 porte que le débiteur ne peut être arrêté dans les édifices consacrés au culte pendant les exercices religieux ; dans le lieu et pendant la tenue des séances des autorités constituées ; dans une maison quelconque, même dans son domicile, à moins d'accomplir certaines formalités impérativement prescrites. — Mais il est évident que ces prohibitions temporaires ont été déterminées non par la faveur due aux condamnés, mais par le respect dû aux autorités, et aux lieux en faveur desquels des limites ont été posées au droit d'arrestation.

16. — Des motifs d'intérêt public avaient fait défendre autrefois l'arrestation d'un négociant dans le lieu et pendant les heures de la bourse ; mais cette disposition, qui se trouvait dans le projet de loi du Code de procéd. civ., a disparu de l'art. 781.

17. — En matière criminelle, aucune loi ne restreint l'exécution des agens de la force publique ; du moins en ce qui concerne les lieux d'asile, l'art. 98, C. inst. crim., qui porte que les mandats d'exécution seront exécutoires dans toute l'étendue du royaume, sans faire de distinction, semble même par cela seul proscrire les lieux d'asile ; et en effet, il n'y en a plus. — Legraverend, *Tr. de l'act. publ.*, t. 3, n° 1263. — Cependant nous pensons qu'il serait sage d'observer, du moins en ce qui concerne les arrestations à opérer dans les églises, les prescriptions de l'art. 781, C. procéd., sauf à cerner ces édifices de manière à empêcher toute fuite, jusqu'à ce que l'arrestation pût être opérée sans scandale.

18. — Les hôtels des agens diplomatiques peuvent-ils servir d'asile à ceux qui s'y réfugient ? — Oui, selon Denizart (v° *Ambassadeur*), qui enseigne qu'on ne peut en arracher les réfugiés sans la permission expresse de l'agent. — Mais Mangin refuse avec plus de raison (*Tr. act. publ.*, n° 82), tout droit d'asile aux ambassadeurs, et permet de procéder chez eux à toute espèce d'arrestation. — V. au surplus AGENT DIPLOMATIQUE.

19. — Quant il s'agit, dit Merlin (v° *Asile*), d'arrêter quelqu'un dans une maison royale, on demande l'attache ou permission du prince ou du gouverneur de cette maison.

V. AGENT DIPLOMATIQUE, COMPLICITÉ.

ASPHYXIE. — ASPHYXIÉS.

1. — L'asphyxie est l'état de mort apparente produite par la suspension de la respiration (Orfila, *Méd. lég.*, t. 2, p. 277). — L'asphyxie peut avoir lieu par strangulation, par submersion, par suffocation, par suspension.

2. — De tous temps les secours à donner aux asphyxiés ont éveillé la sollicitude de l'administration. Plusieurs ordonnances de police ont été successivement publiées. La plus récente est celle du 1er janvier 1836, qui comprend les mesures à suivre et les secours à donner dans tous les cas d'asphyxie qui peuvent se présenter ; cette ordonnance se réfère, à cet égard, à l'instruction rédigée, le 19 juin 1835, par le conseil de salubrité du département de la Seine.

3. — Nous croyons utile de reproduire le texte de l'ordonnance de police ainsi que de l'instruction à laquelle elle se réfère.

ART. 1er. — La nouvelle instruction sur les secours à donner aux noyés et asphyxiés, rédigée par le conseil de salubrité du département de la Seine, sera imprimée, publiée et affichée.

ART. 2. — Tout individu trouvé blessé sur la voie publique, ou retiré de l'eau en état de suffocation, ou asphyxié par des vapeurs méphitiques, par le froid ou par la chaleur, devra être immédiatement transporté au dépôt de secours le plus voisin ou dans un hôpital, s'il s'en trouve à proximité, pour y recevoir les secours nécessaires.

ART. 3. — Lorsqu'un individu sera retiré de la rivière, il ne sera point nécessaire, comme on paraît le croire assez généralement, de lui laisser les pieds dans l'eau jusqu'à l'arrivée des agens de l'autorité ; les personnes présentes devront immédiatement lui administrer des secours, en attendant l'arrivée des hommes de l'art et des agens de l'autorité.

On devra également porter des secours immédiats à tout individu trouvé en état d'asphyxie par strangulation (pendaison). Les personnes qui arriveront les premières sur le lieu de l'événement devront s'empresser de détacher le lien qui entoure le cou.

Les secours donnés dans ce cas sont indiqués dans l'instruction de 1835 (V. *infrà*).

ART. 4. — On ne saurait trop inviter les personnes qui, en attendant l'arrivée d'un médecin, administreront les premiers secours, à ne pas se laisser décourager par le peu de succès de leurs soins et par les signes de mort apparens, attendu que, pour les personnes étrangères à la médecine, rien ne peut faire distinguer la mort réelle de la mort apparente que la putréfaction.

ART. 5. — Si l'individu rappelé à la vie a besoin de secours ultérieurs, il sera transporté, à son domicile, s'il le demande, sinon à l'hospice le plus voisin.

ART. 6. — Aussitôt qu'un officier de police judiciaire aura été averti qu'une personne a été asphyxiée, noyée, blessée ou victime de tout autre accident grave, il se transportera à l'endroit où se trouve l'individu ou sur le lieu de l'événement, et il en dressera procès-verbal. Il devra être assisté d'un médecin.

Le procès-verbal contiendra :

1° La désignation du sexe, le signalement, les nom, prénoms, qualité et âge de l'individu, s'il est possible de les connaître ;

2° La déclaration de l'homme de l'art sur l'état actuel de l'individu ;

3° Les renseignemens recueillis sur cet accident ;

4° Les dépositions des témoins et de toutes les personnes qui auraient connaissance de l'événement.

ART. 7. — Il sera alloué, à titre d'honoraires, récompense ou salaire, aux personnes qui auront repêché, secouru ou transporté un noyé, un asphyxié ou blessé, savoir :

1° Pour le repêchage d'un noyé rappelé à la vie, vingt-cinq francs ; pour le repêchage d'un cadavre, quinze francs ;

2° Pour le transport à l'hospice ou à son domicile, d'un noyé, asphyxié ou blessé, de trois à cinq francs, suivant les distances.

Néanmoins, les maires des communes du ressort de la préfecture de police pourront, lorsque le transport exigera l'emploi d'une charette ou d'un cheval, allouer au commissionnaire la somme qui leur paraîtra rigoureusement juste ;

3° A l'homme de l'art, les honoraires déterminés par le décret du 18 juin 1811 (six francs) ; plus, s'il y a lieu, une indemnité qui sera calculée sur la durée et l'importance des secours.

Ces frais seront payés à la caisse de la préfecture de police, après la réception du procès-verbal et sur le vu des certificats distincts et séparés qui seront délivrés aux parties intéressées.

Nous nous réservons de faire remettre une médaille de distinction à toute personne qui se serait fait remarquer par son zèle et son dévouement à secourir un noyé ou un asphyxié.

ART. 8. — Le directeur et le directeur adjoint des secours publics veilleront constamment à l'entretien et à la conservation des brancards et de leurs accessoires, des boîtes de secours et des instrumens, médicamens et autres objets qui les composent.

Indépendamment des visites partielles et fréquentes auxquelles ils sont obligés par leurs fonctions, le directeur des secours et son adjoint seront tenus de faire, tous les ans, dans les premiers jours du mois de mai, une visite générale des boîtes et des brancards, pour s'assurer s'ils sont en bon état ; ils nous rendront compte du résultat de leur examen, et nous proposeront toutes les mesures qui pourraient tendre à l'amélioration et au perfectionnement du système des secours publics.

ART. 9. — L'officier de police et le commandant du poste où une personne à secourir aurait été transportée, veilleront à ce qu'après l'administration des secours et le transport de l'individu, les brancards et accessoires en dépendant soient rapportés au lieu ordinaire de leur dépôt, comme aussi à ce que les ustensiles et médicamens soient fidèlement réintégrés dans la boîte fumigatoire. Si quelque ustensile se trouvait dégradé ou quelque médicament épuisé, l'officier de police ou le commandant du poste nous en rendrait compte immédiatement.

L'un et l'autre veilleront à ce que, dans le cas de déplacement de la boîte de secours, elle soit promptement reportée au lieu ordinaire du dépôt.

ART. 10. — Les propriétaires de bains chauds et de bains froids, établis sur la rivière, sont tenus d'avoir à leurs frais, et d'entretenir en bon état, une boîte de secours, dans chacun de leurs établissemens.

ART. 11. — Les dispositions de l'ordonnance de police du 2 décembre 1822 sont et demeurent rapportées.

ART. 12. — Le présent arrêté sera imprimé et affiché.

Les sous-préfets des arrondissemens de Saint-Denis et de Sceaux, les maires des communes du ressort de la préfecture de police, les commissaires de police, le directeur des secours publics et son adjoint, le chef de la police municipale et l'inspecteur général de la navigation et des ports, sont chargés de tenir la main à son exécution.

INSTRUCTION sur les secours à donner aux noyés et asphyxiés, approuvée par le conseil de salubrité dans sa séance extraordinaire du 19 juin 1835.

Remarques générales. — 1° Les personnes asphyxiées ne sont souvent que dans un état de mort apparente ;

2° Rien ne peut faire distinguer la mort apparente de la mort réelle que la putréfaction ;

3° On doit donner des secours à tout individu retiré de l'eau, ou asphyxié par d'autres causes, chez lequel on n'aperçoit pas un commencement de putréfaction ;

4° L'expérience a prouvé que plusieurs heures de séjour sous l'eau ou dans tout autre lieu capable de déterminer une asphyxie ne suffisaient pas toujours pour donner la mort ;

5° La couleur rouge, violette ou noire du visage, le froid du corps, la raideur des membres, ne sont pas toujours des signes de mort ;

6° Les secours les plus essentiels à prodiguer aux asphyxiés peuvent leur être administrés par toute personne intelligente ; mais, pour obtenir du succès, il faut les donner *sans se décourager*, quelquefois pendant plusieurs heures de suite.

On a des exemples d'asphyxiés rappelés à la vie après des tentatives qui avaient duré six heures et plus ;

7° Quand il s'agit d'administrer des secours à un asphyxié, il faut éloigner toutes les personnes inutiles ; cinq à six individus suffisent pour les donner ; un plus grand nombre ne pourrait que gêner ou nuire ;

8° Le local destiné aux secours ne devra pas être trop chaud ; la meilleure température est de 14 degrés (thermomètre de Réaumur, ou de 17 degrés thermomètre centigrade) ; ce précepte confirme l'utilité de celui qui précède, et qui prescrit d'éloigner les personnes inutiles, lesquelles, outre qu'elles encombrent le local et vicient l'air, en élèvent aussi la température ;

9° Enfin les secours devront être administrés avec activité, mais sans précipitation et avec ordre.

Asphyxiés par submersion (Noyés).—Règles à suivre par ceux qui repêchent un noyé.

1° Dès que le noyé aura été retiré de l'eau, s'il est privé de mouvement et de sentiment, on le tournera sur le côté droit ; on fera légèrement pencher la tête, en la soutenant par le front ; on écartera doucement les mâchoires, et l'on facilitera ainsi la sortie de l'eau qui pourrait s'être introduite par la bouche et les narines. On peut même, immédiatement après le repêchage du corps, pour mieux faire sortir l'eau, placer la tête un peu plus bas que le corps ; *mais il ne faut pas la laisser plus de quelques secondes dans cette position.*

2° Pendant cette opération, qui ne devra pas être prolongée au delà d'une minute, on comprimera doucement et par intervalle le bas-ventre de bas en haut, et l'on en fera en même temps autant pour chaque côté de la poitrine, afin de faire exercer à ces parties les mouvemens qu'elles exécutent lorsqu'on respire.

3° Si le noyé est assez près du dépôt de secours pour qu'il puisse y être transporté en moins de cinq à six minutes, soit par eau, soit par terre, on le couchera, dans la première supposition, dans le bateau, de manière que la poitrine et la tête soient beaucoup plus élevées que les jambes. Dans le second cas, on le placera dans le panier de transport, ou sur le brancard, de manière qu'il y soit presque assis, et on le transportera le plus promptement possible, en évitant les secousses, jusqu'au lieu où d'autres secours devront lui être donnés.

4° Si le noyé est trop éloigné du lieu où les secours devront lui être administrés pour que le transport puisse être effectué en moins de cinq à six minutes, et si la température est au-dessous de zéro (s'il gèle), il convient d'ôter les vêtemens du noyé en s'aidant de ciseaux, afin de procéder plus vite, d'essuyer le corps, de l'envelopper dans une ou plusieurs couvertures de laine, ou encore de l'entourer de foin en laissant toujours la tête libre, et de le porter ainsi au lieu où l'on devra continuer les secours.

Des soins à donner lorsque le noyé est arrivé au dépôt des secours médicaux.

1° Dès l'arrivée d'un noyé, ou avant si l'on le peut, on enverra de suite chercher un médecin ou chirurgien.

2° Immédiatement après l'arrivée du noyé, on lui ôtera ses vêtemens, s'il n'a pas déjà été déshabillé, et pour aller plus vite, on les coupera avec des ciseaux. On essuiera son corps, on lui mettra une chemise ou peignoir, ainsi qu'un bonnet de laine, et on le posera doucement sur une paillasse ou un matelas, entre deux couvertures de laine, placés sur une table. La tête et la poitrine devront être plus élevées que les jambes.

3° On couchera une ou deux fois le corps sur le côté droit, on fera légèrement pencher la tête en la soutenant par le front, pour faire rendre l'eau. Cette opération ne devra durer qu'une demi-minute chaque fois. Il est inutile de la répéter s'il ne sort pas d'eau ou de mucosités (de glaires, de l'écume).

4° On placera autour de la poitrine et du bas-ventre le bandage compressif, disposé comme un corset dit à la paresseuse, et l'on cherchera à imiter la respiration en tirant les bandes en sens inverse, et en les lâchant après chaque compression.

On imitera de cette manière les mouvemens que font la poitrine et le ventre lorsqu'on respire. Aussi ne faut-il pas que ces mouvemens soient produits trop brusquement et avec trop de précipitation. On laissera un repos d'environ un quart de minute entre chaque opération. On réitérera cette tentative de temps à autre (de dix minutes, plus ou moins).

5° Tout en faisant agir pour la première fois le bandage, on s'occupera d'aspirer l'eau, l'écume ou les mucosités qui pourraient obstruer les voies de la respiration. A cet effet, on prend la seringue à air (seringue en alliage, munie d'un ajutage en cuivre). On pousse le piston jusqu'à l'ajutage, on enduit cet ajutage de suif, ou mieux encore d'un mélange de mine de plomb et de graisse; on le place dans la douille, également en cuivre, du tuyau flexible, on l'y fixe par un mouvement de baïonnette: on introduit ensuite la canule du tuyau flexible dans une des narines que l'on fait tenir complètement fermée par un aide, ainsi que l'autre narine et la bouche en rapprochant les lèvres; enfin on tire doucement le piston de la pompe ou seringue.

Si, par ce moyen, on avait aspiré beaucoup de mucosités, et s'il en sortait encore par la bouche ou les narines, on pourrait répéter cette opération.

Quand il s'agit d'un enfant au-dessous de trois ans, on n'aspire chaque fois que jusqu'au quart de la capacité de la seringue. S'agit-il d'un enfant plus âgé (jusqu'à douze à quinze ans), on aspire jusqu'à la moitié; et s'il s'agit d'un adulte, jusqu'à la capacité entière de la seringue.

6° Aussitôt que la respiration tend à se rétablir, c'est-à-dire dès qu'on s'aperçoit que le noyé happe, pour ainsi dire, l'air, il faut cesser toute aspiration ou tout autre moyen spécialement dirigé vers le rétablissement de cette fonction.

7° Si les mâchoires sont serrées l'une contre l'autre, surtout si le noyé a toutes ses dents et qu'elles laissent peu d'interstices entre elles, il convient alors d'écarter très légèrement les mâchoires, en employant d'abord le petit levier en buis, et ensuite, si cela ne suffit pas, le levier en fer, si cela ne suffit pas, le levier en fer à doubles branches, qu'on présentera entre les petites molaires (premières machelières), en pressant ensuite graduellement sur les branches de l'instrument. On maintiendra l'écartement obtenu en plaçant entre ses dents un morceau de liége ou de bois tendre. Cette opération devra être exécutée avec ménagement et sans violence.

8° Dès le commencement des opérations qui viennent d'être décrites, c'est-à-dire dès l'arrivée du noyé, un des aides s'occupera de tout ce qui est nécessaire pour réchauffer le corps; c'est-à-dire: il fera chauffer les fers à repasser; s'il y a une bassinoire, il y mettra des cendres chaudes.

9° Pendant qu'on s'occupera de rétablir la respiration, dès que les fers auront acquis le degré de chaleur qu'on leur donne ordinairement pour repasser le linge, ou lorsqu'en crachant dessus la salive frissonnera, on les promènera par dessus le peignoir de laine sur la poitrine, le long de l'épine du dos et sur le bas-ventre, en s'arrêtant plus long-temps sur le creux de l'estomac et aux plis des aisselles. On frictionnera les cuisses et les extrémités inférieures avec des frottoirs en laine, la plante des pieds et l'intérieur des mains avec des brosses, sans cependant trop appuyer, surtout au commencement de l'opération.

10° Quels que soient les moyens qu'on emploie pour réchauffer le corps d'un noyé, il faut se régler selon la température de l'air extérieur. Tant qu'il ne gèle pas, on peut être moins circonspect. Cependant, il ne faut jamais chercher, particulièrement dès le début des secours, à exposer le corps du noyé à une chaleur plus forte que celle du sang. Ces fers à repasser et la bassinoire ont, il est vrai, une chaleur plus élevée: mais, comme ils agissent à travers une couverture ou une chemise de laine, et qu'ils ne restent pas long-temps appliqués sur la même place, leur action se trouve par cette raison suffisamment affaiblie.

Si, au contraire, il gèle, et que le noyé, après avoir été retiré de l'eau, soit resté assez longtemps exposé à l'air froid pour que des glaçons se soient formés sur son corps, il faut alors, aussitôt qu'il arrive, et même avant, ouvrir les portes ainsi que les fenêtres, afin d'abaisser la température au degré de glace fondante (ce qu'on constate par le thermomètre), lui appliquer sur le corps des compresses ou linges trempés dans de l'eau au degré de glace fondante, dont on élève peu à peu la température. Cette élévation doit toutefois s'opérer plus promptement pour les noyés que pour les asphyxiés par l'action du froid seulement, et sans qu'il y ait eu submersion. On peut, chez les submergés, élever la température de deux degrés toutes les deux minutes, et, lorsqu'on est arrivé à vingt degrés, avoir recours aux frictions, ainsi qu'à la chaleur sèche.

En hiver, il faudra en même temps élever la température du lieu où l'on donne des secours en refermant les portes et les fenêtres.

Il ne faut cependant pas que la chaleur du local arrive plus haut que quinze degrés du thermomètre de Réaumur ou que dix-huit degrés du thermomètre centigrade.

Le meilleur moyen d'appliquer la chaleur graduée dans la circonstance dont il s'agit, c'est de placer le noyé dans une baignoire, si l'on peut s'en procurer une, et d'en échauffer peu à peu l'eau au degré convenable.

11° Tout en employant les moyens nécessaires pour réchauffer le noyé et pour rétablir la respiration, on le frictionnera avec des frottoirs de laine sur les cuisses, les bras, et de temps à autre, de chaque côté de l'épine du dos, on brossera doucement, mais long temps, la plante des pieds ainsi que le creux des mains. On pourra aussi frotter avec les frottoirs en laine le creux de l'estomac, les flancs, le ventre et les reins, dans les intervalles où l'on n'y promènera pas la bassinoire ou les fers à repasser.

12° Si le malade donne quelques signes de vie, il faut continuer les frictions ainsi que l'emploi de la chaleur, mais bien se garder d'entreprendre quelque chose qui puisse gêner, même légèrement, la respiration. Si le noyé fait quelques efforts pour respirer, il faut discontinuer pendant quelque temps toute manœuvre qui pourrait comprimer la poitrine ou le bas-ventre.

13° Si, pendant les efforts plus ou moins pénibles que fait le noyé pour respirer l'air, ou pour le faire sortir, on s'aperçoit qu'il a des envies de vomir, il faut introduire au fond de la bouche la barbe d'une plume et la chatouiller, à peu près comme on le pratique lorsque, pour se faire vomir, on introduit un doigt, le plus avant possible, au fond du palais.

14° Dans aucun cas, il ne faut introduire le moindre liquide dans la bouche d'un noyé, à moins qu'il n'ait repris ses sens et qu'il puisse facilement avaler.

15° Si alors le médecin n'est pas encore arrivé, on peut faire prendre au malade une cuillerée d'eau-de-vie camphrée ou d'eau de mélisse spiritueuse étendue de moitié d'eau, et le coucher dans un lit bassiné ou du moins sur un brancard garni d'un matelas et d'une couverture, en ayant soin de tenir la tête élevée.

16° Si le ventre est tendu, on donne un lavement d'eau tiède dans laquelle on fait fondre une forte cuillerée à bouche de sel. Mais il ne faut jamais employer ce moyen avant que la respiration et la chaleur soient bien rétablies.

17° Dans le cas où, après une demi-heure de secours assidûment administrés, le noyé ne donnerait aucun signe de vie, et si le médecin n'était pas encore arrivé, on pourrait recourir à l'insufflation d'une fumée aromatique dans le fondement.

Voici la manière de la pratiquer.

L'appareil qui sert à cet usage se nomme appareil ou machine fumigatoire. Pour le mettre en jeu, on humecte le mélange de plantes aromatiques, comme on humecterait le tabac à fumer. On en charge le fourneau formant le corps de la machine fumigatoire, et on l'allume avec un morceau d'amadou ou avec un charbon: ensuite de quoi, on adapte le soufflet à la machine; quand on voit la fumée sortir abondamment du bec du chapiteau, on y adapte le tuyau fumigatoire au bout duquel on ajoute la canule qu'on introduit dans le fondement du noyé.

On fait mouvoir le soufflet, afin de pousser la fumée dans les intestins du noyé. Si la canule se bouche en rencontrant des matières dans le fondement, ce qu'on reconnait à la sortie de la fumée au travers des jointures de la machine, ou à la résistance du soufflet, on la nettoie à l'aide de l'aiguille à *dégorger*, et l'on recommence en ayant soin de ne pas introduire la canule aussi avant.

Chaque injection de fumée ne devra durer au plus tard que dix minutes, et dans aucun cas elle ne devra être portée au point qu'on s'aperçoive que le ventre se ballonne (qu'il augmente d'une manière sensible de volume, qu'il se gonfle et se tende).

Après chaque opération, qu'on pourra répéter plusieurs fois de quart d'heure en quart d'heure, on exercera à plusieurs reprises une légère pression sur le bas-ventre, de haut en bas, et avant de procéder à une nouvelle fumigation on introduira dans le fondement une canule fixée à une seringue ordinaire vide, dont on tirera le piston vers soi, de manière à faire sortir l'air que les intestins pourraient contenir de trop.

18° Si le noyé recouvre la vie, il faut, si on ne peut pas faire autrement, le porter sur le brancard à l'hôpital le plus voisin. Mais, si on peut disposer d'un lit, il faut, après l'avoir bassiné, y laisser reposer le malade pendant une heure ou deux. S'il s'y endort d'un bon sommeil, il faut le laisser dormir. Si, au contraire, sa face, de pâle qu'elle était, se colore fortement pendant l'envie de dormir, et qu'en réveillant le malade il retombe aussitôt dans un état de somnolence, il faut préparer des sinapismes (pâte de farine de moutarde et d'eau chaude) et lui en appliquer entre les épaules, ainsi qu'à l'intérieur des cuisses et aux mollets. On lui posera en même temps six à huit sangsues derrière chaque oreille. Il est entendu qu'on n'aura recours à ces moyens qu'autant qu'il n'y aurait pas de médecin présent; car, dans le cas contraire, ce serait à lui à décider s'il faut tirer du sang, en quelle quantité, sur quel point, et par quel moyen.

Asphyxiés par les gaz méphytiques.

On comprend sous la dénomination générale d'asphyxies par les gaz méphitiques les asphyxies produites par la vapeur du charbon, par les émanations des fosses d'aisance, des puits, des citernes, des égouts, des liquides en fermentation, en un mot, par les gaz impropres à la respiration.

Toutes peuvent être traitées par les moyens qui suivent:

1° Il faudra sortir promptement l'asphyxié du lieu méphitisé et l'exposer au grand air.

2° On le déshabillera avec le plus de promptitude possible; mais si l'asphyxie a eu lieu dans une fosse d'aisances, on arrosera préalablement le corps de l'asphyxié avec de l'eau chlorurée (V. *infrà* la préparation de cette eau), et on le déshabillera immédiatement afin d'éviter le danger auquel on s'exposerait en s'approchant trop près de son corps.

3° On place le corps assis dans un fauteuil ou sur une chaise; on le maintient dans cette position; un aide placé derrière lui soutient la tête. On lui jette de l'eau froide par verres sur le corps et principalement au visage; cette opération doit être continuée long-temps, surtout dans l'asphyxie par la vapeur du charbon, des cuves en fermentation, en un mot, par l'asphyxie par le gaz acide carbonique.

4° De temps à autre on s'arrête pour tâcher de provoquer la respiration en comprimant à plusieurs reprises la poitrine de tous côtés, en même temps que le bas-ventre, de bas en haut, comme il a été dit pour les noyés.

5° Si l'asphyxié commence à donner quelques signes de vie, il ne faut pas discontinuer les effusions d'eau froide; seulement il faut avoir attention, dès qu'il fait quelques efforts pour respirer, de ne pas lui jeter de l'eau de manière qu'elle puisse entrer dans la bouche.

6° S'il fait quelques efforts pour vomir, il faut lui chatouiller l'arrière-bouche avec la barbe d'une plume.

7° Dès qu'il pourra avaler, il faudra lui faire boire de l'eau vinaigrée.

8° Lorsque la vie sera rétablie, il faudra, après avoir bien essuyé le corps, le coucher dans un lit bassiné, et donner un lavement avec de l'eau dégourdie dans laquelle on aura fait fondre gros comme une noix de savon, ou encore à laquelle on aura ajouté, pour chaque lavement, deux cuillerées à bouche de vinaigre. C'est au médecin à juger s'il y a lieu de donner un vomitif; c'est à lui aussi à choisir les moyens de traitement employés après que l'asphyxié a recouvré la vie.

Préparation de l'eau chlorurée.

Prenez:

Chlorure de chaux sèche une once; eau un litre.

On verse sur le chlorure de chaux une petite quantité d'eau pour l'amener à l'état pâteux, puis on le délaie dans la quantité d'eau indiquée. On tire la liqueur à claire et on la conserve dans des vases de verre ou de grès bien fermés. — On peut aussi employer avec avantage l'eau chlorurée préparée avec le chlorure d'oxide de sodium, en mettant une once de chlorure dans dix ou douze onces d'eau.

Asphyxiés par la foudre.

1° Lorsqu'une personne a été asphyxiée par la foudre, il faut tout de suite la porter au grand air, si elle n'y est déjà, la dépouiller promptement de ses vêtemens, faire des effusions d'eau froide pendant un quart d'heure, faire des frictions aux extrémités, et chercher à rétablir la respiration par des compressions intermittentes de la poitrine et du bas-ventre (comme pour les noyés).

2° Pendant qu'on se livre à ces tentatives, on fait creuser par deux hommes une fosse en terre (autant que possible dans un terrain meuble). Cette fosse doit être assez longue et assez large pour qu'on puisse y placer le corps du foudroyé dans toute sa longueur. Elle doit avoir six pouces de profondeur en sus de l'épaisseur du corps. On étend l'asphyxié nu, couché sur le dos dans cette fosse, de manière pourtant que la tête soit plus élevée que les extrémités inférieures, et l'on recouvre légèrement tout le corps, à l'exception de la face, de quatre pouces de terre extraite de la fosse. On le laisse ainsi pendant deux à trois heures, en lui faisant de fréquentes effusions d'eau froide au visage.

Ce moyen, quelque bizarre qu'il paraisse, et quoiqu'on n'en puisse pas bien expliquer le mode d'action, a été employé depuis long-temps avec un succès très marqué, en Prusse, en Silésie, en Pologne et en Russie.

3° Si la vie se rétablit, le malade devra être traité comme les autres asphyxiés rappelés à l'existence.

Asphyxiés par le froid.

Lorsque la mort apparente a été produite par le froid, il est de la plus haute importance de ne rétablir la chaleur que lentement et par degré. Un asphyxié par le froid qu'on approcherait du feu, ou que, dès le commencement des secours, on ferait séjourner dans un lieu même médiocrement chauffé, serait irrévocablement perdu. Il faut, en conséquence, ouvrir les portes et les fenêtres de la chambre où l'on se propose de secourir un asphyxié par le froid, afin que la température de cette chambre ne soit pas plus élevée que celle de l'air extérieur.

On emploiera les moyens suivans:

1° On portera l'asphyxié, le plus promptement possible, de l'endroit où il a été trouvé au lieu où il devra recevoir des secours; pendant ce transport, on enveloppera le corps d'une couverture, ou bien de paille, ou de foin, en laissant cependant la face libre. On évitera aussi de faire faire au corps, et surtout aux membres, des mouvemens brusques ;

2° On déshabillera l'asphyxié, et l'on couvrira tout son corps, y compris les membres, de linges trempés dans de l'eau froide, et qu'on rendra plus froide encore en y ajoutant des glaçons concassés. Il est préférable, toutes les fois que cela est possible, de se procurer une baignoire et d'y mettre l'asphyxié dans assez d'eau froide pour que tout son corps et surtout les membres en soient couverts. On aura soin, dans ces opérations, d'enlever des glaçons qui pourraient se former à la surface du corps ;

3° Lorsque le corps commencera à dégeler, que les membres auront perdu leur raideur et qu'ils offriront de la souplesse, on fera exercer à la poitrine, ainsi qu'au ventre, quelques mouvemens (comme pour les noyés), afin de provoquer la respiration, et l'on fera en même temps des frictions sur le corps, soit avec de la neige, si l'on peut s'en procurer, soit avec des linges trempés dans de l'eau froide ;

4° Si, dans ces circonstances, la raideur a cessé et que le malade soit dans un bain, l'on en augmentera la température de trois à quatre degrés, de dix en dix minutes, jusqu'à la porter peu à peu à vingt-huit degrés du thermomètre Réaumur, ou à trente-quatre degrés du thermomètre centigrade. Si on ne peut pas disposer d'une baignoire, il faut en agir de même avec les linges dont on enveloppe le corps ou avec lesquels on le frotte :

5° Lorsque le corps commence à devenir chaud, ou qu'il se manifeste des signes de vie, on l'essuie avec soin et on le place dans un lit, mais qui ne doit pas être plus chaud que ne l'est l'asphyxié. Il ne faut pas non plus qu'il y ait du feu dans la pièce où est le lit avant que le corps n'ait recouvré entièrement sa chaleur naturelle ;

6° Lorsque le malade commence à pouvoir avaler, on lui fait prendre une tasse de thé ou d'infusion de camomille avec quelques gouttes d'eau-de-vie. Ce thé ou cette infusion doit être à peine plus que tiède ; sans cette précaution, on risquerait de produire, dans l'intérieur de la bouche, des ampoules ou cloches, comme après une brûlure ;

7° Si le malade continuait d'avoir de la propension à l'engourdissement, on lui ferait boire un peu d'eau vinaigrée, et, si cet assoupissement était profond, on administrerait des lavemens irritans, soit avec de l'eau et du sel, soit avec de l'eau et du savon.

Il est utile de faire observer que, de toutes les asphyxies, l'asphyxie par le froid offre, selon l'expérience des pays septentrionaux, le plus de chances de succès, même après douze ou quinze heures de mort apparente.

Asphyxiés par strangulation ou suspension (pendaison).

1° La première opération à pratiquer, c'est de détacher, ou plutôt, pour aller plus vite, de couper le lien qui entoure le cou, et, s'il y a suspension (pendaison), de descendre le corps en le soutenant de manière qu'il n'éprouve aucune secousse : tout cela sans délai et sans attendre l'arrivée de l'officier public. Défaire les jarretières, la cravate, les cordons de jupe, le corset, la ceinture de culotte, en un mot, toute pièce de vêtement qui pourrait gêner la circulation ;

2° On placera le corps, toujours sans lui faire éprouver de secousses, selon que les circonstances le permettront, sur un lit, sur un matelas, sur la paille, etc., de manière cependant qu'il y soit commodément, et que la tête ainsi que la poitrine soient plus élevées que le reste du corps ;

3° Si le corps est dans une chambre, on doit veiller à ce qu'elle ne soit ni trop chaude ni trop froide, et à ce qu'elle soit aérée ;

4° Il est instant d'appeler le plus tôt possible un homme de l'art, parce que la question de savoir s'il faut ou s'il ne faut pas faire une saignée, reposera en grande partie sur des connaissances anatomiques relatives à la direction de la corde ou des liens, il n'y a que le médecin qui puisse bien apprécier les circonstances que présente cette direction ;

5° Dans aucun cas, la saignée ne doit être pratiquée si la face est pâle ;

6° Dans le cas où, après l'enlèvement du lien, les veines du cou sont gonflées, la face est rouge tirant sur le violet, si l'empreinte produite par le lien est noirâtre, et si l'homme de l'art tarde d'arriver, on peut mettre derrière les oreilles, ainsi qu'à chaque tempe, six à huit sangsues ;

7° La quantité de sang à tirer devra être proportionnée au degré de bouffissure de la face, à l'âge et à la constitution de l'asphyxié. Il est rare qu'on soit obligé d'extraire plus de deux palettes de sang ;

8° Si la suspension ou la strangulation a eu lieu depuis peu de minutes, il suffit quelquefois, pour rappeler à la vie, de faire des effusions d'eau froide sur la face, d'appliquer sur le front ou sur la tête des linges trempés dans de l'eau froide, de faire en même temps des frictions aux extrémités inférieures ;

9° Dans tous les cas, il faut, dès le commencement, exercer sur la poitrine et le bas-ventre des compressions intermittentes, comme pour les noyés, afin de provoquer la respiration ;

10° On ne négligera pas non plus de frictionner l'asphyxié avec des flanelles, des brosses, surtout à la plante des pieds et dans le creux des mains ;

11° Les lavemens ne peuvent être utiles que lorsque le malade a commencé à donner des signes non équivoques de vie ;

12° Dès qu'il peut avaler, on lui fait prendre, par petites quantités, du thé ou de l'eau tiède mêlée à un peu de vinaigre ou de vin ;

13° Si après avoir été complétement rappelé à la vie, il éprouve des étourdissemens, de la stupeur, les applications d'eau froide sur la tête deviennent utiles ;

14° En général, il doit être traité, après le rétablissement de la vie, avec les mêmes précautions que les autres asphyxiés.

Note commémorative pour les gens de l'art.

Les pendus ou étranglés meurent d'asphyxie, lorsque le lien a été placé autour du cou de manière à comprimer de préférence les gros vaisseaux du cou et à empêcher ainsi le reflux du sang des parties situées au-dessus de la constriction. D'autres, au contraire, meurent par suffocation, parce que le lien, placé entre le larynx et l'os hyoïde, ferme aussitôt, par l'abaissement de l'épiglotte, l'entrée du larynx, et que, d'une autre part, le lien s'appuyant sur l'angle de la mâchoire et sur l'apophyse mastoïde, ne comprime pas assez les vaisseaux du cou pour empêcher le retour du sang du cerveau. Quant au genre de mort mixte produit à la fois par la suspension et par la suffocation, il a lieu, vraisemblablement, lorsque le lien est placé de manière à interrompre la sortie ainsi que l'entrée de l'air, et en même temps le retour du sang de la tête. Ce double effet peut être produit par le lien placé au-dessous du larynx, dans une direction horizontale autour du cou. Dans ce cas, la trachée artère et les vaisseaux du cou sont comprimés en même temps.

Asphyxiés par la chaleur.

1° Si l'asphyxie a eu lieu par l'effet du séjour dans un lieu trop chaud, il faut porter l'asphyxié dans un endroit plus frais, mais pas trop froid ;

2° Le débarrasser de tout vêtement qui pourrait gêner la circulation ;

3° Le médecin seul peut décider s'il y a lieu à tirer du sang ;

4° Les bains de pieds, médiocrement chauds, auxquels on peut ajouter des cendres ou du sel, sont indiqués ;

5° Lorsque le malade peut avaler, il faut lui faire boire, par petites gorgées, de l'eau froide acidulée par du vinaigre ou du jus de citron, et lui donner des lavemens d'eau vinaigrée, mais un peu plus chargée en vinaigre que l'eau destinée à être bue.

Les boissons échauffantes sont toujours nuisibles en pareil cas ;

6° Si la maladie persiste, et si elle fait des progrès, on peut, sans attendre l'arrivée du médecin, appliquer huit ou dix sangsues aux tempes ou derrière les oreilles ;

7° Si l'asphyxie a été déterminée par l'action du soleil, comme cela arrive surtout aux moissonneurs et aux militaires, le traitement est le même ; mais il faut, dans ce cas, lorsque le malade ne sue plus, insister sur les applications froides sur la tête.

Détail des objets contenus dans les boîtes ou armoires de secours, suivant l'ordre dans lequel on les emploie ordinairement.

Une paire de ciseaux de seize centimètres de long, à pointes émoussées.

Un peignoir en laine.

Un bonnet de laine.

Une seringue ou pompe à air avec son tuyau élastique et sa canule.

Une petite boîte contenant un mélange de graisse et de mine de plomb, pour graisser l'ajutage et la douille de la seringue à air.

Un bandage à six chefs croisés pour faire exécuter à la poitrine et au ventre les mouvemens qui ont lieu pendant la respiration du levier en buis.

Un double levier en fer à ressort.

Deux frottoirs en laine.

Deux brosses.

Deux fers à repasser avec leurs poignées.

Le corps de la machine fumigatoire.

Son soufflet.

Un tuyau et une canule fumigatoire.

Une boîte contenant un mélange de quatre onces d'espèces aromatiques (fleurs de lavande et feuille de sauge, de chaque deux onces, poudre de résine de benjoin, une demi-once).

Une seringue à lavement avec canule.

Une aiguille à dégorger la canule.

Des plumes pour chatouiller la gorge.

Une cuiller étamée.

Un gobelet d'étain.

Un biberon.

Une bouteille contenant de l'eau-de-vie camphrée.

Un flacon contenant de l'eau de mélisse spiritueuse.

Une petite boîte renfermant plusieurs paquets d'émétique de deux grains chaque.

Des bandes à saigner.

Des compresses de charpie.

Un nouet de soufre et de camphre pour la conservation des objets en laine.

Outre ces objets, on placera un thermomètre dans chaque localité où ce placement pourra avoir lieu.

ASPIRANT.

1. — C'est celui qui sollicite d'être admis à une fonction, à une charge. — V. CLERC, NOTAIRE, OFFICE.

2. — C'était aussi un grade dans l'armée de mer.

ASSASSINAT.

Table alphabétique.

ASSASSINAT. — 1. — Tout meurtre commis avec préméditation ou de guet-apens est qualifié *assassinat*. — C. pén., 296.

—

CHAPITRE Ier. — *Historique.*

2. — Le mot *assassin* vient, selon Silvestre de Sacy (*Mém. de l'Institut*, t. 4) et Ducange (vo *Assassin*), du mot arabe *hadschischi*, qui signifie buveurs de liqueur de chanvre, ou, suivant Pasquier (L. 8, ch. 22) et Ménage (*Origines*, vo *Assassin*) de *Asis*, autre mot arabe synonyme de *insidiator*. — On désignait par l'une ou l'autre de ces expressions des sectaires habitant dans les montagnes de la Palestine, et que leur chef (le Vieux de la Montagne) envoyait assassiner ses ennemis et, pendant les croisades, les princes chrétiens. — Ces sectaires étaient ainsi appelés, soit parce qu'avant d'agir ils buvaient de cette liqueur de chanvre dont l'effet est de produire des hallucinations analogues à celles causées par l'opium, soit à cause des embûches qu'ils avaient coutume de tendre à leurs victimes.

3. — De l'Orient, où ce mot fut recueilli vers le onzième siècle, il se répandit en Europe avec les croisés, et pénétra bientôt jusque dans la langue du droit ; il désignait uniquement l'homicide commis par intermédiaire et moyennant salaire.

4. — « On appelle *assassins*, portent les tit. 144 et 195 de l'ord. de Blois, ceux qui à prix d'argent se louent ou s'engagent pour tuer, outrager, occider ceux qui les auront loués ou induits pour le faire. »

— Les docteurs en donnaient la même définition. — V. J. Clarus, § *Assassinium*; Farinacius, *Quæst.* 123e, no 41. — « Et sont assassins, dit Damhoudère (*Prat. judic. des causes crim.*, ch. 83, no 2) homicides louez, c'est-à-dire gendarmes, soldats sans gages, aventuriers, ou autres malheureux qui se louent eux-mêmes pour occir un autre, ou prennent de ce charge et commission à la requeste et pourchas d'autrui, pour le salaire ou la prière d'un autre. »

5. — Selon Damhoudère (*ibid.*, no 3), on appelait *assassinateurs* ceux qui mettaient en œuvre les assassins.

6. — Le mot *assassinat* a conservé la même signification jusqu'à ce jour dans une partie de l'Europe. — Rauter, *Dr. crim.*, t. 2, no 445, p. 19, à la note.

7. — Mais en France il a insensiblement dévié de son acception primitive, et a fini par être appliqué au meurtre, abstraction faite du mandat donné pour le commettre, et alors qu'on y reconnaît la circonstance de la *préméditation*.

8. — C'est ainsi que le Code pén. du 25 sept. 6 oct. 1791, 2e part., tit. 2, sect. 1re, art. 11, qualifiait *assassinat* l'homicide commis avec préméditation, sans s'occuper des circonstances de mandat à prix d'argent et de guet-apens.

9. — L'art. 296 du Code de 1810 a modifié cette définition en substituant au mot *homicide* celui de *meurtre*, et en ajoutant la circonstance du guet-apens; il a également laissé à l'écart celle de mandat.

10. — Quant à la loi du 28 avr. 1832, modificative du Code pén., elle n'a sur ce point introduit aucun changement.

CHAPITRE II. — *Caractères de l'assassinat.*

Sect. 1re. — *Meurtre.*

11. — D'après les termes de la loi, deux élémens concourent donc à constituer l'assassinat : 1o le *meurtre*, c'est-à-dire l'homicide volontaire, qui en est la base et l'élément essentiel, et qui seul, déjà, constitue un crime punissable (V. MEURTRE); — 2o La *préméditation* ou le *guet-apens* qui, tout en servant à caractériser l'assassinat, deviennent en même temps une circonstance aggravante du meurtre.

12. — Il n'en était pas absolument de même sous le Code de 1791, d'après lequel l'assassinat n'était qu'un homicide commis *avec* préméditation, et le meurtre un homicide commis *sans* préméditation. — Le meurtre excluait donc la préméditation; il ne pouvait dès-lors entrer comme élément dans un fait où il devait se trouver en concours avec elle.

13. — Aussi avait-il été jugé que la question par laquelle on demandait aux jurés si *un meurtre* avait été commis avec préméditation contenait tout à la fois complexité et *contradiction*. — *Cass.*, 1er pluv. an VII, Palavicini.

14. — Aujourd'hui le meurtre n'admet point en lui-même la préméditation, mais, du moins, ne lui est-il plus antipathique. Ainsi, dans une accusation d'assassinat, le fait principal est le meurtre, et la préméditation ou le guet-apens la circonstance aggravante. — *Cass.*, 11 fév. 1813, Ricard; 20 janv. 1824, Dupuis; 3 mars 1826, Ferrier; 19 oct. 1837 (t. 1er 1840, p. 126), Blanquet; 27 janv. 1826, Lanon.

15. — D'où la conséquence : 1o que, avant les modifications introduites dans le Code d'inst. crim., lorsque, sur une accusation d'assassinat, le jury avait déclaré à l'unanimité ou à la majorité absolue l'accusé coupable d'homicide volontaire, et n'avait résolu affirmativement la question de préméditation qu'à la majorité simple, il n'y avait pas lieu pour la cour d'assises à délibérer sur cette seconde partie de la déclaration. — *Cass.*, 27 août 1812, Dutlès; 20 janv. 1824, Dupuis; 3 mars 1826, Ferrier; 27 janv. 1826, Lanon.

16. — 2o Que, avant la loi du 4 mars 1831, lorsqu'un accusé de tentative d'homicide volontaire avec préméditation et guet-apens avait été déclaré coupable avec toutes les circonstances à la simple majorité du jury, la délibération de la cour d'assises ne pouvait porter que sur la tentative d'homicide volontaire : il y avait nullité si cette cour s'était permis de prendre une décision contraire sur la préméditation et le guet-apens. — *Cass.*, 19 juill. 1821, Sellecque; 11 fév. 1813, Ricard.

17. — 3o Que le président de la cour d'assises n'est point tenu de faire porter sur cette circonstance l'avertissement qu'il doit donner aux jurés d'exprimer si leur décision n'a été prise qu'à la simple majorité. — *Cass.*, 19 oct. 1837 (t. 1er 1840, p. 126), Blanquet.

18. — Lorsque, sur la question de savoir si l'accusé est coupable d'avoir commis un homicide volontairement et avec préméditation, le jury répond que l'accusé est coupable avec la circonstance mentionnée, cette dernière partie de sa déclaration se rapporte à la préméditation, et non à la volonté, qui est un élément constitutif du meurtre. — Dès-lors, la réponse est complète et régulière. — *Cass.*, 15 juill. 1830, Mollelay.

19. — La cour de Cassation a pourtant décidé en sens contraire le 13 juin 1816 (Guinandeau). Mais cet arrêt ne nous paraît point devoir être suivi, car, ainsi que le porte l'arrêt de 1830, la volonté est un élément du meurtre, et la préméditation seule une circonstance aggravante.

20. — Au reste, la question ne peut plus se présenter depuis la loi du 13 mai 1836, d'après laquelle les circonstances aggravantes, et, par suite, la préméditation doivent faire l'objet de questions spéciales.

21. — Si, sous le Code du 3 brum. an IV, le mot *meurtre* ne pouvait être employé dans une question au jury, à raison de sa complexité (*Cass.*, 27 frim. an VII, Dettau), à plus forte raison en était-il de même du mot *assassinat*, qui comprend non seulement le double élément du meurtre, c'est-à-dire le fait matériel et la volonté, mais de plus la circonstance de préméditation. — C'est par ce motif que la cour de Cassation annulait toutes les questions portant sur l'existence *d'un assassinat*. — *Cass.*, 22 germin. an VII, Roux; 9 frim. an VII, Reaux; 1er pluv. an VII, Palavicini; 23 pluv. an VII, Baille; 8 frim. an VIII, Auclair.

22. — La question posée au jury consistant à savoir s'il y avait eu *un assassinat non consommé*, était également réputée complexe et nulle, en ce que le fait s'y trouvait joint à la moralité, tandis qu'il aurait fallu consulter le jury, d'abord sur le fait, ensuite sur les circonstances, enfin sur la préméditation. — *Cass.*, 17 vent. an VIII, Lefebvre.

23. — Mais n'était pas, et ne serait pas encore complexe la question unique qui comprendrait l'assassinat de trois individus commis au même instant et à la même place, un pareil fait étant indivisible dans ses circonstances et devant être considéré comme unique. — *Cass.*, 26 vent. an VII, Lepompe.

24. — Il y aurait contradiction et, dès-lors, nullité dans la réponse du jury qui, après avoir déclaré l'accusé coupable d'assassinat, ajouterait qu'il a coopéré à l'homicide en fournissant à la victime les moyens nécessaires à sa destruction. — *Cass.*, 27 avr. 1815, Lhuillier.

Sect. 2e. — *Guet-apens ou préméditation.*

25. — La préméditation et le guet-apens, pris isolément, ne constituent aucun crime ou délit : ce n'est qu'autant qu'ils se réunissent à un autre fait qu'ils lui communiquent un degré de gravité plus grand : ainsi, joint au meurtre, il en fait un assassinat. — Carnot, *C. pén.*, art. 297, no 2.

26. — Comme ces deux circonstances sont indépendantes l'une de l'autre, et que la préméditation, par exemple, peut exister sans qu'il y ait guet-apens, il y avait nullité sous le code de brumaire si elles se trouvaient confondues dans une seule question : chacune d'elles devait faire l'objet d'une question spéciale. — *Cass.*, 7 germin. an VII, Chenard; 15 pluv. an VII, Austel.

§ 1er. — *Guet-apens.*

27. — Le guet-apens consiste à attendre plus ou moins de temps, dans un ou divers lieux, un individu, soit pour lui donner la mort, soit pour exercer sur lui des actes de violence. — C. pén., art. 298.

28. — Le guet-apens, comme la préméditation, ne devient une circonstance aggravante du crime qu'en cas de meurtre ou de violences exercées envers les personnes. — Carnot, *C. pén.*, art. 298, no 1er.

29. — Le Code de 1791 confondait le guet-apens dans la préméditation, et il est assez difficile de deviner pourquoi celui de 1810 en a fait une circonstance distincte.

30. — En effet, le guet-apens suppose nécessairement la préméditation : *Animus præmeditatus occidendi præsumitur in eo qui posuit se insidiis ut hominem occideret.* — Farinacius, *Quæst.* 126, no 171; Menochius, *Casu* 361, no 37. — Il ne peut exister sans elle et on ne comprendrait pas que celui qui tend une embûche et choisit une place où il se rend pour épier et attendre sa victime, n'eût pas conçu d'avance, n'eût pas *prémédité* la pensée de l'attentat. A vrai dire, le guet-apens n'est qu'un mode d'exécution de la préméditation, qu'un des actes extérieurs qui la décèlent. — *Cass.*, 15 sept. 1842 (t. 2 1842, p. 613), Pernatore; — Legraverend, *Inst. crim.*, t. 2, ch. 2, p. 243; Carnot, *C. inst. crim.*, t. 2, p. 667, no 7, et *C. pén.*, art. 298, no 2; Bourguignon, *Jur. C. crim.*, art. 298, C. pén.; Rauter, *Traité du dr. crim.*, t. 2, no 446.

31. — C'est donc avec raison qu'il a été décidé 1o qu'une déclaration du jury était contradictoire et nulle quand elle portait qu'il y avait eu guet-apens, mais non préméditation. — *Cass.*, 4 juin 1812, Hérisson; 15 sept. 1842 (t. 2 1842, p. 613), Pernatore; — Bourguignon, *Jur. C. crim.*, art. 298, C. pén.

32. — 2o Et que les circonstances aggravantes de la préméditation et du guet-apens, se confondant pour ainsi dire l'une avec l'autre, peuvent être réunies dans une seule et même question par le président de la cour d'assises. — *Cass.*, 19 juill. 1839 (t. 2 1843, p. 805), Marc-Angeli; 22 nov. 1838 (t. 2 1839, p. 633), Pietri.

33. — Peu importe le plus ou moins de temps pendant lequel a duré l'embuscade; il suffit que son auteur se soit rendu là où elle a eu lieu avec la volonté de commettre son attentat.

34. — L'art. 298, en se servant des mots *un individu*, semble indiquer qu'il ne peut y avoir de guet-apens que relativement à une personne déterminée, et non, comme au cas de préméditation, à l'égard de *toute personne* qui pourrait être rencontrée. C'est en effet là le sens qu'il faut lui attribuer; hâtons-nous de dire qu'il n'en résultera aucun inconvénient, car le guet-apens supposant nécessairement la préméditation, et celle-ci s'appliquant à *toute personne rencontrée*, si l'on écarte le guet-apens parce que la victime ne serait pas la personne qu'avait en vue le meurtrier quand il a dressé son embuscade, il n'en restera pas moins la circonstance de préméditation qui seule suffit pour donner à l'attentat le caractère d'assassinat. — Carnot, *C. pén.*, art. 298, no 3.

35. — L'art. 297 parle seulement d'*attentat contre les personnes*, tandis que l'art. 298 indiquerait *la mort* et de plus *les actes de violence*. — Cette variété de rédaction n'indique au fond aucune différence réelle; il est, en effet, évident que la mort ou des actes de violence rentrent tous deux dans l'idée qu'exprimait le mot *attentat*. — Carnot, *C. pén.*, art. 298, no 4.

§ 2e. — *Préméditation.*

36. — « La préméditation consiste dans le dessein formé, avant l'action, d'attenter à la personne d'un individu déterminé, ou même de celui qui sera trouvé ou rencontré, quand même ce dessein serait dépendant de quelque circonstance ou de quelque condition. » — C. pén., art 297.

37. — La préméditation diffère du guet-apens en ce qu'il suffit pour la constituer du simple dessein formé avant l'action, tandis que pour le guet-apens il doit y avoir eu embuscade pour atteindre la victime. — Carnot, *C. pén.*, art. 297, no 1er.

38. — Elle est également coupable, soit que l'exécution du crime projeté ait été subordonnée par son auteur à l'événement de quelques circonstances ou à la réalisation de quelque condition.

39. — ... Soit que le dessein n'ait pas porté sur telle ou telle personne déterminée, mais sur toute personne qui pourrait être rencontrée, quelle qu'elle fût.

40. — ... Soit enfin que la victime ne fût pas la personne que l'agent avait l'intention d'atteindre. — V. *infrà* no 72. — Carnot, *C. pén.*, art. 297, no 4.

41. — La circonstance de la préméditation est celle qui caractérise l'assassinat et le distingue du meurtre. — Elle doit donc être, à peine de nullité, soumise au jury, et s'il n'a pas été répondu affirmativement par lui, l'accusé ne peut être puni de mort comme assassin. — *Cass.*, 21 vend. an VII, Habaury; 2 frim. an VII, Goris; 29 frim. an VII, Ledoyen; 17 fruct. an VII, Rochard; 14 frim. an VII, Denis; 11 messid. an VII, Gros; 22 frim. an VIII, Rolle; 9 fruct. an X, Renouard; 25 frim. an XI, Fauqué.

42. — Ainsi, lorsque, sous le Code de brumaire, il résultait de l'acte d'accusation qu'une attaque avec armes à feu avait pu être commise non seulement à dessein de tuer, mais aussi avec préméditation, il devait être posé au jury, sous peine de nullité, une question relative à cette dernière circonstance de moralité. — *Cass.*, 23 vend. an VII, Guéméné.

43. — Il faut se garder de confondre la préméditation avec la simple volonté nécessaire pour rendre le meurtre criminel, l'une qui, supposant la méditation, le sang-froid, exclut par là même toute idée d'entraînement, et joint à la conscience du mal le calcul qui en pèse toute la portée et combine les moyens de le rendre certain; l'autre qui, surgissant sous l'influence d'une passion vivement excitée, cherche instantanément à se satisfaire, avec la conscience du mal qui en doit résul-

ter, mais sans calcul, sans réflexion et surtout sans délai. — Carnot, *C. pén.*, art. 297, nº 6; Chauveau et Hélie, *Th. du C. pén.*, t. 5, p. 208. — *Homicidium simplex est illud in quo occidendi animus concurrit tempore rixæ : præmeditatum vero in quo occidendi deliberatio antè rixam præcedit* (Farinacius, *Quæst.* 126, nos 169-204; Menochius, *Cass.* 361).

44. — Mais à quels signes reconnaître l'existence de la préméditation ? — Quelques auteurs la font résulter de ce que le coupable a préparé les armes ou les instrumens destinés à la consommation du crime.

45. — ... Ou de ce qu'il y a eu guet-apens. — V. *suprà* nos 29 et suiv.

46. — Mais il ne faudrait point la voir dans la réitération et encore moins dans la pluralité des coups ou des blessures. — Julius Clarus, *Homicidium*, nº 6; Menochius, *Cass.* 361, nº 33.

47. — Cette réitération prouve bien la volonté, le dessein de tuer, mais non la réflexion. — *Cass.*, 20 fév. 1841 (t. 1er 1842, p. 46), Simon.

48. — La pluralité ne prouverait même point la volonté. — *Cass.*, 23 déc. 1841 (t. 1er 1842, p. 45), Fabre.

49. — Il ne faudrait pas non plus la voir dans le renouvellement d'une rixe. — Farinacius, *Quæst.* 126, nº 185. — Surtout, dit Menochius, si la seconde rixe a eu lieu le même jour : « *Si prima verè fuit inopinata rixa, illa secunda, præsertim si eodem die subsequatur, creditur commissa calore iracundiæ et ferventis sanguinis.*

50. — ... Ni dans des propos vagues, dans de simples menaces, qui n'auraient point le caractère d'une résolution. — Carnot, *C. pén.*, art. 297, nº 3.

51. — ... Ni même dans l'intervalle du temps qu'aurait laissé écouler l'agent depuis l'injure qu'il a reçue; par exemple, s'il est allé s'armer pour revenir ensuite tuer sa victime.

52. — Mais de combien doit être cet intervalle ? — A cet égard, il n'y a aucune règle fixe : les uns, notamment Farinacius (*ibid.*, nº 204) admettaient un espace de temps de *plusieurs jours dummodo calor rixæ duret*; d'autres accordaient même trente jours, si l'impression de la colère avait duré jusque là. — Evidemment, ces concessions sont trop larges; et, sans fixer de limite invariable, nous pensons qu'il suffit que le premier emportement se soit modéré, et que la réflexion ait trouvé accès dans l'esprit du meurtrier, alors même que toute trace de ressentiment ne serait pas effacée, pour qu'on puisse présumer chez lui la préméditation. — C'est, au reste, on le conçoit, une pure question de fait dont l'appréciation souveraine est nécessairement abandonnée à la prudence du jury. — Les présidens d'assises feront donc bien d'instruire les jurés de ce qu'ils doivent entendre par préméditation et guet-apens, pour éviter qu'il ne subsiste des doutes dans leur esprit. — Ce sera le plus sûr moyen de prévenir de fausses applications. — Carnot, *C. pén.*, art. 297, nº 6.

53. — Ainsi, il est indispensable de distinguer la volonté de la préméditation, puisque chacune de ces circonstances sert d'élément à un crime différent, et il faut que le jury soit mis à même de se prononcer sur toutes deux et d'une manière distincte et séparée. — Si des hommes spéciaux éprouvent parfois de l'embarras pour les isoler l'une de l'autre, combien n'est-il pas utile de ne rien laisser à l'aventure avec des esprits moins exercés, et de prévenir toute confusion, si dangereuse en pareille matière.

54. — Et, bien que la préméditation suppose la volonté, il ne suffirait point de demander au jury si l'accusé est coupable d'homicide prémédité, car l'homicide même prémédité peut être légitime, et ne pas constituer un assassinat : il faut de plus que l'homicide ait le caractère de meurtre, c'est-à-dire que la volonté criminelle soit formellement établie. — Chauveau et Hélie, *ibid.*, t. 5, p. 213; Carnot, *C. pén.*, art. 296, nº 3; Rauter, *Tr. du droit crim.*, t. 2, nº 446.

55. — Il y aurait donc contradiction dans la réponse du jury qui déclarerait que l'homicide a été commis involontairement, mais avec préméditation ou de guet-à-pens. — Ici il n'y aurait pas meurtre, puisque l'homicide serait involontaire, et il n'y aurait pas assassinat, dès-lors que le meurtre n'existerait point. — Carnot, *C. pén.*, art. 296, nº 5.

56. — Egalement, lorsque sur la question de savoir si l'accusé est coupable d'une tentative de meurtre commise avec préméditation, laquelle tentative a été manifestée par des actes extérieurs et suivie d'un commencement d'exécution qui n'a manqué son effet que par des circonstances fortuites indépendantes de sa volonté, le jury répond que l'accusé est coupable *sans les circonstances*, cette déclaration établissant tout à la fois qu'il y a eu tentative de meurtre avec préméditation, et que les circonstances constitutives tant de la tentative criminelle que de l'assassinat n'existent point, implique contradiction et rend nulle la déclaration du jury. — *Cass.*, 2 mai 1816, Aonston.

57. — Dès que la préméditation résulte de l'acte d'accusation, la question en doit être posée au jury, mais cela ne ferait point obstacle à ce que la question de provocation fût également posée, si elle résultait des débats. — En pareil cas, les deux questions procédant de sources différentes, il n'y a aucune contradiction dans leur position simultanée. — *Cass.*, 15 nov. 1811, Vanderstraeten.

58. — Dans une accusation d'assassinat, la déclaration du jury portant qu'un coup de couteau a été porté avec préméditation, mais sans dessein de tuer, quelque extraordinaire qu'elle puisse paraître, ne contient cependant pas de contradiction absolue. — *Cass.*, 14 fév. 1817, Dietsh; — Bourguignon, *Jur. C. crim.*, art. 297, C. pén.

59. — Du reste, il n'y a pas de termes sacramentels pour exprimer l'existence de la préméditation; elle peut résulter implicitement des faits et circonstances déclarés par le jury, pourvu qu'ils ne laissent à cet égard subsister aucun doute.

60. — Ainsi, la déclaration du jury portant que l'accusé est coupable d'avoir donné des instructions à l'effet de commettre un assassinat, et d'avoir avec connaissance aidé et assisté l'assassin dans les faits qui ont facilité ou consommé l'action, établit implicitement et nécessairement que ces faits ont eu lieu avec préméditation. — En conséquence, après avoir fait cette déclaration, le jury ne peut, sans tomber dans une contradiction qui opère nullité, ajouter que l'accusé a agi sans préméditation. — *Cass.*, 20 janv. 1814, Dutois.

61. — Lorsqu'un individu est accusé de complicité dans une tentative d'assassinat, pour avoir provoqué au crime par dons et promesses, donné des instructions et fourni des armes pour commettre l'action, il ne doit pas être posé au jury de question sur la préméditation et le guet-apens, car ces circonstances rentrent nécessairement dans les caractères de la complicité ainsi déterminés. — *Cass.*, 19 janv. 1838 (t. 1er 1840, p. 212), Paillier.

62. — Lorsqu'après avoir déclaré l'accusé principal coupable d'assassinat commis avec préméditation, le jury reconnaît les autres accusés complices de *ce crime*, pour avoir, avec connaissance, aidé et assisté l'auteur dans les faits qui l'ont préparé et facilité, l'expression *ce crime* implique nécessairement une participation aux circonstances aggravantes qui l'ont accompagné, et par suite résolvent implicitement la question de préméditation. — *Liége*, 25 juin 1829, Gottin.

63. — MM. Chauveau et Hélie s'élèvent vivement contre cette doctrine. — Suivant eux, aucune déduction, quelque évidente qu'elle paraisse, aucune expression même équivalente ne peut remplacer le mot de *préméditation*. — Il est trop à craindre que les jurés n'attachent ni le même sens ni la même valeur à des phrases équivalentes peut-être, mais qui ne traduisent pas la même pensée avec la même netteté et la même précision. — *Th. C. pén.*, t. 5, p. 216; Carnot, *C. pén.*, art. 296, nº 7. — Ces scrupules, peut-être exagérés, nous touchent peu. Sans doute il faut se garder d'interpréter ou expliquer les réponses du jury (*Cass.*, 2 mai 1816, Aonster), mais si sa volonté, son intention réelle ressortent de manière à ne laisser subsister aucun doute, il importe peu qu'il se soit servi ou non des expressions mêmes que la loi a consacrées, à moins qu'elle ne lui en ait fait une obligation formelle.

64. — Lorsqu'il y a plusieurs accusés, la question de préméditation doit être posée, non collectivement, mais à l'égard de chacun des accusés, à peine de nullité. — *Cass.*, 4 flor. an X, Marty et Arbignac; 26 flor. an VIII, Vial; 16 thermid. an XI, Aumont : — Chauveau et Hélie, *ibid.*, t. 5, p. 214.

65. — Et, sous le Code du 3 brum. an IV, qui prohibait toute question complexe, lorsque, dans une accusation d'assassinat commis par plusieurs personnes, le jury était interrogé d'une manière générale sur le point de savoir si l'homicide était accompagné de préméditation, cette question, portant sur plusieurs auteurs, était complexe et nulle. — *Cass.*, 26 flor. an VIII, Vial; 28 flor. an VIII, Trollet; 16 thermid. an XI, Aumont.

66. — Le Code d'inst. crim., ni les lois qui l'ont modifié, ne contiennent aujourd'hui aucune prohibition relativement à la complexité des questions : aussi une réponse serait valable, dans une accusation d'assassinat, si, affirmative sur la question générale de préméditation, elle déclarait ensuite chaque accusé coupable de l'homicide mentionné en ladite question. — Toutefois, si ce mode était susceptible d'induire le jury en erreur, il serait plus sage aux présidens d'assises de le rejeter.

67. — En doit-il être de même relativement aux complices d'assassinat ? — Sous le Code pén. de 1791 et celui du 3 brum. an IV qui exigeaient à l'égard de *chacun des accusés* une série de questions destinées à constater la moralité du fait, la cour de Cassation jugeait constamment qu'il était indispensable de poser la question de préméditation non seulement à l'égard de l'auteur principal, mais de plus, relativement à chacun des complices. — *Cass.*, 9 fructid. an VIII, Aboville; 17 pluv. an IX, Capel; 17 prair. an IX, Dépinay; 11 messid. an XII, Muriaud; 18 vendém. an X, Filiatre; 16 messid. an XII, Viol; 29 messid. an XIII, Godebout; 28 frim. an XIV, Tirolie; 20 (et non 28) nov. 1806, Dutrouilh; 5 juin 1808, Nicoli; 6 juin 1806, Velard; 15 déc. 1808, Baudin. — V. cependant *Cass.*, 25 niv. an VII, Chicot. — V. aussi *Cass.*, 20 janv. 1814, Dutois; — Merlin, *Rép.* vº *Crime*, § 1er, nº 3.

68. — Les arrêts des 15 déc. 1808 et 17 pluv. an IX en donnaient notamment pour motif que l'intention qui détermine la moralité et le caractère d'un crime est personnelle à chacun des accusés, et que ceux-ci ont pu se trouver fortuitement sur le lieu où un assassin consommait son crime et être entraîné à y prendre part sans l'avoir prémédité.

69. — Mais le Code d'inst. crim. n'a point prescrit les mêmes questions sur *toutes* les circonstances du fait, pour *tous* les accusés, et l'art. 59, C. pén., frappant de la même peine, d'une manière générale, l'auteur et le complice, que celui-ci ait eu ou non connaissance des circonstances aggravantes, la jurisprudence de la cour de Cassation n'a point dû rester la même.

70. — C'est, entre autres motifs, celui que donne l'arrêt de Cassation précité (nº 61), du 19 janv. 1838, qui décide qu'après avoir posé la question de complicité par dons, promesses et instructions faites ou données à l'auteur d'un assassinat, il est inutile de demander s'il y a eu préméditation et guet-apens. — V. dans le même sens *Liége*, 26 juin 1829, Gottin. — V. toutefois en sens contraire, Chauveau et Hélie, t. 5, p. 214. — V. COMPLICITÉ.

71. — La préméditation doit résulter clairement de la procédure, et il a été jugé, sous le Code de brum. an III, que lorsqu'aucune pièce n'annonçait qu'un meurtre eût été commis avec préméditation, l'acte d'accusation était nul s'il comprenait l'existence de cette circonstance. — *Cass.*, 16 pluv. an VIII, Amsler.

72. — L'homicide volontaire constitue un meurtre, bien que la personne homicidée ne soit pas celle que l'accusé avait l'intention de tuer. — *Cass.*, 8 sept. 1826, Amen; 31 janv. 1833, Chauveau. — C'est ce que nous avons dit au mot HOMICIDE. — V. ce mot.

73. — Cette proposition, mise en doute relativement à l'intention criminelle, a été de tous temps résolue dans le sens que nous venons d'indiquer, mais elle prend plus de gravité si on l'applique à la préméditation. A cet égard, les anciens auteurs étaient loin de s'accorder.

74. — Les uns, se fondant sur ce que l'homicide était le résultat d'une erreur, et faisant application de la loi romaine (L. 4, ff., *De injuriis*) qui refusait une action à celui qui n'avait été frappé que pour une autre personne, n'y voyaient qu'un homicide casuel. — Menochius, *Casu* 324, nº 11; Carrerius, *Praxis crim.*, *de homicidio*, § 2, nº 59; Damhouderius, *Praxis crim.*, cap. 85, nº 7.

75. — D'autres, au contraire, n'admettaient point qu'une telle erreur fût exclusive de la préméditation, car il n'était pas moins vrai que l'agent avait conçu le dessein de tuer; or, il suffisait que le fait matériel et la volonté préméditée concourussent pour qu'on dût qualifier le fait d'assassinat, indépendamment même du résultat. — Le Digeste leur fournissait également un argument par la loi 18, § 3, au même titre *De injuriis*. — Farinacius, *Quæst.* 125e, nº 156; Perezius, t. 2, p. 180; Jousse, t. 3, p. 508.

76. — D'autres, enfin, que l'erreur sur la victime peut bien laisser subsister la volonté, mais non la préméditation; car celle-ci, s'appliquant à un individu déterminé, cesse d'exister alors que le coup frappe une personne que l'on ne voulait pas atteindre, une victime imprévue. — Julius Clarus, § *Homicid.*, nº 6.

77. — MM. Chauveau et Hélie (*ibid.*, p. 220) ont réfuté, et avec raison, cette distinction plus subtile que solide : « Si la préméditation, disent-ils, ne s'adressait pas à la personne qui a été victime de l'action, elle n'en existait pas moins dans l'action elle-même : de même que la volonté de tuer, elle animait la pensée de l'agent; elle le plaçait sur le chemin de sa victime, son erreur n'a changé que le résultat du crime, elle n'en a pas changé la nature... Sa criminalité est la même que s'il eût réussi dans son projet, car il ne peut même offrir, comme une excuse, l'erreur qui l'a trompé, puisqu'il a fait une victime. »

78.—Le plus souvent cette question ne pourra même point être soulevée, car si c'est par suite d'une erreur que la victime a été atteinte, il n'en résultera pas moins, à la charge du coupable, une tentative d'assassinat qui, n'ayant manqué son effet que par des circonstances indépendantes de la volonté de son auteur, lui rend applicables les peines de l'assassinat lui-même.—En tous cas, et en supposant même qu'on ne pût y voir une tentative d'assassinat, resterait toujours un meurtre à l'égard duquel il ne peut s'élever aucune difficulté. —V. *suprà* nos 11 et suiv.

79.—On ne pourrait dire qu'il y a assassinat de la part de celui qui, s'étant placé en embuscade dans son jardin pour épier des maraudeurs, et ayant aperçu des enfans qui lui volaient ses pavots, les a poursuivis, a atteint l'un d'eux, l'a jeté en l'air et laissé tomber à terre, ce qui a causé la mort de cet enfant.—*Cass.*, 27 nov. 1806, Kummel. —Dans ce cas, évidemment, l'embuscade, la préméditation n'avait pas pour but un meurtre ou un homicide, et ne peut, dès-lors, devenir, à son égard, une circonstance aggravante.

80.—Il n'y aurait pas davantage assassinat, et la peine de mort ne pourrait être appliquée, si l'accusé n'avait été déclaré coupable que d'une attaque à dessein de tuer, sans mention de préméditation.—*Cass.*, 23 frim. an XI, Fauqué.

CHAPITRE III — *Peine. — Tentative. — Compétence.*

81.—Dans tous les temps et chez presque tous les peuples, la peine de mort a été réservée à l'assassinat : au plus grand crime le dernier supplice. En France même on y ajoutait des tourmens destinés à rendre la peine plus redoutable, et les parlemens, dont le pouvoir à cet égard était à peu près discrétionnaire, manquaient rarement soit de la rendre plus douloureuse en ordonnant, par exemple, que le coupable serait roué, rompu vif, brûlé, etc., ou subirait certaines mutilations, soit d'y ajouter quelques accessoires plus infamans, tels que : amendes honorables, incinération du corps, dispersion des cendres, etc.—Plusieurs législations modernes ont encore conservé quelques uns de ces souvenirs d'un autre âge.

82.—Autrefois on ne pouvait obtenir de lettres d'abolition pour le crime d'assassinat. — Ord. de Blois et ord. d'août 1670. — L'ordonnance de 1670 défendait même aux juges, s'il était accordé des lettres de grace pour ce crime, d'y avoir aucun égard.—Guyot, *Rép.*, vo *Assassin.*

83.—Plus anciennement, et d'après le concile de Lyon, tenu environ en 1248, tous les asiles étaient fermés à ceux qui se rendaient coupables d'assassinat, et les ecclésiastiques qui se servaient d'assassins pour commettre des meurtres, ou leur donnaient retraite, étaient excommuniés.

84. — Mais chez nous, et depuis 1789, toutes ces rigueurs ont complètement disparu. L'art. 2 du Code du 25 sept. et 6 oct. 1791, tit. 1er, 1re partie, porte : « La peine de mort consistera dans la simple privation de la vie, sans qu'il puisse jamais être exercé aucune torture envers les condamnés. » — Cependant, l'art. 4 ajoutait, pour les cas d'assassinat, d'incendie ou de poison, que le condamné serait conduit au lieu de l'exécution revêtu d'une chemise rouge.

85.—Cette disposition n'a même pas été conservée par le Code de 1810, et aujourd'hui, son art. 302, non modifié en 1832, porte simplement que « tout coupable d'assassinat sera puni de mort. »

86. —Bien entendu que, si la peine de mort paraissait, dans certains cas, trop grave, il est possible, en admettant des circonstances atténuantes, de réduire la peine d'un ou même de deux degrés, c'est-à-dire de ne prononcer que les travaux forcés à perpétuité ou à temps.—C. pén., art. 463.

87. —Le roi pourrait même faire grace à l'assassin, car le senatus-consulte du 16 thermidor an X, qui attribue le droit de grace au chef du gouvernement, et la Charte qui en investit le roi, n'y apportent à cet égard aucune restriction. — Merlin, *Rép.*, vo *Assassin.* — V. GRACE.

88. — L'art. 1er, tit. 3, part. 2e, de la loi de 1791 punissait, comme l'a fait depuis le Code de 1810, les complices de la même peine que l'auteur principal d'un crime ou d'un délit. — Mais il fallait que dans l'arrêt de condamnation, la loi même qui prononce cette peine fût expressément indiquée, sinon, et lorsque, par exemple, dans une accusation de complicité d'assassinat on ne citait que l'art. 11 du tit. 2, sect. 1re, qui, pris isolément, n'a aucun rapport à la complicité, l'arrêt était nul. — *Cass.*, 17 brum. an VIII, Lagrave.

89. —Le Code d'instruction criminelle a prévenu le retour d'une jurisprudence aussi irrationnelle en établissant, dans son art. 411, une distinction judicieuse entre la fausse indication et la fausse application de la loi.

90. — Du reste, lorsqu'un accusé est déclaré complice d'un crime, il faut, à peine de nullité, que la réponse du jury spécifie chacun des faits constitutifs de la complicité légale. — V. notamment *Cass.*, 28 juin 1816, Souffiant; 10 août 1820, Dancourt; 5 fév. 1824, Mangon; 13 déc. 1832, Gilberton; 27 juin 1835, Gaudeix.

91. — Toutefois la réponse du jury à la question relative à la complicité d'assassinat, *que l'accusé est coupable d'avoir donné la mort par aide et assistance*, caractérise suffisamment le fait de complicité, bien que n'en énonçant point les élémens. — *Cass.*, 7 juill. 1831, Greco.

92. — Et il n'y a aucune contradiction entre la réponse du jury qui déclare que l'accusé n'est pas l'auteur de l'assassinat faisant l'objet des poursuites, et celle qui le reconnaît coupable d'avoir donné la mort par assistance.— *Cass.*, 7 juill. 1831, Greco. — En effet, un accusé, quoique déclaré n'être pas l'auteur d'un assassinat, peut cependant s'en être rendu complice. — V. au surplus COMPLICITÉ.

93. — Le Code pénal de 1791 prévoyait les tentatives d'assassinat (partie 2e, tit. 2, sect. 2e, art. 13), mais ne disait rien de celles des autres crimes : il a été complété sur ce dernier point par la loi du 22 prair. an IV. Il suit de là que cette loi ne s'appliquait point aux tentatives d'assassinat, et que les questions au jury y relatives devaient être conçues, non d'après les conditions qu'elle exigeait pour constituer une tentative punissable, mais uniquement en conformité du Code de 1791.—*Cass*, 23 vendém. an VII, Chapus.

94. — Ainsi, il suffisait que dans une accusation de tentative d'assassinat, le jury fût interrogé sur le point de savoir si l'attaque avait eu lieu dans le dessein de tuer. Mais cette question devait, à peine de nullité, être posée indépendamment de celle relative à la préméditation. — *Cass.*, 29 frim. an VII, Ledoyen.

95. — Sous la loi du 22 prair. an IV, lorsque, sur une accusation d'assassinat, le jury répondait qu'il n'y avait pas eu préméditation et néanmoins que l'attaque avait été faite volontairement et à dessein de tuer, comme ce fait constituait la tentative, non d'assassinat, mais de meurtre, il devenait nécessaire de soumettre au jury toutes les questions de moralité prévues par ladite loi du 22 prair. an IV. — *Cass.*, 14 prair. an VII, Caute.

96. — Jugé que la déclaration du jury portant qu'un accusé est convaincu *d'avoir fait une tentative d'assassinat*, et qu'il *n'est pas constant que si l'assassinat projeté ne fut pas consommé, ce fut par des circonstances indépendantes de la volonté dudit accusé*, est contradictoire, et elle serait, au surplus, insuffisante suivant la loi du 22 prair. an IV. — *Cass.*, 23 vendém. an VII, Chapus.

97. — Depuis le Code pén. de 1810, toutes ces distinctions ont disparu : la tentative, soit d'assassinat, soit de tout autre crime, et même de simples délits est uniformément réglée par l'art. 2, et la déclaration du jury portant que l'accusé est coupable d'une tentative d'assassinat ne pourrait servir de base légale à une condamnation si le jury n'a pas exprimé qu'il y a eu acte extérieur et commencement d'exécution suspendue par des circonstances indépendantes de la volonté dudit accusé. — *Cass.*, 23 mars 1815, Aureschc. — V. aussi dans le même sens un arrêt de *Cass.*, 30 mai 1816, Colombel.

98. — Il ne suffit pas non plus, pour constituer la tentative de meurtre ou celle d'assassinat, alors qu'il n'y a que des blessures faites, que le jury déclare l'accusé convaincu d'avoir tiré volontairement et avec préméditation un coup de fusil sur sa victime : il faut, à peine de nullité, que le jury soit interrogé et réponde sur la question de savoir si le coup de fusil a été tiré à dessein de tuer. — *Cass.*, 22 nov. 1810, Hedou; 18 janv. 1816, Clément.

99. — La circonstance que la victime d'une tentative d'assassinat n'est décédée que le quarantième jour de l'attentat et que sa mort est due à une cause naturelle, ne peut détruire la prévention de tentative d'assassinat.—*Cass.*, 30 nov. 1810, Auvry. — Cet arrêt, expliqué par les observations du conseiller rapporteur insérées au *Bulletin criminel*, décide uniquement que la survie ou l'époque du décès ne détruisent point le fait de la tentative; il n'en faut donc rien conclure qui puisse influer sur la solution de la question de savoir si celui qui a porté des coups sans intention de donner la mort est responsable des accidens qui ont pu la procurer à la suite des blessures par lui faites. — V. TENTATIVE.

100. — D'après l'art. 516, C. du 3 brum. an IV, toutes les affaires dans lesquelles le directeur du jury exerçait immédiatement les fonctions d'officier de police judiciaire devaient être soumises à des jurés spéciaux; et les art. 140, 141 et 142 déterminaient ces affaires, parmi lesquelles l'art. 140 plaçait *les attentats contre la liberté ou la sûreté individuelle des citoyens.* — D'où la question de savoir si l'assassinat était compris dans ces attentats, et devant quelle juridiction il devait être renvoyé.

101. —Un arrêt de Cassation du 19 messid. an IX (Darré) décida que le crime d'assassinat n'était pas assez clairement compris dans l'art. 140 ci-dessus pour que la cassation pût être prononcée, soit que la poursuite eût été faite par le juge de paix, soit qu'elle l'eût été par le directeur du jury faisant fonctions d'officier de police judiciaire; — Qu'en conséquence, toutes les fois que la poursuite avait été faite par le juge de paix, l'affaire devait être soumise à un jury ordinaire d'accusation et de jugement; — Mais que toutes les fois, au contraire, que la poursuite avait été faite par le directeur du jury, l'affaire devait être soumise à un jury spécial d'accusation et de jugement.

102. — Cependant, si les poursuites n'étaient exercées que pour un assassinat non consommé, elles n'étaient pas du nombre de celles qui devaient être portées devant un jury spécial.—*Cass.*, 3 prair. an VII, Guilon.

103.—Depuis, la loi du 18 pluv. an IX a attribué concurremment aux tribunaux criminels ordinaires et aux tribunaux spéciaux la connaissance du crime d'assassinat prémédité. — Les deux juridictions étaient donc également et au même titre compétentes pour en connaître, aussi celui des deux tribunaux qui se trouvait saisi le premier ne pouvait-il pas se désister et renvoyer l'accusation sans motif devant l'autre. — *Cass.*, 9 prair. an IX, Mondufflar; 28 prair. an IX, Saint-Grenier.

104. — Par conséquent encore, le directeur du jury n'avait pas le droit de saisir indistinctement l'un ou l'autre de ces tribunaux, et une fois qu'il avait pris connaissance d'une affaire, il ne pouvait pas en dépouiller le tribunal criminel pour la renvoyer au tribunal spécial. — *Cass.*, 12 prair. an XII, Merceron et Corbière (deux affaires); 11 vent. an XII, Sers; 29 germin. an XII, Morillon.

105.— De même, dès que la cour de justice criminelle était saisie d'une affaire de cette nature par le directeur du jury, la cour spéciale était incompétente pour en connaître, même par suite de l'annulation de la procédure et par le renvoi prononcés par la cour criminelle. — *Cass.*, 12 flor. an XII, Pfeiffer; 20 prair. an XII, Lesbaudy; 4 germin. an XI, Lebrat.

106. — Mais on ne pouvait considérer comme homicide prémédité ou assassinat, ni comme préparé et consommé par un attroupement armé, celui commis par les gardes nationaux légalement requis, et dès-lors cet homicide n'était pas de la compétence des tribunaux spéciaux. — *Cass.*, 28 fructid. an IX, Guis.

107. — Les tribunaux spéciaux n'ayant plus aujourd'hui d'existence légale, l'assassinat, comme tous autres crimes, est de la compétence de la cour d'assises, et les décisions qui étaient jusqu'alors intervenues sur la juridiction appelée à en connaître ont perdu toute espèce d'intérêt.

V. ACTE D'ACCUSATION, BLESSURES ET COUPS, COMPÉTENCE, COMPLICITÉ, COUR D'ASSISES, DUEL, EMPOISONNEMENT, HOMICIDE, INFANTICIDE, PARRICIDE, MEURTRE, TENTATIVE, TRIBUNAUX SPÉCIAUX.

ASSEC ou ASEC.

1. — On nomme ainsi, dans les pays qui formaient autrefois la province de Bresse, tout le temps pendant lequel un étang demeure à sec après avoir été pêché.

2. — « L'étang, dit Revel, dans son ouvrage intitulé : *l'Usage des pays de Bresse*, a comme deux saisons, l'évolage et l'assec. — L'évolage est l'étang qui est rempli d'eau et apoissonné; on apoissonne un étang ordinairement aux mois de mars et avril, et on le pêche la seconde année, à l'avent ou au carême. — La pêche faite, il demeure à sec et à soleil le reste de cette année, et nous l'appelons assec. —V. sur les droits qui résultaient de l'assec, leur nature et leurs conséquences, le mot ÉTANG.

ASSECHEMENT.

V. MARAIS, MINES.

ASSEMBLÉE DE CRÉANCIERS.

1. — En cas de faillite de leur débiteur, les créanciers doivent être, à diverses époques, réunis en assemblée sous la présidence du juge com-

missaire pour délibérer sur les intérêts de la masse et régler le sort du débiteur failli.—Ainsi les créanciers sont convoqués notamment pour donner leur avis sur la nomination des syndics, pour concourir à la vérification des créances, pour statuer s'il y a lieu d'accorder un concordat au failli, ou de se former en union pour entendre le compte de la gestion des syndics et exprimer leur avis sur la question de savoir si le failli est excusable ou non. — V. FAILLITE.

ASSEMBLÉE DE LA NATION (Échelles du Levant et de Barbarie).

1. — C'est la réunion, sur la convocation de l'ambassadeur ou des consuls, des Français résidant dans les échelles du Levant et de Barbarie.

2. — L'ambassadeur du roi à Constantinople et les consuls ou vice-consuls dans les autres lieux doivent convoquer l'assemblée de la nation de leur échelle toutes les fois qu'ils le jugent à propos pour le bien général et particulier. — Dans les cas extraordinaires, ils peuvent y appeler les capitaines et autres personnes qu'ils jugent nécessaires. — Ord. 3 mars 1781, tit. 2, art. 41.

3. — Les consuls et vice-consuls ne peuvent jamais refuser de convoquer l'assemblée de la nation, quand ils en sont requis, et de signer les délibérations prises en leur présence; ils signent également les lettres que la nation écrit en corps. — Art. 42.

4. — Les négocians et autres sujets du roi sont tenus de se rendre aux assemblées nationales sous peine de 10 liv. d'amende applicable à la rédemption des captifs. — Art. 43.

5. — Les assemblés ordinaires sont composées de négocians établis dans les échelles, et il n'y est admis qu'un seul associé de chaque maison. — Art. 44.

6. — Les négocians qui ont fait faillite dans les échelles ne sont pas admis dans les assemblées. — Art. 45. — V. FAILLITE.

7. — Les consuls et vice-consuls n'ont pas voix délibérative dans les assemblées de la nation. Seulement ils peuvent dissoudre l'assemblée, lorsqu'ils s'aperçoivent qu'elle est prête à prendre, malgré leurs observations, des délibérations contraires aux ordres du gouvernement; et ils en rendent compte au ministre de la marine. — Art. 46.

8. — Les procès-verbaux d'assemblées signés de tous ceux qui y ont assisté sont inscrits sur un registre coté et paraphé, tenu par le chancelier de chaque échelle. — Art. 47.

9. — Tous les Français résidant dans le Levant et en Barbarie peuvent adresser, en corps de nation ou en particulier, au ministre de la marine, les plaintes qu'ils pourraient avoir à porter contre les consuls et vice-consuls. — Art. 48.

ASSEMBLÉE NATIONALE CONSTITUANTE.

1. — L'assemblée des députés des communes aux états généraux, après avoir, par sa déclaration du 17 juin 1789, constaté qu'elle était déjà composée des représentans envoyés directement par les quatre-vingt-seize centièmes au moins de la nation, prit la dénomination d'*assemblée nationale*.

2. — L'œuvre de la restauration nationale, que cette assemblée avait pour mission d'accomplir, la constitution à la délibération et au vote de laquelle elle consacra ses plus importans travaux, ont fait compléter ainsi sa dénomination : *assemblée nationale constituante* On l'appelle aussi *assemblée constituante*.

3. — On comprend que ce titre ne fut pas modifié lorsque, par suite de la lettre du roi Louis XVI, du 27 juin 1789, les membres du clergé et de la noblesse, qui avaient résisté à une réunion générale des trois ordres des états généraux, se furent rendus dans le sein de l'assemblée.

4. — L'ordre des délibérations de l'assemblée nationale constituante était déterminé par un réglement en date du 29 juill. 1789. — V. Duvergier, *Collect. des lois*, à cette date.

5. — Ce réglement n'a pas toujours été observé, et plus d'une fois, emportée par le besoin des affaires ou par la force des circonstances, l'assemblée y a dérogé.

6. — L'assemblée nationale constituante a décrété la formation, dans son sein, de plusieurs comités qui, au lieu d'être, comme les commissions de nos chambres actuelles, chargés de l'examen d'un seul projet, embrassaient l'instruction et la suite d'une ou plusieurs affaires de même nature.

7. — MM. Ph. Valette et Benat-Saint-Marsy (*Tr. de la confect. des lois*, p. 15) donnent l'énumération suivante des comités que cette assemblée organisa dans le cours de sa législature : 1° comité d'agriculture et de commerce; — 2° d'aliénation; — 3° des colonies; — 4° de constitution; — 5° pour la déclaration des droits de l'homme; — 6° du contentieux; — 7° des décrets; — 8° diplomatique; — 9° des domaines; — 10° ecclésiastique; — 11° d'emplacement; — 12° féodal; — 13° des finances; — 14° des fortifications; — 15° d'impositions; — 16° d'informations; — 17° de jurisprudence criminelle; — 18° de liquidation; — 19° de liquidation des offices de judicature; — 20° de marine; — 21° de mendicité; — 22° militaire; — 23° des monnaies; — 24° des pensions; — 25° des rapports; — 26° des recherches; — 27° de rédaction; — 28° de réglement; — 29° de santé; — 30° des subsistances; — 31° de surveillance.

8. — Les attributions de ces comités sont indiquées par la dénomination de chacun d'eux, et montrent que l'autorité de la représentation nationale tendait à exercer une action directe sur l'administration de l'état, aux dépens du pouvoir exécutif, dont les attributions n'étaient pas arrêtées avec la précision qui les détermine aujourd'hui.

9. — Mais ce résultat était moins un droit qu'un fait, et le conseil des Cinq-Cents, appelé à délibérer sur un message du Directoire exécutif, relatif aux pouvoirs des comités de l'assemblée constituante, disait, par l'organe du rapporteur de sa commission spéciale : « Remarquons que ces comités n'exerçaient pas les fonctions administratives. Il y avait alors un pouvoir exécutif et un pouvoir administratif dont les ministres exerçaient les fonctions. Si les comités étaient autorisés à donner des décisions, c'était comme objet d'instruction et non comme objet de direction ou d'exécution. »

10. — L'assemblée constituante décida, le 26 déc. 1789, qu'aucun de ses comités ne pourrait rendre publics ses avis : que les comités seraient tenus, dans tous les cas, de consulter l'assemblée, qui seule pouvait prononcer.

11. — Néanmoins, le 5 fév. 1790, un décret autorisa les comités à donner des avis et des éclaircissemens aux personnes qui leur en demanderaient, sans être obligés d'en référer à l'assemblée nationale, mais après avoir conféré avec les députés des départemens et de concert avec eux.

12. — Enfin, le 18 fév.-7 mars 1790, un décret important autorisa les différens comités à demander, dans les dépôts des départemens, ceux des cours et autres dépôts publics, toutes les pièces qu'ils jugeraient nécessaires à leurs travaux. Les pièces devaient leur être délivrées par copies certifiées, sans frais; et si les comités voulaient voir les minutes, elles devaient être représentées aux commissaires qu'ils nommeraient à cet effet.

13. — La proposition des lois appartenait exclusivement aux représentans de la nation; le roi pouvait seulement inviter l'assemblée nationale à prendre un objet en considération.

14. — L'assemblée nationale constituante termina, le 3 septembre 1791, l'ouvrage de la constitution, qui fut solennellement acceptée et signée par le roi le 14 du même mois. Le 30 sept. 1791, Thouret, dernier président, déclara que l'assemblée nationale avait terminé ses travaux.

ASSEMBLÉE NATIONALE LÉGISLATIVE.

1. — C'était une assemblée composée de représentans temporaires, librement élus par le peuple, à laquelle était délégué par la constitution du 3 sept. 1791 le pouvoir législatif pour être exercé par elle avec la sanction du roi. — Constit. de 1791, tit. 3, art. 3.

2. — L'assemblée nationale législative était permanente, elle n'était composée que d'une seule chambre. Elle devait être formée tous les deux ans par de nouvelles élections. Le corps législatif devait se renouveler ainsi de plein droit. Il ne pouvait être dissous par le roi. — Constit. de 1791, tit. 3, ch. 1er, art. 1, 2, 4 et 5.

3. — L'assemblée législative ouvrit sa session le 1er octobre 1791; mais, d'après les règles tracées par la constitution de 1791, les représentans devaient se réunir au 1er jour de mai, vérifier leurs pouvoirs et au dernier jour de mai, quel que fût le nombre des membres présens, se constituer en assemblée nationale législative.

4. — Les pouvoirs et fonctions déférés exclusivement à l'assemblée nationale législative étaient déterminés par la section 1re, ch. 3, tit. 3, de la constitution de 1791. Ils comprenaient : le droit de proposer et de voter les lois (le roi pouvait seulement inviter le corps législatif à prendre un objet en considération), la fixation des dépenses et l'établissement des contributions publiques, la création ou suppression d'offices publics, la détermination du titre, du poids, de l'empreinte et de la dénomination des monnaies, le droit de permettre ou de défendre l'introduction des troupes étrangères sur le territoire français et des forces navales étrangères dans les ports du royaume, le droit de statuer annuellement, après la proposition du roi, sur le nombre d'hommes et de vaisseaux dont les armées de terre et de mer devaient être composées, sur la solde, l'armement, l'enrôlement des militaires, de statuer sur l'administration et l'aliénation des domaines nationaux, de poursuivre devant la haute cour nationale la responsabilité des ministres et d'accuser devant la même cour ceux qui pouvaient être prévenus d'attentat et de complot contre la sûreté générale de l'état ou contre la constitution, d'établir les lois d'après lesquelles les marques d'honneur ou décorations purement personnelles seraient accordées à ceux qui auraient rendu des services à l'état, enfin de décerner exclusivement les honneurs publics à la mémoire des grands hommes.

5. — En principe, la guerre ne pouvait être décidée que par un décret du corps législatif rendu sur la proposition formelle et nécessaire du roi et sanctionné par la loi.

6. — Il appartenait au corps législatif de ratifier les traités de paix, d'alliance et de commerce, et aucun traité ne devait avoir d'effet que par cette ratification.

7. — Le corps législatif avait le droit de déterminer le lieu de ses séances, de les continuer autant qu'il le jugeait nécessaire, ou de s'ajourner. Il avait le droit de police dans le lieu de ses séances, le droit de discipline sur ses membres, et le droit de disposer, pour sa sûreté et le maintien du respect qui lui était dû, des forces militaires établies de son consentement dans la ville où il tenait ses séances.

8. — La section 2e du même chapitre de la constitution de 1791 réglait la forme des délibérations de l'assemblée législative. — La section 4e prescrivait ce qui concernait les relations du corps législatif avec le roi.

9. — L'assemblée législative organisa tous ses comités par décret du 15 oct. 1791. En voici la nomenclature : 1° comité de division du royaume; 2° de législation civile et criminelle; 3° de liquidation; 4° d'examen des comptes; 5° des dépenses publiques; 6° des assignats et monnaies; 7° des contributions publiques; 8° de la trésorerie nationale; 9° de la dette publique; 10° d'agriculture; 11° de commerce, arts et manufactures; 12° des matières féodales; 13° des lois et réglemens militaires; 14° des lois et réglemens pour la marine; 15° des domaines; 16° des matières diplomatiques; 17° des colonies; 18° des secours publics; 19° d'instruction publique; 20° des pétitions; 21° des décrets.

10. — Le 20 nov. 1791, l'assemblée autorisa tous les comités à correspondre directement avec les corps administratifs et autres établissemens, pour obtenir les renseignemens et éclaircissemens qu'ils croiraient nécessaires, sans pouvoir dans aucun cas donner ni avis ni décisions. Le lendemain un décret les autorisa à renvoyer aux pétitionnaires les différentes pétitions sur lesquelles l'assemblée avait décrété qu'il n'y avait pas lieu à délibérer. Il devait être fait mention de ce renvoi à la marge de la pétition, ainsi que de sa date et de l'indication des ministres et corps constitués auxquels le pétitionnaire devait s'adresser.

11. — Outre les vingt-un comités, il y avait encore deux commissions d'inspecteurs, la première pour la salle des séances, la seconde pour le commissariat et l'imprimerie.

12. — On sait par suite de quels événemens l'assemblée nationale législative fut remplacée par la Convention nationale, qui s'assembla le 22 sept. 1792. — V. CHAMBRE DES DÉPUTÉS, CONVENTION NATIONALE.

ASSEMBLÉES ÉLECTORALES.

V. ÉLECTIONS.

ASSEMBLÉES DU CHAMP DE MAI.

V. ACTE ADDITIONNEL AUX CONSTITUTIONS DE L'EMPIRE, CONSTITUTIONS FRANÇAISES.

ASSEMBLÉES PRIMAIRES.

Assemblées de citoyens formées dans les villes et dans les cantons, aux termes des constitutions des 3 sept. 1791 et 5 fructid. an 3, pour nommer les électeurs chargés dans chaque département d'élire les représentans de la nation. — V. ÉLECTIONS.

ASSEMBLEUR.

Les assembleurs sont rangés par la loi du 25 avr. 1844, sur les patentes, dans la huitième classe des patentables et imposés à : 1º un droit fixe, basé sur le chiffre de la population de la ville ou commune où est situé l'établissement ; — 2º un droit proportionnel du quarantième de la valeur locative de la maison d'habitation, et des locaux servant à l'exercice de la profession. — V. PATENTE.

ASSEOIR LA MAIN.

C'est saisir. — Coutume de Troyes, art. 24 ; Coutume de Paris, art. 7.

ASSESSEURS.

1. — Ce terme désigne généralement toute personne adjointe à un juge principal pour juger conjointement avec lui.

2. — A Rome, le préteur était aidé dans ses fonctions par des assesseurs qu'on lui donnait ou qu'il était autorisé à choisir lui-même. — V. ff., liv. 1, tit. 22, *De offic. assess.*

3. — Dans notre ancien droit, des assesseurs criminels avaient été créés sous le titre de lieutenans particuliers, assesseurs criminels et premiers conseillers, par un édit d'Henri III, de juin 1586; mais ces offices furent supprimés par une déclaration donnée par le même prince le 3 mai 1588. — Un autre édit, de Henri IV, de juin 1596 les a rétablis. — Merlin, *Rép.*, vº *Assesseurs*; Denizart, vº *Assesseur*, nºs 5 et 7.

4. — La loi du 16-24 août 1790 en établissant un juge de paix dans chaque canton lui donna deux *prud'hommes - assesseurs* qui devaient l'assister et connaître avec lui des contestations placées dans ses attributions (tit. 3, art. 1 et 9.)

5. — Les assesseurs contribuaient à former dans les villes où il n'y avait qu'un ou deux juges de paix le tribunal de police correctionnelle. — L. 19 juill. 1791, tit. 2, art. 46 et suiv.; C. 3 brum. an IV, art. 169 et suiv.

6. — Ces assesseurs ont été supprimés par la loi du 29 vent. an IX (art. 1). — Dès-lors, chaque juge de paix a dû remplir *seul* ses fonctions, soit judiciaires, soit de conciliation (art 2). — Mais en cas de maladie, absence ou autre empêchement du juge de paix, ses fonctions sont remplies par un suppléant : à cet effet, la même loi donne deux suppléans à chaque juge de paix (art. 3).

7. — Le décret du 18 oct. 1810 désignait sous le nom d'assesseurs les juges des cours prévôtales des douanes autres que les présidens.

8. — On donne encore aujourd'hui le nom d'assesseurs aux magistrats qui assistent le président des assises et constituent, avec lui, la cour d'assises ; c'est du moins ainsi que le Code d'instruction criminelle lui-même les désigne (art 263).

9. — Dans les colonies, le nom d'assesseurs appartient, non aux membres de la cour d'assises qui assistent le président, mais aux personnes qui remplissent les attributions confiées en France aux jurés. — On appelle *collége d'assesseurs* la liste de tous ceux qui sont appelés à en remplir les fonctions. — La nomination des assesseurs est faite par le roi sur la proposition du ministre de la marine; leurs fonctions sont gratuites; le collége des assesseurs est renouvelé tous les trois ans. — Ord. 30 sept. 1827, tit. 4, art. 161 et suiv. ; 24 sept. 1828, tit. 4, art. 172 et suiv. ; 21 déc. 1828, tit. 4, art. 161 et suiv. — V. au surplus COLONIES.

ASSIGNAT.

1. — Destination particulière d'un immeuble à l'acquit d'une dette.

2. — Autrefois l'assignat d'un fonds pour payer une rente ne la rendait pas pour cela foncière, si elle ne l'était pas de sa nature; et il ne donnait point de privilége au créancier si d'ailleurs la créance n'était pas privilégiée. — Merlin, *Rép.*, vº *Assignat*. — V. RENTE FONCIÈRE.

3. — Le nom d'*assignat* a été donné depuis 1790 jusqu'en 1796 à un papier-monnaie qui était affecté sur les domaines nationaux. — V. ENREGISTREMENT, FAUSSE MONNAIE, PAPIER-MONNAIE.

ASSIGNATION.

1. — Ce mot est synonyme d'ajournement : on l'emploie pour désigner l'acte d'huissier par lequel une partie est sommée de comparaître, à certain jour, devant un tribunal, pour y défendre sur la demande intentée contre elle. — V. EXPLOIT.

2. — Autrefois, les assignations se nommaient *relation*, *rapport*, parce qu'à cette époque les huissiers et sergens ne libellaient pas leurs exploits, et assignaient *verbalement* les parties, en présence de témoins : ils venaient ensuite attester au juge que l'ajournement avait été donné.

3. — Quelquefois le mot *assignation*, en termes de finance, se prend pour rescription, mandat de paiement. — V. MANDAT DE PAIEMENT.

ASSIGNATION DE PARTS.

V. PARTAGE.

ASSIGNÉ POUR ÊTRE OUI.

1. — On appelait ainsi, dans notre droit criminel, une ordonnance rendue par le juge pour contraindre l'accusé à se présenter pour répondre en personne et sous l'assistance d'un conseil, sur les faits qui lui étaient imputés.

2. — Ce décret, selon Merlin (*Rép.*, vº *Assigné pour être ouï*), n'était employé qu'autant que la prévention était peu grave, ou que les charges étaient légères, ou enfin qu'il s'agissait d'un officier public dont on ne voulait point compromettre l'état par un décret de prise de corps ou d'ajournement personnel, qui entraînaient interdiction.

3. — Aujourd'hui on n'emploie plus ce genre de décret, il est à peu près représenté par le mandat de comparution autorisé par les art. 91 et suiv., C. d'inst. crim.

ASSISES DE JÉRUSALEM.

1. — Nom donné au Code rédigé par ordre de Godefroi de Bouillon pour le royaume de Palestine, après la conquête de Jérusalem par les croisés, en l'an 1099.

2. — Ces assises sont précieuses en ce qu'elles furent empruntées aux usages suivis en France. — Des preuves incontestables attestent cette origine.

3. — Il existe notamment un document fort ancien (1258), relatif à l'histoire du royaume de Chypre, et qui ne laisse aucun doute sur ce point. On y lit les passages suivans : « Les usages de ce » pays furent prins et extrais de ceaus de France, » au conquest de ce royaume... — Autrefois est » advenu en ce royaume qui n'avoit esté débattu » ne conçu par esgard ne par connaissance de » court, de quoi l'on estoit enséré, que l'on se tra- » vailloit de savoir la vérité de l'usage de France, » et par cet usage l'on délivroit le fait en cest » royaume. — Et le royaume de Jérusalem sait-on » bien que les François le conquirent, et qu'ils pri- » rent et extrairent les usages de ce royaume de » ceux de France. » — Lathaumassière, *Assises de Jérusalem*, p. 105 et suiv.

4. — Les assises de Jérusalem étaient aussi appelées *Lettres du sépuchre*, parce qu'elles étaient gardées en un coffre, dans l'église du Sépulcre, d'où elles étaient tirées en présence du roi ou de son délégué, du patriarche, ou, en son absence, du prieur du Sépulcre, de deux chanoines et du vicomte, lorsqu'il y avait débat sur quelque article de ces coutumes.

5. — On ne sait pas précisément par qui furent rédigées ces assises. On lit dans le chap. 1er qu'il y eut une commission nommée pour recueillir les usages qui devaient être observés et qui furent ensuite mis par écrit et adoptés avec solennité, mais le rédacteur est resté inconnu. — Quelques savans supposent que ce fut le jurisconsulte Philippe de Navarre. — *Hist. littér.*, t. 13; *Mémoires de l'Académie des inscrip.*, t. 20.

6. — Les assises de Jérusalem furent adoptées dans les principautés chrétiennes d'Antioche, de Tripoli et d'Edesse, puis dans le royaume de Chypre et dans l'empire grec, après la conquête qui donna la couronne à Baudouin de Flandre, en 1204. — Pardessus, *Mém. sur le dr. coutum.*, p. 66; Dupin, *Lettres sur la profess. d'avocat*, t. 2, p. 676, édit. 1832.

7. — Les assises de Jérusalem qui nous sont parvenues ne sont point identiquement celles que fit rédiger Godefroi de Bouillon. — Le roi Amaury, devenu roi de Chypre en 1194, et de Jérusalem en 1197, en fit une nouvelle rédaction pour remplacer les autographes perdus. — V. ASSISES DE JÉRUSALEM, haute cour, ch. 273.

8. — L'original de la rédaction du roi Amaury se perdit aussi, ce qui porta Jean d'Ibelin, comte de Jaffa et d'Ascalon, à en recueillir ce qu'il put, vers l'année 1250, suivant l'opinion généralement admise, ou vers l'année 1230, suivant M. Pardessus. — V. ASSISES DE JÉRUSALEM, haute cour, ch. 5.

9. — C'est cette dernière version, approuvée dans une assemblée tenue le 16 janvier 1368, an de l'incarnation 1369, que nous possédons aujourd'hui. Voici comment elle nous est parvenue.

10. — La république de Venise, ayant acquis en 1489 la souveraineté de l'île de Chypre, y trouva les assises en vigueur. Il y en avait une copie authentique déposée dans l'église de Nicosie; mais comme elle était difficile à entendre dans le dialecte original, on l'avait fait traduire en grec.

11. — A leur tour, les magistrats vénitiens eurent besoin d'une traduction italienne, et la république en fit faire une avec une solennité qui atteste l'importance qu'elle attachait à cette opération. — Dupin, p. 677; *Revue de législat.*, t. 10, p. 235.

12. — L'un des deux exemplaires français adoptés par les commissaires pour servir de type à la traduction italienne fut porté à Venise et déposé aux archives du conseil des dix.

13. — La version italienne fut imprimée par ordre du gouvernement vénitien en 1535 : Canciani l'a reproduite. — *Barbarorum leges antiquæ*, t. 5.

14. — L'existence du manuscrit français déposé dans les archives du conseil des dix, n'a été révélée qu'en 1789, époque à laquelle il fut transféré à la bibliothèque publique de Saint-Marc. — Pardessus, *loc. cit.*, p. 74.

15. — Louis XVI ayant témoigné le désir d'en avoir une copie, le savant Morelli fut chargé par le sénat de la faire exécuter sous la surveillance du procurateur de Saint-Marc. — Elle fut remise au roi au mois de févr. 1791.

16. — Cette copie précieuse, car elle a été faite avec tant de soin qu'elle reproduit identiquement l'original, disparut on ne sait comment, passa en Russie et en Pologne, et fut heureusement retrouvée et rachetée par le ministère français en 1829.

17. — Dans l'intervalle, M. Guérard, directeur de l'école des chartes, avait, par ordre du garde des sceaux, exécuté une nouvelle copie du manuscrit de Venise, dont les deux volumes avaient été successivement communiqués par le gouvernement autrichien, qui en est aujourd'hui le détenteur. — *Revue de législat.*, t. 10, p. 237.

18. — Ainsi, nous avons maintenant deux copies excellentes du manuscrit de Venise, l'une par Morelli, l'autre par M. Guérard; nous possédons aussi une copie en grec du texte français, et cinq autres copies moins complètes et moins précieuses.

19. — D'autres manuscrits des assises de Jérusalem existent encore, notamment à la bibliothèque du Vatican et à celle de Munich. — Lathaumassière, qui publia en 1690 une édition des assises, indique plusieurs manuscrits existant en France à cette époque, mais il dit que ce n'étaient que des copies du manuscrit de la bibliothèque du Vatican.

20. — En 1788, M. Agier, alors avocat au parlement, et depuis l'un des présidens les plus instruits de la cour royale de Paris, résolut de donner une nouvelle édition des assises, car celle de Lathaumassière était fort défectueuse et de plus incomplète; mais les événemens politiques le firent renoncer à ce projet.

21. — En 1806, M. Dupin aîné le reprit; mais, soit que ses occupations l'aient empêché de le mener à fin, soit qu'à cette époque l'utilité d'une pareille publication ne fût pas suffisamment sentie, jusqu'en 1837 il ne fut fait aucune nouvelle édition des assises.

22. — Aujourd'hui il en existe trois : l'une commencée par M. Victor Fouché, avocat général à Rennes, et qui n'est pas encore terminée; l'autre publiée par M. Kausler, à Munich, in-4º; et la troisième in-folio, par M. Beugnot, et imprimée par ordre du gouvernement. — Ainsi se trouve heureusement démentie la prédiction de M. Dupin qui, en 1832, ne croyait pas que de long-temps on pût faire une nouvelle édition des assises.

23. — On comprend, du reste, tout l'intérêt qui s'attache à un pareil livre; c'est une des principales sources de notre ancien droit français, et particulièrement du droit féodal.

24. — Il n'entre pas dans notre plan de donner une analyse des assises; nous dirons seulement que ce livre se divise en deux parties, l'*assise de la haute cour*, ou de la *cour des barons*, et l'*assise des bourgeois*.

25. — L'assise de la haute cour reproduit surtout avec fidélité les usages français en matière féodale.

26. — L'assise des bourgeois s'occupe particulièrement des contestations civiles. — V. Pardessus, *loc. cit.*, p. 68 et 81.

27. — L'assise des bourgeois admet l'épreuve par le fer ardent, mais l'accusé seul avait le droit de se purger de l'accusation par cette voie, la cour ne pouvait l'y contraindre.

28. — On ne retrouve dans les assises aucune trace de l'action publique pour la poursuite des crimes commis envers les particuliers; mais on y trouve la procédure à suivre pour le combat judiciaire.

29. — On y voit qu'à Jérusalem la cour des barons était présidée par le roi, et la cour des bourgeois par le vicomte; que des jurés élus par

les bourgeois formaient un corps tenu de fournir des avocats aux parties et des assesseurs pour le jugement; que les jurés, chargés de la double fonction de servir de conseil aux parties et de juger dans les procès, devaient chercher à concilier les plaideurs, et qu'ils ne pouvaient connaître comme juges des affaires dans lesquelles ils avaient consulté.

30. — On y voit encore que le commerce avait fixé l'attention des rédacteurs des assises. — Celle des bourgeois constate l'existence de deux juridictions spéciales, l'une pour la navigation, appelée *cour de mer*, l'autre pour le commerce de terre, appelée *fonde*.

31. — Enfin les assises sont un monument national qui, mieux étudié et plus connu, rectifiera beaucoup d'opinions erronées, et fournira des matériaux du plus haut intérêt à ceux qui s'occupent sérieusement de l'histoire du droit. — «C'est ainsi, dit M. Pardessus, qu'un document rédigé hors de la France, pour un royaume dont la durée éphémère semblait difficilement pouvoir assurer la conservation de ses lois, devient aujourd'hui le plus précieux moyen de suppléer au silence gardé par nos autres monumens nationaux sur l'ancien état de la législation française. » — *Mém. sur le droit coutum.*, p. 81.

ASSOCIATION.

1. — Pris dans un sens absolu et grammatical, le mot *association* signifie l'union de deux ou de plusieurs personnes dans un but, dans un intérêt commun; quels que soient d'ailleurs ce but et cet intérêt.

2. — Pris dans un sens plus restreint et purement légal, ce mot s'emploie principalement pour désigner les réunions formées dans un but exclusif de toute idée de bénéfice pécuniaire partageable entre ceux qui en font partie. — Telles sont les associations de bienfaisance, les associations politiques, religieuses, etc., etc., etc. — Troplong, *Sociétés*, n°s 31 et suiv.

3. — Telles seraient aussi, suivant M. Troplong, n° 14, les assurances *mutuelles*, puisqu'elles sont exclusives de toute pensée de bénéfices, et qu'il serait contraire à leur essence qu'elles devinssent l'occasion d'un gain pour les associés. — Aussi pense-t-il que ces associations doivent être plutôt qualifiées *compagnies* que *sociétés*.

4. — Quant aux associations qui ont pour but un intérêt privé et la réalisation de bénéfices partageables, elles prennent le nom de sociétés. — V. SOCIÉTÉ CIVILE, SOCIÉTÉ COMMERCIALE.

5. — Toutefois, le Code de Commerce (art. 48) donne le nom d'*association commerciale en participation* à une réunion qui a évidemment pour but des bénéfices à faire et à partager.

6. — Nous examinerons sous le mot SOCIÉTÉ COMMERCIALE les différences qui peuvent exister entre les *associations* en participation et les *sociétés* commerciales proprement dites.

7. — Le législateur a cru devoir, dans un intérêt de bon ordre et de sécurité publics, imposer des limites et des règles au droit d'association. — Les dispositions légales qui s'y réfèrent seront expliquées. — V. ASSOCIATIONS ILLICITES.

8. — Il s'est également occupé d'une manière spéciale des *associations de malfaiteurs*, C. pén., art. 265.

V., au surplus, ASSOCIATION DE BIENFAISANCE, ASSOCIATION DE MALFAITEURS, ASSOCIATION D'ÉTUDIANS, ASSOCIATIONS ILLICITES, ASSOCIATIONS RELIGIEUSES, SOCIÉTÉ, SOCIÉTÉ COMMERCIALE.

ASSOCIATION DE BIENFAISANCE.

1. — On comprend sous ce mot toutes les associations formées dans un but de charité et de moralisation.

2. — Un grand nombre d'associations de ce genre se sont successivement organisées, soit pour venir au secours des classes malheureuses, soit à titre de société de secours mutuels entre les divers membres d'un corps de métier ou d'une même profession.

3. — Ces associations, comme toutes les autres, doivent, lorsqu'elles se composent de plus de vingt personnes, faire connaître au préfet leurs statuts et le lieu de leurs réunions, et se pourvoir de l'autorisation du gouvernement; elles sont, en effet, comprises dans les termes généraux de l'art. 291, C. pén., et de la loi du 10 avril 1834. — V. ASSOCIATIONS ILLICITES. — Il est vrai qu'à cet égard le gouvernement se montre peu sévère, et qu'il use, à raison même du but pieux des associations, d'une grande tolérance; mais cette tolérance ne constitue pas le droit. « On comprend, en effet, disent Roche et Durieu (*Établ. de bienfaisance*, v° *Association de bienfaisance*) que de pareilles associations pourraient quelquefois, sous l'impulsion de sentimens louables, se trouver en désaccord avec les principes d'une sage administration, contrarier l'action du gouvernement, et favoriser le paupérisme en venant en aide à la paresse; elles pourraient aussi, à la faveur d'une apparente philantropie, s'attaquer sourdement au corps social, lui créer des ennemis, et mettre son organisation en danger. Il est donc indispensable que les associations de bienfaisance, quels que soient leur nature et leurs moyens, soient connues et surveillées. »

4. — C'est surtout à l'égard des associations de secours mutuels entre les divers membres d'un même corps de métier ou d'une même profession que le besoin de surveillance et d'autorisation préalable se fait sentir. Ces associations ont rencontré de graves adversaires; quelques esprits sérieux ont témoigné des craintes sur les conséquences qu'elles pouvaient avoir un jour; ils se sont demandé si, détournées de leur but, et exploitées par de mauvaises passions, elles ne pourraient pas se transformer, dans des mains turbulentes, en une arme menaçante pour l'ordre public. La réponse à ces appréhensions se trouve dans le droit qui appartient au gouvernement d'accorder ou de refuser et même de révoquer son autorisation, et dans l'exercice d'une sérieuse surveillance; aussi l'autorité supérieure a-t-elle donné à ces associations un assentiment formel dans une circulaire du 6 août 1840, en laissant aux préfets la faculté de les autoriser.

5. — Avant d'accorder l'autorisation, l'administration se fait représenter les statuts de l'association projetée et y apporte telles modifications qui lui paraissent convenables.

6. — Cette autorisation administrative ne confère aux associations que le droit de se réunir, mais sans leur conférer une existence civile : ainsi elles sont incapables d'agir par elles mêmes, d'acquérir, d'ester en justice, de donner et de recevoir autrement que de la main à la main, enfin de faire aucun contrat; les capitaux qui appartiennent à la masse ne peuvent donc être employés que sous le nom et la responsabilité personnelle d'un membre de l'association, investi à cet égard de la confiance de tous.

7. — Lorsque ces associations désirent être appelées à la vie civile et être admises à en faire tous les actes, lorsqu'elles recherchent l'honneur d'être reconnues comme établissement d'utilité publique, il faut une ordonnance du roi, conformément à l'avis du conseil d'état du 17 janvier 1806. En général, avant d'accéder à un pareil vœu, le gouvernement demande l'avis des conseils généraux. L'autorisation royale est accordée sur le vu des statuts accompagnés des observations du maire, du sous-préfet et du préfet, mais la concession de pareilles autorisations est chose fort rare. Elle n'intervient d'ordinaire qu'après de longues années d'existence de l'association qui la sollicite.

8. — Bien que le droit d'autoriser la formation d'une association de bienfaisance entre les membres d'un corps de métier appartienne à l'autorité administrative seule, cependant une fois l'association autorisée, les tribunaux sont seuls compétens, à l'exclusion de cette autorité, pour connaître des difficultés élevées entre les sociétaires sur l'application des statuts de la société. — *Bordeaux*, 24 mars 1840 (t. 2 1844, p. 588), Nertic.

9. — Ainsi, lorsque les statuts d'une association de secours formée entre ouvriers prévoient des causes d'exclusion, les tribunaux peuvent vérifier l'existence de ces causes invoquées contre un des membres qui la composent. — Même arrêt.

10. — Le même arrêt a décidé qu'on doit considérer comme licite la clause d'une pareille association de secours prononçant l'exclusion contre ceux des sociétaires qui, hors du sein de la société, calomnieraient ses réglemens, et son institution, et la déchéance du droit d'exiger les sommes par eux versées.

11. — On peut, au surplus, consulter pour tout ce qui concerne l'organisation intérieure et les conditions d'existence des associations de bienfaisance et de secours mutuels, le Répertoire des établissemens de bienfaisance de MM. Roche et Durieu, v^{is} *Association de bienfaisance* et *Association de secours mutuels*.

ASSOCIATION D'ÉTUDIANS.

1. — L'ordonnance du 5 juill. 1820, concernant les Facultés de droit et de médecine, comprend des dispositions spéciales aux associations d'étudians. — L'art. 20 est ainsi conçu : « Il est défendu aux étudians, soit d'une même Faculté, soit de diverses Facultés de différens ordres, de former entre eux aucune association sans en avoir obtenu la permission des autorités locales, et en avoir donné connaissance au recteur de l'académie ou des académies dans lesquelles ils étudient. Il leur est pareillement défendu d'agir ou d'écrire en nom collectif comme s'ils formaient une corporation ou association légalement reconnue. — Art. 20.

2. — La contravention à ces prohibitions doit, sauf le cas prévu par le numéro qui suit, être instruite et jugée par les conseils académiques. Les peines à prononcer contre les étudians contrevenans sont : la privation de deux inscriptions au moins et de quatre au plus; l'exclusion pour six mois au moins et deux ans au plus des cours de la faculté ou de l'académie dans le ressort de laquelle la contravention aura été commise. — En cas d'exclusion, l'étudiant exclu peut se pourvoir devant la commission de l'instruction publique, qui statue définitivement. — Même ordonn., art. 18 et 20.

3. — En cas de récidive, l'exclusion *de toutes les académies* pendant le même temps pourra être prononcée; mais alors l'exclusion ne peut être prononcée que par la commission de l'instruction publique, saisie à cet effet par le conseil académique. L'étudiant ainsi exclu de toutes les académies a la faculté de se pourvoir devant le conseil d'état. — Même ordonn., art. 19 et 20. — V. UNIVERSITÉ.

ASSOCIATION DE MALFAITEURS.

Table alphabétique.

ASSOCIATION DE MALFAITEURS. — 1. — On désigne sous ce mot une réunion organisée en bandes et dirigée par des chefs, et qui a pour but d'attaquer *soit les personnes, soit les propriétés*.

2. — La seule existence de ces réunions a paru au législateur assez dangereuse et menaçante, elle a paru révéler chez ceux qui en font partie une perversité assez grande pour constituer en elle-même, et indépendamment de la perpétration d'aucun autre crime ou délit, un fait punissable. Ici la peine n'est pas seulement répressive, elle a encore, et principalement, un caractère préventif.

3. — L'art. 265, C. pén., dispose en conséquence que toute association de malfaiteurs envers les personnes ou les propriétés *est un crime contre la paix publique*.

4. — Les dispositions légales qui punissent les associations de malfaiteurs se distinguent de celles qui répriment les réunions en bandes armées, en ce qu'elles ont principalement en vue les attentats dirigés contre les intérêts privés, tandis que les autres concernent les crimes tendant à troubler *l'état* par la dévastation et *le pillage publics*. — V. BANDES ARMÉES.

5. — L'association de malfaiteurs se distingue aussi de l'attroupement, en ce qu'elle consiste dans une organisation régulière et arrêtée à l'avance, tandis que l'attroupement consiste dans une réunion d'hommes purement accidentelle et sans organisation préméditée. — V. ATTROUPEMENT.

6. — Deux conditions sont donc nécessaires à l'existence du crime prévu par l'art. 256. Il faut : 1° qu'il y ait *une association de malfaiteurs*; — 2° que cette association soit dirigée contre les personnes ou les propriétés. — Mais d'abord que doit-on entendre *par malfaiteurs*?

7. — La loi n'a pas défini ce qu'on doit entendre par *malfaiteurs*; mais l'exposé des motifs contenait l'explication suivante : «Il faut remarquer que les malfaiteurs dont il s'agit en ce moment ne sont pas ceux qui agissent isolément ou même de concert avec d'autres pour la simple exécution d'un crime. Ce que la loi considère plus particulièrement ici, ce sont les bandes ou les associations de ces êtres pervers qui, faisant un métier du vol et du pillage, sont convenus de mettre en commun le produit de leurs méfaits. »

8. — De cette explication, comme aussi de la si-

gnification grammaticale du mot MALFAITEUR, Carnot (sur l'art. 265) a conclu que l'on ne peut considérer comme association de malfaiteurs que celles composées de gens *qui se sont déjà rendus coupables* de mauvaises actions, qui sont dans *l'habitude* de commettre des crimes. — V. en ce sens Taillandier, *Encyclop. du droit*, v° *Association de malfaiteurs*, n° 3.

9.—Au contraire, MM. Chauveau et Hélie (*Th. du C. pén.*, t. 5, p. 7) pensent qu'il ne faut pas donner aux paroles de l'Exposé des motifs un sens restrictif et en induire que la qualification de malfaiteur suppose la perpétration antérieure d'autres méfaits. On doit nécessairement puiser, soit dans des condamnations précédentes, soit dans une vie dépravée et flétrie par de vicieuses habitudes, et la qualité de malfaiteur, disent-ils, peut ressortir *des seules circonstances de l'association, de ses conditions et de son but*. On devient malfaiteur par cela seul qu'on s'associe pour commettre des méfaits. Le législateur a dû se servir de cette expression en présence du cas qui préoccupait le plus son attention et qui doit se présenter le plus souvent. Les vagabonds, les repris de justice, les gens sans aveu et les mendians sont évidemment les gens que recruteront habituellement les bandes et les associations; mais le terme légal n'a rien d'exclusif. —Nous préférons cette opinion à celle de Carnot.

10. — « Le crime d'association de malfaiteurs existe, suivant l'art. 266, C. pén., par le seul fait d'organisation de bandes ou de correspondance entre elles et leurs chefs ou commandans, ou de conventions tendant à rendre compte ou à faire distribution ou partage du produit des méfaits. »

11. — Il semblerait résulter des termes de l'art. 266, C. pén., que l'existence du crime résulte de trois circonstances tout-à-fait différentes : l'organisation des bandes, la correspondance de ces bandes avec leurs chefs; enfin les conventions qui règlent le partage du butin. Mais MM. Chauveau et Hélie (*Théorie C. pén.*, t. 5, p. 4; prétendent que telle n'est pas l'intention de la loi, et que la correspondance et les conventions sur le partage ne sont point des faits différens de l'organisation elle-même, mais qu'ils la supposent et ne font que la révéler. «C'est, disent-ils, cette organisation seule qui constitue le crime; c'est là la circonstance unique et nécessaire de son existence, le fait extérieur qui décèle le péril et que la loi peut atteindre. »

12. — Mais il faut que l'organisation de la bande soit complètement établie: car, ainsi que le font remarquer MM Chauveau et Hélie (p. 3), l'association, tant qu'elle ne se manifesterait que par des paroles ou même par des réunions, ne serait pas atteinte par la loi : la simple résolution d'agir ne suffirait pas pour incriminer l'association, il faut que cette association se trahisse par un acte préparatoire, et cet acte est l'*organisation des bandes*. — *Théorie C. pén.*, t. 5, p. 3.

13. — Quant aux caractères de cette organisation, la loi, sans les définir d'une manière absolue, en a néanmoins indiqué les principaux. — C'est ainsi que 1° l'art. 266 suppose non seulement une association préalable, mais la formation d'une ou plusieurs bandes, des chefs pour chaque bande, des conventions pour la distribution des produits; — 2° l'art. 267 parle de commandans en chef ou en sous-ordre et de directeurs de l'association; — 3° l'art. 268 prévoit la séparation d'une bande en plusieurs divisions, et la fourniture d'armes, de munitions et de lieux de retraite. — Chauveau et Hélie, t. 5, p. 4 et 5.

14. — Au surplus, c'est au jury qu'il appartient d'appeler les signes caractéristiques de l'organisation de l'association et les élémens qu'il devra consulter pour résoudre la question suivant les circonstances de l'association, ses conditions et son but, ainsi que la moralité des associés.

15. — La loi n'a pas déterminé le nombre de malfaiteurs nécessaire pour constituer l'association. —C'est donc au jury qu'il appartiendra de décider si le nombre était tel qu'il pût y avoir *bande de malfaiteurs* dans le sens de la loi pénale. — Car, ainsi que le disent MM. Chauveau et Hélie (*Th. du C. pén.*, t. 5, p. 6), la question du nombre des individus nécessaires pour former une bande rentre dans la question de l'organisation même de cette bande. — Et il est impossible d'admettre, avec M. Carnot (sur l'art. 265), que les bandes doivent nécessairement être composées de *vingt personnes au moins*. — La loi n'a rien dit de pareil, et il n'y a pas lieu d'appliquer ici par analogie les règles tracées par les art. 210, 211 et 212, pour le cas de rebellion. — V. REBELLION.

16. — L'association n'existe avec ses caractères de criminalité qu'autant qu'elle est dirigée contre *les personnes ou les propriétés*. — C. pén., art. 265.

17. — Mais ceci posé, il n'y a pas lieu de distinguer entre les divers crimes qui ont pour objet une atteinte aux personnes ou à la propriété : tous sont compris dans la généralité des termes de l'art. 265. — Il est vrai que l'art. 266 suppose plus particulièrement que l'organisation de la bande aura pour but le vol et le pillage, mais il ne faut pas conclure de là que l'association qui prendrait sa source non dans la cupidité mais dans la vengeance ou dans les mauvaises passions, qui aurait pour but non des vols mais des attentats envers les personnes, ne tomberait pas sous l'application des art. 265 et suiv. — Nous partageons entièrement à cet égard l'avis de MM. Chauveau et Hélie, t. 5, p. 8.

18. — L'art. 265 cesserait-il d'être applicable si l'association avait pour objet la perpétration non de faits qualifiés crimes, mais de simples délits?— MM. Chauveau et Hélie soutiennent l'affirmative en se fondant sur ce que l'art. 267, qui renferme la pénalité applicable au crime d'association, ne s'occupe de ce crime qu'en le considérant comme accompagné ou isolé *de tout autre crime*; d'où ils concluent que la loi ne s'est nullement occupée des associations ayant pour but de simples délits. *C.* (*Th pén.*, t. 5, p. 8). — A cet argument de pur texte les mêmes auteurs auraient pu ajouter que l'art. 268, qui punit ceux qui ont volontairement fourni aux associations leurs instrumens *de crimes*, n'a pas non plus mentionné le mot DÉLIT.

19. — On ne peut, toutefois, s'empêcher de remarquer que l'art. 265 est général; qu'il parle de l'association contre les personnes ou les propriétés sans définir la gravité des atteintes ni distinguer. — Aussi Carnot repousse-t-il toute espèce de distinction (t. 2, p. 725). — V., en ce sens, Taillandier, *Encycl. du dr.*, n° 24. — Le système de MM. Chauveau et Hélie aurait d'ailleurs l'inconvénient de couvrir de l'impunité des associations qui, sans avoir le même caractère de gravité, n'en seraient pas moins aussi très menaçantes pour la paix publique. — Au surplus, les associations formées pour la perpétration de simples délits contre les personnes ou les propriétés seront fort rares : et le fait même de l'association sera le plus souvent une grave présomption que les affiliés ne reculeraient pas devant l'idée de franchir la limite qui sépare le simple délit du crime.

20. — La peine applicable au crime d'association de malfaiteurs varie suivant l'importance des fonctions que l'accusé remplissait dans la bande organisée.

21. — A cet égard l'art 267, C pén., dispose ainsi qu'il suit : « Quand le crime n'aura été accompagné ni suivi d'aucun autre, les auteurs, directeurs de l'association, et les commandans en chef ou en sous-ordre de ces bandes, seront punis des travaux forcés à temps. »

22. — Cet article doit être entendu en ce sens que la peine qu'il prononce sera appliquée alors même que la bande ne se serait livrée encore à aucun autre crime. Mais si, au contraire, l'association avait été accompagnée ou suivie d'un autre crime, ces deux attentats devraient être l'objet d'une poursuite simultanée, et les associés deviendraient passibles de la peine applicable au plus grave des deux crimes. — Chauveau et Hélie, t. 5, p. 10.

23. — La qualité de commandant en chef ou en sous-ordre constitue une circonstance aggravante du crime d'association de malfaiteurs. — *Cass.*, 9 févr. 1832, Gaugain.

24. — Et il a été jugé que lorsque, sur la question de savoir si l'accusé est coupable d'avoir fait partie d'une association de malfaiteurs envers les personnes et les propriétés, organisée par bandes, laquelle association s'est montrée en armes dans plusieurs communes, et d'avoir fait partie de ces bandes en qualité de commandant ou de chef, ou en sous-ordre, ou d'en avoir fait partie, sans y exercer un commandement, le jury a répondu : Oui, *sans les circonstances aggravantes*, cette réponse étant claire, précise et concordante, la cour d'assises ne peut renvoyer les jurés dans la chambre de leurs délibérations pour en donner une nouvelle. — *Cass.*, 9 fév. 1832, Gaugain.

25. — La même solution, disent MM. Chauveau et Hélie (t. 5, p. 10), s'appliquerait évidemment à la qualité d'auteurs ou directeurs de l'association. En effet, c'est là également une circonstance aggravante du crime d'association de malfaiteurs.

26. — Mais les expressions *auteurs*, *directeurs* de l'association, ne sont pas sacramentelles. — Ainsi, l'individu déclaré coupable *d'avoir formé* une association de malfaiteurs, avec condition tendant à rendre compte ou à faire distribution ou partage du produit des méfaits, doit être considéré *comme l'un des auteurs* de cette association, et, comme tel, est punissable, non de la réclusion en vertu de l'art. 268, mais des travaux forcés à temps, conformément à l'art. 267. — *Cass.*, 24 (et non 27) avr. 1834, Niel.

27. — Toutefois, et sans désapprouver l'interprétation donnée par l'arrêt précité, les auteurs de la *Théorie du C. pén.* font remarquer que cette sorte d'interprétation, formulée en doctrine, aurait dans certains cas de graves dangers. Ce n'est donc, disent-ils, qu'avec défiance et après une minutieuse recherche du sens de la décision du jury, qu'elle doit être accueillie. — Chauveau et Hélie, t. 5, p. 11

28. — A l'égard de *tous autres individus* qui, sans être commandans en chef ou sous-chefs, auteurs ou directeurs, auront été chargés *d'un service quelconque dans les bandes*, comme aussi à l'égard de ceux qui auront sciemment et volontairement fourni aux bandes ou à leurs divisions des armes, munitions, instrumens de crime, logement, retraite ou lieu de réunion, l'art. 268 prononce la peine de *la réclusion*.

29. — Le fait seul d'être associé à une bande de malfaiteurs organisée contre les personnes ou les propriétés doit-il être assimilé à un service dans la bande, et constitue-t-il le crime puni par l'art. 268? — Cette question a partagé les criminalistes. — D'une part Carnot (*Comm. C. pén.*, t. 1er, p. 728), Bourguignon (*Jurisp. C. crim.*, t. 3, p. 250), Rauter (*Tr. dr. crim.*), soutiennent que ceux qui font partie des bandes sans être chargés d'un service échappent à toute peine. — Les raisons qu'ils en donnent sont que le législateur ne s'en est pas formellement expliqué; que l'art. 268 est rédigé dans le même esprit que les art. 100 et 213, où l'on remarque la différence existante entre faire partie d'une bande et y remplir un emploi, une fonction : qu'enfin une bande traîne toujours après elle des femmes, des enfans qui en font partie sans être chargés d'un service quelconque, et qui ne peuvent conséquemment pas être punis. — V. en ce sens Taillandier, *Encycl. du dr.*, v° *Association de malfaiteurs*, n° 7.

30. — Mais MM. Chauveau et Hélie ont réfuté victorieusement ce système. Le législateur a vu dans les art. 100 et 213 des hommes égarés plutôt que des coupables, et il a voulu épargner ceux qui, à la voix de l'autorité, sont rentrés dans le devoir. L'indulgence est d'une saine politique en matière de sédition; mais quelle indulgence méritent donc les associations de malfaiteurs dirigées contre les personnes et les propriétés? « N'est-ce pas, disent ces auteurs, accepter un service quelconque que d'entrer dans une bande organisée pour commettre des crimes? N'est-ce pas déjà y faire un service que d'y être associé et de se tenir préparé à la perpétration des crimes projetés? Le texte primitif de l'art. 268 portait *« un service quelconque de toute espèce »*; ces derniers mots ont été retranchés comme surabondans; mais ils témoignaient de l'esprit de l'article, et cet esprit n'a pas changé.» C'est précisément parce que le législateur n'a pas, dans l'art. 268, comme dans les art. 100 et 213, restreint le sens des mots *chargés d'un service quelconque* et qu'il n'a pas formellement absous ceux qui *auraient fait partie* des bandes sans y remplir un emploi, qu'ils ne peuvent se soustraire à une juste punition. Comment supposer, en effet, que le législateur eût été plus indulgent pour eux que pour ceux qui ont simplement fait partie de réunions séditieuses? C'est pourtant ce qui arriverait dans le système contraire : car la peine de la surveillance prononcée contre les derniers ne pourrait pas être appliquée aux autres qui sont bien plus redoutables pour la société. Quant aux femmes et aux enfans, l'argument qu'ils ont fourni à Bourguignon n'est pas sérieux : ils sont à la suite de la bande et n'en font pas partie; ils ne comptent pas parmi les associés et ne participent à la réunion que par leur présence, en quelque sorte matérielle, qui ne peut pas être considérée comme un service, et qui serait de nature à les faire acquitter sur l'intention.

31. — C'est en ce dernier sens, au surplus, que s'est fixée la jurisprudence, et la cour de Cassation a décidé avec raison que le fait seul d'être associé à une bande de malfaiteurs organisée contre les personnes et les propriétés doit être assimilé à un service dans la bande et constitue un crime punissable; qu'en effet le législateur n'a pas ouvert à ceux qui font partie d'une bande semblable un moyen d'échapper à toute peine, comme il l'a fait, par l'art. 100, aux séditieux qui ne se sont rendus coupables personnellement d'aucun crime particulier, et n'ont pris aucune part au produit des méfaits. — *Cass.*, 15 mai 1818, Mainpain; 9 fév. 1832, Gaugain.

32. — La complicité prévue et punie par l'art. 268 résulte du fait d'avoir, sans faire partie de l'association, fourni *sciemment et volontairement* aux bandes ou à leurs divisions des armes, munitions, instrumens de crimes, logemens, retraite ou lieu de réunion. La *connaissance* du but de l'association et la *volonté* de concourir à ce qu'il soit atteint sont donc deux élémens constitutifs du crime.

33. — En conséquence, il a été jugé qu'un accusé

ne peut pas être condamné comme coupable d'avoir fourni des munitions à une bande de malfaiteurs, si la déclaration du jury n'énonce en même temps qu'il l'a fait *sciemment et volontairement*, ou ne contient quelque autre mot présentant la même idée. — *Cass.*, 22 juill. 1824, Gambini; — Chauveau et Hélie, t. 5, p. 16; Carnot (sur l'art. 268).

34. — L'art. 268 parle du cas où des armes, munitions, etc., etc., ont été fournies *aux bandes ou à leurs divisions;* d'où il semble naturel de conclure que le fait de n'avoir prêté cette assistance qu'à un seul ou à des membres isolés d'une bande ne rentrerait pas dans ses prévisions. — Carnot sur l'art. 268. — Toutefois, Chauveau et Hélie pensent que cette interprétation ne doit pas être suivie trop rigoureusement; qu'il est, en effet, des cas où un seul individu pourrait être considéré *comme une division de la bande*; ainsi, par exemple, si cet individu avait été délégué pour apporter des vivres, des munitions, s'il avait agi au nom de cette bande et exercé l'autorité puisée dans son existence, si cet individu enfin était connu pour être le chef de cette bande; dans ces divers cas, en effet, l'assistance est donnée à la bande entière par l'entremise d'un de ses membres (*Th. C. pén.*, t. 3, p. 17). — C'est là, au surplus, une question de fait à résoudre par le jury.

35. — Il est certain, dans tous les cas, que si le fait de fournir des armes à l'un des associés ne constituait pas une complicité du crime d'association, ce fait, volontairement exécuté, rendrait son auteur complice des crimes commis par cet associé. — Carnot, *loc. cit.* — V. COMPLICITÉ.

36. — Il n'est pas nécessaire que l'on ait fourni habituellement logement, retraite ou lieu de réunion, pour se voir appliquer la peine portée par l'art 268, qui diffère, sous ce rapport, de l'art. 61, même Code. D'un autre côté, on pourrait l'avoir fourni plusieurs fois sans tomber sous le coup de cet article. Tout se réduit à une question de connaissance et de volonté, et à savoir si la bande ou la division a été autorisée à regarder la maison comme un véritable lieu de retraite ou de réunions. — Carnot C. pén., sur l'art. 268.

36. — La loi (art. 61, C. pén.) a tracé des règles spéciales relativement à la complicité qui résulte de l'asile donné aux malfaiteurs pris isolément et indépendamment de toute association. — V. à cet égard COMPLICITÉ.

ASSOCIATION DE SECOURS MUTUELS.

— V. ASSOCIATION DE BIENFAISANCE.

ASSOCIATION EN PARTICIPATION.

1. — C'est la réunion accidentelle de deux ou plusieurs négocians pour une ou plusieurs opérations de commerce déterminées sans lieu d'établissement ni raison sociale. — Delangle, *Société comm.*, t. 2, n° 592.

2. — L'objet du travail commun, ajoute le même auteur, est réglé d'avance; la réunion inconnue du public n'a que la durée de l'affaire entreprise : chacun des coparticipans agit individuellement, et ses obligations se bornent à un compte d'après lequel le gain ou la perte se répartissent selon les proportions convenues.

3. — Le Code de commerce paraît avoir distingué les associations commerciales en participation des sociétés proprement dites ; mais elles n'en ont pas moins une telle affinité avec les sociétés que l'on s'est demandé si, dans la réalité des choses, elles ne constituaient pas des sociétés, et si les principes généraux de ce genre de contrat ne leur étaient pas applicables.

4. — Au surplus, tout ce qui se rattache aux associations commerciales en participation sera traité au mot SOCIÉTÉ COMMERCIALE.

ASSOCIATIONS ILLICITES.

Table alphabétique.

ASSOCIATIONS ILLICITES. — 1. — On comprend sous ce mot toutes les associations formées pour quelque objet et dans quelque but que ce soit, sans l'observation des formalités imposées par la loi.

2. — Le mot *illicite* n'entraîne pas par lui-même l'idée d'une association formée dans un but *coupable*. Le caractère illicite de l'association existe par cela seul que les conditions prescrites par la loi n'ont pas été remplies. Les entraves apportées, dans certains cas, à l'organisation des associations ne supposant donc pas l'immoralité du fait, mais seulement la possibilité de certains inconvéniens, elles ne le frappent pas comme infraction morale, mais comme infraction matérielle.

3. — Si le but d'une association était coupable, et que le genre de sa culpabilité tombât sous l'application de certaines dispositions spéciales de la loi pénale, c'est de ces dispositions qu'il y aurait lieu de faire l'application. — V. ASSOCIATION DE MALFAITEURS.

—

§ 1er. — *De l'association en général. — Historique et législation.*

4. — Le principe sur lequel repose la législation actuelle, c'est que le droit d'association ne peut s'exercer que sous la surveillance et avec l'autorisation du gouvernement. Toutefois, ainsi que nous le verrons plus bas, la loi ne prescrit l'autorisation préalable qu'autant que l'association doit se composer d'un certain nombre de personnes.

5. — Ce principe a été l'objet de vives discussions. On l'a combattu en présentant comme de droit naturel la faculté qu'ont les hommes de combiner leurs forces et leur intelligence. C'est par le moyen des associations, a-t-on dit, que se sont accomplis tous les progrès religieux, civils, politiques et industriels : l'exercice du droit d'association est l'histoire de l'humanité : si, dès-lors, on comprend que la loi puisse le régulariser, on ne comprend pas qu'elle puisse le détruire, et ce serait évidemment l'anéantir que de l'assujétir à l'autorisation du gouvernement. Sans doute, a-t-on ajouté, si des associations se manifestaient par des actes hostiles ou illégaux, elles devraient être réprimées selon le droit commun ; mais établir les mesures préventives, considérer le fait de s'associer comme renfermant en lui-même un principe nécessaire d'incrimination, abstraction faite de son but, de ses moyens d'action, et alors même que ce but et ce moyen seraient les plus nobles et les plus légitimes du monde, c'est bouleverser toutes les règles du droit criminel, et tuer à l'avance une foule d'associations utiles et irréprochables.

6. — Sans nier d'une manière expresse, ni l'origine ni les effets du droit d'association, on a répondu que ce droit, comme tous les autres, devait être subordonné aux restrictions que réclame la sûreté publique ; qu'il suffisait qu'en lui-même le fait de s'associer pût devenir la source d'inconvéniens sérieux pour qu'il fût dans le droit et dans le devoir de la puissance publique de le soumettre à une surveillance sévère, et que cette surveillance ne pouvait être efficace qu'au moyen d'un système préventif dont l'organisation était dans le domaine de la loi.

7. — Quoi qu'il en soit de ces considérations qui ont rencontré les unes et les autres d'ardens défenseurs, il importe, avant tout, de suivre dans leurs transformations diverses les législations qui tour à tour ont régi l'exercice du droit d'association.

8. — A Rome, lorsque l'association était dirigée contre la république, elle était rangée parmi les crimes de lèse-majesté. Mais si elle ne se proposait aucun but criminel, elle était affranchie de toute peine. Seulement le but criminel était parfois présumé s'il s'agissait d'une réunion nombreuse, avec port d'armes, ou sur la voie publique. — L. 1, § 1, ff., *Ad. leg. Juliam majest.*; L. 3, ff., *Ad. leg. Jul. de vi publicâ*; L. 2, ff., *De collegiis illicitis*.

9. — Sous notre ancienne législation on appelait *assemblées illicites* celles qui étaient faites *à mauvais dessein dans un certain nombre.* « Les peines, dit Jousse (*Tr. de la Just. crim.*, t. 4, p. 67), ne doivent avoir lieu qu'à l'égard des assemblées illicites qui se font contre le prince ou contre le repos et la tranquillité de l'état ; *mais si l'assemblée ne se fait pas dans le dessein de faire aucun trouble ni dommage envers quelqu'un, elle ne doit pas être punie.* » En effet, ajoutent MM. Chauveau et Hélie (t. 3, p. 111), les anciennes ordonnances ne prohibaient que les réunions faites publiquement et avec armes ; ou si la prohibition était absolue à l'égard de celles qui se faisaient *sous prétexte de religion,* c'est que ces dernières étaient, à l'époque où elles étaient punies, de véritables associations politiques plus menaçantes que toutes les autres. » — Ord. 25 nov. 1483, juin 1539, 10 sept. 1567, 27 mai 1610, 14 mai et 18 juill. 1724.

10. — Les lois de la révolution ne pouvaient passer sous silence le droit d'association. Le 13 nov. 1790, un décret de l'assemblée constituante posa en principe que tous les citoyens avaient le droit de s'assembler paisiblement et de former entre eux des sociétés libres, à la charge d'observer les lois qui régissent tous les citoyens.

11. — La constitution du 3 sept. 1791, tit. 1er, garantit à tous citoyens, comme *droit naturel et civil,* la liberté de s'assembler paisiblement et sans armes en satisfaisant aux lois de police.

12. — Toutefois, l'exercice de cette liberté fut réglé par le décret des 29 et 30 sept. 1791, qui probiba les députations et les adresses de clubs, leur assistance collective aux cérémonies publiques et la publication de leurs débats.

13. — Mais plus tard la loi du 13 juin 1793 vint rompre ces barrières en disposant « qu'il était fait défense aux autorités constituées de troubler les citoyens dans le droit de se réunir en société populaire. » (Art. 2). Et la loi du 25 juill. 1793, protégeant ces sociétés par une exorbitante pénalité, prononça contre quiconque les empêcherait de se réunir ou tenterait de les dissoudre, la peine de dix années de fers s'il s'agissait d'un fonctionnaire, et de cinq années de fers s'il s'agissait d'un simple particulier.

14. — Ces dispositions législatives eurent l'effet qu'on devait en attendre, et l'on se souvient encore de l'immense influence qu'exerça, pendant longtemps, la société des Jacobins, jusque sur les délibérations de la convention nationale qui, bien souvent, dut se contenter d'enregistrer et de couvrir de la sanction législative les décisions prises par cette société toute puissante.

15. — La constitution du 5 thermid. an III signala le retour, ardemment désiré de tous, vers des idées gouvernementales ; on y lit : — Art. 300. « Il ne peut être formé de corporations ni d'associations contraires à l'ordre public. » — Art. 361. « Aucune assemblée de citoyens ne peut se qualifier de *société populaire.* » — Art. 362. « Aucune société particulière, s'occupant de questions politiques, ne peut correspondre avec aucune autre ni s'affilier à elle, ni tenir des séances publiques composées de sociétaires et d'assistans distingués les uns des autres, ni imposer des conditions d'admission et d'éligibilité, ni s'arroger des droits d'exécution, ni faire porter à ses membres aucun signe extérieur de leur association. » — Le lendemain de la promulgation de ce décret les clubs et sociétés populaires étaient dissous.

16. — Enfin fut promulgué, le 7 thermid. an V, un décret qui a servi de type à l'art. 291 et suiv., C. pén. de 1810, et qui disposa en ces termes : « Art. 1er. Toute société particulière, s'occupant de questions politiques, est provisoirement défendue. — Art. 2. Les individus qui se réuniraient dans de pareilles sociétés seront traduits aux tri-

ASSOCIATIONS ILLICITES, § 2.
ASSOCIATIONS ILLICITES, § 2.

bunaux de police correctionnelle pour être punis comme coupables d'attroupemens. — Art. 3. Les propriétaires ou principaux locataires des lieux où s'assembleraient lesdites sociétés, seront condamnés par les mêmes tribunaux à une amende de 1,000 fr. et à trois mois d'emprisonnement. »

17. — Le législateur de 1810 ne pouvait être favorable au droit d'association. « Ces mots d'*associations illicites*, disait l'orateur du Corps législatif, rappellent de déplorables souvenirs ; quel est celui d'entre nous qui n'a été la victime ou le témoin de ces assemblées délibérantes où l'assassinat et la révolte étaient sans cesse à l'ordre du jour ; qui s'étant établies pour surveiller les autorités, les contrariaient dans leurs résultats les plus précieux et les plus justes, et organisaient ainsi l'anarchie dans toute la France ? Elles ne se rouvriront plus. »

18. — De là l'art. 291, C. pén., qui, sans proscrire complètement le droit d'association, lui fit cependant une part très restreinte (V. n° 24). Il semble, toutefois, que dans la rédaction de cet article, et par la proscription en masse de toutes associations quelles qu'elles fussent, le législateur a été au-delà de ce qui semblait indiqué par ses préoccupations *purement politiques*.

19. — On a agité, sous la Charte de 1814, notamment en matière d'associations religieuses la question de savoir si l'art. 291 devait toujours être considéré comme en vigueur ; et cette question fut constamment résolue dans un sens contraire à l'abrogation. — V. *infrà* n°s 46, 49.

20. — Plus tard, lorsque éclata la révolution de 1830, on dut croire que c'en était fait de l'art. 291, si violemment attaqué dans la période de temps qui s'était écoulée de 1815 à 1830 ; il n'en fut rien. Appelée de nouveau à prononcer sur l'abrogation de cet article, la cour de Cassation décida qu'il n'avait été abrogé ni explicitement ni implicitement par la Charte de 1830. — V. *infrà* n° 49.

21. — Il y a plus inquiété chaque jour dans son existence, par des associations qui, après avoir essayé vainement de lutter contre l'art. 291, avaient fini par s'attacher à en éluder les dispositions, le gouvernement sollicita et obtint une loi qui en aggrava encore les prohibitions ; c'est la loi du 10 avr. 1834. Cette loi et l'art. 291 forment aujourd'hui le droit commun. Nous allons en suivre les dispositions dans leur application.

22. — Ajoutons, néanmoins, pour compléter cet historique, que la doctrine du Code pén. peut s'appuyer sur plusieurs législations. « C'est ainsi, disent MM. Chauveau et Hélie (t. 5, p. 114), que divers actes du parlement anglais ont apporté, en 1799 et en 1817, des restrictions notables au droit d'association et de réunion ; toute société dont les membres se lient par des sermens, et qui se subdivise en d'autres sociétés affiliées, est déclarée illégale. (39e et 59e stat. George III, C. 79 ; *Revue de Législation étrangère*, par M. Fœlix, t. 1er, p. 385). — La loi Brésilienne incrimine également toute réunion de plus de dix personnes à des jours fixes et déterminés, dès que son but est imposé comme un secret aux associés (art. 382). — Le Code général d'Autriche répute *secrète* une association non autorisée, et punit toute affiliation à une société de cette nature, abstraction faite de son but et de son dessein (part. 2e, art. 38 et suiv.). Et ces dispositions sont à peu près reproduites dans plusieurs des législations italiennes. »

§ 2. — *Du droit et de la défense de s'associer, et de leurs limites. — Forme de l'autorisation.*

23. — L'art. 291 et la loi du 10 avr. 1834 se lient d'une manière tellement inséparable que, pour la complète intelligence de la matière, leurs dispositions demandent à être incessamment rapprochées.

24. — L'art. 291, C. pén., portait que « nulle association de plus de 20 personnes dont le but serait de se réunir *tous les jours ou à des jours marqués*, pour s'occuper d'objets religieux, littéraires, politiques ou autres, *ne pourrait* se former qu'avec l'agrément du gouvernement, et sous les conditions qu'il plairait à l'autorité publique d'imposer à la société. » — La loi du 10 avr. 1834, voulant donner à cette prohibition une force nouvelle et empêcher qu'elle ne fût éludée, disposa « que l'article 291 serait applicable aux associations de plus de 20 personnes, *alors même qu'elles seraient partagées en portions d'un nombre moindre*, et qu'elles ne se réuniraient pas *tous les jours* ou *à des jours marqués*. »

25. — « Pour que la prohibition ne demeure pas illusoire, disait M. le garde des sceaux, il ne faut pas laisser aux associations la faculté de se diviser en sections dont chacune, prise à part, se composerait de 20 membres, et qui, réunies, s'élèveraient à un nombre supérieur à celui que la loi tolère. N'est-ce pas une dérision que de tolérer des associations composées de plusieurs milliers d'individus par cela seul qu'elles sont fractionnées par dix-neuf, tandis qu'une association de plus de 20 personnes, et qui n'a aucune correspondance, peut paraître contraire à la paix publique ? » — Duvergier, *Coll. des lois*, 1834, p. 59.

26. — Du reste, et à part cette importante modification, l'art 291 subsiste et règle les conditions de l'incrimination. Il faut donc, pour que les dispositions prohibitives de la loi reçoivent leur application : — 1° qu'il y ait association ; — 2° que cette association soit de plus de 20 personnes, quelles que soient d'ailleurs les fractions qui les divisent ; — 3° qu'elle ait pour objet de s'occuper d'objets religieux, politiques, littéraires, ou autres.

27. — On avait agité, sous le C. pénal de 1810, la question de savoir si l'art. 291 concernait les associations déjà établies au moment de sa promulgation aussi bien que celles qui viendraient à s'établir depuis. — Et la cour de Colmar (26 avr. 1826) jugeant cette question négativement, avait refusé de faire l'application de l'art. 291 à l'association des *piétistes*, en ce qu'elle existait depuis plus d'un siècle. Mais, sur le pourvoi du ministère public, la cour de Cassation a jugé implicitement le contraire. — *Cass.*, 3 août 1826, Nordmann.

28. — Il est vrai que l'association des piétistes n'avait pas, antérieurement au Code pénal, une existence reconnue par la loi ; autrement on aurait de justes motifs de dire que l'article 291 de ce Code, portant qu'aucune association *ne pourra* se former, etc., etc., l'avait laissée subsister. Mais, à défaut de cette existence légale, elle s'est trouvée soumise aux mêmes conditions que celles qui n'étaient pas encore formées.

29. — La question, au surplus, ne peut se présenter sous la loi de 1834 : en disant que « quiconque *fait partie* d'une association non autorisée sera puni, etc., etc., » l'art. 2 a prouvé que le législateur ne voulait pas distinguer. On voit d'ailleurs dans l'art. 1er qu'en donnant au gouvernement la faculté de révoquer les autorisations qu'il aurait accordées, il a entendu l'investir du pouvoir le plus étendu sur les associations. Il est impossible de croire qu'il ait eu la pensée d'en excepter celles qui auraient une existence antérieure.

30. — *Association.* — Il ne faut pas confondre les *associations* et les *réunions*. Les associations ont un caractère et un but déterminé permanent ; elles présentent des rapports durables et réguliers entre ceux qui les composent ; les réunions, au contraire, sont des accidens ; elles ont pour cause des évènemens imprévus, instantanés, temporaires ; le motif venant à cesser, la réunion cesse avec lui. Cette distinction a été formellement reconnue lors de la discussion de la loi du 10 avril 1834, tant par le garde des sceaux que par d'autres orateurs. — *Moniteur* des 18 et 22 mars. — « La loi, disait M. Rœderer devant la chambre des pairs, n'autorise pas plus à inquiéter qu'à interdire les réunions soit fortuites, soit habituelles ; elle ne regarde que les associations. A la vérité la distinction des réunions et des associations n'est pas tellement nette et tranchée qu'elle ne permette quelques méprises ; on craint que le ministère public ne les confonde quelquefois ; je crois que l'on peut se rassurer contre ces appréhensions. L'objet immédiat de la loi est de frapper les associations existantes, les associations patentes, organisées, armées pour la guerre qu'elles ont déclarée au gouvernement de l'état. L'objet plus éloigné est de donner à ce gouvernement le moyen de prévenir la renaissance d'une association du même genre, c'est-à-dire hautement déclarée, organisée, armée, militante. La portée politique de la loi ne va pas plus loin que les associations formant état dans l'état, et qui, comme disait Matthieu Molé, placent un corps vivant dans le cœur de la nation. » — *Moniteur*, 9 avr. 1834.

31. — L'*association*, a dit la cour royale de Paris, consiste notamment dans le concours d'un certain nombre de personnes qui, liées par des engagemens réciproques, se réunissent exclusivement entre elles dans un intérêt commun et dans un but déterminé. — *Paris*, 14 févr. 1835, Maubane (affaire de la goguette de l'Enfer).

32. — Dès-lors les réunions dans un cabaret où plus de vingt personnes se trouvent pour boire et chanter, soit habituellement, soit accidentellement, et que l'administration a le droit et le devoir de surveiller, aux termes de la loi sur la police municipale, ne présentent point les caractères d'une association. — Même arrêt.

33. — De même on peut réputer nul et non obligatoire l'arrêté par lequel un maire interdit les réunions de vingt personnes, dans des maisons particulières et pour des bals particuliers. — *Cass.*, 16 août 1834, Raousset-Boulbon.

34. — La cour de Cassation a également posé en principe que l'art. 291, C. pén., ne s'applique pas aux simples réunions temporaires, accidentelles, non préparées à l'avance, ou qui n'auraient pas un but déterminé. — *Cass.*, 12 avr. 1838 (t. 1er 1838, p. 455), Lemaire et Doyne ; 22 avr. 1843 (t. 2 1843, p. 613), Roussel.

35. — Elle a jugé dès-lors que l'arrêt qui a décidé, en fait, que les prévenus, membres de la religion chrétienne réformée, ont fait des prières, chanté des psaumes, lu et expliqué l'Evangile, en présence de ceux qui, soit par un sentiment religieux, soit par un motif de curiosité, s'étaient *spontanément et sans accord préalable* réunis autour d'eux, qu'ainsi il n'y a pas eu association ni réunion produite par une même association, ne viole aucune loi. — *Cass.*, 12 avril 1838 (t. 1er 1838, p. 455), Doyne et Lemaire.

36. — Lorsqu'il résulte des circonstances de la cause que le ministre d'une religion, même reconnue, a pris à bail un édifice où se sont réunis à certains jours périodiques plus de vingt personnes pour entendre sa parole, et qu'il les a dirigées dans une déclaration qu'il leur a fait faire à l'autorité municipale, ces réunions doivent être considérées comme le résultat d'une association formée à l'avance dans un but déterminé, et, par suite, elles ne peuvent avoir lieu sans autorisation préalable. — *Cass.*, 22 avr. 1843 (t. 2 1843, p. 613), Roussel.

37. — Dans une autre espèce, la cour de Cassation a vu tous les caractères d'une véritable association dans ce fait que la réunion de certains habitans, au nombre de plus de vingt, s'était formée dans un but spécial, la célébration à jour fixe de certaines cérémonies religieuses ; que ces habitans avaient élevé un édifice pour la pratique de ces cérémonies, au moyen de la prestation en argent, matériaux et main-d'œuvre ; qu'enfin la réunion pourvoyait à ses dépenses annuelles par le produit de quêtes recueillies par un trésorier et administrées par des commissaires. — *Cass.*, 21 juin 1837 (t. 2 1837, p. 191), Laverdet.

38. — *Nombre des personnes.* — La loi ne prohibe que les associations de *plus de vingt personnes* ; et les personnes domiciliées dans la maison où l'association se réunit ne sont pas comprises dans ce nombre. — Mais, depuis la loi de 1834, il importe peu que les associations soient partagées en sections d'un nombre moindre de vingt, si d'ailleurs ces diverses fractions font partie d'un même tout numériquement supérieur à vingt. — V. *suprà* (n° 25) les motifs de cette innovation.

39. — On avait demandé, devant la chambre des députés, que l'on définit les caractères auxquels les fractions peuvent se reconnaître : Comment, disait-on, prouver que plusieurs personnes réunies forment une section d'une association qu'on n'a pas encore saisie, dont on n'a pas encore prouvé l'existence, et qui par conséquent est censée ne pas exister ? Comment prouver l'affiliation d'une section à une autre ? Comment établir le nombre de personnes nécessaires pour composer une fraction d'association ? — *Moniteur*, 23 mars 1834. — Mais il était impossible de poser à cet égard des règles fixes ; de pareilles questions tombent nécessairement dans le domaine de l'interprétation ; c'est aux juges à apprécier les faits d'après leur connaissance de la cause et les résultats des débats. — Chauveau et Hélie, t. 5, p. 122.

40. — Les termes de l'art. 291, renouvelés par la loi du 10 avril 1834, soumettent à l'autorisation préalable toute association dont le but serait de se réunir pour s'occuper d'objets *religieux, littéraires, politiques ou autres*. Ce qui comprend toutes les associations, quel qu'en puisse être l'objet. — C'est ce que la cour royale de Paris a reconnu lorsqu'elle a décidé que le fait seul d'une association de plus de vingt personnes sans autorisation est une infraction punissable, d'après la loi du 10 avr. 1834, *quel que soit l'objet de cette association*. — *Paris*, 14 févr. 1835, Maubane et autres.

41. — On avait cependant proposé de nombreuses exceptions, lors de la loi du 10 avril 1834. On demandait d'excepter de l'obligation d'une déclaration préalable les associations motivées par l'exercice d'un droit constitutionnel, celles ayant pour objet la fondation de journaux, les sociétés commerciales, les sociétés littéraires et scientifiques, les associations religieuses. — Mais ces propositions furent toutes repoussées par le motif que toute distinction enlèverait à la loi son efficacité ; que les associations les plus dangereuses, se couvrant d'un voile trompeur, sauraient se soustraire aux exigences légales ; qu'il était donc nécessaire de soumettre toutes les associations à une règle commune, sauf à discerner dans l'application celles qui ne présentent aucun péril, pour les autoriser, et même les tolérer sans autorisation. — Chauveau et Hélie, t. 5, p. 123.

42. — *Réunions électorales.* — Il fut toutefois entendu que la prohibition de l'art. 291 ne s'appli-

quait pas aux *réunions électorales* qui ont lieu dans chaque département après l'ordonnance de convocation du collége. — Mais cette explication, ainsi que le disait M. le garde des sceaux, était inutile, puisqu'il ne s'agit là que de simples réunions accidentelles, et non d'associations proprement dites. — Duvergier, *Coll. des lois*, t. 34, p. 59.

43. — *Sociétés commerciales.* — A l'égard des sociétés commerciales, M. Persil faisait remarquer qu'elles ne pouvaient être atteintes par l'art. 291, attendu qu'il n'existe aucune société dans laquelle les *associés en nom collectif* soient au nombre de vingt; il y en a, il est vrai, dans lesquelles les associés commanditaires excèdent ce nombre : Mais, a-t-il dit, l'association en commandite n'est qu'une association de capitaux. L'homme qui a une commandite, qui est porteur d'actions, ne fait pas partie de la société; son capital y est, mais sa personne ne s'y trouve pas engagée, elle n'y est pour rien; il est bien vrai que, dans l'intérêt des capitaux que l'on place dans une association, et pour la surveiller, les commanditaires peuvent se réunir quelquefois, par exemple, tous les six mois ou tous les ans; mais ce n'est pas là une association; c'est une simple réunion, comme il y en a dans d'autres circonstances; la loi ne peut pas leur être applicable, tout le monde le reconnaît. Enfin il y a une troisième association, la société anonyme; je n'ai pas besoin d'en parler, il faut toujours l'autorisation du gouvernement. Aussi l'art. 291 ne la concerne pas non plus. » — *Moniteur*, 21 mars.

44. — *Sociétés pour la fondation de journaux.* — On avait demandé que les associations ayant pour objet *unique et exclusif* la fondation et la gestion de journaux fussent exceptées des dispositions de la loi, et pussent se former sans autorisation préalable (amendement de MM. Berryer et Charamaule). — Mais cet amendement a été rejeté comme tous les autres. — De pareilles associations sont d'ailleurs (art. 4, L. 18 juill. 1828) des associations commerciales auxquelles s'appliquent toutes les observations qui ont été faites au sujet d'associations de ce genre. — V. le nº qui précède.

45. — *Sociétés littéraires et scientifiques.* — « Il est évident pour tout homme de sens, disait M. Guizot, qu'aucune de ces associations, si elle est en effet *purement scientifique*, ne manquera d'obtenir l'autorisation quand elle la demandera; et, quant à celles qui ne croiraient pas devoir la demander, ou bien on la leur donnera d'office, ou bien on les laissera se livrer à leurs travaux sans s'en inquiéter nullement. L'article ne s'adresse évidemment ni aux sociétés littéraires, ni aux sociétés scientifiques, mais il ne veut pas que les noms servent de masque pour éluder la loi et pour rendre aux associations politiques une existence que la loi veut éteindre. — *Moniteur*, 22 mars 1834.

46. — *Associations politiques.* — C'est en effet en vue des associations politiques que l'art. 291 a été décrété par le législateur de 1820, et qu'il a été maintenu et aggravé par le législateur de 1834. — Après la révolution de juillet, et dans l'intervalle de temps qui s'écoula jusqu'en 1834, on agita, au sujet de l'existence de la société des amis du peuple, la question de savoir si l'art. 291 n'avait pas été abrogé par la charte nouvelle; mais cette question fut résolue négativement. — *Paris*, 20 septembre 1830, Hubert.

47. — *Associations religieuses.* — La moralité de l'art. 291 a été contestée surtout au sujet des associations religieuses. Lorsque la charte de 1814 fut venue proclamer le principe de la liberté des cultes, on se demanda si ce principe n'avait pas eu par lui-même la force de détruire les barrières que l'art. 291 opposait aux réunions ayant pour but l'exercice d'un culte; la question s'éleva de nouveau depuis la charte de 1830.

48. — En outre, lors de la discussion de la loi de 1834, un amendement ayant été proposé pour excepter de la prohibition et dispenser de la demande d'autorisation les associations ou les réunions qui auraient exclusivement pour objet la célébration d'un culte religieux, cet amendement fut rejeté. — Voici comment, à ce sujet, s'exprimait M. le garde des sceaux : « S'il est vrai en principe que les réunions pour le culte sont permises par la charte, sauf toutefois à se conformer aux lois existantes, en ce qui concerne l'ordre extérieur, il est vrai cependant que des associations pourraient être empêchées de se former, alors même qu'elles auraient un but religieux. Par exemple, il y a d'anciennes lois contre les associations et congrégations religieuses. Tout cela est entièrement étranger à la liberté des cultes; et, je dois le dire, la loi actuelle serait applicable à ces associations; car il est très possible que dans ces associations, au lieu de s'occuper de choses purement spirituelles, on ne s'occupe que des choses temporelles; ainsi voilà la grande distinction à faire : s'agit-il de réunions qui ont seulement pour but le culte à rendre à la divinité et l'exercice de ce culte, la loi n'est pas applicable, nous le déclarons de la manière la plus formelle. Mais s'agit-il d'associations qui auraient pour objet ou pour prétexte les principes religieux, la loi leur est applicable, et il serait à craindre que l'amendement ne fût l'abrogation implicite du principe qui existe. A cet égard la question s'est présentée. (M. le garde des sceaux cite le procès des Saint-Simoniens.) Si une association attaquée prétendait qu'elle n'a fait que se livrer à l'exercice du culte, ce serait une question qui serait soumise à l'appréciation des tribunaux; mais il serait à craindre que, sous cet amendement, ne vinssent se former des associations telles que celles que l'art. 291 et la loi actuelle devaient atteindre. — *Moniteur*, 22 mars 1834.

49. — Au surplus, avant comme depuis 1830 et depuis la loi de 1834, la cour de Cassation a reconnu que l'art. 5 de la Charte, qui consacre la liberté religieuse, n'exclut ni la surveillance de l'autorité publique sur les réunions qui ont pour objet l'exercice des cultes, ni les mesures de police et de sûreté sans lesquelles cette surveillance ne pourrait être efficace; que dès-lors les dispositions de cet article sont conciliables avec la nécessité d'obtenir l'autorisation du gouvernement, dans les cas prévus par l'art. 291, C. pén. — V., au surplus, pour plus amples développemens, le mot CULTES.

50. — *Associations de bienfaisance.* — Les associations de bienfaisance et de secours mutuels rentrent nécessairement sous les termes généraux de l'art. 291 et de la loi de 1834. — Elles ne peuvent, si elles se composent de plus de vingt personnes, exister sans autorisation. — D'ordinaire, avant d'accorder cette autorisation, l'autorité se rend compte des statuts et réglemens qui gouvernent ces associations. — V. au surplus, ASSOCIATION DE BIENFAISANCE.

51. — *Cercles.* — Les réunions ou associations connues sous le nom de cercles, et dont les membres se rassemblent avec un but déterminé (celui de s'occuper de lettres, sciences, arts, industrie, etc.), constituent de véritables associations dans le sens de la loi pénale. — Elles appellent, comme toutes autres, la surveillance et conséquemment l'autorisation préalable de l'autorité.

52. — *Association d'étudians.* — Les associations d'étudians sont régies par des dispositions spéciales. — V. ASSOCIATION D'ÉTUDIANS.

53. — Dans le système du Code de 1810, la réunion *quotidienne* ou *à certains jours marqués* était une des conditions de l'incrimination; mais, ainsi qu'il a été dit, depuis la loi de 1834 l'association est illicite, lors même que ses membres ne se réunissent pas tous les jours ou à des jours marqués. — Les tribunaux n'ont donc plus à constater cette circonstance pour arriver à l'appréciation du fait même de l'association. — Chauveau et Hélie, t. 5, p. 122.

54. — *Autorisation.* — L'autorisation doit émaner du gouvernement, qui la donne soit directement, soit indirectement par les agens qu'il délègue. Dans la hiérarchie administrative, le représentant du gouvernement n'est autre que le préfet. Aussi a-t-il été jugé que l'autorisation accordée par le maire à une association ou réunion religieuse est comme non avenue lorsqu'elle a été formellement révoquée par le préfet. — *Paris*, 3 déc. 1836 (t. 1er 1837, p. 634), Pillot.

55. — Toutefois, dit Carnot (C. pén., t. 1er, p. 719, nº 10), il n'y aurait pas un délit dans le simple fait d'association ou réunion qui se serait accompli entre l'autorisation provisoire accordée par l'autorité locale et le refus postérieur du gouvernement.

56. — Dans tous les cas, la tolérance de l'autorité ne peut équivaloir à l'autorisation. — *Cass.*, 21 juin 1837 (t. 2 1837, p. 191), Laverdet.

57. — L'autorisation donnée par le gouvernement est toujours révocable. — L. 10 avr. 1834, art. 1er.

§ 3. — *Pénalité.*

58. — La pénalité prononcée par l'art. 292 a été modifiée et aggravée par la loi du 10 avr. 1834. — Cet article était ainsi conçu : « Toute association de la nature ci-dessus exprimée, qui sera formée sans autorisation, ou qui, après l'avoir obtenue, aura enfreint les conditions à elle imposées, sera dissoute. Les *chefs*, *directeur ou administrateur* de l'association, seront en outre punis d'une amende de 10 à 200 fr. »

59. — La loi du 10 avr. 1834 ne se borne pas à punir les *chefs et directeurs des associations non autorisées*, il punit chacun des membres dont ces associations se composent, sans aucune distinction entre eux. En outre, le taux de la peine a subi une importante aggravation. L'art. 2 de cette loi est donc ainsi conçu : « Quiconque fait partie d'une association non autorisée, sera puni de deux mois à un an d'emprisonnement, et de 50 à 1,000 fr. d'amende; en cas de récidive, les peines pourront être portées au double. »

60. — Dans ce dernier cas, c'est-à-dire en cas de récidive, le condamné peut être placé sous la surveillance de la haute police pendant un temps qui ne doit pas excéder le double du maximum de la peine. — Même article.

61. — En mesurant la durée de la surveillance au double de la peine, la loi a voulu parler de la peine *portée par la loi*, et non de celle *prononcée par le jugement* de condamnation. C'est ce qui résulte de la manière la plus claire des explications qui ont eu lieu à la chambre des députés. — Duvergier, *Coll. lois*, 1834, p. 62.

62. — Au surplus, la loi n'a fixé que le *maximum* de la surveillance et non le *minimum* : d'où il résulte, disent Chauveau et Hélie (t. 5, p. 140), que les magistrats peuvent en limiter la durée autant qu'ils le jugent convenable. C'est une heureuse dérogation au principe du Code, qui a fixé à la surveillance un minimum général de cinq années.

63. — Et la mise en surveillance est purement *facultative*. — même art.

64. — Dans tous les cas, qu'il y ait ou non récidive, l'art. 463, C. pén., est applicable. — Même art.

65. — Bien que la loi de 1834 ne parle pas, comme l'art. 291, de la dissolution de l'association, il est bien entendu que ce premier effet de l'infraction aux dispositions de la loi subsiste toujours, et que la dissolution doit être prononcée.

66. — Les tribunaux ne peuvent qu'ordonner la dissolution; mais la cour de Paris a jugé qu'il n'appartient qu'à la haute police du royaume de dissoudre tous les établissemens, congrégations ou associations qui sont ou seraient formés au mépris des lois et réglemens. — *Paris*, 18 août 1826, Montlosier c. les Jésuites.

67. — Du reste, l'autorité administrative peut incontestablement dissoudre les associations non autorisées, sans avoir besoin de l'intervention des tribunaux. Carnot (*C. pén.*, t. 1er, p. 778, nº 2) fait même observer que l'autorité locale a le droit de dissoudre provisoirement toute association non autorisée, sauf le recours des intéressés pardevant l'administration supérieure.

68. — Les peines prononcées par la loi seraient-elles applicables à celui qui ferait partie d'une association dont l'autorisation aurait été retirée, et qui l'ignorerait par suite de la négligence ou du silence calculé des chefs ou directeurs de l'association? — Cette question, soumise à la chambre, n'a pas reçu de réponse positive. — M. Duvergier pense que si l'ignorance était évidente, le fait matériel que la loi punit ne se rencontrerait pas à l'égard du sociétaire qui, de bonne foi, croirait à l'existence de l'ancienne autorisation. — *Collect. des lois*, 1834, p. 62.

§ 4. — *Provocations au sein des associations.*

69. — L'art. 293 Code pén., était ainsi conçu : « Si par discours, exhortations, invocations ou prières, en quelque langue que ce soit, ou par lecture, affiche, publication et distribution d'écrits quelconque, il a été fait quelque provocation à des crimes ou à des délits, la peine sera de 100 à 300 fr. d'amende, et de trois mois à deux ans d'emprisonnement contre les chefs, directeurs et administrateurs de ces associations, sans préjudice des peines plus fortes qui seraient portées par la loi contre les individus personnellement coupables de la provocation, lesquels, en aucun cas, ne pourront être punis d'une peine moindre que celle infligée aux chefs, directeurs et administrateurs de ces associations.

70. — La loi de 1834 n'a pas reproduit cet article; on peut même le considérer comme peu en harmonie avec cette loi, puisqu'il laisse subsister entre les chefs et les membres de l'association une distinction qu'elle a voulu effacer (V. nos 58 et 59); d'un autre côté, la pénalité qu'il renferme n'est pas en rapport avec celle de la loi de 1834; néanmoins il est certain, ainsi que le disent MM. Chauveau et Hélie (t. 5, p. 141), qu'il n'a pas été abrogé par cette loi.

71. — Mais cet article a été modifié nécessairement par la loi du 17 mai 1819, en tant que les provocations auraient été commises par l'un des modes de publication énoncés en l'art. 1er de ladite loi (V. DÉLIT DE PRESSE); quant aux chefs et directeurs, la publicité ne change point leur condition, qui est toujours réglée par l'art. 293, à moins qu'ils n'aient participé à la provocation.

72. — L'art. 293 n'ayant pas déterminé les caractères de la provocation qu'il réprime, les juges pourraient voir une publication suffisante, aux termes de cet article, dans le dépôt d'un écrit sur le bureau où chaque associé irait en prendre connaissance.

73. — Peu importe pour l'application de cet article que la provocation ait ou non été suivie d'effet, car l'action punissable est l'émission de la provocation dans l'assemblée. — Carnot, *C. pén.*, t. 1er, p. 775, n° 5.

74. — Si la provocation avait été faite par une personne étrangère à l'association, il faudrait rechercher, selon Carnot (*C. pén.*, t. 1er, p. 775, n° 4), si cette personne a été introduite, si elle a distribué l'écrit provocateur au vu, su ou du consentement des chefs, directeurs, administrateurs, etc. pour pouvoir les rendre responsables des provocations qu'elle aurait commises.

75. — Indépendamment de la peine portée contre eux, en leur qualité, les chefs, directeurs et administrateurs pourraient évidemment être poursuivis comme complices de la provocation, si le cas échéait (V. Carnot, *C. pén.*, t. 1er, p. 775, n° 2). — Et cette solution s'applique également à tout simple associé qui se serait rendu coupable de complicité.

§ 5. — *Des complices et propriétaires du local où se réunissent les associés.*

76. — Tout individu qui veut accorder l'usage de sa maison ou de son appartement, en tout ou en partie, pour la réunion d'une association, doit, alors même que cette association serait autorisée, se pourvoir d'une permission de l'autorité municipale. — C. pén., art. 294.

77. — A défaut de cette permission, et s'il s'agit d'une association autorisée, celui qui a accordé l'usage de sa maison, etc., est puni d'une amende de 16 à 200 fr. — Même article.

78. — Si le local a été prêté ou loué à une association *non autorisée*, pour une ou plusieurs réunions, le prêteur ou locateur doit être considéré comme *complice* du délit d'association illicite. — L. 10 avr. 1834, art. 3.

79. — Toutefois, pour que les peines de la complicité soient par lui encourues, il faut que ce prêteur ou locateur ait agi sciemment. « Seront punis, dit le même article, ceux qui auront prêté ou loué *sciemment*, etc., etc. »

80. — Un propriétaire serait-il à l'abri des poursuites, s'il avait su qu'une association devait se réunir dans sa maison, et qu'il se fût contenté de la simple déclaration que l'association était autorisée sans en exiger la preuve? — M. Duvergier (*Coll. des lois, loc. cit*) pense avec raison que, dans ce cas, le propriétaire est punissable. Dès qu'il sait qu'une association doit tenir ses séances dans sa maison, il s'expose à la peine si l'association n'est pas autorisée, et, dès-lors, il doit demander la preuve de l'autorisation. — Chauveau et Hélie, *Théor. Code pén.*, t. 5, p. 147.

81. — Au surplus, l'infraction prévue par l'art. 294 n'existe elle-même qu'autant que le propriétaire ou locateur a agi volontairement. Si donc ses gens avaient pendant son absence, à son insu et sans sa permission, loué ou prêté sa maison ou son appartement à une ou plusieurs réunions d'une association, autorisée ou non autorisée, il ne saurait être responsable de l'infraction par eux commise en ne demandant pas la permission de l'autorité municipale. — V. Carnot, *C. pén.*, t. 5, p. 776, n° 2.

82. — L'art. 294 et l'art. 3, L. 10 avr. 1834, s'appliquent au propriétaire ou locataire de la maison ou appartement loué ou prêté, mais non à toutes les autres personnes qui pourraient l'habiter en qualité de commensaux.

83. — M. Duvergier (*Coll. des lois*, t. 34, p. 63) demande si le propriétaire qui a loué de bonne foi et qui apprend ensuite qu'on destine l'appartement ou la maison à la tenue des réunions d'une association non autorisée pourrait demander par ce motif la résiliation du bail. — Non, répond-il ; sa bonne foi, au moment de la location, le met à l'abri de toute peine; il n'a donc aucun intérêt à faire résoudre le bail; mais si, en louant, il avait su qu'une association non autorisée devait se réunir dans sa maison, pourrait-il demander la nullité du bail? Sans doute, répond-il encore, car le contrat aurait une cause illicite, et l'on ne pourrait contraindre l'une des parties à persévérer dans un acte qui l'exposerait à l'application d'une peine. — Mais cette proposition, dans sa première partie, paraît susceptible de sérieuses difficultés. — V. BAIL.

84. — L'art. 463, C. pén., est applicable au cas prévu par l'art. 3, L. 10 avr. 1834. — C'est ce qui résulte de la discussion qui a eu lieu à la chambre des députés. — Chauveau et Hélie, t. 5, p. 143 ; Duvergier, *Coll. des lois*, t. 34, p. 63.

§ 6. — *De la compétence.*

85. — Dans l'état actuel de la législation, la matière des associations est soumise, suivant les circonstances, à trois juridictions : la chambre des pairs, le jury, le tribunal de police correctionnelle.

86. — S'il s'agit d'attentats contre la sûreté de l'état commis par une association illicite, la connaissance de ces attentats *peut* être déférée à la juridiction de la chambre des pairs, conformément à l'art. 28, Charte constit. — L. 10 avr. 1834, art. 4.

87. — La rédaction primitive de l'article précité rendait la chambre des pairs seule compétente pour connaître des attentats commis par les associations. « Ces attentats, était-il dit, *seront déférés*, etc., etc. » Mais après une longue discussion dans le sein de la chambre des pairs, on a reconnu qu'il n'y avait pas lieu de modifier pour cette matière spéciale le principe qui veut que la cour d'assises soit compétente, concurremment avec la chambre des pairs, pour connaître des attentats contre la sûreté de l'état; que, dès-lors, on devait rester dans les termes de l'art. 28 de la charte, qui dispose que la chambre des pairs *connaît* des attentats, ce qui laissait cette chambre *toujours juge de sa compétence*. — Duvergier, *Coll. Lois*, t. 34, p. 64. — V. au surplus CHAMBRE DES PAIRS.

88. — S'il s'agit de délits politiques commis par les associations, ils doivent être déférés au jury, conformément à l'art. 69, Charte constit. — L. 10 avr. 1834, art. 4.

89. — Quant aux infractions à l'article 291, C. pén., et à la loi de 1834, elles doivent être déférées aux tribunaux correctionnels. — Même loi, art. 4.

90. — La loi du 8 oct. 1830 considérait les infractions à l'art. 291 comme des délits politiques et en attribuait dès lors la connaissance au jury. Au contraire, la loi de 1834 n'y a vu que de simples contraventions de la compétence du tribunal correctionnel. — On avait proposé d'établir une distinction entre le cas où l'association non autorisée aurait un caractère politique et le cas où elle serait relative à d'autres objets, et d'attribuer au jury ce qui concerne l'affiliation à une association politique, en déférant aux tribunaux de police correctionnelle le fait d'avoir été membre d'une association non politique; mais cette proposition a été écartée : il résulte de ce rejet que la nature de l'association ne peut jamais faire considérer comme *délit politique* les infractions à l'art. 291 et à la loi de 1834.

91. — Au surplus, il a été expliqué que c'est *le fait matériel* d'affiliation à une association illicite qui est incriminé, et que la peine doit être prononcée aussitôt que la preuve du fait se trouve acquise. — Il s'agit donc, quelle que puisse être d'ailleurs l'élévation de la peine, d'une simple contravention, et ce caractère de contravention résulte de la nature même du fait incriminé, qui consiste, ainsi que le disait M. Persil, non dans un acte répréhensible en lui-même, mais dans l'infraction au commandement exprès de la loi. — Duvergier, *Coll.*, t. 34, p. 64.

92. — Bien que l'art. 4 de la loi de 1834 ne mentionne expressément que les infractions à l'art. 291, il n'en est pas moins certain que les faits prévus par l'art. 294 (V. *suprà* nos 67 et s.), étant de même nature que ceux exprimés dans l'art. 291, doivent être renvoyés, comme eux, à la connaissance des tribunaux correctionnels, conformément à la loi de 1834, et non à celle de la cour d'assises, en vertu de la loi du 8 oct. 1830. — *Cass.*, 20 mai 1836, Oster.

93. — L'art. 294 punit également celui qui, sans la permission de l'autorité municipale, aura accordé ou consenti l'usage de sa maison ou de son appartement, en tout ou partie, pour l'exercice d'un culte. — V. à cet égard CULTES.

ASSOCIATIONS RELIGIEUSES.

V. ASSOCIATIONS ILLICITES, LIBERTÉ RELIGIEUSE, COMMUNAUTÉ RELIGIEUSE, CULTES.

ASSOCIÉ.

V. SOCIÉTÉ.

ASSOLEMENT.

1. — Manière de cultiver les terres, qui subsiste encore dans certaines provinces, et qui consiste à ensemencer les deux tiers de la ferme et à laisser alternativement l'autre tiers en jachères. — V. BAIL.

FIN DU PREMIER VOLUME.

www.ingramcontent.com/pod-product-compliance
Lightning Source LLC
Chambersburg PA
CBHW031717210326
41599CB00018B/2421
9782012674998